U0689561

宋本册府元龜

〔宋〕王欽若等編

第三册

中華書局影印

令長部

宮臣部

幕府部

冊府元龜卷第六百三十九

貢舉部一

總序

三代貢舉之制始于鄉大夫其升于司徒曰秀士升于太學曰俊士升于司馬曰進士然則鄉大夫暨于司馬皆貢舉之官也秦之制無聞焉漢高祖始詔御史中執法下郡守勸勉賢者詣相國府署行義年文帝詔諸侯王公卿郡守舉賢良能直言極諫者元帝又詔丞相御史舉質樸敦厚遜讓有行又詔列侯舉茂才又舊儀刺史二千石察舉茂才尤異此則漢之諸侯王丞相御史九卿列侯刺史郡守皆有舉士之制而丞相之府實司其事武帝令太常籍博士弟子有秀才異等輒以名聞又光祿勳銓第郎吏歲舉秀才廉吏此則太常光祿勳別有舉士之制也至成帝初置尚書常侍曹主公卿又置二千石曹掌郡國二千石則尚書主選舉之始也後漢三公將軍光祿勳廷尉司農中

二千石司隸州牧歲舉茂才廉吏郡國歲舉孝廉三公上尚書輒勞其察舉將又太學試明經弟子此與西漢之制略同其後改常侍曹為吏曹亦曰選部又公府西曹主府吏署用東曹主二千石長吏遷除于時選舉之制於郡國屬功曹於公府屬東西曹於尚書屬吏部而尚書令僕總之魏司空陳群以為天臺選用不盡人才每郡擇有鑒照者除為中正自拔人才銓次九品又置州都總其事應璩所謂百郡立中正九州置都士又吳亦有大公平若魏之州都而屬無聞焉晉宣帝除九品州置大中正大中正之職掌訪問鄉邑考第德行以定上格下格選平正無權力敗壞議晉令大小中正為內官聽月二會議上東門外州及郡國亦察舉孝廉秀才其在天臺則吏部州則別駕西曹郡國則功曹主其事宋齊亦如之而宋文帝不欲重權在下故分置二吏部尚書以散其權梁無中正天監中州置州重郡置郡崇鄉置鄉豪各一人專典搜薦無復膏粱寒素之隔普通七年又

詔州郡歲舉人敬帝復令諸州各置中正選舉皆由中正押上然後量試不然則否陳亦如之後魏州郡皆有中正掌選舉每以季月與吏部銓擇可否其秀才對策居中上表叙之崔浩為冀州大中正薦冀定相幽并五州士數十人各起家為郡守自太和以前精選中正德高鄉國者充之其邊州小郡人物單尠者則併附他州其在僻陋則闕而不置當時冊為簡當顯曰得人及宣武孝明之時州無大小必置中正既不可悉得其人故有藩落庸鄙操銓覈之權而選叙頹紊正始初乃罷諸郡中正而吏部之職皆如往制北齊選舉亦沿後魏凡州縣皆置中正中書策秀才集書策貢士考功策廉良天子常服乘輿坐朝堂中楹秀孝各以班草對字有脫誤者呼起立席後事有濫劣者飲墨水一升文理孟浪者奪席脫容刀孝昭帝孝建二年詔內外執事官每三年之內各舉一人居官屋市褐未釋亦舉之後周蘇綽為六條詔書其四曰擢賢良懲魏齊之失罷門資之制

其所察舉頗加精慎武帝平齊詔山東縣舉明經幹理宣帝亦詔州舉高才博學者為秀才郡舉經明行修者為孝廉依六官之制建吏部中大夫掌選舉小吏部下大夫一人以貳之隋開皇七年制諸州歲貢士十八年又詔京官五品已上總管刺史以志行修謹清平幹濟二科舉人皆吏部主之初漢魏之後州郡佐史皆刺史二千石辟署北齊多由中用故州郡辟士之權移於朝廷後周復遵古制及隋皆歸吏部故朝廷貢舉之制盛矣唐循隋制諸郡貢士常貢之科有秀才有明經有進士有明法有明書有明算自京師崇文館國子監郡縣皆有學焉每歲仲冬國子郡縣課試其成者長吏會屬僚設賓主陳俎豆備管弦牲用少牢行鄉飲酒歌鹿鳴之詩徵耆艾叙少長而觀焉既餞而與計偕其不在學而舉者謂之鄉貢至尚書省始由戶部集閱而關于考功與試可者為第武德舊制以考功郎中監試貢舉貞觀已後則考功員外郎專掌之武后載初元年策問

貢舉人于洛城殿前試貢舉人自此而始長安二年又教人習武藝每歲如明經進士之法行鄉飲酒之禮送于兵部明皇開元二十四年制令禮部侍郎專掌貢舉初因考功員外李昂詆訶進士李權文章大爲權所訐朝議以郎官地輕故移於禮部又詔應試進士等唱第訖具所試送中書門下詳覆是年始置禮部貢舉印其後禮部侍郎闕人亦以他官主之謂之權知貢舉其知貢舉者皆朝廷妙選二十九年京師又置崇玄館諸州置道學生有差道學生謂之道舉課試與明經同先是掌貢舉官就省於禮部差郎官考試有及第者尚書覆定及第者仍別奏謂之奏榜送吏部令考功員外試練侍郎覆定及第者仍別奏謂之別頭舉人代宗永泰元年始置兩都貢舉禮部侍郎官號皆以兩都爲名每歲兩地別所及第至大曆十一年停東都貢舉德宗貞觀十六年又罷別頭舉人文宗大和元年又權於東都置貢舉又有制舉人皆標其目而搜揚知之志烈秋霜詞殫文律抱器懷能茂才異等才膺管樂道侔伊呂賢良方正軍謀宏遠明於體用達於吏理之類始於顯慶盛於開元貞元皆試於殿廷乘輿親臨觀之試已糊其名於中書之文策高者特受美官其次與出身又有吏部科目曰宏詞拔萃平判官皆吏部主之又有三禮三傳三史五經九經開元禮等科有官有出身者吏部主之白身者禮部主之其吏部科目禮部貢舉皆各有考官大抵銓選屬吏部貢舉屬禮部崇文館生屬門下省國子學生屬國子監州府鄉貢屬長官職司在功曹司功五代因之夫以賢爲寶得士者昌聖賢之談邦國之制世貢舉之設上政攸先方冊所傳舊章不墜或有公直以馳譽精識以知名不徇乎朋家咸求乎藝實故能若水鑑之皦衡石之平揩臺閣之猷副文儒之望亦有昧於鑒體拘乎小節或鄭雅而靡辨或涇渭而幷流以公器而徇私恩採虛聲而捐至學俾白駒以興刺史嘉魚而絕詠斯爲蠹政良足憤嘆今乃紀善惡之迹著得失之效用爲勸沮以示方來凡貢舉部七門

條制

夫鄉舉里選辯論官材蓋成周之制世所以洽烝髦之詠成思皇之美藹藹而多吉士焉及諸侯力政家邦異俗斂才之道闕而無聞漢室龍興首議聘士其後增設科目詳延英彦至乃限郡國以所舉之數戒守相以蔽賢之罰馳單車以博訪詔有位以薦能計偕續食既優其待遇署職補吏復著於品式課試之典亦增損之有殊年祀之制固因革之必異稽於前志或用論次以爲貢籍故事云

周官大司徒職教萬民而賓興之一曰六德二曰六行三曰六藝詩書禮樂謂之四術四術既脩九年大成凡士之有善鄉先論士之秀者升諸司徒曰選士司徒論選士之秀者而升諸學曰俊士既升而不征者曰造士大樂正論造士之秀升諸司馬曰進士司馬論進士之賢者及鄉老群吏以賢能之書皆獻于王再拜受之登于天府藏於祖廟內史貳其事而行焉[illegible]其副[illegible]在其職世則鄉老鄉大夫舉賢能而賓其禮司徒教三物而興諸學司馬辨官材以定其論大宰詔廢置而持其柄內史贊予奪而貳於中司士掌其版而知其數論定然後官之任定然後爵之位定然後祿之蓋擇材取士如此之詳也

漢高帝十一年二月下詔曰賢士大夫既與我定有天下而不與吾共安利之可乎有肯從我游者吾能尊顯之以布告天下御史中執法下郡守其有意稱明德者必身勸爲之駕（有賢者郡守身）[illegible]遣詣相國府署行義年（行狀年紀也）有而弗言覺免年老癃病勿遣（[illegible]）

惠帝四年正月詔舉人孝悌力田者復其身

武帝建元元年十月詔天下舉賢良方正直言極諫之士丞相申商韓非蘇秦張儀之言亂國政皆罷之（[illegible]不用也）

元光元年十一月舉賢良董仲舒對策請令諸侯列卿郡

守二千石各擇其吏人之賢者歲貢各二人以給宿衛且以觀大臣之能所貢賢者有賞不肖者有罰夫如是諸侯吏二千石皆盡心於求賢天下之士可得而官使也（蘇林曰以其材官也）無以日月為功實試賢能為上量材而授官錄德而定位（師古曰錄謂存也）則廉恥殊路賢不肖異處矣帝因是令郡國舉孝廉各一人（師古曰孝謂善事父母者也廉謂清潔有廉隅者也）

五年詔徵吏民有明當代之務習先聖之術者縣次續食令與計偕（師古曰計者上計簿使也郡國每歲遣詣京師上之偕者俱也令所徵之人與上計者俱來而縣次給之食也）

元朔元年十一月詔曰公卿大夫所使總方略壹統類廣教化美風俗也夫本仁祖義褒德祿賢勸善刑暴五帝三王所繇昌也朕夙興夜寐嘉與宇內之士臻於斯路故旅耆老（加惠於耆老之人若寘賓也）復孝敬選豪俊講文學稽參政事祈進民心深詔執事興廉舉孝庶幾成風紹休聖緒夫十室之邑必有忠信三人並行厥有我師今或至闔郡而不薦一人是化不下究而積行君子雍於上聞也二千石官長紀綱人倫將何以佐朕燭幽隱勸元元厲蒸庶崇鄉黨之訓哉且進賢受上賞蔽賢蒙顯戮古之道也其與中二千石禮官博士議不舉者罪有司奏議曰古者諸侯貢士壹適謂之好德再適謂之賢賢三適謂之有功乃加九錫不貢士壹則黜爵再則黜地三而黜爵地畢矣夫附下罔上者死附上罔下者刑與聞國政而無益於民者斥在上位而不能進賢者退此所以勸善黜惡也今詔書昭先帝聖緒令二千石舉孝廉所以化元元移風易俗也不舉孝不奉詔當以不敬論不察廉不勝任也當免奏可（凡郡國之官非得其所自署置又謂爵除及部人賢者自舉為秀才廉吏而貢於三府多拜為郎居三署無常員或至千人屬光祿勳故御按牧守舉闕待詔或郡國貢舉公車徵者焉光祿勳復於三署中銓第郎吏歲舉秀才廉吏出為他官以補缺員）

五年六月公孫弘以儒術為丞相天下之學士靡然鄉風矣太常孔臧等議曰請為博士官置弟子五十人復其身太常擇民年十八以上儀狀端正者補博士弟子郡國縣道邑有好文學敬長上肅政教順鄉里出入不悖所聞令相長丞上屬所二千石二千石謹察可者常與計偕詣太常得受業如弟子一歲皆課能通一藝以上補文學掌故缺其高弟可以為郎中太常籍奏即有秀才異等輒以名聞其不事學若下材及不能通一藝輒罷之而請諸能稱者

孝昭始元初遣故廷尉王平等五人（前書不載此事蓋居官皆誤今不詳之故）持節行郡國舉賢良

後漢光武建武十二年詔三公舉茂才各一人監御史司隸州牧歲舉茂才各一人

章帝建初元年詔曰夫鄉舉里選必累功勞今刺史守相不明真偽茂才孝廉歲以百數（賢曰茂才即秀才也避光武諱故曰茂才［illegible］）非能著而當授之政事甚無謂也每尋前代舉人貢士或起甽畝不繫閥閱敷奏以言則文章可採明試以功則政有異迹文質彬彬朕甚嘉之其復用前漢丞相故事以四科辟士（［illegible］）［illegible］凡所舉士先試之以職乃得充選其德行尤異不宜試職者疏於他狀舉非其人兼正舉者罪

和帝時大郡口五六十萬舉孝廉二人小郡口二十萬并有蠻夷者亦舉二人帝以為不均下公卿會議司徒丁鴻司空劉方上言凡口率之科宜有階品蠻夷錯雜不得為數自今郡國率二十萬口歲舉孝廉一人四十萬二人六十萬三人八十萬四人百萬五人百二十萬六人不滿二十萬二歲一人不滿十萬三歲一人帝從之又制緣邊郡口十萬以上歲舉孝廉一人不滿十萬二歲舉一人五萬以下三歲一人

永元十四年司空徐防上疏曰臣以為博士及甲乙策試宜從其家章句開五十難以試之解釋多者為上第引文明者為高說若不依先師義有相伐（伐謂自相伐也）皆正以為非五經各取上第六人論語不宜射策雖所失或久差可矯革（［illegible］）

[illegible]

安帝永初二年九月詔居鄉里有廉清孝順之稱才任理人者詔書下公卿皆從防吉

國相歲移名與計偕上尚書公府通調令得外補（移名移書也 [illegible]）

順帝永建六年七月以太學新成試明經下第者補弟子增甲乙科員各十人除郡國耆儒九十人補舍人

九月初令郡國舉孝廉限年四十已上諸生通章句文吏能牋奏乃得應選其有茂才異行若顏淵子奇不拘年齒時尚書左雄上言郡國孝廉古之貢士出則宰民宣協風教若其面牆則無所施用孔子曰四十不惑禮稱强仕請自今孝廉年不滿四十不得察舉皆先詣公府諸生試家法文吏課牋奏副之端門練其虛實以觀異能以美風俗有不承科令者正其罪法若有茂才異行若顏淵子奇自可不拘年齒帝從之於是班下郡國

[illegible]

[illegible] 尚書令黄瓊又以雄所上孝廉之選專用儒學文吏於取士之義猶有所遺乃奏賜孝悌及能從政者爲四科事竟施行

桓帝建和元年詔諸學生年十六以上比郡國明經試次第上名高第五十人上第十六人爲郎中中第十七人爲太子舍人下第十七人爲王家郎

永壽二年詔復課試諸生補郎舍人其後復制學生滿二歲試通二經者補文學掌故其不能通二經者須後試復隨輩試試通一經者亦得爲文學掌故考滿二歲試能通三經者擢其高第爲太子舍人其不得第者後試復隨輩試第復高者亦得爲太子舍人已爲太子舍人滿二歲試能通四經者擢其高第爲郎中其不得第者後試復隨輩試第復高者亦得爲郎中滿二歲試能通五經者推其高第補吏隨才而用其不得第者後試復高亦得補吏

魏文帝黄初二年正月初令郡國口滿十萬者歲察孝廉一人其有秀異無拘戶口（[illegible]）

三年正月詔曰今之計考古之貢士也十室之邑必有忠信若限年然後取士是呂尚周晉不顯於前世也其令郡國所選勿拘老幼儒通經術吏達文法到皆試用有司糾故不以實者

明帝太和四年二月詔曰世之質文隨教而變兵亂以來經學廢絶後生進趣不由典謨豈訓導未洽將進用者不以德顯乎其郎吏學通一經才任牧民博士課試擢其高第者亟用其浮華不務道本者皆罷退之

晉元帝初制揚州歲舉二人諸州各一人先是以兵亂務存慰悦遠方孝秀到不策試普皆除署至是帝申明舊制皆令試經

有不中舉者刺史太守免官太興三年秀孝多不敢行其有到者並託疾帝欲除署孝廉而秀才如前制尚書郎孔坦奏議曰臣聞經邦建國教學爲先移風崇化莫尚斯矣古者且耕且學三年而通一經以平康之世猶假漸漬積以日月自喪亂以來十有餘年干戈載揚俎豆禮戢家廢講誦國闕庠序率爾責試竊以爲疑然宣下已來涉歷二載累遇慶會遂未一試揚州諸郡接近京都懼累及君父多不敢行其遠州邊郡掩誣朝廷冀於不試冒昧來赴既到審試遂不敢會臣愚不以會與不行其爲闕也同若當偏加除署是爲肅法奉憲者失分僥倖[illegible]其射者得官頽風傷教懼於是始夫王言如絲其出如綸臨事改制示短天下人聽有惑臣竊惜之愚以王命無貳憲制宜信去年察舉一皆策試如不能試言不拘到遣歸不署又秀才雖以事策亦汎問經義尚所未學實難闇通不足復曲碎垂例違舊造異謂因其不會徐更革制可申明前下崇脩學校普延五

年以優講習鈞法齊訓示人軌則夫信之與法爲政之綱旌之
家室猶并可戴況經國之典而可黷乎帝納焉聽孝廉由至
七年秀才如故
宋制丹楊吳會稽吳興四郡歲舉二人餘郡各一人凡州秀才
郡孝廉至皆策試天子或親臨之及公卿所舉皆屬于吏部宰
才銓用凡舉得失各有賞罰失者其人宜加禁錮年月多少隨
事議制舊制諸州郡所遣秀才孝廉[illegible]對策[illegible]相表天子率[illegible]策試文帝元嘉中限
年三十而仕
孝武即位仕者不復拘老幼
明帝泰始三年都令史駱宰議策秀孝格五問並得爲上四三
爲中二爲下一不合與第尚書郎謝超宗議以爲片辭折獄十言
糾衆曹史褒貶孔論與言皆無俟繁而後秉裁夫表舉之洞折
理之會豈必委牘方切治道非患對不盡問患以常文弗奇必
[illegible]正寧劣[illegible]通[illegible]奇一亦宜採詔從宰議
陳[illegible]里選[illegible]德其所進取以
官婚宦[illegible]爲先[illegible]令甲族以二十登仕後門以三十試吏故有
[illegible]年[illegible]以圖進者其時士人皆厚結姻援奔馳造請浸以成俗
[illegible]時梁高祖爲相上表曰聞中間立格甲族以二十登仕後
門以過立試吏求之愚懷抑有未達何者設官分職惟才是務
若限歲登朝必增年就宦故貌實幼童籍已踰立詐稱名數於
斯爲甚詔依表施行
梁初無中正制年二十有五方得入仕
天監四年正月詔曰今九流常選年未三十不通一經不得解
褐若有才同甘顏勿限年次
五年正月詔曰在昔周漢取士方國頃代凋訛幽仄罕被人孫
賊絕用隔聽覽士操淪胥因茲靡勸豈其嶽瀆縱靈偏有厚薄
實由知與不知用與不用耳朕以菲德君此兆民而兼明廣照
屈於當戶飛耳長目不及四方永言愧懷無忘旦夕凡諸郡國

舊族邦內無在朝位選官搜括使郡有一人
七年二月詔於州郡縣置州望郡宗鄉豪各一人專掌搜薦
八年五月詔曰學以從政殷勤往哲祿在其中抑亦前事朕思
闡治綱每敦儒術軾閭闢館造次以之故負袠成風甲科間出
方當置諸周行飾以青紫其有能通一經始末無倦者策實之
後選可量加敘錄雖復牛監羊肆寒品後門並隨才試吏勿有
遺隔
陳依梁制凡年未三十不得入仕唯經學生策試得第諸州迎
主簿西曹左奏及常爲挽郎得未壯而仕諸郡唯正王爲丹楊
尹經迎得出身者亦然庶姓尹則否有高才異行殊勳別降恩
旨敘用者不在常例
後魏孝文延興二年六月詔頃者州郡選貢多不以實碩人所
以窮處幽仄鄙夫所以超分妄進豈所謂旌賢樹德者也近年
[illegible]自今每[illegible]貢[illegible]遣皆須盡州郡之[illegible]才[illegible]閭
[illegible]
太和十五年八月詔諸州舉秀孝先盡才華宣武詔庶族子弟
年未十五不聽入仕
封軌爲考功郎中奏請遣四門博士明經學者檢試諸州學生
詔從之
孝明熙平元年初聽秀才對策第居中上敘之
莊帝初詔求德行文藝政事強直者縣令郡守刺史皆敘其志
業具以表聞得三人以上縣令太守刺史賞一階舉非其人者
黜一階北齊選舉多沿後魏之制其課試之法中書策秀才集
書策考貢士考功郎中策廉良天子常服乘輿出坐於朝堂中
楹秀孝各以班草對字有脫誤者呼起立席後書有濫劣者飲
墨水一升文理孟浪者奪席脫容刀後周文帝霸府時蘇綽等
六條詔書其四曰擢賢良綽深思本始懲魏齊之失罷門資之
制其所察須加精詳

武德六年七月詔山東諸州舉有才者上縣六人中縣五人下縣四人赴行在所共論政理得失

九月詔東土諸州儒生明一經已上並舉送州郡以禮發遣

宣帝宣政元年八月詔制九條宣下州郡其八曰州舉高才博學者爲秀才郡舉經明行脩者爲孝廉上州上郡歲一人下州下郡三歲一人

隋文帝開皇七年正月制諸州歲貢三人

十六年六月制工商不得進仕

十八年八月詔京官五品以上及總管刺史並以志行脩謹清平幹濟二科舉人

唐貢士之法多循隋制上郡歲三人中郡二人下郡一人有才能者無常數其常貢之科有秀才有明經有進士有明法有書有算自京師郡縣皆有學焉每歲仲冬郡縣館監課試其成者長吏會屬僚設賓主陳俎豆備管弦牲用少牢行鄉飲酒禮歌鹿

鳴之詩徵耆艾叙少長焉既餞而與計偕其不在館學而舉者謂之鄉貢舊令諸郡雖一二三人之限而實無常數到尚書省始由戶部集閱而關于考功課試可者爲第初秀才科第最高試方略策五條有上上上中上下中上凡四等貞觀中有舉而不第者坐其州長由是廢絕自是士族所趣嚮唯明經進士二科而已其初止試策

貞觀八年詔加進士試讀經史一部（開元二十四年以後復有秀才舉其時以進士漸難而秀才本科無帖經及雜文之限反易於進士主司以其科廢久不欲收獎應者多落之三十年來無登第者至天寶初禮部侍郎韋陟始奏請有堪此舉者令官長特薦其常年舉送者並停）

九年五月二日勅自今已後明經兼習周禮若儀禮者於本色内量減一選

高宗上元二年正月勅明經加試老子策二條進士加試帖三條

儀鳳三年五月勅自今已後道經孝經並爲上經貢舉人並須兼通其餘經及論語任依常式

調露二年四月劉思立除考功員外郎先時進士但試策而已思立以其庸淺奏請帖經及試雜文自後因以爲常

永隆二年八月詔曰學者立身之本文者經國之資豈可假以虛名必須徵其實效如聞明經射策不讀正經抄撮義條纔有數卷進士不尋史傳唯誦舊策共相模擬本無實才所司考試之日曾不簡練因循舊例以分數爲限至於不辯章句未涉文者以人數未充皆聽及第其中亦有明經學業該深者唯許通六進士文理華贍者竟無甲科銓綜藝能遂無優劣試官又加顔面或容假手更相屬請莫憚糾繩由是僥倖路開文儒漸廢興廉舉孝因此失人簡賢任能無方可致自今已後考功試人明經試帖取十帖得六已上者進士試雜文兩首識文律者然後並令試策仍嚴加捉搦必材藝灼然合昇高第者並即依令其明法并書算貢舉人亦量准此例卽爲常式

永淳二年三月勅令應詔舉人並試策三道即爲永例

則天載初元年二月十四日試貢舉人于洛城殿前數日尋畢（殿前試人自此始）

長壽二年七月令貢舉人習則天所撰臣軌停習老子道德經

十月左拾遺劉承慶上疏曰伏見比年已來天下諸州所貢物至元日皆陳在御前唯貢人獨於朝堂拜列但孝廉秀異國之英才豈踰方物以充歲貢宜同珍幣列見王廷豈得金帛羽毛升於玉階之下賢良文學棄彼金門之外恐所謂貴財而賤義重物而輕人甚不副陛下好道之心尊賢之意伏請貢舉人至元日引見列在方物之前以備充庭之禮從之

長安二年正月初令天下諸州有練習武藝者每年准明經進士例舉送

中宗神龍二年二月制貢舉人停習臣軌依舊習老子

玄宗開元六年二月詔曰我國家敦古質斷浮豔禮樂詩書是弘文愆綺羅珠翠深革靡風必在於清見於詞不用言浮於行比

求選人試判舉之對策剖析案牘敷陳奏議多不切事宜房張
儀飾何大雅之不足而小能之是衒自今已後不得更然
七年三月詔曰孝經者德教所先自頃已來獨宗鄭氏孔子遺
旨今則無聞又子夏易傳近無習者輔嗣注者亦甚甄明諸家
所傳互有得失獨據一說能無短長其令儒官詳定所長令明
經者習讀若將理等亦可兼行其習易者兼帖子夏易傳共爲
一部亦詳其可否奏聞
五月太子左庶子劉子玄奏孝經鄭注請廢鄭依孔老子注請停
河上公行王輔嗣易傳非子夏所造禮部奏議請准令式孝經
鄭注與孔傳依舊俱行子夏易傳無益後學不可將帖正經詔
曰朕以全經道喪大義久乖緣感之性浸微流遁之原未息是
用旁求廢簡遠及缺文欲使發揮異說同歸善道永惟一致之
用以開百行之端間者諸儒所傳頗乖通議敦孔學者冀鄭門
之息滅尚今文者指古傳爲誣僞豈朝廷並列書府以廣儒術

之心乎況孔鄭舊說大宗尚多殊趣諸生會議曾無所申而推求小
疵其細已甚采詭之訓人無則焉其河鄭二家可令仍舊行用
王孔所注傳習者稀宜存繼絕之典頗加獎飾子夏傳逸篇既
廢今宜令習易者停
八年七月國子司業李元瓘上言三禮三傳及毛詩尚書周易
等並聖賢微旨生徒參業必事資經遠則斯道不墜今明經所
習務在出身咸以禮記文少人皆競讀周禮經邦之軌則儀礼
莊敬之楷模公羊穀梁歷代宗習今兩監及州縣以獨學無友
四經殆絕既事資訓誘不可因循其學生望請各量配作業并
貢人預試之日習周禮儀禮公羊穀梁並請帖十通五許其入
策以此開勸即望四海均習九經該備從之
十六年十二月二十四日國子祭酒楊瑒奏今之舉明經者主
司不詳其術作之以每帖試必取年頭年月孤經絕句自今
已後考試者盡帖平文以存大典又曰今之明經習左氏者十
無一二恐左氏之學于茲將廢又周禮儀禮公羊穀梁亦請量加優獎
遂下制明經習左氏及通周禮等四經者出身免任散官
十七年三月國子祭酒楊瑒上言曰伏聞承前之例每年應舉
常有千數及第兩監不過一二十人臣恐三千學徒虛費官廩
兩監博士濫縻天祿臣竊見入仕諸色出身每歲向二千餘人
方於明經進士多十餘倍自然服勤道業之士不及胥吏以其
效官豈識先王之禮義陛下設學校務以勸進之有司爲限約
務以黜退之臣之微誠實所未曉今監司課試十已退其八九考
功及第十又不收一二若長以此爲限恐儒風漸墜小道將興若
以出身人多應須諸色都減豈在獨抑明經進士也帝然之
二十一年御注老子成詔天下每歲貢士減尚書論語策而加
老子焉
二十二年三月詔曰博學多才道術醫藥舉人等先令所司表
薦兼自聞達敕限以滿須加考試博學多才舉人限今年四月

內集道術醫藥舉人限閏三月內集其博學多才科試明三經兩史
已上帖試稍通者多才科試經國商略大策三道并試雜文三
道取其詞氣高者道術醫藥舉取藝業優長試練有效者宜令
所由依節限處分
二十三年十月詔曰文學政事必在考言孝悌力田必須審行
須從一槩何謂四科其孝悌力田舉人宜各自疏比來事迹爲
鄉閭所委者朕當按覆別有處分
二十四年三月詔曰每歲舉人求士之本專典其事豈不重歟
頃年以來唯考功郎所掌位輕務重名實不倫欲盡委長官又
銓選殷積且六官之列體骨是同況宗伯掌禮宜主賓薦自今
已後每歲貢舉人及齋郎等簡試並於禮部集既衆務煩雜
仍委侍郎專知
二十五年正月詔曰致理興化必在得賢強識博聞可以從政
且今之明經進士則古之孝廉秀才近日已來殊乖本意進士

以聲韻爲學多昧古今明經以帖誦爲功罕窮旨趣安得爲敦本復古經明行脩以此登科非選士取賢之道也其明經自今已後每經宜帖十取通五已上免舊試一帖仍案問大義十條取通六已上免試經策十條令答時務策三首取粗有文性者與及第其進士宜停小經准明經例帖大經十帖取通四已上然後准例試雜文及策考通與及第其明經中有明五經已上試無不通者進士中兼有精通一史能試策十條得六已上者委所司奏聽進止其應試進士等唱第訖具所試雜文及策送中書門下詳覆其所問明經大義日仍須對同舉人考試庶能否共知取捨無媿有功者達可不勉歟（此詔因侍郎姚奕奏也）

二十六年正月丁丑制曰古者鄉有序黨有塾將以引長儒教誘進學徒化人成俗率由於是斯道久廢朕用憫焉宜令天下州縣每一鄉之內里別各置學仍擇師資令其教授其諸州鄉貢明經進士每年引見訖更令國子監謁先師所司設食學官[illegible]開講質問疑義且公侯之緒甘稟義方學禮聞詩不虞失墜者其澈倖是長慢游如聞比來引文崇文學生緣是貴冑子孫多有不專經業便與及第深謂不然自今已後宜一依令式試

壬辰詔曰孝悌力田風化之本苟有其實未必求名比來將同舉人考試詞策便與及第以常爲科是開僥倖之門殊乖敦勸之意自今已後不得更然其孝著狀迹殊尤者委所由長官特以名薦朕當別有處分更不須隨考使例申送

二十九年正月於京師置崇玄館諸州置道學生徒有差（京都各百人諸州無常員習老莊文列謂之四子蔭第與國子監同）謂之道舉舉送課試與明經同凡舉司課試之法帖經者以所習經掩其兩端中間唯開一行裁紙爲帖凡帖三字隨時增損可否不一或得四得五得六者爲通（後舉人積多故其法益難務欲落之至有帖孤章絕句疑似參互者以惑之甚者或上抵其注下餘一二字使尋之難知謂之倒拔既甚難矣而舉人則有驅聯孤絕索幽隱爲詩賦而誦習之不過十數篇則難者悉詳矣其於平文大義或多牆面而

冊府元龜卷第六百四十

貢舉部二

條制第二

唐天寶元年四月詔曰化之原者曰道道之用者爲德其義至大非聖人孰能章之昔有周季年代與道喪我列祖玄元皇帝乃發明妙本汲引生靈遂著玄經五千言用救時弊義高象繫理貫希夷非百氏之能儔豈六經之所擬承前習業人等以其卷數非多列在小經之目微言奧旨稱謂殊乖自今已後天下應舉除崇玄學生外自餘所試道德經宜並停仍令所司更詳擇一小經代之其道經爲上經德經爲下經庶乎道尊德貴是崇是奉凡在遐邇知朕意焉

五月中書門下奏兩京及諸郡崇玄學生等准開元二十九年正月制前件人合習道德經南華通玄沖虛等四經又准天寶元年二月制改庚桑子爲洞靈眞經准諸條補崇玄學亦合習請依舊例各通五經其洞靈眞經人間少本且近令諸觀尋訪道士全無習者本既未廣業實難成并通玄沖虛二經亦恐文字不定玄教方闡學者宜精其洞靈等三經望付所司各寫十本校定訖付諸道採訪使頒行其貢舉司及兩京崇玄學生亦望各付一本今冬崇玄學人望且准開元二十九年正月諸條考試其洞玄眞經請待業成後准式從之

二年三月十六日制崇玄生試及帖冊各減一條三年業成始依常式

七載五月詔曰道教之設淳化之源必在弘闡以敦風俗頃列四經之科將冠九流之首雖及門求道頗有其人而覩奧窮微罕聞達者豈專精難就爲勸奬未弘天下諸色人中有通明道德經及南華等四經任於所在自舉各委長官考試申送其崇玄生出身自今已後每至選宜減於常例以爲留放

十一載七月舉人帖及口試並宜對衆考定便唱通否

十二月勑禮部舉人比來試人頗非允當帖經首尾不出前後復取者世之夫頗相類之處下帖爲弊已久須是釐革禮部起請每帖前後各出一行相類之處並不須帖是載禮部侍郎陽浚始調爲三行不得帖斷絕疑似之言也明經所試一大經及孝經論語爾雅帖各有差帖既通而口問之一經問十義得六者爲通而後試策凡三條三試皆通者爲第進士所試一大經及爾雅舊制帖一小經并注開元二十五年及帖大經其爾雅亦并帖注也帖既通而後試文試賦各一篇文通而後試冊凡五條三試皆通者爲第經策全通爲甲策通四帖過四以上爲乙第通三帖以下及策全通而帖經文不通四或帖經通四以上而策不通四皆爲不第明法試律令各十帖試冊共十條律七條令三條全通爲甲通八以上爲乙自七以下爲不第書者試說文字林凡十帖說文六帖字林四帖口試無常限皆通者爲第算者試九章海島孫子五曹張丘建夏侯陽周髀五經綴術緝古帖各有差九章三帖五經等七部各一帖綴術六帖緝古四帖兼試問大義皆通者爲第凡衆科有能兼學則加超奬不在常限其令文科第秀才與明經同爲四等進士與明法同爲二等然秀才之科久廢而明經雖有甲乙丙丁四科進士有甲乙二科自武德以來明經唯有丁第進士唯乙科而已先試之期命舉人謁于先師有司卜日宿張於國學牢餼以下皆會而觀焉博集群議講論而退禮部閱試之日皆嚴設兵衛薦棘圍之搜索衣服譏訶出入以防假濫焉其進士大抵千人得第者百一二明經倍之得第者十一二其制詔舉人不有常科皆標其目而搜揚之試之日或在殿庭天子親臨觀之試已糊其名於中考之文冊高者特授以美官其次與出身開元以後四海晏清士無賢不肖恥不以文章達其應詔而舉者多則二千人少猶不減千人所收百纔有一

十二載七月詔天下舉人不得充鄉賦皆須補國子學生及郡縣學生然聽舉四門俊士停

十三載十月御含元殿親試博通墳典洞曉玄經詞藻宏麗軍

藩出衆等舉人命有司供食既而暮罷其詞藻英麗問冊外更試詩賦各一首制舉試詩賦自此始也

是月道舉停習道德經加周易宜以來載為始

十四載二月弘文館學生自今已後宜依國子監學生例帖試明經進士帖經並減半雜文策皆須粗通仍永為常式

肅宗至德元年已後依前鄉貢

乾元元年四月詔曰國子監學生明經法帖策口試各十並通四已上進士通三與及第鄉貢明經準常式州縣學生放歸營農待賊平之後任依常式

代宗寶應二年六月禮部侍郎楊綰上疏曰國之選士必藉賢良蓋取孝友純備言行敦實居常育德動不違仁體忠信之資履謙恭之操藏器則未嘗自伐虛心而所應必誠夫如是故能率已從政化人鎮俗者也自叔世澆訛茲道浸微爭尚文詞互相矜衒馬卿浮薄竟不周於時用趙壹虛誕終取擯於鄉閭自

時厥後其道彌盛不思實行皆徒空名勝俗傷風備載前史古人比文章於鄭衛蓋有由也近煬帝始置進士之科當時猶試策而已至高宗朝劉思立為考功員外郎又奏進士加雜文明經加帖從此積弊轉而成俗幼能就學皆誦當代之詩長而博文不越諸家之集遞相黨與用致虛聲六經則未嘗開卷三史則皆同挂壁況復徵以孔門之道責其君子之儒者哉祖習既深奔競為尚矜能者曾無愧色勇進者但欲淩人以毀譏為常談以向背為已任投刺干謁驅馳於要津露才揚己喧騰於當代古之賢良方正豈有如此者乎朝之公卿以此待士家之長老以此垂訓欲其返淳朴懷禮讓守忠信識廉隅何可得也譬之於水其流已濁若不澄本何當復清方今聖德御天再寧寰宇四海之內顒顒向化皆延頸舉踵思聖朝之理也不以此時而理之則太平之制又乖矣凡國之大柄莫先擇士自古哲后皆側席待賢今之取人令投牒自應殊非經國之體也望請依古制令縣令察孝廉審知在鄉閭有孝友信義廉恥之行加以經業才堪策試者以孝廉為名薦之於州刺史當以禮待之試其所通之學其堪者送名於省自縣至省不得令舉人輙自陳牒比來有到狀保辨識牒等一切並停其所習經取左傳公羊穀梁禮記周禮儀禮尚書毛詩周易任通一經務取深義奥旨旁通諸家之義試日差諸司官有儒學者對問每經問義十條問畢對策三道其策皆問古今理體及當時要務取堪行用者其經義并策全通為上第望付吏部便與官其經義通八策通二為中第與出身下第者罷歸其明經比試帖經殊非古義皆誦帖括冀圖僥倖並有道舉亦非理國之體望請與明經進士並停其國子監人亦請准此如有行業不著所由妄相推薦請量加貶黜所冀數年之間人倫一變既歸實學當識大猷居家者必修德業從政者皆知廉恥浮競自止敦庬日勸教人之本實在茲焉事若施行即別立條制詔令左右丞相諸司侍郎

御史大夫中丞舍人同議奏聞給事中李栖筠尚書左丞賈至京兆尹兼御史大夫嚴武各奏議狀與綰同賈至議曰謹案夏之政尚忠殷之政尚敬周之政尚文文與忠敬皆統人之行也且謚號述行美於文文興則忠敬存焉是故前代以文取士本文行也由詞以觀行則及詞也宣父稱顏子不遷怒不二過謂之好學至乎修春秋則游夏之徒不能措一詞不亦明乎間者禮部取人有乖斯義易曰觀乎人文以化成天下關雎之義曰先王以是經夫婦成孝敬厚人倫美教化移風俗蓋王政之所由興也故延陵聽詩知諸侯之存亡今試學者以帖字為精通不窮旨義豈能知遷怒二過之道乎考文者以聲病為是非唯擇浮艷豈能知移風易俗化天下之事乎是以上失其源而下襲其流波蕩不知所止先王之道莫能行也夫先王之道消則小人之道長小人之道長則亂臣賊子由是生為臣賊其君子殺其父非一朝一夕之故其所由來者漸矣漸者何謂忠信

之淩頹恥尚之失所末學之馳騁儒道之不舉四者皆由取士之失也夫一國之事繫一人之本謂之風贊揚其風卿大夫也卿大夫何嘗不出於士乎今取士試之小道而不以遠者大者使干祿之徒趨馳末術是誘導之差也夫以蝸蚓之餌雜垂滄海而望吞舟之至不亦難乎所以食垂餌者皆小魚就科試者皆小藝四人之業士最關於風化近代趨仕靡然向風致使祿山一呼而四海震蕩思明再亂而十年不復向使禮讓之道弘仁義之風著則忠臣孝子比屋可封逆節不得而萌也人心不得而搖也且夏有天下四百載禹之道喪而殷始興焉殷有天下六百祀湯之法棄而周始興焉周有天下八百年文武之政廢而秦始并焉觀三代之選士任賢皆考實行故能風俗淳一運祚長遠秦坑儒士二代而亡漢興雜三代之政引四科之舉西京始振經術之學東都終持名節之行至有外戚竊位強臣擅權弱主外立母后專政而社稷不隕終彼四百豈非學行扇化於鄉里哉厥後文章道弊尚於浮侈取士術異苟濟一時自魏至隋四百餘載三光分景九州阻域竊號僭位德義不修是以子孫速顛享國咸促今國家革魏晉梁隋之弊承夏殷周漢之業四隩既宅九州攸同覆燾亭育合德天地安有捨皇王舉士之道縱亂代取人之術此公卿大夫之辱也楊綰所奏實為正論然自典午覆敗中原版蕩戎狄亂華衣冠遷徙南北分裂人多僑處聖朝一平區宇尚復因循版圖則張閭井未設士居鄉土百無一二因緣官族所在耕桑地望繫數百年之外而身皆東西南北之人焉今欲依制鄉舉里選猶恐取士之未盡也請兼廣學校以弘訓誘今兩京有太學州縣有小學兵革一動生徒流離儒臣師氏祿廩無向貢士不稱行實胄子何嘗講習禮部無歲擢甲乙之第謂弘獎擢不亦誣歟祗足長浮薄之風啟僥倖之路矣其國子博士等望加員數厚其祿秩選通儒碩生閒居其職十道大郡量太學館令博士一出外兼領郡官召

置生徒依乎故事保桑梓者鄉里舉焉在流寓者庠序推焉朝而行之夕見其利如此則青青不復興刺擾擾由其歸本矣人倫之始王化之先不是過也李廙等議與至協文多不載宰臣等奏以舉人舊業已成難於速改其今歲舉人望且許應舊舉來歲即依新格

廣德元年七月禮部侍郎楊綰上貢舉條目曰孝廉舉人請取精通一經每經問義二十條皆須旁通諸義深識微言試策三道每日問一道問古今理體取堪行用者經義及策全通為上第望付吏部便與官義通七策通二為中第與出身下第者罷之論語孝經聖人深旨孟子儒門之達者望兼習此三者為一經其試如上先取在家有孝義廉恥謙恭之行好學不倦精通經義并其對策者縣令徵於鄉里送名於州刺史與曹官對試以其通者送省既是貢士刺史縣令不得以部人待之加其禮數隨朝集使以十月二十五日到省其鄉飲酒及至上都朝見并謁先師並依舊式又以寇難之故衣冠士族多去故鄉所居[illegible]寸行斯在望許所在州縣且舉所諳知者秀才舉人准舊例試方略策五條望令精通五經每經准孝廉例問義二十條對策五條每日試一道全通為上第送中書門下超與處分十條通七策通四為中第送吏部與官下者罷之又國子監舉人亦請每歲本業博士推擇才行送名於祭酒依鄉貢例試通者送省舉人自縣至州皆不得輒自陳牒比來有到狀保辨停牒等請並停明法舉人望付刑部考試疏入帝問翰林學士或以進士明經行來頗久不可頓令改業遂勅與舊法兼行

是月勅弘文崇文兩館生皆以資蔭補充所習經業務須精熟楷書字體皆得正樣通者與出身不通者罷之

二年五月罷歲貢孝悌力田及童子科從禮部侍郎楊綰奏也綰以孝悌之行宜有實狀童子越矣不在常科同之歲貢恐成僥倖之路

永泰元年始置兩都貢舉禮部侍郎官號皆以知兩都爲名每歲兩地別放及第

大曆三年四月復置童子舉科每歲本貫申送禮部同明經考試取十歲已下習一經兼論語孝經每卷誦文十科全通者與官通七已上者與出身仍每年冬本貫申送禮部同明經舉人例考試訖聞奏

十年五月詔今年諸色舉人並赴上都集先是禮部侍郎賈至以時屬歲歉舉人赴省者衆權奏兩都分理時禮部侍郎常袞以貢舉人合試見異於選人並合上都集舉舊章也是後不置東都貢舉

是月勑停童子舉科

德宗建中元年二月中書門下奏准制崇玄館學生試日減策一道者其崇玄館附學官見任者既同行事例合霑恩唯策一道不可更減大義兩條從之

六月勑孝廉科宜停

二年十月中書舍人趙贊權知貢舉先是進士試詩賦各一篇時務策五道明經策三道贊奏以箴論表贊代詩賦仍各試策二道應口問大義明經人明經之目義以爲先比來相承唯務習帖至於義理少有能通經術寖衰莫不由此今若頓取大義恐全少其人欲且因循又無以勸學請約有司舊例稍示考義之難承前問義不形文字落第之後喧競者多臣今請以所問錄於紙上各令直書其義不假文言既與策有殊又事堪徵證憑此取捨庶歸至公如有義策全通者五經舉人請准廣德元年七月勑超與處分明經請減兩選伏請每歲甄獎不過數人庶使經術漸興人知勢本勑旨明經義策全通者令所司具名聞奏續商量處分餘依

三年四月勑禮部應進士舉人等自今已後如有試官并不合選并諸色出身人有應舉者先於舉司陳狀准例考試如才堪及第者送名中書門下重加考覈如實才堪即令所司追納告身注毀官甲准例與及第至選日仍稍優與處分其正員官不

在舉限

貞元二年六月詔自今已後每歲選人有能習開元禮者舉人同一經例選人不限選數許集但問大義一百條試策三道全通者超資與官義通七十條策通二道已上者放及第已下不在放限其有試散官能通者亦依正員官例處分其明經舉人有能習律一部以代爾雅者如帖義俱通於本色減兩選令集日與官其明法舉人有能兼習一小經帖義通者依明經例處分

五年四月詔曰明經舉人所習爾雅多是草木鳥獸之名無益理道宜令習老子道德經以代爾雅其進士亦同大經例帖

六年九月勑本置兩館學士皆選勳賢胄子蓋欲令其講藝紹習家風固非開此倖門聽衆典教且令式之内具有條章考試之時理須精覈比聞此色倖冒頗深或假市門資或變易昭穆殊虧教化之本但長澆競之風未補者務取闕員已補者自然登第用蔭既已乖實試藝又皆假人誘進之方豈當如此自今已後所司宜據式文考試定其升黜如有假代乖准法處分

九年五月詔曰王者設教勸學爲先生徒錄業執禮爲本故孔子曰不學禮無以立又曰安上理人莫善於禮然則禮者蓋務學之本立身之端居安之大猷致理之要道爲辭此事而不裁之以禮則亂疏通知遠而不節之以禮則誣實百行之本源爲五經之户牖雖聖人設教罔不會通而學者遵行宜有先後自頃有司定議計功記習不量教化淺深義理難易遂使將傳學者例從冬集習禮經者獨授散官斅本勸人頗乖指要始務引獎以廣儒風自今已後明經習禮記及第者亦宜冬集其中經兼習周易若儀禮者量減一選應諸色人中習三禮者前資及出身人依科目例白身人依貢舉例每經問大義三十條試策三道仍主司於朝官學官中簡擇精通經術三五人聞奏主司與同試問質定通否義策全通爲上等特加超獎大義每經通十三條已上策通兩道已上爲次等洊資與官如先是貞[illegible]試[illegible]皆

變依正貞例其習開元禮人問大義一百條試策三道全通者爲上等大義通八十條已上策兩道已上爲次等餘一切並准習三禮例處分其諸館學士願習三禮及開元禮者並聽仍永爲常式

十年中書侍郎平章事齊抗奏罷禮部別頭舉人故事禮部侍郎掌貢舉其親故即試于考功謂之別頭至是抗奏罷之

十二年三月國子司業裴肅奏爾雅爲六經之文字之楷模老子是聖人玄微之奥旨請勸天下明經進士五經及明一經進士五經及諸科舉人依前習道德經者宜准天寶元年勅處分應合習爾雅者並准舊式初天寶元年尊崇道教以老子乃玄元皇帝微言奥旨不可列爲小經令有司以爾雅代老子至貞元五年四月宰臣[illegible]奏[illegible]草木鳥獸之名無益理道及今舉人[illegible]是數

十三年十二月顧少連爲尚書左丞權知貢舉奏伏以取士之科以明經爲首教人之本則義理爲先至於帖書及以對策皆

形文字並易考尋試義之時獨令口問對答之失覆視無憑黜退之中流議遂起伏請准建中二年十二月勅以所問録於紙上各令直書其義不假文言仍請依經疏對奏勅宜依

十四年九月詔鄉貢武舉并應百隻箭及三十隻箭人等今年宜權停時諫議大夫田敦因蒙召對奏言兵部武舉每年常數百千人持挾弓矢出入皇城間恐非所宜上聞而瞿然故命停之其鄉貢武舉者每歲不過十數人時議惡敦貴欲非短舊事奏議不實自是訖于貞元更不復置

十六年十二月勅禮部別頭舉人宜委禮部考試不須置別頭

十八年五月勅明經進士自今以後每年考試所收人明經不得過一百人進士不得過二十人如無其人不必要滿此數

十九年六月勅禮部舉人自春以來久愆時雨念其旅食京邑之資用罄空其禮部舉人今年宜權停

憲宗元和二年十二月壬申禮部貢舉院奏五經舉人請罷試口義依前試墨義十條五經通五明經通六便放入策從之勅自今已後州府所送進士如迹涉疎狂兼虧禮教或曾爲官司科罰或曾任州府小吏一事不合入清流者雖薄有詞藝並不得申送如舉送以後事發長吏停見任及已停替者殿二年本試官及司功官並貶官

三年五月兵部奏鄉貢武舉准貞元十四年九月詔宜權停今請准舊例卻置從之

七年十二月權知禮部侍郎韋貫之奏試明經請停墨義依舊格問口義從之

十三年十月權知禮部侍郎庾承宣奏臣有親屬應明經進士舉者請准舊例送考功試之先是貞元十六年高郢掌貢請停考功別試識者是之至是始復

穆宗長慶元年三月勅今年禮部侍郎錢徽下進士及第鄭朗等一十四人宜重試聞奏四月詔曰國家設文學之科本求才實

[illegible]之徒扇爲朋黨謂之關節干撓主司每歲策名無不先定永言敗俗深用興懷鄭朗等昨令重試意在精覈藝能不於異書之中固求深僻題目貴令所試成就以觀學藝淺深孫備告是祭天之樂出於周禮正經閱其呈試之文都不知本事詞律鄙淺蕪累至多亦令宣示識者庶其深有愧恥誠宜盡棄以警將來但以四海無虞人心方泰用弘寬假式示殊恩特掩爾瑕庶明予志孔溫業趙存約竇洵直所試粗通與及第盧公亮等十人並落下餘從別勅處分自今已後禮部舉人宜准開元二十五年勅及第訖所試雜文并策送中書門下詳覆

二年二月諫議大夫殷侑奏謹案春秋二百四十二年行事王道之正人倫之紀備矣故先師仲尼稱志在春秋歷代立學莫不崇尚其教伏以左傳卷軸文字比禮記多校一倍公羊穀梁比尚書周易多校五倍是以國朝舊制明經若大經中能習

一傳即放冬集然明經爲學者猶十不一二今明經一例冬集人之常情趨少就易三傳無復學者伏恐周公之微旨仲尼之新意史官之舊章將墜於地伏請置三傳科以勸學者左傳問大義五十條公羊穀梁各問大義三十條策三道義通七以上策通二以上與及第其白身應者請同五經例處分其先有出身及前資官應者請准學究經例處分又奏歷代史書皆記當時善惡繫以襃貶垂裕勸誡其司馬遷史記班固范曄兩漢書旨義詳明懲惡勸善亞於六經堪爲代教伏惟國朝故事國子學有文史直者弘文館弘文生並試以史記兩漢書三國志又有一史科近日已來史學都廢至於有身處班列朝廷舊章昧而莫知者況乎前代之載焉能知之伏請量前件史科每史問大義一百條策三道義通七策通二以上爲及第能通一史者白身請同五經三傳例處分其有出身及前資官應者請同學[illegible]與處分其三史皆通者

[illegible]加獎擢仍請頒下[illegible]生徒習[illegible]宜依仍付所司三年禮部侍郎王起掌貢舉先是貢舉猥濫勢門子弟交相酬酢寒門俊造十棄六七及元稹李紳在翰林深怒其事故有覆試之科及起考貢士奏曰伏以禮部放榜已是成名中書重覆尚未及第若重覆之中萬一不定則放牓之後遠近誤傳其於事理實爲非便臣伏請今年進士堪及第者本司考試訖其詩賦先送中書門下詳覆候勅却下本司然後准例大字放牓從之

册府元龜卷第六百四十一

貢舉部三

條制第三

唐文宗大和元年七月勅今年權於東都置舉其明經進士任
便東都赴集其上都國子監舉人合在上都試及節目未盡者
委所司條流聞奏
八月禮部貢院奏東都置舉條件其上都國子監宗正寺鴻臚
寺舉人並請待東都考試畢却迴就上都考試從之
十月中書門下奏應禮部諸色科目選人等自未有出身未有
官如有文學只合於禮部應舉有出身有官合於吏部赴科目
選近年已來格文差互多有白身及用散試官并稱鄉貢者並
赴科目選及注擬之時即妨論資負又曾無格例有司不知所守
其宏詞拔萃學究一經則有定制然亦請不在用散試官限[illegible]
三禮三傳一史三五足月[illegible]白身並令國子監及[illegible]
[illegible]
任官如有出身及有正員官本是吏部常選人則任於吏部[illegible]
限選數處科目選若[illegible]則超一資授官如制舉人並諸色人中
皆得選試則無出身官人並可亦請不用散試官從之
是月京兆府鄉貢明經孫延嗣等三百人詣狀舉大曆六年七
年例請同國子監生上都考試許之
二年十二月禮部貢院奏五經明經舉人試義請准元和十四
年十一月四日勅以墨義代口義許之
三年八月禮部奏進士舉人先試帖經并略問大義取經義精
通者次試議論各一首文理高者便與及第其所試詩賦並停
者伏請帖大經各十帖通五通六爲及格所問大義便於習大
經內准格明經例問十條仍對衆試口義伏准新制進士略問
大義緣初釐革今且以通三通四爲格明年以後並依明經例
其所試議論請各限五百字以上成勅旨依奏

四年十月中書門下奏應開元禮學究一經二禮三史明習律
令科人等准大和元年十月二十三日勅散試官及白身人並
於禮部考試其有出身及有官人並吏部赴科目選者自是科
目本合在吏部試自分兩處考試每處皆別與人數轉多事理
非便臣等商量並准前吏部收試其諸節目並准大和元年十
月二十三日勅處分從之七年八月制公卿士族子弟明年已
後不先入國學習業不在應明經進士之限其進士舉宜先試
帖經并略問大義取經義精通者次試議論各一道文理高者
便與及第所試詩賦並停其試帖官便以國子監學官充禮部
不得別更奏請弘文崇文兩館生齋郎並依令試經畢仍差都
省郎官兩人覆試須責保任不得輒許替代
八年正月禮部奏明經弘文崇文館生太廟郊神齋郎掌坐等
共五百五十二人今六色共請減一百三十八人從之是月禮
部侍郎[illegible]奏准大和七年八月勅貢舉人不要試詩賦[illegible]直
[illegible]帖[illegible]七帖次對正義十道次試議論各一首試
考覈放及第
是月中書門下奏進士放牓舊例禮部侍郎皆將及第人名先
呈宰相然後放牓伏以委在有司固宜精慎宰臣先知取捨事
匪至公今年已後請便令放牓不用先呈人名其及第人所試
雜文及鄉貫三代名諱並當日送中書門下便令定例永旨依奏
八月詔罷諸色選舉以歲旱故也
九月勅吏部禮部兵部今年選舉近緣秋末蟲旱相因恐致災
荒權令停罷及斂藏之後物力自任念彼求名之人必懷觖望
之志寧違我令以慰其心宜依常例却置應緣所納文狀及銓
試等期限仍准今年格文遞延一月
十月禮部奏進士舉人自國初以來試詩賦帖經時務策五道
中間或暫改更旋即仍舊蓋以成法可守所取得人故也去年
八月鄭覃先試帖經口義論議等以臣商量取其折衷伏請先

試帖經通數依新格處分時務策五道其中三道問經義
時務其餘並請准大和六年以前格處分敕旨依奏
九年十二月中書門下奏今月九日閤內面奉進止令條流進
士人數及諸色人等進士元格不得過二十五人今請加至四
十人明經元格不得過一百一十人今請減十人伏以國家取
士遠法前代進士之科得人爲盛然以入仕須更拍攜必使練
達固在經歷起來年進士及第後三年任選委吏部依資盡補
州府參軍緊縣簿尉官滿之後來年許選三考後聽諸使府奏
用便入協律郎四衛佐未滿三考不在奏限如任江淮官特
與免其綱使又聞每年貢士常僅千人據格所取其數絕少雖
學待用當年不試孤負介士老而無成甚可惜之臣等商量望
付所司精求行藝起來年終滿四十人及第仍委禮部於所試
諸色貢舉人元格數內共減一十五人部守每年放出身責衣
人數[illegible]定制編入常格[illegible]今才人速得自効經於下位以致

上達可之
開成元年正月詔文武之道合而兼濟勳臣子弟有能修詞藝
學應進士明經及通諸科者委有司先加獎引
自其年至二年三年並高鍇知貢舉每年皆恩賜題目及第並
四十人
三年五月禮部奏請每年進士以三十人爲限從之
十二月詔諸道應薦萬言童子等朝廷設科取士門目至多有
冒者合詣吏曹未仕者即歸禮部比外更或延引則爲冗長起
今後不得更有聞薦仍由正[illegible]異能絕倫詞[illegible]有是命而以童子[illegible]者此其有之
四年十月敕每年明經及第宜更與十人
武宗會昌三年正月敕禮部所放進士及第人數自今後但據
才堪者即與不要限人數每年止於十人五人據得是月宰臣
李德裕等奏舊例進士未放牓前禮部侍郎遍到宰相私第先
呈及第人名謂之呈牓比聞多有敗撓須從[illegible]

情有司固無畏忌取士之濫莫不由斯將務責成在於不撓伏
無取捨豈必預知臣等商量今年便任有司放牓更不得先呈
臣等仍向後便爲定例如有固違仰御史糾舉奏者其時有敕重
試進士因[illegible]塔從且止
四年二月權知貢舉左僕射判太常卿王起下及第二十五人
續奏五人堪放及第楊知至竇緘楊嚴鄭朴源重奉敕只放楊
嚴及第餘並落下王起[illegible]年知貢舉每歲[illegible]考試[illegible]上[illegible]後更呈宰相[illegible]可否[illegible]人[illegible]不[illegible]延英論言
主司試藝不合取[illegible]損與奪比來貢舉艱難放入[illegible]必恐非[illegible]之須[illegible]日貢院不會我意不放子弟即太過[illegible]論子弟[illegible]
但取實藝耳李德裕對曰鄭肅封敖有好子弟不敢應舉帝曰我比聞楊虞卿兄弟朋比貴勢妨平人道路[illegible]至[illegible]之
從並令落下其太甚者德裕曰臣無名第不合言進士之非然臣祖天寶末以仕進無他伎勉強隨計一舉登第自不於
家置文選蓋惡其祖尚浮華不根藝實然朝廷顯官須是公卿子弟何者少習其業目熟朝廷間事臺閣儀範班行準則
不教而自成寒士縱有出人之才登第之後始得一班一級固不能熟習則子弟成名不可輕矣
十月中書門下奏朝廷設文學之科以求髦俊臺閣清選莫
不由茲近緣澆薄不在於鄉閭趨名頗雜於非類致有跋扈之

情[illegible]臣等商量今日以後舉人於
禮部納家狀後望依前三人自相保其衣冠則以親姻故舊久
同遊處有其江湖之士則以封壤接近素所諳知者爲保如有
缺孝悌之行資朋黨之勢跡由邪徑言涉多端者並不在就試
之限如容情故自相隱蔽有人糾舉其同保人並三年不得赴
舉仍委禮部明爲戒勵編入舉格從之
五年三月中書門下奏貢舉人並不許於兩府取解仰於兩都
國子監就試
宣宗大中元年正月禮部侍郎魏扶放及第二十三人續奏其
放及第三人封彥卿崔琢鄭延休等皆以文藝爲衆所知其父
皆在重任不敢選取其所試詩賦並封進奉進止令翰林學士
戶部侍郎知制誥韋琮等考盡合程度其月二十五日奉進止
並赴所司放及第有司考試只合在公如涉徇私自有刑典從
今以後但依常例取捨不得別有奏聞是月敕自今放進士牓

後杏國任依舊宴集所司不得禁制
六月中書門下奏貢舉人取解宜准舊條於京兆府河南府集
試從之
十年四月禮部侍郎鄭顥進諸家科目記十三卷勑付翰林自
今放牓後仰寫及第人姓名及所試詩賦題目進入内仍付所
司逐年編次
五月中書門下奏據禮部貢院見置科目内開元禮三禮三傳
三史學究道舉明筭明法童子等九科近年取人頗濫曾無實
藝可採徒添入仕之門須議條流俾精事業臣等已於延英面
論伏奉聖旨將文字來者其前件九科臣等商量望起大中十
年權停三年滿後至時赴試者令有司據所與人先進名令中
書舍人重覆問過如有本業精通堪備朝廷顧問即作等第進
名候勑處分如事業荒蕪不合送名數者考官當議朝責其童
[illegible]所薦送[illegible]已過[illegible]童子考其所業文是
[illegible]後[illegible]州府薦送童子並須實年十一十二

已下仍須精熟一經問全通兼自能書寫者如違制條本道長
吏亦議懲罰從之
十二年三月中書舍人李潘知舉放博學宏詞科陳琬等三人
及進詩賦論等召潘謂曰所試詩中重用字何如潘曰錢起湘
靈鼓瑟詩有重用字乃是庶幾帝曰此詩似不及起乃落下
十三年十一月河中節度使令狐綯以其子滈求應進士舉勑
曰令狐滈多時舉人極有文學流輩所許合得科名比以父綯
職在樞衡避嫌不赴今因出鎮就舉場況諸通規合試至藝
宜令主司准大中六年勑考試只在至公如涉徇情自有刑典
從今已後但依常例放牓本司取士貴在得人去留之間唯理
所在
懿宗咸通十一年四月勑去年蜀以用軍之際權停貢舉一年
今既偃戈却宜仍舊來年宜別許三十人及第進士十人明經

一十人已後不得援例
景宗天祐三年正月國子監奏得監生郭應圖等六十人狀稱
伏覩今年六月五日勑文應國學與諸道等明經一例解送兩
人者應圖等早辭耕稼夙慕詩書自抛鄉邑之中便忝國庠之
内棲遲守學轗軻于時未諧昇進之期却抱減退之患若或諸
道解送監府同條實謂首尾難分本技無異伏請聞奏俾遂遲
恩者又河南府奏當府取解明經舉人周定言等二十七人各
據取解差司録參軍崔蘊考試並已及格伏緣明經舉人先准
勑諸州府解送不得過二人者今當府除去留外見在二十七
人考試並已及格若只送二人必恐至有爭論難以指揮者勑
曰取士之科明經極重每年人數已有舊規去夏雖舉條流蓋
慮所司踰濫今者國子監既有聞奏河南府亦具陳論不合送
人何以誘進只在乎外陟之際切務公平又何必解送之時須
[illegible]遺才之歎須開[illegible]善之門特改舊條俾循往例國
[illegible]例解送禮部所放人數亦許

[illegible]所司但不得苟徇[illegible]求遂致僥倖無下諸道准此二月禮
部奏伏以累年朝廷多事道途艱辛在遠舉人併阻隨計遂年
所司放牓人數不常量其少多臨事增減今者干戈稍弭水陸
漸通舉人等皆負笈携囊裂裳重繭足來求試藝競切觀光雖人
數不廣於近年而貢籍頗甚其屈臣至於俊造亦有其人臣今
欲於去年數外更放三數人佇開勸誘之門以替文明之運已
選今月二十一日放牓伏候進止者勑曰朝廷取士之科每歲
擇才之重必資藝實以副勤求或來自遠途或久稽鄉薦今年就
試多有屈人所司奏論是宜俞允苟叶無私之道俾開振滯之
門切在精詳佇觀公當其禮部所放進士於去年人數外宜令
更添兩人
梁太祖開平元年六月詔近年諸道貢舉人皆潘方秋薦之時
不覩試者號為拔解非所以責實也帝因知之乃下令止絶

三年勑條流禮部貢院每年放明經及第不得過二十人
四年十二月兵部尚書知貢舉姚洎奏曰近代設詞科選青子蓋所以綱維名教崇樹邦本者也曩時進士不下千人類徹海隅偃風嚮化近歲觀光之士人數不多加以在位臣僚罕有子弟就其寡少復避嫌疑實恐因循漸爲廢墜今在朝公卿親屬將相子孫有文行可取者請許所在州府薦送以廣就材之義從之
乾化元年十二月以尚書左僕射楊涉知禮部貢舉非常例也前代自唐武德貞觀之後但委考功員外郎掌之至開元二十五年員外郎李昂爲貢士李權所詆由是中書奏請以禮部侍郎專爲其間或以他官領者多用中書舍人及諸司四品清資官唯會昌中命太常卿王起主貢舉時乃檢校僕射耳
後唐莊宗同光二年三月勑選舉二門仕進根本當掄擇於多士全藉考校於有司苟請託是從則踰濫斯極況方行公事已舉藝校況行飛騰之文俾絕僥求之路宜令吏部禮部掄材考藝必盡於精詳滅私徇公無從于請託仍委三銓貢院牓示省門曉告中外
十月中書門下奏□可勸忠前經之令典因時建議有國之明規適既務於化成事亦歎於競勸敢裨宸聽輒罄芻言伏惟陛下業茂經綸功成理定五材七德威冠於伐謀百氏三墳義彰於知教爰自中興啓運下武膺期照臨而日月光華鼓舞而乾坤交泰英明取士睿哲崇儒誠宜便廣於搜羅豈可尚令於淹抑但以今春貢士就試不多即目選人磨勘未畢宗伯莫臻於俊乂天官難辨於姸媸況已過秋期將行公事例聞道路悉是家貧比及到京多踰程限文闈選部皆礙條流伏請權停貢選一年俟還舊貫吏勳進脩希于□者有益加循省然後精求良幹博採異能免有遺賢庶同樂聖勑貢舉選二門國朝重事但宜謹嚴非議權停宜準常例處分

三年三月勑禮部貢院今年新及第進士符蒙正成僚王徹桑維翰四人國家歲命春官首司貢籍高懸科級明列等差廣延善之門爲取士之本所重者藝行兼著鄉里有稱定才實以浮深振聲明於前又必當得雋允副旁求爰自近年寖成澆俗多聞濫進全爽舊章朕自纂復丕圖削平僞紀方作事以謀始盡革故以鼎新蓋欲窒奸正訛去華務實誠爲要道無切於斯今據禮部奏所放進士符蒙正等四人既嫌與情頗干浮論須令覆試俾塞羣言又遣考詳貴從精覈及再覽符蒙正成僚等呈試詩賦果有斑瑕今若便有去留慮乖激勸儻無貶降卽恥甄明況王徹體物可嘉屬辭尚妙細披製作最異儕流但應試以教成或求對而不切桑維翰苦無蹤跡稍有功夫止當置對之閒累失求妍之美須推事藝各定否臧貴叶允平庶諧公共其王徹改爲第一桑維翰第二符蒙正第三成僚第四禮部侍郎裴暤在掄才之際雖匪阿私當定名之時頗虧□□但緣符蒙正[illegible]爲常年所試舉人雜文策等候過堂日委中書門下准本朝故事細加詳覆方可奏聞不得輒徇人情有隳事實時命盧質覆試於翰林院試君從諫則聖賦以堯舜禹湯傾心求過爲韻臣事君以忠詩是歲試進士科者數十人裴皡精選其文唯得王徹輩或譖毀於宣徽使李紹宏曰今年新進士不由才進各有阿私物議以爲不可紹宏訴於莊宗翻因奏令盧質覆試質爲賦韻五平聲三側聲且踰常式覆試之日中外騰口議者非之
五月禮部貢院奏當司准流內銓牒應請定冬集舉人內有前鄉貢童子者三銓已前團奏冬集皆是前鄉貢童子伏准格文只有童子科比無鄉貢字銓司先爲請定冬集舉人九經張佇宣等內有前鄉貢明經童子成光誨遂檢尋六典及蘇冕會要又無本朝書子細檢討唯有明十二年十二月勑諸道應薦萬言及童子起今後不得更有聞薦據此童子兩字皆由諸道表

爲國無鄉貢之名又無口義帖經亦不合有明經之學近則止於暗誦使號神童此外格文別無童子其成先誨銓司准格只收取六歲童子國家去二月十五日具狀申留司宰臣取裁奏敕准中書伏緣三銓見闕奏參集內有神童及明經字已依成光條例准格只收取童子國奏收者伏以院司常年考試皆憑諸道表薦降敕下到當司准格考試及格者便放及第其同光二年童子郭忠恕等九人皆是諸道表薦童子敕內并納到家狀並有鄉貢兩字院司檢尋同便牓示引試及第後先具白關牒報吏部尚書省續使國奏奉敕旨頒下到中書皆追當司元下納家狀點檢回覆奏放敕經過諸處敕下後方始到當司備錄黃國牒報御史臺尚書省并吏部南曹今准流內銓牒伏緣院司承前省選敕命施行童子敕內並有鄉貢兩字若使落下恐涉專擅者奉敕起今後宜準開成三年敕文凡有官者並詣吏部[illegible]參選合格[illegible]部准童子則本州府依諸色舉人例考試給解

送省[illegible]鄉貢童子自是不得表薦若無本處解送者不在考試之限

八月敕條例諸道州府不得表薦童子

四年正月五科舉人許[illegible]岳等一百人進狀言伏見新定格文三禮三傳每科只放兩人方今三傳一科五十餘人三禮三十餘人三史學究一十人若每年止放兩人及一人遂年又添初舉之人縱諸修進皆恐滯留臣伏見長慶咸通年中放舉人元無定式又同光元年春牓亦是一十三人請依此例以勸進修敕依同光元年例永爲常式

明宗天成元年八月敕應三京諸道今年貢舉人可依常年例取解仍令隨處津送赴闕二年正月尚書禮部貢院奏五經考試官先於一定郎日長定合請兩員數年係屬貢院准新定格文祇令奏請一員兼充考試伏緣今年科目人數轉多即欲依舊請考試官各一員如蒙允許續具所請官名銜申奏奉敕宜依

是年四月中書奏禮部貢院申當司奉今月六日敕吏部流內銓狀申據白院狀申當司先准禮部貢院牒稱據成選宏詞解送到前進士王蟾狀請罷擲深州司戶參軍注擬宏詞舉前件人准格例應宏科合在吏部其王蟾并解送吏部請准例指蹤者當司遂具狀申堂奉判送吏部分析近年事例如何者伏緣近年別無事例今撿登科錄內於僞梁開平三年應宏詞登科二人前進士余渥承旨舍人李愚考官二人司勳郎中崔景兵部員外郎張貽憲者再具狀申堂奉判送吏部准例指揮者其前進士王蟾應宏詞考官試官合在流內銓申請者伏以進士王蟾請應宏詞伏自近年已來無人請應今再格例合差考官二人又緣只有王蟾一人獨應銓司未敢懸便奏請差官者奉中書門下牒奉敕宜令禮部貢院就五科舉人考試者伏以舉選公事皆有格條准新定格敕文宏詞拔萃准長慶二年格吏部差考試官二人與知銓尚書侍郎同考試聞奏又准格節文內准大

[illegible]月十三日敕應[illegible]人今吏部諸色科目選人允無出身及未有官只合於禮部應舉有出身有官方合於吏部赴科目選其請應宏詞舉前進士王蟾當司當年放及第後尋已關過吏部訖若應宏拔例待南曹判成即是科選選人事理合歸吏部況緣五科考試官只考學業難於同考宏詞者奉敕王蟾宜令吏部准往例差官考試

十二月敕新及第進士有聞喜宴關宴遂年賜錢四十萬

三年春趙鳳知貢舉場中利病備達天聽因敕進士帖經通三即可五科試本業後對策全精即可諸經學帖經及格後於大經帖問三義面書於試紙令直解其理通三即可對策並須理有指歸言關體要

七月工部侍郎任贊上言曰伏以聖代設科貢闈取士必自鄉薦來觀國光將叶公平唯求藝行若無廣搜羅之理且非遺[illegible]之場伏見常年舉人等省門開後春牓懸時所習無不精研有司

寵免黜落或嫉其先達或忿以厚誣多集怨於通衢皆取譏於
羣聽頗虧教本却成亂階宜立新規以革前弊自今後諸舉人
不是家在遠方水陸隔越者望委令各於本貫選藝學精通實
寀一人考試如非通贍不許妄薦儻考藝乖當即試官請負於
勁酬若薦送稍私并舉子盡歸於覺緣異彰著化免素儒風庶
絕濫進之人共守推公之道
是日勑宜令今後諸色舉人委逐道觀察使慎擇有詞藝及通
經官員各據所業考試及格者即與給解仍具所試詩賦經帖
通粗數一一申省未及格者不得徇私發解兼承前諸道舉人
多於京兆府寄應例以洪固鄉胄貴里爲戶一時不實久遠難
明自此各於本道請解具言本州縣某鄉某里某爲戶如或寄
應須具本貫屬入狀不得効洪固胄貴之例文解到省後據所
稱貫屬州府戶籍內如是無名本人并給解處官吏必加罪責
京百司發解就試准前指揮兼下貢院具本朝舊格諸色舉人

舉子各放數人及第到月續更詳酌處分
是月勑應將來三傳三禮三史開元禮學究等考試本業畢後
引試對策時宜令主司須於時務中採取華當要題精詳考校
不必拘於對屬須有文華但能周通文字典切即放及第如不
及此格雖本業精通亦須黜落應九經五經明經帖書及格後
引試對義時宜令主司於大經內出問義五道於策下書於試
紙令隨策義逐段解說但要不失疏注義理通二通三然後便令
念疏如是熟卷並須全通仍無失錯始得入策亦須於時務中
選其題精當考校如粗於筆硯留意者得取以四六對仍須理
有摘歸言關體要如不曾於筆硯致功則許直書其事不得錯
使文字只在明於利害其問義念疏對策逐件須有去留
是月勑近年諸道解送童子皆越常規或年齒漸高或神情非
俊或道字頗多訛舛或念書不合格文主司若不去留貢部積
成弊自此後應諸道州府如公然濫發文解略不考試藝能

其逐處本判官及試官並加責罰仍下貢院將來諸道應解送
到童子委主司精專考校須是年顏不高念書合格道字分明
數無釁失即放及第仍依天成三年例主司未出院間便引就
試與諸科舉人同日放牓不得前却十二月戊午禮部貢院以
諸色及第人失墜出身請同年一人充保次年及第二人充保
即重給春關已未以近令進士帖經通三即放處非所習今年
令不及通三亦放來年秋賦詞人並令對義
四年二月貢院雜鑽未試舉人勑先往洛京赴本省就試
七月貢院奏今年諸色及第人中有曾攝州縣官及有御署攝
牒兼或有正授官及曾在賓幕赴舉者諸條格中書奏及第人
先曾授職官者宜令所司於守攝文書內堅重應舉及第年月
日或改名不改名分明印押擢其轉賜於人假資冒進也其中
曾授正官御署并佐幕者仍納前任資序與除一任官如自中
與尸來諸科及第人曾授職官者並令所司追納文書到日准

舉子及第人例處分已授官者不在此限兼勑貢院將來舉人
於家狀內各分析曾爲官及不曾爲官改名不改名其曾爲職
官者先納歷任文書及第後准例指揮從之
其月勑應今年新及第人給春關並於動政門外宣賜處所司
邀頷故也
十一月中書門下條流貢舉人事件應諸道州府解送諸色舉人
須准元勑差有才藝公正官考試及格然可給解仍具所試詩
賦義目帖由送省如逐州府解內不竪出前件指揮事節所司
不在引試之限禮部貢院考試諸色帖經舉人今後據所業經
書對義之時逐經須將生卷與熟卷中半考試不得依往例只
將熟卷試問今後主司不得受內外官寮書題薦託舉人及受
排考試官如或寄買請知有才學精博者任具奏聞若受書題
囑託致有屈人其主司與發書人並加黜責其所舉人別行朝
典三銓南曹亦不得受不得受諸色官員書題薦託選人如違

並准前指揮應諸色落第人此後所司具所落事由別張縣文
牓分明曉示除諸州府解送舉人外餘有於河南府寄應并宗
正寺國子監生等亦須准上指揮其中有依計朝官者於解內
具言在某官某姓名門館考試及第後並據姓名覆試諸色舉
人至入試之時前五日內據所納到試紙本司印署訖却送中
書門下取中書省印印過却付司給散逐人就試貢院合請考
官試官今後選舉業精通廉慎有官者充如在朝官門館人不
得奏請奉勅宜依
是月兵部尚書盧質奏請逐年諸色貢舉人州府取解之時選
強明官考試其詩賦義自送省從之
五年正月禮部貢院奏當司准天成三年十二月十八日勅文
內准近勅自此進士試雜文後據所習本經一一考試須帖得
經三口上即放及第者奉勅進士帖經本朝舊制蓋欲明先王
之旨意閱才子之文章近代已來以簡細爲式今且上從元勅下

[illegible]怨此
求備以斯難㡯觀光而是虞今年凡應進士舉所試文策及帖
帖經或不及通三與放及第來年秋賦詞人所習一大經許令
對義義目多少次第仍委所司件奏者其今年逐處所解送到
進士當司引試雜文帖經後欲令別於所習一大經內對義目
五道考試通二通三准帖經例放其入策其將來秋賦諸侍臨
及諸道州府所解送進士等亦准去年十月一日勅條流考試
其詩賦義目帖由等並解送赴省如或不依此解送當司准近
勅並不引試奉勅宜依

冊府元龜第六百四十一

冊府元龜卷第六百四十二

貢舉部

條制第四

後唐明宗長興元年二月勑傳科不精公穀虛有其名望科未達爾雅何登第兼知前後空聞定制去留皆在終場博通者混雜以進身膚淺者僥求而望事須須明勑俾叶公途自此後貢院應試三傳三禮宜令准進士九經五經明經例逐場皆須去留不得依終場方定仍具所通否粗二一旋於牓内告示其學究不在念書可特試墨義三十道亦准上指揮如此則人知激勸事有區分主司免致於繁怔舉子不興於僭濫仍付所司學究不念書新例此國朝所設五科唯李究文書最少乃令念其經而通其義故曰學究今祇許對義即學者皆專於此科將論非之

[illegible]並宜停[illegible]

[illegible]中書[illegible]奏勑新及第進士所試新文委中書門下細覽詳覆方具奏聞不得輒徇人情有隳事體中書於今年四月二十九日帖貢院准元勑指揮中書量重具詳覆者李飛賦内三處犯韻李穀一處犯韻兼詩内錯書青字為清字並以詞翰可嘉望特恕此誤今後舉人詞賦屬對並須要切或有犯韻及諸雜違格不得放及第仍望付翰林別撰律詩賦各一首具體式一一曉示將來舉人合作者即與及第其李飛樊吉夏侯琪吳洄王德柔李穀等六人盧價賦内薄伐字合使平聲字今使側聲字犯格孫澄賦内御字韻使宇字已落韻又使膂字是上聲有字韻中押瞥字是去聲又有朽字犯韻詩内田字犯韻李象賦内一句六石慶兮並合使此奚字道之以礼合使此導字及錯下事常字韻七之方字詩中言十千十字處合使平聲字偏字犯韻楊文龜賦内均字韻内使民字以君上為曝駢之士失奉上之躰兼善字是上聲又押偏字是去聲如字内使興字詩中偏字犯韻師均賦内仁字犯韻晏如書安如又河清海晏宴字不合韻又無理晏字即落韻楊仁遠賦内罰字書代字銜勑字書鉞字詩内遊崗字合著平聲字兼黍梁不律王谷賦内御字韻押處字上聲則落韻去聲則失理善字韻内使顯字犯韻如字韻押殊字落韻其盧價等七人望許令將來就試仍放再取文解高策賦内於字韻内使依字疑其海外音訛文意稍可望特恕此一失鄭朴賦内言肱股詩中十千字犯韻又言玉珠其鄭朴許令將來就試亦放取解仍自此貢舉每年祇放一人仍須事藝精其張文寶試士不得精當望罰一季俸今後知舉官如敢因循當行嚴典伏以國設高科人貪上第所望不小其業須精寶以喪亂年多苦辛人少半失宣尼之道倍勞宗伯之心不望超群且須合格今逢聖運大闢皇猷設官共莘於時詮選士實期於歲勝又朝廷大放數為選擇賢才宦下收恩豈成公道時論以貢舉官為

[illegible]門又以[illegible]門生者門弟子也[illegible]游身等並受仲尼之訓即是師門大朝所命春官不曾教誨舉子是國家貢士非宗伯門徒況又斥先聖之名失點儒之體今後及第人放牓時並須據才藝高低從上依次第安排不得以甚科取鼎岳斗之名為貴異從敦實以息澆浮兼不得呼春官為恩門師門不得自稱門生除賜宴外不得輒有率斂別謀歡會曾赴舉落第人無故不得毀名將來舉人並依據地里遠近於十月三旬下納文解如違不在收受之限敕旨從之

七月此部員外郎知制誥崔梲奏豈其見開元五年勅每年貢舉人見訖宜令引就國子監謁先師學官為之開講質疑所司設食永為常式自經多故其禮寖停請舉舊典從之

八月勑其童子准往例委諸道表薦不得解送兼所司每年所放不得過拾人仍所念書並須是部帙正經不得以諸雜零碎文書虛成卷數兼及弟後拾壹選集弟壹任未得授親人官

是月勑今後吏部所應宏辞拔萃宜並權停其貢院擬見應進士九經五經明經并五科童子名外其餘諸色科名亦宜並停

十二月每年貢舉人所試詩賦多不依體式中書奏請下翰林院命學士撰詩賦各一首下貢院以為舉人模式學士院奏伏以體物緣情文士各推其工拙掄材較藝詞場素有其規程允務菁名[illegible]遵常式況聖君御宇奥學盈朝儻令明示其規模或慮[illegible]貽[illegible]臧否歷代作者垂範相傳將期絕彼微瑕未若舉其舊制伏[illegible]下所司依詩格賦樞考試進士庶令職分互展恪勤從之

二年二月禮部貢院奏當司奉堂帖夜試進士有何條格者勑旨秋來[illegible]舉備有常程夜後為文曾無舊制王道以明規是設公事須[illegible]晝顯行與咸觀光尤敦勸善每取翰林學士往例皆試五題[illegible]觀筆下摛詞不俟燭前搆思其進士並令排門齊入就試至明[illegible]門將試畢內有先了者上曆晝時旋令先出其入策試須盡[illegible]對策並依此例[illegible]分[illegible]試畢士拘前例出

六月刑部員外郎和凝奏臣竊見明法一科久無人應今應令請減其選限必當漸有舉人謹按考課令諸明法試律令十條以識達義理問無疑滯者為通所貴懸科待士自勤講學之功為官擇人終免曠遺之咎況當明代且舉此科勑旨宜外明法一科同開元禮選數兼赴舉之時委貢院別奏請會刑法試官依格例考試先是天成三年十一月大理寺[illegible]上言[illegible]日[illegible]聞禁暴亂者莫先於刑律[illegible]無功[illegible]詩書刑律明則人不敢為非禮義行則[illegible]自然[illegible]書之教則刑案必有官[illegible]律之科則世皆莫[illegible]近者大理正[illegible]請置[illegible]生[illegible]二[illegible]聞未蒙申奉伏乞特頒詔下付[illegible]令冊[illegible]設其科[illegible]各處送一兩人就[illegible]臣業[illegible]身[illegible]許以[illegible]選[illegible]則率二十之內[illegible]於[illegible]成[illegible]於皇化至是擬

三年正月勑曰貢舉之人平勤頗甚每年隨計終日食貧須覽擢勤之門俾絕[illegible]之歎今後落第舉人所司已納家狀者次年[illegible]並免再取文解兼下納文解之時不在拘以

三旬但十月內到者並與收受

十二月禮部貢院奏准會要長壽二年七月十日左拾遺劉承慶上疏曰伏見比年已來天下諸州所貢方物至元日皆陳在御前唯貢人獨於朝堂列拜伏請貢人至元日列在方物之前以備充庭之禮制曰可近年直至臨鏁院前赴應天門外朝見今後請令舉人復赴正仗仍緣今歲已晚貢士未齊欲且據見到人數引牒送四方館至元日請令通事舍人一員引押宣贊列在貢物之前或以人數不少即請祗取諸科解頭一人就列其餘續到者候齊日別令朝見如蒙允許當司即於都省點別置儀奉勑宜准元勑處分餘宜依

四年二月知貢舉和凝奏舉人就試日請皇城司差人於院門前聽察舉人挾帶文書入院請點將來舉數自一舉至三舉放牓後及第人看牓訖便綴行於五鳳樓前謝恩後赴國學謝先師舊例侵晨張牓若貢舉考試官便出院並恐人牓下諠訴今年請放牓後貢舉官[illegible]勑旨五鳳樓前非舉子謝恩之所令於朝堂謝恩即赴國學試且宜令御史臺差人院司聽察放牓日至晚出院此後永為定制餘並依奏

是月禮部貢院奏新立條件一九經五經明經學帖心之時試官書通不後有不及格者唱落後請置[illegible]硯將所納由分明却令自看或是試官錯書通不當與改正如懷疑者使許請本經書面前檢對如實是錯填即更於帖上書名而退一五科常年駁牓出多稱屈塞今年並明書所對經書舉子第幾道不第幾道粗第幾道通任將本經書疏照證如考試官錯書不相請別將狀陳訴當再加考按如實錯誤妄陳文狀當行嚴斷一今年舉人有抱屈落第者許將狀披訴貢院當與重試如貢院不理即詣御史臺論訴請自試舉人日令御史臺差人受舉人訴屈文狀并引本身勘問所論事件或知貢舉官及考試官已下取受貨賂界權親情屈塞藝能應副囑記及不依格去留一事

有違請行朝典一懷挾書策舊例禁止請自今已後入省門搜得文書者不計多少准例扶出殿將來一舉入鋪後搜得文書者准例扶出殿將來兩舉一還口授人迴換試劄及抄義題帖書時請殿相救准例扶出請殿將來三舉一臣竊見近年未精進格落下出外及見駁榜後每見同人妄為辭說擬為毀謗者亦並止絶及別人帖對過數多者便生誣毀或雜結假駕者並當收禁牒送御史臺請準格勒歸鄉如知舉官及考試官事涉徇私並藝士請行朝典若虛妄者請罪從私勘牒送本道重處色役仍永不得入舉場司除人亦請准此坐各殿三舉其勑至日三月童子闕惟一等三十九人進狀伏見貢院謄童子科放十人乞念苦辛更加人數勑旨都放二十人須是實苦辛者仍此後不得援例

末帝清泰元年九月中書門下帖太常以長興三年勑諸科舉人常年薦送先令行鄉飲酒之禮凡預舉人例從鄉賦□書之什俾騰龍化之津□□□□□□□□於鄉黨行慈感事克振儒風宜令復行鄉飲酒之禮太常寺定儀注頒下諸州預前肆習解送舉人之時便行此禮其儀式具闕奏時李懌為太常文士淺於禮學唯博士段顒採禮記賓主次第申初長興中宰臣李愚好古奏行此禮累年不暇至是愚復舉奏及鄉禮官所定無措禮直官孫知訓以為古禮無次第不可施行博士或言於愚曰梁朝時青州嘗行一度遂令青州詢舊儀書以聞

二年七月御史中丞盧損言天成二年二月勑每年進士合有聞喜宴春關宴并有司所出春關牒用綾紙並官給臣等以舉人既成名第宴席所費屬私況國用未充枉有勞費請今後舊制不賜聞喜春關冬集綾紙聞喜關宴所賜錢並仍舊宜依所奏從之

九月禮部貢院言選制勑內該合行二十五道道理有未盡條例長興四年記明經對墨義已前無此條例清泰二年二月詔明經念疏每問三道後許請熟卷都問十道通六即放入策天成五年二月詔學究六念書試墨義三十道清泰二年三月詔學究依舊念書并注十道後別試墨義十道及格即放入策長興二年二月詔進士引試早入試晚出者今請依舊例逐士試雜文並點門入省經宿就試往例童子表薦不解送每年所放不過十人長興四年三月詔許放二十人應順元年正月詔許放十五人今請如最後勑人數長興元年詔進士九經五經明經五科童子外諸色科目並停緣舊有明算道舉今欲施行長興三年正月詔每年落第舉人免取文解今欲依元格諸科並再取解以十月二十五日到省畢違限不收以天成四年詔諸色舉人入試前五日納試紙用中書省印訖付貢院院司緣五科所試場數稍多欲印紙鏁宿內中書從來不便請秖用當司印從之

其月舉人張洞而下以去年落第人各於鄉里取解以試期近來往不及乞今年且依舊例從之來年即勒本州取解

三年五月明經崔賦等經中書訴宋州節度掌書記上封事言舉人須依舊格取本州里文解者見附國子監諸生赴舉皆不取文解條例異同詔曰凡布化條惟務均一苟公平之無爽即中外以適從國子監每歲舉人皆自四方來集不詢解送何辯是非其附監舉人並取去年八月一日勑須取本貫文解如不及第者次年便許監司解送若初投名未嘗取本處取解者初舉落第後監司勿更收補其淮南江南黔蜀遠人即不拘此例監生禮部補令式在焉

晉高祖天福三年三月翰林學士承旨兵部侍郎權知貢舉崔棁奏臣謬蒙獎擢叨掌文衡實憂庸儒之材不副搜羅之旨敢不揣摩頑鈍杜絶阿私上則顯陛下求賢次則使平人得路但以今年就舉比常歲倍多科目之中尤豪甚衆每聚牓出後則時有喧張不自省循但言屈棄之洞朝翁各出言詞或云主司

不公或云試官受賂貨處上達宸聽微臣無以自明晝省夜思臨深履薄今自欲請今舉人落第之後或不甘心任自投狀披陳卻請所試與所義對證兼令其日一甲同共校量若獨校試官怨未息詞理儻是實負抑屈則所司固難追憲章如其妄奏陳論則舉人乞痛加懲斷冀此際免虛遭謗議亦將來可以遠施行儻蒙聖造允俞伏乞降勅勅分從之

四年六月勅尚書禮部歷代懸科為時取士任使賢則於稱職授羅每處於遺才其知銓司注官員闕有限貢闕考第人數不常雖大朝務廣於選求而常調煩聞於淹滯每條一闕或經累年遂令羈旅之人多起怨咨之論將令通濟須議從權庶幾進取之流更勵專勤之業其貢舉公事宜權停一年

五年三月詔及第舉人與主司選勝遊宴及中書舍人數往接見舉人兼兵部禮部引人過堂之日帶以酒食會客悉宜廢之

四月禮部侍郎張允奏曰明君側席雖切旁求貢士觀光豈宜

濫進竊覩前代未設諸科即以明經俾昇高第自有九經五經之後及三禮三傳已來孝廉之科遂因循而不廢搢紳之士亦緘默而無言以至相承未能改作每歲明經一科少至五百已上多及一千有餘舉人如是等試官豈能精當況此等多不究義唯攻帖書文理既不甚通名第豈可妄與且常年登科者不以相次赴選者甚多州縣之間必無負闕甚載之下須有揩留怨咨自此而興謗讟因茲而起但今廣場大啓諸科並存明經者悉包於九經五經之中無出於三禮三傳之內若無釐革恐未便宜其明經一科伏請停廢又奏國家懸科待士貴務搜揚責實求才須除訛濫童子每當就試止在念書則雖稱精詳對卷則不能讀誦及名成貢部身返故鄉但尅日以取官更無心而習業濫蠲徭役壓占官名其童子一科　亦請停廢

勅明經童子宏詞拔萃明筭道舉百篇等科並停

六年五月勅明法一科今後宜令五選集合格注官日仍與勅分

少帝開運元年八月詔曰明經童子之科前代所設蓋期取士貞謂通規爰自近年暫從停廢損益之機未見牢籠之義全虧獎勸斯文宜依舊貫庶臻至理用廣旁求其明經童子二科今後復置

十一月工部尚書權知貢舉竇貞固奏進士考試雜文及與諸科舉人入策歷代已來皆以三條燭盡為限長興二年改令晝試伏以懸科取士有國常規沿革之道雖殊公共之情難失若使就試兩廊之下揮毫短景之中視晷刻而惟畏稽遲演詞藻而難求妍麗未見觀光之美但同款答之由既非師古之規恐失取人之道今欲考試之時准舊例以三條燭為限其進士并諸色貢舉人等有懷藏書冊入院者舊例扶出不令就試近年以來雖見懷藏多是容縱今欲振舉弛紊明辨否臧與在必行庶為定式

十二月勅禮部貢院貞固所考試進士皆以三條燭為限未[illegible]舉人等有懷藏書冊不令就試宜並准舊施行從貞固奏也

漢隱帝乾祐二年刑部侍郎邊歸讜上言臣竊見每年貢舉人數甚衆動逾五舉六舉多至二千三千既事業不精即人文何取請勅三京鄴都諸道州府長官合發諸色貢舉人文解者並須精加考校事業精研即得解送不得濫有舉送冀塞濫進之門開與能之路勅從之其間條奏未盡處令下貢院錄天福五年四月二十七日勅文告諭天下依元勅條件施行如有固違其隨勅考試官員當准勅條勘分

周太祖廣順二年二月禮部侍郎趙上交奏貢院諸科人欲不試逐義口義共十五道改試墨義共一十道從之

三年正月戶部侍郎權知貢院趙上交奏九經舉人元帖經一百二十帖墨義三十道臣今欲罷帖經於諸經對墨義一百五十道五經元帖八十帖墨義二十道今欲罷帖經令對墨義一

百道明經元帖書五十帖欲罷帖書令對義五十道明法元帖律令各十帖義二十道欲罷帖律令對義二十道學究元念書二十道對義二十道今欲罷念書對義五十道三禮元對墨義九十道三傳元對義一百一十道欲三禮於周禮儀禮各添義二十道三傳於公羊穀梁傳各添義二十道開元禮三史元義三百道欲各添義五十道進士元試詩賦各一首帖書二十帖對義五道欲罷帖書別試雜文二首試策並仍舊童子元念書二十四道欲添念通前五十道念及三十道者放及第從之

九月翰林學士承旨刑部侍郎知制誥權知貢舉徐台符奏貢舉之司條貫之道有沿有革或否或臧蓋趣向之不同致施行之有異今欲酌其近例權彼舊規參而用之從其可者謹條如右九經元格帖經一百二十帖對墨義汎義口義共六十道策五道去年知舉趙上交起請罷帖書汎義口義都對墨義一百五十道合今請去汎義口義都對墨義六十道其帖書對策依元格五經元格帖書八十帖對墨義五十道已今請對墨義七五道其帖書對策依元格明法元格帖律令一十帖對律令墨義二十道策試十條去年罷帖對墨義六十道策試如舊已今請並依元格學究元格念書對墨義各二十道策五道去年罷念書都對墨義五十道已今請依去年起請三禮元格對墨義九十道去年添四十道已今請並依元格三傳元格對墨義一百一十道去年加對四十道已今請並依元格開元禮三史元格各對墨義三百道策五道去年加對五十道已今請並依元格進士試雜文詩賦帖經二十帖對墨義五道去年代帖經對義別試雜文二首已今請依起請別試雜文其帖書對義請依元格童子元格念書二十四道起請添念書都五十道只令三十通者放已請依起請勑國家開仕進之路設儒學之科投業揄才登賢舉俊其或藝能素淺履行無聞求造科場妄求僥倖及當試落便起怨嗟誘譏騰是非鋒起至有僞造制勑之語毀

惑儕流巧爲誣毀之言隱藏名姓以茲取事得非薄徒宜立憲章以示澄汰其禮部貢院條奏宜依仍於引試之時精詳考校逐場去留無藝者雖應年深不得饒借場數若有藝者雖遺黜落並許訴陳紙不得於街市省門故爲諠競及投無名文字訕毀主司如有故違必行嚴斷本司鎖宿後御史臺開封府所差守當人專切覺察其有不自苦辛秖憑勢援潛求薦託僥拾科名致使孤寒滯於進取起今後主司不得受薦託書題如有書題密具姓名聞奏其舉人不得就試今後舉人須取本鄉貫文解若鄉貫阻隔秖許兩京給解

世宗顯德元年十一月勑國子監所解送廣順三年已前監生人數宜令禮部貢院收納文解其今年内新收補監生秖仰落下今後須是監中授業方得准令式收補解送先是國學收補監生顯有條例邇來學官因循多有近甸州府不得解者即投監請補送省率以爲常是歲主文者知其弊因取監司所送學生七十四人狀事詳之例不合於令式悉不收試由是移刺紛然更相援引監司舉束脩之脩之條以塞其議貢院告於執政因達於上聽故降是命議者非成均而是禮闈

二年三月勑尚書禮部貢院奏今年新及第進士李覃嚴說何曮武允成王汾閻丘舜卿楊徽之任惟吉趙鄰幾周度張慎微王翥馬文劉選程浩然李震等一十六人所試詩賦文論策文等國家設貢舉之司求英俊之士務詢文行方中科名比聞近年已來多有濫進或以年勞而得第或因媒勢以出身今歲所放舉人試令看驗果見紕繆須至去留其李覃何曮楊徽之趙鄰幾等四人宜放及第其嚴說武允成王汾閻丘舜卿任惟吉周度張慎微王翥馬文劉選程浩然李震等一十二人藝學未精並宜句落且令苦學以俟再來禮部侍郎劉溫叟失於選士頗屬因循據其過尤合行譴論尚示寬恕別具條理聞奏五月翰林學士尚書禮部侍郎知貢舉竇儀上言伏以朝廷設科比

來求藝州府貢士秖合薦能爰因近年頗隳舊制其舉子之弊也多是幾諳習業便切干名周儀未詳赴三禮之舉公穀不究應三傳之科經學則偏試帖由進士則鮮通經義取解之處請張其說於辛勤到京之時奔競惟求於薦託其舉送之弊也多是明知荒淺具委免𢘊所差考試之官利其情禮之物雖所取無幾實啓幸非輕凡對問題任從同議謾擬音通而憑否了無去以無留推徇人情僅同兒戲致令至時就試不下三千每歲登科罕踰一百假使無添而漸赦約須畢世而方周乃知難其舉則至公而有益於人易其來則小惠而無實於事有益者知濫進不得必致精勤無實者欲多放無能遂令來往且明經所業包在諸科近聞應者漸多其中精者蓋少又今之童子比號神童既幼稚之年稟神異之性語言辯慧精彩英奇出於自然有則可舉竊聞近日實異於斯抑嬉戲之心教念誦之語斷其日月委以師資限隔而隨息不容扑撻而痛楚多及孩童之意本

未有知父母之情恐或不忍而復省試之際歲數雖知或念誦分明則年貌稍過或年貌適中則念誦未精及有司之去留多家人之詐訟伏況晉朝之日罷此二科年代非遥敕文見在今宜釐革别俾進修臣謬以非才獲塵此任本重難而爲最復遺闕以相仍虔奉敕文重令條奏或從長而仍舊亦因弊以敗爲上副聖情廣遵公道除依舊格敕施行外其明經童子請却依晉天福五年敕停罷任改就别科赴舉其進士請今後省卷限納五卷巳上於中須有詩賦論各一卷餘外雜文歌篇並許同納紙不得有神道碑誌文之類其帖經對義並須實考通三巳上爲合格將來却復書試候考試終場其不及第人以文藝優劣定爲五等取文字乖舛詞理紕繆最甚者爲第五等殿五舉其次者爲第四等殿三舉以次稍優者爲第三第二第一等並許次年赴舉三禮請今後解試省試第一場禮記第二場周禮第三場儀禮三傳第一場左氏第二場公羊第三場穀梁並終

而復始學究請今後周易尚書併爲一科每經對墨義三十道仍問經考試毛詩依舊爲一科對墨義六十道及第後請並減爲七選集諸科舉人所對策問或不應問目詞理乖錯者並當駮落其諸科舉人請第一場十否者殿五舉第二場三場十否者殿三舉其三場内有九否者並殿一舉其進士及諸科所殿舉數並於所試卷子上朱書封送中書門下請行指揮及罪發解試官監官等其監官試官如受取解人情禮財物請今後並准枉法贓論又進士以德行爲基文章爲業苟容欺詐何稱科名近年場中多有僞託他人之述作竊自巳之聲光用此面欺將爲身計宜加條約以誡輕浮今後如有倩人述作文字應舉者許人告言送本處色役永不得仕進又竊覽唐書見穆宗朝禮部侍郎王起奏所試貢舉人試訖中送中書候覆訖下當司然後大字放牓是時從之臣欲請將來考試及第進士并具姓名雜文申送中書奏覆訖下當司與諸科一齊放牓詔並從之唯進士并諸科舉人放牓一依舊施行

四年冬十月詔曰制策懸科前朝盛事莫不訪賢良於仄陋求讜正於箴規殿庭之間帝王親試其或大裨於國政有益於時機則必待以優恩縻之好爵拔奇取異無向於茲得人君昌於是乎在爰從近代久廢此科懷才抱器者鬱而不伸隱耀韜光者晦而莫出遂使翹翹之楚多致於弃捐皎皎之駒莫就於縻縶適才濟用闕孰甚焉應天下諸色人有賢良方正能直言極諫經學優深可爲師法詳閑吏理達於教化等者不限前資見任職官黄衣草澤並許應詔其逐處州府依每年貢舉人式例差官別考試解送尚書吏部仍量試策論三道共三千字巳上當日内成取文理俱優人物爽秀者方得解送取來年十月集上都其登朝官亦許上表自舉時兵部尚書張昭條奏請興制舉故有是詔

五年三月詔曰比者以近年貢舉頗是因循頻詔有司精加試

緣所舉去留無濫優劣昭然昨據貢院奏今年新及第進士等所試文字或有否臧爰命詞臣再令考覆庶涇渭之不雜見玉石之相參其劉坦戰貽慶李頌徐緯張覲等詩賦稍優宜放及第王汾擄其文詞亦未精當念以頃曾剥落特與成名熊若谷陳保衡皆是遠人深可嗟念亦放及第郭峻趙保雍楊丹安玄雯張玠董咸則杜思道等未甚[illegible]若並從退落更宜修進以俟將來知貢院右諫議大夫劉濤選士不當有失用心可責授右贊善大夫俾令省過以誡當官先是濤於東京放牓後率新及第進士劉坦已下十五人來赴行在以其所試詩賦進呈上以其闕繆命翰林學士李昉覆試故有是命

六年正月壬子對諸道貢舉人石熙載等三百餘人於萬春殿舊例每歲舉人皆見於閤門外上以優待儒者故允其入見

甲戌詔曰起今後每年新及第進士及諸科舉人聞喜宴宜令宣徽院指揮排比先是禮部每年及第人聞喜宴皆自相醵斂以備焉帝以優待賢儁故有是命

十[illegible]亥詔曰禮部貢院起今後應合及第舉人委知舉官依逐科等第定人數姓名并所試文字聞奏候勑下後放牓

冊府元龜卷第六百四十二

貢舉部五

考試

夫人君之有區宇也不可以獨治必求賢以共之賢士之懷德業也不可以自進必待君以任之所以舉善急賢前古之明訓掄材考藝有國之大方唐虞之際於斯爲盛漢魏之下可得而論納敷奏之言則衆善必舉下賢良之詔則群材競出經濟之業斯備甲乙之科乃懸以至較藝實之精微察器識之優異授之王爵任以民政郡國以康風俗以化得人之效於斯可見求賢之道百世可知

漢文帝十五年詔有司舉賢良文學士帝親策詔之（臣欽若等曰凡制策有對者並具貢舉部對策門其文不對者即錄於此）

武帝元光元年五月詔賢良曰朕聞昔在唐虞畫象而民不犯（畫衣冠異章服而民不敢犯也白虎通云畫象者其衣服象五刑也犯墨者蒙巾犯劓者以赭著其衣犯臏者以墨幪其臏犯宮者屝犯大辟者布衣無領墨幪以墨巾蒙其頭也劓截其鼻也臏去膝蓋骨也宮割其陰也屝草屨也劓音牛其反字或作㓷其音同耳臏音頻忍切屝音扶味切）日月所燭莫不率俾（俾使也言皆從化也）周之成康刑錯不用（錯置也音千故切）德及鳥獸教通四海海外肅昚（東夷今挹婁是也在夫余之東北千餘里大海之濱周書序云成王既伐東夷肅昚來賀即謂此也）北發渠搜（禹貢析支渠搜屬雍州在金城河關之西西戎也地理志朔方有渠搜縣孔子三朝記云北發渠搜南撫交阯此舉北以對南也禹貢渠搜在雍州西此渠搜在朔方）氐羌徠服（徠古往來字也氐音丁奚切）星辰不孛日月不蝕山陵不崩川谷不塞麟鳳在郊藪河洛出圖書嗚虖（虖讀曰呼）何施而臻此與今朕獲奉宗廟夙興以求夜寐以思若涉淵水未知所濟猗與偉與（與讀曰歟猗音於宜切）何行而可以章先帝之洪業休德上參堯舜下配三王朕之不敏不能遠德（言德不及遠也）此子大夫之所睹聞也（睹古覩字）賢良明於古今王事之體受策察問咸以書對著之于篇（篇謂竹簡也）朕親覽焉於是董仲舒公孫弘等出焉

後漢光武建武十九年巡狩汝南召掾史試經郡小吏周防尤能誦讀拜爲守丞

順帝陽嘉元年七月丙辰以太學新成試明經下第者補弟子增甲乙科員各十人除郡國耆儒九十人補郎舍人

二年有地動山崩火災之異公卿舉李固對策（陽嘉二年詔公卿舉敦樸之士衛尉賈建舉李固也）詔又特問當世之敝爲政所宜

質帝本初元年四月令郡國舉明經年五十以上七十以下詣太學自大將軍至六百石皆遣子受業歲滿課試以高第五人補郎中次五人太子舍人千石六百石四府掾屬三署郎四姓小侯先能通經者各令隨家法（四府掾屬謂大將軍府掾屬二十九人太尉府掾屬二十四人司徒府三十一人司空府二十九人漢官五官左右中郎將秦官也比二千石三署郎謂五官署左署右署也諸儒之說詩家禮家故言各隨家法也四姓小侯解見上）其高第者上名牒當以次賞進

靈帝熹平五年十二月試太學生年六十以上百餘人除郎中太子舍人至王家郎郡國文學吏

獻帝初平四年九月試儒生四十餘人上第賜位郎中次太子舍人下第者罷之詔曰孔子歎學之不講不講則所識日忘今耆儒年踰六十去離本土營求粮資不得專業結童入學白首空歸長委農野永絕榮望朕甚愍焉其依科罷者聽爲太子舍人（獻帝起居注曰時長安中爲之謠曰頭白皓然食不充糧裹衣褰裳當還故鄉聖主愍念悉用補郎舍是布衣被服玄黃）

晉武帝泰始中詔天下舉賢良直言之士齊陰太守文立奉郤詵應選詔曰蓋太上以德撫時易簡無文至于三代禮樂大備制度彌繁文質之變其理何由虞夏之際聖明係踵而損益不同周道既衰仲尼猶曰從周曰華之宜又何殊也先王既沒遺制猶存霸者迭興而翼輔之王道之缺其無補乎何陵遲之不反也豈霸德之淺期運不可致歟且夷吾之智而功止於霸何哉夫昔人之爲政革亂亡之弊建不刊之統移風易俗刑措不用豈非化之盛歟何脩而嚮茲朕獲承祖宗之休烈于茲七載而人未服訓政道罔述以古況今何不相逮之遠也雖明之弗及猶思與賢慮之將何以辨所聞之疑昧獲至論於讜言乎加

自頃戎狄內侵災害屢作邊甿流離征夫苦役豈政刑之謬將有司非其任職各悉乃心究而論之上明古制下切當今朕之失德所宜振補其正議無隱將敬聽之

摯虞舉賢良與夏侯湛等十七人策爲下第拜中郎武帝詔曰省諸賢良荅策雖所言殊塗皆明於王義有益政道欲詳覽其對究觀賢士大夫用心因詔諸賢良方正直言會東堂策問曰頃日蝕正陽水旱爲災將何所脩以變大眚及法令有不宜於今爲公私所患苦者皆何舉凡平世在於得才得才者亦借耳目以聽察若有文武器能有益於時務而未見申叙者各舉其人及有負俗謗議宜先洗濯者亦各言之

阮种察孝廉爲公府掾是時西虜內侵災眚屢見百姓饑饉詔王公卿尹常伯牧守各舉賢良方正直言之士於是太保何曾舉种賢良策曰在昔哲王承天之序光宅宇宙咸用規矩乾坤虔奉靈祇休風流衍彌于千載朕應踐洪運統位七載於今矣[illegible]不[illegible]于政有[illegible]然而進朕其嘉焉其各悉乃心以闡朕志深陳王道之本勿有所隱朕虛心以覽焉种對曰夫天地設位聖人成能王道至深所以行化至遠故能開物成務而功業不匱近無不服德逮群生澤被區宇聲施無窮而典垂百代故經曰聖人久於其道而天下化成宜師蹤往代襲迹三五矯世更俗以從人望令率土遷義下知所適播醇美之化杜邪枉之路斯誠群黎之所欣想盛德而幸望休風也又問政刑不宣禮樂不立又問咎徵作見又問經化之務又問將使武成七德文濟九功何路而臻于茲凡厥庶事曷後曷先

華譚廣陵人太康中徐州刺史嵇紹舉譚秀才譚至洛陽武帝親策之曰今四海一統萬里同風天下有道莫斯之盛然北有未羈之虜西有醜施之氐故謀夫未得高枕邊人未獲晏然將何以長弭斯患混清六合又策曰吳蜀恃險今既蕩平蜀人服化無攜貳之心而吳人趑睢屢作妖寇豈蜀人敦樸易可化誘吳人輕銳難安易動乎今將欲綏靜新附何以爲先又策曰昔帝舜以二八成功文王以多士興周夫制化在於得人而賢才難得今大統始同宜搜才實州郡有貢薦之舉猶未獲出群卓越之倫將時無其人有而致之未得其理也

甘卓爲湘州刺史中興初以邊寇未靜學校陵遲特聽不試孝廉而猶依舊策試卓上疏以爲荅問損益當須博通古今明達政體必求諸墳素乃堪其舉臣所忝州往遭寇亂學校久替人士流播不得比之餘州策試之由當藉學功謂宜同孝廉例申與期限疏奏朝議不許卓於是精加隱括備禮舉桂楊谷儉爲秀才儉辭不獲命州厚禮遣之諸州秀才聞當考試皆憚不行唯儉一人到臺遂不復策試儉恥其州少士乃表求試以高第除中郎

宋高祖永初二年二月車駕幸延賢堂策試諸州郡秀才孝廉楊州秀才顧練豫州秀才殷朗所對稱旨並以爲著作佐郎

南齊武帝永明四年車駕幸中堂策秀才

梁戚袞年十九武帝敕策孔子正言并周禮禮記義袞對高第乃除楊州祭酒從事謝幾卿超宗之子召補國子生齊文惠太子自臨策試謂祭酒王儉曰幾卿本長玄理今可以義訪之儉承旨發問幾卿隨事辨對辭無滯者文惠大稱賞焉儉謂人曰謝超宗爲不死矣

後魏孝文太和十六年正月帝臨思義殿策問秀孝

北齊正會日侍中黃門宣詔勞諸郡上計勞訖付紙遣陳土宜字有脫誤者呼起席後立書迹濫劣者飲墨水一升文理孟浪無可取者奪容刀及席帊而本曹郎中考其文迹才辭可取者錄牒吏部簡用流外三品叙

武成帝河清二年正月帝詔臨朝堂策試秀才

馬敬德河間人也少好儒術河間郡王每於教學追之將舉爲

孝廉固辭不就乃詣州求秀才例取文士州將以其純儒無意推薦敬德請試方略乃策問之所荅五條皆有文理乃欣然舉送至京依秀才策問十條並通擢授國子助教遷太學博士

隋房暉遠爲國子博士開皇中文帝令國子生通一經者並悉薦舉將擢用之既策問訖博士不能的定臧否祭酒元善怪問之暉遠曰江南河北義例不同博士不能遍涉學生皆持其所短稱己所長博士各自疑所以久而不決也祭酒因令暉遠考定之暉遠覽筆便下初無疑滯或有不服者暉遠問其所傳義疏輒爲始末誦之然後出其所短自是無敢飾非者所試四五百人數日便決諸儒莫不推其通博皆自以爲不能測也

杜正玄開皇末舉秀才尚書試方略正玄應對如響下筆成章僕射楊素負才傲物正玄抗詞酬對無所屈撓素不悅久之會林邑獻白鸚鵡素促召正玄使者相望及至郎令作賦正玄倉卒之際援筆成章素見文不加點始異之因令更擬諸雜文筆

十餘條又皆立成而辭理華贍素乃嘆曰此真秀才吾所不及也

唐太宗貞觀十八年三月己丑有鄜州所舉孝廉賜坐於御前帝問曰歷觀往古聖帝明王莫不得一奉天必以參元爲本隆邦建國亦以政術爲先天以氣變物莫知其象君以術化人不顯其機氣以隱質爲靈術以潛通爲妙運之無爲施之無極故能清風蕩萬域長轡控八荒不令而行不言而信欲遵此術未辯其方想望高才以陳良策孝廉等文之無對又令皇太子問之曰夫子何以爲曾參說孝經孝廉荅云夫子以弟子之中參最稱孝所以爲說太子曰禮記云公明儀問曾子曰夫孝子先意承志諭父母於善參直養而已安能爲孝據此而言參非云孝又問禮云居處不莊非孝也事君不忠非孝也莅官不敬非孝也朋友不信非孝也戰陣無勇非孝也五者不遂災及於親此五孝施用若爲差等孝廉不能荅次令近臣迭問仁孝之名誰所創作明其優劣仁孝何先又問孝廉於四行之內居第幾科又問社主之義邪栢周栗秦漢已來若爲變改又問堯舜聖德應貽厥孫謀何因未均以降絕滅無後孝廉並不能荅帝曰昔楚莊王謀事群臣莫及退而有憂色曰諸侯能自得師者王自爲謀而莫己若者亡今以不穀之不肖群臣莫吾逮吾國幾於亡乎朕發詔徵天下俊異纔以淺近問之咸不能荅海內賢哲將無其人邪朕甚憂之令引就中書省射策所荅乖旨於是下詔曰朕遐想千載旁覽九流詳求布政之方莫若薦賢之典是以元凱就列仄微可以立帝功管隰爲臣中人可以成霸業朕緬懷曩烈虛己英奇斷斷之一必昇於廊廟九九之術不弃於閭閻猶恐在陰弗和獨善難奪求言雖傑無悉監寐是以去夏之中爰動翰墨披露丹府疇咨海內尺木既樹思覩游霧之群雲羅宏舉佇降翔庭之翼而諸州所舉十有一人朕載懷仄席引入內殿借以溫顏略訪政道莫能對敭相顧結舌展仍以其未覩庭闈能無

戰悚令於內省更以墨對雖構思彌日終不達問旨理既乖違詞亦庸陋豈可飾丹漆於朽質假虹霓於泟起者哉宜並放還各從本色其舉主以舉非其人罪論仍加一等然則今之天下猶古之天下也寧仲舒伯始之流徧鍾美於往代季彥廣基之侶獨絕響於今辰故其見之也則平津與樂安並進其不用也則敬通與寧伯同悲淮陽所以興言子長所以發嘆因斯論之良由俊造難進或固栖遲之節牧宰循常未盡搜揚之道摭事長想彌增憮然其令州縣依前薦舉皆集今冬竒偉必收浮華勿採無使巴人之調濫吹於蕭韶魏邦之珍沉光於江漢務盡報國之義以副欽賢之懷

高宗顯慶四年二月引諸色目舉人謁見下詔策問之凡九百餘人唯李巢張昌宗秦相如崔行功郭待封五人爲上第令待詔弘文館仍時隨仗供奉

調露元年十二月壬子帝臨軒引岳牧舉人問之曰兵書云天

陣地陣人陣各何謂武陟尉貟半千對曰臣觀載籍謂天陣星宿孤虛也地陣山川向背也人陣偏伍彌縫也臣以爲不然夫師出以義有若時雨得天之時此天陣也兵在足食且耕且戰得地之利此地陣也三軍使兵士如父子兄弟得人之利此人陣也三者去矣將何以戰帝又問皇道帝道王道何以區別朕今可行何道長壽令蕭思問越州參軍周彥昭以次應詔帝皆稱善甲寅御製問目以試之

則天載初元年太后臨朝二月十四日試貢舉人于洛城殿前數日畢（臣欽若等曰殿前試人自茲始也）

玄宗開元九年四月甲戌親策試應舉人於含元殿謂曰古有三道今減從一道近無甲科朕將存其上弟務收賢俊用盛軍國仍令有司設食五月壬戌有司引應制舉人見勅曰興化立理急於備賢呈才效用屬在文武朕拱默思道寤寐旁求長想幽仄屢申徵貢今邊隅未靜師旅時興屬聽鼓鼙載懷將帥廣求百夫之特以作四方之守㓗夫戎政爰詔武臣弘我風教諒惟儒術卿等或謀慮泉遠或文藝該通來旌招深副虛佇並宜朝堂坐食訖且歸私弟即當有試期也乙亥親試應制舉人於含元殿命有司置食勅曰卿等智蘊韜略學綜古今喬木將遷虛鍾待扣既膺旁求之辟佇聞明試之言各罄爾能對敭所問古有三道朕今減其二策近無甲科朕將存其上弟務收賢儁用寧軍国並宜即坐緩詳思之

十四年七月癸巳以御洛城南門樓親試岳牧舉人及東封獻賦頌人命太官置食賜物有差

十五年五月詔中書門下引文武舉人就中策試於是藍田縣尉蕭諒右衛胄曹梁涉邠州柱国子張玘等對策稍優録奏帝謂源乾曜杜暹李元紘等曰朕宵衣旰食及席求賢所以每念投楊者恐草澤遺才無由自達至如畿尉衛佐先經推擇更與遷改爭進非朕本志由是唯以張玘爲丁弟放選餘悉罷之九

月庚辰帝御洛城南門親試沉淪草澤詣闕自舉文武人等

二十六年八月甲寅親試文詞雅麗舉人命有司置食勅曰古者求士必擇其材並之以文施於有政自非體要何用甄明頃年已來亦嘗親試對策者衆而登科者少蓋由循搆之詞不與問相應所以然也卿等博達古今耆膺推薦朕之所問皆有卽目宜指事而對勿措游詞並宜坐食食訖就試有鄭納姚子彥等二十四人外弟皆量資授官

二十九年八月御興慶門樓親試明道德經及莊文列子舉人問策曰朕聽政之暇常讀道德經文列莊子其書文約而義精詞高而旨遠可以理国可以保身朕敦崇其教以左右人也子大夫能從事於此其用嘉之夫古今異宜文質相變若在宥而不理外物而不爲行遂古之化非御今之道適時之術陳其所宜又礼樂刑政所以經邦國聖智仁義所以序人倫使之廢絶未知其旨道德經曰絶學無憂則乖進德業之教列子力命曰汝奚功於物又違懲惡勸善之文二旨孰非何優何劣文子曰金積折廉壁壘斗中其義莊子曰恬與和交相養明徵其言使一理混同二教兼舉成不易之則副虛佇之懷有姚子彥斯能元載等策入弟各授之以官

天寶元年九月庚申御花蕚樓試文武舉人命有司供食十月應文詞秀逸舉人崔明允等二十人儒學博通劉瑕等八人軍謀越衆令狐朝等七人並科目各依資授官

十載九月辛卯御勤政樓試懷才抱器舉人命有司供食有舉人私懷文策坐殿三舉并與所保之官丙申舉人並下弟勅曰朕祗膺寶曆思鑒遠圖慮草澤之遺賢降弓旌以屢辟是以三紀于茲群才輻湊或一言可紀必適輪轅一善有經每加獎進庶六合之内靡然同風四科之門咸能一貫何茲意之緬邈而增修之寂寥今者舉人深乖宿望朕之所問必正經史將考所答咸皆少通所問多否以獨鑒未周必資僉議爰命[illegible]三事

精加詳擇咸以為關於聚學莫可登科至於每歲貢士有司考試帖經問策兼以雜文假如及第在階選序分之將為術以榮班各非異才孰可超擬墾鑿經傳且未精勤循拾青紫豈宜倚覬其懷才抱器舉人並放更習學即將去其有不對策者並放既是白丁宜於劍南効力全不荅所問崔慎感劉濟等勒為本郡充學生之數勿許東西其所舉官各量貶殿以示懲誡

十三載十月御含元殿親試博通墳典洞曉玄經詞藻宏麗軍謀出衆等舉人命有司供食既而暮試其詞藻宏麗問策外更試詩賦各一首制舉試詩賦自此始也時登甲科者三人太子正字揚綰最高所稱乙第者凡三十餘人

肅宗乾元二年三月丁亥御宣政殿親試文經邦國等四科舉人

代宗寶應二年五月丙寅尚書省試應制舉人左丞侍郎對試賜舉人食如舊儀

大曆二年十月御紫宸殿策試茂才異行安貧樂道孝悌力田

高道不仕等四科舉人

六年四月戊午御宣政殿親試諷諫主文茂才異等智謀經武博學專門等四科舉人帝親慰勉有司常食外更賜御厨珍饌及茶酒禮甚優異舉人或有衣薄者帝憫之謂左右曰兵革之後士庶未豐皆自遠來資糧不足故也因為之徧下時方炎暑帝具朝衣日危坐讀太宗貞觀政要及舉人策成悉皆觀覽一百餘道將夕有策未成者命太官給燭令盡其才思夜分而罷時登科者凡一十五人

冊府元龜卷第六百四十三

冊府元龜卷第六百四十四

貢舉部六

考試第二

唐徳宗貞元元年九月乙巳御宣政殿策賢良方正能直言極諫等三科舉人皇帝若曰蓋聞上古至道之君垂拱無爲以臨海内不理而人化不勞而事成星辰軌道風雨時若登乎其不可繼何施而臻此歟三代以來制作滋廣異文質之變明利害之嚮威之以刑道之以禮敦其俗而彌薄防其人而益踰豈澆醨必繫於時邪何聖賢間生而莫之振也朕祗膺累聖之業猥居兆人之上虔恭克厲如恐失墜憂濟庶務夕惕晨興唯求前王之典謨朕乃是憲是則師大禹以崇儉法高宗以求賢興夏啓之征作周文之罰旌孝悌舉直言養高年敦本業平均徭稅黜陟幽明勵精致理勤亦至矣然而浮靡不革理化不行暴亂不懲姦犯不息五教猶鬱七臣未臻鄉黨廢尚齒之儀蒸黎無

安土之志賦入日減而私室愈貧廉察日增而吏道愈濫意者朕不明歟何古今之事同而得失之效異也思欲剗革前弊創立新規施之於事而易從考之於文而有據備陳本末悉舉而行無或憚煩略於備對自頃陰陽舛候禱祈荐興仍歲旱蝗稼穡不稔上天作孽必有由然屢降凶災甚咨安在傳曰時之不乂厥罰訓暘又曰堯湯水旱數之常也二者乖反其誰云從今人靡蓋藏國無廩積朕屢延卿士詢訪謀猷至乃減冗食之徒罷不急之務既聞嘉話亦已遵行而停廢之餘所費猶廣偵轉輸於江徼則遠不及期將搜粟於關中則擾而無獲節軍食則功臣懷怨省吏員則多士靡歸中心浩然罔知攸濟子大夫蘊蓄材器通明古今副我虛求森然就列裨朕之寡昧拯時之艱災宜志直書無所隱

十月甲子授賢良方正能直言極諫韋執誼等一十八人官有差

十年九月丁丑以官授賢良方正能直言極諫前進士裴洎等一十八人

憲宗元和元年四月丙午命宰臣已下監試應制舉人於尚書省以制舉人皆先朝所徵故不親試制曰朕以寡薄獲奉宗廟嚴恭寅畏不敢暇逸求惟萬邦之廣庶務之殷而燭理未明懼道未至思欲復三代之盛烈顯十聖之耿光是用詳求正言思繼先志子大夫等藏器斯久賁然而來白駒就維洪鐘待扣將茲獻納朕甚嘉之言觀國光宜有廷試卒將詢事豈志臨軒園邑有期營奉是切求言誠感未暇躬親爰命公相泉于卿士訊論朕意延訪嘉謨至於興化之源才識攸重練達吏理詳明儒術當是三道副朕旁求意或開予靡有所隱條列所問畢志盡規當酌古而參今使文約而意備朕將親覽擇善而行並宜坐食訖就試策賢良曰朕觀古之王者君人受命兢兢業業敬天順地靡不思賢能以濟其理求讜直以聞其過故禹拜昌言而嘉猷罔伏漢徵極諫而文學稍進康時濟俗罔不率繇敬發揚

循有名無實而又設以科條增求茂異捨斥已之至言角無用之虛說文旨著明罕稱於代茲朕所以寢息兢悼思索其方是用登懇惻之誠咨體用之要庶乎言之可行行之不倦上獲其益下輸其情君臣之間驩然相與子大夫得不勉思朕言而茂明之我國家光宅四海年將二百十聖弘化萬邦懷仁三王之禮靡不講六代之樂罔不舉浸淫于下升中于天周漢已還莫斯爲盛自禍階漏壞兵宿中原生人困竭耗其太半農戰非古衣食罕儲念茲疲甿遂乖富庶督耕植之業而人無懷本之心峻權酤之科而下有重斂之困舉何方而可以復其盛用何道而可以濟其艱既往之失何者宜懲將來之虞何者當戒昔主父懲患於晁錯而用推恩夷吾致霸於齊桓而行寓令精求古人之意啓迪來哲之懷眷茲洽聞固所詳究又執契之道垂衣不言委之於下則人用其私專之於上則下無其效漢元帝優游於儒學盛業竟衰光武責課於公卿峻政非美二途取捨未獲

所從余心浩然益所疑惑子大夫數究其旨屬之於篇興自朕躬無悼後害辛酉詔曰構大廈者必擿於群材成大川者亦資於百谷故思理之主求賢罔遺所以昭宣令圖廣大前緒觀文緝化其在兹乎朕以寡昧獲奉丕業虚己問政實始于兹考言求益敢不祗若故命左右輔弼洎有位之臣會于中臺必究其論聞密以獻省自朕躬果獲賢能副于飢渴才識兼茂明於體用科人第三次等元稹韋惇第四等獨孤郁白居易曹景伯韋慶復第四次等崔韶羅讓崔護元脩薛存慶韋珩第五上等蕭俛李蟠沈傳師柴宿達於吏理可使從政科第五上等陳岵等咸以待問之美觀光而來詢以三道之要復于九變之選得失之際粲然可觀宜膺德懋之典式叶詢謀之舉其第三次等人委中書門下優與處分第四等四次等第五上等中書門下即與處分

三年三月御宣政殿試制舉人（是歲均元和自召入翰林三年策賢良時有[illegible]深衆）與言（劉[illegible]遜貴宗閔亦並特致考官楊於陵[illegible]之考三書[illegible]第迫居中復被[illegible]異及爲賓佯泣訴請罪於帝吾予得已出於[illegible]賢之官曾翰林學士除戶部侍郎）

府六百四十四　三

穆宗以元和十五年正月即位二月壬寅勑應賢良方正直言極諫科等人宜令中書門下尚書省四品已上三月二十三日於尚書省同試

三月戊午吏部尚書趙宗儒等奏應制科人等伏奉今月十一日勑此者先朝徵集應制人等已及時限恐皆來自遠方難於久任酌宜審事遂委有司定日就試如聞所集之人多已分散須知審的然議裁定其令所司商量聞奏者伏以制科所設本在親臨南省策試亦非舊典今章服就畢庶政惟新況山陵日近公務繁迫待問之士就試非多臣等商量恐須停罷從之

長慶元年三月勑今年進士及第鄭朗等一十四人宜令中書舍人王起主客郎中知制誥白居易試聞奏

四月丁丑詔曰國家設文學之科本求才實苟容僥倖則異至公訪聞近日浮薄之徒扇爲朋黨謂之關節干擾主司每歲策名無不先定永言敗俗深用興懷鄭朗等昨令重試意在精覈藝能不於異書之中固求深僻題目貴令所試成就以觀學藝淺深孤竹管是祭天之樂出於周禮正經閱其程試之文都不知其本事詞律鄙淺蕪累至多亦令宣示錢徽庶其[illegible]自懷愧誠宜盡棄以警將來但以四海無虞人心方泰用弘學借式示殊恩特掩爾瑕庶明予志孔温業趙存約竇洵直所試粗通與及第盧公亮等十人並落下從自今已後禮部舉人宜准開元二十五年勑及第訖所試雜文并策送中書門下詳覆取禮部侍郎錢徽爲江州刺史

十月詔文武常參官及諸州府准制舉薦賢良方正人等以十一月二十五日御宣政殿策試宜令所司准式

十一月戊午御宣政殿試制科舉人制曰古人有言常引一代之人以理一代之務雖俊賢茂彥不乏於時然亦在敷納以書

府六百四十四　四

精數其[illegible]其氣考金石以求其音使揖讓義者必盡其識知古今者必先其慮朕纂承鴻業以撫兆人常欲致三代之理修列祖之法猶念和氣之未洽休祥之未臻百姓之未安五兵之未戢故詳延髦彥之士庶得乎未聞將以達天地之心究俗化之變研安危之要探理亂之言子大夫輩思於六經馳騖於百氏得不講求至論以沃朕心乎直者舉朕之闕政術者體時之要慕古遠者稱其論贍文詞者抑其華言經者折衷於聖人以明教化論將者先之以仁誼無效縱橫於戰子大夫當朕之時必思自達且古之翼戴其君者尚委輅納說荷擔吐奇由壺關之上言自朔昌而諷刺況文陛之下負扆親臨若蘊器不耀結囊而去顧朕深志復何望焉當體予衷無懼後害宜坐食訖就試又策賢良曰蓋聞舜禹之有天下也猶於側微積德累勤多歷年所經聖之慮豈有遺哉然猶好問察言勤求賢士蓋以承天之任重憂人之志深也況朕長於深宮涉道日

淺寡列聖之洪緒撫萬寓之黎人夙夜嚴恭不敢有懈實懼燭理未究省躬未明所以詳求讜言以輔不逮子大夫是宜發所蘊蓄佚予虛懷當極意正詞勿有隱諱昔王政之興必務於稼秦霸道所立由致於富強我國家提封溢於三代斟酌兼乎百王無堯湯之災積祖宗之理而人未蕃庶俗尚彫訛家無蓋藏公闕儲偫率乘之數貨帛之資紓而校之莫計前代豈牟土生植變於古歟將阜時政令失於今歟固以揣摩必窮利病明徵末失之漸具陳興復之基且文武兼學以成身士農迭居以豐業故家給足以懲本才周可以應時近古各徇一端不相資用政令從事異心難以成課民佚無守輕為游惰指明其貫之方詭合二途之利永言致理期酌厥中施為或差得失斯遠將修睦勸義則在下難知將任數馭情則人心益偽思聞自要得合誠明旌別此周之情敷詳忠厚之道知人則哲從古攸慎九徵忠泥五事難精或望可觀人而智非周物或言皆循理而行有乖方宜陳取捨之端以彰真偽之辨至於朝廷之闕四方之獘詳延而至可得而書退有後言朕所不取子大夫其勉之中書舍人白居易膳部郎中陳岵考功員外郎賈餗同考制策

十二月辛未制曰朕自郊上玄御端門發大號與天下更始思得賢俊搜明四科令群公卿士暨守土之臣詳延下位周於草澤成列待問副予虛求昧爽臨軒俾究其論正辭良術精義宏謀繹之旬時深見忠益言刈其楚列而第之賢良方正能直言極諫第三等人龐嚴第三次等人呂術第四等人韋曙姚中立李蟾第四次等人崔嘏崔龜從任畹第五上等人韋正貫崔知白陳玄錫博通墳典達於教化第四等人李思玄詳明政術可以理人第四次等人崔郢軍謀宏遠堪任將帥第三等人吳思第五等人李商卿咸以懿學茂識揚于明庭況當短晷之辰頗著[illegible]思之美粲然高論深沃朕心永言藏器之規豈忘繁駒之詠寵之命秩允荅嘉猷其第三等人第三次等人委中書門下優與處分其第四次等人第五上等人中書門下即與處分甲串以登制科人前試弘文館校書郎龐嚴為左拾遺前試秘書省校書郎張述為右拾遺前試太常寺協律郎吳思為右拾遺內供奉京兆府富平縣尉韋曙為左拾遺內供奉前鄉貢進士姚中立李蟾崔嘏並可秘書省校書郎同州參軍崔龜從為京兆府鄠縣尉太子正字任畹為京兆府興平尉草澤韋正貫為太子校書郎前鄉貢進士崔知白為秘書省正字前鄉貢進士崔郢為太子校書郎前鄉貢進士李商卿為崇文館校書郎制曰昔仲尼之門以四科品第諸生所得十哲今吾徵四海九州之士而登名者十有五人搜羅簡拔非不勤至以今況古可謂才難是用詔爵以嘉獎其忠趨擢以光明其道俾巖石之下人思自奮留晁董之盛遠以為隣延發諫垣式佇忠益綸書結綬皆日顯途倏其秩次亦示科等服我新命助我遠猷可依前件

敬宗寶曆元年三月辛酉詔常參及諸州府准去年三月三日制舉諸色科目見到總二百一十九人今月二十八日御宣政殿臨試宜付所司准式辛未帝御宣政殿試制舉人詔曰朕聞心術順道天下可言而興聰明叢逵堂上有千里之遠故唐虞而降則考試觀俗漢魏之際則詔策求賢朕纘紹丕圖撫臨方夏實懼誠有所偏言聲有所未周乃前歲詔六官九卿方岳尹正有位之士逮于庶寮喜懸四科博薦群彥將訪衆政之闕酌至論之中子大夫庭列儼然可應其品是用宵興前殿求日渴來條列坦明咸本經史國子大夫之所講磨矣當竭誠盡無有蘊藏宜坐食訖就試以中書舍人鄭涵吏部郎中李虞仲並充考制策官丁亥制曰朕深居法宮高處宸極常慮天下多務壅於上聞朝廷大猷闕於中典至於伏陛叩額造膝犯顏皆驟遷顯榮寵以優錫猶恐物不得茂遂道有所鬱堙是用虛中訪賢側席前殿緘密以獻闕自朕躬切磨予違無所回忌第于上下揚于王朝吾之不忝亦可謂信于海內矣賢良方正能直言極

諫科舉人第三等唐伸韋端符第四等蕭敞楊魯士[illegible]儉來擇趙孔裴俾第四次等韋辭李昌實嚴荊田堅崔璜第五上等李渡蕭夷中馮球元晦詳閑吏理達於教化科第五上等韋正貫第三等談宏遠材任邊將科第三等裴儔第四次等侯雲章咸以讜言正詞兵符教本應問如響不窮如泉著之于篇𤏲然盡在宜膺中鵠之選用叶豫賢之經在第三等人委中書門下優與處分第四等第四次等第五上等中書門下即與處分後不數日帝謂宰相曰韋端符楊魯士皆涉物議宜與外官端符授同州白水縣尉魯士授興元府城固縣尉宰臣等竟請罷名不得

文宗大和二年三月辛巳御宣政殿親策試制舉人詔曰志本於道蓋道以致君烝先代賓生亦蓋于以濟理為務不察何以獲其實不言何以知其志故帝堯垂詢眾之訓周宗首沃心之術其傳曰嘉言罔攸伏又曰良又周載　漢魏以還詔策時作

[illegible]遵爲故事朕[illegible]荷大寶勤恤兆人明不燭于幽昧惠未流于鰥寡御朽兢慮求思永圖是以詔命有司會群材列稽疑延問闕政子大夫達學識微然來思操觚濡翰條誨宿滯慰我虛佇必引嘉猷故臨軒命書策以審訪纖燭侯奏其悉乃辭各宜坐食食畢就試左散騎常侍馮宿太常少卿賈餗庫部郎中龐嚴宜並充考制策官是日宰臣等以監試制舉人及夜並宿於中書省甲午詔曰王者謹天戒酌人言叶時疑命資賢贊理斯為令典也朕以非德祗膺大統歲屬凶旱人思康寧廉察弊以勤理因舉能而詢眾科別條問臨軒致試載捜尤才果副虛佇賢良方正能直言極諫科舉人第三等裴休裴素第三次等李郃第四等南卓李甘杜牧馬植鄭亞崔璵第四次等崔讜王式羅紹京崔渠崔慎由苗愔崔[illegible]崔博第五上等崔渙韓賓詳閑吏理達於教化科舉人第四次等宋昱軍謀宏遠堪任將帥科舉人第四次等鄭冠李拭等

賞直躬遵道博古知微敷其遠猷志在引益實能攻辰誤昭政經究天人交際之理極皇王道變之義指切精洽粲然可觀既校才於試可宜旌能於受祿其第三等第三次等人委中書門下優與處分第四次等第五上等人中書門下即與處分時有劉蕡應直言極諫科條對激切凡數千言雖不中第其文太行於時

三年三月御史臺據吏部分察姚中立稱准勑考試別頭進士明經等官考功員外郎高鍇考試禮部解送到進士鄭齊之李景素兩人明經王澈等十八人並及第放牓之後羣議沸騰職當分察不敢緘默及得高鍇狀伏以進士明經並先無格限其所送進士二人文藝並堪與及第明經比年所送不過三五人今年禮部解送十八人及考試帖義十一人並堪與及第勑鄭齊之李景素據所試比校常例得者不甚過差宜並與及第明經王澈等五人覆試帖義通數高並與及第餘落之

武宗會昌四年二月權知貢舉左僕射兼太常卿王起下及第二十五人續奏五人甚放及第楊知至竇緘[illegible]源重[illegible]勑只放楊嚴及第餘並落下

五年二月左諫議大夫陳商知舉放進士二十八人覆落八人時以去年僕射王起知舉放二十五人續奏江陵節度使崔元式甥鄭起東都留守牛僧孺女婿源重故相竇易直子𣆶監察御史楊收弟嚴勑遣戶部侍郎翰林學士白敏中覆試落下三人放楊嚴一人至是又遣敏中覆試落下八人議者以為公

宣宗大中元年正月禮部侍郎魏扶放及第二十三人續奏堪放及第三人封彥卿崔琢鄭延休等皆以文藝為衆翰林學士戶部侍郎知制誥韋琮等考盡合程度其月二十三日奉進止並付所司放及第有司考試只合在公如涉徇私自有刑典從今以後但依常例取捨不得別有奏聞

十二年三月中書舍人李潘知舉放博學宏詞科陳琢等三人

及進詩賦論等召潘謂曰所試詩中重用字何如潘曰錢起湘靈鼓瑟詩有重用字乃是庶幾帝曰此詩似不及起乃落下

懿宗咸通十一年正月以吏部尚書蕭鄴吏部侍郎于德孫吏部侍郎楊知溫考官司勳員外郎李輝禮部員外郎崔澹等考試應宏詞選人

十二年三月以吏部尚書蕭鄴吏部侍郎歸仁晦李當考官司勳郎中鄭紹業兵部員外郎陸勳等試宏詞選人

十三年三月以吏部尚書蕭鄴吏部侍郎獨孤雲考官職方郎中趙蒙駕部員外郎李超考試宏詞選人試日蕭倣替充右丞孔溫裕權判

僖宗乾符四年正月以吏部尚書鄭從讜吏部侍郎孔晦吏部侍郎崔蕘考宏詞選人

五年六月以吏部尚書鄭從讜吏部侍郎崔沆蕘宏詞選人

六年三月以吏部侍郎崔沆崔澹試宏詞選人駕部郎中盧蘊

刑部郎中崔璵等考官

後唐莊宗同光三年四月癸酉敕爰設高科顯求良士貴楊寸陰以叶久明令歲放人不多固宜精當近聆輿論頗鬱時情其新及第進士符蒙正等宜令翰林學士承旨盧質就本院覆試兼令學士使楊彥珣監試丁亥敕禮部貢院今年新及第進士符蒙正成僚王澈桑維翰四人國家歲命春官首羽貢籍高懸科級明列等差廣進善之門爲取士之本所重者藝行兼著鄉里有稱定才實之淺深考聲明於衷負必當得雋允副傍求爰自近年寖成澆俗多聞濫進全棄舊章朕自興復丕圖削平僞紀方作事以謀始盡革故以鼎新蓋欲窒斃與之訛去華務實誠爲要道無出於斯今據禮部奏所放進士符蒙正等四人既陳負情頗干浮論須令覆覈俾塞疑言又遣考詳貴從精覆其覽符蒙正成僚等呈試詩賦果有乖式今若便有去留慮乖勸獎無辭降即昧甄明況二藝體物可責屬辭甚妙細被制敘作最異情流但應試以救成或求對而不切桑維翰若無紕繆稍有功夫此當屬對之間累失求妍之美須推事業各定否臧貴叶允平庶諧公共其王澈改爲第一桑維翰第二符蒙正第三成僚第四禮部侍郎裴皞在掄才之際難避阿私當定名之時頗虧優劣但緣符蒙正等既無蹤落裴皞特議寬容勿負憂疑已從釋放自今後應禮部常年所試舉人雜文策等候過堂日委中書門下準本朝故事詳覆方可奏聞不得輒徇人情有隳事實時命盧質覆試於翰林院試君從諫則聖賦以棄爲禹湯傾心求過爲韻臣事君以忠詩是歲試進二科者數十人裴皞精選其文惟得王澈輩或譖毀於宣徽使李紹宏曰今年新進士不由才進各有阿私物議以爲不可紹宏訴於郭崇韜因奏令盧質覆試質爲賦韻五平聲三側聲且踰常式覆試之日中外騰口議者非之

晉高祖天福七年五月敕應諸色進策人等皆抱材能方來投

獻於明試但盡稽詳起今後應進策條中書奏覆敕下其進策人委門下省試策三道仍定上中下三等如是元進策內有施行者其所試策或上或中者委門下省給與減選或出身優除合格參選日其試策上者委銓司超資注擬其試策中者委銓司依資注擬如是所試策或上或中元進策條並不施行所試策下元進策條內有施行者其本官並仰量與恩賜發遣若或所試策下所進策條並不施行便仰曉示發遣不得再有投進餘並准前後敕文處分

周太祖廣順元年六月差翰林學士魚崇諒就樞密院引試進策人考定昇降聞奏

三年五月敕進策獻書人宜令翰林學士申文炳於樞密院引試定優劣聞奏

世宗顯德二年三月敕尚書禮部貢院奏今年新及第進士李覃嚴說何曮武允成王汾閻丘舜卿楊徽之任惟吉趙鄰幾周

度張慎微王翥馬文劉選程浩然李震等一十六人所試詩賦文詞策等國家設貢院之司求英俊之士務詢文行方中科名比聞近年已來名有濫進或以年勞而得第或因媒勢以出身今歲所放舉人試令看驗果見紕繆須至去留其李覃何瓚楊徹之趙鄰幾等四人宜放及第其嚴說武允成王汾閭丘舜卿任惟吉周度張慎微王翥馬文劉選程浩然李震等一十三人藝學未精並宜句落且令苦學以俟再來

五年三月詔曰比者以近年貢舉頗是因循頻詔有司精加試練所與去留無濫優劣昭然昨據貢院奏今年新及第進士等所試文字或有否藏爰命詞臣再令考覈應涇渭之不雜免玉石之相參其劉坦戰貽慶李頌徐緯張觀等詩賦稍優宜放及第王汾據其文詞亦未精當念以比曾剝落特與成名熊若谷陳保衡皆是遠人深可嘆念亦放及第鄭峻耿保雍楊丹安玄度張昉畫咸則杜忌道等未甚苦辛並從退落更宜修進以俟將來

十一月乙卯命翰林學士竇儼試進士策官曹巨源鄭果李曉等於禁中策曰王者以禮御人倫以樂和天地以兵柔萬國以刑齊兆民署何先未塗同治或因或革各適所宜故五帝殊時不相襲禮三王異世不相沿樂兵有務戰不戰之異刑有輕次重次之差歷朝典張繁不具引自唐祖混一區夏太宗嗣成聖功言其禮則三正有常言其樂則七宗有秩兵息而且道咸順刑措而民心不渝五帝三王不足尚也越自天寶之後國經混然禮樂壞墜而衆不知兵刑煩擾而下不畏朱梁晉漢皆馬因仍混戎戰鬭劉已來力務兵揔然董敬繼減歷年滋多焦思勞神勸效未著予欲父慈子孝兄友弟恭君仁臣忠夫義婦聽聲明文物無其舞衣裳辭說必有序萬儀咸秩百神受職家肥國肥知禮之尊也當用何理訓旅庶僕予欲六律六呂七音九變金石絲竹之器羽旄干戚之容歌其政舞其德與天文音坐比崇昔時天和地平知樂之崇也予當原其理焉時予欲混同天下親征夫張手振金鼓跋履山川如商高宗之伐鬼方若魏武帝之登柳塞則六師所至供億無窮衆與民勞自古皆慎若但任偏將屯於邊鄙縱兵時入剽食居人交尸暴路暴骨盈野終歲如是得無憫然何以令住兵不興役弭乾而王塗無所阻隔方貢自來駿奔更思爾謀以達明略予欲斧鉞不用刀鋸不弊桎梏朽蠹無所施設無城舂鬼薪之役無三居五宅之流畫衣冠而人不犯虛囹圄而人不入無刑之理何以致諸子大夫博識洽聞窮微覩奧提筆既干於奇遇檀鍾必應於善音抱屈將伸直言勿隱既而以所對之詞上進乃授巨源及果並賜曉進士出身

冊府元龜卷第六百四十四

冊府元龜卷第六百四十五

貢舉部七

科目

自三五以來貢舉之目未之聞也考諸周制乃有德行道藝之舉興之賢能又有四士曰選曰俊曰造曰進自鄉大夫司徒樂正皆論其秀司馬論其賢然後官之此周公所以垂大法也漢魏而下以迄于五代或召郡國限其口率或令公卿舉其所知或廣示於詳延或兼許其自薦至乃科級之沿革名品之差異布于有司與蓋數十百數今之論異歷代而小年成下盡於斯而已矣

漢惠帝四年正月詔舉民孝悌力田者

文帝二年十一月詔舉賢良方正能直言極諫者

十五年九月詔諸侯王公卿郡守舉賢良能直言極諫者

武帝建元元年冬十月詔丞相御史列侯中二千石二千石諸侯相舉賢良方正直言極諫之士

元光元年十一月初令郡國舉孝廉各一人孝謂善事父母者廉謂清潔有廉隅者

元封五年四月詔令州郡察吏民有茂才異等可為將相及使絕國者

昭帝始元五年六月詔令三輔太常舉賢良各二人郡國文學高第各一人

宣帝本始元年四月詔內郡國舉文學高第各一人

四年四月詔令三輔太常內郡國舉賢良方正各一人

地節三年十一月詔曰其令郡國舉孝悌有行義聞於鄉里者各一人

元康元年八月詔舉吏民厥身修正通文學明於先王之術宣究其意者各二人中二千石各一人

四年正月制舉茂才異倫之士

神爵四年四月詔令內郡國舉賢良可親民者各一人

元帝初元二年三月詔丞相御史二千石舉茂才異等直言極諫之士

永光元年二月詔丞相御史舉質樸敦厚遜讓有行者光祿歲以此科第郎從官始令丞相御史舉此四科人以擢用之而見在郎及從官又令光祿每歲依此科考校定其第高下用補其人員闕

二年三月詔內郡國舉茂才異等賢良直言之士各一人

成帝建始二年二月詔三輔內郡舉賢良方正各一人

三年十二月詔丞相御史與將軍列侯中二千石及內郡國舉賢良方正能直言極諫之士

河平四年三月詔舉惇厚有行能直言之士

江加二年三月詔舉敦厚有行義能直言者

元延元年七月詔內郡國舉方正能直言極諫者各一人北邊二十二郡舉勇猛知兵法者各一人

哀帝建平元年二月詔大司馬列侯將軍中二千石州牧守相舉孝弟惇厚能直言通政事延于側陋可親民者各一人

四年冬詔將軍中二千石舉明兵法有大慮者

元壽元年春正月詔將軍列侯中二千石舉賢良方正能直言者各一人

平帝元始元年五月詔公卿將軍中二千石舉敦厚能直言者各一人

二年秋舉勇武有節明兵法郡一人詣公車

後漢光武建武七年四月詔公卿司隸州牧舉賢良方正各一人遣詣公車

章帝建初元年三月詔太傅三公中二千石二千石郡國守相舉賢良方正能直言極諫之士各一人

五月初舉孝廉郎中寬博有謀任典城者以補長相任堪也典主也縣長侯相

八年十二月詔書辟士四科一曰德行高妙志節清白二曰

明行修能任博士三曰明曉法律足以决疑能案章覆問文任
御史四曰明毅多略遭事不惑明足照姦勇足決斷才任三輔
令皆存孝悌清公之行自今已後審四科辟召及刺史二千石
察舉茂才尤異孝廉吏務實校試以職有非其人不習曹事正
舉者故不以實法之也
和帝永元六年三月詔令三公中二千石二千石內郡守相舉
賢良方正能直言極諫之士各一人
七年四月詔有司詳選郎官寬博有謀才任典城者三十人
安帝永初元年三月詔公卿內外官郡國守相舉賢良方正有
道術之士明政術達古今能直言極諫者各一人
五年閏三月詔令三公特進侯中二千石二千石郡守諸侯相
舉賢良方正有道術達於政化能直言極諫之士各一人及至
孝與眾卓異者并遣詣公車
七月詔三公特進九卿校尉舉列將子孫明曉戰陣任將帥者

元初元年四月詔三公特進列侯中二千石二千石郡守舉敦
厚質直者各一人
建光元年十一月詔三公特進侯卿校尉舉武猛堪將帥者各
五人
順帝初即位詔公卿郡守國相舉賢良方正能直言極諫之士
各一人
永和三年九月令大將軍三公各舉故刺史二千石及見令長
郎謁者四府掾屬剛毅武猛有謀謨任將帥者各二人特進卿
校尉各一人
漢安元年二月詔大將軍公卿舉賢良方正能探賾索隱者各
一人
沖帝永嘉元年九月詔三公特進侯卿校尉舉賢良方正幽逸
修道之士各一人
桓帝建和元年四月詔大將軍公卿校尉舉賢良方正能直言

極諫者各一人又詔大將軍公卿郡國舉至孝篤行之士各一人
三年六月詔大將軍三公特進侯其與卿校尉舉賢良方正能
直言極諫之士各一人
永興二年二月詔公卿校尉舉賢良方正能直言極諫者各一人
延熹八年正月詔公卿校尉舉賢良方正
九年正月詔公卿校尉郡國舉至孝
七月詔舉武猛三公各二人卿校尉各一人
靈帝中平元年三月詔公卿舉列將子孫及吏民有明戰陣之
略者詣公車
魏文帝黃初四年五月詔舉天下儁德茂才獨行君子
明帝太和二年十月詔公卿近臣舉良將各一人
四年十二月詔公卿舉賢良
青龍元年三月詔公卿舉賢良篤行之士各一人
晉武帝泰始四年十一月詔王公卿尹及郡國守相舉賢良方

正直言之士
五年十二月詔州郡舉勇猛秀異之才
七年六月詔公卿以下舉將帥各一人
八年二月詔內外群官舉任邊郡者各三人
大康九年五月詔內外群臣舉守令之才
成帝咸和六年三月詔舉賢良直言之士
七年十一月詔舉賢良
宋孝武大明六年正月詔其有懷真抱素志行清白或識通古
今才經軍國具以名聞
前廢帝景和元年八月詔曰其有孝性忠節幽居遁操信誠行
義廉正表俗文敏博識幹事治民者精加詳括
明帝泰始二年十一月詔曰林澤身栖丘園耿素博洽古今敦
崇孝讓者具即以聞隨就褒立
五年九月詔其有身處憩約息事衡樊志恬江海行高塵俗者

所在精加披括時以名聞後廢帝初即位詔其有孝友合義
讓光閭或匿名屠釣隱釆耕牧足以整厲澆風扶益淳化者侯
聞嘉薦
梁高祖天監元年四月詔若懷寶迷邦蘊奇待價蓄響藏真不
求聞達並依名騰奏
十四年正月南郊詔若有確然鄉黨獨行州閭肥遯丘園不求
聞達藏器待時未加收采或賢良方正孝悌力田並即騰奏具
以名上
普通二年五月詔連率郡國舉賢良方正直言之士
太清元年正月詔或德茂州閭道行鄉邑或獨行丘壑聞達不
求咸使上言
陳文帝天嘉元年七月詔王公已下其各進舉賢良
宣帝太建四年九月赦詔耆艾絕倫或妙年異等凡厥在位各
舉所知

後魏明元永興二年十二月詔有德行清美學優義博可為人師
者令詣京師
太武延和元年十二月詔州郡進舉賢俊各令鄉閭推舉既至
當待以不次之舉曉才文武任之政事
孝文延興二年秋七月壬寅詔州郡縣各遣二人才堪專對者
赴行在所
三年冬十一月詔其力田孝悌才器有益於時信義著於鄉閭
者具以名聞
太和十七年九月詔孝悌廉義文武應求者皆以名聞
十八年春正月詔孝悌廉義文武應求者皆以名聞
十一月辛未詔冀定二州孝義廉貞文武應求者具以名聞
十二月詔鄴豫二州孝悌廉義文武應求具以名聞
十九年四月詔兗州刺史舉部內士人才堪軍國具以名聞
六月詔孝悌廉義文武有堪者具以名聞
二十一年五月詔雍州其孝友德義文學才幹悉即貢舉
前廢帝普泰元年三月詔有德孝仁賢忠義志信者可以禮召
赴闕
北齊孝昭皇建二年詔其高才良器允文允武理識深長幹具
通濟操履凝峻孝業宏贍諸如此輩隨取一長無待兼資方充
舉限
後周閔帝元年八月詔二十四軍宜舉賢良堪治民者軍別九人
武帝建德三年二月詔六府各舉賢良清正之人
四年十月詔諸畿郡各舉賢良
六年二月詔山東諸州各舉明經幹治者二人若奇才異術卓
爾不群者不拘多少
隋文帝開皇二年正月詔舉賢良
十八年七月詔京官五品已上總管刺史以志行修謹清平幹
濟二科舉人

仁壽三年七月詔令州縣搜揚賢哲皆取明知今古通識治亂
究政教之本達禮樂之源者不限多少不得不舉
煬帝大業三年四月詔夫孝悌有聞人倫之本德行敦厚立身
之基或節義可稱或操履清潔所以激貪厲俗有益風化強毅
正直執憲不橈學業優敏文才美秀並為廊廟之用實乃瑚璉
之資才堪將略則拔之以禦侮膂力驍壯則任之以爪牙爰及
一藝可取亦宜採錄文武有職者五品已上宜依令十科舉人
有一於此不必求備朕當待以不次隨才升擢
五年六月詔諸郡學業該通才藝優洽膂力驍壯超絕等倫在
官勤奮堪理政事立性正直不避強禦四科舉人
十年五月詔郡縣孝悌廉潔各十人
唐太宗貞觀十一年四月詔其有孝悌淳篤兼閑時務儒術該
通可為師範文詞秀美才堪著述明識治體可委字民并志行
修立為鄉閭所推者舉送洛陽宮

十五年六月詔令天下士庶之內或識達公方學綜今古廉潔正直可以經國佐時或孝悌淳篤節義昭顯始終不移可以敦風勵俗或儒術通明學堪師範或文章秀異才足著述並宜薦舉具以名聞

十七年五月乙丑詔令州縣舉孝廉茂才好學異能卓犖之士

高宗以貞觀二十三年六月即位九月詔其有經明行修談講精熟具此師嚴才堪教冑者志節高妙越用清通博聞強正終堪卿輔者遊情文藻下筆成章援心處事端平可紀者疾惡揚善依忠履義執持典憲終始不移者京司長官上都督府及上州各舉二人中下州刺史各舉一人

顯慶元年十月詔宜令河南河北江淮已南州縣或緯俗之英才駿管樂或濟時之器價逸蕭張學帝師材堪棟輔者必當任之不次

二年二月詔宜令京官五品以上及諸州牧守各舉所知或勇冠三軍氣蓋拔山之力智兼百勝緯地經天之才奇策[illegible]平戎功績於衛霍蹤二起於吳白軌韓李於牧廉貫纖善而萬衆悅罰片惡而一軍懼如有此色可精加採訪各以奏聞

三年二月志烈秋霜科韓思彥及第

五年六月詔內外官四科舉人或孝悌可稱德行夙著通涉經史或[illegible]或游詠儒術沉研冊府下帷不倦博物馳聲或藻思清華詞鋒秀逸[illegible]據文雅材堪遠大或廉平處事強直爲心洞曉刑書兼包文藝者精加搜訪各以名薦

龍朔三年八月詔內外官五品以上各舉藏器幽素之士

乾封元年幽素科[illegible]及第

二年十月令天下諸州舉鴻儒碩學博聞強記之士

上元三年正月詞殫文律科崔融及第

儀鳳元年十二月詔或孝悌通神[illegible]遠推敬或德行光俗[illegible]文高六[illegible]下筆成章或[illegible]

洞該七略或射能穿札力可翹關或丘園秀異志存栖隱或將帥子孫素稱勇烈亦有婆娑鄉曲負材傲俗爲議所斥陷於跅弛之流者各以名聞

二年十二月詔或才蘊廊廟器均瑚璉[illegible]王佐之嘉猷資公輔之美量或奇謀異筭史勝千里或投石拔距勇冠三軍或寒[illegible]謨忠亮志存規弼或繩違糾惡不避權豪或威惠仁明堪居牧守之重或公正廉直足膺令長之任或宜搜訪具錄封進

調露元年七月詔或孝悌光至感於神明或文武兼資材堪將相或學藝該博業標儒首或藻思宏贍詞擅文宗或洞曉音律識均牙曠或深明曆數妙同京管者咸令薦舉

永隆元年岳牧舉武陟尉員半千及第

則天垂拱四年十二月詞摽文苑科[illegible]及第

永昌元年正月蓄文藻之思科[illegible]及第抱儒素之業科[illegible]及第

[illegible]壽三年四月臨難不顧徇節寧邦科[illegible]及第

[illegible]元年[illegible]科[illegible]

萬歲通天元年文藝優長科[illegible]及第

神功元年九月絕倫科[illegible]及第

大足元年理選使孟詵試拔萃科[illegible]及第疾惡科[illegible]及第

長安二年[illegible]科[illegible]及第

中宗神龍元年二月詔九品已上及朝集使舉賢良方正直言之士

二年二月令舉天下[illegible]儒碩學之士是年有才膺管樂科[illegible]及第才高位下科[illegible]及第

三年材堪經邦科[illegible]及第賢良方正科[illegible]及第

景龍三年抱器懷能科[illegible]及第茂才異等科[illegible]及第

睿宗景雲元年十二月制舉有能明三經通其大義者能綜一史知其本末者通三教宗旨究其精微者善六書文字辯其聲象者雅善曲度知六律五音者明習韜略孫吳識天時人事

者暢於詞策聰於受顧善戴奏吐納者咸令所司博采明試以聞
二年文以經國科(宋璟韓朝宗及第)藏名負俗科(李俊之及第)
太極元年二月命文武官五品以上各舉才堪軍將及邊州都
督刺史一人
玄宗先天元年十二月制令京文武官及朝集使五品已上各
舉堪充將帥者一人又有文經邦國科(韓休及第)藻思清華科(趙冬曦及第)
寄以宣風則能興化變俗科(郭璘及第)之道侔伊呂科(張九齡及第)手筆
俊拔超越流輩科(杜昱張子渙張秀明袁暉名遁居貞賈登邢巨及第)
二年六月詔其諸州有抱器懷才不求聞達者訪名聞奏
開元二年六月甲子制其有茂才異等拔萃超群咸令自舉其
年有直言極諫科(梁昇卿袁楚客及第)哲人奇士逸倫屠釣科(孫逖及第)良才
異等科(趙[illegible]崔閏之及第)
五年二月詔有嘉遁幽栖養高不仕者州牧各以名薦是年有
文史兼優科(李昇期康子元[illegible]及第)文儒異等科(崔[illegible]諸庾[illegible]及第)

六年博學通議科([illegible]及第)
七年文詞雅麗科(邢巨苗晉卿崔思[illegible]及第)
九年正月詔曰諸州官人百姓有智合孫吳可以運籌決勝有
勇齊賁育可以斬將搴旗或臨戎卻寇堪爲一保之雄各聽自
舉務通其實
十一年正月丁卯制其有沉淪草澤抱德栖遲並委府縣搜揚
十二年將帥科(裴敬復房自謙及第)
十五年二月制曰草澤中有文武高才者聽詣闕自舉是年應
武足安邊科(鄭昉樊衡及第)高才沉淪草澤自舉科([illegible]景山及第)
十七年才高未達沉迹下僚科(吳鞏及第)
十九年博學宏詞科(鄭[illegible]及第)
二十一年多才科(李史魚及第)
二十三年正月詔其或才有王霸之略學究天人之際智勇堪
將帥之選政能當牧宰之舉者五品以上清官及軍將都督刺
史各舉一人孝悌力田鄉閭推挹者本州刺史長官各以名聞
是年舉王霸科(劉[illegible]及第)智謀將帥科(張重光崔圖李[illegible]及第)
二十七年正月制令諸州刺史舉德行尤異不求聞達者
二月制草澤間有殊才異行文堪經國者所由長官以禮徵送
天寶元年正月一日詔有儒學博通及文詞秀逸或有軍謀越
衆或武藝絕倫者具以名薦是年有舉文詞秀逸科(崔明允顏眞卿及第)
六載風雅古調科(薛據及第)
十三載二月詔其博通墳典洞曉玄經清白著聞詞藻宏麗軍
謀出衆武藝絕倫者任自舉是年舉詞藻宏麗科(楊綰及第)
肅宗至德元年七月詔有直言極諫才能宰牧文詞博達武藝
絕倫孝悌力田沉淪草澤聽詣闕自陳
二年十二月詔其有文經邦國學究天人博於經史工於詞賦
善於著述精於法理軍謀制勝武藝絕倫並任於所在自舉委郡
守銓擇奏聞不限人數

上元元年閏四月詔宜令中外五品以上文武正員官各舉賢
良方正直言極諫一人武藝文才俱堪濟理者亦任狀舉其或
文乏詞策武非騎射但權謀可以集事材力可以臨戎方圓可
收亦任通舉
代宗廣德元年七月詔有懷才抱器安貧守節養素丘園爲衆
所知者具以名聞諸色人中有孝悌力田經術通博文詞雅麗
政理優長各以名薦
永泰元年正月制孝悌力田懷材抱器遺逸未經薦達者各委
州府聞奏親當策試
大曆元年十一月制天下有安貧樂道孝悌力田者具以名聞
朕當親自策試
二年應樂道安貧科(楊膺及第)
五年六月詔內外文武官及前資官六品已下并草澤中有碩
學專門茂才異等智謀經武詞識主文者仰所在表薦

六年諷諫主文科（鄭珣瑜 李益及第）

德宗以大曆十四年五月即位六月詔天下有才業尤著高蹈丘園及直言極諫之士具以名聞諸色人中有孝悌力田經學優深文詞清麗軍謀宏遠武藝殊倫者亦具以名聞能詣闕自陳者亦聽

建中元年應賢良方正能直言極諫科（姜公輔 元友直 樊[illegible] [illegible]臣 元齊及第）文詞清麗科（奚陟 梁肅 劉公亮 鄭[illegible] [illegible] 沈封 吳通玄及第）經學優深科（孫珙 黎逢 李[illegible]及第）高蹈丘園科（張[illegible] 衞良儒 [illegible]及第）軍謀越衆科（[illegible] 右審 平知和 鄭儋 [illegible]陵正 周渭 丁[illegible]及第）孝悌力田聞於鄉閭科（鄭[illegible] 黃中 崔浩 李[illegible]及第）

貞元元年九月詔賢良方正能直言極諫第三等人委中書門下即超資與處分第四等人即優與處分第五等人即與處分 是年舉賢良方正能直言極諫科（韋執誼 鄭利用 穆質 楊[illegible] 裴[illegible] [illegible]公[illegible] 歸登 李直方 崔邠 鄭敬 [illegible]引 [illegible] 沈迴 元[illegible] 徐[illegible]及第）博通墳典達於教化科（熊執易 [illegible] 崔甫及第）識洞韜略堪任將帥科（[illegible]及第）

府　六百四十五　十二

[illegible]年正月詔賢良方正能直言諫者高蹈不仕隱居巖穴孝悌力田聞於鄉里所在長官具以名聞親加策試是年四月應賢良方正能直言極諫科（崔元翰 裴次元 李[illegible] [illegible] 史[illegible] [illegible] [illegible] 公[illegible] [illegible] 徐引 [illegible] [illegible] 立 王[illegible] [illegible]及第）清廉守節政術可稱堪任縣令科（[illegible]及第）孝悌力田聞於鄉閭科（[illegible]及第）

九年十一月制諸色人中有賢良方正能直言極諫或博通墳典達於教化或詳明政術可以理人者委常參官及州府長吏各舉所知親當策試

十年十月賢良方正能直言極諫科（裴垍 王播 [illegible] 許孟容 [illegible] 崔[illegible] [illegible]及第）博通墳典達於教化科（[illegible] 許[illegible] 徐弘 朱[illegible]及第）詳明政術可以理人科（張平叔 李景亮及第）

十一年三月諸州准制薦隱居丘園不求聞達蔡茂等九人並授[illegible]官令給公乘赴京到日量才敘用

憲宗元和元年四月才識兼茂明於體用科（元稹 韋惇 獨孤郁 白居易 曹景伯 [illegible]

[illegible] 崔護 薛存慶 韋珩 [illegible] 沈[illegible] 宿及第）達於吏理可使從政科（陳岵及第）

二年正月制天下諸色人中有賢良方正能直言極諫博通墳典達於教化軍謀宏遠堪任將帥詳明政術可以理人委內外官各舉所知當親策試

三年四月賢良方正能直言極諫科（牛僧孺 皇甫湜 李宗閔 王起 賈餗 [illegible]及第）博通墳典達於教化科（馮[illegible] [illegible]及第）軍謀宏遠材任將帥科（樊[illegible] 郭[illegible]及第）達於吏理可使從政科（蕭[illegible]及第）

十四年七月詔諸色人有賢良方正能直言極諫博通墳典達於教化軍謀宏遠堪任將帥詳明政術可以理人者委內外官各舉所知當親自策試

穆宗長慶元年正月詔諸色人中有賢良方正能直言極諫博通墳典達於教化軍謀宏遠堪任將帥詳明可以理人者委有司各舉所知是年十二月應賢良方正能直言極諫科（[illegible]及第）詳明政術可以理人科（[illegible]及第）

府　六百四十五　十三

（[illegible]）軍謀宏遠材任將帥科（[illegible]）博通墳典達於教化科（李[illegible]及第）

敬宗以長慶四年正月即位三月詔諸色人中有賢良方正能直言極諫經學優深可為人師詳閑吏理達於教化軍謀宏遠材任邊將者委常參官并諸道節度使觀察使諸州刺史各舉所知

寶曆元年四月賢良方正能直言極諫科（[illegible]及第）詳明吏理達於教化科（[illegible]及第）軍謀宏遠材任邊將科（裴儔 侯平 [illegible]章及第）

文宗大和元年正月制諸色人中有賢良方正能直言極諫者及經學優深可為師法詳閑吏理達於教化軍謀宏遠堪任將帥者常參官及方牧郡守各舉所知無人舉者亦聽自舉

二年閏三月賢良方正能直言極諫科（裴休 李郃 [illegible] 杜牧 馬植 [illegible] 崔[illegible] 王式 羅劭京 崔渠 韓賓 崔[illegible] [illegible]及第）詳明吏理達於教化科（[illegible]及第）軍謀宏遠堪任將帥科（[illegible] 李[illegible]及第）

開成元年正月制其有茂才異等俟時隱身藏器宏許節獨行可激風俗者各以名聞

梁太祖開平三年制其有卓犖不羈沈潛用晦負王霸之業蘊經濟之謀究古今刑政之源達禮樂質文之奧機籌可以制度經術可以辯疑旋具奏聞然後試其所長待以不次四年九月詔如有卓犖不羈沈潛自負通霸王之上略達文武之大經究古今刑政之源達禮樂質文之變朕則待以不次委以非常

後唐明宗天成二年四月中書奏尚書禮部貢院申當司奉今月六日勑吏部流內銓狀據白院狀當司先准禮部貢院牒據成德軍解送到前進士王蟾狀請罷鎭深州司功參軍應宏詞舉前件人准格例應重科合在吏部其王蟾并解牒送吏部請准例指揮者當司具狀申中書奉判送吏部分析近年事例如何者伏緣近年別無事例今檢登科錄內僞梁開平三年應宏詞科二人前進士余遲承旨舍人李愚考官二人司勳郎中崔[illegible]

[illegible]郎張貽憲者并具狀申中書奉判送吏部准例指揮者其前進士王蟾應宏詞考官試官合在流內銓申請者前進士王蟾請應宏詞伏自近年已來無人請應今詳格例合差考官二人又緣只有王蟾一人獨應銓司未敢懸便奏請差官者奉勑宜令禮部貢院就五科舉人考試者伏以舉選公事皆有格條准新定格節文宏詞拔萃准長慶二年格吏部差考試官二人與知銓尚書侍郎同考試聞奏又准格節文內准大和元年十月二十三日勑應禮部諸色貢舉人及吏部諸色科目選人凡無出身及未有官只合於禮部應舉有出身有官方合於吏部赴科目選其請應宏詞舉前進士王蟾當司當年放及第後尋已關過吏部訖若應宏拔例待南曹判成即是科選選人事理合歸吏部況緣五科考試官只考學業難於同考宏詞者奉勑王蟾宜令吏部准往例差官考試

長興元年八月三日尚書吏部奏據禮部貢院牒送到附試請應書判拔萃前虢州盧氏縣主簿張岫親書紙內對六節判肆通二粗准例入第五上等其所試判今錄奏聞奉勑宜令所司今後吏部所應宏詞拔萃宜並權停

周世宗顯德四年十月制曰制策懸科前朝盛事莫不訪賢良於仄陋求讜正於嚴規殿廷之間帝王親試其或大裨於國政有益於時機則必待以優恩縻之好爵拔奇取異無尚於茲得人者昌於是乎在爰從近代久廢此科懷才抱器者鬱而不伸隱耀韜光者晦而莫出遂使翹翹之楚多致於棄捐皎皎之駒莫就於縶維遺才滯用闕孰甚焉應天下諸色人中有賢良方正能直言極諫經學優深可爲師法詳閑吏理達於教化者不限前資見任職官黄衣草澤並許應詔其逐處州府依每歲貢舉人式例差官別考試解送尚書吏部仍量試策論三道共三千字以上當日內成取文理俱優人物爽秀者方得解送取來年十月集上都其登朝官亦許上表自舉時兵部尚書張昭上書請立制科故有是命

冊府元龜卷第六百四十五

新刊監本册府元龜卷之六百四十六

貢舉部八

對策

自西漢之世始詔有司詳求俊乂親臨策問受其條對故當時之論以鼂董爲稱首爰其後公孫並進賢能間出彬彬儒雅足稱前史得人之盛偕乎三代觀其奮發智慮講求理道仰稽於前訓備流乎嘉話信魁偉博達之士哉唐室全盛豪英迭舊亦常戶當臚之法坐躬旰昃而前席故其讜言興論有司尚爲若乃校經義以片時旌貞忠規而箴王闕吐發憤懣宣導壅閼試哲王之所樂聞焉

漢鼂錯爲太子家令孝文詔有司舉賢良文學士錯在選中帝策詔之曰惟十有五年九月壬子皇帝曰昔者大禹勤求賢士施及方外（施延也音以豉切）四方之內舟車所至人迹所及靡不聞命以輔其不逮近者獻其明遠者通厥聰比善勠力以翼天子（比音

不食於力動於末是以受者大不得取小與大同意者也已受大又取小天不能足而況人虖此民之所以囂囂苦不足也（囂與敖同音敖謷謷衆愁之聲也）身寵而在高位家溫而食厚祿因乘富貴之資力以與民爭利於下民安能如之哉是故衆其奴婢多其牛羊廣其田宅博其產業畜其積委務此而亡已以迫蹵民民日削月朘（朘音諸轉切蹵蹴也宜音蹴音子六切）寖以大窮富者奢侈羨溢貧者窮急愁苦窮急愁苦而上不救則民不樂生民不樂尚不避死安能避罪此刑罰之所以蕃而姦邪不可勝者也故受祿之家食祿而已不與民爭業然後利可均布而民可家足此上天之理而亦不古之道天子之所宜法以爲制大夫之所當循以爲行也故公儀子相魯

之其家見織帛怒而出其妻食於舍而茹葵慍而拔其葵曰吾
以食祿又奪園夫紅女利虖[illegible]古之賢人君子在列位者皆
如是是故下高其行而從其教民化其廉而不貪鄙及至周室
之衰其卿大夫緩於誼而急於利亡推讓之風而有爭田之訟
故詩人疾而刺之曰節彼南山惟石巖巖赫赫師尹民具爾瞻
爾好誼則民鄉仁而俗善爾好利則民好邪而俗敗由是觀之
天子大夫者下民之所視效遠方之所四面而內望也近者視
而放之遠者望而效之豈可以居賢人之位而為庶人行哉夫
皇皇求財利常恐乏匱者庶人之意也皇皇求仁義常恐不能
化民者大夫之意也易曰負且乘致寇至乘車者君子之位也
負擔者小人之事也此言居君子之位而為庶人之行者其患
禍必至若居君子之位當君子之行則舍公儀休之相魯亡可
為者矣春秋大一統者天地之常經古今之通誼也今師異道
人異論百家殊方指意不同是以上亡以持一統法制數變下

不知所守臣愚以為諸不在六藝之科孔子之術者皆絕其道
勿使並進邪辟之說滅息然後統紀可一而法度可明民知所
從矣仲舒對既畢天子以仲舒為江都相自武帝初立魏其武
安侯為相而隆儒矣乃仲舒對策推明孔氏抑黜百家立學校
之官州郡舉茂材孝廉皆自仲舒發之
公孫弘菑川人武帝初即位弘年六十以賢良徵為博士使
病免歸元光五年徵賢良文學菑川國復推上弘弘謝曰前
已嘗西用不能罷願更選國人固推弘弘至太常上策詔諸
儒制曰蓋聞上古至治畫衣冠異章服而民不犯陰陽和五
穀登六畜蕃甘露降風雨時嘉禾興朱屮生山不童澤不涸童无屮木也涸[illegible]麟鳳在郊藪龜龍游於沼河洛出圖書父子
親兄不哭弟北發渠搜南撫交阯舟車所至人迹所及跂行
喙息咸得其宜跂行有足所行者也喙息謂有口能息者也跂音岐喙音許穢反朕甚嘉之今
何道而臻乎此子大夫修先聖之術明君臣之義講論洽聞有

聲乎當世敢問子大夫天人之道何所本始吉凶之效安所期
焉禹湯水旱厥咎何由仁義禮知四者之宜當安設施屬統垂
業物鬼變化天命之符廢興何如天文地理人事之紀子大夫
習焉其悉意正議詳具其對著之于篇朕將親覽焉靡有所隱
弘對曰臣聞上古堯舜之時不貴爵賞而民勸善不重刑罰而
民不犯躬率以正而遇民信也末世貴爵厚賞而民不勸深刑
重罰而姦不止其上不正遇民不信也夫厚賞重刑未足以勸
善而禁非必信而已矣是故因能任官則分職治去無用之言
則事情得不作無用之器即賦斂省不奪民時不妨民力則百
姓富有德者進無德者退則朝廷尊有功者上無功者下則群
臣逡言有次第也逡音七旬切其字從辵罰當罪則姦邪止賞當賢則臣下勸凡
此八者治民之本也故民者業之即不爭理得則不怨有禮則
不暴愛之則親上此有天下之急者也故法不遠義則民服
而不離和不遠禮則民親而不暴故法之所罰義之所去也

和之所賞禮之所取也禮義者民之所服也而賞罰順之
則民不犯禁矣故畫衣冠異章服而民不犯者此道素行
也臣聞之氣同則從聲比則應今人主和德於上百姓和合於
下故心和則氣和氣和則形和形和則聲和聲和則天地之和
應矣故陰陽和風雨時甘露降五穀登六畜蕃嘉禾興朱
草生山不童澤不涸此和之至也故形和則無疾無疾則不
夭故父不喪子兄不哭弟德配天地明並日月則麟鳳至龜
龍在郊河出圖洛出書遠方之君莫不說義奉幣而來朝此
和之極也臣聞之仁者愛也義者宜也禮者所履也智者術之
原也致利除害兼愛無私謂之仁明是非立可否謂之義進退
有度尊卑有分謂之禮擅生殺之柄通壅塞之塗權輕重之
數論得失之道使遠近情偽必見於上謂之術凡此四者治之本道之用也[illegible]
施不可廢也得其要則天下安樂法設而不用不得其術則主
蔽於上官亂於下此事之情屬統垂業之本也臣聞堯遭鴻水

使禹治之未聞禹之有水也若湯之旱則桀之餘烈也桀紂行惡受天之罰禹湯積德以王天下因此觀之天德無私親順之和起逆之害生此天文地理人事之紀臣弘愚戇不足以奏大對大對大問之對也時對者百餘人太常奏弘第居下策奏天子擢弘對爲第一召見容貌甚麗拜爲博士弘復上疏曰陛下有先聖之位而無先聖之名有先聖之民而無先聖之吏是以勢同而治異先世之吏正故其民篤今世之吏邪故其民薄政弊而不行令倦而不聽夫使邪吏行弊政用倦令治薄民民不可得而化此治之所以異也臣聞周公旦治天下朞年而變三年而化五年而定唯陛下所志書奏天子以冊書答曰問弘稱周公之治弘之材能自視孰與周公賢與猶如也弘對曰愚臣淺薄安敢比材於周公雖然愚心曉然見治道之可以然也夫虎豹馬牛禽獸之不可制者也及其教馴服習之馴順也至可牽持駕服唯人之從[illegible]臣聞揉曲木者不累日揉謂矯而正之也[illegible]銷金石

[illegible]夫人之於利害好惡豈比禽獸木石之類哉[illegible]朞年而變臣弘尚竊遲之帝異其言

冊府元龜卷第六百四十六

冊府元龜卷第六百四十七

貢舉部

對策第二

漢谷永字子雲爲太常丞成帝建始三年冬日食地震同日俱發詔舉方正直言極諫之士太常陽城侯劉慶忌舉永待詔公車對曰陛下秉至聖之純德懼天地之戒異飭身修政納問公卿勑與敕同敕整也又下明詔帥舉直言帥謂公卿守相咨令率也帥字或作師師衆也燕見紬繹以求咎愆紬讀曰抽紬繹者引其端緒也使臣等得造明朝承聖問臣材朽學淺不通政事竊聞明王即位正五事建大中以承天心則庶徵序於下日月理於上如人君淫溺後宮般樂游田般讀與盤同五事失於躬大中之道不立則咎徵降而六極至凡災異之發各象過失以類告人十二月朔戊申日食婺女之分地震蕭牆之內二者同日俱發以丁寧陛下厥咎不遠宜厚求諸身意豈陛下志在閨門未卹政事不慎舉錯婁失中與婁古屢字也內寵大

盛女不遵道嫉妒專上妨繼嗣與古之王者廢五事之中失夫婦之紀妻妾得意謁行於內勢行於外至覆傾國家或亂陰陽昔褒姒用國宗周以喪閻妻驕扇日以不臧此其效也經曰皇極皇建其有極傳曰皇之不極是謂不建時則有日月亂行陛下踐至尊之祚爲天下主奉帝王之職以統群生方內之治亂在陛下所執誠留意於正身勉彊於力行損燕私之閒以勞天下放去淫溺之樂罷歸倡優之笑笑古笑字絕郤不享之義慎節游田之虞起居有常循禮而動躬親政事致行無倦安服若性經曰繼自今嗣王其毋淫于酒毋逸于游田惟正之共未有身治正而臣下邪者也夫妻之際王事綱紀安危之機聖王所致慎也昔舜飭正二女以崇至德楚莊忍絕丹姬以成伯功楚莊王得丹姬三月不聽朝保申諫忍絕不復見乃勤政事遂爲霸主也又曰丹姬是謂楚文王姬也莊王用申公巫臣之諫不納夏姬谷永集云字作夏是也今此傳作丹時寫誤耳伯讀曰霸幽王惑於褒姒周德降亡魯桓脅於齊女社稷以傾誠修後宮之政明尊卑之序貴者不得嫉妬專寵

以絕驕嫚之端抑褒閻之亂賤者咸得秩進各得厥職以廣繼嗣之統息白華之怨後宮親屬饒之以財勿與政事與讀曰豫以遠皇父之類損妻黨之權未有閨門治而天下亂者也治遠自近始習善在左右昔龍筦納言而帝命惟允四輔既備成王靡有後事誠敕正左右齊栗之臣戴金貂之飾執常伯之職者皆使學先王之道知君臣之義濟濟謹孚無敖戲驕恣之過則左右肅艾羣臣宗仰法化流四方經曰亦惟先正克左右未有左右正而百官枉者也治天下者尊賢考功則治簡賢違功則亂誠審思治人之術歡樂得賢之福論材選士必試於職明度量以程能考功實以定德無用比周之虛譽毋聽浸潤之譖愬則抱功脩職之吏無蔽傷之憂比周邪偽之徒不得即工小人曰銷俊艾曰隆[illegible]經曰三載考績三考黜陟幽明又曰九惠咸事俊艾在官未有功賞得於前衆賢布於官而不治者也堯遭洪水之災天下分絕爲十二州制遠之道微而無乖畔之難者德厚恩

深無怨於下也秦居平土一夫大呼而海內崩析者刑罰深酷吏行殘賊也夫違天害德爲上取怨於下莫甚乎殘賊之吏誠放退殘賊酷暴之吏錮廢勿用益選溫良上德之士以親萬姓平刑釋冤以理民命務省繇役毋奪民時薄收賦稅毋殫民財使天下黎元咸安家樂業不苦踰時之役不患苛暴之政不疾酷烈之吏雖有唐堯之火災民無離上之心經曰懷保小人惠于鰥寡未有德厚吏良而民畔者也臣聞災異皇天所以譴告人君過失猶嚴父之明誡畏懼敬改則禍消福降忽然簡易則咎罰不除經曰饗用五福畏用六極傳曰六沴作見若不共御六罰既侵六極其下今三年之間災異鋒起小大畢具所行不享上帝上帝不豫炳然甚著不求之身無所改正疏舉廣謀又不用其言是循不享之迹無謝過之實也天責愈深此五者王事之綱紀南面之急務唯陛下留神對奏天子異焉求對畢因曰臣前幸得條對災異之效禍亂所極言關於聖聰書陳於前陛

下委棄不納而更使方正對策皆可懼之大異間不急之常論廢承天之至言角無用之虛文欲末殺災異滿讕誣天（末殺猶減也讕誣猶謾也讕音力閑切殺音來曹切）是故皇天敕然發怒甲巳之間暴風三溱拔樹折木此天至明不可欺之效也

杜欽字子夏成帝時爲大將軍王鳳武庫令乞骸骨去後有日食地震之變詔舉賢良方正能直言士合陽侯梁放舉欽欽上對曰陛下畏天命悼變異延見公卿舉直言之士將以求天心跡得失也（觀得天之蹤迹也）臣欽愚戇經術淺薄不足以奉大對臣聞日蝕地震陽微陰盛也臣者君之陰也子者父之陰也妻者夫之陰也夷狄者中國之陰也春秋日蝕三十六地震五或夷狄侵中國或政權在臣下或婦乘夫或臣子背君父事雖不同其類一也臣竊觀人事以考變異則本朝大臣無不自安之人外戚親屬無乖剌之心關東諸侯無彊大之國三垂蠻夷無逆理之節殆爲後宮何以言之日以戊申蝕時加未戊未土也土者中宮之部也其夜地震未央宮殿中此必適妾將有爭寵相害而爲患者唯陛下深戒之變感以類相應人事失於下變象見於上能應之以德則異咎消亡不能應之以善則禍敗至高宗遭雊雉之戒飭己正事享百年之壽殷道復興要在所以應之應之非誠不立非信不行宋景公小國之諸侯耳有不忍移禍之誠出人君之言三熒惑爲之退舍以陛下聖明內推至誠深思天變何應而不感何搖而不動孔子曰仁遠乎哉唯陛下正后妾抑女寵防奢泰去佚游躬節儉親万事數御安車由輦道親二宮之饔膳致昏晨之定省如此即堯舜不足與比隆咎異何足消滅如不留聽於庶事不論材而授位殫天下之財以奉淫侈匱万姓之力以從耳目近諂諛之人而遠公方信讒賊之臣以誅忠良賢俊失在巖穴大臣怨於不已雖無变異社稷之憂也天下至大万事至眾祖業至重誠不可以佚豫爲不可以奢泰持也唯陛下忍無益之欲以全眾庶之命臣欽愚戇言不足

采其夏上盡召直言之士詣白虎殿對策（此殿在未央）策曰天地之道何貴王者之法何如六經之義何上人之行何先取人之術何以當世之治何務各以經對欽對曰臣聞天道貴信地道貴貞不信不貞万物不生生者天地之所貴也王者承天地之所生理而成之昆蟲草木靡不得其所王者法天地非仁無以廣施非義無以正身克己就義恕以及人六經之所上也不孝則事君不忠涖官不敬戰陣無勇朋友不信孔子曰孝無終始而患不及者未之有也孝人行之所先也觀本行於鄉黨考功能於官職達觀其所舉富觀其所予窮觀其所不爲乏觀其所不取近觀其所爲遠觀其所主孔子曰視其所以觀其所由察其所安人焉廋哉取人之術也殷因於夏尚質周因於殷尚文今漢家承周秦之敝宜抑文尚質廢奢長儉表實去僞孔子曰惡紫之奪朱當世治之所務也臣竊有所憂言之則拂心逆指不言則漸日長爲禍不細然小臣不敢廢道而求從違忠而耦意臣聞玩色無厭必生好憎之心好憎之心生則愛寵偏於一人則繼嗣之路不廣而嫉妒之心興矣如此則匹夫匹婦之說不可勝也唯陛下純德普施無欲是從此則眾庶咸說繼嗣日廣而海內長安万事之是非何足備言

杜鄴爲涼州刺史以病免哀帝元壽元年正月朔帝以皇后父孔鄉侯傅晏爲大司馬衛將軍而帝舅陽安侯丁明爲大司馬驃騎將軍臨拜日食詔舉方正直言扶陽侯韋育舉鄴方正鄴對曰臣聞禽息憂國碎首不恨（禽息秦大夫薦百里奚而不見納繆公出當車以頭擊闑腦乃精出曰身生無補於國不如死也繆公寤而用百里奚秦以大治）卞和獻寶刖足願之臣幸得奉直言之詔無二者之危敢不極陳臣聞陽尊陰卑卑者隨尊尊者兼卑天之道也是以男雖賤各爲其家陽女雖貴猶爲其國陰故禮明三從之義雖有文母之德必繫於子春秋不書紀侯之母陰義殺也（隱二年紀侯使履緰來逆女公羊傳曰婚禮不稱主人主人謂婿也稱母母不通也殺猶減也殺音所例切）昔鄭伯隨姜氏之欲終有叔段篡國之禍周襄王內

迫惠后之難而遭居鄭之危漢興呂太后權私親屬又以外孫爲孝惠后是時繼嗣不明凡事多晻晻與暗同晝昬冬雷之變不可勝載竊見陛下行不偹之政無事約儉非禮不動誠欲正身與天下更始也然嘉瑞未應而日食地震民訛言行籌傳相驚恐案春秋災異以指象爲言語故在於得一類而達之也日食明陽爲陰所臨坤卦乘離明夷之象明夷之卦上六不明晦初登于天後入于地明夷明傷也初登于天者初爲天子言以善聞於天也後入于地者傷賢害仁使惡在朝必以惡終入于地也坤以法地爲土爲母以安靜爲德震不陰之效也言地當安靜而今乃震是爲不遵陰道占象甚明臣敢不直言其事昔曾子問從令之義孔子曰是何言與善閔子騫守禮不苟從親所行無非理者故無可間也前大司馬新都侯莽退伏弟家以詔策決復遣就國高昌侯宏去蕃自絶猶受封土董宏制書侍中駙馬都尉遷不忠巧佞免歸故郡傅遷閒未旬月則有詔還大臣奏正其罰卒不得遣而反兼官也奉使顯寵過故及陽信侯業皆緣私君國非功義所止謂緣私恩而得封爵者一國之君非有功而侯也諸外家昆弟無賢不肖並侍帷幄布在列位不問賢與不肖皆親近在位或典兵衛或將軍屯寵意并於一家積貴之勢世所希聞也至乃並置大司馬將軍之官皇甫雖盛三桓雖隆魯爲作三軍無以甚此當拜之日晻然日食不在前後臨事而發者明陛下謙遜無專承指非一所言輒聽所欲輒隨有罪惡者不坐辜罰無功能者畢受官爵流漸積假亢在是亢過也欲令昭昭以覺聖朝昔詩人所刺春秋所譏指象如此殆不在它由後視前忿邑非之逮身所行不自鏡見則以爲可計之過者踈賤獨偏見疑內亦有此類言天子不自見其過踈賤獨偏見疑內亦有此類自謂傍觀而見之也此類謂後宮發幸非其寵遇亦有勵侍鄭業等受恩寵者天變不空保右世主如此之至奈何不應天右讀曰佑應謂天戒而修德政臣聞野雉著怪高宗深動大風暴過成王怛然顧陛下加致精誠思承始初事稽諸古以厭下心厭滿也音一葉反則黎庶群生無不說喜上帝百神收還威怒禎祥福祿何嫌不報

後漢申屠剛扶風茂陵人仕郡功曹平帝時王莽專朝多猜忌遂隔絶帝外家馮衛二族不得交官剛常疾之及舉賢良方正因對策曰臣聞王事失則神祇怨怒邪亂正故陰陽交錯此天所以譴告王者欲令失道之君曠然覺悟懷邪之臣懼然自刻者也今朝廷不考功校德而虛納毀譽數下詔書張設重法抑斷誹謗禁割論議罪之重者乃至腰斬傷忠臣之情挫直士之鋭殆乖建進善之旌縣敢諫之鼓闢四門之路明四目之義也臣聞成王幼少周公攝政聽言下賢均權布寵無舊無新唯仁是親動順天地舉措不失然近則召公不悅遠則四國流言夫子母之性天道至親今聖主幼少始免繈緥即位以來至親分離外戚杜隔恩不得通且漢家之制雖任英賢猶援姻戚親疏相錯杜塞間隙誠所以安宗廟重社稷今馮衛無罪久廢不録或處窮僻不若民庶誠非慈愛忠孝承上之意夫爲人後者自有正義至尊至卑其勢不嫌是以人無賢愚莫不爲怨姦臣賊子以之爲便不諱之變誠難其慮今之保傅非古之周公周公至聖猶尚有累何況事失其衷不合天心者哉昔周公先遣伯禽守封於魯以義割恩寵不加後故配天郊祀三十餘世霍光秉政輔翼少主修善進士名爲忠直而尊其宗黨權抑外戚結貴據權至堅至固終沒之後受禍滅門方今師傅皆以伊周之位據賢保之任以此思化則何功不至不思其危則何禍不到損益之際孔父攸歎持滿之戒老氏所愼蓋功冠天下者不安威震人主者不全今承衰亂之後繼重敝之世公家屈竭賦斂重數苛吏奪其時貪夫侵其財百姓困乏疾疫天命盜賊群輩且以萬數軍行家止竊號自立攻犯京師燔燒縣邑至乃訛言積弩入宮宿衛驚懼自漢興以來誠未有也國家微弱姦謀不禁六極之效危於累卵王者承天順地典爵主刑不敢以天官私其宗不敢以天罰輕其親陛下宜遂聖明之德昭然覺悟遠述帝王之迹近遵孝文之業差五品之屬納至親之序[illegible]

者徵中山太后置之別宮令時朝見又召馮衛二族裁與冗職使得執戟親奉宿衛以防未然之符以抑患禍之端上安社稷下全保傅內和親戚外絕邪謀書奏莽令元后下詔曰剛所言僻經妄說違背大義其罷歸田里

李固漢中人辟司空掾不就陽嘉二年四月己亥京都地震五月庚子詔曰朕以不德統奉洪業無以承順乾坤協和陰陽災眚屢見咎徵仍彰群公卿士將何以正輔朕之不逮奉答災異異不空設必有所應其各舉敦朴士一人直言厥咎靡有所諱衞尉賈建舉固固對曰臣愚以為天不言以災異為譴告政之治亂主之得失皆上帝所伺而應以災祥者也王者父天母地體其山川今日蝕地動山摧晝晦主將安立物將安寄昔江京之姦禍及骨肉至令陛下幽廢艱難天誘其衷陛下龍興海內莫不忻悅冀有沛然政畜抑退權臣詢求善政以順天意布而得之坐而待旦今則不然政令紛然以復放蹈前軌矣臣伏

府六百四十七　七

極卒摩痛心務自勵以陛下聖德應期實當嘉會反覆之政弘中興之美其功甚易辟猶指掌臣聞善罰不如善政善賞不如善教善教之道宜從內起昔周宣孝文中興之主也皆改其服沛然易視乃能移風易俗反之古今封阿母恩賞泰過常侍近臣威權秉重臣案前書以異之發亦以為然今宜斥退邪佞投之四裔引納方直令在左右陛下親發德音以招群俊臨御庭見公卿言有稱意即時施行顯拔其人以旌忠善則陛下日有所聞忠臣日有所獻君臣相體上下交泰阿保雖有大功勤勞之恩可賜以貨財侈之子孫列土分爵實非天意漢興已來賢君相繼豈無阿乳之養非不寵貴之然上畏天威俯察經典知義不可故不封也梁氏子弟群從纖為列侯亦乎建初故事殆不如此妃后之家所以少有全存者非天性皆然但坐權寵太過天道惡盈也夫有此斗所以斟酌元氣帝有尚書所以出納王命若賦役平均則百姓以安万機不治則天下以亂今陛

下共治天下者外則公卿尚書內則常侍黃門譬猶一門之內一家之事安則共其福危則同其禍由是觀之權柄不可不慎號令不可不詳夫人君之有政猶水之有堤防堤防完雖遭雨水霖潦不能為變政教一立暫遭凶年不足為憂誠令堤防穿漏萬夫同力不能復救政教一壞賢智馳騖不能復還今堤防雖堅漸有孔穴譬之一人之身本朝者心腹也州郡者四支也心腹痛則四支不舉故臣之所憂在腹心之疾非四支之患臣以為堅提防務政教先安心腹整理本朝雖有寇賊水旱之變不足介意也誠令提防壞漏心腹有疾雖無水旱之災天下固可以憂矣臣父故司徒臣郃受先帝厚恩子孫不敢自比於餘隸故敢依圖書悉心以對不敢虛造詔又特問當世之敝為政所宜固對曰臣聞王者父天母地（人主與日月同明四時合信故父天母地兄日姊月）寶有山川王道得則陰陽和穆政化乖則崔雹為災斯皆關之天心效於成事者也夫化以職成官由能理古之進者有德有令

府六百四十七　八

[illegible]之進者唯財與力伏聞詔書務求寬博疾惡嚴暴而今長吏多殺伐致聲名者必加遷賞其存寬和無黨援者輒見斥逐是以淳厚之風不宣彫薄之俗未革雖繁刑重禁何能有益前孝安皇帝變亂舊典封爵阿母（阿母王聖）因造妖孽使樊豐之徒乘權放恣侵奪主威改亂嫡嗣（謂廢順帝為濟陰王）至令聖躬狼狽親遇其艱既拔自困殆（殆危也）龍興即位天下喁喁屬望風政積敝之後易致中興誠當沛然思惟善道而論者猶云方今之事復同於前臣伏從山草痛心傷臆實以漢興以來三百餘年賢聖相繼十有八主豈無阿乳之恩豈忘貴爵之寵然上畏天威俯察經典知義不可故不封也今宋阿母（謂宋娥也）雖有大功勤謹之德但加賞賜足以酬其勞苦至於裂土開國實乖舊典聞阿母體性謙虛必有遜讓陛下宜許其辭國之高使成萬安之福夫妃后之家所以少完全者豈天性當然但以爵位尊顯專總權柄天道惡盈不自[illegible]損故至顛仆先帝寵遇閻氏

征號大夫故其受禍曾不旋時老子曰其進銳其退速也(孟子所言此文謂原書亦云孟子而後漢書復云老子)今梁氏戚爲椒房禮所不臣(公羊傳曰宋殺其大夫何以不名宋三世無大夫三世內娶也何休注云內娶大夫女也言無大夫者三世禮不臣妻之父母國內皆臣無娶道故絕去大夫名正其義也椒房者皇后所居以椒泥塗也)尊以高爵尚可然也而子弟羣從榮顯兼加永平建初故事殆不如此宜令步兵校尉冀及諸侍中還居黃門之官使權去外戚政歸國家豈不休乎又詔書所以禁侍中尚書中臣子弟不得爲吏察孝廉者以其秉威權容請託故也而中常侍在日月之側聲勢振天下子弟祿仕曾無限極雖外託謙默不干州郡而諂僞之徒望風進舉今可爲設常禁同之中臣昔館陶公主爲子求郎(館陶公主光武第三女也)明帝不許賜錢千萬所以輕厚賜重位者爲官人失才害及百姓也竊聞長水司馬武宣開陽城門候羊迪等無它功德初拜便真此雖小失而漸壞舊章先聖法度所宜堅守政教一跌百年不復詩云上帝板板下民卒癉刺周王變祖法度故使下民(將盡病)病也今陛下之有尚書猶天之有北斗也斗爲天之喉舌尚書亦爲陛下喉舌(天理在斗中司三公如人喉在咽以理言語斗爲天之舌口主出政教數三公主尊宣君命尚書亦然人喉宜表人喉在咽以理舌仁發言有辭理風以也法也天皇斟酌元氣列宿徵受行也次之舍)斗斟酌元氣運平四時(天皇於是斟酌康猶以工易)尚書出納王命賦政四海權尊勢重責之所歸若不平心災眚必至誠宜審擇其人以毗聖政今與陛下共理天下者外則公卿尚書內則常侍黃門譬猶一門之內一家之事安則共其福慶危則通其禍敗刺史二千石外統職事內受法則夫表曲者景必邪源清者流必絜猶叩樹本百枝皆動也周頌曰薄言振之莫不震疊(韓詩薛君傳曰薄辭也振奮也莫無也震動也疊應也美成王能奮舒文武之道[illegible]天下無不動而應其政教)此言動之於內而應於外者也猶此言之本朝號令豈可蹉跌閒隙一開則邪人動心利競暫啓則仁義道塞刑罰不能復禁化導以之寖壞此天下之紀綱當今之急務陛下宜開石室陳圖書招會群儒引問失得指摘變象以求天意其言有中理即時施行顯拔其人以表

能者則聖聽日有所聞忠臣盡其所知又宜罷退宦官去其權重裁置常侍二人方直有德者省事左右小黃門五人才智閑雅者給事殿中如此則論者厭塞升平可致也臣所以敢陳愚瞽冒昧自聞者儻或皇天欲令微臣覺悟陛下陛下宜熟察臣言憐赦臣死順帝覽衆對以固對爲第一多所納用即時出阿母還舍諸常侍悉叩頭謝罪朝廷肅然

馬融扶風人陽嘉二年與李固同對策融對曰臣聞立天之道曰陰與陽立地之道曰柔與剛夫陰陽剛柔天地所以立也取仁於陽資義於陰柔以施德剛以行刑各順時月以厚群生而王之法天地設四時代序王者奉順則風雨調和嘉生蕃殖天失其度則咎徵並至飢饉荐臻合科條品制四時禁令所以承天順民者備矣悉矣不可加矣然而不平之效猶有咨嗟之怨者百姓屢聞恩澤之聲而未見惠和之實也今從政者變忽法度以殺戮威刑爲能賢問其國守相及令長何如其稱之也曰太嚴其寬之也曰太寬矣寬緩致煥二者罪同而論者許嚴以陰陽所以不和也復之之道當察緩急之務舉鈞同寬嚴之罪罰以崇王政則陰陽和矣好惡既明則牢官之吏知所避就又身以先之不嚴以莅之不寬則刑罰之夫知爲善之必利爲惡之必害孰能不化則官良矣臣聞鴻範八政以食爲首周禮九職以農爲本民失耕桑飢寒并致盜賊之原所由起也古之仰足以養父母俯足以畜妻子然後教五教宣三德則嘉之化可致也夫足者非能家贍而人足量其財用爲制度故嫁娶之禮儉則婚姻以時矣喪制之禮約則終者掩藏矣不奪其時則農不失矣妻子以累其心產業以重其志舍此而爲非者雖有必不多矣今則不然此盜賊所以不息誠使制度必行禁令必止則士者不濫法式之外百工不作無用之器商賈不通難得之貨農夫不失三時之務各安土樂業盜賊消害不起矣

張衡爲太史令陽嘉二年與李固同對策衡對曰臣聞政善賞

休祥降政惡則咎徵見苟非聖人或有失誤昔成王疑周公而
大風拔木開金縢而反風至天人之應速於影響故稱詩曰上
天高高在上日監在茲間者京都地震雷霆怒天動地無常變
政正道則有奔雷土裂之異自初舉孝廉迄今二百歲矣皆先
孝行行有餘力始學文法辛卯詔以能宣章句奏案爲限雖有至
孝猶不應科此棄本而取末曾子長於孝然實魯鈍文學不若
游夏政事不若冉季今欲使一人兼之苟外可觀內則必有闕
則違選舉孝廉之志矣且郡國守相剖符寧境爲一大臣一旦
免黜十有餘人吏民罷於送迎之役新故交際公私放濫或臨
政乎民爲百姓取便而以小過免之是爲奪人父母使嗟號也
又察選舉一任三府臺閣秘密振暴於外貨賂多行人事流通令
真僞渾淆昏亂清朗此爲下陵上替分威共德災異之興不亦宜
乎易不遠復論不憚改朋友交接且不宿過況於帝王承天理
物天下爲公者乎中間以來妖星見於上震裂著於下天誡詳矣
可爲寒心明者消禍於未萌今既見矣脩政恐懼則禍轉爲福矣
周舉爲尚書陽嘉三年河南三輔大旱詔書以舉才學優深特下策
問曰朕以不德仰承三統夙興夜寐思協大中頃年以來旱災屢
應稼穡焦枯民食困乏五品不訓王澤未流羣司素餐據非其位
審所貶黜變復之徵厥效何由分別具對勿有所諱舉對
曰臣聞易稱天尊地卑乾坤以定二儀交構乃生萬物萬物之中
以人爲貴故聖人養之以君成之以化順四順之宜適陰陽之和使
男女婚娶不過其時包之以仁恩導之以德教示之以災異訓之
以嘉祥此先聖承乾養物之始也陰陽隔則二氣否塞二氣否塞
則人物不昌人物不昌則風雨不時風雨不時則水旱成災陛下處
唐虞之位未行堯舜之政近廢文帝光武之法而循亡秦奢侈之欲內
積怨女外有曠夫今皇天不興東官未立傷和逆理斷絕人倫之所
致非但陛下行此而已豎宦之人亦復虛以形勢威侮良家取女閉
之至有白首歿無配偶逆於天心昔武王入殷出傾宮之女成湯遭旱
以六事剋己魯僖遇旱而自責祈雨皆以精誠轉禍爲福自枯旱
以來彌歷年歲未聞陛下改過之效徒勞至尊暴露風塵誠無益
也又下州郡祈神致請昔齊有大旱景公欲祀河伯晏子諫曰不可夫
河伯以水爲城國魚鼈爲民庶水盡魚枯豈不欲雨自是不能致也
陛下所行但務其華不尋其實猶緣木希魚卻行求前誠宜推信革
政崇道變惑出後宮不御之女理天下冤枉之獄除太官重膳之費
夫五品不訓責在司徒有非其位宜急黜斥臣自藩外擢典納言
學薄智淺不足以對易傳曰陽感天不旋日惟陛下留神裁察
皇甫規安定人爲郡功曹舉上計掾沖質之間梁太后臨朝規
舉賢良方正對策曰伏惟孝順皇帝初勤王政紀綱四方幾以獲
安後遭姦僞威分近習畜貨聚馬戲謔是聞又因緣嬖倖受賂
賣爵輕使賓客交錯其間天下擾擾從亂如歸故每有征戰鮮
不挫傷官民並竭上下窮虛臣在關西竊聽風聲未聞國家有
所先後而威福之來咸歸權倖陛下體兼乾坤聰哲純茂攝政
之初拔用忠貞其餘維綱多所改正遠近翕然望見太平而地震
之後霧氣白濁日月不光旱魃爲虐大賊從橫流血丹野庶品
不安譴誡累至殆以姦臣權重之所致也其常侍尤無狀者亟
便黜遣披掃凶黨收入財賄以塞痛怨以荅天誡今大將軍梁
冀河南尹不疑處周邵之任爲社稷之鎮加與王室世爲姻族
今日立號雖尊可也實宜增脩謙節輔以儒術省去遊娛不急
之務割減廬第無益之飾夫君者舟也人者水也羣臣乘舟者
也將軍兄弟操檝者也若能平志畢力以度元元所謂福也如
其怠弛將淪波濤可不愼乎夫德不稱祿猶鑿墉之趾以益其
高豈量力審功安固之道哉凡諸宿猾酒徒戲客皆耳納邪聲
口出諂言甘心逸遊唱造不義亦宜貶斥以懲不軌令冀等深
思得賢之福失人之累又在位素餐尚書怠職有司依違莫肯
糾察故使陛下專受諂諛之言不聞戶牖之外臣誠知阿諛有
福深言近禍豈敢隱心以避誅責乎臣生長邊遠希涉紫庭所

實失守言不盡心承奧忽其刺已以規爲下第拜郎中訖奐免歸後爲度遼將軍元康元年徵爲尚書其夏日蝕詔公卿舉賢良方正不聞得失規對曰天之於王者如君之於臣父之於子也誡以災妖使從福祥陛下八年之中三斷大獄一除内嬖再誅外臣而災異猶見人情未安者殆賢愚進退威刑所加有非其理也前太尉陳蕃劉矩忠謀高世廢在里巷劉祐馮緄趙典尹勳正直多怨流放家門李膺王暢孔翊絜身守禮終無宰相之階至於鉤黨之釁事起無端虐賢傷善哀及無辜今興改善政易於覆手而羣臣杜口鑒畏前害互相瞻顧莫肯正言伏願陛下暫留聖明容受謇直則前責可弭後福必降對奏不省

荀爽字慈明一名諝潁川人延熹九年太常趙典舉爽至孝拜郎中對策陳便宜曰臣聞之於師曰漢爲火德火生於木木盛於火故其德爲孝其象在周易之離夫在地爲火在天爲日在

天者用其精在地者用其形夏則火王其精在天溫煖之氣養生百木是其孝也冬時則廢其形在地酷烈之氣焚燒山林是其不孝也故漢制使天下誦孝經選吏舉孝廉夫喪親自盡孝之終也今之公卿及二千石三年之喪不得即去殆非所以增崇孝道而克稱火德者也往者孝文勞謙行過乎儉故有遺詔以日易月此當時之宜不可貫之万世古今之制雖有損益而諒闇之禮未常改移以示天下莫遺其親今公卿羣寮皆政教所瞻而父母之喪不得奔赴夫仁義之行自上而始敦厚之俗以應乎下傳曰喪祭之禮闕則人臣之恩薄背死忘生者衆矣曾子曰人未有自致者必也親喪乎春秋傳曰上之所爲民之歸也夫上所不爲而民或爲之故加刑罰若上之所爲民亦爲之又何誅焉昔丞相翟方進以自備宰相而不敢踰制至遭母憂三十六日而除大失禮之源自上而始古者大喪三年不呼其門所以崇國厚俗篤化之道也事失宜正過勿憚改天下通

喪可如舊禮臣聞有夫婦然後有父子有父子然後有君臣有君臣然後有上下有上下然後有禮義禮義備則人知所厝矣夫婦人倫之始王化之端故文王作易上經首乾坤下經首咸常孔子曰天尊地卑乾坤定矣夫婦之道所謂順也堯典曰釐降二女于嬀汭嬪于虞降者下也嬪者婦也言雖帝堯之女下嫁於虞猶屈體降下勤修婦道易曰帝乙歸妹以祉元吉婦人謂嫁曰歸言湯以娶禮歸其妹於諸侯也春秋之義王姬嫁齊使魯主之不以天子之尊加於諸侯也今漢承秦法設尚主之儀以妻制夫以卑臨尊違乾坤之道失陽唱之義也孔子曰昔聖人之作易也仰則觀象於天俯則察法於地觀鳥獸之文與天地之宜近取諸身遠取諸物以通神明之德以類萬物之情今觀法於天則北極至尊四星妃后察法於地則崑山象夫卑澤象妻觀鳥獸之文鳥則雄者鳴鴝雌能順服獸則牡爲唱導牝乃相從近取諸身則乾爲人首坤爲人腹遠取諸物則木實屬天

[illegible]陽尊陰卑蓋乃天性且詩初篇實首關雎禮始冠婚先正夫婦天地六經其旨一揆宜改尚主之制以稱乾坤之性遵法堯湯式是周孔合之天地而不謬質之鬼神而不疑人事如此則嘉瑞降天吉符出地五韙咸備各以其叙者矣昔者聖人建天地之中而謂之禮禮者所以興福祥之本而止禍亂之源也人能枉欲從禮者則福歸之順情廢禮者則禍歸之推禍福之所應知興廢之所由來也衆禮之中婚禮爲首故天子娶十二天之數也諸侯以下各有等差事之降也陽性純而能施陰體順而能化以禮濟樂節宣其氣故能豐子孫之祥致壽考之福及三代之季淫而無節瑤臺傾宮陳妾數百陽竭於上陰隔於下故周公之戒曰不知稼穡之艱難不聞小人之勞惟耽樂之從時亦罔或克壽是其明戒後世之人好福不務其本惡禍不易其軌傳曰截趾適屨孰云其愚何與斯人追欲喪軀誠可痛也臣竊聞後宮采女五六千人從官侍使復在其外冬夏

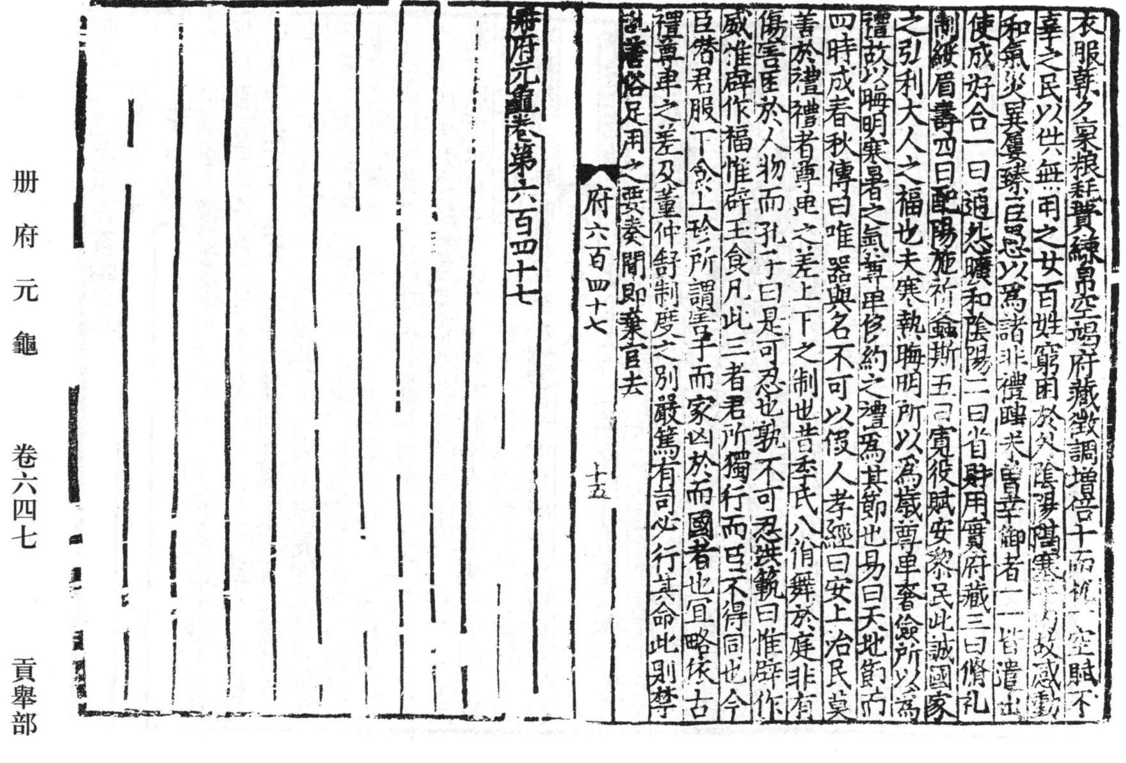
衣服弊久家粮耗費縑帛空竭府藏徵調增倍十而稅一空賦不
辜之民以供無用之女百姓窮困於外陰陽隔塞於內故感動
和氣災異屢臻臣愚以為諸非禮興夫賣宰御者一一皆遣出
使成好合一曰通怨曠和陰陽二曰省財用實府藏三曰脩乳
制緩眉壽四曰配陽施祈螽斯五曰寬役賦安黎民此誠國家
之引利大人之福也夫寒熱晦明所以為歲尊卑奢儉所以為
禮故以晦明寒暑之氣尊卑侈約之禮為其節也易曰天地節而
四時成春秋傳曰唯器與名不可以假人孝經曰安上治民莫
善於禮禮者尊卑之差上下之制也昔季氏八佾舞於庭非有
傷害臣於人物而孔子曰是可忍也孰不可忍洪範曰惟辟作
威惟辟作福惟辟玉食凡此三者君所獨行而臣不得同也今
臣潜君服下僭上珍所謂害于而家凶於而國者也宜略依古
禮尊卑之差及董仲舒制度之別嚴篤有司必行其命此則禁
亂善俗足用之要奏聞即棄官去

府 六百四十七　十五

冊府元龜卷第六百四十七

冊府元龜卷第六百四十八

貢舉部一十

對策第三

晉郤詵濟陰人博學多才州郡禮命並不應泰始中詔天下舉賢良直言之士濟陰太守文立舉詵應選詔曰蓋太上以德撫時易簡無文至于三代禮樂大備制度彌繁文質之變其理何由虞夏之際聖明係踵而損益不同周道既衰仲尼猶曰從周因革之宜又何殊也聖王既沒遺制猶存霸者迭興而翼輔之王道之缺其無補乎何陵遲之不反也豈霸德之淺歟期運不可致歟且夷吾之智而功止於霸何哉夫昔人之為政革亂亡之弊建不刊之統移風易俗刑措不用豈非化之盛歟何修而嚮茲朕獲承祖宗之休烈于茲七載而人未服訓政道罔述以古況今何不相逮之遠也雖明之弗及猶思與羣賢慮之將何以辯所聞之疑昧獲至論於讜言乎加自頃戎狄內侵災害屢作邊甿流離征夫苦役豈政刑之謬將有司非其任歟各悉乃心究而論之上明古制下切當今朕之失德所宜振補其正議無隱將敬聽之詵對曰伏惟陛下以聖德君臨猶垂意於博採故招賢正之士而臣等薄陋不足以降大問也是以竊有自疑之心雖致身於闕庭亦備說矣伏讀聖策乃先下問之旨篤焉臣聞上古推賢讓位教同德一故易簡而人化三代世及季末相承故文繁而後整虞夏之相因而損益不同非帝王之道異救弊之路殊也周當二代之流承彫僞之風蠹禮樂之致窮制度之理其文詳備仲尼因時宜而曰從周非殊論也臣聞聖王之化先禮樂五霸之興勤政刑禮樂之化深政刑之用淺勤之則可以小安墮之則遂之陵遲所由之路故所補之功不必也而齊桓失之葵丘夷吾淪于小器功止於霸不亦宜乎策曰昔不刊之統移風易俗使天下洽和何脩而嚮茲臣以為莫大於擇人而官之也今之典刑非無一統宰牧之才優劣異絕[illegible]以之其弍以之替此蓋人能弘政非政弘人也舍人務政雖勤何益臣竊觀乎古今而考其美惡古人相與求賢今人相與求爵古之官人君責之於上臣舉之於下得其人有賞失其人有罰安得不求賢乎今之官者父兄營之親戚助之有人事則通無人事則塞安得不求爵乎賢者求達達在脩道窮在失義故靜以待之也爵者可求得在進取失在後時故動以要之也動則爭競爭競則朋黨朋黨則誣罔誣罔則臧否失實眞僞相冒[illegible]聽用惑姦之所會也靜則眞固眞固則正直正直則信讓信讓則推賢推賢不伐相下無爭聽用察德之所趣也故能使之靜雖曰高觀而人自正不能禁動雖有刑而俗不一也且夫無愚智咸慕名宦莫不適正於外藏邪於內故邪正之人難得而知也任得其正則衆正益至若得其邪則衆邪集物繁[illegible]類誰能止之故亡國失正者未嘗不為衆邪所積也万其物作必始於微而不絕其終乃著天地不能頓為寒暑人主亦不能頓為隆替故寒暑漸於春秋隆替起於得失當今之世官者無關於所欲進退不責賢正路東人得失之源何以其此所謂責賢使之相舉也所謂關梁使之相保也賢不舉則有咎保不信亦有罰故古也諸侯貢士不貢者削貢而不適亦削夫士者難知也不適者薄過也不得不三貢者無所不知也罰其所不適深其薄過非恕也且天子於諸侯有不純臣之義其責之矣施刑之道寧縱不濫之矣今皆反是何也夫賢者天地之紀品物之宗其急之也故寧濫以保之無縱以失之也今則不然世之悠悠者各自取辯耳故才行並不可必於公則政事紛亂於私則汙穢狼藉自頃長吏將夕此累有去命而被贓者矣有縛束而絞戮者矣貪鄙竊位不知誰分之者獸罔出檻不知誰可咎者網漏吞舟何以過此人之於利如蹈水火焉前人雖敗後人復起如彼此無已誰止之者風流日競誰憂之者雖今聖思勞於夙夜所使為政常得此[illegible]欲望其化美

俗平亦俟河之清耳若欲善之宜創舉賢之典峻關梁之防其制既立則人慎其舉而不苟則賢者可知知賢而試則官得其人矣官得其人則事得其序事得其序則物得其宜物得其宜則生生豐植人用資給和樂興焉是故寡過而遠刑知恥以近禮此所以建不刊之統移風易俗刑措而不用也策曰自頃夷狄內侵災眚屢降將所任非其人乎何由而至此臣聞蠻夷猾夏則皋陶作士此欲善其末則先其本也夫任賢則政惠使能則刑恕政惠則下仰其施刑恕則人懷其勇施以殖其財勇以結其心故人居則資贍而知方動則親上而志勇苟思其利而除其害以生道利之者雖死不貳以逸道勞之者雖勤不怨故其命可授其力可竭以戰則剋以攻則拔是以善者慕德而安服惡者畏懼而削迹止戈而武義實在文惟任賢然後無患耳若夫水旱之災自然理也故古者三十年耕必有十年之儲堯湯遭之而人不困有備故也自頃風雨雖頻不時考之萬國或荒土相接

而豐[illegible]不[illegible]頃敵相連而成敗異流固非天之必害於人人實不能均其勞苦失之於人而求之於天則有司惰職而不勤百姓殆業而咎時非所以定人志致豐年也宜勤人事而已臣誠愚鄙不足以奉對聖朝猶進之于廷者將使取諸其懷而獻之乎臣懼不足也若收不知言以致知言至則可矣是以辭鄙不隱也以對策上第拜議郎

摯虞京兆長安人才學通博郡檄主簿舉賢良與夏侯湛等十七人策為下第拜中郎武帝詔曰省諸賢良荅策雖所言殊塗皆明於王義有益政道欲詳覽其對究觀賢士大夫用心因詔諸賢良方正直言會東堂策問曰頃日蝕正陽水旱為災將何所修以變大眚及法令有不宜於今為公私所患苦者皆何事凡平世在於得才得才者亦借耳目以聽察若有文武器能有益於時務而未見申敘者各舉其人及有負俗謗議宜見彂擢者亦各言之虞對曰臣聞古之聖明原始以要終體本以正末故憂法度之不當而不憂人物之失所憂人物之失所而不憂災害之流行誠以法得於此則物理於彼人和於下則災消於上其有日月之眚水旱之災則反聽內視求其所由遠觀諸物近驗諸身耳目聽察豈或有蔽其聰明者乎動心出令豈或有傾其常正者乎大官大職豈或有授非其人者乎賞罰黜陟豈或有不得其所者乎河濱山巖豈或有懷道釣築而未感於夢兆者乎方外遐裔豈或有命世傑出而未蒙膏澤者乎推此類也以求其故詢事考言以盡其實則天人之情可得而見咎徵之至可得而救也若推之於物則無忤求之於身則無尤萬物理順內外咸宜祝史正辭言不負誠而日月錯行夭癘不戒此則陰陽之事非吉凶所在也期運度數自然之分固非人事所能供御其亦振廩散滯貶食省用而已矣是故誠遇期運則雖陶唐殷湯有所不變苟非期運則宋衛之君諸侯之相猶能有感惟陛下審其所由以盡其理則天下幸甚臣生長蓽門不逮

異物雖有賢才所未接識不敢瞽言妄舉無以疇荅聖問擢為太子舍人

阮种字德猷陳留尉氏人察孝廉為公府掾是時西虜內侵災眚屢見百姓饑饉詔王公卿尹常伯牧守各舉賢良方正直言之士於是太保何曾舉种賢良策曰在昔哲王承天之序光宅宇宙咸用規矩乾坤惠康品類休風流衍彌于千載朕應踐供運統位七載於今矣惟德弗嗣不明于政宵興惕厲未燭厥猷子大夫韜韞道術儼然而進朕甚嘉焉其各悉乃心以闡喻朕志深陳王道之本勿有所隱朕虛心以覽焉种對曰夫天地設位聖人成能王道至深所以行化至遠故能開物成務而功業不匱近無不聽遠無不服德逮群生澤被區宇聲施無窮而典垂百代故經曰聖人久於其道而天下化成宜師蹤往代襲迹三五矯世更俗以從人望令率土遷義下知所適播醇美之化杜邪枉之路斯誠群黎之所欣想盛德而幸望休風也又問政刑

不宣禮樂不立對曰政刑之宣故由乎禮樂之用昔之明王從此之務所以防過暴遏感動心術制節生靈而陶化萬邑也禮以體德樂以詠功樂本於和而禮師於敬矣又問戎蠻猾夏對曰戎蠻猾夏侵敗王略雖古盛世猶有此虞故詩稱獫狁孔熾書歎蠻夷帥服自魏氏以來夷虜內附鮮有桀悍侵漁之患由是邊守遂怠障塞不設而今醜虜內居與百姓雜處邊吏擾習人又忘戰受方任者又非其材或以狙詐侵侮邊夷或干賞蹈利妄加討戮夫以微羈而御悍馬又乃操以煩策其不制者固其理也是以群醜蕩駭緣間而動雖三州覆敗牧守不反此非胡虜之甚勁蓋用之者過也臣聞王者之伐有征無戰懷遠以德不聞以兵兵凶器而戰危事也兵興則傷農眾集則費積農傷則人匱積費則國虛昔漢武之世承文帝之業資海內之富役其材臣以甘心匈奴競戰勝之功貪攻取之利良將勁卒屈於沙漠勝敗相若克不過當天下百姓之命填餓狼之口及其以眾制寡令匈奴遠

遁收功祁連飲馬瀚海天下之耗以過太半矣夫虛中國以事夷狄誠非計之得者也是以盜賊蜂起山東不振暨宣元之時趙充國征西零馮奉世征南羌皆兵不血刃摧抑彊暴橋其首惡此則折衝厭難勝敗相辯中世之明效也又問咎徵作見對曰陰陽否泰六沴之災則人主脩政以禦之思患而防之建皇極之首詳庶徵之用詩曰敬之敬之天惟顯思天聰明自我人聰明是以人主祖承天命日慎一日也故能應受多福而永世克祚此先王之所以退災消眚也又問經化之務對曰夫王道之本經國之務必先之以禮義而致人於廉恥禮義立則君子軌道而讓於善廉恥立則小人謹行而不淫於制度賞以勸其能威以懲其僻此先王所以保乂定功化洽黎元而勳業長世也故上有克讓之風則下有不爭之俗朝有矜節之士則野無貪冒之人夫廉恥之於政猶樹藝之有豐壤良歲之有膏澤其生物必油然茂矣若廉恥不存而惟刑是御則風俗凋弊人性鉎刃之本昏

有爭心雖峻刑嚴辟猶不勝矣其於政也如農者之殖穀對曰年之登豐穰必不殺矣此三代所以享德長久風醇俗美皆數百年係天之祿而秦二世而弊者蓋其所由之塗殊也又問將使武成七德文濟九功何路而臻于茲凡厥庶事曷後曷先對曰夫文武經德所以成功丕業咸熙庶績者莫先於選建明哲授方任能令才當其官而功稱其職則萬機咸理庶寮不曠書曰天工人其代之然則代天理物寧國安家非賢無以成也夫賢才之畜於國由良工之須利器巧匠之待繩墨也器用利則斲削易而材不病繩墨設則曲直正而眾形得矣是以人主必勤求賢而佚以任之也賢臣之於主進則忠國愛人退則砥節潔志營職不干私義出心必由公塗明度量以呈其能審經制以效其功此昔之聖王所以恭己南面而化於陶鈞之上者以其所任之賢與所賢之信也方今海內之士皆傾望休光希心紫極唯明主之所趣舍若開四聰之聽廣疇咨之求抽群英延俊

乂考士擇賢聖能制官朝無素餐之士如此化流罔極功不朽矣時种與郤詵及東平王康俱居上第即除尚書郎然眾譽之徒或言對者因緣假託武帝乃更延羣士庭以問之詔曰前者對策各言所問未盡子大夫所欲言故復延見其具陳所懷又比年連有水旱災眚雖戰戰兢兢未能究天人之理當何脩以應其變人遇水旱饑饉者何以救之中間多事未得寧靜思以省息煩務令百姓不失其所若人有所患苦者有宜損益使公私兩濟者委曲陳之又安在得人而知之至難唯有因人視聽耳若有文武隱逸之士各舉所知雖幽賤負俗勿有所限故虛心思聞事實勿務華辭莫有所諱也种對曰伏惟陛下以聖哲玄覽降卹黎蒸將濟元元同之三代旁求俊乂以輔至化誠堯舜之用心也臣猥以頑魯之質應清明之舉前者對策不足以達塞聖詔所陳不究臣誠蒙昧所以為罪臣聞天生蒸庶樹君以司牧之人君道洽則彝倫攸敘五福來備若政有愆

失刑理煩僻則庶徵不應而滛亢為災此則天人之理而興廢之由也昔之聖王政道備而制先具勸人以務致之於本是以雖有水旱之眚而無饑饉之患也自頃陰陽隔并水旱為災亦猶期運之致不然則亦有司之不帥不能宣承聖德以賛揚大化故和氣未降而人事不叙也方今百姓凋弊公私無儲誠在於休役靜人勸嗇務分此其救也人之所患由於役煩網密而信道未孚也役煩則百姓失業網密則下背其誠信道未著則人無固志此則損益之至務安危之大端也傳曰始與善善進則不善蔑由至孔子曰視其所以觀其所由人焉廋哉若夫文武隱逸之士幽賤負俗之才故非愚臣之所能識謹竭愚以對策奏帝親覽焉又擢為第一轉中書郎

華譚廣陵人揚州刺史周浚引為從事史太康中徐州刺史嵇紹舉譚秀才譚至洛陽武帝親策之曰今四海一統萬里同風天下有道莫斯之盛然北有未羈之虜西有醜施之氏故謀夫

未得高枕邊人未獲安寢將何以長弭斯患混清六合對曰臣聞聖人之臨天下也祖乾綱以流化順谷風以興仁兼三才以御物開四聰以招賢故勞謙日昃務在擇才宣明巖穴垂光隱滯俊人龍躍帝道以光清德鳳翔王化克舉是以皐陶見舉不仁者遠陸賈重漢遠夷折節今聖朝德音發於帷幄清風翔乎無外戎旗南指江漢席卷干戈西征羌蠻慕化誠闡四門之秋興禮教之日也故髦俊聞聲而響赴殊才望險而雲集虛高館以俟賢設重爵以待士急善過於饑渴用人疾於應響杜佞諂之門廢鄭聲之樂混清六合寔由乎此雖西北有未羈之寇殊漠有不朝之虜征之則勞師得之則無益故班固云有其地不可耕而食得其人不可臣而畜來則懲而禦之去則備而守之蓋安邊之術也又策曰吳蜀恃險今既蕩平蜀人服化無攜貳之心而吳人越雎屢作妖寇豈蜀人敦樸易可化誘吳人輕銳難安易動乎今將欲綏靜新附何以為光對曰臣聞漢末分離吳蜀鼎跱蜀據岷隴吳據江表至大晉龍興應期受命文皇運籌安樂順軌吳之僭謀歸命向化蜀染化日久風教遂成吳始初附未改其化非為蜀人敦愨而吳人易動也然殊俗遠境風土不同吳阻長江舊俗輕悍所安之計當先籌其人士使雲翔閶闔進其賢才待以異禮明選牧伯致以威風輕其賦斂將順咸悅可以永保無窮長為人臣者也又策曰聖人稱如有王者必世而後仁今天成地平大化無外雖匈奴未羈羌氐驕黠將修文德以綏之舞干戚以來之乎兵戈載戢武夫寢息如此已可消鋒刃為田器罷尚方武庫之用未邪對曰夫唐堯歷載頌聲乃作文武相承禮樂大同清一八紘綏盪無外万國順軌海內斐然雖復被髮之鄉徒跣之國皆習章甫而入朝要衣裳以釐孫夫大舜之德猶有三苗之征以周之盛獫狁為寇雖有文德又須武備備預不虞古之善教安不忘危聖人常誡無為罷武庫之常職鑠鋒刃為農器可倒戢干戈苞以獸皮將帥之上

使為諸侯於蕩樂休風未為不泰也又策曰夫法令之設所以遏時制也時險則峻法以取平時泰則寬網以將化今天下太平四方無事百姓承德將就無為而又至於律令應有所損益不對曰臣聞五帝殊礼三王異教故或禪讓以光政或干戈以攻取至於興礼樂以和人流淳風以寧俗其歸一也今誠風教大同四海無虞人皆感化去邪從正夫以堯舜之盛而猶設象刑殷周之隆而甫侯制律律令之存何妨於政若乃大道四達礼樂交通凡人脩行黎庶勵節刑罰懸而不用律令存而無施適足以隆太平之雅化飛仁風乎無外矣又策曰昔帝舜以二八成功文王以多士興周夫制化在於得人而賢才難得今大統始同宜搜才實州郡有貢薦之舉猶未獲出群卓越之倫將時無其人有而致之未得其理也對曰臣聞興化立法非賢無以光其道平世理亂非才無以宣其業上自皇羲下及帝王莫不闡皇綱以羅遠飛仁風以被物故得賢則教興失人則政廢

今四海一統萬里同風州郡貢秀孝臺府簡良才以八紘之廣兆庶之衆豈當无卓越儁逸之才乎譬猶南海不少明月之寶大宛不乏千里之駒也異哲難見遠數難覩故堯舜隆太平之化二八由舜而甫顯殷湯華帝王之命伊尹負鼎而方用當今聖朝礼士國之士接遐裔之人或貂蟬於帷幄或剖符於千里巡狩必有呂公之遇宵夢必有巖穴之感賢儁之出可企踵而待也時九州秀孝策無逮譚者尋除郎中

紀瞻字思遠丹楊秣陵人少以方直知名舉秀才尚書郎陸機策之曰昔三代明王啓建洪業文質殊制而令名一致然夏人尚忠忠之弊也朴救朴莫若敬殷人革而修焉敬之弊也鬼救鬼莫若文周人矯而變焉文之弊也薄救薄則又反之於忠然則王道之反覆其無一定邪亦所祖之不同而功業各異也自无聖王人敝久矣三代之損益百姓之變遷其故可得而聞邪今將反古以救其弊明風以蕩其穢三代之制將何所從太古之化有何異道瞻對曰瞻聞有國有家者皆欲邁化隆政以康庶績垂歌億載永傳于後然而俗變事弊得不隨時雖經聖哲无以易也故忠弊質野敬失多儀周鑒二王之弊崇文以辯等差而流遁者歸薄而無款誠款誠之薄則又反之忠三代相循如水濟火所謂隨時之義救弊之術也羲皇簡朴無爲而化後聖因承所務或異非賢聖之不同世變使之然耳今大晉闡元聖功日隮承天順時九有一貫荒服之君莫不來同然而大道既往人變由久謂當今之政宜去文存朴以反其本則兆庶漸化太和可致也又問在昔哲王象事備物明堂所以崇上帝清廟所以寧祖考辟雍所以班礼教太學所以講藝文此蓋有國之盛典爲邦之大司亡秦廢學制度荒闕諸儒之論損益異物漢氏遺作居爲異事而蔡邕月令謂之一物將何所從對曰周制明堂所以宗其祖以配上帝敬恭明祀永光孝道也其大數有六古者聖帝明王南面而聽政其六則以明堂爲主又其正

中皆古太廟以順天時施行法令宗祀養老訓學講肄朝諸侯而選造士備禮辨物一教化之由也故取其宗祀之類則曰清廟取其正室之貌則曰太廟取其室則曰大室取其堂則曰明堂取其四門之學則曰太學取其周水圜如璧則曰璧雍異名同事其實一也是以蔡邕謂之一物又問庶明亮采故時雍穆唐有命既集而多士隆周故書稱明良之歌易貴金蘭之美此長世所以廢興有邦所以崇替夫成功之君勤於求才立名之士急於招世理無世不對而事千載常背古之興王何道而如彼後之衰世何闕而如此對曰興隆之政務在得賢清平之化急於拔才故二八登庸則百揆序有亂十人而天下泰武丁擢傅巖之徒周文攉渭濱之士居之上司委之國政故能龍飛天衢垂勳百代先王身下白屋搜揚仄陋使山無扶蘇之材野無伐檀之詠是以化厚物感神祇來應翔鳳飄颻甘露豐降醴泉吐液朱草自生萬物滋茂日月重光和氣四塞大道以成序臣之義敦父子之親明夫婦之道別長幼之宜自九州被八荒海外移心重譯入貢頌聲穆穆南面垂拱也今貢賢之塗已闓而教學之務未廣是以進競之志常銳而務學之心不修若闢四門以延造士宣五教以明令德考績殿最審其優劣厝之百寮置之群司使調物度宜節宣國典必協濟康哉等契往代明良來應金蘭復存也又問昔唐虞垂五刑之教周公明四罪之制故世歎清問而時歌緝熙姦宄既殷法物滋有叔世崇三辟之文暴秦加族誅之律淫刑淪胥虐濫已甚漢魏遵承因而弗革亦由險泰不同而救世異術不得已而用之故也寬克之中將何立而可族誅之法足爲永制與不對曰二儀分則兆庶生兆庶生則利害作利害之作有由而然也太古之時化道德之教賤勇力而貴仁義仁義貴則强不陵弱衆不暴寡三皇結繩而天下泰非惟象刑緝熙而已也且太古知法所以遠獄及其季不失有罪是以獄用彌繁而人彌暴法令滋章盜賊多有

書曰陪敬五刑以成三德敘世道衰既興三辟而文公之鼎令
加族誅秦刑淪胥感傷和氣化染後代不能變改故漢祖指麾
而六合響應魏承漢末因而未革將以俗變由久權時之宜也
今四海一統人思反本漸尚簡樸則貪夫不競尊賢黜否則不
仁者遠爾則戮參夷之刑除族誅之律品物各順其生緝熙異
世而皆也又問曰夫五行迭代陰陽相須二儀所以陶育四時
所以化生易稱在天成象在地成形形象之作相須之道也若
陰陽不調則大數不得不否一氣偏廢則萬物不得獨成此應
同之至驗不偏之明證也今有溫泉而無寒火其故何也思聞
辯之以不同之理對曰蓋聞陰陽升降山澤通氣初九純卦潛
龍勿用泉源所託其溫宜也若夫水潤下火炎上剛柔燥濕自
然之性故陽動而外陰靜而內內性柔弱以含容爲資外動剛直
以外接爲用是以金水之明內鑒火日之光外煇剛施柔受陽
勝陰伏水之受溫含容之性也又問曰夫窮神知化才之盡稱

府六百四十八　十一

備物致用功之極也以之爲政則黃羲之規可遵以之革亂則
玄古之風可紹然而唐虞密皇人之闊網夏殷繁帝者之約法
機心起而日進淳德往而莫反豈大樸一離理不可振將聖人
之道稍有降殺邪對曰政因時以興機隨物而動故聖王究窮
通之源審始終之理適時之宜期於濟世皇代質朴禍難不作
結繩爲信人知所守大道既離智惠擾物夷險不同否泰異數
故唐虞密皇人之網夏殷繁帝者之法皆廢興有由輕重以節
此窮神之道知化之術隨時之宜非有降殺也永康初州又舉
寒素大司馬辟東閤祭酒位終驃騎將軍散騎常侍
北齊樊遜字孝謙河東北猗氏人爲穎州長史天保四年梁州
表舉遜爲秀才五年正月制詔問外中紀號孝謙對曰臣聞巡
狩之禮勤在虞書省方之義著於羲易往帝前王罔唯一姓封
金刊玉億有餘人沖居之觀梁甫不能盡識東吾之對齊桓所
有未幾然盛德之事必待太平苟非其人更貽靈譴秦皇無道

致風雨之災漢武奢淫有奉車之害及文叔受命炎精更輝四
海安流天下輯睦劍踢騎士馬駕鼓車乃用張純之文始從伯
陽之說至於魏晉雖各有君量德而處莫能擬議蔣濟上言於
前徒穢紙墨袁准發論於後終未施行世歷三朝年將十紀啓
聖之期茲爲昌會然自水德不競函谷封泥天馬息歌苞茅絕
貢我　太祖收寶雞之瑞握鳳皇之書體一德以端朝屈三分
而事主蕩此妖寇易如沃雪但既受命發乃行誅雖太白出高
中國宜戰置之度外望其遷善伏惟
陛下以神武之姿天然之略馬多冀北將異山西涼風至白
露下北上太行東臨碣石方欲吞巴蜀而掃崤函苑長洲而池
江漢復恐迎風縱火芟之艾共楚接此六軍未申九伐文周發牙
璋漢馳竹使義在濟民非聞好戰至如投鼠忌器之說蓋是常
談文德懷遠之言豈識權道今三臺令子六郡良家畜銳須時
畏粮特詔未若龍驤虎服先收隴右之民電轉雷驚因取荊南

府六百四十八　十二

之地昔秦舉長平金精食昴楚攻鉅鹿枉矢宵流況我威靈能
無協贊但使彼之百姓一覩六軍似見周王若逢司隸然後除
其苛令與其約法振旅而還止戈爲武摽金南海勒石東山紀
天地之奇功被風聲於千載若令馬兒不死子陽尚存便欲按
明堂之圖草射牛之禮比德論功多慙往列外中告瑞臣用有
有疑又問求才審官孝謙對曰臣聞彫獸畫龍徒有風雲之勢
金行玉馬終無水陸之功三駕禮賢術收實用一毛不拔復何
足取是以堯作虞賓遂全箕山之操周移商鼎不納孤竹之言
但魏士盜名雖云久矣朝臣竊位蓋亦實多漢拜丞相便有鍾
鼓之妖魏用三公乃致孫權之笑故山林之與朝廷得容非毀
肥遯之與賓王翻有優劣至於時非鸚海而曰着作秦民事異
出關而言恥從衞亂雖復星干帝座不易高尚之心月犯少微
終存耿介之志自我太獻之後光廣洪業禹五神宗舜格文祖
陛下受天明之命光華日月受自納麓乃格文祖儀天地以試

宫象星辰而布職漢家神鳳黄龍用紀年魏氏青龍呈瑞將以紀號上膺列宿咸是異人下法山川莫非奇士所以畫堂甲觀修德曰新蘭鼎歌鍾王勳崇爲循名責實選衆舉能朝無銅臭之公世絶錢神之論昔百里相秦名存鵲録蕭張輔沛姓在河書今日公卿抑亦天授與之爲治何欲不從未必稽首天師方聞牧馬之術脉行山上乃得治身之道但使帝德休明自强不息乙夜觀書反側通奏周昌桀紂之論欣然開納劉毅桓靈之比終自含弘高懸王爵唯能是與管庫羣遺漁鹽畢録無令桓譚非讖官止於郡丞趙壹負才盡死於計掾則天下宅心幽明知感歳精仕漢風伯朝周真人去而復歸台星圻而還斂詩稱多士易載群龍從此而言可以無愧又問釋道兩教孝謙對曰臣聞天道性命聖人所不言蓋以理絶涉求難爲稱謂伯陽道德之論莊周逍遥之旨遺言取意猶有可尋至若玉簡金書神經祕録三尺九轉之奇絳雪玄霜之異淮南成道犬吠雲中王喬得仙劒飛天上皆是憑虚之説海棗之談求之如係風學之如捕影而燕君齊后秦皇漢帝信彼方士與其道徐福一去不歸欒大往而無獲猶謂升遐倒影抵掌可期祭鬼求神庶或不死江壁既返還入驪山之墓龍媒已至終下茂陵之墳方知劉向之信洪寶没有餘責王充之非黄帝此爲不相又釋氏已來大存佛教寫經西土畫像南宫昆池地黒以爲劫燒之灰春秋夜明謂是降神之日法王自在變化無窮置世界於微塵納須彌於黍米蓋理本虚無示諸方便而妖妄之輩苟求出家藥王燔軀波論灑血假未能然猶當剋念寧有改形易貌有異世人恣意放情還同俗物龍宫餘論鹿野前言死而得容道風斯墜伏惟陛下受天明命丞已濟民山鬼効靈海神率職湘中石鷰沐時雨而群飛臺上銅烏覿和風而杓轉以周都洛邑冶在鎬京漢宅咸陽魂歸豐沛汾晉之地王迹攸始眷言遊幸且勞經略猶復降情文苑劉心百家想玉於瑶池念求珠於赤水竊以五帝

獻環表感君德上天賜珮實報禹功二班鷁史嗣馬製章恭三世之斷無聞一乘之旨莫繼工禮尚有時節論治華左宗王以亦何疑於此又問刑罰寛猛孝謙對曰臣聞王者感天以刑禮爲本參之寶陰易山川之通天地長自太業古今相爲表象無以廢者也術不能盡載有司因此開以二門高下在心寒熱隨意因以三典弃之若吹毛漢律九章違之如覆手遂使大平獄氣得濁而始消東海孝婦因災而方雪詔書挂壁有善而莫遵適文到門無求而不可皆由上失其道民不見德而議者守迹不尋其本鍾繇王朗追怨於祖納梅陶共尤文帝一語化宛延僵在後肉形致治興邦無勝周禮伏惟陛下時且三詔留心政術明罰以糾諸侯申恩以孩百姓黄旗紫蓋已絶東南白馬素車將降載道若復峻典深文臣恐未唐何則人育天地俱禀陰陽安則願存擾則圖死故王者之治先務禮樂如有未從刑書乃用寛猛兼設水火之喩東未有專任商韓而能長久者秦歸士會晉盜來奔舜舉皐陶不仁自遠但令釋之定國迭作理官巽遂文翁繼爲郡守科簡律令一此憲章於聞汾贖之言泣斷昭平之罪則天下自治大道公行乳獸含牙蒼鷹垂翅若王錢府不復須封漢獄寃囚自然蒙理後理之徒既承風而慕化有藏之内皆蹈德而詠仁號以成康何難之有又問禍福報應孝謙對曰臣聞五方易辯尚待指南百世可知猶須吹律天道秘遠神亦難源不有通靈孰能盡性求査至於河漢唯覩牽牛假寐遊於上玄止逢翟犬造化之理既寂寞而無傳報應之來固難得而妄説但秦穆有道句芒錫年號公凉德蓐收降禍高明在上定自有知不可謂神冥昧難信若夫仲尼厄於陳蔡孟軻困於齊梁自是不遇其時寧關性命之理子胥無君焉還附下受誅取辱何可尤人至如惕律見親濯船得幸從此而言更不足怪周王漂杵致天之罰白起誅降行已之意是以七百之祚乃加郟氏杜郵之戮還屬武安昔漢聞上計不過日蝕言

策秀才止於寒火前賢徃事咸用為難推古此今臣其易朕深百姓過荷恩私三折寒膠再遊金馬王言昭賁思君命神占對失圖伏深悚懼尚書擢第以進為當時第一八年詔尚書開東西二省實選所司策問進為當時第一

冊府元龜卷第六百四十九

貢舉部

對策第四

唐員半千晉州臨汾人上元初應八科舉授武陟尉又應嶽牧舉高宗御武成殿召諸州舉人親問曰兵書所云天陣地陣人陣各何謂也半千越次而進曰臣觀載籍此事多矣或謂天陣星宿孤虛地陣山河向背人陣偏伍彌縫以臣愚見謂不然矣夫師出以義有若時雨得天之時此天陣也兵在足食且耕且戰得地之利此地陣也善用兵者使三軍之士如父子兄弟得人之和此人陣也三者去矣其何以戰高宗甚嗟賞之及對策擢爲上第

白居易貞元中擢進士第書判拔萃爲祕書省校書郎元和元年應才識兼茂明於體用科制曰朕觀古之王者受命君人兢兢業業承天順地靡不思賢能以濟其理求讜直以聞其過故禹拜昌言而嘉猷罔伏漢徵極諫而文學稍進經時濟俗率由于茲厥後相循有名無實而又設以科條增求茂異捨斥已之至言角無用之虛文指切著明罕稱於代朕所以歎息鬱悼思索其真是用發懇惻之誠咨體用之要庶乎言之可行行之不倦上獲其益下輸其情君臣之間驩然相與子大夫得不勉思朕言而茂明之我國家光宅四海年將二百十聖弘化萬邦懷仁三王之禮靡不講六代之樂罔不舉浸澤于下外中于天周漢以還莫斯爲盛自禍階漏壤兵宿中原生人困竭耗其太半農戰非古衣食罕儲念茲疲甿遂乖富庶督耕植之業而人無懇本之心峻搉酤之科而下有重斂之困舉何方而可以復其盛用何道而可以濟其艱既往之失何者宜懲將來之虞何者當戒昔主父懲患於晁錯而用推恩夷吾致霸於齊桓而行寓令精求古人之意啓迪來哲之懷眷茲洽聞固所詳究又執契之道垂衣不言委之於下則人用其私專之於上則下無其效漢元優游於儒學盛業竟衰光武責課於公卿峻政非美兩途取捨未獲所從餘心浩然益所疑惑子大夫熟究其旨屬之于篇興自朕躬無悼後害居易對曰臣聞漢文帝時賈誼上疏云可爲痛哭者一可爲流涕者二可爲長太息者三是時漢興四十載萬人大理四海大和而賈誼非不見之所以過言者以爲詞不切志不激則不能迴君聽感君心而發憤於至理也是以雖盛時也賈誼過言而無愧雖過言也文帝容之而不非故臣不失忠君不失聖書之史冊以爲美譚然臣觀自茲已來天下之理未曾有髣髴於文帝時者激切之言又未有髣髴於賈誼疏者豈非君之聖明不侔於文帝乎臣之忠讜不逮於賈誼乎不然何衰亂之時愈多而切直之言愈少也今陛下思禹之昌言而拜之而念漢之極諫而徵之病虛文之無用者獎至言之斥已者詢臣以可行之策諭臣以不倦之意懇惻鬱悼發於重誠此眞聖王思至理求過言之明旨也斯則陛下之道已弘於前代臣之才誠劣於古人輒欲過言以裨陛下明德萬分之一也裨之者非謂言之必可行也體用之必可明也且欲使後代知陛下踐祚之後有朴直敢言之臣出焉無俾文帝賈誼專美於漢代然後退而俯伏以待罪戾焉臣誠所甘心也謹以過言昧死上對伏蒙陛下賜臣之策有思興禮樂之道念救疲甿之方辨懲往戒來之宜審推恩寓令之要至矣哉陛下之念此實萬世之福也豈唯一代之人受其賜而已哉臣聞疲病之作有因緣焉救療之方有次第焉臣請爲陛下究因緣陳次第而言之臣聞太宗以神武之姿撥天下之亂玄宗以聖文之德致天下之肥當二宗之時利無不興弊無不革遠無不服近無不和貞觀之功既成而大樂作焉雖六代之盡美無不舉也開元之理既定而盛禮興焉雖三代之明備無不講也禮行故上下輯睦樂達故內外和平所以兵偃而萬邦懷仁刑清而兆人自化動植之類咸煦嫗而自遂焉雖成康文景之理無以出於此矣

洎天寶巳降政教寖微寇既肆興兵亦繼起兵以遏寇寇亂生奏兵兵寇相仍迨五十載財征由是而重人力由是而罷下無安心雖日督農桑之課而生業不固上無定費雖日峻管榷之法而歲計不充日削月朘以至於耗竭其半矣此臣所謂䆗病之因緣者也豈不然乎由是觀之蓋人疲由乎稅重稅重由乎軍興軍興由乎寇生寇生由乎政缺然則未修政教而望寇戎之銷未銷寇戎而望兵革之息雖太宗不能也未息兵革而望征徭之省未省征徭而求黎庶之安雖玄宗不能也何則事有所必然雖常人足可致勢有所不可雖至哲不能爲伏惟陛下將欲安黎庶先念省征徭將欲省征徭先念息兵革將欲息兵革先念銷寇戎將欲銷寇戎先念修政教向者若政教修則下無詐僞暴悖之心而寇戎所由銷矣寇戎銷則境無興發攻守之役而兵革所由息矣兵革息則官無饋運飛輓之費而征徭所由省矣征徭省則人無流亡轉徙之憂而黎庶所由安矣臣竊

府六百四十九　三

觀今天下之寇雖已盡銷伏願陛下不以易銷而自逸今天下之兵雖已盡歸伏願陛下不以難散而自疑無自逸之心則政教日肅無自疑之意則誠信日明政教肅則暴亂革心誠信明則獷驁歸命革心則天下將萌之寇不遏而自銷歸命則天下已聚之兵不散而自息然後重斂可日減疲甿可日安富庶可日滋困竭可日補日安則和悅之氣積日富則廉讓之風形因其廉讓而示之以禮則禮易行矣乘其和悅而鼓之以樂則樂易達矣舉斯方而可以復其盛用斯道而可以濟其艱繼曾往之失莫先於誠不明而政不修戒將來之虞莫大於寇不銷而兵不息此臣所謂救療之次第者也豈不然乎至若齊行寓令之法以覇諸侯漢用推恩之謀以懲七國施之今日臣恐非宜何者且今萬人一統四海一家無隣國可傾非爽吾用權之秋也雖欲寓令令將何所寓邪今除國建郡置守罷侯無爵土可疏非子父嬌縱之日也雖欲推恩將何所推邪但陛下嗣貞觀

之功紹開元之理必將光二宗而福萬葉矣何區區齊漢之法而足爲陛下所慕哉精究之端實在於此矣又蒙陛下爲臣之問存乎契夫垂衣之道委下專上之宜敦儒學而業襄責課實而政失者此皆政化之所急古今之所疑陛下辛念之臣有以見天下之理興矣夫執契之道垂衣不言者蓋言已成之化非謂始之謂也委之於下者言王者之理在其司分其務而已非謂政無大小悉委之於下也專之於上者言王者之道秉其樞執其要而已非謂事无巨細悉專之於上也漢元優游於儒學而盛業竟衰者非儒學之過學之不得其道也光武責課於公卿而峻政非美者非考課之累也責之不得其要也臣請重爲陛下別啓而明之夫垂衣不言者豈不謂無爲之道乎臣聞無爲而理者其舜也歟舜之理道臣粗知之矣始則懋於修己勞於求賢明察其刑明慎其賞外序百揆內勤萬樞昃食宵衣念其不足之道夫如是非大有爲者乎然則安於恭己逸於得賢明

府六百四十九　四

至于無刑明賞至于無賞百職不戒而舉萬事不勞而成端拱凝旒立於無過之地夫如是豈非真無爲者乎故臣以爲無爲者非無所爲也必先有爲而後至於無爲也老子曰無爲而無不爲蓋是之謂矣夫委下而用私專上而無效者此由非所宜委而委之也非所宜專而專之也臣請以君臣之道明之臣聞上下異宜君臣殊道蓋大者簡者君道也小者繁者臣道也臣道者百職小而衆萬事細而繁誠非人君一聽所能徧察一明所能周覽也故人君之道但擇其人而任之舉其要而執之而已矣昔九臣各掌其事而唐堯秉其功以帝天下十亂各效其能而周武總其理以王天下三傑各宣其功而漢高兼其用而取天下三君者不能爲一焉但執要任人而已亦猶心之於四支九竅百骸也不能爲一焉然而寢食起居言語視聽皆以心爲主也故臣以爲君得君之道雖專之於上而下自有以展其效爲臣得臣之道雖委之於下而人亦無所用其私矣由此而

言并武若責而政未其善者非他昧君臣之道於小大繁簡之際也元帝修術而業以寖衰者非他昧無爲之道於始終勞逸之間也二途俱失較然可知陛下但舉中而行則無所惑矣臣伏以聖策首曰思賢能以濟其理求讜直以聞其過又曰上獲其益下輸其情其末章則又曰與白朕躬無悼後害此誠陛下思酌下言樂聞上失勤勤懇懇慮臣輩有所隱情者也敢不再竭狂直以副天心之萬一焉臣聞古先聖王之理也制欲於未萌除害於未兆故静無敗事動有成功自非聖王則異於是莫不以欲逞於始悔追於終政失於前功補於後利害之效可略而言且如軍暴而後戢之兵乱而後遏之善則善矣不若防其微杜其漸使不至於暴乱也官邪而後責之吏姦而後誅之懲則懲矣不若審其才得其人使不至於姦邪也人餓而後食之人寒而後衣之惠則惠矣不若輕其徭薄其税使不至於凍餒也舉一知十不其然乎今陛下初嗣祖宗新臨蒸庶承多虞之

運當鼎盛之年此誠制欲於未兆之時也伏惟陛下欲惜其時重其於事既往者且追救於既後將來者宜早防於事先夫然則保邦常在於未危恭己常居於無過三五之道夫豈遠哉臣生也幸得爲唐人當陛下臨御之初覩陛下升平之始斯則臣朝聞而夕死足矣而況充才識之貢承體用之問乎今所以極千慮昧萬死當盛時獻過言者此誠微臣喜朝聞甘夕死之志也不然何輕肆狂瞽不避斧鑕若此容易焉伏惟少垂意而覽之則臣生死幸甚策入第四等授盩厔縣尉集賢校理

劉蕡寶曆二年進士擢第傳學善屬文尤精左氏春秋與朋友交好譚王霸大略耿介嫉惡言及世務慨然有澄清之志自元和末閹寺權盛握兵宮闈横制天下天子廢立由其可否干撓庶政當時因爲南北司愛惡相攻有同水火蕡草澤中居常憤惋文宗即位恭儉求理大和二年策試賢良曰朕聞古先哲王之理也玄默無爲端拱思道陶民心以居簡凝日用而不宰厚

下以立本推誠而建中繇是天人通陰陽和俗躋仁壽物無疵厲噫盛德之所臻邈乎莫可及已三代令王質文迭究百爲滋熾風流寖微自漢而降足徵蓋寡朕顧惟昧道祇荷丕搆奉若謩訓不敢怠荒任賢惕厲宵衣旰食詎追三五之遐軌庶紹祖宗之鴻緒而心有所未達行有所未孚由中及外闕政斯廣是以人不率化氣或堙厄災旱竟歲播植愆時國廩罕蓄乏九年之儲吏道多端微三載之績京師諸夏之本也將以觀理而豪猾時踰檢太學明教之源也期於變風而生徒多惰業列郡在乎頒條而干禁或未絶百工在乎按度而淫巧或未衰俗恡風靡積訛成蠹其擇官濟理也聽人以言則枝葉難辨御下以法則恥格不形其阜財發號也生之寡而食之衆煩於令而鮮於理思所以究此繇致之治乎茲心浩然若涉泉水故前詔有司博延羣彥佇啓宿懵冀臻治平子大夫識達古今明於康濟遊廷待問副朕虚懷必當箴主之闕辨政之疵明綱條之致紊

[illegible]庶之所急何施斯革於前弊何澤斯惠乎下土何施而理一古可近何道而和氣克充推之本源著於條對至於夷吾輕重之權孰輔於理嚴尤厎定之策孰叶於時元凱之考課何先叔子之克平何務推此龜鏡擇乎中庸期在洽聞朕將親覽是時對策者百餘人所對止循常務唯蕡切論黄門太横將危宗社對曰臣誠不佞有經國致君之術無位而不得行有犯顔敢諫之心無路而不得進但懷憤鬱思有時而一發耳常欲與庶人議於道商旅謗於市得通上聽一悟主心雖被訞言之罪無所悔焉況逢陛下以至德嗣興以大明垂照詢求過闕咨訪讜猷制詔中外舉能直言極諫者臣既辱斯舉專承大問敢不悉意以言至於上之所忌時之所禁權幸之所讎惡有司之所與奪臣愚不識伏惟陛下少加優容不使聖朝有讜直而受戮者乃天下之幸也謹昧死對伏以聖策有思古先之理念玄默之化將通天人以濟俗和陰陽以治物見陛下慕道之深也臣以爲

將亡之理其則不遠惟陛下致之之道何如耳伏以聖策有荷丕構而不敢荒寧奉若謨訓而罔有怠忽見陛下憂勞之至也若夫任賢惕厲宵衣旰食宜黜左右之纖佞進股肱之大臣若夫追蹤三五紹復祖宗宜鑒前古之興亡明當時之成敗心有所未達以下情塞而不得上通行有所未孚以上澤壅而不得下浹欲人之化也在修己以先之欲氣之和也在遂性以道之救災患在致乎精誠廣播殖在視乎食力國廩罕蓄本乎冗食尚繁吏道多端本乎選用失當豪猾踰檢由中外之法殊生徒惰業由學校之官廢列郎千禁由授任非人百工淫巧由制度不立伏以聖策有擇官濟理之心阜財發號之歎見陛下教化之本也且進人以行枝葉安有難別乎防下以禮則恥格安有不形乎念生寡而食衆可罷斥惰游念令煩而理繁要察其行否博延羣彥願陛下必納其言造廷待問則小臣安敢愛死伏以聖策有求賢箴闕之言審政辨疵之令見陛下咨訪之勤也遂小臣屏蒙豪之志則弊革於前守陛下念修之心則惠敷于下邪正之道分則理古可近禮樂之方著而和氣克充至若夷吾之法非皇王之權嚴尤所陳無最上之策元凱之所先不若唐虞之考績叔子之所務不若重華之舞干且俱非大德之中庸未為上聖之龜鏡何足以為陛下道之哉或有以繫安危之機兆存亡之變臣請披瀝肝膽為陛下別白而重言之臣前所謂格王之理其則不遠者在陛下慎思之力行之終始不懈而已臣謹案春秋元者氣之始也春者歲之始也春秋以元加於歲以春加於王明王者當奉若天道以謹其始也又舉時以終歲舉月以終時春秋雖無事必書首月以存時明王者當奉若天道以謹其終也王者動作終始必法於天以其運行不息也陛下既能謹其始又謹其終懋而修之勤而行之則可以執契而居簡無為而不宰矣廣立本之大業崇建中之盛德矣又安有三代循環之弊而為滋熾之漸乎臣故曰惟陛下致之之道何如耳

臣前所謂若夫任賢惕厲宵衣旰食宜黜左右之纖佞進股肱之大臣者實以陛下憂勞之至也臣聞不宜憂而憂者國必衰宜憂而不憂者國必危今陛下不以國家存亡之事社稷安危之策而降於清問臣未知陛下以布衣之臣不足以定大計邪或万機之勤聖慮有所未至邪不然何宜憂而不憂者也臣以為陛下宜先憂者宮闈將變社稷將危天下將傾四海將亂此四者國家已然之兆故臣謂聖慮宜先及之夫帝業既艱難而成之固不可容易而守之太祖兆其基高祖勤其績太宗定其業玄宗繼其明至于陛下二百有餘載其間明主相因撥亂繼作未有不委用賢士親近正人而能紹興其徽烈者也或一日不念則顛覆大器宗廟之耻萬古為恨臣謹案春秋人君之道在體元以居正昔董仲舒為漢武帝言之略矣其所未盡者臣得為陛下備而論之夫繼故不書即位所以正其始也終必書所終之地所以正其終也故為君者所發必正言所履必正道所居必正位所近必正人臣又按春秋閽弒吳子餘祭譏其疏遠賢士昵近刑人有不君之道矣伏惟陛下思祖宗開国之勤念春秋繼故之誡將明法度之端則發正言而履正道將杜篡弒之漸則居正位而近正人遠刀鋸之賤親骨鯁之直輔相得以居其任庶職得以守其官奈何以褻近五六人總天下大政外專陛下之命內竊陛下之權威攝朝廷勢傾海內羣臣莫敢指其狀天子不得制其心禍稔蕭牆姦生帷幄臣恐曹節侯覽復生於今日此宮闈將變也臣謹按春秋魯定公元年春王不言正月者春秋以為先君不得正其終則後君不以正其始故曰定無正也今忠賢無腹心之寄閽寺專廢立之權陷先帝不得正其終致陛下不得正其始況皇儲未建郊祀未修將相之職不歸名分之宜不定此社稷將危臣謹按春秋王札子殺召伯毛伯春秋之義兩相殺不書而此書者重其專王命也且夫天之所授者在君君之所授者在命操其命而失之者是不君

已侵其命而專之者是不臣也君不君臣不臣此天下所以將傾也臣謹按春秋晉趙鞅以晉陽之兵叛入于晉書其歸者以其能逐君側之惡人以安其君故春秋善之今威柄凌夷藩臣跋扈或有不達人臣之節首亂者以安君爲名不究春秋之微稱兵者以逐惡爲義則政刑不由于天子征伐必自於諸侯此海內之所以將亂也又樊噲排闥而雪涕袁盎當車以抗詞京房發憤以殞身竇武不顧以畢命此皆陛下明知之矣臣謹按春秋晉狐射姑殺陽處父書襄公殺者以其漏言襄公不能顧陰事之戒處父所以及戕賊之禍春秋非之夫上漏其情則下不敢盡意上泄其事則下不敢盡言傳有造膝詭辭之文易有殺身害成之戒今公卿大臣非不敢爲陛下言之慮陛下必不能用之陛下既忽之而不用必洩其言臣下既言之而必不行必嬰其禍適足以鉗直臣之口以重姦臣之威是以欲盡其言則有失身之懼欲盡其意則有害成之憂故徘徊鬱塞以俟

陛下感悟然後盡其啓沃耳陛下何不以聽朝之餘時御便殿召當時賢相舊德老臣訪持變扶危之謀求定傾救亂之術塞陰邪之路屏褻狎之臣制侵凌迫脅之心復門戶掃除之役戒其所宜戒憂其所宜憂既不能治於前當治於後既不能正其始當正其終則可以虔奉典謨克承丕構終任賢之效無旰食之憂矣臣前所謂若夫追蹤三五紹復祖宗鑒前古之興亡明當時之成敗臣聞堯禹之爲君而天下之人理者以其能任九官四嶽十二牧不失其舉不貳其業不侵其職居官惟其能左右惟其賢元凱在下雖微必舉四凶在朝雖彊必誅考其安危明其取捨至秦之二代漢之元成咸欲措國如唐虞致身如堯禹而終敗亡者以其不見安危之機不知取捨之道不任大臣不辨姦人不親忠良不遠讒佞伏惟陛下察唐虞之所以興而景行於前鑒秦漢之所以亡而戒懼於後陛下無謂廟堂無賢相庶官無賢士今紀綱未絕典刑猶在人誰不欲自致爲王臣

致身爲太平陛下何忽而不用之邪人有居官非其能左右非其賢其惡如四凶其讎如趙高其毒如恭顯陛下又何爲而不去之邪[illegible]器固有歸天命固有心陛下其念之哉昔秦之亡也失於強暴漢之亡也失於微弱強暴則賊臣畏死而害上微弱則姦臣竊權而震主伏見敬宗皇帝不虞亡秦之禍不翦其萌伏惟陛下深軫亡漢之憂以杜其漸則祖宗之鴻業可紹三五之遐軌可追矣臣前所謂陛下心有所未孚以上澤壅而不得下浹者且百姓有塗炭之苦陛下無由而知則陛下有子惠之心百姓無由而信臣謹按春秋書梁亡者梁自亡也以其思慮昏而耳目塞下出惡政人爲寇盜皆不知其所以然自取其滅亡也臣聞國君之所以尊者重其社稷也社稷之所以重者存其百姓也苟百姓之不存則雖社稷不得固其重苟社稷之不重則雖國君不得保其尊故治天下不可不知百姓之情夫百姓者陛下之赤子也陛下宜命仁慈者親之視之如毋傅焉如

乳哺焉如師之教導焉故人之於上也敬之如神明愛之如父母今或不然陛下親其貴倖分曹建署補除卒吏召致賓客因其貨賄氣勢大者統藩方小者爲牧守居上無清惠之政而有饕餮之害居下無忠誠之節而有姦欺之罪故人之於上也畏之如豺狼惡之如讎敵今海內困窮處處流散饑者不得養加以國之權柄專在左右貪臣聚斂以固寵姦吏因緣而弄法冤痛之聲上達九天入于九泉鬼神發怒陰陽爲之愆錯君門萬里而不得告訴士人無所歸化百姓無所歸命官亂人貧盜賊並起土崩之勢憂在旦夕即不幸因之以師旅繼之以凶荒臣恐陳勝吳廣不獨起於秦赤眉黃巾不獨起於漢故臣所以爲陛下發憤扼腕痛心泣血耳如此則百姓有塗炭之苦陛下何由而知之陛下有子惠之心百姓安得而信之乎致使陛下行有所未孚心有所未達固然也臣聞昔漢元帝即位之初更制七十餘事其心甚誠其意甚美然而綱紀日紊國祚日衰姦宄

曰疆泰元日困者以其不能擇賢明而任之失其操柄也自陛下御宇憂勤兆庶覃降德音四海之內莫不抗首而長息自喜復生於死亡之中也伏惟陛下慎終如始以綏萬方之望誠能謁國權以歸其相持兵柄以歸其將去貪臣聚斂之政除姦吏因緣之害唯忠賢是近惟正直是用內寵便佞無所聽焉選清慎之官擇仁惠之長撫之以利煦之以和教之以孝慈導之以德義去耳目之塞通上下之情俾萬國歡康兆人蘇息則心無不達而行無不孚矣臣前所謂欲人之化也在脩己以先之者臣聞德以脩己教以導人脩己也人則不勸而自至導人也則人敬行而率從是以君子欲政之必行也故以身先之欲人之從化也故以道御之今陛下先之以身而孚未必行御之以道而人未從化豈不以立教之旨未盡其方邪夫立教之方在乎君以明制之臣以忠行之君以知人爲明臣以佐時爲忠知人則任賢而去邪佐時則因本而守法賢不任則重賞不足以勸

暴凌奪者刑則刑不足以禁非本不固則民流法不守則聲請而教教之必至化之必行不可得也陛下能斥姦邪不私其左右舉賢正不遺其疎遠則化洽於朝廷矣愛人以敦本分職而奉法脩其身以及其人始於中而成於外則化行天下矣臣前所謂欲氣之和也在遂性以導之者當納人於仁壽也夫欲人之壽在乎立制度脩教化夫制度立則財用省財用省則賦斂輕賦斂輕則人富矣教化脩則爭競息爭競息則刑罰清刑罰清則人安矣既富矣則仁義興焉既安矣則壽考至焉仁壽之心感於下和平之氣應於上故災害不作休祥荐臻四方底寧萬物咸遂矣臣前所謂救災旱在致乎精誠者臣謹按春秋魯僖公七年之中三書不雨者以其人君有恤人之志也魯文公三年之中一書不雨者以其君無閔人之心也故能致精誠而旱不害物文無恤閔而旱則成災陛下誠能有恤人之心則無成災之變矣臣前所謂播種植在視乎食力者臣謹按春秋君

人者必時視人之所勤人勤於力則功築罕人勤於財則貢賦少人勤於食則百事廢今財食與力人皆竭矣誠陛下廢百事之用廢三時之務則播植不愆矣臣前所謂國廩罕蓄乎元食尚寡者臣謹按春秋臧孫辰告糴于齊春秋譏無九年之蓄一年不登而百姓饑臣願斥游惰之人篤其耕植省不急之費以贍黎元則廩蓄不乏矣臣前所謂吏道多端本乎選用失當者由國家取人不盡其才任人不明其要故也今陛下之用人也求其聲而不得其實故人之不進也務其末而不務其本臣所謂考課之實在選序之制則多端之吏息矣臣前所謂諸侯僭擬由中外之法殊者以其官守不一也臣謹按春秋公盟諸侯不日而於大丘之盟特以日者美其能一明天子之禁奉王官之法故春秋備而書之夫官者五帝三王之所建也法者高祖太宗之所制也法宜畫一官宜正名今文分外官中官之員立南司北司之官或兵柴於南則士命於北或正刑于外則破律於

中法出多門人無所措實由兵農勢異而中外法殊也臣聞古者因井田而制軍賦間農事以修武備提封約卒乘之數命將在公卿之列故兵農一致而文武同方可以保乂邦家式遏禍亂暨太宗皇帝肇建邦典亦置府兵省臺軍衛文武參掌居閑歲則橐弓力穡將有事則釋耒荷戈所以修復古制不廢舊物今則不然夏官不知兵籍止於奉朝六軍不立兵事止於養勳階軍容合中官之政戎律附內臣之職首一戴武弁嫉文吏如仇讎足一蹈軍門視農夫如草芥謀不足以翦除姦凶詐足以抑揚威福勇不足以鎮衛社稷而暴足以侵暴閭閻羈紲藩臣干陵宰輔隳裂王度汩亂朝經張武夫之威上以制君父假天子之命下以御英豪有藏姦觀釁之心無伏節死難之義豈先王經文緯武之旨邪臣願陛下貫文武之道均兵農之功正貴賤之名一中外之法還軍衛之職修省署之官近崇貞觀之舊遠復武德之制自邦畿以刑于下國始天子以達于諸侯則可

以制其衆術之遏無踰檢之患矣臣前所謂生徒惰業由學校之官廢者蓋以國家貴其祿而賤其能先其身而後其行故庶官無通經之學諸生無修業之心矣臣前所謂列郡干禁由授任非其人者臣以刺史之任理亂之根本繫焉朝廷之法制在焉權可以抑豪猾恩可以惠孤寡彊可以禦姦寇政可以移風俗其將校有曾經戰陣及功臣子弟各請隨宜酬賞如無治人之術者不當授任此官則絕干禁之患矣臣前所謂百工淫巧由制度不立者臣請以官位祿秩制其器用車服禁人金銀珠玉錦繡雕鏤不蓄於私室則無蕩心之巧矣臣前所謂辨枝葉者考言以詢行也臣前所謂恥格形者導德齊禮也臣前所謂念生寡而食衆可罷斥惰遊者已備之於前矣臣前所謂號令頒而理解要察其行否臣聞號令者乃理國之具也君審而出之臣奉而行之或虧止留罪在不赦今陛下令頒而理解得非有司之者有所蔽歟乎臣前所謂博延群彥陛下必納其言造

府　六百四十九　十三

廷待問則小臣不敢愛死者臣聞晁錯爲漢畫削諸侯之策非不知禍之將至也忠臣之心壯夫之節苟知社稷之危哀生人之困豈忍姑息時忌竊陛下一命之寵哉昔龍逄死而啓殷比干死而啓周韓非死而啓漢陳蕃死而啓魏今臣之來也有司或不敢薦臣之言陛下又無以察臣之心退必受戮於權臣之手臣幸得從四子遊地下固臣之願也所不知殺臣者臣死之後將孰爲啓之哉至于人主之闕政教之疵前日之弊臣訖言之矣若乃流下土之惠修近古之理而致其和平者在陛下行之而已然上之所陳者實以臣親奉聖問敢不條對雖臣之愚以爲未極教化之大端皇王之要道伏惟陛下事天地以教人敬奉宗廟以教人孝養高年以教人悌長字百姓以教人慈幼調元氣以煦育扇大和於仁壽可以逍遙無爲端拱成化至若念陶鈞之道在擇宰相而任之使權造物之柄念保定之功在擇將帥而任之使修分閫之寄念百度之未貞在擇庶官而任之使專職業之守念百姓之殘瘵在擇長吏而任之使明奉憲之術自然言足爲天下教行足爲天下法仁足以勸善義足以禁非又何宵衣旰食勞神憚慮然後以致其理哉是歲左散騎常侍馮宿太常少卿賈餗庫部郎中龐嚴爲考策官三人者時之文士也覩蕡條對歎服嗟挹以爲漢之晁錯無以過之言論激切士林感動時登科者二十二人而中官當途考官不敢留蕡在籍中物論喧然不平之守道正人傳讀其文至有相對垂泣者諫官御史扼腕憤發而執政之臣從而弭之以避黃門之怨唯登科人李郃謂人曰劉蕡不第我輩登科實厚顏矣請以所授官讓蕡事雖不行人士多之

冊府元龜卷第六百四十九

府　六百四十九　十四

冊府元龜卷第六百五十

貢舉部十二

應舉

觀國之光著乎大易之象有道則見垂諸素王之說故策名委仕起家從政乃士子之常道也粤自漢氏勃興儒術大盛懸科以取士下詔以徵賢曁魏晉而下至夫五代風流靡絶條目非一繇是丘園特起之秀巖石高卧之伍或文足以經國或學足以待問或力穡自給或篤行無玫或究陰陽之變或窮政教之繁莫不聲然充賦貞爾在庭第之甲科縻之好爵者已

漢董仲舒以治春秋孝景時為博士武帝即位仲舒以賢良對策對畢天子以仲舒為江都相

公孫弘菑川薛人也年四十餘乃學春秋雜說武帝初即位年六十以賢良徵為博士

兒寬千乘人也治尚書以射策為掌故

嚴助會稽吳人嚴夫子子也（夫子忌好辭賦）或言族家子也（師古云族子夫子也）郡舉賢良對策百餘人武帝善助對繇是獨擢為中大夫

王吉少好學明經以郡吏舉孝廉為郎後遷雲陽令舉賢良為昌邑中尉

駿吉子也以孝廉為郎

貢禹以明經潔行著聞徵為博士涼州刺史病去官復舉賢良為河南令

龔勝楚人也好學明經為郡吏三舉孝廉以王國人不得宿衞補吏再為尉壹為丞勝輒至官乃去州舉茂才為重泉令

鮑宣好學明經為縣鄉嗇夫守東州丞後為都尉太守功曹舉孝廉為郎

翟方進經學明習以射策甲科為郎

杜鄴少孤其母張敞女鄴壯從敞子吉學問得其家書以孝廉為郎

何武蜀郡郫縣人也詣博士受業治易以射策甲科為郎又光祿勳舉四行遷為鄠令

王嘉以明經射策甲科為郎坐戶殿門失闌免（戶止也嘉掌守殿門止不當入者而失闌入之故坐免也）光祿勳于永除為掾察廉為南陵丞復察廉長陵尉鴻嘉中舉敦朴能直言召見宣室對政事得失超遷太中大夫

師丹治詩事匡衡舉孝廉為郎元帝末為博士免建始中州舉茂林復補博士

召信臣九江壽春人也以明經甲科為郎

後漢王方中年名士也魯恭為中牟令會詔百官舉賢良方正恭薦方章帝即徵方詣公車禮之與公卿所舉同方致位位中

魯丕恭弟也章帝建初元年詔舉賢良方正大司農劉寬舉丕時對策者百有餘人唯丕在高第除為議郎

魏霸濟陰句陽人也（鉤音）建初中舉孝廉

韋彪好學洽聞雅稱儒宗建武末舉孝廉除郎中

譙玄巴郡閬中人也少好學能說易春秋成帝永始二年有日蝕之災乃詔舉敦樸遜讓有行義者各一人州舉玄詣公車對策高第拜議郎

李業習魯詩師博士許晃平帝元始中舉明經除為郎

袁安祖父良習孟氏易平帝時舉明經為太子舍人安少傳良學為人嚴重後舉孝廉陰平長

蔡茂哀平間以儒學顯徵試博士對策陳災異以高等擢拜議郎遷侍中

景丹馮翊櫟陽人也少學長安王莽時舉四科丹以言語為固德侯相

馮豹好儒學以詩春秋教麗山下（麗音力之切）舉孝廉拜尚書郎

申屠剛質性方直舉賢良方正時王莽專朝剛辭歸田里

郅壽善文章以廉能稱舉孝廉稍遷冀州刺史

王堂廣漢郪人也初舉光祿茂才遷穀城令

蘇章少傳學能

文帝時舉賢良方正對策高第爲議郎
陸康少仕郡以義烈稱刺史臧旻舉爲茂才除高成令
鄭弘會稽山陰人也少爲鄉嗇夫太守第五倫行春見而深奇
之召署督郵舉孝廉
桓彬字彥林少與蔡邕齊名初舉孝廉拜尚書郎
徐防祖父宣爲講學大夫父憲亦傳宣業防少習父祖學永平
中舉孝廉除爲郎
張敏河間鄚人也建初二年舉孝廉四遷
胡廣字伯始舉孝廉既到京師試以章奏安帝以廣爲天下第一
劉焉江夏竟陵人也以宗室拜郎中去官居陽城山精學教授
舉賢良方正稍遷南陽太守
袁術司空逢之子也少以俠氣聞後頗折節舉孝廉累遷至河
南尹
王渙廣漢郪人也初爲太守陳寵功曹舉茂才除溫令

第五訪京兆長陵人也仕郡爲功曹察孝廉補新都令
劉矩沛國蕭人也少有高節舉孝廉稍遷雍丘令
劉寵東萊牟平人也以明經舉孝廉除東平陵令
陽球漁陽泉州人也性嚴厲好申韓之學初舉孝廉補尚書郎
張興潁川鄢陵人也習梁丘易以教授舉孝廉爲郎
戴憑汝南平輿人也習京氏易郡舉明經徵試博士拜郎中
周防汝南汝陽人也師事徐州刺史蓋豫受古文尚書經明舉
孝廉拜郎中
杜根潁川定陵人也性方實好絞直（絞急也）永初元年舉孝廉爲
郎中
劉陶潁川潁陰人也陶爲人居簡不修小節舉孝廉除順陽長
李雲甘陵人也性好學善陰陽初舉孝廉再遷白馬令
謝弼中直方正爲鄉邑所宗師建寧二年詔舉有道之士弼與
東海陳敦玄菟公孫度俱對策皆除郎中

蓋勳敦煌廣至人也家世二千石初舉孝廉爲漢陽太守
臧洪廣陵射陵人也體貌魁梧有異姿舉孝廉補即丘長
左雄南郡涅陽人也安帝時舉孝廉稍遷冀州刺史
周舉汝南汝陽人也博學洽聞爲儒者所宗舉茂才爲平丘令
陳龜上黨泫氏人也少有志氣永建中舉孝廉五遷五原太守
崔瑗早孤銳志好學初辟車騎將軍閻顯府被斥後舉茂才遷
汲令
崔寔瑗子也少沈靜好典籍桓帝初詔公卿郡國舉至孝獨行
之士寔以郡舉徵詣公車除爲郎
王龔山陽高平人也初舉孝廉稍遷青州刺史
龔子暢少以清實爲稱大將軍梁商特辟茂才四遷尚書令
陳球淮浦人也少涉儒學善律令陽嘉中舉孝廉稍遷繁陽令
包咸會稽曲阿人也習魯詩論語舉孝廉除郎中
楊仁巴郡閬中人也習韓詩靜居教授仕郡爲功曹舉孝廉除
郎

董鈞犍爲資中人也習慶氏禮舉明經遷廩犧令病去官建武
中舉孝廉避司徒府
張玄河內江陽人也少習春秋初舉明經補弘農文學遷陳倉
縣丞後去官舉孝廉除爲郎
許慎汝南召陵人也少博學經籍爲郡功曹舉孝廉再遷除洨長
李業廣漢梓潼人也少有志操介特習魯詩舉明經除爲郎
劉茂太原晉陽人也能習禮經哀帝時察孝廉再遷五原屬國
候建武中拜議郎後拜侍中
周嘉汝南安城人也仕郡爲主簿後太守寇恂舉爲孝廉拜爲
尚書侍郎
范式山陽金鄉人也舉州茂才四遷荊州刺史
尹勳河南鞏人也宗族多居貴位者而勳獨持清操不以地埶
尚人州郡連辟察孝廉三遷邯鄲令

繆衍汝南項人也少明經講授以禮讓化鄉里舉孝廉稍遷冀
州刺史
羊陟太山梁甫人也少清直有學行舉孝廉辟太尉李固府
陳翔汝南邵陵人也少知名善交結察孝廉太尉周景辟舉高
第拜侍御史
苑康勃海重合人也少受業太學與郭林宗親善舉孝廉再遷
潁陰令
劉儒東郡陽平人也郭林宗常謂儒口訥心辯有珪璋之質察
孝廉舉高第三遷侍中
賈彪潁川定陵人也志節慷慨與同郡荀爽齊名初仕州郡舉
孝廉補新息長
荀彧潁川潁陰人也少有才名中平六年舉孝廉再遷亢父令
荀悅儉子也幼而好學耽思經書太常趙典舉彧至孝拜[illegible]
荀爽淑子也幼而好學年十二能通春秋論語延熹九年[illegible]

趙典舉爽至孝拜郎中
趙喬河內林慮人也少為諸生舉孝廉辟司徒楊震府
吳祐陳留長垣人也常牧豕於長垣澤中行吟經書後舉孝廉
延篤南陽犨人也博通經傳及百家之言能著文章舉孝廉為
平陽侯相
張奐敦煌酒泉人也辟大將軍梁冀府以疾去官復舉賢良對
策第一擢拜議郎
段熲武威姑臧人也少便習弓馬尚遊俠輕財賄長乃折節
好古學初舉孝廉為憲陵園丞
陳蕃汝南平輿人也初仕郡舉孝廉除郎中
劉淑河間樂成人也少好學明五經司徒种暠舉淑賢良方正
辭以疾桓帝聞淑高名切責州郡使輿病詣京師淑不得已而
赴洛陽對策為天下第一
李膺潁川襄城人也性簡亢無所交接初舉孝廉為司徒胡廣

所辟舉高第再遷青州刺史
范滂汝南征羌人也少厲清節為州里所服舉孝廉光祿四行
李法博通群書和帝永元九年應賢良方正對策除博士
應劭少篤學博覽多聞靈帝時舉孝廉辟車騎將軍何苗掾
王逸元初中舉上計吏為校書郎
馬融以陽嘉二年詔舉敦樸城門校尉岑起舉融徵詣公車對
策拜議郎（續漢書曰融對策於此宮[illegible]門）
戴封為光祿主事遭伯父喪去官詔書求賢良方正直言之士
有至行能消災伏異者公卿郡守各舉一人郡及大司農俱舉
封公車徵陛見對策第一
高彪郡舉孝廉試經第一除郎中
羊陟家世冠族少清直有學行舉孝廉辟太尉李固府
王堂字敬伯廣漢郪人也初舉光祿茂才（光祿舉之為茂才也）
孔昱太尉舉方正對策不合乃辭病去後遭黨錮禁

蘇章少博學能屬文安帝時舉賢良方正對策高第擢數太[illegible]
黃瓊舉方正對策合時再遷議郎
皇甫嵩安定朝那人也好讀詩書習弓馬初舉孝廉茂才
陳重豫章宜春人也少與同郡雷義為友太守張雲舉重孝廉
重以讓義前後十餘通記不聽義明年舉孝廉重與俱在郎署
趙苞甘陵東武城人初仕州郡舉孝廉再遷廣陵令
謝夷吾會稽山陰人也少為郡吏舉孝廉為壽張令
李郃漢中南鄭人也通五經善河洛風星初為戶曹史舉孝廉
五遷尚書令
公沙穆北海膠東人也習韓詩公羊春秋舉孝廉以高第為主
事遷繒相
單颺山陽湖陸人也善明天官筭術舉孝廉稍遷太史令
韓說會稽山陰人也博通五經舉孝廉
魏公孫瓚遼西令支人也以孝廉為郎

陶謙字恭祖少好學爲諸生仕州郡舉茂才除盧令
公孫度遼東襄平人也舉有道除尚書郎
賈詡武威姑臧人也察孝廉爲郎
張承河內脩武人也以方正徵拜議郎
鍾繇潁川長社人也舉孝廉除尚書郎
華歆平原高唐人也舉孝廉除郎中
張既馮翊高陵人也年十六爲郡小吏後歷右職舉茂才除新
豐令
温恢太原祁人也舉孝廉爲廩丘長
賈逵河東襄陵人也初爲郡吏後舉茂才除澠池令
桓階長沙臨湘人也仕郡功曹太守孫堅舉階孝廉除尚書郎
楊阜天水冀人也初爲安定長史刺史韋康辟阜爲別駕察孝
廉辟丞相府州表留參軍事
管輅平原人也正始九年舉秀才

蜀許靖汝南平輿人也太守劉翊舉靖計吏察孝廉除尚書郎
典選舉
張裔蜀郡成都人也治公羊春秋博涉史漢劉璋時舉孝廉爲
魚復長
蔣琬零陵湘鄉人也爲丞相府東曹掾茂才遷爲參軍
張翼犍爲武陽人也先主領益州牧翼爲書佐建安末舉孝廉
爲江陽長
王嗣犍爲資中人也舉孝廉稍遷西安圍督吳劉繇東萊牟平
人也舉孝廉爲郎
士燮蒼梧廣信人也少游學京師治左氏春秋察孝廉補尚書
郎公事免官父死喪闋後舉茂才除巫令
孫翊權弟也驍悍果烈有兄策風太守朱治舉翊孝廉司空辟
黃蓋零陵泉陵人也初爲郡吏察孝廉辟公府
闞澤會稽山陰人也究覽羣籍通曆數察孝廉除錢塘長

賀齊會稽山陰人也建安元年孫策臨郡察齊孝廉爲永寧長
晉王祥琅邪臨沂人初徐州刺史呂虔檄爲別駕後舉秀才除
溫令
唐彬魯國鄒人也初爲郡功曹舉孝廉州辟主簿
山濤河內懷人也始爲郡主簿功曹上計掾舉孝廉州辟部河
南從事
劉毅東萊掖人也初僑居平陽太守杜恕請爲功曹魏末本郡
察孝廉辟司隸都官從事
侯史光東萊掖人也幼有才悟舉孝廉州辟別駕
傅玄北地泥陽人也博學善屬文州舉秀才除郎中
王接河東猗人也初爲都官從事永寧初舉秀才除郎中
郤詵濟陰單父人也泰始中詔天下舉賢良直言之士太守文
立舉詵應選以對上第拜議郎
夏侯湛譙國譙人也少爲太尉掾泰始中舉賢良對策中第拜

郎中
潘岳滎陽中牟人也早辟司空太尉府舉秀才
江彪陳留圉人也本州辟舉秀才平南將軍溫嶠以爲參軍
周玘義興陽羨人也累薦名宰府舉秀才除議郎玘弟札以
豪右自顯察孝廉除郎中
周訪汝南安成人也察孝廉除郎中
孫旂樂安人也少自修立察孝廉遷黃門侍郎
李含隴西狄道人也僑居始平兩郡並舉孝廉爲州別駕舉秀
才薦之公府
索靖敦煌人也州辟別駕郡舉賢良方正對策高第
索綝靖子也少有逸群之量舉秀才除郎中
溫嶠初爲都官從事後舉秀才灼然司徒辟東閣祭酒
紀瞻丹陽秣陵人也舉秀才州又舉寒素大司馬辟東閤祭酒
賀循會稽山陰人也刺史嵇喜舉秀才除陽羨令

薛兼丹楊人也察河南孝廉辟公府除比陽相
戴若思廣陵人也舉孝廉入洛辟趙王倫府若思子邈少好學
尤精漢史弱冠舉秀才遷太子洗馬
甘卓丹楊人也初爲郡功曹察孝廉舉秀才爲吳王常侍
鍾雅潁川長社人也好學有才志舉四行除汝陽令
熊遠豫章南昌人也初爲州別駕舉秀才除監軍華軼司馬
張憑有志氣爲鄉閭所稱舉孝廉官至御史中丞
虞潭會稽餘姚人也清貞有檢操州辟從事主簿舉秀才大司
馬齊王冏請爲祭酒
顧衆吳郡吳人也初州辟主簿舉秀才後元帝爲鎮東將軍命
爲叅軍
陸曄吳郡吳人也察孝廉後元帝鎮江左辟爲祭酒
陸納少有清操貞厲絕俗初辟鎮軍大將軍
武陵王掾州舉秀才太原王述引爲建威長史

丁潭會稽山陰人也初爲郡功曹察孝廉除郎中
陳壽巴西安漢人也舉孝廉佐著作郎
虞溥高平昌邑人也郡察孝廉除郎中
江灌少知名州辟主簿舉秀才爲治中
嵇含好學能屬文初爲楚王瑋掾瑋誅坐免舉秀才除郎中
魯芝扶風郿人也初州辟別駕舉孝廉除郎中
杜軫蜀郡成都人也察孝廉除建寧令
賈充[illegible]平人也初爲郡主簿察孝廉除浩亹長
潘京武陵漢壽人也弱冠郡辟主簿後舉秀才歷巴丘邵陵泉
陵三令
范平吳郡錢塘人也吳時舉茂才累遷臨海太守
文立巴郡臨江人也初仕蜀至尚書蜀平舉秀才除郎中
崔游上黨人也魏末察孝廉除相府舍人
曹毗譙國人也善屬詞賦郡察孝廉除郎中

氾騰敦煌人也舉孝廉除郎中
任旭臨海章安人也初舉郡功曹尋察孝廉除郎中
張寔字安遜學尚明察敬賢愛士以秀才爲郎中
宋顧愿字子恭好學有文辭於世大明中舉秀才對策稱旨擢
爲著作佐郎太子舍人
孔靖會稽山陰人也始察郡孝廉爲功曹史
何偃廬江灊人也州辟議曹從事舉秀才除中軍叅軍
孔覬會稽山陰人也好讀書早知名初舉揚州秀才補主簿
齊王延之琅邪臨沂人也少而靜默不交人事舉秀才北中郎
法曹行叅軍
張緒吳郡吳人也州辟議曹從事舉秀才建平王護軍主簿
沈沖吳興武康人也爲西陽王撫軍法曹叅軍尋舉秀才還爲
撫軍正佐
劉瓛沛國相人初州辟祭酒主簿舉秀才後爲秘書郎

劉璡瓛弟也舉秀才建平王景素辟征北主簿
陸慧曉吳郡人也舉秀才除衛尉史
王融博涉有文才舉秀才除晉安王南中郎
袁彖陳郡夏陽人也舉秀才後除安成王征虜叅軍主簿
丘靈鞠吳興烏程人也舉秀才爲主簿
檀超高平金鄉人也舉秀才除宣威府叅軍
丘巨源蘭陵人也少舉丹楊郡孝廉爲宋孝武所知大明五年
勑助徐爰撰國史
陸厥吳郡人州舉秀才王晏傅主簿
劉善明平原人也舉秀才宋孝武見其對策強直甚異之
梁王琳份子也舉南徐州秀才釋褐征虜建安王法曹
蕭琛蘭陵人也初王儉爲丹楊尹辟爲主簿舉爲南徐州秀才
累遷司徒記室
丘遲吳興烏程人也初州辟從事舉秀才除太學博士

蕭洽字宏稱幼敏悟善屬文齊永明中爲国子生舉明經起家
著作佐郎
任昉舉兖州秀才拜太常博士
宗夬少勤學有局幹弱冠舉郢州秀才
江淹起家南徐州從事尋舉南徐州秀才對策上第轉巴陵王
国左常侍
王亮弱冠舉秀才除秘書郎
劉潛字孝儀舉秀才起家鎮右始興王法曹行參軍
王規好學有口辯州舉秀才郡迎主簿起家秘書郎
何炯年十九解褐揚州主簿舉秀才累遷王府行參軍
賀瑒爲国子生舉明經揚州祭酒
王承字安期僕射暕子七歲通周易選補国子生年十五射策
高第
劉轂字仲寶自国子禮生射策高第

鍾嶸潁川長社人也舉本州秀才起家王国侍郎
周興嗣陳項人也本州舉秀才除桂陽郡丞
陸雲公吳郡人也州舉秀才累遷湘東王行參軍
顧憲之吳郡吳人也未弱冠辟議曹從事舉秀才累[illegible]
庾蓽新野人也弱冠爲州迎主簿舉秀才累遷安西主簿
陸倕吳郡吳人也舉秀才竟陵王子良辟議曹從事
裴邃河東聞喜人也舉秀才對策高第奉朝請
顧協吳郡吳人也爲大學博士秀才沈約覽其策而歎曰江左
以來未有此作遷安成王国左常侍
伏挺齊末州舉秀才對策爲當時第一
陳孔奐州舉秀才射策高第起家揚州主簿　褚翔初爲国子生
舉高第
後魏李同軌年二十二舉秀才射策除奉朝請
鄭亘秀才射策高策爲奉朝議

李祥字元吉世祖詔州郡舉賢良祥應貢對策合旨除中書博士
鄭義字幼驎文學頗優弱冠舉秀才
鄭伯猷博學有文才早知名舉司州秀才以射策高第
崔士元舉茂才丞州錄事參軍
崔挺舉秀才射策高第拜中書博士
韓顯宗有才學秀才對策甲科除著作佐郎
宋世景少自脩立尤精經義舉秀才對策上第拜国子助教
盧觀字伯舉范陽涿人也少好學有雋才舉秀才射策甲科除
大學博士著作佐郎
邢臧字子良河間人光祿少卿虯長孫也幼孤早立操尚博學
有藻思年二十一神龜中舉秀才問策五條考上第爲太學博士
裴敬憲少有志行學博才清司州牧高陽王雍舉秀才射策高
第除大學博士
邢祚以文章尺牘見稱於世舉秀才對策上第拜中書博士

徐紇字武伯樂安博昌人也家世寒微紇少好學有名理頗以
文詞見稱察孝廉對策上第高祖拔爲主書
裴延儁涉獵墳史頗有才筆舉秀才射策高第
裴景融字孔明篤學好屬文舉秀才射策高第除大學博士
崔勵大將軍光之長子也器業才行最有父風舉秀才授中軍
彭城王參軍
陽藻字景德少孤有雅志涉獵經史舉秀才射策高第
裴佗少治春秋杜氏毛詩周易並舉其宗致舉秀才以高第除
中書博士
馮元興年二十三教授常數百人初察孝廉對策高第又舉秀
才
劉桃符中山盧奴人性恭謹好學舉孝廉射策甲科
北齊裴讓之少好學有文俊辯早得聲譽魏天平中舉秀才對
策高第累遷屯田主客郎

劉叔宗字纂樂陵平昌人和謹頗有學業舉秀才稍遷滄州治
中
盧文偉有志尚頗涉經史州辟主簿年三十八始舉秀才除本
州平北府長流參軍
後周辛仲景年十八舉文學對策高第拜司空府主簿
辛慶之少以文學徵詣洛陽對策第一除秘書郎
唐杜正倫相州洹水人也隋仁壽中與兄正玄正藏俱以秀才
擢第隋代舉秀才揔十人正倫一家有三秀才甚為當時稱美
李義琰魏州昌樂人常州刺史玄道族孫少舉進士累補太原
尉
張柬之則天永昌元年以賢良徵試同時策者千餘人柬之獨
為天下第一擢拜監察御史
姚崇為孝敬皇帝挽郎應制下筆成章舉授濮州司倉
馬懷素應文學優贍科及第拜郿尉

郭憒嘗以言行聞轉於林丞又舉賢良玄宗時在春宮親問國
政憒對策第乙擢授左補闕尋判主爵員外郎
張鷟應下筆成章及才高位下詞摽文苑等科鷟凡應八舉皆
登甲科
崔圓少孤貧志尚閎博好讀兵書有經濟宇宙之心開元中詔
搜訪遺逸圓以鈐謀射策甲科授執戟
蕭昕河南人少補崇文進士開元十九年首舉博學宏詞授陽
武主簿天寶初舉宏詞授壽安尉
崔明允天寶元年應文詞秀逸舉明允等二十人儒學博通劉
垲等八人軍謀越衆令狐朝等七人並登科各依資授官
元載自幼嗜學好屬文性敏惠博覽經史子學道書家貧徒步
隨鄉賦累上不升第天寶初玄宗奉道教下詔搜求明老莊文
列四經之學者載策入高科授邠州新平縣尉
韓休早有詞學應制舉授盧鄉尉

楊綰舉進士詞補太學正字玄宗朝徵賢良有司以綰其文策
中甲科超授右拾遺
歸崇敬為四門博士天寶末對策高第授左拾遺
于邵天寶中舉進士歲中以書判超絕流輩授崇文館校書
李季卿肅宗朝工部侍郎適之子也弱冠舉明經頗工文詞應
博學宏詞科外第再遷京兆府鄠縣尉
裴佶字弘正侍中右僕射耀卿之孫吏部郎中綜之子幼能屬
文弱冠舉進士補校書郎
姚南仲華州下邽人也乾元中應制登科授太子校書
穆質好直應制策入第三等其所條對至今人傳之位給事中
陸贄年十八進士及第又以博學宏詞授鄭縣尉
馮伉少有經學代宗大曆初登五經秀才科授秘書郎建中四
年又登博學三史科
韋夏卿字雲客少習文學大曆中與兄正卿應制舉同時策入

高第授高陵主簿
崔元翰初舉進士博學宏詞賢良方正皆中甲科
郭子儀以武舉補左衛長史累以武藝登科為諸軍使
吳通玄德宗建中初舉以文詞清麗授同州司戶
奚陟少好讀書舉進士昇第建中元年制舉文詞清麗授弘文
館校書
路泌字安期陽平人博涉經史尤工為五言詩性端亮寡言以
孝悌聞於宗族建中末以長安尉從調與李益韋綬等書判同
居高第
裴垍字弘中河東聞喜人宰相裴居道七代孫垍弱冠舉進士
貞元中詔舉賢良極諫士垍對策第一授美原縣尉
柳公綽年十八應制舉登賢良方正直言極諫科授秘書省校
書郎貞元元年也貞元四年復應制舉再登賢良方正科時年
二十一制出授渭南尉

衛次公字從周河東人器韻弘邃弱冠舉進士禮部侍郎潘炎曰為國器擢居上第

羅讓字景宣父珦官至京兆尹讓少以文學知名舉進士應詔對策高第為咸陽尉

辛秘隴西人少嗜學以累登五經開元禮科

鄭亞祖父三世並登進士亞第亞字子佐憲宗元和十五年擢進士第又舉賢良方正直言極諫制科吏部調選又以書判拔萃數歲之內連中三科

龐嚴起寒微舉進士穆宗長慶初元稹李紳為翰林學士嚴應判考策入第三等仍為之首

鄭畋亞子也年十八登進士第釋褐汴州節度推官得秘書省校書郎二十二吏部調選又以書判拔萃授渭南尉直史館事

令狐滈綯子也綯為河中尹宣宗大中十三年綯以其子滈求應進士舉表曰臣有男滈爰自孩提便從教訓至於詞藝頗及輩流會昌二年臣任戶部員外郎日即應舉大中二年猶未成名臣自湖州刺史蒙先下擢授考功郎知制誥轉充翰林學士累加寵澤遂忝樞衡事體有妨因令罷舉自當廢絕十九年每遣滈藏東令勤勵竊以祿位逾分齒髮已衰男滈年過長成未沾一第犬馬私愛實切憫傷臣三年來頻乞罷免每年與男取得文解意望纔離中書即却令赴舉昨蒙恩詔許寵近藩伏緣已逼禮部試期便令就試至於臨時與奪即在省司固不敢輒有干撓但以初離機務合具上聞臣近十延英奏辭取擬面對伏以戀主方切深識至難伏冀睿慈察臣丹懇勑曰令狐滈多時舉人極有文學流輩所許合得科名比以父綯職在樞衡避嫌不赴今因出鎮却就舉場况諳通規合試至藝宜令主司准大中六年勑考試只至在公如涉徇情自有刑典從今已後但依常例放牓本司取士貴在得人去留之間唯理所在

張衍字玄用河南尹魏王宗奭之猶子也其父充於兵間行讀書為儒始以經學就舉不中選特授諫議大夫鄭徽退居洛陽以女妻之令應詞科不數上登高第

後唐李愚初唐末避難東歸洛陽時衛公李德裕孫道古在平泉舊墅愚往依焉子弟親採樵負薪以給朝夕未嘗干人故少師薛廷珪掌貢籍之歲登進士第又登宏詞科授河南府參軍

馬縞少嗜學儒以明經及第登拔萃科

李琪天復初應博學宏詞居第四等授武功縣尉辟轉運巡官

冊府元龜卷第六百五十

冊府元龜卷第六百五十一

貢舉部一十三

清正　謬濫

清正

古者有興賢之書，比其德行道藝而獻之於王，王再拜而受，乃知詳選之道，不其重歟！洎乎奔競斯作，登顯多濫，乃有疾時態之流，宕考材能，於端實稽以經術，抑其浮華，權要之地，請託不行，寒守貧歡揖絳稱，尚為國選士，斯無愧焉。故史稱得賢者有賞，不肖者有罰，良有謂矣。

唐王師旦為考功員外郎，冀州進士張昌齡、王公瑾並有俊才，聲振京邑，而師旦考其文策全下，舉朝不知所以。及奏等第，太宗怪無昌齡等名，因召師旦問之，對曰：此輩誠有詞華，然其體性輕薄，文章浮豔，必不成令器，臣若擢之，恐後生相效，有變陛下風雅。帝以為名言，後並如其言。

韓休為起居舍人，奉制考制舉人策，竭心公正，取捨平允，不為權右所奪，遷給事中。

韋陟為禮部侍郎，好接後輩，尤鑒于文，雖詞人後生，靡不諳練。曩者主司取與，皆以一場之善，登其科目，不盡其才。陟先責舊文，仍令舉人自通所工詩筆，先試一日，知其所長，然後依常式考覈，片善無遺，美聲盈路。

席豫為考功員外郎，典舉得士，為時所稱。

潘炎為禮部侍郎，衛次公弱冠舉進士，炎目為國器，擢居上第。

常袞，代宗大曆中為禮部侍郎，時中官劉忠翼權傾內外，涇原節度馬璘又累著功勳，恩寵莫二，各有親戚貢舉及兩館生徒，皆執理不與，人皆畏之。

陸贄，德宗時為兵部侍郎知貢舉，時崔元翰、梁肅文藝冠時，贄輸心於肅，與元翰推薦藝士，昇第之日，雖眾望不愜，然一歲選士，纔十四五，數年之內，居臺省清近者十餘人。

高郢，貞元末為禮部侍郎，時應進士舉者多務朋游，馳逐名，每歲冬，州府薦送後，唯追奉讌集，罕肄其業。郢性專介，疾其風，既領職，拒絕請託，雖同列通熟，無敢言者，志在經藝，專考程試。凡三歲掌貢士，進幽獨，抑聲華，浮濫之風，翕然一變。

權德輿，貞元十七年為中書舍人，以本官知禮部貢舉，來年真拜侍郎，凡三歲掌貢士，至今號為得人。

韋貫之為右補闕，憲宗元和元年與中書舍人張弘靖考制舉，第其名者十八人，其後多以文稱。遷為吏部員外郎，三年策賢良之士，又與戶部侍郎楊於陵、左司郎中鄭敬、都官郎中李益同為考策官，貫之奏居上第者三人，是三人言實指切時病，不顧忌諱，雖同考策者皆難其詞，直貫之獨署其奏，遂出為果州刺史，道黜巴州刺史。及為禮部侍郎，凡二年，所選士大抵抑浮華，先行實，由是趨競者稍息。

許孟容為兵部侍郎，權知禮部貢舉，頗抑浮華。

衛次公為中書舍人，元和二年冬知禮部貢舉，斥浮華，進貞實，不為時力所搖。

鄭澣遷禮部侍郎，選拔秀士，時號得人。

王起，武宗會昌中正拜左僕射，復知貢舉。起前後四典貢部，皆選當代詞藝之士，有名於時，人皆賞其精鑒徇公也。

崔鄲為禮部侍郎，東都試舉人，凡兩歲掌貢士，平心閱試，賞拔藝能，所擢者先非名士，至大中、咸通代為輔相名卿者十數。

崔璵為尚書郎知制誥，懿宗咸通中知貢舉，選拔頗為得人，尋拜禮部侍郎。

周和凝仕後唐為翰林學士，知貢舉。貢院舊例，放榜之日設棘於門及閉院門，以防下第不逞者。凝令徹棘啟門，是日寂無喧者。所放多才名之士，時議以為得人。明宗益加器重。

〔[illegible]〕延，後唐清泰末為中書舍人，權知貢舉。有崔頎者，協之子也，授假師儁，薄其卑屑，棄去數年，應進士。延將入貢院，見舊相吏部尚書盧

文紀文紀奏與協不睦請延曰舍人以謹重聞于時所以老夫
去冬與諸相首以長若聞奏然此一途取事者頗多面目說若
玄越人善泗生子方孿乳毋浮之水上或駭然止之乳母曰其
父善泗子必無溺今若以名下取徵泗之類也舍人嘗求賈牢
以副公望延退而嗤曰八米之言爲崔頎也縱與其父不悦致
意何至此邪來春以頎登甲科其仁而徇公皆此類也
張昭初仕晉爲左丞以帝開運三年命知貢舉來歲契丹犯
闕而諸族受賂請託甚峻昭未嘗搖動但務公平時皆服其與
靜得巨儒之體

謬濫

本不失德則曰能焉稱匪其人誠爲濫矣況夫論辨多士總覈
羣材爲治亂之本源寔邦国之大計固宜責以名實晉其不試
揚于王庭縻以好爵其有智識非遠采稚不明心志既紛若
其辨附回天之勢采薰地之名棄實務華雜良以苦物議非允
官謗是興先王之賞豈承稍褻之惑用及其或制度乖正任進
遠方既啓幸端亦附于此

府六百五十一　三

後漢順帝陽嘉元年尚書令左雄議改察廉之制限年四十以
上儒者試經學文吏試章奏如有顏回子奇之類不拘年齒於
是濟陰太守胡廣等十餘人皆坐謬舉免黜
晉惠帝永寧元年正月趙王倫篡位是歲賢良方正直言秀才
孝廉良將皆不試計吏及四方使命之在京邑者太學生年十
六以上及在學二十年皆署吏部縣二千石令長赦曰在職者
皆封侯郡綱紀並爲孝廉縣綱紀爲縣吏
四月帝既復阼以國有大慶天下秀孝一皆不試時河東猗氏
人王接舉秀才接以淪恨元年初制楊州歲舉二人諸州一人
時以天下喪亂務存慰勉遠方孝秀不復策試到即除署略經
定乃罷試經有才不中舉者免其太守以後孝秀策試應命有遠至京都者皆以疾辭
南齊太祖至東昏侯時因晉宋代限年之制鄉舉里選不過

德其所進取以官婚曹籍爲先遂令甲族以二十登仕後門以
三十試吏故有增年矯貌以圖進者其時士人皆厚結姻援奔
馳造請寖以成俗
唐玄宗開元八年考功員外郎李納以舉人不實貶沁州司馬
特以軍勲臣葛福順有子舉明經帝聞之故試其子牆面不知
所對由是坐貶
德宗貞元五年禮部侍郎劉太真貶信州刺史太真性怯懦詭
隨其掌貢舉宰臣姻族方鎮子弟先收擢之又嘗叙陳少遊勲
績擬之桓文大招物議因有斯貶
十一年禮部侍郎呂渭知貢舉結附戶部侍郎判度支裴延齡
延齡之子操舉進士文詞非工渭擢之登第爲正人嗤鄙渭逋
知三舉後因入閣遺失請託文記遂出爲潭州刺史穆宗元和
十五年正月位是年禮部侍郎李建知貢舉進取信非其人又
惑於請託故其年不爲得士尋以人情不洽遂改爲刑部侍郎

府六百五十一　四

長慶元年勑今年禮部侍郎錢徽下進士鄭朗等一十四人宜
令中書舍人王起主客郎中知制誥白居易等重試覆落十人
三月丁未詔曰國家設文學之科本求才實苟容僥倖則異至
公訪聞近日浮薄之徒扇爲朋黨謂之關節干撓主司每歲策
名無不先定永言敗俗深用興懷鄭朗等昨今重試乃求深僻
題目貴觀學藝淺深孤竹管是祭天之樂出於周禮正經閱其
程試之文都不知其本事詞律鄙淺蕪累可知其孔溫業等三
人粗通可與及第其餘落下今後禮部舉人宜準開元二十五
年勑及第人所試雜文并策先送中書門下詳覆貶錢徽江州
刺史
武宗會昌五年諫議大夫陳商權知貢舉放及第二十七人三
月勑戶部侍郎翰林學士白敏中重試覆落七人
宣宗大中九年吏部試宏辭舉人漏泄題目爲御史臺所劾侍
郎裴諗改國子祭酒郎中周敬復罰兩月俸料考試官刑部郎

中書扶出爲虞州刺史監察御史馮顗罰一月俸料其登科人
並落下
十四年中書舍人裴坦知貢舉放進士三十人考試官庫部
員外郎崔殷夢言放宏詞登科一人時舉子尤盛進士過千人然
中第者皆衣冠士子是歲有鄭義則故戶部尚書澣之孫裴弘
餘故相休之子魏當故相扶之子令狐滈故相綯之子餘不能遍
舉皆以門閥取之惟陳河一人孤平負藝第於牓末諫議大夫
崔瑄上疏曰伏見新及第進士令狐滈是河中節度使檢校司
空同中書門下平章事令狐綯男舊名奉時改名滈竊聞頃年皆
曾罷舉自以父當重位而權在一門求諸名諠當風擬妄動許邪
朋靈集每歲春闈登第在朝清列除官事望雖出於綯取捨悉
由於滈喧然如市傍若無人威振寰中勢傾天下及綯去年罷
相出鎮其日令狐滈於禮部納卷伏以十月人文卷皆須十月已
前送納豈可父身尚居樞務男私拔其解名干撓主司侮弄文
法若宰相子弟總合應舉即不合繼絕數年如宰相子弟不合
應舉即何預有文解公然輕易隱蔽聰將陛下朝廷爲綯滈
家事伏恐姦欺得路孤直杜門非唯取笑士流抑亦大傷風教
伏請下御史臺子細推勘納卷及取解月日聞奏臣職當諫署
分合上聞疏留中不出
梁太祖開平三年五月勅禮部所放進士薛鈞是左司侍郎薛
廷珪男方持省轄固合避嫌其薛鈞宜令所司落下
乾化中翰林學士鄭珏連知貢舉鄴中人聶嶼與鄉人趙都俱
隨鄉薦都納賄於珏人報翌日登第嶼聞不捷詬來人以辯之
珏懼亦俾成名
後唐莊宗同光三年三月勅今年新及第進士符蒙正等宜令
翰林學士承旨盧質就本院覆試仍令學士使楊彥珣監試其
月勅禮部所放進士符蒙正等四人所慊羣情實于浮議近令
覆試俾宣公言及考覽符蒙正成僚等程試詩賦果有疵類
便去留屬乖激勸儻無外降即朕甄明況王徹體物可嘉屬辭
甚妙桑維翰若無紕繆稍有功夫其王徹外爲第一桑維翰第
二符蒙正第三成僚第四禮部侍郎裴皞放
明宗天成四年中書舍人知貢舉盧詹進納春闈狀內漏失五
經四人姓名罰一月俸
晉高祖天福三年崔梲權知貢舉時有進士孔英者行醜而才
薄宰相桑維翰素知其爲人深惡之及梲將鏁院禮辭於維翰
維翰性語簡止謂梲曰孔英來也蓋慮梲誤放英故言其姓名
以耗之也梲性純直不復更審覆因默記之時英又自稱是宣尼
之後每凌轢於場梲不得已遂放英登第牓出人皆喧誚維
翰聞之舉手自抑其口者數四蓋悔言也周世宗顯德二年禮
部侍郎劉溫叟知貢舉三月壬辰勅尚書禮部貢院奏今年新
及第進士李覃嚴說何曮武允成王汾閻丘舜卿楊徽之注準
吉趙鄰幾周度張慎微王翥馬文劉選程浩然李震等一十六人
所試詩賦文論策文等國家設貢舉之司求英俊之士務詢文
行方中科名比聞近年已來多有濫進或以年勞而得第或因
媒勢以出身今歲所放舉人試令看驗果見紕繆須至去留其
李覃何曮楊徽之趙鄰幾等四人宜放令及第其嚴說武允成
王汾閻丘舜卿任惟吉周度張慎微王翥馬文劉選程浩然李
震等一十二人藝學未精並宜勾落且令苦學以俟再來溫叟
失於選士頗屬因循據其過尤合行譴謫尚可見恕特與矜容
溫叟放罪其將來貢舉公事仍令所司別具條種聞奏
四年屯田員外郎知制誥盧象試進策入鄉貢進士段宏等內
段宏賜同三傳出身先是詔興言事者甚衆命象以時務策試
之象選中者四人帝覽之命樞密副使王朴覆試唯留去一人
而已象由是坐奪俸一月
五年右諫議大夫劉濤知貢舉三月詔曰比者以近年貢舉頗
是因循須詔有司精加試練所與去留無濫優劣得失乖於貢

院奏今年新及第進士等所試文字或有否臧爰命詞臣再今考覈庶涇渭之不辨免玉石之相參其劉坦戰貽慶李頑徐緯張觀等詩賦稍優宜放及第王汾據其文詞亦未精當念以頃曾隸洛特與成名熊若谷陳保衡皆是遠人深可嗟念亦放及第郭峻趙保雍楊升安玄度張昉董咸則杜思道等末甚苦辛並從退落更宜修進以俟將來濤選士不當有失用心可責授右替善大夫俾令省過以戒當官先是壽於東京放牓後率其新及第進士劉坦已下一十五人來赴行在旦以其所試詩賦進呈帝覽之以其詞多紕繆命翰林學士李昉覆試故有是命

冊府元龜卷第六百五十一

冊府元龜卷第六百五十二

奉使部一

總序

周官小行人之職掌使適四方達天下之六節又行夫掌邦國傳遽之小事凡其使也必以旌節使於四夷則爲之介故聘禮有使者上介次介之名春秋戰國雖或兵交而使在其間矣自周及秦常以歲八月遣輶軒之使採異代方言又其事也漢制奉璽書使者乘馳傳則使者之稱其來舊矣武帝遣中郎將建節往諭巴蜀乃副使者挈四乘之傳又遣謁者及博士大夫諫官御史廷尉太僕丞相掾等分行按察故有直指使者及八使美俗清詔之名由漢而下雖常廢官委寄之殊沿襲不一蓋因時而建置非著令於悠久等威制度隨委任之輕重係屬吏員稱職務之大小唐室以降隨事增名則有巡察黜陟採訪處置按察宣勞之類分道而往領命尤重大率以交聘敵國通好殊鄰勞來遠方安輯新附慰撫兵役分給賑賜採風俗之厚薄詢民事之勞逸究吏治之能否察獄訟之冤正搜訪遺滯剌舉姦濫或購求遺簡或奉行寵異于以宣暢皇風敦諭詔旨廣天聽而斯遠俾物情之無擁若乃智略宏遠機用周敏給聞英藻清節貞行揖讓而中節往復而合指引薦良士糾劾非法感槩而自請罔俾脩塗縱横而有辭用能專對乘使見幾而必果處危握節而靡虧績以著聞望實昭顯增原隰而有耀被裝飾以攸宜允謂使乎斯可尚已乃至恣居他境逗遛物故契闊奔忽人所共歎其有乖違上意遷延受深恥辱已而無檢黷貨而弗厭有損國威乃羅邦憲是故歷代遣使誠難其人必簡帝心以將明命者爾凡奉使部二十七門

達王命

夫使乎之爲善者在乎宣王靈達君命奉辭而無辱稱指而可獲者焉故周官之紀六節重行人之職小雅之歌四牡崇使臣之選自漢而下乃有循行郡國以布德音驅馳絕域以諭和好之亂邦之內有若平居抵道城之下曾不介馬其智勇見于辭氣其忠信通于神明故能使偏強思柔英雄易慮安反側之俗息攜離之心紓忠以解紛懷荒而振遠自非辯可以專對智足以經物挺不奪之志達應變之略又安能掉三寸之舌履不測之險而舉無所憚克成其績哉

漢嚴助爲中大夫會閩越攻東甌武帝出兵誅閩越淮南王安上書諫之是時漢兵遂出踰領會閩越王弟餘善殺王降帝嘉淮南之意迺令助諭淮南王曰皇帝問淮南王使中大夫玉上書言事聞之朕奉先帝之休德夙興夜寐明不能燭〔燭照也〕重以不德是以比年凶菑害衆〔菑古災字〕夫以眇眇之身託于王侯之上內有飢寒之民南夷相攘〔攘謂相侵奪也〕使邊騷然不安朕甚懼焉今王深惟重慮〔惟思也慮謀也〕明太平以弼朕失稱三代至盛際天接地人迹所及咸盡賓服藐然甚慙〔藐然遠也言不可及也〕嘉王之意靡有所終〔靡無也終極也〕使中大夫助諭朕意告王越事助諭意曰今者大王以發屯臨越事上書陛下故遣臣助告王其事王居遠事薄遂不與王同其計〔薄迫也〕朝有闕政遺王之憂〔言朝有闕政乃遺王有憂也〕陛下甚恨之夫兵固凶器明主之所重出也〔重難也〕然自五帝三王禁暴止亂非兵未聞也漢爲天下宗操殺生之柄〔操執持也〕以制海內之命危者望安亂者卬治〔謂仰而望之卬讀曰仰〕今閩越王狼戾不仁〔狼性貪戾凡言狼戾者謂貪而戾〕殺其骨肉離其親戚所爲甚多不義又數舉兵侵陵百越并兼鄰國以爲暴彊陰計奇策入燔尋陽樓船〔漢有樓船貯在尋陽也〕欲招會稽之地以踐句踐之迹〔先是越王句踐稱霸中國今越王欲慕之〕今者邊又言閩王率兩國擊南越陛下爲萬民安危久遠之計使人諭告之曰天下安寧各繼世撫民禁毋敢相并有司疑其以虎狼之心貪據百越之利或於逆順不奉明詔則會稽豫章必有長患且天子誅而不伐焉有勞百姓苦士卒乎〔王者之〕

漸行說耳然有謝故遣兩將屯於境上震威武揚聲響音向屯曾夫會言會其兵未天誘其衷閩王隕命輒遣使者罷屯毋後農時毋無也後農時也南越王甚嘉被惠澤蒙休德願革心易行身從使者入謝謝其罪也有狗馬之病不能勝服服謂服事也故遣太子嬰齊入侍病有瘳願伏北闕望大廷以報盛德閩王以八月舉兵於冶南冶縣名冶音也士卒罷倦罷讀曰疲三王之衆相與攻之因其弱弟餘善以成其誅至今國空虛遣使者上符節請所立不敢自立以待天子之明詔此一舉不挫一兵之鋒不用一卒之死而閩王伏辜南越被澤威震暴王義存危國此則陛下深計遠慮之所出也事效見前見顯也前謂目前故使臣助來諭王意於是王謝曰雖湯伐桀文王伐崇誠不過此臣安妄以愚意狂言陛下不忍加誅使使者臨詔臣安以所不聞言朝廷謀議非外人所聞也誠不勝厚幸

張騫為郎應募使月氏月氏國名而與堂邑氏奴甘父俱出隴西堂邑氏之奴名甘父也其奴名甘父下云堂邑父者蓋取主之姓以為氏而單稱其名曰父徑匈奴道由匈奴過匈奴得之傳詣單于單于曰月氏在吾北漢何以得往使吾欲使越漢肯聽我乎留騫十餘歲予妻有子然騫持漢節不失居匈奴西騫因與其屬亡鄉月氏鄉讀曰嚮西走數十日至大宛大宛聞漢之饒財欲通不得見騫喜問欲何之騫曰為漢使月氏而為匈奴所閉道今亡唯王使人道送我誠得至反漢漢之賂遺王財物不可勝言大宛以為然遣騫為發導譯抵康居抵至也康居傳致大月氏大月氏王已為胡所殺立其夫人為王既臣大夏而君之以大夏為臣為之作君也地肥饒少寇志安樂又自以遠遠漢殊無報胡之心騫從月氏至大夏竟不能得月氏要領要領謂衣之要領也言不得其要言之要領留歲餘還並南山欲從羌中歸並讀曰傍復為匈奴所得留歲餘單于死國內亂騫與胡妻及堂邑父俱亡歸漢拜騫為太中大夫堂邑父為奉使君

後漢來歙光武時為太中大夫建武五年持節送馬援奉璽書於隗囂遣子恂時入侍

趙岐為太僕獻帝西都李傕專政使太傅馬日磾撫慰天下以岐為副日磾行至洛陽表別遣岐宣揚國命所到郡縣百姓皆喜曰今日乃復見使者車騎是時袁紹及魏太祖與公孫瓚爭冀州聞岐至皆自將兵數百里奉迎岐深陳天子思德宜罷兵安人之道又移書公孫瓚為言利害紹等各引兵去皆與岐期會洛陽奉迎車駕岐南到陳留得篤疾經涉二年期者遂不至興平元年詔書徵岐會帝當還洛陽先遣衛將軍董承修理宮室岐謂承曰今海內分離唯有荊州境廣地勝西通巴蜀南當交阯年穀獨登兵人差全岐雖迫大命猶志報國家欲自乘牛車南說劉表可使其身自將兵來衛朝廷與將軍并心同力共獎王室此安上救人之策也承即表遣岐使荊州督租糧岐至劉表即遣兵詣洛陽助修宮室軍資委輸前後不絕

蜀費詩揵為人為益州前部司馬先主為漢中王遣詩拜關羽為前將軍羽聞黃忠為後將軍羽怒曰大丈夫終不與老兵同列不肯受拜詩謂羽曰夫立王業者所用非一昔蕭曹與高祖少小親舊而陳韓亡命後至論其班列韓最居上未聞蕭曹以此為怨今漢王以一時之功隆崇於漢室然意之輕重寧當與君侯齊乎且王與君侯譬猶一體同休等戚禍福共之愚謂君侯不宜計官號之高下爵祿之多少為意也僕一介之使銜命之人君侯不受拜如是便還但相為惜此舉動恐有後悔耳羽大感悟遽即受拜

陳蕭乾為給事黃門侍郎永定初熊曇朗在豫章周迪在臨川留異在東陽陳寶應在建晉共相連結閩中豪帥往往立砦以保高祖甚患之乃令乾往使諭以逆順并觀虛實將發高祖謂乾曰建晉恃險好為姦宄方今天下初定難便出兵昔陸賈南征趙佗歸順隨何奉使黥布來臣追想清風髣髴在目況卿坐鎮雅俗才高昔賢宜勉建功不煩更勞師旅乾頓首至曉以逆

順所在渠師並牽部衆開壁款附

後魏崔頤太武時爲大鴻臚持節策拜楊難當爲南秦王奉使數返光揚朝命帝善之及驃騎大將軍樂平王丕等督諸軍取上邽使頤齎詔於丕前喻難當奉詔

李順太武時爲太常策拜涼州沮渠蒙遜爲太傅涼王使還未幾拜四部尚書延和初使涼州沮渠蒙遜遣中兵校尉楊定歸白順曰年衰多疾舊患發動腰脚不隨不堪拜伏比三五日消息小差相見順曰王之年老朝廷所知以王祗執臣禮別有詔旨豈得自安不見上使也蒙遜翌日延順入至庭中而蒙遜箕坐隱机無起動之狀順正色大言曰不謂此叟無禮乃至於是今則覆亡之不恤敢陵侮天地魂神逝矣何用見之將握節而出蒙遜使定歸追順於庭曰太常既雅恕衰疾傳云朝廷有不拜之詔是以敢自安耳若太常曰尒拜尒跽而不祇命斯乃小王之罪矣順荅曰齊桓公九合諸侯一正天下周王賜胙命曰

伯舅無下拜而桓公奉遵臣節降而拜受今君雖功高德厚未若小白之勤朝廷雖相崇重未有不拜之詔而使傲慢自取此乃速禍之道非圖久安之計若朝廷震怒遂相吞滅悔何及哉蒙遜曰太常規之以古烈懼之以天威敢不肅悚敬聽休命遂拜伏盡禮

鹿悆孝莊帝時爲殿中侍御史監臨淮王彧軍時梁豫章王綜據徐州綜密信通或云欲歸款綜時爲梁武愛子衆議咸謂不然或募人入報驗其虛實悆遂請行曰若綜有誠心與之盟約如其詐也豈惜一人命乎時徐州始陷邊方騷擾綜部將成景儁胡龍牙並總強兵內外嚴固悆遂單馬間出徑趣彭城未至之間爲綜軍主程兵問所止問其來狀悆荅曰兵交使在自昔通言我爲臨淮王所使須有交易兵渦遂先遣人白龍牙等綜既有誠心聞悆被執語景儁等曰我每疑元略規欲歸城（元略魏中山王略也）將驗虛實且遣左右爲元略使入魏軍中喚彼一人其使果至乃令人詐略身在一深室詭爲患狀呼使戶外令人傳語時略始被梁武追還綜又遣腹心梁話迎悆密語意狀令善訓荅引悆入城詣龍牙所時日已暮龍牙列仗舉火引悆曰元中山甚欲相見故令喚卿又曰安豐臨淮將少弱卒規復此城容可得乎悆曰彭城魏之東鄙勢在必爭得否在天非人所測龍牙曰當如卿言復詣景儁住所停悆在外門久而未入時夜已久星月甚明有綜軍主姜桃來與悆語曰君年已長宿又充今使良有所達元法僧魏之微子拔城歸梁梁主待物有道乃舉手上指今歲星在斗斗吳之分野君何爲不歸梁國我令君富貴悆荅曰君徒知其一未知其二法僧者莒僕之流而梁納之無乃有愧於季孫也今月建鶉首斗牛受破歲星木也逆而尅之君吳國敗喪不久且衣錦夜游有識不許言未盡乃引入見景儁曰元中山雖曰相喚不懼而來何也荅曰昔楚伐吳吳遣歷由勞師今者此行不荅曰游歷多年與卿先經相識仍叙由緣景儁便記引悆同坐謂悆曰卿不爲刺客也荅曰

今者爲使欲返命本朝相刺之事更卜後圖爲設飯食雞果悆強飲多食向敵數人微自矜誇諸人相謂曰壯士哉乃引向元略所一人引入戶內指牀令坐一人別在室中出謂悆曰中山有教與君相聞悆遂起立使人謂悆曰君但坐悆曰家國王子豈有坐聽教命使人曰頓首君我昔有以向南且遣相與欲聞卿事晚來患動不獲相見悆曰且奉音旨冒嶮祇赴不得瞻見爲懷反側遂辭而退須臾天曉綜軍主范勗景儁司馬楊嘌等競問北朝士馬多少悆云秦隴既平三方静晏今有高車白眼羌蜀五十萬齊王蕭陳留崔延伯李叔仁等分爲三道徑趣江西安樂王鑒李神領冀相齊濟青光羽林十萬直向琅邪南出諸人相謂曰詎非華辭也悆曰可驗崇朝何華之有日昃令還景儁送悆上戲馬臺北望城壘曰何此城之固良非彼軍士所能圖擬卻可語二王廻師改計悆曰金墉湯池衝甲彌巧貴守以仁何論險害還尋於路與梁話誓盟契約既固未旬綜果降

後周楊薦為太祖帳內都督帝遣僕射趙善使蠕蠕請婚善至夏州聞蠕蠕貳於東魏欲執使者善懼乃還帝乃使薦往賜黃金十斤雜綵三百匹薦至蠕蠕責其背惠食言并論結婚之旨蠕蠕感悟乃遣使隨薦報命焉

庫狄峙為侍中時蠕蠕滅後突厥強盛雖與太祖通好而外連齊氏帝又令峙銜命喻之突厥感悟即執齊使歸諸京師

隋柳裘為內史大夫時尉遲迥作亂天下騷動并州總管李穆頗懷猶豫高祖令裘往喻之裘見穆盛陳利害穆甚悅遂歸心於高祖

蘇威為納言時突厥都藍可汗屢為邊患使威至可汗所與結和親可汗即遣使獻方物以勤勞進位大將軍

閻毗為殿內丞征遼之役毗領武賁郎將典宿衞時衆軍圍遼東城帝令毗詣城下宣諭賊弓弩亂發所乘馬中流矢毗顏色不變辭氣抑揚卒事而去

唐溫造河內人德宗建中中為彭門張建封所禮時李希烈用兵四劫多所陷沒天下城鎮特兵者皆欲動搖或自立帥請節德宗患之以范陽劉濟方推忠誠但不能盡達朝廷倚賴之意乃密詔建封選賢德有識之士往諭之建封乃辟署造節度參謀使于幽州造與語未訖濟俯伏流涕曰濟僻在遐裔不知天子神聖大臣忠盡願得率先諸侯效以死節造還建封以其名上聞乃馳驛入奏

孔巢父建中末為給事中兼御史大夫魏博宣慰使巢父博辯多智對田悅之衆陳逆順利害君臣之道士衆愧悚喜抃曰不圖今日復覩王化及就宴悅酒酣自矜其騎射之藝拳勇之略因曰若蒙見用無堅不摧巢父謂之曰若如公是言而不早歸國者但為一好賊耳悅曰為賊既曰好賊為臣當作功臣巢父曰國方有虞待子而息悅起對為

韓愈憲宗元和末為兵部侍郎會鎮州亂殺其帥田弘正立其將王廷湊知節度事詔愈往宣撫愈至則喻以逆順利害之理廷湊乃拜謝朝旨出牛元翼於重圍及還以其功轉吏部侍郎

胡証為金吾大將軍穆宗長慶二年送太和公主入蕃去迴鶻牙帳尚可信宿可汗遣數百騎來請與公主先從他道去証曰不可虜使曰前咸安主來時去花門數百里即先去今何獨拒我証曰我奉天子詔送公主以授可汗今未見可汗豈宜先往虜使乃止

梁劉捍初為太祖副典客兼御史大夫唐光化三年六月太祖北伐鎮定至常山而王鎔色懾送疑於太祖命捍入壁門傳諭時兩軍未愁守門者戈戟千匝捍馳騎而入竟達其命又移師次中山至懷德驛大破定人五萬衆王處直乞降捍復單馬入州安撫而迴

李振為太祖從事太祖兼領鄆州署天平軍節度副使湖南馬

殷為朗州雷滿所迫振奉命從往和解殷滿皆稟命

晉楊彥詢為邢州節度使時鎮州安重榮有不臣之狀彥詢嘗其窺伺會重榮辛斟求入覲高祖慮契丹怒安重榮之殺行人也移兵犯境復命彥詢使焉（彥詢曾使契丹時為宣徽使至是復命之）仍恐重榮要之由滄州路以入蕃戎王果怒重榮彥詢且言非高祖本意蓋如人家惡子無如之何尋聞重榮犯闕乃放還

宣國威

夫膺皇華之選以給傳遽之役而能揚君之美延譽於四方宣國之威折衝於萬里斯可謂不辱命而獲考矣由漢而下乃有奉辭絕域致使鄰壤或招諭亡叛或鎮撫危疑震耀於皇靈開示乎大信宣布恩德激卬辭氣臨大節而無橈抗雄辯而有章由是殊俗之長稱臣以奉約恃險之國遣子而入侍還俘掠於邊候歸職貢於宰旅或竦聽命改容表禮革其驕驁之心至於禍亂之際非懷應變之明略挺匪躬之雅操路難無苟免之志遇事圖□之濟

之續者亦惡能有所立哉

漢陸賈高帝時使南越尉佗因問賈曰我孰與蕭何曹參韓信賢（[illegible]）賈曰王似賢也復問曰我孰與皇帝賢賈曰皇帝起豐沛討暴秦誅彊楚爲天下興利除害繼五帝三王之業統天下理中國中國之人以億計地方萬里居天下之膏腴人衆車輿萬物殷富政由一家自天地剖判未始有也（言自開闢以來未嘗有也）今王衆不過數萬皆蠻夷崎嶇山海間譬若漢一郡王何乃比於漢佗大笑曰吾不起中國何遽不若漢（言有何迫促而不如漢也）廼大說賈（說謂愛悅之）留與飲數月曰越中無足與語至生來令我日聞所不聞（言素所不聞）賜賈橐中裝直千金（有底曰囊無底曰橐言其寶物直千金而價重可入囊橐以齎行故曰橐中裝也）它送亦千金（非橐中物故曰它送也）賈卒拜佗爲南越王令稱臣奉漢約歸報高帝大悅

傅介子北地義渠人以從軍爲官先是龜茲樓蘭皆嘗殺漢使者（龜茲音丘慈）至昭帝元鳳中介子以駿馬監求使大宛因詔令責樓蘭龜茲國介子至樓蘭責其王教匈奴遮殺漢使大兵方至王苟不教匈奴使過至諸國何爲不言王謝服言匈奴使屬過當至烏孫道過龜茲介子至龜茲復責其王王亦服罪介子從大宛還到龜茲龜茲言匈奴使從烏孫還在此介子因率其吏士共誅斬匈奴使者還奏事詔拜介子爲中郎遷平樂監

後漢來歙爲太中大夫時光武方以隴蜀爲憂獨謂歙曰今西州未附子陽稱帝（子陽公孫述字）道里阻遠諸將方務關東思西州略未知所任其謀若何歙因自請曰臣嘗與隗囂相遇長安其人始起以漢爲名今陛下聖德隆興臣願得奉威命開以丹青之信囂必束手自歸則述自亡之勢不足圖也光武然之建武三年歙始使隗囂五年復持節送馬援因奉璽書於囂既還復往說囂遣子入侍囂聞劉永彭寵皆以破滅遂遣子恂隨歙入質拜歙爲中郎將

班超明帝永平中爲奉車都尉竇固假司馬使鄯善斬匈奴使還奏於固固大喜具上超功效并求更選使使西域帝壯超節詔固曰吏如班超何故不遣而更選乎今以超爲軍司馬令遂前功超復受使因欲益其兵超曰願將本所從三十餘人足矣如有不虞多益爲累是時于寘王廣德新攻破莎車遂雄張南道而匈奴遣使監護其國超既西先至于寘廣德禮意甚疏且其俗信巫巫言神怒何故欲向漢漢使有騧馬（騧一作騩馬淺黑色）急求取以祠我廣德乃遣使就超請馬超密知其狀報許之而令巫自來取馬有頃巫至超即斬其首以送廣德因辭讓之廣德素聞超在鄯善誅滅虜使大惶恐即攻殺匈奴使者而降超超重賜其王以下因鎮撫焉

梁諷和帝永元元年爲車騎將軍竇憲軍司馬憲出征匈奴令諷先齎金帛使北單于宣國威德其歸附者萬餘人

魏牽招安平觀津人初事袁紹爲督軍從事兼領烏丸突騎後歸太祖太祖領冀州辟爲從事太祖將討袁譚而柳城烏丸欲出騎助譚太祖以招嘗領烏丸遣詣柳城到值峭王嚴以五千騎當助譚又遼東太守公孫康自稱平州牧遣使韓忠齎單于印綬往假峭王峭王大會群長忠亦在坐峭王問招昔袁公言受天子之命假我爲單于今曹公復言當更白天子假我真單于遼東復持印綬來如此誰當爲正招答曰昔袁公承制得有所拜假中閒違錯天子命曹公代之言當白天子更假真單于是也遼東下郡何得擅稱拜假也忠曰我遼東在滄海之東擁兵百萬又有扶餘濊貊之用當今之勢彊者爲右曹操獨何得爲是也招呵忠曰曹公允恭明哲翼戴天子伐叛柔服寧靜四海汝君臣頑嚚今恃險遠背違王命欲擅拜假侮弄神器方當屠戮何敢慢易咎毀大人便捉忠頭頓築拔刀欲斬之峭王驚怖徒跣抱招以救請忠左右失色招乃還坐爲峭王等說成敗之效禍福所歸皆下席跪伏敬受勑教便辭遼東之使罷所嚴

驍太祖誠譚於南皮署招軍謀掾

南齊蕭惠基初仕宋爲撫軍車騎主簿泰始初兄益州刺史惠開拒命明帝遣惠基奉使至蜀宣旨開降而益州土反引氐賊圍州城惠基於外宣示朝廷威賞於是氐人邵虎郝天賜等斬賊帥馬興懷以降

後魏燕鳳初爲道武代王左長史參國事嘗使前秦苻堅堅問鳳曰代王何如人也對曰寬和仁愛經略高遠一時雄主也常有吞天下之志堅曰卿輩北人剛甲利器敵弱則進敵強則退安得兼并也鳳曰北人悍勇上馬持三杖驅使若飛主人雄儁率服北土控弦百萬號令若一軍糧輜重樵爨自若輕行速捷因敵取資此南方所以疲弊北方所以常勝堅曰彼國人馬多少鳳曰控弦之士數十萬馬百萬匹堅曰卿言人衆則可說馬太多鳳曰雲中川從東山西河二百餘里北至南山百餘里每歲孟秋馬常大集略爲滿川以此推之使人言猶未盡堅厚禮之

李順太武時爲四部尚書使於北涼沮渠蒙遜蒙遜將不拜順責之乃下拜及禮畢蒙遜曰夫恃德者昌恃力者亡朝廷頃來征伐屢剋境宇已博但當修理此民亦足與治然專務討擊恐不可常勝順曰昔太祖鄭定洪基造有區夏太宗承統王業惟新自聖上臨御志寧四海是以戎車屢駕親冒風霜滅赫連於三秦走蠕蠕於漠北關土開邊隸首不紀僵屍截馘所在成觀除暴寧安黎庶威震八荒聲被九域自古以來用兵之美未有今日之盛是以遐方荒俗之氓莫不翹足抗手斂衽屈膝天兵四臨昭德罰罪何云恃力夫聖王之用兵也征南蠻則北狄怨討西戎則東夷恨天子安得已哉蒙遜曰誠如來言則涼土之民亦願魏帝遠至何爲復遣驛告譬不舍晝夜意君之所言殆爲虛事順曰苗民叛帝舜而親慕君有扈違后啓而從逆主咸暱適於近地牽制於凶威自古而然豈獨涼民也

公孫軌爲大鴻臚持節拜氐王楊玄爲南秦王軌及境玄不郊迎軌數玄曰昔尉他跨據及陸賈至甫匐奉順故能垂名竹帛今君王無肅恭之禮非蕃臣也玄使其屬趙安子對曰夫以六合爲家孰非王庭是以敢請入國然後受詔軌答曰大夫入境尚有郊勞而況王命者乎請奉策以還玄懼詣郊受命軌使還稱旨拜尚書賜爵燕郡公

封軌孝文太和中爲儀曹郎中使高麗高麗王雲恃其偏遠稱疾不親受詔軌正色詰之喻以大義雲乃北面受詔先是契丹虜掠邊民六十餘口又爲高麗擁掠東歸軌具聞其狀移書於之雲悉資給遣還

北齊斛律羌舉爲東夏州刺史高祖欲招懷遠夷令羌舉使於阿至羅宣揚威德前後稱旨甚被嘉賞

隋虞慶則爲尚書右僕射時突厥之種沙鉢略遣使詣闕高祖使慶則與長孫晟報書沙鉢略陳兵列其寶物坐見慶則稱病不能起且曰我父伯以來不向人拜慶則責而喻之千金公主私謂慶則曰可汗豺狼性過與爭將 人時長孫晟說諭之沙鉢略乃頓顙跪受璽書以戴於首既而大慚其群下因相聚慟哭慶則又遣稱臣沙鉢略謂其屬曰何名爲臣報曰隋國稱臣猶此稱奴耳沙鉢略曰得作大隋天子奴虞僕射之力也贈慶則馬千匹并以從妹妻之

長孫晟開皇四年爲奉車都尉副尚書右僕射虞慶則使突厥攝圖賜宇文公主姓爲楊氏千金公主（公主後周趙王招女自請改姓乞爲帝女）改封大義公主攝圖奉詔不肯起拜晟進曰突厥與隋俱是大國天子可汗不起安敢違意但可賀敦爲帝女則可汗是大隋女聟奈何無禮不敬婦公乎攝圖乃笑謂其達官曰須拜婦公我從之耳於是乃拜詔書使還稱旨授儀同三司大業三年煬帝幸榆林欲出塞外陳兵耀武經突厥中抵于涿郡仍恐染干驚懼先遣晟往諭旨稱述帝意染干聽之因召所部諸國奚霫室

韋等種落數十酋長咸萃晟見牙中草穢欲令染干親自芟之示諸部落以明威重乃指帳前草曰此根大香染干遽取之曰殊不香也晟曰天子行幸所在諸侯躬親灑掃耘除御路以表至敬之心今牙中蕪穢謂是留香草耳染干乃悟曰奴罪過奴之骨肉皆天子賜也得効筋力豈敢有辭特以邊人不知法耳賴將軍恩澤而教導之將軍之惠奴之幸也遂拔所佩刀親自芟草其貴人及諸部爭倣効之乃發榆林北境至于其牙又東達于薊長三千里廣百步舉國就役而開御道帝聞晟策乃益嘉焉

崔君肅爲司朝謁者大業初處羅可汗爲鐵勒所敗時黄門侍郎裴矩在敦煌引致西域聞國亂復知處羅思其母氏因奏之煬帝遣君肅齎書慰諭之處羅甚踞受詔不肯起君肅謂處羅曰突厥本一國也中分爲二自相仇敵每歲交兵積數十年而莫能相滅者明知啓民與處羅國其勢敵耳今啓民舉其部落兵且百萬入臣天子甚有丹誠者何也但以切恨可汗而不能獨制故卑事天子以借漢兵連二大國欲滅可汗耳百官兆庶咸請許之天子弗違師出有日矣顧可汗母向氏本中國人歸在京師處于賓館聞天子之詔懼可汗之滅旦夕守闕哭泣悲哀是以天子許焉爲其輟策向夫人又匍匐謝罪因請發使以召可汗令入內屬乞加恩禮同於啓民天子從之故遣使到此可汗若稱藩拜詔國乃永安而母得延壽不然者則向夫人爲誑天子必當所戮而傳首虜庭發大隋之兵資北蕃之衆左提右挈以擊可汗死亡則無日矣奈何惜兩拜之禮剿慈母之命恡一句稱臣妻匈奴之國也處羅聞之矍然而起流涕再拜跪受詔書君肅又說處羅曰啓民內附先帝嘉之賞賜極厚故致兵彊國富今可汗後附與之爭寵須深結於天子自表至誠既以道遠未得朝覲宜立一功以明臣節處羅曰如何君肅曰吐谷渾者啓民少子莫賀咄設之母家也今天子又以義成公主

妻於啓民啓民畏天子之威而與之絶吐谷渾亦由此恨故職貢不脩可汗若請誅之天子必許漢擊其內可汗攻其外破之必矣然後身自入朝道路無阻因見老母不亦可乎處羅大喜遂遣使朝貢

唐辥于叔明肅宗乾元中爲司勳員外郎副漢中王瑀使迴紇迴紇據禮稍倨叔明辭色責之曰大國通好賢王奉使可汗大唐子壻豈可特微功而慢唐法則不然可汗改容加敬復命遷司門郎中

韋倫德宗建中初爲太常少卿使吐蕃初宣諭皇恩次述國家威德遠振蕃人悦之贊普大獻贐賣等倫復遷太常卿

溫造穆宗長慶元年授京兆府司録穆宗開延英召對造曰幽州用舊事不變藉御爲我行焉對曰臣府縣吏非宜行恐四方狹朝廷爲無人帝曰我在東宮時聞劉總請覲及我即位此年上書不絶及許行期即濟然不報卿往諭我意是日賜緋魚袋充太原鎮州幽州宣諭使初至范陽劉總具櫜鞬迓於外郊造入宣聖旨示以禍福總惴伏流汗若兵在頸矣及造歸奏不數日總全家出幽州拜殿中侍御史

後唐李嚴爲客省使同光初僞蜀王衍使人致書其詞甚抗莊宗遣嚴報聘且市宮中珍玩蜀人皆禁而不東衍沖弱無識軍國之事外則仗王宗弼內委宋光嗣景潤澄及嚴至光嗣等與晏府第因問近事嚴曰吾皇即位鄴宮之歲夏取汶陽冬誅汴孽朱氏兵號三十萬謀臣猛將解甲倒戈西盡甘涼東漸渤海南踰閩浙北極幽陵牧伯侯王稱藩不暇家財入貢府實上供吳主有唐舊臣政王先朝元老皆遣子入侍述職稱臣湖湘荊楚杭越甌閩異貨奇珍府無虚月諒由以德懷來以威款伏順則涵之以恩澤迷則問之以干戈四海車書大同非晚宋光嗣曰荊吳則僕所未知唯歧下宋公我之姻好洞見其心反覆多端專欲據人於鑪炭大國不足信也似聞契丹之族近日漸盛

大國得失攜子嚴曰公以爲虜之勝負若何嚴曰比與爲勞嚴曰吾皇之視北虜如蚤虱耳以其爲患不足把搔況良將勁兵布列天下彼不勞一郡之兵一校之力則懸首槀街盡爲奴虜但以天生四夷終非大患不欲窮兵黷武故也光嗣聞嚴辯對畏而奇之嚴奉使於蜀及與三省相見叙使者之禮因獻芻記中畏述莊宗興復之功其警句云纔過汶水縛王彥章於馬前旋及夷門斬朱友貞於樓上梟懷璧擒清亮蜀人聞之竦然

册府元龜卷第六百五十二

冊府元龜卷第六百五十三

奉使部二

稱旨

仲尼曰：使於四方，不辱君命，可謂士矣。蓋夫有專對之才，加之以敏應機，固滯滿事，立斷足以成務，始可與權，然後出疆則有華，復命則有勞，斯古人以爲使乎之難者矣。至于馳一介之行李，合二國之歡心，俾隣境益恭，獷俗向化，得紓難之略，啓和戎之利，乃有奉將清詔，循行庶邦，宣慰有方，便宜從事，巡察風俗，擊劾貪猾，以應對而知賞，由懷輯而見稱，以至跋扈之人能令其順命，疑貳之俗終俾其歸心，斯皆使者之任也。是故明君之使臣也，以事而不制，以辭故能俾其成命而饗考者也。

漢隨何爲謁者。時漢王與楚大戰彭城，不利，謂左右曰：彼等者無足與計天下事者。何進曰：不審陛下所謂。漢王曰：孰能爲我使淮南，使之發兵背楚（淮南英布），我之取天下可以萬全。何曰：臣請使之。乃與二十人俱至淮南，布[illegible]從何俱歸漢。

陸賈，初以客從高祖。時尉佗平南越，因王之。高祖使賈賜佗印，爲南越王。佗大說，稱臣奉漢約。歸報，高帝大說。文帝即位，欲使人之南越，丞相陳平乃言賈。往使，尉佗去黃屋稱制（黃屋謂車上之蓋也），（黃屋及左纛皆天子之制）令比諸侯，皆如意指。

嚴助爲中大夫。時閩越圍東甌，東甌告急。武帝曰：吾新即位，不欲出虎符發兵郡國。迺遣助以節發兵會稽。會稽守欲距法不爲發（以法距助不爲發兵也），助迺斬一司馬，諭意指（以天子意指諭告之），遂發兵浮海救東甌。未至，閩越引兵罷。

終軍爲謁者，使行郡國，所見便宜以聞。還奏事，帝甚說。

司馬相如字長卿。武帝時，唐蒙已略通夜郎，因通西南夷道，發巴蜀廣漢卒，作者數萬人，治道二歲，道不成，士卒多物故（物故謂死也），費以億萬計，蜀民及漢用事者多言其不便。是時邛筰之君長（邛今爲邛都縣，筰今爲定筰縣）聞南夷與漢通，得賞賜多，欲願爲內臣妾，請吏比南夷。帝問相如，相如曰：邛筰冉駹者近蜀，道亦易通（[illegible]），異時嘗通爲郡縣矣（[illegible]），至漢興而罷。今誠復通，爲置縣，愈於南夷（南夷謂犍爲牂柯也，西夷謂越巂益州也）。帝以爲然，乃拜相如爲中郎將，建節往使，副使者王然于、壺充國、呂越人，馳四乘之傳（[illegible]），因巴蜀吏幣物以賂西南夷。相如使略定西南夷，邛筰冉駹斯榆之君皆請爲臣妾。除邊關，關益斥，西至沫若水（沫水出蜀廣平徼外，若水出旄牛徼外，[illegible]），南至牂柯爲徼（徼謂以木石水爲界者也，[illegible]），通零山道，橋孫水（孫水出[illegible]至會無入若水，[illegible]上作橋），以通邛筰。還報天子，天子大說（說讀曰悅）。

蓋寬饒爲太中大夫，行風俗，多所稱舉貶黜，奉使稱意。

孔光爲博士，成帝初奉使錄冤獄，行風俗，振贍流民，奉使稱意，因是知名。

陳咸爲冀州刺史，奉使稱意。

平當爲博士給事中，使行流民幽州，舉奏刺史二千石勞倈有意者，言教海瀕鹽池可且勿禁，以救民急（[illegible]），所過見稱，即奏使者十一人爲最。

樓護字君卿，齊人也。平阿侯王譚舉護方正，爲諫大夫，使郡國。護假貸（言以物假貸人也），使還奏事稱意。

後漢李恂，章帝時爲侍御史，持節使幽州，宣布恩澤，慰撫北狄，所過皆圖寫山川屯田聚落百餘卷，悉封奏上，帝嘉之。

[illegible]義以順帝時守灌謁者（漢官儀曰：謁者三十五人，以郎中[illegible]），使持節督郡國行風俗，太守令長坐者凡七十人。

周舉爲諫議大夫。永和六年，詔遣八使巡行風俗，舉[illegible]，於是劾奏貪猾，表薦公清，朝廷稱之。

范滂，桓帝時舉孝廉光祿四行（[illegible]）。時冀州饑荒，盜賊羣起，乃以滂爲清詔使，案察之。滂登車攬轡，慨然有澄清天下之志。及至州境，守令自知臧汙，望風解印綬去。其所舉奏，莫不厭塞衆議。

第五種以司徒掾清詔使冀州廉察災害風俗通曰汝南周勃辟太尉清詔使荊州又此言以司徒清詔使冀州蓋三公府有清詔員以承詔使也舉奏刺史二千石以下所刑免甚衆弃官奔走者數十人還奏使稱職

蜀孫乾字公祐北海人也先主領徐州辟為從事後隨從周旋先主之背曹公遣乾自結袁紹將適荊州乾又與麋竺俱使劉表皆如意指

馬良為侍中時東征吳遣良入武陵招納五溪蠻夷蠻夷渠帥皆受印號咸如意指

鄧芝為尚書先主薨於永安先是吳王孫權請和先主累遣宋瑋費禕等與相報答丞相諸葛亮深慮權聞先主殂隕恐有異計未知所如芝見亮曰今主上幼弱初在位宜遣大使重申吳好亮答之曰吾思之久矣未得其人耳今日始得之芝問其人為誰亮曰即使君也乃遣芝修好於權權果狐疑不時見芝芝乃自表請見權曰臣今來亦欲為吳非但為蜀也權乃見之語

芝曰孤誠願與蜀和親然恐蜀主幼弱國小勢偪為魏所乘不自保全以此猶豫耳芝對曰吳蜀二國四州之地大王命世之英諸葛亮亦一時之傑也蜀有重險之固吳有三江之阻合此二長共為脣齒進可并兼天下退可鼎足而立此理之自然也大王今若委質於魏魏必上望大王之入朝下求太子之內侍若不從命則奉辭伐叛蜀必順流見可而進如此江南之地非復大王之有也權默然良久曰君言是也遂自絕魏與蜀連和遣張溫報聘於蜀權與亮書曰丁厷掞張蜀書丸蜀志曰長吾前侯光蜀明孫然義盡丁厷之言多浮豔也掞音奐念反陰化不盡和合二國唯有鄧芝

李福字孫德梓潼涪人也為尚書僕射諸葛亮於武功病篤後主遣福省侍遂因諮以國家大計福往具宣聖旨聽亮所言至別數日忽思未盡其意遂卻騎馳還見亮亮語福曰孤知君還意近日言語雖彌日有所不盡更來亦決耳君所問者公琰其宜也蔣琬字公琰福謝前實失不諮請公如公百年後誰可任大事者故輒還耳乞復請蔣琬琬後誰可任者亮曰文偉可費禕字文偉以繼之又復問其次亮不答福還奉使稱旨

費禕為昭信校尉使吳還遷為侍中諸葛亮北住漢中請禕為參軍以奉使稱旨頻至吳羅憲字令則以宣信校尉再使於吳吳人稱美焉

吳是儀為侍中時蜀相諸葛亮卒大帝垂心西州遣儀使蜀申固盟好奉使稱意

晉侯史光為侍中與皇甫陶荀廙持節循省風俗及還奏事稱旨

宋裴松之為國子博士文帝元嘉三年誅徐羨之等分遣大使巡行天下松之出使湘州反使奏曰臣聞天道以下濟光明君德以廣運為極古先哲后因心溥被是以文思在躬則時雍自洽禮行江漢而美化斯遠故垂大哉之休詠廓造周之盛則伏惟陛下神叡玄通道契曠代冕旒華堂垂心八表咨敬數之未純慮明揚之靡暢清問下民哀此鰥寡涣焉大號周爰四達遠

猷形於雅誥惠訓播于遐陬是故率土仰詠重譯咸悅莫不謳吟踊躍式欽皇風或有扶老攜幼稱歡路左誠由亭毒既流故忘其自至千載一時於是乎在臣謬蒙銓任忝廁顯列猥以短乏思純八表無以宣暢聖旨肅明風化黜陟無序搜揚寡聞慙懼屏營不知所厝奉二十四條謹隨事為牒伏見癸卯詔書禮俗得失一依周典每各為卷還具條奏謹依事為書以繫之後松之甚得奉使之義論者美之

劉勔為劉道錫揚烈府主簿元嘉二十七年後魏南侵道錫遣勔奉使詣京都太祖引見之酬對稱旨

南齊劉係宗為齊朝將軍白賊唐寓之起宿衛兵東討遣係宗隨軍慰勞遍至遭賊郡縣百姓被驅逼者悉無所問還復民伍係宗還武帝曰此段有征無戰以時平蕩百姓安怗甚快也

陳蕭乾為黃門侍郎時熊曇朗在豫章周迪在臨川留異在東陽陳寶應在建晉共相連結閩中豪帥立砦自保武帝患之令

乾祚諭以逆順謂曰昔陸賈南征趙佗歸順隨何奉使黥布來
臣追想清風髣髴在目卿宜勉建功名不煩更勞師旅乾祚示
以逆順所在款附
毛喜初與宣帝事梁元帝爲尚書功論侍郎及江陵陷喜及宣
帝俱遷關右世祖即位喜自周還進和好之策朝廷乃遣周弘
正等通聘宣帝反國喜於郢州奉迎又遣喜入關以家屬爲請
周冢宰宇文護執喜手曰能結二國之好者卿也
蕭引爲吏部侍郎時廣州刺史馬靖甚得嶺表人心而兵甲精
練每年深入俚洞又數有戰功朝野頗生異議宣帝以引悉知
嶺外物情且遣引觀靖審其舉措諷令送質引奉密旨南行外
託收督賦物既至番禺靖即悟旨盡遣兒弟下都爲質
後魏崔玄伯道武時爲周兵將軍時詔遣使者巡行郡國糾察
守宰不如法者令玄伯與宜都公穆觀等案之明元稱其平當
公孫表字玄元初爲慕容沖尚書郎歸朝使江南稱旨

庾岳道武時爲外朝大人參預軍國帝既絕慕容垂以岳爲大
人使詣慕容永永服其詞義
張濟爲散騎侍郎時後秦姚興遣將攻洛陽晉雍州刺史楊佺
期遣使乞師於常山王遵遵以狀聞道武遣濟爲遵從事中郎
報之濟自襄陽還帝問濟江南之事濟對曰司馬昌明死子德
宗代立所部州鎮迭相攻擊今雖小定君弱臣強全無綱紀臣
等既至襄陽佺期問臣魏初伐中山幾十萬衆臣答四十餘萬
佺期曰魏國被甲戎馬可有幾匹臣答中軍精騎十有餘萬外
軍無數佺期曰以此討羌豈足滅也又曰魏定中山徙幾戶於
北臣答七萬餘家佺期曰治在何城臣答定都平城佺期曰有
如許大衆亦何用城爲又曰魏帝爲欲久都平城將復遷乎臣
答非所知也佺期聞朝廷不都山東貌有喜色曰晉魏通和乃
在往昔非唯今日羌寇狡猾頻侵河洛夙夜憂危今此寡弱倉
庫空竭與君便爲一家義無所諱洛城救援仰恃於魏若獲保
全當必厚報如其爲羌所乘寧使魏取爭欲分向襄州佺期曰
蠻賊互起水行甚難魏之軍馬已據滑臺於此而還從此道東
下乃更便宜且晉之法制有異於魏今都督襄陽委以外事有
欲征討輒便興發然後表聞令朝廷知之而已如其事勢不舉
亦不承臺命帝嘉其詞順乃厚賓其使許救洛陽後遷謁者僕
射報使姚興以累使稱旨
張彝爲散騎常侍兼侍中彝善於督察每東西馳使有所巡撿
彝常充其選清慎嚴猛所至人皆畏伏儔類亦以此高之
古弼明元時爲獵郎使長安稱旨
李順凡使涼州沮渠蒙遜十有二返太武稱其能
高推字仲讓早有名譽太延中以前後南使不稱妙簡行人中
書博士游雅薦推應選詔兼散騎常侍使宋南人稱其才辯
元庫汗明於斷決獻文即位拜殿中給事每奉使察行州鎮折
獄以情所歷皆稱之秦州父老詣闕乞庫汗爲刺史者前後千

餘人朝廷許之未及遣遇病卒
鄧羨爲黃門侍郎時幽瀛滄冀大水頻經寇難民饑詔羨兼尚
書假散騎常侍持節詣州隨方賑恤多有所濟
游肇爲散騎侍郎兼侍中爲畿內大使黜陟善惡賞罰分明
龔常山王暉以沉敏頗涉文史宣武即位拜尚書主客郎巡省
風俗還奏事稱旨
陰道方爲李神儁所知賞神儁爲前將軍荊州刺史請道方爲
其府長流參軍神儁曾使道方詣梁雍州刺史蕭綱論邊事道
方風神沈正爲綱所稱
李崇孝明時爲使持節兼侍中東道大使黜陟能否著賞罰之稱
劉騰字子昪彭城人弱冠州辟主簿齊獻武王時奉使詣闕見
莊帝於顯陽殿問以邊事騰應對閑敏帝善之
元孚從出帝入關爲司空時蠕蠕主與孚相識先請見孚然後
遣女於兵乃使孚行蠕蠕君臣見孚莫不歡悅奉皇后來歸

北齊宋世良初仕魏爲殿中侍御史詣河北括戶大獲浮惰還見汲郡城旁多骸骨移書州郡令悉收瘞其夜甘雨滂沱還孝莊勞之曰知卿所括得丁倍於本帳若官人皆如此用心便是更出一天下也

薛律羌舉爲東夏州刺史時高祖欲招懷遠夷令羌舉使於阿至羅宣揚威德前後稱旨甚被知賞

張纂爲右光祿大夫使於茹茹以銜命稱旨

李雅康兼散騎常侍省方大使行還所奏多見納用

後魏趙剛初爲魏閤內都督時賀拔勝獨孤信以孝武西遷之後並流寓江左至是剛言於魏文帝請追而復之乃以剛爲兼給事黃門侍郎使梁魏興齊移書與其梁州刺史杜懷瑤等即與盟歃受移送康仍遣人隨剛報命是年又詔剛使三荊聽在所便宜從事使還稱旨進爵武城縣侯除大丞相府帳內都督復使魏興重申前命尋而梁人禮送賀拔勝獨孤信等

崔文列初仕魏爲司徒右長史孝武疑齊神武有異圖詔列詣太祖言令密爲之備太祖見之甚歡

庫狄峙初爲魏黃門侍郎時與東魏爭衡蠕蠕乘虛屢爲邊患朝議欲結和親乃使峙往峙狀貌魁梧善於辭令蠕蠕主雅信重之自是不復爲寇文帝謂峙曰昔魏絳和戎見稱前史以君方之彼有愧色

楊儁爲撫軍將軍銀青光祿大夫時東魏遷鄴太祖欲知其所爲乃遣儁間行詣鄴以觀察之使還稱旨

杜杲爲司倉上士初陳文帝弟安成王頊爲質於梁及江陵平頊隨例遷長安陳人請之太祖許而未遣至是帝欲歸之命杲使焉陳文帝大悅即遣使報聘并賂黔中數州之地仍請畫野分疆永敦鄰好以杲奉使稱旨進授都督行小御伯更往分界焉

劉雄爲駕部中大夫兼齊公憲府掾時齊將斛律明月築通關城以援宜陽先是國家與齊通好然書信猶有不相侵擾至是憲以齊人失信令雄使於明月責之以背約之義齊人憚焉

楊荐孝閔帝初爲御伯大夫使突厥結婚突厥可汗弟地頭可汗阿史那庫頭居東面與齊通和說其兄欲背先約計謀已定將以荐等送齊荐知其意乃正色責之詞氣慷慨涕泗橫流可汗慘然良久曰幸無所疑當共平東賊然後發遣我女乃令荐先報命仍請東討以奉使稱旨遷大將軍

竇毅爲大將軍時與齊人爭衡戎車歲動並交結突厥以爲外援在太祖之時突厥已許納女於我齊人亦甘言重幣遣使求婚狄固貪婪便欲有悔朝廷乃令楊荐等累使結之往反十餘方復前好至是雖期往逆猶懼改圖以毅地兼勳戚素有威重乃命爲使及毅之至齊使亦在焉突厥君臣猶有貳志毅抗言正色以大義責之累旬乃定卒以皇后歸朝議嘉之

王慶爲中將軍武帝保定二年使吐谷渾盡其分疆仍論和好之事渾主懼服遣所親隨慶貢獻初突厥與周和親許納女爲后而齊人知之懼成合從之勢亦遣使求婚財饋甚厚突厥貪其重賂便許之朝議以魏氏昔與蠕蠕結婚遂爲齊人離貳今者復恐改變欲遣使結之遂授慶左武伯副楊荐爲使是歲遂與入并之役慶乃引突厥騎與隨公楊忠至太原而還及齊人許送皇姑及世母朝廷遂與通和突厥聞之復致疑阻於是又遣慶往喻之可汗感悅結好如初五年復與宇文貴使突厥逆女自此以慶信著北蕃頻歲出使後更至突厥屬其可汗暴殂突厥謂慶曰前後使來逢我國喪者皆剺面表哀況今二国和親豈得不行此事慶抗辭不從突厥見其守正卒不敢逼武帝聞而嘉之

陸逞爲軍司馬武帝天和三年齊遣侍中斛斯文略中書侍郎劉逖來聘初修鄰好盛選行人詔逞爲使尹公正爲副以報之逞美容止善詞令敏而有禮齊人稱焉

隋元暉初仕周爲武伯下大夫時突厥屢爲寇患朝廷將結和
親令暉賫錦綵十萬使于突厥暉說以利害申國厚禮可汗大
悅遣其王隨獻方物武帝之聘突厥后也令暉致禮焉
韋沖字世沖初仕後周從大將軍元定渡江伐陳爲陳人所虜
武帝以幣贖而還之帝復令沖以馬千疋使於陳以贖開府賀
拔華等五十人及元定之柩西還沖有辭辯奉使稱旨
蘇孝慈仕周爲中侍上士後拜都督聘于齊奉使稱旨
長孫晟初仕周爲司衛上士宣帝時突厥攝圖請婚于周以趙
王招女妻之然周與攝圖各相誇競妙選驍勇以充使者因遣
晟副汝南公宇文慶送千金公主至于其牙前後使人數十輩
攝圖多不禮見晟而獨愛焉每共遊獵留之竟歲嘗有二鵰飛
而爭肉因以兩箭與晟曰請射取之晟乃彎弓馳往遇鵰相攫
遂一發而雙貫焉攝圖喜命諸子弟貴人皆親友冀昵近之以
學彈射其弟處羅侯號突利設尤得衆心而爲攝圖所忌密託

心腹陰與晟盟晟與之遊獵因察山川形勢部衆强弱皆盡知之
時高祖作相晟以狀白高祖高祖大喜
竇榮定初仕周爲直門將軍時茹茹種落強盛突厥遣其舍人楊
暢結好於茹茹太祖恐其幷力爲邊境之患使誼聘茹茹誼因
喻以厚利茹茹信之遂與周連和執暢付使太祖嘉之
韋師爲河北道行臺兵部尚書詔於山東河南十八州安撫大
使奏事稱旨
長孫平高祖時爲工部尚書時突厥達頭可汗與都藍可汗相
攻各遣使請援帝使平持節宣諭令其和解賜縑三百匹良馬
一匹而遣之平至突厥所爲陳利害遂各解兵
柳謇之爲光祿少卿時啓民可汗言以內附遂畜牧於定襄之
邑間帝使謇之諭令出塞及還奏事稱旨
皇甫誕爲持書侍御史高祖以百姓多流亡令誕爲河南道大
使以撿括之及還奏事稱旨帝甚悅之

房彥謙爲監察御史以陳平奉詔安撫泉括等十州銜命稱旨
盧昌衡爲金州刺史奉詔持節爲河南道巡省大使及還稱旨
許善心爲禮部侍郎煬帝大業元年副納言楊達爲冀州道大
使還奏稱旨
唐劉文靜爲晉陽司馬高祖初舉義兵於晉陽遣文靜使突厥
始畢始畢曰唐公舉義欲何爲也文靜曰文皇帝廢冢嫡傳位
後主致斯禍亂唐公國之懿戚不忍坐觀成敗欲廢不當立者
願與可汗兵馬同入京師人衆土地入唐公財帛金寶入突厥
始畢大悅即遣將康鞘利領騎二千而又獻馬千匹高祖大悅
襄武郡公琛與太常卿鄭元璹賫女妓遺突厥始畢可汗以結
和親始畢甚重之贈名馬數百匹遣骨咄祿特勤隨琛貢方物
高祖大悅
皇甫無逸武德初爲御史大夫時益部新開政刑未洽長史竇
璡汙狼籍令無逸持節巡撫無逸宣揚朝化法令嚴肅蜀中

甚賴之及還盧寬太宗貞觀中爲殿中監使于突厥寬儀容閑雅
詞旨可觀突厥甚敬憚焉
崔敦禮以貞觀二十年爲兵部尚書兼撿校鴻臚卿瀚海都督
廻紇吐迷度爲其下所殺詔敦禮持禮綏輯之因立其嗣敦禮
深識蕃情凡所奏請事多允會
鄭惟忠中宗時爲御史大夫持節賑給河北道仍黜陟牧宰還
數奏稱旨
李傑神龍初爲衞尉少卿爲河東道巡察黜陟使奏課爲諸使
之最
宇文融玄宗開元初爲兵部員外郎括逃戶所至宣揚恩命百
姓感其言至有流淚稱爲父母者
李暠爲工部尚書東都留守開元二十一年正月制曰繼好之
義雖屬邊鄙受命以出必在親賢事欲重於當時禮故崇於殊
俗選衆之舉無出宗英工部尚書李暠體含柔嘉識致明允忝

公族之領袖是朝廷之羽儀今六公主既在蕃中漢宜公脈非
無專對有懷於遠夫豈能忘宜持節充入吐蕃使又左式發遣以
國信物一萬匹私覿物二千匹皆雜以五綵遣之及還金城公
主上言請以今年九月一日樹碑於赤嶺定蕃漢界樹碑之日
詔張守珪李行禕與吐蕃使莽布支同往觀焉既而吐蕃遣其
臣隨漢使分往劍南及河西磧西歷告邊州曰兩國和好無相
侵掠漢使告亦如之暠奉使稱職
王縉肅宗時爲兵部侍郎屬平史朝義河朔未安詔縉以本官
河北宣慰奉使稱旨
賀若察代宗大歷四年爲給事中察自潁州使還見于延英殿
賜帛五十匹先是潁州刺史李岵以暴政專殺本道使令狐彰
陳奏帝命宣慰且驗其事察復奏稱旨與彰狀協流岵于夷州
吳湊爲金吾將軍時滑亳節度令狐彰卒汴宋節度田神功等六
於鎮軍州頗騷擾湊皆承詔宣勞慰撫事多適宜

班宏爲給事中時成德軍李寶臣卒其子惟岳匿父喪以求位
代宗難之乃遣宏問疾且喻惟岳惟岳厚賂之宏皆不受還報
合旨
歸崇敬德宗時爲左散騎常侍時兩河叛換之徒初稟朝命令
崇敬以本官兼御史大夫持節宣慰奉使稱旨
李紓爲兵部侍郎時誅李懷光諸軍兵會河中詔紓宣慰以勞
師將還報合旨
樊澤爲都官員外郎建中初爲充和蕃使蕃中用事宰相尚結
贊深禮之尋從鳳翔節度張鎰與吐蕃會盟於清水
盧群爲兵部員外郎使淮西節度吳少誠奉使稱旨
于頔以櫟陽主簿攝監察御史充入蕃使判官後爲司門員外
郎兼侍御史充西蕃計會使將命稱旨時論以爲有出疆專對
之能
溫造字簡輿張建封收壽春招以尺書造從之及建封按節彭
門造歸下邳時李希烈以蔡兵四劫新至陷沒天下城鎮持兵
者皆欲動搖或自立邀請節德宗患之以范陽劉濟方推忠誠
但不能盡達朝廷倚賴之意乃密詔建封選賢德有識之士往
喻之建封乃強署造節度參謀使于幽州造與語未訖濟俯伏
流涕曰濟僻在遐裔不知天子神聖大臣忠盡願得率先諸侯
效以死節造還建封以其名上聞乃馳驛入奏長慶元年授京
兆府司錄參軍奉使河朔稱旨遷殿中侍御史既而幽州劉總
請以所部九州聽朝旨穆宗選可使者或薦造帝召而謂之曰
朕以劉總輸忠雖書詔使蕃未盡朕之深意以卿素能辯事爲
朕此行造對曰臣府縣走吏初受憲職望輕事重恐辱國命無
能諭旨帝曰我在東宮時聞劉總請覲及我即位此年上書不
絕及約以行期即稽默不報卿識機知變往喻我懷無多讓也
乃拜起居舍人賜緋魚袋充太原鎮州幽州宣諭使造至范
陽劉總具櫜鞬郊迎及宣聖旨示以禍福總俯伏流汗若兵加
於頸矣及造還總遂移家入覲朝廷遂以張弘靖代之及朱

克融逐弘靖鎮州殺田弘正朝廷用兵乃先令造銜命河東魏
博澤潞橫海深冀易定等道喻以軍期事皆稱旨
李鄘爲吏部員外郎徐州張建封卒其子愔爲將校所迫俾領
軍務詔擇臨難不懾者即其軍以諭之遂命鄘爲宣慰使鄘直
抵其軍召將士傳朝旨陳禍福脫監軍桎梏令復其位兇黨不
敢犯及愔上表稱兵馬留後鄘以爲非詔令所加不宜自號使
削去乃受
爰陟貞元中爲左司郎中累奉使皆稱旨
袁滋爲祠部郎中兼御史中丞充冊南詔使及還以清平官尹
輔酋來朝又得先沒蕃將衞景昇韓演等三人并南詔所獲吐
蕃將帥俘囚百人至京南詔異牟尋上表陳謝冊命及頒選二
湖仍請擊吐蕃兼獻方物
房式憲宗時爲吏部郎中時河朔節度劉濟王士真吳茂苾出

以兵壯氣豪相持短長屢以表聞迭請加罪帝欲止其兵李吉甫薦式爲給事中將命于河朔式歷使諸鎮諷諭之還奏愜旨

崔從爲尚書右丞元和十三年王承宗再奉朝貢表遣二子入侍請納德棣二州詔從宣撫且受地議者以承宗誠詐不可知又入侍者非承宗子人皆憂之從次魏州田弘正以路師道境欲以五百騎送之從不聽以童僕十數騎徑至鎮州先令大集軍士於毬場宣諭恩敕詞旨慷慨衆心感動承宗與軍士皆號泣俯拜及饗宴每從容與承宗諭以大節承宗爲禮益恭及還遂按二郡之籍收其戶口兵儲以復命帝臨軒勞悅久之

鄭權爲右散騎常侍穆宗長慶二年二月自廻鶻告哀還帝初即位欲重其使以權常歷顯位器貌魁岸有詞辯可以將命故選任之權憚遠役辭以宿有癈痼之疾不能馳馬既不免乃有譽談積至虜庭詞氣不撓頗得使臣之體虜衆敬憚焉

李行修長慶三年爲宣撫使至楚州舉費冠卿之至孝至湖州舉刺史李宜臣之贓犯時以爲奉使得人

楊於陵爲戶部侍郎會李師道削平分其地爲三鎮朝廷以於陵有所制置於陵以選兼御史大夫充宣慰使還奏合旨

梁袁震爲殿中監蔡州四面都統判官時蔡將郭璠縶秦宗權送于太祖太祖復請震奏事且疏時溥之罪願委討伐仍請降徐兗二師之命溥既以都統破黃巢功居第一又與兗鄆連衡給中官爲內援時宰亦忌太祖者復佑之左拾遺徐彥樞亦疏請所在斬宗權不必至京師陳獻俘之儀蓋以時溥獻黃巢止函首故也震往復論列於天子前敢大言亦能協附執政所請事多允

李振爲太祖從事乾化二年以馬殷初領湖南爲雷滿所迫亦以振骨鯁有辯命馳往和解朔備並稟命

李珽爲兵部郎中崇政院直學士時許帥馮行襲疾甚出爲許州留後先是行襲有牙兵二千皆蔡人也太祖深以爲憂今遣珽馳往以伺察之珽至傳舍召將吏親加撫慰行襲欲使人代受詔珽曰東首加朝服禮也乃於卧內宣詔令善自補養苟有不諱子孫俱保後福行襲泣謝遂解二印以授珽珽代掌軍府事太祖覽奏曰予固知珽必辦吾事行襲門戶不朽矣

張歸弁歸於太祖得署為牙校時太祖初鎮宣武屢命歸弁結好於近境頗得行人之禮

後唐伊廣襟情灑落善言對及為汾州刺史時武皇主盟諸侯景附軍機締結聘遣旁午廣屢稱旨

郭崇韜臨事機警應對可觀武皇時為典謁奉使鳳翔稱旨

薛仁謙為通事舍人莊宗即位三聘于吳得使乎之体

晉劉處讓初仕後唐為客省副使累將命稱旨

李承約仕後唐為穎州團練使天成中以邠州節度使毛璋將圖不軌乃命為涇州節度副使且承密旨徃偵之既至以善言諭之璋乃受代明宗賞其能加檢校太保

馬延祚為太子賓客善撫人情多有材藝歌詩謌戲無所不至

奉使抗賊及刺史藩鎮侯王見者愛之亦嘗使于契丹善待之

冊府元龜卷六百五十三

冊府元龜卷第六百五十四

奉使部三

恩奬　名望　廉慎　知禮

恩奬

商誥有懋賞之文周書有勳勞之典皆所以奬勵群品申其智力者也若乃膺使乎之選將天子之命奉辭無辱察廉不私適變制宜而事以濟宣威布惠而下皆柔服咨畢稟王靈暢洽遐奏合旨機用周務既專對而加歎亦嘉考而有光斯可以使於四方謂之士矣歸奏畢其附所然後紀寵之以爵秩優之以賜予便蕃渥澤以示勸勤夫載馳于役勤足以稱出境安國任斯爲重至於褒叙之數又豈限乎彝等哉

漢陸賈以客從高祖定中國初定尉佗平南越因王之高祖使賈賜佗印爲南越王賈說令稱臣奉漢約歸報高帝大悅拜賈爲太中大夫

蓋寬饒宣帝時爲太中大夫行風俗多所稱舉貶黜奉使稱意擢爲司隸校尉

陳咸成帝時爲冀州刺史奉使稱意徵爲諫大夫

平當爲博士給事中使行流民幽州使者十一人爲最遷丞相司直

樓護爲諫大夫使郡國使還奏事稱意擢爲天水太守

後漢杜詩爲侍御史安集洛陽將軍蕭廣放縱詩格殺廣還以狀聞光武召見賜以棨戟

宋均爲謁者會武陵蠻反圍武威將軍劉尚詔使均乘傳發江夏奔命三千人往救之既至而尚已沒乃矯制調伏波司馬呂种守沅陵長命种奉詔書入虜營告以恩信因勒兵隨其後蠻夷震怖即共斬其大帥而降於是入賊營散其衆遣歸本郡爲置長吏而還均未至先自劾矯制之罪光武嘉其功迎賜以金帛令過家上冢其後每有四方異議數訪問焉

雷義順帝時守灌謁者（漢官儀曰謁者三十五人以郎中秩滿歲稱給事未滿歲稱灌謁者）使持節督郡縣國行風俗太守令長坐者凡七十人旋拜侍御史舉五種恒亓時以司徒掾清詔使冀州（三公府有清詔使也）廉察災害還以奉使稱職拜高密侯相

蜀簡雍與先主有舊隨從周旋往來使命先主入益州劉璋見雍甚愛之後先主圍成都遣雍往說璋璋遂與雍同輿而載出城歸命先主拜雍爲昭德將軍

吳是儀大帝時爲侍中使蜀申固盟好奉使稱意拜尚書僕射

晉侯史武帝時爲散騎常侍兼侍中與皇甫陶持節循省風俗及奏事稱旨轉城門校尉

宋裴松之爲國子博士文帝元嘉三年誅徐羨之等分遣大使巡行天下松之甚得奉使之義轉中書侍郎

南齊蘇侃爲冠軍錄事參軍時巴西人李承明作亂高帝議遣侃慰勞還除羽林監加建武將軍

劉係宗武帝初爲寧朔將軍白賊唐寓之起宿衛兵東討遣係宗隨軍慰勞遠帝曰此役有征無戰以時平蕩百姓安怗甚快也賜係宗錢帛

茹法亮永明初爲龍驤將軍詔曰茹法亮近在盆城頻使銜命內宣朝旨外慰三軍義勇爭奮人百其氣險阻艱難心力俱盡宜沾茅土以甄忠績封望蔡縣男食邑三百戶

裴昭明爲祠部通直郎永明三年使後魏武帝謂之曰以卿有將命之才使還當以一郡相賞還爲始安內史

陳徐儉爲中書侍郎太建初廣州刺史歐陽紇舉兵反高宗令儉持節喻旨紇初見儉盛列仗衛言辭不恭儉曰呂嘉之事誠當已遠將軍獨不見周迪陳寶應乎轉禍爲福未爲晚也紇默然不答懼儉沮其衆不許入城置儉於孤園寺遣人守衛累旬不得還紇嘗出見儉儉謂之曰將軍業已舉事儉須還報天子儉之性命雖在將軍將軍成敗不在於儉幸不見留紇於是遣儉

從聞道馳還高祖仍以儉爲其勢形救會賢昭達軍統平帝嘉之賜奴婢十人米五百斛除鎮北鄱陽王諮議參軍兼中書通事舍人

後魏公孫表初爲慕容沖尚書郎道武時歸朝以使江南稱旨拜尚書郎

李順爲四部尚書時使沮渠蒙遜知蒙遜將死又聆其對嫌辭太武大悅於是賜絹千匹廐馬一乘進號安西將軍

高允弟推爲散騎常侍使宋南人稱其才辯遇疾卒於建業朝廷悼惜之喪還贈輔國將軍臨邑子謚曰恭賜命服衣冠允爲之作誄

古弼明元時爲獵郎使長安稱旨轉門下奏事

李佐字季翼孝文初以兼散騎常侍銜命高麗以奉使稱旨還拜常山太守賜爵真定子

王嶷字道長爲南部大夫出使巡察青徐兖豫撫慰新附觀省風俗還遷南部尚書

韋珍爲尚書郎會蠻首桓誕歸款珍奉使招慰之凡所招降七萬餘户置郡縣而還以奉使稱旨除左將軍樂陵鎮將賜爵新城子

崔賢爲中書侍郎延興中受詔詣齊州觀省風俗行兖州事以功賜爵桐廬縣子

柳崇爲尚書外兵郎中□□到新附兩荆宛窮援詔崇持節與州郡經略兼加慰諭還遷太子洗馬本郡邑中正

張彝爲散騎常侍兼侍中持節巡察河南十二州甚有聲稱使還以從征之勤遷尚書

封軌太和中爲儀曹郎中使高麗元是契丹虜掠邊民六十餘口又爲高麗擁掠東歸軌具聞其狀移書徵之高麗王雲悉資給遣還有司奏軌遠使絶域不辱朝命權宜曉慰邊民來蘇宜加爵賞詔曰權宜徵口使人常體但光揚有稱宜賞一階轉考功郎中

堯暄爲南部尚書于時始立三長暄爲東道十三州使更比户籍賜獨車一乘廐馬四匹

鹿悆字永吉莊帝爲御史中尉悆爲殿中侍御史時梁豫章王綜以徐州降悆請爲使以觀其虛實悆入徐州盟約乃固綜降後詔曰日者法僧父子頑固自天長惡不已竊城外叛職此亂階遂使彭宋名蕃翻爲賊有雖宗臣名將揮戈於泗濱虎士雄卒案劍於汴渚然高墉峻堞非可易登廣溪深隍實爲難踐是用日昃忘飡中宵憤惋者也而衍（衍謂梁武帝）都督豫章王蕭綜體運知機欲歸有道潛遣密信送款於都督臨淮王于時事同夜光能不案劍殿中侍御史監軍鹿悆不憚虎口覘驗若夷使能占募人驗虛實誓盟既固所圖遂果返此復城息我兵甲亦是悆之力焉若不酬以榮禄何以勸厲將來可封定陶縣開國子食邑三百户除員外散騎常侍

王靜爲冠軍將軍岐州刺史趙郡王謐害城民怨叛詔靜以

馳慰諭咸即降下以奉使稱旨賜帛五百匹

邢祐爲員外散騎常侍使於宋以將命之勤除建威將軍

後周宇文測初仕後魏爲司徒右長史孝武疑齊神武有異圖詔測詣太祖言令密爲之備太祖見之甚歡使還封廣川縣伯邑五百户

楊檦仕西魏爲撫軍將軍時東魏遷鄴太祖欲知其所爲乃遣檦間行詣鄴以觀察之使還稱旨授通直散騎常侍車騎將軍

楊荐爲太祖帳內都督時蠕蠕請和親遣荐與楊寬使於結婚而還進爵爲侯

岑善方初爲梁元帝刑獄參軍元帝初請內附以善方兼記室充使詣周應對閑敏深爲太祖所嘉自此往來凡數十反高祖時錄善方充使之功追其子之利之象入朝授之利都督代王記室參軍之象掌式中士

王慶爲中將軍使吐谷渾與其分疆仍論和好之事後使突厥

屬其可汗暴殂突厥謂晟曰前後使來逢我國喪者皆剺面表
哀況今二國和親豈得不行此事晟抗詞不從突厥見其守正
卒不敢逼武帝聞而嘉之錄晟前後功遷開府儀同三司兵部
大夫
陸逞為司宗中大夫屬北齊遣侍中斛斯文略中書侍郎劉逖
來聘初修鄰好盛選行人詔逞為使主尹公正為副以報之逞
美容止善詞令敏而有禮齊人稱焉還屆近畿武帝詔令路車
儀服郊迎而入時人榮之
隋元暉初仕周為武伯下大夫使突厥結和親及武帝之聘突
厥右也令暉致禮焉加司憲大夫後平齊東使暉安集河北封
義寧子邑四萬戶
長孫晟仕周為司衛上士送千金公主于突厥周察山川形勢
部衆強弱皆盡知之時高祖作相晟以狀白高祖高祖大喜遷
奉車都尉

晟之在周為開府儀同三司奉使迎突厥皇后還賚馬二百
匹賜爵龍門縣公邑千戶
[illegible]若誼初仕周為直閣將軍使茹茹納其連和還太祖嘉之拜
車騎大將軍略陽公府長史
韋師仕周為河北道行臺兵部尚書詔於山東河南十八州安
撫大使奏事稱指賜錢三百萬
蘇孝慈仕周為都督聘于齊奉使稱指遷大都督其年又聘于
齊還授宣納上士
柳裘周末為內史大夫高祖總百揆詔裘喻并州總管李穆穆
甚悅遂歸心於高祖裘後以奉使功賜綵三百匹金九環帶一腰
柳莊仕後梁為鴻臚卿高祖踐祚莊入朝高祖深慰勉之及為
晉王納妃于梁莊因是往來四五反前後賜物數千段
長孫平開皇中為工部尚書時突厥達頭可汗與都藍可汗相
攻各遣使請援高祖使平持節宣諭令其和解賜縑三百匹良

馬一匹而遣之平至突厥所為陳利害遂各解兵可汗贈平馬
二百匹及還平進所得馬帝盡以賜之
裴矩為內史侍郎時啓民可汗初附令矩撫慰之還為尚書左丞
房彥謙為監察御史陳平奉詔安撫泉括等十州以銜命稱指
賜物百段米百石衣一襲奴婢七口
柳彧為治書侍御史持節巡省河北五十二州奏免長吏贓汚
不稱職者二百餘人州縣肅然莫不震懼高祖嘉之賜絹布二
百匹氈三百領拜儀同三司仁壽初復持節巡省太原道十九
州及還賜絹百五十匹
許善心為禮部侍郎煬帝大業初副納言楊達為冀州道大使
稱指賜物五百匹
盧昌衡為金州刺史奉詔持節為河南道巡省大使及還以奉
使稱旨授儀同三司賜物二百段
柳謇之大業中為光祿少卿時啓民可汗自以內附遂畜牧於

定襄馬邑間煬帝使謇之諭令出塞及還奏事稱指拜黃門侍
郎
唐襄武郡公琛高祖為唐王時使突厥結和親還高祖大悅進
封郡王
鄭元璹武德中以太常卿使突厥還高祖勞之曰卿在虜庭累
載拘縶蘇武弗之過也拜鴻臚卿貞觀中復使突厥說頡利引
軍還太宗致書慰之曰知公已共可汗結和遂使邊亭警燧火
不然和戎之功豈唯魏絳金石之錫故當非遠
崔敦禮為兵部侍郎頻使突厥以功加銀青光祿大夫
崔琳為鴻臚卿玄宗開元十九年以奉使入蕃特加御史大夫
寵之也
信安郡王禕與嗣魯王道堅牛仙客宋詢劉日正班景倩唐昭
等為諸道採訪使開元二十四年各賜一子官賞其巡察之勞也
李暠為工部尚書東都留守使吐蕃稱職轉兵部尚書

李孝芳爲御史大夫充和蕃使代宗廣德二年使還加禮部尚
書錄功也
崔倫前爲御史中丞大曆四年以使絶域功爲尚書左丞
崔漢衡爲撿校禮部員外郎大曆六年爲和吐蕃副使還遷右
司郎中德宗建中二年吐蕃請盟詔除殿中少監兼御史大夫
爲和吐蕃使會宰相張鎰與吐蕃盟於清水使還遷鴻臚卿四
年吐蕃使朝貢加撿校工部尚書復使吐蕃興元初帝居奉天
吐蕃遣師佐渾瑊敗朱泚兵於武功以功轉撿校兵部尚書兼
秘書監西京留守
李紓貞元初爲兵部侍郎時誅李懷光兵會河中詔紓宣慰以
勞御將還報合指拜吏部侍郎
樊澤貞元中爲都官員外充吐蕃和蕃使迴遷金部郎中山南
節度行軍司馬
盧群爲兵部員外郎使淮西以奉使稱旨俄遷爲撿校秘書少
監義成軍節度行軍司馬
房式爲給事中將命河朔式歷使諸鎭諷諭之還奏愜指除陝
虢觀察使
班宏爲給事中使成德軍李惟岳惟岳厚賂之宏皆不受還奏
合指遷刑部侍郎
關播爲都官員外郎時湖南山洞中王國良聚衆爲盜令播往
宣諭之使迴改兵部員外郎
袁滋爲工部員外郎貞元十年西川韋皐始通西南夷蠻長異
牟尋貢琛請吏朝廷方命使慰撫選郎吏可行者皆以西南之
遠憚之滋獨不辭德宗深嘉之以本官兼中丞持節入南詔未
行遷祠部郎中使如故使還擢爲諫議大夫
柳晟爲撿校工部尚書憲宗元和初充入迴鶻弔祭冊立使復
命遷左金吾大將軍
孟簡爲司封郎中元和四年使荆襄湖南宣撫時衛次公錄壹送

冊府六百五十四　七

追賜緋袍銀魚
裴度爲御史中丞元和十年五月自淮西行營宣慰還言軍事
多合帝意加兼刑部侍郎
柏耆將軍良器之子元和中王承宗再以常山叛朝廷稍厭武
事思用恩澤濡煦者耆以處士於淮西行營以畫于裴度願爲是
行承宗果請質二男獻兩郡憲宗疇其使功除右拾遺
胡証爲金吾大將軍穆宗即位以太和公主出降迴鶻証以本
官撿校工部尚書充和親使光祿少卿李憲爲使副還証拜工
部侍郎憲遷撿校右散騎常侍兼太府卿
崔瑝爲監察御史敬宗寶曆元年自鎭武使迴延英對問遠地
言朕如何瑝對曰四方皆言陛下納諫如流帝大悅命賜緋魚
袋
後唐薛仁謙爲通事舍人莊宗即位三聘于吳得使乎之體遷
衛尉少卿引進副使
晉劉昫高祖時爲給事中天福四年與給事中盧重自契丹使
迴各賜器幣
馮道爲相以天福四年二月與左散騎常侍韋勲禮部員外郎
攝昭儉自契丹使迴帝慰勞隆至錫賚豐厚
邊光範爲給事中天福八年與前登州刺史郭彥威使于契丹
各賜紫款正旋襴衣著五十匹絲一百匹錢五十貫文銀鞍轡
馬一匹
周裴羽初仕後唐爲吏部郎中末帝清泰三年奉命閩川還賜
金紫遷太常少卿

名望

周官載行人之職漢家嚴使者之制歷世以來式克允濟若乃
將御殊俗展幣與國或奉宗察之寄是總黜陟之權故有行齎
素優才用顯著爲佗境之欽信見所至之欣慕敦成鄰好暢達
威聲罔失一介之辭無辱大臣之命藹然俊望昭乎令譽豈惟

冊府六百五十四　八

頃於葱嶺寶增輝於原隰者矣
漢張騫爲郎應募使月氏匈奴得之留十餘歲歸使拜太中大
夫後封爲博望侯漢通西域騫鑿空（鑿開空通也騫開通西域道空孔也猶言始鑿其孔穴也故此下言當空道而西域傳謂孔道也）諸後使往者皆稱博望侯以爲質於外
國（質信也）外國由是信之
後漢周舉爲諫議大夫順帝永和六年詔遣巡行風俗皆選素
有威公者乃拜舉爲侍中與侍中杜喬守光祿大夫周栩前青
州刺史馮羨尚書欒巴侍御史張綱兗州刺史郭遵太尉長史
劉班並守光祿大夫分行天下其刺史二千石有贓罪顯明者
驛馬上之墨綬以下便輒收舉其有清忠惠利爲百姓所安宜
表異者皆以狀上於是八使同時俱拜天下號曰八俊
蜀費禕爲昭信校尉使吳大帝甚器之謂禕曰君天下淑德必
當股肱蜀朝恐不能數來也
晉羅憲仕蜀爲太子舍人宣信校尉再使於吳吳人稱焉
李密少仕蜀爲郎數使吳有才辯吳人稱之
梁范縝仕齊爲尚書殿中郎武帝永明中與魏氏和親歲通聘
好特簡才學之士以爲行人縝及從弟雲蕭琛琅邪顏幼明河
東裴昭明相繼將命皆著名鄰國
陳阮卓爲德教殿學士副王話聘隋隋主夙聞卓名乃遣河東
薛道衡琅邪顏之推等與卓談讌賦詩厚禮遣還
陸琰爲直嘉德殿學士兼通直散騎常侍副琅邪王厚聘齊及
至鄴下而厚病卒琰自爲使主時年二十餘風神韶亮占對閑
敏齊士大夫甚傾心焉
後魏太原王陸叡與隴西公元琛並持節爲東西二道大使褒
善罰惡聲稱聞於京師
游明根假員外散騎常侍冠軍將軍樂安侯使於宋宋使明僧暠
相對前後三反宋孝武稱其長者迎送之禮有加常使
王椿爲征虜將軍都督尉勞汾胡汾胡與椿比州服其聲望所

在降下
宋弁爲中書侍郎兼員外常侍使於南齊齊司徒蕭子良秘書
丞王融等皆稱美之以爲氣謇烈不逮李彪而體韻和雅舉止
閑邃過之
李系少聰惠有才學爲司徒諮議參軍兼散騎常侍使梁與其
二兄前後將命時人稱之
北齊魏收爲通直散騎常侍副王昕使梁昕風流文辯收詞藻
富逸梁主及其群臣咸皆敬異先是南北稱和李諧盧元明首
通使命二人才器並爲鄰國所重至此梁主稱曰盧李命世王
魏中興未知後來復何如
李渾爲光祿大夫兼常侍聘使至梁梁武謂之曰伯陽之後久
而彌盛趙李人物今實居多常侍曾經將領今復充使文武不
墜良屬斯人
李湛字處元渾子也涉獵於文史有家風爲太子舍人兼常侍
聘陳渾與弟繪緯俱爲聘梁使湛又爲使副是以趙郡人士
目爲四使之門
崔贍爲散騎常侍聘陳贍詞韻溫雅南人大相欽服乃言常侍
前朝通好之日何意不來其見重如此
後周崔彥穆爲御正大夫陳氏請敦鄰好詔彥穆使焉彥穆風
韻閑曠器度方雅善玄言甚爲江表所稱
唐李大亮爲涼州都督貞觀八年發十三道大使巡省天下大
亮持節使劍南激濁揚清甚獲當時之譽
馬懷素爲禮部員外郎與源乾曜盧懷愼李傑等充十道黜陟
使素處事平恕當時稱之

廉慎

夫使於四方古所愼擇廉以自守行之惟艱矧復交兩國之驩
將出疆之命或巡行風俗或勞俫戎狄而操心有素執節彌厲
臨財無苟秉義益高斯固皇華考光使乎之美者矣

陳阮卓爲鄱陽王錄事時平歐陽紇交阯夷獠往往相聚爲寇抄卓奉使招慰交阯通日南象郡多金翠珠貝珍怪之產前後使者皆致之唯卓挺身而還衣裝無佗時論咸伏其廉

北齊李繪初仕東魏典散騎常侍爲聘梁使前後行人皆通啓求市繪獨守清尚梁人重其廉潔

袁聿脩武成大寧初以太常少卿出使巡省乃命考校官人得失經歷兗州時邢卲爲刺史别後遣送白紬爲信聿脩退紬不受與邢書云今日仰過有異常行瓜田李下古人所慎多言可畏譬之防川願得此心不貽厚責邢亦欣然領解報書云一日之贈率爾不思老夫忽忽意不及此敬承來旨吾無間然弟昔爲清郎今日復作清卿矣

唐蘇世長爲天策府學士太宗貞觀初聘于突厥與頡利爭禮不受賂遺朝廷稱之

杜暹爲監察御史玄宗開元中承詔往磧西覆巡安西副都護

郭虔瓘與西突厥可汗史獻鎮守使劉遐慶等不叶更相執奏至磧西蕃人賫金以遺暹暹固辭不受左右曰公遠使絶域不可失蕃人情暹不得已受之理於幕下既去出境乃移牒令收取之蕃人大驚度磧追之不及

歸崇敬代宗大曆初爲倉部郎中充冊立新羅王使故事使新羅者至海東多有所求或攜資帛而往貿易貨物規以爲利崇敬一皆絶之東夷稱重其德○關播德宗貞元中爲刑部尚書充送咸安公主及冊可汗使奉使來往皆清儉謹慎蕃人悅之

趙退翁貞元中爲給事中充咸安公主出降迴紇副使前後使迴紇者多私齎繒絮蕃中市馬迴以規利退翁無所營求人數美之

馮伉貞元中爲膳部員外郎澤潞節度使李抱真卒充弔贈使抱真男遺伉帛數百匹不納又專送至京伉因表奏固請不受

後唐郭崇韜自莊宗爲晉王時爲中門使專典機務及李存審牧鎮州帝命崇韜慰撫鎮之三軍閱府庫或有以珍貨遺賂者都無所受但以書籍數千卷歸

陳乂性孤執尤廉於財明宗長興中嘗自舍人衔冊晉國公主石氏於太原晉高祖善待之但訝其高岸人或有獻可於乂宜陳一謳頌以稱晉高祖之美可邀其厚賄耳乂曰人生貧富咸有定分未有持天子命違禮以求利既損國綱且虧士行乂今生所不爲也聞者嘉之

知禮

古人有言曰明君之使臣也任以事而不制以辭是知膺四牡之榮通二國之好苟非知禮勤王之士博聞強識之流豈能宣揚德美協和親鄰是以張旃入境拭玉通好動咸遵於彝典言必協於令則俾乎聳觀不倦踰聽無譏增輝於本朝變風於殊俗斯則見重於識者揚芳於史氏不其宜哉

管仲齊大夫齊侯使仲平戎于王魯僖公十二年使隰朋平戎于晉平和

[illegible]王以上卿之禮饗管仲管仲辭曰臣賤有司也有天子之二守國高在國子高子天子所命爲齊守臣皆上卿也若春秋來承王命何以禮焉[illegible]陪臣敢辭王曰舅氏伯舅之使故曰舅氏余嘉乃勳應乃懿德謂督不忘往踐乃職無逆朕命功勳美德可謂正而不可忘者不言位而言職者管仲位卑而執職尊故欲以職尊之管仲受下卿之禮而還管仲不敢以職自高卒受本位之禮君子曰管仲之世祀也宜哉讓不忘其上詩曰愷悌君子神所勞矣

周公閱襄王時爲宰周公天子三公冢宰聘于魯魯僖公三十年饗有昌歜白黑形鹽昌歜昌蒲葅白熬稻黑熬黍形鹽鹽形象虎辭曰國君文足昭也武可畏也則有備物之饗以象其德薦五味羞嘉穀鹽虎形嘉穀熬稻黍也以象其文也鹽虎以象武也以獻其功吾何以堪之

孟獻子魯大夫聘於周宣公九年定公以爲有禮厚賄之

韓宣子晉大夫聘于周魯宣公二十六年靈王使請事問何事來聘對曰晉士起將歸時事於宰旅無佗事矣起宣子名[illegible]四時貢職[illegible]

貢於冢宰（旅冢宰之下士言獻於冢宰不敢斥尊）王聞之曰韓氏其昌阜於晉乎辭不失舊（阜大也言韓起辭不失舊）其後韓宣子如楚送女反（魯昭公五年）鄭伯勞諸圉（圉鄭地名）辭不敢見禮也（奉使君命未反故）○叔弓（魯大夫）聘于晉（昭公二年）晉侯使郊勞（聘禮賓至近郊君使卿勞之）辭曰寡君使弓來繼舊好固曰女無敢爲賓徹命於執事敝邑弘矣（徹達也）敢辱郊使請辭（辭郊勞）致館（致館舍）辭曰寡君命下臣來繼舊好好合使成臣之祿也（得通君命則爲祿）敢辱大館（辭不敢）叔向曰子叔子知禮哉吾聞之曰忠信禮之器也卑讓禮之宗也（宗猶主也）辭不忘國忠信也（謂稱先國）先國後己卑讓也（謂辭敝邑之弘先國也後己也）詩曰敬慎威儀以近有德夫子近德矣明年叔弓如滕葬滕成公子服椒爲介及郊遇懿伯之忌敬子不入（忌怨也懿伯椒之叔父敬子叔弓也）惠伯曰公事有公利無私忌椒請先入乃先受館敬子從之（惠伯子服椒也叔弓從之言有禮）弃疾（楚公子也）如晉（魯昭公六年）過鄭鄭罕虎公孫僑游吉從鄭伯以勞諸柤（柤鄭地）辭不敢見（不敢當國君之勞）固請見之見如見王（見鄭伯如見楚王）

以其乘馬八匹私面（[illegible]）見子皮如上卿（如見楚卿）以馬六匹見子產以馬四匹見子大叔以馬二匹（降殺以兩）禁芻牧采樵不入田（不犯田種）不樵樹（不采樵也）不采蓺（蓺種）不抽屋不強匄誓曰有犯命者君子廢小人降（君子則退給下役）舍不爲暴主不慁賓（慁患也）往來如是鄭三卿皆知其將爲王也公孫青齊大夫（青頃公之孫）盜殺衛侯之兄縶公如死鳥齊侯使青聘于衛（魯昭公二十年）既出聞衛亂使請所聘公曰猶在竟內則衛君也乃將事焉（將行聘事）遂從諸死鳥請將事辭曰亡人不佞失守社稷越在草莽吾子無所辱　賓曰寡君命下臣於朝曰阿下執事（阿比也比衛使命也）臣不敢貳（貳違命也）主人曰君若惠顧先君之好昭臨敝邑鎮撫其社稷則有宗祧在（言在宗廟受聘）乃止（止不行聘事）衛侯固請見之（欲與青相見）不獲命以其良馬見（以爲見之禮）爲未致使故也（未致使故不敢以客禮見）衛侯以爲乘馬（嘉其物）賓將掫（行夜）主人辭曰亡人之憂不可以及吾子草莽之中不足以辱從者敢辭

賓曰寡君之下臣君之牧圉也若不獲扞外役是不有寡君也（[illegible]）臣懼不免於戾請以除死親執鐸終夕與於燎○芋尹蓋陳大夫楚子西子期伐吳（魯哀公十五年）及桐汭（宣城廣德縣西南有桐水）陳侯使公孫貞子弔焉（弔爲楚伐）及良而卒（良吳地）將以尸入（聘禮若賓死未將命則以柩造於朝介將命）吳子使大宰嚭勞且辭曰以水潦之不時無乃廪然隕大夫之尸（廪然隕墜貌）以重寡君之憂寡君敢辭上介芋尹蓋對（蓋上介）曰寡君聞楚爲不道荐伐吳國（荐重也）滅厥民人寡君使蓋備使弔君之下吏（備猶副也）無祿使人逢天之感大命隕隊絕世于良（言絕世于良）廢日共積（廢行道之日以共具殯斂所積）一日遷次（一日不敢留君命遷次）今君命逆使人曰無以尸造于門是我寡君之命委于草莽也且臣聞之曰事死如事生禮也於是乎有朝聘而終以尸將事之禮（以尸行事）又有朝聘而遭喪之禮（遭所聘之喪）若不以尸將命是遭喪而還也無乃不可乎以禮防民猶或踰之今大夫曰死而弃之是弃禮也其何以爲諸侯

主（[illegible]）先民有言曰無穢虐士（[illegible]）備使奉尸將命苟我寡君之命達于君所雖隕于深淵則天命也非君與涉人之過也吳人內之（內芋尹蓋以尸禮）

蜀陳震字孝起建興中爲尚書令吳稱尊號以震爲衛尉賀權踐阼諸葛亮與兄瑾書曰孝起忠純之性老而益篤及其贊述東西歡樂和合有可貴者震入吳界移關候曰東之與西驛使往來冠蓋相望申盟初好日新其事東尊應保聖祚告燎受符剖判土宇天下響應各有所歸於此時也以同心討賊則何寇不滅哉西朝君臣引領欣頭震以不才得充下使奉聘叙好踐界踊躍入則如歸獻子適魯犯其山諱春秋譏之望必啓告使行人睦焉即日張旍誥衆各自約誓順流漂疾國典異制懼或有違幸必斟誨示其所宜

吳紀陟大帝遣奉使如魏入境而問諱入国而問俗

宋袁湛晉末爲尚書左僕射時高祖北伐湛兼太尉與兼司空

散騎常侍尚書范泰奉九命禮物拜授高祖高祖沖讓傕等遂

軍至洛陽住柏谷塢泰議受使未畢不拜晉帝陵湛獨至五陵

致敬時人美之

後周趙文表爲車騎大將軍使突厥迎皇后進止儀注皆令文

表與之文表斟酌而行皆合禮度

冊府元龜卷六百五十四

册府元龜卷第六百五十五

奉使部

智識　謀略

智識

夫入國知教足以辯其興衰目擊道存可以察其禍福斯君子之表微哲人之先覺者也中古而下蓋有膺使乎之選當出疆之任或奉辭絕域或脩聘鄰邦或慰勞軍戎或巡行郡邑以至接酬宴之好覿政治之繁察言行而辯淑慝覽形勢而洞權變明其措置之損益識其事機之成敗詳究國體翼宣王度自非沉謀內蘊遠慮兼至澄止水之監而不橈包周物之智而旁通又曷能見於未萌若符契而可驗斷夫大事類丹青之皦然哉

仲孫湫爲大夫齊侯使湫省魯難仲孫歸曰不去慶父魯難未已時慶父已還魯公曰若之何而去之對曰難不已將自斃君其待之公曰魯可取乎對曰不可猶秉周禮周禮所以本也臣聞之國將亡本必先顛而後枝葉從之魯不棄周禮未可動也君其務寧魯難而親之親有禮因重固能重能固則當就成之間攜貳攜離而相疑者則當因而間之覆昏亂覆敗也霸王之器也霸王所用以器爲喻

內史興爲周內史襄王使太宰文公及興賜晉文公命太宰文公王卿士王子虎也命命服也諸侯七命冕服七章上卿逆于境逆迎晉侯郊勞郊迎用辭勞也館諸宗廟館舍也舍於宗廟尊王命饋九牢牛羊豕爲一牢上公饔餼九牢設庭燎設大燭於庭及期命于武宮期新事之日武宮文公之祖武公之廟命受王命設桑主布几筵主獻公之主主用栗虞主用桑禮既葬而虞獻公死已久於此設之者文不欲繼於惠懷故立獻公之主自以子繼父之位行未踰年之禮逆席也大宰蒞之晉侯端委以入說云衣玄端冠委貌諸侯祭服也韋昭謂此亡服也諸侯之子未受爵命服士服大宰以王命命冕服冕大冠服鷩衣內史贊之三命而後即冕服三以王命命文公文公三讓而後就既畢賓饗贈餞如公命侯伯之禮而加之以宴好賓者主人所以禮賓致饗饔之屬也如公受王命以侯伯待之禮大宰上卿而言公者尊之是也內史興歸以告王曰晉不可不善也其君必霸逆王命敬謂上卿逆於境晉侯郊勞奉禮義成謂三讓賓饗之屬皆如禮敬王命順之道也成禮義德之則也則德以道諸侯諸侯必歸之道道也且禮所以觀忠信仁義也有能行禮則此四若忠所以分也忠則不偏仁所以行也行仁則有恩也信所以守也守信則不貳義所以節也義事之節忠分則均仁行則報信守則固義節則度得其度也分均無怨行報無匱守固不偷偷苟且也節度不攜其何事不濟臣入晉境四者不失四者忠信仁義臣故曰晉侯其能禮矣王其善之樹於有禮艾人必豐樹種也艾報也豐厚也王從之使於晉者道相逮也逮及及惠后之難王出在鄭惠后周惠王之后陳媯也生子帶將立之未及而卒子帶奔齊王復之又通襄王之后隗氏王廢隗氏周大夫頹叔桃子奉子帶以狄師伐周王適鄭處于氾事在魯僖公二十四年晉侯納之納王在僖二十五年殺子帶於是乎始霸

劉康公爲卿士定王八年使康公聘于魯劉畿內之國康公王卿士王季子發幣於大夫發其禮幣於魯大夫季文子孟獻子皆儉二子魯卿文子季仲无佚之子季孫行父獻子孟文伯穀之子仲孫蔑也叔孫宣子東門子家皆侈二子魯大夫宣子叔孫僑如子家東門襄仲之子公孫歸父也歸王問魯大夫孰賢對曰季孟其長處魯乎叔孫東門其亡乎若家不亡身必不免王曰何故對曰

臣聞之爲臣必臣爲君必君寬肅宣惠君也肅敬也宣徧也惠愛也敬恪恭儉臣也其何事不徹徹達也其何任不堪上作事而徹下能堪其任所以爲令聞長世也長世多歷年今夫二子者儉其能足用矣用足則族可以庇庇覆也節儉用無取於民國人說之故其宗族可以覆庇也二子者侈侈則不恤匱匱而不恤憂必及之志在奢侈不恤匱故憂患必及之若是則必廣其身廣大謂自矜大不顧其上且夫臣人而侈國家弗堪亡之道也王曰其幾何對曰東門之位不若叔孫而泰侈不可以事二君東門大夫叔孫卿也位在人下而侈其上重而無基故不可以事二君叔孫之位不若季孟而亦泰侈焉不可以事三君叔孫下卿季孟上卿若皆蚤世猶可早世家猶可以免若登年以載其毒必亡登年多歷年也載行也亡家必亡也及魯宣公卒定王十六年赴者不反東門氏來告亂子家奔齊東門子家謀去三桓如晉未反宣公卒三桓逐其宗遂奔齊簡王之十一年魯叔孫宣伯亦奔齊簡王定王之子宣伯僑如也

叔孫婼魯大夫昭子也聘于宋桐門右師見之右師樂大心居桐門語卑宋大夫而賤司城氏司城樂氏之大宗也卑賤謂其才德薄昭子告其人曰右師

其士乎君子貴其身而後能及人是以有禮唯禮可以貴身今夫子卑其大夫而賤其宗是賤其身也賤人入能有禮乎無禮必亡為定十年樂大心出

吳公子札聘于魯見叔孫穆子說之謂穆子曰子其不得死乎不得以壽死好善而不能擇人吾聞君子務在擇人吾子為魯宗卿而任其大政不慎所舉何以堪之禍必及子為昭四年豎牛亂起本聘于齊說晏平仲謂之曰子速納邑與政無邑無政乃免於難齊國之政將有所歸未獲所歸難未歇也故晏子因陳桓子以納政與邑是以免於欒高之難難在昭八年聘於鄭見子產如舊相識與之縞帶子產獻紵衣焉大帶也吳地貴縞鄭地貴紵故各獻己所貴示不貪其貨利謂子產曰鄭之執政者侈難將至矣政必及子子為政慎之以禮不然鄭國將敗侈謂伯有也

韓宣子為晉大夫如楚送女叔向為介鄭子皮子太叔勞諸索氏太叔謂叔向曰楚王汰侈已甚子其戒之叔向曰汰侈已甚身之災也焉能及人若奉吾幣帛慎吾威儀守之以信行之以禮敬始而思終終無不復從而不失儀敬而不失威導之以訓辭奉之以舊法考之以先王度之以二國雖汰侈若我何

范昭齊人晉平公欲伐齊使范昭往觀焉景公觴之酒酣范昭曰願請君之樽酌景公曰酌寡人之樽進之於客范昭已飲晏子曰徹樽更之樽觶具矣范昭佯醉不悅而起舞謂太師曰能為我調成周之樂乎吾為子舞之太師曰冥臣不習范昭趨而出景公謂晏子曰晉大國也使人來觀吾政也今子怒大國之使者將奈何晏子曰夫范昭之為人非陋而不識禮也且欲試吾君臣故絕之也景公謂太師曰子何以不為客調成周之樂乎太師對曰夫成周之樂天子之樂也若調之必人主舞之今范昭人臣也而欲舞天子之樂臣故不為也范昭歸以告平公曰齊未可伐也臣欲試其君而晏子識之臣欲犯其禮而太師知之仲尼聞之曰夫不出於樽俎之間而知千里之外其晏子之謂也可謂折衝矣而太師其與焉

漢劉敬為郎中號奉春君韓王信反高帝自往擊至晉陽聞信與匈奴欲擊漢帝大怒使人使匈奴匈奴匿其壯士肥牛馬徒見其老弱及羸畜使者十輩來皆言匈奴易擊帝使劉敬復往使匈奴還報曰兩國相擊此宜夸矜見所長今臣往徒見羸胔老弱胔讀曰瘠瘦也此必欲見短伏奇兵以爭利愚以為匈奴不可擊也是時漢兵以踰句注三十餘萬句注山名在鴈門兵已業行帝怒罵敬曰齊虜以舌得官迺今妄言沮吾軍沮材汝切械繫敬廣武廣武城名屬鴈門遂往至平城匈奴果出奇兵圍高帝白登七日然後得解高帝至廣武赦敬曰吾不用公言以困平城吾已斬先使十輩言可擊者矣迺封敬二千戶為關內侯號建信侯

汲黯為謁者東越相攻武帝使黯往視之不至吳而還報曰越人相攻固其俗不足以辱天子之使

公孫弘待詔金馬武帝時方通西南夷巴蜀苦之詔使弘視焉還奏事盛毀西南夷無所用帝不聽後終以開西南夷為勤勞

魏衛覬為尚書郎太祖征袁紹而劉表為紹援關中諸將又中立益州牧劉璋與表有隙覬以治書侍御史使益州令璋下兵以綴表軍至長安道路不通覬不得進遂留鎮關中時四方大有還民關中諸將多引為部曲覬書與尚書令荀彧曰關中膏腴之地頃遭荒亂人民流入荊州者十萬餘家聞本土安寧皆企望思歸而歸者無以自業諸將各競招懷以為部曲郡縣貧弱不能與爭兵家遂彊一旦變動必有後憂夫鹽國之大寶也自亂來放散宜如舊置使者監賣以其直益市犂牛若有歸民以供給之勤耕積粟以豐殖關中遠民聞之必日夜競還又使司隸校尉留治關中以為之主則諸將日削官民日盛此彊本弱敵之利也彧以白太祖太祖從之始遣謁者僕射監鹽官司隸校尉治弘農關中服從乃白召覬還

吳沈珩大帝時為西曹掾使魏還言曰臣密參侍中劉曄數為

賊設姦計終不久懸臣蜀兵家舊論不恃敵之不我犯恃我之不可犯今為朝廷慮之且當省息他役惟務農桑以廣軍資脩繕舟車增作戰具令皆兼盈撫貴以民使各得其所壁延英雋獎厲將士則天下可圖矣以奉使有稱封永安鄉侯官至少府

薛珝為五官中郎將遣至蜀求馬及還景帝問蜀政得失對曰主闇而不知其過臣下容身以求免罪入其朝不聞正言經其野民皆菜色臣聞燕雀處堂子母相樂自以為安也突決棟焚而燕雀怡然不知禍之將及其是之謂乎

後梁柳莊為鴻臚卿及隋文帝輔政明帝令莊奉書入關時三方構難隋文懼帝有異志及莊還謂曰孤昔以開府從役江陵深蒙梁主殊眷今主幼時艱猥蒙顧託梁主奕葉重光委誠朝廷而今已後方見松筠之節君還申孤此意於梁主也遂執莊手而別時梁將帥咸請與尉遲迥連衡進可盡節於周氏退可席卷山南唯帝疑不可會莊至自長安申隋文結託之意遂言於帝曰今尉遲迥雖曰舊將昏耄已甚消難王謙（司馬消難王謙）常人之下者非有糾合之才況山東庸蜀從化日近周氏之恩未洽於朝廷臣料之迥等終當覆滅隋公必移周國未若保境息人以觀其變帝深以為然未幾消難奔陳迥及謙相次就戮帝謂莊曰近若從衆言社稷已不守矣

後魏秦王翰之子儀有籌略道武將圖慕容垂遣儀觀釁及還報曰垂死乃可圖今則未可帝作色問之儀曰垂年已暮其子寶弱而無威謀不能決慕容德自負才氣非弱主之臣豐將內起是可討之帝以為然

元洪超武邑公受洛之孫頗有學涉秉賊亂之後詔洪超持節兼黃門侍郎綏慰冀部還上言冀土寬廣界去州六七百里負海險遠宜分置一州鎮遏海曲朝議從之後遂立滄州

李順為四部尚書使沮渠蒙遜迴太武問與蒙遜往復之辭及蒙遜政教得失順曰蒙遜專威河右三十許年經涉艱難粗識機變又綏集荒裔遠人頗亦畏服雖不能貽厥孫謀猶足以終其一世前歲表許十月送曇無讖及臣往迎便乖本意不忠不信於是而甚禮者身之輿敬者行之本未有無禮不敬而能久享福禄以臣觀之不復周歲矣太武曰若如卿言則効在久遠其子必復襲世之後早晚當滅順對曰臣略見其子並非才儁豈能保一隅如聞敦煌太守牧犍器性粗立若繼蒙遜者必此人也然比之於父皆云不逮殆天所用資聖明也太武曰朕今方事于東未暇營西如卿所言五三年間不足為晚且停前討以為後圖既而蒙遜死問至太武謂順曰言蒙遜死今則驗矣又言犍立何其妙哉朕剋涼州亦當不遠

源懷宣武時為車騎大將軍持節巡行北邊因上表曰景明以來北蕃連年災旱高原陸野不任營殖唯有水田少可菑畝然主將參僚專擅腴美瘠土荒疇以給百姓因此困弊日月滋甚諸鎮水田請依地令分給細民先貧後富若分付不平令一人怨訟者鎮將已下連署之官各奪一時之祿四人已上奪祿一周北鎮邊蕃事異諸夏往日置官全不差別沃野一鎮自將已下八百餘人黎庶怨嗟僉曰煩猥邊隅事尠實少畿服請主帥吏佐五分減二詔曰省表具恤民之懷已勑有司一依所上下為永准如斯之比不便於民損化害政者其備列以聞時細民為豪彊陵壓積年枉滯一朝見申者日有百數所上事宜便於北邊者凡四十條皆見嘉納

辛雄孝莊初為度支尚書兼侍中關西慰勞大使將發請事五條一言逋懸租調宜悉不徵二言簡罷非時徭役以紓民命三言課調之際使豐儉有殊令州郡量檢不得均一四言兵起歷年死亡者衆或父或子辛酸未歇見存者老請假板職悅生者之意慰死者之魂五言喪亂既久禮儀罕習如有閨門和穆孝悌卓然者宜表其門閭仍啓曰臣聞王者愛民之道有六一曰利之二曰成之三曰生之四曰與之五曰樂之六曰喜之民不

失其時則成之也省刑罰則生之也薄賦歛則與之也無多徭役則樂之也吏靜不苛則喜之也伏惟陛下道邁前王功超往代敷春風而鼓俗旌至德以調民生之養之正當茲日悦近來遠亦是今時臣旣忝將命宣揚聖澤前件六事謂所宜行若不除煩救疾惠孤恤寡便是徒乘官駟虛號王人往還有費於郵亭皇恩無逮於民俗謹率愚管敢以陳聞乞垂覽許帝從之因詔民年七十者授縣八十者授郡九十加四品將軍百歲從三品將軍

北齊封隆之爲東魏尚書右僕射孝靜武定初北豫州刺史高仲密將叛遣使陰通消息於冀州豪望使爲内應輕薄之情頗相扇動詔隆之馳驛慰撫遂得安靜文襄密書與隆之云仲密枝黨同惡向西者宜悉收其家累以懲將來隆之以爲恩旨旣行理無追改今若收治示民不信脫或驚擾所虧處大乃啓神武事遂得停

後周張軌爲都督從太祖征侯莫陳悅悅平使於洛陽見領軍斛斯椿曰高歡逆謀已傳行路人情西望以日爲年未知宇文何如賀拔也軌曰宇文公文足經國武可定亂至於高識遠度非愚管所測椿曰誠如卿言眞可恃也

楊尚希爲東京司憲中大夫宣帝時令尚希撫慰山東河北至相州聞國哀與相州揔管尉遲迥發哀於館尚希出謂左右曰蜀公哭不哀而視不安將有他計吾不去將及於難遂夜中從捷徑而遁遲明迥方覺令數十騎路追之不及遂歸京師隋高祖以尚希宗室之望又背迥而至待之甚厚

隋薛道衡高祖時爲内史舍人兼散騎常侍聘陳使因奏曰江東蕞爾一隅僭擅遂久實由永嘉已後華夏分離劉石符姚慕容赫連之輩妄竊名號尋亦滅亡魏氏自北徂南未遑遠略周齊兩立務在兼并所以江表逋誅積有年祀陛下聖德天挺光膺寶祚比隆三代平一九州豈容使區區之陳久在天網之外臣今奉使請責以稱藩高祖曰朕且含養置之度外勿以言辭相折識朕意焉

唐鄭元璹太宗時爲鴻臚卿貞觀中使突厥還奏曰突厥興亡唯以羊馬爲准觀其六畜並已疲羸部落皆有菜色而牙内炊飯化爲血徵各如此不出三年必當覆滅俄授左武候大將軍頃之突厥果敗

賈言忠爲侍御史高宗乾封中裨將薛仁貴旣降扶餘川遂泛海略地與行軍總管李勣大軍相會時言忠受詔往遼東支度軍糧使迴帝問以軍事言忠畫其山川地勢且言遼東可平之狀帝問曰卿何以知其可平也對曰昔隋主親率六軍覆於遼左者人事然也煬帝無道軍政嚴酷舉國受殃天下離心玄感一唱俄頃而返身死國亡自取之也先帝親往問罪所以不得志者高麗未有釁也諺曰軍無曆限中道迴今高藏父失其政人心不附男生兄弟内離遞相攻擊附身來奔願爲鄉導彼之情

僞盡知之矣以國家富彊陛下明聖將士齊力滅之必矣且臣聞高麗秘記云不及九百年當有八十將來滅之自前漢之末高氏即有國土及今九百年矣李勣年登八十亦與其記符同又高麗頻歲饑荒賣鬻男女無故地裂狼狐入城蚡鼠穴於國門之下夷俗信妖遞相驚駭天意如此人事如彼臣以爲是行不再舉矣帝曰卿觀遼東諸將孰賢對曰李勣先朝舊臣聖鑒所悉龐同善雖非門將而持軍嚴整薛仁貴勇冠三軍威名遠振高侃勤儉自處忠果有謀契苾何力沉毅持重有統御之才雖頗有忌前之癖而臨事能斷然諸將夙夜小心忘身憂國者莫及於李勣帝深然其言遣使齎璽書以慰勉勣等

狄仁傑爲冬官侍郎充江南巡撫使吳楚之俗多淫祠仁傑奏毀一千七百所唯留夏禹吳太伯季札伍員四祠

田歸道爲左衛郎將則天聖曆初默啜遣將至單于都護府乃令歸道攝司賓卿迎勞之默啜表請單于都護府之地天后不許

厥撰爲請婚于周以趙王招女妻之改封大義公主開皇七年攝圖死遣晟持節拜其弟處羅侯爲莫何可汗以其子雍閭爲葉護可汗八年處羅侯死遣晟往弔仍齎陳國所獻寶器以賜雍閭十三年流人楊欽亡入突厥詐言彭公劉昶共宇文氏女謀欲反隋稱遣其來密告公主雍閭信之乃不脩職貢又遣晟出使微觀察焉公主見晟乃言辭不遜又遣所私胡人安遂迦共欽計議扇惑雍閭晟至京師具以狀奏又遣晟往索欽雍閭欲勿與謬荅曰檢校客內無此色人晟乃貨其達官知欽所在夜掩獲之以示雍閭因發公主私事國人大恥雍閭執遂迦等並以付晟高祖大喜加授開府仍遣入藩拉殺大義公主

唐唐儉爲天策府長史檢校黃門侍郎貞觀物往使頡利説誘之遂擒隋蕭后及楊正道以歸太宗謂儉曰卿觀頡利可圖不

對曰衛國威恩亦望可獲遂令儉馳傳虜庭示之威信頡利部落散欲定歸款之計因而兵衆弛懈李靖率輕騎掩破其牙帳頡利遂北走儉脱身而還

郭元振爲涼泉尉則天聞其名召見與語甚奇之時吐蕃請和乃長元振右武衛鎧曹充使聘于吐蕃吐蕃大將論欽陵請去四鎮兵分十姓之地朝廷使元振因察其事元振還上疏曰臣聞利或生害害亦生利國家難消息者唯吐蕃與默啜耳今吐蕃請和默啜受命是將大利於中國若圖之不審則害必隨之今欽陵欲分裂十姓四鎮兵此誠動靜之機不可輕舉措也今若直塞其善意恐邊患之起必甚於前若以鎮不可拔兵不可抽則宜爲計以緩之藉事以仍之使彼和望未絕則其惡意亦不得頓生且四鎮之患遠甘涼之患近取捨之計實宜深圖今國之外患者甘涼爪肅是也關隴之人久事屯戍向三十年力用竭矣脱甘涼有不虞豈堪廣調發耶夫善爲國者當先料內以敵外不貪外以害內然後東夏晏安身平可保如欽陵云四鎮諸部接界懼漢侵竊故有是請此則吐蕃所要者然青海吐渾密邇蘭鄯比爲漢患實在茲輩斯亦国家之要者今宜報欽陵云国家非惜四鎮本置以此扼蕃国之要分蕃国之力使不得併兵東侵今委之於蕃恐蕃力漸彊易爲東擾必實無東侵意則還漢吐渾諸部及青海故地即俟斤部落亦還吐蕃如此則足塞欽陵之口而和事未全絕也如欽陵小有乖則曲在彼矣又西邊諸國款附歲久論其情義豈可與吐蕃同日而言今未知其利害未審其情實遥有分裂亦恐傷彼諸国之意非制馭之長算也則天從之又上言曰臣揣吐蕃百姓倦徭戍久矣咸願早和其大論欽陵欲分四鎮四境統兵專制故不欲歸款若国家每歲發和親使而欽陵堂不從命則彼蕃之人怨欽陵日深望国恩日甚設欲廣舉醜徒固亦難矣斯以離間之漸必可使其上下俱懷猜阻則天甚然之自是數年間吐蕃君臣果相猜貳遂

誅大論欽陵其弟贊婆及兄子莽布支並來降則天仍令元振與河源軍大使夫蒙令卿率騎以援之後吐蕃將麴莽布支率兵入寇涼州都督唐休璟勒兵破之元振參其謀以功拜主客郎中

裴耀卿爲户部侍郎玄宗開元二十年禮部尚書信安王禕受詔討契丹詔以耀卿爲副俄又令耀卿齎絹二十萬匹分賜立功奚官就部落以給之耀卿謂人曰夷虜貪殘見利忘義今齎持財帛深入寇境不可不爲備也乃令先期而往分道并進一朝而給付並畢時奚及室韋果勒兵邀險謀劫襲之比至而耀卿已還

後唐李嚴爲客省使奉使于蜀時王衍失政嚴知其可取使還具奏故平蜀之謀始於嚴

晉桑維翰初爲高祖大原掌書記高祖建義大原首預其謀遣爲書求援於契丹虜果應之俄以趙德鈞發使聘虜高祖懼其改謀命維翰詣虜帳述以始終利害之義

慮心乃定
册府元龜卷第六百五十五
府六百五十五　十一

冊府元龜卷第六百五十六

奉使部五

立功　招撫

立功

周官行人著用節之制小雅四牡歌有功之來斯蓋膺出疆之選者能奮奇畧以集巨伐繇是申勞倈之典形風雅之詠焉自漢而後或殊鄰猾夏申嚴禦備德教未洽逆節萌起或羈縻之不絶或反側以猶鬭然驁滋熾草竊群聚背負盟約憑恃險固然後奉詔告馳傳遠踐不測之境申風諭之旨見機有作豈俟乎終日徇死無貳所期於必勝用能素定奇計布昭天聲縱合異俗徵發士伍大則致戎首於街邸次則窮叛黨於巢穴係累驅從捷音亟至克宣威信底靖疆埸故雖矯借王命擅持利器誠足尚其可專而懋以賞典也

漢傅介子北地義渠人以從軍為官先是龜茲樓蘭皆殺漢使者昭帝元鳳中介子以駿馬監使大宛因詔令責樓蘭龜茲教匈奴使者還奏拜中郎遷平樂監介子謂大將軍霍光曰樓蘭龜茲數反覆而不誅無所懲艾（艾讀曰乂）介子過龜茲時其王近就人易得也（言其近而親就不相猜阻也）願往刺之以威示諸國大將軍曰龜茲道遠且驗之於樓蘭於是白遣之介子與士卒俱齎金幣揚言以賜外國為名至樓蘭樓蘭王意不親介子介子陽引去至其西界使譯謂曰漢使者持黃金錦繡行賜諸國（賜猶施也）王不來受我去之西國矣即出金幣以示譯譯還報王王貪漢物來見使者介子與坐飲陳物示之飲酒皆醉介子謂王曰天子使我私報王（謂私有所論）王起隨介子入帳中屏語（屏人而共語也）壯士二人從後刺之刃交匈立死其貴人左右皆散走介子告諭以王負漢罪天子遣我來誅王當更立前太子質在漢者漢兵方至毋敢動滅國矣遂持王首還詣闕

馮奉世字子明上黨潞人宣帝本始中從軍擊匈奴軍罷為郎

初漢數出使西域多辱命不稱或貪汙為外國所苦（苦謂困辱也）是時烏孫大有擊匈奴之功而西域諸國新輯（輯與集同和也）漢方善遇欲以安之選可使外國者前將軍韓增舉奉世以衛候使持節送大宛諸國客至伊修城（伊修城在鄯善國其中置屯田吏士也）都尉宋將言莎車與旁國共攻殺漢所置莎車王萬年（莎車國名萬年其王名也莎素和切）并殺漢使者奚充國時匈奴又發兵攻車師城不能下而去莎車遣使揚言北道諸國已屬匈奴矣於是攻劫南道與歃盟畔漢從鄯善以西皆絶不通（鄯音善）都護鄭吉校尉司馬意皆在北道諸國間奉世與其副嚴昌計以為不亟擊之則莎車日彊（亟急也音居力切）其勢難制必危西域遂以節諭告諸國王因發其兵南北道合萬五千人進擊莎車攻拔其城莎車王自殺傳其首詣長安諸國悉平威振西域奉世乃罷兵以聞宣帝召見韓增曰賀將軍所舉得其人奉世遂西至大宛大宛聞其斬莎車王敬之異於它使得其名馬象龍而還（象龍馬形似龍）帝甚說（說讀曰悅）下議封奉世

常惠為光祿大夫是時烏孫公主上言匈奴發騎田車師（車師西域國名也）車師與匈奴為一共侵烏孫唯天子救之漢養士馬議欲擊匈奴會宣帝本始二年遣惠使烏孫公主及昆彌皆遣使因惠言匈奴連發大兵擊烏孫取車延惡師地收其人民去使使脅求公主欲隔絶漢昆彌願發國半精兵自給人馬五萬騎盡力擊匈奴唯天子出兵救公主昆彌於是漢大發十五萬騎五將軍分道出（五將軍謂祁連將軍田廣明度遼將軍范明友前將軍韓增蒲類將軍趙充國虎牙將軍田順也）以惠為校尉持節護烏孫兵昆彌自將翎侯以下五萬餘騎（翎侯烏孫官名也）從西方入至右谷蠡庭（谷音鹿蠡音離）獲單于父行及嫂居次（居次者女之號）名王騎將以下三萬九千人得馬牛驢驘橐佗五萬餘匹羊六十餘萬頭烏孫皆自取鹵獲惠從吏卒十餘人隨昆彌還未至烏孫烏孫人盜惠印綬節惠還自以當誅（詔失印綬及節當誅）時漢五將皆無功天子以惠奉使克獲遂封惠為長羅侯復遣惠持金幣還賜烏

孫貴人有功者惠因奏請龜茲國嘗殺校尉賴丹未伏誅請便道擊之宣帝不許大將軍霍光風惠以便宜從事（言至前所專命而行也風讀曰諷）惠與吏士五百人俱至烏孫還過發西國兵二萬人令副使發龜茲東國二萬人烏孫兵七千人從三面攻龜茲兵未合先遣人責其王以前殺漢使狀王謝曰迺我先王時爲貴人姑翼所誤耳我無罪惠曰即如此縛姑翼來吾置王（[illegible]）王執姑翼詣惠惠斬之而還

陳湯字子公元帝時爲郎數求使外國久之遷西域副校尉先是宣帝時匈奴乖亂五單于爭立呼韓邪單于與郅支單于俱遣子入侍漢兩受之後呼韓邪單于身入稱臣朝見郅支以爲呼韓邪破弱降漢不能自還即西收右地會漢發兵送呼韓邪單于郅支由是遂西破呼偈堅昆丁令（呼偈小國名在匈奴北[illegible]）兼三國而都之怨漢擁護呼韓邪而不助己困辱漢使者江迺始等初元四年遣使奉獻因求侍子願爲內附漢議遣衛司馬谷

吉送之御史大夫貢禹博士匡衡以爲春秋之義許夷狄者不一而足（[illegible]）今郅支單于鄉化未醇（鄉讀曰嚮醇不雜也）所在絕遠宜令使者送其子至塞而還吉上書言中國與夷狄有羈縻不絕之義今既養全其子十年德澤甚厚空絕而不送近從塞還示棄捐不畜（畜謂養也）使無鄉從之心（鄉讀曰嚮嚮謂向化而從命也）棄前恩立後怨不便議者見前江迺始無應敵之數知勇俱困以致恥辱即豫爲臣憂臣幸得建彊漢之節承明聖之詔宣諭厚恩不宜敢桀（言不敢桀黠也[illegible]）若懷禽獸加無道於臣則單于長嬰大罪（[illegible]）必遁逃遠舍不敢近邊（[illegible]）沒一使以安百姓國之計臣之願送至庭（單于庭）上以示朝者禹復爭以爲吉往必爲國取悔生事不可許右將軍馮奉世以爲可遣帝許焉既至郅支單于怒竟殺吉等自知負漢又聞呼韓邪益彊遂西奔康居康居王以女妻郅支郅支亦以女予康居王康居甚尊敬郅支欲倚其威以脅諸國（[illegible]）郅支數借兵擊烏孫深入至赤谷城殺畧民人毆

畜產（毆與驅同）烏孫不敢追西邊空虛不居者且千里郅支單于自以大國威名尊重又乘勝驕不爲康居王禮怒殺康居王女及貴人民數百或支解投都賴水中（都賴水名也）發民作城日作五百人二歲迺已又遣使責闔蘇大宛諸國歲遺（[illegible]）不敢不予漢遣使三輩至康居求谷吉等死（死尸也）郅支困辱使者不肯奉詔而因都護上書言居困戹願歸計彊漢遣子入侍（[illegible]）其驕嫚如此建昭二年湯與延壽出西域湯爲人沈勇有大慮多策謀喜奇功（喜許吏切）每過城邑山川常登望既領外國與延壽謀曰夷狄畏服大種其天性也西域本屬匈奴今郅支單于威名遠聞侵陵烏孫大宛常爲康居畫計欲降服之如得此二國北擊伊列西取安息南排月氏山離烏弋數年之間城郭諸國危矣（[illegible]）且其人剽悍（[illegible]）好戰伐數取勝久畜之必

爲西域患郅支單于雖所在絕遠蠻夷無金城彊弩之守如發屯田吏士毆從烏孫衆兵（[illegible]）直指其城下彼亡則無所之守則不足自保（保安也）千載之功可一朝而成也延壽亦以爲然欲奏請之湯曰國家與公卿議大策非凡所見事必不從（言凡庸之人不能[illegible]其事也）延壽猶與不聽（[illegible]）會其久病湯獨矯制發城郭諸國兵車師戊己校尉屯田吏士延壽聞之驚起欲止焉湯怒按劍叱延壽曰大衆已集會豎子欲沮衆邪（沮止也壞也音才汝切）延壽遂從之部勒行陳益置揚威白虎合騎之校（[illegible]）漢兵胡兵合四萬余人延壽湯上疏自劾奏矯制陳言兵狀即日引兵分行別爲六校其三校從南道踰葱領徑大宛其三校都護自將發溫宿國從北道入赤谷過烏孫涉康居界至闐池西而康居副王抱闐將數千騎寇赤谷城東（[illegible]）殺畧大昆彌千餘人毆畜產甚多從後與漢軍相及頗寇（[illegible]）湯縱胡兵擊之殺四百六十人得其所

畧民四百七十人還付大昆彌其馬牛羊以給軍食又捕得抱闐貴人伊奴毒入康居東界令軍不得為寇〔勿抄掠〕間呼其貴人屠墨見之〔閒謂[illegible]家中[illegible]出〕諭以威信與飲盟遣去徑引行未至單于城可六十里止營復捕得康居貴人貝色子男開牟以為導貝色子即屠墨母弟〔母之弟謂舅者〕皆怨單于由是具知郅支情明日引行未至城三十里止營單于遣使問漢兵何以來應曰單于上書言居困厄願歸計彊漢身入朝見天子哀閔單于棄大國屈意康居故使都護將軍來迎單于妻子恐左右驚動故未敢至城下使數往來相答報延壽湯因讓之〔讓責之〕我為單于遠來而至今無名王大人見將軍受事者〔名王諸王之貴者受事受教命而供事也〕何單于忽大計失客主之禮也〔忽忘也〕兵來道遠人畜罷極食度且盡〔罷讀曰疲度大各切〕恐無以自還願單于與大臣審計策明日前至郅支城都賴水上離城三里止營傅陳〔傅讀曰敷敷布切〕望見單于城上立五采幡幟〔幟讀曰幟[illegible]切〕數百人披甲乘城〔乘謂登之備守也〕又出百餘騎往來

馳城下步兵百餘人夾門魚鱗陳〔言其相接次形若魚鱗〕講習用兵城上人更招漢軍曰鬬來〔更互也工行切音〕百餘騎馳赴營營皆張弩持滿指之騎引卻頗遣吏士射城門騎步兵騎步兵皆入延壽湯令軍聞鼓音皆薄城下〔薄迫也〕四面圍城各有所守穿塹塞門戶鹵楯為前戟弩為後卬射城中樓上人〔卬讀曰仰〕樓上人下走土城外有重木城從木城中射頗殺傷外人外人發薪燒木城夜數百騎欲出外迎射殺之初單于聞漢兵至欲去疑康居怨己為漢內應又聞烏孫諸國兵皆發自以無所之〔之往也〕郅支已出復還曰不如堅守漢兵遠來不能久攻單于乃被甲在樓上諸閼氏夫人數十皆以弓射外人外人射中單于鼻諸夫人頗死單于下騎傳戰大內〔下騎謂下馬而騎馬也傳戰轉戰也言且戰且行而入內室也大內單于之正室也〕夜過半木城穿中人卻入土城乘城呼〔乘登也呼火故切下亦同〕時康居兵萬餘騎分為十餘處四面環城亦與相應和〔環繞也和胡卧切〕夜數奔營不利輒卻〔[illegible]〕平明四面火起吏士喜大呼乘之〔乘逐也〕鉦鼓聲動地

康居兵引卻漢兵四面推鹵楯並入土城中單于男女百餘人走入大內漢兵縱火吏士爭入單于被創死軍候假丞杜勳斬單于首得漢使節二及谷吉等所齎帛書諸鹵獲以畀得者〔畀予也各以與之畀音必寐切〕凡斬閼氏太子名王以下千五百一十八級生虜百四十五人降虜千餘人賦予城郭諸國所發十五王〔賦謂班與之也所發十五王謂所發諸國之兵共圍郅支王者也音〕於是延壽湯上疏曰臣聞天下之大義當混為一〔混同也胡本切〕昔有唐虞今有彊漢匈奴呼韓邪單于已稱北藩唯郅支單于叛逆未伏其辜大夏之西以為彊漢不能臣也〔謂漢為不能使郅支為臣也〕郅支單于慘毒行於民大惡通於天臣延壽臣湯將義兵行天誅賴陛下神靈陰陽並應天氣精明陷陳克敵斬郅支首及名王以下宜縣頭槀街蠻夷邸間〔槀街街名蠻夷邸在此街也邸若今鴻臚客館也崔浩以為槀當為橐橐街即銅駞街也此說失之銅駞街在雒陽西京無也〕以示萬里明犯彊漢者雖遠必誅事下有司丞相匡衡御史大夫繁延壽〔繁[illegible]切〕以為郅支及名王首更歷諸國蠻夷莫不聞知

〔更工衡切〕月令春掩骼埋胔之時〔骨曰骼肉曰胔骼工客切胔才賜切〕宜勿縣車騎將軍許嘉右將軍王商以為春秋夾谷之會優施笑君孔子誅之〔夾谷地名即祝其也定十年公會齊侯於夾谷孔子攝相事齊奏宮中之樂俳優侏儒戲於前孔子歷階而上曰匹夫而熒惑諸侯者罪應誅於是斬侏儒首足異處優施[illegible]者優人之名夾音頰〕方盛夏首足異門而出宜縣十日迺埋之有詔將軍議是初中書令石顯嘗欲以姊妻延壽延壽不取及丞相御史亦惡其矯制皆不與湯〔與[illegible]許〕湯素貪所鹵獲財物入塞多不法〔不法者私自取之不依軍法〕司隸校尉移書道上繫吏士按驗之湯上疏言臣與吏士共誅郅支單于幸得禽滅萬里振旅〔師入曰振旅振整也旅眾也〕宜有使者迎勞道路〔勞力到切〕今司隸反逆收繫按驗是為郅支報讎也帝立出吏士令縣道具酒食以過軍

文忠為關都尉罽賓王烏頭勞死子代立遣使奉獻漢使忠送其使王復欲害忠忠覺之迺與容屈王子陰末赴共合謀攻罽賓殺其王立陰末赴為罽賓王授印綬

段會宗字子松天水上邽人初爲金城太守以病免後歲餘烏孫小昆彌爲國民所殺諸翖侯大亂徵會宗爲左曹中郎將光祿大夫使安輯烏孫立小昆彌兄末振將是其國而還明年末振將殺大昆彌會病死漢恨誅不加元延中復遣會宗發戊己校尉諸國兵即誅末振將太子番丘會宗恐大兵入烏孫驚番丘亡逃不可得即留所發兵墊婁地選精兵三十弩徑至昆彌所在召番丘責以末振將骨肉相殺漢公主子孫未伏誅而死使者受詔誅番丘即手劍擊殺番丘官屬以下驚恐馳歸小昆彌烏犂靡者末振將兄子也勒兵數千騎圍會宗會宗爲言來誅之意今圍守殺我如取漢牛一毛耳宛王郅支頭縣槀街烏孫所知也昆彌以下服曰末振將負漢誅其子可也獨不可告我令飲食之邪會宗曰豫告昆彌逃匿之爲大罪即飲食以付我傷骨肉恩故不先告昆彌以下號泣罷去會宗遂奏事公卿議賜爵爲關内侯黃金百斤

後漢吳漢字子顏從光武於廣阿拜爲偏將軍光武將發幽州兵問鄧禹可使行者禹因言漢即拜大將軍持節北發十郡突騎更始幽州牧苗曾聞之陰勒兵勑諸郡不肯應調漢乃將二十騎先馳至無終曾以漢無備出迎漢即將兵收曾斬之而奪其軍北州震駭城邑莫不望風弭從遂悉發其兵引而南

耿純爲前將軍建武二年真定王劉楊造作讖記與綿曼賊交通光武遣騎都尉陳副游擊將軍鄧隆徵楊楊閉城門不内副等乃復遣純持節行赦令於幽冀所過並使勞慰王侯密勑純曰劉楊若見因而收之純從吏士百余騎與副隆會元氏俱至真定止傳舍楊稱病不謁以純真定宗室之出（男子謂姊妹之子爲出也）遣使與純書欲相見純報曰奉使見王侯牧守不得先詣如欲面會宜出傳舍時楊弟林邑侯讓及從兄細（細或作紺）各擁兵萬余人楊自恃衆強而純意安靜即從官屬詣之兄弟並將輕兵在門外楊入見純純接以禮敬因延請其兄弟皆入迺閉閤悉誅之因勒兵而出真定震怖無敢動者

班超爲蘭臺令史後坐事免官後奉車都尉竇固出擊匈奴以超爲假司馬將兵別擊伊吾戰於蒲類海多斬首虜而還固以爲能遣與從事郭恂俱使西域超到鄯善鄯善王廣奉超禮敬甚備後忽更疏懈超謂其官屬曰寧覺廣禮意薄乎此必有北虜使來狐疑未知所從故也明者睹未萌況已著邪乃召侍胡詐之曰匈奴使來數日今安在乎侍胡惶恐具服其狀超乃閉侍胡悉會其吏士三十六人與共飲酒酣因激怒之曰卿曹與我俱在絕域欲立大功以求富貴今虜使到裁數日而王廣禮敬即廢如令鄯善收吾屬送匈奴骸骨長爲豺狼食矣爲之奈何官屬皆曰今在危亡之地死生從司馬超曰不入虎穴不得虎子當今之計獨有因夜以火攻虜使彼不知我多少必大震怖可殄盡也滅此虜則鄯善破膽功成事立矣衆曰當與從事議之超怒曰吉凶決於今日從事文俗吏聞此必恐而謀泄死

無所名非壯士也衆曰善初夜遂將吏士往奔虜營會天大風超令十人持鼓藏虜舍後約曰見火然皆當鳴鼓大呼餘人悉持兵弩夾門而伏超乃順風縱火前後鼓譟虜衆驚亂超手格殺三人吏兵斬其使及從士三十餘級餘衆百許人悉燒死明日乃還告郭恂恂大驚既而色動超知其意舉手曰掾雖不行班超何心獨擅之乎恂乃悅超於是召鄯善王廣以虜使首示之一國震怖超曉告撫慰遂納子爲質

趙岐獻帝時爲太僕奉迎車駕到陳留得篤疾遂不至興平元年徵趙岐會帝當還洛陽先遣衛將軍董承修理宮室岐謂承曰今海内分崩唯有荆州境廣地勝西通巴蜀南當交阯年穀獨登兵人差全岐雖迫大命猶志報國家欲自乘牛車南說劉表可使其身自將其兵來衛朝廷與將軍并心同力共獎王室此安上救人之策也承即表遣岐使荆州督租糧岐至劉表即遣兵詣洛陽助修宮室軍資委輸前後不絕

裴茂為尚書獻帝建安初以奉使率導關中諸將討李傕有功封列侯

魏張郃為議郎參鍾繇軍事及袁尚并州刺史高幹舉并州反河内張晟衆萬餘人無所屬寇崤澠間河東衛固引魏張琰各起兵以應之太祖使郃西徵諸將馬騰等皆引兵會擊晟等破之斬琰固首琰餘黨于并州封郃武始亭侯

後魏奚斤為鄭兵將軍明元即位斤循行州郡問民疾苦章武民劉牙聚黨為亂斤討平之

周幾為左民尚書泰常初行唐民負嶮不供輸稅幾與長孫道生宣示禍福于時郡縣斬叛胡翟猛雀於林慮山猛雀遺種竄於行唐及襄國幾追討盡誅之

李煥為治書侍御史孝文時穆泰叛任城王澄率并肆兵以討之遣煥單車入代出其不意泰等驚駭計無所出煥曉諭逆徒示以禍福於是凶黨離心莫為之用

可朱渾孝明時為武川鎮將孝昌中使蠕蠕與阿那瓌擒逆賊破洛汗聽明出六斤等轉輔國將軍北中郎將

後周伊婁穆初仕後魏為給事黄門侍郎孝武帝二年穆使於蜀屬任城郡人趙雄傑與梓潼郡人王令公鄧胐等構逆衆三萬餘人阻涪水立柵進逼潼州穆遂與刺史叱羅協率兵破之增邑五百戶

趙昶初仕後魏文帝為華州都督先是汾州胡叛再遣昶慰勞之皆知其虛實及大軍往討昶為先驅遂破之以功封章武縣伯

辛昂明帝武成中為小吏部武帝天和初使蜀撫輯蜀民及使還屬巴州萬榮郡民反攻圍郡城遏絶山路昂謂其同侶曰凶狡狂悖一至於此若待上聞或淹旬月孤城無援以淪寇黨欲救近窮寧假遠求越人苟利百姓專之可也於是募通開二州得三千人倍道兼行出其不意又令其衆皆作中國歌直趣賊壘賊既不以為虞謂有大軍赴救於是望風瓦解郡境獲寧朝廷嘉其權以濟事詔梁州總管即於軍中賞昂奴婢五十口縑綵四百尺

隋趙仲卿初仕周為儀伯中大夫王謙作亂時仲卿使在利州即與總管豆盧勣發兵拒守為謙所攻仲卿督兵出戰前後一十七陣及謙平進位大將軍封長垣縣公邑一千戶

裴矩為給事郎奏舍人事高祖開皇十年奉詔巡撫嶺南未行而高智慧汪文進等相聚作亂吳越道閉帝難遣矩行矩請速進帝許之行至南康得兵數千人時俚帥王仲宣逼廣州遣其所部將周師舉圍東衡州矩與大將軍鹿愿赴之賊立九柵屯大庾嶺共為聲援矩進破之賊懼釋東衡州據原長嶺又擊敗之遂斬師舉進軍自南海援廣州仲宣懼而潰散矩所綏集者二十餘州又承制署其渠帥為刺史縣令及還報帝大悅命升殿勞苦之顧謂高熲楊素曰韋洸將二萬兵不能早度嶺朕每患其兵少裴矩以三千弊卒徑至南康有臣若此朕亦何憂以功拜開府

驍[illegible]騎將軍

隋守景字道[illegible]為鄜州刺史從與上明公楊紀送義成公主於突厥至常安遇突厥來寇時代州總管韓洪為虜所敗景率所領數百人援之力戰三日殺虜甚衆

長孫晟為上開府儀同三司仁壽元年詔楊素為軍元帥征突厥達頭可汗晟為受降使者軍次北河值賊帥思力俟斤等領兵拒戰晟與大將軍梁默擊走之轉戰六十餘里賊衆多降晟

唐謝叔方為左親衛中郎將奉使靈州招輯突厥會苾哥邏祿等部落叛兵三千於薄讀水上圍叔方甚急叔方率勵奮擊虜衆乃解還止柔遠縣發伊州兵往諭逆黨與其遊軍會擊大破之

李大亮為散騎侍郎時樊鄧未平因遣大亮安集之所下者四城拜安州刺史

契苾何力為左驍衛大將軍高宗龍朔元年九姓叛以何力為鐵勒道安撫大使乃揀精騎五百馳入九姓中賊大驚何力謂

曰國家知汝被詿誤遂有猜動使我捨汝等過皆可自新罪在酋渠得之則已諸姓大喜共擒僞葉護及設特勤等司惡二百餘人以歸何力數其罪而誅之

裴行儉儀鳳中爲司列少常伯安撫大食使擒僞可汗都支及李遮匐還

栢耆文宗大和初爲諫議大夫滄德李同捷叛宿師於野耆連年同捷窮蹙求降耆宣諭訖乃帥數百騎入滄州取同捷與其家屬赴京師至德州界諜言鎭州王廷湊來刼篡耆乃斬同捷首傳而獻捷百寮稱賀

梁馬嗣勳唐末爲太祖元從押牙嗣勳與客頗稱任使昭宗光化元年三月太祖令往光州說刺史劉存背淮賊以向國又與李考威收復黃州及武昌縣獲刺史瞿章俄復使光州持幣馬以賜劉存會淮賊急攻光州存與嗣勳率兵大戰敗而走之又遣使於蜀及歸得其助軍貲貨甚多天復中太祖迎昭宗於岐

下軍至華之西闈使嗣勳入見韓建即時同出迎謁及羅紹威將殺牙軍遣使告於太祖求爲外援特安陽公主初卒於魏太祖乃遣嗣勳率長直官千人實兵仗於橐中肩舁以入於魏聲言來致祭會兼牙軍不之覺天祐三年正月十六日夜嗣勳與紹威親軍同攻牙軍至曙盡殪之

後唐李嚴同光中爲客省使于蜀時王衍累據坤維部曲離心知其必可取使還具奏蜀云之狀興師之日必有成功故平蜀之謀始於嚴郭崇韜起軍之日乃以嚴爲三川招撫使嚴與先鋒使康延孝將兵五千先驅閣道或馳詞說或威以兵鋒大軍未及所在降下延存在漢州王衍與書曰可請李司空先來子即舉城納款衆咸以爲討蜀之謀始於嚴衍甘言將誘而殺之欲不令遂往嚴聞之喜曰俟魏王至吾兩人大功立矣即馳騎入益州衍見嚴於母前以妻母爲託即日引蜀使歐陽彬迎謁繼岌（魏王也）三川平

招撫

周官司馬有撣人之職掌誦王志以巡天下之邦國而語之使萬民和說斯古道也若夫新造之邦民懷去就荐饑之歲下有攘奪或連城叛換陷赤子於匪人或靈旗濯征困齊甿於物役以至殊俗款附兢寇蕩平天災流行比屋凋弊繇是申擇儁望奉宣國命布露恩詔導揚德澤陳之以禍福譬之以逆順用能定萬衆之反側悟積年之迷妄勞來安集撫懷存卹使從亂者知歸慕化者無斁兇狡革慮逋播還復者焉向非窮理而達變研幾而適道周物之智居滯臨難之節不奪者曷足以膺是選哉

漢司馬相如爲郎數歲會唐蒙使略通夜郎僰中（行取曰略夜郎僰中皆西南夷也）發巴蜀吏卒千人郡又多爲發轉漕萬餘人用軍興法誅其渠率（渠大也）巴蜀民大驚恐武帝聞之乃遣相如責唐蒙等因諭告巴蜀民以非帝意檄曰告巴蜀太守蠻夷自擅不討之日

久矣時侵犯邊境勞士大夫陛下即位存撫天下集安中國然後興師出兵北征匈奴單于怖駭交臂受事屈膝請和康居西域重譯納貢稽首來享（來入朝覲豫享祀也一曰享獻也）移師東指閩越相誅右弔番禺太子入朝（番禺南海郡治也東伐閩越後至番禺故言右也）南夷之君西僰之長常效貢職不敢惰怠延頸舉踵喁喁然（喁喁衆口向上也）皆鄉風慕義欲爲臣妾道里遼遠山川阻深不能自致（致至也）夫不順者已誅而爲善者未賞故遣中郎將往賓之發巴蜀之士各五百人以奉幣衛使者不然（不然之變也）靡有兵革之事戰鬬之患今聞其乃發軍興制（以發軍之法爲興衆之制也）驚懼子弟憂患長老郡又擅爲轉粟運輸皆非陛下之意也當行者或亡逃自賊殺（賊猶害也）亦非人臣之節也夫邊郡之士聞烽舉燧燔（烽如覆米䉛縣著契皐頭有寇則舉之燧積薪有寇則燔然之也）皆攝弓而馳荷兵而走（攝謂張弓注矢而持之也）流汗相屬惟恐居後（屬[illegible]）觸白刃冒流矢（冒犯也）議不反顧計不旋踵人懷怒心如報私讎彼豈樂死惡生非編列之民而與巴蜀異主哉（編列謂編戶也）計深慮

遠念國家之難而樂盡人臣之道也故有剖符之封析圭而爵位為通侯析中分也白藏天子青在諸侯居列東第東第甲宅也居旁地之東終則遺顯號於後世傳土地於子孫行盡忠竭居位甚安佚佚樂也名聲施於無窮功烈著而不滅是以賢人君子肝腦塗中原膏液潤埜艸而不辭也今奉幣役至南夷即自賊殺或亡逃抵誅抵至也亡逃而至於誅也身死無名無善名也謚為至愚恥及父母為天下笑人之度量相越豈不遠哉然此非獨行者之罪也父兄之教不先子弟之率不謹不先者謂往日不素教之寡廉鮮恥而俗不長厚也其被刑戮不亦宜乎陛下患使者有司之若彼悼不肖愚民之如此故遣信使謂信之人以為使也曉喻百姓以發卒之事諭告也因數之以不忠死亡之罪數責也讓三老孝弟以不教誨之過讓責也責其教誨不備也方今田時重煩百姓重難也不欲召聚之也已親見近縣近縣之人使者已自見而口諭之矣故為檄文以示遠所有恐遠所谿谷山澤之民不徧聞檄到亟下縣道亟急也蠻夷曰道咸諭陛下意毋忽忽忘也

後漢鮑永為更始尚書僕射將兵安集河東會更始死永悉罷兵幅巾詣光武時攻懷未拔帝謂永曰我攻懷三日而兵不下關東畏服卿可且將故人自往城下譬之即拜永諫議大夫至懷乃說更始河內太守於是開城而降

伏隆琅邪東武人仕郡督郵建武二年詣懷宮光武甚親接之時張步兄弟各擁彊兵據有齊地拜隆為太中大夫持節使青徐二州招降郡國隆移檄告曰乃者猾臣王莽殺帝盜位宗室興兵除亂誅莽故羣下推立聖公以主宗廟而任用賊臣殺戮賢良三王作亂盜賊從横忤逆天心卒為赤眉所害皇天祐漢聖哲應期陛下神武奮發以少制衆故尋邑以百萬之軍潰散於昆陽王郎以全趙之師土崩於邯鄲大彤高胡望旗消靡鐵脛五校莫不摧破梁王劉永幸以宗室屬籍爵為侯王不知厭足自求禍棄遂封爵牧守造為詐逆今虎牙大將軍屯營十萬已拔睢陽劉永奔迸家已族矣此諸君所聞也不先自圖後悔何及青徐羣盜得此惶怖獲索賊右師郎等六校即時皆降張步遣使隨隆詣闕上書獻鰒魚其冬拜隆光祿大夫復使於步并與新除青州牧守及都尉俱東詔隆輒拜令長以下隆招懷綏緝多來降附帝嘉其功比之酈生

張純安世之孫襲爵富平侯建武五年拜太中大夫使將潁川突騎安集荊徐楊部督委輸監諸將營

耿純為東郡太守建武八年東郡濟陰盜賊羣起遣大司空李通橫野大將軍王常擊之光武以純威信著於衞地東郡舊衞地也遣使拜太中大夫使與大兵會東郡東郡聞純入界盜賊九千餘人皆詣純降大兵不戰而還璽書復以為東郡太守吏民悅服

張堪為謁者建武十一年使詣吴漢伐公孫述成都既拔堪慰撫吏民蜀人大悅

魏鍾繇為廷尉高貴鄉公正元中毋丘儉文欽反繇持節至揚豫州班行赦令告喻士民

宋劉秀之為太子右衞率孝武大明三年雍州刺史海陵王休茂反為士人所誅秀之以本官慰勞分別善惡事畢還都

梁韋叡為冠軍將軍時侯景平尋奉使往東陽晉安招撫留異陳寶應等

後魏周幾為左民尚書明元神瑞中并州饑民遊食山東詔幾領衆鎮博陵之魯口以安集之泰常初白澗行唐民數千家負險不供輸稅幾與安康子長孫道生示禍福逃民遂還

張靈符為中書博士文成和平中咸陽郡民趙昌聚黨作逆百姓騷動詔靈符宣旨慰喻民乃復業

李煥為司徒右長史以崇盃擾動劾煥兼散騎常侍慰勞之降者萬餘家

陸叡獻文時襲父爵封為建安王宋司州刺史常珍奇以懸瓠內附而新民猶懷去就叡銜旨撫慰諸有陷軍為奴婢者叡皆免之百姓忻悅民情乃定

韋珍為尚書郎孝文初蠻首桓誕歸款朝廷思安邊之略以誕為東荊州刺史令珍為使與誕招慰蠻左珍自懸瓠西入三百餘里桐栢山窮臨淮源宣揚恩澤凡所招降至郡縣而還

鄭義為中書侍郎延興初陽武人田智度年十五妖惑動衆擾亂京索以義河南民望為州郡所信遣義乘傳慰喻義到宣示禍福重加募賞旬日之間衆皆歸附

韓麒麟為給事黃門侍郎乘傳招慰徐兖叛民歸順者四千餘家

孟威為羽林監時四鎮高車叛投蠕蠕孝文詔威曉喻禍福追還逃散分配為民

盧同宣武時為司空諮議參軍兼司馬時秦州民反詔同兼通直常侍銜慰喻之多所降下後為撫軍時會營州城民就德興謀反除同度支尚書持節使營州慰勞聽以便宜從事同頻遣使人皆為賊害乃遣賊家口三十人并免家奴為良齎書喻德興德興乃降安輯其民而還

源懷為車騎大將軍[illegible]京[illegible]加連年旱儉百姓困弊懷銜命巡撫存恤有方便宜運轉有無通濟

高綽字僧裕孝明初為太尉司馬其年秋大乘賊起於冀州都督元遙率衆討之詔綽兼散騎常侍持節以白虎幡軍前招慰綽信著州里降者相尋

費穆為左軍時蠕蠕主婆羅門自涼州歸降其部衆因飢侵掠邊邑詔穆銜命宣慰便皆款附

王靜為冠軍將軍岐州刺史趙郡王謐虐害城民怨叛詔靜馳驛慰喻咸即降

崔亮為七兵尚書領廷尉卿徐州刺史元昞撫御失和詔亮馳驛安撫亮至劾昞處以大辟勞賚綏慰百姓怡然

楊標為車騎將軍孝武入關稽胡恃險不賓屢行抄竊以標兼黃門侍郎往慰撫之標頗有權畧能得邊情誘化酋渠多來款附乃有隨標入朝者

北齊封隆之初仕東魏孝靜為河南尹丞時青齊二州士民反叛隆之奉使慰諭咸即降款後還尚書右僕射武定初北豫州刺史高仲密將叛遣使陰通消息於冀州豪望使為內應輕薄之情頗相扇動詔隆之馳驛慰撫遂得安靜

封子繪為都官尚書時冀州高歸彥作逆文襄詔子繪謂曰爾世載名德恩洽彼州故遣卿贊軍事隨便慰撫宜善加謀畧以稱朕所寄即以其日馳傳赴軍子繪祖父世為本州百姓素所歸附既至巡城諭以禍福民吏降款日夜相繼賊中動靜小大必知賊平仍勑子繪權行州事

後周趙昶為中都督時氐梁道顯叛攻南由太祖遣昶慰諭之道顯等皆即款附東秦州刺史因從其豪帥三十餘人并部落於華州大祖即以昶為都督領之

辛昂為車騎將軍時益州殷阜軍國所資經塗艱險每苦劫盜詔昂使於梁益民之細務皆委決焉昂撫導荒梗安置城鎮數

年之中頗得寧靜天和初陸騰討信州群蠻今夔州歷時未克高祖詔昂使於通渠等諸州運糧饋之時臨信諸州民庶亦多從蠻昂諭以禍福赴者如歸乃令老弱負糧壯夫拒戰咸願為用莫有怨者

隋賀若誼在魏為尚食典御時周太祖據有關中引之左右嘗使詣杏城屬茹茹種落擾貳屯於河表誼因譬以禍福誘令歸附降者萬餘口太祖深奇之賜金銀百兩

宇文弼初仕周為禮部上士嘗奉使鄧至國及黑水龍涸諸羌前後附三十餘部後為尚書右丞時西羌內附詔弼持節安集之置鹽澤蒲昌二郡而還

長孫晟為右驍衛將軍頻使突厥引其內附皆晟之力也

韋沖為散騎常侍歲餘發南汾州胡千餘人北築長城在塗皆亡煬帝呼沖問計沖曰皆由牧宰不稱所致請以理綏靜可不勞兵而定帝因令沖綏懷叛者月餘並赴長城帝降書勞勉之

尋拜石州刺史

崔頤爲越王長史大業中山東盜賊烽起煬帝令撫慰高陽襄國歸首者八百餘人

唐裴矩初仕隋爲黃門侍郎大業初煬帝令矩往張掖引致西蕃至者十餘國三年帝有事於恒嶽咸來助祭帝將巡河右復令矩往燉煌矩遣使說高昌王麴伯雅及伊吾吐屯設等啗以厚利導使入朝及帝西巡次燕支山高昌王伊吾設等及西蕃胡二十七國謁於道左皆令佩金玉被錦罽焚香奏樂歌儛諠譟復令武威張掖士女盛飾縱觀騎乘填咽周亘數十里以示中國之盛帝見而大悅竟破吐谷渾拓地數千里並遣兵戍之每歲委輸巨億萬計諸蕃懾懼朝貢相續帝謂矩有綏懷之畧進位銀青光祿大夫武德末建成被誅其餘黨尚保宮城與官軍戰詔矩令至東宮曉諭之宮兵乃散

淮安王神通高祖從父弟也武德四年五月竇建德博州刺史王薄來降神通爲使者慰撫山東下三十餘州建德之地悉定

張河初爲高祖大將軍戶曹參軍從至賈胡堡令河還鎮并州尋遣慰撫山東燕趙之地爭來款附

郭嶠初爲太宗渭北道元帥長史時關中羣盜往往聚結衆無適從令嶠招慰之所至皆下

李嶠爲監察御史時嶺南邕嚴二州首領反叛發兵討擊高宗令嶠往監軍事嶠乃宣朝旨特捨其罪親入獠洞以招諭之叛者盡降因罷兵而還高宗甚嘉之

裴懷古則天時爲監察御史時姚嶲道蠻反詔懷古往招輯之懷古申明賞罰賊徒歸附者日以千數乃俘其尼而還後爲司封郎中時始安賊歐陽倩擁徒數萬剽陷州縣授懷古桂州都督仍充招慰討擊使纔及嶺飛書招誘示以禍福賊徒迎降自陳爲吏人侵逼乃舉兵耳懷古知其誠懇乃輕騎以赴之左右曰夷獠難親未可信也懷古曰吾杖忠信可通於神明况於人乎因造其營以慰喻之羣賊喜悅歸其所掠財貨納於公府諸洞酋長素持兩端者盡來款附嶺外悉定

宋慶禮爲大理評事充嶺南採訪使時崖振等五州首領更相侵掠荒俗不安承前使人懼其炎瘴莫有到者慶禮躬至其境詢問風俗示以禍福於是安堵遂罷鎮兵五千人

劉晏肅宗寶應二年爲吏部尚書平章事時吐蕃犯長安既平帝命晏充度支轉運等使如上都宣慰晏至上都奉宣詔旨百姓以晏舊京尹觀者如堵既宣恩煦無不抃躍

奚陟爲中書舍人德宗貞元中江西淮南淮西大雨爲災令陟勞問巡慰所在人安悅郡倚爲虞部員外郎憲宗元和中王承宗在鎮州拒命憲宗命倚爲使以招諭之承宗遂稟朝旨獻德棣二州及遣兩子入覲

柏耆爲右拾遺元和十五年鎮州王承元歸國移鎮滑州朝廷賜成德軍賞錢一百萬貫令諫議大夫鄭覃宣慰軍人賞錢未

至浩浩然騰口穆宗詔耆往諭旨耆至令承元集三軍宣導朝旨衆心乃安

李遜爲散騎常侍長慶中鄆州李師道疑恐穆宗命遜馳赴東平諭之師道得其語意即請效順旋爲其下所惑而止

崔戎爲諫議大夫充劍南東西兩川宣慰使西川承蠻寇之後戎宣撫兼再定征稅廢置得所公私便安

晉華溫琪後唐初鎮耀州莊宗同光末平蜀川獲秦州遣溫琪撫而莅之一境大稱肅然

冊府元龜卷第六百五十六

冊府元龜卷第六百五十七

奉使部六

機變

古者慎使乎之選重越境之任故聘禮大夫受命不受辭蓋勢事不素制也大易曰見機而作不俟終日古語曰變通之際間不容髮非夫智略輻湊計慮周洽者孰能與於斯乎若乃受命而行臨事以敏遇其變故適與時會理既先覺行而中權或晉俗以遂事或詭辭以應物當有疑而立斷將覆危而先發俾夫敵人無所施其詐智者不能為其謀用能成命而立功守節而獲考斯故得專對之義而成出疆之美矣

齊景公使使於楚楚王與之上九重之臺顧使者曰齊亦有臺若此乎使者曰吾君有治位之堂土階三等茅茨不揃采椽不斲猶以為為之者勞居之者泰吾君惡有臺若此者於是楚王蓋悒如也

府六百五十七　一

枝如子躬楚大夫也昭十三年夏楚平王棄疾即位使枝如子躬聘于鄭且致犨櫟之田[犨櫟本鄭邑楚中取之平王新立故還以賂鄭]事畢弗致[知歡]鄭人請曰聞諸道路將命寡君以犨櫟敢請命對曰臣未聞命既復王問犨櫟降服而對[降服如今解冠也謝違命]曰臣過失命未之致也王執其手曰子毋勤[王善其有]歸不穀有事其告子也[楚有事將懷使之]

藺相如者趙人也為趙宦者令繆賢舍人文惠王得楚和氏璧秦昭王聞之使人遺趙王書願以十五城請易璧趙王與大將軍廉頗諸大臣謀欲予秦秦城恐不可得徒見欺欲勿予即患秦兵之來計未定求人可使報秦者未得宦者令繆賢曰臣舍人藺相如可使王問何以知之對曰臣嘗有罪竊計欲亡走燕臣舍人相如止臣曰君何以知燕王臣語曰臣嘗從大王與燕王會境上燕王私握臣手曰願結友以此知之故欲往相如謂臣曰夫趙彊而燕弱而君幸於趙王故燕王欲結於君今君乃亡趙走燕燕畏趙其勢必不敢留君而束君歸趙矣君不如肉袒伏斧鑕請罪則幸得脫矣臣從其計大王亦幸赦臣臣竊以為其人勇士有智略宜可使於是王召見問藺相如曰秦王以十五城請易寡人之璧可予不相如曰秦彊而趙弱不可不許王曰取吾璧不予我城柰何相如曰秦以城求璧而趙不許曲在趙趙予璧而秦不予趙城曲在秦均之二策寧許以負秦曲王曰誰可使者相如曰王必無人臣願奉璧往使城入趙而璧留秦城不入臣請完璧歸趙趙王於是遂遣相如奉璧西入秦秦王坐章臺見相如相如奉璧奏秦王秦王大喜傳以示美人及左右皆呼萬歲相如視秦王無意償趙城乃前曰璧有瑕請指視王王授璧相如因持璧卻立倚柱怒髮上衝冠謂秦王曰大王欲得璧使人發書至趙王趙王悉召群臣議皆曰秦貪負其彊以空言求璧償城恐不可得議不欲予秦璧臣以為布衣之交尚不相欺況大國乎且以一璧之故逆彊秦之驩不可於是趙王乃齋戒五日使臣奉璧拜送書於庭何者嚴大國之威以脩敬也今臣至大王見臣列觀禮節甚倨得璧傳之美人以戲弄臣臣觀大王無意償趙王城邑故臣復取璧大王必欲急臣臣頭今與璧俱碎於柱矣相如持其璧睨柱欲以擊柱秦王恐其破璧乃辭謝固請召有司案圖指從此以往十五都予趙相如度秦王特以詐詳為予趙城實不可得乃謂秦王曰和氏璧天下所共傳寶也趙王恐不敢不獻趙王送璧時齋戒五日今大王亦宜齋戒五日設九賓於廷[九賓則周禮九儀]臣乃敢上璧秦王度之終不可彊奪遂許齋五日舍相如廣成傳舍相如度秦王雖齋決負約不償城乃使其從者衣褐懷其璧從徑道亡歸璧于趙秦王齋五日後乃設九賓禮於廷引趙使者藺相如相如至謂秦王曰秦自繆公以來二十餘君未嘗有申明約束者也臣誠恐見欺於王而負趙故令人持璧歸間至趙矣且秦彊而趙弱大王遣一介之使至趙趙立奉璧來今以秦之彊而先

府六百五十七　二

割十五都予趙趙豈敢留璧而得罪於大王乎臣知欺大王之罪當誅臣請就湯鑊唯大王與群臣熟計議之秦王與群臣相視而嘻左右或欲引相如去秦王因曰今殺相如終不能得璧也而絕秦趙之驩不如因而厚遇之使歸趙趙王豈以一璧之故欺秦邪卒廷見相如畢禮而歸之相如既歸趙王以為賢大夫使不辱於諸侯拜相如為上大夫

漢隨何為謁者時漢王與楚大戰彭城不利出梁至虞（虞宋州虞城縣）謂左右曰彼等者無足以計天下事者何進曰不審陛下所謂漢王曰孰能謂我使淮南使之發兵背楚留項王於齊數月我之取天下可以萬全隨何曰臣請使之與二十人俱使淮南至太宰主之（淮南太宰）三日不得見隨何因說太宰曰王之不見何必以楚為彊以漢為弱使何得見言之而是邪則大王所欲聞言之而非邪使何二十人伏斧鑕淮南市以明背漢而與楚也太宰乃言之王王見之隨何說淮南王王曰請奉命陰許叛楚與漢未敢泄楚使者在方急責布發兵隨何直入曰九江王已歸漢楚何以得發兵布愕曰何至是耳使者出何曰事已搆可殺楚使者無使歸而疾走漢併力布從之遂歸漢

王烏武帝元鼎中使匈奴匈奴法漢使不去節不以墨黥其面不得入穹廬（以墨黥面也）王烏北地人習胡俗去其節黥面入廬單于愛之

涉何元封中武帝使譙諭朝鮮王右渠終不肯奉詔（譙責讓也音才笑反）何去至界臨浿水使馭刺殺送何者朝鮮裨王長（長者裨王名也送何至浿水何殺之）即度水馳入塞遂歸報天子曰殺朝鮮將上為其名美弗詰拜何為遼東東部都尉

常惠太原人也少時家貧自應募隨移中監蘇武使匈奴匈奴從蘇武北海上昭帝即位數年匈奴與漢和親漢求武等匈奴詭言武死後漢使復至匈奴常惠請其守者與俱得夜見漢使具自陳道教使者謂單于言天子射上林中得鴈足有係帛書言武等在某澤中使者大喜如惠語以讓單于（讓責也）單于視左右而驚謝漢使曰武等實在

陳饒為右率王莽建國元年遣五威將軍王駿率甄阜王颯及饒帛敞丁業六人（帛音廁）多齎金帛重遺單于諭曉以受命代漢狀因易單于故印文曰匈奴單于璽莽更曰新匈奴單于章（新者自莽）將率既至授單于印紱（紱者印之組也音弗）詔令上故印紱單于再拜受詔譯前欲解取故印紱單于舉掖授之左姑夕侯蘇從旁謂單于曰未見新印文宜且勿與單于止不肯與請使者坐穹廬單于欲前為壽五威將軍曰故印紱當以時上單于曰諾復舉掖授譯蘇復曰未見印文且勿與單于曰印文何由變更遂解故印紱奉上將率受著新紱不解視印飲食至夜乃罷饒謂諸將率曰卿者姑夕侯疑印文幾令單于不與人（卿讀曰嚮音鉅依切）如令視印見其變改必求故印此非辭說所能距也既得而復失之辱命莫大焉不如椎破故印以絕禍根將率猶與莫有應者饒燕士果悍（悍勇也 [illegible]）即引斧椎壞之明日單于果遣右骨都侯當白將率曰漢賜單于印言璽不言章又無漢字諸王已下乃有漢言章今即去璽加新與臣下無別願得故印將率示以故印謂曰新室順天制作故印隨將率所自為破壞單于宜承天命奉新室之制當還白單于知已無可柰何又多得賂遺即遣第右賢王與奉馬牛隨將率入謝因上書求故印

後漢吳漢南陽宛人素聞光武長者獨欲歸心光武於廣阿拜漢為偏將軍光武將發幽州兵夜召鄧禹問可使行者禹曰間數與吳漢言其人勇鷙有智謀諸將鮮能及者即拜漢為大將軍持節北發十郡突騎更始幽州牧苗曾聞之陰勒兵勑諸郡不肯應調漢乃將二十騎先馳至無終曾以漢無備出迎於路漢即㧊兵騎收曾斬之而奪其軍北州震駭城邑莫不望風弭從遂悉發其兵引而南與光武會清陽諸將望見漢還士馬甚盛皆曰是寧肯分兵與人邪及漢至莫府上兵簿諸將人人多請之光武曰

屬者恐不與人今所請又何多也諸將皆慙

班超字仲外明帝永平十六年奉車都尉竇固出擊匈奴以超爲假司馬將兵引擊伊吾戰於蒲類海多斬首虜而還（伊吾匈奴中地名在今伊州納職縣界前書音義曰蒲類匈奴中海名在敦煌北也）固以爲能遣與從事郭恂俱使西域超到鄯善（鄯善本西域樓蘭國也昭帝元鳳四年改爲鄯善去陽關一千五百里去長安六千一百里）鄯善王廣奉超禮敬甚備後忽更疏懈超謂其官屬曰寧覺廣禮意薄乎此必有北虜使來狐疑未知所從故也明者睹未萌況已著邪乃召侍胡詐之曰匈奴使來數日今安在乎侍胡惶恐具服其狀超乃閉侍胡悉會其吏士三十六人與共飲酒酣因激怒之曰卿曹與我俱在絶域（曹輩也）欲立大功以求富貴今虜使到裁數日而王廣禮敬即廢如今鄯善收吾屬送匈奴（骸）骨長爲豺狼食矣爲之柰何官屬皆曰今在危亡之地死生從司馬超曰不入虎穴不得虎子當今之計獨有因夜以火攻虜使彼不知我多少必大震怖可殄盡也滅此虜則鄯善破膽功成事立矣衆曰當與從事議之超怒曰吉凶決於今日從事文俗吏聞此必恐而謀泄死無所名非壯士也衆曰善初夜遂將吏士往奔虜營會天大風超令十人持鼓藏虜舍後約曰見火然皆當鳴鼓大呼餘人悉持弓弩夾門而伏超乃順風縱火前後鼓譟虜衆驚亂超手格殺三人吏兵斬其使及從士三十餘級餘衆百許人悉燒死（東觀記曰斬得匈奴節使屋賴帶副使比離支首及節）明日乃還告郭恂恂大驚既而色動超知其意舉手曰掾雖不行班超何心獨擅之乎恂乃悅超於是召鄯善王廣以虜使首示之一國震怖超曉告撫慰遂納子爲質還奏於竇固固大喜具上超功效并求更選使使西域帝壯超節詔固曰吏如班超何故不遣而更選乎今以超爲軍司馬令遂前功超復受使固欲益其兵超曰願將本所從三十餘人足矣如有不虞多益爲累是時于寘王廣德新攻破莎車遂雄張南道（于寘國去長安九千六百七十里南與婼羌接北與姑墨接）（莎車國去長安九千九百五十里前書曰西域東西六千餘里東至玉門陽關有兩道從鄯善傍南山北波河）（雄張猶熾盛也張音丁亮切）而匈奴遣監護其國超既西先至于寘廣德禮意甚疏且其俗信巫巫言神怒何故欲向漢漢使有騧馬急求取以祠我廣德乃遣使就超請馬（續漢書曰騧黃馬黑喙）（字林作騧說文馬淺黑色也音古媧切）超密知其狀報許之而令巫自來取馬有頃巫至超即斬其首以送廣德因辭讓之廣德素聞超在鄯善誅滅虜使大惶恐即攻殺匈奴使者而降超超重賜其王以下因鎮撫焉時龜兹王建爲匈奴所立倚恃虜威據有北道攻破疏勒殺其王而立龜兹人兜題爲疏勒王超從閒道至疏勒去兜題所居槃槖城九十里逆遣吏田慮先往降之勑慮曰兜題本非疏勒種國人必不欲命若不即降便可執之慮既到兜題見慮輕弱殊無降意慮因其無備遂前劫縛兜題左右出其不意皆驚懼奔走慮馳報超超即赴之悉召疏勒將吏說以龜兹無道之狀因立其故王兄子忠爲國人大悅忠及官屬皆請殺兜題超不聽欲示以威信釋而遣之疏勒由是與龜兹結怨十八年帝崩焉耆以中國大喪遂攻沒都護陳睦超孤立無援而龜兹姑墨數發兵攻疏勒超守槃槖城與忠爲首尾士吏單少拒守歲餘章帝初即位以陳睦新沒恐超單危不能自立下詔徵超超發還疏勒舉國憂恐其都尉黎弇曰漢使棄我我必復爲龜兹所滅耳誠不忍見漢使去因以刀自剄超還至于寘王侯以下皆號泣曰依漢使如父母誠不可去互抱超馬脚不得行超恐于寘終不聽其東又欲遂本志乃更還疏勒疏勒兩城自超去後復降龜兹而與尉頭連兵超捕斬反者擊破尉頭殺六百餘人疏勒復安

吳張紘字子綱廣陵人避難江東孫策表爲正議校尉漢獻帝建安四年孫策遣紘奉章至許宮留爲侍御史少府孔融等皆與親善（紘至與在朝公卿及知舊述策材略絶異平定三郡風行草偃加以忠敬款誠乃心王室時曹公爲司空欲加恩厚以悅遠人至乃優文褒崇改號加封辟紘爲掾舉高第補侍御史後以紘爲九江太守紘心戀舊恩思還反命以疾固辭）曹公聞策薨欲因喪伐吳紘諫以爲乘人之喪既非古義若其

不克成鍾乘好不如因而厚之曹公從其言即表大帝為討虜將軍領會稽太守

顧徽為東曹掾時傳曹公欲東大帝謂徽曰卿孤腹心今傳孟德懷異意莫足使揣之卿為吾行拜輔義都尉到北與曹公相見公具問境內消息徽應對婉順因說江東大豐山藪宿惡皆慕化為善義出作兵公笑曰孤與孫將軍一結婚姻共輔漢室義如一家君何為道此徽曰正以明公與主將義固盤石休戚共之必欲知江表消息是以及耳公厚待遣還大帝問定云何徽曰敵國隱情卒難探察然徽潛采聽方與袁譚交爭未有他意

晉衛瓘初仕魏陳留王為廷尉卿鄧艾鍾會之伐蜀也瓘以本官持節監艾會軍行事鎮西軍司給兵千人蜀既平艾輒承制封拜會陰懷異志因艾專擅密與瓘俱奏其狀詔使檻車徵之會遣瓘先收艾會以瓘兵少欲令艾殺瓘因加艾罪瓘知欲危己然不可得而距乃夜至成都檄艾所統諸將稱詔收艾其餘

一無所問若來赴官軍爵賞如先敢有不出誅及三族比至雞鳴悉來赴瓘唯艾帳內在焉平旦開門瓘乘使者車徑入至成都殿前艾臥未起父子俱被執艾諸將圖欲劫艾整杖趨瓘營瓘輕出迎之偽作表草將申明艾事諸將信之而止俄而會至乃悉請諸將胡烈等因執之囚益州解舍遂發兵反於是士卒思歸內外騷動人情憂懼會留瓘謀議乃書版云欲殺胡烈等舉以示瓘瓘不許因相疑貳瓘如廁見胡烈故給使使宣語三軍言會反會逼瓘定議經宿不眠各橫刀膝上在外諸軍已潛欲攻會會既不出未敢先發會使瓘慰勞諸軍瓘心欲去且堅其意曰卿三軍主宜自行會曰卿監司且先行吾當後出瓘便下殿會悔遣之使呼瓘瓘辭以疾動作仆地比出閤數十信追之瓘至外解服鹽湯大吐瓘素羸便以困篤會遣所親人及醫視之皆言不起會由是無所憚及暮門閉瓘作檄宣告諸軍諸軍並已唱義陵旦共攻會會率左右距戰諸將擊敗之唯帳下數百人隨會燒殿而走盡殺之瓘於是部分諸將群情肅然

後魏楊昱孝明時為給事黃門侍郎時賊圍豳州詔昱兼侍中持節催西北道大都督北海王顥仍隨軍監察豳州圍解雍州蜀賊張映龍姜神達知州內空虛謀欲攻掩刺史元脩義懼而請援一日一夜書移九通都督李叔仁遲疑不赴昱曰長安關中基本今大軍頓在涇豳與賊相對若使長安不守大軍自然瓦散此軍雖往有何益也遂與叔仁等俱進於陣斬神達及諸賊四百許人餘悉奔散

後周申徽西魏大統十年為給事黃門侍郎先是東陽王元榮為瓜州刺史其女婿劉彥隨焉及榮死瓜州首望表榮子康為刺史彥遂殺康而取其位屬四方多難朝廷不遑問罪因授彥刺史頻徵不奉詔又南通吐谷渾將圖叛逆文帝難於動衆欲以權略致之乃以徽為河西大使密令圖彥徽輕以五十騎行既至止於賓館彥見徽單使不以為疑徽乃遣一人微勸彥歸

朝以揣其意彥不從徽又使贊成其住計彥便從之遂來至館徽先與瓜州豪石密謀執彥遂叱而縛之彥辭無罪徽數之曰君無尺寸之功濫居方岳之重恃遠背誕不恭貢職戮辱使人輕忽詔命計君之咎實不容誅但受詔之日本令相送歸闕所恨不得即申明罰以謝邊遠耳於是宣詔慰勞吏人及彥所部復云大軍續至城內無敢動者使還遷都官尚書

杜杲武帝建德初為司中大夫使於陳陳宣帝謂杲曰長湖公軍人等雖築館處之然恐不能死北風之戀王褒庾信之徒既羈旅關中亦當有南枝之思耳杲揣陳宣意欲以元定軍將士易王褒等乃答之曰長湖總戎失律臨難苟免既不死節安用以為且猶牛之一毛何能損益本朝之議初未及此陳宣帝乃止杲還至石頭又遣謂之曰若欲合從共圖齊氏能以樊鄧見與方可表信杲答曰合從圖齊豈弊邑之利必須城鎮宜待之於齊先索漢南使者不敢聞命

隋崔彭性剛毅有武略善騎射高祖爲丞相時周陳王純鎮齊州高祖恐純爲變遣彭以兩騎徵入朝彭未至齊州三十里因詐病止傳舍遣人謂純曰天子有詔書至王所彭若疾不能遠步願王降臨之純疑有變多將從騎至彭所彭出傳舍迎之察純有疑色恐不就徵因詐純曰王可避人將密有所道純麾遣從騎彭又曰將宣詔王可下馬純遽下彭顧其騎士曰陳王不從詔徵可執也騎士因執而鎖之彭乃大言曰陳王有罪詔徵入朝左右不得輒動其從者愕然而去高祖見而大悅拜上儀同

長孫晟爲左勳衛車騎將軍開府奉使突厥突厥可汗染干因晟奏雍閭作亂且欲打大同城發六總管並取漢王節度分道出塞討之雍閭大懼復共達頭同盟合力掩襲染干大戰于長城下染干敗績殺其兄弟子姪而部落亦散染干與晟獨以五騎逼夜南走至旦行百餘里收得數百騎乃相與謀曰今兵敗入朝一降人耳大隋天子豈禮我乎玷厥雖來本無寃隙[illegible]

[illegible]乃發遣從者入伏遠鎮[illegible]逢舉烽染干見四烽俱發問晟曰城上然烽何也晟紿之曰城高地迥必遥見賊來我國家法若賊少舉二烽來多舉三烽大逼舉四烽使見賊多而又近耳染干大懼謂其衆曰追兵已逼且可投誠既入鎮晟留其達官執室以領其衆自將染干馳驛入朝帝大喜進授左勳衛驃騎將軍

裴矩爲内史侍郎煬帝遣將軍薛世雄城伊吾令矩共往經略矩諷諭西域諸國曰天子爲蕃人交易懸遠所以城伊吾耳咸以爲然不復來競

崔君肅爲司朝謁者大業初處羅可汗爲鐵勒所敗裴矩在燉煌引致西域聞國亂復知處羅思其母氏因奏之煬帝遣君肅齎書慰諭之處羅甚踞受詔不肯起居君肅謂處羅曰突厥本一國也中分爲二自相仇敵每歲交兵積數十年而莫能相尚者明知啓民與處羅國其勢敵耳今啓民舉其部落兵且百萬入臣天子甚有丹誠者何也但以切恨可汗而不能獨制故卑事天子以借漢兵連二大國欲滅可汗耳百官兆庶咸請許之天子弗違師出有日矣顧可汗母向氏本中國人歸在京師處于賓館聞天子之詔懼可汗之滅旦夕守闕哭泣悲哀是以天子憐焉爲其輟策向夫人又匍匐謝罪因請發使以召可汗令入内屬乞加恩禮同於啓民天子從之故遣使到此可汗若稱藩拜詔國乃永安而母得延壽不然者向夫人爲誑天子必當所戮而傳首虜庭發大隋之兵資北蕃之衆左提右挈以擊可汗死亡則無日矣奈何惜兩拜之禮剿慈母之命悋一句稱臣喪匈奴之國也處羅聞之矍然而起流涕再拜跪受詔書君肅又說處羅曰啓民内附先帝嘉之賞賜極厚故致兵彊國富今可汗後附與之爭寵須深結於天子自表至誠既以道遠未得朝覲宜立一功以明臣節處羅曰如何君肅曰吐谷渾者啓民少子莫賀咄設之母家也今天子又以義城公主妻於啓民啓民

畏天子之威而與之絕吐谷渾亦因憾漢故職貢不脩可汗若請誅之天子必許漢擊其内可汗攻其外破之必矣然後身自入朝道路無阻因見老母不亦可乎處羅大喜遂遣使朝貢

唐陳大德爲職方郎中貞觀十五年大德使于高麗初入其境欲知其國俗每至城邑輒以綾綺遺其官守莫不懽悅大德因謂之曰吾性好山水所不能忘在此何處有林泉勝地吾欲時往游践其國人信之遇有好山水之處輒引大德觀之遂得枉道屈曲而行往往見中國人自云家在某郡隋大業末因平壤敗遂没於此高麗妻以游女子孫盈室與高麗錯居殆將半矣因謂親戚存不大德紿之曰汝之親屬悉無恙莫不垂涕而去更相告示數日之後大德在塗隋人望之而哭者徧於田野大德未至平壤五十里士女夾道而觀者如堵以屬於其都及與其王相見乃盛陳兵甲蓋懼中國而自彊也

陸贄爲翰林學士德宗興元元年李懷光異志已萌欲激怒諸

軍衣論諸軍衣糧薄神策衣糧厚厚薄不均難以驅戰意在挑沮進軍李晟密奏恐其有變帝憂之遣贄使懷光軍宣諭使還贄奏事曰賊泚稽誅保聚宮苑勢窮援絕引日偷生懷光總仗順之軍乘制勝之氣鼓行芟翦易若摧枯而乃寇奔不追師老不用諸帥每欲進取懷光輒沮其謀據茲事情殊不可解陛下意在全復委由聽從觀其所為亦未知感若不別為規略漸相制持唯以姑息求安終恐變故難測此誠事機危迫之秋也固不可以尋常容易處之今李晟奏請移軍適遇臣銜命宣慰懷光偶論此事臣遂汎問所宜懷光乃云李晟既欲別行某亦都不要藉臣雖慮有翻覆因美其軍還盛懷光大自矜誇轉有輕晟之意臣又從容問云昨發離行在之日未知有此商量今者從此却迴或恐聖旨顧問事之可否決定何如懷光已肆輕言不可中變遂云恩命許去事亦無妨要約再三非不詳審雖欲追悔固難爲辭伏望即以李晟表出付中書勑下依奏別賜懷

光手詔示以移軍事由其手詔大意云昨得李晟奏請移軍城東以分賊勢朕緣未知利害尋欲商量適會陸贄從彼宣慰迴云見卿論敘軍情許及於此仍言許去事亦無妨遂勑李晟允其所請卿宜授以謀略分路夾攻務使叶齊尅平寇孽如此辭婉而直理當而明雖蓄異端何由起怨臣初奉使諭旨李緣糧料不均偶屬移軍事柄諧會又幸懷光詭對且無阻絕之言機宜合并若有幽贊一失其便後何可追幸垂裁察德宗初望迴光迴意攻賊故晟屢奏移軍不許及贄繼陳懷光反狀乃可晟之奏遂移軍渭橋而鄜坊節度李建徽神策行營陽惠元猶在咸陽贄慮懷光併建徽等軍又奏曰懷光當管師徒足以獨制兇寇逗留未進抑有他由所患太彊不資傍助比者又遣李晟李建徽陽惠元節度之衆附麗其營無益成功秖憂生事何則四軍接壘群帥異心論勢力則懸絕高卑據職名則不相統屬懷光輕晟等兵微位下而忿其制不從心晟等疑懷光養寇蓄姦而怨其事多凌己端居則互防飛謗欲戰則遞恐分功齟齬不和嫌釁遂搆俾之同處必不兩全強者惡積而後亡弱者勢危而先覆覆亡之禍翹足可期舊寇未平新患方起憂歎所切實堪寒心太上消慝於未萌其次救失於始兆況乎事情已露禍難垂成委而不謀何以制亂李晟見機慮變先請移軍就東建徽惠元勢轉孤弱爲其吞噬理在必然他日雖有良圖亦恐不能自拔拯其危急唯在此時今因李晟願行便遣合軍同往託言晟兵素少慮爲賊所邀藉此兩軍迭爲犄角仍先諭旨密使促裝詔書至營即日進路懷光意雖不欲然亦計無所施是謂先人有奪人之心疾雷不及掩耳夫制軍馭將所貴見情離合疾徐各有宜適當離者合之則召亂當合者離之則寡功當疾而徐則失機當徐而疾則漏策得其要契其時然後舉無敗謀措無危勢今者屯兵而不肯爲用聚將而罔能叶心自爲鯨鯢變在朝夕留之不足以相制徒長厲階析之各競於禮能

[illegible]事有必[illegible]德宗曰卿之所料極善然李晟移軍懷光心已惆悵若更遣建徽惠元就東則是得爲辭且俟旬時晟至東渭橋不旬日懷光果奪兩節度兵建徽單騎遁而獲免惠元中路被執害之報至行在人情大恐翌日移幸山南贄練達兵機率如此類

冊府元龜卷第六百五十七

册府元龜卷第六百五十八

奉使部

才學　論薦　舉劾

才學

夫周官行人之選漢儀使者之才應聘四方祗役千里委之專對理無失辭必資才高樽俎學備古今觀其脣齒相依之世玉帛結好之辰酬酢風生是非鋒起不辱君命可謂士矣

晉趙孟爲御與魯叔孫豹曹大夫入于鄭鄭伯兼享之鄭子皮戒趙孟賦享禮終趙孟賦瓠葉及享乃用一獻趙孟爲客禮終乃宴穆叔賦鵲巢趙孟曰武不堪也

蜀費禕使于吳吳主饗之禕停食餅索筆作麥賦

馬良字季常先主辟爲左將軍掾後遣使吳良謂諸葛亮曰今銜國命協穆二家幸爲良介於孫將軍亮曰君試自爲文良即草曰寡君遣掾馬良通聘繼好以紹昆吾豕韋之勳其人吉士荆楚之令鮮於造次之華而有克終之美願降心存納以慰將命吳大帝敬侍之

吳張溫爲輔義中郎將使蜀至成都拜章于蜀主曰昔高宗諒闇昌殷祚於再興成王幼沖隆周德於太平功冒溥天聲冠極今陛下聰明之姿等契往古捴百揆于良佐參列精之炳曜遐邇望風莫不欣賴吳國勤任旅力清澄江滸願與有道平壹海內委心協規有如河水軍事興繁使役乏少是忍鄙倍之羞使下臣溫通致情好陛下敦崇禮義未便耻忽臣自入遠境及即近郊頻蒙勞賚恩詔輒加以榮爲懼悚怛若驚臣謹奉所賚函書一封蜀甚貴其才

梁庾信爲通直散騎常侍聘于東魏文章辭令盛爲鄴下所稱

陳姚察爲通直散騎常侍報聘于周江左耆舊在關右者咸相傾慕沛國劉臻竊於公館訪漢書疑事十餘條並爲剖析皆有經據臻謂所親曰名下定無虛士著西聘道里記所序事甚詳使還補東宮學士

後魏李同軌孝靜興和中兼通直散騎常侍使梁梁武深就釋學遂集名僧於其愛敬同泰二寺講涅槃大品經引同軌豫席梁武帝兼遣其朝臣並共觀聽同軌論難久之道俗咸以爲善

崔光兼太子少傅尋以本官兼侍中使持節爲陜西大使巡方省察所經述叙古事因而赴詩三十八篇還

李彪兼通直散騎常侍使用齊武帝謂彪曰卿前使還日賦詩云但願長閑暇後歲復來游果如言今日卿此還也復有來理否彪答曰使臣請重賦詩曰宴衎清都中一去永矣哉帝惘然曰清都可尒一者何事觀卿言似成長闊朕當以殊禮相送乃親至琅邪城登山臨水群臣賦詩以送

李業興爲通直散騎常侍孝靜天平四年與兼散騎常侍李諧兼吏部郎盧元明使于梁梁散騎常侍朱异問業興曰魏洛中委粟山是南郊耶業興曰委粟是圓丘非南郊异曰比聞郊丘

異所是用鄭義我此中用王義業興曰然洛京郊丘之處專用鄭解异曰若然女子逆降傍親亦從鄭以不業興曰此之一事亦不專從若卿此間用王義除禫應用二十五月何以王儉喪禮禫用二十七月也异遂不答業興曰我昨見明堂四柱方屋都無五九之室當是裴頠所制明堂上圓下方裴唯除室耳今此上不圓何异曰圓方之説經典無文何怪於方業曰圓方之言出處甚明卿自不見見卿録梁主孝經義亦云上圓下方卿言豈非自相矛楯异曰若然圓方竟出何經業興曰孝經援神契异曰緯候之書何用信也業興曰卿若不信靈威仰叶光紀之類經典亦無出者卿復信不异不答梁武帝親問業興曰聞卿善於經義儒玄之中何所通達業興曰少爲書生止讀五典至於深義不辯通釋又問詩周南王者之風繫之周公召南仁賢之風繫之召公何名爲繫業興對曰鄭注儀禮云昔太王王季居于岐陽躬行召南之教以興王業及文王行周南之教以受

命作邑於鄧分其故屬立二公名爲蔡又問若是故地應自統稱何由分封二公業興曰文王爲諸侯之時所化之本国今既登九五之尊不可復守諸侯之地故分封二公又問乾卦初稱潛龍二稱見龍至五飛龍初可名爲虎問意小乖業興對學識庸淺不足仰酬又問尚書正月上日受終文祖此是何正業興對此是夏正梁武言何以得知業興曰案尚書中候運行篇云日月營始故知夏正又問堯時以何月爲正業興對自堯以上書典不載實所不知梁武又云寅賓出日即是正月日中星鳥以殷仲春即是二月此出堯典何得云堯時不知用何正也業興對雖三正不同言時節者皆據夏時正月周禮但春二月會男女之無夫家者雖自周書月亦夏時堯之日月亦當如此但所見不深無以辯析明問梁武又曰禮原壤之母死孔子助其沐槨原壤叩木而歌曰久矣予之不託於音也貍首之斑然執女手之卷然孔子聖人而與原壤爲友業興對孔子即自解言親者不失其爲親故者不失其爲故又問原壤何處人業興對曰鄭注太原壤孔子幼少之舊故是魯人又問孔子聖人所在必可法原壤不孝有逆人倫何以存故舊之小節廢不孝之大罪業興對曰原壤所行事自彰著幼少之交非是今始既無大故何容棄之孔子深敦故舊之義於理無失又問孔子聖人何以書原壤之事垂萬代業興對曰此是後人所錄非孔子自制猶合葬於防如此之類禮記之中動有百數又問易曰太極是有是無業興對所傳太極是有素不玄學何耶

北齊魏收兼通直散騎常侍副王昕使梁昕風流文辯收辭藻富逸梁主及其群臣咸加敬異在途作聘遊賦辭甚美盛

劉逖爲假儀同三司聘周使副二国始通禮儀未定逖與周朝議論往復斟酌古今事多合禮儀兼文辭可觀甚得名譽還拜儀同三司

隋薛道衡爲内史舍人使陳江東雅好篇什陳主尤愛彫蟲道

衡每有所作南人無不吟誦焉

唐裴度元和中爲司封郎中知制誥時魏博節度使田季安卒牙軍立小將田興爲留後憲宗遣度使魏州宣諭興承借設之後車服垣屋有踰制度視事齋閣尤加宏敞興惡之乃治舊採訪使廳居之請度爲壁記述興謙降奉法魏人深德之

後唐薛廷珪初仕唐昭宗乾寧中爲中書舍人晉太祖平王行瑜歸藩天子冊封晉王以廷珪爲冊使廷珪富文才好爲篇什遇物屬詠獻詩於太祖嘉賞其才酬以幣馬復命

論薦

夫輶軒之使巡郡国而采謠俗蓋中[illegible]非有精敏之識公忠之節固不得預茲選焉乃有高視廣聽簡材擇能或覩其表而知其賢或聞其言而壯其志或著尤異之績或馳清白之譽或當官彊毅寇盜罷興或布政寬和黎民用乂以至敦固其行温麗其文偃息乎衡茅隱遁乎林壑咸用推薦揚于王庭卒能叶力事經亮采拜國爲時儁偉輝焯永裔知人之鑒於是乎在矣如是則勞之以四牡之詠褒之以上賞之典不爲覩覬矣

漢暴勝之武帝時爲直指使者督課郡国素聞雋不疑賢至勃海遣吏請與相見不疑冠進賢冠帶櫑具劍古長劍首以玉作井鹿盧形上刻木作山形如蓮花初生未敷時今大劍木首其狀似此佩環玦環玉環也玦即玉佩之玦也帶環而又著玉佩也褒衣博帶褒大裾也言著褒大之衣廣博之帶也盛服至門上謁謁若今通名也門下欲使解劍不疑曰劍者君子武備所以衛身不可解請退吏白勝之勝之開閤延請望見不疑容貌尊嚴衣冠甚偉勝之躧履起迎履不著跟曰躧躧謂納履未正曳之而行言其遽也問當世所施行門下諸從事皆州郡選吏選謂州郡吏之最者乃擇爲從事測聽不疑莫不驚駭至昏夜罷去勝之遂表薦不疑徵詣公車拜爲青州刺史又王訢濟南人以郡縣吏積功稍遷爲被[illegible]陽令故千乘縣也時勝之持斧逐捕盜賊以軍興從事誅二千石以下勝之過被陽欲斬訢訢已解衣伏質質鍖也斬人者皆伏鍖上也仰言曰使君顓殺生之柄威震郡國[illegible]

今復斬一訢不足以增威不如時有所寬以明恩貸貸猶假也言縱假之
令盡死力勝之壯其言貰不誅因與訢相結厚勝之使還薦訢
徵爲右輔都尉
鄭寬中元帝時爲博士使行風俗時益州刺史王尊居部二歲懷來
徼外蠻夷歸附服其威信寬中舉奏尊治狀遷爲東平相
後漢杜喬順帝時爲光祿大夫使徇察兖州表奏太山太守李
固政爲天下第一
馬日磾獻帝時爲太傅杖節安集關東在壽春以禮辟孫策表
拜懷義校尉
趙岐爲太僕興平初衞將軍董承表遣岐使荆州督租糧時北
海孫嵩亦寓於荆州州牧劉表不爲禮岐乃稱嵩素行篤烈因
共上爲青州刺史
宋孔默之王歆之文帝元嘉中俱兼散騎常侍巡行四方上宣
威將軍陳南頓二郡太守李元德清勤均平姦盜止息彭城內

史魏恭子廉恪脩慎在公忘私守約從儉久而彌固前宋縣令
成浦治政寬濟遺詠在民前鮦陽令李熙國在事有方民思其
政山桑令何道自少清廉白首彌勵進加褒賚以勸于後乃進
元德號寧朔將軍恭子賜絹五十匹穀五百斛浦熙國道各賜
絹三十疋穀二百斛 沈演之元嘉中爲揚州治中從事史時東
土饑文帝遣演之巡行在所演之上表曰宰邑敷政必以簡惠
成能蒞職闡治務以利民著績故玉燭見紀於前頌聲流稱於
後竊見錢塘令劉真道餘杭令劉道錫皆奉公卹民恪勤匪懈
百姓稱詠訟訴希簡又前羽已非豐穰能擒獲災水之初餘杭高堤
崩潰洪流迅激勢不可量道錫躬先吏民親執板築塘既還立
縣邑獲全經曆諸縣訪覈名實並爲二邦之首最治民之良宰
帝嘉之各賜穀千斛以真道爲步兵校尉
梁業詢宋孝武孝建中爲散騎常侍詢行風俗時吳郡錢塘人
楷伯玉有高世行隱於剡之瀑布山三十年詢表薦伯玉加散
聘本州議曹從事不就
隋梁子恭開皇中爲使者至齊州以別駕趙軌考績連最狀上
高祖嘉之
宇文㢸仁壽中爲刑部尚書巡省河北引儀同郭絢爲副
牛弘爲吏部尚書持節巡撫山東以邢州刺史陳韻理行爲第
一高祖嘉歎優詔褒揚
唐劉祥道太宗貞觀中爲巡察使時幽州司馬薛儼以善政爲
祥道所薦擢爲會州刺史
韋損爲司勳郎中山劍黜陟使薦鳳州刺史嚴震理行爲山南
第一
閻立本高宗朝爲河南道黜陟使時汴州判佐狄仁傑爲吏人
誣告立本見而謝曰仲尼云觀過知人矣足下可謂海曲之明
珠東南之遺寶薦授并州都督府法曹
李大亮爲劒南巡察大使李義府祖爲梓州射洪縣丞因家於永

泰大亮以義府善屬文表薦之對策擢第補門下省典儀
許元超爲河北道安撫大使兖州瑕丘人徐彥伯以文章擅名
元超表薦之對策擢第
周興則天天授中爲江南道宣勞大使表薦隱士史德義徵拜朝
散大夫守正議大夫
張脩憲長安中爲河東採訪使蒲州猗氏人張嘉貞爲平鄉丞
坐事免歸鄉里脩憲薦嘉貞材堪憲官請以己之官秩授之則
天召見垂簾與之言嘉貞奏曰以臣草萊而得入謁九重是千
載一遇也咫尺之間如隔雲霧竟不覩日月恐君臣之道有所
未盡則天遽令卷簾與語大悅又云嘉貞自平鄉丞免歸[illegible]悅擢之中[illegible]自謂[illegible]貞之
知此人遠[illegible]人御史出使還次蒲州史務有不決以意[illegible]病之問驛吏曰此有客乎驛吏以嘉貞對脩憲召相見咨以使事
所[illegible]員[illegible]之策不能然乃命其長又出其意外他日則天以問脩憲以實對因請以己官讓與之
路敬潛中宗神龍初爲河南道巡察使以青州長史劉允濟爲
文清白稱薦之

韓朝宗玄宗開元中爲按察使通州刺史李適之以強幹見稱朝廷爲將表薦之擢拜秦州都督

劉知柔開元中爲河南道巡察使奏陳州刺史韋嗣立汝州刺史崔日用兗州刺史韋元珪亳州刺史蕭憲濮州刺史侯莫陳遜宋州長史崔愼先汴州長史崔鼎宋州司馬鄭崇愼曹州司馬劉大明許州扶溝縣令鄭摶淄川縣令封惜汴州陳留縣令鄭勢光豫州汝陽縣令明琇鄾城縣令薛昭徐州彭城縣令薛惟慎符離縣令綦毋頑新縣令朱庭瑾滕縣令劉無玷宋州寧陵縣令崔昭鄭州新鄭縣令李光彥汝州郟城縣令張紹貞濮州濮陽縣令尹子正范縣令賀遂詳齊州亭山縣令趙懷恭青州臨淄縣令元孝問海州東海縣令元騣沂州臨承縣令徐嶠泗洲漣水縣令夏侯道寧清白可陟之狀

李希言至德初爲江東採訪使肅宗即位急於軍務諸道藥使隨才擢用時元載避地江左希言表載爲介拜祠部員外郎遷

濱州刺史

李季卿代宗永泰中爲吏部侍郎兼御史大夫奉命江南江淮宣慰振拔幽滯進用忠廉時人稱之時孔巢父隱於徂來山季卿薦授左衛兵曹參軍

趙贊永泰中爲黜陟使薦處士陳郡袁經授試校書郎

劉晏大曆中爲鹽鐵轉運使薦越州人孔述睿有顏閔之行游夏之學授太常寺協律郎

柳載德宗建中初爲黜陟使以潤州刺史馬炫清白聞徵拜右庶子

李行脩穆宗長慶中爲宣撫使至楚州舉費冠[illegible]鄉之至孝

舉劾

天節垂文著之於星歷皇華遣使垂之於風什故王者擇彼軺傳付之旌節俾循行郡國以采謠俗者焉乃有竭忠亮之誠勵方正之操彰善癉惡威震於列城遏彊撫弱惠綏於黎庶職修事舉人無間言允所謂使于四方不辱君命者矣

漢蓋寬饒爲太中大夫使行風俗多所稱舉貶黜

後漢周舉爲諫議大夫順帝永和六年詔遣八使巡行風俗於是劾奏貪猾表薦公清朝廷稱之

杜喬爲侍中漢安元中以喬守光祿大夫使徇察兗州奏陳留太守梁讓濟陰太守汜宮濟北相崔瑗等臧罪千萬以上讓即大將軍梁冀季父宮瑗皆冀所善

張綱爲御史漢安元年與侍中杜喬等八人同日受詔持節分出案行天下貪廉墨綬有罪便收刺史二千石以驛馬聞威惠清忠名振郡國號曰八儁

留義爲守灌謁者使持節督郡國行風俗太守令長坐者凡七十人

第五種桓帝永壽中以司徒掾清詔使冀州廉察災害（王公尋有清詔負以承詔使也廉察趙使）舉奏刺史二千石以下所刑免甚衆棄官奔走者數十人

范滂舉孝廉光祿四行（漢官儀曰光祿舉敦厚質樸遜讓節儉此爲四行）時冀州饑荒盜賊群起乃以滂爲清詔使案察之滂登車攬轡慨然有澄清天下之志及至州境守令自知贓汙望風解印綬去其所舉奏莫不厭塞衆議復爲太尉黃瓊所辟後詔三府掾屬舉謠言滂奏刺史二千石權豪之黨二十餘人尚書責滂所劾猥多疑有私故滂對曰臣之舉自非叨穢姦暴深爲民害豈以汙簡札哉間以會日迫促故先舉所急其未審者方更參實臣聞農夫去草嘉穀必茂忠臣除姦王道若臣言有貳甘受顯戮吏不能詰

晉桓彝爲散騎常侍時吳郡大饑郡守鄧攸表賑貸未報乃輒開倉救之臺遣彝與虞駿慰勞饑人觀聽善不乃劾攸以擅出穀俄而有詔原之

宋王鎮之晉末爲大將軍錄事參軍時三吳饑荒遣鎮之銜命賑卹而會稽內史王愉不奉符旨鎮之依事糾奏

後魏賀悅道武時封鉅鹿侯與北侯新安同持節行并定二州

劾奏并州刺史元顒等皆伏罪州郡肅然

崔光孝文時以散騎常侍兼侍中為陜西大使時華山太守趙霸酷暴非理光奏霸云不遵憲度威虐任情至乃手擊吏人寮屬奔走不可以君人字下納之軌物輒禁止在州詔免所居官

游肇以散騎常侍兼侍中為畿内大使黜陟善惡賞罰分明

源懷為車騎大將軍持節巡行北邊時賀若文于勁勢傾朝野勁兄祚與懷宿昔通婚時為沃野鎮將頗有受納懷將入鎮祚郊迎道左懷不與語即劾祚免官懷朔鎮將元尼須與懷有舊亦貪穢狼籍置酒請懷謂懷曰命之長短由卿之口豈可不相寬貸懷曰今日之集乃是源懷與故人飲酒之坐非鞫獄之所也明日公庭始為使人撿鎮將罪狀之處尼須揮淚而已無以對之懷既而表劾尼須其奉公不撓皆此類也

于忠宣武時以太府卿使持節兼侍中為西道大使忠劾并州刺史高聰贓罪二百餘條論以大辟

陽固為治書侍御史使懷荒鎮將万貳至風逃走劾常農太守裴粲免官

崔亮孝明世為七兵尚書領廷尉卿時徐州刺史元昞撫御失和詔亮馳駟安撫亮至劾昞處以大辟勞賚綏慰百姓怗然蕭恭之字道穆為御史正光中出使州刺史李世哲即尚書令崇之子貴盛一時多有非法逼買民宅廣興屋宇皆置鴟尾又於馬埒堠上木人執節道穆繩糾悉毀去之并發其贓貨具以表聞

北齊趙郡王叡為河北巡省大使冀州治中羊肅以遲緩不在職解朝議以肅無罪叡復之

隋柳彧為治書侍御史持節巡省河北五十二州奏免長吏贓汙不稱職者二百餘人州縣肅然莫不震懼高祖嘉之賜絹布二百匹氊三十領拜儀同三司

唐唐儉武德中為工部尚書并州道安撫大使先是并州總管李仲文與突厥通謀率胡騎直入京師高祖聞之遣皇太子建成鎮蒲州以備之又令儉安撫太原權廢并州總管府追仲文入朝儉密奏太原沙門志覺死經十日而蘇言多妖妄謂仲文曰公五色光見有金狗自衞仲文答曰關中十五已上死事洛陽亢陽不雨穀食騰湧天意人事表裏可知若為計今其時也高祖固疑之及儉使又言於高祖曰仲文信惑妖邪自應讖及言有龍附巳即於汾州置龍游府又娶陶氏之女以應桃李之歌諂事可汗甚得其意可汗謂仲文曰我當以尔為面可汗令據河北之地又在州黷貨狼籍高祖於是令裴寂陳叔達蕭瑀等推治之事皆有驗

孫伏伽為大理卿貞觀二十年太宗遣伏伽等二十二人以六條巡察四方以澄清為務多所貶黜舉奏及使者還詔褒稱者前後相屬因令褚遂良一其類具狀以聞太宗親自臨決牧宰巳下以能官進擢者二十人以罪死者七人其流罪以下及免黜者數百千人

顔眞卿玄宗天寶中為監察御史充河東朔方試覆屯交兵使有鄭延祚者母卒二十九年殯僧舍垣地眞卿劾奏之兄弟三十年不齒天下聳動

元稹為監察御史憲宗元和四年奉使東蜀劾奏故劍南東川節度使嚴礪擅籍没塗山甫等八十八户田宅一百一十一所奴婢二十七人税外徵草四十一万五千束錢七千貫米五千石勑旨田宅奴婢却還本主其已貨賣亦贖令還税外所徵配並禁斷其見任刺史各罰兩月俸料仍書下考

李行脩穆宗長慶二年為宣撫使至泗州奉刺史李宜臣之贓犯時以為奉使得人

冊府元龜卷第六百五十八

冊府元龜卷第六百五十九

奉使部八

敏辯

古者誦詩三百可以專對奉命出境未嘗受辭蓋以其周知物情可利社稷之意也若夫勢均跨據飾智相高義存睦鄰交修盟好往來行李靡間於干戈申答情禮備述於樽俎務全國體以爰騁口才應機而言罔俟終日或徵古義而求勝或引時事以為優緩頰抵掌殆乎燥吻雖論難之鋒起必逆折而響從至于譚戲之間猶存去就之分又乃宣威殊俗漸以聲教昭示忠信指陳禍福革其倔彊之心誘以嚮慕之道者苟非大雅端方傳達慷慨之士或取辱焉蓋使乎之任斯為難矣

漢隨何為謁者時漢王與楚大戰彭城不利出梁地至虞(今宋州虞城縣是也)謂左右曰彼等者無足與計天下事者謁者隨何進曰不審陛下所謂漢王曰孰能為我使淮南使之發兵背楚留項王於齊數月我之取天下可以萬全隨何曰臣請使之乃與二十人俱使淮南至太宰主之(淮南太宰作內主)三日不得見隨何因說太宰曰王之不見何必以楚為彊以漢為弱此臣之所為使(此事正是臣所為來欲訴之)使何得見言之而是邪是大王所欲聞也言之而非邪使何等二十人伏斧質淮南市(質鑕也言伏於斧鑕之上而斬之)以明背漢而與楚也太宰迺言之王王見之隨何曰漢王使臣敬進書大王御者竊怪大王與楚何親也淮南王曰寡人北鄉而臣事之隨何曰大王與項王俱列為諸侯北鄉而臣事之必以楚為彊可以託國也項王伐齊身負版築(版牆版也築杵也)以為士卒先大王宜悉淮南之衆(悉盡也)身自將為楚軍前鋒今乃四千人以助楚夫北面而臣事人者固若是乎夫漢王戰於彭城項王未出齊也大王宜埽淮南之衆日夜會戰彭城下(埽者為盡舉之如埽地也)今撫萬人之衆無一人渡淮者陰拱而觀之孰勝(斂手曰拱言不動坐觀成敗也)夫託國於人者固若是乎大王提空名以鄉楚(提舉也)而欲厚自託

臣竊為大王不取也然大王不背楚者以漢為弱夫楚兵雖彊天下負之以不義之名(負如也加於身上若言被也)以其背明約而殺義帝也然而楚王特以戰勝自彊漢王收諸侯還守成皐滎陽下蜀漢之粟深溝壁壘分卒守徼乘塞楚人還兵間以梁地(梁地在楚漢之中)深入敵國八九百里(羽從齊還當經梁地八九百里乃得羽地也)欲戰則不得攻城則力不能老弱轉糧千里之外楚兵至滎陽成皐漢堅守而不動進則不得攻退則不能解故楚兵不足罷也(不足者言易也)使楚兵勝漢則諸侯自危懼而相救夫楚之彊適足以致天下之兵耳故楚不如漢其勢易見也今大王不與萬全之漢而自託於危亡之楚臣竊為大王惑之臣非以淮南之兵足以亡楚也夫大王發兵而背楚項王必留留數月漢之取天下可以萬全臣請與大王杖劍而歸漢王漢王必裂地而分大王又況淮南必大王有也故漢王敬使使臣進愚計願大王之留意也淮南王曰請奉命陰許叛楚與漢未敢泄楚使者在(在淮南王所也)方急責布發兵隨何直入曰九江王以歸漢楚何以得發兵布愕然楚使者起何因說布曰事已搆(搆結也言背楚之事以結成也)獨可遂殺楚使毋使歸而疾走漢并力布曰如使者教因起兵而攻楚

陸賈以客從高祖定天下名有口辯(時人謂其口辯)居左右常使諸侯時中國初定尉佗平南越因王之高祖使賈賜佗印為南越王賈至尉佗魋結箕踞見賈(魋音椎結讀曰髻椎髻者一撮之髻其形如椎箕踞謂伸其兩腳而坐亦曰箕踞其形如箕)賈因說佗曰足下中國人親戚昆弟墳墓在真定今足下反天性棄冠帶(背父母之國無骨肉之恩是反天性也)欲以區區之越與天子抗衡為敵國(區區小貌)禍且及身矣夫秦失其正諸侯豪桀並起(正亦政也)唯漢王先入關據咸陽項籍背約自立為西楚霸王諸侯皆屬可謂至彊矣然漢王起巴蜀鞭笞天下劫諸侯遂誅項羽五年之間海內平定此非人力天之所建也天子聞君王王南越而不助天下誅暴逆將相欲移兵而誅王天子憐百姓新勞苦且休之遣臣授君王印剖符通使君王宜郊迎北面稱臣

[illegible]乃欲以新造未集之越未集錯成也屈彊於此屈彊謂不柔服也漢誠聞之掘燒君王先人冢墓夷種宗族夷平也謂平除其種族使一偏將將十萬衆臨越即越殺王降漢如反覆手耳言其易於是佗迺蹶然起坐蹶坐驚起之貌也謝賈曰居蠻夷中久殊失禮義

後漢陳遵初爲更始大司馬護軍與歸德侯劉颯俱使匈奴單于欲脅詘遵遵陳利害爲言曲直單于大奇之遣還

蜀費禕先主時爲昭信校尉使吳孫權性既滑稽嘲啁無方諸葛恪羊衜等才博果辯論難鋒至禕辭順義篤據理以答終不能屈權每別酌好酒以飲禕視其已醉然後問以國事并論當世之務辭難累至禕輒辭以醉退而撰次所問事事條答無所遺失權甚器之乃以手中常所執寶刀贈之禕答曰臣以不才何以堪明命然刀以討不庭禁暴亂者也但願大王勉建功業同獎漢室臣雖闇弱終不負東顧

董恢字休緒爲宣信中郎將副費禕使吳孫權嘗大醉問禕曰楊儀魏延牧豎小人也雖嘗有鳴吠之益於時務然既已任之勢不得輕若一朝無諸葛亮必爲禍亂矣諸君憒憒曾不防慮於此豈所謂貽厥孫謀乎禕愕然四顧不能即答恢目禕曰可速言儀延之不協起於私忿耳而無黥韓難御之心也今方埽除彊賊混一函夏功以才成業由才廣若捨此不任防其後患是猶備有風波而逆廢舟檝非長計也權大笑樂諸葛亮聞之以爲知言還未滿三日辟爲丞相府屬

伊籍字機伯東使於吳孫權聞其才辯欲逆折以辭籍適入拜權曰勞事無道之君乎籍即對曰一拜一起未足爲勞籍之機捷類皆如此權甚異之

鄧芝爲尚書使吳孫權謂芝曰若天下太平二主分治不亦樂乎芝對曰夫天無二日土無二王如并魏之後大王未深識天命者也君各茂其德臣各盡其忠將提枹鼓則戰爭方始耳權大笑曰君之誠款乃當爾邪

宗預字德艷爲諸葛亮丞相參軍亮卒吳慮魏或乘衰取蜀增巴丘守兵萬人蜀聞之亦益永安之守以防非常預使吳孫權問預曰東之與西譬猶一家而聞西更增白帝之守何也預對曰臣以爲東益巴丘之戍西增白帝之守皆事勢宜然俱不足以相問也權大笑嘉其抗盡甚愛待之見敬亞於鄧芝費禕從爲屯騎校尉復東聘吳權捉預手涕泣而別曰君每銜命結二國之好今君年長孤亦衰老恐不復相見遺預大珠一斛預臨別謂孫權曰蜀土僻小雖云鄰國東西相賴吳不可無蜀蜀不可無吳君臣憑恃唯陛下重垂神慮又自說年老多病恐不復得奉聖顏

李密字令伯奉使聘吳吳主問蜀馬多少對曰官用有餘人間自足矣主與羣臣汎論道義謂密爲人弟密曰願爲人兄矣主曰何以爲兄密曰爲兄供養之日長矣主及羣臣皆稱善

吳鄭泉使蜀劉備問曰吳王何以不答吾書得無以吾正名不宜乎泉曰曹操父子陵轢漢室終奪其位殿下既爲宗室有維城之責不荷戈執殳爲海內率先而於是自名未合天下之議是以寡君未復書耳備甚慚恧

陳化爲郎中令使魏魏文帝因酒酣嘲問曰吳魏峙立誰將平一海內者乎化對曰易稱帝出乎震加聞先哲知命舊說紫蓋黃旗運在東南帝曰昔文王以西伯王天下豈復在東乎化曰周之初基太伯在東是以文王能興於西帝笑無以難心奇其辭使畢當還禮送甚厚大帝以化奉命光國拜犍爲太守置官屬

沈珩爲西曹掾大帝以珩有智謀能專對使至魏魏文帝問曰吳嫌魏東向乎珩曰不嫌曰何以曰信恃舊盟言歸于好是以不嫌若魏渝盟自有豫備又問聞太子當來寧然乎珩曰臣在東朝朝不坐宴不與若此之議無所聞也文帝善之乃引珩自近譚語終日珩隨事響應無所屈服

趙咨爲中大夫使魏文帝問曰吳王何等主也咨對曰聰明仁智雄略之主也帝問其狀咨曰納魯肅於凡品是其聰也拔呂蒙於行陳是其明也獲于禁而不害是其仁也取荊州而兵不

血刃是其智也據三州虎視於天下是其雄也屈身於陛下是其略也文帝善之又嘲咨曰吳王頗知學乎咨曰吳王浮江萬艘帶甲百萬任賢使能志存經略雖有餘閑博覽書傳歷史籍採奇異不效書生尋章摘句而已帝曰吳可征不咨對曰大國有征伐之兵小國有備禦之固又曰吳難魏不咨曰帶甲百萬江漢爲池何難之有又曰吳如大夫者幾人咨曰聰明特達者八九十人如臣之比車載斗量不可勝數咨頻載使魏北人敬異大帝聞而嘉之拜騎都尉

紀陟爲光祿大夫後主遣陟與中郎將弘璆如魏陟璆入境而聞諱入國而問俗壽春將王布示之馬射戲而問之曰吳之君子亦能斯乎陟曰此軍人騎士肆業所及士大夫君子未有爲之者矣布大慙既至魏帝見之使儐問曰來時吳王何如陟對曰來時皇帝臨軒百寮陪位御膳無恙晉文王饗之百寮畢會使儐者告曰某者安樂公也某者匈奴單于也陟曰西主失土

爲君王所禮位同三代莫不感義匈奴邊塞難羈之國君王懷之親在坐席此誠威恩遠著又問吳之戍備幾何對曰自江都至西陵五千七百里又問曰道里甚遠難爲堅固對曰疆界雖遠而其險要必爭之地不過數四猶人雖有八尺之軀靡不受患其護風寒亦數處耳文王善之厚爲之禮

張儼使晉車騎將軍賈充尚書令裴秀侍中荀勗等欲傲以所不知而不能屈

晉張淳愍帝時爲涼州牧張駿治中從事初駿遣傅穎假道于蜀通表京師李雄弗許駿又遣淳稱藩于蜀託以假道焉雄大悅雄又有憾於南氏楊初淳因說曰南氏無狀屢爲邊害宜先討百頃次平上邽二國并勢席卷三秦東清許洛埽氛燕趙拯二帝梓宮於平陽反皇輿於洛邑此英霸之舉千載一時寡君所以遣下臣冒險通誠不遠萬里者以陛下義聲遠播必能愍寡君勤王之志天下之善一也惟陛下圖之雄謂淳曰貴主英名蓋世土險兵盛何不稱帝自娛一方淳曰寡君以乃祖乃父世濟忠良未能雪天人之大恥解眾庶之倒懸日昃忘食枕戈待旦以琅琊中興江東故万里翼戴將成桓文之事何言自娛邪雄有慙色曰我乃祖乃父亦是晉臣往與六郡避亂此都爲同盟所推遂有今日琅邪若能中興大晉於中州者亦當率眾輔之淳還至龍鶴募兵通表后皆達京師朝廷嘉之

俞歸爲侍御史使涼州拜張重華爲護羌校尉涼州刺史假節歸至涼州重華方謀爲涼王不肯受詔使親信人沈猛謂歸曰我家主公奕世忠於晉室而不如鮮卑矣臺加慕容皝燕王今甫授州主大將軍何以加勸有功忠義之臣乎明臺今宜移河右共勸州主爲涼王大夫出使苟利社稷專之可也歸對曰王者之制異姓不得稱王九州之內重爵不得過公漢高一時王異姓尋皆誅滅蓋權時之宜非舊體也故王陵曰非劉氏而王天下共伐之至於戎狄不從此例春秋時吳楚稱王而諸侯不

以爲非者蓋蠻狄畜之也假令齊魯稱王諸侯豈不伐之故聖上以貴公忠賢是以爵以上公位以方伯鮮卑北狄豈足爲比哉子失問也且吾又聞之有殊勳絕世者亦有不世之賞若今便以貴公爲王者設貴公以河右之眾南平巴蜀東埽趙魏修復舊都以迎天子復以何爵何位可以加賞幸三思之猛具宣歸言重華遂止

涼州牧張駿遣參軍王騭聘于前趙劉曜曜謂之曰貴州必欲追蹤竇融款誠和好卿能保之乎騭曰不能曜侍中徐邈曰君來和同而云不能何也騭曰齊桓貫澤之盟憂心兢兢諸侯不召而自至葵丘之會驕而矜誕叛者九國趙國之化常如今日可也若政教陵遲尚未能察邇者之變况鄙州乎曜顧謂左右曰此涼州高士使乎得人礼而遣之

前涼韓博爲張天錫從事中郎與脅從將軍康妙奉表并送盟文於晉大司馬桓溫博有口才溫甚稱之嘗大會溫使司馬刁

彝敦之彝謂傅曰君是韓盧後邪傅曰卿是韓盧後溫笑曰刁以君姓韓故相問焉他自姓刁那得韓盧後邪傅曰明公脫未之思短尾者則為刁也一坐推歎焉

前秦閻負梁殊俱為苻生征東苻柳參軍生聞涼州張祚見殺立靚幼冲命負殊使涼州以書喻之負殊至姑臧立靚年幼不見殊等其涼州牧張瓘謂負殊曰孤之本朝世執忠節遠宗大晉臣無境外之交君等何為而至負殊曰晉王以鄰藩義好有自來矣雖擁阻山河然風通道會不欲使羊陸二公獨美於前主上以欽明紹統八表宅心光被四海格于天地晉王思與張王齊曜大明交帛之好兼與君公同金蘭之契是以不遠而來有何怪乎瓘曰羊陸一時之事亦非純臣之義也本朝六世重光固忠不貳若與苻征東交玉帛之好者便是上違先公純誠雅志下乘河右遵奉之情負殊曰昔微子去殷項伯歸漢雖背君違親前史美其先覺士晉之餘遠逃江會天命去之諭絕已

久故尊先王翻然改圖北面二趙蓋神筭無方鑒機而作君公若欲稱制河西衆旅非秦之敵如欲宗歸遺晉深乖先君雅旨孰若遠蹤竇融附漢之規近述先王歸趙之事垂祚無窮永享遐祉乎瓘曰中州無信好食誓言往與石氏通好旋見寇襲中國之風誠在昔日不足復論通和之事也負殊曰三王異政五帝殊風趙多姦詐秦以義信豈可同年而語哉張先楊初皆擅兵一方不供王貢先帝命將擒之宥其難恐之罪加以爵封之榮今上道合二儀慈弘山海信符陰陽御物無際不可以二趙相況也瓘曰秦若兵彊化盛自可先取江南天下自然盡為秦有何辱征東之命負殊曰先帝以大聖神武開構鴻基彊燕納款八州順軌主上欽明道必隆世慨機號擁于河西正朔未加吳會以吳必須兵涼可以義故遣行人先申大好如君公不能踐機而發者正可緩江南數年之命廻師西旆恐涼州弗可保也瓘曰我跨據三州帶甲十萬西包昆域東阻大河伐人有餘而況自固秦何能為患負殊曰貴州險塞孰若崤函五郡之衆何如秦雍張琚杜洪因趙之成資據天阻之固策三秦之銳藉陸海之饒勁士風集驍騎如雲自謂天下可平關中可固先帝神矛一指望旗冰解人詠來蘇不覺易主燕雖虎視關東猶以地勢之義述順之理北面稱藩貢不踰月致肅慎楛矢通九夷之珍單于屈膝名王內附控弦之士百有餘萬鼓行而濟西河者君公何以抗之蓋追遵先王臣趙故事世享大美為秦之西藩瓘曰然秦之德義加於天下江南何以不賓負殊曰文身之俗負阻江山道洿先叛化盛後賓自古而然豈但今也故詩云蠢爾蠻荊大邦為讎言其不可以德義懷也瓘曰秦據漢舊都地兼將相文武輔臣領袖一時者誰也負殊曰皇室懿藩忠君公旦若則大司馬武都王安征東大將軍晉王柳文武兼才神器秀拔入可允釐百工出能折衝萬里者衛大將軍廣平王黃

眉後將軍清河王法龍驤將軍東海王堅之兄弟其耆年碩德德侔尚父者則太師錄尚書事廣寧公魚遵其清素剛嚴骨鯁貞亮則左光祿大夫彊平金紫光祿程肱牛夷博聞彊識探賾索幽則中書監胡文中書令王魚黃門侍郎李柔雄毅厚重權智無方則左衞將軍李威右衞將軍苻雅才識明達令行禁止則特進領御史中丞梁平老特進光祿大夫彊汪侍中尚書呂婆樓文史富贍鬱為文宗則尚書右僕射董榮秘書監王颺著作郎梁讜驍勇多權略攻必取戰必勝關張之流萬人之敵者則前將軍新興王飛建節將軍鄧羌立忠將軍彭越安遠將軍范俱難建武將軍徐盛常伯納言衞校牧守則人皆文武莫非才賢其餘懷經世之才蘊佐時之略守南山之操遂而不奪者王猛朱彤之倫相望於巖谷濟濟多士焉可盡言姚襄張平一時各擁衆數萬狼顧偏方皆委忠獻款請為臣妾小不書大春秋所諱惟君公圖之瓘笑曰此事決之主上非身所了負殊曰涼王雖天縱英睿然尚幼君公居伊霍之任安危所繫見機之

義穿在君公權新輔政河西所在兵起懼秦師之至乃言[illegible][illegible]遣使稱藩生因其所稱而授之

後秦張構與梁斐爲姚興使敦煌拜沮渠蒙遜鎮西大將軍沙州刺史西海侯時興亦拜禿髮傉檀爲車騎將軍封廣武公蒙遜聞之不悅謂斐等曰傉檀上公之位而身爲後者何也構對曰傉檀輕狡不仁款誠未著聖朝所以加其重爵者褒其歸善即叙之義耳將軍遠貫台日勳高一時當入諧鼎味翊贊帝室安可以不信待也聖朝爵必稱功官不越德如尹緯姚晃佐命初基齊難徐洛元勳驍將並位纔二品爵止侯伯將軍何以先之乎竇融殷勤固讓不欲居舊臣之右未解將軍忽有此問蒙遜曰朝廷何不即以張掖見封乃更遠封西海構曰蓋欲廣大將軍之國耳蒙遜大悅乃受拜

南凉[illegible]梁明爲禿髮利鹿孤記室監利鹿孤既紹兄位使梁明聘于段業業曰貴主先王創業啓運功高先世宜爲國之太祖有子何以不立梁明曰有子羌奴先生之命也業曰昔成王弱齡周召作宰漢昭八歲金霍夾輔雖嗣子沖幼而二叔休明左右挈不亦可也梁明曰宋宣能以國讓春秋美之孫伯符委事仲謀終開有吳之業且兄終弟及殷湯之制也亦聖人之格言萬代之通式何必系已爲是紹兄爲非業曰美哉使乎之義也

関尚爲傉檀參軍姚興遣使拜傉檀車騎將軍廣武公傉檀以興之盛又密圖姑臧乃去其年號罷尚書丞郎官遣尚聘于興興謂尚曰車騎投誠獻款爲國藩屏擅興兵衆輒造大城爲臣之道固若是乎尚曰王侯設險以自固先王之制也所以安人衛衆預備不虞車騎僻在遐藩密邇勍寇南則逆羌未賓西則蒙遜跋扈蓋爲國家重門之防不圖陛下忽以爲嫌興笑曰卿言是也

史暠爲傉檀西曹從事時姚興署傉檀車騎將軍涼州刺史傉檀遣暠聘于興興謂暠曰車騎坐定涼州衣錦本國其德我乎

暠曰車騎積德河西少播英問王威未接投誠萬里陛下官方任才量功授職彝倫之常何德之有興曰朕不以州授車騎何從得之暠曰使河西雲擾呂氏顛狽者寔由車騎兄弟傾其根本陛下雖鴻羅遐被涼州猶在天綱之外故征西以周召之重力屈姑臧齊難以王旅之盛勢屈張掖王尚孤城獨守外逼羣狄陛下不連兵十年殫竭中國涼州未易取也今以虛名假人由收大利乃知妙算自天聖與道合雖云遷授蓋亦時宜興悅其言拜騎都尉

南燕韓範仕慕容超超母妻先在長安爲後秦姚興所拘責超稱藩求太樂諸伎超因降尊號遣範使於興及至長安興謂範曰封愷前來燕王與朕抗禮及卿至也款然而附爲欲春秋以小事大之義爲當專以孝敬爲母屈也範曰昔周爵五等公侯異品小大之禮因而生焉今陛下命世龍興光宅西秦本朝主上承祖宗遺烈定鼎東齊中分天曜南面並帝通聘結好義向謙沖便至矜誕苟折行人殊似吳晉爭盟滕薛競長恐傷大秦堂堂之盛有損皇燕巍巍之美彼我俱失竊未安之興怒曰若如卿言便是非爲大小而來範曰雖由大小之義亦緣寡君純孝過於重華願陛下體敬親之道霈然垂愍興曰吾久不見賈生自謂過之今不及矣於是爲範設舊交之禮申叙平生謂範曰燕王在此朕亦見之風表乃可於機辯未也範曰大辯若訥聖人美之況爾日龍潛鳳戢和光同塵若使負日月而行則無繼天之業矣興笑曰可謂使乎延譽者也範承間逞說姚興大悅賜範千金許以超母妻還之時慕容凝自梁父奔于姚興言於興曰燕王稱藩本非推德權爲母屈耳古之帝王常興師徵質豈可虛還其母乎母老一還以不復臣也宜先制其送伎然後歸之興意乃變

張華爲慕容超僕射超以母在姚興所遣華與給事中宗正元入長安以太樂伎一百二十人於姚興興大悅延華入讌酒酣

樂作與黃門侍郎尹稚謂華曰昔殷之將亡樂師歸周今皇帝道盛燕樂來庭實興之兆見于此矣華曰自古帝王爲道不同權譎之理會於功成故老子曰將欲取之必先與之今總章西入必有餘東歸禍福之驗此其兆乎穆怒曰昔齊楚競辯二國連師卿小國之臣何敢抗衡朝士華遂辭曰奉使之始實願交歡上國上國既遺小國之臣辱及寡君社稷臣亦何心而不酬與善之於是還超毋妻

宋張禕仕晉爲瑯邪王郎中嘗使符堅在階下以手障額看堅堅問曰視天子不過設敬之禮何慢朕若是荅曰臣在南中聞三秦氏爲人主謂陛下頭上有三角至大矣

南齊明僧暠初仕宋孝武大明中再使於魏魏子時新誅司空竟陵王誕孝武謂曰若問廣陵之事何以荅之對曰周之管蔡漢之淮南帝大悅及至魏魏問曰卿銜此命當緣上國無相踰者耶荅曰聰明特達舉世或稀此璧之盛又無下儔晏子所謂看國善惡故再辱此庭

司馬憲爲殿中郎口辯有才地使魏見稱於北

崔慶遠朱選之俱爲豐城縣公遥昌征虜參軍海陵王建武二年後魏孝文攻壽春遣使呼城內人遥昌遣慶遠選之詣孝文慶遠曰旍蓋飄颻遠涉淮泗風塵滌烈無乃勞止孝文曰六龍騰躍倏忽千里經途未遠不足爲勞慶遠曰川塗既殊遠勞軒駕昔宄有言不虞君之涉吾地也何故孝文曰故當有故卿欲使我含瑕依違爲欲指斥其事慶遠曰危荒之漂本施北政不承來議無所含瑕孝文曰朕本欲有言曾隨來問齊主發立有例不慶遠曰廢昏立明古今同揆中興克昌豈唯一代主上與先武帝非唯昆季有同魚水武皇臨終託以後事嗣孫荒迷廢爲鬱林功臣同請爰立明聖上逼太后之嚴令下迫羣臣之稽顙俯從億兆踐登皇極未審聖旨獨何疑怪孝文曰聞卿此言殊解我心但若嗣頓滅何足可用果如所言武帝子弟今皆何在慶遠曰七王同惡皆伏管蔡之誅其餘列藩二十餘國內外清階外典方牧哲婦之戒古人所惑然十亂盈朝寔唯文母孝文曰如我所聞有子遺卿言美而乖寔未之全信孝文又曰雲羅所掩六合宜一故往年與齊武書言有今日之事書似未達齊主命世南使旣反情有愴然朕亦休兵此段猶是本意不必專爲問罪若此卿言便可釋然慶遠曰見可而進知難而退聖人奇兵今日欲憲章聖人不失其美豈不善哉孝文曰卿爲欲朕和親爲欲不和慶遠曰和親則二國交歡蒼生再賴不和則二國交惡蒼生塗炭和與不和裁由聖衷孝文曰朕來爲使遊行盟境此去洛都率爾便至亦不攻城亦不伐鳩卿勿以爲慮孝文設酒及羊炙雜果又謂慶遠曰聽卿主既黜凶嗣不違忠孝何以不立近親如周公輔成王而苟欲自取慶遠荅曰成王有亞聖之賢故周公得輔而相之今近藩雖無存德未有成王之賢霍光亦捨漢藩親而遠立宣帝孝文曰若爾霍光自爲君當復得爲忠臣不慶遠曰此非其類乃可宣帝立與不立義當云何皇上豈得與霍光爲匹若爾何以不言武王伐紂何意不立微子而輔之苟貪天下孝文大笑明日列軍向城東遣道登道人進城內施衆僧絹五百匹慶遠選之各袴褶絡帶

冊府元龜卷第六百五十九

冊府元龜卷第六百六十

奉使部九

敏辯第二

梁徐陵爲湘東王記室兼通直散騎常侍使魏魏人授館宴賓是日甚熱其主客魏收嘲陵曰今日之熱當由徐常侍來陵即答曰昔王肅至此爲魏始制禮儀今我來聘使卿復知寒暑收大慚

後魏燕鳳初爲道武代王左長史時前秦苻堅遣使牛恬朝貢令鳳報之堅問鳳代王何如人鳳對曰寬和仁愛經略高遠一時之雄主常有并吞天下之志堅曰卿輩北人無鋼甲利器敵弱則進彊即退走安能并兼鳳曰北人壯悍上馬持三仗驅馳若飛王上雄儁率服北土控弦百万号令若一軍無輜重樵爨之苦輕行速捷因敵取資此南方所以疲弊而北方之所常也堅曰彼國人馬實爲多少鳳曰控弦之士數十万見馬百万匹堅曰卿言人衆可爾說馬太多是虛辭耳鳳曰雲中川自東

山至西河二百里北山至南山百有余里每歲孟秋馬常大集略爲滿川以此推之使人之言猶當未盡鳳還堅厚加贈遺

秦王翰子儀有筭略道武將圖慕容垂遣人官一垂問儀道武不自來之意儀曰先人以來世據北土子孫相承不失其舊乃祖受晉正爵稱代王東與燕世爲兄弟儀之奉命理謂非失垂壯其對因戲曰吾威加四海卿主不自見吾去何非失儀曰燕若不脩文德欲以兵威自彊此乃本朝將帥之事非儀所知也

李孝伯太武時爲建義將軍真君末車駕南伐將出彭城宋文帝使安北將軍徐州刺史武陵王駿遣將馬文恭率步騎万余至蕭城前軍擊破之文恭走免執其隊主蒯應宋問大駕南過又遣其弟太尉江夏王義恭率衆赴彭城帝至彭城登亞父冢以望城內遣送蒯應至小市門宣詔勞問義恭等并遣自陳蕭城之敗義恭等問應魏帝來以不應曰自來又問今在何處應曰在城西南又問士馬多少應曰中軍四十余万駿遣人獻酒二器甘蔗百挺并請駱駝帝明旦復登亞父冢遣孝伯至小市駿亦遣其長史張暢對孝伯孝伯遲問暢姓暢曰姓張孝伯曰是張長史也暢曰君何得見識孝伯曰既涉此境何容不悉暢問孝伯曰君復何姓居何官也孝伯曰我戎行一夫何足致問然足爲君相敵二三有詔詔太尉安北可暫出門欲爲相見朕亦不工彭城何爲勞苦將士城上嚴備今遣賜駱駝及貂裘雜物暢曰有詔之言正可施於彼國何稱之於此孝伯曰卿家太尉安北是人臣不暢曰是也孝伯曰我朝廷奄有万国率土之濱莫敢不臣縱爲鄰國之君何爲不稱詔於鄰國之臣孝伯又問暢曰何至忽遽杜門絕橋暢曰二王以魏帝壁壘未立將士疲勞此精甲十万人思致命恐輕相凌踐故且閉城耳待休息士馬然後共治戰場尅日交戲孝伯曰令行禁止主將常宜當以法裁物何用發橋杜門窮城之中復何以十万誇大我亦有良馬百万復可以此相矜暢曰侯王設險何但法令而已我

若誇君當言百万所以言十万者正是二王左右素所畜養者耳此城內有數州士庶工徒營伍猶所未論我本鬪人不鬪馬足且冀之北土馬之所生君復何以逸足見誇也孝伯曰王侯設險誠如來言開閉有常何爲杜塞絕橋之意義在何也且城守君之所習野戰我之所長我之恃馬由如君之恃城耳城內有貝思者嘗至京師義恭遣視之思識是孝伯思前問孝伯曰李尚書行塗有勞孝伯曰此事應相與共知思答緣共知所以仰勞孝伯曰感君至意旣開門暢屏人却仗出受賜物孝伯曰詔以貂裘賜太尉駱駝騾馬賜安北蒲萄酒及諸食味當相與同進暢曰二王敬白魏帝知欲垂見常願面接但受命本朝忝居藩任人臣無境外之交故無容私覿義恭獻皮袴褶一具駿奉酒二器甘蔗百挺孝伯曰又有詔太尉安北久絕南信殊當憂悒若欲遣信者當爲護送脫須騎者亦當以馬送之暢曰此方間路甚多使命日夕往復以此勞魏帝也孝伯曰亦知有水

路以爲白賊所斷暢曰君著白衣稱白賊也孝伯大笑曰今日白賊似異黄巾赤眉暢曰黄巾赤眉不在江南孝伯曰雖不在江南亦不離徐方也孝伯曰向爲安北相聞何以久而不報暢曰二王貴遠啓聞爲難孝伯曰周公握髮吐哺二王何獨貴遠暢曰握髮吐飡不謂鄰國之人也孝伯曰本邦尚爾鄰國彌應盡恭且賓至有禮主人宜以禮接暢曰昨見衆賓至門未爲有禮孝伯曰非是賓至無禮直是主人忿忿無待賓調度耳孝伯又言有詔程天祚一介常人誠知非江南之選近於汝陽被九槍落在殿外我使牽而出之凡人骨肉分張並思集聚聞其弟在此如何不遣暫出尋自令反豈復苟留一人暢曰知欲程天祚兄弟集聚已勒遣之但其固辭不往孝伯曰豈有子弟聞其父兄而反不肯相見此使禽獸之不若貴土風俗何至如此帝又遣賜義恭駿等氈各一領鹽各九種并胡豉孝伯曰各有所宜白鹽是食鹽主上自食黑鹽治腹脹氣滿末之六銖以酒而

服胡鹽治目痛戎鹽治諸瘡赤鹽駮鹽臭鹽馬齒鹽四種並作食鹽太尉安北何不遣人來至朕間彼此之情雖不可盡要復見朕小大知朕老少觀朕爲人暢曰魏帝久爲往來所具李尚書親自銜命不患不盡故不復遣信義恭獻蠟燭十挺駿獻錦一匹孝伯曰君南土士人何爲著屩君而著此將士云何暢曰士人之言誠爲多愧但以不武受命統軍戎陣之間不容緩服孝伯曰永昌王自頃常鎮長安今領精騎八万直造淮南壽春亦閉不敢相禦向送劉康祖首彼之所見王玄謨甚是所悉亦是常才耳何意作如此任使以致奔敗自入境七百餘里主人竟不能一相拒鄒山之險彼之所馮前鋒始得接手崔邪利便藏入穴將士倒曳出之主上丐其生命今從此復何以輕脫遣馬文恭至蕭縣使望風退撓也彼之民人甚相忿怨言清平之時賦我租帛至有急難不能相拯暢曰知永昌以過淮南康祖爲其所破比有信使無此消息王玄謨南土偏將不謂爲

才但以其北人故爲前驅引導耳大軍未至而河冰向合玄謨量宜反旆未爲失算但因夜回歸致戎馬驚亂耳我家懸瓠小城陳憲小將魏帝傾國攻圍累旬不克胡盛之偏裨小帥衆無三旅始濟融水魏國君臣奔散僅得免脫滑臺之師無所多愧鄒山小戍雖有微險河畔之民多是新附始慕政化姦盜未息示使崔邪利撫之而已今雖陷沒何損於國魏帝自以十万之師而制一崔邪利乃復是言也近聞蕭相百姓並依山險聊遣馬文恭以十隊迎之耳文恭謂前以三隊出還走彼大營嵇玄敬以百舸至留城魏軍奔敗輕敵致此亦非所卹王境人民列居河畔二國交兵當互加撫養而魏師入境事生意外官不負民民亦何怨知入境七百無相捍拒此自上由太尉神算次在武陵聖略軍國之要雖不預聞然用兵有機間亦不容相語孝伯曰君藉此虛談支离相對可謂遁辭知其所窮且主上當不圍此城自率衆軍直造瓜步南事若辦彭城不待攻圍南行不

捷彭城亦非所欲也我今當南欲飲馬江湖耳暢曰去留之事自適彼懷若魏帝遂得飲馬長江便爲無復天道孝伯曰自北而南實唯人化飲馬長江豈獨天道暢將還城謂孝伯曰冀蕩定有期相見無遠君若得還宋朝今爲相識之始孝伯曰今當先至建業以待君耳恐爾日君與二王面縛請罪不暇爲容孝伯風容閑雅應答如流暢及左右甚相嗟歎帝大喜進爵宣城公

李彪孝文時爲散騎常侍使於南齊齊遣其主客郎劉繪接對并設讌樂乃辞樂及坐彪曰齊主既賜讌樂以勞行人向辭樂者卿或未相體自喪禮廢替於茲以久我皇孝性自天追慕罔極故有今者喪除之議去三月晦朝旦始除衰裳猶以素服從事裴謝在北固應具此我今辭樂想卿無怪繪答言辭樂之事向以不異請問魏朝喪禮竟何所依彪曰高宗三年孝文踰月今聖上追鞠育之深恩感慈訓之厚德報於殷漢之間可謂得禮之變繪復問若欲遵古何爲不終三年彪曰万機不可久曠

故創至蔡符從羣議服變不異三年而限同一朞可謂亡禮之禮繪言大哉汝氏專以禮許人晁曰聖朝自為曠代之制何關魯人繪言百官總已聽於冢宰萬機何慮於曠晁曰我聞載籍五帝之臣臣不若君故君親攬其事三王君臣智等故共理機務五霸臣過於君故事決於下我朝官司皆五帝之臣主上親攬蓋遠軌軒唐彪將還齊武帝親謂曰卿前使還日賦阮詩云但願長閑暇後歲復來遊乐如今日卿此還也復有來理不彪荅言使臣請重賦阮詩曰宴衍清都中一去永矣哉齊武泣然曰清都可爾一去何事觀卿此言似成長闊朕當以殊禮相送遂親至琅邪城登山臨水命羣臣賦詩以送別其見重如此彪前後六度銜命南人奇其謇諤

許赤亮涉獵經史善嘲謔孝文延興中為著作郎使江南應對敏捷雖言不典故而南人頗稱機敏滑稽焉

東魏李諧為衛將軍梁武求通和好朝廷盛選行人以諧兼散騎常侍為聘梁使至梁[illegible]梁遣其主客郎范胥當接諧問胥曰主客在郎官幾時胥荅曰我本訓胄虎門適復今任諧言國子博士不應左轉為郎胥荅曰特為應接遠賓故權兼耳諧言邵已清務誠得事宜由我一介行人令卿左轉胥荅曰自顧非才不足對揚盛美豈敢言屈胥問曰今猶尚暖北間當小寒於此諧荅曰地居陰陽之正寒暑適時不知多少胥曰所訪鄴下豈是測影之地諧荅曰皆是皇居帝里相去不遠可得統而言之胥曰洛陽既稱盛美何事遷鄴諧荅曰不常厥邑于茲五邦王者無外所在關河復何所怪胥曰殷人否危故遷相耿貴朝何為而遷諧荅聖人藏往知來相時而動何必俟於隆替胥曰金陵王氣兆於先代黃旗紫蓋本出東南君臨万邦故宜在此諧荅曰帝王符命豈得與中國比隆紫蓋黃旗終於入洛無乃自害也有口之說乃是俳諧亦何足道梁武親問諧曰魏朝人士德行四科之徒凡有幾人諧對曰本朝多士義等如林文武賢才布在列位四科之美非無其人袁盎逆次無以備荅梁武曰武王有亂臣十人魏雖人物之盛豈得頓如卿言諧曰愚謂周稱十人本舉佐命至於濟濟多士寔是文王之詩皇朝廊廟之才足與周人有競梁武曰若爾文足操異武有冠絕者便可指陳諧曰大丞相渤海王秉文經武左右皇極畫一九州懸衡四海錄尚書汝陽王元叔昭尚書令元世儁宗室之秀綰政朝端左僕射司馬子如右僕射高隆之並時譽民英戮力袢輔侍中高岳侍中孫騰勳賢忠亮宣讚王猷自餘才美不可具悉梁武曰故宜輔弼幼主永固基業深不可言江南稱其才辯又梁使陸晏來聘諧郊勞過朝歌晏曰殷之頑民正應在此諧曰永嘉東遷盡歸江東

北齊李繪初仕後魏武定初兼通直散騎常侍為聘梁使至梁武帝問繪高相今在何處繪曰今在晉陽肅遏邊寇梁武曰黑獺若為[illegible]荅高相作何經略繪曰黑獺遊魂關右人神憤毒連歲受災百姓懷土丞相奇略不世畜銳觀釁攻昧取亡勢必不遠梁武曰如卿言極佳與梁人汎言氏族袁狎曰未若我本出自黃帝姓在十四之限繪曰兄所出雖遠當共車千秋分一字耳一坐皆笑

後周杜杲太祖時為司倉上士時陳文帝質子安成王頊在後梁梁平頊歸長安帝欲歸之乃使杲使陳陳人於是以魯山歸我帝乃拜頊柱國大將軍詔杲送之還國陳文帝謂杲曰家弟今蒙禮遣實是周朝之惠然不還彼魯山亦恐未能及此杲荅曰安成之在關中乃咸陽一布衣耳然是陳之介弟其價豈止一城本朝親睦九族恕己及物上遵太祖遺旨下思繼好之義所以發德音者蓋為此也若言將魯山固當不貪一鎮況魯山梁之舊地梁即本朝藩臣若以始末言之魯山自合歸國云以尋常之土易骨肉之親使臣猶謂不可何以聞諸延陳文帝慙恧久之乃曰前言戲之耳自是接遇有加常禮及杲還命引

昇叔親降御座執手以別朝廷嘉之後爲車騎大將軍時陳將
華皎來附詔令衛公直督元定等援之与陳人交戰我師不利
元定等没自是連兵不息東南擾動高祖患之乃授杲御正中
大夫使於陳論保境息民之意陳宣帝遣其黄門侍郎徐陵謂
杲曰兩国通好本欲救患分災彼朝受代叛人何也杲荅曰陳
主昔在本朝非慕義而至上授以柱国位極人臣子女玉帛備
礼將送遂三社稷孰謂非恩郝烈之徒邊民狂狡曾未款德而
兵納之今受華氏正是相報過自彼始豈在本朝淩曰彼納華
皎志圖吞噬此受郝烈公之而已且華皎方州列將竊邑叛亡
郝烈一百許戶脫身逃竄大小有異豈得同年而語乎杲曰大
小丑殊交降一也若論先後本朝无失淩曰周朝送主上還国
既以爲恩衛公共元定渡江孰云非怨計恩之与怨亦足相埒
杲曰元定等軍敗身囚其怨已滅陳主負扆馮玉其恩猶在且
怨由彼国恩起本朝以怨酬恩未之聞也淩乃笑而不荅杲因
謂之曰今三方鼎立各圖進取苟有釁隙寔啓敵心本朝与陳
日敦鄰睦酋軒往反積有歲年比爲疆埸之事遂爲讎敵構怨
連兵略无寧歲鷸蚌狗兔勢不俱全若使齊寇乘之則彼此危
矣孰与心忿悔禍千慮改圖陳国息爭桑之心本朝弘灌瓜之
義張掎拭王脩好如初共爲掎角以取齊氏非唯兩主之慶實
亦兆庶賴之淩具以聞陳宣帝許之遂遣使來聘
唐鄭元璹武德中爲鴻臚卿時突厥寇并州高祖令元璹充使
招慰突厥從介休至晉州數百里間精騎數十万塡映山谷及
見元璹責中国違背之事元璹隨機應對竟无所屈因數突厥
背誕之罪突厥大慙不能報元璹又謂頡利曰漢与突厥其俗
各異漢得突厥既不能臣突厥得漢復何所用且抄掠資財皆
入將士在於可汗一无所得不如早收兵馬遣使和好国家必
有重以幣帛皆入可汗免有劬勞坐受利益大唐初有天下即
与可汗結爲兄弟行人往來音問不絶今乃捨善取怨違多就

少何也頡利納其言即引還太宗致書慰之曰知公已共可汗
結和遂使邊亭息警火失不燃和戎之功豈唯魏絳金石之錫
故當非遠
相里玄奘貞觀中爲司農丞使高麗初至平壤蓋蘇文已率兵
破新羅兩城其王遣使召之乃將兵還国玄奘謂蘇文曰主上
令高麗罷兵勿擊新羅玄奘銜命而來正爲此耳蘇文曰高麗
新羅怨隙已久往者隋室相侵新羅乘釁奪地高麗五百里城
邑新羅皆據有之自非反地還城此兵恐未能已玄奘曰既往
之事焉可追論至如遼東諸城舊並中国郡縣高麗今必求本
地中国亦須復彊宇国家尚且不言高麗豈得違命蘇文竟不從
蕭昕代宗大曆初爲國子祭酒使迴紇迴紇恃功庭詰昕曰祿
山思明之乱非我无以佐定唐国奈何市馬而失信不時歸賈
衆皆失色昕荅曰国家自平寇難賞功无絲髮之遺況鄰国乎
且僕固懷恩我之叛臣乃昔爾助爲亂聯西戎而犯郊畿及吐
蕃敗走迴紇悔懼啓顙乞和非大唐存念舊功則當匹馬不得
出塞矣是迴紇自絶非我失信迴紇慙退加礼焉
盧羣德宗貞元中爲兵部員外郎時淮西節度吴少誠擅開決
刀洧等水灌溉田遣中使止之少誠不從命又令羣往詰之
少誠曰開此渠大利於人羣曰爲臣之道不合自專雖便於人
須俟君命且人臣須以恭恪爲事若事君不盡恭恪即責下吏
恭恪固亦難矣凡數百千言諭以君臣之分忠順之義少誠乃
從命即停工役羣聰博有口辯好談論与少誠言古今成敗少
誠歎伏之少誠又与羣唱和賦詩自言以反側常蒙隔在恩外
羣解復歌詩曰祥瑞不在是倉米飯太平須得邊將忠臣衛霍
忠誠奉主貔虎十万一身江河潛注息浪蠻貊款塞无塵但得
百寮師長肝膽不用三軍羅綺金銀少誠大感悅
劉元鼎穆宗長慶初爲大理卿使吐蕃路經河州見其都元帥
向書令尚騎心兒云迴鶻小国也我以丙申年踰磧討逐去其

城郭二日程計到即破滅矣會我本國有事而還迴鶻之弱也此而唐國待之厚於我何哉元鼎去迴鶻於國家有救難之勲而又不曾侵奪分寸土地豈得不厚乎

梁李振唐末爲太祖宣義節度副使天祐初太祖召振謂曰青州王師範來降易歲尚處故藩今將奏請從授方面其爲我馳騎以諭意達之振至青州師範即日出公府以節度觀察二印及文簿管鑰授於振師範雖已受代而疑懼將其屬渾江求賃其族振因以切理諭之曰公不念張繡事耶漢末繡與曹公立敵豈德之耶及袁紹遣使招繡賈詡曰袁家父子自不相容何能主天下英士曹公挾天子令諸侯其志大不以私讎爲意不宜疑之今梁王亦然豈以私怨害忠賢耶師範洗然大悟旦日以其族西迁太祖乃表振爲青州留後未幾徵還

後唐李嚴爲客省使奉使于蜀時僞樞密使宋光嗣召嚴曲宴因以近事詰於嚴嚴對曰吾皇前年四月即位於鄴宮當月一

戰鄆州十月四日親統萬騎破賊中都乘勝鼓行遂誅汴孽僞梁尚有兵三十万謀臣猛將解甲倒戈西盡甘涼東漸海外南踰閩浙北極幽陵牧伯侯王稱藩不暇家財入貢府實上供吳國本朝舊臣岐下先皇元老遣子入侍述職稱藩淮海之君卑辞厚貢湖湘荆楚杭越甌閩異貨奇珍府無虚月吾皇以德懷來以威款附順則涵之以恩澤逆則問之以干戈四海車書大同非晚光嗣曰荆吳即餘所未知唯岐下宋公我之姻好洞見其心又覆多端專謀跋扈大國不足信也似聞契丹部族近日稍彊大國可無慮乎嚴曰子言虜之彊盛孰若僞梁曰比梁差劣也嚴曰吾國視此虜如蚤蝨耳以其無害不足把搔吾朝良將勁兵布列天下彼不勞一郡之兵一校之衆則懸首槀街盡爲奴虜但以天生四夷終難絶類不在九州之本未欲窮兵黷武故也光嗣聞嚴辯對畏而奇之

姚坤爲供奉官先是契丹阿保機深有亂華之志欲收兵大舉慮渤海踵其後一年舉軍衆討渤海之遼東令禿餒盧文進據營平等州擾我燕薊明宗初纂嗣遣坤齎空函告哀至西樓屬阿保機在渤海又徑至慎州崎嶇万里既謁見保機延入穹廬保機身長九尺被錦袍大帶垂後與妻對榻引見坤坤未致命保機先問曰聞爾漢土河南北各有一天子信乎坤曰河南天子今年四月一日洛城軍變今凶問至矣河北總管令公比爲魏州軍乱先帝詔令除討既聞内難軍衆離心及京城無主上下堅冊令公請主社稷今已順人望登帝位矣保機號咷聲淚俱發曰我與河東先世約爲兄弟河南天子吾兒也近聞漢地兵乱點得甲馬五万騎比欲自往洛陽救助我兒又縁渤海未下我兒果致如此冤哉泣下不能已又謂坤曰如今漢土天子初聞洛陽有難何不急救致令及此坤曰非不急切地遠阻隔不及也又曰我兒既無當合取我商量安得自便坤曰吾皇將兵二十年位至大總管所部精兵三十万衆口一心堅相推戴

違之則立見禍生非不知稟天皇王意旨無奈人心何其子突欲在側謂坤曰漢使勿多談因引左氏牽牛蹊田之說以折坤坤曰應天順人不同匹夫之義秖如天皇王初領國事豈是彊取之邪保機因曰理當須此我漢國兒子致有此難我知之矣聞此兒有宮婢二千樂官千人終日放鷹走狗耽酒嗜色不惜人民任使不肖致得天下皆怒我自聞如斯常憂傾覆一月前已有人來報知我便舉家斷酒解放鷹犬休罷樂官我亦有諸部家樂千人非公宴未嘗妄舉我若所爲似我兒亦應不能持久矣自此得以爲戒又曰漢國兒與我雖父子亦曾彼此讎敵俱有惡心與爾今天子彼此無惡足得歡好爾先復命我續將馬三万騎至幽鎮已來與爾家天子面爲盟約我要幽州令漢兒把捉更不復侵汝漢界又問漢家收得西川信否坤曰去年九月出兵十六日收下東西兩川得兵馬二十万金帛無筭皇帝初即位未辦送來續當遣使至矣保機欣然曰聞西川有劍

蜀兵馬從何過潯坤日川路信險然先朝收復河南有精兵四十萬騎但通人行處便能去得視劍閣如平地耳

冊府元龜卷第六百六十

府六百六十　十二

冊府元龜卷第六百六十六

内臣部二

賢行　薦賢　忠直　才識

賢行

夫居宫掖之職親日月之光宫一達是司出納惟允而乃謙虚由性仁恕成風清約自居謹厚有裕斯固君子之所尚識者之攸宗者也歷代已還良史所述重行所異斯可觀焉

漢北宫伯子（掖北宫伯子）孝文時以長者愛人故親近張賀車騎將軍安世之兄孝武時爲掖庭令而宣帝以皇曾孫收養掖庭賀内傷太子無辜而曾孫孤幼所以視養拊循恩甚密焉

後漢鄭衆字季産南陽犨人爲人謹敏和帝時爲中常侍以誅竇憲功遷太長秋策勳班賞每辭多受少由是常與議事（犨音犫）

蔡倫字敬仲桂陽人和帝時爲中常侍豫參帷幄倫有才學盡心敦慎每至休沐輒閉門絶賓暴體田野

曹騰字季興沛国譙人安帝時爲黄門從官順帝在東宫鄧太后以騰年少謹厚使侍皇太子書特見親愛騰用事三十餘年奉事四帝未嘗有過及爲太長秋蜀郡太守因計吏賂遺於騰益州刺史种暠於斜谷關搜得其書上奏太守并以劾騰請下廷尉案罪帝曰書自外來非騰之過遂寢暠奏騰不爲纖介常稱暠爲能吏時人嗟美暠後爲司徒告賓客曰今身爲公乃曹常侍力焉

欒巴字叔元魏郡内黄人（神仙傳云巴蜀郡人）順帝世給事掖庭補黄門令非其好也性質直學覽經典雖在中官不與諸常侍交接

良賀順帝時爲大長秋清儉退厚陽嘉中詔九卿舉武猛賀獨無所薦帝引問其故對曰臣生自草茅長於宫掖既無知人之明又未嘗交加士類昔衛鞅因景監以見有識知其不終（史記趙良謂商君曰君之見秦王也因嬖人景監以爲主非所以爲名也商君相秦不以百姓爲事）今得臣舉者匪榮伊辱是以辭之

呂強字漢盛河南成皋人自小黄門再遷中常侍爲人清忠奉公靈帝時例封宦者以強爲都鄉侯強辭讓懇惻固不敢當帝乃聽之

丁肅濟陰人靈帝時爲中官與下邳徐衍南陽郭耽汝陽李巡北海趙祐等五人稱爲清忠皆在里巷不爭威權

吳伉甘陵人爲小黄門博達有奉公稱知不得用常託病還寺舍從容養志

後魏趙黑字文静涼州人恭謹小心太武使御膳出入承奉初無過行累遷鎮南大將軍儀同三司定州刺史封河内王尅己清儉憂濟公私時有人欲私賂黑黑曰官高禄厚足以自給賣公營私本非情願終無所納

孫小字茂翹咸陽石安人太武時歷并州刺史所在清約當時牧伯無能及也小之爲并州以鄴祚爲主簿重祚門才兼美任之以書記時人多之

張宗之字益宗河南鞏人以忠厚謹慎擢爲侍郎中散文成時爲東雍州刺史以在官有稱入爲内部生大官

張祐字安福安定石唐人以積勞至曹監中給事累遷鎮南將軍尚書左僕射祐性恭密出入機禁二十餘年未曾爲過由是特被孝文恩寵

杞嶷字道德安定石唐人小心愼密恭以奉上沉跡冗散經十九年後以忠謹被擢累遷中常侍中曹侍郎

李堅字次壽高陽易人文明太后臨朝堅爲給事中小心謹愼常在左右

仇儼柔和敦敏有長者風字文大和中爲虎牢鎮將王遇宣武初爲兼將作大匠廢后馮氏之爲尼也公私罕相供恤自以常更奉接往來祗謁不替舊敬衣食雜物每有薦奉后皆受而不讓又至其館遇夫妻迎送謁伏侍立執臣妾之禮

後唐張承業天祐中爲太原監軍時盧質在莊宗幕下嗜酒輕

質嘗呼莊宗諸弟爲豚犬莊宗深銜之承業恐盧質被禍因乘間謂莊宗曰盧質多行無禮臣請爲大王殺之可乎莊宗曰予方招禮賢士以開霸業七哥何言之過也承業因聳立而言曰大王若能如此何憂不得天下其後質曾無一或縱誕莊宗終能容之蓋承業爲之藻藉也以莊宗初行墨制除拜之命皆成於盧質之手質既自爲工部侍郎乃奏與承業改官及開國邑承業拒而不受其後終身但稱本朝舊官而已

張居翰同光中爲樞密使時內職千數豪家之人皆出於郭崇韜居翰自以羈旅乘權居重地無所發授不敢有所是非承顏免過而已僞蜀王衍既降詔遷其族於洛陽行及秦川時關東已亂莊宗慮衍爲變遣中官向延嗣馳騎齎詔殺之詔云王衍一行並宜殺戮其詔已印畫矣時居翰在密覆視其詔即就殿柱揩去行字改書家字乃衍就戮於秦川驛止族其近屬而已其僞官及從行者尚千餘人皆免其枉濫居翰之力也居翰姓和而靜諳悉舊事在潞州日以春課人育蔬種樹敦本厚農有仁者之心焉及明宗入洛居翰上章謁見於至德宮待罪雪涕乞歸田里遂還長安焉

薦賢

古者稽象緯建官名爰設內臣用著官秩秦漢仍襲親任以隆侍近帷幄之中受宣機密之命其有竭節敏用勤心納忠夙懷永圖克蘊明識推擇髦俊以揚于王庭薦達勳賢用毗乎帝載致國富良士野無遺材經濟大猷翊亮鴻業所以能之應[illegible]之象者其在是乎

勃鞮晉之內臣晉侯問原守於勃鞮（勃鞮寺人披也）對曰昔趙衰以壺飧從徑餒而弗食（言其廉且仁不忘君也）故使處原（伐以言也衰雖有大功又有仁善以行也）（進之示不遺勞）

景監秦孝公之寵臣孝公欲脩繆公之業下令國中求賢者公孫鞅因景監以求見孝公繆賢爲趙宦者令將藺相如爲其舍人趙惠文王得楚和氏璧秦昭王聞之使人遺趙王書願以十五城請易璧趙王與大將軍廉頗諸大臣謀欲勿予即患秦兵之來計未定求人可使報秦者未得宦者令繆賢曰臣舍人藺相如可使王問何以知之對曰臣嘗有罪竊計欲亡走燕臣舍人相如止臣曰君何以知燕王臣語曰臣嘗從大王與燕王會境上燕王私握臣手曰願結友以此知之故欲往相如謂臣曰夫趙彊而燕弱而君幸於趙王故燕王欲結於君今君乃亡趙走燕燕畏趙其勢必不敢留君而束君歸趙矣君不如肉袒伏斧質請罪則幸得脫矣臣從其計大王亦幸赦臣臣竊以爲其人勇士有智謀宜可使趙王召相如令使秦秦無意償趙城相如竟全璧而歸

後漢曹騰爲大長秋所進達皆海內名人陳留虞放邊韶南陽延固張溫弘農張奐潁川堂谿趙典等

唐吐突承璀自神策中尉出爲淮南監軍使及徵入復爲中尉乃引節度使李鄘爲相元和十二年徵拜門下侍郎平章事鄘雖出入顯重素不以公輔自許年侵勢過頗安外鎮登祖筵聞樂而泣且曰宰相之任非吾所長也行頗緩至京師又辭疾歸第既朝謁亦不領政事竟以疾辭罷爲戶部尚書

崔潭峻爲荊南監軍使時監察御史元稹謫爲江陵府士曹參軍潭峻禮接不以掾吏遇之常徵其詩什諷誦之長慶初潭峻歸朝出稹連昌宮詞等百餘篇奏御穆宗大悅問稹安在對曰今爲南宮散郎即日轉祠部郎中知制誥

後唐張承業爲太原監軍天祐中幽州劉守光敗其府掾馮道歸太原承業辟爲本院巡官承業重其文章履行甚見待遇時有周玄豹者善人倫鑒與道不洽謂承業曰馮生無前程公不可過用管記盧質聞之曰我曾見杜黃裳司空寫真圖道之狀貌酷類焉將來必副大用玄豹之言不足信也承業薦爲霸府從事焉

忠直

夫策名委質守節無二便蕃左右盡規竭力皆忠之屬也漢時宦寺人之職蓋所以給事宮掖周旋禁闥出納王命爲之寮侍所以親信者焉而有天資亶諒居然異衆事君盡禮抗身無撓或託諷以補過或盡言而竭誠以至保持正人申其寃滯輔翼儲貳制其動搖或以成蕩寇之功或以立去惡之效伏節死難無所顧避司籍所記皆可稱述焉

履鞮晉獻公時人（即寺人披一云勃鞮又名勃鞮字伯楚）獻公使履鞮趣殺公子重耳踰垣履鞮遂斬其衣袪遂奔狄晉惠公立畏重耳乃使履鞮與壯士欲殺重耳重耳聞之遂往齊後反國大臣呂省郤芮欲誅殺文公文公不知始嘗欲殺文公鞮知其謀欲以告文公解前罪求見文公文公不見使人讓曰蒲城之事女斬予袪其後我從狄君獵女爲惠公來求殺我惠公與女期三日至而女一日至何速也女其念之履鞮曰臣刀鋸之餘不敢以二心事

君倍主故得罪於君君已反國其毋蒲翟乎且管仲射鉤桓公以霸今刑餘之人以事告而君不見禍又且及矣於是見之

管蘇楚人恭王有疾告諸大夫曰管蘇犯我以義違我以禮爲處不安不見不思然而有得焉吾死之後爵之於朝也

漢史游元帝時爲黄門令勤心納忠有所補益

後漢鄭衆和帝初自中常侍加位鉤盾令時竇太后秉政后兄大將軍竇憲等並竊威權朝臣上下莫不附之而衆獨一心王室不事豪黨帝親信焉

蔡倫和帝時爲中常侍盡心敦慎數犯嚴顔輔弼得失

孫程順帝時自中黄門擢拜騎都尉永建初虞詡爲司隸校尉中常侍張防每請託取受詡輒按之而屢寢不報詡乃自繫廷尉奏言防罪防流涕訴帝詡坐論輸左校防欲害之二日之中傳考四獄程與宦者張賢孟叔馬國等知詡以忠獲罪乃相率奏乞（事具內覲謙門）召時防立在帝後程乃叱防曰姦臣張防何不下殿防不得已趨就東箱程曰陛下急收防無令從阿母求請（阿母宋娥也）帝問諸尚書尚書賈朗素與防善證詡之罪帝疑焉謂程曰且出吾方思之於是詡子顗與門生百餘人舉幡候中常侍高梵車叩頭流血訴言枉狀梵乃入言之防坐徙邊賈朗等六人或死或黜即日赦出詡

呂強靈帝時爲中常侍中平元年黄巾賊起帝問強所宜施行強欲先誅左右貪濁者大赦黨人料簡刺史二千石能否帝納之乃先赦黨人於是諸常侍人人求退又各自徵還宗親子弟在州郡者中常侍趙忠夏惲等共搆強云與黨人共議朝廷數讀霍光傳強兄弟所在貪穢帝不悦使中黄門持兵召強強聞帝怒曰吾死亂起矣丈夫欲盡忠國家豈能對獄吏乎遂自殺

後魏趙黑獻文時爲侍中帝將傳位京兆王子推訪諸群臣百官唯唯莫敢先言者唯原賀等辭義正直不肯奉詔帝怒變色復以問黑黑曰臣愚無識信情率意伏惟陛下春秋始富如日

方中天下說其盛明萬物懷其光景元元之心顒然萬歲若聖性淵遠欲頤神味道者臣黑以死奉戴皇太子不知其他獻文默然良久遂傳祚于孝文黑得幸兩宮禄賜優厚是時尚書李訢黑對綰選部訢奏中書侍郎崔鑒爲東徐州北部主書郎孫處顯爲荆州選部監公孫處爲幽州皆曰有能也實有私焉黑嫉其亂選禮遂爭於殿廷

杞嶷孝文時自中常侍遷中曹侍御尚書自總納言職當機近諸所奏議必致抗直後爲涇州刺史從駕南征常參侍左右以嶷耆舊每見勞問數追稱嶷之正直

劇鵬與王質等俱爲中官孝文遷洛鵬常爲宮官幽后之惑薛菩薩鵬密諫止之不從遂發憤而卒

張景嵩毛暢孝明時俱爲黄門每承閑陳元乂之惡於帝元乂之出景嵩暢頗有力焉靈太后反政以妹故未即戮乂（元乂靈太后妹夫也）時內外喧喧云乂還入知事暢等恐禍及已乃啓帝欲詔右

衛將軍楊津密往殺乂詔書已成未及出乂妻妻知之告太后云景嵩暢與清河王懌謀欲廢太后太后信之責暢暢出詔書真以呈太后讀之知無廢已狀意爲小解然乂妻構之不以遂致疑感未幾出暢爲頓丘太守後復出景嵩爲魯郡太守

忠直

北齊田敬宣爲中官後主之奔青州遣其西出參伺動靜爲周所獲問齊主何在紿云已去歐捶服之每折一肢辭色愈厲竟斷四體而卒

唐竇文場德宗初爲中官監師之亂帝召禁軍禦賊並無至者唯文場及宦官霍仙鳴率諸中官及親王左右從行

劉貞亮貞元末爲宦官性忠正蹈義順宗寢疾翰林學士王叔文欲奪宦者兵權每中官李忠言宣命內臣無敢言者唯貞亮建議與之爭久其朋徒曰熾慮隳朝政乃與中官劉光琦薛文珍尚衍解玉等謀奏請立廣陵王爲皇太子勾當軍國大事及太子受禪盡逐叔文之黨政事悉委舊臣時議嘉貞亮之忠蓋累遷右衛大將軍知內侍省事

景忠信爲中使元和中宣武軍節度使韓弘爲平淮西都統諸軍使齊力攻討賊昔徑攻烏重胤之壘重胤禦之中數槍馳請救於忠武李光顏光顏以小溵橋賊之保也乘其無備使大將田顏宋朝隱襲而取之遂平其城壍由是不克救重胤弘以光顏違令取顏及朝隱將戮之顏及朝隱勇而材軍中皆惋惜之光顏畏弘不敢留會忠信至知其情乃矯詔令所在械繫之走馬入見具以本末聞憲宗赦忠信矯詔罪即往釋顏及朝隱

馬存亮爲內飛龍使神策軍衙前虞候豆盧著狀告宰相宋申錫與漳王謀及中尉王守澄將以二百騎就靖恭里屠申錫之家存亮同入見爭於帝前曰今謀反者申錫爾何不召南司共相會議今卒然如此京師企足自亂矣守澄不能難乃止

楊復光乾寧中爲內侍巢寇之亂復光監忠武軍于鄧州以遏賊衝京師陷時鄧州節度使

周岌授僞命賊使往來旁午岌嘗夜宴急召復光左右曰周公歸賊必謀害內侍不如勿往復光曰事勢如此義不圖全即赴之酒酣岌言及本朝事復光因泣下良久曰丈夫所感者恩義所趣者利害如不顧恩義不規利害非丈夫也公自大夫享公侯之貴而舍十八葉天子而北面臣賊何恩義利害可言乎聲淚俱發岌亦爲之流涕岌曰岌不能獨力拒賊負奉而已而心圖之故召公言事瀝酒爲盟是夜復光乃遣其假子賢守亮殺賊使於傳舍

後唐張承業爲太原監軍武皇屬以後事曰吾兒孤弱羣庶縱橫後事公善籌之承業奉遺顧援立嗣主平內難策略居多莊宗深感其意兄事之親幸承業私第時貞簡太后韓德妃伊淑妃諸宅王之貴介弟在晉陽宮或不以其道干於承業悉不聽論法禁者必懲繇是貴戚斂手民俗不變或有中傷承業於莊宗者言專弄威柄廣納賂遺莊宗歲暮還晉陽宮省太后須錢蒲博給伶官嘗置酒於泉府莊宗酒酣命興聖宮使李繼岌爲承業起舞既竟承業出寶帶幣馬奉之莊宗指錢積謂承業曰和哥（繼岌小字和哥）無錢使七哥（七哥謂承業也）與此一積寶馬非殊惠也承業謝曰郎君歌舞承業自出己奉錢此錢是大王庫物准擬支贍三軍不敢以公物爲私禮也莊宗不悅使酒侵承業承業曰臣老敕使非爲子孫之謀惜錢爲大王基業王若自要散施何訪老夫不過財盡兵散一事無成莊宗怒顧元行欽曰取劍來承業引莊宗衣泣而言曰僕荷先王遺顧誓爲本朝誅汴賊王爲惜庫物斬張承業首死亦無愧於先王今日請死閻寶解承業手令退承業詬寶曰黨朱溫逆賊未嘗有一言效忠而敢依阿諂附擁拳踣之太后聞莊宗酒失急召入莊宗姓至孝聞太后召叩頭謝承業曰吾杯酒之間候於七哥太后必怪吾七哥爲吾痛飲兩卮分謗可乎莊宗連引四鍾勸承業竟不飲莊宗歸宮太后使人謂

承業曰小兒悮特進巳笞矣可歸第翌日太后與莊宗俱幸其第慰勞之張彥竇爲西川監軍使在同光世有軍功守道忠正亦巷伯之英秀

才識

語曰之才之美又曰多學而識之者然若乃位居丹禁職重內庭性識通明學術優異或精於明法或審於音律或知星而察變或制藝以濟時信爲道不羣故希世而可貴者也秦趙高始皇聞高彊力通於獄法舉以爲中車府令受詔教習胡亥使學以法事

漢趙談文帝時宦者以星氣幸

李延年中山人武帝時給事狗監中（主狗）誦書歌爲新變聲是時帝方興天地祠欲造樂令司馬相如等作詩頌延年輒承意弦歌所造詩爲之新聲曲

弘恭宣帝時爲中黃門明習法令故事

史游元帝世爲黃門令作急就一篇

後漢蔡倫和帝時爲中常侍有才學自古書契多編以竹簡其用縑帛者謂之爲紙縑貴而簡重並不便於人倫乃造意用樹膚麻頭及敝布魚網以爲紙元興元年奏上之帝善其能自後莫不從用焉故天下咸稱蔡侯紙元初四年帝以經傳之文多不正定乃選通儒謁者劉珍及博士良史詣東觀各讎校漢家法令倫監典其事

李巡靈帝時爲中官以爲諸博士試甲乙科爭弟高下更相告言至有行賂定蘭臺漆書經字以合其私文者乃白帝與諸儒共刻五經文於石於是詔蔡邕等正其文字自後五經一定爭者用息

趙祐爲中官博學多覽著作校書諸儒稱之

吳伉爲小黃門善爲風角博達事奉公稱

後魏劇鵬孝文時爲給事中粗通經史明曉文書

王質頗解書學爲中曹吏內典監累遷至大長秋

賈粲頗涉書記宣武末漸被知識得充內任北齊田敬宣年十四五便好讀書既爲門侍伺隙便周章詢請每至文林館氣喘汗流問書之外不暇他語及視古人節義事未嘗不感激沉吟顏之推重其勤學甚加開獎後遂通顯

唐李輔國祖知書計爲僕事高力士年且四十餘令掌閑廐簿籍

孫知古爲內侍初田承嗣於魏州爲安祿山史思明父子立祠宇知古因使宣慰潛諷承嗣遽毀除之知古使還具以聞以承嗣同平章事獎之也

魚朝恩天寶末入內侍省性黠慧善宣答通書計

楊復恭幼入內侍省知書有學術累遷至觀軍容使

册府元龜卷第六百六十六

册府元龜卷第六百六十七

内臣部

將兵　監軍　立功　幹事

將兵

夫近侍之臣雖宣於命令統帥之任實寄於腹心當經略之未靖惟材能之斯委觀其漢氏中微元魏多事逮茲唐室尋罹寇難寓縣莫安金革不息乃有稟忠厚之性懷將領之材或付之禁衞之師或委之征伐之任或監示於方面或扈從於乘輿咸能震耀天威恢張師律克施拱極之效聿成靖亂之勳諭而次之垂諸簡冊俾後之觀者庶知前王之權略矣

後漢蹇碩為小黄門桓帝置西園八校尉以碩為上軍校尉又以碩壯健而有武略特親任之以為元帥督司隸校尉以下雖大將軍亦領屬焉

後魏孫小為西臺中散太武幸瓜步慮有北寇之虞乃加小左衞將軍除留臺軍將

唐楊思勗玄宗時為右監軍衞將軍開元初安南首領梅玄成叛自稱黑帝與林邑真臘國通謀陷安南府詔思勗將討之十二年五溪首領覃行璋作乱思勗復受詔率兵討之十四年邕州賊帥梁大海擁賓横等數州反思勗又統兵討平之十六年瀧州首領陳行範何遊魯馮璘等聚徒作乱詔思勗率永道等州兵及淮南弩手十万討之

李輔國天寶末侍太子如朔方肅宗至德初擢為太子家令判元帥行軍司馬專掌禁兵

程元振為右監門衞將軍知内侍省事代宗寶應初代李輔國判元帥行軍司馬專制禁兵

魚朝恩為品官給事黄門寶應初九節度討安慶緒於相州不立統帥以朝恩為觀軍容宣慰處置使（觀軍容官名自朝恩始）累加左監門衞大將軍自相州之敗史思明再陷河洛朝恩常統禁軍鎮陝以殿東夏廣德初改為天下觀軍容宣慰處置使

竇文場德宗建中末與霍仙鳴從幸奉天左右禁旅悉委文場仙鳴主之文場累遷左監門衞大將軍知内侍省事監勾當左神策軍仙鳴累遷右監門大將軍知内侍省事監勾當右神策軍貞元十二年六月特立護軍中尉兩員中護軍兩員以帥禁軍乃以文場為左神策軍護軍中尉仙鳴為右神策軍護軍中尉又以監左神威軍使内侍兼内謁者監張尚進為左神威軍中護軍監右神威軍使内侍兼内謁者監焦希望為右神威軍中護軍護軍中尉中護軍古有其官自國朝未嘗置其員秩也帝以禁衞嚴密又崇寵中貴故異其名而授文場等

第五守亮為閑府内常侍貞元十四年霍仙鳴卒以守亮為右軍中尉

楊志廉與孫榮義並為内給事貞元十七年以志廉為内常侍充左神策護軍中尉副使榮義為内常侍右神策護軍中尉副

使二十年以志廉為特進左監門大將軍充左神策護軍中尉兼左街功德使榮義為特進右武衞大將軍充右神策護軍中尉兼右街功德使

薛盈珍貞元末為内侍省内侍知省事充右神策軍護軍中尉副使憲宗元和初遷右神策軍護軍中尉兼右街功德使

吐突承璀為内常侍元和元年遷左監門衞將軍充左神策軍護軍中尉兼左街功德使累遷左衞上將軍四年鎮州王承宗拒命詔承璀為左右神策河中河陽浙西宣歙等道行營兵馬使招討處置等使時諫官御史上疏相屬皆言自古無中貴人為兵馬統帥者補闕獨孤郁段平仲言尤激切憲宗不獲已仍改充鎮州已東招撫處置等使出師經年無功乃密遣人告王承宗令上疏待罪許以罷兵承宗表至朝廷罷兵承璀班師為禁軍中尉段平仲抗疏論帝不獲已降為軍器使出為淮南監軍八年復為神策中尉

劉弘國珍元和二年爲右監門將軍知內侍省事充神策軍護軍中尉兼右街功德使

程文幹爲內侍省監知省事元和五年遷左監門衛將軍知內侍省事充右神策護軍中尉兼左街功德使

彭獻忠爲右武衛將軍知內侍省事元和七年充左神策護軍中尉兼右街功德使

梁守謙爲內常侍元和十三年遷右監門衛大將軍右神策護軍中尉兼右街功德使十五年十月涇州奏吐蕃大軍去州三十里下營命守謙充左右神策京西京北行營都監統神策兵四千人并發八鎮全軍赴涇州救援

馬進潭元和末爲左神策軍護軍中尉

楊承和穆宗長慶初爲右神策軍副使

馬存亮長慶中爲左神策軍護軍中尉

劉弘規爲鴻臚禮賓使敬宗即位以弘規爲左神策護軍中尉

魏弘簡爲內弓箭庫使寶曆二年遷右神策軍護軍中尉

王守澄知樞密事文宗即位以守澄爲驃騎大將軍充右神策軍中尉

仇士良魚志弘太和末爲左右軍中尉文云太和九年士良等因甘露事率禁兵殺宰相王涯等一十一家自是權歸於士良志弘至宣宗即位復誅其桀甚者而閹寺之勢仍握軍權之重焉

楊欽義大中時爲神策中尉

楊玄寔僖宗乾符中爲左神策軍中尉

楊復光爲黄門累監諸鎮征討乾符中賊帥黃巢犯江西以復光爲排陣使時招討使宋威戰敗復光收其兵權中和中詔充天下兵馬都監押諸軍入定關輔

田令孜自諸司小使監諸鎮用兵累遷左神策軍中尉僖宗幸蜀以令孜爲觀軍容制置左右神策護駕十軍等使時自蜀中[illegible]令孜招募新軍五十四都都千人左右神策各二十七都分爲五軍令孜揔領其權

王彥甫廣明中與田令孜爲左右觀軍容使率禁軍從幸興元

西門思恭中和中爲觀軍容使

楊復恭爲樞密使光啓三年代田令孜爲右軍中尉專典禁軍

劉景宣西門重遂昭宗大順二年爲左右神策軍中尉

駱全瓘景福二年代西門重遂爲神策右軍中尉

景務脩宋道弼光化元年爲左右軍中尉

劉季述王仲先光化二年爲兩軍中尉

韓全海張弘彥天復初爲兩軍中尉

監軍

古稱兵者凶器戰者危事蓋不得已而用之也按夫唐制始自肅宗參用內臣典治軍政或莅戎於征討或護兵於鎮守中[illegible][illegible]翼則往無不濟爰克厥威則功或罔成雖委以腹心誠無外觀而專其師律或乘金鼓信利害之相兼故否臧之不一也

唐魚朝恩玄宗天寶末爲品官給事黃門肅宗至德中常令親典軍事九節度討安慶緒於相州不立統帥以朝恩爲觀軍容宣慰處置使觀軍容使自朝恩始也

竇文場王希遷皆爲將軍德宗興元元年以文場監神策軍左廂兵馬希遷監神策軍右廂兵馬

孟介貞元八年爲宣武監軍

王定遠貞元十一年爲河東監軍節度使李自良卒行軍司馬李説授任先是定遠以聞德宗授説告命定遠以始謀爲李説説深德之自是河東軍政多出於監軍焉貞元十[illegible]年[illegible][illegible]之[illegible]諸之時軍無[illegible]師兵無多少皆自官[illegible]之節之進退不由主將

薛盈珍貞元中爲鄭滑監軍

吐突承璀爲左衛上將軍知內侍省事憲宗元和六年出爲淮南節度監軍使

梁守謙爲内常侍知樞密元和十一年命守謙宣慰淮西諸軍因留監進討授以匭各告身五百通及金銀錢帛以勸死士

王守澄元和中爲徐州監軍

崔潭峻元和末爲荆南監軍

楊承和爲右神策副使穆宗長慶元年十二月以李光顔爲陳許節度兼深州節度招撫承和充深州諸道兵馬都監（長慶二年諸軍討伐鎮州每命中使參護其軍號爲監陣多選勁騎自衛觀望勝則乘驛急騎以邀爵賞敗則迫脅戎帥致其罷敗故以兩河之衆討鎮州之叛師老力屈終議赦之圍賊長非中亦由監陣擾之也）

段文政爲内常侍長慶二年鎮州兵亂賊圍深州以文政充都監領鄭滑河陽陳許三道兵赴深州應援

馬存亮爲左神策護軍中尉長慶四年以存亮爲淮南監軍使

楊叔元文宗大和中爲山南西道監軍使

李榮誠大和四年興元軍亂節度使李絳被害命榮誠充興元監軍使

王守涓守澄弟也大和中爲徐州監軍

田令孜本姓陳懿宗咸通後自諸司小使監諸鎮用兵僖宗乾符中盜起關東諸軍誅盜以令孜爲觀軍容等使從幸梁州宋爲西川監軍王建自爲蜀帥乃舊監軍事

楊玄价爲内常侍咸通中爲河南監軍

楊復恭幼入内侍省每監諸鎮兵龐勛之亂命復恭監陣有功自河陽監軍入爲宣徽使楊復光爲小黄門累監諸鎮征討乾符中王仙芝起曹濮詔遣齊克讓討之復光監其軍後仙芝之陷荆襄以宋威爲招撫使復光又監其軍宋威敗詔以荆南節度使王鐸代宋威復光監光武軍屯於鄧州中和初復光赴援京師會河中王重榮入屯武功朝廷初以觀軍容使西門思恭爲天下兵馬都監時苦疾不行詔令復光代之

秦季貞爲河中都監昭宗乾寧三年以季貞充邠寧四面行營兵馬都監押

後唐張承業唐光啓中爲内供奉武皇之討王行瑜承業累奉使渭北因留監武皇軍事昭宗將幸太原以承業與武皇善乃除爲河東監軍

張居翰唐末爲樞密承旨昭宗在華下超授内常侍出監幽州軍事

立功

功名之立君子之所尚也故載之甲令藏在盟府以垂乎不朽者焉乃有列職禁闈祗事帝右忠而能力勇且知方或應變失讓克平於大憝或從行執銳屢摧於勍敵或竭誠而濟難或悉力以盪寇用能立事當世流芳策書論而次之固可以勸事君者之忠盡爾

後漢鄭衆爲内侍大將軍竇憲兄弟圖作不軌衆遂首謀誅之以功遷大長秋

單超河南人徐璜下邳良城人具瑗魏郡元城人左悺河南平陰人（悺音館瑗音于眷切）唐衡潁川郾人也桓帝初超璜瑗爲中常侍悺衡爲小黄門史初梁冀兩妹爲順桓二帝皇后冀代父商爲大將軍再世權戚威振天下冀自誅太尉李固杜喬等驕橫益甚皇后乘埶忌恣多所鴆毒上下鉗口（周書曰賀智鉗口謂不言也拑與鉗古字通音其炎）莫有言者帝逼畏久不平恐言泄不敢謀之延熹二年（皇后崩）帝因如厠獨呼衡問左右與外舍不相得者皆誰乎（外舍謂皇后家也）衡對曰單超左悺前詣河南尹不疑禮敬小簡不疑收其兄弟送洛陽獄二人詣門謝乃得解徐璜具瑗常私忿疾外舍放橫口不敢道於是帝呼超悺入室謂曰梁將軍兄弟專固國朝迫脅外内公卿以下從其風旨今欲誅之於常侍意何如超等對曰誠國姦賊當誅日久臣等弱劣未知聖意何如耳帝曰審然者常侍密圖之對曰圖之不難但恐陛下復中狐疑（中音丁仲切）帝曰姦臣脅國當伏其罪何疑乎於是更召璜瑗等五人遂定其議帝齧超臂出血爲盟於是詔收冀及宗親黨與悉誅之

袁忠少給事省中哀帝時爲小黄門以與誅梁冀功封都鄉侯

後魏孫小初内侍太武東宫以聰聯有智略轉西臺中散從征伐屢有戰功

仇洛太武時爲給事黄門侍郎從征平涼以功超遷散騎常侍

唐楊思勗中宗初從事内侍省預討李多祚功超拜銀青光禄大夫開元初爲右監門將軍時安南首領梅玄成叛自稱黑帝與林邑真臘國通謀陷安南詔思勗將兵討之思勗至嶺表鳩募首領子弟兵馬十餘萬取伏波故道以進出其不意玄成遽聞兵至遑惑計無所出竟爲官軍所擒臨陣斬之盡誅其黨與積屍爲京觀而還十二年五谿首領覃行璋作亂思勗復受詔率兵募討之生擒行璋斬其黨三萬餘級以軍功累加輔國大將軍十四年邕州賊帥梁大海擁賓橫等數州反叛思勗又統兵討平之生擒梁大海等三人餘人斬黨二萬級復積尸爲京觀十六年瀧州首領陳行範何遊魯馮璘等聚徒作亂陷四十餘城行範自稱天子遊魯稱定國大將軍馮璘稱南越王割據嶺表詔思勗率永連道等兵及淮南弩手十萬人進討兵至瀧州臨陣擒遊魯馮璘斬之行範潛竄深州據雲際盤遼二洞思勗悉衆攻之生擒行範斬之斬其黨六萬級獲口馬金玉巨萬計

魚朝恩爲右監門衛將軍廣德元年西蕃入犯京畿代宗幸陝時禁軍不集徵召離散比至華陰朝恩大軍遽至迎奉六師方振由是深加寵異欽爲天下觀軍容宣慰處置使

皇甫政德宗時内臣也貞元中福建叛卒逐其觀察使吴詵既而福州兵六四百餘人潰亡入海延至温台明州寇掠鄉閭頗爲患人患帝憂其滋長令政設禦備之政乃令從事韋萬巡撫三州撫海浦形便起城柵修艦教弩選士豪者爲統將以招討之萬有方略數月之閒擒獲頗衆餘悉降之自是瀕海各寧萬及將吏各加官賜帛各有差

楊復光咸通中樞密使楊玄翼之猶子也乾符中爲内侍王仙

芝起曹濮詔遣齊克讓討之復光監其軍後仙芝陷荆襄以宋威爲招撫使復光又監其軍宋威敗復光乃撫其衆控扼于襄鄧之間仙芝敗乃移監許州中和初巢寇陷京師許州節度周岌稱臣二賊復光斬其僞使會許州秦宗權叛岌遂得兵三千人復說宗權起兵宗權遣其將王淑以兵八千從入至鄧州淑逗留不進復光斬之併其衆分爲八都則鹿晏弘龐從韓建王建晉暉張造李師太是也（撿一人未獲）尋收鄧州復召徐宋許州荆門等軍赴援京師皆從之衆踰二萬乃會河中王重榮入屯武功朝廷初以觀軍容使田令孜爲天下兵馬都監時老疾不行詔令復光代之既破巢寇朝廷方議其功以其年六月暴終

馬存亮爲左神策軍護軍中尉敬宗長慶四年四月景申有賊犯右銀臺門入宮時帝在清思殿擊毬聞之驚出避難至左軍存亮閉關出迎捧帝足嗚咽涕泣自負帝入軍既安堵存亮又令騎將康藝全率騎卒入宮討賊賊衆殲焉初帝欲至軍憂太皇太后之隔存亮復以五百騎迎二后至宿於軍中丁酉帝還宮

幹事

内臣之職載於周官見於左氏秦漢而下乃有性質忠厚智識明敏或居出納之任或寵中外之務而能力以王室恪居官次夙夜匪懈風雨不已提綱而衆目皆治投刃而盤根必解職脩而事舉功成而名著易曰貞固足以幹事其斯之謂矣

秦趙高者諸趙疏遠屬也趙高昆弟數人皆生隱宮爲官者秦王聞高彊力通於獄法舉以爲中車府令高即私事公子胡亥喻之決獄高有大罪秦王令蒙毅法治之毅不敢阿法當高罪死除其官籍帝以高之敦於事也（敦一作敏）赦之復其官爵

漢石顯弘恭皆爲中黄門以選爲中尚書宣帝時皆任中書官明習法令故事善爲請奏能稱其職

侯淵以官者有才辯任職元帝時代石顯等領中書號曰太常

侍

後漢鄭衆字季產南陽人爲人謹敏有心幾位大長秋

蔡倫有才學盡心敦慎爲尚方令和帝永元九年監作秘劍及諸器械莫不精工堅密爲後世法

曹騰爲大長秋加位特進用事省闥三十餘年奉事四帝未嘗有過

後魏仇洛齊中山人爲給事黃門侍郎魏初禁網疏闊民戶隱匿漏脫者多東州既平綾羅戶樂葵因是請採漏戶供爲綸緜自後逃戶占爲紬繭羅縠者非一於是雜營戶帥徧於天下不屬守宰發賦輕易民多私附戶口錯亂不可檢括洛齊奏議罷之屬郡縣

趙黑太武時以恭敬小心帝使進御膳出入承奉初無過失又遷侍御典監藏後轉選部尚書能自謹厲當官任舉頗得其人

孫小字茂翹咸陽人內侍東宮聰識有智略累遷給事中頓征

蠻謀理有方畜牧蕃息出爲并州刺史州內四郎百餘人詣闕頌其政化

抱嶷爲中常侍安西將軍中曹侍御尚書自總納言職當機近諸所奏議必致抗直孝文文明太后嘉之以爲殿中侍御尚書領中曹如故

王質高陽人爲鎮遠將軍瀛州刺史在州十年風化粗行察姦糾慝究其情狀民庶畏服之

張祐爲鎮南將軍尚書左僕射祐性恭密出入機禁二十餘年未曾有過

李堅初事文明太后稍遷給事中小心謹慎常在左右孝文遷洛轉盤要授爲太僕卿檢課牧產多有滋息

白整者以掌宮掖碎職以恭敏著稱稍遷中常侍太和末爲長秋卿

成軌孝文時爲謁者僕射以謹厚稱時有奏發頗合帝心重之

南征每侍進御膳時帝不豫常居禁中晝夜無懈

王遇宣武初兼將作大匠性巧強於部分北都方山靈泉道俗居宇及文明太后陵廟洛京東郊馬射壇殿脩廣文昭太后墓園太極殿及東西兩堂內外諸門制度皆遇監作雖年在耆老朝夕不倦跨鞍驅馳與少壯之者均其勞逸

唐高力士性謹密能傳詔勅授宮闈丞開元初爲右監門將軍知內侍省事玄宗常曰力士當上我寢則穩

李輔國知書計事高力士令掌閑廄中簿籍天寶中閑廄使王鉷嘉其畜牧之能薦入東宮焉

吐突承璀幼以小黃門直東宮性敏惠有才幹後爲神策中尉

楊復光慷慨負節義有籌略僖宗中和初爲天下兵馬都監卒

後唐張承業初爲太原監軍莊宗在位太原事一委承業而積聚庾帑收兵市馬招懷流散勸課農桑成盡力焉

冊府元龜卷第六百六十七

後魏趙黑字文靖爲侍中封河内公獻文帝傳位京兆王子推訪諸群臣百官唯唯莫敢先言者唯源賀等辭義正直不肯奉詔獻文怒變色復以問黑黑曰臣愚無識信情率意伏惟陛下春秋始富如日方中天下誑其盛明萬物懷其光景元元之心願終萬歲若聖性淵遠欲頤神味道者臣黑以死奉戴皇太子不知其他獻文默然良久遂傳祚于孝文

王温字桃陽爲中常侍典御中給事中給事東宫延昌四年群官迎孝明於東宫温於卧中起帝與保母扶抱入踐帝位

平季字稚穆爲中給事中與尒朱榮等議立莊帝即位超拜平北將軍肆州刺史尋除撫軍中侍中以參謀之勳封元城縣開國侯食邑七百户

唐李輔國少入東宫天寶末玄宗幸蜀輔國侍太子扈從至馬嵬乃獻計請分兵北如朔方以圖興復輔國從至靈武勸太子即帝位以系人心及肅宗即位擢爲太子家令判元帥府行軍司馬事以心腹委之

程元振直内侍省爲内射生使寶應元年四月肅宗大漸皇后張氏有寵無子憂失權勢結少子越王係密搆異謀将圖廢立是月乙丑皇后矯詔召太子元振知之遂發於李輔國輔國乃當禁兵素與皇后嫌隙及聞元振言有自得色乃與元振定策伏兵於凌霄門俟太子請不赴召以兵衛太子入飛龍厩俟變而動既夜輔國元振乃勒兵會於三殿收捕越王係及同謀中官朱光輝馬英俊等百餘人禁錮之逼皇后幽於別殿丁卯肅宗疾不起元振等始迎太子於九仙門見群臣行監國之禮己巳即皇帝位是爲代宗

俱文珍從義父姓劉名貞亮順宗自正月即位疾患不能言至四月益劇時王叔文韋執誼等專政雖時扶坐殿群臣入閣望拜而已未嘗有進見者天下事皆專斷於叔文而中官李忠言特詔王伾爲之内主執誼行之於外朋黨謹譁榮辱進退生於造次唯意所欲不拘程度既知内外厭毒慮其摧敗即謀兵權欲以自固其人情益疑懼不測其所爲朝夕伺候會其與執誼交惡心腹内離外有韋皐裴均嚴綬等牋表而文珍與中官劉光奇薛盈珍尚演解玉等皆先朝任使舊人同心怨憤屢以啓帝帝固厭倦萬機惡叔文等至七月乙未遂詔翰林學士鄭絪衛次公王涯等入至金鑾殿撰制詔命太子勾當軍國事及太子受内禪時議嘉其忠盡累遷至右衛大將軍知内侍省事

王守澄元和末入侍憲宗疾大漸守澄與中尉馬進潭梁守謙劉承偕韋元素等定策立穆宗

楊[illegible]恭爲觀軍容使文德元年二月僖宗不豫未知所立群臣以吉王最賢將立之復恭請以壽王監國乃宣遺詔立爲皇太弟遂即帝位是爲昭宗加復恭開府金吾上將軍

劉景宣與西門重遂爲兩軍中尉昭宗大順二年十二月天威軍使李順節恃恩恣横出入以兵仗自隨景宣語遂懼其窺圖非望乃傳詔召順節順節以甲士三百自隨至銀臺門門司傳詔止從者景宣重遂在伏舍邀順節坐次令部將伊先審斫順節頭隨劍落

後唐張承業昭宗時以寺人監河東軍及誅内官太祖雖奉詔命實保憐之匿於斛律佛寺其後復以爲監軍待遇益至承業每獻替感德後太祖病篤啓手之夕召承業囑之曰吾兒孤弱群庶縱横後事公善爲之承業奉遺顧受立莊宗初聽斷大事時季父振武節度使克寧爲管内蕃漢馬步都知兵馬使典握兵柄莊宗以軍府事讓之曰兒年幼稚未通庶政雖承遺命恐未能彈壓季父勳德俱高衆情推伏請且制置以俟群心克寧曰亡兄遺命屬在我兒孰敢異議但嗣世中外之事何憂不辦因率先拜賀初太祖獎勵戎功多畜庶孽衣服禮秩如嫡者六七比之嗣王年齒又長各有部下之兵朝夕衆議欲謀爲亂及

莊宗既紹武彊項不拜鬱鬱憤惋託疾廢事命李存顥以陰計干克寧曰兄亡弟及古今舊事季父拜姪理所未安克寧妻素剛佷因激怒克寧陰圖禍亂存顥存實欲以克寧之弟謀害承業及李存璋等欲以并汾九州歸附于梁送貞簡太后爲質克寧意將激發乃擅殺大將李存質請授巳雲州節度割蔚朔應州爲屬郡莊宗悉俞允然知其陰禍有日克寧俟莊宗過其第則圖竊發幸臣史敬鎔者亦爲克寧所誘盡得其情來告莊宗莊宗謂承業曰季父所爲如此無猶子之情予當避路則禍亂不作矣承業曰臣受命先世言猶在耳存顥輩欲以太原降賊公欲何路求生不即誅除亡無日矣因召吳珙李存璋李存[illegible]朱守殷諭其謀衆咸積怒二月壬戌命存璋伏甲攻之遂平其難及莊宗平定河朔連歲出征軍國大事以一委任承業夙夜在公以身犯難不畏彊禦監官行法督賦徵租廩藏盈衍帝所倚賴以兄事之從周德威討劉守光令承業往視賊勢因請莊宗自行果成大捷承業感武皇厚遇自莊宗在魏州垂十年太原軍國政事一委承業而積聚庾帑收兵市馬招懷流散勸課農桑成是霸基者承業之忠力也

規諫

夫邇臣盡規不專在於守和而已由東京已來乃有列官省之任在皇位之側勳乎近習便蕃左右而植性忠厚飭躬方雅詳外前訓通曉吏事辨邪正之攸趣明理道之所急繇是會屬閑暇數陳當否弄姦佞之首叙政治之失防禁非辟保全忠良建議以興國體敷經典以愛人或形於奏書辭義可舉或備於進對亮直不回斯足以參乎密侍而資乎訪問者已

後漢孫程順帝時爲中黄門拜騎都尉永建元年司隷校尉虞詡以中常侍張防特用權勢每請託受取詡輒案之而屢寢不報乃自繫廷尉奏言其罪防流涕訴帝詡坐論輸左校[illegible]丞叔馬國等知詡以忠獲罪乃相率奏乞陛下見[illegible]曰陛下始與臣等造事之時（謂順帝爲太子被廢立之時也）常疾姦臣知其傾國今者即位而復自爲何以非先帝乎司隷校尉虞詡爲陛下盡忠而更被拘繫常侍張防贓罪明正反構忠良今客星守羽林其占宮中有姦臣宜急收防送獄以塞天變詔出詡還假印綬程復上書陳詡有大功語甚切激帝感悟復徵拜議郎數日遷尚書僕射

呂彊爲中常侍靈帝時封都鄉侯彊辭讓懇惻不敢當帝乃聽之因上疏陳事曰臣聞諸侯上象四七下裂王土高祖重約非功臣不侯所以重天爵明勸戒也伏聞中常侍曹節王甫張讓等及侍中許相並爲列侯節等宦官祐薄品卑人賤讒諂媚主佞邪徼寵放毒人物疾妬忠良有趙高之禍未被轘裂之誅（[illegible]）掩朝廷之明成私樹之黨而陛下不悟妄授茅土開國承業小人是用（易曰開國承家小人勿用）又并及家人重金兼紫（金印紫綬也[illegible]）相繼爲蕃輔受國重恩不念爾祖述修厥德（詩大[illegible]）而交結邪黨下比群佞陛下或其瑣才（瑣小也）特加恩澤又授位乖越賢才不外素餐私俸必加榮擢陰陽乖剌稼穡荒蕪（[illegible]）人用不康罔不由茲臣誠知封事已行言之死還所以冒死干觸陳愚忠者實願陛下損改既謬從此一止臣又聞後宮綵女數千餘人衣食之費日數百金比穀雖賤而戶有飢色案法當貴而今更賤者由賦發繁數以解縣官（[illegible]以供之）寒不敢衣飢不敢食民有斯厄而莫之卹宮女無用填積後庭天下雖復盡力耕桑猶不能供昔楚女悲愁則西宮致災（公羊傳曰西宮災何以書記災也[illegible]）況終年積聚豈無憂怨乎夫天生蒸民立君以牧之君道得則民戴之如父母仰之猶日月（左傳[illegible]）雖時有征稅猶望其仁恩之惠易曰悅以使民民忘其勞悅以犯難民忘其死（易兌卦彖辭）儲君副主宜諷誦斯言南面當國宜

履行其事（[illegible]）又承詔書當於河間故國起解瀆之館陛下龍飛即位雖從藩國然處九天之高豈宜有顧戀之意（楚辭曰圜則九重孰營度之圜謂天也）且河間疏遠解瀆邈絕而當勞民單力未見其便又今外戚四姓貴倖之家及中官公族無功德者造起館舍凡有萬數樓閣連接丹青素堊（郭璞注山海經曰堊似土色白音惡）雕刻之飾不可單言喪葬踰制奢麗過禮競相放效莫肯矯拂（矯正也拂違也）穀梁傳曰財盡則怨力盡則懟尸子曰（尸子晉人也名佼秦相衛鞅客也鞅謀計未嘗不與佼規之也商君被刑佼恐并誅乃亡逃入蜀自作書二十篇十九篇陳道德仁義之紀一篇言九州險阻水泉所起也）君如杅民如水杅方則水方杅圓則水圓（杅椀屬也）（杅音于亦作盂）上之化下猶風之靡草今上無去奢之儉下有縱欲之敝至使禽獸食民之甘木土衣民之帛昔師曠諫晉平公曰梁柱衣繡民無褐衣池有棄酒士有渴死廄馬秣粟民有飢色近臣不敢諫遠臣不得暢此之謂也（說苑咎犯諫晉文公之辭也）又聞前召議郎蔡邕（[illegible]）對問於金商門而令中常侍曹節王甫等以詔書喻旨

府六百六十八　六

邕不敢懷道迷國而切言極對毀刺貴臣譏呵宦官陛下不密其言至令宣露群邪項領膏唇拭舌（毛詩曰駕彼四牡四牡項領毛萇注云項大也四牡者人所駕今但養大其領不肯為用喻大臣自恣王不能使也膏唇拭舌謂欲讒毀故也）競欲咀嚼造作非條（飛條飛書也）陛下回受誹謗致邕刑罪室家徙放老幼流離豈不負忠臣哉今群臣皆以邕為戒上畏不測之難下懼劍客之害（謂陽球遣客）（邕徙朔方陽球使客追刺邕也）臣知朝廷不復得聞忠言矣故太尉段紀明武勇冠世習於邊事垂髮服戎功成皓首（垂髮謂童子也）歷事二主（謂桓靈二帝也）勳烈獨昭陛下既已式序位登台司而為司隸校尉陽球所見誣脅一身既斃而妻子遠播天下惆悵功臣失望宜徵邕更授任反紀明家屬則忠貞路開衆怨以弭矣帝知其忠而不能用時帝多稸私藏收天下之珍每郡國貢獻先輸中署名為導行費（中署內署也導引也貢獻外別有所入以為所獻希之導引也）彊上疏諫曰天下之財莫不生之陰陽歸之陛下（萬物稟陰陽而生）歸之陛下豈有公私而今中尚方斂諸郡之寶中御府積天下之繒西園引司農之臧中廄聚太僕之馬而所輸之府輒有導行之財調廣民困費多獻少姦吏因其利百姓受其敝又阿媚之臣好獻其私容諂姑息自此而進舊典選舉委任三府三府有選參議掾屬咨其行狀度其器能（咨謀也）受試任用責以成功若無可察然後付之尚書尚書舉劾請下廷尉覆案虛實行其誅罰今但任尚書或復敕用如是三公得免選舉之負尚書亦復不坐責賞無歸豈肯空自苦勞乎夫立言無顯過之咎明鏡無見玼之尤如惡立言以記過則不當學也不欲明鏡之見玼則不當照也（韓子曰古人之目短於自見故以鏡觀面智短於自知故以道正己鏡無見疵之罪道無明過之怨目失鏡則無以正鬚眉身失道則無以知迷惑也）願陛下詳思臣言不以記過見玼為責書奏不省中平初黃巾賊起彊言於帝曰黨錮久積人情多怨若久不赦宥輕與張角合謀為變滋大悔之無救帝懼乃大赦黨人（又云司隸校尉陽球奏收故太尉段紀明紀明就獄詰責紀明飲鴆死彊上追訟紀明功靈帝詔紀明妻子還本郡）

後魏王叡孝文時為侍中吏部尚書時沙門法秀謀逆事發多

府六百六十八　七

所牽引叡曰與殺不辜寧赦有罪宜梟斬首惡餘從疑赦不亦善乎帝從之免者千餘人

劉鵬高陽人粗覽經史閑曉文事與王質等俱充宦官文明太后時亦見眷遇為給事中孝文遷洛常為宮官事幽后后之惑薛菩薩也鵬密諫止之不從遂發憤而卒

後唐張承業初為太原監軍從事莊宗常從征討栢鄉之役王師既迫汴營大將周德威慮其奔衝堅請退舍帝怒其懦不聽垂帳而寢諸將不敢言事咸詣監軍請白承業遽至牙門褰帳而入撫帝曰此非王安寢時周德威老將洞識兵勢姑務萬全言不可忽帝蹶然而興曰予方思之其夕收軍保高邑帝初獲玉璽諸將勸帝復唐正朔承業自太原急趣謁帝從容言曰老奴受先王顧命謹事郎君利害否臧盡合忠言殿下父子血戰三十餘年蓋緣報國復仇為唐宗社今元凶未殄軍賦不充何朝數州獘於供億日望殿下掃除梁汴休戰息民今元惡未平

遷先大號實養兵之事力困凋弊之生靈臣以此爲一未可也曰咸通中便在宮掖每見國家冊命大禮儀仗法物百司庶務經年草定臨事猶闕今殿下既化家爲國新創廟朝典禮制度須取太常準約方今禮院未見其人儻失舊章爲人輕笑二未可也老臣愚懇未願殿下受人推戴者此也大凡舉事量力而行悠悠之譚無益實事因泣下沾衿帝曰予非所願奈諸將何承業自是多病日加危篤卒於宮上聞至帝悲慟連日輟食因言曰天奪孤之子布也（按五代史承業天祐十九年十一月卒明年四月莊宗始即帝位）

冊府元龜卷第六百六十八

冊府元龜卷第六百六十九

内臣部 十五

朋黨　恣横　譴責　貪貨

朋黨

夫親升殿𫞴黄閤上應璽次下聞謀議其來久矣自兩漢之季五代已往或值王道浸衰朝綱靡振本以宮闈之職遂參樞密之任共相樹置遞爲表裏乃有擅自行伍僭節制之權拔於異微賤公台之貴吹噓所至羽翼斯生故無益於爲邦但有紊於致治觀夫賢愚之用捨乃知時運之汙隆耳

漢石顯元帝時爲中書令與中書僕射牢梁少府五鹿充宗結爲黨友諸附倚者皆得寵位民歌之曰牢邪石邪五鹿客邪印何纍纍綬若若邪（牢梁也 石顯也 充宗 纍纍重積也 若若長貌也）言其兼官據執也

後漢張讓靈帝時爲中常侍封列侯與中常侍趙忠曹節王甫等相爲表裏

後魏劉騰自小黄門遷侍中與領軍元乂廢靈太后使中常侍賈粲假言侍孝明書密令防察又以騰爲司空表裏擅權共相樹置乂爲外禦騰爲内防迭直禁闥共裁刑賞公卒葬日内官爲義服杖経衰絹者以百數

賈粲自黄門累遷爲光禄卿與元乂劉騰等同共謀議參既乂黨威福亦震於京邑

唐魚朝恩代宗時爲觀軍容使鎮陝州與周智光昵狎朝恩以扈從功恩遇崇厚奏請多允屢於上前賞拔智光智光本以騎射從軍嘗有戎捷自行間登偏裨累遷同華二州節度使又遷關防禦使

薛盈珍憲宗時爲中貴人有權力於元和初薛蹇爲代北牧田水運使善畜牧有良馬將以賂朝權及中貴人以族人附於盈珍頗延譽以助之故自泗州刺史遷福建觀察使

魏弘簡穆宗時知樞密初元稹貶江陵士曹荆南監軍崔潭峻其禮接甚不以掾吏遇之長慶初潭峻歸朝出稹連昌宮辭等百餘篇奏御穆宗大悦即日轉祠部郎中知制誥無何召入翰林爲學士中人以潭峻之故爭與稹交而弘簡尤與稹狎善穆宗前深知重河東節度使裴度三上疏言稹與弘簡爲刎頸之交謀亂朝政言甚激訐穆宗乃罷稹内職以弘簡爲弓箭庫使

崔潭峻穆宗時爲内常侍京兆尹崔元略以宗人附之遷户部侍郎外以元略板圖之拜出於官授時諫官有疏指言潭峻方有權寵元略以諸父事之故雖彈劾而遽遷顯要元略亦上章自辨且曰一時府縣條流臺司舉劾孤立無黨謗言益彰不謂詔出宸衷恩延望外謬南宮之重選列左户之清班豈臣庸愚敢自干冒天心所擇致驚特達之恩衆口相非遂致因緣之說詔答之曰朕所命官豈非公選卿能稱職奚恤人言然元略不能逃父事潭峻之名

王守澄爲内常侍穆宗暴得風恙興元節度使裴度三疏請立儲嗣宰相李逢吉亦請立敬宗爲皇太子時守澄掌樞密自穆宗不念事權益隆冀城人鄭注自言能爲黄金藥服一刀圭可去痿弱重膇之疾後能使老年人如壯男子守澄得是藥頗効常神而親之注又有奇辯言必通夕出入禁中無時於是李逢吉用族子仲言之謀因鄭注日與守澄通令守澄潛結敬宗於東宮且言逢吉實立殿下敬宗深德之逢吉既内倚守澄之助而外又有門館人張又新李續之輩爲籌畫郎廣進虛薄邪妄之徒置於班級謂之清流自丞郎已下多以黨進又新與續皆逢吉之從宗也

後唐安希倫爲内官長興二年夏被誅以其受樞密使安重誨密旨令於内中伺帝起居故也

恣横

周禮建寺人之官掌女宮之戒自茲厥後命數寖隆宣帷幄之

職參臺省之務其有任居要近性異專良志乖慎之規時肖紊
之理專與奪之柄總營衛之威樹任姻親光寵叉附非復掖庭
黃闥之職正內永巷之任亦有忌克不顧崇侈滋豐獨坐之謗
以典鈎黨之誣斯起招釁罹患蓋自取焉

豎貂齊人魯僖公二年秋九月齊侯宋公江人黃人盟于貫服
江黃也江黃楚與國也始來服齊故爲合諸侯齊寺人貂始漏師于多魚齊地多魚
則如寺人者六人貂易牙之等終以亂齊國傳言貂漏洩桓公軍事此始

秦趙高二世時爲郎中令所殺及報私怨衆多恐大臣入朝奏事毀惡之乃說
二世不坐朝廷見大臣居禁中高常侍中用事事皆決於高高
後欲爲亂乃先設驗持鹿獻於二世曰馬也二世笑曰丞相誤
耶謂鹿爲馬問左右左右或默或言馬以阿順趙高或言鹿者
高因陰中諸言鹿者以法羣臣皆畏高

漢石顯元帝時爲中書令爲人巧慧習事能探人主微指內深
賊持詭辯以中傷人謂以詭辯之辭中傷人忤恨睚眦輒被以危法被加也

曹節王甫侯覽具內臣門

後漢孫程順帝時爲騎都尉永建元年程與張賢孟叔馬國等
爲司隸校尉虞詡訟罪懷表上殿呵叱左右帝怒遂免程官左
悺一作綰桓帝時爲小黃門史以誅大將軍梁冀功遷中常侍與
單超具瑗徐璜唐衡五人同日封侯故世謂之五侯超病薨其
後四侯轉橫天下爲之語曰左回天具獨坐言驕貴無偶也徐卧虎
唐兩墮兩墮謂隨意所爲不定也今人謂持兩端而任意爲兩墮或作兩多取良人美女以爲
姬妾兄弟姻戚皆宰州臨郡辜較百姓盜賊無異超弟安爲河
東太守弟子匡爲濟陰太守璜弟盛爲河內太守悺弟敏爲陳
留太守瑗兄恭爲沛相皆爲所在蠹害璜兄子宣爲下邳令暴
虐尤甚先是求故汝南太守李暠女不能得及到縣遂將吏卒
至暠家載其女歸戲射殺之東海相黃浮案宣罪棄市璜於是
訴怨於帝帝大怒浮坐髡鉗輸作右校五侯宗族賓客虐徧天
下民不堪命起爲寇賊

侯覽桓帝時爲中常侍以議誅梁冀功封高鄉侯小黃門段珪
家在濟陰與覽並立田業近濟北界僕從賓客侵犯百姓劫掠
行旅濟北相滕延一切收捕殺數十人陳尸路衢覽珪大怨以
事訴帝延坐多殺無辜徵詣廷尉免覽等得此愈放縱靈帝建
寧二年喪母還家大起塋冢督郵張儉因舉奏覽虜奪良人妻
略婦子及諸罪釁請誅之而覽伺候遮截章竟不上儉遂破覽冢
宅籍沒資財具言罪狀又奏覽母生時交通賓客干亂郡國復
不得御御進也覽遂誣儉爲鈎黨夷戮之

曹節靈帝時爲中常侍以定策迎帝封長安鄉侯時竇太后臨
朝后父大將軍武與太傅陳蕃謀誅中官節與長樂五官史朱
瑀從官史共普張亮音亮中黃門王尊長樂謁者騰是等十七
人共矯詔以長樂食監王甫爲黃門令將兵誅武蕃等節累轉
大長秋熹平元年有何人書朱雀闕何人不知何人也言天下大亂曹
節王甫幽殺太后常侍侯覽多殺黨人公卿尸祿無有忠言者

節女壻馮芳章言尚書郎栢彬與左丞劉歆右丞杜希爲酒黨
尚書令劉猛雅善彬等不舉正節大怒劾奏阿黨請收下詔獄
在閣中者爲之寒心猛意氣自若旬日得出免官禁錮彬遂以廢

張讓與趙忠夏惲郭勝孫璋畢嵐栗嵩段珪高望張恭韓悝宋
典十二人皆爲中常侍封侯貴寵父兄子弟布列州郡所在貪
殘爲人蠹害黃巾既作盜賊糜沸郎中張鈞上書言張角所以
能興兵作亂其源皆由十常侍宜斬之縣頭南郊以謝百姓靈
帝以鈞章示讓等復重上猶如前章輒寢不報詔使廷尉侍御
史考爲張角道者御史承讓等旨遂誣奏鈞學黃巾道收掠死
獄中而讓等實多與張角交通後中常侍封諝徐奏事獨發覺
坐誅帝因怒詰讓等曰汝曹常言黨人欲爲不軌皆令禁錮或
有伏誅今黨人更爲國用汝曹反與張角通爲可斬未皆叩頭
云故中常侍王甫侯覽所爲帝乃止

蹇碩爲上林校尉碩雖擅兵於中而猶畏忌於大將軍何進乃

與諸常侍共說靈帝遣進西擊邊章韓遂帝從之進亦不往
魏張當齊王時爲黃門齊王正始末大將軍曹爽專政當私出
掖庭才人石英等十一人與曹爽爲伎人
後魏劉騰孝明時爲中常侍中吏部嘗望騰意奏其弟爲郡帶
戍人資乖越清河王懌抑而不與騰以爲恨遂與領軍元乂害
懌乂以騰爲司空公表裏擅權共相樹置乂爲外禦騰爲內防
迭直禁闥共裁刑賞騰遂與崔光同受詔乘步挽出入殿門四
年之中生殺之威決於乂騰之手八坐九卿旦造騰宅參其顏
色然後方赴省府亦有歷日不能見者
北齊陳德信後主時與數十人並肆其姦佞敗政虐人古今未
有多授開府罕止儀同亦有加光祿大夫金章紫綬者多帶侍
中中常侍此二職神虎門外有朝貴憩息之所時人號爲解卸
廳內臣皆放歸休所乘之馬牽至神虎門階然後升騎飛鞭競
走數十爲群馬塵必坋諸朝貴爰至唐趙韓駱皆隱聽趨避不

敢有言
唐李輔國肅宗初爲殿中監常在銀臺門受事置察事廳子數
十人官吏有小過無不伺知即加推訊府縣按鞫三司制獄必
詣輔國取決隨意區分皆稱制勑無敢異議者每出則甲士數
百人衛從中貴人不敢呼其官但呼五郎後遷兵部尚書驕恣
日甚求爲宰相帝曰以公勳力何官不可但未允朝望如何輔
國諷僕射裴冕聯章薦己冕曰吾臂可截宰相不可得也及代
宗即位輔國與程元振有定策功愈恣橫私奏曰大家但內裏
坐外事聽老奴處置代宗怒其不遜以方握禁軍不欲遽責乃
尊爲尚父政無巨細皆委參決程元振代宗初代李輔國判元
帥行軍司馬是時元振之權甚於輔國軍中呼爲中郎既誣搆
襄陽節度使來瑱坐誅宰相裴冕貶施州刺史天下方鎮皆解
體元振猶以驕豪自處不顧物議
魚朝恩爲天下觀軍容使專典神策軍出入禁中賞賜無算性

本凡劣恃勳自伐常所忌憚時引衍內儒及輕薄文士於門下講
授經籍作爲文章粗能把筆釋義乃大言於朝士之中自謂有
文武才幹以邀恩寵代宗優遇之加判國子監事侍詔給錢萬
貫充食本以爲附學士厨料朝恩恣橫求取無猒凡有奏請以
必允爲度宰臣未有其比章敬太后忌日百寮於興唐寺行香
朝恩置齋饌於寺外之東坊延宰臣百寮就食朝恩恣口談時
政公卿惕息
劉清潭爲內侍監大曆十年九月代宗命齎金帛萬計宣慰河
北諸軍清潭所至貪嗜宴會頗稽程期甚沮人望
楊志廉德宗時與孫榮義代竇文場霍仙鳴爲左右軍中尉亦
踵竇霍之事怙寵驕恣貪利冒寵之徒利其納賄多附麗之
田全操文宗時爲辟仗使大和二年五月休祥坊百姓三百人
並於光宅坊西接宰相訴云當坊右龍武軍飛騎地勅賜百姓
已久不出地課經今四十年被田全操並却徵索遂巡全操命

角觝者五十人分捕所訴者遂鬪于通衢良久方散後數日帝
以其地爲百姓居業矣不欲收集因賜左右三軍錢各一千五
百貫充當軍給用其休祥坊官地復盡歸於百姓
仇士良爲左軍中尉開成二年正月甲子宰臣李石遇盜於是
石求出鎮除荊南節度使癸未石謝官徙發赴鎮石與士良以
相疑阻石之遇盜人多意之以士良惣兵密近恃權恣橫帝多
姑息之故石忿遽赴鎮錫宴皆不及於常等
田令孜僖宗時爲觀軍容使中和三年天下兵馬都監楊復光
卒於河中其部下忠武八都都頭鹿晏弘晉暉王建韓建等各
以其衆散去復光兄復恭知內樞密令孜以復光立破賊功憚
而忌之故賊平賞薄及聞復光死甚悅復擯復恭罷樞密爲飛
龍使
楊復恭昭宗時爲內樞密使初復恭以文德元年冊帝於藩邸
及自監國即位恃勳多養假子尋帝大政或訐於宰臣尤忌復

秉專柄帝元舅三疏亦見委任復恭惡其遵守違外事奏授[illegible]
南觀察使竄于吉陽江

後唐楊希朗復恭其叔祖也莊宗時爲學士使怙寵用事先是條制爲朱氏時權豪強占人田宅或陷害籍没顯有屈塞者許人自理希朗自復恭獲罪伯仲竄逝太原武宗莊宗時皆[illegible]任儀至是官官方盛人[illegible]畏避希朗治復恭之舊業田宅宰相趙光裔留而不行言復恭誅亂山南顯當國法太[illegible]朝未經昭洗安得治認田園尤不可與僞朝枉害爲比希朗聞之泣訴於帝因令自見光裔面言之希朗陳訴十餘紙言吾祖雖獲罪於前朝當時蓋強臣制挈國命不由天子乃行誅戮首自天子顯降德音昭雪今制書尚在公傳通故事安得謂之未雪乎叔祖左傳泊伯仲連爲監護者數人何也漸至聲色極矣光裔方恃名望忽爲所折悒悒不樂又以希朗挈于臣處撫佐事危忌不自安病疽而卒

府六百六十九　七

張居翰爲樞密使時蕭希甫知制誥有詔定内宴樞密使坐宴否希甫以爲不可坐居翰聞之怒召希甫責曰老子所言有何按據老夫事過三朝天子建内宴數百子本田舍兒遇何所見有此懂議妄有按據耶且奏聞希甫無以對繇是居翰及李紹宏等切齒怒之宰相豆盧革等亦希旨排斥乃以希甫爲駕部郎中

譴責

周官寺人列職於正内漢制常侍分任於黄闥自茲厥後名數寖優或秉總於官常亦間領於兵政若奉命之不謹暨行已之違方官謗既盈吏議攸屬自貽譴累用于刑書采諸簡編減用論次

漢許廣漢武帝時爲宦者丞上官桀謀反廣漢部索（部分索之）其殿中廬有索長數尺可以縛人者數千枚滿一篋緘封（[illegible]）廣漢索不得它吏往得之（[illegible]）廣漢坐論爲鬼薪輸掖庭

石顯元帝時爲中黄門累遷中書令成帝即位以顯爲長信中太僕秩中二千石顯失倚離權數月丞相御史條奏顯舊惡及其黨牢梁陳順皆免官顯與妻子徙歸故鄉憂懣不食道病死

後漢蔡倫和帝時爲中常侍累遷長樂太僕倫初受竇后諷旨誣陷安帝祖母宋貴人及帝親萬機勅使自致廷尉倫恥受辱乃沐浴整衣冠飲藥而死

籍建安帝時爲小黄門監太子家太子廢爲濟陰王傅高梵長秋長趙熹丞良賀藥長夏珍皆以無過獲罪建坐徙朔方

[illegible]龍爲中常侍與樊楊佗孟叔李建張賢史汎王道李元李剛及阿母宋娥更相貨賂求高官增邑又誣罔曹騰孟賁等永和二年發覺並遣就國減租四分之一

具瑗桓帝時爲中常侍封東武陽侯司隸校尉韓演奏瑗兄沛相恭贓罪徵詣廷尉瑗詣獄謝上還東武侯印綬詔貶爲都鄉侯卒於家

府六百六十九　八

侯覽靈帝時爲中常侍累遷長樂太僕熹平元年有司舉奏覽專權驕奢策收印綬自殺阿黨者皆免

張讓與趙忠夏惲郭勝孫璋畢嵐栗嵩段珪高望張恭韓悝宋典十二人皆爲中常侍與張角交通後中常侍封諝徐奉事獨發覺坐誅靈帝因怒詰讓等曰汝曹常言黨人欲爲不軌皆令禁錮或有伏誅今黨人更爲國用汝曹反與張角通爲可斬未皆叩頭云故中常侍王甫侯覽所爲帝乃止

後魏趙黑獻文時爲侍御典監藏累遷侍中與選部尚書李訢有隙訢列黑爲監藏時多所截没先是法禁寬綏百司所典與官並食故多所損折遂黜爲門士

王遇孝文時爲中散累遷華州刺史封宕昌侯坐后之前廢也遇頗言其過及後進幸帝對僕射李沖等申后無咎而稱（[illegible]）誇之罪沖言果尔遇合死也帝曰遇舊人未忍盡之當止黜廢

耳遂遣御史馳驛免遇官奪其爵收衣冠以民還私第
符承祖爲侍中知都曹事初文明太后以承祖居腹心之任許以不死之詔後承祖坐贓應死孝文原之命削職禁錮在家授悖義將軍佞濁子月餘遂死
王溫孝明時爲左中郎高陽王雍既居冢宰慮中人朋黨出爲鉅鹿太守
唐程元振代宗時爲右監門衞大將軍充寶應軍使專掌禁兵吐蕃党項入犯京畿車駕幸陝州太常博士柳伉上疏切諫請誅元振以謝天下代宗顧人情歸咎乃罷元振官放歸田里及車駕還京元振服縗麻於車中入京城以規任用與御史大夫王仲昇飲酒爲御史所彈詔長流溱州百姓
呂如金憲宗時爲翰林使元和四年決四十配恭陵行至閿鄉而卒如金以私書請託於鹽鐵使李巽故有是責
吐突承璀爲左軍中尉鎮州王承宗叛以承璀爲鎮州已來招撫處置等使及罷兵班師仍爲禁軍中尉諫官段平仲等抗疏極論承璀輕謀弊賦請斬之以謝天下憲宗不獲已降爲軍器庫使俄復爲左衞上將軍知內侍省事時弓箭庫使劉希先取羽林大將軍孫璹錢以求方鎮事連承璀出爲淮南監軍使
吐突士昕敬宗時與武自和俱爲中官寶曆二年入新羅取鷹鷂各杖四十剝邑士昕流恭陵自和配南衙咸以受新羅問遺不進獻故也
楊文端與李孝溫俱爲內養寶曆中送幽州春衣節度使朱克融凌蹂弱執之以聞敬宗特優容別命中人宣諭仍更賜衣服流文端崇陵孝溫元陵
劉承偕以穆宗長慶中爲澤潞監軍頗恃恩權常對衆辱節度使劉悟悟不能平異日有中使至承偕宴之請悟悟欲往左右皆曰往則必爲其困辱軍衆因亂朝廷不獲已貶承偕
楊叔元爲興元監軍文宗大和四年興元軍亂殺節度使李絳事因叔元以言激之遂造代絳盡殺亂卒叔元擁造靴以請命遣兵衞出以俟朝旨配流康州
田獻銛爲閤門使咸通十三年國子司業韋殷裕於閤門進狀論郭淑妃弟郭敬述陰事懿宗怒甚杖殺殷裕以獻銛受殷裕狀奪紫配橋陵

貪貨

夫天象著明四星侍於皇位周官作則五人典於正內必襲既多登用亦廣增金璫右貂之貴預禁闈清禁之謀有匪其人不稱是職因緣權寵憑恣驕貪前史必書不無其迹後人斯覽足戒其非
齊夙沙衞寺人也魯襄公二年齊侯伐萊萊人使正輿子賂夙沙衞以索馬牛皆百匹（索簡擇好者）齊師乃還君子是以知齊靈公之爲靈也（謚法亂而不損曰靈言謚應其行）
漢石顯爲中書令貴幸傾朝貲[illegible]四及賂遺[illegible]一萬萬（[illegible]）

後漢李剛爲中常侍順帝即位剛等及中常侍黃龍楊佗孟叔李建張賢史汎王道李元九人與阿母山陽君宋娥更相貨賂求高官增邑
高梵爲中常侍坐臧罪減死一等
侯覽桓帝初爲中常侍以佞猾進倚勢貪放受納貨遺以巨萬計
王甫爲中常侍勃海王悝既貶爲癭陶王後因甫求復國許謝錢五千萬桓帝遺詔復爲勃海王悝知非甫功不肯還謝錢甫怒陰求其過誣奏大逆迫責自殺
張讓爲中常侍有監奴典任家事交通貨賂威刑諠赫扶風人孟佗（佗音[illegible]）資產饒贍與奴朋結傾竭饋問無所遺愛奴咸德之問佗曰君何所欲力能辦也曰吾望汝曹爲我一拜耳時賓客求謁讓者車常數百千兩佗時詣讓後至不得進監奴乃率諸倉頭迎拜於路遂共轝車入門賓客咸驚謂佗善於讓皆爭以

珍玩賂之佗分以遺讓讓大喜遂以佗爲汾州刺史一作佗字伯鄰一云叔蘭[illegible]

後魏李堅高陽易人也宣武初爲太僕卿瀛州刺史李[illegible]同於王質王質者亦高陽人高祖時爲瀛州刺史所在受納家產巨萬

劉寶安歷位幽州刺史是時有李豐之徒數人皆被眷寵出入禁闈並致名位積貲巨萬第宅華壯文明太后殂後乃漸衰矣

劉騰孝明帝時爲秋御祭陽鄭雲諂事騰貨騰紫纈四百疋得爲安州刺史

唐牛仙童爲內謁者監玄宗開元二年十七年以坐贓杖殺太子太師蕭嵩嵩坐累居官制曰王者立法所貴無私有過必懲古之令典太子太師蕭嵩嵩累踐清資嘗居重任身寵茅土家榮姻戚入臣之貴莫二比足之分當知曾不是思乃行非道城南別業地即膏腴敢直千金並謂於此遂將數頃輒遺仙童名位若斯恩遇亦甚所於庸豎更欲何求靜言其情深所未諭但以經任使猶在朝廷自不欲彰良用驚聽豈可輔導太子肅清正人宜從貶黜以肅紀綱可青州刺史仙童又與幽州節度使張守珪財貨交通制曰張守珪不自我行風承任遇去歲軍務失實乃命謁者監牛仙童宣諭朕意輒使結託凡細令其諂詞賂以百金兼之數口恐懼遽奏或容可矜求遣謁軒墀何不早自披露用茲奉國曷以爲顏猶念舊勳俾從寬典可括州刺史

輔璆琳天寶末宰相楊國忠畢見索等陳安祿山反狀玄宗潛使璆琳送甘子于范陽以察祿山私候其狀璆琳受其重賂還固稱無事後賄賂事泄玄宗怒因祭龍堂遺備儲供責以不虔遂命左右撲殺之

馬日新爲內常侍代宗廣德中江左右荒詔日新領汴滑軍五千人鎮之日新貪暴賊肅庭蘭乘人怨訴逐之而劾其罪

邵光超德宗初加李希烈淮西節度令光超授之節希烈遺之僕馬及縑七百疋事發杖六十配流自兵興已來中貴用事宣傳詔命於四方不禁其求取既鞭邵光超四方節度有以爲戒賂中官者皆不敢受

朱如玉爲內給事貞元初使於于闐國得大珪一玉珂珮五副玉枕一玉帶無帶胯鞾帶胯各三百具玉簪四十枚玉合三十玉釧十具并三及琵琶三百斤并金銀寶刀劍珍藥等如玉稱是假道回紇遂隱藏之奏曰悉爲回紇所奪及是爲其下所發捜獲在法絞論減死杖一百流恩州

薛盈珍憲宗元和中代北營田水運使薛謇善畜牧有良馬時以賂中貴人盈珍有權力於元和初謇以族人附盈珍進頗延譽以勞之故自泗州刺史遷福建觀察使

朱超晏王志忠皆品官爲五坊監多縱鷹隼入富人家廣有求取憲宗知之立召晏忠二人笞二十奪其職

劉希光元和中爲弓箭庫使受羽林將軍孫璹之錢二十萬爲求方鎮又每年常受靈武軍衣粮六十分事發賜死籍其家財

吐突士昕[illegible]中使也敬宗寶曆初入新羅取鷹鷂咸受其問遺不以進獻各杖四十剝色士昕流恭陵自和配南衙

王踐言爲西川監軍節度使李德裕加徵疲人三十萬貫繒因踐言赴闕盡以錢行及踐言爲樞密使德裕果爲宰相

李國澄爲太原監軍時李德裕爲李府司錄參軍時謂國澄曰何不以近貴承事而自滯於外闈乎國澄曰皆所不欲其如負何何乃許借錢十萬貫促國澄赴闕國澄初爲未信及至闕咸如其諾尋除中尉遂爲中人所稱

冊府元龜卷第六百六十九

册府元龜卷第六百七十

内臣部六

誣構

皇居上體乎璇極邇臣内法乎四星曰右以還典掌有序兩漢而下寵任彌渥或參居重職或分幹諸局惟忠信所以絜矩惟謹厚可以守官在視聽而必公實聰明之攸賴而有履用弗率愛惡相攻萌邪僻之端恣驕吝之氣罔懲私忿濡成厚誣宗業用隮宗鄗芯是逞消鑠媒孽校桀生於謀議朋比締構殃及於城府鶴類而長何可勝言虞典曰朕堲讒說殄行其來遠矣

惠牆伊戾宋寺人也（惠牆氏伊戾名）宋芮司徒生女子（芮司徒宋大夫）赤而毛棄諸堤下共姬之妾取以入（共姬宋伯姬也）名之曰棄長而美平公入夕（平公共姬子也）共姬與之食公見棄也而視之尤（尤甚也）姬納諸御嬖生佐（佐元公）惡而婉（佐貌惡而心順）太子痤美而很（痤貌美而心很戾）合左師畏而惡之（合左師向戌）寺人惠牆伊戾為太子内師而無寵楚客聘於晉過宋太子知之請野享之公使往伊戾請從之公曰夫不惡女乎（夫謂太子也）對曰小人之事君子也惡之不敢遠好之不敢近敬以待命敢有貳心乎縱有共其外莫共其内（伊戾為太子内師不行則内侍廢闕）臣請往也遣之至則欲用牲加書徵之（詐作盟處為太子反徵驗也）而騁告公（騁馳也）曰太子將為亂既與楚客盟矣公曰為我子又何求對曰欲速（言欲速得位）公使視之則信有焉（有盟處徵也）問諸夫人與左師（夫人佐母棄也）則皆曰固聞之公囚太子太子曰唯佐也能免我（以其免也）召而使請曰日中不來吾知死矣左師聞之聒而與之語（聒讙也欲使佐失期）過期乃縊而死佐為太子公徐聞其無罪也乃亨伊戾

寺人柳有寵於宋平公太子佐惡之華合比曰我殺之（欲以求媚太子）柳聞之乃坎用牲埋書（詐為盟處）而告公曰合比將納亡人之族（亡人華臣也襄十七年奔衛）既盟于北郭矣公使視之有焉遂逐華合比合比奔衛於是華亥欲代右師（亥合比弟也欲得合比處）乃與寺人柳比從為之徵曰聞之久矣（聞合比欲納華臣）公使代之（代合比為右師）

後漢曹節為小黃門和帝時用事於中梁商為大將軍遣子冀不疑與為父友然宦者忌商寵任反欲陷之永和四年中常侍張逵蘧政内謁者令石光尚方令傅福冗從僕射杜永連謀共譖商及中常侍曹騰孟賁云欲徵諸王子圖議廢立請收商等案罪帝曰大將軍父子我所親騰賁我所愛必無是但汝曹共妒之耳逵等知言不用懼迫遂出矯詔收縛騰賁於省中帝聞震怒勑宦者李歙急呼騰賁釋之收逵等悉伏誅

李閏為中黃門安帝少號聰敏及長多不德而乳母王聖后鄧太后父不歸政慮有廢置常與閏候伺左右及安帝親政宮人先有受罰者懷怨恚因誣告鄧后兄時進騭弟虎賁郎將悝侍中弘閶先從尚書鄧訪取廢帝故事謀立平原平得帝聞追怒令有司奏悝等大逆無道遂廢西平侯廣宗葉侯廣德西華侯忠陽安侯珍都鄉侯甫德皆為庶人騭以不與謀但免特進遣就國宗族皆免官歸故郡沒入騭等貲財田宅徙鄧訪及家屬於遠郡郡縣逼迫廣宗及忠皆自殺又徙封騭為羅侯騭與子鳳並不食而死騭從弟河南尹豹度遼將軍舞陽侯遵將作大匠暢皆自殺惟廣德兄弟以母閻后戚屬得留京師

樊豐為中常侍順帝陽嘉中李固對策言不當封爵阿母王聖使樊豐之徒乘權放恣帝即時出阿母還舍諸常侍悉叩頭謝罪而疾固言直因詐飛章以陷其罪事從中下大司農黃尚等請之於大將軍梁商又僕射黃瓊救明固事久乃得拜議郎

黃龍楊佗孟叔李建張賢史汎王道李元李剛等九人並為中常侍順帝時與阿母山陽君宋娥更相貨賂求高官增邑又誣罔中常侍曹騰孟賁等永和二年發覺並遣就國減租四分之一

侯覽為中常侍靈帝建寧二年喪母還家大起塋冢督郵張儉因舉奏覽貪侈奢縱前後請奪人宅三百八十一所田一十八頃起立第宅十有六區皆有高樓池苑堂閣相望飾以綺畫丹漆之屬制度重深僭類宮省又豫作壽冢（生而自為冢為壽冢）石槨雙闕

高廡百尺（廡郭下堂也）破人居室發掘墳墓虜奪良人妻略婦子及諸罪衅請誅之而覽伺候遮截章竟不上儉遂破覽冢宅籍沒資財具言罪狀又奏覽母生時交通賓客干亂郡國復不得御（御進）覽遂誣儉爲鉤黨及故長樂少府李膺太僕杜密等皆夷滅之又苑康爲太山太守時張儉既殺覽母案其宗黨賓客或有迸匿太山界者康既常疾閹官因此皆窮相收掩無得遺脫覽大怨之誣康與兗州刺史第五種及都尉壺嘉詐上賊降徵康詣廷尉獄減死罪一等徙日南又史弼爲河東太守殺覽大怨遂詐作飛章下司隸誣弼誹謗檻車徵吏人莫敢近者唯前孝廉裴瑜送到淆澠之間大言於道傍曰明府摧折虐臣選德報國如其獲罪足以垂名竹帛願不憂不懼弼曰誰謂荼苦其甘如薺昔人刎頸九死不恨及下廷尉詔獄平原吏人奔走詣闕訟之又前孝廉魏劭毀變形服詐爲家僮瞻護於弼遂受誣事當棄市劭與同郡人賣郡邸行賂於覽得減死罪一等論輸

左校時人或譏曰平原行貨以免君無乃蚩乎陶丘洪曰昔文王牖里閎散懷金史弼遭患義夫獻寶亦何疑焉於是議者乃息

王甫靈帝時爲中常侍初桓帝時勃海王悝謀爲不道貶爲癭陶王後因甫求復國許謝錢五千萬後帝遺詔復爲勃海王悝知非甫功不肯還謝錢甫怒陰求其過初迎立靈帝道路流言悝恨不得立欲鈔徵書而中常侍鄭颯中黃門董騰並任俠通剽輕數與悝交通甫司察以爲有姦密言司隸校尉段紀明熹平元年遂收颯送北寺獄使尚書令廉忠誣奏颯等謀迎立悝大逆不道遂詔冀州刺史收悝考實又遣大鴻臚持節與宗正廷尉之勃海迫責悝悝自殺妃妾一十人子女七十人伎女二十四人皆死獄中傅相以輔導王不忠悉伏誅悝立二十五年國除衆庶莫不憐之又靈帝宋皇后無寵而居正位後宮幸姬衆共譖毀初甫枉誅勃海王悝及妃宋氏妃即后之姑也甫恐后怨之乃與太中大夫程阿共構言皇后挾左道祝詛帝信之光和元年遂策收璽綬后自致暴室以憂死曹節爲中常侍靈帝光和二年陽球爲司隸校尉奏誅中常侍王甫太尉段紀明等其冬司徒劉郃與球議收案張讓及節節等知之共誣白球等常與藩國交通有惡意數稱永樂聲勢取受狼籍步兵校尉劉納及永樂少府陳球交通書疏謀議不軌帝大怒遂收球送洛陽獄誅子妻子徙邊

趙忠夏惲並爲中常侍靈帝中平元年黃巾賊起帝問中常侍呂強所宜施行強欲先誅左右貪濁者大赦黨人料簡刺史二千石能否帝納之於是忠惲等遂共構強云與黨人共議朝廷數讀霍光傳（言其欲謀廢立也）強兄弟所在並貪穢帝不悅使中黃門持兵召強強聞帝召怒曰吾死亂起矣丈夫欲盡忠國家豈能對獄吏乎遂自殺忠惲復譖曰強見召未知所問而就外草自屏有姦明審（外草自屏謂在外野草中自隱也）遂收捕宗親沒入財產焉

張讓爲中常侍時張角作亂侍中向栩上便宜頗譏刺左右不欲國家興兵但遣將於河上北向讀孝經賊自當消滅讓譏栩不欲令國家命將出師疑與角同心欲爲內應收送黃門北寺獄殺之

蜀黃皓宦人也以信任用事時劉永始封魯王建興八年改封爲甘陵王初永憎皓皓乃譖構永於後主稍疎外永至不得朝見者十餘年

孟玖諂仕成都王穎穎聽父之言將害陸雲而江統蔡克力諫穎遲迴者三日盧志又曰昔趙王殺中護軍趙浚赦其子驤驤詣明公而擊趙即前事也蔡克入至穎前叩頭流血曰雲爲孟玖所怨遠近莫不聞今果見殺罪無彰驗將令群心疑惑竊爲明公惜之僚屬隨克入者數十人流涕固請穎惻然有宥雲色孟玖扶穎入催令殺雲

前趙郭猗劉聰時爲中宮僕射聰以弟北海王乂爲皇太弟又以子晉王粲爲相國羽儀威尊踰於東宮太師盧志等勸乂謀

反乂不從東宮舍人荀裕告之帝使冠威卜抽監守東宮禁乂朝賀爵有憾於乂謂粲曰太弟於主上之世懷不逞之志此則殿下父子之深仇四海蒼生之重怨也而主上過垂寬仁猶不替二尊之位一旦有風塵之變臣竊為殿下寒心且殿下高祖之世孫主上之嫡統凡在含齒孰不係仰萬機事大何事與人臣昨聞太宰與大將軍相見極有言矣若事成許以主上為太上皇大將軍為皇太子乂又許衛軍為大單于二王已許之矣二王居不疑之地並握重兵以此舉事事何不成臣謂二王茲舉禽獸之不若也背父親人人豈親之今又苟貪其一切之力耳事成之後主上豈有全理殿下兄弟故在忘言東宮相國單于在武陵兄弟何肯與人許以三月上巳因讌作難事淹變生宜早為之所春秋傳曰蔓草猶不可除況君之寵弟乎臣屢啓主上主上性敦友于謂臣言不實刎臣刀鋸之餘而蒙主上殿下成造之恩故不慮逆鱗之誅每所聞必言冀垂採納臣當入言之願陛下不泄密表其狀也若不信臣言可呼大將軍從事中郎王皮衛軍司馬劉惇假之恩顧通其歸善之路以問之必可知也粲深然之猗密謂皮惇曰二王逆狀主相已具知之矣卿同之乎二人驚曰無之猗曰此事必無疑吾憐卿親舊并見族耳於是歔欷流涕皮惇大懼叩頭求哀猗曰吾為卿作計卿能用不二人皆曰謹奉大人之教猗曰相國必問卿卿但云有之若責卿何不先啓卿即答云臣誠負死罪然仰惟主上聖性寬慈殿下篤於骨肉恐言成誑偽故也皮惇許諾粲俄而召問二人至不同時而辭若畫一粲以為信然初靳準從妹為乂孺子淫于侍人乂怒殺之而屢以嘲準準深慚恚說粲曰東宮萬機之副殿下宜自居之以領相國使天下知早有所繫望也至是準又說粲曰昔孝成距子政之言使王氏卒成篡逆可乎粲曰何可之有準曰然誠如聖旨下官亟欲有所言矣但以德非更生親非皇宗恐忠言暫出禍發已及故不敢耳粲曰君但言

之準曰聞風塵之言謂大將軍衛大將軍及左右輔皆謀奉太弟剋季春構變殿下宜為之備不然恐有商臣之禍粲曰為之柰何準曰主上愛信於太弟恐卒聞未必信也如下官愚意宜緩東宮之禁固勿絕太弟賓客使輕薄之徒得與交游太弟既素好待士必不思防此嫌輕薄小人不能無逆意以勸太弟之心小人有始無終不能無貫高之流也然後下官為殿下露表其罪殿下與太宰拘太弟所與交通者考問之窮其事原主上必以無將之罪罪之不然今朝望多歸太弟主上一旦晏駕恐殿下不得立矣於是粲命卜抽引兵去東宮後遂構成其罪

宋華願兒者內臣也前廢帝愛幸有盛寵時戴法興為越騎校尉而廢帝年已漸長凶志轉成欲有所為法興每相禁制每謂帝曰官所為如此欲作滎陽耶帝意不平又賜與願兒金帛無算法興常加裁減願兒甚恨之帝使願兒出入市里察聽風謠而道路之言謂法興為真天子帝為應天子願兒因此告帝又云法興是孝武左右復久在宮闈今將他人作一家深恐此坐席非復官許帝遂發怒免法興官遣還田里尋賜死於家

後魏宗愛太武時為秦郡公恭宗之監國也每事精察愛天性險暴行多非法恭宗每銜之給事仇道盛侍郎任平誠等任事東宮微為權勢帝頗聞之二人與愛並不穆愛懼道盛等案其事遂構告其罪詔斬道盛等於都街

趙黑文成時為選部尚書仍加侍中是時尚書李訢亦有寵於獻文與黑對綰選部訢奏中書侍郎崔鑒為東徐州北部主書郎公孫處顯為荊州選部監公孫處為幽州皆曰有能他實者私為黑疾其亂選體遂爭於殿庭曰以功授官因爵與祿國之常典中書侍郎尚書郎者曹監勳能俱立之不過列郡今所皆用為方州臣實為惑獻文疑之曰公孫處且上處最為訢所厚於是黑與訢遂為深隙訢竟列黑為監藏時多所載沒先是法禁寬緩百司所典與官並良故多所損折遂黜為門士黑由

以爲昕所陷數根終日廢寢忘食規報前怨逾年遂入爲侍御史散騎常侍侍中尚書左僕射復兼選部知昕黑識告訐專恣詐遂出爲徐州及其將獲罪也黑構成以誅之然後食甘寢安志在於職

唐程元振爲内侍代宗即位自矜定策之功忌疾宿將以郭子儀功高難制巧行離間請罷副元帥加實封七百戶充肅宗山陵使子儀既謝恩上表進肅宗所賜前後詔勑因自陳詐曰臣德薄蟬翼命輕鴻毛累蒙國恩猥厠朝列會天地震盪中原血戰臣北自靈武册先皇帝乃舉兵而南大蒐於岐陽先帝憂勤宗社託臣以家國俾陛下掃兩京之妖祲陛下雄圖丕斷再造區宇自後不以臣寡劣委文武之二柄外敷邦教内調鼎餁是以常許國家之死實冀日月之明臣本愚賤言多訐直慮此招謗上瀆皇旒陛下居高聽卑察臣不貳皇天后土察臣無私伏以器忌滿盈日增兢惕爲汲偷全久妨賢路臣自受恩棄下制

勑行間東西十年前後百戰天寒劍折濺血沾衣野宿魂驚飲冰傷骨跋涉艱阻出没死生所仗唯天以至今日陛下曲垂惠愛念及勤勞貽臣詔書一千餘首聖旨微婉慰諭綢繆録微臣一時之功成子孫萬代之寶自靈武河北河南彭原鄜坊河東鳳翔兩京絳州臣所經行賜手詔勑書凡二十卷昧死上進庶憑聽覽詔答曰朕不德不明俾大臣憂疑朕之過也朕甚自愧公勿以爲慮帝以子儀頃同患難收復兩京禮之逾厚時史朝義尚據洛陽元帥雍王率師進討帝欲以子儀副之而魚朝恩程元振亂政殺裴茂來瑱子儀既爲所間其事遂寢乃留京師自西蕃入寇車駕東幸天下皆咎程元振諫官屢論之元振懼又以子儀復立功不欲天子還京勸帝且都洛陽以避蕃寇帝然之子儀累表請車駕還京乃止

呂太一大曆初爲嶺南矯詔募兵爲亂廼以台州刺史張休爲韶州刺史兼御史中丞韶連郴三州都團練防禦使[illegible]

[illegible]反間貶信州司馬

薛盈珍德宗貞元十五年爲鄭滑監軍使姚南仲爲節度使盈珍怙勢干奪軍政南仲不從數爲盈珍讒構於帝帝頗疑之十六年盈珍遣小使程務盈馳驛表奏南仲誣譖頗甚南仲裨將曹文洽時奏事赴京師切知盈珍表中語文洽私懷忿怒遂晨夜兼道追務盈至長樂驛及之與同舍宿中夜殺務盈沉務盈表於廁中乃自殺日旰驛吏闢門見血傷滿地旁得文洽二緘一緘狀未告于南仲一緘表理南仲冤且陳謝殺務盈帝聞其事頗駭動

高重昌憲宗元和九年爲江西監軍使誣奏李位決四十剥色配役于建陵仍籍没其家許遂振爲嶺南監軍使時楊於陵爲節度使遂振悍戾貪恣干撓軍政於陵奉公絜己遂振無能奈何以飛語上聞憲宗初驚惑賴裴垍爲於陵申理帝感悟乃除吏部侍郎遂振終得罪

王守澄爲神策軍中尉文宗大和五年二月戊戌守澄奏得本軍衛前虞候豆盧著狀告宰相宋申錫與十宅漳王謀反未俄帝令中人急召宰相入赴延英中人赴宰相牛僧孺私第至安邑里北街馬奔乏死於道即於僧孺里第易所乘馬趨以復命是日宰相路隨李宗閔牛僧孺宋申錫旬休在私第悉聞命赴召至中書東門中人曰所召無宋申錫始知被罪望延英以笏叩額而退隨等至帝以守澄所奏狀示隨等隨等相顧皆愕然初守澄於浴堂以鄭注所構告於帝登時即於市里追捕又將以二百騎就靖恭里屠申錫之家會内官馬存亮同入見爭於帝曰今謀反者宋申錫耳盍不召南司他相會議今卒然爲此京師企足旦亂矣守澄不能難乃止三月己亥右軍差人於宋申錫宅捕孔目官張全真家人買子信緑等及於十六宅及晉四追捕脊吏以成其獄庚子詔以宋申錫爲太子右庶子辛丑上已休假宰相並入中書帝在延英中人復出宣事勑百官今[illegible]

師保僕射尚書丞郎常侍給事諫議舍人御史中丞京兆尹大理卿同於中書及集賢院雜驗北軍豆盧著所告宋申錫反狀翌日壬寅國忌宰相復入中書便赴延英召對應是日議畢宦官並召入親自詢訪太子太保趙宗儒以年老宜令不拜巳而兩省諫官自常侍巳下至午時復於延英請對帝即時召入於是左常侍崔玄亮給事中李固言諫議大夫王質補闕盧鈞舒元褒羅泰蔣係裴休竇宗直韋溫拾遺李羣韋端符丁居晦袁都等一十四人皆伏玉階下請共軍所告不於中勘帝曰吾巳謀於公卿大僚訖卿等且出玄亮固言援引古今辭理懇切玄亮涕泣久之帝意稍解乃曰令即與宰臣商議玄亮等退於是復召宰相入議翌日癸卯詔漳王降封巢縣開國公又詔宋申錫可守開州司馬員外置同正員仍即馳驛發遣內官飛龍使開府儀同三司馬存亮表請致仕初守澄奏據當軍同正將虞候前虞候豆盧著狀告前供內品宮市典朱訓與前十六宅宮市典晏敬則及宰相宋申錫親事王師文等同謀反逆并取受宋申錫銀絹稱與漳王計會宣上之事兼受漳王信物等臣推告狀追晏敬則等推問承伏取受及得支證人貨賣銀絹櫃坊主人責物牙郎及見晏敬則從十六宅西門至漳王院取信累路經過所向當門司所由十六宅判官張忠榮等不告報官司各得款狀百姓朱訓得款稱取受絹五百二十疋銀五挺又責得朱訓狀稱先與宰相宋申錫親事王師文知聞多時因語話次其人稱伏狀宋申錫多年本使云聖人多疾又緣太子小未堪成立其次合是漳王要繼託佗日之事問訓有何人通徹得訓即云外與晏敬則兄弟相識多時委知其人是十六宅宮市使典曾伏事彰王來王師文見訓說遂潛報宋申錫知至閏十二月初訓與晏敬則王師文同於宣平坊商量此事前後約二十餘度去年閏十二月內一度見宋申錫云一切委王師文君但與王師文計議訓前後三度於師文邊領得銀三挺又於

府六百七十　九

太原軍送王處存至任重榮不自安乃抗表述令孜擅權復修怨詔以書諭太原云近奉密詔候公送處存至此則令當鎮圖之皆朱温朱玫與令孜惑朝廷也使者因出僞詔示之時太原與汴帥有隙遂累上表請討温玫朝廷務紓國難每降詔抑之由是太原頗以私嫌積憤于帝既因河府之間遂起兵上章以誅田令孜朱玫爲名

西門重遂爲左觀軍容使初天威都馬軍都將賈德晟以李順節非罪見殺曾宣怨言於人重遂誣以佗罪奏帝帝遂誅之時都下馬千餘騎皆驚散西投鳳翔自是朝廷勢削鳳翔軍盛矣

後唐李廷安李從龔呂知柔皆供奉中官也莊宗同光三年伐蜀魏王繼岌爲都統郭崇韜爲副十月十九日下鳳州拔固鎮敗賊三泉收劍利興元梓州望風納款勢如破竹其招懷制置宣吏補署師行籌畫軍書告喻皆出招討府繼岌承命而巳時莊宗令廷安從龔知柔爲都統府綱紀見崇韜行府職事殷繁將吏請謁輻湊降人爭爲賂遺其都統府唯大將省謁牙門寮然爵是大爲詬恥及軍至僞蜀六軍使王宗弼歸款行賂先指討府洎王衍以成都降崇韜居王宗弼之府先是宗弼徙王衍於西宮衍之珍玩妓妾宗弼擇其善者邀留以奉崇韜求爲蜀帥宗弼崇韜子廷誨令蜀人列狀見魏王請奏崇韜爲蜀帥繼岌覽狀召崇韜謂曰主上倚侍中如衡華尊於廟堂之上以制西夷必不置元老於蠻夷之地況子不敢議此請諸公詣闕自陳李從龔等謂繼岌曰郭公收蜀部人情意在難測王宜自備由是陰相猜察帝令中官向延嗣齎詔諭蜀促命班師詔使至崇韜不郊迎於禮稍倨延嗣情憤告從龔等曰乃公何若魏王貴太子也主上萬福郭公專弄威柄旁若無人昨令蜀賊請巳爲帥令郭廷誨擁徒出入貴擬王者所與遊狎無非軍中驍果蜀土兇豪晝夜妓樂相歡指天畫地近聞廷誨與父書表以爲蜀帥又曰兩川數百萬戶珍玩貨泉庫所不有地形四固自是一

府六百七十　十二

（第十葉第十一葉原闕）

泰夫人何不善自爲謀此語流聞遠近父子由此可見其心今諸軍將校無非郭氏之黨魏王懿軍孤弱一朝班師事恐滋變吾屬莫知暴骨之所矣因相向垂涕向延嗣迴具以事奏劉皇后泣告於帝請保全繼岌帝復閱蜀簿且曰人言蜀中珠玉金銀不知其數何如是之微也延嗣奏曰臣聞到西川見招討府吏言蜀川珍貨皆積崇韜之門言崇韜自入蜀所得金萬兩銀四十萬兩錢百萬名馬千匹王衍愛妓六十樂工百犀玉帶百郭廷誨自有金銀十萬兩犀玉帶五十藝色絕妓七十樂工七十他財物稱是臣見魏王所居除公府外蜀人賂遺不過匹馬束帛唾壺麈柄而已蜀府空竭無足爲怪帝初聞蜀人留崇韜已不平之又聞所得妓樂寶馬怒見顏色即日命中官馬彥珪馳往蜀川視崇韜去就如恭命班師則已若別有遲留跋扈之狀則與繼岌圖之彥珪請見劉皇后遽曰臣見向延嗣說蜀中事勢令已不可主上遣臣偵視凡禍機之發間不容穟何能於

三千里外繼岌安能稟決皇后再言之帝曰傳言未知事實吾以外兵柄付之無故行事否則患生誰可使之果決皇后不得請因自爲教與繼岌令殺崇韜是時成都雖定諸州山林羣盜蠭聚崇韜令任圜張筠分道招撫孟知祥未至慮發軍之後別生變故稍緩班師之期正月六日馬彥珪至時大軍定取十二日發繼岌成都令任圜權知蜀事以俟知祥諸軍部署已定彥珪出皇后教示繼岌曰大軍將發他無釁端安得爲此負心之事公輩勿復言從襲等泣曰聖上既有密勅王若不行使彼泄路訪知則中途有變爲患轉深繼岌曰帝無詔書徒以皇后文字安得殺招討使從襲等泣造事端以間繼岌既無英斷即僶俛從之詰旦從襲傳繼岌命召崇韜計事繼岌登樓以避之崇韜方昇階繼岌[illegible]爪牙奮撾以碎其首小子廷信從父請死即殺之崇韜從襲至圍招討府以攻廷誨擒而殺之收其伎樂寶貨崇韜有子五人廷誨廷信從父死於蜀第二子廷說爲尚書郎在洛陽及馬彥珪報殺崇韜令楊彥珣誅於其家第三子廷讓誅於魏第四子廷議誅於太原家産籍沒明宗即位詔令歸葬所存郭氏田宅皆賜崇韜妻周氏廷誨有男奴哥廷讓有男行奴皆託於姻族保之獲免令周氏鞠養於晉陽之故第崇韜服勤盡節佐佑王家草昧艱難功無與比西平巴蜀宣暢皇威誣構而誅其禍已酷身死之日夷夏冤之

李存乂爲鄜州節度使同光四年伏誅於邸存乂莊宗異母弟也郭崇韜之子婿崇韜既誅其後朝野駭愕羣居州處議論紛然帝令閹豎綱紀察訪又事言存乂於諸將坐上常訴郭氏無罪言詞怨望又於託術人楊千郎所居飲酒聚會兇豪攘臂而泣楊千郎者魏州賤民自言傳墨子術於婦翁能役使陰物帽下召食物果實之類又蒲博必勝人有叅捏之物以法必取又說鍊丹乾水易人形破扃鑰或云可驗初在鄴都貴要間皆神奇之白於帝甚蒙待遇官至檢校尚書郎賜紫其妻出入宮掖

頗承恩寵人士有第之而仕官者及在洛陽輕薄少年畢與之遊皇弟存乂存渥元行欽常朋淫於其家至是姦謀發覺坐云郭氏之黨故誣告之千郎亦被其禍

冊府元龜卷第六百七十

冊府元龜卷第六百七十一

牧守部一

總序

唐虞之制或十二州或九州州皆有牧虞與所謂肇十有二牧左氏傳所謂禹鑄九牧之金是也三代之制王畿千里之外設方伯五國以爲屬屬有長十國以爲連連有帥三十國以爲卒卒有正二百一十國以爲州州有伯八州八伯伯亦牧也商曰伯夏周皆曰牧自唐迄周九州之地以封諸侯諸侯賢者乃爲牧又使大夫三人監方伯之國故曰三監秦氏罷侯置守凡三十六郡郡置守掌治其郡秩二千石內郡有丞邊郡又有長史掌兵馬秩皆六百石又置尉掌佐守典武職甲卒秩比二千石亦有丞秩六百石又置御史監之漢郡縣承秦制京兆尹左馮翊右扶風謂之三輔分治長安城中京兆初爲內史又爲右內史左馮翊初爲左內史扶風初名主爵中尉又爲中尉後更

今名各置都尉而諸侯所封之國置內史治民中尉掌武職又省監郡御史丞相遣吏分刺州不常置景帝中二年更名郡守曰太守郡尉曰都尉武帝元封五年分諸郡爲十三部部置刺史掌奉詔條察州內秩六百石其察三輔曰司隸校尉成帝綏和元年更刺史曰牧秩二千石哀帝建平二年又以州牧復爲刺史元壽二年又以刺史爲州牧郡守之職掌治民進賢勸功決獄除姦常以春行縣所至勸民農桑振救乏絕秋冬遣無害吏案訊諸囚平其罪法論課殿最刺史之職常以八月巡行所部郡國錄囚徒考殿最初歲盡詣京都奏事皆有從事史假佐後漢皆因之以河南郡爲河南尹省諸郡都尉其職并歸太守屬國都尉舊主蠻夷降者中興稍有八縣治民如郡安帝又置扶風及京兆虎牙都尉靈帝末復以刺史爲州牧魏始置都督諸州軍事或領州刺史晉循舊制王畿置司隸校尉州置刺史京師所治置尹郡置太守諸王國置內史又涼州刺史領護羌

校尉雍州刺史領西戎校尉荊州刺史領南蠻校尉亦或分置又刺史太守內史多領將軍中郎將之職元帝中興罷司隸以其職爲揚州刺史宋齊同之自魏已降大抵刺史任重者爲使持節都督輕者爲持節都督諸軍事又輕者爲假節刺史治民事其非要州不帶都督則單爲刺史謂之單車刺史梁陳之制刺史二千石受拜之明日辭宗廟而行揚州南徐州東揚州刺史品第三荊江南兗郢湘雍州刺史品第四豫益廣衡青北兗北徐梁司南梁交越桂霍寧州刺史及丹陽尹會稽吳郡吳興太守品第五其餘萬戶以上郡太守內史品第六不滿萬戶太守內史品第七其秩比二千石單車刺史加督進一品都督進二品太守加秩亦進一品都督進二品後魏以司隸部爲司州州置三刺史用六品宗室一人異姓二人比古之上中下三大夫郡置三太守用七品而太守上有刺史不有令長雖置而不臨民又置大都督揔縮軍民北齊因京師所治司州置牧清都置

尹餘州置刺史郡置太守三等上州刺史清都尹三品三等中州刺史三等上郡太守從三品三等下州刺史四品三等州郡制祿之法刺史守令下車各前取一時之秩上上州刺史與司州牧同歲秩八百疋上中上下五十疋爲差中上百疋爲差中中中下五十疋爲差下上百疋爲差下中下下五十疋爲差上郡太守歲秩五百疋降清都尹五十疋上中上下各以五十疋爲差中上四十疋爲差中中中下三十疋爲差下上四十疋爲差下中下下三十疋爲差其幹力聽敕乃給幹輸絹十八疋放其身力則以州郡白直充後周雍州牧九命三萬戶以上州刺史正八命二萬戶以上州刺史八命一萬戶以上州刺史正七命五千戶以上州刺史七命京兆尹八命一萬五千戶以上郡守正七命五千戶以上郡守正六命一千戶以上郡守正五命一千戶以下郡守五命而刺史奉辭之日備列鹵簿又啟都督爲總管隋雍州牧從二品上州刺史正三品中州刺史從三品下

州刺史正四品京兆尹正三品上郡太守從四品中郡太守從五品下郡太守正六品州又置總管以統餘州并益揚荆謂之大總管視從二品中總管視正三品下總管視從三品其爲總管刺史皆加持節刺史太守皆計戶而給祿大州六百二十石其以四十石爲差次下下則三百石大郡三百四十石其下每以三十石爲差後開皇三年罷郡以州統縣煬帝即位又罷州置郡郡置太守上郡從三品中郡正四品下郡從三品京兆河南俱謂之尹正三品舊制州有兵處刺史帶諸軍事以統之至是別置都尉副都尉領兵馬郡不復知兵矣其後郡各加置通守一人位次太守京兆河南則謂之內史而悉罷持節總管之名唐初又以郡爲州雍州洛州並置牧餘州置刺史復以洛荆并幽交五州爲總管府總管與刺史皆號持節七年改總管爲都督都督督十州者爲上都督不及者爲都督後又都督刺史加號使持節諸軍事而實無節但頒銅魚而已景雲二年分置二十

四都督俯察所管州刺史已下官人善惡畿內州不隸都督長壽元年又改并州爲太原府神龍中罷之開元中改爲太原府又始置節度使其後又置諸道採訪使皆以刺史爲之節度使以司戎事採訪使以聽民政天寶元年改州爲郡改刺史爲太守至德元年改郡爲州改太守爲刺史又以益州爲成都府岐州爲鳳翔府蒲州爲河中府荆州爲江陵府乾元元年改停採訪使改置觀察處置使興元中以梁州爲興元府光化中以華州爲興德府凡唐之制京兆河南太原尹從二品餘尹從三品其屬僚有少尹而下大都督從二品中都督正三品下都督從三品屬官有長史而下大都督多親王爲之以長史領州務以領戶滿四萬已上曰上州刺史從三品戶滿二萬已上曰中州刺史正四品上戶不及二萬曰下州刺史正四品其屬僚有別駕下都督而下所掌清肅邦畿考覈官吏宣布德化撫和齊人勸課農桑敦諭五教每歲一巡屬縣觀風俗問百年録囚徒恤鰥寡閲丁口務知百

姓之疾五代之制並與唐同昔漢宣帝云與吾共治者惟良二千石乎夫一圻之地千乘之賦上承於王朝下繫於民務有刑辟之政有軍旅之事所謂生民休戚之所屬王室安危之所漸故得其人則成治非其材則受弊至乃仁恕以流聲清白以飛譽禮讓以化俗公正以御物不攝於威權不溺於榮利此良吏之最也選愞以取容依阿以附勢殖貨以厚己苛刻以求名不長於簡書不卹於惸弱此黷吏之首也並用考其行事著之於篇其佐吏則附見於幕府凡牧守部四十二門云

選任

自舜典所載蓋十有二牧以迄于周重方伯連帥之任秦置郡守漢仍其制或郡或國錯峙於四封曰守曰相威靈於非姓專制千里其爲威重可知矣故推擇之際未嘗輕焉乃有蜀通都邑俯介戎貊或豪猾恣横或寇攘爲孽至乎戎甫定水旱相仍罷羸賴其惠綏強暴資其式遏繇是選循良之器求貞幹之用分符以往專城而居足以爲王朝之藩屏黔民之師長者矣

周成王時周公既沒成王命君陳分正東郊成周成王遷周公故命君陳分居正東郊成周之邑里官司康王命畢公分居里成周郊分別民之居里異其善惡成定東周郊境使有保護作畢命言畢公見命之書惟十有二年六月庚午朏康王即位十二年六月三日庚午越三日壬申王朝步自宗周至于豐於朏三日壬申王朝行自宗周至于豐文王宗廟以成周之衆命畢公保釐東郊用成周之民衆命畢公安理治正成周東郊令得所王若曰嗚呼父師惟文王武王敷大德于天下用克受殷命王順其事告畢公代周公爲大師爲東伯命之代君陳言文武布大德於天下故天佑之用能受殷之王命惟周公左右先王綏定厥家言周公佐先王安定其家毖殷頑民遷于洛邑密邇王室式化厥訓慎殷頑民恐其叛亂故徙於洛邑密近王室用化其教既歷三紀世變風移四方無虞予一人以寧言殷民遷周已經三紀世代民易頑者漸化四方無可度之事我天子用安矣十二年曰紀父子曰世道有升降政由俗革不臧厥臧民罔攸勸天道有上下交接之義政有俗改更之理民之俗善養之俗有不善以法制之若乃不善其善則民無所勸慕惟公懋德克勤小物

弼亮四世正色率下罔不祗師言言公[illegible]文武成[illegible]下人[illegible]嘉績多于先王予小子垂拱仰成公之善[illegible]先人之[illegible]我[illegible]上王[illegible]父兄下子孫言王曰嗚呼父師今予祗命公以周公之事往哉言[illegible]命公以周公所為之事往[illegible]非周公不[illegible]旌別淑慝表厥宅里彰善癉惡樹之風聲[illegible]弗率訓典殊厥井疆俾克畏慕[illegible]申畫郊圻慎固封守以康四海[illegible]政貴有常辭尚體要不惟好異[illegible]商俗靡靡利口惟賢餘風未殄公其念哉[illegible]我聞曰世祿之家鮮克由禮以蕩陵德實悖天道[illegible]敝化奢麗萬世同流[illegible]茲殷庶士席寵惟舊怙侈滅義服美于人[illegible]驕淫矜侉將由惡終雖收放心閑之惟艱[illegible]

[illegible]資富能訓惟以永年[illegible]惟德惟義時乃大訓不由古訓于何其訓[illegible]王曰嗚呼父師邦之安危惟茲殷士不剛不柔厥德允脩言邦之安危惟在此殷士[illegible]惟周公克慎厥始惟君陳克和厥中惟公克成厥終[illegible]三后協心同厎于道道洽政治澤潤生民三君合心為一終始相成同致于道道至普洽政化治理其德澤惠施乃浸潤生民四夷左衽罔不咸賴予小子永膺多福言東夷西戎[illegible]衽之人無不[illegible]小子長受其福公其惟時成周建無窮之基亦有無窮之聞公其惟以是成周之治為周家立無窮之基業亦有無窮之名聞於後世子孫訓其成式惟乂言後世子孫順公之成法惟以治嗚呼罔曰弗克惟既厥心無曰人少不足治也惟在盡其心而已罔曰民寡惟慎厥事無曰民少不足治也惟在慎其政事無敢輕之欽若先王成烈以休于前政敬順文武成康之業以美於前人之政所以勉畢公

申伯以賢入為宣王卿士佐王有功王又欲使繼其故諸侯之事往作邑於謝南方之國皆統理施其法度時改大其邑使為侯伯故崧高詩云亹亹申伯王纘之事于邑于謝南國是式亹亹勉也纘繼也[illegible]周之南國也式法也

漢郅都景帝初為中郎將時濟南瞯氏宗人三百餘家豪猾二千石莫能制於是帝拜都為濟南守

灌夫為代相武帝初即位以淮陽天下郊勁兵處郊謂[illegible]交[illegible]兵又勁[illegible]故徙夫為淮陽太守

汲黯為右內史坐小法免官隱於田園會更鑄五銖錢民多盜鑄錢楚地尤甚武帝以為淮陽太守黯伏謝不受印綬詔數強予然後奉詔召上殿黯泣曰臣自以為填溝壑不復見陛下不意陛下復收之臣常有狗馬之心[illegible]今病力[illegible]不能任郡事臣願為中郎出入禁闥補過拾遺臣之願也帝曰君薄淮陽邪吾今召君矣言後召也顧淮陽吏民不相得[illegible]吾徒得君重[illegible]臥而治之

龔遂為昌邑郎中令昌邑王賀廢為城旦宣帝即位久之渤海左右郡歲飢盜賊並起二千石不能禽制帝選能治者丞相御史舉遂可用帝以為勃海太守

韓延壽為淮陽太守治甚有名徙潁川潁川多豪彊難治國家常為選良二千石

尹賞為長安令江湖中多盜賊乃以賞為江夏太守坐殘賊免南山群盜起以賞為右輔都尉

張敞為函谷關都尉宣帝即位廢王賀在昌邑帝心憚之徙敞為山陽太守後為膠東相時潁川太守黃霸以治行第一入守京兆尹不稱罷歸於是制詔以敞守京兆尹後坐事亡命冀州部中有大賊天子思敞功効使使者即家在所召拜冀州刺史

蕭望之宣帝時為少府帝以望之經明持重論議有餘才任宰相任堪也欲詳試其政事復以為左馮翊望之從少府出為左遷恐有不合意即移病移病謂移書言病一曰以病而移居帝聞之使侍中成都侯

安上論意曰所用皆吏治民以考功（吏勝君歷也）前爲平原太守日淺故復試之於三輔非有所聞也（所聞謂所聞過失）望之即視事

王尊爲槐里令兼行美陽令事元帝行幸雍過虢尊供張如法而辦以高弟擢爲安定太守後爲中太僕坐事左遷高陵令以病免會南山羣盜數百人爲吏人害歲餘不能禽或說大將軍王鳳獨選賢京兆尹乃可於是鳳薦尊守京輔都尉行京兆尹事旬月間盜賊清

王章爲司隸校尉會京兆尹王尊免代者不稱職章以選爲京兆尹

孫寶爲諫大夫鴻嘉中廣漢羣盜起選爲益州刺史後爲丞相司直會益州蠻夷犯法巴蜀頗不安成帝以寶著名西州拜爲廣漢太守秩中二千石賜黃金三十斤蠻夷安輯吏民稱之

彭宣哀帝時爲漁陽太守有名於邊容良食飲絶衆是時單于來朝當道二千石皆選容良飲食士故宣徙爲雲中太守

後漢郭伋爲漁陽太守建武九年潁川盜賊羣起徵拜潁川太守及見辭謁帝勞之曰賢能太守去帝城不遠河潤九里冀京師并蒙福也十一年帝以盧芳據北土乃調伋爲并州牧

董宣建武中爲懷令後江夏有劇賊夏喜等寇亂郡境以宣爲江夏太守

樊曄爲軹長隗囂滅後隴右不安乃拜曄爲天水太守

臧宮爲輔威將軍建武十一年與吳漢並滅公孫述光武以蜀地新定拜宮爲廣漢太守

祭肜爲襄賁令（賁音肥在今沂州臨沂縣）建武十七年匈奴鮮卑及赤山烏桓連和彊盛數入塞殺略吏人朝廷以爲憂益增緣邊兵郡有數千人又遣諸將分屯障塞帝以肜爲能拜遼東太守

袁安爲陰平任城令所在吏人畏而愛之明帝永平十三年楚王英謀爲逆事下郡考案明年三府舉安能理劇拜楚郡太守

王堂爲穀城令治有名（[illegible]在今[illegible]）安帝永初中西羌寇巴郡爲民害詔書遣中郎將尹就攻討連年不剋三府舉堂治劇拜巴郡太守

盧植爲博士靈帝熹平四年九江蠻反四府選植才兼文武拜九江太守蠻寇賓服[illegible]爲太僕光和中賊帥常山人張燕寇河內逼近京師於是出植爲河內太守將家兵擊却之

張綱爲侍御史時廣陵賊張嬰殺太守寇郡縣[illegible]用綱爲廣陵太守綱至乃陳示禍福嬰等開門出降綱乃撫納離叛使各得安居部內肅清帝嘉之賜錢十萬

賈琮爲京兆令中平元年交阯屯兵反執刺史及合浦太守自稱柱天將軍帝特勑三府精選能吏有司舉琮爲交阯刺史及徵拜議郎時黃巾新破兵凶之後郡縣重斂因緣生姦詔書沙汰刺史二千石更選清能吏乃以琮爲冀州刺史

周紆爲博平令以威名遷齊相

黃昌爲宛令政尚嚴猛皆稱神明朝廷舉能遷蜀郡太守

陽球辟司徒劉寵府九江山賊起連月不解三府上球有理姦才拜九江太守

王允爲侍御史中平初黃巾賊起選拜豫州刺史

糜竺曹公表爲嬴郡太守白泰山郡界廣遠舊多輕悍權時之宜可分五縣爲嬴郡揀選清廉以爲守將偏將軍糜竺素履忠貞文武昭烈請以竺領嬴郡太守撫慰吏民

劉虞爲幽州劉焉爲益州劉表爲荊州賈琮爲冀州虞等皆海內清名之士或從列卿尚書以選爲方伯各以本秩居任傳車參駕施赤帷裳

魏何夔後漢建安中爲長廣太守徵還參丞相軍事海賊郭祖寇暴樂安濟南界州郡苦之太祖以夔前在長廣有威信拜樂安太守到官數月諸城悉平

蔣濟楚國人太祖拜濟丹楊太守大軍南征還以温恢爲楊州刺史濟爲別駕令曰季子爲臣吳宜有君今君還州吾無憂矣

杜畿為西平太守太祖既定河北而高幹舉并州反時河東太守王邑被徵河東人衛固范先外以請邑為名而内實與幹通謀帝謂荀彧曰關西諸將恃險與馬征必為亂張晟寇殽澠間南通劉表固等因之吾恐其為害深河東被山帶河四鄰多變當今天下之要地也君為我舉蕭何寇恂以鎮之彧曰杜畿其人也於是追拜畿為河東太守

賈逵為議郎參司隸軍事太祖征馬超至弘農曰此西道之要以逵領弘農太守

晉鄭袤魏末為散騎常侍會廣平太守缺宣帝謂袤曰賢叔大匠垂名稱於陽平魏郡百姓大蒙惠化且盧子家（盧毓）王子雍（王肅）繼踵此郡使世不乏賢故復相屈

滕脩仕吳為廣州刺史甚有威惠徵為執金吾廣州部曲督郭馬等為亂孫皓以脩宿有威惠為嶺表所伏以為使持節都督廣州軍事鎮南將軍廣州牧以討之

阮种自中書郎遷平原相時襄邑衛京自南陽太守遷于河内與种俱拜武帝望而歎曰二千石皆若此朕何憂乎

馬隆初為武威太守太康初朝廷以西平荒毀宜時興復以隆為西平太守

諸葛恢為元帝鎮東從事中郎承制調為會稽太守臨行帝為置酒謂曰今之會稽昔之關中足食足兵在於良守以君有佐任之方是以相屈四方分離當恢振紀運政之所先君為言之恢陳謝因對曰今天下喪亂風俗陵遲宜尊五美屛四惡進忠實退浮華帝深納焉

劉弘為荊州刺史平張昌時荊部守宰多缺弘請補選帝從之弘乃敘功銓德隨才補授甚為論者所稱乃表曰被中詔勑臣隨資品選補諸缺吏夫慶賞刑威非臣所専且知人則哲聖帝所難非臣闇蔽所能斟酌然方事有幾毫釐宜慎謹[illegible]所懸用盡崇化莫若貴德則所以濟屯故太上立德其次立功也質者多難以淳朴厲臣輒以徵士立朝補零陵太守庶以懲波蕩之弊養退讓之操臣以不武前退於宛長史陶侃參軍蒯常牙門皮初勠力致討蕩滅姦凶侃等各以始終軍事初為都戰帥忠勇冠軍漢沔清肅實初等之勳也司馬法賞不踰時欲人知為善之速福也若不超報無以勸徇功之士慰熊羆之志臣以初補襄陽太守侃為府行司馬使典論功事常為山都令詔惟令臣以散補空缺然沶鄉令虞潭忠誠烈正首唱義舉舉善以教不能者勸臣輒特轉潭補醴陵令南郡廉吏仇勃母老疾困賊至守衛不移以致拷掠幾至隕命尚書令史郭貞張昌以為尚書郎欲訪以朝議遁逃不出昌質其妻子避之彌遠勃孝篤著於臨危貞忠厲於彊暴雖各四品皆可以訓獎臣子長益風教臣輒以勃為歸鄉令貞為信陵令皆功行相參循名校實條列行狀公文具上朝廷以初雖有功襄陽又是名郡名器宜慎不可授初乃以前東平太守夏侯陟為襄陽太守餘並從

之陟弘之壻也弘下教曰夫統天下者宜與天下同心化一國者宜與一國為任若必姻親然後可用則荊州十郡安得十女壻然後為政哉乃表陟姻親舊制不得相監皮初之勳宜見酬報詔聽之

陶侃為龍驤將軍武昌太守既破杜弢遣參軍王貢告捷於王敦敦曰若無陶侯便失荊州矣伯仁方入境便為賊所破（周顗字伯仁時為荊州刺史）不知那得刺史貢對曰鄙州方有事難非陶龍驤莫可敦然之即表拜侃為使持節寧遠將軍南蠻校尉荊州刺史領西陽江夏武昌鎮于沌口

尹奉為零陵太守時王堅代父遜為寧州刺史南夷校尉陶侃憚不能抗對蜀人太寧末表奉為寧州徵堅還京

桓伊為大司馬參軍時苻堅彊盛邊鄙多虞朝議選能距捍彊埸者乃授伊淮南太守

吳隱之為左衛將軍有集節時以廣州包帶山海珍異所出一

篋之寶可資數世然多瘴疫人情憚焉唯貧窶不能自立者求補長史故前後刺史皆多黷貨朝廷欲革嶺南之弊隆安中以隱之爲龍驤將軍廣州刺史假節領平越中郎將

宋胡藩初參高祖相國軍事屬盧循餘黨與蘇溪賊大相聚結故以藩爲始興相

褚淡之初爲高祖車騎長史高祖受禪後會稽郡缺朝議欲用蔡廓高祖曰彼自是蔡家佳兒何關人事可用褚佛佛淡之小字也乃以淡之爲會稽太守

何尚之元嘉中爲太子中庶子彭城王義康欲以司徒左長史劉斌爲丹楊尹文帝不許乃以尚之爲尹

南齊張沖爲盧陵王北中郎司馬末拜豐城公遷爲豫州明帝慮邊難未已徙沖爲征虜長史南梁郡太守

梁夏侯夔普通二年魏郢州刺史元顯達請降高祖勅郢州刺史元樹往迎顯達夔亦自楚城會之遂留鎮焉詔改魏郢州爲北司州以夔爲刺史兼督司州

陳歐陽頠仕梁爲東衡州刺史侯景平元帝遍問朝宰曰今天下始定極須良才卿等各舉所知羣臣未有對者帝曰吾已得一人矣侍中王褒進曰未審爲誰帝曰歐陽頠公有經濟之才乃授武州刺史

王勱字公齊仕梁爲侍中高祖爲丞相以勱兼長史吳中遭亂民多乏絶乃以勱監吳興郡及蕭勃平後又以勱舊在嶺表早有政績乃授使持節都督廣等二十州諸軍事平南將軍平越中郎將廣州刺史未行改爲衡州刺史持節都督並如故王琳據有上流衡廣攜貳勱不得之鎮留于大庾嶺

吳明徹爲鎮東將軍吳興太守及引辭之郡文帝謂明徹曰吳興郡帝鄉之重故以相授君其勉之

陸繕爲侍中時留異擁割東陽新安人向文政與異連結因據本郡朝廷以繕爲貞威將軍新安太守

後魏張烈孝文時爲太子步兵校尉齊東昏遣陳顯達治兵漢南謀欲入寇時順陽太守王青石世官江南荆州刺史廣陽王嘉慮其有異表請代之帝詔侍臣各舉所知于有申薦者帝曰此郡今當必爭之地須得堪濟之才何容汎舉必以太子步兵張烈毋論軍國之事時有會人意處朕欲用之何如彭城王勰稱讚之遂勑除陵江將軍順陽太守

辛紹先爲神部令獻文皇興中薛安都以彭城歸國朝廷欲綏安初附以紹先爲下邳太守加寧朔將軍爲政不苛撓察舉其大綱而已

辛祥爲并州平北府司馬會刺史喪朝廷以其公清遂越長史勑行州事

薛曇尚爲徐州彭陽戍主行南陽平郡事毋憂去職孝明正光中詔以陽平隣接梁地綏捍須人仰尚書舉才而遣左僕射蕭寶夤舉曇尚應選兼郡之郡

裴慶孫正光末汾州吐京群胡聚黨作逆慶孫擊之大潰於後賊復鳩集北連蠡升南通絳蜀凶徒轉盛慶孫又討之至陽城朝廷以此被山帶河衿要之所遂立邵郡因以慶孫爲太守假郎輔國將軍

淳于誕孝昌中爲巴州刺史朝議以梁州安康郡阻帶江山要害之所分置東梁州仍以誕爲鎮遠將軍梁州刺史

北齊高翼渤海人豪俠有風神爲州里所宗敬魏孝昌末葛榮作亂於燕趙朝廷以翼山東豪右即家拜渤海太守至郡未幾賊徒愈盛翼部率合境徙居山濟之間魏因置東冀州以翼爲刺史加鎮東將軍

司馬子如初從神武爲大行臺郎中元顥入洛人情離阻以子如曾守鄴城頗有恩信乃令行相州事

源文宗爲涇州刺史入還散騎常侍屬秦州刺史宗嵩卒朝廷以州在邊陲以文宗往在涇州頗著聲績除秦州刺史乘傳之

府特給後部鼓吹

王則爲征南將軍隨侯景西討景於潁川作逆則鎭栢崖戍文襄以則有武用徵爲徐州刺史

後周泉企魏孝武時爲東雍州刺史齊神武專政孝武有西顧之心以企爲山南之寄乃除洛州刺史當州都督未幾孝武西遷神武率衆至潼關企遣其子元禮督鄉里五千人北出大谷以禦之齊神武不敢進梁魏興與洛州接壤表請内屬詔企爲行臺尚書以　之大行臺賀拔岳以企昔莅東雍爲吏民所懷乃表企復爲刺史詔許之

令狐整爲司憲中大夫初梁興州刺史席固以州來附文帝以固爲豐州刺史固莅職既久猶習梁法凡所施爲多虧政典朝議吞欲代之而難其選令整權鎭豐州委以代固之略整廣布威恩傾身撫接數月之間化洽州府於是除整豐州刺史以固爲湖州

申徽爲都官尚書出爲瓜州刺史成慶爲城人張保所殺都督令狐延等起義逐保啓請刺史以徽信洽西土拜假節瓜州刺史

王羆爲右將軍與別將裴寬破梁將曹義宗平荆州時諸方鼎沸所在凋殘荆州新經寇難尤藉慰撫以羆爲荆州刺史

鄭孝爲中部中大夫領豫州武定中純州刺史樊舍卒其地既東接陳境俗兼蠻左初喪主境内騷然朝議以孝威信著於東南使令鎭撫孝至吏民畏而愛之

李遠爲大丞相府司馬時河東初復民情未安太祖謂遠曰河東國之要鎭非卿無以撫之乃授河東郡守

楊雄爲洵州刺史蠻帥文子榮竊據荆州之汶陽郡又侵陷南郡之當陽臨沮等數縣詔遣開府賀若敦潘招等討平之即以其地置平州以雄爲刺史

崔景嵩爲廣州刺史侯景舉河南來附景嵩從僕射王思政經[illegible]陽而侯景南叛恐東魏復有其地以景嵩爲豫州刺史

[illegible]韋世康爲司會中大夫尉遲迥之亂隋文帝爲相國謂世康曰汾絳舊是周齊界因此亂階恐生搖動今以委公因授絳州刺史以雅望鎭之闔境清肅

隋公孫景茂初仕後周爲濟北太守以母憂去職開皇初詔徵入朝訪以政術拜汝南郡太守

和洪初仕周爲儀同時龍州蠻聚衆爲亂刺史獨孤善不能禦朝議以洪有武略代善爲刺史後爲折衝中大夫高祖爲丞相時東夏初平物情尚梗高祖以洪有威名令領冀州事甚得人和

樊叔略開皇初爲汴州刺史鄴都俗薄號曰難化朝廷以叔略所在著稱遷相州刺史

柳儉開皇初爲廣漢太守有能名時高祖勵精思政妙簡良能出爲牧宰以儉仁明著稱擢拜蓬州刺史

衛玄拜魏郡太守高祖謂玄曰魏郡名都衝要之所民多姦宄是用煩公此郡去都道里非遠宜數往來詢謀朝政賜物五百段而遣之

侯莫陳頴爲邢州刺史時朝廷以嶺南刺史縣令多貪鄙蠻夷怨叛妙簡清吏以鎭撫之於是徵頴入朝拜桂州總管十七州諸軍事及到官大崇恩信民夷悅服溪洞生越多來歸附後爲常山太守時嶺南閩越多不附帝以頴前在桂州有惠政爲南土所信伏復拜南海太守

令狐熙爲滄州刺史高祖太山還次汴州惡其殷盛多有姦俠以熙爲汴州刺史

高勱爲上開府時隴右諸羌數爲寇亂朝廷以勱有威名拜洮州刺史

長孫平歷許貝二州俱有善政鄴都俗薄舊號難治前後刺史多不稱職朝廷以平所在善稱轉相州刺史甚有能名

郭絢大業中煬帝將有事於遼東以涿郡爲衝要訪可任者聞絢有幹局拜涿郡丞

[illegible]爲天水郡守大業六以海南僻遠吏多侵漁百姓咸怨歎

爲亂適於是選[illegible]良太守撫之黃門侍郎裴矩言和歷居二郡
皆以惠政著聞竟而不擾帝從之追和爲交阯太守唐武士彠
武德末判六尚書事楊州有人告趙郡王孝恭有變追入京詔
吏高祖令士彠馳驛檢校楊州都督府長史
陳政初爲字文化及太常卿王歸長安授内史舍人時漢川多
盜賊高祖曰吾前欲授卿梁州總管論者以爲太變吾度梁漢
之任非卿不可政曰臣歸國日淺未有報効蜀漢旣清無可展
力今山東尚擾化及未平願得執鞭行陣少荅萬一高祖曰漢
川作牧山東振旅並爲卿往遂授以梁州兼令安撫
蕭瑀爲中書令時州置七職務取才望兼著者爲之時太宗臨
雍州牧以瑀爲州都督
高士廉爲光祿大夫太宗以蜀王恪爲益州大都督初未之藩
以士廉有重望才足鎭靜方面拜左光祿大夫行益大都督府
長史楊恭仁貞觀五年遷洛州都督太宗謂曰洛陽要重古難

其人朕之子弟多矣恐非所任特以委公也
韋嗣立爲鳳閣侍郎則天長安中納言李嶠夏官尚書唐休璟
等奏曰臣等並以凡才謬膺大任不能使兵革止息倉府充盈
戶口尚有逋逃官人未免濫濁使陛下臨朝軫念寢以爲言夙
夜憂惶不知啓處伏思當今要務莫若富國安人安人之方在
擇刺史竊見朝庭物議遠近人情莫不重内官輕外職每出除
授牧伯皆再三披訴比來所遣外任多是貶累之人風俗不澄
寔由於此今望於臺閣寺監妙簡賢良分典大州共康庶績臣
等請輟近侍率先具寮務在憂國濟人庶當有所補益則天曰
卿等處臺鳳閣誰爲此行嗣立對曰臣以庸愚謬膺擢寄
掌機密非所克堪承之外臺庶當盡竭鄙懷採錄臣願此行上
令書名共採者者則去旣而嗣立採得之於是命嗣立及御史
大夫楊再思等二十人各以本官檢校刺史其後以政績可稱
者唯常州刺史薛謙光徐州刺史司馬鍠二人後玄宗時謙光

爲太子賓客元行沖爲散騎常侍開元三年詔曰周命召奭相
[illegible]建邦漢命蕭何留臺作鎭眷言斯土任在其人太子賓客弘
文館學士薛謙光右散騎常侍元行沖等國之耆儒朝之碩彥
舉直措枉清心不可容非彈見洽聞白首以之從學宥密疑時以
精明日新必能愼固邦畿保釐都邑佇成居守之務宜叶佐俞
之委謙光宜充東都留守行沖爲副
王丘開元十二年以黃門侍郎爲懷州刺史崔沔以中書侍郎
爲魏州刺史王易從以吏部侍郎爲揚州大都督府長史韓休
以禮部侍郎爲虢州刺史張景昇以大理少卿爲滑州刺史王
昱以京兆少尹爲常州刺史制曰昔皐繇與禹言乃曰在知人
在安人此皆念在邦本光于帝載乾乾夕惕無忘厥言而長吏
不稱倉生罹弊深思循良以矯過弊仍重諸侯之選故自朝廷
之始王丘等行爲時宗才稱人秀實有懿德著于衣冠加之善
政布在臺閣咸以脩身之府藏深經國之圖朕所明知躬自推

擇是有煩鄉之寄用敷恤下之心俾牧人宣條無媿於明哲而
變風致理可輯於遺黎爾其克扶朕心式欽往命因勅宰臣曰
朕欲妙擇牧宰以崇風化亦欲重其資望以勸衣紆自今巳後
三省侍郎有缺先求曾任刺史者郎官缺先求曾任縣令者
源光裕開元十三年以大理卿爲鄭州刺史楊承令以尚書左
丞爲汾州刺史許景先以吏部侍郎爲虢州刺史寇泚以兵部
侍郎爲宋州刺史鄭溫琦以禮部侍郎爲邠州刺史李昇以宗
正卿爲邢州刺史袁仁敬以大理少卿爲杭州刺史崔志廉以
鴻臚少卿爲襄州刺史蔣挺以國子司業爲湖州刺史裴觀以
左威衛將軍爲滄州刺史崔誠以左司禦率府副率爲遂州刺
史初帝謂宰臣曰刺史之任必在得人卿即於諸司中選有名
望長官奏來朕自選擇乃有茲授
蘇頲爲太常卿是歲東都耆老表乞行幸帝重違其心乃選耆
舊勳賢爲之牧守遂以震爲河南尹兼御史中丞仍充京[illegible]

内觀察使

李峴天寶末爲京兆尹著聲績楊國忠惡其不附己出爲長沙太守肅宗至德初朝廷務收才傑以清寇難峴在召至行在拜扶風郡太守兼御史大夫既收京師拜禮部尚書京兆尹復兼御史大夫

李泌天寶末爲澧州刺史詔曰今荆南都會郢在澧陽得人爲厚惟賢是牧以泌文可以化成風俗政可以全活惸嫠爰命頒條期乎共理無替淮陽之守勉思渤海之功其見重如此

嗣曹王皐爲衡州別駕行州事人便之徵至京師久之未得召見因上書言理道拜衡州刺史

李峘爲戶部尚書肅宗以兵興之故斬遠人乃拜峘都統江淮節度觀察使

敬括爲大理卿志尚簡淡代宗大曆初叛臣周智光伏人詔選循良爲近輔以括爲同州刺史

李紓建中末爲禮部侍郎德宗居奉天擇領三輔乃授同州刺

史兼御史中丞

張建封貞元初爲壽州刺史會高承宗父子獨孤華相次爲徐州刺史人浸貧困不能自存又以咽喉要地據江淮運路朝廷思擇重臣以鎮者久之至是以建封爲徐州刺史

吳湊爲右金吾大將軍貞元十四年京兆尹韓皐貶撫州員外司馬特召湊對於延英面授京兆尹令便視事尚未有制

裴佶遷諫議大夫會黔中觀察使韋士文以慘酷馭下爲吏所逐俾佶代之西渠自化

李栖筠爲浙西觀察使先是土豪方清乘歲凶歉誘聚餓隸於黟歙間其衆數萬以殘害生人據守山險州郡不能制副元帥李光弼奉朝命徵諸侯兵以討之賊平獨有平盧行軍司馬兼御史中丞許杲持兵精功多逗留於上元不發有窺覦要害之意朝廷以瘡痍之後重興干戈乃以栖筠爲浙西以鎮之

趙昌貞元七年爲虔州刺史屬安南都護爲夷獠所逐拜安南都護夷人率化十餘年因屋壞傷足䟆蹶乞還以檢校兵部郎中裴泰代焉拜國子祭酒及泰爲首領逐出德宗召昌問狀昌時年七十二而精健如少年者德宗奇之復命爲都護夷人相賀

李鄘初爲京兆尹遷尚書左丞憲宗元和初以京師多事難其選爲京兆尹權豪斂肅物威望甚著

孔戣爲國子祭酒初廣州崔詠卒宰臣奏擬皆不可帝因謂裴度曰有諫進海蚶淡菜者詞甚忠正卿可求此人度出以訪人或有言戣諫者度即日以聞乃命爲廣州刺史

辛秘爲河南尹是時以再討王承宗以潞州壓賊境周悉尤甚朝議以兵革之後思能完復者乃命秘爲潞州大都督府長史

盧士玫爲京兆少尹穆宗長慶初奉憲宗園寢刑簡事集時論推其有才擢拜大尹

陳楚爲義武軍節度使長慶二年七月爲東都留守居守之任故事或用舊德或用故相未嘗以武將而

當保釐之重蓋以鄭有事地逼封圻遂用勳臣俾管守禦且非舊制尋亦改焉

令狐楚鎮鄆州時北門大旱文宗憂之勅以楚理鄆有績擢爲北都留守兼太原尹楚久在并州練其風俗因人利之故封內晏然

丁公著爲禮部尚書翰林侍講學士文宗以浙西災旱詢求良帥命公著檢校戶部尚書爲浙西觀察使

田牟開成中爲隴州刺史會鹽州刺史王宰好以法臨党項羌人不安以牟寬厚故命易之

後唐劉遂清字得一初仕梁爲保鑾軍使歷内諸司使明宗即位加檢校尚書右僕射委以西都監守踰歲以中山王都有不臣之跡除遂清爲易州刺史俾遏其寇塵既至郡大有禦侮之略境内賴焉王都平加檢校司空遷棣州刺史

冊府元龜卷第六百七十一

冊府元龜卷第六百七十二

牧守部二

褒寵

夫懋功賞善有國之令典也蓋夫長人之寄共治為重實勸能之所先非庶尹之可擬中葉而下循吏繼踵乃有勤修厥職克揚善政彈擊豪猾究補凋瘵捍患屏寇務穡敦本式遏夷貊詳明獄犴清白以自守傾竭而奉上苛慝不作舊治以時遺愛在民謳然垂裕而君人者莫不優異其爵秩使蕃其賜予或明詔申奬或延見勞問乃至崇進禮命嚴設圖像周旋寵喜臨視歎息抑情從事趨家延賞恩流閭境昭示溥率遠乎既沒尚增追悼賵贈之禮名數有加躬臨以發哀節惠以著美方牘所載咸可徵焉

漢王訢守右扶風武帝數出幸安定北地過扶風宮館馳道修治供張辦帝嘉之駐車拜訢為真視事十余年

王成為膠東相治甚有聲宣帝最先褒之地節三年下詔曰蓋聞有功不賞有罪不誅雖唐虞不能以化天下今膠東相成勞來不怠（謂勸勉招懷百姓也）治有異等之效（異於常等）其賜成爵關內侯秩中二千石

黃霸為揚州刺史三歲宣帝下詔曰制詔御史其以賢良高第揚州刺史霸為潁川太守秩比二千石居官霸在潁川前後八年郡中愈治是時鳳皇神爵數集郡國潁川尤多天子以霸治行終長者下詔稱揚曰潁川太守霸宣布詔令百姓鄉化孝子悌弟貞婦順孫日以眾多田者讓畔道不拾遺養視鰥寡贍助貧窮獄或八年亡重罪囚吏民鄉于教化興於行誼可謂賢人君子矣書不云乎股肱良哉其賜爵關內侯黃金百斤秩中二千石

杜延年為北地太守治郡不進宣帝以璽書讓延年延年乃選用良吏捕擊豪強郡中清靜居歲餘帝使謁者賜延年璽書黃金二十斤徙為西河太守治甚有名

王尊任東郡太守河水盛溢尊請以身填金堤水稍卻吏民嘉壯尊之勇節白馬三老朱英等奏其狀下有司考皆如言於是制詔御史東郡河水盛長毀壞金堤未決三尺百姓惶恐奔走太守身當水衝履咫尺之難不避危殆以安眾心吏民復還就作水不為災朕甚嘉之秩尊中二千石加賜黃金二十斤

蕭育為右扶風太守會南郡江中多盜賊拜育為南郡太守哀帝以育耆舊名臣乃以三公使車載育入殿中受策（使車三公奉使之車若安車也）曰南郡盜賊群輩為害朕甚憂之以太守威信素著故委南郡太守之官其於為民除害安元元而已亡拘於小文加賜黃金二十斤

雋不疑為青州刺史齊孝王孫劉澤交結郡國豪桀謀反欲先殺青州刺史不疑發覺收捕皆伏其辜擢為京兆尹賜錢百萬

陳立為牂牁太守平定西夷徵詣京師會巴郡有盜賊復以立為巴郡太守秩中二千石居賜爵左庶長（第十爵也）徙為天水太守勸民農桑為天下最賜金四十斤

後漢任延為會稽郡尉建武初延上書願乞骸骨歸拜王庭詔徵為九真太守光武引見賜馬雜繒令妻子留洛陽

郭伋為并州牧過京師謝恩光武引見并召皇太子諸王宴語終日賞賜車馬衣服什物

鄧晨為汝南太守光武行幸章陵徵晨行廷尉事從至新野置酒酣讌賞賜數百千萬復遣歸郡

衛颯為桂陽太守視事十年郡內清理建武二十五年徵還光武欲以為少府會颯被疾不能拜起勅以桂陽太守歸家須後詔書居二歲載病詣闕自陳困篤乃收印綬賜錢十萬後卒于家

杜詩為南陽太守視事七年政化大行會病卒司隸校尉鮑永上書言詩貧困無田宅喪無所歸詔使治喪郡邸賻絹千匹

宣秉字巨公為司隸校尉秉性節約常服布被蔬食瓦器光武嘗幸其府舍見而歎曰楚國二龔不如雲陽宣巨公即賜布帛

帳帷什物

羊續爲南陽太守徵爲太常未及行會日病卒時年四十八遺言薄斂不受賵遺舊典二千石卒官賻百萬府丞焦儉遵續先意一無所受詔書褒美勑太守以府賻錢賜續家

樊曄爲天水太守卒官永平中明帝追思曄在天水時政能以爲後人莫之及詔賜家錢百萬

祭肜爲遼東太守徵爲太僕肜在遼東幾三十年衣無兼副明帝既嘉其功又美肜清約拜日賜錢百萬馬三匹衣被刀劍下至居室什物大小無不悉備

郭賀字喬卿拜荊州刺史引見賞賜恩寵隆異及到官有殊政明帝巡狩到南陽特見嗟歎賜以三公之服黼黻冕旒勑行部去襜帷使百姓見其容服以章有德每所經過吏人指以相示莫不榮之遷河南尹在官三年卒詔愍惜賜車一乘錢四十萬

秦彭爲潁川太守章帝巡行幸潁川輒賞賜錢穀恩寵甚異

宋均爲河內太守以疾上書乞免詔除子條爲太子舍人均自扶輿詣闕謝恩章帝使中黃門慰問因留養疾司徒缺帝以均才任宰相召入視其疾令兩騶扶之均拜謝曰天罰有罪所苦浸篤不復奉望帷幄因流涕而辭帝甚傷之召條扶侍均出賜錢三十萬

張酺以尚書授皇太子及章帝即位擢酺爲侍中虎賁中郎將數月出爲東郡太守酺自以嘗經親近未悟見出意不自得上疏辭曰臣愚以經術給事左右少不更職不曉文法猥當剖符典郡班政千里必有負恩辱位之咎臣竊私自分殊不慮出城闕冀蒙留恩託備冗官群僚所不安耳目所聞見不敢避好醜詔報曰經云身雖在外乃心不離王室典城臨民益所以報效也好醜必上不在遠近今賜裝錢三十萬其亟之官

陳球爲零陵太守會州兵朱蓋等反與桂陽賊胡蘭數萬人轉攻零陵球率衆城守遂斬朱蓋等賜錢五十萬拜子一人爲郎

遷魏郡太守

李進爲武陵太守澧中溇中蠻舉種反叛進討破之進乃簡選良吏得其情和在郡九年梁太后臨朝下詔增進秩二千石賜錢二十萬

鄭純爲永昌郡西部都尉爲政清絜化行夷貊君長感慕皆獻上珍寶頌美天子嘉之即以爲永昌太守

陸康爲廬江太守獻帝即位天下大亂康蒙險遣孝廉計吏奉貢朝廷詔書策勞加忠義將軍秩中二千石

魏呂虔漢末領泰山太守時濟南黃巾徐和等所在劫長吏攻城邑虔引兵與夏侯淵會擊之前後數十戰斬首獲生數千人太祖使督青州諸郡兵以討東萊群賊李條等有功太祖令曰夫有志必成其事蓋烈士之所徇也卿在郡以來禽姦討暴百姓獲安躬蹈矢石所征輒克昔寇恂立名於汝潁耿弇建策於青兗古今一也舉茂才加騎都尉典郡如故

杜畿爲河東太守平虜將軍劉勳爲太祖所親貴震朝廷嘗從畿求大棗畿拒以他故後勳伏法太祖得其書歎曰杜畿可謂不媚於竈者也稱畿功美以下州郡曰仲尼之於顏子每言不能不歎既情愛發中又宜率馬以驥今吾亦冀衆人仰高山慕景行也太祖西征至蒲阪與賊夾渭爲軍軍食一仰河東及賊破餘畜二十餘萬斛太祖下令曰河東太守杜畿孔子所謂禹吾無間然矣增秩中二千石又令曰昔蕭何定關中寇恂平河內卿有其功間將授卿以納言之職顧念河東吾股肱郡充實之所足以制天下故且煩卿卧鎮之畿在河東十六年常爲天下最文帝即王位賜爵關內侯徵爲尚書及踐阼進封豐樂亭侯邑百戶

賈逵爲議郎參司隸軍事太祖征馬超至弘農曰此西道之要以逵領弘農太守召見計事大悅之謂左右曰使天下二千石悉如賈逵吾何憂逵後爲豫州刺史是時諸曹從事受前刺史假逵

到官數月乃還考竟其二千石以下阿縱不如法者皆舉免之帝曰逵眞刺史矣布告天下當以豫州爲法賜爵關內侯

梁習以別部司馬爲并州刺史單于恭順名王稽顙部曲服事供職同於編戶邊境肅清百姓布野勤勸農桑令行禁止貢達名士咸顯於世太祖嘉之賜爵關內侯文帝踐阼復爲并州刺史進封申門亭侯邑百戶

蘇則試守金城太守文帝令問雍州刺史張旣曰試守金城太守蘇則旣有綏民平夷之功聞又出軍西定湟中爲河西作聲勢吾嘉之則之功效爲可加爵邑未邪封爵重事故以問卿密白意且勿宣露也旣答曰金城郡昔爲韓遂所見屠剝死喪流亡或竄戎狄或陷寇亂戶不滿五百則到官內撫彫殘外鳩離散今見戶千餘又梁燒雜種羌昔與遂同惡遂斃之後越出障塞則後招懷歸就郡者三千餘落皆卹以威恩爲官效用西平麴演等唱造邪謀則尋出軍臨其項領演則歸命送質破絶賊糧則既有卹民之効又能和戎狄盡忠效節遭遇聖明有功必錄若則加爵邑誠足以勸忠臣勵風俗也帝以其功加則護羌校尉賜爵關內侯

王思領豫州刺史思與薛悌郤嘉俱從微起官位略等三人中悌差挾儒術所在名爲閑省嘉與思事行相似文帝詔曰薛悌駁吏王思郤嘉純吏也各賜關內侯以報其勤

游楚爲隴西太守太和中諸葛亮出隴右楚堅守亮退以功封列侯明帝嘉其治詔特聽朝引上殿楚爲人短小而大聲自爲吏初不朝覲被詔登階不知儀式帝令侍中贊引呼隴西太守前楚當言唯而大應稱諾帝顧之而笑遂勞勉之罷會自表乞留宿衛拜駙馬都尉

鄭渾爲魏郡太守以郡下百姓苦乏材木乃課樹榆爲籬并益樹五果榆皆成藩五果豐實入魏郡界村落齊整如一民得財足用饒明帝聞之下詔稱述布告天下遷將作大匠

晉魯芝之

仕魏爲天水太守郡鄰于蜀數被侵掠戶口減削寇盗充斥芝傾心鎭衛更造城市數年間舊境悉復遷廣平太守天水夷夏慕德老幼赴闕獻書乞留芝明帝許焉乃策書嘉歎勉以黃霸之美加討寇將軍

羅憲初仕蜀爲巴東太守劉禪歸順加陵江將軍領武陵太守泰始初入朝詔曰憲忠烈果毅有才策器幹可給鼓吹又賜山玄王佩劒

向雄泰始中爲秦州刺史假赤幢曲蓋鼓吹賜錢二十萬

王宏爲汲郡太守泰始五年十月詔以司隸校尉石鑒所上宏勤恤百姓導化有方督勸開荒五千餘頃遇年普饑而郡界獨無匱乏可謂能以勸教時同功異者矣其賜穀千斛布告天下

傅詢爲平州刺史咸寧二年與前廣平太守孟桓以清白有聞詢賜帛二百匹桓百匹

劉肅爲京兆太守梁柳爲陽平太守太康十年以有政績各賜穀千斛

鄭默爲東郡太守值歲荒人饑默輒開倉賑給乃舍都亭自表待罪朝廷嘉默憂國詔書襃歎比之汲黯班告天下若郡縣有此比者皆聽出給

諸葛恢爲會稽內史太興初以政績第一詔曰自頃多難官長數易益有諸弊雖聖人猶久於其道然後化成況其餘乎漢宣帝稱與我共安天下者其惟良二千石斯言信矣是以黃霸等或十年或二十年而不徙所以能濟其中興之勳也賞罰黜陟以明政道也會稽內史諸葛恢莅官三年政清人和爲諸郡首宜進其位班以勸風教今增恢秩中二千石

吳隱之爲廣州刺史清操踰厲元興初詔曰夫孝行篤於閨門清節厲乎風霜寔立人之所難而君子之美致也龍驤將軍廣州刺史吳隱之孝友過人祿均九族菲己潔素儉愈魚飧夫處可欲之地而能不改其操饗惟錯之富而家人不易其服革奢

齊南城政觀朕有嘉焉可進號前將軍賜錢五十万穀千斛
宋毛脩之為河南河内二郡太守行四州事戍洛陽脩治城壘
高祖既至案行善之賜衣服玩好當時評直二十万
徐豁為始興太守元嘉三年遣大使巡行四方并使郡縣各言
損益豁因表陳三事文帝嘉之下詔曰始興太守豁潔已退食
恪居在官政事脩理惠澤沾被近嶺南荒弊郡境尤甚拯邮有
方蒼廠飢饉雖古之良守蔑以尚焉宜蒙褒賁以旌清績可賜
絹二百匹穀千斛後以為廣州刺史未拜卒帝文下詔豁廉清
勤恪著稱所司故擢授南服甲其才志不幸喪殞朕甚悼之可
賜錢十万布百匹以營葬事
王歆之為晉史序王珣貸殖珣子弘貴顯歆之懼為所陷出為
吳興太守王弘入為相領揚州刺史弘雖與歆之不絕諸弟未
相識者皆不復往來歆之在郡常慮為弘所繩夙夜勤勵政績
甚美弘亦卿其私憾文帝兩嘉之在任積年稱為良守加秩中

二千石
沈懷文父宣為新安太守及丁父憂新安郡送故豐厚奉終礼
畢余悉班之親戚一無所留文帝聞而嘉之賜奴婢六人
杜徽為益州刺史亡之日家無余財文帝甚痛惜之詔曰徽厲
志廉潔歷任恪勤奉公盡誠克已無倦褒榮未申不幸夙殞言
念在懷以為傷恨可贈輔国將軍本官如故賜錢十万米二百
斛謚曰簡子
劉秀之為雍州刺史卒孝武以其莅官清潔家無余財賜錢二十
万布三百匹
南齊張岱為吳郡人建元元年出為左將軍吳郡太守太祖知岱
歷任清直至郡未幾手勑岱曰大邦任重乃未欲迴換但總戎
務殷宜須望實今用卿為護軍加給事中岱拜竟詔以家為府
劉懷慰為齊郡太守不受請謁民有餉其新米一斛者懷慰出
所食麥飯示之曰旦食有余幸不煩此者廉吏論以達其意太
祖聞之手勑褒賞進督秦沛二郡妻子在都賜米三百斛兗州
刺史柳世隆與懷慰書曰膝東渕化穎川致美以今方古曾何
足云
傅琰再為山陰令縣内稱為神明武帝永明二年從廬陵王安
西長史南郡内史行荊州軍事五年卒琰喪西還有詔出臨
蕭子顯為吳興太守至郡未幾卒詔曰亡威將軍吳興太守子
顯神韻峻舉宗中佳器分竹未久奄至喪殞惻愴于懷可贈侍
中中書令令便舉哀
丘仲孚為豫章内史頃之卒詔曰豫章内史丘仲孚重試大邦
責以後効非直悔吝云亡寔亦政績克舉不幸殞喪良以傷惻
可贈給事黃門侍郎
何遠為武康令高祖聞其能擢為宣城太守遷新興内史天監
十六年詔曰何遠前在武康已著廉平復莅二邦弥盡清白政
先治道惠留民愛雖古之良二千石無以過也宜升内榮以顯
外績可給事黃門侍郎遠即還乃為仁威長史

陳劉師知祖奚之仕齊為淮南太守有能政武帝手詔頻褒賞
袁樞為丹陽尹以父拜表自解詔賜絹布五十匹錢十万令
葬訖停宅視郡事葬服闋復本職
蕭濟為揚州長史嘗勅取揚州曹事躬自覽見濟條理詳悉文
無滯害乃顧謂左右曰我本期蕭長史於經傳不言精練繁劇
乃至於此迁祠部尚書加給事中
後魏司馬準晉汝南王亮之後也明元時歸魏為廣寧太守綏
近來遠清儉有稱太武嘉之賜布六百匹
陸馛為相州刺史徵為散騎常侍民乞留馛者千余人獻文不
許謂羣臣曰馛之善政雖復古人何以加之賜絹五百匹奴婢
十口
源賀為冀州刺史賀鞫獄以情傜役簡省時考殿最賀治為第
一賜衣馬器物班宣天下 廣生為濟陰太守有治稱獻文嘉其能

特徵赴季秋馬射賜以驄馬加以青服彰其廉絜擢授宗冠軍將軍豫州刺史延興三年拔與南兗州刺史游明根南陽平太守許含等以治民著稱徵詣京師獻文親自勞勉復令還州

任城王雲爲徐州刺史性善撫綏得徐方人心以蓋太妃憂去官爲百姓所追戀余錢貨一無所受獻文聞而嘉之復拜侍中中都大官賜帛千匹羊千口出爲冀州刺史乃心政事甚得下情於是合州請戶輸絹五尺粟五升以報雲恩孝文嘉之迁使持節都督陝西諸軍事征南大將軍長安鎮都大將雍州刺史雲廉謹自脩留心庶獄挫豪強盜息止州民頌之者千有余人文明太后嘉之賜帛千匹

武昌王鑒爲齊州刺史時革變之始百度惟新鑒上遵孝文之旨下采齊之舊風軌制粲然皆合規矩孝文覽其所上嗟美者久之顧謂侍臣曰諸州刺史皆能如此變風易俗更有何難下詔褒美班之天下一如鑒所上齊人愛詠咸曰耳目更新

韋珍孝文時爲顯武將軍郢州刺史在州有聲績朝廷嘉之迁龍驤將軍賜驊騮二匹帛五十匹穀三百石珍乃召集州內孤貧者謂曰天子以我能綏撫卿等故賜以穀帛吾何敢獨當遂以所賜悉分與

裴仲規爲咸陽王禧司州主簿行達興郡事車駕自代還洛次於郡境仲規備供帳朝於路側孝文詔仲規曰朕開置神畿郡望重卿啟首應司隸美客復督我名邦何能自致也仲規對曰陛下窮神盡聖應天順民棄彼玄裘來宅紫縣臣方罄心力躍馬吳會冀功銘帝籍勲書王府豈一郡而已孝文笑曰遲卿以副此言

韋崇爲南潁川太守郡中大治孝文聞而嘉賞賜帛二百匹

吕羅漢爲秦益二州刺史孝文詔羅漢曰赤水羌民遠居邊土非卿善支何以招輯卿所得口馬表求奉貢朕嘉乃誠便敕領納其馬付都牧口以賜卿

楊播出爲安遠將軍豫州刺史孝文自洛向豫幸其州館信宿賜馬十匹縑千匹迁冠軍將軍濟州刺史孝文自鍾離還至碻磝幸其州館又賜馬二匹縑千五百匹

楊懿爲廣平太守有稱績孝文南巡吏人頌之加寧遠將軍賜帛三百匹

李祥爲淮陽太守勸課農桑百姓安業宣武嘉之賜以衣馬

李平爲司徒左長史行相州事宣武至鄴親幸平第見其諸子尋正刺史加征虜將軍

路邕陽平清淵人宣武時積功勞除齊州東魏郡太守有惠政靈太后詔曰邕莅政清勤善綏民俗比經年儉郡內飢饉邕率厲敦敏將就溝壑而邕自出家粟賑賜貧窘民以獲濟雖古之良守何以尚茲宜見沾錫以垂獎勸可賜飛龍廄馬一匹衣一襲被褥一具班宣州鎮咸使知聞邕以善治民稍迁至南青州刺史

于洛拔爲營州刺史以治有能名進號安東將軍

公孫邃爲青州刺史以邃在公遺迹可紀下詔褒述加鎮東將軍領東夷校尉

崔振字延根爲高陽內史兼領尚書左丞後敗定職令振本資唯擬五品詔曰振在郡著績宜有褒昇除太子庶子

李思穆爲京兆內史在郡八年頗有政績徵拜光祿大夫孝明初除平北將軍中山太守未拜迁安北將軍營州刺史卒於位贈安西將軍華州刺史

李韶爲冀州刺史清簡愛民甚收名譽政績之美聲冠當時孝明嘉之就加散騎常侍迁車騎大將軍賜劍珮貂蟬各一具驊騮馬一匹并衣服寢具後爲定州刺史正光末卒於官賻帛七百匹贈侍中持節散騎常侍車騎大將軍司空公雍州刺史謚曰文恭

崔光伯除北海太守有司以其更滿依例奏代孝明詔曰光伯

曹祉海沂清風遠著兼其兄光韶復能辭榮侍養兄弟忠孝宜
用勤錄可更申一年以厲風化
崔亮為雍州刺史亮性公清敏于斷決所在並號稱職三輔服
其德政孝明嘉之詔賜衣馬被褥
楊藻為建德太守以清貧賜帛六十匹
裴佖為荆州刺史有異政加撫軍將軍文遷中軍將軍
羊敦為廣平太守雅性清儉朝廷以其清白賜穀一千斛絹一
百匹
北齊李密為襄州刺史在州十餘年甚得安邊之術威信聞於
竟神武頻降手書勞問并賜口馬
李繪為高陽內史神武東巡郡國瀛州城西駐馬久立使人謂繪
之曰孤在晉陽知山東守唯卿一人用意及入境觀風信如所
聞但善始令終將位至不以
李稚廉為濟州長史神武行經冀州總令河北六州文籍商校

户口增損神武親自部分多在馬上徵責文簿指影取備事緒
非一稚廉每應立成常先期會莫不雅合深旨為諸州準的神
武顧謂司馬子如曰觀稚廉見分使人意也因集文武數百人
令郎中杜弼宣旨慰勞仍詰諸州長史守令等諸人並謝罪稚
廉獨前拜恩觀者咸歎美之其日賜以牛酒高祖還并以其事
告文襄喜而語人曰吾足知人矣
唐邕出為趙州刺史武成謂邕曰朝臣未有帶侍中護軍中正
作州者以卿故有此舉放卿百餘日休息至秋間當即追卿
許惇為楊平太守遂為天下第一特加賞異圖形於闕詔頒天下

冊府元龜卷第六百七十二

册府元龜卷第六百七十三

牧守部三

褒寵第二

後周李孝穆西魏大統中行岐州刺史在任有能名考績爲最文帝賜書美之

裴俠爲河北郡守嘗與諸牧守俱謁太祖太祖命俠別立謂諸牧守曰裴俠清愼奉公爲天下之最今朝中有如俠者可與之俱立衆皆默然無敢應者帝乃厚賜俠車馬服号爲獨立使君

李遠爲河東郡守敦獎風俗勸課農桑禁過姦非兼修守禦之備曾未期月百姓懷之太祖嘉焉降書勞問徵爲侍中驃騎大將軍開府儀同三司

尉遲綱爲陝州刺史太祖以綱政績可紀賜帛千段穀六千斛錢二十萬增邑四百戶

隋梁彥光開皇初爲岐州刺史高祖臨幸悅其能乃下詔曰賞

以勸善義兼訓物彥光操履平直識用凝遠布政岐下威惠在人廉慎之聲聞於天下三載之後自當遷陟恐其匱之且旌善政可賜粟五百斛物三百段御傘一枚庶使有感朕心日增其美四海之内凡曰官人慕高山而仰止聞清風而自勵未幾又賜錢五萬

樊叔略開皇初爲相州刺史政爲當時第一帝降璽書褒美之賜物三百段粟五百石班示天下

趙軌開皇中爲齊州別駕在州四年考績連最持節使者郃陽公梁子恭狀上高祖嘉之賜物三百段米三百石

公孫景茂開皇中爲息州刺史高祖幸洛陽景茂謁見時年七十七帝命升殿坐問其年幾景茂以實對帝哀其老嗟嘆久之景茂再拜曰呂望八十而遇文王臣踰七十而逢陛下帝甚悅賜物三百段下詔曰景茂脩身潔己耆宿不虧作牧化人聲績顯著年終考校獨爲稱首宜升戎秩兼進藩級可上儀同三司

伊州刺史

楊達爲鄯鄭趙三州刺史俱有能名平陳之後四海大同高祖差品天下牧宰達爲第一賜雜綵五百段加以金帶擢拜工部尚書

趙賢通爲冀州刺史高祖幸洛陽賢通來朝帝勞之曰冀州大藩民用殷實卿之爲政深副朕懷

令狐熙爲汴州刺史下車禁游食決滯獄令行禁止稱爲良政高祖嘉之因其來朝賜帛三百段

房恭懿開皇中爲澤州司馬遷德州在職歲餘盧愷復奏恭懿政爲天下之最高祖甚異之復賜帛百段因謂諸州朝集使曰如房恭懿志存體國愛養我百姓此乃上天宗廟之所祐助豈朕寡薄能致之乎朕即拜爲刺史豈止爲一州而已當令天下模範之卿等宜師教也帝又曰房恭懿所在之處百姓視之如父朕若置之而不賞上天宗廟其當責我内外官人宜知我意於是下詔曰德州司馬房恭懿出宰百里

新豐令毗贊二蕃善政能官標映倫伍班條案寔允僉屬委以方岳聲實俱美可使持節海州諸軍事海州刺史

慕容三藏爲廓州刺史百姓愛悅高祖聞其能屢有勞問其年當州畜產繁孳獲醍醐奉獻賚物百段

樊子蓋開皇中爲循州總管許以便宜從事十八年入朝奏嶺南地圖賜以良馬雜物加統四州令還任所遣光祿少卿柳謇之餞於霸上煬帝即位徵還京師轉涼州刺史子蓋言於帝曰臣一居嶺表十載於茲犬馬之情不勝戀戀願趍走闕庭萬死無恨帝賜物三百段慰諭遣之授銀青光祿大夫武威太守以善政聞大業三年入朝帝引之内殿特蒙褒美乃下詔曰設官之道必在用賢安人之術莫如善政龔黃振德化於前張杜垂清風於後共治天下寔資良守子蓋幹局通敏操履清潔自剖符[illegible]服愛惠爲先撫導有方寬猛得所處脂膏不潤其質酌貪

臬豈論其性故能治績克彰課最之首凡厥在位莫匪王臣若能人思奉職各表其效朕將晃旒垂拱何憂不治哉於是進位金紫光祿大夫賜物千叚太守如故其年車駕西巡將入吐谷渾子蓋以彼多瘴氣焚削木皮以禦霜露及帝還謂之曰人道公清定如此不子蓋謝曰臣豈敢言清止是小心不敢納賄耳由此賜之口味百餘斛又下詔曰導德齊礼寔惟共治懲惡勸善用明黜陟朕親巡河右觀省人風所歷郡縣訪詢治績罕遵法度多陷刑網而金紫光祿大夫武威太守樊子蓋執操清潔處涅不渝立身雅正臨人以德威惠兼舉寬猛相資故能畏而愛之不嚴斯治實自人之盛績有國之良臣宜加褒顯以引奬勸可右光祿大夫太守如故賜縑千疋粟麦二千斛子蓋又自陳曰臣自南裔即適西垂常為外臣未居內職不得陪屬車奉丹陛濫死邊城沒有遺恨惟陛下察之帝曰公侍朕則一人而已委以四方則萬人之敵宜識此心六年帝避暑隴川宮又云欲幸河西而蓋傾望鑾輿願巡郡境帝知之下詔曰卿夙懷恭順深執誠心聞朕西巡欣然望幸丹款之至甚有可嘉宜保此純誠克終其美

柳儉仁壽中為邛州刺史坐事免職煬帝嗣位徵之于時以功臣任職牧州領郡者並帶戎資唯儉起自良吏帝嘉其績用特授朝散大夫拜弘化太守賜物一百叚而遣之清節愈厲大業五年入朝郡国畢集帝謂納言蘇威吏部尚書牛弘曰其中清名天下第一者為誰威等以儉對帝又問其次威以涿郡丞郭絢潁川郡丞敬肅等二人對帝賜儉帛二百疋絢肅各一百疋令天下朝集使送至郡邸以旌異焉論者美之

崔彭為左領軍大將軍從幸洛陽彭督後軍時漢王諒初平余黨往往屯聚令彭率衆數萬鎮遏山東復領慈州事煬帝以其清賜絹五百疋

王仁恭大業中為汲郡太守有能名徵入朝煬帝呼上殿勞勉之賜雜綵六百叚良馬二疋

唐陳君賓貞觀初為鄧州刺史州邑喪亂以後百姓流離君賓至鎮期月皆來復業二年天下諸州並遭霜澇君賓一境獨免當年宫有儲積蒲虞等州戶口盡入其境逐食太宗下詔勞之曰朕以隋末亂離毒被海內率土百姓零落殆盡州里蕭條十不存一寤寐思之心焉若疚是以日昃忘食未明求衣曉夜孜孜唯以安養為慮每見水旱降災霜雹失所撫躬責已自恧德薄恐貧乏之黎庶不免飢餒頃聞倉廩普加賑恤其有一人絕食若朕奪之分命庶寮盡心營救去年關內六州及蒲虞陝鼎等復遭亢旱禾稼不登糧儲既少遂令分房就食比聞刺史以下及百姓等並識朕懷逐糧人戶到相安養迴還之日各有贏糧乃別賫布帛以申贈遺如此用意嘉歎良深一則知水旱無常或以遞相拯贍不慮凶年二則禮讓興行輕財重義四海士庶皆為兄弟變澆薄之風敦慈仁之俗政化如此朕復何憂其安

置戶口官人支配得所並令考司錄為功最養戶百姓不恡財帛已勑主者免今年調物宜各此意善相勸勉其年入為太府少卿

李大亮為涼州都督以惠政聞太宗賜荀悅漢紀一部下書曰卿立志方直竭節至公處職當官每副所委方大任使以申重寄公事之閑宜尋典籍然此書敘致既明論議深博極為政之體盡君臣之義今以賜卿宜加尋閱也

鮮于紹為隆州刺史高儀鳳中以為同州刺史仍賜絹二百疋賞清廉也

李君球為楊州大都督府長史政尚嚴肅人吏憚之盜賊屏跡高宗頻降書勞勉

姚璹神功初為益州大都督府長史蜀中官吏多貪暴璹屢有發摘姧無所容則天嘉之降璽書勞之曰夫嚴霜之下識松貞之擅奇疾風之前知勁草之為貴物既有此人亦宜哉卿早荷

朝廷委任斯重居中作相引益已多防邊訓兵心力俱盡能寒無改終始不渝迺眷蜀中畉俗殷雜久敍良守獎於侵漁政以賄成人無厝足是用命卿出鎮寄茲存養果能攬轡澄清下車整肅吏不敢犯姦無所容前後糾摘蓋非一緒貪殘之伍屏跡於列城剽奪之儔遁形於外境詎勞期月康此黎元言念德聲良深嘉尚宜布琅耶之化當以益州為法

房穎叔為相州刺史大曆中以善政聞璽書褒美

王方義為廣州都督南海珍物秋毫不犯境內清肅則天手制褒之曰朕以卿歷職著稱故授此官既美化遠聞實朝寄今賜卿雜綵六十段并瑞錦等物以彰善政也

敬暉為洛州長史則天幸長安令暉兼知神都副留守事在職以幹理聞璽書勞勉

畢構累歷豫虢二州刺史頗著聲績制書褒美構為益州長史先天元年以政聲召至玄宗賜衣一襲帛五十疋

成大琬為同州刺史先天二年太上皇命有司頒賞諸州朝集使有善政者遂以大琬為陝州刺史陸余慶魏州刺史單思遠宋州刺史劉知柔澤州刺史岑翔等各賜物一百段

盧從愿開元初為蔡州刺史為政嚴簡按察使奏課為天下第一降璽書勞問賜絹百疋

姜師度為同州刺史開元八年詔曰昔史起溉漳之策鄭白金涇之利自茲厥後聲塵蔑然同州刺史姜師度識洞於微智形未兆匪躬之節所懷必罄奉公之道知無不為頃職大農首開溝洫歲功猶昧物議紛如緣其中款中嘉委任仍舊暫停九列之重假以六條之察白藏過半績用斯多食乃天人農為政本故茲巡省不憚祈寒將中勸卹之懷特冒風霜之勞今原田弥望畎澮連屬由來榛棘之所遍為秔稻之川倉庾有京坻之饒閭閻致珠金之酬本營此地欲利平人緣百姓未閑恐三農虛弃所以官為開發冀令遞相教誘功既成矣思與共之其屯田內先有百姓挂籍之地比來召人作主亦量准頃畝割還其官屯熟田如同州有貧下欠地之戶自辦功力能營種者准數給付余地且依前官取師度以功特加金紫光祿大夫賜帛三百疋

張嘉貞開元十七年為定州刺史將行玄宗自賦詩詔百寮於上東門外餞之到州一年以疾上表乞就東都醫療及至都日瞑無所見帝令醫人田休祐馳傳療之

盧奐為陝州刺史開元二十四年玄宗幸京師次陝城頗審其能政於其廳事題贊而去曰專城之重分陝之雄人多惠愛性實謙冲亦既利物存乎匪躬斯為國寶不墜家風奐懷慎之子也

韋虛心為工部尚書東都留守開元二十七年卒詔贈揚州大都督喪事官給與甚優厚

崔圓以尚書郎兼蜀郡大都督府左司馬知節度留後玄宗幸蜀郡特遷蜀郡大都督府長史劍南節度使圓素懷功名初聞國難潛使人探國中深旨知有行幸之計乃增修城池建置館

守餚備什物及乘輿至殿宇床帳咸如宿設帝甚嗟賞之拜中書侍郎平章事劍南節度使如故帝親製遺愛碑于蜀以寵之後為汾州刺史以理行稱拜揚州大都府長史淮南節度使

崔灌為澧州刺史下車削去煩苛以安人為務居二年風化大行流亡襁負而至增戶數萬有司以聞代宗寶應二年優詔特加五階至銀青光祿大夫仍賜兩季俸祿兼侍御史以灌能政遷澧州刺史兼御史中丞湖南都團練觀察處置使

楊承仙大曆初為懷州刺史自天下兵興懷州當四戰之地邑墅荒廢人無全家承仙列官苦心併力以慈愛理之同其苦甘流人自占歲盈數萬[illegible][illegible]第一及終朝廷優重贈太子少府

張延賞為河南尹勤身率下政尚簡約數年間流庸歸附詔書褒美

張鎰為亳州刺史大曆十二年以為壽州刺史特加五階皆善政也

薛珏大曆中歷楚峽陳三州刺史建中初德宗分命使臣黜陟官吏使淮南李承以珏楚州之去煩政簡使出南趙贊以珏峽州之廉清使河南盧翰以珏之肅物皆以陟狀聞加中散大夫賜紫

劉贊為歙州刺史以勤幹聞有老婦捃拾於蓁林之間為猛獸將噬幼女号呼搏而救之母子俱免本道觀察使韓滉奏為異跡加金紫之服

李栖筠為常州刺史時草賊帥張度因荒饉聚徒於陽羨西山且地接宣歙逼之則鳥散蹊谷緩之則公行寇掠累歲為四境之患莫能剪除栖筠既至部設權略不踰時而覆其巢擒度子六七人一朝伏辜由是郡界乏吠犬之驚遂修俎豆之儀習鄉飲之礼而人知敬讓理行尤異就加銀青光祿大夫賜一子官官吏耆老等請立碑頌德焉

馬炫為潤州刺史建中初黜陟使柳載以清白聞徵拜右庶子

李佐為商州刺史德宗貞元二年以能政特賜金紫

韋滌為涇陽令貞元二年以滌起復饒州刺史滌理涇陽有政績故擢焉俄以疾終贈越州都督賜絹百疋遣中使吊之

吳湊為京兆尹貞元中以能政加檢校兵部尚書

李位為房州刺史貞元十二年以位有善政加檢校兵部郎中

鄭賈為金州刺史貞元十二年以賈有能政加檢校司勳郎中

魏懿文為邵州刺史貞元十三年以懿文有善政加檢校司門郎中

羅珦為廬州刺史貞元十五年以珦有政能加朝散大夫賜紫金魚袋

王礎為黔中都團練觀察使貞元十五年六月卒廢朝一日贈陝州大都督賻布帛二百段米粟二百石故事都團練觀察使卒未有廢朝者自礎始焉

李惠登為隨州刺史貞元二十年卒贈洪州都督惠登在隨州二十年田疇闢戶口加

于頔為山南東道節度使以其績上聞加御史大夫外其州為上尋加檢校国子祭酒及卒故加追贈焉

孟簡憲宗元和中為常州刺史始到郡開漕古孟瀆長四十一里得沃壤四千余頃觀察使奏其課故就賜金紫

范傳正為歙湖蘇等州刺史以政事脩理聞元和中擢為宣歙觀察使

李翱元和中為坊晉二州刺史以理特異詔加金紫

王堯為婺州刺史元和十二年以善政聞賜服金紫

鄭權爲襄州刺史元和十二年以理績有聞賜紫

李文悅為鹽州刺史元和十四年冬吐蕃𥡴党項圍州攻城欲陷悅防拒凡二十七日乃退十五年六月加金紫光祿大夫

趙榮國為宥州刺史敬宗寶曆元年加檢校右散騎常侍寵修城池之功也

裴誼為晉州刺史文宗大和三年以誼理行尤異賜金紫

劉源為銀州刺史大和七年就加檢校國子祭酒旌營田積粟之功也

裴及為晉州刺史開成二年賜金紫旌異政也

馬植為安南都護長於吏術開成元年招諭南蠻諸首領懇發忠言願納賦稅又奏廢珠池復生珠加檢校左散騎常侍

梁趙祖唐末為陳州節度使祖以大寇削平之後留心政事勸課農桑大布恩惠昭宗嘉之命撰德政碑以旌厥功

後唐孫岳天成初為潁州刺史潁久不治賦斂煩碎民不聊生岳至州召屬邑長吏里閭胥史親問疾苦除正條賦率職務外其余苛賦名目一切罷之潁人狀上聞明宗加岳檢校太保獎能政也

趙在礼天成初為天雄軍節度使支奏大名府管內今年夏苗頃畝比去年出六千八百頃宜降詔獎飾從之

周知裕歷房黔淄三州刺史宿衞團練使老於軍旅勤於稼穡凡為郡課皆有政聲朝廷嘉之遷安州留後

樂勳天成中為果州團練使奏南充等五縣除舊管戶帳外招得四千二百五十八戶稅錢七千五百九十八貫勑宜加光祿大夫封南陽縣開國男食邑三百戶奬能政也

晉華溫琪為棣州刺史以州城每年河水所壞居人不堪其苦表請移於便地朝廷許焉作畢覡立紀功碑仍加檢校尚書左僕射開國男食邑三百戶

白奉進為唐州刺史治郡踰年甚有聲政高祖即位徵赴闕超加檢校司徒充護聖左廂都指揮使

孫彥韜為密州刺史彥韜出於軍旅植性和厚理緜黔以首為竹使甚著綏懷之譽及卒故有賞典旌焉

安叔千為滄州節度奏囹圄空詔曰安叔千折獄惟良化民有術治彼無訟使之知禁鳴𣗳息於砥路茂草生於圜土求之古

人何以臻此三載考績不忘明允之能五刑有服無違中正之道以斯為政良可嘉焉

王周為涇州節度奏前任奬事共二十六條已指揮停廢勑曰王周佐國賢臣興邦良帥戰伐之功顯著葺綏之政尤彰昨者蒞臨常山惣戎涇水安邊靜塞克施撫馭之方察俗觀風盡去煩苛之弊備陳條件足驗公清一方既洽於詠謌百姓頓期於蘇息王周宜賜詔奬飾兼頒下諸道仍付所司同於勳臣中最為清慎累為郡皆有聲績屬張彥澤虐政之後民不堪命因褒其無名科歛以章上聞故有詔褒之

漢劉審交隱帝嗣位用為汝州防禦使汝為近輔号為難治審交盡去煩弊無擾於民百姓歌之乾祐三年卒郡人聚哭於柩致祭本州以聞詔曰朝廷之制皆有舊章牧守之官比無贈典甚有政能殊異惠及蒸黎生有令名歿留遺愛褒賢奬善豈惧彝章可特贈太尉

卷末

冊府元龜卷第六百七十四

牧守部四

公正

夫子曰苟正其身矣於從政乎何有又曰子帥以正孰敢不正鼂錯有言曰方直之士奉法令不容私若夫執德不回謹身率下無黨於物直道而行故政平而訟理令行而禁止也漢制郡守課最者或入為公卿宣帝曰使百姓無歎息愁恨之聲者其唯良二千石乎故有奉公不阿守法見憚抑強扶弱而志在無私以一警百而威克厥愛是以賞罰信而權豪莫能干政令行而豪右不能犯所以人從其化而吏不敢欺也詩曰剛亦不吐又曰好是正直其斯之謂歟

漢董仲舒為江都相後為膠西王相凡相兩國輒事驕王正身以率下數上疏諫爭教令國中所居而治

尹翁歸拜東海太守過辭廷尉于定國定國家在東海欲屬託邑子兩人（邑子同邑之子也）[illegible]令坐後堂待見定國與翁歸語終日不敢見其邑子既去定國乃謂邑子曰此賢將汝不任事也又不可干以私

張敞宣帝時為京兆尹朝廷每有大議引古今處便宜公卿皆服天子數從之

何武為揚州刺史時九江太守戴聖（禮經號小戴者也）行治多不法前刺史以其大儒優容之及武為刺史行部錄囚徒有所舉以屬郡（屬委也音之欲切）聖曰後進生何知迺欲亂人治（[illegible]之後進生也）皆無所決武使從事廉得其罪（廉察也）聖懼自免後為博士毀武於朝廷武聞之終不揚其惡而聖子賓客為群盜得繫（[illegible]而吏部所得也）廬江聖自以子必死武平心決之卒得不死自是後聖慚服武每奏事至京師（刺史每歲盡則入奏事於京師也）聖未嘗不造門謝恩初武為郡吏時事太守何壽壽厚之後壽為大司農其兄子為廬江長史時武奏事在邸壽兄子適在長安壽為具召武弟顯及故人楊覆眾等（具謂酒食之具也）酒酣見其兄子（令出見顯等）曰此子揚州長史（言揚州部內長使也）材能駑下未嘗省見（省視也言不為武所識拔之）顯等甚慙退以謂武武曰刺史古之方伯上所委任一州表率也職在進善退惡吏治行有茂異民有隱逸迺當召見不可有所私問顯覆眾強之不得已召見賜卮酒（卮酒一卮之酒也）歲中廬江太守舉之（舉得武之力也）其守此則憚如此

後漢張酺為魏郡太守郡人鄭據時為司隸校尉奏免執金吾竇景景後復位遣掾夏猛私謝酺曰鄭據小人為所侵冤聞其兒為吏放縱狼藉取是曹子一人足以警百酺大怒即收猛繫獄檄言執金吾府疑猛與據子不平矯稱卿意以報私讎會有贖罪令猛乃得出（[illegible]）

韓演為河內太守志在無私舉吏當行一辭而已因亦不及其家曰我舉若可矣豈可令偏積一門

應順遷冀州刺史廉直無私遷東平相賞罰必信吏不敢犯時竇憲出屯河西刺史二千石皆遣子弟奉賂遺憲憲敗後咸被黜順獨不在其中由是顯名

陳寵為廣漢太守時竇憲為大將軍征匈奴公卿已下及郡國無不遣吏子弟奉獻遺者而寵與中山相汝南張郴東平相應順守正不阿後和帝聞之擢寵為大司農郴太僕順左馮翊

李恂為張掖太守有威重名時大將軍竇憲將兵屯武威天下州郡遠近莫不修禮遺恂奉公不阿為憲所奏免

王堂為右扶風安帝西巡阿母王聖中常侍江京等並請屬於堂堂不為用掾史固諫之堂曰吾蒙國恩豈可為權寵阿意以死守之即日遣家屬歸閉閤上病果有誣奏堂者會聖京等誅堂以守正見稱

左雄順帝時為冀州刺史部多豪族好請託雄常閉門不與交通奏案貪猾二千石無所回忌

延篤為京兆尹時皇子有疾下郡縣出珍藥而大將軍梁冀遣

客衛書詣京兆并貸牟黃篤發書收客曰大將軍椒房外家而
皇子有疾必應陳進醫方豈當俱客千里求利乎遂殺之冀慙
而不得言有司承旨欲求其事篤以疾免歸教授家巷
種秉桓帝延熹中爲河南尹先是中常侍單超弟匡爲濟陰太
守以贓罪爲刺史第五種所劾窘急乃賂客任方刺兗州從事
衛羽及捕得方囚繫洛陽匡慮秉當窮竟其事密令方等得突
獄亡走尚書召秉詰責秉對曰春秋不誅黎比而魯多盜方等
無狀釁由單匡刺執法之吏害奉公之臣復令得逃竄寬縱
罪身元惡大憝終爲國害乞檻車徵匡考覈其事則姦慝蹤緒
必可立得而秉竟坐論作左校
爲紐爲河南尹上言舊典中官子弟不得爲牧人職桓帝不納
蓋勳爲京兆尹時長安令楊黨父爲中常侍恃勢貪放勳案得
其臧千餘萬貴戚咸爲之請勳不聽具以事聞并連黨父有詔
窮案威震京師時小黃門京兆高望爲尚藥監倖於皇太子太

子因蹇碩屬望子進爲孝廉勳不肯用或曰皇太子副主望其
所愛碩帝之寵臣而子違所謂三怨成府者也勳曰選賢
所以報國也非賢不舉死亦何悔及董卓廢少帝殺何太后勳
與書曰昔伊尹霍光權以立功猶可寒心足下小醜何以終此
賀者在門弔者在廬可不慎哉卓得書意甚憚之
史弼爲河東太守被一切詔書當舉孝廉弼知多權貴請託乃
豫勑斷絶書屬中常侍侯覽果遣諸生齎書請之并求假鹽稅積
日不得通生乃說以它事謁弼而因達覽書弼大怒曰太守忝
荷重任當選士報國爾何人而僞詐無狀命左右引出楚捶數
百府丞掾史千餘人皆諫於廷弼不對遂付安邑獄即日考殺
楊彪爲京兆尹時黃門令王甫使門生王翘於郡界辜搉官財
物七千餘萬彪發其姦言之司隸校尉楊球因此奏誅甫天下
莫不愜心
李燮爲河南尹時既以貨賂爲官詔書復橫發錢三億以實西

園燮上書陳諫辭義深切帝乃止
劉陶爲京兆尹到職當脩宮錢直千萬（時非議令當出買官之錢謂之脩宮錢也）陶
既清貧而恥以錢買職稱疾不聽政帝宿重陶才原其罪徵
拜諫議大夫
陳審爲樂安太守大將軍梁冀威震天下時遣書詣審有所請
託不得通使者詐求謁審怒笞殺之坐左轉脩武令
趙謙爲司隸校尉車師王侍子爲董卓所愛數犯法謙收殺之
卓大怒殺都官從事而素敬謙故不加罪
魏楊阜爲武都太守會劉備遣張飛馬超等從沮道趣下辯而
氐雷定等七部萬餘落反應之太祖遣都護曹洪禦超等超等
退還洪置酒大會令女倡著羅縠之衣蹋鼓一坐皆笑阜厲聲
責洪曰男女之別國之大節何有於廣坐之中裸女人形體雖
桀紂之亂不甚於此遂奮衣辭出洪立罷女樂請阜還坐肅然
憚焉
[illegible]河東太守[illegible]爲太祖所親貴[illegible]
醫求大秦[illegible]絶以他故[illegible]太祖[illegible]數曰[illegible]
不媚於寵貴者也

崔林爲幽州刺史時北中郎將吳質統河北軍事涿郡太守王
雄謂林別駕曰吳中郎將上所親重國之貴臣也杖節統事州
郡莫不奉牋致敬而崔使君初不與相聞若以邊塞不脩斬卿
使君寧能護卿邪別駕具以白林林曰刺史視去此州如脫屣
寧當此累邪此州與胡虜接宜鎮之以靜擾之則其逆心特爲
國家生北顧憂以此爲寄在官一朞寇竊寢息猶以不事上司
左遷河間太守清論多爲林怨也
鮑勛文帝爲太子勛爲中庶子徙黃門侍郎出爲魏郡西部都
尉太子郭夫人弟爲曲沃縣吏斷盜官布法應棄市太祖時在
譙太子留鄴數手書爲之請罪勛不敢擅縱具列上勛前在東
宮守正不撓太子固不能悅及重此事恚望滋甚會郡界休兵

有失期者密勑中尉奏免黜官司馬芝爲河南尹抑彊扶弱私請不行内官欲以事託芝不敢發言因芝妻伯父董昭昭猶憚芝不爲通特進曹洪乳母當與臨汾公主侍者共事無澗神下獄卞太后遣黄門詣府傳令芝不通輒勑洛陽獄考竟而上疏曰諸應死罪者皆當先表須報前制書禁絕淫祀以正風俗今當等所犯妖刑辭語始定黄門吳達詣臣傳太皇太后令臣不敢通懼有救護速聞聖聽若不得已以垂宿留[illegible]由事不早竟是臣之罪是以冒犯常科輒送縣考竟擅行刑戮伏須誅罰帝手報曰省表明卿至心欲奉詔書以權行事是也此乃卿奉詔之意何謝之有後黄門復往慎勿通也芝居官十一年數議科條所不便者其在公卿間直道而行

孟康爲弘農太守郡帶道路其諸過賓客自非公法無所出給若知舊造之自出於家

顏斐爲京兆太守清己卽奉而已明帝青龍中司馬宣王在長安立軍市而軍中吏士多侵侮縣民斐以白宣王宣王乃發怒召軍市候便於斐前杖一百時長安典農與斐共坐以爲斐宜謝乃私推築斐斐不肯謝良久乃曰斐意觀明公受分陝之任乃欲一齊衆庶必非有所左右也而典農竊見推築欲令斐謝是吏爲不得明公意也宣王遂嚴持吏士自是之後軍營郡縣各得其分

陳泰爲并州刺史京邑貴人多寄寶貨因泰市奴婢泰皆挂之於壁不發其封及徵爲尚書悉以還之

晉張敎字祖文弘毅有幹正武帝世爲安漢太守濬在益州受中制募兵討吳無虎符敎收濬從事列上由此召敎還帝責敎何不密啓而便收從事敎曰蜀漢絕遠劉備嘗用之輒收臣猶以爲輕帝善之

樂廣爲河南尹愍懷太子之廢也詔故臣不得辭送衆官不勝憤歎皆冒禁拜辭司隸校尉滿奮勑河南中部收縛拜者送獄廣卽便解遣衆人代廣危懼孫琰說賈謐曰前以太子罪惡有斯廢黜其臣不懼嚴詔冒罪而送今若繫之是彰太子之善不如釋去謐然其言廣故得不坐

荀晞字道將爲撫軍將軍兖州刺史有從母依之奉養甚厚從母子求爲將晞距之曰吾不以王官私人將無後悔邪固欲之晞乃以爲督護後犯法晞杖節斬之從母叩頭請救不聽旣而反服哭之流涕曰殺卿者兖州刺史哭弟者荀道將其杖法如此

劉弘爲荆州刺史都督荆交廣諸軍事命弘得選用宰守徵士武陵伍朝高尚其事牙門將皮初有勳江漢弘上朝爲零陵太守初爲襄陽太守詔書以襄陽顯郡初資名輕淺以弘壻夏侯陟爲襄陽弘曰夫統天下者當與天下同心治一國者當與一國推賢吾統荆州十郡安得十女壻然後爲治哉乃表陟姻親舊制不得相監臨事初勳宜見酬報聽之衆益服其公當

王彪之爲會稽內史桓溫下鎮姑孰威勢震主四方脩敬皆遣上佐綱紀虔彪之獨曰大司馬誠爲富貴朝廷既有宰相動靜之宜自當諮稟脩敬若遣綱紀致貢天子復何以過之竟不遣

宋王韶之守長明爲南兖州別駕刺史江夏王義恭逆資費錢韶之曰此朝廷物執不與顧覬之吳郡人爲本郡太守其子綽私財甚豐鄉里士庶多負其責覬之每禁之不能止及後爲吳郡誘綽曰我常不許汝出責定思貧薄亦不可居民間與汝交關有幾不盡及我在郡爲汝督之將來豈可得凡諸券綽大喜悉出諸文券一大廚與覬覬之悉焚燒宣語遠近負三郎責皆不須還凡券書悉燒之矣綽懊歎彌日時幸臣戴法興權傾人主而覬之未嘗降意左光祿大夫蔡興宗與覬之善嫌其風節過峻覬之曰辛毗有云不事孫劉不過使吾不爲三公而

劉秀之爲梁州刺史遷梁益二州土境豐富前後刺史莫不營聚蓄多者致萬金所攜賓僚並京邑貧士出爲郡縣皆以苗賄自資秀之爲治整肅以身率下遠近安悅焉後爲丹

牒市百姓不還錢市道喧然晏之以為非宜陳之甚切雖納之
言竟不用
謝子貞為海陵太守時中書舍人狄當親幸家在海陵假還葬
父子貞不與相聞當請發民治橋又以妨農不許彭城王義康
聞而賞之又當死還葬橋路毀壞不通遂表卑辭求發民脩治子
真不許義康聞而善之
顧憲之為隋王長史行南豫南兖二州事典籤諮事未嘗下色
動遵法制為東中郎長史行會稽郡事山陰人呂文度有寵於
齊武帝於餘姚立邸頗縱橫憲之至郡即表除之文度後還葬
母郡縣爭赴弔憲之不與相聞文度深恨之卒不能傷也遷南
中郎竟陵王長史行發州事時司徒竟陵王於宣城臨成定陵
三縣界立屯封山澤數百里禁民樵採憲之固陳不可言甚切
直王答之曰非君無以聞此德音即命無禁
□□□□□□仕宋為晉□太守在郡不治生前政與民交關質

錄其兒婦預還人於道奪取將還
梁楊公則為湘州刺史湘俗單家以賂求州職公則至悉斷之
所辟引皆州郡著姓高祖班下諸州以為法
呂僧珍南兖州人為本州刺史在任平心率下不私親戚從父
兄子先以販葱為業僧珍既至乃棄業欲求州官僧珍曰吾蒙
重國恩無以報效汝等自有常分豈可妄求叨越但當速反葱
肆耳僧珍舊宅在市北前有督郵廨鄉人或勸徙廨以益其
宅僧珍怒曰督郵官廨也置立以來便在此地豈可徙之益吾
私宅
蕭琛為吳興太守郡有項羽廟土民名為項王甚有靈驗遂於
郡聽事安施床幕為神座公私請禱前後二千石皆於廳拜祠而
避居他室琛至徙神還廟處之不疑
後魏楊津為定州刺史初津兄椿得罪此州由鉅鹿人趙略投
書所以及津之至也略舉家逃走津乃教尉喻令其還業於是一

州為服遠近稱之
李憲為趙郡太守時趙脩與其州里脩歸葬父母也故守以下
畏之所跡唯憲不為之屈時人高之
北齊彭城王浟為司州牧選從事皆取文才士明剖斷者時
稱為美選州舊案五百餘浟未期悉斷蓋別駕王脩等恐犯權
戚乃諂諛陳浟使告曰吾直道而行何憚權戚爾等宜成人
之美反以權戚為言脩等慙悚而退
李繪為高陽內史時河間守崔諶恃其弟暹勢從繪乞麋角鴿
羽繪答書曰鴿有六翮飛則沖天麋有四足走便入海下官膚
體疏懶手足遲鈍不能逐飛追走遠事佞人是時文襄使暹
司撿長史暹薦繪與不果或謂由此書
僞孤求業為洛州刺史性鯁直不交權勢斛光求二婢弗得毀
之於朝廷
蘇瓊為南清河太守清慎不發私書道人道研為濟州沙門

統資產巨富在郡多有出息常得郡縣為徵及欲求謁度知其
意每見則談問玄理應對肅敬研雖為債數來無由啓口其弟子
問其故研曰每見府君徑將我入青雲間何由得論地上事
瓊初任清河太守裴獻伯為濟州刺史酷於用法瓊恩於養人
房延祐為樂陵郡過州裴問其外聲祐云唯聞太守善刺史惡
裴云得民譽者非至公祐答言若爾黃霸龔遂君之罪人也
後有敕州各舉清能裴以前言恐為瓊陷瓊申其枉滯議者尚
其公平
後周閻慶為寧州刺史時晉公護執政護母慶之姑也護雖擅
朝而慶未嘗阿附及護誅高祖以此重之
辛昂為京兆尹武帝嘗戲昂曰御師尹帝鄉故不以畫耳或
福鄉里邪昂乃正色對曰陛下握臣非分寵臣已驟恩誠令宋
族首便見乘殊丹赤豈可以忝此職用疑聖慮輒解印綬以遜
賢能帝大笑曰前言戲之

隋田式馮翊人也初仕周爲本郡太守親故屏跡請託不行武
帝聞而善之
司□初仕周爲□州總管時其祖爲定州總管文獻皇后自京
師□□□□經營州□□□□□□而白右曰公辭甚富於財
□生不敢輒受又三臣無得攻私其貞如此高祖以其奉法
□□□之□□至相從封□北郡公尋拜豫州總管
□□□□□□侍御史遷雍州贊治□既出處司復與京邑五道
□□□無□□□□□頗失權貴心由是出爲西寧州刺史
梁□□□□□□□□□□爲殿中尚監時以華陰多盜賊妙選良吏
楊□□爲□□□□州長史世號爲能素之田宅俱在華陰左右放
縱□□□□□□□無所貰貸因朝集素謂之曰素之舉卿適以
□□□也□□□□□奉法一心但恐累公所舉素笑曰前言戲爾
□□之□□□□□□□□州時晉王在揚州每令人密覘京
□□□□□□□□□□□□□□□□以畜牧爲辭□□給私人也
州縣莫敢違□獨遏絕其□□帝聞而嘉之賚絹五百疋
敬肅爲潁川郡丞時右翊衛大將軍宇文述當塗用事其邑在
潁川每有書屬請肅未嘗開封輒令使者持去述賓客有放縱
者以法繩之無所寬貸
唐張鎮州同安人也武德中爲舒州都督舒州即其本邑也鎮
州乃多市酒肴就望江舊宅盡召故人親戚與之酣宴散髮箕
踞歡醼如昔之歡十日贈以錢帛既而垂泣謂親舊曰此者張鎮
州與故人爲歡今日已後舒州都督治百姓爾君民禮隔不得
交遊因與之訣自是親戚有犯法一無所縱州境因茲肅然
蘇良嗣爲京師留守司農寺將市賣菓菜以收其利良嗣駁
之曰昔公儀休相魯猶能拔葵去織未聞萬乘之主與下人爭利
也遂止其事
狄仁傑爲豫州刺史初越王之亂宰相張光輔率師討平之將
士恃功多所求取仁傑不之應光輔怒曰州將輕元帥邪仁傑曰
亂河南者一越王貞爾今一貞死而萬貞生光輔質其詞仁傑
曰明公董戎三十萬平一亂臣不戢兵鋒縱其暴橫無罪之人
肝腦塗地此非萬貞何邪且脅威從勢難自固及天兵暫臨
乘城歸順者萬計縋壓四面公奈何縱邀功之人殺歸降之衆
但恐冤聲騰沸上徹于天如得尚方斬馬劍加於君頸雖死如
歸光輔不能詰心甚銜之還都奏仁傑不遜左授復州刺史
魏元忠檢校洛陽長史號爲清嚴時奉宸張易之威震海内縱
其家奴多所請託元忠笞殺之
蘇瓌則天時爲歙州刺史來俊臣坐事貶州參軍天下懼其殘
酷朝中近臣不復入用或致書託瓌瓌叱責使者棄書不發望
曰吾爲州牧高卑有禮安能枉法令以待小人乎俊臣未到追
還意甚恨之累遷汴州刺史司倉參軍韋温犯贓瓌繩而杖之
及温勢盛用事銜其公直不敢中傷中宗神龍中瓌爲京師留
守鄭普思以術至祕書監妖言惑衆聚黨岐隴之間將謀亂瓌
收而按之其妻第五氏長於宮中雅附援被頗有制令特令放
免瓌固執不奉制及駕還京中宗猶欲宥之瓌抗議入迴中宗
以問中書令魏元忠對曰蘇瓌長者其忠懇如此願陛下察之
帝遂流普思於嶺外
張柬之爲襄州刺史有鄉親舊交抵罪者必深文置法無所縱捨
宋璟爲黃門侍郎檢校貝州刺史時河北頻遭水澇百姓飢饉
時梁王武三思恃寵執權有私封在貝州專政徵其賦璟拒而
不與
源乾曜玄宗時爲京兆尹仍京師留守乾曜政存寬簡不嚴而
理嘗有仗内白鷹因縱逸遂失所在帝令京兆切捕之俄於野
外獲之其鷹挂於三棘而死官吏懼得罪相顧失色乾曜徐曰
事有邂逅死亦常理主上仁明當不以此責罪必其獲戾吾自
當之不須懼也遂入自請失官之罪帝一切不問衆咸伏乾曜
臨事不懾而能引過在己也尹京三年政令如一

蘇頲開元中知益州長史事時司馬皇甫恂破庫物市新錦頲不以進頲一切罷之或謂頲公今在遠豈得忤聖意頲曰明主不以私愛奪至公豈以遠近間易忠臣節也竟奏罷之

韓休為虢州刺史時虢州以地在兩京之間駕在京及東都並為近州常被支稅草以納閑廄休奏請均配餘州中書令張説駁之曰若獨免虢州即當移向他郡是刺史欲為私惠耳乃下符不許休復將執奏察吏白更奏必忤執政之意休曰為刺史不能救百姓之弊何以為政必以忤上得罪所甘心也竟執奏獲免州人于今稱之

呂諲肅宗上元初為荊州節度使時申泰芝為李輔國所親以左道參惑擢為諫議大夫於邵道州界置軍誘引諸蠻納其金帛賞之以緋紫用囊中敕書賜衣以示之人用聽信軍人例衣朱紫剽掠村洞吏不敢制已積年矣潭州刺史龐承鼎忿之因泰芝入奏至長沙繫之首贓錢萬及左道文記一時搜獲使使

府　六百七十四　十一

聞於李輔國輔國之為之言於帝帝怒追承鼎赴闕泰芝見帝又言承鼎誣其陷有敕承鼎誣罔之罪令判官按之諲公判官嚴郢與御史嚴郢極言直其事上不納郢流建州論者重諲之公諲至江陵剖斷大事皆類此也士庶翕然望之承鼎竟雪泰芝之後流死於澧州

李勉為梁州都督山南西道觀察使勉以故吏前密縣尉王晬勤幹俾攝南鄭令俄有詔處死勉問故乃為權倖所誣勉詢將吏曰上方以牧宰為人父母豈以譖言而殺不辜乎即停詔為晬飛表上聞晬遂獲宥而勉為執政所非追入為大理少卿滿見面陳王晬無罪政事修舉盡力吏也肅宗嘉其守正即日除大常少卿後為京兆尹先是官宦魚朝恩為觀軍容使仍知國子監事恃寵含威天下憚之前尹黎幹舊心候事動必求媚每其將至監則盛具數百人之饌以府吏以辦之及勉莅職旬月朝恩入監府吏莫至先召勉者請於勉勉曰軍容使判國子監事勉候太學軍容宜厚具主禮勉官忝京尹軍容若至府廷豈敢不具饌朝恩銜之因不復至太學勉亦受稱

呂希倩德宗初為夏州刺史時朔方節度使崔寧與宰相楊炎有隙炎令希倩伺寧過希倩與寧同力招撫党項歸降者甚多炎惡之因奏希倩無綏邊材召歸朝以為神武將軍

鄭珣瑜為河南尹珣瑜既入境官吏以過德宗降誕日慮珣瑜到郡後公事乃送所獻馬竝印於路以往例告珣瑜曰未上官不可憑有進獻及既上即之時矣遂不獻

張万福為泗州刺史時德宗幸奉天李希烈反陳少遊悉令管內刺史送妻子楊州以為質万福獨不肯送謂使者曰為某白相公萬福不妄死且醜不足質相公寧意

李充為京兆尹德宗下制百司及府縣有於禁門內諸司追召人推問者宜先奏聞於是充奏府縣庶務討鞫繁細若悉以聞奏既瀆天之且失罪人其賊盜姦犯橫滿閭毆諍人妻妾貨財物及睚眦言告者請仍舊追鞫從之

府　六百七十四　十二

吳湊德宗時為京兆尹于時宮禁諸司中官亂於坊市強賤貿物謂之宮市人情無聊湊累上奏其弊又言故事宮市是府縣常務近年已來中官始自市買今請每有所要但勅下府縣令供送若中官入坊市取物恐小人因緣為姦真偽難辨不然待置官市所令中官謹厚者主之中人不便其事帝亦不納又奏請感省掌閑彍騎及所供飛龍內園芙蓉園并禁軍諸司雜供手力資課并毀五坊鷹鶻帝多從之又文敬太子義章公主相次薨殁官為深所要葬送之禮頗極奢侈歲召車牛載土築墳妨百姓農務湊累奏其弊所親信及屬吏勸諭以天家事頗煩于聽聖意湊曰人主雖甚愛念太子公主然本意豈欲憂恤百姓今諍奏頗擾無幾無過者因循不言上豈知侵擾百姓而長吏之不許必獲罪湊前後諫奏雖不甚行然深蒙有識者稱美

裴胄為江南西道觀察使前使李兼罷自南昌軍千餘人收其資糧分為月進胄具奏其本末罷之

張仲方爲金州刺史郡人有田産爲中人所奪仲方三既奏聞竟理其冤

田宰玢爲相州刺史屬磁邢之亂田承嗣蠶食薛嵩所部庭玢守正字民不以宗門回避而改節

李遜爲池濠二州刺史觀察使貢外徵役遜皆不從後爲衢州刺史遜爲政以均一貧富扶弱抑強爲已任故所至輒理

韋貫之憲宗時爲湖南觀察使時功河留兵國用不足鹽鐵副使程异使諸道督課財賦异所至州郡皆諷令掊拾進獻納之謂兩稅外不忍横賦加人所獻未足异意遂率屬部內六州留錢以繼之爲因是罷爲太子詹事分司東都

孔戣爲廣州刺史先是帥南海者京師權要多託買南人爲奴婢戣不受託至郡禁絶賣女口又准詔禱南海神舊多令從事代祠戣每受詔自犯風波而往韓愈在潮州作詩以美之

柳公綽元和十四年爲京兆尹時河朔復叛朝廷用兵補授行

營諸將朝令夕改驛騎相望公綽奏曰幽鎮用兵使命繁併館遞匱乏鞍馬多闕又敕使行李人數都無限約其衣緋紫乘馬者二十三十匹衣黄緑者不下十五匹驛吏不得視券隨口即供驛馬既盡遂奪路人鞍乘衣冠士庶驚擾怨嗟遠近宣傳行李將絶伏望聖慈特爲定限乃下中書條流人數是吏一不皆勞以言直爲北司所惡後爲山南東道節度使公綽馬害圉人命斬之賓客進言曰可惜良馬圉人自防不至公綽曰安有良馬害人乎亟命殺之

王質文宗時爲宣州刺史清廉方雅爲政有聲雖權臣待之厚而行己有素不涉朋比之譏

崔從爲淮南節度使揚州舊有貨麴之利資産奴婢交易者皆貫率羊有口筭每歲收緡錢以益公用從至悉除之舊制官吏俸禄有布加估之給節度使獨不在此例從至一例以虚估

韓佽爲桂州觀察使桂管二十餘郡州掾而下至邑長簿尉三百員由吏部而補者什一他皆廉使量其才而補之佽既至桂州吏以常爲官者數百人引謁一吏執籍而前曰具員請補佽戒之曰在任有政者不奪所理有過者必繩以法缺者當俟稽諸故籍取其可者然後補之會春秋使內官至求賄於郡吏二千者必因之其資以求邑宰佽悉諸之使去坐以撓法咎其背自是豪猾斂跡皆得清廉吏以蘇活其人

後唐崔沂梁末爲西京副留守時張全義爲留守天下兵馬副元帥河南尹判六軍諸衛事守太尉中書令魏王名位之重冠絶中外沂在府每衙日以副留守之位有庭禮沂曰張公官位至重然尚帶府尹之名不知副留守見府尹之儀何如全義知之遽見沂勞曰俄此有禮俱老矣勿相勞煩

晉相里金後唐同光初自羽林都將累爲忻州刺史凡部曲私屬將吏不諳州邑之職皆厚其給與使分掌家事而已其後累典大郡皆有聲績

冊府元龜卷第六百七十四

冊府元龜卷第六百七十五

牧守部

仁惠

易曰體仁足以長人書曰安民則惠用仁惠而親百姓者其唯良二千石乎由漢已來循吏間作至於勸宣德讓專行寬厚哀此鰥寡振其乏絕形惻隱之心術務平反於刑典掩覆道丞保余生物天廣之所及加之嘗即民賦之不登代其輸送雖復祀矯詔之義曰盡一之法亦無憚焉自非安仁而和義果行而遵德以博濟爲己任者亦惡能及是哉

漢黃霸爲潁川太守使郵亭鄉官皆畜雞豚（郵行書舍[illegible]館鄉官[illegible]）以贍鰥寡貧窮者許丞老病聾督郵欲逐之霸曰許丞廉吏雖老尚能拜起送迎正頗重聽何傷且善助之毋失賢者意

龔遂爲渤海太守盜賊悉平民安土樂業遂迺開倉廩假貧民選用良吏尉安牧養焉

薛宣爲左馮翊日至休吏（冬至夏至之日不[illegible]）賊曹掾張扶獨不肯休坐曹治事宣出教曰蓋禮貴和人道尚通日至吏以令休所繇來久曹雖有公職事家亦望私恩意掾宜從衆歸對妻子設酒肴請鄰里壹笑相樂（壹笑謂一爲歡笑[illegible]）斯亦可矣扶慚愧官屬善之

劉寬爲宗正寬厚好施生（[illegible]）每行京兆尹事多所平反罪人（[illegible]）

嚴詡爲潁川太守詡本以孝行爲官謂掾史爲師友有過輒閉閤自責終不大言郡中亂王莽遣使徵詡官屬數百人爲設祖道詡據地哭掾史曰明府吉徵不宜若此詡曰吾哀潁川士身豈以憂哉我以柔弱徵必選剛猛代代到將有僵仆者故相弔耳

後漢崔篆爲王莽建新大尹三年不行縣門下掾倪敞諫篆乃強起班春所至之縣獄犴填滿篆垂涕曰嗟乎刑罰不中乃陷（[illegible]）穽此皆何罪而至于是遂平理所出二千餘人掾吏叩頭諫曰朝廷初政州牧峻刻宥過申枉誠仁者之心然獨爲君子

將有悔乎篆曰邾文公不以一人易其身君子謂之知命如殺（[illegible]）一大尹贖二千人蓋所願也遂稱疾去

王望爲青州刺史時州郡災旱百姓窮荒望行部道見飢者裸行草食五百餘人愍然哀之因以便宜出所在布粟給其廩糧爲作褐衣事畢上言明帝以望不先表請章示百官詳議其罪時公卿皆以爲望之專命法有常條鍾離意獨曰昔華元子反楚宋之良臣不稟君命擅平二國春秋之義以爲美談

袁安爲任城令永光十三年楚王英謀爲逆事下郡覆考明年三府舉安能理劇拜楚郡太守是時英辭所連及繫者數千人明帝怒甚吏按之急迫痛自誣死者甚衆安到郡不入府先往按獄理其無明驗者條上出之府丞掾史皆叩頭爭以爲阿附反虜法與同罪不可安曰如有不合太守自當坐之不以相及也遂分別具奏帝感悟即許得出者四百餘家

黃香爲魏郡太守郡舊有內外園田常與人分種收穀歲數千斛香曰田令商者不農王制仕者不耕伐冰食祿之人不與百姓爭利乃悉以賦人課令耕種時被水年飢乃分奉祿及所得賞賜班贍貧者於是豐富之家各出義穀助官稟貸荒民獲全

張酺爲東郡太守長吏有殺盜徒者酺輒按之以爲令長受臧猶不至死盜徒皆飢寒傭保何足窮其法乎

任延爲會稽都尉掾吏貧者輒分奉祿以賑給之省諸卒令耕公田以周窮急

馬稜爲廣陵太守時穀貴民飢奏罷鹽官以利百姓

陳寵爲廣漢太守先是雒縣城南（雒縣名古城在今益州雒縣北也）每陰雨常有哭聲聞於府中積數十年寵聞而疑其故使吏按行還言世衰亂時此下多死亡者而骸骨不得葬儻在於是寵愴然矜歎即勅縣盡收斂葬之自是哭聲遂絕

蓋勲爲漢陽長史領太守事時人飢相漁食勲調穀稟之（[illegible]）先出家糧以率衆存活者千餘人

[illegible]顯爲豫州刺史時天下飢荒競爲盜賊州界收捕且萬餘人顯愍其困窮自陷刑辟輒擅赦之因自劾奏有詔勿理[illegible]訖第五訪爲張掖太守歲飢粟石數千訪乃開倉賑給以救其敝吏懼譴責爭欲上言訪曰若上須報是棄民也太守樂以一身救百姓遂出穀賦人順帝璽書嘉之由是一郡得全歲餘官民并豐界無姦盜

[illegible]封爲中山相時諸縣囚四百餘人辭狀已定當行刑封哀之皆遣歸家與剋期日皆無違者詔書美焉

皇甫嵩爲左車騎將軍領冀州牧嵩以黃巾既平乃奏請冀州一年田租以贍飢民帝從之百姓歌焉

史弼爲平原相時詔書下舉鉤黨郡國所奏相連及者多至數百唯弼獨無所上詔書前後切却州郡髡笞掾吏從事坐傳責曰詔書疾惡黨人旨意懇惻青州六郡其五有黨近國甘陵亦考南北部平原何理而得獨無弼曰先王疆理

天下畫界分境水土異齊風俗不同它郡自有平原自無胡可相比若承望上司誣陷良善淫刑濫罰以逞非理則平原之人戶可爲黨相有死而已所不能也從事大怒即收郡僚職送獄遂舉奏弼會黨禁中解弼以俸贖罪得免濟活者千餘人

孔融爲北海相國人無後及四方游士有死亡者皆爲棺木而殯葬之

周昕爲丹陽太守袁術遣吳景攻昕未拔景乃募百姓敢從周昕者死不赦昕曰我則不德百姓何罪遂散兵還本郡

魏陳矯爲魏郡西部都尉曲周民父病以牛禱縣結正棄市矯曰此孝子也表赦之

杜畿爲河東太守徵爲尚書初畿在郡被書錄寡婦是時他郡或有已自相配嫁依書皆錄奪啼哭道路畿但取寡者故所送少及趙儼代畿而所送多文帝問畿前君所送何少今何多也儼對曰臣前所錄皆亡者妻今儼送生人婦也帝及左右顧而失色

司馬芝爲河南尹門下循行嘗疑門幹盜簪幹辭不符曹執爲獄芝教曰凡物有相似而難分者自非離婁鮮能不惑就其實然循行何忍重惜一簪輕傷同類乎其寢勿問

吳滕胤爲丹楊太守徙吳郡會稽每聽辭訟斷罪法察言觀色務盡情理人有窮冤悲苦之言對之流涕

晉王濬爲巴郡太守郡邊吳境兵士苦役生男多不養濬乃嚴其科寬其徭課其產育者皆與休復所全活者數千人轉廣漢太守垂惠布政百姓賴之

周馥爲楚內史撿尸骸無主及白骨在野收葬之

鄧攸爲吳郡守郡中大飢攸表振貸未報乃輒開倉救之臺遣散騎常侍桓彝虞駿慰勞飢人觀聽善不乃劾攸以擅出穀俄而有詔原之

李矩領河東平陽太守時饑饉相仍又多疫癘矩垂心撫恤百

姓甚得歡心長安群賊東下所在多虜掠矩遣部將擊破之盡得所略婦女千餘人諸將以非矩所部欲遂留之矩曰俱是國家臣妾焉有彼此乃一時遣之

祖逖爲豫州刺史收葬枯骨爲之祭醊

王羲之爲會稽內史東土飢荒羲之輒開倉賑貸

甘卓爲梁州刺史爲政簡惠善於綏撫估稅悉除市無二價州境所有漁池先常責稅卓不利其利皆給貧民西土稱爲惠政

虞潭爲吳郡太守是時軍荒之後百姓饑饉死亡塗地潭乃表出倉米振救之

王渾爲徐州刺史年荒歲飢渾開倉賑贍百姓賴之

鄭默爲東郡太守值歲荒民飢默輒開倉賑給自上待罪朝廷嘉默憂國恤人詔書褒歎比之汲黯

孔坦爲吳興內史以歲饑運家米以振窮乏百姓賴之

張闓爲吳興太守時人飢穀貴三吳尤甚詔欲聽相鬻賣以拯

[illegible]時之急回上疏曰當今天下不普荒儉唯獨東土穀價偏貴便相糴賣聲必遠流北賊聞此將窺疆埸如愚臣意不如開倉廩以振之乃不待報輒便開倉及割府郡軍資數萬斛米以救之絶由是一境獲全既而下詔并敕會稽吳郡依回振恤二郡賴之

王薈為吳國內史時年饑粟貴人多餓死薈以私米作饘粥以飴餓者所濟活甚衆

王蘊為吳興太守甚有德政屬郡荒人飢輒開倉贍卹主簿執諫請先列表上待報蘊曰今百姓嗷然路有饑饉若表上須報何以救將死之命乎專輒之愆罪在太守且行仁義而敗吾所甘也於是大振貸之賴蘊全者十七八焉朝廷以違科免蘊官士庶詣闕訟之詔特左降晉陵太守復有惠化百姓歌之

宋臨川王義慶為荆州刺史留心撫物州統內官長親老不隨在官舍者年聽遣五吏餉家先是王弘為江州亦有此制在州八年為西土所安

杜慧度為交州刺史歲荒人饑輒以私祿振之

南齊戴僧靜為北徐州刺史買牛給貧民令耕種甚得邊荒之情

豫章王嶷為荆湘二州刺史以穀過賤聽民以米當口錢優評斛一百

竟陵王子良為丹陽尹開私倉賑屬縣貧民

虞愿為晉平太守郡舊有蚺蛇膽可為藥有餉愿蛇者愿不忍殺放二十里外山中一夜蛇還牀下復送四十里外山中經宿復還故處愿更令遠送乃不復歸論者以為仁心所致也

崔元祖為東海太守時青州刺史張仲啓淮北頻歲不熟今秋始熟北境隣接戎寇彌須資氣權斷穀過淮南而徐兗豫司諸州又各私斷穀米不聽出境自是江北荒儉有流亡之歎元祖乃上書請宣豐儉均之書奏見從

梁王國珍仕齊為南譙太守治有能名時郡境苦飢乃發米散財以賑窮乏齊高帝手敕云卿愛人治國甚副吾意也

顧憲之仕齊為衡陽內史先是郡境連歲疾疫死者太半棺木尤貴悉裹以葦席棄之路傍憲之下車分告屬縣求其親黨悉令殯葬其家人絶滅者憲之為出公祿使綱紀營護之

始興忠武王憺為荆州刺史時軍旅之後公私空乏憺厲精為治廣闢屯田減省力役存問兵死之家供其窮困民甚安之又州大水江溢堤壞親率將吏冒雨賦丈尺築治之雨甚水壯衆皆恐或請憺避焉憺曰王尊尚欲身塞河堤我獨何心已免乃刑白馬祭神俄而水退堤立邴州在南岸數百家見水長驚走登屋緣樹憺募人救之一口賞一萬估客數十人應募救焉其洲民皆以免又分遣行諸郡遭水死者給棺木失田與糧種

蕭暎為北徐州刺史在任弘恕人吏懷之常載粟帛遊於境內有遇貧者即以振焉

[illegible]太守歲荒民散以私俸米豆為粥濟三千餘人時產子者不舉昕嚴其制罪同殺人孕者供其資費濟者千室在郡所得公田俸秩八百餘石昕五分留一餘者悉原兒妾食姿而已

鄱陽忠烈王恢為郢州刺史義兵初郢城內疾疫死者甚多不及藏殯及恢下車遽命埋掩又遣四使巡行部境內治

安成康王秀為南徐州刺史京口自崔慧景亂累被兵革戶民流散秀招懷撫納惠愛大行仍值年饑以私財贍百姓所濟活甚多又為江州刺史時盛夏水暴至外司請依舊籍收其錢秀教曰刺史不德水潦為患可利之乎給船而已又為荆州刺史時迫水暴長頗損民田秀以穀二萬斛贍之使長史蕭琛簡府州貧老單丁吏一日散遣五百餘人百姓甚悅又為郢州刺史先是夏口常為兵衝露骸積骨於黃鶴樓下秀祭而埋之一夜夢數百人拜謝而退每冬月常作襦袴以賜凍者

陳慶之爲司徒都督豫州饑饉慶之開倉賑給多所全濟

王志爲丹陽尹京師有寡婦無子姑亡舉債以斂葬既畢而無
以還之志愍其義以俸錢償焉時年饑每旦爲粥於郡門以賦
百姓民稱之不容口

張充爲吳郡太守下車卹貧老故舊莫不忻悅

蕭景爲兗州刺史會年荒計口賑卹又饘粥於路以賦之死者
爲棺具人甚賴焉

明山賓爲青冀二州大中正在州所部平陸縣不稔啓出倉米
以贍民後刺史檢州曹失簿書以山賓爲耗闕有司追責籍其
宅入官山賓默不自理更市地造宅

王瞻爲晉陵太守時大司馬王敬則舉兵作亂路經晉陵郡民
多附敬則軍敗臺軍討賊黨瞻言於朝曰愚人易動不足窮法
明帝許之所全活者萬數

夏侯亶爲吳興太守下車存問遺老引其子孫置之右職政稱寬

[illegible]

陳宗元饒爲南康內史以秩米三千餘斛助民租課存問高年
賑救乏絕百姓甚賴焉

後魏武昌王平原爲齊州刺史歲頻不登齊民饑饉平原以私
米三千餘斛爲粥以全民命北州戍卒一十餘人還者皆給路
糧百姓咸稱詠之州民韓嶷之等千餘人詣闕訟之孝文覽而
嘉歎

任城王澄爲定州刺史表減公園之地以給無賴貧口

薛虎子爲徐州刺史境內遭水二麥不收上奏請貸民粟民有
車牛者求詣東兗給之並如所奏民得安堵

韋珍爲郢州刺史有聲績朝廷嘉之遷龍驤將軍賜驊騮二匹
帛五十匹穀三百斛珍乃召集州內孤貧者謂曰天子以我能
綏御等故賜以穀帛吾何敢獨當遂以所賜悉分之

樊子鵠爲豳州刺史屬歲旱儉子鵠恐民流亡乃勸有粟之家
分貸貧者并遣人牛易力多種二麥州內以此獲安

李元護爲齊州刺史值州內饑儉民人困弊志存隱恤表請賑
貸蠲其賦役

城陽王徽爲并州刺史先是州界夏霜禾稼不熟民庶逃散安
業者少徽輒開倉賑乏文武咸共諫止徽曰昔汲長孺郡守爾
尚輒開倉救民災弊況我國家親近受委大藩豈可拘法而不
救民困也先給後表孝明嘉之加安北將軍

裴佗爲趙郡太守所得俸祿分恤貧窮

裴宣爲司州別駕上言曰自遷都已來凡戰陣之處及軍罷兵
還之後道所有骸無人覆藏者悉命郡戍巡邏檢行埋掩并付
出兵之鄉其家有死於戎役者使皆招魂復魄祔祭先靈復其
年租調身被傷痍者免其兵役朝廷從之

薛真度爲豫州刺史會大饑真度表曰去歲不收饑饉十五今
又災雪三尺民人萎餒無以濟之臣輒日出州倉米五十斛爲

粥救其甚者詔曰真度所表甚有憂濟百姓之意宜在拯卹陳
郡儲粟復不多亦可分贍尚書量賑以聞

郭祚爲青州刺史值歲不稔闔境饑弊矜傷愛下多所賑恤雖
斷決淹留號爲煩緩然士女懷其德澤于今思之

裴慶孫爲邵郡太守在郡之日值歲饑凶四方遊客常有百餘
慶孫自以家糧贍之

路邕爲魏郡太守莅政清勤經年儉日出家粟賑賜貧窘

閻慶胤爲東秦州敷城太守在政五年清勤厲俗頻年饑饉慶
胤歲常以家粟千石賑恤貧窮民賴以濟其部民楊寶龍等一
千餘人申訟美政有司奏按慶胤自莅此郡惠政有聞又能自
以已粟贍恤饑饉乃有子愛百姓之義如不以加優賞無以厲
彼貪殘又按齊州東魏郡太守路邕在郡治能與之相埒語其
分贍又亦不殊而璽旨優隆賜以衣馬求情即理謂合同賞

封回爲瀛州刺史時寇亂之後百姓困乏回表求賑恤百姓

襄之

武昌悼王暨為徐州刺史屬徐兖大水民多飢饉暨表加賑恤民賴以濟

楊逸為光州刺史時災儉連歲人多餓死逸欲以倉粟賑給而所司懼罪不敢逸曰國以人為本人以食為命百姓不足君孰與足假令以此獲戾吾所甘心遂出粟然後申表右僕射元羅以下謂公儲難闕並執不許尚書令臨淮王彧以為宜貸一萬詔聽五萬逸既出粟之後其老小殘疾不能自存活者又於州門煮粥飯之將死而得濟者以萬數

北齊李元忠仕魏為光州刺史時州境災儉人皆菜色元忠表求振貸至秋徵收被報聽用萬石元忠以為萬石給人計一家不過升斗而已徒有虛名不救其弊遂出十五萬石以振之事訖表陳朝廷嘉而不責

蘇瓊為南清河太守天保中郡界大水人災絕食千餘家瓊普集郡中有粟家自從貸粟悉以給付飢者州計戶徵租復欲推其貸粟綱紀謂瓊曰雖矜飢餒恐罪累府君瓊曰一身獲罪且活千室何所怨乎遂上表陳狀使檢皆免人戶保安此等相撫兒子咸言府君生汝在郡六年人庶懷之

徐遠督楚州諸軍事遠為治慕寬和有恩惠至東楚其年冬邑郭大火城民亡產業遠躬自赴救對之流涕仍為經營皆得安堵

崔謙為濟北太守恩信大行富者禁其奢侈貧者勸課周給田多沃壤謙咸易之以給人又改鞭用熟皮為之不忍見血示恥而已朝貴行過郡境問人太守為政何如對曰府君恩化古者所無輿人為歌曰崔府君能臨政給是田皮易鞭布威德人無爭客曰既稱恩化何因復威對曰長吏畢其威嚴人庶蒙其恩惠故兼言之牧守部有頌德此一事諸惠相連今亦兩收

周賀蘭祥為荊州刺史時盛夏亢陽祥乃親巡境內觀政得失見有發掘古冢暴露骸骨者乃謂守令曰此豈仁者之為政耶於是命所在收葬之即日澍雨是歲大有年州境先多古墓其俗好行發掘至是息

蕭撝為上州刺史為政仁恕以禮讓為本嘗至元日獄中所有囚繫悉放歸家聽二日然後赴獄主之固執不可撝曰昔虞延見稱前史吾雖寡德竊懷景行導民以信方自此始以之獲罪彌所甘心幸勿慮也諸囚荷恩並依限而至吏民稱其惠化

隋乞伏慧封西河公為潭桂二州總管曾見人以簺捕魚者出絹買而放之其仁心如此百姓美之號其處曰西河公簺

公孫景茂為息州刺史法令清靜德化大行時屬平陳之役征人在路有疫病者景茂撤減俸祿為饘粥湯藥分賑濟之賴以全活者以千數高祖聞而嘉之詔宣告天下後為道州刺史悉以秩俸買牛犢雞豬散惠孤弱不能自存者

郭衍為瀛州刺史遇秋霖大水其屬縣多漂沒民皆上高樹依大冢衍親備船栰并齎糧拯救之民多獲濟衍先開倉賑恤後始聞奏高祖大善之

辛公義開皇中為岷州刺史土俗畏病若一人有疾即合家避之公義迎置廳事與之醫療後人有遇病者爭就使君其家親屬因留養之始相慈愛此風遂革闔境之內呼為慈母

張須陀為齊郡丞會興遼東之役百姓散失又屬歲饑穀米湧貴須陀開倉賑給官屬咸曰待詔勑不可擅與須陀曰今帝在遠遣使往來必淹歲序百姓有倒懸之急如待報至當委溝壑矣吾若以此獲罪死無所恨先開倉而後上狀煬帝知之而不責也

唐王方翼為肅州刺史屬蝗儉諸州貧人死於道路而肅州全活者甚眾州人為立碑頌李裕天寶中為義陽郡守二言於部濟饑戶一萬八百三十戶請給兩月糧充種子許之

鄭曾王皋肅宗時為溫州長史攝行州事時歲儉皋擅發倉賑救人而後聞詔書嘉之

[illegible]任為華州刺史奏之絶戶請以永業[illegible]者米賑給之

張延賞大曆中鎮揚州屬歲旱歉人有亡去他境者吏或拘之延賞曰夫食人之所恃而生也此居而坐斃適彼而可生得存吾人又何恨於彼也具舟檝而進遣之俾吏修其廬室已而逋償而歸者增於其舊

韋綬建中初為同州刺史時州人阻飢有京畿觀察使詣廩在境內復輒以賙貧人為有司所劾詔下削階受代親友言之復恬然曰苟利於人敢憚薄責

馬遂為懷州刺史兼兵亂後其夏大旱人失耕種遂乃務化將吏有父母者爆麴造之施敬收瘞暴骨

于頔貞元中為湖州刺史境土褊狹其送終者往往不掩其棺櫝頔收葬朽骨凡千餘所【案】溢貞元末為華州刺史以寬易清簡為政百姓有至自他境者皆給地以居名其居曰義合里人甚愛之尊以慈惠為本有過犯者皆縱而不理擒盜輒捨或以物償之

陽城貞元末為道州刺史土地產民多矮每年常配鄉戶貢其男號為矮奴城不平其以良為賤又憫其編甿歲有離異之苦乃抗疏論而免之自是停貢民皆賴之無不泣荷

韓愈元和末為袁州刺史州民以男女隸於人者愈悉計庸直而償出之

高承簡為邢州刺史觀察使責時賦急承簡代數百戶出其租

羅讓為福建觀察使甚著仁惠有以奴遺讓者讓訪其所自曰本某寺家人兄姊九人皆為官所鬻其留者唯老母爾讓慘然焚其丹書以歸其母

崔倰為湖南都團練觀察使湖南舊法豐年貿易不出境隣部災荒不相恤倰至謂屬吏曰此非人情也無宜閉糴重困於民從自是商貨通流

令狐楚為天平軍節度[illegible]遭歲旱儉人至相食樂其

德化而無流亡者

王起大和中為河中節度觀察等使遇歲旱乃令定價計口出粟以濟民

狄兼謨為鄭州刺史屬歲旱百姓阻饑以當平義倉粟二萬二百石逐便賑給訖事上聞違詔旨也

張仲方大和末為京兆尹時將相以甘露事從累者皆大戮仲方密令識之俟詔下許令收葬得認遺骸實仲方之[illegible]

盧鈞開初為廣州節度使管內多流竄者子孫貧困未歸鈞以俸俾營大事者數百家婚嫁孤弱賙惠困窮

梁王敬蕘唐末為潁州刺史乾寧四年冬龐師古敗於清口敗軍之歸者甚衆路出於潁時雨雪連旬軍士凍餓敬蕘自淮濱薪柴屬於道郡中設糜粥餅餌以待之全活者甚衆【後唐袁象先初仕梁為天平軍兩使留後時鄆境乏饑戶民流散象先即開倉賑卹蒙賴者甚衆

晉高漢筠為曹州刺史州有逃死百姓虛係稅錢二百緡計司累訴不為蠲歲使[illegible]代納漢筠在任三年以已俸輸之其恩卹多如此類

楊彥詢為華州節度使在任二年屬部內蝗旱道殣相望彥詢以官粟假貸州民賴之存濟者甚衆

安彥威為西京留守屬連歲蝗旱河洛之間民多逐食彥威多方撫諭未嘗繩之以法不忍去者亦太半焉至有殍者必遣人收其遺骸揜之以遼蔡復以貨錢洒食奠而瘞之聞者義之

趙瑩為晉昌軍節度使時天下大蝗境內捕蝗者獲蝗一斗給祿粟一斗使饑者獲濟遠近嘉之

張籛初仕後唐為永平節度使性好施每出值貧民於路則給以口食衣物境內除省賦之外未嘗聚斂遂致百姓不擾十年小康秦民懷惠呼為令子後權領河南尹俄領興元所治之地咸思則政上下安之

漢王周爲貝州刺史性貪鄙不恤物情州城西橋敗覆民租車周曰橋梁不飭刺史之過也乃還其所沉粟出私財以修之民賴焉

晉石仁贇爲義州刺史言貧戶殘稅無可輸者臣以俸代納之

安審琦爲兗州節度使言四縣逃戶租稅臣自以粟帛代納詔褒之

張昭遠爲博州刺史上言民饑欲賑貸詔從之

册府元龜卷第六百七十五

冊府元龜卷第六百七十六

牧守部

教化

孔子曰導之以政齊之以刑民免而無恥導之以德齊之以禮有恥且格然則德禮之與政刑感人之深淺成俗之厚薄可知也自堯命州牧事多闕文秦置郡守民罕見德迨于兩漢之世始有循吏之名或興學而化行或修禮而教闡或引咎而人知勸或掩過而人遷善若文翁韓延壽之屬皆著異迹煥乎傳史後之繼踵比比有焉非夫仁信篤誠寬厚清靜正其身而率下者孰能至於此哉

漢文翁廬江舒人也少好學通春秋以郡縣吏察舉景帝末為蜀郡守仁愛好教化見蜀地辟陋有蠻夷風文翁欲誘進之乃選郡縣小吏開敏有材者張叔等十餘人親自飭厲遣詣京師受業博士或學律令減省少府用度買刀布蜀物齎計吏以遺博士（少府郡掌財物之府以供太守者也刀凡蜀刀有環者也布蜀布細密也二者蜀人作之皆善故齎以為貨無限齎刀布也）數歲蜀生皆成就還歸文翁以為右職（郡中高職也）用次察舉官有至郡守刺史者又修起學官於成都市中（學官學舍）招下縣子弟以為學官弟子（下縣四郊之縣非郡治也）為除更繇（不令從役也）高者以補郡縣吏次為孝弟力田常選學官僮子使在便坐受事（便坐別坐可以視事非正廷也）每出行縣益從學官諸生明經飭行者與俱（益多也）使傳教令出入閨閤（閨閤內中小門也）縣邑吏民見而榮之數年爭欲為學官弟子富人至出錢以求之繇是大化蜀地學於京師者比齊魯焉至武帝時乃令天下郡國皆立學校官自文翁為之始

韓延壽為潁川太守潁川多豪強難治國家常為選良二千石（[illegible]）先是趙廣漢為太守患其俗朋黨故構會吏民令相告訐（[illegible]）一切以為聰明潁川由是以為俗民多怨讎延壽欲改更之教以禮讓恐百姓不從乃歷召郡中長老為鄉里所信向者數十人設酒具食親與相對接以禮意人人問以謠俗民所疾苦（謠俗謂閭里歌謠政教善惡也）為陳和睦親愛銷除怨咎之路長老皆以為便可施行因與議定嫁娶喪祭儀品略依古禮不得過法延壽於是令文學校官諸生皮弁執俎豆為吏民行喪嫁娶禮百姓遵用其教賣偶車馬下里偽物者弃之市道（下里地下蒿里偽物謂木土為人象真車馬之形也偶謂對也弃其物於市道之上也）數年徙為東郡太守延壽為吏上禮義好古教化所至必聘其賢士以禮待用廣謀議納諫爭舉行喪讓財表孝弟有行修治學官（學宮謂庠序之舍也）春秋鄉射陳鐘鼓管弦盛升降揖讓及都試講武設斧鉞旌旗習射御之事治城郭收賦租先明布告其日以期會為大事吏民敬畏趨鄉之延壽接待下吏恩施甚厚而約誓明或欺負之者延壽痛自刻責豈其負之何以至此（言豈我負之耶其人何以為此事）吏聞者自傷悔其縣尉至自刺死及門下掾自剄人救不殊因瘖不能言（殊絕也以人救之故身首不相絕也）延壽聞之對掾史涕泣遣吏醫治視（遣醫治之遣吏視之）厚復其家延壽嘗出臨上車騎吏一人後至敕功曹議罰白（令定其罪名而白之）還至府門門卒當車願有所言延壽止車問之卒曰孝經曰資於事父以事君而敬同故母取其愛而君取其敬兼之者父也（資取也事父之道以事君則其敬同故母則極愛不知父之兼敬也）今旦明府早駕久駐未出騎吏父來至府門不敢入騎吏聞之趨走出謁適會明府登車以敬父而見罰得毋虧大化乎延壽舉手輿中曰微子太守不自知過（微無也）歸舍召見門卒卒父諸生聞延壽賢無因自達故代卒（代人為卒也）延壽遂待用之其納善聽諫皆此類也入守左馮翊歲餘不肯出行縣丞掾數白宜循行郡中覽觀民俗考長吏治迹延壽曰縣皆有賢令長督郵分明善惡於外行縣恐無所益重為煩擾丞掾皆以為方春月可壹出勸耕桑延壽不得已行縣至高陵民有昆弟相與訟田自言延壽大傷之曰幸得備位為郡表率不能宣明教化至令民有骨肉爭訟既傷風化重使賢長吏嗇夫三老孝弟受其恥咎在馮翊當先退是日移病不聽事因入臥傳舍閉閤思過一縣莫知所為令丞嗇夫三老亦皆

自繫待罪於是訟者宗族傳相責讓此兩昆弟深自悔皆自髡
肉袒謝願以田相移終死不敢復爭（兄以讓弟弟又讓之故云相移）延壽大喜
開閤延見內酒肉與相對飲食厲勉以意告鄉部有以表勸悔
過從善之民（以其悔過從善故令表顯以示勸勵）延壽乃起聽事勞謝令丞以下
引見尉薦郡中歙然莫不傳相敕厲不敢犯延壽恩信周徧二
十四縣莫復以辭訟自言者推其至誠吏民不忍欺紿（紿誑也）

黄霸為潁川太守宣帝垂意於治數下恩澤詔書吏不奉宣（令百姓不知也）
霸為選擇良吏分部宣布詔令（分扶問反）令民咸知上意使
郵亭鄉官皆畜雞豚（郵行書舍謂傳送文書所止處亦如今之驛館矣鄉官者鄉所治處也）以贍
鰥寡貧窮者

薛宣為左馮翊得郡中吏民罪名輒召告其縣長吏使自行罰
曉曰府所以不自發舉者不欲代縣治奪賢令長名也長吏莫
不喜懼免冠謝宣歸恩受戒者

何武為揚州刺史二千石有罪應時舉奏其餘賢與不肖敬之

如一是以郡国各重其守相州中清平行部必先即學官見諸
生（學官謂庠序之舍也）試其誦論問以得失意

後漢寇恂光武時為汝南太守盜賊清静郡中無事恂素好學
乃修鄉校教生徒聘能為左氏春秋者親受學焉

李忠為丹陽太守以丹陽越俗不好學嫁娶禮儀衰於中國乃
為起學校習禮容春秋鄉飲（敎亦學也禮記鄉飲酒之義主人拜迎賓於庠門之外三揖而後至階三讓而後升所以致尊讓也六十者坐五十者立侍以聽政役所以明尊長也今諸郡縣舉鄉飲酒之禮而學禮之行也）
選用明經郡中向慕之

衛颯為桂陽太守郡與交州接境頗染其俗不知禮則颯下車
修庠序之教設婚姻之禮期年間邦俗從化

任延為會稽都尉每時行縣輒使尉勉孝子就餐飯之後為九
真太守駱越之民無嫁娶禮法各因淫好無適對匹不識父子
之性夫婦之道延乃移書屬縣各使男年二十至五十女年十
五至四十皆以年齒相配其貧無禮娉令長吏已下各省奉祿
以賑助之同時相娶者二千餘人是歲風雨順節穀稼豐衍其
産子者始知種姓咸曰使我有是子者任君也多名子為任於
是徼外蠻夷夜郎等慕義保塞延遂止罷偵候戍卒初平帝時
漢中錫光為交阯太守教導民夷漸以禮義化聲侔於延王莽
末閉境拒守建武初遣使貢獻封鹽水侯嶺南華風始於二守
焉又為武威太守造立校官自掾吏子孫皆令詣學受業復其
徭役章句既通悉顯拔榮進之郡遂有儒雅之士

秦彭為山陽太守以禮訓人不任刑罰崇好儒雅敦明庠序
每春秋饗射輒修升降揖讓之儀乃為人設四誡以定六親長
幼之禮有遵奉教化者擢為鄉三老常以八月致酒肉以勸勉
之吏有過咎罷遣而已不加恥辱百姓懷愛莫有欺犯

張湛為
左馮翊在郡修典禮設條教政化大行

歐陽歙為汝南太守世傳伏生尚書在郡教授數百人

伏恭為常山太守明齊詩敦修學校教授不輟由是北州多為

儒學

王追為益州郡太守始興起學校漸遷其俗

廉范歷武威武都
二郡太守隨俗化導各得治宜建初中遷蜀郡太守其俗尚文
辯好相持短長范每厲以淳厚不受偷薄之說

羊續為南陽太守班宣政令候民病利百姓歡服時權豪之家
多尚奢麗續深疾之常敝衣薄食車馬羸敗

張霸為會稽太守表用郡人處士顧奉公孫松等奉後為潁川
太守松為司隸校尉並有名稱其餘有業行者皆見擢用郡中
爭厲志節習經者以千數道路但聞誦聲

鮑德為南陽太守時郡學久廢德乃修起黌舍備俎豆黼冕行
禮奏樂又尊饗國老宴會諸儒百姓觀者莫不勸服

劉寬為東海相遷南陽太守典歷三郡溫仁多恕雖在倉卒未
嘗疾言遽色常以為齊之以刑民免而無恥吏人有過但用蒲鞭
罰之示辱而已終不加苦事有功善推之自下災異或見引躬

兗直每行縣止息亭傳輒引學官祭酒及處士諸生執經對講見父老慰以農里之言年少勉以孝悌之訓人感德興行日有所化

欒巴爲桂陽太守以郡處南垂不閑典訓爲吏人定婚姻喪紀之禮興立學校以奬進之雖幹吏卑末皆課令習讀程試殿最隨能升授（幹府吏之類也晉令諸郡國不滿五千以下置幹吏二人郡縣皆有幹吏主也）

何敞爲汝南太守敞疾文俗吏以苛刻求當時名譽故在職以寬和爲政立春日常召督郵還府（督郵主司察愆過立春陽布德貸生故召）分遣儒術大吏案行屬縣顯孝悌有義行者及舉冤獄以春秋義斷之是以郡中無怨聲百姓化其恩禮其出居者皆歸養其父母追行喪服（出居謂與父母別居者其親先亡者自限喪禮不足追行喪制也）推財相讓者二百許人（[illegible]）置立禮官不任文吏

王暢爲南陽太守郡中豪族多以奢靡相尚暢常布衣皮褥車馬贏敗以矯其敝同郡劉表諫之暢曰昔公儀休在魯拔園葵

去織婦孫叔敖相楚其子被裘刈薪夫以約失之鮮矣聞伯夷之風者貪夫有立志雖以不德敢慕遺烈

袁安爲河南尹政號嚴明然未嘗以贓罪鞠人常稱曰凡學仕者高則望宰相下則希牧守錮人於聖世尹所不忍爲也聞之者皆感激自勵在職十年京師肅然名重朝廷

應奉爲武陵太守興學校舉仄陋政稱變俗

魏霸爲鉅鹿太守以簡朴寬恕爲政掾史有過要先誨其失不改者乃罷之吏或相毀訴霸輒稱它吏之長終不及人短言者懷慚譖訟遂息

許荆爲桂陽太守郡濵南州風俗脆薄不識學義荆爲設喪紀婚姻制度使知禮禁嘗行春到耒陽縣人有蔣均者兄弟爭財互相言訟荆對之歎曰吾荷國重任而敎化不行咎在太守乃顧使吏上書陳狀乞詣廷尉均兄弟感悔各求受罪（[illegible]）在事十二年父老稱歌

劉表爲荆州刺史起立學校博求儒術綦毋闓宋忠等撰立五經章句謂之後定

孔融爲北海相立學校表顯儒術

魏袞爲梁相後每勑諸縣務存鰥寡高年表異孝子貞婦常談曰世治則禮詳世亂則禮簡全在斟酌之間耳方今雖擾攘難以禮化然在吾所以爲之爲政崇敎訓恕思而後行外溫柔而内能斷

杜畿爲河東太守是時天下郡縣皆殘破河東最先定少耗減畿治之崇寬惠與民無爲民嘗辭訟有相告者畿親見爲陳大義遣令歸諦思之若意有所不盡更來詣府鄉邑父老自相責怒曰有君如此奈何不從其敎自是少有辭訟班下屬縣舉孝子貞婦順孫復其繇役隨時慰勉之漸課民畜牸牛草馬下逮雞豚犬豕皆有章程百姓勤農家家豐實畿乃曰民富矣不可不敎也於是冬月修戎講武又開學宮親自執經教授郡中化

之郡人樂詳以好學識署文學祭酒使敎後進於是河東學業大興韓遂馬超之叛也弘農馮翊多舉縣邑以應之河東雖與賊接民無異心

王恂爲河南尹建立二學崇明五經皆恂所興也

令狐邵爲弘農太守舉善而敎恕以行人不好獄訟與下無怨時郡無知經者乃歷問諸吏有欲遠行就師輒假遣令詣河東就樂詳學經粗明乃還因設文學學業轉興

顏斐爲京兆太守起文學聽吏民欲讀書者復其小徭又課民當輸租時車牛各因便致薪兩束爲冬寒冰炙筆硯於是風化大行吏不煩民民不求吏

劉馥爲揚州刺史恩化大行於是聚諸生立學校

秦招爲雁門太守簡選有才識者詣太學受業還相授敎數年中庠序大興

徐邈爲涼州刺史收斂民間私仗藏之府庫然後率以仁義立學明訓禁厚葬斷淫祀進善黜惡風化大行百姓歸心焉西域

勸導荒戎入貢皆懽歡也

任嘏為河東太守所在化行有遺風餘教

劉邵為陳留太守敦崇教化百姓稱之

王淩為青州刺史時海濵乂未喪亂之後法度未整淩布政施教賞善罰惡甚有綱紀百姓稱之不容於口從為揚豫州刺史咸得軍民之歡心始至豫州旌先賢之後求未顯之士各有條教意義甚美

王基為荊州刺史明制度整軍農兼修學校南方稱之

楊俊為南陽太守宣德教立學校吏民稱之

晋杜褒為武威太守到郡選良吏立學校勸農桑又郡壤富貴珍玩充積褒制之息其華侈

蜀王商為蜀郡守脩學廣農百姓便之

吳顧邵為豫章太守禁其淫祀非禮之祭者小吏資質佳者輒令就學擇其先進擢置右職舉善以教風化大行

晋曹志字允恭為樂平太守在郡上書以為宜有儒學置官請為博士置吏卒

李重字茂曾為平陽太守崇德化修學校表篤行拔賢能清簡無欲正身率下

鄭袤為濟陰太守下車旌表孝悌敬禮賢能興立庠序開誘後進

陶侃為荊州刺史諸參佐或以談戲廢事者乃命取其酒器蒱博之具悉投之于江吏將則加鞭扑曰樗蒱者牧豬奴戲耳老莊浮華非先王之法言不可行也君子當正其衣冠攝其威儀何有亂頭養望自謂宏達邪有奉饋者皆問其所由若力作所致雖微必喜慰賜參倍若非理得之則切厲訶辱還其所饋嘗出遊見人持一把未熟稻侃問用此何為人云行道所見聊取之耳侃大怒曰汝既不佃而戲賊人稻執而鞭之是以百姓勤於農殖家給人足

孔衍為廣陵郡守雖鄰接於賊猶敦誘後進不以戎務廢業

司馬勳為楚內史郡既經喪亂新舊雜居風俗未一勳敦以教義

虞溥為鄱陽內史大修庠序廣招學徒移告屬縣

范汪為東陽太守在郡大興學校甚有惠政

范甯汪子也為豫章太守在郡大設庠序遣人往交州採磬石以供學用改革舊制不拘常憲遠近至者千餘人資給眾費一出私祿并取郡四姓子弟皆充學生課讀五經又起學臺功用彌廣江州刺史王凝之上言曰豫章郡居此州之半太守臣甯入參機省出宰名郡而肆其奢濁所為狼藉郡城先有六門甯悉改作重樓復更開二門合前為八私立下舍七所臣伏尋宗廟之設各有品秩而甯自置家廟又下十五縣皆使左宗廟右社稷準之太廟皆資人力又奪人居宅功夫萬計甯若以古制宜崇自當列上而敢專輒惟存任心州既聞知即符從事制不復聽而甯嚴威屬縣惟令速立願出臣表下太常議之禮典詔曰漢宣云可與共

治天下者良二千石也若范甯果如凝之所表者豈可復宰郡乎以此抵罪子泰時為天門太守棄官稱訴帝以甯所務惟學事又不判會赦免

庾亮為征西將軍鎮武昌開置學官亮薨乃廢

王承為東海太守有犯夜者為吏所拘承問其故答云從師受書不覺日暮承曰鞭撻甯越以立威名非政化之本使吏送令歸家

宋孔季恭為會稽內史修飾學校計課調習

蔡興宗為會稽太守三吳舊有鄉射禮久不復修興宗行之禮儀甚整先是元嘉中羊玄保為郡亦行鄉射

杜慧度為交州刺史崇修學校

南齊劉悛為司州刺史於州治下立學校

虞愿為晉平太守在郡立學堂教授

梁始興王憺為荊湘二州刺史於南蠻園東南開立學上表言狀置四十人取舊族父祖位正佐臺郎年二十五以上補之置儒

參軍一人文學祭酒一人勸學從事二人行釋菜禮竟陵王子良爲會稽太守時有山陰人孔平詣子良訟嫂市米負錢不還子良歎曰昔高文通與寡嫂訟田義異於此乃賜米錢以償平

江祀爲南東海太守治下有宣尼廟久廢不修祀更開掃構立

梁始興王憺出爲益州刺史開立學校勸課就業遣子映親受經焉由是多向方者

殷鈞爲臨川內史體羸多疾閉閤卧治而百姓化其德劫盜皆奔出境嘗禽劫帥不加考掠但和言誚責劫帥稽顙乞改過鈞便命遣之後遂爲善人

陸襄爲鄱陽內史有彭李二家因忿爭遂相告襄引入內室不加責誚但以和言解諭之二人感深自咎悔乃爲設酒食令其盡歡酒罷同載而還因相親厚民歌曰陸君政無怨家鬭既罷讎共車

謝僑爲鄱陽相聽吏屬得盡三年喪禮署之文教百姓稱焉

張綰爲豫章內史在郡述制旨禮記正言義四姓衣冠士子聽者常數百人民歌若詩曰禮記正言是梁武所撰故稱制旨四姓謂朱張顧陸也

顧憲之爲衡陽內史土俗山民有病輒云先爲禍皆開冢以剖棺水洗枯骨名爲除祟憲之曉諭爲陳生死之別事不相由風俗遂改時刺史王奐新至唯衡陽獨無訟者乃歎曰顧衡陽之化至矣若九郡率然吾將何事

張緬爲豫章內史緬爲政任恩惠不設鉤距吏人化其德亦不敢欺故老咸云數十年未有也

後魏張恂爲廣平太守招集離散開建學校優顯儒士吏民歌詠之

賈儁爲荊州刺史先是上洛置荊州後改爲洛州在重山民不知學儁乃表置學官選悟者以教之

李仲琁爲兗州刺史以孔子廟墻宇頗有頹毀遂修改焉

裴延儁爲幽州刺史以范陽人盧僅好學有文才用爲主簿令其修起學校禮教大行民歌謠之

李平爲相州刺史勸課農桑修飾太學簡試通儒以充博士選五郡聰敏者以教之圖孔子及七十二子於講堂親爲之贊

道武爲弘農太守修立學館建孔子廟堂圖畫形像

盧道將爲燕郡太守優禮儒生勵勸學業敦課農桑墾田歲倍

張長年爲汝南太守有郡民劉崇之兄弟分析家貧唯有一牛爭之不決訟於郡庭長年見之悽然曰汝曹當以一牛故致此競脫有二牛各應得一豈有訟理即以家牛一頭賜之於是郡境之中各相誡約咸敦敬讓

裴安祖河東聞喜人弱冠州辟主簿民有兄弟爭財詣州相訟安祖乃其兄弟以禮義責讓之此人兄弟明日相率謝罪境內敬服之

韋彧爲東豫州刺史綏懷蠻左頗得其心蠻首田益宗子魯生魯賢先叛父南入數爲寇掠自彧至州魯生等咸感悟恪敬不復爲寇彧以蠻俗荒梗不識禮儀乃表立太學選諸郡生徒於州總教

李訢爲相州刺史上疏求立學校曰臣聞至治之隆非文德無以經綸王道太平之義非良才無以光贊皇化是以昔之明主建庠序於京畿立學官於都邑教國子弟習其道藝然後選其俊異以爲造士今聖治欽明道隆三五九服之民咸仰德化而所在州土學校未立臣雖不敏誠願備之使後生聞雅頌之音童幼覩經教之本臣昔蒙恩寵長管中秘時課修學有成立之人髦俊之士已蒙進用臣今重荷榮遇顯任名岳思闡帝猷光宣於外自到已來訪諸文學舊德已老後生未進歲首所貢雖依制遣對問之日懼不克堪臣愚欲仰依先典於州郡治所各立學官使士望之流冠冕之胄就而受業其必有成其經藝通明者貢之天府則郁郁之文於是不墜書奏獻文從之

爲懷州刺史時年將九十勸民學業風化頗行
蕭寶夤爲徐州刺史起學館於清東朔望引見士姓子弟接以恩顏與論
經義勤於政治吏民愛之
崔辯爲武邑太守政事之餘專以勸學爲務
崔遊爲河東太守太學舊在城內遊乃移至城南開敞之處親
自說經當時學者莫不勸慕號爲良守
高祐爲西兗州刺史以郡國雖有太學縣黨宜有黌序乃縣立
講學黨立小學
崔孝暐爲趙郡太守興立學校親加勸篤百姓賴之
楊津爲華州刺史先是受調絹度尺特長在事因緣共相進退
百姓苦之津乃令依公尺度其輸物尤好者賜以杯酒而出所
輸少劣亦爲受之但無酒以示其恥於是人競相勸官調更勝舊
[illegible]以久爲岐州刺史巨細躬親孜孜不倦守令寮佐有濁貨者未
嘗公言其罪常以私書切責之於是官屬感厲莫有犯法

[illegible]爲[illegible]州刺史民俗荒獷多爲賊盜[illegible]乃令郡縣立庠序
勸[illegible]盜使歸農[illegible]敦以禮讓數年之中風俗頗革
北齊鄭述祖父道昭先爲兗州刺史述祖天保初又爲之有人
入市盜布其父怒曰何忍欺人君執之以歸首述祖特原之自
是之後境內無盜人歌之曰大鄭公小鄭公相去五十載風教
猶尚同
蘇瓊爲南河清太守有百姓乙普明兄弟爭田積年不斷各相
援引乃至百人瓊召普明兄弟對衆人諭之曰天下難得者兄
弟易求者田地假令得地失兄弟心如何因而下淚衆人莫不
涕泣普明兄弟叩頭乞外更思分異十年遂還同住每年春秋
集大儒衛覬隆田元鳳等講於郡學朝吏文案之暇悉令受書時
人指吏曹爲學生屋
後周長孫儉初任魏爲荊州刺史所部鄭縣令泉璨爲民所訟
推治獲實儉即大集僚屬而謂之曰此由刺史教誨不明信不

取物是我之愆非泉璨之罪遂於廳事前肉袒自罰捨璨不問
於是屬城肅勵莫有犯法西魏文帝璽書勞之太祖又與儉書
曰近行路傳公以部內縣令有罪遂自杖三十用肅群下吾昔
聞王臣蹇蹇匪躬之故蓋謂憂公忘私知無不爲而已未有如
公刻身罰己以訓群僚者也聞之嘉歎荊蠻舊俗少不敬長儉
殷勤勸導風俗大革務廣耕桑兼習武事故得邊境　無虞民
安其業吏民表請爲儉構清德樓樹碑刻頌朝議許焉
柳霞爲霍州刺史導民務先以德再三不用命者乃微加貶異
以恥之而已其下感而化之不復爲過咸曰我君仁惠如此其
可欺乎
薛慎爲湖州刺史州界既雜蠻夷常以劫掠爲務慎乃集諸豪
帥具宣朝旨仍令首領每月一參或須言事者不限時節慎每
見必殷勤誠誨乃賜酒食一年之間翕然從化諸蠻乃相謂曰
今日始知刺史真民之父母也莫不欣悅自是蠻首而至者千

餘戶蠻俗婚娶之後父母雖在即與別居慎謂守令曰牧守令
長是化人者也豈有其子娶妻便與父母離析非唯萌俗之失
亦是牧守之罪慎乃親自誘導示以孝慈并遣守令各喻所部
有數戶蠻別居數年遂還侍養及行得果膳歸奉父母慎以其
從善之速具以狀聞有詔蠲其賦役於是風化大行有同華俗
樂遜爲湖州刺史民多蠻左未習儒風遜勸勵生徒加以課試
數年之間化洽州境蠻俗　生子長大多與父母別居遜每加
勸導多革前弊在任數載頻被褒勵
隋于義字慈恭爲武安太守專崇德教不尚威刑有郡民張善
安王叔兒爭財相訟義曰太守德薄不勝任之所致非其罪也
於是取家財倍與二人諭而遣去善安等各懷耻愧移貫他州於
是風教大洽以其德化人皆此類也梁叡爲西寧州刺史在州
十一年先是蠻夷酋長皆服金冠以金多少爲豪雋由此遞相
陵奪每相攻擊略無寧歲叡患之後因諸蠻酋長相率以金遺叡

於是召金庭則對之慟哭而謂之曰此物飢不可食寒不可衣汝等以此相滅不可勝數今將此來欲殺我邪一無所納悲泣遣之於是蠻夷感悟遂不相攻擊高祖聞而善之

趙賢通爲巢州刺史有人盜其田中蒿者爲吏所執賢通曰此乃刺史不能宣風化彼何罪也慰諭而遣之令人載蒿一車以賜盜者媿恐過於重刑其以儉化民皆此類也

令狐熙開皇中爲桂州刺史先是州縣生梗長吏多不得之官寄政於總管府熙悉遣之爲建城邑開設學校人夷感化焉

乞伏慧領潭桂二州總管三十一州諸軍事其俗輕剽慧躬行朴素以矯之風化大洽

楊汪字元度歷荆洛二州長史每聽政之暇必延生徒講授時人稱之

辛公義爲岷州刺史下車先至獄中因露坐牢側親自驗問十餘日間決斷咸盡方還大廳受領新訟皆不立文案遣當直佐

僚一人側坐訊問事若有不盡應須禁者公義即宿廳事終不還閤人或諫之曰此事有程使君何自苦也答曰刺史無德可以導人尚令百姓係於囹圄豈有禁人在獄而心自安乎罪人聞之咸自款服後有欲諍訟者其鄉閭父老遽相曉曰此蓋小事何忍勤勞使君訟者多兩讓而止

梁彥光爲相州刺史自齊亡衣冠士人多遷關內唯技巧商販及樂戶之家移實州郭由是人情險詖妄起風謠訴訟官人萬端千變彥光欲革其弊乃用秩俸之物招致山東大儒每鄉立學非聖哲之書不得教授常以季月召集之親臨策試有勤學異等聰令有聞者升堂設饌其餘並坐廊下有諍訟惰業無成者坐之庭中設以草具及大成當舉行賓貢之禮行於郊外祖道并以財物資之於是人皆克勵風俗大改有滏陽人焦通性酗酒事親禮闕爲從弟所訟彥光弗之罪將至州學令觀於孔子廟于時廟中有韓伯瑜母杖不痛哀母力弱對母悲泣之像通感悟既悲且媿若無自容彥光訓諭而遣之後改過勵行卒爲善士以德化人皆此類也吏人感悅略無諍訟

柳旦爲龍川太守民居山洞好相攻擊旦開設學校大變其風煬帝聞而善之下詔褒美

唐高士廉太宗時爲益州大都督府長史蜀土俗薄畏鬼而惡疾父母病有危殆不躬扶持杖頭挂食遙以哺之兄弟異財罕通假借士廉隨方誘勸有不悛者親率官屬詣其門而諭之由是邑里翕然多爲孝悌兼命儒生講論墳典勉勵後進西蜀學教一時復興

蔣智周高宗時爲壽州刺史每行部必先召學官見諸生試其講誦訪以經義及時政得失然後問及墾田獄訟之事

李栖筠代宗時爲浙西觀察使屬蜀師旅饑饉之後百姓流離講誦之徒數年僅絶乃大開學館招延秀異表大儒河南褚沖吳郡何鎬等超資授官爲學者師身自執經質問疑義由是遠邇

趨學者設廬外堂者至數百人教化大行俗皆鄒魯

馬燧爲懷州刺史乘兵亂後其夏大旱人失耕種燧乃務教化將吏有父母者燧輒造之施敬收瘞暴骨去其煩苛至秋田中生穭禾人賴便之

張鎰爲濠州刺史招經術之士講訓生徒比去郡升明經者四十餘人

陽城德宗時爲道州刺史在州以家人法爲理吏人宜罰者罰之宜賞者賞之一不以簿書介意前刺史有贓罪觀察使方推鞫之吏有幸於前刺史者拾其不法事以告欲自爲功城立杖殺之賦稅不登觀察使請誚讓州上考功第城自署其第曰撫字心勞徵科政拙考下下觀察使遣使判官督其賦至州怪城不出迎以問州吏吏曰刺史聞判官來以爲已有罪自囚於獄不敢出判官大驚馳入謁城獄曰使君何罪某奉命來候安否耳留一二日未去城因不復歸館門外有故門扇橫地城晝

夜坐卧其上判官不自安辭去其後觀察使又遣池判官往某淮蔡之地殊其錡等曰崔承命不敢載妻子以行中道而逃
令狐楚穆宗時爲宣武軍節度使先是卒驕悍累逐主帥韓弘以重法繩之人皆偷生及韋其性楚以仁惠明其教令人遂從化
曹華爲沂州刺史初李正己盜有青鄆十二州傳襲四世垂五十年人俗頑驁不知禮教華令將吏曰鄒魯儒者之鄉不宜忽於禮義乃躬禮儒士習俎豆之容春秋釋奠於孔子廟立學講經儒冠四集出家財贍給俾成名入仕其往者如歸
鄭澣文宗時爲興元尹先是澣父餘慶之鎮興元創儒宮立學舍至澣之來復繼葺焉

册府元龜卷第六百七十六

冊府元龜卷第六百七十七

牧守部七

能政

周秦氏罷侯置守漢室之興率循無改垂及中葉品式備具故有與我共此之歎而二千石之著治効者率加褒賞以申勉勸史氏所述循吏爲盛焉東京而下或可徵也自非厲精爲治正身率下遵道德齊禮之訓以變風美俗推務本明刑之術以厚生阜財措枉而擧強興廉而崇讓先之以條教齊之以仁惠居之寬簡輔之以強明又曷能致政治之清爽吏人之歡愛所居民富所去見思生有榮號死見奉祀斯仲尼所謂既富而教三年有成者爲不誣矣

漢韓延壽爲淮陽太守治甚有名徙潁川潁川多豪彊難治國家常爲選良二千石延壽在郡數年徙爲東郡太守以黃霸代居潁川霸因其迹而大治（延壽爲政事迹並見牧守教化門）

黃霸爲潁川太守前後八年郡中愈治天子以霸治行詔賜爵關內侯黃金百斤秩中二千石自漢興言治民吏以霸爲首入守京兆尹

趙廣漢爲京兆尹奏請令長安游徼獄吏秩百石（特增其秩以厲其行）其後百石吏皆差自重不敢枉法妄繫留人京兆政清吏民稱之不容口長老傳以爲自漢興治京兆者莫能及

王成爲膠東相治甚有聲宣帝最先襃之賜爵關內侯秩中二千石

翟方進爲朔方刺史居官不煩苛所察應條輒擧甚有威名再三奏事（刺史歲盡奏事京師也）

召信臣爲南陽太守爲民興利戶口增倍賊盜獄訟衰止吏民親愛信臣號之曰召父

薛宣爲臨淮太守政教大行入守左馮翊宣爲吏賞罰明用法平而必行所居皆有條教可紀多仁恕愛利（愛人而安利也）

馮野王爲隴西太守以治行高入爲馮翊京師稱其威信又爲上郡太守

馮逡野王弟也爲清河都尉隴西太守治行廉平

馮立逡弟也爲五原太守徙西河上郡立居職公廉治行略與野王相似而多知有恩貸好爲條教吏民嘉美立更歷五郡所居有迹

後漢宋均爲河內太守政化大行均常寢病百姓耆老爲禱請旦夕問起居其爲民愛若此

馮魴爲武威太守視事二年河西稱之

杜詩爲南陽太守性節儉而政治清平以誅暴立威善於計略省愛民役視事七年政化大行

慶鴻爲琅邪會稽二郡太守所在有異迹

曹褒爲河內太守時春夏大旱糧穀踊貴褒到乃省吏并職退去姦殘澍雨數降其秋大熟百姓給足流冗皆還

郭伋爲并州刺史所過問民病苦聘求耆德雄俊設几杖之禮朝夕與參政事

謝夷吾遷鉅鹿太守所在愛育人物有善績

歐陽歙爲揚州牧遷汝南太守推用賢俊政稱異迹

王興齊武王縯之子爲弘農太守有善政

王堂爲巴郡太守吏民生爲立祠永建中爲魯相政存簡一至數年無辭訟遷汝南太守郡內稱治

陸康爲武陵太守轉守桂陽樂安二郡所在稱之

陳寵爲廣漢太守西州豪右并兼吏多姦貪訴訟日百數寵到顯用良吏王渙鐔顯等以爲腹心訟者日減郡中清肅

衛颯爲桂陽太守先是含洭湞陽曲江三縣越之故地武帝平之內屬桂陽民居深山濱溪谷習其風土不出田租去郡遠者或且千里吏事往來輒發民乘船名曰傳役每一吏出傜及數家百姓苦之颯乃鑿山通道五百餘里列亭傳置郵驛於是役

省勞息姦吏杜絶流民稍還漸成聚邑使輸租賦同之平民凡理郵民事居官如家其所施政莫不合於物宜視事十年郡内清理

宋登爲潁川太守市無二價道不拾遺

李膺爲蜀郡太守修庠序設條教明法令威恩並行蜀之珍玩不入於門

陳蕃爲樂安太守時李膺爲青州刺史名有威政屬城聞風皆自引去蕃獨以清績留焉延篤爲左馮翊徙京兆尹其政用寬仁憂恤民黎擢用長者與參政事郡中歡愛三輔咨嗟焉先是陳留邊鳳爲京兆尹亦有能名郡人爲之語曰前有趙張二王後有邊延二君

景毅爲益州太守討定叛夷毅初到郡米斛萬錢漸以仁恩少年閒米至數十少年斛未爰年也

徐璆歷任城汝南東海三郡所在化行

盛[illegible][illegible]爲[illegible]東[illegible][illegible]都尉[illegible]得吏人歡心

史敞爲京兆尹化有能名尤善條教見稱於三輔也

王商爲益州牧劉焉以爲蜀郡太守有治聲

駱俊字孝遠有文武才幹爲陳相直袁術僭號兄弟忿爭天下鼎沸羣賊並起陳與比界姦慝四布俊厲威武保疆境賊不敢犯養濟百姓災害不生歲獲豐稔

魏劉靖爲河南尹散騎常侍應璩書與靖曰入作納言出臨京任富民之術日引月長藩落高峻絶穿窬之心五種別出遠水旱之災農器必具無失時之闕蠶麥有苦備之用無雨濕之虞封符指期無流連之吏鰥寡孤獨蒙廩振之實加之以明擿幽微重之以秉憲不撓有司供承王命百里垂拱仰辦維者逌張三王之治未足以方也靖爲政類如此初雖似碎密終於百姓便之

司馬朗爲兗州刺史政化大行百姓稱之

杜畿爲河東太守太祖征漢中遣五千人運運者自率勉曰人生有一死不可負我府君終無一人逃亡其得人心如此

梁習爲并州刺史邊境肅清百姓布野勤勸農桑令行禁止貢達名士咸顯於世太祖嘉之賜爵關内侯更拜爲真長老稱詠以爲自所聞識刺史未有及習者

張既爲雍州刺史後轉涼州既臨二州十餘年政惠著聞倉慈爲燉煌太守民夷稱其德惠後皇甫隆爲太守燉煌人以爲隆剛斷嚴毅不及於慈至於勤恪愛惠爲下興利可以亞之

楊阜爲武都太守會蜀先主取漢中以逼下辯太祖以武都孤遠欲移之恐吏民戀土阜威信素著前後從民氐使居京兆扶風天水界者萬餘戶徙郡小槐里百姓襁負而隨之爲政舉大綱而已下不忍欺

蜀馬忠爲牂牁太守郡丞朱褒反叛亂之後忠撫育䘏理甚有威惠

王祐爲犍爲太守後有廣漢王離代祐爲太守亦有美績雖聰明不及祐而文采過之也

吳謝景爲豫章太守在郡有治迹吏民稱之以爲前有顧劭其次即景

周魴爲鄱陽太守在郡十三年賞善罰惡威恩並行

呂岱爲交州刺史在鎮二十餘年威恩宣著南州寧靖

晉鄭袤爲廣平太守以德化爲先善作條教郡中愛之

司馬芝爲河南尹居官十一年自魏迄今爲河南尹者莫及芝

劉弘爲荊州刺史假節都督荊交廣州諸軍事其在江漢值王室多難得專命一方盡其器能推誠群下勵以公義簡刑獄務農桑每有興發手書郡國丁寧款密故莫不感悦顛倒奔赴咸曰得劉公一紙書賢於十部從事也

劉[illegible]爲新興太守明刑旌善甚有政能

范晷爲馮翊太守甚有政能善於綏撫百姓愛悦之

鄧攸爲吳郡太守攸在郡刑政清明百姓歡悦爲中興良守

王沉爲豫州刺史探尋善政案貫遠已來法制禁令諸所施行擇善者而從之

丁紹字叔倫爲廣平太守政平訟理道化大行于時河北騷擾靡有完邑而廣平一郡四境乂安是以皆悅其法而從其令

宋劉義欣高祖弟道憐子也爲豫州刺史鎭壽陽于時土境荒毀人民凋散城郭頹敗盜賊公行義欣綱維補緝隨宜經理劫盜所經立討誅之境內畏服道不拾遺城府庫藏並皆完實遂爲盛藩强鎭

孔季恭爲會稽相務存治實勑止浮華翦罰遊惰由是寇盜衰止境內肅清

杜慧度爲交州刺史布衣蔬食儉約質素能彈琴頗好莊老禁斷淫祀崇修學校歲荒民飢則以私祿賑給爲政纖密有如治家由是威惠沾洽姦盜不起乃至城門不夜閉道不拾遺

王僧虔初監吳郡太守後爲湘州刺史所在以寬惠稱

裴松之爲永嘉太守勤卹百姓吏民便之

陸徽爲益州刺史隱卹有方威惠兼著寇盜靜息民物殷阜蜀土安悅

阮長之歷東莞武昌臨海太守皆有風政爲後人所思宋世言善治者咸稱之

吉翰爲益州刺史著美績甚得方伯之體論者稱之

臧質爲建平太守甚得蠻楚心南蠻校尉劉湛還朝稱爲良守遷寧遠將軍

申恬爲山陽太守善於治民所莅有績又爲太山太守威惠兼著吏民便之

杜驥爲青冀二州刺史在任八年惠化著於齊土自義熙至于宋末刺史唯羊穆之及驥爲吏民所稱詠

張岱爲益州刺史數年益土安其政

劉楨爲義興太守時東土殘飢太祖遣揚州治中沈演之東入[illegible]以撫綏撫有方稱爲良守

南齊虞愿宋末爲晉平太守有異政後王秀之爲郡與朝士書曰此郡承虞公之後善政猶存遺風易遵差得無事

安陸王緬爲吳郡太守少時大著風績竟陵王子良與緬書曰竊承下風數十年來未有此政世祖嘉其能轉郢州刺史

張瓌爲雍州刺史加都督徵拜左戶尚書後安陸王緬臨雍州行部登萬山有野老來乞緬問何不事產而行乞耶答曰張使君臨州理物百姓家得相保後人政嚴故至行乞緬由是深加嗟賞

傅琰爲南郡內史行荊州事時長沙太守王沈新蔡太守劉聞慰晉平太守丘仲起長城縣令何敬叔故鄣縣令丘寂之皆有能名而不及琰也

梁永陽王敷少有學業仕齊爲隨郡內史招懷遠近士庶安之以爲前後之政莫及齊明帝謂徐孝嗣曰學士舊例不解理郡

聞敷隨郡唯置酒清言而路不拾遺行何風化以至於此答曰古者脩文德以來遠人況止郡境而已帝稱善

長沙王懿爲晉陵太守曾未朞月訟理人和稱爲善政

鄱陽王恢爲淮南太守以善政稱遷豫章內史道不拾遺男女異路

孔休源爲南郡太守行州府事甚有治績平心決訟詭訐不行高祖深嘉之

衡山縣侯恭爲雍州刺史簡文少與恭遊時被賞狎至是手令勉以政事恭至州政績有聲百姓請於城南立碑頌德詔許焉名爲德政碑

夏侯詳爲湘州刺史言善吏事在州四載爲百姓所稱

王志爲宣城內史清謹有恩惠郡民張倪吳慶爭田經年不決志到官父老乃相謂曰王府君有德政吾曹鄉里乃有此爭倪因相攜請罪所訟地遂爲閑田

夏侯亶爲吳興太守有惠政遷司州刺史又爲邊人所悅服

何敬容為建安內史清公有美績吏民稱之遷吳郡太守為政勤恤民隱辨訟如神視事四年治為天下第一世稱為何吳郡後謝舉為吳郡太守聲跡略相比也

劉之亨代兄之遴為南郡守有異政荊土懷之惡斥其名號為大南郡小南郡

王瑩為東陽太守居郡有惠政遷吳興太守頻處二郡皆有能名

謝覽為吳興太守初齊明帝及覽父瀹東海徐孝嗣並為吳興號稱名守覽皆欲過之

劉潛字孝儀為臨海太守是時政網疏闊百姓多不遵禁孝儀下車宣下條制勵精綏撫境內翕然風俗大革

何遠為宣城太守郡經寇抄遠盡心綏理復著名迹後為始興內史在官好開途巷脩葺牆屋民居市里城隍廄庫所過若營家焉

陳王勱為晉陵太守在郡甚有威惠郡人表請立碑頌勱政績詔許之

陸子隆為荊州刺史時新置治于公安城池未固子隆修建城郭綏集夷夏甚得民和當時號為稱職三年吏民詣都上表請立碑頌美功績詔許之

後魏長孫肥道武時為兖州刺史撫慰河南得吏民心威信著於淮泗

張恂為廣平太守招集離散開建學校優顯儒士吏民歌詠之於時喪亂之後罕能克厲唯恂當官清白仁恕臨下百姓親愛之其治為當時第一

陳留王虔子崇為并州刺史有政績

淮南王世遵為平北將軍定州刺史百姓安之為幽州刺史性清和推誠化導百姓樂之

臨淮王昌弟孚為冀州刺史勸課農桑境內稱為慈父鄰州號曰神君

任城王澄為徐州刺史甚有聲績

任城王雲為冀州刺史留心政事甚得下情淮陽王孝友為滄州刺史在郡積年以法自守甚著聲稱

元子英為梁州刺史在仇池六載甚有威惠之稱

安豐王猛子延明為豫州刺史甚有政績

崔寬為鎮西將軍陝城鎮將弘農土出漆蠟竹木之饒路與南通販貿來往家產豐富而百姓樂之諸鎮之中號為能政

穆羆為汾州刺史前刺史劉升在郡甚有威惠前定陽令吳平仁亦有恩信羆並為表請之羆既頻薦升等所部守令咸自砥礪威化大行百姓安之

元欣為荊州刺史轉齊州刺史欣在二州頗得人和

張彝為秦州刺史為政隴右多所制立宣布新風革其舊俗民庶愛仰之

張蒲為相州刺史扶弱抑強進善黜惡教化大行

李韶為冀州刺史清簡愛民甚收名譽後轉定州刺史二州既連接百姓素聞風德州內大治

陸昕之為兖州刺史尋進號安東將軍治有名績仍除青州刺史在州著寬平之稱轉安北將軍相州刺史

陸凱為正平太守在郡七年號為良吏

源懷為長安鎮將雍州刺史清儉有惠政善於撫恤劫盜息止流民皆相率來還

薛虎子為徐州刺史孝文曾從容問祕書丞李彪曰卿頃使江南徐州刺史政績何如彪曰綏邊布化甚得其和孝文曰朕亦知之

奚瑾為長安鎮將都督秦雍二州諸軍事在鎮八年甚著威惠

李安世為相州刺史敦勸農桑禁斷淫祀

崔挺為光州刺史威恩並著風化大行及散騎常侍張彝兼侍中巡行風俗見挺政化之美謂挺曰彝受使省方採示謠訟入

境觀政實愧清吏之名

華元賓爲兗州刺史爲政清平善撫民物百姓愛樂之

崔亮爲雍州刺史性公清敏于斷決三輔服其德政

蘇椿爲武功郡守旣爲本邑以清儉自居小大之政必盡忠恕

裴宣爲司州别駕明敏有器幹捴攝州府事無凝滯遠近稱之

崔休遷安東將軍青州刺史青州九郡民單攦李伯徽劉通等一千人上書頌休德政靈太后善之

張普惠爲東豫州刺史時淮南九戍十三郡猶有梁氏前斡别郡異縣之民錯雜居止普惠乃依次括比省減郡縣上表陳狀詔許之宰守因此綰攝有方姦盜不起民以爲便

竇瑗爲廣宗太守治有清白之稱廣宗民情凶戾前後累政咸見告訟唯瑗一人終始全潔轉中山太守聲譽甚美爲吏民所懷及北齊神武輔政班書州郡諷約牧守令長稱瑗政績以爲勸勵

北齊永安王浚爲青州刺史聰明矜恕上下畏悅之

趙郡王子叡爲定州刺史加撫軍將軍六州大都督時年十七留心庶事糾摘姦非勸課農桑接禮民儁所部大治稱爲良牧

裴讓之爲清河太守至郡未幾楊愔謂讓之諸弟曰我與賢兄交歎企聞善政適有人從清河來云姦吏斂迹盜賊清靜朞月之期翻然更速

宋世良爲清河太守天保中大赦郡先無一囚率群吏拜詔而已獄内穭生桃樹蓬蒿亦滿每日衙門虛寂無復訴訟

封子繪爲鄭州刺史子繪曉達政事長於綏撫歷宰州郡所在安之

房謨爲兗州刺史先是當州兵皆僚佐驅使饑寒死病動至千數謨至皆加檢勒不令煩擾以休假番代洗沐督察主司親自檢視又使備貲令作衣服終歲還家無不温飽全濟甚多時梁魏和好使人入其界者咸稱歎之轉徐州刺史始謨在兗州[illegible]慕其政化及爲刺史合境欣悅神武與諸州刺史書敍謨及廣平太守羊敦廣宗太守許季良等清能以爲勸勵

許惇爲陽平太守時遷都於鄴陽平爲畿郡軍國責辦賦斂無准又勲貴屬請朝夕徵求惇並御之以道上下無怨政爲天下第一特加賞異圖形於閤詔頒天下歷魏尹齊梁二州刺史政並有治聲遷大司農

蕭祗字敬式梁武弟南平王偉之子也在梁爲東揚州刺史于時江左承平政寬人慢祗獨莅以嚴切梁武悅之還北兗州刺史

袁聿脩爲信州刺史即其本鄉也時人榮之爲政清靜不言而治長史以下爰逮鰥寡孤幼皆得其歡心武平初御史普出過詣諸州梁鄭兗豫疆境連接州之四面悉有舉劾御史竟不到信州其見知如此又爲博陵太守數年大有聲績遠近稱之

後周獨孤信爲秦州刺史先是守宰闇弱政令乖方民有冤訟歷年不能決信在州事無擁滯示以禮教勸以耕桑數年之中

公私富實流民願附者數萬家太祖以其信著遐邇故賜名爲信

張軌爲河北郡守在郡三年功績甚著臨民治術有循吏之美大統間言宰民者多推尚之

陽雄爲洵州刺史俗雜賓渝民多輕猾雄威惠相濟夷夏安之

竇熾爲大都督原州刺史抑挫豪右申理幽滯每親巡隴畝勸民耕桑在州十載甚有政績

令狐整爲豐州刺史廣布恩威傾身撫接數月之間化洽州府豐州舊治不居民中賦役希集勞逸不均整請移居武當詔可其奏獎勵撫導遷者如歸旬月之間城府周備席固之遷也其部曲多願留爲整左右整諭以朝制弗之許焉莫不流涕而去及整秩滿代至人吏戀之老幼送整遠近畢集數日停留方得出界其得人心如此

唐瑾爲蔡州刺史歷拓州硤州所在皆有德化人吏稱之

裴寬爲鄜州刺史性疎通恕已待物至於莅民處政尤以仁愛

韋孝寬除淅陽郡守時獨孤信爲新野郡守同隸荊州與孝寬情好款密政術俱美荊部吏人號爲連璧

宇文神舉爲并州刺史州既齊氏別都控帶要重平定甫爾民俗澆訛豪右之家多爲姦猾神舉勵精爲治示以威恩旬月之間遠近悅服

留璠爲同和郡守先是降附洮陽洪和二郡羌民常越境詣璠訟理焉其德化爲世所歸仰如此蔡公廣時鎮隴右嘉璠善政及遷鎮陝州啓璠自隨羌人樂從者七百人聞者莫不歎異

韓盛爲新平郡守居官清靜嚴而不殘務恤孤貧抑挫豪右賊盜止息境內肅然

豳公廣太祖姪孫爲梁州總管秦州刺史性明察善綏撫民庶畏而悅之

唐國歷豐湖昌三州刺史並官之鄉頗有聲績

[illegible]爲南陽郡守[illegible]民得肆業百姓稱之立碑頌德

[illegible]龍州長史領龍安郡事州帶山谷舊俗生梗昇威惠兼濟吏民畏而愛之

[illegible]爲敷州刺史源安二州總管俱有惠政

隋豆盧勣仕周爲渭州刺史甚有惠政華夷悅服德澤流行

于璽爲汴州刺史甚有能名高祖聞而善之優詔褒揚賜帛百疋後歷邵洺熊州刺史並有惠政

梁彥光爲岐州刺史甚有惠政轉相州刺史下車發摘姦隱有若神明又以德化人吏人感悅略無詞訟

令狐熙爲滄州刺史在職數年風教大洽稱爲良二千石開皇四年高祖幸洛陽熙來朝吏人恐其遷易悲泣於道及還百姓出境迎謁歡叫盈路及爲汴州刺史下車禁遊食抑工商人有向街開門者杜之船客停於郭外星居者勒爲聚落僑人逐令歸本其有滯獄並決遣之令行禁止高祖聞而嘉之

辛彥之爲隨州刺史遷潞州刺史前後俱有惠政

[illegible]客三歲爲鄭州刺史民歌頌之高祖聞其能屢有勞問又爲和州刺史轉淮南郡太守所在有惠政

柳儉爲廣漢太守甚有能名高祖以儉仁明著稱擢拜蓬州刺史獄無繫囚遷邛州刺史在職十餘年蠻夷悅服

韋協字欽仁歷定息泰三州刺史皆有能名河間王弘及晉王廣入朝引協領揚州總管及晉王歸引復還蒲州在官十餘年風教大洽

韋壽字世齡爲常毛二州刺史頗有治名

蘇孝慈爲淅州刺史遷洪州總管俱有惠政

李諤爲通州刺史甚有惠政民夷悅服

辛公義爲岷州刺史合境之內呼爲慈母後遷牟州刺史曉東山霖潦自陳汝至于滄海皆苦水災境內犬牙獨無所損

[illegible]爲幽州長史遷衛州司馬俱有異績

公孫景茂爲汝南太守息州刺史法令清靜德化大行又經伊道湖三州刺史皆有德政論者稱爲良牧

侯莫陳穎爲桂州總管十七州諸軍事至官大崇恩信人夷悅服煬帝即位徵還京師後拜常山太守其年嶺南閩越多不附帝以穎前在桂州有惠政爲南方所信復拜南海太守

丘和爲代州刺史在郡善撫吏士甚得歡心

宇文弼歷朔代吳三州刺史皆有能名除泉州刺史

薛道衡爲檢校襄州總管在任清簡吏民懷其惠

張[illegible]歷[illegible]三州刺史俱有能名

段文振爲石河二州刺史甚有威惠遷蘭州總管

房彥謙爲鄯州司馬時鄯州久無刺史州務皆歸彥謙名有異政

柳機爲華州刺史歷冀州前後作牧俱稱寬惠

賀若誼歷靈邵二州刺史原信二州總管俱有能名

柳旦歷羅淅豐二州刺史並有能名

柳謇之爲蕭州刺史轉息州俱有惠政
楊异爲寧都太守歷吴州總管甚有能名
張奐爲冀州刺史進位上開府吏民悅服稱爲良二千石
長孫平歷許貝二州俱有善政鄴都俗薄舊號難治前後刺史
多不稱職朝廷以平在所有善稱轉相州刺史甚有能名
趙賢通爲冀州刺史甚有威德曾有疾百姓奔馳爭爲祈禱其
得民情如此
唐權萬紀武德中爲西韓州刺史在州以清幹著稱
韋仁壽武德中爲巂州都督府長史時南寧州內附高祖令仁
壽檢校南寧都督寄聽政於越巂法令清肅人懷歡悅
張元濟爲高陽郡丞時無郡將元濟獨統大郡吏人畏悅
武士彠武德末爲楊州都督府長史開闢田疇示以刑禮數年
之間歌謠載路
李桐客太宗貞觀初累遷通巴二州刺史所在清平流譽百姓

呼爲慈父
崔敦禮歷宋幽二州刺史爲下所懷
劉德威爲綿州刺史以廉平著稱百姓爲之立碑
盧祖尚爲蔣州刺史轉壽州都督又轉瀛州所在之職皆稱政理
薛大鼎貞觀中爲滄州刺史大鼎與瀛州刺史賈敦頤冀州刺
史鄭德本俱有美政河北號鐺脚刺史
黨仁弘爲廣州都督有方略所在皆有稱績時有扶風強寳質
亦以幹能致位尚書郎刺史議者以仁弘爲羌中之絕寳質爲
江中之絕由是歷居藩要
李君球爲興州刺史遷楊州大都府長史政尚嚴肅人吏憚之
盜賊屏跡高宗頻降書勞勉
高智周總章中爲壽州刺史政存寬惠百姓安之
田仁會爲平州刺史勸學務農稱爲善政
蔣儼爲幽州司馬以善政爲巡察使劉祥道所薦擢爲會州刺
史政爲蒲州刺史蒲州戶口殷劇前後刺史多不稱職儼下車
未幾令行禁止稱爲良牧
薛謙光則天時爲常州刺史先是李嶠等奏人情重內官輕外
職乃命韋嗣立及楊再思等二十人各以本官檢校刺史其後
以政績可稱者唯謙光徐州刺史司馬鍠二人而已
狄仁傑爲寧州刺史撫和戎夏人得歡心郡人勒碑頌德御史
郭翰巡察隴右所至多所按劾及入寧州境內耆老歌刺史德
美者盈路翰既授館召州吏謂之曰入其境其政可知也願成
使君之美無爲久留州人方散翰薦名於朝徵爲冬官侍郎
薛季昶爲雍州長史威名甚著前後京尹無及之者又爲魏陝
二州刺史洛州長史所在皆以嚴肅爲政
楊元琰歷荊蒲晉趙宣許六州刺史涼梁二都督荊府長史
前後九度以清白昇進再降璽書褒美
李濬爲潤號潞三州刺史又拜益州長史劍南節度所歷皆以

誠信待物稱爲良吏
姚元之爲楊州長史淮南采訪使爲政簡肅人吏立碑紀德俄
除同州刺史
嗣吳王祗歷淄衛宋鄭梁幽六州刺史皆有能名
李傑爲河南尹勤於聽理每有訴列雖衢路當食無廢與斷由
是官無留事人吏愛之
苗晉卿爲安康郡太守歲餘郡中稱理遷魏郡太守河北採訪
使居職三年政化大行
崔隱甫爲太原尹人吏刊石頌其美政後爲東都留守爲政嚴
肅甚爲人吏之所憚
崔琳有幹局玄宗開元中歷典數州皆知名
李峴爲河南少尹魏郡太守入爲金吾將軍遷京兆尹所在皆
著聲績
第五琦爲朗州刺史甚有能名

王翃自折衝授辰州刺史遷郎州皆有政術
嚴郢爲京兆尹傳以文學參朝廷論議前後請減諸色丁匠數
千百人號爲稱職
張延賞爲北都副留守河南尹江陵尹成都尹連統四鎭所至
稱理其去也皆刻石紀焉
呂諲肅宗上元元年罷相授太子賓客尋爲荆州節度諲初在
廟堂無異稱及理江陵三年號爲良牧
蕭復大曆中爲歙州池州刺史以理化著聞遷常州刺史
李泌爲澧州杭州刺史並以理行稱
李惠登爲隋州刺史惠登朴素不知學居官無枝葉率心爲政
皆與理順利人者因行之病人者因去之二十年間田疇闢戶
口加諸州奏吏入其境無不謳謡其能及于頔爲山東道節度
以狀上聞加御史大夫升其州爲上
閻濟美自婺州刺史爲福建觀察復爲潤州刺史浙西觀察所

[illegible]理聞[illegible]之人[illegible]頌之外不知其他
令狐[illegible]爲滑州節度使在滑風化大行初滑州薦[illegible]未復城邑
[illegible]以身勵下一[illegible]農戰內檢軍戎外牧黎庶法令嚴酷人
不敢犯數年間田疇大闢倉庫充積歲奉王稅及脩貢獻未嘗
[illegible]闕
李復[illegible]貞元間爲江陵少尹歷容州廣州刺史曉於政
道所在[illegible]理
張万福貞元中歷典九郡皆有惠愛
于頔爲蘇州刺史浚溝瀆整街衢至今賴之張當則爲鳳翔尹
撫戎理俗人甚便之
穆贊爲宣常二州刺史宣州觀察使所莅皆有政聲
盧鍇太和賦第二子性謹謹多與士大夫游歷延鄧唐等州刺
史實以吏職有可稱者
許[illegible]爲[illegible]州刺史有能名又爲浙江西道觀察使廉風俗守法
度人甚安之
王紹爲武寧軍節度使時承張愔之後兵驕難理紹修緝云政
人甚安之
武元衡代高崇文爲劍南西川節度使高崇文既發城盡載其
軍資金帛器幕及伎樂工巧以行元衡至則庶事節約務以便
人比三年公私稍濟
薛戎爲衢湖常三州刺史遷浙東觀察使所莅皆以政績聞
楊於陵爲浙江東道都團練觀察等使政聲大聞入拜戶部侍郎
令狐楚爲北都留守兼太原尹楚久在并州練其風俗因人之
利而利之故封內晏然
梁王師範自昭宗龍紀中爲青州節度使十五年甚有殊政縣
令刺史皆奏儒雅之士爲之野無閒田路無拾遺
高邈唐末爲汴宋觀察判官僖宗文德初監宋州軍州事時
頻[illegible]乃初復途殘已爲政始定履畝之稅以抑兼并太

祖乃命管內如其制於是賦無逋額民無逋負公庾實而軍食
羨矣政天平宣義兩府從事
趙昶唐末爲陳州節度使昶以大寇削平之後益留心於政事
勸課農桑大布恩惠景福元年秋陳許將吏耆老錄其功詣闕
以聞天子嘉之命文臣撰德政碑植於通衢以旌厥功
趙凝爲襄州節度使作鎮數州甚有威惠
李璠監曹州事曹去京畿舍吏民豪猾前後十餘政未有善罷
者璠在任期歲民庶以寧
後唐何瓚唐末代張承業知河東軍府勵事明敏胥吏畏其清
而伏其能好會賓友歡饌精簡談笑嬉洽外疎內密事有所執
性復不回
李存賢權沁州刺史先是州當賊境不能保守乃於州南五十
里擇險立柵爲治所已歷十餘年矣存賢至郡乃移復舊郡剌
[illegible]判觀狀立廨舍州民完集莊宗嘉之轉檢校司空眞拜刺史

李嗣昭為昭義軍節度使時大兵之後城中士民饑死者半閭
里蕭然嗣昭緩法寬租勸農務穡一二年間軍城完集三面鄰
敵寇鈔縱橫嗣昭設法枝梧邊鄙不聳
烏震為深州刺史嘗以儒者以善政為樂其性純厚以清白御
下河北諸郡獨有政聲
周知裕歷房絳滑三州刺史宿州團練使知裕老於軍旅勤於
稼穡凡為郡勸課皆有政聲朝廷嘉之遷安州留後
孫岳明宗天成初為穎州刺史穎久不治賦斂煩碎民不聊生
岳至州召屬邑長吏里閭耆史親問疾苦條正復賦整職務小
其餘苛賦名目一切罷之穎人以狀上聞加檢校太保後為耀
州刺史鄜州團練使所至稱之
晉劉遂清初仕後唐天成長興中歷典淄登三郡咸有善政
王傳拯為宣州刺史境接蕃部以前政淹章民甚苦之傳拯曰
小事除去弊政數十件百姓便之不數月移刺虢州為理清靜

[illegible]民愛戴之[illegible]安州[illegible]
李承約為黔南節度使數年之間邑不驚擾不敢犯境外禦夷
寇內興農校凶邪悉去民皆感之故父老數輩重趼詣闕言其
政化又[illegible]闕[illegible]左衛上將軍
符令謙為相州刺史下車布政務從安靜廷無訟獄無內斯盜
之徒脅驗於已無犯邊不周歲而部內大理
馮暉為靈州節度使貴閩土橋之間皆是氐羌帳族從來剽奪
行旅須發兵援護暉加以恩惠示之義信自是人不帶劍道不拾
遺境無寇盜市無游惰獄無枉繫吏無繁擾四民道釋咸得其
所高祖優詔褒之
劉處讓為相澶衛等州觀察等使勤於公務孜孜求理撫馭吏
民未至苛察人甚便之
周[illegible]初仕晉開運初為亳州防禦使為政清肅亳民感其惠
咸[illegible]請以報之

呂延[illegible]廣順中為兗州防禦使在兗二年為政有聞人甚安之
郡民數百詣闕乞立德政碑以頌其美

冊府元龜卷第六百七十七

冊府元龜卷第六百七十八

牧守部

興利　勸課

興利

昔大禹之敘九功曰利用以阜財厚生以養民班固之述循吏曰所居民富蓋夫君子之爲政必求所以利於人而行之也歷代而下賢守接武乃能相其土宜以興物役始資乎悅使終啓於善利或導達溝瀆以滋於溉灌或闢除汙萊以繁於稼穡築隄塌以備水潦疏河漕以通輸運興鑄冶以贍農器造橋梁以濟徒涉陶瓦覆屋以寧室居鑿山通道以便行旅皆豐功被於萌庶休名載於緗簡流風餘烈沒而不朽其古之良二千石者歟

漢召信臣爲南陽太守時行視郡中水泉開通溝瀆起水門提閼凡數十處(閼所以壅水)以廣溉灌歲歲增加多至三萬頃民得其利畜積有餘信臣爲民作均水約束(言用之有次第也)刻石立於田畔以防分爭禁止嫁娶送終奢靡務出於儉約府縣吏家子弟好游敖不以田作爲事輒斥罷之甚者案其不法以視好惡其化大行郡中莫不耕稼力田百姓歸之戶口增倍盜賊獄訟衰止吏民親愛信臣號之曰召父荊州刺史奏信臣爲百姓興利郡以殷富賜黃金四十斤

後漢文齊廣漢人王莽末益州郡夷起兵殺郡守以齊爲太守造起陂池開通溉灌墾田二千餘頃

鄧晨爲汝南太守興鴻郤陂數千頃田(鴻郤陂名在今豫州汝陽縣東)汝土以殷魚稻之饒流衍它郡汝南舊有鴻郤陂成帝時丞相翟方進奏毀敗之建武中晨欲修復其功聞許楊曉水脈召與議之楊曰昔成帝用方進之言尋而自夢上天天帝怒曰何故敗我濯龍淵是後民失其利多致飢困時有謠歌曰敗我陂者翟子威飴我大豆亨我芋魁反乎覆陂當復昔大禹決江疏河以利天下明府今興立廢業富國安民童謠之言將有徵於此誠願以死效力晨大悅因署楊爲都水掾使典其事楊因高下形勢起塘四百餘里數年乃立百姓得其便累歲大稔

馬稜廣陵太守時穀貴民飢奏罷鹽官以利百姓賑貧羸薄賦稅興復陂湖溉田二萬餘頃吏民刻石頌之

鮑昱爲汝南太守郡多陂池歲歲決壞年費常三千餘萬昱乃上作方梁石洫水常饒足溉田倍多人以殷富

杜詩爲南陽太守造作水排鑄爲農器(冶鑄者爲排以吹炭今激水以鼓之是也)用力少見功多百姓便之又修治陂池廣拓土田郡內比室殷足時人方於召信臣故南陽爲之語曰前有召父後有杜母

魯丕爲趙相遷東郡太守丕在二郡爲人修通溉灌百姓殷富

任延爲武威太守河西舊少雨澤乃爲置水官吏修理溝渠皆蒙其利

何敞爲汝南太守修理鮦陽舊渠百姓賴其利(鮦陽縣屬汝南郡)墾田增三萬餘頃吏人共刻石頌敞功德

秦彭爲山陽太守興起稻田數千頃每於農月親度頃畝分別肥瘠差爲三品各立文簿藏之鄉縣於是姦吏跼蹐無所容詐彭乃上言宜令天下齊同其制詔書以其所立條式班令三府並下州郡

任光爲丹陽太守墾田增多三歲間流民占著者五萬餘口

張堪爲漁陽太守於狐奴開稻田八千餘頃勸民耕種以致殷富

張禹爲下邳相徐縣北界有蒲陽坡(東觀記曰坡水廣二十里徑百里在道西其東有田可萬頃)傍多良田而堙廢莫修禹爲開水門通引灌溉遂成孰田數百頃勸率吏民假與種糧親自勉勞遂大收穀實鄰郡貧者歸之千餘戶室廬相屬其下成市後歲至墾千餘頃民用溫給(謝承書曰禹巡行守舍止大樹下食糒乾飯屑飲水而已後年鄰國貧人來歸之者茅屋草廬千戶屠酤成市墾田千餘頃得[illegible])

虞詡爲武都太守先是運道艱險舟車不通驢馬負載僦五致一詡乃自將吏士案行川谷自沮至下辯沮及下辯並縣名沮今興州順政縣也下辯今成州同谷縣也數十里中皆燒石翦木開漕船道一云下辯東三十餘里有狹中當水泉生大石障塞水流每至春夏輒溢沒秋稼壞敗營郭詡乃使人燒石以水灌之石皆坼裂因鐫去石遂無氾溺之患也以人僦直雇借傭者於是水運通利歲省四千餘萬

魏劉馥爲揚州刺史廣屯田興治芍陂及茹陂七門吳塘諸堨以溉稻田官民有畜歷代爲利

賈逵爲豫州刺史外脩軍旅內治民事遏鄢汝造新陂又斷山溜長谿水造小弋陽陂

鄭渾爲陽平沛郡二太守郡界下濕患水澇百姓饑乏渾於蕭相二縣界興陂遏開稻田郡人皆以爲不便渾曰地勢洿下宜溉灌終有魚稻經久之利此豐民之本也遂躬率吏民興立功夫一冬間皆成比年大收頃畝歲增租入倍常民頼其利刻石頌之號曰鄭陂

徐邈爲涼州刺史河右少雨常苦乏穀邈上脩武威酒泉鹽池以收虜穀又廣開水田募貧民佃之家家豐足倉庫盈溢乃支度州界軍用之餘以市金帛犬馬通供中國之費

羣招爲鴈門太守郡所治廣武井水鹹苦民皆擔輦遠汲流水往反七里招準望地勢因山陵之宜鑿原開渠注水城內民頼其益

晉傅祗爲滎陽太守自魏黄初大水之後河濟汎溢鄧艾常著濟河論開石門而通之至是復浸壞祗乃造沉萊堰至今兖豫無水患百姓爲立碑頌焉

張闓爲晉陵內史時所部四縣並以旱失田闓乃立曲阿新豐塘溉田八百餘頃每歲豐稔葛洪爲其頌計用二十一萬一千四百二十功以擅興造免官後公卿並爲之言曰張闓興陂灌田可謂益國而反被黜使臣下難復爲善帝感悟乃下詔曰丹楊侯闓昔以勞役部人免官雖從吏議猶未掩其忠節之志也倉廩國之本宜得其才今以闓爲大司農闓陳黜免始爾不宜復居九列跡奏不許然後就職

杜預都督荆州諸軍事鎮襄陽脩召信臣遺跡激用滍淯諸水以浸原田萬餘頃分疆刊石使有定分公私同利衆庶頼之號曰杜父

孔愉爲會稽內史句章縣有漢時舊陂毁廢數百年愉自巡行修復故堰溉田二百餘頃皆成良業

荀羨爲北府都督鎮下邳今臨淮郡縣也起田于東陽之石鼈公私利之

劉義欣爲豫州刺史鎮壽陽芍陂良田萬餘頃堤堨久壞秋夏常苦旱義欣遣諮議參軍殷肅循行修理有舊溝引淠水坡不治積久樹木榛塞肅伐木開榛水得通注旱患由是得除

劉悛爲武陵內史郡南江古堤久廢不緝悛脩治未畢而江水忽至百姓弃役奔走悛親率厲之於是乃立

宋張邵爲南雍州刺史至襄陽築長圍修立堤堰開田數千頃郡人頼之富贍

南齊劉懷慰爲齊郡太守懷慰至郡修治城郭安集居民墾廢田二百頃決沈湖灌溉

竟陵王子良爲丹陽尹上表曰京尹雖居都邑而境壤兼跨廣袤周輪幾將千里縈原抱隰其處甚多舊遏古塘非唯一所而民貧業廢地利久蕪近啓遣五官殷沵典籤劉僧瑗到諸縣循履得丹陽溧水永世等四縣解并村耆辭列堪墾之田合計荒熟有八千五百五十四頃脩治塘遏可用十一萬八千餘夫一春就功便可成立帝納之會遷官事寢

梁陳慶之爲都督南北司西豫三州諸軍事南義陽鎮兵停水陸轉運江湖諸州並得休息開田六千頃二年之後倉廩充實高祖每嘉賞之

後魏元萇爲河內太守以河橋船絚路狹不便行旅又秋水汎漲年常破壞乃爲船路遂廣募空車從京出者率令輸石一雙累其岸橋闊來往便利近橋諸郡無復勞擾公私頼之

崔善爲爲滎州刺史於州內銅冶以爲農具兵民獲利
崔挺爲光州刺史先是州內少鐵器用皆求之他境挺表復鐵
官公私皆有利
沈文秀爲懷州刺史大興水田於公私頗有利益
崔亮爲安西將軍雍州刺史城北渭水淺不通船行人艱阻謂
寮佐曰昔杜預乃造河梁況此有異長河且魏晉之日亦自有
橋吾今更欲營之咸曰水淺不可爲浮橋汎長無常又不可施
柱恐難成立亮曰昔秦居咸陽橫橋渡渭以像閣道此即以柱
爲橋今惟慮長柱不可得耳會天大雨山水暴至浮出長木數
百根藉此爲用橋遂成立百姓利之至今猶名崔公橋亮在州
讀杜預傳見爲八磨嘉其有濟時用遂教民爲碾
裴延儁爲幽州刺史范陽郡有舊督亢渠徑五十里漁陽燕郡
有故戾陵諸堰廣袤三十里皆廢毀多時莫能修復時水旱不
調民多飢餒延儁謂疏通舊跡勢必可成乃表營造遂躬自履

行相度水形隨力分督未幾而就溉田百萬餘畝爲利十倍百
姓至今賴之
李愍爲南荆州刺史愍於境內開立陂渠溉稻千餘頃公私賴
之
杜弼行海州事在州奏通陵道并韓信故道又於州東帶海而
起長堰外遏鹹潮內引淡水勑並依行
李繪爲高陽內史高陽舊多陂淀繪至後淀水皆涸乃置農正
專主勸課墾田倍增家給人足
隋盧賁爲懷州刺史決沁水東注名曰利民渠又派入溫縣名
曰溫潤渠以溉舄鹵民賴其利
薛胄爲兗州刺史先是兗州城東沂泗二水合而南流汎濫大
澤中胄遂積石堰之使決令西注陂澤盡爲良田又通轉運利
盡淮海百姓賴之號爲薛公豐兗渠
趙軌開皇中爲壽州總管長史芍陂舊有五門堰蕪穢不修軌
於是勸課人吏開三十六門灌田五千餘頃人賴其利
楊尚希爲蒲州刺史在州甚有惠政復引瀵水立堤防開稻田
數千頃民賴其利
唐李襲譽爲楊州大都督府長史江都俗好商賈不事農業襲
譽乃引雷陂水又築句城塘以溉田八百頃百姓獲其利
長孫操武德中爲陝州刺史自州東引水入城以代井汲百姓
至今賴之
河間王孝恭爲荆州大總管開置屯田創立銅冶百姓利焉
高士廉爲益州大都督府長史秦時李冰守蜀導引汶江創浸
灌之利至今地居水側者頃直千金富強之家多相侵奪士廉
乃於故渠外別更疏決蜀中大獲其利
裴行方檢校幽州都督引盧溝水廣開稻田數千頃百姓賴以
豐給
薛大鼎爲滄州刺史界內有無棣河隋末塡廢大鼎奏開之引魚

鹽於海百姓歌之曰新河得通舟楫利直達滄海魚鹽至昔日
徒行今騁駟美哉薛公德滂被大鼎又以州界卑下遂決長蘆
及漳衡等三河分洩夏潦境內無復水災
張儉爲朔州刺史廣營屯田歲致數十萬斛邊糧益饒及遭霜
旱儉勸百姓相贍遂免飢餒州境獨安
嗣楚王靈龜爲魏州刺史開永濟渠入新市控引商旅百姓利之
王晙景龍末爲桂州都督桂州糧饋乏晙始改築羅郭奏罷屯
兵及轉運又堰江水開屯田數千頃百姓賴之
李傑爲河南尹先是河汴之交有梁公堰年久堰破江淮漕運
不通傑奏調發汴鄭丁夫以濬之省功速就公私深以爲利刻
石水濱以紀其績
宋璟爲廣州都督仍爲五府經略使廣州舊俗皆以竹茅爲屋
屢有火災璟教人燒瓦改造店肆自是無復延燒之患人皆懷
惠立碑以紀其政

姜師度爲同州刺史開元八年十月詔曰昔史起溉漳之策鄭白鑿涇之利因茲厥後聲塵寂然同州刺史姜師度識洞於微智形未兆匪躬之節所懷必罄奉公之道知無不爲頃職大農首開溝洫歲功猶昧物議紛如緣其忠款可嘉委任仍舊暫停九列之重假以六條之察白藏過半績用斯多食乃人天農爲政本朕故茲巡省不憚祁寒將申勸卹之懷特冒風霜之弊今原田彌望畎澮連屬由來榛棘之所遍爲秔稻之川倉庾有京坻之饒關輔致畝金之潤本營此地欲利平人緣百姓未開恐三農虛弃所以官爲開發冀令遞相教誘功既成矣思與共之其屯田内先有百姓挂籍之地比來召作作主亦量准頃畝割還其官屯熟田如同州有貧下欠地之户自辦功力能營種者准數給付餘地且依前官取師度以功加金紫光祿大夫賜帛三百匹

李栖筠爲常州刺史時寇亂之後旱蝗仍歲編户轉徙盧井半墟乃濬河渠導江流以資溉灌是歲大稔流民畢復

李復爲廣州刺史勸導百姓令變茅屋爲瓦舍

杜亞興元中爲淮南觀察使揚州官河填淤漕輓堙塞又僑寄衣冠及工商等多侵衢造屋行旅擁弊之亞乃開拓疏啓公私悅賴焉

嗣曹王臯貞元初爲江陵尹東北七十里有廢田旁漢古堤壞决凡二處每夏水溢爲浸澤臯始命塞之廣田五十頃悉良美畝收一鍾又規江南廢洲爲廬舍江爲二橋流人自占者二千餘户自荆至樂鄉凡二百餘里旅舍鄉聚凡十數大者皆數百家楚俗佻薄舊不鑿井悉汲波澤至夏與牛畜同溁或汲水數里行旅重困臯乃令合錢作井民以爲便

陳孝陽爲巂州刺史領二十餘年蠻夷愛之巂州闕鹽水常苦餽饉孝陽設法營田後歲收穀數萬石軍食之餘又以北鐸黎州青溪開鎮軍皆足蜀人至今謂之倒般後以老歸成都[illegible]

交狩之泣涕數百里方免

李西華貞元中爲商州刺史商州西至藍田東至内鄉七百餘里山阻重沓小遇暴雨則隔絶行旅或露居糧絶旬日不止則牲往僵仆西華上請役功十餘萬置橋立廬又廻山通偏路以避盛水自是行李不滯

李景略貞元中爲豐州刺史西受降城使鑿咸應永清二渠溉田數百頃公私利焉

于頔爲湖州刺史因行縣至長城方山下有水曰西湖南朝疏鑿溉田三千頃歲久堙廢頔命設堤塘以復之歲獲秔稻蒲魚之利人賴以濟

高瑀元和初爲忠武軍節度使比年水旱人民薦饑瑀召集州民繞郭立堤塘一百八十里蓄洩既均人無飢年

孟簡元和中爲常州刺史簡始到郡開漕古孟瀆長四十一里得沃壤四千餘頃

李吉甫元和中爲淮南節度使吉甫於高郵縣築堤爲塘溉田數千頃人受其利

韋丹元和中爲江西觀察使江西邑屋皆以草覆竹椽常多火患及丹到悉以瓦木大革前俗

裴度爲興元觀察使寶曆二年度奏修斜谷路及創造館驛畢自京師抵漢中列郵傳於駱谷久矣而艱難阻險人常病之度既到鎮因訪故老熟其利害遂表請移路於斜谷橋梁館宇克期而就人心大愜

李聽爲靈武節度使境内有光祿渠廢塞歲久將議屯田詔聽復開舊渠溉田千餘頃至今賴之

王起大和中代裴度鎮襄陽爲民修淇堰以灌田一境利之

溫造大和中爲河陽節度使奏修河枋口堰役四萬功溉濟源河内溫縣武德武陟五縣百姓田五千餘頃

高播爲陳許節度使奏修築許州繞城水堤及開渠溝周回一

百八十里畢功

高駢咸通末爲安南都護奏開本州海路從之初交阯以北距南海有水路多覆巨舟駢往視之乃有橫石隱然在水中因奏請開鑿以通南海之利其表略云人牽財利石限衡津纔登一去之舟便作九泉之計今若稍加疏鑿以導往來自然貨殖貿遷華戎利涉時有詔聽之駢乃召工者啖以厚利竟削其石交廣之民至今賴之以濟焉

晉陳暉爲靈州節度使作舟車百數代民轉輸行商坐賈蠲其征稅勸民播植薄其賦斂蕃漢貨易禁其欺詒屬郡筦榷田課悉復

漢慕容彥超爲磁州刺史地饒水田則西門豹史起所理漳滏十二磴之遺跡也時以郡邑荐饑溝渠堙塞彥超日引巳之親僕及郡牙散卒出俸錢以給其食自旦及夕親令開鑿朞歲之間民獲其惠及以政聞於朝遷領單州百姓遮留於路彥超始以代者未至營渠不息左右勸而止之彥超曰有未成功處與成之何頓輟而不終其志也聞者嘉之

勸課

易曰利物足以和義書曰厚生以養民班固之述循吏曰所居民富由漢而下牧守之可紀者曷嘗不以勸課爲先焉乃有勗之以耕耨勉之以樹藝鑄作平田器教率乎稼政教之以孳畜而豢養無厭訓之以蠶績而縑帛是供居上者勤身以濟衆在下者知方而從化弊俗不革美利敦洽繇是家給人足政平訟治恥格之風著德讓之道隆管子所謂衣食足知榮辱者其識治體矣

漢黃霸爲潁川太守務耕桑節用殖財種樹畜養去食穀馬米鹽靡密初若煩碎米鹽言雜碎而且細然霸精力能推行之

龔遂爲渤海太守既罷盜民安土樂業遂迺開倉廩假貧民[illegible]選用良吏尉安牧養焉遂見齊俗奢侈好末技不田作迺躬率以儉約勸民務農桑令口種一樹榆百本薤五十本葱一畦韭一畦一家則五畦也家二母彘五雞此養之也民有帶持刀劍者使賣劍買牛賣刀買犢曰何爲帶牛佩犢春夏不得趨田畝趨謂秋冬課收斂益蓄果實蔆芡蔆芰也芡雞頭也勞來循行郡中皆有畜積吏民皆富實獄訟止息

邵信臣爲南陽太守爲人勤力有方略好爲民興利務在富之躬勸耕農出入阡陌止舍離鄉亭言休息之時皆有野次稀有安居時府縣吏家子弟好游敖不以田作爲事輒斥罷之甚者案其不法以視好惡其化大行郡中莫不耕稼力田百姓歸之戶口增倍

後漢樊準爲鉅鹿太守時飢荒之餘人庶流迸家戶且盡準課督農桑廣施方略朞年間穀粟豐賤數十倍

任延爲九真太守九真俗以射獵爲業不知牛耕民常告糴交阯每致困乏延乃令鑄作田器教之墾闢田疇歲歲開廣百姓充給

樊曄爲揚州牧教民耕田種樹理家之術視事十餘年茨充爲桂陽太守善其政教民種殖桑柘麻紵之屬勸令養蠶織屨民得利益焉東觀記載元和中荊州刺史上言臣行部入長沙界觀者皆徒跣臣問御佐曰人無屨亦苦之否御佐對曰十二月盛寒時并多剖裂血出燃火燎之春溫或膿潰建武中桂陽太守茨充教人益種桑柘養蠶人得其利至今江南頗知桑蠶織屨皆充之化也

崔寔爲五原太守五原土宜麻枲而俗不知織績民冬月無衣積細草而臥其中見吏則衣草而出寔至官斥賣儲峙爲作紡績織紝練縕之具以教之民得以免寒苦紝織布者縕枲也

王景爲廬江太守先是百姓不知牛耕致地力有餘而食常不足郡界有楚相孫叔敖所起芍陂稻田景乃驅率吏民修起蕪廢教用犂耕由是墾闢倍多境內豐給遂銘石刻誓令民知常禁又訓令蠶織爲作法制皆著于鄉亭廬江傳其文辭

劉虞爲幽州牧舊幽部應接荒外資費甚廣歲常割青冀賦調二億有餘以給足之時處處斷絕委輸不至而虞務存寬政勸

督農植開上谷胡市之利通漁陽鹽鐵之饒民悅年登穀石三十
魏杜畿為河東太守漸課民畜牸牛草馬下逮雞豚犬豕皆有
章程百姓勤農家家豐實蘇則為金城太守時喪亂之後則親
自教民耕種其歲大豐由是歸附者日多
皇甫隆為燉煌太守初燉煌不甚曉田常灌溉滀水使極濡洽
然後乃耕又不曉作耬犁用水及種人牛功力既費而收穀更
少隆到教作耬犁又教衍溉歲終之計其所省庸力過半得穀
加五又燉煌俗婦人作裙攣縮如羊腸用布一匹隆又禁改之
所省復不訾
夏侯惇領陳留濟陰太守時大旱蝗蟲起惇乃斷太壽水作陂
身自負土率將士勸種稻民賴其利轉領河南尹
顏斐為京兆太守始京兆從馬超破後民人多不專於農殖又
歷數四二千石取解目前亦不為民作久遠計斐到官乃令屬
縣整阡陌樹桑果是時民多無車牛斐又課民以閑月取車材
使轉相教匠作車又課民無牛者令畜豬狗賣以買牛始者民
以為煩一二年間家家有丁車大牛又起文學聽吏民欲讀書
者復其小徭又於府下起菜園使吏役閑鉏治課民當輸租時
車牛各因便致薪兩束為冬寒冰炙筆硯於是風化大行吏不
煩民民不求吏京兆與馮翊扶風接界二郡道路既穢塞田疇
又荒萊人民饑凍而京兆皆整頓開明豐富常為雍州十郡最
王昶為洛陽典農時都畿樹木成林昶斫開荒萊勤勸百姓墾
田特多遷兗州刺史
鄭渾為魏郡太守郡下百姓苦乏林木乃課樹榆為籬并益樹
五果榆皆成藩五果豐實入魏郡界村落齊整如一民得財足
用饒
鄧艾為汝南太守所在荒野開闢軍民並豐晉王宏字正宗為
汲郡太守撫百姓如家耕桑樹藝屋宇阡陌莫不躬自教示田
盡事宜在郡有殊績司隸校尉石鑒上其政術武帝下詔稱之

苑晏為涼州刺史轉雍州于時西土荒毀氐羌蹈藉田桑失收
百姓困斃晏傾心化導勸以農桑所部甚賴之
劉弘為荊州刺史勸課農桑寬刑省賦歲用有年百姓愛悅
祖逖為豫州刺史躬自儉約勸督農桑克己務施不畜資產子
弟耕耘負擔樵薪
桓宣為江夏相鎮襄陽招懷初附勸課農桑簡刑罰略威儀或
載鉏耒於軺軒或親耘穫於隴畝
宋申恬為青州刺史加督冀州齊地連歲興兵百姓阽弊恬初
防衛邊境勸課農桑二三年間遂皆優實
南齊劉善明為海陵太守郡境邊海無樹木善明課民種榆雜
菓遂獲其利
梁徐摛為新安太守至郡為治清靜教民禮義勸課農桑期月
之中風俗便改
孫謙為零陵太守謙為郡縣常勤勸課農桑務盡地利收入常
多於隣境
後魏崔寬為秦州刺史先是河東年飢劫盜大起寬至修龔遂
之法勸課農桑周年之間寇盜止息
呂羅漢父溫為上黨太守善勸課有治名
杜纂為清河內史勸督農桑親自檢視勤者賞以物帛惰者加
以罪譴弔死問生甚有恩紀
後周郭彥孝為豐州刺史蠻左生梗未遵朝憲至於賦稅違命
者多聚散無常不營農業彥孝勸以耕稼禁其遊獵民皆務本
家有餘糧亡命之徒咸從賦役先是以澧州糧儲乏少每令荊
州遞送自彥孝蒞職倉庾充實無復轉輸之勞
隋公孫景茂為道州刺史好單騎巡人家至戶入閱視百姓産
業有修理者於都會時乃褒揚稱述如有過惡隨即訓導而不
彰也由是人行義讓有無均通男子相助耕耘婦人相助紡績
大村或數百戶皆如一家之務

唐竇軌貞觀初爲洺州都督洺陽因隋末長亂人多浮僞軌並遣務農各令屬縣有游手怠惰者皆按之由是人吏懾憚風化整肅

蘇幹爲魏州刺史時河北饑饉吏苛暴百姓多有流散乃督察姦吏務勸農桑由是逃散者皆復業

劉晏爲京兆尹奏當府蒿荒地其太半戶有能復業請蠲免三年差科如無復業者請散給居人及客戶幷貧蔭家隨例納官稅所冀田畝不荒從之

李翺爲鄭州刺史作賦稅法得其條貫無兼并豪奪之家而農者競勸境內無荒田人到于今賴之

韋丹爲江西觀察使課百姓墾田人多儲蓄

張仲武爲幽州節度使以邊塞既寧尤勤撫養每春則勸農及夏親行縣以校其民之稼穡見稂莠不去者必撻之見滋長如雲者必坐於木陰觴酒肴以厚之

梁韓建唐末爲華州刺史建少勤農稼尤於勸課曲盡其能在華數年軍民饒衍

後唐張全義唐末爲河南尹洛都自黃巢大亂之后繼之以蔡賊十余年間冦盜往來都城灰燼無寸椽尺桷滿目荊榛李罕之尹正也唯部下聚居坊市窮民不滿百戶加以罕之貪殘治民無術流人來者尋復散去及全義爲尹鉏菜披榛招復流庸待之如子每歲農祥勸耕之始全義必自立畎畝問勞其耕者餉以酒食政寬事簡吏不敢犯繇是數年之間京畿無閑田民戶數十万

周知裕明宗朝歷絳州淄州刺史宿州團練使知裕老於軍旅勤於稼穡凡爲郡勸課皆有政聲朝廷嘉之

晉劉審交爲陳州刺史出省風俗見耕夫田器鈍鏵甚薄而拙乃於河北取樣特鑄造以給民

冊府元龜卷第六百七十八

冊府元龜卷第六百七十九

牧守部

廉儉第九

班固有言曰謹身帥先居以廉平不至於嚴而民從化者循吏之道也是知公廉則絶私清儉則寡欲故能使政平而訟理吏肅而民服焉周禮小宰之職弊羣吏之治者有六皆以廉爲本傳曰以約失之者鮮矣歷代而下居牧守之任以清白著稱者比比有之是皆以道化人砥名礪節確然有守涅而不緇者也至若斬馬芻而席羊皮衣袛裯而宿樹下者斯固克己過差偪下已甚然迹其矯抗亦有所激云

漢何並爲潁川太守名次黄霸性清廉妻子不至官舍　後漢張堪爲蜀郡太守後遷漁陽光武嘗召見諸郡計吏問其風土及前後守令能否蜀郡計掾樊顯進曰漁陽太守張堪昔在蜀其仁以惠下威能討姦前公孫述破時珍寶山積捲握之物足富十世而堪去職之日乘折轅車布被囊而已帝聞良久歎息

羊續爲南陽太守府丞嘗獻其生魚續受而懸於庭丞後又進之續乃出前所懸者以杜其意

第五倫爲會稽太守雖爲二千石躬自斬芻養馬妻執炊爨受俸裁留一月糧餘皆賤貿與民之貧羸者

趙咨爲東海相在官清簡計日受俸豪黨畏其儉節　袁忠爲沛相乘葦車到官以清亮稱

周紆爲勃海太守免歸紆廉絜無資常築墼以自給章帝聞而憐之復以爲郎

楊震爲東萊太守當之郡道經昌邑故所舉荆州茂才王密爲昌邑令謁見至夜懷金十斤以遺震震曰故人知君君不知故人何也密曰暮夜無知者震曰天知神知我知子知何謂無知密愧而出後轉涿郡太守性公廉不受私謁子孫常蔬食步行故舊長者或欲令爲開產業震不肯曰使後世稱爲清白吏子孫以此遺之不亦厚乎

楊秉震之子歷豫荆徐兗四州刺史遷任城相自爲刺史二千石計日受俸餘祿不入私門故吏齎錢八萬遺之閉門不受以廉絜稱

張禹爲下邳相巡行守舍止大樹下食糒飲水而已

羊陟爲河南尹計日受俸常食乾飯茹菜禁制豪右京師憚之

李膺爲蜀郡太守蜀之珍玩不入於門益州紀其政化

劉虞爲甘陵相綏撫荒餘以蔬儉率下後爲幽州刺史清靜儉約以禮義化民靈帝時南宮災吏遷補州郡者皆責助治宮錢或一千萬或二千萬富者以私財辦或發民財以備之貧而清慎者無以充調或至自殺帝以虞清貧特不使出錢

劉表在荆州幾二十年家無餘積

魏楊沛漢建安中代張既領京兆尹前後宰歷城守不以私計介意又不肯以事貴人故身退之後家無餘積治疾於家借舍從兒無他奴婢後占河南夕陽亭部荒田二頃起瓜牛廬居止其中其妻子凍餓沛病亡鄉人親友及故吏民爲殯葬之

梁習爲并州刺史在州二十餘年而居處貧窮無方面珍物明帝異之禮賜甚厚

司馬芝爲兗州刺史雖在軍旅常麤衣惡食儉以率下　令狐邵爲弘農太守所在清如冰雪妻子希到官省

孟康爲弘農太守時出案行皆豫敕督郵平水不得令屬官遣人探候脩設曲敬又不欲煩損吏民常豫敕吏卒行各持鐮所在刈馬草不止亭傳露宿樹下又所從常不過十餘人郡帶道路其諸過賓客自非公法其所出給若知舊造之自出於家康之始拜衆人雖知其有志量以其未嘗宰牧不保其能也而康恩澤治能乃彰吏民稱焉

裴潛歷代郡太守沛國相兗州刺史每之官不將妻子妻子貧乏織藜芘以自供爲兗州時嘗作一胡牀及其去也留以掛柱

高愼爲東萊太守老病歸家草屋蓬戶甕生無儲其妻謂之曰君累經宰守積有年歲何能不少爲儲畜以遺子孫乎愼曰我以勤身清名爲之基以二千石遺之不亦可乎

胡威字伯武荆州刺史質之子爲徐州刺史勤於政術風化大行後入朝武帝語及平生因歎其父清謂威曰卿孰與父清對曰臣不如也帝曰卿父以何爲勝耶對曰臣父清恐人知臣清恐人不知是臣不及遠也初質爲荆州威自京都定省家貧無車馬僮僕自驅驢單行每至客舍躬放驢取樵炊爨食畢復隨侶進道既至見父停廐中十餘日告歸父賜絹一匹爲裝威曰大人清高不審於何得此絹質曰是吾俸祿之餘以爲汝糧耳威受之辭歸質帳下都督先威未發請假還家陰資裝於百餘里要威爲伴每事佐助行數百里威疑而誘問之既知乃取所賜絹與都督謝而遣之後因他信以白質質杖都督一百除吏名其父子清白如此

晉鄭冲自尚書郎出補陳留太守以儒雅爲德蒞職無幹局之譽簞食縕袍不營資產世以此重之

鄧攸爲太子中庶子時吴郡闕守人多欲之元帝以授攸攸載米之郡俸祿無所受唯飲吴水而已其後以疾去職郡常有送迎錢數百萬攸去郡不受一錢

吴隱之爲晉陵太守在郡清儉妻自負薪及爲廣州刺史未至州二十里地名石門有水曰貪泉飲者懷無厭之欲隱之既至語其親人曰不見可欲使心不亂越嶺喪清吾知之矣乃至泉所酌而飲之因賦詩曰古人云此水一歃懷千金試使夷齊飲終當不易心及在州清操踰厲常食不過菜及乾魚而已帷帳器服皆付外庫時人頗謂其矯然亦始終不易帳下人進魚每剔去骨存肉隱之覺其用意罰而黜焉歸舟之日裝無餘資及至自番禺其妻劉氏齎沉香一斤隱之見之遂投於湖亭之水

王遜爲上洛太守私牛馬在郡生駒犢者秩滿悉以付官云是郡中所產也

謝尚爲江夏相始到官郡府以布四十匹爲尚造烏布帳尚壞之以爲軍士襦袴

丁潭爲東陽太守以清潔見稱

孔愉爲會稽内史在郡三年乃營山陰湖南侯山下數畝地爲宅草屋數間便棄官居之送資數百萬悉無所取病篤遺令斂以時服鄉邑義賵一不得受

陸納爲吴興太守將之郡先至姑孰辭桓溫因問溫曰公致醉可飲幾酒食肉多少溫曰年大來飲三升便醉白肉不過十臠復云卿何納曰素不能飲止可二升肉亦不足言後伺溫閑謂之曰外有微禮方守遠郡欲與公一醉以展下情溫欣然納之時王坦之刁彝在坐及受禮唯酒一斗鹿肉一柈坐客愕然納徐曰明公近云飲酒三升納止可二升今有一斗以備杯杓餘溫及賓客並歎其率素更勑中廚設精饌酣飲極懽而罷

納至郡不受俸祿頃之徵拜左民尚書領州大中正將應召外白宜裝幾舡納曰私奴裝糧食來無所復須也臨發止有被襆而已其餘並封以還官

殷仲堪爲荆州刺史連年水旱百姓饑饉仲堪食常五椀盤無餘肴飯粒落席間輒拾以噉之雖欲率物亦緣其性真素也每語子弟云人物見我受任方州謂我豁平昔時意今吾處之不易貧者士之常焉得登枝而捐其本耳其存之

桓嗣爲江州刺史莅事簡約脩所住齋應作版檐嗣命以茅代之版付船官

宋臨川王義慶爲荆州刺史性謙虛始至及去鎮迎送物並不受

劉亮爲梁益二州刺史在任廉儉不營財貨所得公祿悉以還官明帝嘉之下詔褒美

申恬爲青州刺史又督冀州性清約頻處州郡妻子不免飢寒世以此稱之死之日家無餘財

劉秀之爲梁州刺史[illegible]秀之折留俸祿二百八十萬付梁州鎮庫此外蕭然

王鎮之爲安成太守以母憂去職在官清潔妻子無以自給乃棄家致喪還上虞舊墓畢爲子標之求安復令隨子之官後爲廣州刺史宋高祖時爲相謂人曰王鎮之以著清績必將繼美吳隱之嶺南之弊非此不康也在鎮不受俸祿蕭然無營去官之日不異始至

江秉之爲新安太守轉臨海並以簡約見稱所得祿秩悉散之親故妻子常飢寒人有勸其營田者秉之正色曰食祿之家豈可與農人競利在郡作書案一枚及去官留以付庫

阮長之爲武昌郡先是郡縣田祿以芒種爲斷其此前去官者則一年秩祿皆入前人此後去官者則一年秩祿皆入後人始以元嘉末改此科計月分祿長之去武昌郡代人未至以芒種後一日解印綬初發京師親故或以器物贈別得便緘錄後歸悉以還之長之前後所莅官皆有風政爲後人所思

王琨自廷尉出爲廣州刺史先是刺史但經城門一過便得三千萬琨無所取納表獻祿俸之半州鎮舊有鼓吹又啓輸還及罷任孝武知其清問還資多少琨曰臣買宅百三十萬餘物稱之帝悅其對復爲廷尉加給事中

朱脩之爲雍州刺史徵爲左民尚書去鎮秋毫不犯計在州然油及牛馬穀草以私錢十六萬償之

南齊王延之初仕宋爲吳郡太守罷郡還家產無所增益後爲江州刺史在州祿俸以外一無所納

劉亮仕宋爲梁益二州刺史在任廉儉所得公祿悉以還官宋明帝下詔褒美

王僧虔爲湘州刺史清簡無所欲不營財產百姓安之

丘仲起爲晉平郡守清廉自立褚淵歎曰見可欲心能不亂揚公有以遺子孫也

劉懷慰[illegible]爲齊郡太守不受禮謁民有餉其新米一斛者懷慰出所食麥飯示之曰旦食有餘幸不煩此因著廉吏論以達其意太祖聞之手勑褒賞進督秦沛二郡妻子在都賜米三百斛兗州刺史柳世隆與懷慰書曰膠東流化潁川致美以今方古曾何足云

王沈爲長沙太守清廉戒慎身常居祿而居處日貧死之日無宅可憩故吏爲營棺柩

裴昭明爲廣陵太守常謂人曰人生何事須聚畜一身之外亦復何須子孫若不才我聚彼散若能自立則不如一經故終身不治產業

范述曾爲永嘉太守勵志清白不受饋遺明帝下詔褒美徵爲游擊將軍郡送故舊錢二十餘萬一無所受唯得白桐木火籠朴十餘枚而已

孔琇之爲臨海太守在任清約罷郡還獻乾薑二千斤世祖嫌少及知琇之清乃歎息

蕭赤斧爲雍州刺史在州不營產利勤於奉公

蕭惠基爲湘東武陵內史豫章東陽太守凡歷四郡無所蓄聚

蕭坦之爲右將軍東昏侯時遣延特主帥黃文濟領兵圍坦之宅殺之坦之從兄翼宗爲海陵郡將發坦之謂文濟曰從兄海陵宅故應無他文濟曰海陵宅在何處坦之告文濟曰應得罪仍遣收之檢家赤貧唯有質錢帖子數百還以啓帝原死繫尚方

梁庾蓽仕齊爲輔國長史會稽郡丞行郡府事時承凋弊之後百姓凶荒所在穀貴米至數千民多流散蓽撫循甚有治理唯守公祿清節逾厲至有經日不舉火太守永陽王聞而饋之蓽謝不受及天監元年卒停屍無以殮柩不能歸高祖聞之詔賜絹百匹米五十斛

顧憲之初仕齊爲豫章太守中興二年義師至建康高祖爲揚州牧徵憲之爲別駕從事史比至高祖已受禪憲之風疾漸篤

食求還吳天監二年就家受太中大夫憲之雖累經宰郡資無
擔石及歸環堵不免飢寒
楊公則初仕齊爲晉壽太守在任清潔自守後爲武寧太守在
郡七年資無擔石百姓便之及天監初爲湘州刺史四年徵中
護代至乘二舸便發送故一無所取
王僧孺天監初爲南海太守郡常有高凉生口及海船每歲數
至外國賈人以通貨易舊時州郡以半價就市又買而即賣其
利數倍歷政以爲常僧孺乃歎曰昔人爲蜀部長史終身無蜀
物吾欲遺子孫者不在越裝並無所取
任昉天監中爲義興太守在任清潔兒妾食麥而已友人彭城
到溉溉弟洽與昉共爲山澤遊及被代登舟止有米五斛既至
無衣鎭軍將軍沈約遣裙衫迎之
傅昭爲安成內史郡溪無魚或有暑月薦昭魚昭既不納又不
欲拒遂餒于門側又爲臨海太守郡有蜜巖前後太守皆自封

固專收其利昭以周文之囿與百姓共之大可喻小乃教勿封
縣令甞餉栗寘絹于簿下昭笑而還之
裴邃又爲梁秦二州太守開創屯田民吏獲安乃相率餉絹千餘
匹邃從容曰汝等不應爾吾又不可違納其絹二匹而已
夏侯亶歷爲六郡二州不修產業祿賜所得隨散親故性儉率
居處服用充足而已不事華侈晚年頗好音樂有妓妾十數人
並無被服姿容每有客常隔簾奏之時謂簾爲夏侯妓衣也
王瞻爲晉陵太守絜己爲政妻子不免飢寒
江革爲武陵王長史會稽郡丞行府州事門生故吏家多東州
聞革應至並齎持緣道迎候革曰我通不受餉不容獨當故人
筐篚至鎭唯資公俸食不兼味及徵爲都官尚書將還民皆戀
惜之贈遺一無所受送故依舊訂舫革並不納唯乘臺所給一
舸舸艚偏欹不得安臥或謂革曰船既不平濟江甚險當移徙重
物以迮輕艚革既無物乃於西陵岸取石十餘片以實之其清
貧如此
庾域爲懷寧太守罷任還家妻事井臼而域所衣大布餘俸
專充供養
蕭勵爲廣州太守邊海舊饒外國船至多爲刺史所侵每年舶
至不過三數及勵至纖毫不犯歲十餘至俚人不賓多爲海暴
勵征討所獲生口寶物軍賞之外悉送還臺前後刺史皆營私
蓄方物之貢少登天府自勵在州歲中數獻軍國所須相繼不
絕武帝歎曰朝廷便是更有廣州
蔡撙爲吳興太守口不言錢在吳興不飲郡井齋前自種白莧
紫茄以爲常餌詔褒其清加信武將軍
伏暅爲永陽內史在郡清絜治務安靜郡民何貞秀等一百五
十四人詣州言狀湘州刺史以聞詔勘有十五事爲吏民所懷
高祖善之徵爲新安太守在郡清恪如永陽時民賦稅不登者
輒以太守田米助之郡多麻苧家人乃至無以爲繩其屬志如

此屬縣始安新安海寧並同時生爲立祠
孫謙自少及老歷二縣五郡所在廉潔居身儉素牀施蘧蒢屛
風冬則布被莞席夏日無幬帳而夜未嘗有蚊蚋人多異焉
何遠爲武昌太守杜絕交游饋遺秋毫無所受武昌俗皆汲江
水盛夏遠患水溫每以錢買民井寒水不取錢者則摙水還之
其他事率多如此迹雖似偽而能委曲用意車服尤弊素器
物銅漆江左多水族甚賤遠每食不過乾魚數片而已
蕭洽爲南徐州治中既近畿重鎭吏數千人前後居之者皆致
巨富洽爲之清身率職饋遺一無所受妻子不免飢寒
范縝爲晉安太守在郡清約資公祿而已
王勱爲南海太守行廣州府事越中饒沃前後守宰例多貪縱
勱獨以清白著聞
王珍國爲桂陽內史罷任還都路經江州刺史柳世隆臨渚餞
別見珍國還裝輕素乃歎曰此真可謂良二千石也

陳孔奐為晉陵太守晉陵自宋齊已來舊為大郡雖經寇擾猶為全實前後二千石多行侵暴奐清白自守妻子並不之官唯以單舡臨郡所得秩俸隨即分贍孤寡郡中大悅號曰神君昫阿富人殷綺見奐居處儉素乃餉衣襲氈被一具奐曰太守身居美祿何為不能辦此但民有未周不容獨享溫飽耳勞鄉厚意幸勿為煩

後魏廣陵侯衍性清慎所在廉絜又不營產業歷牧四州皆有稱績亡日無斂屍具

陸馛為相州刺史在州七年家至貧約徵為散騎常侍吏民大斂布帛以遺之馛一皆不受

苟孤為并州刺史不治產死之日家無餘財百姓追思之

劉芳為青州刺史為政儒緩不能禁止姦盜而廉清寡欲無犯公私

崔挺為光州刺史掖縣有人年踰九十板轝造州自稱少曾充使林邑得一美玉方尺四寸甚有光彩藏之海島垂六十歲忻逢明治今願奉之挺曰吾雖德謝古人未能以玉為寶遣船隨取光潤果然竟不肯受仍表送都

韓麒麟為齊州刺史卒於官臨終之日唯有俸絹數十匹其清貧如此

沈文秀為持節平南將軍懷州刺史是時河南富饒人好奏遺文秀一無所納卒守清貧

邢臧為東牟太守時天下多事在職少能廉白臧獨清慎奉法吏人愛之

羊敦為廣平太守雅性清儉屬歲飢饉家餽未至使人外尋陂澤採藕根而食之遇有疾苦家遂解衣質米以供之

張恂為廣平太守時喪亂之後罕能克厲唯恂當官清白不營產業身死之日家無餘財

張彝延興中為魯郡太守履行貞素聲績著聞妻子樵採以自供孝文深嘉其能還京兆太守所在清白得吏民之忻心焉

泉企為東雍州刺史性清約纖毫不擾於民在州三年每於鄉里運米以自給

北齊杜弼初行海州事又除膠州刺史儒雅寬恕尤曉吏職所在清絜為吏民所懷

祖鴻勳為高陽太守在官清素妻子不免寒餒時議高之

石曜字白曜中山安喜人居官至清儉武平中為黎陽郡守值斛律武都出為兗州刺史武都即丞相咸陽王世子皇后之兄性甚貪暴先過衛縣令丞已下聚斂絹數千匹以遺之及至黎陽令左右諷動曜及郡治下縣官曜手持一縑而謂武都曰此是老石機杼聊以奉贈自此外並須出於吏民之物一毫不敢輒犯武都亦知曜清素純儒笑而不責

蘇瓊為南清河太守郡民趙潁曾為樂陵太守年八十因事歸五月初得新瓜一雙自來送潁恃年老苦請便為留仍致於聽事梁上竟不剖人遂競貢新果至門聞之潁瓜猶在相顧而去

郎基為潁川郡守性清儉無所營求曾語人云任官之所木枕亦不須作況重於此乎唯頗令寫書潘子義曾遺之書曰在官寫書亦是風流罪過基答書曰觀過知仁斯亦可矣

後周宮永初仕魏大統初為東雍州刺史性清廉家無蓄積妻子不免飢寒世以此稱之

孟信魏末為趙平太守政尚寬和權豪無犯山中老人曾持酒饋之信和顏接引慇懃慰勞乃自出酒以鐵鐺溫之素木盤盛蕪菁菹器唯此而已乃以一鐺借老人與執一盃各自斟酌申酬酢之意謂老人曰吾至郡來無人以一物見遺今卿獨有此餉且食菜已久欲為卿受一𤘽髀耳酒既自有不能相費老人大悅再拜擘𤘽進之酒盡方別

泉仲遵歷洛郢南洛三州刺史歷官之處皆以清白見稱

劉璠為同和郡守生羌降附前後郡守多經營以致貲產唯璠

秋毫無所取妻子並隨羌俗食麥衣皮始終不改

韋瑱為瓜州刺史州通西域蕃夷往來前後刺史多受賂遺故寇拒邊又莫能禦瑱雅性清儉兼有武略蕃夷贈遺一無所受胡人畏威不敢為寇公私安靜夷夏懷之

申徽為襄州刺史時南方初附舊俗官人皆通餉遺徽性廉慎乃畫楊震像於寢室以自戒

竇熾為原州刺史州城之北有泉水熾屢經遊踐嘗與僚吏宴於泉側因酌水自飲曰吾在此州唯當飲水而已及去職之後人吏感其遺惠每至此泉者莫不懷之

寇雋為梁州刺史在州清苦不治產業其子等並徒步而還吏民送雋留連於道久之乃得出界

辛慶之為荊州刺史率性儉素車馬衣服亦不尚華侈志量淹雅有儒者風度特為當時所重

裴俠為河北郡守躬履儉素愛人如子所食唯菽麥鹽菜而已

吏人懷之以郡舊制有漁獵夫三十人以供郡守俠亦不以私並收庸為市官馬歲時既積馬遂成群去職之日一無所取

王思政為荊州刺史都督藺小歡督治城塹掘得黃金三十斤夜中密送之至旦思政召佐吏以金示之曰人臣不宜有私悉封金送上太祖嘉之賜錢二十萬

隋庫狄士文為貝州刺史性清苦不受公料家無餘財其子嘗噉官廚餅士文枷之於獄累日杖之二百步送還京又嘗入朝隋文帝賜公卿入左藏任取多少人皆極重士文獨口銜絹一匹兩手各持一匹帝問其故士文曰臣口手俱足餘無所須帝異之別齎遺之後為雍州刺史薨死家無餘財有三子朝夕不繼親賓無贍之者

柳儉為邛州刺史坐與蜀王秀交通免職及還鄉里乘弊車羸馬妻子衣食不贍見者咸歎服焉

唐李大亮太宗貞觀中為越州都督在州寫書數百卷及去皆委之廨宇

皇甫無逸貞觀中歷同州刺史寧州都督閉門自守不通賓客左右不得出外所貿易者往他州每按部樵采不犯於人嘗夜宿人家遇燈炷盡主人將續之無逸遽抽佩刀斷衣帶以為炷其廉介如此

王方慶則天時為廣州都督地際南海歲有崑崙乘舶以珍物與中國交市舊都督路元叡冒求其貨崑崙懷刃殺之方慶在任數載秋毫不犯

蘇瓌為揚州大都督府長史歲時轉陝州刺史揚州地當衝要多富商大賈珠翠珍玩之產承前長史皆致之數萬唯瓌挺身而還時論服其清絜

宋務則為廬州刺史經數月代到還鄉里無淮南一物唯有所乘馬一匹諸子徒步從而歸

劉允濟中宗神龍初為青州長史為吏清白河南道巡察使路

敬潛[illegible]薦之

李齊物肅宗乾元中歷鳳翔京兆尹清廉自飭人吏莫敢抵犯

李勉代宗大曆中為廣州刺史前後西域船泛海者歲纔四五勉性絜廉舶來都不檢閱故末年舶至者四十餘在官累年器用車服無增飾者耆老以為可繼前朝宋璟盧奐李朝隱之徒人吏詣闕請立碑代宗許之

韓滉德宗貞元初為潤州節度持節儉志在奉公衣裘茵衽十年一易居處陋薄纔蔽風雨弟洄嘗於故里宅增修廊宇滉自江南至即命撤去之曰先公容焉吾輩奉之常恐失墜所有摧圮葺之則已豈敢改作以傷儉德

薛苹為浙西觀察使理身儉薄嘗衣一綠袍十餘年不易恩加朱紱然後解去苹歷三鎮凡十餘年家無聲樂俸祿悉以散親族故人子弟

裴玢為鄜坊節度使憲宗元和三年改興元尹山南西道節度使玢武人為政以清廉聞衣服飲食同於士卒故遷授大鎮

孔戣元和末爲華州刺史戣剛正清儉南海舊刺史之[illegible]判之[illegible]
産其家

韋丹爲潤睦常三州刺史浙東觀察使儉身勵約下務匪名崇
人之餘散宗族身殁之後人無識焉

令狐楚爲宣武軍節度使先是汴州主帥始至率以錢二百萬
實其私藏楚悉以歸公府由是汴人愛其廉儉爲戶部尚書

殷侑爲桂州觀察使轉江西觀察使皆以廉絜著稱

盧鈞文宗開成中爲廣州節度先是番舶到府節度使已下争
以賤估其珍貨鈞悉不問時人服其絜廉

王龜懿宗咸通中爲浙東觀察使凡天下有倉庫羨餘皆歸于
本州名曰實設庫以備地主之費龜所至兩州有給于公者則
給之或遊客故之皆以己俸而奉之餘可知矣

晉郭延魯初仕後唐與復州刺史正俸之外未嘗斂貸賦事求
理一郡賴焉

[illegible]在襄陽有蠻吏[illegible]課外獻白金二十鋌漢筠曰非
分納發遣則刻削闔閭吾有正俸此何用焉因戒其主者不得
復然其白金皆以狀上進有詔嘉之

安元信少帝開運二年爲復州防禦使卒元信歷數任皆名郡
世親族嘗謂曰公身俸二千石[illegible]有白髮家無肥美田園何以
爲子孫計元信曰吾本無文經武略遭遇先帝風雲之會繼授
郡印位在親人平生之望過矣每以衣食豈足爲愧安有積貨
治産欲爲兩犬輩後面不亦愚乎聞者美之

漢武漢球爲洺州刺史至郡未幾以目疾請代乾祐二年秋卒
於京師漢球雖出自行伍然長於撫理常以掊斂爲戒民懷其
惠身死之日家無餘財

冊府元龜卷第六百七十九

牧守部

靜理　推誠

靜理

夫古之爲政者曷嘗不崇清淨以致治資簡易以成化故老氏著玄默之教仲尼垂恥格之訓蓋斯民三代之所以直道而行也豈可挾術而致擾哉漢室而下良牧相繼乃有推寬大之志布仁厚之德宣流愷悌敦修禮讓事務通恕悉蠲煩苛或反已而自思獄訟以止或責成而委任曹事咸舉物安其所民受其賜斯足以爲循吏之稱首矣

漢曹參初爲齊相使者召參參去屬其後相曰以齊獄市爲寄愼勿擾也後相曰治無大於此者乎參曰不然夫獄市者所以并容也今君擾之姦人安所容乎吾是以先之（孟康曰夫獄市者兼受善惡若窮極姦人姦人無所容竄久且爲亂秦人極刑而天下畔孝武峻法而獄繁此其效也）

兒寬爲左內史治民勸農業緩刑罰理獄訟卑體下士務在於得人心擇用仁厚士推情與下不求名聲吏人大信愛之

汲黯爲東海太守學黃老言治官民好清靜擇丞史任之（擇郡丞及史任之也鄭當時爲大司農官屬丞史亦是也）責大指而已不細苛黯多病臥閤內不出歲餘東海大治

黃霸爲潁川太守力行教化而後誅罰（力謂勤力也言先以德教化於下若有弗從然後用刑罰也）務在成就全安長吏（不欲易代及損傷）許丞老病聾督郵白欲逐之霸曰許丞廉吏雖老而能拜起送迎正頗重聽何傷且善助之毋失賢者意或問其故霸曰數易長吏送故迎新之費及姦吏緣絕簿書盜財物（緣因也因交代之際而弃匿簿書以盜官物也）公私費耗甚多皆當出於民所易新吏又未必賢或不如其故徒相益爲亂凡治道去其泰甚矣

龔遂宣帝時選爲渤海太守遂曰臣聞治亂民猶治亂繩不可急也唯緩之然後可治臣願丞相御史且無拘臣以文法得一

切便宜從事帝許之

薛宣爲右馮翊性密靜有思（有智思也）思省吏職求其便安（省視也）下至財用筆研皆爲設方略利用而省費（利便也省減也使便於用而減於費也）吏民稱之郡中清靜

後漢衞颯字子產河內脩武人也建武初爲桂陽太守理卹民事居官如家其所施政莫不合於物宜視事十年郡內清理

鮑永爲揚州牧時南土尚多寇暴永以吏人痍傷之後乃緩其銜轡示誅彊橫而鎮撫其餘百姓安之

馬援爲隴西太守務開寬信恩以待下任吏以職但總大體而已賓客故人日滿其門諸曹時白外事援輒曰此丞掾之任何足相煩頗哀老子使得遨遊若大姓侵小民黠羌欲旅距此乃太守事耳

劉寵爲會稽太守山民愿朴乃有白首不入市井者頗爲官吏所擾寵簡除煩苛禁察非法郡中大化

王況字文伯性敦篤爲陳留太守以德行化人

杜安爲巴郡太守率身正下以禮化俗

郭賀爲河南尹以清靜稱

廉范歷武威武都二郡太守隨俗化導各得治宜建初中遷蜀郡太守其俗尚文辯好相持短長范每厲以淳厚不受偷薄之說

魏霸爲鉅鹿太守以簡朴寬恕爲政掾吏有過要先誨其失不改者乃罷之

王堂爲魯相政存簡一至數年無亂訟

張敏爲汝南太守清約不煩用刑平正有理能名

任延更始初拜會稽都尉時年十九迎官驚其壯（驚其少壯也）及到靜泊無爲唯先遣饋禮祠延陵季子

盧植爲九江太守以疾去官會南夷反叛以植嘗在九江有恩信拜爲廬江太守植深達政宜務存清靜弘大體而已

魏華歆漢末爲豫章太守以爲政清靜不煩吏民感而愛之

游楚字仲元漢末爲蒲阪令漢興隴西太守爲人慷慨歷位至守所在以恩德爲治不好刑殺

孟康齊王正始中爲弘農守領典農校尉康到官清已奉職嘉善而矜不能省息獄訟緣民所欲因而利之郡領吏二百餘人涉春遣休常四分遣一事無宿諾

楊阜爲武都太守郡濱蜀漢阜請依龔遂故事安之而已

蜀楊戲出領梓潼太守入爲射聲校尉所在清約不煩

晉傅嘏爲河南尹河南尹內掌帝都外統京畿兼古六鄉六遂之士其民異方雜居多豪門大族商賈胡貊天下四方會利之所聚而姦之所生前尹司馬芝舉其綱而太簡次尹劉靜綜其目而太密後尹李勝毁常法以收一時之聲嘏立司馬氏之綱統裁劉氏之綱目以經緯之李氏所毁以漸補之郡有七百吏半非舊也河南俗黨五官掾功曹典選職皆授其本國人無用異邦人者嘏各舉其良而對用之官曹分職而後以次考核之其治以德教爲本然持法有常簡而不可犯見理識情獄訟不加榜楚而得其實不爲小惠有所薦達及大有益於民事皆隱其端迹故不由己出故當時無赫赫之名吏民久而後安之

和嶠爲潁川太守爲政清簡甚得百姓懽心

樂沖爲陳留太守沖以儒雅爲德莅職不爲幹局之譽

王承爲東海太守政尚清靜不爲細察

王述爲臨海太守遷會稽内史莅政清肅終日無事

劉惔爲丹陽尹爲政清整門無雜賓時百姓頗有訟官長者諸郡往往有相舉正惔歎曰夫居下訕上此弊道也古之善政司契而已豈不以其敦本正源鎮靜流末乎君雖不君下安可以失禮若此風不革百姓將往而不返遂寢而不問

宋王弘爲江州刺史至州省賦簡役百姓安之

張茂度爲廣州刺史綏靜百越嶺外安之

謝述爲吳興太守在郡清省爲吏民所愛

袁湛爲吳郡太守歷二千石莅政和理爲吏民所稱

段佛榮爲豫州刺史莅任清謹爲西土所安

南齊裴昭明爲廣陵太守明帝以其在事無啓奏代還責之昭明曰臣不欲競執關捷故耳

王綸之爲吳興太守爲政寬簡稱良二千石

張岱爲吳興太守歷中二千石岱晚節在吳興更以寬恕著名

梁王峻仕齊爲桂陽內史會高祖義師起上流諸郡多相驚擾峻閉閤靜坐一郡怙然百姓賴之又爲宣城太守爲政清和吏民安之

江蒨爲晉安內史在政清約務在寬簡吏民便之

馮道根爲南梁太守豫州刺史歷處州郡和理清靜爲下所懷

張充爲義興太守爲政清靜民吏便之

王志爲丹楊尹爲政清靜去煩苛

徐摛爲新安太守至郡爲治清靜教民禮義勸課農桑朞年之間風俗便改

張纘爲吳興太守治郡省煩苛務清靜民吏便之

蕭子雲爲臨川內史在郡以和理民吏悅之

謝舉爲豫章內史爲政和理甚得民心後爲晉陵太守在郡清靜百姓化其德境內肅然

范述曾爲永嘉太守爲政清平不尚威猛民俗便之

任昉爲新安太守在郡不事邊幅率然曳杖徒行邑郭民通辭訟者就路決焉爲政清省吏民便之

范雲爲零陵內史在任潔己省煩苛去游費百姓安之又爲始興內史郡多豪猾大姓二千石有不善者謀共殺害不則逐去之邊帶蠻俚尤多盜賊前內史皆以兵刃自衛雲入境撫以恩德罷亭候商賈露宿郡中稱爲神明

韋放爲竟陵太守在郡和理爲吏民所稱

王承爲東陽太守爲政寬惠吏民悅之

伏暅爲永陽内史在郡清潔政務安靜
張緬爲豫章内史爲政任恩惠不設鉤距吏人化其德亦不敢
欺故老咸云數十年未有也
劉孺爲晉陵太守在郡和理爲吏民所稱
謝朏爲義興太守加秩中二千石在郡不省雜事悉付綱紀曰
吾不能作主者吏但能作太守耳
劉鈞爲臨川内史體多疾閉閤卧理而百姓化其德劫盜皆奔
出境
陶季直爲東莞太守在郡號爲清和後爲建安太守爲政清靜
百姓便之
王茂爲江州刺史歷丹陽尹性寬厚居官雖無譽亦爲吏民所安
褚翔爲義興太守在政潔已省繁苛去游費百姓安之
蕭洽爲臨海太守爲政清平不尚威猛民俗便之
陳王勱爲晉陵太守時兵饑之後郡中凋弊勱爲政清簡吏民

便安之
魯達爲巴州刺史爲政簡要推誠任下吏民便之
後魏彭城王勰爲揚州刺史簡刑導禮與民休息州境無虞遐
邇安靜
樂安王範爲長安鎮都大將謙恭惠下推心撫納百姓稱之時
秦土新離寇賊流亡者相繼請崇易簡之禮帝納之於是遂寬
徭與人休息
張白澤爲雍州刺史清心少欲吏民安之
茹皓爲濮陽太守清簡寡事
張袞爲幽州刺史清儉寡欲勸課農桑百姓安之
尋儁爲荊州刺史在州五載清靖寡事爲吏民所安
賈禎爲魯陽太守清素善撫接得百姓情
高祐爲長樂太守爲政寬惠民庶安之
陸惟爲相州刺史政尚寬惠民吏安之

鄭約歷東萊魯郡二郡太守爲政清靜吏民安之
韓麒麟爲齊州刺史在官寡於刑罰從事劉普慶説麒麟曰明
公仗節方夏而無所斬戮何以示威麒麟曰刑罰所以止惡蓋
不得已而用之民不犯法何以戮乎若必須斬戮以立威名當
以卿應之普慶慚懼而退
游明根爲東兗州刺史爲政清平新民樂附
房景伯爲齊州輔國長史值刺史死勑行州事政存寬簡百姓
安之
韋崇爲南潁川太守不好發擿細事常云何用小察以傷大道
吏民感之郡中大治
李訢爲相州刺史爲政清簡明於折獄姦盜止息百姓稱之
劉元孫起家拜蘭陵太守治以清靜爲名
鄭道昭爲光州刺史轉青州刺史其在二州政務寬厚不任威
刑爲吏民所愛

薛高爲濟州刺史爲政寬簡百姓安之
畢祖朽爲東豫州刺史祖朽善撫邊人清平有信務在安靜百
姓稱之
王襲爲并州刺史太和中孝文輿駕詣洛路幸其治供帳粗辦
境内清靜帝頗嘉之
李平爲太子中庶子平因侍從容請自效一郡孝文曰卿復欲
以吏事自試也拜長樂太守政務清靜吏民懷之
裴叔義爲兗州安東府外兵參軍累遷太守爲政清靜吏民安之
裴芬爲東秦州刺史在州有清靜之稱
柳僧習爲北地太守爲政寬平氐羌悦愛
賈思同爲襄州刺史雖無明察之譽百姓安之
曹世表爲清河太守治官省約百姓安之
張烈爲瀛州刺史爲政清靜吏民安之
范紹爲并州刺史清慎守法頗得民和

劉道斌爲弘農太守遷岐州刺史所在有清治之稱
張偉爲營州刺史在州郡以仁德爲先不任刑罰清身率下宰
守不敢爲非
王翊爲濟州刺史清靜愛民有政治之稱
北齊堯雄初仕東魏爲豫州刺史雄雖武將而性質寬厚治民
頗有誠信爲政去煩碎舉大綱而已
段榮爲濟州刺史歷相州泰州事皆溫和所歷皆推仁恕民吏
愛之
段韶爲并州刺史爲政舉大綱不存小察甚得民和韶又有幹略兼爲洛州刺史雖武將而性和直不甚貪暴雖無善政不爲吏民所苦
後周閻慶爲寧州刺史性寬和不苛察百姓悅之
馮遷爲廣漢郡守時蜀土初平人情擾動遷政在簡恕夷俗頗
安之
李穆爲并州總管時東夏再平人情尚擾穆鎮之以靜百姓安之

[illegible]之儀爲集州刺史在州清靜夷夏悅之
李和爲漢陽郡守治存寬簡百姓稱之後爲夏州刺史又除洛
州刺史和前在夏州頗留遺惠及有此授商洛父老莫不想望
德音和至州以仁恕訓物獄訟爲之簡靜
冀儁爲襄樂郡守遷胡州刺史性靜退每以清約自處前後所
歷頗有聲稱
梁椿爲渭州刺史在州雖無他政績而夷夏安之
王雅爲鄜城郡守政尚簡易吏人安之
韓果爲華州刺史爲政寬簡吏民稱之
皇甫璠爲隨州刺史政存簡惠百姓安之
王子直爲行瓜州事性清靜務以德政化民西土悅附
庾信爲洛州刺史多識舊章爲政簡靜吏民安之
魏玄爲熊州刺史政存簡惠百姓悅之
韋秋崎爲益州刺史性寬和尚清靜爲夷獠所安

隋柳裘爲許州刺史在官清簡吏民懷之
河間王弘出爲寧州總管在州治尚清靜甚有恩惠
韋世康爲絳州刺史以雅望鎮之合境清肅又爲荆州總管爲
政簡靜百姓愛悅合境無訟
崔[illegible]爲秦州刺史爲政清簡士庶懷惠
柳儉爲蓬州刺史獄訟者庭遣不爲文書約束吏從容而已獄
無繫囚蜀王秀時鎮益州列上其事遷邛州刺史
公孫景茂爲息州刺史法令清靜德化大行
梁彥光初爲岐州刺史其俗頗質以靜鎮之合境大化
唐楊恭仁隋末爲甘州刺史恭仁務舉大綱不爲苛察戎夏安
之文帝謂雄曰恭仁在州甚有善政非唯朕舉得人亦是卿義
方所致也
襄武王琛爲晉州道行臺總管撫衆寬簡大爲民吏所附
宇文士及貞觀初爲蒲州刺史爲政寬簡吏人安之

張文瓘貞觀中爲亳州刺史政清簡百姓安之
田留安貞觀中歷徐宋二州都督皆以寬簡爲吏人所安
高智周爲壽州刺史政存寬惠百姓安之
霍王元軌前後爲刺史至州唯闔閤無爲吏事責成於長史司馬
陸象先爲益州大都督府長史仍爲劍南道按察使在官務以
寬仁爲大政司馬韋抱貞言曰望明公稍行杖罰以立威名不
然恐下人怠墮無所懼也象先曰爲政者理則可矣何必嚴刑
樹威損人益己恐非仁恕之道竟不從抱貞之言象先玄宗開
元中爲蒲州刺史仍爲河東道按察使嘗有小吏犯罪但示語
而遣之錄事白曰此例皆合與杖象先曰人情相去不遠此豈
不解吾言若其必須行杖即當自汝爲始錄事慚懼而退象先
嘗謂人曰天下本自無事祇是庸人擾之始爲繁耳但當靜其
源則亦何憂不簡前後爲刺史其政如一吏咸懷思之
李適之爲河南尹適之性簡率不務苛細人吏便之

倪若水爲汴州刺史政尚清静人吏安之
苗晉卿天寶中爲金州刺史歷魏郡太守政化大行晉卿寛厚廉謹爲政舉大綱不問小過所在有惠化
郄景山肅宗至德初爲揚州長史淮南節度使政理簡肅聞於朝廷
崔衍爲宣歙池觀察使政務簡便人頗懷之
韋夏卿爲京兆尹東都留守爲政務遥適不喜改作
魏少遊早以吏幹知名累遷京兆尹居職緣飾成務不爲事首有規模善任人果於集事前後四領京兆雖無赫赫之名而歡趣廉謹有足稱者
張延賞爲河南尹時河洛兵戈之後邑里丘墟延賞政尚易簡東都甚理
張鎰代宗大曆中爲濠州刺史爲政清静州事大理
李勉爲京兆尹政尚簡肅甚有時稱及爲滑亳永平節度在鎮八年以舊德清重不嚴而理東諸侯雖暴驁者亦宗敬之
關播大曆中以淮南判官攝滁州刺史爲政清淨簡惠既無盜賊人甚安悦之
馬燧爲懷州刺史乘兵亂之後夏大旱人失耕種燧乃務敎化去煩苛
張伯儀爲廣州刺史嶺南節度伯儀朴直不知書然能推誠委任軍府簡肅人皆便之
段秀實爲涇州刺史清約率易遠近安之退公之後端居静慮而已
薛播德宗建中初爲晉州刺史遷河南尹皆爲政簡肅甚獲當時之稱
韋元甫有器局所莅有聲爲揚州長史淮南節度在揚州三年政尚不擾事亦能理
吴湊爲京兆尹孜孜爲政以勤儉清簡爲務人心安悦及爲福州都團練觀察使爲政勤儉清政美聲聞於朝廷

裴諝爲河南尹不擲人於賦罪以寛厚和易爲理
武元衡爲西川節度使在成都比三年公私皆濟無蠻夷約束明具輙不生事
崔詠爲鄜州刺史後爲桂管觀察使皆不生事溪洞夷俗頗安之
孔戣憲宗元和中爲廣州刺史時桂管經略使楊旻桂仲武裴行立等騷動生蠻以求功伐遂致嶺表累歲用兵唯戣以清儉爲理不務邀功交廣大理
王鍔爲容管經略使凡八年溪洞安之
薛放爲江南西道觀察使在鎮唯用清潔爲理一方之人至今思之
閻濟美爲福建觀察使復移鎮浙左所至常以簡儉爲理兩地之人常賦之外不知其他[illegible]公著爲浙西觀察使二年爲河南尹皆以清静爲理
沈傳師爲湖南江西宣州三觀察使所至以廉静稱理
崔鄲爲鄂岳浙西觀察使所至用寛政清簡少事財用有餘人受其賜
漢李務累爲郡守性沉厚所莅無苛暴之名
周馮道後唐清泰初爲同州節度使爲政閑淡獄市無撓
晉光鄴權知京兆以寛静爲治前政有煩苛之事一切停罷百姓便之

推誠

禮云惟天下至誠爲能盡其性又曰惟天下至誠爲能化夫欲盡物之情而化之者其唯至誠乎故古之良二千石妙識治體推誠明之性爲撫御之術簡略苛細輸寫心腹選任於僚佐屬爲於勳舊待衆以信而民不忍欺推功於下而人樂爲用或因壘以喻寇賊或刻期以遣囚繫動發于衷以底于治宜乎詔獎

之嘉瑕史冊之褒紀傳去安靜之吏悃愊無華日計不足月計有餘其是之謂

漢趙廣漢臣欽若等曰漢歷潁川太守秩皆二千石京兆尹以和顏接士其尉薦待遇吏殷勤甚備尉薦謂安慰而薦達之事推功善歸之於下曰某掾卿所為非二千石所及行之發於至誠吏見者皆輸寫心腹無所隱匿咸願為用僵仆無所避

嚴延年為涿郡太守吏忠盡節者厚遇之如骨肉皆親鄉之鄉讀曰嚮出身不顧以是治下無隱情

兒寬為左內史勸農業緩刑罰理獄訟卑體下士務在於得人心擇用人厚士推情與下不求名聲吏民大愛信之

韓延壽為左馮翊恩信周徧二十四縣莫復以辭訟自言者推其至誠吏民不敢欺給紿誑也

龔遂為渤海太守先是渤海左右郡歲飢盜賊並起郡聞新太守至發兵以迎遂皆遣還移書勑屬縣悉罷逐捕盜賊吏諸持鉏鉤田器者皆為良民吏毋得問也鉤鎌也持兵者乃為賊遂單車獨行至府郡中翕然盜賊亦皆罷翕讀曰歙言為盜賊之心歙然而止也渤海又多刦略相隨聞遂教令即時解散棄其兵弩而持鉤鉏盜賊於是悉平

後漢郭伋為并州刺史行部到西河美稷有童兒數百各騎竹馬迎拜伋問曰兒曹何自遠來對曰聞使君到喜故來迎諸兒復送到郭門外問使何日當還伋日別駕從事計日告之行部還入美稷界先期一日伋念負諸童兒遂止于野亭須期乃入

馬援為隴西太守務開寬信恩以待下任吏以職但總大體而已諸曹時白外事輒曰此丞掾任何足相煩

戴封為中山相時諸縣囚四百餘人辭狀已定當行刑封哀之皆遣歸家與剋期日皆無違者詔書策美焉

張綱為廣陵太守初廣陵賊張嬰等衆數萬人殺刺史二千石前太守往輒多請兵及綱受拜詔問當得兵馬幾何綱對曰無

用兵馬遂單車之官徑詣嬰壘門示以禍福嬰大驚懼走欲閉門綱又於門外罷遣吏兵留所親者十餘人以書語其長老素為嬰所信者請與相見問以本變因示以詔恩使還請嬰嬰見綱意誠即出見綱綱延置上坐問所疾苦禮畢乃謂之曰前後二千石多非其人杜塞國恩肆其私求鄉郡遠天子不能朝夕聞也故民人相聚以避害二千石信有罪矣為之者乃非義也忠臣不欺君以自明孝子不損父以求福天子聖人欲文德以來之故使太守來思以爵祿相榮不願以刑也今誠轉禍為福之時也若聞義不服天子赫 然發怒大兵雲合豈不危乎宜深計其利害嬰聞泣曰荒裔愚人數為二千石所侵枉不堪其困故遂相聚偷生明府仁及草木乃嬰等更生之澤但恐投兵之日不免孥戮耳綱曰豈其然乎要之以天地誓之以日月方當相顯以爵位何禍之有乎嬰曰苟赦其罪得全首領以就農畝則抱戴沒齒爵祿非所望也嬰雖為大賊起於狂暴自以當死及得綱言曠然開明乃辭還營明日遂將所部萬餘人與妻子面縛歸綱綱悉釋縛慰納謂嬰曰卿諸人一旦解散方垂蕩然當條名上之必受封賞嬰曰乞歸故業不願以穢名汙明時也綱以其至誠乃各從其意親為安居宅子弟欲為吏者隨才任職欲為民者勸以農桑田業並豐南州晏然

劉岱為兗州刺史虛己愛物為士人所附

魏田豫為南陽太守先時郡人侯音反衆數千人在山中為羣盜大為郡患前太守收其黨與五百餘人表奏皆當死豫悉見諸繫囚慰諭開其自新之路一時破械遣之諸囚皆叩頭願自効即相告語羣賊解散郡內清靜

蜀董和為益州郡太守與蠻夷從事務推誠心南土愛而信之

晉劉弘為荊州刺史值王室多難得專命一方盡其器能推誠御下 屬以公義每有手書郡國丁寧款密莫不感悅顛倒奔赴咸曰得劉公一紙書賢於十部從事

宋謝方明轉晉陵太守後爲南郡相嘗年終江陵縣獄囚事無輕重悉散聽歸家使過正三日還到罪應入重者有二十餘人綱紀已下莫不疑懼精晉陵郡送故主簿弘季咸徐壽之並隨在西固諫以爲昔人雖有其事或是記籍過言且當今民情僞薄不可以古義相許方明不納一時遣之因及父兄皆驚喜涕泣以就死無恨至期有重罪一人不還方明不聽討捕其一人醉不能歸違二日乃反餘一囚十日不至五官朱千期請見欲自討之方明知而囚事使左右謝五官不須入囚自當反因逡巡墟里不能自歸鄉村責讓之率領將送遂竟無逃亡者遠近咸歎服焉

南齊安陸王緬爲雍州刺史留心辭訟親自隱䘏劫鈔渡口皆綠遣許以自新再犯乃加誅爲百姓所畏愛

梁何遠字子秀初仕齊爲建安太守爲政有恩信民不忍欺每伏臘放囚還家依期而返

梁與王僧孺爲荆州刺史自以少年始居重任思欲開導物情乃謂佐吏曰政之不臧士君子所宜共惜言可用用之可也如不可用於我何傷吾開懷矣爾其勿恙於是小人知恩而君子盡意矣

王志爲東陽太守郡獄有重囚十餘人冬至日悉遣還家過節皆反唯一人失期獄司以爲言志曰此自太守事主者勿憂明旦果自詣獄辭以婦孕吏民益歎服之

陳沈君高爲平越將軍廣州刺史嶺南俚獠世相攻伐君高本文吏無武幹推心撫御甚得民和

後魏沛郡公禎爲南豫州刺史初豫州城豪胡丘生數與外交通及禎爲刺史丘生嘗有犯懷恨圖爲不軌詐以婚集城人告云刺史欲遷城中大家送之向代共謀翻城城人石道起以事密告禎速掩丘生并諸預謀者禎曰吾不負人人何以叛但丘生誑誤若即收掩衆必大懼吾靜以待之不久自當悔服語未訖而城中三百人自縛詣州門陳丘生譎誑之罪而丘生單騎逃走禎恕而不問

宇文福爲瀛州刺史性忠清在公嚴毅以信御民甚得聲譽

北齊陸伯子華爲濟州刺史先是州境數經反逆邢杲之亂（[illegible]曰是齊平守主州邢杲作亂地）人不自保而子華撫集豪右委之管籥衆咸感悅境內帖然

李仲遵爲營州刺史時四方州鎮叛亂相續營州城內咸有異心仲遵單車赴州既至與大使盧同以恩信懷誘之皆怡悅

後齊張華原爲兗州刺史境內大賊及隣州亡命二百餘人皆爲華原歸款咸撫以恩信放歸田里於是人懷感附寇盜寢息州獄先有囚千餘人華原皆決遣至年暮唯有重罪者數十人華原亦遣歸家申賀依期至獄

後周宇文測行汾州事政在簡惠頗得人和地接東魏數相抄竊或有獲其爲寇者多寇而之測皆命解縛置之賓館然後引

與相見如客禮焉仍宴設放還其國而送出境自是東魏人大慚乃不爲寇兩界遂通慶弔時論方之羊叔子（臣欽若等曰羊叔子事具將帥部推誠）

隋令狐熙爲桂州總管有寧猛力者與陳後主同日生自言貌有貴相在陳日已據南海平陳後高祖因而撫之即拜安州刺史然驕倨恃其阻險未嘗參謁熙手書諭之申以交友之分其母有疾熙復遺以藥物猛力感之詣府請謁不敢爲非

衛玄爲資州刺史時獠攻圍大牢鎮玄單騎造其營謂羣獠曰我是刺史銜天子詔安養汝等勿驚懼也諸賊莫敢動於是諭以利害渠帥感悅解兵而去

唐[illegible]留安爲魏州總管劉黑闥之亂來攻州城于時山東豪猾多殺長吏以應賊百姓兇人咸懷異志凡諸郡守皆以心腹自衛至所猜防由是上下有隔怨叛者多留安獨撫結所部示無疑阻但有白事者無間疏遠皆至卧內謂人曰吾與爾輩同爲

國守自宜一心無爲疑二也必欲弃國即異背順乃逆亦任卿輩斬吾頭而去矣城中父老遞相誠勵子弟曰田公以赤心相付何得負之由是人情遂同

張伯儀爲廣州刺史朴直不知書然能推誠委任軍府簡肅人便之

于邵爲巴州刺史時歲儉夷獠相聚山澤爲盜數千百人來圍州城邵撫勵州兵與之拒戰凡旬有二日潛遣使說喻示以善惡山盜邀邵出乃以儒服出城致之不疑因皆降之節度使李抱玉以聞遷梓州刺史

呂元膺爲蘄州刺史頗著恩信嘗歲終閱郡獄囚囚有自告者曰某有母在明日元正不得相見因泣下元膺惻焉盡脫其械縱之與期守吏曰賊不可縱元膺曰吾以忠信待之及期無後至者由是羣盜感義相引而去

冊府元龜卷第六百八十

冊府元龜卷第六百八十一

牧守部二十一

謡頌　感瑞

謡頌

虞書曰勸之以九歌卜商有言曰嗟歎之不足故永歌之蓋謡頌之作其來尚矣若乃牧守之寄風教所出而能敦清靜之治流愷悌之政愛養萌庶蠲除苛刻厚生以興利遏彊而去惡孤弱以之成立閭里由其富庶乃有班白之詠謳歔之謡發於委巷布於行路自非仁惠淪於骨髓誠心激於肺腑又豈能抑揚蹈厲周旋詠歎言有章而聲成文者哉傳曰入其國其教可知是之謂也

漢趙廣漢張敞王尊王章王駿為京兆尹皆有能名京師稱曰前有趙張後有三王

馮立[illegible][illegible]原太守徙西河上郡居職公廉於行略與野王相代為太守歌之曰大馮君小馮君兄弟繼踵相因循聰明賢知惠吏民政如魯衛德化鈞周公康叔猶二君

後漢岑熙為魏郡太守招聘隱逸與參政事無為而化視事二年輿人歌之曰我有枳棘岑君伐之我有蟊賊岑君遏之狗吠不驚足下生氂含哺鼓腹焉知凶災我喜我生獨丁斯時美矣岑君於戲休茲

廉范為蜀郡太守成都民物豐盛邑宇逼側舊制禁民夜作以防火災而更相隱蔽燒者日屬范乃毀削前令但嚴使儲水而已百姓為便乃歌之曰廉叔度來何暮不禁火民安作平生無襦今五袴

郭賀字喬卿為荊州刺史到官有殊政百姓便之歌曰厥德仁明郭喬卿忠正朝廷上下平矣

張堪為漁陽太守乃於狐奴開稻田八千餘頃勸民耕種以致殷富百姓歌曰桑無附枝麥穗兩岐張君為政樂不可支

杜詩為南陽太守修治陂池時人方於召信臣故南陽為之語曰前有召父後有杜母

賈琮為交阯刺史先是屯兵反執刺史有司舉琮為刺史琮即移書告示各使安其資業招撫荒散蠲復傜役誅斬渠帥為大害者簡選良吏試守諸縣歲間蕩定百姓以安巷路為之歌曰賈父來晚使我先反今見清平吏不敢飯

朱暉為臨淮太守其諸報怨以義犯率皆為求其理多得生濟其不義之囚即僵仆吏人畏愛為之歌曰彊直自遂南陽朱季（暉字文季）吏畏其威人懷其惠

延篤為左馮翊又徙京兆尹其政用寬仁憂恤民黎擢用長者與參政事郡中歡愛三輔咨嗟焉先是陳留邊鳳為京兆尹亦有能名郡人為之語曰前有趙張三王後有邊延二君

張霸為會稽太守越賊束手歸附童謡曰弃我戟捐我矛盜賊盡吏皆休

陳臨為蒼梧太守人遺腹子報父怨捕得繫獄傷其無子令其妻入獄遂產得男人歌曰蒼梧陳君恩廣大令死罪囚有後代德參古賢天報施

李燮拜京兆尹詔發西園錢燮上封事遂止不發吏民愛仰乃歌曰我府君道教舉恩如春威如虎剛不吐弱不茹愛如母訓如父

皇甫嵩為冀州牧奏請一年租以振飢民民歌曰天下大亂兮市為墟母不保子兮妻失夫賴得皇甫兮復安居

宗資為汝南太守任功曹范滂南陽太守成瑨亦委功曹岑晊二郡為謡曰汝南太守范孟博南陽宗資主畫諾南陽太守岑公孝弘農成瑨但坐嘯（滂字孟博　晊字公孝）

晉王祥初為徐州刺史呂虔辟為別駕時寇盜充斥祥率勵兵士頻討破之州界清靜政化大行時人歌之曰海沂之康實賴王祥邦國不空別駕之功

杜預爲荆州刺史都督荆州諸軍事南土美之而謡曰後世無叛由杜公孰識智名與勇功

祖逖爲豫州刺史百姓感悦嘗置酒大會耆老中坐流涕曰吾等老矣更得父母死將何恨乃歌曰幸哉遺黎免俘虜三辰既朗遇慈父玄酒忘勞甘瓠脯何以詠恩歌且舞其得人心如此

應詹爲南平太守督南平天門武陵三郡軍事天門武陵谿蠻並反詹討降之時政令不一諸蠻怨望並謀背叛詹召蠻酋破銅券與盟由是懷詹數郡無虞其後天下大亂詹境獨全百姓歌之曰亂離既普殆爲灰朽僥倖之運賴茲應君歲寒不凋孤境獨守拯我塗炭惠隆丘山潤同江海恩猶父母

鄧攸爲吳郡太守稱疾去郡郡常有送迎錢數百萬攸去不受一錢百姓數千人留牽攸船不得進攸乃小停中夜發去吳人歌之曰紞如打五鼓雞鳴天欲曙鄧侯拖不留謝令推不去

梁始興王憺爲安西將軍荆州刺史以慈母憂詔徵本號還朝民爲之歌曰始興王民之爹赴人急如水火何時復來哺乳我

夏侯亶爲豫州刺史亶兄夔先經此任至是亶居焉兄弟並有恩惠於鄉里百姓歌之曰我之有州頻仍夏侯前兄後弟布政優優

陸襄爲鄱陽内史平妖賊鮮于琛琛黨郡縣章安城守學案治黨與因求貨賄皆不得其實或有善人盡室離禍惟襄郡枉直無濫民作歌曰鮮于抄後善惡分人無横死賴陸君

後魏呂顥爲鉅鹿太守清身奉公務存贍邺妻子不免飢寒民頌之曰時惟府君克清克明緝我荒土民胥樂生願壽無疆以享長齡

李曾爲趙郡太守并州丁零數爲山東之害知曾能得百姓死力憚不入境賊於常山東得一死鹿謂趙郡地也賊長責之還令送鹿故處隣郡爲之謡曰詐作趙郡鹿猶勝常山粟其見憚如此

北齊鄭述祖道昭之子也道昭先爲兖州刺史述祖天保初又爲之有人入市盗布其父怒曰何忍欺君執之以歸首述祖特原之自是之後境内無盗人歌之曰大鄭公小鄭公相去五十載風教猶尚同

張晏之行北徐州事尋即眞爲吏人所愛御史崔子武督察州郡至北徐無所案劾唯得百姓所製清德頌數篇乃歎曰本求罪狀遂聞頌聲遷兖州刺史

宋世良爲清河太守先是郡東南有曲堤成公一姓居之群盗多萃於此人爲之語曰寧度東吳會稽不歷成公曲堤世良至郡施條制盗奔他境人又謡曰曲堤雖險賊何益但有宋公自屏跡

後周崔謙齊天保初爲濟北太守恩信大行富者禁其奢侈貧者勸課周給縣公田多沃壤謙咸易之以給人又改鞭用熟皮爲之不忍見血示恥而已朝貴行過郡境聞人太守爲政何如皆曰府君恩化古者所無與人爲歌曰崔府君能臨政給是田皮易鞭布威德人無爭咨曰既稱恩化何因復威對曰長吏憚其威嚴人慕其恩惠故兼言之

裴俠爲河北郡守躬履儉素愛人如子所食唯菽麥鹽菜而已吏人莫不懷之此郡舊制有漁獵夫三十人以供郡守俠曰以口腹役人吾所不爲也乃悉罷之又有丁三十人供郡守役俠亦不以私並收庸爲市官馬歲時既積馬遂成羣去職之日一無所取人歌曰肥鮮不食丁庸不取裴公貞惠爲世規矩

隋豆盧勣初仕後周爲渭州刺史甚有惠政華夷悅服鳥鼠山俗呼爲高武隴其下渭水所出其山絶壁千尋由來乏水諸羌苦之勣馬足所踐忽飛泉湧出有白烏翔止廳前乳子而後去民爲之謡曰我有丹陽山出玉漿濟我民夷神鳥來翔

于仲文字次武仕周爲安固太守始州刺史屈突尚守文護之黨世先坐事下獄無敢繩者仲文至郡窮治遂竟其獄蜀中爲

之語曰明斷無雙有于公不避强禦有次武

叟牧略累封清鄉安定公開皇中爲相州刺史百姓爲之語曰智無窮清鄉公上下正樊安定

唐顔遊秦武德初爲廉州刺史封臨沂縣男時劉黑闥初平人多以强暴寡風俗未安遊秦撫恤境内敬讓大行邑里歌之曰廉州顔有道性行同莊老愛人如赤子不殺非時草高祖璽書勞勉之

薛大鼎爲滄州刺史州界有無棣河隋末塡廢大鼎奏開之引魚鹽於海百姓歌之曰新河得通舟楫利直達滄海魚鹽至昔日徒行今騁駟美哉薛公德滂被

田仁會永徽初爲郢州刺史以善政聞時屬元旱仁會自曝祈禱竟獲甘澤其歲大熟百姓歌之曰父母育我田使君精誠爲人上天聞中田致雨山出雲倉廩既實禮義申但願常在不患貧

張仁愿爲并州都督府長史遠近震懾無敢犯者初高宗時賈敦實爲洛州長史亦有政績與仁愿皆爲一時之最故時人爲之語曰洛州有前賈後張可敵京兆三王其見稱如此

李峴爲京兆尹楊國忠惡其不附己以雨災出爲長沙郡太守時京師米麥踊貴百姓謡言曰欲得米粟賤無過追李峴其爲政得人心如此

感瑞

夫政平訟理民無愁怨至和浹洽瑞物來格斯蓋繫自人心契於神道者矣自漢室而下重牧守之任循良閒作德讓宜洽協氣斯兆嘉瑞荐降至於服猛鷙之性不爲物害弭螟螣之災無入郡境膏雨隨應天癘自消枯木發榮靈泉坌涌美利浹於萌庶休徵表於圖諜著之褒紀形于謡頌自非仁化之淵懿誠心之感合亦何以洎至誠之感臻無方之應者焉

漢黃霸爲潁川太守治爲天下第一徵守京兆尹坐事貶秩有詔歸潁川太守官以八百石居治如前前後八年郡中愈治是時鳳皇神爵數集郡國潁川尤多

後漢寇恂建武初爲潁川太守郡中大生穭豆收得十萬餘斛以應給諸營

秦彭爲潁川太守有鳳皇騏驎嘉禾甘露之瑞集於郡境

劉昆建武中爲弘農太守先是崤澠驛道多虎災行旅不通昆爲政三年仁化大行虎皆負子度河光武聞而異之

朱暉爲臨淮太守建武十六年四方牛大疫臨淮獨不鄰郡人多牽牛入界

鄭弘爲淮陰太守消息繇賦政不煩苛行春天旱隨車致雨白鹿方道挾轂而行弘怪問主簿黃國曰鹿爲吉爲凶國拜賀曰聞三公車轓畫作鹿明府必爲宰相

宋均爲九江太守郡多虎暴數爲民患常募設檻穽而猶多傷害均到下記屬縣曰夫虎豹在山黿鼉在水各有所託且江淮之有猛獸猶北之有雞豚也今爲民害咎在殘吏而勞勤張捕非憂恤之本也其務退姦貪思進忠善可一去檻穽除削課制其後傳言虎相與東游度江中元元年山陽楚沛多蝗其飛至九江界者輒東西散去由是名稱遠近

王況爲陳留太守性聰敏善行德教明帝永平末蝗蟲起泰山彌衍兗豫過陳留界飛逝不集五穀獨豐

周暢性仁慈爲河南尹安帝永初二年夏旱久禱無應暢因收葬洛城傍客死骸骨凡萬餘人應時澍雨歲乃豐稔

法雄爲南郡太守斷獄省少戶口益增郡濱帶江沔又有雲夢藪澤永初中多虎狼之暴前太守賞募張捕反爲所害者甚衆雄乃移書屬縣曰凡虎狼之在山林猶人之居城市古者至化之世猛獸不擾皆由恩信寬澤仁及飛走太守雖不德敢忘斯義記到其毀壞檻穽不得妄捕山林是後虎害稍息人以獲安在郡數歲歲常豐稔

鮑德爲南陽太守時歲多荒災唯南陽豐穰吏人愛悅號爲神父

曾丕爲趙相在職六年嘉瑞屢降吏人重之

趙熹爲平原太守青州大蝗侵入平原界輒死歲屢有年百姓歌之

馬稜爲廣陵太守螘蝗入江海化爲魚蝦遷爲益州郡太守政化尤異有神馬四匹出鎮池河中甘露降白烏見始興起學校漸遷其俗

王阜爲益州郡太守政教清靜百姓安業甘露降白烏見連有瑞應世謂其持法平正寬慈所致

沈豐爲零陵太守到官一年甘露降芝草生曹褒爲河內太守時春夏大旱糧穀湧貴褒到乃省吏併職退去姦殘澍雨數降其秋大熟百姓給足流冗皆還

百里嵩爲徐州刺史州境遭旱嵩出巡遂甘雨輒澍東海祝其合鄉等三縣父老訴曰人等是公百姓獨不迓降嵩迴赴之雨隨車而下

孟嘗爲合浦太守郡不產穀實而海出珠寶與交趾比境常通商販貿糴糧食先時宰守並多貪穢詭人採求不知紀極珠遂漸徙於交阯郡界於是行旅不至人物無資貧者死餓於道嘗到官革易前敝求民利病曾未踰歲去珠復還百姓皆反其業商貨流通稱爲神明

晉虞溥爲鄱陽內史爲政嚴而不猛風化大行有白烏集于郡庭

宋虞愿爲晉平太守初海邊有越王石常隱雲霧相傳云清廉太守乃得見愿往觀視清徹無隱蔽

梁始興王憺爲荊州刺史大水江溢堤壞憺親率將吏冒雨賦丈尺築治之雨甚水壯衆皆恐或請憺避焉憺曰王尊尚欲身塞何心以免乃刑白馬祭江神俄而水退又嘉禾一莖六穗生於州界甘露降于黃閤後荊州大旱憺使祠于天井有巨虵長八二丈出遶祠壇俄而注雨歲大豐

安城王秀出荊州時盛旱秀欲徙市禁屠秀乃責躬親祈楚望俄而甘雨即降遂獲有年

蕭曄爲晉陵太守至郡屬旱躬自祈禱果獲甘潤郡雀林村舊多猛虎爲害曄在政六年此暴遂息

蕭映爲吳興太守吳郡不稔中大通三年野穀生武康凡二十二處自此豐穰映製嘉穀頌以聞中詔稱美

蕭脩爲梁秦二州刺史長史范洪胄有田一頃將秋遇蝗脩躬至田所深自咎責功曹史琅邪王廉勸脩捕脩曰出由刺史無德所至捕之何補言卒忽有飛鳥千羣蔽日而至瞬息之間食之遂盡而去莫知何鳥適有臺使見之具言於帝璽書勞問手敕曰大牙不入無以過也州人表請立碑頌德

長沙王子業爲湘州刺史元著善政零陵舊有二猛虎爲暴無故相枕而死郡人唐靖見猛虎傍一人曰刺史德感神明所以

兩猛虎自斃言訖不見衆並異之

吳平侯勱爲宣城太守郡多猛虎爲人患及勱在任獸暴爲息

傅昭爲安城內史郡多猛虎爲害常設檻穽昭曰人不害猛虎猛虎亦不害人乃命去檻穽猛虎竟不爲害

殷鈞爲臨川內史郡舊多山瘧更暑必動自鈞在任郡境無復疾

張纘爲湘州刺史有善政益陽縣人作田二頃皆異畝同穎

褚翔爲義興太守翔在政潔己省繁苛去游費百姓安之郡之西亭有古樹積年枯死翔至郡忽更生枝葉百姓咸以爲善政所感及秩滿吏民詣闕請之敕許之

桂陽王象爲湘州刺史湘川舊多猛虎爲暴及象任州日四猛虎死于郭外自此靜息故老咸稱政德所感

孫謙爲零陵太守已衰老獨強力爲政吏民安之先是郡多

虎暴議至絶迹及去官之夜虎即害居民

後魏李繪字敬文爲高陽内史郡境舊有三猛虎人常患之繪欲修檻遂因鬭俱死於郡西咸以爲化感所致皆歡串之繪曰猛虎巨鬭而斃自是偶然貪此爲功人將窺我竟不聽

崔挺爲光州刺史州治舊掖城西北數里有斧山峯嶺高峻北滄海南望岱岳一邦遊觀之地挺於頂上欲營觀宇故老曰此嶺秋夏之際常有暴雨迅風巖石盡落相傳云是龍道此觀不可久立挺曰人神相去何遠之有虬龍倏忽豈唯一路乎遂營之數年間果無風雨之異挺既代以即爲風雨所毀於後作復尋壞遂莫能立時以爲善化所感

北齊平鑒東魏時爲懷州刺史奏請於州西故軹道築城以防遏西寇朝廷從之尋而西魏來攻是時新築之城糧仗未集舊來乏水衆情大懼南門内隨汲即竭鑒乃具衣冠俯井而祝至旦而井泉湧溢合城取之

李潭天保中爲海州刺史土人反共攻州城中多石無井常食海水賊絶其路城内先有一池時旱久涸一朝天雨泉流涌溢賊以爲神應時駭散潭督屬將士捕斬渠帥

趙郡王叡天保中爲北朔州刺史有無水之處禱而掘井鍫鍤裁下泉源湧出至今號曰趙郡王泉

羊烈爲平陽太守治有能名是時頻有災蝗犬牙不入平陽境勑書襃美焉

張華原爲兗州刺史先是州境數有猛獸爲暴自華原臨州忽有六駮食之咸以爲化感所致

魏蘭根爲岐州刺史部内麥多五穗鄰州田鼠爲災犬牙不入岐州界

宋世良爲清河太守酣泉出於界内

孟業爲東郡太守以寬惠著名五官張凝因出使得麥一莖五穗其餘或三穗四穗共一莖合郡人以政化所感至秋或有東

燕郡人班映祖送嘉禾一莖九穗

房豹爲樂陵太守鎮以凝重哀矜貧弱[illegible]郡治瀕海水味多鹹苦豹命鑿一井遂得甘泉遐邇以爲政化所致豹罷歸後井味復鹹

後司[illegible]遲爲京兆尹郡界有豕生數子經旬而死其家又有豬遂乳養之諸豚賴之以活時論以遲仁政所致

賀蘭祥爲荆州刺史時盛夏亢陽祥乃親巡境内觀政得失見有發掘古冢暴露骸骨者乃謂守令曰此豈仁者之政耶於是命所在收葬之即日澍雨是歲大有年州境先多古墓其俗好行發掘至是遂息

達奚武爲同州刺史時屬天旱武帝勑武祀華岳岳廟舊有山下常所祈禱武謂寮屬曰吾備位三公不能燮理陰陽遂使盛農之月久絶甘雨天子勞心百姓惶懼忝寄既重憂責實深不可同於衆人在常祀之所必須登峯展誠尋其靈奥岳既高峻千仞巖壁峭絶武年逾六十惟將數人攀藤援枝然後得上於是稽首祈請陳百姓懇誠曉不得還即於岳上藉草而宿夢見白衣人來執武手曰快辛苦甚相嘉尚武遂驚覺益用祗肅至旦雲霧四起俄而澍雨遠近霑洽帝聞之璽書慰勞

于翼爲安州總管時屬大旱涢水絶流舊俗每逢亢陽禱白兆山祈雨武帝先禁群祀山廟已除翼遣主簿祭之即日澍雨霑洽歲遂有年民庶感之聚會歌舞頌翼之德

隋韋公義開皇中爲牟州刺史山出黄銀獲之以獻詔水部郎婁崱就公義禱焉乃聞空中有金石絲竹之響

梁彦光爲岐州刺史甚有惠政嘉禾連理出於州境

令狐熙爲滄州刺史風教大洽在州獲白烏白麞嘉麥甘露降於庭前柳樹

豆盧勣爲渭州刺史德澤流行多致祥瑞鳥鼠山俗呼爲高武隴其下渭水所出其山絶壁千尋由來乏水諸羌苦之勣馬足

所踐或飛泉涌出有白烏翔止廳前乳子而後去又白狼於義武民爲之謠曰我有丹陽山出玉漿濟我民夷神烏來翔百姓因號其泉爲玉漿泉

武士彠貞觀中爲荊州都督初届任時有白狼嘉禾出於境内至是太宗手勑曰公比絜冬氷方息春日蘝吏豪右畏威懷惠善政所暨祥祉屢臻白狼見於郊坰嘉禾生於壠畝其感應如此

尹思貞爲青州刺史境内有蠶一年四熟者黜陟使衛州司馬路敬潛八月至州見而歎曰非善政所致孰能至於此乎特表薦之

馬燧爲懷州刺史乘兵亂之後其夏大旱人失耕稼燧乃務修教化將吏有父母者輒造之施敬收瘞暴骨去其煩苛其秋界中生穭穀人頗賴之

韓愈爲潮州刺史既視事詢吏民疾苦皆曰郡西湫水有鱷魚卵而化其長數丈食民畜産將盡以是民貧居數日愈往視令判官秦濟炮一豚一羊投之湫水呪之曰前代德薄之君棄楚越之地則鱷魚涵泳於此可也今天子神聖四海之外撫而有之況揚州之境刺史縣令之所治出貢賦以供天地宗廟之祀鱷魚豈可與刺史雜處此土哉刺史受天子命令守此土而鱷魚睅然安谿潭食民畜熊鹿麞豕以肥其身以繁其卵與刺史爭爲長雄刺史雖駑弱安肯爲鱷魚低首而下哉今潮州大海在其南鯨鵬之大蝦蟹之細無不容鱷魚朝發而夕至今與鱷魚約三日乃至七日如頑而不徙須爲物害則刺史選材伎壯夫操勁弓毒矢與鱷魚從事矣呪之夕有暴風雷起於湫中數日湫水盡涸徙於舊湫西六十里自是潮人無鱷魚患

孔戣爲京兆尹時累月亢旱戣遽請祈禱於曲池是夕大雨

李紳爲汴州節度使蝗蟲入界不食田苗文宗賜詔書襃之紳刻石寘于相国佛寺以自矜功

後唐袁象先唐末爲陳州刺史州大水民饑有物生於野形類葡萄其實可食貧民賴焉

宋漢賓在曹州日飛蝗去境父老歌之臨平陽遇旱親齋潔請龍子祠翊日雨足四封大稔咸以爲善政之所致也

漢侯益乾祐初爲開封尹時陽武雍丘襄邑蝗益遣人以酒餚致祭二縣蝗爲鸜鵒聚食勑禁羅弋鸜鵒以其有吞噬之異也

册府元龜卷第六百八十一

冊府元龜卷第六百八十二

牧守部十二

遺愛

仲尼之稱子產曰古之遺愛班固之述循吏曰所去見思夫君子之爲政也仁愛深矣故其恩德淪於骨髓風烈播於弦詠甚艱遮道而惜其罷去號呼嗷泣而形於悲慕以至邀車駕而借留守闕門而求代罪取其姓以名子避其名以易官[illegible]祠之禮修服喪之報致恭於丘墓懷德於息裔自非明允[illegible]慈忠利以濟衆敎物爲任者亦何以及茲蓋桃李不言而下自成蹊非可驅而致之也已

周召公奭治西方甚得兆民和召公巡行鄉邑有棠樹決獄政事其下自侯伯至庶人各得其所無失職者召公卒而民思召公之政懷棠樹不敢伐哥詠之作甘棠之詩

漢文翁景帝末爲蜀郡守仁愛好教化終於蜀吏民爲立祠堂歲時祭祀不絕

召信臣九江人爲上蔡令其治視民如子後爲南陽太守其治如上蔡吏民親愛信臣號之曰召父元始四年詔書祀百辟卿士有益於民者蜀郡以文翁九江以召父應詔書歲時郡二千石率官屬行禮奉祠

魏相爲南太守後人有告相賊殺不辜事下有司河南卒戍中都官者二三千人（秦京師諸官府爲戍卒若今衛士上番分守諸司）遮大將軍自言願復留作一年以有太守罪河南老弱万餘人守闕欲入上書關吏以聞大將軍光用武庫令事遂下相廷尉獄（初霍光用丞相子爲洛陽武庫令千秋死而相治郡嚴恐久獲罪乃自免去光以此書責相）久繫踰冬會赦出

趙廣漢爲京兆尹坐事下廷尉吏民守闕號泣者數万人或言臣生無益縣官願代趙京兆死使牧養小民（言各得其常所）竟坐要斬廣漢廉明威制豪彊小民得職百姓追思歌之

韓延壽爲左馮翊蕭望之劾奏延壽在東郡時上僭不道坐棄

市吏民數千人送至渭城老小扶持車轂爭奏酒炙（奏進也）延壽不忍距逆人人爲飲計飲酒石餘使掾史分謝送者遠苦吏民延壽死無所恨百姓莫不流涕

王章爲京兆尹二歲爲大將軍王鳳所陷死不以其罪衆庶冤紀之號爲三王（王陽王駿及章也駿陽子也）

何武歷陽兗州刺史京兆尹所居亦無赫赫名去後常見思

後漢侯霸爲淮平大尹（王莽改臨淮郡爲淮平）更始元年遣使徵霸百姓老弱相攜號哭遮使者車或當道而臥皆曰願乞侯君復留朞年民至乃戒乳婦勿得舉子侯君當去必不能全使者慮霸就徵臨淮必亂不敢受璽書且以狀聞會更始敗道路不通乃止

[illegible]純前爲東郡太守後從光武擊董憲道過東郡百姓老小數千隨車駕涕泣云願復得耿君帝謂公卿曰純年少被甲冑爲軍吏耳治郡迺能見思若是乎

祭彤爲遼東太守招至烏桓鮮卑皆遣子入侍彤死烏桓鮮卑[illegible]每朝賀京師常過冢拜謁仰天號泣乃去遼東吏人爲立祠四時奉祭焉

[illegible]恂前爲潁川太守後光武至潁川盜賊悉降而竟不拜郡百姓遮道曰願從陛下復借寇君一年乃留恂長社鎮撫吏人受納餘降

[illegible]武侯[illegible]建武中擊破六安賊因拜爲六安太守數年光武欲徵之吏人上書請留

郭伋再爲并州牧前在并州素結恩德及後入界所到縣邑老幼相攜逢迎道路

宋均爲東海相在郡五年坐法免官客授潁川（客授謂若[illegible]等曰客旅在外以經業教授也）而東海吏民思君恩化爲之作歌詣闕乞還者數千人明帝以其能徵拜尚書令

第五倫爲會稽太守坐法徵老小攀車叩馬嗁呼相隨日裁行數里不得前倫乃僞止亭舍陰乘船去衆知復追之及詣廷尉

吏民上書守闕者千餘人是時明帝方以邊境爲事亦多爲訟詘者常患之詔公車諸爲梁氏及增會太守上書者勿復受會帝崩廷尉錄囚徒得免歸田里

張翕爲越巂太守政化清平得夷人和在郡十七年卒夷人愛慕如喪父母蘇祁叟蘇祁縣名二百餘人齎牛羊送喪至翕本縣後明帝以翕有遺愛乃拜其子湍爲太守夷人歡喜奉迎道路曰郎君儀貌類我府君後湍頗失其心有欲叛者諸夷耆老相曉語曰當爲先府君故遂以得安

張綱犍爲人爲廣陵太守卒百姓老幼相攜詣府赴哀者不可勝數初綱自被疾吏人咸爲祠祀祈福皆言千秋萬歲何時復見此君張嬰等五百餘人制服行喪送到犍爲負土成墳

种暠爲梁州刺史甚得百姓歡心被徵當遷吏人詣闕請留之梁太后歎曰未聞刺史得人心若是乃許之暠復留一年遷漢陽太守戎夷男女送至漢陽界暠與相揖謝千里不得乘車後爲司徒薨并涼邊人咸爲發哀

任延爲九眞太守視事四年徵詣洛陽以病稽留左轉睢陽令九眞吏人生爲立祠

許荆爲桂陽太守在事十二年父老稱歌以病自上徵拜諫議大夫卒於官桂陽人爲立廟樹碑

劉寵爲會稽太守徵爲將作大匠山陰縣有五六老叟尨眉皓髮自若邪山谷間出人齎百錢以送寵寵勞之曰父老何自苦對曰山谷鄙生未嘗識郡朝他守時吏發求民間至夜不絕或狗吠竟夕民不得安自明府下車以來狗不夜吠民不見吏年老遭値聖明今聞當見棄去故自扶奉送寵曰吾政何能及公言邪勤苦父老爲人選一大錢受之

孟嘗爲合浦太守以病自上被徵當還吏民攀車請之嘗旣不得進乃載鄉民船夜遁去

張奐爲武威太守其俗多妖忌凡二月五月產子及與父母同

月生者悉殺之奐示以義方嚴加賞罰風俗遂改百姓生爲立祠

陳龜爲五原太守後卒西域胡夷并涼民庶咸爲舉哀弔祭其墓

周嘉爲零陵太守視事七年卒零陵頌其遺愛吏民爲立祠焉

駱俊爲陳國相人有產子厚致米肉遂府主意生男女者以駱爲名袁術使部曲將張闓陽私行到陳之俊所俊往從飲酒因詐殺俊一郡吏人哀號如喪父母

劉虞爲幽州牧以恩厚得衆懷及爲公孫瓚所殺北州百姓流舊莫不痛惜焉

袁紹爲冀州牧爲人政寬百姓德之及軍敗病死河北士女莫不傷怨市巷揮淚如喪其親

陳登爲廣陵太守以破吳主功遷爲東城太守廣陵吏民佩其恩德共拔郡隨登老弱襁負而追之登曉語令還曰太守在卿郡頻致吳寇幸而克濟諸卿何患無令君乎

袁渙爲梁相以病去官百姓思之

魏賈逵爲豫州刺史及薨吏民追思之爲刻石立祠

倉慈爲燉煌太守數年卒官吏民悲感如喪親戚圖畫其形思其遺像及西域諸胡聞慈死悲共會聚於戊己校尉及長吏治下發哀或有以刀畫面以明血誠又爲立祠遙共祠之

顏斐爲京兆太守數歲遷爲平原太守吏民啼泣遮道車不得前步步稽留十餘日乃出界東行至崤而疾困斐素心戀京兆其家人從者見斐病甚勸之言平原當自勉勵作健斐曰我心不願平原汝曹等呼我何不言京兆邪遂卒還平原京兆聞之皆流涕爲立碑于今稱頌之

滿寵爲汝南太守領豫州人和三年遷督揚州諸軍事汝南兵民戀慕大小相率奔隨道路不可禁止護軍表上欲殺其爲首者詔使寵將親兵千人自隨其餘一無所問

田豫爲汝南太守後遷衛尉遜位歸居魏縣會汝南遣健步詣征北感豫宿恩過拜之豫爲殺雞炊黍送至陌頭謂之曰罷老苦汝來過無能有益若何健步愍其貧窮流涕而去還爲故吏民說之汝南爲具資數千匹遣人餉豫一不受會病亡汝南聞其死也悲之既爲畫像又就而立碑銘

牽招爲鴈門太守在郡十二年威風遠振其治邊之稱次於田豫百姓追思之

崔林爲司隸校尉屬郡皆罷非法除過貪吏爲政推誠簡存大體是以去後每輒見思

魯芝爲天水太守郡鄰于蜀數被侵掠戶口減削寇盜充斥芝傾心鎮衛更造城市數年間舊境悉復遷廣平太守天水夷夏慕德老幼赴闕獻書乞留明帝許焉仍策書嘉歎勉以黃霸之美

蜀何祗爲成都令時汶山夷反以祗爲汶山太守民夷服信遷廣漢後夷又叛辭令得前何府君乃能安我耳時難屈祗拔祗族人爲汶山復得安

王嗣爲西安圍督汶山太守後從姜維北征爲流矢所傷數月卒戎夷會葬贈送數千人號呼涕泣嗣爲人美厚篤至衆所愛信嗣子及孫羌胡見之如骨肉或結兄弟恩至於此

張嶷爲越嶲太守在郡十五年邦域安穆屢乞求還乃徵詣成都夷民戀慕扶轂泣涕過旄牛邑邑君襁負來迎及追尋至蜀郡界其督相率隨嶷朝貢者百餘人嶷至拜盪寇將軍後與魏戰死南土越嶲民夷聞嶷死無不悲泣爲嶷立廟四時水旱輒祀之

吳張俊爲豫章太守坐掃除孫奮母墳墓爲後主車裂之豫章吏十人乞代俊死晧不聽

黃蓋爲武陵太守以[illegible]無留滯國人思之圖畫蓋形四時祭祀

陶璜爲交州牧後徵爲武昌都督以合浦太守脩允代之交土人請留璜以千數於是遣還璜在南三十年威恩著于殊俗及卒舉州號哭如喪慈親

晉扶風王駿嘗爲征西大將軍涼州都督善撫御有威恩後西土聞其薨也泣者盈路百姓爲之樹碑長老見碑無不下拜其遺愛如此

羊祜爲荆州刺史及薨襄陽百姓於峴山祜平生遊憩之所建碑立廟歲時饗祭焉望其碑者莫不流淚杜預因名爲墮淚碑荆州人爲祜諱名屋室皆以門爲稱改戶曹爲辭曹焉

樂廣爲河南尹爲政無當時功譽然每去職遺愛爲人所思

鄭袤爲廣平太守徵拜侍中百姓戀慕涕泣路隅

丁詔爲廣平太守遷徐州刺史士庶戀慕攀附如歸未之官復轉荆州刺史從車千乘

[illegible]爲襄城太守後高密王鎮襄陽以擬爲征南司馬時流人

王逌作亂擬戰死故吏及百姓並奔喪會葬號哭即路如赴父母焉

劉弘爲荆州刺史自以老疾將解州未及表上卒于襄陽士女嗟痛若喪所親及高密王略代鎮荆州寇盜不禁詔起弘子璠爲順陽內史江漢之間翕然歸心及略薨山簡代之簡至以璠得衆心恐百姓逼以爲主表陳之由是徵璠爲越騎校尉璠亦深慮逼迫被書便徑至洛陽然後遣迎家累襄人侯脫路難等相率衛送至都然後辭去南夏遂亂父老追思弘雖甘棠之詠召伯無以過也

陶侃爲荆州刺史王敦深忌侃功左轉侃廣州刺史敦平遷都督荆雍益梁州諸軍領護南蠻校尉征西大將軍荆州刺史楚郢士女莫不相慶侃薨遺令葬國南二十里故吏刊石碑畫像於武昌西

應詹爲南平太守遷江州刺史詹之去郡士庶攀車號泣若戀所生

鄧攸爲吳郡太守去郡百姓數千人留牽攸船不得進攸乃小
停夜中發去吳人歌之曰紞如打五鼓雞鳴天欲曙鄧侯拖不
留謝令推不去（臣欽若等曰謝令史失其名）百姓詣臺乞留一歲不聽
謝安爲吳興太守在官無當時譽去後爲人所思
蔡豹爲徐州刺史坐討徐龕退敗斬之豹在徐土內撫將士外
懷諸衆甚得遠近情聞其死多悼惜之
桓沖初鎮江陵其後沖卒喪下至江陵士女老幼皆臨江瞻送
號哭盡哀
宋劉道産爲寧蠻校尉雍州刺史甚得人情惠澤被於西土
及喪還諸蠻皆備衰絰號哭追送至于沔口
羊玄保爲吳郡太守加秩中二千石文帝以玄保廉素寡欲故
授名郡爲政雖無幹績而去後常見思
蕭承之爲漢中太守既卒梁土民思之於義公山立廟祭祀
豫章王嶷爲荊湘二州刺史將還都脩治廨宇及路陌東歸部

曲不得以齎府州物出城發江津士女觀送數千人皆垂泣
安陸王緬爲雍州刺史既卒喪還百姓緣沔水悲泣設祭於峴
山爲立祠
南齊王玄載爲梁益二州刺史在京益有清績西州至今思之
蘇侃爲山陽太守清脩有治理百姓懷之
劉悛爲武陵內史會國哀奔赴郡帶郡還都吏民送者數千
人悛執手涕泣百姓感之
崔慧景爲平昌太守有惠政常懸一蒲鞭而未嘗用去任之日
土人思之爲立祠
梁始興王憺爲荊州刺史有惠西土徵爲侍中薨荊州人聞之
皆哭於巷嫁娶有吉日移以避哀
安成康王秀都督雍梁南北秦四州郢州之竟陵司州之隨郡
諸軍事初西之郢州民相送出境聞其疾百姓商賈咸爲請命
既薨四州民裂裳爲白帽哀哭以迎送之雍州蠻迎秀聞薨祭
哭而去
南康簡王績爲南兗州刺史在州著稱尋有詔徵還民曾嘉樂
等三百七十人詣闕上表稱之尤異一十五條乞留州任優詔
許之進號北中郎將
柳惲爲吳興太守爲政清靜民吏懷之於郡感疾自陳解父老
千有餘人拜表陳請事未施行而卒
蕭昱爲晉陵太守暴疾卒百姓行號哭市里爲之誦佛設祭奠
於郡庭者四百餘人田舍有女人夏氏年百餘歲扶曾孫出郡
悲泣不自勝其惠化所感如此百姓相率爲立廟建碑以紀其
德又詣京師表求贈謚詔贈湘州刺史謚曰恭
蕭勱自豫章徙廣州刺史去郡之日吏人悲泣數百里中舟乘
塡塞各齎酒肴以送勱勱人爲納受隨以錢帛與之至新淦縣
岓山村有一老姥以槃擎鯖魚自送舟側奉上之童兒數十人
入水捉舟或歌或泣

陸襄爲鄱陽內史在政六年郡中大治民李睍等四百二十人
詣闕拜表陳襄德化求於郡立碑降勅許之又表乞留襄襄固
求還徵爲吏部郎
夏侯亶爲徐豫二州刺史卒州民夏侯簡等五百人表請爲亶
立碑置祠詔許之
袁君正爲東陽太守尋徵還郡郡民徵士徐天祐等三百人詣
闕乞留一年詔不許仍除豫章內史
王僧孺爲南海太守視事期月有詔徵還郡民道俗六百人詣
闕請留不許
劉之亨少有名望代兄之遴爲南郡太守有異政并二懷之惡
斥其名號爲大南郡小南郡
謝舉爲晉陵太守罷郡還吏詣闕請立碑詔許之
任昉爲新安太守爲政清省吏民便之視事期歲卒於官舍闔
境痛惜百姓共立祠堂於城南

王沖爲南郡太守元帝鎮荆州以沖爲鎮西長史沖性和順事上謹肅習於法令政在平理佐藩莅人鮮有失德雖無赫赫之譽久而見思由是推重累居二千石

劉坦爲長沙太守行湘州事坦曾在湘州多舊恩道迎者甚衆

褚翔爲義興太守徵爲吏部郎去郡百姓無老少追送出境涕泣拜辭

丘仲孚爲豫章内史卒官相將豫章老幼號哭攀送車輪不得前

范述曾爲永川太守徵爲游擊將軍民無老少皆出拜辭號哭聞于一十里

陳鄭万頃爲豐州刺史在州甚有惠政吏民表請立碑詔許焉

毛喜爲南安内史在郡有惠政及徵入朝道路送百里

冊府元龜卷第六百八十二

冊府元龜卷第六百八十三

牧守部

遺愛第二

後魏刁雍爲徐州刺史在鎮七年徵還京師頻歲爲邊民所請太武嘉之復授使持節侍中都督楊豫兗徐四州諸軍事征南將軍徐豫二州刺史

伊馥爲東雍州刺史恩化大行百姓思之

薛虎子文成時爲枋頭鎮將因小過黜爲鎮門事獻文南巡虎子拜訴於路時山東飢饉盜賊竟起相州民孫誨等五百餘人稱虎子在鎮之日土境清靜訴乞虎子乃復除枋頭鎮將即日之任

陸馛爲相州刺史假長廣公徵爲散騎常侍民乞留馛者千餘人獻文不許吏民大斂布帛以遺之馛一皆不受民亦不取於是以物造佛寺焉名長廣公寺

崔寬爲鎮西將軍陜城鎮將弘農土出漆蠟竹木之饒路與南通販貿來往家産豐富百姓樂之諸鎮之中號爲能政及解鎮還京民多追戀詣闕上者三百餘人書奏孝文嘉之

穆羆爲征東將軍吐京鎮將孝文改吐京鎮爲汾州仍以羆爲刺史前吐京太守劉外在郡甚有威惠限滿還都胡民八百餘人詣羆請之羆爲表請帝從之後州民李軌郭及祖等七百餘人詣闕訟羆恩德帝以羆政和民悅增秩延限

穆亮羆之子亮累遷使持節征西大將軍西戎校尉燉煌鎮都大將軍政尚寬簡賑恤窮乏被徵還百姓追思之

長孫陳爲北鎮都將性寬厚好孝愛士所歷輒爲人追思之

尉諾爲幽州刺史在州有惠政民吏追思之薊人張廣達等二百餘人詣闕請之復除幽州刺史

李祥爲河間太守有威恩之稱徵拜中書侍郎民有千餘上書乞留數年不許

任城王雲爲徐州刺史性善撫綏得徐方人心以益太妃憂去官爲百姓追戀所遺錢貨一無所受

彭城王勰爲楊州刺史政崇寬裕絲毫不犯淮南士庶追其餘惠至今思之

張蒲爲相州刺史卒於州吏民痛惜之

寇治爲東荊州刺史代下之後蠻民以刺史酈道元峻刻請治爲刺史朝議以邊民宜悅乃以治代道元

崔挺爲光州刺史宣武即位累表乞還景明初見代老幼泣涕追隨縑帛贈送挺悉不納後北海王詳爲司徒録尚書事以挺爲司馬卒光州故吏聞凶問莫不悲感共鑄八尺銅像於城東廣固寺起八關齋追奉冥福其遺愛若此

楊逸爲光州刺史甚有異政及其家禍爾朱仲遠遣使於州害之吏人如喪親戚城邑村落爲營齋供一月之中所在不絕

傅豎眼爲益州刺史屢請解州乃以元法僧代之益州民追隨戀泣者數百里

崔休爲幽州刺史遷青州在幽青積五六年皆清白愛民甚著聲績二州懷其德澤百姓追思之

裴衍爲建興河内二郡太守廉貞寡欲善撫百姓民吏追思之

劉道斌爲常農太守脩立學館建孔子廟堂圖畫形像去郡之後民追思之乃復畫道斌形於孔像之西而拜謁焉

明亮爲平陽太守清白愛民甚有惠政聲績之美顯著當時朝廷嘉其風化轉汲郡太守爲治如前二郡民吏迄今追思之

趙宗爲河東太守清靜愛人及卒百姓追思之

房景伯爲清河太守舊守令六年爲限限滿將代郡民韓靈和等三百餘人表訴乞留復加二載

韋崇爲鄉郡太守吏滿應代吏民詣闕乞留復延三年在郡九年

羊敦爲廣平太守卒吏民奔哭莫不悲慟

淮南王他孫法壽為安州刺史更滿還朝吏人詣闕訴乞孝明嘉之詔復州任

李韶為冀州刺史清簡愛民後轉定州刺史及赴中山冀州父老皆送出西境相聚而泣正光三年卒於官既葬之後有冀州兵千餘人戍於荆州還經韶墓相率陪冢數日方歸其遺愛如此

杜纂歷博陵鉅鹿平陽清河郡守疏食弊衣為百姓所思號為良守纂後為太中大夫正光末清河人房通等三百人頌纂德政乞重臨郡詔許之

蘇淑為樂陵內史在郡綏撫甚有民譽始經二周謝病乞解有詔聽之民吏老幼訴乞淑者甚衆後歷滎陽太守亦有能名又拜中山太守卒於郡淑清心愛下所歷三郡皆為吏民所思當時稱為良二千石

堯雄為豫州刺史尋與行臺侯景破梁楚豫州民上書吏乞雄為刺史後行豫州事撫養兵民得其力用在邊十年屢有功績豫人於今懷之

裴他為趙郡太守轉東荆州刺史郡民戀仰傾境餞送至今追思之

史寧為凉州刺史西魏大統中詔寧率所部鎮河陽寧先在凉州戎夷服其威惠還鎮之後邊民並思慕之復除凉州刺史

北齊彭城王浟自定州刺史徵為侍中人吏送別悲號有老翁數百人相率具饌曰自殿下至來五載人不識吏吏不欺人百姓有識已來始逢今化殿下唯飲此鄉水未食百姓食聊獻疏薄浟重其意為食一口

封隆之為冀州刺史留心撫字吏民追思立碑頌德

韓軌為秦州刺史甚得邊和神武巡秦州欲以軌還仍賜城人戶別絹布兩匹州人田昭等七千戶皆辭不受唯乞留軌神武嘉歎乃留焉

平歷八州刺史冊臨懷州所在為吏民所思立碑頌德

趙彥深為東南道行臺尚書徐州刺史政尚恩信為吏人所懷多所降下所營軍處士庶追思號趙行臺頓文宣璽書勞勉徵為侍中辛術為清河太守政有能名追授并州長史遭父憂去職清河父老數百人詣闕上請立碑頌德

赫連子悅為鄭州刺史治為天下之最入為都官尚書鄭州民八百餘人請立碑頌德有詔許焉

獨孤永業為洛州刺史徵為領軍將軍河洛民庶多思永業朝廷又以疆埸不安除永業河楊道行臺僕射洛州刺史

陽休之為中山太守後為西兗州刺史俱有惠政為吏民所懷去官之後百姓樹碑頌德

盧潛為楊州刺史大樹風績徵為五兵尚書楊州吏民以潛戒斷酒肉篤信釋氏大設僧會以香華緣道流涕送之潛歎曰正恐不久復來耳至鄴未幾陳將吳明徹度江侵掠復以潛為楊州道行臺尚書

韋聿脩為信州刺史及解代還京民庶道俗追別滿道或將酒脯涕泣留連竟欲送出境既盛暑恐其勞弊往往為之駐馬隨舉一酌示領其意辭謝令還後州民鄭播宗等七百餘人請為立碑斂縑布數百匹託中書侍郎李德林為文以紀功德府省為奏勑報許之郎基為潁川郡守既卒柩將還遠近將送莫不攀轅悲哭

宋世良為清河太守及代至傾城祖道有老人丁金剛泣而前謝曰已年九十記三十五政君非唯善治清亦徹府今失賢君民何以濟莫不攀轅涕泣

後周邵惠公導為秦州刺史薨於上邽議者以導撫和西戎威恩顯著欲令世鎮隴右以彰厥德乃葬上邽城西無壇原華戎會葬萬餘人莫不祭於路悲號滿野皆曰我君捨我而去大小相率負土成墳墳高五十餘尺周迴八十餘步為官司所止然後

泣辭而去其遺愛見思如此

齊殤王憲爲益州刺史時年十六憲善綏撫留心政術辯訟輻湊聽受不疲蜀人懷之共立碑頌德

崔謙爲濟北太守既徵赴鄴百姓號泣遮道數日不得前

寇儁爲梁州刺史儁在州清苦不治產業其子等並徒步而還吏民送儁留連久之乃得出界

郭賢歷廣勳安　刺史在官無明察之譽以廉平待物去後頗亦見思

長孫儉爲荊州總管以疾還京及卒荊民儀同趙超等七百人感儉遺愛詣闕請爲儉立廟樹碑詔許之

韋瑱爲瓜州刺史通西域蕃夷往來前後刺史多受賂遺瑱雅性清儉蕃夷賂遺一無所受公私安靜夷夏安之及秩滿還京夷民戀慕老幼追送留連十日方得出境

郭彥爲澧州刺史秩滿還朝民吏號泣送彥二百餘里

唐永爲幽州刺史夷人送故者莫不垂淚當路遮留相隨數日始得出境

薛端爲蔡州刺史爲政寬惠人吏愛之轉基州刺史州地接于梁籍其鎮撫授管史甯遣司馬梁榮催令赴任蔡州父老詣榮請留端者千餘人

尉遲迥爲益州刺史及徵還蜀人思之立碑頌德

宇文顯和爲夏州刺史以疾去職深爲吏民所懷

柳敏爲郢州刺史甚得物情及將還朝夷夏士人感其惠政並賫酒餚及物產候之於路敏乃從他道而還

申徽爲襄州刺史及代還人吏送者數十里不絕徽自以無德於人慨然懷愧因賦詩題於清水亭長幼聞之皆競來就讀遞相謂曰此是申使君手迹並寫讀之

竇熾爲原州刺史州城之北有泉水焉熾屢經游踐嘗與僚吏宴於泉側因酌水自飲曰吾在此州唯當飲水而已及去職之後人吏感其遺惠每至此泉者莫不懷之

楊敷自蒙州刺史徵爲司水中大夫夷夏吏民及荊州總管長孫儉並表請留之時議欲東討將委敷以舟艦轉漕之事故亦許焉

裴俠爲河北郡守後遷工部中大夫卒河北郡前功曹張因及吏人等感俠遺愛乃作頌紀其清德焉

隋獨孤楷爲益州總管甚有惠政蜀中父老于今稱之

伊婁謙字彥恭爲澤州刺史清約自處甚得人和以疾去職吏人攀戀行數百里不絕

樊叔略爲相州刺史徵拜司農卿吏人莫不流涕相與立碑頌其德政

公孫景茂歷息伊道淄四州刺史皆有德政其去伊州吏人號泣於道身死之日諸州人吏赴喪者數千人或不及葬皆望境

慟哭野祭而去

趙軌爲齊州別駕考績連最高祖徵軌入朝父老相送者各揮泣曰別駕在官水火不與百姓交是以不敢以壺酒相送公清若水請酌一杯水奉餞軌受而飲之

令狐熙爲洺州刺史風教大洽開皇四年高祖幸洛陽熙來朝吏民恐其遷易悲泣於道及熙復還百姓出境迎謁歡叫盈路八年徙爲河北道行臺度支尚書吏民追思立碑頌德

王仁恭爲汲郡太守有能名遷信都太守汲郡吏民扣馬號哭於道數日不得出境其得人情如此

樊子蓋先任武威太守後卒于京武威民吏聞其死莫不嗟痛立碑頌德

薛胄檢校相州事甚有能名後以罪鏁詣大理相州吏人素感其恩詣闕理胄者百餘人

周羅睺初仕陳爲豫章內史獄訟庭決不關吏手民懷其惠立

碑頌德焉
裴肅爲永平郡丞甚得民夷心歲餘卒夷獠思之爲立廟於鄣
江之浦
元巖爲益州揔管長史卒官高祖悼惜久之益州父老莫不殞
涕于今思之
于爾爲邵州刺史在州數年甚有恩惠州人張願等數十人詣
闕上表請留高祖嘉歎良久令還邵州父老相賀
衛玄爲衛尉少卿仁壽初山獠作亂爲資州刺史以鎮撫之
玄到官單騎造其營說以利害渠帥感悅解兵而去除遂州揔
管仍令劍南安撫煬帝即位復徵爲衛尉夷獠攀戀數百里不
絶玄曉之曰天子詔徵不可久住因與之訣夷獠各揮涕而去
來護兒爲瀛州刺史以善政聞頻見勞勉煬帝嗣位被追入朝
百姓攀戀累日不能出境詣闕上書致請者前後數百人帝謂
曰昔國步未康卿爲名將今天下無事又爲良二千石可謂兼

美矣
楊文思爲魏州刺史甚有惠政及去職吏民思之爲立碑頌德
元亨爲衛州刺史衛土俗薄亨以威嚴鎮之在職八年風化大
洽後以老病表乞骸骨吏人詣闕乞表請留卧治帝嗟嘆者久
之其年亨以疾重還京
侯莫陳頴爲瀛州刺史甚有惠政在職數年坐與秦王俊交通
免官百姓送者莫不流涕因相與立碑頌頴清德
郭絢爲涿郡通守領兵擊竇建德於河間戰死人吏哭之數月
不息
唐韋仁壽武德初爲巂州刺史檢校南寧州都督及將還諸酋
長號泣曰天子遣公鎮撫南寧何得便去仁壽以城池未立爲
辭諸酋長乃相與築城立廨舍仁壽曰吾奉詔但令巡撫不敢
擅住及將歸蠻夷父老各揮涕相送因遣子弟隨之
劉師立貞觀中檢校岐州都督丁母憂去職岐州父老上表請
留之太宗下優詔不許赴哀令更聽後旨
楚王靈龜高宗永徽中爲魏州刺史稱爲良牧及喪歸百姓思
其德政爲立碑焉
賈敦實咸亨初爲洛州長史初敦實兄敦頤爲洛州刺史甚有
惠政百姓共爲擒碑于大市通衢及敦實去職復刻石頌其德
政立於兄碑之側故時人呼爲棠棣碑焉
崔日用爲并州刺史爲政以惠愛見稱及卒靈櫬初發并州吏
人數百人皆縞素送喪
裴懷古初爲并州大都督府長史爲吏人所懷中宗神龍中遷左
羽林大將軍未達都復授并州長史吏人聞懷古下車而罷出
郊以候懷古懷古恐傷其意命官吏驅逐出迎之而百姓奔赴
逾衆其爲人所思如此
李睿歷潤虢潞三州刺史又拜益府長史所歷皆以誠信待物
稱爲良吏及去職咸有遺愛

王晙景龍末爲桂州都督桂州粮饋乏晙始改築羅城奏罷屯
兵及轉運又堰江水開屯田數千頃百姓賴之後上疏請歸鄉
拜墓州人詣闕請留之中宗手詔報晙曰卿處事強濟遠近寧
輯築城務農利益已廣括隱撫綏復業已多宜俟政成安此黎
庶況百姓堅請豈可固違不須來也晙在州數年人立碑以頌
其政
○陽嶠爲魏州刺史歷兗州荆州長史所在以清白聞魏人詣
闕割耳請嶠重臨其郡又除魏州刺史
宋璟爲廣州都督夷夏懷惠立碑以紀其政○呂諲肅宗上元中
爲荆州節度理江陵三年號爲良牧初景生祠祈禱歿後歲餘
將士等又率錢十萬於府西爽塏地移祠宇立之
李鼎爲鳳翔尹百姓立生祠鼎執表乞毀置佛寺度僧七人許
之
崔晉卿寬厚廉謹爲政舉大綱不問小過所到有惠化所莅金

州魏州人思之皆立碑頌
嚴郢爲京兆尹宰臣楊炎惡其異己陰令御史張著廷劾郢誣
以他罪拘於金吾仗京師百姓日數千百人將詣闕救郢於建
福門德宗微知之乃削郢兼御史中丞百姓知郢得不坐皆迎
拜謳呼聲聞數里
張延賞練達政經大歷建中間連統四鎮所至稱理其去也皆
刻石紀德焉
陳孝楊爲嶲州刺史二十餘年蠻夷愛之後以老歸成都蠻夷
交持之泣涕數百里方免
袁滋自華州刺史徵拜左金吾衛大將軍耆耋鰥孤遮道不得
去楊於陵代其任宣言謂百姓曰於陵必不敢易袁公之政然
後羅拜而訣
嚴公弼爲隨州刺史亡母墓在沔州爲盜所發公弼奔赴沔州
隨州百姓耆老相率見觀察使柳公綽稱公弼在州甚有惠政
公綽上言却令守本官以從人欲可之
薛平元和中爲滑州刺史鄭滑節度使在鎮六周歲兵甲完利
井賦均一至是入覲百姓遮道乞留數日乃得出時人以爲近
日節制罕有其比
楊元卿爲涇原節度使既罷監軍奏涇人請爲立德政碑從之
薛放爲江南西道觀察使在鎮唯用清潔爲理一方之人至今
思之
韋丹爲江西觀察使卒官大和中觀察使裴誼奏請與丹立碑
祠丹踐歷官次深達吏方江西邑屋皆以草覆竹椽常多火患
及丹到悉以瓦木大葺前俗并課百姓墾田人多儲蓄凶有是
請文宗從之
王質爲虢州刺史歷河南尹宣歙池等州觀察使每分憂寄必
先究其土俗然後致理故所至有遺愛焉
崔戎自華州刺史遷兖海沂密都團練觀察等使將行州人戀

惜遮道至有解靴竊鐙者
令狐緒爲汝州刺史有能政後郡人請立碑頌德及爲壽州罷
郡吏人乞留焉
張仲武武宗會昌鎮幽州既卒漁陽之人有八九十歲少而識
其面者說之則淚下
宗回咸通末爲嶺州刺史僧道百姓詣義成軍節度使杜慆舉
留慆奏之勅曰宗回清幹臨人自有月限方藉綏育未議替移
後唐張全義自唐末爲河南尹四十年兵亂之餘再造都畿瀍
洛之民恩如父母斑白耆老到今思之
李嗣昭爲昭義節度天祐十六年代周德威權幽州軍府事九
月李紹宏代歸嗣昭出薊門百姓號泣請留截鞍惜別嗣昭夜
遁而歸　夏魯奇明宗天成初自河陽移鎮許州百姓官吏填門
號泣留一年如是數日不能別魯奇曰吾爲天子軍民長吏遲
留違詔國有常刑多謝父老勿貽我譴父老曰拜章聞天可也
公不可行乃至卧輪斷鐙壅守軍門明宗遣中使慰諭之方解
父老號泣攀隨交境而去
袁象先爲天平節度使奉詔赴闕鄆人遮留毀石橋而不得進
乃自他門而逸
烏震初爲趙州刺史踈財禮士有安民之政轉深州刺史人頗
思之
郭延魯末帝清泰中爲復州刺史臨任忽驚歎曰先人曾爲沁
牧九年不務我得不遵其家法而使政有紕繆者乎由是正俸
之外未嘗斂貨庶事致理一郡賴焉及秩滿百姓上章舉留將
離境攀卧遮圍者不能去朝廷聞而嘉之
晉李承約初仕後唐爲黔南節度使數年之間巴邛蠻蜑不敢
犯境外勸農桑內興學校凶邪悉去民皆感義故父老司徒俊
等詣闕言其政化又聽留周歲
符令謙初仕後唐爲趙州刺史不周歲而部內大理俄以病終

於官及歸葬本邑百姓隨而泣之者數千人庶幾為一代之良牧也

漢劉審交為汝州防禦使汝為近輔號為難治審交盡去州弊無擾於民百姓歌之乾祐三年春卒郡人聚哭於柩所列狀乞留葬本州界立碑起祠以時致祭本州以聞詔曰朝廷之制皆有舊章牧守之亡比無贈典其或政能殊異惠及蒸黎生有令名歿留遺愛襃賢獎善豈限彝章可特贈太尉吏民所請宜依

周翟光鄴廣順中權知京兆府既卒吏民如喪所親街衢父老栢逢垂涕或以殽酒遥奠者將葬部民詣府乞留神柩葬於雍土乃請立祠以時祭祀府司以聞朝廷不允其請

李穀初仕漢為陳州刺史廣順末陳州言宛丘縣民稱穀以惠受治民欲立祠堂以聞時穀為宰輔聞郡人陳請太祖前陳讓者數四

薛曖為萊州團練使卒本州僧道百姓等列狀上請以曖有善政在人乞立祠堂及樹碑以述其遺愛世宗從之

冊府元龜卷第六百八十三

冊府元龜卷第六百八十四

牧守部一十四

條教　課最

條教

易臨之象曰君子以教思無窮容保民無疆語云既富矣又何加焉蓋夫長人之任興教爲本令下禁止風行草偃其所由來尚矣漢氏而下良吏繼出乃能推本俗尚講求治要思所懲革樹之風聲繇是獎善防非置之表率遏強撫弱爲之約束尊賢興學禁淫起廢除律令之不便袪風輒之因習至於樹藝之便利蠶績之饒盡布帛之度春汲之宜靡不爲立科條以杜紛競眞得夫善人爲邦之旨哉詩曰豈悌君子民之父母異乎不戒視成者已

漢黄霸爲潁川太守爲條教置父老師帥伍長班行之於民閒勸以爲善防姦之意及務耕桑節用殖財種樹畜養去食穀馬

米鹽靡密初若煩碎(米鹽言雜而且細)然霸精力能推行之

王尊爲安定太守到官出教告屬縣曰令長丞尉奉法守城爲民父母(城謂城也)抑彊扶弱宣恩廣澤甚勞苦矣太守以今日至府願諸君卿勉力正身以率下故行貪鄙能變更者與爲治(改更也有如此者太守乃共爲治者也)明慎所職毋以身試法又出教敕掾功曹各自底厲助太守爲治其不中用趣自避退毋久妨賢(趣讀曰促)夫羽翮不修則不可以致千里闑內不理無以整外府(闑門閫也)府丞悉署吏行能分別白之賢爲上毋以富賈人百萬不足與計事昔孔子治魯七日誅少正卯今太守視事已一月矣五官掾張輔懷虎狼之心貪汙不軌(汙濁不軌不循法制也)一郡之錢盡入輔家然適足以葬矣今將輔送獄直符史詣閤下從太守受其事(直符史若今之當直吏也)丞戒之戒之相隨入獄矣(言丞教戒張輔令其避罪故以此言豫勑之)輔繫獄數日死盡得其狡猾不道百萬姦臧威震郡中盜賊分散入傍郡界豪彊多誅傷伏辜者

何武爲揚州刺史行部入傳舍出記問墾田頃畝五穀美惡(記謂教命之書)已迺見二千石以爲常

後漢任延爲九真太守駱越之民無嫁娶禮法各因淫好無適對匹不識父子之性夫婦之道延乃移書屬縣各使男年二十五至五十女年十五至四十皆以年齒相配其貧無禮聘令長吏已下各省奉祿以振助之同時相娶者二千餘人

張湛爲左馮翊在郡設條教政化大行

楊球爲高唐令以嚴苛過理郡守收舉會赦原後遷平原相出教曰相前莅高唐志埽姦鄙遂爲貴郡所見枉舉昔桓公釋管仲射鉤之讎高祖赦季布逃亡之罪雖以不德敢忘前義況君臣分定而可懷宿昔哉今一蠲往愆期諸來效若受教之後而不改姦狀者不得復有所容矣郡中咸畏服焉

秦彭爲山陽太守興起稻田數千頃每於農月親度頃畝分別肥瘠差爲三品各立文簿藏之鄉縣於是姦吏跼蹐無所容詐

彭乃上言宜令天下齊同其制詔書以其所立條式班令三府並下州郡

王景為廬江太守驅率吏民修起蕪廢遂銘石刻誓令民知常禁又訓令蠶織為作法制皆著于鄉亭廬江傳其文辭

魏司馬芝漢末為河南尹為教與羣下曰蓋君能設教不能使吏必不犯也吏能犯教而不能使君必不聞也夫設教而犯君之劣也犯教而聞吏之禍也君劣於上吏禍於下此政事所以不理也可不各勉之哉於是下吏自勵

蘇則為金城太守旬月之間流民皆歸得數千家乃明為禁令有干犯者輒戮其從教者必賞

晉王沉魏末為豫州刺史至鎮乃下教曰自古聖賢樂聞誹謗之言聽輿人之論芻蕘有可録之事負薪有廊廟之語故也自至有日未聞逆耳之言豈[illegible]明虛心故令言者有疑其宜下屬城及士庶若能舉遺逸於林藪黜姦佞於州國陳長吏之可否

誑百姓之所患與利除害損益耶然若給穀五百斛若達一至三之言誑利吏得失朝政寬猛令剛柔得適者給穀千斛謂余不信明如皎日主簿陳歆褚碧嚬曰奉省教旨伏用感歎勞謙自具恩開苦言懇謂上之所好下無不應而近未有極諫之辞遠無傳言之箴者誠得失之事將未有也今使教命班下示以賞勸將恐拘介之士或聞賞不言貪昧之人將慕利而妄举苟不合宜賞不虛行則遠聽者未知當否之所在徒見言之不用謂設有而不行愚以告下之事可小須後況又教曰夫德薄而位厚功輕而祿重貪夫之所徇高士之所不頋也若陳至言於刺史興利益於本州達幽隱之賢去祝鮀之佞立德於上受分於下斯乃君子之操何不言之有直言至理忠也惠加一州仁也功成辭賞廉也兼斯而行仁智之事何故懷其道而迷其国哉褚碧復白堯舜周公所以能致忠諫者以其款誠之心著也冰炭不言而冷熱之質自明者以其有實也若好忠直如冰

炭之自然則諤諤之臣將濟濟而盈庭逆耳之言不求而自至若德不足以配唐虞明不足以並周公實不可以同冰炭雖懸重賞忠諫之言未可致也昔魏絳由和戎之功蒙女樂之賜管仲有興齊之勳而加上卿之禮功勳明著然後賞勸隨之未聞張重賞以待諫臣懸穀帛以求盡言也況死以奪之遂從碧議況採尋善政窮與遠之來法制禁令諸所施行擇善者而從之乃教曰後生不聞先王之教而望政道日興不可得也文武並用長久之道也俗化凌遲不可不革革俗之要實在敦學昔原伯魯不悅學閔馬父知其必亡將吏子弟優閑家門若不教之必致游戲傷毀風俗矣於是九郡之士咸悅道教移風易俗華軼永嘉中為江州刺史雖逢喪亂每崇典礼置儒林祭酒以弘道訓乃下教曰今大義頹替礼典無宗朝廷滯議莫能攸正常以慨然宜特立此官以弘其事軍諮祭酒杜夷棲情玄遠確然絕俗才學精博道行優備其以為儒林祭酒

虞溥為鄱陽内史大修庠序廣招學徒移告屬縣曰學所以定情理性而積眾善者也情定於內而行成於外積善於心而名顯於教故中人之性隨教而移善積則習與性成唐虞之時皆比屋而可封及其廢也而云可誅豈非化以成俗教移人心者哉自漢氏失御天下分離江表寇隔久替王教庠序之訓廢而莫修今四海一統万里同軌熙熙兆庶咸休息乎太和之中宜崇尚道素廣開學業以讚協時雍光揚盛化乃具為條制於是至者七百餘人溥乃作誥以獎訓之曰文學諸生皆冠帶之流年盛志美始涉學庭講修典訓此大成之業立德之基也夫聖人之道談而寡味欲始學者不好也及至朞月所觀彌博所習彌多日聞所不聞日見所不見然後心開意朗敬業樂群忽然不覺大化之陶己至道之入神也故學之染人甚於丹青丹青吾見其久而渝矣未見久學而渝者也夫工人之染先修其質後事其色質修色積而染工畢矣學亦有質孝悌忠信是也君子

内正其心外修其行行有餘力則以學文文質彬彬然後為德夫[illegible]者不患才不及而患志不立故曰希驥之馬亦驥之乘希顏之徒亦顏之倫也又曰鍥而舍之朽木不知鍥而不舍金石可虧斯非其效乎今諸生口誦聖人之典體閑庠序之訓比及三年可以小成而令名宣流雅譽日新朋友欽而樂之朝士敬而歎之於是州府交命擇官而仕不亦美乎若乃含章舒藻揮翰流離稱述世務探賾究奇使楊班韜筆仲舒結舌亦惟才所居固無常人也然積一勺以成江河累微塵以崇峻極匪志匪勤理無由濟也諸生若絕人間之務心專親學累一以貫之積漸以進之則亦或遲或速或先或後耳何滯而不通何遠而不至邪時祭酒求更起屋行禮溥曰君子行禮無常處也故孔子射於矍相之圃而行禮於大樹之下況今學庭庠序高堂顯敞乎

庾亮為征西將軍鎮武昌下教曰人情重交而輕財好逸而惡

勞學業致苦而祿荅未厚由捷徑者多故莫肯用心洙泗邈遠風雅彌替後生放任不復憲章典謨臨官宰政者務目前之治不能閑以典誥遂令詩書荒廢頌聲寂漠仰瞻俯省能不歎慨自胡夷交侵殆三十年矣而未華面嚮風者豈威武之用盡抑文教未洽不足綏之邪昔魯秉周禮齊不敢侮范會崇典晉國以治楚魏之君皆阻帶山河憑城據漢國富民殷而不能保其強大吳起屈完所以為歎也由此言之禮義之固孰與金城湯池季路稱攝乎大國之間加之以師旅因之以飢饉為之三年猶欲行其義方況今江表晏然王道隆而不能弘敷禮樂敦明庠序其何以訓彝倫而來遠人乎魏武帝於馳騖之時以馬上為家逮于建安之末風塵未弭然猶留心遠覽大學與業所謂顛沛必於是真通才也今使三時既務五教並脩軍旅已整俎豆無廢豈非兼善者哉便處分安學校處所籌量起立講舍參佐大將子弟悉令入學吾家子弟亦令受業四府博學識義通涉來學經綸者建儒林祭酒使班同三署厚其供給皆妙選邦彥必有其宜者以充此舉近臨川臨賀二郡並求脩復學校可下聽之若非束脩之流禮教所不及而欲階緣免役者不得為生明為條制令法清而人貴又繕造禮器俎豆之屬將行大射之禮亮薨又廢

劉弘為荊州刺史每有興發手書守相丁寧欵密所以人皆感悅爭赴之咸曰得劉公一紙書賢於十部從事文舊制峴方二山澤中不聽百姓捕魚弘下教曰禮名山大澤不封與共其利今公私并兼百姓無復厝手地當何謂邪速改此法

殷仲堪領晉陵太守居郡禁產子不舉久喪不葬錄父母以質亡叛者所下條教甚有義理

唐彬為雍州刺史下教曰此州名都士人林藪處士皇甫申叔嚴舒龍姜茂時梁子遠等並志節清妙履行高潔踐境望風虛心飢渴思加延致待以不臣之典幅巾相見論道而已豈以吏職屈染高規郡國備禮發遣以副於邑之望於是四人皆到彬敬而待之

劉秀之為梁南秦二州刺史時漢川飢儉境內騷然秀之限令用錢百姓受其利

後魏高祐為西兗州刺史令一家之中自立一碓五家之外共造一井以供行客不聽婦人寄舂取水

北齊蘇瓊為清河太守每蠶月豫下綿絹度樣於部內其兵賦次第並立明式至於調役事必先辨郡縣長吏常無十杖稽失當時州郡無不遣人至境訪其政術

隋令狐熙為鴻臚卿開皇中文帝祠太山還次汴州惡其殷盛多有姦俠於是以熙為刺史下車禁遊食抑工商民有向街開門者杜之舡客停於郭外星居者勸為聚落僑人逐令歸本其有滯獄並決遣之令行禁止稱為良政帝聞而嘉之

趙煚為冀州刺史冀俗薄市井多姦詐乃為銅斗鐵尺置之

於肆百姓便之帝聞而喜頒告天下以為常法

唐裴文琮高宗永徽中為建州刺史州境素尚淫祀不修社稷文琮下教書曰春秋二社蓋本為農唯獨此州廢而不立禮典既闕風俗何觀近年已來田多不熟抑不祭先農所致乎神在於敬何以邀福於是示其節限條制百姓欣而行之

課最

由漢以來重長人之寄有會課之法稽勞底績以功多者為最焉蓋取乎治行殊等閥閱彰著乃處乎上第或申之懋賞所以旌勸良吏登薦當世者也若夫考績之典紀在虞書大計之法著於周制所以揆勞而責實獎能而辟惡載於前籍斯為懿範然而牧守之重吏民之本患於數易罔克成化儻善人為邦復久於其道亦未有不邁德敦教厚生美俗而致尤異之課者矣

漢兒寬（兒，五奚切）武帝時為左內史收租稅時裁闊狹與民相假貸（謂有貧弱及農要之時不即徵收也）以故租多不入後有軍發左內史以負租

課殿當甲民關當免皆恐失之大家牛車小家擔負輸租繦屬
不絕（繦索也言擔負者連不絕於道若繦索之相屬也繦音襁）課更以最帝由此
愈奇寬
朱邑為北海太守以治行第一入為大司農邵信臣為南陽太
守遷河南太守治行常為第一
陳立為天水太守勸民農桑為天下最
尹翁歸為右扶風盜賊課常為三輔最
韓延壽守東郡三歲令行禁止斷獄大減為天下最入守左馮
翊
毋將隆為潁川太守以高第入為京兆尹
黃霸為楊州刺史以高第為潁川守以外寬內明得吏民心戶
口歲增治為天下第一徵守京兆尹秩二千石自漢興言治民
吏以霸為首
馮野王為隴西太守以治行高入為左馮翊班況文士孝廉為郎

積功勞至上河農都尉（上河在西河富平農都尉典農事）大司農奏課連最入為
左曹越騎校尉
後漢馮魴建武中遷魏郡太守二十七年以高第入代　趙熹
為太僕
鄧晨好樂郡職由是拜為中山太守吏民稱之常為冀州高第（中山郡屬冀州冀州所部郡國課為第一也）
崔寔為五原太守整厲士馬嚴烽候虜不敢犯常為邊最
賈琮為交阯刺史在事三年為十三州最
黃琬為豫州牧時寇賊陸梁州境彫殘琬討擊平之威聲大震
政績為天下表
張奐為武威太守平均徭賦率厲散敗常為諸郡最河西由是
而全
魏朗為河內太守政稱三河表（三河謂河東河內河南也）
劉祐為河東太守時屬縣令長率多中官子弟百姓患之祐到
黜其權強平理冤結政為三河表
魏杜畿為河東太守在任十六年常為天下最
鄭渾為京兆尹太祖征張魯大軍入漢中運轉軍糧為最
梁習再為并州刺史政治常為天下最
顏斐為京兆尹與馮翊扶風接界二郡道路既穢塞田疇又荒萊
人民饑凍京兆皆整頓開荒人民豐富常為雍州十郡最
晉解脩初為魏琅邪太守梁州刺史考績為天下第一武帝受
禪封梁鄒侯
諸葛恢為會稽內史太興初以政績第一詔秩中二千石
梁何敬容為吳郡太守為政勤恤民隱辯訟如神視事四年治
為天下第一世稱何吳郡後謝舉為吳郡太守聲跡略相比也
後魏陸俟為冀州刺史時考州郡治功唯俟為河內太守丘陳
為天下第一
源賀為冀州刺史賀之臨州鞫獄以情徭役簡省時考殿最賀

治為第一賜衣馬器物班宣天下賀上表請代朝議以賀得民
不許在州七年乃徵拜太尉
崔延儁為幽州刺史在州五年考績為天下最
張恂為廣平太守其治為當時第一
齊郝達子悅為鄭州刺史于時新經河清大水民多逃散子
悅親加恤隱戶口丞增治為天下之最
高恃為陽平太守當時遷都鄴平即是畿郡軍國責辯賦斂
無准又勳貴請朝夕徵求恃並御之以道上下無怨治為天
下第一後周鄭孝穆西魏大統中行岐州刺史在任未幾有能
名王罷時為雍州刺史欲其善政貽書盛相稱述先是所部百
姓久遭離亂逃散殆盡孝穆下車之日戶止三千留情綏撫遠
近咸至數年之內有四萬家歲考績為天下最文帝賜書美之
徵拜京兆尹
王德為平涼郡守雖不知書至於斷決處分良吏無以過涇州

州部五部德常爲長

崔謙爲鉅鹿太守在郡六年獄無停囚每有大使巡察常處上第徵拜銀青光祿大夫

隋樊叔略開皇初爲相州刺史政爲當時第一

梁彥光開皇中爲岐州刺史其俗頗質以靜鎮之合境大化奏課連最爲天下第一

劉仁恩爲毛州刺史治績號天下第一擢拜刑部尚書

韋世康爲絳州刺史在任數年有惠政奏課連最擢爲禮部尚書

楊達爲鄯鄭趙三州刺史俱有能名平陳後高祖差品天下牧宰達爲第一擢拜工部尚書加上開府

令狐熙爲汴州刺史下車禁游食抑工商民有向街開門者杜之船客停於郭外星居者勸爲聚落僑人逐令歸本其有滯獄並決遣之令行禁止稱爲良政文帝聞而嘉之顧謂侍臣曰汴州天下難理處也敕相州刺史豆盧通令習熙之法其年來朝考績爲天下之最賜帛三百疋頒告天下

房恭懿開皇中爲澤州司馬有德化在職歲餘盧愷復奏恭懿政爲天下之最

趙軌開皇中爲齊州別駕在州四年考績連最時使者邰陽公梁子恭狀上高祖嘉之賜物三百段米三百石

侯莫陳穎爲邢州刺史仁壽中吏部尚書牛弘持節巡撫山東以穎理行爲第一高祖嘉歎優詔褒揚

公孫景茂開皇中爲息州刺史詔以景茂年終考校獨爲稱首昇上儀同伊州刺史

裴蘊歷洋直棣三州刺史俱有能名大業初考績連最煬帝聞其善政徵爲太常少卿

唐皇甫無逸隋大業中爲淯陽太守甚有能政名著考品爲天下第一

鄭善果隋大業中爲魯郡太守克己勵治爲吏所稱煬帝遣御史大夫張衡勞之考爲天下最

梁文謙隋大業中爲鄜州刺史歲餘爲鄱陽太守稱爲天下之最

盧從愿玄宗開元四年爲豫州刺史爲政嚴簡按察使奏課爲天下第一降璽書賞勞賜絹百疋無幾入爲工部侍郎

楊承仙代宗大曆初爲懷州刺史當四戰之地言至于荒殘人無全家承仙至官苦心精力以綏復之同其甘苦流人自占數盈萬以爲考課第一

蕭定累爲袁信湖宋睦潤六州刺史所莅皆有聲大曆中有司條天下牧守課績惟定與常州刺史蕭復濠州刺史張鎰爲理行第一其勸農桑均賦稅逋亡歸復戶口增加定又冠焉尋遷戶部侍郎

李承爲撫州江州刺史課績連最

張延賞大曆二年爲河南尹充諸道營田副使河洛久當兵衝閭井丘墟延賞勵身率下政尚簡約疏道河渠修築宮廟數年間流庸歸附邦畿復完詔書褒美之時推河南淮西山南副元帥以其丘鎮東都延賞又權知東都留守以績之理河南五年理化第一徵拜御史大夫

嚴震爲鳳州刺史德宗建中初司勳郎中薛穎爲山劍黜陟使薦震理行爲山南第一特賜上下考封鄖國公在鳳州十四年能政不替

李惠登爲隨州刺史在州二十年田疇闢戶口加于頔爲山南東道節度使以其績上聞加御史大夫升其州爲上貞元二十一年贈洪州都督

薛苹以吏事進累官至長安令拜虢州刺史朝廷以允課最爲湖南觀察使

盧元輔爲杭常絳三州刺史以課高徵爲吏部郎中

盧商為蘇州刺史在蘇州變鹽法獲利倍多文宗開成二年宰臣為鹽鐵使以課績上聞乃以商為潤州觀察使

冊府元龜卷第六百八十四

册府元龜卷第六百八十五

牧守部　一十五

忠

古人有言曰竭身命以徇國經夷險而一節者忠臣也是故公家之利知無不爲儒者之實於是乎在謂之令德豈虚談哉由漢以來居牧守之任者乃有明誠内孚英規外著奮忘而滅敵挺躬而冒險忿大盗之肆慝糾衆而致誅察姦人之無良先事而除怨值亂而不廢貞職遭難而克敦襟備濟王師之乏困保臣節於艱虞以至强寇侵逼危城失守轉鬭冒刃遂隕厥軀王綱絶紐大事將去守義不回因雖非命凛然生氣塞於民聽誠足以聳厲來者俾知委質之道焉

漢卜式爲齊相武帝時南粤呂嘉反式上書曰臣聞主媿臣死羣臣宜盡節其駑下者宜出財以佐軍如是則强國不犯之道也臣願與子男（子男自謂其子也）及臨菑習弩博昌習船者請行死之以盡臣節帝賢之下詔曰朕聞報德以德報怨以直今天下不幸有事郡縣諸侯未有奮繇直首者也齊相雅行躬耕（雅正也言其行雅正又躬耕也）隨牧畜蕃輒分昆弟更造（言畜牧滋多輒與昆弟而更自營爲也）不爲利惑者北邊有興（曰若往日也興謂發軍）上書助官往年西河歲惡率齊人入粟（歲惡猶凶歲也禮記曰歲凶年穀不登）今又首奮雖未丨可謂義形於内矣其賜式爵關内侯黄金丨十斤田十頃布告天下使明知之

王尊爲益州刺史先是瑯邪王陽爲益州刺史行部至卭郲九折阪（郲山名在蜀郡嚴道縣郲音來）歎曰奉先人遺體柰何數乘此險後以病去及尊爲刺史至其阪問吏曰此非王陽所畏道邪吏對曰是尊叱其馭曰驅之王陽爲孝子王尊爲忠臣

翟義爲東郡太守時新都侯王莽居攝義心知之乃謂姊子上蔡陳豐曰新都侯攝天子位號令天下故擇宗室幼稚者以爲孺子依託周公輔成王之義且以觀望必代漢家其漸可見方今宗室衰弱外無彊蕃天下傾首服從莫能亢扞國難吾幸得備宰相子（臣欽若等曰翟義丞相方進子）身守大郡父子受漢厚恩義當爲國討賊以安社稷欲舉兵西誅不當攝者選宗室子孫輔而立之設令時命不成死國埋名猶可以不慙於先帝（埋名謂身埋而名立）今欲發之乃肯從我乎（乃汝也）豐年十八勇壯許諾義遂與東郡都尉劉宇嚴鄉侯劉信信弟武平侯劉璜結謀及東郡王孫慶素有勇略以明兵法徵在京師義迺詐移書以重罪傳逮慶（逮追赴獄也）於是以九月都試日（太守都尉令長丞尉會都試課殿最也）斬觀令（觀縣名音工喚切）因勒其車騎材官士募郡中勇敢部署將帥嚴鄉侯信者東平王雲子也雲誅死信兄開明嗣爲王薨無子而信子匡復立爲王故舉義兵幷東平立信爲天子義自號大司馬柱天大將軍以東平王傅蘇隆爲丞相中尉臯丹爲御史大夫移檄郡國言莽攝尊號今天子已立共行天罰（共讀曰恭）郡國皆震比至山陽衆十餘萬尋爲莽兵所敗

後漢文齊王莽時爲益州郡太守及公孫述據益土齊固守拒險述拘其妻子許以封侯齊遂不降聞光武即位乃間道遣使自聞蜀平徵爲鎮遠將軍封成義侯

伏湛更始初爲平原太守時天下驚擾門下督素有氣力謀欲爲湛起兵湛惡其惑衆即收斬之徇首城郭以示百姓於是吏人信向郡内以安平原一境湛所全也

梁統爲酒泉太守遣使隨竇融長史劉鈞詣闕奉貢願得詣行在所詔加宣德將軍光武自征隗囂統與竇融等將兵會車駕囂敗封成義侯

寇恂建武爲河内太守光武北征時軍食乏恂以輦車驪駕轉輸前後不絶尚書升斗以稟百官帝數策書勞問

耿況爲上谷太守時漁陽太守彭寵反自以與況有重功而恩賞並薄數遣使要結誘況況不受輒斬其使

傅燮靈帝中平中爲漢陽太守金城賊王國韓遂等攻涼州刺史耿鄙進圍漢陽城中兵少糧盡燮猶固守時北胡騎數千

賊攻郡皆夙懷變恩共於城外叩頭求送變歸鄉里子幹年十三從在官舍知變剛有高義恐不能屈志以免進諫曰國家昏亂遂令大人不容於朝今天下已叛而兵不足自守鄉里羌胡先被恩德欲令棄郡而歸願必許之徐至鄉里率厲義徒見有道而輔之以濟天下言未終變慨然而歎呼幹小字曰別成汝知吾必死邪蓋聖達節次守節且殷紂之暴伯夷不食周粟而死仲尼稱其賢今朝廷不甚殷紂吾德亦豈絶伯夷世亂不能養浩然之志食祿又欲避其難乎吾行何之必死於此汝有才智勉之勉之主簿楊會吾之程嬰也幹哽咽不能復言左右皆泣下王國使故酒泉太守黄衍說變曰成敗之事已可知矣先起上有霸王之業下成伊呂之勳天下非復漢有府君寧有意為吾屬帥乎變按劍叱衍曰若剖符之臣反為賊說邪遂麾左右進兵臨陣戰歿

朱儁為河南尹董卓入關留儁守洛陽儁與山東諸將通謀為内應既而懼為卓所襲乃棄官奔荆州卓以弘農楊懿為河南尹守洛陽儁聞復進兵還洛懿走儁以河南殘破軍無所資乃東屯中牟移書州郡請師討卓徐州刺史陶謙遣精兵三千餘州郡稍有所給謙乃上儁行車騎將軍董卓聞之使其將李傕郭汜等數萬人屯河南拒儁逆擊為傕汜所破儁自知不敵留關下不敢復前及董卓被誅傕汜作亂儁時猶在中牟陶謙以儁名臣數有戰功可委以大事乃與諸豪桀共推儁為太師因移檄牧伯同討李傕等奉迎天子乃奏記於儁曰徐州刺史陶謙前揚州刺史周乾琅邪相陰德東海相劉馗彭城相汲廉北海相孔融沛相袁忠太山太守應劭汝南太守徐璆前九江太守服虔博士鄭玄等敢言之行驃騎將軍河南尹莫府國家既遭董卓重以李傕郭汜之禍幼主劫執忠良殘弊長安隔絶不知吉凶是以臨官尹人搢紳有識莫不憂懼以為自非明哲雄霸之士曷能克濟禍亂自起兵已來于茲三年州郡轉相顧望未有奮擊之功而互爭私變更相疑惑謙等並共諮諏議消國難僉曰將軍君侯既文且武應運而出凡百君子靡不顒顒故相率厲簡選精悍堪能涉入直指咸陽多持資糧足支半歲謹同心腹委之元帥會李傕用太尉周忠尚書賈詡策徵儁入朝

蓋勳為京兆尹董卓廢少帝左將軍皇甫嵩精兵三萬屯扶風勳密相要結將以討卓會與嵩俱被徵勳以衆弱不能獨立遂並還京師

陶謙為徐州刺史時董卓之亂州郡起兵天子都長安四方斷絶謙遣使間行致貢獻遷安東將軍徐州牧封溧陽侯

陸康為廬江太守獻帝初天下[illegible]亂康蒙險遣孝廉計吏奉貢朝廷詔書褒勞加忠義將軍秩中二千石時袁術屯兵壽春部曲飢餓遣使求委輸兵甲康以其叛逆閉門不通内修一以備將以禦之袁術大怒遣其將孫策攻康圍城數重康固守吏士有先休假者皆逃伏還赴暮夜緣城而入受敵二年城陷月餘病卒

王匡為河内太守時董卓擅政匡屯兵河陽津將以圖卓卓疑兵挑戰而潛使銳卒從小平津過津北破之死者畧盡

孔融為北海相時袁曹方盛而融無所協附左丞祖者稱有意謀勸融有所結納融知袁曹終圖漢室不欲與同曹公怒而殺之

徐璆為東海太守被徵當還為袁術所劫僭號欲授以上公之位璆終不為屈術死後璆得術璽致之漢朝拜衛尉太常

魏華歆漢末為豫章太守為政清靜不煩吏民感而愛之時揚州刺史劉繇死其衆願奉歆為主歆以為因時擅命非人臣之宜衆守之連月卒謝遣之不從

游楚為隴西太守明帝太和中蜀將諸葛亮出隴右吏民騷動天水南安太守各棄郡東下楚獨據隴西召會吏民謂之曰太守無恩德今蜀兵至諸郡吏民皆已應之此亦諸卿富貴之秋也太守本為國家守郡義在必死卿諸人便可取太守頭持往吏民皆涕泣言死生當與明府同無有二心楚復言卿曹若不

顧我爲御畫一計今東二郡已去必將來寇但可共堅守若國家救到寇必去是爲一郡守義人人獲爵寵若官救不到蜀攻日急爾乃取太守以降未爲晚也吏民遂城守而南安果將蜀兵就攻隴西吏民距之乃遣長史馬顒出門設陣而自於城上曉謂蜀帥言卿能斷隴使東兵不上一月之中則隴西吏人不攻自服卿若不能虛自疲弊耳使顒鳴鼓擊之蜀人乃去後十餘日諸軍上隴諸葛亮破走南安天水皆坐應亮破滅兩郡守各獲重刑而楚以功封列侯長史掾屬皆賜拜明帝嘉其治詔特聽朝引上殿

吳士燮漢末爲交阯太守是時天下喪亂道路斷絶而燮不廢貢職特下詔拜安遠將軍封龍度亭侯

虞忠爲宜都太守吳之亡也堅壁不降遂死之

晉劉暾爲司隸校尉惠帝幸長安留暾守洛陽河間王顒遣使鴆羊皇后暾乃與留臺僕射荀藩河南尹周馥等上表理后無

罪顒見表大怒遣陳顏呂朗率騎五千收暾暾東奔高密王略會劉根作逆略以暾爲大都督加鎮軍將軍討根暾戰失利還洛至酸棗值東海王越奉迎大駕及帝還洛羊后反宮后遣使謝暾曰賴劉司隸忠誠之志得有今日暾後爲太原內史趙王倫纂位假征虜將軍不受與三王共舉義

劉弘爲荊州刺史鎮南大將軍惠帝幸長安弘遣使受東海王越節度成都王穎南奔欲 本國弘距之及弘卒弘司馬郭勱欲推穎爲主弘子璠追遵弘志於是墨絰率府兵討勱戰於濁水斬之襄沔肅清初東海王越疑 弘與劉喬貳於己雖下節度心未能安及弘璠又斬勱朝廷嘉之越手書與璠賛美之

張光爲新平太守屬雍州刺史劉沈被密詔討河間王顒光起兵助沈沈時委任秦州刺史皇甫重重自以關西大族心每輕光謀多不用及二州軍潰爲顒所擒顒謂光曰前起兵欲作何策光正色荅曰但劉雍州不用鄙計故令大王得有今日也顒壯之引與歡宴彌日

張髦爲河南尹愍帝建興初劉聰寇河南髦死之

麴特爲新平太守時劉曜既據長安安定太守賈疋及諸氐羌皆送質任唯特與西平太守竺恢固守不降護軍麴允頻陽令梁肅自京兆南山將奔安定遇四任子於陰密擁還臨涇推四平西將軍率衆五萬攻曜於長安扶風太守梁綜及特恢等亦率衆十萬會之曜遣劉雅趙染來距敗績而還曜又盡長安銳卒與諸軍戰于黃丘曜衆大敗

華軼爲江州刺史時天子孤危四方瓦解軼有匡天下之志每遣貢獻入洛不失臣節謂使者曰若洛都道斷可輸之郎邪王以明吾之爲司馬氏也

顧衆爲尚書郎大將軍王敦請爲從事中郎元帝以衆補南康太衆徑之鄱陽不過敦敦甚怪焉及敦構逆令衆出軍衆遲迴不發敦大怒以軍期召衆還詰之聲色甚厲衆不爲動敦歎

釋後爲義興太守時蘇峻反王師敗績衆還吳潛圖義舉時吳國內史庾冰奔于會稽峻以蔡謨代之前陵江將軍張悊爲峻收兵於吳衆遣人諭悊悊從之衆乃遣郎中徐機告謨曰衆已潛合家兵待時而奮又與張悊刻期效節謨乃擬衆爲本國督護揚威將軍仍爲衆從弟護軍參軍颺爲威遠將軍前鋒督護吳中人士同時響應峻遣將弘徽領甲卒五百截行而前衆與颺悊要擊徽戰于高莋大破之收其軍讃以冰當還任故便去郡衆遣颺率諸軍屯無錫冰至鎮御亭恐賊從海虞道入自往備之而賊率張健馬流攻無錫颺等大敗庾冰亦失守健等遂據吳城衆自海虞由婁縣東倉與賊別率交戰破之義軍之集也烏苞會稽內史王舒吳興內史虞潭並檄衆爲五部大督護統諸義軍討健潭遣將𢘿休爲衆前鋒與賊戰没衆還守紫壁時賊韋方銳義軍沮退人咸勸衆過浙江衆曰不然今保固紫壁可相全錢唐以南五縣若越他境便爲寓軍控引無所非長計也

處千人范明亦謂衆曰此地險要可以自固不可委也衆乃旅明率宗黨五百人諸軍凡四千人復進討儁儁退于曲阿留錢引爲吳令軍次路丘即斬引首衆住吳城遣督護朱祈等九軍與晉陵太守李閎共守庱亭儁遣馬流陶陽等往攻之閎與祈等逆擊大破之斬首二千餘級峻平論功衆以承撥奮義推功於謨謨以衆唱謀非已之力但表相讓論者美之

司馬勳爲梁州刺史守武當時後趙石季龍死中國亂雍州諸豪帥馳告勳勳率衆出駱谷壁于懸鉤去長安二百里遣部將劉煥攻長安又拔賀城於是關中皆殺季龍太守令長以應勳勳兵少未能自固復還梁州

應詹爲南平太守時荊州刺史王澄假詹督南平天門武陵三郡軍事及洛陽傾覆詹懷祆流涕勸澄赴援澄使詹爲檄詹下筆便成辭義壯烈見者慷慨然竟不能從也

王舒明帝太寧初爲廷尉從兄敦表舒爲荊州刺史及敦敗

兄含父子俱奔舒舒遣軍逆之並沉于江

熊遠爲會稽內史時王敦作逆沈充舉兵應之加寧遠將軍距而不受不輸軍資於充保境安衆爲務敦至石頭諷朝廷徵遠乃拜太常卿

謝邈爲吳興太守孫恩之亂爲賊胡桀郜驃等所執害之賊逼令北面邈厲聲曰我不得罪天子何北面之有遂害之

王績爲南郡相會荊州刺史殷仲堪舉兵以應王恭仲堪要績與南蠻校尉殷覬同行並不從仲堪等屢以爲言績終不爲之屈覬慮績及禍乃於仲堪坐和解之績曰丈丈夫何至以死相脅江仲元行年六十但未知獲死所爾一坐皆爲之懼仲堪憚其堅正以楊佺期代之朝廷聞而嘉績爲御史中丞

辛恭靖爲河南太守會姚興來寇恭靖固守百餘日以無救而陷被執至長安引見興而不拜興曰朕將任卿以東南之事恭靖曰我寧爲國家鬼不爲羌賊臣興怒幽之別室經三年至元興中與守者乃踰垣而逃歸于江東安帝嘉之

宋王鎮之晉末爲安成太守及桓玄敗玄將苻宏寇亂郡境鎮之拒戰彌年子弟五人並臨陣見殺

杜瑗晉末爲交州刺史時盧循竊據廣州遣使通好瑗斬之

劉虔之晉末爲江夏相高祖西征司馬休之魯宗之等遣參軍檀道濟朱超石步騎出襄陽虔之率府郡兵力屯塡岱屯三連立橋聚糧以待道濟等積日不至爲宗之子軌所襲衆寡不敵參軍孫長庸流涕勸退軍虔之厲色曰我杖順伐罪理無不克如其不幸命也戰敗見殺

褚叔度爲廣州刺史時高祖征劉毅叔度遣三千人過嶺荊州平乃還

張邵爲湘州刺史時謝晦反遣書要邵邵不發函馳使呈高祖

杜弘文爲交州刺史文帝元嘉四年以廷尉王徽代之弘文就徵會得重疾牽以就路親舊見其患篤勸表待病愈弘文曰吾

世荷皇恩杖節三世常欲投軀帝庭以報所蒙況親被徵命而可晏然者乎如其顛沛此乃命也弘文母既年老見弘文與疾就路不忍分別相與俱行到廣州遂卒臨死遣弟引獻詣京朝廷甚哀之

王僧達爲宣城太守時魏軍來逼都邑庶懼僧達求入衛京師見許賊退又除宣城太守頃之徙在義興及元凶弑立孝武入討晉檄諸州郡又符郡發兵僧達未知所從客說之曰方今釁逆滔天古今未有爲君計莫若承義師之檄移告傍郡使工言之士明示禍福苟在有心誰不響應此衆之上也如其不能可躬率向義之徒詳擇水陸之便致身南歸亦其次也僧達乃自候孝武於鵲頭孝武以爲長史加征虜將軍初孝武發尋陽沈慶之謂人曰王僧達必來赴義人問其所以慶之曰虜馬飲江王出赴難見在先帝前議論開爽意明决以此言之其至必也帝即位以爲尚書右僕射

藏質爲雍州刺史元凶劭弑立質家遣門生師顗報質質遣顗所
言馳告司空義宣又遣州祭酒從事田穎起銜命報孝武率衆
五千馳下討逆自陽口進江陵義宣質諸子在都邑聞舉義並
逃亡劭欲相慰悅乃下書曰臧敦等無因自駭急使追迹昧
過其良可怪歎質國戚勳臣忠誠篤亮方當寵位稍異京輦而
子弟波迸傷其乃懷可遣宣譬令還咸復本位劭尋錄得敦使
大將軍義恭行訓杖三十厚給賜之義恭宣劭旨質報即日舉兵馳
信報孝武板進質號征北將軍質逕趣尋陽與孝武同下
蕭思話爲徐兗二州刺史元凶構逆思話即率部曲還彭城起
義以應孝武遣使奉牋曰下官近在歷下始奉國諱所承使人不
知闊狹既還在路漸有所聞猶謂人倫無容有此私懷感慨未
敢在言奉被今教果出慮表重增哀惋不能自勝此實天地所
不覆載人神所不容忍率土臣民莫不憤咽況下官蒙荷榮渥
義隆帝忘此月五日被驛使進命騎還朝切齒拊心輒已纂戎
雖百口在都一非所顧正欲遣啓受規略會奉令旨悲懼兼情
伏承司徒英圖電發殿下神武霜斷臧質忠勇並到不謀同時
仗順臨流席卷江甸荊驅風邁已應在近下官復練始集遣輔
國將軍申坦龍驤將軍梁坦二軍分配精甲五千申坦爲統便
以即日水陸齊下下官悉率文武絡繹繼發憑威策懦勢同振
朽開泰有期悲欣交集孝武至新亭坦亦進克京口

垣護之爲寧遠將軍冀州刺史孝建元年南郡王義宣反兗州
刺史徐遺寶護之妻弟也遠相連結與護之書勸使同逆護之
馳使以聞遺寶時戍湖陸護之留子恭祖守歷城自率步騎襲遺
寶道經鄒山破其別戍未至湖陸六十里遺寶焚城西走
劉延孫鎮京口南兗州刺史竟陵王誕有罪不受徵延孫馳遣
中兵參軍杜幼文率兵起討既至誕已閉城自守乃還誕遣使
劉公泰齎書要之延孫斬公泰送首京邑
梁曠爲山陽內史時竟陵王誕舉兵反曠家在廣陵誕執其妻
子遣使要曠曠斬使拒之誕怒滅其家
劉懷珍爲河間太守時竟陵王誕反郡人王弼族甚盛勸懷珍
起兵助誕懷珍殺之帝嘉其誠除豫章王子尚車騎參軍

冊府元龜卷第六百八十五

冊府元龜卷第六百八十六

牧守部

忠第二

南齊劉玄邈宋明帝時爲青州刺史罷州還高帝塗中要之玄邈嚴軍直過還都啓宋明帝稱高帝有異謀高帝不恨也

梁袁昂仕齊爲吳興太守東昏侯永元末義師至京州牧郡守皆望風降款昂獨拒境不受命高祖手書喻曰夫禍福無門興亡有數天之所棄人孰能扶機來不再圖之宜早頃聽道路承欲狼顧一隅既未測雅懷聊申往意獨夫狂悖振古未聞窮凶極虐歲月滋甚天未絶齊聖明啓運兆民有賴百姓來蘇吾荷任前驅掃除京邑方撥亂反正伐罪弔民至心以來前無横陣今皇威四臨長圍已合遐邇畢集人神同奮銳卒萬計鐵馬千羣以此攻戰何往不尅況建鄴孤城人懷離阻面縛軍門日夕相繼屠潰之期勢不云遠兼熒惑出端門太白入氐室天文表

於上人事符於下不謀同契實在兹辰且范岫申胄久薦誠款各率所由仍爲掎角沈法瑀孫腹朱端已肅清吳會而足下欲以區區之郡禦堂堂之師根本既傾枝葉安附童兒牧豎咸謂其非求之明鑒實所未達今竭力昏主未足爲忠家門屠滅非所謂孝忠孝俱盡將欲何依豈若翻然改圖自招多福進則遠害全身退則長守禄位去就之宜幸加詳擇若執迷遂往同惡殲夷大軍一臨誅及三族雖貽後悔寧復云補欲布所懷故致今白昂荅曰都史至辱誨承藉以衆論謂僕有勤王之舉兼家誚責獨無送款僕復嚴百若臨萬仞三吳内地非用兵之所況以偏隅一郡何能爲役近奉勅以此多虞見使安慰自承麾旆屆止莫不膝袒軍門唯僕一人敢後至者正以内揆庸素文武無施直是陳國賤男子踊雖欲獻心大增六師之勇置其愚默寧沮衆軍之威幸藉將軍含引之大可得從容以禮竊以一飡微施尚復投殞况食人之禄而頓忘一旦非惟物議不可亦恐明公鄙之所以躊躇未遑薦璧誠以輕微受降重命實震灼于心忘其所屑誠推理貽猶懼威臨

歐陽頠爲監賀內史高祖太清中侯景構逆衡州刺史韋粲自解還都征景以頠監衡州京城陷後嶺南互相吞併蘭欽弟前高州刺史裕攻始興內史蕭昭基奪其郡裕以欽與頠有舊遣招之頠不從乃謂使云高州昆季隆顯莫非國恩今應赴難援都豈可自爲跋扈後爲鎮南將軍廣州刺史王琳據有中流頠自海道及東嶺奉使不絶又多致銅鼓生口獻奉珍異前後委積頗有助於軍國

陳陳昕爲驃騎外兵臨川太守侯景圍歷陽勑召昕還昕啓云採石急須重鎮王質水軍輕弱恐慮必濟乃板昕爲雲旗將軍代質未及下渚景已渡江仍遣率所領遊防城外不得入守欲奔京口乃爲景所擒景見昕殷勤因留溢斂曰我至此得御餘人無能爲也令昕收集部曲將用之昕誓而弗許景使其儀同范桃棒嚴禁之昕因說桃棒令率所領歸降

襲殺王偉宋子仙爲信桃棒許之遂盟約射啓城中遣昕夜縋而入高祖大喜勑即受降太宗遲疑累日不決外事洩昕弗之猶依期而下景邀得之乃逼昕令更射書城中云桃棒且輕將數十人先入景欲裹甲隨之昕既不肯爲書期以必死遂爲景所害

王褒爲安成內史侯景陷京城江州刺史當陽公大心舉州附賊賊轉寇南中褒猶據郡拒守大寶二年元帝徵褒赴江陵以爲忠武將軍南平內史

袁君正爲吳興太守侯景亂率數萬人隨邵陵王赴援及京城陷還郡

王沖爲南郡太守元帝鎮荆州爲鎮西長史侯景之亂帝於荆州承制沖求解南郡以讓王僧辯并獻女伎十人以助軍賞帝授持節督衡桂成合四州諸軍事雲麾將軍

陳周敷梁末爲豫章太守是時江南酋帥並懲巢窟私署令長

不受召朝廷未遑致討但羈縻之唯勳獨先入朝

蕭乾爲建安太守文帝天嘉二年留異反陳寶應將兵助之乾棄郡以避於閩中守宰並爲寶應迫脅受其署置乾獨不從徙居郊野屏絶人事及寶應平乃出詣都督章昭達以狀表聞帝甚嘉之起授五兵尚書

程靈洗爲郢州刺史雲麾將軍華皎之叛也遣使招誘靈洗靈洗斬皎使以狀聞朝廷深嘉其忠增其守備給鼓吹一部因推心待之

後魏崔元珍孝莊永安中爲唐州刺史爾朱榮之趣洛也遣其都督樊子鵠取唐州元珍與行臺酈惲拒守不從爲子鵠所陷

裴侯爲義陽郡守元顥入洛顥若等母共海王顥時奔于梁高祖立爲魏主送至洛遣使執其使人燒其赦書孝莊嘉之授東郡太守帶防城別將

辛子馥爲平原相時元顥入洛子馥不受其赦刺史元仲景附顥將子馥并禁家口孝莊反正詔封三門縣男

崔庠爲東郡太守元顥寇逼郡界庠拒不從命棄郡走還鄉里孝莊還宮賜爵平原伯

崔巨倫爲東濮陽太守元顥入洛據郡不從莊帝還宮行西兗州事封漁陽縣男

楊津爲定州刺史時賊帥洛周圍州城津盡力捍守及葛榮吞制以司徒說津津大怒斬其使以絶之

北齊高季式爲濟州刺史濮陽民杜靈椿等攻城剽野聚衆將萬人季式遣騎三百一戰擒之又陽平路文徒黨賭顯等亦聚柵爲亂季式討平之季式兄弟貴盛並有勳於時自領部曲千餘人馬八百匹戈甲器仗皆備故能追督盜賊多致剋捷左右嘗謂季式曰濮陽陽平乃是畿內既不奉命又不侵境有何急急遣私軍遠戰萬一失脫豈不招罪季式曰君言何不忠之甚也我與國家同安危豈有見賊不討之理且賊知臺軍卒不能來又不疑外州有救未備之必矣兵尚神速何得後機若以違罪吾亦無恨

傅伏爲東雍州刺史會周兵來逼伏出戰却之周克晉州執獲行臺尉相貴以之招伏伏不從

後周張嵊初仕梁爲吳興郡守時侯景陷京城百官逃散湘東王記室參軍姚僧垣假道歸至吳興謁嵊嵊見僧垣流涕曰吾過荷朝恩今報之以死君是此邦大族又朝廷舊臣今日得君吾事辦矣俄而景兵大至攻戰累日郡城遂陷

梁企爲洛州都督爲東魏將高敖曹所攻陷執企而東企臨發密誡其子元禮仲禮曰吾平生志願不過令長爾今逢遭會位至台司今爵禄既隆年齒又衰前塗夷險抑亦可知汝等志業方弘堪立功效且忠孝之道不可兩全宜各爲身計勿相顧慮手但得汝等致力本朝吾無餘恨不得以我在東遂虧臣節也爾其勉之乃揮涕而訣餘無所云聞者莫不憤歎尋卒於鄴

竇熾爲雍州牧晉文初爲相國百官皆勸進熾自以累代受恩

遂不肯署牋時人高其節

隋王長述爲信州總管時王謙作亂益州遣使致書於長述因執其使上其書又陳取謙之策帝大悅

陳孝意大業末爲鴈門郡丞煬帝幸江都馬邑劉武周舉兵來攻孝意拒之每致克捷但孤城獨守外無聲援孝意執志誓以必死每遣使江都道路隔絶竟無報命孝意執志亦知帝必不反每旦暮向詔勅庫俯伏流涕悲慟左右圍城百餘日糧盡爲校尉張倫所殺以城歸武周

劉權大業末爲南海太守甚有異政數歲遇盜賊羣起數來攻郡豪帥多願推權爲首權竟盡力固守以拒之子世徹又密遣人賫書詣權稱四方擾亂英雄並起時不可失諷令舉兵權召集佐吏對斬其使竟無異圖守之以死

劉子翊大業末爲丹揚留守於上江督運爲賊吳基子所虜子翊說之因以衆首復遣領首賊清江遇江都之變賊知而告之

子翊弗信斬所言者賊又欲請以爲主子翊不從群賊執子翊至臨川城下使告城中云江都之變子翊反其言於是見害

堯君素大業末爲河東通守唐高祖義師攻之君素守不易每言及國家未嘗不歔欷常謂將士曰吾是藩邸舊臣累蒙獎擢至於大義不得不死今穀支數年食盡此穀足知天下之事必若隋室傾敗天命有歸吾當斷頭以付諸君也時百姓苦隋日久及逢義舉人有息肩之望然君素善於統領下不能叛歲餘頗得外〓城中微知江都傾覆又糧食乏絶人不聊生男女相食衆心離駭白虹降於府門兵器之端夜皆光見月餘君素爲左右所害

唐李襲志初仕隋歷始安郡丞大業末江外盜賊尤甚襲志散家産召募得三千人以守郡城後聞江都之變人勸襲志曰公累葉冠族久臨鄙郡蠻夷畏威士悦服雖曰隋臣實我之君長今江都篡逆四海鼎沸王號者非止一人公宜因此時據有嶺

表則百越之人皆拱手向化尉他亦千載一遇也襲志厲聲曰吾世樹忠貞見危授命今雖江都陷没而宗社猶存當與諸君戮力中原共雪讎恥豈可怙亂稱兵以圖不義吾寧蹈忠而死不爲逆節而求生尉他愚鄙無識何足是慕於是欲斬勸者從衆議而止

皇甫無逸隋末留守洛陽及江都之變與段達元文都尊立越王侗爲帝及王充作難無逸棄老母妻子斬關而走追騎且至無逸謂之曰當與汝死戰吾頭何可得也

鄭元璹隋末爲文城郡守高祖起義太原遣將張綸西略地至文城元璹堅守不下攻拔其城擒璹致軍門及平京城拜太常卿授上柱國

常達武德初爲隴州刺史爲薛舉所擒達詞色抗厲不爲之屈舉指其妻謂達曰識皇后不達曰止是癭老嫗何足可識舉釋之

李玄通武德初爲定州總管爲劉黑闥所擒黑闥重其才欲以爲大將玄通歎息曰吾荷朝恩作藩東夏孤城無援遂陷虜庭當守臣節以忠報國豈能降志輒受賊官拒而不受故吏有以酒食餽之者玄通曰諸君哀吾困辱故以酒食來相寬慰吾當爲諸君一醉遂與樂飲謂守者吾能劍舞可借吾刀守者與之及曲終太息而言大丈夫受國恩鎮撫方面不能保全所守何面目視息世間哉因潰腹而死高祖聞而爲之流涕其子伏護爲大將軍

呂子臧武德初爲鄧州刺史賊朱粲圍城遇霖雨城壁皆壞所親者知城必陷固勸其降子臧曰安有天子方伯降賊者乎於是率其麾下赴敵而死俄而城陷

劉政會武德初爲太原留守劉武周進逼并州晉陽豪右薛深等以城應賊政會爲賊所擒於賊中密表論武周形勢事平復其官爵高叡聖曆中爲趙州刺史時突厥默啜寇州長史唐波若將以城降賊叡不能禁止乃於廳事自縊不死默啜逼令誘

[illegible]州屬縣歡抗節不顧遂爲賊所害則天聞而嘉之贈冬官尚書謚曰節

楊元琰長安中爲荊州長史與張柬之交代泛江中流言及則天革命諸武擅權之狀發言慷慨有興復之意復入爲右羽林將軍與柬之誅二張立中宗

李系玄宗天寶末爲饒陽太守時安祿山反攻饒陽[illegible]系憂迫無計遂投火而死

顏杲卿天寶末爲常山太守時安祿山反賊將蔡希德攻陷常山杲卿及長史袁履謙並爲賊所害杲卿晉陵人也少以吏幹稱祿山奏爲常山太守及祿山反杲卿與長史袁履謙前真定令賈深内丘丞張通幽密謀開土門以背之時賊將李歸仁全弟欽湊領步騎五千鎮土門而隸於常山杲卿遂謀誅欽湊乃召欽湊赴郡會議因殺之以并其兵會賊將高邈何千年俱自東京至杲卿設策遣藁城尉崔安石與縣吏翟萬德潛縛之安石遂與萬德伏兵於驛生擒千年及邈致于杲卿杲卿使其男

杲明與賈深張通幽執逆千年及欽湊之首獻于京師帝大喜以杲卿爲衛尉卿兼御史中丞袁履謙爲常山太守賈深爲司馬是時河北十五郡皆殺賊官吏以歸國祿山聞有變乃遣其黨史思明蔡希德以平盧步騎五千攻常山杲卿力屈城陷思明執杲卿送于祿山祿山怒縛於洛水橋柱支解之杲卿詬詈之聲至死不屈履謙亦同時遇害履謙性剛狷詬賊尤甚賊忿之先截其舌履謙以口血噴其賊面賊遂臠割之路人皆不忍視

李遵天寶末爲東平太守時肅宗幸靈武至烏氏頓遵至謁見進奉衣服器械資糧以助軍

顏眞卿天寶末爲平原太守安祿山衆虛逆史思明尹子奇急攻河北諸郡饒陽河間景城樂安相次陷沒獨平原清河博平三郡城守然人心危蹙不可復振眞卿乃歷江淮荆襄朝于鳳翔授憲部尚書

崔光遠天寶末爲京兆尹時肅宗在靈武光遠遣使與長安縣令蘇震[illegible]縣官屬十餘人於京西市號令百姓召能從靈武者百餘人其日出城西門歸順

李光庭天寶末爲伊州刺史祿山之亂西北邊戍兵入赴難河隴諸郡邑皆爲吐蕃所攻陷光庭守伊州累年外救不至虜百端誘說終不降撫部下如一矢石既盡糧儲將竭城將陷光庭手殺其妻自焚而死

薛雄代宗大曆中爲衛州刺史魏博節度田承嗣誘爲亂雄不從承嗣遣剌客盜殺之

康日知德宗建中年爲趙州刺史會成德軍節度李寶臣卒其子惟岳謀有父位詔幽州節度朱滔之討之日知遂以州順命

姚况建中末爲涇原節度判官時節度使姚令言奉詔率兵赴關東以况知州事以天馬使馮河清知兵馬留後及令言至京師涇州兵叛德宗幸奉天况與河清聞之乃集三軍大哭因共激勵將吏誓效忠節衆頗義之即時發甲仗器械車百餘兩連

方送行在所時駕初巡奉天六軍雖集蓄藏之器都無戎器及涇州甲仗至軍士大振時詔褒其誠效拜况兼御史中丞行軍司馬河清四鎮北庭行軍涇原節度使兼御史大夫

韋皐建中末爲鳳翔判官權知隴州留後事時涇師犯闕德宗幸奉天鳳翔兵馬使李楚琳殺節度使張鎰以府叛歸於朱泚先是泚留范陽戍卒五百人於隴州舊將牛雲光將之是時雲光將欲謀亂擒皐以應泚牙將翟耕伺知之白皐爲備雲光知事泄遂率其兵以奔行及汧陽遇泚家僮蘇玉將使于皐以皐爲御史中丞乃相牽却過隴州乃去皐恭承命即吾人也如不受命彼書生可以圖了事無不濟矣及至知疾趨隴州皐迎勞之先納蘇玉受其僞命乃問雲光曰始不告而去今又來何也雲光曰前未知公心故潛去知公有新命今乃復還願與戮力究功同其生死皐曰善又謂雲光曰大使苟不懷詐請納器甲使城中無所危疑衆乃可入雲光以書生[illegible]以爲信然乃盡付弓矢戈甲皐既受之乃内其兵明日皐犒宴蘇玉雲光之卒於郡舍伏甲於兩廊酒既行伏發盡誅之斬雲光蘇玉首以徇泚又使家僮劉海廣以皐爲鳳翔節度使皐斬海廣及從者三人生一人使報泚乃遣從父兄平翁繼入奉天城中聞皐有備士氣增倍皐乃築壇于庭血牲盟將士盟曰上天不弔國家多難逆臣乘間盜據皇宮而李楚琳亦翦兇徒傾陷城邑酷虐所加爰及本使既不事上安能恤下皐是用激心憤氣不遑底寧誓與羣公竭誠王室凡我同盟一心竭仗順除兇祖先之靈必當幽贊吾誠則志合義感則心齊粉骨糜軀決無所顧有渝此志明神殛之追於子孫亦罔遺育皇天后土當聽斯言又使人通于吐蕃以求助朱泚既滅授左金吾將軍兼禮部尚書尋遷大將軍

張建封建中末爲壽州刺史時淮西節度李希烈稱兵擒李元平擊走劉德信唐漢臣等又摧破哥舒曜於襄城逼鄭汴等

州李勉棄城而遁鑾駕又幸奉天賊泚兇威益盛淮南陳少遊且使使於希烈希烈爭稱偽號改元遣將楊豐賫偽赦書二道送少遊及建封豐至壽州建封乃令擒縛豐號令軍州適會中使自行在及使江南迴者同至建封乃令引楊豐對中使斬之於通衢封偽赦書送行在遠近震駭陳少遊聞之既怒且懼建封遂奏少遊與希烈往來事狀希烈偽署其黨杜少成為節度令先平壽州然赴江都建封令其將賀蘭元均邵怡等守霍丘柵少成竟不能侵軼乃南掠蘄黃等州　崔造建中末為建州刺史涇原兵叛造聞難作馳檄隣州請旁舉兵遂調發所部得二千人抗表上聞朝廷嘉之及京師收復詔徵造至藍田自以源休之甥上疏請罪不敢即赴闕德宗以為有禮優詔慰勉拜吏部侍郎　李紓建中末為同州刺史德宗幸梁州紓亦棄州詣行在所拜兵部侍郎

高承簡貞元中為宋州刺史時汴州反逐其帥因以部將李寀[illegible]其將持記詣宋州官吏懼將承簡執而囚之自是汴使來輒繫之一日并出斬於衙門之外威震郡中及汴兵大至宋州凡三城賊已陷南一城承簡保北兩城以拒凡十餘戰會徐州救兵至汴介為汴將李質所執之傳送京師兵圍宋者亦遁去承簡拜檢校左散騎常侍兗海沂密等州節度觀察處置等使

崔從憲宗元和初為興元推官知邛州事劉闢竊據西川以兵逼從歸府從訓卒設備以一郡抗禦之

杜慆懿宗咸通末為泗州刺史時桂林戍卒龐勛等為亂擁衆還徐至泗州急攻之慆牙將李負入城見慆曰留後知中丞名族不敢令軍士失禮但開城門令百姓存活無相疑也慆執而戮之

後唐張憲莊宗同光末為太原尹時趙在禮入魏州憲家屬在魏聞東叛擾在禮善待其家遣人賫書至太原誘憲憲斬其使書不發函而奏

王思同明宗長興末為京兆尹兼西京留守潞王鎮鳳翔與之隣境及潞王[illegible]朝旨致書檄於秦涇雍梁邠諸帥言賊臣亂政屬先帝疾篤謀害秦王迎立嗣君自擅權柄以至殘害骨肉搖動藩垣懼先人基業忽焉墜地故誓心入朝以除君側事濟之後謝病歸藩然藩邸素貧兵力俱困欲希國士共濟艱難乃令小校安十十以五紘如見思同因激諷動又軍校宋審溫者請使於雍若不從命即獨圖之又令推官郝昭府吏朱延乂以書檄赴兵會副部署藥彥稠至方宴而始使適至乃縶之獄彥稠請誅審溫拘送昭赴闕時思同已遣其子入朝言事朝廷嘉之乃以思同為鳳翔行營都部署

晉李瓊高祖天福中為棣州刺史過楊光遠以青州叛自統本部兵攻其郡城且以書誘瓊瓊固拒之以書上進朝廷嘉之

册府元龜卷第六百八十六

冊府元龜卷第六百八十七

牧守部一十七

禮士　旌表

禮士

夫見善如不及先儒之丕訓就賢體遠爲政之要道自昔牧人守土之吏曷嘗不尊尚賢者詳延俊乂申以禮遇咨其道義然後能成化而美俗哉至若几杖之設以重於耆年書記之間以獎其高行親詣閭巷靡辭於屈體召至郡閤欽聞其緒言或重其經術待以師友或接之恩紀同乎昆弟乃至旌異其德推顯其亡褒待越於常制延辟極其勤懇用能聳厲四封之力激卬中人之志使其靡然向風翕然遷善遵行禮讓臻乎恥格周書所謂庸庸祗祗者謂此物也夫

漢曹參爲齊相聞膠西有蓋公（蓋古盍反）善治黃老言（黃帝老子之書）使人厚幣請之既見蓋公蓋公爲言治道貴清淨而民自定推此類具言之參於是避正堂舍蓋公焉

吳公爲河南守洛陽人賈誼年十八以能屬文稱於郡中吳公聞其秀材召置門下（秀美也）甚幸愛

何壽爲蜀郡太守時何武爲郡吏事壽壽知武有宰相器以其同姓故厚之

趙貢爲琅邪太守時薛宣爲廷尉書佐都船獄史後以大司農斗食屬察廉補不其丞（斗食者祿少每歲不滿百斛計日以斗爲數也不其縣名也）貢行縣見宣甚說其能從宣歷行屬縣還至府令妻子與相見戒曰贛君（宣之字）至丞相我兩子亦中丞相史後宣代張禹爲丞相除趙貢兩子爲史

孫寶爲京兆尹故吏侯文以剛直不苟合常稱疾不肯仕寶以恩禮請文欲爲布衣友日設酒食妻子相對文求受署爲掾進見如賓禮

後漢杜詩爲南陽太守穰人郭丹爲吏始諫議大夫更始敗歸

鄉詩請爲功曹丹薦鄉人長者自代而去詩乃歎曰昔明王興化卿士讓位今功曹推賢可謂至德勑以丹事編署黃堂以爲後法（黃堂太守之廳事）

郭伋爲并州牧聘求者德雄俊設几杖之禮朝夕與參政事

任延爲會稽都尉時天下新定道路未通避亂江南者皆未還中土會稽頗稱多士延到皆聘請高行如董子儀嚴子陵等敬待以師友之禮吳有龍丘萇者隱居太末志不降辱王莽時四輔三公連辟不到掾史白請召之延曰龍丘先生躬德履義有原憲伯夷之節都尉埽洒其門猶懼辱焉召之不可遣功曹奉謁修書記致醫藥吏使相望於道積一歲萇乃乘輦詣府門願得先死備錄延辭讓再三遂署議曹祭酒萇尋病卒延自臨殯不朝三日是以郡中賢士大夫爭往官焉

鮮于褒爲京兆尹郡人第五倫始以營長詣褒褒見而異之署爲吏後褒坐事左轉高唐令臨去握倫臂訣曰恨知晚（訣別也東觀記曰倫步擔往候之留十餘日將倫上堂令妻子出相對以屬託焉）

朱暉爲臨淮太守暉好節槩有所拔用皆厲行士

宋穆爲冀州刺史所辟用皆清德長者多至公卿州郡

梁統爲姑臧太守姑臧稱爲富邑時天下未定士多不修節操而孔奮以議曹掾守姑臧力行清潔爲衆人所笑或以爲身處脂膏不能以自潤徒益苦辛耳奮既立節治貴仁平統深相敬待不以官屬禮之常迎於大門引入見母

周景爲河內太守好賢愛士其拔才薦善常恐不及每至歲時延請舉吏入上後堂與共宴會如此數四乃遣之賜送什物無不充備既而選其父兄子弟相優異常稱曰臣子同貫若之何不厚

鮑昱爲汝南太守郡人高獲三公爭辟不應昱每行縣輒軾其閭

第五倫爲會稽太守郡人謝夷吾爲督郵倫甚崇其道德轉署主簿使子從受春秋夷吾待之如師弟子之禮

徐蕭爲右扶風時張玄習春秋顏氏兼通數家法爲陳倉縣丞
嘗以職事對府不知官曹處吏白門下責之蕭亦大儒也聞玄
諸生試引見之與語大驚曰今日相遭真解矇矣遭遇也遂請上
堂難問極日
王龔爲汝南太守政崇溫和好才愛士引進郡人黃憲陳蕃等
憲雖不屈蕃遂就吏蕃性氣高初到龔不即召見之乃留記謝
病去龔怒使除其錄功曹袁閬請見言曰聞之傳曰人臣不見
察於君不敢立於朝蕃既以賢見引不宜退以非禮龔改容謝
曰是吾過也乃復厚遇待之由是後進知名之士莫不歸心焉
陳蕃爲豫章太守在郡不接賓客唯徐稚來特設一榻去則懸
之後爲樂安太守郡人周璆字孟玉高絜之士前後郡守招命
莫肯至唯蕃能致焉字而不名特爲置一榻去則懸之
种拂爲潁川太守潁陰人劉翊常守志卧疾不屈聘命拂臨郡
引爲功曹翊以拂名公之子乃爲起焉拂以其擇時而仕甚敬
任之復舉翊孝廉
龐參爲漢陽太守郡人任棠者奇節隱居教授參到先候之棠
不與言但以薤一大本水一盂置戶屏前自抱孫兒伏於戶下
主簿白以爲倨參思其微意良久曰棠是欲曉太守也水者欲
吾清也拔大本薤者欲吾擊強宗也抱兒當戶欲吾開門恤孤
也於是歎息而還參在職果能抑強助弱以惠政得民
羊陟爲河南尹時趙壹舉郡上計到京師往造陟陟延與語大
奇之謂曰子出矣陟明旦大從車騎奉謁造壹時諸計吏多盛
飾車馬帷幕而壹獨柴車草屏露宿其傍延陟前坐於車下左
右莫不歎愕陟遂與言談至熏夕極歡而去執其手曰良璞不
剖必有泣血以相明者矣陟乃與袁逢共稱薦之名動京師士
大夫想望其風采
陶謙爲徐州牧時公卿舉鄭玄爲趙相道斷不至會黃巾寇青
部乃避地徐州謙接以師友之禮

孔融爲北海相承黃巾殘破之後修復城邑崇學校設庠序舉
賢良才顯儒士以彭璆爲方正邴原爲有道王脩爲孝廉又以
原爲計佐是時漢朝陵遲政以賄成原乃將家人入鬱州山中
郡舉有道融書喻原曰脩性保貞清虛守高危邦不入久潛樂
土王室多難西遷鎬京聖朝勞謙疇咨雋乂我徂求定策命懇
惻國之將隕嫠不恤緯家之將亡緹縈跋涉彼匹婦也猶執此
義實望根矩原字根矩仁爲己任授手執騶振民於難乃或晏晏居
息莫我肯顧謂之君子固如此乎根矩可以來矣原遂到遼東
後原欲歸鄉里止於三山融書曰隨會在秦賈季在翟諮仰靡
所歎息增懷頃知來至近在三山詩不云乎來歸自鎬我行永
久今遣五官掾奉問榜人舟楫之勞禍福動靜告慰亂階未已
阻兵之雄若棊弈爭梟原於是遂復反還積十餘年後乃遁還
南行已數日而公孫度甫覺知原之不可復追也因曰邴君所
謂雲中白鶴非鶉鷃之網所羅矣又吾自遣之勿復求也遂免危
難吳太史慈初避難之遼東融數遣人訊問其母并致餉遺
公孫度爲遼東太守時王烈避地遼東度接以昆弟之禮訪以
政事
劉表爲荊州牧時趙戩客於荊州表厚禮焉
魏張邈漢末爲陳留太守弟超與臧洪起義同至陳留邈問臧
洪何人超曰洪才略智數優超超甚愛之海內奇士也邈即引
見洪與語大異之致之於劉兗州公山孔豫州公緒皆與洪親
善
厲航爲上黨太守先是鉅鹿人張臶養志不仕移居上黨航到
官三日綱紀白承前致版謁航教曰張先生所謂上不事天
子下不友諸侯者也豈版謁所可光飾哉但遣主簿奉書致羊
酒之禮
陳登爲廣陵太守請郡人陳矯爲功曹使矯詣許謂曰許下論
議待吾不足足下相爲觀察還以見誨矯還曰聞遠近之論頗

謂明府驕而自矜登曰夫閨門雍穆有德有行吾敬陳元方兄
弟淵淸玉絜有禮有法吾敬華子魚清脩疾惡有識有義吾敬
趙元達博聞强記奇逸卓犖吾敬孔文舉雄姿傑出有王霸之
略吾敬劉玄德所敬如此何驕之有餘子瑣瑣亦焉足錄哉登
雅意如此而深敬友矯
裴徽爲冀州刺史趙人孔曜薦清河文學管輅於徽徽即檄召
輅爲文學從事一相見清論終日不覺罷倦天時大熱移床在
庭前樹下乃至雞向晨然後出再相見便轉爲鉅鹿從事三見
轉治中四見轉爲別駕至十月舉爲秀才
王凌爲青州刺史表請郎中王基爲別駕後召爲秘書郎凌後
請還頃之司徒王朗辟基凌不遣朗書劾州曰凡家臣之良則
升于公輔公臣之良則入于王職是故古者侯伯有貢士之禮
今州取宿衞之臣留秘閣之吏所希聞也凌猶不遣凌流稱青
土蓋亦由基協和之輔也

蜀夏侯纂爲廣漢太守以縣竹人秦宓爲師友祭酒領五官掾
稱曰仲父宓稱疾臥在第舍纂將功曹古朴主簿王普厨膳即
宓第宴談宓臥如故
吳士燮爲交阯太守體器寬厚謙虛下士中國士人往依避難
者以百數
吾粲字孔休爲會稽太守召處士謝譚爲功曹譚以疾不詣粲
教曰夫應龍以屈伸爲神鳳皇以嘉鳴爲貴何必隱形於天外
潛鱗於重淵者哉
顧邵爲豫章太守初錢唐丁諝出於役伍陽羨張秉生於庶民
烏程吾粲雲陽殷禮起乎微賤邵皆拔而友之邵當之豫章發
在近路值秉疾病時送者百數邵辭賓客曰張仲節有疾苦不
能來別恨不見之暫還與訣諸君少時相待其留心下士惟善
所在皆此類也
晉陶侃爲荆州刺史時皇甫方回謐之子少尊父操辟乱荆州

以禮之甚厚侃每造之著素士服望門輒下而進
周浚爲揚州刺史廣陵人華譚好學不倦爲鄉里所重浚引爲
從事史愛其才器待以賓友之禮
劉弘爲荆州刺史時陳敏作亂順陽太守張光率步騎五千詣
荆州討之引雅敬重光稱爲南楚之秀
劉陶爲揚州刺史先是杜夷爲王敦所舉方正夷遁於壽陽鎮
東將軍周馥傾心禮接引爲參軍夷辭之以疾馥知不可屈乃
自詣夷爲起宅守供其醫藥馥敗夷歸舊居道遇兵寇陶告廬
江郡曰昔魏文侯軾干木之閭鄭相曹參尊崇蓋公皆所以優
賢表德敦勵末俗徵士杜君德懋行絜高尚其志頃流離道路
聞其頓躓刺史忝任不能崇飾有道而使高操之士有此難也
今遣吏宣慰郡可遣一吏縣五吏每節營卹之常以市租供給
家人糧廩勿令闕乏尋以胡寇又移渡江王導遣吏周贍之
許猛爲幽州刺史素服霍原之名將詣之主簿當車諫不可出

界猛歎恨而止原山居積年門徒百數燕王月致羊酒
王敦爲荆州牧以鄭舒爲參軍轉從事中郎將敦重舒公亮給
賜轉豐數詣其家乃表爲梁州刺史
謝尚爲丹楊尹鎮牛渚秋夜乘月率爾與左右微服泛江會臨
汝令袁勗子宏在舫中諷詠聲既清亮辭又藻拔遂駐聽久之
遂問焉答云是袁臨汝郎誦詩即宏詠史之作也尚傾率有勝
致即迎升舟與之譚論申旦不寐自此名譽日茂
鄧嶽爲廣州刺史葛洪爲句漏令將子姪俱行嶽留不聽去洪
乃止羅浮山鍊丹嶽表補東莞太守又辭不就嶽乃以洪兄子
望爲記室參軍
王弘爲江州刺史時彭澤令陶潛棄官閑居弘甚欽遲之後自
造焉潛稱疾不見既而語人云我性不狎世因疾守閑幸非絜
志慕聲豈敢以王公紆軫爲榮邪夫謬以不賢此劉公幹所以
招謗君子其罪不細也弘每令人候之密知當往廬山乃遣其

故人庾通之等齎酒先於半道要之潛既遇酒便引酌野亭欣然忘進引乃出與相聞遂歡讌窮日潛無復引顧左右爲之造履左右請履度潛便於坐申腳令度焉引要之還州問其所乘答云素有腳疾向乘籃輿亦足自反乃令一門生二兒共轝之至州而言笑賞適不覺有羨於華軒也引後欲見輒於林澤間候之至於酒米乏絕亦時相贍

前涼陰澹爲燉煌太守郡人索襲虛靖好學不與當世交通或獨笑或長歎涕泣或先生碩德名儒真可以諮大義澹欲行鄉射之禮請襲爲三老曰今四表輯寧將行鄉射之禮先生年耆望重道冠一時養老之義實繫儒賢既樹非梧桐而希鸞鳳降翼[illegible]謝曹公而與蓋公枉駕誠非所謂也然夫子至聖有召生走焉孟軻大德無聘不至蓋欲引闡大猷敷明道化故也今之相屈遵道崇教非有爵位意者或可默乎會病卒

後秦苻融爲冀州刺史州人崔玄伯少有儁才號曰冀州神童融虛心禮敬

宋劉道產爲雍州刺史柳元景有器質道產深愛其能元景居父憂未得加命會荊州刺史江夏王義恭召之道產謂曰久欲見屈今貴王有召難輒相留乖意以爲惘惘

袁粲爲丹陽尹太原王延秀薦傳昭於粲粲爲所禮辟爲郡主簿使諸子從昭定其所制每經昭戶輒歎曰經其戶寂若無人披其帷其人斯在豈非名賢也

張崇之爲吳興太守烏程人吳達有孝行爲鄉里所推崇之三品加禮命其後太守王韶之擢補功曹史達以門寒固辭不就

南齊張永爲吳興太守郡人沈驎士隱居教授從學者數十百人永請驎士入郡驎士聞郡後堂有好山水乃往停數月永欲請爲功曹使人致意驎士曰明府德履沖素留心山谷民是以披褐負杖忘其疲病必欲飾渾沌以蛾眉冠越客於文冕走避不敢請附喬卿永乃止

王曇生張淹並爲東陽太守郡人徐伯珍積學十年究尋經史遊學者多依之曇生與淹並加禮辟伯珍應召便退如此者凡十二焉

王僧達爲吳郡太守錢塘人褚伯玉有高世之行僧達苦禮致之伯玉不得已停郡信宿裁交數言而退寧朔將軍丘珍孫與僧達書曰聞褚先生出居貴館此子滅景雲棲不事王侯抗高木食有年載矣自非折節好賢何以致之昔文舉棲冶城安道入昌門於茲而三焉知郭[illegible]之士貪饕之人乃可暫致宜不久羈居當思遂其高步成其羽化望其[illegible]之日暫是紆清塵亦願助爲譬說僧達答曰褚先生從白雲遊舊矣古之逸民或留慮兒女或使華陰成市而此子索然唯朋松石介於孤峯絕嶺者積數十載近故要其來此冀慰日夜比談討芝桂借訪荔蘿若已窺煙液之心知君欲見之輒當申譬

袁昂爲丹陽尹辟徐之才爲主簿人務事宜皆被顧訪郡廨遭火之才起望夜中不著衣披紅服帕出房映光爲昂所見功曹白衣領職畢其才術仍特原之

梁蔡興宗爲郢州刺史引沈約爲記室嘗謂其諸子曰沈記室人倫師表宜善事之

蕭琛爲東海太守瑯邪人諸葛璩辟江祀府議曹不就琛與刺史安成王秀鄱陽王恢並禮異焉

衡陽王元簡爲會稽太守時何胤隱居東山元簡深加禮敬月中常命駕式閭談論竟日

柳惲爲吳興太守郡人沈顗幼清靜有至行慕黃叔度徐孺子之爲人累徵不赴天監四年大舉北伐訂民丁惲以顗從役揚州別駕陸任以書責之惲大慙厚禮而遣之

王峻爲桂陽太守時郡丞周興嗣博通記傳善屬文峻委任甚好禮之甚厚

陳侯安都爲南徐州刺史先是湘東王主簿謝岐臺城陷居京口侯景平後高祖鎮南徐州以書召之岐又辭疾安都躬造其

盧以中表幼之禮

後魏陸馥為相州刺史州中有德宿老名望重者以友禮待之詢之政事素以方略如此者十人號曰十善

王誦為幽州刺史范陽涿人盧義僖為冠軍將軍中散大夫以母憂去職誦與義僖六親每與舊故李神儁等書曰盧冠軍在此時復惠來輙留連數日得諮詢政道其見重若此

劉模為頳州刺史王肅之歸闕路經懸瓠羈旅窮悴時人莫識模給所須吊待以禮肅臨豫州模猶在郡

裴慶孫為邵郡太守在郡愛好文流與諸才學之士咸相交結輕財重義坐客常滿是以為時所稱

崔休為勃海太守時大儒張吾貴有盛名於東山四方學士咸相宗慕弟子自遠而至者常千餘人生徒既衆所在多不見容休乃為設俎豆招延禮接使肄業而還儒者稱為口實

北齊陽州公永樂為濟州刺史州人李系為廣陵王録事參軍

府解還鄉里徵拜冠軍將軍中散大夫永樂聞而請與相見待以賓友之禮及永樂薨系送葬還都

任城王湝為定州刺史李德林居貧轗軻湝重其才召入州館朝夕同遊殆均師友不為君臣禮數

唐高士廉太宗貞觀中為益州都督府長史蜀人朱桃椎者澹泊為事隱居披裘帶索沉浮人間竇軌之鎮益州也聞而召之遺以衣服逼為鄉正桃椎口竟無言弃衣於地逃入山中結菴澗曲夏則倮形冬則樹皮自覆人有贈遺一無所受每為屩致之於路人見之者曰朱居士之屩也為鬻米置於本處桃椎至夕而取之終不與人相見議者以為焦光之流士廉下車以禮致之及至降階與語桃椎不荅直視而去士廉高之每令存問桃椎見使者輙入林自匿近代以來多輕隱逸士廉獨加褒禮蜀中以為美談

張嘉貞玄宗開元中為益州長史判都督事性簡貴待管內刺史禮隔而引陳州刺史李[illegible]言同榻坐談正理時人榮之

盧齊卿為兖州刺史王希夷隱於徂來山齊卿就謁致禮因訪以字人之術希夷曰孔子稱己所不欲勿施於人可以終身行之矣

賀蘭進明天寶中為試信安太守其從弟五琦貶為須江丞進明重其才略遇之轉深

李勉德宗貞元中為汴滑節度以名士李巡張參為粮料官[illegible]李於幕三歲之内每遇宴飲必設虛位筵次陳脩執酹辭色慘惻論者美之

李峘為魏郡太守時李栖筠為冠氏主簿峴待之如布衣交

張建封為壽州刺史聞溫造之名招以尺書造曰可人也挈家從之建封動靜咨詢而不敢縻以爵禄及按節彭門造歸下邳有高視天下之心建封恐一旦失造遂妻以兄之子

李泌為陝虢觀察使時陽城隱於河東中條山下遠近慕其德行來學者

相繼有學者不詣官府誠汝之泌數禮問之

崔衍為宣歙池觀察使所擇從事多得名流時有士者得賓寮率輕儉衍獨加禮敬幕中之士後多顯達

旌表

夫追甄往烈申獎至行興廉而舉孝尚賢而崇德乃為政之所先也況乎居岳牧之任為萬夫之長風化攸繫品庶式瞻自非敦勗名義旌別淑慝亦何以臻耻格之漸成懷音之美哉由漢暨唐循吏間作乃有移書以褒直節置饋以禮先民至若貞操邁倫懿範絶俗或著之銘刻或加以辟署或表厥鄉里揚其淑聲或列之圖像形於善頌或迂顧於衡蓽或荐推於禀賜既優異於群萃復升聞於王庭故能激勵頹弛奨勸倫伍致民德之歸厚成政績之尤異焉

漢薛宣為左馮翊池陽令舉廉吏獄掾王立府未及召聞立受囚家錢宣責讓縣縣案驗獄掾廷其妻獨受繫者錢万六千受

之舞宿獄椽實不知椽冤恐自殺宣聞之移書沈陽曰縣所舉
廉吏獄椽王立家私受賦而立不知叔身以自明立誠廉士也
可惻惜其以府決曹椽書立之柩以顯其魂追贈以此職府椽史素
與立相知者皆予送葬
後漢任延年十九爲會稽都尉及到靜泊無爲唯先遣饋禮祠
延陵季子
郅惲爲長沙太守初長沙有孝子古初遭父喪未葬鄰人失火
初匍匐柩上以身扞火火爲之滅惲甄異之以爲首舉
劉護爲江夏太守郡人黃香年九歲失母思慕憔悴殆不勝哀
免喪鄉人稱其至孝護聞而召之署門下孝子甚見愛敬
賈琮爲冀州刺史初白馬令李雲以直言死廷尉獄中琮使行
部過祠雲墓刻石表之又巴肅爲議郎與竇武陳蕃等謀誅閹
官武等遇害肅亦坐黨禁錮中常侍曹節後聞其謀收之肅自
載詣縣縣令見肅入閤解印綬與俱去肅曰爲人臣者有謀不
敢隱有罪不逃刑既不隱其謀矣又敢逃其刑乎遂被害琮刊
石立銘以記之
張酺爲東郡太守郡吏王青者祖父翁與前太守翟義起兵攻王
莽及義敗餘眾悉降翁獨守節力戰莽遂燔燒之父隆建武初爲都
尉功曹青爲小史與父俱從都尉行縣道遇賊隆以身衛全都尉
遂死於難青亦被矢貫咽音聲流喝前郡守以青身有金夷竟
不能舉酺見之歎息曰豈有一門忠義而爵賞不及乎遂擢用
極右曹
韓崇爲汝南太守郡人蔡順以至孝稱崇召爲東閤祭酒順母
平生畏雷自亡殁每有雷震順輒圜冢泣曰順在此崇聞之每
雷輒爲差車馬到墓所
孔融爲北海相郡人甄子然臨孝存知名早卒融恨不及之令
配食縣社高密人鄭玄字康成融深敬之徙履造門告高密縣
爲玄特立一鄉曰昔齊置士鄉越有君子軍皆異賢之意也

鄭君好學實懷明德昔太史公廷尉吳公謁者僕射鄧公皆漢
之名臣又南山四皓有園公夏黃公潛光隱耀世嘉其高皆
悉稱公然則公者仁德之正號不必三事大夫也今鄭君鄉宜
曰鄭公鄉昔東海于公僅有一節猶或戒鄉人侈其門閭矧乃
鄭公之德而無駟牡之路可廣開門衢令容高車號爲通德門
魏王朗爲會稽太守時有張紘博學兼內外不應辟命卒肅教下
縣曰前在京都聞張子明紘字將來至門之會喜予一亡致痛惜之
此君篤學隱居不與時競以道樂身昔紹思之今一亡在没塗趙
孟外之諸侯用慷慨壯士絕毫勸好道而不蒙榮寵書到遣吏勞問
其家顯題門戶務加殊異以慰既往以勸將來
毌丘儉爲幽州刺史討高句驪王宮將叛於魏其臣句驪沛
者名得來數諫宮宮不從得來歎曰立見此地生蓬蒿不食而
死及儉至令諸軍不壞其墓不伐其樹得其妻子皆放遣之
蜀王商爲蜀郡太守成都禽堅有至孝之行商表其墓追贈孝
廉又與嚴君平李弘立祠作銘以旌先賢
[illegible]爲益州刺史圖譙周像於州學命從事李通頌之
[illegible]部爲豫章太守下車祀先賢徐孺子之墓優待其後
晉孔嚴爲吳興太守餘杭婦人經年荒賣其子以活夫之兄弟
武康有兄子二人妻各有孕弟遠行未反遇荒歲不能兩全棄
其子而活弟子嚴並褒薦之
溫嶠鎮武昌甚有惠政甄異行能親祭徐孺子之墓
陰澹爲敦煌太守郡人索襲虛靖好學舉孝廉賢良方正皆以
疾辭澹禮之襲卒澹素服會葬贈錢二萬澹曰世人之所有餘
者富貴也目之所好者五色也耳之所玩者五音也而先生棄
衆人之所收收衆人之所棄味無味於恍惚之際兼重玄於衆妙
之內宅不彌畝而志忽九州形居塵俗而棲心天外雖黔婁之
高遠莊生之不願蔑過也乃謚曰玄居先生
楊宣爲敦煌太守郡人宋纖隱居于酒泉南山宣畫其像於閣

上出入視之作頌曰爲杭何石爲嘲河流身不可見名不可求
馬岌爲酒泉太守時宋纖隱于南山岌具威儀鳴鐃鼓造焉纖
高樓重閣距而不見岌歎曰名可聞而身不可見德可仰而形
不可覩吾而今而後知先生人中之龍也銘詩于石壁曰丹崖
百丈青壁萬尋奇木蓊鬱蔚若鄧林其人如玉維國之琛室邇
人遐實勞我心
劉引爲荊州刺史立諸葛孔明羊叔子碣使參軍李興爲之文
前秦苻朗爲青州刺史桑虞五世同居閨門邕穆朗甚重之嘗
詣虞家升堂拜其母時人以爲榮
宋張崇爲吳興太守烏程人吳逵經荒飢疾合門死者十有三
人逵夫妻併存家極貧窘春年成七墓十三棺時有賻贈一無
所受崇義之以羔鴈之禮禮焉
劉悛爲武陵內史漢壽人邵榮興六世同爨表其門閭
劉瓛爲吳郡太守至昌門便入太伯廟時廟堂頹毀垣牆不修

瓛愴然曰清塵尚可髣髴衡宇一何摧頹即令修葺
南齊竟陵王子良爲會稽太守郡民朱百年有至行先卒賜其
妻米百斛蠲一人給其薪蘇
王綸之爲豫章太守下車祭徐孺子許子將墓圖畫陳蕃華歆
謝鯤像於郡朝堂
梁顧憲之爲豫章太守有貞婦萬晞者少孀居無子事舅姑尤
孝父母欲奪而嫁之誓死不許憲之賜以束帛表其節義
謝朓爲東海太守琅邪人諸葛璩爲議曹不就朓教曰昔長
孫榮祖降龍丘之節文舉北轅高通德之稱所以激貪立懦式
揚風範近世諸葛璩高風所漸結轍前脩豈懷珠被褐韜玉待
價將幽貞獨往不事王侯者邪聞事親有啜菽之窶就養寡藜
蒸之給豈得獨享萬鍾而忘茲五秉可餉穀百斛
蔡興宗爲會稽太守先是郡人郭原平有孝行爲鄉里宗仰太
守王僧朗察孝廉不就興宗臨郡深加貴異以私米饋原平及
山陰朱百年妻孔氏三秩年之既著自圖書旌賞之典有聞甲令
況高柴窮老萊婦屯暮若哉郡輿郭原平世稟孝德洞業儲靈
深仁絶操追風曠古棲貞勵約華耇方嚴山陰令百年道終物
表妻孔耋齒孀居窶迫殘日飲風撫事嗟慨諸廩可以帳下米
各餉百斛原平固讓不受
後魏盧道將爲燕郡太守下車表樂毅霍原之墓而爲之立祠
任城王澄爲揚州刺史下車封孫叔敖之墓高允爲懷州刺史
秋月巡境問民疾苦至邵縣見邵公廟廢毀不立乃歎曰邵公
之德闕而不祀爲善者何望乃表聞修葺之
李安世爲相州刺史以西門豹史起有功於民者爲之脩飾廟堂
隋漢王諒爲并州總管先是文水人郭儁家門雍睦七葉共居
犬豕同乳烏鵲通巢時人義之諒聞而嘉歎賜兄弟二十人衣
各一襲　唐許景先開元中爲虢州刺史閿鄉人梁文貞少從仕
役比回而父母皆卒文貞恨不終養乃泣血廬墓三十餘年景

先奏請宣付史官
李栖筠爲浙西觀察使時蘇州嘉興人徐斌少妙學六籍諸子
悉所探究栖筠厚遇之爲改所居爲復禮鄉

册府元龜卷第六百八十七

牧守部十八

薦賢　愛民

薦賢

國有進賢之令易稱彙征之吉蓋淑人君子志不捨善義存公共冀得英哲以奉其上者也夫十室之邑必有忠信三人同行必有我師況乎百城共治萬夫觀政按察封部親撫萌俗者哉至乃節行純至才美彰著名迹韜晦鄉閭推服或屬吏之善治或令族之久廢咸能特達旌薦周旋稱述揚於王庭舉不失德傳曰惟善人能舉其類豈虛也哉

漢吳公姓名爲河南守洛陽人賈誼年十八以能誦詩書屬文稱吳公召置門下文帝初立徵吳公以爲廷尉廷言誼年少頗通諸家之書帝召以爲博士

王襄宣帝時爲益州刺史時蜀人王褒既爲刺史作頌中和樂職宣[illegible]也又作其傳解釋樂歌之意又作者之意襄因奏褒有軼材帝徵褒既至詔褒爲聖主得賢臣頌

府六百八十八　一

徐明元帝時爲豫郡守郡人王尊爲護羌將軍坐擅離部會赦免歸家明薦尊不宜久在閭巷帝以尊爲郿令

蕭育成帝時爲朔方刺史時馮野王以中山孝王舅出爲上郡太守育奏封事薦言野王行能高妙內足以圖身外足以慮化國獨廢竊惜野王懷國之寶而不得陪朝廷與朝者並野王前以王舅出以賢復入明國家樂進賢也帝自爲太子特聞知野王會其病免復以故二千石使行河隄因拜爲琅邪太守

後漢銚期建武初爲魏郡太守時功曹馮勤有能稱期常從光武征伐政事一以委勤勤同縣馮巡等舉兵應光武謀未成而爲豪右焦廉等所反勤乃率將老母兄弟及宗親歸期期悉以爲腹心薦於光武初未用後乃除爲郎中給事尚書

劉育建武初爲濟陰太守郡丞劉平有孝行育甚重之任以郡職上書薦平會平遭父喪去官服闋拜全椒長

杜詩建武中爲南陽太守雅好推賢數進知名士清河劉統及魯陽董崇等

張酺章帝建初中爲東郡太守郡吏王青者祖父翁與前太守翟義起兵攻王莽及義敗餘衆悉降翁獨守節力戰莽遂燔燒之父隆建武初爲都尉功曹青爲小吏與父俱從都尉行縣道遇賊隆以身衛全都尉遂死於難青亦被矢貫咽音聲流喝前郡守以青身有金夷竟不能舉酺見之歎息曰豈有一門忠義而爵賞不及乎遂擢用極右曹乃上疏薦青三世死節宜蒙顯異奏下三公由此爲司空所辟除步兵司馬酺傷青不遂復舉其子巷孝廉也

魯丕和帝永元初爲東郡太守數薦達幽隱名士王禀等皆備帷幄近侍

張霸永元中爲會稽太守表用郡人處士顧奉公孫松等奉後爲潁川太守松爲司隸校尉並有名稱其餘有業行者皆見擢用郡中爭厲志節習經者以千數道路但聞誦聲

府六百八十八　二

龐奮和帝時爲河南尹緱氏人龐參初仕郡未知名奮見而奇之舉爲孝廉拜左校令

向苗爲沛郡守有名迹舉桓鸞孝廉爲膠東令

法雄安帝時爲交阯太守先是交阯都尉胡貢一作廣子廣爲郡散吏雄察廣孝廉既到京師試以章奏帝以廣爲天下第一一本作事孝廉高第三公上尚書辟雄優文特勞來舉特從是公府下詔書勞來雄焉旬月拜尚書郎

李固順帝時爲荊州刺史薦桂陽太守欒巴治迹徵拜議郎守光祿大夫

范津爲北地太守明知人舉傅燮孝廉及津爲漢陽與燮交代合符而去鄉邦榮之

蓋勳靈帝中平初爲京兆尹是時漢陽叛人王國衆十餘萬攻陳倉三輔震動勳領郡兵五千人自請滿萬人因表用處士扶風

孫瑞爲鴈鷄都尉桂陽魏傑爲破敵都尉京兆杜楷爲威虜都尉弘農楊儁爲烏擊都尉長陵第五儁爲蹟寇都尉凡五郡都尉皆素有名悉領屬勳

張浩爲彭城相薦隱士閭丘遵等

劉翊爲汝南太守舉郡人許靖計吏察孝廉除尚書郎典選舉

陰脩爲潁川太守以旌賢擢俊爲務舉五官掾張仲方正察功曹鍾繇主簿荀彧主記掾張禮賊曹掾杜祐孝廉荀攸計吏郭圖爲吏以光國朝

孔融爲北海相薦舉賢良鄭玄彭璆邴原等

高幹爲并州刺史時常林有高行幹表爲騎都尉林辭不受

魏梁習漢末爲并州刺史薦州界名士常林楊俊王淩王象荀緯太祖皆以爲縣長

孟達爲安定太守嘗薦涿郡太守王雄曰臣聞明君以求賢爲業忠臣以進善爲效故易稱拔茅連茹傳曰舉爾所知臣不自量竊見某某臣以人之謬備鄧騎將涿郡太守王雄爲西部從事與臣同僚雄天性良固果而有謀歷試三縣政成人和頃在近職奉宣威恩懷柔有術清慎持法臣往年出使經過雄郡自說特受陛下拔擢之恩常勵節精心思投命爲效言辭激揚情趣款惻臣愚惛不識真僞以謂雄才兼資文武忠烈之性踰越倫輩今涿郡領戶三千孤寡之家參居其半北有守兵藩衛之固誠不足舒雄智力展其勤幹也臣受恩深厚無以報國不勝慺慺淺見之情謹冒陳聞詔曰昔蕭何薦韓信鄧禹進吳漢惟賢知賢也雄有膽智技能文武之姿吾宿知之今使以參散騎之選方使少在吾門下知指歸便大用之矣天下之士欲使皆先歷散騎然後出據州郡是吾本意

高堂隆爲陳留太守犢民酉牧年七十餘有至行舉爲計曹掾明帝嘉之特除郎中以顯焉

張既爲雍州刺史舉武威太守毋丘興甚有惠政既上[illegible]

石遐遠喪亂彌久武威當諸郡路道喉舌之要加民夷雜處數有兵難領太守毋丘興到官內撫吏民外懷羌胡卒柔附爲官效用黃華張進初圖逆亂扇動左右興志氣忠烈臨難不顧爲將校民夷陳禍福言則涕泣於時男女萬口咸懷感激形毀髮亂誓心致命尋率精兵蹤脅張掖濟拔領太守杜通西海太守張睦張掖番和驪靬二縣吏民及郡雜胡棄惡詣興興皆安卹使盡力田興每所歷盡竭心力誠國之良吏殿下即位留心萬機苟有毫毛之善必有賞録臣伏緣聖旨指陳其事

蜀劉焉漢末爲益州牧廣漢郡人任安兼通數經究極圖讖不就徵辟焉表薦安味精道度厲節高邈揆其器量國之元寶宜處弼疑之輔以消非常之咎玄纁之禮所宜招命時王塗隔塞遂無聘命

晉王戎爲荊州刺史時樂廣有名戎聞廣爲夏侯玄所賞乃舉爲秀才後廣爲尚書僕射領吏部代戎爲尚書令始戎薦廣而終踐其位時人美之

裴楷爲河內郡太守范晷爲丞楷雅知之薦爲侍御史

山濤爲冀州刺史冀州俗薄無相推轂濤甄拔隱屈搜訪賢才旌命三十餘人皆顯名當時人懷慕向風俗頗革

華譚爲廬江內史舉寒族周訪爲孝廉訪果立功名時以譚爲知人

王敦爲廬江刺史時懷帝詔王公舉賢良方正敦以賀循爲賢良杜夷爲方正乃上疏曰臣聞有唐疇咨元凱登用漢武欽賢俊乂響應故能允協時雍數崇盛化伏見太孫舍人會稽賀循處士廬江杜夷履道彌高清操絕俗學融通才經王務循宰二縣皆有名績備僚東宮忠恪允著夷清虛沖淡上俗異趣考槃空谷肥遁匿跡蓋經國之良寶聘命之所急若得待詔公車[illegible]對冊問必有忠讜良謨引益政道矣敦於是逼夷赴洛夷遜[illegible]

孔愉爲吳興太守先是郡人王談父爲鄰人竇度所殺後以鍤斬

康太守孔嚴有之及歎爲太守究其義行舉爲孝廉時稱得其人
何充爲東陽太守薦徵士虞喜
孔愉爲會稽内史韓績好文學以潛退高操愉上疏薦之召拜博士績稱老病不起
後秦郭播爲隴東太守時赫連勃勃乞伏乾歸作亂西北禿髮傉檀沮渠蒙遜擅兵河右疇咨將帥之臣欲鎮撫二方播言於姚興曰嶺北二州鎮戶皆數萬若得文武之才以綏撫之足靖塞蕃路興曰吾每思得廉頗李牧鎮撫四方使便宜行事然任非其人常致負敗卿試舉之播曰清潔善撫邊則平陸子王元始雄武多奇略則建威王煥賞罰必行臨敵不顧則奮武彭蚝興曰蚝令行禁止則有之非綏邊之才也始煥年少吾未知其爲人播曰廣平公弼才兼文武宜鎮督一方願陛下遠覽前車近悟後轍興不從
宋王韶之爲吳興太守郡人潘綜少有孝行綜鄉人祕書監丘繼祖廷尉沈赤黔以綜異行廉補左民令史除遂昌長歲滿還家韶之臨郡發曰前被符孝廉之選必審其人雖四科難該文質寡備必能孝義邁俗拔萃著聞者便足以顯應明敭允稱符旨烏程潘綜守死孝道全親濟難烏程吳逵義行純至列墳成行感誠内淳休聲外著可並察孝廉并列上州臺陳其行跡
陸徽爲益州刺史先是龔穎爲前刺史毛璩從事璩爲譙縱所殺穎獨不屈節及縱僭號徵之又不起逼以兵刃執志益堅縱平後元嘉二十四年徽上表曰臣聞運纏明夷則艱貞之節顯時屬棟橈則獨立之操彰昔者皇綱弛紊譙縱乘釁肆虐巴庸害殺前益州刺史毛璩竊據蜀土涪岷士庶怵迫受職璩故吏龔穎秉心貞白抗志不撓殯送舊君哀敬盡禮全操九載不染僞朝縱雖殘凶猶重義槩遂延以旌命劫以兵威穎忠誠奮發辭色方壯雖桎梏在身殘危愈信其節白刃臨頸見死不更其守若王蠋之抗辭燕軍周苛之肆詈楚主方之於穎蔑以加焉誠當今之忠壯振古之遺烈而名未登於王府爵猶齒於鄉曹斯實邊遐遠土所爲於邑臣過叨恩私宣風萬里忘存瑕穢有懷必聞故率愚懇舉其所知追懼紕妄伏增悚慄穎遂不被朝命終於家

陸徽爲廣州刺史上表薦士曰伏見廣州別駕從事史朱萬嗣年五十三字少豫理業沖夷秉操純白行稱私庭能著官政雖氏非世祿職無通資而隨牒南服位極僚首九綜州綱三端府職頻掌蕃機屢顯符守年暨知命廉尚愈高冰心與貪流爭激霜情與脆節彌茂歷宰金山家無寶鏤之飾連組珠海室靡瑤珥之珍確然守志不求聞達足以澄革汙吏洗鏡貪氓臣謬忝司牧任專萬里雖情祇慎擢才闕毫露敢罄愚陋舉其所知如得提名禮闈抗跡朝省搏翰表之清風負冰蘗之絜望則恩融一臣而施光萬物敢緣天澤實希時德雨施每甄外州榮加遠國是以獻其芻言希垂聽覽
蔡興宗爲會稽太守時會稽貴重望計及望孝盛族出身不減秘著泰始七年興宗欲舉山陰孔仲智長子爲望計郭原平次息爲望孝仲智會土高門原平一邦至行欲以相敵會太宗別勑用人故二選並寢泰豫元年興宗徵還京師表其殊行宜蒙拔擢以勸風俗
南齊褚淵爲吳興太守郡人丘靈鞠爲烏程令不得志泰始初坐事禁錮數年及淵至謂人曰此郡才士唯有丘靈鞠及沈勃耳乃啓申之
王奐爲吳興太守武康人沈驎士隱居教授學者數十百人奐上表薦之詔徵爲奉朝請不就
梁謝朏爲吳興太守唯與姑孰周興嗣談文史而已及罷郡還因大相稱薦本州舉秀才除桂陽郡丞
鄭紹叔爲司州刺史能傾心接物多所薦舉士類以此歸之
後魏穆羆爲汾州刺史前吐京太守劉升在郡甚有威惠限滿

選部胡氏八百餘人詣闕請之前定陽令吴平仁亦有恩信戶增數倍罷以吏民懷之並爲表請孝文皆從焉

胡泥爲幽州刺史有陽尼少好學博通羣籍泥以其學藝文雅乃表薦之徵拜秘書著作郎

李安世爲相州刺史時路恃慶有幹用與廣平宋翻俱知名爲鄉閭所稱安世並表薦之太和中除奉朝請恃慶以從兄文惠有才望因推讓之孝文遂並拜焉

鄭羲爲兖州刺史酸棗令鄭伯孫甄城令董騰別駕賈德治中申靈度並在任廉貞勤恤百姓羲皆申表稱薦時論多之

北齊斛斯政爲東萊太守時杜弼爲光州曲城令爲政清淨務在仁恕并恭中吏曹下訪守令尤異弼已代還政以弼應詔

後周陳公純爲岐州刺史舉遂伯中大夫樂遜爲賢良

唐陳少遊爲揚州刺史吳郡陸贄有經學少遊愛其才辟爲從事後薦於朝拜左拾遺

張九皋爲宋州刺史時高適好學以詩知名佳句朝出夕遍人口九皋表薦之

韓滉爲浙西觀察使時萬年人韋渠年少登科涉覽經史滉奏授試秘書省校書郎

韋夏卿爲蘇州刺史扶風竇群以處士隱毗陵嘗著書撰古今名臣略三十卷夏卿以丘園茂異薦群兼獻其書不報及夏卿爲京兆尹又薦之徵拜左拾遺

韋皐爲西川節度使西河人段文昌家于荊州倜儻有氣義節度使韋皐知之而不能用皐在蜀表授校書郎

楊汝士爲同州刺史入朝薦防禦判官魏謨爲右拾遺文宗以謨魏徵之裔頗奇待之

後唐張全義初仕梁爲河南尹以李專美名族之後奏爲陸渾尉

晉趙在禮天福中爲宋州節度使奏前秦州節度推官李毅元除一官尋授監察御史

愛民

夫牧守吏民之本可以感物而行化者也居其任者苟能宣恩澤之詔布忠厚之教廣求民瘼洞達治體知所疾苦去其蟊蠹俾夫百姓寬息一境休和茲所謂良二千石矣漢氏而下循吏間作至有專行仁惠務於安輯振卹凋困拯濟孤窮或條上其損益或蠲省其賦調至於推恕心以惜民力違科禁以順物情苟利於人靡顧于己或出私積以代民租故能上下忻賴所在化行爲吏人所稱績用可紀非夫忠信之長慈惠之師庶幾乎德讓之風者亦胡以臻此

漢黃霸爲潁川太守力行教化而後誅罰力務教也言先以德教化於下若有不從然用刑罰

薛宣爲陳留太守入守左馮翊所居皆有條教可紀多仁恕愛利愛人而愛利也

後漢鍾離意爲魯相視事五年以愛利爲化人多殷富

李善爲日南太守以愛惠爲政

劉岱爲兖州刺史虛己愛物

魏何夔爲長廣太守是時太祖始制新科下州郡又收租稅綿絹夔以郡初立近以師旅之後不可卒繩以法乃上言曰自喪亂已來民人失所今雖小安然服教日淺所下新科皆以明罰敕法齊一大化也所領六縣疆域初定加以饑饉若一切齊以科禁恐或有不從教者有不從教者不得不誅則非觀民設教隨時之意也先王辨九服之則以殊遠近制三典之刑以平治亂愚以爲此郡宜依遠域新邦之典其民間小事使長吏臨時隨宜也不背正法下以順百姓之心比及三年民安其業然後齊之以法則無所不至矣太祖從其言

袁渙爲沛南部都尉是時新募民開屯田民不樂多逃亡渙白太祖曰夫民安土重遷不可卒變易以順行難以逆動宜順其意

猶之者乃取不欲者勿彊太祖從之百姓大悅

盧毓爲梁譙二郡太守帝以譙舊鄉故大徙民充之以爲屯田而譙土地墝瘠百姓窮困毓愍之上表徙民於梁國就沃衍失帝意雖聽毓所表心猶恨之遂左遷毓使將徙民爲睢陽典農校尉毓心在利民躬自臨視擇居美田百姓賴之遷安平廣平太守所在有惠化

王觀爲涿郡太守明帝即位下詔書使郡縣條爲劇中平者主者欲言郡爲中平觀教曰此郡濱近外虜數有寇害云何不爲劇郡主者曰若郡爲外劇恐於明府有任子觀曰夫君者所以爲民也今郡在外劇則於役條當有降差豈可爲太守之私而負一郡之民乎遂言爲外劇郡後送任子詣鄴時觀但有一子而又幼弱其公心如此觀治身清素帥下以儉僚屬承風莫不自勵

晉王羲之爲會稽内史時東土饑荒賦役繁重吳會尤甚羲之每上疏爭之事多見從又遺尚書僕射謝安書曰頃所陳論每蒙允納所以令下小得蘇息各安其業若不耳此一郡久以蹈東海矣今事之大者未布漕運是也吾意望朝廷可申下定期委之所司勿復催下但當歲終考其殿最長吏尤殿命檻車送詣天臺三縣不舉二千石必免或可左降令在疆塞極難之地又自吾到此從事常有四五兼以臺司及都水御史行臺文符如雨倒錯違背不復可知吾又瞑目循常推前取重者及綱紀輕者在五曹主者治事未嘗得十日吏民趨走功費萬計卿方任其重可徐尋所言江左平日揚州一良刺史便足統之況以群才而更不理正由爲法不一牽制者衆思簡而易從便足以保守成業倉督監耗盜官米動以萬計吾謂誅翦一人其後便斷而時意不同近檢校諸縣無不皆爾餘姚近十萬斛重斂以資姦吏令國用空乏良可歎也自軍興以來征役及充運死亡叛散不反者衆虛耗至此而補代循常所在凋困莫知所出上命

所差上道多叛則吏及叛者席卷同去又有常制輒令其家及同伍課捕捕不擒家及同伍尋復亡叛百姓流亡戶口日減其源在此又有百工醫寺死亡絕沒家戶空盡差代無所上命不絕事起或十年十五年彈舉獲罪無懈息而無益實事何以堪之謂自今諸死罪原輕者及五歲刑可以充此其減死者可長充兵役五歲者可充雜工醫寺皆令移其家以實都邑都邑既實是政之本又可絕其亡叛不移其家逃亡之患復如初耳今除罪而充雜役盡移其家小人愚迷或以爲重於殺戮可以絕姦刑名雖輕懲肅實重豈非適時之宜邪

宋徐豁爲始興太守朝廷遣大使巡行四方并使郡縣各言損益豁因此表陳三事其一曰郡大田武吏年滿十六便課米六十斛十五以下至十三皆課米三十斛一戶隨丁多少悉皆輸米且十三歲兒未堪田作或是單迥無相兼通年及應輸便自逃竄既邊接蠻俚去就益易或乃斷截支體産子不養戶口歲減寔此之由謂宜更量課限使得存立今若減其米課雖有交損考之將來理有深益其二曰郡領銀民三百餘戶鑿坑採砂皆二三丈功役既苦不顧崩壓一歲之中每有死者官司檢切猶致逋違老少相隨永絕農業千有餘口皆資他食豈唯一夫不耕或受其飢而已所以歲有不稔便致甚困尋臺邸用米不異於銀謂宜准銀課米即事爲便其三曰中宿縣俚民課銀一丁輸南稱半兩尋此縣自不出銀又俚民皆巢居鳥語不閑貨易之宜每至買銀爲損已甚又稱兩受入易生姦巧山俚愚怯不辨自申官所課甚輕民以所輸爲劇今若聽計丁課米公私兼利太祖嘉之

梁顧憲之仕齊永明中爲隨王東中郎長史行會稽郡事時西陵戍主杜元懿啓吳興無秋會稽豐登商旅往來倍多常歲西陵牛埭稅官格日三千五百元懿即如所見日可一倍盈縮相兼略計年長百萬浦陽南北津及柳浦四埭乞爲官領攝一年

外長四百許萬西陵戍前檢稅無妨戍事餘三埭自舉腹心世祖勑示會稽郡此詎是事宜可訪察即啓害之議曰尋始立牛埭之意非苟逼僦以納稅也當以風濤迅險人力不捷屢致膠溺濟急利物耳旣公私是樂所以輸直無怨京師航度即其例也而後之監領者不達其本各務已功生於理外或禁遏別道或空稅江行或撲船倍價或力周猶責凡如此類不經埭煩牛者上詳被報格外十條並蒙停寢從來諠訴始得暫弭案吳興頻歲失稔今玆尤饉去之從豐良田饑棘或徵貨貿粒還拯親累或攜老扶弱陳力餬口埭司責稅依格弗降舊格新減尚未議登格外加倍將何以濟皇慈卹隱振廩蠲調而元懿幸災搉利重增困瘼人而不仁古今共疾且此見加格置市者前後相屬非唯新加無贏並皆舊格猶闕愚恐元懿今啓亦當不殊若事不副言懼貽譴詰便百方侵苦爲公賈怨元懿稟性苛刻已彰徃効任以物土譬以狼將羊其所欲舉腹心亦當虎而冠耳

蠹去與其有聚斂之臣寧有盜臣此言論公爲損蓄徵斂民所害乃大也今雍熙在運草木含澤其非事宜仰如聖旨然掌斯任者應簡廉平廉則不竊於公平則無害於民矣愚又以便宜者蓋謂便於公宜於民也竊見頃之言便宜者非能於民力之外用天分地者也率皆即日不宜於民方來不便於公名與實反有乖政體凡如此等誠宜深察山陰一縣課戶二萬其民貲不滿三千者殆將居半刻又刻之猶且三分餘一凡有貲者多是士人復除其貧極者悉皆露戶役三五屬官蓋惟分端輸調又則常然比衆局檢校首尾尋續橫相質累者亦復不少一人被攝十人相追一緒裁萌千孽互起蠶事弛而農業廢賤取庸而貴舉債應公贍私日不暇給欲無爲非其可得乎死且不憚矧伊刑罰身且不愛何況妻子是以前檢未窮後巧復滋網辟徒峻猶不能悛竊尋民之多僞是由宋季軍旅繁興役賦殷重不堪勤劇倚巧祈優積習生常遂迷忘反四海之大黎庶之衆

心用參差難卒澄一化宜以漸不可頓責誠存不擾藏疾納汙實增崇曠務詳寬簡則稍自歸淳又被簡病前後年月久遠具事不存符旨歸嚴不敢暗信縣簡送郡郡簡呈使殊刑詭狀千變萬源聞者忽不驚懷見者實足傷駭兼親屬里伍流離道路輾轉寒涸事方未巳其士人婦女彌難厝衷不簡則疑其有巧欲簡復未知所安愚謂此條宜縣簡保舉其綱領略其毛目乃當有漏不出貯中庶嬰疾沉痼者重荷生造之恩也又永興與諸暨離唐寓寇擾公私殘燼彌復特甚儻值水旱實不易思俗諺云會稽打鼓送卹吳興步擔令史會稽舊稱沃壤今猶若此吳興本是塉土事在可知用循餘弊誠宜改張宜法臣緣元懿今啓敢陳管見世祖並從之由是以方直見委

蕭昺爲雍州刺史初到州省除三迎送儀及服不得煩擾吏人

陸杲爲義興太守在郡寬惠爲民下所稱

後魏任城王澄爲定州刺史初入守每歲調百姓煩苦前後牧

守未能蠲除澄多所省減民以忻賴

裴良爲汾州刺史先是官粟貸民未及收聚仍值寇亂至城民大饑人相食賊知倉庫空虛攻圍日甚死者十三四良以飢寒因與城人奔赴西河汾州之治西河自良始也

張鄂爲幽州刺史年穀不登州廩虛罄民多菜色鄂謂民吏曰何我之不德而遇斯時乎乃從富人通濟貧乏車馬之家糴運外境貧弱者[illegible]以農桑歲乃大熟士女稱頌之

辛穆爲汲陽太守值水澇民飢上表請輕租賦從之遂勑汲陽一郡聽以小絹爲調

張熠爲汲州刺史矜恤貧弱爲民所愛代還值元顥入洛仍令復州

劉道斌爲武邑太[illegible]州其州新經元愉逆亂之後加以連年災儉道斌頻爲表[illegible]租賦百姓賴之

崔遊爲河東太守[illegible]戶常供州郡兵子孫是丁從役遊矜

其勞苦乃表聞請聽吏人郡內感之

杜纂爲清河內史尤愛貧老所至問民疾苦對之泣涕

北齊裴讓之爲永昌太守客旅過郡皆出私財供給人間所無預代下民所出爲吏人所懷

赫連悅爲林慮守文襄往晉陽路由郡因問所不便悅答云臨水武安二縣去郡遙遠山嶺重疊車步艱難若東屬魏郡則地平路近文襄笑曰卿徒知便民不覺損幹悅答云所言者民所疾苦不敢以私潤負心文襄云卿能如此甚善甚善乃勅依事施行

房謨爲徐兗二州刺史魏朝以河南數州鄉俗絹濫退絹一匹徵錢三百人庶苦之謨乃表請錢絹兩受任人所樂朝廷從之徵拜侍中

後周韋孝寬爲雍州刺史先是路側一里置一土堠經雨頹毀每須修之孝寬臨州乃勒部內當堠處植槐樹代之既免修復

行旅又得庇廕太祖後見怪問知之曰豈得一州獨爾當令天下同之於是令諸州夾道一里種一樹十里種三樹百里種五樹焉

唐崔善爲太宗貞觀初拜陝州刺史時朝廷立議戶殷之處聽徙寬鄉善爲上表稱畿內之地是謂戶殷丁壯之人悉入軍府若聽移轉便出關外此則虛近實遠非經通之議其事乃止

賈敦實高宗咸亨初爲洛陽長史洛陽令楊德幹尤稱殘猛敦實謂人曰政在養人義須存育傷生過多雖能亦不足貴也常抑止德幹德幹亦爲之稍減

張暉則天聖曆初爲衛州刺史時河北新有突厥之寇方秋而修城不輟暉下車謂曰金湯非粟而不守豈有弃收獲而繕城郭哉悉令罷散由是人吏咸歌詠之

狄仁傑爲魏州刺史前刺史獨孤思莊懼賊至盡驅百姓入城繕修守具仁傑既至悉放歸農謂曰賊猶在遠何必如是萬一賊來吾自當之必不關百姓也賊聞之自退百姓咸歌誦之

韓休玄宗開元中爲虢州刺史以地在兩京之間車駕在京及東都並爲近州常被支稅草以納閑廄休奏請均配餘州中書令張說駁之曰若獨免虢州即當移向他郡是刺史欲爲私惠耳乃下符不許休復將執奏僚吏曰吏奏必忤執政之意休曰爲刺史不能救百姓之弊何以爲政必以忤上得罪所甘心也竟執奏獲免州人于今稱之

崔縱爲河南尹時兵革甫定人戶什耗六七縱悉心爲理惠愛簡易觸事必須先是戍邊之師歲由洛陽者儲器用雜於編戶縱始官備不徵於人令五家相保俾自占告發斂以繩胥吏之私又益導伊雒以通里閈溉灌通貨皆不擾人

嗣曹王皋素爲潭洪荊襄觀察使所至常平物價穀帛貴則官出賣之或給將吏廩俸故豪家不得擅其利人不大困

崔衍爲虢州刺史居華陝之間而稅重數倍其旁鄰華陝之郊

畝出十有八而虢之人畝發七十衍乃上其事時裴延齡領度支方務聚斂乃詰衍以前後刺史無言者衍又上陳人困日久有司不宜以不許爲讓其略曰伏見比來諸州應緣百姓間事患在長吏因循不爲申請不患陛下不憂恤患在申請不詣實不患朝廷不矜放有以不言受譴者未有以言得罪者是用不敢回顧苟求自安上奏切直爲時所稱後爲宣歙池觀察使時天下好進奉以結主恩徵求聚斂州郡頗耗竭韋皋劉贊裴肅爲之首贊死而衍代其任衍雖不能驟革其弊而衍居州十年頗以勤儉府庫盈溢

穆贊代崔衍爲宣歙池觀察使宣州歲餼貧戶以錢四十二萬貫代百姓之稅故宣州人不流散

鄭珣瑜貞元中爲河南尹清淨惠下賦斂貴發以便百姓時吳少誠逆許州韓全義爲招討使全義與監軍使發牒催督或非詔條珣瑜得牒輒掛壁不以付吏及軍罷凡數百封其所供市直

粟餉瑜素以儲積於陽翟縣與官軍相近故河南百姓不知饋運之勞而事集矣

房式憲宗元和中為河南尹時討王承宗於鎮州配河南府銀鐸車四千兩式表以凶旱人貧力微難以徵發帝可其奏既夫役人懷而安之

李渤為江州刺史張平叔判度支奏徵久遠逋懸渤在州上疏曰伏奉詔勅云度支使奏令臣設計徵逋當州貞元二年逃戶所欠錢四千四百一十貫臣當州管田二千一百九十七頃今已旱死一千九百頃有餘若更勒徇度支使所為必懼史官書陛下於大旱中徵三十六年前逋懸臣任刺史罪無所逃臣既上副聖情下不忍鞭笞黎庶不敢輕離符印特乞放臣歸田穆宗下詔云江州所奏實為懇誠若更抑為必難勝濟所訴逋欠宜令盡放

崔衍次公為陝虢觀察使請蠲租錢三百萬人得蘇息

後唐安彥威為河中節度上言放省符課丁夫運石修河隄岸事方急請以牢城軍千人代役從之

晉東都留守石重乂奏望右一行發往汴州所有沿路支贍請雜物色等並和雇脚乘般䣐不擾百姓

盧質知汴州軍府事府孔謙握利權志在聚斂累移文於汴督民放絲質堅論之事雖不行時論賞之

漢趙德鈞為薊門守以北虜孔熾雖軍威不振在部甚理兵糧皆給於朝廷而百姓數年不隸租調增埈城洫淮以軍士役作境內歌之

册府元龜卷第六百八十九

牧守部　一十九

威嚴　革弊

威嚴

書曰威克厥愛允濟子產有言唯有德者能以寬服人其次莫如猛夫火之烈民望而畏之故鮮死焉斯威嚴之謂也由漢以來長人之吏以武健嚴酷而著稱者蓋有之矣莫不因其天姿之峻厲乘其民風之豪橫懲其習俗之弊嚴其約束去害群之惡正其典刑姦吏震悚群盜屏去風化肅於境內威聲動於隣壤人用胥畏吏不敢欺以其所以為能議若夫以用之不吐剛茹柔而德舉仲尼謂以寬濟猛而致和亦有以厲氣作威然後臻夫治者已

漢義縱為河內都尉至則族滅其豪穰氏之屬河內道不拾遺後為南陽太守吏民重足一迹

尹立為京兆尹尚威嚴有治辯名

雋不疑為京兆尹京師吏民敬其威信每行縣錄囚徒還省錄之知其情狀有冤滯與不也其母輒問不疑所平反活幾何人反謂奏使從輕也即不疑多有所平反母喜笑為飲食言語異於他時或亡所出母怒為之不食故不疑為吏嚴而不殘

趙廣漢為京兆尹長安少年數人會窮里空舍謀共劫人窮里里中之處坐語未訖廣漢使吏捕治具服富人蘇回為郎二人劫之劫取其身為質令家齎財贖之有頃廣漢將吏到家自立庭下使長安丞龔奢叩堂戶曉賊曉謂諭告之曰京兆尹趙君謝兩卿無得殺質此宿衛臣也釋質束手得善相遇幸逢赦令或時解脫若束手自來或會赦令當善言遇之或逢赦令則得免脫也二人驚愕又素聞廣漢名即開戶出下堂叩頭廣漢跪謝曰幸全活郎甚厚送獄勅吏謹遇給酒肉至冬當出死豫為調棺給斂葬具告語之調謂具之也棺斂以棺衣斂尸也皆曰死無所恨

何武為楊州刺史所舉奏二千石長吏必先露章服罪者為虧除免之而已露章[illegible]除其狀言令免去也不服極法奏之抵罪或至死

王溫舒為廣平都尉齊趙之郊盜不敢近廣平廣平聲為道不拾遺遷為中尉為人少文居它惛惛不辯言為人蒙蔽於事不爽心意至於中尉則心開素習關中俗知豪惡吏豪惡吏盡復為用吏苛察淫惡少年投缿購告言姦缿所以受投書也置伯落長以收司姦

魏相為河南太守禁止姦邪豪彊畏服

朱博為冀州刺史行部有老從事教吏民數百人遮道自言官府盡滿博駐車決遣四百人皆罷去如神後博徙問知老從事所教乃殺此吏州郡畏博威嚴後遷琅邪太守齊部舒緩養名齊人之俗其性遲緩多自高大以養名聲博新視事右曹掾史皆移病臥博問其故對言惶恐故事二千石新到輒遣吏存問致意乃敢起就職博奮髯抵几曰觀齊兒欲以此為俗邪皆斥罷諸病吏白巾走出府門郡中大驚博治郡常令屬縣各用其豪傑以為大吏縣有劇賊及它非常博輒移書以詭責之其盡力有效必加厚賞懷詐不稱誅罰輒行以是豪彊埶服

翟義字文仲為南陽都尉宛令劉立與曲陽侯為婚又素著名州郡輕義年少義行太守事行縣至宛丞相史在傳舍立持酒肴謁丞相史相對未訖會義亦往外吏白都尉方至立語言自若自若言自如故須臾義至內謁徑入內謂通名也立趨走下義既還大怒陽以它事召立至以主守盜十金賊殺不辜部掾夏恢等收縛立傳送鄧獄鄧南陽之縣分其罪而部送之亦欲恢亦以宛大縣恐見篡奪白義可因隨後行縣送鄧因太守行縣以立自隨送鄧之獄義曰欲令都尉自送則如勿收邪言若都尉自送不如本不收載環宛市乃送環繞也吏民不敢動威震南陽

後漢梁統為武威太守為政嚴猛威行鄰郡

蓋延為左馮翊視事四年人敬其威信

朱暉字文季南陽人為臨淮太守好節槩有所拔用皆厲行士其諸報怨以義犯率皆為求其理多得生濟其不義之囚即時僵仆吏人畏愛為之歌曰彊直自遂南陽朱季吏畏其威人懷

其惠

賈宗字武儒少有操行多智略建初中爲朔方太守舊內郡徙人在邊者率多貧弱爲居人所僕役不得爲吏宗擢用其任職者與邊吏參選轉相監司以擿發其姦或以功次補長吏故各願盡死匈奴畏之不敢入塞

賈琮爲冀州刺史舊典傳車驂駕垂赤帷裳迎於州界及琮之部升車言曰刺史當遠視廣聽糾察美惡何有反垂帷裳以自掩塞耳乃命御者褰之百城聞風自然竦震其諸贓過者望風解印綬去唯癭陶長濟陰董昭觀津長梁國黃就當官待琮於是州界翕然

郅壽爲京兆尹郡多彊豪姦暴不禁三輔素聞壽在冀州皆懷震竦各相檢敕莫敢干犯壽雖威嚴而推誠下吏皆願効死莫有欺者

張宗爲琅邪相其政好嚴猛敢殺伐

張衡爲河閒王相時國王驕奢不遵典憲又多豪右共爲不軌衡下車治威嚴整法度陰知姦黨名姓一時收禽上下肅然稱爲政理

張酺爲東郡太守雖儒者性剛斷下車擢用義勇搏擊豪彊

韓稜爲南陽太守發擿姦盜郡中震慄政號嚴平

朱穆字公叔桓帝永興元年河溢漂害人庶數十萬戶百姓荒饉流移道路冀州盜賊尤多故擢穆爲冀州刺史州人有宦者三人爲中常侍並以檄謁穆穆疾之辭不相見冀部令長聞穆濟河解印綬去者四十餘人及到奏劾諸郡至有自殺者以威略權宜盡誅賊渠帥舉劾權貴或乃死獄中有宦者趙忠喪父歸葬安平僭爲璵璠玉匣偶人（玉匣長尺廣二寸半衣死者自胷以下至足連以金鏤天子之制也）穆聞之下郡案驗吏畏其嚴明遂發墓剖棺陳尸出之而收其家屬帝聞大怒徵穆詣廷尉（謝承書曰穆臨當就道冀州從事欲爲畫像置聽事上穆留板書曰勿畫吾形以爲重負忠義之未顯何形象之足紀也）輸作左校後復赦之

王濬之爲兗州刺史繩正部郡風威大行（[illegible]部內之郡也）

張禹爲下邳相功曹史戴閏故太尉掾也權動郡內有小譴禹令自致徐獄然後正其法自長史以下莫不震肅

苑康爲太山太守郡內豪姓多不法康至奮威怒施嚴令莫不干犯者先所請奪人田宅皆遽還之

趙苞爲遼西太守抗厲威嚴名振邊俗

陳蕃爲豫章太守性方峻不接賓客士民亦畏其高（蕃喪妻還鄉人畢至唯許子將不往曰仲舉性峻峻則少通故不造也）徵爲尚書令送者不出郭門

李膺爲青州刺史有威政守令畏威明多望風棄官屬城聞風皆自引去

成瑨遷南陽太守郡舊多豪彊中官黃門磐牙境界瑨下車振威以檢攝之

劉祐爲司隸校尉時權貴子弟罷州郡還入京師者每至界首輒改易輿服隱匿財寶威行朝廷

陳龜爲京兆尹時三輔彊豪之族多侵枉小民龜到厲威嚴悉平理其怨屈者郡內大悅

橋玄爲漢陽太守時上邽令皇甫禎有臧罪玄收考髡笞死于冀市一境皆震

劉表爲荊州刺史諸守令聞表威名多解印綬去

魏陳登漢末爲東陽長有能名未使到許太祖以登爲廣陵太守令陰合衆以圖呂布登在廣陵明審賞罰威信宣布海賊薛州之羣萬有餘戶束手歸命未及期年功化以就百姓畏而愛之

王基爲安豐太守郡接吳寇爲政清嚴有威惠明設防備敵不敢犯加討寇將軍

蜀張嶷爲越巂太守定莋臺登卑水三縣去郡三百餘里舊出鹽鐵及漆而夷徼久自固食嶷率所領奪取署長吏焉嶷之到定莋定莋率豪狼岑槃木王舅甚爲蠻夷所信任忿嶷自侵不自來詣嶷使壯士數十直往收致撻而殺之持尸還種厚加賞賜諭以狼岑之惡且曰無得妄動動即殄矣種類咸面縛謝過

疑殺牛饗賓宴重由恩信遂獲鹽鐵器用周贍
晉何曾魏末爲河内太守在任有威嚴之稱徵拜侍中
郤詵爲雍州刺史在任威嚴明斷甚得四方聲譽
王遜爲魏興太守永嘉四年寧州治中毛孟詣京師求刺史乃
以遜爲南夷校尉寧州刺史使於郡便之鎮遜與孟俱行道遇
寇賊踰年乃至外逼李雄内有夷寇吏士散沒城邑丘墟遜披
荒糾厲收聚離散專仗威刑鞭撻殊俗遜未到州遥舉董聯爲
秀才建寧功曹周悦謂聯非才不下版檄遜既到收悦殺之悦
弟潛謀殺遜以前建寧太守趙混子濤代爲刺史事覺並誅之
又誅豪右不奉法度者數十家征伐諸夷俘馘千計獲馬及牛
羊數萬餘於是莫不振服威行寧土
吾彦爲順陽内史時順陽王暢驕縱前後内史皆誣之以罪及
彦爲之清身率下威刑嚴肅衆皆畏懼暢不能誣乃更薦之冀
其去職
山遐爲東陽太守爲政嚴猛康帝詔曰東陽頃來竟囚

每多入重豈郡多罪人將揺所求莫能自固邪遐處之自若郡
境肅然
宋吉翰爲徐州刺史時有死罪囚典籤意欲活之因翰入關齋
呈其事翰省訖語令且去明可便呈明旦典籤不敢復入呼之
乃來取昨所呈事視訖謂之曰卿意當欲有此囚死命昨於齋
坐見其事亦有心活之但此囚罪重不可全貸既欲加恩卿便
當代任其罪因命左右收典籤付殺之原此囚生命其刑政如
此自下畏服莫敢犯禁
劉懷慎爲徐州刺史爲政嚴猛境内震肅
劉湛領歷陽太守爲人剛嚴用法姦吏犯贓百錢以上皆殺之
自下莫不震肅
沈攸之爲郢州刺史州從事輒與府録事鞭攸之免從事官而
更鞭録事五十謂人曰州官鞭府職誠非體要由小人凌侮士
大夫　蕭惠開行雍州州府事善於爲政威行禁止又爲東海
太守時會稽太守蔡興宗之郡而惠開自京口請假還都相逢
於曲阿惠開先與興宗名位略同又經情款自以負釁摧屈慮
興宗不能詣己戒勒自下蔡會稽部伍若借問慎不得答惠開
素嚴自下莫敢違犯興宗見惠開舟力甚盛不知爲誰遣人歷
舫訊惠開有舫十餘事力二三百人皆低頭直去無一人答者
南齊孔琇之爲輔國將軍監吳興郡尋拜太守治稱清嚴
梁蕭穎達爲豫章内史治任威猛郡人畏之蕭景監揚州事在
州尤稱明斷符教嚴整有田舍老姥嘗訴得符還至縣縣吏未
即發姥語曰蕭監州符如火火爇汝手何敢留之其爲所畏敬
如此
江革爲廬陵王長史行府州事以清嚴爲百城所憚又爲會稽
郡丞行府州事功必賞過必罰民安吏畏百城震恐琅邪王騫
爲山陰令贓貨狼籍望風自解
何遠爲新興内史其聽訟猶人不能過絶而性果斷民不敢非

畏而惜之所至皆生爲立祠表言治狀高祖每優詔答焉
後魏元興都聦敏劉穀爲河間太守爲政嚴猛百姓憚之
元志爲揚州刺史在州威名雖減李崇（亘毅若寡旧李崇亦是初爲揚州刺史大有威）
望亦爲荆楚所憚尋爲雍州刺史
穆鑊爲平北將軍并州刺史在公以威猛稱　李訢試守博陵郡
抑彊扶弱政以威嚴爲名　李士達爲平原太守時郡界寇亂恒
其威名越郡城西畏不敢攻逼
苟頹爲洛州刺史爲政剛嚴抑彊扶弱山蠻畏威不敢爲寇
李曾爲趙郡太守并州丁零數爲山東之害知曾能得百姓死
力憚不入境賊於常山界得一死鹿謂趙郡地也賊長責之還
令送鹿故處
張彝爲安西將軍秦州刺史務尚典式考訪故事及臨隴右弥
加制肅於是出入直衛方伯威儀赫然可觀羌夏畏服憚其威
整一方肅靜號爲良牧

劉藻爲秦州刺史誅戮豪橫羌氐憚之選直綿吉代以藻爲東
道都督秦人紛擾詔藻還州人情乃定
爰侯道歷華州瀛州刺史爲政清嚴
駿他爲趙郡太守爲治有方威惠甚著猾吏姦民莫不敢肅
羊敦爲廣平太守甚有能名姦吏跼蹐秋毫無犯
宋世景爲滎陽太守鄭尚弟遠慶先爲苑陵令多所受納百姓
患之而世景下車召而謂之曰與卿親宜借假吾未至之前一
不相問今日之後終不相捨而遠慶行意自若世景繩之以法
遠慶懼棄官亡走於是寮屬長吏莫不改肅
王椿爲太原太守歷華郡與瀛四州刺史所在嚴察下不容姦所
在吏民畏之重足
北齊清河王岳爲冀州刺史轉青州刺史岳任權日久素爲朝
野畏服及爲二蕃百姓望風讋憚
蔡儁爲齊州刺史爲治嚴暴又多受納然亦明解有部分吏民

畏服之
劉禕爲睢州刺史邊人服其威信甚得疆埸之和
後周裴果爲正平郡守正平果本郡人也以威猛爲政百姓畏
之盜賊亦爲之屏息
宇文深爲東雍州刺史爲政嚴明示民以信齊整寮右吏民懷之
崔說爲涼州刺史說莅政彊毅百姓畏之
鄭偉爲華州刺史偉前後莅職皆以威猛爲政吏人莫敢犯禁
盜賊亦爲之休止雖非仁政然頗以此見稱
隋庫狄士文爲貝州刺史僮隸無敢出門所買鹽菜必於外藏
凡有出入皆封署其門親故絕迹慶弔不通法令嚴肅吏人股
服道不拾遺
崔引度爲襄州揔管引度素貴御下嚴急動行捶罰吏人讋息
聞其聲莫不戰慄所在之處令行禁止盜賊屏迹
田式三年爲渭南太守政尚嚴猛吏人重足而立無敢違犯者

元亨爲衛州刺史衛土俗薄亨以威嚴鎮之高勱爲上開府隴
右諸羌數爲寇亂朝廷以勱有威名拜洮州刺史下車大崇威
惠民夷悅附其山谷間生羌相率詣府稱謁前後至者數千餘
戶豪猾屏迹路不拾遺在職數年稱爲治理
尒朱敞爲徐州總管在職數年號爲明肅吏民懼之
唐李勣貞觀中拜光祿大夫行并州大都督府長史在并州凡
十六年令行禁止號爲稱職
李晦檢校雍州長史摘發姦豪無所容貸甚爲人吏畏服
王方慶爲廣州都督管內諸州首領多貪縱百姓有詣府稱冤
官以先受首領參餉未嘗鞫問方慶乃禁止府寮絕其交往首
領縱暴者悉繩其罪由是境內清肅
楊德幹歷澤齊汴相四州刺史治有威名郡人爲之語曰寧食
三斗蒜不逢楊德幹
權懷恩爲慶萊衛邢四州刺史洛州長史所歷皆以威名御下

人吏重足而立俄出爲宋州刺史時汴州刺史楊德幹亦以嚴
肅與懷恩齊名懷恩路由汴州德幹送出郊懷恩見新橋中途
立木以禁車過者謂德幹曰一言處分豈不得何用此爲德幹
大慙時議遂以爲不如懷恩也
薛季昶則天時爲雍州長史威名甚著後歷魏陝二州刺史洛
州長史所在皆以嚴肅爲政
張知謇天授已後歷房和舒延德定稷晉洛宣貝十一州刺史
所蒞有威嚴人不敢犯
魏元忠爲左肅政臺御史大夫兼檢校洛州長史政號清嚴
宋慶禮爲貝州刺史遷檢校營州都督爲政清嚴而勤於聽理
所歷之處人吏不敢犯
張嘉貞爲并州長史爲政嚴肅甚爲人吏敬畏
李暠爲汝州刺史爲政嚴簡州境肅然
韋虛心爲荆揚長史兼採訪使所在官吏振肅威令甚舉

崔隱甫爲東都留守爲政嚴肅甚爲人吏所憚
信安王禕歷蜀漢二州刺史政號清嚴人吏畏而服之
李齊物歷鳳翔京兆尹無術學在官嚴整好發官吏隱事以察爲能少恩而清廉自飭人吏莫敢抵犯
李擇言爲漢褒相岐四州刺史所歷皆以嚴幹聞
嚴郢爲京兆尹清嚴疾惡練於法令敢誅殺盜賊屏息胥吏莫敢欺
李若初爲浙西觀察使善於吏道性剛嚴彈刀束斂下吏人甚畏服
李鄘爲淮南節度使當官嚴重以峻法治下所至稱理而剛決
穆寧爲鄂岳沔都團練時淮西節度使李忠臣貪暴不奉法設防戍以稅商賈又縱兵士剽刼行者殆絕與寧夾江爲理憚寧威名寇盜輒止
劉贊父彙祖子玄皆左常侍贊爲宣州刺史宣歙池觀察使贊領宣州十餘年祖父皆以文學稱贊不知書唯以強猛立威官吏畏重之
王沛爲海沂密節度使邦實新造人多獷驁沛明法制董師旅軍鎮大理
王起鎮蒲州每歲蕃使由于郡府逆旅郵傳咸苦之起至是待之以禮抑之以威無敢犯者
蕭廩乾符中除京兆尹時軍容使楊復恭有假子抵罪廩命地界捕之尋爲所毆既至斷曰新除京兆尹敢打所由將令百司難逃一死時政教者盈門尋殺之自是內外畏服
梁馮行襲鎮同州到任誅大吏張澄暴其罪州人莫不惴慄
後唐孔循爲許州節度使爲政嚴明軍民畏而愛之
周武行德爲西京留守白馬寺僧永順每歲至四月於寺聚衆鑿鼓揺鈴衣婦人服赤麻縗畫幟訹雜言里人廢業聚觀有自遠方來者行德惡其惑衆殺之八前留守王守恩都押衙徐某以酢訛言行德歎之

革弊

夫政化之貪弊民俗之浮偽因習而不改流蕩而忘返非夫賢明之長窮察其事形於條教峻其科禁剗去蠹害納之軌物又曷能袪累積之根柢革閭閻之視聽哉東漢而下居方牧之任者乃有勤求民瘼崇樹治本敦正道以袪多僻厲德化以革邪思去泰甚以厚其生蠲煩苛以除其疾出令畫一而下莫敢犯立誠果斷而姦不能興用能阜康斯人澄清屬邑信孚於比屋風動於百城興化成治易俗至道惠浹於封內澤及於後世詩曰愷悌君子民之父母其是之謂歟

後漢第五倫爲會稽太守會稽俗多淫祀好卜筮民常以牛祭神百姓財產以之困匱其自食牛肉而不以薦祠者發病且死先爲牛鳴前後郡將莫敢禁倫到官移書屬縣曉告百姓其巫祝有依託鬼神詐怖愚民皆案論之有妄屠牛者吏輒行罰民初頗恐懼或祝詛妄言倫案之愈急後遂斷絕百姓以安

周舉爲并州刺史太原一郡舊俗以介子推焚骸有龍忌之禁（新序曰晉文公反國介子推無爵遂去而之介山之上文公求之不得乃焚其山推遂不出而焚死龍星木之位也春見東方心爲大火懼火之盛故爲之禁火俗傳介子推以此日被焚而禁火）至其亡月咸言神靈不樂舉火繇是士民每冬中輒一月寒食莫敢烟爨老小不堪歲多死者舉既到州乃作弔書以置子推之廟言盛冬去火殘損民命非賢者之意以宣示愚民使還溫食於是衆惑稍解風俗頗革

宋均爲九江太守浚遒縣（浚遒縣故城在今廬州慎縣南）有唐后二山民共祠之衆巫遂取百姓男女以爲公嫗（以男爲山公以女爲山嫗猶祭之有尸主也）歲歲改易既而不敢嫁娶前後守令莫敢禁約乃下書曰自今以後爲山娶者皆娶巫家勿擾良民於是遂絕

張奐爲武威太守其俗多妖忌凡二月五月日產子及與父母同月生者悉殺之奐示以義方嚴加賞罰風俗遂改

欒巴爲豫章太守郡土多山川鬼怪小人常破貲產以祈禱巴

素有道術能役鬼神乃悉毀壞房祀翦理黃巫於是妖異自消百姓始頗爲懼終皆安之

蜀呂乂爲蜀郡太守蜀郡一都之會戶口衆多又諸葛亮卒之後士伍亡命更相重冒姦巧非一乂到官爲之防禁開喻勸道數年之中漏脫自出者萬餘口

晉王恂爲河南尹時魏氏給公卿已下租牛客戶數各有差自後小人憚役多樂爲之貴勢之門動有百數又太原諸部亦以匈奴胡人爲田客多者數千武帝踐位詔禁募客恂明峻其防所部莫敢犯者

庾龢穆帝升平中代孔嚴爲丹陽尹表除衆役六十餘事

殷仲堪爲荊州刺史以異姓相養禮律所不許子孫繼親族無後者唯令主其蒸嘗不聽別籍以避役也佐史咸服之

劉敬宣爲宣城内史襄城太守宣城多山縣郡舊立屯以供府郡費用前人多發調功巧造作器物敬宣到郡悉罷私屯唯伐竹木治府舍而已亡叛多首出遂得三千餘口

宋謝方明爲會稽太守江東民戶殷盛風俗峻刻強弱相陵姦吏蜂起符書一下文攝相續又罪及比伍動相連坐一人犯吏則一村廢業邑里驚擾狗吠達旦方明深達治體不拘文法闊略苛細務在綱領州臺符攝即時宣下緩民期會展其辯舉郡縣監司不得妄出貴族豪士莫敢犯禁除比伍之坐判久繫之獄每征伐兵運不充悉發倩士庶事既寧息皆使還本而屬所刻害即以補吏守宰不明與奪乖舛人事不至必被抑塞方明簡汰精當各慎所宜雖服役十載亦一朝從理東士至今稱詠

羊玄保爲宣城太守先是劉式之爲宣城立吏民亡叛制一人不禽符伍里吏送州作部若獲者賞位二階玄保以爲非宜陳之曰臣伏尋亡叛之由皆出於窮逼未有足以推存而樂爲此者也今立殊制於事爲苦臣聞苦節不可貞懼致流弊昔龔遂譬言民於亂繩緩之然後可理漢宣以寬和爲用不必嚴刻爲先臣愚以單身逃役便爲盡戶今一人不測坐者甚多既憂重負各爲身計牽挽逃竄必致繁滋又能禽獲叛身類非謹惜既無堪能坐陵勞吏名器虛假所妨實多將恐階級不足供賞使勤無以自勸又尋此制施一邦而已若其是耶則應是與天下爲一若其非耶亦不宜獨行一郡民罹憂患其弊將甚臣忝守所職懼難遵用敢率管穴冒以陳聞由此此制得停

蕭摹之爲丹陽尹奏曰佛化被于中國已歷四代形像塔寺所在千數進可以繫心退足以招勸而自頃以來情敬浮末不以精誠爲至更以奢競爲重舊宇頹弛曾莫之脩而各務造新以相矜尚甲第顯宅於茲殆盡材竹銅綵糜損無極無關神祇有累人事建中越制宜加裁檢不爲之防流竟未息請自今以後有欲鑄銅像者悉詣臺自聞興造塔寺精舍皆先詣在所二千石通辭郡依事列言本州須許報然就功其有輒造寺舍者皆依不承用詔書律銅宅材瓦悉沒入官詔可

南齊豫章王嶷爲荊州刺史務存約省停州府儀迎物初沈攸之欲聚衆開人相告士庶坐執役者甚衆嶷至鎮一日遣三千餘人見囚五歲刑已下不連臺者悉皆原遣之以市稅重多所寬假百姓甚悅

王僧虔爲丹陽尹郡縣獄相承有上湯殺囚僧虔上言湯本救疾而實行冤暴若罪必入重自有正刑若去惡宜疾則應先啓豈有死生大命而潛制下邑太祖納其言而止

竟陵王子良爲會稽太守夏禹廟盛有禱祀子良曰禹泣辜表仁菲食旌約服翫果粽足以致誠使歲獻扇簟而已

顧憲之爲衡陽内史土俗山民有病輒云先祖爲禍皆開冢剖棺水洗枯骨名爲除祟憲之曉喻爲陳生死之別事不相由風俗遂改時刺史王奐新至唯衡陽獨無訟者乃歎曰顧衡陽之化至矣若九郡率然吾將何事

劉懷珍爲冀州刺史於堯廟祠神廟有蘇侯像懷珍謂主簿崔

祖思曰堯聖人而與雜神爲列欲去之何如祖思曰蘇峻今日可謂四凶之五也懷珍遂令除諸雜神

梁楊公則爲湘州刺史湘俗單家以賂求州職公則至悉斷之所辟引皆州郡著姓高祖班下諸州以爲法

宣城康王秀爲郢州刺史郢州當途爲劇地百姓貧至以婦人供役其弊如此秀至鎮務安之主者或求召吏秀曰不識救弊之術此州彫殘不可擾也於是務存省薄去遊費境壤晏然

王神念爲青冀二州刺史性剛正先時郡有神廟祇巫欺惑百姓糜費極多神念令毀撤風俗遂改

蕭琛爲吳興太守禁殺牛解祀以脯代肉

張纘爲湘州刺史至州停遣十郡慰勞解放老疾吏役及關市戍邏先所防人一皆省併鄱陽忠烈王恢爲益州刺史成都去新城五百里陸路往來悉訂私馬百姓患焉累政不能改恢乃市馬千疋以付所訂之家其騎乘有用則以次發民人賴之

袁君正爲豫章內史性不信巫邪有師万世榮稱道術爲郡巫長君正在郡小疾主簿熊岳薦之師云須疾者衣爲信命君正以所着襦與之事竟取襦詣太神將送與北斗君君正使檢諸身於衣裏獲之以爲亂衆即刑於市而焚神一郡無敢行巫

後魏任城王澄爲定州刺史初人中每橫調百姓煩苦前後牧守未能蠲除澄多所省減民以忻賴又兼造布絹不任衣者

楊椿爲定州刺史自道武平中山多置軍府以相威攝凡八軍軍各配兵五千食祿主帥軍各四十六人自中原稍定八軍之兵漸割南戍一軍兵纔千餘然主帥如故費祿不少椿表罷四軍減其主師百八十四人州有宗子稻田屯兵八百戶年常發夫三千草三百車脩補畦堰椿以屯兵輸此田課更無從役及至閑月即應脩治不容復勞百姓椿亦表罷朝廷從之

封回爲安州刺史山民愿朴父子賓旅同寢一室回下車勸令別處其俗遂改

庾生爲濟南太守前後在任十年時三齊始附人懷苟且蒱博終朝頻發農業生制斷之聞者嗟喜

崔猷爲京兆尹時婚姻禮嫁聚會之辰多舉音樂又鄙里富室衣服奢淫乃有織成文繡者猷請禁斷事並施行

北齊蘇瓊爲南清河太守禁斷淫祠

清河王勱爲楚州刺史先是城北有伍子胥廟其俗敬鬼祈禱者必以牛酒至破產業勱歎曰子胥賢者豈宜損百姓乃告諭所部自此遂止百姓賴之

隋辛公義爲岷州刺史土俗畏病若一人有疾即合家避之父子夫妻不相看養孝義道絕由是病者多死公義患之欲變其俗因分遣官人巡檢部內凡有疾病皆以牀輿來安置廳事暑月疫時病人或至數百廳廊悉滿公義親設一榻獨坐其間終日連夕對之理事所得秩俸盡用市藥爲迎醫療之躬勸其飲食於是悉差方召其親戚而喻之曰死生由命不關相着前汝

棄之所以死耳今我聚病者坐臥其間若言相染那得不死病兒復差汝等勿復信之諸病家子孫慙謝而去

唐蕭齡之貞觀十八年爲廣州都督表稱嶺南州縣多用土人任官不顧憲章唯求潤屋其婚嫁資須即稅人子女百姓怨苦數爲背叛且都督刺史多居近宅動經旬月不至州府所有辭訟皆委之判官省選之人竟無凡案唯有勑詔旋行纔經省覽而已又首領之輩年別娶妻不限多少各營別第肆情侵奪專恣若是寔斁彝倫於是詔下並皆禁斷自此蠻俗便之

党仁弘爲戎州都督夷獠之俗賣親鬻子仁弘制法禁斷百姓便之

李暠爲太原尹舊俗有僧徒以習禪爲業及死不斂但輿屍送近郊以餧鳥獸如是積年土人号其地爲黃坑坊側有餓犬千數食死人肉因侵害幼弱遠近苦之前後官吏不能禁止暠到官申明禮憲期不再犯仍發兵捕殺群狗其風遂革

杜亞爲淮南觀察使僑寄衣冠及工商等多侵衙衢造屋行旅
擁蔽亞乃開拓疏啓公私悅賴焉
裴度爲蔡州節度使吴元濟平度乃視事蔡人大悅其俗舊令
途無偶語夜不然燭人有經過醉飲者皆以軍法論度始至惟
盜賊鬬殺外餘盡除之其往來者不復以晝夜爲限於是百姓
始知士人之樂
薛玨爲楚州刺史本州營田使先是州營田宰相遥領使刺史
得專達俸錢及他給百餘万田官數百員奉厮役者三千户歲
以優授官者復十餘人玨皆省之十留一二而租入有羸
于頔爲蘇州刺史吴俗事鬼頔疾淫祀廢生業廟宇皆撤唯吴
太伯五員等三數廟存焉
王蕃爲京兆尹奏以諸縣皆有鎮軍並隨逐水草牧放羊馬賊
徒因茲假託挾帶軍器晨夜混雜善惡不分伏請從今日已後
牧放之徒不得輒將弓箭刀劍器仗等放牧仍請詔下後十日
外有犯者百姓所在集衆決重杖二十屬軍者許臣擒捉牒送
本鎮亦准例科決仍便解退其近城弋獵准前後敕並已禁斷
公卿駙馬軍將子弟有鷹鷂准敕但許城南按放不得輒越諸
界並請不得別持刀劍等所冀邦畿之内盜賊屏息居人行客
長久獲安詔可其北軍按習不同私家任隨便近孔戣爲廣州
刺史至郡禁絶賣女口
郗士美爲昭義軍節度前政之豐給浮費至則皆裁撤焉
楊於陵爲京兆尹先是禁軍影占編户無以別白於陵請置挾
名敕每五丁者得兩丁入軍四丁三丁者差以條限繇是京師
豪強復知所畏
李德裕爲浙西觀察使壯年得位銳於報政凡舊俗之害民者
悉革其弊江嶺之間信巫祝惑鬼怪有父母兄弟癘疾者舉室
棄之而去德裕欲變其風擇鄉人之有識者諭之以言繩之以
法數年之間弊風斯革屬郡祠廟按方志前代名臣賢后則祠

之四郡之内除淫祠一千一十所又罷私邑山房一千四百六
十以清寇盜人樂其政優詔嘉之徐泗觀察使王智興奏請
於當道置浮圖戒壇度僧尼元和已來屢有詔旨禁絶此弊諸
道莫敢有請獨智興首啓其事因緣率斂甚於王税自淮已南
蚩蚩之徒奔走尤甚智興之家資累巨万蓋因以此德裕狀論
云徐州觀察使近於泗州開元寺置戒壇從去冬便遣僧人於
兩浙福建已來所在帖牓召僧尼受戒江淮自元和二年後更
不度人百姓聞知遠近臻湊當道僧尼又皆私蓄資産與編甿
無異自有戒壇已來一户有三丁五丁者皆發遣一人出家意
在規避丁徭影占資産正月已來百姓落髮者無數蒜山渡曽
一日點得一百餘人過江勘問唯十四人是舊出家沙弥及容
僧餘悉是蘇常州百姓亦無本州公憑其時並勒歸本貫還俗
訖聞泗州所置戒壇只在聚斂財貨殊非爲降誕資福之意其
僧到者每人納錢二千當日給牒放迴元不受戒若不鈐制直
到降誕日方停計兩浙及福建合失却六十万丁壯此事非小
繫於朝廷法度況江淮賦役至重實要痛爲限約狀到中書門
下即時奏停又宋亳觀察使令狐楚上言亳州聖水出有疾者
飲之輒愈無遠近老幼莫不奔赴兼申中書門下德裕又狀論
去冬亳州聖水訪聞本因無良僧三數人欲求丐錢物與側近百
姓相知稱此水能療疾病訛言一扇遂至惑人數月已來自淮
泗達于閩越無不奔走又聞此水每斗三貫價每三二十家即
雇一人就亳州取水發心之時數十家已不食葷血服此水後
又二七日蔬食兼於門牆帖牓食葷辛者不得入門就狂妄中
又多非本水皆是無良之徒沿在別取水販賣其百姓羸老病
疾者既須踰月蔬食又盡解絶醫藥飲此惡水病皆困篤自秋
已來此水過江者每日常不下三五十人除當道百姓外兼半
是越州福建百姓近已於蒜山津嚴加捉搦若不絶其根本終
恐惑衆不已伏以吴特有聖水宋齊有聖火皆虛誕人以爲妖

令亳州水頗近於此又爲黎甿之害伏乞特申與制遂令塡塞所與人知禁令俗除又安於是宰相裴度於許州狀後判曰竝由人興水不自作牒汴宋觀察使塡塞訖報時人皆以爲當德裕後爲淮南節度使又奏比以婦人長裾大袖朝廷制度尚未頒行微臣之分合副天心比聞閭閻之間袖闊四尺今令闊一尺五寸裾曳四尺今令曳五寸事關釐革不敢不奏正月十五日以延安公主衣服踰制駙馬竇澣罰俸德裕因有是奏

陸亘爲浙東觀察使將行延英面奏節制分兵在州貽患於國詔天下兵分于屬郡者隸于刺史初越之承嘉郡城于海壖嘗陷寇境奪官吏廩祿之半以代常賦因循相踵吏返爲俘亘按舉贓罪表請郡守已降增給其俸人至于今賴之

崔鄲爲陝州觀察使先是舊弊有二供不足奪吏俸以益之歲八十萬鄲以廉使常用之直代之

牛僧孺爲鄂岳觀察使江夏城客土散惡難立垣墉每年加板

築賦青茅以覆之吏緣爲姦蠹弊綿歲僧孺至計茅苫板築之費歲十餘萬即賦之以傳以當苦築之價凡五年墉皆甃甚青盡弊永除

王彥威爲陳許節度奏毀除管內出房三千八十餘所

盧鈞爲廣州節度使奏請禁士人與外蕃婚姻及禁蕃人置田宅可之夷人與華人雜居婚娶歲月滋久至鈞方能立法以禁之

後唐馮贇爲北京留守先是以相堂爲使院後以爲教營群吏簿籍無定居又取太原縣爲軍營縣寄治者立贇至並詢舊制後以相堂爲使院太原歸舊縣其餘觕類此之

周知裕爲安州留後淮土之風惡其病者至於父母有疾不親省視甚者避於他室或時問訊即以食物揭於長竿之首委之而去知裕心惡之召鄉之頑很者訶詰教導俾知父子骨肉之恩繇是弊風稍革

王晏球長興中爲青州節度使奏臣所部州縣點檢到見役節級所由等五千五百餘人今留合充役者二千八百三人餘並放歸農訖明宗優詔褒之

晉王傳拯爲寧州刺史州接蕃部前政苛暴民多竄苦傳拯自下車除去虐政數十件百姓便之

王周爲涇州節度使奏前節度使張彥澤在任日不法事二十六條已以正停廢詔褒之○漢閻建爲景州刺史本州三正至節進馬一匹價錢五萬舊例分配牙前及諸縣人吏因茲巧斂編民今後所買進馬刺史出自俸錢又每歲冬月量於鄉村分配柴薪供州郷因茲求取過倍薦席園蔬舊亦諸縣取給今並止絶滄州奏之優詔奬激仍示諸道州府○周李從敏爲定州節度其政靜而不煩易定征賦舊與三鎭同風賦斂出自藩侯朝法不能拘制至是從敏刊除舊典戴振朝綱不厚兵於民不橫賦於境部內便之

冊府元龜卷第六百八十九

冊府元龜卷第六百九十

牧守部二十

強明

古者列爵分土以封諸侯威福自專政令已出故俗旣易治民亦恭命秦氏而下罷侯置守地廣於曩日勢輕於昔人至於抑兼并制豪猾評獄行靜姦閭非彊以立威明以鑒物則何以致尤異之治興謠誦之聲乎然則寬猛相濟韋弦在御乃有誡之於懦以苛為彊防之在闇用察為明即古之循良異乎斯矣苟或彊而不苛明而不察曲直立斷而輔以簡易情偽洞見而兼以仁恕固可以三月而報政百年而勝殘焉

漢田廣明為淮陽太守歲餘故城父令公孫勇與客胡倩等謀反（倩音千見反）倩詐稱光祿大夫從車騎數十言使督盜賊止陳留傳舍太守謁見欲收取之廣明覺知發兵皆捕斬焉而公孫勇衣繡衣乘駟馬車至圉（陳留縣者）圉使小史侍之亦知其非是守尉魏不害與嗇夫江德尉史蘇昌共收捕之

趙廣漢為京兆尹吏咸願為用僵仆無所避廣漢聰明皆知其能之所宜盡力與否其或負者輒先聞知風諭不改乃收捕之（風讀曰諷）無所逃案之辠立具即時伏辜廣漢為人彊力天性精於吏職見吏民或不寢至旦尤善為鉤距以得事情（鉤致也距閉也使對者無疑若不問而自知衆莫覺所由以閉其術為距也）鉤距者設欲知馬賈則先問狗（賈讀曰價）已問羊又問牛然後及馬參伍其賈以類相準則知馬之貴賤不失實矣唯廣漢至精能行之它人效者莫能及郡中盜賊閭里輕俠其根株窟穴所在及吏受取請求銖兩之姦皆知之廣漢嘗記召湖都亭長（為書記以召之若今下符以呼人也）湖都亭長西至界上亭長戲曰至府為我多問趙君（多厚也言厚問訊矣）亭長既至廣漢與問事畢謂曰界上亭長寄聲謝我（[illegible]告）何以不為致問亭長叩頭服實有之廣漢因曰還為吾謝界上亭長勉思職事有以自效京兆不忘卿厚意其發姦擿伏如神皆此類也長老以為自漢興治京兆者莫能及時左馮翊右扶風皆治長安中犯法者從迹喜過京兆界（從讀曰蹤喜許吏反）廣漢歎曰亂吾治者常二輔也誠令廣漢得兼治之直差易三

張敞為京兆尹為人敏疾賞罰分明見惡輒取時時越法縱舍有足大者（越法縱舍即足大者也）其治京兆略循趙廣漢之迹方略耳發伏禁姦不如廣漢然敞本治春秋以經術自輔其政頗雜儒雅往往表賢顯善不醇用誅罰以此能自全竟免於刑戮京兆典京師長安中浩穰於三輔尤為劇（浩大也穰衆也言人衆之多也劇甚也）郡國二千石以高第入守及為其久者不過二三年近者數月一歲輒毀傷失名以罪過罷唯廣漢及敞為久任職敞為京兆朝廷每有大議引古今處便宜公卿皆服天子數從之

田延年為河東太守選拔尹翁歸等以為爪牙誅鉏豪彊姦邪不敢發以選入為大司農

尹翁歸為東海太守治郡明察吏民賢不肖及姦邪罪名盡知之縣縣有記籍自聽其政（言決斷其政事不委令長）有急名則少緩之吏民小解輒披籍（披有罪者籍也解讀曰懈）縣縣收取黠吏豪民案致其罪高至於死取人必於秋冬課吏大會中及出行縣（於大會之中及行縣時則）不以無事時其有所取也以一警百（收取一人以驚衆也）吏民皆服恐懼改行自新以高第入守右扶風選用廉平疾姦吏以為右職治如在東海故迹姦邪罪名亦縣縣有名籍盜賊發其比伍中（比為左右相次者若今伍保也）翁歸輒召其縣長吏曉示以姦黠主名教使用類推迹盜賊所過抵（抵歸也所過及所歸投也）類常如翁歸言無有遺脫

黃霸為潁川太守吏民見者語次尋繹（繹謂抽引而出也）問它陰伏以相參考嘗欲有所司察擇長年廉吏遣行屬令周密（屬戒也周密不泄漏也屬之欲反）吏出不敢舍郵亭（止舍也）食於道旁烏攫其肉（攫搏之也打）民有欲詣府口言事者適見之霸與語道此後日吏還謁霸霸見迎勞之曰甚苦食於道旁乃為烏所盜肉吏大驚以霸具知其起居所問毫氂不敢有所隱鰥寡孤獨有死無以葬者鄉部書

言霸具為區處（區處謂分別而處置也）某所大木可以為棺某所豬子可以祭吏往皆如言其識聰明如此（識記也音式二反）吏民不知所出（不知其所有術也）咸稱神明姦人去入它郡盜賊日少

薛宣守左馮翊滿歲稱職為真始高陵令楊湛櫟陽令謝游皆貪猾不遜持郡短長前二千石數案不能竟（雖每案驗之不能窮竟其事）及宣視事詣府謁宣設酒飯與相對接待甚備已而陰求其罪臧具得所受取宣察湛有改節敬宣之效迺手自牒書條其姦臧（牒書為書於簡牒也）封與湛曰吏民條言君如牒或議以為疑於主守盜（法有主守盜斷官錢自入依當時律條臧直十金則至重罪）馮翊敬重令又念十金法重不忍相暴章故密以手書相曉欲君自圖進退可復伸眉於後（伸眉言無憂也且令自去職不廢其後更為官者也）即無其事復封還記得為君分明之（記謂宣所與湛書也分明謂考問使知清白也宣恐其罪辯即欲驗治之）湛自知罪臧皆應記（與宣書記相當）而宣辭語溫潤無傷害意湛即時解印綬付吏為記謝宣終無怨言而櫟陽令游自以大儒有名輕宣宣獨移書顯責之曰告

府六百九十　三

櫟陽令吏民言治行煩苛適罰作使千人以上（適讀曰謫）賊取錢財數十萬給為非法（言多取錢物以供給與造非法之用）賣買聽任富吏賈數不可知（賈讀曰價）證驗以明白欲遣吏考案恐負舉者恥辱儒士（游本因薦舉得官而身又是儒者故云）故使掾平鐫令（平掾之名鐫謂琢鑿也）孔子曰陳力就列不能者止令詳思之方調守（言欲選人代游守令職）游得檄亦解印綬去又頻陽縣北當上郡西河為數郡湊多盜賊其令平陵薛恭本縣孝者功次稍遷未嘗治民職不辦而粟邑縣小辟在山中（辟讀曰僻）民謹樸易治令鉅鹿尹賞久郡用事吏為樓煩長舉茂才遷在粟宣即以令奏賞與恭換縣（舊令條有材不稱職得改之）二人視事數月而兩縣皆治宣因移書勞勉之曰昔孟公綽優於趙魏而不宜滕薛（孔子曰孟公綽為趙魏老則優不可以為滕薛大夫言器能各有所施也趙魏晉之卿族老謂家之長相也滕薛小國諸侯也）故或以德顯或以功舉君子之道焉可憮也（憮音誣兼也）屬縣各有賢君馮翊垂拱蒙成（言蒙受其成功）願勉所職卒功業

朱博為冀州刺史博本武吏不更文法（更歷也音工衡反）及為刺史行部（行下孟反）吏民數百人遮道自言官寺盡滿從事白請且留此縣錄見諸自言者事畢迺發欲以觀試博博心知之告外趣駕（趣讀曰促）既白駕辦博出就車見自言者使從事明敕告吏民欲言縣丞尉者刺史不察黃綬各自詣郡（丞尉職卑皆黃綬）欲言二千石墨綬長史者行部還詣治所（治所刺史所止理事處）其民為吏所冤及言盜賊辭訟事各使屬其部從事（屬委也音之欲反）博駐車決遣四五百人皆罷去如神吏民大驚不意博應事變迺至於此後博徐問果老從事教民聚會博殺此吏州郡畏博威嚴徙為并州刺史護漕都尉遷琅邪太守齊部舒緩養名（言齊人之俗其性遲緩多自高大以養名聲）博新視事右曹掾史皆移病臥（右曹上曹也移病謂移書言病也一曰以病而移居也）博問其故對言惶恐（言懼新太守之威）故事二千石新到輒遣吏存問致意迺敢起就職博奮髯抵几曰（髯頰毛也抵擊也音紙）觀齊兒欲以此為俗邪迺召見諸曹史書佐及縣大吏選視其可用者出教置之（皆新補置以代移病者）皆斥罷諸病吏白巾走出府門郡中大驚頃之門下掾

府六百九十　四

贛遂（贛音古送反）耆老大儒教授數百人拜起舒遲博出教主簿（以出教告主簿）贛老生不習吏禮主簿且教拜起閑習迺止又敕功曹官屬多褒衣大袑（袑音紹謂大袴也）不中節度自今掾史衣皆令去地三寸博尤不愛諸生所至郡輒罷去議曹曰豈可復置謀曹邪文學儒吏時有奏記稱說云云博見謂曰如太守漢吏奉三尺律令以從事耳亡奈生所言聖人道何也（言不能用）且持此道歸堯舜君出為陳說之其折逆人如此視事數年大改其俗掾史禮節如楚趙吏博治郡常令屬縣各用其豪桀以為大吏文武從宜（各因其材而任之）縣有劇賊及它非常博輒移書以詭責之其盡力有效必加厚賞懷詐不稱誅罰輒行（稱副也）以是豪強慴服（慴之涉反）姑幕縣有群輩八人報仇廷中皆不得（於縣廷之中報仇殺人而不得其賊也）長吏自繫書言府賊曹掾史自白請至姑幕事留不出功曹諸掾即皆自白復不出於是府丞詣閤博迺見丞掾曰以為縣自有長吏府未嘗與也丞掾謂府當與之邪（與讀曰豫）閤下書佐入博曰

占檄文曰隱度其言口占之書之 反府告姑幕令丞言賊發不得有書言已得解之文書如此檄到令丞就職游徼王卿力有餘如律令游徼主徼盜賊故言如律令王卿得敕惶怖親屬失色晝夜馳騖十餘日間捕得五人博復移書曰王卿憂公甚效檄到齎伐閱詣府伐功勞也閱所經歷也捕掾以下亦可用漸盡其餘矣部掾所部之掾也其操持下皆此類也以高第入守左馮翊滿歲爲真其治左馮翊文理聰明殊不及薛宣而多武譎網絡張設少愛利敢誅殺言少仁愛而不假貸人然亦縱舍時有大貸縱放也舍置也貸假貸也下忒音吐戴反下吏以此爲盡力長陵大姓尚方禁尚方姓也禁名少時嘗盜人妻見斫創著其頰府功曹受賂白除禁調守尉博聞知以它事召見視其面果有瘢博辟左右問禁辟讀曰闢是何等創也禁自知情得言其得實情之情狀叩頭服狀博笑曰丈夫固時有是言情欲之事人所不免馮翊欲洒卿恥拔擢用禁洒音先里反拔音文能反能自效不禁且喜且懼對曰必死言盡死力也博因敕禁毋得泄語有便宜輒記言宜之事以書記言不令泄其言而參情有所因親信以爲耳目禁晨夜發起部中盜賊及它伏姦有功效博擢禁連守縣令久之召見功曹閉閤數責以禁等事與筆札使自記積受取一錢以上無得有所匿前後受取之事欺謾半言斷頭矣謾音莫連反又莫連功曹惶怖具自疏姦臧大小不敢隱博知其對以實乃令就席教自改而已投刀使削所記遣出就職功曹後常戰栗不敢蹉跌博遂成就之

何武爲楚內史遷沛郡守疾朋黨問文吏必於儒者問儒者必於文吏以相參校欲除吏先爲科例以防請託

後漢孔奮由武都郡丞爲武都太守奮自爲府丞已見敬重及拜太守舉郡莫不改操爲政明斷甄善疾非見有美德愛之如親其無行者忿之若讎郡中稱爲清平

羊續爲南陽太守當入郡界乃羸服閒行侍童子一人觀歷縣邑採問風謠然後乃進其令長貪絜吏民良猾悉逆知其狀郡內驚竦莫不震懾

法雄爲青州刺史每行部錄囚徒察顏色多得情偽長吏不奉法者皆解印綬去

欒巴爲桂陽太守視事七年政事明察

荀淑爲朗陵侯相蒞事明理稱爲神君

刁韙爲魯東海二郡相性抗厲有明略所在稱神

陳蕃爲樂安太守民有趙宣葬親而不閉埏隧因居其中行服二十餘年鄉邑稱孝州郡數禮請之郡內以薦蕃與相見問及妻子而宣五子皆服中所生蕃大怒曰聖人制禮賢者俯就不肖企及且祭不欲數以其易黷故也況乃寢宿冢藏而孕育其中誑時惑衆誣汚鬼神乎遂致其罪

王吉爲沛相吉官者王甫養子年二十餘曉達政事能斷察疑獄發起姦伏多出衆議課使郡內各舉姦吏豪人諸常有微過酒肉爲臧者雖數十年猶加貶棄注其名籍

謝夷吾爲荊州刺史雅性明遠能決斷衆疑行部始到南陽縣遇章帝巡狩駕幸魯陽有詔敕荊州刺史入傳錄見囚徒誠長吏勿廢舊儀朕將覽焉帝臨西廂南面夷吾處東廂分帷隔中央夷吾所決正一縣三百餘事與帝合而朝廷歎息曰諸州刺史盡如此者朕不憂天下常以勵群臣

馬嚴爲陳留太守明賞罰發姦慝郡界清靜時京師訛言賊從東方來百姓奔走轉相驚動諸郡惶急各以狀聞嚴察其虛妄獨不爲備詔書勑問使驛係道嚴故執無賊後卒如所言

張禹爲揚州刺史歷行郡邑深幽之處莫不畢到親錄囚徒多所明舉

黃昌爲蜀郡太守李根年老多侵政百姓侵冤及昌到吏人訟者七百餘人悉爲斷理莫不得所密捕盜帥一人脅使條諸縣彊暴之人姓名居處乃分遣掩討無有遺脫宿惡大姦皆奔走它境

魏倉慈爲燉煌太守屬城獄訟衆猥縣不能決多集治下慈躬往省閱料簡輕重自非殊死但鞭杖遣之一歲決刑曾不滿十人

袁渙為梁相穀孰長呂岐善朱淵袁津遣使行學還召用之與
相見出署淵師友祭酒津決疑祭酒淵等因各歸家不受署岐
大怒將吏民收淵等皆杖殺之議者多非焉渙教所以主簿蹤
徽等以為岐等罪不足死長吏無專殺之義孔子稱唯器與名
不可以假人謂之師友而加大戮刑名相伐不可以訓渙教曰
主簿以不請為罪此則然矣謂淵之罪不足死則非也夫師友
之名古今有之然有君之師友有士大夫之師友君置師友之
官者所以尊賢也有罪加於刑焉國之法也今不論其罪而
謂之戮師友斯失之矣主簿取弟子戮師之名而加君臣之實
非其類也夫聖哲之治觀時而動蓋不循常將有權刑間者
世亂民咬上陵下替尊卑錯亂天下之而反長世之過不亦
謬乎遂不劾
司馬岐為陳留相梁郡有繫囚千數連不斷累歲不決詔書徙獄
於岐屬縣縣請豫治獄具岐曰今囚有數千既巧詐難符且已

倦楚毒其情易見豈當復久處囹圄邪及囚至詰之皆莫敢隱
詐一朝決竟遂超為廷尉
陳矯為魏郡太守時係囚千數至有歷年矯以為周有三典之
制漢約三章之法今惜輕重之理而忽久繫之患可謂惑矣悉
自覽罪狀一時論決
王脩為魏郡太守為治抑彊扶弱明賞罰百姓稱之
蜀楊洪字季休諸葛亮表洪領蜀郡太守衆事皆辦遂使即真
晉苟晞為兗州刺史練於官事文簿盈積斷決如流人不敢欺
陶侃為荊州刺史性聰察好問頗類趙廣漢嘗課諸營種柳都
尉夏施盜官柳植之於己門侃後見駐車問曰此是武昌西門
前柳木何因盜來此施惶怖謝罪
紀瞻為會稽內史時有詐作大將軍府符收諸暨令令受拘瞻
覺其詐便破檻出之詰問使者果伏詐妄
劉頌為淮南相在官嚴整有政績舊修芍陂年用數萬人豪強

兼并孤貧失業頌使大小勠力計功受分百姓歌其平惠
劉道規為荊州刺史善於為治政刑明理士民莫不畏而愛之
周顗為廣漢太守郡多滯訟有經三十年而不決者顗詳其枉
直一朝決遣
前秦苻融為司隸校尉苻堅及朝臣雅皆歎服疑獄莫不折之
於融融觀色察形無不盡其情狀
南齊王敬則歷南兗州刺史丹楊尹雖不大識書然性警黠臨
州郡令省事讀辭下教判決皆不失理
豫章王嶷為荊州刺史時太祖輔政務在約省停府州儀迎物
初沈攸之欲聚衆開民相告士庶坐執役者甚衆嶷至鎮一日遣
三千餘人見囚五歲刑以下不連臺者皆原遣
裴昭明為始安內史郡民龔玄宣云神人與其玉印玉板書不
須筆吮紙便成字自稱龔聖人以此惑衆前後郡守敬事之昭
明付獄治罪

梁始興忠武王憺為荊州刺史民辭訟者皆立前待符教決於
俄頃曹無留事民益悅焉安成康王秀牧荊州時武寧太守為
弟所殺乃偽云土反秀明其姦慝望風首款咸謂之神
蕭昺為晉陵太守下車勵名跡除煩苛明法憲嚴於姦吏優養
百姓旬日之間郡中大化蕭景為兗州刺史居州清恪有威裁
明解吏職文案無擁下不敢欺吏人畏敬如神
孔休源為宣惠將軍監揚州而神州都會簿領殷繁休源割斷
如流傍無私謁
張緬為淮南太守時年十八高祖疑其年少未閑吏事乃遣主
書封取郡曹文案見其斷決允愜甚稱賞之
江革為會稽郡丞行府州事郡境殷廣辭訟日數百革分判辨
析曾無疑滯
陳周羅睺為豫章內史獄訟庭決不關吏手民懷其惠立碑頌
德焉

後魏崔光韶知青州事清直明斷民吏愛之

楊逸字遵道爲光州刺史折節綏撫乃心民務或日昃不食夜分不寢法令嚴明寛猛相濟於是合境肅然莫敢干犯逸爲政愛人尤憎豪猾廣設耳目其兵吏出使下邑皆自持粮人或爲設食者雖在闇室終不敢進咸言楊使君有千里眼那可欺之在州政績尤美

陸馛（蒲末反）爲相州刺史簡取諸縣彊門百餘人以爲假子誘接殷勤賜以衣服令各歸家爲耳目於外於是發姦擿伏事無不驗百姓以爲神明無敢劫盜者

江文遥爲咸陽太守勤於[illegible]節終日坐聽事至者見之假以恩顔屏人密問於是民所疾苦[illegible]姦猾吏長無不知悉郡中震肅姦劫息止治爲雍州諸郡之最徵拜驍騎將軍孝明初拜平原太守在郡六年政治如在咸陽

樊子鵠爲兗州刺史先遣腹心緣歷民間採察得失及入境太山太守羊穆參候失儀子鵠責讓穆并數其罪狀穆皆引伏於是州內震悚

宋世景爲滎陽太守縣吏三正至即見之嘗屏人密語民間之事巨細必知發姦擿伏有若神明嘗有一吏休滿還郡食人雞豚又有一幹受人一帽又食二雞世景叱之曰汝何敢食甲乙雞豚取丙丁之帽吏幹叩頭伏罪於是上下震悚莫敢犯禁

淮南王他孫法壽爲安州刺史先令所親微服入境觀察風俗下車便大行賞罰於是境內肅然

北齊司馬子如行冀州事甚有聲譽發摘姦偽僚吏畏伏之轉行并州事

彭城景思王浟爲滄州刺史爲政嚴察郡內肅然守令參佐下及胥吏行游往來皆自齎粮食浟纖介知人間事有湿沃縣主簿張達嘗詣州夜於人舍食雞羹浟察知之守令畢集浟對衆曰食雞羹何不還價直達即伏罪合境號爲神明

蘇瓊爲南清河太守郡中舊賊一百餘人悉充左右人間善惡及長吏飲人一盃酒無不即知

馮翊王潤爲定州刺史性廉慎方雅習於吏職摘發隱偽姦吏無所匿其情

郎基爲潁川郡守積年留滯數日之中剖判咸盡而臺報下並允基所陳條綱既疎獄訟清息官民遐邇皆相慶悅

後周齊王憲子貴爲豳州刺史貴雖出自深宮而留心庶政性聰過目輒記嘗道逢一人謂其左右曰此人是縣黨何因輒行左右不識貴便說其姓名莫不嘆服白獸烽經爲商人所燒烽帥納貨不言其罪他日此帥隨例來參貴乃問云商人燒烽何因私放烽帥愕然遂自首伏明察如此

崔謙爲鉅鹿太守下車道人以禮豪族皆改心整肅事無巨細必自親覽在縣有貧弱未理者皆曰我自告白驪公不慮不決

于仲文字次武爲始州刺史屈突尚宇文護之黨也先坐事下獄無敢繩者仲文至郡窮治遂竟其獄蜀中爲之語曰明斷無

疑有于公不避強禦有次武

隋乞伏惠爲曹州刺史曹土舊俗民多姦隱戶口簿帳常不以實惠下車察得戶數萬後爲齊州刺史得隱戶數千

裴政爲襄州總管妻子不之官所受秩俸散給僚吏犯罪者陰悉知之或竟歲不發至再三犯乃因都會時於衆中召出親案其罪五人處死流徙者衆合境惶懼令行禁止

高構爲雍州司馬以明斷見稱

裴蘊爲京兆贊治發摘纖毫吏民懾憚

梁彥光爲相州刺史以靜鎮之鄴都雜俗人多變詐作歌稱其不能理坐是免官歲餘拜趙州刺史彥光言於文帝曰臣前待罪相州百姓呼爲戴帽餳臣自分廢黜無復衣冠之望不謂天恩復垂收採請復爲相州改絃易調庶有以變其風俗上答洪恩帝從之復爲相州刺史豪猾者聞彥光自請而來莫不嗤笑彥光下車發摘姦隱有若神明狡猾之徒莫不潛竄合境大駭

辛公義爲牟州刺史下車先至獄中因露坐牢側親自撿問十餘日間決斷咸盡方還大廳受領新訟皆不立文案遣當直佐僚一人側坐訊問事若不盡應須禁者公義即宿廳事終不還閤

韋鼎爲光州刺史中州有土豪外脩邊幅而內行不軌常爲劫盜鼎於都會時謂之卿是好人那忽作賊因條其徒黨謀議逼留其人驚懼即自首伏

陳孝意爲鴈門郡丞發姦擿伏動若有神吏民稱之

楊玄感爲郢州刺史到官潛布耳目察長吏能不其有善政及贓汙者纖介必知之往往發其事莫敢欺隱吏民敬服皆稱其能

樊子蓋爲齊州刺史武威太守臨民明察下莫敢欺

薛胄爲兗州刺史有陳州人向道力者僞作高平郡守將之官胄遇諸塗察其有異將留詰之司馬王君馥固諫乃聽詣郡既而悔之即遣主簿追禁道力有部人徐俱羅者嘗任海陵郡守先是已爲道力僞代之比至秩滿公私不悟俱羅遂語君馥曰

向道力以經代俱羅爲郡使君豈容疑之君馥以俱羅所陳又固請胄胄呵君馥曰吾以察知此人詐也司馬容姦當連其坐君馥乃止遂往收之道力懼而引僞其發姦擿伏皆此類也時人謂爲神明

唐張亮歷懷州刺史歷夏幽鄜三州都督相州都督府長史所莅之職潛遣左右伺察善惡發擿姦隱動若有神抑豪強而恤貧弱故所在見稱

武士彠武德末爲揚州都督府長史移丹揚郡於都不日而就時論以爲明幹

李晦河間王孝恭之子爲右金吾衛將軍兼撿校雍州長史京輦轂煩姦豪所聚前後官長多不能檢察晦糺發其姦無所容貸甚爲人吏畏服

姚璹則天時爲益州大都督府長史時蜀中官吏多貪暴璹屢發擿姦無所容則天嘗謂侍臣曰凡爲官長者能清身甚易清得寮屬甚難至於姚璹可謂兼之矣

李栖筠爲浙西觀察使浙西大番且爲中原衣食之本栖筠明於政術臨事風生當時嗟伏若有神助

吳湊貞元中爲京兆尹府縣掾吏等以湊自少因緣外戚爲官曹未閑習吏事有疑獄閱競難決者多候湊將出府時方詣呈冀免指擿瑕纇湊每閱視必能盤根錯節舉其利病而批押之未嘗分毫差失官吏過犯者以理曉諭之罕有責罰

李巽歷湖南江西觀察使銳於爲理精下以法吏不敢欺而動必知察

嗣曹王皋累爲潭洪判三表觀察使性勤儉明察知人疾苦多設監伺能參聽於下將吏猛長賞罰必信每遣人報內令自持量衡以致之官署右皁令縱書其幅而印之以絕吏之更易

李愿西平王晟之子憲宗元和中歷衛絳二州刺史累遷江西觀察使後爲鎮爾節度使愿雖自勳伐之家頗克以學道自進

前後所至能平反冤獄全活無辜者數百人政無敢事人頗稱之

楊於陵爲京兆尹先是禁軍影占編戶無以別白於陵請置挾名勅每五丁者得兩丁入軍四丁三丁者差以條限繇是京師豪強復知所畏

劉栖楚爲京兆尹摧抑豪右不顧患難事無大小必設鉤距故時人異之或稱其機往往有類於西漢時趙廣漢者然趙韓季更

琲爲忠武留後琲公幹之才播於遠邇至於狩籍產賈財穀耗登備閱其根本民之利病無不洞知庶事簡靜公私俱濟太祖深加尉薦尋加特進檢校司徒

後唐張憲爲興唐尹知留守事憲學識優深尤精吏道剖折聽斷人不敢欺

晉高漢筠爲曹州刺史以勾吏積欺在已支獲對民或去若平漢筠鞫而得情殺吏於廷民不踰月呼家以戶歌之

詹文進爲昭義節度使將吏以兇狡相尚言訟成風教政不

能治文進至止轄其罪必誅之其屬潭自武臣率事潔身有斷
當時少比　相里金并忻州刺史凡部曲私屬皆不令干預民事
但優其贍給使分掌家事而已故郡民安之大有聲績
安重榮為成德軍節度使嘗有夫婦共訟其子不孝者重榮面
詰責抽劍令自殺之其父泣曰不忍也其母詬罵仗劍逐之重
榮疑而問之乃其繼也因咄出後射之一箭而斃聞者以為史
意由此境内以為強明大得民情
漢劉銖為青州節度使乾祐中淄青大蝗銖下令捕蝗略無遺
漏田苗無害先是濱海郡邑皆有兩浙回易務厚取民利如有
所負回易吏自置刑禁追攝王民前後長吏利其厚賂不能禁
止銖即告所部不得與吳越徵償及擅行追攝浙人惕息莫敢
干命

冊府元龜卷第六百九十

冊府元龜卷第六百九十一

牧守部二十一

智略

夫鉤深致遠表微達變之謂智臨事制宜經物成務之謂略蓋君子之所以熙民志而贊邦治何莫由斯道也若乃膺長人之寄總連城之政兵農之衆條教所出禮俗之化風軌攸繫由漢而下良吏接武乃有材謀兼蘊幾神獨照設計策以弭寇盜推恩信而懷戎狄撫御夷落而威惠式孚招輯萌庶而流徙來復興利以竭地力備患以謹天戒式遏邊圉而保彊埸固居守京邑而輦轂以清斯皆負兼濟之用得馭衆之術寔王國之傑儁者哉

漢龔遂宣帝時爲渤海太守渤海左右郡歲飢盜賊並起郡聞新太守至發兵以迎遂皆遣還移書勑屬縣悉罷逐捕盜賊吏諸持鉏鉤田器者皆爲良民吏毋得問持兵者廼爲賊遂單車獨行至府郡中翕然盜賊亦皆罷渤海又多劫畧相隨聞遂教令即時解散弃其兵弩而持鉤鉏盜賊於是悉平

孫寶爲諫大夫成帝鴻嘉中廣漢羣盜起選爲益州刺史廣漢太守扈商者大司馬車騎將軍王音姊子軟弱不任職寶到部親入山谷諭告羣盜非本造意渠率皆得悔過自出遣歸田里自劾矯制擅放盜賊故曰矯制

後漢王閎更始遣爲琅邪太守郡人張步聚衆據本郡閎爲檄曉喻吏人降得贛榆等六縣收兵數千人與步戰不勝步拓地寖廣兵甲日盛閎懼其衆散乃詣步相見欲誘以義方步大陳兵引閎怒曰步有何過君前見攻之甚閎按劍曰太守奉朝命而文公擁兵相拒文公步字閎攻賊耳何謂甚邪步嘿然良久離席跪謝陳樂獻酒待以上賓之禮令閎關掌郡事[illegible]

竇融爲張掖屬國都尉既到撫結雄傑懷輯羌虜甚得其歡心河西翕然歸之是時酒泉太守梁統金城太守庫鈞[illegible]張掖都尉史苞[illegible]酒泉都尉竺曾燉煌都尉辛肜並州郡英俊融皆與爲厚善及更始敗融與梁統等計議曰今天下擾乱未知所歸河西斗絕在羌胡中不同心勠力則不能自守權鈞力齊復無以相率當推一人爲大將軍共全五郡觀時變動議既定而各謙讓咸以融世任河西爲吏人所敬向乃推融行河西五郡大將軍事是時武威太守馬期張掖太守任仲並孤立無黨乃共移書告示之二人即解印綬去於是以梁統爲武威太守史苞爲張掖太守竺曾爲酒泉太守辛肜爲燉煌太守庫鈞爲金城太守後隗囂兵寇安定光武將自西征之先戒融期會遇雨道斷且囂兵已退乃止融至姑臧被詔罷歸融恐大兵遂久不出乃上書曰隗囂聞車駕當西臣融東下士衆騷動計且不戰囂將高峻之屬皆欲逢迎大軍後聞兵罷峻等復疑囂揚言東方有変西州豪傑遂復附從囂又引公孫述將令守突門臣融孤弱介在其間雖承威靈宜速救助國家當其前臣融促其後緩急迭用首尾相資囂勢排迮不得進退此必破也若兵不早進久生持疑則外長寇讎内示困弱復令讒邪得有因緣臣竊憂之惟陛下哀憐帝深美之

鮑永爲魯郡太守時董憲別帥彭豐虞休皮常等各千餘人稱將軍不肯下頃之孔子闕里無故荊棘自除從講堂至于里門永異之謂府丞及魯令曰方今危急而闕里自開斯豈夫子欲令太守行禮助吾誅無道邪乃會人衆修鄉射之禮請豐等共會觀視欲因此禽之豐等亦欲因永乃持牛酒勞饗而潛挾兵器永覺之手格殺豐等禽破黨與光武嘉其略封爲關内侯

魏梁習爲太祖西曹屬并土新附習以別部司馬領并州刺史時承高幹荒亂之餘胡狄在界張雄跋扈吏民亡叛入其部落兵家擁衆作爲寇害更相扇動往往棊跱習到官誘諭招納皆禮召其豪右稍稍薦舉使詣幕府豪右已盡乃次發諸丁彊以爲義從又因大軍出征分請以爲勇力吏兵已去之後稍移其

家前後送鄴凡數萬口其不從命興兵致　首千數降附者萬
計單于恭順名王稽顙部曲服事供職同於編戶邊境肅清百
姓布野鮮卑大人育延常為州所畏而一旦將其部落五千餘
騎詣習求互市習念不聽則恐其怨若聽到州下又恐為所略
於是乃許之往與會空城中交市遂敕郡縣自將治中以下軍
往就之市易未畢市吏收縛一胡延騎皆驚上馬彎弓圍習數
重吏民惶怖不知所施習乃徐呼市吏問縛胡意而胡實侵犯
人習乃使譯呼延延到習責延曰汝胡自犯法吏不侵汝汝何
為使諸騎驚駭邪遂斬之餘胡破膽不敢動是後无寇虜至太
祖拔漢中諸軍還到長安因留督太原烏丸王魯昔使屯池陽
以備盧水昔有愛妻在晉陽昔既思之又恐遂不得歸乃以
其部五百騎叛還并州留其餘騎置山谷間而單騎獨入晉陽
盜取其妻已出城州郡乃覺吏民又畏昔善射不敢追習乃令
從事張景募鮮卑使逐昔馬負其妻重騎行遲未及與其衆合

而為鮮卑所射死始太祖聞昔叛恐其為亂於北邊會聞已殺
之大喜以習前後有策略封為關內侯
裴潛為太祖倉曹屬時代郡大乱以潛為代郡太守烏丸王及
其大人凡三人各自稱單于專制郡事前太守莫能治正太祖
欲授潛精兵以鎮討之潛辭曰代郡戶口殷衆士馬控弦動有
万數單于自知放橫日久內不自安今多將兵往必懼而拒境
少將則不見憚宜以計謀圖之不可以兵威迫也遂單車之郡
單于驚喜潛撫之以靜單于以下脫帽稽顙悉還前後所略婦
女器械財物潛案諸郡中大吏與單于為表裏者郝溫郭端等
十餘人北邊大震百姓歸心
杜畿代王邑為河東太守而高幹舉并州反河東人衛固范先
外以請邑為名而內實與幹通謀太祖以畿為太守固等使兵
數千人絕陝津畿至不得渡太祖遣夏侯惇討之未至苟或謂
畿曰宜須大兵畿曰河東有三万戶非皆欲為乱也今兵迫之

急欲為善者无主必懼而從固固等勢專必以死戰討之不
勝四鄰應之天下之變未息也討之而勝是殘一郡之民也且
固等未顯絕王命外以請故君為名必不害新君吾單車直往
出其不意固為人多計而無斷必偽受吾吾得居郡一月以計
縻之足矣遂詭道從郖津度范先欲殺畿以威衆且觀畿
去就於門下斬殺主簿已下三十餘人畿舉動自若於是固曰
殺之无損徒有惡名且制之在我遂奉之畿謂衛固范先曰衛
范河東之望也吾仰成而已然君臣有定義成敗同之大事當
共平議以固為都督行丞事領功曹將校吏兵三千餘人皆范
先督之固等喜雖陽事畿不以為意固欲大發兵畿患之說固
曰夫欲為非常之事不可動衆心今大發兵衆必擾不如徐以
貲募兵固以為然從之遂為貲調發十日乃定諸將貪多應募
而少遣兵又入喻固等曰人情顧家諸將掾史可分遣休息急
緩召之不難固等惡逆衆心又從之於是善人在外陰為己援

惡人分散各還其家則衆離矣會白騎攻東垣高幹入濩澤上
黨諸縣殺長吏弘農執郡守固等密調兵未至畿知諸縣附己
因出單將數十騎赴張辟拒守吏民多舉城助畿者比數十日
得四千餘人固等與高幹張晟共攻畿不下略諸縣无所得會
大兵至幹晟敗固等伏誅其餘黨與皆赦之使復其居業
牽招為鴈門太守郡在邊陲雖有候望之備而寇鈔不斷招既
教民戰陣又表復烏丸五百餘家租調使備鞍馬遠遣偵候虜
每犯塞勒兵逆擊來輒摧破於是吏民膽氣日銳荒野無虞又
搆間離散使虜更相猜疑鮮卑大人步度根泄歸泥等與軻比
能為隙將部落三萬余家詣郡附塞勑令還擊比能殺比能弟
苴羅侯及叛烏丸歸義侯王同王寄等大結怨讎是以招自出
率將歸泥等討比能於雲中故郡大破之招通河西鮮卑附頭
等七余万家繕治陘北故上館城置屯戍以鎮內外夷虜大小
莫不歸心諸亡叛雖親戚不敢藏匿咸悉收送於是野居晏

閻寇賊靜息

趙儼為扶風太守時被書差千二百兵往助漢中守使平難將軍殷署督送之行者卒與室家別皆有憂色署發後一日儼慮其有變乃自追至斜谷口人人慰勞又深戒署還宿雍州刺史張既舍署軍復前四十里兵果叛亂未知署吉凶而儼自隨步騎百五十人皆與叛者同部曲或婚姻得此問各驚被甲持兵不復自安儼欲還既并以為今本營黨已擾亂一身赴之無益可須定問儼曰雖疑本營與叛者同謀要當聞行者變乃發之又有欲善不能自定宜及猶豫促撫寧之且為之元帥既不能安輒身受禍難命也遂去行三十里止放馬息盡呼所從人喻以成敗慰勵懇切皆慷慨曰死生當隨護軍不敢有二前到諸營各料簡諸姦結叛者八百餘人散在原野惟取其造謀魁率治之餘一不問郡縣所收送皆放遣乃即相率還降儼密白宜遣將詣大營請舊兵鎮守關中太祖遣將軍劉柱將二千人當須

到乃發遣而事露諸營大駭不可安喻儼謂諸將曰舊兵既少東兵未到是以諸營圖為邪謀若或成變為難不測因其狐疑當令早決遂宣言當差留新兵之溫厚者千人鎮守關中其餘悉遣東便見主者內諸營兵名籍案累重立差別之留者意定與儼同心其當去者亦不敢動儼一日盡遣上道因所留千人分布羅落之東兵尋至乃復脅喻并徙千人令相及共東凡所全致二萬餘口

王觀字偉臺為涿郡太守涿北接鮮卑數有寇盜觀令邊民十家已上屯居築京候時或有不願者觀乃假遣朝吏使歸助子弟不與期會但勑事訖各還於是吏民相率不督自勸旬日之中一時俱成守禦有備寇鈔以息

孫禮為滎陽郡尉魯山中賊數百人保固險阻為民作害乃徙禮為魯相禮至官出俸穀發吏民募首級招納降附使還為間應時平泰

胡質為征東將軍假節都督青徐諸軍事廣農積穀有兼年之儲置東征臺且佃且守又通渠諸郡利舟楫嚴設備以待敵海邊無事矣

殷禮為零陵太守言於大帝曰今天棄曹氏喪誅累見於爭之際而幼童蒞事陛下身自御戎取亂侮亡宜滌荊揚之地舉彊羸之數使彊者執戟羸者轉運西命益州軍于隴右授諸葛瑾朱然大衆指事襄陽陸遜朱桓別征壽春大駕入淮陽歷青徐襄陽壽春困於受敵長安以西務對蜀軍許洛之衆勢必分離掎角瓦解民必內應將帥對向或失便宜一軍敗績則三軍離心便當秣馬脂車陵蹈城邑乘勝逐北以定華夏若不悉衆動衆循前輕舉則不足大用易於屢退民疲威消時往力竭非出兵之策也帝弗能用之

諸葛恪為撫越將軍領丹陽太守時山越未平恪到府乃移書四部屬城長吏令各保其疆界明立

部伍其從化平民悉令屯居乃分內諸將羅兵幽阻但繕藩籬不與交鋒候其穀稼將熟輒縱兵芟刈使無遺種舊穀既盡新田不收平民屯居略無所入於是山民饑窮漸出降首恪乃復勑下曰山民去惡從化皆當撫慰徙出外縣不得嫌疑有所執拘臼陽長胡伉得降民周遺遺舊惡民困迫暫出內圖叛逆伉縛送府恪以伉違教遂斬以徇以狀表上民聞伉坐執人被戮知官惟欲出之而已於是老幼相攜而出歲期人數皆如本規恪自領萬人餘分給諸將大帝嘉其功拜恪威北將軍封都鄉侯

晉杜預為荊州刺史咸寧三年詔曰今年霖雨過差又有蟲災穎川襄城自春以來略不下種深以為慮主者何以為百姓計促處當之預上疏曰臣輒思惟今者水災東南特劇非但五稼不收居業并損下田所在停汙高地皆多磽塉此即百姓困窮

方在來年雖詔書切告長吏二千石為之設計而不廓開大制定其趣舍之宜恐徒文具所益蓋薄當今秋夏蔬食之時而百姓已有不贍前至冬春野無青草則必指仰官穀以為生命此乃一方之大事不可不豫為思慮者也臣愚謂既以水為困當恃魚菜螺蜯而洪波泛濫貧弱者終不能得今者宜大壞兗豫州東界諸陂隨其所歸而宣導之交令饑者盡得水產之饒百姓不出境界之內旦暮野食此目下日給之益也水去之後填淤之田畝收數鍾至春大種五穀五穀必豐此又明年益也臣前啓典牧種牛不供耕駕至於老不穿鼻者無益於用而徒有吏士穀草之費歲送任駕者甚少尚復不調習宜大出賣以易穀及為賞直詔曰孳育之物不宜減散事遂停寢問主者今與虞右典牧種產牛有小相通有四萬五千餘頭苟不益世用頭數雖多其費日廣古者匹馬丘牛居則以耕出則以戰非如豬羊類也今徒養宜用之牛終為無用之費甚失事宜東南以水田為業人無牛犢今既壞陂可分種牛三萬五千頭以付二州將吏士庶使及春耕穀登之後頭責三百斛是為化無用之費得運水次成穀七百萬斛此又數年後之益也加以百姓降丘宅土將來公私之饒乃不可計其所留好種萬頭可即令右典牧都尉官屬養之人多畜少可並佃牧地明其考課此又三魏近甸歲當復入數千萬斛穀牛又皆當調習動可駕用皆今日之可全者也預又言諸欲修水田者皆以火耕水耨為便非不爾也然此事施於新田草萊與百姓居相絕離者耳往者東南草創人稀故得火田之利自頃戶口日增而陂堨歲決良田變生蒲葦人居沮澤之際水陸失宜放牧絕種樹木立枯皆陂之害也陂多則土薄水淺潦不下潤故每有水雨輒復橫流延及陸田言者不思其故因云此土不可陸種臣計漢之戶口以驗今之陂處皆陸業也其或有舊陂舊堨則堅完修固非今所謂當為人害者也臣前見尚書胡威啓宜壞陂其言懇至臣中者

又見宋侯相應遵上便宜求壞泗陂徙運道時下都督度支共處當各據所見不從遵言臣案遵上事運道東詣壽春有舊渠可不由泗陂泗陂在遵地界壞地凡萬三千餘頃傷敗成業遵縣領應佃二千六百口可謂至少而猶患地狹不足肆力此皆水之為害也當所共恤而都督度支方復執異非所見之難直以不同害理也人心所見既不同利害之情又有異軍家之與郡縣士大夫之與百姓其意莫有同者此皆偏其利以忘其害者也此理之所以未盡而事之所以多患也臣又案豫州界二度支所領佃者州郡大軍雜士凡用水田七千五百餘頃耳計三年之儲不過二萬餘頃以常理言之無為多積無用之水況於今者水潦瓫溢大為災害臣以為與其失當寧瀉之不滀宜發明詔敕刺史二千石其漢氏舊陂舊堨及山谷私家小陂皆當修繕以積水其諸魏氏以來所造立及諸因雨決溢蒲葦馬腸陂之類皆決瀝之長吏二千石躬親勸功諸食力之人並一時附功令比及水凍得粗枯涸其所修功實之人皆以俾之其舊陂堨溝渠當有所補塞者皆尋求微跡一如漢時故事豫為部分列上須冬東南休兵交代各留一月以佐之夫川瀆有常流地形有定體漢氏居人眾多猶以無患今因其所患而宣寫之跡古事以明近大理顯然可坐論而得臣不勝愚意竊謂最是今日之實益也朝廷從之

陶侃為江夏太守鷹揚將軍陳敏遣其弟恢來寇武昌侃與諸軍并力拒恢侃乃以運船為戰艦或言不可侃曰用官物討官賊但須列上有本末耳於是擊恢所向必破

宋申恬為濟南太守時又遷授諸郡守恬上表曰伏聞朝恩當加臣濟南太守伏惟優旨荒心散越臣殃咎之餘遭蒙踰忝寵私自己復兼今授豈其愚迷所能上允合臣近至止即履行所統究其形宜河濟之間應置戍捍其中四處急須修立亢兗口故城又是要所宜移太原郡以邊事緣山舊壘並得除省防衛綏懷

所便非一吕紵誠効森著除同目意百姓聞者咸皆欣悦急有懼畏二三㭍宜且房紹之莅郡經年君民粗狎敗以帶邑有永事遂奉太原於民爲苦而巻口之訌後成交牙人情非樂吞有不安壇場威刑患不開廣若得依先處分公私允緝帝從之牙

顏竣爲丹陽尹時歲旱民飢竣上言禁餳一月息米近萬斛

南齊王玄邈爲梁南秦二州刺史兄弟同時爲方伯高帝建元初士人李烏奴作亂梁部玄邈使人爲箋烏奴告之曰王使君兵弱攜愛妾二人已去矣烏奴盡輕兵襲州城玄邈奇兵破之帝聞之曰玄邈果不負吾

夏侯詳爲新興太守便道先到江陵時始安王遥光稱兵京邑南康王長史蕭穎胄並未至中兵參軍劉山陽先在湘山陽副潘紹欲謀作亂詳僞呼紹議事即於城門斬之州府乃安

柳慶遠字文和爲魏興太守郡遭暴水流漂居民吏請徙民祀城慶遠曰天降雨水豈城之所知吾聞江河長不過三日斯亦

何慮命築土而已俄而水過百姓服之

梁張齊爲巴西梓潼二郡太守巴西郡居益州之半又當東道衝要刺史經過軍府遠涉多所餽遺齊緣路聚糧食種蔬菜行者皆取給焉其能濟辦多此類也

後魏于栗磾明元時爲豫州刺史帝南幸盟津謂栗磾曰河可橋乎栗磾曰杜預造橋遺事可想乃編次大船構橋於冶坂六軍既濟帝深歎美之

南安王禎孝文初拜南豫州刺史大胡山蠻時鈔掠前後守牧多羇縻而已禎乃召新蔡襄城蠻首使之觀射先選左右能射者二十餘人禎自發數箭皆中然後命左右以次而射先出一囚犯死罪者使衆射限命不中禎即責而斬之蠻魁等伏從畏威相視股慄又預勑左右取死囚十人皆著蠻衣云是鈔賊禎乃臨坐僞愕目矚天微風有動禎謂蠻曰風氣少暴似有鈔賊入境不過十人當在西南五十里許既命騎追掩果縛送十人

禎告諸蠻曰爾鄉里作賊如此合死以不蠻等即叩頭曰合萬死禎即斬之因慰諭遣還自是境無暴掠

荀頹爲司空孝文大駕行幸三州頹留守京師沙門法秀謀反頹率禁兵收掩畢獲內外晏然駕還飲至文明太后曰當爾之日卿若持疑不即收捕處分失所則事成不測矣今京畿不擾宗社獲安者實卿之功也

于烈孝文末爲散騎常侍時齊將陳顯達寇馬圈帝親征之以烈爲留守及彭城王勰稱詔召宣武會駕魯陽以烈留守之重密報以孝文凶問烈處分行留神色無變後遷車騎大將軍太尉咸陽王禧謀反也武興王楊集始馳於北邙以告時宣武從禽於野左右分散直衛無幾倉卒之際莫知計之所出乃勑烈子忠馳覘虛實烈時留守已處分有備因忠奏曰臣雖朽邁心力猶可此等猖狂不足爲慮願緩蹕徐還以安物望帝聞之甚以慰悅

李彥宣武時爲徐州刺史延昌二年夏大霖雨川瀆皆溢彥相水陸形勢隨便疏通得無淹漬之害朝廷嘉之頒詔勞勉

北齊潘樂爲東雍州刺史神武嘗議欲廢州樂以爲東雍地帶山河境連胡蜀形勝之會不可棄遂如故

楊津爲岐州刺史有武功民齎絹三疋去城十里爲賊所劫時有使者馳驛而被劫人因以告之使者到州以狀白津津乃下教云有人著某色衣乘某色馬在城東十里被殺不知姓名若有家人可速收視有一老母行哭而出云是己子於是遣騎追收并絹俱獲自是闔境畏服

祖珽爲徐州刺史至州會有陳寇百姓多反珽不閉城門守陴者皆令下城靜坐街巷禁斷人行雞犬不聽鳴吠賊無所聞見者不測所以或云人走城空不設警備珽忽然令大叫鼓譟聒天賊大驚登時走散後復結陳向城珽乘馬自出令錄事參軍王君植率兵馬仍親臨戰賊先聞其盲謂爲不能拒抗忽見親

在戎行與弘楚鏑相與爲書畏之而罷李崇爲南荆州刺史當州大都督此州自孝昌以來舊路斷絶前後刺史皆從間道始得達州悉勒部曲數千人徑向懸瓠從北陽復舊道且戰且前三百餘里所經之處即立鄭亭蠻左大服

後周崔猷西魏大統中爲淅州刺史侯景據河南歸款行臺王思政并之太祖與思政書曰崔猷智略明贍有應變之才若有所疑宜與量其可不思政初頓兵襄城後於潁川爲行臺并致書於猷猷書曰襄城控帶京洛寔當今之要地如有動靜易相應接潁川既北諫官出者數四時中外屬望大寮三歎人廷辯其爭僕射寶易直曰人目無將將而必誅聞者愕然唯京兆尹崔琯大理卿王正雅連上疏請出內獄且曰王師文未獲即獄未具且請出豆盧著與申錫同付外廷勘當人情翕然推重初議申錫抵死顧物論不可又將投于嶺表帝終竊外廷之言乃有開州之命初申錫既被罪怡然不以爲意自中書歸私第止

于外處素服以俟命妻出謂之曰公爲宰相人臣位極於此何負天子反乎申錫對曰吾自書生被厚恩擢相位不能鋤去姦亂反爲所羅網夫人察申錫豈反者乎因相與泣數行下申錫自居內廷及爲宰相以時風後靡居要位者尤取納不顧風俗不戢更方遠古且興貞元時甚相昔矣申錫至此約身謹絜尤以公廉爲已任四方問遺悉無受者既被罪爲有司驗劾多獲其四方受領所還問遺之狀朝野爲之歎息丁未詔曰朕以非德奉茲丕搆雖虔恭修已不敢暇逸而誠亮格物未能弘敷遂使姦宄懷非覬之端潛同日生目言貌有貴相在陳世已據南海平陳後文帝因而撫之即拜安州刺史然驕倨恃險未甞參謁煕手書諭之申以交友之分其母有疾煕復遺以藥猛力感之詣府謁不敢爲非

李詢爲司衛上士武帝建德三年幸雲陽宮委以留府事衞三直作亂焚肅章門詢於內益火故賊不敢入帝聞而善之

隋梁睿周末爲益州總管威振西州夷獠歸附唯南寧酋帥爨震恃遠不賓睿時高祖總百揆睿上疏曰竊以遠撫長駕王者令圖易俗移風有國常典寧州漢世牂牁之地近代已來分置興古雲南建寧朱提四郡戶口殷衆金寶富饒二河有駿馬明珠益寧出鹽井犀角晉太始七年以益州曠遠分置寧州至僞梁南寧州刺史徐文盛被湘東徵赴荆州屬東夏尚阻未遑遠略土民爨瓚遂竊據一方國家遥授刺史其子震相承至今而震臣禮多虧貢賦不入每年獻不過數十疋馬其處去益路止一千朱提比境即與戎州接界如聞彼民苦其苛政思被皇風伏惟大丞相裨贊聖朝寧濟區宇絶後光前方再萬代闢土服遠今正其時幸因平蜀士衆不煩重興師旅押撩既訖即請略定南寧自瀘戎已來軍糧須給過此即於蠻夷徵稅以供兵馬其寧州朱提雲南西爨並置總管州鎮計彼熟蠻租調足供城防倉儲一則以肅蠻夷二則裨益軍國今謹件南寧州郡縣及事

意如別有大都督杜神敬昔曾使彼具所諳練今并送往書未答又請曰竊以柔遠能邇著自前經拓土開疆王者所務南寧州漢世牂牁之郡其地沃壤多是漢民既饒寶物又出名馬今若往取仍置州郡一則遠振威名二則有益軍國其處與交廣相接路乃非遥漢世開此本爲討越之計伐陳之日復是一機以此商量決謂須取高祖深納之然以天下初定恐民心不安未之許後竟遣史萬歲討平之並自睿之發也

高勱犨爲衛州刺史時河北新有突厥之寇方秋而修城不輟陳二車書曰金湯非粟而不守豈有棄收穫之詰城郭哉悉令罷散由是吏人感悅

王方翼爲夏州都督屬牛疫無以營農方翼造人耕之法施關鍵使人推之百姓賴焉

王翊爲河中少尹節度留後有悍將凌正者嘗猶擾軍政因約夜鼓譟斬關以逐帥有告翊者乃縮夜漏數刻以差其期賊驚

而過遂戮其首亂者
康日知為趙州刺史會成德軍節度李寶臣卒其子惟岳謀有父位令兵馬使王武俊統衆擊日知日知遣吏謂武俊曰惟岳孱而無謀何足同反我城堅衆一未可以歲月下之且惟岳恃田悅為援前歲悅之丁男甲卒塗地於邢州城下猶不能陷況此城乎復給為手詔招武俊武俊信之遂倒兵入鎮州殺惟岳
李承建中初為襄陽節度時李希烈雖歸蔡州留守將校等於襄州守當所掠得財帛什器等由是使使襄漢往來不絶承亦使腹心臧叔雅往來許蔡厚結希烈腹心周曾王玢姚憺等及曾謀殺希烈以衆歸朝多承首建謀也累賜密詔褒美之
劉怦為涿州刺史居數年朱滔將兵討田承嗣奏署怦領留府寬緩得衆心時李寶臣為田承嗣間說與之通謀承嗣又以滄州與寶臣乃以兵襲朱滔於瓦橋滔脫身走乘勝欲襲取幽州怦設方略鎮撫寶臣不敢進以功加御史中丞自是滔每將兵

皆以怦為守
韋皐為鳳翔判官權知隴州營田留後德宗幸奉天鳳翔兵馬使李楚琳殺張鎰以府城叛歸於朱泚隴州刺史郝通奔于楚琳先是朱泚自范陽入朝以甲士自隨因為鳳翔節度及泚以有盧龍之卒五百人而牛雲光為之將雲光素事泚既泚以兵圍奉天雲光因稱疾請皐為帥將謀亂擒皐以赴泚皐將翟曄知之白皐雲光知事泄遂率其兵以奔泚及汧陽遇泚之家僮蘇玉將使于皐所蘇玉因謂雲光曰太尉既為天子矣今使我將詔以韋皐為御史中丞君可領兵士疾返韋皐若承命即吾人矣如不受彼圖之無不濟矣乃反旗疾趨隴州皐迎勞之先納蘇玉受其命乃問雲光曰始不告而去今又來者何雲光曰前未知公心故潛去今公既受新天子命則復來願與公合力立功同生死耳皐應曰大使苟不懷詐請納器甲使城中人無所疑衆乃可入雲光以書生[illegible]且以為信然乃併戈甲皐即受之乃納其衆明日皐伏兵宴雲光蘇玉并陳牛酒犒其卒既就坐殺其卒斬雲光蘇玉首以徇
劉昌裔為陳州刺史貞元十六年韓全義討蔡州敗於溵水諸道兵皆走保陳州求舍昌裔登城謂曰天子命公討蔡州今乃來陳州義不敢納請舍城外已而從千騎入全義營持牛酒勞軍全義不自意驚喜嘆服
郗士美為鄂岳觀察使貞元末安黃節度使伊慎來朝其子宥主留事朝廷未能去會宥母卒於京師宥貪其位不發喪士美命從事託他故過其境宥果迎之告以凶問先備肩輿即日遣之
呂元膺為東都留守畿汝防禦使時朝廷方討淮西鄆賊李師道遣將率兇徒數十人伏洛陽邸潛結嵩山群盗欲焚劫洛陽屠衣冠以撓朝廷計指日將發會有告者元膺發留守兵捕之賊黨皆晝持滿斬關而去洛人震恐河南府門往往晝閉留守兵殘弱不可倚而元膺坐皇城自若以故居人稍安後數日得

賊於嵩山斬之
柳公綽為襄州刺史山南東道節度使行部至鄧縣縣二吏犯法一贓賄一舞文縣令以公綽守法必殺贓吏獄具判之曰贓吏犯法法在姦吏壞法法亡誅舞文者
漢趙在禮為晉昌節度使在郡有飛蝗為害在禮使比户張幡幟鳴鼙鼓蝗皆越境而去人亦服其智焉

冊府元龜卷第六百九十一

册府元龜卷第六百九十二

牧守部 二十二

招輯

小雅鴻鴈之作美其能勞來安集使離散者皆得其居鰥寡者得其所也若乃總列城之任膺共理之寄或仍歲凶儉居民流徙或師旅之後瘡痍未復或寇盜羣萃侵擾封部或戎夷狙獷竄通亭鄣乃能懷輯化誘撫循愛養俾襁負者相屬而至安堵者無改其舊推以恩信先庚爲之菁音敦以仁惠殊俗因而款附下興樂國之詠上有長城之賴斯固導德齊禮之餘風招攜懷遠之善政也

漢王成宣帝時爲膠東相流民自占八萬餘(占謂隱度名數而來附業也)帝下詔褒之賜爵關內侯(事具牧守部褒寵門)

龔遂爲渤海太守時渤海左右郡歲飢盜賊並起遂乘傳至渤海界郡聞新太守至發兵以迎遂皆遣還移書勑屬縣悉罷逐捕盜賊吏諸持鉏鉤田器者皆爲良民吏毋得問(鉤鐮也)持兵者迺爲賊遂單車獨行至府郡中翕然盜賊亦皆罷(言爲賊盜以賊心皆息也)渤海又多劫略相隨聞遂教令即時解散棄其兵弩而持鉤鉏盜賊於是悉平

王尊爲益州刺史居部二歲懷來徼外蠻夷歸附其威信

後漢郭伋光武時爲漁陽太守在職五歲戶口增倍後潁川盜賊羣起徵拜潁川太守召見辭謁帝勞之曰賢能太守去帝城不遠河潤九里冀京師并蒙福也君雖精於追捕而山道險阸自鬬當一士耳深宜慎之伋到郡招懷山賊陽夏趙宏襄城召吳等數百人皆束手詣伋降悉遣歸附農因自劾專命帝美其策不以咎之後宏吳等黨與聞伋威信遠自江南或從幽冀不期俱降駱驛不絕

夏恭爲太山都尉和集百姓甚得其歡心

應奉汝南人爲郡決曹史和帝時大將軍梁冀舉奉茂才先是武陵蠻詹山等四千餘人反叛執縣令屯結連年詔下公卿議四府舉奉才堪將帥永興元年拜武陵太守到官慰納山等皆悉降散

虞詡安帝時爲武都太守先是羌寇武都詡將擊破之乃占相地勢築營壁百八十所招還流亡假賑貧人郡遂以安詡始到郡戶裁盈萬及綏聚荒餘招還流散二三年間遂增至四萬餘戶鹽米豐賤十倍於前(一云詡始到穀石千鹽石八千見戶万三千視事三歲米石八十鹽石四百流人還歸郡戶數萬人足家給一郡無事)

没郁爲會相以德教化百姓稱之流人歸者八九千戶

霍諝爲金城太守性明達篤厚能以恩信化誘殊俗甚爲羌胡所敬服

張喬順帝時爲交阯太守先是日南象林徼外蠻夷攻燒城寺殺長吏喬至開示慰誘並皆降散

祝良爲九眞太守單車入賊中設方略招以威信降者數萬人皆爲良築起府寺由是嶺外復平

李固爲梁商從事中郎永和中荊州盜賊起彌年不定乃以固爲荊州刺史固到遣吏勞問境內赦寇盜前釁與之更始於是賊帥夏密等斂其魁黨六百餘人自縛歸首固皆原之遣還使自相招集開示威法半歲間餘類悉降州內清平

种暠爲益州刺史暠素慷慨好立事在職三年宣恩遠夷開曉殊俗岷山雜落皆懷服漢德其白狼槃木唐菆邛僰諸國自前刺史朱輔卒後遂絕暠至乃復舉種向化

傅燮爲漢陽太守善卹人叛羌懷其恩化並來降附

趙溫爲蜀郡太守桓帝之世板楯數反溫以恩信降服之

劉虞爲幽州刺史轉甘陵相甚得東土戎狄之心又青徐士庶避黃巾之難歸虞者百餘萬口皆收視溫恤爲安立生業流民皆忘其遷徙

魏何夔仕漢爲長廣太守郡濱山海黃巾未平豪傑多背叛袁

譚就加以官位長廣縣人管承徒衆三千餘家爲寇害議者欲
舉兵攻之夔曰承等非生而樂亂也習於亂不能自還未被德
教故不知反善今兵迫之急彼恐夷滅必并力戰攻之旣未易
拔雖勝必傷吏民不如徐喻以恩德使容自悔可不煩兵而定
乃遣郡丞黄珍往爲陳成敗承等皆請服夔遣吏成弘領校尉
長廣縣丞等郊迎奉牛酒詣郡

劉繇仕漢興平中爲揚州牧時袁術據淮南繇乃移居曲阿值
中國喪亂士友多南奔繇攜接收養與同憂劇甚得名稱

劉表漢末爲荆州牧荆州人情好擾加以四方駭震寇賊相扇
處處麋沸表招誘有方威懷兼洽其姦猾宿賊更爲效用萬里
肅清大小咸悅而服之關西兗豫學士歸者蓋有千數表安慰
賑贍皆得資全

張旣漢末爲京兆尹招懷流民興復縣邑百姓懷之

鍾繇漢末督關中事自天子西還洛陽人民單盡繇徙關中民

又招納亡叛以充之數年間民户稍實太祖征關中得以爲資
表繇爲前軍師

蘇則漢末爲武都太守太祖征張魯過其郡見則悅之使爲軍
導魯破則綏定下辯諸氐通河西道徙爲金城太守是時喪亂
之後吏民流散饑窮户口損耗則撫循之甚謹外招懷羌胡得
其牛羊以養貧老與民分糧而食旬月之間流民皆歸數千家
乃明爲禁令有干犯者輒戮其從教者必賞親自教民耕種其
歲大豐收由是歸附者日多

杜襲爲太祖丞相長史隨到漢中討張魯太祖還留督漢中軍
事綏懷開導百姓自樂出徙洛鄴者八萬餘口

夏侯尚爲荆州牧時荆州荒殘外接蠻夷而與吳阻漢水爲境
舊民多居江南尚自上庸通道西行七百餘里山民蠻夷多服
從者五六年間降附數千家

劉馥爲太祖司徒掾會孫策所置廬江太守李述攻殺揚州刺
史嚴象廬江梅乾雷緒陳蘭等聚衆數萬在江淮間郡縣殘破
太祖表馥爲揚州刺史馥旣受命單馬造合肥空城建立州治
南懷緒等皆安集之貢獻相繼數年中恩化大行百姓樂其政
流民越江山而歸者以萬數

涼茂爲御史時泰山多盜賊以茂爲泰山太守旬月之間襁負
而至者千餘家

郭淮爲雍州刺史安羌大師辟號反討破降之每羌胡來降淮
輒先使人推問其親理男女多少年歲長幼及見一二知其款
曲訊問周至咸稱神明正始元年蜀將姜維出隴西淮遂進軍追至彊
中維退遂討羌迷當等案撫柔氐三千餘落拔徙以實關中遷
左將軍

呂虔爲泰山太守郡接山海世亂聞民人多藏竄袁紹所置中
郎將郭祖公孫犢等數十輩保山爲寇百姓苦之虔將家兵到

郡開恩信祖等黨屬皆降服諸山中亡匿者盡出安土業簡其
彊者補戰士泰山由是遂有精兵冠名州郡

蜀王嗣爲西安圍督汶山太守綏集羌胡咸悉歸服諸種素桀
惡者皆來首降待以恩信時北境得以安靜

張嶷爲越巂太守漢嘉郡界旄牛夷種類四千餘户其率狼路
欲爲姑壻冬逢報怨遣叔父離將逢衆相度形勢嶷逆遣親近
齎牛酒勞賜又令離姊逆逢妻宣暢意旨離旣受賜并見其姊
姊弟歡悅悉率所領將詣嶷嶷厚加賞待遣還旄牛由是輒不
爲患

吴步騭爲交州刺史時益州大姓雍闓等殺蜀所署太守正昂
與士燮相聞求欲内附騭因承制遣使宣恩撫納由是知拜平
戎將軍封廣信侯

吴潭領廬陵太守綏撫荒餘咸得其所

鍾離牧爲海南太守揭陽縣賊率曾夏等衆數千人歷十餘年

以侯書雜錄千四下書賦暴絶不可得救遣使慰譬咨皆首罪
自此爲良民
晉魯芝宣帝初爲天水太守郡鄰於蜀數被侵掠户口減削寇
盜充斥芝傾心鎮衛更造城市舊境悉復又爲并州刺史綏緝
有方
華軼爲江州刺史甚有威惠州之豪士接以友道得江表之歡
心流亡之士赴之如歸
劉弘爲荆州刺史于時流人在荆州十餘萬户羈旅貧乏多爲
盜賊弘乃給其田種糧食擢其賢才隨資叙用
褚裒爲丹陽尹時京邑焚蕩人物凋殘裒收集散亡甚有惠政
曹攄爲襄城太守時襄城屢經寇難攄綏懷振理旬月克復
王彪之爲會稽内史居郡八年豪右斂跡亡户歸者三萬餘口
桓宣鎮襄陽宣遣步騎收南陽諸郡百姓没賊者八千餘人以歸
周虓爲新平太守撫和戎狄叛羌歸附雍土美之

宋張茂爲始興相郡經賊寇廨宇焚燒民物凋散百不存一茂
度創立城寺吊死撫傷收集離散民户漸復在郡一周徵爲太
尉參軍
劉道産爲西戎校尉梁南秦二州刺史在州有惠化關中流民
前後出漢川歸之者甚多元嘉六年道産表置隴西宋康二郡
以領之又爲襄陽太守善於臨民在雍部政績尤著蠻夷前後
叛戾不受化者並皆順服悉出緣沔爲居百姓樂業民户豐贍
由此有襄陽樂歌自道産始也
臧熹爲臨海太守郡經兵寇百不存一熹綏緝綱紀招聚流散
歸之者千餘家
陸徽文帝時爲長沙内史母憂去職時張尋趙廣爲亂於益州
兵寇之餘政荒民擾元嘉二十三年乃追徽爲持節督益寧二
州諸軍事益州刺史隱卹有方威惠兼著寇盜靜息民物殷阜
蜀土安悦至今稱之

王僧虔爲湘州刺史巴峽流民多在湘土僧虔表割益陽羅湘
西三縣緣江民立湘陰縣從之
王景文爲江州刺史晉安王子勛起兵以焦度爲先鋒及事敗
逃宫亭湖中爲寇賊朝廷聞其勇甚憂患之使景文誘降度等
度將部曲出首景文以爲巳鎮南參軍尋領中直兵厚待之
張穆爲交阯太守治有異績會刺史死交土大亂穆之威懷
撫境内以寧文帝聞之嘉
晉太祖諱
爲益州未還而卒
沈述曾爲永嘉太守所部横陽縣山谷嶮峻爲逋逃所聚前後
二千石討捕莫能息述曾下車開示恩信凡諸凶黨襁負而出
編户屬籍者二百餘家自是商賈流通居民安業
梁蕭敷初仕齊爲隨郡内史招懷遠近黎庶安之以爲前後之
政莫之及也

楊公則初自高祖舉義師至雍州以公則爲湘州刺史初公則
東下湘部諸郡多未賓從及公則還州然後諸屯聚並散湘州
寇亂累年民多流散公則輕刑薄斂頃之户口克復爲政雖無
威嚴然保己廉慎爲吏民所悦
安成康王秀爲郢州刺史時司州叛蠻田魯生弟魯賢超秀據
蒙籠來降高祖以魯生爲北司州刺史魯賢北豫州刺史超秀
定州刺史爲北境捍蔽而魯生超秀互相讒毁有去就意秀撫喻
懷納各得其用當時賴之
王茂爲江州刺史時九江新離軍寇民思反業茂務農省役百
姓安之
夏侯亶爲豫州南豫二州刺史壽春久離兵荒百姓多流散亶
輕刑薄賦務農省役頃之民户充復
張纘爲湘州刺史州界雲凌衡陽等郡有莫徭蠻者依山險爲
居歷政不賓服因此向化在政四年流人自歸户口增益十餘

萬州境大安

江革爲都官尚書出監吳郡于時境内荒儉劫盜公行革至郡唯有公給仗身二十人百姓皆懼不能靜寇及省遊軍尉民下愈恐革乃廣施恩撫明行制令盜賊靜息民吏安之

臧嚴歷監義陽武寧郡郡界皆蠻左前郡守常選武人以兵鎮之嚴獨以數門生單車入境羣蠻悦服遂絶寇盜

王奐爲安城郡守及侯景渡江建業擾亂奐輯寧所部見稱於時

陳沈君理爲吳郡守是時兵革未寧百姓荒弊軍國足用咸資東境君理招集士卒脩理器械民下悦附深以幹理見稱

後魏于栗磾明元帝時爲豫州刺史洛陽雖歷代所都久爲邊裔城闕蕭條野無烟火栗磾刊闢榛荒勞來安集德刑既設甚得百姓之心

韋閬太武時爲武都太守屬吉城鎮將郝溫及蓋吳反關中擾

府　六百九十二　七

亂閬盡心撫納所部

李祥太武時以南士未賓遣尚書韓元興率衆出青州以祥爲軍司略地至于陳汝淮北之民詣軍降者七千餘户遷之於兖豫之南置淮陽郡以撫之拜祥爲太守加綏遠將軍流民歸之者萬餘家

司馬準字巨之晉汝南王亮之後爲廣甯太守悦近來遠清儉有稱太武嘉之賜布六百匹

李佐爲輔國將軍行荆州事在州威信大行邊民悦附前後歸之者二萬許家尋爲正刺史

秦明王翰曾孫禎孝文初爲南豫州刺史淮南人相率投附者三千餘家置之城東汝水之側名曰歸義坊

韋欣爲彭城内史廣陵侯元衍爲徐州刺史又請爲長史帶彭城内史撫綏内外甚得民和

裴宣爲益州刺史善於綏撫甚得羌戎之心後晉壽吏置益州改宣所在爲南秦州先是有陰平昌酋楊孟孫擁户數萬自立爲王通引梁寇數爲邊患宣乃遣使招喻曉以逆順孟孫感恩即遣子詣闕武興昌姜謨等千餘人上書乞延吏限宣武嘉焉

高綽爲豫州刺史爲政清平抑強扶弱百姓愛之流民歸附者二千餘户

崔鑒爲奮威將軍徐州刺史鑒欲安悦新附民有年者表求以守令詔從之

呂羅漢爲秦益二州刺史秦益嶮遠南連仇池西接赤水諸羌恃嶮數爲叛逆自羅漢莅州撫以威恵西戎懷德土局怗然

伊利爲兖州刺史善撫導在州數年邊民歸之五千餘户

武昌簡王平原爲齊州刺史善於懷撫邊民歸附者千有餘家

臨淮王昌弟孚爲冀州刺史先是州人張孟都張洪建馬潘崔獨憐張叔緒崔醜張天宜崔思哲等八家皆屯保林野不臣王命州郡號曰八王孚至皆請入城願致死效力

府　六百九十二　八

京兆王子推爲征南大將軍長安鎮大將性沈雅善於綏接秦雍之人皆服

安豐王猛子延明爲都督徐州刺史頻經師旅人物彫弊延明招攜新故人悉安業百姓咸附

尉諾爲幽州刺史時政邑遼西燕土亂久民户彫散諾在州前後十數年還業者萬餘家

裴慶孫爲邵郡太守當郡都督民經賊亂之後率多逃竄慶孫務安緝之咸來歸業

李仲琁爲弘農太守先是宫牛二姓阻險爲害仲琁示以威恵並即歸伏

房景伯爲清河太守郡民劉簡虎曾失禮於景伯聞其臨郡闔家逃亡景伯督切屬縣追捕擒之即署其子爲西曹掾命喻山賊賊以景伯不念舊惡一時俱下論者稱之

劉藻北帝永安中爲南部主書號爲稱職時北地諸羌數萬家

恃嶮作亂前後牧守不能制嵗異之徒並無名　朝廷患之以蓀深爲北地太守蓀推誠布信諸羌咸來歸附蓀言其名籍收其賦稅朝廷喜之

劉桃符爲豫州刺史善　蠻左爲民吏所懷

裴佗爲荊州刺史蠻酋田盤石田敬宗等部落万餘家恃衆阻險不賓王命前後牧守雖屢征討未能降款佗至州單使宣慰示以禍福敬宗等聞佗威德相率歸附於是合境清晏寇盜寢息邊民懷之襁負而至者千餘家

李洪之爲秦益二州刺史亦葩渴郎羌深居山谷雖相羈縻王人罕到洪之芟山爲道廣十餘步示以軍行之勢乃興軍臨其境山人驚駭洪之將數十騎至其里閭撫其妻子問所疾苦因貲遺之衆羌喜悅求編課調所入十倍於常

史寧爲東義州刺史州既鄰接疆埸百姓流移寧留心撫慰咸來復業

崔孝暐爲趙郡太守郡經葛榮離亂之後民户喪亡六畜無遺斗粟乃至數縑民皆賣鬻兒女夏椹大熟孝暐　民多收之郡内无牛教其人種招撫遺散　恩後威一周之後民大至

司馬裔字遵府西魏大統六年爲北徐州刺史八年入朝文帝嘉之特蒙賞勞頃之河内有四千餘家歸附並裔之鄉舊乃命領河内郡守令安集流人

北齊尉長命爲幽州刺史居北陲土荒民散長命雖多聚斂然以恩撫民少得安集

堯雄爲瀛州刺史時禁網疎闊官司相與聚斂唯雄義然後取復能接下以恩甚爲吏民所懷附

盧潛文帝天保中爲揚州道行臺左丞先是梁將王琳爲陳兵所敗擁其主蕭莊歸壽陽朝廷以琳爲揚州刺史勅潛與琳爲南討經略琳部曲義故多在揚州與陳寇鄰接潛輯諧内外甚得邊俗之和

源文宗孝昭皇建中爲涇州刺史以恩信待物甚得邊境之和爲鄰人所欽服前政破斂掠　多被放遣

獨孤永業爲洛州　在河南善於招撫歸降者万計選其爲爪牙

元景安後主天統中爲豫州刺史景安之在邊州鄰他境緣和邊鄙不相侵暴人物安之又管内蠻多華少景安被以威恩咸得寧輯比至武平末招慰生蠻輸租賦者數萬户

後周長孫儉從太祖平侯莫陳悅爲秦州長史時西夏州仍未内屬而東魏遣許和爲刺史儉以信義招之和乃舉州歸附即以儉爲西夏州刺史總統三夏州

王雅爲汾州刺史勤精爲治人庶悅而附之自遠至者七百餘家

元偉爲成州刺史政尚清靜百姓悅附流民復業者三千餘家

陽雄爲平州刺史時寇乱之後户多逃散雄在所慰撫民並安輯

元定爲岷州刺史威恩兼濟甚得羌豪之情生羌據險不賓者至是並出山谷從征賦焉及代還羌豪等咸戀慕之

劉璠爲同和郡守璠善於撫御莅職未朞生羌降附者五百餘家

辛昂爲渠州通州刺史昂推誠布信甚得夷獠歡心秩滿還京首領皆隨昂詣闕朝觀以昂化洽夷落進位驃騎大將軍開府儀同三司

梁昕爲東荊州刺史昕撫以仁惠蠻夷悅之流民歸者相繼而至

賀蘭祥爲荊州刺史先是祥嘗行荊州事雖未朞月頗有惠政至是重往百姓安之由是漢南流民襁負而至者日有十數遠近蠻夷莫不款附祥隨機撫納咸得歡心

閻慶爲河州刺史州居河外地接戎夷慶留心撫納頗稱簡惠

尉遲運爲隴州刺史地帶汧渭民俗難治運垂情撫納甚得時譽

泉仲遵為南洛州刺史留情撫接百姓安之流民歸附者相繼而至初巴酋杜青和自稱巴州刺史以州入附朝廷因其所據而授之仍隸東梁州青和以仲遵善於撫御請隸仲遵朝議以山川非便弗之許及青和遂結安康酋帥黄眾寶等舉兵圍東梁州復遣王雄討平之改巴州為洵州隸於仲遵先是東梁州刺史劉孟良在職貪婪民多背叛仲遵以廉簡處之羣蠻率服

韋世康為司州總管長史于時東夏初定百姓未安世康綏撫之士民胥悅

隋趙芬為能州刺史撫納降附得二千戶加開府儀同三司

隋王長述初仕後周為廣州刺史甚有威惠吏人懷之在任數年蠻夷歸之者三万餘戶朝議嘉之就拜大將軍

令狐熙開皇初為滄州刺史時山東承齊之弊戶口簿籍類不以實熙曉諭之令自歸首至者一万戶在職數年風教大洽稱為良二千石高祖以嶺南夷越數為反亂徵拜桂州總管十七州諸軍事許以便宜從事熙至部大弘恩信其溪洞渠帥更相謂曰前時總管皆以兵威相脅今者乃以手教相諭我輩其可違乎於是相率歸附

衛玄仁壽初為衛尉少卿會山獠作亂出為資州刺史以鎮撫之玄既到官時獠攻圍大牢鎮玄單騎造其營謂羣獠曰我是刺史銜天子詔安養汝等勿驚懼也諸賊莫敢動於是說以利害渠帥感悅解兵而去前後歸附者十餘万口高祖大悅賜縑二千匹除遂州總管仍令劒南安撫

劉權大業中為南海太守行至鄱陽會羣盜起不得進詔令權召募討之權率兵與賊相遇不與戰先乘單舸詣賊營說以利害而羣賊感悅一時降附煬帝聞而嘉之

慕容三藏大業末為鄯州刺史州極西界與吐谷渾鄰接姦宄犯法者皆遷配彼州流人多有逃逸及三藏至招納綏撫百姓愛悅襁負日至吏民謌頌之

立和為交趾太守撫諸豪桀甚得蠻夷之心

唐韋仁壽隋大業末為蜀郡司法書佐高祖入關遣使定巴蜀使者承制拜仁壽巂州都督府長史時南寧州內附朝廷每遣使安撫類皆受賄邊夷患之或有叛者高祖以仁壽素有能名令檢校南寧州都督寄聽政於越巂使每歲一至其地以慰撫之仁壽將兵五百人至西洱河承制置八州十七縣授其豪帥為牧宰法令清肅人懷歡悅

劉政會武德初以衛尉少卿留守太原內輯吏士外和戎狄遠近莫不悅服

趙王元景武德中為安州大都督其舊安陸都民隋末流宕他所者皆歸之

陳君賓貞觀元年累遷鄧州刺史州邑喪亂之後百姓流離君賓至纔期月皆來復業二年天下諸州並遭霜儉鄧州獨免當年多有儲積蒲虞等州戶口盡入其境逐食太宗下詔勞之

宼仁弘貞觀初授南寧州都督夜郎之表言教久絕仁弘下車招撫遠近安輯

李素立貞觀中累轉楊州大都督府司馬時突厥鐵勒部相率內附太宗於其地置瀚海都護府以統之以素立為瀚海都護又有彌泥孰別部猶為邊患素立遣使招諭降之夷人感其惠率牛馬以饋素立素立唯受其酒一盃餘悉還之為建立廨舍開置屯田

崔知溫高宗時為蘭州刺史會有党項三万餘衆來攻州城城內勝兵既少衆大懼不知所為知溫使開門延賊賊恐有伏不敢進俄而會將軍權善才率兵來救大破党項之衆余首領乞降善才欲盡殺之以絕後患知溫力語其下曰古之善戰誅無噍類禍及[illegible]且山谷阻險草木幽蔚万一變生悔之何及善才然其計又以所降口五百人以與知溫知溫曰向論安危之策乃

公事也豈圖私利哉固辭不受黨項餘衆由是悉來歸附

馮元常則天時授眉州刺史劒南先時光火賊夜掠居人晝潛山谷元常至喻以恩信許其首露仍切加捕逐賊徒捨器仗面縛自陳者相繼又轉廣州都督便道之任不許詣都尋屬安南首領李嗣仙殺都護劉延祐剽陷州縣勅元常討之率士卒濟南海先馳檄示以威恩喻以禍福嗣仙徒黨多相率歸降因縱兵誅其魁首慰居人而旋

裴懷古則天時始安賊歐陽倩擁徒數萬剽陷州縣授懷古桂州都督仍充招慰討擊使懷古纔及嶺飛書招諭示以禍福賊徒迎降自陳爲吏人侵逼乃率兵爾懷古知其誠款乃輕騎以赴之左右曰夷獠難親未可信也懷古曰吾杖忠信可通於神明況於人也因造其營以慰喻之羣賊喜悅歸其所掠財貨納於公府諸洞酋長素持兩端者盡來款附嶺外悉定

薛登本名謙光中宗時檢校常州刺史屬宣州狂寇鍾大臣作亂百姓奔走謙光嚴備安輯闔境肅然在官未朞流人稍復雞犬之音復相接矣

宋慶禮開元中累遷貝州刺史仍爲河北支度營田使初營州都督府置在柳城控帶奚契丹則天時都督趙文翽政理乖方兩蕃反叛攻陷州城其後移於幽州東二百里漁陽城安置開元五年奚契丹各款塞歸附玄宗欲復營府於舊城侍中宋璟固爭以爲不可獨慶禮盛陳其利乃詔慶禮及太子詹事姜師度左驍衛將軍邵宏等充使更於柳城築營州城興役三旬而畢俄拜慶禮御史中丞兼檢校營州都督開屯田八十餘所追拔幽州及漁陽淄青等州招輯商胡爲立店肆數年間營州倉廩頗實居人漸殷

鮮于叔明代宗永泰大曆間爲東川節度時兵荒之後凋殘頗甚叔明理之近二十年招撫其甿庶夷落皆獲安業

張延賞大曆二年拜河南尹充諸道營田副使河洛久當兵衝閭井丘墟延賞勤身率下政尚簡約疏導河渠修築宮廟數年間流庸歸附邦畿復完詔書褒美之

崔瓘大曆中爲澧州刺史下車削去煩苛以安人爲務居二年風化大行流亡襁負而至增戶數萬

韓滉德宗建中初繼爲蘇州潤州刺史安輯百姓均其租稅未及踰年境內稱理

張建封興元初爲濠壽廬等三州觀察使大修緝城池悉心綏撫遠近悅附

李滋貞元中出爲華州刺史中丞潼關防禦鎮國軍使以寬易清簡爲政百姓有至自他境者皆給地以居曰義合里專以慈惠爲本人甚愛之

曲環貞元中爲陳許觀察使時陳許州以李希烈擾亂遺甿頗甚人多逃竄他邑以避禍環勤身恭儉賦稅均平政令寬簡不三二歲襁負而歸者相屬訓農理戎兵食皆豐羨

鄭儋爲滄景節度觀察等使時滄州百戰之餘墟無人煙儋至之日以仁惠爲理襁負而歸者衆焉

姜慕言爲秦州刺史至州撫以恩信盜賊悉來歸首士庶安之

馬植文宗開成中爲安南都護上言當管羈縻州首領或處巢穴自因爲南蠻所誘久不招喻事有可虞臣自到鎮約以信誠曉之逆順今諸首領咸發忠言願納賦稅其武陸縣請改爲武陸州從之

梁韓建初仕唐爲華州刺史河潼經大寇之後戶口流散建披荊棘闢汙萊勸課農事樹植蔬果出入閭里親問疾苦不數年流亡畢復軍民充實

趙克裕唐末領亳鄭二州刺史時關東藩鎮方爲蔡寇所毒黎元流散不能相保克裕妙有農戰之備復善於綏懷民賴而獲安者衆太祖表爲河陽節度使

成汭爲荊南節度使是時荊州經巨盜之後居民纔一十七家

汭撫緝凋殘勵精爲理通商務農勸於衣養比及末年僅及萬戶韓建披荊棘以納華州亦善於綏撫故當時號北韓南郭郭即汭舊冒之姓也

張歸厚權知沁州是郡當兩爲晉人所陷井邑蕭條歸厚撫之數月之內民庶翕然太祖自鎮定還覩其繕理之政大嘉賞之

高季興爲荊南兵馬留後荊州自唐乾符之後兵火互集井邑不完季興招輯離散流民歸復太祖嘉之乃授節鉞

謝瞳爲宣義軍留後在滑州十二年部內增戶約五萬五千數千人

後唐李嗣昭爲潞州節度使被圍歷年城中士民飢死大半廛里蕭條嗣昭綏法寬刑勸農務穡一二年間軍城完集三面鄰於敵境寇鈔縱橫設法枝梧遂部下督

李存賢爲慈州刺史屬兵火之後晉絳接境存賢招懷撫綏復其鄉邑

漢王周初仕晉爲涇州節度使先是前帥張彥澤在任苛虐部民逃者五千餘戶及下車革前弊二十餘事逃民歸復賜詔褒美

周劉虔廣順初爲單州刺史自之任招復逃戶二千四百六十七

翟光鄴廣順中爲青州防禦使時郡民喪亡十之六七而招懷撫喻視之如傷故朞月之間流亡載集

冊府元龜卷第六百九十二

冊府元龜卷第六百九十三

牧守部二十三

武功第二

自秦分天下爲三十六郡而守尉皆領兵至晉武平吴去州郡武備其後寇賊四起以至大乱山濤之論精矣若乃百城提封之實比屋士民之富或因歳凶荒嘯聚不逞合烏鳥之衆弄潢池之兵竊發于紀敢行稱乱至於邊城候望之所羌戎走集之地或伺閒而入寇或属國之内判烈火燎原當急圖於撲滅農夫去草非可使其滋蔓蓋有秉其使宜不暇中覆率厲士衆推鋒致討震耀國威攘除民患固已名載勲籍事藏策府其或鄰敵接畛申嚴警備捍戰而克勝攻侵而大獲者其績亦茂矣詩之干城傳之保鄣皆是之謂歟

漢宋買臣武帝時召待詔會東越數反覆買臣因言故東越王居保泉山泉山臨海去海十餘里者保守之以自嶮也一人守險千人不得上今聞東越王更徙處南行去泉山五百里居大澤中今發兵浮海直指泉山陳舟列兵席卷南行可破滅也帝拜買臣會稽太守居歳餘買臣受詔將兵與横海將軍韓説等俱擊破東越有功徵入爲主爵都尉

田廣明爲淮陽太守歳余故城父令公孫男与客游循等謀反債詐稱光禄大夫從車騎數十言使督盜賊止陳留傳舍太守謁見欲收取之廣明覺知發兵皆捕斬焉

陳立爲牂柯太守立臨邛人前爲連然長不韋令皆益州縣也蛮夷畏之及至牂柯諭告夜郎王興不從命立請誅之未報乃從吏數十人出行縣至興國且同亭召興興將數千人往至亭從邑君數十人入見立立數責因斷頭邑君曰將軍誅亡狀爲民除害願出曉士衆以興頭示之皆釋兵降釋解也鉤町王禹漏卧侯俞振恐入粟千斛牛羊勞吏士立還歸郡興妻父翁指与興子邪務收餘兵迫脅旁二十二邑反至冬立奏募諸夷与都尉長史分將攻翁指等翁指據阸爲壘立使奇兵絶其饟道從反間以誘其衆都尉万年曰兵久不决費不可共引兵獨進敗走趍立營趍向立怒叱戲下令格之都尉復還戰立引兵救之時天大旱立攻絶其水道蛮夷共斬翁指持首出降立已平定西夷徵詣京師

趙護爲河東都尉成帝鴻嘉中廣漢男子鄭躬等六十余人攻官寺篡囚徒盜庫兵自稱山君黨与寖廣犯歴四縣衆且万人拜護爲廣漢太守發郡中及蜀郡合三万人擊之或相捕斬除罪謂黨與相捕斬來者赦其本罪旬月平遷爲執金吾賜黄金百斤

嚴訢爲汝南太守永始三年山陽鐵官徒蘇令等二百二十八人攻殺長吏盜庫兵自稱將軍經郡国十九殺東郡太守汝南都尉遣丞相長史御史中丞持節督趣逐捕訢捕斬令等遷爲大司農

後漢耿況爲上谷太守更始時五校賊二十余万北寇上谷況与子舒連擊破之賊皆退走建武初漁陽太守彭寵反征虜將軍祭遵屯良鄉縣名屬涿郡驍騎將軍劉喜屯陽鄉縣名故城在今幽州以拒寵寵遣弟純將匈奴二千餘騎寵自引兵數万分爲兩道以擊遵喜胡騎經軍都縣名屬上谷郡故城在今幽州昌平縣西北有舒襲破其衆斬匈奴兩王寵乃退走況復與舒攻寵取軍都

銚期爲虎牙大將軍建武初漁陽五樓賊入繁陽内黄二縣名繁陽故城在今相州内黄縣西北又魏郡大姓數反覆而更始將卓京京一作原謀欲相率反鄴城帝以期爲魏郡太守行大將軍事期發郡兵擊卓京破之斬首六百餘級京亡入山追斬其將校數十人獲京妻子進擊繁陽内黄復斬數百級郡界清平

鮑永爲諫議大夫建武初董憲裨將屯兵於魯侵害百姓乃拜永爲魯郡太守永到擊討大破之降者數千人

寇恂建武初爲河内太守坐擊考上書者免是時潁川人嚴終、趙敦聚衆萬餘与密人賈期連兵爲寇恂免數月復拜潁川太守與破姦將軍侯進俱擊之數月斬期首郡中悉平陳俊爲琅邪太守建武八年張步既降步將妻子逃奔臨淮與弟弘藍欲招其故衆乘船入海俊追擊斬之

王霸爲上谷太守建武九年領屯兵擊虜無拘郡界拘限也明年霸與吳漢等四將軍六萬人出高柳擊賈覽詔霸與漁陽太守陳訢將兵爲諸軍鋒匈奴左南將軍將數千騎救覽霸等連戰於平城下破之追出塞斬首數百級十三年將弛刑徒起亭障自代至平城三百餘里凡與匈奴烏桓大小數十百戰

祭肜爲遼東太守有勇力能貫三百斤弓虜每犯塞常爲士卒鋒數破走之建武二十一年秋鮮卑萬餘騎寇遼東肜率數千人迎擊之自被甲陷陳虜大奔投水死者過半遂窮追出塞虜急皆棄兵裸身散走斬首二千餘級獲馬數千匹自是後鮮卑震怖畏肜不敢復闚塞明帝永平元年肜使鮮卑擊赤山烏桓大破之斬其渠帥赤山在遼東西北數千里

廉范永平中爲雲中太守會匈奴大入塞烽火日通故事虜入過五千人移書傍郡吏欲傳檄求救范不聽自率士卒拒之虜衆盛而范兵不敵會日暮令軍士各交縛兩炬三頭爇火營中星列用兩炬交縛如十字爇其三頭手持一頭敵人望疑兵士之多也虜遙望火多謂漢兵救至大驚待旦將退范乃令軍中蓐食晨往赴之蓐食早起食於寢蓐中也斬首百級虜自相轔藉死者千餘人轔轢也藉[illegible]由此不敢復向雲中

耿夔爲遼東太守和帝元興初貊人寇郡界夔追擊斬其渠帥

王堂拜巴郡太守安帝永初中回羌寇郡堂馳兵赴賊斬虜千餘級巴庸清靜吏民生爲立祠

法雄爲青州刺史永初三年海賊張伯路等寇濱海雄與御史中丞王宗并力討之連戰破賊斬首溺死者數百人餘皆奔走收器械財物甚衆會赦詔到賊猶以軍甲未解不敢歸降於是王宗召刺史太守共議皆以爲當遂擊之雄曰不然兵凶器戰危事勇不可恃勝不可必賊若乘船浮海深入遠島攻之未易也及有赦令可且罷兵以慰誘其心勢必解散然後圖之可不戰而定也宗善其言即罷兵賊聞大喜乃還所略人而東萊郡兵獨未解甲賊復驚恐遁走遼東止海島上五年春乏食復抄東萊間雄率郡兵擊破之賊逃還遼東遼東人李久等共斬平之於是州界清靜

楊旋爲零陵太守是時蒼梧桂陽猾賊相聚攻郡縣賊衆多而旋力弱吏人憂恐旋乃特制馬車數十乘以排囊盛石灰於車上繫布索於馬尾又爲兵車專彀弓弩剋共會戰乃令馬車居前順風鼓灰賊不得視因以火燒布然馬驚奔突賊陣因使後車弓弩亂發鉦鼓鳴震群盜波駭破散追逐傷斬無數梟其渠帥郡境以清

王衡爲吳郡太守順帝永和二年郡丞羊珍反攻郡府衡破斬之

張綱爲御史漢安元年廣陵賊張嬰等衆數萬人殺刺史二千

石寇亂揚徐閒積十餘年朝廷不能討梁冀乃諷尚書以綱爲廣陵太守因欲以事中之前遣郡守率多求兵馬綱獨請單車之職既到乃將吏卒十餘人徑造嬰壘以慰安之求得與長老相見申示國恩嬰初大驚既見綱誠信乃出拜謁綱延置上坐問所疾苦乃譬之曰前後二千石多肆貪暴故致公等懷憤相聚二千石信有罪矣然爲之者又非義也今主上仁聖欲以文德服叛故遣太守思以爵祿相榮不願以刑罰相加今誠轉禍爲福之時也若聞義不服天子赫然震怒荆揚兗豫大兵雲合豈不危乎若不料彊弱非明也棄善取惡非智也去順效逆非忠也身絕血嗣非孝也背正從邪非直也見義不爲非勇也六者成敗之幾利害所從公其深計之嬰聞泣下曰荒裔愚人不能自通朝廷不堪侵枉遂復相聚偷生若魚游釜中喘息須臾閒耳今聞明府之言乃嬰等更生之辰也既陷不義實恐投兵之日不免孥戮綱約之以天地誓之以日月嬰深感悟乃辭還營

明日將所部萬餘人與妻子面縛歸降綱乃單車入嬰壘大會置酒爲樂散遣部衆任從所之親爲卜居宅相田疇子弟欲爲吏者皆引召之人情悅服南州晏然朝廷論功當封梁冀遏絕乃止天子嘉美徵欲擢用綱而嬰等上書乞留乃許之

魏朗爲九眞都尉先是九眞賊起朗到官獎厲吏兵討破羣賊斬首二千級桓帝美其功徵拜議郎

度尚爲右校令延熹中長沙零陵賊七八千人自稱將軍又豫章艾縣六百餘人應募而不得賞直遂反諹者督州郡討之不能剋乃擢尚爲荊州刺史尚躬率部曲與同勞逸廣募雜種諸蠻夷明設購賞進擊大破之降者數萬人出兵二年羣寇悉定後遷遼東太守數月鮮卑率兵攻尚與戰破之戎狄憚畏

李顒巴郡人爲太尉掾延熹五年益州郡諸夷反叛執太守雍陟遣御史中丞朱龜討之不能剋朝議以爲郡在邊外蠻夷喜叛勞師遠役不如棄之顒建策討伐乃拜顒益州太守與刺史龐芝發板楯蠻擊破平之還得雍陟顒卒後夷人復叛以廣漢景毅爲太守討定之

陳奉爲桂陽太守延熹六年桂陽盜賊李研等寇郡界奉與戰大破降之

陸康爲議郎會廬江賊黃穰等與江夏蠻夷結十餘萬人攻沒四縣拜康廬江太守康申明賞罰擊破穰等餘黨悉降

張堪爲漁陽太守匈奴嘗以萬騎入漁陽堪率數千騎奔擊大破之郡界以靜

黃琬爲豫州牧時寇賊陸梁州境彫殘琬討擊平之威聲大震

翟酺爲酒泉太守叛羌千餘騎徙敦煌來鈔郡界酺赴擊斬首九百級羌衆幾盡威名大震

皇甫規爲太山太守初規以詩易教授時泰山賊叔孫無忌侵亂郡縣中郎將宗資討之未服公事特徵規拜太守規到官廣設方略寇虜悉平

臧旻爲楊州刺史時會稽妖賊許昭起兵句章自稱大將軍立其父生爲越王攻破城邑衆以萬數旻率丹陽太守陳夤擊昭破之昭遂復更屯結大爲人患旻等進兵連戰三年破平之獲昭父子斬首數千級

夏育爲北地太守會鮮卑入寇育率休著屠各追擊破之遷育爲護烏桓校尉

耿臨爲玄菟太守靈帝建寧二年高句麗王宮死子伯固立臨討之斬首虜數百級伯固降屬遼東

朱儁爲交阯太守先是儁爲蘭陵令光和元年合浦交阯烏滸蠻叛招引九眞日南民攻沒郡縣又交阯部羣賊並起牧守輭弱不能禁又交阯賊梁龍等萬餘人與南海太守孔芝反叛攻破郡縣即拜儁刺史令過本郡簡募家兵及所調合五千人分從兩道而入既到州界按甲不前先遣使詣郡觀賊虛實宣揚威德以震動其心既而與七郡兵俱進逼之遂斬梁龍降者數萬人旬月盡定以功封都亭侯千五百户賜黃金五十斤四年儁討交阯合浦烏滸蠻破之後爲太僕賊帥常山人張燕寇河内逼近京師於是出儁爲河内太守將家兵擊却之

王允中平元年爲侍御史黃巾賊起特選拜豫州刺史辟荀爽孔融等爲從事除禁黨討擊黃巾別帥大破之與左中郎將皇甫嵩右中郎將朱儁等受降數十萬何苗爲河南尹中平四年滎陽賊數千人羣起攻燒郡縣殺中牟縣令詔苗出擊之苗攻下羣賊平定而還

羊續爲廬江太守楊州黃巾賊攻舒焚燒城郭續發縣中男子二十以上皆持兵勤陳其小弱者悉使負水灌火會集數萬人并執力戰大破之郡界平後安風（安風縣屬廬江郡）賊戴風等作亂續復擊破之斬首三千餘級生獲渠帥其餘黨輩原爲平民賦與佃器使就農業中平二年江夏兵趙慈反叛殺南陽太守秦頡攻沒六縣拜續爲南陽太守與荊州刺史王敏共擊慈

斬之獲首五千餘級屬縣餘賊並詣續降續爲上言宥其枝附

劉虞爲幽州牧前中山相張純畔入烏桓與烏桓峭王等攻破清河平原虞到州罷省屯兵務廣恩信遣使告峭王等以朝恩寬弘開許善路又設賞購純走出塞餘皆降散純爲其客王政所殺函首詣虞北州乃定

李章爲琅邪太守時北海安丘大姓夏長思等反遂囚太守處興而據營陵章聞即發兵千人馳往擊之掾吏止章曰二千石行不得出界兵不得擅發章按劍怒曰逆虜無狀囚劫郡守此何可忍若坐討賊而死吾不恨也遂引兵安丘城下募勇敢燒城門與長思戰斬之獲三百餘級得牛馬五百餘頭而還興歸郡以狀上聞悉以所得班勞吏士

陶謙爲楊武都尉會徐州黄巾起以謙爲徐州刺史擊黄巾破走之

應劭爲太山太守黄巾賊三十萬衆入郡界劭糾率文武連與

賊戰前後斬首數千級獲生口老弱萬餘人輜重二千兩賊皆退却郡内以安

魏董昭漢末爲魏郡太守時郡界大亂賊以萬數遣使往來交易市買昭厚待之因用爲間乘虚掩討輒大克破二日之中羽檄三至

滿寵漢末爲許令時袁紹盛於河朔而汝南紹之本郡門生賓客布在諸縣擁兵拒守太祖憂之以寵爲汝南太守寵募其服從者五百人率攻下二十餘壁誘其未降渠帥於坐上殺十餘人一時皆平得户二萬兵二千人令就田業

吕虔領泰山太守郡接山海世亂聞民人多藏竄袁紹所置中郎將郭祖公孫犢等數十輩保山爲寇百姓苦之虔將家兵到郡開恩信祖等黨屬皆降服諸山中亡匿者盡出安土業簡其彊者補戰士泰山由是遂有精兵冠名州郡濟南黄巾徐和等所在劫長吏攻城邑虔引兵與夏侯淵會擊之前後數十戰斬首獲生數千人太祖使督青州諸郡兵以討東萊群賊李條等有功

陳登爲廣陵太守吴孫權圍之登令功曹陳矯求救於太祖太祖乃遣赴救吴軍既退登多設間伏勒兵追奔大破之

鄭渾爲左馮翊時梁興等略吏民五千餘家爲寇鈔諸縣不能禦皆恐懼寄治郡下議者悉以爲當移就險渾曰興等破散竄在山阻雖有隨者率脅從耳今當廣開降路宣諭恩信而保險自守此示弱也乃聚斂吏民治城郭爲守御之備遂發民逐賊明賞罰與要擊其所得獲十以七賞百姓大悦皆願捕賊多得婦女財物賊之失妻子者皆還求降渾責其得他婦女然後還其妻子於是轉相寇盜黨與離散又遣吏民有恩信者分布山谷告喻出者相繼乃使諸縣長吏各還本治以安集之興等懼將餘衆聚鄜城太祖使夏侯淵就郡助擊之渾率吏民前登斬興及其支黨又賊靳富等脅將夏陽長邵陵令并其吏民入磑山渾復討擊破富等獲二縣長吏將其所略還及趙青龍者殺

左内史程休渾聞遣壯士就梟其首前後歸附四千餘家由是山賊皆平民安産業

梁習爲并州刺史烏丸王魯昔叛還并州習令從事張景募鮮卑逐昔昔爲鮮卑所射死始太祖聞昔叛恐其爲亂於北邊會習已殺之大喜以習前後有策略封爲關内侯

何夔爲長廣太守牟平賊從錢衆亦數千夔率郡兵與張遼共討定之東牟人王營衆三千餘家脅昌陽縣爲亂夔遣吏王欽等授以計略使離散之旬月皆平定

蘇則爲金城太守李越以隴西反則率羌胡圍越越即請服太祖崩西平麴演叛稱護羌校尉則勒兵討之演恐乞降文帝以其功加則護羌校尉賜爵關内侯後演復結旁郡爲亂張掖張進執太守杜通酒泉黄華不受太守辛機進華皆自稱太守以應之又武威三種胡並寇鈔道路斷絶武威太守毋丘興告急於則時雍涼諸豪皆驅略羌胡以從進等郡人咸以爲進不可當又將軍郝昭魏平先

是各屯守金城亦受詔不得西渡則乃見郡中大吏及昭等與羌豪帥謀曰今賊雖盛然皆新合或有脅從未必同心因釁擊之善惡必離離而歸我我增而彼損矣既獲益衆之實且有倍氣之勢率以進討破之必矣若待大軍曠日持久善人無歸必合於惡善惡既合勢難卒離雖有詔命違而合權專之可也於是昭等從之乃發兵救武威降其三種胡與興擊進於張掖演聞之將步騎三千迎則辭來助軍而實欲為變則誘與相見因斬之出以徇軍其黨皆散走遂與諸軍圍張掖破之斬進及其支黨衆皆降演軍敗華懼出所執乞降河西平乃還金城進封都亭侯邑三百戸

賈逵為豫州刺史黃初中與諸將並征吳破呂範於洞浦進封陽里亭侯

張既為涼州刺史酒泉蘇衡反與羌豪鄰戴及丁令胡萬餘騎攻邊縣既與夏侯儒擊破之衡及鄰戴等皆降徐邈為撫軍軍師

明帝時涼州絕遠南接蜀寇以邈為涼州刺史使持節領護羌校尉至值諸葛亮出祁山隴右三郡反邈輒遣參軍及金城太守等擊南安賊破之

牽招為鴈門太守鮮卑大人軻比能大合騎來到古平州塞北招潛行撲討大斬首級

胡質為荊州刺史景初元年孫權遣將朱然等二萬人圍江夏郡質輕擊之退走

毌丘儉為幽州刺史齊王正始七年二月儉討高句驪五月討濊貊皆破之

王基為荊州刺史陳泰為新城太守嘉平二年正月攻吳破之降者數千口

鄧艾為兗州刺史毌丘儉作亂遣使求檄書欲疑惑大衆艾斬之兼道進軍先趣樂嘉城作浮橋司馬景王至遂據之文欽以後大軍破敗於城下艾追之至丘頭欽奔吳吳大將軍孫峻等號十萬衆將渡江鎮東將軍諸葛誕遣艾據肥陽艾與賊勢相遠要害之地輒移屯附亭遣泰山太守諸葛緒等於黎漿拒戰遂走之

蜀霍弋為護軍時永昌郡夷獠恃險不賓數為寇害乃以弋領永昌太守率偏軍討之遂斬其豪帥破壞邑落郡界寧靜

李嚴為犍為太守盜賊馬秦高勝等起事於郪合聚部數伍萬人到資中縣時先主在漢中嚴不更發兵但率將郡士五千人討之斬秦勝等首枝黨星散悉復民籍又越嶲夷率高定遣軍圍新道縣嚴馳往赴救賊皆破之吳朱然守義封大帝分丹陽為臨川郡以然為太守授兵二千人會山賊盛起然平討旬月而定

鍾離牧為南海太守高凉賊率仍弩等破略百姓殘害吏民牧越界撲討旬日降服

周魴為丹陽西部都尉黃武中鄱陽大帥彭綺作亂攻沒屬城

乃以魴為鄱陽太守與胡綜勠力致討遂生擒綺送詣武昌加昭義校尉

蔣欽為西部都尉會稽冶賊呂合秦狼等為亂欽將兵討擊遂擒合狼五縣平定從討越中郎將以涇拘昭陽為奉邑

陳表為翼正都尉嘉禾中諸葛恪領丹陽太守討平山越以表領新安都尉與恪參勢表在官三年廣開降納得兵萬餘人事捷當出會鄱陽民吳遽等為亂攻沒城郭屬縣搖動表便越界赴討遽以破賊遂降陸遜拜表偏將軍進封都鄉侯

黃蓋為武鋒中郎將武陵蠻夷反亂攻守城邑以蓋領太守時郡兵纔五百人自以不敵因開城門賊半入乃擊之斬首數百餘皆以奔走盡歸邑落誅討魁帥附從者赦之自春訖夏寇亂盡平諸幽邃巴醴由誕邑侯君長皆改操易節奉禮請見郡境遂清後長沙益陽縣為山賊所攻蓋又平討加偏將軍

朱治為吳郡都尉從錢唐欲進到吳吳郡太守許貢拒之於由

孝□□□□時吳郡□□治與戰大破之貢南就山賊嚴白虎治遂入
郡領太守事
呂岱為交州刺史時交阯太守士燮卒大帝以燮子徽為安遠將軍領九眞太守徽不承命舉兵以海口拒岱於是上疏請討徽罪督兵三千人晨夜浮海或謂岱曰徽藉累世之恩為一州所附未易輕也岱曰今徽雖懷逆計未虞吾之卒至若我潛軍輕舉掩其無備破之必也稽留不速使得生心嬰城固守七郡百蠻雲合響應雖有智者誰能圖之遂行過合浦徽聞岱至果大震怖不知所出即率兄弟六人肉袒迎岱岱皆斬送其首
晉王濬為益州刺史時張弘殺前刺史濬至設方略悉誅弘等以勳封關內侯
稽喜初為江夏太守吳將孫遵李承帥衆寇江夏喜擊破之又為徐州刺史吳故將莞恭帛奉舉兵反攻害建鄴令遂圍徐州喜討平之

府六百九十三　十一

吾彥代陶璜為交州刺史璜之死也九眞戍兵作亂逐其太守九眞賊帥趙祉圍郡城彥悉討平之
丁紹為冀州刺史到鎮率州兵討破汲桑有功加寧北將軍假節監冀州諸軍事時境內羯賊為患紹捕而誅之號為嚴肅河北人畏而愛之
羅尚領益州刺史時李特寇成都尚據大城自守李流進屯江西尚懼遣使求和是時蜀人危懼並結村堡請命于特特遣人安撫之益州從事任明說尚曰特既凶逆侵暴百姓又分人散衆在諸村堡驕怠無備是天亡之也可告諸村密剋期日內外擊之破之必矣尚從之明先偽降特特問城中虛實明曰米穀已欲盡但有貨帛耳因求省家特許之明潛說諸村諸村悉聽命還報尚尚許如其出軍諸村亦許一時赴會二年惠帝遣荊州刺史宋岱建平太守孫阜救尚阜已次德陽特遣蕩督李璜助任臧距阜尚遣大衆奄襲特營連戰二日衆少不敵特軍大敗收合餘卒引趣新繁尚軍引還得復追之轉戰三十餘里尚出大軍逆戰特軍敗績斬特及李輔李遠皆焚尸傳首洛陽
華譚為廬江內史時石冰之黨陸珪等屯據諸縣譚遣司馬褚敦討平之又遣別軍擊冰都督孟徐獲其驍率以功封都亭侯食邑千戶
鄧嶽為西陽太守及蘇峻反平南將軍溫嶠遣嶽與督護王愆期鄱陽太守紀睦等率舟軍赴難峻平還郡郭默之殺劉胤也大司馬陶侃使嶽率西陽之衆討之默平遷督交廣二州軍事建武將軍領平越中郎將廣州刺史假節
鍾雅為宣城內史錢鳳作逆雅率衆屯青弋時廣德縣人周玘為鳳起兵攻雅雅退據涇縣收合士庶討玘斬之鳳平徵拜尚書左丞袁眞為廬江太守攻合肥執南蠻校尉桑坦遷其百姓而還
王廙為廬江鄱陽二郡豫討周馥杜弢以功累增封邑

府六百九十三　十二

任權為蜀郡太守斬苻堅益州刺史李平遂平益州
辛景為臨海太守時孫恩叛亂寇臨海景討破之恩窮蹙乃赴海自沈妖黨男女投水從死者百數
劉牢之為淮陰太守妖賊劉黎僭尊號於皇丘牢之討滅之
桓沖為江州刺史桓溫之破姚襄也獲襄將張駿楊凝等徙于尋陽沖在江陵未及之職而駿率其徒五百人殺江州督護趙毗掠武昌府軍將妻子北叛沖遣將討獲之遂還所鎮
朱序為江夏相哀帝興寧末梁州刺史司馬勳反桓溫表序為征討都護往之以功拜征虜將軍太和中遷兖州刺史時長城人錢弘聚黨百餘人藏匿原鄉山以序為中軍司馬吳興太守序至郡討擒之事訖還兖州周楚從父撫入蜀為鷹揚將軍犍為太守父卒楚監梁益二州時梁州刺史司馬勳作逆楚與朱序討平之進冠軍將軍海西公太和中蜀盜李金銀廣漢妖賊李弘並聚衆為寇偽稱李勢子當以聖道五年號鳳皇又隴西

人李高詐稱李雄子破涪城梁州刺史楊亮失守楚遣其子璆討平之

杜瑗為交阯太守孝武太元五年十月九真太守李遜據交州反六年七月瑗斬遜交州平

辟閭渾為平原太守太元十七年齊國內史蔣喆殺樂安太守辟閭濬據青州反渾討平之

諸葛長民為宣城內史于時桓歆聚衆向歷陽長民擊走之

魏詠之為豫州刺史桓歆寇歷陽詠之率衆擊走之

劉謙之為始興相安帝義熙末東海人徐道期流寓廣州無事行為僑舊所陵侮因刺史謝欣死合率群不逞之徒作亂攻沒州城殺士庶素憾者百餘人傾府庫招集亡命出攻始興謙之破定之集平廣州誅其黨與仍行州事即以為振威將軍廣州刺史

劉敬宣為江州刺史時桓玄兄子亮自號江州刺史寇豫章亮

又遣苻宏寇廬陵敬宣並討平之

宋孟龍符晉末為淮陵太守與劉藩向廣州征桓歆桓石康破斬之

劉懷慎晉末為徐州刺史亡命王靈秀為寇討平之

諸談為會稽太守富陽人孫法光反寇山陰談遣山陰令陸劭討敗之

徐循為寧州刺史晉寧太守爨松子反叛循討平之

劉道隆為徐州刺史司州刺史劉季之反叛道隆討斬之

薛繼考為義州太守雍州刺史海陵王休茂殺司馬庾深之舉兵反繼考討斬之

劉道產為巴西梓潼二郡太守郡人黃公生任肅之張石之等並譙縱餘燼與姻親侯攬羅奧等招引白水氐規欲為亂道產誅公生等二十一家有其餘黨

申恬為北譙梁二郡太守鄒虎邊寨屢被寇恬吉到密知賊來仍伏兵要害出其不意悉皆擒殄

沈攸任為梓潼太守戍涪城東軍既反二郡強宗侯勵羅奧聚衆作亂四面雲合遂至萬餘人攻城急攸任東兵不滿五百推布腹心衆莫不為用出擊大破之逆黨皆平

蕭叔度為廣州刺史時桓玄族人開山聚謀據廣州事覺叔度悉平之

蕭惠話為青州刺史有亡命司馬勛之元之可之兄弟聚黨於東莞發干縣謀為寇亂惠話遣北海太守蕭汪之討斬之餘黨悉平

趙伯符為竟陵太守時竟陵蠻屢為寇伯符征討悉破之由是有將帥之稱

王玄謨為豫州刺史淮上亡命司馬黑石推立夏侯方進為主改姓李名弘以惑衆玄謨討斬之

崔靈運武帝永初末為振威將軍東萊太守景平初亡命司馬靈期司馬順之千餘人圍東萊靈運擊之斬靈期等

杜瑗為交阯太守時滕遜之為交州刺史遜之在州十餘年與林邑累相攻伐遜之將北還林邑王范胡達攻破日南九德九真三郡遂圍州城遜之去已遠瑗與第三子玄之悉力固守多設權策累戰大破之追討於九真日南達走還林邑乃以瑗為龍驤將軍交州刺史義旗建進號冠軍將軍

沈文季為吳興太守沈攸之作亂攻吳興文季討斬之

劉真道為梁南秦二州刺史文帝元嘉十八年氐賊難當便寇漢中真道率軍討破之

檀和之為交州刺史元嘉二十四年十月豫章胡誕反殺太守桓陵之和之南還至豫章因討平之

南齊柳世隆為江夏內史行郢州事宋昇明元年冬沈攸之反乘輕舸從數百先大軍下住白螺洲坐胡牀以望其軍有自驕色既至郢以郢城弱小不足攻遣人告世隆曰被太后令當暫還都卿既相與奉國想得此意世隆使人答曰東下之師久承聲問郢城小鎮自守而已攸之將去世隆遣人於西渚挑戰攸

之果怒令諸軍登岸燒郭邑築長圍攻道顔謂人曰以此攻城何城不剋晝夜攻戰世隆隨宜拒應衆皆披却李武初下與世隆别曰收之一旦爲變焚夏口舟艦沿流而東則坐守空城不可制也若留攻城不可卒拔卿爲其内我爲其外乃無憂爾至是李武遣軍主桓敬苟元賓等八軍據西塞令堅壁以待賊疲處世隆危急遣腹心胡元直潛使入郢城通援軍消息内外並喜郢城既不可攻而平西將軍黄回軍至西陽乘三層艦作羌胡伎泝流而進攸之素失人情本逼以威力初發江陵已有叛者至是稍多攸之日夕乘馬歷營撫慰而去不息攸之大怒召諸軍主曰我被太后令建義下都大事若剋白紗帽共着耳如其不振朝廷自誅我百口不關餘人此軍人叛散皆卿等不以爲意我亦不能問叛身自今中軍有叛者軍主任其罪於是一人叛追並去不反莫敢發覺咸有異計軍旅大散攸之渡魯山岸猶有數一匹騎自隨宣令軍中曰荊州城中大有錢可相與

府六百九十三　十五

還取以爲資糧郢城未有追軍而散軍畏蠻抄更相聚結可二萬人隨攸之將至江陵乃散世隆乃遣軍副周僧璿道追之攸之已死世隆後爲湘州刺史永明中湘川蠻陳雙李答寇掠郡縣刺史呂安國討之不克世隆到州督衆征討乃平之

王詡爲始興内史廣州刺史劉纘爲叛所殺詡率郡兵討平之

蕭惠休爲徐州刺史明帝建武二年魏軍攻鍾離惠休破之

蕭懿爲梁州刺史建武二年魏軍圍漢中懿拒退之

楊公則爲扶風太守荊州刺史巴東王子響構亂公則率師進討事平遷武寧太守

陳顯達爲益州刺史廣漢賊司馬龍駒據郡反顯達討平之

冊府元龜卷第六百九十三

册府元龜卷第六百九十四

牧守部二十四

武功第二

梁曹景宗初為蕭赤斧冠軍中兵參軍領天水太守時齊建元初蠻寇群動景宗東西討擊多所擒破

韋叡為豫州刺史領歷陽太守魏衆來寇叡率州兵擊走之

鄧元起初仕齊為弘農太守時西陽馬榮率緣江寇抄商旅斷絕刺史蕭遥欣使元起率衆討平之後為武寧太守東昏永元末魏軍逼義陽元起自郡援焉蠻帥田孔明附于魏自號郢州刺史寇掠三關規襲夏口元起率銳卒攻之旬月之間頻陷六城斬獲萬計餘黨悉皆散走仍戍三關

劉季連初仕齊為益州刺史永平二年巴西人雍道晞率群賊萬餘逼巴西去郡數里道晞稱鎮西將軍號建義巴西太守魯休烈與涪令李膺嬰城自守季連遣中兵參軍李奉伯率衆五千救之奉伯至與郡兵破擒道晞斬之涪市

裴邃為江太守天監五年魏將呂頗率衆五萬奄來攻郡邃率麾下拒破之加右軍將軍

桓和為青冀二州刺史天監五年伐魏和前軍剋朐山城

蔡撙為吳興太守天監九年宣城郡吏吳承伯挾道聚衆攻宣城殺太守朱僧勇因轉屠旁縣踰山寇吳興所過皆殘破衆有二萬掩襲郡城東道不習兵革吏民恇擾奔散並請撙避之撙堅守不動募勇敢固郡承伯盡銳攻撙撙命衆出拒衆於門應手摧破臨陣斬承伯餘黨悉平加信武將軍

李畟為交州刺史天監五年十一月畟斬交州反者阮宗孝傳首京師曲赦交州

戎景雋為徐州刺史普通五年八月景雋剋魏童城九月又剋睢陵城

夏侯夔為司州刺史大通元年正月夔進軍三關所至皆剋捷

徐顏為臨賀內史湘衡之界五十餘洞不賓勅令衡州刺史韋粲討之粲委顏為都督悉平之粲啓武帝稱顏誠幹降詔褒賞仍加超武將軍征討廣衡二州山賊

安成王秀為荊州刺史先是巴陵馬營蠻為緣江寇害後軍司馬高江產以郢州軍伐之不剋江產死蠻遂盛秀遣防閤文熾率衆討之燔其林木絕其蹊逕蠻失其嶮期歲而江路清於是州境盜賊遂絕

張齊為巴西太守郡人姚景和聚合蠻蜑抄斷江路攻破金井齊討景和於平昌破之

陸襄為鄱陽內史先是郡民鮮于琛服食脩道法常入山採藥拾得五色幡旄又於地得古璽竊怪之琛先與妻別室望琛所處常有異氣益以為神大同元年遂結其門徒殺廣晉令王筠號上願元年署置官屬其黨轉相誑惑有衆萬餘人將出攻郡襄先民率民吏脩城隍為備禦及賊至連戰破之生獲琛餘衆逃散

蘭欽為北梁州刺史大同元年十一月攻漢中剋之後為衡州刺史荊廣州因破俚帥陳文徹兄弟並擒之

新喻侯映為廣州刺史大同十年廣州人盧子略反映討平之

楊瞟為交州刺史梁大同元年正月剋交阯嘉寧城賊李賁竄入獠洞交州平

陳慶之為北兖州刺史會有妖賊沙門僧強自稱為帝土豪蔡伯龍起兵應之僧強頗知幻術更相扇惑衆至三萬攻陷北徐州濟陰太守楊起文棄城走鍾離太守單希寶見害使慶之討焉慶之受命而行曾未浹辰斬伯龍僧強傳其首

裴之高為梁郡太守時魏汝陰來附勅之高應接仍假節驍勇將軍潁州刺史士民夜乃踰城而入之高率家僮與麾下奮擊賊乃散走

杜懷寶為梁州刺史進督華州信秦州所部武興氏王楊紹先

傳寶擊破之

王僉為建安太守山賊首方善謝循聚徒依險屢為民患僉潛設方略率衆平之有詔褒美頒示州郡

陳周敷仕梁為寧州刺史熊曇朗之殺周文育據豫章將兵万餘人襲敷至城下敷與戰大破之退走五十餘里曇朗單馬獲免盡收其軍實曇朗走巴山郡收合餘黨敷因與周迪黃法㲀等進兵圍曇朗屠之

周文昭仕梁為弋陽太守侯景之亂元帝承制授西陽太守封西陽縣伯景遣兄子思穆據守齊安文昭率驍勇襲破思穆擒斬之以功授持節高州刺史

周迪為江州刺史武帝永定二年熊曇朗殺都督周文育舉兵反文帝天嘉元年迪平南中斬賊率熊曇朗傳首京師

後魏元延為并州刺史道武始皇二年并州守將封真率其種族與徒河為逆將攻延延討平之

趙德為趙郡太守神瑞二年司馬順之入常山詐言感衆稱受天帝命年二十五應為人君遂聚黨於封龍山德執送京師斬之

許宗之為定州刺史乞伏成龍為并州刺史文成太安二年丁零數千家亡匿井陘山聚為寇盜詔宗之成龍等討平之

武昌王平原為齊州刺史孝文延興元年妖賊司馬小聚衆反於平陵平原討擒之

尉洛侯為秦益二州刺史太和元年秦州略陽民王元壽聚衆五千餘家自號為衝天王洛侯討破元壽獲其妻子送京師

李肅為幽州刺史太和二十三年州民王惠定聚衆反自稱明法皇帝肅捕斬之

苟頹為司空孝文行幸三州頹留守京師沙門法秀謀反頹率禁旅收掩畢獲內外晏然桓道進為荊州刺史宣武景明元年攻南齊下筰戍拔之降者二千餘戶

田益宗為東豫州刺史景明元年破齊將吳子郡鄧元起於長風

楊大眼為東荊州刺史正始元年大破群蠻樊秀安等

薛真度為楊州刺史正始二年大破梁將王超宗俘斬三千

司馬靈壽為陳郡太守宋師侵境詔靈壽招引義士得二千餘人平公安頓破虎牢滑臺洛陽三城從五百餘家入河內又從討峒蠻西征涼州所在著功

薛懷吉延昌中為梁州刺史南秦民攻逼武興懷吉遣長史崔纂司馬韋彌別駕范珣擊平之進號右將軍

桓叔興為南荊州刺史延昌三年大破梁軍於九山斬其虎旅將軍蔡令孫冠軍將軍席世興貞義將軍藍次孫

魏子建為東益州刺史孝明正光五年招降南秦氐民復六郡十二代又斬賊王韓祖香南秦賊王張長命畏逼乃造降於蕭寶夤孝昌元年莫折念生遣都督楊鮓梁下辯要齊等攻仇池郡城子建遣將城邊擊破之斬下辯要齊等首

安樂王鑒為青州刺史孝昌元年齊州清河民崔畜殺太守董遵廣川民傅堆執太守劉藉反鑒討平之

呂羅漢為秦益二州刺史涇州民張羌郎扇惑隴東聚衆千餘人州軍討之不能制羅漢率步騎一千擊羌郎擒之

武昌悼王鑒為徐州刺史梁角城戍主柴慶宗以城內附鑒遣淮陽太守吳秦生率千餘赴之梁淮陰援軍已來斷路秦生屢戰破之乘勝而進遂剋角城

李元護為齊州刺史入朝以州民聊世明圖為不軌元護馳還歷城至即擒殄誅戮所加微為濫酷

彭城王勰子劭為青州刺史齊州民劉均房頃等扇動三齊梁遣彭城郡王辯等權授邊戍劭頻有防拒之効

六希質為膠州刺史梁武帝遣將率衆數万從郁州浮海擄梟來侵州界希質討破之

鄭歸之為滎陽太守屬元顥入洛令其舅范遵鎮守滑臺與輯

之隴岸相對遣潜軍夜度規欲掩襲賊之率陽城民拒河擊之
賊遂遁走朝廷嘉之除司州別駕崔元珍爲平陽太守頻破胡
賊郡内以安
楊椿初爲梁州刺史以母老解還復武都氐楊會反假椿節冠
軍都督西征諸軍事行梁州刺史與軍司羊祉討破之
房亮爲平原太守時冀州刺史京兆王愉據州反平原界在河
北與愉接境愉乃遣人說亮亮交以榮刺亮即斬其使人發兵防
捍愉怒遣其大將張靈和率衆攻亮亮督厲兵民喻以逆順出
城拒擊大破之
路思令爲南冀州刺史假平東將軍都督時葛榮遣其清河太
守李虎據高唐城以招叛民思令乃命麾下并率鄉曲潜軍夜
往出其不意遂大破之賊乃收衆南還
潘永基爲南徐州刺史梁將曹世宗馬洪武等率衆來寇永基
出討破之

奚康生爲南青州刺史梁武帝以郁州遣軍主徐濟寇邊康生
率將出破之擒濟賞帛千匹
宋翻爲兗州刺史梁將先據荆山規將寇竊壽春淪陷遂乘
勢徑趣項城翻遣將成僧達潜軍討襲頻戰破之自是州境帖然
張普惠爲東豫州刺史梁將胡廣來寇安陽軍主陳明祖等勝
白沙鹿城二戍梁又遣定州刺史田超秀田僧達等竊戍石頭
戍徑據安陂城郢州新塘梁軍近在州西數十里普惠前後命
將拒戰並破之
李賢爲原州刺史茹茹圍逼州城摽掠居民驅擁畜牧賢欲戰
大都督王德猶豫未決賢固請德乃從之賢勒兵將出賊密知
之乃引軍退賢因率騎士追擊斬二百餘級捕虜百餘人獲駝
馬牛羊二萬頭財物不可勝計所掠之人還得安堵
李孝怡爲魏郡太守時相州刺史中山王熙據鄴起兵孝怡陰
結募城民與熙長史柳元章別駕游荆之等率衆擒熙賞爵昌
樂伯
裴良爲龍州刺史州人張適李祐驅率百姓圍逼州城時糧仗
皆闕兵士又寡良設方略以拒之賊便退走於是出兵追擊衆
戰破之旬日之間州境清晏
叔孫建爲相州刺史飢胡劉虎等聚黨反叛公孫表等爲虎所
敗建督表等以討虎斬首万餘級餘衆奔走投沘水而死水爲
不流虜其十餘萬口
綦儁爲濟州刺史前青州刺史梁俟反攻掠青齊濟州儁討平
之又胡遷等據兗州作逆儁與齊州刺史尉景討平之
北齊堯奮爲南汾州刺史胡夷畏憚之西魏行臺薛崇禮舉衆
攻奮與戰大破之崇禮兄弟乞降送於相府轉驃騎將軍左
光禄大夫領州刺史
堯雄在魏爲豫州刺史梁將李洪芝王當伯襲破平鄉城侵擾
州境雄設伏要擊生擒洪芝當伯等俘獲甚衆梁司州刺史陳

慶之復率衆逼州城雄出與戰所向披靡身被二創壯氣益厲
慶之敗棄輜重走
高季式在魏爲濟州刺史天平中山東舊賊劉盤陁史明曜等
攻劫道路剽掠村邑齊兗青徐四州患之歷政不能討季式至
皆破滅之尋有濮陽民杜靈椿等攻剽野聚衆將萬人季式遣
騎三百一戰擒之又平路文徒黨賴顯等立營柵爲亂季式討
平之又有群賊破南河郡季式遣兵臨之應時斬戮自茲以後
遠近清晏
王峻爲營州刺史茹茹主菴羅辰率其餘黨東徙峻度其必來
預爲之備未幾菴羅辰到頻軍城西峻乃設奇伏大破之獲其
名王郁久閭豆拔提等數十人送於京師菴羅辰於此遁走先
是刺史陸士茂詐殺室韋八百餘人因此朝貢遂絕至是峻分
命將士要其行路室韋果至大破之虜其酋帥而還因厚加恩
禮放遣之室韋遂獻誠款朝貢不絕峻有力焉

任城王湝為青州刺史後主武平中州人崔蔚波等夜襲州城湝部分倉卒之際咸得齊整擊賊大破之

後周寇儁為梁州刺史時梁遣其將曹琰之鎮魏興繼日版築琰之屢擾疆場邊民患之儁遣長史杜林道率兵攻克其城并擒琰之琰之即梁大將景宗之季弟也於是梁人懾焉

郭彥為澧州刺史時齊南安城主馮顯密遣使歸降其衆未之知也柱國宇文貴令彥率兵應接齊人先令顯率所部送糧南下彥懼其衆不從命乃於路邀之顯因得自拔其衆果拒戰彥縱兵奮擊並虜獲之以南安無備即引兵掩襲顯分兵參軍鄒紹既為彥所獲因請為鄉導彥遂夜至城下令紹詐稱顯歸叩若開門待之彥引兵而入遂有其城俘獲三千餘人晉公護嘉之

史寧在西魏為車騎將軍行涇州事時賊帥莫折後熾寇掠居民寧率州兵與行原州事李賢討破之轉東義州刺史東魏亦以胡梨苟為東義州刺史寧僅得入州梨苟亦至寧逆擊破之斬其洛安郡守馮善道轉涼州刺史寧未至而前刺史宇文仲和據州作亂詔遣獨孤信率兵與寧討之寧先至涼州為陳禍福城中吏民皆相率降仲和乃據城不下尋亦克之加車騎大將軍儀同三司

宇文神舉為并州刺史所部東壽陽縣土人相聚為盜率其五千人來襲州城神舉以州兵討平之

韓褒為汾州刺史州界北接太原當千里徑先是齊寇數入民廢耕桑前後刺史莫能防扞褒乃不下屬縣民既不及設備以故多被抄掠齊人喜相謂曰汾州不覺吾至先未集兵今者之還必莫能追躡我矣由是益懈不為營壘褒已先勒精銳伏北山中分據險阻邀其歸路乘其衆怠縱伏擊之盡獲其衆故事獲生口者並囚送京師褒因是奏曰所獲賊衆不足為多俘而辱之但益其忿耳請一切放還以德報怨有詔許焉自此抄兵頗息

杜杲為脩成郡守屬[illegible]州人仇周貢等構亂攻逼脩成杲信

治於民部內遂無叛者尋而開府趙昶督諸軍進討其率冀與昶合勢遂破平之

梁臺為平涼郡守時莫折後熾結聚輕剽寇掠居民刺史史寧討之歷時不克臺陳賊形勢兼論攻取之策寧善而從之遂破賊徒

和洪為龍州刺史先是蠻人任公忻李國立等聚亂刺史獨孤善不能禦朝議以洪有武略代善為刺史月餘擒公忻國立皆斬首梟之餘黨悉平

楊文思治武都太守十姓獠反文思討平之復治冀州事党項羌叛文思率州兵討平之進擊資中武康隆山生獠及東山獽賊並破之

趙昶為安夷郡守時屬軍機科發切急氐情難之相率謀叛昶乃潛遣誘說離間其情因其攜貳遂輕往臨之群氐不知所為咸來見昶乃收其首逆者二十餘人斬之餘衆遂定又為武州刺史興州人段吒及氐酋姜多復反攻沒郡縣昶討斬之

賀若誼治熊州刺史平齊之役誼率兵出函谷先據洛陽即拜洛州刺史

王騰為江州刺史明帝初陵眉戎江資邛新遂八州夷夏及合州民張瑜兄弟並反衆數萬人攻破郡縣騰率兵討之轉潼州刺史後為龍州刺史州民李廣嗣李武等據[illegible]巖險以為堡壁招集不逞之徒攻劫郡縣歷政不能治騰密令多造飛梯身率麾下夜往掩襲未明四面俱上遂破之執廣嗣於鼓下其黨有任公忻者更聚徒衆圍逼州城乃語騰曰但免廣嗣及武即散兵請罪騰謂將士曰吾若不殺廣嗣等可謂賤軍實而長寇讎等之不可者也公忻豎子乃敢要人即斬廣嗣及武以首示之賊徒沮氣於是出兵奮擊盡獲之

隋趙賢通初仕後周為硤州刺史蠻首向天王聚衆作亂以兵攻信陵秭歸賢通勒所部五百人出其不意襲擊破之二郡獲

全持周人於江南岸置安蜀城以禦陳[illegible]雨數旬城[illegible]陷
步蠻酋鄭南鄉叛引陳吳將明徹欲掩[illegible]議者皆勸賢通益
脩守禦賢通曰不然吾自有以安之乃遣使詭誘江外生蠻向
武令乘虛掩襲所居獲其南鄉父子妻子南鄉聞之其黨各散
陳兵遂退明年吳明徹屢爲寇患賢通勒兵禦之前後十六戰
每挫其鋒獲陳裨將覃冏王足子吳朗等三人斬首一百六十
級以功授開府儀同三司遷郢州總管長史

元景州爲建州刺史時高祖丞相司馬消難之以鄖州入陳也
遣將樊毅馬傑等來援景山率輕騎五百馳赴之毅等懼掠居
民而遁景山追之一日一夜行三百餘里與毅戰於漳口三合
皆克毅等退保甑山鎮其城邑消難所陷者悉平之拜安州總
管桐栢山蠻相聚爲亂景山復擊平之及高祖受禪拜景山亳
州總管陳人張景遵以淮南內屬爲陳將任蠻奴所攻破其數
柵景山發兵援之蠻奴引軍而退徵爲候正

劉弘彭城人初仕後周爲郡太守尉遲迥之亂遣其將席毗寇
掠徐兗弘勒兵拒之以功授儀同

元亨為洛州刺史尉遲迥之亂洛陽人梁康邢流水等舉兵應
迥旬日之間衆至萬餘州治中王文舒潛與梁康相結將圖亨
亨陰知其謀乃選關中兵得二千人爲左右執文舒斬之以兵襲
擊梁康邢流水皆破之

豆盧通爲北徐州刺史尉遲迥之亂遣其所署台州刺史烏丸
尼率衆來攻通逆討破之賜帛八百段進位大將軍

蘇沙羅爲資州刺史舟尨羌作亂攻汶山金川二鎮沙羅率兵
擊破之授邛州刺史

韋沖檢校括州事時東陽賊帥陶子定吳州賊帥羅方慧並聚
衆爲亂攻圍婺州永康烏程諸縣沖率兵擊破之

張須陁爲齊郡丞賊帥王薄聚結亡命數萬人寇掠郡境官軍
擊之多不利須陁發兵拒之薄遂引軍南轉掠魯郡境須陁躡
之及于岱山之下薄恃驟勝不設備須陁選精銳出其不意擊
之薄衆大潰因乘勝斬首數千級薄收合亡散得万餘人將北
渡河須陁追之至臨邑復破之斬五千餘級獲六畜万計薄復
北連豆子𩓡賊孫宣雅石秖闍郝孝德等衆十餘万攻章丘須
陁遣舟師斷其津濟親率馬步二万襲擊大破之賊徒散走既
至津梁復爲舟師所拒前後獲其家累輜重不可勝計明年賊
帥裴長才石子河等衆二万奄至城下縱兵大掠須陁未暇集
兵親率五騎與戰賊競赴之圍百餘重身中數瘡勇氣彌厲會
城中兵至賊稍却須陁督軍復戰長才敗走後數旬賊帥秦君
弘方預等合軍圍北海兵鋒甚銳須陁謂官屬曰賊自恃强謂
我不能救吾今速去破之必矣於是簡精兵倍道而進賊果無
備擊大破之斬數万級獲輜重三千兩又賊左孝友衆將十万
屯於蹲狗山須陁列八營以逼之復分兵扼其要害孝友窘迫
面縛來降其黨解象王良鄭大彪李晼等衆各万計須陁悉討

平之威振東夏以功遷齊郡通守領河南道十二郡黜陟討捕
大使

楊善會爲清河郡丞賊帥張金稱以輕兵掠冠氏善會與平原
通守楊元弘步騎數万衆襲其本意武賁郎將王辯軍亦至金
稱釋冠氏來援因與辯戰辯不利善會選精銳五百赴之所當
皆靡辯軍復振賊退守本營諸軍各還于時山東思亂從盜如
市郡縣微弱陷沒相繼能抗賊者唯善會而已前後七百餘陣
未嘗負敗每恨衆寡懸殊未能滅賊會太僕楊義臣討金稱復
爲賊所敗退保臨清取善會之策頻與決戰賊乃退走乘勝遂
破其營盡俘其衆金稱將數百人遁逃後歸漳南招集餘黨善
會追捕斬之傳首行在所煬帝賜以尚方甲矟弓劍進拜清河
通守其年從楊義臣斬漳南賊高士達傳首江都宮帝下詔褒
楊之士達所部將竇建德自號長樂王來攻信都臨清賊王安
阻兵數千與建德相影響善會襲安斬之

陳孝意爲鴈門郡丞煬帝幸江都馬邑賊帥劉武周殺太守王仁恭舉兵作亂孝意率兵與武賁郎將王智辯討之戰於下館城反爲所敗武周遂轉攻傍郡百姓凶凶將懷叛逆前郡丞楊仁琦門令王確等並桀黠爲無賴所歸謀應武周孝意陰知之族滅其家郡中戰慄莫敢異志俄而武周來攻孝意拒之每致剋捷

慕容三藏爲疊州總管羌首符有剛叛三藏隨便討平之部内夷夏咸得安輯

楊義臣爲檢校趙郡太守妖賊向海公聚衆作亂寇扶風安定間義臣奉詔擊平之

王充爲江都郡丞領江都宮監及楊玄感反繼至黃巢數十万聚寨于州南敬堯極力抗禦逾旬而退俄又秦宗權之衆凌暴泰益甚合圍攻壁皆力屈而去蔡賊復遣將才君務以萬衆來逼郡堯列陳當之身先馳突殺獲甚多由是首全郡邑遠近歸附及淮人不恭太祖屢以大軍西伐路出州境敬堯悉心供億太祖深嘉之

張敬方開平中爲均州刺史時襄陽小將王求殺留後王班開使附於蜀房州聞之亦叛敬方能完其郡又移兵剋房陵

後唐袁建豐爲相州刺史領相州軍士行營在外指揮使王守謙據城以叛建豐引兵討平之段隰州刺史索自通爲京兆尹西京留守屬河中指揮使楊彥温據河中作亂自通率師討平之

晉馬全節後唐清泰初爲金州防禦使會蜀軍攻其城州兵纔及千人兵馬都監陳隱懼託以計他事出城領三百人順流而逃賊既盛人情憂沮全節悉出家財以給士復出奇拒戰以死繼之賊退朝廷嘉其功蕭銑鎬益以蒼梧高凉珠崖番禺之地附于林士弘各遣人召之和初未知隋亡皆不就林邑之西諸國並遣使和明珠文犀金寶之物富埒王者銑利之遣長真率百越之衆渡海侵和和遣高士廉率交愛首領擊之長真退走境內帖然全郡中撫四寧道德

于德秀武德中爲鄜州刺史梁師都來侵德秀擊却之

楊則爲靈州長史梁師都遣兵侵靈州則擊走之

任瓌爲穀州刺史王世充遣其將郭士衡步騎數千來侵瓌逆擊大破之俘斬且盡

張善爲伊州總管武德二年王世充遣其將王士隆寇伊州善擊走之

丁伯德爲西濟州刺史王世充遣其將來侵伯德擊破之

許紹爲硤州刺史蕭銑遣其將楊道生來侵紹擊破之

郭仁勖爲同州留守胡賊掠同州之白水縣坊仁勖討平之

開緒爲朔州刺史劉武周遣其將牛讓來侵開緒擊走之

獨孤開達爲遼州刺史劉黑闥擾亂山東所在多陷唯開達率屬百姓保其州境屢將兵斷賊糧道賊竟不敢侵逼

公孫武達貞觀初爲肅州刺史歲餘突厥數千騎輜重万餘人侵肅州欲戰虜稍却急攻之遂大潰擒之於張掖河又命軍士於上流以戰艦要其兵擊其餘衆賊半濟而岸上攻之斬首略盡降璽書勞勉之拜右監門將軍又突厥犯西偏武達爲甘州刺史成仁重大擊破之俘其男女千餘口雜畜數千計

李道彥貞觀中爲岷州都督吐谷渾來寇道彥擊走之執其名王二人俘斬六百餘級

崔義玄以高宗永徽中爲婺州刺史時睦州女子陳碩真作亂寇東陽義玄發兵拒之百姓訛言碩真有神靈犯其兵馬無不滅門士衆恟懼司功參軍崔玄籍曰起兵假名義猶且無成此乃妖誑豈得能久義玄乃遣玄籍爲先鋒自率官吏繼進至下淮戍擒其間諜數十人夜有流星墜賊營結朝進擊之左右以楯蔽箭義玄曰刺史尚欲避箭誰肯致死遽令去之於是士衆齊力賊衆大潰斬首數千級餘衆悉許其歸首進至睦州界歸者萬計房仁裕之軍與義玄相會遂獲碩真等斬之餘黨悉平

劉鱗爲南海太守以玄宗天寶二載破海賊吳令光於東郡

顏杲卿爲常山太守天寶十四載安祿山陷東都杲卿與長史袁履謙賈深等殺賊將李欽湊執賊將何千年高邈送京師一

顏眞卿天寶末爲平原太守安祿山遣其將李欽湊高邈何千年等守土門眞卿從父兄常山太守杲卿與長史袁履謙殺欽湊擒邈千年送京師土門既開十七郡同日歸順共推眞卿爲帥得兵二十餘万横絶燕趙詔加眞卿户部侍郎依前平原太守

薛景仙以肅宗至德初爲扶風太守安祿山逆賊攻陷河兵數百人來寇景仙與將軍康景龍率百姓斬其渠帥十餘人餘皆奔走

武齊莊爲文城太守破賊安定遂等五千餘衆盡獲其軍資器械

韋倫爲商州刺史充荊襄等道租庸使會襄州裨將康楚元張嘉延擁衆爲叛凶黨万餘人自稱東楚義王襄州刺史王政棄城遁走嘉延又南襲破江陵漢沔饋運阻絶朝廷旰食倫乃調兵駐鄧州界楚元凶黨有來降必厚加賞數日後楚元衆頗怠

倫進軍擊之生擒楚元以獻餘衆悉走收租庸錢物僅二百万貫並免失陷荊襄二州平

高晃爲汝州刺史破逆賊史思明賊衆三千生擒賊帥八十人及驢馬器械等不可勝數明年又破逆賊五千衆生獲三千人

李抱玉爲澤州刺史史思明圍澤州抱玉夜出軍大破之

邢濟寶應初爲桂州刺史討西原賊帥吳功曹等平之

裴虬爲道州刺史代宗永泰五千湖南都團練使崔灌爲其兵馬使臧玠所殺玠據潭州出軍討玠

李勉爲江西觀察使賊帥陳莊連陷江西州縣偏將呂太一武日昇相繼背叛勉與諸道兵戰悉攻平之

王雄大曆中爲容州刺史初安祿山反詔徵嶺南募兵命南陽太守魯炅統之以遏南侵魯炅與賊戰敗於葉縣嶺南山洞夷獠乘此相恐爲亂其首領梁崇牽自號平南十道大都統及其黨帥覃問等因誘西原賊張夏侯永攻陷城邑倚據容州前後陳仁琇李抗侯令儀耿愼惑元結長孫全緒等容州刺史皆寄理藤州或居梧州者及翃至藤州言於衆曰吾爲容州刺史安得寄理他邑乃出私財募將健許奏以高官厚勳以是人各盡勇未數日有斬賊帥歐陽珪馳往廣州見節度李勉求兵進援勉曰容州陷賊已久賊勢且強必難圖也若速討秖自敗耳終元成功翃復請曰大夫若不能命師但牒告諸州揚言三千兵援助與籍爲勢耳勉然之翃乃手札告諭義州刺史陳仁璀藤州刺史李曉庭等盟約討賊翃復募三千餘人同力耕戰至六年三月遂剋復容州故城賊猶壘境戰于數合節度使牒止翃用兵翃慮惑將士匿其牒奮起士卒大破賊數萬衆擒其大首領梁崇牽遂逐數百里外盡復容州故境翃發表以聞奏置順州以遏餘寇前後大小百餘戰生擒賊帥上獻者七十餘人累加銀青光祿大夫兼御史中丞充招討處置使翃又令其將張利用李寔等分討襲西原遂收復鬱

林諸州部内漸安後因哥舒晃殺節度使呂崇賁嶺南復亂翃遣大將李寔悉所管兵赴援廣州西原賊帥覃問復招集其黨曰容管兵馬盡赴廣州可襲取之於是悉衆奄至翃又力戰大破之生擒覃問代宗累遣中使慰問加翃金紫光祿大夫于邵爲巴州刺史時歲儉夷獠相聚山澤爲盜數千万人來圍州城邵撫屬州兵與之拒戰凡旬有二日間遣使說喻示以善惡山盜邀邵出乃以儒服出城致之不疑因皆降之節度使李抱玉以聞邵遷梓州刺史

張萬福攝廬壽二州刺史州送租賦詣京師至潁州界爲盜所劫萬福使輕兵入潁州界討之賊不意万福至忙追不得散万福悉聚而誅之盡得其所亡物并得前後所掠人妻子財物牛馬等万福悉還其家不能自致者萬福給船舉以遣歸眞拜壽州刺史淮南節度副使爲節度使崔圓所忌失刺史改濠鹽鄉以節度副使將千人鎮壽州萬福不以爲恨許杲以平盧行軍

司馬將三千人駐濠州不去有窺淮南意圖令万福攝濠州刺史杲聞即提卒去止當塗陳莊賊陷舒州圍又以万福爲舒州刺史督淮南岸盜賊連破其黨大曆三年召赴京師代宗謂曰聞卿名欲一識卿且將累卿以許杲万福拜謝因前曰陛下以許杲召臣如河北諸將叛欲以屬何人代宗笑謂曰且與吾了許杲事方當大用卿以爲和州刺史行營防禦使督淮南岸盜賊至州杲懼移軍上元杲至楚州大掠節度使韋元甫命万福追討之未至淮陰杲爲其將康自勸所逐自勸擁兵繼掠循淮南東万福倍道追而殺之免者十一二盡得所掠金帛婦女等皆護致其家軍還元甫將厚賞將士万福曰官健常虛費衣糧無所事今乃一小頃之不足過賞請用三之一代宗嘉詔以勞之賜衣一襲禁錦十雙

徐士美以德宗建中年爲黔中觀察使時溪州賊帥向子琪連結夷蠻控據山洞衆號七八千士美設奇略討平之詔書褒慰加檢校右常侍封高平郡公又爲鄂岳觀察使討伊愼有功授安黃節度

韓滉爲潤州刺史李希烈陷汴州滉擇其銳卒令裨將李長榮王栖曜與宣武軍節度劉玄佐犄角討襲解寧陵之圍復宋汴之路滉功爲多

李澄爲滑州刺史破李希烈逆衆於鄭州南境擒賊黨四十七人戎器二千餘事

辛秘以憲宗元和中爲湖州刺史屬李錡阻命將收支郡以大將守之遂分兵取五州刺史蘇常杭睦或先以戰敗或先被拘執賊黨以爲秘儒懦甚易之秘密遣衙門將丘知二勒兵數百人候賊將動逆戰大破之知二中流矢墜馬起而復戰斬其將焚其營一州遂安賊平以功賜金紫由是僉以秘材任將帥李愬爲絳州刺史澤州沁水縣妖賊李有經聚衆二千餘人來寇翼城縣愬以州兵及神策鎮軍擊破之擒有經以獻

李聽爲楚州刺史李師道反鄆人素易淮南之卒聽潛訓練出其不意趨海州據險要破沭陽兵降朐山戍懷仁東海兩城望風乞降山東平以功授夏州節度

竇易直以穆宗長慶中爲潤州刺史部將王國淸以所部八百人爲亂易直自將牙兵拒之國淸衆潰斬於京口餘黨連親兵復爲亂皆誅之

裴誼以文宗大和中爲江南西道觀察使誼奏吉州破赤石徐莊等洞賊殺戮擒獲共二百三十六人收賊柵七所器械三千三百三十事水陸田四百頃牛馬等四百七十餘頭梁王敬蕘唐末爲潁州刺史州境荒饉大寇吳人朱燮晉陵人管崇起兵江南以應之自稱將軍擁衆十餘万煬帝遣將軍吐万緒魚俱羅討之不能剋充募江都万餘人擊頻破之每有剋捷必歸功於下所獲軍實皆推與士卒身無所受由此人爭爲用功最居多爲郡城帥孟讓自長白山寇掠諸郡至盱眙有衆十餘万吞

以兵拒之而嬴師示弱保都梁山爲五柵相持不戰後因其角弛出兵奮擊大破之乘勝盡滅賊讓以數十騎遁去斬首万人六畜軍資莫不盡獲帝以充有將帥才略始遣領兵討諸小盜所向皆破之

郭絢爲涿郡通守山東盜賊起絢逐捕之多所剋獲時諸郡無復完者唯涿郡獨全

唐蕭瑀初仕隋爲河池郡守既至有山賊万餘人寇暴縱橫瑀潛募勇敢之士設奇而擊之在陣斬賊帥而降其衆所獲財畜咸賞有功由是人竭其力續以薛舉遣衆數万侵掠郡境瑀要擊之自後諸賊莫敢進郡中復安丘和隋末交阯太守會煬帝爲宇文化及所弑鴻臚卿寧長眞以鬱林始安之地附於孫彥韜仕後唐爲濮州刺史淸泰末群寇入郡郡人大擾彥韜率帳下百人一呼破之人皆感之

劉遂清爲易州刺史時王都與契丹連結將使遏其寇衝既至

郡大有禦侮之略境内賴焉

周許遷爲隰州刺史以太祖廣順元年十二月朝見賜襲衣金帶銀鞍馬獎守城之功也

册府元龜卷第六百九十四

冊府元龜卷第六百九十五

牧守部　二十三

刺舉　屏盗　折獄

刺舉

夫方伯之任民物是司必在當官而行臨事能斷下畏權倖雖私親䂓糾發瑕釁考案是非使吏不能爲姦民不受其弊政事明舉風威振肅共治之効於斯爲要先民有言養禾者去其稂莠其斯之謂歟

漢蓋寬饒爲司隸校尉刺舉不可迴避

魏相爲揚州刺史考案郡國守相多所貶退

何武爲揚州刺史所舉奏二千石長吏必先露章服罪者爲虧除免之而已（虧減也減除其狀令自去也）不服極法奏之抵罪或至死（又云二千石有罪應時舉奏其餘賢不肖敬之如一）

後漢郅壽爲冀州刺史所部屬郡多封諸王賓客放縱類不檢節壽案察之無所容貸仍使部從事專任王國又徙督郵舍王宫外動靜失得即時騎驛言上奏王罪及劾傅相於是藩國畏懼並爲遵節視事三年冀土肅清

徐璆字孟玉爲荊州刺史時董太后姊子張忠爲南陽太守因勢放濫贓罪數億璆臨當之部太后遣中常侍以忠屬璆璆對曰臣身爲國不敢聞命太后怒遽徵忠爲司隸校尉以相威臨璆到州舉奏忠贓餘一億使冠軍縣上簿詣大司農以彰暴其事又奏五郡太守及屬縣有贓汙者悉徵案罪威風大行

蘇章字孺文爲冀州刺史故人爲清河太守章行部案其姦贓乃請太守爲設酒肴陳平生之好甚歡太守喜曰人皆有一天我獨有二天章曰今夕蘇孺文與故人飲者私恩也明日冀州刺史案事者公法也遂舉正其罪州境知章無私望風畏肅

第五種爲兖州刺史時中常侍單超兄子匡爲濟陰太守負勢貪放種欲收舉未知所使會聞從事衛羽素抗直乃召羽具告之曰聞公不畏彊禦今欲相委以重事若之何對曰請庶幾於一割羽出遂馳到定陶閉門收匡賓客親吏四十餘人六七日中糾發其贓五六千萬種即奏匡并以劾超

蔡衍爲冀州刺史中常侍具瑗託其弟恭舉茂才衍不受乃收齎書者案之又劾奏河間相曹鼎贓罪千萬鼎中常侍騰之弟也使大將軍梁冀爲書請之衍不答鼎竟坐輸作左校

羊陟爲冀州刺史奏案貪濁所在肅然

陳翔字子麟爲揚州刺史舉奏豫章太守王永奏事中官吳郡太守徐參在職貪穢並徵詣廷尉參中常侍璜之弟由此威名大著

劉祐爲揚州刺史時會稽太守梁旻大將軍冀之從弟也祐舉奏其罪旻坐徵

王龔爲青州刺史劾奏貪濁二千石數人安帝嘉之徵拜尚書

趙戒爲荊州刺史時梁冀弟讓爲南陽太守恃椒房之寵不奉法戒到州劾奏之戒後爲南陽太守糾豪傑恤吏人奏免中官貴戚子弟爲令長貪濁者徵拜爲尚書令

种暠爲益州刺史永昌太守冶鑄黃金爲文蛇以獻大將軍梁冀暠糾發追捕馳傳上言

魏賈逵爲豫州刺史是時天下初復州郡多不攝逵曰州本以御史出監諸郡以六條詔書察長吏二千石已下故其狀皆言嚴能鷹揚有督察之才不言安靜寬仁有愷悌之德也今長吏慢法盜賊公行州先而不糾天下復何取正乎兵曹從事受前刺史假逵到官數月乃還考竟其二千石以下阿縱不如法者皆舉奏免之文帝曰逵真刺史矣布告天下當以豫州爲法賜爵關內侯

後魏辛術爲東南道行臺尚書安州刺史時臨清太守盱眙蘄城二鎮將犯法術皆案奏殺之

武昌王鑒爲徐州刺史先是京兆王愉爲徐州王既年少長

史盡澌篤以敎下郡縣多下奉法監表曰梁郡太守程靈虬唯酒是耽貪財爲事虐政殘民寇盜並起黷音停嚮盈於道路部境呼嗟僉焉怨酷梁郡密邇僞畿醜聲易布非直有點淸風亦恐取嗤荒遠請免所居官以明刑憲詔免靈虬郡守徵還京師於是徐境肅然

薛虎子爲徐州刺史時沛郡太守邵安下邳太守張攀咸以贓汙虎子案之於法

唐孔若思爲衛州刺史先是諸州別駕皆以宗室爲之不爲刺史致敬由是多行不法若思至州舉奏別駕李道欽罪犯請加鞫訊乃詔別駕於刺史致禮

嗣曹王皐爲溫州長史攝行州事州人李鈞及弟鍔棄其親不養凡十餘年時鈞爲殿中侍御史鍔爲京兆法曹皐奏鈞鍔不孝皆除名勿齒

柳公綽爲山南東道節度觀察使司農少卿李彤前爲鄧州刺史坐贓錢百餘萬仍自刻石紀功號爲善政碑公綽以事聞貶吉州司馬同正

屏盜

夫養雞者不畜貍牧獸者不育豺樹木者憂其蠹保人者除其賊故古之爲邦者著詰盜之制垂去惡之訓以惠保于小民也洎乃百城共治之寄重萬夫觀政之斯屬寬猛爲術舒慘在時而能奮嫉惡之志竭剌姦之勞勇略速成威信兼達或設科禁周求淵藪行交閒之計開自新之路懸告捕之賞恕旣往之罪傳檄敦諭殲厥兇渠礪兵掩擊滅其黨類或竄伏他境或悔歸本業澄淸所治震讋鄰部路有遺而莫顧商次野而如室其或饑民放僻獷俗貪殘無假滋章不煩血刃推心布惠令行禁止斯又堯舜之良吏也

漢王溫舒爲廣平都尉擇郡中豪敢往吏十餘人爲爪牙（豪隸果敢一往而死所顧者以爲吏也）皆把其陰重罪而縱使督盜賊使其意所欲得此人雖有百罪弗法（言所擇爲吏者得其人而使溫舒意若則不問其先所犯罪也法謂行法也）即有避回夷之亦滅宗以故齊趙之郊盜不敢近廣平廣平聲爲道不拾遺

趙廣漢爲潁川太守郡大姓原褚宗族橫恣（原褚二姓也）賓客犯爲盜賊前二千石莫能禽制廣漢旣至數月誅原褚首惡郡中震慄

龔遂爲渤海太守先是左右郡歲饑盜賊並起閒新太守至發兵以迎遂皆遣還移書敕屬縣悉罷逐捕盜賊吏諸持鉏鉤田器者皆爲良民吏毋得問（鉤鎌也）持兵者迺爲賊遂單車獨行至府郡中翕然盜賊亦皆罷渤海又多劫掠相隨聞遂敎令卽時解散棄其兵弩而持鉤鉏盜賊於是悉平

嚴延年爲涿郡太守時郡比得不能太守（比頻也）涿人畢野白等由是廢亂大姓西高氏東高氏（兩高氏各以所居爲號者）自郡吏已下皆畏避之莫敢與牾（牾逆也）咸曰寧負二千石莫負豪大家賓客放爲盜賊發輒入高氏吏不敢追寖浸日多道路張弓拔刃然後敢行其亂如此延年至遣掾蠡吾趙繡按高氏得其死罪繡見延年新將（將謂新爲郡守兼領武事故稱將也）心內懼爲兩劾欲先白其輕者觀延年意怒迺出其重劾延年已知其如此矣趙掾果白其輕者延年索懷中得重劾卽收送獄夜入晨將至市論殺之先所按者死（按者謂高氏）吏皆股弁（音變）更分考兩高窮竟其姦誅殺各數十人郡中震恐道不拾遺三歲遷河南太守賜黃金三十斤豪彊脅息野無行盜威震旁郡

張敞爲膠東相先是膠東盜賊起敞自請治之說辭之宣又自請治劇郡非賞罰無以勸善懲惡（懲止也）吏追捕有功効者願得一切比三輔尤異（三輔擇出游廣漢奏請令長安游徼獄史秩百石其有二百石卒史比之謂尤異）也天子許之敞到膠東明設購賞開羣盜令相捕斬除罪吏追有功上名尙書調補縣令者數十人由是盜賊解散傳相捕斬吏民歙然國中遂平是時潁川太守黃霸以治行第一入守京兆尹霸視事數月不稱罷歸潁川於是制以罷京兆相敞守京兆

尹自趙廣漢誅後比更守尹如霸等數人皆不稱職京師寖廢長安市偷盜尤多百賈苦之宣帝以問敞敞以爲可禁敞既視事求問長安父老偷盜酋長數人居皆溫厚出從童騎閭里以爲長者敞皆召見責問因貰其罪把其宿負令致諸偷以自贖偷長曰今一旦召詣府恐諸偷驚駭願壹切受署敞皆以爲吏遣歸休置酒小偷悉來賀且飲醉偷長以赭汙其衣裾吏坐里閭閱出者汙赭輒收縛之一日捕得數百人窮治所犯或一人百餘發盡行法罰由是枹鼓稀鳴市無偷盜（枹擊鼓杖也）天子嘉之後殺賊捕掾絮舜亡命後冀州部中有大賊天子思敞功効使使者即家拜爲冀州刺史敞起亡命復奉使典州既到部而廣川王國羣輩不道賊連發不得敞以耳目發起賊主名區處誅其渠帥廣川王姬昆弟及王同族宗室劉調等通行爲之囊橐（言容止盜賊若囊橐之盛物也）吏逐捕窮窘蹤迹皆入王宮敞自將郡國吏數百兩（兩一乘也）圍守王宮搜索調等果得之殿屋重轑中（[illegible]）敞傅吏皆捕格斷頭（言敞自擁吏而捕之）縣其頭王宮門外因劾奏廣川王天子不忍致法削其戶敞居部歲餘冀州盜賊禁止

王尊成帝時爲京兆尹先是南山羣盜傰宗等數百人爲吏民害拜故弘農太守傅剛爲校尉將迹射士千人逐捕（迹射言尋迹而射取之）歲餘不能禽或説大將軍王鳳賊數百人在轂下發軍擊之不能得難以視四夷獨選賢京兆尹乃可於是鳳薦尊爲諫議大夫守京輔都尉行京兆尹事旬月間盜賊清

蕭育爲大鴻臚以鄠名賊梁子正阻山爲害久不伏辜（[illegible]）育爲右扶風數月盡誅子正等

薛宣爲臨淮太守政教大行會陳留郡有大賊廢亂徙爲陳留太守盜賊禁止吏民敬其威信

朱博爲犍爲太守先是南蠻若兒數爲寇盜（若兒蠻夷之名）博厚結其昆弟使爲反間襲殺之郡中清

後漢董宣爲北海相坐殺人多罪左轉懷令後江夏有劇賊夏喜等寇亂郡境以宣爲江夏太守到界移書曰朝廷以太守能禽姦賊故辱斯任今勒兵界首檄到幸思自安之宜喜等聞懼即時降散

郭伋爲漁陽太守漁陽既離王莽之亂重以彭寵之敗民多猾惡寇賊充斥伋到示以信賞糾戮渠帥盜賊銷散

魯恭爲樂安相時東州多盜賊羣輩攻劫諸郡患之恭到重購賞開恩信其渠帥張漢等支黨降恭以漢補博昌尉其餘逐日相捕擊盡破平之州郡以安

馬稜爲廣陵太守坐事抵罪後數年江湖多劇賊以稜爲丹陽太守稜發兵掩擊皆禽滅之

第五種爲高密侯相永壽中徐兗二州盜賊羣輩高密在二州之郊種乃大儲糧稸勤厲吏士賊聞皆憚之桴鼓不鳴流民歸者歲中至數千家

度尚爲大山郡尉寇盜望風奔亡及在長沙宿賊皆平

張霸爲會稽太守始到越賊未解郡界不寧乃移書開購明用信賞賊遂束手歸附不煩士卒之力童謠曰棄我戟捐我矛盜賊盡吏皆休

樊曄爲天水太守道不拾遺行旅至夜聚衣裝道傍曰以付樊公

陽球辟司徒劉寵府舉高第九江山賊起連月不解三府上球有理姦才拜九江太守球到設方略凶賊殄破收郡中姦吏盡殺之

魏臧洪漢末爲青州刺史洪在州二年羣盜奔走

田豫爲南陽太守時郡人侯音反衆數千人在山中爲羣盜大爲郡患前太守收其黨與五百餘人表奏皆當死豫到郡悉見諸繫囚慰喻開其自新之路一時被械遣之諸囚皆叩頭願自效即相告語羣賊一朝解散郡內清靜具以狀上太祖善之

晉周玘爲吳興太守吳興寇亂之後百姓饑饉盜賊公行玘甚有威惠百姓敬愛之朞年之間境內寧謐

陶侃爲武昌太守時天下饑荒山夷多斷劫掠侃令諸將詐作商船以誘之劫果至生獲數人是西陽王羕之左右侃即遣兵逼羕令出向賊侃整陣於釣臺爲後繼羕縛送帳下二十人侃斬之自是水陸肅清

前秦苻融爲司隸校尉及鎮關東所在盜賊止息路不拾遺

宋劉鍾爲高陽內史領石頭戍事高祖討司馬休之前軍將軍道憐留鎮東府領屯兵冶亭羣盜數百夜襲鍾壘拒擊破之

南齊虞欣祖爲豫章王嶷中兵參軍嶷爲荊湘二州刺史時義陽劫帥張羣亡命積年鼓行爲賊義陽武陵天門南平四郡界被其殘破沈攸之連討不能禽末乃首用之攸之起事羣從下郢於路先叛結柴於三谿依據深險嶷遣欣祖爲義陽太守使降意誘納之厚爲禮遣於坐斬首其黨數百人皆散四郡獲安

王敬則爲吳興太守郡舊多剽掠有十數歲小兒於路取遺物殺之以殉自此道不拾遺郡無劫盜又錄得一偷召其親屬於前鞭之令偷身長掃街路久之乃令偷舉舊偷自代諸偷恐爲其所識皆逃走境內以清

梁王珍國爲桂陽內史討捕盜賊境內肅清

蕭昺爲雍州刺史州內清肅緣漢水陸千餘里抄盜絕迹又爲郢州刺史齊安竟陵郡接魏界多盜賊昺移書告示魏即焚鳩戍保境不復侵略

臧厥字獻卿爲晉安太守郡居山海常結聚逋逃前二千石雖募討捕而寇盜不止厥下車宣風化凡諸凶黨皆襁負而出居民復業商旅流通

謝覽爲吳興太守郡境多劫爲東道患覽下車肅然一境清謐

檀和之爲豫州刺史和之先歷始興太守交州刺史所在有威名盜賊屏迹無出亂猛獸伏不敢起

陳王猛爲晉陵太守威惠兼舉姦盜屏迹富商野次去以付王府君郡人歌之以比漢之趙廣漢

徐儉爲尋陽內史爲政嚴明盜賊靜息

後魏莫題道武時爲中山太守督司州之山東七郡事車駕征姚興次於晉陽而上黨羣盜秦頗丁零翟都等聚衆於壺關詔題帥衆三千以討之上黨太守捕頗斬之都走林慮詔題搜窮討盡平之

李曾爲趙郡太守令行禁止劫盜奔竄明元嘉之

薛裔爲河北太守郡帶山河路多盜賊有韓馬兩姓各二千餘家恃彊憑險最爲狡害劫掠道路侵暴鄉閭裔至郡之日收其姦魁二十餘人一時戮之於是羣盜懾氣郡中清肅

韓均爲冀州刺史廣阿澤在定冀相三州之界土廣民稀多有盜賊乃置鎮以靜之均在冀州劫盜止息

夏侯道遷爲西平將軍華州刺史轉安東將軍瀛州刺史爲政清嚴善禁盜賊

李安世爲相州刺史初廣平人李波宗族彊盛殘掠生民前刺史薛道𢷋親往討之波率其宗族拒戰大破道𢷋軍遂爲逋逃之藪公私成患百姓爲之語曰李波小妹字雍容褰裙逐馬如卷蓬左射右射必疊雙婦女尚如此男子那可逢安世設方略誘波及諸子姪三十餘人斬于鄴市境內肅然

高祐爲西兗州刺史設禁賊之方令五五相保若盜發者連坐初雖似煩碎後風化大行寇盜止息

廣陽王嘉子深孝明初拜肆州刺史預行恩信胡人便之劫盜止息

李崇爲兗州刺史兗土舊多劫盜崇乃村置樓樓懸一鼓盜發之處雙槌亂擊四面諸村始聞者撾鼓一通次復聞者以二爲節次後聞者以三爲節各擊數千槌諸村聞鼓皆守要路是以盜發俄頃之間聲布百里之內其中險要悉有伏人盜竊始發

便爾擒送諸州置樓懸鼓自崇始也

崔休爲渤海太守性嚴明推長治體下車先戮豪猾數人廣布耳目所在姦盜莫不擒翦百姓畏之寇盜止息清身率下渤海大治

崔延伯爲荊州刺史荊州土險蠻左爲寇每有聚結延伯輒自討之莫不摧殄由是穰土怗泰無敢爲患

辛纂爲滎陽太守民有姜洛生康乞得者舊是太守鄭仲明左右豪猾偷竊境內爲患纂伺捕擒獲梟於郡市百姓欣然

李洪之爲河內太守河內北連上黨南接武牢地險人悍數爲劫害長吏不能禁洪之至郡嚴設科防募斬賊者便加重賞勤勸務本盜賊止息誅鉏姦黨過爲酷虐

北齊王峻爲營州刺史營州地接邊城賊數爲民患峻至州遠設斥候廣置疑兵每有賊發常出其不意要擊之賊不敢發合境獲安

蘇瓊爲南清河太守其郡多盜及瓊至民吏肅然姦盜止息或外境姦非輒從界中行過者無不捉送

宋世良爲清河太守郡東南有曲隄成公一姓阻而居之羣盜多萃於此人爲之語曰寧度東吳會稽不歷成公曲隄世良施八條之制盜奔他境民又謠曰曲隄雖險賊何益但有宋公自屏迹

後周泉企爲東雍州刺史蜀人張一一爲聚黨剽劫州郡不能制企命收而戮之闔境清肅

李遷哲爲直州刺史鎮白帝黔陽蠻田烏度田都唐等每抄掠江中爲百姓患遷哲隨機出討殺獲甚多由是諸蠻畏威各送糧餼又遣子弟入質者千有餘家遷哲乃於白帝城外築水城以處之并置四鎮以靜峽路自此寇抄頗息軍糧贍給

韓褒爲北雍州刺史州帶北山多有盜賊褒密訪知並豪右所爲也而陽不之知厚加禮遇謂之曰刺史起自書生安知督盜所賴卿等共分其憂耳乃悉召桀黠少年素爲鄉里患者署爲主帥分其地界有盜發而不獲者以故縱論於是諸被署莫不惶懼皆首伏曰前盜發者並某等爲之所有徒侶皆列其姓名或亡命隱匿者亦悉言其所在褒乃取盜名簿藏之因大牓州門曰自知行盜者可急來首即除其罪盡今月不首者顯戮其身籍沒妻子以賞前首者旬日之間諸盜咸悉首盡褒取名簿校之一無差異並原其罪許以自新由是羣盜屏息

宇文貴爲益州刺史蜀人多劫盜貴乃召任俠傑健者署爲遊軍令其督捕由是頗息

隋元景山爲亳州總管先是州民王迴洛張季真等聚結亡命每爲劫盜前後牧守不能制景山下車逐捕之迴洛季真挺身奔江南擒其黨與數百人皆斬之法令明肅盜賊屏迹稱爲大治

陰世師爲武賁郎將遼東之役出襄平道明年帝復擊高麗以

本官爲涿郡留守于時盜賊蜂起世師逐捕之往往剋捷及帝還大加賞勞

楊子崇爲離石太守時百姓饑相聚爲盜子崇前後捕斬數千人

河間王弘爲蒲州刺史得以便宜從事時河東多盜賊民不得安弘奏爲盜者百餘人投之邊裔州境怗然號爲良吏

麥鐵杖爲汝南太守稍習法令羣盜屏迹

唐呂子臧仕隋爲南陽郡丞性剛直有幹用討擊羣盜往往克勝諸郡多荒殘南陽獨存子臧之力也

甚王靈龜爲魏州刺史爲政嚴肅姦盜屏絶左難當太宗貞觀初爲江州刺史時以江中盜賊劫掠爲商旅之弊詔以難當爲靜江大使自是江路肅清

李栖筠代宗時爲常州刺史時草賊帥張度因荒饉聚徒於陽羨西山且地接宣城逼之則爲敵破谷緩之則公行寇掠累歲

爲四境之患莫能翦除栖筠既至部設權略不踰時而盡獲其黨穴處千六十人一朝伏辜由是郡界無吠犬之虞而人知敬讓

呂元膺憲宗元和中爲東都防禦使時淄青節度使李師道置邸於河南府兵謀雜以往來吏不敢辨因吳元濟北犯郊畿多警防禦兵盡戍伊闕師道潛以兵數千百人內其邸謀焚宮闕而肆殺掠既烹牛饗衆矣明日將出會有卒楊進李再興者詣元膺告急變元膺始自伊闕追兵圍之半日無敢進攻者防禦判官王茂元殺一人而後進或有毀其墻而入者賊衆突出殺數人圍兵奔駭賊得結伍中衛內其妻子於橐裝以甲冑殿而行防禦兵羅觀其後不敢追賊出長夏門殺行人而奪其馬轉掠郊野濟伊水乃望山而逸元膺誡境上兵重購以捕之數日有山棚鬻鹿於市賊遇而奪之山棚走而徵其黨或引官軍共圍之谷中盡獲之窮驗得其魁中岳寺僧曰圓淨年八十餘嘗爲史思明將偉悍過人初執之使巨力者奮鎚折其脛不能折圓淨罵曰鼠子折人脚猶不能敢稱健兒乎乃自置其足使折之如其教乃折臨誅乃曰誤我事不得使洛城流血死者凡數千人留守防禦將二人都亭驛卒五人甘水驛卒三人皆潛受其職署而爲之耳目自始謀及將敗無知者初師道多買田於伊闕陸渾之間凡十餘處故以舍山棚而衣食之訾嘉珍門察者潛部分之以屬圓淨以師道錢千萬僞理嵩山之佛光寺期以嘉珍竊發時舉火於山中集二縣山棚入作亂及窮按之嘉珍門察皆稱賊武元衡者也元膺密檻聞以送之

蘇良嗣爲雍州長史時京城人相食盜賊縱橫良嗣爲政嚴肅盜發三日內無不擒獲遠近稱爲神明

崔鄖爲鄂岳安黃等州觀察使江湖之間萑蒲是聚因造蒙衝小艦上下千里朞月而盡獲羣盜

梁蔡從訓開平末權知汝州刺史殺山賊誅其首領李虔

後唐晉廷珽同光初爲復州遊弈使羣盜屏迹

晉孫彥韜初仕後唐爲濮陽刺史屬清泰末羣寇入郡郡人大擾彥韜率帳下百人一呼破之

陸思鐸爲深州刺史羣盜結集與屬邑爲患思鐸率數十騎朝夕討捕出必擒獲境內肅然百姓賴之

周李穀漢末爲工部侍郎權知開封府以中牟多盜誘縣人求其淵藪有劉德餘者梁時累攝簿尉於畿甸德餘時閒居中牟宗正之劉繼儒與之有舊因召問曰高祖踐祚四方羣盜屏息何國門之外唯中牟爲甚德餘素幹事謂繼儒曰如朝廷要捕賊假僕攝主簿或縣時可勦絕矣繼儒登時言于穀穀納其言尋版署攝主簿僅旬日穀請侍衛兵數十騎付德餘悉擒其黨一人縣佐史一人役御史臺爲其首也索其家得金寶犀玉帶羅錦衣服頗多積年兄弟爲賊自是中牟無道路之患

王晏爲徐州節度使晏滕人少以無賴攻剽爲吏所捕索乃從軍泊爲節將於故里徐方多盜前後郡守不能禁誅晏下車悉召故時僚友與之衣服鞍馬謂之曰吾鄉有多盜之名蓋昔憊出諸君之下爲我召集徧諭之當我鎮撫時各宜禁戢由是自晏撫封閭井晏然枹鼓之音頓息

折獄

呂刑有折獄之文秋官有弊訟之義非夫明智絶俗臨事不惑又曷能察微隱而辯疑似以厭乎人心者哉自炎漢而下修舉吏職觀民之重濟以法術繇是按察捕劾者績尤異若乃詰詐析惑申冤辨盜斷之以經義聽之以辭氣濟之以識略參之以奇譎靡待兩造之備克申片言之敏寘于憲法畏若神明斯固簡孚閱實之可尚也

漢雋不疑昭帝時爲京兆尹時有一男子自謂衛太子詔公卿將軍中二千石雜視不疑到叱從吏收縛或曰是非未可知且安之（安留衛之）不疑曰諸君何患於衛太子昔蒯聵違命出奔輒距而不納春秋是之（蒯聵衛靈公太子輒蒯聵子也蒯聵得罪於靈公而出奔晉及靈公卒使輒嗣位而拒之）

欲納蒯聵晉趙鞅求入衛魯哀公三年春齊國夏衛石曼姑帥師圍戚公羊傳曰曼姑受命於靈公而立輒以曼姑之義爲固可以距之也輒之義可以立乎曰可其可奈何不以父命辭王父命也衛太子得罪先帝亡不即死今來自詣此罪人也遂送詔獄天子與大將軍霍光聞而嘉之曰公卿大臣當用經術明於大誼繇是名聲重於朝廷在位者皆自以不及也

魏國淵爲魏郡太守時有投書誹謗者太祖疾之欲必知其主淵請留其本書而不宣露其書多引二京賦淵勑功曹曰此郡既大今在都輦而少學者其簡開解年少欲遣就師功曹差三人臨遣引見訓以所學未及二京賦博物之書也世人忽略少有其師可求能讀者從受之又密喻旨旬日得能讀者遂往受業吏因請使作箋比方其書與投書人同手收攝案問具得情理

胡質爲東莞太守士盧顯爲人所殺質曰此士無讎而有少妻所以死乎悉見其比居年少書吏李若見問而色動遂窮詰情狀若即自首罪人斯得

孫禮爲冀州牧太傅司馬宣王謂禮曰今清河平原爭界八年更二刺史靡能決之虞芮待文王而了宜善令分明禮曰訟者據墟墓爲驗聽者以先老爲正而老者不可加以榎楚又墟墓或遷就高敞或從避仇讎如今所聞雖皐陶猶將爲難若欲使必也無訟當以烈祖初封平原時圖決之何必推古問故以益辭訟昔成王以桐葉戲叔虞周公便以封之今圖藏在天府便可於坐上斷也豈待到州乎宣王曰是也當別下圖禮到案圖宜屬平原而曹爽信清河言下書云圖不可用當參異同禮上疏曰管仲霸者之佐其器又小猶能奪伯氏駢邑使沒齒無怨言臣受牧伯之任奉聖朝明圖驗地著之界界實以王翁河爲限而鄃以馬丹候爲驗詐以鳴犢河爲界假虛訟訴疑誤臺閣竊聞衆口鑠金浮石沈木三人成市虎慈母投其杼今二郡爭界八年一朝決之者緣有解書圖畫可得尋按擿校也平原在兩河向東上其間有爵隄爵隄在高唐西南所爭地在高唐西北相去二十餘里可謂長歎息流涕者也案解與圖奏而鄃不受詔此臣軟弱不勝其任臣亦何顏尸祿素餐輒束帶著履駕車待放爽見禮奏大怒劾禮怨望結刑五歲在家期年衆人多以爲言除城門校尉

前秦苻融爲司隸校尉京兆人董豐游學三年而返過宿妻家是夜妻爲賊所殺妻兄疑豐殺之送豐有司豐不堪楚掠誣引殺妻融察而疑之問曰汝行往還頗有怪異及卜筮以不豐曰初將發夜夢乘馬南渡水返而北渡復自北而南馬停水中鞭策不去俯而視之見兩日在于水下馬左白而濕右黑而燥寤而心悸竊以爲不祥還之夜夢如初問之筮者云憂獄訟遠三枕避三沐既至妻爲具沐夜授豐枕豐記筮者之言皆不從之妻乃自沐枕枕而寢融曰吾知之矣周易坎爲離夢乘馬南渡旋北而南者從坎之離三爻同變變而成離離爲中女坎爲中

男兩日二夫之象坎爲執法吏吏詰其夫婦人被流血而死坎二陰一陽離二陽一陰相承易位離下坎上既濟文王遇之囚羑里有禮而生無禮而死馬左而濕濕水也左水右馬馮字也兩日昌字也其馮昌殺之乎於是推檢獲昌而詰之昌具首服曰本與其妻謀殺董豐期以新沐枕枕爲驗是以誤中婦人又在冀州有老母遇劫於路母揚聲唱盜行人爲母逐之既擒劫者返誣行人爲盜時日垂暮母及路人莫知孰是乃俱送之融見笑曰此易知耳可二人並走先出鳳陽門者非盜既而還入融正色謂後出者曰汝真是盜何以誣人其發姦擿伏皆此類也

後魏司馬悅字慶宗爲豫州刺史時有汝南上蔡董毛奴者齎錢五千死在道路郡縣疑民張堤爲劫又於堤家得錢五千堤懼拷掠自誣言殺獄既至州悅觀色察言疑其不實引見毛奴兄靈之謂曰殺人取錢當時狼狽應有所遺此賊竟遺何物靈

之六唯得一刀鞘而已悅取鞘視之曰此非里巷所爲也乃召州城刀匠示之有郭門者前曰此刀鞘門手所作去歲賣與郭民董及祖　悅收及祖詰之曰汝何故殺人取錢而遺刀鞘及款引驗之又於及祖身上得毛放所着皁襦及祖伏法悅之察獄多此類也

宋世良爲清河太守陽平郡移掩劫盜三十餘人世良訊其情狀惟送十二人餘皆放之陽平太守魏明朗大怒云輒放吾賊及推問送者皆實放者皆非明朗大服

辛祥爲并州平北府司馬有白壁還兵藥道顯被誣爲賊官屬推處咸以爲然祥曰道顯面有悲色察獄以色其此之謂乎苦執申之月餘別獲真賊

柳崇爲河東太守初畨郡郡民張明失馬疑十餘人崇見之不問賊事人別借以溫顏更問其親老存不農桑多少而微察其辭色即獲真賊呂穆等二人餘皆放遣郡中畏服境內怗然

李崇爲揚州刺史先是壽春縣人苟泰有子三歲遇賊亡失數年不知所在後見在同縣人趙奉伯家泰以狀告各言己子並有鄰證郡縣不能斷崇曰此易知耳令二父與兒各在別處禁經數旬然後遣人告之者君兒遇患向已暴死有教解禁可出奔哀也苟泰聞即號咷悲不自勝奉伯咨嗟而已殊無痛意崇察知之乃以兒還泰詰奉伯詐狀奉伯乃款引云先亡一子故妄認之又定州流人解慶賓兄弟坐事俱徙揚州弟思安背役亡歸慶賓懼後役追責規絕名貫乃認城外死尸詐稱其弟爲人所殺迎歸殯葬頗類思安見者莫辨又有女巫陽氏自云見鬼說思安被害之苦飢渴之意慶賓又誣疑同軍兵蘇顯甫李蓋等所殺經州訟之二人不勝楚毒各自款引獄將決竟崇疑而停之密遣二人非州內所識者僞從外來詣慶賓告曰僕住在北州去此三百比有一人見過寄宿夜中共語疑其有異便即詰問迹其由緒乃云是流兵背役逃走姓解字思安時欲送官苦見求又稱有兄慶賓今住揚州相國城內嫂姓徐君脫矜愍爲往報告見申委曲家兄聞此必重相報所有資財當不愛惜今但見質若往不獲送官何晚是故相造指申此意君欲見雇幾何當放賢弟若其不信可見隨看之慶賓悵然失色求其少停當備財物此人具以報崇崇攝慶賓問曰尔弟逃亡何故妄認他尸慶賓伏引更問蓋等乃云自誣數日之間思安亦爲人縛送崇召女巫視之鞭笞一百崇斷獄精審皆此類也

李惠爲雍州刺史人有負鹽負薪者同釋重擔息於樹陰二人將行爭一羊皮各言藉背之物惠遣爭者出顧州綱紀曰以此羊皮拷知主乎郡下以爲戲言咸無應者惠令人置羊皮席上以杖擊之見少鹽屑曰得其實矣使爭者視之負薪者乃伏而就罪凡所察究多如此類由是吏民莫敢欺犯

比齊任城王湝爲并州刺史有婦人臨汾水浣衣有乘馬人換其新靴而去者婦人持故靴詣州言之湝召城外諸嫗以靴示

之紿曰有乘馬人於路被賊劫害遺此靴焉得無親屬乎一嫗撫膺哭曰兒昨着此靴向妻家如其語捕獲一時稱明察

彭城王浟爲滄州刺史有一人從幽州來驢馱鹿脯至滄州界脚痛行遲偶會一人爲伴盜驢及脯去明旦告州浟乃令左右及府僚吏分市鹿脯不限其價其主見識之推獲盜者轉都督定州刺史時有人被盜黑牛背上有白毛長史韋道建謂中從事魏道勝曰使君在滄州擒姦如神若捉得此定神也浟乃詐爲上府市牛皮倍酬價直使牛主認之因獲其盜建等歎服又有老母姓王孤獨種菜三畝數被偷乃令人密往書菜葉爲字明日中看菜葉有字獲賊爾後境內無盜政化爲當時第一

蘇瓊爲南清河太守郡東陵縣民魏雙成失牛疑其村人魏子賓送至郡一經窮問知賓非盜者即便放之雙成訴云府君放賊去百姓牛何處可得瓊不理其語密遣訪獲盜者從此畜牧不收多放散云但付府君有鄰郡富豪將財物寄置界內曰我

物已寄蘇公矣遂去平京郡有妖賊劉黑狗構結徒侶運於滄海所部人迎接村居無相淨累鄰邑於此伏其德後爰丘丞行徐州事徐州城中五級寺忽被盜銅像一百區有司徵檢四鄰防宿及蹤迹所疑逮繫數十人瓊一時放遣寺僧怨訴不為推賊瓊遣僧謝曰但且還寺得像自送爾後十日抄賊姓名及贓處所徑收掩悉獲其驗賊徒款引道俗歎伏

後周柳慶初仕後魏為雍州別駕有賈人持金二十斤詣京師交易寄人停止每欲出行常自執管籥無何緘閉不異而失之謂是主人所竊郡縣訊問主人遂自誣服慶聞而歎之乃召問賈人曰卿籥常置何處對曰常自帶之慶曰頗與人同宿乎曰無曰人同飲乎曰日者曾與一沙門再度酣宴醉而晝寢慶曰主人特以痛自誣非盜也彼沙門乃真盜耳即遣吏逮捕沙門乃懷金逃匿後捕得盡獲所失之金又有胡家被劫郡縣按察莫知賊所黨近被囚繫者甚多慶以賊徒既眾似是烏合既非舊交必相疑阻可以詐求之仍匿名書多牓官門曰我等共劫胡家徒侶混雜終恐泄露今欲首懼不免誅若聽先首免罪便欲來告慶乃復施免罪之牓居二日廣陽王欣家奴面縛自告牓下因此推窮盡獲黨與慶之守正明察皆此類也每歎曰昔于公斷獄無私闔高門可以待封儻斯言有驗吾其庶幾乎

于仲文為安固太守有任杜兩家各失牛後得牛兩家俱認州郡久不能決益州長史韓伯儁曰于安固少聰察可令決之仲文曰此易解耳於是令二家各驅牛羣至乃放所認者遂向任氏羣牛又陰使人微傷其牛任氏嗟惋杜家自若仲文於是詞詰杜氏杜氏服罪而去

隋元褒為原州總管有商人為賊所劫其人疑同宿者而執之褒以察其色寃而辭正遂舍之其盜尋發於他所

韋鼎為光州刺史有人客遊通主家之妾及其還去妾盜珍物於夜逃去尋於草中為人所殺主家知客與妾通因告客殺之縣司鞫問具得姦狀因斷客死辜獄成上於鼎鼎覽之曰此客實姦而殺非也乃某寺僧誣妾盜物令奴殺之贓在某處即放此客遣掩僧并獲贓物自是部內肅然不言咸稱其有神道無拾遺

晉張希崇鎮邠州日有民與郭氏為義子自孩提以至成人因佷戾不受訓遣之郭氏夫婦相次俱死郭氏有嫡子已長時郭氏諸親與義子相約云親子欲分其財助而訟之前後數政不能理遂成疑獄希崇覽其訴斷云父在已離母死不至止稱假子既二十年撫養之恩儻曰親兒犯三千條悖逆之罪頗為傷害名教復敢理認田園其生涯並付血嫡所訟人與朋姦者委法官以律定刑聞者服其明

冊府元龜卷第六百九十五

冊府元龜卷第六百九十六

牧守部　二十六

修武備

夫備豫不虞古之善教思艱圖易政之善經乃有居牧伯之重總連城之寄屬寇攘之連結或羌戎之密邇以至偪逼強敵旁接叛壘而能發先見之慮設未然之防厚囷倉之畜增池隍之固簡稽軍實申明師律訓練講閱之必至斥候烽燧之必嚴峻誅賞之令治戰守之具觸類而長大爲之防用能應變無窮遇戰必克叶干城之詠得庇民之術者焉古所謂物不素具則不可以應卒誠哉是言矣

後漢第五倫爲高密侯相特徐兖二州盗賊羣起高密在二州之郊倫乃大儲糧穡勤厲吏士賊間皆憚之桴鼓不鳴流民歸者歲中至數千家

郭伋爲漁陽太守時匈奴數抄郡界邊境苦之伋整勒士馬設攻守之略匈奴畏憚遠迹不敢復入塞民得安業後爲并州牧伋知盧芳夙賊難卒以力制常嚴烽候明購賞以結寇心芳將隨昱遂謀脅芳降伋芳乃亡入匈奴

崔寔爲五原太守是時胡虜連入雲中朔方殺略吏民一歲至九奔命寔整厲士馬嚴烽候虜不敢犯常爲邊最

樊準爲鉅鹿太守而趙魏之郊數爲羌所鈔暴準外禦寇虜內撫百姓郡境以安後轉河內太守時羌復屢入郡界準輒將兵討逐修理塢壁威名大行

任延爲武威太守郡北當匈奴南接種羌民畏寇抄多廢田業延到選武略之士千人明其賞罰令將雜種胡騎休屠黄石屯據要害其有驚急逆擊追討虜常多殘傷絶不敢出

劉馥爲揚州刺史高爲城壘多積木石編作草苫數千萬枚益貯魚膏數千斛爲戰守備建安十三年孫權率十萬衆攻圍合肥城百餘日時天連雨城欲摧於是以苫蓑覆之夜然脂照城外視賊所作而爲備賊以破走揚州士民益追思之以爲雖董安于之守晉陽不能過也

賈逵爲豫州刺史州南與吴接逵明斥候繕甲兵爲守戰之備賊不敢犯

張既爲凉州刺史與夏侯儒擊叛胡破之遂上疏請與儒治左城築鄣塞置烽候邸閣以備胡西羌恐率衆二萬餘落降

魏晃粲爲武威太守時戎夷頗侵疆埸粲明設防備敵不敢犯西域流通無烽燧之警

吴吾彦爲建平太守時王濬將伐吴造船於蜀彦覺之請增兵爲備皓不從彦乃輒爲鐵鎖橫斷江路及師臨境緣江諸城皆望風降附或見攻而拔唯彦堅守大衆攻之不能剋

晉王濬爲益州刺史武帝謀吴詔濬修舟艦濬乃作大船連舫方百二十步受二千餘人以木爲城起樓櫓開四出門其上皆得馳馬來往又畫鷁首水怪於船首以懼江神舟楫之盛自古未有濬造船於蜀其木柹蔽江而下吴建平太守吴彦取流柹以呈孫皓曰晉必有攻吴之計宜增建平兵建平不下終不敢渡皓不從尋以謡言拜濬爲龍驤將軍監梁益諸軍事

劉敬宣爲江州刺史課集軍糧搜召舟乘軍戎要用常有儲擬故西征諸軍雖失利退據因之每即振復

虞潭爲吴國內史脩滬瀆壘以防海抄百姓賴之

梁廬陵王續爲雍州刺史多聚馬仗畜養驍雄金帛內盈倉廪外實

鄭紹叔爲司州刺史創立城隍繕修兵器

陳毛喜爲永嘉內史喜至郡不受俸秩政弘清靜民吏便之遷豐州刺史章大寶舉兵反郡與豐州相接而素無備禦喜乃修治城隍嚴飾器械又遣所部松陽令周磻領千兵援建安賊平授南安內史

後魏韋彧為豫州刺史於城北置崇武館以習武焉境內清肅

江文遥為汝州刺史善於綏納甚得物情時洛周葛榮等相繼叛逆自幽燕已南悉皆淪陷唯文遥介在羣賊之外孤城獨守爲集荒餘且耕且戰百姓皆樂爲用

北齊封子繪為合州刺史到州未幾值蕭軌裴英起等江東敗沒行臺司馬恭發歷陽徑還壽春疆埸大駭兼在州器械隨盡毀盡城隍樓雉虧壞者多子繪乃修造城樓繕治軍器守禦所須畢備人情漸安尋勑於州營造船艦子繪為大使總監之陳武帝曾遣其護軍將軍徐度等率輕舟從柵口歷東關入巢湖徑襲合肥規燒船舫以夜一更潛寇城下子繪率將士格戰陳人奔退

後周王思政為荆州刺史州境卑濕城壍多壞思政乃命都督藺小歡督工匠繕治之

權景宣為南陽太守地隣敵境景宣脩起城樓多備器械寇盜斂迹民得肆業

宇文測行綏州事先每歲河冰合後突厥即來寇掠測乃於要路數百處並多積柴仍遠斥候知其動靜

唐顏真卿為平原太守時安祿山逆節頗著真卿以霖雨為託脩城浚池陰料丁壯儲廩實乃陽會文士泛舟外池飲酒賦詩或譖於祿山祿山密偵之以為書生不足虞無幾祿山反河朔盡陷獨平原城守具備

張鎰為濠州刺史屬李靈曜反于汴州鎰訓練鄉兵嚴守禦之備詔書褒異加侍御史緣淮鎮守

李芃為陳州刺史時李靈曜反於汴州永平節度使李勉署芃兼亳州防禦使練達軍事兵備甚肅

關播為淮南節度陳少遊判官攝滁州刺史時李靈曜阻兵跋扈於汴州少遊自領兵鎮淮上所在盜賊蜂起播調滁州兵令其守備

嗣曹王皋為洪州刺史時梁崇義反乃集州吏令軍中曰嘗有功未伸者別為行有策謀及器能堪佐軍者別為行有材將佐慎李伯潛劉昌裔皆自占皋察其詞氣驗其功皆補大將擢王鍔委之中軍以馬彝許孟容為賓介繕田兵具戰艦將重二萬為

張建封為壽州刺史時李希烈陷汴州遣使赴揚州未至為建封所得斬之希烈聞之大怒即署其大將杜少誠為偽僕射淮南節度令先平壽州然取廣陵建封於霍丘堅柵嚴加守禁少誠竟不能進後為濠壽廬三州觀察使大修緝城池悉心綏撫遠近悅附

韓滉為潤州刺史屬輿駕巡幸河汴騷然滉訓練士卒鍛礪戈甲稱為精勁

王翃為東都留守凡開置二十餘屯復市勁筋良鐵簡練器械無何吳少誠反蔡州翃賦車籍甲不得完繕而卒

呂元膺為東都留守請葺置山河子弟以衛宮城東都西南接鄧虢皆山谷獷遠多麋鹿猛獸人習射獵不務耕稼春夏以其族黨遷徙無常俗呼為山棚前留守權德輿知其可屬而用將請之會詔徵故元膺繼請焉

李景略為豐州刺史廣募諸蕃器械具二歲後軍聲雄冠北邊

梁趙犨唐末為陳州刺史時黃巢犯宮闕犨謂將吏曰賊巢之害遍於四方苟不為長安市人所誅則必驅殘黨以東下況與忠武父為仇讎凌我土疆勢必然也乃遣增垣墉浚溝洫實倉廩積薪芻凡四門之外兩舍之內民有資糧者悉令輓入郡中繕甲兵利劍槊弓弩矢石無不畢備又招召勁勇實之壁下以仲弟昶為防遏都指揮使以季弟珝為親從都知兵馬使長子麓次子霖皆分領銳兵黃巢在長安果為王師四面拒束食盡人飢謀東奔之計先遣驍將孟楷擁徒萬人直入項縣犨引兵擊之賊衆大潰斬獲略盡生擒孟楷中和三年朝廷聞其功就加檢校兵部尚書

王檀守密州刺史郡接淮戎舊無壁壘乃率丁夫修築羅城六旬而畢居民賴之

鄧季筠爲登州刺史下車稱理登州舊無羅城及季筠至郡率丁壯以築之民共安之

抑豪強

孔子曰齊之以刑國僑曰糾之以猛是知剛嚴武健以御其下者蓋亦有不得已而然也若夫豪猾之民陵暴孱弱兼并之族雄張邑里撓敗法令侵害吏治復有依恃強勢肆行姦宄條教不足以懲違德義不能以宣化縣是聲疾邪之志以除惡爲務秉顓權右專事威斷導德齊禮我則未暇風行霜烈一致於法俾暴橫者自禁柔懦者獲全其或深刻之過差勝任而喻使固與夫斷斷守道之吏異矣

漢郅都景帝時爲中郎將濟南瞷氏宗人三百餘家豪猾二千石莫能制於是帝拜都爲濟南守至則誅瞷氏首惡餘皆股栗言懼之甚股腳戰栗也居歲餘郡中不拾遺旁十餘郡守畏都如大府

嚴延年武帝時爲涿郡太守其治務在摧折豪強扶助貧弱貧弱雖陷法曲文以出之其豪桀侵小民者以文內之曲文而入之爲罪

義縱爲河內都尉至則族滅河內豪穰氏之屬河內道不拾遺

趙廣漢守京兆尹時新豐杜建爲京兆掾護作平陵方上方上謂陵上也建素豪俠賓客爲姦利廣漢聞之先風告不改於是收案致法致至也令至於罪罰之法中貴人豪長者爲請無不至終無所聽中貴人居中朝而貴者也豪豪桀也長者有名德之人也宗族賓客謀欲篡取逆取曰篡廣漢盡知其計議主名起居起居謂居止及欲發之狀使吏告曰若計如此且并滅家令數吏將建棄市莫敢近者京師稱之遷潁川太守先是潁川豪桀大姓相與爲婚姻吏俗朋黨廣漢患之厲使其中可用者受記受記相記告也可使者發屬而使之中出有案問既得罪名行法罰之廣漢故漏泄其語令相怨咎遣知其事由其人發故結怨咎也又教吏爲缿筩缿若今盛錢臧缿爲小孔可入而不可出或缿或筩皆爲此制而用受書令投於其中也及得投書削其主名而託以爲豪桀大姓子弟所言其後彊宗大族家家結爲仇讎姦黨散落風俗大改吏民相告訐面相斥曰訐廣漢得以爲耳目盜賊以故不發發又輒得壹切治理威名流聞

孫寶爲京兆尹以立秋日署侯文東部督郵入見勑曰今月鷹隼始擊當順天氣取姦惡以成嚴霜之誅掾部渠有人乎渠讀曰詎言所部內豈有其人乎又卬曰無其人不敢空受職卬謂仰頭而對也寶曰誰也文曰霸陵杜穉季寶曰其次除穉季之外更有誰也文曰豺狼横道不宜復問狐貍言不當釋大而取小也寶默然穉季者大俠與衞尉淳于長大鴻臚蕭育等皆厚善寶前失車騎將軍與紅陽侯有郤失車騎將軍意失士音息奏事也自恐見危時淳于長方貴幸友寶寶亦欲附之始視事而長以穉季託寶故寶窮無以復應文文怪寶氣索索盡也知其有故因曰明府素著威名今不敢取穉季當且闔閤勿有所問闔閉也如此竟歲吏民未敢誣明府也誣謗也即度穉季而譴它事[illegible]衆口讙譁終身自墮墮毀也寶曰受教穉季耳目長

聞知之杜門不通水火杜塞也不通水火言不往來也穿舍後牆爲小戶但持鉏自治園因文所厚自陳如此欲令文言之於寶也文曰我與穉季幸同土壤素無睚眦顧受將命分當相直言自顧念受天子命爲郡將以職分故當相值遇也誠能自改嚴將不治前事即不更心但更門戶適趣禍耳更改也穉季遂不敢犯法寶亦竟歲無所譴

何並爲潁川太守郡人鍾元爲尚書令領廷尉用事有權弟威爲郡掾臧千金臧謂受臧也並過辭鍾廷尉廷尉免冠爲弟請一等之罪減死罪一等願蚤就髡鉗並曰罪在弟身與君律不在於太守元懼馳遣人呼弟時陽翟輕俠趙季李款多畜賓客以氣力漁食閭里漁者謂侵奪取之若漁獵之爲也至姦人婦女持吏長短從横郡中聞並且至皆亡並下車求勇猛曉文法吏且十人使文吏治三人獄武吏往捕之各有所部敕曰三人非負太守迺負王法不得不治鍾威所犯多在赦前驅使入函谷關勿令汙民間不入關迺收之趙季李款惡雖遠去當得其頭以謝百姓鍾威負其

兄止頷陽(顉謂持其權力也)其吏格殺之亦得趙季它郡持頭還晉縣

頭及其具獄於市郡中清靜

尹翁歸為東海太守大豪郯許仲孫(郯縣之豪姓許名仲孫)為姦猾亂吏治郡中苦之二千石欲捕者輒以力勢變詐自解終莫能制翁歸至論棄仲孫市一郡怖栗莫敢犯禁東海大治以高第入守右扶風滿歲為真緩於小弱急於豪彊豪彊有論罪輸掌畜官(論罪決罪也扶風畜牧所在有苑師之屬故曰掌畜官也)使斫莝(莝斬芻也)責以員程不得取代(員數也計其人及日數為功程)不中程輒笞督(督責也)極者至以鈇自剄而死(鈇莝刃也使其斫莝故因以莝斫自剄)師畏其威嚴扶風大治

陳咸為南陽太守操持掾吏(操執也)郡中長吏皆令閉門自斂不得踰法公移敕書曰(公然移書以約勅也)即各欲求索自快是一郡百太守也何得然哉下吏畏之豪彊熟服令行禁止然亦以此見廢

後漢蔡茂為廣漢太守有政績稱時陰氏賓客在郡界多犯吏禁茂輒糾案無所回避

董宣為北海相到官以大姓公孫丹為五官掾丹新造宅而卜工以為當有死者丹乃令其子殺道行人置屍舍內以塞其咎宣知即收丹父子殺之丹宗族親黨三十餘人操兵詣府稱冤叫號宣以丹前附王莽慮交通海賊乃悉收繫劇獄(劇縣之獄)使門下書佐水丘岑盡殺之青州以為多濫奏宣考岑宣坐徵詣廷尉在獄晨夜諷誦無憂色及當出刑官屬具饌送之宣乃厲聲曰董宣平生未曾食人之食況死乎升車而去時同刑九人次當及宣光武馳使騶騎特原宣刑且令還獄遣使者詰宣多殺無辜宣具以狀對言水丘岑受臣旨意罪不由之願殺臣活岑使者以聞有詔左轉宣懷令令青州勿案岑罪

第五倫為蜀郡太守蜀地肥饒人吏富實掾史家貲多至千萬皆鮮車怒馬以財貨自達(怒馬謂馬之肥壯其氣憤怒也)倫悉簡其豐贍者遣還之更選孤貧志行之人以處曹任於是爭賕抑絕文職修理

羊陟為河南尹禁制豪右京師憚之

史弼為平原相為政特挫抑彊豪其小民有罪多所容貸

張歆為淮陽王相時王新歸國賓客放縱亂法禁歆將令尉入宮搜捕王自上歆坐左遷為汲令

王暢為南陽太守前後二千石逼懼帝鄉貴戚多不稱職暢深疾之下車奮厲威猛其豪黨有釁穢者莫不糾發會赦事得散暢追恨之更為設法諸受臧二千萬以上不自首實者盡入財物若其隱伏吏發屋伐樹堙井夷竈豪右大震

任延為武威太守將兵長史田紺郡之大姓其子弟賓客為人暴害延收紺案之父子賓客伏法者五六人紺少子尚乃聚會輕薄數百人自號將軍夜來攻郡延即發兵破之自是威行境內吏民累息

滕延為濟北相時小黃門段珪中常侍侯覽家在濟陰立田業近濟北界僕從賓客犯侵百姓劫掠行旅延一切收捕殺數十人陳尸路衢覽珪大怨以事上訴延坐多殺無辜徵詣廷尉免

朱穆為冀州刺史州人有宦者三人為中常侍並以檄謁穆穆疾之辭不相見

黃昌為陳相縣人彭氏舊豪縱造起大舍高樓臨道昌每出行縣彭氏婦人輒升樓而觀昌不喜也遂勑付獄案殺之郡中震慄

王宏為弘農太守考案郡中有事宦官買爵位者雖位至二千石皆掠考收捕遂殺數十人威動鄰界

苑康遷太山太守是時山陽張儉殺常侍侯覽母案其宗黨賓客或有迸匿太山界者康既常疾閹官因此皆窮相收掩無得遺脫覽大怨之誣康與兗州刺史第五種及都尉壺嘉詐上賊降徵康詣廷尉獄減死罪一等徙日南潁陰人及太山羊陟等詣闕為訟乃原還本郡

李固為荊州刺史上奏南陽太守高賜等臧穢賜等懼罪遂共重賂大將軍梁冀冀為千里移檄(言移檄一日行千里救之急也)而固持之愈急冀遂令徙固為太山太守

李寵爲河南尹先是潁川甄邵諂附梁冀爲鄴令有同歲生得罪於冀亡奔邵邵僞納而陰以告冀冀即捕殺之邵當遷爲郡守會母亡邵且埋屍於馬屋先受封然後發喪邵還至洛陽寵行塗遇之使卒投車於溝中笞捶亂下大署帛於其背曰諂貴賣友貪官埋母乃具表其狀邵遂廢錮終身

杜密歷代郡太山太守北海相其宦官子弟爲令長有姦惡者輒捕案之

第五種爲兖州刺史中常侍單超兄子匡爲濟陰太守負勢貪放種欲收舉未知所使會聞從事衛羽素抗厲乃召羽具告之謂曰聞公不畏彊禦今欲相委以重事若何對曰願庶幾於一割以鉛刀羽出遂馳至定陶閉門收匡賓客親吏四十餘人六七日中糾發其臧五六千萬種即奏匡并以劾超超窘迫遣刺客刺羽羽覺其姦乃收繫客具得情狀州内震慄朝廷嗟歎之

荀昱爲沛相弟曇爲廣陵太守兄弟皆正身疾惡志除閹官其支黨賓客有在二郡者纖罪必誅昱後共大將軍竇武謀誅中官與李膺俱死曇亦禁錮終身

魏倉慈爲燉煌太守郡在西陲以喪亂隔絶曠無太守二十歲大姓雄張遂以爲俗前太守尹奉等循故而已無所匡革慈到抑挫權右撫恤貧羸甚得其理舊大族田地有餘而小民無立錐之土慈皆隨口割賦稍稍使畢其本直

吴鄭胄爲建安太守時校事呂壹賓客於郡犯法胄收付獄考竟壹懷恨後密譖胄大帝大怒召胄還潘濬陳表並爲請得釋太常潘濬衞將軍陳表

晉劉喬爲豫章太守郡人莫鴻南土豪族因亂殺本縣令横恣無道百姓患之喬至誅鴻及諸豪右界内肅然

宋蔡興宗爲會稽太守郡多豪右不遵王憲又幸臣近習參半宫省封略山湖妨民害治興宗皆以法繩之會稽全實民物殷阜王公妃主邸舍相望撓亂在所大爲民患子息滋長督責無窮興宗悉啓罷省又陳原諸逋負解遣雜役並見從

南齊顧憲之爲東中郎長史行會稽郡事山陰人呂文度有寵於武帝於餘姚立邸頗縱横憲之至郡即表除文度後還葬母郡縣爭赴弔憲之不與相聞文度深恨之卒不能傷也

梁謝覽爲吴興太守中書舍人黄睦之家居烏程子弟專横前太守皆折節事之覽未到郡睦之弟子來迎覽逐去其船杖吏爲通者自是睦之家杜門不出不敢與公私關通

何遠爲東陽太守疾強富如仇讐視貧細如子弟特爲豪右所畏憚

後魏趙郡王謐弟譚自羽林監出爲高陽太守爲政嚴斷豪右畏之

房士達爲平原太守抑挫豪彊境内肅然

劉藻爲秦州刺史秦人恃險率多麤暴或拒入郡縣藻開示恩信誅戮豪横羌氏憚之守宰於是始得居其舊所

李洪之爲安南將軍秦益二州刺史至治立禁姦之制有帶刀行者罪與劫同輕重品格各有條章於是大饗州中豪傑長老示之法制乃夜密遣騎分部覆諸要路有犯禁者輒送州宣告斬決

竇瑗爲原州刺史抑挫豪右申理幽滯

泉企爲東雍州刺史部民楊羊皮太保椿之從弟恃託椿勢侵害百姓守宰多被其淩侮皆畏而不敢問企收而治之將加極法於是楊氏慙懼闔宗詣闕請恩自此豪右屏迹無敢犯者

元仲景爲河南尹奉法無私時吏部尚書樊子鵠部下縱横又爲盜竊仲景密加收捕悉獲之咸即行決於是豪貴寒心

北齊裴讓之爲清河太守郡有二豪吏田轉貴孫舍興久吏姦猾多有侵削因事遂脅人取財計贓依律不至死讓之以其亂法殺之

後周柳慶魏孝武帝時爲雍州別駕廣陵王元欣魏之懿親

其甥孟氏屢爲凶横或有告其盗牛慶推捕得實趣令就禁孟氏殊無懼容乃謂慶曰今若加以桎梏復何以殺之欲亦遣使辨其無罪孟氏由此益驕慶於是大集僚吏盛言孟氏依倚權戚侵虐之狀言畢便令笞殺之此後貴戚斂手不敢侵暴

韓褒爲都督西涼州刺史羌胡之俗輕貧弱尚豪富豪富之家侵漁小民同於僕隷故貧者日削豪者益富褒乃悉募貧民以充兵士優復其家蠲免徭賦又調富人財物以振給之每西域商貨至又先盡貧者市之於是貧富漸均戸口殷實

隋庫狄士文爲雍州刺史士文謂人曰我向法深不能窺候要貴必死此官矣乃下車執法嚴正不避貴戚賓客莫敢至門人多怨望

唐魏元忠則天長安中爲并州副元帥時奉宸令張易之嘗縱其家奴凌暴百姓元忠笞殺之權豪莫不敬憚

路嗣恭代宗大曆中爲江南西道都團練觀察使在官恭恪善

理財賦賈明觀者事北軍都虞候劉希暹從坐明觀積惡犯衆怒時宰相元載受賂遣江南効力魏少遊承載意苟容之及嗣恭代少遊即日杖殺識者稱之

鄭叔則德宗貞元初爲京兆尹奏射生神策及六軍將士准三月二十一日勅如有關府縣須其辯對者先具奏聞然移牒本軍不得懸有追捕伏以浩穰之地姦慝不常小失隄防恐難懲肅其婚田常務即請准勅處分其盗賊鬬毆及姦偽等若待奏報恐失罪人請以時追捕具狀申奏從之

許孟容憲宗元和四年爲京兆尹神策軍吏李昱假貸長安富人錢八千貫滿三歲不償孟容遣吏收捕械繫剋日命還之曰不及期當死自興元已後禁軍有功又中貴人尤有恩澤者方得護軍故軍士益横府縣不能制孟容剛正不懼以法繩之一軍盡驚冤訴於帝帝命中使宣旨令送本軍孟容繫之不遣中使再至乃執奏曰臣誠知不奉詔當誅然臣職司輦轂合爲陛下彈抑豪强錢未盡輸昱不可得帝以其守正許之自此豪右斂跡威望大震

王播元和五年代許孟容爲京兆尹時禁軍諸鎮布列畿内軍人出入屬鞬佩劍往往盗發難以擒姧播奏請畿内軍鎮將卒出入不得持戎具諸王駙馬權豪之家不得於畿内試鷹犬畋獵之具詔從之於是姧豪屏息

劉栖楚敬宗寶曆中爲京兆尹摧抑豪右甚有鈎距時人比之西漢趙廣漢

馮宿爲河南尹洛苑使姚文壽縱部下侵欺百姓吏不敢捕一日遇大會常所捕者傲睨於文壽之側宿知而掩之杖死

王起鎮蒲州有豪民怙西軍之勢者立擒而斃之一境[illegible]

韋長文宗大和末爲京兆尹奏准赦天下州府杖輕罪除情狀巨蠹者其他過誤及尋常公事違犯不得鞭背者伏以京師浩穰姧豪所聚終日懲罰抵犯猶多小有寬容即難禁戢若恭守

勅旨則無以肅清若臨事用刑則有違詔命伏望許依前據輕重處置從之

薛元賞開成初爲京兆尹奏京城豪猾素難禁戢自去冬後益恣兇狂假託軍司劫掠坊市伏望自去年十一月後府縣所由及坊市百姓投名諸軍諸使諸司悉令解還府縣冀得畿内寧止輦下清肅許之

柳仲郢武宗會昌中爲京兆尹時紇千皋許表甥劉詡歐母詡爲禁軍小校仲郢不候奏下杖殺之

王龜宣宗大中中爲同州防禦使同州素稱難理春夏稍有水旱公賦不齊以姦詐者得計龜下車之後春雨霑洽夏役許之乃分許吏繩其彊者纚其貧者有牙將白約者兇戾狡譎前後長吏皆爲姑息龜知之一日有軍士揚言云月給虧損承前必達其主吏遂令擒揚言者於其理所詰之減日白約所教也遂遣判官聲獄鞫而得情杖殺之有爲黨者悉配之于外由是兇

家者翕然而感其威而且惠

冊府元龜卷第六百九十六

府六百九十六　十三

冊府元龜卷第六百九十七

牧守部二十七

酷虐　苛細　驕逸　邪佞

酷虐

孔子曰導之以政齊之以刑民免而無恥老子曰其政察察其民缺缺故歷代史臣以酷吏敘傳者其最惡亦衆矣自秦網凝密不務教化滅絶仁義殘及至親上之所行下有甚者至于守土之吏又何足論本其爲術出於法家故其御民也若雍氏之去草旣蕰崇之又行火焉漢承秦弊凡事簡易禁網疎闊僅至刑措然吏二千石而下以能挫豪猾威振郡國爲已任者亦比比而有其數也冰慄火烈鷹隼擊虎怒以刀鋸爲治具流骨血於寃內急若束溼害過屠伯充積寃氣鮮聞令終斯乃推埋剟薄之人非鄉黨禮義之士任官苟失何世無之如狼牧羊誠非虛語則共理之政得不慎擇其循良也哉

漢周陽由（周陽姓由名也）景帝時爲郡守武帝即位吏治尚脩謹然由居二千石中最爲暴酷驕恣所愛者撓法活之所憎者曲法滅之（撓亦屈也）所居郡必夷其豪

甯成爲內史抵罪家居武帝欲以爲郡守御史大夫公孫弘曰臣居山東爲小吏時成爲濟南都尉其治如狼牧羊成不可令治民帝迺拜成爲關都尉歲餘關吏稅肄郡國出入關者（肄閱也）號曰寧見乳虎無直甯成之怒（猛虎産乳養護其子則搏噬過常故以喻也直當也）其暴如此

義縱爲河內都尉至則族滅其豪穰氏之屬河內道不拾遺自河內遷爲南陽太守聞關都尉甯成家居南陽及至關甯成側行送迎然縱氣盛弗爲禮至郡遂案甯氏破碎其家成坐有罪及孔暴之屬皆奔亡南陽（孔氏暴氏二家素豪猾者）吏民重足一迹而平氏朱彊杜衍杜周爲縱爪牙之吏任用（平氏杜衍二縣名）遷爲廷尉史軍數出定襄定襄吏民亂敗於是徙縱爲定襄太守縱至掩定襄獄中重罪二百餘人及賓客昆弟私入相視者亦二百餘人縱壹切捕鞫曰爲死罪解脫（壹切皆權時之事非久法也諸囚徒私解脫桎梏鉗赭加罪一等爲人解脫與同罪縱鞫相賂餉者二百人以爲解脫死罪盡殺之鞫窮也謂窮其罪名也）是日皆報殺四百餘人（奏請得報而論殺）郡中不寒而慄猾民佐吏爲治（百姓有素豪猾爲罪惡者今畏縱之暴反爲吏耳目以助治公務自效）是時趙禹張湯爲九卿矣然其治尚寬輔法而行縱以鷹擊毛摯爲治（言如鷹隼之擊奮毛羽執取飛鳥也）後會更五銖錢白金起民爲姦京師尤甚迺以縱爲右內史王溫舒爲中尉溫舒至惡所爲弗先言縱縱必以氣陵之（言溫舒爲惡縱又甚也）敗壞其功其治所誅殺甚多然取爲小治姦益不勝直指始出矣吏之治以斬殺縛束爲務閻奉以惡用矣（閻奉以暴惡之故而見用）

王溫舒爲廣平都尉擇郡中豪敢往吏十餘人爲爪牙（豪傑而敢往果敢）皆把其陰重罪而縱使督盜賊快其意所欲得此者（一無所顧以爲吏）人雖有百罪弗法（言所捕盜賊得其人而快溫舒意者即有百罪不問其先所犯罪也法謂以法治之）即有避回夷之亦滅宗（避回謂不盡意捕擊也）以故盜不敢近廣平（[illegible]）

遷爲河內太守素居廣平時皆知河內豪姦之家及往以九月至令郡具私馬五十疋爲驛自河內至長安（以私馬往往置驛也）部吏如居廣平時方略捕郡中豪猾相連坐千餘家上書請大者至族小者乃死家盡沒入償臧（以償所臧也贓謂贓罪者所得也沒入官或償其主也）奏行不過二日得可事論報至流血十餘里（天子可其奏而論殺之人多故血流也）河內皆怪其奏以爲神速盡十二月郡中無犬吠之盜其頗不得失之旁郡追求會春溫舒頓足歎曰嗟乎令冬月益展一月足吾事矣（立春之後不復行刑故云然展伸也）其好殺行威不愛人如此

君蔡爲淮陽都尉所誅滅尤甚及死仇家欲燒其尸妻亡去歸葬

田雲中祁連將軍廣明之弟爲淮陽守亦敢誅殺吏民守闕告之竟坐棄市

嚴延年爲涿郡太守疾惡泰甚中傷者多尤巧爲獄文善史書所欲誅殺奏成於手中主簿親近史不得聞知奏可論死奄忽如神冬月傳屬縣囚會論府上（總集郡府而論殺）流血數里河南號曰

晉伯（言延年義人如晉兒之敬六畜伯長之）令行禁止郡中正清

尹賞爲江夏太守捕格江賊及所誅吏民甚多坐殘賊免

鄭昌爲太原涿郡太守南陽太守弘之弟也昌用刑罰深不如弘平

陳咸爲南陽太守所居以殺伐立威豪猾吏及大姓犯法輒論輸府（之府謂郡之府）以律程作司空（司空主役之官）爲地臼木杵舂不中程或私解脫鉗釱衣服不如法（鉗在頸釱在足皆以鐵爲之）輒加罪笞督作劇不勝痛（作程劇苦又被督笞罰數多故不勝痛也）自絞死歲數百千人久者蟲出腐爛家不得收

後漢樊曄爲天水太守政嚴猛好申韓法善惡立斷人有犯其禁者率不生出獄吏人及羌胡畏之涼州爲之歌曰游子常苦貧力子夫所富寧見乳虎穴不入冀府寺大笑期必死忿怒或見置嗟我樊府居安可再遭値

董宣遷北海相到官以大姓公孫丹爲五官掾丹新造居宅而卜工以爲當有死者丹乃令其子殺道行人置屍舍內以塞其咎宣知即收丹父子殺之丹宗族親黨三十餘人操兵詣府稱冤叫號宣以丹前附王莽慮交通海賊乃悉收繫劇獄使門下書佐水丘岑盡殺之青州以其多濫奏宣考岑宣坐徵詣廷尉在獄晨夜諷誦無憂色及當出刑官屬具饌送之宣乃厲色曰董宣生平未曾食人之食況死乎升車而去時同刑九人次應及宣光武馳使騶騎特原宣刑且令還獄遣使者詰多殺無辜宣具以狀對言水丘岑受臣旨意罪不由之願殺臣活岑使者以聞有詔左轉宣懷令令青州勿案岑罪

李章爲千乘太守坐誅斬盜賊過濫徵下獄免

周紆爲司隸校尉六年夏旱車駕自幸洛陽錄囚徒二人被掠生蟲坐左轉騎都尉又爲勃海太守每赦令到郡輒隱閉不出先遣使屬縣盡決刑罪乃出詔書坐徵詣廷尉免歸

黄昌爲陳相縣人彭氏舊豪縱造起大舍高樓臨道昌每出行

縣彭氏婦人輒升樓而觀昌不喜遂勑收付獄案殺之

陽球爲平原相天下大旱司空張顥條奏長吏苛酷貪汙者皆罷免之球坐嚴苦徵詣廷尉

王吉中常侍甫之養子爲沛相專選剽悍吏擊斷非法若有生子不養即斬其父母合土棘埋之凡殺人皆磔屍車上隨其罪目宣示屬縣夏月腐爛則以繩連其骨周徧一郡乃止見者駭懼視事五年凡殺萬餘人其餘慘毒刺刻不可勝數郡中惵恐（惵懼也）莫敢自保及陽球奏甫（欽若等曰球爲司隸校尉奏收甫等）乃就收執死於洛陽獄

魏施畏丹陽人倪顗會郡人胡業南陽人並爲刺史郡守時人謂之苛暴

劉類高陽人歷位宰守苛慝尤甚嘉平中爲弘農太守吏二百餘人不與休假專使爲不急過無輕重輒捽其頭又亂杖撾之牽出復入如是數四乃使人掘地求錢所在市里有孔穴又外託簡省每出行陽勑督郵不得使官屬曲脩禮敬而陰識不來者輒發怒中傷之

苟晞爲領青州刺史以嚴刻立功日加斬戮流血成川人不堪命號曰屠伯晞出屯無鹽以弟純領州刑殺更甚於晞百姓號小苟酷於大苟

晉裴盾爲徐州刺史委任長史司馬奧奧勸盾刑殺立威大發良人爲兵有不奉法者罪便至死在任三年百姓嗟怨

王廙代陶侃爲荊州刺史廙在州大行誅戮侃時將佐及徵士皇甫方回於是大失荊士之望人情乖阻帝乃徵廙爲輔國將軍加散騎常侍

羊聃爲廬陵太守疑郡人簡良等爲賊殺一百九十人徒謫百餘人有疾見簡良爲祟旬日而卒

宋趙伯符爲徐兗二州刺史爲政苛暴吏人畏之若豺虎然而寇盜遠竄無敢犯境爲丹陽尹在郡嚴酷吏人苦之或至委判

被録赴水而死乢筆吏取筆不如意鞭五十
沈攸之爲郢州刺史爲政刻暴或鞭士大夫上佐以下有忤意
輙面加詈辱將吏一人亡叛同籍符伍充代者十餘人而曉達
吏事自強不息士民畏憚人莫敢欺
江謐爲長沙内史行湘州事政治苛刻僧遵道人與謐情欵隨
謐莅郡犯小事餓繫郡獄僧遵裂三衣食之既盡而死爲有司
所奏徵還遇赦得免
南齊劉季連爲益州刺史東昏即位徵季連爲右衞將軍道斷
不至季連聞東昏失德京師多故稍驕矜本以文吏知名性忌
而褊狹至是遂嚴愎酷很士人始懷怨望
蕭士開爲益州刺史嚴用威刑蜀人號曰卧虎
梁武歐爲晉安守爲政嚴酷少恩吏民小事必加杖罰百姓謂
之藏獸
後魏趙郡王謐爲岐州刺史性嚴暴虐下人元叉爲雍州刺史

爲政嚴酷吏人患之後遷冀州刺史入爲尚書左僕射帝問曰
聞公在州好殺無理枉濫非一又大殺道人對曰臣在冀州可
殺道人二百許人亦復何多帝曰一物不得其所若納諸隍況
殺道人二百而言不多纂脫冠謝
元瞻字道周任城王澄之子爲兗州刺史頗愛書史而貪暴好
殺澄深恥忿之絶其往來辭忱爲北廣平太守爲治暴虐曾因
公事一家之内併殺數人爲民所訟將致之罪遇患卒於郡
于洛侯爲秦州刺史而貪酷安忍州人富熾奪民吕勝脛纏一
具洛侯輒鞭富熾一百截其右腕百姓王隴客刺殺民王羌奴
王愈二人依律罪死而已洛侯生拔隴客舌刺其本并刺胷腹
二十餘瘡隴客不堪苦痛隨刀戰動乃立四柱磔其手足命將
絶始斬其首支解四體分懸道路見之者無不傷楚合州驚震
人懷怨憤百姓王元壽等一時反叛有司糾劾孝文詔使者於
州刑人處宣告兵民然後斬洛侯以謝百姓

胡尼爲宋州刺史以暴虐刑罰酷濫就家賜自盡
李洪之爲安南將軍秦益二州刺史在任設禁姧之制有帶刃
行者罪與劫同輕重品格各有條章於是大饗州中豪傑長老
示之法制乃夜密遣騎於分部覆諸要路有犯禁者輙捉送州
宣告斬決其中枉見殺害者百數刻害之聲聞於朝野
崔暹爲瀛州刺史貪暴安忍人庶患之嘗出獵州北單騎至於
民村井有汲水婦人暹令飲馬因問曰崔瀛州何如婦人不知
其暹也荅曰百姓何罪得如此癩兒刺史暹默然而去
于贊爲瀛州刺史贊在州十年風化粗行察姧糾慝究其情狀
民庶畏懼之而刑政刻峻多所笞戮號爲威酷
元昭孝明時爲尚書河南尹聾而很戾理務峭急所在患之尋
出爲雍州刺史在州貪虐大爲人害
元暹字叔照莊帝初除南兗州刺史在州猛暴多所殺害累遷
秦州刺史先秦州城人屢爲反覆暹盡誅之存者十一二後除

涼州刺史貪暴無極欲規府人及商胡富人等物詐臺符誑諸
豪等云欲加賞一時屠戮所有資財生口悉没自入
鄭伯猷爲青州刺史在州貪婪安豐王元延明女專爲聚斂
貨賄公行潤及親戚户口逃散邑落空虚乃誣陷良民云欲反
叛籍其資財盡以入已誅其丈夫婦女配没百姓怨苦聲聞四
方爲御史糺彈死罪數十條遇赦免因以頓廢齊文襄作相每
誡厲朝士常以伯猷及崔叔仁爲喻
皇甫瑒爲豫州刺史爲政殘暴百姓患之
北齊厙狄伏連爲開府鄭州刺史性嚴酷不識士流開府叅軍
多是衣冠士族伏連加以捶撻逼遣築牆
隋厙狄士文爲貝州刺史至州發摘姦諸長吏尺布斗粟之贓
無所寬縱得千人悉配防嶺南親戚相送哭聲遍於州境至嶺南
遇瘴癘死者十八九於是父母妻子唯哭士文士文聞之令人
捕搦捶楚盈前而哭者彌甚司馬京兆韋焜清河趙達二人並

苛刻唯長史有惠政時人語曰剌史羅剎政司馬蝮蛇瞋長史含笑判清河坐與人文帝聞歎曰士文𭈀過猛獸竟坐免

燕榮爲青州摠管榮在州選絶有力者爲伍伯吏人過之者必加詰問輙楚撻之創多見骨姧盗屏跡境内肅然他州縣人行經其界者畏若寇讎不敢休息後爲幽州摠管榮性嚴酷有威容長吏見者莫不惶懼自范陽盧氏代爲著姓榮皆署爲吏卒以屈辱之鞭笞左右動至千數流血盈前飲噉自若嘗案部道次見叢荊堪爲笞箠命取之輙以試人人或自陳無咎榮曰後若有罪當免汝及後犯細過將撻之人曰前日被杖使君許有罪宥之榮曰無過尚爾况有過耶榜捶如舊

田式爲襄州摠管專以立威爲務每視事于外必盛氣以待其下官屬股慄無敢仰視有犯禁者雖至親昵無所容貸其女壻京兆杜寧自長安省之式誡寧無出外寧久之不得還竊上北樓以暢鬱思式知之笞寧五十其所愛奴嘗詣式白事有蟲上其衣衿上揮袖拂去之式以爲慢己立棒殺之或寮吏姧贓部内劫盗者無問輕重悉禁地牢中寢處糞穢令其苦毒自非身死終不得出每赦書到州未暇省讀先召獄卒殺重囚然後宣示百姓其刻暴如此

元弘嗣除觀州摠管長史在州專以嚴峻任事吏人多怨之二十年轉幽州摠管長史于時燕榮爲摠管肆虐於弘嗣每被笞辱弘嗣心不伏遂禁弘嗣於獄將殺之及榮誅死弘嗣爲政酷又甚之每推鞫因徒多以酢灌鼻或椓弋其下竅無敢隱情姧僞屏息

趙仲卿爲石州刺史法令嚴猛纖微之失無所容捨鞭笞長史輙至二百官人戰慄無敢違犯盗賊屏息皆稱其能遷兖州刺史未之官拜朔州摠管于時塞北盛興屯田仲卿摠統之微有不理者仲卿輙召主掌撻其胷背或觧衣倒曳於荊棘中時人謂之猛獸事多克濟由是收穫歲積邊戍無餽運

王文同爲常山郡丞有一人豪猾每持長吏長短前後守令咸憚之文同下車聞其名召而數之因令左右剡木爲大橛埋之於庭出尺餘四角各埋小橛令其踣心於木橛上縛四支於小橛以棒毆其背應時潰爛郡中大駭吏人相視懾氣

元褎爲齊郡太守煬帝與遼東之役郡官督事者前後相屬有西曹掾當行詐疾褎詰之掾理屈褎杖之掾遂大言曰我將詣行在所欲有所告褎大怒因杖百餘數日而死坐是免官

唐蘭謨爲武候大將軍令於洛陽宫留守謨性苛刻御下無恩縱有病者亦逼令就役小吏或懼威而自縊者詔遣案驗使者以法繩之謨以爲酷已遂妄稱疾詔入京由是坐免

崔湜爲襄州刺史請別開商山新路以趣商州役功數萬死者十二四仍嚴錮舊道不許人行其新路每經夏潦摧壓穿陷行旅艱辛僵仆相繼後湜流于嶺表俄誅戮於路山南人先苦湜所役競以塼瓦投擲其屍應時盡碎而商州奏請復依舊路行

張仁愿爲并州都督府長史神龍二年檢校洛州長史時都城穀貴盗竊甚衆仁愿一切皆捕獲杖殺之積屍府門遠近震懼無敢犯者

令狐彰爲滑州節度使性識猜阻人有忤意不加省察輙至斃踣

李巽爲江西觀察使徇喜怒無章而斃踣者不可勝紀

李實爲京兆尹恃寵強愎不顧文法人皆側目貞元二十年春夏旱關中大夫實爲政猛暴方務聚斂進奉以固恩顧百姓所訴一不介意因入對德宗問人疾苦實奏曰今年雖旱穀田甚好由是租税皆不免人窮無告乃徹屋瓦木賣麥苗以供賦斂優人成之端因戲作語爲秦民艱苦之狀實聞之怒言作端誹謗國政德宗遽令決殺京師無不切齒以怒實二十一年有詔王畿内逋租實違詔徵之百姓大困官吏多遭笞罰剝割掊斂聚錢三十万貫胥吏無犯者即校之有乞丐絲髮固死無者且曰死亦不屈亦杖殺之京師貴戚同苦其暴虐順宗在諒闇逾

月賓斃人於府昔十數遂議逐之乃貶通州長史制出市人皆抽瓦石將碎其首賓知由日營門自苑西出人人相賀

韓滉爲浙江東西兩鎮觀察使政令明察末年傷於嚴急常以縱人庶之殺耕牛政之蠹也巡内婺州傍縣有犯其令誅及鄰伍死者數百人又俾推覆官分察境内請涉疑似必寘極法誅殺殘忍一判即戮數十人月無虛日雖令行禁止而冤濫相尋

于頔爲陝虢觀察使自以爲得志益恣威虐官吏日加笞罰掾曹姚峴不勝其虐與其弟汎舟于河遂自投而死

李鄘爲楊州節度使七年令行禁止擒擿生殺一委軍吏參佐束手居人頗陷非法

王遂爲沂兖海等州觀察使遂器用不弘僻於聚斂而非廉撫之才但峻威刑以繩亂俗其所製笞杖率踰常制遂既死監軍中使封其杖進呈上令出示於朝以誡廉使

李紳爲楊州節度使有舉子許楊子江舟人不渡恐失試期紳

判云昔在風塵曾遭此輩今之多幸得以相逢各拋付楊子江其苛急也如此

周慕容彥超晉天福中累授磁單濮棣等州刺史志性輕脫人面獸心以法爲姦是爲常態用酷虐爲氣勢以陰狡爲聰明故所至以貪苛聞執事者不勝其苦然搜擿盗賊必窮隱伏以此黠之輩竄奔他境而良善之民横遭詿誤破家陷獄者不可勝紀

藥仁魯漢乾祐中授衞州刺史部内多盗賊仁魯每親自擒捕隨意殺戮濫死者衆嘗有羣賊部民聚而追之追至山林不獲見賊矣仁魯至盡執追者爲盗悉斷其足筋曝於林麓之下宛轉號呼數日而死

許遷爲單州刺史切於除盗嫉惡過當或釘磔賊人令部下臠割

苛細

漢宣帝有言曰與我共治者其惟良二千石乎若夫不務寬大唯尚煩苛令既滋彰民不堪命政失寬裕俗所歎勞爲之師長不其爽歟仲尼所謂苛政深於猛虎其是之謂乎

漢減宣爲左内史其治米鹽（米鹽雜也靡細）事小大皆關其手自部署縣名曹寶物官吏令丞弗得擅搖痛以重法繩之居官數年壹切爲小治辯然獨宣以小至大能自行之難以爲經（經常也不可爲常法也）

鮑宣爲豫州牧歲餘丞相司直郭欽奏宣舉錯煩苛代二千石署吏聽訟所察過詔條坐免歸家

王吉爲沛相課使郡内各舉姦吏豪人諸常有微過酒肉爲臧者雖數十年猶加貶棄注其名籍

後漢孫堪爲左馮翊坐遇下促急司隷校尉舉奏免官

魏王思爲豫州刺史思亦能吏然苛碎無大體

劉類爲弘農太守吏二百餘人不與休假尋使爲不急過無輕重輒捽其頭又亂杖撾之牽出復入如是數四乃使人掘地求錢所在市里皆有孔穴又外託簡省每出行隂勑督郵不得使官屬曲修禮敬而隂識不來者輒發怒中傷之性又少信每遣

大吏出輒使小吏隨覆察之白日常自於牆壁間闚閃夜使幹廉察諸曹復以幹不足信又遣鈴下及奴婢使轉相檢驗嘗案行宿止民家民家二狗逐豬豬驚走頭插柵間嗚呼良久類以爲外之吏擅共飲食不復徵察便使伍伯曳五官掾孫弼入頓頭責之弼以實對類自愧不詳因託問以他事民尹昌年垂百歲聞類出行當經過謂其兒曰扶我迎府君我欲陳恩兒扶昌在道左類望見呵其兒曰安用是死人使來見我其視人無禮皆此類也

晉王宏爲河南尹務爲苛碎後爲司隷校尉檢察士庶使車服異制庶人不得衣紫絳及綺練錦繢武帝常遣左右微行觀察風俗宏緣此復遣吏科檢婦人袒服至褰發於路論者以爲暮年謬妄由是獲譏於世坐免官

宋王玄謨爲雍州刺史令九品以上租使貧富相通境内莫不嗟怨

劉道濟爲益州刺史初道濟以五城人帛氐奴梁顯爲參軍督護費謙固執不與遠方商人多至蜀土資貨或有直數百萬者謙又限布絲綿各不得過五十斤馬無善惡限蜀錢二萬府又立冶一斷私民鼓鑄而貴賣鐵器商旅吁嗟百姓咸欲爲亂奴既懷恚忿因聚黨爲盜賊

北齊庫狄干爲定州刺史不閑吏事事多擾煩

隋李德林爲懷州刺史在州逢亢旱課民掘井溉田空致勞擾竟無補益爲考司所貶歲餘卒官

唐潘好禮玄宗開元中爲豫州刺史爲政孜孜而繁於細事人吏雖憚其清嚴亦厭其苛察

于頎代宗大曆中爲京兆尹爲政苛細無大體及爲河南尹以無政授代還

盧其德宗建中初爲京兆尹無術學爲政苛躁盧杞惡之諷有司彈奏坐貶撫州司馬

呂渭貞元中爲湖南都團練觀察使在任三歲政理煩碎

薛珏貞元中爲京兆尹以勤身率下失於纖悉無文學大體

元義方憲宗元和中爲福建觀察徵拜京兆尹歷鄜坊觀察使皆著稱能趣辦之績然爲政稍務苛刻人多怨之

崔詠元和中爲嶺南節度使爲吏清刻然不識大體政號苛碎

李紳文宗開成中爲汴州節度使紳上言於本州置利潤樓店從之議者以爲與下爭利非長人者所宜

晉李永福高祖時爲同州節度使性鄙狹無器宇好察人微事多所詆訐雖刀小過不能恕工商之業輿隸之精官吏之幸皆善知之雖不欺詐不貪濁然自任所見無所準的故人多薄之

騎逸

夫荷千里之寄布六條之政必勤卹而是務豈驕逸而可恣其有以小人之質乘君子之器暈其豪率不拘檢節惟誇詑以自得率胸臆以行事聲色自娛奢費無度受辭訟於遊獵畫龍虎於兵車及手罪及不解尤悔自擾非不幸也

漢韓延壽爲東郡太守後爲左馮翊延壽在東郡時試騎士治飾兵車畫龍虎朱爵延壽衣黃紈方領（以黃紈爲衣而方領也）駕四馬傅總建幢棨（幢音…棨有衣之戟也…）植羽葆（羽葆聚翟尾爲之亦…）鼓車歌車（如今郊駕時車上鼓吹也）功曹引車皆駕四馬載棨戟五騎爲伍分左右部軍假司馬千人持幢旁轂（旁夾轂…）歌者先居射室（射室謂…）望見延壽車噭咷楚歌（噭音叫咷音桃…）延壽坐射室騎吏持戟夾陛列立騎士從者帶弓鞬羅後（鞬弓衣也居言切）令騎士兵車四面營陳被甲鞮鞪居馬上抱弩負籣（籣盛弩矢者也其形如木桶…）又使騎士戲車弄馬盜驂（…）延壽又取官銅物候月蝕鑄作刀劍鉤鐔放效尚方事（鉤亦兵器也似劍而曲所以鉤殺人也鐔劍喉也…）及取官錢帛私假繇使吏（假謂雇賃也…）及治飾車甲三百萬以上御史大夫蕭望之劾奏延壽延壽竟坐棄市

魏畢軌爲黃門郎子尚公主居處殷富遷并州刺史在州名爲驕豪

夏侯惇爲陳留太守舉郡人衛臻計吏命婦出宴臻以爲末世之俗非禮之正惇怒執臻既而赦之

晉曹志字允恭爲樂平太守後遷章武趙郡太守雖累郡職不以政事爲意晝則游獵夜誦詩書以聲色自娛當時見者未能審其量也

宋臧質爲徐兗二州刺史奢費無度爵命無章爲有司所糾

王僧達爲宣城太守性好遊獵而山郡無事僧達肆意馳騁或三五日不歸受辭訟多在獵所民或相逢不識問府君所在僧達曰近在後

周朗爲廬陵內史郡後荒蕪頗有野獸母薛氏欲見獵朗乃合圍縱火令母觀之火逸燒郡廨朗悉以秩米起屋償所焚之限稱疾去官爲州司所糾還都謝孝武曰州司舉臣愆失多有不

允臣在郡虎三食人蟲晃犯稼以此二事上負陛下帝變色曰州司不允或可有之蟲虎之災寧關御小物

後魏元志為揚州刺史晚年耽好聲伎侍側將百人器服珍麗冠於一時

李訢為相州刺史獻文以訢治為諸州之最加賜衣服自是遂有驕矜自得之志

北齊高季式為濟州刺史豪率好酒又恃舉家勳功不拘檢節與光州刺史李元忠生平遊款在濟州夜飲憶元忠開城門令左右乘驛馬持一壺酒往光州勸元忠朝廷知而容之

唐李邕為汲郡北海二太守性豪侈不護細行

嚴武為成都尹蜀土頗饒珍產武窮極奢靡賞賜無度或恣一言賞至百萬蜀方閭里以徵斂殆至匱竭然蕃虜亦不敢犯境而性本狂蕩視事多率胸臆雖慈母之言亦不之顧

裴均自五陵節度使入為僕射未幾出鎮襄陽居兩府凡十年荒縱無法度士流以為譏耻

晉房知溫為兗州節度使厚斂不已積貨數百萬治第於南城出則以妓樂相隨任意所之曾不以政事為務有幕客顏衎者正直之士也委曲陳其利病知溫不能用焉

邪佞

古人有言曰邪佞者宇宙之螟螣王化之蟊賊也斯賢者嫉之以甚之言也然而詩曰思無邪蓋將舉直以措枉者也傳曰遠佞人蓋惡色取而行違者也若乃受專城之寄總方伯之任利奸而為用希旨以取容或諂事權貴致毒良善或諧行賂遺苟圖爵寵同上意以偷合匱民力以市恩下不聊生自為得計斯先王之法所深惡者也亦復為英主之所察致僞行之難固彰厥心迹蓋無幾焉所以前訓謂其孔壬將聖言其厚貌者良謂是已

後漢移良安帝時為弘農太守時太尉楊震為中常侍樊豐等共譖遂策收太尉印綬遣歸本郡行至城西几陽亭飲酖而卒良承樊豐等旨遣吏於陝縣留停震喪露棺道側謫震諸子代郵行書道路皆為隕涕郵境上行書舍也

晉苟晞惠帝時為兗州刺史見朝政日亂懼禍及己而多所交結每得珍物即貽都下親貴兗州去洛五百里恐不鮮美募得千里牛每遣信旦發暮還

鞠仲為慕容德青州刺史德僭位後因讌其羣臣酒酣笑而言曰朕雖寡薄恭己南面而朝諸侯在上不驕夕惕於位可方自古何等主也仲曰陛下中興之聖后少康光武之儔也德顧命左右賜仲帛千匹仲以賜多為讓德曰卿知調朕朕不知調卿乎卿飾對非實故亦以虛言相賞賞不謬加何足謝也

宋劉德願孝武時為秦郡太守性麤率為帝所狎侮帝寵姬殷貴妃薨葬畢數與羣臣至殷氏墓謂德願曰卿哭貴妃若悲者當加厚賞德願應聲便號慟撫膺擗踊涕泗交流帝甚悅以為豫州刺史

南齊崔慧景武帝時為南郡內史梁南秦二州刺史又為司州刺史每罷州輒傾資貢奉動數百萬帝以此嘉之

劉悛武帝時為益州刺史悛既藉舊恩尤能悅附人主承迎權貴賓客閨房供費奢廣罷廣司二州傾資貢獻家無留儲

後魏長孫道生明元時為冀州刺史取人美女以獻帝切責之以舊臣不加罪黜

寇臻字仙勝獻文末為中川太守時洛州刺史馮熙政號貪虐仙勝微能附之甚得其意轉弘農太守

薛懷吉宣武時為汾州刺史偏有聚納之響自以支庶懷吉[illegible]帝舅[illegible]頗殘之餉誘勝己共為婚姻多攜親戚恣令同行兼為之彌縫恣其取受而將勞賓客曲盡物情送去迎來不避寒熱性少言每有接對但嘿然而返既指授先朝明人馬之數左右笑已記錄饑而酒饌相尋綿粟繼至遠于將別贈以錢縑下及廝傭咸

賣本按其延納貴賤若此

韋景華明時爲武威太守內官賈纂與元又爲靈纂太台自本出武威魏太尉文和之後遂移家屬焉景承纂意以其兄纘爲功曹緒時年向七十未幾又以緒爲西平太守比景代下已轉武威太守

北齊荀長瑜爲廣陵太守多受財賄刺史陸駿將啓劾之長瑜以貨求於散騎常侍和士開士開以畫屏風詐爲長瑜之獻齊主大悅駿啓尋至遂不問焉

隋魚俱羅煬帝時爲趙郡太守因朝集至東都與將軍梁伯隱有舊數相往來又從郡多將雜物以貢獻帝不受因遺權貴御史劾俱羅以郡將交通內臣帝大怒與伯隱俱坐除名

王充爲江都郡丞煬帝數幸江都充善候人主顏色阿諛順旨每入言事帝善之又以郡丞領江都宮監乃彫飾池臺陰奏遠方珍物以媚於帝由是益昵之

唐趙元楷太宗時爲蒲州刺史貞觀十二年駕幸其境元楷課父老服黃紗單衣迎謁路左盛飾廨宇修營樓雉欲以求媚又潛飼羊百口魚數千頭將饋貴戚帝知而數之曰朕巡省河洛經歷數州凡有所須皆資官物卿飼羊養魚彫飾院宇此乃亡隋弊俗不可復行當識朕心改卿舊態

黎幹代宗時爲京兆尹大曆九年七月以旱設祈雨於朱雀門街造土龍悉召城中巫覡舞於龍所幹與巫覡更舞觀者駭笑彌月不雨幹又請禱于文宣王廟帝聞之曰丘之禱久矣命毀土龍祈雨減膳節用以聽天命俄而澍雨豐霈朝野相賀

陳少遊歷晉鄭二州刺史厚斂財貨交結權右以是頻獲遷擢後除桂管觀察使少遊以嶺徼遐遠欲規求近郡時中官董秀掌樞密用事少遊乃宿於其里候其下直際晚謁之從容曰七郎家中人數幾何每月所費復幾何秀曰久忝近職家累甚重又屬時物騰貴一月過千餘貫少遊曰據此之費俸錢不足支數日其餘常須數求外人方可取濟儻有輸誠供億者但留心庇覆之固易爲力耳少遊雖不才請以一身獨供七郎之費每歲請獻錢五萬貫今見有大半請即受納餘到官續送免貴人勞慮不亦可乎秀既踰於始望欣愜頗甚因與之厚相結少遊言訖泣曰南方炎瘴深愴遠僻但恐不生還再覩顏色矣秀遽曰中丞美才不當遠官請從容旬日冀竭蹇分時少遊又已納賄於元載子仲武矣秀載內外引薦數日拜宣州刺史兼御史中丞宣歙池都團練觀察使大曆五年改越州刺史兼御史大夫浙東觀察使八年遷揚州長史淮南觀察使所在悉心綏緝而多以任數爲政好行小惠胥吏得職人亦安焉十餘年間三總大藩皆天下殷厚處也以故徵求貿易且無虛日斂積財寶累巨億萬多賂遺權貴視文雅清流之士蔑如也初結元載每年饋金帛約十萬貫又多納賄於用事中官駱奉先劉清潭吳承倩等由是美聲達於中禁後見元載在相位年深以過犯漸見疑忌少遊亦稍疎之無何載子伯和貶官揚州少遊外與之深交結而陰使人伺其過失密以上聞代宗以爲忠待之益厚

宋晦爲虢州刺史與元載賄交率百姓採盧氏山木爲載製造東都私第并私致書結載子弟及主書卓英倩載得罪晦遂爲百姓所發帝初猶疑下憲司詳覈悉自款伏自同州刺史貶澧州員外司馬

杜亞德宗時爲東都留守厚賂中官令奏河南尹

鄭式瞻爲衢州刺史進絹五千匹銀二千兩德宗曰式瞻坐事已詔御史按問進物宜付左藏庫

裴肅德宗時爲常州刺史乃鬻薪貨炭案牘百價之上皆規利焉歲餘又進奉無幾遷浙東觀察使天下刺史進奉自裴肅始

齊映爲江西都團練觀察使映背自以爲相無大過當復入用乃多進獻及爲金銀器以希旨先是禁中銀瓶大者高五尺餘及李兼爲江西觀察使又獻高六尺者是年德宗降誕日及端

午駃獻高八尺餘者

盧徵德宗時自戶部侍郎歷同華州刺史故事同華以近地人貢每至端午降誕所獻甚微薄徵遂竭其財賦每所進獻輒加常數人不堪命

裴均德宗時爲山南東道節度使均素與內官左神策護軍中尉竇文場善有崔太素亦得幸於文場太素一日晨省文場文場臥帳中賓客塡門獨引太素入臥內太素自謂文場之眷極深徐觀後牀一人寢方伸乃均也太素大慙而出

李錡爲湖州刺史是時李齊運獨被德宗恩顧計從言行錡屢以吳中寶貨盜輸齊運由是遷潤州刺史

范傳正憲宗時爲宣歙觀察使厚以財貨問遺權貴視公帑如私藏幸而不至甚敗

李脩歷坊州絳州刺史飾廚傳以奉往來中貴及賓客以求名稱後爲京兆尹專務聚斂貢獻以希恩寵班行正直之士多譏

見誣毀時人爲之側目時憲宗方切於財貢以浙西宣歙皆號富饒遂與王遂同拜觀察使數歲以病歸闕廷未朝見而卒人皆相賀

李道古爲鄂州觀察使以貪暴聞懼終得罪乃薦山人柳泌以媚於憲宗

裴弘泰文宗時爲鄭滑節度使奏緣妖星見爲國設三千僧齋

劉源文宗時爲銀州刺史請置營田事多不實或朝廷遣使至邊上源必先令下吏多驅馬牛皆負布囊實之以土聲言運糧於屯田百千馱之中或致粟麥之囊一二因潜爲識認於使者前私決其囊以遺之用取信於人而廣以財賄交通遂擢授夏州節度使又虛增監牧馬數以取其度支供給時人知其贓狀倚權倖有司不敢舉劾終以賞於極法議者以爲幸

馮行襲哀帝時爲金州節度使奏當道昭信軍額內一字與元帥梁王諱同乃賜號戎昭軍

後唐段凝仕梁爲懷州刺史乾化元年十二月梁祖北征迴過郡凝貢獻加等梁祖大悅二年梁祖復北征凝迎奉進貢有加於前

楊思權爲邠州節度使進新修佛寺圖思權前帥蔡軍倒戈入汴州違負朝廷獲節旄之賞心常愧畏邠即思權故里遂率民修寺與鑄佛祈福故也

冊府元龜卷第六百九十七

冊府元龜卷第六百九十八

牧守部二十八

懦劣　失政　專恣

懦劣

夫居專城之任，責共理之功，既須才賢，必資果斷，乃可以外申幹國之力，內成庇民之術者也。乃有選耎無立，懦歉苟存，處金湯之固，委符於外寇，挾兵衛之勢，斂袵於凶徒，條教靡行，僚吏不率，政歸於下，民無攸措，豈惟敗事之責，蓋成滅身之禍，書之于冊，良可羞焉。

後漢劉度爲荆州刺史。桓帝延熹三年，武陵蠻寇江陵，度與謁者馬睦、南郡太守李肅皆奔走。肅主簿胡爽扣馬首諫曰：蠻夷見郡無儆備，故敢乘閒而進。明府爲國大臣，連城千里，舉旗鳴鼓，應聲十萬，奈何委符守之重，而爲逋逃之人乎！肅拔刃向爽曰：掾促去，太守今急，何暇此計！爽抱馬固諫，肅遂殺爽而走。桓帝聞之，徵肅棄市，度、睦減死一等，復爽門閭，拜家一人爲郎。

甘定爲蒼梧太守。延熹五年，長沙賊起，寇桂陽，攻沒蒼梧，取銅虎符。定與刺史侯輔各奔出城。

焦和爲青州刺史。靈帝時，黃巾羣盜處處颷起，而青部殷實，軍華尚衆，和欲與諸同盟西赴京師，未及得行，而賊已屠城邑。和不理戎警，但坐列巫史，禜禱羣神，又恐賊乘凍而過，命多作陷冰丸，以投于河。衆遂潰散，和亦病卒。

劉璋襲父焉爲益州牧，性柔寬，無威略。獻帝建安初，督義司馬張魯據漢中，以璋闇懦，不復承順。十九年，蜀先主圍成都數十日，城中有精兵三萬人，穀支一年，吏民咸欲拒戰。璋言：父子在州二十餘歲，無恩德以加百姓，而攻戰三載，肌膏草野者，以璋故也，何心能安？遂開城出降，羣下莫不流涕。

宋周嶠爲吳興太守。文帝元嘉末，元凶劭弒立，隨王誕舉義於會稽，劭加嶠冠軍將軍。誕檄又至，嶠素懦怯，迴惑不知所從，爲府司馬丘珍孫所殺。

南齊戴元孫爲汝陽太守。太祖建元元年，[illegible]黃蠻文勉德寇汝陽，元孫孤城力弱，慮不自保，棄戍歸江陵。

房法乘爲交州刺史，至鎮屬疾，不理事，專好讀書。長史伏登之因此擅權，改易將吏，不令法乘知。錄事房季文白之，法乘大怒，繫登之於獄十餘日。登之厚賂法乘妹夫崔景叔，得出，將部曲襲州，執法乘，謂之曰：使君既有疾，不宜勞。因之別室。法乘無事，復就登之求書讀之，登之曰：使君靜處猶恐動疾，豈可看書？遂不與。乃啓法乘心疾動，不任視事，孝武仍以登之爲交州刺史。法乘還至嶺而卒。

梁謝覽爲新安太守。高祖天監九年，山賊吳承伯破宣城郡，餘黨散新安，叛吏鮑叙等與合，攻沒黟、歙諸縣，進兵擊覽。覽遣郡丞周興嗣於錦沙立塢拒戰，不敵，遂棄郡奔會稽。臺軍平山寇，覽復還郡，左遷司徒諮議參軍。

袁居正爲吳興太守。高祖太清末，侯景亂，賊遣于子悦攻之。新城戍主戴僧易勸令距守，吳陸映公等懼賊脫勝，略其資產，乃曰：賊軍甚銳，其鋒不可當，今若距之，恐民心弗從也。君正性怯懦，乃送米及牛酒郊迎子悦。子悦既至，掠奪其財物子女，君正因感疾卒。

陳蕭乾爲建安太守。文帝天嘉二年，留異反，陳寶應將兵助之，又資周迪兵糧，出寇臨川，因逼建安。乾單使臨郡，力不能守，乃棄郡以避寶應。

後魏房伯祖爲歷城郡內史，闇弱，委事於功曹張僧晧，晧大有受納，伯祖衣食不充。

皮喜爲豫州刺史，在州寬怠，以飲酒廢事，威不禁下。

乙瑗爲濟南太守。時逆賊劉桃攻郡，瑗踰城獲免。後都督李叔仁討桃，平之，瑗乃還郡。

崔道固爲平齊郡太守。是時頻歲不登，郡內饑弊，道固雖在任

積二蕃慰未能周冬是以多有怨咲

王衍為兖州刺史居治未幾屬大朱仲遠稱兵内向州既路衝為其攻逼衍不能守為仲遠所擒以其名望不害也令其騎牛從軍久乃見釋

隋史祥為燕郡太守被賊高開道所圍祥稍疾不視事及城陷開道甚礼之會開道與羅藝通和送祥於涿郡卒於途

唐韋光裔德宗建中中為汝州刺史時李希烈反叛朝廷以汝州與賊接壤而光裔懦弱不任職乃以李元平代之

李元平自湖南觀察判官為宰臣關播所薦授檢校吏部郎中兼汝州別駕知州事既至部募工徒繕理郛郭李希烈乃使勇士應募執役板築凡入數百人元平不之覺希烈將李克誠以百騎突至先應募執役者應於内縛元平馳去既知希烈遺下污地希烈見其無鬚眇小戲謂克誠曰使汝取李元平何得將元平兒來因慢罵曰盲宰相使汝當我何待我淺耶

後唐王正言莊宗同光中為興唐尹留守鄴都時武德使史彦瓊監守鄴都專典出納兵馬制置皆出彦瓊將佐官吏頤指氣使正言不能以道御之但趑趄聽命及貝州戍兵乱入魏州彦瓊望風敗走乱兵剽劫坊市正言促召書吏寫奏章家人曰賊已殺人縱火都城已陷何奏之有是日正言引諸僚佐謁趙在礼望塵再拜請罪在礼曰尚書重德勿自卑屈余受國恩與尚書共事但恩帰之衆倉卒見迫耳

失政

牧守之任本乎長人提封之内所以觀政蓋夫知微知隱恕己愛人之謂仁摘姦弃盜抑彊扶弱之謂明敦本務農立學阜俗之謂化惡衣非食約己奉公之謂清反是四德政何有焉民何仰焉中世而下乃有專務縱弛致紀律之靡修失於檢御俾羣下之肆暴或從恣於保鄣之義或乖夫惕厲之訓或偏執而違道或詐矯以市恩或委任非其人而乱乎倫理或酣縱過乎度而成乎酒淫斯亦何以綱紀列城表正庶吏至有罹於刑書以致廢黜者固其宜哉

後漢向栩為趙相及到官略不視文書舍中生蒿萊

孔融為北海相自以智能優贍溢才命世當時豪俊皆不能及亦自許大志且欲舉軍耀甲與羣賢要功自於海岱結殖根本不肯碌碌如平居郡守事方伯赴期會而已然其所任用好奇取異皆輕剽之才至於稽古之士謬為恭敬礼之雖備不與論国政也高密鄭玄稱之鄭公執子孫礼及高談教令盈溢官曹辭氣温雅可玩而誦論事考實難可悉行但能張磔網羅其自理甚疏租賦少稽一朝殺五部督郵姦民汙吏猾乱朝市亦不能治幽州精兵乱至徐州卒到城下舉国皆恐融直出説之令無異志遂與別校謀夜覆幽州幽州軍敗悉有其衆無幾時還復叛之黃巾將至融大飲醇酒躬自上馬禦之淶水之上寇令上部與融相拒兩翼徑涉水直到所治城城潰融不得入轉至南縣左右稍叛連年傾覆事無所濟遂不能保鄣四境棄郡而去後徙徐州以北海相自還領青州刺史治郡北陲欲附山東外接遼東得戎馬之利建樹根本孤立一隅不與共也于時曹袁公孫共相首尾戰士不滿數百穀不至萬斛王子法劉孔慈凶辯小才信為腹心左丞祖劉義遜清雋之士備在坐席而已言此民望不可失也丞祖勸融自託彊國融不聽而殺之義遜棄去遂為袁譚所攻自春至夏城小寇衆流矢雨集然融憑几安坐讀書論議自若城壞衆亡身奔山東室家為譚所虜

魏陶謙為徐州刺史時徐州百姓殷盛穀米豐贍流民多帰之而謙背道任情廣陵太守琅邪趙昱徐方名士也以忠直見疏曹宏等讒慝小人也謙親任之刑政失和良善多被其害由是漸乱

劉類為弘農太守郡民尹昌年垂百歲聞類出行當經過請其兒曰扶我迎府君欲陳恩兒扶昌在道左類望見呵其兒曰用

足死人使來見我其視人無禮皆此類也舊俗民謗官長者有三不肯謂遷免與死也類在弘農吏民患之乃題其門曰劉府君在三不肯類雖聞之猶不能自改其後安東將軍司馬文王西征路經弘農弘農人告類荒耄不任宰郡乃召入爲五官中郎將

晉劉琨爲并州刺史士奔迸者多歸於琨琨善於懷撫而短於控御一日之中雖歸者數千去者亦相繼初單于猗㐌以救東瀛公騰之功琨表其弟猗盧爲代郡公與劉希合衆於中山王浚以琨侵己之地數來擊琨琨不能抗由是聲實稍損

鄭沖爲陳留太守以儒雅爲德莅事不爲幹局之譽

王機爲成都內史終日醉酒不存政事由是百姓怨之人情騷動

王澄爲荆州刺史澄既至鎮日夜縱酒不親庶事雖寇戎急務亦不以在懷擢順陽人郭舒於寒悴之中以爲別駕委以州府

殷仲堪出鎮江陵時以仲堪雖有英譽議者未以分陝許之既受腹心之任居上流之重朝野屬想謂有異政及在州綱目不舉而好行小惠

宋謝晦爲丹陽尹時京邑多有劫掠二旬中十七發引咎陳遜不許

顧琛爲東陽太守遏郡吏燒臂照佛百姓有罪使禮佛贖刑動至數千拜後免官禁錮起爲光祿勳

南齊虞悰表失志不仕王敬則反取悰監會稽郡而軍事悉付寒人張靈寶郡人攻郡殺靈寶悰以不豫事得全

謝朏爲義興太守不省雜事悉付綱紀曰吾不能作主者吏但能作太守耳

後魏李元護爲齊州刺史值州內饑儉民人困弊志存隱恤表請賑貸蠲其賦役但多有部曲時爲侵擾城邑苦之故不得爲良州刺史也

劉尼爲定州刺史在州清慎然率多酒醉治日甚少

馮熙爲洛州刺史洛陽雖經破亂而舊三字石經宛然猶存至熙與常伯夫相繼爲州廢毁分用大至頹落

北齊李元忠魏永安初就拜南趙郡太守以好酒無政績

徐之才爲兗州刺史在職無所侵暴但不甚閑法理頗亦疏慢用捨自由

隋丘和爲代州刺史煬帝北巡過州和獻食甚精及至朔州刺史楊廓獨無所獻帝不悅而宇文述又盛稱之乃以和爲博陵太守仍令楊廓至博陵觀和爲式及駕至博陵和上食又豐帝益稱之由是所幸處獻食者競爲華侈

衛玄字文昇與代王留守京師大業十三年詔玄安撫關中時盜賊蜂起百姓饑饉玄竟不能賑而官方壞亂貨賄公行玄袁師入關自知不能守憂懼稱疾不知政事城陷歸于家

唐任瓌爲徐州揔管選補官吏頗私親故或依倚其勢多所求納瓌知而不禁

侯希逸爲淄青節度政事怠惰尤崇奉釋教且好畋遊興功創寺宇軍州苦之

崔寧爲河中尹代宗廣德二年秋河中府鎮兵叛大掠河中解署及居人廬舍貲貨不可勝紀蓋寧失政也時將征蕃寇寧發防秋將行爲法不一衆遂叛終夕乃定

王翃爲京兆尹屬發涇原兵討李希烈軍次滻水翃備頓內斂饌糲衆怒借以爲名而叛翃奔至奉天

杜亞爲揚州長史淮南節度觀察使時陳少游征稅繁重奢侈僭濫之後又遭王紹亂兵剽掠淮南之人望亞之至革刻舊弊亞以虞寧自以望當公輔之選而聯出外職志頗不適政事多委參佐但招引賓客譚論而已

柳冕爲福州觀察使以久不遷欲立事迹以求恩寵乃奏云閩中南朝放牧之地畜牛馬可使滋息請置監許之遂收境內畜産令吏牧其中羊之大者重不過十斤馬之良者錢數千不經

將鄭稱死又斂以充之百姓苦之遠近以爲笑後觀察使閻濟美奏罷之

孟簡爲浙西觀察使初李遜兼問越俗勵心爲政抑士族太過而編戶恣橫及簡位亦一皆反之農估賤夫多受其弊當時譏者謂兩未適中

李德裕爲揚州節度使先是府庫倉廩節度使交代例皆申奏揚州舊藏見在者八十餘萬貫匹德裕所申奏交割止於一十四萬仍云未到已前張鷟知留務又用其半德裕之黨羣不知以爲府庫虛竭欲發制使鞫問前節度之罪時宰相李固言得交割之數於前淮南節度副使張鷟宰相李石因許德裕再具交割人數申奏德裕既知隱沒事已彰露遂録軍資雜以朽敗奇零之物廣爲數百萬之數上聞仍以表自陳初到疾病爲下吏所誤且請自罰兼罪胥吏以解其過詔崔鄲補闕王績魏謨崔讜韋有翼拾遺令狐綯韋楚老太宗仁等廣疏論之中外黨庇事竟不行

梁朱恩安乾化元年爲相州刺史恩安自謂當擁旄仗鉞久矣得是殊不快但因循宴安無意爲政及太祖北幸以候騎之設落然無所備而復壁壘荒圮帑廩空涸帝怒甚遂貶柳州司戶尋以怨望斬之

後唐王瓚初仕梁歷宋華等州節度使頗能除盜而明不能照下及尹正京邑委政於愛壻牙將辛廷蔚曲法枉賕因緣爲姦

王正言莊宗同光中爲興唐尹知留守事正言年耄風病事多忽忘比無經治之才武德使史彥瓊者以伶官得幸帝待以腹心之任鄴府之中威福自我正言已下皆脅肩低首曲事不暇由是政無統攝姦人得以窺圖

秦建豐爲相州刺史領相州軍士行營在外委州事於小人失於撫馭指揮使孟守謙據城以叛

李從璋爲彰國軍節度使明宗天成中以璋昧於政理詔歸闕

張進爲鄭州防禦使與副使成繼威並停任以盜掠城中居人故也

晉皇甫遇歷團練使節度使所至苛暴以誅斂爲務高祖入洛自襄鄧移鎮中山與鎮州叛臣安重榮結姻好乃移上黨及平陽咸以儉人執事政皆暴恣及鎮河陽部內創別業開畎水泉以通溉灌所經墳墓悉毀之民以朝廷姑息羣帥莫之敢訴

張景遷前爲登州刺史爲三司所奏景遷自到任至得替月日合徵去年秋稅課利等比並諸州係欠最多其官吏省司已行決罰其張景遷伏候進止勑張景遷宜降階爵各一級勒歸私第

漢王松初仕晉權知青州軍州事松性坦率不事邊幅樂於歡宴政事不治人士譏之

周趙鳳爲單州刺史廣順三年十一月入朝有本州民張州僧曾溫等十餘人捉鳳馬於皇城門訟鳳在郡不道教遣通事舍人劉言控鶴官二人監鳳下御史臺收繫又爲宋亳宿三州刺

史部下綱紀號宋鑾刀孫矩者始隨鳳爲縣吏至是委以心腹平民因捕盜而破家者多矣

專恣

書曰臣有作福作威玉食害于而家凶于而國禮曰敖不可長欲不可從斯蓋聖人立言垂訓以警于臣子之亂大猷者也乃有剖符守土分憂治俗憑恃恩寵[illegible]科法聽訟由其喜怒任人繫乎愛憎戮辱善良刻轢黔庶或前憂不由中覆或有罪非從詔令以至暴露兇戾之迹形貪黷之[illegible]自任逸豫無度小則棄官而廢職大則亡身而覆族[illegible]之輩爲吉士之羞固與夫守靖恭之節懋謙讓之德者不可同年而語也千載之下其鑒之哉

漢周陽由景帝時爲郡守史闕郡名武帝即位吏治尚循謹然由居二千石中最爲暴酷驕恣所愛者撓法活之所憎者曲法滅之

黎扶封軑侯元封九年坐爲東海太守行過擅發卒爲衛當斬

會赦免
後漢魯平爲陳留太守請郡人李充署功曹充不授平怒乃援
充以捐溝中因謫署縣都亭長
晉申儀魏末爲魏興太守時司馬宣王平孟達于新城儀久在
魏興專威疆埸輒承制刻印多所假授達誅有自疑心時諸
郡守以宣王新克捷奉禮求賀皆聽之乃使人諷儀儀至問承
制狀執之歸于京師
宋褚叔度晉末爲廣州刺史晉安帝義熙八年盧循餘黨劉敬
道等窘迫詣交州歸降刺史杜慧度以事言統府長史以敬道
等路窮請命事非款誠報使誅之慧度不加防録敬道招集亡
命攻破九真殺太守杜章民慧度討平之叔度輒貶慧度號爲
奮揚將軍坐不先上爲有司所糾詔原之
南齊李叔獻交阯人初從兄長仁殺交州刺史據州叛數年病
死叔獻嗣事號令未行遣使求刺史宋朝以南海太守沈煥爲

交州刺史以叔獻爲煥寧遠軍司武平新昌二郡太守叔獻得
朝命人伯服從發兵守險不納煥煥停鬱林病亡太祖建元元
年仍以叔獻爲交州刺史就安慰之叔獻受命既而斷割外國
貢獻寡少世祖欲討之永明三年以司農劉楷爲交州刺史發
南康廬陵始興郡兵征交州叔獻聞之遣使願更申數年獻十
二隊純銀兜鍪及孔雀毦世祖不許叔獻懼爲楷所襲間道自
湘川還朝
梁魚弘襄陽人不南譙盱眙竟陵太守嘗曰我爲郡有四盡水
中魚鼈盡山中麞鹿盡田中米穀盡村里人庶盡丈夫生如輕
塵棲弱草白駒之過隙人生但歡樂富貴在何時於是恣意酣
賞侍妾百餘人不勝金翠服翫車馬皆窮一時之驚絶有眠牀
一張皆是蹙柏四周無一有異通用銀鏤金花福壽兩重爲脚
後魏濟陰王誕爲齊州刺史家人奴隷悉迫取良人爲婦
元慶爲雍州刺史其妻誕一男慶遂出州獄囚死及徒流案未
申臺者一時放免
馮熙爲洛州刺史因事取人子女爲奴婢有容色者幸之爲妾
有子女數十人號爲貪縱
北齊高慎爲光州刺史時天下初定聽慎以本鄉部曲數千人
自隨慎爲政嚴酷又縱左右吏民苦之
平鑒爲楊州刺史其妻生男因喜飲醉擅免境内囚誤免關中
細作二人醒而知之上表自劾
庫狄伏連爲鄭州刺史開府參軍多是衣冠士族皆加捶撻逼遣
築牆
隋燕榮爲幽州總管每巡省管内聞官人及百姓妻女有美色
輒舍其室而淫之貪暴放縱日甚高祖遣考功侍郎劉士龍馳
驛鞫問奏榮毒虐非虚又贓穢狼藉遂賜死
唐段綸高祖武德中爲益州總管于時巴蜀初降得以便宜從
事承制拜授益州富饒而綸生殺自己乃高下恣情多所淩

有人告綸將反遣使覈之無狀徵還京師
張虔陀明皇天寶中爲雲南太守舊事南詔嘗與其妻女謁見
都督虔陀皆私之又有所徵求閤羅鳳皆不應虔陀遣人罵辱
之仍密奏其罪惡閤羅鳳忿怨因發兵反攻圍虔陀殺之
張登德宗貞元中爲漳州刺史暴很貪冒擅賦百姓没買州人
爲奴婢者三十人兹亂裨將家財非一其不堪辱有縊死者部
人蔡任訴于闕下詔命就鞫遂憂死州獄
于頔貞元中爲蘇州刺史雖爲政有績然横暴已甚追憾湖州
舊尉封杖以計強沒之觀察使王緯奏其事德宗不省及後頔
累遷乃與緯書曰一蒙惡奏三度貶官由大理卿遷陝虢觀察
使自以爲得志益恣威虐官吏日加笞罰掾曹姚峴不勝其虐
與其弟汎舟于河遂自投而死
嚴礪貞元末爲東川節度使擅籍没管内官吏及人等八十八
户田宅一百一十一所奴婢二十七人税外徵草四十一萬五

千東錢七千貫米五千石死後為監察御史元稹劾奏之
崔元略文宗大和中為京兆尹以徵畿甸放免緡錢萬七千貫
為侍御史蕭澈彈劾有詔刑部郎中趙元亮大理正元從質侍
御史温造充三司覆理元略有中助止於削兼大夫
庾威大和中為湖州刺史貶吉州長史以御史臺所奏威為郡
日自立條制應田地奴婢下及竹樹鵞鴨等並估計出税差科
人一千一百五十人散入鄉村檢責剩徵税錢四千九百餘貫
王晏平開成初為靈武節度使擅將官馬四百一十五匹并旗
幟器械六千一十七事歸東都私第河南府奏之准勅收納

冊府元龜卷第六百九十八

冊府元龜卷第六百九十九

牧守部二十九

枉濫　譴讓

枉濫

以私害公廢政用壞依勢作威其下安仰自漢承秦弊訓俗務刑酷吏餘風薰蒸相尚故有任氣以逞文致其罪懷詐以巧詆挾嫌以仇報倚法以削論死非一覆盆曷照涉觀莫獲亦有識用不敏聽斷罔審不辜是殺冤氣由集天監在下咎徵乃見自茲以降世或有之秉心蕪回虐下茲甚乃至誣構其狀本非服辯甚縱所欲專在規求政以賄成民用愁歎是知長人之寄可不慎柬其循良哉

漢張敞為京兆尹九歲坐與光祿勳楊惲厚善後惲坐大逆誅公卿奏惲黨友不宜處位等比皆免（比毗也音寐切）而敞奏獨寢不下敞使賊捕掾絮舜有所按驗（賊捕掾主捕賊者也絮姓也音女居切又奴切）舜以敞劾奏當免不肯為敞竟事私歸其家人或諫舜舜曰吾為是公盡力多矣今五日京兆耳安能復案事敞聞舜語即部吏收舜　是時冬月未盡數日案事吏晝夜驗治舜竟致其死事舜當出死敞使主簿持教告舜曰五日京兆竟何如冬月已盡延命乎（言汝不得延命也）乃棄舜市

東海太守（史失其名）書郡有孝婦少寡亡子養姑甚謹姑欲嫁之終不肯姑謂鄰人曰孝婦事我勤苦哀其亡子守寡我老久累丁壯奈何（累古字也音力瑞切）其後姑自經死（不欲累婦故自殺）姑女告吏婦殺我母吏捕孝婦辭不殺吏驗治孝婦自誣服具獄上府（府郡之曹府也）（上音時掌切）吏于公以為此婦養姑十餘年以孝聞必不殺也太守不聽于公爭之弗能得乃抱其具獄哭於府上（具獄者獄案已成其文備具也）因辭疾去太守竟論殺孝婦郡中枯旱三年後太守至卜筮其故于公曰孝婦不當死前太守彊斷之咎黨在是乎（黨音他朗切）於是太守殺牛自祭孝婦冢因表其墓天立大雨歲熟郡中以此太重于公

汝南太守（史失其名）欲枉殺人決曹掾周燕諫不聽遂殺囚而黜燕

嚴延年為涿郡太守衆人所謂當死者一朝出之所謂當生者詭殺之（詭違正理而殺也）吏民莫能測其意深淺戰慄不敢犯禁按其獄皆文致不可得反（致至也言其文按堅牢不可反也）

山壽為商利侯代郡太守宣帝元康元年坐故劾十人罪不直免

翟義為南陽都尉行太守事收宛令劉立立與曲陽侯有親立家輕騎馳從武一以入語曲陽侯曲陽侯白成帝帝以問丞相方進遣吏敕義出宛令宛令已出吏還白狀方進曰小兒未知為吏也其意以為入獄當輒死矣（謂其不知立有恃挾以自免也）

後漢會稽太守（史不書其名）郡人孟嘗仕為戶曹史上虞有寡婦至孝養姑姑年老壽終夫女弟先懷嫌忌乃誣婦厭苦供養加鴆其母列訟縣庭郡不加尋察遂結竟其罪嘗先知枉狀備言於太守不為理嘗哀泣外門因謝病去婦竟冤死自是郡中連旱

二年禱請無所獲後太守殷丹到官訪問其故嘗詣府具陳寡婦冤誣之事因曰昔東海孝婦感天致旱于公一言甘澤時降宜戮訟者以謝冤魂庶幽枉獲申時雨可期丹從之即刑訟女而祭婦墓天應澍雨穀稼以登

曹紹中常侍曹節從子也靈帝時為東郡太守建[illegible]青蛇見前殿大風拔木郎中謝弼上封事左右惡其言出為廣陵府丞去官歸家紹怨疾於弼遂以它罪收考掠按死獄中時人悼傷焉

段紀明為司隸校尉初蘇不韋父謙為李暠掠死獄中不韋既復暠之讎後太傅陳蕃辟不應為郡五官掾初弘農張奐睦於蘇氏（不韋）而紀明與暠素善後奐與紀明有隙及紀明為司隸以禮辟不韋不韋懼之稱病不詣紀明既積憤於奐因發怒乃追咎不韋前報暠事以為暠表治謙事被報見誅君命天也而不韋仇之又令長安男子告不韋多將賓客奪舅財物遂使從事張賢等就家殺之乃先以鴆與賢父曰若賢不得不韋便可飲此賢

到扶風郡守使不韋奉謁迎賢郎時收執并其一門六十餘人盡誅滅之諸蘇以是衰破及紀明爲陽球所誅天下以爲蘇氏之報焉

黄昌爲陳相縣人彭氏舊豪縱造起大舍高樓臨道昌每出行縣彭氏婦人輒升樓而觀昌不喜遂敕收付獄按殺之

侯參中常侍侯覽之兄爲益州刺史民有豐富者輒誣以大罪皆誅之没入其財

周紆爲齊相頗嚴酷專任刑法坐殺無辜左轉博平令　魏公孫度漢末爲玄菟郡吏稍遷冀州刺史以謠言免同郡徐榮爲董卓中郎將薦度爲遼東太守度起玄菟小吏爲遼東郡所輕先時屬國公孫昭守襄平令召度子康爲伍長度到官收昭笞殺於襄平市郡中名豪大姓田韶等宿遇無恩皆以法誅所夷滅百餘家郡中震慄東伐高句驪西擊烏丸威行海外故河内太守李敏郡中知名惡度所爲恐爲其所害乃將家屬入于海度大怒掘其父冢剖棺焚屍誅其宗族

晉顧壽交趾太守參弟也參卒壽求領州州人不聽固求之遂領州壽乃殺長史胡肇等又將殺帳下督梁碩碩走得免起兵討壽擒之付壽母令鴆殺之

南齊謝瀹爲吳興太守長城縣民盧道優家遭劫誣同縣殷孝悌等四人爲劫瀹收付縣獄考正孝悌母駱詣登聞訴稱孝悌爲道優所誹謗橫劾爲劫一百七十人連名保徵在所不爲申理瀹聞孝悌母訴乃啓處建康獄覆道優理窮款首依法斲刑有司奏免瀹官

後魏趙郡王謐爲岐州刺史孝明初臺使元延到其州界以驛邏無兵攝帥檢覈隊主高保願列言所有之兵王皆私役謐聞而大怒鞭保願等五人各二百數日之間謐召近州夫閉城四門内外嚴固搜捕城中甚掠備至又无事而斬六人合城恟懼衆遂大呼屯門謐登樓毀梯以自固士人散走城人分守四門

靈太后遣游擊將軍王靖馳驛諭之城人既見靖至開門謝罪奉送管籥乃罷謐州

趙邕爲幽州刺史在州與范陽盧氏爲婚女父早亡其叔許之而母不從母北平陽氏攜女至家藏避規免邕乃拷掠陽叔遂至於死陽氏訴冤臺遣中散大夫孫景安研檢事狀邕坐處死會赦得免

唐鄭式瞻爲衢州刺史初鹽鐵使李錡於衢州鄮山鑿銀式瞻誣銀工杖殺十餘人人冤之

杜亞德宗時爲東都留守惡大將令狐運會賊發洛城之北運適與其部下畋于北部亞意其爲盜遂執訊之逮繫者四十餘人監察御史楊寧按其事亞以爲不直密表陳之寧遂得罪亞將逞其宿怒且以得賊爲功上表指明運盜之狀帝信而不疑宰臣以獄大宜審奏請覆之命侍御史李元素就決亞迎以獄成告元素驗之五日盡釋其囚以還亞大驚且怒親追送馬上責之元素不荅亞遂上疏又誣奏元素元素還奏言未畢帝怒曰出俟命元素曰臣未盡詞帝又曰且去元素復奏臣一出不得復見陛下乞容盡詞帝意稍緩元素　盡言運冤狀明白帝乃寤曰非卿孰能辨之後數月亞得真賊元素由是爲時器重

杜兼貞元中爲濠州刺史性浮險豪侈矜氣屬德宗厭兵革姑息戎鎮至軍郡刺史難於更代兼探上情遂練卒脩武占召勁勇三千人以聞乃得自恣録事參軍韋賞團練判官陸楚皆以守職論事忤兼密誣奏二人通謀扇動軍中忽有制使至兼率官吏迎於驛中前呼韋賞陸楚出宣制使殺之賞進士擢第楚兖公象先之孫皆名家有士林之譽一朝以無罪受戮郡中股慄天下冤歎之

李紳文宗開成中鎮維陽有盧氏女殊色爲游客吴湘所聘吴湘即江都縣尉也有弟汝顔氏紳怒湘無禮拾其罪奏而殺之湘嫌其以紳屢求之意欲貴李德裕爲湘所拒乃誣以他罪害之顔氏尋亦自裁

後唐韋堅知徐州事百姓楊知元詣闕訟堅知元割耳稱冤堅賂權勢請知元歸本道推劾洎至枉殺之憤痛之聲聞於遠邇

張全義為河南尹四十年少長軍中不明刑法立性樸滯凡百姓有詞訟取先訴者得理以是人多屈濫為時所非

周趙鳳為單州刺史鳳既剛忿不仁得立逾濫刑獄之間亡為不道嘗枉殺賊丁贇而納其室又民家女趙哥者許嫁李誨未成婚鳳逼納之毋楊辭以女許嫁不可鳳叱之與三縑擄之入第楊號泣告訴鳳怒召李誨及行媒崔氏并楊氏三人俱決杖十五經兩月餘楊氏又號於州門鳳出趙哥見楊子母俱斃臀十七仍配趙哥為州妓又鳳妻兄劉遷納州民馮氏女為妾馮氏母詣州訟遷鳳召遷與馮氏母俱杖之馮氏訴有娠鳳鞭背十七遞之外鎮又成武縣僧智源弟子智佺竊智源錢十八千告官鞫伏罪其弟子誣師與尼姦械繫智源六十餘日須令伏姦繼春十七盡沒其資財又單州民張翰張珪姚誨等訴男張弘滋等被趙鳳巡捕時拷捶令伏與賊通納賂方免

譴讓

秦開郡縣之制漢重牧守之選崇其服章授以符契自茲厥後其寄彌隆所以分字烝黎大揚王澤其有馮朱輪之軾振黃堂之坐瀆棄厥職罔思其憂忘卹緯之義昧守器之道奉制令而不謹決爰書而多誤或選懦不事沉湎自安投刃乖方代庖違舊虧損於儀序受譏於謠詠以致綱紀廢墜圖籍參互抱畝競發獄訟滋豐虧共治之規煩切責之詔既速官謗用干刑書皆著于篇以警厥後云

漢嚴助武帝時為會稽太守數年不聞問（無善聲）賜書曰制詔會稽太守君厭承明之廬（承明廬在石渠閣外直宿所止曰廬）勞侍從之事懷故上（懷思也）出為郡吏會稽東接於海南近諸越（越非一種故言諸越）北枕大江間者闊焉久不聞問具以春秋對毋以蘇秦從橫（從音子容切）助恐上書謝稱春秋天王出居于鄭不能事母故絕之（周惠王之子襄王也弟叔帶有寵於惠后惠后欲立之故襄王避難而出奔也事在僖公二十四年經書天王出居于鄭公羊傳曰王者無外此其言出何不能乎母也）臣事君猶子事父母也臣助當伏誅陛下不忍加誅願奉三年計最（舊法當使丞奉歲計今躬自欲入奉也又曰最凡要也）詔許

吾丘壽王武帝時為東郡都尉是時軍旅數發年歲不熟多盜賊詔賜壽王璽書曰子在朕前之時知略輻湊（言如車輻之歸於轂也）以為天下少雙海內寡二及至連十餘城之守任四千石之重（郡守都尉皆二千石以壽王為都尉不置太守兼總二任故云四千石也）職事並廢盜賊從橫（從音子容切）甚不稱在前時何也壽王謝罪因言其狀復徵入為光祿大夫侍中

皇柔武帝時為汝南太守坐知民不用赤側錢為賦為思薪（時並令以充賦而汝南不遵詔令）

公孫度武帝時為山陽太守坐詔徵鉅野令史成詣公車度留不遣免為城旦

郝賢武帝時為上谷太守坐入戎卒財物計謾免（上財物之計簿而欺謾不實）

公孫戎奴武帝時為上黨太守坐發兵擊匈奴不以聞免

黃霸宣帝時為京兆尹坐發民治馳道不先聞又發騎士詣北軍馬不適士（[illegible]）劾乏軍興連貶秩有詔歸潁川太守官以八百石居治如其前

鮑宣為豫州牧歲餘丞相司直郭欽奏宣行部乘傳去法駕（[illegible]）駕一馬（言其單率不與騶從也）舍宿鄉亭為衆所非宣坐免歸家

後漢王梁光武時為河南尹梁穿渠引穀水注洛陽城下東寫鞏川及渠成而水不流七年有司劾奏之梁慙懼上書乞骸骨乃下詔以梁前將兵征伐衆人稱賢故權典京師建議開渠為人興利旅力既愆迄無成功（愆過也迄至也）百姓怨讟談者讙譁雖蒙寬宥猶執謙退君子成人之美（論語載孔子之言也）其以梁為濟南太守

任延光武時為九真太守視事四年徵詣洛陽以病稽留左轉

睢陽令後為武威太守坐擅誅羌不先上左轉召陵令
謝夷吾章帝時為鉅鹿太守後以行春乘柴車從兩吏冀州刺
史上其儀序失中有損國典左轉下邳令
晉袁耽為歷陽太守成帝咸康初石季龍遊騎十餘匹至歷陽
耽上列不言騎少時胡寇強盛朝野危懼王導以宰輔之重請
自討之既而賊騎不多又已退散導止不行朝廷以耽失於輕
妄黜之
宋袁豹晉末為丹陽尹坐使徒上錢降為太尉諮議參軍
張永明帝時為左將軍會稽太守有賓客謝方童匠項何達之
等竊其權賄貨盈積方童等下獄死永乃降號冠軍將軍
檀韶為琅邪內史坐六門內乘輿向衣領職恭興宗為安西將
軍郢州刺史坐詣尚書切論以何始真為諮議參軍初不被許
後又重陳帝怒貶號平西將軍
南齊王琨初仕宋明帝特為吳郡太守坐在郡用朝舍錢三十

[illegible]方慶餉二宮諸王及作絳褾奏獻軍用左遷光祿大夫後為
會稽太守坐誤奇四降號冠軍將軍
王倫之為豫章太守武帝幸琅邪城倫之與光祿大夫全景文
等二十一人坐不參承為有司奏免官
[illegible]昭明明帝時為廣陵太守帝以其在事無所啟奏代還責之
昭明曰臣不欲競執關楗故耳
後魏陳建文成童時為幽州刺史假秦郡公帝以建貪暴懦弱
遣使就州罰杖五十
皮喜為散騎常侍豫州刺史詔讓其在州寬怠以飲酒廢事威
不禁下造使者就州決以杖罰
韓均獻文時為冀州刺史都督定冀相三州軍州事均懷新附
之民咸受優復然督人救姦者多往投焉均表陳非便朝議罷
之言後均所統劫盜頗起詔書詰讓之
王[illegible]孝文時為并州刺史[illegible]民多為立銘

[illegible]于大路盧相稱美或云襲許教也帝覽而召問之對不以實
因是面被責讓尚書奏免其官之准降號二等
元脩義孝明時為秦州刺史表陳羌人禮羌人愉等請有剋域
[illegible]莽陵城靈太后曰收葬之恩事由上旨潘岳何得越職于陳
元弼孝明時為河東太守太原太守韓伯華為弼所辱其丘丁
縣乃泣訴朝廷詔遣按撿弼遂大見詰讓
隋梁彥光高祖開皇初為相州刺史鄴都雜俗人多變詐固益之
作歌稱其不能理化帝聞而譴之
韋沖開皇中為南寧州總管兄子伯仁隨沖在府掠人之妻士
卒縱暴邊人失望高祖聞之大怒令蜀王秀按其事益州不中
元岩嚴性方正按沖無所寬貸竟坐免官
長孫平開皇中為相州刺史在州數年會正月十五日百姓大
戲畫衣裳為鍪甲之象帝怒而免之
唐[illegible]德宗時為京兆尹京兆上言好時風雨[illegible]美福

[illegible]二十餘里帝命縣令並品官同復視不實詔削[illegible]
裴行立為貴州刺史憲宗元和四年閏三月勅行立違制書[illegible]
路詣觀察使宜罰一月俸料觀察使郗士美不舉奏罰一季俸
裴堪為金州刺史以上供違旨條限為度支所奏罰一季俸料
屬官免殿者八人
柳公綽為湖南觀察使崔芃為江西觀察使元和七年十二月[illegible]
公綽崔芃所進絲等所司奏聞各有欠少事緣貢獻皆合精詳
致使闕遺固非審慎柳公綽宜罰兩季俸崔芃罰一季俸
秦滋為襄州觀察使有李洪者嘗為荊觀察使于頔推按
深刻以奉頔之指使有小卒吏為洪所鞫不勝其忿因抽佩刀
以斫洪數瘡頔為洪殺卒吏歸洪于汝州及頔坐事降責則洪
之前過益彰既配流之出襄州軍吏謀劫洪以殺之滋知之慮
其亂因杖洪十五而後上聞為御史所舉罰一月俸料
李銛為京兆尹坐縱獄罰一月俸初鄠縣人崔易簡與堂兄立

婁以財競枕曰陰使奴殺立而埋之有發其事者易簡傅陵右族且多姻戚之援鈺因其殺立而不使窮究罰推官而杖其典及縣尉陳中師移獄法書重按之帝命御史臺覆得其情且言奴殺立而易簡酬以錢帛具獄上奏致罰之

王遂為鄧州刺史元和九年御史臺奏遂輒詣觀察使有違前後勅文遂坐罰一季俸

趙宗儒為河中尹晉絳慈隰等節度觀察使元和九年赴鎮後擅用供軍錢八千貫坐罰一月俸

烏重胤令狐楚魏義通並為懷州刺史穆宗長慶元年六月知懷州河陽節度參謀兼監察御史韋珩奏論當州元和九年秋至十四年夏准　旨額外加徵斛節度使司撿見苗徵子及草等共計五百六十萬三千五百八十石束勅曰前刺史烏重胤等並位居守土職在牧人加稅縱緣軍須豈得不先聞奏遇赦雖當原宥亦合量有科懲烏重胤令狐楚魏義通等宜各罰

一月俸料知州官釋放

劉遵古為京兆尹長慶二年六月詔曰遵古官居尹守所寄非輕奏事之間先須摭實間於詳審須示薄懲宜罰一月俸料遵古前奏于方等陰事及有詔獄遂令所由潛羅元稹私第為稹所訴故坐罰

崔元略為京兆尹兼御史大夫敬宗寶曆元年四月詔元略宜削兼御史大夫元略為京兆尹誤用詔條畿內放錢萬七千貫侍御史蕭徹於閤門彈奏詔命刑部郎中趙元亮大理正元從質侍御史溫造鞫其事不謬故有是命

殷侑為江西觀察使寶曆二年三月侑上言請於洪州寶曆寺置僧尼戒壇勅殷侑故違制令擅置戒壇須示薄懲用警方任罰一季俸料其戒壇勒停

沈傳師為江西觀察使文宗大和三年十月奏當道未具戒僧尼等願因降誕之月於當州開方等道場允私度之人皆與正度詔曰不許受僧尼累曾有勅傳師既為藩守合奉條詔誘致逃亡須示薄懲罰一月俸料戒僧尋停

陳君賞為鳳翔節度使文宗開成元年九月己卯詔罰君賞兩月俸以舊制西蕃非賀正賀冬継好使臣不至論屈執等不由三事而來節度使宜留之奏聽朝旨君賞不遵舊制故有是罰

李顗為鄭州刺史開成三年六月詔曰鄭州中牟縣私置壇場度僧一百六十人並仰勒歸色役其刺史李顗罰一季俸料攝縣令前管城縣令叔良停攝官仍殿本官兩選

鄭復為京兆尹開成四年六月勅罰復攝祭在郊外信宿不辯臺丞御史中丞高元裕舉舊事以請故也

裴弘泰為鄭滑節度使開成四年十一月弘泰奏慶成節曰放當州囚徒以資聖壽詔曰弘泰以慶成令節擅放繫囚雖去惡誠且為干禁恐開後例須示薄懲宜罰一月俸料

後唐孔知鄴明宗天成三年為濮州刺史先為船糧妄稱逃卻

人戶奉勅大駕省巡六師屯聚有司所奏應軍食稍虧須議轉般然可供贍事非獲已理在權行而濮州地里匪遥戶民不少纔承宣命遽奏逃亡及降條流卻申齊足頗聾聞聽尤涉因循蓋撫馭之無方致黎甿之暫惑既乖體國何以濟時尚緣䇿發已齊轉納將畢聊從薄罰以誡衆多孔知鄴罰一月俸

曹廷隱為齊州防禦使天成三年以年奏失實配流永州

張進為鄭州防禦使咸繼威為副使明宗長興元年五月勅曰張進等或位分符竹或職倅郡城殊乖警備之方致此放逸之咎更容虛誑不戢元隨須準憲章以為懲戒宜勒停見任以盜掠城中居人故也

藥縱之為磁州刺史縱之誘跡在郡也於撫御每王人經由數睍不接藉藉言之歲余罷之

馮暉為興州刺史末帝清泰初與同州衙前安置暉為興州屯乾梁蜀人來侵暉自屯所奔歸鳳翔故有是責

袁彦詢爲丹州刺史清泰三年閏十一月停任配流鄧州時承詔率義軍赴延州義軍亂彦詢奔鄜州故有是責

晉鄭重義爲内園使留守洛京高祖天福二年七月勑重義先因張從賓作亂之時收田承肇妻女入宅宜收身定罪以聞者詔決杖勒停所職

慕容彦超天福中爲濮州刺史違法配斂貸官麥造麴依配部民又殺典隸州爲濮民所訟詔下御史臺獄彦超伏罪漢祖鎮并門上章救解朝廷不得已曲法減死配流房州

王徽爲懷州刺史天福中坐斷獄不平罰征馬十匹

陳延福爲房州刺史少帝開運二年爲民任行適所論創置支計迴圖錢物及改移市井求利下御史臺鞫云其支計迴圖是本州舊章改移市井充公家使用勑曰陳延福位居牧守首被訟論移市肆以創迴圖已乖生事假役夫而科採捕尤驗侵人但以稍踰本州云承累政雖除苛弊全昧公心而按罪討鐵未明入己聊從懲罰用顯含弘宜罰征馬十匹放

周趙鳳爲單州刺史太祖廣順三年十二月御史臺奏鳳在任日殘虐百姓非理科率十六事勑趙鳳驟承委寄合稟憲章臨民不利於撫綏率性但聞於兇暴沿淮巡寇當年之殘忍雖近郷猶除在任之貪虐尤甚掠部民之妻女率州人之資財招納賊徒擅擾生聚爾不奉法國有常刑其趙鳳宜削奪在身官爵賜自盡

石仁贇爲申州刺史世宗顯德五年十一月責授右清道府率先是命諸道州府錄狀於京師留後邸院時仁贇方爲郡守不能稟命故黜之

冊府元龜卷第六百九十九

冊府元龜卷第七百

牧守部三十

貪黷

夫天子所與共治者惟良二千石爾嗟乎風教陵遲廉恥湮喪見得忘義幾何人哉徇利之夫冒顏斯甚稍折圭剖符之寵膺百城千里之寄而乃割剝萌庶饕斂貨財見金而不見人知得而不知喪識多積之可樂闇厚亡之難悔貫盈惡稔顛沛隨之故君子辭富以求安知足以遠辱者豈徇名安節至性之所存抑失身玷祀古人之攸戒也由漢以才居長人之任彰貪墨之迹者悉條著于篇云

漢居益昌嗣湘城侯（臣欽若等按南粤傳桂林監居翁諭粤居名益昌即其子也而功臣表去監居翁誤）也為九真太守坐盜使人出買犀奴婢臧百萬以上不道誅

陳咸為南陽太守其治放嚴延年其廉不如所居調發屬縣所出食物以自奉養奢侈玉食（玉食珍美之食也）

後漢歐陽歙自汝南太守徵為大司徒坐在汝南臧罪千餘萬發覺下獄

羊元羣罷北海郡臧罪狼藉郡舍溷軒有奇巧乃載之以歸（溷軒廁屋）

侯參中常侍覽之兄為益州刺史民有豐富者輒誣以大逆皆誅滅之沒入財物前後累億計太尉楊秉奏參檻車徵於道自殺京兆尹袁逢於旅舍閱參車三百餘兩皆金銀錦帛珍玩不可勝數

韋毅為陳留太守桓帝延熹九年坐臧自殺

左昌為涼州刺史靈帝中平初北地羌胡與邊章等寇亂隴右昌因軍興斷盜數千萬（斷謂割斷之）

漢陽長史蓋勳固諫昌怒乃使勳別屯阿陽以拒賊鋒（阿陽縣屬天水郡）欲因軍事罪之而勳數有戰功昌坐斷盜徵

晉石崇為荊州刺史崇穎悟有才氣而任俠無行檢在荊州劫遠使商客致富不貲

孫盛為桓溫從事中郎出補長沙太守以家貧頗營資貨部從事至郡察知之服其高名而不劾之盛與溫牋而辭旨放蕩稱州遣從事觀採風聲進無威鳳來儀之美退無鷹鸇搏擊之用徘徊湘川將為怪鳥溫得盛牋復遣從事重案之贓私狼藉檻車收盛到州捨而不罪

周仲孫為寧州刺史在州貪暴人不堪命

後秦周班為姚興始平太守以黷貨誅於是郡國肅然

北涼隗仁為沮渠蒙遜高昌太守為政有威惠之稱然頗以愛財為失

宋劉式之為宣城淮南二太守在任贓貨狼藉揚州刺史王弘遣從事檢校從事呼攝吏民欲加辯覆式之召從事謂曰治所還白使君劉式之於國家粗有微分偷數百万錢何有況不偷耶吏民及文書不可得從事還具白弘弘曰劉式之辯如此亦可由此得停

裴方明為潁川南平昌太守皆坐贓私免官

褚叔度為廣州刺史在任四年廣營貨賄資財豐積坐免官禁錮終身

劉道錫為廣州刺史坐貪縱過度自杖治中荀齊文垂死乘輿出城行與阿尼同載為有司所糾值赦徵又以赦後餘贓收下廷尉被宥

王僧達為吳郡太守吳郭西臺寺多富沙門僧達求須不稱意乃遣主簿顧曠率門義劫寺內沙門竺法瑤得數百万

垣閎為交州刺史閎罷州還資財鉅万孝武末年貪慾刺史二千石罷任還都必限使獻奉又以蒱戲取之要令罄盡乃止閎還至南州值明帝即位擁南資為富人後為益州刺史蜀還之貨亦數千金先送獻物傾西州之半明帝猶嫌其少及閎至都詣廷尉自簿先詔獄官留閎於是悉送資財然後被遣凡蠻夷不受鞭罰輸財贖罪謂之賧時人謂閎被賧刺史

南齊崔慧景爲梁南秦二州刺史在州蓄聚多獲珍貨

王洪範爲晉郡太守多取贓賄爲州所按大懼棄郡奔建鄴

梁王筠爲臨海太守在郡侵刻還資有芒屩兩艑他物稱是爲有司奏不調累年

江祿爲武寧郡守頗有資產積錢於壁壁爲之倒迸銅物皆鳴人戲之曰所謂銅山西傾洛鍾東應者也湘東王恨之既深以其名祿改字曰榮財以志其忿

蕭恭爲雍州刺史武帝以雍爲邊鎮運數州粟以實儲恭乃多取官米還贍私宅又恭典籤陳保印侵尅百姓爲荆州刺史廬陵王所啓被詔徵還在都朝謁白服隨例帝曰白衣者爲誰對曰前衡山侯恭帝厲色曰不還我陳保印吾當白汝未已而保印寔是投湘東　王改其姓名曰衣逢恭竟不叙用

爲湘州刺史頗好積聚多寫圖書數万卷有䌷二百斛米四千石他物稱是

曹景宗爲郢州刺史在州鬻貨聚斂於城南起宅長堤以東夏口以北開街列門東西數里而部曲殘横民頗厭之

蔡撙爲臨海太守百姓楊元孫以婢採蘭貼與同里黃權約生子酬乳哺直權死後元就權妻吳贖婢母子五人吳背約不還元孫訐撙判還本主吳能爲卒　賂撙妾遂改判與吳元孫撾登聞鼓訟之爲有司劾時撙已去郡雖不坐而常以爲恥

陳庾持臨臨海郡以貪縱失民和爲山盜所劫幽執十旬文帝遣劉澄討平之持乃獲免

後魏元志爲揚州刺史耽好聲伎後爲雍州刺史逾尚華侈聚斂无極聲名遂損

元仲景爲涼州刺史貪暴无極欲規府人及商胡富人財物詐作一臺符誑諸豪等云欲加賞一時屠戮所有資財生口悉沒自入

元汎字普安爲營州刺史性貪殘人不堪命相率逐之汎走平州

元誕爲齊州刺史在州貪暴大爲人患牛馬騾驢无不逼奪家之奴隷悉迫取良人爲婦有沙門爲誕採藥還見誕問外消息對曰唯聞王貪願王早代誕曰齊州七万家吾到來一家未得三斗錢何得言貪邪爲御史中尉元纂所糾會赦免

武昌王鑒爲齊州刺史兄和罷沙門歸俗棄其妻子納一寡婦曹氏爲妻曹氏年齒已長攜男女五人隨鑒至歷城干乱政事和與曹及五子七處受納鑒皆順其意言無不從於是獄以賄成取受狼籍齊人苦之鑒治名大損

鄧羡爲東魏郡太守兼齊州長史在治十年經三刺史以清勤著稱齊人懷其恩德號曰良二千石及代還大受民吏送遺頗以此爲損後爲郢州刺史鎮義陽在州銳於聚斂又納賄於于忠徵爲給事黄門侍郎

王雲爲兗州刺史坐受所部荆山戍主杜虔財貨又取官絹因

除割易御史糾劾付廷尉遇赦免

寇臻爲弘農太守坐受賂爲御史所彈遂廢卒於家

寇治臻之子也爲河州刺史在任數年城民詣都列其貪狀十六條會赦免

崔康爲廣平內史大納財貨爲清論所鄙

鄭羲爲安東將軍西兗州刺史多所受納政以賄成性又嗇吝民有禮餉者皆不與杯酒臠肉西門受羊酒東門酤賣之以李沖之親法官不知糾也羲子懿爲齊州刺史好勸課善斷決雖不潔貨賄然後取百姓猶思之懿兄洞林爲濮陽太守坐貪穢除名洞林兄子平城爲東平太守性清狂使酒爲政貪殘平城子伯猷爲南青州刺史在州貪惏妻安豐王元延明女專爲聚斂貨賄公行潤及親戚戶口逃散邑落空虛乃誣陷良民云欲反叛籍其資財盡以入己誅其丈夫婦女配沒百姓怨苦聲聞四方爲御史糾劾死罪數十條遇赦免因以頓廢

齊文襄王作相每誡屬朝士常以伯猷及崔叔仁爲喻
鄭雲字道漢歷鴈門樓陽二郡貪穢狼藉以納賄爲事
劉騰爲安州刺史坐選舉受賄爲御史所糺因暴病卒
趙超宗爲汝南太守多所受納徙河東太守卒官超宗太子叔
隆爲中山内史在郡無德政專以貨賄爲事
薛道㳚爲秦州刺史嘗隴西太守後爲滎陽太守遷肆州刺史
所在貪穢在州彌[illegible]納賄於司空劉騰以求美官未得而騰死
高慶爲清河太守[illegible]貨狎刑在市遇赦免後爲太尉史俄出爲
涼州刺史專肆貪暴以罪免既納貨高肇復起爲幽州刺史又
以貪穢被劾罪未判遇赦復任未幾而卒
李遷哲崇之子也崇性好財貨　家貲巨萬營求不息遷哲爲
相州刺史亦無清白鄭洛市鄽收擅其利時論所鄙遷哲初至
州斥逐細人遷徙佛寺逼買其地廣興第宅百姓患之崇北征
之後遷哲爲太常御史高道穆毀發其罪過
張景爲樂陵太守在郡多所受納聞御史至棄郡逃走於是除
名乃卒
傅敬和豎眼之子豎眼前爲益州刺史朝廷以其父有遺惠復
以敬和爲益州至州聚斂無已好酒嗜色遠近失望
崔延伯爲安北將軍并州刺史在州貪汙聞於遠近
李子貞爲兗州刺史坐貪汙賜死
賈智爲滄州刺史貪縱甚爲民害
李洪之爲秦益二州刺史洪之素非廉清每多受納時孝文始
建祿制法禁嚴峻司察所聞無不窮糾遂鎖洪之赴京孝文臨
太華庭集群官有司奏洪之受贓狼藉又以酷暴孝文親臨數
之以其大臣聽在家自裁
高遵爲齊州刺史選召僚吏多所取納又其妻明氏家在齊州
母弟舅甥共相憑屬爭求貨利嚴暴非理殺害甚多貪酷之
響[illegible]孝文頗聞之及車駕幸鄴[illegible]自州來朝會有赦宥遵臨還
州請辭帝於行宮引見詰讓之遵自陳無負帝厲聲曰若無遵
都赦必無高遵矣又卿非唯貪婪又虐於刑法自謂何如齊陰
王猶不免於法卿何人而爲此行自今宜自謹約還州仍不快
華齊州人孟僧振至洛訟遵詔廷尉少卿劉述窮鞫皆如所訴
先沙門道登過州遵以道登荷寵於帝多奉以貨深託仗之道
登屢因言次申啓救遵帝不省納遂詔述賜遵死時遵子元榮
詣洛訟冤猶恃道登不時還赴道登知事決方乃遣之
安樂王長樂爲定州刺史多不奉法以貪暴徵詣京師子詮宣
武初爲涼州刺史在州貪穢政以賄成
許彥自散騎常侍出爲相州刺史在州受納多違法度詔書切
讓之然以彥腹心近臣弗之罪也
崔暹爲南兗州刺史盜官瓦贓汙狼藉爲御史中尉李平所糺
免官後行豫州事尋即真坐遣子析戶分隸三縣廣占田宅藏
匿官奴障恡陂葦侵盜公私爲御史中尉王顯所彈免官
胡泥爲定州刺史以刑罰酷濫受納貨賄徵還戮之
張赦提爲幽州刺史頗縱妻段氏多有受納令僧尼因事通請
貪虐流聞中散李真香出使幽州訪牧守政績真香驗按其罪
赦提懼死欲逃其妻姑爲太尉東陽王丕妻恃丕親貴自許詣
丕申訴求助謂赦提曰當爲訴理幸得申雪願且寬憂不爲異
計赦提以此差自解慰段乃陳列真香昔嘗因假而過幽州知
赦提有好牛從索不果今爲臺使心協前事故威逼部下考楚
過極横以無辜證成誣罪執事恐有不盡使駕部令趙秦州重
往究訐事狀如前處赦提大辟孝文詔賜死於第
北齊元坦爲冀州刺史專務聚斂每百姓納賦除正稅外別先
責絹五匹然後爲受
王則爲洛州刺史性貪婪在州取受非法舊京諸像毀以鑄錢
于時世號河陽錢皆出其家後爲徐州刺史取受狼藉鏁送晉陽
文襄恕其罪

常山王演孫彥道爲徐州刺史坐奪商人財物免官

段孝言爲齊州刺史以贓賄爲御史所劾遇赦免

可朱渾元爲并州刺史以貪汙劾特見原

斛律武都爲梁兗二州刺史所在並無政績唯事聚斂侵漁百姓

司馬消難爲北豫州刺史鎮武牢消難博涉史傳有風神然不能廉潔在州爲御史所劾

張保洛爲滄州刺史封敷城郡王在州聚斂免官削奪王爵

任胄爲東郡太守家本豐財又多聚斂動極豪華賓客從來將迎至厚尋以贓汙爲有司所劾

庫狄伏連爲鄭州刺史鄙恡愚很無治民政術及居州任專事聚斂

許惇義爲齊州刺史以黷貨除名

堯傑爲南兗州刺史多所取受然性果決吏民畏之

封述文爲青州刺史好財利在州多所受納

畢義雲爲齊州刺史好財利多所受納後行梁州事除散騎常侍爲陽夏太守段業告其在州聚斂被禁止送梁州窮治未竟遇赦卒於禁所

王紘爲北徐州刺史所歷皆好聚斂然性和直吏民不甚患之

韓軌爲瀛州刺史在州聚斂爲御史糾劾削除官爵

廣陽王深爲鎮州刺史在州多所受納政以賄成私家有馬千匹者必取百匹以此爲常深子諶孝靜初爲冀州刺史亦有聚斂風政不立

崔叔仁爲潁川刺史以貪黷爲御史所劾興和中賜死於宅

崔季舒爲齊州刺史坐遣人渡淮互市亦有贓賄事爲御史所劾會赦不問

隋盧賁爲齊州刺史民飢穀米踊貴閉人糴而自糶之坐是除名

張威爲青州總管在州頗治產業遣家奴於民間鬻蘆菔根其奴緣此侵擾百姓高祖深加譴責坐廢於家

王仁恭爲馬邑太守時天下大亂百姓饑餒道路隔絕仁恭頗改舊節受納貨賄又不敢輒開倉廩賑恤百姓

唐席辯貞觀中爲滄州刺史辯雖有幹略而性貪鄙時所部長蘆令李大辯恣行侵奪賄賂盈門按察既知屢加誚讓大辯懼求媚於辯送縑二百匹羅三十匹以遺之辯遂納之及加顧遇事發詔朝集使臨觀而戮之大辯亦伏法

李敬業爲眉州刺史中宗嗣聖元年坐贓貶授郴州司馬

左感意爲鄭州刺史開元二年坐贓杖殺

張嘉貞開元初爲定州刺史至州於常嶽廟中立頌嘉貞自爲其文乃書於石其碑用白石爲之素質黑文甚爲奇麗先是岳祠爲遠近祈賽有錢百萬嘉貞自以爲頌文之功納其數萬

蕭執珪爲嵐州刺史盧季珣爲濮州刺史崔慓爲銀州刺史開元八年並坐贓詔曰先王制法度立師長將以爲理也夫刺史者授方嶽之寄爲吏人之表以宣法則以樹風教故得人則河潤九里京師蒙其福非才則虐流百姓黎庶受其害所以漢宣云與我共理者其惟良二千石乎中大夫前守嵐州刺史蕭執珪通議大夫前守濮州刺史盧季珣中散大夫前守銀州刺史崔慓等各藉門資謬居藩牧不率法度情態在公懷此尸素黷其貨賄豈有奉條察之委居撫字化之先專利無厭貪以敗類固上行而下効豈澄源以正本有靦面目實虧風憲雖罪無所漏已寘刑章而情頗難容宜從遠謫執珪宜除名配隸營府即差使所在馳驛領送至彼不得東西季珣可恩州司馬慓可涖州司馬並員外置同正員即發遣赴任仍頒于郡國以勵在官

崔皎爲河南尹開元八年貶代州都督受賄故也

李邕爲陳州刺史開元十三年車駕東封迴邕於汴州謁見獻詞賦甚稱旨頗自矜衒中書令張說甚惡之俄而陳州贓汙事發下獄鞫訐罪當死許州人孔璋上書救之請以身代邕罪號

奏會赦減死貶為欽州遵化縣尉璋亦配嶺南
盧暉為魏州刺史開元二十九年坐贓詔云暉素是妄庸幸承資地早升清列爰典大藩不能勵彼公心以申荅効而恣其鄙識蔑顧廉隅黷貨充厭蠹政斯甚或增加賦斂或減截官錢入巳之贓六百餘貫自外所犯數倍於茲況又役使人工殆乎千萬復有何要輒作為勞慢法徇私觸類非一朕志存撫育情切好生特寬斧鑕之誅俾從流放之典可長流富州百姓與朕共理伊爾列城自頃已來每加優異凡在遠近固合周知豈有受恩而不盡節昭鑒若此咸宜勉之無或效尤自投於網
王琚為鄴郡太守天寶五載坐贓詔云琚久經任使歷典藩條特朝廷之見寬冒憲法而無懼凡所莅職罕著善聲自頃移官益彰喧訟志由貪敗政以賄成所犯贓私動盈千計正名論罪合寘流刑有過推恩猶從貶任可江華郡司馬員外置
劉巨鱗為南海太守充嶺南五府經略採訪處置等使坐贓下

獄死
李宓為雲南太守犯贓貶為澧陽郡慈利縣丞員外置
韋陟為河東太守天寶十三載貶為臨賀郡桂嶺縣尉員外置仍馳驛發遣陟天寶初自吏部侍郎出為襄陽鍾離義陽三郡太守楊国忠思改徵為河東太守本道採訪使陟以名位素著怏怏久失職及臨關輔冀有任用而性頗奢豪所莅不修清廉之操遂恣其利欲鹹以河東土物入饋權要為部人所發詔下御史訐鞫陟時朝謁在華清宮惶怖不安乃厚遺御史中丞吉溫求救於祿山事泄為国忠奏貶溫亦坐貶澧州長史
李巨肅宗乾元初為河南尹於城市橋梁出入車牛皆税錢以哄国用頗有乾沒士庶怨之後與妃張氏不睦張氏即皇后從父妹宗正卿李遵搆之發其贓貶為遂州刺
張萬頃為廣州刺史上元二年以贓貶巫州[illegible]尉員外置
長任

李鼎自鳳翔入為衛尉卿寶應六年貶為恩州長史員外置坐贓也鼎守鳳翔以賄聞雖去職姦狀皆露既行賜死於路
李佚為宣州刺史代宗永泰二年坐贓二十四萬集衆杖殺籍沒其家
黎幹大曆八年復拜京兆尹兼御史大夫幹自以為得志無心為理貪暴益甚徇於財色
薛邕為宣州刺史德宗建中初盜官貨計錢萬萬殿中侍御史員寓因私憾而奏之故貶官死幾又配流象州
崔穆為黔中觀察使貞元十一年部人告穆贓二十七萬貫及他犯遣監察御史李直方往州覆按
劉贊貞元十二年為宣州刺史天下郡贍處也贊厚斂殖貨以務貢獻用求恩寵又不訓子弟童稚者使以驕傲為事
路恕為涪州刺史貞元十四年以贓追奪兩官仍勿齒三五年
陽履為永州刺史貞元十六年觀察使呂渭奏履犯贓令三司

使推鞫履又表自言當州營備錢物上獻為觀察使所鞫按令中使王文湊就州取履至京師三司使詳其所妄破用履云市馬進獻及詳其馬於何人處買及價直齒歲履云各狀馬主東西南北貴公子也今不知所在言馬齒歲按禮經齒路馬者當誅今不敢言其他狀款多如此類德宗悅其進奉之言不責也但令免官而已
鄭式瞻為衢州刺史貞元十七年死于州獄初鹽鐵使李錡於衢州即山鑿銀式瞻誣銀工杖殺十餘人人冤之觀察使李奏發御史就鞫之坐贓二千貫笞四十流崖州詔未至而死
張登為漳州刺史貞元十七年死于州獄登暴恣假貪冒擅賦百姓役買州人為奴婢者三十人姦亂裨將家財非一其不堪有縊死者部人蔡化詐于闕下詔命就鞫遂憂死
陳審為明州刺史貞元十九年坐贓配流崖州
臧渙為韶州刺史元和四年以賄聞貶賀州司馬

王仲周爲明州刺史元和四年坐贓貶昭州司戶
劉文翼爲瀘州刺史元和五年坐贓貶爲崖州澄邁縣尉
陳當爲榮州刺史元和五年貶爲羅州吳川縣尉以坐贓故也
張愻爲將作少監元和五年貶爲郇州長史愻前爲郇州刺史
坐贓爲觀察使郗士美所奏
李少和前爲江西觀察使元和七年敕曰李少和職奉察廉跡
乖周慎除替巳後擅取公錢或交擾未填或轉移私費今除巳
填納贓數外尚欠三千七百餘貫身巳淪沒不可徵收宜於免
李甫爲丹王府長史元和六年以前任復州刺史坐贓貶爲賀
州司戶參軍
孟常諫爲安州刺史元和八年坐在郡貪濁亡狀擾人貶柳州
司馬
李將順爲袁州刺史元和九年坐以官錢貿易求利且擅興功
役貶循州司戶參軍

李彥輔爲簡州刺史元和十年坐贓貶韶州司馬
龐議爲忠州刺史元和十年貶爲端州司戶詭言改易其州庫
門以內向用便迴貸故及貶
馬平陽爲婺州刺史元和十年以貪虐貶爲昭州司戶
夏侯至爲汴州刺史元和十年以貪虐貶潮州司戶
李逢爲台州刺史元和十二年坐贓貶康州司戶參軍
嘍異爲集州刺史元和十二年坐贓貶封州司戶參軍
崔祝爲鄭州刺史元和十二年御史臺奏祝坐贓三萬餘貫勑
崔祝抵犯刑章宜亦貶逐緣其身居憂服未可授官宜且於康
州安置待服滿日觀分其贓充進助者仍令度支牧管本道舊
察使覺察不早特宜釋放祝於當州催召行營車除充估給付
又擅出州倉粟麥貴估貿之以利入巳及觀察使舉聞發御史按
之乃以助軍進奉爲名晝夜促進祝父老病聞御史按祝亭以
憂死祝既除名所至遲留又錮身配流康州

蔣立宇爲資州刺史元和十四年坐贓貶連州司馬
崔曙爲邛州刺史元和十四年坐贓杖流驩州
宋君平爲涪州刺史元和十五年坐贓削官一任
楊郎爲郢州刺史元和十五年坐贓削官一任徵銅十斤
唐慶前爲壽州刺史長慶四年刺史楊歸厚告論慶違敕割科
配百姓稅錢及破用官錢物等事慶犯王入巳贓錢四千七
百餘貫勑唐慶入巳贓僅五千貫據罪定刑實難全宥但以惟
新之日政務從寬要示含容俾從流貶宜除名長流崖州
李彤自鄧州刺史入爲司農少卿長慶四年貶吉州司馬
同正彤前年鄧州坐贓錢百餘萬仍自刻石紀功號爲善政碑
觀察使柳公綽以事聞故有是命
元稹以穆宗長慶中爲浙東觀察使既放意娛游稍不修邊幅
以贓賄聞於時
梁張思愼爲蔡州刺史以貪貨大失民情

後唐李存儒爲衛州刺史爲梁將段凝所陷存儒控御無術誅
斂州民防城之卒皆徵月課縱其歸去段凝知其若此夜渡舟
師詰旦登城存儒不之覺
李鄴爲亳州刺史明宗天成二年詔配崖州長流百姓所在賜
自盡鄴爲政貪穢有奴爲人轉金銀迴公道奴匿其金鄴知遂
殺之其家人上論訴其私事遂伏法
成景引爲曹州刺史受羣吏百緡天成三年七月敕成景弘位
列百城秩膺八命在旌稱而甚至於委任以非輕所宜均我詔
條副余憂寄而乃罔遵彝憲輒恣貪求差庶吏以非公取負
財而濯己纔行鞫劾果伏罪尤宜行竄逐之文以示澄清之道
可貶綏州司戶參軍續勑長流宥州
韓知章爲漢州刺史天成四年以在任日恣誅求達於聽覽
歸私第
盧延忠爲滄州節度使長興四年奏滄州景城縣判官勤翻雲

得寃獄乞行恩澤詡父名詡儒滄州市井之富民也家財鉅萬前後鎮帥無不受其賂者先是應瑘節鄭儒來朝帝見之於後樓下儒因言其子詡爲本道觀察判官月限已滿乞量留一年帝即從之又薦押牙郝寓帝曰寓乃何人朝廷事有大臣朕不自由爾無宜多言也詡商販之子不數年至本州從事賞金星備位廉察而受賂薦詡人士醜之

晉李彥珣爲坊州刺史高祖天福五年十二月犯枉法贓特勑免官彥珣久臨翟道苛暴不法結怨所部宜君縣民康璘與李婦爭田彥珣納賄數十萬曲斷其事故李婦詣御史府上訴按詰伏罪法寺詳斷以奏勑曰李彥珣頃委分符不能求瘼既受贓而枉法合准律以定刑特與含弘聊示懲戒宜奪一任官送虢州收管

周安審信歷許兖二鎮所至以聚斂爲務民甚苦之

崇仁魯爲萊州刺史貪暴特甚吏民不勝其苦受代日遁離本州及爲部民所訟下獄鞫之仁魯伏罪贓汚狼藉

趙鳳爲單州刺史以進奉南郊爲名率斂部民財貨爲人所訟

張頎爲楚州刺史顯德五年十二月己丑賜死於都城外頎[illegible]身戎伍累遷虎捷廂主歷蔡汝楚三州防禦使在楚州日嘗[illegible]落下准税錢五十餘萬官庫絲緜二千餘兩及縱其部下擾民民甚苦之爲轉運判官馮瓚所奏下御史府鞫之得實故寘于法焉

冊府元龜卷第七百

册府元龜卷第七百一

令長部一

總序

古者列爵惟五分土惟三文軌所通諸侯而已縣道之制蓋未聞焉周初小司徒之職都鄙之制四甸爲縣方一十里周書千里百縣其名雖肇其地尚小東周之末諸侯彊大封内之縣制始盛矣掌其政者魯謂之宰仲尼爲中都宰是也齊謂之大夫齊威王封即墨大夫烹阿大夫是也楚謂之尹沈尹戌爲方城之外縣尹是也亦謂之公葉公諸梁是也秦氏罷侯置守以郡統縣其制萬戸已上置令秩千石至六百石減萬戸置長秩五百石至三百石所職治民顯善勸義禁姦罰惡理訟平賦恤民時務秋冬集課上計於所屬郡國其列侯所食者爲國國置相所掌如令長皇太后皇后公主所食曰邑有蠻夷曰道皆置令長漢因之秩六百石以上皆銅印墨綬三百石銅印黄綬成帝

綏和初又詔長相皆墨綬哀帝建平中復黄綬後漢自千石令至四百石長皆墨綬三采青赤紺淳青質長丈六尺八十首其屬官丞一人署文書典知倉獄大縣尉二人小縣一人主盜賊各置諸曹掾有延掾勸農掾制度掾之類其餘大約如郡員丞尉秩四百石至二百石名爲長吏計食佐史百石以下名爲小吏統内五家爲伍十家爲什百家爲里里有魁以相檢察十里爲亭亭置長以禁盜賊十亭爲鄉鄉置有秩三老嗇夫凡五千戸置有秩秩百石小者置嗇夫皆主知民善惡爲役先後知民貧富爲賦多少三老掌教化凡孝子順孫貞女義婦讓財救患及學士爲民法式者皆表其門以興善行游徼掌徼循禁司姦盜又有鄉佐主收賦税丞尉而下並兩漢之通制也後漢以雒邑京邑所治屬官差多故丞有三人焉魏循漢制晉千戸以上及州治下皆置令減此置長並銅印墨綬朝服進賢一梁冠洛陽置六部尉大縣二尉次縣小縣一尉又有主簿録事史王記室史門下書佐幹游徼議生循行功曹史小史廷掾功曹史小史書佐幹法曹門幹金倉賊曹掾兵曹史吏曹史獄小吏獄門亭長都亭賊捕掾等戸不滿三百以下職吏十八人散吏四人三百以上職吏二十八人散吏六人五百以上職吏四十人散吏八人千以上職吏五十三人散吏一十二人千五百以上職吏六十八人散吏一十八人三千已上職吏八十八人散吏二十六人鄴及長安置吏得同三千戸之制又縣戸五百已上置鄉三千已上置二鄉五千已上置三鄉萬已上置四鄉鄉置嗇夫一人千戸已下置治書史一人千戸已上置史佐各一人正一人千五百已上置史一人佐二人又統内百戸置里吏一人千戸已上置校官掾一人又皆置方略吏四人宋齊已後多如晉制縣令秩千石者銅印環鈕墨綬朝服進賢冠兩梁餘並一梁亦有帶雜號將軍而爲之者亦有以臺省而帶之者後魏縣置三令長爲封國者置相洛陽令其品從五上縣令相其品六

中縣令相其品七上下縣令相其品七下孝文初制縣令能静一縣劫盜者兼治二縣即食其禄能静二縣者兼治三縣三年遷爲郡守太和中復次職令其禄甚厚京官清貧者或帶縣令以優之其後用人益雜但選勤舊令史爲之而搢紳恥居焉北齊制縣自上上至下下凡九等之差上上上中縣其品並從五鄴臨漳成安三縣同之上下縣其品六中上中中中下其品從六下上縣其品七下中下下縣其品從七然用人尚濫武成帝搜揚世冑子弟搃召集神武門宣旨慰諭而授之自是始用士人凡上縣有丞尉先迎功曹先迎主簿功曹主簿録事及兩曹戸曹金曹租曹兵曹等掾市長等員合五十四人上中上下縣遞減一人中上縣減六人中中縣減五人中下至下下縣遞減一人各置白直以供役鄴臨漳成安三縣其員差多鄴又領右部西部三尉凡一百三十五里臨漳又領左部東部二尉凡一百一十四里成安又領後部北部二尉凡七十四里里各置正後

周長安萬年縣令正五命七千戶以上令亦同之四千戶以上縣令正四命二千戶以上令四命五百戶以上令正三命戶百已下令三命隋增大興長安河南洛陽四縣令爲正五品諸縣以閑劇衝要爲等級屬官改尉爲正唐制有赤縣畿縣望縣緊縣上縣中縣中下縣下縣之差赤令其品正五畿令其品正六上縣令其品從六及望緊同之中縣令其品正七下縣令其品從七其後又有次赤次畿之名後魏已後冠服並隨其品焉亦有假臺省官以榮之者屬官置録事司功司倉司兵司法司士略如州制丞爲副貳如州上佐主簿撿轄如州録事參軍尉分治諸曹如州判司統內百戶爲里里置正五里爲鄉置耆老亦曰父差五代因之夫一同之地有社稷焉有吏民焉可以事神可以爲政有督責之令有刑罰之威勸課以率下貢賦以奉上蓋生民舒慘之所屬國家休戚之所同至于丞尉而下皆亦佽助其治居其任者可不重乎今故銓次其善惡之迹以爲後世之戒焉凡二十一門

選任　褒異　公正

選任

令長參五等之列布一同之政苟非選任曷補風化所以蘊幹才而有聲因篤行而辟召若非務其幹蠱守以廉勤恕察民情精深理道則曷能與於此哉故曰政理之本必在於親人親人之官莫切於長斯之謂矣

漢嚴延年任侍御史坐法致死亡命會赦出丞相御史府徵書同日到延年以御史書先至詣御史府復爲掾宣帝識之（識其劾霍光擅廢立）拜爲平陵令

尹賞爲粟邑令左馮翊薛宣奏賞能治劇徙爲頻陽令後以御史舉爲鄭令成帝永始元延間長安中姦猾浸多閭里少年羣輩殺吏受賕報仇（或有自怨於吏或受人賕賂爲仇讎也）相與探丸彈（爲彈丸作赤黑白三色而共探取之也）得赤丸者斫武吏得黑者斫文吏白者主治喪（其黨與有爲吏及它人所殺者則主其喪事也）城中薄暮塵起剽劫行者死傷橫道枹鼓不絕（枹擊鼓椎也）賞以三輔高弟選守長安令得壹切便宜從事

後漢吴祐以光祿四行遷膠東侯相（漢官儀曰四行敦厚質樸遜讓節儉）

韓韶辟司徒府時太山賊公孫舉僞號歷年守令不能破散多爲坐法尚書選三府掾能理劇者乃以韶爲嬴長賊聞其賢相戒不入嬴境

魏何夔爲太祖司空掾屬時東南多變太祖以陳群爲酇令夔爲城父令諸縣皆用名士以鎮撫之其後吏民稍定

鄭渾字文公避難淮南太祖聞其篤行召爲邵陵令

蜀鄧芝字伯苗先主定益州爲郫邸閣督先主出至郫與語大奇之擢爲郫令

南齊沈憲爲左軍司馬太祖以山陰戶衆難治欲分爲兩縣武帝啓曰縣豈不可治但用不得其人耳乃以憲帶山陰令治聲大著孔稚珪請假東歸謂人曰沈令料事特有天才

傅琰初爲山陰令有能名及爲江夏王録事參軍太祖輔政以山陰獄訟煩積復以琰爲山陰令

陳沈君高爲廷尉卿宣帝太建元年東境大水百姓飢弊乃以君高爲貞威將軍吴令

蕭引爲中庶子以疾去官明年京師多盜乃復起爲貞威將軍建康令

褚玠爲中書侍郎太建中山陰縣多豪猾前後令皆以贓汙免宣帝患之謂中書舍人蔡景歷曰稽陰大邑久無良宰卿文士之内試思其人景歷進曰褚玠廉儉有幹用未審堪其選不帝曰甚善卿言與朕意同乃除戎昭將軍山陰令

北齊路去病爲殿中侍御史以正直知名時敕用士人爲縣宰以去病爲定州鐃陽縣令

後周辛昂爲龍州長史領龍安郡事時成都一方之會風俗舛雜尉遲迥平蜀以昂達於從政表昂行成都令

唐權懷恩高宗時爲尚衣奉御有奉乘安畢羅善於調馬帝頗卿之懷恩因奏事遇畢羅在帝左右言戲无礼懷恩旣退執而杖之帝知而善賞謂侍臣曰懷恩乃能不避强御眞良吏也即日擢爲萬年縣令

竇申德宗時爲司勳員外郎貞元二年正月詔曰政理之本必在於親人親人之官莫切於令長臺郎御史選重當時得不分朕之憂司勳員外郎竇申等十人咸以器能精深理道輟於周行往涖通邑申可長安縣令鄭珣瑜檢校吏部員外兼奉先縣令韋武檢校禮部員外郎兼昭應縣令賈全咸陽縣令兼監察御史韋貞伯藍田縣令兼監察御史崔宗華原縣令兼侍御史王倉檢校比部員外郎兼美原縣令李曾盩厔縣令兼監察御史李緄富平縣令兼殿中侍御史

韋夏卿爲刑部員外郎時久旱詔於郎官中選畿赤令由是改奉天縣令

馮伉貞元中爲膳部員外郎澤潞節度使李抱眞卒充弔贈使抱眞男責伉帛數百匹不納又專使至京伉因表奏固請不受屬醴泉闕縣令宰臣進人名德宗意不可謂宰臣曰前使澤潞不受財帛者此人必有清政可以授之遂改醴泉縣令

梁李文矩爲司門郎中太祖開平元年六月以文矩爲開封縣令司勳員外郎孫拙爲浚儀縣令先是二邑皆吏部注授今昇爲赤縣故命二省郎理之

褒異

夫賞有功褒有德帝王之彝典也古者子男之任實列於諸侯宰字之官或選於郎署蓋民政之攸繫而教化之所出也西漢而下曁夫五代乃有智識深遠材用周敏絜身以勵奮勤職而集事布優異之政著殊尤之績獄訟稀簡寇盜衰息以至濟危寒而有備制彊禦而不撓力勸乎耕稼謹宣其條教繇是增之爵秩進諸章綬或降彼恩詔臨問其勤勞或載在册書激勸乎羣萃或寵之蕃錫或賜之嘉名斯皆表其聲猷使著其榮獎咸有編次式垂于後

漢王尊行美陽令事宣帝行幸雍過虢尊供張如法而辦（尊雖行美陽令而賦縣黔孫也）以高弟擢爲安定太守

後漢卓茂前漢末爲密令有累政光武即位下詔褒之拜太傅封褒德侯

歐陽歙爲原武令光武初平河北到原武見歙在縣修政遷河南都尉

孔奮建武初守姑臧長光武詔書以爲治有絶迹賜爵關內侯

董宣爲洛陽令卒於官光武詔遣使者臨視唯見布被覆屍妻子對哭有大麥數斛敝車一乘帝傷之曰董宣廉潔死乃知之以宣嘗爲二千石賜艾綬葬以大夫禮拜子並爲郎中

馮魴遷虞令光武車駕西征隗囂潁川盜賊羣起郟賊延褒等衆三千餘人攻圍縣舍魴率吏士七十許人力戰連日弩矢盡城陷魴乃遁皇帝聞其反即馳赴潁川魴詣行在所帝案行鬭處知魴力戰乃嘉之曰此健令也

祭彤爲襄賁令時賊寇掠到官誅鉏姦猾縣界清靜詔書增秩一等賜縑百匹

寒朗爲濟陽令以母喪去官百姓追思之章帝東巡狩過濟陽三老吏人上書陳朗前政狀帝至梁召見朗詔三府爲辟首由是辟司徒府

魯恭爲中牟令有異政河南尹袁安上書言狀章帝異之會詔百官舉賢良方正恭薦中牟名士王方帝即徵方詣公車禮之與公卿所舉同恭在事三年州奏尤異後拜侍御史魯丕恭之弟也爲新野令州課第一擢拜青州刺史

陳重爲細陽令舉尤異遷會稽太守

童恢爲不其令青州舉尤異遷丹陽太守

臧旻爲盧奴令冀州舉尤異遷楊州刺史

魏楊沛漢末爲新鄭長太祖爲兖州刺史西迎天子所將千餘人皆無糧沛進乾椹太祖喜後太祖以爲鄴令已拜太祖見之問曰以何治鄴沛曰竭盡心力奉宣科法太祖善之顧謂坐席曰諸君皆可畏也賜其生口十人絹百匹旣欲以勵之且以報乾椹也

崔林河東武城人太祖定冀州召除鄔長貧無車馬單步之官太祖征壺關問長吏德政最者并州刺史張陟以林對於是擢爲冀州主簿

吴張紘字元基補廣德令治有異績擢爲太子輔義都尉

晉郤正初仕蜀爲秘書郎入晉除安陽令武帝泰始八年詔曰正昔在成都顛沛守義不違忠節及見受用盡心幹事有治理之績以正爲巴西太守

竇允爲謁者泰始中詔曰當官者能絜身脩己然後在公之節乃全身善有章雖賤必賞此興化立教之務也謁者竇允前爲

浩亹長以脩勤清白見稱河右是當擢用使立行者有所勸主者詳復參訪有以旌表之拜臨水令

夏侯諼爲鄴令卒咸寧元年以諼有績稱賜穀百斛

宋劉真道爲錢塘令文帝元嘉十三年東巡帝遣揚州治中從事史沈演之巡行在所演之上表薦真道政績爲治民之良宰帝嘉之賜穀千斛以真道爲步兵校尉

江秉之爲山陰令以在縣有能遷補新安太守

梁何遠爲武康令廉節正身率職民甚稱之高祖聞其能擢爲宣城太守自縣爲近畿大郡近代未之有也

陳褚玠爲山陰令縣民張次的王休達等與諸猾吏賄賂通姦全丁大戶類多隱沒玠乃鏁次的等以其狀啓臺宣帝手敕慰勞

北齊薛琡初仕後魏爲洛陽令孝明時京師久旱悉召集華林理問唯洛陽獄有三人帝嘉之賜縑百匹

後周路去病初仕北齊爲饒陽令有能名武帝平齊重其能官陰郡守公孫景茂二人不被替代發詔褒揚

隋房恭懿高祖開皇初吏部尚書蘇威薦爲新豐令政爲三輔之最時雍諸縣令每朔謁帝見恭懿必呼至榻前訪以理人之術蘇威重薦之超授澤州司馬

劉曠爲臨潁令清名善政爲天下第一尚書左僕射高熲言其狀高祖召之及引見勞之曰天下縣令固多矣卿能獨異於衆良足美也顧謂侍臣曰若不殊奬何以爲勸於天下優詔擢拜莒州刺史

郭絢爲涿縣丞煬帝問絢言蘇威天下清名第一者誰威以絢對帝賜絢帛百匹合朝集使送至郡郊以旌異焉

唐李大亮高祖武德初爲土門令勸以墾闢歲因大稔時太宗居藩撫巡北境聞而嘉之賜馬一匹帛五十段

王甫武德五年爲醴泉縣令有善政賜帛五十段賞之

賈敦實爲饒陽令政化清静耆幼懷之時兄敦頤復授瀛州刺史舊制大功已上不復連官朝廷以其兄弟在職俱有能名遂不還替

韋崇德爲葉縣令高宗咸亨二年冬幸許汝等州詔賜崇德絹百匹表清節也

鄧立挺爲頓丘令爲縣有政璽書勞問

馮元淑爲清漳令政有殊績又歷浚儀始平二縣令中宗時降璽書勞勉仍令史官編其事迹

李朝隱爲長安令有官官內寺伯干以非法朝隱正色叱之仍繫于獄睿宗下制褒之曰夫不吐剛而詘上不茹柔而黷下者君子之事也踐霤必繩登車無屈者正人之務也中大夫行長安縣令李朝隱見義不回強直自遂亟聞佳政累著能名近者品官入官有干儀式遂能責之以禮繩之以愆但官豎之流多有憑恃柔寬之代必弄威權每觀載籍嘗爲歎息朕規誡前古

勤永典以憲能副朕意實在斯人虞延持皇后之客梅陶鞭太子之傅古稱遺直復見于今思欲旌其美行遷以重職爲時當閼户政在養人宜加一階用表剛烈

劉思禮爲深州饒陽縣令崔懷疑爲冀州信都縣令玄宗開元三年並以課績居最各賜物三十匹敕有司待秩滿日優與處分

唐昇爲河東縣令代宗大曆七年褒昇階至朝散大夫更留二年旌善政也

路嗣恭始名翺客爲神烏令考績上上爲天下最以其能賜名嗣恭

韋滌爲涇陽令德宗貞元二年正月詔曰滌有禦災之術有字物之方人不流亡事皆辦集唯是一邑之内獨無愁怨之聲古之循良何以邁此可檢校工部員外郎兼本官賜緋魚袋并賜衣一襲絹一百匹馬一匹凡百君子各宜自勉

鄭珣瑜爲奉先令皐武爲昭應令崔淙爲華原令韋貞伯爲藍田令李曾爲盩厔令貞元三年五月詔以珣瑜爲饒州刺史武爲遂州刺史淙爲歙州刺史貞伯爲舒州刺史曾爲郢州刺史録善政也各賜馬一匹并綵物衣服以遣之

裴向爲渭南令朝廷聞其理行擢爲户部員外郎

王正雅爲萬年縣令當穆宗時京邑號爲難理正雅抑強扶弱政甚有聲會柳公綽爲京兆尹帝前褒稱帝命以緋衣銀章就縣宜賜遷户部郎中

梁劉群爲長子令開平二年三月太祖在澤州群率人户來見且言久在山谷保護親族每與軍前潛探報蓄賊行止時亦供饋芻粟遞相告報帝嘉其忠節乃賜群章服百姓賑而遣之

李濟美爲開封令薛昭文爲浚儀令乾化二年開封尹以其課最來上請未除替敕曰李濟美等宰邑浩穰有及物之政朕甚嘉之宜量留一年

後唐王延禧攝湯陰縣令柳承翰攝主簿明宗天成元年八月並賜緋魚袋以帝赴難時經過供頓之勞也

李溫美爲博州武水縣令廢帝清泰二年縣民郭贇而下冊經州將陳狀乞奏留之觀察使言溫美公廉無濫賦於民實爲良吏詔曰州縣量留已有規制李溫美賜緋魚袋

晉趙賚爲壽張令高祖天祖四年七月詔考滿之外量留二年飛蝗避境故也

漢劉繼儒晉末爲晉陽縣令兼昌陵臺令開運三年詔曰興王舊地原廟所存載懷瞻奉之心允屬循良之吏以尔蒞官有政晉人美之假其省銜許留周歲更圖盡瘁以稱陟明可檢校工部員外郎仍量留一年從北京奏故也

周劉表微爲新安令太祖廣順元年遷河南府司録參軍獎能吏也

公正

古者子男居五等之例令宰爲百里之長人民社稷之攸繫政教威令之所出故名器斯重選任非易歷代而下惟賢是圖乃有稟剛方之性勵貞固之操中立不倚當官而行拒非理之求絶諂上之迹謹守科法靡顧彊禦惟公是徇惟獘是革以至矯偷薄之俗弃印綬而去者咸足多尚者已

齊晏嬰字平仲治東阿三年景公召而數之曰吾以子爲可而使子治東阿今子治而亂子退而自察也寡人將加大誅乎晏子曰臣請改道易行而治東阿三年不治臣請死之景公許之於是明年上計景公迎而賀之曰善矣子之治東阿也晏子對曰前臣之治東阿屬託不行貨賂不至陂池之魚以利貧民當此之時民無飢者而君反以罪今臣之治東阿也屬託行貨賂至事左右陂池之魚入權家民之飢者過半君反迎而賀臣臣願乞骸骨公乃下席而謝曰子強復治之東阿者子之東阿也人無復與焉

後漢虞延少爲户牖亭長時王莽貴人魏氏賓客放縱延率吏卒突入其家捕之以此見怨故位不外

陳球爲繁陽令時魏郡太守諷縣求納貨賄球不與之太守怒而撾督郵欲令逐球督郵不肯

袁安初爲縣功曹奉檄詣從事因安致書於令安曰公事自有郵驛私請則非功曹所持辭不肯受從事懼然而止

趙儼爲朗陵長陽安太守李通妻伯父犯法儼收治致之大辟是時殺生之柄決於牧守通妻子號泣以請其命通曰方與曹公戮力義不以私廢公嘉儼執憲不阿與爲親交

武周爲下邳令時徐州刺史沛國公藏霸敬異周身詣令舍部從事諓詷不法周得其罪便收考竟霸益以善周

周規爲臨湘令長沙太守程徐二月行縣敕諸縣治道規以方春向農民多劇務不欲奪人良時徐出督郵責規即委官而去徐撫然有媿色遣功曹齎印綬檄書謝請還規謂功曹曰程府君愛馬蹄不重民力徑逝不顧

魏滿寵漢末爲許令故太尉楊彪收付縣獄尚書令荀彧少府孔融等並屬寵但當受詞勿加考掠寵一無所報考訊如法數日求見太祖言之曰楊彪考訊無他辭語當殺者宜先彰其罪此人有名海内若罪不明必大失民望竊爲明公惜之太祖即日赦出彪初彧融聞考掠彪皆怒及因此得了更善寵

司馬芝爲廣平令征虜將軍劉勳貴寵驕豪又芝故郡將賓客子弟在界數犯法勳與芝書不著姓名而多所屬託芝不報其書一皆如法後勳以不軌誅交關者皆獲罪而芝以此見稱

吳陶謙爲舒令郡太守張磐同郡先輩與謙父友謙恥爲之屈當舞屬謙謙不爲起固強之乃舞舞入不轉磐曰不當轉耶曰不可轉轉則勝人

晉李密爲溫令而憎疾從事嘗與人書曰慶父不死魯難未已從事白其書司隸司隸以密在縣清慎弗之劾也密政化嚴明中山諸王每過溫縣必責求供給溫吏民患之及密至中山王過縣欲求芻茭薪蒸密牋引高祖過沛賓禮老幼桑梓之供一無煩擾伏惟明王孝思惟則動識先戒本國望風式歌且舞誅求之碎所未聞命自後諸王過不敢有煩隴西王司馬子舒深敬友密而貴勢之家憚其公正

前秦徐嵩爲長安令貴戚子弟犯法者嵩一皆考竟請託路絶符堅甚奇之謂其叔父咸曰人爲長吏故當應耳此年少落落有端貳之才

南齊孔逭爲陽羨長義興太守王續輒録郡吏陳伯喜付陽羨獄欲殺之逭不知何罪不受續教爲有司所奏續坐白衣領職

梁顧憲之初仕宋爲建康令至於權要請託長吏貪殘據法直繩無所阿縱

羅研爲信安令故事置勸農謁者圍桑度田勞擾百姓研請除其弊從之

隋劉行本爲太子左庶子以本官領大興令權貴憚其方直無敢至門者由是請託路絶法令清簡吏民懷之

唐李義琰爲太原尉時李勣爲并州都督寮吏皆望風懾伏義琰獨廷持曲直勣甚禮之

李元素爲武德令時州將李文暕將調率金銀造常滿罇以獻百姓甚弊之而官吏無敢異議者元素抗詞固執文暕乃損其制度以家財營之

楊瑒爲麟遊令時御史大夫竇懷貞檢校造金仙玉仙二觀移牒近縣徵百姓所隱逆人資財以充觀用瑒拒而不受懷貞怒曰爲有縣令卑微敢拒大夫之命乎瑒曰所論爲人寃抑不知計位高卑懷貞壯其對遂寢其事又貞宗時韋庶人上表請以年二十二爲丁限及韋氏敗省司舉徵租調瑒執曰韋庶人臨朝當國制書非一或進階卿士或赦宥罪人何獨於已役中男重徵丁課恐非保人之術省司遂依瑒所執一切免之

許誡言爲藍田令有富商倪氏於御史臺理其私債中丞來俊臣受其貨財斷取義倉米數千石以給之誡言曰義倉本備水旱以爲儲蓄安敢絕衆人之命以資一家之産竟執之不與會俊臣得罪其事遂行

李朝隱景雲初爲長安令有宦官內寺伯于以非法朝隱正色叱之仍繫于獄中睿宗下制褒之

後唐羅貫爲河南縣令貫爲人強直正身奉法不避權豪宦官伶人用事凡請謁於貫者其書盈閣一無所報皆以示郭崇韜崇韜因奏其事由是左右無言貫之失

冊府元龜卷第七百一

冊府元龜卷第七百六

令長部六

強毅

皐陶之述九德其一曰彊而義仲尼曰剛毅木訥近仁又曰士不可以不毅若夫宰百里之邑爲千室之長非夫志除豪橫不畏彊禦亦何以庇民而興化哉戰國而下居是職者乃有力祛蠹弊政深抑權倖敢犯貴勢窮討姦軌專任威克資以武斷用能保安罷弱澄清邑里巨猾收斂而知懼下吏震慄而不欺盜從於鄰邦聲震于别部或屏去政化以成身非器識邁倫勁直成性見義而有勇遭事而不惑者亦疇能及於是乎

魏西門豹爲鄴令豹往到鄴會長老問之民所疾苦長老曰苦爲河伯娶婦以故貧豹問其故對曰鄴三老廷掾常歲賦斂百姓收取其錢得數百萬用其二三十萬爲河伯娶婦與祝巫共分其餘錢持歸當其時巫行視小家女好者云是當爲河伯婦即娉取洗沐之爲治新繒綺縠衣閒居齋戒爲治齋宮河上張緹絳帷女居其中爲具牛酒飯食行十餘日共粉飾之如嫁女床席令女居其上浮之河中始浮行數十里乃沒其人家有好女者恐大巫祝爲河伯取之以故多持女遠逃亡以故城中益空無人又困貧所從來久遠矣民人俗語曰即不爲河伯娶婦水來漂沒溺其人民云豹曰至爲河伯娶婦時願三老巫祝父老送女河上幸來告語之吾亦往送女皆曰諾至其時豹往會之河上三老官屬豪長者里父老皆會以人民往觀之者二三千人其巫老女子也已年七十從弟子女十人所皆衣繒單衣立大巫後豹曰呼河伯婦來視其好醜即將女出帷中來至前豹視之顧謂三老巫祝父老曰是女子不好煩大巫嫗爲入報河伯得更求好女後日送之即使吏卒共抱大巫嫗投之河中有頃曰巫嫗何久也弟子趣之復以弟子一人投河中有頃曰弟子何久也復使一人趣之復投一弟子河中凡投三弟子豹曰巫嫗弟子是女子不能白事煩三老爲入白之復投三老河中豹簪筆磬折嚮河立待良久長老吏傍觀者皆驚恐豹顧曰巫嫗三老不來還奈之何欲復使廷掾與豪長者一人入趣之皆叩頭叩頭且破額血流地色如死灰豹曰諾且留待之須臾豹曰廷掾起矣狀河伯留客之久若皆罷去歸矣鄴吏民大驚恐從是以後不敢復言爲河伯娶婦

漢義縱武帝時任長陵及長安令直法行治不避貴戚以捕按太后外孫脩成子中(脩成君王太后前夫金氏女也中其名)帝以爲能

胡建昭帝時爲渭城令帝幼皇后父上官安與帝姊蓋主私夫丁外人相善外人驕恣怨故京兆尹樊福使客射殺人之客藏公主廬吏不敢捕建將吏卒圍捕蓋主聞之與外人上官將軍多從奴客往犇射追吏吏散走主使僕射劾渭城令游徼傷主家奴建報亡它坐(言無它坐也)蓋主怒使人上書告建侵辱長公主射甲舍門(甲舍公主之宅甲第也)知吏賊傷奴辟報故不窮審(言爲游徼賊罪所妄報文書故不窮治也)大將軍霍光寢其奏後光病上官氏代聽事下吏捕建建自殺

何並字子廉哀帝時爲長陵令道不拾遺初邛成太后外家王氏貴而侍中王林卿通輕俠傾京師後坐法免賓客愈盛歸長陵上冢因留飲連日並恐其犯法自造門上謁謂林卿曰冢間單外君宜以時歸林卿曰諾先是林卿殺婢壻埋冢舍並具知之以非己時又見其新免故不發舉欲無令留界中而已即且遣吏奉謁侍送林卿素驕慙於賓客並度其爲變儲兵馬以待之林卿既去北度涇橋令騎奴還至寺門拔刀剝其建鼓(諸官府之所通呼爲寺建鼓一名植鼓建立也謂植木而旁懸鼓焉縣有此鼓者所以召集號令爲開閉之時)並自從吏兵追林卿行數十里林卿迫窘迺令奴冠其冠被其襜褕自代乘車從童騎身變服從間徑馳去會日暮追及收縛冠奴奴曰我非侍中奴耳並心自知已失林卿迺曰王君困自稱奴得脫死邪叱吏斷頭持還縣所剝鼓置都亭下署曰故侍中王林卿

坐殺人埋冢舍使奴剥寺門鼓吏民驚駭林卿因亡命衆庶讙
譁以爲寶死讙譁衆議也成帝太后以邛成太后愛林卿故聞之涕
泣爲言哀帝哀帝問狀而善之遷並隴西太守

尹公爲茂陵守令原涉爲中郎免官欲上冢不欲會賓客密獨
與故人期會涉單車驅上茂陵投暮入其里宅因自匿不見人
遣奴至市買肉奴乘涉氣與屠爭言斫傷屠者亡是時尹公新
視事涉未謁也聞之大怒知涉名豪欲以示衆厲俗遣兩吏脅
守涉至日中奴不出吏欲便殺涉去涉迫窘不知所爲會涉所
與期上冢者車數十乘到皆諸豪也共說尹公尹公不聽諸豪
則曰原巨先奴犯法不得使肉袒自縛箭貫耳詣廷門謝辠於
君威亦足矣尹公許之涉如言謝復服遣去巨先涉字也令涉故著衣服也

後漢趙憙建武中爲懷令大姓李子春先爲琅邪相豪猾并兼
爲人所患憙下車聞其二孫殺人事未發覺即窮詰其姦收李
子春二孫自殺京師爲請者數十終不聽

董宣建武中爲洛陽令時湖陽公主蒼頭白日殺人匿主家吏
不能得及主出行而以奴驂乘宣於夏門亭候之乃駐車叩馬
以刀畫地大言數主之失叱奴下車因格殺之主即還宮訴於
光武帝大怒召宣欲箠殺之宣叩頭曰願乞一言而死帝曰欲
何言宣曰陛下聖德中興而縱奴殺良人將何以理天下乎臣
不須箠請得自殺即以頭擊楹流血被面帝令小黃門持之使
宣叩頭謝主宣不從彊使頓之宣兩手據地終不肯俯主曰文
叔爲白衣時臧亡匿死吏不敢至門今爲天子威不能行一令
乎帝笑曰天子不與白衣同因勑彊項令出勑令詣太守賜食宣受詔出飯盡覆
杯食案上太官以狀聞上問宣宣對曰臣食不敢遺餘如奉職不敢遺力詔賜宣錢三十萬宣悉以班諸吏
由是搏擊豪彊莫不震慄京師號爲臥虎歌之曰抱鼓不鳴董
少平少平宣字也

馮魴建武中爲虞令爲政敢殺伐以威信稱遷郟令後光武西
征隗囂潁川賊起攻圍縣舍魴力戰弩矢盡城陷魴遁去帝聞
叛馳赴潁川魴詣行在所帝案行鬭處知力戰乃嘉之曰此健
令也

虞延建武末爲洛陽令是時陰氏有客馬成者常爲姦盜延收
考之陰氏屢請獲一書輒加篣二百信陽侯陰就乃訴帝譖延
多所寃枉帝乃臨御道之館親錄囚徒延陳其獄狀可論者在
東無理者居西成乃回欲趨東延前執之謂曰爾人之巨蠹久
依城社不畏熏燒今考實未竟宜當盡法成大呼稱枉陛戟郎
以戟刺延叱使置之帝知延不私謂成曰汝犯王法身自取之
呵使速去後數日伏誅於是外戚斂手莫敢干法

杜安爲宛令先是宛有報讎者其令不忍致理將與俱亡縣中
涉疊有告其處者致捕得安深疾惡之到官治戮肆之於市懼
有司繩彈遂自免

祝良爲洛陽令案太尉龐參夫人有司以良不先聞奏輒折辱
宰相坐繫詔獄良能得百姓心洛陽吏人守闕請代其罪者日
有數千萬人詔乃原刑

吳樹爲宛令之官辭梁冀冀賓客布在縣界以情託樹樹對曰
小人姦蠹比屋可誅明將軍以椒房之重處上將之位宜崇賢
善以補朝闕宛爲大都士之淵藪自侍坐以來未聞稱一長者
而多託非人誠非敢聞冀嘿然不悅樹到縣遂誅殺冀客爲人
害者數十人由是深怨之

劉陶爲除順陽長縣多姦猾陶到官宣募吏民有氣力勇猛能
以死易生者不拘亡命姦臧於是剽輕劍客之徒過晏等十餘
人過姓也音戈皆來應募陶責其先過要以後效使各結所厚少
年得數百人皆嚴兵待命於是覆案姦軌所發若神

黃昌爲宛令政尚嚴猛好發姦伏人有盜其車蓋者昌初無所
言後乃密遣親客至門下賊曹家掩取得之收其家一時殺戮
大姓戰懼皆稱神明

張外守外黃令吏有受賕者即論殺之或譏外守頓一時何足

趣趣也急羽威戮平對曰昔仲尼暫相誅齊之侏儒手足異門而出故能威震强國反其侵地君子仕不爲己職思其憂豈以久而異其度哉周紆求平中補南行唐長到官曉吏人曰朝廷不以長不肖使牧黎民而性讎猾吏志除豪賊且勿相試遂殺縣中尤無狀者數十人吏人大震遷博平令收考姦臧無出獄者後徵拜洛陽令下車先問大姓主名吏數閭里豪彊以對紆厲聲怒曰本問貴戚若馬竇等輩豈能知此賣菜傭乎於是部吏望風旨爭以激切爲事貴戚跼蹐京師肅清皇后弟黄門郎竇篤從宮中歸夜至止姦亭亭長霍延遮止篤篤蒼頭與爭延遂拔劍擬篤而肆詈恣口篤以表聞詔召司隸校尉河南尹詣尚書譴問遣劍戟士收紆送廷尉詔獄數日貰出後竇氏貴盛篤兄弟秉權睚眦宿怨無不僵仆紆自謂無全乃柴門自守以待其禍然篤等以紆公正而怨隙有素遂不敢害

繆彤辟公府舉尤異遷中牟令縣近京師多權豪彤到誅諸姦

吏及託名貴戚賓客者百有餘人威名遂行

王渙永元末爲洛陽令以誦數發擿姦伏京師稱歎

任峻勃海人爲劇令自王渙卒後連詔三公特選洛陽令皆不稱職永和中以峻補之峻推用文武吏皆盡其能糾剔姦盜不得旋踵一歲斷獄不過數十威風猛於渙而文理不及之

王脩初平中守高密令高密孫氏素豪俠人客數犯法民有相劫者賊入孫氏吏不能執脩將吏民圍之孫氏拒守吏民畏憚不敢近脩令吏民敢有不攻者與同罪孫氏懼乃出賊由是豪彊懾服後守膠東令膠東人公沙盧宗彊自爲營塹不肯應發調脩獨將數騎徑入其門斬盧兄弟公沙氏驚愕莫敢動脩撫慰其餘由是寇少止

魏司馬芝爲菅長時天下草創多不奉法郡主簿劉節舊族豪俠賓客千餘家出爲盜賊入亂吏治頃之芝差節客王同等爲兵掾史據白節家前後未嘗給繇若至時藏匿必爲留負芝不聽與節書曰君爲大宗加股肱郡而賓客每不與役既衆庶怨望或流聲上聞今條同等爲兵幸時發遣兵已集郡而節藏同等因令督郵以軍興詭責縣縣掾史窮困乞代同行芝乃馳檄濟南具陳節罪太守郝光素敬信芝即以節代同行青州號芝以郡主簿爲兵

趙儼爲朗陵長縣多豪猾無所畏忌儼取其尤甚者收縛案驗皆得死罪儼既囚之乃表府解放自是威恩並著

楊沛爲長社令時曹洪賓客在縣界徵調不肯如法沛先撾折其脚遂殺之由此太祖以爲能累遷九江東平樂安太守並有治迹坐與督軍爭鬪髡刑五歲輸作未竟會太祖出征在譙聞鄴下頗不奉科禁乃發教選鄴令當得嚴能如楊沛比故沛從徒中起爲鄴令已拜太祖見之問曰以何治鄴沛曰竭盡心力奉宣科法太祖曰善顧坐席曰諸君此可畏也賜其生口十人絹百匹既欲以勵之且以報乾椹也初沛爲新平長人多飢窮

沛近乾椹豆積千餘斛太祖軍過無糧沛乃進乾椹太祖甚喜故言及之沛辭去未到而軍中豪右曹洪劉勳等畏沛名遣家馳騎告子弟使各自檢勅沛爲令數年以功能轉爲護羌都尉並爲成皐令校事劉肇出過縣遣人呼縣吏求索槀穀是時蝗旱官無有見未辨之間肇人從入並之閤下呴呼罵吏沛怒因躡履提刀而出多從吏卒欲收肇肇覺知驅走具以狀聞有詔肇爲牧司爪牙吏而並欲收縛無所忌憚自恃清名邪遂收欲殺之肇髡決減死刑竟復定由是放散十餘年

滿寵字伯寧守高平令縣人張苞爲郡督郵貪穢受取干亂吏政寵因其來在傳舍率吏卒出收之詰責所犯即日考竟遂棄官歸後爲許令時曹洪宗室親貴有賓客在界數犯法寵收治之洪書報寵寵不聽洪白太祖太祖召許主者寵知將欲原乃速殺之太祖喜曰當事不當爾邪

吳黄蓋從孫策及權諸山越不賓有寇難之縣輒用蓋爲守長

石城縣吏特難撿御蓋乃置兩掾分主諸曹教曰令長不德徒以武功爲官不以文吏爲稱今賊寇未平有軍旅之務一以文書委付兩掾當檢攝諸曹糾擿謬誤兩掾所署事入諾出若有姦欺終不加以鞭杖宜各盡心無爲衆先初皆怖威夙夜奉職久之吏以蓋不視文書漸容人事蓋亦嫌外懈怠時有所省各得兩掾不奉法數事乃悉請諸掾吏賜酒食因出事詰問兩掾辭屈皆叩頭謝罪蓋曰前已相勑終不以鞭杖相加非相欺也遂殺之縣中震慄後轉春穀長尋陽令凡守九縣所在平定遷丹陽都尉抑强扶弱山越懷附

賀齊字公苗會稽山陰人少爲郡吏守剡長縣吏斯從輕俠爲姦齊欲治之主簿諫曰從縣大族山越所附今日治之明日寇至齊聞大怒便立斬從從族黨遂相糾合衆千餘人舉兵攻縣齊率吏民開城門突擊大破之威震山越

後除爲永平長平治山越姦猾悉伏

晉毛輔爲藍田令不爲豪彊所屈時彊弩將軍龐宗西州大姓護軍趙浚宗婦族也故僮僕放縱爲百姓所患輔繩之殺其二奴又奪宗田二百餘頃以給貧戶一縣稱之轉山陽令太尉陳準家僮亦暴橫輔復擊殺之

山遐字彥林爲餘姚令時江左初基法禁寬弛豪族多挾藏戶口以爲私附遐繩以峻法到縣八旬出口萬餘縣人虞喜以藏戶當棄市遐欲繩喜諸豪强莫不切齒於遐言於執事以喜有高節不宜屈辱又以遐輒造縣舍遂陷其罪遐與會稽內史何充牋乞留百日窮翦逋逃退而就罪無恨也充申理不能得竟坐免官

前秦王猛爲始平令縣多枋頭[illegible]西歸之人豪右縱橫劫盜充斥猛下車明法峻刑澄察善惡禁勒彊豪鞭殺一吏百姓上書訟之有司劾奏檻車徵下廷尉詔獄符堅親問之曰爲政之體德化爲先莅任未幾而殺戮無數何其酷也猛曰臣聞宰寧國以禮治亂邦以法陛下不以臣不才任臣以劇邑謹爲明君翦除凶猾始殺一姦餘尚萬數若以臣不能窮殘盡暴肅清軌法者敢不甘心鼎鑊以謝孤負酷政之刑臣實未敢受之堅謂羣臣曰王景略固是夷吾子產之儔也於是赦之

宋虞玩之爲烏程令路太后外親朱仁弥犯罪玩之依法錄治太后怨訴孝武坐免官

劉亮爲武康令時境内多盜鑄錢亮掩討無不禽者所殺以千數

南齊丘仲孚爲于湖令有能名太守呂文顯當時倖臣多詆屬縣仲孚獨不爲之屈

孔琇之爲吳興令有小兒年十歲偷刈鄰家稻一束琇之付獄治罪或諫之琇之曰十歲便能爲盜長大何所不爲縣中皆震肅

梁張稷爲剡縣令時賊唐瑤作亂稷率厲縣人保全縣境

江革歷秣陵建康令爲治明肅豪强憚之

王檮爲秣陵令清直請謁不行羽林隊主潘敞有寵二宮勢傾人主婦弟犯法敞爲之請檮投書於地更鞭四十敞怨譖之明日而見代

沈瑀爲餘姚令縣大姓虞氏千餘家請謁如市前後令長莫能絕自瑀到非訟所通其有去者悉立之堦下以法繩之縣南又有豪族數百家子弟縱橫遞相庇廕厚自封植百姓甚患之瑀召其老者爲石頭倉監少者補縣僮皆號泣道路自是權右屏跡瑀初至富吏皆鮮衣美服以自彰别瑀怒曰汝等下縣吏何自擬貴人邪悉使着芒屩麄布侍立終日足有蹉跌輒加榜棰瑀微時嘗自至此鬻瓦器爲富人所辱故因以報焉由是士庶駭怨然瑀廉潔自守故得遂行

陳蕭引爲建康令時殿内隊主吳璡及宦官李善度蔡脱兒等多所請屬引一皆不許引族子密時爲黄門郎諫引曰李蔡之勢在位皆畏憚之亦宜少爲身計引曰吾之立身自有本末亦安能爲李蔡改行就令不平不過解職耳吳璡竟作飛書字

[illegible]詣之坐免官卒於家

楊琰爲山陰令縣民張次的王休達等與諸猾吏賄賂通姦全丁大户類多隱沒琰乃鎖次的等具以狀啓臺宣帝手勑慰勞并遣使助琰檢括所出軍民八百餘户時舍人曹義達爲宣帝所寵縣民陳信家富於財諂事義達信父顯文恃勢橫暴琰乃遣使執顯文鞭之一百於是吏民股慄莫敢犯者

後魏元志爲洛陽令不避强禦與御史中尉李彪爭路俱入見面陳得失彪言御史中尉辟承華車蓋驅逐道劒鼓安有洛陽縣令與臣抗衡志言神鄉縣主普天之下誰不編户豈有俯同衆官趨避中尉孝文曰洛陽我之豐沛自應分路揚鑣自今以後可分路而行及出與彪折尺量道各取其半帝謂邢巒曰此兒竟可所謂王孫公子不鏤自彫巒曰露竹霜條故多勁節非鸞則鳳其在本枝也

宋翻字飛烏爲河陰令順陽公主家奴爲劫攝而不送翻將兵圍主宅執主壻馮穆步驅向縣時正炎暑立之日中流汗沾地縣舊有大枷時人号曰彌尾青及翻爲縣主吏請焚之翻曰且置南牆下以待豪家未幾有内監楊小駒詣縣請事辭色不遜命取青尾以鎮之既免入訴於宣武大怒勑河南尹推治其罪翻具自陳狀詔曰卿故違朝法豈不欲作威以買名翻對云造者非臣宜名昔亦臣非臣所以留者非敢施於百姓欲待兇暴之徒如小駒者耳於是威振京師

高紘字僧裕爲汲陽令爲政强直不避豪右貴戚憚之

楊機字顯略行河陰縣事當官正色不避權勢後爲洛陽令京輦伏其威風希有干犯

鄭渾字彦海爲蒲吾令誅剪姦猾盜賊肅清

陽固字敬安爲洛陽令在縣甚有威風

高崇字積善爲洛陽令爲政清斷吏民畏其威風每有發擿不避强禦縣内肅然

北齊路去病爲定州饒陽令去病明閑時務性頗嚴毅人不敢欺然至廉平爲吏民歎服擢爲成安令輦轂之下舊號難治重以政亂之後綱維不立功臣内戚請屬百端去病消息事宜以理抑挫豪貴之徒雖厮養小人莫不憚其風格亦至嫌恨自遷鄴以還三鄴與臨漳成安三縣令治術去病獨爲稱首

後周樂遜建德中爲萬年縣丞抑挫豪右号稱强直高祖嘉之特許通籍事有不便於時者令巨細奏聞

隋魏德深大業中爲館陶長闔境老幼皆如見其父母有猾人員外郎趙君實與郡丞元寶藏深相交結前後令長未有不受其指麾者自德深至縣君實屏處於室未嘗輒敢出門逃竄之徒歸來如市

唐劉仁軌爲陳倉尉部人有折衝都尉魯寧者恃有高班豪縱無禮歷政莫能禁止仁軌特加誡喻期不可再犯寧又暴橫尤甚竟杖殺之州司以聞太宗怒曰是何縣尉輒殺吾折衝遽追入與語奇其剛正擢授櫟陽丞

李朝隱景雲初爲長安令朝隱政刑畢舉權豪懾憚有内寺伯非禮干忤朝隱叱令繫于獄睿宗嘉之加朝隱太中大夫

馬燧寶應中爲趙城尉是時迴紇大軍還國恃復東都之功倨强恣睢所過或虜掠廬舍不如意輒殺之澤潞節度李抱玉難其供辦官吏皆慴不敢行燧自贊請主郵驛比迴紇至則先厚賂其渠帥與明要約迴紇乃授燧旗幟爲識有犯令者令燧戮之燧又取死囚給左右斷役小違令殺之迴紇相顧色動洎其境無敢暴掠抱玉奇之

竇參代宗朝爲奉先尉縣人曹芬隸北軍素凶暴與其弟毆其女弟芬父救之不得遂投井死參捕理芬兄弟當死衆官皆請俟免喪參曰子因父生父由子死若以喪延罪是殺父不坐也皆正其罪而杖殺之一縣畏伏

亭顓衍兗州曲阜人仕梁爲青州北海主簿自卑官不畏强禦

隷民有豪長者少[illegible][illegible][illegible]之[illegible]是知名

册府元龜卷第七百六

府七百六　十一

冊府元龜卷第七百七

令長部七

酷暴　黜責　貪黷

酷暴

逆德比於烈火，苛政甚於猛虎。雖百里之非廣，乃編氓之攸寄。則有性既嚴酷，貌復凶很，唯申韓之是法，於禮刑而失中。報虐以威，斂怨於下，峻罰是長，殘捽無罪，或馮勢而成濫，亦擊強而過正。乃至榜棰不絕，綱并交設，重足斯畏，謠言載興，寧失不經，斯可鑒矣。

漢義縱補上黨郡中令，治敢往，少溫籍（敢行暴害之政，少溫籍，言無所含容也。溫於閒）姁妏嫺才

嚴延年為平陵令，坐殺不辜去官。

尹賞為頻陽令，坐殘賊免。

後漢陽球為高唐令，性嚴厲，好申韓之學，以嚴苛過理，郡守收舉之，舉奏，會赦見原。

周紆為洛陽令，章帝知紆奉法疾姦，不事貴戚，然苛慘失中（慘也），數為有司所奏，遂免官。

[illegible]宣為下邳令，暴虐尤甚。先是，求故汝南太守下邳李暠女，不能得，及到縣，遂將吏卒至暠家，載其女歸，戲射殺之，埋著寺內。

魏滿寵，漢末為許令。時曹洪宗室親貴，有賓客在界，數犯法，寵收治之。洪書報寵，寵不聽。洪白太祖，太祖召許主者，寵知將欲原，乃速殺之。太祖喜曰：當事不當爾邪？故太尉楊彪收付縣獄，尚書荀彧、少府孔融等並屬寵：但當受辭，勿加考掠。寵一無所報，考訊如法。數日，求見太祖，言之曰：楊彪考訊無他辭語。當殺者宜先彰其罪；此人有名海內，若罪不明，必大失民望，竊為明公惜之。太祖即日赦出彪。初，彧、融聞考掠彪，皆怒，及因此得了，更善寵（裴松之以為楊公積德之門，身為名士，縱有愆負，猶宜恕之，況淫刑所濫，而可加其楚掠乎？若理應考訊，荀、孔二賢豈其妄有相請屬哉？寵以此為能，酷吏之用心耳，雖有後善，何解前虐）。

日齊江介為吳令，其父謐為丞

沙內史，謐政治苛刻，介治亦深切，民間榜死人髑髏為謠首。介棄官而去。

梁沈瑀為餘姚令，富吏鮮衣美服以自彰別，瑀怒曰：汝等下縣吏，何自擬貴人？耶悉使著芒屩麁布，侍立終日，足有蹉跌，輒加榜棰。

陳庾持為臨安令，坐杖殺縣民免。

唐權懷恩，高宗咸亨中為萬年令，不避強禦。時有洛陽令楊德幹亦以威嚴為人吏所畏，時人語曰：寧喫三斗塵，不逢權懷恩；寧喫三斗炭，不逢楊德幹。

楊德幹為洛陽令，杖殺人吏以立威名。洛州長史賈敦實曰：政在養人，義須存撫，傷生過多，雖能亦不足貴也。常抑止德幹，德幹亦為之稍減。

楊迥為冀州令，政殘酷，人吏動不如意，輒榜殺之。

王鈞，玄宗開元中為洛陽尉，與河南丞嚴安之皆性苛虐，官吏咎罰，

人畏其不死，決杖訖不放起，須其腫潰，徐乃重杖之，快血流地，苦楚欲死，鈞與安之始眉目喜暢，故人吏懾懼。

毛若虛，天寶中為蜀川尉。若虛眉毛覆於眼，性殘忍，使司以推劾見任。

侯遵，德宗貞元中為富平令。縣人李載配納元陵園冀兩車，愆期，或譖毀載於遵者，因寄怒以扁繩之。載所負之直不過數千，而罰之三百貫文，枷禁捶辱焉。載妹婿嗣紀王府第王杲奏之，帝命御史臺鞫之，遵具款伏。宰臣蕭復等進曰：李載不納若科，未為巨蠹；侯遵峻其懲罰，頗越常倫，況是國親，去就有體，毀損甚理，當罪[illegible]司戶參軍。帝不欲以威嚴之故而罪吏，止停其官。

黜責

[illegible]

令長字民之重任也，黜陟臧否之大典也。列國以大夫守邑，漢氏以郎官出宰，自茲已降，名數寖繁，優劣[illegible]宣暢德澤。若乃性異明達，行非[illegible]苛刻，無恩訟起獄，豐士荒民散，或沉湎棄職，[illegible]闒茸時闕供，義廢非允塞[illegible]

譖並興廢百里之威傾三尺之法爲人臣者可不慎歟其有因豪吏之奏劾由要君之誣毀以陷於非罪者亦類次于篇云

阿大夫戰國齊威王即位召阿大夫語曰自子之守阿譽日聞然吾使人視阿田野不闢民人貧苦是子以幣厚吾左右以求譽也乃烹阿大夫

漢王安爲三百石長坐上行出游共帳不辦斥免

尹賞爲頻陽令坐殘賊免

朱雲爲槐里令坐故縱亡命會赦

後漢鄭興爲蓮勺令（蓮音輦勺音酌故城在今下邽縣）是時喪亂之餘郡縣殘荒興方欲築城郭修禮教以化之會以事免

尹敏爲長陵令明帝永平五年詔書捕男子周慮慮素有名稱而善於敏敏坐繫免官及出歎曰瘖聾之徒眞世之有道者也何謂察察而遇斯患乎

周紆爲洛陽令苛慘失中數爲有司所奏遂免官

陽球爲高唐令以嚴苛過理郡守收舉（收繫舉劾之）會赦見原

曹褒爲圉令以禮理人以德化俗時它郡盜徒五人來入圉界吏捕得之陳留太守馬嚴聞而疾惡風縣殺之褒勑吏曰夫絕人命者天亦絕之臯陶不爲盜制死刑管仲遇盜而升諸公今承旨而殺之是逆天心順府意也其罰重矣如得全此人命而身坐之吾所願也遂不爲殺嚴奏褒耎弱免官歸郡

蜀蔣琬字公琰爲廣都長先主嘗因游觀奄至廣都琬衆事不理時又沈醉先主大怒將加罪戮軍師將軍諸葛亮請曰蔣琬社稷器非百里之才其爲政以安民爲本不以修飾爲先願主公重加察之先主雅敬亮乃不加罪倉卒但免官而已

宋沈文秀字仲遠爲建康令坐爲尋陽王鞭殺私奴免官加杖一百尋復官

南齊沈瓚之爲丹徒令性疎直在縣自以清廉不事左右浸潤日至遂鏁繫尚方歎曰一見天子足矣武帝召問曰復欲何陳答曰臣坐清復以獲罪帝曰清復何以獲罪曰無以承奉要人帝曰要人爲誰瓚之以手板四面指曰此赤衣諸賢皆是若臣得更鳴必令清譽日至瓚之雖危言帝亦不責

梁庾仲容歷永康錢唐武康令治縣並無績多被劾

唐裴行儉爲長安令高宗顯慶中坐褚遂良事左遷西州都督府長史

王同慶爲汾州平遙縣令玄宗開元十一年坐貶虔州贛縣尉勑曰朕問俗觀人務存節儉先有處分不許煩勞王同慶違法擾人借斂無紀望鄉科被率戶出韉屏風花盤計盈數百徵求既廣般運又勞以此字人豈我良宰宜書刑典以誡具寮

李泳爲鄧州南陽縣令開元二十四年坐擅興賦役貶康州都城縣尉

薛近爲長安縣尉徐鋼爲萬年尉代宗大曆五年四月貶近連州連山縣尉鋼邵州武岡縣尉並員外置是月以雨京城飢代

宗令出米五万石減價分糶貧人近等踰法徇私是以懲也

劉澡爲渭南縣令大曆十二年京畿水旱京兆尹黎幹奏損田戶部侍郎判度支韓滉執奏幹不實乃命巡覆滉曲附度支且于善名以縣界田並無損白于府及戶部分巡御史趙計不欲忤度支奏報協滉代宗覽奏以爲水旱咸均不宜渭南獨免由命侍御史朱敖再覆委復命渭南損田三千餘頃帝歎息久之大怒澡因謂敖曰縣令職在字人不損猶宜稱損損而不問豈有恤隱之意耶澡之此行可謂稱職下有司訊覆澡及趙計並伏罪乃貶澡爲萬州南浦縣員外尉計爲澧州員外司戶參軍

尚曾爲三原縣令德宗貞元二年四月以無政理敗授司議郎

李佇爲奉化縣令憲宗元和九年七月勑佇虐下以恣評罪違律至使饋餉皆絕瘐死非辜因其壅隔更恣殘毀遠人及此良用憮然俾投禦魅之鄉以戒字氓之長可守雷州海康縣尉

劉行餘爲馮翊縣尉敬宗寶曆元年十月坐擅決軍人貶道州

近昌尉

姚中立爲萬年縣令，孟琯爲長安縣令。文宗大和九年十一月，兩縣捕賊官領其徒受羅立言指使（時鄭注李訓謀誅內官事），內萬年縣捕賊官鄭洪懼而詐死，令其家人喪服而哭。中立陰識之，慮其詐聞不能免所累，以其狀告之。洪藏入左神策軍，洪銜中立之告，返言追集所由皆被令指揮，故貶中立爲朗州長史，琯爲硤州長史。尋再貶中立爲昭州司戶參軍，琯爲梧州司戶參軍。

朱儔爲京兆府美原縣主簿。文宗開成三年十二月，貶爲衡州衡山縣尉。初，奏先馮翊等縣百姓爲牛年使占其田產，儔奉使推鞫，盡以百姓田歸牛羊司，給事中姚合列疏其事，遂貶之。

梁高綰爲封丘令。太祖開平元年六月，以封丘境內蟲蝗爲災頗甚，太祖令近界撲滅，下明勑以懸賞罰之戒，以綰不恭，罰金仍免官。

田光裔爲穀熟縣令。開平四年四月，宋州衡王友諒進瑞麥一莖三穗，太祖覽奏不懌曰：「古來上瑞唯在豐年，合穎兩岐皆是虛事。」乃停光裔官，仍追毀歷任官牒，以瑞麥故也。

後唐劉知章爲醴泉縣令。長興元年七月，明宗命迴鶻侯三走馬入迴鶻部，給程有日，沿路乘驛而行。醴泉既非衝要，素無驛馬，長吏供億無准。泊侯三至縣索驛馬館穀，所司未辦，適遇知章不在縣，或謂侯三云知章出從禽矣，鎮將以馬給之。俄而知章至，哀祈引過，侯三不之顧，因奏其狀。明宗大怒，促命械送至京，事幾不測，安重誨從容奏覆，方得減死配流沁州。

張紹業爲相州臨漳令。長興元年，縣人劉暉訟紹業贓賄不公及借便官物，勑百張紹業勒停見任。

薛文王爲武功縣令。長興元年九月，西京奏武功縣百姓三千餘人持白棒入縣亂毆人吏，分拆縣庫稅錢公解什物，尋差兵士捉到結集首領武功鎮將狄跌琉等三十二人，各招本罪，稱縣令以大竿尺撿田，所以衆心難抑。其狄跌琉准法科斷，文王罰七十直，主簿李彥圭罰五十直，並勒停。

鄭延朗爲衛縣令。長興元年九月，魏博奏延朗自於獄中推劾盜賊，妄引平人孫厚，延朗自行栲決，孫厚致死。勑旨付大理詳覆以聞。

盧萬爲權嘉縣令。長興元年五月，坐戶民關延韜不伏責問喧悖，令從人民撲良久致死。大理寺斷配流。大德勑旨：「盧萬委身宰邑，造次怒人，不如法以行刑，遂尋時而致死。原情則本非故殺，據律則當處極刑。小不忍而難追，內自訟而何及。法不可墜，義亦須明。但究彼根由，似緣公事，罪雖甚重，理稍可疑。峻行則慮致民驕，輕恕則恐滋吏酷。宋從遠竄，特貸餘生，聊以慰徃者之[illegible]，兼可戒爲官之屬。萬宜配蔚州長流百姓，縱逢恩赦，不在放歸之限。其出身歷任告赤付所司焚毀，餘依省寺詳斷。」

王翰王二前爲湖陽令，貶帝時於端門撲牢日陳考績事不實，配流坊州。

晉張嗣宗爲襄邑縣令。少帝開運二年閏[illegible]嗣宗先被百姓趙覺直論訟，下大理寺定罪，合徒一年半，以官收贖銅三十斤。府司尋科訖，據新除襄邑令王允昇狀申稱張嗣宗不肯交割縣務，稱未考滿者。勑旨：「張嗣宗已招過犯，斷處徒刑，雖定徵銅，更難居任。既聞除替，便合稟承，乃敢拒違，益彰狡惡，須加竄謫，俾省愆尤，宜配流商州。」

周陳權前爲清水令。太祖廣順三年四月，勑追奪前任官牒毀棄，仍長流房州。權居許州舞陽縣，與鄰丁曙爭地，詐埋石爲記，及揩改契內文字，既伏其罪，故有是責。

駱延規爲[illegible]封縣令。世宗顯德六年九月，除名流沙門島。先是延規有過停任，有司召延規，皆勑延規拒命，爲憲司所按，故有是命。

貪黷

夫制錦之重，象雷之威，有社稷焉，有人民焉，可以惠，可以辟，可以移風俗，一同之地，禍福所由，百乘之賦，豐約斯繫。自非守不貳之誠，存愼獨之心，則何以奉政經，去民瘼。其或罔思潔己，姑務

潔身志清白之訓忽貪墨之咎或凌蔑其氣以安下民或使諂
其容以附權右肆犲狼之心盈谿壑之志或人不堪命盜以之
興或法不可逃身由之殞雖惡有巨細事有隱顯然而流毒於
下斂怨于上則一揆焉爾詩云貪人敗類其惡之深矣
漢楊湛爲高陵令謝游爲櫟陽令皆貪猾不遜左馮翊薛宣手
自牒書條其姦臧湛自知罪贓皆應記即時解印綬付吏爲記
謝宣而遊自以大儒有名輕宣宣獨移書顯責之曰告櫟陽令
吏民言令治行煩苛適罰作使千人以上賊取錢財數十萬給
爲非法賣買聽任富吏賈數不可知（賈讀曰價）證驗明白遊得撽亦
解印綬去
後漢居風令（史不書名）貪暴無度縣人朱達等及蠻夷相聚攻殺之
張湖爲野王令貪殘無道聞司隷校尉李膺厲威嚴懼罪逃還
京師
晉袁毅陳郡人爲鬲令貪濁而賂遺公卿以求虛譽後事露檻

車送廷尉
李憙爲姚萇槐里令以黷貨誅於是郡國肅然矣
梁丘仲孚仕齊爲山陰令居職甚有聲稱晉末頗有贓賄爲有
司所舉將見收仲孚竊逃逕還京師詣闕會赦得不治
唐王鈞爲洛陽縣主簿玄宗開元十年三月坐贓杖殺
裴景仙爲武強令開元十年八月坐贓逃匿聽集衆殺之
勑曰有善必賞所以勸能有罪必誅所以懲惡代天理物勤憂
万姓求瘼恤人寄之牧宰共理天下實在於茲裴景仙幸以緒
餘素無名檢恣行貪冒不憚典刑聚斂之贓向五十匹肆其威
虐剝我黎元自作何逃仍更亡命此而將捨罪孰可誅雖法有
常科合資投竄而情在難恕用申懲肅宜令集衆決殺仍宣告
遐邇
宋廷暉爲宣州溧陽令周仁公爲涇州良原令裴夷爲寧州彭
原令開元二十五年正月皆犯贓坐死刑玄宗以陽和在候特

恕之悉杖六十配流于龔州勑曰朕思致和平毋務刑典而貪
冒之吏抵犯自多猶冀恥格豈在哀矜宣州溧陽令宋廷暉等
各效官榮非無祿利不能砥礪乃黷貨贓使者繩違刑曹定罪
並當極法合正嚴科然而發生在時布澤茲始永言惻隱能無
惠恤乃期改過且用輕刑宜並配流即差綱領送雖止殺之義
頗乖於國體而好生之德冀洽於人心教而不誅庶乎不及何
必峻罰然後爲善凡今在位宜副此懷
柳昇爲長安縣令天寶三載坐贓於朝堂杖殺之
竇鍌爲萬年縣令代宗永泰元年坐贓流虔州百姓
高騰爲鄭州陽武縣令憲宗元和九年七月坐侵蠹百姓貶恩
州陽江縣尉
殷復易爲長水縣令元和九年九月坐求利擾人貶永州司戶
參軍
韓晤爲萬年捕賊尉元和十二年以姦贓發京兆尹竇易直使

法曹掾韋正收鞫之得贓三十万帝意其未盡令復鞫之果得
贓三百万晤除名配流昭州
王仲堪爲溵州上蔡縣令穆宗長慶元年八月坐贓錢八百二
十貫勑上蔡久經寇虐方籍緝綏忍加厚斂害此疲俗委本道
觀察使決重杖處死
龐驥爲遂寧縣令長慶四年東川觀察使奏驥犯贓事下大理
寺以法論中書舍人楊嗣復等參酌白龐驥贓貨之數爲錢四
百餘千其間太半是枉法據贓定罪合處極刑雖經恩赦不在
原免伏以近日贓吏皆蒙小有矜寬類例之間慮貸殊死勑長
吏犯贓其數不少縱寬刑典難免鞭笞但以近遇恩人思滅
等雖節文不在免限於情理亦垂哀矜龐驥宜除名溪州其贓
付所司准法
孟孚爲蘇州嘉興縣令敬宗寶曆元年六月坐贓杖四十除名
流康州

劉伉為藍田令寶曆二年三月御史臺推勘在任日將諸色錢隱没破用凡九千餘万制曰劉伉所犯贓私其數至廣悠為貪猾固抵刑章若據本條合當極法以其大父於國有勞特為矜量俾從寬宥宜除名流雷州伉故宰相晏之孫也

李林宗為河南縣令為縣未數月賤貰市人縑帛文宗大和七年三月坐贓貶

梁陳知古為華陰縣令太祖開平元年十一月同州劉知俊奏知古因抽選軍丁藏匿富戶以受其賂闔縣詣論今已按驗罪狀帝惡其貪猾委本道以法誅之

王瀵為青州壽光令黷貨聚斂強奪下民資糧材木修建私第百姓苦之乃詣公廉使者因鞫劾計贓十餘万有司以聞帝怒開平二年三月委本郡長吏准格處分

尹崇規為青州北海令殘虐於民賄賂彰顯開平二年七月委本道長吏斃之

後唐張延暉為許州臨潁令明宗長興元年九月為縣人聶知進所訟稱知進父充所由為衙參不到決杖致死又論延暉取贓賂法司估計錢三十三貫以絹平之得絹二十二匹准法決重杖一頓處死主簿高延誨罰兩月俸

楊鐐為鼓城令長興四年七月鎮州奏鐐與主簿徐延同情出賣官麴一十二碩計錢三十八千估絹三十四匹二丈其錢入已破使事下法司大理正張仁瑑刑部郎中康澄斷准律主當監官罪並當絞徐延專掌賣麴縣令監臨據罪並絞關連典吏各杖徒流有差從之

呂滋為秦州清水縣令長興四年七月觀察使奏滋於長興元年二年三年相次乞斂人戶財物共計一千一百二十九碩貼貫計贓三百六十八貫事下法司大理少卿康澄斷准律受所監臨贓罪當贖流三千里呂滋以兩任官當二年徒罪餘二年徒罪徵銅四十斤刑部員外郎薛沖又詳覆呂滋贓賂事發因鎮將上論乞取之贓又無文簿鎮將遍下鄉村勘問又無人戶姓名積數雖多未嘗正誓量其情狀難逭刑章勅旨呂滋合為宰字委以民人不守公廉恣行聚斂贓數甚廣情狀難矜當寘重刑仍從遠竄宜決脊杖二十配流嵐州關連人吏依法司所奏

晉耶縮為絳州翼城令少帝開運二年法寺奏縮乞覓戶人粟八百一十五碩五斗計贓絹八十匹准律徒四年以官當徒殘四任告身流三千里從之

周陸憲為曹州冤句令太祖廣順元年十月坐贓絲五万兩先是本部民楊乂投匭論憲不聞封府推鞫憲以本部內放絲伏罪獄成追毀八任官牒

陳守愚為唐州方城令廣順二年二月在任託留人戶蠶鹽一千五百斤貨之兼與寮資金為民所訟守愚攜牌印自詣於闕下御史臺推究伏罪杖死之

冊府元龜卷第七百七

冊府元龜卷第七百八

宮臣部一

總序

古之有天下者必立儲貳用承祧緒丕建子弟以屏王室莫不內制宮朝之秩外設國藩之職爲之輔佐焉唐虞之前官次莫記夏商之際教世子之法太傅在前少傅在後入則有保出則有師（晉荀勗云……太子……）動有司過之史膳有徹膳之宰所以翼導乎元良教諭而成德者也周監二代建職制吏地官司徒之屬有師氏掌以三德教國子中大夫一人上士二人保氏掌養國子以道教以六藝下大夫一人中士二人夏官司馬之屬有諸子掌國子之倅掌其戒令下大夫二人中士四人皆有胥徒府史之屬（諸子……天子……有庶子是也）斯皆六聯之內左右太子者也而太傅居三公論道之位少傅當三孤貳公之任職在經緯匪專輔導（……成王爲孺子時……周公召公史佚……賈誼云成王在襁褓之……）中置三少皆上大夫曰少保少傅少師與太子宴者也……列國太子亦有師傅少師之名（晉……楚潘崇爲太子師……）戰國亦置師傅（……）秦立百官之職因古制設太子太傅少傅增置屬官有太子門大夫庶子各五人洗馬十六人掌前驅舍人無員又置詹事掌太子家有丞屬官有太子率更家令丞僕中盾衛率丞率更掌知漏刻中盾主周衛徼道衛率主門衛漢氏因之而大裂疆土分王子弟宮室百官同制京師王國有太傅輔王內史治國民中尉掌武職丞相統衆官群卿大夫都官如漢朝（……）景帝中五年改丞相曰相省御史大夫廷尉少府宗正博士官大夫謁者郎諸官長丞皆損其員（……）武帝改太僕曰僕（……）成帝綏和元年省內史更令相治民如郡太守中尉如郡都尉而太子宮復有左右戶將左右戶直郎後漢省之及省詹事員而太傅專職輔導不領官屬少傅亦

府七百八　一

同輔導而悉主諸職員吏十二人以率更令主庶子舍人更直職比光祿屬官庶子舍人皆無員庶子如三署郎中（……）舍人如三署郎中（……）以家令主倉穀飲食職比司農少府屬官增置太子食官令一人主飲食太子僕主車馬職如太僕屬官廄長一人主車馬門大夫比郎將（……）增置中庶子員五人職如侍中洗馬職如謁者（……）中盾衛率如故皇子封王者並置傅相相有長史如郡丞餘諸卿皆如舊制又有大夫無員掌奉王使至京都奉璧賀正及使諸國皆持節（……）謁者掌冠長員十六人禮樂長主樂人衛士長主衛士醫工長主醫樂永巷長主宮中婢使祠祀長主祠祀又有郎中無員漢承常府事少傅主太子家然時有以佗官監護侍輔導者（……）初建太子官屬率擬漢臺之制而別有太子侍講常從虎賁督保傅家東宮摘句郎其諸王國別有文學監國謁者典書令家令都尉長史司馬之職其侯國又有家丞（……）明帝已後東宮制度廢闕官司不具唯置衛率令典兵二傅皆關其事佗皆闕焉屬有太子太傅家令舍人中庶子庶子之名（……）又有左輔右弼翊正翼正二都尉爲太子四友亦有太傅少傅……之官（……）晉武帝泰始三年始建東宮並前制詹事官屬以太子太傅少傅詹事並有功曹主簿五官（……）始置中衛率其中庶子止置四人（……）其食官令一人職如太官令庶子四人比散騎常侍中舍人十六人比散騎侍郎從讌則正直從次直守妃出則次直從洗馬八人准祕書郎掌圖籍釋奠講經率更令主宮殿門戶及賞罰事

府七百八　二

職如光祿衛尉家令主刑獄穀貨飲食職比司農少府丞一人後漢以家令主食官令三丞食官自爲官不復屬家令僕一人主車馬親秩如太僕宗正諸王置師友文學各一人後改師爲傅避諱改太守爲內史省相及僕有郎中令中尉大農爲三卿大國置左右常侍各一人省郎中置侍郎二人典書典祠典衛學官令典書丞各一人治書四人中尉司馬世子庶子陵廟牧長各一人謁者四人中大夫六人舍人十人典醫典府丞各一人公國無大農侍郎侍郎隸屬官當侍使國又無下又無舍人令史皆以次損益公侯國大小無定制其餘官司各有差皆自置之文武官五年分中衛率爲左右衛率各領一軍咸寧元年復置詹事掌宮事二傅不復領官屬大國置上中下軍三將軍次國上下二將軍小國上軍後又省詹事崇貴傅訓之職置太子太保并大傅皆以諸公領之少傅亦以重官兼領吏屬如舊四年始置中舍人四員以舍人才學美者爲之與中庶子共掌文翰職如黃門侍郎惠帝元康元年復置詹事職擬尚書令掌三令四率中庶子舍人洗馬

府七百八　三

舍人等官丞一人主簿五官掾功曹史主記門下史錄事戶曹法曹倉曹賊曹功曹書佐門下亭長門下書佐省事各二人愍懷建宮乃置六傅三太三少大師太傅太保景帝諱改爲太師而詹事文學皆屬六傅自元康已後諸傅不備或二或三或四或六加置前後二衛率各有丞一人永康中又不置詹事唯置丞一人擬尚書左右丞掌奉行文書關通六傅又置中衛率是爲五率大安已來復置詹事江左有太傅少傅不立師保省前後二率詹事丞亦省之孝武太元中又復前後二率僭僞諸國亦有東宮藩國諸職人劉曜將又有大子少師秦王置左右長史司馬從事參軍及爲太子又置中舍人洗馬宋氏之始東宮王國皆循晉制唯二傅各加置丞一人以家令率吏令僕爲太子三卿食官令屬中庶子止置左右二率增置屯騎步兵翊軍校尉各七人冗從僕射七人旅賁中郎將十人又置左右積弩將軍左十人右二人殿中將軍十人殿中員外將軍二十人復置門大夫一人王國師改爲傅餘皆無改齊因

宋制二傅詹事始稱府無庶子官復置常從虎賁督王國改傅爲師置典籤帥增置食官廄牧長典官令無中大夫治書司馬世子庶子陵廟長中大夫舍人典醫典府丞公侯國唯置郎中令一卿自晉已來諸王多領將軍州鎮而王國屬官率兼幕府之職若長史司馬參軍別駕治中從事主簿功曹兵曹書佐主簿錄事家西閤祭酒之比梁以太子太傅視尚書令少傅視左僕射詹事視中護軍任總宮朝門大夫視謁者僕射通事舍人視南臺御史官多以他官兼之左右衛率視御史中丞太子率更令家令等十左右率領崇賢永言崇和細柳等四書二率各置殿中將軍十人員外將軍一人正員司馬四人又有員外司馬督官而旅賁中郎將冗從僕射左右積弩將軍各置一人又置通事守舍人典筆守舍人典法守舍人以上加高者一人爲祭酒中舍人庶子功高者各一人與中庶子共掌其坊之禁令而以舍人掌文記置典經局洗馬八人視通直郎掌文翰取甲族有才者爲之屬官有典經守舍人典事守舍人無員又有外監殿局內監殿局導客局齋內局主璽主衣扶持等局復有門局錫庫局內廄局中藥藏局食官局外廄局享廄局有冬

府七百八　四

司參其事皇弟皇子府置師長史司馬從事中郎諮議參軍友掾屬中記室中直兵等參軍功曹史錄事記室中兵等參軍文學主簿正參軍行參軍長兼參軍等員嗣王府文學長兼郎參軍記室中兵參軍等員王國復置廟長陵長典醫典府丞舍人中大夫增置執書中尉王國省當侍藩王又省中大夫天監初置東宮常侍以散騎常侍爲之六年詔家令視通直常侍率更僕視黃門省置丞東宮三卿爲之七年以太子中舍人司從中郎爲庶子中大通三年又置金華家令以掌太子金華宮故也陳仍梁制東宮唯置太傅而無師保又有東宮學士之員王府藩國正員之外復有板授之職後魏起於北土亦封建王侯因郡爲國其大郡王國吏二百人次郡王國一百人皆立典師職比家丞總統群隸太武延和三年始立東宮備置屯衛比西宮三分之一孝文太和中始定官品東宮之屬增置太子主書主衣舍人典書典衣令史左右衛率主簿而

分詹事爲左右改食官令爲食官長復置中盾之名而三太三少左右衛率中庶子庶子三卿三校中舍人洗馬門大夫舍人食官令家令長詹事五官常從虎賁謁者舍人並仍舊號王國置王家尉王家史諸王賦支皆仍舊號亦置皇子府官屬別有開府從事中郎開府掾屬郎中令列曹參軍事開府祭酒中尉參軍事列曹參軍事侍郎上中下將軍參軍督護中大夫二率丞典書典衛典祠學官等四令餘並同梁制其始蕃王二蕃王三蕃王之官屬有長史司馬諮議參軍錄事參軍事功曹記室戶曹參軍中兵參軍事功曹史主簿列曹參軍事列曹行參軍參軍督護有師傅一六皆又有王公國置郎中令大農中尉常侍侍郎上中下將軍中大夫等官北齊制官多循後魏而東宮職局統領有異以詹事總內外衆務領三寺左右率二坊置司馬功曹主以承其事家令寺領食官典倉司藏等署令丞又領內坊令丞食官又別領器局酒局二丞典倉又別領園丞司藏又別領仗軍典作二局丞率更寺領中盾署令丞僕寺領廐牧署令丞車輿局丞左右衛署防率各領

騎官備身正副都督騎官備身五職騎官備身又有內直備身正副都督內直備身五職內直備身又有備身正副都督備身五職備身直閤直前直後等員又有旅騎屯衛典兵校尉各二人騎尉三十人門下坊有中庶子中舍人通事守舍人主事守舍人各四人領殿內局內直監六人副直監四人典膳局監丞各二人藥藏局監丞各二人侍醫四人齋帥局齋帥內閣帥各二人典書坊庶子四人舍人二十八人領典經坊洗馬八人守舍人二人門大夫坊門大夫主簿各一人又統伶官西涼二部清商二部王置師一人皇子王國置郎中令大農中尉常侍各一人侍郎二人上中下三將軍各一人上中大夫各二人防閤四人典書典祠學官典衛令各一人齋帥四人食官廐牧長各一人典醫丞二人執書二人謁者四人舍人十人諸王國增置陵長廟長常侍各一人上中大夫各減一人并減中將軍諸公又減防閤齋帥典衛丞等員侯伯子男又減諸國公將軍大夫食後周武帝六官之建有小師氏保

氏司戎司武司衛等員皆宮衛之職而諸侯之宮謂之外命建德二年增改東宮官員三年置太子諫議大夫四人文學十人皇弟皇子各置友二人學士六人後又置太子宮正宮尹諸王侍讀隋室革命官名俱復置三太三少以二坊分統諸局以門下內史二省開皇初置詹事一年罷之門下坊左庶子二人內舍人四人錄事二人主事二人主事令史四人所統六局司經局洗馬四人校書六人正字二人時又有太子文學正史不載其員宮門局大夫二人內直局監副監各二人監殿舍人四人典膳局監丞各二人藥藏局監丞各二人侍醫四人齋帥局齋帥四人典書坊右庶子二人舍人通事舍人各八人錄事二人主事令史四人又有內坊典內及丞各二人丞直四人錄事一人內廐尉二人其家令率更令僕三寺各置丞家令寺二人二寺各一人家令領三署食官署令一人食官二人典倉署令一人典倉一人司藏署令一人司藏三人僕寺領廐牧令一人凡五衛十率左右衛各置率一人副率二人有長史司馬

錄事功曹兵騎兵等曹參軍事法曹鎧曹行參軍各一人行參軍四人又別置直閤四人直寢八人直齋直後各十人左右宗衛官如左右衛加置行參軍二人宗衛掌以宗人侍衛無直左閤直寢直齋直後等員右虞候各置開府一人餘如左右衛止置行參軍一人虞候掌斥候伺非無錄事參軍員左右內率各一人官與虞候同別有千牛備身備身左右各八人備身二十人內率掌領備身以上禁內侍衛供奉兵仗無功曹以法等曹及行參軍員千牛備身掌執千牛刀備身左右掌供奉弓箭備身掌宿衛侍從左右監門率各一人副率二人直長十人餘官同內率掌諸門禁親王置師友各一人文學二人長史司馬諮議參軍事掾屬各一人主簿各二人錄事功曹記室戶倉兵等曹騎兵城局等參軍事東西閤祭酒各一人參軍事四人法田水鎧士等曹行參軍事各一人行參軍事六人長兼行參軍八人典籤二人嗣亦有學士之名史不載其員嗣王加置參軍事一人行參軍六人無府支職主簿錄事參軍事東西閤祭酒長兼行參軍等員並同開府自後東宮又有侍講之職煬帝省內舍人洗馬各二人改家令爲司府令

宮門大夫爲宮門監通事舍人爲宣令舍人正字爲正書左右衛率爲左右侍率左右宗衛爲左右武衛虞候開府爲左右虞候左右監門率爲左右監門將軍唐初多因隋制復置詹事府以統東宮衆務增置少詹事復以司府寺爲家令（仍不主刑法）宮門監爲宮門大夫宣令舍人爲通事舍人內舍人爲中舍人正書爲正字左右侍率爲左右衛率增置親勳翊三府中郎將各一人郎將二人左右武衛爲左右宗衛左右監門將軍爲左右監門率餘皆如舊時秦王齊王府官之外各置左右六護軍府及左右親事帳內府（左一右一護軍府護軍各一人副護軍各二人長史錄事參軍及史各一人倉兵鎧曹參軍事并府史各一人統軍各五人別將各一人左二右二左二右三護軍府各統軍三人別將六人餘職員並同左右親事府統軍各一人長史錄事參軍事并史各一人兵曹參軍事并府史各一人[illegible]別將各一人帳內府同又有[illegible]直[illegible]事置之）秦王又置天策上將府官員（長史司馬各一人從事中郎二人軍諮祭酒二人典籤四人主簿錄事記室參軍事功倉兵騎鎧士等曹參軍事各二人參軍事六人六曹各有令史書令史等）又置文學館學士（以房喬等十八人爲之）武德七年定令東宮置三師三少詹事府三坊三寺十率府王公已下定置府佐國官（是歲三年置師及當守寺郎舍人之職又有侍讀其太子亦有侍讀並以爲官領之其後多以重官領詹事兼爲子）太宗貞觀初改太子中舍人爲中允復置中舍人（以中允擬黃門侍郎中舍人擬中書侍郎中舍人又罷之太子中書舍人）後又置崇賢館有學士直學士及讎校之職（崇賢館掌經籍圖書教授諸生隸門下坊）十八年又於門下坊置太子司議郎四人（時皇太子請置以司議戒乃置之此官妙簡名士掌侍從規諫駮正啓奏并錄東宮記注分判坊事）高宗永徽三年改中允爲內允中舍人爲內舍人尋復舊（[illegible]太子[illegible]而復[illegible]）顯慶元年置太子賓客四人（[illegible]高[illegible]太子[illegible]公[illegible]角里先生[illegible]太子爲賓客[illegible]太子至武帝又爲[illegible]立傳[illegible]以[illegible]賓客若有[illegible]太子賓客皆[illegible]晉元帝九年閏[illegible]太子在東宮[illegible]令司空[illegible]三秦息略太子太傅[illegible]息[illegible]太子[illegible]晉[illegible]諱尚書令華廙[illegible]常[illegible]太子[illegible]之東宮[illegible]賓客皆非官也至是以太子少傅[illegible]尚書[illegible]宗左僕射[illegible]太子少師[illegible]太子賓客遂爲正官員四人以家[illegible]皆至）龍朔二年改詹事府爲端尹府詹事爲端尹少詹事爲少尹門下坊爲左春坊典書坊爲右春坊左右庶子爲左右中護中允爲左贊善大夫中舍人爲右贊善大夫司議郎爲左司議郎舍人爲左司議郎洗馬爲司經大夫家令寺爲宮府寺令爲宮府大夫率更寺爲司更寺令爲司更大夫僕寺爲馭僕寺僕爲馭僕大夫典膳藥藏內直三局監宮門大夫並爲郎（內直郎擬尚輦奉御宮門郎擬城門郎）齋帥爲典設郎左右衛率府爲典戎衛左右宗衛率府爲司禦衛左右虞候率府爲清道衛左右監門率府爲崇掖衛左右內率府爲奉裕衛太子千牛爲奉裕三年置太子左右諭德各一人（擬散騎常侍）分司經局置桂坊置令一人司直二人太子文學四人（坊比御史臺令比大夫司直比侍御史職在糾劾以肅宮寮以崇賢館隸之）未幾廢桂坊改崇賢館爲崇文館（初桂坊之廢以司直隸詹事文學隸司經崇賢館復隸春坊尋避沛王賢諱又改館名）咸亨元年官名並復舊仍置贊善大夫左右各五員（左庶子擬侍中右庶子擬中書令司議郎擬給事中贊善擬諫議大夫）又以諸衛依舊爲率府（唯司禦清道奉裕三率府未復舊名）儀鳳四年增置左右贊善大夫各十員以授諸王之子（永淳元年立皇孫重照爲皇太孫將置府寮高宗以問吏部郎中王方慶對曰晉惠帝立愍懷子襄陽王尚爲皇太孫時皇太子官屬即轉爲皇太孫官屬南齊永明中立文惠太子子昭業爲皇太孫便居東宮帝悅使方慶定官屬乃奏太孫府置師傅友文學祭酒長史曹掾主簿管記司錄已下六曹參軍等官各加王府一級事亦不行）則天垂拱元年又以詹事府爲宮尹府詹事爲宮尹少詹事爲少尹左右監門率府爲鶴禁衛率府鎧曹爲胄曹中宗神龍元年復詹事府官號又以司禦衛率府爲宗衛率府清道衛率府爲虞候率府鶴禁衛率府爲監門率府左右奉裕衛爲內率府時又以他官檢校太子賓客（[illegible]書監[illegible]太常卿武[illegible]副並檢校太子賓客）睿宗景雲元年復以門下坊爲左春坊典書坊爲右春坊二年改王府師爲傅令贊善大夫兼司庶姓明呈先天元年詔東宮三師三少宜開府置令丞各一人隸詹事府尋罷開元初復以宗衛率府爲司禦衛率府虞候率府爲清道率府（自貞觀至開元凡府衛坊局改易其號主簿率副率等官屬皆隨府衛坊局號）（政復）七年改崇文館讎校爲校書二十五年沿總定官數裁爲典制太子六傅不必備唯其人無則闕之以賓客掌贊相禮儀先後太子詹事總三寺十率之政令二坊掌分領諸職詹事府有丞主簿司直各二人左右春坊各有庶子二人諭德一人贊善

大夫五人皆分傳令四人又皆有錄事主事令史書令史亭長掌固員以分其事於諸坊別有中允二人司議郎四人掌議二人錄事四人其所統有崇文館司經局典膳藥藏內直典設宮門等六局崇文館學士無員學生三十人校書典書拓書手各二人熟紙匠筆匠各三人裝潢匠五人司經局有洗馬二人文學三人餘五局皆有郎一人丞二人司經之屬別有校書四人正字二人典書四人楷書二十五人典膳之屬別有主食六人典食二百人藥藏之屬別有侍醫四人典藥藥童各九人內直之屬別有典服三十人典扇典書各十五人典設之屬別有幕士六百人宮門之屬別有門僕一百三十三人而皆有令史書令史書史掌固等焉又役右春坊別有中舍人二人通事舍人八人典謁二十人內坊掌東宮閤內之禁有典內二人丞二人典直四人導客舍人六人閤帥六人內給使無員內廄典事亭長各二人駕士三十人掌固六人家令寺有丞二人主簿錄事各一人府十人史二十人亭長掌固各四人統食官典倉司藏三署署各有令丞一人食官署別有掌膳十二人供膳四百人奉觶三十人典倉署別有園丞二人典事六人司藏署別有典事四人皆有府史掌固之屬率更寺有丞一人府三人史四人令官師二人漏刻博士二人掌漏六人漏童六人典鼓二十四人餘官如家令寺僕寺史五人丞府如率更寺餘官如家令寺領廄牧署有典乘牧長各四人典事六人翼馭十五人駕士三十人獸醫二十人餘職如食官署左右衛率府左右司禦率府左右清道率府各置率一人副率二人長史錄事參軍事錄事府史各一人倉曹兵曹胄曹參軍事各一人府史各有差又有亭長掌固中候司戈各二人司階一人執戟三人左右監門率府左右內率府無倉曹參軍事以兵曹兼之又減司階中候司戈執戟等員而監門率府別有監門直長七十八人內率府別有千牛十六人備身二十八人主仗六十人餘官並同諸衛

府七百八　九

其親勳翊三府仍隸左右衛率府有中郎將左右郎將兵曹參軍事錄事并府各一人史二人校尉五人旅帥十人隊正副隊正各二十人親王府傅諮議參軍事各一人史二人文學二人東西閤祭酒長史司馬掾屬主簿各一人史二人記室參軍事并史各二人錄事參軍事錄事各一人史二人功倉戶兵騎法士等曹參軍事并府各一人史各二人參軍事二人行參軍四人典籤二人又有親事帳內二府親事府典軍副典軍各二人府一人史二人執仗親事執乘親事各十六人親事三百三十人校尉旅帥隊正隊副准人部領帳內府無執仗等親事之職別有帳內六百六十七人餘官司親事府親王國有令一人大農尉各二人丞錄事各一人府五人史十六人典衛八人舍人四人學官長食官丞各一人廄牧典府長丞各二人二十七年以內坊隸內侍省為局肅宗在宮邸始置侍讀之職時以韓擇木為侍書德宗建中四年增賓客二員興元初又增四員貞元四年復舊員數十六年置太子侍直時以山人李泌為右贊善大夫太子侍直穆宗長慶元年封鄆王等十四人王每府唯置傅長史司馬諮議參軍文功曹參軍各一員參軍二員[illegible]文宗太和四年始限藩外官不得為東宮五局郎時左庶子[illegible]奏青宮[illegible]子弟先擇文學端士[illegible]任當時品當司有司經局校書正字品秩至平而文學之求之者無有壓其故世其典墳等五局郎資序[illegible]是清品流外不已則[illegible]成[illegible]伏請[illegible]部令後不得流外人[illegible]從之開成二年諸王又有講讀之職時劉仙武[illegible]講義問日入[illegible]諸三授經五代多[illegible]備[illegible]居尹京之任皇子分節鎮之職宮國[illegible]盡多[illegible]後[illegible]興中秦王府始置官屬[illegible]授至長興四年始以秘書監[illegible]官蘇瓚為秦王[illegible]軍然自唐室至於五代東宮之職王府之屬或總領佗務或授左降分司致仕官不專為宮府之任若建置儲嫡諸王出閤則宮府之職多以佗官兼領又檢校之天寶後武臣及[illegible]

府七百八　十

曁府僚佐亦多擬於東宮之職以爲散官原其擬職亡臺輔翊帝嗣列於藩國左右宗親歷代已還授任斯重其有宣亮直之德敦詩書之禮講以經義規以正道藝文秀茂明識淵遠事之盡節匪躬不替膺慎業之典被隆寵之數洎褻慢求媚姦慝是羅者並用論次以垂勸戒云爾凡宮臣部十一門

選任

禮曰凡三王之教世子太傅少傅以養之欲其知父子君臣之道又曰太傅在前少傅在後入則有保出則有師諭也者教之以事而諭諸德者也慎諸身以輔翼之而歸諸道也由漢而下曷嘗不茂建儲兩崇樹蕃屏上以貞邦本次以彊幹而昌世故其左右前後必詢求於正人傅相官屬咸參取於時彥資孚忠亮賴其匡戒翊以忠孝之益成溫文之美芝蘭俱化允歸於善責望維克固譽揚於頌聲斯固乃僚慎柬之攸先爲邦令典之稱首者也

漢張良字子房封留侯性多疾即道引不食穀高祖自將東擊黥布良強起至曲郵（曲郵縣名在新豐）謂曰子房雖疾強臥傅太子時叔孫通已爲太傅以良行少傅事

周昌爲御史大夫時高祖憂趙王如意年少而戚夫人與呂后有隙用符璽御史趙堯計爲趙王置貴彊相堯進言昌爲人堅忍伉直自呂后太子及大臣皆素嚴憚之獨昌可高祖曰善於是召昌謂曰吾固欲煩公（以事勞之）公彊爲我相趙昌泣曰臣初起從陛下陛下獨柰何中道而棄之於諸侯乎高祖曰吾極知其左遷（是時尊右卑左故謂貶秩位爲左遷）然吾私憂趙念非公無可者公不得已彊行於是徙昌爲趙相

賈誼爲長沙王太傅歲餘文帝思誼徵之既拜爲梁懷王太傅懷王帝少子愛而好書故令誼傅之

石奮孝文時爲太中大夫無文學恭謹無與比時東陽侯張相如爲太子太傅免選可爲傅者皆推奮奮爲太子太傅

府七百八　十一

下闕

册府元龜卷第七百一十七

幕府部一

智識

傳曰智者不失人亦不失言易曰君子見幾而作乃有受署戎府參佐郡務咸以策畫賴其協贊漢魏而下選辟甚盛賢英畢集詁言多在至或深識政本洞達治要究時之利病知事之善敗察姦宄之情狀辯強弱之形勢備豫之論立決機發之典故舉援經義以正大體酌物理而見未然用能釋患而解紛成務而宣績道茂乎當世美流乎無窮斯所謂好謀而成其智足使者已

後漢鄭興爲更始丞相李松長史松先入長安令興還奉迎遷都更始諸將皆山東人咸勸留洛陽興說更始曰陛下起自荆楚權政未施一朝建號而山西雄桀爭誅王莽開關郊迎者何也此天下同苦王氏虐政而思高祖之舊德也今久不撫之臣

恐百姓離心盜賊復起矣春秋書齊小白入齊不稱侯未朝廟故也今議者欲先定赤眉而後入關是不識其本而爭其末恐國家之守轉在函谷雖卧洛陽庸得安枕乎更始曰朕西決矣

鮑永上黨人爲郡功曹時有矯稱侍中止傳舍者太守趙興欲謁之永疑其詐諫不聽而出興遂駕往永乃拔佩刀截馬當匈乃止後數日詔書果下捕矯稱者永由是知名

鍾離意會稽山陰人少爲郡督郵時部縣亭長有受人酒禮者府下記案考之意封還記入言於太守曰春秋先內後外詩云刑于寡妻以御于家邦明政化之本由近及遠今宜先清府內且闊略遠縣細微之愆太守甚賢之遂任以縣

周章南陽人初仕郡爲功曹時大將軍竇憲免封冠軍侯就國章從太守行春到冠軍太守猶欲謁之章進諫曰今日公行春豈可越儀私交且憲椒房之親勢傾王室而退就藩國禍福難量明府剖符大臣千里重任舉止進退其可輕乎太守不聽遂便升車章前拔佩刀絕馬鞅於是乃止及憲族誅公卿以下多以交關得罪太守幸免以此重章

崔琰辟車騎將軍閻顯府時太后稱制顯入參政事先是安帝廢太子爲濟陰王而以北鄉侯爲嗣琰以侯立不以正知顯將敗欲說令廢立而顯日沈醉不能得見乃謂長史陳禪曰中常侍江京陳達等得以嬖寵惑蠱先帝遂使廢黜正統扶立疏孽少帝即位發病廟中周勃之徵於斯復見（呂后立惠帝後宮子周勃發之也）今欲與長史君共求見說將軍白太后收京等廢少帝引立濟陰王必上當天心下合人望伊霍之功不下席而立則將軍兄弟傳祚於無窮若拒違天意久曠神器則將以無罪并辜元惡（書曰元惡大憝）此所謂禍福之會分功之時（孫程等）禪猶豫未敢從會北鄉侯薨孫程立濟陰王是爲順帝閻顯兄弟悉伏誅琰坐被斥門生蘇祗具知琰謀欲上書言狀琰聞而遽止之時陳禪爲司隸校

尉召琰謂曰弟聽祗上書禪請爲之證琰曰此譬猶兒妾屏語願使君勿復出口遂辭歸

周舉辟司徒李郃府時宦者孫程等既立順帝誅滅諸閻議郎陳禪以爲閻太后與帝無母子恩宜徙別館絕朝見群臣議者咸以爲宜舉謂郃曰昔鄭武姜謀殺莊公莊公誓之黃泉秦始皇怨母失行久而隔絕後感潁考叔茅焦之言循復子道書傳美之今諸閻新誅太后幽在離宮若悲愁生疾一旦不虞主上將何以令於天下如從禪議後世歸咎明公宜密表朝廷令奉太后率羣臣朝覲如舊以厭天心以荅人望郃即上疏陳之明年正月帝乃朝於東宮太后由此以安

鍾晧爲司徒掾公出（晧曰公出從己知然）道路泥濘導從惡其相濺去公車絕遠公椎軾言司徒今日爲獨行耳還府向閤鈴下不扶令揖掾屬公奮手不顧將舉府掾屬皆投劾出晧爲西曹掾開府門分布曉語已出者曰臣下不能得自直於君若司

親舉遍舉以公失宰相之權又不勝任議君欲身何所任邪掾屬以故皆止鄴官果殺西曹掾屬空府去意時召都官吏以見掾屬劉多示之乃止

何夔南陽人辟司空府每三府掾屬會議夔策謀有餘議者皆自以爲不及

沮授爲袁紹從事時紹進軍黎陽遣顏良攻劉延於白馬曹公救延與良戰破斬良先是紹臨發授會其宗族散資財以與之曰夫勢在則威無不加亡則不保一身哀哉其弟宗曰曹公士馬不敵君何懼焉授曰以曹兗州之明略又挾天子以爲資我雖克公孫衆實疲弊而將驕主忲軍之破敗在此舉也揚雄有言六國蚩蚩爲嬴弱姬今之謂也及紹將濟河授諫曰勝負變化不可不詳今宜留屯延津分兵官渡若其克獲還迎不晚設其有難衆弗可還紹弗從授臨濟歎曰上盈其志下務其功悠悠黃河吾其反乎遂以疾辭紹恨之乃省其所部兵

屬紹紹後果敗

王朗舉孝廉辟公府不應徐州刺史陶謙察朗茂才時漢帝在長安關東兵起朗爲謙治中與別駕趙昱等說謙曰春秋之義求諸侯莫如勤王今天子越在西京宜遣使奉王命謙乃遣昱奉章至長安天子嘉其意拜謙安東將軍以昱爲廣陵太守朗會稽太守

荀彧爲太祖舊武司馬時董卓威陵天下太祖以問彧彧曰卓暴虐已甚必以亂終無能爲也

國淵爲太祖大司空掾屬太祖征關中淵統留事田銀蘇伯反河間銀等既破破賊文書舊以一爲十及淵上首級如其實數太祖問其故淵曰夫征討外寇多其斬獲之數者欲以大武功宜示明聽也河間在封域之內銀等叛逆雖克捷有功淵竊恥之太祖大悅

郭嘉爲太祖司空軍祭酒太祖謂嘉曰本初擁冀州之衆青并徙之地廣兵彊而數爲不遜吾欲討之力不敵如何對曰劉項之不敵公所知也漢祖唯智勝項羽雖彊終爲所擒嘉竊料之紹有十敗公有十勝雖兵彊無能爲也紹繁禮多儀公體任自然此道勝一也紹以逆動公奉順以率天下此義勝二也漢末政失於寬紹以寬濟寬故不攝公糾之以猛而上下知制此治勝三也紹外寬內忌用人而疑之所任唯親戚子弟公外易簡而內機明用人無疑唯才所宜不間遠近此度勝四也紹多謀少決失在後事公策得輒行應變無窮此謀勝五也紹因累世之資高議揖讓以收名譽士之好言飾外者多歸之公以至心待人推誠而行不爲虛美以儉率下與有功者無所吝士之忠正遠見而有實者皆願爲用此德勝六也紹見人飢寒恤念之形於顏色其所不見慮或不及也所謂婦人之仁爾公於目前小事時有所忽至於大事與四海接恩之所加皆過其望雖所不見慮之所周無不濟也此仁勝七也紹大臣爭權讒言惑亂

公御下以道浸潤不行此明勝八也紹是非不可知公所是進之以禮所不是正之以法此文勝九也紹好爲虛勢不知兵要公少以克衆用兵如神軍人恃之敵人畏之此武勝十也太祖笑曰如卿所言孤何德以堪之後劉備來奔太祖以爲豫州牧或謂太祖曰備有英雄志今不早圖後必爲患太祖以問嘉嘉曰有是然公提劍起義兵爲百姓除暴推誠仗信以招俊傑猶懼其未也今備有英雄名以窮歸己而害之是以害賢爲名則智士將自疑回心擇主公誰與定天下夫除一人之患以沮四海之望安危之機不可不察太祖笑曰君得之矣太祖將北征三郡烏丸諸將皆曰袁尚亡虜耳夷狄貪而無親豈能爲尚用今深入征之劉備必說劉表以襲許萬一爲變事不可悔嘉曰策表必不能任備勸太祖行

何夔爲太祖司空掾屬時有傳袁術軍亂者太祖問夔曰君以爲信不夔對曰天之所助者順人之所助者信術無信順之實

而望天人之助此不可以得志於天下夫失道之主親戚叛之而況於左右乎以變觀之其亂必矣太祖曰為國失賢則亡君不為術所用亂不亦宜乎

和洽為太祖丞相掾屬時毛玠崔琰並以忠清幹事其選用先尚儉節洽言曰天下大器在位與人不可以一節儉也儉素過中自以處身則可以此節格物所失或多今朝廷之議吏有著新衣乘好車者謂之不清長吏過營形容不飾衣裘敝壞者謂之廉潔至令士大夫故汙辱其衣藏其輿服朝府大吏或自挈壺飧以入官寺夫立教觀俗貴處中庸為可繼也今崇一槩難堪之行以檢殊塗激而為之必有疲瘁古之大教務在通人情而已凡激詭之行不容隱偽矣

程昱為奮武將軍太祖征馬超文帝留守使昱參軍事田銀蘇伯等反河間遣將軍賈信討之賊有千餘人請降議者皆以為宜如舊法昱曰誅降者謂在擾攘之時天下雲起故圍而後降

者不赦以示威天下開其利路使不至於圍也今天下略定且在邦域之中此必降之賊殺之無所威懼非前日誅降之意臣以為不可誅也縱誅之宜先啓聞衆議者曰軍事有專無請昱不答文帝起入特引見昱曰君有所不盡邪昱曰凡專命者謂有臨時之急呼吸之間者爾今此賊制在賈信之手無朝夕之變故老臣不願將軍行之也文帝曰君慮之善即白太祖太祖果不誅太祖還聞之甚說謂昱曰君非徒明於軍計又善處人父子之間

田豫字國讓公孫瓚使守東州令瓚敗而鮮于輔為國人所推行太守事素善豫以為長史時雄傑並起輔莫知所從豫謂輔曰終能定天下者必曹氏也宜速歸命無後禍期輔從其計因受封寵太祖召豫為丞相軍謀掾

蜀王商為益州牧劉璋治中從事初韓遂與馬騰作亂關中數與璋父焉交通信至騰子超復與璋相聞有連蜀之意商謂璋曰超勇而不仁見得不思義不可以為脣齒老子曰國之利器不可以示人今之益部士美民豐寶物所出斯乃狡夫所欲傾覆超等所以西望也若引而近之則猶養虎將自遺患矣璋從其言乃拒絕之

黃權為劉璋主簿時別駕張松建議宜迎先主使伐張魯權諫曰左將軍有驍名今請到欲以部曲遇之則不滿其心欲以賓客禮待則一國不容二君若客有泰山之安則主有累卵之危可但閉境以待河清璋不聽竟遣使迎先主出權為廣漢長

楊洪為蜀郡太守李嚴功曹先主爭漢中急書發兵軍師將軍諸葛亮以問洪洪曰漢中則益州咽喉存亡之機會若無漢中則無蜀矣此家門之禍也方今之事男子當戰女子當運發兵何疑

周羣為先主儒林校尉先主欲與魏太祖爭漢中問羣羣對當得其地不得民也若出偏軍必不利當戒慎之時後部司馬張

裕亦曉占術過羣諫先主曰不可爭漢中軍必不利先主竟不用裕言果得地而不得民也遣將軍吳蘭雷銅等入武都皆沒不還悉如羣言

吳顧徽為大帝主簿嘗近出行見營軍將一男子至市行刑問之何罪云盜百錢徽語使住須臾馳詣闕陳啓今畜養士衆以圖北虜視此兵丁壯健兒且所盜少愚乞哀原帝許而嘉之轉東曹掾

潘濬為大帝荊州治中軍事一以諮之武陵部從事樊伷誘導諸夷圖以武陵屬劉備外白差督萬人往討之帝不聽特召問濬濬荅以五千兵往足可以擒伷帝曰卿何以輕之濬曰伷是南陽舊姓徒能弄脣吻而實無辯論之才臣所以知之者伷昔嘗為州人設饌比至日中食不可得而十餘自起此亦侏儒觀一節之驗也帝大笑而納其言即遣濬將五千往果斬平之

晉唐彬魯國鄒人為郡門下掾轉主簿刺史王沉集諸參佐

論距艾之策以問九郡吏彬與譙郡主簿譙周偕侯陳吴育可兼之勢以舂其對又使彬難言吴未可伐者而辭理皆屈後爲文帝參軍蹈艾之誅也帝以艾久在隴右素得士心一旦夷滅恐邊情發動使彬密察之彬還白帝曰鄧艾忌克詭狹矜能負才順從者謂爲見事直言者謂之觸迕雖長史司馬參佐牙門荅對失指輒見駡辱慮身無禮大失人心又好施行事役數勞衆力隴右甚患苦之喜聞其禍不肯爲用今諸軍已至足以鎮壓外内願無以爲慮

荀勖爲文帝從事中郎領記室府官騎路遺求爲刺客入蜀勖言於帝曰明公以至公宰天下宜杖正義以伐違貳而名以刺客除賊非所謂刑于四海以德服遠也帝稱善時鍾會謀反審問未至而外人先告之帝待會甚厚未之信也勖曰會雖受恩然其性未可許以見得思義不可不速爲之備帝即出鎮長安

杜軫蜀郡成都人爲郡功曹吏時鄧艾至成都軫白太守曰今大軍來征必除舊布新明府宜避之此全福之道也太守乃出衆遣其參軍牽弘自之郡弘問軫前守所在軫正色對曰前守達去就之機輒自出官舍以俟君子弘器之命復爲功曹軫固辭

魏舒爲相國參軍府朝碎務未嘗見是非至於廢興大事衆人莫能斷者舒徐爲籌之多出衆議之表

潘京武陵漢壽人郡主簿後立太廟州郡皆遣使賀京白太守曰夫太廟立移神主應問訊不應賀遂遣京作文使詣京師以爲永式

陳頵字延思元帝還鎮東頵行參軍事典法兵二曹建興初以板補録事參軍參佐掾屬多詐疾故以處事任顯議諸從爲輕昔西臺養望餘弊小心恭肅更以爲俗偃蹇倨慢以爲優雅至今朝士縱誕臨事遊行漸弊不革以至傾國故百尋之屋突直而燎焚千里之隄蟻垤而穿敗古人防小以全大愼微以杜漸自今臨使稱疾須催乃行者皆免官初趙王倫纂位三王起義制己亥格其後論功雖小亦皆依用頵意謂不宜以爲常式啟之曰聖王懸三賞功制罰紀違斯道苟明人赴水火王名器之實不可妄假非才謂之致寇寵辱戒在斯亡昔孫秀[illegible]逆手弄天機惠皇失御九服無戴三王建義席卷四海合起義之衆結天下之心故設己亥義格以權濟難此自一切之法非常倫之格也其起義以來依格雜猥遭人爲侯或加兵伍或出皁僕金紫佩士卒之身符策委廝隸之門使天官降辱王爵黷賤非所以正皇綱重名器之謂也請自今以後宜停之

顧和爲王導楊州從事導遣八部從事之部和爲下傳還同時俱見諸從事各言二千石官長得失和獨無言導問和卿何所聞荅曰明公作輔寧使網漏吞舟何緣採聽風聞以察察爲政導咨嗟稱善

毛寶爲温嶠平南參軍蘇峻作逆嶠將赴難而征西將軍陶侃懷疑不從嶠屢說不能迴更遣使順侃意曰仁公且守僕宜先下還信已二日會寶別使還聞之說嶠曰凡舉大事當與天下共同衆克在和不聞有異假令可疑猶當外示不覺況自作疑邪便宜急追信改書說必應俱征若不及前信宜更遣使嶠意悟即遣追信改書侃果共征峻

羅含爲桓温征西參軍温嘗使含詣太守謝尚有所檢劾含至不問郡事與尚累日酣飲而還温問所劾事含曰公謂尚何如人温曰勝我含曰豈有勝公而行非邪故一無所問温奇其意而不責焉

殷仲堪爲謝玄冠軍長史致書於玄曰胡亡之後中原子女鬻於江東者不可勝數骨肉星離荼毒終年怨苦之氣感傷和理誠喪亂之常足以懲戒復非王澤廣潤愛育蒼生之意也當世大人旣慨然經略將以救其塗炭而使理至於此良可歎息愁節下引之以道德懷之以神明罷心以及黔首理以禁暴使足

殘害物者必無慘慼之心枯槁之類莫不同漸天潤仁義與干戈並運德心與功業俱鑒實所期於明德也頃聞抄掠所得多有被虜賤人壯者欲以致孚小者志在存親行者傾筐以顧念居者吁嗟以待延而一旦幽縶生離死絶求之於情可傷之甚昔孟孫獵而得麑使秦西以之歸其母隨而悲鳴不忍而放之孟孫赦其罪以傅其子禽獸猶不可離況於人乎夫飛鴞惡鳥也食桑葚猶懷好音雖曰戎狄其無情乎苟感之有物非難化也必使邊界無貪小利疆埸不得相陵德音一發必聲振沙漠二寇之黨將靡然向風何憂黃河之不開哉玄深然之

宋胡藩為高祖鎮軍參軍事從征鮮卑賊保廣固累月未拔之夜佐史並集忽有鳥大如鵝蒼黑色飛入高祖帳裏衆皆駭愕以為不祥藩起賀曰蒼黑者胡虜之色胡虜歸我大吉之祥也明旦攻城陷之

臧熹為東海太守參高祖車騎中軍軍事高祖將征廣固議者

多不同熹從容言曰公若凌威北境拯其塗炭寧一六合未為無期高祖曰卿言是也

謝景仁為高祖車騎司馬義熙中高祖以內難既寧思弘外略將伐鮮卑朝議皆謂不可劉毅時鎮姑孰固止高祖以為苻堅侵境謝太傅猶不自行宰相遠出傾動根本景仁獨白公建桓文之烈應天人之心興復皇祚芟夷姦逆雖業高振古而德刑未孚宜推亡固存廣樹威略鮮卑密邇疆甸屢犯邊垂伐罪弔民於是乎在平定之後養銳息徒然後觀兵洛汭修復園寢豈有坐長寇虜縱敵貽患者哉高祖納之

張劭為揚州王謐主簿時劉毅為亞相愛才好士當世莫不輻湊獨劭不往或問之劭曰主公命世人傑何煩多問劉穆之聞以白高祖高祖益親之轉太尉參軍署長流賊曹盧循寇逼京師使劭守南城時百姓臨水望賊帝怪而問劭劭曰若節鉞未反奔散之不暇亦何能觀之今當無復恐爾後遷世子中軍諮議參軍將高祖北伐劭與劉穆之掌留務青州刺史檀祗鎮廣陵時滁州結聚亡命祗率衆掩之劉穆之恐以為變將發軍劭曰檀韶據中流道濟為軍首若疑狀發露恐生大變宜且遣慰勞以觀其意既而祗果不動及穆之卒朝廷恐懼便欲發詔以司馬徐羨之代之劭對曰今誠急疾任終在徐且世子無專命宜須諮之信反方使世子出命曰朝廷及大府事悉諮徐司馬其餘啓還武帝重其臨事不撓有大臣體

王懿字仲德為高祖中兵參軍及盧循寇逼敗劉毅於桑落帝北伐始還士卒創痍堪戰者可數千人賊衆十萬舳艫百里奔敗而歸者咸稱其雄衆議並欲遷都仲德正色曰今天子當陽而治明公命世作輔新建大功威震六合妖賊豕突乘我遠征既聞凱入將自奔散今自投草間何以威物此謀若行請自此辭矣帝悅之後遷諮議參軍帝欲遷都洛陽衆議咸為宜仲德曰非常之事常人所駭今暴師日久士有歸心固當以建康為

王基俟文軌大同然後議之可也帝深納之使衞送姚泓先還彭城

由永為劉毅府諮議參軍高祖既誅毅領荊州問永曰今日何施而可永曰除其宿釁倍其惠澤貫敘門次顯擢才能如此而已

王華為文帝湘州司馬帝入奉大統以少帝見害疑不敢下華建議曰羨之等受寄崇重未容便敢背德廢主若存處其將來受禍致此就害蓋由每生情多也每貪字敬一朝頓懷逆志且三人勢均莫相推服不過欲握權自固以少主仰待爾今日就徵萬無所慮文帝從之

張永為江夏王義恭大司馬從事中郎領中兵時使百僚獻讜言永以為宜立諫官開不諱之路講師旅崇安不忘危

張暢為孝武安北長史沛郡太守元嘉二十七年魏太武南侵太尉江夏王義恭總諸軍出鎮彭城暢將太武親率大衆已至

蕭城去彭城十數里彭城衆寡多而軍食不足義恭欲棄彭城南歸計議彌日不定時魏城衆少食多安北中兵參軍沈曇慶之建議欲以車營爲函箱陳精兵爲外翼奉二王及妃媛直趣歷城分兵配護軍蕭思話留守太尉長史何勗不同欲席卷奔鬱洲自海道還京都義恭去意已判唯二議未決更集群僚謀之衆咸遑擾莫有異議暢曰若歷城鬱洲有可至之理下官敢不高讚今城内乏食百姓咸有走情但以關扃嚴固欲去莫從耳若一旦動脚則各自散走欲至所在何由可得今軍食雖寡朝夕猶未窘罄量其欲盡臨時更爲其宜豈有捨萬安之術而就危亡之道若此計必用下官請以頸血汙公馬蹄孝武既聞暢議謂義恭曰阿父既爲總統去留非所敢干道民忝爲城主而損威延寇其爲慚恧亦已深矣悉鎮棄逃實無顔復奉朝廷當與此城共其存没張長史言不可異也暢言既堅孝武又贊成其議義恭乃止及魏軍自瓜步北走經彭城下遣人語城内

食盡且去須麥熟更來義恭大懼閉門不敢追之尋期又至議欲芟麥翦苗移民堡聚論並不同復更會議鎮軍録事參軍王孝孫獨曰虜不能復來既自可保如其更至此議亦不可立百姓閉在内城飢饉日久方春之月野採自資一入堡聚餓死立至民知必死何可制邪虜若必來芟麥無晚四坐默然莫之敢對暢曰孝孫之議實有可尋鎮軍府典籤董元嗣侍帝側進曰王録事議不可奪實如來論暢斂板白帝曰下官欲命孝孫彈子夏（別駕王子夏也）帝曰王別駕有何事邪暢曰芟麥移民不可不謂大議一方安危事係於此子夏親爲州端曾無同異及聞元嗣之言則懼失酬答阿意左右何以事君子夏大慚元嗣亦有愧色義恭之議遂寢文帝聞暢屢有正議甚嘉之

沈懷文爲西陽王子尚揚州別駕從事史時熒惑守南斗孝武乃廢西州舊館使子尚移居東城以厭之懷文曰天道示變宜應之以德今雖空西州恐無益也帝不從而西州竟廢矣

南齊劉善明爲太祖驃騎諮議沈攸之反太祖深以爲憂善明曰攸之控引八州縱情蓄斂收衆聚騎營造舟仗包藏賊志於焉十年性既險躁才非持重而起逆累旬遲回不進豈有所待也一則暗於兵機二則人情離怨三則有掣肘之患四則天奪其魄本慮其剽勇長於一戰疑其輕速掩襲未備今六師齊奮諸侯同舉昔謝晦失理不鬬自潰盧龍乖道雖衆何施且袁粲劉秉賊之根本根本既滅枝葉豈久此是已籠之鳥爾及事平太祖謂善明曰卿策沈攸之雖復張良陳平適如此爾

梁江淹字文通宋末齊高祖輔政聞其才召爲尚書駕部郎驃騎參軍事俄而荊州刺史沈攸之作亂帝謂淹曰天下紛紛若是君謂何如淹對曰昔項彊而劉弱袁衆而曹寡羽號令諸侯卒受一劍之辱紹跨躡四州終爲奔北之虜此謂在德不在鼎公何疑哉帝曰聞此言者多矣試爲慮之淹曰公雄武有奇略一勝也寬容而仁恕二勝也賢能畢力三勝也民望所歸四勝

也奉天子而伐叛逆五勝也彼志鋭而器小一敗也有威而無恩二敗也士卒解體三敗也搢紳不懷四敗也懸兵數千里而無同惡相濟五敗也故雖豺狼十萬而終爲我獲焉帝笑曰君談過矣

柳忱仕齊爲西中郎主簿功曹史東昏遣巴西太守劉山陽由荊州襲高祖西中郎長史蕭穎胄計未有定召忱及其所親席闡文等夜入議之忱曰朝廷狂悖爲惡日滋頃聞京中長者莫不重足累息今幸在遠得假日自安雍州之事且藉以相斃爾獨不見蕭令君乎以精兵數千破崔氏十萬衆竟爲群邪所陷禍酷相尋前事不忘後事之師也若使彼凶心已逞豈知使君不係踵而及且雍州士鋭糧多蕭使君雄姿冠世必非山陽所能擬若破山陽荊州復受失律之責進退無可且深慮之闡文亦深勸同高祖穎胄乃誘斬山陽以忱爲寧朔將軍

席闡文仕齊爲雍州刺史蕭赤斧中兵參軍與其子穎胄善和

帝舉尊異時議貫幕分荆府驃騎開文以和帝幼弱中流任重
荆始興王憺留鎮雍部乃與西朝群臣迎王總州事故賴以寧
梁庾域為長沙宣武王梁州錄事參軍帶華陽太守時魏軍攻
圍南鄭州有空倉數十所域封題指示將士云此中粟皆滿足
支二年但努力堅守衆心以安虜退以功拜羽林監
陳毛喜初為宣帝府參軍時廢帝沖昧宣帝為尚書輔政僕射到
仲舉等知朝望有歸乃啓太后令遣宣帝還東府當時疑懼無
敢措言喜即馳入謂宣帝曰陳有天下日淺海内未夷兼國禍
併鍾萬邦危懼皇太后深惟社稷至計令王入省方當共康庶
績比德伊周今日之言必非太后之意宗社之重願加三思以
喜之愚須更聞奏無使姦賊得肆其謀竟如其策
後魏溫子昇為上黨王天穆行臺郎中時天穆討邢杲元顥入
洛天穆召子昇問曰即欲向京師為隨我北渡對曰主上以虎
牢失守致此狼狽元顥新入人情未安今往討之必有征無戰

王若克復京師奉迎大駕桓文之舉也捨此北渡竊為大王惜
之天穆善之而不能用遣子昇還洛顥以為中書舍人莊帝還
宮為顥任使者多被廢黜而子昇復為舍人天穆每謂子昇曰
恨不用卿前計
北齊封子繪為大行臺吏部郎中武定元年高仲密以武牢西
叛周文帝擁衆東侵高祖於邙山破之乘勝長驅遂至瀍闕或
謙不可窮兵極武者高祖總命群寮議其進止子繪言曰賊帥
才非人雄偷竊名號遂敢驅率亡叛送死伊瀍天道禍淫一朝
瓦解雖僅以身免而魂膽俱喪混一車書正在今日天與不取
反得其咎時難遇而易失昔魏祖之平漢中不乘勝而取巴蜀
失在遲疑悔無及已伏願大王不以為疑高祖深然之但以時
既盛暑方為後圖遂命班師
後周陸通為太祖夏州帳内督頃之賀拔岳為侯莫陳悅所害
時有傳軍府已亡散者太祖憂之通以為不然數日間至果如

所策
蘇綽為太祖大將軍行臺郎中在官歲餘太祖未深知之然諸
曹疑事皆詢於綽而後定所行公文綽又為之條式臺中咸稱
其能後太祖與僕射周惠達論事惠達不能對請出外議之乃
召綽告以其事綽即為量定惠達入呈太祖稱善謂惠達曰誰
與卿為此議者惠達以綽對因稱有王佐之才太祖曰吾亦聞
之久矣尋除著作佐郎
宇文深為太祖丞相府直閤齊神武率大衆度河涉路至於沙
苑諸將皆有懼色唯深獨賀太祖詰之曰賊來於斥何賀之有
對曰高歡之撫河北甚得衆心雖乏智謀人皆用命以此自守
未易可圖今懸師渡河非衆所欲唯歡耻失竇氏愎諫而來
驕（竇氏即齊將竇泰爲太祖所擒）所謂忿兵一戰可以擒也此事昭然可見
不賓何為請假深一節發王羆之兵邀其走路使無遺類矣太
祖然之尋而太破齊神武軍如深所策

隋薛道衡開皇八年伐陳授淮南道行臺尚書吏部郎兼掌文
翰王師臨江高熲夜坐幕下謂之曰今日之舉克定江東以不
君試言之道衡荅曰凡論大事成敗先須以至理斷之禹貢所
載九州本是王者封域後漢之季群雄競起孫權兄弟遂有吳
楚之地晉武受命尋文吞併永嘉南遷重此分割自爾已來戰
爭不息否終斯泰天道之常郭璞有云江東偏王三百年還與
中國合今數將滿矣以運數而言其必克一也有德者昌無德
者亡自古興滅皆由此道主上躬履恭儉憂勞庶政叔寶峻宇
雕墻酣酒荒色上下離心人神同憤其必克二也為國之體在
於任寄彼之公卿備員而已拔小人施文慶委以政事尚書令
江總唯事詩酒本非經略之才蕭摩訶任蠻奴是其大將一夫
之用耳其必克三也我有道而大彼無德而小量其甲士不過
十萬西自巫峽東至滄海分之則勢懸而力弱聚之則守此而
失彼其必克四也席卷之勢其在不疑熲忻然曰君言成敗事

運分判晉令䌓繇矣本以才學相期不意籌咨乃弼亶尋天寶十一爲楊國忠所署鑄錢内作使判官國忠恃寵又歛名錢多徵諸州縣農人鑄錢農夫既非本色工匠被所由抑令就役多遭箠罰人不聊生倫曰國忠鑄錢須得本色人如令百姓農人爲之費力無功人且興謗請厚懸估價募工能者爲之由是役使减少而益鑄錢之數

班宏爲劍南西川節度高適判官時青城山有妖賊張居安以左道惑衆事覺多誣引大將與幾日月軍吏皆恐懼宏驗理而速殺之人心乃安

杜黄裳爲郭子儀朔方從事子儀入朝令主留務於朔方邠將李懷光與監軍設謀將代子儀乃爲僞詔書欲誅大將温儒雅等黄裳立辨其僞以示懷光懷光流汗伏罪諸將有難制者黄裳矯子儀命盡出之數月而難不作

盧坦爲義成軍節度使李復判官復疾篤監軍使薛盈珍慮變

遽封府庫入其麾下五百人於使衙軍士恟恟坦密言於盈珍促収之及復卒坦護復喪歸東都

劉昌裔爲陳許節度曲環判官環卒詔上官涚知節度留後時淮西吴少誠攻許州涚新領事欲弃城走昌裔止之曰留後既受詔宜以死守况城中士馬足以破賊但堅壁不戰不過五六日賊勢必衰我以全制之可也涚然之

張弘靖爲東都留守杜亞從事留守將令狐運逐獸出郊其日有劫轉運絹於道者亞以運豪家子意其爲之乃令判官穆員及弘靖同鞫其事員與弘靖皆以運職在衙門必不爲盜堅請不按亞不聽遂以獄聞仍斥員及弘靖出幕府有詔令三司使雜治之役果於河南界得賊

裴均建中初爲同州刺史李紓從事朱泚反李懷光又叛河中使其將趙貴先築壘于同州紓來奔奉天向領州務貴先因勸縣尉林寶役徒板築不及期將斬之吏人百姓奔竄向郭詣貴先軍壘以逆順之理責之貴先感悟遂來降故同州不陷向懿是知名

後唐任圜爲潞州觀察判官常山之役李嗣昭爲帥卒於軍圜代總其事號令如一敵人不知莊宗聞之倍加獎賞

周邊蔚爲邠州李德珫從事晉高祖建義入洛德珫不即獻誠蔚力勸曰清泰運去新主勃興兩都衣冠歸之大器在于矣公宜表率西諸侯入覲何持疑若此稍稍達於外則後悔無及矣德珫然之乃馳使入貢朝廷知蔚有其力尋徵拜虞部員外郎

段希堯初爲晉高祖從事清泰中晉祖總戎於代北一日軍亂呼萬歲晉祖惑之希堯曰夫兵猶火也弗戢將自焚遽請戮其亂首乃止

冊府元龜卷第七百十六

冊府元龜卷第七百十八

幕府部三

才學

兩漢而下公府將幕咸得以辟署賓佐咨其策畫焉故士之懷才者莫不頫伸於知己而效其所長者矣乃有藻翰英發文術淵奧洽聞強識稽古博達擅箋牘之敏馳文雅之譽辭令尚平騁馳書檄暢於事情銘紀極於温潤賦詠臻於典麗用能飛騰光價抑揚名實鏘和門之風采爲士林之矜式固可以隆賓私之異數爲道義之益友又豈特曳長裾託後乘而已哉

後漢傅毅章帝時爲郎中以文雅顯於朝廷車騎將軍馬防外戚尊重請毅爲軍司馬及馬氏敗免官歸永元元年車騎將軍竇憲復請毅爲記室崔駰爲主簿及憲遷大將軍復以毅爲司馬班固爲中護軍憲府文章之盛冠於當世

班固永元初爲大將軍竇憲中護軍與參議從憲平匈奴固與傅毅之徒皆置幕府以典文章憲登燕然山去塞三千餘里刻石勒功紀漢威德令固作銘

魏陳琳廣陵人漢末爲大將軍何進主簿其後避難冀州袁紹使典文章袁氏敗琳歸太祖太祖謂曰卿昔爲本初移書但可罪狀孤而已惡惡止其身何乃上及父祖邪琳謝罪太祖愛其才而不咎以爲司空軍謀祭酒管記室琳作諸書及檄草成呈太祖太祖先苦頭風是日疾發臥讀琳所作翕然而起曰此愈我病數加厚賜

阮瑀陳留人漢末都護曹洪欲使掌書記瑀終不爲屈太祖以瑀及陳琳爲司空軍謀祭酒管記室軍國書檄多琳瑀所作也太祖嘗使瑀作書與韓遂時太祖適近出瑀隨從因於馬上具草書成呈之太祖攬筆欲有所定而竟不能增損

繁欽爲太祖丞相主簿欽既長於書記又善爲詩賦其所與太子書記發喉轉意率皆巧麗

徐幹爲太祖司空軍謀祭酒掾屬幹聰識洽聞操翰成章太祖特加旌命後爲五官將文學

董昭爲袁紹參軍事既歸太祖爲太祖作書與長安諸將李傕郭汜等各隨輕重致殷勤

傅嘏字蘭石司空陳羣辟爲掾時散騎常侍劉劭作考課法事下三府嘏著論難劭正始初除尚書郎

蜀李朝爲先主益州牧別駕從事羣下上先主爲漢中王其文朝所造也

劉巴字子初爲先主左將軍西曹掾先主稱尊號昭告于皇天上帝后土神祇凡諸文誥策命皆巴所作

吳滕胄善屬文大帝爲吳侯待以賓禮軍國書疏常令損益潤色之

胡綜字偉則大帝爲討虜將軍時以綜爲金曹從事東遷書部領右部督自帝統事諸文誥策命鄰國書符略皆綜之所造也

晉荀勗初爲文帝從事中郎記室會平蜀遂洛與裴秀羊祜共管機密時將發使聘吳並遣當時文士作書與孫晧帝用勗所作晧既報命和親帝謂勗曰君前作書使吳思順勝十萬之衆也

劉輿爲東海王越左長史越既總錄以輿爲上佐賓客滿筵文案盈机遠近書記日有數千終日不倦或以夜繼之皆人人歡暢莫不悅附命議如流酬對款備時人服其能比之陳遵時稱越府有三才潘滔大才劉輿長才裴邈清才

孫惠爲東海王越記室專掌文疏越遷太傅以惠爲軍諮祭酒數諮訪得失每造書檄越或驛馬催之應命立成皆有文采

諸葛恢爲元帝鎮東參軍與卞壼並以時譽遷從事中郎兼統記室時四方多務牋疏殷積恢斟酌酬答咸稱折中于時王氏爲將軍而恢兄弟及顧和並居顯要劉超以忠謹掌書令時人以帝善任一國之才

孔衍避地江東元帝引爲安東參軍專掌記室書令殷積而衍

每以稱職見知

袁宏爲大司馬桓溫府記室溫重其文筆專掇書記後爲東征賦賦末列稱過江諸名德而獨不載桓彝時伏滔先在溫府又與宏善苦諫之宏笑而不答溫知之甚忿而憚宏一時文宗不欲令人顯問後游青山飲歸命宏同載衆爲之懼行數里問宏云聞君作東征賦多稱先賢何故不及家君宏答曰尊公稱爲非下官敢專既未遑啓不敢顯之耳溫疑不實乃曰君欲何爲辭宏即答云風鑒散朗或搜或引身雖可亡道不可隕宣城之節信義爲允溫泫然而止後從溫北征作北征賦皆其文之高者

伏滔爲桓溫參軍從溫伐袁眞至壽陽以淮南屢叛著論二篇名曰正淮

羅含爲征西將軍桓溫參軍溫嘗與寮屬讌會含後至溫問衆坐曰此何如人或曰可謂荆楚之材溫曰此自江左之秀豈惟荆楚而已徵爲尚書郎溫雅重其才又表轉征西戶曹參軍

習鑿齒爲桓溫別駕善尺牘論議溫甚器遇之時與清談文章之士韓伯伏滔等並相友善

宋劉穆之爲高祖車騎府記室穆之與參軍朱齡石並便尺牘嘗於高祖坐與齡石答書自旦至日中穆之得百函齡石得八十函而穆之應對無廢也

傅亮博涉經史尤善文辭爲高祖太尉從事中郎掌記室自登庸之始文筆皆是參軍滕演北征廣固悉委長史王誕及宋國建以至受命表策文誥皆亮辭也

謝晦爲高祖太尉主簿涉獵文義朗贍多通高祖深加愛賞群寮莫及

沈懷文文帝時爲揚州治中從事史時議者省錄尚書懷文以爲非宜上議曰昔天官正紀六典序職載師掌鈞七府成務所以翼平原衡經贊邦極故總屬之原著夫官典和統之要所于固言夏國屢稽有深冢司之訓周承殷法倣擬掌邦之儀用乃謂佐王均禮亮帝者命式憲之軌引正漢庭述章之範崇明魏室雖條錄之名立稱甚亡代綜釐之實不騫於自古比代相沿歷朝罔貳及乎爵以事變級以時政於興替之道允昏國章八統元任靡或省革寀台輔之職三曰禮典以和邦国以統百官四曰政典以平邦国以正百官鄭康成云冢宰之於庶寮無所不總也考于茲義備於典文詳右准令不宜虛廢帝從之

南齊孔稚珪仕宋爲尚書殿中郎太祖爲驃騎以稚珪有文翰取爲記室參軍與江淹對掌辭筆

劉繪爲豫章王嶷驃騎主簿繪聰警有文義善隸書數被賞召進對華敏僚吏之中見遇莫及琅邪王詡爲功曹以吏能自進嶷謂僚佐曰吾雖不能得應嗣陳蕃然閤下自有二驥也

謝朓爲隋王子隆鎮西功曹轉文學子隆在荆州好辭賦數集僚友朓以才文尤被賞愛流連晤語不捨日夕長史王秀之以朓年少密啓武帝還新安王車中記室朓牋辭子隆曰朓聞潢

汙之水思朝宗而每竭驥蹇之乘希沃若而中疲何則皐壤搖落對之惆悵岐路西東或以嗚唈而乃服義徒擁歸志莫從邈若墜雨飄似秋蔕朓實庸流行能無筭屬天地休明山川受納褒採一介搜揚小善拾未場圃奉筆菟園東泛三江西浮七澤契闊戎旃從容讌語長裾日曳後乘載脂榮立府庭恩加顏色沐髮晞陽未測涯涘撫臆論報早誓肌骨不悟滄溟未運波臣自蕩渤澥方春旅翮先謝淸切藩房寂寞舊蓽輕舟反泝弔影獨留白雲在天龍門不見去德滋永思德滋深唯待清江可望候歸艎於春渚朱邸方開效蓬心於秋實如其簪履或存衽席無改雖復身填溝壑猶望妻子知歸攬涕告辭悲來橫集及爲尚書殿中郎明帝輔政以朓爲驃騎諮議領記室掌霸府文筆

王秀之爲豫章王驃騎長史王於荆州立學以秀之領儒林祭酒

梁王僧孺仕齊爲太學博士尚書僕射王晏深相賞好晏爲丹陽尹召補郡功曹使僧孺撰東宮新記

范雲爲齊竟陵王子良會稽主簿子良嘗曰登秦望山及命雲雲以山上有秦始皇刻石此文三句一韻人多作兩句讀之並不得韻又皆大篆人多不識乃夜取史記讀之令上口明日登山子良令賓僚讀之皆茫然不識末問雲雲曰下官嘗讀史記見此刻石文乃進讀之如流子良大悅因以爲上賓自是寵冠府朝

江淹字文通齊高帝輔政聞其才召爲驃騎參軍及荆州刺史沈攸之作亂是時軍書表記皆使淹具草相國建補記室參軍事

任昉齊永明初衞將軍王儉領丹陽尹引爲主簿儉每見其文必三復殷勤以爲當時無輩曰自傅季友已來始復見於任子若孔門是用入其室升其堂於是令昉作一文及見曰正得吾腹中之欲乃出自作文令昉點正昉因定數字儉拊几歎曰後世誰知子定吾文其見知如此後爲司徒竟陵王記室參軍時

琅邪王融有才儁自謂無對當時見昉之文怳然自失

裴邃河東聞喜人齊建武初刺史蕭遥昌引爲府主簿壽陽有八公廟遥昌爲立碑使邃爲文甚見稱賞

丘遲字希範齊末爲殿中郎高祖平建業引爲驃騎主簿甚被禮遇時勸進梁王及殊禮皆遲文也天監四年中軍將軍臨川王宏北伐遲爲諮議參軍領記室時陳伯之在北與魏軍來拒遲以書喻之伯之遂降

鍾嶸字仲偉天監中衡陽王元簡出守會稽引爲寧朔記室專掌文翰時居士何胤築室若邪山山發洪水漂拔樹石而胤室獨存元簡命嶸作瑞室頌以旌表之辭甚典麗

顔協爲元帝湘東王荆州記室時吳郡顧協亦在藩邸與協同名才學相亞府中稱爲二協

劉緩字含度少知名歷安西湘東王記室時西府盛集文學緩居其首

周弘直幼而聰敏爲元帝外兵記室參軍與東海鮑泉南陽宗懍平原劉緩沛郡劉瑴同掌書記

劉瑴爲元帝中記室大清中侯景亂帝承制上流書檄多委瑴焉

蕭子範爲大司馬南平王户曹屬從事中郎王愛文學士子範偏被恩遇常曰此宗室奇才也使製千字文其辭甚美王命記室蔡遠注釋之自是府中文筆皆使其草

後梁蔡大寶初爲岳陽王詧諮議參軍元帝與河東王譽結隙詧令大寶使江陵以觀之元帝素知大寶見之甚悅乃示所製玄覽賦令注解焉三日而畢元帝大嗟賞之贈遺甚厚

陳王勱仕梁爲南徐州別駕從事史大同末武帝謁園陵道出朱方勱隨例迎侯勅勱今從輦側所經山川莫不顧問勱隨事應對咸有故實又從登北顧樓賦詩辭義清典帝甚嘉之

孔奐梁時爲揚州刺史王僧辯治中從事史時侯景新平每事草創憲章故事無復存者奐博物強識甄明故實問無不識儀注體式牋表書翰皆出於奐

趙知礼字齊旦天水人高祖之討元景仲或薦之引爲記室知礼爲文贍速每占授軍書下筆便就率皆稱旨及征侯景軍至白茅灣上表於梁元帝及與王僧辯論軍事其文並知礼所製

蔡景歷爲高祖記室高祖將討王僧辯獨與侯安都等數人謀之景歷弗之知也部分既畢召令草檄景歷援筆立成辭義感激事皆稱旨僧辯誅高祖輔政除從事中郎掌記室如故

徐伯陽初爲司空侯安都府記室參軍事安都素聞其名見之降席爲礼時甘露降樂遊苑詔賜安都令伯陽爲謝表文帝覽而奇之

毛喜天嘉中爲宣帝驃騎將軍府諮議參軍領中記室府朝文翰皆喜詞也文帝謂宣帝曰我諸子皆以伯爲名汝諸兒宜用叔爲稱宣帝以訪于喜喜即條牒自古名賢杜叔英等二十餘人以啓帝帝稱善

後魏胡方回初爲赫連屈丐中書侍郎太武破赫連昌方回入國雖雅有才尚未爲時所知也後爲北鎮司馬爲鎮修表有所稱慶太武覽而嗟美問誰所作既知方回召爲中書博士賜爵臨涇子

張普惠爲任城王澄司空倉曹參軍澄之表議書記多出普惠

溫子昇字鵬舉爲廣陽王深東北道行臺郎中時黃門郎徐紇受四方表啓答之敏速於深獨沉思曰彼有溫郎中才藻可畏

袁躍爲太傅清河王懌文學雅爲懌所愛賞懌之文表多出於躍

王偉爲侯景行臺郎中武定中景據河南齊文襄令韓軌討之不克議者咸云侯景猶有北望之心乃遺景書景復答文襄覽之問誰爲作或曰其行臺郎王偉王曰偉才如此何因不使我知

北齊楊愔爲神武行臺郎時神武攻鄴未下命愔作祭文燎畢而城陷由是轉大行臺右丞于時霸圖草創軍國務廣文檄教令皆自愔出

後周盧柔爲太祖行臺郎中除從事中郎時沙苑之役大軍屢捷汝潁之間多舉兵來附書翰往反日百餘牒柔隨機報答皆合事宜

田徽爲太祖夏州記室參軍時軍國草創幕府務殷四方書檄皆徽之辭也

裴俠字嵩和河東解人時王思政鎮玉壁歸於太祖乃以俠爲長史齊神武以書招思政思政令俠草報書甚壯烈太祖善之曰雖魯仲連無以加也

元偉字猷道少好學有文性尉遲迥伐蜀以偉爲司錄書檄文記皆偉之所爲

裴漢初仕魏爲大丞相府默曹參軍漢善尺牘尤便簿領理識明贍決斷如流相府爲之語曰日下爛爛有裴漢

劉璠初爲梁雍州刺史蕭循司馬循在漢中與蕭紀殷交各固家書移襄陽文皆璠之辭也

隋劉臻字宣摯周末爲冢宰宇文護中外府記室軍書羽檄多成其手

李德林爲高祖大丞相府屬未幾而三方亂軍書羽檄朝夕塡委一日之中動逾百數或機速競發口授數人文意百端不加治點進授丞相府從事內中郎禪代之際其相國總百揆九錫殊禮詔策牋表璽書皆德林之詞也

祖君彥大業中位至東平郡書佐郡陷翟讓因爲李密所得密甚禮之署爲記室軍書羽檄皆成其手

唐魏徵字玄成隋末武陽郡丞元寶藏舉兵以應李密召徵使典書記密每見寶藏文疏未嘗不稱善既聞徵所爲遽使召之徵進十策以干密密雖奇之而不能用

陳叔達高祖建義爲丞相主簿禪代文誥多叔達所爲尋拜黃門侍郎

房玄齡爲秦府記室參軍時戎軒歲警羽檄交馳出入十年嘗典管記每軍書表奏駐馬立成文約理贍初無稾草

薛收爲天策府記室參軍太宗初授天策上將尚書令命收爲虞世南並作第一讓表竟用收者太宗曾侍高祖遊後園池中獲一白魚命收爲獻表收援筆立就不復停思時人推其二表贍而速

薛元敬有文學爲從父收之亞武德初爲天冊府參軍事署學士與許敬宗俱以本官直記室

張昌齡爲崑山道行軍記室破盧明月平龜茲軍書露布皆昌齡之文也

韋承慶爲雍王府參軍府中文翰皆出於承慶詞藻之美擅於一時又嘗扈從九成宮爲山詩十首文理清暢屬和者數百

令狐楚爲太原掌書記時節度使鄭儋在鎮暴卒不及指撝後事軍中讙譁將欲有變中夜忽數十騎持刃迫楚至軍門諸將

過之今草遺表楚在白刃之中神管立成讀示三軍無不感泣由是名聲益重

李商隱爲令狐楚天平宣武巡官商隱能爲古文不喜偶對楚能章奏遂以其道授商隱自是始爲今體章奏博學強記下筆不能自休善爲誄奠之詞與太原溫庭筠南郡段成式齊名時號三十六商隱後爲河陽王茂元掌書記桂州鄭亞東蜀柳仲郢判官有表狀集四十卷

劉三復長於章奏李德裕始鎮浙西迄於淮甸皆參佐賓筵軍政之餘與之吟詠終日

李巨川爲王重榮河中掌書記時僖宗在蜀賊據京師重榮糾合諸藩叶力殄寇軍書奏請堆案盈几巨川文思敏速翰動如飛傳之藩鄰無不聳動後爲韓建華州掌書記時昭宗駐蹕于華建以一州之力供億萬乘慮其不濟遣巨川傳檄天下請助轉餉同輔王室四方書檄酬報輻湊巨川灑翰陳叙文理俱愜昭宗深重之

梁李珽爲太祖掌書記滄州節度使劉守文拒命太祖引兵十餘萬圍之久而未下乃召珽草檄班師即就外次筆不停綴登時而成大爲太祖嗟賞

後唐李襲吉爲武皇河東節度副使好學有筆述雖軍前馬上手不釋卷凡太原自中和末所發箋奏軍書皆襲吉所爲也昭宗重其文章因入奏授諫議大夫使上事於省以榮之上事竟還歸太原復其舊職

馬郁幽州人少警悟有俊才多智數言辯縱橫下筆成文乾寧末爲幽府刀筆小吏時節帥李威爲王鎔所殺鎔書報其弟傳云威遊危亟府吏甲竊發與三軍接戰而殁傳遣使於鎔問謀亂本末幕客爲書多不如旨郁時直記室即起草爲之條列事狀云可疑者十詞理俊贍以此知名因得署幕職後在莊宗幕府自李襲吉卒後每有四方會盟書檄多命郁爲之答吴蜀書與王檀檄皆郁文也

盧汝弼初仕唐爲祠部郎中知制誥天祐三年歸於武皇代李襲吉爲副使軍國政務委其參决汝弼美書翰文彩綺麗人士稱之

司空頲初爲羅紹威魏州掌書記後爲楊師厚招討判官師厚卒賀德倫初至三軍亂張彥召德倫判官王正言令草奏正言本非文士又爲亂兵所迫汗流浹背秉筆不能措一詞張彥怒排之塌下曰鈍漢笑我叱書吏曰誰能爲我草奏者吏曰司空郎中羅令公幕客有俊才即馳騎召之頲已被剽奪襲衣而至長揖彥即操筆於白刃間神氣自若筆不停綴連草數奏張彥讀至軍府死非甚切朝廷却以爲閑必若四向取謀但恐六州俱失彥甚怪其意即日與之俳馬乃令德倫請爲判官

李愚同光末自翰林學士爲魏王繼岌伐蜀都統判官是時軍府軍書羽檄皆出其手蜀平就拜中書舍人

周張沆後唐明宗朝擢進士第泰王從榮爲河南尹奏沆爲巡官王童年躁率動不由禮每賓寮大集手自出題令面試詩小不如意則壞裂抵弃沆初逼試屬合座客各爲南湖曉記沆曰闇生名請爲此文沆不獲已措翰及群士記成獨取沆所為勒之於石錄是署職

王仁裕初仕後唐爲王思同西京留守判官及思同敗清泰帝素聞其名召令隨駕入洛泌路書詔皆出仁裕之手

冊府元龜卷第七百一十八

冊府元龜卷第七百一十九

幕府部四

公正　清廉

公正

夫率性蹈道，中立不倚，毅然其色，確乎其志，其行已也彊禦不足撓，其事上也詭隨靡從，斯烈士之所守也。漢氏之後，選辟尤盛，故戎府之肩佐、州郡之從事，濟濟乎其多賢才焉。乃有涖職剛果，遇事忼慨，臨難不苟，當官而行，靡念媮合，未嘗曲意，杜塞請託之徑，勸激忠義之節，持論守正，造次由禮，秉節而無撓，危險而靡憚，乃至言之不用，志之不伸，投傳而去，褰裳而逝者，蓋有之矣。斯皆含忠履潔，立誠秉操，守死而不貳者也，顧豈肯枉道而事人，希世而取容者哉！詩曰：靖恭爾位，好是正直。傳曰：不為利回，不為義疚。蓋古之益友者歟！

漢尹翁歸為河東督郵。河東二十八縣，分為兩部，閎孺部汾北，翁歸部汾南。所舉應法，得其罪辜，屬長吏雖中傷，莫有怨者。

後漢樊準字幼陵，南陽人，為州從事（一云為郡功曹），臨職介正，不發私書。

衛羽為兗州從事。時中常侍單超兄子匡為濟陰太守，負其勢，大為貪放。刺史第五種欲劾之，聞羽素抗厲，乃召羽，謂曰：聞公不畏強禦，今欲相委以重事，若何？對曰：願庶幾於一割。羽出，遂馳至定陶，閉城門，收匡賓客親吏四十餘人，七日中糺發其臧五六千萬。種即舉奏，一州震慄。

楊倫為大將軍梁商長史，諫諍不合，出補常山王傅。

吳祐為大將軍梁冀長史。及冀誣奏太尉李固，祐聞而請見，與冀爭之，不聽。時扶風馬融在坐，為冀章草，祐因謂融曰：李公之罪成於卿手，李公即誅，卿何面目見天下之人乎！冀怒而起入室，祐亦徑去。冀遂出祐為河間相。

楊仁辟司徒桓虞府掾。有宋章者，貪饕不法，仁終不與交言同席，時人畏其節。

陳蕃字仲舉，汝南平輿人也。初仕郡，舉孝廉，刺史周景辟別駕從事，以諫爭不合，投傳而去。

何敞辟太尉宋由府。時齊殤王子都鄉侯暢奔弔國憂，上書未報，侍中竇憲遂令人刺殺暢於城門屯衛之中，而主名不立。敞又說由曰：劉暢宗室肺府，茅土藩臣，來弔大憂，上書須報，親在武衛，致此殘酷。奉憲之吏莫適討捕，蹤迹不顯，主名不立。敞備數股肱，職典賊曹，故欲親至發所，以糾其變。而二府以為故事三公不與賊盜。昔陳平生於征戰之世，猶知宰相之分，云外鎮四夷，內撫諸侯，使卿大夫各得其宜。今二府執事不深惟大義，惑於所聞，公縱姦慝，莫以為咎。惟明公運獨見之明，昭然勿疑。敞不勝所見，請獨奏案。由乃許焉。二府聞敞行，皆遣主者隨之。於是推舉，具得事實，京師稱其正。

朱震字伯厚，初為州從事，奏濟陰太守單匡臧罪，并連匡兄中常侍車騎將軍超。桓帝收匡下廷尉，以譴超，超詣獄謝。三府諺曰：車如雞栖馬如狗，疾惡如風朱伯厚。

胡騰字子升，桂陽人。桓帝巡狩南陽，以騰為護駕從事。公卿貴戚車騎萬計，徵求費役不可勝極。騰上言：天子無外，乘輿所幸，即為京師。臣請以荊州刺史比司隸校尉（南陽屬荊州，帝故請以刺史比司隸），臣自同都官從事。帝從之（都官從事主洛陽百官朝會，與三府掾同也）。自是肅然，莫敢妄有所干。騰以此顯名。

蓋勳為漢陽長史。時武威太守倚恃權埶，恣行貪橫，從事武都蘇正和案致其罪。涼州刺史梁鵠畏懼貴戚，欲殺正和以免其負，乃訪之於勳。勳素與正和有仇，或勸勳可因此報隙。勳曰：不可。謀事殺良，非忠也；乘人之危，非仁也。乃諫鵠曰：夫紲食鷹鳶，欲其鷙，鷙而亨之，將何用哉？鵠從其言。正和喜於得免，而詣勳求謝，勳不見，曰：吾為梁使君謀，不為蘇正和也。怨之如初。

王允，太原人，為郡吏。郡人有路佛者，少無名行，而太守王球召以補吏。允犯顏固爭，球怒，收允欲殺之。刺史鄧盛聞而馳傳辟

爲別駕從事

劉惠爲冀州治中董卓廢少帝袁紹奔冀州紹舉兵刺史韓馥乃謀於衆曰助袁氏乎助董氏乎惠勃然曰興兵爲國安問袁董

孔融辟司徒楊賜府時隱覈官僚之貪濁者將加貶黜融多舉中官親族尚書畏迫內寵召掾屬詰責之融陳對罪惡言無阿撓

韓嵩北海人避難南方劉表逼以爲別駕轉從事中郎表郊祀天地嵩正諫不從漸見違忤

魏牽招字子經冀州牧袁紹辟爲督軍從事兼領烏丸突騎紹舍人犯令招先斬乃白紹紹奇其意而不見罪也

徐弈爲太祖東曹屬丁儀等見寵於時並害之而弈終不爲動或謂弈曰夫以史魚之直孰與蘧伯玉之智丁儀方貴重宜思所以下之弈曰以公明聖儀豈得久行其僞乎且姦以事君者吾所能禁也子寧以他規我

國淵辟太祖司空掾屬每於公朝論議常直言正色退無私焉

袁渙避地江淮間爲袁術所命術每有所咨訪渙常正議術不能抗然敬之不敢不禮也

崔琰初爲袁紹所辟後太祖領冀州牧又辟琰爲別駕從事太祖謂琰曰昨案戶籍可得三十萬衆故爲大州也琰對曰今天下分崩九州幅裂二袁兄弟親尋干戈冀方蒸庶暴骨原野未聞王師仁聲先路存問風俗救其塗炭而校計甲兵唯此爲先斯豈鄙州士女所望於明公哉太祖改容謝之于時賓客皆伏失色

邢原爲五官將長史閉門自守非公事不出

賈逵爲文帝丞相主簿從至黎陽津渡者亂行逵斬之乃整

高堂隆泰山人太守薛悌命爲督郵郡督軍與悌爭論名悌而呵之隆按劍叱督軍曰昔魯定見侮仲尼歷階趙彈秦箏相如進缶臨臣名君義之所討也督軍失色悌驚起止之

蜀費詩爲部永昌從事初漢陽縣降人李鴻來詣諸葛亮蔣琬與詩在坐鴻謂亮曰孟達委仰明公無復已已亮謂琬詩曰還都當有書與子度相聞詩進曰孟達小子昔事振威不忠後又背叛先主反覆之人何足與書耶亮默然不答

吳劉繇東萊牟平人漢末州辟部濟南濟南相中常侍子貪穢不循繇奏免之

潘濬字承明武陵漢壽人漢末荊州牧劉表辟爲部江夏從事時沙羨長贓穢不修濬按殺之一郡震竦

晉劉毅字仲雄魏平陽太守杜恕請爲功曹沙汰郡吏百餘人三魏稱焉爲之語曰但聞劉功曹不聞杜府君魏末辟司隸都官從事京邑肅然彈河南尹司隸不許曰攫虎之犬鼷鼠蹈其背毅曰既能攫虎又能殺鼠何損於犬投傳而去

盧欽字子若初仕魏大將軍曹爽辟爲掾爽弟嘗有所屬請欽白爽子弟不宜干亂法度爽深納之而罰其弟

程衛爲劉毅都官從事毅奏中護軍羊琇犯憲應死武帝與琇有舊乃遣齊王攸喻毅許之衛正色以爲不可徑自馳車入護

軍營收琇屬吏考問陰私先奏琇所犯狼籍然後言於毅由是名振遐邇百官厲行

傅咸爲司徒左長史在位多所執正豫州大中正夏侯駿上言魯國小中正司空司馬孔毓四移病所不能接賓求以尚書郎曹馥代毓旬日復上毓爲中正司徒三卻駿故據正咸以駿與奪惟意乃奏免駿大中正司徒魏舒駿之姻屬屢卻不署咸據正甚苦舒終不從咸遂獨上舒奏咸激訕不直詔轉咸爲車騎司馬

王濬弘農人州辟河東從事守令有不廉潔者皆望風自引而去

王銓爲梁王彤大將軍參軍彤嘗大會謂銓曰我從兄爲尚書令不能啖大臠大臠故難銓曰公在此獨嚼尚難矣彤曰長史大臠爲誰曰盧播是也彤曰是家吏隱之耳銓曰天下咸是家吏便恐王法不可復行彤又曰我在長安作何等不善因指單衣襟處以爲清銓答曰朝野望公舉薦賢才使不仁者遠而位

居公輔以衣補幔以此為清無足稱也彤有慚色

羊亮為大傅楊駿參軍時京兆多盜竊駿欲更重其法盜百錢加大辟請官屬會議亮曰昔楚江乙母失布以為盜由令尹公若無欲盜宜自止何重法為駿慚而止

卞敦字仲仁為東海王越主簿王彌逼洛敦及胡毋輔之勸越擊王彌而王衍潘滔共執不聽敦庭爭苦至衆咸壯之

陳頵字延思陳國苦人州辟部從事刻按沛王韜獄未竟會赦結代楊準為刺史韜因河間王顒屬結結至大會問主簿史鳳曰沛王貴藩州將何法而擅拘邪時頵在坐對曰甲午詔書刺史銜命國之外臺其非所部而在境者刺史并糾事徵文墨前後列上七被詔書如州所刻無有違謬結曰衆人之言不可妄聽宜依法窮竟

陶侃為廬江郡主簿會州部從事之郡欲有所按侃閉門部勒諸吏謂從事曰若鄙郡有違自當明憲直繩不宜相逼若不以禮吾能禦之從事即退

何充為大將軍王敦主簿敦兄含時為廬江郡貪汙狼藉敦嘗於座中稱曰家兄在郡定佳廬江人士咸稱之充正色曰充即廬江人所聞異於此敦默然傍人皆為之不安充晏然自若由是忤敦左遷東海王文學

宋劉敬宣晉末為會稽王元顯驃騎從事中郎元顯驕淫縱肆群下化之敬宣每預燕會未嘗飲酒調戲之來無所酬荅元顯甚不悅

吉翰字休文為長沙王道憐驃騎中兵參軍從事中郎為將佐十餘年清謹剛正甚為高祖所知賞

劉湛為廬陵王義真車騎長史義真居高祖憂使帳下備饌湛禁之義真乃使左右人索魚肉珍羞於齋內別立廚帳會湛入因命臑酒炙車螯湛正色曰公當今不宜此設義真曰旦甚寒一盌酒亦何傷長史事同一家望不為異酒既至湛因起去曰既不能以禮自處又不能以禮處人

沈演之為彭城王義康別駕從事史領本郡中正深為義康所待故在府州前後十餘年後劉湛劉斌等結黨欲排廢尚書僕射殷景仁演之雅杖正義與湛等不同湛因此讒之於義康嘗因論事不會旨義康變色曰自今後我不復相信演之與景仁素善盡心於朝廷太祖甚嘉之

袁淑為彭城王義康軍司馬時祭酒劉湛淑從母兄也欲其附已而淑不以為意由是大相乖失以久疾免官

張暢為南譙王義宣長史及義宣有異圖蔡超等以暢人望勸義宣留之乃解南蠻校尉以授暢加冠軍將軍領丞相長史暢遣門生荀僧寶下都因顏竣陳義宣釁狀僧寶有私貨止巴陵不時下會義宣起兵津路斷絕遂不得前義宣將為逆使嬖人翟靈寶告暢暢陳必無此理請以死保之靈寶還白義宣云暢必不可迴請殺以徇衆賴丞相司馬竺超民得免進號撫軍別立軍部以收人望暢雖署文檄飲酒常醉不省其事

阮韜為南兗州別駕時刺史江夏王義恭起逆求資費錢韜曰此朝廷物執不與之

南齊劉璡建元初為武陵王曄冠軍征虜參軍曄與寮佐飲自割鵝炙璡曰應刃落俎膳夫之事殿下親執鸞刀下官未敢安席因起請退

蕭暢為始安王遙光諮議參軍遙光初起兵謂暢暢正色拒折不從乃與撫軍長史沈昭略潛自南出濟淮還臺

梁孫謙仕宋為征北司馬府主建平王將稱兵患謙強直託事遣使京師然後作亂及建平誅遷左軍參軍

夏侯詳為齊南豫州別駕及帝輔政招令出都將大用之每引詳及鄉人裴叔業日夜與語詳輒不略不酬帝以問叔業叔業告詳詳曰不為福始不為禍先由此微有忤出為征虜長史義陽太守

庾蓽出爲荊州別駕初梁州人益州刺史鄧元起功勳甚著名地卑瑣願名挂士流時始興忠武王憺爲州將元起位已高而解巾不先州官則不爲鄉里所悉元起乞上籍出身州從事憺命蓽用之蓽不從憺大怒責之曰元起已經我府卿何爲苟惜從事蓽曰府是尊府州是蓽州宜須品藻憺不能折遂止

庾喬蓽子也爲荊州別駕時元帝爲荊州刺史而州人范興話以寒賤仕加以流選爲州主簿又皇太子令及之故元帝勒喬聽興話到職及屬元日府州朝賀喬不肯受列曰庾喬忝爲端右不能與小人范興話同日元會興話羞慚還家憤卒世以喬爲不墜家風

沈瑀爲尋陽太守仍爲信威蕭穎達長史太守如故瑀性屈彊每忤穎達穎達銜之天監八年因入諮事辭又激厲穎達作色曰朝廷用君作行事邪瑀出謂人曰我死而後已終不能傾側面從是日於路爲人所殺多以穎達害焉子續累訟之遇穎達亦尋卒事遂不窮竟

後魏公孫同慶篤厚廉慎爲李崇驃騎府外兵參軍隨崇北征有方直之稱

楊固爲大將軍宋王劉昶征義陽法曹行參軍昶嚴暴治軍甚急三軍戰懼無敢言者固啓諫并面陳事宜昶大怒欲斬之使監當攻道固在軍勇決志意閑雅了無懼色昶甚奇之

費穆字朗興爲涇州平西府長史時刺史皇甫集靈太后之元舅恃外戚之親多爲非法穆正色規諫集亦憚之轉安定太守仍爲長史

辛少雍爲高陽王雍中曹參軍少雍性清正不憚強禦積年又叙遷次使之請託路絕時稱其明

辛雄爲清河王懌司徒左曹參軍並當煩劇諍訟填委雄用心平直加以閑明政事經其斷割莫不悅服懌重之每謂人曰必也無訟乎辛雄其有焉由是名顯遷太尉記室參軍

鹿悆爲青州彭城王勰府司馬廣川人劉鈞清河人房須反勰遣悆監州軍討之戰於商山頗有剋捷將統皆勰左右擅著首級妄請賞帛悆面執不與勰將從悆勃然作色曰竭志立言爲王爲國豈念家事不辭而出勰追而謝焉爲勳者故言導嗒欲加私害悆聞而笑之不以介意

羊敦爲梁州別駕公平正直見有非法敦終不判署

于烈爲司空長史太傅錄尚書北海王詳親尊權重將作大匠王遇多隨詳所欲而給之後因公事列於詳前詰遇曰殿下國之周公阿衡王室所須財用自應關聞何至阿諛附勢損公惠私也遇既不應詳亦慚謝

北齊盧潛爲高祖丞相主簿屬山西霜儉運山東租輸皆令載實違者治罪令潛典其事鄴郡公主虛僦千餘車潛繩劾之公主訴於高祖而潛守法不屈高祖謂郭秀曰盧潛懔懔有不可犯之色真公人也方當委之大事豈直納租而已

杜弼爲大行臺郎中相府法曹辛子炎諮事云須取署子炎讀署爲[illegible]高祖大怒曰小人都不知避人家諱弼進曰禮二名不偏諱子炎因家雜有世子在京聞之語楊愔曰王左右頗有此人方正無天下皆蒙其利豈獨吾家也

李繪天保初除司徒右長史繪質性方重未嘗趨事權門以此久而沉屈

隋李雄爲鴻臚卿晉王出鎮并州高祖以雄爲河北行臺兵部尚書雄當官正直儼然有不可犯之色王甚敬憚吏民稱焉

王韶爲晉王并州行臺右僕射韶性剛直王甚憚之每事諮詢不敢違於法度

元巖爲兵部尚書封平昌郡公蜀王秀鎮益州以巖爲益州總管長史王性好奢侈嘗欲取獠口以爲閹人又欲生剖死囚取膽爲藥巖皆不奉教排閤切諫王輒謝而止憚巖爲人每循法度

蜀中獄訟嚴所裁斷莫不恔服其有犯罪者相謂曰不爲公與吾何從焉帝甚嘉之賞賜優給

房彦謙年十八屬齊廣寧王孝珩爲齊州刺史辟爲主簿時禁網疏闊州郡之職尤多縱弛及彦謙在職清簡守法州境肅然莫不敬憚

唐杜景佺爲益州錄事參軍時隆州司馬房嗣業除益州司馬除書未到欲即視事又鞭笞僚吏將以威勝景佺謂曰公雖受命爲此州司馬而州司未受命也何藉數日之祿而不待九重之旨即欲視事不亦急耶嗣業怒景佺又曰今公持咫尺之制眞僞未知即欲攬一州之權誰敢相保揚州之禍非此類耶遂叱左右各罷散嗣業赧而止俄有制除嗣業荆州司馬竟不得視事人吏謂之語曰錄事意與天通益州司馬折威風景佺由是稍知名

韋倫天寶末爲劍南節度行軍司馬時中官及蕃官人相次到

蜀多所侵暴號爲難理倫清儉率身以化之蜀川咸賴其理竟遭中官毀譖貶衡州司户

穆寧上元二年爲殿中侍御史佐鹽鐵轉運使副元帥李光弼以餉運不繼或惡寧者誣譖於光弼且言將殺寧以脅之寧直抵徐州見光弼喻以義至不爲撓折光弼深器之命寧行職

崔祐甫爲永平軍行軍司馬兼知本軍京師留後性剛直無所容受遇事不回

高郢爲朔方節度郭子儀掌書記子儀嘗怒從事張曇奏殺之郢極言爭救遂坐子儀奏貶猗氏丞

王宗爲壽州團練副使貞元十五年壽州刺史張崇恩老疾多病其政事委於男澄及判官劉徹孔貞白沐彦等是歲其疾乃與將校等謀以澄爲刺史宗知之密與大將曰張等議曰刺史大夫暫疾病當以狀上于朝廷今不詳即朝廷自命刺史豈可便令楊澄知事也於是因奏澄以聞等黜之以聞故授宗權知壽州刺史臺庾佩等得罪尋左宗憲文宗立

李藩爲東都留守杜亞從事洛中盜發有詔平人令狐運者亞信之拷掠竟服藩知其冤爭之不從辭出後獲真盜宋皐崇麟益知名

薛戎少有學術不求聞達居陽羨山辟江西從事府罷隱山林泉爲福建觀察表戎爲從事會泉州闕刺史鼎署戎權領州事是時姚南仲節制鄭滑從事馬總以其道直爲監軍使誣奏貶泉州別駕鼎附會權勢將織成總罪使戎寒曲成之戎以抝無辜不從鼎意鼎白其狀戎還自泉州鼎盛氣據椅令引戎入戎叱引者曰安有觀察使據椅而見賓客哉遂廣東廂於客而入鼎度勢未可屈乃延以見一揖而退又構其罪具以狀聞置戎于佛寺環以武夫恣其侵辱如是累月誘令成總之罪戎擬心如一竟不動搖杜佑鎭淮南知戎之寃乃止其表發書諭之戎雖方解遂辭職寓居于江湖間

費直言生何朔聞始以孝聞鄉里得齒士類後爲李師道賓客頗以逆順之理規正之師道前後將加危害者數四及師道敗我劉悟於禁錮之所引爲上介移鎭東郡上黨皆在府幕啓箋織毫之失未嘗緘言於是正直之譽頗騰於朝廷以諫議大夫徵之詔下之時無不稱當

韓愈貞元中參故相董晉汴州幕府後爲張建封徐州從事言多率直無所畏避

孔戡元和初爲昭義軍節度盧從史從事從史狂恣不道戡以言直不從引去及從史敗時已死贈司勳員外郎

後唐譚善達爲寧江軍節度使西方鄴判官鄴爲人貪虐善達再箴其失鄴忽形於色令左右告善達受人金下獄將殺善達亦剛詞多不遜遂殺於獄中無幾鄴病見善達入其寢尋卒於治所

劉贊明宗朝爲刑部侍郎時秦王爲元帥奏以爲判官太子詹

事王居鄴與贇鄉曲之舊以秦王盛任自恣貞幹出選齊士納
誨冀其聽畏乃薦贇明宗授祕書監兼秦王傅贇性和易與物
無忤居官畏慎人若以私故干之雖權豪不能移其操及在秦
府因事或發正論王側目怒視殊無下賢之色或與諸僚候於
外屏有竟日不召而不得食而指闕之謀故不預聞及秦府得
罪或傳河南安慰言止於朝降而贇已被麻衣驢乘在門聞其安
慰曰此存撫之情也豈有國君之嗣一旦舉室塗地而參佐朝
降免死幸也俄而臺吏示敕長流即時儀貶所在嵐州踰年放
歸田里

晉符蒙為常山戎事安重榮在鎮所為不法蒙多否之為左右
所間幾罹其禍

清廉

夫委之貨財不虧其義儒者之行也約失者鮮儉則固先民之
訓也由漢而下盛幕府之選士之負氣節懷智術者多歸焉固

有敦尚名檢砥礪廉隅內蘊耿介無所遷染以至奉身居家儉
而有度輕財辭賂舉無矯飾受賜不忌於苟得安貧未聞於改
樂自非道義中積志尚絕俗又惡能確然貞素而不隕獲者哉

漢趙廣漢涿郡蠡吾人少為郡吏州從事以廉潔通敏下士為名

後漢王良為大司徒司直在位恭儉妻子不入官舍布被瓦器

聞人襲為郡督郵行則負擔臥則無被連臘皮以自
覆不受人之賫

雷義字仲公豫章鄱陽人初為郡功曹嘗擢舉人死罪罪者後以
金二斤謝之不受金主伺義不在密投金於承塵上後葺理屋
宇乃得金金主已死無所復還義乃以付縣曹

范丹辟公府步行無被囊自隨

蓋勳為漢陽長史中平初黃巾賊起故武威太守黃雋被徵失
期刺史梁鵠欲奏誅雋勳為言得免雋以黃金二十斤謝勳謂
雋曰吾以子罪在八議故為子言吾豈賣評哉終辭不受

魏王脩為袁譚別駕袁氏政寬在職勢者多畜聚太祖破鄴籍
沒審配等家財物貲以萬數及破南皮閱脩家穀不滿十斛有
書數百卷太祖歎曰士不妄有名乃辟為司空掾行司金中郎將

晉薛兼為元帝丞相長史甚勤王事以上佐祿優每自約損取
周而已

南齊王延之仕宋為司徒建安王休仁左長史加寧朔將軍延
之清貧居宇穿漏褚淵往候之見其如此具啓明帝帝即敕材
官為起三間齋屋

梁范岫仕齊為蔡興宗荊州主簿興宗將卒以岫貧乏遺言賜
錢二十万岫辭拒之

庾蓽仕齊為荊州別駕前後紀綱皆致富饒蓽再為之清身率下
杜絕請託布被蔬食妻子不免饑寒明帝聞而嘉焉手敕褒美
州里榮之

庾黔婁為鄧元起益州長史及成都平城中珍寶山積元起悉

分與僚佐唯黔婁一無所取元起惡其異衆厲聲曰長史何獨
為高黔婁示不違之請書數篋

蕭介為武陵王揚州長史在職清白為朝廷所稱

蕭洽為南徐州中從事近畿重鎮職吏數千人前後居者皆致
巨富洽清身率職饋遺一無所受妻子不免饑寒

江革歷官八府長史四王行事旁無姬侍家徒壁立世以此高之

後魏高允神䴥三年太武舅陽平王杜超行征南大將軍鎮鄴
以允為從事中郎年四十餘矣超以方春而諸州囚多不決乃
表允與中郎呂熙等分詣諸州共評獄事熙等皆以貪穢得罪
唯允以清平獲賞

劉懋為太尉司馬家甚清貧亡之日家徒四壁而已太傅清河
王懌及當時才儁莫不痛惜之

張普惠為任城王澄參軍及澄轉揚州普惠又為開府主簿歷
仕三蕃並有聲譽發京之日裝束[illegible]以充行資

鹿愈爲眞定公元子直國中尉子直出鎭冀州愈隨之州州有兵糧和糴者靡不潤屋愈不取子直彊之終不從命

平常爲幽州別駕廉貞寡欲不營資產衣食至常不足妻子不免饑寒

溫子昇爲廣陽王東北道行臺郎中高車破走珍寶盈滿子昇取絹四十匹

北齊張耀爲中軍大都督韓軌府長史及軌除瀛冀二州長史又以耀爲軌諮議參軍後爲御史所劾州府僚佐及軌左右以贓罪挂網者百有餘人唯耀以清白獨免徵爲丞相府倉曹

後周裴文舉爲齊王憲府司錄憲出鎭劒南復以文舉爲益州總管府中郎蜀土沃饒商販百倍或有勸文舉以利者文舉答之曰利人爲貴莫若身安則道隆非貨之謂是以不爲非惡財也憲矜其貧窶每欲資給之文舉常自謙遜辭多受少

隋趙軌開皇初爲齊州別駕有能名其東隣有桑葚落其家軌遣人悉拾還謂其諸子曰吾非以此求名意者非機杼物不願侵人汝等宜以爲誡在州考績連最持節使者郃陽公梁子恭上狀文帝賜以米帛甚優令入朝父老將送者各揮涕曰別駕在官水火不與百姓交是以不敢盃酒相送公請酌一盃水奉餞軌受飲之

皐師平陳之役領元帥掾陳國府藏悉委於師秋毫無犯稱爲清白

陳孝意大業中爲鴈門郡丞時政刑日紊長吏多贓汚孝意清節彌勵

敬肅大業末爲潁川郡丞去官之日家無餘財

唐崔義玄清河人大業末説賊帥黄君漢歸國拜懷州總管府司馬王充遣將高毗略河內義玄擊敗之君漢將分所獲金帛義玄拒而不受

杜暹爲婺州參軍秩滿將歸州吏以紙三萬餘張以贈之暹唯受一百餘悉還之時州寮別者見而歎曰昔清吏受一大錢復何異也

韋倫天寶末爲劒南節度行軍司馬時中官及禁軍相次到蜀多所侵暴號爲難理倫清儉率身以化之蜀川咸賴其理

晉李遐天福初爲西京留守判官兼監西京左藏庫會叛從賓作亂使人輦致十帛以賞羣逆遐曰不奉詔書安敢承命遂爲其下所害

漢王松晉高祖鎭太原時松爲節度判官晉祖令監帑廩以清苦見重

周馮道初爲河東節度掌書記所得異賜不寘別庖皆與從者共之

冊府元龜卷第七百一十九

冊府元龜卷第七百二十

幕府部五

謀畫

仲尼曰可與立未可與權蓋夫揣摩成敗之理裁量用捨之要終以窮通而有成功者爲難矣漢氏而下公卿牧伯多所聘辟故其從事掾佐頗有卓犖奇偉之士至或參議政典經論戎務決機制勝料敵應變慮必周物舉無遺策斯固心術明晤出於中智之上識理深粹預乎天下之精者已乃有失於聽納終貽悔吝事機既往追咎奚及蓋俊哲之忠謀賢達之嘉論不可以不察也

漢杜欽字子夏大將軍王鳳輔政奏欽爲其軍武庫令會西南夷夜郎王等相攻漢遣太中大夫張康解和不從命欽說鳳曰太中大夫康使和解蠻夷王侯王侯受詔已復相攻輕易漢使不憚國威其效可見恐議者選耎復守和解（選耎不進之意也）太守察動靜有變乃以聞如此則復曠一時（一時三月也言空廢一時不早救兵）王侯得收獵其衆申固其謀黨助衆多各不勝忿必相殄滅自知罪成狂犯守尉遠藏溫暑毒草之地雖有孫吳將賁育士若入水火往必焦沒知勇亡所施屯田守之費不可勝量宜因其罪惡未成未疑漢家加誅陰敕旁郡守尉練士馬大司農豫調穀積要害處選任職太守往以秋涼時入誅其王侯尤不軌者即以爲不毛之地亡用之民聖王不以勞中國（不毛言不生草木）宜罷郡放棄其民絕其王侯勿復通如以先帝所立累世之功不可墮壞（墮毀也）亦宜因其萌牙早斷絕之及已成形然後戰師則萬姓被害鳳納其說後爲議郎以病免徵詣大將軍幕府欽見鳳專政泰重戒之曰昔周公至聖之德屬有叔父之親而成王有獨見之明無信讒之聽然管蔡流言而周公懼穰侯昭王之舅也權重於秦威震鄰敵有旦暮偃伏之變（言昭王必以旦夕偃伏亂秦將懼之甚惻也）心不介然有背然范雎起徒步由異國無雅言（雅言謂素相任信）開一朝之說

而穰侯就封（范雎爲丞相穰侯就國）及近者武安侯之見退（武安侯謂田蚡也退謂請考工地益宅帝怒乃退也）三事之跡相去各數百歲若合符節甚不可不察願將軍由周公之謙懼損穰侯之威放武安之欲毋使范雎之徒得聞其說頃之復日蝕京兆尹王章上封事求見果言鳳專權蔽主之過宜廢勿用以應天變於是天子感寤召見章與議欲退鳳鳳甚憂懼欽令鳳上疏謝罪乞骸骨文指甚哀太后涕泣爲不食帝少而親倚鳳亦不忍廢復起鳳就位鳳心慚稱病篤欲遂退欽復說之曰將軍深悼輔政十年變異不已故乞骸骨歸咎於身刻己自責至誠動衆愚知莫不感傷雖然是無屬之臣執進退之分絜其去就之節者耳（無屬謂無親屬於上也分字或作介介隔其義兩通）非主上所以待將軍非將軍所以報主上也昔周公雖老猶在京師明不離成周示不忘王室也仲山父異姓之臣無親於宣就于齊（詩言仲山甫徂齊者言銜命往治齊城郭也而韓詩以爲封於齊故欽引之）猶嘆息永懷宿夜徘徊不忍遠去況將軍之於主上主上之與將軍哉夫欲天下治安變異之意莫有將軍（言衆人之意皆不如也）主上照然知之故攀援不遺（攀援引也）書稱公毋困我（此周書洛誥成王告周公之詞也言公必須留此毋得捨去而令我困蓋成帝與鳳詔書引此言之）將軍不爲四國流言自疑於成王以固至忠鳳復起視事上令尚書劾奏京兆尹章章死詔獄芳辭死衆庶冤之以譏朝廷欽欲救其過復說鳳曰京兆尹章所坐事密吏民見章素好言事以爲不坐官職疑其以日蝕見對有所言也假令章內有所犯陷正法事不暴揚自京師不曉況於遠方恐天下不知章實有罪而以爲坐言事也如是塞爭引之原損寬明之德（爭引謂引事類以諫爭也下有諫爭之言上引而納之也）欽愚以爲宜因章事舉直言極諫並見郎從官展盡其意加於往前以明示四方使天下咸知主上聖明不以言罪下也若此則流言消釋疑惑著明鳳白行其策欽之補過將美皆此類也

後漢馮衍初爲王莽更始將軍廉丹掾丹討伐山東與衍俱至定陶莽追詔丹曰倉廩盡矣府庫空矣可以怒矣可以戰矣將

宜受國寵任不惜身於中野無以報恩塞責丹惶恐夜召衍以書問之因說丹曰衍聞順而成者道之所大也逆而功者權之所貴也是故期於有功不問所由論於大體不守小節昔逢丑父伏軾而使其君取飲稱於諸侯鄭祭仲立突而出忽終得復位見美春秋蓋以死易生以存易亡君子之道也詭於衆意寧國存身賢智之慮也故易曰窮則變變則通通則久是以自天祐之吉無不利若夫知其不可而必行之破軍殘衆無補於主身死之日負義於時智者不為勇者不行且衍聞之得時無怠張良以五世相韓椎秦始皇博浪之中勇冠乎賁育名高乎太山將軍之先為漢信臣新室之興英俊不附今海內潰亂人懷漢德甚於詩人思召公也愛其甘棠而況子孫乎人所歌舞天必從之方今為將軍計莫若屯據大郡鎮撫吏士砥厲其節百里之內牛酒日賜納雄桀之士詢忠智之謀要將來之心待從橫之變興社稷之利除萬人之害則福祿流於無窮功烈著

於不滅何與軍覆於中原身膏於草野功敗名喪恥及先祖聖人轉禍而為福智士因敗而為功願明公深計而無與俗同丹不能從進及睢陽復說丹曰蓋聞明者見於無形智者慮於未萌況其昭晳者乎凡患生於所忽禍發於細微敗不可悔時不可失公孫鞅曰有高人之行負非於世有獨見之慮見贅於人故信庸庸之論破金石之策襲當世之操失高明之德夫決者智之君也疑者事之役也時不重至公勿再計丹不聽遂進及無鹽與赤眉戰死衍乃亡命河東

衛羽為兖州刺史舉五種從事是時大山賊叔孫無忌等暴横一境州郡不能討羽說種曰中國安寧忘戰日久而太山險阻寇猾不制今雖有精兵難以赴敵羽請往譬降之種矜詰羽乃往備說禍福無忌即帥其黨與三千餘人降

韓嵩為劉表從事中郎劉先為別駕時曹操與袁紹方相持於官渡紹遣人求助於表表許之而不至亦不佐操欲保江漢間觀天下變嵩先說表曰豪傑並爭兩雄相持天下之重在於將軍將軍若欲有為起乘其弊可也若不然固將擇所從將軍擁十萬之衆安坐而觀望夫見賢而不能助請和而不得此兩怨必集於將軍將軍不得中立矣夫以曹公之明哲天下賢俊皆歸之其勢必舉袁紹然後稱兵以向江漢恐將軍不能禦也故為將軍計者不若舉州以附曹公曹公必重德將軍長享福祚垂之後嗣此萬全之策也表大將蒯越亦勸表表狐疑乃遣嵩詣曹操以觀虛實嵩還深陳操威德說表遣子入質表疑嵩反為太祖說大怒欲殺嵩考殺隨嵩行者知嵩無他意乃止

魏荀彧為太祖奮武將軍司馬太祖領兖州牧任彧留事會張邈陳宮以兖州潛迎呂布彧召東郡太守夏侯惇至誅叛者乃定時豫州刺史郭貢帥衆數萬來至城下或言與呂布同謀衆甚懼貢求見彧彧將往惇等曰何知貢不與呂布同謀而輕欲見之君一州鎮也往必危不可彧曰貢與邈等分非素結也今

來速計必未定及其未定說之縱不為用可使中立若先疑之彼將怒而成計貢見彧無懼意謂鄄城未易攻遂引兵去又與程昱計使說范東阿卒全三城以待太祖太祖自徐州還擊布濮陽布東走二年夏太祖軍乘氏大饑人相食陶謙死太祖欲遂取徐州還乃定布彧曰昔高祖保關中光武據河內皆深根固本以制天下進足以勝敵退足以堅守故雖有困敗而終濟大業將軍本以兖州首事平山東之難百姓無不歸心悅服且河濟天下之要地也今雖殘壞猶易以自保是亦將軍之關中河內也不可以不先定今以破李封薛蘭若分兵東擊陳宮宮必不敢西顧以其閒勒兵收熟麥約食畜穀一舉而布可破也破布然後南結揚州共討袁術以臨淮泗若舍布而東多留兵則不足用少留兵則民皆保城不得樵採布乘虛寇暴民心益危唯鄄城范衛可全其餘非己之有是無兖州也若徐州不定將軍當安所歸乎且陶謙雖死徐州未易亡也彼懲往年之敗

將懽而結親相為表裏今東方皆以收麥必堅壁清野以待將軍攻之不拔略之無獲不出十日則十萬之衆未戰而自困耳前討徐州威罰實行其子弟念父兄之恥必人自為守無降心就能破之尚不可有也夫事固有棄此取彼者以大易小可也以安易危可也權一時之勢不患本之不固可也今三者莫利願將軍熟慮之太祖乃止大收麥復與布戰分兵平諸縣布敗走兖州遂平建安元年太祖擊破黃巾漢獻帝自河東還洛陽太祖議奉迎都許或以山東未平韓暹楊奉新將天子到洛陽北連張楊未可卒制彧勸太祖曰昔晉文公納周襄王而諸侯景從高祖東伐為義帝縞素而天下歸心天子播越將軍首唱義兵徒以山東擾亂未能遠赴關右然猶分遣將帥家險通使雖禦難于外乃心無不在王室是將軍匡天下之素志也今車今車駕旋軫東京榛蕪義者存本之思百姓感舊而增哀誠因此時奉主上以從民望大順也秉至公以服雄傑大略也扶弘義

以致英俊大德也天下雖有逆節必不能為累明矣韓暹楊奉其敢為害若不時定四方生心後雖慮之無及太祖遂至洛陽奉迎天子都許

毛玠為大祖治中從　事語太祖曰今天下分崩國主遷移生民廢業饑饉流亡公家無經歲之儲百姓無安固之志難以持久今袁紹劉表雖士民衆彊皆無經遠之慮未有樹基建本者也夫兵義者勝守位以財宜奉天子以令不臣脩耕植畜軍資如此則霸王之業可成也太祖敬納其言轉幕府功曹

劉曄為大祖司空倉曹掾從征張魯既至漢中山峻難登軍食頗乏太祖曰此妖妄之國耳何能為有無吾軍少食不如速還便自引歸令曄督後諸軍使以次出曄策魯可克加糧道不繼雖出軍猶不能皆全馳白太祖不如致攻遂進兵多出弩以射其營魯奔走漢中遂平曄進曰明公以步卒五千將誅董卓北破袁紹南征劉表九州百郡十并其八威震天下勢慴海外今舉漢中蜀人望風破膽失守推此而前蜀可傳檄而定劉備人傑也有度而遲得蜀日淺蜀人未恃也今破漢中蜀人震恐其勢自傾以公之神明因其傾而壓之無不克也若小緩之諸葛亮明於治而為相關羽張飛勇冠三軍而為將蜀民既定據險守要則不可犯矣今不取必為後憂太祖不從大軍遂還後蜀降人言蜀中一日數十驚雖斬之不能安也太祖延問曰今尚可擊不曄曰今已小定未可擊也

賈詡參太祖司空軍事太祖破荊州欲順江東下詡諫曰明公昔破袁紹今收漢南威名遠著軍勢既大若乘舊楚之饒以饗吏士撫安百姓使安土樂業則可不勞衆而江東稽服矣太祖不從軍遂無利

司馬朗為太祖丞相主簿朗以為天下土分之勢由秦滅五等之制而郡國無蒐狩習戰之備故也今雖五等未可復行可令州郡並置兵外備四夷內威不軌於策為長又以為宜復井田

往者以民各有累世之業難中奪之是以至今今承大亂之後民人分散土業無主皆為公田宜及此時復之議雖未施行然州郡領兵朗本意也

高柔為太祖倉曹屬時太祖欲遣鍾繇等討張魯柔諫以為今猥遣大兵西有韓遂馬超謂為已舉將相扇動作逆宜先招集三輔三輔苟平漢中可傳檄而定也繇入關遂超等果反

曹純以議郎參太祖軍事督虎豹騎從圍南皮袁譚出戰士卒多死太祖欲緩之純曰今千里蹈敵進不能克退必喪威且懸師深入難以持久彼勝而驕我敗而懼以懼敵驕必可克也太祖善其言遂急攻之譚敗純麾下騎斬譚首

陳羣潁川人蜀先主臨豫州辟為別駕時陶謙病死徐州迎先主先主欲往羣說先主曰袁術尚彊今東必與之爭呂布若襲將軍之後將軍雖得徐州事必無成先主遂東與袁戰布果襲下邳遣兵助術大破豫州軍先主恨不用羣言

遣浮爲韓馥冀州都督從事浮與程奐將彊弩萬張屯河陽
等聞馥欲以冀州與袁紹自孟津馳東下時紹尚在朝歌清水
口浮等從後來船數百艘衆萬餘人整兵鼓夜過紹營紹甚惡
之浮等到謂馥曰袁本初軍無斗糧各已離散雖有張楊於扶
羅新附未肯爲用不足敵也小從事等請自以見兵拒之旬日
之間土分瓦解明將軍但當開閤高枕何憂何懼馥不從乃避
位出居趙忠故舍遣子齎冀州印綬於黎陽與紹
董昭字公仁爲袁紹參軍事紹逆公孫瓚於界橋鉅鹿太守李
邵及郡冠蓋以瓚兵彊皆欲屬瓚紹聞之使昭領鉅鹿問禦以
何術對曰一人之微不能消衆謀欲誘致其心唱與同議及得
其情乃當權以制之耳計在臨時未可得言時郡右姓孫伉等
數十人專爲謀主驚動吏民昭至郡僞作紹檄告郡云得賊羅
候安平張吉辭當攻鉅鹿賊故孝廉孫伉等爲應檄到收行軍
法惡止其身妻子勿坐昭案檄告令皆即斬之一郡惶恐乃以

次安慰遂皆平集事訖白紹紹稱善
程昱東郡人太祖辟昱表爲東平相太祖與呂布戰於濮陽數
不利蝗蟲起乃各引去於是袁紹使人說太祖連和太祖亦欲
遣家居鄴太祖新失兖州軍食盡將許之時程昱使適還引見
因言曰竊聞將軍欲遣家與袁紹連和誠有之乎太祖曰然昱
曰昔田橫齊之世族兄弟三人更王據千里之齊擁百萬之衆
與諸侯並南面稱孤既而高祖得天下而橫顧爲降虜當此之
時橫豈可爲心哉太祖曰然此誠丈夫之至辱也昱曰昱愚不
識大旨以爲將軍之志不如田橫田橫齊一壯士耳猶羞爲高
祖臣今聞將軍欲遣家往鄴將北面而事袁紹夫以將軍之聰
明神武而反不羞爲袁紹之下竊爲將軍恥之意者將軍殆臨
事而懼不然何慮之不深也夫袁紹據燕趙之地有并天下之
心而智不能濟也將軍自度能爲之下乎將軍以龍虎之威可
爲韓彭之事邪今兖州雖殘尚有三城能戰之士不下万人以

將軍之神武與文若昱等收而用之霸王之業可成也願將軍
更慮之太祖乃止
郭嘉爲太祖司空軍祭酒太祖將討袁紹嘉曰紹方北擊公孫
瓚可因其遠征東取呂布不先取布若紹爲寇布爲之援此深
害也太祖曰然太祖討呂布欲引軍還嘉曰昔項籍七十餘戰
未嘗敗北一朝失勢而身死國亡者恃勇無謀故也今布每戰
輒破氣衰力盡內外失守布之威力不及項籍而困敗過之若
乘勝攻之此成禽也太祖曰善急攻之遂禽布太祖欲速征劉
備議者懼軍出袁紹擊其後進不得戰而退失所據太祖疑以
問嘉嘉勸太祖曰紹性遲而多疑來必不速備新起衆心未附
急擊之必敗此存亡之機不可失也太祖曰善遂東征備備敗
奔紹紹果不出後嘉從討袁譚袁尚於黎陽連戰數克諸將欲
乘勝遂攻之嘉曰袁紹愛此二子莫適立也有郭圖逢紀爲之
謀臣必交鬬其間還相離也急之則相持緩之而後爭心生不

如南向荊州若征劉表者以待其變變成而後擊之可一舉定
也太祖曰善乃南征軍至西平譚尚果爭冀州譚爲尚軍所敗
走保平原遣辛毗乞降太祖還救之遂從定鄴又從攻譚於南
皮冀州平封嘉洧陽亭侯河北既平太祖多辟召青冀幽并知名之士漸臣使之以爲省事掾屬
皆嘉之謀也太祖將征袁尚及三郡烏丸諸下多懼劉表使劉備襲許
以討太祖嘉曰公雖威震天下胡恃其遠必不設備因其無備
卒然擊之可破滅也且袁紹有恩於民夷而尚兄弟生存今四
州之民徒以威附德施未加舍而南征尚因烏丸之資招其死
主之臣胡人一動民夷俱應以生蹋頓之心成覬覦之計恐青
冀非已之有也表坐談客耳自知才不足以御備重任之則恐
不能制輕任之則備不爲用雖虛國遠征公無憂矣太祖遂行
至易嘉言曰兵貴神速今千里襲人輜重多難以趣利且彼聞
之必爲備不如留輜重輕兵兼道以出掩其不意太祖乃密出
盧龍塞直指單于庭虜卒聞太祖至惶怖合戰太破之斬蹋頓

及名王已下尚及兄熙走遼東

沮授為袁紹從事太祖征紹還官渡紹進保陽武授曰北兵數衆而果勁不及南南穀虛少而貨財不及北南利在於急戰北利在於緩搏宜徐持久曠以日月紹不從

李孚為袁尚冀州主簿後尚與其兄譚爭鬭尚出軍詣平原留別駕審配守鄴城孚隨尚行會太祖圍鄴尚還欲救鄴行未到尚疑鄴中守備少復欲令配知外動止與孚議所遣孚答尚言今使小人往恐不足以知外内且恐不能自達孚請自往尚問孚當何所得孚曰聞鄴圍甚堅多人則覺以為直當將三騎足矣尚從其計孚自選温信者三人不語所之皆勑使具脯糧不得持兵仗各給使馬遂辭尚來南所在止亭傳及到梁淇使從者斫問事杖三十枚繫著馬邊自著平上幘將三騎投暮詣鄴下是時大將軍雖有禁令而芻牧者多故孚因此夜到以鼓一中自稱都督歷北圍循表而東從東圍表又循圍而南步步呵

府七百二十　九

責守圍將士隨輕重行其罰遂歷太祖營前徑南過從南圍角西折當章門復責怒守圍者收縛之因開其圍馳到城下呼城上人以繩引孚得入配等見孚悲喜鼓譟稱万歲守圍者以狀聞太祖笑曰此非徒得入也方且復得出孚事訖欲得還而顧外圍必急不可復冒謂已使命當速反乃陰心計請配曰今城中穀少無用老弱為也不如驅出之以省穀也配從其計乃復夜簡別數千人皆使持白幡從三門並出降又使人持火孚乃無何將本所從作降人服隨輩夜出時守圍將士聞城中悉降火光照曜但共觀火不復視圍孚出北門遂從西角突圍得去其明太祖聞孚已得出抵掌笑曰果如吾言也孚北見尚尚甚歎喜會尚不能救鄴破走至中山而袁譚又追擊尚尚走孚與尚相失遂詣譚復為譚主簿

郭淮為征西將軍夏侯淵司馬淵與蜀戰淮時有疾不出淵遇害軍中擾擾淮收散卒推盪寇將軍張郃為軍主諸營乃定其明日劉先主欲渡漢水來攻諸將議衆寡不敵備便乘勝欲依水為陣以拒之淮曰此示弱而不足挫敵非算也不如遠水為陣引而致之半濟而後擊備可破也既陣劉先主疑不渡淮遂堅守示無還心以狀聞太祖善之假郃節復以淮為司馬

趙儼為扶風太守時蜀將關羽圍征南將軍曹仁於樊儼以議郎參仁軍事南行與平寇將軍徐晃俱前既到羽圍仁遂堅餘救兵未到晃所督不足解圍而諸將呵責晃促救儼謂諸將曰今賊圍素固水潦猶盛我徒卒單少而仁隔絕不得同力此舉適所以獎内外耳當今不若前軍偪圍遣諜通仁使知外救以勵將士計北軍不過十日尚足堅守然後表裏俱發破賊必矣如有緩救之戮余為諸軍當之諸將皆喜便作地道箭飛書與仁消息數通北軍亦至并勢大戰羽軍既退舟船猶據沔水襄陽隔絕不通而孫權襲取羽輜重羽聞之即走南還仁會諸將議咸曰今因羽危懼必可追禽也儼曰權邀羽連兵之難欲掩

府七百二十　十

制其後顧羽還救恐我承其兩疲故順辭求救乘釁因變以觀利鈍耳今羽已孤迸更宜存之以為權害若深入追北權則改虞於彼將生患於我矣王必以此為深慮仁乃解嚴太祖聞羽走恐諸將追之果疾勑仁如儼所策

蔣濟字子通楚國平阿人為州別駕建安中吳大帝率衆圍合肥時大軍征荊州遇疾疫唯遣將軍張喜單將千騎過領汝南兵以解圍頗復疾疫濟乃密白刺史偽得喜書云步騎四万已到雩婁遣主簿迎喜三部使齎書語城中守將一部得入城二部為賊所得大帝信之遽燒圍走城用得全後為太祖丞相主簿時關羽圍樊襄陽太祖以漢帝在許近賊欲從都司馬宣王及濟說太祖曰于禁等為水所沒非戰攻之失於國家大計未足有損劉備孫權外親内踈關羽得志權必不願也可遣人勸躡其後許割江南以封權則樊圍自解太祖如其言權聞之即引兵西襲公安江陵羽遂見禽

魏常林為文帝五官功曹時太

祖西征田銀蘇伯反幽冀扇動文帝欲親討之　林曰昔忝博陵又在幽州賊之形勢可料度也北方吏民樂安厭亂服化已久守善者多銀伯犬羊相聚智小謀大不能為害方今大軍在遠外有強敵將軍為天下之鎮也輕動遠舉雖克不武文帝從之遣將往伐應時克滅

蜀殷觀為先主荊州主簿吳大帝遣使云欲共取蜀或以為宜報聽許吳終不能越荊有蜀蜀地可為己有觀進曰若為吳先驅進未能克蜀退為吳所乘即事去矣今但可然贊其伐蜀而自說新據諸郡未可以動吳必不敢越我而獨取蜀如此進退之計可以收吳蜀之利先主從之吳果輟計遷觀為別駕從事

龐統為先主軍師中郎將說先主曰荊州荒殘人物殫盡東有吳孫北有曹氏鼎足之計難以得志今益州國富民彊戶口百萬四部兵馬所出必具寶貨無求於外今可權借以定大事備曰今指與吾為水火者曹操也操以急吾以寬操以暴吾以仁

操以譎吾以忠每與操反事乃可成耳今以小故而失信義於天下者吾所不取也統曰權變之時固非一道所能定也兼弱攻昧五伯之事逆取順守報之以義事定之後封以大國何負於信今日不取終為人利耳備遂行統隨從入蜀益州牧劉璋與先主會涪統進策曰今因此會便可執之則將軍無用兵之勞而坐定一州也先主曰初入他國恩信未著此不可也璋既還成都先主當為璋北征漢中統復說曰陰選精兵晝夜兼道徑襲成都璋既不武又素無預備大軍卒至一舉便定此上計也楊懷高沛璋之名將各仗彊兵據守關頭聞數有牋諫璋使發遣將軍還荊州將軍未至遣與相聞說荊州有急欲還救之並使裝束外作歸形此二子既服將軍英名又喜將軍之去計必乘輕騎來見將軍因此執之進取其兵乃向成都此中計也退還白帝連引荊州徐還圖之此下計也若沈吟不去將致大困不可久矣先主然其中計即斬懷沛還向成都所過輒克

楊洪字季休為益州治中從事時先主征吳不克還住永安漢嘉太守黃元素為丞相諸葛亮所不善聞先主疾病懼有後患舉郡反燒臨邛城時亮東行省疾成都單虛是以元益無所憚洪即啓太子遣其親兵使將軍陳智鄭綽討元衆議以為元若不能圍成都當由越嶲據南中洪曰元素性凶暴無他恩信何能辦此不過乘水東下冀主上平安面縛歸死如其有異奔吳求活耳勑智綽但於南安峽口遮即便得矣智綽承洪言果生獲元

馬謖為諸葛亮丞相參軍建興三年亮征南中謖送之數十里亮曰雖共謀之歷年今可更惠良規謖對曰南中恃其險遠不服久矣雖今日破之明日復反耳今公方傾國北伐以事彊賊彼知官勢內虛其叛亦速若殄盡遺類以除後患既非仁者之情又且不可倉卒也夫用兵之道攻心為上攻城為下心戰為上兵戰為下願公服其心而已亮納其策赦孟獲以服南方故

終亮之世南方不敢反

吳張紘初為大帝長史從征合肥城久不拔紘進計曰古之圍城開一面以疑衆心今圍之甚密攻之又急誠懼并命戮力死戰之寇固難卒拔及救未至可小寬之以觀其變議者不同會救騎至數至圍下馳騁挑戰

晉何惲為楊州別駕刺史周浚隨王渾伐吳與中軍大戰俘馘萬計進軍屯于橫江時聞龍驤將軍王濬既破上方惲說浚曰張悌率精銳之卒悉吳國之衆殄滅於此吳之朝野莫不震懾今王龍驤既破武昌兵威甚盛順流而下所向輒克土分之勢見矣竊謂宜速渡江直指建業大軍卒至奪其膽氣可不戰而擒浚善其謀使使白渾惲曰渾闇於事機而欲慎己免咎必不我從浚固使白之渾果曰受詔但令江北抗衡吳軍不使輕進貴州雖武豈能獨平江東今者違命勝不足多若其不勝為罪已重且詔令龍驤受我節度但當具君舟檝一時俱濟耳惲曰

讓驍尅萬里之寇以既濟之功來受節度未之聞也且握兵之要可則奪之所謂受命不受辭也今渡江必全尅獲將有何慮若疑於不濟不可謂智知而不行不可謂忠實鄙州上下所以恨恨也渾執不聽居無何而濬至渾召之不來乃直指三山孫皓遂降於濬渾深恨之

任明爲益州刺史羅尚從事時流人李特寇成都尚據大城自守李流進屯江西尚懼遣使求和是時蜀人懼並結村堡請命于特特遣人安撫之明説尚曰特既凶逆侵暴百姓又分人散衆在諸村堡驕怠無備是天亡之也可告諸村密尅期日內外擊之破之必矣尚從之明先僞降特特問城中虛實明曰米穀已欲盡但有貨帛耳因求省家特許之明潛説諸村悉聽命還報尚尚許如期出軍諸村亦許一時赴會二年惠帝遣州刺史宋岱建平太守孫阜救尚阜已次德陽特遣蕩督李璜助任臧阜向還大衆奄襲特營連戰二日衆少不敵特軍大敗收合餘

卒引趣新繁尚軍引還特復追之轉戰二十餘里尚出大軍逆戰特軍敗績斬特及李輔李遠皆焚尸傳首洛陽

陳珍爲涼州牧張茂參軍劉曜遣將攻韓璞於冀城茂出次石頭謂珍曰劉曜以乘勝之聲握三秦之鋭繕兵積年士卒習戰若以精騎奄尅南安席卷河外長驅而至者計將何出珍曰曜雖乘威怙衆恩德未結於下又其關東離貳内患未除精卒寡少多是氐羌烏合之衆終不能近舍關東之難增隴上之戍曠日持久與我爭衡也若二旬不退者珍請爲明公率弊卒數千以擒之茂大悦以珍爲平虜護軍率卒騎一千八百救韓璞曜陰欲引歸聲言要先取隴西然後迴滅桑壁珍募氐羌之衆擊曜走之克復南安茂深嘉之拜折衝將軍

[illegible]誘字元孫州辟主簿[illegible]史郗隆被齊王冏檄使起兵討趙王倫歷欲承檄舉義而諸子[illegible]並在洛陽欲坐觀成敗恐爲冏所討進退有疑會羣吏計議誘説隆曰趙王篡逆海内所病今義兵飈起其敗必矣今爲明使君計莫若自將精兵徑赴許昌上策也不然且可留後遣猛將將兵會盟亦中策也若遣小軍隨形助勝下策也隆不從遂被攻死

盧志字子道自尚書郎出爲鄴令成都王穎之鎮鄴也愛其才量委以心膂遂爲謀主齊王冏起義遣使告穎穎召志計事志曰趙王無道肆行篡逆四海人神莫不憤怒今殿下摠率三軍應期電發子來之衆不召自至掃夷凶逆必有征無戰然兵事至重聖人所慎宜旌賢任才以收時望穎深然之改選上佐高辟掾屬以志爲諮議參軍仍補左長史專掌文翰穎前鋒都督趙驤爲倫所敗士衆震駭議者多欲還保朝歌志曰今我軍失利敵新得勝必有輕易凌轢之情若頓兵不進三軍畏懦不可用且戰何能無勝負宜更選精兵星行倍道出賊不意此用兵之奇也穎從之及倫敗志勸穎曰齊王號衆百萬與張泓等相持不能決大王逕得濟河此之大勳莫之與比而齊王今當

與大王共輔朝政志聞兩雄不俱處功名不並立今宜因太妃微疾求還定省推崇齊王徐結四海之心此計之上也穎納之遂以母疾還藩委重於冏由是穎獲四海之譽天下歸心朝廷封志爲武彊侯加散騎常侍

淳于定爲南陽王模謀臣模爲征西大將軍鎮關中東海王越表徵模爲司空遣中書監傅祗代之定説模曰關中天府之國霸王之地今以不能綏撫而還既於聲望有虧又公兄弟唱起大事而並在朝廷若自彊則有專權之罪弱則受制於人非公之利也模納其言不就徵

潘滔爲東海王越司馬時苟晞爲撫軍將軍都督青兖有威名滔説越曰兖州要衝魏武以之輔相漢室苟晞有大志非純臣久令處之則患生心腹矣若遷于青州厚其名號晞必悦公自牧兖州經緯諸夏藩衛本朝此所謂謀之於未有爲之於未亂也越以爲然乃遷晞征東大將軍開府儀同三司加侍中假節

都督青州諸軍事領青州刺史
孔坦為尚書左丞時蘇峻挾天子幸石頭坦奔陶侃侃引為長史時侃等夜築白石壘至曉而成聞峻軍嚴聲咸懼來攻坦曰不然若峻攻壘必須東北風急令我水軍不得往救今天清靜賊必不動決遣軍出江乘掠京口以東矣果如所籌時郗鑒鎮京口侃等各以兵會既至坦議以為本不應須召郗公遂使東門無限今宜遣還雖晚猶勝不也侃等猶疑坦固爭甚切始令鑒還據京口遣郭默屯大業又令驍將李閎曹統周光與默并力賊遂勢分卒如坦計
高崧為簡文帝撫軍司馬時桓溫擅威率衆北伐軍次武昌簡文患之崧曰宜致書諭以禍福自當反旆如其不耳便六軍整駕逆順於茲判矣若有異計請先釁鼓便於坐為簡文書草曰寇難宜平時會宜接此實為國遠圖經略大筭能弘斯會非足下而誰但以此興師動衆要當以資實為本運轉之艱古人之

所難不可易之於始而不熟慮頃所以深用惟疑在乎此耳然異常之舉衆之所駭遊聲噂喈想足下亦以聞之苟患失之無所不至或能望風振擾一時分散如其不然者則望實並喪社稷之事去矣皆由吾闇弱德信不著不能鎮靜羣庶保固維城所以內愧于心外慙良友吾與足下雖職有內外安社稷保國家其致一也天下安危繫之明德先存寧國而後圖其外使王基克隆大義弘著所望於足下區區誠懷豈可復顧嫌而不盡哉溫得書還鎮
郗超為桓溫參軍太和中溫將伐慕容氏於臨漳超諫以道遠汴水又淺運道不通溫不從遂引軍自濟入河超又進策於溫曰清水入河無通運理若寇不戰運道又難因資無所實為深慮也今盛夏悉力徑造鄴城彼伏公威略必望陣而走退還幽朔矣若能決戰呼吸可定設欲城鄴難為功力百姓布野盡為官有易水以南必交臂請命但恐此計輕决公必務其持重耳若此計不從便當頓兵河濟控引糧運令資儲充備足及來夏雖如賒遲終亦濟剋若舍此二策而連軍西進進不速決退必愆乏賊因此勢日月相引僶俛秋冬船道澀滯且北土早寒三軍裘褐者少恐不可以涉冬此大限闕非惟無食而已溫不從果有枋頭之敗溫深慙之
晉鄧潛之為何無忌大將軍府長史無忌將率衆以距盧循潛之諫曰今以神武之師抗彼逆衆迴山壓卵未足為譬然國家之計在此一舉聞其舟艦大盛勢居上流蜂蠆之毒邾魯成鑒宜決破南塘守二城以待之其必不敢捨我遠下蓄力俟其疲老然後擊之若棄萬全之長策而決成敗於一戰如其失利悔無及矣無忌不從果敗
宋劉敬宣晉末為會稽王世子元顯征虜參軍事隆安二年王恭起兵於京口以誅司馬尚之兄弟為名敬宣父牢之時為恭前軍司馬輔國將軍晉陵太守豐先領兵而恭以豪戚自居甚

相陵忽牢之心不能平及恭此舉使牢之為前鋒大傅會稽王道子與牢之書備言禍福使以兵反恭牢之呼敬宣謂曰王恭昔蒙先帝殊恩今居伯舅之重義心未彰唯兵是縱吾不能審恭事捷之日必能奉戴天子緝穆宰相與不今欲奉國威靈以明逆順汝以為何如敬宣曰朝廷雖無成康之隆未有幽厲之亂而恭怙亂阻兵志陵京邑大人與恭親無骨肉分非君臣雖共事少時意好不協今日討之於情何有牢之至竹里斬恭大將顏延遣敬率高雅之等還京襲恭恭方出城耀軍馳騎橫擊之一時散潰元顯進號後將軍以敬宣為諮議參軍加寧朔將軍
胡藩為高祖鎮軍參軍事從征鮮卑賊屯聚臨朐藩言於高祖曰賊屯軍城外守者必寡今往取其城而斬其旗幟此韓信所以克趙也高祖乃遣檀韶與藩等潛往既至即克其城賊見城陷一時奔走還保廣固
王誕為高祖太尉長史盧循自蔡州南走劉毅固求追討高祖

符契未定誕密白曰公既平廣固旋滅盧循則功蓋終古勳無與二如此大威豈可餘人分之毅與公同起布衣一時相推耳今既已喪敗不宜復使立功高祖從其言

顏竣爲孝武安北鎮軍北中郎府主簿從軍自彭城北歸復求互市竣議曰愚以爲與虜和親無益已然之明效可以言其然夷狄之欲侵暴征若力之不足耳未嘗稍制信義用輟其謀昔年江上之役乃是和親之所招堅絶交轉遂求國婚朝廷羈縻之義依違不絶既積歲月漸不可誣獸心無厭重以忿怒故至於深入今幸因兵交之後華戎隔判若言互市則復開曩弊之萌議者不過言互市之利在得馬今棄此所重得彼下駟千疋尚不足言況所得之數裁不十百耶一相交關卒難閉絶冠負力玩陵縣黠已甚雖云互市實覘國情多聽其求則桀傲罔已通而爲弊則必生邊虞不如塞其端杜其觖望內修德化外經邊事保境以觀其釁於事爲長

府七百二十　十七

沈慶之年三十未知名往襄陽省兄倫之見而賞之倫之子伯符時爲竟陵太守倫之命伯符板爲寧遠中兵參軍竟陵蠻屢爲寇慶之爲設規略每擊破之伯符由此致將帥之稱

冊府元龜卷第七百二十

册府元龜卷第七百二十六

幕府部 一十一

辟署

漢氏公卿郡守皆得自舉其屬中興之後辟召尤盛故當時幕府彬彬然多賢材焉魏晉而下內居宰弼之任外膺將領之寄者曷嘗不選衆而舉得人爲盛哉蓋夫藩輔之重安危注意綱左之職左右惟人故能參贊於策畫經綸於政務謨猷官之嘉績昭治戎之善志周旋翊佐以成其美焉至乃羔鴈之贄璧馬之聘蓋所以致禮才彥將其厚意然而宣尼有擇木之喻展禽懷枉道之恥若夫含忠履絜之士非志義相期而用捨同趣又豈肯屈身而苟合哉

漢兒寬爲廷尉從史之北地視畜數年還至府上畜簿會廷尉時有疑奏已再見郤矣掾史莫知所爲寬爲言其意掾史因使寬爲奏成讀之皆服以白廷尉湯湯大驚召寬與語乃奇其材以爲掾湯由是鄉學以寬爲奏讞掾甚重之及湯爲御史大夫以寬爲掾

蕭望之署小苑東門候免歸爲郡史御史大夫魏相除望之爲屬

尹翁歸河東人大守田延年除補卒史案事發奸窮竟事情延年大重之自以能不及翁歸徙署督郵

薛廣德字長卿蕭望之爲御史大夫除廣德爲屬數與論議器之薦奏世以選爲郎前將軍韓增奏以爲軍司空令本始中從軍擊匈奴軍罷復爲郎

陳湯免射聲校尉大將軍王鳳奏以爲從事中郎幕府事壹決於湯

王尊涿郡人給事太守府問詔書行事尊無不對太守奇之補除書佐署守屬監獄久之稱病去後召署守屬治獄爲郡決曹

諸葛豐字少季以明經爲郡文學名特立剛直貢禹爲御史大夫除豐爲屬舉侍御史

孫寶潁川人以明經爲郡吏御史大夫張忠辟寶爲屬欲令授子經更爲除舍設儲偫寶自劾去忠固還之心內不平後署寶主簿寶徙入舍祭竈請比鄰忠陰察怪之使所親問寶前大夫爲君設除大舍子自劾去者欲爲高節也今兩府高士俗不爲主簿子既爲之徙舍甚說何前後不相副也寶曰高士不爲主簿而大夫君以寶爲可一府莫言非士安得獨自高前日君男欲學文而移寶自近禮有來學義無往教道不可詘身詘何傷且不遭者可無不爲況主簿乎忠聞之甚慙

侯文京兆故吏剛直不苟合常稱疾不肯仕孫寶爲京兆尹以恩禮請文欲爲布衣友日設酒食妻子相對文求署爲掾進見如賓禮數日以立秋署文東部督郵

原涉字巨先父爲南陽太守父死涉讓還南陽賻送行喪冢廬三年繇是顯名京師禮畢扶風謁請爲議曹

陳咸爲御史中丞頗言石顯短後坐事減死髡爲城旦因廢成帝初即位大將軍王鳳以咸前指言石顯有忠直節奏請咸補長史

杜欽延年子也王鳳以外戚輔政求賢以自助鳳父頃侯禁與欽兄緩相善故鳳深知欽能奏請欽爲大將軍武庫令職閒無事欽所好也

谷永爲長安小吏博學經書御史大夫繁延壽聞其有茂材除補屬舉爲大常丞

杜鄴以病去郎王商爲大司馬衛將軍除鄴以爲腹心與侍御史

毋將隆字君房王音爲大司馬車騎將軍內領尚書外典兵馬踵故選置從事中郎[illegible]與參謀議奏請隆爲從事中郎

後漢卓茂初辟丞相府史事孔光稱爲長者

董鈞建武中舉孝廉辟司徒府博通古今數言政事

魯恭扶風平陵人十五及弟丕俱居太學兄弟俱爲諸儒所稱憐弟丕小欲先就其名託疾不仕郡舉丕方正恭始爲郡吏

太僕趙熹聞而辟之
尹敏待詔公車拜郎中辟大司空府
吳良齊國人初爲郡吏歲旦掾史入賀門下掾王望舉觴上壽諂稱太守功德良勃然責之太守歛容而止轉良功曹以言受進終不肯謁驃騎將軍東平王蒼聞而辟之署西曹甚相敬愛
董宣初爲司徒侯霸所辟舉高第累遷北海相
鮑永字君長上黨人父宣哀帝時任司隸校尉爲王莽所殺永爲郡功曹莽以宣不附己欲滅其子孫都尉路平承望風旨規欲害永太守苟諫擁護召以爲吏常置府中諫卒永自送喪歸扶風平遂收永弟升新太守趙興到聞乃歎曰我受漢茅土不能立節而鮑宣死之豈可害其子也勑縣出外復署永功曹
周澤建武末辟大司馬府署議曹祭酒數月徵試博士
衛颯字子產建武二年辟大司徒鄧禹府舉能案劇除侍御史
王景少以學易沈深多伎藝辟司徒伏恭府

崔駰善屬文竇憲爲車騎將軍辟駰爲掾憲府貴重掾屬三十人皆故刺史二千石唯駰以處士年少擢在其間及憲遷大將軍復以傳毅爲司馬班固爲中護軍憲府文章之盛冠於當世
杜篤字季雅車騎將軍馬防擊西羌請爲從事中郎戰没於射姑山
第五倫京兆長陵人京兆尹閻興召倫爲主簿
樂恢京兆長陵人爲郡功曹辟司空牟融府
何敞扶風平陵人元和中辟太尉宋由府由待以殊禮
胡廣南郡人六世祖剛清高有志節平帝時大司徒馬宮辟之
桓榮字春卿習歐陽尚書客授江淮間年六十餘辟大司徒府
張興辟司徒馮勤府勤舉孝廉稍遷博士
楊震字伯起鄧騭爲大將軍屬人士荒饑死者相望盜賊群起四夷侵畔騭崇節儉罷力役辟震與朱寵陳禪置之幕府故天下復安

朱穆字公叔舉孝廉屬江淮盜賊羣起州郡不能禁或說大將軍梁冀曰朱公叔兼資文武海内奇士若以爲謀主賊不足平也冀亦素聞穆名乃辟之使典兵事甚見親任
劉寬字文饒桓帝時大將軍辟五遷司徒長史大將軍梁冀也
應奉爲武陵太守坐公事免延熹中武陵蠻復寇亂荆州車騎將軍馮緄以奉有威恩爲蠻夷所服上請與俱任拜從事中郎奉勤設方略賊破軍罷緄推功於奉薦爲司隸校尉
馬融字季長大將軍鄧騭聞融名召爲舍人非其好也遂不應命客於涼州武都漢陽界中會羌虜飆起邊方擾亂米穀踊貴自關以西道殣相望融既饑困乃悔而歎息謂其友人曰古人有言左手據天下之圖右手刎其喉愚夫不爲所以然者生貴於天下也今以曲俗咫尺之羞滅無貲之軀殆非老莊所謂也故往應騭召
周舉字宣光初辟司徒李郃府後爲蜀郡太守坐事免大將軍梁商表爲從事中郎甚重焉

黃昌字聖眞會稽餘姚人曉習文法仕郡爲決曹史行部見昌奇之辟從事
杜喬字叔榮少爲諸生舉孝廉辟司徒楊震府
李膺初舉孝廉爲司徒胡廣所辟高第遷青州刺史
杜密爲人沈質少有厲俗志爲司徒胡廣所辟
魏朗詣太學受五經京師長者李膺之徒爭從之辟司徒府再遷彭城令
范滂汝南人爲光祿主事棄官而去後爲太尉黃瓊所辟
尹勳爲貝丘長辭病去辟公府
羊陟以清直有學行舉孝廉辟太尉李固府張儉山陽人初舉茂才以刺史非其人謝病不起太守翟超請爲東部督郵
岑晊南陽人雖在閭里慨然有董正天下之志太守弘農成瑨下車欲振威嚴聞晊高名請爲功曹

陳翔名知名察孝廉太尉周景辟舉高第拜侍御史
何顒字伯求黨事起變名姓亡匿事解辟司空府
黄尚爲蜀郡太守免大將軍梁商表爲從事中郎持其節重
陳蕃汝南人周景爲豫州刺史辟爲別駕又辟潁川李膺荀緄
杜密沛國朱寓爲從事皆天下英俊之士也
史弼字公謙以篤學聚徒數百仕州郡辟公府
童恢琅邪人少仕州郡爲吏司徒楊賜聞其執法廉平乃辟之
王允太原人仕郡爲吏人有路佛者以无名行而太守王球召
以補吏允犯顔固爭球怒收允欲殺之刺史鄧盛聞而馳傳辟
爲別駕從事允由是知名而路佛以之廢棄允後爲豫州刺史
辟荀爽孔融等爲從事
虞詡字外卿早孤祖母終服闋辟太尉李脩府拜郎中
邊讓字文禮初大將軍何進聞讓才名欲辟命之恐不至詭以
軍事徵召讓到署令史進以礼見之讓善占謝能辭對時賓客

滿堂莫不羨其風
趙岐字邠卿辟司空掾後爲大將軍梁冀所辟爲陳損益求賢
之策冀不納舉理劇爲皮氏長避仇逃難四方載北海孫嵩家
複壁中後因赦出三府聞之同時並辟九年乃應司徒胡廣之命
盧植涿郡人爲尚書免官隱於上谷不交人事冀州牧袁紹請
爲軍師蔡邕辟司徒橋玄府玄甚敬待之出補河平長
孔融辟司徒楊賜府會河南尹何進當遷爲大將軍賜遣融奏
謁賀進不時通融即奪謁還府投劾而去河南官屬恥之私遣劍
客欲追殺融客有言於進曰孔文舉有重名將軍若造怨此人
則四方之士引領而去矣不如因而禮之以示廣於天下進然
之既拜而辟融舉高第爲侍御史
劉表初被詔議爲八顧詔書捕黨人亡走得免黨禁解辟大將
軍何進掾
鍾繇爲莒長委官還家初州牧陶謙初辟別駕從事辭疾避遁
謙重令楊州從事會稽吳範宣旨堅守意不移欲威以刑罰然
後乃赴
魏夏侯惇字元讓太祖初起惇常爲裨將從征伐太祖行奮武
將軍以惇爲司馬
荀攸字公達爲漢尚書太祖素聞攸名與語大悦謂荀彧鍾繇
曰公達非常人也吾得與之計事天下當何憂哉以爲軍師
國淵字子尼樂安人與邴原管寧等避亂遼東既還舊土太祖
辟爲司空掾
王脩字叔治北海營陵人初平中北海相召以爲主簿袁譚在
青州辟爲治中從事別駕袁紹又辟脩除即墨令後復爲譚別
駕袁氏政寬在職者多畜聚太祖破鄴籍没審配等家財物貲
以萬數及破南皮閲脩家穀不滿十斛書數百卷太祖歎曰士
不妄有名乃禮辟爲司空掾行司金中郎將
邴原字根矩北海朱虛人在遼東一年後得歸太祖辟爲司空

掾（叙云孔融在北海以鄭玄爲計掾彭璆爲計吏邴原爲計佐）
管寧字幼安避亂於遼東太祖辟爲司空掾
崔琰字季珪清河人就鄭玄學會黄巾賊起去家四年乃歸以
琴書自娛大將軍袁紹聞而辟之太祖破袁氏領冀州牧辟琰
爲別駕從事
徐弈字季才東莞人避難江東孫策禮命之弈改姓名微服遂
本郡太祖爲司空辟爲掾屬
何夔字叔龍陳郡人避亂淮南不應袁術辟間行到本郡須之
大祖辟爲司空掾
邢顒字子昂爲廣宗長以故將喪棄官太祖更辟司空掾除行
唐令入爲丞相門下督
鮑勛字叔業父信爲濟北相協規太祖身以遇害太祖爲丞相
追録信功封勛兄邵新都亭侯辟勛丞相掾
華歆字子魚爲下邽令會天子使太傅馬日磾安集關東日磾

辟歆為掾

郭嘉字奉孝太祖召見論天下事太祖曰使孤成大事者必此人也嘉出亦喜曰真吾主也表為軍司空

董昭字公仁除癭陶長栢人令袁紹以為參軍事

劉曄字子揚太祖辟為司空倉曹掾

劉放字子棄遭世大亂漁陽王松據其土往依之太祖克冀州放說松舉雍奴泉州安次以附之放為松荅太祖書其文甚麗太祖既善之又聞其說由是遂辟放與松俱至以放參司空軍事

劉馥字元穎避亂揚州建安初說袁術將戚寄秦翊使率衆與俱詣太祖太祖悅之司徒辟為掾

王粲字仲宣漢末西京擾亂乃之荊州依劉表表卒粲勸表子琮令歸太祖太祖辟為丞相掾從還軍謀祭酒

荀緯字公高少喜文學建安中召署軍謀掾

衛覬字伯儒少夙成以才學稱太祖辟為司空掾屬

劉廙字恭嗣南陽人兄望之有名於世荊州牧劉表辟為從事後望之見害廙懼奔揚州遂歸太祖太祖辟為丞相掾屬轉五官將文學後從署丞相倉曹屬

阮瑀字元瑜太祖雅聞瑀名辟之不應連見偪促乃逃入山中太祖使人焚山得瑀送至以為司空軍謀祭酒管記室

范粲州府交辟皆無所就久之乃應命為治中轉別駕辟太尉掾

司馬朗字伯達年二十二太祖辟為司空掾屬

賈逵字梁道除澠池令以祖父喪去官司徒辟為掾

徐邈字景山燕國人太祖平河朔召為丞相軍謀掾試守奉高令入為東曹議令史

胡質字文德壽春人為丞相東曹議令史州請為治中

王淩字彥雲稍遷至中山太守所在有治迹太祖辟為丞相掾屬

和洽字陽士汝南人太祖定荊州辟為丞相掾屬

沐並字德信為人公果不畏彊禦丞相召署軍謀掾

裴潛字文行河東人避亂荊州劉表待以賓禮潛私謂所親曰劉牧非霸王之才欺無日矣遂南適長沙太祖定荊州以潛參丞相軍事出歷三縣令入為倉曹屬

韓暨字公至南陽人避袁術命召徙居山都之山劉表禮辟遂遁居孱陵界表深恨之暨懼應命除宜城長太祖平荊州辟為丞相士曹屬

高柔字文惠袁紹甥高幹之弟幹以并州叛太祖欲因事誅之以為刺姦令史柔夙夜匪懈至擁膝抱文書而寢太祖嘗夜微出觀察諸吏見柔哀之徐解裘覆柔而去自是辟為丞相倉曹屬

孫禮字德達涿郡人太祖平幽州召為司空軍謀掾

王觀字偉臺少孤貧厲志太祖召為丞相文學掾

楊阜字義山天水人以州從事為州牧韋端使詣許拜安定長史非其好遂去官端徵為太僕子康代為刺史辟阜為別駕察孝廉辟丞相府州表留參軍事

高堂隆字升平泰山人少為諸生太守薛悌命為督郵後去吏避地濟南太祖召為丞相軍議掾

滿寵字伯寧山陽人守高平令棄官歸太祖臨兗州辟為從事及為大將軍辟署西曹屬

田豫字國讓漁陽人公孫瓚敗而鮮于輔為國人所推行太守事以豫為長史豫謂輔曰終能定天下者曹氏也宜速歸命輔從其計太祖召豫為丞相軍謀掾

牽招字子經安平人冀州牧袁紹辟為督軍從事兼領烏丸突騎太祖領冀州辟為從事

杜夔字公良避亂奔荊州荊州降太祖以夔為軍謀祭酒參太樂事

郭淮字伯濟文帝為五官將召署門下賊曹轉丞相兵曹議令史

鄧艾字士載義陽人為典農綱紀上計吏因使見太尉司馬宣王宣王奇之辟之為掾

管輅字公明平原人清河太守華表召為文學掾安平趙孔曜薦輅於冀州刺史裴徽徽辟為文學從事引與相見大善友之徙部鉅鹿遷治中

傅嘏字蘭石弱冠知名司空陳羣辟為掾

胡遵安定人張既為雍涼二州刺史與天水楊阜酒泉龐淯燉煌張恭周生烈等為既所禮辟終皆有名位

張遼少為郡吏漢末并州刺史丁原以遼武力過人召為從事使將兵詣京都

單固字恭夏山陽人為人有器實正始中兖州刺史令狐愚與固父伯龍善辟固欲以為別駕固不樂為州吏辭以疾愚禮意愈厚固母夏侯氏謂固曰使君與汝父久善故命汝不止汝亦故當仕進自可往耳固不獲已遂往

虞松字叔茂陳留人弱冠有才從司馬宣王征遼東宣王命作檄及破賊作露布松從還宣王辟為掾時年二十四

蜀周羣字仲直巴西閬中人州牧劉璋辟為師友從事

劉琰字威碩魯國人先主在豫州辟為從事以其宗姓有風流善談論厚親待之遂隨從周旋常為賓客

劉巴字子初零陵人曹公征荊州辟為掾使招納長沙零陵桂陽會先主略有三郡巴不得反使遂遠適交阯先主深以為恨巴復從交阯至蜀俄而先主定益州巴辭謝罪負先主不責而諸葛孔明數稱薦之先主辟為左將軍西曹掾

龐統字士元襄陽人郡命為功曹先主治荊州以從事守耒陽令在縣不治免官吳將魯肅遺先主書曰龐士元非百里才也使處治中別駕之任始當展其驥足耳諸葛亮亦言之先主先主見與善譚大器之以為治中從事

糜竺字子仲東海人徐州牧陶謙辟為別駕從事後曹公表竺領嬴郡太守去官隨先主周旋先主將適荊州遣竺先與劉表相聞以竺為左將軍從事中郎

孫乾字公祐北海人先主領徐州辟為從事後隨從周旋

簡雍字憲和少與先主有舊隨從周旋先主至荊州雍與糜竺孫乾同為從事中郎

伊籍字機伯隨先主南渡江從入益州益州定以為左將軍從事中郎

秦宓字子勑廣漢人先主定益州廣漢太守夏侯纂請為師友祭酒領五官掾稱曰仲父益州辟宓從事祭酒建興二年丞相亮領益州牧選宓迎為別駕

董和字幼宰劉璋以為益州太守先主定蜀徵為掌軍中郎將

馬良字季常先主領荊州辟為從事先主入蜀辟良左將軍掾

廖立字公淵先主領荊州牧辟為從事年未三十

楊儀字威公襄陽人太守關羽命為功曹奉使詣先主先主大悅之辟為左將軍兵曹掾後為遙署弘農太守丞相亮以為參軍署府事遷長史

費詩字公舉犍為人先主領益州以為督軍從事

杜瓊字伯瑜益州牧劉璋辟為從事先主定益州以為議曹從事

尹默字思潛梓潼人先主定益州以為勸學從事

譙周字允南巴西人丞相亮領益州牧命為勸學從事大將軍蔣琬領刺史徙為典學從事

黃權字公衡巴西人少為郡吏州牧劉璋召為主簿

李恢字德昂建寧人先主領益州牧以為功曹書佐主簿西遷別駕從事

蔣琬字公琰諸葛亮為丞相開府辟琬為東曹掾舉茂才琬固讓劉邕陰化龐延廖淳亮教答曰思惟背親捨德以殄百姓衆人既不隱於心實又使遠近不解其義是以君宜顯其功舉以明此選之清重也遷為參軍又代張裔為長史

姚伷字子緒為廣漢太守丞相亮北駐漢中辟為掾並進文武之士亮稱曰忠益者莫大於進人進人者各務其所尚今姚掾并存剛柔以廣文武之用可謂博雅矣願諸掾各希此事以屬

其坐迁為參軍

霍弋字紹先先主末年為太子舍人後主踐祚除謁者丞相諸葛亮北駐漢中請為記室使與子喬共周旋游處

姜維天水冀人為中郎參本郡軍事丞相諸葛亮軍向祁山時天水太守失出案行維及功曹梁緒主簿尹賞主記梁虔等從行太守聞蜀軍垂至而諸縣響應疑維等皆有異志於是夜亡保上邽維等覺太守去追遲至城門城門已閉不納維等相率還冀冀亦不入維維等乃俱詣諸葛亮會馬謖敗於街亭亮拔將西縣千餘家及維等還故維遂與母相失亮辟為倉曹掾加奉義將軍封當陽亭侯

吳張昭字子布孫策創業命為長史

程秉字德樞避亂交州士燮命為長史

朱治字君理丹陽故鄣人初為縣吏後察孝廉州辟從事

虞翻字仲翔會稽人太守王朗命為功曹孫策征會稽翻勸朗避策策復命為功曹待以交友之禮

陸績字公紀大帝統事辟為奏曹掾以直道見憚出為鬱林太守

駱統字公緒大帝以將軍領會稽太守統年二十試為烏程相民戶過萬咸歎其惠理帝嘉之召為功曹行騎都尉

吾粲字孔休孫河為將軍表粲為曲阿丞迁為長史大帝為車騎將軍召為主簿

全柔吳郡錢唐人漢靈帝時補尚書郎右丞董卓之亂棄官歸州辟別駕從事後為丹陽都尉大帝為車騎將軍以柔為長史

潘濬字承明武陵人年三十荊州牧劉表辟為部江夏從事劉備領荊州以濬為治中從事

胡綜字偉則大帝為討虜將軍以綜為金曹從事

步騭字子山大帝為討虜將軍召騭為主記除海鹽長還辟車騎將軍東曹掾（帝為徐州牧以騭為治中從事舉茂才）

[illegible]字子歎少游學有[illegible]大帝統[illegible]辟召署主簿

闞澤字德潤究覽群籍兼通曆數大帝為驃騎將軍辟補西曹掾

聶支有脣吻少為縣吏虞翻徙交州縣令使支送之翻與語而奇焉為書與豫章太守謝斐令以為功曹郡時見有功曹斐見之問曰縣吏聶支可堪何職對曰此人縣間小吏耳猶可堪曹佐斐曰論者以為宜作功曹君其避之乃用為功曹

徐平字伯先諸葛恪為丹楊太守討山越以平威重思慮可與效力請平為丞

晉王祥漢末遭亂攜弟覽避地廬江三十餘年徐州刺史呂虔檄為別駕祥年垂耳順固辭不受覽勸之為具車牛祥乃應召虔委以州事

王覽字玄通祥之弟世名亞於祥應本郡之召稍迁司徒西曹掾

魯芝扶風郿人辟州別駕魏車騎將軍郭淮為雍州刺史深敬重之舉孝廉除郎中會蜀相諸葛亮侵隴右淮復請芝為別駕從事

王沉好書善屬文大將軍曹爽辟為掾

邵悌亮直彊正鍾會伐蜀奇其才自黽池令召為主簿賈充伐吳請悌為長史

劉毅僑居平陽太守杜恕請為功曹後辟司隸從事太常鄭袤舉博士文帝辟為相國掾辭疾積年不就時人謂毅忠於魏氏而帝怒其顧望將加重辟毅懼應命轉主簿

裴秀字季彥渡遼將軍毋丘儉嘗薦秀於大將軍曹爽乃辟為掾

唐彬魯國鄒人初為郡門下掾累迁別駕彬忠肅公亮盡規匡救不顯諫以自彰又奉使詣相府計事于時僚佐皆當世英彥見彬莫不欽悅稱之於文帝薦為掾屬帝以問其參軍人皆忌其能良久不答陳騫在坐斂板而稱曰彬之為人勝騫甚遠帝笑曰但能如卿固未易得何論於勝因辟彬為鎧曹屬帝問曰卿何以致辟對曰脩業陋巷觀古人之遺跡言滿天下無口過

過行慊天下無怨惡帝顧四坐曰名不虛行他日謂孔顗曰許
見啓彬庶受蔽賢之責矣
裴楷字叔則鍾會薦之於文帝辟相國掾
荀勗字公曾仕魏辟大將軍曹爽掾
荀邃字道玄弱冠辟趙王倫相國掾
荀闓字道明有名稱大司馬齊王冏辟爲掾
荀組字大章爲滎陽太守趙王倫爲相國欲收大名選海内德
望之士以江夏李重及組爲左右長史東平王堪沛國劉謨爲
左右司馬
韓壽字德真美姿貌善容止賈充辟爲司空掾
李熹字季和宣帝辟爲太傅屬固辭疾郡縣扶輿上道
王渾字玄沖雅有器量魏世辟大將軍曹爽掾
王濬字士治弘農人州辟部河東從事守令有不廉絜者皆望
風自引而去

山濤字巨源河内人年四十始爲郡主簿功曹上計掾州辟部
河南從事
郭舒順陽人刺史夏侯含辟爲西曹轉主簿含坐事舒自繫理
含事得釋刺史宗岱命爲治中喪母去職劉弘牧荆州引爲治
中弘卒三登代之聞其名引爲別駕後轉順陽太守王敦召爲
參軍轉從事中郎
樂廣字彦輔裴楷薦廣於賈充遂辟太尉掾
温羨字長卿少以朗寤見稱齊王攸辟爲掾遷尚書郎
程衛字長玄彊正方毅劉毅聞其名辟爲都官從事奏中護軍
羊琇陰私所犯狼籍由是名振遐邇遂辟公府掾
何攀字惠興蜀郡人任州爲主簿王濬爲益州辟爲別駕
劉頌字子雅少能辨物理爲時人所稱察孝廉舉秀才不就文帝
辟爲相府掾
傅敷字穎根清淨有道素解屬文永嘉之亂避地會稽元帝引
爲鎮東從事中郎
向雄字茂伯河内人太守劉毅嘗以非罪笞雄及吳奮代毅爲
太守又以少譴繫獄司隸鍾會於獄中辟雄爲都官從事
阮籍字嗣宗太尉蔣濟聞其有儁才而辟之籍詣都亭奏記曰
伏惟明公以含一之德據三台之位英豪翹首俊賢抗足開府
之日人人自以爲掾屬辟書始下而下走爲首昔子夏在於西
河之上而文侯擁篲鄒子處於黍谷之陰而昭王陪乘夫布衣
韋帶之士孤居特立王公大人所以禮下之者爲道存也今籍
無鄒卜之道而有其陋猥見採擢無以稱當方將耕於東皐之
陽輸黍稷之餘稅負薪疲病足力不彊補吏之召非所克堪乞
迴謬恩以光清舉初濟恐籍不至得記欣然遣卒迎之而籍已
去濟大怒於是鄉親共喻之乃就吏宣帝爲太傅命爲從事中
郎又爲景帝大司馬從事中郎文帝輔政以爲大將軍從事中
郎籍後遂落世事雖去佐職常遊府内朝宴必與焉

阮瞻字千里見司徒王戎戎問曰聖人貴名教老莊明自然其
旨同異瞻曰將無同戎咨嗟良久即命辟之時人謂之三語掾
阮孚字遥集初辟太傅府遷騎兵屬避亂渡江元帝以爲安東
參軍轉丞相從事中郎終日酣縱常爲有司所糾帝每優容之
庾峻字山甫潁川人少好學有才思歷郡功曹舉計掾州辟從事
郭象字子玄少有才理辟司徒掾稍至黄門侍郎東海王越引
爲太傅主簿甚見親委遂任職當權熏灼内外由是素論去之
摯虞字仲洽京兆人才學博通著述不倦郡檄主簿
王接字祖游河東人爲郡主簿迎太守温宇宇奇之轉功曹史
州辟部平陽從事泰山羊亮爲平陽太守薦之於司隸校尉王
堪出補都官從事
郤詵字廣基爲議郎母憂去職召爲征東參軍
華譚字令思廣陵人爽慧有口辯爲鄉里所重揚州刺史周浚
引爲從事史愛其才器待以賓友之禮建興初元帝命爲鎮東

軍諮祭酒轉丞相軍諮
陸機字士衡太康末入洛張華薦之諸公太傅楊駿辟爲祭酒
陸雲字士龍吳郡人刺史周浚召爲從事謂人曰士龍當今之顔子也
潘岳字安仁以才穎見稱早辟司空太尉府
江虨字思玄陳留人本州辟舉秀才平南將軍溫嶠以爲參軍後爲州別駕辟司空郗鑒掾除長山令鑒又請爲司馬轉黄門侍郎車騎將軍庾冰鎮江州請爲長史冰薨庾翼以爲諮議參軍俄而復補長史
江惇字思悛蘇峻之亂避地東陽山太尉郗鑒檄爲兖州治中又辟太尉掾康帝爲司徒亦辟焉征西將軍庾亮請爲儒林參軍
孫楚字子荆參鎮東石苞軍事苞表楚亂致時政湮廢積年征西將軍扶風王駿與楚舊好起爲參軍
孫綽字興公除著作佐郎征西將軍庾亮請爲參軍後遷尚書郎揚州刺史殷浩以爲建威長史會稽王羲之引爲右軍長史
羅尚字敬之荆州刺史王戎以尚及劉喬爲參軍並委任之
趙誘字元孫淮南人世以將顯州辟主簿刺史郗隆爲其下所害誘還家杜門不出左將軍王敦以爲參軍
周訪字士達汝南人察孝廉除郎中上甲令皆不之官元帝渡江命參鎮東軍事
周撫字道和元帝辟爲丞相掾父喪去官後除武昌太守王敦命爲從事中郎將咸和初司徒王導以爲從事中郎
皇甫商秦州刺史重之弟齊王冏輔政以商爲參軍冏誅長沙王乂以爲參軍
李含字世容隴西人州以短檄召爲門亭長刺史郭奕素聞其賢下車擢爲別駕處羣僚之右尋薦之公府太保衛瓘辟爲掾
索靖字幼安敦煌人州辟別駕舉賢良方正
賈疋字彦度初辟公府遂歷顯職

荀邃字道將以爲司隸部從事累遷陽平太守齊王冏輔政以爲參冏軍事冏誅坐免長沙王乂爲驃騎將軍以邃爲從事中郎
祖納有操行性至孝平北將軍王敦聞之遺其二婢辟爲從事中郎有戲之曰奴價倍婢納曰百里奚何必輕於五羖皮邪
范汪弱冠至京屬蘇峻作難汪乃遁逃西歸庾亮溫嶠屯兵尋陽汪詣嶠等急宜進討是日護軍平南二府禮命交至始解褐參護軍軍事

冊府元龜卷第七百二十六

冊府元龜卷第七百二十七

幕府部一十二

辟署第二

晉羊曼字祖延少知名本州禮命太傅辟皆不就避難渡江元帝以爲鎮東參軍轉丞相主簿委以機密

王珣字元琳弱冠與陳郡謝玄爲桓溫掾後轉主簿從討袁真轉大司馬參軍

陶侃字士行爲廬江縣吏郡陽孝廉范逵過廬江太守張夔稱美之夔召爲督郵遷主簿復除郎中伏波將軍孫秀以亡國支庶府望不顯中華人士恥爲掾屬以侃寒宦召爲舍人

温嶠字太真年十七州郡辟召不就司隸命爲都官從事後舉秀才灼然司徒辟東閣祭酒補上黨令平北大將軍劉琨請爲參軍琨遷大將軍嶠爲從事中郎琨遷司空以爲右司馬

楊方字公回賀循稱之於京師司徒王導辟爲掾轉東安太守

遷司徒參軍事

薛兼字令長察河南孝廉辟公府累歷懷令司空東海王越引爲參軍轉祭酒元帝爲安東將軍以爲軍諮祭酒稍遷丞相長史

劉隗字大連彭城人爲彭城內史避亂渡江元帝以爲從事中郎遷丞相司直委以刑憲

刁協字玄亮成都王穎請爲平北司馬後歷趙王倫相國參軍長沙王乂驃騎司馬東嬴公騰鎮臨漳以協爲長史避亂渡江元帝以爲鎮東軍諮祭酒轉長史

戴淵字若思舉孝廉入洛陸機薦之於趙王倫倫乃辟之累轉東海王越軍諮祭酒後元帝召爲鎮東右司馬

戴邈字望之永嘉中元帝泝行邵陵內史丞相軍諮祭酒

周顗字伯仁累遷尚書吏部郎東海王越子毗爲鎮軍將軍以顗爲長史元帝鎮江左請爲軍諮祭酒

應詹字思遠初辟公府爲太子舍人趙王倫以爲征東長史倫誅成都王穎辟爲掾鎮南大將軍劉弘詹之祖舅也請爲長史

卞壼字望之永嘉中除著作佐郎征東將軍周馥請爲從事中郎不就元帝鎮建業召爲從事中郎將委以選舉甚見親杖

鄧攸字伯道爲太子洗馬東海王越世子文學吏部郎中越弟騰爲東中郎將請攸爲長史

孫惠字德施永寧初赴齊王冏義以辟大司馬戶曹掾轉東曹屬冏敗成都王穎引爲大將軍參軍後改姓名以遁東海王越舉兵下邳惠詭稱南嶽逸士秦秘之以書干越越榜道以求之惠乃出見越即以爲記室參軍後除太子中庶子復請補司空從事中郎

熊遠字孝文豫章人太守會稽夏靜辟爲功曹及靜去職遠送至會稽以歸州辟主簿元帝作相引爲主簿轉從事中郎

顧和爲司徒掾時東海王沖爲長水校尉妙選僚屬以劉耽爲

司馬庾懌爲功曹和爲主簿

陳頵字延思陳國人仕郡督郵檢獲隱匿者三千人爲一州尤最太守劉享拔爲主簿州辟從事乘馬車還家宗黨榮之

高崧字茂琰摠角時司空何充稱其明惠充爲楊州引爲主簿益相欽重轉驃騎主簿累遷黃門侍郎簡文輔政引爲撫軍司馬

庾亮美姿儀善談論而方嚴自守元帝爲鎮東時聞其名辟西曹掾及引見風情都雅過於所望甚器重之

庾翼字稚恭蘇峻作逆時翼年二十二兄亮使白衣領數百人備石頭亮敗與翼俱奔事平始辟太尉陶侃府轉參軍累遷從事中郎在公府雍容諷議

庾懌字叔預東海王沖爲長水校尉清選綱紀以懌爲功曹又爲沖中軍司馬

王承字安期永寧初爲驃騎將軍後避難南下遷司空從事中郎後東海王越鎮許以爲記室參軍雅相知重

王述字懷祖年三十尚未知名人或謂之癡司徒王導以明地辟爲中兵屬既見無他言惟問以在東米價述張目不荅導曰王掾不癡人何言癡也康帝爲驃騎將軍召補功曹又歷庾冰征虜長史

王坦之字文度簡文帝爲撫軍將軍辟爲掾累遷參軍從事中郎仍爲司馬出爲大司馬桓溫長史

王廙字世將初辟太傅掾轉參軍出爲濮陽太守元帝作鎮江左廙棄郡過江帝見之大悅以爲司馬後以冠軍將軍領丞相軍諮祭酒

蔡謨字道明父克爲成都王穎大將軍記室督穎爲丞相擢爲東曹掾後絶不仕東嬴公騰爲車騎將軍鎮河北以克爲從事中郎知必不就以軍期致之謨避亂渡江明帝爲東中郎將引爲參軍元帝拜丞相復辟爲掾轉參軍後歷大將軍王敦從事中郎司徒左長史

諸葛恢字道明元帝爲安東將軍以恢爲主簿復爲鎮東參軍與卞壼並以時譽遷從事中郎兼統記室

孔愉字敬康會稽人值亂入新安山中改姓孫氏永嘉中元帝始以安東將軍鎮楊土命愉爲參軍邦族尋求莫知所在建興初始出應召爲丞相掾仍除駙馬都尉參丞相軍事時已五十矣

謝尚字仁祖司徒王導深器之比之王戎常呼爲小安豐辟爲掾轉西曹屬

謝安字安石年四十征西大將軍桓溫請爲司馬將到溫甚喜言生平歡笑竟既出溫問左右頗嘗見我有如此客不

王獻之字子敬轉祕書丞謝安甚欽愛之請爲驃騎長史安進號衛將軍復爲長史

桓宣譙國人爲元帝丞相舍人時塢主張平自稱豫州刺史樊雅自稱譙郡太守轉宣行參軍使說平雅平雅遣軍主簿詣丞相府受節度南中郎將王含請爲參軍

桓伊字叔夏有武幹標悟簡率爲王濛劉惔所知頻參諸府軍事累遷大司馬參軍

毛穆之字憲祖寶之子果毅有父風安西將軍庾翼以爲參軍翼子方之爲建武將軍守襄陽方之年少翼選武將可信仗者爲輔弼乃以穆之爲建武司馬

桓遐字應遠勇力絶人桓溫以爲參軍數從溫征伐

虞預字叔寧餘姚人太守庾琛命爲主簿預上記陳時政所失琛善之即皆施行太守紀瞻到預復爲主簿轉功曹史安東從事中郎諸葛恢參軍庾亮等薦預召爲丞相行參軍兼記室

袁據字道彥美容貌善文辭弱冠辟大將軍府

周玘字宣佩弱冠州郡命不就刺史初到召爲別駕從事虛己備禮方始應命

車裔風姿美劭機悟敏速甚有鄉曲之譽桓溫在荆州辟爲從事以辯識義理深重之引爲主簿

習鑿齒字彥威荆州刺史桓溫辟爲從事江夏相袁喬深器之數稱其才於溫轉西曹主簿親遇隆密

謝玄字幼度有經國才略屢辟不起後與王珣俱被桓溫辟爲掾並禮重之

謝万弱冠辟司徒掾遷右西屬不就簡文帝作相聞其名召爲撫軍從事中郎万著白綸巾鶴氅裘履版而前既見與帝共談移日

鄧粲長沙人少以高潔著名與南陽劉驎之南郡劉尚公同志友善並不應州郡辟命荆州刺史桓沖卑辭厚禮請粲爲別駕粲爲其好賢乃起應召

孫盛字安國補瀏陽令太守陶侃請爲參軍庾亮代侃引爲征西主簿轉參軍庾翼代亮以爲安西諮議參軍桓溫代翼留盛爲參軍與俱伐蜀累遷從事　武

羅企生字宗伯豫章人爲臨　令刺史王凝之請爲別駕殷仲

堪之鎮江陵引爲功曹累遷武陵太守朮之郡而桓玄攻仲堪
仲堪更以企生爲諮議參軍
宋徐羨之字宗文少爲王雅太子少傅主簿劉牢之鎮北功曹
又爲桓脩撫軍中兵參軍與高祖同府深相親結義旗建高祖
板爲鎮軍參軍領軍司馬補琅邪王大司馬參軍司徒左西屬
深州別駕從事義熙十一年除鷹揚將軍琅邪內史仍爲大司
馬從事中郎將高祖北伐轉太尉左司馬常留任以副劉穆之
王鎮惡北海人廣固之役或薦鎮惡於高祖即以爲青州治中
從事史行參中軍太尉軍事署前部賊曹義熙八年大軍西討
轉參軍事十二年高祖將北伐轉諮議參軍行龍驤將軍領前鋒
盖龍符懷王弟也早爲高祖所知既克京城以爲建武參軍
朱齡石初爲桓脩撫軍參軍高祖克京城以爲建武參軍後遷
武康令又召爲參軍累遷尚書都官郎尋復爲參軍坐事免復
爲參軍　朱超石齡石之弟桓謙爲衛將軍以補行參軍又參何

無忌輔國右軍軍事徐道覆破無忌得超之以爲參軍至石頭
說其同舟人單舸走歸高祖高祖甚喜之以爲徐州主簿遷車
騎參軍事復補中兵參軍
毛脩之字敬文少有大意頗讀史籍荊州刺史殷仲堪以爲寧
遠參軍後爲桓玄參佐桓玄平下至京師高祖以爲鎮軍諮議
參軍
傅弘之字仲度少倜儻有大志義旗建輔國將軍劉道規以爲
參軍
羊欣字敬元桓玄輔政領平西將軍以欣爲平西參軍義熙中
弟徽被遇於高祖高祖謂諮議鄭鮮之曰羊徽一時美器時論
猶在兄後恨不識之即板欣補右將軍劉藩司馬轉長史中軍
將軍道憐諮議參軍
劉道産彭城人初爲輔國參軍無錫令有能名高祖板爲中軍
行參軍又爲道憐驃騎參軍後又爲彭城王驃騎中兵參軍

王敬引琅邪人桓玄輔政及篡位屢召不下高祖以爲車騎從
事中郎徐州治中從事征西將軍道規諮議參軍
謝靈運陳郡人初爲晉琅邪王大司馬行參軍撫軍將軍劉毅
鎮姑孰以爲記室參軍毅鎮江陵又以爲衛軍從事中郎毅伏
誅高祖板爲太尉參軍高祖伐長安驃騎將軍道憐居守板爲
諮議參軍
劉秀之字道寶父仲道高祖克京城以補建武參軍秀之累官
建業令太祖鎮襄陽以爲撫軍録事參軍
張敷性整貴風韻甚高好讀玄書兼屬文論少有盛名高祖見
而愛之以爲世子中軍參軍數見接父邵爲湘州去官侍從太
祖板爲西中郎參軍江夏王義恭鎮江陵以爲撫軍功曹轉記
室參軍
王華父廞起兵兵敗不知存亡華布衣蔬食十餘年高祖欲收
其才用乃發廞喪問使華制服服闋高祖北伐長安領鎮西將

軍北徐州刺史辟華爲州主簿仍轉鎮西主簿治中從事史歷
職著稱
袁淑字陽源遷太子洗馬以腳疾不拜衛軍臨川王義慶雅性
好文章請爲諮議參軍遷司徒左西屬
謝莊爲吏部尚書免官府北中郎將新安王子鸞有盛寵欲令
招引才望孝武乃使子鸞板莊爲長史
顔延之字延年才章之美冠絶當時飲酒不護細行後將軍吳
國內史劉柳以爲行參軍因轉主簿豫章公世子中軍行參軍
顔師伯字長淵父邵剛正有局力爲謝晦所知晦鎮江陵請爲
諮議參軍領録事師伯少孤貧劉道産爲雍州以爲輔國行參
軍弟師仲妻臧質女也質爲徐州辟師伯爲主簿衡陽王義季
代質爲徐州質薦之於義季義季即命爲征西行參軍興安侯
義賓代義季世祖代義賓仍爲輔國安北行參軍諮議參軍王
景文爲之世祖乃以爲徐州主簿世祖鎮尋陽啓太祖請爲南

中郎府主簿太祖不許謂典籤曰中郎府主簿那得用顔師伯
世祖又啓爲長流上佐太祖又曰朝庭不能除之那可自板亦
不宜署長流乃板爲參軍署刑獄
沈慶之字弘先兄敬之爲趙倫之征虜參軍南陽太守慶之往
襄陽省兄倫之見而賞之倫之子伯符爲竟陵太守倫之命伯
符板爲寧遠中兵參軍
顧覬之吳郡人初爲郡主簿謝晦爲荆州以爲南蠻功曹仍爲
晦衛軍參軍晦愛其雅素深相知待王引辟爲楊州主簿仍爲
引衛軍參軍鹽官令衡陽王義季右軍主簿
沈穆夫字彦和少好學王恭命爲前軍主簿與其父警書曰足
下既秉不拔之志高臥東南故屈賢子共事非以吏職嬰之也
劉勔少有志節兼好文義家貧爲廣州增城令廣州刺史劉道
錫引爲楊烈府主簿
何長瑜東海人廬陵王紹鎮尋陽以長瑜爲南中郎行參軍掌

府七百二十七　七

書記之任
龔穎遂寧人少好學益州刺史毛璩辟爲勸學從事璩爲譙縱
所殺縱逼穎以兵刃穎遂不屈節其後刺史至輒加辟引歷府
參軍州別駕從事
袁覬父爲吳郡覬隨父在官值元凶弑立安東將軍隨王誕舉
兵入討板覬爲諮議參軍
南齊孔稚珪字德璋會稽人少學涉有美譽太守王僧虔見而
重之引爲主簿州舉秀才解褐安成王車騎法曹行參軍後爲
殿中郎太祖爲驃騎以稚珪有文翰取爲記室參軍對掌辭筆
辛普明河南人有賢行後遭母喪幾至毀滅楊州刺史豫章王
辟爲議曹從事
夏侯恭叔譙國人桓崇祖爲豫州賞其才義並爲主簿兼掌書翰
庾杲之爲王儉衛軍長史時人呼儉府爲入芙蓉池儉謂人曰
昔袁公作衛軍欲用我爲長史雖不獲就要是意向如此今亦
應須如我輩人也乃用杲之
垣崇祖字敬遠下邳人年十四有幹略刺史劉道隆辟爲主簿
厚遇之
劉懷珍字道玉平原人本州辟主簿江夏王義恭出鎮盱眙道遇
懷珍以應對見重取爲驃騎長史兼墨曹行參軍
劉善明平原人年四十刺史劉道隆辟治中從事父懷民謂善
明曰我已知汝立身復欲見汝立官也善明應辟
周山圖字季寂初爲吳郡晉陵防郡隊主兗州刺史沈僧榮鎮
瑕丘與山圖有舊以爲已建武府參軍
焦度字文績孝武初青州刺史顔師伯出鎮臺以度領幢主送
之與魏軍戰於沙溝破陣大捷師伯板爲已輔國府參軍後補
晉安王子勛夾轂隊主子勛起兵事敗逃宮亭湖中朝庭聞其
勇甚憂患之使江州刺史王景文誘降度景文以爲已鎮南參
軍尋領中直兵

府七百二十七　八

虞玩之少閑刀筆泛涉書史累遷安成王車騎録事轉少府太
祖鎮東府朝野致敬玩之猶躡屐造席太祖引爲驃騎諮議參
軍霸府初開賓客輻湊玩之與樂安任遐俱以應對席上之善
齊名見遇
謝超宗陳郡人爲新安王撫軍行參軍泰始初爲建安王司徒
參軍事遷司徒主簿丹陽丞建安王休仁引爲司徒記室正員
郎太祖爲領軍數與超宗共屬文愛其才翰衛將軍袁粲聞之
謂太祖曰超宗開亮迴悟善可與語取爲長史臨淮太守
虞悰字景豫會稽人少而謹正有至性州辟主簿累至州治中
別駕黃門郎武帝爲中軍引悰爲諮議參軍遣吏部郎江謐持
手書謂悰曰今因江吏部有白以君情意顧欲相屈
胡諧之豫章人州辟從事主簿累爲邵陵王左軍諮議武帝頓
盆城使諧之守尋陽城及爲江州復以諧之爲別駕委以事任
蕭景先南蘭陵人太祖鎮淮陰以景先領軍主除後軍行參軍

與世祖款曜世祖為廣興郡啓太祖求景先同行除世祖寧朔府司馬自此常相隨逐

江祐字弘業累官南徐州別駕高宗輔政委以心腹高宗為驃騎鎮東府以祐為諮議參軍

江斅字叔文濟陽人少有美譽桂陽王休範臨州辟迎主簿不就後為安成王撫軍記室轉驃騎從事褚淵為衛將軍重斅為人先通盲意引為長史

何昌㝢字儼望廬江人宋建安王休仁為揚州辟昌㝢州主簿遷司徒行參軍太傅五官司徒東閤祭酒建平王景素為征北南徐州昌㝢又為府主簿以風素見重

謝瀹字義潔累官至撫軍功曹武帝為中軍引為記室建元初累至中書郎衛軍王儉引為長史雅相礼遇

王思遠琅邪人少無仕心宋建平王景素辟南徐州主簿甚見礼遇

府七百二十七　九

陸慧曉字叔明吳郡人初應州郡辟舉秀才衛尉史歷諸府行參軍以母老還家太祖輔政除尚書殿中郎太祖表禁奢侈慧曉撰答詔草為太祖所賞引為太傅東閤祭酒

王融字元長少而神明警惠晉安王南中郎板行參軍坐公事免竟陵王為司徒板法曹行參軍

謝朓字玄暉為新安王中軍記室尋兼尚書殿中郎高宗輔政以朓為驃騎諮議領記室掌霸府文筆又掌中書詔誥

張欣泰字義亨宋左衛將軍興世之子少有志節不以武業自居好讀書史辟州主簿歷諸王府佐

卞彬字士蔚才操不群文多指刺州辟西曹主簿

丘巨源少舉丹陽郡孝廉為宋孝武所知江夏王義恭取為掌書記

王智深字雲才宋建平王景素為南徐州作觀法篇智深和之見賞辟為西曹書佐未到職而景素敗

賈淵字希鏡世傳譜學太始初辟丹陽郡主簿昇明中太祖嘉淵世學取為驃騎參軍

李珪之字孔璋江夏人少辟州從事宋泰始初蔡興宗為郢州以珪之為安西府佐委以職事

封延伯字仲璉勃海人有孝行不與世人交州辟主簿不就垣崇祖為豫州辟啓太祖用為長史帶梁郡太守

平藹為豫章王嶷荊州刺史主簿參知州事嶷甚重焉州人嫉之或譖藹廨門如市嶷遣覘之方見藹閉閤讀書嶷還都以藹為太尉刑獄參軍典書記

樂頤字文德南陽人世居南郡少而言行和謹湘州刺史王僧虔引為主簿以同僚非人棄官去

蔡撙字景節為司徒法曹行參軍王儉高選府僚以撙為主簿

梁沈約起家奉朝請濟陽蔡興宗聞其才而善之興宗為郢州刺史引為安西外兵參軍兼記室興宗嘗謂其諸子曰沈記室

府七百二十七　十

人倫師表宜善事之

范岫與吳興沈約俱為蔡興宗所礼興宗為安西將軍引為主簿

陸倕吳郡人十七舉本州秀才刺史竟陵王子良開西邸延英俊倕亦預焉辟議曹從事嵩捨有口辯王亮為丹陽尹聞而悅之辟為主簿政事委焉

龔愷遂寧人劉季連為益州刺史辟為府主簿愷頴之孫崇世有孝行故引焉

王僧孺為太學博士尚書僕射王晏深相賞好晏為丹陽尹召補郡功曹使僧孺撰東宮新記後兼太學博士晏子得元出為晉安郡以僧孺補郡丞

任昉為征北行參軍永明初衛將軍王儉領丹陽尹引為主簿儉雅欽重昉以為當時無輩

劉景盱事母孝謹母病三十年一朝而癈鄉里以為誠感荆州刺史湘東王引為主簿

江淹昇明初齊帝輔政聞其才召為尚書駕部 驃騎參軍事
王亮先為大司馬從事中郎出為衡陽太守以南土 濕辭不之官遷給事黃門侍郎尋拜晉陵太守在職清公有 美政時齊明帝作相聞而嘉之引為領軍長史甚見賞納
鄧元起為武寧太守戍三關郢州刺史張沖督河北軍事元起累與沖書求旋軍沖報書曰足下在彼吾在此表裏之勢所謂金城湯池一旦捨去則荊棘生焉乃表元起為平南中兵參軍事
樂法才少遊京師造沈約約見而稱之和帝為相國召為府參軍鎮軍蕭穎胄辟為主簿
王志字次道司空僧虔之子為太尉行參軍又為武陵王文學褚淵為司徒引志為主簿謂僧虔曰朝廷之恩本為殊特所可光榮在屈賢子
柳慶遠字文和為襄陽令高祖臨雍州問京兆人杜惲求州綱惲文慶遠高祖曰文和吾已知之所問未知若耳因辟別駕從事史
夏侯詳字叔業譙郡人年十六遭父艱服闋刺史殷琰召補主簿琰叛輔国將軍劉勔討平代為刺史又補主簿頃之為新汲令豫州刺史表轉治中從事仍遷別駕歷事八將州部稱之
蔡道恭字懷儉少寬厚有大量齊文帝為雍州召補主簿
鄭紹叔字仲明滎陽人年二十餘為安豐令有能名本州召補主簿轉治中從事史高祖臨司州命為中兵參軍領長流
柳惔字文通年十七齊武帝為中軍命為參軍轉主簿
柳憕字文深為中庶子後為鎮北始興王長史王移鎮益州復請憕帝曰柳憕風標才氣恐不能久為少王臣王祈數四不得已以為鎮西長史
宗夬字明敭南陽人宋明帝即位為郢州治中以父老去官南康王為荊州刺史引為別駕

[illegible]藹字蔚遠[illegible]人也[illegible]平王景素為荊州刺史辟為主簿景素為南徐州復引為征北刑獄參軍遷龍陽相齊豫章王嶷為武陵太守雅善藹為政及嶷為荊州刺史以藹為驃騎行參軍領州主簿參知州事嶷還都以藹為大尉刑獄參軍典書記遷支江令還為大司馬中兵參軍轉署記室後南康王為西中郎以藹為諮議參軍
傅昭字茂遠宋世太原王延秀薦昭於丹陽尹袁粲深為所礼辟為郡主簿
蕭琛字彥瑜少而朗悟為齊太宰博士王儉宴于樂遊苑琛著虎皮靴策桃杖直造儉坐儉與語大悅儉為丹陽尹辟為主簿後為晉熙王長史行南徐州兼少府高祖定京邑引為驃騎諮議領錄事
裴子野字幾原為右軍安成王參軍俄遷兼廷尉正免職吳平侯蕭景為南兖州刺史引為冠軍錄事府遷解職
顧協字正礼為安成王国左常侍兼廷尉正太尉臨川王聞其名召掌書記累遷輕車湘東王參軍事兼記室西豐侯正德受詔北討引為府錄事參軍掌書記
賀琛字国寶會稽人於鄉里聚徒教授普通中刺史臨川王辟為祭酒從事
劉孺字孝稚彭城人本州召迎主簿起家中軍法曹行參軍鎮軍沈約聞其名引為主簿常與遊宴賦詩大為約所嗟賞
劉遵字孝陵累遷晉安王宣惠雲麾二府記室甚見賓礼轉南徐州治中王後為雍州復引為安北諮議參軍
臧盾字宣卿齊世為丹陽尹丞高祖平京邑霸府建引為驃騎刑獄參軍
丘遲字希範吳興人州辟從事累遷車騎錄事參軍高祖平京邑霸府開引為驃騎主簿甚被礼遇
庾於陵字介傳文學有才思齊隨王子隆為荊州召為主簿子隆

代還又以爲送故主簿後始興王遥光爲撫軍引爲行參軍兼記室

吳均字叔庠吳興人家世寒賤至均好學有俊才柳惲爲吳興召補主簿日引與賦詩建安王偉爲揚州引兼記室掌文翰

劉峻字孝標齊蕭遥光爲豫州引爲府刑獄禮遇甚厚後爲西省學士兒安成王秀好峻文學及遷荆州引爲戶曹參軍

伏挺字士標高祖義師至挺迎謁於新林高祖見之甚悅謂曰顔子引爲征東行參軍時年十八

顧見遠博學有志行齊和帝之鎮荆州以見遠爲録事參軍

庾域少沉靜有名鄉曲梁文帝爲郢川辟爲主簿歎美其才曰荆南杞梓其在斯乎加以恩禮

陳蔡景歷字茂世爲海陽令侯景之亂客遊京口高祖鎮朱方素聞其名以書要之景歷對使人答書筆不停綴文不重改高祖得書甚加欽賞仍更賜書報答即日板征北府中兵參軍仍

領記室衡陽獻王昌時爲吳興郡昌年尚少吳興王之鄉里父老故人尊卑有序高祖恐昌年少接對乖禮乃遣景歷輔之

沈恪吳興武康人深有幹局梁新渝侯蕭暎爲郡特召爲主簿暎遷北徐州恪隨暎之鎮暎又遷廣州以恪兼府中兵參軍當領兵討代

江德藻濟陽人爲武陵王行參軍南平王偉爲大司馬聞其才名請爲東閤祭酒

杜之偉幼精敏有才爲邵陵王參軍侯景之亂逃竄山澤及高祖爲丞相素聞名召補記室參軍

周鐵虎以膂力過人便馬槊事梁河東王譽以敢勇聞奏板爲府中兵參軍

張種爲梁西昌侯府西曹掾時武陵王爲益州刺史重選府僚以種爲征西曹掾侯景之亂種奉其母東奔母卒以凶荒未獲葬服制雖畢而常若在喪侯景平司徒王僧辯以狀聞起爲貞威將軍治中從事史并爲其葬禮訖方即去

沈禮明少有雋才初爲賊將宋子仙所逼掌書記子仙敗梁將王僧辯購得之引撫軍書皆出於禮明僧辯爲司徒以禮明爲從事中郎

虞寄字次安會稽人閉門稱疾以書籍自娛岳陽王爲會稽太守引爲行參軍遷記室參軍領郡五官掾轉爲中記室掾

到仲舉字德言侯景之亂依文帝及景平文帝爲吳興郡守以仲舉爲郢郡丞與潁川庾持俱爲文帝賓客文帝爲宣毅將軍以仲舉爲長史

蕭乾字思惕五歲明經再遷太子舍人建安侯蕭正立出鎮南豫州板録事參軍累遷中軍宣城王中録事諮議參軍侯景平高祖鎮南徐州引爲貞威將軍司空從事中郎

孔奐字休文爲儀曹侍郎丹陽尹何敬容以奐剛直請補功曹史喪母以孝聞侯景平司徒王僧辯先下辟書引爲左西掾又補丹陽丞元帝即位於荆州徵奐及沈禮明僧辯表留之帝手

勑曰孔沈二士今且借公爲朝廷所重如此仍除太尉從事中郎僧辯爲揚州又補揚州治中從事高祖作相除司徒右長史

沈居理字仲倫起家湘東王法曹參軍高祖鎮南徐州遣居理謁見高祖高祖器之辟爲府西掾

徐陵字孝穆梁晉安王爲平西將軍寧蠻校尉父摛爲王諮議王又引陵參寧蠻府軍事

謝貞字元正累官駕部侍郎始興王叔陵爲揚州刺史引祠部侍郎阮卓爲記室辟貞爲主簿貞不得已乃行尋遷府録事參軍領丹陽丞

許亨字亨通侯景之亂避地郢州梁邵陵王引爲諮議參軍王僧辯之襲郢州也素聞其名召爲儀同從事郎中遷太尉從事中郎

徐度字孝節安陸人世居京師少倜儻不拘小節及長姿貌瓌偉嗜酒好博常使僮僕屠酤爲事始興內史蕭介之郡度從之

將領士卒征諸山洞以驍勇聞高祖征交阯之元預謀之度乃委以
何之元解褐梁太尉臨川王揚州議曹從事史尋轉主簿及袁
昂為丹陽尹辟為丹陽五官掾總知曹事出西武陵王為益州
刺史以之元為安西刑獄參軍侯景之亂王琳乃以為記室參軍
其後湘州刺史始興王叔陵遣功曹史柳咸齎書召之之元始
與朝廷有隙及書至大惶恐讀書至孔璋無罪左車見用之元
覽而歎曰辭旨若此豈欺我哉遂隨咸至湘州存遇甚厚為府諮
議參軍

冊府元龜卷第七百二十七

冊府元龜卷第七百二十八

幕府部一十三

辟署第三

後魏莫含鴈門繁畤人家世貨殖貲累巨萬劉琨為并州辟含從事含居近塞下常往來國中穆帝愛其才器善待之及為代王備置官屬求含於琨琨遣含入國含心不願琨喻之曰當今胡寇滔天泯滅諸夏百姓流離死亡塗地主上幽執沉溺醜虜唯此一州介在群胡之間以吾薄德能自存立者賴代王之力是以傾身竭寶長子遠質冀滅殘賊報雪大恥卿為忠節亦是奮義之時何得苟惜共事之小誠以忘出身之大益入為代王腹心非但吾願亦一州所賴含乃入代參國官

鄭惲字幼和范陽涿人好學有文才尤長吏幹刺史裴延儁用為主簿

崔孝暐字敬業博陵安平人少寬雅早著長者之風彭城王勰之臨定州辟為主簿釋褐冀州安東府外兵參軍

崔孝芬字恭梓博學好文司徒彭城王勰板為行參軍後除著作郎尚書令高肇親寵權盛子植除青州刺史啓孝芬為司馬後除司徒記室參軍司空屬

崔士和為西道行臺元脩義左丞行涇州事蕭寶夤之在關中高選寮佐以為督府長史

崔長謙清河人好學脩立少有令名刺史尉景取為開府諮議參軍事

崔勉字宣祖永安初除建節將軍尚書右中兵郎中後太尉豫章王蕭贊啓為諮議參軍

辛纂為越騎校尉尚書令李崇北代蠕蠕引為錄事參軍臨淮王彧北征以纂隨崇有稱啓為長史及廣陽王淵北伐又引為長史

李瑾美容皃有才學清河王懌知賞之辟司徒參軍

宋軌字勗仁少慷慨有大操博覽群書州辟別駕

李東字休賢郡辟功曹以父憂去職終身不食酒肉孝明初司空任城王澄嘉其操尚以為參軍事

張普惠以學業為任城王澄所重澄為安西將軍雍州刺史啓普惠為府錄事參軍

房士達起家濟州左將軍府倉曹參軍時京兆王繼為大將軍出鎮聞其名徵補騎兵參軍領帳內統軍

房景遠事二兄至謹撫養兄孤恩訓甚篤益州刺史傅豎眼慕其名義啓為昭武府功曹參軍

盧道將秘書監淵之子涉獵經史頗有文才諸父並敬憚之彭城王勰任城王澄皆虛襟相待勰為中軍大將軍辟行參軍遷司徒東閤祭酒

裴仲規少好經史頗有志節咸陽王禧為司州牧辟為主簿

裴瑗字珍寶河北郡人少孤貧而清苦自立太守司馬悅召為中正悅為將軍征義陽引為中兵參軍瑗夙夜恭勤為悅所知

郭祚字季祐孫小為并州刺史以祚為主簿重祚文才兼任之以書記時人多之

李元忠少勵志操居喪以孝聞清河王懌為司空辟為士曹參軍

崔道固字季堅父輯南徙青州為泰山太守道固賤出適母兄等輕侮之時宋孝武為徐兗二州刺史得辟他州民為從事輯乃資給道固令其南征既至彭城駿以為從事道固美形容善舉止便弓馬好武事駿稍嘉之會青州刺史新除過彭城駿謂之曰崔道固人身如此豈可為寒士至老乎而世人以其編庶便相陵侮可為數息青州刺史至州辟為主簿轉治中後為義隆諸子參軍

薛謹字法順辯之子也宋武帝擒姚泓辟相府行參軍隨武帝渡江轉記室參軍

寇讚字奉國少以清素知名苻堅僕射韋華州里高達雖年時

有異常以風味相待華爲濕瑚太守召爲功曹

高允字伯恭渤海人郡召功曹神䴥三年太武舅陽平王杜超行征南大將軍鎮鄴以允爲從事中郎年四十餘矣

高褒字季和渤海人亦有文才常從容於家州辟主簿

陰道方性和雅頗涉書傳爲李神㒞所知賞神㒞爲前將軍荊州刺史請道方爲其府長流參軍

姜儉字文簡起家徐州車騎府田曹參軍轉大尉外兵參軍蕭寶夤討關西引爲開府屬寶夤爲雍州仍請開府從事帶長安令

甄楷字德方粗有文學頗習吏事除秘書郎免官任城王澄爲司徒引爲左西曹參軍稍遷尚書郎孝明末定州刺史廣陽王淵被徵還朝府解丁憂在鄉𣪍發召楷兼長史委以州任

陽固字敬安太和中從大將軍劉昶征義陽板府法曹行參軍昶還言之高祖曰三十餘年大將軍府參軍事署城局仍從祖鎮壽陽城神龜末清河王懌領太尉辟固從事中郎懌被害汝南王悅爲太尉辟固從事中郎不就正光二年京兆王繼爲司徒辟爲從事中郎

李琰之少曾游河内北山便欲有隱遁意會彭城王勰辟爲行臺參軍甚相敬引

胡叟少聰敏好屬文孤飄坎壈未有仕路遂入漢中宋梁秦二州刺史馮翊吉翰以叟才士頗相禮接授叟末佐不稱其懷未幾翰遷益州叟隨入蜀多爲豪俊所尚

穆子琳世祖時爲鎮東將軍以占奪民田免官爵久之阿至羅國主副伏居爲蠕蠕所破其子去賓來奔齊獻武王奏去賓爲安北將軍肆州刺史封高車王招慰其屬表子琳爲去賓長史復其前封

羊俶字士業年三十一襲父爵華陰伯釋褐太尉汝南王悅騎兵參軍揚州刺史長孫稚請爲錄事參軍後奏爲統軍又請爲其府錄事參軍帶長安令府以之務令所委決

王士良字君明少脩謹不妄交游孝莊末尒朱仲遠啓爲府參軍事叱羅協少寒微嘗爲小吏以恭謹見知恒州刺史楊鈞擢爲從事

北齊司馬子如雲中人孝昌中北州淪陷子如携家口南奔肆州爲尒朱榮所禮遇假以中軍榮之向洛也以子如爲司馬

龐蒼鷹太原人知高祖有霸王之量每私加敬奉事以奉高祖由此遂家親識高祖之牧晉州引爲兼治中從事

李繪字敬文儀貌端偉神情朗俊齊王蕭寶夤引爲主簿記室專管表檄待以賓友之禮

王紘字師羅太安人初從葛榮尒朱榮遣使喻之然後始降以爲府從事中郎

封子繪字仲藻渤海人尒朱兆之亂與父隆之舉義信都奉使詣高祖高祖至信都召署開府主簿仍典書記中興元年轉大丞相主簿

張華原字國代郡人少明敏有器度高祖開驃騎府引爲法曹參軍遷大丞相府屬仍侍左右從於信都深爲高祖所親待

崔㥄字長儒河東人釋褐太學博士坐事免歸鄉里高祖於信都起義㥄歸焉高祖見之甚悅以爲諮議參軍

崔暹字彥通㥄之子也年十七刺史高昂召署主簿清河公岳辟爲開府西閣祭酒後除御史高祖入朝還晉陽攜暹與北海王晞陪從侶爲諸子賓友仍爲相府中兵參軍轉主簿

祖鴻勳涿郡人魏永安初元羅爲東道大使署隆之郡劭李渾字季初及勳並爲子使

高德政字士貞北海蓨人父顥魏滄州刺史德政幼而敏惠有風神儀表文宣引爲開府參軍知管記事甚相親狎神武又擢爲相府掾委以腹心

徐遠字彥遐廣寧人少習吏事郡辟功曹高祖以遠閑書計命爲丞相騎兵參軍深爲高祖所知

崔昂性端直少華沉深志略堅實難傾動少好章句頗綜文詞文襄廣開幕府引爲記室參軍

張亮字伯德西河人初事尒朱兆拜平遠將軍兆敗自縊於樹亮伏屍而哭高祖嘉歎之授丞相府參軍事漸見親待委以書記之任

元景安魏昭成五世孫也沉敏有幹局少工騎射善於事人釋褐尒朱榮大將軍府長流參軍

張纂字徽纂代郡人初爲尒朱兆都督長史爲兆使於高祖遂被顧識高祖起義山東劉誕據相州拒守纂亦在其中高祖攻而拔之引參丞相軍事

獨孤永業字世基中山人也有才幹便弓馬被簡擢補定州六州都督宿衛晉陽或稱其有識用文襄與語悅之超授中外府外兵參軍

王峻字巒嵩靈丘人聰明有幹略高祖以爲相府墨曹參軍坐

事去官久之文宣爲儀同開府引爲城局參軍

崔騫之陳郡陽夏人沉隱有識量以學業見稱自滎水令爲瑯邪王儼大司馬西閤祭酒遷領軍功曹參軍

李元忠趙郡人魏清河王懌爲司空辟爲士曹參軍遷太尉啓復爲長流參軍懌後爲太傅被詔爲營構明堂大都督又引爲主簿

羊烈字信卿太山人魏孝昌中方弱冠州辟主簿又兼治中從事史以吏事爲意幹濟見知釋巾太師咸陽王行參軍

盧文偉字休族范陽人北州冠族少爲鄉閭所敬州辟主簿年三十八始舉秀才

盧恭道性溫良有文學州辟主簿李崇北征以爲開府墨曹參軍

李繪字敬文趙郡人初爲濟州長史文襄嗣事及詣晉陽除丞相府掾謂世宗曰并州王者之基須好長史各舉所知時互有所稱皆不允衆人未答文襄乃謂陳元康曰我教君好長史處李繪廉即其人也遂命爲并州長史常在文襄第與[illegible]西平衡等六人號爲館客待以上賓之禮

平鑒燕郡人監歸尒朱榮於晉陽因陳靜亂安民之策榮大奇之即署參軍前鋒從平鞏密每陳先登除撫軍襄州刺史

孫搴字彥舉樂安人高祖西討令作檄文甚美高祖大說即署相府主簿專典文筆

崔伯謙字士遜少孤貧善養母高祖召赴晉陽補相府功曹稱之曰清直奉公真良佐也遷瀛州別駕

蘇瓊字珍之幼時隨父在邊嘗謁東荊州刺史曹芝芝戲問之曰卿欲官不對曰設官求人非人求官芝異其對署爲府長流參軍

高隆之字延興身長八尺美鬚髯沉深有志氣魏汝南王悅爲司州牧以爲戶曹從事遷員外散騎侍郎高祖與行臺于暉出討羊侃於太山暉引隆之爲行臺郎中

孫騰少質直明解吏事屬尒朱榮建義騰隨榮入洛高祖之爲晉州引騰爲長史加後將軍

斛律羌字豐洛少有機警尤善射藝高祖見而稱之世宗擢爲開府參軍

薛元穎太常卿光熾之子廉謹有信義起家永安王參軍陞卬爲吏部郎中上洛王思宗爲清都尹辟爲邑中正食貝丘縣幹

盧潛范陽涿人容貌瓌偉善言談少有成人志上儀同賀拔勝辟開府行參軍

劉逖字子長彭城人少而聰敏好弋獵騎射以行樂爲事愛交遊善戲謔郡游功曹

崔暹字季倫世爲北州著姓父穆州主簿暹書生避地渤海依高乾以妹妻乾弟慎後臨光州啓暹爲長史

宋遊道廣平人魏廣陽王深北伐請爲鎧曹及爲定州刺史又

以爲府佐

盧斐字子章性殘忍以強斷知名世宗引爲刑獄參軍

李愍字孝昌之末天下兵起愍潛居林慮山觀候時變賊帥鮮于脩禮毛普賢作亂詔遣大都督長孫稚討之稚素聞愍名召兼帳內統軍

裴諏之爲帝王大司馬府記室遷鄴後諏之留在河南西魏領軍獨孤信入據金墉以諏之爲開府屬號曰洛陽遺彥[illegible]

裴藻少機辯有不羈志太傅司馬子如以爲主簿子如之子消難鎮北豫又以爲中兵參軍

後周宇文深初仕後魏祕書郎時羣盜蜂起深屢言時事尒朱榮雅重之拜厲武將軍尋除車騎府主簿後爲子都督太祖以深有謀略欲引致左右圖議政事乃啓爲丞相府主簿

周惠達字懷文章武人魏齊王蕭寶夤爲瀛州刺史召惠達及河間馮景同在閤下甚禮之孝昌初魏臨淮王彧以惠達爲府長流參軍又[illegible]寶夤爲大都督景同爲府曹參軍

皇甫璠安定人少忠謹有幹略州辟爲掾太祖爲牧補主簿以勤事被知每蒙褒賞引爲丞相府行參軍

冀儁字僧儁魏太昌初爲賀拔岳墨曹參軍及岳被害太祖引爲記室

薛端字仁直河東人年十七司空高乾邕辟爲參軍賜爵平陰男

柳帶韋字孝孫深沉有度量少好學身長八尺三寸美風儀善占對韓賢素爲洛州刺史召爲主簿

蘇亮字景順魏齊王蕭寶夤引爲參軍後寶夤開府爲其府主簿寶夤西征轉記室參軍寶夤遷大將軍仍爲之掾寶夤雅知重之

柳敏河東解縣人爲河東郡丞及文帝剋復河東見而器異之乃謂之曰今日之喜得卿也即拜丞相府參軍事轉戶曹參軍兼記室

盧柔字子剛賀拔勝出牧荊州以柔爲大行臺郎中掌書記又勝爲太保以柔爲掾

趙善字僧慶從尒朱天光爲肆州刺史辟爲主簿深器重之又以爲長史軍中謀議每參預之天光爲關右行臺表善爲行臺左丞後賀拔岳總關中兵復以爲長史

韓褒爲太中大夫魏室亂褒避地於夏州太祖爲丞相引褒爲錄事參軍賜爵[illegible]丞相府屬

趙肅河南人早有操行魏正光中鄭元爲河南尹辟爲主簿

薛寘爲中書令車騎大將軍儀同燕公于謹征江陵以寘爲司錄軍中謀略寘並參之

李旭頓丘人初謁太祖太祖深奇之綏德公陸通盛選僚寀請以旭爲司馬太祖許之後太祖常欲以書記委之於是以旭爲丞相府記室參軍

檀翥高平人司州牧城陽王元徽以翥爲從事尋謝病客遊三輔時毛遐爲行臺鎮北雍州表翥爲行臺郎中

元偉河南人爲幽州都督府長史尉遲迥伐蜀以偉爲司錄書檄文記皆偉所爲

梁昕安定人爲關中著姓後居京兆之盩厔魏正光中秦隴亂蕭寶夤爲大都督統兵出討以昕爲行參軍以功累進征西將軍尒朱天光入關復引爲外兵參軍太祖迎魏孝武軍次雍州昕以三輔望族上謁太祖見昕容貌瓌偉深賞異之即授右府長流參軍

辛慶之隴西狄道人爲祕書郎司空楊津爲北道行臺討尒朱氏啓慶之爲行臺左丞與參謀議後賀拔岳爲行臺復啓慶之爲行臺吏部郎中開府掾

樊深字文深河東猗氏人于謹引爲府參軍事累轉從事中郎

謹拜司空以深爲諮議
杜叔毗字子弼性慷慨有志節晉公護辟爲中外府樂曹參軍
令狐整字延保燉煌人世爲西土冠族魏東陽王元榮辟爲主簿
顓之儀父協在梁不仕元帝爲湘東王引協爲其府記室參軍
協不得已乃應命
隋柳機字元信誠幼有志節好學不倦柱國蔡國公廣欽其名
行引爲記室參軍年始弱冠府中文筆頗亦委之
趙芬字士茂少有辯智頗涉經史太祖引爲相府鎧曹參軍歷
記室
辛彥之不交非類博涉經史太祖見而器之引爲中外府禮曹
賜以衣馬珠玉
衛玄字文昇少有器識周武帝在藩引爲記室
柳彧少好學頗涉經史大冢宰宇文護引爲中外府記室
李文博爲縣丞數載不調薛道衡爲司隸大夫遇之於東都尚

書省甚嗟愍之遂奏爲從事因謂齊王司馬李綱曰今日遂遇
文博得奏用之以爲權笑其見賞知音如此
劉行本自梁歸周以諷讀爲事性剛烈大冢宰宇文護引爲中
外府記室
元巖少以名節自許與高熲友善周大冢宰宇文護見而器之
以爲中外府記室
郭榮太原人周大冢宰宇文護引爲親信護察榮謹厚擢中外
府水曹參軍
李德林字公輔在齊爲殿中將軍天保之季謝病還鄉闔門自
守乾明初尚書令楊遵彥奏追德林入議曹長廣王作相居守
在鄴引授丞相府行參軍
趙賢通沉深有器局周大祖引爲相府參軍事
王劭字君懋少沉默好讀書弱冠齊尚書僕射魏收辟參開府
軍事

庾季才幼頴悟好占玄象梁廬陵王續辟荊州主簿湘東王繹
重其術藝引授外兵參軍
蕭寶美風儀善談笑年未弱冠名重一時高祖輔政引爲丞相
府典籤深被識遇
諸葛潁清辯有俊才晉王廣素聞其名引爲參軍事
韋師字公穎京兆人周大冢宰宇文護引爲中外府記室轉賓
曹參軍齊王憲爲雍州牧引爲主簿
韋世康京兆人幼而沉敏有器度年十歲州辟主簿
段文振性剛直明達時務爲俊周宇文護親信護知其有幹用
擢授中外府兵曹
韋壽字世齡孝寬之子在周以貴公子早有令譽趙王爲雍州
牧引爲主簿
韋鼐在周爲宣納上士高祖作相引爲賓曹參軍
長孫熾字仲光在周爲御正上士高祖作相擢爲丞相府功曹

參軍
盧愷字長仁神情爽悟略涉書記頗解屬文周齊王憲引爲記室
盧昌衡字子均年十七魏濟陰王元暉業召補太尉參軍事兼
外兵參軍
魏澹字彥深世以文學自業齊博陵王濟聞其名引爲記室及
琅邪王儼爲京畿大都督以澹爲鎧曹參軍
陸爽字開明少而聰敏年十七齊司州牧清河王岳引爲主簿
趙綽周初爲夏官下士以明幹見知後爲掌教中士高祖爲丞
相知其清正引爲録事參軍
鮑宏字潤身嘗和梁湘東王繹詩繹嗟賞不已引爲中記室
裴政字德表年十五辟梁邵陵王府法曹參軍事累轉枝江令
湘東王之臨荊州召爲宣惠府記室
柳莊字思敬少有遠量博覽墳籍兼善辭令梁岳陽王蕭詧辟
爲參軍轉法曹

郎茂字蔚之爲陳州户曹屬高祖爲亳州總管見而悦之命掌書記
高構字孝基北海人好讀書工吏事爲冠州補主簿仕齊歷蘭王參軍事
張虔威字元敬年十二州補主簿十八爲太尉中兵參軍齊亡仕周爲宣納中士高祖得政引爲相府典籤
裴矩字引大河東人齊北平王貞爲司州牧辟爲兵曹從事轉高平王文學及齊亡不得調高祖爲定州總管召補記室甚親敬之以母憂去職高祖作相遣使者馳召參相府記室事
何稠字桂林仕周御飾下士及高祖爲丞相召補參軍兼掌細作署
皇甫誕字玄慮安定人少剛毅有器局周畢王賢通引爲倉曹參軍
游元字楚客廣平人少聰敏年十六齊司徒徐顯秀引爲參軍事開皇中爲殿内侍御史晉王廣爲揚州總管以元爲法曹參軍
張祥京兆人少爲高祖所知其後引爲丞相參軍事
陸彦師字雲房好學解屬文魏襄城王元旭引爲參軍事齊彭城王浟爲司州牧召補主簿後歷中外府東閤祭酒
趙軌河南人少有行檢周蔡王引爲記室以清苦聞
劉焯字士元都昌人以儒學知名爲州博士刺史趙煚引爲從事
劉炫字光伯河間人周武帝平齊瀛州刺史宇文亢引爲户曹從事後刺史李繪署禮曹從事以吏幹知名
劉臻字宣摯沛國人仕梁爲邵陵王東閤祭酒後仕蕭詧爲中書侍郎周冢宰宇文護辟中外府記室參軍事羽檄多成其手
孫万壽字仙期信都人滕穆王引爲文學坐衣冠不整配防江南行軍總管宇文述召典軍書
唐唐儉字茂約并州人高祖仕太原留守儉與太宗周密高祖

開大將軍府授儉記室參軍
劉政會滑州人隋大業中爲太原鷹揚府司馬高祖大將軍府建引爲户曹參軍從平長安除丞相府掾
武士彠并州人高祖初行軍於汾晉休止其家因蒙顧接及爲太原留守引爲行軍司鎧義師起以士彠爲大將軍府鎧曹
姜謩秦州人大業末爲晉陽長高祖留守太原見謩深器之大將軍府建引爲司功參軍平京城除相國賓曹參軍
温大雅字彦引高祖在太原甚禮之義兵起引爲大將軍府記室參軍專掌文翰
竇威字文蔚隋蜀王秀辟爲記室以秀行事多不法稱疾還田里累轉考功郎中坐事免高祖入關召補大丞相府司録參軍
李綱字文紀少慷慨有志節每以忠義自命周齊王憲引爲參軍
封倫字德彝隋開皇末江南作亂内史令楊素往征之署爲行軍記室
房喬字玄齡齊州人太宗徇渭北一見便如舊識署渭北道行軍記室參軍
杜如晦字克明仕隋補滏陽尉尋弃官而歸太宗平京城引爲秦王府兵曹參軍
張公謹字引慎倜儻好奇略檢校鄴州别駕初未知名太宗爲秦王李勣驟薦之於是引入幕府
岑文本字景仁南陽人蕭銑僭號召署中書侍郎及河間王孝恭定荆州署荆州别駕孝恭進擊輔公祏召典軍書復署行臺考功郎中
令狐德棻宜州人義旗建淮安王神通據太平宮自稱總管以德棻爲記室參軍高祖入關引直大丞相府記室
于志寧爲銀青光禄大夫太宗爲渭北道行軍元帥召補記室與殷開山等參贊軍謀及太宗爲秦王天策上將志寧兼授天策府從事郎中

李守素有寶鑒學高才爲山東名族容儀魁偉性識通辯工談論言詞簡要文洞名理太宗平王世充徵爲學士署天策府倉曹

李桐客仕隋爲門下録事沒竇[illegible]太宗授秦府法曹參軍

蔡允恭初仕隋爲起居舍人太宗平山東召入幕府署參軍事補學士

蘇味道爲咸陽尉吏部侍郎裴行儉甚加禮遇及征突厥阿史那都之引爲管記

徐堅爲太子文學聖曆中車駕在三陽宮御史大夫楊再思太子左庶子王方慶爲東都留守引堅爲判官

牛仙客涇州鶉觚人初爲縣吏縣令傅文靜甚重之文靜後爲隴右營田使引仙客參預其事遂以軍功累轉洮州司馬開元初王君㚟爲河西節度使以仙客爲判官甚委信之

封常清爲四鎮都知兵馬使高仙芝傔人以破達奚功授疊州地下戍主使以爲判官仙芝代夫蒙靈詧爲安西節度使奏爲慶王府録事參軍充節度判官每出征討常令知留後事

崔圓累官司勳員外郎宰臣楊國忠遙制劍南節度使引圓左理乃奏授尚書郎兼蜀郡大都督府左司馬知節度留後

段秀實隴州人沉厚多斷天寶初安西節度馬靈詧署爲別將奏從討護密有功授安西府別將七載高仙芝代靈詧舉兵圍怛邏斯黑衣救至靈詧大衂軍士相失夜中聞都將李嗣業之聲因大呼責曰軍敗而求免非夫也嗣業甚愧遂與秀實收合散卒復成其軍師還嗣業請于仙芝以秀實爲判官授大候府果毅後又爲節度荔非元禮白孝德判官孝德改鎮邠寧奏秀實試太常卿支度營田二副使

苗晉卿沉深有精識爲中書舍人時宰臣李林甫兼河西節度使以晉卿爲判官處事精審林甫重之

裴冕爲渭南縣尉以吏道聞御史中丞王鉷充京畿採訪使表爲判官遷監察御史鉷有罪誅河西節度使哥舒翰表爲行軍司馬

呂諲爲寧陵尉本道採訪使韋陟以爲支使及哥舒翰爲隴右河西節度使奏授左龍武軍倉曹充支度判官歷太子通事舍人性謹密勤於職務在使幕縱無事必然獨坐不離案牘翰益親之

徐浩字季海累遷右拾遺麗正殿校理幽州節度使張守珪奏在幕府改監察御史

令狐潮彰父也天寶中仕鄧州録事參軍以清白聞本道採訪使宋鼎引爲判官

高適[illegible]學以詩知名爲汴州封丘尉時將用事務收俊乂河西節度使哥舒翰表適爲左驍衛兵曹充掌書記

趙驊爲河東縣丞採訪使韋陟以驊履操清直頗推敬之表爲賓僚使罷陳留採訪使郭納復奏驊爲支使

韋倫爲藍田尉以吏事勤恪楊國忠署爲鑄錢內作使判官

馬炫以儒學著名隱蘇門山李光弼鎮太原辟爲掌書記累遷侍御史常參軍府謀議光弼益器之

韓滉字太沖少貞介好學至德初青齊節度鄧景山辟爲判官授監察御史兼北海郡司馬以道路阻絕不獲赴因避地山南採訪使李承昭奏充判官授通州長史彭王府諮議參軍

杜亞京兆人善言物理及歷代成敗之事至德初獻封章授校書郎杜鴻漸爲河西節度辟爲從事永泰末劍南叛亂鴻漸以宰相出領山南副元帥以亞及楊炎並爲判官

陸長源少涉獵書記乾元中陷河北諸賊因爲昭義軍節度薛嵩從事累授檢校[illegible]中

張鎰蘇州人朔方節度齊丘之子以門蔭授左衛兵曹參軍郭子儀爲關內副元帥以鎰伏事齊丘辟鎰爲判官後爲殿中侍御史坐事貶撫州司戶量移晉陵令未之官浙西觀察張鎬辟爲判官奏授殿中侍御史

元載爲監察御史韋鎰充使監選黜中引載爲判官

崔元翰年已五十餘李勉鎭滑臺辟爲從事後馬燧在太原聞其名致禮命之又爲燧府掌書記

裴冑爲祕書郎陳少遊爲陳鄭節度留後奏授大理司直少遊罷隴右節度李抱玉奏授監察御史不得意歸宛陵少遊爲宣歙觀察復辟在幕府抱玉發怒奏貶桐廬尉江西觀察使李栖筠有重望虛心下士幕府盛選才彥觀察判官許鳴謙有學識栖筠嘗異席咨事之崔造韋皆所薦引一見冑深重之薦於栖筠奏授大理評事觀察支使

馬燧字洵美寶應中澤潞李抱玉署奏趙城尉令說相衞薛嵩歸僕固懷恩署奏左武衞兵曹歷太子通事舍人著作郎營田判官

齊抗少遊會稽剡溪中好讀書爲文長於儀奏壽州刺史張鎰辟爲判官閑吏事而敏於機鎰甚重之鎰於江南西道都團練觀察使抗隨在幕府建中三年鎰自中書侍郎平章事出爲鳳

翔隴西節度使奏抗爲監察御史前後筭計量京師中事多出抗

張建封兗州人大曆初道州刺史裴蚪薦建封於觀察使韋之晉辟爲參謀奏授左清道兵曹不樂吏役而去素與馬燧有舊燧爲河陽三城鎭遏使辟爲判官及燧爲河東節度復奏建封爲判官特拜侍御史

裴延齡乾元末爲汜水縣尉遇東都陷賊因寓居鄂州後華州刺史董晉辟爲防禦判官

姚南仲自右補闕貶海鹽令浙江東西觀察使韓滉辟爲推官無何表殿中侍御史內供奉充支使

齊映少舉進士以博學宏詞授河南府參軍滑亳節度令狐彰辟爲掌書記及彰卒後兵亂映脫身歸東都河陽三城使馬燧辟爲判官奏殿中侍御史張鎰出爲鳳翔節度使署奏映爲判官

杜佑字君卿京兆万年人父希望西河郡太守佑以蔭入仕補濟南郡參軍剡縣丞時潤州刺史韋元甫嘗受恩於希望佑謁見元甫元甫未之知以故人子待之他日元甫視事有疑獄不能決佑時在旁元甫試訂於佑佑口對響應皆得其要元甫奇之乃奏爲司法參軍及爲浙西觀察淮南節度皆辟爲從事深信委之

于頎字休甫河南人少以吏事聞累授京兆府士曹爲尹史翽所知翽出鎭襄陽奏爲御史充判官

盧群字載初少好讀書初學於垂山淮南節度陳少遊聞其名辟爲從事建中末薦於朝庭會李希烈反叛詔諸將討之以群爲監察御史江西行營糧料使興元元年江西節度嗣曹王皐奏爲判官曹王移鎭江陵襄陽群皆佐使幕府中之事多以咨委以正直聞

嚴礪爲梓州玄武尉從祖兄震節制南梁委以廩餼之職事甚脩辦署爲從事加兼監察御史

路泌爲城門郎從幸梁州以策說渾瑊署爲從事隨討李懷光

累奏爲副元帥判官

李景略幽州人爲幽府功曹寓居河中李懷光爲朔方節度招在幕府懷光反狀始萌景略退歸私家尋爲靈武節度杜希全辟在幕府奏殿中侍御史

高郢字公楚授咸陽尉郭子儀辟爲掌書記後子儀首奏貶猗氏丞李懷光節制邠寧奏爲從事轉副元帥判官及懷光叛馬燧平河中又辟郢爲掌書記

權德輿字載之韓洄黜陟河南辟爲從事試祕書省校書郎貞元初復爲江西觀察使李兼判官府罷杜佑裴冑皆奏請表同日至德宗雅聞其名徵爲太常博士

李若初爲陳州太康令刺史李克厚遇之克遷河陽三城使奏若初爲從事軍中之事多以委之

李鄘少孤自脩立性嚴正善吏事由參官至太原尉京兆尹賈全舉授長安主簿朔方節度郭子儀署奏監察御史爲賓佐居無

何子儀聽諺著奏大理司直兼襄陵令官罷鮑防署奏監察御史福建都團練判官

馬彝扶風人嗣曹王皋爲襄陽節度專用人彝未知名皋始辟之卒以正直强幹稱

册府元龜卷第七百二十八

冊府元龜卷第七百二十九

幕府部一十四

辟署第四

吉中孚大曆中爲襄陽判官度支使第五琦署爲河東租庸鹽鐵等使務元載爲諸道營田使又署爲判官令於東都汝州開置屯田

于頔字允元河南人始以千牛備身調華陰尉黜陟使劉灣辟爲判官

李元諒勇敢多計少使軍備禁衛積功勞至試太子詹事鎮國軍節度使李懷讓署奏鎮國軍副使使領州

盧綸建中初爲昭應令朱泚之乱咸寧王渾瑊充京城西面副元帥拔綸爲元帥判官檢校金部郎中

呂元膺鄆州東平人質度瓌偉有公矦之器建中初策賢良對問高第授陝州安邑尉同州刺史矦鐈聞其名辟爲長春宮判

官屬蒲賊侵軼鐈失所守元膺自遂潛跡不務進取貞元初論惟明節制渭北延於賓席自是名達於朝廷

鄭雲逵滎陽人大曆初舉進士性果誕敢言客游西河以畫干朱泚泚悅表爲判官授大理評事累官諫議大夫奉天之難奔赴行在居數月李晟表爲行軍司馬戎略多咨之賊平拜給事中

趙植奉天人朱泚之亂德宗幸奉天以家人奴客奮力拒守仍獻家財以助軍賞賊平咸寧王渾瑊辟爲推官貞元初遷鄭州刺史鄭滑節度使李融奏兼副使

郗士美字和夫未冠爲陽翟丞李抱真鎮潞州辟爲從事雅有參贊之績

李鄘爲正字爲李懷光所辟懷光叛鄘密奏賊軍虛實及攻取之勢爭出懷光囚之獄中懷光死馬燧就獄致禮表爲河東從事尋以言不行歸養洛中襄州節度嗣曹王皋致禮延辟署從事

崔從貞元初進士登第釋褐山南西道推官以父憂免喪不應辟命又之西川節度韋臯奏掌西山運務知邛州事劉闢叛命從拒守不從之闢平從事坐累多伏法唯從以拒闢免盧坦左宣州辟爲團練副使

胡証字啓中河東人舉進士貞元中登科渾瑊爲河中節度使辟爲從事自殿中侍御史拜韶州刺史以母年高不可適遠改授太子舍人襄陽節度使于頔請爲掌書記

程异爲華州鄭縣尉精於吏職剖析無滯杜確之刺同州帥河中辟爲賓佐

韋綬字子章初爲長安尉朱泚之乱変服乘驢赴奉天于頔鎮襄陽辟爲賓佐

段平仲舉進士杜佑李復相継鎮淮南皆表爲掌書記復移鎮華州仍爲從事

劉伯芻登進士第志行脩謹淮南杜佑辟爲從事

穆員工文詞尚節義杜亞爲東都留守辟爲從事檢校員外郎

路隨泌子也爲潤州參軍爲李錡所困使知市事隨偕然坐市中一不介意韋夏卿爲東都留守聞而辟之由是聲名日振

孟郊少隱於嵩山稱處士李翱分司洛中與之遊薦於留守鄭餘慶辟爲賓佐餘慶鎮興元又奏爲從事辟書下而卒

竇羣爲侍御史順宗時不附王叔文叔文之黨出爲唐州刺史羣至唐州節度使于頔以故人待之署羣爲副使表兼御史中丞賜金紫

竇常字中行大曆十四年登進士第寓居廣陵之柳楊結廬種樹不求苟進以講學著書爲事凡二十年不出貞元十四年杜佑鎮淮南奏授校書郎爲節度參謀

馬揔字會元爲刑部侍郎元和十二年宰相裴度爲淮西宣慰處置使奏揔爲宣慰副使司勳員外郎李正封都官員外郎馮宿禮部員外郎李宗閔等爲兩使判官書記皆從之

韓愈字退之元和中爲右庶子時方討淮蔡兵久無功丞相裴

度兼淮西節度督軍於郾城奏俞守本官兼御史中丞爲行軍司馬仍賜金紫旋以蔡州平隨度歸闕拜刑部侍郎

崔戎字可大爲藍田主簿爲藩鎮名公交辟裴度領太原署爲參謀

竇鞏字友封元和二年登進士第袁滋鎮滑州辟爲從事滋改荆襄二鎮皆從之掌書記之任平盧薛平又辟爲副使入朝爲刑部郎中元稹觀察浙東奏爲副使兼中丞賜金紫移鎮武昌鞏又從之終于鄂渚

孔敏行字至之元和五年進士擢第呂元膺廉問岳鄂辟爲賓佐丁母憂而罷後元膺爲東都留守移鎮河中敏行皆從之

梁覿梁州城固人夫妻隱於城固南山山南西道節度使鄭餘慶高其行辟爲節度參謀

賈直言初從事於李師道師道不恭朝命直言冒刃諫者二輿櫬諫者一師道詭不從及劉悟斬師道節制鄭滑得直言於禁錮之間又嘉其所爲因奏署幕中悟遷於潞亦與之俱後穆宗以諫議大夫徵之悟拜章乞留復授檢校右庶子兼御史大夫依前充昭義軍行軍司馬

張又新爲左補闕與拾遺李續之尤蒙宰相李逢吉昵待指爲鷹犬逢吉出爲山南東道節度使請又新爲行軍司馬續之爲副使

薛戎字元夫河中寶鼎人少有學術不求聞達居于毗陵之陽羨山年踰四十不易其操江西觀察使李衡辟爲從事使者三返方應召故相齊映代衡又留署職府罷歸之

高瑀少好論兵釋褐右金吾胄曹累辟諸府從事

王質字華卿釋褐嶺南管記歷佐淮蔡許昌梓潼興元四府累奏兼監察御史入朝累官戶部員外郎舊府延薦檢校司封郎中賜紫金魚袋充興元節度副使

崔咸少有林壑之志從性潛遊南山經時不返既冠擢中文科尤長於篇詠好飲酒每風月孤靜吟嘯移時多悽愴流涕至酣

辟判官鄭餘慶李夷簡皆辟於幕中非奉師友

崔珦博陵人王質爲宣州觀察使辟珦及劉蕡裴夷直趙哲爲從事皆一代名流

羅讓丁父憂喪服既除尚麻衣茹荼不從四方之辟者十年李鄘爲淮南節度就其家拜請從事除監察御史

李德裕字文饒元和初以父再秉國鈞避嫌不仕臺省累辟諸府從事張弘靖罷相鎮太原辟爲掌書記由大理評事得殿中侍御史〈李石元和十三年進士擢第從京國公李聽歷四鎮從事後爲兵部郎中令狐楚奏爲太原節度副使

韋澳字子斐太和六年擢進士第性貞退登第後十年不仕周墀鎮鄭滑辟爲從事

劉蕡寶曆二年擢進士第大和二年策試賢良不第令狐楚在興元牛僧孺在襄陽辟爲從事待如師友〈鄭亞字子佐李德裕在翰林亞以文干謁深知之出鎮浙西辟爲從事

鄭畋字台文亞之子也釋褐汴州節度推官大中朝白敏中令狐綯相繼秉政素與李德裕相惡凡德裕親舊多廢斥之畋不得偕於士伍咸通末令狐綯出鎮淮海劉瞻鎮北門辟爲從事〈盧簡求字子臧釋褐江西王仲舒從事又從元稹爲浙東江夏二府掌書記裴度鎮襄陽保釐東洛皆辟爲賓佐入朝爲監察御史裴度鎮太原復奏爲記室

令狐楚弱冠擢進士第桂州觀察使王拱愛其才辟爲幕府懽不從請飛章而後致意父承簡時爲太原功曹楚有庭闈之戀王桂林謝知不預宴遊乞解職奉色養李說嚴綬鄭儋繼鎮太原高其節行累辟爲掌記

鄭朗字有融長慶元年登進士甲科覆落柳公綽鎮襄陽首辟之朗後爲名相公綽乞辟盧簡辭崔璵貞及侯孜韋長李拭皆至三公卿

劉瑑登進士第文格高雅馬植鎮陳許辟爲掌書記又從植汴州李瓚鎮桂州奏爲觀察判官

柳玭初辟高湜度支巡官踰年拜左補闕湜出鎮澤潞奏為節度副使入為殿中侍御史李蔚鎮襄陽辟為掌書記湜再鎮澤潞復為副使

李商隱少負才令狐楚罷相歷汴州興元節制辟為從事遊處之間未嘗相捨楚卒王茂元鎮涇原聞其才命為管記茂元移任俱之河陽茂元卒桂州鄭亞復奏為判官官至侍御史在嶺表累年大中十二年入朝京兆尹盧弘正奏署掾曹令典牋奏明年令狐綯作相商隱屢啓陳情綯不之省弘正鎮徐州又從為掌書記府罷復以文章干綯乃補太學博士會河南尹柳仲郢鎮東蜀辟為節度判官

劉三復潤州人李德裕為浙西觀察使三復以所業詣郡干謁德裕閱其文倒屣迎之辟為從事德裕三為浙西三復皆從大和中德裕輔政用為員外郎居無何罷相復鎮浙西三復從之歷滁州刺史劉禹錫以宗人遇之深重其才嘗為詩贈德裕從事復三為

浙右從事凡十年餘性至公入相薦用登朝中復從公之京口未幾而罷並以尚書員外郎奉使至洛旋承新命改轅而東三從公皆在舊地啟諸故事更無其比因賦詩餞別以志之又從德裕歷滑臺西蜀揚州累遷御史中丞藏

楊收字藏之兄發為潤州從事因家金陵收得第東歸路由淮右故相司徒杜悰鎮揚州延收署節度推官奏授校書郎自悰罷相鎮西川復管記室宰相馬植奏為渭南尉充集賢校理改監察御史收辭以兄尚從事侯府植嘉之收即留達意於西蜀願復為參佐悰即表為節度判官植乃以收弟嚴代為校理周墀罷相鎮西蜀表嚴為掌書記墀至鎮而卒悰乃辟嚴為觀察判官兄弟同幕為兩使判官時人榮之

劉鄴三復子也三復嘗為李德裕浙西從事鄴入尹初德裕貶逐鄴無所依以文章客遊江浙高元裕廉察陝虢署為團練推官

王蕘龜子也苦學善屬文以季父作相避嫌不就科試乾符初崔瑾廉察湖南崔鉉鎮江陵皆辟為從事

溫廷筠太原人本名岐字飛卿大中初應進士累年不第徐商鎮襄陽往依之署為巡官

李磎字景望大中十三年登進士第歸仁晦鎮大梁穆仁裕鎮河陽自監察殿中相次奏為從事

王調為長安令鄭從讜罷相為太原尹北都留守河東節度兼行營招討制下許自擇參佐乃奏調為副使兵部員外郎史館修撰劉崇龜為節度判官前司勳員外郎史館修撰趙崇為觀察判官前進士劉崇魯充推官前左拾遺李渥充掌書記前長安尉崔澤充支使開幕之盛冠於一時時中朝瞻望者目太原為小朝廷言名人之多也

劉崇望登進士科王凝廉問宣歙辟為巡官崔安潛鎮許昌成都崇望昆仲四人皆在安潛幕下

趙光裔為膳部郎中知制誥劉季述廢立之後旅遊江表以避

患嶺南劉隱深重之奏為副使

司空圖咸通中登進士第主司王凝於進士中尤奇之凝廉問宣歙為上客召拜殿中侍御史以赴闕遲留責授光祿寺主簿分司東都宰相盧攜罷免以賓客分司嘉其高節攜入朝路由分陝謂陝帥盧渥曰司空御史高士也公其厚之渥即日奏為賓佐後為禮部郎中故相王徽鎮澤潞乃表圖為副使徽不赴鎮而止

韋彀字處默釋褐為萬年尉同州夏陽令崔裔知為循吏辟鹽鐵巡官

梁張策為膳部員外郎華帥韓建辟為戎判及建鎮許州又為掌記天復中策奉其主書幣來聘太祖見而喜曰張夫子且至矣即奏為掌記兼賜金紫

孫騭滑臺人知書亦微有詞筆唐光啓中魏博從事公乘億以壯妻之因教以牋奏程式時中原多難縉紳之士縮影竄跡不

復日頭僨旣死䫉卽以表章淺疏潜積兼月不能發一字或以騰爲言卽署末職主奏記事累遷職自支使掌記至節度判官

敬翔字子振同州馮翊人唐平陽王暉之後也翔好讀書尤長刀筆應用敏捷乾符中舉進士不第及黃巢陷長安乃東出關將太祖初鎭大梁有觀察支使王發者翔里人也翔往依焉發以故人遇之然無由薦達翔久之計窘乃與人爲牋刺往往有警句傳於軍中太祖比不知書章檄喜淺近語聞翔所作愛之謂發曰知公鄉人有才可與俱來及見應對稱旨卽補右職每令從軍翔不喜武職求補文吏卽署館驛巡官俾專掌檄奏龍紀元年六月以朝散大夫前太子中允爲中大夫檢校水部郎中守楊州大都督府左司馬賜紫金魚袋翔始以書檄從軍每進規畫自經始蔡寇至于殄滅梁祖嘉其侍從裨贊之績特表其事遂有此授

李振仕唐爲台州刺史會盜據浙東下克之任以策干太祖太

祖奇之辟爲從事太祖兼領鄆州署天平軍節度副使

韋震仕唐爲右武衛將軍歸于太祖表爲楊州左司馬又表爲蔡州四面都統判官尋奏授檢校左僕射充宣武節度副使

謝瞳字子明爲亳州團練使太祖征淮南過郡因求侍府幕奏爲宣義節度副使充兩使留後

高途字昭遠初爲鄆州從事爲鹽鐵使秦韜玉所知薦於太祖乃署宣武軍掌記遷汴宋亳觀察判官改天平宣義兩府從事

盧曾頗好書有所執守始爲蔡州防禦使朱瓊從事瓊降與之偕來太祖辟爲宣義幕職

李珽字公度爲監察御史丁內艱憂闋再徵爲御史以疾不起成汭鎭荊州辟爲掌書記踰時乃就汭死襄帥趙凝復奏爲掌記入爲左補闕太祖爲元帥復署爲天平掌記一日大會將佐捐珽曰此眞書記也

羅隱餘杭人也唐廣明中因亂歸鄉里節度使錢鏐辟爲從事

後唐任圜京兆人李嗣昭典兵於晉陽與圜遊愛分義甚洽及鎭澤潞請爲觀察判官制授廷評解褐賜朱紱

王緘幽州劉仁恭故吏也少以刀筆直記室仁恭假以幕職令使鳳翔還經太原屬仁恭阻命武皇留之緘堅辭復命書詞稍抗武皇怒下獄詰之謝罪聽命乃署爲推官歷掌書記從莊宗經略山東承制授檢校司空魏博節度副使

趙光逢幼嗜墳典動守規檢議者目爲玉界尺昭宗朝登進士第踰月辟度支巡官鳳翔支使

豆盧革少值亂離避地鄜延轉入山中王處直禮之辟於幕下有奏記之譽因牡丹會賦詩諷處直以隸柘爲意言甚古雅漸加器仰轉節度判官

趙鳳幽州人從劉守奇奔梁用守奇爲博州刺史表鳳爲判官

何瓚閩人也天祐三年登進士第謁莊宗於晉陽一見受知辟河東推官漸轉留守判官張承業卒代知軍府處事明敏胥吏

伏其精而伏其能好會賓友飲饌精豐談笑娛洽外疎內密事有所執性復不回鄴中建號拜諫議大夫慮帝業不成堅乞判留守於北京詔下許之未行車駕已平梁苑瓚從至洛下郭崇韜欲留於西掖爲人所忌竟赴北京

盧汝弼唐大順中登進士第宣歙觀察使裴樞辟爲判官後爲祠部員外郎知制誥從昭宗遷洛移疾退居客遊上黨過潞府爲太原所攻節度使丁會歸降汝弼從會至太原武皇奏爲節度副使累奏戶部侍郎

盧程天復末登進士第爲鹽鐵巡官昭宗遷洛陽程客遊燕趙中山王處直禮遇未優故投于太原莊宗署爲推官尋改支使後歷監觀察判官

李敬義衛公德裕孫也嘗從事浙東退歸洛南平泉舊業昭宗遷都洛陽敬義爲司勳員外郎辭疾不授責授衛尉寺主簿後挈族客居衛州者累年莊宗定河朔遣人迎至魏州署北京留

守判官

孔邈兗州曲阜人乾寧五年登進士第除校書郎崔遠在中書奏萬年尉充集賢校理以親舅獨孤楨方在廊廟避嫌不赴職調羅紹威於鄴下辟為判官

蕭希甫梁時登進士第之鎮州王鎔署參軍後逃於易州落髮為僧莊宗撥揚賢俊幽州馬紹宏以希甫聞召至魏州辟為推官

李襲吉乾符末為河東節度李都權觀判官時喪亂之後衣冠多逃難汾晉間襲吉訪舊至太原武皇署為府掾出宰榆社光啓初武皇遇難上源記室殁焉既歸鎮辟掌奏者多不如旨武有薦襲吉能文召試稱旨即署為掌書記三遷節度副使

陳人少好李善屬文嘗客於浮陽會浮陽軍亂北居大梁莊宗平梁郭崇韜選領常山召居賓揖崇韜從魏王繼岌伐蜀署為招討判官

藥縱之太原人少為儒明宗刺代州署為軍事衙推從明宗鎮邢州為掌書記歷天平宣武兩鎮節度副使

馬郁幽州人劉仁恭入燕用為掌書記唐天祐一年汴人寇滄景仁恭求援於武皇武皇徵其兵同攻潞州仁恭遣郁與監軍張居翰率師數萬赴會潞既平仁恭為其子守光所囚兄守文失滄景乃留郁不遣署為副留守累官至檢校司空秘書監武皇莊宗禮遇俱厚歲時給賜優異

司空頲貝州清陽人景福中舉進士不第羅紹威為節度副大使頲以所業干之幕客公乘億為延譽羅弘信署為府參軍辟館驛巡官改節度巡官歷掌書記

張憲字允中晉陽人精力遊學莊宗嗣世補太原府司錄參軍天祐十三年授監察賜緋署魏博推官改掌書記魏博觀察判官鎮州平授魏博鎮冀十郡觀察判官

胡裝禮部尚書曾之孫莊宗署館驛巡官未幾遷節度巡官賜緋尋歷推官

王正言鄆州人早孤貧為沙門鄆州刺史賀德倫令歸俗署郡職德倫鎮青州表為推官移鎮魏州改觀察判官

周玄豹本燕人有袁許之術莊宗署玄豹北京巡官

石知訥本梁時之走吏也漸厠簪組及會奇辟為河陽節判殺任許州亦佐之

晉趙瑩初依梁將康延孝延孝奔唐莊宗同光初用為鄭州防禦使表瑩為判官三年延孝為陝帥又署賓職高祖為陝府兩使留後瑩猶在郡以前官謁之一見如舊相識即奏署管高祖歷諸鎮皆從之

劉昫涿州人文學優贍寓居上谷太寧山與呂夢奇張麟結菴共處定州連帥王處直以其子都為易州刺史署昫為軍事衙推及都去任假五迴令都招昫至中山會其兄暄為節度衙推不踰歲命為觀察推官

馮玉字璟臣少應進士不第唐長興中宣徽使馮贇出鎮太原

王以宗盟之分往依之贇乃奏玉為從事府罷入朝拜監察御史

崔梲梁貞明三年舉進士主文薛廷珪愛其才擢升甲科開封尹王瓚表為從事專掌書奏瓚待之若親友

呂琦幽州人勵志勤學遊於汾晉唐天祐中莊宗方開霸府趙佇賢士墨制授琦代州軍事判官秩滿歸太原監軍使張承業重琦器業禮遇尤厚會其子瑾領麟州刺史乃辟琦從事同光中趙德鈞鎮滄州表琦為節度推官德鈞移鎮幽州亦從之

殷鵬字大舉大名人少而俊秀為鄉曲所稱弱冠舉進士第唐閔帝之鎮魏州聞其名辟為從事

曹國珍字彥輔少值燕薊亂離因落髮被緇客于河西延州高萬興兄弟皆好文辟為從事國珍嘗以文章自許求貢禮闈萬興飛表薦之梁貞明中特勑進士及第還為萬興幕客且掌書奏暮年入為左拾遺

史圭常山人後唐同光中任圜為真定尹擢本府司錄不應命

郭崇韜鎮其地辟爲從事及明宗代崇韜復以舊職縻之
尹玉羽京兆長安人杜門隱居无名宦之意梁貞明中劉鄩開
幕鄜坊辟爲保大軍節度推官歷雍汴滑兖從事
孔崇弼登進士第爲弘文校理從昭宗幸洛陽河南尹張宗奭
以崇弼名家子署爲幕賓
陳保極閩中人也少好文善屬文後唐天成中擢進士第秦王
從榮闢其兵辟爲從事
漢李崧深州饒陽人仕後唐爲太常寺協律郎王師伐蜀王繼
岌爲都統署崧掌書記
蘇逢吉京兆人也父悅爲高祖從事因從容薦逢吉令事左右
高祖召見以神情爽惠甚憐之有頃擢爲賓佐爲節度判官
李鏻少舉進士累舉不第客遊河朔入常山趙王鎔辟爲從事
常山平莊宗以鏻爲霸府支使
龍敏幽州人少爲儒丐遊都邑莊宗定魏博敏聞故人馮道爲
霸府記室乃客于河中歲內歸太原館於馮道之家監軍使張
承業從容謂道曰吾子鄉友南來何不相見遂得謁見會莊宗
在魏州召道從軍承業即署敏爲巡官典監軍奏記
張允鎮州人幼學爲儒仕本州爲參軍張文禮之據州叛唐莊
宗討允隨文禮子處瑾請降於鄴不允與處瑾並繫于獄鎮冀
平宥之留于鄴署府功曹趙在禮興賊叛署節度推官從歷滄
兖二鎮書記
周馮道瀛州人唐天祐中劉守光署爲幽府椽守光敗道歸太
原監軍使張承業辟爲本院巡官尋爲霸府從事莊宗歸寧太
原置酒公宴舉酒謂張承業曰予今於此會取一書記先以巵
酒辟之即舉酒屬道道以所舉非次抗酒辭莊宗曰勿謙挹無
踰於卿也遂署太原掌書記
馬裔孫同光末擢進士第唐末帝爲潞王鎮河中裔孫客遊依
之署爲支使錄改記室及廢王守河中留京師歸第餘裔孫不離于
鄉第長興中潞王自西京留守移鎮鳳翔裔孫累轉觀察判官
和凝字成績十九登進士第滑帥賀瓌知其名辟置幕下
蘇禹珪字玄錫以五經中第後歷并管記漢高祖作鎮并門奏
爲廉判
楊凝式爲禮部員外郎三川守張宗奭見而喜之請以本官充
留守巡官
王仁裕天水人入蜀爲翰林學士蜀亡入洛復爲秦州節判秩
滿歸田里時王思同鎮興元聞仁裕名奏辟爲幕賓從移西京
留守判官
司徒詡貝州人少好讀書弱冠應鄉舉不第唐明宗鎮邢臺辟
往謁之甚見禮遇命試吏歷領縣令有能名長興初唐末帝鎮
河中奏辟爲從事
賈緯真定人舉進士不第歸河朔本府累署參軍邑宰范延光
鎮真定表爲趙州軍事判官

劉皞後唐初投高季興於荊南累奏爲荊州掾官既而兄昫明宗
朝爲學士遣人召歸梁漢顒鎮鄧州辟爲從事入爲監察御史
歷水部員外郎史館修撰長興末宰相趙鳳鎮邢臺表爲節
度判官
張沆徐州人登進士第唐明宗時秦王好文每賓寮大會手自
出題令面前賦詩小不如意則壞裂抵棄沆初遇會座客
各爲南朔廳記謂沆曰聞生名久矣請爲此文沆不獲已從之
及君手記成獨取沆所爲勒之於石繇是署爲河南府巡官秦
王敗勒歸鄉里晉初桑維翰秉政沆以文干進用爲著作佐郎
集賢校理右拾遺維翰出鎮奏爲記室
張昭趙郡高邑人後唐同光中依興唐尹張憲憲奏爲從事及
憲敗依河東留守與之俱行遇莊宗洛陽之變憲爲部將趙
所害昭僅以身免

冊府元龜卷第七百二十九

冊府元龜卷第七百三十

幕府部一十五

連累　貪縱　邪謀　譴斥

連累

古者三公將帥並開幕府必精於聘選以爲參佐故崇璧馬之禮盛弓旌之招爲之佽助待以師友若乃裨贊無狀計畫靡聞使其僭擬致禍驕侈取亡或陰拱以觀其謀或踴躍以挺其惡以至法當連茹禍及淪胥至於禁錮終身孥戮親族豈由天孽非不幸焉

後漢傅毅爲車騎將軍馬防軍司馬毅以文雅顯於朝廷防外戚尊重待以師友之禮及馬氏敗免官歸

班固爲大將軍竇憲中護軍與參議及憲敗固先坐免官

崔瑗爲度遼將軍鄧遵所辟居無何遵被誅瑗免歸

平陵辟太尉李固府舉高第拜侍御史會固被誅陵以故吏禁錮歷守

何休辟太傅陳蕃府與參政事蕃敗休坐廢錮

魏王基爲大將軍曹爽官屬除河南尹未拜而爽伏誅基隨例罷

盧欽爲大將軍曹爽掾除尚書郎爽誅免官

裴秀爲大將軍曹爽掾遷黃門侍郎及爽誅以故吏免

蜀向朗領丞相諸葛亮長史隨亮漢中朗素與馬謖善謖逃亡朗知情不舉亮恨之免官還成都

晉潘岳爲太傅楊駿主簿駿誅除名

嵇含爲楚王瑋掾瑋誅坐免

應詹爲趙王倫征東長史倫誅坐免

陸玩徵拜侍中以疾辭王敦請爲長史逼以軍期不得已乃從命敦平尚書令郗鑒議敦佐吏不能諫正其姦惡宜皆免官禁錮會溫嶠上表申理得不坐復拜侍中

宋庾登之爲謝晦撫軍長史及晦拒王師欲使登之留守登之不許晦敗登之以無任免罪禁錮還家

陸展爲臧質車騎長史尋陽太守質敗從誅

荀伯玉爲晉安王子勛鎮軍行參軍子勛舉事伯玉友人孫沖爲將帥伯玉隸其驅使封新亭侯事敗伯玉還都賣卜自業

陳韋諒爲始興王叔陵錄事參軍兼記室叔陵謀逆諒伏誅

後魏路仲信章武王融之討葛榮也仲信爲其都督府長史融敗歿仲信遂亦免棄

李鳳爲定州刺史安樂王長樂主簿長樂以罪賜死時卜巫著河間邢瓚辭引鳳云長樂不軌鳳爲謀主伏誅

李遺元爲京兆王愉功曹參軍贊扶柳令爲愉所親遇與同反愉敗遺元逃竄會赦乃雪

北齊王晞爲常山王友時文宣昏逸常山王數諫帝疑王假辭於晞欲加大辟王私謂晞曰博士明日當作一條事爲欲相活亦圖自全宜深體勿怪乃於衆中杖晞二十帝尋發怒聞晞得

杖以□□□鞭鉗配甲坊居三年王又固諫爭大被毆撻閉口不食太后極憂之帝謂左右曰儻小兒死奈我老母何於是每問王疾謂曰努力強食當以王晞還汝乃釋晞令往王抱晞曰吾氣息惙然恐不復相見晞流涕曰天道神明豈令殿下遂斃此舍至尊親爲人兄尊爲人主安可與計殿下不食太后亦不食殿下縱不自惜不惜太后乎言未卒王強坐而飯晞由是免徒還爲王友

後周陸逞爲河州刺史晉公護雅重其才表爲中外府司馬頗委任之尋復爲司會兼納言遷小司馬及護誅坐免官

隋蘇沙羅爲益州總管長史會越嶲人王奉舉兵作亂沙羅從段文振討平之賜奴婢百口會蜀王秀廢吏案奉沙羅云王奉爲秀所殺秀逼詐稱左右斬之又□□□令出奴婢沙羅隱而不奏由是除名

李圓通爲并州長史□秦孝王爲刺史以奢侈得罪圓通亦坐

唐崔器天寶中爲監察御史中丞宋渾爲東畿採訪使引器爲
判官渾坐贓流嶺南器亦隨貶
李白天寶末爲永王璘江淮兵馬都督從事璘謀亂兵敗白坐
長流夜郎遇赦得還
盧徵永泰中江淮轉運使劉晏辟爲從事委以腹心之任累授
殿中侍御史晏得罪徵貶珍州司戶　元琇亦晏之門人與元忠
爲戶部侍郎判度支薦徵爲度支員外郎琇得罪徵坐貶爲信
州長史
馬總貞元中姚南仲鎮滑臺辟爲從事南仲與監軍使不叶監
軍誣奏南仲不法及罷免總坐貶泉州別駕監軍入掌機務福
建觀察使柳冕希旨欲殺總遣從事穆贊按總贊辯無罪總方
免死
沈亞之爲栢耆滄德宣慰判官耆帥數百騎入滄州取節度使
李同捷赴京諸將害耆邀功爭上表論列耆貶循州司戶亞之
貶虔州南康尉

府七百三十　三

錢可復大和末爲禮部郎中鄭注出鎮鳳翔李訓選名家子以
爲賓佐授可復檢校兵部郎中兼御史中丞充鳳翔節度副使
訓注敗可復爲鳳翔監軍使所害
李巨川爲王重榮河中府掌書記重榮爲部下所害朝議罪參
佐貶爲漢中掾
後唐劉贊明宗朝爲刑部侍郎時秦王爲元帥秦王府判官太
子詹事王居敏與贊鄉曲之舊以秦王盛年自恣須朝中選士
納誨莫其意乃薦贊明宗授祕書監兼秦王傅贊性雍和與
物無忤居官畏慎人若以私故干之雖權豪不能移其操及在
余府因事或發正論王側目怒視殊無下賢之色或與諸僚佐
從外辨有音旨不召而不得食而栢闕之謀故不預聞及秦府
得罪或傳言安慰言止於朝參而贊已被麻衣騎乘在門闕其
安慰曰此存撫之情也豈有國君之嗣一旦舉室塗地而參佐

朝降免死幸也俄而臺吏示敕長流嵐州即時赴貶所
後唐樂文紀爲亳州判官刺史李鄴爲政貪穢長流崖州百姓
文紀坐昧於贊佐配祁州長流百姓
漢陳湯爲大將軍王鳳從事中郎湯明法令善因事爲勢納說
多從常受人金錢作章奏卒以此敗
後漢宋章爲司徒桓虞掾章貪而不法同府掾劉修不與交
言同帶
魏丁斐爲太祖典軍校尉從征吳斐以家牛羸私易官牛
晉郭象辟司徒掾稍至黃門侍郎東海王越引爲太傅主簿甚
見親委遂任職當權熏灼中外由是素論去之
諸葛長民爲桓玄平西參軍有文武幹用然不持行檢無鄉曲
之譽尋以貪刻免
後魏韓務爲平北長史頗有受納爲御史中尉李平所劾付廷
尉會赦免

府七百三十　四

張僧皓爲歷城郡功曹時內史房伯祖闇弱委事僧皓僧皓大
有受納伯祖衣食不充
祖瑩爲冀州鎮東府長史以貨事發除名後李崇爲都督北討
引瑩爲長史又坐截沒軍資除名
羊祉爲司空輔國長史侵盜公私營構居宅有司案之抵死替
文特恕遠徙復還
元慶智爲太尉主簿事無大小得物然後判或十錢或二十錢
得便取之府中號曰十錢主簿
東魏裴景顏孝靜初徙司空長史在官貪穢武定二年爲中尉
崔暹所劾事下廷尉遇疾死於獄中
北齊陳元康爲神武相府功曹參軍使辟善事人希顏候意多
有進舉而不能平心處物溺於財利受納金帛不可勝紀放責
交易徧於州郡爲清論所譏
祖珽爲神武開府倉曹參軍性疎率不能廉慎守道倉曹雖云

州局乃受山東大文綾幷連珠孔雀羅等百餘匹令諸嫗機杼捕調新曲招城市年小歌舞爲娛遊諸倡家與陳元康穆子容任胄元士亮等爲聲色之遊文宣罷州珽例應隨府規爲倉局之間致請於陳元康元康爲白由是還任倉曹珽又委體附參軍事攝典籤陸子先幷爲畫計請粮之際令子先宣教出倉粟十車爲寮官捉送神武親問之珽自言不署歸罪子先神武信而釋之珽出而言曰此丞相天緣明鑒然實孝徵所爲孝徵珽字珽後爲秘書丞領舍人事文襄州客至請賣華林徧略文襄多集書人一日一夜寫畢退其本曰不須也珽以徧略數帙質錢樗蒲文襄杖之四十又與令史李雙倉督成祖等作晉州啓請粟三千石代功曹參軍趙彥深宣神武教給城局參軍過典籤高景略疑其不實密以問彥深彥深答都無此事遂被推檢珽即引伏神武大怒決鞭二百配甲坊加鉗其穀倍徵未及科會并州定國寺成神武謂陳元康溫子昇曰昔作芒山寺碑文時

稱妙絶今定國寺碑當使誰作詞也元康因薦珽才學并解鮮卑語乃給筆札就禁所具二日內成其文甚麗神武以其工而且速特恕不問然猶免官散參相府文襄嗣事以爲功曹參軍及文襄遇害元康被傷創重倩珽作書屬家累事并云祖喜邊有少許物宜早索取珽乃不通此書喚祖喜私問得金二十五鋌唯與祖喜二鋌餘盡自入已盜元康家書數千卷祖喜懷恨遂告元康二弟叔諶季璩等叔諶以語楊愔愔嚬眉答曰恐不益亡者因此得停文宣作相珽擬補令史十餘人皆有受納據法處絞帝尋捨之又盜官遍略一部事發文宣付從事中郎王士推檢并與平陽公淹令錄珽付禁勿令越逸淹遣田曹參軍孫子寬往喚珽受命便爾私逃黃門郎高德正留臺事謀云珽自知有犯驚恐是常但宣一命向秘書稱奉并州約束須五經三部仰承觀檢校催遣如此則珽意安夜當還宅然後掩取珽果如德正所圖遂還宅薦覺就家掩之縛珽送廷尉據犯枉

法處絞刑又宣以其伏事先世諷所司命特寬其罰遂奏免死除名天保元年復故官姦發爲依除免例參於晉陽珽與遜與御史奏造胡桃油復爲割截免官文宣每見之常呼爲賊

唐裴長源爲宣武軍節度行軍司馬好輕言無威儀自到汴州不爲軍州所禮重判官孟叔度性苛刻又縱恣聲色數至樂營與諸婦人嬉戲自稱孟郎由是人惡而輕之衆心共怒故節度使董晉卒未十日兵亂殺長源叔度臠食之

御侃爲壽州防禦判官侃擅行威令貪冒貨財多欲在法貞元十五年七月命權知壽州刺史王宗集衆決殺

後唐馬郁唐末爲幽州李匡威掌書記累使於鎮州王鎔官妓有轉轉者美麗郁屢因宴席挑之鎔幕客張澤亦以文章有名謂郁曰子敵座上成賦可以此妓奉酬郁即席撩紙即時成賦擁妓而去

豆盧革初爲定州王處直判官三家無法有日僞醉謁見處直

處布政有闕疑有所規處直出迎革立通一牘處直指物披之乃爲嬰人祈軍職矣

司空頲爲莊宗魏博節度判官是時帝方事河南連年征役魏博軍政決之於頲累遷檢校右僕射權軍府事長吏補署多通賂遺家畜姬妾不修廉隅同職惡之

晉張從朏爲晉昌軍節度行軍司馬以僞蜀故夔王勝李氏富於粧奩從朏略取爲妻李氏訴之天福七年四月勑以曾該赦宥止配靈武收管永不任用

邪謀

夫漢魏之後並開幕府參佐之列其猶股肱莫不資濟濟之賢成婉婉之畫也若乃以利傷行枉道事人毀信廢忠交私途惡縱肆邪說協比匪人故大則毀其龜玉小亦累其長上聽其言者曾不是圖覩其謀始之端猶謂相得之晚稔其干紀俾之覆宗斯則爲人謀而不忠當法家之所取者也是以於奉國爲不

臣於事人爲不義前車之覆可以明鑒謨謀是資允所深誡者矣

晉錢鳳爲大將軍王敦鎧曹參軍敦得進見知敦有不臣之心因進邪說遂相朋構專弄威權言成禍福遭父喪外託還葬而密爲使與沈充交構沈充爲王敦參軍明帝將伐敦遣其鄉人沈禎諭充許以爲司空充謂禎曰三司具瞻之重豈吾所任幣厚言甘古人所畏且丈夫共事終始當同寧可中道改易人誰容我禎曰不然舍忠與順未有不亡者也大將軍阻兵不朝爵賞自己五尺之童知其異志今此之舉將行篡殺耳豈同於往年乎是以疆埸諸將莫不歸赴本朝內外之士咸願致死正以移國易主義不北面以事之也奈何協同逆圖當不義之責朝廷誠信禎所具也賊之黨類猶宥其罪與之更始況見機而作邪充不納率兵臨發謂其妻子曰男兒不豎豹尾終不還也及敗歸吳興亡失道誤入其故將吳儒家爲儒所殺

周撫爲王敦從事中郎與鄧嶽俱爲敦爪牙甘卓遇害敦以撫

爲沔北諸軍事南中郎將鎮沔中及敦作逆撫領二千人從之敦敗撫與嶽俱亡走

任讓爲冠軍將軍蘇峻參軍庾亮輔政徵峻爲散騎常侍峻疑亮害己表乞補青州界一荒郡以展鷹犬之用復不許峻嚴裝將赴召猶豫未決讓謂峻曰將軍求處荒郡而不見許事勢如此恐無生路不如勒兵自守峻從之遂不應命

郗超爲大司馬桓溫征西參軍枋頭之敗溫深恥之既而超就溫宿中夜謂溫曰明公都有慮不溫曰卿欲有所言邪超曰明公既居重任天下之責將歸於公矣若不能行廢立大事伊霍之舉者不足鎮壓四海震服宇內豈可不深思哉溫既得此計深納其言遂定廢立超始謀也

卞範之爲桓玄江州長史委以心膂之任潛謀密計莫不決之後玄將爲篡亂以範之爲丹楊尹與殷仲文陰撰策命玄僭位其禪詔即範之文也

殷仲文爲桓玄諮議參軍時王謐見禮而不親卞範之被親而少禮而仲文寵遇隆重兼於王卞矣玄將爲亂使總領詔命以爲侍中領左衛將軍玄九錫仲文之辭也初玄篡位入宮其牀忽陷羣下失色仲文曰將由聖德深厚地不能載玄大悅

後秦韋宗爲姚宣參軍姚泓初立宣時鎮李閏北地太守毛雍據趙氏塢以叛泓使姚紹擒之宣未知雍敗遣部將姚佛生等來衛長安衆既發宗姦諂好亂說宣曰主上初立威化未著勃勃彊盛爲害必深本朝之難未可弭也殿下居維城之任宜深慮之刑望地形險固總三方之要若能據之虛心撫納非但克固維城亦霸王之業也宣乃率戶三萬八千棄李閏以叛

宋何承天爲謝晦荆州諮議參軍領記室文帝元嘉三年晦將見討其弟黄門郎皭密信報之晦問承天曰若果爾卿令我去何承天曰以王者之重舉天下以政一州大小既殊逆順又異境外求全上計也其次以腹心領兵戍於義陽將軍率衆於夏

口一戰若敗即趨義陽以出北境其次也晦良久曰荆楚用武之國兵力有餘且當決戰走不晚也乃使承天造立表檄

宗懍之爲沈攸之荆州主簿攸之既舉兵反初至郢州有順流之志懍之勸功曹臧寅以爲攻守勢異非旬日所枝若不時舉挫鋭損威今順流長騖計日可捷既傾根本則郢城豈能自固攸之不從

焦度爲江州刺史王景文鎮南參軍隨景文還都常在府州內景文被害夂度大怒勸景文拒命景文不從

陳彭暠爲始興王叔陵書記領衡陽內史叔陵爲逆暠伏誅暠叔陵舅也有寵謀謨皆預焉

後魏斛斯椿既歸尒朱榮署外兵事椿性佞巧甚得榮心軍之密謀頗亦關預

北齊司馬子如魏末爲尒朱榮司馬榮之誅子如知有變自宮內突出榮宅弃家隨榮妻子與尒朱世隆走出京城世隆便欲

還北子如曰事貴應機兵不厭詐天下之兇兇唯彊是視於此際會不可以弱示人若必走北即恐變故隨起不如分兵守河橋迴軍向京出其不意或可離潰假不如心猶足爾有餘力使天下觀聽懼我威彊於是世隆還逼京城

隋張衡爲漢王諒侍讀及諒轉牧揚州衡復爲掾諒甚親任之衡以竭慮盡誠事之奪宗之計多衡所建

唐高尚玄宗天寶末爲安祿山平盧掌書記出入卧内祿山甚信用之祿山肥疾若睡尚執筆在旁通宵不寐由是益親信遂與嚴莊等共解圖讖因其疑懼勸其謀反祿山累表至屯田員外郎及隨祿山寇陷東京僞授中書侍郎僞赦書制勅盡尚爲之毁黷本朝所不忍聞皆尚曲說其事也

盧會昌德宗貞元中爲昭義節度李抱真營田副使抱真卒其子緘匿喪不發會昌令抱真從甥元仲經潛與緘謀其明日將吏會集仲經詐爲抱真令曰吾疾甚不能莅職今令緘掌軍事

諸君善佐之節度副使李說及諸將吏俛首皆曰諾須臾緘衰服而出衆拜之緘乃悉府藏頒賞軍士會昌仍詐爲抱真表請以職事付緘翌日又令諸將連奏請緘領軍事帝聞抱真卒乃遣中使第五守進馳傳觀變且命以軍事屬於大將王延貴守進至潞州緘詐言抱真疾病請見明日如此者凡三日緘乃出從中使左右皆陳兵甚嚴中使謂緘曰朝廷已知相公薨歿令以軍務屬延貴侍御宜歸發喪行服也緘愕然出謂諸將曰有詔不許緘掌軍事諸公意如何將吏莫有對者緘懼而退遂以使印及管鑰歸監軍是日乃發喪畢一哭中使召延貴以口詔令視事趣遣緘赴東都元仲經逃于外延貴捕得殺之既歸罪仲經會昌因得不坐

柳伾貞元中爲壽州刺史楊承恩判官承恩老耄多病其政事悉委男澄及伾與孔目官林袞等承恩既疾甚伾等乃與將校等謀以澄爲刺史團練副使王宗知之密與大將田瑀等議曰楊大夫暫疾病當即痊平脫有不諱即朝廷自除刺史豈可使令楊澄知事也遂因繫澄伾等馳騎以聞故授宗官澄伾等尋罪

李貞抱昭宗時爲幽州李威幕客威以軍亂故推其弟衛爲留後鎭州王鎔以威失國因請挽駕於常山北郭海子園託以親戚鎔餌造之威遂逼以兵仗同詣理所乃入自子城東偏門内有鎔之親騎營中之卒忽擁其外閑復于鈠垣中有一人識是王鎔遽挾于馬上肩之而去威格鬬移時與貞抱俱死焉而此時之謀皆出于貞抱也

後唐爨琢自莊宗爲晉王時琢爲安義軍留後李繼韜幕客與牙將申蒙入奏公事每擁陰事報繼韜云朝廷無人終爲河南吞噬遷延遠間耳由是陰謀叛計内官張居翰時爲昭義監軍莊宗將即尊位詔赴鄴都潞州節度判官任圜時在鎭州亦奉詔赴鄴矣琢蒙謂繼韜曰國家急召此二人情可知也

孫晟莊宗時爲秘書省著作佐郎明宗天成初朱守殷據夷門

叛晟時爲幕賓實贊成其事

晉胡漢榮爲安州節帥李金全元隨左都押衙天福二年十一月金全奏奉詔抽漢榮以近緣重疾假損日赴闕漢榮本猾吏也從金全歷數鎭而姦聲譏聞知有旨欲授以他職免陷功臣漢榮懼其得罪遂託疾勸金全貳於朝廷自此之始

胡饒爲王建立所辟奏爲真定少尹天成末定州王都構亂陰使人結建立爲兄弟之國饒又曾薦梁辟石旂子張澄爲判官建立亦狎之澄素不知書每坐則以陰符鬼谷爲己任建立將叛以王都之盟告之澄與饒俱贊成其事會王師圍中山其事遂寢而饒之兇矣如此

高鴻漸爲雍京知留梁文矩從事文矩素愼靜爲鴻漸所教云兇之人稍致撓弊

譴斥

夫朝廷藩屛寄之公侯幕府婉畫屬在賓寮莫不交致辟書曆

延時宜辱以加遷之禮資其入幕之謀澹乎周稱其手有辱之命任使失所職事斯廢不能畏此簡書所以受其譴斥也

晉孫楚參石苞驃騎軍事楚既負其才氣頗侮易於苞初至長揖曰天子命我參卿軍事因此而嫌隙遂構苞奏楚與吳人孫世山共訕毀時政楚亦抗表自理紛紜經年事未判又與鄉人郭奕忿爭武帝雖不顯明其罪然以少賤受責遂湮廢積年初參軍不敬府主楚既輕苞遂制施敬自楚始也

李興蜀郡人刺史羅尚辟別駕尚爲李雄所攻使興詣鎮南將軍劉弘求救興因願留爲弘參軍而不還尚白弘弘即奪其手版而遣之

習鑿齒襄陽人爲大司馬桓溫別駕溫甚器遇之後使至京師簡文亦雅重焉既還溫問相王何似荅曰生平所未見以此大忤溫旨左遷戶曹參軍溫後激怒既盛乃出鑿齒爲滎陽太守後以脚疾遂廢于里巷

宋臧質爲江夏王義恭撫軍以輕薄無檢爲太祖所知徙爲給事中會稽宣長公主每爲之言乃出爲建平太守

顧琛爲彭城王義康司徒錄事軍出爲義興太守初義康請琛入府欲委以腹心琛不能承事劉湛故尋見斥外

何長瑜爲臨川王義慶平西記室參軍嘗於江陵寄書與宗人何勗以韻語序義慶州府僚佐云陸展染鬢髮欲以媚側室青青不解久星星行復出如此者五六句而輕薄少年遂演而廣之凡厥人士並爲題目皆加劇言苦句其文流行義慶大怒白太祖除爲廣州所統曾城令

梁謝朏爲司徒右長史坐殺牛免官

江淹爲建平王景素鎮軍參軍事領南東海郡丞會南東海郡太守陸澄丁艱淹自謂郡丞應行郡事景素用司馬柳世隆淹固求之景素大怒言於選部黜爲建安吳興令

北齊崔龍子爲司州司馬初龍子爲司徒功曹嫁女與穆提婆以求此職提婆許之以其階品懸絕先補爲平東令至是成資既畢即便用之尋有謠言牓於路側曰司州司馬崔老鵰取錢爺疾判事得御史馬仕舒見而劾之遂免其官

唐劉嶠爲吏部侍郎從太宗擊薛舉爲元帥府司馬時太宗遇疾委軍於劉文靜誡之曰賊衆遠來利在急戰難與爭鋒且宜持久待糧盡然可圖也嶠謂文靜曰王體不安慮公不濟故發此言宜可因機破賊乃以勍敵遺王也久之言於文靜曰王不余恐賊輕我請曜武以威之遂陳兵淺圻爲薛舉所乘軍乃大敗嶠坐減死除名

元萬頃爲李勣遼東道管記勣命萬頃作文檄高麗其語有譏高麗不知守鴨淥水險莫離支報云謹聞命矣遂移兵固守鴨淥官軍不得入萬頃坐是流于嶺外

張弘靖爲東都留守杜亞從事留守將令狐運逐賊出郊其日有劫運絹於道者亞以運豪家子意其爲之乃令判官穆貟及

弘靖同鞫其事貟與弘靖皆以運職在衛必不爲盜堅請不按亞不聽遂以獄聞乃斥貟及弘靖出幕府有詔令三司使雜治之後果於河南界得賊

後唐盧程莊宗在晉陽程爲推官及出師趙魏欲遷爲書記程以無刀筆才不敢奉命故盧質典記室留於晉陽自行臺駐魏州河東軍之務專制於監軍張承業承業嘗命程監諸廩出納程辭之曰此事非僕所能請擇其能者承業叱之曰公稱文士即合飛書草檄開霸圖命爲書記堅稱短拙及令監廩又以爲辭公所能者何也程垂涕謝之

句龍階爲陝州觀察判官清泰二年勒停追毀見任官牒以斷獄謬誤故也

冊府元龜卷第七百三十

冊府元龜卷第七百三十一

陪臣部

總序

古者建侯分土皆有臣吏（若有虞庖正有仍牧正之比）夏商以往其詳蓋闕周王之制始以諸侯上大夫卿下大夫上士中士下士爲五等大國三卿皆命於天子次國三卿二卿命於天子一卿命於其君小國二卿皆命於其君而國皆有下大夫五人上士二十七人平王東遷諸侯力政家陪之職多擬王室其見於春秋者魯有司徒司馬司空司寇太宰（皆卿官也諸國倣此）祝宗卜史之職（太祝掌祠祀宗人掌禮太卜掌卜筮太史掌記事諸國皆有但不備見於經傳魯太史之外復有外史）又有工正主車服隧正主役徒周人掌圖籍宰人掌禮書馬正校人掌馬縣邑則有大夫宰以守邑賈正掌物價（諸國縣邑皆有大夫宰楚縣置尹或僭稱公）宋以司徒爲司城（避武公諱）有大司馬少司馬司馬大司徒司徒右師左師大司寇少司寇司寇太宰少宰大尹鄉正門尹又有

御士主公御司里掌閭里迹人主迹禽獸校正主馬工正主車晉以司徒爲中軍（避僖侯諱）有大司空司空大傅司寇司馬太師太史之職三軍之外復有中行右行左行之官（周制大國三軍皆以卿將之大夫佐之晉舊有三軍又新作三軍通子六軍之制故以行爲名）又有軍司馬軍尉軍候亞旅候奄皆掌軍事又有候正主斥候輿師主兵車校正主馬司士主車右五正掌五官執秩主爵秩七輿大夫主車輿大士主治獄公族旄車掌公族餘子掌公適子之母弟公行掌庶子輿尉掌役司典掌典籍復陶主衣服筮史膳宰樂師各掌其事齊卿官及太史太師外有銳司徒主銳兵辟司徒主壁壘工正主百工衡鹿掌山舟鮫掌澤虞候掌藪祈望掌海又有侍漁監取魚虞人掌山澤縣大夫之外別有師掌地域楚有令尹太宰右尹宰少宰司徒司空司馬左司馬右司馬司敗（陳楚謂司寇爲司敗）七大夫莫敖若敖連尹工尹樂尹監尹箴尹鍼尹囂尹陵尹寢尹沈尹芋尹郊尹卜尹莠尹門尹馬尹宮廄尹中廄尹又有大師掌環列之尹封人主役右領左史爲賤官縣尹之外又有司馬鄭卿官之外有司宮主宮令正主作辭令馬師主馬封人主封疆卜大夫府人庫人郊人各掌其事其餘國則衛有右宰吳有太宰隨有少師佗職皆不見於經其戰國之際公侯多僭王號諸國皆有相相國假相國上卿客卿國尉御史田部吏其用兵則有大將軍將軍軍師監軍裨將等官縣則有國吏市掾監門之職秦孝公時又置縣令以公士上造簪裹不更（不更亦見春秋）大夫公大夫官大夫公乘五大夫左右庶長左更中更右更少上造大上造駟車庶長大庶長關內侯徹侯爲二十爵惠文君時又置左右丞相及有犀首之官（若漢虎牙將軍）楚又有左徒三閭大夫其家臣則春秋時有家宰家司馬祝宗差車戰國有舍人中庶子其太子官及宦者皆見於本序此不復紀夫陪臣或藩國分守官次所以輔翊其主尊奬王室而有智用淵遠謀慮況敏挺賢懿之德秉中亮之操方正不撓衛令克允爲禮明上下之等臨政適寬

猛之要規正闕失薦達賢彥臨難而盡節受邑而建嗣至於擅命恣橫僭上奢縱罔循典禮連禍患詭譎交變戕賊肆害任性以忿競棄國而奔越咸用論叙以著于篇凡陪臣部二十門

封邑

周制卿大夫士有祿秩之差諸侯亦自命其陪臣卿佐故其家邑采地制祿受封亦惟舊矣東遷之後庶邦力政雖大國之卿當命於天子者亦率聞焉若夫霸者之士過於數圻強家之賦踰於百乘當其以能詔爵以功裂壤賞之以衍沃錫之以陪敦傳世延嗣保姓受氏自藉胥緒蕃衍宗屬熾大尊制國命以弱公室者亦固有之傳曰末大必折尾大不掉其是之謂也

桓叔晉文侯弟成師也文侯封之于曲沃曲沃邑大於翼（翼晉君都邑也）成師封曲沃號爲桓叔靖侯庶孫欒賓相桓叔桓叔是時年五十八矣好德晉國之衆皆附焉君子曰晉之亂其在

曲沃矣末大於本而得民心不亂何待

共叔段鄭莊公母弟也母姜氏爲共叔段請制公曰制巖邑也虢叔死焉佗邑唯命虢叔東虢君也恃制巖險而不修德鄭滅之恐段復然故開以佗邑制今滎陽縣請京使居之謂之京城大叔公順姜請使段居京謂之京城大叔言寵異於衆臣京鄭邑今滎陽京縣

季友魯莊公弟也僖公元年以汶陽鄪封季友汶陽鄪魯二邑

韓武子爲晉大夫封於韓原

趙夙畢萬皆晉大夫晉獻公伐魏趙夙御戎畢萬爲右以滅耿滅霍滅魏還賜趙夙耿賜畢萬魏

趙衰晉大夫晉文公伐曹衛兵先下山東而以原封趙衰河內沁水縣西北有原城

狐溱陽處父皆晉大夫先食於溫地

郤缺晉大夫晉襄公反自箕以一命命郤缺爲卿復與之冀

叔孫敖爲楚相及卒其子窮困負薪逢優孟優孟謂楚莊王曰念爲廉吏奉法守職竟死不敢爲非廉吏安可爲也楚相孫叔敖持廉至死及今妻子窮困負薪而食不足爲也於是莊王謝優孟乃召孫叔敖子封之寢丘在固始四百戶以奉其祀後十世不絕

士伯晉大夫晉荀林父敗赤狄于曲梁乃滅潞晉侯治兵于稷以略狄土賞桓子林父也狄臣千室賞士伯以瓜衍之縣曰吾獲狄土子之功也微子吾喪伯氏矣

𦍑建字子木楚大夫也楚子將享舒鳩以賞子木辭曰先大夫蔿子之功也以與蔿掩往年楚子將伐舒鳩蔿子馮請退師以須其叛楚子從之卒獲舒鳩故子木辭賞以與其子

北郭佐齊大夫齊慶氏亡皆召羣公子具其器用而反其邑焉與晏子邶殿其鄙六十弗受與北郭佐邑六十受之

子展子產皆鄭大夫鄭伯賞入陳之功享子展賜之先路三命之服先八邑賜子產次路再命之服先六邑子產辭邑曰自上以下降殺以兩禮也臣之位在四且子展之功也臣不敢及賞禮請辭邑公固予之乃受三邑

鬬辛楚大夫魯昭公十四年楚子殺鬬成然而滅養氏之族使鬬辛居鄖

魏舒爲晉卿韓宣子卒魏獻子爲政獻子即魏舒也分祁氏之田以爲七縣分羊舌氏之田以爲三縣司馬彌牟爲鄔大夫賈辛爲祁大夫司馬烏爲平陵大夫魏戊爲梗陽大夫知徐吾爲塗水大夫韓固爲馬首大夫孟丙爲盂大夫樂霄爲銅鞮大夫趙朝爲平陽大夫僚安爲楊氏大夫

夫概王吳王闔閭弟也夫概王自立爲王敗走奔楚楚王封夫概王於堂谿在吳房縣一云故吳房縣爲堂谿氏

田常齊大夫割安平以東爲己封封邑大於齊

顏涿聚齊大夫顏庚也魯哀公二十七年晉荀瑤伐鄭鄭請救于齊齊師將與陳成子救乘車兩馬繫五邑焉乘車大夫服馬繫人之五邑召涿聚之子晉曰隰之役而父死焉隰役在二十三年以國之多難未汝恤也今君命汝以是邑也服車而朝無廢前勞

伯魯趙簡子太子也簡子廢伯魯立子毋卹簡子卒毋卹立是爲襄子襄子姊前爲代王夫人簡子既葬未除服北登夏屋山在代請代王使厨人操銅料以食代王及從者行斟陰令宰人各一作枓以枓擊殺代王及從官遂興兵平代地遂以代封伯魯子周爲代成君

樂羊爲魏文侯將伐取中山文侯封樂羊以靈壽屬常山

蘇秦爲趙相既約六國從親歸趙趙肅侯封爲武安君

樂毅爲燕亞卿伐齊破之濟西追至于臨菑齊湣王之敗濟西亡走保於莒樂毅獨留徇齊齊皆城守樂毅攻入臨菑盡取齊寶財物祭器輸之燕燕昭王大說親至濟上勞軍行賞饗士封樂毅於昌國屬齊號爲昌國君毅徇齊五歲下齊七十餘城唯獨莒即墨未服昭王死惠王使騎劫代將而召樂毅樂毅畏誅西降趙趙封樂毅於觀津號曰望諸君燕王復以樂毅子樂閒爲

昌國君

田單爲齊將大敗燕軍燕軍敗走齊人追亡逐北所過城邑皆畔燕而歸田單兵日益多乘勝燕日敗亡卒至河上而齊七十餘城皆復爲齊乃迎襄王於莒入臨菑而聽政襄王封田單號曰安平君

廉頗爲趙將大破燕軍於鄗殺燕將栗腹遂圍燕燕割五城請和乃聽之趙以尉文邑名也封廉頗爲信平君爲假相國

樂乘昌國君樂閒之宗也燕王喜用其相栗腹之計欲攻趙而問樂閒樂閒曰趙四戰之國也其民習兵伐之不可燕王不聽遂伐趙趙使廉頗擊大破栗腹之軍於鄗禽栗腹樂乘趙封樂乘爲武襄君

范雎爲秦相秦昭王封雎以應號爲應侯

蔡澤爲秦相數月人或惡之懼誅乃謝病歸相印號爲綱成君

李宗老子之子也爲魏將封於段干魏邑名也

馮亭爲韓上黨守秦昭王四十五年伐韓之野王野王降秦上黨道絶亭與民謀曰鄭道已絶之河南新鄭是也韓必不可得爲民秦兵日進韓不能應不如以上黨歸趙趙若受我秦怒必攻趙趙被兵必親韓韓趙爲一則可以當秦因使人報趙趙孝成王與平陽君平原君計之平陽君曰不如勿受受之禍大於所得平原君曰無故得一郡受之便趙受之因封馮亭爲華陽君

樗里子秦惠王弟也惠王二十五年使樗里子爲將伐趙虜趙將軍莊豹拔藺明年助魏章攻楚敗楚將屈丐取漢中地秦封樗里子號爲嚴君

魏冉爲秦相秦昭王封魏冉於穰復益封陶陶一作陰號曰穰侯

衛鞅爲秦相秦孝公使鞅將而伐魏既破魏還秦封之於商弘農商縣也十五邑號爲商君

趙奢趙之田部吏也秦伐韓軍於閼與趙王令趙奢將救之大破秦軍秦軍解而走遂解閼與之圍而歸趙惠文王賜奢號爲馬服君

李牧爲趙將趙幽繆王三年封李牧爲武安君

田嬰爲齊大夫齊將封嬰於薛楚王聞之大怒將伐齊齊王有輟志公孫閈曰封之成與不非在齊也又將在楚閈說楚王令其欲封公也又甚於齊嬰曰願委之於子公孫閈謂楚王曰齊宋事楚而齊不事者齊大而魯宋小王獨利魯宋之小不惡齊大何也夫齊之削地而封田嬰是其所以弱也願勿止楚王曰善因不止

田文爲齊相封孟嘗君既救趙趙王封之武城

田忌爲齊大夫亡齊而之楚鄒忌代之相齊恐田忌欲以楚權復於齊杜赫曰臣請爲留楚謂楚王曰鄒忌所以不善楚者田忌以楚權復於齊也王不如封田忌以齊厚事楚田忌亡人也而得封必德王若復於齊必以齊事楚此用二忌之道也楚果封之於江南騶忌子以鼓琴見齊威王三月而受相印朞年封

以下邳號曰成侯

公子無忌魏昭王少子安釐王異母弟也昭王薨安釐王即位封公子爲信陵君

黄歇爲楚相封春申君賜淮北地十二縣後十五歲黄歇言之楚王曰淮北邊齊其事急請以爲郡便因幷獻淮北十二縣請封於江東考烈王許之春申君因城故吳墟以自爲都邑

趙勝爲趙相封於東武城河閒屬縣

張儀秦惠王時爲相封五邑號武信君

白起秦昭王時爲將封武安君

李同趙邯鄲傳舍吏子也秦急圍邯鄲邯鄲急且降平原君甚患之李同說平原君平原君從之得敢死之士三千人李同遂與三千人赴秦軍秦軍爲之卻三十里亦會楚魏救至秦兵遂罷邯鄲復存李同戰死封其父爲李侯河内成皋有李城

虞卿游說之士也說趙孝成王再見爲趙上卿故號爲虞卿[illegible]

呂不韋陽翟人也秦莊襄王元年爲丞相封文信侯食[illegible]

陽十萬户

立嗣

春秋之世諸侯力政家陪之列或執國命傳祚強大與國升降遠者綿綿不絕近者不十數世其有父沒子繼兄亡弟及或家老請嗣或宗人議立或決於龜筮或私於憎愛亂亡之兆爭奪之源於茲多矣然而年鈞擇賢義鈞以卜所以主世嫡之嗣承太宗之重克荷先業大庇族人自非奉若前訓以稽乎至順慎求令德無忝乎爾祖亦曷能絜蒸嘗而纘其緒者哉

石駘仲衛大夫石碏之族也駘仲卒無適子有庶子六人卜所以爲後者(莫適立也)曰沐浴佩玉則兆(言齊絜則得吉兆)五人者皆沐浴佩玉石祁子曰孰有執親之喪而沐浴佩玉者乎不沐浴佩玉(石祁子知禮)石祁子兆衛人以龜爲有知也

趙衰字子餘晉大夫初從公子重耳(文公)奔狄狄人伐廧咎如獲其二女納諸公子公子以叔隗妻趙衰生盾後文公妻趙衰生原同屏括樓嬰趙姬請逆盾與其母(趙姬文公女也)子餘辭姬曰得寵而忘舊何以使人必逆之固請許之來以盾爲賢請于公以爲嫡子而使其三子下之

公孫敖魯大夫也出奔莒魯人立文伯(文伯穀敖子也)文伯疾而請曰穀之子弱(穀子孟獻子年尚少)請立難也(難穀弟)許之文伯卒立惠叔

趙武晉大夫盾之孫朔之子也朔妻晉成公女莊姬也晉討趙同趙括(同括盾之異母弟也)武從姬氏畜于公宮以其田與祁奚韓厥言於晉侯曰成季之勳宣孟之忠(成季趙衰宣孟趙盾)而無後爲善者懼矣乃立武而反其田焉

仲嬰齊魯大夫公孫嬰齊也(未見於經爲公孫嬰齊今爲大夫死見於經爲仲嬰齊)公孫嬰齊則曷爲謂之仲嬰齊爲兄後也爲兄後則曷爲謂之仲嬰齊(據本公孫)爲人後者爲之子也(更爲公孫之子故不得稱氏公孫)爲人後者爲其子則其稱仲何(據氏非一)孫以王父字爲氏也(謂諸侯子也顧興滅繼絕故紀族明所出)然則嬰齊孰後後歸父也歸父使于晉而未反(宣公十八年自晉至檉奔齊訖今未還)何以後之(據已逐也)叔仲惠伯傅子赤者也(叔仲者叔彭生氏也文家字積於叔仲有長幼故連氏之[illegible]去仲者明春秋質家當積於仲惠遂也)文公死子幼(子赤幼也)公子遂謂叔仲惠伯曰君幼如之何願與子慮之叔仲惠伯曰吾子相之老夫抱之(禮大夫七十而致仕若不得謝則必賜之几杖行役以婦人從適四方乘安車自稱曰老夫)何幼君之有公子遂知其不可與謀退而殺叔仲惠伯弒子赤而立宣公(殺叔仲惠伯不書者舉弒君爲重惠伯事與荀息相類不得爲累者有異也叔仲惠伯直先見殺而不知荀息死之)宣公死成公幼臧宣叔者相也(宣叔臧孫許)君死不哭聚諸大夫而問焉曰昔者叔仲惠伯之事孰爲之諸大夫皆雜然曰仲氏也其然乎於是遣歸父之家(時見君幼欲以防示諸大夫)然後哭君歸父使乎晉還自晉至檉聞君薨家遣墠帷哭君成踊反命于介自是走之齊魯人徐傷歸父之無後也(徐者皆共之辭)於是使嬰齊後之也(弟無後兄之義爲亂昭穆之序失父[illegible]也閔東諸傷其先人爲賢得見遣不於[illegible]也子之親故不言仲孫明不與子爲父孫)

鮑牽齊大夫也齊刖鮑牽而召鮑國而立之(國牽之弟文子)初鮑國去鮑氏而來爲施孝叔臣施氏卜宰匄須吉(卜立家宰)施氏之宰有百室之邑與匄須邑使爲宰以讓鮑國而致邑焉施孝叔曰子實吉對曰能與忠良吉孰大焉鮑國相施氏忠故齊人取以爲鮑氏後

國佐齊大夫殺慶克以穀叛齊侯復之國勝告難于晉使待命于清(勝國佐子使以高氏之難告晉齊欲討國佐故留其子於外)晉成十八年齊殺國佐于內宮之朝使清人殺國勝國弱來奔(弱勝之弟)王湫奔萊(湫佐黨)慶封爲大夫慶佐爲司寇(慶封慶佐皆慶克子)既齊侯反國弱使嗣國氏禮也(佐罪不及[illegible]受祀)

荀偃晉大夫將中軍伐齊還荀偃瘅疽生瘍於頭濟河及著雍病目出大夫先歸者皆反士匄請見弗納請後曰鄭甥可(鄭甥荀吳其母鄭女)

公孫黑肱鄭大夫黑肱有疾歸邑于公召室老宗人立段(段子石黑肱子)

季武子魯大夫無適子公彌長而愛悼子欲立之(公彌公鉏悼子紇也)訪於申豐曰彌與紇吾皆愛之欲擇才焉而立之申豐趨退歸盡

室將行(中豐季氏屬大夫)他日又訪焉對曰其然將具敝車而行(其然猶必禰)乃止(止不立紇)訪於臧紇臧紇曰飲我酒吾爲子立之季氏飲大夫酒臧紇爲客(爲上賓)既獻(獻酒已)臧孫命北面重席新樽絜之(酒樽既新復絜淨之)召悼子降逆之大夫皆起(臧孫下迎悼子)及旅而召公鉏(獻酬禮畢而通行爲旅)使與之齒(使從其年齒列在悼子之下)季孫失色(恐公鉏不從)季氏以公鉏爲馬正(馬正家司馬)慍而不出閔子馬見之(閔子馬閔馬父)曰子無然禍福無門唯人所召爲人子者患不孝不患無所(所處位)敬共父命何常之有(言廢置在父無常位也)若能孝敬富倍季氏可也(父寵之則可富)姦回不軌禍倍下民可也(禍甚於貧賤)公鉏然之敬共朝夕恪居官次(次舍)季孫喜使飲己酒而以具往盡舍旃(具饗燕之具)故公鉏氏富又出爲公佐宰(出季氏家臣仕於公)

孟莊子魯大夫也孟孫惡臧孫(不相善)季孫愛之(愛其成己志)孟氏之御騶豐點好羯也(羯孟莊子之庶子孺子秩之弟孝伯也)曰從余言必爲孟孫(爲孟孫嗣)再三云羯從之孟莊子疾豐點謂公鉏苟立羯請讎臧氏(孟氏與公鉏共憎臧孫)公鉏謂季孫曰孺子秩固其所也(固自當立)若羯立則季氏信有力於臧氏矣(臧氏因季孫之勢而爲之斷爲有力今若專立孟氏之以則季氏有力過於臧)弗應孟孫卒公鉏奉羯立于戶側(喪戶側)季孫至入哭而出曰秩焉在公鉏曰羯在此矣季孫曰孺子長公鉏曰何長之有唯其才也(季孫亦欲擇才故以也)且夫子之命也(孟莊之命)遂立羯秩奔邾

臧孫紇魯大夫出奔邾初臧宣叔娶于鑄生賈及爲而死(鑄國)繼室以其姪(兄弟之女子謂之姪)穆姜之姨子也(穆姜之姨母之子)生紇長於公宮姜氏愛之故立之(立爲宣叔嗣)臧賈臧爲出在鑄(還舅氏也)臧武仲自邾使告臧賈且致大蔡焉(大蔡大龜)曰紇不佞失守宗祧(遠祖廟爲祧)敢告不弔(不爲天所弔恤)紇之罪不及不祀(言先人有後)子以大蔡納請其可(請爲先人立後)賈曰是家之禍也非子之過也賈聞命矣再拜受龜使爲以納請(賈使爲請已)遂自爲也(爲自請)臧孫如防(防臧孫邑)使來告曰紇非能害也知不足也(言使甲從己但慮事淺耳)非敢私請(私爲己請也)苟守先祀無廢二勳(二勳文仲宣叔)敢不辟邑(辟邑以爲要君)乃立臧爲臧紇致防而奔齊

崔杼齊大夫也生成及彊而寡(偏喪曰寡寡特也)娶東郭姜生明東郭姜以孤入曰棠無咎(無咎棠公之子)與東郭偃相崔氏(東郭偃姜之弟崔氏家臣)崔成有疾而廢之(有惡疾也)而立明成請老于崔(崔氏邑欲居崔終老)崔子許之偃與無咎弗予曰崔宗邑也必在宗主(宗主謂崔明)成與彊怒將殺之告慶封曰夫子之身亦子所知也唯無咎與偃是從父兄莫得進矣大恐害夫子敢以告(夫子崔杼)慶封曰子姑退吾圖之告盧蒲嫳(嫳慶封屬大夫以成彊之言告嫳)盧蒲嫳曰彼君之讎也天或者將棄彼矣彼實家亂子何病焉崔之薄慶之厚也(崔薄則慶厚)他日又告(成彊復告慶封)慶封曰苟利夫子必去之難吾助女崔成崔彊殺東郭偃棠無咎於崔氏之朝崔子怒而出其衆皆逃求人使駕不得使圉人駕寺人御而出(圉人養馬者寺人奄士)且曰崔氏有福止余猶可(恐禍不止其身)遂見慶封慶封曰崔慶一也(言如一家)是何敢然請爲子討之使盧蒲嫳帥甲以攻崔氏崔氏堞其宮而守之(堞短垣使其家居短垣內以守)弗克使國人助之遂滅崔氏殺成與彊而盡俘其家其妻縊(東郭姜)嫳復命於崔子且御而歸之(嫳爲崔子御)至則無歸矣乃縊崔明夜辟諸大墓(開先人之冢以藏)遂奔魯

高止齊大夫也出奔燕故高豎以盧叛(豎高止子)閭丘嬰帥師圍盧高豎曰苟使高氏有後請致邑(還邑於君)齊人立敬仲之曾孫酀(酀良敬仲也)(良賢也)高豎致盧而出奔晉

駟偃字子游鄭大夫也偃娶於晉大夫生絲弱(弱幼)其父兄立子瑕(子瑕叔父駟乞)

臧會魯人也臧昭伯如晉臧會竊其寶龜僂句(僂句龜所出地名)以卜爲信與僭僭吉(僭不信也)臧氏老將如晉問(問昭伯起居)會請往(代家老行)昭伯問家故盡對(故事也)及內子與母弟叔孫則不對(叔孫昭伯母弟)再三問不對歸及郊會逆問又如初(又不對)至次於外而察之皆無之執而戮之逸奔郈郈魴假使爲賈正焉(郈魯邑魴假郈邑大夫賈正掌貨物使有常價若市吏)計於季氏(送計簿於季氏)臧氏使五人以戈楯伏諸桐

洩之閻洩之閻（桐洩里名）會出逐之反奔執諸季氏中門之外平子怒曰何故以兵入吾門拘臧氏老季臧有惡（相怨惡）及昭伯從公（昭伯從公孫齊）平子立臧會（立以爲臧氏後）會曰僂句不余欺也（傳言卜筮之驗言惡由人）季桓子有疾命正常曰無死（正常桓子之寵臣欲付以後事令勿從己死）南孺子之子男也則以告而立之（南孺子桓子之妻言若生男告公而立之）女也則肥也可（肥康子也）季孫卒康子即位既葬康子在朝（在公朝也）南氏生男正常載以如朝告曰夫子有遺言命其圉臣曰南氏生男則以告於君與大夫而立之今生矣男也敢告遂奔衛康子請退（退辟位也）公使共劉視之（共劉魯大夫）則或殺之矣乃討之（討殺者）

公儀仲子之喪檀弓免焉（故爲非禮以非仲子也禮朋友皆在他邦乃袒免）仲子舍其孫而立其子（此其所立非也公儀蓋魯同姓周禮適子死立適孫爲後）檀弓曰何居我未之前聞也（居讀爲姬姓之姬齊魯之閒語助也前未聞數也）趨而就子服伯子於門右曰仲子舍其孫而立其子何也（去賓位就主人兄弟之賢者而問之子服伯子蓋仲孫蔑之玄孫子服景伯蔑魯大夫）伯子曰仲子亦猶行古之道也昔者文王舍伯邑考而立武王微子舍其孫腯而立衍也夫仲子亦猶行古之道也（[illegible]）子游問諸孔子孔子曰否立孫（據周禮）

惠叔蘭衛將軍文子彌牟之弟司寇惠子也惠子之喪（惠叔蘭生虎）子游爲之麻衰牡麻絰（惠子廢適立庶爲之重服以譏之麻衰以吉服之布爲衰）文子辭曰子辱與彌牟之弟游又辱爲之服敢辭（[illegible]）子游曰禮也文子退反哭（[illegible]）子游趨而就諸臣之位（[illegible]）文子又辭曰子辱與彌牟之弟游又辱臨其喪敢辭（[illegible]）子游曰固以請（[illegible]）文子退扶適子南面而立曰子辱與彌牟之弟游又辱爲之服又辱臨其喪虎也敢不復位（[illegible]）子游趨而就客位（所譏行）

趙簡子晉大夫也子毋卹（襄子也）毋賤翟婢也簡子盡召諸子與語毋卹最賢乃廢太子伯魯而以毋卹爲太子

趙襄子爲兄伯魯之不立也不肯立子且必欲傳位與伯魯子代成君代成君先死乃取代成君子浣立爲太子

田嬰齊威王庶弟也嬰有子四十餘人其賤妾有子曰文嬰使文王家待賓客賓客日進名聲聞於諸侯諸侯皆使人請薛公田嬰以文爲太子嬰許之嬰卒諡爲靖郭君（皇覽曰靖郭君冢在魯國薛城中東南陬）而文果代立於薛是爲孟嘗君

冊府元龜卷第七百三十一

冊府元龜卷第七百三十二

陪臣部

智識

古人有言曰智者心之符又曰識洞機先則知智識之爲用也德必有鄰道無不在奉國之王當爲政之先既經濟之有成故動靜而無爽言以見志可威彊敵之兵默以成謀乃挫鄰國之勢至於立功遂事出言有章爲當時之規範垂後世之龜鑒作爲霸者之佐焉

士蔿晉大夫也晉侯將伐虢士蔿曰不可虢公驕若驟得勝於我必棄其民（棄民不無衆之）無衆而後伐之欲禦我誰與夫禮樂慈愛戰所畜也夫民讓事樂和愛親哀喪而後可用也（言民之畏義哀喪樂義本言不可由禮）虢弗畜也亟戰將饑（言虢不畜義而力戰）

荀息晉大夫也晉獻公欲伐虢荀息曰君何不以屈產之乘垂棘之璧而借道乎虞也（屈邑產良馬垂棘出美璧）公曰此晉國之寶也如受吾幣而不借吾道則如之何荀息曰此小國之所以事大國也（此謂璧馬之屬）彼不借吾道必不敢受吾幣如受吾幣而借吾道則是我取之中府而藏之外府取之中廄而置之外廄也公曰宮之奇存焉（宮之奇虞之賢大夫）必不使受也荀息曰宮之奇之爲人也達心而懦（懦弱）又少長於君達心則其言略（明達之人言則略不急辯）懦則不能彊諫少長於君則君輕之且夫玩好在耳目之前而患在一國之後此中知以上乃能慮之臣料虞君中知以下也公遂借道而伐虢宮之奇諫曰晉國之使者其辭卑而幣重必不便於虞虞公弗聽遂受其幣而借之道宮之奇諫曰語曰脣亡則齒寒其斯之謂與（諺語也）挈其妻子以奔曹獻公亡虢五年而後舉虞荀息牽馬操璧而前曰璧則猶是也而馬齒加長矣（言知是）

郤叔虎晉大夫也晉獻公田見翟柤之氛（翟柤國名氛祲氣也）歸寢不寐（欲伐翟柤）郤叔虎朝公語之（語以夢不寐之故）對曰牀笫之不安邪抑驪姬之不存側邪公辭焉出遇士蔿曰今夕君寢不寐必爲翟柤（翟柤君也）夫翟柤之君好專利而不忌（不忌難）其臣競諂以求媚其進者壅塞（其臣競諂故進者則壅塞其上使不聞過也）其退者距違（其退去者則距違其君）其上貪以忍（忍爲不義）其下偷以幸（苟幸）有縱君而無諫臣（縱放）有冒上而無忠下（冒抑其上）以是處國不亦難乎君若伐之可克也吾不言子必言之（其上不言）士蔿以告公說乃伐翟柤

史蘇晉大夫獻公卜伐驪戎史蘇占之曰勝而不吉公曰何謂也曰遇兆挾以銜骨齒牙爲猾（遇兆也挾會也骨所以弄也齒牙謂兆端左右齒牙中有從畫故曰銜骨在口中齒牙弄之以象讒口之爲害也言卜師作龜大夫占兆史占墨）戎夏交捽（二兆外象戎夏交捽兆繇會齒牙交有從捽交對也）交捽是交勝也臣故云且懼有口攜人國移心焉公曰何口之有口在寡人寡人弗受誰敢興之對曰苟可以攜其入也必甘受逞而不知胡可壅也公不聽遂伐驪戎克之獲驪姬以歸有寵立爲夫人公飲大夫酒令司正實爵與史蘇曰飲而無肴夫驪之役女曰勝而不吉故賞女以爵罰女以無肴克國得妃其有吉孰大焉史蘇卒爵再拜稽首曰兆有之臣不敢蔽蔽兆之紀失臣之官有二罪焉何以事君大罰將及不唯無肴抑君亦樂其吉而備其凶凶之無有備之何害若其有之備之爲瘳臣之不信國之福也何敢憚罰飲酒出史蘇告大夫曰有男戎必有女戎若晉以男戎勝戎而戎亦必以女戎勝晉其若之何里克曰何如史蘇曰昔夏桀伐有施有施人以妹喜女焉妹喜有寵於是乎與伊尹比而亡夏殷辛伐有蘇氏有蘇氏以妲己女焉妲己有寵於是乎與膠鬲比而亡殷周幽王伐有褒人有褒人以褒姒女焉褒姒有寵生伯服於是乎與虢石甫比逐太子宜咎而立伯服太子出奔申申人繒人召西戎以伐周周於是乎亡今晉寡德而安俘女又增其寵雖當三季之王不亦可乎且其兆云挾以銜骨齒牙爲猾我卜伐驪龜往離散以應我夫若是賊之兆也非吾宅也離

則有之不跨其國可謂挾乎不得其君能衡骨乎若跨其國而得其君雖逢齒牙以猾其中誰云弗從諸夏從戎非敗而何從政者不可以不戒亡無日矣郭偃曰夫三季王之亡也宜民之主也縱惑不疚肆侈不違流志而行無所於疚是以及亡而不獲追鑒今晉國之方偏侯也其土又小大國在側雖欲縱惑未獲專也且夫口三五之門也是以讒口之亂不過三五且夫挾小鯁也可以小戕而不能喪國當之者戕焉於晉何害雖謂之挾而猾以齒牙口弗堪也其與幾何晉國懼則甚矣亡猶未也商之衰也其銘有之曰嗛嗛之德不足就也不可以矜而祇取憂也嗛嗛之食不足狃也不能為膏而祇離咎也雖驪之亂其離咎而已其何能服吾聞之以亂得聚者非謀不率將非人不免難非禮不終年非義不盡齒非德不及世非天不離數今不據其安不可謂能謀行之以齒牙不可謂得人廢國而向已不可謂禮不度而迂求不可謂義以寵賈怨不可謂德少族而多敵不可謂天吾觀君夫人也若為亂其猶隸農也雖獲沃田而勤易之將弗克饗為人而已士蒍曰戒莫如豫豫而後給夫子戒之抑二大夫之言其皆有焉既而驪姬不克晉正於秦五立而後平(正者為秦所輔正謂以兵納惠公文公殺呂郤之屬也五立謂奚齊卓子惠公懷公至文公乃平)里克丕鄭荀息相見里克曰夫史蘇之言將及矣其若之何荀息曰吾聞事君者竭力以役事不聞違命君立臣從何貳之有丕鄭曰吾聞事君者從其義不阿其惑惑則誤民民誤失德是棄民也民之有君以治義也義以生利利以豐民若之何其民之與處而棄之也必立太子里克曰我不佞雖不識義亦不阿惑吾其靜也獻公使太子伐東山里克諫曰君行太子居以監國也君行太子從以撫軍也今君居太子行未有此也公曰非子之所知也寡人聞之立太子之道三身鈞以年年同以愛愛疑決之以卜筮子無謀吾父子之間吾以此觀之公不說

里克退見太子太子曰君賜我以偏衣金玦何也里克曰孺子懼乎衣躬之偏而握金玦令不偷矣孺子何懼夫為人子者懼不孝不懼不得且吾聞之敬賢於請孺子勉之乎君子曰善處父子之間矣

卜偃晉大夫也晉懷公殺狐突偃稱疾不出曰周書有之乃大明服(周書康誥言君能大明則民服)已則不明而殺人以逞不亦難乎民不見德而唯戮是聞其何後之有

舅犯晉大夫也與公子重耳同奔重耳自狄適齊過五鹿乞食於野人野人舉塊以與之公子怒將鞭之子犯曰天賜也民以土服又何求焉天事必象十有二年必獲此土二三子志之歲在壽星及鶉尾其有此土乎天以命矣復於壽星必獲諸侯天之道也由是始之有此其以戊申乎所以申土也再拜稽首受而載之獻公之喪秦穆公使人弔重耳(獻公殺其世子申生重耳辟難出奔是時在翟)且曰寡人聞亡國常於斯得國常於斯(言在喪代之際)雖吾子儼然在憂服之中喪亦不可久也時亦不可失也孺子其圖之(國憂謂之喪亡失位稱喪也)以告舅犯(舅犯重耳之舅狐偃也字子犯)舅犯曰孺子其辭焉喪人無寶仁親以為寶(寶謂言道可守者仁親謂親行仁義)父死之謂何又因以為利(欲反國求為君是利父死)而天下其孰能說之孺子其辭焉(說猶解也)公子重耳對客曰君惠弔亡臣重耳身喪父死不得與於哭泣之哀以為君憂(之謂)父死之謂何或敢有他志以辱君義稽顙而不拜哭而起起而不私(私謂他志利心)子顯以致命於穆公(使者公子縶也盧氏古者名字相配顯當作縶)穆公曰仁夫公子重耳夫稽顙而不拜則未為後也故不成拜哭而起則愛父也起而不私則遠利也里克殺奚齊卓子丕鄭使屠岸夷告公子重耳於翟曰國亂民擾得國在亂治民在擾子盍入乎吾請為子鉥重耳告舅犯曰里克欲納我舅犯曰不可夫堅樹在始始不固本終必槁落夫長國者唯知哀樂喜怒之節是以導民不哀喪而求國難因亂以入殆以喪得國則必樂喪樂喪必哀生因亂以入則必喜亂喜亂必怠

德是哀樂喜怒之節易也何以導民民不我導誰長重耳曰非喪誰代非亂誰納我舅犯曰偃也聞之喪亂有小大大喪大亂之剡也不可犯也父母死爲大喪讒在兄弟爲大亂今適當之是故難公子重耳出見使者曰子惠顧亡人重耳父生不得供備洒埽之臣死又不敢莅喪以重其罪且辱大夫敢辭夫固國者在親衆而善鄰在因民而順之苟衆所利鄰國所立大夫其從之重耳不敢違重耳在翟十二年狐偃曰日吾來此也非以翟爲榮可以成事也吾曰奔而易達困而有資　以擇利可以戾也今戾久矣戾久將底底著滯淫誰能興之盍速行乎吾不適齊楚避其遠也蓄力一紀可以遠矣齊侯長矣而欲親晉管仲沒矣多讒在側謀而無正衷而思始夫必追擇前言求善以終饜邇逐遠遠人入服不爲郵矣會其季年可也茲可以親皆以爲然乃行又楚子及諸侯圍宋宋公孫固如晉告急（公孫固宋莊公孫）先軫曰報施救患取威定霸於是乎在矣（先軫晉下軍之佐……）

狐偃曰楚始得曹而新昏於衛若伐曹衛楚必救之則齊宋免矣（又云楚圍宋宋復告急晉文公欲救宋則攻楚爲楚嘗有德不欲伐也欲釋宋宋又嘗有德於晉晉患之先軫曰執曹伯分曹衛地以與宋楚急曹衛其勢宜釋宋於是文公從之而楚成王乃引兵歸）胥臣晉大夫也文公問於胥臣曰吾欲使陽處父傅讙也而教誨之其能善之乎對曰是在讙也蘧蒢不可使俯戚施不可使仰僬僥不可使舉侏儒不可使援矇瞍不可使視嚚瘖不可使言聾聵不可使聽童昏不可使謀質將善而賢良贊之則濟可竢也若有違質教將不入其何善之爲臣聞昔者大任娠文王不變少溲于豕牢而得文王不加病焉文王在母不憂在傅弗勤處師弗煩事王不怒敬友二虢而惠慈二蔡刑于大姒比于諸弟詩云刑于寡妻至于兄弟以御于家邦於是乎用四方之賢良及其即位也詢于八虞而咨于二虢度於閎夭而謀於南宮諏於蔡原而訪於辛尹重之以周邵畢榮億寧百神而和柔萬民故詩曰惠于宗公神罔時恫若是則文王非專教誨之力也公曰然則教無益乎對曰胡爲文益其質故人生而學非學不入公曰奈夫八疾何對曰官師之所材也戚施直鎛蘧蒢蒙璆侏儒扶盧矇瞍脩聲聾聵司火童昏嚚瘖僬僥官師之所不材也以實裔土夫教者因體能質而利之者也若川然有原以卬浦而後大（卬迎也言川已有原因開卬之以浦灌後大也）原軫晉大夫初秦使孟明西乞白乙襲鄭不克而還原軫曰秦違蹇叔而以貪勤民天奉我也奉不可失敵不可縱縱敵患生違天不祥必伐秦師欒枝曰未報秦施而伐其師其爲死君乎（言以君死忘秦施）先軫曰秦不哀吾喪而伐吾同姓秦則無禮何施之爲（言秦以死亂加吾施不足顧）吾聞之一日縱敵數世之患也謀及子孫可謂死君乎（言不可謂背君）遂發命敗秦師趙衰晉大夫也秦孟明視敗於彭衙秦伯猶用孟明孟明增脩國政重施於民趙成子言於諸大夫曰（成子趙衰）秦師又至將必辟之懼而增德不可當也詩曰毋念爾祖聿脩厥德（詩大雅言念其祖考則宜述脩其德以顯之毋念念也）孟明念之矣念德不怠其可敵乎

荀林父晉大夫也晉襄公卒靈公少趙孟使先蔑逆公子雍于秦穆嬴日抱大子以啼于朝趙孟患之乃背先蔑立靈公而敗秦師先蔑奔秦士會從之先蔑之使也荀林父止之曰夫人大子猶在而外求君此必不行子以疾辭若何不然將及（禍將及己）攝卿以往可也何必子同官爲寮吾嘗同寮敢不盡心乎弗聽爲賦板之三章（板詩大雅其三章義取辭輯之言猶不可忽況同寮乎僖二十八年林父將中行先蔑將左行）又弗聽及士荀伯盡送其帑及其器用財賄於秦曰爲同寮故也中行桓子晉大夫也赤狄伐晉圍懷及邢丘（邢丘今河內平皋縣）晉侯欲伐之中行桓子曰使疾其民（驕則數戰爲民疾疾）以盈其貫將可殪也（殪盡）（貫猶習也）周書曰殪戎殷（周書康誥也義取周武王以兵伐殷盡滅之）此類之謂也荀首晉大夫楚圍鄭晉救鄭及河聞鄭楚平晉荀林父欲還士會曰善先縠曰不可以中軍佐濟知莊子曰此師殆哉（莊子荀首）周易有之在師䷆之臨䷒（坎下坤上師兌下坤上臨初六變而之臨）曰師出以

律否臧凶此師卦初六爻辭律法也否不也執事順成爲臧逆爲否今彘子逆命不順成故不臧之凶衆散爲弱坎爲衆今變爲兌兌柔弱川壅爲澤坎爲川今變爲兌兌爲澤是川見壅有律以如已也如從也法行則從法違則不從今爲衆則散爲川則壅是失法之用從人之象故曰律否臧且律竭也竭敗也坎變爲兌是法敗盈而以竭天且不整所以凶也水遇夭塞不整流則竭涸也不行之謂臨水變爲澤乃成臨卦澤不行之物有帥而不從臨孰甚焉此之謂矣譬彘子之違命亦不可行果遇必敗彘子尸之主此禍雖免而歸必有大咎晉師果敗後年晉殺先縠

伯宗晉大夫也楚子圍宋宋使樂嬰齊告急于晉晉侯欲救之伯宗曰不可伯宗晉大夫古人有言曰雖鞭之長不及馬腹言非所擊天方授楚未可與爭雖晉之彊能違天乎諺曰高下在心度時制宜川澤納汙受汙濁山藪藏疾山之有林藪毒害者居之瑾瑜匿瑕匿亦藏也雖美玉之質亦或居瑕穢國君含垢忍垢恥天之道也晉侯恥不救宋故伯宗爲說小惡不損大德之喻君其待之待楚衰乃止又晉侯將伐潞諸大夫皆曰不可酆舒有三儁才儁絕異也言酆舒有才藝過人者三不如待後之人伯宗曰必伐之狄有五

罪儁才雖多何補焉不祀一也耆酒二也棄仲章而奪黎氏地三也仲章潞賢人也黎氏黎侯國上黨壺關縣有黎亭虐我伯姬四也傷其君目五也怙其儁才而不以茂德茲益罪也後之人或者將敬奉德義以事神人而申固其命命政令若之何待之不討有罪曰將待後後有辭而討焉毋乃不可乎夫恃才與衆亡之道也商紂由之故滅由用天反時爲災寒暑易節地反物爲妖羣物失性民反德爲亂亂則妖災生故文反正爲乏文字伐果克之又與夏陽說衛孫良夫甯相鄭人伊雒之戎陸渾蠻氏侵宋夏陽說晉大夫蠻氏戎別種也河南新城縣東南有蠻城乞晉書爲說夫衛衛告訟以其辭會也師于鍼衛人不保保守說欲襲衛曰雖不可入多俘而歸有罪不及死伯宗曰不可衛唯信晉故師在其郊而不設備若襲之是棄信也雖多衛俘而晉無信何以求諸侯乃止師還衛人登陴又梁山崩晉侯以傳召伯宗傳驛伯宗辟重曰辟傳重載之車重人曰待我不如捷之速也捷邪出問其所曰絳人也問絳事焉曰梁山崩將召伯宗謀之問將若之何曰

山有朽壤而崩可若何國主山川主謂所主祭故山崩川竭君爲之不舉去盛饌降服損盛服乘縵車無文徹樂息音出次舍於郊祝幣陳玉帛史辭自罪責以禮焉禮山川其如此而已雖伯宗若之何伯宗請見之見之於晉君不可不肯見遂以告而從之從重人語

范武子晉大夫也郤獻子聘于齊齊頃公使婦人觀而笑之郤獻子怒歸請伐齊范武子退自朝謂其子曰燮乎吾聞之干人之怒必獲毒焉夫郤子之怒甚矣不逞於齊必發諸晉國不得政何以逞怒余將致政焉以成其怒無以內易外也爾勉從二三子以承君命唯敬乃老告老

范文子晉大夫也秦晉爲成將會于令狐晉侯先至焉秦伯不肯涉河次于王城使史顆盟晉侯于河東史顆秦大夫晉郤犨盟秦伯于河西二國盟成范文子曰是盟也何益齊盟所以質信也齊一心質成也會所信之始也始之不從其可質乎秦伯歸而背晉成晉人執魯季文子魯使子叔聲伯請于晉文子謂欒武子曰季孫於

魯相二君矣二君宣成妾不衣帛馬不食粟可不謂忠乎信讒慝而棄忠良若諸侯何子叔嬰齊奉君命無私下受郤犨請邑謀國家不貳謂四日不食以堅事晉圖其身不忘其君舞邑不食皆先君而後身若虛其請是棄善人也子其圖之乃許魯平赦季孫又鄢陵之役晉伐鄭荊救之欒武子將上軍范文子將下軍欒武子欲戰范文子不欲曰吾聞之唯厚德者能受多福無德而服者衆必自傷也今我戰又勝荊與鄭吾君將伐智而多力怠教而重斂大其私暱而益婦人用戰若勝亂地之秩者也其產將害大盍無戰乎欒武子曰昔韓之役惠公不復舍邲之役三軍不振旅箕之役先軫不復命晉國固有大恥三今我任晉國之政不損晉恥又以違蠻夷重之雖有後患非吾所知也范文子曰擇福莫若重擇禍莫若輕福無所用輕禍無所用重晉國固有大恥與其君臣不相聽以爲諸侯笑也盍古以違蠻夷爲恥乎欒武子不聽遂與荊人戰於鄢陵大勝之於是乎君弋智而多力怠教而重斂大其私暱殺

三郤而尸諸朝納其室而分婦人於是乎國人弗蠲遂弑諸翼葬之翼東門之外以車一乘厲公之所以死者唯無德而功烈多服者衆也一說鄢之役晉伐鄭荊救之大夫欲戰范文子不欲曰吾聞君人者刑其民成而後振武於外是以内和而外威今吾司寇之刀鋸日弊而斧鉞不行也内猶有不刑而況外乎夫戰刑也刑之過也過由大而怨由細故以惠誅怨以忍去過細無怨而大不過而後可以武刑外之不服者今吾刑外乎大人而忍於小民將誰行武武不行而勝幸也幸以爲政必有内憂且唯聖人能無外患又無内憂詎非聖人必偏而後可偏而在外猶可救也疾自中起是難蓋姑釋荊與鄭以爲外患乎（[illegible]）也又厲公將伐鄭范文子不欲曰若以吾意諸侯皆畔則晉可爲也唯有諸侯故擾擾焉凡諸侯難之本也得鄭憂滋長安用鄭郤至曰然則王者多憂乎文子曰我王者也乎哉夫王者成其德而遠人以其方賄歸之故無憂今我寡德而求王者之功故多憂子見無土而欲富者樂乎哉（卜死）又鄢厲公敗荊師於鄢將穀范文子立於戎馬之前曰君幼弱諸臣不佞吾何福以及此吾聞天道無親唯德是授吾庸知天之不授晉且以勸荊乎君與二三臣其戒也夫德福之基也無德而福隆猶無基而厚墉也其壞也無日矣又厲公敗荊於鄢而反范文子謂其宗祝曰君驕泰而有烈夫以德勝者猶懼失之而況驕泰乎君多私今以勝歸私必昭昭私難必作吾恐及焉凡吾宗祝爲我祈死先難爲免七年夏范文子卒冬難作始於三郤卒及於公

范宣子晉大夫也楚子囊爲令尹（公子貞）范宣子曰我喪陳矣楚人討貳而立子囊必改行（改行子年）而疾討陳（疾急也）陳近於楚民朝夕急能無往乎有陳非吾事也無之而後可（言晉力不能及陳故七年陳侯逃歸）

韓獻子晉大夫也楚子侵鄭及暴隧遂侵衛及首止鄭子罕侵楚取新石（新石楚邑）晉欒武子欲報楚韓獻子曰無庸（庸用也）使重其罪民將叛之（苛盈數戰罪也）無民孰戰遂止又楚子重救彭城伐宋（宋邑）

（師與鄭人侵宋子重爲侵謙）宋華元如晉告急韓獻子爲政（於是欒書卒韓厥代將中軍）曰欲求得人必先勤之（勤恤其急）成霸安彊自宋始矣晉侯師于台谷以救宋（台谷晉地）遇楚師於靡角之谷楚師還（畏晉還也靡角宋地）又楚司馬公子何忌侵陳襄公三年侵陳四年春楚師爲陳叛故猶在繁陽（前年何忌之師侵陳今猶未還繁陽楚地在汝南鮦陽縣南）韓獻子患之言於朝曰文王帥殷之叛國以事紂唯知時也（知時未可爭）今我易之難哉（晉力未能服楚受陳爲非時）

中行獻子晉大夫也諸侯伐鄭鄭人恐乃行成（與晉成也）中行獻子曰遂圍之以待楚人之救也而與之戰不然無成（獻子荀偃也恐楚救鄭鄭復屬之）知武子曰許之盟而還師以敝楚人（敝罷也）吾三分四軍（分四軍爲三部）與諸侯之銳以逆來者（來者楚也）於我未病楚不能矣（晉各一動而楚三來故曰能）猶愈於戰（勝暴戰）暴骨以逞不可以爭（言爭當以謀不可以暴骨）大勞未艾君子勞心小人勞力先王之制也（艾息也言當從勞心之勞）諸侯皆不欲戰乃許鄭成又衛侯出奔衛人立公孫剽晉侯問衛故於中行獻子（問衛當討否）對曰不如因而定之衛有君矣（謂剽已立）伐之未可以得志而勤諸侯史佚有言曰因重而撫之（重不可移就撫安之）仲虺有言曰亡者侮之亂者取之推亡固存國之道也（仲虺湯左相）君其定衛以待時乎（待其昏亂之時乃伐之）冬會于戚謀定衛也（定立剽）

荀罃晉大夫也宋公享晉侯於楚丘請以桑林（桑林殷天子之樂名）荀罃辭（讓之）荀偃士匄曰諸侯宋魯於是觀禮（宋王者後魯以周公故皆用天子禮樂故可觀）魯有禘樂賓祭用之（禘三年大祭則作四代之樂別祭群公則用諸侯樂）宋以桑林享君不亦可乎（言與天子樂也）舞師題以旌夏（師帥也旌夏大旌也題識以大旌表識其行列）晉侯懼而退入于房（旌夏非常卒見之人心偶有所畏）去旌卒享而還及著雍疾（晉侯疾也著雍晉地）卜桑林見（祟見於卜兆）荀偃士匄欲奔請禱焉（奔走還宋禱）荀罃不可曰我辭禮矣彼則以之（以用也）猶有鬼神於彼加之（言當加罪於宋）晉侯有間（間疾差也）

韓宣子晉大夫初宋向戌善於趙文子又善於令尹子木欲弭諸侯之兵以爲名（欲獲息民之名）如晉告趙孟趙孟謀於諸大夫韓宣

子曰兵民之殘也財用之蠹（蠹害物）小國之大菑也將或弭之雖曰不可必將許之（言弭兵不得久今不可不許）弗許楚將許之以召諸侯則我失爲盟主矣晉人許之如楚楚亦許之如齊齊人難之陳文子曰晉楚許之我焉得已且人曰弭兵而我弗許則固攜吾民矣將焉用之齊人許之告秦秦亦許之皆告於小國爲會於宋

叔向晉大夫也諸侯會於商任齊侯衛侯不敬叔向曰二君者必不免會朝禮之經也禮政之輿也（政須禮而行）政身之守也（政存則身安）怠禮失政失政不立是以亂也又宋向戌如晉請弭諸侯之兵爲會於宋楚人衷甲趙孟患楚衷甲以告叔向叔向曰何害也匹夫一爲不信猶不可單斃其死（單盡也斃踣也）若合諸侯之卿以爲不信必不捷矣食言者不病（不病者必斃於死）非子之患也（楚食言當死晉）（不食言必致死患）夫以信召人而以僭濟之（濟成也）必莫之與也安能害我且吾因宋以守病（楚欲入宋城）則夫能致死與宋致死雖倍楚

可也（力爲地主致死助我則力可倍楚）子何懼焉又不及是曰弭兵以召諸侯而稱兵以害我（我辭）吾庸多矣非所患也（楚如此則晉功多）又宋之盟（弭兵之盟）楚人固請先歃叔向謂趙文子曰夫伯王之勢在德不在先歃子若能以忠信贊君而裨諸侯之闕歃雖後諸侯將戴之何爭於先若違於德而以賄成事今雖先諸侯將棄之何欲於先昔成王盟諸侯於岐陽楚爲荊蠻置茅蕝設望表與鮮卑守燎故不與盟（置立也蕝謂束茅而立之所以縮酒望表謂望祭山川立木以爲表表其位也鮮卑東夷國也）今將與狎主諸侯之盟唯有德也子務德無爭先務德所以服楚也乃先楚人（讓先楚）又韓宣子如楚送女叔向爲介鄭子皮子大叔勞諸索氏（河南城皋縣東有大索城）大叔謂叔向曰楚王汰侈已甚子其戒之叔向曰汰侈已甚身之災也焉能及人若奉吾幣帛愼吾威儀守之以信行之以禮敬始而思終終無不復（事皆可復行）從而不失儀（從楚所爲也）敬而不失威道之以訓辭奉之以舊法考之以先王（以先王禮式考之）度之以二國（度晉楚之勢而行之）雖汰侈若我何及楚楚子朝其大夫將以韓宣子爲閽叔向爲司宮薳啓彊曰不可乃厚爲其禮又諸侯合于平丘晉侯使叔向告劉獻公（獻公王卿士劉子）曰抑齊人不盟若之何對曰盟以底信（底致也）君苟有信諸侯不貳何患焉告之以文辭董之以武師雖齊不許君庸多矣（董督也庸功也有辭有武功多也）天子之老請帥王賦元戎十乘以先啓行（天子大夫稱老元戎戎車也在前者啓開行道也）遲速唯君（唯君所欲）叔向告于齊曰諸侯求盟已在此矣今君弗利寡君以爲請對曰諸侯討貳則有尋盟若皆用命何盟之尋（尋用也）叔向曰國家之敗有事而無業事則不經（業貢賦之業）有業而無禮經則不序（序次也）有禮而無威序則不共（禮須威嚴而後共）有威而不昭共則不明（昭告神明）不明棄共百事不終所由傾覆也（信事不明無禮無經無業故百事不成）是故明王之制使諸侯歲聘以志業（志識也歲聘以修其職業）間朝以講禮（間朝三年而一朝正班爵之義率長幼之序）再朝而會以示威（六年而一會以訓上下之則制財用之節）再會而盟以顯昭明（十二年而一盟所以昭信義也凡八聘四朝再會王一巡狩盟于方嶽之下）志業於好（聘也）講

禮於等（朝也）示威於衆（會也）昭明於神（盟也）自古以來未之或失也存亡之道常由是興晉禮主盟（依先王先公舊禮主諸侯盟）懼有不治奉承齊犧（齊盟之犧牲）而布諸君求終事也（終竟也）君曰余必廢之何齊之有唯君圖之寡君聞命矣齊人懼對曰小國制之敢不聽從既聞命矣敬共以往遲速唯君叔向曰諸侯有間矣（間隙也）不可以不示衆於是治兵（習戰）建而不旆（建立旌旗不曳也）壬申復旆之諸侯畏之（軍將戰則旆故以恐之）荀躒如周葬穆后籍談爲介既葬除喪以文伯宴樽以魯壺且求彝器籍談歸以告叔向叔向曰王其不終乎吾聞之所樂必卒焉今王樂憂若卒以憂不可謂終王一歲而有三年之喪二焉（天子絕期唯服三年故后雖期通謂之三年喪）於是乎以喪賓宴又求彝器樂憂甚矣且非禮也彝器之來嘉功之由非由喪也三年之喪雖貴遂服禮也王雖弗遂宴樂以早亦非禮也（言今雖不能遂服猶當靜默而便宴樂又失禮也）禮王之大經也一動而失二禮無大經矣（失二禮謂既不遂服又設宴樂）言以考典（考成也）典以志經志經而多言舉典

將焉用之。楚靈王之弒也，子干自晉歸，楚人立爲少。韓宣子問於叔向曰：子干其濟乎？對曰：難。宣子曰：同惡相求，如市賈焉，何難？（言宣子謂棄疾與子干共同惡，如市賈同利以相成）對曰：無與同好，誰與同惡？（言棄疾本不與子干同好，則亦不得同惡）取國有五難：有寵而無人，一也；（寵須賢人而固）有人而無主，二也；（雖有賢人，當須內主爲應）有主而無謀，三也；（謀，策也）有謀而無民，四也；（民，衆）有民而無德，五也。（當以德成）子干在晉十二年矣，晉楚之從，不聞達者，可謂無人；（晉楚之士從子干游者，皆非達人）族盡親叛，可謂無主；無釁而動，可謂無謀；（召子干時，楚未有大釁）爲羈終世，可謂無民；（終身羈客在晉，是無民）亡無愛徵，可謂無德；（楚人無愛念之者）王虐而不忌，（靈王暴虐）楚君子干涉五難以弒舊君，誰能濟之？（言楚君子干以弒靈王，終無成）有楚國者，其棄疾乎！君陳、蔡，城外屬焉。（[illegible]）苛慝不作，盜賊伏隱，私欲不違，（不以私欲違民事）民無怨心。先神命之，（[illegible]）國民信之。羋姓有亂，必季實立，楚之常也。獲神，一也；有民，二也；（民信之）令德，三也；（無苛慝）寵貴，四也；（貴妃子）居常，五也。（棄疾）有五利以去五難，誰能害之？子干之官，則右尹也；數其貴寵，則庶子也；以神所命，則又遠之；其貴亡矣，其寵棄矣，（父既沒）民無懷焉，（無德者）國無與焉，（無內主）將何以立？宣子曰：齊桓、晉文不亦是乎？（皆庶賤）對曰：齊桓，衛姬之子也，有寵於僖。（僖公，齊僖公）有鮑叔牙、賓須無、隰朋以爲輔佐，有莒、衛以爲外主，（齊桓出奔莒，衛，舅氏之助）有國、高以爲內主，（國氏、高氏，齊上卿）從善如流，（言其疾也）下善齊肅，（齊肅，敬也）不藏賄，（清也）不從欲，（儉也）施舍不倦，（施舍猶言布恩德）求善不厭，是以有國，不亦宜乎？我先君文公，狐季姬之子也，有寵於獻。好學而不貳，（言篤志）生十七年，有士五人。（狐偃、趙衰、顛頡、魏武子、司空季子五士從出）有先大夫子餘、子犯以爲腹心，（子餘，趙衰；子犯，狐偃）有魏犨、賈佗以爲股肱，（[illegible]）有齊、宋、秦、楚以爲外主，（齊妻以女，宋贈以馬，楚王享之，秦伯納之）有欒、郤、狐、先以爲內主，（謂欒枝、郤穀、狐突、先軫）亡十九年，守志彌篤。惠、懷棄民，民從而與之。（惠公、懷公不恤民也）獻無異親，民無異望。（獻公之子九人，唯文公在）天方相晉，將何以代文？此二君者，異於子干。共有寵子，國

有奧主（謂棄疾也），無施於民，無援於外，去晉而不送，歸楚而不逆，何以冀國？（言子干所以不得國）又周單子會韓宣子于戚，（單子，單成公）視下言徐。叔向曰：單子其將死乎！朝有著定，（著定，朝內列位常處）會有表，（野會設表以爲位）衣有襘，帶有結。（襘，領會；結，帶結也）會朝之言，必聞于表著之位，所以昭事序也；視不過結、襘之中，所以道容貌也。言以命之，容貌以明之，失則有闕。今單子爲王官伯，而命事於會，視不登帶，言不過步，貌不道容，而言不昭矣。不道不共，不昭不從。（不共曰無守氣，不從曰不順）無守氣矣。（爲此年冬單子卒本）叔向見司馬侯之子，撫而泣之曰：自此其父之死，吾蔑之與比而事君矣。昔者此其父始之，我終之；我始之，夫子終之，無不可。籍偃在側，曰：君子有比乎？叔向曰：君子比而不別。比德以贊事，比也；引黨以封己，利己而忘君，別也。又楚令尹享趙孟，事畢，趙孟謂叔向曰：令尹自以爲王矣，何如？（[illegible]）對曰：王弱，令尹彊，其可哉！雖可，不終。（言可成，[illegible]）趙孟曰：何故？對曰：彊以克弱而安之，彊不義也。（安於勝君，是彊而不義）不義而彊，其斃必速。詩曰：赫赫宗周，褒姒威之，彊不義也。（詩小雅，[illegible]）令尹爲王，必求諸侯。晉少懦矣，諸侯將往。若獲諸侯，其虐滋甚，民弗堪也，將何以終？夫以彊取，不義而克，必以爲道。（以不義爲道）道以淫虐，弗可久已矣。

女叔侯，晉大夫也。晉侯使女叔侯來魯治杞田，（[illegible]）弗盡歸也。晉悼夫人慍曰：齊也取貨。（[illegible]）先君若有知也，不尚取之！（[illegible]）公告叔侯。叔侯曰：虞、虢、焦、滑、霍、揚、韓、魏，皆姬姓也，晉是以大。（[illegible]）若非侵小，將何所取？武、獻以下，兼國多矣，誰得治之？杞，夏餘也，而即東夷。（行夷禮）魯，周公之後也，而睦於晉。以杞封魯猶可，而何有焉？（何有盡歸之）魯之於晉也，職貢不乏，玩好時至，公卿大夫相繼於朝，史不絕書，（書魯之朝聘）府無虛月。（[illegible]）如是可矣，何必瘠魯以肥杞？且先君而有知也，毋寧夫人，而焉用老臣？

言先君辟學侯夫人之所以為我用責我

士文伯晉大夫也魯昭公六年三月鄭人鑄刑書士文伯曰火見鄭其火乎火心星也周五月昏見火未出而作火以鑄刑器刑器鼎也藏爭辟焉火如象之不火何為象類也同氣相求火未出而用火相感而致災六月丙戌鄭災如士伯之設

祁午晉大夫也諸侯盟于虢祁午謂趙文子曰宋之盟楚人得志於晉楚得志謂先歃今令尹之不信諸侯之所聞也子弗戒懼又如宋恐楚復得志子木之信稱於諸侯猶詐晉而駕焉駕猶陵也詐謂衷甲況不信之尤者乎尤甚也楚重得志於晉晉之恥也子相晉國以為盟主於今七年矣襄二十五年趙武為政至今七年再合諸侯襄二十五年會夷儀二十六年會澶淵三合大夫襄二十七年會于宋三十年會澶淵及今會虢也服齊狄寧東夏襄二十八年齊侯白狄朝晉平秦亂襄二十六年秦晉為成城淳于襄二十九年城杞之淳于杞遷都師徒不頓國家不罷民無謗讟讟誹謗也諸侯無怨天無大災子之力也有令名矣而終之以恥午也是懼吾子其不可以不戒文子曰武受賜矣謝午然宋之盟子木有禍人之心武有仁人之心是楚所以駕於晉也今武猶是心也楚又行僭僭不信非所害也武將信以為本循而行之譬如農夫是穮是蔉穮耘也壅苗為蔉雖有饑饉必有豐年言耕鉏不以水旱息必獲豐年之收且吾聞之能信不為人下吾未能也自恐未能信也詩曰不僭不賊鮮不為則信也詩大雅僭不信賊害人也能為人則者不為人下矣吾不能是難楚不為患

史趙晉大夫也初楚師滅陳晉侯問於史趙曰陳其遂亡乎對曰未也公曰何故對曰陳顓頊之族也陳祖出自顓頊歲在鶉火是以卒滅顓頊氏以歲在鶉火而滅火盛而水滅陳將如之今在析木之津猶將復由箕斗之間有天漢故謂之析木之津陳將復由是興且陳氏得政于齊而後陳卒亡自幕至于瞽瞍無違命舜重之以明德寘德於遂遂世守之及胡公不淫故周賜之姓使祀虞帝臣聞盛德必百世祀虞之世數未也繼守將在齊其兆既存矣後陳滅而陳完之後代齊

荀吳晉大夫也楚子在蔡荀吳謂韓宣子曰不能救蔡物以無親無親事晉之不能亦可知也已為盟主而不恤亡國將焉用之遂救後晉侯以齊侯宴中行穆子相穆子荀吳投壺晉侯先穆子曰有酒如淮有肉如坻坻水名寡君中此為諸侯師中之齊侯舉矢曰有酒如澠有肉如陵澠水出齊國臨淄縣北入時水陵大阜也寡人中此與君代興代更也亦中之伯瑕謂穆子伯瑕士文伯曰子失辭吾固師諸侯矣壺何為焉其以中儁也言投壺中不足為儁異齊君弱吾君歸弗來矣以晉君為弱穆子曰吾軍帥彊禦卒乘競勸今猶古也齊將何事言不能事晉公孫傁趨進曰日旰君勤可以出矣以齊侯出傁齊大夫言晉之衰

司馬寅晉大夫也初魯哀公會單平公晉定公吳夫差于黃池吳晉爭先爭歃血先後吳人曰於周室我為長吳為大伯後故為長晉人曰於姬姓我為伯為侯伯趙鞅呼司馬寅曰日旰矣大事未成二臣之罪也大事盟也二臣鞅及寅建鼓整列二臣死之長幼必可知也對曰請姑視之反曰肉食者無墨墨氣色下今吳王有墨國勝乎國為敵所勝大子死乎且夷德輕不忍久請少待之乃先晉人盟不書諱之

士鞅晉大夫也趙鞅言於晉侯曰諸侯唯宋事晉好逆其使猶懼不至今又執之是絕諸侯也將歸樂祁士鞅曰三年止之無故而歸之宋必叛晉獻子私謂子梁獻子士鞅子梁樂祁曰寡君懼不得事宋君是以止子子姑使溷代子溷樂祁子子梁以告陳寅陳寅曰宋將叛晉是棄溷也不如待之樂祁歸卒于大行大行晉東南山士鞅曰宋必叛不如止其尸以求成焉乃止諸州州晉地

訾祏范宣子家臣也范宣子與龢大夫爭田久而無成宣子欲攻之問於伯華伯華曰外有軍內有事赤也外事也不敢侵官且吾子之心有出焉可也問於孫林父孫林父曰旅人所以事子也唯事是待問於張老張老曰老也以軍事事子非戎則

非吾所知也問於祁奚奚曰公族之不恭公室之有回內事之邪大夫之貪是吾罪也昔以君官從子之私懼子之慝且憎也問於籍偃偃曰偃也以斧鉞從於張孟曰聽命焉若夫子之令也何二之有釋夫子而舉是反吾子也問於叔魚叔魚曰待吾為子殺之叔向聞之見宣子曰聞子與龢未寧徧問於大夫又與汝盡訪之於訾祏訾祏實直而博直能端辯之博能上下比之且吾子之家老也吾聞國家有大事必順於典刑而訪咨於耇老而後行之宣子問於訾祏訾祏曰昔隰叔子違周難於晉國生子輿為大理以正於朝朝無姦官為司空以正於國國無敗績世及武子佐文襄於諸侯諸侯無二心後之人可則是以受隨范及文子成晉荊之盟今吾子嗣位於朝無四方之患無外內之憂賴三子之功而饗其祿位今既無事矣而非龢於是加寵將何治為宣子說乃益龢田而與之和訾祏死范宣子謂獻子曰鞅乎昔者吾朝夕顧焉以相晉國且為吾家今吾觀女也專則不能謀則無與也將若之何對曰鞅也居處恭不敢安易敬學而好仁和於政而好其道謀於眾不以賈好和志雖衰不敢謂是也必長者之由宣子曰可以免耳

趙簡子晉大夫也昭二十五年諸侯會于黃父令諸侯之大夫輸王粟具戍人曰明年將納王宋樂大心曰我不輸粟我於周為客（[illegible]）若之何使客晉士伯曰自踐土以來（踐土在僖二十八年）宋何役之不會而何盟之不同曰同恤王室子焉得辟之子奉君命以會大事而宋背盟無乃不可乎右師不敢對受牒而退（右師樂大心）士伯告簡子曰宋右師必亡奉君命以使而欲背盟以干盟主無不祥大焉（言不祥莫大於此[illegible]）文簡子有兩白驪而甚愛之陽城胥渠疾（[illegible]）廣門之官夜款門而謁曰主君之臣胥渠有疾（胥渠簡子門下小臣之官款叩也簡子大夫稱主君）醫教曰得白驪之肝病則止（止愈）不得則死謁者入董安于御于側慍曰譆胥渠也期吾君驪請即刑焉（安于簡子家臣也慍怒也期欲取吾君騾請即刑之）簡子曰夫殺

人以活畜不亦不仁乎殺畜以活人不亦仁乎於是召庖人殺白驪取其肝以與陽城胥渠處無幾何趙興兵而攻翟廣門之官左七百人右七百人皆先登而獲甲首（甲首被甲者之首也）

傅傁晉趙簡子臣也晉趙鞅與鄭師戰鄭師大敗獲齊粟千車趙孟喜曰可矣傅傁曰雖克鄭猶有知在憂未艾也（言知氏將為難終有晉戮之禍）

趙襄子晉大夫也智襄子攻趙襄子趙襄子出曰吾何走乎從者曰長子近且城厚完襄子曰罷民力以完之又斃死以守之其誰與我從者曰邯鄲之倉庫實襄子曰浚民之膏澤以實之又因而殺之其誰與我其晉陽乎先主之所屬也尹鐸之所寬也民必和矣乃走晉陽晉師圍而灌之沉竈產蛙民無畔意趙襄子攻翟而勝之尤人終人（尤人終人翟二邑也）使者來謁之襄子方將食而有憂色左右曰一朝而兩城下此人之所喜也今君有憂色何也襄子曰江河之大也不過三日（三日而減也）飄風暴雨日中不須臾（言其不能終日）今趙氏之德行無所積今一朝兩城下亡及其我乎孔子聞之曰趙氏其昌乎夫憂所以為昌也而喜所以為亡也勝非其難者也賢主以此持勝故其福及後世

絺疵晉大夫也初智伯從韓魏兵以攻趙圍晉陽而水之城下不沉者三版絺疵謂智伯曰韓魏之君必反矣智伯曰何以知之絺疵曰以其事知之夫從韓魏之兵而攻趙趙亡難必及韓魏矣今約勝三分其埊今城不沒者三版臼竈生鼃人馬相食城降有日而韓魏之君無喜志而有憂色是非反如何也明日知伯謂韓魏之君曰疵言君之且反也韓魏之君曰夫勝趙而三分其埊城今且將拔矣夫二家雖愚不棄美利背信盟之約而為危難不可成之事其勢可見也是疵為趙計矣使君疑二主之心而解於攻趙也今君聽讒臣之言而離二主之交為君惜之趨而出絺疵謂知伯曰君又何以疵言告韓魏之君視疵端而趨疾絺疵知其言之不聽請使於齊知伯遣之韓魏

之君果反矣

册府元龜卷第七百三十二

府七百三十二　　十九

冊府元龜卷第七百三十七

陪臣部七

薦賢　賢德

薦賢

夫十室之邑必有忠信三人同行必有我師豈爾所知唯君子之不比各於其黨覓士來之相謙若乃春秋務戰之世敵國急賢之際而有勳大夫之列抃霸王之從以尊其主者何嘗不勤接士類汲引材智推轂薦於後進拔茅乃至於彙征大則讓卿宰之位小則備家陪之列或以素敦友善夙知隱滯或以方在縲紲旅於爲僕御並加推獎俾之效用至於舉讎取盜曾無嫌間自非深於知人忠於事上者其能若是乎

鮑叔牙齊大夫也桓公使爲宰宰太宰也辭曰臣君之傭臣也君加惠於臣使不凍餒則是君之賜也若必治國家者則非臣之所能也其唯管夷吾乎臣之所不如管夷吾者有五寬惠愛民臣不如也治國家不失其秉臣不如也秉柄也[illegible]忠信可結於諸侯臣不如也制禮義可法於四方臣不如也執枹鼓立於軍門使百姓皆加勇焉臣不如也[illegible]夫管子民之父母將欲治其子不可弃其父母公曰夫管夷吾射寡人中鉤殆於死今乃用之可乎鮑叔對曰彼爲其君動也君若宥而反之其爲君猶是也桓公遂任以政

管仲相齊三月請論百官桓公曰諾管仲曰升降揖讓進退閑習辯辭之剛柔臣不如隰朋請立以爲大行墾草入邑辟土聚粟多衆盡地之利臣不如甯戚請立以爲司田平原廣牧[illegible]車不結轍士不旋踵鼓之而三軍之士視死如歸臣不如王子城父請立以爲大司馬決獄折中不殺不辜不誣無罪臣不如賓胥無請立以爲大司理犯君顏色進諫必忠不避死亡不撓富貴臣不如東郭牙請立以爲大諫之臣此五子者夷吾一不如[illegible]然而以易夷吾夷吾不爲也[illegible]

不能君若欲治國強兵則五子者存矣若欲霸王夷吾在此桓公曰善孔子曰管仲遇盜取二人焉上以爲公臣曰其所與遊辟也可人也言此人可也但居惡人之中使之然[illegible]管仲死桓公使爲之服宦於大夫者之爲之服也自管仲始也有君命焉爾也亦記失禮所由也善桓公不忘[illegible]

賢者之舉宦猶仕也此出於大夫更外於公與諸大夫之諸侯同禮不反服

佚之狐鄭大夫晉文公與秦伯圍鄭佚之狐言於鄭伯曰國危矣若使燭之武見秦君師必退燭之武亦鄭大夫公從之辭曰臣之壯也猶不如人今老矣無能爲也已公曰吾不能早用子今急而求子是寡人之過也然鄭亡子亦有不利焉許之夜縋而出見秦伯秦師乃還

曰季晉大夫使過冀見冀缺耨其妻饁之[illegible]敬相待如賓與之歸言諸文公曰敬德之聚也能敬必有德德以治民君請用之臣聞之出門如賓如見大賓承事如祭敬之至也仁之則也公曰其父有罪可乎缺父冀芮欲殺文公對曰舜之罪也殛鯀其舉也興禹禹鯀子管敬仲桓之賊也實相以濟康誥曰父不慈子不祗兄不友弟不共不相及也康誥周書詩曰采葑采菲無以下體君取節焉可也[illegible]文公以爲下軍大夫

百里奚秦大夫初仕虞虞亡走宛秦繆公以五羖羊皮贖之授之國政號曰五羖大夫百里奚讓曰臣不及臣友蹇叔蹇叔賢而世莫知臣常游困於齊而乞食銍人[illegible]蹇叔收臣臣因而欲事齊君無知蹇叔止臣臣得脫齊難遂之周周王子頹好牛臣以養牛干之及頹欲用臣蹇叔止臣臣去得不誅事虞君蹇叔止臣臣知虞君不用臣臣誠私利祿爵且留再用其言得脫一不用及虞君難是以知其賢於是繆公使人厚幣迎蹇叔以爲上大夫

虞丘相爲楚相孫叔敖者楚之處士也虞丘相進之於楚莊王以自代

趙文子趙武爲晉大夫所舉於晉國管庫之士七十有餘家[illegible]

晉平公過九原而歎曰嗟乎此地之蘊吾良臣多矣若使死者起也吾將誰與歸叔向對曰趙武乎平公曰子黨於子之師也對曰臣敢言趙武之為人也立若不勝衣言若不出於口然其身舉士於白屋下者四十六人皆得其意而公家甚賴之及文子之死也四十六人皆就賓位是其無私德也臣故以為賢也平公曰善夫趙武賢臣也相晉天下無兵革者九年春秋曰晉趙武之力盡得人也

司馬侯為晉大夫悼公與之外臺之上望曰樂夫對曰臨下之樂則樂矣德義之樂則未也公曰何謂德義對曰諸侯之為日在君側以其善行以其惡戒可謂德義矣公曰孰能對曰羊舌肸習於春秋乃召叔向使傅太子彪

祁奚為晉大夫請老公問嗣焉稱解狐其讎也將立之而卒又問焉對曰午也可於是羊舌職死矣晉侯曰孰可以代之對曰赤也可於是使祁午為中軍尉羊舌赤佐之君子謂祁奚於是能舉善矣稱其讎不為諂立其子不為比舉其偏不為黨商書曰無偏無黨王道蕩蕩其祁奚之謂矣解狐得舉祁午得位伯華得官建一官而三物成能舉善也夫惟善故能舉其類詩云惟其有之是以似之祁奚有焉

趙盾為晉大夫言韓獻子於靈公以為司馬河曲之役趙孟使人以其乘車干行獻子執而戮之衆咸曰韓厥必不沒矣其主朝升之而暮戮其車其誰安之宣子召而禮之曰吾聞事君者比而不黨周以舉義比也舉以其私黨也夫軍事無犯犯而不隱義也吾言汝於君懼汝不能也舉而不能黨孰大焉勉之苟從是行也臨長晉國者非汝其誰皆告諸大夫曰二三子可以賀我矣吾舉厥也而中吾乃今知免於罪矣

公叔文子為衛大夫薦其家臣僎與文子同升諸公孔子聞之曰可以為文矣

晏嬰為齊相景公時晉伐阿鄄而燕侵河上齊師敗績景公患之晏嬰薦田穰苴曰穰苴雖田氏庶孽然其人文能附衆武能威敵願君試之景公召穰苴與語兵事大說之以為將軍晏嬰嘗出其御之妻從門間而闚其夫其夫為相御擁大蓋策駟馬意氣揚揚甚自得也既而歸其妻請去夫問其故妻曰晏子長不滿六尺身相齊國名顯諸侯今者妾觀其出志念深矣常有以自下者今子長八尺乃為人僕御然子之意自以為足妾是以求去也其後夫自抑損晏子怪而問之御以實對晏子薦以為大夫

魏冄為秦相舉白起使代向壽將而攻韓魏敗之伊闕斬首二十四萬虜魏將公孫喜明年又取楚之宛葉

公仲連為趙相國烈侯好音謂公仲連曰寡人有愛可以貴之乎公仲曰富之可貴之則否烈侯曰然夫鄭歌者槍石二人吾賜之田人萬畝公仲曰諾不與居一月烈侯從代來問歌者田公仲曰求未有可者有頃烈侯復問公仲終不與乃稱疾不朝番吾君自代來謂公仲曰君實好善而未知所持今公仲相趙於今四年亦有進士乎公仲曰未也番吾君曰牛畜荀欣徐越皆可公仲乃進三人及朝烈侯復問歌者田何如公仲曰方使擇其善者牛畜侍烈侯以仁義約以王道烈侯逌然明日荀欣侍以選練舉賢任官使能明日徐越侍以節財儉用察度功德所與無不充君說烈侯使使謂相國曰歌者之田且止官牛畜為師荀欣為中尉徐越為内史賜相國衣二襲

趙勝封平原君趙奢者趙之田部吏也平原君以為賢言之於王王用之治國賦國賦大平民富而府庫實

田忌為齊大夫孫臏至齊田忌善而客待之進於威王威王問兵法遂以為師大破梁軍

鄒忌為齊大夫常惡安平君單小人也安平君聞之故為酒而

召貂勃曰單何以得罪於先王故常見譽於朝貂勃曰跖之狗吠堯非貴跖而賤堯也狗固吠非其主也且今使公孫子賢而徐子不肖然而使公孫子與徐子鬭徐子之狗由將攫公孫子之腓而噬之也若乃得去不肖者而爲賢者狗豈特攫其腓而噬之哉安平君曰敬聞命明日任之於王王有所幸臣九人之屬欲傷安平君相與語於王曰燕之伐齊之時楚王使將軍將萬人而佐齊今國已定而社稷已安矣何不使使者謝於楚王王曰左右孰可九人之屬曰貂勃可貂勃使楚

李克爲魏大夫文侯謂李克曰先生嘗教寡人家貧則思良妻國亂則思良相今所置非成則璜璜翟璜也成文侯弟二子何如李克對曰臣聞之卑不謀尊疏不謀戚臣在闕門之外不敢當命文侯曰先生臨事勿讓李克曰君不察故也居視其所親富視其所與達視其所舉窮視其所不爲貧視其所不取五者足以定之矣何待克哉文侯曰先生就舍寡人之相定矣李克趨而出過翟璜之家璜曰今者聞君召先生而卜相果誰爲之李克曰魏成子爲相矣翟璜忿然作色曰以耳目之所覩記臣何負於魏成子西河之守臣之所進也君內以鄴爲憂臣進西門豹君謀欲伐中山臣進樂羊中山已拔無使守之臣進先生君之子無傅臣進屈侯鮒臣何負於魏成子李克曰且子之言克於子之君者豈將比周以求大官哉君問置相非成則璜二子何如克對曰君不察故也居視其所親富視其所與達視其所舉窮視其所不爲貧視其所不取五者足以定之矣何待克哉是以知魏成子之爲相也且子安得與魏成子比乎魏成子食祿千鍾什九在外什一在內是以東得卜子夏田子方段干木此三人者君皆師之子之所進五人者君皆臣之子惡得與魏成子比也翟璜逡巡再拜曰璜鄙人也失對願卒爲弟子

鄭安平魏人范雎既爲魏齊笞擊得出後魏齊悔復召求之安平聞之乃遂操范雎亡伏匿更名姓曰張祿當此時秦昭王使謁者王稽於魏鄭安平詐爲卒侍王稽王稽問魏有賢人可與俱西游者乎鄭安平曰臣里中有張祿先生欲見君言天下事其人有仇不敢晝見王稽曰夜與俱來鄭安平夜與張祿見王稽語未究王稽知范雎賢謂曰先生待我於三亭之南與私約而去王稽辭魏去過載范雎入秦至湖關望見車騎從西來范雎曰彼來者爲誰王稽曰秦相穰侯東行縣邑范雎曰吾聞穰侯專秦權惡內諸侯客此恐辱我我寧且匿車中有頃穰侯果至勞王稽因立車而語曰關東有何變曰無有又謂王稽曰謁君得無與諸侯客子俱來乎無益徒亂人國耳王稽曰不敢即別去范雎曰吾聞穰侯智士也其見事遲鄉者疑車中有人忘索之於是范雎下車走曰此必悔之行十餘里果使騎還索車中無客乃已王稽遂與范雎入咸陽已報使因言曰魏有張祿先生天下辯士也曰秦王之國危於累卵得臣則安然不可以書傳也臣故載來後秦王拜雎爲相

賢德

夫家陪收設命司天之臣德用克彰乃爲臣室之慕本自列國政出多門武力以征謀臣並騖達從政之道歷交兵之間而能減叡綱公古一巳讓謙恒周慎教戒兼裕改過不吝容衆在寬正以御家以事上信義兼著身自守飭行以絜矩恕已以推美無得是以好謹厚而知節廉約而繕性至於進退語默宜思厥聲故爲人景仰斯乃得士君子之道矣

史騈爲晉一賈季之趙宣子使史騈送其帑趙賈季之黨欲盡殺賈氏以報焉史騈曰不可吾聞前志有之曰敵惠敵怨不在後嗣忠之道也天子於賈季我以其寵報私怨無乃不可乎介人之寵非勇也損怨益仇非知也以私害公非忠也釋此三者何以事夫子盡具其帑與其器用財賄親帥扞之送致諸境

子良鄭公子也鄭靈公遇弒鄭人欲立子良靈公庶弟辭曰以賢則去疾不足去疾子良名以順則公子堅長堅襄公名乃立襄公襄公堅也襄公將去穆氏逐群兄弟而舍子良以其讓己子良不可曰穆氏宜存則固願也若將亡之則亦皆亡去疾何爲欲與俱亡乃舍之皆爲大夫

郤克郤獻子也爲晉大夫將中軍靡笄之役韓獻子將斬人郤獻子馳將救之至則既斬之矣郤子使速以徇告其僕曰吾以分謗也不欲使韓氏獨受謗

士燮范文子也爲晉大夫佐上軍靡笄之役郤獻子師勝而反范文子後入武子曰燮乎女亦知吾望爾也乎對曰夫師郤子之師也其事臧若先則恐國人之屬耳目於我也故不敢武子曰吾知免矣

公孫黑肱爲鄭大夫有疾歸邑于公黑肱子張召室老宗人立段段子石黑肱子而使黜官薄祭黜官無多受職祭以特羊殷以少牢四時祀以一羊三年盛祭以羊豕殷盛祭也足以共祀盡歸其餘邑曰吾聞之生於亂世貴而能貧

民無求焉可以後亡敬共事君與二三子生在敬戒不在富也是月子張卒君子曰善戒詩曰慎爾侯度用戒不虞鄭子張其有焉詩大雅言慎爾侯度用戒備未然

華元爲宋大夫宋城華元爲植巡功植將主也城者謳曰睅其目皤其腹棄甲而復睅出目皤大腹棄甲謂亡師于思于思棄甲復來于思多鬚之貌使其驂乘謂之曰牛則有皮犀兕尚多棄甲則那那猶何也役人曰從其有皮丹漆若何華元曰去之夫其口衆我寡言華元不吝其咎寬而容衆

子罕爲宋司城鄭尉氏司氏之亂其餘盜在宋亂在魯襄十年鄭人以子西伯有子產之故三子之父皆爲尉氏所殺納賂于宋以馬四十乘百六十匹與師茂師慧樂師也茂慧其名公孫黑爲質焉公孫黑子晳司城子罕以堵女父尉翩司齊與之良司臣而逸之賢而放之託諸季武子武子寘諸卞卞魯邑鄭人醢之三人也三人堵女父尉翩司齊師慧過宋朝將私焉私小便其相曰朝也相師者慧曰無人焉相曰朝也何故無人慧曰必無人焉若猶有人豈其以千乘之相易淫樂之朦必無人焉故也千乘相謂子產也言不爲子產殺三盜得歸而釋之是重淫而輕國相子罕聞之固請而歸之言子罕能改過

荊人士尹池爲荊使於宋子罕止而觴之南家之牆擁於前而不直西家之潦徑其宮而不止士尹池問其故子罕曰南家工人也爲鞔者也吾將徙之其父曰吾恃爲鞔以食三世矣今徙是宋邦之求鞔者不知吾處也吾將不食願相國之憂吾不食也爲是故吾不徙也西家高吾宮卑潦之經吾宮也利爲是故吾不禁也士尹池歸荊適興兵欲攻宋士尹池諫於王曰宋不可攻也其主賢其相仁賢者得民仁者能用人攻之無功爲天下笑楚釋宋而攻鄭孔子聞之曰夫脩之於廟堂之上而折衝千千里之外者司城子罕之謂也

范武子爲晉大夫宋向戌請弭諸侯之兵爲會於宋楚子木問於趙孟曰范武子之德何如士會賢聞於諸侯故問之對曰夫子之家事治言於晉國無隱情其祝史陳信於鬼神無愧辭祝陳馨香德足以副之故不愧

子木歸以語王王曰尚矣哉尚上也能歆神人歆享也使神享其祭人懷其德宜其光輔五君以爲盟主也五君文襄靈成景

子產爲鄭大夫豐卷將祭請田焉弗許田獵也曰唯君用鮮鮮野獸衆給而已衆臣祭以芻豢爲足子張怒子張豐卷退而徵役召兵欲攻子產子產奔晉子皮止之而逐豐卷豐卷奔晉子產請其田里請於公不沒入三年而復之反其田里及其入焉所收入

叔孫豹爲魯大夫季武子伐莒莒人告於會楚告於晉請戮其使會于虢叔孫豹會於虢樂王鮒相趙文子欲求貨於叔孫而爲之請叔孫弗與曰諸侯之會衛社稷也我以貨免魯必受師是禍之也何衛之爲雖怨季孫魯國何罪叔出季處有自來矣吾又誰怨趙孟聞之曰臨患不忘國忠也謂不以私怨忘國思難不越官信也謂言魯國何罪謂言叔出季處圖國忘死貞也謂不以貨免謀主三者義也三者忠信貞有是四者又何戮乎四忠信貞義乃請諸楚曰魯雖有罪其執事不辟難謂叔孫畏威而敬命矣謂不敢辟難子若免之以勸左右可也若子之羣

更處不避汚（汚勞）出不逃難（不苟免）其何患之所生汚而不治難而不守所由來也能是二者又何患焉不靖其能其誰從之（靖安也）魯叔孫豹可謂能矣（則衆賢能附從）請免之以靖能者子會而赦有罪（不伐魯）又賞其賢（赦叔孫）諸侯其誰不欣焉望楚而歸之視遠如邇疆埸之邑一彼一此何常之有恤大舍小足以為盟主子其圖之國請諸楚楚人許之乃免叔孫

陳桓子為齊大夫欒施高彊來奔於魯陳鮑分其室晏子謂桓子必致諸公讓德之主也讓之謂懿德凡有血氣皆有爭心故利不可強（不可強取）思義為愈（義為利本）義利之本也蘊利生孽（蘊畜也孽害也）姑使無蘊乎可以滋長桓子盡致諸公而請老于莒（莒齊邑）桓子召子山（子山子商子周襄三十一年子尾所逐群公子）私具幄幕器用從者之衣屨（私具不告）公而反棘焉（棘子山故邑齊國西安縣東有戟里亭）子商亦如之而反其邑子周亦如之而與之夫于（子周本無邑故更與之夫于濟南於陵縣西北有于亭）反子城子公公孫捷（三子襄公二十八年慶封所逐）而皆益其祿凡公子公孫之無祿者私分之邑（桓子以己邑分之）國之貧約孤寡者私與之粟（公與桓子莒之旁邑辭）穆孟姬為之請高唐陳氏始大（穆孟姬景公母高唐在祝阿縣西北）

叔孫婼魯卿也為晉人所執叔孫所館者雖一日必葺其牆屋去之如始至（不以當去而懷壞）

季子吳公子也楚子期伐陳季子救之謂子期曰二君不務德（二君吳楚）而力爭諸侯民何罪焉我請退以為子名務德而安民乃還（季子吳王壽夢少子）

司馬牛為宋大夫桓魋之弟也桓魋之寵害於公（恃寵驕盈）公使夫人驟請享焉而將討之（夫人景公母欲因請享）未及魋先謀公請以鞌易薄（鞌向魋邑薄公邑）乃益鞌七邑而請享公焉（欲因享作亂）以日中為期家備盡往（甲兵之備）公知之□□奔衛司馬牛致其邑與珪焉而適齊（牛桓魋弟也珪守邑符信）向魋出於衛地公文氏攻之（公文衛大夫）求夏后氏之璜焉與之他玉而奔齊陳成子使為次卿司馬牛又致其邑焉而適吳（示不與魋同）吳人惡之而反趙簡子召之陳成子亦召之卒於魯郭門之外阬氏葬諸丘輿（阬氏魯人也泰山南城縣西北有輿城）（此有輿城祿其卒葬所在然賢者失所）

沈諸梁字子高為楚葉公白公勝作亂殺令尹子西司馬子期圉公陽穴宮負王至（惠王昭王子）以如昭夫人之宮（公陽楚大夫昭夫人惠王母越女也）葉公亦至及北門或遇之曰君胡不胄國人望君如望慈父母焉盜賊之矢若傷君是絕民望也若之何不胄乃胄而進又遇一人曰君胡胄國人望君如望歲焉（望歲如望豐年）日日以幾（幾冀也）若見君面是得艾也（艾安也）民知不死其亦夫有奮心猶將旌君以徇於國（徇也）而又掩面以絕民望不亦甚乎乃免胄而進（得諫言以進）遇箴尹固帥其屬將與白公（欲與白公）子高曰微二子者楚不國矣（二子子西子期也）棄德從賊其可保乎乃從葉公使與國人以攻白公白公縊死沈諸梁兼（兼令尹司馬）二事國寧乃使寧為令尹（寧子西之子）使寬為司馬（寬子期之子）而老於葉

趙文子為晉大夫其中退然如不勝衣（中身也退柔和貌記曰弓二寸以為侯中）（退或為安）其言吶吶然如不出諸其口（吶吶小貌）所舉於晉國管庫之士七十有餘家（管庫之士府史以下官長也言君以為大夫士也）生不交利（不私其利）死不屬其子焉（不以屬託）

晏嬰為齊大夫事齊靈公莊公景公其在朝君及之即危言語不及之即危行國有道即順命無道即衡命以此三世顯名於諸侯

冊府元龜卷第七百三十七

冊府元龜卷第七百三十八

陪臣部

為政　知禮

為政

自周室東遷諸侯力政專事兼并以爭雄必得士而乃昌焉故其霸者之佐乘時間出為國以盡慮居位而不懈斟酌政由禮讓求治道制禮俗之法定兵賦之度修職秩之序搜遺滯之謨明刑賞之訓申儆備之略謹賓聘之儀尊冠斂之度亡繼窮之屬威議之令繇是綱目咸舉而軌物以勁國以富強民斯興焉讒慝其總庶績之要治千乘之邦財成物宜導揚官業彝倫攸叙而不紊成憲遵行而可久非夫包兼濟之術極推幾之慮者曷克以奮庸而垂裕哉

孔子為魯大司寇攝行相事與聞國政三月粥羔豚者弗飾賈男女行者別於塗塗不拾遺四方之客至乎邑者不求有司（有司）（□□客如歸家而有司在也）皆予之以歸初魯有沈猶氏旦飲羊飽之以欺市人公慎氏淫而有妻慎潰氏奢侈驕佚魯市之鬻牛馬者善豫賈孔子將為魯司寇沈猶氏不敢朝飲其羊公慎氏出其妻慎潰氏踰境而徙魯之鬻牛馬不豫賈布正以待之也既為司寇季孟墮郈費之城齊人歸所侵魯之地由積正之所致也

子服景伯魯大夫子服何也哀公三年五月辛卯司鐸火（司鐸宮名）火踰公宮桓僖災（桓公僖公廟）救火者皆曰顧府（言常人爭府財）南宮敬叔至命周人出御書俟於宮（敬叔孔子弟子南宮閱周人司周書典籍之官御書進於君者也俟於宮待命）誡曰庀女而不在（庀具）子服景伯至命宰人出禮書（宰人冢宰之屬）以待命命不共有常刑（不共法有常刑）校人乘馬巾車脂轄（校人掌馬巾車掌車使四匹相從為駕之易）百官官備府庫慎守官人肅給（有火災恐有姦故慎守給共）濟濡帷幕鬱攸從之（鬱攸火氣也濡帷幕以備火於火所入為濟）蒙葺公屋（以濡物冒覆公屋）自大廟始外內以悛（悛次也先遠後近）助所不給有不用命則有常刑無赦公父文伯至命校人駕乘車（公父文伯季孫之從父昆弟）季桓子至御公立于象魏之外（象魏門闕）命救火者傷人則止財可為也命藏象魏（周禮正月縣教令之法于象魏使萬民觀之故謂其書為象魏）曰舊章不可亡也富父槐至曰無備而官辦者猶拾瀋也（富父槐魯大夫言不素備而責辦猶拾瀋不可得也）於是乎去表之槀（表火道周所向者去其槀積）道還公宮（周除道使火無相燒）

趙盾晉大夫宣子也初晉使狐射姑將中軍（射姑狐偃之子）趙盾佐之（代趙衰）（盾趙衰子也）陽處父至自溫（處父聘衛過溫今始至）改蒐于董易中軍（易以盾為帥）（董晉地河東汾陰縣有董亭）陽子成季之屬也（處父嘗為趙衰屬大夫）故黨於趙氏且謂趙盾能曰使能國之利也是以上之宣子於是乎始為國政制事典（典常也）正法罪（準所犯輕重）辟獄刑（辟猶理也）董逋逃（董督也）由質要（由用也質要券契也）治舊洿（治理洿穢）本秩禮（貴賤不失其本）續常職（修廢官）出滯淹（拔賢能也）既成以授大傅陽子與大師賈佗使行諸晉國以為常法

隨會晉大夫范武子也會聘于周王饗之殽烝會私於原公曰吾聞王室之禮無毀折今此何禮也王曰子弗聞乎親戚宴饗則有餚烝武子遂不敢對而退歸乃講聚三代之典禮於是乎修執秩以為晉法會將中軍且為大傅於是晉國之盜逃奔于秦羊舌職曰吾聞之禹稱善人（稱舉也）不善人遠此之謂也夫詩曰戰戰兢兢如臨深淵如履薄冰善人在上也（言善人在位則無不戒懼）善人在上則國無幸民諺曰民之多幸國之不幸也是無善人之謂也

魏絳晉大夫也初晉會諸侯伐鄭諸侯皆不欲戰乃許成楚子伐鄭楚莊王夫人卒（共王母）王未能定鄭而歸晉侯歸謀所以息民魏絳請施舍（施恩惠舍勞役）輸積聚以貸（輸盡也）自公以下苟有積者盡出之國無滯積（滯積在公）亦無困人（不匱）公無禁利（與民共）亦無貪民祈以幣更（不用牲）賓以特牲（省）器用不作（務崇省）車服從給（足給事也）行之期年國乃有節三駕而楚不與爭（三駕三興師十年師於牛首十一年師於向其秋觀兵於鄭東門自是鄭遂服）

趙武晉大夫也代范匄為政令薄諸侯之幣而重其禮穆叔見之謂穆叔曰自今以往兵其少弭矣齊崔慶新得

政將求善於諸侯武也知楚令尹屈建若敬行其禮道之以文辭以靖諸侯兵可以弭初齊人城郟之歲其夏齊烏餘以廩丘奔晉（烏餘齊大夫廩丘今東郡廩丘縣故城是）襲衛羊角取之（今廩丘縣所治羊角城是）遂襲魯高魚（高魚城在廩丘縣東北）有大雨自其竇入（雨故水竇）介于其庫（入庫取介甲）以登其城克而取之又取邑於宋於是范宣子卒（趙武代宣子）諸侯弗能治也及武爲政乃卒治之武言於晉侯曰晉爲盟主諸侯或相侵也則討而使歸其地今烏餘之邑皆討類也（言於法宜見討）類而貪之是無以爲盟主也請歸之公曰諾

叔向爲晉太傅秦后子來仕其車千乘楚公子干來仕其車五乘叔向實賦祿韓宣子問二公子之祿焉對曰大國之卿一旅之田（公之孫四命五百人爲旅田五百頃）上大夫一卒之田（上大夫一命百人爲卒爲田一百頃也）夫二公子者上大夫也皆一卒可也宣子曰秦公子富若之何其鈞之也對曰夫爵以建事祿以食爵德以賦之功庸以稱之若何其以富賦祿也夫絳之富商韋藩木楗以過於朝（韋藩蔽前後木楗木檐）惟其功庸少也而能金玉其車文錯其服能行諸侯之賄而無尋尺之祿無大績於民故也且秦楚匹也若之何其回於富也乃均其祿

樂喜宋大夫初宋災樂喜爲司城以爲典政（樂喜子罕也爲政卿知將有火災素戒爲備火之政）使伯氏司里（伯氏宋大夫司里里宰）火所未至徹小屋塗大屋（大屋難徹塗之）陳畚挶具綆缶（畚簣籠挶土轝綆汲索缶汲器）備水器（盆鑒之屬）量輕重（計人力所任）蓄水潦積土塗巡丈城繕守備（巡行也丈度也繕治也行守備之處恐因災有亂）表火道（火起則從其所趣標表之）使華臣具正徒（華臣華元子爲司徒正徒役徒也司徒之所主）令隧正納郊保奔火所（隧正官名也五縣爲隧納聚郊野保守之民使隨火所起往救之）使華閱討右官官庀其司（華閱華元子代元爲右師討治也庀具也使具其官屬）向戌討左亦如之（向戌左師）使樂遄庀刑器亦如之（樂遄司寇刑器刑書）使皇鄖命校正出馬工正出車備甲兵庀武守（皇鄖皇父充石之後校正主馬工正主車使各備其官）使西鉏吾庀府守（西鉏吾大宰也府六官之典）令司宮巷伯儆宮（司宮奄臣巷伯寺人皆掌宮內之事）二師令四鄉正敬享（二師左右師也鄉正鄉大夫享祀也）祝宗用馬于四墉祀盤庚于西門之外（祝大祝宗宗人墉城也用馬祭于四城以禳火盤庚殷王宋之遠祖城積陰之氣故祀之凡天災有幣無牲用馬祀盤庚皆非禮）

子皮鄭大夫也子展卒子皮即位（子皮代父爲上卿）於是鄭饑而未及麥民病子皮以子展之命餼國人粟戶一鍾（六斛四斗曰鍾在喪故以父命）是以得鄭國之民故罕氏常掌國政以爲上卿宋司城子罕聞之曰鄰於善民之望也（民亦望宋君爲善）宋亦饑請於平公出公粟以貸使大夫皆貸司城氏貸而不書（施而不德）爲大夫之無者貸宋無饑人叔向聞之曰鄭之罕宋之樂其後亡者也二者其皆得國乎（將得掌國政）民之歸也施而不德樂氏加焉其以宋升降乎（升降隨宋盛衰）

國僑字子產爲鄭大夫子產爲政使都鄙有章（國都及邊鄙車服尊卑各有分部）上下有服（公卿大夫服不相踰）田有封洫（封疆也洫溝也）廬井有伍（廬舍也九夫爲井使五家相保）大人之忠儉者（大人謂卿大夫）從而與之泰侈者因而斃之（因其有罪而斃踣之）從政一年輿人誦之曰取我衣冠而褚之（褚畜也奢侈者畏法故畜藏）取我田疇而伍之（並畔爲疇）孰殺子產吾其與之及三年又誦之曰我

有子弟子產誨之我有田疇子產殖之（殖生也）子產而死誰其嗣之（一曰子產者鄭之列大夫也鄭昭君之時以所愛徐摯爲相國亂上下不親父子不和大宮子期言之君以子產爲相爲相一年豎子不戲狎斑白不提挈僮子不犂畔二年市不豫賈三年門不夜關道不拾遺四年田器不歸五年士無尺籍喪期不令而治治鄭二十六年而死丁壯號哭老人兒啼曰子產去我死乎民將安歸也）子產之從政也擇能而使之馮簡子能斷大事子大叔美秀而文（其貌美其才秀）公孫揮能知四國之爲（知諸侯所欲爲）而辨於其大夫之族姓班位貴賤能否而又善爲辭令裨諶能謀謀於野則獲（所得謀也）謀於邑則否（此士性之蔽）鄭國將有諸侯之事子產乃問四國之爲於子羽且使多爲辭令與裨諶乘以適野使謀可否而告馮簡子使斷之事成乃授子大叔使行之以應對賓客是以鮮有敗事北宮文子所謂有禮也（北宮文子見子產行事以爲有禮）子產作丘賦（十六井爲丘一丘出馬一匹牛三頭今子產別賦其田如魯之田賦在哀十二年）國人謗之（謗毀）曰其父死於路（謂子國爲尉氏所殺）已爲蠆尾（謂子產重賦毒害百姓）以令於國國將若之何子寬以告（子寬鄭大夫也）子產曰何害苟利社稷死生以之（以用）且

吾聞爲善者不改其度故能有濟也民不可逞度不可改也度法詩曰禮義不愆何恤於人言逸詩以子産自以爲制濟民於禮義無愆權吾不遷矣遷移也

鄭定公六年五月鄭火作子產辭晉公子公孫于東門晉人新來未入故辭不使前也使司寇出新客新來聘者禁舊客勿出於宮爲其知國情不欲令去使子寬子上巡群屏攝至于大宮二子鄭大夫屏攝祭祀之位大宮鄭祖廟巡行宗廟不得使火及之使公孫登從大龜登開卜大夫使祝史從主祏於周廟告于先君祏廟主石函周廟厲王廟也有火災故合群主於祖廟易救護使府人庫人各儆其事儆備火也商成公儆司宮商成公鄭大夫司宮巷伯寺人之官出舊宮人寘諸火所不及舊宮人先公宮女司馬司寇列居火道備非常也行火所焮焮炙也城下之人伍列登城爲部伍登城備姦也明日使野司寇各保其徵野司寇縣士也火之明日四方乃聞災故戒保所徵役之人郊人助祝史除於國北爲祭處於國北者就大陰禳火故禳火于玄冥回祿玄冥水神回祿火神祈于四鄘鄘城也城積土陰氣所聚故祈祭之以禳火之餘災也書焚室而寬其征與之材征賦稅也三日哭國不市示憂戚不會市使行人告於諸

侯七月子產爲火故大爲社爲治也祓禳於四方振除火災禮也振弃也乃簡兵大蒐將爲蒐除治兵於廟城內地迫故除廣之子大叔之廟在道南其寢在道北其庭小庭蒐場也過期三日蒐小不得一時畢使除徒陳於道南廟北曰子產過女而命速除乃毀於而向而女也毀如流向子產朝朝君過而怒之怒不毀除者南毀子產及衝使從者止之曰毀於北方言子產仁不忍毀人家廟火之作也子產授兵登陴子大叔曰晉無乃討乎辭晉公子公孫而授兵登陴恐晉討子產曰吾聞之小国忘守則危況有災乎國之不可小有備故也子產有疾謂子大叔曰我死子必爲政唯有德者能以寬服民其次莫如猛夫火烈民望而畏之故鮮死焉水懦弱民狎而翫之狎輕也則多死焉故寬難疾數月而卒大叔爲政不忍猛而寬鄭國多盜取人於萑苻之澤萑苻澤名於澤內劫人大叔悔之曰吾早從夫子不及此興徒兵以攻萑苻之盜盡殺之盜少止仲尼曰善哉政寬則民慢慢則糾之以猛糾舉也猛則民殘殘則施之以寬寬以濟猛猛以濟寬政是以和詩曰民亦勞止汔可小康惠此中國以綏四方施之以寬也詩大雅[illegible]毋從詭隨[illegible]以謹無良[illegible]式遏寇虐慘不畏明糾之以猛也[illegible]柔遠能邇以定我王平之以和也[illegible]遠者懷附近者各以能進則王室定又曰不競不絿不剛不柔[illegible]也布政優優百祿是遒[illegible]和之至也

管仲既任政相齊以區區之齊在海濱通貨積財富國彊兵與俗同好惡故其稱曰倉廩實而知禮節衣食足而知榮辱上服度則六親固四維不張國乃滅亡管子書曰四維一曰禮二曰義三曰廉四曰恥下令如流水之原令順民心故論卑而易行俗之所欲因而予之俗之所否因而去之其爲政也善因禍而爲福轉敗而爲功貴輕重順權衡管仲卒齊國遵其政常彊於諸侯

蔿掩爲楚司馬蔿掩楚子馮之子子木使庀賦庀治數甲兵閱數蔿掩書土田書土地之所宜度山林度量山林之材以共國用鳩藪澤鳩聚也聚成數澤使民不得焚燎壞之欲以備

田獵之處辨京陵辨別也絕高曰京大阜曰陵表淳鹵淳鹵埆薄之地表異輕其賦稅數疆潦疆界有流潦者計數減其租入規偃豬偃豬下濕之地規度其受水多少町原防廣平曰原防隄也隄防間地不得方正如井田別爲小頃町牧隰皋隰皋水厓下濕爲芻牧之地井衍沃衍沃平美之地則如周禮制以爲井田六尺爲步步百爲畝畝百爲夫九夫爲井量入修賦量九土之所入以制其賦稅賦車籍馬[illegible]其毛色籍以備軍用賦車兵車兵甲士徒兵步卒甲楯之數[illegible]常數既成以授子木禮也得治國之宜

孫叔敖爲楚相施教導民上下和合世俗[illegible]美政緩禁止無姦邪盜賊不起秋冬則勸民山採春夏以水[illegible]各得其所便民皆樂其生莊王以爲幣輕更以小爲大百姓不便皆去其業市令言之相曰市亂民莫安其處次行不定相曰如此幾何頃乎市令曰三月頃相曰罷吾今令之復矣後五日朝相言之王曰前日更幣以爲輕今市令來言曰市亂民莫安其處次行之不定臣請遂令復如故王許之下令三日而市復如故楚民俗好庳車王以爲庳車不便馬欲下令使高之相曰令數下

民不知所從不可王必欲高車臣請教閭里使高其相乘車者皆君子君子不能數下車王許之居半歲民悉自高其車此不教而民從其化近者視而效之遠者四面望而法之莊王十五年叔敖城沂(沂楚邑)使封人慮事(封人其時主築城者慮事謀慮計功)以授司徒(司徒掌役)量功命日(日作日數)分財用(財用築作具)平版幹(版幹楨)稱畚築(畚盛土器稱量輕重)程土物(為作程限)議遠邇(均勞逸)略基趾(趾城足略行也)具餱糧(餱乾食)度有司(謀監主)事三旬而成(十日為旬)不愆于素(不過素所慮之期也)

吳起相楚悼王明法審令捐不急之官廢公族疏遠者以撫養戰鬬之士要在強兵破馳說之言從橫者於是南平百越北并陳蔡却三晉西伐秦

申不害為韓昭侯相內修政教外應諸侯十五年終申子之身國治兵強无侵韓者

衛鞅為秦左庶長定變法之令令民為什伍而相收司連坐不告姦者要斬告姦者與斬敵首同賞匿姦者與降敵同罰民有二男以上不分異者倍其賦有軍功者各以率(音律)受上爵為私鬬者各以輕重被刑大小僇力本業耕織致粟帛多者復其身事末利及怠而貧者舉以為收孥宗室非有軍功論不得為屬籍明尊卑　爵秩等級各以差次名田宅臣妾衣服以家次有功者顯榮無功者雖富無所芬華令既具未布恐民之不信已乃立三丈之木於國都市南門募民有能徙置北門者予十金民怪之莫敢徙復曰能徙者予五十金有一人徙之輒予五十金以明不欺卒下令令行於民朞年秦民之國都言初令之不便者以千數於是太子犯法衛鞅曰法之不行自上犯之將法太子太子君嗣也不可施刑刑其傅公子虔黥其師公孫賈明日秦人皆趨令行之十年秦民大說道不拾遺山無盜賊家給人足民勇於公戰怯於私鬬鄉邑大治秦民初言令不便者有來言令便者衛鞅曰此皆亂化之民也盡遷之於邊城其後民莫敢議令於是以鞅為大良造居三年作為築冀闕宮庭於咸陽秦自雍徙都之而令民父子兄弟同室內息者為禁而集小都鄉邑聚為縣置令丞凡三十一縣為田開阡陌封疆而賦稅平平斗桶(音勇今之斛也)權衡丈尺行之四年公子虔復犯約劓之居五年秦人富彊天子致胙於孝公諸侯畢賀

知禮

禮者國之幹也身之文也於人之若麴糵在酒之由粉澤降自中古下逮列國承商因之制增周監之文故有家陪之臣禮義是習樂尊卑之序達外降之節別盟會之等詳贈勞之規或莅饗於王朝徹加於鄰國避湛露之賦歸宰旅之司致三肅以惟恭薦六儀而靡忒宜乎寵以文路賜之州田享昌阜之祥加好貨之數傳曰忠信之人可以學禮其斯之謂歟

韓厥為晉大夫晉郤克與齊侯戰于鞌(魯成公二年)齊師敗績韓厥從齊侯及之執縶馬前(縶馬絆也執之示脩臣僕之職)再拜稽首奉觴加璧以進(進觴璧亦以示敬)曰寡君使群臣為魯衛請曰無令輿師陷入君地(本但為二國救請不欲乃過入君地謙辭)下臣不幸屬當戎行無所逃隱(屆窮)且懼奔辟而忝兩君臣辱戎士(若奔辟則為辱晉君并於齊侯羞故言二君此蓋韓厥自處臣僕謙敬之辭)敢言不敏攝官承乏(言欲以已不敏攝承空乏從官員遂)齊侯以逢丑父故獲免(丑父與公易位故韓厥獲丑父也)其後晉侯享齊侯(魯成公二年)齊侯視韓厥韓厥曰君知厥也乎齊侯曰服改矣(戎服異服也言服改明識其人)韓厥登舉爵曰臣之不敢愛死為兩君之在此堂也

郤至為晉大夫鄢之戰(魯成公十六年)郤至以韎韋之跗注三逐王卒(王會云一染曰韎鄭司農說以為韎韋茅蒐染也韎聲也韋聲讀茅蒐今絳草也急疾呼茅蒐成韎也凡染一入為縓[illegible]兵)(跗自腰以下注於跗也)見王必下奔(下王奔走)退戰王使工尹襄問之以弓(工尹楚官襄名問遺也)曰方事之殷也(事戎事殷中也)有韎韋之跗注君子也屬見不穀而下無乃傷乎(疑有傷恐其傷)郤至見客免胄而聽命(免脫出也又為障耳)曰君之外臣至以寡君之靈閒蒙甲胄(蒙被也被分在甲胄之間)不敢當拜君命之辱為使者故敢三肅之(禮軍事肅拜肅下手至地)君子曰勇以知禮(禮軍禮)

韓宣子爲晉大夫聘于周（魯襄公二十六年）王使請事（問何事）對曰晉士起將歸時事於宰旅無他事矣（起宣子名禮諸侯大夫入天子國稱士時事四時貢職宰旅冢宰之士言獻貢於宰旅不敢斥尊）王聞之曰韓氏其昌阜於晉乎辭不失舊（昌大也阜言周衰諸侯莫如禮唯韓起不失舊）

趙文子爲晉大夫楚屈建卒（魯襄公二十八年）趙文子喪之如同盟禮也（宋盟有乘甲之隙不以此廢好故曰禮）

公孫段爲鄭大夫鄭伯如晉（魯昭公三年）公孫段相甚敬而卑禮無違者晉侯嘉焉授之以策（策賜命之書）曰子豐有勞於晉國（子豐段之父）余聞而弗忘賜女州田（州縣今屬河內郡）以胙乃舊勳伯石再拜稽首受策以出君子曰禮其人之急也乎伯石之汰也（伯石段字汏驕也）一爲禮於晉猶荷其祿況以禮終始乎詩曰人而無禮胡不遄死其是之謂乎

女叔齊爲晉大夫魯昭公如晉（五年）自郊勞至於贈賄無失禮晉侯謂女叔齊曰魯侯不亦善於禮乎對曰魯侯焉知禮公曰何爲

自郊勞至於贈賄禮無違者何故不知對曰是儀也不可謂禮禮所以守其國行其政令無失其民者也今政令在家不能取也有子家羈弗能用也奸大國之盟陵虐小國利人之難不知其私公室四分民食於他思莫在公不圖其終爲國君難將及身不恤其所禮之本末將於此乎在而屑屑焉習儀以亟（言以習儀爲急）言善於禮不亦遠乎君子謂叔齊於是知禮

趙孟爲晉大夫越圍吳（魯哀公二十年）趙孟降於喪食（趙孟襄子無恤時有父簡子之喪）楚隆曰三年之喪親暱之極也主又降之無乃有故乎（楚隆襄子家臣）趙孟曰黃池之役先主與吳王有質（先主簡子質盟信也）曰好惡同之今越圍吳嗣子不廢舊業而敵之（嗣子襄子自謂敵越救吳）非晉之所能及也吾是以爲降楚隆曰若使吳王知之若何趙孟曰可乎隆曰請嘗之（嘗試之也）乃往先造乎越軍曰吳犯間上國多矣聞君親討焉諸夏之人莫不欣喜唯恐君志之不從請入視之許之告于吳王曰寡君之老無恤使陪臣隆敢展謝其不共（[illegible]）黃池之役君之先臣志父得承齊盟曰好惡同之今君在難無恤不敢憚勞非晉國之所能及也使陪臣敢展布之王拜稽首曰寡人不佞不能事越以爲大夫憂拜命之辱與之一簞珠（簞小笥）使問趙孟（問遺也）曰句踐將生憂寡人寡人死之不得矣

皇武子爲鄭卿宋成公如楚還入於鄭（魯僖公二十四年）鄭伯將享之問禮於皇武子對曰宋先代之後也於周爲客天子有事膰焉（有事祭宗廟也膰祭肉尊之故賜以祭胙）有喪拜焉（宋弔周喪王特拜謝之）豐厚可也鄭伯從之享宋公有加禮也

子產爲鄭大夫鄭簡公卒將爲葬除（除葬道）及游氏之廟（游氏子大叔族）將毀焉子大叔使其除徒執用以立而無庸毀（用毀廟具）曰子產過女而問何故不毀乃曰不忍廟也諾將毀矣（教毀廟者之辭）既如是子產乃使辟之司墓之室有當道者（簡公別營葬地不在鄭先公舊墓故道有）（[illegible]也司墓之室鄭之掌公墓大夫徒屬之家）毀之則朝而堋（堋下棺）弗毀則日中而堋子大叔請毀之曰無若諸侯之賓何（不欲久留賓）子產曰諸侯之

賓能來會吾喪豈憚日中無損於民而民不害何故不爲遂弗毀日中而葬君子謂子產於是乎知禮禮無毀人以自成也是歲晉侯享諸侯子產相鄭伯辭於享請免喪而後聽命（未葬簡公）晉人許之禮也（善晉不奪孝子之情）

季孫宿爲魯大夫如晉（魯昭公六年）拜莒田也（謝前年受莒牟夷邑不見討）晉侯享之有加籩（籩豆之數多於常禮）武子退使行人告曰小國之事大國也苟免於討不敢求貺（貺賜也）得貺不過三獻（周禮大夫三獻）今豆有加下臣弗堪無乃戾也（懼以不堪爲罪）韓宣子曰寡君以爲驩也（以加禮致驩心）對曰寡君猶未敢（未敢當此加也）況下臣君之隸也敢聞加貺固請徹加而後卒事晉人以爲知禮重其好貨（宴好之貨）

叔孫武叔爲魯大夫從哀公會吳子伐齊（魯哀公十一年）將戰吳子呼叔孫（叔孫武叔州仇也）曰而事何也（問何職）對曰從司馬（從吳司馬所命）王賜之甲劍鈹曰奉爾君事敬無廢命叔孫未能對衛賜進（子貢孔子弟子）曰州仇奉甲從君而拜（拜受之）

縣子爲魯大夫陳莊子死赴於魯魯人欲勿哭(君無哭鄰國大夫之禮陳莊子齊大夫陳常之孫名伯)繆公召縣子而問焉縣子曰古之大夫束脩之問不出竟欲哭之安得而哭之(以其不外交)今之大夫交政於中國雖欲勿哭焉得而弗哭(言時君弱臣強政在大夫專盟會以交接)且臣聞之哭有二道有愛而哭之有畏而哭之(以權勢之勸)公曰然然則如之何而可縣子曰請哭諸異姓之廟(明不當哭)於是與哭諸縣氏

甯武子爲衛大夫聘于魯(魯文公四年)公與之宴爲賦湛露及彤弓(非禮之常公特命樂人以示意故言爲賦湛露彤弓詩小雅)不辭又不荅賦使行人私焉對之對曰臣以爲肄業及之也(肄習也魯人失所賦甯武子佯不知此其愚不可及)昔諸侯朝正於王(朝而受政教也)王宴樂之於是乎賦湛露則天子當陽諸侯用命也(湛露曰湛湛露斯匪陽不晞晞乾也言露見日而乾猶諸侯稟天子命而行)諸侯敵王所愾而獻其功(敵猶當也愾恨怒也)王於是乎賜之彤弓一彤矢百玈弓矢千以覺報宴(覺明也謂諸侯有四夷之功王賜之彤弓矢又爲歌彤弓以明報功宴樂)今陪臣來繼舊好(方論天子之樂)君辱貺之其敢干大禮以自取戾(戾罪也)

合左師爲宋大夫楚子合諸侯于申(魯昭公四年)使問禮於左師與鄭子產左師曰小國習之大國用之敢不薦聞(言所聞亦所未行)獻公合諸侯之禮六(其禮六儀也宋爵公故獻公禮)子產曰小國共職敢不薦守獻伯子男會公之禮六(鄭伯爵故獻伯子男會公之禮其禮同所從言之異)君子謂合左師善守先代子產善相小國

管仲爲齊大夫齊侯使管仲平戎于王(魯僖公十二年平和也)王以上卿之禮饗管仲管仲辭曰臣賤有司也有天子之二守國高在(國子高子天子所命爲齊守臣皆上卿也莊二十二年高傒始見經僖二十八年國歸父乃見傳歸父之父曰懿仲高傒之子曰莊子不知今當誰世)若節春秋來承王命何以禮焉(節時也)陪臣敢辭(諸侯之臣曰陪臣)王曰舅氏(伯舅之使故曰舅氏)余嘉乃勳應乃懿德謂督不忘往踐乃職無逆朕命(功勳美德可謂上而不可忘者不言位而言者管仲位卑而執齊政故欲以職尊之)管仲受下卿之禮而還(管仲不敢以職自高卑受下卿之禮)君子曰管氏之世祀也宜哉讓不忘其上詩曰愷悌君子神所勞矣

國莊子爲齊大夫聘于魯(魯僖公三十三年)自郊勞至於贈賄禮成而加之以敏(迎來曰郊勞送去曰贈賄敏審當於事)

穆叔爲魯大夫齊人城郟穆叔如周(魯襄公二十四年)聘且賀城王嘉其有禮也賜之大路(大路天子所賜車之總名)

商陽爲楚工尹與陳弃疾追吳師及之(工尹楚官名弃疾楚公子弃疾也)陳弃疾謂工尹商陽曰王事也子手弓而可手弓子射諸(商陽仁不忍傷人以王事勸之)射之斃一人韔弓(不忍復射韔韜也)又及謂之又斃二人每斃一人揜其目(仁其目不忍視之)止其御曰朝不坐燕不與殺三人亦足以反命矣(朝燕於寢大夫坐於上士立於下然則商陽與御者皆士也兵車參乘射者在左戈盾在右御在中央)孔子曰殺人之中又有禮焉(善之)

冊府元龜卷第七百三十八

冊府元龜卷第七百三十九

陪臣部九

忠義

夫珪璋之德表烈火而辯松栢之姿涉歲寒而顯忠臣之志固危難而覩義士之操偶顛沛而彰蓋天周道衰微諸侯立政列有內患且多外虞苟或失人何以為國乃有私家陪之列當禍阨之會秉大節杖明誠不以利回不以威奪臨鈇鉞而靡懼狥汙腴而無悔或身徇於社稷或功濟於邦家雖成敗有殊而踣死無易故可書之竹帛賁其封樹彝觀於千載伸勸於多士焉

徒人費齊人也齊襄公以魯桓十八年殺公子彭生魯莊公八年齊連稱管至父謀作亂冬齊侯游于姑棼遂田于貝丘姑棼貝丘齊地田獵也樂安博昌縣南有地名貝丘見大豕從者曰公子彭生也公見大豕而從者見彭生[illegible]皆公怒曰彭生敢見射之豕人立而啼公懼隊于車傷足喪屨反誅屨於徒人費誅責弗得鞭之見血走出遇賊于門劫

而束之費曰我奚御哉袒而示之背信之費請先入詐欲伏公伏公而出鬪死于門中石之紛如死于階下石之紛如亦小臣遂入殺孟陽于牀孟陽亦小臣代公居牀

仇牧宋大夫也魯莊公十二年宋萬弒閔公絕其脰牧聞難而至遇萬於門手劍而叱之萬臂殺仇牧而碎之齒著乎門闔

鬻拳楚大閽也魯莊公十九年春巴人伐楚楚子禦之大敗於津津楚地或曰江陵縣有津鄉還鬻拳弗納遂伐黃黃嬴姓國今弋陽縣敗黃師于踖陵踖陵黃地還及湫有疾南郡鄀縣東南有湫城夏六月庚申卒鬻拳葬諸夕室夕室地名亦自殺也而葬於絰皇絰皇冢前闕生守門故死不失職初鬻拳彊諫楚子楚子弗從臨之以兵懼而從之鬻拳曰吾懼君以兵罪莫大焉遂自刖也楚人以為大閽謂之大伯若今城門校尉官使其後掌之使其子孫常主此官君子曰鬻拳可謂愛君矣諫以自納於刑猶不忘納君於善言鬻拳愛君明非法之法[illegible]

季友魯公子也魯莊公三十二年公疾問後於叔牙對曰慶父材[illegible]問於季友對曰臣以死奉般般莊公子公曰鄉者牙曰慶父材成季使以君命命僖叔待于鍼巫氏僖叔叔牙也成季季友也魯大夫使鍼季酖之鍼季鍼巫氏以毒酒飲之曰飲此則有後於魯國不然死且無後飲之歸及逵泉而卒立叔孫氏逵泉魯地不以罪誅故得立後世其祿八月癸亥公薨于路寢子般即位

鬪穀於菟為令尹申公鬪班殺子元申楚縣也令尹自毀其家以紓國之難

弘寅寅一作演衛懿公之臣也受命而使未反魯閔公二年翟人攻衛於是懿公欲興師迎之其民皆曰君之所與祿位者鶴也所富者宮人也亦使鶴與宮人戰余安能戰左傳曰衛懿公好鶴鶴有乘軒者將戰國人受甲者皆曰使鶴鶴實有祿位余焉能戰遂潰而皆去翟人至追及懿公於熒澤殺之盡食其肉獨舍其肝弘寅至報使於肝辭畢呼天而號盡哀而止曰若臣者獨死可耳於是遂自刳出腹實內懿公之肝乃死齊桓公聞之曰衛之士也以無道也今有臣若此不可不存於是復立衛於楚丘如弘演可謂忠士矣殺身以徇其君非徒徇其君也又令衛之宗廟復立祭祀不絕可謂有大功矣

荀息晉大夫也魯僖公九年九月晉獻公卒里克丕鄭欲納文公故以三公子之徒作亂三公子申生重耳夷吾初獻公使荀息傅奚齊公疾召之曰以是藐諸孤言其幼賤與諸子懸藐辱在大夫其若之何欲屈辱荀息使保護之稽首而對曰臣竭其股肱之力加之以忠貞其濟君之靈也不濟則以死繼之公曰何謂忠貞對曰公家之利知無不為忠也送往事居耦俱無猜貞也往死者居生者耦俱無猜疑是為貞[illegible]正也及里克將殺奚齊先告荀息曰三怨將作三公子之徒秦晉輔之子將何如荀息曰將死之里克曰無益也荀叔曰吾與先君言矣不可以貳能欲復言而愛身乎荀息欲復言而可愛身乎言荀息欲復其言雖無益也將焉辟之且人之欲善誰不如我我欲無貳而能謂人已乎言不能止里克使不殺奚齊冬十月里克殺奚齊于次次喪寢荀息將死之人曰不如立卓子而輔之荀息立公子卓以葬十一月里克殺公子卓于朝荀息死之君子曰詩所謂白圭之玷尚可磨也斯言之玷不可為也荀息有焉

叔瞻鄭大夫也晉公子重耳過曹曹共公不禮焉聞其駢脅欲觀其狀止其舍諜其將浴設微薄而觀之諜候也薄迫也公子過鄭鄭文公亦不禮焉叔瞻諫弗聽請殺之弗聽公子反國是爲文公文公誅觀狀以伐鄭鄭人以名寶行成公不許曰與我瞻而師還瞻叔詹伯也瞻請往鄭伯不許瞻固請曰一臣可以赦百姓而定社稷君何愛於臣也鄭人以瞻與晉人晉人將烹之瞻曰臣欲盡辭而死公聽其辭瞻曰天降鄭禍使淫觀狀棄禮違命淫觀狀放曹君不遣送君臣曰不可夫晉公子賢明若使復國而得志於諸侯禍不赦矣今禍及矣尊明勝患智也明謂公子勝患遂也殺身贖國忠也乃就烹據鼎耳而疾號曰自今以往知忠以事君者與瞻同命乃不殺厚爲之禮而歸之鄭人以瞻伯爲將軍

侯孺曹伯之豎豎掌通內外者僖公二十八年晉執曹伯晉侯有疾晉侯文公也侯孺貨筮史史晉史使曰以曹爲解以滅曹爲解故齊桓公爲會而封異姓封邢衛今君爲會而滅同姓曹叔振鐸文之昭也叔振鐸曹始封君文王之子先君唐叔武之穆也且合諸侯而滅兄弟非禮也與衛偕命許復曹衛而不與偕復非信也同罪異罰非刑也謂復衛故禮以行義信以守禮刑以正邪舍此三者君將若之何公說復曹伯

甯俞衛大夫也初衛侯與元咺訟甯武子爲輔鍼莊子爲坐士榮爲大士大士治獄官也周禮命夫命婦不躬坐獄訟元咺又不宜與其君對坐故使鍼莊子爲主又使衛之忠臣及其獄官質正元咺衛曰王叔之宰與伯輿之大夫坐獄於王庭各不身親蓋今長吏有罪先驗吏卒之義衛侯不勝三子訟不殺士榮刖鍼莊子謂甯俞忠而免之執衛侯歸之于京師寘諸深室深室別爲囚室甯子職納橐饘焉甯俞以君在幽隘故親以衣食爲己職橐衣囊饘糜也言甯俞忠至以憂患者深僖公三十年晉侯使醫衍酖衛侯衍醫名晉侯實使之晉侯欲殺衛侯而罪不及死故使醫因治疾而加酖毒甯俞貨醫使薄其酖衛侯不死俞視衛侯衣食故得知之

弦高鄭商人也僖公三十三年春秦使孟明西乞白乙侵鄭及滑弦高將市於周遇之以乘韋先牛十二犒師商行也乘四韋先犒牛入牛古者將獻遺於人必有以先之曰寡君聞吾子將步師出於敝邑敢犒從者不腆敝邑爲從者之淹居則具一日之積腆厚也積芻米菜薪行則

備一夕之衛且使遽告于鄭

若敖克黄令尹子文之孫爲楚咸尹魯宣公四年楚子卒越將攻王戰于皋滸遂滅若敖氏克黄使於齊桓公宋聞亂其人曰不可以入矣咸尹曰棄君之命獨誰受之君天也天可逃乎遂歸復命而自拘於司敗王思子文之治楚國也曰子文無後何以勸善使復其所改命曰生易其名也

解楊晉大夫魯宣公十五年楚圍宋宋急於晉又使解揚如宋使無降曰晉師悉起將至矣鄭人囚而獻諸楚又子厚賂之使反其言反言晉不改不許三而許之登諸樓車使呼宋人而告之遂致其君命楚子將殺之使與之言曰爾既許不穀而反之何故非我無信女則棄之速即爾刑對曰臣聞之君能制命爲義臣能承命爲信又載義而行之爲利謀不失利以衛社稷民之主義無二信欲爲義者不行兩言信無二命欲行信者不受二命君之賂臣不知命也受命以出有死無貳貳廢隊也又可賂乎臣之許君以承命也

下闕

冊府元龜卷第七百四十二

陪臣部二十一

規諷第三

椒舉楚大夫也楚子合諸侯于申椒舉言於楚子（靈王也）曰臣聞
諸侯無歸禮以爲歸今君始得諸侯其慎禮矣霸之濟否在此
會也夏啓有鈞臺之享（啓禹子也河南陽翟縣南有鈞臺陂蓋啓享諸侯於此）商湯有景
亳之命（河南鞏縣西南有湯亭或言亳即偃師）周武有孟津之誓（伐紂也）成有岐陽
之蒐（周成王歸自奄大蒐於岐山之陽岐山在扶風美陽縣西北）康有酆宮之朝（酆在始平鄠縣東有
靈臺康王於是朝諸侯）穆有塗山之會（周穆王會諸侯於塗山塗山在壽春東北）齊桓有召陵
之師（在僖四年）晉文有踐土之盟（在僖二十八年）君其何用宋向戌鄭公孫
僑在諸侯之良也君其選焉（選擇所用）王曰吾用齊桓（用召陵之會禮）楚子
示諸侯侈（自奢侈）椒舉曰夫六王二公之事（六王啓湯武成康穆也二公齊桓晉文）
皆所以示諸侯禮也諸侯所由用命也夏桀爲仍之會有緡叛
之（仍緡皆國名）商紂爲黎之蒐東夷叛之（黎東夷國名）周幽爲大室之盟

戎狄叛之（大室中嶽）皆所以示諸侯汰也諸侯所由棄命也今君以
汰無乃不濟乎王弗聽楚子圍朱方執齊慶封而盡滅其族（慶封
以襄二十八年奔吳）將戮慶封椒舉曰臣聞無瑕者可以戮人慶封唯逆
命是以在此（逆命謂弒[illegible]）其肯從於戮乎（言不肯默而從戮）播於諸侯焉
用之（播揚也）王弗聽負之斧鉞以徇於諸侯使言曰無或如齊慶封
弑其君弱其孤以盟其大夫（謂崔杼弑君慶封其黨也故以弑君罪責之）慶封曰無
或如楚共王之庶子圍弑其君兄之子麇而代之以盟諸侯王
使速殺之楚靈王爲章華之臺與伍舉升焉（伍舉即椒舉也）曰臺美夫
對曰臣聞國君服寵以爲美安民以爲樂聽德以爲聰致遠以
爲明不聞其以土木之崇高彫鏤爲美而以金石匏竹之昌大
囂庶爲樂不聞其以觀大視侈淫色以爲明而以察清濁爲聰
也先君莊王爲匏居之臺高不過望國氛大不過容宴豆木不
妨守備用不煩官府民不廢時務官不易朝常問誰宴焉則宋
公鄭伯問誰相禮則華元駟騑問誰贊事則陳侯蔡侯許男

猶于其大夫侍之先君是以除亂克敵而無惡於諸侯今君爲
此臺也國民罷焉財用盡焉年穀敗焉百官煩焉舉國留之數
年乃成願得諸侯與始升焉諸侯皆距無有至者而後使太宰
啓疆請於魯侯懼之以蜀之役而僅得以來使富都那豎贊焉
而使長鬣之士相焉臣不知其美也夫美也者上下外內大小
遠邇皆無害焉故曰美若於目觀則美縮財用則匱是聚民利
以自封而瘠民也胡美之爲夫君國者將民之與處民實瘠君安
得肥且夫私欲弘侈則德義鮮少德義不行則邇者騷離而遠者
距違若斂民利以成其私欲使民蒿焉忘其安樂而有遠心其
爲惡也甚矣安用目觀故先王之爲臺榭也榭不過講軍實臺
不過望氛祥故榭度於大卒之居臺度於臨觀之高其所不奪
穡地其爲不匱財用其事不煩官業其日不敗時務瘠磽之地
於是乎爲之城守之木於是乎用之官寮之暇於是乎臨之四
時之隙於是乎成之故周詩曰經始靈臺經之營之庶民攻之

不日成之經始勿亟庶民子來王在靈囿麀鹿攸伏夫爲臺榭
將教民利也不知其以匱之也若君謂此臺美而爲之正楚其
殆矣

薳啓彊楚大夫也晉韓宣子如楚送女叔向爲介及楚楚子（靈王
也）朝其大夫曰晉吾仇敵也苟得志焉無恤其佗今其來者上
卿上大夫也若吾以韓起爲閽（刖足使守門）以羊舌肸爲司宮（加宮刑）
足以辱晉吾亦得志矣可乎大夫莫對薳啓彊曰可苟有其備
何故不可恥匹夫不可以無備況恥國乎是以聖王務行禮不求
恥人（[illegible]）朝聘有珪（朝聘以珪爲信）享覜有璋（[illegible]）小有
述職（諸侯適天子曰述職）大有巡功（天子巡守曰巡功）設机而不倚爵盈而不飲（言務
行禮）宴有好貨（宴飲以貨爲好衣服車馬在客所無）飱有陪鼎（熟食爲飱陪加也加鼎所以厚殷勤）
入有郊勞（賓至逆勞之於郊）出有贈賄（去則贈之以貨賄）禮之至也國家之敗
失之道也則禍亂興（失朝聘享好之道）城濮之役晉無楚備以敗於邲
邲之役楚無晉備以敗於鄢自鄢以來晉不失備而加之以禮

重之以睦(君臣和也)是以楚弗能報而求親焉既獲姻親又欲恥之以召寇讎備之若何(言何以備)誰其重此(言怨重)若有其人恥之可也(謂有賢人以敵之晉則可恥)若其未有君亦圖之晉之事君臣曰可矣求諸侯而麇至(麇群也)求昏而薦女(薦進也)君親送之上卿及上大夫致之猶欲恥之君其亦有備矣不然奈何韓起之下趙成中行吳魏舒范鞅知盈(五卿位在韓起之下皆三軍之將佐也成趙武之子吳荀偃之子)羊舌肸之下祁午張趯籍談女齊梁丙張骼輔躒苗賁皇皆諸侯之選也(言非凡人)韓襄爲公族大夫韓須受命而使矣(襄韓無忌子也爲公族大夫須起之門子年雖幼已任出使)箕襄邢帶(二人韓氏族)叔禽叔椒子羽(皆韓起庶子)皆大家也韓賦七邑皆成縣也(成縣賦百乘也)羊舌四族皆彊家也(四族銅鞮伯華叔向叔魚叔虎兄弟四人)晉人若喪韓起楊肸五卿八大夫(五卿趙成以下八大夫祁午以下)輔韓須楊石(石叔向子食我也)因其十家九縣(韓氏七羊舌氏四而言十家舉大數也羊舌四家共二縣故但言家)長轂九百(長轂戎車也縣百乘)其餘四十縣遺守四千(計遺守國者尚有四千乘)奮其武怒以報其大恥伯華謀之(伯華叔向兄)中行伯魏舒帥之

府七百四十二　三

(伯中行吳)其蔑不濟矣君將以親易怨(失婚姻之親)實無禮以速寇而未有其備使群臣往遺之禽以逞君心何不可之有王曰不穀之過也大夫無辱(謝諸大夫)厚爲韓子禮王欲敖叔向以其所不知而不能(言叔向之多知)亦厚其禮

申無宇楚大夫也楚靈王城陳蔡不羮(襄城縣東南有不羮城定陵西北有不羮亭)使弃疾爲蔡公王問於申無宇曰弃疾在蔡何如對曰擇子莫如父擇臣莫如君鄭莊公城櫟而寘子元焉(子元鄭公子莊公害子元十三年厲公因之以殺櫟大夫檀伯遂居櫟卒使昭公不安位而見殺)使昭公不立齊桓公城穀而寘管仲焉至于今頼之臣聞五大不在邊五細不在庭(言金木水火土謂之五官云鳥氏号鳥氏亦有五又以五鳩鳩民五雉爲五工正蓋五官之本也末世諸侯事繁職衆是以官無常數今無字稱習古言故六五大也言五官之長專盛過節則不可居邊細弱不勝任亦不可居朝庭)親不在外羇不在內今弃疾在外鄭丹在內(丹襄十九年奔楚)君其少戒王曰國有大城何如對曰鄭京櫟實殺曼伯(曼伯檀伯也厲公得櫟又并京)宋蕭亳實殺子游(在莊十二年)齊渠丘實殺無知(在莊九年渠丘今齊國西安縣也齊大夫雍廩邑)衛蒲戚實出獻公(蒲甯殖邑戚孫林父邑出獻公在襄十四年)若由是觀之則害於國末大必折(折其本)尾大不掉君所知也(又云楚靈王城陳蔡不羮使僕夫子晳問於范無宇曰吾不服諸夏而獨事晉何也唯晉近我遠也今吾城三國賦皆千乘亦當晉矣又加之以楚諸侯其來乎對曰其在志也國爲大城未有利者昔鄭有京櫟衛有蒲戚宋有蕭蒙魯有弁費齊有渠丘晉有曲沃秦有徵衙叔段以京患莊公鄭幾不克櫟人實使鄭子不得其位衛蒲戚實出獻公宋蕭蒙實弒昭公魯弁費實弱襄公齊渠丘實殺無知晉曲沃實納齊師秦徵衙實難桓景皆志於諸侯此其不利者也且夫制城邑若體性焉有首領股肱手指拇毛脈其大能掉小故變而不勤地有高下天有晦明民有君臣國有都鄙古之制也先王懼其不帥故制之以義旌之以服行之以禮辯之以名書之以文道之以言既其失也易物之由夫邊境者國之尾也譬之如牛馬處暑之既至䖟蝱之既多而不能掉其尾臣亦懼之不然是三城也豈不使諸侯之心惕惕焉子晳復命王曰是知天咫安知民則是言誕也右尹子革侍曰民天之生也知天必知民矣是其言可以懼哉三年陳蔡及不羮人納弃疾而弒靈王)

鄭丹楚大夫也楚子狩于州來(狩冬獵也)次于潁尾(潁水之尾在下蔡西)使蕩侯潘子司馬督囂尹午陵尹喜帥師圍徐以懼吳(五子楚大夫徐吳與國欲圍之以偪吳)楚子次于乾谿(在譙國城父縣南)以爲之援雨雪王皮冠秦復陶(秦所遺羽衣也)翠被(以翠羽飾被)豹舄(以豹皮爲履)執鞭以出(執鞭以教令)僕析父從(楚大

府七百四十二　四

夫)右尹子革夕(子革鄭丹夕莫見)王見之去冠被舍鞭(敬大臣)與之語曰昔我先王熊繹(楚始封君)與呂級(齊大公之子丁公)王孫牟(衛康叔子康伯)燮父(晉唐叔之子)禽父(周公子伯禽)並事康王(成王子)四國皆有分我獨無有(四國齊晉魯衛分珍寶之器)今吾使人於周求鼎以爲分王其與我乎對曰與君王哉昔我先王熊繹辟在荊山(在新城沶鄉縣南)篳路藍縷以處草莽跋涉山林以事天子唯是桃弧棘矢以共御王事(以桃弧棘矢禦不祥)齊王舅也(成王母齊大公女)晉及魯衛王母弟也(言楚在山林少所出有)楚是以無分而彼皆有今周與四國服事君王將唯命是從豈其愛鼎王曰昔我皇祖伯父昆吾舊許是宅(陸終氏生六子長曰昆吾少曰季連季連楚之祖故謂昆吾爲伯父昆吾嘗居許地故曰舊許是宅)今鄭人貪賴其田而不我與我若求之其與我乎對曰與君王哉周不愛鼎鄭敢愛田王曰昔諸侯遠我而畏晉今我大城陳蔡不羮賦皆千乘子與有勞焉諸侯其畏我乎對曰畏君王哉是四國者專足畏也(四國陳蔡二不羮)又加之以楚敢不畏君王哉工尹路請曰君王命剝圭以爲鍼柲

（破圭玉以飾斧柄）敢請命（請制度之命）王入視之析父謂子革吾子楚國之望也今與王言如響國其若之何（譏其順王心如響應聲）子革曰摩厲以須王出吾刃將斬矣（以己喻鋒刃欲自摩厲以斷王之淫慝）王出復語左史倚相趨過（倚相楚史名）王曰是良史也子善視之是能讀三墳五典八索九丘（皆古書名）對曰臣嘗問焉昔穆王欲肆其心（周穆王肆極也）周行天下將皆必有車轍馬迹焉祭公謀父作祈招之詩以止王心（謀父周卿士祈父周司馬世掌甲兵之職招其名祭公方諫遊行故指司馬官而言此詩逸）王是以獲沒於祇宮（獲沒不見篡弒）臣問其詩而不知也若問遠焉其焉能知之王曰子能乎對曰能其詩曰祈招之愔愔式昭德音（愔愔安和貌式用也昭明也）思我王度式如玉式如金（金玉取其堅重）形民之力而無醉飽之心（言國之用民當隨其力任如金冶之器隨器而制形故言形民之力去其醉飽過盈之心）王揖而入饋不食寢不寐數日（深感子革之言）不能自克以及於難（克勝也）仲尼曰古也有志克己復禮仁也信善哉楚靈王若能如是豈其辱於乾谿

白公子張楚大夫也靈王虐子張驟諫王患之謂史考曰吾欲

已子張之諫若何（史考子亹已止）對曰用之實難已之易矣若諫君則曰余左執鬼中右執殤宮（中身也鬼曰其中歿然夭死曰殤殤宮殤之居也執謂把其錄籍制服其身知其居處若世去禁使殤矣）令凡百箴諫吾盡聞之矣寧聞他言（不欲聞諫）白公又諫王如史考之言對曰昔殷武丁能聳其德至于神明（武丁高宗聳敬至通也通於神明夢見傅說也）於是乎三年嘿以思道（嘿諒闇也思道思君人之道書曰高宗諒闇不言乃諫也）卿士患之（患不言也）曰王言以出令也若不言是無所稟令也（稟受）武丁於是作書（以書解卿士）曰以余正四方余恐德之不類茲故不言（類善也茲此）如是而又使以象旁求四方之賢聖（思賢而夢見之識其容狀故作其象而使求之也）得傅說以來升以爲公（公上公也書序高宗夢得說使百工營求諸野得諸傅巖作說命）而使朝夕規諫曰若金用女作礪（使磨礪己）若津水用女作舟（喻濟渡水）若天旱用女作霖雨（天旱自比苗稼三日以上爲霖）啓乃心沃朕心（啓開也賢者之心比霖雨）若藥不瞑眩厥疾不瘳（以藥喻忠言瞑眩惛亂已急也瘳愈也）若跣不視厥足用傷（喻失道比從跣而不視）若武丁之神明也（通於神明）既得道猶不敢專制使以象旁求聖人以爲輔今君或者未及武丁而惡規

諫者不亦難乎（諫以保國）齊桓晉文皆非嗣也（非嫡嗣）還軫諸侯不敢淫逸（還軫謂出奔）心類德音以德有國（類善）近臣諫遠臣謗輿人誦以自誥也（輿衆也誦諫也誥告也）是以其入也四封不備一同（備滿也方百里曰同）（方欲羨之故尤小焉）而至於是有畿田（方千里曰畿）以屬諸侯（屬會）至于今爲令君桓文皆然君不度於二令君而欲自逸也無乃不可乎周詩有之曰弗躬弗親庶民弗信（言不躬親之則衆民不信也）臣懼民之不信君也故不敢不言不然何急其以言取罪也王病之曰子復語（病不能從故復使語）不穀雖不能用吾整寘之於耳（整猶頒也寘置也）對曰賴君之用也故言（賴詩）不然巴浦之犀犛兕象其可盡乎其文以規爲瑱也（犀犛牛規諫也瑱所以塞耳言四獸之牙角可以爲瑱難盡而又以規諫爲之乎今象出徼外其三獸則荆交有焉巴浦地名或曰巴濮合浦）遂趣而退歸杜門不出七月乃有乾谿之亂靈王死之

叔向晉大夫也楚公子棄疾如晉報韓子也（報送女）韓宣子之適楚也楚人弗逆公子棄疾及晉竟晉侯將亦弗逆叔向曰楚辟我

衷（辟邪也衷正也）若何效辟詩曰爾之教矣民胥效矣（言上教下效）從我而已焉用效人之辟書曰聖作則（效善則也）無寧以善人爲則（無寧寧也）而則人之辟乎匹夫爲善民猶則之況國君乎晉侯說乃逆之

子瑕楚令尹也言蹶由於楚子（蹶由吳王弟楚執以歸）曰彼何罪諺所謂室於怒市於色者楚之謂矣（言靈王怒吳子而執其弟猶人忿於室家而作色於市人）舍前之忿可也乃歸蹶由

晏嬰齊大夫齊莊公將伐晉問於晏子晏子對曰君德合而欲多養欲而意驕德合而欲多者危養欲而意驕者困今君志於勇力之士以伐盟主幸而不濟君之福也不幸而有功憂必及君莊公作色不悅晏子辭而不爲臣退而窮處堂下生蓼藿門外生荆棘莊公終任勇力之士西伐晉取朝歌及大行蔑而民散身滅於崔氏又景公欲更晏子之宅曰子之宅近市湫隘囂塵不可以居（湫下隘小囂聲塵土）請更諸爽塏者（爽明塏燥）辭曰君之先臣容焉（先臣晏子之先人）臣不足以嗣之於臣侈矣（侈大也）且小人近市朝夕

得所求小人之利也敢煩里旅旅衆也不敢煩里衆為己宅公笑曰子近市識貴賤乎對曰既利之敢不識乎公曰何貴何賤於是景公繁於刑繁多也有鬻踊者故對曰踊貴屨賤景公為是省於刑君子曰仁人之言其利博哉晏子一言而齊侯省刑詩曰君子如祉亂庶遄已祉福也遄速也言君子如行福則亂疾止也其是之謂乎又景公疥遂痁痁瘧疾期而不瘳諸侯之賓問疾者多在多在齊梁丘據與裔款言於公曰吾事鬼神豐於先君有加矣今君疾病為諸侯憂是祝史之罪也諸侯不知其謂我不敬君盍誅於祝固史嚚以辭賓祝固史嚚齊祝史以辭謝來問疾之賓公說告晏子晏子曰日宋之盟日往日也宋盟在襄二十七年屈建問范會之德於趙武趙武曰夫子之家事治言於晉國竭情無私其祝史祭祀陳信不愧其家事無猜其祝史不祈家無猜疑之事故祝史無求於鬼神建以語康王康王楚王康王曰神人無怨宜夫子之光輔五君以為諸侯主也五君文襄靈成景公曰據與款謂寡人能事鬼神故欲誅於祝史子稱是語何故對曰若有德之君外

府七百四十二　七

內不廢無廢事上下無怨動無違事其祝史薦信無愧心矣祝史陳信無所愧是以鬼神用饗國受其福祝史與焉與受其福其所以蕃祉老壽者為信君使也其言忠信於鬼神其適遇淫君外內頗邪上下怨疾動作辟違從欲厭私從私欲高臺深池撞鍾舞女斬刈民力輸掠其聚奪其聚也以成其違不卹後人暴虐淫從肆行非度無所還忌還顧也不思謗讟不憚鬼神神怒民痛無悛於心其祝史薦信是言罪也以實白神是言君之罪其蓋失數美是矯誣也進退無辭則虛以求媚作虛辭以求媚於神是以鬼神不饗其國以禍之祝史與焉所以夭昏孤疾者為暴君使也其言僭嫚於鬼神公曰然則若之何對曰不可為也言非誅祝史所能治山林之木衡鹿守之澤之萑蒲舟鮫守之藪之薪蒸虞候守之海之鹽蜃祈望守之衡鹿舟鮫虞候祈望皆官名也言公專守山澤之利不與民共縣鄙之人入從其政偪介之關暴征其私介隔也迫近國都之關征稅其私物承嗣大夫強易其賄承嗣世大夫布常無藝布政無法制徵斂無度宮室日

更淫樂不違違去也內寵之妾肆奪於市肆放也外寵之臣僭令於鄙詐為教令於邊鄙私欲養求不給則應養長也所求不給則應之以罪民人苦病夫婦皆詛祝有益也詛亦有損聊攝以東聊攝齊西界也平原聊城縣東北有攝城姑尤以西姑尤齊東界也姑水尤水皆在城陽郡東南入海其為人也多矣雖其善祝豈能勝億兆人之詛萬萬曰億萬億曰兆君若欲誅於祝史脩德而後可公說使有司寬政毀關去禁薄斂已責除逋責景公田於沛至自田晏子侍于遄臺子猶馳而造焉子猶梁丘據公曰唯據與我和夫晏子對曰據亦同也焉得為和公曰和與同異乎對曰異和如羹焉水火醯醢鹽梅以烹魚肉燀之以薪燀炊也宰夫和之齊之以味濟其不及以洩其過濟益也洩減也君子食之以平其心君臣亦然君所謂可而有否焉否不可也臣獻其否以成其可獻君之否以成君可君所謂否而有可焉臣獻其可以去其否是以政平而不干民無爭心故詩曰亦有和羹既戒既平詩頌殷中宗言中宗能與賢者和齊可否其政如和羹鬷嘏無言時靡有爭鬷總也嘏大也言總大政使上下皆如

府七百四十二　八

先王之濟五味濟成也和五聲也以平其心成其政也聲亦如味一氣須氣以動二體舞者有文武三類風雅頌四物雜用四方之物以成器五聲宮商角徵羽六律黃鍾大簇姑洗蕤賓夷則無射陽聲為律陰聲為呂此十二月氣七音周武王伐紂自午及子凡七日以七同其數以律和其聲謂之七音八風八方之風九歌九功之德皆可歌也六府三事謂之九功以相成也言此九者合以相成為和樂清濁小大短長疾徐哀樂剛柔遲速高下出入周疏以相濟也君子聽之以平其心心平德和故詩曰德音不瑕今據不然君所謂可據亦曰可君所謂否據亦曰否若以水濟水誰能食之若琴瑟之專壹誰能聽之同之不可也如是飲酒樂公曰古而無死其樂若何晏子對曰古而無死則古之樂也君何得焉昔爽鳩氏始居此地爽鳩氏少皞氏之司寇也季萴因之季萴虞夏諸侯代爽鳩氏者有逢伯陵因之逢伯陵殷諸侯蒲姑氏因之蒲姑氏殷周之間代逢公者而後大公因之古若無死爽鳩氏之樂非君所願也又景公時有彗星齊侯使禳之晏子曰無益也祇取誣焉天道

不謟疑也不二其命若之何禳之且天之有彗也以除穢也君
無穢德又何禳焉若德之穢禳之何損詩曰惟此文王小心翼翼
昭事上帝聿懷多福厥德不回以受方國回違也翼翼共也聿惟也言文王德
不違天人故四方之國歸往之君無違德方國將至何患於彗詩曰我無所監
夏后及商用亂之故民卒流亡逸詩也言追監夏商之亡皆以亂故若德回亂民
將流亡祝史之為無能補也公說乃止又景公與晏子坐于路
寢公歎曰美哉室其誰有此乎景公自知德不能久有國故歎也晏子曰敢問
何謂也公曰吾以為在德對曰如君之言其陳氏乎陳氏雖無
大德而有施於民豆區釜鍾之數其取之公也薄謂以公量收其施
之民也厚謂以私量貸公厚斂焉陳氏厚施焉民歸之矣詩曰雖無
德與女式歌且舞義取雖無大德要有喜說之心欲歌舞之式用也陳氏之施民歌舞
之矣後世若少惰陳氏而不亡則國其國也已公曰善哉是可
若何對曰唯禮可以已之在禮家施不及國民不遷農不移工
賈不變守常業士不濫不失職官不滔滔慢也大夫不收公利不作威公

曰善哉我不能矣吾今而後知禮之可以為國也對曰禮之可
以為國也久矣與天地並有天地則禮義興君令臣共父慈子孝兄愛
弟敬夫和妻柔姑慈婦聽禮也君令而不違臣共而不二父慈
而教子孝而箴箴諫也兄愛而友弟敬而順夫和而義妻柔而正
姑慈而從從不自專婦聽而婉婉順也禮之善物也公曰善哉寡人今
而後聞此禮之上也對曰先王所稟於天地以為其民也是以
先王上之尊愛
大宰犯楚大夫也宋華氏之亂晉曹衞救宋敗華氏圍諸南里
楚遠越帥師將逆華氏大宰犯諫曰諸侯唯宋事君今又爭國
釋君而臣是助無乃不可乎王曰而告我也後既許之矣
子家駒魯大夫也魯昭公將弒季氏傳言弒者從昭公之詞告子家駒曰
季氏為無道僭於公室久矣諸侯稱公室吾欲弒之何如昭公素畏季氏盛者
以爲如人君故言弒子家駒曰諸侯僭於天子大夫僭於諸侯久矣昭公
曰吾何僭矣哉失禮成俗不自知也子家駒曰設兩觀禮天子諸侯臺門天子外闕兩觀諸

侯內闕一觀乘大路禮天子大路諸侯路車大夫大車士飾車朱干干楯也以朱飾楯以玉戚戚斧也以玉飾斧
以舞大夏大夏夏樂也周所以舞夏樂者王者始起未制作之時取先王之樂與己同者假以風化天下
天下大同乃自作樂取夏樂者與周俱文也王者舞六樂于宗廟之中舞先王之樂明有法也舞己之樂明有制也舞四夷之
樂大德廣及之也東夷之樂曰株離南夷之樂曰任西夷之樂曰禁北夷之樂曰昧八佾以舞大武此皆
天子之禮也且夫牛馬維婁繫馬曰維繫牛曰婁委已者也委食已者而柔焉
柔順也季氏專賞罰得民衆之心季氏得民衆久矣從之猶牛馬之於委食已者君無多
辱焉恐民不欲從君命而爲季氏用反逐君故云爾子家駒上諫正法下引時事以諫君故云安昭公得正乃正季
氏昭公不從其言終敗焉爲季氏所逐
公子西楚大夫也吳子使徐人執掩餘使鍾吾人執燭庸二十年
奔楚二公子奔楚楚子大封而定其徙大封與土田定其所徙之居使監馬尹
大心逆吳公子使居養一子奔楚竟也養邑名莠尹然左司馬沈
尹戌城之城養取於城父與胡田以與之胡田故胡子之地將以害吳也
子西諫曰吳光新得國而親其民視民如子辛苦同之將用之
也若好吾邊疆使柔服焉猶懼其至柔服吳不使怨吾吾又彊其讎以

重怒之無乃不可乎讎謂二公子吳周之胄裔也而弃在海濱不與
姬通自西戎始今而始大比于諸華光又甚文將自同於先王先王大王王季亦
自比諸華不知天將以為虐乎使翦喪吳國而封大異姓乎其
抑亦將卒以祚吳乎其終不遠矣言其事不久可知我盍姑億吾鬼神
億安也而寧吾族姓以待其歸待其善惡之歸將焉用自播揚焉播揚猶勞動也王
弗聽吳子怒執鍾吾子遂伐徐防山以水之防壅山水以灌徐滅徐又
昭王之奔隨也將涉於成臼江夏竟陵縣有臼水出聊屈山西南入漢藍尹亹涉
其帑藍尹亹楚大夫不與王舟及寧王欲殺之亹妻子子西曰子常唯思舊
怨以敗君何效焉王曰善使復其所吾以志前惡志記也
子綦楚司馬也楚昭王欲之荊臺游子綦進諫曰荊臺之游左
洞庭之波右彭蠡之水南望獵山下臨方淮其地使人遺老而
忘死也王不可游也
公叔發衞大夫公叔文子也魯伐鄭不假道於衞衞侯怒使彌
子瑕追之公叔文子老矣輦而如公曰尤人而效之非禮也昭

公之衞君將以文之舒鼎(衞文公之鼎)成之昭兆(寶龜)定之鞶鑑(鞶帶而以鑑爲飾也今西方羌胡猶然古之遺服)苟可以納之擇用一焉公子與二三臣之子諸侯苟憂之將以爲之質(爲質求納昭公)此群臣之所聞也今將以小忿蒙舊德(蒙覆也)無乃不可乎大姒之子(大姒文王妃)唯周公康叔爲相睦也而效小人以弃之不亦誣乎天將多陽虎之罪以斃之君姑待之若何乃止(止不伐魯師)

伍員吳大夫吳王夫差敗越于夫椒(夫椒吳郡吳縣西太湖中椒山)遂入越越子以甲楯五千保于會稽(上會稽山也在山陰縣南)使大夫種因吳大宰嚭以行成吳子將許之伍員曰不可臣聞之樹德莫如滋去疾莫如盡昔有過澆殺斟灌以伐斟鄩(過國名澆寒浞子封於過者二斟夏同姓諸侯襄四年傳曰使澆用師滅斟灌)滅夏后相(夏后相啓孫也后相依二斟復爲澆所滅)后緡方娠逃出自竇(后緡相妻娠懷身也)歸于有仍(后緡有仍氏女)生少康焉爲仍牧正(牧官之長)惎澆能戒之(惎毒也戒備也)澆使椒求之(椒澆臣)逃奔有虞爲之庖正以除其害(虞舜後諸侯也梁國有虞縣庖正掌膳羞之官能以除害)虞思於是妻之以二姚(虞思虞君也二姚虞姓以妻少康)而邑諸綸(綸虞邑)有田一成有衆一旅(方十里爲成五百人爲旅)能布其德而兆其謀(兆始也)以收夏衆撫其官職(襄四年傳曰靡自有鬲氏收二國之燼以滅浞而立少康)使女艾諜澆(女艾少康臣諜候也)使季杼誘豷(季杼少康子后杼也豷澆弟)遂滅過戈(過澆國戈豷國)復禹之績祀夏配天不失舊物(物職也)今吳不如過而越大於少康或將豐之不亦難乎(言天或使越豐大爲吳患)句踐能親而務施施不失人(施惠也)親不弃勞(不棄小勞)與我同壤而世爲仇讎於是乎克而弗取將又存之違天而長寇讎(寇讎吳不可)後雖悔之不可食已(食消也)姬之衰也日可俟也(以吳姬姓而衰可待)介在蠻夷而長寇讎以是求伯必不行矣弗聽

吳王夫差乃告諸大夫曰孤將有大志於齊(欲伐齊)吾將許越成而無拂吾慮(拂違也)若越既改吾又何求若其不改反行吾振旅焉(反行還師振旅整衆而討之也)申胥諫曰不可許也(申胥伍員也)夫越非實忠心好吳也又非懾畏吾甲兵之彊也大夫種勇而善謀將還玩吳國於股掌之上以得其志(...)夫固知君王之蓋威以好勝也(蓋猶尚也)故婉約其辭以從逸王志(婉順也約卑也)使淫樂於諸夏之國以自傷也使吾甲兵鈍獘民人離落而日以憔悴(憔悴瘦病也)然後安受吾燼(燼餘也)夫越王好信以愛民四方歸之年穀時熟日長炎炎(炎炎進也)及吾猶可以戰也爲虺弗摧爲蛇將若何(虺小蛇長大爲蛇)吳王曰大夫奚隆於越(隆盛也)越曾足以爲大虞乎(虞度也)若無越則吾何以春秋曜吾軍士乃許之成夫差既許越成乃大戒師徒將以伐齊申胥進諫曰越之在吳也猶人之有腹心之疾也今王非越是圖而齊魯以爲憂夫齊魯譬諸疾疥癬也(齊魯爲害微)豈能涉江淮而與我爭此地哉將必越實有吳土(壤地接而越脩德也)王盍亦鑑於人無鑑於水(鑑鏡也以人爲鏡見成敗以水爲鏡見形而已書曰人無於水鑑當於民鑑)昔楚靈王不君(不得君道)其臣箴諫以不入(不受)乃築臺於章華之上(章華地名)闕爲石郭陂漢以象帝舜(闕穿也陂壅也舜葬九疑其山體水旋其丘故壅漢水使旋石郭以象之也)罷弊楚國以間陳蔡(間候其隙而取之昭八年楚滅陳十一年滅蔡)不脩方城之內(方城楚北山)踰諸夏而圖東國(諸夏陳蔡東國吳越也)三歲於沮汾以服吳越(沮汾水名楚東鄙沮汾之間昭六年楚令尹子蕩帥師伐吳師于豫章)其民不忍飢勞之殃三軍叛王於乾谿(乾谿楚地中外叛者衆民不附)王親獨行屏營仿偟於山林之中(在昭十三年)三日乃見其涓人疇(涓人今中涓也疇名)王呼之曰余不食三日矣疇趨而進王枕其股以寢於地王寐疇枕王以墣而去之(墣塊也)王覺而無見也乃匍匐將入於棘闈棘闈不納(棘闈邑)乃入芋尹申亥氏焉(申亥楚大夫芋尹字之)王縊申亥負王以歸而土埋之其室(傳曰王縊于芋尹申亥氏申亥以其二女殉而葬之也)此志也豈遽忘於諸侯之耳乎(志記也言此事皆見記於諸侯之耳尚未忘)今王既變鮌禹之功(王夫差也鮌禹能以德脩治水土之功也)而高高下下以罷民於姑蘇(高高下下謂起臺榭也)天奪吾食都鄙荐饑(天奪吾食謂饑荒也荐重也)今王將很天而伐齊(很違也)夫吳民離矣(離叛心也)體有所傾譬如群獸然一个負矢將百群皆奔(言衆獸聚其中一个被矢則百群皆走以言吳民離叛有小傾則皆敗散)王其無方收也(方道也收還)越人必來襲我王雖悔之其猶有及乎王弗聽

[illegible]子率其衆以[illegible]王民多士晉有讒[illegible]秦吳也夫[illegible]曰[illegible]在[illegible]心腹之疾也[illegible]同而有[illegible]夫其柔服求[illegible]也不如早從事焉[illegible]志於[illegible]公曰世死所用之[illegible]不為[illegible]其[illegible]夫[illegible]疾而曰以遺[illegible]焉者夫之有也[illegible]曰其有[illegible]越不共[illegible]之無[illegible]育無[illegible]易運于茲邑是[illegible]以[illegible]也今[illegible]以求大不亦難乎[illegible]

鮑文子齊大夫魯陽虎出奔齊請師以伐魯曰三加必取之三加三兵於魯齊侯將許之鮑文子諫曰臣嘗為隸於施氏矣施氏魯大夫文子鮑國也魯十七年齊人召而立之至今七十口歲於是文子蓋九十餘矣魯未可取也上下猶和衆庶猶睦能事大國大國晉也而無天菑若之何取之陽虎欲勤齊師也齊師罷大臣必多死亡已於是乎奮其詐謀夫陽虎有寵於季氏而將殺季孫以不利魯國而求容焉求自容親富不親仁君焉用之君富於季氏而大於魯國茲陽虎所欲傾覆也魯免其疾而君又收之無乃害乎

逢滑為陳大夫吳之入楚也使召陳懷公懷公朝國人而問焉曰欲與楚者右欲與吳者左陳人從田無田從黨都邑之人無田者隨黨而立不知所與故直從所居田在西者居右在東者居左逢滑當公而進當公不左不右曰臣聞國之興也以福其亡也以禍今吳未有福楚未有禍楚未可弃吳未可從而晉盟主也若以晉辭吳若何公曰國勝君亡非禍而何楚國勝昭王奔隨對曰國之有是多矣何必不復小國猶復況大國乎臣聞國之興也視民如傷是其福也如傷恐驚動其亡也以民為土芥是其禍也芥草也楚雖無德亦不艾殺其民吳日敝於兵暴骨如莽草之生於廣野莽莽然故曰草莽而未見德焉天其或者正訓楚也禍之適吳其何日之有言今至陳侯從之

冊府元龜卷七百四十二

冊府元龜卷第七百四十三

陪臣部一十三

規諷第四

孔子爲魯大夫定公問君使臣臣事君如之何孔子對曰君使臣以禮臣事君以忠定公又問一言可以興邦有諸孔子對曰言不可以若是其幾也（以其大要一言不能正興國幾近也有近一言可以興國）人之言曰爲君難爲臣不易如知爲君之難也不幾乎一言而興邦乎（事不可以一言而成如知此則可近也）曰一言而喪邦有諸孔子對曰言不可以若是其幾也人之言曰予無樂乎爲君唯其言而莫予違也（言無樂於爲君所樂者唯樂其言而不見違）如其善而莫之違也不亦善乎如不善而莫之違也不幾乎一言而喪邦乎（人君所言善無違之者則善也所言不善而無敢違之者則近一言而喪國）

顏淵魯人侍魯定公于臺東野畢御馬于臺下定公曰善哉東野畢之御顏淵曰善則善矣然其馬將失定公不悅以告左右曰吾聞君子不譏人君子亦譏人乎顏淵不悅歷階而去須臾馬敗聞矣定公躐席而起曰趣駕請顏淵顏淵至定公曰向寡人曰善哉東野畢御也吾子曰善則善矣雖然其馬將失矣不識君子何以知之也顏淵曰臣以政知之昔舜工於使人造父工於使馬舜不窮其民造父不盡其馬是以舜無失民造父無失馬也今東野畢之御也上車執轡御體正矣周旋步驟朝禮畢矣歷險致遠而馬力殫矣然求不已是以知其失也定公曰善可少進乎顏淵曰獸窮則觸鳥窮則啄人窮則詐自古及今未見有窮其下而能無危者未之有也詩曰執轡如組兩驂如舞善御之謂也定公曰善哉寡人之過也

有若爲魯季氏宰哀公問於有若曰年饑用不足如之何有若對曰盍徹乎（盍何不也周法什一而稅謂之徹徹通也爲天下之通法）曰二吾猶不足如之何其徹也（二謂什二而稅）對曰百姓足君孰與不足百姓不足君孰與足（孰誰也）

范蠡爲越大夫越王句踐即位三年而欲伐吳范蠡進諫曰夫國家之事有持盈有定傾有節事王曰爲三者奈何范蠡對曰持盈者與天定傾者與人節事者與地王不問蠡不敢言天道盈而不溢盛而不驕勞而不矜其功夫聖人隨時以行是謂守時天時不作弗爲人客人事不起弗爲之始今君王未盈而溢未盛而驕不勞而矜其功天時不作而先爲人客人事不起而創爲之始此逆於天而不和於人（天應未至而先人事不和也）王若行之將妨於國家靡王躬身（妨害靡損）王弗聽蠡進諫曰夫勇者逆德也兵者凶器也爭者事之末也陰謀逆德好用凶器始於人者人之所卒也淫佚之事上帝之禁也先行此者不利王曰無是貳言也吾已斷之矣果興師而伐吳戰於五湖不勝棲於會稽越王歸自會稽其後十五年王召范蠡而問焉曰諺有之曰觥飯不及壺飧今歲晚矣子將奈何蠡對曰微君王之言臣固將謁之臣聞從時者猶救火追亡人也蹶而趨之唯恐不及王曰諾遂興師伐吳於五湖吳人聞之出挑戰一日五反王弗忍欲許之范蠡進諫曰夫謀之廊廟失之中原其可乎王姑勿許也臣聞之得時無怠時不再來天予不取反爲之災贏縮轉化後將悔之天節固然唯謀不遷王曰諾弗許蠡曰臣聞古之善用兵者贏縮以爲常四時以爲紀無過天極究數而止（極至也究窮也無過天道之所至窮其數而止）天道皇皇日月爲常

常象也明者以為法，微則是行[明謂日月盛滿時也，微謂虧缺薄蝕時也。法其明者以進取，行其微者以隱遁也]陽至而陰，陰至而陽[illegible]日困而還，月盈而虧[illegible]古之善用兵者，因天地之常，與之俱行[illegible]後則用陰，先則用陽[illegible]近則用柔，遠則用剛[illegible]後無陰蔽，先無陽察[illegible]用人無藝，往從其所[illegible]剛強以禦，陽節不盡，不死其野[illegible]彼來從我，固守勿與[illegible]若將與之，必因天地之災[illegible]又觀其民之飢飽勞逸以參之[illegible]盡其陽節，盈吾陰節而奪之[illegible]宜為人客，剛彊而力疾；陽節不盡，輕而不可取[illegible]宜為人主，安徐重固；陰節不盡，柔而不可迫[illegible]凡陳之道，設右以為牝，益左以為牡[illegible]蚤晏無失，必順天道[illegible]周旋無究[illegible]今其來也，剛強而力疾[illegible]

[illegible]王姑待之。王曰：諾。弗與戰。其後四年，越復伐吳。吳士民罷弊，輕銳盡死於姑蘇[illegible]越入破吳，因而留圍之三年。吳師敗，越遂復棲吳王於姑蘇之山。吳王使公孫雄[吳大夫]肉袒膝行而前，請成越王曰：孤臣夫差敢布腹心，異日嘗得罪於會稽，夫差不敢逆命，得與君王成以歸。今君王舉玉趾而誅孤臣，孤臣惟命是聽，意者亦欲如會稽之赦孤臣之罪乎？句踐不忍，欲許之。范蠡曰：會稽之事，天以越賜吳，吳不取。今天以吳賜越，越其可逆天乎？且夫君王蚤朝晏罷，非為吳邪？謀之二十二年，一旦而棄之，可乎？且夫天與弗取，反受其咎。伐柯者其則不遠，君忘會稽之厄乎？句踐曰：吾欲聽子言，吾不忍其使者。范蠡乃鼓進兵，曰：王已屬政於執事[執事，蠡自謂也]，使者去，不者且得罪。吳使者泣而去。句踐憐之，乃使人謂吳王曰：吾置王甬東，君百家。[甬東，會稽句章東海中洲也]吳王謝曰：吾老矣，不能事君王。遂自殺。

赤章蔓枝為仇繇之臣也。仇繇，山中之國，近晉者也。智伯欲攻之而無道也[無道路]，為鑄大鍾，方二車軌，以遺之。仇繇之君將斬岸堙谿以迎鍾。赤章蔓枝諫曰：詩云：唯則定國。我胡則以得是於智伯？夫智伯之為人也，貪而無信，必欲攻我而無道也，故為大鍾方二車軌以遺君，君因斬岸堙谿以迎鍾，師必隨之。不聽。又諫，君曰：大國為懽，而子逆之，不祥，子釋之。赤章蔓枝曰：為人臣不忠貞，罪也；忠貞不用，遠身可也。斷轂而行[illegible]至衛[illegible]而仇繇亡。

大戊午，趙大夫。趙襄子游大陵[大陵縣在大原，有大陵，亦曰大[illegible]]出門，大戊午扣馬曰：耕事方急，一日不作，百日不食。襄子下車謝。

卜商字子夏，居西河教授，為魏文侯師。魏文侯問於子夏曰：吾端冕而聽古樂，則唯恐臥；聽鄭衛之音，則不知倦。敢問古樂之如彼何也？新樂之如此何也？[illegible]子夏對曰：今夫古樂，進旅退旅，和正以廣，弦匏笙簧，會守拊鼓，始奏以文，復亂以武，治亂以相，訊疾以雅。君子於是道古，修身及家，平均天下，此古樂之發也。[illegible]

[illegible]今夫新樂，進俯退俯，姦聲以濫，溺而不止；及優侏儒，獶雜子女，不知父子。樂終不可以語，不可以道古，此新樂之發也。[illegible]今君之所問者樂也，所好者音也。夫樂者與音相近而不同。[illegible]文侯曰：敢問何如？[illegible]子夏對曰：夫古者天地順而四時當，民有德而五穀昌，疾疢不作而無妖祥，此之謂大當。然後聖人作為父子君臣，以為紀綱。紀綱既正，天下大定。天下大定，然後正六律，和五聲，弦歌詩頌，此之謂德音，德音之謂樂。[illegible]詩云：莫其德音，其德克明。克明克類，克長克君。王此大邦，克順克俾。俾于文王，其德靡悔。既受帝祉，施于孫子。此之謂也。[illegible]今君之所好者，其溺音乎？[illegible]文

侯曰敢問溺音何從出也（玩習之久不知所由出也）子夏對曰鄭音好濫淫志宋音燕女溺志衛音趨數煩志齊音敖辟喬志此四者皆淫於色而害於德是以祭祀弗用也（言四國皆出此溺音濫竊燕聲也燕安也春秋傳曰懷與安實敗名焉趨數讀爲促速聲之誤也煩勞也祭祀者不用淫樂）詩云肅雍和鳴先祖是聽夫肅肅敬也雍雍和也夫敬以和何事不行（言古樂敬且和故無事而不用溺音無所施）爲人君者謹其所好惡而已矣君好之則臣爲之上行之則民從之詩云誘民孔易此之謂也（誘進也孔甚也言民從君所好惡進之於善無難）然後聖人作爲鞉鼓椌楬壎篪此六者德音之音也（六者爲本以其聲質也椌楬謂柷敔也壎篪或爲簨虡）然後鐘磬竽瑟以和之干戚旄狄以舞之此所以祭先王之廟也所以獻酬酳酢也所以官序貴賤各得其宜也所以示後世有尊卑長幼之序也（官序貴賤謂尊卑樂器列數有差次）鐘聲鏗鏗以立號號以立橫橫以立武君子聽鐘聲則思武臣（號令所以警衆也橫充也謂氣作充滿也）石聲磬磬以立辨辨以致死君子聽磬聲則思死封疆之臣（石聲磬磬當爲罄字之誤也辨謂分明於節義）絲聲哀哀以立廉廉以立志君子聽琴瑟之聲則思志義之臣（廉廉隅也）竹聲濫濫以立會會以聚衆君子聽竽笙簫管之聲則思畜聚之臣（濫之言擥也會猶聚也聚或爲最）鼓鼙之聲讙讙以立動動以進衆君子聽鼓鼙之聲則思將帥之臣（聞讙囂則人意動作讙或爲歡動或爲勳）君子之聽音非聽其鏗鏘而已也彼亦有所合之也（以聲合成己之志）

李克魏人魏文侯問曰吳之所以亡者何也對曰數戰而勝文侯曰數戰數勝國之福也其所以亡何也李克對曰數戰則民疲數勝則主驕以驕主使疲民此其所以亡也是故好戰窮武未有不亡者也文侯又問曰惡乎對曰有夫貴者則賤者惡之富者則貧者惡之智者則愚者惡之文侯曰善行此三者使人勿惡亦可乎李克曰可臣聞貴而下賤則衆弗惡也富能分貧則窮士弗惡也智而教愚則童蒙弗惡也文侯曰善哉言乎堯舜其猶病諸寡人雖不敏請守斯語矣

狐卷子魏人魏文侯問曰父賢足恃乎對曰不足子賢足恃乎對曰不足兄賢足恃乎對曰不足弟賢足恃乎對曰不足臣賢足恃乎對曰不足文侯勃然作色而怒曰寡人問此五者於子一一以爲不足者何也對曰父賢不過堯而丹朱放子賢不過舜而瞽叟拘兄賢不過舜而象放弟賢不過周公而管叔誅臣賢不過湯武而桀紂伐望人者不至恃人者不久君欲治從身始人何可恃

箕季魏人魏文侯見其牆壞而不築文侯曰何爲不築對曰不時其牆枉而不端問曰何不端曰固然從者食其園之桃箕季禁之少焉日晏進糲餐之食瓜瓠之羹文侯出其僕曰君亦無得於箕季矣曩者進食臣竊窺之糲餐之食瓜瓠之羹文侯曰吾何無得於箕季也吾一見季而得四焉其牆壞不築者待時者教我無奪農時也牆枉而不端對云固然者是教我無侵封疆也從者食園桃箕季禁之豈愛桃哉是教我下無侵上也食我以糲餐者箕季豈不能具五味哉教我無多斂於百姓以省飲食之養也

田子方爲魏文侯友文侯與之飲酒而稱樂文侯曰鐘聲不比乎左高子方笑文侯曰奚笑子方曰臣聞之君明則樂官不明則樂音今君審於聲臣恐君之聾於官也文侯曰善敬聞命

吳起爲魏西河守魏武侯與諸大夫浮於西河稱曰河山之險豈不亦信固哉王鐘侍曰此晉國之所以強也若善脩之則霸王之業具矣吳起對曰吾君之言危國之道也而子又附之是重危也武侯忿然曰子之言有說乎吳起對曰河山之險信不足保也是霸王之業不從此也昔者三苗之君左有彭蠡之波右有洞庭之水大山在其南而衡山在其北恃此險也爲政不善而禹放逐之夫夏桀之國左天門之陰而右天谿之陽廬睪在其北伊洛出其南有此險也然爲政不善而湯伐之殷紂之國左孟門而右漳滏前帶河後被山有此險也然爲政不善而武王伐之且君親從臣而勝降城城非不高人民非不衆也然而可得并者政惡故也從是觀之地形險阻奚足以霸王矣武侯

曰善吾乃今日聞聖人之言也西河之政專委之子矣武侯謀事而當羣臣莫能逮朝而有喜色吳起進曰昔者有以楚莊王之語聞者乎武侯曰未也莊王之語奈何吳起曰楚莊王謀事而當羣臣莫能逮朝而有憂色申公巫臣進曰君朝而有憂色何也莊王曰吾聞之諸侯自擇師者王自擇友者霸是已而羣臣莫之若者亡今以不穀之不肖而議於朝且羣臣莫能逮吾國其幾於亡乎吾是以有憂色也莊王之所以憂而君獨有喜色何也武侯逡巡而謝曰天使夫子振寡人之過也天使夫子振寡人之過也

惠公魏惠王相惠施者也魏惠王死葬有日矣天大雨雪至於牛目羣臣多諫太子曰雪甚如此而葬行民必甚疾之官費又恐不給請弛期更日太子曰為人子者以民勞與費用之故而不行葬不義子勿復言羣臣皆莫敢諫以告犀首（犀首魏人公孫衍也佩五國相印能合從連橫號為犀首）犀首曰吾未有以言之（未無）是其唯惠公乎請告

惠公惠公曰諾駕而見太子曰葬有日矣太子曰然惠公曰昔王季歷葬於渦山之尾欒水齧其墓見棺之前和（棺題曰和）文王曰譆先君必欲一見羣臣百姓也夫故使欒水見之於是出而為之張朝百姓皆見之三日而後更葬此文王之義也今葬有日矣而雪甚及牛目難以行太子為及日之故得無嫌於欲亟葬乎願太子亦曰先王必欲少留而撫社稷安黔首也故使雨雪其因弛期而更為日此文王之義也若此而不為意者羞法文王也太子曰甚善敬弛期更擇日

許綰魏人也魏王將起中天臺令曰敢諫者死許綰負畚操鍤入曰聞大王起中天臺臣願加一力王曰子何力之有加綰曰雖無力能商臺王曰若何曰臣聞天與地相去萬五千里今王因而半之當起七千五百里之臺高既如是其趾須方八千里盡王之地不足以為臺趾古者堯舜建諸侯地方五千里王必起此臺先以兵伐諸侯盡有其地猶不足又伐四夷得方八千里乃足以為臺趾材木之積人徒之衆倉廩之儲數以萬億度八千里之外當定農畝之地足以奉給王之臺者臺具已備乃可以作魏王默然無以應乃罷起臺

騶忌子以鼓琴見齊威王說而舍之右室須臾王鼓琴騶忌子推戶入曰善哉鼓琴王勃然不說去琴按劍曰夫子見容未察何以知其善也騶忌子曰夫大弦濁以春溫者君也小弦廉折以清者相也（琴操曰大弦者君也寬和而溫小弦者臣也清廉而不亂）攫之深（以大持也攫音俱足切）醳之愉者（一作舍）政令也鈞諧以鳴大小相益回邪而相害者四時也吾是以知其善也王曰善語音騶忌子曰何獨語音夫治國家而弭人民皆在其中王又勃然不說曰若夫語五音之紀信未有如夫子者也若夫治國家而弭人民又何為乎絲桐之間騶忌子曰夫大弦濁以春溫者君也小弦廉折以清者相也攫之深而舍之愉者政令也鈞諧以鳴大小相益回邪而不相害者四時也夫復而不亂者所以治昌也連而徑者所以存亡也故曰琴音調而天

下治夫治國家弭人民者無若乎五音者王曰善三月而受相印

淳于髡齊之贅壻也齊威王喜隱好為淫樂長夜之飲沈湎不治委政卿大夫百官荒亂諸侯並侵國且危亡在於旦暮左右莫敢諫淳于髡說之以隱曰國中有大鳥止王之庭三年不蜚又不鳴王知此鳥何也王曰此鳥不飛則已一飛沖天不鳴則已一鳴驚人於是乃朝諸縣令長七十二人賞一人誅一人奮兵而出諸侯振驚皆還齊侵地威王史說後置酒後宮召髡賜之酒問曰先生能飲幾何而醉髡對曰臣飲一斗亦醉一石亦醉威王曰先生飲一斗而醉惡能飲一石哉其說可得聞乎髡曰賜酒大王之前執法在傍御史在後髡恐懼俯伏而飲不過一斗徑醉矣若親有嚴客髡帣韝鞠䠊（帣收衣袖也韝臂捍也音溝鞠曲也䠊音其紀切又與跽同謂小跪也）侍酒於前時賜餘瀝奉觴上壽數起飲不過二斗徑醉矣若朋友交遊久不相見卒然相覩歡然道故私情相語飲可五六斗徑醉矣若乃州閭之會男女雜坐行酒稽留六

博投壺相引爲曹握手無罰目眙不禁（眙吐歡切直視皃）前有墮珥後有遺簪舄竊樂此飲可八斗而醉二參（備言有餘）日暮酒闌合尊促坐男女同席履舄交錯杯盤狼藉堂上燭滅主人留髡而送客（一本云獨髡坐起送客）羅襦襟解微聞薌澤當此之時髡心最歡能飲一名故曰酒極則亂樂極則悲萬事盡然言不可極極之而衰以諷諫焉齊王曰善乃罷長夜之飲

王斗齊人也欲見齊宣王宣王使謁者延入王斗曰斗趨見王爲好勢王趨見斗爲好士於王何如使者復還報王曰先生徐之寡人請從宣王因趨而迎之於門與入曰寡人奉先君之宗廟守社稷聞先生直言正諫不諱王斗對曰王聞之過斗生於亂世事亂君焉敢直言正諫宣王忿然作色不說有間王斗曰昔先君桓公所好者九合諸侯一匡天下天子受籍立爲大伯今王有四焉宣王說曰寡人愚陋守齊國唯恐失抎（于粉切）之焉能有四焉王斗曰否先君好馬王亦好馬先君好狗王亦好狗先君好酒王亦好酒先君好色王亦好色先君好士是王不好士宣王曰當今之世無士寡人何好王斗曰世無騏驎騄耳王駟已備矣世無東郭俊盧氏之狗王之走狗已具矣世無毛廧西施王宮已充矣王亦不好士也何患無士王曰寡人憂國愛民固願得士以治之王斗曰王之憂國愛民不若王愛尺縠也王曰何謂也王斗曰王使人爲冠不使左右便辟而使工者何也爲能之今王治齊非左右便辟無使也臣故曰不如愛尺縠也宣王謝曰寡人有罪國家於是舉士五人任官齊國大治

莫敖子華楚大夫也楚威王問於莫敖子華曰自從先君文王以至不穀之身亦有不爲爵勸不爲祿勉以憂社稷者乎莫敖子華對曰如子華不足知之矣王曰不於大夫無所聞之莫敖子華對曰君王將何問者也彼有廉其爵貧其身以憂社稷者有崇其爵豐其祿以憂社稷者有斷脰決腹壹瞑而萬世不視不知所益以憂社稷者有勞其身愁其志以憂社稷者亦有不

爲爵勸不爲祿勉以憂社稷者王曰大夫此言將何謂也莫敖子華對曰昔令尹子文緇帛之衣以朝鹿裘以處未明而立於朝日晦而歸食朝不謀夕無一月之積故彼廉其爵貧其身以憂社稷者令尹子文是也昔者葉公子高身獲於表著而位於柱國定白公之禍寧楚國之事恢先君以揜方城之外四封不廉名不挫於諸侯當此之時也天下莫敢奉兵南鄉葉公子高食田六百畛故彼崇其爵豐其祿以憂社稷者葉公子高是也昔者吳與楚戰於伯舉兩師之間夫卒交莫敖大心撫其御之手顧而大息曰嗟乎子乎楚國亡之月至矣吾將深入吳軍若扑一人以與大心者社稷其爲庶幾乎故斷脰決腹壹瞑而萬世不視不知所益以憂社稷者莫敖大心是也昔吳與楚戰於伯舉三戰入郢寡君身出大夫悉屬百姓離散棼冒勃蘇曰吾被堅執銳赴強敵而死此猶一卒也不若奔諸侯於是贏糧潛行上崢山踰深谿蹠穿膝暴七日而薄秦王之朝雀立不轉晝吟宵哭七日不得告水漿無入口瘨而殫悶旄不知人秦王聞而走之冠帶不相及左奉其首右濡其口勃蘇乃蘇秦王身問之子孰誰也棼冒勃蘇對曰臣非異人楚之使棼冒勃蘇吳與楚人戰於伯舉三戰入郢寡君身出大夫悉屬百姓離散使下臣來告亡且求救秦王顧令不起寡人聞之萬乘之君得罪一士社稷其危今此之謂也遂出革車千乘卒萬人屬之子蒲與子虎下塞以東與吳人戰於濁水而大敗之亦聞於遂浦故勞其身愁其思以憂社稷者棼冒勃蘇是也吳與楚戰於伯舉三戰入郢君王身出大夫悉屬百姓離散蒙穀結鬬於宮唐之上舍鬬奔郢曰若有孤楚國社稷其庶幾乎遂入大宮負雞次之典以浮於江逃於雲夢之中昭王反郢五官失法百姓昏亂蒙穀獻典五官得法而百姓大治此蒙穀之功多與存國相若封之執圭田六百畛蒙穀怒曰穀非人臣社稷之臣苟社稷血食餘豈患無君乎遂自棄於磨山之中至今無冒故不爲爵勸不

郵杯瓮以守社稷者蒙穀是也王乃大息曰此古之人也今之
人焉能有之耶莫敖子華對曰昔者先君靈王好小要楚士約
食馮而能立式起食之可欲忍而不入死之可惡殺而不避子
華聞之其君好射者其臣決拾君王直不好若君王誠好賢此
五臣者皆可得而致之
繆留韓宣王時人也韓宣王謂繆留曰吾欲兩用公仲公叔其
可乎對曰不可晉用六卿而国分簡公用田成監止而簡公弑
魏兩用犀首張儀而西河之外亡今王兩用之其多力者內樹
其黨其寡力者籍外權羣臣或內樹其黨以擅其主或外爲交
以裂其地則王之國必危矣
中旗秦昭王時人也秦昭王謂左右曰今時韓魏與始孰強對
曰不如始強王曰今時如耳魏齊與孟嘗芒卯孰賢對曰不如
芒卯王曰以孟嘗芒卯之賢率強韓魏以攻秦猶無奈寡人何
也今以無能之如耳魏齊而率弱韓魏以伐秦其無奈寡人何

府七百四十三　十一

亦明矣左右皆曰甚然中旗馮琴而對曰王之料天下過矣當
晉六卿之時知氏最強滅范中行又率韓魏之兵以圍趙襄子
於晉陽決晉水以灌晉陽之城不湛者三版知伯行水魏桓子
御韓康子爲參乘知伯曰吾始不知水之可以亡人之国也乃
今知之汾水可以灌安邑絳水可以灌平陽魏桓子肘韓康子
韓康子履魏桓子肘足接於車上而知氏地分身死国亡爲天
下笑今秦兵雖強不能過知氏韓魏雖弱尚賢其在晉陽之下
也此方其用肘足之時也原王之必勿易也於是秦王恐
貫珠者齊人也莫知其名氏齊襄王立田單相之過菑水有老
人涉菑而寒出不能行坐沙中田單解裘而衣之襄王惡之曰
田單之施將欲以取我国乎不早圖恐後之左右顧无人巖下
有貫珠者襄王呼而問之曰女聞吾言乎對曰聞之王曰女以爲
何若對曰王不如因以爲己善王嘉單之善下令曰寡人憂民
之飢也單收而食之寡人憂民之寒也單解裘而衣之寡人憂

勞百姓而單亦憂之稱寡人之意單有是善而王嘉之單之善
亦王之善已王曰善乃賜單牛酒嘉其行後數日貫珠者復見
王曰王至朝日宜召田單而揖之於庭口勞之乃布令求百姓
之飢寒者收穀之乃使人聽於閭里聞丈夫之相與語曰田單
之愛人嗟乃王之教澤也
貂勃齊襄王時人也王有所幸臣九人之屬欲傷安平君田單也
相與語於王曰燕之伐齊之時楚王使將軍將萬人而佐齊今
國已定而社稷已安矣何不使使者謝於楚王王曰左右孰可
九人之屬曰貂勃可貂勃使楚楚王受而觴之數日不反九人
之屬相與語於王曰夫一人之身而牽留萬乘者豈不以據勢
也哉且安平君之與王也君臣無禮而上下無別且其志欲爲
不善內收百姓循撫其心振窮補不足布德於民外懷戎翟天
下之賢士陰結諸侯之雄俊豪英其志欲有爲也願王察之異
日而王曰召相單來田單免冠徒跣肉袒而進退而請死罪五

府七百四十三　十二

日而王曰子無罪於寡人子爲子之臣禮吾爲吾之王禮而已
矣貂勃從楚來王賜之宴酒酣曰召相田單而來貂勃避席稽
首曰王惡得此亡國之言乎王上者孰與周文王王曰吾不若
也貂勃曰然臣固知王不若也下者孰與齊桓公王曰吾不若
也貂勃曰然臣固知王不若也則周文王得呂尚以爲太公齊
桓公得管夷吾以爲仲父今王得安平君田單且自天地之門
民人之治爲人臣之功者誰有厚於安平君者哉而王曰單惡
得此亡国之言乎且王能守王之社稷燕人興師而襲齊虛王
走而之城陽之山中安平君以惴惴之即墨三里之城五里之
郭敝卒七千人禽其司馬而反千里之齊安平君之功也當是
時也闔城陽而王天下莫之能止然而計之於道歸之於義以
爲不可故爲棧道木閣而迎王與后於城陽山中王乃得反子
臨百姓今國已定民以安矣王乃曰單且嬰兒之計不爲此王
不亟殺此九子者以謝安平君不然国危矣王乃殺九子而逐

其家益封安平君以邑萬户

屈原字平楚大夫秦使張儀歸楚懷王以商於之地六百里使絶齊楚使受地儀詐曰與王約六里不聞六百里懷王怒興師伐秦楚大敗明年秦割漢中地以和楚王不願得地願得張儀而甘心焉儀請如楚儀設詭辯於懷王之寵姬鄭袖卒言張儀於王而出之儀出懷王因善遇儀儀因說楚王以叛從約而與秦合親約婚姻張儀已去屈原使從齊來諫王曰何不誅張儀懷王悔使人追儀弗及其後秦昭王與楚婚欲與懷王會懷王欲行屈平曰秦虎狼之國不可信不如無行懷王稚子子蘭勸王行王入武關秦伏兵絶其後因留王竟死於秦

莊辛楚襄王時人也謂楚襄王曰君王左州侯右夏侯輦從鄢陵君與壽陵君專淫逸侈靡不顧國政郢都必危矣襄王曰先生老悖乎將以爲楚國祅祥乎莊辛曰臣誠見其必然也非敢以爲國祅祥也君王卒幸四子者不衰楚國必亡矣臣請辟於趙

淹留以觀之莊辛之趙留五月秦果舉鄢郢巫上蔡陳之地襄王流揜於城陽於是使人發騶徵莊辛於趙莊辛曰諾莊辛至襄王曰寡人不能用先生之言今事至於此爲之奈何莊辛對曰臣聞鄙語曰見兔而顧犬未爲晚也亡羊而補牢未爲遲也臣聞昔湯武以百里昌桀紂以天下亡今楚國雖小絶長續短猶以數千里豈特百里哉王獨不見夫蜻蛉乎六足四翼飛翔乎天地之間俛啄蚊蝱而食之仰承甘露而飲之自以爲無患與人無爭也不知夫五尺童子方將調飴膠絲加己乎四仞之上而爲螻蟻食也蜻蛉其小者也黄雀因是以俯噣白粒仰棲茂樹鼓翅奮翼自以爲無患與人無爭也不知夫公子王孫左挾彈右攝丸將加己乎十仞之上以其類爲招晝游乎茂樹夕調乎酸鹹夫爵其小者也黄鵠因是以游於江海淹乎大沼俯噣鰋鯉仰嚙䔖衡奮其六翮陵摇乎高翔自以爲無患與人無爭也不知夫射者方將脩其扶盧治其繒繳將加己乎百仞之上彼礛磻引微繳折清風而抎矣故晝游乎江河夕調鼎鼐夫黄鵠其小者也蔡聖侯之事因是以南遊乎高陂北陵乎巫山飲茹谿之流食湘波之魚左抱幼妾右擁嬖女與之馳騁乎高蔡之中而不以國家爲事而知夫子發方受命乎宣王繫己朱絲而見之也蔡聖侯之事其小者也君王之事因是以左州侯右夏侯從鄢陵君與壽陵君飯封祿之粟而載方府之金與之馳騁乎雲夢之中而不以國家爲事不知夫穰侯方受命乎秦王塡黽塞之内而投己乎黽塞之外襄王聞之顔色變作身體戰慄於是乃執珪而授之封之爲陽陵君

雍門司馬齊大夫（名不載）齊王建入朝於秦雍門司馬前曰所爲立王者爲社稷耶爲王立王耶王曰爲社稷司馬曰爲社稷立王王何以去社稷而入秦齊王還車而反

樂間事燕封昌國君燕王命相栗腹約歡趙以五百金爲趙王酒還報燕王曰趙王壯者皆死長平其孤未壯可伐也王召樂

間問之對曰趙四戰之國其民習兵不可伐王曰吾以五而伐一對曰不可燕王怒群臣皆以爲可卒起二軍車二千乘栗腹將而攻鄗（在常山今高邑）卿秦攻代唯獨大夫將渠謂燕王曰與人通關約交以五百金飲人之王使者報而反攻之不祥兵無成功燕王不聽自將偏軍隨之將渠引燕王綬止之曰王必無自往往無成功王蹵之以足將渠泣曰臣非以自爲爲王也燕軍至宋子（[illegible]）趙使廉頗將擊破栗腹於鄗破卿秦樂乘於代樂間奔趙

册府元龜卷第七百四十三

冊府元龜卷第七百四十四

陪臣部十四

有詞

夫言者樞機務乎發而必中辯亡林藪有以多爲貴者通其變則靡倦乎終日順其理則無過於天下春秋之世辯士間出雖枝葉之蔓衍而雌黄之斯在則有奉命霸王委質與國當干戈之日尋戰不以義見俎豆之失序動罔循禮而能獨運寸舌不持尺柄開談敏贍引事慷慨或應對於會盟之所或折衝於朝聘之際大者尊王而紓國難小者保家而全身訐至於慱通前志備率嘉話彈射臧否折衷長短俾強盛傾聽剛狡易慮豈咄咄而是迫在便便而惟謹斯實得君子之正道可尚者哉

屈完楚大夫齊桓公伐楚楚屈完如師（魯僖公四年）齊侯陳諸侯之師與屈完乘而觀之（乘共載）齊侯曰豈不穀是爲先君之好是繼與不穀同好如何（言諸侯之附從非爲己乃尋先君之好謙而自□因求與楚同好孤寡不穀諸侯謙稱）對曰君惠徼福於敝邑之社稷辱收寡君寡君之願也齊侯曰以此衆戰誰能禦之以此攻城何城不克對曰君若以德綏諸侯誰敢不服君若以力楚國方城以爲城漢水以爲池（方城山在南陽葉縣南以言竟土之遠漢水出武都至江夏南入江言其險固以當城池）雖衆無所用之

郤芮晉人與惠公逃驪姬之難走于梁晉獻公卒齊隰朋帥師會秦師納惠公（隰朋齊大夫也魯僖公九年）問於郤芮曰公子誰恃於晉國芮對曰臣聞亡人無黨有黨必有讎（有與爲黨必有讎無黨則無讎）夷吾之少也（夷吾惠公也）不好弄戲不過所復（不過是也）怒不及色（無忌過也）及其長也弗改是故出亡亦無惡於國而衆安之不然夷吾不使其誰能恃（恃侯財也言恃財恃秦）君子曰善以微勸

陰飴生晉大夫秦伐晉獲晉侯（魯僖公十五年）陰飴甥會秦伯盟于王城（陰飴甥即呂甥也食采於陰故曰陰飴甥王城秦地馮翊臨晉縣東有王城今名武鄉）秦伯曰晉國和乎對曰不和小人恥失其君而悼喪其親（親戚爲秦所殺）不憚征繕以立圉也曰必報讎寧事戎狄君子愛其君而知其罪不憚征繕以待秦命曰必報德有死無二以此不和秦伯曰國謂君何曰小人慼謂之不免君子恕以爲必歸小人曰我毒秦秦豈歸君（毒謂二施不報）君子曰我知罪矣秦必歸君貳而執之服而舍之德莫厚焉刑莫威焉服者懷德貳者畏刑此一役也（言還惠公使諸侯威服復可以霸之功）秦可以霸納而不定廢而不立以德爲怨秦不其然秦伯曰是吾心也改館晉侯饋七牢焉

展喜魯大夫齊伐魯西鄙（魯僖公二十六年）僖公使展喜犒師（勞齊師）使受命于展禽（展禽柳下惠）齊侯未入竟展喜從之曰寡君聞君親舉玉趾將辱於敝邑使下臣犒執事（言執事不敢斥尊）齊侯曰魯人恐乎對曰小人恐矣君子則否齊侯曰室如縣罄野無青草何恃而不恐（如而也時夏四月今之二月野物未成故言居室而資糧縣盡在野則無蔬食之物所以當恐）對曰恃先王之命昔周公大公股肱周室夾輔成王成王勞之而賜之盟曰世世子孫無相害也載在盟府（載載書也）大師職之（職主也大公爲大師兼主司盟）桓公是以糾合諸侯而謀其不協彌縫其闕而匡救其災昭舊職也及君即位諸侯之望曰其率桓之功（率循也）我敝邑用不敢保聚（保守聚衆）曰豈其嗣世九年而棄命廢職其若先君何君必不然恃此以不恐齊侯乃還

孟明視秦大夫晉敗秦師（魯僖公三十三年）獲孟明西乞白乙文嬴請而釋之（文嬴晉文公夫人襄公嫡母）公使陽處父追之及諸河則在舟中矣釋左驂以公命贈孟明（欲使還拜謝因而執之）孟明稽首曰君之惠不以纍臣釁鼓（殺人以血塗鼓謂之釁鼓）使歸就戮于秦寡君之以爲戮死且不朽若從君惠而免之三年將拜君賜

西乞術秦大夫秦伯使西乞術聘于魯（魯文公十二年）且言將伐晉襄仲辭玉（襄仲魯大夫）曰君不忘先君之好照臨魯國鎮撫其社稷重之以大器寡君敢辭玉（大器圭璋也不欲與秦爲好故辭玉）對曰不腆敝器不足辭也（腆厚也）主人三辭賓答曰寡君願徼福于周公魯公以事君（周公魯公伯禽也言君以并蒙先君之福）不腆先君之敝器使下臣致諸執事以爲瑞節（節信也出聘必告廟故稱先君之器）要結好命所以藉寡君之命結二國

之好也是以敢致之襄仲曰不有君子其能國乎國無陋矣厚賄之

子家鄭大夫晉侯合諸侯于扈扈鄭地文公十七年晉侯不見鄭伯以爲貳於楚也鄭子家使執訊而與之書以告趙宣子執訊通訊問之官爲書與宣子曰寡君即位三年魯文二年召蔡侯而與之事君九月蔡侯入于敝邑以行行朝晉也敝邑以侯宣多之難寡君是以不得與蔡侯偕宣多既立穆公恃寵專權十一月克減侯宣多而隨蔡侯以朝于執事言汲汲于朝一日十二年六月歸生佐寡君之嫡夷歸生子家名夷太子以請陳侯于楚而朝諸君請陳侯俱朝于晉十四年七月寡君又朝以蕆陳事蕆敕也十五年五月陳侯自敝邑往朝于君往年正月燭之武往朝夷也燭之武鄭大夫往晉八月寡君又往朝以陳蔡之密邇於楚而不敢貳焉則敝邑之故也密邇近也雖敝邑之事君何以不免免罪也在位之中一朝于襄襄晉襄公而再見于君君晉靈公也夷與孤之二三臣相及於絳絳晉國都雖我小國則蔑以過之矣今大國曰爾未逞吾志敝邑有亡無以加焉古人有言曰畏首畏尾身其餘幾言首尾有畏則身中不畏者幾又曰鹿死不擇音音所休蔭之處古字聲同皆相假借小國之事大國也德則其人也以德加己則以人道相事不德則其鹿也鋌而走險急何能擇鋌疾走貌言急則欲蔭茠於楚如鹿赴險命之罔極亦知亡矣言晉命將悉敝賦以待於儵唯執事命之儵晉鄭之竟文公二年六月壬申朝于齊魯文公二年六月二十日四年二月壬戌爲齊侵蔡亦獲成於楚鄭居大國之間而從於強令豈其罪也大國若弗圖無所逃命晉鞏朔行成於鄭

里克魯太史莒僕弒紀公以其寶玉來奔魯文十八年納諸宣公公命與之邑曰今日必授季文子使司寇出諸竟曰今日必達公問其故季文子使太史克對曰先大夫臧文仲教行父行父季文子名事君之禮行父奉以周旋弗敢失隊曰見有禮於其君者事之如孝子之養父母也見無禮於其君者誅之如鷹鸇之逐鳥雀也先君周公制周禮曰則以觀德則法也合法則爲吉德德以處事處猶制也事以度功度量也功以食民食養也作誓命曰毀則爲賊誓要信也掩賊爲藏掩匿也竊賄爲盜賄財也盜器爲姦器國用也主藏之名以掩賊爲名賴姦之用用姦器也爲大凶德有常無赦刑有常在九刑不忘誓命以下皆九刑之書九刑之書今亡行父還觀莒僕莫可則也還猶周旋孝敬忠信爲吉德盜賊藏姦爲凶德夫莒僕則其孝敬則弒君父矣則其忠信則竊寶玉矣其人則盜賊也其器則姦兆也兆域也保而利之則主藏也以訓則昏民無則焉不度於善度居也而皆在於凶德是以去之昔高陽氏有才子八人高陽帝顓頊之號八人其苗裔蒼舒隤敳檮戭大臨尨降庭堅仲容叔達齊聖廣淵明允篤誠天下之民謂之八愷愷和也齊中也淵深也允信也篤厚也高辛氏有才子八人高辛帝嚳之號八人亦其苗裔伯奮仲堪叔獻季仲伯虎仲熊叔豹季貍此即稷契朱虎熊羆之倫忠肅共懿宣慈惠和天下之民謂之八元元善也此十六族也世濟其美不隕其名濟成也隕隊也以至于堯堯不能舉舜臣堯舉八愷使主后土后土地官禹作司空平水土即主地之官以揆百事莫不時序地平天成揆度也成亦平也舉八元使布五教于四方父義母慈兄友弟共子孝內平外成內諸夏外夷狄昔帝鴻氏有不才子帝鴻黃帝掩義隱賊好行凶德醜類惡物頑嚚不友是與比周醜亦惡也比近也周密也天下之民謂之渾敦渾敦不開通之貌少皞氏有不才子少皞金天氏毀信廢忠崇飾惡言靖譖庸回服讒蒐慝以誣盛德天下之民謂之窮奇謂共工其行窮其好奇顓頊氏有不才子不可教訓不知話言話善也告之則頑舍之則嚚傲很明德以亂天常天下之民謂之檮杌檮杌凶頑無疇匹之貌此三族也世濟其凶增其惡名以至于堯堯不能去縉雲氏有不才子縉雲黃帝時官名貪于飲食冒于貨賄侵欲崇侈不可盈厭聚斂積實不知紀極不分孤寡不恤窮匱天下之民以比三凶謂之饕餮貪財爲饕貪食爲餮舜臣堯賓于四門闢四門達四聰以賓禮衆賢流四凶族渾

敦窮奇檮杌饕餮投諸四裔以禦螭魅（投棄也裔遠也放之四遠使當螭魅之災螭魅山林異氣所生為人害者）是以堯終而天下如一同心戴舜以為天子以其舉十六相去四凶也故虞書數舜之功曰愼徽五典五典克從無違教也（徽美也典常也此八元之功）曰納于百揆百揆時序無廢事也（此八愷之功）曰賓于四門四門穆穆無凶人也（流四凶）舜有大功二十而為天子（舉十六相去四凶也）今行父雖未獲一吉人去一凶矣於舜之功二十之一也庶幾免於戾乎

知罃晉大夫邲之戰（魯宣公十二年）楚獲知罃晉人歸楚公子穀臣與連尹襄老之尸于楚以求知罃於是荀首佐中軍矣（荀首知罃父）故楚人許之王送知罃曰子其怨我乎對曰二國治戎臣不才不勝其任以為俘馘執事不以釁鼓使歸即戮君之惠也臣實不才又誰敢怨王曰然則德我乎對曰二國圖其社稷而求紓其民（紓緩也）各懲其忿以相宥也（宥赦也）兩釋纍囚以成其好（纍繫也）二國有好臣不與及其誰敢德（言二國本不為己）王曰子歸何以報我對

曰臣不任受怨君亦不任受德無怨無德不知所報王曰雖然必告不穀對曰以君之靈纍臣得歸骨於晉寡君之以為戮死且不朽（戮其不勝任）若從君之惠而免之以賜君之外臣首（稱於異國君曰外臣）首其請於寡君而以戮於宗亦死且不朽若不獲命（君不許戮）而使嗣宗職（嗣其祖宗之位職）次及於事而帥偏師以脩封疆雖遇執事（謂遇楚將帥）其弗敢違（違辟也）其竭力致死無有二心以盡臣禮所以報也王曰晉未可與爭重為之禮而歸之

國佐齊大夫晉師從齊師入自丘輿擊馬陘（魯成公二年丘輿馬陘皆齊邑）齊侯使賓媚人賂以紀甗玉磬與地（媚人國佐也甗玉磬皆滅紀所得）不可則聽客之所為賓媚人致賂晉人不可曰必以蕭同叔子為質（同叔蕭君之字齊侯外祖父子女也難斥言其母故遠言之）而使齊之封內盡東其畝（使壟畝東西行）對曰蕭同叔子非他寡君之母也若以匹敵則亦晉君之母也吾子布大命於諸侯而曰必質其母以為信其若王命何（言違王命）且是以不孝令也詩曰孝子不匱永錫爾類（詩大雅言孝心不乏者又能以孝道長賜其志類）若以不孝令於諸侯其無乃非德類也乎（不以孝德賜同類）先王疆理天下物土之宜而布其利（疆界也理正也物土之宜播殖之物各從土宜）故詩曰我疆我理南東其畝（詩小雅或南或東從其土宜）今吾子疆理諸侯而曰盡東其畝而已唯吾子戎車是利（晉之伐齊循壟東行易）無顧土宜其無乃非先王之命也乎反先王則不義何以為盟主其晉實有闕（闕失）四王之王也（禹湯文武）樹德而濟同欲焉（樹立也濟成也）五伯之霸也（夏伯昆吾商伯大彭豕韋周伯齊桓晉文）勤而撫之以役王命（役事也）今吾子求合諸侯以逞無疆之欲（疆竟也）詩曰布政優優百祿是遒（詩頌殷湯布政優和故百祿來聚遒聚也）子實不優而棄百祿諸侯何害焉（言不能為諸侯害）不然（不見許）寡君之命使臣則有辭矣曰子以君師辱於敝邑不腆敝賦以犒從者（戰而曰畏為孫辭）畏君之震師徒橈敗（震動橈曲也）吾子惠徼齊國之福不泯其社稷使繼舊好唯是先君之敝器土地不敢愛子又不許請收合餘燼（燼火餘木）背城借一（欲於城下復借一戰）敝邑之幸亦云從也況其不幸敢不唯命是聽（言完全之時尚不敢違晉令若不幸則從命）

郤至晉大夫如楚聘且涖盟（魯成公十二年）楚子享之子反相為地室而縣焉（縣鐘鼓也）郤至將登金奏作於下（擊鐘而奏樂）驚而走出子反曰日云莫矣寡君須矣吾子其入也賓曰君不忘先君之好施及下臣貺之以大禮重之以備樂（貺賜也）如天之福兩君相見何以代此下臣不敢（言此兩君相見之禮）子反曰如天之福兩君相見無亦唯是一矢以相加遺焉用樂（言兩君戰乃相見無用此樂）寡君須矣吾子其入也賓曰（傳諸文兼稱賓主辭者多曰賓主以明之）若讓之以一矢禍之大者其何福之為世之治也諸侯間於天子之事則相朝也（王事間缺則修私好）於是乎有享宴之禮享以訓共儉（享有體薦設几而不倚爵盈而不飲肴乾而不食所以訓共儉）宴以示慈惠（宴則折俎相與共食）共儉以行禮而慈惠以布政政以禮成民是以息百官承事朝而不夕（不夕言無事）此公侯之所以扞城其民也（扞蔽也言享宴結好鄰國所以蔽扞其民）故詩曰赳赳武夫公侯干城（赳赳武貌干扞也）（此言公侯之與武夫止于扞難而已）及其亂也諸侯貪冒侵欲不忌爭尋常以盡其民（八尺曰尋倍尋曰常言爭尺丈之地以相攻伐）略其武夫以為己腹心股肱爪牙

（暱取也言世亂則公侯制其武夫以從己志使侵害鄰國爲搏噬之用死已）故詩曰赳赳武夫公侯腹心（能奉詩之言以義詞言治世則武夫合意公侯扞城制其腹心）天下有道則公侯能爲民干城而制其腹心亂則反之（略其武夫以爲己腹心）今吾子之言亂之道也不可以爲法然吾子主也至敢不從遂入卒事

呂相晉大夫魏錡之子晉侯伐秦（晉成公十三年）使呂相絕秦（[illegible]）曰昔逮我獻公及穆公（晉獻公秦穆公）相好戮力同心申之以盟誓重之以昏姻（穆姬獻公之女穆公夫人）天禍晉國文公如齊惠公如秦（辟驪姬之難也言狄梁奉所侍大國）無祿獻公即世穆公不忘舊德俾我惠公用能奉祀于晉（僖十年秦納惠公）又不能成大勳而爲韓之師（僖十五年秦伐晉獲惠公）亦悔于厥心用集我文公（集成也）是穆之成也（成文公於晉）文公躬擐甲冑跋履山川（草行爲跋）踰越險阻征東之諸侯虞夏商周之胤而朝諸秦則亦既報舊德矣鄭人怒君之疆埸我文公帥諸侯及秦圍鄭（晉白以鄭貳於楚故圍之非秦事也晉以此惡秦事在僖三十年）秦大夫不詢于我寡君擅及鄭盟（詢謀也盟者秦大夫）諸侯疾之將致命于秦（致死命而討秦[illegible]）憲文公恐懼綏靜諸侯秦師克還無害則是我有大造于西也（造成也言有成功於晉）無祿文公即世穆爲不弔（不相愍弔）蔑死我君寡我襄公（襄公也）迭我殽地奸絕我好伐我保城殄滅我費滑（費滑滑國都於費今緱氏縣）散離我兄弟撓亂我同盟（滑與晉同姓）傾覆我國家我襄公未忘君之舊勳（文公之勳）而懼社稷之隕是以有殽之師（在僖三十三年）猶願赦罪于穆公（晉欲求解於秦）穆公弗聽而即楚謀我天誘其衷成王隕命（[illegible]文元年[illegible]）穆公是以不克逞志于我（是使也）穆襄即世康靈即位（文六年晉襄公秦穆公皆卒）康公我之自出（晉外甥）又欲闕翦我公室傾覆我社稷帥我蝥賊以來蕩搖我邊疆（蝥賊謂秦公子雍）我是以有令狐之役（在文七年）康猶不悛入我河曲（在文十二年）伐我涑川俘我王官（涑水出河東聞喜縣西南至蒲坂縣入河）翦我羈馬我是以有河曲之戰（在文十二年）東道之不通則是康公絕我好也（言東道不通自康公絕好不復通晉）及君之嗣也（君謂秦桓公嗣位）我君景公引領西望曰庶撫我乎（望秦撫愛）君亦不惠稱盟（不肯與晉共盟）利吾有狄難（晉伐潞氏赤狄）入我河縣

焚我箕郜芟夷我農功（芟夷傷也）虔劉我邊垂（虔劉皆殺也）我是以有輔氏之聚（聚衆也在宣十五年）君亦悔禍之延（延長也）而欲徼福于先君獻穆（晉獻公秦穆公）使伯車來命我景公（伯車秦桓公子）曰吾與女同好棄惡復修舊德以追念前勳言誓未就景公即世我寡君是以有令狐之會（令狐會在十一年晉厲公之命互言秦人爾詐誘也）君又不祥（祥善也）背棄盟誓白狄及君同州（及與也）君之仇讎而我昏姻也（季隗廧咎如赤狄之女也白狄伐而獲之納諸文公）君來賜命曰吾與女伐狄寡君不敢顧昏姻畏君之威而受命于吏君有二心於狄曰晉將伐女狄應且憎是用告我（言狄雖應答秦而心實憎秦也）楚人惡君之二三其德也亦來告我曰秦背令狐之盟而來求盟于我昭告昊天上帝秦三公楚三王（秦三公穆康共楚三王成穆莊）曰余雖與晉出入（出入猶往來）余唯利是視不穀惡其無成德是用宣之以懲不壹諸侯備聞此言斯是用痛心疾首暱就寡人（疾亦痛也暱親也）寡人帥以聽命唯好是求君若惠顧諸侯矜哀寡人而賜之盟則寡人之願也其承寧諸侯以退（承君之意以寧靜諸侯）豈敢徼亂（徼要也）君若不施大惠寡人不佞其不能以諸侯退矣敢盡布之執事俾執事實圖利之（俾使也）秦桓公既與晉厲公爲令狐之盟而又召狄與楚欲道以伐晉諸侯是以睦於晉（晉辭多誣秦故傳舉此三事以正秦罪）

子叔聲伯魯大夫季文子會諸侯伐鄭（魯成公十六年）宣伯使告郤犨曰魯之有季孟猶晉之有欒范也政令於是乎成今其謀曰晉政多門不可從也（政不由君）寧事齊楚有亡而已蔑從晉矣（蔑無也）若欲得志於魯請止行父而殺之（行父季文子也）我斃蔑也（蔑孟獻子時留守公宮）而事晉蔑有貳矣魯不貳小國必睦不然歸必叛矣九月晉人執季文子于苕丘公還待于鄆（鄆魯西邑東郡廩丘縣東有鄆城）使子叔聲伯請季孫于晉郤犨曰苟去仲孫蔑而止季孫行父吾與子國親於公室（親魯甚於晉公室）對曰僑如之情子必聞之矣（聞其淫於穆姜）若去蔑與行父是大棄魯國而罪寡君也若猶不棄而惠徼周公之福使寡君得事晉君則夫二人者魯國社稷之臣也若朝亡之魯

必多士以魯之密邇仇讎（仇讎齊楚）謂士而爲讎治之何及（言齊楚則[illegible]）[illegible]欲鞭曰吾爲子請邑對曰嬰齊魯之常隸也（隸賤官）敢介大國以求厚焉（斷介因）承寡君之命以請（請季孫）若得所請吾子之賜多矣又何求范文子謂欒武子曰季孫於魯相二君矣（宣公成公）妾不衣帛馬不食粟可不謂忠乎信讒慝而棄忠良若諸侯何子叔嬰齊奉君命無私（不受郤邑）謀國家不貳（謂以堅事晉）圖其身不忘其君（謂先君而後身）若虛其請是棄善人也子其圖之乃許魯平赦季孫

孟獻子魯大夫魯襄公如晉（四年）聽政（受貢賦多少之政）晉侯享公公請屬鄫（鄫小國也欲得使屬魯如須句顓臾之比使助魯出貢賦）晉侯不許孟獻子曰以寡君之密邇於仇讎而願固事君無失官命（晉責於鄫之賦）鄫無賦於司馬（晉司馬又掌諸侯之賦）爲執事朝夕之命敝邑敝邑褊小闕而爲罪（闕不共也）寡君是以願借助焉（借鄫以自助）晉侯許之

季武子魯大夫魯襄公會晉人伐鄭（九年）次于陰口而還公送晉

侯晉侯以公享于河上問公年季武子對曰會于沙隨之歲寡君以生（沙隨在成十六年）晉侯曰十二年矣是謂一終一星終也（歲星十二歲而一周天）一國君十五年而生子冠而生子禮也（冠成人之服故冠而生子）君可以冠矣大夫盍爲冠具武子對曰君冠必以祼享之禮行之（祼謂灌鬯酒也享祭先君也）以金石之樂節之（以鐘磬爲舉動之節）以先君之祧處之（諸侯以始祖之廟爲祧）今寡君在行未可具也請及兄弟之國而假備焉晉侯曰諾公還及衛冠于成公之廟（成公今衛侯之曾祖）假鐘磬焉禮也

臧孫紇魯大夫晉伐鄭鄭人聽命晉與鄭盟（魯襄公十一年）晉侯使叔肸告于諸侯（叔肸晉大夫叔向告諸侯以鄭服）公使臧孫紇對曰凡我同盟小國有罪大國致討苟有以藉手鮮不赦宥寡君聞命矣（言晉有以藉手之功則赦其罪人謂義如是不敢不承命）

晏桓子齊大夫周靈王求后于齊（魯襄公十二年）齊侯問對於晏桓子桓子對曰先王之禮辭有之天子求后於諸侯諸侯對曰夫婦所生若而人（不敢譽亦不敢毀故曰若而人）妾婦之子若而人（言非適也）無女而有姊妹及姑姊妹則曰先守某公之遺女若而人齊侯許婚王使陰里結之（陰里周大夫結成也）

石㚟爲鄭太宰與大夫良霄爲楚所執言於子囊（魯襄公十三年）曰先王卜征五年（先王征伐必先卜五年）而歲習其祥祥習則行（五年卜皆同吉乃行）不習則增修德而改卜（不習謂卜不吉）今楚實不競行人何罪（不競諸侯）鄭一卿以除其偪（良霄）使睦而疾楚以固於晉焉用之（除一卿則大臣不偪使睦）使歸而廢其使（使行而見執於楚是廢其本事）怨其君以疾其大夫而相牽引也不猶愈乎楚人歸之

大叔儀衛大夫衛侯出奔齊（魯襄公十四年）公使厚成叔弔于衛曰寡君使瘠（瘠厚成叔名）聞君不撫社稷而越在他竟（越遠也）若之何不弔以同盟之故使瘠敢私於執事（執事衛大夫）曰有君不弔（弔恤也）有臣不敏（敏達也）君不赦宥臣亦不帥職增淫發洩其若之何衛人使太叔儀對曰群臣不佞得罪於寡君寡君不以即刑而悼棄之以

爲君憂君不忘先君之好辱弔群臣又重恤之（重恤謂恤其不帥也）敢拜君命之辱重拜大貺（謂重恤之賜）厚孫歸復命語臧武仲曰衛君其必歸乎有大叔儀以守（守國）有母弟鱄以出或撫其內或營其外能無歸乎

穆叔魯大夫如晉聘（魯襄公十六年）且言齊故（言齊再伐魯）晉人曰以寡君之未禘祀（禘祀三年喪畢之吉祭）與民之未息（未息新從伐許）不然不敢忘穆叔曰以齊人之朝夕釋憾於敝邑之地是以大請敝邑之急朝不及夕引領西望曰庶幾乎（庶幾晉救）比執事之閒恐無及也見中行獻子賦圻父（圻父詩小雅周司馬掌封圻之兵甲故以刺其不恤其職使百姓受困苦之憂）獻子曰偃知罪矣敢不從執事以同恤社稷而使魯及此（此憂）見范宣子賦鴻鴈之卒章（鴻鴈詩小雅卒章曰鴻鴈于飛哀鳴嗷嗷唯此哲人謂我劬勞）（言魯憂困嗷嗷然若鴻鴈之失所大曰鴻小曰鴈）宣子曰匄在此敢使魯無鳩乎（鳩集也）

欒盈晉大夫出奔楚（魯襄公二十一年）過於周周西鄙掠之（掠奪其財）辭於行人（行人周官名）曰天子陪臣盈（諸侯之臣曰陪臣）得罪於王之守臣（守臣范宣子）

（子為王所命故曰守臣）將逃罪罪重於郊甸（重得罪於郊甸謂為郊甸所侵掠也郭外曰郊郊外曰甸）無所伏竄敢布其死（布陳也）昔陪臣書能輸力於王室王施惠焉（輸力謂輔相晉國以翼戴天子）其子黶不能保任其父之勞大君若不棄書之力亡臣猶有所逃（大君謂天王）若棄書之力而思黶之罪臣戮餘也（罪人戮之餘）將歸死於尉氏（尉氏討姦之官）不敢還矣敢布四體唯大君命焉（布四體言無所隱）王曰尤而效之其又甚焉（尤晉逐盈而自效尤）使司徒禁掠欒氏者歸所取焉使候出諸轘轅（候送迎賓客之官也轘轅關在緱氏縣東南）

鄭子產為鄭少正（少正鄭卿官也）晉人徵朝于鄭（召鄭使朝魯襄公二十二年）鄭人使子產對曰在晉先君悼公九年我寡君於是即位（魯襄八年）即位八月（即位之年八月）而我先大夫駟從寡君以朝于執事執事不禮於寡君（言朝執事謙不敢斥晉侯）寡君懼因是行也我二年六月朝于楚（因朝晉不見禮生朝楚心）晉是以有戲之役（在九年）楚人猶競而申禮於敝邑敝邑欲從執事而懼為大尤曰晉其謂我不共有禮是以不敢攜貳於楚我四年三月先大夫子蟜又從寡君以觀釁於楚（實朝言觀釁猶隙也欲往觀楚知可去否）晉於是乎有蕭魚之役（在十一年）謂我敝邑邇在晉國譬諸草木吾臭味也（晉鄭同姓故）而何敢差池（差池不齊一）楚亦不競寡君盡其土實（土物所有）重之以宗器（宗器宗廟禮樂之器鍾磬之屬）以受齊盟（齊同也）遂帥群臣隨于執事以會歲終（朝正）貳於楚者子侯石盂歸而討之（子侯石盂）溴梁之明年（溴梁在十六年）子蟜老矣公孫夏從寡君以朝于君見於嘗酎（酒之新熟重者為酎嘗新飲酒為嘗酎）與執燔焉（燔祭肉）間二年聞君將靖東夏（二十年澶淵會）四月又朝以聽事期（先澶淵會二月往朝以聽會期）不朝之間無歲不聘無役不從以大國政令之無常國家罷病不虞荐至（荐仍也）無日不惕豈敢忘職大國若安定之其朝夕在庭何辱命焉（言自將往不須召）若不恤其患而以為口實（口實但有其言而已）其無乃不堪任命而翦為仇讎（不堪命則見翦削為仇讎）敝邑是懼其敢忘君命委諸執事執事實重圖之（子產有辭所以免大國之討）是時晉范宣子為政諸侯之幣重鄭人病之鄭伯如晉（魯襄公二十四年）子產寓書於子西以告宣子（寓寄也）曰子為晉國四鄰諸侯不聞令德而聞重幣僑也惑之僑聞君子長國家者非無賄之患而無令名之難夫諸侯之賄聚於公室則諸侯貳（貳離也）若吾子賴之則晉國貳（賴恃用之）諸侯貳則晉國壞晉國貳則子之家壞何沒沒也（沒沒沈溺之言）將焉用賄夫令名德之輿也（德須令名以遠聞）德國家之基也有基無壞無亦是務乎有德則樂樂則能久詩云樂只君子邦家之基有令德也夫（言君子樂美其道為邦家之基所以濟令德）上帝臨女無貳爾心有令名也夫（言武王為天所臨不敢懷二心所以濟令名）恕思以明德則令名載而行之是以遠至邇安毋寧使人謂子子實生我（毋寧寧也）而謂子浚我以生乎（浚取也言取我財以自生）象有齒以焚其身賄也（焚斃也）宣子說乃輕幣明年子產伐陳遂入之獻捷于晉（獻入陳之功而不獻其俘）戎服將事（戎服軍旅之衣異於朝服）晉人問陳之罪對曰昔虞閼父為周陶正以服事我先王（閼父舜之後當周之興閼父為武王陶正）我先王賴其利器用也與其神明之後也（舜聖故謂之神明）庸以元女大姬配胡公（庸用也元女武王之長女胡公閼父之子滿也）而封諸陳以備三恪（周得天下封夏殷二王後又封舜後謂之恪并二王後為三國其禮轉降示敬而已故曰三恪）則我周之自出至于今是賴（言陳周之甥至今賴周德）桓公之亂蔡人欲立其出（陳桓公鮑卒於是陳亂事在魯桓五年蔡出桓公之子厲公也）我先君莊公奉五父而立之（五父陳佗也桓公弟殺大子免而代之鄭莊公因而定其位）蔡人殺之（欲立其出故）我又與蔡人奉戴厲公（奉戴厲公事）至於莊宣皆我之自立（陳莊公宣公皆厲公子）夏氏之亂成公播蕩（播蕩流移失所宣十一年陳夏徵舒弒靈公靈公之子成公奔晉自晉因鄭而入也）又我之自入君所知也今陳忘周之大德蔑我大惠棄我姻親介恃楚衆以馮陵我敝邑不可億逞（億度也逞盡也）我是以有往年之告（謂鄭伯稽首告晉請伐陳）未獲成命（未得伐陳命）則有我東門之役（前年陳從楚伐鄭東門）當陳隧者井堙木刊敝邑大懼不競而恥大姬（上辱大姬之靈）天誘其衷啓敝邑（衷中也啓敝邑之心）陳知其罪授手于我用敢獻功晉人曰何故侵小對曰先王之命唯罪所在各致其辟（辟誅也）且昔天子之地一圻（方千里）列國一同（方百里）自是以衰（衰降也）今大國多數圻矣若無侵小何以至焉晉人曰何故戎服對曰我先君武莊為平桓卿士（鄭武公莊公為周平王桓王卿士）城濮之役文公布命曰各復舊職（晉文公命我）

文公戎服輔王以授楚捷不敢廢王命故也（城濮在僖二十八年）士莊伯不能詰（士莊伯士弱也）復於趙文子文子曰其辭順犯順不祥乃受之其後子產相鄭伯以如晉（魯襄公三十一年）晉侯以魯喪故未之見也子產使盡壞其館之垣而納車馬焉士文伯讓之曰敝邑以政刑之不脩寇盜充斥（充滿斥見言其多）無若諸侯之屬辱在寡君者何是以令吏人完客所館（館舍也）高其閈閎（閈閎門）厚其牆垣以無憂客使（無令客使憂寇盜）今吾子壞之雖從者能戒其若異客何以敝邑之爲盟主繕完葺牆（葺覆也）以待賓客若皆毀之其何以共命寡君使匄請命（匄文伯名請問毀垣之命）對曰以敝邑褊小介於大國（介間）誅求無時（誅責）也是以不敢寧居悉索敝賦以來會時事（隨時來朝會）逢執事之不閒而未得見又不獲聞命未知見時不敢輸幣亦不敢暴露其輸之則君之府實也非薦陳之不敢輸也（薦陳於庭見也）其暴露之則恐燥濕之不時而朽蠹以重敝邑之罪僑聞文公爲盟主也（僑子產名文公晉文公）宮室卑庳無觀臺榭以崇大諸侯之館館如公寢庫廐繕脩司空以時平易道路（易治）圬人以時塓館宮室（圬人塗者塓塗也）諸侯賓至甸設庭燎（庭燎設大燭於庭）僕人巡宮（巡宮行夜）車馬有所（有所處）賓從有代（代客役）巾車脂轄（巾車主車之官）隸人牧圉各瞻其事（瞻視客所當得）百官之屬各展其物（展陳也羣官各陳其物以待賓）公不留賓而亦無廢事（賓不留滯事不廢）憂樂同之事則巡之（巡行）教其不知而恤其不足賓至如歸無寧菑患（言賓至如歸寧有菑患也）不畏寇盜而亦不患燥濕今銅鞮之宮數里（銅鞮晉離宮）而諸侯舍於隸人（舍如隸人舍）門不容車而不可踰越（門庭之內迫近垣之限）盜賊公行而天癘不戒（癘猶災）賓見無時命不可知若又勿壞是無所藏幣以重罪也敢請執事將何所命之（問所命止之宜）雖君之有魯喪亦敝邑之憂也（言鄭與魯亦有同姓之憂）若獲薦幣（薦進也）脩垣而行（行去）君之惠也敢憚勤勞文伯復命（反命於晉君）趙文子曰信（信子產之言）我實不德而以隸人之垣以嬴諸侯（嬴受也）是吾罪也使士文伯謝不敏焉晉侯見鄭伯有加禮（加禮厚也）厚其宴好而歸之乃築諸侯之館叔向曰辭之

不可以已也如是夫子產有辭諸侯賴之若之何其釋辭也詩曰辭之輯矣民之協矣辭之繹矣民之莫矣（言辭輯睦則民協同辭說繹則民安定莫定也）其知之矣晉會諸侯于平丘（魯昭公十三年）及盟子產爭承（承貢賦之次）曰昔天子班貢輕重以列（列尊卑也）列尊貢重周之制也（公侯地廣故所貢者多）卑而貢重者甸服也（甸服謂天子畿內共職貢者）鄭伯男也而使從公侯之貢（言鄭國在甸服外爵列伯子男不應出公侯之貢）懼弗給也敢以爲請諸侯靖兵好以爲事（靖息也）行理之命（行理使人通聘問者）無月不至貢之無藝（藝法制）小國有闕所以得罪也諸侯脩盟存小國也貢獻無極亡可待也存亡之制將在今矣自日中以爭至于昏晉人許之其後鄭災（魯昭公十八年）子產授兵登陴晉之邊吏讓鄭曰鄭國有災晉君大夫不敢寧居卜筮走望不愛牲玉鄭之有災寡君之憂也今執事撊然授兵登陴（撊然猛貌）將以誰罪邊人恐懼不敢不告子產對曰若吾子之言敝邑之災君之憂也敝邑失政天降之災又懼讒慝之間謀之以啓貪人薦爲敝邑不利（薦重也）以重君之憂幸而不亡猶可說也（說解也）不幸而亡君雖憂之亦無及也鄭有他竟望走在晉（言鄭雖有他國之竟亦望走晉歸之）既事晉矣其敢有二心明年駟偃卒（駟偃鄭大夫）子游娶於晉大夫生絲弱（絲子游子也弱幼）其父兄立子瑕（子瑕子游叔父駟乞）子產憎其爲人也（憎子瑕）且以爲不順（舍子立叔不順禮也）弗許亦弗止（不許之爲立亦不止之）駟氏聳（聳懼也）他日絲以告其舅晉人使以幣如鄭問駟乞之立故駟氏懼駟乞欲逃子產弗遣請龜以卜亦弗予大夫謀對子產不待而對客曰鄭國不天（不獲天福）寡君之二三臣札瘥夭昏（大死曰札小疫曰瘥短折曰夭未名曰昏）今又喪我先大夫偃其子幼弱其一二父兄懼隊宗主私族於謀而立長親（私族於謀立長者）寡君與其二三老曰抑天實剝亂是吾何知焉（言天自欲亂駟氏非國所知）諺曰無過亂門民有兵亂猶憚過之而況敢知天之所亂今大夫將問其故抑寡君實不敢知其誰實知之平丘之會（在十三年）君尋舊盟曰無或失職若寡君之二三臣其即世者晉大夫而專制其位是晉之縣鄙也何國之爲辭客

辭而報其使晉人舍之晉人報晉使

冊府元龜卷第七百四十四

冊府元龜卷第七百四十五

陪臣部二十五

有詞第二

聲子宋大夫通使於晉還如楚令尹子木與之語問晉故焉且曰晉大夫與楚孰賢對曰晉卿不如楚其大夫則賢皆卿材也如杞梓皮革自楚往也雖楚有材晉實用之子木曰夫獨無族姻乎對曰雖有而用楚材實多歸生聞之（歸生聲子名）善為國者賞不僭而刑不濫賞僭則懼及淫人刑濫則懼及善人若不幸而過寧僭無濫與其失善寧其利淫無善人則國從之詩曰人之云亡邦國殄瘁無善人之謂也（殄盡也瘁病也）故夏書曰與其殺不辜寧失不經懼失善也商頌有之曰不僭不濫不敢怠皇命于下國封建厥福此湯所以獲天福也古之治民者勸賞而畏刑恤民不倦賞以春夏刑以

秋冬是以將賞為之加膳加膳則飫賜此以知其勸賞也將刑為之不舉不舉則徹樂此以知其畏刑也夙興夜寐朝夕臨政此以知其恤民也三者禮之大節也有禮無敗今楚多淫刑其大夫逃死於四方而為之謀主以害楚國不可救療所謂不能也子儀之亂析公奔晉（在文十四年）晉人寘諸戎車之殿以為謀主繞角之役晉將遁矣析公曰楚師輕窕易震蕩也若多鼓鈞聲以夜軍之楚師必遁晉人從之楚師宵潰晉遂侵蔡襲沈獲其君敗申息之師於桑隧獲申麗而還鄭於是不敢南面楚失華夏則析公之為也雍子之父兄譖雍子君與大夫不善是也雍子奔晉晉人與之鄐以為謀主彭城之役晉楚遇於靡角之谷（在成十八年）晉將遁矣雍子發命於軍曰歸老幼反孤疾二人役歸一人簡兵蒐乘秣馬蓐食師陳焚次明日將戰行歸者而逸楚囚楚師宵潰晉降彭城而歸諸宋以魚石歸楚失東夷子辛死之則雍子之為也子反與子靈爭夏姬而雍害其事子靈奔晉晉人與之邢以為謀主扞禦北狄通吳於晉教吳叛楚教之乘車射御驅侵使其子狐庸為吳行人焉吳於是伐巢取駕克棘入州來楚罷於奔命至今為患則子靈之為也若敖之亂伯賁之子賁皇奔晉晉人與之苗以為謀主鄢陵之役（在成十六年）楚晨壓晉軍而陳晉將遁矣苗賁皇曰楚師之良在其中軍王族而已若塞井夷竈成陳以當之欒范易行以誘之中行二郤必克二穆吾乃四萃於其王族必大敗之晉人從之楚師大敗王夷師熸子反死之鄭叛吳興楚失諸侯則苗

賁皇之為也子木曰是皆然矣聲子曰今又有甚於此椒舉娶於申公子牟子牟得戾而亡君大夫謂椒舉女實遣之懼而奔鄭引領南望曰庶幾赦余亦弗圖也今在晉矣晉人將與之縣以比叔向彼若謀害楚國豈不為患子木懼言諸王益其祿爵而復之聲子使椒鳴逆之

向戌宋大夫如晉請弭諸侯之兵（襄公二十七年）子木請向戌請晉楚之從交相見也向戌復於趙孟趙孟曰晉楚齊秦匹也晉之不能於齊猶楚之不能於秦也楚君若能使秦君辱於敝邑寡君敢不固請於齊

游吉鄭大夫鄭伯使游吉如楚（襄公二十八年）及漢楚人還之曰宋之盟君實親辱今吾子來寡君謂吾子姑還吾將使馹奔問諸晉而以告子大叔曰宋之盟君命將利小國而亦使安定其社稷鎮撫其民人以禮承天之休（休福祿也）此君

之令而小國之望也(令法也)寡君是故使吉奉其皮幣(聘用乘皮束帛)以歲之不易聘於下執事(諱言鄭[illegible]自議之難朝楚故)今執事有命曰女何與政令之有必使而君棄而封守跋涉山川蒙犯霜露以逞君心小國將君是望敢不唯命是聽無乃非盟載之言以闕君德而執事有不利焉小國是懼不然其何勞之敢憚其後鄭伯如晉(魯昭公二十四年)子大叔相(相其禮相讀[illegible])見范獻子獻子曰若王室何對曰老夫其國家不能恤敬及王室抑人亦有言曰嫠不恤其緯(嫠寡婦也織者常苦緯少寡婦所宜憂[illegible])而憂宗周之隕為將及焉(恐禍及己)今王室實蠢蠢焉(蠢蠢動擾貌)吾小國懼矣然大國之憂也吾儕何知焉吾子其早圖之詩曰缾之罄矣惟罍之恥(缾小罍大缾罄則罍恥[illegible])王室之不寧晉之恥也獻子懼而與宣子圖之(宣子韓起)乃徵會於諸侯期以明年其後葬晉頃公(魯昭公三十年)游吉弔且送葬魏獻子使士景伯詰之曰悼公之喪子西弔子蟜送葬(在襄十五年)今吾子無貳何故(共使)對曰諸侯所以歸晉君禮也禮也者

府七百四十五　三

小事大大字小之謂事大在共其時命(隨時共命)字小在恤其所無以敝邑居大國之間共其職貢與其備御不虞之患豈忘共命(言不敢忘共命以所備御者多不及之)先王之制諸侯之喪士弔大夫送葬唯嘉好聘享三軍之事於是乎使卿晉之喪事敝邑之間先君有所助執紼矣(謂[illegible])若其不閒雖士大夫有所不獲數矣(不得如先王禮數)大國之惠亦慶其加(慶善也[illegible])而不討其乏明底其情(底致也)取備而已以為禮也靈王之喪(在襄二十九年)我先君簡公在楚我先大夫印段實往敝邑之少卿也(少卿印段)王吏不討恤所無也今大夫曰女盍從舊(舊何禮也)舊有豐有省不知所從從其豐則寡君幼弱是以不共從其省則吉在此矣唯大夫圖之晉人不能詰

蹶由吳子弟也楚子以諸侯及東夷伐吳(魯昭公五年)薳射以繁揚之師會於夏汭(夏汭漢)越大夫常壽過帥師會楚子于瑣(瑣楚地)聞吳師出薳啟彊帥師從之(從吳師也)遽不設備吳人敗諸鵲岸(鵲岸[illegible])楚子以馹至於羅汭(馹傳也羅水名)吳子使蹶由犒師(犒勞)楚人執之將以釁鼓王使問焉曰女卜來吉乎對曰吉寡君聞君將治兵於敝邑卜之以守龜曰余亟使人犒師請行以觀王怒之疾徐而為之備尚克知之(言吳卜此)龜兆告吉曰克可知也君若驩焉好逆使臣滋敝邑休怠(休解也)而忘其死亡無日矣今君奮焉震電馮怒(馮盛也)虐執使臣將以釁鼓則吳知所備矣敝邑雖羸若早脩完(完[illegible])其可以息師(息楚之師)難易有備可謂吉矣且吳社稷是卜豈為一人使臣獲釁軍鼓而敝邑知備以禦不虞其為吉孰大焉國之守龜其何事不卜(言常卜)一臧一否其誰能常之城濮之兆其報在邲(城濮戰楚[illegible]乃在邲)今此行也其庸有報志(言吳[illegible])乃弗殺

府七百四十五　四

薳啟彊楚大宰楚子成章華之臺(魯昭公七年)願與諸侯落之(宮室始成祭之為落章華臺在華容城內)薳啟彊曰臣能得魯侯薳啟彊來召公辭曰昔先君成公命我先大夫嬰齊曰吾不忘先君之好將使衡父照臨楚國鎮撫其社稷以輯寧爾民嬰齊受命于蜀(蜀盟在成二年嬰齊公孫嬰齊)奉承以來弗敢失隕而致諸宗祧(言以告宗祧)曰我先君共王引領北望日月以冀(冀望也)傳序相授於今四王矣(康王郟敖及靈王)嘉惠未至唯襄公之辱臨我喪(襄公二十八年[illegible]臨楚喪)孤與其二三臣悼心失圖(喪亡[illegible])社稷之不皇況能懷思君德(大喪[illegible])今君若步玉趾(趾足也)辱見寡君寵靈楚國以信蜀之役致君之嘉惠是寡君既受貺矣何蜀之敢望(言[illegible])其先君鬼神實嘉賴之豈唯寡君君若不來使臣請問行期(問魯[illegible]之期)寡君將承質幣而見于蜀以請先君之貺(請問公如楚)子服惠伯魯大夫季孫在晉(意如[illegible])子服惠伯私於中行穆子(荀吳)(魯昭公十三年)曰魯事晉何以不如夷之小國魯兄弟也土地猶大所命能具若為夷棄之使事齊楚其何瘳於晉(瘳差也)親親與大賞共罰否所以為盟主也子其圖之諺曰臣一主二(言一臣必有二主[illegible])(不合[illegible]去事他國)吾豈無大國(言[illegible])穆子告韓宣子且曰楚滅陳蔡

不能救而爲夷執親將焉用之乃歸季孫惠伯曰寡君未知其罪合諸侯而執其老（老謂季孫）若猶有罪死命可也（死晉命也）若曰無罪而惠免之諸侯不聞是逃命也何免之爲請從君惠於會（欲得盟會見遣不私去）宣子患之謂叔向曰子能歸季孫乎對曰不能鮒也能（鮒叔魚）乃使叔魚叔魚見季孫曰昔鮒也得罪於晉君自歸於魯君（襄二十一年叔魚坐欒氏黨得罪）微武子之賜不至於今（武子季孫宿平子祖父）雖獲歸骨於晉猶子則肉之敢不盡情歸子而不歸鮒也聞諸吏將爲子除館於西河（西河晉西河）其若之何且泣（泣以信其言）平子懼先歸惠伯待禮（待晉禮）

晏嬰齊大夫聘吳吳王問曰君子之行何如對曰君順懷之政治歸之不懷暴君之祿不居亂國之位君子見兆則退不與亂國俱滅不與暴君偕亡及使楚楚王聞之謂左右曰齊遣晏子使寡人之國幾至矣左右曰晏子天下之辯士也與之議國家之務則不如也與之論往古之術則不如也王獨可以與晏子坐使有司束人過王王問之使言齊人善盜故束之是宜可以困之王曰善晏子至即與之坐圖國之急務變當世之得失再舉再窮王默然無以續語居有間束徒以過之王曰何爲者也有司對曰是齊人善盜束而詣吏王欣然大笑曰齊乃冠帶之國辯士之化固善盜乎晏子曰然物固有之王不見夫江南之樹乎名橘樹之江北則化爲枳何則地土使然乎夫人處齊之時冠帶而立儼有伯夷之廉今居楚而善盜意土地之化俗然乎王又何怪乎

祝佗衛大夫劉文公會諸侯伐楚（魯定公四年）將會衛子行敬子言於靈公（衛大夫子行敬子）曰會同難（難）嘖有煩言莫之治也（嘖至也煩言忿語）其使祝佗從公曰善乃使子魚（子魚祝佗）子魚辭曰臣展四體以率舊職猶懼不給而煩刑書若又共二（共二職）徼大罪也且夫祝社稷之常隸也（隸賤臣也）社稷不動祝不出竟官之制也（社稷動謂國遷）君以軍行祓社釁鼓（師出先有事祓禱於社謂之宜社於是殺牲以血塗鼓鼙爲釁鼓）祝奉以從（奉社主也）於是乎出竟若嘉好之事（謂朝會）君行師從（二千五百人）卿行旅從（五百人）臣無事焉公曰行也及皐鼬（皐鼬鄭地）將長蔡於衛（欲令蔡先衛歃）衛侯使祝佗私於萇弘曰聞諸道路不知信否若聞蔡將先衛信乎萇弘曰信蔡叔康叔之兄也（蔡叔周公兄康叔周公弟）先衛不亦可乎子魚曰以先王觀之則尚德也昔武王克商成王定之選建明德以蕃屏周故周公相王室以尹天下（尹正也）於周爲睦（睦親厚也以德見親厚）分魯公以大路大旂（魯公伯禽也大路金路錫同姓以封交龍爲旂）夏后氏之璜（璜美玉名）封父之繁弱（繁弱大弓名封父古諸侯也）殷民六族條氏徐氏蕭氏索氏長勺氏尾勺氏使帥其宗氏輯其分族將其類醜（類醜衆也）以法則周公用即命于周（使其職事於周受周公之法）是使之職事于魯（共魯公之職事）以昭周公之明德（昭明也）分之土田陪敦（陪增也敦厚也）祝宗卜史（大祝宗人大卜大史凡四官）備物典策（典策春秋之制）官司彝器（官司百官也彝器常用器）因商奄之民（商奄國名也）命以伯禽（伯禽周公世子）而封於少皞之虛（少皞虛曲阜也在魯城內）分康叔以大路少帛綪茷旃旌（少帛雜帛也綪茷大赤取染草名也通帛爲旃析羽爲旌）大呂（鍾名）殷民七族陶氏施氏繁氏錡氏樊氏饑氏終葵氏封畛土略（封疆畛界也）自武父以南及圃田之北竟（武父衛北界圃田鄭藪名）取於有閻之土以共王職（有閻衛所受朝宿邑蓋近京畿）取於相土之東都以會王之東蒐（相土湯沐邑王東巡守以助祭泰山）聃季授土（聃季周公弟司空）陶叔授民（陶叔司徒）命以康誥（康誥周書）而封於殷虛（殷虛朝歌也）皆啓以商政疆以周索（皆叔魯）分唐叔以大路密須之鼓（密須國名）闕鞏（甲名）沽洗（鍾名）懷姓九宗職官五正（懷姓唐之餘民九宗一姓爲九族職官五正五官之長）命以唐誥而封於夏虛（唐誥周書夏虛大夏今太原晉陽也）啓以夏政疆以戎索（大原近戎而寒不與中國同故自以戎法）三者皆叔也而有令德故昭之以分物不然文武成康之伯猶多而不獲是分也唯不尚年也管蔡啓商惎間王室（管叔蔡叔開道紂子祿父以毒亂王室）王於是乎殺管叔而蔡蔡叔（蔡放也）以車七乘徒七十人其子蔡仲改行帥德周公舉之以爲己

卿士爲周公臣見諸王而命之以蔡命爲蔡侯其命書云王曰胡無若爾考之違王命也胡蔡仲名若之何其使蔡先衛也武王之母弟八人周公爲太宰康叔爲司寇聃季爲司空五叔無官豈尚年哉五叔管叔鮮蔡叔度成叔武霍叔處毛叔聃也曹文之昭也文王子周公異母晉武之穆也武王子曹爲伯甸非尚年也以伯爵居甸服今將尚之是反先王也晉文公爲踐土之盟衛成公不在夷叔其母弟也猶先蔡會經書蔡在衛上二十八年言以國大小之次也子魚所言盟載之次其載書云王若曰晉重文公魯申僖公衛武叔武蔡甲午莊侯鄭捷文公齊潘昭公宋王臣成公莒期茲丕公也下闕之宗盟異姓爲後藏在周府可覆視也吾子欲復文武之略略道而不正其德將如之何萇弘說告劉子與范獻子謀之乃長衛侯於盟

叔孫武叔魯大夫也定公十年郈宰侯犯以郈叛武叔懿子圍郈弗克是年侯犯奔齊齊人乃致郈武叔聘于齊謝致郈也齊侯享之曰子叔孫若使郈在君之他竟寡人何知焉屬與敝邑際故敢助君憂之以致郈德叔孫對曰非寡君之望也所以事君封疆社稷是以以猶爲也敢以家隸勤君之執事夫不令之臣天下之所惡也君豈以爲寡君賜言義在討惡非所以賜寡君

太宰嚭陳大夫吳夫差侵陳魯哀公元年斬祀殺厲祀神所有靈者厲疾病吳侵陳以魯哀元年秋師還出竟嚭使於師夫差謂行人儀曰是夫也多言太宰行人官名也夫差吳盍嘗問焉師必有名人之稱斯師也者則謂之何子光之子盍何不也嘗猶試也夫差欲問其師有善名太宰嚭曰古之侵伐者不斬祀不殺厲不獲二毛二毛謂頭白有二色今斯師也殺厲與其不謂之殺厲之師與欲微切之故其言似若不審然正言殺厲重人曰反爾地歸爾子則謂之何子謂所獲民臣曰君王討敝邑之罪又矜而赦之師與有無名乎又欲之以其大惡吳楚僭號稱王

子服景伯魯大夫魯哀公七年會吳于鄫吳欲霸中國吳來徵百牢子服景伯對曰先王未之有也吳人曰宋百牢我是時吳過宋得百牢魯不可以後宋且魯牢晉大夫過十晉大夫范鞅也在昭二十一年吳王百牢不亦可乎景伯曰晉范鞅貪而棄禮以大國懼敝邑故敝邑十一牢之君若以禮命於諸侯則有數矣有常數若亦棄禮則有淫者矣淫過周之王也制禮上物不過十二上物天子之牢以爲天之大數也天有十二次故制禮象之今棄周禮而曰必百牢亦唯執事吳人弗聽景伯曰吳將亡矣棄天而背本違周禮爲背本不與必棄疾於我謂來伐將擊乃與之其後哀公會單平公晉定公吳夫差于黃池十三年吳人將以公見晉侯子服景伯對使者曰王合諸侯則伯帥侯牧以見於王伯王官伯侯牧方伯伯合諸侯則侯帥子男以見於伯伯諸侯長自王以下朝聘玉帛不同故敝邑之職貢於吳有豐於晉無不及焉以爲伯也今諸侯會而君將以寡君見晉君則晉成爲伯矣敝邑將改職貢魯賦於吳八百乘若爲子男則將半邾以屬於吳半邾三百乘而如邾以事晉邾六百乘且執事以伯召諸侯而以侯終之何利之有焉吳人乃止既而悔之謂景伯欺之將囚景伯景伯曰何也立後於魯矣向景伯名將以二乘與六人從遲速唯命遂囚以還及戶牖戶牖宋地陳留外黃縣東北有

謂太宰曰魯將以十月上辛有事於上帝先王季辛而畢何世有職焉有職於祭事自襄以來未之改也魯襄公若不會祝宗將曰吳實然言魯祝宗將告神云吳不會以吳人不信且謂魯不共而執其賤者七人何損焉太宰嚭言於王曰無損於魯而祇爲名適爲惡名不如歸之乃歸景伯

子貢孔子弟子哀公七年吳太宰嚭召季康子康子使子貢辭太宰嚭曰國君道長言君長遠於道路而大夫不出門此何禮也對曰豈以爲禮畏大國也畏大國不敢遠行大國不以禮命於諸侯苟不以禮豈可量也寡君既共命焉其老豈敢棄其國大伯端委以治周禮仲雍嗣之斷髮文身贏以爲飾豈禮也哉有由然也大伯周大王之長子仲雍大伯弟也大伯仲雍讓其弟季歷俱適荊蠻遂有吳國大伯無子仲雍嗣立不能行禮致化故效吳俗言其權時制宜以辟災害非以爲禮也端委禮衣也反自鄫以吳爲無能爲也棄禮知其不能霸也十二年公會吳于橐皋吳子使太宰嚭請尋盟尋鄫盟公不欲使子貢對曰盟所以周信也周固故心以制之制其義玉帛以奉之奉承之言以結之結其信明神以要之要以禍福寡君以爲苟有盟焉弗可

攻也已若猶可改日盟何益今吾子曰必尋盟若可尋也亦可寒也（尋重也寒歇也）乃不尋盟十五年子服景伯如齊子貢爲介陳成子館客（使景伯子貢就館）曰寡君使恒告曰寡人願事君如事衞君（恒陳成子名）（與齊同好而魯未肯）景伯揖子貢而進之對曰寡君之願也昔晉人伐衞（在定八年）齊爲衞故伐晉冠氏喪車五百（在定九年冠氏陽平館陶縣）因與衞地自濟以西禚媚杏以南書社五百（二十五家爲一社籍書而致之）吳人加敝邑以亂（在八年）齊因其病取讙與闡（八年）寡君是以寒心若得視衞君之事君也則固所願也成子病之乃歸成（病其詐也）

王孫苟吳大夫吳王夫差會諸侯于黃池（魯哀公十三年）既退乃使王孫苟告勞于周（告勞苦也）曰昔者楚人爲不道不共承王事吾先君闔廬不貫不忍（貫猶習也）被甲帶劒挺鈹搢鐸（挺拔也搢振也）以與楚昭王毒逐於中原柏舉（柏舉楚地中原原中）（在魯定四年）天舍其衷（衷善也言天善於吳）楚師敗績今齊侯壬不鑒于楚（齊景公之子簡公也不鑒不以楚敗爲鑒戒）又不供承王命夫差不貫不忍被甲帶劒挺鈹搢鐸遵汶伐博（齊邑）簦

笠相望於艾陵（簦笠備雨器也相望言不絕也艾陵之戰在上傳曰五月克博至嬴）天舍其衷齊師還（[illegible]）夫差豈敢自多文武實舍其衷（文武二君）敢使苟告於下執事周王荅曰昔周室逢天之降禍遭民之不祥（周王景王子敬王匄也子朝爭立敬王出奔成周之民叛子朝者）余心豈忘憂恤不爲下王之不康靖（不回憂四方乃憂王室）今伯父曰勠力同德（勠力）伯父秉德已侈大哉

惠子爲魏惠王爲法爲法已成以示諸民人諸民人皆善之獻惠王惠王亦善之以示翟翦翟翦曰善惠王曰可行也翟翦曰不可惠王曰善而不可行何故翟翦曰今夫舉大木者前呼輿謣後亦應之此其於舉大木者善矣豈無鄭衞之音哉然不若此其宜也夫國亦木之大者也

蘇秦在燕人有毀蘇秦者曰左右賣國反覆之臣也將作亂蘇秦恐得罪歸而燕王不復官也蘇秦見燕王曰臣東周之鄙人也無有分寸之功而王親拜之於廟而禮之於廷今臣爲王却齊之兵而攻得十城宜以益親今來而王不官臣者人必有以不信傷臣於王者臣之不信王之福也臣聞忠信者所以自爲也進取者所以爲人也且臣之說齊王曾非欺之也臣棄老母於東周固去自爲而行進取也今有孝如曾參廉如伯夷信如尾生得此三人者以事大王何若王曰足矣蘇秦曰孝如曾參義不離其親一宿於外王又安能使之步行千里而事弱燕之危王哉廉如伯夷義不爲孤竹君之嗣不肯爲武王臣不受封侯而餓死首陽山下有廉如此王又安能使之步行千里而行進取於齊哉信如尾生與女子期於梁下女子不來水至不去抱柱而死有信如此王又安能使之步行千里却齊之彊兵哉臣所謂以忠信得罪於上者也燕王曰若不忠信耳豈有以忠信而得罪者乎蘇秦曰不然臣聞客有遠爲吏而其妻私於人者其夫將來其私者憂之妻曰勿憂吾已作藥酒待之矣居三日而夫果至妻使妾舉藥酒進之妾欲言酒之有藥則恐其逐主母也欲勿言乎則恐其殺主父也於是乎詳僵而棄酒主父

大怒笞之五十故妾一僵而覆酒上存主父下存主母然而不免於笞惡在乎忠信之無罪也夫臣之過不幸而類是乎燕王曰先生復就故官益厚遇之

張儀在秦秦使使約復與楚親分漢中之半以和楚楚懷王曰願得張儀不願得地張儀聞之請之楚秦王曰楚且甘心於子奈何張儀曰臣善其左右靳尚靳尚又能得事於楚王幸姬鄭袖袖所言無不從者且儀以前使負楚以商於之約今秦楚大戰有惡臣非面自謝楚不解且大王在楚不宜敢取儀誠殺儀以便國臣之願也儀遂使楚至懷王不見因而囚張儀欲殺之儀私於靳尚靳尚爲請懷王曰拘張儀秦王必怒天下見楚無秦必輕王矣又謂夫人鄭袖曰秦王甚愛張儀而王欲殺之今將以上庸之地六縣賂楚以美人聘楚王以宮中善歌者爲之媵楚王重地秦女必貴而夫人必斥矣夫人不若言而出之鄭袖卒言張儀於王而出之儀出懷王因善遇儀儀因[illegible]

叛從約而與秦合親約婚姻張儀已去屈原使從齊來諫王曰何不誅張儀懷王悔使人追儀弗及

冊府元龜卷第七百四十五

府七百四十五　十一

册府元龜卷第七百四十六

陪臣部一十六

公正　死節

公正

古之君子進思盡忠有犯無隱在公正色當官而行者向背不以尊主庇民爲心廉時利物爲務雖復參家陪之列仕諸侯之國而能秉心忠義臨事感槩規政教之失盡獻替之道竭節於公室馳聲於隣境風軌可尚蓋莫勝紀至有士身殞命義存君親扶危持顛志厲金石此皆特立不回之士疾惡如讎之人苟能明哲保身進退以禮斯可謂全德者矣詩之司直豈過是乎

石碏衛大夫也魯隱公四年衛州吁弑桓公而立未能和其民石碏子厚問定君於石子（石子石碏也以州吁不安諮其父）石子曰王覲爲可曰何以得覲曰陳桓公方有寵於王陳衛方睦若朝陳使請必可得也厚從州吁如陳石碏使告于陳曰衛國褊小老夫耄矣無能爲也此二人者實弑寡君敢即圖之（八十曰耋稱國小己老自謙以委陳使因其往就圖之）陳人執之而請涖於衛（請衛人自臨討之）九月衛人使右宰醜涖殺州吁于濮石碏使其宰獳羊肩涖殺石厚于陳君子曰石碏純臣也惡州吁而厚與焉大義滅親其是之謂乎

卜偃晉大夫也魯僖公二十二年晉懷公殺狐突卜偃稱疾不出曰周書有之乃大明服（周書康誥言君能大明則民服）巳則不明而殺人以逞不亦難乎民不見德而唯戮是聞其何後之有

臧文仲魯大夫也僖公二十八年溫之會晉人執衛成公臧文仲言於僖公請於晉而免之衛侯聞其臧文仲之爲也使納賂焉辭曰外臣之言不越境不敢及君

士季晉大夫會也魯文公七年晉先蔑奔秦士會在秦三年不見士伯（士伯先蔑）其人曰能亡人於國（言能與人俱亡於晉國）不能見於此焉用之（何用如此）士季曰吾與之同罪（俱有迎公子雍之罪）非義之也將何見焉（言己非慕先蔑之義而從之）及歸遂不見（責先蔑爲正卿而不匡諫且俱出奔惡有黨也士會歸在十三年）

府七百四十六　一

季文子魯大夫文公十八年莒太子僕弑其君紀公以其寶玉來奔納諸宣公公命與之邑曰今日必授季文子使司寇出諸竟曰今日必達（未見公而文子出之）

郤獻子名至晉大夫也靡笄之役（魯成公二年）韓獻子將斬人獻子駕將救之至則既斬之矣郤獻子請以徇其僕曰子不將救之乎郤獻子曰敢不分謗乎（言欲與韓子分謗）

厲公將作難胥童曰必先三郤公曰然郤氏聞之郤錡欲攻公曰雖死君必危郤至曰人所以立信知勇也信不叛君知不害民勇不作亂失茲三者其誰與我死而多怨將安用之（言俱死無用多其怨咎）君實有臣而殺之其謂君何我之有罪吾死後矣若殺不辜將失其民欲安得乎（言不得安位）待命而已受君之祿是以聚黨有黨而爭命（爭死命）罪孰大焉（傳言郤至無反心）

子臧曹公子也魯成公十五年晉侯以曹伯殺太子而自立執而歸諸京師諸侯將見子臧於王而立之子臧辭曰前志有之曰聖達節次守節下失節爲君非吾節也雖不能聖敢失守乎遂逃奔宋十六年六月曹人請于晉曰自我先君宣公即世（在十三年）國人曰若之何憂猶未弭（弭息也就葬國人皆將從子臧所謂憂未息）而又討我寡君（前年晉侯執曹伯）以亡曹國社稷之鎮公子（謂子臧逃奔宋）是大泯曹也（泯滅也）先君無乃有罪乎（言今君無罪而見討得無以先君故）若有罪則君列諸會矣（諸侯雖有篡弑之罪侯伯已與之會則不復討前年會于戚曹伯在列盟畢乃執之故曹人以爲無罪）君唯不遺德刑（遺失也）以伯諸侯豈獨遺諸敝邑敢私布之七月曹人復請于晉晉侯謂子臧反吾歸而君（以曹人重子臧故）子臧反曹伯歸（子臧自宋還）子臧盡致其邑與卿而不出（不出仕）

范文子晉大夫也魯成公十六年四月晉侯將伐鄭范文子曰若逞吾願諸侯皆叛晉可以逞（逞快也晉厲公無道三郤驕故欲使諸侯叛冀其懼而思德）若唯鄭叛晉國之憂可立俟也五月晉師濟河聞楚師將至范文子欲反曰我僞逃楚可以紓憂（紓緩也）夫合諸侯非吾所能也以遺能者我若群臣輯睦以事君多矣武子曰不可六月晉楚

府七百四十六　二

遇於鄢陵范文子不欲戰郤至曰韓之戰惠公不振旅(衆散敗也在僖十五年)箕之役先軫不反命(死於狄也在僖二十三年)邲之師荀伯不從(荀林父奔走不復故道在宣十二年)皆晉之恥也子亦見先君之事矣(見先君成敗之事)今我辟楚又益恥也文子曰吾先君之亟戰也有故(亟數也)秦狄齊楚皆彊不盡力子孫將弱今三彊服矣(齊秦狄)敵楚而已唯聖人能外內無患自非聖人外寧必有內憂(驕亢則憂患生也)盍釋楚以為外懼乎及楚宵遁晉入楚軍三日穀(食楚粟三日也)范文子立於戎馬之前曰君幼諸臣不佞(佞才也)何以及此君其戒之(戒勿驕)周書曰惟命不于常有德之謂(周書康誥言勝無常命惟德是與)范文子反自鄢陵使其祝宗祈死(祝宗主祭祀祈禱也)曰君驕侈而克敵是天益其疾也難將作矣愛我者唯祝我使我速死無及於難范氏之福也

魏絳晉司馬也魯襄公三年夏晉悼公會諸侯盟于雞澤晉侯之弟揚干亂行於曲梁魏絳戮其僕悼公怒謂羊舌赤曰合諸侯以為榮也揚干為戮何辱如之必殺魏絳魏絳至授僕人書

將伏劒公跣而出曰寡人之言親愛也吾子之討軍禮也子無重寡人之過與之禮食

匠慶為大匠魯襄公四年秋定姒薨不殯于廟無櫬不虞(櫬親身棺)(季孫以定姒本賤既無器備議其喪制欲殯不過廟又不反哭)匠慶謂季文子曰子為正卿而小君之喪不成(謂如季孫所議則為夫人禮不成)不終君也(慢其母是不終事君之道)君長誰受其咎(言襄公長將責季孫)初季孫為己樹六檟於蒲圃東門之外(蒲圃場圃名季文子欲自為櫬)匠慶請木(為定姒櫬)季孫曰略(不以道取為略)匠慶用蒲圃之檟季孫不御(御止也傳言遂得成禮故經無異文)君子曰志所謂多行無禮必自及也其是之謂乎

子罕為宋司城魯襄公六年宋華弱與樂轡少相狎長相優又相謗也(狎親習也優調戲也)子蕩怒以弓梏華弱于朝(子蕩樂轡也張弓以貫其頸若械之在手故曰梏)平公見之曰司武而梏於朝難以勝矣(司武司馬言其懦弱不足以勝敵)遂逐之夏宋華弱來奔子罕曰同罪異罰非刑也專戮於朝罪孰大焉亦逐子蕩子蕩射子罕之門曰幾日而不我從(言我射女門女亦當以不勝任見逐)子罕善之如初(言子罕雖見辱不追忿所以得安)

向戌宋大夫也魯襄公十年晉侯會諸侯于柤晉士匄請伐偪陽以封戌五月甲午遂滅偪陽以與向戌向戌辭曰君若猶辱鎮撫宋國而以偪陽光啓寡君羣臣安矣其何貺如之(言貺賜之厚無過此)若專賜臣是臣興諸侯以自封也其何罪大焉敢以死請乃予宋公

晏嬰為齊卿齊惠欒高氏皆耆酒(欒高二族皆出惠公)信內多怨(說婦人言故多怨)彊於陳鮑氏而惡之(惡陳鮑)有告陳桓子曰子旗子良將攻陳鮑亦告鮑氏桓子授甲而如鮑氏遭子良醉而騁(欲及子良醉故騁告鮑文子)遂見文子(文子欒施)則亦授甲矣使視二子(二子子旗子良)則皆將飲酒桓子曰彼雖不信(彼傳言者)聞我授甲則必逐我及其飲酒也先伐諸陳鮑方睦遂伐欒高氏子良曰先得公陳鮑焉往(欲以公自輔助)遂伐虎門(欲入公不畏故伐公門)晏子端委立于虎門之外(端委朝服)四族召之無所往(四族欒高陳鮑)其徒曰助陳鮑乎曰何善焉(言無善義可助)助欒高乎

曰庸愈乎(罪惡不差於陳鮑)然則歸乎曰君伐焉歸公召之而後入

穿封戌楚大夫魯襄公二十六年楚子侵鄭五月至于城麇鄭皇頡戍之出與楚師戰敗穿封戌囚皇頡公子圍與之爭之正於伯州犁伯州犁曰請問於囚乃立囚伯州犁曰所爭君子也其何不知上其手曰夫子為王子圍寡君之貴介弟也下其手曰此子為穿封戌方城外之縣尹也誰獲子囚曰頡遇王子弱焉戌怒抽戈逐王子圍弗及魯昭公八年楚靈王滅陳(靈王即王子圍也)使戌為陳公曰城麇之役不諂侍飲酒於王王曰城麇之役女知寡人之及此女其辟寡人乎(及此謂為王)對曰若知君之及此臣必致死禮以息楚國(息寧靜也)

魯公冶季氏屬大夫襄公二十九年公如楚還及方城季武子取卞(取卞邑以自益)使公冶問(問公起居)璽書追而與之(璽印也)曰聞守卞者將叛臣帥徒以討之既得之矣敢告公冶致使而退(致季氏使命)及舍而後聞取卞(發書乃聞之)公曰欲之而言叛祇見疏也(言季氏欲得卞而辭)

我言叛盜賊我公謂公冶曰吾可以入乎以季氏叛故不敢入對曰君實有國誰敢違君公與公冶冕服以卿服玄冕賞之固辭強之而後受公欲無入榮成伯賦式微乃歸式微詩邶風曰式微式微胡不歸式用也義取寄寓之微欲勸公歸五月公至自楚公冶致其邑於季氏大夫從季氏邑故還之而終不入焉不入季孫家曰欺其君何必使余季孫見之則言季氏如他不見則終不言季氏及疾聚其臣家臣曰我死必無以冕服斂非德賞也言公畏季氏而賞其使能以我有賞且無使季氏葬我

叔孫豹魯大夫也昭公元年諸侯盟于虢季武子伐莒取鄆莒人告於會楚告於晉曰尋盟未退尋弭兵之盟而魯伐莒瀆齊盟瀆慢請戮其使叔孫豹在會請戮之樂桓子相趙文子桓子樂王鮒也相佐也欲求貨於叔孫而為之請使請帶焉難指求貨故以帶為辭弗與梁其踁曰貨以藩身子何愛焉梁其踁叔孫家臣叔孫曰諸侯之會衛社稷也我以貨免魯必受師言不戮其使必伐其國是禍之也何衛之為人之有牆以蔽惡也喻己為國衛猶人之牆牆之隙壞誰之咎也咎在牆衛而惡之吾又甚焉罪甚雖怨季孫魯國何罪怨季孫之伐莒叔出季處有自來矣吾又誰怨季孫守國叔孫出使所從來久今遇此戮無所怨也然鮒也賄弗與不已召使者裂裳帛而與之曰帶其褊矣言帶褊盡故裂裳示不相逆叔孫歸歸魯曾夭御季孫以勞之旦及日中不出恨季孫伐莒使己幾被戮曾夭謂曾阜曰曾阜叔孫家臣旦及日中吾知罪矣魯以相忍為國也忍其外不忍其內焉用之欲受楚戮是忍其外不出是不忍其內阜曰數月於外言叔孫勞苦在外數月一旦於是庸何傷賈而欲贏而惡囂乎言譬如商賈求利者不得惡譁囂之聲阜謂叔孫曰可以出矣叔孫指楹曰雖惡是其可去乎乃出見之楹柱也以喻魯有季孫猶屋有柱

芋尹無宇楚大夫也魯昭公元年楚靈王即位初楚子之為令尹為王旌以田析羽為旌王旌至於軫芋尹無宇斷之曰一國兩君其誰堪之及即位為章華之宮納亡人以實之章華南郡華容縣無宇之閽入焉有罪亡入章華宮無宇執之有司弗與王有司也曰執人於王宮其罪大矣執而謁諸王執無宇也王將飲酒遇其歡也無宇辭曰天子經略經營天下略有四海文曰經略諸侯正封封疆有定分古之制也封略之內何非君土食土之毛誰非君臣毛草也故詩曰普天之下莫非王土率土之濱莫非王臣詩小雅濱涯也天有十日甲至癸人有十等王至臺下所以事上上所以共神也故王臣公公臣大夫大夫臣士士臣皁皁臣輿輿臣隸隸臣僚僚臣僕僕臣臺馬有圉牛有牧養馬曰圉養牛曰牧以待百事今有司曰女胡執人於王宮將焉執之周文王之法曰有亡荒閱荒大也閱蒐也有亡人當大蒐其衆所以得天下也吾先君文王楚文王作僕區之法僕區刑書名曰盜所隱器隱盜所得器與盜同罪所以封汝也行善法故能啓封至汝水若從有司是無所執逃臣也逃而舍之是無陪臺也言將逃王事無乃闕乎昔武王數紂之罪以告諸侯曰紂為天下逋逃主萃淵藪萃集也天下逋逃悉以紂為淵藪集而歸之故夫致死焉人欲致死討紂君王始求諸侯而則紂無乃不可乎若以二文之法取之盜有所在矣言王亦為盜王曰取而臣以往往去也盜有寵未可得也盜有寵王自謂遂赦之

杜洩魯叔孫氏宰也昭公四年冬叔孫豹卒五年正月舍中軍卑公室也初作中軍三分公室而各有其一季氏盡征之叔孫氏臣其子弟孟氏取其半焉及其舍之也四分公室季氏擇二二子各一皆盡征之而貢于公以書使杜洩告於殯告叔孫之柩曰子固欲毀中軍既毀之矣故告杜洩曰夫子唯不欲毀也故盟諸僖閎詛諸五父之衢在十一年受其書而投之投擲也帥士而哭之廟叔孫之殯在

叔向晉大夫也魯昭公十四年冬十二月晉邢侯與雍子爭鄐田邢侯楚申公巫臣之子也雍子亦楚人久而無成士景伯如楚士景伯晉理官叔魚攝理代景伯韓宣子命斷舊獄罪在雍子雍子納其女於叔魚叔魚蔽罪邢侯蔽斷也邢侯怒殺叔魚與雍子於朝宣子問其罪於叔向叔向曰三人同罪施生戮死可也施行罪也雍子自知其罪而賂以買直鮒也鬻獄邢侯專殺其罪一也己惡而掠美為昏掠取也昏亂也貪以敗官為墨墨不潔之稱殺人不忌為賊忌畏也夏書曰昏墨賊

殺逸書三者皆死刑臯陶之刑也請從之乃施邢侯而尸雍子與叔魚於市仲尼曰叔向古之遺直也言叔向之直有古人遺風治國制刑不隱於親謂曰之大罰巳芥當也至於他事則正有罪三數叔魚之惡不為末減末薄也減輕也皆以正言之曰義也夫可謂直矣於義未安直則有之平丘之會數其賄也謂言鮒讀者以寬衛國晉不為暴歸魯季孫稱其詐也謂言叔魚也以寬魯國晉不為虐邢侯之獄言其貪也以正刑書晉不為頗三言而除三惡加三利三惡暴虐頗也除則三利加殺親益榮榮名益已猶義也夫三罪唯荅宣子問不可以不正其罪則以直傷義故重疑之

奮揚為楚城父司馬魯昭公二十年春費無極言於楚子曰太子建與伍奢將以方城外叛自以為猶宋鄭也齊晉又交輔之將以害楚其事集矣王信之問伍奢伍奢對曰君一過多矣過納建妻何信於讒王執伍奢伍奢別言使奮揚殺太子未至而使遣之知太子不死故遣令去三月太子建奔宋王召奮揚奮揚使城父人執已以至王曰言出於余口入於爾耳誰告建也對曰臣告之君王命臣曰事建如事余臣不佞佞才也不能苟貳奉初以還奉初命以周旋不忍後命故遣之既而悔之亦無及已王曰而敢來何也對曰使而失命召而不來是再奸也奸犯也逃無所入王曰歸從政如他日

叔孫婼魯大夫也昭公二十三年邾師過武城魯遂取邾師獲徐鉏丘弱茅地邾人愬于晉晉人來討叔孫婼如晉晉人執之晉人使與邾大夫坐坐訟曲直叔孫曰列國之卿當小國之君固周制也在禮卿得會伯子男故曰當小國之君邾又夷也邾雜有東夷之風寡君之命介子服回在子服回魯大夫為叔孫之介副請使當之不敢廢周制故也乃不果坐韓宣子使邾人聚其衆將以叔孫與之與邾使執之叔孫聞之去衆與兵而朝示欲以身死士彌牟謂韓宣子彌牟士伯曰子弗良圖而以叔孫與其讎叔孫必死之魯亡叔孫必亡邾邾君亡國將焉歸邾君往晉若亡國無所歸將益晉憂子雖悔之何及所謂盟主討違命也若皆相執焉用盟主聽邾衆取叔孫是謂魯皆得相執乃弗與使各居一館分別叔孫子服回士伯聽其辭而愬諸宣子乃皆執之二子辭不屈故士伯愬而執之士伯御叔孫從者四人過邾館以如吏欲使邾人見叔孫之屈辱先歸邾子士伯曰以芻蕘之難從者之病將館子於都都別都謂其邑也叔孫旦而立期焉立待命也從旦至旦為期乃館諸箕舍子服昭伯於他邑別囚之范獻子求貨於叔孫使請冠焉以求冠為辭取其冠法而與之兩冠曰盡矣欲送作冠模法又與二冠以為若不解其意為叔孫故申豐以貨如晉欲行貨以免叔孫叔孫曰見我吾告汝所行貨見而不出留申豐不使得出不欲以貨免吏人之與叔孫居於箕者請其吠狗弗與及將歸殺而與之食之示不愛叔孫所館者雖一日必葺其牆屋葺補治也去之如始至不以當去而有所毀壞

子家子魯大夫昭公三十二年十二月公疾徧賜大夫從公者大夫不受賜子家子雙琥琥玉器一環一璧輕服細好之服受之大夫皆受其賜已未公薨子家子反賜於府人曰吾不敢逆君命也大夫皆反其賜定公元年夏叔孫成子逆昭公之喪于乾侯成子叔孫婼之子季孫曰子家子亟言於我未嘗不中吾志也吾欲與之從政子必止之且聽命焉欲事皆諮子家子子家子不見叔孫易幾而哭

衰哭會也不欲見叔孫故朝夕哭不同會叔孫請見子家子辭曰羈未得見而從君以出羈子家子名羈出時叔孫未為卿君不命而薨羈不敢見言未受昭公之命託辭以距叔孫叔孫使告之曰公衍公為實使群臣不得事君二子始謀逐季氏若公子宋主社稷則群臣之願也宋昭公弟定公凡從君出而可以入者將唯子是聽子家氏未有後季孫願與子從政此皆季孫之願也使不敢以告不敢叔孫成子名對曰若立君則有卿士大夫與守龜在羈弗敢知若從君者則貌而出者入可也貌出謂以義從公與季氏無讎怨寇而出者行可也與季氏為寇讎者自可去若羈也則君知其出也君昭公而未知其入也羈將逃也喪及壞隤公子宋先入從公者皆自壞隤反

石奢者楚昭王相也堅直廉正無所阿避行縣道有殺人者相追之乃其父也縱其父而還自繫焉使人言之王曰殺人者臣之父也夫以父立政不孝也廢法縱罪非忠也臣罪當死王曰追而不及不當伏罪子其治事矣石奢曰不私其父非孝子也

不奉主法非忠臣也王赦其罪上惠也伏誅而死臣職也遂不受令自刎而死

仲由字子路魯哀公十四年小邾射以句繹來奔曰使季路要我吾無盟矣(子路信誠故欲得與相要誓而不須盟)使子路子路辭季康子使冉有謂之曰千乘之國不信其盟而信子之言子何辱焉對曰魯有事于小邾不敢問故死其城下可也彼不臣而濟其言是義之也由弗能([illegible])

釁夏魯宗人也(宗人禮官也)哀公二十四年公子荊之母嬖(荊哀公庶子)將以為夫人使釁夏獻其禮對曰無之公怒曰女為宗司立夫人國之大禮也何故無之對曰周公及武公娶於薛(武公敖也)孝惠娶於商(孝公惠公商宋也)自桓以下娶於齊(桓公娶文姜)此禮也則有若以妾為夫人則固無其禮也公卒立之而以荊為太子國人始惡之(惡公)

翟黃魏大夫文侯與士大夫坐問曰寡人何如君也群臣皆曰君仁君也次至翟黃曰君非仁君也曰子何以言之對曰君伐中山不以封君之弟而以封君之長子臣是以知君之非仁君也文侯怒而逐翟黃翟黃起而出次至任座文侯問寡人何如君也任座對曰君仁君也曰子何以言之對曰臣聞之其君仁者其臣直向翟黃之言直臣是以知君仁君也文侯曰善復召翟黃入拜為上卿

趙奢者趙之田部吏也收租稅而平原君家不肯出趙奢以法治之殺平原君用事者九人平原君怒將殺奢奢因說曰君於趙為貴公子今縱君家而不奉公則法削法削則國弱國弱則諸侯加兵諸侯加兵是無趙也君安得有此富乎以君之貴奉公如法則上下平上下平則國強國強則趙固而君為貴戚豈輕於天下耶平原君以為賢言之於王王用之治國賦國賦大平民富而府庫實

死節

古之事上者固有殺身以成仁刎頸以見志至於捨生取義輕鴻毛於一命以身徇節貫白日於丹赤若乃春秋之世諸侯專政其有屬衰弱之在運逢艱虞之間作或奔走以徇死或周旋以從亡秉志誓心無所變易捐軀殞首罔思畏避至於鄰兵載交強戰相奮於是英勇感激忠憤特立鬭金鼓而自奮塗肝腦而不奪復有上失其道政出多門讒慝屢興姦詐萌起禮罔由節言以賈禍靡敢胥怨自求死所者亦不失為臣之義也並用著之于篇

欒共子晉大夫也武公伐翼殺哀侯(武公曲沃桓叔之孫莊伯之子武公稱也翼晉國都也哀侯[illegible])止欒共子曰苟無死(欒共子[illegible])吾以子見天子令子為上卿制晉國之政(上卿執政命卿於天子者)辭曰成聞之民生於三事之如一(三君父師也事之如一服勤至死)父生之師教之君食之(食謂祿也)非父不生非食不長非教不知生之族也故壹事之(族類也壹事之事之)唯其所在則致死焉(在君為君在父為父在師為師)報生以死報賜以力人之道也(賜惠也以力臣)臣敢以私利廢人之道(私利謂不死為正卿)君何以訓矣無以教(為臣無以教為忠)曰君知成之從也未知其待於曲沃也(言君武公也言君知成將死其君)從君而貳君焉用臣(貳二心)遂鬭而死

荀息晉大夫也里克弒其君之子奚齊又弒其君卓子及其大夫荀息奚齊卓子者驪姬之子也荀息傅焉(獻公少子八歲小傅教之以小學業小道焉履小節焉十五受太傅教之以大學業大道焉履大節焉)驪姬者國色也(其顏色一國之選)獻公愛之甚欲立其子於是殺世子申生申生者里克傅之獻公病將死謂荀息曰士何如則可謂之信矣(獻公自知廢正當有後患欲建二子於荀息故勤之云爾)荀息對曰使死者反生生者不愧乎其言則可謂信矣(荀息察言觀色知獻公欲為奚齊卓子來勤已故荅之云爾)獻公死奚齊立里克謂荀息

曰君殺正而立不正廢長而立幼（幼謂卓子長謂重耳）如之何願與子慮之荀息曰君嘗訐臣矣（上問下曰訐言臣若明君臣相與言不可負）臣對曰使死者反生生者不愧乎其言則可謂信矣里克知其不可與謀退殺奚齊荀息立卓子里克弒卓子荀息死之荀息可謂不食其言矣

狐突（狐突晉大夫也）晉惠公卒懷公命無從亡人（懷公子圉亡人重耳）期期而不至無赦狐突之子毛及偃從重耳在秦弗召（偃子犯也）懷公執狐突曰子來則免（未期而執突以不召子故）對曰子之能仕父教之忠古之制也策名委質貳乃辟也（名書於所臣之策屈膝而君事之則不可以貳辟罪也）今臣之子名在重耳有年數矣若又召之教之貳也父教子貳何以事君刑之不濫君之明也臣之願也淫刑以逞誰則無罪臣聞命矣乃殺之

先軫晉大夫晉侯敗狄于箕先軫曰匹夫逞志於君（不顧而唾）而無討敢不自討乎免冑入狄師死焉狄人歸其元（元首）面如生

蕩虺諸宋大夫宋公子鮑禮於國人宋饑竭其粟而貸之襄夫

人欲通鮑而不可乃助之施昭公無道國人奉公子鮑以因夫人於是華元爲右師（元華督曾孫代公子成）公孫友爲左師華耦爲司馬（代公子卬）鱗鱹爲司徒蕩意諸爲司城公子朝爲司寇（代華御事）初司城蕩卒公孫壽辭司城（壽蕩之子）請使意諸爲之（意諸壽之子）既而告人曰君無道吾官近懼及焉（禍及己）棄官則族無所庇子身之貳也姑紓死焉（姑且也紓緩也）雖亡子猶不亡族（己在故也）既夫人將使公田孟諸而殺之公知之盡以寶行蕩意諸曰盍適諸侯公曰不能其大夫至于君祖母以及國人（祖母諸侯祖國則謂襄夫人）諸侯誰納我且既爲人君而又爲人臣不如死盡以其寶賜左右而使行（行去也）夫人使謂司城去公對曰臣之而逃其難若後君何（言無以事後君）冬十一月甲寅宋昭公將田孟諸未至夫人王姬使帥甸攻而殺之（襄夫人周襄王姊故稱王姬帥甸郊甸之師）蕩意諸死之

郤至晉大夫初厲公將殺三郤郤錡謂郤至曰君不道於我我欲以吾宗與吾黨夾而攻之雖死必敗國國敢君必危其可乎郤至曰不可至聞之武人不亂知人不詐仁人不黨夫利君之富富以聚[illegible]殺我世後矣且衆何罪鈞之死不若聽君之命是故皆自殺也

惠伯魯大夫襄仲弒惡及視而立宣公仲以君命召惠伯（詐以子惡命）其宰公冉務人止之曰入必死叔仲曰死君命可也公冉務人曰若君命可死非君命何聽弗聽乃入殺而埋之馬矢之中（惠伯死不書者史畏襄仲不敢書殺惠伯）公冉務人奉其帑以奔蔡既而復叔仲氏

孔達衛大夫清丘之盟晉以衛之救陳也討焉（尋清丘之盟以責衛）使人弗去曰罪無所歸將加而師孔達曰苟利社稷請以我說（欲自救以說晉）罪我之由我則爲政而亢大國之討將以誰任（亢禦也未討陳也）我則死之孔達縊而死衛人以說于晉而免（以殺告故免于伐）遂告于諸侯曰寡君有不令之臣達構我敝邑于大國既伏其罪矣敢告（諸殺大夫亦當告）衛人以爲成勞復室其子（以有平國之功故以女妻之）使復其位（襲父祿位）

公孫敖魯大夫奔莒生二子敖死其二子來（敖在莒所生）孟獻子愛之聞於國（獻子仲孫蔑）或譖之曰將殺子獻子以告季文子二子曰夫子以愛我聞我以將殺子聞不亦遠於禮乎遠禮不如死一人門于句鼆一人門于戾丘皆死（句鼆戾丘魯邑有寇攻門二子禦之而死）

唐苟鄭大夫也魯成公十六年晉侯及楚子鄭伯戰于鄢陵石首御鄭成公唐苟爲右石首曰衛懿公唯不去其旗是以敗於熒乃內旌於弢中（熒澤之戰在閔二年）唐苟謂石首曰子在君側敗者壹大我不如子子以君免我請止乃死

荊蒯芮齊大夫初崔杼弒莊公荊蒯芮使晉而至其僕曰君之無道也四隣諸侯莫不聞也以夫子而死不亦難乎荊蒯芮曰善而言也早言我能諫諫而不聽我能去今既不諫又不去吾聞之食其食死其事吾既食亂君之食矣又安得治君而死之遂驅車而入死其僕曰人有亂君猶必死之我有治長可無死乎乃結轡自刎乎車上君子聞之曰荊蒯芮可謂守節死義矣

則僕夫無爲死也猶食飲而遇毒也詩曰夙夜匪懈以事一人荆先生之謂易曰不常其德或承之羞僕夫之謂矣

叔孫昭子魯大夫昭公孫于齊昭子自闞歸見平子平子稽顙曰子若我何昭子曰人誰不死子以逐君成名子孫不忘不亦傷乎將若子何平子曰苟使意如得改事君所謂生死而肉骨也昭子從公于齊與公言子家子命適公館者執之(恐從者告叔孫謀)公與昭子言於幄內曰將安衆而納公(昭子請歸安衆)公徒將殺昭子伏諸道(伏兵)左師展告公公使昭子自鑄歸(辟伏兵)平子有異志(欲下)(公納)冬昭子齊於其寢使祝宗祈死而卒(恥爲平子所欺因祈而自殺)

仲由字子路卞人衛大夫孔悝納莊公立之初孔圉取太子蒯聵之姊生悝(孔圉孔文子也蒯聵姊孔伯姬)孔氏之豎渾良夫長而美孔文子卒通於(良夫通)伯姬太子在戚孔姬使之焉(使良夫請太子所)太子與之言曰苟使我入獲國服冕乘軒三死無與(冕大夫服軒大夫車三死死罪三)與之盟爲請於伯姬(良夫爲太子請)閏月良夫與太子入舍於孔氏之外圃昏二人蒙衣而乘(二人太子與良夫蒙衣爲婦人服也)寺人羅御如孔氏孔氏之老欒寧問之稱姻妾以告(自稱婚姻家妾)遂入適伯姬氏既食孔伯姬杖戈而先太子與五人介輿豭從之(介被甲輿豭欲以盟)迫孔悝於厠強盟之(孔氏專政故劫孔悝欲令逐輒)遂劫以登臺欒寧將飲酒炙未熟聞亂使告季子(季子子路也爲孔氏邑宰)召獲駕乘車(召獲衛大夫駕乘車言不欲戰)行爵食炙奉衛侯輒來奔季子將入遇子羔將出(子羔衛大夫高柴孔子弟子將出奔)曰門已閉矣季子曰吾姑至焉(且欲至門)子羔曰弗及不踐其難(言政不及可不須踐其難)季子曰食焉不避其難(謂食孔氏祿)子羔遂出子路入及門公孫敢門焉(守門)曰無入爲也(言輒已出無爲復入)季子曰是公孫也求利焉而逃其難由不然利其祿必救其患有使者出乃入(因門開而入)曰太子焉用孔悝雖殺之必或繼之(言己必繼孔悝爲難攻太子)且曰太子無勇若燔臺半必舍孔叔太子聞之懼下石乞盂黶敵子路(二子蒯聵黨敵當也)以戈擊之斷纓子路曰君子死冠不免(不使冠在地)結纓而死孔子聞衛亂曰柴也其來由也死矣

高昭子名張齊人也齊景公病命其相國惠子與高昭子以子荼爲太子景公卒兩相高國立荼是爲晏孺子而田乞不說欲立景公佗子陽生乃與鮑牧諸大夫以兵入公室昭子聞之與國惠子救公公師敗田乞之衆追國惠子惠子奔莒遂返殺高昭子

鄭兕晉士也荀瑤帥師圍鄭未至鄭駟弘曰知伯愎而好勝早下之則可行也(行去也)乃先保南里以待之(保守也南里在城外)知伯入南里門于桔柣門鄭人俘酅魁壘賂之以晉政(欲使反間鄭)閉其口而死

雍門狄齊大夫也初越甲至齊雍門狄請死之齊王曰鼓鐸之聲未聞矢石未交長兵未接子何務死知爲人臣之禮邪雍門狄對曰臣聞之昔者王田於囿左轂鳴車右請死之王曰子何爲死車右曰爲其鳴吾君也王曰左轂鳴者工師之罪也子何事之有焉車右對曰吾不見工師之乘而見其鳴吾君也遂刎頸而死有是乎王曰有之雍門狄曰今越甲至其鳴吾君豈左轂之下哉車右可以死左轂而臣獨不可以死越甲邪遂刎頸而死是日越人引軍而退七十里曰齊王有臣鈞如雍門狄疑使越社稷不血食遂歸齊王葬雍門狄以上卿之禮

肥義趙大夫初武靈王傳國於子惠文王又封長子章爲代安陽君章素侈心不服其弟所立主父又使田不禮相章也李兌謂肥義曰公子章彊壯而志驕黨衆而欲大殆有私乎田不禮之爲人也忍殺而驕二人相得必有謀陰賊起一出身徼幸夫小人有欲輕慮淺謀徒見其利而不顧其害同類相推俱入禍門以吾觀之必不久矣子任重而勢大亂之所始禍之所集也子必先患仁者愛萬物而智者備禍於未形不仁不智何以爲國子奚不稱疾毋出傳政於公子成毋爲怨府毋爲禍梯肥義曰不可昔者主父以王屬義也曰毋變而度毋異而慮堅守一心以歿而世義再拜受命而籍之今畏不禮之難而忘吾籍變

孰大焉進受嚴命退而不全負孰甚焉變負之臣不容於刑諺曰死者復生生者不愧吾言已在前矣吾欲全吾言安得全吾身且夫易臣也難至而節見忠臣也累至而行明子則有賜而忠我矣雖然吾有諾在前者也終不敢失李兌曰諾子勉之矣吾見子已今年耳涕泣而出李兌數見公子成以備田不禮之事異日肥義謂信期曰公子與田不禮甚可憂也其於義也聲善而實惡此爲人也不子不臣吾聞之也姦臣在朝國之殘也讒臣在中主之蠹也此人貪而欲大內得主而外爲暴矯令爲慢以擅一旦之命不難爲也禍且逮國今吾憂之夜而忘寐飢而忘食盜賊出入不可不備自今以來若有召王者必見吾面我將先以身當之無故而王乃入信期曰善哉吾得聞此也既而公子章即以其徒與田不禮作亂先殺肥義

扈輒趙幽繆王二年秦攻武城輒率師救之軍敗死之

韓舉韓將也宣惠王八年與齊魏戰死于桑丘地理志云泰山有桑丘縣

冊府元龜卷第七百四十六

册府元龜卷第七百四十七

陪臣部一十

失禮　奢僭　專恣

失礼

夫禮者所以章疑別微以爲民防者也若乃當春秋之世居大夫之列亡君臣之禮違朝著之位五常相瀆失行人之辭罇俎交歡從爲賓之序乃至紛亂祀典顛越彝制存諸赴告歷用垂誡

公子友爲魯大夫莊公二十七年秋公子友如陳葬原仲非礼也原仲季友之舊也（原仲陳大夫季友違礼會外大夫葬）

先軫爲晉大夫魯僖公三十二年晉敗秦師獲孟明西乞白乙文嬴請而釋之先軫朝問秦囚公曰夫人請之吾舍之矣先軫怒曰武夫力而拘諸原婦人暫而免諸國（暫猶卒也）墮軍實而長寇讎亡無日矣（墮毀也）不顧而唾

臧文仲爲魯大夫孔子曰臧文仲安知礼夏父弗綦逆祀而弗止也燔柴於奧（文仲[illegible]之曾孫臧孫辰也莊文之閒爲大夫時爲[illegible]是以譏之不正礼也文二年八月丁卯有事于大廟躋僖公始逆祀是夏父弗綦爲宗人之爲也奧當爲爨字之誤也或作竈禮尸卒食而祭饎爨饔爨也時人以爲祭火神乃燔柴）夫奧者老婦之祭盛於盆尊於瓶（老婦先炊者也盆瓶炊器也明此祭先炊非祭火神燔柴之）禮也者猶體也（若人身體）體不備君子謂之不成人設之不當猶不備也

郤克晉大夫獻子也魯成公二年靡笄之役郤獻子伐齊齊侯來（[illegible]）獻之以得隕命之禮（[illegible]）曰寡君使克也不腆敝邑之禮爲君之辱敢歸諸下執事以整御人（[illegible]）苗棼皇曰郤子勇而不知禮矜其伐而恥國君其與幾何（言將不久命）

郤犫爲晉大夫魯成公十四年春晉侯使郤犫于衛衛侯饗苦成叔（成叔郤犫）甯惠子相（相佐礼惠子甯殖）苦成叔傲甯子曰苦成家其亡乎古之爲享食也以觀威儀省禍福也故詩曰兕觥其觩旨酒思柔（詩小雅言君子好礼飲酒皆思柔德雖設兕觥觩然不用以兕角爲觥所以罰不敬觩陳設之貌）彼交匪傲萬福來求（彼之交於事而不傲乃萬福之所求）今夫子傲取禍之道也

孫林父衛大夫文子也魯襄公七年文子來聘公登亦登（礼登階臣後君一等）叔孫穆子相趨進曰諸侯之會寡君未嘗後衛君（並登階）今吾子不後寡君寡君未知所過吾子其少安（安徐）孫子無辭亦無悛容（悛改也）

高厚爲齊大夫魯襄公十年春諸侯會吳于柤三月癸丑齊高厚相大子光以先會諸侯于鍾離不敬（吳子未至光從東道與東諸侯會遇本非期也故不書會高厚高固子也癸丑月二十六日）士莊子（晉大夫）曰高子相大子以會諸侯將社稷是衛而皆不敬（高厚與光俱不敬）棄社稷也其將不免乎（十九年齊殺高厚二十五年弒其君光）

伯有爲鄭大夫魯襄公二十七年鄭伯享趙孟于垂隴伯有賦鶉之賁賁（鶉之賁賁詩鄘風衛人刺其君淫亂鶉鵲之不若義取人之無良我以爲兄我以爲君也）趙孟曰牀笫之言不踰閾況在野乎非使人之所得聞也（牀笫蕢也此詩刺淫故云牀笫之言閾門限使人趙孟自謂）

慶封爲齊大夫魯襄公二十七年春齊使慶封來聘叔孫與慶封食不敬爲賦相鼠亦不知也（相鼠詩鄘風曰相鼠有皮人而無儀人而無儀不死何爲慶封不知此詩爲言其闇甚）二十八年慶封來奔叔孫穆子食慶封慶封氾祭（礼食有祭示有所先也氾祭遠散所祭不共）穆子不說使工爲之誦茅鴟（工樂師茅鴟逸詩刺不敬）亦不知既而齊人來讓（讓責魯受慶封）慶封奔吳

孟僖子爲魯大夫昭公七年三月公如楚鄭伯勞于師之梁（鄭城門）孟僖子爲介不能相儀（僖子仲孫貜）及楚不能荅郊勞

孔張爲鄭大夫魯昭公十六年三月晉韓起聘于鄭鄭伯享之子產戒曰苟有位於朝無有不共恪孔張後至立於客間（孔張子孔之孫）執政禦之（執政掌位列者禦止也）適客後又禦之適縣間（縣樂）客從而笑之

涉佗成何皆晉大夫也魯定公八年晉師將盟衛侯於鄟澤趙簡子曰羣臣誰敢盟衛君者（[illegible]）涉佗成何曰我

能盟之衛人請執牛耳（盟禮尊者涖牛耳，主次盟者。衛侯與成何、晉大夫。盟自以當涖牛耳，故請之）成何曰：衛，吾温原也，焉得視諸侯（言衛小，比晉縣，不得從諸侯禮）將歃，涉佗捘衛侯之手及捥（捘，擠也。血至捥）衛侯怒，王孫賈趨進（賈，衛大夫）曰：盟以信禮也，有如衛君，其敢不唯禮是事而受此盟也（信禮明也）衛侯乃叛晉。晉人請改盟，弗許。十年，晉人討衛之叛，故曰由涉佗、成何。於是執涉佗以求成於衛，衛人不許，晉人遂殺涉佗。成何奔燕。君子曰：此之謂棄禮，必不鈞（言必見殺，不得與人等）詩曰：人而無禮，胡不遄死。涉佗亦遄矣哉（詩鄘風。遄，速也）

蕢尚為魯大夫，哀公使人弔蕢尚，遇諸道，辟於路，畫宮而受弔焉（哀公，魯君也。畫宮，畫地為宮象）曾子曰：蕢尚不如杞梁之妻之知禮也（行弔。齊莊公襲莒于奪，杞梁死焉，其妻迎其柩於路而哭之哀。莊公使人弔之，對曰：君之臣不免於罪，則將肆諸市朝，而妻妾執；君之臣免於罪，則有先人之敝廬在，君無所辱命）

渾良夫為衛大夫，衛侯為虎幄於藉圃（藉圃，於籍田之圃新造幄，皆以虎獸為飾）成，求令名者，與之始食焉。太子請使良夫（以良夫為令名）良夫乘衷甸兩牡（衷甸，一轅卿車）紫衣狐裘（紫衣，君服）至，袒裘，不釋劍而食（袒裘，熱故偏袒；食而不釋劍）太子使牽以退，數之以三罪而殺之（三罪：紫衣、袒裘、帶劍）

奢僭

傷民力而干邦憲者，其奢僭之謂乎。故古昔聖賢之所譏切，著在方策，昭昭可見矣。當周室微弱，諸侯力政，乃有家陪之列，因緣逞欲，怙寵崇侈，卑上長傲，驕佚以自蕩，實安而無懼，斯乃越義侵禮，招損取禍之道也已。

管仲字夷吾，為齊相，富擬於公室。孔子曰：管仲鏤簋朱紘，山節藻棁，君子以為濫矣（[illegible]）又曰：管仲之器小哉（言其器量小也）或曰：管仲儉乎？曰：管氏有三歸，官事不攝，焉得儉（三歸，娶三姓女，婦人謂嫁曰歸。[illegible]）然則管仲知禮乎（或人以儉問，故[illegible]）曰：邦君樹塞門，管氏亦樹塞門。邦君為兩君之好有反坫，管氏亦有反坫（反坫，反爵之坫，在兩楹之間。人君別內外，於門樹屏以蔽之。若與鄰國為好會，其獻酢之禮更酌，酌畢則各反爵於坫上。今管仲皆僭為之，如是是不知禮）管氏而知禮，孰不知禮。

子臧，鄭子華弟也。魯僖公二十四年，出奔宋，好聚鷸冠（聚鷸羽以為冠，非法之服）鄭伯聞而惡之（惡其服非法）使盜誘之，八月殺之于陳宋之間。君子曰：服之不衷，身之災也（衷猶適也）詩曰：彼己之子，不稱其服（詩曹風，刺小人在位，言其人德不稱其服）子臧之服不稱也夫。詩曰：自詒伊慼（詩小雅。詒，遺也；慼，憂也。取其自遺憂）其子臧之謂矣。夏書曰：地平天成，稱也。

后子，秦桓公子，景公母弟鍼也，有寵於桓，如二君於景（其[illegible]兩君）其母曰：弗去，懼選（選，數也。恐景公數其罪而加戮）鍼適晉，其車千乘（言其富也）后子享晉侯（設享禮）造舟于河（造舟為梁，通秦晉之道）十里舍車（[illegible]八乘[illegible]）自雍及絳（雍，秦都；絳，晉都，相去千里）歸取酬幣（[illegible]）終事八反（言八反，千里用車八百乘[illegible]）（[illegible]）

仲孫、叔孫、季孫，皆魯大夫也，謂之三桓（皆桓公子孫）禮運云：諸侯不敢祖天子，大夫不敢祖諸侯，而公廟之設於私家，非禮也，由三桓始也（公廟，魯以周公之故，立文王廟，三家見而僭焉）又大夫而饗君，非禮也（[illegible]）大夫強而君殺之，義也，由三桓始也。又季孫有喪，孔子往弔，入門而左，從客也。主人以璵璠收（[illegible]）孔子徑庭而趨，歷級而上（[illegible]）曰：以寶玉收，猶暴骸中原也（[illegible]）徑庭歷級，非禮也。雖然，以救過也（[illegible]）古之人非無寶也，其所寶者異也。又季氏八佾舞於庭，孔子謂：是可忍也，孰不可忍也（[illegible]）三家者以雍徹（三家，謂仲孫、叔孫、季孫。[illegible]）孔子曰：相維辟公，天子穆穆，奚取於三家之堂（[illegible]）

也（今三家但家臣而已何取此義而作之於堂邪）

臧文仲魯大夫也居蔡（[illegible]蔡國君之守龜出蔡地因以為名焉長尺有二寸居蔡僭也）山節藻梲（節者栭也刻鏤為山梲者梁上楹畫為藻文言其奢侈）孔子曰何如其知也（非時人謂之為知）

趙文子晉大夫也大夫之奏肆夏也由趙文子始也（僭諸侯禮文子趙武）

慶封齊大夫也魯襄公二十八年來聘其車美孟孫謂叔孫曰慶季之車不亦美乎（季慶封字）叔孫曰豹聞之服美不稱必以惡終美車何為

駟秦鄭大夫也富而侈嬖大夫也而常陳卿之車服於其庭鄭人惡而殺之子思曰詩曰不解于位民之攸塈（子思子產子國參也詩大雅塈息也）（所塈息也）不守其位而能久者鮮矣商頌曰不僭不濫不敢怠皇命以多福（僭差也濫溢也皇暇也言駟秦違詩義故受禍）

穰侯魏冉者秦昭王母宣太后弟也冉相秦六歲而免二歲復相秦四歲而使白起拔楚之郢秦置南郡乃封白起為武安君

白起者穰侯之所任舉也相善於是穰侯之富富於王室及免相國就封邑出關輜車千乘有餘

黃歇楚春申君也考烈王立楚復強趙平原君使人於春申君春申君舍之於上舍趙使欲夸楚為瑇瑁簪刀劍室以珠玉飾之請命春申君客春申君客三千餘人其上客皆躡珠履以見趙使趙使大慚

專恣

昔周道衰微祿去公室諸侯以之擅命陪臣以是專恣行私惠以悅民心用宗黨以象邦政峻殺戮以固與已濫爵賞以務從人動靡顧於典刑言但肆於威福其甚者取美禮受饋餉外交隣邦內易先嗣徒俾忠臣覩之而扼腕賢者覽之以寒心故先聖曰陪臣執國命三世希不失矣蓋欲使姦臣賊子聞之而懼焉又曰惟名與器不可以假人此誠百王之攸戒也

公子彄魯大夫也隱公元年十月鄭人以王師虢師伐衛南鄙（[illegible]東南有費城）請師於邾邾子使私於公子豫（私請）豫請往公弗許遂行及邾人鄭人盟于翼（翼邾地）

祭仲鄭大夫也魯桓公十五年春祭仲專鄭伯患之使其壻雍糾殺之將享諸郊雍姬知之謂其母曰父與夫孰親其母曰人盡夫也父一而已胡可比也（婦人在室則天父出則天夫女以為疑故母以所生為本解之）告祭仲曰雍氏舍其室而將享子於郊吾惑之以告祭仲殺雍糾尸諸周氏之汪（汪池也周氏鄭大夫殺而暴其尸以示戮也）公載以出（愍其見戮故載其尸共出國）曰謀及婦人宜其死也

公子溺魯大夫也莊公三年正月溺會齊師伐衛（疾其專命而行故去氏）

公子元楚文王弟也魯莊公三十年夏歸自伐鄭而處王宮（欲淫夫人）鬬射師諫則執而梏之（射師鬬廉也足曰桎手曰梏）秋申公鬬班殺子元（申楚縣楚僭號縣尹皆稱公）

魏犨晉大夫也魯僖公二十八年晉文公入曹令無入僖負羈之宮而免其族報施也魏犨顛頡怒曰勞之不圖報於何有爇

僖負羈氏

公子商人齊桓公子也魯文公十四年公子商人驟施於國（數施也）而多聚士盡其家貸於公有司以繼之（家財盡從公及國有司富者貸）

趙盾晉正卿任國政二年而襄公卒太子夷皐年少以晉有國多難欲立襄公弟雍雍時在秦使迎之太子母日夜啼泣頓首謂盾曰先君何罪釋其適子而更求君趙盾患之恐其宗與大夫襲誅之迺遂立太子是為靈公發兵距所迎襄公弟於秦者靈公既立趙盾益專國政

田襄子齊大夫既相齊宣公三年晉殺知伯韓趙魏三分其地襄子使其兄弟宗人盡為齊都邑大夫與三晉通使且以有齊國

先縠晉大夫也魯宣公十二年楚師圍鄭晉師救鄭及河聞鄭與楚平荀林父欲還彘子曰不可（彘子先縠）晉所以霸師武臣力也今失諸侯不可謂力有敵而不從不可謂武由我失霸不如死且成師以出聞敵彊而退非夫也（非丈夫）命為軍帥而卒以非夫

唯羣子不能我毁為也以中軍佐濟佐晨子也濟渡河

臧宣叔魯大夫也宣公十八年公孫歸父以襄仲之立公也有寵歸父襄仲子欲去三桓以張公室時三桓強公室弱故欲去之以張大公室與公謀而聘于晉欲以晉人去之冬公薨季文子言於朝曰使我殺適立庶以失大援者仲也夫適謂子惡外援謂晉襄仲殺之而立宣公南通於楚既不能固又不能堅事齊晉故失大援也臧宣叔怒曰當其時不能治也後之人何罪子欲去之許請去之宣叔文仲武仲父許其名也時為司寇主行刑言子自以歸父害己欲去者自請為子去之遂逐東門氏襄仲居東門故曰東門氏

季文子魯大夫襄公二年齊姜薨初穆姜使擇美檟以自為櫬與頌琴櫬棺也頌琴琴名猶言雅琴皆欲以送終文子取以葬齊姜君子曰非禮也禮無所逆婦養姑者也虧姑以成婦逆莫大焉穆姜成公母齊姜成公婦

季武子為魯上卿襄公十一年春將作三軍魯本無中軍唯上下二軍皆屬於公有事三卿更帥以征伐季氏欲專其民人故假立中軍因以改作告叔孫穆子曰請為三軍各征其軍三家各征其軍穆子曰政將及子子必不能政者霸國之政令禮大國三軍魯次國而為大國之制貢賦必重故憂不能堪武子固請之穆子曰然則盟諸恐季孫將變易故盟之乃盟諸僖閎僖宮之門詛諸五父之衢五父衢道名在魯國東南詛以禍福之言相要誓正月作三軍三分公室而各有其一三分國民眾三子各毀其乘壞其軍乘分以足成三軍十二年春王三月莒人伐我東鄙圍邰邰魯邑季孫宿帥師救邰遂入鄆鄆莒邑遂繼事之辭受命而入鄆惡季孫宿也二十九年公如楚還及方城季武子取卞卞魯邑取以自益使公冶問公冶季氏屬大夫璽書追而與之曰聞守卞者將叛臣帥徒以討之既得之矣敢告公冶致使而退致季氏命及舍而後聞取卞聞其取卞之書公曰欲之而言叛祇見疏也言季氏祇自取疏公謂公冶曰吾可以入乎公以季氏取卞不欲入對曰君實有國誰敢違君公與公冶冕服以冕服賞之固辭強之而後受公欲無入榮成伯賦式微乃歸式微詩邶風曰式微式微胡不歸義取寓之微陋故勸公歸五月公至自楚公冶致其邑於季氏本受季氏邑故還之而終不入焉不入季孫家曰欺其君何必使余季孫見之則言季氏如他日不見則終不言季氏及疾聚其臣曰我死必無以冕服斂非德賞也言公冕季氏而賞其使非以我有德且無使季氏葬我

趙簡子問史墨史墨晉史蔡墨曰季氏亡乎史墨對曰不亡季友有大功於魯受鄪為上卿至于文子武子世增其業文公卒東門遂東門襄仲殺適立庶魯君於是失國政在季氏於今四君矣民不知何以得國是以為君慎器與名不可以假人器車服名爵號

崔杼齊大夫魯襄公十九年崔杼殺高厚於灑藍而兼其室兼其財灑藍齊地書曰齊殺其大夫從君於昏也又魯襄公二十五年晉侯使魏舒宛沒逆衛侯衛獻公以十四年奔齊將使衛與之夷儀崔子止其帑以求五鹿崔杼欲得衛之五鹿故留衛侯妻子於齊以質之

子孔鄭大夫魯襄公十九年子孔之為政也專專權國人患之乃討西宮之難十年尉止等作亂西宮子孔知而不言與純門之師前年子孔召楚師至純門子孔當罪以其甲及子革子良氏之甲守以自衛也甲辰子展子西率國人伐之殺子孔而分其室書曰鄭殺其大夫專也討不以國子孔為然子孔宋子之子也子然子孔宋子之子士子孔圭嬀之子也宋子圭嬀皆鄭穆公妾士子孔子良父圭嬀之班亞宋子而相親也亞次也士子孔亦相親也僖之四年子然卒魯襄公四年簡之元年士子孔卒魯襄八年司徒孔實相子革子良之室子革子然子子良士子孔子孔與二父相親故相助其子三室如一言同故及於難子革子良並及難子革子良出奔楚子革為右尹子革鄭丹鄭人使子展當國子西聽政立子產為卿子產大夫當國以子產為卿

范宣子晉大夫初欒桓子娶於范宣子生懷子桓子欒黶懷子欒盈范鞅以其亡也怨欒氏十四年欒黶譖使士鞅奔秦故與欒盈為公族大夫而不相能桓子卒欒祁與其老州賓通欒祁桓子妻范宣子女州賓欒家之老也幾亡室矣言亂甚懷子患之祁懼其討也愬諸宣子曰盈將為亂以范氏為死桓主而專政矣桓主欒黶曰吾父逐鞅也不怒而以寵報之謂以鞅為公族大夫而寵之又與吾同官而專之同為公族大夫而專其權勢吾父死而益富死吾父而專於國有死而已吾蔑從之矣言專政欲作亂其謀如是懼害於主吾不敢不言范鞅為之徵證其事

子好施士多歸之宣子畏其多士也信之懷子為下卿下卿宣
子使城著而遂逐之著晉邑遂逐在魯襄公二十一年秋欒盈出奔
楚宣子殺箕遺黃淵嘉父司空靖邴豫董叔邴師申書羊舌虎
叔羆皆晉大夫欒盈之黨也羊舌虎叔向弟囚伯華叔向籍偃籍偃上軍司馬
司城子罕相宋謂宋君曰夫国家之安危百姓之治乱在君之
行夫爵禄賞賜人之所好也君自行之殺戮刑罰民之所惡也
臣請當之君曰善寡人當其美子受其惡寡人自知不為諸侯
笑矣国人知殺戮之刑專在子罕也大臣親之百姓畏之居不
至朞年子罕遂去宋君而專其政

左師宋大夫魯襄公二十六年秋宋公殺其世子痤初左師見
夫人之步馬者步馬習馬問之對曰君夫人氏也左師曰誰為君夫
人余胡弗知圉人歸以告夫人夫人使饋之錦與馬先之以玉
以玉為錦馬之先曰君之妾棄使某獻左師改命曰君夫人而後再拜
稽首受之左師令使者改命也侍言宋公左師讒太子所以無罪而死

費無極楚大夫也魯昭公二十七年吳子欲因楚喪而伐之前年
楚平王卒楚左尹郤宛工尹壽帥師至于潛吳師不能退及聞吳乱
而還郤宛直而和国人說之以直事君以和接類鄢將師為右領右領官名與
費無極比而惡之惡郤宛令尹子常賄而信讒無極譖郤宛焉謂
子常曰子惡欲飲子酒子惡郤宛又謂子惡令尹欲飲酒於子氏子
惡曰我賤人也不足以辱令尹令尹將必來辱為惠已甚吾無
以酬之若何酬報無極曰令尹好甲兵子出之吾擇焉擇取以進子常
取五甲五兵曰寘諸門令尹至必觀之而從以酬之酬之以甲兵及饗
日帷諸門左張帷陳甲兵其中無極謂令尹曰吾幾禍子子惡將為子
不利甲在門矣子必無往且此役也此春秋潛之役吳可以得志子惡
取略焉而還又誤群帥使退其師曰乘乱不祥吳乘我喪我乘
其乱不亦可乎令尹使視郤氏則有甲焉不往召鄢將師而告
之告子惡門有甲兵將害己將師退遂令攻郤氏且爇之爇燒也子惡聞之遂
自殺也国人弗爇令曰不爇郤氏與之同罪或取一編菅焉或
取一秉秆焉編菅苫也秆稾也国人投之遂弗爇也令尹炮之炮燒郤宛
盡滅郤氏之族黨殺陽令終與其弟完及佗令終陽子與晉陳及
其子弟晉陳楚大夫皆郤氏黨晉陳之族呼於国曰鄢氏費氏自以為王
專禍楚国弱寡王室蒙王與令尹以自利也蒙欺也令尹盡信之
矣国將如何令尹病之進胙者莫不謗令尹進胙国中祭祀也謗詛也沈尹
戌言於子常曰夫左尹與中廄尹莫知其罪而子殺之以興謗
讟至于今不已左尹郤宛也中廄尹陽令終戌也惑之仁者殺人以掩謗猶
弗為也今吾子殺人以興謗而弗圖不亦異乎夫無極楚之讒
人也民莫不知去朝吳在十五年出蔡侯朱在二十年盡喪大子建殺連
尹奢連尹奢在二十年屏王之耳目使不聰明不然平王之溫惠共儉有過
成莊無不及焉所以不獲諸侯邇無極也邇近也今又殺三不辜
以興大謗三不辜郤氏陽氏晉陳氏幾及子矣子而不圖將焉用之夫鄢
將師矯子之命以滅三族国之良也而不愆位在位無愆過吳新有
君光新立也疆埸日駭楚国若有大事子其危哉知者除讒以自安

也今子愛讒以自危也甚矣其惑也子常曰是瓦之罪敢不良
圖九月己未子常殺費無極與鄢將師盡滅其族以說于国謗言
乃止

魏舒晉大夫也魯定公元年春王正月辛巳魏舒合諸侯之大
夫于狄泉將以城成周魏子涖政涖臨也代天子大夫為政衛彪傒衛大夫曰
將建天子立天子之居而易位以令非義也大事奸義必有大咎晉
不失諸侯魏子其不免乎是行也魏獻子屬役於韓簡子及原
壽過簡子韓不信原壽過周大夫而田於大陸焚焉禹貢大陸在鉅鹿嫌絕遠疑此田在汲
郡吳澤荒蕪之地火田并見燒也廣平曰陸還卒於甯甯今脩武縣近吳澤范獻子去其柏
椁以其未復命而田也范獻子代魏子為政去其柏椁示貶之

陽虎魯季氏家臣也定公五年六月季平子行東野東野季氏邑還
未至丙申卒于房陽虎將以璵璠斂璵璠美玉君所佩仲梁懷弗與懷
季氏家臣曰改步改玉昭公之出季孫行君事佩璵璠祭宗廟今定公立復臣位改君步亦當去璵璠陽虎
欲逐之告公山不狃不狃曰彼為君也子何怨焉不狃季氏費宰子洩也

九月乙亥陽虎囚季桓子公父文伯(文伯季桓子從父昆弟也陽虎欲逐之)而逐仲梁懷冬十月丁亥殺公何藐(公何藐季氏族)己丑盟桓子于稷門之內(魯南城門)庚寅大詛逐公父歜及秦遄皆奔齊(歜文伯也秦遄平子姑婿也傳言季氏之亂)七年秋齊國夏伐我(晉故)陽虎御季桓子公斂處父御孟懿子(處父孟氏家臣)將宵軍齊師齊師聞之墮伏而待之(設伏兵而要其歸)處父曰虎不圖禍而必死(而必死也)苫夷(苫夷季氏家臣)曰虎陷二子於難不待有司余必殺女虎懼乃還不敗

田成子乞事齊景公為大夫其收賦稅於民以小斗受之其粟予民以大斗行陰德於民而景公弗禁由此田氏得齊衆心宗族益彊民思田氏晏子數諫景公景公弗聽已而使於晉與叔向私語曰齊國之政其卒歸於田氏矣晏嬰卒後范中行氏反晉晉攻之急范中行請粟於齊田乞欲為亂樹黨於諸侯乃說景公曰范中行數有德於齊齊不可不救齊使田乞救之而輸之粟景公太子死後有寵姬曰芮子生子荼(荼音舒)景公病命其相國惠子與高昭子以子荼為太子景公卒兩相高國立荼是為晏孺子而田乞不說欲立景公他子陽生陽生素與乞歡晏孺子之立也陽生奔魯田乞偽事高昭子國惠子者每朝代參乘言曰始諸大夫不欲立孺子孺子既立君相之大夫皆自危欲作亂又紿大夫曰高昭子可畏也及未發先之諸大夫從之田乞鮑牧與大夫以兵入公室攻高昭子昭子聞之與國惠子救公公師敗田乞之衆追國惠子惠子奔莒遂返殺高昭子晏孺子奔魯田乞使人之魯迎陽生陽生至齊匿田乞家田乞請大夫曰常之母有魚菽之祭幸而來會飲會飲田氏田乞盛陽生橐中置坐中央發橐出陽生曰此乃齊君矣大夫皆伏謁將盟立之田乞誣曰吾與鮑牧謀共立陽生也鮑牧怒曰大夫忘景公之命乎諸大夫欲悔陽生乃頓首曰可則立之不可則已鮑牧恐禍及己乃復曰皆景公之子何為不可遂立陽生於田乞之家是為悼公乃使人遷晏孺子於駘而殺孺子荼悼公既立田乞為相專齊政

孟孺子洩(孟懿子之子)哀公十四年將圉馬於成(孺子洩孟武伯也圉養馬也成孟氏邑)成宰公孫宿不受曰孟孫為成之病不圉馬焉孺子怒襲成從者不得入乃反成有司使孺子鞭之秋八月辛丑孟懿子卒成人奔喪弗內袒免哭于衢聽共弗許懼不歸十五年正月成叛

季孫雖惡大夫哀公二十四年閏月公如越得大子適郢(適郢越王大子)將妻公而多與之地公孫有山使告于季孫季孫懼使因大宰嚭而納賂焉乃止

大尹宋近官有寵者魯哀公二十六年宋景公無子取公孫周之子得與啟畜諸公宮未有立焉於是皇緩為右師皇非我為大司馬皇懷為司徒靈不緩為左師樂茷為司城樂朱鉏為大司寇六卿三族降聽政(三族皇靈樂也降和也)因大尹以達(六卿因之以達於君)大尹常不告而以其欲稱君命以令(不告君也)國人惡之司城欲去大尹左師曰縱之使盈其罪(盈滿也)重而無基能無敝乎(言勢重而無德基必敗也)冬十月公游于空澤(空澤宋邑)辛巳卒于連中(連中館名)大尹興空澤之士千甲以奉公自空桐入如沃宮(奉公尸也沃宮宋都內宮名)使召六子曰聞下有師君請六子畫(畫計事)六子至以甲劫之曰君有疾病請二三子盟乃盟于少寢之庭曰無為公室不利大尹立啟奉喪殯于大宮三日而後國人知之司城茷使宣言于國曰大尹惑蠱其君而專其利今君無疾而死死又匿之是無他矣大尹之罪也得夢啟北首而寢於盧門之外(盧門宋東城南門)己為烏而集於其上咮加於南門尾加於桐門曰余夢美必立大尹謀曰我不在盟無乃逐我復盟之乎使祝為載書六子在唐盂(地名)將盟之祝襄以載書告皇非我皇非我因子潞門尹得左師謀曰民與我

逐之乎尝歸授甲使徇于國曰大尹惑蠱其君以陵虐公室與我者救君者也衆曰與之大尹徇曰戴氏皇氏將不利公室［戴］氏［即樂］與我者無憂不富衆曰無別［恐其［illegible］］戴氏皇氏欲伐公［公［illegible］］樂得曰不可彼以陵公有罪我伐公則甚焉使國人施于大尹［大尹［illegible］］大尹奉啓以奔楚乃立得司城爲上卿盟曰三族共政無相害也

田常齊卿殺簡公乃立簡公弟驁是爲平公平公即位田常相之專齊之政割齊安平以東爲田氏封邑［平公之［illegible］自是齊國［illegible］田常所］殺簡公懼諸侯共誅己乃盡歸魯衛侵地西約晉韓魏趙氏南通吳越之使脩功行賞親於百姓以故齊復定

趙簡子晉卿也晉定公十八年簡子圍范中行氏于朝歌中行文子奔邯鄲二十一年簡子拔邯鄲中行文子奔柏人簡子又圍柏人中行文子范昭子遂奔齊趙竟有邯鄲柏人范中行餘邑入于晉趙名晉卿實專晉權奉邑侔於諸侯

晉頃公之十二年六卿以法誅公族祁氏羊舌氏分其邑爲十縣六卿各令其族爲之大夫晉公室由此益弱

魏冄秦宣太后異父弟封穰侯同父弟曰羋戎爲華陽君而昭王同母弟曰高陵君涇陽君而魏冄最賢自惠王武王時任職用事武王卒諸弟爭立唯魏冄力爲能立昭王昭王即位以冄爲將軍衛咸陽誅季君之亂而逐武王后出之魏昭王諸兄弟不善者皆滅之威振秦國昭王少宣太后自治任魏冄爲政

冊府元龜卷第七百四十七

冊府元龜卷第七百四十八

陪臣部一十八

交争　變詐　賊害

交争

春秋之世陪臣執國命彊公室寄任亦多儀制猶紊或奉干戈之役或脩朝會之禮而乃進退由心輕重在已始於放肆卒以交争起雖專戮生於此矣

鄭公孫閼鄭大夫魯隱公十一年五月鄭伯將伐許授兵於大宮(大宮鄭祖廟)公孫閼與潁考叔争車潁考叔挾輈以走(輈車轅也)子都拔棘以逐之(子都公孫閼棘戟也)及大逵弗及子都怒(逵道方九軌也)七月鄭伯傅于許(傅於許城下)潁考叔取鄭伯之旗蝥弧以先登(蝥弧旗名)子都自下射之顛

樂轡宋大夫華弱與樂轡少以相狎長相優又相謗也(狎親習也優調戲也)子蕩怒以弓梏華弱于朝(子蕩樂轡也張弓以貫其頸若械之在手故曰梏)平公見之曰司武而梏於朝難以勝矣(司武司馬言其懦弱不足以勝敵)遂逐之華弱奔魯

司城子罕曰同罪異罰非刑也專戮於朝罪孰大焉亦逐子蕩子蕩射子罕之門曰幾日而不我從(言我射女門女亦當以不勝任見逐)子罕善之如初(言子罕韓晃齊不追忿所以得安)

子朱晉大夫魯襄公二十六年春秦伯之弟鍼如晉脩成(脩會夷儀之歲成)叔向命召行人子員(欲使荅秦命)行人子朱曰朱也當御(御進也言以當行)三云叔向不應子朱怒曰班爵同(同為大夫)何以黜朱於朝(黜退也)撫劍從之(從叔向也)叔向曰秦晉不和久矣今日之事幸而集(集成)晉國賴之不集三軍暴骨子員道二國之言無私子常易之姦以事君者吾所能御也拂衣從之(拂衣褰裳)人救之平公曰晉其庶乎(庶幾治)吾臣之所爭者大師曠曰公室懼卑臣不心競而力爭(謂二子不心競為德而力爭)不務德而爭善(爭所謂善)私欲已侈能無卑乎(私欲侈則公義廢)

穿封戌楚大夫魯襄公二十六年楚子侵鄭至于城麇鄭皇頡戍之(皇頡鄭大夫守城麇)出與楚師戰敗穿封戌囚皇頡公子圍與之争之(公子圍共王子)正於伯州犁(正曲直)伯州犁曰請問於囚乃立囚伯州犁曰所爭君子也其何不知(言囚是君子非細人易別識)上其手曰夫子為王子圍寡君之貴介弟也(介大也)下其手曰此子為穿封戌方城外之縣尹也誰獲子(上下手以道囚意)囚曰頡遇王子弱焉(弱敗也言為王子所得)戌怒抽戈逐王子圍弗及楚人以皇頡歸

公孫黑鄭大夫魯襄公二十九年鄭伯有使公孫黑如楚(黑子晳)辭曰楚鄭方惡而余往是殺余也伯有曰世行也(言女世世行人)子晳曰可則往難則已何世之有伯有將強使之子晳怒將伐伯有氏大夫和之鄭大夫盟於伯有氏裨諶曰是盟也其與幾何(裨諶鄭大夫言盟不能久也)詩曰君子屢盟亂是用長今是長亂之道也禍未歇也(歇盡也)必三年而後能紓(紓解也)子晳又與子南爭聘徐吾犯之妹及適子南氏子晳怒櫜甲以見子南欲殺之而取其妻子南知之執戈逐之及衝擊之以戈子晳傷而歸(衝交道也)

士彌牟晉大夫魯定公元年正月辛巳晉魏舒合諸侯之大夫

于狄泉將以城成周魏子會城成周庚寅栽(栽設版築)宋仲幾不受功曰滕薛郳吾役也(欲使三國代宋受功役也)薛宰曰宋為無道絕我小國於周以我適楚故我常從宋晉文公為踐土之盟曰凡我同盟各復舊職若從踐土若從宋亦唯命仲幾曰踐土固然(固曰從宋役)薛宰曰薛之皇祖奚仲居薛以為夏車正(奚仲為夏掌車服大夫)奚仲遷于邳(邳下邳)仲虺居薛以為湯左相(仲虺奚仲之後)若復舊職將承王官何故以役諸侯(言承奉王官)仲幾曰三代各異物薛焉得有舊(言居周世不得以夏殷為舊)為宋役亦其職也士彌牟曰晉之從政者新(言魏子新為政未習故事)子姑受功歸吾視諸故府(視故事)仲幾曰縱子忘之山川鬼神其忘諸乎(盟時所告山川鬼神)士伯怒謂韓簡子曰薛徵於人(典籍故事人所知也)宋徵於鬼(取證於鬼神)宋罪大矣且已無辭而抑我以神誣我也啟寵納侮其此之謂矣(開寵道令乘己則受侮侵)必以仲幾為戮乃執仲幾以歸

樂溷宋大夫魯定公九年春宋公使樂大心盟于晉且逆樂祁

之尸餘僞有疾乃使向巢如晉盟且逆子梁之尸子玥謂桐門右師出子明樂祁之子溷也右師樂大心子明族父也右師往到子明會子明遂使出門去曰吾猶衰經而子擊鐘何也溷其不識父喪因責其無同族之恩右師曰喪不在此故也既而告人曰已衰經而生子余何故舍鐘子明也子明聞之怒言於公曰右師將不利戴氏樂氏戴公族不肯適晉將作亂也不然無疾乃逐桐門右師

韓傀相韓嚴遂重於君二人相害也嚴遂政議直指舉韓傀之過韓傀以之叱之於朝嚴遂拔劍趨之於是嚴遂懼誅亡去

變詐

古者諸侯各奠方國必有命卿至于大夫以輔其政洎晚周微弱五霸迭起以機先而爲勝內由權變以取威懸是仁義廢而變詐興矣則有屈已而就事違道以成功欺割地之言及好用之物定君於詭詐之際逞兵於倉卒之間盖亦才出一時智逾群萃施之變亂庶可嘉然與夫皇王之道斯爲遠矣禮所謂用之智去其詐良有以乎

叔孫僑如魯大夫通於穆姜欲去季孟而取其室季文子孟獻子成公十六年冬十月出僑如而盟之僑如奔齊諸大夫共盟以僑如爲戒齊聲孟子通僑如聲孟子齊靈公母宋女使立於高國之間位比二卿僑如曰不可以再罪奔衛亦間於卿傳亦無官僑如之權

胥梁帶晉大夫魯襄公二十六年齊人城郟之歲在二十四年其夏齊烏餘以廩丘奔晉烏餘齊大夫也廩丘今東郡廩丘縣故城是襲衛羊角取之今廩丘縣所治羊角城是遂襲我高魚高魚城在廩丘縣東北有大雨自其竇入竇故水門竇開而介于其庫入高魚庫而介其甲以登其城克而取之取魯高魚又取邑於宋於是范宣子卒宣子范匄諸侯弗能治也及趙文子爲政乃卒治之文子言於晉侯曰晉爲盟主諸侯或相侵也則討而使歸其地今烏餘之邑皆討類也言於七類宜歸而貪之是無以爲盟主也請歸之公曰諾孰可使也對曰胥梁帶能無用師晉侯使往能無用師言有權謀至二十七年春胥梁帶使諸喪邑者具車徒以受地必周諸喪邑謂齊魯宋也周密也必密來勿以受地爲名使烏餘具車徒以受封烏餘以封故詐許與之也烏餘以其衆出出受封使諸侯僞致烏餘之封者宋衛齊魯致邑者烏餘而遂執之盡獲之皆獲其徒衆皆取其邑而歸諸侯諸侯是以睦於晉傳言趙文子賢故平公雖失政而諸侯猶睦

韓起晉大夫魯昭公三年如齊逆女爲平公逆公孫蠆爲少姜之有寵也以其子更公女而嫁公子更嫁公女人謂宣子子尾欺晉晉胡受之宣子曰我欲得齊而遠其寵寵將來乎寵謂子尾

薳啓彊楚大夫魯昭公七年三月公如楚楚子享公于新臺章華臺使長鬛者相鬛鬚也欲光夸魯侯好以大屈宴好之賜大屈弓名既而悔之薳啓彊聞之見公公語之拜賀公曰何賀對曰齊與晉越欲此久矣寡君無適與也而傳諸君君其備禦三鄰言齊晉越將伐魯而取之慎守寶矣敢不賀乎公懼乃反之言楚靈不信所以不終

冉猛魯人定公八年正月公侵齊門於陽州師退冉猛僞傷足而先欲先歸其兄會乃呼曰猛也殿會見師退而猛不在列故呼之詐言猛在後爲殿傳言魯无

二月公侵齊魯攻廩丘之郛主人出師奔攻郛人出故師奔走陽虎僞不見冉猛者曰猛在此必敗陽州之役猛先歸言若在此必復敗猛逐之顧無繼僞顛遂顛廩丘人虎曰盡客氣也言皆客氣非勇

子服景伯魯大夫哀公十三年秋七月辛丑盟吳晉爭先爭歃血先後吳人曰於周室我爲長晉人曰於姬姓我爲伯爲侯伯乃先晉人吳人將以公見晉侯景伯對使者矣人乃止既而悔之謂景伯欺之將囚景伯景伯曰何也立後於魯矣何景伯名將以二乘與六人從遲速唯命遂因以還及戶牖戶牖宋地今陳留外黃縣西北東昏城是謂太宰嚭曰魯將以十月上辛有事於上帝先王季辛而畢何世有職焉自有職自襄以來未之有改也魯襄公若不會祝宗將曰吳實然言魯於祭享祝宗將告神云吳使伯不會吳人信鬼故以是恐之且謂魯不共而執其賤者七人何損焉大宰嚭言於王曰無損於魯而祇爲名適爲惡名不如歸之乃歸景伯

智伯晉卿也魯哀公二十七年晉荀瑤帥師伐鄭次于桐丘鄭

駟弘請救于齊（駟弘鄭子）齊陳成子帥師救鄭智伯聞之乃還使謂成子曰大夫陳子陳之自出陳之不祀鄭之罪也（十七年楚滅陳非鄭之罪）故寡君使瑤察陳衷焉（衷善）（繆盖知伯諡陳子欲來子怒謂其多陵人）謂大夫其恤陳乎若利本之顛瑤何有焉（言陳滅於己何傷）成子怒曰多陵人者皆不在智伯其能久乎

田釐子乞事齊景公為大夫景公太子死後有寵姬曰芮子生子荼（一作荼）景公病命其相國惠子與高昭子以子荼為太子景公卒兩相高國立荼是為晏孺子而田乞不說欲立景公佗子陽生陽生素與乞歡晏孺子之立也陽生奔魯田乞偽事高昭子國惠子者每朝代參乘言曰始諸大夫不欲立孺子孺子既立君相之大夫皆自危謀作亂又紿大夫曰高昭子可畏也及未發先之諸大夫從之田乞鮑牧與大夫以兵入公室攻高昭子昭子聞之與國惠子救公公師敗田乞之衆追國惠子惠子奔莒遂返殺高昭子晏孺子奔魯田乞使人之魯迎陽生陽生至齊匿田乞家田乞請大夫曰常之母有魚菽之祭幸而來會飲會飲田氏田乞盛陽生橐中置坐中央發橐出陽生曰此乃齊君矣大夫皆伏謁將盟立之鮑牧醉田乞誣曰吾與鮑牧謀共立陽生鮑牧怒曰大夫忘景公之命乎諸大夫欲悔陽生乃頓首曰可則立之不可則已鮑牧恐禍及已乃復曰皆景公之子何為不可遂立陽生於田乞之家是為悼公乃使人遷晏孺子於駘而殺孺子荼

張儀相秦秦欲伐齊齊楚從親於是張儀往相楚楚懷王聞張儀來虛上舍而自館之曰此僻陋之國子何以教之儀說楚王曰大王誠能聽臣閉關絶約於齊臣請獻商於之地六百里使秦女得為大王箕帚之妾秦楚娶婦嫁女長為兄弟之國此北弱齊而西益秦也計無便此者楚王大說而許之群臣皆賀陳軫獨弔之楚王怒曰寡人不興師發兵得六百里地群臣皆賀子獨弔何也陳軫對曰不然以臣觀之商於之地不可得而齊秦

合齊秦合則患必至矣楚王曰有說乎陳軫對曰夫秦之所以重楚者以其有齊也今閉關絶約於齊則楚孤秦奚貪夫孤國而與之商於之地六百里張儀至秦必負王是北絶齊交西生患於秦也而兩國之兵必俱至善為王計者不若陰合而陽絶於齊使人隨張儀苟與吾地絶齊未晚也不與吾地陰合謀計也楚王曰願陳子閉口毋復言以待寡人得地乃以相印授張儀厚賂之於是遂閉關絶約於齊使一將軍隨張儀張儀至秦佯失綏墮車不朝三月楚王聞之曰儀以寡人絶齊未甚耶乃使勇士至宋借之符北罵齊王齊王大怒折節而下秦秦齊之交合張儀乃朝謂楚使者曰臣有奉邑六里願以獻大王左右楚使者曰臣受令於王以商於之地六百里不聞六里還報楚王楚王大怒發兵而攻秦陳軫曰軫可發口言乎攻之不如割地反以賂秦與之并兵而攻齊是我出地於秦取償於齊也王國尚可存楚王不聽卒發兵而使將軍屈匄擊秦秦齊共攻楚斬首八萬殺屈匄遂取丹陽（在枝江）漢中之地楚又復益發兵而襲秦至藍田大戰楚大敗於是楚割兩城以與秦平秦要楚欲得黔中地欲以武關外易之楚王曰不願易地願得張儀而獻黔中地秦王欲遣之口弗忍言張儀乃請行惠王曰彼楚王怒子之負以商於之地是且甘心於子張儀曰秦彊楚弱臣善靳尚尚得事楚夫人鄭袖所言皆從且臣奉王之節使楚楚何敢加誅假令誅臣而為秦得黔中之地臣之上願遂使楚楚懷王至則囚張儀將殺之靳尚謂鄭袖曰秦王甚愛張儀而不欲出之今將以上庸之地六縣賂楚以美人聘楚以宮中善歌謳者為媵楚王重地尊秦秦女必貴而夫人斥矣不若為言而出之於是鄭袖日夜言懷王曰人臣各為其主用今地未入秦秦使張儀來至重王王未有禮而殺張儀秦必大怒攻楚妾請子母俱遷江南毋為秦所魚肉也懷王後悔赦張儀厚禮之如故

樓緩趙大夫秦攻趙於長平大破之引兵而歸因使人索六城

於趙而謀計未定樓緩新從秦來趙王與樓緩計之曰與秦地與不與孰吉樓緩辭讓曰非人臣所知也王曰雖然試言公之私樓緩曰王亦聞公父文伯乎公父文伯官於魯病死婦人之爲自殺房中者二人其母聞之不肯哭也其相室曰焉有子死不哭者乎其母曰孔子賢人也逐於魯是人不隨今死而婦人爲死者二人若是者其於長者薄於婦人厚也故從母言之爲賢母也從婦人言之爲妬婦故言之一也言者異則人心變今臣新從秦來言勿與則非計也言與之則恐以臣爲秦也故不敢對使臣得爲王計不如與之王曰諾虞卿聞之入見王王以樓緩言告之虞卿曰此飾說也王曰何謂也虞卿曰秦之攻趙倦而歸乎王以其力尚能進愛王而不攻乎王曰秦之攻我也不遺餘力矣必以倦而歸也虞卿曰秦以其力攻其所不能取倦而歸王又爲之攻其力之所不能取以資之是助秦自攻也來年秦復攻王王無救矣王以虞卿言告樓緩樓緩曰虞卿能盡秦力之所至乎誠知秦力之進也此彈丸之地猶不與也今秦來年復攻王得無割其內而媾乎王曰請聽子割矣子能必來年秦不復攻乎樓緩曰此非臣之所敢任也他日者三晉之交於秦相若也今秦善韓魏而獨攻王王之所以事秦必不如韓魏也今臣爲足下解負親之攻啓關通幣齊交韓魏至來年而王獨取攻於秦王之所以事秦者必在韓魏之後也此非臣之所敢任也王以樓緩言告虞卿虞卿曰樓緩言不媾來年秦復攻王得無更割其內而媾乎今樓緩又不能必秦之不復攻也雖割何益來年復攻之割其力之所不能取而媾此自攻盡之術也不如無媾秦雖善攻不能歲取六縣趙雖不能守不至歲失六城秦倦而歸兵必罷我以六城收天下以攻罷秦是我失之於天下而取償之於秦吾國尚利孰與坐而割地自弱以彊秦今樓緩曰秦善韓魏而攻趙者必以王之事秦不如韓魏也是使王歲以六城事秦也坐而地盡矣來年秦復求割地王

將與之乎不與則是弃前貴而挑秦禍也與之則無地而給之語曰彊者善攻而弱者不能守今坐而聽秦秦兵不弊而多得地是強秦而弱趙也以益強之秦而割愈弱之趙其計固不止矣且秦虎狼之國也無禮義其求無已而王之城有盡以有盡之地給無已之求其勢必無趙矣故曰此飾說也王必勿與王曰諾樓緩聞之入見王王又以虞卿言告之樓緩曰不然也虞卿得其一不得其二夫秦趙構難天下皆悅何也我將因強而乘弱今趙兵困於秦故不如亟割地爲和以疑天下慰秦之心不然天下將因秦之怒乘趙之弊而瓜分之趙見亡之不暇何秦之取圖願王以此斷之勿復計也虞卿聞之復入見王曰危矣樓緩之爲秦也夫趙兵困於秦又割地爲和是愈疑天下而何慰秦心哉是亦獨不言其示天下弱乎且臣曰勿與者非固勿與而已也秦索六城於王王以五城賂齊齊秦深讎也得王五城并力而西擊秦齊之聽王又不待辭而畢矣則是王失之於齊而取償於秦也而齊趙之讎可以報示天下有能爲也王以此發聲兵未闚境臣見秦之重賂而反媾於王也從秦爲媾韓魏聞之必盡重王重王必出重器以先於王是一舉而結三國之親而與秦易道也趙王曰善因發虞卿東見齊王與之謀秦虞卿未還秦之使者已在趙矣樓緩聞之逃而去也

賊害

古人有言曰士無賢愚入朝見嫉又曰堆生於岸水必湍之斯固達者因事而立喻也若乃利害相形勢直異稟當其勝會爱起很心乃有取其善而害其人懼其逼而奪其位茲乃賢愚之共弊古今之深戒者也在昔曾陪繼世名位比居苟以一時之忿或至勦類之慘始因私怨構其事端終爲深禍危乎痛本斯則猜賊者之議得讒毀者之計行故受枉被誅莫不由是徵諸前史可覆視也比其事類以存戒焉

郤射姑晉大夫也晉侯使射姑將陽處父諫曰射姑民衆不說

不可使將於是發將陽處父出射姑入君謂射姑曰陽處父言曰射姑民衆不說不可使將射姑怒出刺陽處父於朝而走謂君漏言殺之當坐殺也易曰君不密則失臣臣不密則失身幾事不密則害成

箕鄭父晉大夫也夷之蒐晉侯將登箕鄭父先都登之於上軍也使而士穀梁益耳將中軍士穀本司空先克曰狐趙之勳不可廢也從之狐偃趙衰有從亡之勳先克奪蒯得田于堇陰七年晉禦秦師於堇陰之事奪其田也先克中軍佐故箕鄭父先都士穀梁益耳蒯得作亂使賊殺先克

孔寧儀行父皆陳卿也靈公與孔寧儀行父通於夏姬皆衷其衵服以戲于朝夏姬鄭穆公女陳大夫御叔妻衷懷也衵服近身衣洩冶諫曰公卿宣淫民無效焉宣示也且聞不令君其納之納藏衵服公曰吾能改矣公告二子二子請殺之公弗禁遂殺洩冶孔子曰詩云民之多辟無自立辟其洩治之謂乎

屠岸賈晉大夫也屠岸賈欲殺趙氏賈始有寵於靈公及至於景公而賈爲司寇將作難乃治靈公之賊以致趙盾徧告諸將

曰盾雖不知猶爲賊首以臣弑君子孫在朝何以懲辠請誅之韓厥曰靈公遇賊趙盾在外吾君以爲無罪故不誅今諸君將誅其後是非先君之意而今妄誅妄誅謂之亂臣有大事而君不聞是無君也賈不聽韓厥告趙朔趣亡朔不肯曰子必不絶趙祀朔死不恨韓厥許諾稱疾不出賈不請而擅與諸將攻趙氏於下宮殺趙朔趙同趙括趙嬰齊皆滅其族

郤錡郤犨郤至皆晉大夫也三郤害伯宗譖而殺之及欒弗忌欒弗忌晉賢大夫伯州犁奔楚伯宗子韓獻子曰郤氏其不免乎善人天地之紀也而驟絶之不亡何待既殺伯宗又及弗忌故曰驟也初伯宗每朝其妻必戒之曰盜憎主人民惡其上子好直言必及於難

子尾齊大夫也害閭丘嬰欲殺之使帥師以伐陽州陽州魯地我問師故魯以既伐而問齊何故伐我子尾殺閭丘嬰以說于我師言伐魯者嬰所爲也工僂灑渻竈孔虺賈寅出奔莒四子嬰之黨

季平子魯大夫也平子伐莒取郠郠莒邑獻俘始用人於亳社以

臧武仲在齊聞之曰周公其不饗魯祭乎周公饗義魯無義詩曰德音孔昭視民不佻詩小雅佻偷也言明德君子必愛民佻之謂甚矣而壹用之將誰福哉壹同也同人於畜牲

駟歂鄭大夫也殺鄧析而用其竹刑鄧析鄭大夫欲改鄭所鑄舊制不受君命而私造刑法書之於竹簡故言竹刑君子謂子然於是不忠苟有可以加於國家者弃其邪可也加益也弃不責其邪惡也靜女之三章取彤管焉詩邶風也靜女之三章之詩說美女義在彤管彤管赤管筆女史記事規誨之所執竿旄何以告之取其忠也詩鄘風也竿旄詩者取其中心願告人以善道也言此二詩皆以一善見采而鄧析不以一善存身故用其道不弃其人詩云蔽芾甘棠勿翦勿伐召伯所茇詩召南也召伯決訟於蔽芾小棠之下詩人思之不伐其樹茇草舍也思其人猶愛其樹況用其道而不恤其人乎子然無以勸能矣傳言子然闕大叔爲政所以袞弱

陳逆齊大夫也齊簡公之在魯也闞止有寵焉簡公悼公陽生子壬也闞止子我也及即位使爲政陳成子憚之驟顧諸朝成子陳常心不安故數顧之諸御鞅言於公曰陳闞不可並也君其擇焉擇用一人弗聽子我夕夕視事

陳逆殺人逢之陳逆子行陳氏宗也子我逢之遂執以入執陳逆至朝陳氏方睦欲謀齊國陳逆使疾而遺之潘沐備酒肉焉使詐病因內潘沐并賜酒肉潘米汁可以沐頭饗守囚者醉而殺之而逃

白公勝楚太子建之子也太子建之遇讒也自城父奔宋又辟華氏之亂於鄭鄭人甚善之又適晉與晉人謀襲鄭乃求復焉鄭人復之如初晉人使諜於子木請行而期焉請行襲鄭之期子木即建也子木暴虐於其私邑邑人訴之鄭人省之得晉諜焉遂殺子木其子曰勝在吳子西欲召之葉公曰吾聞勝也詐而亂無乃害乎葉公子高沈諸梁也子西曰吾聞勝也信而勇不爲不利舍諸邊竟使衛藩焉使爲藩屏之衛葉公曰周仁之謂信周親也率義之謂勇率行也吾聞勝也好復言言之所許必欲行之不顧道理而求死士殆有私乎欲報怨復言非信也期死非勇也期必死也子必悔之弗從召之使處吳竟爲白公白楚邑也汝陰褒信縣西南有白亭請伐鄭子西曰楚未節也言楚國新復政令未得節節不然吾不忘也他日又請許之未起師晉人伐鄭楚救之與

之盟勝怒曰鄭人在此讎不遠矣子西比於鄭人勝自厲劍子期之子平見之曰王孫何自厲也曰勝以直聞不告女庸為直乎將以殺爾父平以告子西子西曰勝如卵余翼而長之[illegible]楚國第用士之次第我死令尹司馬非勝而誰勝聞之曰令尹之狂也得死乃非我言我必殺之若得自死我乃不得成人子西不悛勝謂石乞石乞勝之徒曰王與二卿士二卿子西子期皆五百人當之則可矣乞曰不可得也以五百不可[illegible]曰市南有熊宜僚若得之可以當五百人矣乃從白公而見之與之言說告之故辭告從作宜僚辭乎之承之以劍不動設劍指勝其不懼曰不為利諂不為威惕不洩人言以求媚者去之吳人伐慎白公敗之汝陰慎縣也請以戰備獻戰與吳戰之所得鎧仗兵器皆欲因此作亂許之遂作亂殺子西子期于朝而劫惠王子西以袂掩面而死慙於葉公

太宰嚭吳大夫也嚭既與子胥有隙因讒曰子胥為人剛暴少恩猜賊其怨望恐為深禍也前日王欲伐齊子胥以為不可王卒伐之而有大功子胥恥其計謀不用乃反怨望而今王又復

伐齊子胥專愎彊諫沮才呂切毀用事徒幸吳之敗以自勝其計謀耳今王自行悉國中武力以伐齊而子胥諫不用因輟謝佯病不行王不可不備此起禍不難且嚭使人微伺之其使於齊也乃屬其子於齊之鮑氏夫為人臣內不得意外倚諸侯自以為先王之謀臣今不見用常鞅鞅怨望願王早圖之吳王曰微子之言吾亦疑之乃使使賜伍子胥屬鏤劍名之劍曰子以此死伍子胥仰天歎曰嗟乎讒臣嚭為亂矣王乃反誅我我令若父霸自若未立時諸公子爭立我以死爭之於先王幾不得立若既得立欲分吳國予我我顧不敢望也然今若聽諛臣言以殺長者乃告其舍人曰必樹吾墓上以梓令可以為器而抉吾眼縣吳東門之上以觀越寇之入滅吳也乃自剄死

趙鞅晉大夫簡子也殺竇鳴犢舜華晉國之賢大夫也簡子未得志之時須此兩人而后從政及其已得志殺之乃從政

須賈為魏中大夫為魏昭王使於齊范雎從之留數月未得報齊襄王聞雎辯口乃使人賜雎金十斤及牛酒雎辭謝不敢受須賈知之大怒以為雎持魏國陰事告齊故得此饋令雎受其牛酒還其金既歸心怒雎以告魏相魏齊魏齊大怒使舍人笞擊雎折脅摺齒雎佯死即卷以簀置廁中賓客飲者醉更溺雎故僇辱以懲後令無妄言者雎從簀中謂守者曰公能出我我必厚謝公守者乃請出棄簀中死人魏齊醉曰可矣范雎得出

趙襄子晉大夫也襄子姊前為代王夫人簡子既葬未除服北登夏屋山在廣武請代王使廚人操銅枓以食代王及從者行斟陰令宰人各一作雒以枓擊殺代王及從官遂興兵平代地其姊聞之泣而呼天摩笄自殺代人憐之所死地名之為摩笄之山遂以代封伯魯子周為代成君

册府元龜卷第七百四十八

冊府元龜卷第七百四十九

陪臣部 一十九

構患

夫内懷隱慝心專樂禍闇於舍己好務於構怨苟利於己貽患於國斯蓋臣之不令而人之無良者歟春秋之世逮及六國諸侯力政征伐自出乃有私家陪之列總兵賦之職頗專公族之勢居輕御之重不念乎令德之訓徇於公家之利怙亂以肆志啟戎而致擾因私憾而忘本恃外援而傾宗以至干戈日尋禍釁交作燎原之勢是起發矢之悔莫追其有積稔之自貽夷滅之是取名在國策爲世大戮不爲不幸也

華元宋大夫也魯宣公二年春華元帥師及鄭公子歸生戰于大棘宋師敗績將戰華元殺羊食士其御羊斟不與及戰曰疇昔之羊子爲政疇昔猶前日也今日之事我爲政與入鄭師故敗

石制鄭大夫魯宣公十二年春楚子圍鄭是役也石制寔入楚

師將以分鄭而立公子魚臣辛未鄭殺僕叔及子服僕叔魯臣也子服石制也君子曰史佚所謂毋怙亂者謂是類也言恃人之亂以要利詩曰亂離瘼矣爰其適歸詩小雅也瘼病也爰於也言禍亂憂病何所歸乎歸於怙亂者也夫

先縠晉大夫魯宣公十三年秋赤狄伐晉及清先縠召之也[illegible]不得志欲爲變故召狄清一名清原

宣伯魯大夫叔孫僑如也成公十六年公出于壞隤壞隤魯地[illegible]晉以僑[illegible]不見公宣伯通於穆姜穆姜成公母欲去季孟以取其室季文子孟獻子將行穆姜送公而使逐二子公以晉難告會晉伐鄭曰請反而聽命姜怒公子偃公子鉏趨過二子公庶弟指之曰女不可是皆君也言欲立之爲君公待於壞隤申宮儆備申宮中儆備設守而後行是以後晉使[illegible]戰使孟獻子守于公宮秋會于沙隨謀伐鄭也鄭未服宣伯使告郤犨郤犨晉卿曰魯侯待于壞隤以待勝者欲觀晉楚之勝負郤犨將新軍且爲公族大夫以主東諸侯主齊魯之屬取貨于宣伯而訴公于晉侯晉侯不見公七月公會尹武公及諸侯伐鄭將行姜又命公如初復欲使逐季孟公又申守而行諸侯之師次于鄭西我師次于督揚不敢過鄭督揚鄭東地子叔聲伯使叔孫豹請逆于晉師豹僑如弟[illegible]聲伯四日不食以待之食使者使者豹之介而後食言其忠也宣伯使告郤犨曰魯之有季孟猶晉之有欒范也政令於是乎成今其謀曰晉政多門不可從也政不由君寧事齊楚有亡而已蔑從晉矣蔑無也若欲得志於魯請止行父而殺之行父季文子也我斃蔑也蔑孟獻子[illegible]留守公宮而事晉蔑有貳矣魯不貳小國必睦不然歸必叛矣九月晉人執季文子于苕丘公還待于鄆鄆魯西邑東郡[illegible]使子叔聲伯請季孫于晉郤犨曰苟去仲孫蔑而止季孫行父吾與子國親於公室[illegible]對曰僑如之情子必聞之矣[illegible]若去蔑與行父是大棄魯國而罪寡君也若猶不棄而惠徼周公之福使寡君得事晉君則夫二人者魯國社稷之臣也若朝亡之魯必夕亡以魯之密邇仇讎[illegible]亡而爲讎治之何及[illegible]

[illegible]郤犨曰吾爲子請邑對曰嬰齊魯之常隸也[illegible]敢介大國以求厚焉[illegible]承寡君之命以請[illegible]若得所請吾子之賜多矣又何求范文子謂欒武子曰季孫於魯相二君矣[illegible]妾不衣帛馬不食粟可不謂忠乎信讒慝而棄忠良若諸侯何子叔嬰齊奉君命無私[illegible]謀國家不貳[illegible]圖其身不忘其君[illegible]若虛其請是棄善人也子其圖之乃許魯平赦季孫冬十月出叔孫僑如而盟之僑如奔齊[illegible]十二月季孫及郤犨盟于扈歸刺公子偃[illegible]召叔孫豹于齊而立之[illegible]

郤犨晉大夫魯成公十七年冬晉殺其大夫郤錡郤犨郤至晉厲公侈多外嬖外嬖愛幸大夫[illegible]反自鄢陵欲盡去群大夫而立其左右胥童以胥克之廢也怨郤氏[illegible]而嬖於厲公郤錡奪夷陽五田五亦嬖於厲公郤犨與長魚矯爭田執而梏之

（奪之）與其父母妻子同一轅（轅車轅之）既矯亦嬖於厲公欒書怨郤至以其不從己而敗楚師也欲廢之（鄢陵之戰欒書欲固壘以待楚郤至言楚有六間以求戰勝也）使楚公子茷告公曰此戰也郤至實召寡君（[illegible]）以東師之未至也（東師齊魯衛之師）與軍帥之不具也曰此必敗（[illegible]）吾因奉孫周以事君（孫周晉襄公曾孫[illegible]）公告欒書書曰其有焉不然豈其死之不恤而受敵使乎（敵使楚子[illegible]）君盍嘗使諸周而察之（[illegible]）郤至聘于周欒書使孫周見之公使覘之信（覘伺也）遂怨郤至厲公田與婦人先殺而飲酒後使大夫殺（[illegible]）郤至奉豕（進之）寺人孟張奪之（寺人奄士）郤至射而殺之公曰季子欺余（季子郤至[illegible]）厲公將作難胥童曰必先三郤族大多怨去大族不偪（不偪公室）敵多怨有庸（[illegible]）公曰然郤氏聞之郤錡欲攻公曰雖死君必危郤至曰人所以立信知勇也信不叛君知不害民勇不作亂失茲三者其誰與我死而多怨將安用之（言俱死多其怨咎）君實有臣而殺之其謂君

何我之有罪吾死後矣若殺不辜將失其民欲安得乎（言不得安位）待命而已受君之祿是以聚黨有黨而爭命（爭死命）罪孰大焉（言罪大）（郤至無反心）壬午胥童夷羊五帥甲八百將攻郤氏（八百人）長魚矯請無用衆公使清沸魋助之（清沸魋亦嬖人）抽戈結衽（衽裳際）而偽訟者（[illegible]）三郤將謀於榭（榭講武堂）矯以戈殺駒伯苦成叔於其位（位坐處）（[illegible]）溫季曰逃威也遂趨（[illegible]）矯及諸其車以戈殺之皆尸諸朝（陳其尸於朝）（[illegible]）胥童以甲劫欒書中行偃於朝矯曰不殺二子憂必及君公曰一朝而尸三卿余不忍益也對曰人將忍君（謂書偃）臣聞亂在外為姦在內為軌御姦以德（德綏遠）御軌以刑（刑治近）不施而殺不可謂德臣偪而不討不可謂刑德刑不立姦軌並至臣請行遂出奔狄（行去也）公使辭於二子（辭謝書偃）曰寡人有討於郤氏郤氏既伏其辜矣大夫無辱其復職位（胥童劫而辱之故云辱）皆再拜稽首曰君討有罪而免臣於死君之惠也二臣雖死敢忘君德乃皆歸

公使胥童為卿公遊于匠麗氏（匠麗大夫家）欒書中行偃遂執公焉召士匄士匄辭（不[illegible]）召韓厥韓厥辭曰昔吾畜於趙氏孟姬之讒吾能違兵（違去也[illegible]）古人有言曰殺老牛莫之敢尸而況君乎二三子不能事君焉用厥也（尸主也）閏月乙卯晦欒書中行偃殺胥童（[illegible]）民不與郤氏胥童道君為亂故皆書曰晉殺其大夫（[illegible]）公子也魯襄公八年冬楚子囊伐鄭討其侵蔡也子駟子國子耳欲從楚子孔子蟜子展欲待晉（待晉救）子駟曰周詩有之曰俟河之清人壽幾何（逸詩也言人壽促而河清遲）兆云詢多職競作羅（[illegible]）謀之多族民之多違事滋無成（[illegible]）民急矣姑從楚以紓吾民晉師至吾又從之敬共幣帛以待來者小國之道也犧牲玉帛待於二竟（[illegible]）以待彊者而庇民焉寇不為害民不罷病不亦可

乎子展曰小所以事大信也小國無信兵亂日至亡無日矣五會之信（[illegible]三年會雞澤[illegible]五年會戚[illegible]七年會鄬八年會邢丘）今將背之雖楚救我將安用之（言失信不足貴）親我無成（[illegible]）鄙我是欲（楚欲以鄭為邊鄙[illegible]）不可從也（言子駟不可從）不如待晉晉君方明四軍無闕八卿和睦必不棄鄭（四軍上下[illegible]八卿）楚師遼遠糧食將盡必將速歸何患焉舍之聞之（舍之子展）杖莫如信完守以老楚杖信以待晉不亦可乎子駟曰詩云謀夫孔多是用不集（詩小雅孔甚也集就也言人謀多是非相亂而不成）發言盈庭誰敢執其咎（言謀者多若有不善誰受其咎）如匪行邁謀是用不得于道（匪彼也行邁謀謀於路人也不得于道衆[illegible]）請從楚騑也受其咎（騑子駟名）乃及楚平使王子伯駢告于晉（伯駢鄭大夫）曰君命敝邑脩而車賦儆而師徒以討亂略蔡人不從敝邑之人不敢寧處悉索敝賦（索盡也）以討于蔡獲司馬燮獻于邢丘今楚來討曰女何故稱兵于蔡（[illegible]）焚我郊保（[illegible]）馮陵我城郭（馮迫也）敝邑之衆夫婦男女不皇啓處以相救也（[illegible]）翦焉傾覆無所控告（翦盡也控引也）民

死亡者非其父兄即其子弟夫人愁痛（夫人猶人人也）不知所庇民知窮困而受盟于楚孤也與其二三臣不能禁止（孤鄭伯自謂）不敢不告知武子使行人子員對之曰君有楚命（見討之命）亦不使一介行李告于寡君（一介獨使也行李行人也）而即安于楚君之所欲也誰敢違君寡君將帥諸侯以見于城下唯君圖之（明年晉伐鄭）

子孔鄭公子也魯襄公十八年冬楚伐鄭子孔欲去諸大夫（欲專權）將叛晉而起楚師以去之使告子庚子庚弗許（子庚楚令尹公子午）楚子聞之使楊豚尹宜告子庚曰國人謂不穀主社稷而不出師死不從禮（不能承先君之業死將不得從先君之禮）不穀即位於今五年師徒不出人其以不穀為自逸而忘先君之業矣（謂已未嘗師自出）大夫圖之其若之何子庚歎曰君王其謂午懷安乎吾以利社稷也見使者稽首而對曰諸侯方睦於晉臣請嘗之（嘗試其難易也）若可君而繼之不可收師而退可以無害君亦無辱子庚師師治兵於汾（襄城縣東北有汾丘城）於是子蟜伯有子張從鄭伯伐齊（子張公孫黑肱）子孔子展子西守二子知子孔之謀（二子子展子西）完守入保（完城郭內保守）子孔不敢會楚師伐鄭次於魚陵（魚陵魚齒山也在南陽犨縣北鄭地）右師城上棘遂涉潁次于旃然（將涉潁故於水邊權築小城以為進退之備旃然水出滎陽成皋縣東入汴）蔿子馮公子格率銳師侵費滑胥靡獻于雍梁（胥靡獻于雍梁皆鄭邑河南陽翟縣東北有雍氏城）右回梅山（在滎陽密縣東北）侵鄭東北至于蟲牢而反子庚門于純門信于城下而還（信再宿也）涉於魚齒之下（魚齒山之下有滍水故言涉）甚雨及之楚師多凍役徒幾盡

析公楚大夫也魯襄公二十六年蔡大夫聲子使於晉還如楚謂楚令尹子木曰子儀之亂析公奔晉（在文十四年）晉人寘諸戎車之殿以為謀主（在軍後）繞角之役晉將遁矣析公曰楚師輕窕易震蕩也若多鼓鈞聲以夜軍之（鈞同其聲）楚師必遁晉人從之楚師宵潰晉遂侵蔡襲沈獲其君敗申息之師於桑隧獲申麗而還（成六年晉欒書救鄭與楚師遇於繞角楚師還晉侵沈獲沈子八年楚復敗甲息獲申麗）鄭於是不敢南面楚失華夏則析公之為也

雍子楚大夫也雍子之父兄譖雍子君與大夫不善是也（不是其曲直）雍子奔晉晉人與之鄐（鄐晉邑）以為謀主彭城之役晉楚遇於靡角之谷（在成十八年）晉將遁矣雍子發命於軍曰歸老幼反孤疾二人役歸一人簡兵蒐乘（簡擇蒐閱）秣馬蓐食師陳焚次（次舍也焚舍示必死）明日將戰行歸者而逸楚囚（欲使楚知之）楚師宵潰晉降彭城而歸諸宋以魚石歸（在元年）楚失東夷子辛死之則雍子之為也（楚東小國及陳人見楚不能救故皆叛五年楚人討陳叛故殺令尹子辛）

子靈楚大夫也楚子反與子靈爭夏姬（子靈巫臣）而雍害其事（子反亦雍害巫臣不使得娶夏姬）子靈奔晉晉人與之邢（邢晉邑）以為謀主扞禦北狄通吳於晉教吳叛楚教之乘車射御驅侵使其子狐庸為吳行人焉吳於是伐巢取駕克棘入州來（巢駕棘皆楚邑譙國酇縣東北有棘亭）楚罷於奔命至今為患則子靈之為也（事見成七年）

苗賁皇楚大夫也楚莊王時若敖之亂伯賁之子賁皇奔晉晉人與之苗（苗晉邑）以為謀主鄢陵之役楚晨壓晉軍而陳晉將遁矣苗賁皇曰楚師之良在其中軍王族而已（言楚之精卒唯在中軍）君塞井夷竈成陳以當之（塞井夷竈以為陳）欒范易行以誘之（欒書范燮易其行陳示弱以誘之）（易行謂簡易兵備欲令楚貪已不復顧二穆之兵）中行二郤必克二穆（郤錡時將上軍郤至佐新軍中行偃佐上軍）（左右軍令壯三人分良以攻二穆之）吾乃四萃於其王族必大敗之（萃集也四面集攻之）晉人從之楚師大敗王夷師熸（夷傷也吳楚之間謂火滅為熸）（事見成十六年）子反死之鄭叛吳興楚失諸侯則苗賁皇之為也

慶封齊大夫也魯襄公二十七年春慶封來聘初崔杼生成及彊而寡（偏喪曰寡寡特也）娶東郭姜（齊東郭偃之姊）生明東郭姜以孤入（孤棠無咎棠公之子）與東郭偃相崔氏（東郭偃姜之弟）崔成有疾而廢之（有惡疾也）而立明成請老于崔（濟南東朝陽縣西北有崔氏城成欲居崔邑以終老）崔子許之偃與無咎弗予曰崔宗邑也必在宗主（宗邑宗廟所在宗主謂崔明）成與彊怒將殺之告慶封曰夫子之身亦子所知也唯無咎與偃是從父兄莫得進矣大恐害夫子敢以告（夫子謂崔杼）慶封曰子姑退吾圖之告盧蒲嫳（嫳慶封屬大夫）以成彊之告盧蒲嫳曰彼君之讎也天或者將棄彼矣彼實家亂子

何獨為崔之薄慶之厚也他日又告慶封曰苟利夫子必去之難吾助女九月庚辰崔成崔彊殺東郭偃棠無咎於崔氏之朝崔子怒而出其衆皆逃求人使駕不得使圉人駕寺人御而出(圉人養馬者寺人奄士)且曰崔氏有福止余猶可遂見慶封慶封曰崔慶一也(言如一家)是何敢然請為子討之使盧蒲嫳帥甲以攻崔氏崔氏堞其宮而守之弗克使國人助之遂滅崔氏殺成與彊而盡俘其家其妻縊嫳復命於崔子且御而歸之至則無歸矣乃縊崔明夜辟諸大墓辛巳崔明來奔慶封當國二十八年慶封使諸亡人得賊者以告而反之故反盧蒲癸癸臣子之有寵妻之(子之以其女妻癸)慶舍之士謂盧蒲癸曰男女辨姓子不辟宗何也曰宗不余辟余獨焉辟之賦詩斷章余取所求焉惡識宗癸言王何而反之二人皆嬖使執寢戈而先後之公膳日雙雞饔人竊更之以鶩御者知之則去其肉而以其洎饋子雅子尾怒慶封告盧蒲嫳盧蒲嫳曰譬之如禽獸吾寢處之矣慶封心亂陳無宇濟水而戕舟發梁盧蒲姜謂癸曰有事而不告我必不捷矣癸告之姜曰夫子愎莫之止將不出我請止之癸曰諾十一月乙亥嘗于大公之廟慶舍涖事盧蒲姜告之且止之弗聽曰誰敢者遂如公麻嬰為尸慶圭為上獻盧蒲癸王何執寢戈慶氏以其甲環公宮陳氏鮑氏之圉人為優慶氏之馬善驚士皆釋甲束馬而飲酒且觀優至於魚里欒高陳鮑之徒介慶氏之甲子尾抽桷擊扉三盧蒲癸自後刺子之王何以戈擊之解其左肩猶援廟桷動於甍

以俎壺投殺人而後死遂殺慶繩麻嬰公懼鮑國曰羣臣為君故也陳須無以公歸稅服而如內宮慶封歸遇告亂者丁亥伐西門弗克還伐北門克之入伐內宮弗克反陳于嶽請戰弗許遂來奔

伯有鄭大夫良霄也魯襄公三十年鄭人殺良霄初伯有耆酒為窟室而夜飲酒擊鍾焉朝至未已朝者曰公焉在其人曰吾公在壑谷皆自朝布路而罷既而朝則又將使子晳如楚歸而飲酒庚子子晳以駟氏之甲伐而焚之伯有奔雍梁醒而後知之遂奔許大夫聚謀子皮曰仲虺之志云亂者取之亡者侮之推亡固存國之利也罕駟豐同生伯有汰侈故不免人謂子產就直助彊子產曰豈為我徒國之禍難誰知所敝或主彊直難乃不生姑成吾所辛丑子產斂伯有氏之死者而殯之不及謀而遂行印段從之子皮止之衆曰人不我順何止焉子皮曰夫子禮於死者況生者乎遂自止之壬寅子產入癸卯子石入皆受盟于子晳氏乙巳鄭伯及其大夫盟于大宮盟國人于師之梁之外伯有聞鄭人之盟己也怒聞子皮之甲不與攻己也喜曰子皮與我矣癸丑晨自墓門之瀆入因馬師頡介于襄庫以伐舊北門駟帶率國人以伐之皆召子產子產曰兄弟而及此吾從天所與伯有死於羊肆子產襚之枕之股而哭之斂而殯諸伯有之臣在市側者既而葬諸斗城子駟氏欲攻子產子皮怒之曰禮國之幹也殺有禮禍莫大焉於是游吉如晉還聞難不入復命于介八月甲子奔晉駟帶追之及酸棗與子上盟用兩珪質于河使公孫肸入盟大夫己巳復歸書曰鄭人殺良霄不稱大夫言自外入也

僕展從伯有與之皆死(僕展鄭大夫伯有黨)羽頡出奔晉為任大夫(羽頡馬師頡鄭大夫任晉邑)雞澤之會(在三年)鄭樂成奔楚遂適晉羽頡因之與之比而事趙文子言伐鄭之說焉以宋之盟故不可(宋盟[illegible])子皮以公孫鉏為馬師(鉏子罕之子代羽頡)

欒施齊大夫也魯昭公十年欒施來奔齊惠欒高氏彊於陳鮑氏而惡之([illegible])夏有告陳桓子曰子旗子良將攻陳鮑亦告鮑氏[illegible]子授甲而如鮑氏遭子良醉而騁([illegible])遂見文子[illegible]則亦授甲矣使視二子(二子子旗子良)則皆將飲酒桓子曰彼雖不信[illegible]聞我授甲則必逐我及其飲酒也先伐諸陳鮑方睦遂伐欒氏子良曰先得公陳鮑焉往(欲以公自輔)遂伐虎門(公門)[illegible]晏平仲端委立于虎門之外[illegible]四族召之無所往[illegible]其徒曰助陳鮑乎曰何善焉[illegible]助欒高乎曰庸愈乎[illegible]則歸乎曰君伐焉歸公召之而後入公卜使王黑以靈姑銔率吉請斷三尺焉而用之([illegible])五月庚辰戰于稷([illegible])欒高敗又敗諸莊([illegible])國人追之又敗諸鹿門([illegible])欒施高彊來奔([illegible])陳鮑分其室

叔仲子魯大夫昭公六年季平子立而不禮於南蒯([illegible])南蒯謂子仲([illegible])吾出季氏而歸其室於公([illegible])子更其位([illegible])我以費為公臣子仲許之南蒯語叔仲穆子且告之故([illegible])季悼子之卒也叔孫昭子以再命為卿([illegible])及平子伐莒克之更受三命([illegible])叔仲子欲構二家([illegible])謂平子曰三命踰父兄非禮也([illegible])平子曰然故使昭子([illegible])昭子曰叔孫氏有家禍殺適立庶故婼也及此([illegible])若因禍以斃之則聞命矣([illegible])若不廢君命則固有著矣([illegible])昭子朝而命吏曰婼將與季氏訟書辭無頗([illegible])季孫懼而歸罪於叔仲子故叔仲小南蒯公子慭謀季氏慭告公而遂從公如晉([illegible])南蒯懼不克以費叛如齊子仲還及衛聞

亂逃介而先(介副使也)及郊聞費叛遂奔齊([illegible])南蒯之將叛也其鄉人或知之過之而歎且言曰恤恤乎湫乎攸乎([illegible])深思而淺謀邇身而遠志家臣而君圖([illegible])有人矣哉([illegible])南蒯枚筮之([illegible])遇坤之比([illegible])曰黃裳元吉([illegible])以為大吉也示子服惠伯曰即欲有事何如惠伯曰吾嘗學此矣忠信之事則可不然必敗外彊內溫忠也([illegible])和以率貞信也([illegible])故曰黃裳元吉黃中之色也裳下之飾也元善之長也中不忠不得其色([illegible])下不共不得其飾事不善不得其極([illegible])外內倡和為忠率事以信為共供養三德為善([illegible])非此三者弗當([illegible])且夫易不可以占險將何事也且可飾乎([illegible])中美能黃上美為元下美則裳參成可筮([illegible])猶有闕也筮雖吉未也([illegible])將適費飲鄉人酒([illegible])鄉人或歌之曰我有圃生之杞乎([illegible])從我者子乎([illegible])去我者鄙乎倍其鄰者恥乎已乎已乎非吾黨之士乎([illegible])平子欲使昭子逐叔仲小([illegible])小聞之不敢朝昭子命吏謂小待政於朝曰吾不為怨府([illegible])

觀從楚人也魯昭公十三年楚公子弃疾殺公子比初楚子之為令尹也殺大司馬薳掩而取其室([illegible])及即位奪薳居田([illegible])遷許而質許圍([illegible])蔡洧有寵於王王之滅蔡也其父死焉([illegible])王使與於守而行([illegible])申之會越大夫戮焉([illegible])王奪鬬韋龜中犫([illegible])又奪成然邑而使為郊尹([illegible])蔓成然故事蔡公([illegible])故薳氏之族及薳居許圍蔡洧蔓成然皆王所不禮也因群喪職之族啟越大夫常壽過作亂圍固城克息舟城而居之([illegible])觀起之

死也其子從在蔡事朝吳(觀起死在襄二十二年朝吳故蔡大夫聲子之子)曰今不封蔡蔡不封矣我請試之(觀從以父死欲楚亂故欲試作亂)以蔡公之命召子干子皙(二子皆靈王弟元年子干奔晉子皙奔鄭)及郊而告之情(告以蔡公不知謀)強與之盟入襲蔡蔡公將食見之而逃(不知其故畏避之)觀從使子干食坎用牲加書而速行(食子干居蔡公之食並示與蔡公盟之徵以示衆)已徇於蔡(觀從也)曰蔡公召二子將納之與之盟而遣之矣將師而從之(觀從詐言以紿蔡人)蔡人聚將執之(執觀從)辭曰失賊成軍而殺余何益乃釋之(賊謂子干子皙也言蔡公已成罪)朝吳曰二三子若能死亡則如違之以待所濟(言若能逆靈王死亡則可違蔡公之命以待成敗所在)若求安定則如與之以濟所欲(言與蔡公則可得安定)且違上何適而可(言不可違上上謂蔡公)衆曰與之乃奉蔡公召二子而盟于鄧(潁川召陵縣西南有鄧城二子子干子皙)依陳蔡人以國(陳蔡[illegible]而之)楚公子比(子干)公子黑肱(子皙)公子棄疾(蔡公)蔓成然蔡朝吳帥陳蔡不羹許葉之師因四族之徒(四族薳氏許圍蔡洧蔓成然)以入楚及郊陳蔡欲為名故請為武軍(欲築壘壁外示人為之名)蔡公知之曰欲速且役病矣請藩而已乃藩為軍(藩籬也)蔡公使須務牟與史猈先入因正僕人殺太子祿及公子罷敵(須務牟史猈楚大夫蔡公之黨也正僕太子之近官)公子比為王公子黑肱為令尹次于魚陂(竟陵縣城西北有甘魚陂)公子棄疾為司馬先除王宮使觀從從師于乾谿而遂告之(從就乾谿之師告以衆叛靈王)且曰先歸復所後者劓(盡劓其鼻)師及訾梁而潰(靈王還至訾梁而衆散)

公子鐸莒羣公子也魯昭十四年秋八月莒著丘公卒郊公不感(郊公著丘公子)國人弗順欲立著丘公之弟庚輿(庚輿共公)蒲餘侯惡公子意恢而善於庚輿(蒲餘侯莒大夫茲夫也意恢莒羣公子)郊公惡公子鐸而善於意恢(意恢亦羣公子)公子鐸因蒲餘侯而與之謀曰爾殺意恢我出君而納庚輿許之(許殺意恢)冬十二月蒲餘侯茲夫殺莒公子意恢郊公奔齊公子鐸逆庚輿於齊齊隰黨公子鉏送之有賂田(莒以田賂齊)

費無極為楚大夫朝吳之在蔡也無極欲去之乃謂之曰王唯信子故處子於蔡子亦長矣而在下位辱必求之吾助子請又謂其上之人曰王唯信吳故處諸蔡二三子莫之如也而在其上不亦難乎弗圖必及於難蔡人逐朝吳朝吳出奔鄭

齊豹衛大夫魯昭公二十年秋盜殺衛侯之兄縶初衛公孟縶狎齊豹(公孟縶靈公兄也齊豹齊惡之子為衛司寇狎輕也)奪之司寇與鄄(鄄豹邑)有役則反之無則取之(縶足不良故有役則以官邑還豹使行)公孟惡北宮喜褚師圃欲去之(喜貞子)公子朝通于襄夫人宣姜(宣姜靈公嫡母)懼而欲以作亂故齊豹北宮喜褚師圃公子朝作亂初齊豹見宗魯於公孟(宗魯衛人)為驂乘焉(為公孟驂乘)將作亂而謂之曰公孟之不善子所知也勿與乘吾將殺之對曰吾由子事公孟子假吾名焉故不吾遠也(言子借我以善名故公孟親近我也)雖其不善吾亦知之抑以利故不能去是吾過也今聞難而逃是僭子也(使子言不信也)子行事乎吾將死之以周事子(周猶終竟也)而歸死於公孟其可也丙辰衛侯在平壽(平壽衛下邑)公孟有事於蓋獲之門外(有事祭也蓋獲衛郭門)齊子氏帷於門外而伏甲焉(齊氏豹之家)使祝鼃寘戈於車薪以當門(當門蔽也)使一乘從公孟以出([illegible])使華齊御公孟宗魯驂乘及閎中(閎曲門中)齊氏用戈擊公孟宗魯以背蔽之斷肱以中公孟之肩皆殺之齊氏之宰渠子召北宮氏(北宮子喜也)北宮氏之宰不與聞謀殺渠子遂伐齊氏滅之

公子城宋平公子也魯昭公二十年冬宋華亥向寧華定出奔陳(與君爭而出)宋華向之亂公子城(平公子)公孫忌樂舍([illegible])司馬彊向宜向鄭(向宜向鄭皆向戌之子)楚建(楚平王太子)郳甲(小邾穆公子)出奔鄭(八子皆宋公黨也皆出)其徒與華氏戰于鬼閻(長子縣西北有鬼閻)敗子城子城適晉(子城為華氏所敗別走至晉明年子城以晉師至起本)二十一年宋華亥向寧華定自陳入于宋南里以叛(南里宋城內里名)初華費遂生華貙華多僚華登貙為少司馬多僚為御士(御士公御士)與貙相惡乃譖諸公曰貙將納亡人(亡人華亥等)亟言之公曰司馬以吾故亡其良子(司馬謂華費遂良子登)死亡有命吾不可以再亡之對曰君若愛司馬則如亡(言若愛司馬則當亡走失國)死如可逃何遠之有(言死不可逃)([illegible])公懼使侍人召司馬之侍人宜僚飲之酒而使告司

馬（告司馬使逐貙）司馬歎曰必多僚也吾有讒子而弗能殺吾又不死抑君有命可若何乃與公謀逐華貙將使田孟諸而遣之公飲之酒厚酬之（酬酒幣）賜及從者司馬亦如之（亦如公）張匄尤之（張匄華貙之黨）曰必有故使子皮承宜僚以劍而訊之（子皮華貙 訊問也）宜僚盡以告（告以欲逐之因）張匄欲殺多僚子皮曰司馬老矣登之謂甚（言登亡已甚傷司馬心）吾又重之不如亡也五月丙申子皮將見司馬而行則遇多僚御司馬而朝張匄不勝其怒遂與子皮臼任鄭翩殺多僚劫司馬以叛而召亡人壬寅華向入樂大心豐愆華牼禦諸橫華氏居盧門以南里叛（盧門宋東城門）六月庚午宋城舊鄘及桑林之門而守之十一月癸未公子城以晉師至

季孫魯卿也昭公二十一年夏晉士鞅來聘叔孫為政（叔孫婼 代子以王）季孫欲惡諸晉（欲使晉怒叔孫）使有司以齊鮑國歸費之禮為士鞅（十四年齊鮑國歸費各以七牢）士鞅怒曰鮑國之

位下其國小而使鞅從其牢禮是卑敝邑也將復諸寡君魯人恐加四牢為十一牢（言魯不能以禮事大國）

季公若魯大夫昭公二十五年九月巳亥公孫于齊初季公鳥娶妻於齊鮑文子生甲（公鳥季公亥之兄 平子庶叔父）公鳥死季公亥與公思展與公鳥之臣申夜姑相其室（季氏族 公亥即公若也 相治也）及季姒與饔人檀通（季姒公鳥妻 饔人食官）而懼乃使其妾抶己以示秦遄之妻（秦遄魯大夫 妻公鳥妹也）曰公若欲使余余不可而抶余又訴於公甫（公甫平子弟）曰展與夜姑將要余（要劫以非禮）秦姬以告公之（公之平子弟）公之與公甫告平子平子拘展於卞而執夜姑將殺之公若泣而哀之曰殺是是殺余也將為之請平子使豎勿內日中不得請有司逆命（有司逆受夜姑之命）公之使速殺之故公若怨平子季郈之雞鬬（季平子郈昭伯二家相近故鬬雞）季氏介其雞（擣芥子播其羽也 或曰以膠沙播之為介雞）郈氏為之金距平子怒（怒其不下己）益宮於郈氏（侵郈氏室以自益）且讓之（讓責）故郈昭伯亦怨平子臧昭伯之從弟會（昭伯臧為子）為讒於臧

氏而逃於季氏臧氏執旃平子怒拘臧氏老將禘於襄公萬者二人其衆萬於季氏（禘祭也 萬舞也 於禮公當三十六人）臧孫曰此之謂不能庸先君之廟（不能用禮也 襄公廟在［illegible］）大夫遂怨平子公若獻弓於公為（公為昭公子）且與之出射於外而謀去季氏公為告公果公賁（果賁皆公弟）公果公賁使侍人僚柤告公公寢將以戈擊之乃走公曰執之亦無命也（言執之亦不須公命）懼而不出數月不見公不怒又使言公執戈以懼之乃走又使言公曰非小人之所及也（謂小人也）公自言公以告臧孫臧孫以難（言難）告郈孫郈孫以可勸（勸公）子家懿伯（子家羈莊公玄孫懿伯）懿伯曰讒人以君徼幸事若不克君受其名也不可為也舍民數世以求克事不可必也且政在焉其難圖也公退之（使去）辭曰臣與聞命矣言若洩臣不獲死乃館於公（恐受洩命之罪 故留公宮以自明）叔孫昭子如闞（闞魯邑）公居於長府（長府官府名）九月戊戌季氏殺公之于門遂入之平子登臺而請曰君不察臣之罪使有司討臣以干戈臣請待於沂上以察罪弗許（魯城南有沂水）

（子家懿伯 待罪也 沂水）請囚于費弗許請以五乘亡弗許子家子曰君其許之政自之出久矣隱民多取食焉為之徒者衆矣日入慝作弗可知也（慝姦惡也 日冥姦人將起 叛君助季氏 不可知）衆怒不可蓄也（蓄而弗治將蘊 蘊積也）蘊蓄民將生心生心同求將合（同求季氏者將合）君必悔之弗聽郈孫曰必殺之公使郈孫逆孟懿子（［illegible］）叔孫氏之司馬鬷戾言於其衆曰若之何莫對（衆無所助）又曰我家臣也不敢知國凡有季氏與無於我孰利皆曰無季氏是無叔孫氏也鬷戾曰然則救諸帥徒以往陷西北隅以入（公徒）公徒釋甲執冰而踞（言無戰心 冰犢丸蓋 或云犢丸是箭筩其蓋可以取飲）遂逐之（［illegible］）孟氏使登西北隅以望季氏見叔孫氏之旌以告孟氏執郈昭伯殺之于南門之西遂伐公徒子家子曰諸臣偽劫君者而負罪以出君止（使若非君本意）意如之事君也不敢不改（意如季平子）公曰余不忍也與臧孫如墓謀（辭先君且謀所適）遂行己亥公孫于齊次于陽州齊侯唁公于平陰公先至于野井齊侯曰寡人

之罪也定有司待于平陰爲近故也（齊侯自至平陰不欲有司違諭陽州而欲近會于平陰）故公會齊侯先至野井書曰公孫于齊次于陽州齊侯唁公于野井禮也將求於人則下之禮之善物也（物事也往至野井謂先齊）齊侯曰自莒疆以西請致千社（二十五家爲社千社二萬五千家）以待公命（待君命）寡人將帥敝賦以從執事唯命是聽君之憂寡人之憂也公喜子家子曰天祿不再天若胙君不過周公以魯足矣失魯而以千社爲臣誰與之立（爲齊臣）且齊君無信不如早之晉弗從臧昭伯率從者將盟載書曰勠力壹心好惡同之信罪之有無（罪者留無罪者從）繾綣從公無通外內（繾綣不離散）以公命示子家子子家子曰如此吾不可以盟羈也不佞不能與二三子同心而以爲皆有罪（從者皆有罪留者皆有罪也）或欲通外內且欲去君二三子好亡而惡定焉可同也陷君於難罪孰大焉通外內而去君君將速入弗通何爲而何守焉乃不與盟（守公）昭子自闞歸見平子平子稽顙曰子若我何昭子曰人誰不死子以逐君成名子

孫不忘不亦傷乎將若子何平子曰苟使意如得改事君所謂生死而肉骨也昭子從公于齊與公言子家子命適公館者執之（恐泄昭子語不欲使人知）公與昭子言於幄內曰將安衆而納公（昭子請歸安衆）公徒將殺昭子伏諸道（伏兵）左師展告公公使昭子自鑄歸（辟伏兵）平子有異志（不欲納公）冬十月辛酉昭子齊於其寢使祝宗祈死戊辰卒（恥爲平子所欺因祈而自殺）左師展將以公乘馬而歸公徒執之（展魯大夫欲與公輕歸）夷射姑邾大夫也魯定公二年冬邾莊公與夷射姑飲酒私出（出辟酒）閽乞肉焉奪之杖以敲之（奪閽杖以敲閽頭也）三年春二月辛卯邾子在門臺（門上有臺）臨廷閽以缾水沃廷邾子望見之怒閽曰夷射姑旋焉（旋小便）命執之（見其不執射姑）弗得滋怒自投于牀廢于鑪炭爛遂卒（廢墮也）先葬以車五乘殉五人（欲藏中之設狗馬）（莊公遷命）其莊公卞急而好潔故及是（卞躁疾也）仲梁懷魯大夫定公五年夏季平子卒既葬桓子行東野（桓子意如子）（平子）及費子洩爲費宰逆勞於郊桓子敬之勞仲梁懷仲梁懷弗敬（懷從桓子行不禮）子洩怒謂陽虎子行之乎（行逐也）秋陽虎囚季桓子

叔孫成子魯大夫定公十年夏叔孫州仇仲孫何忌帥師圍郈（郈叔孫氏邑）秋叔孫州仇仲孫何忌帥師圍郈初叔孫成子欲立武叔公若藐固諫曰不可（公若叔孫家臣）成子立之而卒公南使賊射之不能殺（公南武叔之黨）公南爲馬正使公若爲郈宰武叔既定使郈馬正侯犯殺公若弗能其圉人曰（圉人武叔之）吾以劍過朝公若必曰誰之劍也吾稱子以告必觀之吾僞固而授之末則可殺也（僞不知禮以劍末授之）使如之公若曰爾欲吳王我乎（見劍向己）（諸以劍刺吳王之）遂殺公若侯犯以郈叛（武叔以不能副圖告齊）武叔懿子圍郈弗克秋二子及齊師復圍郈弗克叔孫謂郈工師駟赤（工師掌工匠之官）曰郈非唯叔孫氏之憂社稷之患也將若之何對曰臣之業在揚水卒章之四言矣（揚水詩卒章曰我聞有命四言）叔孫稽首（其受命）駟赤謂侯犯曰居齊魯之際而無事必不可矣（無所）

子盍求事於齊以臨民不然將叛侯犯從之齊使至駟赤與郈人爲之宣言於郈中（詐爲齊使言也）曰侯犯將以郈易于齊齊人將遷郈民（民懼）衆兇懼（不欲遷）駟赤謂侯犯曰衆言異矣（始不與同）子不如易於齊與其死也猶是郈也而得紓焉何必此（言以郈易齊人與郈）齊人欲以此偪魯必倍與子地（又將與齊地）且盍多舍甲於子之門以備不虞侯犯曰諾乃多舍甲焉侯犯請易於齊齊有司觀郈將至駟赤使周走呼曰齊師至矣郈人大駭介侯犯之門甲以圍侯犯駟赤將射之（爲侯犯射郈人）侯犯止之曰謀免我侯犯請行許之（郈人許之）駟赤先如宿（宿東平無鹽）侯犯殿每出一門郈人閉之（閉其門）及郭門止之曰子以叔孫氏之甲有物吾未敢以出（物識也）犯謂駟赤曰子止而與之數（數甲以付）駟赤止而納魯人侯犯奔齊齊人乃致郈（致其名籍）趙鞅晉大夫魯定公十三年春齊侯衛侯次于垂葭使師伐晉趙

鞅謂邯鄲午曰歸我衛貢五百家吾舍諸晉陽午許諾十年趙鞅圍衛衛人懼貢五百家鞅置之邯鄲今欲徙著晉陽晉陽趙鞅邑歸告其父兄父兄皆曰不可衛是以為邯鄲言衛以五百家在邯鄲故與邯鄲親而寘諸晉陽絶衛之道也不如侵齊而謀之侵齊則齊當來報因是而徙則衛與邯鄲不絶乃如之而歸之于晉陽欲以是謀而後歸貢趙孟怒召午而囚諸晉陽使其從者說劍而入涉賓不可涉賓午家臣不肯說劍入欲討殺乃使告邯鄲人曰吾私有討於午也二三子唯所欲立午之族使邯鄲人立之遂殺午趙稷涉賓以邯鄲叛

范皐夷晉大夫魯定公十三年夏六月上軍司馬籍秦圍邯鄲秋七月范氏中行氏伐趙氏之宮趙鞅奔晉陽晉人圍之范皐夷無寵於范吉射而欲為亂於范氏皐夷范氏側室子梁嬰父嬖於知文子文子荀躒文子欲以為卿韓簡子與中行文子相惡簡子韓不信也中行文子荀寅也魏襄子亦與范昭子相惡襄子魏曼多昭子士吉射故五子謀五子范皐夷梁嬰父知文子韓簡子魏襄子將逐荀寅而以梁嬰父代之逐范吉射而以范皐夷代之荀躒言於晉侯曰君命大臣始禍者死載書在河為盟書沈之河今三臣始禍而獨逐鞅刑已不鈞矣請皆逐之

武子賸鄭大夫魯哀公九年春武子賸之嬖許瑕求邑無以與之許瑕武子之嬖也請外取許之故欲取許故圍宋雍丘宋皇瑗圍鄭師每日遷舍作壘其圍壘合鄭師哭子姚救之大敗子姚武子二月甲戌宋取鄭師于雍丘使有能者無死以郟張與鄭羅師

闞止齊大夫魯哀公十四年齊人弒其君壬于舒州初齊簡公之在魯也闞止有寵焉簡公悼公陽生子壬也闞止子我也生在魯六年及即位使為政陳成子憚之驟顧諸朝成子陳常心不安故數顧之諸御鞅言於公曰陳闞不可並也君其擇焉御鞅齊大夫弗聽

皇瑗宋右師也魯哀公十七年冬皇瑗奔晉皇瑗之子麇有友曰田丙而奪其兄酁般邑以與之酁般慍而行告桓司馬之臣子儀克子儀克桓氏之臣子儀克適宋告夫人曰麇將納桓氏公

問諸子仲子仲皇野初子仲將以杞姒之子非我為子為適子麇曰必立伯也非我是良材子仲怒弗從故對曰右師則老矣不識麇也言右師老不能為亂麇則不可知公執之執麇皇瑗奔晉召之二十八年春宋殺皇瑗公聞其情復皇氏之族使皇緩為右師言宋景公緩瑗從子

孟武伯魯大夫哀公二十五年六月公至自越前年行今還季康子孟武伯逆於五梧魯南鄙也郭重僕為公御公見二子曰惡言多矣君請盡之二子不召之言欲使公盡極以觀之公宴於五梧武伯為祝祝上壽酒惡郭重曰何肥也季孫曰請飲彘也彘武伯名以魯國之密邇仇讎臣是以不獲從君克免於大行又謂重也肥言重勞不獲肥公曰是食言多矣能無肥乎以譏三子之數食言飲酒不樂公與大夫始有惡

知伯晉卿與趙韓魏共攻出公出公奔齊道死知伯乃立昭公曾孫驕是為晉懿公知伯益驕請地韓魏韓魏與之請地趙趙不與以其圍鄭之辱知伯怒遂率韓魏攻趙趙襄子懼乃奔保晉陽晉出公十一年知伯伐鄭趙簡子疾使太子毋卹將而圍鄭知伯醉以酒灌擊毋卹毋卹羣臣請死之毋卹曰君所以置毋卹為能忍詢然亦慍知伯知伯歸因謂簡子使廢毋卹簡子不聽毋卹由此怨知伯

田乞齊大夫晏孺子元年春田乞偽事高國者每朝乞參乘言曰子得君大夫皆自危欲謀作亂又謂諸大夫曰高昭子可畏也及未發先之大夫從之六月田乞鮑牧乃與大夫以兵入公宮攻高昭子昭子聞之與國惠子救公公師敗田乞之徒追之國惠子奔莒遂反殺高昭子晏圉奔魯晏圉晏嬰之子

公孫閱齊大夫始成侯騶忌與田忌不善公孫閱謂成侯忌曰公何不謀伐魏田忌必將戰勝有功則公之謀中也戰不勝非前死則後北而命在公矣於是成侯言威王使田忌南攻襄陵十月邯鄲拔齊因起兵擊魏大敗之桂陵於是齊最彊於諸侯自稱為王以令天下三十三年殺其大夫牟辛夫一作大三十五年

公孫閲又謂成侯忌曰公何不令人操十金卜於市曰我田忌之人也吾三戰而三勝聲威天下欲爲大事亦吉乎不吉乎卜者出因令人捕爲之卜者驗其辭於王之所田忌聞之因遂率其徒襲攻臨淄求成侯不勝而奔

李園趙人事楚始楚考烈王無子春申君患之求婦人宜子者進之甚衆亟無子趙人李園持其女弟欲進之楚王聞其不宜子恐久毋寵李園求事春申君爲舍人已而謁歸故失期還謁春申君問之狀對曰齊王使使求臣之女弟與其使者飲故失期春申君曰娉入乎對曰未也春申君曰可得見乎曰可於是李園乃進其女弟即幸於春申君君知其有身李園乃與其女弟謀女弟承間以說春申君曰楚王之貴幸君雖兄弟不如也今君相楚二十餘年而王無子即百歲後將更立兄弟則楚更立君後亦各貴其故所親君又安得長有寵乎非徒然也君貴用事久多失禮於王兄弟兄弟誠立禍且及身何以保相印江

東之封乎今妾自知有身矣而人莫知妾幸君未久誠以君之重而進妾於楚王王必幸妾妾賴天有子男則是君之子爲王也楚國盡可得孰與身臨不測之罪乎春申君大然之乃出李園女弟謹舍而言之楚王楚王召入幸之遂生子男立爲太子以李園女弟爲王后楚王貴李園園用事李園既入其女弟立爲王后子爲太子恐春申君語泄而益驕陰養死士欲殺春申君以滅口而國人頗有知之者春申君相二十五年楚考烈王病朱英謂春申君曰世有無妄之福又有無妄之禍今君處無妄之世事無妄之主安可以無無妄之人乎春申君曰何謂無妄之福曰君相楚二十餘年矣雖名相國實楚王也今楚王病旦暮且卒而君相少主因而代立當國如伊尹周公王長而反政不即遂南面稱孤而有楚國此所謂無妄之福也春申君曰何謂無妄之禍曰李園不治國而君之仇也不爲兵而養死士之日久矣楚王卒李園必先入據權而殺君以滅口此所謂無妄之禍也春申君曰何謂無妄之人對曰君置臣郎中楚王卒李園必先入臣爲君殺李園此所謂無妄之人也春申君曰足下置之李園弱人也僕又善之且又何至此朱英知言不用恐禍及身乃亡去後十七日楚考烈王卒李園果先入伏死士於棘門之內春申君入棘門園死士俠刺春申君斬其頭投之棘門外於是遂使吏盡滅春申君之家而李園女弟初幸春申君有身而入之王所生子者遂立是爲楚幽王

冊府元龜卷第七百四十九

冊府元龜卷第七百五十

陪臣部二十

奔亡

觀使臣之禮開待放之端越境以亡傳載出奔之迹蓋夫五等疏爵千乘承家必有陪臣用司厥政固宜盡瘁以奉貢陳力以自公辭竊其寵各專其霸其或守節不固為德靡修當聽任之不明忠邪之並進君臣道替上下相疑憂讒搆之言懼誅殛之罪事勢斯窘奔亡是圖其或包藏異謀出成武首之釁退避所難及無討賊之功載之信書甚可醜也

魯隱公元年鄭共叔段出奔共（共國今汲郡共縣）公孫滑出奔衛（公孫滑段之子）衛人為之伐鄭取廩延（廩延）

莊公九年齊人弑襄公初襄公立無常鮑叔牙曰君使民慢亂將作矣奉公子小白出奔莒亂作管夷吾召忽奉公子糾奔魯

十二年宋南宮長萬弑閔公殺大夫仇牧及大宰督立子游（宋公子）羣公子奔蕭公子御說奔亳（宋莊公子）

十六年鄭厲公治與於雍糾之亂者（魯桓公十五年祭仲專鄭伯患之使其壻雍糾殺之糾妻告祭仲祭仲殺雍糾厲公奔蔡魯莊公十四年鄭伯自櫟入）殺公子閼則強鉏（二子祭仲黨）公父定叔出奔衛（共叔段之孫定叔）三年而復之曰不可使共叔無後於鄭

二十二年春陳人殺其大子御寇陳公子完與顓孫奔齊（完陳公子顓孫）顓孫自齊奔魯

三十二年魯莊公疾問後於叔牙（叔牙莊公弟）對曰慶父材（同母兄）問於季友對曰臣以死奉般（般莊公子季友莊公母弟）八月公薨子般即位次于黨氏（黨氏魯大夫）共仲使圉人犖賊子般於黨氏（共仲慶父）成季奔陳（成季即季友也）閔公元年八月季子來歸二年八月共仲使卜齮賊公於武闈（宮中小門謂之闈）成季以僖公適邾共仲奔莒乃入立之以賂求共仲於莒莒人歸之及密使公子魚請（公子魚奚斯也）不許哭而往共仲曰奚斯之聲也乃縊

十二月鄭大夫高克奔陳克好利而不顧其君文公惡之使師次于河上久而弗召師潰而歸高克奔陳

僖公五年晉獻公使寺人披伐蒲蒲城人欲戰重耳不可曰保君父之命而享其生祿（享受也祿所以保生也）於是乎得人（以祿致衆）有人而校罪莫大焉（校報也）吾其奔也遂奔狄從者狐偃趙衰顛頡魏武子（魏武子魏犨）司空季子（胥臣臼季也時狐毛賈佗皆從而獨舉此五人賢而有大功）

十年四月晉人殺丕鄭鄭子丕豹奔秦

十六年鄭殺太子華子華弟子臧出奔宋

二十七年晉文公盟諸侯於踐土衛侯出奔楚遂適陳使元咺奉叔武以受盟（叔武衛侯弟攝君事）或訴元咺於衛侯曰立叔武矣其子角從公公使殺之（角元咺子）咺不廢命奉夷叔以入守（夷叔叔武）晉人復衛侯衛侯先期入公子歂犬華仲前驅叔武將沐聞君至喜捉髮走出前驅射而殺之公知其無罪也枕之股而哭之（公以叔武尸枕其股）歂犬走出公使殺之元咺出奔晉

三十年秦伯使杞子逢孫楊孫戍鄭（三子秦大夫）

三十一年鄭洩駕惡公子瑕鄭伯亦惡之故公子瑕出奔楚

三十二年杞子自鄭使告于秦曰鄭人使我掌其北門之管若潛師以來國可得也穆公召孟明西乞白乙出師於東門之外及滑鄭商人弦高使遽告于鄭鄭穆公使視客館則束載厲兵秣馬矣（厲兵秣馬）使皇武子辭焉曰吾子淹久於敝邑惟是脯資餼牽竭矣為吾子之將行也（示知其情）鄭之有原圃猶秦之有具囿也吾子取其麋鹿以閒敝邑若何杞子奔齊逢孫楊孫奔宋

文公六年春晉蒐于夷狐射姑（射姑狐偃子賈季也）將中軍趙盾佐之陽處父改蒐于董易中軍（陽處父以趙盾為能）陽子成季之屬也（處父嘗為趙衰屬大夫）故黨於趙氏九月賈季使續鞫居殺陽處父十一月晉殺續簡伯（續簡伯鞫居也）賈季奔狄

八月晉襄公卒太子少（太子夷皋靈公也）晉人以難故欲立長君趙孟曰立公子雍使先蔑迎公子雍于秦穆嬴日抱太子以啼于朝趙孟與諸大夫皆患穆嬴且畏偪（畏國人以大義來偪己）乃背先蔑立靈公而敗秦師先

茂奔秦士會從之先蔑之使也荀林父止之曰夫人太子猶在而外求君此必不行子以疾辭若何不然將及禍將及已攝卿以往可也何必子同官爲寮吾嘗同寮敢不盡心乎弗聽爲賦板之三章義取詢于芻蕘之言猶不可忽況同寮乎傳二十八年林父將中行先蔑將左行又弗聽及亡荀伯盡送其帑及其器用財賄於秦曰爲同寮故也

八年十月魯公孫敖穆伯也奔莒初穆伯娶於莒曰戴己生文伯其娣聲己生惠叔穆伯公孫敖也文伯穀也惠叔難也戴己卒又聘于莒莒人以聲己辭則爲襄仲聘焉襄仲公孫敖從父昆弟七年冬徐伐莒莒人來請盟見伐故欲結援穆伯如莒涖盟且爲仲逆及鄢陵莒邑登城見之美自爲娶之仲請攻之公將許之叔仲惠伯諫而止及是穆伯如周弔喪不至以幣奔莒從己氏焉己氏莒女魯人立文伯文伯穆伯之子穀也穆伯生二子於莒而求復文伯以爲請襄仲使無朝聽命復而不出不得與襄政三年而盡室以復適莒盡室家

是冬宋司城蕩意諸奔魯宋襄夫人襄夫人王之姊也昭公不禮焉公適祖母夫人因戴氏之族華氏樂氏皇氏皆戴族以殺襄公之孫孔叔公孫鍾離及大司馬公子卬皆昭公之黨也司城蕩意諸來奔效節於府人而出效猶致也節符節也意諸公子蕩之孫公以其官逆之皆復之亦書以官皆貴之也以其遷復大夫公賢其效節故以本官書之宋亦得復之言貴之

十二年春郕伯卒初郕太子朱儒自安於夫鍾國人弗徇徇順也郕伯卒太子以夫鍾與郕邽來奔夫鍾郕邽郕邑公以諸侯逆之非禮也非公寵叛人

十三年邾文公卒文公元妃齊姜生定公二妃晉姬生捷菑文公卒邾人立定公捷菑奔晉

十四年九月宋高哀爲蕭封人以爲卿蕭宋附庸仕附庸還升爲卿不義宋公而出遂來奔以宋公不義故出奔書曰宋子哀來奔貴之也不書名貴之汚君之祿遠禍之賢

宣公元年晉人討不用命者放胥甲父于衛胥甲下軍佐文十二年戰河曲不肯薄秦於險而立胥克克甲之子先辛奔齊辛甲之屬大夫

二年二月鄭公子歸生伐宋華元帥師戰于大棘將戰華元殺羊食士其御羊斟不與及戰曰疇昔之羊子爲政今日之事我爲政與入鄭師故敗宋人以兵車百乘文馬百駟畫馬爲文四百匹以贖華元于鄭半入華元逃歸立于門外告而入告宋城門而後入言不苟見叔牂曰子之馬然也叔牂羊斟也卑賤得先歸華元見而慰之對曰非馬也其人也叔牂知前言以顯故不敢辭遂非既合而來奔叔牂言畢遂奔魯合猶答也

十年夏齊惠公卒崔杼有寵於惠公高國畏其偪也高國二家齊正卿公卒而逐之奔衛

十八年公孫歸父如晉還至笙遂奔齊歸父以襄仲之立公也有寵歸父襄仲子欲去三桓以張公室欲去之以張大公室與公謀而聘于晉欲以晉人去之冬公薨季文子言於朝曰使我殺適立庶以失大援者仲也夫適謂子惡齊外甥襄仲殺之而立宣公南通於楚既不固又不能堅事齊晉故云失大援也臧宣叔怒曰當其時不能治也後之人何罪子欲去之許請去之宣叔文仲子武仲父許其名欲去者歸父家臣遂逐東門氏襄仲居東門故曰東門氏子家還及笙子家歸父壇帷復命於介介副也將去使介反命於君也既復命袒括髮以麻約髮即位哭三踊而出依在喪禮遂奔齊

成公二年楚使申公巫臣聘于齊巫臣盡室以行室家盡去及鄭使介反幣而以夏姬行將奔齊齊師新敗曰吾不處不勝之國遂奔晉晉人使爲邢大夫

七年冬衛孫林父出奔晉十四年春衛定公如晉晉侯强見孫林父焉强見孫林父定公不可夏衛侯既歸晉侯使郤犫送孫林父而見之衛侯見而復之復林父位

十三年曹宣公卒於師公子負芻守成公殺太子而自立子臧爲王而立之子臧辭曰前志有之曰聖達節次守節下失節爲君非吾節也雖不能聖敢失守乎遂逃奔宋

十五年諸侯會于戚討曹成公討其殺太子而自立執而歸諸京師諸侯將見

十五年宋殺其大夫山蕩澤是華元爲右師魚石爲左師蕩澤爲

司馬喜為司徒公孫師為司城向為人為大司寇鱗朱為少司寇向帶為太宰魚府為少宰蕩澤弱公室殺公子肥華元曰我為右師君臣之訓師所司也今公室卑而不能正吾罪大矣不能治官敢賴寵乎乃出奔晉魚石止華元於河上乃反使華喜公孫師帥國人攻蕩氏殺子山魚石向為人鱗朱向帶魚府出舍於睢上（畏同族罪及將出奔）華元使止之不可遂出奔楚

十七年齊使國勝告難于晉待命于清（勝國佐子齊欲討國佐故留其子于外）十八年齊殺國佐于內宮之朝使清人殺國勝國弱來奔（弱勝之弟）王湫奔萊

襄公六年宋華弱奔魯華弱與樂轡少相狎長相優又相謗（狎親習也優調戲也）子蕩怒以弓梏華弱于朝（子蕩樂轡也張弓以貫其頸若械之在手故曰梏）平公見之曰司武而梏於朝難以勝矣（司武司馬言其懦弱不足以勝敵）遂逐之華弱來奔

七年鄭子駟使賊夜弒僖公八年羣公子以僖公之死也謀子駟子駟先之辟殺子狐子熙子侯子丁（辟罪也加以罪戮之）孫擊孫惡出奔衛（二孫子之子）

府七百五十　五

十四年夏諸侯之大夫從晉侯伐秦至棫林欒黶（欒黶）先還諸軍從之晉人謂之遷延之役欒鍼曰此役也報櫟之敗也役又無功晉之恥也吾有二位於戎路（鍼欒黶弟也二位謂戎右）敢不恥也與士鞅馳秦師死焉士鞅反（士鞅士匄子）欒黶謂士匄曰余弟不欲往而子召之余弟死而子來是而子殺余之弟也弗逐余亦將殺之士鞅奔秦（秦伯問於士鞅也）

是年衛孫林父自戚入見蘧伯玉曰君之暴虐子所知也大懼社稷之傾覆將若之何對曰君制其國臣敢奸之（奸猶犯也）雖奸之庸知愈乎（言逐君更立未知當差否）遂行從近關出（懼難作欲速出竟）

十七年宋華閱卒華臣弱皋比之室（皋比華閱之子弱侵易之）使賊殺其宰華吳賊六人以鈹殺諸盧門合左師之後（盧門宋城門合左師向戌也）左師懼曰老夫無罪賊曰皋比私有討於吳遂幽其妻（幽囚也）曰畀余而大璧（畀與也）宋公聞之曰臣也不唯其宗室是暴大亂宋國之政必逐之左師曰臣也亦卿也大臣不順國之恥也不如蓋之乃舍之左師為己短策苟過華臣之門必騁（懼之）十一月甲午國人逐瘈狗瘈狗入於華臣氏國人從之華臣懼遂奔陳（心不自安見逐狗而驚走）

十九年鄭子孔之為政也專國人患之子展子西率國人伐之殺子孔而分其室子然子孔宋子之子也（子然子革父）士子孔圭嬀之子也（宋子士子孔皆鄭穆公子良子）圭嬀之班亞宋子而相親也二子孔亦相親也子然卒士子孔卒司徒孔實相子革子良之室（司徒孔子孔也）（二父相親故相助其子）三室如一（言同心）故及於難（并殺二子）子革子良出奔楚子革為右尹（子革鄭丹）

二十年蔡公子燮欲以蔡之晉（背楚）蔡人殺之公子履其母弟也故出奔楚陳慶虎慶寅畏公子黃之偪（二慶陳卿畏其逼）愬諸楚曰與蔡司馬同謀（同欲之晉）楚人以為討（討責也）公子黃出奔楚（奔楚自理）

二十一年正月邾庶其以漆閭丘來奔（二邑在高平南平陽縣東北有漆鄉西北有顯閭亭）

府七百五十　六

是春齊侯討公子牙之黨執公子買於句瀆之丘（以邑出為叛夫爵）公子鉏奔魯叔孫還奔燕（三子齊公族）

秋晉欒盈出奔楚初欒桓子娶於范宣子生懷子（桓子欒黶懷子盈也）范鞅以其亡也怨欒氏（十四年欒黶逐范鞅奔秦）故與欒盈為公族大夫而不相能桓子卒欒祁與其老州賓通（欒祁范宣子女桓子妻州賓欒氏家臣）幾亡室矣（言州賓幾盡其家）懷子患之祁懼其討也愬諸宣子曰盈將為亂以范氏為死桓主而專政矣（桓主欒黶）曰吾父逐鞅也不怒而以寵報之（謂宣子不為黶責怒又與鞅寵位）又與吾同官而專之（二人同為公族大夫專其權勢）吾父死而益富死吾父而專於國有死而已吾蔑從之矣（言宣子欲為亂）其謀如是懼害於主吾不敢不言范鞅為之徵（證其有此）懷子好施士多歸之宣子畏其多士也信之懷子為下卿（宣子使城著而遂逐之（著晉邑外之而遂）秋盈出奔楚知起中行喜州綽邢蒯出奔齊（四子晉大夫）皆欒氏之黨也

二十三年夏邾畀我來奔（畀我庶其之黨有寵邑叛君之罪）

十月魯臧孫紇奔齊初季武子無適子公彌長而愛悼子(公鉏悼子紇也)欲立之訪於臧紇臧紇曰吾爲子立之季氏飲大夫酒臧紇爲客(爲上賓)既獻(獻酢)臧孫命北面重席新樽絜之召悼子降逆之大夫皆起(起逆悼子)及旅而召公鉏(旅行酬)使與之齒(使從庶子之禮列在悼子之下)季孫失色(恐公鉏不從)季氏以公鉏爲馬正(家司馬)慍而不出孟孫惡臧孫(不相善)季孫愛之孟孫之御騶豐點好羯也(羯孟莊子之庶子秩之弟孝伯)曰從余言必爲孟孫(爲孟孫後)再三云羯從之孟莊子疾豐點謂公鉏苟立羯請讎臧氏(使公鉏共讎臧孫)公鉏謂季孫曰孺子秩固其所也若羯立則季氏信有力於臧氏矣弗應孟孫卒公鉏奉羯立於戶側(戶側喪主位)季孫曰秩焉在公鉏曰羯在此矣遂立羯秩奔邾孟氏閉門告於季孫曰臧氏將爲亂不使我葬(欲爲公鉏謀臧氏)季孫不信臧孫聞之戒(備也)冬十月孟氏將辟藉除於臧氏(辟穿藉葬也孟氏使人除葬道)臧孫使正夫助之(遂正夫)除於東門甲從己而視之(恐孟氏故從甲士自衛)孟氏又告季孫季孫怒命攻臧氏(見其有甲故)臧紇斬鹿門之關以出奔邾(魯南城東門)臧孫自邾如防(防臧孫邑)致防而奔齊

是月晉人克欒盈于曲沃盡殺欒氏之族黨欒魴出奔宋

二十四年冬陳人復討慶氏之黨鍼宜咎出奔楚

二十五年齊崔杼弒其君光盧蒲癸奔晉王何奔莒(二子莊公黨)閭丘嬰以帷縛其妻而載之與申鮮虞乘而出(二子莊公近臣)鮮虞推而下之(下嬰妻)曰君昏不能正危不能救死不能死而知匿其暱(暱親也)其誰納之行及弇中將舍(弇中狹道)嬰曰崔慶其追我鮮虞曰一與一誰能懼我(言道狹衆不能用)遂舍枕轡而寢(恐失馬)食馬而食駕而行出弇中謂嬰曰速驅之崔慶之衆不可當也遂來奔魯

二十六年春衛獻公使子鮮(獻公母弟)與寗喜言苟反政由寗氏祭則寡人寗喜告蘧伯玉伯玉曰瑗不得聞君之出敢聞其入(十四年孫氏逐獻公伯玉從近關出)遂行從近關出

夏齊烏餘以廩丘奔晉(烏餘齊大夫)

二十七年夏衛侯之弟鱄出奔晉(子鮮也)衛殺寗喜子鮮曰逐我者出(謂孫林父)納我者死(謂寗喜)賞罰無章何以沮勸君失其信而國無刑不亦難乎(難以治國)且鱄實使之(使寗喜納君)遂出奔晉公使止之不可(不肯留)及河又使止之止使者而盟於河(誓不還)託於木門(木門晉邑)不鄉衛國而坐(終身不鄉衛)木門大夫勸之仕不可曰仕而廢其事罪也從之昭吾所以出也將誰愬乎(從之謂治其事則明己所以出)吾不可以立於人之朝矣終身不仕(自誓不仕終身)公喪之如稅服終身(稅即繐也喪服繐衰裳縷細而布疏非五服之常本無月數痛愍子鮮故特爲此服此服無月數而獻公以壽終故言終身)

九月齊崔明奔魯初崔杼生成及彊而寡(偏喪曰寡寡特也)娶東郭姜生明東郭姜以孤入曰棠無咎(棠公之子)與東郭偃相崔氏(偃姜之弟)崔成有疾而廢之(有惡疾也)而立明成請老于崔崔子許之偃與無咎弗予曰崔宗邑也必在宗主(崔邑宗廟所在宗主謂崔明)成與彊怒將殺東郭偃棠無咎崔子怒遂見慶封慶封曰請爲子討之使盧蒲嫳攻崔氏遂滅崔氏殺成與彊而盡俘其家其妻縊嫳復命於崔子且御而歸之至則無歸矣乃縊崔明夜辟諸大墓(開先人之冢藏之)孫奔魯

二十八年夏衛人討寗氏之黨故石惡出奔晉

冬齊慶封來奔叔孫穆子食慶封慶封氾祭(禮食有祭示有所先也氾祭遠散所祭不共)穆子不說使工爲之誦茅鴟(工樂師茅鴟逸詩刺不敬)亦不知既而齊人來讓(讓魯受慶封)封奔吳

二十九年九月齊公孫蠆公孫竈放其大夫高止於北燕(蠆子尾竈子雅高止好以事自爲功且專故難及之)故高豎以盧叛(豎高止子)十月閭丘嬰帥師圍盧高豎曰苟使高氏有後請致邑(盧高氏邑致還君)齊人立敬仲之曾孫酀良敬仲也(酀高偃良敬仲賢也)十一月高豎致盧而出奔晉晉人城緜而寘旃(寘高豎緜晉邑)

三十年鄭良霄出奔許(良霄伯有)鄭伯有耆酒爲窟室(窟室地室)而夜飲酒擊鍾焉朝至未已朝者曰公焉在(伯有家臣故謂伯有爲公)其人曰吾公在壑谷(壑谷窟室)皆自朝布路而罷(布路分散)既而朝則又將使子皙如楚歸而飲酒子皙以駟氏之甲伐而焚之伯有奔雍梁(雍梁鄭地)醒而後知之遂奔許是年鄭羽頡出奔晉爲任大夫(羽頡馬師頡晉任邑)

今屬廣平郡）雞澤之會（在三年），鄭樂成奔楚，遂適晉。羽頡因之，與之比而事趙文子，言伐鄭之說焉，以宋之盟故不可（宋盟約弭兵故）。

昭公元年夏，秦伯之弟鍼出奔晉。后子有寵於桓，如二君於景（后子，秦桓公子，景公母弟鍼也。其寵如二君）。其母曰：弗去懼選（選，數也。恐景公數其罪而加戮）。鍼適晉，其車千乘。

冬，楚公子圍問王疾，縊而弒之。楚右尹子干出奔晉，宮廄尹子晳出奔鄭。子干奔晉，從車五乘。叔向使與秦公子同食（同食祿），皆百人之餼（百人一卒也，其祿足百人）。趙文子曰：秦公子富（富強，故祿與子干同）。叔向曰：底祿以德（底，致也），德鈞以年，年同以尊。公子以國，不聞以富。且夫以千乘去其國，彊禦已甚。詩曰：不侮鰥寡，不畏彊禦（詩大雅，陵也）。秦楚匹也。使后子與子干齒（以年齒為高下而坐）。

四年，又魯叔孫豹卒（以餒死）。叔仲子謂季孫曰：帶受命於子叔孫曰：葬鮮者自西門（不以壽終為鮮。西門非魯朝正門）。季孫命杜洩（杜洩，叔孫氏家宰，命使從西門）。杜洩曰：卿喪自朝，魯禮也（從生存朝覲之正路）。吾子為國政，未改禮而又遷之（遷，易也）。羣臣懼死，不敢自也。既葬而行（善杜洩能辟禍）。

五年夏，莒牟夷以牟婁及防茲來奔。牟夷非卿而書，尊地也（重地，故書以名其人，終為不義）。

六年二月，鄭罕朔奔晉。鄭馬師氏與子皮氏有惡（馬師氏，公孫鉏之子罕朔）。罕朔殺罕魋（罕魋，子皮弟），罕朔奔晉。韓宣子問其位於子產（問罕朔可使在何位）。子產曰：君之羇臣，苟得容以逃死，何位之敢擇？卿違從大夫之位（降位一等），罪人以其罪降（罪重則降多），古之制也。朔於敝邑亞大夫也，其官馬師也（亞大夫，上大夫。馬師職）。獲戾而逃，唯執政所寘之。得免其死，為惠大矣，又敢求位？宣子為子產之敏也，使從嬖大夫（為子產故，使降一等，不以罪降）。

夏，宋華合比奔衛。宋寺人柳有寵（有寵於平公）。太子佐惡之。華合比曰：我殺之（欲以求媚太子）。柳聞之，乃坎用牲埋書（詐為盟處），而告公曰：合比將納亡人之族（亡人，華臣也。襄十七年奔衛），既盟于北郭矣。公使視之，有焉，遂逐合比。合比奔衛。

八年七月，齊子尾卒。子旗欲治其室（子旗，欒施也。欲并治子尾之家政）。殺梁嬰（梁嬰，子尾家宰）。八月，逐子成、子工、子車（三子，齊大夫，子尾之屬。子成，公子固也。子工，成之弟鑄也。子車，頃公之孫捷也），皆來奔。

十年夏，齊惠欒高氏皆耆酒（欒高二族，皆出惠公），信內多怨（說婦人言，故多怨）。彊於陳鮑氏而惡之（惡陳鮑）。有告陳桓子曰：子旗、子良（子良，高彊）將攻陳鮑。亦告鮑氏。桓子授甲而如鮑氏。遭子良醉而騁（子良醉，故騁告文子），遂見文子（文子，鮑國），則亦授甲矣。使視二子（子旗、子良），則皆將飲酒。桓子曰：彼雖不信（徒言者），聞我授甲，則必逐我。及其飲酒也，先伐諸。陳鮑方睦，遂伐欒高氏。戰于稷（稷，祀后稷之處），欒高敗；又敗諸莊（莊，六軌之道）；國人追之，又敗諸鹿門（鹿門，齊城門）。欒施、高彊來奔。

十二年十月，公子慭出奔齊。季平子立而不禮於南蒯（南蒯，南遺之子，季氏費邑宰）。南蒯謂子仲（子仲，公子慭）：吾出季氏，而歸其室於公（室，季氏家財），子更其位（更，代也），我以費為公臣。子仲許之。南蒯語叔仲穆子，且告之故（穆子，叔仲帶之子叔仲小也。語以欲以費出季氏，以不見禮故）。季悼子之卒也，叔孫昭子以再命為卿（悼子，季武子之子，平子父也。言叔孫之見命，乃在平子為卿之前）。及平子伐莒，克之，更受三命（十年平子伐莒，以功加三命。昭子不伐莒，亦以例加為三命）。叔仲子欲構二家（欲構間二家），謂平子曰：三命踰父兄，非禮也（言昭子受三命，自踰其先人）。平子曰：然。故使昭子（使自貶黜）。昭子曰：叔孫氏有家禍，殺適立庶，故婼也及此（禍在昭四年）。若因禍以斃之，則聞命矣（言因亂討，下敢辭）。若不廢君命，則固有著矣（著，位次）。昭子朝而命吏曰：婼將與季氏訟，書辭無頗（頗，偏也）。季孫懼而歸罪於叔仲子。故叔仲小、南蒯、公子慭謀季氏。慭告公，而遂從公如晉（慭，子仲）。南蒯懼不克，以費叛如齊。子仲還，及衛，聞亂，逃介而先（逃其介副而先）。及郊，聞費叛，遂奔齊。

十四年春，南蒯奔齊。南蒯之將叛也，盟費人。司徒老祁、慮癸（二子，南蒯家臣）偽廢疾，使請於南蒯曰：臣願受盟而疾興，若以君靈不死，請待間而盟（間，差也）。許之。二子因民之欲叛也，請朝眾而盟（欲因合眾而作亂）。遂劫南蒯曰：羣臣不忘其君（君謂季氏），畏子以及今，三年聽命矣。子若弗圖，費人不忍其君，將不能畏子矣（不能畏子）。子何所不逞欲？請

送子（出使送奔）請期五日（期，謂奔期）遂[illegible]

十五年，百蔡朝吳出奔鄭。楚費無極害朝吳之在蔡也（朝吳，蔡大夫），（職於楚下王，死，極忌其有寵，嫉之）欲去之，乃謂之曰：王唯信子，故處子於蔡。子亦長矣，而在下位，辱，必求之，吾[illegible]請（請上位）。又謂其上之人（蔡人在上位者）曰：王唯信吳，故處諸蔡，二三子莫之如也，而在其上，不亦難乎？弗圖，必及於難。夏，蔡人逐朝[illegible]吳出奔鄭。

二十年春，楚太子建奔宋。費無極言於平王曰：建與伍奢將以方城之外叛（十九年，王為太子建城城父）。王信[illegible]奢，使城父司馬奮揚殺太子，未至，而使遣之（故太子建得奔宋）。[illegible]無極曰：奢之子材，若在吳，必憂楚國，盍以免其父召[illegible]仁，必來。不然，將為患。王使召之曰：來，吾免而父。棠君尚謂[illegible]員（棠君，奢長子，尚為棠邑大夫；員，尚弟子胥）曰：爾適吳，我將歸死。我能死，爾能報[illegible]勉之。伍尚歸，楚人皆殺之。員如吳。

夏，曹公孫會自鄸出奔宋（鄸，曹邑）。

秋，衛齊豹殺公孟縶（公孟縶，衛靈公兄），公出如死鳥。北宮氏之宰伐齊氏，滅之。公入。八月，公子朝、褚師圃、子玉霄、子高魴出奔晉（皆齊豹黨）。

冬，宋華亥、向寧、華定出奔陳。宋元公無信多私，而惡華、向。華定、華亥與向寧謀，華亥偽有疾，誘殺羣公子，取大子欒與母弟辰、公子地為質。公亦取華亥、向寧、華定之子為質。公子城（平公子）、公孫忌、樂舍（舍，樂喜孫）、司馬彊、向宜、向鄭（向鄭，向巢）、楚建（楚平王之太子）、郳甲（小邾穆公子）出奔鄭（八子，宋大夫，皆公黨，避難出）。其徒與華氏戰（八子之徒眾也），敗。子城奔晉。十月，公殺華、向之質而攻之。華、向奔陳，華登奔吳（登，費遂之子，華向黨）。

三十一年冬，邾黑肱以濫奔魯（黑肱，邾大夫）。

定公元年，叔孫成子逆昭公之喪於乾侯。初，昭公二十五年孫于鄆，子家懿伯從（子家子，羈也）。叔孫逆公喪，請見子家子。子家子辭曰：羈未得見而從君以出（出奔時未得見叔孫），君不命而薨，羈不敢見（言不受命）。（[illegible]）叔孫使告之曰：公衍、公為實使羣臣不得事君（二子）

（始謀逐季氏）若公子宋主社稷，則羣臣之願也（宋，昭公弟定公）。凡從君出而可以入者，將唯子是聽。子家氏未有後，季孫願與子從政，此皆季孫之願也，使不敢以告（不敢自以告叔孫）。對曰：若立君，則有卿士大夫與守龜在，羈弗敢知。若從君者，則貌而出者入可也（[illegible]）。（公衍、公為與季氏為寇）寇而出者行可也（[illegible]）。若羈也，則君知其出也（昭公）而未知其入也，羈將逃也。喪及壞隤，公子宋先入，從公者皆自壞隤反。

四年冬，吳子及楚人戰于柏舉，楚師敗績，楚囊瓦出奔鄭。初，伍員為吳行人以謀楚。楚之殺郤宛也，伯氏之族出，伯州犁之孫嚭為吳大宰以謀楚。冬，蔡侯、吳子、唐侯伐楚，舍舟於淮汭，自豫章與楚夾漢。子常（楚令尹囊瓦）濟漢而陳，三戰，子常知不可，欲奔（知吳不可勝）。十一月庚午，二師陳于柏舉。闔廬之弟夫槩王以其屬五千先擊子常之卒，子常之卒奔，楚師亂，吳師大敗之。子常奔鄭。

五年九月，吳王闔廬弟夫槩王歸，自立也，以與王戰而敗（自立為吳王，號夫槩），奔楚為棠谿氏。

八年夏，晉師將盟衛侯于鄟澤。趙簡子曰：羣臣誰敢盟衛君者？（[illegible]）涉佗、成何曰：我能盟之（二子，晉大夫）。將歃，涉佗捘衛侯之手及捥（[illegible]）。衛侯怒，叛晉。晉人請改盟，弗許。十年，晉人討衛之叛，曰：由涉佗、成何（[illegible]）。於是執涉佗以求成於衛，衛人不許。晉人殺涉佗，成何奔燕。

九年春，宋公使樂大心盟于晉，且逆樂祁之尸，辭，偽有疾，乃使向巢如晉盟，且逆子梁之尸（子梁，樂祁）。子明謂桐門右師出（子明，樂祁子溷；右師，樂大心）[illegible]曰：吾猶衰絰，而子擊鍾，何也？（[illegible]）右師曰：喪不在此故也。既而告人曰：己衰絰而生子，余何故舍鍾？子明聞之，怒，言於公曰：右師將不利戴氏（樂氏，戴族），不肯適晉，將作亂也。不然，無疾。乃逐桐門右師，樂大心奔曹。

十年秋，宋公子地出奔陳。初，公子地（宋景公弟）有嬖遽富獵（[illegible]）十一分其室而以其五與之與之寵也公子地有白馬四公嬖向魋魋欲之向魋司馬桓魋也公取而朱其尾鬣以與之與之魋地怒使其徒抶魋而奪之魋懼將走公閉門而泣之目盡腫母弟辰曰子分室以與獵也而獨卑魋亦有頗焉子爲君禮禮辟君也不過出竟君必止子公子地出奔陳公弗止辰爲之請弗聽辰曰是我迋吾兄也迋欺也吾以國人出君誰與處冬母弟辰暨仲佗石彄出奔陳佗仲幾子石彄褚師段子皆宋卿陳之所望故帥國人

十四年春衛侯逐公叔戍與其黨故趙陽奔宋戍來奔夏衛北宮結來奔公叔戍之故也亦戍黨公叔戍

秋衛世子蒯聵出奔宋盡逐其黨故公孟彄出奔鄭自鄭奔齊

哀公三年秋季孫有疾命正常曰無死正常桓子之寵臣欲付以後事故勑之勿從己死南孺子之子男也則以告而立之南孺子季桓子之妻言若生男告公而立之女也則肥也可肥康子也季孫卒康子即位既葬康子在朝在公朝也南氏生男正常載以如朝告曰夫子有遺言命其圉臣曰南氏生男則以告於君與大夫而立之今生矣男也敢告遂奔衛康子請退退辟位也公使共劉視之共劉魯大夫則或殺矣乃討之討殺者召正常正常不反畏康子也冬十月晉趙鞅圍朝歌師于其南范中行治本荀寅伐其郛郛郭也使其徒自北門入己犯師而出荀寅使左外救三之徒擊氏圍之北門因以內攻得出癸丑奔邯鄲

四年九月晉趙鞅帥師圍邯鄲邯鄲降荀寅奔鮮虞十二月齊弦施會鮮虞人納荀寅于柏人

五年春晉圍柏人荀寅士吉射奔齊

秋齊景公疾使國惠子高昭子立荼惠子國夏昭子高張寘羣公子於萊萊齊東鄙邑齊景公卒冬十月公子嘉公子駒公子黔奔衛公子鉏公子陽生來奔皆景公子萊人歌之曰景公死乎不與埋三軍之事乎不與謀師乎師乎何黨之乎師衆也黨所也之往也蓋葬後而爲此歌哀羣公子失所

六年夏六月　陳乞鮑牧牧鮑國孫及諸大夫以甲入于公宮昭子聞之與惠子乘如公戰于莊敗高國敗也莊六軌之道國人追之國

夏奔莒遂及高張晏圉弦施來奔圉晏嬰之子

八月齊邴意茲來奔高國黨

十一年夏陳轅頗出奔鄭初轅頗爲司徒賦封田以嫁公女封內之田悉賦稅之有余以爲己大器大器鐘鼎之屬國人逐之故出道渴其族轅咺進稻醴粱糗腶脯焉轅咺頗族喜曰何其給也對曰器成而具具此頗族曰何不吾諫對曰懼先行恐言不從先見逐

冬衛大叔疾出奔宋疾大叔儀之孫也初疾娶于宋子朝子朝宋人仕衛爲大夫其娣嬖娣所娶女之弟子朝出出奔孔文子使疾出其妻而妻之疾使侍人誘其初妻之娣寘於犂犂衛邑而爲之一宮如二妻文子怒欲攻之仲尼止之遂奪其妻或淫于外州外州人奪之軒以獻外州衛邑軒車恥是二者故出以獻於君也

十四年春小邾射以句繹來奔射小邾大夫句繹地名五月陳宗豎出奔楚是月宋向魋出奔衛桓魋之寵害於公寵驕盈也公使夫人驟請享焉而將討之夫人景公母也數請欲因請討之未及魋先謀公請以鞌易薄

鞌向魋邑薄公邑欲因享而作亂乃益鞌七邑而請享公焉將享以害公以日中爲期家備盡往甲兵公知之向魋遂入于曹以叛八年宋滅曹以爲邑六月使左師巢伐之欲質大夫以入焉巢不能克魋恐公怒欲質入國不能亦入于曹取質不能得大夫故入曹劫曹人子弟而質之欲以自固魋曰不可既不能事君又得罪于民將若之何乃舍之舍曹子弟民遂叛之向魋奔衛向巢來奔宋公使止之曰寡人與子有言矣不可以絕向氏之祀辭曰臣之罪大盡滅桓氏可也若以先臣之故而使有後君之惠也若臣則不可以入矣司馬牛致其邑與珪焉而適齊牛桓魋弟也珪守邑信向魋出於衛地公文氏攻之公文氏衛大夫求夏后氏之璜焉與之他玉而奔齊陳成子使爲次卿司馬牛又致其邑焉而適吳示不與魋同吳人惡之而反趙簡子召之陳成子亦召之卒於魯郭門之外阬氏葬諸丘輿阬氏魯人也泰山南城縣西北有輿城其卒葬所在言賢者失所

冬陳轅買出奔楚

十五年夏齊高無丕出奔北燕

十六年春衛瞞成褚師比出奔宋初衛莊公立害故政欲盡去之（故政謂舊臣也）先謂司徒瞞成曰寡人離病於外久矣子請亦嘗之歸告褚師比欲與之伐公不果乃奔

夏衛孔悝出奔宋是時衛侯飲孔悝酒於平陽（平陽衛邑東郡燕縣東北有平陽亭）重酬之大夫皆有納焉（酬酒幣也）醉而送之夜半而遣之（孔悝不敢辭遣令去）載伯姬於平陽而行（載其母俱去）及西門　使貳車反祏於西圃（使副車還取廟主西圃孔氏廟所在祏藏主石函）子伯季子初為孔氏臣新登于公（登進也）請追之遇載祏者殺而乘其車（殺載祏者）許公為反祏（許公為孔悝臣）遇之曰與不仁人爭明無不勝（不仁人謂子伯季子）必使先射射三發皆遠許為許為射之殪（許為言子伯季子不仁以死也）或以其車從（從孔悝）得祏於橐中孔悝出奔宋秋衛大叔遺奔晉衛侯占夢嬖人（以能占夢見嬖）求酒於大叔僖子（僖子大叔遺）不得與卜人比而告公曰君有大臣在西南隅弗去懼害（詐占夢而言）乃逐大叔遺遺奔晉

魏武侯時吳起治西河之外王錯譖之魏武侯武侯使人召之吳起至於岸門止車而休望西河泣數行下其僕謂之曰竊觀公之志視舍天下若舍屣今去西河而泣何也吳起雪泣應之曰子不識也君誠知我而使我畢能秦必可亡西河可以王今君聽讒人之議而不知我西河之為秦也不久矣魏國此削矣起果去魏入荊有間西河畢入秦魏日以削秦日益大此吳起之所以先見而泣也　楚惠王十九年王子英奔秦

秦厲共公二十五年晉大夫智開率其邑人來奔

二十九年晉大夫智伯寬率其邑人來奔

趙敬侯元年武公子朝出奔魏初烈侯卒弟武公立武公卒趙復立烈侯太子章是為敬侯敬侯元年武公子朝作亂不克出奔魏

成侯二十五年公子緤與太子爭立緤敗亡奔韓

孝成王時使廉頗伐魏之繁陽（繁陽魏邑）拔之王卒子悼襄王立使樂乘代廉頗廉頗怒攻樂乘樂乘走廉頗奔魏之大梁

齊威王時成侯鄒忌及田忌將而救韓伐魏成侯與田忌爭寵成侯賣田忌田忌懼襲齊之邊邑不勝亡走會威王卒宣王立知成侯賣田忌乃復召田忌以為將

秦昭王七年欲誅呂禮禮出奔齊

燕昭王時使樂毅為上將軍并護趙楚韓魏燕之兵以伐齊五歲下齊七十餘城皆為郡縣以屬燕唯獨莒即墨未服會昭王死子立為惠王惠王自為太子時嘗不快於樂毅及即位得齊反間乃使騎劫代將而召樂毅樂毅知惠王之不善代之畏誅西降趙趙封樂毅於觀津號曰望諸君

秦孝公二十四年衛鞅亡歸魏

冊府元龜卷第七百五十

冊府元龜卷第七百五十一

總録部一

總序

夫人之生也分五氣之秀肖兩儀之體形貌既辨名字以立發於天資之謂性通於物理之謂識守道而舉之謂德循善而動之謂行尚其所愛之謂好學而後能之謂藝藝於窮通之謂天命非由性情之謂人事反於善道之謂惡舉是九者亦可以周物之變矣若夫挺執志操緯有量度襟抱夷曠才用敏給公方亮直而允固其守高尚絜素而不累於物以至質樸而遲訥聰悟而機警剛勇而多力詞辯而強記疏縱而率意矜嚴而自法者皆性之品也若夫智慮宏遠謀畫沉邃詳達典憲精別人物研幾微之際而覩其未萌達性命之理而知其定分有犯無隱得盡規之道見賢思齊敦慕善之志通禮制之外降察以續之藏不知止而不殆聞義而默服者皆識之品也若夫敦仁孝之

本宣慈義之烈豊友悌之愛昭賢懿之名敦信以待人克讓而後已崇明昭感陰騭數被僉為是守長厚或羞羈挹以自牧矜慎而用全或恪居厥官世濟明德勵清白之節勤幹蠱之業備守常道韜晦其迹或圖報舊恩周急爵賞解紛競之患遠勢利之累與嫌疑之間安於貧窶之際獨守介節放於隱居以至改過自新報怨以德輕財好施分災救患敦託孤之義備飾終之禮者皆德行之品也若夫酷嗜所愛甘心樂于酒崇聚編簡甚接過客奉清淨之化依園寂之教習靜於寂養於性情務為清談競餌丹石者皆好尚之品也若夫勵志儒術刻意文翰勤勞師門游泳庠塾裁著於詞訓敦好於已志揚攉精於談說明辯博識於異物多能於庶事射御諳詣筆札極精博弈甚工筭數通妙善兵家之伎審音樂之旨習工巧之業明方術之用達醫術之理極圖繪之事究人倫之法明地域之占者皆藝之品也若乃運之否泰數之脩短或榮進于世寵貴而隆盛或廢滯于時憂患而沉棄或攀附而崛起或周游而不遇或家列鍾鼎或貲無擔石以至流竄於危難嬰仍於美疹招累而被譴非辜而罹憂感歎無所憂嫉交懷或遁伏以苟生或困躓而詒辱者皆天命之異也若乃世襲厥官家著訓法結好姻亞出繼人後民立於祠祀家藏於賜書寓籍有徵譜言多驗著休咎之令守名諱之文陳出餞之儀附致郵之信或多獲於時望或鈞衆譽於天倫以至內舉其親自薦其器寡賞為樂贈聞有宜論交友生垂戒諸子游謁雅素慰薦所知請老而引年挂冠而退處奪情之命馳畫餅之譽隱忍於恥辱媿擢列於冤訴圖復仇怨作為隱語知將亡之期遺未亂之命者皆人事之異也若乃資質叢陋性識頑蒙輕躁而寡謀選懦而無勇恢詭而縱辯術以自矜之知人之明昧舉士之理封執偏見溺於私愛偷薄而無尚狷介而失中吝嗇自資隘惡成性述作狂簡學識孤陋以至反忠孝之理乖義睦之訓賦姦險之性極讒邪之辭殘忍不道

奢縱自安戲失禮章貪冒賄賂奉上無恭肅之節左宦極朋附之邪蹈善不終作僞彌拙好忿嗜怒詆訐於衆多忌賢害能交構於禍患肆爲言以虛謗攄觖望以譏刺文飾其短黨比所親厚誣善人巧規營官營葬送之禮任伉俠之氣以至極沉湎之過恣淫薄之亂妖惑以蠱衆厭勝以徼福咎徵既集陰報斯至或亡匿而延喘或敗類而伏辜者皆惡之品也夫以天地和粹之精凝而爲賢明爲正直其行不同而皆底於善陰陽舛沴之氣聚而爲愚闇爲姦回資性不類而皆底於惡善惡之際事以萬殊加以天命之難諶人事之多故紛綸古昔非可槩舉今但采明著前志可以戒勸者類之于篇其有姦臣僞迹亦附于後凡總録部二百四千二門云

孝

夫孝二德之本百行之先也凡爲人子者生盡乎養歿盡乎禮有終身之憂無一日之樂欲報之恩昊天罔極此孝子之至也昔

仲尼爲曾子述孝經自天子諸侯卿大夫士至于庶人孝之道盡矣後之人有以見先聖之行成賢弟子之美千古而下以爲教訓孝之大者始于事親中于事君終于立身又曰立身行道揚名顯親之謂也是知聖人述作之旨以孝爲德本教之所由生風化之大也故南陔白華之篇辭亡義存垂乎勸戒今之所述者歷選前代名臣吉士奉親有聞者咸著于篇○潁考叔潁谷封人也鄭武公娶于申曰武姜（申國今南陽宛縣）生莊公及共叔段（段出奔共故曰共叔猶晉侯在鄂謂之鄂侯）莊公寤生驚姜氏故名曰寤生遂惡之（寐寤而莊公已生故驚而惡之）愛共叔段欲立之（欲立以爲大子）亟請於武公公弗許及莊公即位爲之請制公曰制巖邑也虢叔死焉他邑唯命（虢叔東虢君也恃制巖險而不脩德鄭滅之恐段復然故開以他邑虢國今滎陽縣）請京使居之謂之京城大叔（公順姜請使段居京謂之京城大叔言寵異於衆臣京鄭邑今滎陽京縣）既而大叔命西鄙北鄙貳於己（鄙鄭邊邑貳兩屬）公子呂曰國不堪貳君將若之何（公子呂鄭大夫）欲與大叔臣請事之若弗與則請除之無生民心（叔久不除則舉國之民當生他心）公曰無庸將自及（言無用除之禍將自及）大叔又收貳以爲己邑（前兩屬者今皆取以爲己邑）至于廩延（言轉侵多也廩延鄭邑陳留酸棗縣北有延津）子封曰可矣厚將得衆（子封公子呂也厚謂土地廣大）公曰不義不暱厚將崩（不義於君不親於兄非衆所附雖厚必崩）大叔完聚（完城郭聚人民）繕甲兵具卒乘（步曰卒車曰乘）將襲鄭夫人將啓之（啓開也）公聞其期曰可矣命子封帥車二百乘以伐京（古者兵車一乘甲士三人步卒七十二人）京叛大叔段段入于鄢公伐諸鄢五月辛丑大叔出奔共（共國今汲郡共縣）遂寘姜氏于城潁（城潁鄭地）而誓之曰不及黃泉無相見也（地中之泉故曰黃泉）既而悔之潁考叔聞之有獻於公公賜之食食舍肉公問之對曰小人有母皆嘗小人之食矣未嘗君之羹請以遺之（食而不啜羹欲以發問也宋華元殺羊爲羹饗士蓋古賜賤官之常）公曰爾有母遺繄我獨無（繄語助）潁考叔曰敢問何謂也（據武姜在設疑也）公語之故且告之悔對曰君何患焉若闕地及泉隧而相見其誰曰不然（隧若今延道）公從之公入而賦大隧之中其樂也融融（融融和樂也賦詩也）姜出而賦大隧之外其樂也洩洩（洩洩舒散也）遂爲母子如初君子曰

潁考叔純孝也（純篤也）愛其母施及莊公詩曰孝子不匱永錫爾類其是之謂乎（不匱純孝也莊公雖失之於初孝心不忘考叔感而通之所謂永錫爾類詩人之作各以情言君子論之不以文害意故春秋傳引詩不皆與今說詩者同他皆放此）○申生晉獻公太子也獻公寵驪姬驪姬有二子長曰奚齊次曰卓子驪姬欲立奚齊謂太子申生曰君夢齊姜必速祭之（齊姜太子母言求食）太子祭于曲沃歸胙于公（胙祭之酒肉）公田姬寘諸宮六日公至毒而獻之（毒酒經宿輒敗而經六日明公之惑）公祭之地地墳與犬犬斃姬泣曰賊由太子太子奔新城（新城曲沃）公殺其傅杜原款或謂太子子辭君必辯焉（以六日之狀自理）太子曰君非姬氏居不安食不飽我辭姬必有罪君老矣吾又不樂（吾自理則姬死姬死則君必不樂不樂爲吾憂也）曰子其行乎太子曰君實不察其罪被此名也以出人誰納我魯僖公四年十二月戊申縊于新城姬遂譖二公子曰皆知之重耳奔蒲夷吾奔屈（國語又載晉獻公將黜太子申生而立奚齊荀息丕鄭里克乃[illegible]于武公稱疾不與使奚齊莅事猛足乃言於太子曰伯氏不出奚齊在廟子盍圖乎太子曰吾聞之羊舌大夫曰事君以敬事父以孝受命不遷爲敬敬順所安爲孝棄命不敬作令不孝又何圖焉且夫閒父之愛而嘉其貺有不忠焉廢人以自成有不貞焉孝敬忠貞君父之所安也棄安而圖遠於孝矣吾其止也申生祭其母齊姜於曲沃歸胙於公驪姬使人置毒於胙中獻公殺其傅杜原款或謂太子曰爲此者乃驪姬也太子何不自辭明之太子曰吾君老矣非驪姬寢不安食不甘即辭之君且怒之不可或謂太子曰可奔他國太子曰被此惡名以出人誰內我我自殺耳十二月戊申申生自殺於新城又云獻公將殺申生人謂申生曰非子之罪何不去乎申生曰不可去而罪釋章父之惡而笑諸侯吾誰鄉而入是重困也吾聞之仁不惡君智不重困勇不逃死吾伏以俟命申生將死使猛足言於狐突曰申生有罪不聽伯氏以至于死申生不敢愛其死雖然吾君老矣國家多難伯氏不出柰吾君何伯氏苟出而圖吾君申生受賜以至于死雖死何悔是以爲共君穀梁又載晉獻公伐虢得驪姬獻公私之有二子長曰奚齊稚曰卓子驪姬欲爲亂故謂君曰吾夜者夢夫人趨而來曰吾苦畏胡不使大夫將衛士而衛冢乎公曰孰可使曰臣莫尊於世子則世子可故君謂世子曰驪姬夢夫人趨而來曰吾苦畏女其將衛士而往衛冢乎世子曰敬諾築宮宮成驪姬又曰吾夜者夢夫人趨而來曰吾飢世子之宮已成則何爲不使祠也故獻公謂世子曰其祠世子祠已祠致福於君君田而不在驪姬以酖爲酒藥脯以毒獻公田來驪姬曰世子已祠故致福於君君將食驪姬跪曰食自外來者不可不試也覆酒於地而地賁以脯與犬犬死驪姬下堂而啼呼曰天乎天乎國子之國也子何遲於爲君君喟然歎曰吾與女未有過切是何與我之深也使人謂世子曰爾其圖之世子之傅里克謂世子曰入自明入自明則可以生不入自明則不可以生世子曰吾君老矣已昏矣吾若此而入自明則驪姬必死驪姬死則吾君不安所以使吾君不安者吾不若自死吾寧自殺以安吾君以重

惻焉而寄矣

秦康公之母晉獻公之女文公遭麗姬之難未反而秦姬卒穆公納文公康公時爲太子贈送文公于渭之陽念母之不見也我見舅氏如母存焉及其即位思而作渭陽之詩焉

晏嬰齊大夫也父桓子以魯襄公十七年冬卒晏嬰麤縗斬（斬不緝之也縗在胸前麤三升布）苴絰帶杖菅屨（苴麻之有子者取其麤也杖竹杖菅屨草屨）食粥居倚廬寢苫枕草（此禮與士喪禮略同其異唯枕草耳）其老曰非大夫之禮也（晏子時之所行士及大夫縗服各有不同晏子爲大夫而行士禮其家臣譏之）曰唯卿爲大夫（晏子惡直己以斥時失禮故辭略答家老）

子野魯襄公妾敬歸之子也二十一年六月公薨於楚宮立子野九月癸巳卒毁也（過哀毀瘠以致滅性）孔子在衞有送葬者而夫子觀之曰善哉爲喪乎足以爲法矣小子識之子貢曰夫子何善爾也曰其往也如慕其反也如疑（慕謂小兒隨父母啼呼疑者不知親之來否）子貢曰豈若速反而虞乎子曰小子識之我未之能行也（哀戚祭祀）

皐魚哭聲甚悲孔子聞之曰驅前有賢者至則皐魚也披褐擁鐮哭於道旁孔子辟車與之言曰子非有喪何哭之悲也皐魚曰吾失之三矣少而學游諸侯以後吾親失之一也高尚吾志間吾事君吾失之二也厚交而小絶之失之三矣樹欲靜而風不止子欲養而親不待也往而不可得見者親也吾請從此辭矣立槁而死孔子曰弟子誡之足以識矣於是門人辭歸而養親者十有三人

伯魚之母死期而猶哭（伯魚孔子子也名鯉猶尚也）夫子聞之曰誰與哭者門人曰鯉也夫子曰嘻其甚也（嘻悲恨之聲）伯魚聞之遂除之

孟莊子魯大夫曾子曰吾聞諸夫子孟莊子之孝也其他可能也其不改父之臣與父之政是難能也（孟莊子仲孫速也謂在諒闇之中父臣及父政雖有不善者不忍改也）

高子皐孔子弟子名柴子皐之執親之喪也泣血三年（言泣無聲如血出）未嘗見齒君子以爲難（言人不能然）

少連大連東夷之子也善居喪三日不怠三月不解期悲哀三年憂

顏丁魯人善居喪始死皇皇焉如有求而弗得及殯望望焉如有從而弗及既葬慨焉如不及其反而息

曾參字子輿魯南武城人孔子以爲能通孝道故授之業作孝經參嘗曰往而不可還者親也至而不可加者年也是故孝子欲養而親不待也木欲直而時不使也是故椎牛而祭墓不如雞豚逮存親也故吾嘗仕齊爲吏祿不過鍾釜尚猶欣欣而喜者非以爲多也樂其逮親也既沒之後吾嘗南游於楚得尊官焉堂上高九仞榱題三圍轉轂百乘猶北鄉而泣涕者非爲賤也悲不逮吾親也故家貧親老不擇官而仕若夫信其志約其親者非孝也（又譏曾子仕於莒得粟三秉方是之時曾子重其祿而輕其身親沒之後齊迎以相楚迎以令尹晉迎以上卿方是之時曾子重其身而輕其祿）曾子執親之喪水漿不入於口者七日其父曾皙嗜羊棗而曾參不忍食羊棗公孫丑問孟子曰膾炙與羊棗孰美（羊棗棗名也曾子以父嗜羊棗父亡之後惟念其親不復食羊棗故身不忍食也公孫丑怪之故問羊棗與膾炙孰美）孟子曰膾炙哉（言膾炙多美何比於羊棗也）公孫丑曰然則曾子何爲食膾炙而不食羊棗曰膾炙所同也羊棗所獨也諱名不諱姓姓所同也名所獨也曾子有疾召門弟子曰啓予足啓予手（曾子以爲受身體於父母不敢毁傷故使弟子開衾而視之也）詩云戰戰兢兢如臨深淵如履薄冰（言此詩者喻己常戒愼恐有所毁傷）而今而後吾知免夫小子（乃今日後我自知免於患難矣小子弟子也呼之者欲使聽識其言）

閔損字子騫（孔子弟子魯人）少孔子十五歲孔子曰孝哉閔子騫人不間於其父母昆弟之言（言子騫上事父母下順兄弟動静盡善故人不得有非間之言）

樂正子春曾子弟子以孝名聞下堂而傷其足數月不出猶有憂色門弟子曰夫子之足瘳矣數月不出猶有憂色何也樂正子春曰善如爾之問也吾聞諸曾子曾子聞夫子曰天之所生地之所養唯人爲大父母全而生之子全而歸之可謂孝矣不虧其體不辱其身可謂全矣故君子頃步而弗敢忘孝也今予

忘孝之道予是以有憂色也（頃當爲跬聲之誤也）壹舉足而不敢忘父母
壹出言而不敢忘父母壹舉足而不敢忘父母是故道而不徑
舟而不游不敢以先父母之遺體行殆壹出言而不敢忘父母
是故惡言不出於口忿言不反於身不辱其身不羞其親可謂
孝矣（徑步邪趨疾也舟游浮水殆危也不辱身人不敢以忿言來也）其視疾
也復加一飯則脫然愈復（損）一飯則脫然愈復加一衣則脫然
愈復損一衣則脫然愈（脫然病除貌也言消息得其節也）其母死五日而不食曰
吾悔（悔者自悔也）自吾母而不得吾情吾惡乎用吾情（情猶實也）
漢石建萬石君奮之子建爲郎中令白首萬石君尚無恙每五
日洗沐歸謁親（郎中令五日一下）入子舍竊問侍者取親中帬廁牏身自
浣濯（中帬若今言中衣也廁牏小袖衫爲侯也）復與
侍者不敢令萬石君知之以爲常萬石君卒建哭泣哀思杖迺
能行歲餘建亦死諸子孫咸孝然建最甚
馮唐以孝著爲郎中署長（以孝聞爲郎中而爲郎署之長也著音竹助切）

公孫弘養後母孝謹後母卒服喪三年位至丞相
霍去病父中孺河東平陽人（中讀曰仲）以縣吏給事平陽侯家（平陽侯曹參之後）
（於侯家供事）與侍者衛少兒私通而生去病中孺吏畢歸家娶婦生
光因絕不相聞少之少兒女弟子夫得幸於武帝立爲皇后云
病以皇后姊子貴幸既壯大迺自知父爲霍中孺未及求問會
爲票騎將軍擊匈奴道出河東太守郊迎負弩矢先驅至（郊迎於郊界）
（之上也先驅者導其路也）至平陽傳舍遣吏迎霍中孺趨入拜謁將軍迎拜
因跪曰去病不早自知爲大人遺體也中孺扶服叩頭（服音蒲北切）
曰老臣得託命將軍此天力也去病大爲中孺買田宅奴婢而
去還復過焉
金日磾本匈奴休屠王太子與弟倫俱沒官母教誨兩子甚有
法度武帝聞而嘉之病死詔圖畫於甘泉宮署曰休屠王閼氏
日磾每見畫常拜鄉之涕泣然後迺去位至侍中駙馬都尉
杜延年父周爲御史大夫延年後爲御史大夫居父官府不敢

嘗著上坐皆易其處
韋玄成父賢其先魯人以昭帝時徙平陵玄成別徙杜陵病且
死因使自白曰不勝父子恩願乞骸骨歸葬父墓上詔許焉而重
賢次子舜留魯守墳墓位至丞相
翟方進爲相身既富貴而後母尚在方進內行脩飭供養甚篤
原涉父爲南陽太守卒時少行三年喪者涉讓還南陽賻送行
喪家廬三年繇是顯名京師涉位至天水太守
後漢梁統更始二年召補中郎將使安集涼州拜酒泉太守會
更始敗赤眉入長安統與竇融及諸郡守起兵保境謀共立帥
初以位次咸共推統統固辭曰昔陳嬰不受王者以有老母也
今統內有尊親又德薄能寡誠不足以當之遂共推融爲河西
大將軍
鄧禹內文明篤行淳備事母至孝位至太傅
樊鯈宏子也謹約有父風事後母至孝及母卒哀思過禮毀病

不自支光武常遣中黃門朝暮送饘粥位至光祿大夫
銚期父猛爲桂陽太守卒期服喪三年鄉里稱之位至衛尉
祭遵喪母負土起墳位至征虜將軍
祭肜早孤至孝見稱遇天下亂野無煙火而獨在冢側每賊過
見其尚幼而有志節皆奇而哀之位至太僕
魯恭父建初爲武陵太守卒恭年十二弟丕七歲晝夜號踊不
絕聲郡中賻贈無所受乃歸服喪禮過成人鄉里奇之恭位至
司徒
孔奮事母孝謹雖爲儉約奉養極求珍膳躬率妻子同甘菜茹
位至武都太守
戴良字叔鸞汝南慎陽人少誕節母憙驢鳴良常學之以娛樂
焉及母卒兄伯鸞居廬啜粥非禮不行良獨食肉飲酒哀至乃
哭而二人俱有毀容或問良曰子之居喪禮乎良曰然禮所以
制情佚也情苟不佚何禮之論夫食旨不甘故致毀容之實若

來不存口食之可也論者不能奪之

廉范祖丹爲王莽大司馬庸部牧父遭喪亂客死於蜀漢范遂流寓西州西州平歸鄉里年十五辭母西迎父喪蜀郡太守張穆丹之故吏乃重資送范范無所受與客步負喪歸葭萌載船觸石破沒范抱持棺柩遂俱沉溺衆傷其義鉤求得之療救僅免於死穆聞復馳遣使持前資物追范范又固辭位至蜀郡太守

劉平本名曠更始時天下亂平弟仲爲賊所殺其後賊復忽然而至平扶侍其母奔走逃難與母俱匿野澤中平朝出求食逢餓賊將亨平叩頭曰今旦爲老母求菜老母待曠爲命願得歸食母畢還就死因泣涕賊哀而還遣之位至宗正

陸續會稽人爲州別駕從事刺史尹興坐楚王英事徵詣廷尉續拷掠考備至終無異辭續母遠至京師覘候消息獄事特急無緣與續相聞母但作饋食付門卒以進之續雖見考苦毒而辭色慷慨未嘗易容唯對食悲泣不能自勝使者怪而問其故續曰母來不得相見故泣耳使者大怒以爲獄門吏卒通傳意氣召將案之續曰因食饌羹識母所自調和故知來耳非人告也使者問何以知母所作乎續曰母嘗截肉未嘗不方斷葱以寸爲度是以知之使者問諸謁舍續母果來於是陰嘉之上書說續行狀帝即赦興等事

鄧彪明帝時爲太僕數年喪後母辭疾乞身詔以光祿大夫行服

班超字仲叔固之弟爲官寫書受直以養老母明帝問固知之除超爲蘭臺令史

王琳字巨尉年十餘歲喪父母因遭大亂百姓奔逃唯琳兄弟獨守冢廬號泣不絕

桓典喪父母事叔母如事親位至光祿勳

趙孝爲衛尉以孝行聞弟禮爲御史中丞禮亦恭讓行已類於孝

江革齊國臨淄人少失父獨與母居遭天下亂盜賊並起革負母逃難備經阻險常採拾以爲養數遇賊或劫欲將去革輒涕泣求哀言有老母辭氣愿款(愿謹也款誠也)有足感動人者賊以是不忍犯之或乃指避兵之方遂得俱全於難革轉客下邳窮貧裸跣行傭以供母便身之物莫不必給建武末年與母歸鄉里每至歲時縣當案比(案比謂案驗以比之猶今貌閱也)革以母老不欲搖動自在轅中輓車不用牛馬由是鄉里稱之曰江巨孝太守嘗備禮召革以母老不應及母終至性殆滅伏冢廬服竟不忍除郡守遣丞掾釋服因請以爲吏位至諫議大夫

彭修會稽毗陵人年十五父爲郡吏得休與修俱歸道爲盜所劫修因迫乃拔佩刀前持盜帥曰父辱子死卿不顧死邪盜相謂曰此童子義士也不宜逼之遂辭謝而去鄉黨稱其名位至吳令

馮豹衍子也後母惡之嘗因豹夜寐欲行毒害豹逃走得免敬事愈謹而母疾之益深時人稱其孝位至尚書

黃童以三輔遭羌寇避難東國家於外黃(外黃縣屬陳留郡故城在今汴州雍丘縣東)居貧蓬户蔬食躬勤孝養位至大鴻臚

朱穆年五歲便有孝稱父母有病輒不飲食差乃復常位至尚書

樂恢父親爲縣吏得罪於令收將殺之恢年十一常俯伏寺門晝夜號泣令聞而矜之即解出親位至騎都尉

汝郁性仁孝年五歲母病不能食郁常抱持啼泣亦不食母憐之彊爲飯宗親共異之因字曰叔異及親歿遂隱處山澤

黃香年九歲失母思慕憔悴殆不免喪鄉人稱其至孝年十二太守劉護聞而召之署門下孝子甚見愛敬香家貧内無僕妾躬執苦勤盡心奉養位至魏郡太守

毛義字少節廬江人家貧以孝行稱南陽人張奉慕其名往候之坐定而府檄適至以義守令義捧檄而入喜動顏色奉者志尚士也心賤之自恨來固辭而去及義母死去官行服數辟公府爲縣令進退必以禮後舉賢良公車徵遂不至張奉歎曰賢者固不可測往日之喜乃爲親屈也斯蓋所謂家貧親老不擇官

而化者也

周磐汝南安成人居貧養母儉薄不充嘗誦詩至汝墳之卒章慨然而歎（韓詩曰汝墳辭家也其卒章曰魴魚赬尾王室如燬雖則如燬父母孔邇）乃解韋帶就孝廉之舉頻除任城陽夏重合三縣令思母棄官還鄉里及父母殁哀至幾於毀滅服終遂廬于冢側教授門徒常千人公府三辟皆不就以有道特徵般辭語友人曰昔方回支父嗇神養和不以榮利滑其生術吾親以没矣從物何為遂不應（方回支父並堯時賢人）

霍諝遷金城太守遭母憂自上歸行喪服

鮑永事後母至孝妻嘗於母前叱狗永即去之位至兗州牧

趙咨以敦煌太守病免還躬率子孫耕農為養盜嘗夜往劫之咨恐母驚懼乃先至門迎盜因請為設食謝曰老母八十疾病須養居貧朝夕無儲乞少置衣糧妻子物餘一無所請盜皆慚歎跪而辭曰所犯無狀干暴賢者言畢奔出咨追以物與之不及由此益知名

韋彪孝行純至父母卒哀毀三年不出廬寢服竟羸瘠骨立異形醫療數年乃起位至大鴻臚

鄧騭母新野君寢病騭兄弟並上書求還侍養太后以閶最少孝行尤著特聽之（閶封西華侯騭弟也）賜安車駟馬及新野君薨騭等復乞身行服章連上太后許之騭等既還里第並居家次閶至孝骨立有聞當時位至特進

桓麟為許令病免會母終麟不勝喪未祥而卒

薛包汝南人好學篤行喪母以至孝聞及父娶後妻而憎包分出之包日夜號泣不能去至被毆杖不得已廬於舍外旦入而灑埽父怒又逐之乃廬於里門昏晨不廢積歲餘父母慚而還之後行六年服喪過乎哀徵拜侍中不起

申屠蟠陳留外黃人九歲喪父哀毀過禮服除不進酒肉十餘年每忌日輒三日不食徵博士不至

姜肱字伯淮家世名族肱與二弟仲海季江俱以孝行著聞其友愛天至常共臥起及各娶妻兄弟相戀不能別寢以係嗣當立乃遞往就室徵太中大夫不拜

李曇字雲少孤繼母嚴酷曇性純孝定省恪勤妻子恭奉寒苦執勞不以為怨得四時珍玩先以進母為鄉里所稱法養親行道終身不仕

栾閎字夏甫父賀為彭城相閎往省謁變名姓徒行無旅既至府門連日吏不為通會阿母出見閎驚入白夫人乃密呼見既而辭去賀遣車送之閎稱眩疾不肯乘反郡界無知者及賀卒郡閎兄弟迎喪不受賻贈縗絰扶柩冒犯寒露體貌枯毀手足血流見者莫不傷之

陳紀以至德稱兄弟孝養閨門雍和後進之士皆推慕其風遭父憂每哀至輒歐血絕氣雖衰服已除而積毀消瘠殆將滅性豫州刺史嘉其至行表尚書圖象百城以厲風俗位至大鴻臚

楊震少孤貧獨與母居假地種殖以給供養諸生嘗有助種藍者震輒拔更種以距其後鄉里稱孝位至太尉

孫期濟陰成武人家貧事母至孝牧豕於大澤中以奉養焉司徒黃琬辟不行

謝該仕為公車司馬令以父母老託疾去官

崔寔父卒隱居墓側服竟三公並辟皆不就拜遼東太守行道母劉氏病卒上疏求歸葬行喪位至尚書

虞詡陳國武平人也早孤孝養祖母縣舉順孫國相奇之欲以為吏詡辭曰祖母九十非詡不養相乃止位至尚書令

張武吳郡由拳人父業郡門下掾送太守妻子還鄉里至河內亭盜夜劫之業與賊戰死遂亡失屍骸武時年幼不及識父後之太學受業每節常持父遺劍至亡處祭醊泣而還太守第五倫嘉其行舉孝廉遭母喪過毀傷父魂靈不返因哀慟絕命

李充遭母喪行服墓次人有盜其樹者充手自殺之常居先人冢側未曾入城市位至左中郎將

廖扶父為北地大守坐羌没郡下獄死扶感父以法喪身憚為吏及服終而歎曰老子有言名與身孰親吾豈為名乎遂絕志世外專精經典

李虔轉蜀郡太守以母老乞不之官

劉茂少孤獨與母居家貧以筋力致養孝行著於鄉里位至侍中

孔融年十三喪父哀悴過毀扶而後起州里歸其孝位至太中大夫

郭林宗有至孝遭母憂歐血發病歷年乃瘳徵有道不就

种劭為益涼二州刺史會父拂與李傕等戰死竟不之職服終徵為少府大鴻臚皆辭不受曰昔我先父以身徇國吾為臣子不能除殘復怨何面目朝覲明主哉遂與馬騰韓遂及左中郎劉範諫議大夫馬宇共攻李傕郭汜以報其仇與汜戰於長平觀下軍敗劭等皆死騰遂還涼州

胡廣為太傅録尚書時年已八十心力克壯繼母在堂朝夕聽省傍無几杖言不稱老及母卒居喪盡哀率禮無愆

鮑昂有孝義節行初父德病數年昂俯伏左右衣不緩帶及舉喪毀瘠三年抱負乃行服闋遂潛于墓次不關時務舉孝廉辟公府連徵不至卒

皇甫堅壽者嵩之子也董卓與嵩有隙有司承旨奏嵩下吏將遂誅之堅壽與卓素善自長安亡走洛陽歸投於卓卓方置酒歡會堅壽直前質讓責以大義叩頭流涕坐者感動皆離席請之卓乃起牽與共坐使免嵩因復拜嵩議郎

蔡邕性篤孝母常滯病三年邕自非寒暑節變未嘗解襟帶不寢寐者七旬母卒廬于冢側動靜以禮有免馴擾其室傍又木生連理遠近奇之多往觀焉位至左中郎將

朱儁少孤母嘗販繒為業儁以孝養致名位至大司農

袁紹生而父死弱冠除濮陽長有清名遭母喪服竟又追行父服凡在冢廬六年後為冀州牧

田豐少喪親居喪盡哀日月雖過笑不至哂後為袁紹別駕

徐庶字元直荊州劉琮聞曹公來征遣使請降劉備在樊聞之率其衆南行庶與諸葛亮並從為曹公所追破獲庶母庶辭備而指其心曰本欲與將軍共圖王霸之業者以此方寸之地也今已失老母方寸亂矣無益於事請從此別遂詣曹公位至右中郎將御史中丞

魏劉正舒仲武子也仲武先娶毋丘氏生子正舒正則二人毋丘儉反敗仲武出其妻娶王氏生陶仲武為毋丘氏別舍而不告絕及毋丘氏卒正舒求祔葬焉而陶不許正舒不釋服訟于上下泣血露骨褸裳綴絡數十年弗得從以至死亡

鮑出字文才少游俠興平中三輔乱出與老母兄弟五人家居本縣以飢餓留其母守舍相將行採蓬實合得數升使其二兄初雅及其弟成持歸為母作食獨與小弟在後採蓬初等到家而賊數十人已略其母以繩貫其掌驅去初等怖恐不

敢追逐須臾出從後到知母為賊所略欲追賊兄弟皆云賊衆當如何出怒曰有母而使賊貫其手將去煑噉之用活何為乃攘臂結衽獨追之行數里及賊賊望見出乃共布列待之出到回後一頭斫賊殺四五人賊走復相合聚圍出出跳越圍斫之又殺十餘人時賊分布驅出母前去賊連擊出不勝乃走與前輩合出復追擊之還見其母與比舍嫗同貫相連出遂復奮擊賊賊問出曰卿欲何得出責數賊指其母以示之賊乃解還出母比舍嫗獨不解遥望出求哀出復斫賊賊謂出曰已還卿母何為不止出又指求哀嫗此我嫂也賊復解還之出得母還遂相扶將客南陽建安五年關中始開出來北歸而其母不能步行兄弟欲共輿之出以輿車歷山險危不如負之安穩乃以籠盛其母獨自負之到鄉里鄉里士大夫嘉其孝烈欲薦州郡郡辟召出出曰田民不堪冠帶至青龍中母年百餘歲乃終出時年七十餘行喪如禮

黄朗父爲本縣卒及朗爲君長自以父故常忌不呼鈴下伍伯而呼人姓字至於忿怒亦終不言

高柔父靖爲蜀郡都尉時天下大亂柔從兄幹袁紹甥也在河北呼柔柔舉宗從之會靖卒於西州時道路艱澁兵寇縱横而柔冒艱險詣蜀迎喪辛苦荼毒無所不嘗三年乃還位至太尉

杜畿字伯侯少孤繼母苦之以孝聞在荆州數歲繼母亡後以三輔開通負其母喪北歸位至尚書僕射

司馬芝字子華河内温人少爲書生避亂荆州於魯陽山遇賊同行者皆棄老弱走芝獨坐守老母賊至以刃臨芝芝叩頭曰母老唯在諸君賊曰此孝子也殺之不義遂得免害以鹿車推載母居南方十餘年躬耕守節位至大司農

曹休祖父嘗爲吳郡太守休於太守舍見壁上祖父畫像下榻拜涕泣同坐者皆嘉歎焉位至大司馬揚州牧

王脩字叔治年七歲喪母母以社日亡來歲鄰里社脩感念母哀甚鄰里聞之爲之罷社位至奉常

王烈遭父喪泣淚三年太原人後避地於遼東

任嘏年八歲喪母號泣不絶聲自然之哀同於成人故幼以至性見稱

王基字伯輿少孤與叔父翁居翁撫養甚篤基亦以孝稱高貴鄉公時爲鎮南將軍都督豫州諸軍事進封安樂侯上疏求分户二百賜叔父子喬爵關内侯以報叔父撫育之德有詔特聽

趙昱年十三母嘗病經三月昱慘戚消瘠至目不交睫握粟出卜祈禱泣血鄉黨稱其孝

吳顧悌父向歷四縣令年老致仕悌每得父書常灑掃整衣服更設几筵舒書其上拜跪讀之每句應諾畢復再拜若父有疾耗之問至則臨書垂涕聲語哽咽父以壽終悌飲漿不入口五日大帝爲作布衣一襲皆摩絮著之强令悌釋服悌雖以公議自割猶以不見父喪常畫壁作棺柩象設神座於下每對之哭泣服未闋而卒

駱統母改適爲華歆小妻統時八歲遂與親客歸會稽其母送之拜辭上車面而不顧其母泣涕於後御者曰夫人猶在也統曰不欲增母思故不顧耳事適母甚謹位至濡須督

劉繇字正禮年十九從父韙爲賊所劫質繇篡取以歸由是顯名

劉基繇長子也年十四居繇喪盡禮漢末爲振武將軍揚州牧

孟宗爲吳令時皆不得將家之官每得時物來以寄母常不先食及聞母亡犯禁委官時甚長吏以喪去官特爲減死一等復使爲官蓋優之也

諸葛瑾遭母憂居喪至孝事繼母恭謹甚得人子之道位至大將軍左都護

陳表武庶子也兄脩亡後表母不肯事脩母表謂其母曰兄不幸早亡表統其家事當奉嫡母母若能爲表屈情承順嫡母者是至願也若母不能直當出别居耳表於大義公正如此由是二母感寤雍穆位至偏將軍

陸景母張承女諸葛恪外生恪誅景母坐見黜景少爲祖母所育養及祖母亡景爲之心喪三年位至偏將軍中夏督

册府元龜卷第七百五十一

冊府元龜卷第七百五十二

總録部二

孝第二

晉王祥字休徵性至孝早喪親繼母朱氏不慈數譖之由是失愛於父每使掃除牛下祥愈恭謹父母有疾衣不解帶湯藥必親嘗有丹柰結實母命守之每風雨祥輒抱樹而泣其篤孝純至如此漢末遭亂扶母攜弟覽避地廬江隱居三十餘年不應州郡之命母終居喪毀瘁杖而後起位太保

曹志爲散騎常侍遭母憂居喪盡哀因得疾病喜怒失常

李喜初辟太傅屬因辭疾郡縣扶輿上道時喜母疾篤乃竊踰泫氏城而徒還遂遭母喪論者嘉其志節

李密字令伯犍爲武陽人一名虔父早亡母何氏改醮密時年數歲感戀彌至烝烝之性遂以成疾祖母劉氏躬自撫養密奉事以孝謹聞劉氏有疾則涕泣側息未嘗解衣飲膳湯藥必先

嘗後進泰始初詔徵爲太子洗馬密以祖母年高無人奉養遂不應命乃上疏曰臣以險釁夙遭閔凶生孩六月慈父見背行年四歲舅奪母志祖母劉愍臣孤弱躬見撫養臣少多疾病九歲不行零丁辛苦至于成立既無伯叔終鮮兄弟門衰祚薄晚有兒息外無碁功彊近之親內無應門五尺之童煢煢孑立形影相弔而劉早嬰疾病常在牀蓐臣侍湯藥未常廢離自奉聖朝沐浴清化前太守臣逵察臣孝廉後刺史臣榮舉臣秀才臣以供養無主辭不赴命明詔特下拜臣郎中尋蒙國恩除臣洗馬猥以微賤當侍東宮非臣隕首所能上報臣具以表聞辭不就職詔書切峻責臣逋慢郡縣逼迫催臣上道州司臨門急於星火臣欲奉詔奔馳則劉病日篤苟徇私情則告訴不許臣之進退實爲狼狽伏惟聖朝以孝治天下凡在故老猶蒙矜卹況臣孤苦尩羸之極且臣少仕僞朝歷職郎署本圖宦達不矜名節今臣亡國賤俘至微至陋過蒙拔擢寵命殊私豈敢盤桓有所希冀但以劉日薄西山氣息奄奄人命危淺朝不慮夕臣無祖母無以至今日祖母無臣無以終餘年母孫二人更相爲命是以私情區區不敢棄遠臣密今年四十有四祖母劉今年九十有六是臣盡節於陛下之日長而報養劉之日短也烏鳥私情願乞終養臣之辛苦非但蜀之人士及二州牧伯之所明知皇天后土實所鑒見伏願陛下矜愍愚誠聽臣微志庶劉僥倖保卒餘年臣生當隕身死當結草帝覽之曰士之有名不虛然哉乃停召位漢中太守

荀顗爲司空年踰耳順孝養烝烝以母憂去職毀幾滅性海內稱之

何曾有孝德傅玄著論稱曾及荀顗曰以文王之道事其親者其潁昌何侯乎其荀侯乎古稱曾閔今曰荀何內盡其心以事其親外崇禮讓以接天下孝子百世之宗仁人天下之命有能行孝之道君子之儀表也詩云高山仰止景行行止令德不遑

二夫子之景行者非樂中正之道也又曰荀何君子之宗也又曰潁昌侯之事親其盡孝子之道乎存盡其和事盡其敬亡盡其哀予於潁昌侯見之矣又曰見其親六十而孺慕予於潁昌侯見之矣位太傅

李宣伯遼東襄平人祖敏漢河內太守去官還鄉里遼東太守公孫度欲彊用之敏乘輕舟浮滄海莫知所終宣伯父信追求積年浮海出塞無所見欲行喪制服則疑父尚存情若居喪而不娉娶後有鄉居故人與其父同年者亡因行喪制服燕國徐邈與之州里以不孝莫大於無後勸使娶妻既生宣伯遂絕房室常如居喪禮不堪其憂數年而卒宣伯既幼孤母又改行有識之後降食哀戚亦以喪禮自居又以祖不知存亡設木主以事之由是以孝聞（一云敏生宣伯而遺妻宣伯不識母及有識蔬食哀戚亦如三年之喪）

郤詵爲議郎母憂去職詵母病苦無車及亡不欲車載柩家貧無以市馬乃於所住堂北壁外假葬開戶朝夕拜哭養雞種蒜

竭其力衛喪過三年無馬八匹輿櫬至家負土成墳傭賃自尚書左丞出為冀州刺史繼母杜氏不肯隨咸之官自表解職

羊祜年十二喪父孝思過禮事叔父耽甚謹遭母憂長兄發又卒毀慕寢頓位征南大將軍

霍原字休明燕國廣陽人也少有志力叔父坐法當死原入獄訟之楚毒備加終免叔父

許孜東陽吳寧人二親沒柴毀骨立杖而能起建墓於縣之東山躬自負土不受鄉人之助或愍孜羸憊苦求助孜晝則不逆夜便除之孜以方營大功乃棄其妻鎮宿墓所列植松栢亘五六里積二十餘年孜乃更娶妻立宅墓次烝烝朝夕奉亡如存餘見孝感門子生亦有孝行圖孜像於堂朝夕拜焉

庾袞字叔褒父亡作甚勤以養母母見其勤曰我無所食對曰母食不甘袞將何居母感而安之州郡禮辟貧供養不起父母終後廬於墓側或有斬其墓柏莫知其誰乃召鄰人集于墓而

自責焉因叩頭泣涕謝祖補曰德之不脩不能庇先人之樹袞之罪也父老咸亦為之垂泣自後人莫之犯初袞父誡袞以酒每醉輒自責曰余廢先父之誡其何以訓人乃於父墓前自杖三十　鄰人褚德逸者善事其親老而不衰袞每拜之

孫晷吳國富春人以孝行聞父母嘗饌雖諸兄親饋而晷不離左右富春車道既少動經江川父母尤於風波每行乘籃輿晷躬自扶侍所詣之處則於門外樹下蕃屏之間隱息以待不令主人知之

王戎字濬沖為吏部尚書以母憂去職性至孝不拘禮制飲酒食肉或觀弈棊而容貌毀悴杖然後起裴頠往弔之謂人曰若使一慟能傷人濬沖不免滅性之譏也時和嶠亦居父喪以禮法自持量米而食哀毀不踰於戎武帝謂劉毅曰和嶠毀頓過禮使人憂之毅曰嶠雖寢苫食粥乃生孝耳至於王戎所謂死孝陛下當先憂之戎先有吐疾居喪增甚帝遣醫療之并賜藥物又斷賓客

王接字祖游幼喪父哀毀過禮鄉親皆歎曰王氏有子哉母終柴毀骨立居喪積年仕征虜將軍司馬

傅宣字世弘年六歲喪繼母哭泣如成人中表異之

閻纘字續伯博覽墳典父卒繼母不慈纘恭事彌謹而母疾之愈甚乃誣纘盜父時金寶訟于有司遂被清議十餘年纘無怨色孝謹不怠母後意解更移中正乃得復品為太傅楊駿舍人

王沉字處道少孤養於從叔司空昶事昶如父奉繼母寡嫂以孝義稱位尚書令

喬智明字元達鮮卑前部人少喪二親哀毀過禮位折衝將軍

盛彥廣陵人也母王氏因疾失明彥每言及未嘗不流涕鄉黨門仕本邑小中正

鄭默為大鴻臚遭母喪舊制既葬還職默自陳懇至久而見許遂改法定令聽大臣終喪自默始

山濤為侍中遷尚書以母老辭職詔曰君雖乃心在於色養然

職有上下旦夕不廢醫藥且當割情以隆在公濤心求退表疏數十上久乃見聽除議郎

韋忠平陽人也年十二喪父哀慕毀性杖而後起司空裴秀弔之匍匐號訴哀慟感人秀出而告人曰此子長大必為佳器歸而命子頠造焉服闋遂廬於墓所頠累而造之皆託疾不見

王湛遭父喪居于墓次位汝南內史

荀崧遷侍中中護軍王彌入洛崧與百官奔于密未至而母亡賊追將及同旅散走崧被髮從車守喪號泣賊至乃棄其母尸于地奪車而去崧被四創氣絕至夜方蘇葬母于密山

潘尼少有清才初應州辟後以父老歸供養居家十餘年父終乃出仕位太常卿

嵇紹字延祖中散大夫康之子十歲而孤以父得罪靖居私門事母至孝和色柔聲常若不足謹身節儉朝夕孜孜親戚乃組非無慶敬以他人不如己之誠至也位至侍中

王延字延元西河人也九歲喪母泣血三年幾至滅性每至忌月則悲啼三旬後母卜氏遇之無道嘗以蒲穰及敗麻頭與延貯衣其姑聞之而問之延知而不言事母彌謹夏則扇枕冬則以身溫之盛寒體無全衣而親極滋味

劉殷七歲喪父服喪三年未曾見齒事曾祖母王氏以孝聞郡命主簿州辟從事皆以供養無主辭不赴命司空齊王攸辟爲掾征南將軍羊祜召參軍事皆以疾辭及王氏卒夫婦毀瘠幾至滅性

桑虞魏郡黎陽人年十四喪父毀瘠過禮日以百粒用糝藜藿其姊諭之曰汝毀瘠如此必至滅性滅性不孝宜自抑割虞曰藜藿雜米足以勝哀虞諸兄仕於石勒之世咸登顯位惟虞恥臣非類陰欲避地海東會丁母憂遂止哀毀骨立廬於墓側五年

范粲爲武威太守以母老罷官郡既接近羌戎粲以重鎮輒去職朝廷允之左遷樂涫令

王裒字偉元城陽營陵人也父儀高亮雅直爲文帝司馬東關之役帝問於衆曰近日之事誰任其咎儀對曰責在元帥帝怒曰司馬欲委罪於孤邪遂引出斬之裒痛父非命未嘗西向而坐示不臣朝廷也於是隱居教授三徵七辟皆不就母性畏雷母沒每雷輒到墓曰裒在此及讀詩至哀哀父母生我劬勞未嘗不三復流涕門人受業者並廢蓼莪之篇及洛京傾覆寇盜蜂起親族悉欲移渡江東裒戀墳壟不去賊大盛方行猶思慕不能進遂爲賊所害

王長文廣漢人州府辟命皆不就後成都王穎引爲江源令或問前不降志今何爲屈長文曰祿以養親非爲身也

庾闡少喪母孫氏過江母隨兄肇爲樂安長史在項城永嘉末爲石勒所陷闡母亦沒闡不櫛沐不婚宦絶酒肉垂二十年鄉親稱之州舉秀才元帝爲晉王辟之皆不行位吳國內史

王允之爲建武將軍錢唐令以父舒卒去職既葬除義興太守以憂哀不拜從伯導與其書曰太保安豐侯以孝聞天下不得辭司隸和長輿海內名士不免作中書令吾羣從死亡略盡子弟零落遇汝如親如其不爾吾復何言允之固不肯就

陶侃爲荊州刺史時武昌號爲多士殷浩庾翼等皆爲佐吏侃每飲酒有定限常歡有餘而限已竭浩等勸更少進侃悽懷良久曰年少曾有酒失亡親見約故不敢踰

何琦年十四喪父哀毀過禮性沉敏有識度好古博學居于宣城陽穀縣事母孜孜朝夕色養常患甘鮮不贍乃爲郡主簿察孝廉除郎中以選補宣城涇縣令司徒王導引爲參軍不就及丁母憂居喪泣血杖而後起

卞壼爲明帝東中郎長史遭繼母憂既葬起復舊職累辭不就元帝遣中使敦逼壼箴自陳曰壼天性狷狹不能和俗退以情事欲畢志家門亡父壯爲中書令時壼家大例望門見辟信其所執得不祇就門戶謁禍迸竄易名得存視息私志有素加嬰

極艱流寄蘭陵爲苟晞所召恐見逼迫依下邳裴盾又見假授恩斯之郡覬得託身尋蒙見召爲從事中郎豈曰貪榮直欲自致覲暫恭命行當乞退屬華軼之難不敢自陳軼既梟懸壼亦嬰疾具自歸聞未蒙怨遣世子北征遇寵顯望復以無施忝充元佐榮則榮矣實非素懷顧以命重人輕不敢辭憚聞西臺召壼爲尚書郎實欲因此以避賢路未及陳誠奄丁窮罰壼年九歲爲先母弟表所見孤背十二蒙亡母張所見覆育壼以陋賤不能榮親家產屢空養道多闕存無歡娛終不備禮銜心永恨五內抽割於公無效如彼私情艱苦如此實無情顏昧冒榮進若廢壼一人江北便有傾危之慮壼居事之日功績以隆者誠不得私其身今東中郎岐嶷自然神明日茂軍司馬諸參佐並以明德宜力王事壼之去留曾無損益賀循謝端顧景丁琛等撫等皆荷恩命高枕家門壼忝賓二府漸冉五載考效則不能已彰論心則顯累恭順奈何哀孤之日不見愍恕哉帝以其辭

昔不奪其志壺後征蘇峻苦戰死之二子眕盱見父没相隨赴賊見害壺贈侍中驃騎將軍開府儀同三司謚曰忠貞祠以太牢贈世子眕散騎侍郎眕弟盱奉車都尉眕母裴氏撫二子尸哭曰父爲忠臣汝爲孝子夫何恨乎徵士翟湯聞之歎曰父死於君子死於父忠孝之道萃於一門

吴猛豫章人也少有孝行夏日常手不驅蚊懼其去已而噬親

何充爲東陽太守以墓被發去郡臣鈇耆等以墓謂其[illegible]又墓詔徵侍中不拜攺葬畢除建威將軍丹陽尹

劉超爲射聲校尉咸和初遭母憂去官褁服不離身朝夕號泣朔望輒步至墓所哀感路人

鄧攸七歲喪父尋喪母及祖母居喪九年以孝致稱少孤與弟同居初祖父殷有賜官勑攸受之後太守勸攸去正官欲舉爲孝廉攸曰先人所賜不可改也位右僕射

吴隱之字處默遭母喪哀毀過禮常食鹹菹以其味旨輟而棄

之位金紫光禄大夫

應詹字思遠魏侍中璩之孫詹幼孫爲祖母所養年十餘歲祖母又終居喪毀頓杖而後起遂以孝聞位平南將軍

祖納性至孝少孤貧常自炊爨以養母位光禄大夫

顧衆字長始驃騎將軍榮之族弟父秘交州刺史衆出後伯父早終事伯母以孝聞位尚書僕射

范汪父早卒少孤貧年十三喪母居喪盡禮親鄰哀之位安北將軍

陸曄字士光居喪以孝聞同郡顧榮與鄉人書曰士光氣息裁屬慮其性命言之傷心矣位衛將軍

孔愉年十三而孤養祖母以孝聞位會稽内史

徐邈遭父憂邈先疾患因哀毀增篤不踰年而卒州里傷悼識者悲之位驍騎將軍

張翰性至孝遭母憂哀毀過禮爲齊王大司馬東曹掾

郗愔字方回性至孝居父母憂殆將滅性位司空

謝沉字行思少孤事母至孝會稽内史何充引爲參軍以母老去職平西將軍庾亮命爲功曹征北將軍蔡謨版爲參軍皆不就閑居養母不交人事

顧和爲國子祭酒母憂去職居喪以孝聞既練衛將軍褚裒上疏薦和起爲尚書令遣散騎郎喻旨和每見催逼輒號咷慟絶謂所親曰古人或有釋其憂服以祇王命蓋以才足幹時故不得不體國殉義吾在常日猶不如人況今中心荒亂將何以補於萬分祇足以示輕忘孝道貽素冠之譏耳康帝又下詔曰百揆務殷端右總要而曠職經久甚以悒然言先朝政道休明中夏隆盛山賈諸公皆釋服從時不獲遂其情禮況今日艱難百王之弊尚書令禮已過祥練豈得聽不赴急疾而遂罔極之情乎和表疏十餘上遂不起服闋然後視職

高悝少孤事母以孝聞年十三值歲飢悝采蔬不饜每致甘肥

於母悝後爲丹陽尹封建昌侯以納妾致訟被黜及終子崧乃自繫廷尉訟冤遂停喪五年不葬表疏數十上穆帝哀之乃下詔曰悝備位大臣違憲被黜事已久判其子崧求直無已今特聽傳侯爵由是見稱

王濛事諸母甚謹奉禄資産常推厚居薄位司徒左長史

范宣陳留人也家至貧儉躬耕供養親没負土成墳廬于墓側

氾毓濟北盧人也少履高操安貧有志業父終居于墓所三十餘載至晦朔躬掃墳壟循行封樹還家則不出門庭

桓彝子雲爲義城太守遭母憂去職葬畢起爲江州刺史稱疾廬于墓次詔書敦逼固辭不行服闋然後莅職

殷仲堪父病積年仲堪衣不解帶躬學醫術究其精妙執藥揮淚遂眇一目父喪服闋孝武帝召爲太子中庶子甚相親愛仲堪父嘗患耳聰聞牀下蟻動謂之牛鬭帝素聞之而不知其人至是從容問仲堪曰患此者爲誰仲堪流涕而起曰臣進退惟

谷帝有愧焉位荆州刺史
桓玄篡父溫爲南郡公年七歲溫服終府州文武辭其叔父沖撫玄頭曰此汝家之故吏也玄因涕淚覆面衆並異之
孟陋武昌人也少孤喪母毁瘠殆於滅性不飲酒食肉十有餘年親族迭勸之曰聖人制禮令賢者俯就不肖企及若使毁性無嗣更爲不孝也陋感此言然後從言由是名著海內
王華父廞王恭舉兵假廞建武將軍令起兵助爲聲援及恭罷兵廞怒迴衆討恭戰敗奔走遂不知所在華以不知廞存亡憂毁布衣蔬食後從兄謐言其死所華始發喪入仕至宋時貴顯以情事異人未嘗預宴集終身不飲酒有讌不之詣若宣論事者乘車造門主人出車就之位護軍
劉敬宣父牢之鎮北將軍敬宣八歲喪母輔國將軍桓序鎮蕪湖牢之參序軍事四月八日敬宣見衆人灌佛乃下頭上金鏡以爲母灌因悲泣不自勝序歎息謂牢之曰卿此兒既爲家之

孝子必爲國之忠臣位冀州刺史
前燕李績字伯陽范陽人父産仕石氏爲本郡太守績以風節知名清辯有辭理弱冠爲郡功曹時石季龍親征段遼師次范陽百姓飢儉軍供有闕季龍大怒太守惶怖避匿績進曰郡帶北裔與寇接壤疆埸之間人懷危慮聞輿駕親戎將除殘賊雖嬰兒白首咸思効命非唯爲國亦自求寧雖身對猶甘爲之敢有私吝而闕軍實但以年災儉家有菜色困弊力屈無所取濟逋廢之罪情在可矜季龍見績年少有壯節嘉而恕之於是太守獲免
宋孔季恭仕晉爲司徒左西掾未拜遭母憂安帝隆安五年於喪中被起建威將軍山陰令不就
謝方明有志行晉末孫恩之亂父沖伯父邈皆遇害于時荒亂之後吉凶禮廢方明合門遇禍資産無遺而營舉凶功盡其力用數月之間葬送並畢雖平世備禮無以加焉位會稽太守

潘綜吳興烏程人孫恩之亂妖黨攻破村邑綜與父驃共走避賊驃年老行遲賊轉逼近驃語綜我不能去汝走可脱幸勿俱死驃困乏坐地綜迎賊叩頭曰父年老乞賜生命賊至驃亦曰兒年少自能走今爲老子不走去老子不惜死乞活此兒賊因斫驃綜抱父於腹下賊斫綜頭面凡四瘡綜當時悶絶有一賊從傍來相謂曰卿欲舉大事此兒以死救父云何可殺殺孝子不祥賊良久乃止父子並得免後爲遂昌長
臧燾以母老家貧與弟熹俱棄人事躬耕自業約己養親者十餘載父母喪亡居喪六年以毁瘠著稱燾位光祿大夫
劭藩少孤居喪以毁稱太守韓伯見謂藩叔尚書少廣曰卿此姪當以義烈成名位太子左衛率
蔡廓遭母憂性至孝三年不櫛沐殆不勝喪位祠部尚書
孟懷玉爲江州刺史丁父艱有孝性因抱篤疾上表陳解不許又自陳弟仙客出繼喪主唯已乃見聽

張敷吳興太守邵之子生而母沒年數歲問母所在家人告以死生之分敷雖童蒙便有思慕之色年十許歲求母遺物而散施已盡唯得一畫扇乃緘録之每至感思輒開笥流涕見從母常悲感哽咽爲司徒左長史未拜父在吳興亡報以疾篤敷往奔省自發都至吳興成服凡十餘日始進水漿葬畢不進鹽菜遂毁瘠成疾世父茂度每止譬之輒更感慟絶而復蘇茂度曰我冀譬汝有益但更甚耳自是不復往未朞而卒琅邪顔延之書弔茂度曰賢弟子少履貞規長懷理要清風素氣得之天然言面以來便申忘年之好比雖艱隔成阻而情問無睽薄暮之人冀其方見慰悦豈謂中年奄爲長往聞問悼心有兼常痛足下門教敦至兼實家寶一旦喪失何可爲懷其見重如此
孝榮廣州刺史希之子希遇亂被害時孝榮丁母憂毁瘠踰禮及聞廣州亂即日便徒跣出新亭未能步涉頓伏江渚門義以小船致之於是進路父葬畢不勝哀

沈曇慶遭母憂哀毀致稱本縣令諸葛闡之公解言上位祠部
尚書
周續之字道祖鴈門廣武人年八歲喪母哀戚過於成人奉兄
如事父
宗炳字少文南陽涅陽人父繇之湘鄉令卒炳居喪過禮為鄉
閭所稱
謝譓字宣鏡幼有殊行年數歲所生母郭氏久嬰痼疾晨昏溫
清箄藥捧膳不闕一時勤心感顏未嘗暫改恐僕役營疾懈倦
躬自執勞母病畏驚一家尊卑感譓至性咸納屨而行屏氣而
語如此者十餘年位黃門侍郎
謝瞻幼孤叔母劉撫養有恩紀兄弟事之同於至親劉弟柳為
吳郡將姊俱行瞻不能違解職隨從為柳建威長史
賈恩會稽諸暨人少有志行母亡未葬為鄰火所逼恩及妻栢
氏號哭奔救鄰近赴助棺櫬得免恩及栢俱見燒死

劉瑜歷陽人七歲喪父事母至孝年五十三喪母三年不進鹽
酪號泣晝夜不絕聲勤身運力以營葬事服除後二十餘年布
衣蔬食言輙流涕常居墓側未嘗暫違
戴顒譙郡銍人也父逵兄勃並隱遯有高名顒年十六遭父憂
幾於毀滅因此長抱羸患顒勃並受琴於父父卒所傳之聲不
忍復奏各造新弄勃造五部顒又制長弄一部並傳於世
郭世道會稽永興人生而失母父更娶世道事父及後母孝道
淳備年十四又喪父居喪過禮殆不勝喪家貧無產業傭力以
養繼母婦生一男夫妻共議曰勤身供養力猶不足若養此兒
所費者大乃垂泣瘞之母亡負土成墳親戚或共賻助微有所
受葬畢傭賃倍還先直服除後哀戚思慕終身如喪者以為追
遠之思無時去心故不嘗釋衣仁厚之風行於鄉黨鄰村小大
莫有呼其名者
孫法宗一名宗之吳興人父隨孫恩入海被害屍骸不收母兄
並殘死法宗年小流迸至十六方得還草身勤苦霜行草宿營
辦棺槨造立母兄家墓僉而有禮以父屍不測入海尋求聞世
間論是至親以血瀝骨當悉凝浸乃操刀沿海見枯骨則刻肉
灌血如此十餘年臂脛無完皮血脉枯竭終不能逢遂衰絰終
身常居墓所山禽野獸皆悉馴附每麏鹿觸網必解放之備以
錢物後忽苦頭創夜有女人至曰我是天使來相謝行創本不
關善人使者遠相及取牛糞煮傅之即驗一傅便差一境賴之
終身不娶饋遺無所受孝武初揚州辟為文學從事不就卒
余齊民晉陵人少有孝行為邑書吏父殖太明二年在家病亡
家人以父病報之信未至齊民謂人曰比者內痛心煩有若割
截居常遑駭必有異故信尋至便歸至門方知父死號踊慟絕
良久乃蘇問母父所遺言母曰汝父臨終恨不見汝曰相見何
難於是號叫殯所須臾便絕
何子平陳郡陽夏人世居會稽少有志行見稱於鄉曲事母至

孝揚州辟從事史月俸得白米輙貨市粟麥人或問曰所利無
幾何足為煩子平曰尊老在東不辦常得生米何心獨饗白粲
每有贈鮮肴者若不可寄致至家則不肯受母本側庶籍注失
實實未及養而籍年已滿便去職歸家時鎮軍將軍顧覬之為
州上綱謂曰尊上年實未八十親故知州中差有微祿當啟相
留子平曰公家正取信黃籍籍年既至便應扶侍私庭何容以實
年未滿苟冒榮利且歸養之願又切微情覬之又勸令以母老
求縣子平實未及養何假以希祿覬之益重之既歸家竭身運
力以給供養後為海虞令母喪去職哀毀踰禮每至哭踊絕而
方蘇值大明末東土飢荒繼以師旅八年不得營葬晝夜號絕
擗踊不闋儀嗔叫慕之音常如袒括之日冬不衣絮暑不就清
涼一日以數合米為粥不進鹽菜所居屋敗不蔽雨日兄子伯
與採伐茅竹欲為葺治子平不肯曰我情事未申天地一罪人
耳屋何宜覆蔡興宗為會稽太守甚加矜賞明帝泰始六年為

營家樣子至居喪毀甚困瘠踰父及至免喪支體殆不相屬
袁彖顗弟子也顗在雍州起事見誅明帝投顗尸江中不聽斂
葬彖與舊奴一人微服潛行求尸四十餘日乃得密瘞石頭後
崗身自負土懷其文集未嘗離身後廢帝即位乃得改葬顗從
叔司徒粲舅征西將軍蔡興宗並器之
沈演之爲司徒主簿丁母憂起爲武康令固辭不免到縣百許
日稱疾去官
沈冲父懷文爲晉安王征虜長史廣陵太守得罪被繫冲兄弟
行謝請哀辭苦見者傷之柳元景欲救懷文言於明帝曰沈懷
文三子塗炭不可見願陛下速正其罪帝竟殺之元景爲之歎
息冲兄弟以此知名
吳達吳興烏程人經荒飢饉係以疾疫父母兄弟嫂及羣從小
功之親男女死者十三人達時病困隣里以葦席裹之埋於村
側既而達疾得瘳親屬皆盡唯達夫妻獲全家徒壁立冬無被
袴晝則傭賃夜則伐木燒塼無有懈倦達夜行遇虎虎輒下道
避之朞年中成七墓葬十三棺隣里嘉其志義葬日悉出赴助
送終之事亦給而周禮達時逆取隣人夫直葬畢衆悉以施之
達一無所受皆傭力報答焉
許昭先義興人也叔父肇之坐事繫獄七年不判子姪二十許
人昭先家最貧薄專獨料訴無日在家餉饋肇之莫非珍新
家產既盡賣宅以充之肇之諸子倦怠昭先無有懈息如是七
載尚書沈演之嘉其操行肇之事由此得釋昭先父母皆老病
家無僮役竭力致養甘旨必從宗黨嘉其孝行
朱百年會稽山陰人少有節操隱迹避人唯與同郡孔覬善亦
嗜酒相得百年家素貧母以冬月亡衣並無絮自此不衣綿帛
嘗寒時就覬宿衣悉夾布飲酒眠覬以卧具覆之百年引去謂
覬曰綿定奇溫因流涕悲慟覬亦爲之傷感
沈長之年十五喪父有孝性哀感傍人服除蔬食者猶積載闕

居篤學未嘗有惰容位臨海太守
郭原平字長泰會稽永興人世道之子又稟至行養親必己力
性閑木功傭賃以給供養性謙虛每爲人作匠取散夫價主人
設食原平自以家貧父母不辦有肴味唯飡鹽飯而已若家或
無食則虛中竟日義不獨飽要須日暮作畢受直歸家於里中
買糴然後舉爨父抱篤疾彌年原平衣不解帶口不嘗鹽菜者
跨積寒暑又未嘗睡卧父亡哭踊慟絕數日方蘇以爲奉終之
義情禮所畢營壙凶功不欲假人本雖智巧而不解作墓乃訪
邑中有營墓者助人運力經時展勤久乃閑練又自賣十夫以
供衆費窀穸之事儉而當禮性無術學因心自然葬畢詣所買
主執役無懈與諸奴分務每讓逸取勞主人不忍使每遣之原
平服勤未曾暫替所餘私夫傭賃養母有餘聚以自贖本性智
巧既學構冢尤善其事每至歲來者盈門原平所赴必自貧始
既取賤價又以夫日助之父喪既終自起兩間小屋以爲祖堂
每至節歲烝嘗於此數日中哀思絕飲粥父服除後不復食魚
肉於母前示有所噉在私室未曾妄嘗自此迄終三十餘載高
陽許瑶之居在永興罷建安郡丞還家以綿一斤遺原平原平
不受送而復反者前後數十瑶之乃自往曰今歲過寒而建安
綿好以此奉尊上下耳原平乃拜而受之母終毀瘠彌甚僅乃
免喪墓前有數十畝田不屬原平每至農月耕者常裸袒原平
不欲使人慢其墳墓乃販質家貲貴買此田三農之月輒束
帶垂泣躬自耕墾
沈林子年十三遇家禍時雖逃竄而哀號晝夜不絕聲王母謂
之曰汝當忍死彊視何爲空自殄滅林子曰家門酷横無復假
日之心直以至讎未復故且苟存耳一門既陷妖黨兄弟並應
從誅逃伏草澤唯慮及禍而沈預家甚彊富志相陷滅林子與
兄晝藏夜出即於所居宅營墓葬父祖諸叔凡六喪儉而有禮
位西中郎中兵參軍

吳悰字貴孫少而謹正有至性父秀之亡悰東出奔父將不入口位正員常侍

雙泰谷真道郡人有幹力荆州刺史沈攸之反召不肯來後泰真至江陵有以告攸之者因留補隊副厚加料理泰真無停志少日叛走攸之遣二十人被甲追之遂討甚急泰真殺數人餘者不敢近欲過家將母共事迫不獲單身走入蠻追者既失之錄其母而去泰真既失母乃出自歸攸之不罪曰此孝子也賜錢一萬轉補隊主

徐文伯事母孝謹母終毀瘠幾至自滅俄而兄亡扶杖臨喪撫膺一慟遂以哀卒位都陽王常侍

秦綿河南人遭母喪送葬不忍復還鄉人為作茅菴仍止其中耆邁有米取食粥無米食菜而已哀號之聲行者為之潸淚服訖猶不還家遇疾不療卒臨亡告人曰若死若死知固不宜獨存有知則大獲吾志

粲宋初忤於孝武其母候乘輿出乃自縛叩頭流血搏碎傷目自此後粲與語有誤道恥自者輒涕泣彌日後丁母憂葬竟攝令親職加衛將軍不受敦逼備至中使相望粲終不受性至孝居喪毀甚祖載及祥變日常發詔斷弔客桂陽王平珍授中書監即本號開府儀同三司領司徒以揚州解為府固不肯移三年從尚書令衛軍開府如故並固辭服終乃受

冊府元龜卷第七百五十二

總録部三

孝弟三

南齊崔懷愼清河東武城人父邪利魯郡太守宋文帝元嘉中没于魏懷愼與妻房氏篤愛聞父陷没即日遣妻布衣蔬食如居喪禮邪利後仕魏中書戒懷愼不許如此懷愼從叔模爲滎陽太守亦同没魏模子雖居處改節而不廢婚宦大明中懷愼宗人冀州刺史元孫北使魏問之曰崔邪利崔模並力屈歸命二家子姪出處不同義將安在元孫曰王尊驅驥王陽迴車欲令忠孝並和臣子兩節

徐孝嗣字始昌東海郯人祖湛之父聿之並爲宋文帝所殺孝嗣在孕得免幼而挺立風儀端簡八歲襲爵枝江縣公見孝武升階流涕迄于就席帝甚愛之尚康樂公主

張岱仕宋爲司徒左西掾母年八十籍注未滿岱便去官從實還養有司以岱違制將欲糾舉宋孝武曰觀過可以知仁不須案也

王寬任宋明帝泰始初爲隨郡太守値西方反父玄謨在郢寬棄郡歸明帝加賞使隨張永討薛安都寬辭以母猶存在西爲賊所執請得西行遂襲破隨郡斬僞太守劉師念救其母事平明帝嘉之使圖書寬形

王儉初仕宋爲丹陽尹袁粲聞其名言之於明帝尚陽羨公主拜駙馬都尉帝以儉嫡母武康公主同太初巫蠱事不可以爲婦姑欲開冢離葬儉因人自陳密以死請故事不行顧昌衍琅邪人居喪幾致滅性王儉言之帝曰昌衍既有至行且求之晦宜居禮闈以光郎署乃以爲尚書禮部郎

劉善明仕宋爲直閤將軍時青州没魏善明母移置桑乾善明布衣蔬食哀戚如持喪明帝每見爲之歎息時人稱之轉寧朔將軍巴西梓潼二郡太守善明以母在虜中不願西行涕泣固請見許朝廷多哀善明心事後廢帝元徽初遣北使朝議令善明舉人善明舉州鄉北平田惠紹使虜贖得母還

劉悛仕宋爲散騎侍郎桂陽王之難加寧朔將軍助守石頭父勔於朱雀航戰死悛時疾病扶伏路次號哭求勔屍勔屍項後傷缺悛割髮補之持喪墓側冬月一衣絮太祖代勔爲領軍素與勔善書譬悛曰承至性毀瘵轉之危慮深以悵怛終哀全生先王明軌豈有去縲纊撤溫席以此悲號得終其孝性耶當深顧往旨少自抑勉建平王景素反太祖總衆軍出頓玄武湖悛初免喪太祖欲使領父軍召見悛兄弟皆羸削改貌於是乃止後轉持節都督司州諸軍事司州刺史將軍如故悛父勔討殷琰平壽陽無所犯害百姓德之爲立碑祀悛步道從壽陽之鎭過勔碑拜敬涕泣悛兄弟以勔死朱雀航終身不行此路東昏即位改授散騎常侍領驍騎將軍衛送山陵過經朱雀航感慟至曲阿而卒

袁彖之父顗宋世爲淮南太守以非罪見誅彖之終身不聽音樂布衣蔬食足不出門亦不臣於宋時人以比晉王裒顏延之見其幼時歎曰有子如袁彖足矣齊國建方出仕稍至殿中郎王儉柳世隆傾心待之

劉瓛有至性祖母病疽經年手持膏藥漬指爲爛母孔氏甚嚴謂親戚曰阿稱便是今世曾子瓛小名也年四十餘未有婚對建元中太祖與司徒褚淵爲瓛娶王氏女穿壁挂履土落孔氏牀上孔氏不悅瓛即出其妻居父喪不出廬足爲之屈杖不能起除征北司徒記室

江斅爲中書郎斅庶祖母王氏老疾斅視膳嘗藥七十餘日不解衣及累居内官每以侍養陳請朝廷優其朝直齊臺建爲吏部郎太祖即位斅以祖母久疾連年臺閣之職永廢溫凊啓自解

蕭惠基仕宋爲長水校尉母喪去官太祖即位爲征虜將軍衛

尉嵬基就職少時累表陳解見許

褚淵爲右僕射衛尉如故淵以母年高羸疾晨昏須養固辭衛尉不許爲中書令受顧命遭庶母郭氏喪有至性數日中輒頓絶不可復識朞年不盥櫛唯泣淚處乃見其本質焉詔斷哭禁吊客葬畢起爲中軍將軍本官如故嫡母吴郡公主薨毁瘠如初葬畢詔攝職固辭又以朞及朞祭乞解職並不許

賈棲長淵之子淵世傳譜學魏人王泰賀寶與琅邪諸以淵坐擬來當極法棲長訟罪稽顙流血朝廷哀之免淵罪棲長位北中郎參軍

郝淡太原人居長沙事母孝母疾不眠食以差爲期母哀之後有疾不使之知也

杜栖爲豫章王嶷西曹書佐以父京産年老歸養怡情壠畝肥白壯長及京産疾旬日間便皮骨自支京産亡水漿不入口七日晨夕不能哭不食鹽菜每營買祭奠身自看視號泣不自持

朔望節歲絶而復續吐血數升時何胤謝朏並隱東山遺書敦譬誡以毁滅至祥禫暮夢見其父慟哭而絶

顧歡母亡水漿不入口六七日廬于墓次遂隱遁不仕於剡天台山開館聚徒受業者常近百人歡早孤每讀詩至哀哀父母輒執書慟哭學者由是廢蓼莪篇不復講位楊州主簿

薛淵汾陰人從父安都爲宋徐州刺史以彭城降魏親族皆北入太祖鎮淮陰淵遁來南委身自結武帝即位淵爲左衛將軍初淵南奔母索氏不得自拔改嫁長安楊氏淵私遣購贖梁州刺史崔慧景報淵云母在界首遣信拘引已得拔難淵表求解職至界上迎之見許武帝敕驍騎常侍征虜將軍淵母南歸事竟爲無實永明元年淵上表解職送貂蟬詔曰遠隔殊方聲問難測迫憂之深固辭朝列昔東關舊典猶通婚宦況母出有差音息將至依附前例不容申許便可斷表速還本服淵以贖母既不得又表陳解詔不許後魏使至帝爲淵致與母書

江泌濟陽考城人母亡後以生闕供養遇鮭不忍食

劉靈哲嫡母崔氏及兄子景煥宋泰始中爲魏所獲靈哲爲布衣不聽樂及父懷珍卒當襲爵靈哲固辭以兄子在魏存亡未測無容越當爵土朝廷義之靈哲傾産贖嫡母及景煥累年不能得武帝哀之令北使者請之魏人送以還南襲懷珍封爵靈哲位兗州刺史

蕭鸞明帝蘭陵人少有至性奉親謹篤母病躬禱夕不假寐及亡不勝哀而卒

謝瀹爲桂陽王友以母老須養出爲安城內史後爲侍中以晨昏有廢固辭不受武帝敕令速拜別停朝直

張融爲黄門郎太子中庶子司徒左長史融有孝義忌月三旬不聽樂事嫂甚謹

王文殊吴興故鄣人父沒于魏文殊思慕泣血蔬食山谷三十餘年太守謝瀹板爲功曹不就

樂頤字文德爲京府參軍父在郢州病亡頤忽思慕涕泣因請

假還中路得父凶問頓使徒跣號咷後遇商人附載西上水漿不入口數日嘗遇病與母隔壁忍病不言齧被至碎恐母之哀已也

樂預頤弟也性孝父臨亡執其手以託郢州行事王奐務非戚闕絶吐血數升遂發病位永世令

朱謙之字處光吴郡錢唐人年數歲喪所生母謙之父昭之假葬田側爲族人朱幼方燎火所焚同産姊密語之謙之雖小使刃殺幼方詣獄自繫

陸厥爲後將軍始安王遙光反厥父閑被誅厥坐繫尚方尋有赦令厥恨父不及赦慟而卒（赦令不及）

崔慰祖字悅宗父慶緒永明中爲梁州刺史慰祖解褐奉朝請父喪不食鹽母曰汝既無兄弟又未有子毁不滅性政當不進肴羞耳如何絶鹽吾今亦不食矣慰祖不得已從之

劉懷慰字彦泰父乘民冀州刺史懷慰初爲桂陽王征北板行

參軍棄官反於義嘉事難敕尉持喪不食鹽菜冬月不絮衣養孤弟妹事寡叔母皆有恩義

陸綽父閑為揚州別駕刺史始安王遙光反事敗閑以綱佐被召至杜姥宅尚書令徐孝嗣啓閑不預逆謀未及報徐世標令殺之綽時隨閑抱閑頸乞代死遂并見殺

劉渢南陽人事繼母有行弟兼事渢亦謹位丹陽丞

陸慧曉舉秀才歷諸府行參軍以母老還家侍養十餘年不仕

王秀之為太子舍人父卒為墓舍於墓下持喪

張沖臨青冀二州刺史事沖父初卒遺命祭我必以鄉土所產無用牲物沖在鎮四時還吳國中取菓菜流涕薦焉

劉繪為長沙內史遭母喪去官有至性持喪墓下三年食麁糲

劉𢡟字國晉陵無錫人與弟懷則年十歲遭父喪不絮帛不食鹽菜

時天生晉陵無錫人母遭艱菜食天生亦菜食母未免喪而死天生終身不食魚肉與弟有恩義

公孫僧遠會稽剡人治父喪至孝事母及伯父謹節年穀飢貧僧遠省餐以供母

華寶晉陵無錫人父戍長安寶年八歲父臨別謂寶曰須我還當為汝上頭長安陷沒寶年至七十不婚冠或問之者輒號慟彌日不忍答也

何求廬江灊人也母王氏為父所害求與弟點以此無宦情

宗測南陽人有高尚之志母喪身負土手植松柏

臧榮緒東莞莒人祖奉先建陵令父庸民國子助教榮緒幼孤躬自灌園以供祭祀母喪後乃著嫡寢論掃灑堂宇置筵席朔望輒拜薦甘珍未嘗先食

沈昭光昔昭略之弟也昭略文季兄子也與文季同為東昏所害昭光聞收至家人勸逃去昭光不忍捨母遂見執殺中興元年贈昭略太常昭光廷尉

剡縣小兒失姓年八歲與母俱得赤班病母死家人以小兒又惡不令其知小兒疑之問云母嘗數問我病昨來覺聲羸今不復聞何謂也因自投下牀扶匐至母尸側頓絕而死鄉隣告之縣令宗善才求表廬事竟不行

庾曬父引遠為江州長史坐與刺史陳顯達舉兵敗斬於朱雀航曬年四歲抱持父乞代命遂并殺之

沈麟士吳興武康人嘗為人作竹誤傷手便流淚而還同作者謂曰此不足損何至涕零答曰此本不痛但遺體毀傷感而悲耳

王斯有業行居父憂過禮謝瀹欲遣參之孔稚珪曰何假參此豈有全理以憂卒

褚向年數歲父母相繼亡沒毀若成人親表異之位北中郎廬陵王長史

鮮于文宗漁陽人七歲喪父父以種芋時亡至明年此時對芋嗚咽如此終身

庾震字彥文新野人喪父母居貧無以葬賃書以營事至手掌穿然後葬事獲濟南陽劉虬因此為撰孝子傳

王東業為少府卿性至孝丁母服除後更修母所住處牀帳屏幃每月朔十五向帷悲泣傍人為之感傷終身如此

陶季直五歲喪母哀若成人初母未病令於外染衣卒後家人始贖季直抱之號慟聞者莫不酸感位太中大夫

梁傅昭父淡事宋竟陵王劉誕誕反坐誅昭六歲而孤哀毀如成人者宗黨咸異之

到洽為臨川內史母憂去職居喪過禮昭明太子憂之手書誡諭曰知此諸惡哀頓為過又所進殆無一溢甚以酸耿迴然一身宗蔭是寄毀而滅性聖教所不許故宜微自遣割俯存禮制饘粥果蔬少加勉強憂懷既深楛故有及并令繆道臻口其勸答曰奉賜手令并繆道臻宣旨伏讀感咽肝心塗地小人無情勤不及禮但稟生尪劣假推年歲罪戾所鍾復加橫疾頃者綿微守盡昏漏目亂心黃心迷哀樂唯救危苦未能以遠理自制益

桎之滋實聞前典不避梁肉復黍今今臣亦何人降此憂愍謹當循復聖旨思自補續如脫申延實由亭造服闋遷五兵尚書猶以頓瘵經時不堪拜受

陸襄父閑初爲齊始安王遙光揚州治中永元末遙光據東府作亂或勸閑去之閑曰吾爲人吏何所逃死臺軍攻陷城閑見執將刑第二子絳求代死不獲遂以身蔽刃刑者俱害之襄痛父兄之酷喪過于禮服釋後猶若居憂終身蔬食布衣不聽音樂口不言殺害五十許年爲揚州治中以父終此官固辭職高祖不許聽與府司馬換廨居之

蔡撙仕齊爲給事黃門侍郎丁母憂廬于墓側齊末多難服闋因居墓所

任昉仕齊爲竟陵王記室參軍以父喪去官泣血三年杖而後起齊武帝謂昉伯父遐曰聞昉哀瘠過禮使人憂之非直正御之寶亦時才可惜宜深相全譬遐使進飲食當時勉勵迴即歐

出昉父遙本性重檳榔以爲常餌臨終嘗求之剖百許口不得好者昉亦所嗜好深以爲恨遂終身不嘗檳榔遭繼母憂昉先以毀瘠每一慟絶良久乃蘇因廬於墓側以終喪禮昉素強壯腰帶甚充服闋後不復可識

沈約仕齊爲通直散騎常侍永元二年以母老表求解職改授冠軍將軍司徒左長史

約子旋爲司徒右長史免約喪爲太子僕復以母憂去官因蔬食辟穀服除猶絶粳粱

孔休源字慶緒父珮爲齊廬陵王記室參軍早卒休源年十一而孤居喪盡禮每見父手所寫書必哀慟流涕不能自勝見者莫不爲之垂泣

韋愛遭母憂廬於墓側負土起墳高祖臨雍州聞之親往臨弔

柳忱字文若世隆第五子也數歲父世隆及母閻氏時寢疾忱不解帶經年及喪以毀聞位光祿大夫

江蒨爲廬陵王主簿丁父憂以孝聞廬于墓側

陶子鏘字海育丹陽秣陵人母終居喪盡禮與從兄雲隣居每聞其哭聲必動容改色欲相申慰會雲卒初子鏘母喪未葬以家貧常以供奠高祖義師初至此年冬營葬不得子鏘痛恨慟哭而絶久之乃蘇遂長斷葷味

鄭紹叔爲冠軍將軍少失父事母及祖母以孝聞爲衛尉卿以母憂去職紹叔有至性高祖常使人節其哭

柳慶遠爲征虜將軍母憂去職以本官起之固辭不拜

馬仙琕少以果敢聞遭父憂毀瘠過禮負土成墳手植松柏

鄧元起爲益州刺史在州二年以母老乞歸供養詔許焉徵爲右衛將軍

韋公則字君翼父仲懷宋泰始初爲豫州刺史殷琰將叛輔國將軍劉勔討琰仲懷力戰死於橫塘公則隨父在軍年未弱冠冒刃抱尸號哭氣絶良久勔命還仲懷首公則殮畢徒步負喪

歸鄉里由此著名

袁昂字千里五歲時父顗仕齊爲雍州刺史以叛誅死藏其首於武庫十年始還昂號慟嘔血絶而復蘇從兄彖常撫視抑譬之昂更制服廬于墓次後與彖同見從叔司徒粲粲謂彖曰其幼孫而能至此故知名器自有所在後爲武陵王長史丁內憂哀毀過禮

庾道愍穎川鄢陵人晉司空冰之玄孫有孝行頗能屬文少出孤悴時人莫知其所生母流漂交州道愍尚在繈褓及長知之求爲廣州綏寧府佐至南而去交州尚遠乃自負擔冒險得自達及至交州尋求母經年日夜悲泣嘗入村日暮雨驟乃寄上一家且有一嫗負薪外還而道愍心動因訪之乃其母也於是行伏號泣遠近赴之莫不揮淚

朱文濟字敬達吳興人自賣以葬母太守謝瀹命爲儒林不就

張稷字公喬稷所生母劉氏甚疾歷時稷年始十一夜不解衣

而養父永異之及母亡毀瘠過人杖而後起頻居父母憂六載廬于墓側齋劉氏假葬于黃山後改申葬禮賻助委積於時雖不拒絕事畢並以還之自幼及長數十年中每設劉氏神座出告反面如事生焉

韓褱明十五喪父幾至滅性負土成墳贈助無所受免喪與鄉人郭瞻俱師事南陽劉虬虬嘗一日廢講獨居涕泣懷明竊問其故虬家人答云是外祖亡日時虬母亦亡矣懷明聞之即日罷學還家就養虬歎曰韓生無吾之恨矣家貧常肆力以供日肥醲怡膝下朝夕不離母側

王志年九歲居所生母憂哀容毀瘠為中表所異位金紫光祿大夫

王份為黃門侍郎以父緣於此職固辭不拜遷祕書監

王銓有孝行母病而銓形貌瘦瘠人不復識及居喪哭泣無常因得氣疾位丹陽尹

王僉八歲丁父憂哀毀過禮服闋召補國子生除威戎將軍始興內史丁所生母憂固辭不拜

王訓年十三父暕亡憂毀家人莫之識

王瞻年十二居父憂以孝聞服闋襲封東亭侯

夏侯亶為南郡太守父憂解職居喪盡禮廬于墓側

顧協自丁艱憂遂終身布衣蔬食位鴻臚卿

范岫字懋賓早孤事母以孝聞自親喪之後蔬食布衣以終身

王筠為太子家令以母憂去職與均有孝性毀瘠過禮服闋後疾廢久之

王僧孺好學家貧常傭書以養母幼時其母鬻紗布以自業嘗攜僧孺至市道遇中丞鹵簿驅迫溝中及僧孺為中丞拜日引騶清道悲感不自勝

張緬父弘策任衛尉卿為賊所害緬痛父之酷喪過于禮高祖遣戒喻之後為淮南武陵王郡太守母劉氏以父沒家貧葬禮有闕遂終不居正室不隨子入官府緬在郡所得祿俸不敢用乃至妻子易衣裳及還都並供其母賑贍親屬雖累載所畜一朝隨盡緬私室常闃然如貧素者

江柔之為尚書倉部郎有孝行以母憂毀卒子華年十六喪母亦以孝聞華子從簡歷官司徒從事中郎侯景亂為任約所害子兼叩頭流血乞代父命以身蔽刃遂俱見殺天下莫不痛之

江子一字元貞少好學有志操以家貧闕養因蔬食終身位南津校尉

王規字威明八歲以丁所生母憂居喪有至性太尉徐孝嗣每見必為之流涕稱曰孝童

褚向字景政年數歲父母相繼亡沒向哀毀若成人者親表咸異之

褚球為建康令母憂去職以本官起之固辭不拜

褚翔為吏部尚書侯景圍宮城翔於圍內母憂以哀毀卒

劉覽字孝智十六通老易歷官中書郎以所生母憂廬于墓側春內不嘗鹽酪冬止著單布家人慮其不勝喪中夜竊置炭於牀下覽因暖氣得睡既覺知之號慟歐血高祖聞其有至性數遣省視

劉孺年十四居父喪毀瘠骨立宗黨咸異之為吏部尚書以母憂去職居喪未朞以毀卒時年五十九諡曰孝子

臧盾有孝性母亡服制未終父又卒盾居喪五年不出廬戶形骸枯頓家人不復識服闋為大尉長史丁所生母憂三年廬于墓側

張嵊父臨青州為土民所害嵊感家禍終身蔬食布衣手不執刃

范粲起家郢州西曹書佐轉法曹行參軍歲而沈攸之舉兵圍郢城父抗守為府長流入城固守留家屬居外粲為軍人所得攸之召與語聲色甚厲粲容貌不變徐自陳說攸之乃笑曰御定可兒且出就舍明日又召令送書入城內或欲誅之粲曰老母弱弟懸命沈氏若其違命禍必及親今日就戮甘心如薺哉

史邳世隆妻□雲善乃先之
虞悆妻父亡喪過禮和帝即位將起之鎮軍蕭穎胄手書敦
厲悆妻因辭
劉曇淨解褐□一又戍王國左常侍父卒於郡曇淨奔喪不食飲者
累日絶而又甦每哭輒嘔血服闋因毀瘠成疾會有詔士姓各
舉四科曇淨叔父慧斐舉以應孝行高祖用爲海寧令曇淨以
兄未爲縣因以讓兄乃除安西行參軍父亡後事母尤淳至身
營殯粥不以委人母疾衣不解帶及母亡水漿不入口者殆一
旬母喪權瘞藥王寺時天寒曇淨身衣單布廬於瘞所晝夜哭
泣不絶聲哀感行路未及期而卒
謝藺字希如年五歲每父母未飯乳媪欲令藺先飯藺曰既不
覺飢強食終不進舅阮孝緒聞之歎曰此兒在家則曾子之流
事君則藺生之匹因名之曰藺丁父憂晝夜號慟毀瘠骨立母
阮氏常自守視譬□之大清元年遷散騎侍郎兼散騎常侍使

於魏會侯景舉地入附境上交兵藺母慮不得還感氣卒及藺
還入境尔夕夢不祥且便投劾馳歸既至號慟嘔血氣絶久之
水漿不入口親友慮其不全相對悲慟以歡粥藺初勉強
受之終不能進經月餘日因夜臨而卒時年三十八
褚脩性至孝父喪毀瘠過禮因患冷氣及丁母憂水漿不入口
二十三日氣絶復蘇每號慟輒嘔血遂以毀卒
江紑父卒廬于墓終日號慟不絶聲月餘
嚴植之性淳孝謹厚不以所長高人少遭父憂因菜食二十三
載後得風冷疾乃止
滕曇恭母卒水漿不入口者旬日感慟嘔血絶而復蘇隆冬不
着繭絮蔬食終身每至忌日思慕不自堪晝夜哀慟
甄恬幼歲喪父哀戚有若成人家人矜其小以肉汁和飯飲之
恬不肯食
劉霽父元眞爲淮南太守居郡得罪遠繫歷年霽詣朝士乞哀懇

[illegible]基王遂以孝聞
庾沙彌父佩玉輔國長史長沙内史宋昇明中坐沈攸之事誅
沙彌時始生年至五歲所生母爲製綵衣輒不肯服母問其故流
涕對曰家門禍酷用是何爲既長終身布衣蔬食嫡母劉氏寢
疾沙彌晨夕侍側衣不解帶或應針灸輒以身先試之及母亡
水漿不入口終喪不解衰絰族兄都官尚書詠表言其狀應純
孝之舉高祖召見嘉之以補歙令
沈崇傃字思整父懷明宋兗州刺史崇傃六歲丁父憂哀慕以
養母爲天監初爲前軍鄱陽王參軍事三年太守柳惲辟爲主
簿崇傃從惲到郡還迎其母母卒崇傃以不及侍疾將欲致死
水漿不入口晝夜號哭旬日殆將絶氣兄弟謂之曰殯葬未申
遽自毀滅非全孝之道也家貧無以遷窆乃行乞經年始獲葬
焉既而廬于墓側自以初行喪禮不備復以葬後更治服三年
久食麥屑不噉鹽酢坐卧於單薦因虚腫不能起郡縣舉其至

孝詔擢拜太子洗馬崇傃奉詔釋服而涕泣如居喪固辭而
受官苦自陳讓經年乃得爲永寧令自以禄不及養悼恨愈甚
哀思不自堪至縣卒年三十九
荀匠父法超齊中興末爲安復令卒於官兇問至匠號慟氣絶
身體皆冷至夜乃蘇既而奔喪每宿江渚商旅皆不忍聞其哭
聲服未闋兄斐起家鬱林太守征俚賊爲流矢所中死於陣喪
還匠迎于豫章望舟投水傍人赴救僅而得全既至家負土成
墳將葬居父憂并兄服歷四年不出廬户自括髮後不復櫛沐髮
皆禿落哭無時聲盡則[illegible]之以泣目皆爛形體枯顇皮骨裁
連[illegible]人不復識音以毀卒
吉翂字彦霄世居襄陽翂幼有孝性年十一遭所生母憂水漿
不入口殆將滅性親黨異之天監初父爲吳興原鄉令爲姦吏
所誣逮詣廷尉翂年十五號泣衢路祈請公卿行人見者皆爲
隕涕其父理雖清白恥爲吏訊乃虚自引咎罪當大辟翂乃撾

登聞鼓乞代父命高祖異之勑廷尉蔡法度曰紀童未必自能造意卿可取其款實勑詞不移其初見囚獄掾依法備加桎梏法度矜之命脫其二械更令着一小者紀弗聽曰紀求代父死死罪之囚唯宜增益豈可減乎竟不脫械法度具以奏聞高祖乃宥其父

沈顗内行甚脩事母兄弟孝友爲鄉里所稱慕

劉杳十三丁父憂每哭哀感行路自居母憂便長斷腥羶持齋蔬食

劉歊常欲避人世以母老不忍違離每隨兄霽杳之官

沈續父瑀於路爲人所殺續布衣蔬食終其身

裴子野生而偏孤爲祖母所養年九歲祖母亡泣血哀慟家人

賀革爲貞威將軍南平太守革性至孝常恨祿不及養在荆州歷爲郡縣所得俸秩不及妻孥專擬還鄉造寺以申感思

何點字子晳父鑠坐法死點年十一幾至滅性點弟字子季名犯太祖諱下字年八歲居憂哀毀若成人

謝幾卿父超宗坐事徙越州路出新亭渚幾卿不忍辭訣遂投赴江流左右馳救得不沉溺及居父憂哀毀過禮

臧嚴字彥威幼有孝性居父憂以毀聞

裴之禮母憂居喪唯食麥飯

庾肇字休野年十歲遭父憂居喪毀瘠爲州黨所稱

劉訏字彥度幼稱純孝數歲父母繼卒訏居喪哭泣孺慕幾至滅性赴弔者莫不傷焉爲伯父所養事伯母及昆姊孝友篤至爲宗族所稱自傷早孤人有誤觸其諱者未嘗不感結流涕

范元琰父靈瑜居父憂以毀卒元琰時童孺哀慕盡禮親黨異之

劉苞字孝嘗四歲而父終及年六七歲見諸父常泣時世叔父悛繪等並顯貴苞母謂其畏憚怒之苞對曰早孤不及有識聞諸父多相似故心中歔悲无有他意因而歔欷母亦慟甚苞父母及兩兄相繼亡沒悉瘞亂葬苞年十六始移墓所經營改葬不資諸父未幾而皆畢繪常歎服之少好學能屬文起爲司徒法曹行參軍不就

蕭子範爲司徒主簿丁所生母憂去職子範有孝性居喪以毀聞

袁樞起家爲秘書郎歷太子舍人侯景之亂樞往吳郡省父因丁父憂時四方擾亂人求苟免樞居喪以至孝聞

袁君正少聰敏年數歲父疾晝夜不眠專侍左右家人勸令暫卧答言既未差眠亦不安何某名與太宗諱同爲侍御史以父疾陳解何侍疾雖甸身不解帶頭不櫛沐信宿之間形貌頓改及父卒號慟不絕聲枕苫藉地腰脚虛腫醫云須服猪蹄湯何以有肉味不肯服親友請譬終於不回遂以毀卒

劉霽幼爲外祖臧質所鞠養質既富盛常有音樂後母没十許年霽每聞絲竹之聲未嘗不歔欷流涕終於晉安内史

馮道根少孤家貧傭賃以養母行得甘肥未嘗先食必遽還以遺母年十三以孝聞

庾子輿爲梁州主簿時父在梁州遇疾子輿奔侍醫藥言淚常并長沙宣武王省疾見之顧曰庾録事雖危殆可憂更在子輿尋丁母憂哀至輒嘔血父戒以滅性仍禁其哭泣

李孝緒爲東莞太守丁母憂去職廬于墓側每慟歐血數升

劉景昕事母孝謹母常病瘵三十餘年一朝而瘳鄉里以爲景昕誠感

何佟之有至性父母亡後常設一屋晦朔拜伏流涕如此者三十餘年當世服其孝行

劉善明以母陷于魏累爲州郡頗黷財賄崔祖思怪而問之答曰管子云夷吾知我因流涕曰方寸亂矣豈暇爲廉所得金錢皆以贖母及母至清節方峻所歷之職廉簡不煩俸禄散之親友

賀琛會稽山陰人少請三禮邪補功曹史琛辭以毋老終於固執俄遭毋憂廬於墓服闋棲未還舍生徒復從之琛哀毀積年骨立而已未堪講授諸生咨授稍稍集業

到溉遭毋憂居喪盡禮所處廬開方四尺毀瘠過人服闋猶蔬食布衣者累載

冊府元龜卷第七百五十三

總録部四

孝弟四

陳倖絳梁太清末携母南奔避難俄丁母憂在兵乱之中居喪盡礼哀毁骨立士友以此稱之位至秘書監

司馬申仕梁爲邵陵王丹陽主簿屬太清之難父母俱没因此自誓菜食終身

張種仕梁爲武陵王征西東曹掾種辝以毋老抗表陳請爲有司所奏坐黜免侯景之乱種奉其毋東奔久之得達鄉里俄而毋卒種時年五十而毁瘠過甚又迫以凶荒未獲時葬服制雖畢而居處飲食常若在喪及景平司徒王僧辯以狀奏聞起爲貞威將軍治中從事史并爲具葬礼葬訖種方即吉僧辯又以種年老傍無繼嗣賜之以妾及居處之具

徐孝克仕梁爲通直散騎常侍及侯景寇京師孝克搆先在圍城

之内凌不奉家信便蔬食布衣若居憂恤

司馬暠字文昇幼聰警有至性年十二丁内艱號慕過礼水漿不入口殆經一旬每至號慟必致悶絶内外親戚皆懼其不勝喪父子産每晚諭之逼進饘粥然毁瘠骨立服闋以姻戚子弟預入問訊梁武帝見暠羸瘦歎息良久謂其父子産曰昨日羅兒尚爾顦顇使人惻然便是不墜家風爲有子矣羅兒即暠小字也釋褐太子傅士累迁正員郎丁父艱哀毁逾甚廬于墓側一日之内唯進薄麥粥一外位至司州中正

司馬延義字希忠暠子也少沉敏好孝江陵之陷隨父入関丁毋憂喪過于礼及暠還都延義乃躬負靈櫬晝伏宵行冒履氷霜手足皆皸瘃及至都以中風冷遂致攣廢數年方愈位至司徒從事中郎

張昭吳郡吳人字德明幼有孝性色養甚謹礼無違者父熚常患消渇嗜鮮魚昭乃身自結網捕魚以供朝夕弟旦字玄明聰敏博學亦有至性及父卒兄弟並不衣綿帛不食鹽酢日唯食一外麦屑粥而已每一感慟必致歐血隣里聞其哭聲皆爲之涕泣父服未終毋陸氏又亡兄弟六年哀毁形容骨立親友見者莫識焉家貧未得大葬遂布衣蔬食十有余年杜門不出屏絶人事時衡陽王伯信臨郡舉旦孝廉固辝不就兄弟並因毁成疾昭失一眼旦亦中冷苦癖年並未五十終于家

何之元幼好孝有才思居喪過礼爲梁司空袁昂所重天監末昂表薦之因得召見解褐梁太尉臨川王揚州議曹從事史

虞荔爲太子中庶子領大著作荔毋隨荔入臺卒於臺内尋而城陷情礼不申由是終身蔬食布衣不聽音樂

孔奐遭毋憂哀毁過礼時梁室喪乱皆不能行三年之喪唯奐及吳国張種雖在寇乱中不違法度並以孝聞位至散騎常侍

殷不害性至孝居父憂過礼由是少知名家世儉約居甚貧窶有弟五人皆幼弱不害事慈母養小弟勤劇無所不至士大夫

以篤行稱之爲中書郎兼延尉卿江陵之陷也不害先於別所督戰失母所在于時甚寒氷雪交下老弱凍死者填滿溝塹不害行哭道路遠近尋求無所不至遇見死人溝水中投身而下捧閲視舉躰凍濕水漿不入口號泣不輟聲如是者七日始得母屍不害憑屍而哭每一舉音輙氣絶行路無不爲之流涕即於江陵權殯與王褒庾信俱入長安自是蔬食布衣枯槁骨立見者莫不哀之位至給事中

殷不佞不害弟也少立名節居父喪以至孝稱梁元帝承聖初爲武康令會江陵陷而毋卒道路隔絶久不得奔赴四載之中晝夜號泣居處飲食常爲居喪之礼高祖受禪起爲戎昭將軍除婁令至是四兄不齊始之江陵迎毋喪柩歸葬不佞居處礼節如始聞問若此者又三年身自負土手植松栢毋歲時伏臘必三日不食位至尚書右丞

沈炯爲梁給事黄門侍郎領尚書左丞荆州陷爲西魏所虜魏

人其禮之授奇儀同三司奇以母在東常思歸國恐魏人愛其文才而留之常閉門却掃無所交遊時有文章隨即棄毀不令流布承聖二年還至都除司農卿遷御史中丞高祖受禪加通直散騎常侍中丞如故以母老表請歸養詔不許文帝嗣位又表曰臣嬰生不幸弱冠而孤母子零丁兄弟相長謹身爲養仕不擇官宦成梁朝命存亂世冒危履險自死經生妻息誅夷昆季冥滅餘臣母子得逢興運臣母妾劉今年八十有一臣叔母妾丘七十有五臣門弟姪故自無人妾丘兄孫又久亡泯兩家侍養餘臣一人前帝知臣之孤煢養臣以少星不欲使頓居草萊文復矜臣溫凊所以一年之內再三休沐臣之屢披丹款頻冒宸嚴非欲苟違朝廷遠離輦轂正者以年將六十湯火居心每跪讀家書前懼後喜溫枕扇席無復成童二者職居彝憲邦之司直若或自丐身禮何問國章前德綢繆始許哀放內侍近臣多悉此言正以選賢與能廣求明哲越趄荏苒未始取才而

上玄降宥奄至今日德音在耳墳土遽乾悠悠昊天哀此罔極兼臣私心煎切彌迫近時慢慢之祈轉忘塵觸伏惟陛下睿哲聰明嗣興下武刑于四海弘此孝理寸管求天仰歸惟辰有感必應實望聖明特乞霈然申其私禮則王者之德覃及無方矧彼翔沉孰非涵養詔答曰省表具懷鄉譽咸推情深究沛日者理切高門言歸異域復奉時役遂乖侍養雖同生之恩每欲棄官戴禮出文得還從政前朝光宅四海劬勞萬機以御才爲獨步識居專席方深委任屢屈情禮朕嗣奉洪基思弘景業願效寡薄兼總衣冠實賴賢哲同致雍熙豈便釋簪南闈解紱東路當今憑親入告奇母從官用睹朝榮不虧家禮尋敕所由相迎尊累使御公私得所並無廢也

王固清虛寡欲居喪以孝聞又崇信佛法及丁所生母憂遂終身蔬食夜則坐禪晝誦佛經兼習成實論義位至徐州大中正梁之亦爲征南府諮議參軍每忌日營齋必躬自灑掃涕泣終日士君子以篤行稱之

王猛以父遇酷終文帝之世不聽音樂蔬食布衣以喪禮自居宣帝立乃始求仕

周確爲東宮通事舍人丁母憂去職及歐陽紇平越起爲中書舍人命於廣州慰勞服闋爲太府卿歷太子家令以父憂去職尋起爲貞威將軍吳令確固辭不之官

程文季父洗爲臨海太守卒文季盡領其衆起爲超武將軍仍防郢州文季性孝雖軍旅奪禮而毀瘠甚至

沈君理爲東陽太守以父憂去職起爲信威將軍左衛將軍又起爲持節都督東衡衢二州諸軍事仁威將軍東衡州刺史領始興內史又起爲明威將軍中書令前後奪情者三並不就

陸繕字子綽少有志尚以雅正知名父任梁御史中丞及繕爲御史中丞以父任所終固辭不就後位至左僕射

袁憲尚梁簡文女南沙公主武帝太清二年遷太子舍人侯景

寇逆憲東之吳郡尋丁母憂哀毀過禮敬帝承制徵授尚書殿中郎父君正爲吳郡太守憲至宣帝太建六年除吳郡太守以父任固辭不拜改授南康內史

徐孝克凌弟也爲通直散騎常侍兼國子祭酒每侍宴無所食噉至席散當其前膳羞損減宣帝密記以問中書舍人管斌斌不能對自是斌以意伺之見孝克取珍果內紬帶中斌當時莫識其意後更尋訪方知還以遺母斌以實啓帝帝嗟歎良久乃敕所司自今宴享孝克前饌並遣將還以餉其母時論美之陳亡隨例入關家道壁立所生母患欲粳米爲粥不能常辦母亡之後孝克遂常噉麥有遺粳米者孝克對而悲泣終身不復食之

王元規性孝事母甚謹晨昏未嘗離左右梁時山陰外有暴水流漂居宅元規唯有一小船倉卒引其母妹并孤姪入船規自執楫棹而去留其男女三人閣於樹杪及水退獲全時人皆稱其至行

庾持字允德少孤性至孝居父憂過禮位至太中大夫
江德藻性至孝事親盡禮操以父憂去職服闋之後容貌毀瘁如居喪時位至新淦令
陸瓊年十一丁父憂毀瘠有至性後爲吏部尚書丁母憂哀慕過毁
蔡徵七歲丁母憂居喪如成人禮繼母劉氏性悍忌視之不以道徵供侍益謹初無怨色徵本名覽父景歷以爲有王祥之性更名徵字希祥位至給事中
姚察爲鄱陽郡王行參軍兼尚書駕部值梁室喪亂於金陵隨二親還鄉里時東土兵荒人飢相食告糴無處察家口既多並採野蔬自給每崎嶇艱阻求請供養之資糧粒常得因繼後烝犬子僕父僧垣入于長安察蔬食布衣不聽音樂僧垣凶問因聘使到江南時察母韋氏喪制始除後主以察羸瘠慮加毀頓乃遣中書舍人司馬申就宅發哀仍勑申專加譬抑服闋除給事

黃門侍郎察累年憂服兼齋素自父免憂後因加氣疾後主見其柴瘠過甚爲之動容陳滅入隋開皇十三年襲父爵北絳郡公察往歲之聘周也因得與父僧垣相見相別之際絕而復蘇至是承襲愈更悲感見者莫不爲之歔欷
魯悉達幼以孝聞及爲吳州刺史遭母憂哀毁過禮因遘疾卒
歐陽頠字靖世長沙臨湘人少質直有思理以言行篤信著聞於嶺表父喪哀毀甚至位至征南將軍
張譏幼喪母有錯綵經帕即母之遺製及有所識家人具以告之每歲時輒對帕哽噎不能自勝及丁父憂居喪過禮服闋補湘東王國左常侍
韋翽字子羽少有志操弱冠喪父以哀毀甚重至養母撫孤兄子以孝義甚稱位至宣城太守
謝貞幼聰敏有至性祖母阮氏先苦風眩每發一二日不能飲食貞時年七歲祖母不食貞亦不食往往如是親族莫不奇之年十四丁父艱號頓於地絕而復蘇者數矣初父藺居母阮氏憂不食泣血而卒家人賓客懼貞復然從父洽族兄暠乃共華嚴寺請長爪禪師爲貞說法仍謂貞曰孝子既無兄弟極須自愛若憂毀滅性誰養母耶自後少進饘粥太清之亂親屬散亡貞於江陵陷沒入周爲趙王侍讀王即周武帝之愛弟厚相禮遇王嘗聞左右說貞每獨處必晝夜涕泣因私使訪問知貞母年老遠在江南乃謂貞曰寡人若出居藩當遣侍讀還家供養後數年王果出因辭見面奏曰謝貞至孝而母老臣願放還武帝奇王仁愛而遣之因隋聘使子暉還國後爲南平王友加招遠將軍掌記室事後主至德三年以母憂去職頃之勑起還府仍加招遠將軍掌記室貞累啓固辭勑報曰省啓具懷雖知哀煢在疚而官俟得才禮有權奪可便力疾還府也貞哀毀羸瘠終不能之官舍時尚書右丞徐祚尚書左丞沈客卿俱來候貞見形體骨立祚等愴然歎息徐喻之曰弟年事已衰禮有常制

小宜引割自全貞因更感慟氣絕良久涕泣不能自勝祚等憫默而出祚謂客卿曰信哉孝門有孝子客卿曰謝公家傳至孝士大夫誰不仰止恐不能起如何位至招遠將軍
阮卓父問道初隨岳陽王出江州卒焉卓以後主禎明三年入于隋行至江州追感父所終因遘疾而卒位至招遠將軍
後魏許謙初爲符洛所請之和龍太幾以繼母老辭還位至安遠將軍
崔玄伯爲黃門侍郎從道武幸鄴及車駕還京師次於恒嶺道武親登山頂撫慰新民適遇玄伯扶老母登嶺道武嘉之賜以牛米因詔從人不能自進者給以車牛
崔懷順父邪利仕宋爲魯郡太守以郡降賜爵臨淄子拜廣寧太守卒於郡懷順以父入國故不出仕及克青州懷順迎邪利喪還葬
張自澤年十一遭母憂居喪以孝聞太武聞而嘉之
高猛虎爲鄴書鎮錄事及居喪以至性稱遂終官傳

乞伏保父居獻文時常在左右出內詔命賜宮人河南宗氏生
後賜以宮人申氏太子左率申恒兄女也歲餘居平申撫養保
性嚴肅捶罵切至而保奉事孝謹初無恨色稍遷左中郎將母
請保賜在外公私尺丈所用無不白知出為道書將軍年餘
八十保手製馬鞍親自扶接申欣然隨之申亡保解官奉喪還
洛陽為長兼南中郎將卒

崔浩父疾篤浩乃剪瓜截鬚夜在庭中仰禱斗極為父請命求
以身代叩頭流血歲餘不息家人罕有知者及父終居喪盡禮
時人稱之嘗曰沒親之後值國寵與之會平暴除亂拓定四方
余備位台鉉與參大謀蒙賞豐厚牛羊盈澤貲累巨萬則重
錦食則梁肉遠惟平生思季路負米之時不可復得位至侍中
特進撫軍大將軍

閭毗性至孝遭父憂毀瘠過禮位至撫軍大將軍

寇臻字仙勝年十二遭父憂居喪以孝稱後為中川太守以母
老屢求解任久乃從之

李東字休賢父遵坐通西賊伏誅東郡守功曹以父憂去職遂
終身不食酒肉因屏居鄉里位日司徒諮議參軍

慕容具安為征南大將軍濟南王白曜之子父事誅時人冤之
具安年十一聞父被執將自殺家人止之曰輕重未可知具安
曰王位高功重若有小罪終不至此我何忍見父死遂自縊焉

酈惲為長孫稚行臺郎在軍啓求減身官爵為父請贈詔贈
[illegible]征虜將軍安州刺史

寇治為征虜將軍東荊州刺史父臻雖久而猶於平生所處堂
宇備設幃帳几杖以時鄭開堂列拜垂淚陳薦若宗廟然吉凶
之事必先啓告遠出行反亦如之

房景伯生於桑乾少喪父以孝聞家貧傭書自給養母甚謹尚
書盧淵稱之於李冲冲時典選拔為奉朝請司空祭酒

李文延瀛州刺史文福子也延為員外散騎常侍以父老詔聽
隨侍在瀛州屬大乘妖黨突入州城延率奴客戰死者數人身
被重瘡賊乃小退而縱火燒齋閣福時在內延突火而入抱福
出外支體灼爛鬚髮盡落是勒衆與賊苦戰賊乃散走以此見稱

袁儁字穎超早有義學少孤事祖母以孝聞性温和廉讓為州
里所稱

辛紹先有至性丁父憂三年口不甘味頭不櫛沐鬚遂落盡故
常著垂裙皂帽位至下邳太守

辛少雍字季仲少有孝行尤為祖父紹先所愛紹先性嗜羊肝
常呼少雍共食及紹先卒少雍終身不食肝位至給事中

崔仲哲生為祖母宋氏所養早有知識六歲宋亡啼慕不止見
者悲之位至司徒參軍假寧朔將軍

崔康為太光祿大夫去職少子季良風望閑雅為太尉長史及
康還鄉良亦去職歸養

崔鑒與盧玄高允李靈等俱時被徵尋以其母老固辭璽後位
至徐州刺史

陰世隆性至孝母向田芸耨早朝拜父世隆來亦如之鄉人歎
其篤於事親

胡叟少孤每言及父母則淚下若孺子之號春秋當祭之前則
先求旨酒美膳將其所知廣寧常順陽馮翊田文宗上谷侯
法儁提壺執組至郭外空靜處設坐奠拜盡孝思之敬位至武
威將軍

宋繇字體業生而父寮為張邕所誅繇五歲喪母事伯母張氏
以孝聞八歲而張氏卒居喪過禮位至安遠將軍

崔勉為散騎常侍征東將軍後還家屬母李氏喪亡勉哀毀過
性病卒

崔孝政字季讓十歲父挺亡號哭不絕見者為之悲傷汝南王
悅辟行參軍

張敬伯平遠將軍讜之子也讜卒敬伯求致父喪出葬冀州青

河舊墓又不被許尋遐在家積五六年第四子敬叔先在徐州
初聞父喪不欲奔赴而頻兩叛為徐州所勒送至乃自理後得
襲父爵敬伯以隨父歸國之功賜爵昌安侯出為蘭陵太守
敬叔武邑太守父喪得葬舊墓還屬清河
張彝為黃門侍郎從孝文南征母憂解任彝居喪過禮送葬自
平城達家千里徒步不乘車馬顏皃毀瘠當世稱之
盧光韶光從父弟也光韶事親以孝聞為司空從事中郎以母
老解官歸養賦詩展意朝士屬和者數十人父之徵為司徒諮
議固辭不拜
崔敬友除梁郡太守會遭所生母憂不拜敬友精心佛道晝
夜誦經免喪之後遂菜食終世
任祀本名孝伯家貧好學晝耕夜誦傭書以養父母孝文太和
六年拜中書博士
甄琛為侍中領御史中尉免歸本郡始琛以父母年老常求解

官扶侍故孝文授以太州長史及貴達不復請歸至是乃還供
養數年遭母憂服未闋復喪父琛於塋兆之內手種松柏隆冬
之月負擔水土鄉老哀之咸助加力十餘年中墳成木茂
長孫慮代人也母因飲酒其父真呵叱之誤以杖擊便即致死
真為縣囚執慮以重坐應死列辭尚書云父母忿爭本無餘惡真
以謬誤一朝橫禍今母喪未殯父命旦夕慮兄弟五人並沖幼
慮身居長今年十五有一女弟始向四歲更相鞠養不能保全
父若就刑交墜溝壑乞以身代老父命使嬰弱衆孤得蒙存立
尚書具奏云慮於父為孝子於弟為仁兄尋究情狀特可矜感孝
文詔特恕其父死罪以從遠流
崔休字惠盛為尚書左丞宣武初以弟亡祖父未葬固求徼海
於是除為洛州刺史在州數年母老辭州許之
裴延儁少偏孤事後母以孝聞為幽州刺史後母隨延儁在薊
遇重患延儁啟求侍母還京療治仕至平春太守

裴仲規為司徒主簿父在鄉疾病棄官奔赴以違制免
陽固為洛陽令丁母憂號慕毀病杖而能起練禫之後猶酒肉
不進時固年踰五十而喪過於哀鄉黨親族咸歎服焉
辛琛少孤曾過友人見其父母兄弟無恙悲涕久之位至揚州
征南府長史
辛雄字世賓釋褐奉朝請父於郡遇患雄自免歸晨夜扶抱及
父喪居憂殆不可識為世所稱
王續生榮陽京縣人遭繼母憂居喪杖而後起及終禮制鬚髮
盡落有司奏聞世宗詔標旌門閭
崔孝脩字叔德翻子也七歲遭喪居處禮若成人位至撫軍將軍
令狐仕猗氏縣人兄弟四人早喪父泣慕十載奉養其母孝著
鄉邑
皇甫奴河東郡樂戶同郡楊風等七百五十人列稱奴兄弟雖
沉屈兵伍而操尚彌高奉養繼親甚著恭孝之稱

閻元明河東安邑人至孝母亡服終心喪積載每忌日悲慟傍隣
楊引鄉郡襄垣人三歲喪父為叔所養母年九十三引年七十
五哀毀過禮三年服畢恨不識父追服斬衰食粥麤服誓終身
命經十三年哀慕不改
樊子鵠為殷州刺史及尒朱榮之死世隆等遣書招子鵠欲與
同赴京師子鵠不從以母在晉陽啟求移鎮河南莊帝嘉之除
車騎大將軍豫州刺史
郭文恭仕為太平縣令年踰七十父母喪亡文恭孝慕罔極乃
居祖父墓次晨夕拜跪跣足負土培祖父二墓寒暑竭力積年
不已見者莫不哀歎尚書奏聞標其門閭
趙琰字叔起父温為楊難當司馬符堅亂琰為乳母攜奔壽春
年十四乃歸孝以色養飭熟之節必親調之後為淮南王府長
史時禁制甚嚴不聽越關葬於舊兆琰積四十餘年不得葬二
親及蒸嘗拜獻未曾不嬰慕卒事每於時節不受子孫慶賀

餘耳順而孝思彌篤歳月推移遷定無䏻力絶贍莫斷諸盜夫
食麥而已

眭夸年二十遭父喪鬚鬢致白每一悲哭聞者爲之流涕

盧義僖字遵業早有學尚識度沉雅年九歳喪父便有至性以
爲僕射李冲所歎美

李顯達穎川陽翟人父喪水漿不入口七日鬢髮墮落形體枯
悴六年廬於墓側哭不絶聲殆於滅性

張昇滎陽人居父母喪鬢髮墜落水漿不入口吐血數升

倉跋滎陽京縣人喪母水漿不入口一五日吐血數升居喪毀瘠
見稱州里

楊玄就安西將軍仲宣之子仲宣爲尒朱天光所害玄就幼而
俊拔收捕時年九歳牽挽兵人謂曰欲害諸尊乞先就死兵人
以刀斫斷其臂猶請死不止遂先殺之

崔承宗齊州人其父仕漢中母喪因殯彼後青徐歸國遂爲隔

絶承宗性至孝萬里投險偷路負喪還京黄門侍郎孫惠蔚
聞之曰吾於承宗見鮑范之情矣於是弔贈盡孔文舊相識

文門汲郡山陽人早孫父母以孝謹聞伯父二張
終伯母又亡門愛居喪服六年哀毀骨立鄉人魏仲賢等相
與標其孝義

王靜陳趙郡太守以母老固辭不拜

册府元龜卷第七百五十四

冊府元龜卷第七百五十五

總録部

孝第五

北齊楊愔字遵彥魏太尉津之子幼喪母曾詣舅源子恭子恭與之飲問讀何書曰誦詩子恭曰誦至渭陽未耶愔便號泣感噎子恭亦對之歔欷遂爲之罷酒後爲神武行臺右丞遭離家難常以喪禮自居所食唯鹽米而已哀毀骨立神武愍之常相開慰及表請解職歸葬襄柩發吉凶儀仗亘二十餘里會葬者將萬人是日隆冬盛寒風雪嚴厚愔跣步號哭見者無不哀之及爲聘梁使至碻磝戍州內有愔家舊佛寺入精廬禮拜見太傅容像悲感慟哭歐血數升遂發病不成行輿疾還鄴

劉禕生東魏爲睢州刺史以母憂去職還歸鄉里侍父疾晝夜不入朝父喪泣血三年非杖不起天保初襲輔政致辟禕稱疾不動

陸卬仕東魏爲中書侍郎修國史以父憂去職居喪盡禮哀毀骨立詔以本官起文襄帝鎮鄴嘉其至行親詣門以慰勉之卬兄弟相率廬於墓側負土成墳朝廷深所嗟尚發詔表揚文其所居里爲孝終里服竟當襲不忍嗣侯後遭母喪哀慕毀悴殆不勝喪至沉篤頓昧伏枕又感風疾因弟搏卒卬一慟便絕卬弟彥師字云仕東魏爲襄城郡王元旭參軍以父艱去職哀毀殆不勝喪兄卬廬於墓次負土成墳公殯至二家墓側有問晦朔之宗車馬不絕

竇泰無厭射有男略龍泰父戰沒於鎮泰乃……

王昕體素甚肥遭喪後……爲人之

宋宜侍中京畿大都督

師表位祠部尚書

裴讓之年十六喪父殆不勝哀其母辛氏泣撫之曰棄我滅性得爲孝子乎由是自勉　河東太守

樊遜性至孝喪父負土栢方數十畝朝夕號哭

鄭述祖爲兗州刺史初其父道昭爲兗州於城南小山起塚亭刻石爲記述祖時年九歲及爲刺史往尋舊迹得一破石有銘云中岳先生鄭道昭之……述祖對之嗚咽悲動群僚

邢劭字子才爲衛將軍……祭酒還鄉丁母憂哀毀過禮

及宿達有才藻……舍人丁母憂起復將赴京辭讓哭而絕久而後蘇不飲不食三日致死

盧氏家其姊爲任城王妃任城王之致之以朝廷貳長捧辟太子舍人遷司徒記室請歸侍祖母李李強之令不得已而順命除太子中庶

李元忠爲清河王懌……遭母憂去任未幾相州刺史安樂王鑒請爲府司馬元忠以憂固辭不就初元忠以母老多患乃專心醫藥研習積年遂善於方技元忠族子密性方直有行檢因母患積年得名醫治療不愈及精習經方洞曉針藥母疾得除當世皆服其明解由是亦以醫術知名

李正藻明敏有才幹武平末爲儀同開府行參軍判集書省事以父艱辭役障正藻連遘病解職憂思毀瘠居處飲食於枉中……之禮人士稱之

宋遊道事世母以孝聞與叔父別居叔父爲奴誣以逆遊道誘令哭其父負土殺而殺奴位太府卿

魏蘭根爲定州長流參軍丁母憂居喪有孝稱及遭父喪廬於墓側負土成墳憂毀殆於滅性蘭根爲儀同三司卒次子敬仲孝取時佐命功臣配享而不及蘭根敬仲表訴帝以詔命既行難於追改擢敬仲爲祠部郎中

後周樊深河東猗氏人事繼母甚謹士魏爲中散大夫嘗讀書見吾丘子遂侍養孝武西遷樊王二姓舉義爲東魏所誅深父保周叔父歡周並被害深因避難墜崖傷足絕食再宿於後遇得一簞餅欲食之然念繼母老年患痺或免虜掠乃弗食夜中匍匐尋覓母遇得相見因以饋母復易姓名逃隱河東太祖平

同泉贈保周崇鄆州刺史父數周儀同三司深惡其父身立原墓

柳亂仕魏為衛尉卿孫信行臺郎中大統四年八月太祖欲官之亂辭母老乞侍醫藥太祖許焉

王懋魏太尉長樂公盟之子累右衛將軍至孝時遍場交兵未由喪紀服齊斬者並墨縗從事及聞喪哀毀立表辭位乞終喪制文帝不許

王述魏驃騎大將軍羆之孫幼喪父為羆所鞠及居羆喪深合禮度于時東西交爭金革方殷羆官僚喪者卒哭之後皆起令視事述請終禮制辭理懇切太祖命中使就視知其哀毀乃特許之

斛斯徵太傅椿之子有至性居父喪朝夕共一溢米位大宗伯

于翼為司會中大夫遭父喪過禮為時輩所稱尋有詔起令視事

李旭穎川人父遊尒朱之亂奔江左旭寓梁納言以父在江南身

為質自少及終不飲酒聽樂時論以此稱焉位昌州刺史

尉遲迥父俟兜尚太祖姊昌樂大長公主生迥迥既平蜀為益州刺史迥性至孝色養不怠身雖在外所得四時甘脆必先薦奉然後敢嘗大長公主年高多病迥往在京師每退朝參候起居憂悴形於容色大長公主每為之和顏進食以寧迥心太祖知其至性徵迥入朝以慰其母意遣大鴻臚郊勞仍賜迥衮冕之服

柳檜字季華年十八起家奉朝請居父喪毀瘠骨立

檜子雄亮字信誠父為黃衆寶所害雄亮年十二遭父艱幾至滅性終喪之後志在復讐

若于惠為右衛將軍於諸將最少早喪父事母以孝聞太祖嘗造射堂新成與諸將宴射惠竊歎曰親老不同此樂太祖聞之即日徙堂於惠宅其見重如此

盧叔仁舉秀才為直寢郎以親老乃辭歸侍養及母喪哀毀

六年躬營墳壟遂有終焉之志

柳敏字白澤河東解人九歲而孤事母以孝聞後為禮部郎中遭母憂居喪旬日之間鬢髮半白尋起為吏部郎中毀瘠過禮杖而後起太祖見而歎異之特加廩賜

荆可河東猗氏人性質朴容止有異於人能苦身勤力供養其母隨時甘旨終無匱乏及母喪水漿不入口三日悲慟號踊絕而後蘇者數四葬母之後遂廬於墓側晝夜悲哭負土成墳蓬鬢不櫛沐菜食飲水而已然可家舊墓塋域極大榛蕪至家十餘里而可獨宿其中與禽獸雜處哀感遠近邑里稱之大統中可郡人以可孝行之至足以勸勵風俗乃上言焉太祖令州縣表異之及服終之後猶若居喪大冢宰晉公護聞可孝行特引見焉與可言論時有會於護護亦至孝其母閻氏沒於敵境不測存亡每見可自傷久乖膝下而重可至性及卒之後護猶思其純孝收可妻子於京師常給其衣食

盧柔字子剛少孤為叔母所養撫視如子柔盡心溫凊亦同己親宗族歎重之位開府儀同三司

趙和為陵江將軍南討度淮聞父喪輒還所司將致之於法和曰罔極之恩終天莫報若許安厝禮畢而即罪戮死且無恨言訖號慟悲感傍人主司以聞遂寬之

張元字孝始河北芮城人也祖成卧疾再周元常侍祖所食必少衣冠不解旦夕扶侍及祖沒號踊絕而後蘇復其父延雋亾漿不入口三日

裴漢性不飲酒而雅好賓遊其父寬沒後遂斷絕遊從不聽音樂歲時伏臘哀慟而已撫養兄弟子情甚篤位車騎大將軍

柳慶起家奉朝請慶出後第四叔及遭父憂議者不許為服重慶泣而言曰禮有善緣人情若出後之家更有苴斬之服可奪此從彼今四叔薨背已久情事不追豈容奪禮乖違天性時論不能抑遂以苫凶終喪既葬乃與諸兄負土成墳服闋除中堅

將軍
冠儁與兄祖訓禮並有志行閨門雍睦父亡雖久而猶於平生所處堂宇備設幃帳几杖以時節列拜並涕淚嚴若宗廟焉吉凶之事必先啓告遠行往反亦如之位驃騎將軍

杜叔毗襄陽人早孤事母以孝聞自梁歸附爲中散大夫遭母憂哀毀骨立殆不勝喪後爲義歸郡守自兄君錫及宗室等爲曹策所害猶殯梁州至是表請迎喪歸葬高祖許之葬事所須詔令官給在梁舊田宅經外配者並追還之仍賜田二百頃

韋師字公穎少沈謹有至性初就學始讀孝經捨書而歎曰名教之極其在茲乎少丁父母憂居喪盡禮州里稱其有孝行位汴州刺史

令狐熙爲吏官府都上士有能名以母憂去職殆不勝喪其父誡之曰大孝在於安親義不絕嗣吾今見存汝又隻立何得過爾毀損貽吾憂也熙自是稍加饘粥服闋除小駕部復丁父憂

非杖不起人有聞其哭聲莫不爲之下泣

薛寘爲驃騎大將軍性至孝雖年齒已衰職務繁廣至於溫凊之禮朝夕無違當時以此稱之

秦族性至孝事親竭力爲鄉里所稱及其父喪哀毀過禮每一慟哭酸感行路既以母在常抑割哀情以慰其母意四時珍羞未嘗匱之與弟榮復相友愛閨門之中怡怡如也尋而其母又沒哭泣無時惟飲水食菜而已終喪之後猶蔬食不入房室二十許年鄉里咸歎異之其邑人王元達等七十餘人上狀有詔表其門閭榮性亦至孝遭父母喪哀慕不已遂以毀卒邑里化其孝行明帝嘉之乃下詔曰孝爲政本德乃化先既表天經又明地義居喪致哀至感過人窮號不反沈乎滅性行標當世理鏡幽明此而不顯道將何述可贈滄州刺史以旌厥異

王德初喪父貧無以葬乃賣子公奴并女一以營葬事因兵亂不復相知及德在平涼始得之遂名曰慶

裴文舉叔父季和爲曲沃令終於聞喜川而叔母韋氏卒於正平縣屬東西分隔韋氏墳壟遂在齊境及文舉在本州每加賞募齊人感其孝義潛相要結以韋柩西歸竟得合葬

隋趙賢通少孤養母至孝年十四有人盜伐其父墓中樹者賢通對之號慟因執送官見魏右僕射周惠達長揖不拜自述孤苦涕泗交集惠達爲之隕涕歎息者久之

王士良仕北齊文宣時爲吏部尚書士良少孤事繼母梁氏以孝聞及卒居喪合禮文宣尋起令視事士良屢表陳誠再三不許方應命文宣見其毀瘠乃許之因此臥疾歷年文宣每自親臨視疾疾愈除滄州刺史

蕭㨿梁安成王秀之子歸周爵黃臺郡公明帝令文儒於麟趾殿校定經史仍撰世譜㨿亦預焉尋以母老兼有疾疾五日一上便隔晨昏請在外署事詔許焉高祖以爲大學博士㨿以母老表請歸養私門上表曰臣聞出忠入孝理殊人紀資[illegible]

事切天經伏惟陛下握鏡臨民垂衣御宇孝治天下仁覃草木是以微臣冒陳至懇臣母妾褚年過侍養乞解今職侍奉私庭伏願天慈特垂矜許臣欽誠歸朝十有六載恩深海岳報淺涓塵肆師掌禮誠無補職術隱潛卒莫能官方辭違闕庭屏迹閭里低徊係慕戀悚兼深高祖未許詔曰梁之宗英今則位等三事所謂楚雖有材周實用之方藉謀猷匡朕不逮然進思盡忠退安侍養義在公私家事全殺徇己乎此至公乖所望也尋以母憂去職

劉璠初在梁隨上黃侯蕭曄在淮南璠母於建康遘疾璠弗之知嘗忽一日舉身楚痛尋而家信至云其母病璠即號泣戒道絕而又蘇當身痛之辰即其母死之日也居喪毀瘠遂感風疾服闋後一年猶杖而後起位隴右總管府司錄

王誼字宜君遷御正大夫丁父艱毀瘁過禮廬於墓側負土成墳歲餘起拜秦州別駕固讓不許

王頠字景彦梁太尉僧辯之子少倜儻有文武幹略其父平侯景留頠質於荆州遇元帝為周師所陷頠因入關聞父為陳武帝所殺號慟而絶食頃乃蘇哭泣不絶聲毀瘠過禮至三年服闋常布衣蔬食藉藁而卧周明帝嘉之召授左侍上士

趙綽初仕周為司吏中士父艱去職哀毀骨立世稱其孝

蘇威字無畏京兆武功人父綽仕魏為度支尚書威少有至性五歲喪父哀毀有若成人後威拜尚書右僕射其年以母憂去職柴毀骨立帝勅威曰公德行高人情寄殊重大孝之道蓋同俯就必須抑割為國惜身朕之於公為君父宜依朕言以禮自存未幾起令視事固辭優詔不許

威子夔為鴻臚少卿坐父事除名為民復丁母憂不勝哀而卒

李德林年十六遭父艱自駕靈輿反葬故里時正嚴冬單衰跣足州里人物由是敬慕之德林居貧轗軻母氏多疾方留心典籍無復宦情其後母病稍愈逼令仕進德林仕於齊為通直散

騎侍郎兼中書侍郎宋士素副侍中趙彦深別典機密尋丁母艱去職勺飲不入口五日因發熱病遍體生瘡而哀泣不絶諸士友陸騫宋士素名醫張子彦等為合湯藥德林不肯進遍體洪腫數日間一時頓差身力平復諸人皆云孝感所致太常博士巴叔仁表其事朝廷嘉之縗滿百日奪情起復德林以羸病屬疾請急乃歸

梁彦光仕周為少馭下大夫母憂去職毀瘁過禮未幾起令視事武帝見其毀甚嗟歎久之頗蒙慰喻

楊素父敷仕周為汾州刺史沒於齊武帝龍拔萬機素以其父守節陷齊未蒙朝命上表申理帝不許至於再三帝大怒命左右斬之素乃大言曰臣事無道天子死其分也帝壯其言由是贈敷為大將軍謚曰忠壯拜素為車騎大將軍儀同三司漸見禮遇

劉仕儁彭城人性至孝丁母喪絶而復蘇者數矣勺飲不入口於口者七日廬於墓側負土成墳列植松柏狐狼馴擾為之取食

楊慶字伯悦年二十五郡察孝廉以侍養不行其母有疾不解襟帶者七旬及居喪哀毀骨立廬於墓側文帝表其門閭賜帛三十疋綿十屯粟五十石位儀同三司

田德懋觀國公仁恭之子少以孝友知名開皇初以父軍功賜爵平原郡公授太子千牛備身丁父艱哀毀骨立廬於墓側

薛濬開皇初為考功侍郎高祖聞其事母孝賜與服机杖四時珍味當時榮之後其母疾濬自甚至卒親故弔之謂也暨丁母艱詔鴻臚監護喪事歸葬夏陽時隆冬極寒濬衰絰徒跣冒犯霜雪自京及鄉五百餘里足凍墮指瘡血流離朝野為之傷痛州里賻助一無所受尋起令視事濬食蔬菜陳誠款請終喪制優詔不許至京帝見其毀瘠過甚為之改容顧謂群臣曰吾見薛濬哀毀不覺悲感傷懷嗟異久之濬不勝喪病卒

張奭開皇初為太府少卿領營新都監丞丁父憂去職柴毀骨

立未期起令視事固讓不許

蕭圓肅為貝州刺史以母老請歸就養高祖許之

世最為太子門大夫以父憂去官哀毀骨立

崔頵開皇中為協律郎太常卿蘇威雅重之母憂去職性至孝水漿不入口者五日

元褒字長壽少孤性仁孝九歲喪父哀毀骨立宗族鄉黨咸異之事母以孝聞位翊衛將軍

李德饒性至孝父終寢疾輒終日不食十旬不解衣及丁憂水漿不入口五日哀慟歐血數升及送葬之日會仲冬積雪行四十餘里單縗徒跣號踴幾絶會葬者千餘人莫不為之流涕位司隸從事

徐孝肅汲郡人早孤不識父長問其母父狀因求畫工圖其形像構廟置之而定省焉朔望享祭養母至孝數十年家人不見其有忿恚之色及母老疾孝肅親易燥濕憂悴數年見者無不

悲悼毋亡孝肅茹蔬飲水盛冬單縗毀瘠骨立祖父母父母墓皆負土成墳廬於墓所四十餘載被髮徒跣遂以身終

華秋汲郡臨河人幼喪父事母以孝聞家貧傭賃營養其母遘疾秋容顏毀悴鬚髮頓改州里咸嗟異之及母終之後遂絕櫛沐髮盡禿落廬於墓側負土成墳有人欲助之者秋輒拜而止之

韋鼎遭父憂水漿不入口者五日哀毀過禮殆將滅性位光州刺史

□□字□幼穎悟八歲誦尚書十二通周易居喪以孝聞位通直散騎常侍

房彥謙字孝沖父熊為廣川太守彥謙早孤年十五出後叔父子貞事所繼母有踰本生子貞哀之撫養甚厚子所繼母憂水漿不入口者五日事伯父樂陵太守豹竭盡心力每四時珍果口弗先嘗遇期功之戚必蔬食終禮宗從取則焉

王處訥為渭州刺史丁父艱毀瘠過禮

于宣道為內史舍人丁父憂水漿不入口者累日獻皇后令中使敦諭未幾起令視事免喪拜車騎將軍

崔長儒為鄭州刺史母憂去職性至孝水漿不入口五日毀瘁過禮殆將滅性天子嘉歎起為夏州總管

杜整字皆少有風概九歲丁父憂哀毀骨立事母以孝聞位左衛將軍

長孫晟性至孝居憂父毀瘠為朝士所稱位左驍衛將軍

蕭世廉開府尹書詞之子父與漢王諒同逆伏誅世廉性至孝及聞凶問終服闋後追慕彌切其父時賓故有所言及世廉對之歔欷不自勝言者為之歔欷終身不執刀斧時人嘉焉

陸□字□意為侍御史以父憂去職未幾起為□□郡丞在郡菜食齋居朝夕哀臨每發聲未嘗不絕倒□□見者哀之

楊□弁九歲丁父憂哀毀過禮□□□□□位□州總管

□□不知何許人也性至孝□□以孝聞□□母臥疾□□□□□勿慢□□母食則食母不食則不食母患暴痢□謂中毒□當□及母終□□一慟而絕其妻亦不勝哀而死鄉人厚共葬之

李士謙字子約趙郡平棘人髫齔喪父事母以孝聞母曾嘔吐疑為中毒因跪而嘗之自以少孤未嘗飲酒食肉口無殺害之言至於親賓來萃輒陳罇俎對之危坐終日不倦初仕魏廣平王贊開府參軍事後不仕

郎茂年十九丁父憂居喪過禮位饒州刺史

虞世基為內史侍郎以母憂去職哀毀骨立有詔起令視事拜見之日殆不能起帝令左右扶之哀其羸瘠詔令進內世基食輒悲哽不能下帝使謂之曰方相委任當為國惜身前後敦勸者數矣

楊玄感為禮部尚書其叔父約□淅陽太守玄感與約甚篤既念分離形於顏色煬帝謂之曰公比憂瘁得非為叔邪玄感再拜流涕曰誠如聖旨帝思約廢立之功由是徵入朝

冊府元龜卷第七百五十五

冊府元龜卷第七百五十六

總録部

孝第六

唐虞世南，父荔，陳太建中卒。世南尚幼，哀毀殆不勝喪。陳文帝知其博學，每遣中使至其家將護之。及服闋，召爲建安王法曹參軍。世南叔父寄，陷於陳寶應，在閩越中，世南雖除喪，由布衣蔬食。至太建末，寶應破，寄方還，令世南釋布食肉。位祕書監。

隋抗字道生，父榮定，尚隋文帝姊萬安長公主，官至洛州總管，封陳國公。抗在隋以帝甥之故，甚見崇寵，賞賜千計，備身領其父寢疾，抗親侍扶，衣不解帶者五十餘日。及居喪，哀毀過禮。後爲梁州刺史，丁母憂，號慟絶而復蘇者數焉。文帝令宮人至第節其哀。

李百藥，定州安平人，隋內史令德林之子，至性過人。初侍父母喪還鄉，徒跣單衣，行數千里，服闋數年，容貌毀悴，爲當時所稱。大業初，百藥爲桂州司馬，行至太湖，遇劫賊，將加白刃。其子安期年七歲，跪請代父命，賊哀而釋之。

張志寬，蒲州安邑人，隋末喪父，哀毀骨立，爲鄉里所稱。賊帥王君廓屢爲寇掠，聞其名，獨不犯其閭，鄰里賴之而免者百餘家。後爲里正，詣縣稱母疾，急求歸。縣令問其狀，對曰：「母嘗有所苦，志寬亦有所苦。向患心痛，知母有疾。」令怒曰：「妖妄之辭也。」繫之於獄，馳驗其母，竟如所言，令異之，慰諭遣去。及丁母憂，負土成墳，廬於墓側，手植松柏千餘株。

王少玄，博州聊城人。父隋末於郡西爲亂兵所害，少玄遺腹生。年十餘歲，問父所在，其母告之，因哀泣，便欲求屍以葬。時白骨蔽野，無由可辨。或曰：「子以血霑父骨，即滲入焉。」少玄乃刺其體以試之，凡經旬日，竟獲父骸以葬。盡體病創，歷年方愈。

趙慈景，高祖潛龍時尚桂陽公主。及義兵起，隋人將捕之，或勸逃，令慈景出入舉兵，無爲坐受拘縶。慈景曰：「公之所言誠是良計，但吾有老母，以吾爲命，委之而去，非吾心也。」俄而吏捕繫獄。及長安平，封開化郡公。

陳叔達，武德中爲侍中，嘗賜食於御前，果有蒲桃，叔達執而不食。高祖問其故，對曰：「臣母患口乾，求之不能致，欲歸以遺母。」高祖曰：「卿有母可遺乎？」遂流涕嗚咽，久之乃止，因賜物百段。

房玄齡，父病綿十旬，玄齡盡心藥膳，未嘗解衣交睫。及父終，勺飲不入口者五日。位司空。

劉子翼，臨淮人，貞觀元年敕召入京，辭以繼母年老不赴。及母卒，摧毀傷感行路。

田伯明，涇陽人，少孤。其伯母劉年十九而孀居，操行貞固，撫育伯明，乃兼養焉。及劉以壽終，伯明廬於墓側，負土成墳，齋居菜食。

姚思廉，丁繼母憂，結廬墓次，毀瘠殆不勝喪。位散騎常侍。

皇甫無逸，貞觀中爲益州刺史。其母疾篤，太宗令驛召之。無逸性至孝，承問惶懼，不能飲食，因道病而卒。

薛萬備爲通事舍人，初丁母艱，截髮爲繐以充斂。及葬，廬於墓次，負土成墳。太宗聞而嘉之，降璽書勞尉焉。

王[illegible]，華州鄭人，事親以孝養聞，鄉里稱其敬讓。葬祖父母及伯父，皆負土成墳。三年，事母終亦如之，晝夜悲號，哀感行路，頭髮盡落，形體枯悴，墓門三年不掩，夜常寢於棺側。服終之後，仍不離墓焉。

溫振，中書令彥博之子，少有雅望，官至太子舍人，居喪以毀卒。

李知[illegible]爲侍御史，母卒，廬於墓側，負土成墳。

呂方毅爲右衛鎧曹參軍，母卒，哀毀過禮，竟以毀卒。布車載喪，臨葬，輀車而新，友人郭謙以白粥、玄酒、生芻一束，於路隅奠祭。甚爲時人之所哀嘆云。

劉審禮，刑部尚書德威之子，少喪母，爲祖母元氏所養。隋末德威從裴仁基討擊，道路不通，審禮年未弱冠，自鄉里負載元氏渡江避亂。及天下定，始西入長安。元氏若有疾，審禮必親嘗湯

樂元氏謂諸孫曰我兒孝順貫徹幽顯吾亡一顧念宿疾頓輕貞
觀中歷左驍衛郎將丁父憂去職及葬跣足隨車流血灑地行
路稱之永徽中累遷將作大匠檢校燕然都督襲封彭城郡公
審禮父沒雖久猶悲慕不已每見父時執友必嗚咽流涕母鄭
氏早亡事繼母平壽縣主又以孝聞縣主稍有疾審禮憂懼形于
容色終夕不寐撫繼母男延景友愛甚篤所得祿俸皆送母處
以資延景之費而審禮妻子自處饑寒晏然未嘗介意儀鳳中
為洮河道行軍司馬討吐蕃沒于陣其子尚乘直長殆庶弟太
常丞延景詣闕自拘請入蕃以贖其父兄高宗令中書侍郎薛
元超慰之曰汝父兄陷身虜庭徇忠竭節自緣赴救失所非其
過也即宜各守職位我自遣人贖之必其不來任汝子弟選一
武藝者往也殆庶弟岐州司馬易從俄受詔往蕃中省父比至
而審禮病卒易從號哭晝夜不止毀瘠過禮吐蕃哀其至行還
其父屍易從徒跣萬里從靈櫬歸葬彭城

（第四葉至第八葉原闕）

右父之不隨鄉賦
王鎬興元節度使起之子徵授左拾遺父之方至以父年將九
十作鎮遠藩喜懼之年闕於供侍乞罷今職以奉晨昏詔許之
崔璟為左拾遺充史館修撰天祐末進狀以堂叔母在孟州濟
源私莊累月抱疾加甚無兄弟可以奉養孟濟近可以告投棄
以年將七旬地絕百里闕親藥膳不迫曉夕今欲暫乞假躬往
侍疾粗展勤劬免違教義稍獲痊損奔赴闕廷勅旨宜依
梁杜曉父讓能唐末為相賜死於臨皐驛曉居喪柴立幾至滅
性憂滿服幅巾七外衰沉跡自廢者將十餘載光化中宰相崔
胤判鹽鐵奏為巡官試校書郎尋除畿尉直弘文館皆不起及
哀帝東遷洛陽宰相崔遠判戶部又奏為巡官集殿中或語之
曰嵇中散誅死子紹埋沒不自顯山濤以切理勉之乃仕孝子
之志其忍令杜氏以時鋪席祭其先人而嗣者同乏廢乎曉乃
就官

張策少為僧居雍之慈恩精廬頗有高致廣明末大盜犯闕策
遂反初服奉父母逃難君子多之及丁父艱以孝聞服滿自屏
郊藪一無干進意若是者十餘載後王行瑜帥邠州辟為觀察
支使行瑜敗死策與婢肩輿其親南出邠境屬邊寒積雪為行
者所哀太祖聞而嘉之奏為鄭滑支使
張文蔚為中書舍人丁母憂退居東畿哀毀過人
李珽為監察御史丁內艱又其父旅殯在遠家貧無以襄事珽
與弟琪當臘雪以單縗扶杖詣哀告人曰是兩克遷祔而珽日
不過食一溢常羸卧苫廬中不能興大為時賢所歎憂闋再徵
為御史以瘠不起成汭之鎮荊州辟為掌書記踰時乃就
後唐張朗叔父憲為莊宗魏博推官王師與梁軍戰不利憲奔
馬北渡梁軍追迫殆將不濟至號渡河人多陷冰而沒憲與朗
履冰而行將及岸冰陷朗號泣以馬箠引之憲曰吾兒去矣勿
使俱陷朗曰忍覩季父如此俱死無恨朗偃伏引箠憲躍身而

出是夜莊宗令於軍中求處或曰與王緘俱歿矣莊宗垂涕求尸數日聞其免也遣使慰勞

韓德潞州屯留人同光中母死刲乳以祭廬於墓側

楚彥安宋州人同光中遷葬父母廬於墓隧

張建立潞州乾符人割股以治母病母卒割心瀝血祭辮髮跣足廬於墓所三十年

晉尹玉羽唐天復中隨計京師甚有文稱會有苴杖之喪累歲羸疾冬不釋菅屨春不變倚廬制闋隱居杜門無名宦之意位少府監致仕

張希崇初仕後唐爲汝州防禦使既之任遣人迎母赴郡母及境希崇親肩版輿行三十里觀者無不稱歎爲靈武節度使事母至謹每食則侍立而後進待盥漱畢方退物議高之

朱殷許州人天福初父死廬於墓

王會濮州人居父母喪相次廬墓

李澤濮州人刻木爲父割股乳奠祭廬墓持服

張福曹州冤句人居親喪廬於墓

王朗少爲華州小校謙謹好禮事母尤謹積勞至華州軍指揮使朗每與人結交過從皆先稟於母母命不從朗必不往雖在軍旅交遊不雜及爲刺史政事小有不往母察之立朗於庭詰責而杖之及母亡未幾有詔起復朗上章乞終喪紀高祖嘉而從之

崔棁爲開封尹王瓚從事棁父涿有疾謂親友曰死生有命無以醫爲也棁侍之衣不解帶有賓至必拜泣告於門外請方便勸其進藥涿終莫之從及丁憂哀毁過制明宗朝授監察御史不應命踰年詔再下乃就列焉

史仁詡陳州項城人爲母守墳三年父贊終復結廬持服

馬全節事母王氏至孝全節位歷方鎮溫清面告畢盡其敬

陳思讓爲衛州刺史父審確任金州防禦使事母湍亡思讓奔喪近代武臣罕有執喪禮者思讓不俟詔去郡聞者嘉之

顏衎爲河陽節度副使知州事在三津半歲得家問以父在營丘有風痺其疾稍加衎不奏棄官而去及星行至郡父疾如常衎則侍疾不復有食祿之心居歲餘父以疾不能起衎親自掃矢嘗膳未嘗輒德聞首高之開運中爲御史中丞以老母表辭拜章請告除戶部侍郎衎求扶侍還鄉少帝從之

劉遂清性至孝居父之喪殆至滅性鄉人稱

竇崇諒爲工部侍郎翰林學士以母年高多疾已歸陝州拜上章乞扶侍西行太祖不許解官以本官給假歸覲母太賜錢絹茶藥以遣之

常真陳州項城人葬父母後廬於墓側被髮跣足一食三年

宗修己濟州金鄉人父母亡葬送後辮髮跣足一食截指祭奠廬於墓所立碣書佛經

劉義徽顯德中爲浚儀縣令上章以毋氏衰老乞解官歸養從之

冊府元龜卷第七百五十六

冊府元龜卷第七百六十一

總録部一十一

忠義第二

宋陶潛晉大司馬侃之曾孫也有高節以弱年薄宦不潔去就之迹自以曾祖晉世宰輔恥復屈身後代自高祖王業漸隆不復肯仕所著文章皆題其年月義熙以前則書晉氏年號自永初以來唯云甲子而已

王仲德與兄元德同自苻堅中南奔投桓玄玄初篡見輔國將軍張暢言及世事仲德曰自古革命誠非一族然今之起者恐不足以成大事元德果敢有智略武帝甚知之告以義舉使於都下襲玄仲德聞其謀謂元德曰天下之事不可不密且機務速不在巧遲玄每冒夜出入今若圖之正須一夫力耳事泄元德爲玄所誅仲德奔竄會義軍剋建業仲德抱元德子方回出候高祖高祖於馬上抱方回與仲德對號泣追贈元德給事中封安復縣侯以仲德爲中兵參軍

王鎮惡弟康留關中及高祖北伐鎮惡爲前鋒東進匡田舍鎮惡次潼關將家奔之高祖板爲彭城公前將軍行參軍鎮惡被害康逃藏得免攜家出洛陽到彭城歸高祖即以康爲相國行參軍求還洛陽視母尋值關陝不守康與長安徙民張旰醜劉雲等唱集義徒得百許人驅率邑郭僑戶七百餘家共保金墉城爲守戰之備時有一人邵平率部曲及并州乞活一千餘戶屯城南迎亡命司馬文榮爲主又有亡命司馬道恭自東垣率三千人屯城西亡命司馬順明五千人屯陵雲臺順明遣刺殺文榮平復推順明爲主又有司馬楚之屯柏谷塢索虜野坂戍主黑矟公遊騎在芒上攻逼交至康堅守六旬宋臺除康寧朔將軍河東太守遣龍驤將軍姜劭闕率軍救之諸亡命並各奔散高祖嘉康節封西平縣男食邑三百戶

徐廣爲秘書監初桓玄篡位帝出宮廣陪列悲慟哀動左右及高祖受禪恭帝遜位廣又哀感涕泗交流謝晦見之謂之曰徐公將無小過廣收淚答曰身與君不同君佐命興王逢千載嘉運身世荷晉德實眷戀故主因更歔欷

郭原平父世道有孝行太祖旌表之原平亦有至行爲鄉里所推及太祖崩世原平號哭致慟日食麥餅一枚如此五日人或問之曰誰非王民何獨如此原平泣而答曰吾家見異先朝蒙褒贊之賞不能報恩私心感慟爾何

何子平有孝行州辟不就元嘉三十年元凶弑逆安東將軍隨王誕入討以爲行參軍子平以凶逆滅理普天同讎故廢已受職事寧自解又除奉朝請不就

武念新野人爲右將軍直閤太宗初即位四方爲亂帝遣念奉驛還雍州綏撫爲劉胡誘而殺之念黨吏處珍逃亡至壽陽爲逆黨劉順所得考楚備至秉義不移後得叛奔劉勔太宗嘉之爲奉朝請

魯秀寧南將軍爽之子也初在魏太武以爲中書郎時業民欲據城反太武遣秀掌秉騎往返是時病澤避爲太武所詰讓秀復恐懼　武帝尋南寇因從渡河先是程天祚爲魏所沒太武引置左右與秀俱見寵令歸降秀納之天祚廣平人爲殿中將軍有武力文帝元嘉二十七年助戍彭城會孝武遣將劉泰之輕軍襲魏於汝陽天祚督戰戰敗被創爲魏所獲天祚妙善針術太武深加愛賞或與同輿常不離於側封爲南安公太武北還蕃天祚因其沈醉僞若受使督切後軍者所至輕罰天祚爲太武所愛羣虜並畏之莫敢問因得逃歸後爲山陽太守明帝初與四方同反魏太武始南行遣爽與永昌王庫仁真向壽陽與弟瑜共破劉康祖於尉氏乃至瓜步始得與秀定歸南之計太武還至湖陸爽等請曰奴與南有讎每兵來常虜掠墳墓乞共迎喪還葬國都魏群下於其主稱奴猶中國稱臣也太武許之長社戍兵有六七百人爽謂之曰南更有軍可遣三百騎往界

上黨聽翻夫婁率腹心夜擊餘虜盡殺之馳入虎牢奕唯第三弟在北餘家屬悉自隨率部曲及願從合千餘家奔汝南遣秀從許昌道奇陽泰餘於南平王鑠曰奕秀得罪晉朝負釁三世生長絕域遠身胡虜兄弟闔門淪黜爲授殉命不可還國無因近係南雲傾屬東日蓋猶痿人思起盲者願明嵩霍咫尺江河非遠夷庚癃寨隔同天地痛心疾首書慨胥悲虜主猖狂豺豕其志靈逼華戎怨結幽顯自旰啟忘軍亡殆過半昏酣沉湎恣性肆身奕秀等因民之憤藉荊旅之願齊契義奮臬戟覩徒褫侍皇威肅清逋穢牢絡諸城指期剋定規以消釁微雪凶負方當東蕃北賜待罪司寇儒節未申伏心潛表明大王殿下以敷茂式照宣文武兼姿達邇欽傾承風聞德願垂援拯以慰虜望老弱克己先士歸庇逼迫丹心仰希津送謹遣同義穎川聶元初奉箋陳聞與馳驛以聞帝大悦下詔曰偽寧南將軍魯奕中書郎魯秀可義志奔烈忠誠父著撫綏痛先闔門投款招集義徒竝可復醜虜疆定邊城獻馘象魏雖宣孟之去翟歸晉穎當之出胡入漢方之此日曾何足云朕實嘉之宜即授任逞其忠略奕可督司州之陳留東郡濟陰濮陽五郡諸軍事征虜將軍司州刺史秀可輔國將軍滎陽潁川二郡太守其諸子弟及同契士庶委征虜府以時申言詳加酬敘

南齊李安民蘭陵承人也父爲薛令安民隨在縣宋元嘉中没魏率部曲自拔南歸及元凶作逆使安民領支軍并降義師板建威將軍補魯爽左軍及爽反安民逃還京師除領軍行參軍

劉善明平原人也宋刺史劉道隆辟爲治中從事仍舉秀才劉秉強直有武甚異之泰始初徐州刺史薛安都反青州刺史沈文秀應之時州治東陽城善明家在郭內不自拔伯父彌之詭說文秀求自效文秀使領軍主簿張靈慶等五千援安都彌之出門密謂部曲曰始免禍坑矣行至下邳起義背文秀善明從伯懷恭爲北海太守據郡相應善明密契收集門宗部曲得三千人夜斬關奔北海族兄乘民又聚衆勃海以應朝廷而彌之尋爲薛安都所殺明帝贈輔國將軍青州刺史以乘民爲寧朔將軍冀州刺史善明爲寧朔長史北海太守

桓康北蘭陵承人也勇果驍悍宋大明中隨太祖爲軍容從世祖在贛縣泰始初世祖起義爲郡所執衆皆散康擔一頭貯穆后一頭貯文惠太子及竟陵王子良自負置山中與門客蕭欣祖楊琰之等四十餘人相結破郡獄出世祖郡追兵急康等死戰破之

裴叔業武帝時爲寧蠻長史廣平太守永明九年雍州刺史王奐事難叔業率部曲於城內起義武帝以其有幹用仍留爲晉安王征北諮議領中兵扶風太守

梁柳敬禮爲扶風太守侯景渡江敬禮率馬步三千赴援至都據青溪東與景頻戰帝先登陷陣甚著威名臺城没敬禮與兄仲禮俱見於景景遣仲禮經略上流留敬禮爲質以爲護軍景餞仲禮於後渚敬禮密謂仲禮曰景今來會敬禮抱之兄拔佩刀便可斫殺敬禮死亦無所恨仲禮壯其言許之及酒數行敬禮目仲禮仲禮見備衛嚴不敢動計遂不果會景征晉熙敬禮與南康王會理謀襲其城剋期將發建安侯蕭賁知而告之遂遇害

逆排棒爲侯景儀同及景陷東府城枕棒密遣使送款朝廷乞降會事泄見殺

陸緝吳郡人也侯景陷臺城緝與戴文舉等起兵萬餘人殺景太守蘇單于推前淮南太守文成侯寧爲主以距景景將宋子仙聞而擊之緝等棄城走

祖皓爲江都令時侯景叛皓起兵廣陵斬景刺史董紹先推前太子中舍人蕭勔爲刺史又結魏人爲援馳檄遠近將以討景景聞之大懼即日率侯子鑒等出自京口水陸並集皓嬰城拒守景攻城陷之景車裂皓以徇城中無少長皆斬之

張彪會稽人大寶初侯景專政彪起義於會稽攻破上虞景太守蔡臺樂討之不能禁彪又破諸暨永興等諸縣景遣儀同田遷趙伯超謝答仁等東伐彪彪遣別將寇錢唐富春田遷進軍與戰破之

羊鵾字子鵬都官尚書侃之子臺城陷侯景以爲庫直都軍主及景敗鵾密圖之乃隨其東走景於松江下海欲向蒙山景晝寢鵾語海師向京口至胡豆洲景覺鵾拔刀叱海師景透水鵾斫之景入船中以小刀抉船鵾以矟刺殺之世祖以鵾爲青州刺史封昌國侯

陳侯瑱初仕梁爲超武將軍隨鄱陽王蕭範鎮合肥及侯景圍臺城範乃遣其世子嗣入援京邑京城陷瑱與嗣退還合肥乃隨範從鎮湓城俄而範及嗣卒瑱領其衆依于豫章太守莊鐵鐵疑之瑱懼因而刃之據有豫章之地侯景將于慶南略地至豫章城邑皆下瑱窮蹙乃降於慶慶送瑱於景景以瑱與已同

姓託爲宗族待之甚厚留其妻子及弟爲質遣瑱隨于慶平定蠡南諸郡及景敗於巴陵景將宋子仙任約等並爲西軍所獲瑱乃誅景黨與以應義軍景亦盡誅其弟及妻子梁元帝授瑱武臣將軍南兗州刺史鄖縣侯邑一千戶

沈恪在梁爲宣猛將軍監吳興郡梁滅自吳興入朝高祖受禪使中書舍人劉師知引恪令勒兵入因衛敬帝如別宮恪乃排闥入見高祖叩頭謝曰恪身經事蕭家來今不忍見許事分受死爾決不奉命高祖嘉其意乃不復逼

周敷臨川人也性豪俠輕財重士鄉黨少年多歸之梁侯景之亂鄉人周續合徒衆以討賊爲名時內史始興王蕭毅以郡讓續續所部內有欲侵掠於毅敷擁護之親率其黨捍衛送至豫章時觀寧侯蕭永長樂侯蕭基豐城侯蕭泰避難流寓聞敷信義皆往依之敷愍其危懼屈體崇敬尊加給卹送之西上俄而續部下將帥爭權復反殺續以降周迪迪素無部曲恐失衆心倚敷族望深求交結敷未能自固事迪甚恭迪大憑仗之漸有兵衆出據臨川之上塘敷鎮臨川故郡侯景平梁元帝授敷使持節通直散騎常侍武侯將軍寧州刺史

顧野王吳郡人也爲宣城王賓客梁侯景之亂野王丁父憂歸本郡乃召募鄉黨數百人隨義軍援京邑野王體素清羸裁長六尺又居喪過毀殆不勝衣乃杖戈被甲陳君臣之義逆順之理抗辭作色見者莫不壯之京城陷野王逃於會稽尋往東陽與劉歸義合軍據城拒賊侯景平太尉王僧辯甚嘉之使監臨海縣

岑之敬爲南沙令侯景之亂之敬率令所部赴援京邑至郡境聞臺城陷乃與衆辭訣歸鄉里

蔡景歷仕梁爲海陽令侯景之亂梁簡文帝爲景所幽景歷與南康嗣王蕭會理謀欲挾簡文帝出奔事泄見執賊黨王偉保護之獲免

沈衆仕梁爲太子舍人兼散騎常侍侯景之亂衆表於梁武稱家代所隸故義部曲並在吳興求還召募以討賊梁武許之及景圍臺城衆率宗族及義附五千餘人入京置頓軍容甚整景深憚之尋授衆爲太子右衛率京城陷衆降於景景平元帝以爲太子庶子

任忠汝陰人也梁鄱陽王蕭範爲合州刺史聞其名引置左右侯景之亂忠率鄉黨數百人隨晉熙太守梅伯龍討景將王貴顯於壽春每戰却敵會土人胡通聚衆寇抄範命忠與主帥梅思立并軍討平之仍隨範世子嗣率衆入援會京城陷旋戍晉熙侯景平授蕩寇將軍

樊毅南陽人少習武善射梁侯景之亂毅部曲隨叔父文皎援臺文皎於青溪戰歿毅將宗族子弟赴江陵乃隸王僧辯討河東王蕭譽以功除假節威戎將軍右中郎將

魯悉達幼以孝聞起家爲梁南平嗣王中兵參軍侯景之亂

達烈谷鄉人保劉蔡力田蓄穀時兵荒饑饉京邑及上川餓死者十八九有得存者皆攜老幼以歸焉廣達分給糧廩其所濟活者甚衆仍於新蔡置頓以居之招集晉熙等五郡盡有其地使其弟廣達領兵隨王僧辯討景景平梁元帝授持節仁威將軍散騎常侍北江州刺史

魯廣達仕梁為平南當陽公府中兵參軍侯景之亂與兄悉達聚衆保新蔡梁元帝承制授假節壯武將軍晉州刺史王僧辯之討侯景也廣達出境候接資奉軍儲僧辯謂沈景曰魯晉州亦是王師東道主仍率衆隨僧辯景平加員外散騎常侍

後魏尉古真代人道武之在賀蘭部賀染干遣侯引七突等詣行宮將肆逆古真知之密以馳告侯引等不敢發染干疑古真泄其謀乃執拷之以兩車軸押其頭傷一目不伏乃免之

封偉伯為蕭寶夤開西行臺郎及寶夤為逆偉伯乃與南平王仲國潛結關中豪右韋子粲等謀舉義兵事發見殺三十六時

人惜之

房士達清河人為京兆王繼大將軍府騎兵參軍孝昌中其鄉人劉鈞房須等作亂攻陷郡縣頻敗州軍時士達父憂在家刺史元欣欲逼其為將士達以禮固辭欣乃命其友人馬元興謂之曰今合境從逆賊徒轉熾若萬一陷州君家豈得獨全賊急病如此安得顧名教也士達不得已而起率州郡之人三千餘人東西討擊悉破平之

崔寬字景仁祖彤隨晉南陽王保避地隴右遂仕於沮渠李暠父剖字伯宗每慷慨有懷東土常歎曰風雨如晦雞鳴不已吾所庶幾及太武西巡剖乃總率同義使寬送款

裴駿者聞喜侯雙碩之子性方檢有禮度鄉里宗敬焉蓋吴作亂於關中汾陰人薛永宗聚黨應之攻破諸縣來襲聞喜縣中先無兵仗人情駭動縣令憂惶計無所出駿在家聞之便率子鄉豪曰在禮君父危臣子致命明府今為賊所逼是吾等徇節之秋諸君可不勉乎諸豪皆奮敎請行駿乃簡騎士驍勇數百人奔赴賊聞救至引兵走刺史嘉之以狀表聞會太武親討蓋吴引見駿駿陳叙事宜甚會機理太武大悅顧謂崔浩曰裴駿有當世才是且忠義可嘉補中書博士浩亦深器駿目為三河領袖

房法壽清河繹幕人招集壯士常有百數宋景和末遇沈文秀崔道固起兵應劉子勛明僧暠劉乘民起兵應宋明帝攻討文秀法壽亦與清河太守王玄邈起兵合討道固玄邈以法壽為司馬累破道固軍加綏邊將軍魏郡太守子勛死道固文秀悉復歸宋乃罷兵

王玄威弘農北陝人獻文之哀玄威立草廬於州城門外衰裳蔬粥哭踊無時刺史苟頹以事表聞詔令問狀云先帝澤被蒼生玄威不勝悲慕懸心如此不知禮式詔問玄威欲有所訴聽為表列玄威云聞諱悲號竊謂臣子同例無所求謁及至百日

乃自竭家財設四百人齋會忌日又設百僧供至大除日詔送白油裙襦一具與玄威釋服下州令表異焉

韋元昄東海太守合宗之子孝明時值刺史元法僧據州外叛元昄招聚同志潛規剋復事泄為法僧所害時人傷惜之

鄭仲明為太尉屬從弟儼所昵除滎陽太守儼處世難欲以東道試之建義初仲明弟季明遇害河陰儼後歸之欲與起兵尋為城民所殺莊帝以仲明舅氏之親其弟與謀挾戴仲明之忠也且有奉國之意乃追封安平縣侯贈侍中車騎大將軍左僕射仲明初謀起義令其長子道門詣大都督李叔仁於大梁叔仁始欲同舉後聞莊帝已立叔仁子拔江乃斬道門建義中特贈立節將軍八州刺史

崔孝演清河人少無宦情汎浮鄉里河間王琛為定州刺史以為治中稅除瀛州安西府外兵參軍以罷歸及鮮于脩禮起逆孝演率宗屬保郡城為賊攻陷孝演率民望恐殺衆[illegible]

時年四十

高勃斁爲輕車將軍奉車都尉蕭寶寅西征引爲驃騎司馬及寶寅謀逆勃斁與行臺郎中封偉伯等潛圖義舉謀泄見殺贈冠軍將軍滄州刺史聽一子出身

蘇湛爲蕭寶寅行臺郎中深見委任及寶寅將謀叛逆湛時卧疾於家寶寅乃令湛從母弟天水姜儉謂湛曰吾不能坐受死亡今便爲身計不復作魏臣也與卿死生榮辱方當共之故以相報湛聞之舉聲大哭儉遽止之曰何得便爾湛曰闔門百口即時屠滅云何不哭哭數十聲徐謂儉曰爲我白齊王王本以窮而歸人賴朝廷假王羽翼遂得榮寵至此既屬国步多虞不能竭誠報德豈可乘人間隙便有問鼎之心乎今魏德雖衰天命未改王之恩義未洽於人破亡之期必不旋踵蘇湛終不能以積世忠貞之基一旦爲王族滅也寶寅復令儉謂湛曰此是救命之計不得不爾湛復曰凡舉大事當得天下奇士今但共

長安博徒小兒輩爲此計豈有辦哉湛不忍見荆棘生王戶庭也願乞骸骨還鄉里庶歸全地下无愧先人寶寅素重之知必不爲己用遂聽還武功寶寅後果敗孝莊帝即位徵拜尚書郎帝嘗謂之曰聞卿答蕭寶寅甚有美辭可謂我說之也湛頓首謝曰臣自惟言辭不如伍被遠矣然始終不易竊謂過之但臣與寶寅周旋契闊言能施心而不能令其守節此臣之罪也孝莊大悦加散騎侍郎尋遷中書孝武初以疾還鄉里終於家贈散騎常侍鎮西將軍雍州刺史

崔光韶清河東武成人爲廷尉卿孝莊末還鄉里後刺史侯淵代下疑懼停軍益都謀爲不軌令數百騎夜入南郭劫光韶光韶曰凡起兵者須有名義使君今日舉動直是作賊爾父老知復何計耶雖恨之敬而不敢害

高子儒字孝禮元顥入洛其叔道穆從駕北巡子儒後踰河至行宮莊帝見之具訪洛中事意子儒備陳元顥必在旦夕帝謂道穆曰卿初來日何故不與子儒俱行對曰臣家百口在洛須其經營且欲其今日之來知京師後事帝曰子儒非直合卿本懷亦大慰朕意乃授秘書郎中

冊府元龜卷第七百六十一

冊府元龜卷第七百六十二

總録部一十二

忠義第三

北齊高乾仕魏爲司徒中兵遷員外孝莊在藩乾潛相託附及弟本有縱横志及尒朱殺害人士乾謂天下遂乱乃率河北流人於河濟之間受葛榮官爵屢敗齊州士馬莊帝尋遣右僕射元羅巡撫三齊乾兄弟相率出降朝廷以乾爲給事黄門侍郎尒朱榮以乾不應居近要莊帝聽乾解官歸郷里榮死乾馳赴洛陽莊帝見之大喜時尒朱黨擁兵在外莊帝以乾爲金紫光禄大夫河北大使令招集郷閭爲表裏形援乾垂涕奉詔弟昂援劍起舞請以死自効俄而尒朱兆入洛尋遣其監軍孫白鷂百餘騎至冀州託言普徴民馬欲待乾兄弟送馬因收之乾旣有報復之心白鷂忽至知將見圖乃先機定策潛勒壯士襲據州城殺白鷂執刺史元仲宗推封隆之權行州事爲莊帝舉哀

三軍縞素乾昇壇誓衆辭氣激揚涕淚交下將士莫不哀憤昂初爲魏直閤將軍昂以寇難尚繁非一夫所濟乃請還本郷招集部曲仍除通直常侍加平北將軍所在義勇競來投赴尋值京師不守遂與父兄據信都起義

劉海寶少輕俠然爲州里所愛高昂之起義也海寶率郷閭襲滄海以應昂昂以海寶權行滄州事前范陽太守刁整心附尒朱遣弟子安壽襲殺海寶弟叔宗仍歸於昂中興高祖除前將軍廷尉少卿

封隆之魏永安中爲河内太守加持節後將軍假平北將軍當郡都督未及到郡屬尒朱兆入洛隆之以父遇害常懷報雪因此遂持節東歸圖爲義舉時高乾邕隆之曰尒朱暴逆禍加至尊弟等並荷先帝殊常之眷豈可不出身爲主以報讎恥乎隆之對曰國恥家怨痛入骨髓乘機而動今實其時遂與乾等定計襲州城殺之乾等以隆之素爲郷里所信乃推爲刺史隆之盡心慰撫人情感悅尋高祖自晉陽東出隆之遣子㑹奉迎於滏口高祖甚嘉之旣至信都諸州郡督將僚吏等議曰逆胡尒朱兆窮凶極虐天地之所不容人神之所損棄今所在蜂起此天亡之時也欲與諸君剪除凶羯其計安在隆之對曰尒朱暴虐天亡斯至神怒民怨衆叛親離雖握重兵其強易弱而大王乃心王室首唱義旗天下之人孰不歸仰願大王勿疑中興初拜左光禄大夫

後周韓雄少敢勇膂力絶人自魏孝武西遷雄便慷慨有立功之志大統初遂與其屬六十餘人於洛西舉兵數日間衆至千人與河北行臺楊琚共爲掎角抄掠東魏所向克獲徒衆日盛州縣不能禦之東魏洛州刺史韓賢以狀聞鄴乃遣其軍司慕容紹宗率兵與賢合勢討雄戰數十合雄衆略盡兄及妻子皆爲賢所獲將以爲戮乃遣人告雄曰若雄至皆免之雄與其所親謀曰奮不顧身以立功名者本望上申忠義下榮親戚今若忍而不赴人謂我何旣免之後更思其計未爲晚也於是遂詣賢軍即隨賢還洛乃潛引賢黨謀欲襲之事泄逃免時太祖在引農雄至上謁太祖嘉之封武陽縣侯

楊寬父鈞初仕魏爲北道大行臺常州刺史寬從鈞以功拜行臺郎中廣陽王深與寬素相委昵深犯法得罪寬被逮捕孝莊帝時爲侍中與寬有舊藏之於宅遇赦得免除宗正丞北海王顥少相器重時爲大行臺北征葛榮欲啓寬爲左丞與參謀議寬辭以孝莊厚恩未荅報効不見利而動顥未之許顥妹婿李神軌謂顥曰楊寬義士也匹夫猶不可奪志況義士乎王今強之以行亦恐不爲人用顥乃止孝莊踐祚拜通直散騎侍郎

盧光初仕魏爲員外侍郎孝武西遷光於山東立義遥授大都督晉州刺史大統六年攜家西入太祖深禮之除丞相府記室參軍

柳霞仕後梁爲大將軍開府儀同三司梁宣帝踐帝位於江陵

以襄陽歸周霞乃辭宣帝曰陛下中興鼎運龍飛舊楚臣昔因幸會早奉名節理當以身許國期之始終自晉氏南遷臣宗族蓋寡從祖太尉世父儀同從父司空並位望隆重遂家于金陵唯留先臣獨守墳栢常誡臣等使不違此志今襄陽既入北朝臣若陪隨鑾蹕進則無益塵露退則有虧先旨伏願曲垂鑒照亮臣此心宣帝不違其志遂許之因留鄉里以經籍自娛太祖世宗頻有徵命霞固辭以疾及宣帝殂霞舉哀行舊君之服保定中又徵之霞始入朝

侯植後魏正光中起家奉朝請孝而天下大乱盜賊蜂起植乃散家財募勇討賊以功拜統軍

隋柳機初仕後周為華州刺史高祖作相徵還京師時周代舊臣皆勸禪讓機獨義形於色無所陳請

房彥謙仕齊為齊州主簿及周師入鄴齊主東奔以彥謙為齊州治中彥謙痛本朝傾覆將糾率忠義潛謀興輔事不果而止齊亡歸于家

榮建緒仕周為載師下大夫與高祖有舊高祖為丞相建緒拜息州刺史將之官時高祖陰有禪代之計因謂建緒曰且躊躇當共取富貴建緒自以周之大夫因義形於色曰明公此旨非僕所聞高祖不悅建緒遂行開皇初來朝帝謂之曰卿亦悔否建緒稽首曰臣位非徐廣情類楊彪帝笑曰朕雖不解書語亦知卿此言不遜也

周羅睺仕陳為散騎常侍煬帝為晉王伐陳羅睺督巴峽緣江諸軍事以拒秦王俊軍不得度相持踰月遇丹陽陷陳主被擒上江猶不下晉王遣陳主手書命之羅睺與諸將大臨三日放兵士散然後𨒪降高祖慰喻之許以富貴羅睺垂泣而對曰臣荷陳氏厚遇本朝淪亡無節可紀陛下所賜獲全為幸富貴榮禄非臣所望高祖甚器之

陶世模仁壽初為嵐州司馬漢王諒反刺史喬鍾葵將赴之世模以義拒之臨之以兵辭氣不撓鍾葵義而釋之軍吏請斬之於是被囚及諒平拜開府授大興令

骨儀煬帝末為京兆郡丞衛玄領京兆內史唐公義兵至而玄恐禍及己遂稱老病無所干預儀與陰世師同心叶契父子並誅其後遂絕

馮慈明大業末攝江都郡丞事李密之逼東都詔慈明追兵擊密為密黨崔樞所執密延與坐論以興兵之意慈明曰直道事人有死而已不義之言非所敢對密厚禮之冀其從己慈明潛使奉表江都及致書東都留守論賊形勢密知又義而釋之出至營門為賊帥翟讓所瞋責慈明敖然曰天子使我來正欲除爾輩不圖為賊黨所獲我豈從汝求活邪須殺何須罵詈讓益怒亂刀斬之梁郡通守楊汪上狀煬帝歎惜之贈銀青光禄大夫拜其二子怦惇俱為尚書承務郎

唐任瓌年十九初仕陳為衡州司馬都督王勇甚敬異之委以州府之務屬隋師滅陳瓌勸勇據嶺南求陳氏子孫立以為帝勇不能用以嶺外降隋瓌乃棄官而去

盧祖尚光州人隋末宇文化及作亂州人請祖尚為刺史祖尚時年十九昇壇歃血以誓其眾泣涕歔欷悲不自勝眾皆感激

呂子臧隋末為南陽郡丞高祖遣馬元規撫慰山南子臧堅守不下元規遣使諷諭之前後數輩皆為子臧所殺及煬帝被弒高祖遣其女壻薛君倩齎手詔諭子臧於是為煬帝發喪成禮而後歸國拜鄧州刺史封南陽郡公

王景嵩河東聞喜人初呂崇茂之反宋金剛又寇澮州景嵩率鄉黨千餘家據險而抗賊卒得保全太宗嘉之令檢校相鄉令景嵩苦辭不受改為驃騎將軍又不受高祖聞而徵之及見勞之曰卿固守忠誠克全鄉曲國有常典所以授官卿每辭不受何也景嵩對曰抗拒逆人臣之常分臣不敢以為功相鄉則臣之本縣州里之情臣不能無阿曲所以辭高祖善其對勞之曰

知識理者固有異此豈得遂卿本意於是封為桐鄉男加位開府焉

王雄誕吳王杜伏威之將伏威入朝留輔公祏鎮江南而亞焉屬於誕公祏將為逆奪其兵拘之別室遣西門君儀諭以反計雄誕曰當今方太平吳王又在京輦國家威靈無遠不被公何得為族滅事邪雄誕有死而已不敢聞命公祏知不可屈遂縊殺之

楊初成號州人也天后廢中宗為廬陵王初成偽稱郎將矯制於都市募人欲迎廬陵王於房州事覺坐斬家口籍沒中宗即位下制曰號州人故楊初成往者運屬艱憂志懷忠讜將迎六飛之駕奄罹五刑之罰身既伏誅家又從坐言念誠節深可哀矜宜有褒榮式旌忠順可贈左驍衛翊府左郎將

周憬壽春人為武當丞與王同皎叶謀誅武三思及事洩遁於比干廟中自刎而死臨終謂左右曰比干古之忠臣也儻神道聰明應知周憬忠而死也韋后亂朝樹龍邪佞武三思干上犯順虐害忠良吾知其滅亡不久也可懸吾頭於國門觀其身首異門而出

蘇安常為習藝館內教節愍太子之殺武三思安常預其謀遂下獄死睿宗即位贈諫議大夫

燕欽融為許州司戶參軍時韋庶人干豫國政咸封拜羣從子弟又以悖逆庶人及駙馬武延秀中書令宗楚客等將危社稷欽融上奏其事庶人怒勸中宗召欽融廷見撲殺之

郎岌定州人上書備陳韋庶人及宗楚客為亂之狀韋庶人又勸帝殺之

安金藏京兆長安人為太常工人睿宗為皇嗣得侍左右有誣告皇嗣潛有異謀者則天令來俊臣窮鞫其狀左右不勝楚毒皆欲自誣唯金藏大呼謂俊臣曰公既不信金藏之言請剖心以明皇嗣不反即引佩刀自剖胸五藏並出流血被地因絶而仆則天聞之令轝入宮中遣醫人却內五藏以桑白皮為線縫合之經宿金藏始蘇則天親臨視之歎曰吾有子不能自明不如爾之忠也即令俊臣停推

張巡兗州人少豪俠輕財重客安祿山反令偽將李庭偉率蕃兵脅下城邑至魯郡太守韓擇木具礼郊迎置於郵館巡率豪士張賁君孫邕段絳等集兵將殺之擇木怯懦大懼唯員外司兵張孚然其計遂殺庭偉并其黨數十人擇木方遣使上聞擇木讓孚皆授官賞巡因遊蕩江南不言其功

趙復為永樂尉至德二年三月朔方節度使郭子儀大破賊於潼關復與河東郡司戶韓旻司士徐吳及宗子李藏鋒先陷賊中同謀翻城為內應候官軍至開門納之斬賊軍數千級偽蒲州刺史崔乾祐獨以麾下數千騎走收其散卒圍安邑欲保之百姓等偽降開城門納乾祐軍設覆於其內縱賊千餘騎入甕門發伏殺之惟乾祐未之既脫得走

楊務欽本安慶緒將也至德二年六月務欽等為賊守陝郡潛圖歸順河東太守馬承光以兵應之務欽殺城中賊將不同己者即日翻城為我守陝兼收太倉郡中金帛器械山積賊聞之令賊將安武臣領兵攻務欽苦戰死郡中百姓並為賊所屠

令狐彰為左衛員外郎將祿山叛逆以本官隨賊黨張通儒赴京師通儒偽署為城內左街使王師收復二京隨通儒等遁走河朔又陷逆賊史思明偽署為博州刺史及滑州刺史令統數千兵戍滑臺彰感激忠義思立名節乃潛謀歸順會中官楊萬定監滑州軍彰遂募勇士善於水者俾乘夜涉河達表奏于萬定請以所管賊一將兵馬及州縣歸順因萬定以聞自祿山構逆為賊首者未有舉州向化肅宗得彰表甚悅賜書慰勞時彰移鎮杏園渡遂為思明所疑思明乃遣所親薛岌統精卒圍杏園攻之彰乃明示三軍曉以逆順衆心感附悉力背逆因與賊

兵戰大破之潰圍而出遂以麾下將士數百人隨萬定入朝憲宗嘉歎之禮其優厚賜宅第一區名馬數乘并帷帳什器頗盛拜御史中丞兼滑州刺史滑亳魏博等六州節度仍加銀青光禄大夫鎮滑州委平殘寇

李惟簡成德軍節度使寶臣之子建中年王武俊誅其兄惟岳乃械送京師德宗拘之於客省防伺甚峻朱泚之亂惟簡斬關而出奔及行在奉天與賊戰有功加御史中丞扈從興元叅從功臣之號封武安郡王

張子良爲潤州兵馬使會錡叛及子良與李奉仙田少卿領兵分路收宣池等州三將夙有向順志而錡甥裴行立亦思向順其密謀多受於行立及迴戈趣城執錡以歸順

鄭常爲申蔡節度判官與節度留後吳少誠日務兇逆不奉朝命常及大將楊冀謀逐少誠以聽命於朝使試校書郎劉涉假爲手詔數十潛致於大將李嘉節申州刺史張伯元等二十餘

人約因少誠之出閉城門以拒之屬少誠將出戰中官常等遂乃舉事或以告之者遂殺李嘉節等由是各持偽詔請罪少誠皆有之遣使殺張伯元於申州其大將宋旻曹濟奔於京師

李觀爲坊州防遏使以憂免居盩厔別業貞元初吐蕃入寇盩厔之陝觀於盩厔率鄉里子弟千餘完守黑水之西戎人不敢近

劉悟爲淄青牙門右職元和末詔討李師道師道遣悟將兵拒田弘正而數促悟戰悟未及進馳使召之將使來必殺己乃偽疾不出令都虞候往迎之使者果以誠告云奉命殺悟以都虞候代之都虞候即時先還悟劫之得其實遂召諸將與謀曰魏博兵強出戰必敗合天子所謀者司空一人而已悟與公等皆爲所驅迫使就其死何如殺其來使整戈以取鄆州轉危亡爲富貴邪衆咸曰善唯都將所命悟於是立斬其使以兵趣鄆圍其內城兼以火攻其門不數刻梟師道首以獻時十四年二月九日也悟自淄青都知兵馬使兼監察御史權拜檢校工部尚書兼御史大夫義成軍節度使封彭城郡王仍賜實封五百戶錢二萬貫莊宅各一區

辛讜故太原尹雲京之孫咸通十年龐勛亂徐泗杜慆守泗州賊賊極力攻之讜寓居廣陵乃杖劍挐小艘趨泗口賁賊柵入城見慆賊三面攻城王師結壘于洪源驛讜夜以小舟穿賊壘至洪源驛見監軍郭厚本論泗州危急且言速救厚本然之淮南都將王公弁謂厚本曰賊衆我寡無宜輕舉當俟可行讜坐中拔劍瞋目謂公弁曰賊百道攻城陷在旦夕公等奉詔赴援而逗留不進心欲何爲耶欲揮劍向公弁厚本持之讜望泗州大哭者經日帳下爲之流涕厚本義其忠選甲士三百隨讜入泗州夜半斬賊柵大呼由水門而入賊軍大駭既知援兵入乃退舍

後唐李愚唐末爲假官滄州盧彥威署爲安陵縣令丁憂去職服闋隨計之長安屬關輔亂離頻年不能赴舉客於蒲華之間光化中軍

容劉季述王奉先以昭宗頻害宦官者同謀廢立月餘諸侯無命問者愚特在華陰聞其事私心痛憤乃求見華帥韓建致書諭以禍福其大略曰僕關東一布衣爾幸讀書爲文每見君臣父子之際有傷教害義之事常痛心切齒恨不得抽腸濺血肆之市朝明公居近關重鎮君父幽辱月餘坐視凶逆而忘勤王之舉僕所未諭也僕竊計中朝輔弼雖有志而無權外鎮諸侯雖有權而無忠義社稷是依往年車輅播遷號泣奉迎累歲供饋再復廟朝義感人心天下歌詠此時事勢尤異前時明公地處要衝位兼將相自宮闈變故已涉旬時若不號令率先以圖反正遲疑未決一朝山東侯伯唱義連衡鼓行而西明公求欲自安知何以策此必然之勢也不如馳檄四方諭以逆順軍聲一振則元凶破膽旬浹之間二豎之首傳於天下計無便於此者建深禮遇之辭還山墅建草檄欲示於諸鎮事未集而崔中書殺二兇昭宗反正

晉李澣初仕晉爲翰林學士晉末契丹犯闕明年春遣虜[illegible]

何房主永康王菩侍之永康入國以辭華人不令隨從留住幽州供給亦學永康爲述車所殺述律代立部族首領多被殺永康妻弟曰蕭海真亦謂之蟬得舍利爲幽州節度使與辭相善每與辭言及中國意深慕之辭嘗微以言挑之欣然承納會幽州節度使遣諜者田重霸繼往幽州偵邏軍事每令潛至辭所密謀還計辭亦致書於定帥致謝定帥表其事太祖哀辭羈旅異域嘗有南歸之意乃令田重霸賫詔賜之仍令辭兄太子賓客濤密通家問辭得詔甚喜因田重霸廻致謝曰臣重霸廻至伏蒙聖慈特頒明詔降日中之文字慰天外之流離別示辰慈俾傳家信如見骨肉倍感君親又奏陰事曰昨田重霸至爲無與蕭海真詔勑祇有兄濤家書不敢將出方欲遣田重霸却廻至五月四日海真差中門使趙珮傳語臣云昨擬差人齎絹書上南朝皇帝請發兵來兼取得姚漢英等奏狀所貴黏信其絹文印押了未封被趙珮懷内遺失交下憂怕不知所爲臣既認實必遂與趙珮通事奏解皇帝呈與書詔當時聞於海真甚喜引臣密謝尋喚田重霸於私宅祇見至五月二十六日又喚田霸於衙内一宿今月四日令趙佩將到銀十兩令與田霸兼傳語臣云我心如鐵石但令此人且廻諸事宿時說與一一已令口奏於南朝有文字來則別差人去今因奏陳皆據目前所得至於機事兵勢權謀非臣愚儒敢陳鄙款伏乞妙延良謀周訪嘉謀斷于宸衷用叶廟勝又與濤書言契丹述律事云本王驕騃唯好聚鞠耽於内寵固無四方之志觀其事勢不同已前親密貴臣尚懷異志即微弱可知不敢備奏一即煩文一則恐泄爲身計大好乘其亂弱之時計亦易和若辨得來討唯速若且和亦唯速將來必不能力為可東也

冊府元龜卷第七百六十二

冊府元龜卷第七百六十三

總録部一十三

忠烈　死節

忠烈

夫有生者世之所共貴守死者人之所甚難而有委質事君陳力就列遭時不造秉節無貳冒難履險而罔憚竭志畢命而是圖自非内蘊貞精之誠擧無媮苟之念保丹赤而自誓經顛沛而不渝又安能比鴻毛以自輕履虎尾而弗畏者已中代而下不乏其人觀其蹈操踐迹徇義爲務臨危益勵視死如歸古人云疾風知勁草斯之謂矣其或脱坎窞之阸免鯨鯢之害功濟於世身享其榮者亦吾有焉

漢蜀郡王皓爲美陽令王嘉爲郎王莽篡位並弃官西歸及公孫述稱帝遣使徵皓嘉恐不至遂先繫其妻子使者謂嘉曰速裝妻子可全對曰犬馬猶識主況於人乎王皓先自刎以首付

使者述怒遂誅皓家屬嘉聞而歎曰後之哉乃對使者伏劍而死

後漢閻忠漁陽人前爲信都令梁州賊王國等起兵劫忠爲主統三十六郡號車騎將軍忠感慨發病死

魏賈逵初爲郡吏守絳邑長郭援之攻河東所經城邑皆下逵堅守援攻之不拔乃召單于并軍急攻之城將潰絳父老與援要不害逵絳人既潰援聞逵名欲使爲將以兵劫之逵不動左右引逵使叩頭逵叱之曰安有國家長吏爲賊叩頭援怒將斬之絳吏民聞將殺逵皆乘城呼曰負要殺我賢君寧俱死耳左右義逵多爲請遂得免初逵過皮氏曰爭地先據者勝及圍急知不免乃使人間行送印綬歸郡且曰急據皮氏援既并絳衆將進兵逵恐其先得皮氏乃以他計疑援謀人祝奥援由是留七日郡從逵言故得無敗

蜀諸葛尚瞻之子也時瞻爲行都護衛將軍魏鄧艾伐蜀瞻督諸軍至涪停住前鋒破退尚歎曰父子荷國重恩不早斬黄皓以致傾敗用生何爲乃馳赴魏軍而死（黄皓後主邪臣也）

晉賈渾惠帝太安中爲介休令及劉元海作亂遣其將喬晞攻陷之渾抗節不降曰吾爲晉守不能全之豈苟求生以事賊虜何面目以視息世間哉晞怒執將殺之晞將尹崧曰將軍舍之以勸事君晞不聽遂害之

易雄長沙瀏陽人爲舂陵令聞王敦作逆譙王承檄至雄馳檄遠近列敦罪惡俄而王師敗績敦得肆暴收雄姑孰以檄示雄雄曰有之惜雄位微力弱不能救國難安以生爲今日即戮得爲忠鬼乃所願也敦憚其辭正釋之衆人皆賀雄笑曰昨夜夢乘車挂肉其旁夫肉必有筋筋者斤也車傍有斤吾其戮乎尋而敦遣殺之

宋劉伯宗勃海太守秉民從弟也明帝初青州刺史沈文秀舉兵同逆安都反秉民據臨濟城起義伯宗合率鄉兵復克北海因率所領向青州所治東陽城文秀拒之伯宗戰敗被創弟夫

憂使捨將去伯宗曰丈夫當死戰場以身殉國安能歸死兒女子手乎弟可速去無爲兩亡乃見殺追贈龍驤將軍長廣太守

傅弘之爲雍州治平從事爲赫連瓌所襲佛佛逼令降弘之不爲屈時天寒裸弘之弘之叫罵見殺

賈襲宗定陵人也劉胡叛淮南本縣已爲胡所得率三十人救沈攸之攸之言於建安王休仁休仁板爲司徒參軍督護使還鄉里招集爲胡所擒以火炙之問臺軍消息一無所言瞋目謂胡曰君稱兵内侮窺覦神器未聞奇謀遠略而爲炮烙之刑僕本以身奉義死亦何有胡斬之

梁顧見遠博學有志行初齊和帝之鎮荆州也以見遠爲録事參軍及即位於江陵以爲治書侍御史俄兼中丞高祖受禪見遠乃不食發憤數日而卒高祖聞之曰我自應天從人何預天下士大事而顧見遠乃至於此也

蕭僑爲廣陵令太清二年侯景反既陷東府城邵陵王綸率馬

步三萬討之為景所敗景獲儁等來決城下徇之逼云已擒郡陵王儁獨云王小小失利已全軍還京口城中但堅守援軍尋至賊以刀毆之儁言辭顏色如舊景義而釋之

陳沈顗仕梁為尚書左民侍郎出為吳令侯景之難吳郡太守袁君正入援京師以顗監郡京城陷景將宋子仙據吳興遣使召顗委以書記之任顗固辭以疾子仙怒命斬之顗解衣將就戮礙於路間桑樹乃更牽往他所或遽救之僅而獲免

裴政初仕梁為黃門侍郎副王琳拒蕭詧破之於武寧加平越中郎將鎮南府長史及周師圍荊州琳自桂州來赴難次于長沙政請從間道先報元帝至百里洲為周人所獲蕭詧謂政曰我武皇帝之孫也不可為爾君乎爾亦何煩殉身於七父若從我計則貴及子孫如或不然分腰領矣政詭曰唯命詧鎖之送至城下使謂元帝曰王僧辯聞臺城被圍已自為帝王琳孤弱不復能東政許之既而告城中曰援兵大至各思自勉吾以間使被擒當以碎身報國監者擊其口終不易辭詧怒命趣行戮秦大業諫曰此民望也若殺之則荊州不可下矣因得釋會江陵陷與城中朝士俱送于京師周文帝聞其忠授員外散騎侍郎引事相府

隋閻模高祖時為嵐州司馬漢王諒據并州反刺史喬鍾葵發兵赴逆模諫之鍾葵失色曰司馬反耶臨之以兵氣辭不撓鍾葵義而釋之軍吏進曰若不斬模何以厭眾心於是囚之於獄悉掠取其資財分賜黨與

敬釗為繁畤令漢王諒據并州反釗不從叛兵至力戰城陷賊帥墨騎執其資產而臨之以兵釗辭氣不撓賊義而止之執送於偽將喬鍾葵所鍾葵釋之署為代州總管司馬釗正色拒之至再三鍾葵忽然曰受官則活不然當斬釗答曰不為縣宰遭逢逆亂進不能保城退不能死節為幸已多何乃復以偽官相逼也畢盡一命餘非所聞鍾葵怒甚熟視釗曰卿不畏死耶復將殺之會楊義臣軍至鍾葵逆出戰因而大敗釗遂得免

馮慈明煬帝時攝江都郡丞事李密之逼東也詔令慈明安集瀍洛追兵擊密至鄢陵為密黨崔樞所執密延慈明於坐勞苦之因而謂曰隋祚已盡區宇沸騰吾躬率義兵所向無敵東都危急計日將下今欲率四方之眾問罪於江都公以為何如慈明答曰慈明直道事人有死而已不義之言非所敢對密不悅異其後改節加禮焉慈明潛使人奉表江都及致書東都留守論賊形勢密知其狀又義而釋之出至營門賊帥翟讓怒曰爾為使人為我所執魏公相待至厚曾無感戴寧有異乎慈明勃然曰天子使我來正欲除爾輩不圖為賊黨所獲我豈從汝求活耶須殺但殺何須罵詈因謂羣賊曰汝等本無惡心因飢饉逐食至此官軍且至早為身計讓益怒於是亂刀斬之

楊善會大業中拜清河通守竇建德自號長樂王來攻信都復掠清河善會逆拒之反為所敗嬰城固守賊圍之四旬城陷為賊所執建德釋而禮之用為貝州刺史善會罵之曰老賊何敢擬議國士但恨吾力劣不能擒汝等我豈是汝屠酤兒輩汝輒敢欲相吏耶臨之以兵辭氣不撓建德猶欲活之為其部下所請又知終不為己用於是害之清河士庶莫不傷痛焉

松贇北海人性剛烈重名義為石門府隊正大業末有賊楊厚擁徒作亂來攻北海縣贇從郡兵討之贇輕騎覘賊為厚所獲厚令贇謂城中郡兵已破宜早歸降贇偽許之既至城下大呼曰我是松贇為官軍覘賊邂逅被執非力屈也今官軍大來並已至矣賊徒寡弱旦暮擒翦不足為憂賊以刀築贇口引之而去毆擊交下贇罵厚曰老賊何敢致辱賢良禍自及也言未卒賊已斬其腰城中望之莫不流涕扼腕銳氣益倍北海卒完

唐鄭孝謨仕隋為朝邑縣法司義兵濟河授正議大夫受詔安集邊郡多有降附進位金紫光祿大夫行至豳川為梁師都所陷孝謨見師都竟不屈節臨之以兵顏色不變罵師都極口曰

是見害高祖明而嘉歎者久之
安金藏為太常工人時睿宗為皇嗣或有誣告皇嗣有異謀者
則天令來俊臣按之左右不勝楚毒皆欲自誣惟金藏大呼謂
俊臣曰公既不信金藏言請剖心以明皇嗣不反則引佩刀自
剖其胸五藏並出流血被地氣遂絶則天聞之舁入宮中遣醫
人却内五藏以桑白皮縫合之傅藥經宿乃蘇則天臨視歎曰
吾有子不能自明不如爾之忠也即令停推睿宗由是獲免
周憬壽春人慷慨有節操中宗神龍中與光禄卿王同皎密謀
誅武三思及事泄遁於比干廟乃自刎而死臨終謂左右曰比
干昔之忠臣也儻神道聰明應知我忠自殺又曰韋后亂朝寵
樹邪佞武三思干上犯順虐害忠良吾知其滅亡不久也可懸
吾頭於国門覩其身首異門而出其後韋氏及三思果亦誅滅
甄濟為安禄山范陽掌書記察禄山有異圖乃偽嘔血遂舁歸
及禄山反使偽節度使蔡希德領行戮者李掞等二人封刀來

召察詐不起即就戮之濟以左手書云去不得李掞持刀而前
濟引首以待希德欷歔嗟嘆因李掞等退以實病報
張巡為眞源令姚誾為城父令與巡官聯相善及安禄山反李
兵渡河時靈昌太守吳王祗濟南太守李隨單父尉賈賁各招
召義徒數千人與巡誾等同拒逆黨雍丘令令狐潮據城以應
禄山百姓有違令者百餘人將殺之覘者報官軍至潮不及行
刑遂反縛仆于地令人守之遽出軍以禦官軍縛者忽一人幸
脫殺守者互解其縛開城門以拒潮相持累日賁聞之入其城
領衆殺潮母妻及子以堅人志將殺之先磔其子於城上示潮
使人告之若降我吾捨汝潮又不從亦殺之後磔其母亦不從
復殺之吳王祗表賁忠為監察御史會賁與潮戰為潮所殺巡
先領兵為賁犄角及賁死因統其衆而守其城潮與賊將李庭
望攻圍數月竟不拔賊因置杞州築城於雍丘之北以絶路仍
斷其外救巡度雍丘小城不足以禦外敵乃開門[illegible]召百姓詐降

令將士持弓弩引滿巡以銳卒數百敗其後且行且戰夜投睢
陽城見許遠姚誾等共謀捍守朝廷壯之累守主客郎中兼御
史中丞誾官亦至郎中遠為侍御史賊將尹子奇圍城經數月
求救於臨淮節度賀蘭進明竟不之救城中糧盡米斗價至八
百後至人相食析骸以爨巡恐人心有变呼其愛妾對三軍殺
之以饗軍士而令之曰共公等勠力為国家守城巡不能以肉
啖將士豈敢戀其寵愛乎將士皆泣不忍食後括城中婦人盡
以男夫老小繼之口尚四五万初求救於賀蘭進明巡遣帳下
士南霽雲夜縋出城之臨淮見進明日高會張樂饗士殊无出
兵之意霽雲泣而謂之曰強寇凌逼圍城半年糧盡矢窮計死
所出圍城之際城中數万人今老小相食已盡張中丞自殺愛
妾以饗軍士今見存之衆不過數千城中之人不敢愛死恐破
之後賊過淮南亦不利於大夫耳霽雲所以持尺刃晝伏夜動
匍匐以見大夫今大夫數日高會殊無遣兵之意豈忠臣義士

勤王報国之意乎霽雲不能達主將之意請噬一指留於大夫
示之以信歸報城中將士遂却還睢陽數日得達城中懸縋而
入城城中之人知救不至慟哭數日遂陷巡在城中每戰登陴
大呼以助威皆血流面牙齒皆碎城以陷西向再拜曰為救不
至臣智勇俱竭不能全城今使逆賊陵逼臣死之後願為鬼與
賊為厲以荅国恩及城陷尹子奇見巡問之曰聞公每督戰則
皆裂齒碎實有之否巡應之曰然子奇曰何以至此曰欲得殺
逆賊遂至於此子奇以大刀剔其口見有齒在者不過三數巡
因大詬罵子奇責以悖逆損害平人子奇欲赦之左右曰此人
必不為我用又得衆死心不可留故害之霽雲及誾亦皆同日
遇害唯遠生擒送洛陽安慶緒將投河北哥舒翰程千里許遠
等三十餘人皆舍於偽客省及將走使嚴莊盡害之而後行
石演芬為朔方節度使李懷光養子累至右武鋒都將興元初
懷光軍屯三橋將與朱泚通謀演芬乃使食客郜成養窒跡其

書懷光無狀請即罷其摠統成義至奉天乃反以其言告懷光子璀璀密報其父懷光乃召演芬責之曰我以爾爲子奈何欲破我家乎今死可乎演芬對曰天子以公爲腹心公以演芬爲腹心公上負天子安可下責演芬胡人不解異心欲守死以事一人幸得免呼爲賊死當分也懷光初使左右臠食之皆曰此忠烈之士也可令快死乃以刀斷其頸德宗追思義烈故贈兵部尚書仍賜錢三百千又捕得郜成義于朔方軍戮之

高郢字公楚李懷光統邠寧奏署爲幕僚累轉副元帥判官懷光背恩將歸河中郢言曰西迎大駕豈非忠乎懷光怒而不聽及歸鎮又欲悉衆而西特渾瑊軍孤羣帥未集郢與李鄘誓死駐之屬懷光長子璀候郢郢乃諭以逆順之理且言天寶以來阻兵今誰在者況國家枝天命非獨人力今若恃衆西向自絶于天十室之邑必有忠信安知三軍不有奔潰者乎李璀蔑懼泣候氣索明年春郢與都知兵馬使呂鳴岳都虞侯延英同謀間道上表及受密詔事洩二將立死懷光乃大集將卒白刃盈庭引郢詰之郢挺然抗詞無所顧隱憤氣感發觀者淚下懷光慙沮而入

李鄘字建侯爲秘書省正字爲李懷光所辟累遷監察御史及懷光蒲津叛鄘與母妻陷賊中恐禍及親因僞白懷光曰兄病在洛請母往視之懷光許焉且戒妻子無得從鄘皆追行後懷光責之對曰鄘名隸軍籍不得隨侍老母奈何不使婦隨姑行也懷光無以罪時與高郢同在賊庭乃密奏賊軍虛實及攻取之勢德宗賜手詔以勞之後事泄懷光嚴兵召郢與鄘詰責鄘詞激氣壯三軍義之懷光不敢殺囚獄中懷光死馬燧就獄致禮表爲河東從事

張名振爲李懷光左都將德宗興元元年德宗詔賜懷光鐵券懷光奉詔倨慢名振大呼於軍門曰太尉見賊不擊天使到不敬圖欲反耶且安史朱泚僕固懷恩反皆身滅今欲何爲是皆忠義之士立功勳耳懷光聞之召名振讓之曰我不反爲賊強盛須蓄銳俟時耳無幾懷光引軍入咸陽名振又曰乃者言不又今拔軍此來何也何不以兵急攻朱泚收復京城取大富貴是善計也懷光聞之曰名振病狂也使拉殺之

後唐姚洪爲指揮使率兵千人戍閬州洪嘗爲汴之小校經事東川節度董璋璋叛密令人誘洪洪以大義拒之及璋攻城洪悉力拒守者三日糗糧既竭城陷被擒璋謂洪曰爾頃爲健兒由吾奬拔至此吾書誘諭投之於廁何相負耶洪大罵曰老賊爾爲天子鎮帥何苦反耶爾旣孤恩背主吾與爾何恩而云相負爾爲李七郎奴掃馬糞得一臠殘炙感恩無盡今明天子付與茅土貴爲諸侯而驅徒結黨圖爲反噬爾本奴才則無恥吾忠義之士不忍爲也吾可爲天子死不能與人奴苟生璋怒令軍士十人持刀刲割其膚然鑊於前自取啗食洪至死大罵不已明宗聞之泣下置洪二子於近衛給賜頗優

沙守榮爲弓箭庫使應順元年三月愍帝以潞王兵至出奔衛州遇鎮州節度使石諱晉高祖也諭以潞王危社稷康義誠已下叛我無以自庇長公主見教逆爾於路謀社稷之計石曰衛州王引贇宿舊請事且往引贇圖之石馳詣而前見引贇曰摠是至此危迫吾戚藩也何以圖全引贇曰天子避狄古亦有之然於奔迫之中亦有將相國家法物所以軍民瞻奉不覺其亡也今宰執近臣從乎寶玉法物從乎詢之無有引贇曰大樹將顛非一繩所維今以五十騎奔竄無一人將相擁從安能興復大計所謂蛟龍失雲雨也今六軍將士總在潞邸矣公縱以感舊念舊無奈之何遂與引贇同謁於驛亭宣坐謀之石以引贇所陳以問守榮前謂石曰主上即明宗愛子公明宗愛壻富貴旣同受休戚合共之今謀休戚繫欲期安復今覲索從臣國寶欲以此爲辭爲賊等天子乎乃抽佩刀刺石親將陳暉捍之守榮與暉單戰而死

死節

禮曰謀人之軍師敗則死之又曰臨陣無勇非孝也又曰臨難無苟免是知事君竭誠許國蓋臣子之常分也若乃詞色慷慨承白刃而不顧膽氣倜儻雖衆潰而獨死或抗節不從於戎首或城陷不屈其剛操或後進已至詎肯解舟而輕去或主帥前却自率窮兵而赴敵此皆抗志忠烈垂名竹帛至如以杙扶傷得矛亡戟一則耻不終其賜一則恨不快其心至於畢命抑其次也

臧堅魯臧紇之族也齊侯伐魯北鄙齊人獲臧堅齊侯使夙沙衛唁之且曰無死（使無自殺）堅稽首曰拜命之辱抑君賜不終姑又使其刑臣禮於士以杙抉其傷而死（言使賤人來言已是[illegible]不終也夙沙衛奄人故謂之刑臣）

敝無存齊人也齊侯伐晉夷儀（為儀討也）敝無存之父將室之辭以與其弟（室之為娶婦）曰此役也不死反必娶於高國（高氏國氏齊貴族也無存欲必有功還娶卿相之女）先登求自門出死於霤下（敝無存入城東夷儀人不服故闘死於門屋霤下也）

平陰餘子齊人也齊晉相與戰餘子亡戟得矛（平陰齊邑餘子官氏）退而去不自快謂路之人曰亡戟得矛可以歸乎路之人曰戟亦兵也矛亦兵也亡兵得兵何為不可以歸去行心猶不自快也遇高唐之孤叔無孫（孤特也叔姓無孫名）餘子當其馬前曰今者戰亡戟得矛可以歸乎叔孫曰矛非戟也戟非矛也亡戟得矛豈亢責也哉餘子曰嘻（[illegible]）還反戰趨尚及之遂戰而死

漢路中大夫（姓路名中大夫）孝景三年吳楚反膠東膠西菑川濟南王皆發兵應吳楚欲與齊（與之同反）齊王使路中大夫告於天子天子復令路中大夫還報告齊王堅守漢兵今破吳楚矣路中大夫至三國兵圍臨菑數重無從入三國將與路中大夫盟曰若反言漢已破矣（若汝也反謂易其辭也）齊趣下三國不且見屠路中大夫既許至城下望見齊王曰漢已發兵百萬使太尉亞夫擊破吳楚方引兵救齊齊必堅守無下三國將誅路中大夫

後漢張況光武初為常山關長時年八十會赤眉攻關城況出戰死帝甚哀之

杜篤為車騎將軍馬防從事章帝建初三年防擊西羌請篤為從事中郎戰沒於射姑山

嚴授為漁陽太守張顯兵馬掾安帝元初中鮮卑數百餘騎寇漁陽顯率吏士追出塞遙望虜營煙火急趣之授慮有伏兵苦諫止不聽顯蹙令進授不獲已前戰伏兵發授身被十創沒於陣顯拔刃追散兵不能制虜射中顯主簿衛福功曹徐咸遽赴之顯遂墮馬福以身擁蔽虜并殺之朝廷愍授等節詔書褒歎

孟宵其先三世為郡吏並伏節死難

落皓為中牟令靈帝中平四年二月滎陽賊殺皓及主簿潘業皓等與賊戰臨陣不顧皆被害

秦祕字永寧汝南人閔之孫也為郡門下議生黃巾起祕從太守趙謙擊之軍敗祕與功曹封觀主簿陳端門下督范仲禮賊曹劉偉德主記史丁子嗣張仲然等七人以身扞刃皆死於陣謙以得免詔旌祕等門閭號曰七賢

魏夏侯榮征西將軍淵之第五子年十三從太祖於漢中戰敗左右提之走不肯曰君親在難焉所逃死乃奮劍而戰遂沒陣

杜畿為司隸校尉文帝征吳以畿為尚書僕射統留事其後帝幸許昌畿復居守受詔作御樓船於陶河試船遇風沒帝為之流涕

劉整為士齊王嘉平中吳將諸葛恪圍合肥新城城中遣整出圍傳消息為賊所得考問所傳語整曰諸葛公欲活汝汝可具服整罵曰死狗此何言也我當必死為魏國鬼不苟求活逐汝去也欲殺我者便速殺之終無他辭遂殺之

鄭像為士時吳將諸葛恪圍合肥城中遣像出城傳消息或以語恪恪遣馬騎尋圍跡索得像還四五人約頭面縛將繞城表敕語像使大呼言大軍已還洛不如早降像不從其言更大呼

城中曰大軍近在圍外壯士努力賊以刀築其口使不得言
遂大呼令城中聞知而死後追賜像爵關内侯
閻温字伯儉天水西城人也以涼州别駕守上邽令馬超走奔
上邽郡人任養等舉衆迎之温止之不能禁乃馳還州超復圍
州治冀城甚急州乃遣温密出告急於夏侯淵賊圍數重温夜
從水中潛出明日賊見其迹遣人追遮之於顯親界得温執還
詣超超解其縛謂曰今成敗可見足下爲孤城請救而執於人手
義何所施若從吾言反謂城中東方無救此轉禍爲福之計也
不然今爲戮矣温僞許之超乃載温詣城下温向城大呼曰大
軍不過三日至勉之城中皆泣稱萬歲超怒數之曰足下不爲
命計耶温不應時超攻城久不下故徐誘温冀其改意復謂温
曰城中故人有欲與吾同者不温又不應遂切責之温曰夫事
君有死無貳而卿乃欲令長者出不義之言吾豈苟生者乎超
遂殺之

蜀傅僉其官郡不載與武興督蔣舒守陽平關魏鍾會伐蜀遣别將攻之
舒將出降乃詭謂僉曰今賊至不擊而閉城自守非良圖也僉
曰受命保城惟全爲功今違命出戰若喪師負國死無益矣舒
曰子以保城獲全爲功我以出戰克敵爲功請各行其志遂率
衆出僉謂其戰也而陰平已降胡烈烈乘虚襲城僉格鬬而死
魏人義之
張遵爲尚書隨諸葛瞻於綿竹與鄧艾戰死
程畿字季然先主領益州牧辟爲從事祭酒後隨先主征吳遇
大軍敗績泝江而還或告之曰後追已至解船輕去乃可以免
畿曰吾在軍未曾爲敵走況從天子而見危哉追人雖及畿船
畿身執戟戰敵船有覆者衆大至共擊之乃死
黄崇爲尚書郎隨衛將軍諸葛瞻拒鄧艾到涪縣瞻盤桓未進
崇屢勸瞻宜速行據險無令敵得入平地瞻猶豫未納崇至于流
涕會艾長驅而前瞻却戰綿竹崇帥厲軍士期於必死臨陣

見殺
晉毛嶷司州刺史德祖次弟德祖戍武牢爲魏所没嶷及弟辯
並有志節嶷死於虎牢之難辯没於高宗之役並奮不顧命爲
世所歎
宋沈勁爲冠軍陳祐長史戍金墉城爲鮮卑慕容恪所陷不屈
節見殺
荀璡潁陰人也宋元嘉末渡淮赴武陵王義爲元凶追兵所殺
王應之爲衡陽内史時晉安王子勛反應之起義拒湘州從事
何慧文爲慧文所殺
南齊陳光靜爲郢州刺史張沖中兵參軍梁王義師起沖拒之
梁王遣軍主曹景宗等過江攻郢城未及盤濟沖遣光靜等開
門出擊爲義師所破光靜戰死
梁任孝恭爲中書通事舍人高祖太清二年侯景寇逼孝恭啓求
募兵隸蕭正德屯南岸及賊至正德率衆入賊孝恭遂赴臺臺

門已閉因奔入東府尋爲賊所攻城陷見害
蘭夏禮安南將軍欽子也侯景至歷陽率部曲邀擊景兵敗而
禮死之
陳楊孝辯中兵參軍魚廣達友人也時賀若弼軍乘勝至宫城廣
達爲中領軍苦戰不息孝辯時從廣達在軍中戰陷陣其子亦
隨孝辯揮刃殺隋兵十餘人力窮父子俱亡
唐宗大業末爲朔方郡丞時梁師都舉兵將據郡城宗抗節不
從遂遇害
唐尹元貞河間人也爲曲阿令天后文明元年徐敬業據揚州
亂元貞在曲阿聞敬業攻陷潤州乃率兵赴救苦戰力屈爲賊
所擒敬業臨以白刃脅令附己元貞詞色慷慨竟不之屈乃遇害
李奐爲河間司法天寶末史思明圍饒陽太守盧全誠陷渾奐令
李系拒之奐以七千人救之爲思明所敗後賊將尹子奇圍河
間五十餘日太原太守顏真卿使將和琳領一萬二千人馬數

百足以救之官軍去城二十餘里北風慶烈鼓譟死不沮聞思明使兵亂擊之官軍敗王擒和琳至城下思明既至合勢賊軍大壞從外築道爲高堤以入城城上戰不勝退至街巷又戰城中大潰爰爲賊所擒送至東京爲禄山所害

崔景珂本尋陽人後家于濮州之鄄城景珂倜儻有膽氣鄉里稱之貞明初與太原兵夾河而軍濮州隣境疲於俘剽景珂聚鄉邑人保永定驛固守踰年景珂戰歿衆潰

後唐王緘在莊宗幕府胡柳之役緘隨輜重前行没於亂兵際晚盧質還營莊宗問副使所在曰某初不之知也既而緘凶問至莊宗流涕久之得其喪歸葬太原

安承規爲昭義軍部虞候光火賊武章等劫刑獄奪其黨類承規獨禦之又無救應爲衆所殺

冊府元龜卷第七百六十三

總録部一十四

義烈

孔子曰儒有劫之以衆沮之以兵見死不更其守曾子亦云託孤寄命臨大節而不可奪孟軻所謂舍生而取義皆義烈之謂也若夫君子之行已烈士之操蓋將以明誠以全所守激頹風以厲浮俗義之所在奮不顧死乃有愛賢者而慮發命感知已而思報德忠所事而赴難存詞緒而踐言誓之以赴蹈而無貳劫之以鋒刃而靡屈蹈危以殉患冒險以申冤嫉惡罔顧發憤不已莫不捐軀忘死齎志畢命慷慨以引決感激以横分固已英槩奮於雲天雄名揭於日月千載之下凜乎其有生氣矣

鉏麑晉力士也靈公患趙宣子驟諫公患之使鉏麑賊之(賊殺也)晨往則寢門辟矣盛服將朝尚早坐而假寐麑退嘆而言曰趙孟敬哉夫不忘恭敬社稷之鎮也賊國之鎮不忠受命而廢之不信也享一名於此不若死觸庭之槐而死(庭外朝之庭)

公孫杵臼晉大夫趙朔之客也景公之三年屠岸賈欲誅趙朔韓厥告趙朔趣亡朔不肯曰子不絶趙祀朔死不恨厥許諾賈滅趙朔族朔妻成公姊有遺腹走公宮匿公孫杵臼謂友人程嬰曰胡不死程嬰曰朔之婦有遺腹若幸而男吾奉之即女也吾徐死耳居無何而朔婦免身生男屠岸賈聞之索於宮中夫人置兒絝中祝曰趙宗滅乎若號即不滅若無聲及索兒竟無聲已脱程嬰謂公孫杵臼曰今一索不得後必且復索之奈何公孫杵臼曰立孤與死孰難程嬰曰死易立孤難耳公孫杵臼曰趙氏先君遇子厚子彊爲其難者吾爲其易者請先死乃二人謀取他人嬰兒負之衣以文葆(小兒被)匿山中程嬰出謬謂諸將軍曰嬰不肖不能立趙孤誰能與我千金吾告趙氏孤處諸將皆喜許之發師隨程嬰攻公孫杵臼杵臼謬曰小人哉程嬰昔下宮之難不能死與我謀匿趙氏孤兒今又賣我縱不能立而忍賣之乎抱兒呼曰天乎天乎趙氏孤兒何罪請活之獨殺杵臼可也諸將不許遂殺杵臼與孤兒諸將以爲趙氏孤兒良已死皆喜然趙氏眞孤乃反在程嬰卒與俱匿山中居十五年晉景公疾卜之大業之後不遂者爲祟景公問韓厥厥知趙孤在乃曰大業之後在晉絶祀者其趙氏乎夫自中衍者皆嬴姓也中衍人面鳥噣降佐殷帝太戊及周天子皆有明德下及幽厲無道而叔帶去周適晉事先君文侯至于成公世有立功未嘗絶祀今吾君獨滅趙宗國人哀之故見龜策唯君圖之景公問趙尚有後子孫乎韓厥具以實告於是景公乃與韓厥謀立趙孤兒召而匿之宮中諸將入問疾景公因韓厥之衆以脅諸將而見趙孤趙孤名曰武諸將不得已乃曰昔下宮之難屠岸賈爲之矯以君命并命羣臣非然孰敢作難微君之疾羣臣固且請立趙後今君有命羣臣之願也於是召趙武程嬰徧拜諸將遂反與程嬰趙武攻屠岸賈滅其族復與趙武田邑如故及趙武冠爲成人程嬰乃辭諸大夫謂趙武曰昔下宮之難皆能死我非不能死我思立趙氏之後今趙武既立爲成人復故位我將下報趙宣孟與公孫杵臼趙武啼泣頓首固請曰武願苦筋骨以報子至死而子忍去我死乎程嬰曰不可彼以我爲能成事故先我死今我不報是以我事爲不成遂自殺趙武服齊衰三年爲之祭邑春秋祠之世世勿絶

王子閭楚平王子啓也白公勝作亂欲以子閭爲王子閭不可遂刼以兵子閭曰王孫若安靖楚國匡正王室而後庇焉啓之願也敢不聽從若專利以傾王室不顧楚國有死不能從遂殺之

石乞楚白公勝之徒也白公作亂國人攻之奔山而縊其徒微之(微匿)生拘石乞而問白公之死焉對曰余知其死所而長者使余勿言(長者謂白公也)曰不言將烹乞曰此事克則爲卿不克則烹固其所也何害乃烹石乞

侯嬴大梁人魏公子無忌姊爲趙平原君夫人秦圍趙趙急請救於魏魏安釐王畏秦使將軍晉鄙將十萬衆名爲救趙實持兩端公子數請終不聽公子計不獨生而令趙亡欲赴秦軍與死用侯嬴言請如姬盜晉鄙兵符與朱亥俱救趙過謝侯嬴嬴曰臣宜從老不能請數公子行日以至晉鄙軍之日北向自剄以送公子公子與侯生決至軍侯生果北鄉自剄

要離吳人吳王欲殺王子慶忌而莫之能殺吳王闔閭光也慶忌父殺僚而代其位慶忌王僚之子也故欲殺之慶忌有力捷疾而人皆畏之無能殺者也吳王患之吳王之友曰要離謂吳王曰臣請殺之吳王曰汝惡能惡安也吾嘗以六馬逐之江上矣而不能及射之矢左右滿把而不能中今汝拔劍則不能舉臂上車則不能登軾汝惡能要離曰士患不勇耳奚患於不能王誠助臣請必能吳王曰諾明旦加罪焉執其妻子焚而揚其灰吳王僞加要離罪執其妻子焚其灰也要離走往見王子慶忌於衛王子慶忌喜曰吳王之無道也子之所見也諸侯之所知也今子得免而去之亦善也要離與王子慶忌居有間謂王子慶忌曰吳王無道也愈甚請王子往奪之國王子慶忌曰善乃與要離俱涉於江渡江中江拔劍以刺王子慶忌王子慶忌捽而投之江浮又取而投之如此者三卒曰女天下之國士也幸汝以成其而名幸汝全女也要離不死歸吳王大說請與分國要離曰不可臣請必死吳王止之要離曰夫殺妻子焚而揚其灰以便事也臣已爲不仁便事不仁成也夫爲故主殺新主臣已爲不義夫捽而浮乎江三入三出特王子慶忌爲之賜而不殺耳矣賜猶惠也臣已爲辱夫不仁不義又且已辱不可以生吳王不能止果伏劍而死呂氏春秋

田文封孟嘗君相齊有舍人魏子爲孟嘗君收邑入三反而不致一人孟嘗君問之對曰有賢者竊假與之以故不致入孟嘗君怒而退魏子居數年人或毀孟嘗君於齊湣王曰孟嘗君將爲亂及田甲劫湣王湣王意疑孟嘗君孟嘗君乃奔魏子所與粟賢者聞之乃上書言孟嘗君不作亂請以身爲盟遂自剄宮門以盟孟嘗君湣王乃驚而蹤跡驗問孟嘗君果無反謀乃復召孟嘗君

王蠋畫邑人燕師入齊聞蠋賢齊西南近邑畫音獲令軍中曰環畫邑三十里無入以王蠋之故已而使人謂蠋曰齊人多高子之義吾以子爲將封子萬家蠋固謝燕人燕人曰子不聽吾引三軍而屠畫邑王蠋曰忠臣不事二君貞女不更二夫齊王不聽吾諫故退而耕於野國既破亡吾不能存今又劫之以兵爲君將是助桀爲暴也與其生而無義固不如烹遂經其頭於樹枝自奮絕脰而死齊亡大夫聞之曰王蠋布衣也義不北面於燕況在位食祿者乎乃相聚如莒求湣王子法章立爲襄王

豫讓晉人故嘗事范中行氏而無所知名去而事智伯智伯甚尊寵之及智伯伐趙襄子趙襄子與韓魏合謀滅智伯滅智伯之後而三分其地趙襄子最怨智伯漆其頭以爲飲器豫讓遁逃山中曰嗟乎士爲知己者死女爲說己者容今智伯知我我必爲報讎而死以報智伯則吾魂魄不愧矣乃變名姓爲刑人入宮塗廁中挾匕首欲以刺襄子襄子如廁心動執問塗廁之刑人則豫讓內持刀兵曰欲爲智伯報仇左右欲誅之襄子曰彼義人也吾謹避之耳且智伯亡無後而其臣欲爲報仇此天下之賢人也卒釋去之居頃之豫讓又漆身爲厲厲音賴吞炭爲啞使形狀不可知行乞於市其妻不識也行見其友其友識之曰汝非豫讓邪曰我是也其友爲泣曰以子之才委質而臣事襄子襄子必近幸子近幸子乃爲所欲顧不易邪何乃殘身苦形欲以求報襄子不亦難乎豫讓曰既已委質臣事人而求殺之是懷二心以事其君也且吾所爲者極難耳然所以爲此者將以愧天下後世之爲人臣懷二心以事其君者也既去頃之襄子當出豫讓伏於所當過之橋下襄子至橋馬驚襄子曰此必是豫讓也使人問之果豫讓也於是襄子乃數豫讓曰子不嘗事范中行氏乎智伯盡滅之而子不爲報讎而反委質臣於智伯

智伯亦已死矣而子獨何以爲之報讎之深也豫讓曰臣事范中行氏范中行氏皆衆人遇我我故衆人報之至於智伯國士遇我我故國士報之襄子喟然嘆息而泣曰嗟乎豫子子之爲智伯名既成矣而寡人赦子亦已足矣子其自爲計寡人不復釋子使兵圍之豫讓曰臣聞明主不掩人之義而忠臣有死名之義前君已寬赦臣天下莫不稱君之賢今日之事臣固伏誅然願請君之衣而擊焉以致報讎之意則雖死不恨非所敢望也敢布腹心於是襄子大義之乃使持衣與豫讓豫讓拔劔三躍而擊之曰吾可以下報智伯矣遂伏劔自殺死之日趙國志士聞之皆爲涕泣

漢田横爲齊王高祖既立爲皇帝横懼誅而與其徒屬五百餘人入海居隝中（一本作島）高帝使使召横横迺與其客二人乘傳詣雒陽至尸鄉自殺高帝發卒以王者禮葬之既葬二客穿其冢旁皆自剄從之高帝聞而大驚以横之客皆賢吾聞其餘尚五

百人在海中使使召之使至聞横死亦皆自殺於是乃知田横兄弟能得士也

周燕宣帝時爲郡決曹掾太守欲枉殺人燕諫不聽遂殺囚而黜燕燕因家守闕稱冤詔遣覆考燕見太守曰願謹定文書皆著燕名府君但言時病而已出謂掾吏曰諸君被問悉當以罪推燕如有一言及於府君燕手劔相刃使乃收燕繫獄屢被掠楚辭無屈撓當下蠶室乃嘆曰我平王之後正公玄孫豈可以刀鋸之餘下見先君遂不食而死

趙都設祠人（趙趙當各本丁活外二切祠音嗣切）丁爲左馮翊馮野王部督郵掾而池陽令并（并爲池陽令今人失其姓）素行貪汙輕野王外戚年少治行不改都案驗得其主守盜十金罪收捕并不首吏（不首吏謂不伏從收捕也）都格殺并家上書陳冤事下廷尉都詣吏自殺以明野王京師稱其威信

李聖爲王莽揚州牧司命孔仁兵敗於山東聖格死仁將其衆降已而嘆曰吾聞食人食者死其事拔劔自刺死

曹竟字子期去官不仕於王莽世莽死漢更始徵竟以爲丞相封侯欲親致賢人銷寇賊竟不受侯爵會赤眉入長安欲降竟竟手劔格鬬死

後漢王捷爲隗囂大將囂爲漢軍所圍窮困捷别在戎丘登城呼漢軍曰爲隗王城守者皆必死無二心願諸軍亟罷請自殺以明之遂自刎頸死

劉雄爲平原令永初二年劇賊畢豪等入平原界雄將吏士乘船追之至厭次河與賊合戰雄敗執雄以矛刺之時小吏所輔前叩頭求哀願以身代雄豪等縱雄而刺輔貫心洞背即死東郡太守捕得豪等具以狀上詔書追傷之賜錢二十萬除父奉爲郎中

徐福爲漁陽太守張顯主簿元初中鮮卑入寇顯拔刃追散兵虜射中顯福及功曹徐咸遽赴之顯遂墮馬福以身擁蔽虜并

殺之

耿武爲冀州韓馥長史閔純爲别駕會袁紹至馥從事十人棄馥去唯恐在後獨武純杖刀距戰紹兵不能禁紹後令田豐殺此二人

鄭益恩玄子也孔融在北海舉爲孝廉及融爲黄巾所圍益恩赴難隕身

關靖爲公孫瓚長史瓚爲袁紹所敗靖曰吾聞君子陷人於危必同其難豈可獨生乎乃策馬赴紹軍而死紹悉送其首於許

孫瑾爲常山相時遼東公孫瓚與幽州牧劉虞搆隙及虞見殺瑾與掾張逸張瓚等忠義憤發相與就虞罵瓚極口然後同死

臧洪字子源爲廣陵太守張超功曹超遣洪詣幽州牧劉虞行至河閒袁紹以爲青州刺史遷東郡太守時魏太祖圍張超於雍丘其危急超謂軍吏曰今日之事唯有臧洪必來救我或曰

來曹方穩而洪爲紹所用恐不能敗好遠來違福取禍超曰子
源天下義士終非背本者也或見制强力不相及耳洪始聞超
圍乃徒跣號泣並勒所領將赴其難自以衆弱從紹請兵而紹
竟不聽之超城遂陷張氏族滅洪由是怨紹絶不與通紹興兵
圍之歷年不下使洪邑人陳琳以書譬洪示其禍福責以恩義
洪答曰隔闊相思發於寤寐相去步武而趣舍異規其爲愴恨
胡可勝言前日不遺比此及辱雅況述叙禍福公私切至以子
之才窮該典籍豈將闇於大道不達余趣哉是以捐弃翰墨一
無所酬亦冀遙付褊心粗識鄙性重獲來命援引紛紜雖欲無
對而義篤其言僕小人也本之志用中因行役特蒙傾蓋恩深
分厚遂竊大州寧樂今日自還接刃乎每登城臨兵觀主人之
旗鼓瞻望帳幄感故友之周旋撫弦搦矢不覺涕流之覆面也
何者自以輔佐主人無以爲悔主人相接過絶等倫受任之初
志同大事埽清寇逆共尊王室豈悟本州被侵郡將遘厄請師

見拒辭行被拘使洪故君遂至淪滅區區微節無所獲申豈得
復全交友之道重虧忠孝之名乎所以忍悲揮戈收淚告絶若
使主人少垂古人忠恕之情來者側席去者克己則僕抗季札
之志不爲今日之戰矣昔張景明登壇歃血奉辭奔走卒使韓
牧讓印主人得地後但以拜章朝主賜爵獲傳之故不蒙觀過
之貸而受夷滅之禍呂奉先討卓來奔請兵不獲告去何罪復
見斫刺劉子璜奉使踰時辭不獲命畏君懷親以詐求歸可謂
有志忠孝無損霸道亦復僵尸麾下不蒙虧除慕進者蒙榮違
意者被戮此乃主人之利非遊士之願也是以鑒戒前人守死
窮城亦以君子之違不適敵國故也足下當見久圍不解救兵
未至感婚姻之義推平生之好以爲屈節而苟生勝守義而傾
覆也昔晏嬰不降志於白刃南史不曲筆以求存故身傳圖象
名垂後世況僕據金城之固驅士人之力散三年之畜以爲一
年之資匱困補乏以悅天下何圖築室反耕哉但懼秋風揚塵

伯珪馬首南向（伯珪公孫瓚字）張揚飛燕旅力作難北鄙將告倒縣之
急股肱妻孥歸之託耳主人當鑒戒曹輩反旌退師何宜久辱
盛怒暴威於吾城之下哉足下譏吾恃黑山以爲救獨不念黃
巾之合從邪昔高祖取彭越於鉅野光武創基兆於綠林卒能
龍飛受命中興帝業苟可輔主興化夫何嫌哉況僕親奉璽書
與之從事何矣孔璋足下徼利於境外臧洪投命於君親吾子
託身於盟主（盟主謂袁紹也）臧洪策名於長安子謂余身死而名滅僕
亦笑子生死而無聞焉本同末離努力努力夫復何言紹見洪
書知無降意增兵急攻城中糧盡外無援救洪自度不免呼吏
士謂曰袁紹無道所圖不軌且不救洪郡將洪於大義不得不
死念諸君無事空與此禍可先城未破將妻子出將吏皆垂泣
曰明府之於袁氏本無怨隙今爲郡將之故自致危困吏人何
忍當捨明府去也初尚掘鼠煑筋角久無所復食主簿啓内廚
米三斗請稍爲饘粥洪曰何能獨甘此邪使爲薄糜徧班士衆

又殺其愛妾以爲食兵將咸流涕無能仰視男女七八千人相
枕而死莫有離叛城陷生執洪紹盛帷幔大會諸將見洪謂曰
臧洪何相負若是今日服未洪據地瞋目曰諸袁事漢四世五
公可謂受恩今王室衰弱無扶翼之意而欲因際會觖望非冀
（觖猶也）多殺忠良以立姦威洪親見將軍呼張陳留爲兄則洪府
君亦宜爲弟而不能同心勠力爲國除害坐擁兵衆觀人屠滅
惜洪力劣不能推刃爲天下報仇何謂服乎紹本愛洪意欲令
服赦之見其辭切知終不爲用乃命殺焉洪邑人陳容少爲諸
生親慕於洪隨爲東郡丞先城未敗洪使歸紹時容在坐見洪
當死起謂紹曰將軍舉大事欲爲天下除暴而專先誅忠義豈
合天意臧洪發舉爲郡將奈何殺之紹慙使人牽出謂曰汝非
臧洪儔空復爾爲容顧曰夫仁義豈有常所蹈之則爲君子背
之則爲小人今日寧與臧洪同日死不與將軍同日生也遂復
見殺在紹坐者無不歎息竊相謂曰如何一日戮二烈士先是

洪遣司馬二人出求救於呂布比還城已陷皆赴敵死

審配字正南魏郡人少忠烈慷慨有不可犯之節袁紹領冀州委以腹心之任以為治中別駕并總幕府紹長子譚少子尚紹愛尚欲以為後而未顯審配逢紀與辛評郭圖爭權配紀與尚比評圖與譚比紹死衆以譚長欲立之配等恐譚立而評為已害乃奉尚代紹位由是譚尚有隙率兵相攻譚敗奔平原尚使審配蘇由守鄴復攻平原魏太祖攻鄴配兄子榮守東門夜開門內太祖生禽配聲氣壯烈終無撓辭見者莫不嘆息遂斬之初譚之去皆呼辛毗郭圖家得出而辛評家獨被收及配兄子開城門內兵時配在城東南角樓上望見太祖兵入忿辛郭壞敗冀州乃遣人馳詣鄴獄指殺仲治家是時辛毗在軍聞門開馳走詣獄欲解其兄家兄家已死是日生縛配將詣帳下辛毗等逆以馬鞭擊其頭罵之曰奴汝今日真死矣配顧曰狗輩正由汝曹破我冀州恨不得殺汝也且汝今日能殺生我邪有頃

太祖引見謂配知誰開卿城門配曰不知也曰自卿子榮耳配曰小兒不足用乃至此太祖復謂曰曩日孤之行圍何弩之多也配曰恨其少耳太祖曰卿忠於袁氏父子亦自不得不爾也有意欲活之配既無撓辭而辛毗等號哭不已乃殺之初冀州人張子謙先降素與配不善笑謂配曰正南卿竟何如我配厲聲曰汝為降虜審配為忠臣雖死豈若汝生邪臨行刑叱持兵者令北向曰我君在北

馮忠金城人漢末郡人陽成遠殺太守以叛忠赴尸號哭嘔血而死

吳詠張掖人為護羌校尉馬賢所辟後為太尉龐參掾參賢相誣罪應死各引詠為證詠計理無兩直遂自刎而死參賢慙悔和釋至晉張軌為涼州刺史皆祭其墓而旌其子孫

魏沮儁為射聲校尉漢末李傕之亂儁被創墮馬李傕謂左右曰尚可活不儁罵之曰汝等凶逆逼迫天子亂臣賊子未有如此者傕便殺之

龐余字子正天姿方毅忠尚仁義漢建安末為郡功曹時吳蜀不賓疆埸多虞宛將侯音扇動山民保城以叛余尚太守東里袞當擾攘之際逆寬得出音即遣騎追逐去城十里相及賊使射袞飛矢交流余前以身當箭被七創困謂追賊曰侯音狂狡造為凶逆大軍尋至誅夷在近謂卿曹本是善人素無惡心當思反善何為受其指揮我以身代君已被重創若身死君全隕沒無恨因仰天號泣涕血俱下賊見其義烈釋袞不害賊去之後余亦命絶

曹眞本姓秦養曹氏或云其父伯南夙與太祖善興平末袁術部黨與太祖攻劫太祖出為寇所追走入秦氏伯南開門受之寇問太祖所在答云我是也遂害之由此太祖思其功故變其姓一說眞父邵以忠篤有才智為太祖所信初平中太祖興義兵邵募徒衆從太祖周旋時豫州刺史黄琬欲害太祖太祖避

之而邵獨遇害

伍孚字德瑜少有大節為郡門下書佐其本邑長有罪太守使孚出教勑曹下督郵收之孚不肯受教伏地仰諫曰君雖不君臣不可不臣明府奈何令孚受教勑外收本邑長乎乞更授他吏太守奇而聽之後大將軍何進辟為東曹屬稍遷侍中河南尹越騎校尉董卓作亂百寮震慄孚著小鎧於朝服裏挾佩刀見卓欲伺便刺殺之語闋辭去卓送至閤中孚因出刀刺之卓多力退卻不中即收孚卓曰卿欲反邪孚大言曰汝非吾君吾非汝臣何反之有汝亂國篡主罪盈惡大今是吾死日故來誅姦賊耳恨不車裂汝於市朝以謝天下遂殺孚

王象漢末為人僕隸收羊楊俊識之乃屬象為婢妻立屋後象為常侍俊為南陽太守黄初三年文帝南巡未到宛有詔百官不得干豫郡縣及車駕到而宛令不解詔旨閉市門帝聞之忿然曰吾是寇邪乃收宛令及太守楊俊詔問尚書漢明帝殺幾

二千石將象曰詔文知儉必不免乃當帝前叩頭流血竟面請
儉減死一等帝不荅欲釋入禁中象引帝衣帝顧謂象曰我知
儉與卿本末耳今聽卿是無我也卿寧無儉邪象以帝言切
乃縮手帝遂入決儉法然後乃出象自恨不能濟儉發病死
單固字恭夏爲兗州刺史令狐愚別駕愚與王淩通謀治中從
事楊康與固皆知其謀會愚病康應司徒召詣洛陽固亦疾解
康在京師露其事太傅[illegible]卽晉宣帝也乃東取王淩到壽春
固見太傅問曰卿知其事爲邪固對不知太傅曰且置近
事問卿令狐反乎固又曰無而楊康白事事與固連遂收捕固
及家屬皆繫廷尉考實數十固故云無有太傅録楊康與固對
相詰固辭窮乃罵康曰老傭既負使君又滅我族顧汝當活邪
辭定事上須報廷尉以舊皆聽得與其母妻子相見固見其母
不仰視其母知其慙也字謂之曰恭夏汝本自不欲應州郡也
我強故耳[illegible]令汝爲人吏自當爾耳此自

門戶累我無恨也汝本意與我語固復不如又一不語以至於死
隱蕃有口才明帝使詐叛如吳令求作廷尉職重案大臣以離
間之既爲廷尉監衆人以據普與蕃親善常車馬雲集賓客盈
堂及至事覺蕃亡走捕得考問黨與蕃無所言吳主使將入謂
曰何乃以肌肉爲人受毒乎蕃曰孫君丈夫圖事豈有無伴烈
士死不足相牽耳遂閉口而死
郭循字孝先素有業行著名西州姜維劫之循不爲屈蜀後主
以爲左將軍循欲刺後主而不得親近每因慶賀且拜且前爲
後主左右所遏事輒不克故因費禕出漢壽大會賓客座中手
刃擊禕爲其所害
吳邵疇爲會稽太守郭誕功曹誕以不白妖言被收遑遽無以
自明疇進曰疇今自在疇之事明府何憂遂詣吏自列云不白
妖言事由於已非府君罪吏上疇辭孫皓怒猶盛慮誕卒不免
遂自殺以證之臨亡置辭曰疇生長邊陲不閑教道得以門資

致身本郡踰越儕類位極朝右不能宣揚威化養之以福今妖
訛橫興干國亂紀疇以噂㗳之語本非事實雖家誦人詠不足
有慮天下重器而匹夫橫議疾其醜聲不忍聞見欲含垢藏疾
不彰之翰筆鎮躁歸靜使之自息愚心勤勤每執斯旨故誕屈
其所是默以見從此之爲愆實由於疇謹不敢逃死歸罪有司
唯乞天鑒特垂清察吏收疇喪得辭以聞皓乃免誕大刑送付
建安作船疇亡時年四十皓嘉疇節義詔郡縣圖形廟堂
晉孫拯能屬文初仕吳爲黃門郎吳平爲涿令時陸機爲孟玖
所誣收拯考掠兩踝骨見終不變辭門生費慈宰意二人詣獄
明拯拯譬遣之曰吾義不可誣枉知故卿何宜復尒二人曰僕
亦安得負君拯遂死獄中而慈意亦死
宋矩字處規敦煌人慷慨有志節張重華據涼州以矩爲宛戍
都尉石季龍遣將麻秋攻大夏護軍梁式執太守宋晏以城應
秋秋遣晏以書致矩矩既至謂秋曰辭父事君當立功與義苟

功義不立當守名節矩終不背主覆宗偷生於世先殺妻子自
刎而死秋曰義士也命葬之重華嘉其誠節贈振威將軍
車濟字萬度敦煌人果毅有大量張重華以爲金城令爲石季
龍將麻秋所陷濟不爲秋屈秋必欲降之乃臨之以兵濟辭色
不撓曰吾雖才非龐悳而受任同之身可殺志不可移乃伏劍
而死秋歎其忠節以禮葬之後重華迎致其喪親臨慟哭贈宜
禾都尉
虞悝長沙人與弟望並有士操譙王承臨州舉兵討王敦以悝
爲長史望爲司馬督護諸軍湘東太守鄭澹敦之姊夫也不順
承旨遣望討之望率衆一旅直入郡斬澹以徇四境及魏乂來
攻望每先登力戰而死城破悝復爲乂所執將害之子弟對之
號泣悝謂曰人生有死闔門爲忠義鬼亦何恨哉及王敦平贈
悝襄陽太守望滎陽太守遣謁者至墓祭以少牢
杜秀字彥穎爲羅尚主簿州沒爲氐賊李驤所得欲用之驤以

秀不受見害

羅企生字宗伯豫章人多才藝初殷仲堪之鎮江陵引為功曹累遷武陵太守未之郡而桓玄攻仲堪仲堪更以企生為諮議參軍仲堪多疑少決企生深憂之謂弟遵生曰殷侯仁而無斷事必無成成敗天也吾當死生以之仲堪果走文武無送者唯企生從焉路經家門遵生曰作如此分離何可不執手企生回馬授手遵生有勇力便牽下之謂曰家有老母將欲何之企生揮淚曰今日之事我必死之汝等奉養不失子道一門之中有忠與孝亦復何恨遵生抱之愈急仲堪於路待之企生遙呼曰生死是同願少見待仲堪見企生無脫理策馬而去玄至荊州人士無不詣者企生獨不往而營理仲堪家或謂之曰玄猜忍之性未能取卿誠節若遂不詣禍必至矣企生正色曰我是殷侯吏見遇以國士為弟以力見制遂不我從不能共殄醜逆致此奔敗亦何面目復就桓求生乎玄聞之大怒然素待企生厚先遣人

府七百六十四　十三

謂曰若謝我當釋汝企生曰為殷荊州吏荊州奔亡存亡未判何顏復謝玄即收企生遣人問欲何言答曰文帝殺嵇康嵇紹為晉忠臣從公乞一弟以養老母玄許之又引企生於前謂曰吾相遇甚厚何以見負今者死矣企生對曰使君既興晉陽之甲軍次尋陽並奉王命各還所鎮升壇盟誓口血未乾而生姦計自傷力劣不能翦滅凶逆恨死晚也玄遂害之時年三十七衆咸悼焉先是玄以羔裘遺企生母胡氏及企生遇害即日焚裘

王延仕前趙劉聰聰為靳準所殺準自號漢天王置百官將以延為左光祿延罵曰屠各逆奴何不速殺我以吾左目置西陽門觀相國之入也右目置建春門觀大將軍之入也準怒殺之

前秦索泮字德林敦煌人為張天錫所用苻堅見而嘆曰涼州信多君子既而以泮河西德望拜別駕呂光既克姑臧泮固郡不降光攻而獲之光曰孤既平西域將赴難京師梁熙無狀絶我歸路此朝廷之罪人卿何意阻郡固迷自同元惡泮厲色責光曰將軍受詔討叛胡可受詔亂涼州邪寡君何罪而將軍害之泮但恨力寡不能固守以報君父之讎豈如逆氐彭濟望風反叛主滅臣死禮之常也乃殺於市神色不變弟菼有俊才仕張天錫為執法中郎冗從右監苻堅世至伏波將軍典農都尉與泮俱被害

後秦姚洸部將趙玄與晉將毛德祖戰于柏谷以衆寡而敗被瘡十餘據地大呼玄司馬騫鑒冒刃抱玄而泣玄曰吾瘡已重君宜速去鑒曰若將軍不濟當與俱死去將安之皆死於陣

宋張禕少有操行晉末官州府為瑯琊王國郎中令從王至洛還京都宋高祖封藥酒一罌付禕使密加酖毒禕受既還於道自飲而卒

傅靈越清河人明帝初薛安都舉兵反靈越率衆應之安都從子索兒敗兵死將軍衛將王廣之領軍隸劉勔攻殷琰於壽陽靈越奔逃為廣之軍所生禽厲聲曰我傅靈越也汝得賊何不

府七百六十四　十四

即殺生送詣劉勔勔躬自慰勞詰其叛逆對曰九州唱義豈獨在我勔又問四方阻逆無戰不禽主上皆加以曠蕩即其才用卿何不早歸天闕乃逃命草間乎靈越答曰薛公舉兵淮北威震天下不能專任智勇委付子姪致敗之由實在於此然事之始末僕皆豫之人生歸於一死實無面求活勔壯其意送還京師帝欲加原宥靈越辭對如一終不回改乃殺之

邊榮為沈攸之郢州治曹參軍事為府錄事所辱攸之自為榮鞭殺錄事攸之自江陵下以榮為留府司馬守城張敬兒將至人或說之使詣敬兒降榮曰受沈公厚恩共如此大事一朝緩急便改易本心不能行也城敗見敬兒敬兒問曰邊公何不早來榮曰沈公見留守城而委城求活所不忍也本不蘄生何須見問敬兒曰死何難得命斬之歡笑而去容無異色程邕之素依隨邊榮榮被誅邕之抱持榮曰與邊公周遊不忍見邊公前死乞見殺兵不得行戮以告敬兒敬兒曰求死甚易何為不許

先殺邕之然後及榮三軍莫不垂泣曰柰何一日殺二義士比
之臧洪及陳容

梁王頒僧辯之長子爲侍中西魏寇江陵世祖遣頒督城内諸
軍事荆城陷頒隨王琳入北齊爲竟陵郡守齊遣琳鎮壽春將
圖江左陳既平淮南執琳殺之頒聞琳死乃出郡城南登高冢
上號哭一慟而絶

後魏孫道登彭城呂縣人永安初爲梁將韋休等所虜面縛臨
刃巡遠村塢令其招降鄉曲道登厲聲唱呼但當努力賊無所
能道登遂屠戮之

解奉君宋人降于魏孝文太和五年九月大饗羣臣齊高帝時
爲王遣使車僧朗入魏僧朗以班在宋使殷靈誕之後辭不就
席奉君刃僧朗於會中帝乃誅奉君

冊府元龜卷第七百六十四

冊府元龜卷第七百六十五

總録部

攀附

易曰雲從龍風從虎斯言感召之至自然之理也而况王者膺命虎臨區宇故宣心膂之臣股肱之士伸協贊之力成經綸之功也乃有零感先兆心期潛契或効謀於幕中或宣力於麾下或一言而脗合或千里以相從或恩紀而見外或材智而授任並皆歷險阻建功名大則受封於土茅次則策名於簪笏書之信史傳於永世自非誠明夙著期運冥合豈富貴之可求者哉

漢張良字子房其先韓人亡匿下邳秦末陳渉等起良亦聚少年百餘人景駒自立爲楚假王在留良欲往從之行道遇沛公沛公將數千人略地下邳遂屬焉沛公拜良為廐將官名良數以太公兵法說沛公沛公喜常用其策爲他人言皆不省省視也良曰沛公殆天授殆近故遂從不去

張蒼陽武人秦時為御史主柱下方書柱下居殿柱之下若今侍立御史矣有罪亡歸及沛公略地過陽武蒼以客從攻南陽西入武關至咸陽沛公立爲漢王入漢中還定三秦陳餘擊走常山王張耳耳歸漢漢以蒼為常山守

周昌沛人其從兄苛音柯秦時皆為泗水卒史及高祖起沛擊破泗水守監於是苛昌以卒史從沛公沛公以昌為職志主旗幟也苛為備同式與

陸賈楚人以客從高祖定天下名有口辯居左右常使諸侯後為太中大夫

叔孫通薛人秦時為博士亡去之薛事項王漢二年漢王從五諸侯入彭城通降漢王通儒服漢王憎之迺變其服服短衣楚製製謂裁衣之形漢王喜通之降漢拜通為博士

石奮其父趙人趙亡徙溫溫河內之縣高祖東擊項過河內時奮年十五為小吏侍高祖高祖與語愛其恭敬問曰若何有若汝也有何親屬對曰有母不幸失明家貧有姊能鼓琴高祖曰若能從我乎曰願盡力於是高祖召其姊為美人以奮為中涓受書謁中涓官名主居中而涓潔者外有書謁之令奮受之也徙其家長安中戚里

後漢王常潁川舞陽人王莽末與成丹張卬入南郡藍口號下江兵與荊州牧戰於上唐遂北至宜秋上唐鄉名在今隨州棗陽縣東北宜秋聚名屬南郡是時漢兵與新市平林衆俱敗於小長安各欲解去光武兄伯升聞下江軍在宜秋即與光武及李通俱造常壁曰願見下江一賢將議大事成丹張卬共推遣常伯升見常說以合從之利常大悟曰王莽篡殺殘虐天下百姓思漢故豪傑並起今劉氏復興即真主也誠思出身為用輔成大功伯升曰如事成豈敢獨饗之哉遂與常深相結而去常還具爲丹卬言之丹卬負其衆皆曰大丈夫既起當各自為主何故受人制乎常心獨歸漢乃稍曉說其將帥曰往者成哀衰微無嗣故王莽得承間篡位既有天下而政令苛酷積失百姓之心民之謳吟思漢非一

日也故使吾屬因此時起夫民所怨者天所去也民所思者天所與也舉大事必當下順民心上合天意功乃可成若負彊恃勇觸情恣欲雖得天下必復失之以秦項之埶尚至夷覆況今布衣相聚草澤以此行之滅亡之道也今南陽諸劉舉宗起兵觀其來言事者皆有深計大慮王公之才與之并合必成大功此天所以祐吾屬也下江諸將雖屈彊少識然素敬常乃皆謝曰無王將軍吾屬幾陷於不義願敬受教即引兵與漢軍及新市平林合於是諸部齊心同力銳氣益壯遂俱進破殺甄阜梁丘賜及諸將議立宗室唯常與南陽士大夫同意欲立伯升而朱鮪張卬等不聽乃立更始焉

丁綝王莽末守潁陽尉光武略地潁陽潁陽城守不下綝說其宰遂與俱降光武大喜厚加賞勞

范外主莽末爲大司空士邑議曹史稱病乞身邑不聽令乘傳使上黨外遂與漢兵會因留不還建武二年光武徵詣懷宮拜

議郎

彭寵更始時行漁陽太守事漢安樂令及光武鎮慰河北至薊以書招寵寵具牛酒將上謁會王郎詐立傳檄趙遣將徇漁陽上谷急發其兵北州衆多疑惑欲從之吳漢說寵從光武會上谷太守耿況亦使功曹寇恂詣寵結謀共歸光武寵乃發步騎三千人以吳漢行長史及都尉嚴宣護軍蓋延狐奴令王梁與上谷軍合而南及光武於廣阿光武承制封寵建忠侯賜號大將軍

魏荀彧潁川潁陰人漢末袁紹領冀州待以上賓之禮彧弟諶及同郡辛評郭圖皆為紹所任彧度紹終不能成大事時太祖為奮武將軍在東郡獻帝初平二年彧去紹從太祖太祖大悅曰吾之子房也以為司馬時年二十九後至尚書令參太祖丞相軍事

荀攸字公達漢末以蜀漢險固人民殷盛乃求為蜀郡太守道絶不得至駐荊州太祖迎漢帝都許遺攸書曰方今天下大亂智士勞心之時也而顧觀變蜀漢不已久乎於是徵攸為汝南太守入為尚書太祖素聞攸名與語大悅謂荀彧鍾繇曰公達非常人也吾得與之計事天下當何憂哉以為軍師

程昱東郡東阿人初平中兗州刺史劉岱辟之不應後表昱為濟陰都尉昱辭以疾劉岱為黃巾所殺太祖臨兗州辟昱昱將行其鄉人謂曰何前後之相背也昱笑而不應太祖與語說之以昱守壽張令

任峻字伯達河南中牟人太祖起關東入中牟界衆不知所從峻獨與同郡張奮議舉郡以歸太祖峻又別收宗族及賓客家兵數百人願從太祖太祖大悅表峻為騎都尉妻以從妹甚見親信

劉馥字元穎沛國相人避亂揚州漢建安初說袁術將戚寄秦翊使率衆與俱詣太祖太祖悅之司徒辟為掾後至衛尉

趙儼潁川陽翟人漢末避亂荊州太祖為鎮東將軍始迎獻帝都許儼謂繁欽曰曹鎮東應期命世必能康濟華夏吾知歸矣建安二年年二十七遂扶持老弱詣太祖太祖以儼為朗陵長

衛茲陳人建安中太祖到陳留與茲相見遂同盟計興武事茲答曰亂生久矣非兵無以整之且言兵之興者自今始矣深見廢興首讃引謀後從太祖大榮陽戰歿

邢顒字子昂河間鄚人漢末舉孝廉司徒辟皆不就易姓字適右北平從田疇游積五年而太祖定冀州顒謂疇曰黃巾起來二十餘年海內鼎沸百姓流離今聞曹公法令嚴民厭亂矣請則平請以身先遂裝還鄉里田疇曰邢顒民之先覺也乃見太祖求為鄉導以克柳城太祖辟顒為冀州從事

周昕漢末為丹陽太守太祖起義兵昕前後遣兵萬餘人以助征伐袁術之在淮南也昕惡其淫虐絕不與通

郭嘉字奉孝潁川陽翟人尚書令荀彧薦之於太祖太祖召見論天下事太祖曰使孤成大業者必此人也嘉出亦喜曰真吾主也後至軍祭酒洧陽亭侯

王朗為會稽太守為孫策所執後太祖表徵之朗自曲阿展轉江海積年乃至拜諫議大夫參司空軍事

華歆漢末為豫章太守為孫策所執後策死太祖在官渡表天子徵歆孫權欲不遣歆謂權曰將軍奉王命始交好曹公分義未固使僕得為將軍效心豈不有益乎今空留僕是為養無用之物非將軍之良計也權悅乃遣歆後至太尉

朱靈漢末為袁紹將太祖之征陶謙紹使靈督三營助太祖戰有功紹所遣諸將各罷歸靈曰靈觀人多矣無若曹公者此乃真明主也今已遇復何之遂留不去所將士卒慕之皆隨靈後靈後遂為好將名亞徐晃等位至後將軍封高唐亭侯

臧霸漢末為琅邪相太祖破袁譚於南皮霸既會賀因求遣子弟及諸將父兄家屬詣鄴太祖曰諸君忠孝豈復在是昔蕭何

遣子弟入侍而高祖不拒耿純焚室輿櫬以從而光武不逆吾將何以易之哉後至執金吾位特進

李典漢末爲捕虜將軍封都亭侯典宗族部曲三千餘家居乘氏自請願徙詣魏郡太祖笑曰卿欲慕耿純邪典謝曰典駑怯功微而爵寵過厚誠宜舉宗陳力加以征伐未息宜實郊遂之内以制四方非慕純也遂徙部曲宗族萬三千餘口居鄴太祖嘉之遷破虜將軍

劉放涿郡人漢末遭世大亂時漁陽王松據其土放往依之太祖討袁譚於南皮以書招松松舉雍奴泉州安次以附之放爲松答太祖書其文甚麗太祖既善之又聞其説由是遂辟放建安十年與松俱至太祖大悦謂放曰昔班彪依竇融而有河西之功今一何相似也乃以放參司空軍事

閻柔廣陽人少沒烏桓鮮卑中爲其種人所歸信柔乃因鮮卑衆殺烏桓校尉邢舉而代之袁紹因寵慰柔以安北邊及紹子尚敗奔蹋頓時幽冀吏人奔烏桓者十萬餘戶尚欲憑其兵力復圖中國會太祖平河北柔率鮮卑烏桓歸附即以柔爲校尉

衛覬爲侍中與王粲並典制度文帝即王位徙爲尚書頃之還漢朝爲侍郎勸贊禪代之義爲文誥之詔文帝踐阼復爲尚書封陽吉亭侯

蜀簡雍字憲和涿郡人少與先主有舊隨從周旋先主至荆州雍與麋竺孫乾同爲從事中郎常爲談客往來使命

麋竺東海朐人漢末徐州牧陶謙辟爲别駕從事謙卒竺奉謙遺命迎先主於小沛漢建安元年吕布乘先主之出拒袁術襲下邳虜先主妻子先主轉軍廣陵海西竺於是進妹於先主爲夫人奴客二千金銀貨幣以助軍資于時困匱賴此復振魏太祖表竺領嬴郡太守竺弟芳爲彭城相皆去官隨先主周旋先主將適荆州遣竺先與劉表相聞以竺爲左軍將軍從事中郎益州既平拜爲安漢將軍班在軍師將軍之右竺雍容敦雅而翰翮非所長是以待之上賓之禮未嘗有所統御然賞賜優寵無與爲比

霍峻字仲邈南郡枝江人也兄篤於鄉里合部曲數百人篤卒荆州牧劉表令峻攝其衆表卒峻率衆歸先主先主以峻爲中郎將

廖化襄陽人前爲關羽主簿羽敗屬吴思歸先主乃詐死時人謂爲信然因攜持老母晝夜西行會先主東征遇於秭歸先主大悦以化爲宜都太守

向朗字巨達襄陽宜城人荆州牧劉表以爲臨沮長表卒歸先主先主定江南使朗督秭歸夷道巫山夷陵四縣軍民事蜀既平以朗爲巴西太守

伊籍字機伯山陽人少依邑人鎮南將軍劉表先主之在荆州籍常往來自託表卒遂隨先主南渡江從入益州見待亞於簡雍孫乾後至昭文將軍

李恢建寧人仕郡督郵太守董和貢恢於州涉道未至聞先主自葭萌還攻劉璋恢知璋之必敗先主必成也乃託名郡使北詣先主遇於緜竹先主嘉之後至安漢將軍

何宗蜀郡人先主定益州四辟爲從事祭酒後援圖讖勸先主即尊號踐阼之後遷爲大鴻臚

吴董襲會稽人孫策入郡襲迎於高遷亭策見而偉之引署門下賊曹後至偏將軍

胡綜字偉則汝南固始人少孤母將避難江東孫策領會稽太守綜年十四爲門下循行留吴與大帝共讀書及策薨大帝爲討虜將軍以綜爲金曹從事從討黄祖拜鄂長大帝爲車騎將軍都京口召綜還爲書部與是儀徐詳俱典軍國密事

吕範避亂壽春孫策見而異之範遂自委昵將私客百人歸策時太妃在江都策遣範迎之徐州牧陶謙謂範爲袁氏覘候訊考掠範範親客健兒篡取以歸時唯範與孫河常從策跋涉辛苦危難不避策亦親戚待之每與升堂飲宴於太妃前後遷

大司馬印綬未下卒
張紘字子綱避難江東孫策創業遂委質焉表為正議校尉
陳武字子烈廬江松滋人孫策在壽春武往脩謁因從渡江征討有功拜别部司馬
朱治既勸孫策還平江東後還吴郡都尉是時吴景已在丹陽而孫策為袁術攻廬江於是劉繇恐為袁孫所并遂搆嫌隙而策家門盡在州下治乃使人於曲阿迎太妃及大帝兄弟所以供奉輔護甚有恩紀後至安國將軍金印紫綬
吴範字文則會稽上虞人舉有道詣京都世亂不行會大帝起於東南範委身服事每有災祥輒推數言狀其術多效遂以顯名後為騎都尉領太史令封都亭侯
晉裴秀為尚書僕射初文帝未定嗣而屬意舞陽侯攸武帝懼不得立問秀曰人有相否因以奇表示之秀後言於文帝曰中撫軍人望既茂天表如此固非人臣之相也由是世子乃定

陸曄吴郡吴人察孝廉除永世烏江二縣令皆不就元帝初鎮江左辟為祭酒
顧榮吴國吴人永嘉初徵拜侍中行至彭城見禍難方作遂輕舟而還元帝鎮江東以榮為軍司加散騎常侍凡所謀畫皆以諮焉榮既南州望士躬處右職朝野甚推敬之
紀瞻為元帝丞相軍諮祭酒及長安不守與王導俱入勸進帝不許使殿中將軍韓績徹去御坐瞻叱績曰帝坐上應星宿敢有動者斬帝為之改容帝踐位拜侍中
何無忌為太學博士與宋高祖素相親結高祖東征孫恩無忌密至軍所潛謀舉義勸高祖於山陰起兵高祖以桓玄大逆未彰恐在遠舉事尅濟為難若玄遂竊大位然後於京口圖之事未晚也無忌乃還及義師之舉參贊大勳皆以算略攻取為效後至鎮南將軍
魏詠之字長道任城人初為州主簿嘗與宋高祖遊款及桓玄篡位協贊義謀玄敗授建威將軍豫州刺史
檀憑之高平人為桓脩長流參軍領東莞太守加寧遠將軍與宋高祖有州閭之舊又數同東討情好甚密義旗之建憑之與劉毅俱以私難墨絰而赴憑之雖才望居毅之後而官次及威聲過之高祖以為建武將軍
宋劉敬宣晉末為後將軍元顯從事中郎隆安五年孫恩入浹口高祖戍句章賊頻攻不能拔敬宣請往為援賊恩於是退還入海是時四方雲擾朝廷微弱敬宣每慮鄰難未已高祖既累破妖賊功名日盛故敬宣深相憑結情好甚隆元興元年與父牢之同謀襲桓玄不克牢之死敬宣渡江奔洛陽往來長安三年歸至淮泗間會高祖平京口手書召敬宣左右疑其詐敬宣曰吾固知其然矣下邳不誘我也即便馳還既至京師以敬宣為輔國將軍晉陵太守襲封武岡縣男後為江州刺史為劉毅所惡自表解職高祖數引與遊宴恩款周洽所賜錢帛車馬及器

服玩好莫與比焉後至右將軍
孔季恭會稽山陰人高祖東征孫恩屢至會稽季恭曲意禮接贈給甚厚後至光祿大夫開府儀同三司
張邵父敞桓玄篡位時為廷尉卿及高祖討玄邵白敞表獻誠款帝大悦命署其門曰有犯廷尉者以軍法論後以敞為吴郡太守邵為揚州主簿時劉毅為亞相愛才好士當世莫不輻湊獨邵不往或問之曰主公命世人傑何煩多問劉穆之聞以白帝帝益親之後至征虜將軍雍州刺史
劉簡之有志幹為高祖所知高祖將謀興復收集才勇之士嘗再造簡之值有賓客簡之悟其意謂弟虔之曰劉下邳再來必當有意既不得共語汝可試往見之既至高祖已克京城虔之即便投義簡之聞之殺耕牛會聚徒衆率以赴高祖從平京邑至遷直常侍小府太尉諮議參軍
朱超石為何無忌輔國右軍參軍事徐道覆破無忌得超石以

爲參軍至石頭起石說其同舟人乘單舸走歸高祖高祖甚嘉
之以爲徐州主簿
傅亮晉末爲中書黃門侍郎直西省高祖以久直勤勞欲以爲
東陽郡先以語亮迪迪大喜告亮亮不荅即馳見高祖曰伏聞
恩旨賜擬東陽家貧忝祿私計爲幸但憑廕之願實結本心乞
歸天宇不樂外出高祖笑曰謂卿之須祿耳若能如此甚所望
也後至左光祿大夫開府儀同三司
向靖世居京口與高祖少舊從平京城參建武軍事踰平京邑
板參政軍軍事
謝晦爲高祖從事中郎從政征司馬休之時徐逵之戰敗見殺
高祖怒將自被甲登岸諸將諫不從怒愈甚晦前抱持高祖高祖曰
我斬卿晦曰天下可無晦不可無公晦死何有會胡藩已得登
岸賊退走乃止宋臺建爲右衛將軍
王曇首爲琅邪王大司馬屬從府公脩復洛陽園陵與從弟華

俱諮高祖時謝晦在坐高祖曰此君並膏粱盛德乃能屈志戎
旅曇首荅曰既從神武之師自使懦夫有立志晦曰仁者果有
勇高祖悅後至撫軍將軍荊州刺史
南齊崔慧景初仕宋爲長水校尉寧朔將軍太祖在淮陰慧景密
與宗人祖思同時自結太祖欲北渡廣陵使慧景具舡於陶家
後渚事雖不遂以此見親後爲平西將軍侍中護軍
褚淵初仕宋爲丹陽尹與從弟炤同載出道逢太祖淵舉手指
太祖車謂炤曰此非常人也出爲吳興太祖餉物別淵又語之
曰此人才貌非常將來不可測也及顧命之際引太祖豫焉後
沈攸之事起淵時爲衛將軍太祖召淵謀議淵曰西夏釁難事
必無成爾當先備其內耳太祖密爲其備事平進中書監司空
劉善明初仕宋爲寧朔將軍時幼主初立羣公秉政善明獨結
事太祖委身歸誠後至征虜將軍淮南宣城二郡太守
李安民仕宋爲征虜將軍東中郎司馬行會稽郡事安民將東

太祖與別莫語流涕留日夜安民密陳宋運將盡曆數有歸蒼梧
縱虐太祖憂迫無計安民白太祖欲於東奉江夏王躋起兵太
祖不許乃止蒼梧廢太祖徵安民使持節督北討軍事冠軍將
軍南兗州刺史沈攸之反太祖召安民以本官鎮白下治城隍
加征虜將軍進西討又進前將軍行至盆城攸之平乃授督
郢州司州之義陽諸軍事郢州刺史持節將軍如故
蘇侃初仕宋爲積射將軍遇太祖在淮上便自委結太祖鎮淮
陰以侃詳密取爲冠軍錄事參軍
崔祖思河東武城人初太祖在淮陰祖思聞風自結爲上輔國
主簿甚見親待參豫謀議宋朝初議封太祖爲梁公祖思啓太
祖曰讖書云金刀利刃齊刈之今宜稱齊實應天命從之轉爲
相國從事中郎
垣崇祖初仕宋爲東海太守遇太祖於淮陰太祖以其武勇待
之崇祖謂皇甫肅曰此眞吾君也吾今逢主矣所謂千載一時

遂密布誠節後至五兵尚書領驍騎將軍
劉懷慰宋末爲駕部郎懷慰宗從善明等爲太祖心腹以懷慰與
沈攸之有舊令爲書戒諭攸之太祖省之稱善後至安陸王北
中郎將司馬
張瓌父永仕宋爲光祿大夫拒桂陽賊於白下潰散阮佃夫等
欲加罪太祖固申明之瓌由此感恩自結轉通直散騎常侍驍
騎將軍遭父喪還吳持服昇明元年劉秉有異圖弟遐爲吳郡
潛相影響因沈攸之事聚衆三千治攻具太祖密遣殿中將軍
卞白龍令瓌取遐諸張世有豪氣瓌宅中常有父時舊部曲數
百遐召瓌瓌僞受旨與叔恕領兵十八人入郡與防郡隊主張蓄
將軍事郭羅雲進中齋取遐遐踰窗而走瓌部曲顧憲子手斬之
郡內莫敢動者獻捷太祖以告領軍張沖曰瓌以百口一擲
出手得盧矣即授輔國將軍吳郡太守封義成縣侯邑千戶
太祖故以嘉名錫之

荀伯玉字弄璋，賣卜自業。建平王景素聞而招之，伯玉不往。太祖鎮淮陰，伯玉歸身結事，為太祖冠軍刑獄參軍，後至散騎常侍

王玄載仕宋為征虜將軍、建安太守。沈攸之難，玄載起義，送誠太祖，進號後軍將軍，封鄂縣子

劉悛仕宋為長沙內史，行湘州事。未發，太祖霸業初建，悛先致誠節。沈攸之事起，加輔國將軍

紀僧真為太祖參軍。及太祖拜齊公，已尅日，有楊祖之謀於臨軒作難，僧真請帝更選吉辰，尋而祖之事覺。帝曰：無卿言，亦當致小狼狽，此亦何異滹沱之冰。轉齊國中書舍人

梁劉懷珍自宋世與高帝為舍人，懷珍為直閤，相遇早舊。懷珍假還青州，高帝有白驄馬，齧人不可騎，送與懷珍別。懷珍報上百疋絹。或謂懷珍曰：蕭公此馬不中騎，是以與君耳，報百疋不亦多乎？懷珍曰：蕭君局量堂堂，寧應負人此絹？吾方欲以身名託之，豈計錢物多少？高帝輔政，懷珍內資未多，徵為都官尚書

領前將軍，以第四子晃代為豫州刺史。或疑懷珍不受代，高帝曰：我布衣時，懷珍便推懷投款，況在今日，寧當有異？晃發經日疑論不止，帝乃遣軍主房異人領百騎進送晃，謂異人曰：議者謂懷珍必有異同，我期之有素，必不應爾。卿是其鄉里，故遣卿行，非唯衛新，亦以迎故。懷珍還，仍授相國右司馬。及齊臺建，朝士人人爭為臣吏，以懷珍為宋臺右衛。懷珍謂帝曰：人皆迎新，臣獨送故，豈以臣篤於本乎

陰智伯與高祖鄰居，少相友善，嘗出入高祖卧內，見上異色成五色，因握帝手曰：公後必大貴，非人臣也。天下方亂，安蒼生者在君乎？帝曰：幸勿多言。於是情好轉密，帝每有求索，如外府焉。及帝踐祚，官至梁秦二州刺史

沈瑀仕齊為選曹郎，隨陳伯之軍至江州。會義師圍郢城，瑀說伯之迎高祖。伯之泣曰：余子在都，不得出城，不能不愛之。瑀曰：不然，人情匈匈，皆思改計，若不早圖，衆散難合。伯之遂舉衆降，瑀從在高祖軍中

伏挺，齊末舉秀才，對策第一。高祖義師至，挺迎謁於新林，高祖見之甚悅，謂曰顏子，引為征東行參軍，時年十八

庾闡文仕齊為雍州刺史蕭赤斧中兵參軍，由是與其子穎胄善。復歷西中郎中兵參軍，領城局。高祖之將起義也，闡文勸穎胄同焉，仍遣田祖恭私報帝，并獻銀裝刀，帝報以金如意

柳惔仕齊為西戎校尉、梁南秦二州刺史。及高祖起兵，惔舉漢中應義。帝踐祚，徵為護軍將軍

范雲仕齊為國子博士。初與高祖遇竟陵王子良，又嘗接里閈，高祖深器之。及義兵至京邑，雲時在城內。東昏既誅，侍中張稷使雲銜命出城，帝因留之，便參帷幄，仍拜黃門侍郎，與沈約同心翊贊。俄遷大司馬諮議參軍，領錄事

曹景宗仕齊為游擊將軍。高祖為雍州刺史，景宗深自結附，數請帝臨其宅。時天下方亂，帝亦厚加意焉

江淹仕齊為秘書監，副領軍王瑩。及義師至新林，淹微服來奔高祖，板為冠軍將軍，秘書監如故

康絢仕齊為華山太守。高祖起兵，絢舉郡以應。天監元年，封南陽縣男

昌義之仕齊為馮翊戍主。高祖為雍州，義之因事高祖，高祖亦厚遇之。及起兵，板為輔國將軍，每戰必捷。天監元年，封永豐侯

韋叡仕齊為上庸太守，加建威將軍。俄而太尉陳顯達、護軍崔慧景頻逼京師，民心遑駭，未有所定。西土人謀之，叡[illegible]曰：陳雖舊將，非命世才；崔頗更事，懦而不武，其[illegible]天下真人殆興於吾州矣。乃遣其二子自結於[illegible]義[illegible]叡率郡人伐竹為筏，倍道來赴，有衆二千，馬二百[illegible]甚悅，拊几曰：他日見君之面，今日見君之心，吾事就矣

江革仕齊為駕部郎中。高祖入石頭，時吳興太守袁昂據郡距義，廼使革製書與昂，於坐立成，辭義典雅，高祖深賞歎之，因令

與徐勉同學掌書記
范縝仕齊爲宜都太守母憂去職歸居于南州義軍至縝墨絰來迎高祖與縝有西邸之舊見之甚悅
徐勉初與長沙宣武王遊高祖深器賞之及義兵至京邑勉於新林謁見高祖甚加恩禮使管書記及踐阼拜中書侍郎
蕭穎孚齊西中郎府參軍穎達之弟也高祖舉義師穎孚自京師出亡廬陵循景智潛引與南歸至廬陵景智及宗人靈祐爲起兵得數百人屯西昌藥山湖穎達聞之假穎孚節督廬陵臨川南康安成五郡軍事冠軍將軍廬陵內史穎孚率靈祐等進據西昌東昏遣安西太守劉希祖自南江入湖拒之穎孚不能自立以其兵由建安奔長沙希祖追之穎孚緣山踰嶮僅而獲免在道絶糧後因食過飽而卒高祖受禪贈穎孚右衛將軍
馮道根字巨基湖陽人也初以母喪在家聞高祖舉義兵道根謂所親曰金革奪禮古人不避揚名後代豈非孝乎因率鄉人

歸高祖累遷左衛上將軍
陳吳明徹秦郡人高祖鎮京口深相要結明徹乃詣高祖高祖爲之降階執手即席與論當世之務後爲侍中司空
沈恪仕梁爲散騎侍郎時侯景作亂恪率兵援京城及京城陷恪間行歸鄉里高祖之討侯景遣使報恪乃於江東起兵相應賊平恪謁高祖於京口即日授都軍副尋爲府司馬
淳于量仕梁爲桂州刺史荊州陷量保據桂州王琳擁割湘郢累遣召量量外雖與琳往來而別遣使從間道歸於高祖受禪授持節散騎常侍平西大將軍給鼓吹一部都督刺史如故
韋鼎仕梁爲王僧辯大司馬從事中書侍郎高祖在南徐州鼎望氣知其當王遂寄孥焉因謂帝曰明年有大臣誅死後四歲梁其代終天之曆數當歸舜後昔周滅殷氏封嬀滿于宛丘其裔子孫因爲陳氏僕觀明公天縱神武繼絶統者無乃是乎時帝陰有圖僧辯意聞其言大喜因而定策及受禪拜黃門侍郎

杜稜吳郡錢唐人也初游嶺南事梁廣州刺史新渝侯蕭暎暎卒從高祖常典書記侯景之亂命稜將領平蔡路養李遷仕皆有功後爲侍中右光禄大夫
謝哲仕梁爲廣陵太守侯景之亂以母老因寓居廣陵高祖自京口渡江應接郭元建哲乃委質深被敬重高祖爲徐州刺史表哲爲長史帝受禪遷都官尚書豫州大中正吏部尚書
後魏穆崇機捷便辟道武之居獨孤部崇常往來奉給時人無及者後至太尉宜都公
長孫肥代人道武之在獨孤及賀蘭部肥常侍從御侮左右道武深信仗之登國初與莫題等俱爲大將軍後至衛尉
叔孫建少以智勇著稱道武之幸賀蘭部建常從左右登國初以建爲外朝大人與同等十三人迭典庶事參軍國之謀後至征南大將軍
羅結代人其先世領部落爲國附臣劉顯之謀逆也道武忌之

結翼衛盡忠從幸賀蘭部後至長秋卿
張恂參道武代王軍事言於道武宜建大業帝深器異厚加禮焉皇始初拜中書侍郎帷幄密謀頗以參預
張袞純厚篤實好學有文才道武爲代王袞常參大謀決策帷幄道武器之禮遇優厚袞每告人曰昔樂毅杖策於燕昭公旋委身於魏武蓋命世難可期千載不易遇主上天姿傑邁逸志凌霄必能囊括六合混一四海夫遭風雲之會不建騰躍之功者非人豪也遂策名委質竭誠伏事後至奮武將軍幽州刺史
北齊高隆之初仕後魏爲給事中與高祖深自結託高祖之臨晉州引爲治中行平陽郡事從高祖起義山東以爲大行臺右丞
封隆之仕後魏爲尚書右僕射自義旗始建首參經略奇謀妙算密以啓聞手書削藁罕知於外高祖嘉其忠謹每多從之
崔㥄仕魏爲太學博士坐事免歸鄉里高祖於信都起義㥄歸焉高祖見之甚悅以爲諮議參軍

盧文偉仕魏爲范陽太守與高乾邕兄弟共相影響屬高祖至信都文偉遣子懷道奉啓陳誠高祖嘉納之除安東將軍安州刺史

李元忠仕魏爲趙郡太守值洛陽傾覆元忠弃官還家潛圖義舉會高祖率衆東出便自往奉迎乘露車載素箏濁酒以見高祖因進縱横之策備陳誠款深見嘉納時刺史尒朱羽生阻兵據州元忠先聚兵於西山仍與大軍相合擒斬羽生即令行殷州事後加征南將軍武帝將納后即高祖之長女也詔元忠與尚書令元羅致聘於晉陽高祖每於宴席論叙舊事因撫掌欣笑云此人逼我起兵賜白馬一疋元忠戲謂高祖曰若不與侍中當更覓建義處高祖答之曰建義處不慮無止畏如此老翁不可遇耳元忠曰止爲此翁難遇所以不去因捋高祖鬚而大笑高祖亦悉其雅意深相嘉重焉

李景遺少雄武有膽力以任俠名聞及高祖舉義於信都景遺

赴於軍門高祖素聞其名接之甚厚命與李元忠舉兵於西山仍與大軍俱擒刺史尒朱羽生以功除龍驤將軍

李愍仕魏爲樂平太守未之郡洛京傾覆愍率所部西保石門山潛與幽州刺史劉靈助及高昂兄弟安州刺史盧曹等同謀義舉助敗愍遂入西山高祖建義以書招愍愍奉書擁衆數千人以赴高祖高祖親迎之除使持節征南將軍都督相州諸軍事相州刺史兼尚書西南道行臺大都督

堯傑仕魏爲滄州刺史屬義兵起歸高祖從平鄴及破尒朱兆進爵爲侯

厙狄嘉族仕魏爲正平太守屬高祖在信都嘉族聞而赴義從平四胡於韓陵除華州刺史及賀拔岳拒命令嘉族督騎河上以禦大軍嘉族遂棄其乘馬浮河而渡歸於高祖由是拜揚州刺史

高慎仕魏爲光州刺史及兄乾死密弃州將歸高祖魏孝武帝勑青州斷其歸路慎間行至晉陽高祖以爲大行臺左丞

任延敬仕魏爲廣寧太守從高祖建義累遷光祿大夫及斛斯椿釁發延敬弃官北走至河北郡因率土民據之以待高祖

薛循義仕魏爲弘農河北河東正平四郡大都督時高祖爲晉州刺史見循義待之甚厚後爲南汾州刺史高祖起義信都破四胡於韓陵遣徵循義從至晉陽以循義行并州事

叚長遼西人仕魏爲懷朔鎮將常見高祖甚異之謂高祖云君有康世之才終不徒然也請以子孫爲託東魏孝静興和中高祖啓贈司空公辟子寧相府從事郎中

劉貴初爲尒朱榮騎兵參軍累遷行汾州事高祖起義貴弃城歸高祖於鄴

蔡儁字景彥廣寧石門人高祖微時深相親附高祖舉義爲都督高祖平鄴及破四胡於韓陵儁並有戰功後爲濟州刺史西魏武帝貳於高祖以濟州要重欲令腹心據之陰詔御史搆儁罪狀欲以汝陽王代儁由是轉行兖州事高祖以儁非罪啓復

其任武帝不許除貴顯智爲刺史率衆赴州儁防守嚴備顯智憚之至東郡不敢前

龐蒼鷹太原人交遊豪俠厚待賓旅居於州城高祖客其舍蒼鷹知高祖有霸王之量每私加敬割其宅半以奉高祖由此遂蒙親識高祖之牧晉州引爲兼治中從事史行義寧郡事及義旗建蒼鷹乃弃家間行歸高祖高祖以爲兼行臺倉部郎中

庫狄迴洛代人初事尒朱榮爲統軍榮死隸尒朱兆高祖舉兵信都迴洛擁衆歸義從破四胡於韓陵以軍功補都督加後將軍

婁昭高祖少親重之昭亦早知人常曲盡禮敬數隨高祖獵每致請不宜乘危歷險高祖將出信都昭賛成大策後至司徒出爲定州刺史

司馬子如雲中人少機警有口辯好交遊豪傑與高祖相結託分義甚深後爲南岐州刺史高祖入洛子如遣使啓賀仍叙平生舊恩尋追赴京以爲大行臺尚書朝夕左右參知軍國　求

破六韓常仁鎮為平西將軍高祖起義以常時為附化守將力後
于東西部高祖高祖嘉之以為撫軍

冊府元龜卷第七百六十五

冊府元龜卷第七百六十六

總録部一十六

攀附第二

後周赫連達初姓杜字朔周魏末從清水公賀拔岳征討有功及岳爲侯莫陳悅所害軍中大擾趙貴建議迎太祖諸將猶豫未決達曰宇文夏州昔爲左丞明略過人一時之傑今日之事非此公不濟趙將軍議是也達請輕騎告哀仍迎之諸將或欲南追賀拔勝或去東告朝廷達又曰此皆遠水不救近火何足道哉貴於是謀遂定令達馳往太祖見達慟哭問故達以實對太祖遂以數百騎南赴平涼引軍向高平及悅平加平東將軍

寇洛初從賀拔岳西征万俟醜奴爲右都督後侯莫陳悅既害岳欲并其衆時初喪元帥軍中皇擾洛於諸將之中最爲舊齒素爲衆所信乃收集將士志在復讎共相糾合遂全衆而返既至原州衆咸推洛爲盟主統岳之衆洛與趙貴等議迎太祖後

至侍中

趙善初仕魏爲行臺賀拔岳長史岳爲侯莫陳悅所害善共諸將翊戴太祖乃從平悅

呂思礼爲行臺賀拔岳所重岳爲侯莫陳悅所害趙貴等議遣赫連達迎太祖思礼預其謀及太祖爲関西大都督以思礼爲府長史

梁禦爲鎮西將軍從賀拔岳鎮長安及岳被害禦與諸將同謀翊戴太祖

若干惠爲中堅將軍從賀拔岳西征万俟醜奴及岳爲侯莫陳悅所害惠與諸將翊戴太祖乃從平悅後至司空

梁臺爲假節衛將軍賀拔岳引爲心膂岳爲侯莫陳悅所害臺與諸將議翊戴太祖從討悅破之後至鄜州刺史

厙狄昌初從賀拔岳西征及岳爲侯莫陳悅所害昌與諸將議翊太祖從平侯莫陳悅後爲東夏州刺史

王德字天恩從賀拔岳平隴右爲龍驤將軍岳爲侯莫陳悅所害德與諸將定議迎太祖從平悅後至涇州刺史

裴果字戎昭仕魏太昌中爲陽平郡丞太祖曾使并州與果遇果知非常人密託附焉後爲眉復州刺史

申徽初仕東魏爲太尉府行參軍孝武初徽以洛陽兵難未已遂間行入關見太祖與語奇之薦之於賀拔岳岳亦雅相敬待引爲賓客太祖臨夏州以徽爲記室參軍兼府主簿文帝察徽沉密有度量每事信委之乃爲大行臺郎中

王羆初爲後魏車騎大將軍涇州刺史未及之部屬太祖徵兵爲勤王之舉請前驅効命遂爲大都督鎮華州

田弘初從尒朱天光爲都督及太祖統衆弘求謁見乃論世事深被引納即處以爪牙之任太祖常以所着鐵甲賜弘云天下若定還將此甲示孤也後爲少保襄州刺史

梁昕字元明安定烏氏人少温恭見稱州里太祖之迎孝武軍

次雍州昕以三輔望族上謁太祖見昕容貌瓌偉深賞異之即授右府長流參軍

周惠達自太祖在魏時即用爲秦州司馬安輯隴右及太祖爲大都督摠管兵起雍復以惠達爲府司馬便委任焉魏孝武詔太祖尚馮翊長公主以惠達爲長史赴洛陽奉迎至潼関遇孝武已西即令惠達先見太祖謂惠達曰昔周之東遷晉鄭是依今乘輿播越降臨関右吾雖猥當其任而才愧昔人卿宜戮力共成功業以取富貴也對曰惠達宦遊有年屬明公一平之運富貴之事非此敢望但願明公威德加於天下惠達得效其尺寸則志願畢矣

王思政自太祖爲魏丞相中軍大將軍思政雖被任委自非以相府之舊每不自安太祖曾在同州與羣公宴集出錦罽及雜綾絹數段命諸將樗蒲取之物既盡太祖又解所服金帶令諸人遍擲曰先得盧者即與之羣公將遍莫有得者次至思政乃

欽容跪坐而自誓曰王思政羇旅歸明蒙宰相國士之遇方願盡心竭命以報知己若此誠有實令宰相賜死者願擲即爲勇若内懷不盡神靈亦當明之使不作也便當投身以謝所奉辭氣慷慨一坐盡驚即拔所佩刀横於膝上覽樗蒲拊髀擲之比太祖止之已擲爲盧矣徐乃拜而受自此之後太祖寄賞更深轉驃騎將軍

柳虬初爲獨孤信開府從事中郎信出鎮隴右因爲秦州刺史以虬爲二府司馬雖處元僚不綜府事唯在信左右談論而已因使見太祖被留爲相府記室追論歸朝功封美陽縣男邑二百户

隋崔仲方年十五與後周太祖諸子同就學時高祖亦在其中由是與高祖少相欵密後以明經累遷爲少内史奉使淮南而還會高祖爲丞相與仲方相見握手極懽仲方亦歸心焉其夜上便宜十八事高祖並嘉納之又見衆望有歸陰勸高祖應天

受命高祖從之後至太常卿會稽太守

龐晃仕周爲衛王直侍時高祖出爲隨州刺史路經襄陽衛王令晃詣高祖晃知高祖非常人深自結納及高祖去官歸京師晃迎見高祖於襄邑高祖甚歡晃因白高祖曰公相貌非常名在圖籙九五之日幸願不忘高祖笑曰何妄言也頃之有一雄雉鳴於庭高祖命晃射之曰中則有賞然富貴之日持以爲驗晃既射而中高祖撫掌大笑曰此是天意公能感之而中也因以二婢賜之情契甚密晃爲常山太守高祖爲定州總管屢相往來俄而高祖轉亳州總管將行意甚不悦晃因白高祖曰燕代精兵之處今若動衆天下不足圖也高祖握晃手曰時未可也及高祖爲揚州總管奏晃同行既而高祖爲丞相進晃位開府命督左右甚見親待

尉遲崇仕周爲儀同大將軍以兵鎮常山時高祖爲定州總管崇知高祖相貌非常每自結納高祖甚親待之及爲丞相尉迥作亂崇以宗族之故自囚於獄遣使請罪高祖下書慰諭之即令馳驛入朝常置左右

盧賁仕周爲司武上士時高祖爲大司武賁知高祖非常人深自推結宣帝嗣位加開府及高祖初被顧託群情未一乃引賁置於左右高祖將之東第百官皆不知所去高祖潛令賁部伍仗衛因召公卿而謂曰欲求富貴者當相隨來往往偶語欲有去就賁嚴兵而至衆莫敢動出崇陽門至東宫門者拒不内賁諭之不去瞋目叱之門者遂却既而高祖得入賁常典宿衛後至懷州刺史

郎茂仕周爲陳州户曹屬高祖爲亳州總管見而悦之命掌書記時周武帝爲象經高祖從容謂茂曰人主之所爲也感天地動鬼神而象經多糺法將何以致治茂竊歎曰此言豈常所及也乃陰自結納高祖亦親禮之後還家爲州主簿高祖爲丞相以書召之言及疇昔甚歡後至尚書左丞晉陽宫留守

李諤字北齊歸周爲天官都上士諤見高祖有奇表深自結納及高祖爲丞相甚見親待後至治書侍御史出爲通州刺史

郭榮仕周爲司水大夫以與高祖相親狎情契極歡嘗與高祖夜坐月下因從容謂榮曰吾仰觀玄象俯察人事周歷已盡我其代之榮深自結納未幾高祖總百揆召榮撫其背而笑曰吾言驗未即拜相府樂曹參軍後至左光禄大夫

柳裘仕周爲御飾大夫宣帝不豫留侍禁中與劉昉韋謩皇甫績同謀引高祖入總万機高祖固讓不許裘進曰時不可再機不可失今事已然宜早定計天與不取反受其咎如更遷延恐貽後悔高祖從之進位上開府拜内史大夫委以機密

竇榮定仕周爲欲飛中大夫其妻則高祖姊安成長公主也高祖少小與之情契甚厚榮定亦知高祖有人君之表尤相推結及高祖作相領左右宫伯使鎮守天臺總統露門内兩廂仗衛常宿禁中後左武衛大將軍

李禮成仕周爲民部中大夫妻竇氏早沒知高祖有非常之表遂娉高祖妹爲繼室情契甚歡及高祖爲丞相進位上大將軍遷司武上大夫委以心膂

陳茂河東猗氏人高祖爲隋國公引爲寮佐遇待與李圓通等每令典家事未嘗不稱旨高祖善之後遷上士委以心膂及受禪拜給事黄門侍郎

長孫平仕周爲小司寇高祖龍潛時與平情好款洽及爲丞相恩禮彌厚後至太常卿判吏部尚書事

李德林仕周爲御正下大夫高祖初受顧命令邗國公楊惠謂德林曰朝廷賜令總文武事經國任重非群才輔佐無以克成大業今欲與公共事必不得辭德林聞之甚喜乃荅云德林雖庸懦微誠亦有所在若曲相提攜必望以死奉公高祖大悅即召與語劉昉鄭譯初矯詔召高祖受顧命輔少主總知内外兵事諸衛既奉勑並受高祖節度鄭譯劉昉議欲授高祖冢宰鄭譯自攝大司馬劉昉又求小冢宰高祖私問德林曰欲何以見處德林曰即宜作大丞相假黄鉞都督内外諸軍事不爾無壓衆心及發喪便即依此以譯爲相府長史内史上大夫昉但爲相府司馬譯昉由是不平以德林爲丞相府屬加儀同大將軍未幾而三方亂指授兵略皆與之參詳後爲内史令

張煚仕周爲儀同高祖爲丞相煚深自推結高祖以其有幹用甚親遇之及受禪拜尚書左丞

趙芬仕周爲東京小宗伯鎮洛陽高祖爲丞相尉迥與司馬消難陰謀往來芬察知之密白高祖由是深見親委遷東京左僕射

庾季才仕周爲開府儀同三司及高祖爲丞相嘗夜召季才而問曰吾以庸虚受茲顧命天時人事卿以爲何如季才曰天道精微難可意察竊以人事卜之符兆已定季才縱言不可公豈復得爲箕潁之事乎高祖默然久之因舉首曰吾今譬猶騎虎誠不得下矣因賜雜綵五十疋絹二百段曰愧公此意宜善爲思之後至通直散騎常侍均州刺史

于翼仕周爲幽州總管高祖爲丞相尉迥作亂遣人誘翼翼鏁其使送之長安高祖甚悅及高祖受禪翼入朝帝爲之降榻握手極歡數日拜爲太尉

李詢仕周爲司衛大將軍高祖爲丞相尉迥作亂遣韋孝寬擊之以詢爲元帥長史委以心膂軍至永橋諸將不一詢密啓高祖請重臣監護高祖遂令高熲監軍與熲同心協力唯詢而已及平尉迥進位上柱國改封隴西郡公賜帛千匹

段文振仕周爲天官都上士從韋孝寬經略淮南俄而尉迥作亂時文振老母妻子俱在鄴城迥遣人誘之文振不顧歸於高祖高祖引爲丞相掾領宿衛驃騎

宇文慶仕周爲寧州總管高祖爲丞相復以行軍總管南征江表師次白帝徵還以勞進位上大將軍高祖與慶有舊甚見親待令督丞相軍事委以心腹尋加柱國開皇初拜左武衛將軍進位上柱國數年出除原州總管歲餘徵還不任以職初帝龍潛時嘗從容與慶言及天下事帝謂慶曰天元實無積德（臣欽若等曰天元後周宣帝尊號）視其相貌壽亦不長加以法令繁苛耽恣聲色以吾觀之殆將不久又復諸侯微弱各令就國曾無深根固本之計羽翮既翦何能及遠哉尉迥貴戚早著聲望國家有釁必爲亂階然智量庸淺子弟輕佻貪而少惠終致亡滅司馬消難反覆之虜亦非池内之物變在俄頃但輕薄無謀未能爲害不過自竄江南耳庸蜀嶮隘易生艱阻王謙愚惷素無籌略但恐爲人所誤不足爲虞未幾上言皆驗及此慶恐帝遺忘不復收用欲見舊恩顧具録前言爲奏而奏之曰臣聞智侔造化二儀無以隱其靈明同日月萬象不能藏其狀先天弗違寔聖人之體道未萌見兆諒達節之神伏惟陛下特挺生知徇齊誕御懷五嶽而猶輕吞八荒而不梗蘊妙見於胷襟運奇謨於掌握臣以賤微早逢天眷不以庸下親蒙推赤所奉成規纖毫弗外尋性

聖曆妙出蓍龜驗一人之慶有徵寔天子之言無戲晨鷄顯號見實榮實喜帝省表大悅下詔曰朕之與公本來親密懷抱委曲無所不盡話言歲久尚能記憶今覽表奏方悟昔談何謂此言遂成實録古人之先知禍福明可信也朕言之驗自是偶然公乃六志彌表誠節深感至意嘉尚無已自是帝每加優禮

楊素仕周爲車騎大將軍及高祖爲丞相素深自結納高祖甚器之以素爲汴州刺史

元景山仕周爲亳州總管高祖爲丞相尉迥稱兵作亂滎州刺史宇文冑與迥通謀陰以書諷動景山景山執其使封書詣相府高祖甚嘉之進位上大將軍

李穆仕周爲大左輔總管高祖作相尉迥之亂也遣使招穆穆鎖其使上其書穆子士榮以穆所居天下精兵處陰勸穆反穆深拒之乃奉十三環金帶於高祖蓋天子之服也李渾穆第十子仕周爲左侍上士尉迥反於鄴時穆在并州高祖慮其爲

迥所誘遣渾乘驛往布腹心穆遽令渾入京奉熨斗於高祖曰願執威柄以熨安天下也高祖大悅又遣渾詣韋孝寬所而述穆意焉

柳昂仕周爲大内史致位開府高祖爲丞相深自結納高祖大悅之以爲大宗伯昂受拜之日遂得偏風不能視事高祖受禪昂疾愈加上開府拜潞州刺史

李安字玄德高祖作相引之左右遷職方中大夫復拜安弟悊爲儀同安叔父梁州刺史璋時在京師與周趙王謀害高祖誘悊爲内應悊謂安曰寢之則不忠言之則不義失忠與義何以立身安曰丞相父也其可背之遂陰白之及趙王等伏誅將加官賞安頓首而言曰兄弟無汗馬之勞過蒙獎擢合門竭節無以酬謝不意叔父無狀爲凶黨之所蠱惑覆宗絶嗣其甘若薺蒙全首領爲幸實多豈可將叔父之命以求官賞於是俯伏流涕悲不自勝高祖爲之改容曰我爲汝特存璋子乃命有司罪璋正身高祖亦爲安隱其事而不言尋授安開府

唐崔善爲隋仁壽中爲樓煩郡司戶書佐高祖時爲太守甚禮遇之善爲以政傾頹乃密勸高祖深納之

武士彠并州文水人家富於財頗好交結高祖初行軍於汾晉休止其家因蒙顧接後爲晉陽宮留守府司鎧參軍事既隋政日亂盜賊蜂起士彠每歎息以夷難爲心而恨未遇真主及高祖太原留守甚見接待數訪以時事士彠嘗詣朝於街内獨行聞空中有言曰唐公是天子士彠尋覓不見有人仍以此言白高祖并進兵書高祖悅之曰勿多言兵書禁物尚能將來深識好心當同富貴耳其後士彠夢高祖乘馬上天且以狀聞高祖大悅於是入卧内委以心腹後至荆州都督

任瓌仕隋仁壽中爲韓城尉高祖討捕於汾晉瓌謁高祖於轅門承制爲河東縣戶曹高祖將之晉陽留隱太子建成以託於瓌義師起瓌至龍門謁見高祖謂之曰隋氏失馭天下沸騰吾

忝以外戚屬當重寄不可坐觀時變晉陽是用武之地士馬精强今率驍雄以佐國難卿將家子深有智謀觀吾此舉將爲濟否瓌曰後王殘酷無道征役不息天下恟恟思聞撥亂大縱神武親舉義師所下城邑秋毫無犯軍令嚴明將士用命關中所在蜂起唯待義兵杖大順從衆欲何憂不濟瓌在馮翊積年人情諳練願爲一介之使銜命入關同州已來必當款伏於梁山船濟直指韓城進逼郃陽分取朝邑且蕭造文吏本無武略仰懼威靈理當自下孫華諸賊未有適從必當相率而至然後鼓行整衆入據永豐雖未得京城關中故以定矣高祖曰是吾心也乃授銀青光禄大夫遣陳演壽史大柰領步騎六千趣梁山渡河使瓌及薛獻爲招慰大使高祖謂演壽曰閫外之事宜與任瓌籌之孫華白玄度等聞兵且至果競來降并具舟于河師遂利涉瓌說下韓城縣與諸將進擊飲馬泉破之拜左光禄大夫留守永豐倉

宇文士及仕隋爲尚輦奉御時高祖爲殿內少監士及深自結託及隋亂化及至黎陽高祖手詔召之士及亦潛遣家僮間道詣長安申赤心又因使密貢金環高祖大悅謂侍臣曰我與士及素經共事今貢金環是其來意也化及至魏縣兵威日蹙士及勸之西歸長安化及不從士及乃與封倫求於濟北徵督軍糧俄而化及爲竇建德所擒濟北豪右多勸士及發青齊之衆北擊建德收河北之地以觀形勢士及不納遂與封倫等來降高祖數之曰汝兄弟率思歸之卒爲入關之計當此之時若得我父子豈肯相存今欲何地自處士及謝曰臣之罪誠不容誅但臣早奉龍顏久存心腹往在涿郡嘗夜中密論時事後於汾陰宮復盡丹赤自陛下龍飛九五臣實西心西歸所以密申貢獻冀此贖罪耳高祖笑謂裴寂曰此人與我言天下事至今已六七年矣公輩皆在其後時士及妹爲昭儀有寵由是漸見親待授上儀同

唐儉父鑒與高祖有舊同領禁衛高祖於太原留守儉與太宗周密從容進說以隋室昏亂天下可圖太宗以白高祖乃詔入密訪時事對曰明公日角龍庭李氏又在圖牒天下屬望非是一朝今開府庫嘯豪傑北招戎狄東收燕趙長驅濟河據有秦雍海內之權指麾可取願引達節以順群望則湯武之業於公不遠負鼎設宰亦先微願高祖曰湯武之事非所庶幾今天下已亂言私則圖存語公則拯溺抑宜自愛吾將思之及開大將軍府參校記室參軍

劉義節太原人高祖之作鎮也甚接以恩意又出入王威高君雅之門然獨歸心於高祖義兵將起威與君雅內懷疑貳義節輒採得其計以白高祖及誅威等頗申其力

劉文靜隋末爲晉陽令時高祖鎮太原文靜竊觀太宗謂裴寂曰非常人也大度類於漢高神武同於魏帝其年雖少乃天縱也寂未然之於後文靜坐爲李密姻戚被煬帝詔禁太宗陰有異心以文靜可與語遂入禁所看之文靜大喜而感賀亦覺太宗有非常之意因歎曰天下大亂非有湯武高光之才不能定也太宗知其意潛相感動報之曰卿安知無但恐常人不別耳文靜起而謝曰父知郎君乃龍潛也今既時事如此正是騰躍之秋素稟膺籙之資仍懷撥亂之道此乃生人有息肩之望文靜知攀附之所矣太宗曰今入禁所相看非兒女之情相憂而已時事如此知君若可與言故來與君圖舉大計君能如此深副僕懷卿志識大佳宜籌其事文靜對曰今李密長圍洛邑主上流播淮南大賊連州郡小盜阻山澤者以千方數矣但須真主驅駕取之誠能應天順人舉旗大呼則四海不足定也今幷州百姓避盜賊者入此城文靜爲令數年知其豪傑一朝嘯集立地可數万人尊公所領之兵復且數萬一言出口誰敢不從乘虛入關號令天下不盈半歲帝業可成矣太宗笑曰卿言善合人意於是部署賓客陰圖起義計議既定候機當發欲白高祖慮必

不從欲竊發之又恐驚於高祖於是計無所決沉吟者久之既見高祖厚於裴寂欲因寂開說於是引寂交於太宗得通謀議及高祖被拘太宗又遣文靜共寂進說曰易稱知機其神乎今大亂已作公處嫌疑之地當不賞之功何以圖全晉陽之上馬精銳宮監之中府庫盈積以茲舉事可立大功關中天府代王沖幼酋豪並起未有適從願公興兵西入以圖大事何乃拘於一介之使乎高祖然之太宗潛結死士與文靜等協議剋日舉兵會高祖得釋而止乃命文靜詐爲煬帝敕發太原鴈門馬邑數郡人二十已上五十已下悉爲兵以歲暮集涿郡將伐遼東由是人情大擾思亂者益衆文靜與裴寂僞作符敕出宮監庫物以供留守資用募兵集衆及義兵起以文靜爲司馬勸改旗幟以章義舉後至民部尚書

唐憲仕隋東宮左勳衛太子廢歸太原高祖之鎮太原也頗蒙親遇因與弟儉預義謀及大將軍府建拜正議大夫引置左右

為恩信從平宋老生破京城時隱太子為左領大都督以恩為長史累遷光祿大夫封安富縣公武德初拜為太子右虞候率

于百億仕隋為左翊衛高祖義旗之舉仗劍歸順授朝請大夫

盧赤松隋末為河東令與高祖有舊聞義師至霍邑棄縣迎接拜行臺兵部郎中歷位率更令封范陽郡公

盧士叡高祖與之有舊及義兵起士叡率數百人謁高祖於汾陰令其兄子師治諭賊帥孫華應時歸附又與劉弘基敗隋將桑顯和於飲馬泉累加右光祿大夫

竇抗與高祖少相親狎楊玄感之反也高祖統兵隴右言於高祖曰玄感抑為發蹤矣李氏當膺圖籙可見機而作也高祖不許隋末令於靈武巡長城伺盗及聞高祖定京師抗對衆而抃曰此吾家妹婿也豁達有大度真撥亂之主矣因歸長安後至左武候大將軍

畄德平太原晉陽人隋末補鷹揚府揚正高祖留守太原引為兵大蒙任寄義師起拜銀青光祿大夫歷大將軍兵曹參軍封漁陽縣公

藺謨仕隋為鷹揚郎將留守臨汾高祖義旗建率所部來降授銀青光祿大夫

姜確字行本父謩從起太原官至秦隴二州刺史確自高祖義旗初舉以典籤從後歷通事舍人尚書水部二曹郎中封通川縣男

溫大雅仕隋為長安縣尉以父憂去職後以天下方亂不求仕進及義兵起高祖引為記室參軍專掌文翰禪代之際與竇威參定朝儀後至禮部尚書

栢季纂隋末為祁縣長有能名及義兵起歷大將軍府騎曹參軍從平京城累以軍功位至上柱國

段綸仕隋為左親衛隱太子見而悅之妻以琅邪長公主舍高祖之舊第數聞鼓吹之音視之無所覩綸謂主曰聞圖讖李氏當王今於第內有此禎祥必而家應籙之徵也及義兵西邁綸於藍田聚結兵馬得萬餘人迎接大軍拜金紫光祿大夫領親信左右從平京城封龍崗郡公

党仁弘仕隋為武勇郎將高祖起義軍次蒲坂仁弘招率鄉曲得二千餘兵迎謁拜銀青光祿大夫

長孫敞隋末為左衛郎將義旗入關敞率子弟以新豐縣來迎高祖大悅授銀青光祿大夫尋加上柱國

竇軌隋末為右武侍及義師渡河軌乃迎謁授通議大夫從平京城轉以戰功累加上柱國秦王府車騎將軍

顏師古仕隋為襄州安養尉坐事免歸長安家貧以教授自業及高祖義兵入關師古於長春宮上謁授朝請大夫從平京城補秦府文學後至秘書監弘文舘學士

崔幹略隋末為醴泉縣令高祖義兵入關以縣來降授丞相府主簿及受禪遷黃門侍郎

靳孝謨仕隋朝邑縣法曹及義兵濟河以瀨津中潬一城歸義授正議大夫

竇軌隋末為資陽郡東曹掾去官歸于家及義兵入關軌聚衆千餘人迎於同州高祖見之大悅降席起迎握手歡笑賞錫優厚尋令收兵於渭南得衆一萬拜丞相諮議參軍從平京師累加光祿大夫

孫華隋末坐事逃歸山賊郭伏願侵掠馮翊及義師起高祖見華貌偉初輕之及與語大悅握手引與同坐謂之曰吾昨夜夢乘白龍以濟黃河卿將白之慶來又具舟檝何與吾夢之相符也因拜為光祿大夫前軍摠管

常達隋末為隴州刺史爲降人仵仕政所劫擁城中二千人叛入薛仁杲達性剛烈有武藝高祖龍潛時數從征伐甚蒙親待及義兵起達在霍邑從宋老生來拒戰既斬老生高祖謂達巳死令人閱屍以求及達奉見高祖大悅因蒙任使屢有軍功

梁朱珍徐州豐人太祖起兵珍與龎師古許唐李暉丁會氏叔琮鄧季筠王武等八十餘人以中涓從摧堅陷陣所向盡捷後

署諸軍都指揮使
龎師古曹州南華人以中涓從太祖性端愿未嘗離左右及太
祖鎮汴樹置戎伍始得馬五百疋即以師古爲偏將援陳破蔡
累有戰功後至徐州節度使
謝瞳唐末舉進士不中第遂投跡於太祖洎居門下未嘗一日
不在左右及太祖鎮汴樹置戎伍始得馬五百疋即以師古爲
偏將援陳破蔡累有戰功後至徐州節度使
謝瞳唐末舉進士不中第遂投跡於太祖洎居門下未嘗一日
不在左右及太祖據同州遂署右職後爲宣義軍兩使留後
李振字興緒唐末爲台州刺史不克莅事因西歸過汴求謁見
太祖太祖與語大奇之辟爲從事以講戎政於是陳耕戰之計
進鵠合之策尊王室以圖諸侯撥帝道以雜霸業嫉閹寺敦儒
術尚名器審刑罰於是禮遇彌篤後至户部尚書崇政院使
牛存節唐末剏事河陽節度使諸葛爽爽卒存節謂同輩曰天

下洶洶當擇英主事之以圖富貴遂歸於太祖授宣義軍小將
後至鄆州節度使
後唐康君立蔚州興唐人世爲邊豪唐乾符中爲蔚州牙校事
防禦使段文楚時群盜起河南天下將亂代北仍歲阻饑諸部
豪傑咸有嘯聚邀功之志會文楚稍削軍人儲給戍兵咨怨君
立與薛鐵山程懷信王行審李存璋謀曰段公儒人難與共事
方今四方雲擾皇威不振丈夫不能於此時立功立事非人豪
也吾等雖權部衆然以雄勁聞於時者莫若沙陀部落又李振
武父子勇冠諸軍吾等合勢推之則代北之地旬月可定功名
富貴事無不濟也君立等乃夜謁武皇言曰方今天下大亂天
子付將臣以邊事歲偶饑荒便削儲給我等邊人焉能守死公
家父子素以威惠及五部當共除虐帥以謝邊人孰敢異議者
武皇曰明天子在上舉事當有朝典公等勿輕議予家尊遠
在振武萬一相迫俟予禀命君立等曰事機已泄遲則變生屬
吳千里咨禀衆志聚謀擁武皇比及雲州衆且萬人師營鬭鷄
臺城中械文楚以應武皇之軍既收城推武皇爲大同軍防禦
留後衆狀以聞後武皇授鴈門節度以君立爲左都押衙後至
昭義軍節度使
蓋寓蔚州人世爲牙校武皇起雲中寓與康君立等推轂佐佑
之因爲腹心武皇節制鴈門署職爲都押衙領嵐州刺史洎移
鎮太原改左都押衙武皇與之決事言無不從凡出征行靡不
衛從後至容管經略使
劉彦琮雲中人唐末武皇作鎮晉陽有撥亂夷兇之志彦琮乃
謁于軍門致之麾下自是從征興復王室後至邠州節度使
李承約爲山後八軍巡檢使屬劉守光囚父殺兄多儒宿將耆
事其父兄者多死卓被戮承約自以握兵在外心不自安時武
皇召募英豪方開王業乃以所部二千騎歸於并州即補定霸
都指揮使檢校右僕射兼貝州刺史

袁建豐父爲宗城令羅紹威殺衙軍之歲爲梁軍所害建豐奔
太原武皇以爲牙門將時朱温篡逆據有兩京武皇與邠鳳同
謀興復命建豐知岐州留務在岐一十累年莊宗平定山東建豐
以典客從歷幽鎮二府馬步都虞候
張廷裕代北人幼事武皇於雲中從平黄巢討王行瑜自行間
漸昇爲小將莊宗定魏補天雄軍左廂馬步都虞候歷蔚慈隰
三州刺史
曹廷隱本魏州人爲本州典謁虞候賀德倫使西迎莊宗於晉
陽莊宗既得新城擢爲馬步都虞候軍中號爲稱職
何瓚閩人唐天祐三年登進士第謁莊宗於晉陽一見受知辟
河東推官轉留府判官
段凝開封人唐末爲澠池主簿脱荷衣以事梁祖梁祖漸器之
開平三年十月自東頭供奉官授右威衛大將軍充左軍巡使
兼水北巡檢使

賓殺在鎮州幕府張文禮殺王鎔時莊宗未即尊位文禮遣䕶
至鄴都勸進因留鄴下棲遲郵舍莊宗即位授鴻臚少卿
王鎔唐末為鎮州節度使莊宗征劉守光迴鎔至承天軍與莊宗
合宴同盟奉觴為壽以申感概莊宗以鎔父友曲加敬異為之
声歌鎔亦報之謂莊宗為四十六舅中歡莊宗抽佩刀斷衿為
盟許以女妻鎔子昭誨因茲堅附于莊宗矣
孔循同光末權知汴州事會明宗自鄴都至循致饌務軍供備
尤至明宗悅及定京師為樞密使兼秘書監
晉高漢筠初仕梁為衛州牙校後唐莊宗入魏分兵諭其屬郡
漢筠以利病說衛之收守俾送款於莊宗以漢筠為功尋移治
州都校後至左驍衛大將軍內客省使
皇甫立代北人後唐明宗刺代州署為牙校從歷藩鎮性純謹明
宗深委信之王建立安誨策名委質皆在立後明宗踐祚以立
為忻州刺史

萇從簡初仕後唐為潁州團練使高祖舉義清泰末詔赴闕元
副招討使扈駕至孟津除河陽節度使時趙延壽軍敗偽主斷
浮橋歸洛從簡守河陽南城高祖自北而至從簡密軍情離散
遂渡河迎謁焉後至左金吾衛將軍
桑維翰性明惠善詞賦後唐同光中登進士第高祖領河陽辟
為掌書記歷數鎮皆從之後至中書令
曹國珍高祖在藩時嘗通私謁以兄事之及即位國珍自北於
嚴陵上表叙舊由是自吏部郎中拜左諫議大夫給事中
孟承誨大名人始為本州牙校遇高祖臨其地外為客將後奏
為宗城常山槀城三令皆有善政高祖有天下擢為閤門副使
周瓌晉陽人自高祖歷鎮藩翰用為腹心累職至牙門都校凡
帑廩出納咸以委瓌經十餘年未嘗以微累見誤高祖甚重之
及即位命權判三司事後至安州節度使
李承福初為高祖家臣高祖登極歷皇城武德宣徽使左千牛

大將軍
劉處讓後唐末為左驍衛大將軍河北都轉運使高祖舉義於
太原處讓從至洛陽乃授宣徽北院使
劉繼勲衛州人高祖鎮鄴都時繼勲為客將高祖愛其端謹常
其名於帳下從歷數鎮及即位擢為閤門使
漢王景崇邢州人後唐明宗之鎮邢臺景崇為牙將明宗以其
明敏憐之自後累鎮皆自麾下明宗踐阼擢為通事舍人歷引
進閤門使晉末遷左金吾大將軍充街使常以時主用才不盡
憤然不樂契丹蕭翰立許王李從益知軍國事署為宣徽使監
左藏庫蕭翰歸蕃景崇聞高祖起河東南幸蒲陝乃私取庫
金請行迎奉從益不能制遇高祖于河洛駕至汴削其僞官授
右衛大將軍
任廷浩并州人業術數風雲之事晉高祖在太原重圍時高祖
最為親要廷浩以本業請見高祖甚加禮遇晉天福初拜廷浩授

太原掾尋改交城文水令皆高祖慰薦之力也後為殿中監
翟光鄴晉末為宣徽使時虜犯闕以後唐明宗少子許王從益
爲曹州節度使從益母淑妃王氏白於虜長以從益未諳政術
請以光鄴代知州事虜從之及蕭翰推從益稱位以光鄴爲樞
密使虜去光鄴以高祖進秩汾水請從益去號稱梁王仍馳表
稱臣論者賞之高祖入汴加右領衛大將軍
趙暉晉開運末爲軍校以部兵屯於陝屬北戎亂華暉然有憤
激之意及聞高祖建義於并門乃與部將王晏侯章勠力叶謀
戮契丹僞命官屬據有陝州即時馳騎聞於高祖高乃命暉爲
保義軍節度陝虢等州觀察處置等使高祖之幸東京路出于
陝暉戎服朝于路左手控六飛達于行宮君臣之義如舊結焉
李守貞河陽人事本郡爲牙將晉高祖鎮河陽用爲典客後歷
鎮皆從之及即位累遷至客省使
聶文進并州人少給事于高祖帳下高祖鎮太原甚見委用職

至兵馬押司官高祖入汴授樞密院承旨歷領軍屯衛大將軍遷右領軍大將軍並仍舊職

閻晉卿忻州人少仕并門歷職李容將高祖在鎮頗見信用後歷閻門使判四方館事

郭允明父徽柔爲河東制置使徽柔被誅允明遂爲高祖廝養服勤既久頗得高祖之歡心高祖鎮太原稍歷牙職及即位累遷至翰林茶酒使兼鞍轡庫使

周史彥超漢末爲龍捷都指揮使太祖之赴內難彥超以本軍從後至鄭州防禦使

李彥頵字德脩本以商賈爲業太祖鎮鄴實之左右及即位歷綾錦副使権易使

陳光穗爲鄴都副留守廣順中高祖賜詔書曰汝澶淵倅職之時值漢室釁生之際潛齎密旨將陷朕躬神明不祐於苞藏機謀尋當於發露汝稟勳賢之指使效奔走之勤勞徑自河壖報於鄴下忠孝之規迥著旌酬之道未弘每慊朕懷仍喧公論宜膺列郡用賞前功今授汝博州刺史

冊府元龜卷第七百六十六

冊府元龜卷第七百六十七

總録部十七

儒學

周官者□儒之副太史公論儒者之要始於博習經藝之文在述先禹之道其後分而爲六家變而成九種至於宣章仁義順陰陽明天道宣教化正人倫以致乎至治固異端之不能齊也春秋之世施及戰國聖師云沒微言誕布去者間出秦風益邵至焚書坑儒之變而鄒魯之俗絃誦无改大夫漢興罷黜百建章六家建立學官有以禄利修復醫校風以德化傳受弥廣藝文不墜蕃西京之士彬彬矣中興崇學於茲爲盛雖音以降不之晉宣不以六君子之訓四術之教乃百王之所取法千古所不易者也今采其志學成業顯名於世者著于篇

倚相楚人爲左史能讀三墳五典八索九丘即位上世帝王遺書也

孔子魯人爲兒嬉戲常陳俎豆設禮容長後適周問禮蓋見老子時周室微而禮樂廢詩書缺追迹三代之禮序書傳上紀唐虞之際下至秦繆編次其事故書傳禮記自孔子古者詩三千餘篇及至孔子去其重取可施於禮義上采契后稷中述殷周之盛至幽厲之缺始於衽席故曰關雎之亂以爲風始鹿鳴爲小雅始文王爲大雅始清廟爲頌始三百五篇孔子皆弦歌之以求合韶武雅頌之音禮樂自此可得述以備王道成六藝孔子晚喜易序彖繫象說卦文言讀易韋編三絶曰假我數年若是我於易則彬彬矣孔子以詩書禮樂教弟子蓋三千焉身通六藝者七十有二人孔子嘗爲魯司寇孔子卒後七十子之徒散游諸侯大者爲師傅卿相小者友教士大夫或隱而不見故子路居衛（[illegible]）子張居陳澹臺子羽居楚子夏居西河子貢終於齊如田子方段干木吳起禽滑釐之屬皆受業於子夏之倫爲王者師（是時獨魏文侯好學後陵遲以至于始皇天下并爭於戰國儒術既絀焉）

[illegible]

孟軻鄒人生有淑質夙喪其父幼被慈母三遷之教長師孔子之孫子思治儒術之道通五經尤長於詩書

荀卿趙人尚孟子咸遵夫子之業而潤色之以學顯於當世嫉濁世之正亡国亂君相屬不遂大道而營於巫祝信機祥鄙儒小拘如莊周等又滑稽亂俗於是推儒墨道德之行事興壞序列著數万言荀卿在齊三爲祭酒後適楚爲蘭陵令而卒於蘭陵

漢叔孫通（名何）薛人秦時以文學徵待詔博士高祖初爲漢王復拜爲博士漢五年已并天下諸侯共尊漢王爲皇帝叔孫通使徵魯諸生三十余人爲其弟子百余人共起朝儀（[illegible]）乃拜爲太常賜金五百斤叔孫通因進曰諸弟子儒生隨臣久矣與共爲儀願陛下官之高帝悉以爲郎

申培公魯人以詩經爲訓高祖過魯申公以弟子從師入見高祖于魯南宮後官至太中大夫

伏勝濟南人故爲秦博士文帝時欲求能治尚書者天下無有乃聞伏生能治欲召之是時伏生年九十余老不能行於是乃詔太常使掌故朝錯往受之

賈誼雒陽人年十八以能誦詩書屬文稱於郡中河南太守吳公徵爲廷尉言誼年少通諸家之書文帝召爲博士修春秋左氏傳爲傳訓終於梁王傅

董仲舒廣川人少治春秋景帝時爲博士通五經能持論善屬文漢興至于五世之間唯仲舒爲明於春秋其傳公羊氏也

胡毋生字子都齊人治公羊春秋景帝時爲博士齊之言春秋者多受胡毋生

轅固生齊人以治詩景帝時爲博士

毛公趙人治詩爲河間獻王博士

戴德字延君号大戴爲信都太傅

公孫弘菑川薛人學春秋雜說武帝初即位招賢良文學士時

時弘年六十以賢良徵爲博士
兒寬千乘人治尚書有俊材初見武帝語經學帝曰吾始以尚書爲樸學弗好及聞寬說可觀乃從寬問一篇位至御史大夫
吾丘壽王武帝時召待詔詔使從中大夫董仲舒受春秋高材通明遷爲侍中
馮野王通詩以父任爲太子中庶子
龔遂以明經爲昌邑郎中令
夏侯始昌魯人通五經以齊詩尚書教授自董仲舒韓嬰死後武帝得始昌甚重之時昌邑王以少子愛上爲選師始昌爲太傅
張禹至長安學從沛郡施讎受易琅邪王陽膠東庸生問論語既皆明習有徒衆舉爲郡文學
韓嬰燕人爲常山王太傅推詩人之意作外傳數萬言武帝時與董仲舒論於帝前其人精悍處事分明悍勇仲舒不能難也
魯榮廣受穀梁先是公羊大盛穀梁寖微廣高材捷敏與公羊大眭孟等論數困之眭孟等數困屈也故好學者頗復受穀梁
蔡千秋字少君宣帝即位聞衛太子好穀梁春秋以問丞相韋賢長信少府夏侯勝及侍中樂陵侯史高皆魯人也言穀梁子本魯學公羊氏乃齊學也宜興穀梁時千秋爲郎召見與公羊家並說帝善穀梁說擢千秋爲諫大夫給事中
韋玄成宣帝時爲淮陽王中尉王未就國玄成受詔與太子太傅蕭望之及五經諸儒雜論同異於石渠閣條奏其對
劉向時爲諫大夫以僞鑄黃金減死論會初立穀梁春秋徵更生受穀梁講論五經於石渠
施讎爲博士甘露中與五經諸儒雜論同異於石渠閣石渠閣在未央殿北以藏祕書
梁丘臨爲黃門郎甘露中奉使問諸儒於石渠臨學精孰專行京房法琅邪王吉通五經聞臨說善之
閻人適漢子方閻人姓也名適漢字子方以太子舍人論石渠

戴聖以博士論石渠
夏侯勝亦以儒顯名爲學精孰善古說禮服徵爲博士
后蒼字近君東海郯人事夏侯始昌始昌通五經蒼亦通詩禮爲博士
周堪字少卿齊人與孔霸俱事大夏侯勝霸爲博士堪譯官令論於石渠經爲最高
張山拊字長賓平陵人事小夏侯建爲博士論石渠
張無故字子儒山陽人事山拊受尚書善脩章句爲廣陵太傅
孔安國字子國孔子之後孔氏有古文尚書安國以今文字讀之因以起其家逸書得十餘篇蓋尚書茲多於是矣以安國爲諫大夫
韋賢爲人質朴少欲篤志於學兼通禮尚書以詩教授號稱鄒魯大儒爲丞相賢子玄成復以明經歷位至丞相故鄒魯諺曰遺子黃金滿籯不如一經
康衡字稚圭父世農夫至衡好學家貧庸作以供資用尤精力過絕人諸儒爲之語曰無說詩衡鼎來鼎猶言當也言衡且來也應劭曰鼎方也衡說詩解人頤衡後位至丞相
嚴彭祖與顏安樂俱事眭孟孟弟子百餘人唯彭祖安樂爲明由是公羊春秋有顏嚴之學彭祖宣帝時爲博士
翼奉字少君東海下邳人治齊詩與蕭望之康衡同師三人經術皆明元帝初即位諸儒薦之徵待詔宦者署數以中郎爲博士諫大夫卒
師丹字仲公治詩舉孝廉爲郎元帝末爲博士元建始中州舉茂材復補博士
翟方進爲小吏心厭之聞蔡父言當以經術封侯心喜因病歸家辭其後母欲西至京師受經母憐其幼隨之長安織履以給方進讀經博士受春秋積十餘年經學明習徒衆日廣諸儒稱之以射策甲科爲郎位至丞相
徐敖治詩授九江陳俠爲王莽講學大夫由是言毛詩者本之

脩敎
谷永於經書汎爲疏達與杜欽杜鄴略等不能洽浹如劉向父
子及楊雄也其於天官京氏易最密位至大司農
梅福字子真九江壽春人少學長安明尚書穀梁春秋爲郡文
學後爲南昌尉
楊雄字子雲少而好學不爲章句訓詁通而已博覽無所不見
位至大夫
後漢卓茂字子康南陽宛人元帝時於長安事博士江生習詩
禮及歷筭究極師法稱爲通儒
賈逵父徽從劉歆受左氏春秋兼習國語周官又受古文尚書
於塗惲學毛詩於謝曼卿作左氏條例二十一篇
桓譚博學多通徧習五經皆訓詁大義不爲章句能文章尤好
古學數從劉歆楊雄辯析疑異譚後官至六安郡丞
張玄字君夏少習春秋顏氏兼通數家法建武初舉明經補弘

農文學
丁恭字子然習公羊嚴氏春秋學義精明建武初爲諫議大夫
博士
牟長字君高樂安臨濟人少習歐陽尚書不仕王莽世建武初
大司空宋弘特辟拜博士
魏應字君伯少好學建武初詣博士受業習魯詩閉門誦習不
交僚黨京師稱之應終於騎都尉
洼丹字子玉世傳孟氏易建武初爲博士丹學義研深易家宗
之稱爲大儒
杜林少好學沈深父鄴爲凉州刺史家既多書又外氏張竦父
子喜文采（鄴少孤其母張敞女也鄴從敞子吉學得其家書吉之子竦博學文雅過於敞）林從竦受
學博洽多聞時稱通儒王莽敗避亂客河西建武六年光武聞
林已還三輔乃徵拜侍御史引見問以經書故舊及西州事甚
悅之賜車馬衣被羣寮知林以名德用甚重憚之京師士大夫

咸推其博洽河南鄭興東海衛宏等皆長於古學興嘗師事劉
歆林既遇之欣然言曰林得興等固諧矣使宏得林且有以益
之宏見林闇然而服濟南徐巡始師事宏後皆更受林學林前
於西州得漆書古文尚書一卷常寶愛之雖遭艱困握持不離
身出以示宏等曰林流離兵亂常恐斯經將絕何意東海
衛子濟南徐生復能傳之是道竟不墜於地也古文雖不合
時務然願諸生無悔所學宏巡益重之於是古文遂行位
至大司空
任安字定祖少遊太學受孟氏易兼通數經除博士公車徵皆
稱疾不就
甄宇字長文北海安丘人習嚴氏春秋建武中爲州從事徵拜
博士
包咸字子良少爲諸生受業長安師事博士右師細君（細君姓右）習
魯詩論語舉孝廉爲郎建武中入授皇太子論語又爲其章句

劉寬少學歐陽尚書京氏易尤明韓詩外傳稱爲通儒後爲光
祿勲卒
楊政字子行京兆人少好學從代郡范升受梁丘易善說經書
京師爲之語曰說經鏗鏗楊子行終於左中郎將
戴憑字次仲習京氏易年十六郡舉明經徵試博士
鍾興少從少府丁恭受嚴氏春秋恭薦興學行高明光武召見
問以經義應對甚明帝善之位至左中郎將卒
張玄少習春秋顏氏後舉孝廉爲郎會顏氏博士缺玄試策第
一拜爲博士居數月諸生上言玄兼說嚴氏宣氏不宜專爲顏
氏博士光武且令還署未及遷而卒
董鈞字文伯犍爲資中人習慶氏禮事大鴻臚王臨永平初爲
博士當世稱爲通儒
衛宏字敬仲東海人少與河南鄭興俱好古學初九江謝曼卿
善毛詩宏從曼卿受學後從大司空杜林更受古文尚書時濟

徐巡師事宏後從林受學亦以儒顯由是古學大興光武以
為議郎
周防字偉公師事徐州刺史蓋豫受古文尚書經明舉孝廉拜
郎中太尉張禹薦補博士
楊倫字仲理少為諸生師事司徒丁鴻習古文尚書為郡文學
掾後特徵博士
李育字元春扶風漆人少習公羊春秋沈思專精博覽書傳知
名太學後為侍中卒於官
何休字邵公任城樊人精研六經世儒無及者位至諫議大夫
謝該字文儀南陽章陵人善明春秋左氏為世明儒後拜議郎
以壽終
周燮十歲通詩論及長專精禮易徵之不就陳元父欽習左氏
春秋事黎陽賈護與劉歆同時而別自名家元父欽教王莽好子目名侯以左氏陳
讀後辟司徒歐陽歙府以病去卒

鄭衆字仲師年十二從父興受左氏春秋精力於學明三統歷
兼通易詩知名於世位至大長秋封鄭鄉侯卒
承宮少勤學不倦經典既明歸家教授三府更辟皆不應永平
中徵詣公車車駕臨辟雍召宮拜博士
侯霸篤志好學師事九江太守房元治穀梁春秋為元都講從
[illegible]君位至大司徒
鄭興少學公羊春秋晚善左氏傳遂積精深思通達其旨同學
皆師之歆美興才使撰條例章句傳詁後為蓮勺令以事免卒
魯恭始為郡吏太傅趙憙聞而辟之章帝集諸儒於白虎觀恭
特以經明得召與其議後位至司徒
王渙敦儒學術尚書讀律令略舉大義官至洛陽令卒
周舉字宣光姿貌短陋而博學洽聞為儒者所宗故京師為之
語曰五經從橫周宣光終於光祿大夫
井丹字大春少受業太學通五經善談論故京師為之語曰五
經紛綸井大春性清高沛王輔等五王更請皆不能致
尹敏少為諸生初習歐陽尚書後受古文兼善毛詩穀梁左氏
春秋後為諫議大夫卒
許慎字叔仲性淳篤少博學經籍馬融常推敬之時人謂之語
曰五經無雙許叔仲卒於徐汝長安文陵縣
蔡玄字叔陵學通五經門徒常千人順帝特詔徵拜議郎講論
五經異同甚合帝意遷侍中出為弘農太守卒官
宗資少在京師學孟氏易歐陽尚書
楊震字伯起少好學受歐陽尚書於太常桓郁明經博覽無不
窮究諸儒為之語曰關西孔子楊伯起位至太尉
趙曄詣杜撫受韓詩究竟其術作詩細歷神淵蔡邕至會稽讀
詩細而歎息以為長於論衡邕還京師傳之學者咸誦習焉
張馴字子雋濟陰定陶人少游太學能誦春秋左氏傳以大夏
侯尚書教授辟公府舉高第拜議郎與蔡邕共奏定六經文字

擢拜侍中典領秘書近署守亦甚好學署詳文學祭酒使教後
進於是河東學業大興至黃初中徵拜博士于時太學初立有
博士十餘人學多褊狹又不熟悉略不親教備員而已惟詳五
業並授其或難教質而不解詳無慍色以杖畫地牽譬引類至
忘寢食以是獨擅名於遠近
隗資字彥博講業太學博士皆相傳說同郡王允一見而奇之
董遇及賈洪邯鄲淳薛夏隗禧蘇林樂詳等七人為儒宗
王基為中書侍郎時散騎常侍王肅著諸經傳解及論定朝儀
改易鄭玄舊說而基據持玄義常與抗衡
蜀許慈字仁篤師為劉禧善鄭氏學治易尚書三禮毛詩論語
慈終於大長秋
譙周字允南為光祿大夫周雖不與政事以儒行見禮時訪大
議輒據經以對而後生好事者亦咨問所疑焉
來敏字敬達涉獵書籍善左氏春秋先主定益州署敏典學校尉

參扶習韓詩歐陽尚書教授常數百人不應辟召時号北郭先
生二子孟学並知名
張裔字君嗣治公羊春秋博涉經史位至輔漢將軍
文允字廣休少治毛詩三礼兼通群書
伍梁字德山以儒学節操稱從議郎遷諫議大夫五官中郎將
古勣字巨達領丞相長史初郎少時雖渉獵文学然不治素檢
以吏能見稱自去長史優游无事垂三十年乃更潛心典籍孜
孜不倦開門接賓誘納後進但講論古義不干時事以是見稱
二自執政下及童冠皆敬重焉後以功封顯明亭侯位特進卒
吴張昭字子布彭城人少好学從白侯子安受左氏春秋博覽
衆書位至輔吴將軍
諸葛瑾字子瑜少游京師治毛詩尚書左氏春秋後拜大將軍
左都護領豫州牧
闞澤字德潤為太子太傅領中書每朝廷大議經典所疑輙諮

訪之以儒学勤勞封都鄉侯
張紘字子綱廣陵人少游学京都紘入太学事博士韓宗治京
氏易歐陽尚書又於外黄從濮陽闓受韓詩及礼記左氏春秋
曹公以紘為會稽東部都尉孫權以為長吏卒
劉繇举孝廉為郎中祖父本師受經傳博学群書號為通儒举
賢良方正為般長卒官伯父寵字祖榮受文業以經明行脩举
孝廉光祿大夫察四行除東平陵令
程秉字德樞事鄭玄后避乱交州與劉熙考論大義遂博通五
經士燮命為長史孫權聞其名儒以礼徵秉既到拜太子太傅
嚴畯字曼才少耽学善詩書三礼又好說文卒於尚書令沈珩
沈珩字仲山吴郡人少綜經藝尤善春秋内外傳
晉何葸字泰基寬弘愛士博觀墳籍尤善史漢少歷清官領著
作郎
閻纘字續伯僑居河南新安少游英豪多所交結博覽墳典該

通物理續位至漢中太守
之須為春秋左氏傳集解時王濟解相馬又甚愛之而和嶠頗
聚斂預常稱濟有馬癖嶠有錢癖武帝聞之謂預曰卿有何癖
曰臣有左傳癖
侯史光儒学博古歷官著績文章奏議皆有條理后終於少府
荀顗為中書侍郎時吏部營新廟博求碑雅明堂之制爾據經傳奏
上書有典證孝武帝雅好文学是以觀愛朝廷疑議輙諮訪之
摯虞字仲洽京兆長安人少事皇甫謐才学通博著術不倦歷
官至太常卿
戴若思弟邈字望之少好学尤精史漢才不逮若思儒学過之
弱冠舉秀才位至尚書僕射
范平字子安吴郡錢唐人研覽墳素初仕吴為臨海太守謝病
平家敦悅儒学三子奭咸泉並以儒学至大官
杜夷字行齊廬江灊人世以儒学稱永嘉初公車徵拜博士不就

徐苗字叔胄高密淳于人累世相承皆以博士為郡守
范弘之字長文雅正好学以儒術該明為太学博士
王歡字君厚樂陵人安貧樂道專精耽学遂為鴻儒素后慕容
暐稱號署官至祭酒
王隱以儒素自守不交勢援博学多聞受父遺業西都舊事多
所諳究隱後為著作郎賜爵平陵鄉侯
袁亮字貞固有學行亮子粲文学博識累為儒官
凉茂字伯方少好学論語議常據經典以駁是非終於太子
太傅
庾峻歷郡功曹举計掾州辟從事太常鄭袤見峻大奇之舉為
博士時重莊老而輕經史峻懼雅道陵遲乃潜心儒典
郗鑒字道徽以孤貧博覽經籍躬耕隴畝吟詠不倦以儒雅著
名不應州命
傅邵字鄭良東海襄賁人郡察孝廉不就以儒学徵為秘留內

史累遷燕王師

董景道字文博明春秋三傳京氏易馬氏尚書韓詩皆精究大義三禮之義專遵鄭氏著禮通論非駁諸儒演廣鄭旨至劉曜時徵爲散騎常侍固辭遂以壽終

庾乘游學宮爲諸生傭後能講論自以卑第每處下坐諸生博士皆就雜問由是學中以下坐爲貴

范宣雖閑居屢空常以講誦爲業譙國戴逵等皆聞風宗仰自遠而至諷誦之聲有若齊魯後詔徵爲太學博士散騎郎並不就

華廙爲都督河北諸軍事坐事免官削爵土棲遲家巷垂十載教授子孫講誦經典集經書要事名曰善文行於世

姜龕天水人姚興時與東平淳于岐馮翊郭高等皆耆儒碩德經明行脩各門徒數百教授長安諸生自遠而至者萬數千人興每於聽政之暇引龕等于東堂講論道藝錯綜名理涼州胡辯苻堅之末東徙洛陽講授弟子千有餘人關中後進多赴之請業興勅關尉曰諸生諮訪道義脩己厲身往來出入勿拘常限於是學者咸勸儒風盛焉

册府元龜卷第七百六十七

總録部

儒學第二

宋周續之字道祖晉時豫章太守范甯於郡立學招集生徒續之年十二受業居學數年通五經徵爲太子博士不就高祖踐阼復召之爲開館東郭外續之素患風痹不復堪講乃移病鍾山學通毛詩六義及禮

雷次宗字仲倫少入廬山事沙門釋慧遠篤志好學尤明三禮毛詩元嘉中徵至京師開館於雞籠山時會稽朱膺之潁川庾蔚之並以儒學監總諸生次宗初不受徵辭元嘉中徵至都開館於雞籠山車駕數至後卒於鍾山

劉湛字弘仁博涉史傳諳前世舊典後以營事爲丹陽尹

南齊關康之世居京口篤學以文義稱尤善左氏春秋高帝爲領軍時素好此學送本與康之康之手自點定徵之不就

張緒爲國子祭酒長於周易言精理奧見宗一時常云何平叔所不解易中七十二諸卦中所有時義是其一也

沈驎士仕齊永明中爲國子生明周易衛將軍王儉領祭酒頗賞接之

何佟之字士威少好三禮讀禮論三百餘篇略皆上口仕齊爲國子助教

嚴植之字孝源少精解喪服孝經論語及長遍治鄭氏禮周易毛詩左氏春秋仕齊爲廬陵王國右常侍天監四年兼五經博士

司馬筠字貞素少孤貧好學師沛國劉瓛強力專精深爲瓛器及長博通經術尤明三禮卒於始興內史子壽傳父業明三禮官尚書祠部郎

卞華字昭岳幼孤貧好學年十四召補國子生通周易既長遍治五經與平原明山賓會稽賀瑒同業友善天監中爲安成王功曹參軍兼五經博士

孝陵字威直性恬素以書史爲業博物強記當世之士咸就質疑

沈峻字士嵩博通五經尤長三禮爲國子助教

崔靈恩清河武城人也少篤學從師遍通五經尤精三禮三傳仕魏爲太常博士天監中歸梁累遷步兵校尉兼國子博士靈恩講月令畢謂學生嚴植之曰江左已來陰陽律數之學廢矣吾今講此曾不得其仿彿學者美其退讓

庾於陵清警博學有才思齊隨王子隆爲荊州召爲主簿使與謝朓宗夬抄撰群書

賀琛伯父瑒爲世碩儒授經於琛瑒卒後琛家貧常往還諸暨販粟以自給閑則習業尤精三禮卒於光祿大夫

徐勉爲尚書博通經史多識前載朝儀國典婚冠吉凶勉皆預圖議

後梁蔡大寶少孤而篤學不倦善屬文初以明經對策第一解褐武陵王國左常侍常以書干僕射徐勉大爲勉所賞異令與子游處所有墳籍盡以給之遂博覽群書學無不綜

范適順陽人散騎常侍迪之第通文采劣於迪而經術過之位至中衛東平王長史

宗希顏庾文尚書如周之子有文學仕至中書舍人帝嘉亦如周之子博通經術爲荊楚儒宗

陳龔孟舒治毛詩善談名理梁武世仕至尋陽郡丞元帝在江州遇之甚重躬師事焉

沈洙少方雅好學不妄交遊治三禮春秋左氏傳精識強記五經章句諸子史書問無不答初仕梁爲祠部郎中時年二十餘同學者多涉獵文史不爲章句而洙獨積思經術吳郡朱异會稽賀琛甚嘉之及异琛於士林館講制旨義常使洙爲都講

鄭灼幼而聰敏勵志儒學少受業于皇侃梁中大通五年釋褐奉朝請

褚仲都善周易爲當時之冠篤志研翫得其精微梁太清初歷

王國侍郎奉朝請俄轉國子助教兼司議郎東宮講易
陸詡少習崔靈恩三禮義宗梁世百濟國表求講禮博士詔令詡
行位至尚書祠部郎
岑之敬始以經業進而博涉文史雅有詞筆不為醇儒官至征
南府諮議參軍
徐伯陽敏而好學善色養進止有節年十五以文筆稱學春秋
左氏家有史書所讀者近二千餘卷終於新安王府諮議參軍
沈文阿字國衛父峻以儒學聞於梁世授桂州刺史不行文阿
性剛強有膂力少習父業研精章句祖舅太史叔明舅王慧興
並通經術而文阿頗傳之又博采先儒異同自為義疏治三禮
三傳
戚袞少聰慧遊學京都受三禮於國子助教劉文紹一二年中
大義略備
張譏為國子助教是時周弘正在國學發周易題弘正第四弟

弘直亦在講席譏與弘正論議弘正乃屈弘直危坐厲聲助其
申理譏乃正色謂弘直曰義集辯正名理雖知兄弟急難四公
不得有助弘直曰僕助君師何為不可舉坐以為笑樂
後魏梁越字玄覽新興人少而好學博綜經傳無所不通道武
時為禮經博士
梁祚北地人篤志好學歷治諸經尤善公羊春秋鄭氏易常以
教授有儒者風而無當世之才與幽州別駕平常有舊又姊先
適范陽李氏遂攜家人僑居於薊積十餘年雖羈旅貧窘而著
述不倦常時相請屈與論經史
平常字繼叔燕國薊人耽勤讀誦研綜經籍鉤深致遠多所博
通歷中書博士秘書丞
劉獻之博陵饒陽人少而孤貧雅好詩傳曾受業於渤海程玄
後遂博觀衆籍時中山張吾貴與獻之齊名海內皆曰儒宗
詔徵典內校書固以疾辭

劉蘭武邑人受春秋詩禮於中山王保安讀左氏五日一遍
兼通五經後為國子助教卒
封軌為考功郎中臺中稱為儒雅奏請遣四門博士明經學者
檢試諸州學生詔從之
賈思伯位都官尚書為侍講思伯少雖明經從官廢業至是更
延儒生夜講書
山偉為侍中中書舍人愛尚文史老而彌篤
李郁字永穆好學沉靖博通經史
游肇外寬柔內剛直耽好經傳手不釋書治周易毛詩尤精三
禮王肅自謂注易為長亦未能通其大義也位至散騎常侍都
督淮南軍事揚州刺史
邢虬字神虎以為三禮鄭氏學明經有文思舉秀才上第為中
書議郎
崔[illegible]為學者[illegible]少好讀書博綜經史

崔辯字神通博陵安平人學涉經史風儀整峻獻文徵拜中書博
士散騎侍郎
陽尼字景文北平無終人少好學博通經籍官至幽州平北府
長史帶漁陽太守
索敞字巨振燉煌人為劉昞助教專心經籍盡能傳昞之業涼
州平入國以儒學見拔為中書博士
宋欽少而好學有儒者之風博綜群言聲著河右後拜著作郎
宋雅師事安邑李紹伯受諸經傳
李業興上黨人漁陽鮮于靈馥聚徒教授說左氏傳業興問其
大義數條靈馥不能對
張湛敦煌人好學能屬文仕沮渠蒙遜為黃門侍郎涼州平入
國崔浩識禮之浩注易敘曰國家西平河右燉煌張湛金城宋
欽武威段根三人皆儒者並有俊才見稱於西州每與余論易
余以左氏傳卦解之遂相勸為注故因退朝之餘暇而為之解

焉其稀如此

劉芳才思深敏特精經義長子懌字祖欣稚有父風頗好文翰位至太常卿

徐遵明字子判華陰人師事王聰受毛詩尚書禮記後屬平王懷聞而徵焉至而尋捉

北齊刁柔字子溫少好學綜習經史尤留心禮儀天保初除國子博士

馮偉節中山安喜人少從李鉉遊學鉉重其聰敏嘗試問之多所通解尤明禮傳後趙郡王將舉充秀才固辭不就

邢峙字士峻河間鄚人少好學耽翫墳典遊學燕趙之間通三禮左氏春秋天保初郡舉孝廉授四門博士

馬敬德河間人少好儒術負笈隨大儒徐遵明學詩禮略通大義而不能精遂留意於春秋出遂為國子博士授南陽王經于鄴

壽聰識機警博涉群書禮傳俱通大義

李鉉字寶鼎教授鄉里生徒常至數百燕趙間能言經者多出其門

劉軌思渤海人說詩甚精少事同郡劉敬和敬和事同郡程歸則因其鄉曲多為詩者軌思天統中任國子博士

平陵字明達燕薊人父勝安州刺史鑒少聰敏頗有志力受學於徐遵明不爲章句

鮑季詳渤海人甚明禮聽其離文析事自然大略可解兼通左氏春秋天統中卒於太學博士

劉禕好學善三禮吉凶儀制尤所留心位至睢州刺史

後周樂遜字遵賢魏正光中聞碩儒徐遵明領徒趙魏乃就受孝經喪服論語詩書禮易左氏春秋大義歷太學助教博士

杜叔毗字子弼襄陽人勵精好學尤善左氏春秋仕梁為宜豐蕭循府中直兵參軍

韓褒字弘業少有志好學而不守章句其師怪而問之對曰文字之間常奉訓誘至於商較異同請從所好師因此大奇之及長涉獵經史深沉有遠略

沈重字德厚吳興武康人專心儒學從師不遠千里遂博覽群書尤明詩禮及左氏春秋梁大通三年起家王國常侍歷國子助教五經博士

竇熾少從范陽祁忻受毛詩左氏春秋略通大義位至太傅

樊深字文深弱冠好學負書從師於三河講習五經晝夜不倦太祖置學東館教諸將子弟以深為博士六官建拜太學助教遷博士

庾信尤善春秋左氏傳

柳虯字仲蟠年十三便專精好學時貴遊子弟就學者並車服華盛唯虯不事容飾遍受五經略通大義後為車騎大將軍儀同三司

姚僧垣初仕梁為湘東王府中記室參軍僧垣好文史不留意

於章句時商略今古則為學者所稱

隋柳䛒字顧言少聰敏解屬文好讀書所覽將萬卷仕梁釋褐著作佐郎

杜臺卿字少山博陵曲陽人性儒素每以雅道自居及周武帝平齊歸于鄉里以禮記春秋講授子弟後仕至著作郎

房暉遠字崇儒常山真定人世傳儒學暉遠幼有志行治三禮春秋三傳詩書周易兼齊南陽王綽為定州刺史召為博士周武帝平齊搜訪儒俊暉遠首應辟命授小學下士及高祖受禪太常卿牛弘每稱為五經庫吏部尚書韋世康薦之遷太學博士

辛彥之隴西狄道人九歲而孤不交非類博涉經史與天水牛弘同志好學周太祖見而器之引為中外府禮曹明帝初為國子祭酒

元善河南洛陽人少隨父至江南性好學遂通涉五經尤明左氏傳官至國子祭酒

蕭該梁鄱陽王恢之孫性篤學詩書春秋禮記並通大義尤精
漢書甚爲貴游所禮開皇初拜國子博士
馬光字榮伯武安人少好學從師數十年晝夜不息尤明三禮
爲儒者所宗開皇初高祖徵山東義學之士光與張仲讓孔籠
竇士榮張黒奴劉祖仁等俱至並授太學博士時人號爲六儒
然皆鄙野無儀範朝廷不之貴也山東三禮學者自熊安生後
唯宗光一人舉楊伯醜好讀易隱於華山開皇初被徵入朝國
子祭酒何妥嘗論之論易聞妥之言悠然而笑曰何用鄭玄王
弼之言乎久之微有辯答其所說辯義皆先儒之旨而思玄妙
有故論者以爲天然獨得非常人所及也
劉臻爲儀同三司左僕射精於兩漢書時人稱爲漢聖
魏澹世以文學自業年十五而孤專精好學博涉經史善屬文
詞釆贍逸齊博陵王濟聞其名引爲記室
張文詡河東人父琚開皇中爲洹水令以清正聞名有書數千

卷教訓子孫皆以明經自達文詡博覽文籍特精三禮其周易
詩書及春秋三傳並皆通習每好鄭玄注解以爲通博其諸儒
異說亦皆詳究焉高祖引致天下名儒碩學之士其房暉遠張
仲讓孔籠之徒並延之於博士之位又詡時游於太學暉遠等
莫不推伏之學内翕然咸共宗仰
劉焯字士元信都昌亭人武強交津橋劉智海家素多墳籍焯
就之讀書向經十載遂以儒學知名爲州博士時河間人劉炫
聰明博學名亞於焯故時人稱二劉焉論者以爲數百年已來
博學通儒無能出其右者位至太學博士
張羨初仕後周爲司成中大夫典國史周代公卿類多武將唯
羨以素業自通甚爲當時所重
褚輝字高明吳郡人以三禮學稱於江南煬帝時徵天下儒術
之士悉集内史省相次講論輝博辯無能屈者由是擢爲太學
博士

包愷字和樂東海人其兄愉明五經愷悉傳其業又從王仲通
受史記漢書尤稱精究大業中爲國子助教
杜正玄字慎微其先本京兆人八世祖曼爲石趙從事中郎因
家於鄴自曼至正玄世以文學相授
王孝籍平原人少好學博覽羣言遍治五經頗有文翰與河間
劉炫同志友善
顧彪字仲文明尚書春秋大業中爲秘書學士
唐徐文遠洛州偃師人博覽五經尤精春秋左氏傳後周時有
大儒沈重講于太學聽者嘗千餘人文遠就質問數日便去或問
曰何辭去之速答曰觀其所說悉是紙上語耳僕皆先已誦之
至於奧賾之境此君艇似未見有以其言告重者重與論義十
餘反甚歎服之
馬嘉運嘗未遊於劒南以講授爲務蜀士多賴其成益者
貞觀初徵爲越王東閤祭酒辭之自免居于白鹿山四方受業

者常數千百人
陸朗字德明吳郡人初受學於周弘正善言玄理仕陳爲國子
助教時年尚少而與博士張譏齊名武德中爲秦府學士補太
學博士蓋文達信都人幼聰敏好讀書受業於同郡劉焯博涉
經史尤明三傳性方雅美鬚皃見之者稱有君子之風府冀州
刺史竇抗頗好文義乃廣集儒生令相難擊其大儒劉焯劉軌
思等咸在講坐文達與同郡孔穎達劉彥衡皆預焉既論難文
達抗音而請皆出其意表抗大奇之因問曰蓋生就誰而學焯
從坐起曰此生岐嶷出自天然以多問寡焯爲師抗曰可謂冰
生於水也
蓋文懿爲秘書博士常聞講發毛詩題公卿咸萃更相問難文
懿發揚風雅甚得詩人之致亦以儒業被知章句頗優而議論
不逮文達官至國子博士時稱二蓋
孔穎達信都人初受業於同郡劉焯然號焯爲通儒門人其衆

初不之禮頗達旨不能出己之右於是請質疑滯皆出其意
表焯改容敬之顗達因亂歸焯留不可還家以教授爲務
朱子奢蘇州吳人少從鄉人顧彪習春秋左氏傳後更覩子史
善屬文隋末爲秘書學士武德四年隨杜伏威入朝授國子助教
張士衡瀛州樂壽人長從劉軌思受毛詩周禮又從熊安生及
劉焯受禮記皆精究大義後遍講五經尤工三禮貞觀中爲崇
賢館學士
蕭德言博涉經史尤精春秋左氏傳好屬文每欲開五經必盥
灑束帶危坐終日如是貞觀中爲弘文館學士
歐陽詢潭州臨湘人讀書數行俱下博覽經史尤精三雅
谷那律魏州昌樂人貞觀中累補國子博士黃門侍郎褚遂良
每稱爲九經庫
許叔牙潤州句容人尤明詩禮及史記漢書貞觀中累授晉王
文學太常博士弘文館學士子儒亦傳父業

府七百六十八　九

秦景通常州晉陵人與弟暐並精漢書當時習漢書者皆宗師
之嘗稱景通爲大秦君暐爲小秦君若不預其兄弟指授則謂
之不經師匠無足採也
岑文本字景仁南陽棘陽人性沈敏有姿儀博考經史多所貫
綜高子貢和州歷陽人弱冠遊太學遍涉六經尤精史記歷秘
書正字弘文館直學士
王紹宗少勤學遍覽經史尤工草隸家貧常傭筆寫佛經以自
給則天拜太子文學轉秘書少監紹宗性澹雅以儒素見稱當
時朝廷之士咸敬慕之
祝欽明雍州始平人少通五經兼涉衆史舉明經長安元年
累遷太子率更令兼弘文館學士
尹知章絳州翼城人少勤學嘗夢神人以大鑿開其心以藥內
之自是日益開朗盡通諸經精義未幾而諸　師友北
面受業焉長安中駙馬都尉武攸暨重其經學奏授其府文學

郭山惲蒲州河東人少通三禮景龍中累遷國子司業
裴炎少補弘文生在館垂十年尤精春秋左氏傳及漢書後以
明經擢第
張柬之字孟將襄陽人少補太學生涉獵經史尤好三禮國子
祭酒令狐德棻重之
褚無量幼孤貧勵志好學及長精三禮及史記舉明經歷國子
博士司業祭酒
馬懷素潤州丹徒人博覽經史善屬文舉進士文學優贍科歷
秘書監昭文館學士
劉子玄本名知幾與兄知柔俱以詞學知名代傳儒學之業子
玄子貺博通經史
徐堅少好學遍覽經史爲東都留守王方慶判官方慶善三禮
之學每有疑滯常就堅質問累遷秘書監集賢學士
[illegible]說汴州浚儀人勵志讀書博通經史官至常王傅

府七百六十八　十

李泌字長源周八柱國弼之裔也聰敏好學博涉經史精究易
象及論語大義
馮伉京兆人少有經學大歷初登五經秀才科建中末又登博
學三史科累遷皇太子及諸王侍讀
鄭餘慶貞元中同平章事餘慶通究六經深旨奏對之際多以
古義傳之
張薦字孝舉祖文成博學工文詞性好談諧七登文學科薦聰
明強記歷代史傳無不貫通爲太師顏真卿所稱賞遂知名路
泌少好學通五經尤嗜詩易左氏春秋能諷其章句皆究深旨
子隋以通經累遷司勳郎中穆宗時與韋處厚同入翰林爲侍
講學士
陸質吳郡人有經學尤深於春秋少師趙康師啖助皆爲異儒
質頗傳其學由此知名
許孟容京兆長安人父鳴讓究通易象官至撫州刺史孟容少

以文詞知名舉進士後究王氏易登科

韋敻厚通五經博覽史籍而文思贍速舉進士應賢良方正擢居異等

鄭絪字文明少有奇志好孝善屬文大曆中有儒學高名如張參蔣防楊綰常袞皆知重之

宇文籍字夏龜少好學尤通春秋性簡澹寡合耽玩經史精於著作

崔植潛心經史尤精易象後為中書侍郎平章事

劉蕡字去華博學善屬文尤精左氏春秋

郗侑為兒童力學不念家產長能通經以講習自娛五經登科第歷代公華擢為太常博士

李德裕字文饒幼有壯志苦心力學尤精西漢書左氏春秋

梁勍翔好讀書善禮學尤長刀筆應用敏捷後唐藥縱之太原人少學為儒依河東馬步軍都虞候楊守業守業有書數千卷太原俗尚武儒者少故縱之以儒為業擢代州衙推明宗判代亦依之官至曹州刺史

馬縞少嗜儒書頗通經義五禮五樂常所經心而著述文章亦粗措流輩位終國子博士

張憲字允中晉陽人世以軍功為牙校憲始童丱喜儒學而勤志嗜經不捨晝夜太原地雄邊服人多尚武恥於請業唯憲與里人藥縱之精力遊學弱冠盡通諸經尤精左傳後為太原尹北京副留守

周司徒詡少好讀書通五經大義官至太常卿致仕

冊府元龜卷第七百六十八

冊府元龜卷第七百六十九

總録部一十九

自述

夫摛文著藻，修詞立誠，蓋儒者之至業，君子之盛德者也。然則道有污隆，時有險易，志之所蘊，用或未周，則必垂訓成讓，因文見意，用形敷述，豈徒然哉。故禮曰述者之謂明，其是之謂也。兩漢而下，制用丕顯，游揚藝圃，博約詞林，託理以寄其懷，譬道以揚其己，編類而長馳思無窮，著之于篇，可得而覽也。

漢東方朔，武帝時為太中大夫。朔上書陳農戰彊國之計，因自訟獨不得大官，欲求試用。其言專商鞅韓非之語也，指意放蕩，頗復詼諧，辭數萬言，終不見用。朔因著論，設客難己，用位卑以自慰諭。其辭曰：客難東方朔曰：蘇秦張儀壹當萬乘之主，而都卿相之位（都居也），澤及後世。今子大夫修先王之術，慕聖人之義，諷誦詩書百家之言，不可勝記，著於竹帛，脣腐齒落，服膺而不

釋，好學樂道之效明白甚矣。自以智能海內無雙，則可謂博聞辯智矣。然悉力盡忠以事聖帝，曠日持久，官不過侍郎，位不過執戟，意者尚有遺行耶？同胞之徒無所容居，其故何也？東方先生喟然長息，仰而應之曰：是固非子之所能備也。彼一時也，此一時也，豈可同哉？夫蘇秦張儀之時，周室大壞，諸侯不朝，力政爭權，相禽以兵，并為十二國，未有雌雄，得士者彊，失士者亡，故談說行焉。身處尊位，珍寶充內，外有廩倉，澤及後世，子孫長享。今則不然。聖帝流德，天下震慴，諸侯賓服，連四海之內以為帶，安於覆盂，動猶運之掌，賢不肖何以異哉？遵天之道，順地之理，物無不得其所。故綏之則安，動之則苦；尊之則為將，卑之則為虜；抗之則在青雲之上，抑之則在深泉之下；用之則為虎，不用則為鼠。雖欲盡節效情，安知前後？夫天地之大，士民之衆，竭精談說，並進輻湊者不可勝數，悉力募之，困於衣食，或失門戶。使蘇秦張儀與僕並生於今之世，曾不得掌故，安敢望常侍郎乎？故

曰時異事異。雖然，安可不務修身乎哉！詩云：鼓鍾于宮，聲聞于外；鶴鳴于九皋，聲聞于天。苟能修身，何患不榮？太公體行仁義，七十有二，乃設用於文武，得信厥說（師古曰信讀曰申），封於齊，七百歲而不絕。此士所以日夜孳孳，敏行而不敢怠也（師古曰孳與孜同勉也）。辟若鶺鴒，飛且鳴矣。傳曰：天不為人之惡寒而輟其冬，地不為人之惡險而輟其廣，君子不為小人之匈匈而易其行。天有常度，地有常形，君子有常行。君子道其常，小人計其功。詩云：禮義不愆，何恤人之言。故曰：水至清則無魚，人至察則無徒。冕而前旒，所以蔽明；黈纊充耳，所以塞聰（如淳曰黈音主苟反謂以黃綿為丸用組懸之於冕師古曰如說非也黈黃色也纊綿也以黃綿為丸懸之冕兩耳旁示不外聽）。明有所不見，聰有所不聞，舉大德，赦小過，無求備於一人之義也（師古曰論語曰仲弓問政於孔子孔子曰赦小過舉賢才周公謂魯公曰故舊無大故則不棄也無求備於一人故引此言也士有百行功過相除不可求備也）。枉而直之，使自得之；揆而度之，使自索之（師古曰枉曲也揆度也索求也度音大各反）。蓋聖人教化如此，欲自得之，則敏且廣矣（師古曰敏疾也）。今

世之處士，魁然無徒，廓然獨居（魁讀曰塊），上觀許由，下察接輿，計同范蠡，忠合子胥（師古曰許由讓天下而耻聞之楚狂接輿陽狂避世范蠡佐句踐成功而退子胥忠諫至死不易），天下和平，與義相扶，寡耦少徒，固其宜也（耦合也徒衆也）。子何疑於我哉？若夫燕之用樂毅，秦之任李斯，酈食其之下齊，說行如流，曲從如環，所欲必得，功若丘山，海內定，國家安，是遇其時也。子又何怪之邪？語曰：以筦闚天，以蠡測海（蠡瓠瓢也），以莛撞鐘（莛謂藁莛也），豈能通其條貫，考其文理，發其音聲哉（音聲也）！繇是觀之，譬猶鼱鼩之襲狗（鼱鼩小鼠也），孤豚之咋虎（孤豚孤特之豚也咋齧也），至則靡耳，何功之有（靡滅也而語辭）？今以下愚而非處士，雖欲勿困，固不得已，此適足以明其不知權變，而終惑於大道也。

楊雄字子雲，哀帝時丁傅董賢用事，諸附離之者或起家至二千石（附離著也）。時雄方草大玄，有以自守，泊如也（泊安靜也）。或謿雄以玄尚白（玄黑色也言雄作之不成其色猶白故無祿位也），而雄解之，號曰解謿。其辭曰：客謿揚子曰：吾聞上世之士，人綱人紀（為人之綱紀也），不生則已，生則

上尊人君下榮父母析人之圭儋人之爵析亦分也儋背荷也懷人之符分人之祿紆青拖紫朱丹其轂青紫謂綬色紆縈也拖曳也今子幸得遭明盛之世處不諱之朝與群賢同行同行謂同行列歷金門上玉堂有日矣金門金馬門也黃圖有玉堂小玉堂殿也曾不能畫一奇出一策上說人主下談公卿目如燿星舌如電光一從一衡論者莫當顧而作太玄五千文支葉扶踈獨說十餘萬言扶踈分布也深者入黃泉高者出蒼天大者含元氣纖者入無倫纖微之甚無等倫然而位不過侍郎擢纔給事黃門纔淺也言僅得之也意者玄得毋尚白乎何爲官之拓落也拓落不耦也揚子笑而應之曰客徒欲朱丹吾轂不知一跌將赤吾之族也跌足也失履也見殺戮者必流血故云赤族往者周罔解結群鹿爭逸謂戰國時諸侯也離爲十二合爲六七十二謂魯衛齊楚宋鄭燕秦韓趙魏中山也六七者齊楚燕秦韓趙魏六國及秦爲七也四分五剖並爲戰國謂其分離之意四分則交五而裂如田字士無常君國亡定臣得士者富失士者貧矯翼厲翮恣意所存言來如鳥之飛各任而息故士或自盛以橐或鑿坏以遁自盛以橐謂范雎也鑿坏謂顏闔也魯君聞顏闔賢欲以爲相使者往聘因鑿後垣而亡坏壁也是故騶衍以頡亢而取世資騶衍齊人也著書所言皆大事故齊人目談天衍遊諸侯所言則以爲迂闊遠於事情然終不屈當世於齊位至卿頡亢上下不定也孟軻雖連蹇猶爲萬乘師連蹇難也言值世之屯難也今大漢左東海右渠搜前番禺後陶塗小國也騊駼馬出北海上今此云後陶塗則是北方國名也本國出馬因以爲名今書本國陶字有作椒者誤俗所改東南一尉會稽東部都尉也西北一候敦煌玉門關候也徽以糾墨制以質鈇言有罪者則係於徽墨九冠者則斬以鈇質也徽糾墨皆繩也質椹也鈇刃也散以禮樂風以詩書風化也曠以歲月結以倚廬在倚廬行服三年也漢律以不爲親行三年服不得選舉倚廬倚牆至地而爲之無楣柱天下之士雷動雲合魚鱗雜襲咸營于八區八區八方也家家自以爲稷契人人自以爲咎繇戴縰垂纓而談者皆擬於阿衡縰韜髮者也五尺童子羞比晏嬰與夷吾夷吾管仲也羞比之以其不爲王者之佐當塗者入青雲失路者委溝渠旦握權則爲卿相夕失勢則爲匹夫譬若江湖之雀勃解之鳥乘鴈集不爲之多雙鳧飛不爲之少乘鴈四鴈也雀字或作崔鳥字或作島島海中山其義兩通昔三仁去而殷虛論語微子去之箕子爲之奴比干諫而死孔子曰殷有三仁焉虛空也一曰虛讀曰墟言其亡國爲丘墟二老歸而

府七百六十九　三

周熾二老伯夷太公也子胥死而吳亡種蠡存而粵伯伯讀曰霸五羖入而秦喜樂毅出而燕懼五羖謂百里奚也買以五羖羊之皮故稱五羖也范雎以折摺而危穰侯蔡澤雖噤吟而笑唐舉噤吟頷頤之皃澤從唐舉相之曰聖人不相殆先生乎澤曰吾自知富貴故當其有事也非蕭曹子房平勃樊霍則不能安當其亡事也章句之徒相與坐而守之亦亡所患章句小儒也故世亂則聖哲馳騖而不足世治則庸夫高枕而有餘夫上世之士或解縛而相管仲也或釋褐而傅甯戚也或倚夷門而笑侯嬴也爲夷門卒秦伐趙趙求救無忌將十餘人從嬴無所戒使嬴笑之以說告無忌也或橫江潭而漁漁父也或七十說而不遇孔丘也或立談間而封侯辟公也或枉千乘於陋巷齊有小臣稷桓公一日三至而不得見從者曰可以止矣桓公曰士之傲爵祿者固輕其主主傲霸王者亦輕其士縱其士傲爵祿吾庸敢傲霸王乎遂見之或擁帚彗而先驅騶衍之燕昭王郊迎擁彗先驅也彗亦帚也是以士頗得信其舌而奮其筆信讀曰申窒隙蹈瑕而無所詘也君目上下有纍全殺資乘騎之淵則可甚而取也窒塞也當今縣令不請士郡守不迎師群卿不揖客將相不俛眉自高抗也俛低也言奇者見疑行殊者得辟辟罪也是以欲談者宛舌而固聲欲行者擬足而投迹宛屈也固閉也擬疑也鄉使上世之士處虖今鄉讀曰嚮虖讀曰乎策非甲科行非孝廉舉非方正獨可抗疏時道是非抗舉也謂上之也疏者疏條其事而言之高得待詔下觸聞罷報聞而罷之又安得青紫且吾聞之也炎炎者滅隆隆者絕觀雷觀火爲盈爲實天收其聲地藏其熱炎炎火光也隆隆雷聲也人之觀雷火謂與盈實終以天收雷聲地藏火熱則爲盈溢言極盛者亦滅亡也高明之家鬼瞰其室鬼神害盈而福謙瞰視也攫挐者亡默默者存攫挐妄有搏執挐引也位極者危自守者身全是故知玄知默守道之極爰靜爰清游神之庭惟寂惟寞守德之宅世異事變人道不殊彼我易時未知何如或能爲之今子迺以鴟梟而笑鳳皇執蝘蜓而謿龜龍蝘蜓蜥蜴也不亦病乎子徒笑我玄之尚白吾亦笑子之病甚不遭臾跗扁鵲二人皆古之良醫也悲夫客曰然則靡玄無所成名乎靡亦無也范蔡以下何必玄哉楊子曰范雎魏之亡命也折脅拉髂免於徽索髂骨也徽繩也翕肩蹈背扶服入橐翕斂也激卬萬乘之主卬怒也言秦安得王獨太后穰侯耳卬讀曰仰界涇陽抵穰侯而代之界閒其兄弟使疏涇

府七百六十九　四

（陽秦昭王第貴用事也）當也（言當其際）蔡澤山東之匹夫也顉頤折頞涕唾流沫（顉曲頤也）西揖強秦之相搤其咽炕其氣拊其背而奪其位（蔡澤說范雎以功成而退禍之機遂稱病免歸於主因薦以自代雎謂忠特之相驗也）時也（時遇其）天下已定金革巳平都於雒陽婁敬委輅脫輓掉三寸之舌建不拔之策（不拔謂其堅固不可拔也）舉中國徙之長安（中國謂京師）適也（適中其）五帝垂典三王傳禮百世不易叔孫通起於枹鼓之間解甲投戈遂作君臣之儀得也（得其所）甫刑靡敝秦法酷烈聖漢權制而蕭何造律宜也（合其儀）故有造蕭何律於唐虞之世則誖矣（誖乖也）有作叔孫通儀於夏殷之時則惑矣有建婁敬之策於成周之世則繆矣有談范蔡之說於金張許史之間則狂矣夫蕭規曹隨（隨從也言蕭何爲法曹參因而從之）留侯畫策陳平出奇功若泰山響若阺隤（巴蜀人名山旁堆欲墮落曰阺）唯其人之贍知哉亦會其時之可爲也（非唯其人贍知乃會時之可爲也）故爲可爲於可爲之時則從爲不可爲於不可爲之時則凶夫藺先生收功於章臺（藺相如[illegible]璧入秦秦不與[illegible]）四

皓采榮於南山（榮[illegible]草木之英采取也[illegible]一曰[illegible]）公孫創業於金馬（公孫[illegible]引對策金馬門）驃騎發跡於祁連司馬長卿竊訾於卓氏東方朔割名於細君（割肉歸遺細君是謂割其名）僕誠不能與此數公者並故默然獨守吾太玄雄既著太玄經客有難玄大深眾人之不好也雄解之號曰解難其辭曰客難揚子曰凡著書爲眾人之所好也美味期乎合口工聲調於比耳（比和也）今吾子迺抗辭幽說閎意眇指（眇讀曰妙）獨馳騁於有亡之際而陶冶大鑪旁薄群生（旁薄猶言蕩薄）歷覽者茲年矣而殊不寤（茲益也茲年言其久也寤覺也）亶費精神於此而煩學者於彼（亶讀曰但）譬畫者畫於無形弦者放於無聲殆不可乎（放依也殆近也[illegible]）揚子曰俞（俞然也）若夫閎言崇議幽微之塗蓋難與覽者同也昔人有觀象於天視度於地察法於人者天麗且彌地普而深（麗著也日月星辰之所麗著也彌廣也普遍也）昔人之辭迺玉迺金（貴美如金玉）彼豈好爲艱難哉勢不得已也獨不見夫翠虯絳螭之將登虖天必聳身於倉梧之淵不階浮雲翼疾風虛舉而上

外則不能擻胶葛騰九閎（擻揭也胶葛上清之氣也騰外也閎九天之門擻音戟揭居足切）日月之經不千里則不能燭六合燿八紘（燭照也六合謂天地四方八紘八方之綱維也）（紘音宏）泰山之高不嶕嶢則不能浡滃雲而散歊烝（嶕嶢高貌也浡滃盛也）（歊烝雲氣貌上出也）是以宓犧氏之作易也綿絡天地經以八卦文王附六爻（因而重也）孔子錯其象而彖其辭然後發天地之臧定萬物之基典謨之篇雅頌之聲不溫純深潤則不足以揚鴻烈而章緝熙（鴻大也烈業也緝熙光明也）蓋胥靡爲宰寂寞爲尸（胥相也靡無也言相師以無爲作宰者也道化以寂寞爲主）大味必淡大音必希（淡謂無主味也）大語叫叫大道低回（叫叫遠聲也低回紆衍也）是以聲之眇者不可同於眾人之耳（眇讀曰妙）形之美者不可棍於世俗之目（棍亦同也）辭之衍者不可齊於庸人之聽（衍旁廣也）今夫弦者高張急徽追趍逐者則坐者不期而附矣（徽琴徽所以表發撫抑之處也追趍逐謂所趍嚮而追逐之也）試爲之施咸池揄六莖發簫韶詠九成則莫有和也（揄引也和應也）是故鍾期死伯牙絕弦破琴而不肯與眾鼓獿人亡則匠石輟斤而不敢妄斲（獿古之善塗墍者也施廣領大袖以仰塗

而領袖不汙有小飛泥著其鼻因令匠石揮斤而斲之知石之善斲故敢使之也墍即今之仰泥也獿抆拭也故謂塗者爲獿人）師曠之調鍾竢知音者之在後也（晉平公鑄大鍾使工者以爲調矣師曠曰臣竊聽之知其不調也後果於師涓而果知鍾之不調是師曠欲善調鍾以爲後世之有知音）孔子作春秋幾君子之前睹也（幾讀曰冀）老聃有遺言貴知我者希（老子德經云知我者希則我貴矣）此非其操與雄見諸子各以其知舛馳（舛相背也）大氐不詆訾聖人即爲怪迂析辯詭辭以撓世事（大氐大歸也詆毀也訾毀也迂遠也析分也言諸子之書大歸皆非毀周孔之教爲巧辯異辭以撓亂時政也）雖小辯務破大道而或眾使溺於所聞而不自知其非也

後漢班固字孟堅明帝永平中爲郎典校祕書專篤志於博學以著述爲業或譏以無功又感東方朔楊雄自諭以不遭蘇張范蔡之時曾不折之以正道明君子之所守故聊復應焉其辭曰賓戲主人曰蓋聞聖人有一定之論烈士有不易之分亦云名而已矣（名謂得貴名也）故太上有立德其次有立功夫德不得後身而特盛功不得背時而獨章是以聖喆之治棲棲皇皇（不安之意也）

孔席不煗墨突不黔由此言之取舍者昔人之上務著作者前列之餘事爾今吾子幸游帝王之世躬帶冕之服帶大帶也冕冠也浮英華湛道德湛讀曰沈華謂名譽也言外則有美名美譽內則履道崇德也矕龍虎之文舊矣矕被也易曰大人虎變其文炳也言文章之盛久也卒不能攄首尾奮翼鱗振拔洿塗跨騰風雲攄申也洿停水也以龍鳳為喻也使見之者景駭聞之者響震嚮讀曰響見景則駭聞響震合徒樂枕經籍書紆體衡門紆屈也衡門橫一木於門上上無所蔕下無所根獨攄意乎宇宙之外銳思於豪芒之內潛神默記常以年歲宇宙之外言其廣也豪芒之內喻纖微也然而器不賈於當己用不效於一世賈讀曰價也當己謂及己身尚存猶言當年也雖馳辯如濤波摛藻如春華大波曰濤摛布也藻文也猶無益於殿最也意者且運朝夕之策定合會之計使存有顯號亡有美謚不亦優乎主人逌爾而笑曰逌然笑貌也若賓之言斯所謂見埶利之華闇道德之實守窔奧之熒燭未卬天庭而覩白日也爾雅東南隅謂之窔西南隅謂之奧熒熒小光也曩者王塗蕪穢周失其御侯伯方軌戰國橫騖於是七雄虓闞分裂諸夏七雄秦及六國也龍戰

而虎爭游說之徒風颺電激並起而救之其餘猋飛景附煜霅其間者蓋不可勝載猋疾風也煜霅光貌也當此之時搦朽摩鈍鉛刀皆能壹斷搦按也是故魯連飛一矢而蹶千金虞卿以顧眄而捐相印也齊圍燕燕將保於聊城魯連係帛書於矢射與之為陳利害燕將得之泣而自殺秦圍邯鄲魯連為却五十里趙王以千金為魯連壽不受魏齊為秦所購迫急走趙趙相虞卿與齊有故然感其窮於是解相印間行與齊奔魏公子無忌也蹶躓也夫啾發投曲感耳之聲合之律度淫蠅而不可聽者非韶夏之樂也啾發啾啾小聲而發也投曲趣合屈曲也感耳動衆之耳也然而合律度又君子所不聽也淫蠅非正之聲也不調之鳴也因埶合變偶時之會風移俗易乖迕而不可通者非君子之法也專偶當時之會不可以移風易俗及至從人合之衡人散之亡命漂說羈旅騁辭漂浮也商鞅挾三術以鑽孝公李斯奮時務而要始皇三術王霸強兵三也彼皆躡風雲之會履顛沛之埶顛沛僵仆也據徼乘邪以求一日之富貴徼要也據可以要近之時也徼字或作激激發也朝為榮華夕而焦瘁不盈眦禍溢於世富貴之間視不滿目故言不盈眥也凶人且以自悔況吉士而是賴虖賴利也且功不可以虛成名不可以偽立韓

設辯以徼君呂行詐以賈國賈市也說難既酋其身迺囚秦貨既貴厥宗亦隧酋雄也說難韓非書篇名也呂不韋初見子楚在趙而云此奇貨可居故呂氏謂子楚為秦貨也是故仲尼抗浮雲之志孟軻養浩然之氣彼豈樂為迂闊哉道不可以貳也迂遠也方今大漢灑埽群穢夷險芟荒廓帝紘恢皇綱基隆於羲農規廣於黃唐其君天下也炎之如日威之如神函之如海養之如春函容也讀與含同是以六合之內莫不同原共流沐浴玄德原水泉之本也流者其末流也稟卬太和枝附葉著卬讀如仰也譬猶屮木之殖山林魚鳥之毓川澤毓生長也得氣者蕃滋失時者苓落苓零也參天墜而施化豈云人事之厚薄哉今子處皇世而論戰國耀所聞而疑所觀觀見也欲從堥敦而度高虖泰山懷氿濫而測深虖重淵亦未至也爾雅前高曰堥丘如覆敦者敦丘側出曰氿泉上出曰濫泉賓曰若夫鞅斯之倫衰周之凶人既聞命矣敢問上古之士處身行道輔世成名可述於後者默而已虖主人曰何為其然也昔咎繇謨虞箕子訪周訪謀也言通帝王謀合聖神殷說夢於傅巖周望兆

動於渭濱齊甯激聲於康衢漢良受書於邳圯皆俟命而神交匪詞言之所信故能建必然之策展無窮之勳也近者陸子優繇新語以興優繇出也不董生下帷發藻儒林劉向司籍辯章舊聞揚雄覃思法言大玄覃大也深也皆及時君之門闈究聖人之壺奧宮中門謂之闈宮中巷謂之壺婆娑虖術蓺之場休息虖篇籍之囿以全其質而發其文用納乎聖聽列炳於後人斯非其亞與亞次也與讀曰歟若迺夷抗行於首陽惠降志於辱仕夷伯夷也惠柳下惠也辱仕謂為士師三黜也顏耽樂於簞瓢孔終篇於西狩謂作春秋終於獲麟也聲盈塞於天淵真吾徒之師表也且吾聞之一陰一陽天墜之方迺文迺質王道之綱有同有異聖哲之常故曰慎脩所志守爾天符委命共己味道之腴腴肥也神之聽之名其舍諸舍廢也諸之也言神明聽之以福應自有名永不廢也賓又不聞龢氏之璧韞於荊石韞亦藏也隨侯之珠藏於蚌蛤虖歷世莫眡不知其將含景燿吐英精曠千載而流光也應龍潛於潢汙魚黿媟之應龍有翼者潢汙停水也媟狎之不覩其能奮靈

合風雲超忽荒而躆顥蒼也（躆以足據持也顥顥天也元氣顥顥故曰顥天其色蒼蒼故曰蒼天）故夫泥蟠而天飛者應龍之神也先賤而後貴者龢隨之珍也時闇而久章者君子之真也（時闇有所蔽而闇也）若迺牙曠清耳於管絃離婁眇目於豪分逢蒙絕技於弧矢班輸摧巧於斧斤（逢蒙古善射者也班輸即魯公輸般也）良樂軼能於相馭烏獲抗力於千鈞（良王良也樂伯樂也相相馬也馭善馭也烏獲壯士也）龢鵲發精於鍼石研桑心計於无垠（和醫和也鵲扁鵲也研計研也一説研桑弘羊也）僕亦不任廁技於彼列故密爾自娛於斯文（密靜也娛安也）

崔駰字亭伯少游太學常以典籍為業未遑仕進之事時人或譏其太玄靜將以後名失實駰擬楊雄解嘲作達旨以荅焉其辭曰或說已曰易稱備物致用可觀而後有所合故能扶陽以出順陰而入（備物致用易繫辭之文也可觀而有所合序卦之文也鄭玄注易緯乾鑿度曰陽起於子陰起於午天數大分以陽出離以陰入坎坎為中男離為中女太一之行出從中男入從中女因陰陽男女之偶為終始也）春發其華秋收其實有始有極爰登其質今子韞櫝六經服膺道術歷

世而游高談有日俯鉤深於重淵仰探遠乎九乾（九乾謂天有九重也）窮至賾於幽微明潛隱之无源然下不步卿相之廷上不登王公之門進不黨以讚已退不黷於庸人（讚佐也黷垢也）獨師友道德合符曩真抱景特立與士不羣蓋高樹靡陰獨木不林隨時之宜道貴從凡（老子曰和其光而同其塵故言道貴從凡）于時太上運天德以君世憲王僚而布官（太上明帝也憲法也僚官也言法三王而建官也）臨雍泮以恢儒疏軒冕以崇賢（天子辟雍諸侯頖宮皆所以班教化也）率惇德以厲忠孝揚茂化以砥仁義（砥厲也）選利器於良材求鏌鎁於明智不以此時攀台階闚紫闥（三台謂三公紫闥謂之禁闥也）據高軒望朱闕夫欲千里而咫尺未發（蒙竊惑焉）故英人乘斯時也（智過萬人謂之英）猶逸禽之赴深林蝱蚋之趣大沛（孟子曰小蟲獻之沛沛澤也）胡為嘿嘿而久沈滯也荅曰有是言乎子苟欲勉我以世路不知其跌而失吾之度古者陰陽始分天地初制（制謂始制）皇綱云緒帝紀乃設傳序歷數三代興滅昔大庭尚矣赫胥罔識（大庭赫胥古帝號也尚遠也罔無也）淳樸散離人物錯

乖高辛攸降厥趣各違（高辛氏帝嚳也）道無常稽與時張弛（隨時張弛不考之於常道也）失仁為非得義為是（老子曰失道後德失德後仁失仁後義失義後禮也）君子通變各審所履故士或掩目而淵潛（莊子曰北人無擇舜以天下讓之無擇乃自投清泠之淵沒身下天也）或盥耳而山棲（盥洗也）或草耕而僅飽（伯成子高唐虞時為諸侯至禹去而耕在野）或木茹而長飢（鮑焦衣敝木食）或重聘而不來（狂接輿楚人也耕而食楚王聞其賢使使者持金百溢車二駟聘之接輿笑而不應使者去而遂徙莫知所之）或屢黜而不去（柳下惠為士師三黜人曰子可以去矣曰直道而事人焉往而不三黜也）或冒詢以干進或望色而斯舉（論語曰色斯舉矣翔而後集）或以役夫發夢於王公（商高宗夢得說乃使百工營求諸野得諸傅巖說賢而隱代胥靡築之以供食王公謂天子諸侯也爾雅曰公君也）或以漁父見兆於元龜（太公以釣于周西伯將出獵卜之曰所獲非龍非彲非熊非羆所獲霸王之輔於是西伯獵果遇太公渭水之陽與語大說元大也）若夫紛繷塞路凶虐播流（方言云繷盛多也）人有昏墊之戹主有疇咨之憂（昏沒墊溺皆困水災也尚書帝曰咨）條垂藟蔓上下相求（藟藤也）於是乎賢人授手援世之災（孟子曰天下溺則援之以道嫂溺則援之以手也）跋涉赴俗急斯時也（草行為跋）

昔堯含感而皐陶謨高祖歎而子房慮（謨謀也堯遭洪水咨嗟下人有能治者皐陶大禹陳其謀謨漢高祖為項羽所敗下馬踞鞍而問子房曰吾欲捐關以東等棄之誰可與共功者子房曰九江王布彭越韓信即捐之此三人楚可破也）禍不散而曹絳奮（曹參及絳侯周勃皆從高祖征伐以定天下也）結不解而陳平權（高祖被匈奴圍於白登七日用陳平計得出）及其策合道從克亂弭衝乃將鑲玄珪冊顯功（珪玉也）銘昆吾之冶（呂尚作周太師其功銘於昆吾之鼎也）勒景襄之鍾（國語曰晉魏顆以其身退秦師于輔氏其勳銘於景鍾此兼言襄也）與其有事則褰裳濡足冠挂不顧（褰裳涉水也淮南子曰禹之趨時冠挂而不顧履遺而不取也）人溺不拯則非仁也當其無事則躡纓整襟規矩其步（廣雅云躡履也言持其容止）德讓不修則非忠也是以險則救俗平則守禮舉以公心不私其體今聖上之育斯人也樸以皇質雕以唐文（孔子曰大哉堯之為君也煥乎其有文章故言唐文）六合怡怡比屋為仁壹天下之衆異齊品類之萬殊參差同量坏冶一陶（坏土器之未燒者）羣生得理庶績其凝（凝成也）家家有以樂和人人有以自優威械臧而俎豆布六典陳而九刑厝（械謂兵器甲矢之屬也厝謂置之不用也周禮太宰之職掌建邦之六典以佐王治邦國一曰理典二曰教典三曰禮典四曰政典五曰）

刑典六日事典左傳曰周有亂政而作九刑濟玆兆庶，出於平易之路，雖有力牧之略，尚父之屬力牧黃帝臣也尚父呂望也屬謂族容嚴屬伊皐不論，奚事范蔡伊尹皐陶[illegible]夫廣厦成而茂木暢，遂求存而良馬縶廣厦成故不求材茂木暢故不伐木縶也遂求[illegible]遂方致異之物也存猶止息也言[illegible]求之物[illegible]止不資良馬之力也陰事終而水宿藏亢冬之後盛德在水陰氣用事故曰陰事水宿謂北方七宿斗牛女虛危室壁也月令曰孟冬之月昏危中仲冬昏東壁中季冬昏婁中孟春昏參中水星伏藏不見也場功畢而大火入爾雅曰心爲大火詩豳風曰七月流火又曰九月築場圃也方斯之際，處士山積，學者川流，衣裳被宇，冠蓋雲浮，譬猶衡陽之林，岱陰之麓山南曰陽山北曰陰穀梁傳曰林屬於山曰麓伐尋抱不爲之稀，蓺拱把不爲之數八尺曰尋兩手曰拱蓺猶殖也數音所角切悠悠罔極，亦各有得悠悠衆多也罔極猶無窮也亦各有得言皆自以爲得也彼採其華，我收其實，舍之則藏，已所學也彼彼衆人也論語曰明之則行舍之則藏故進動以道，則不辭執珪而秉柱國呂氏春秋曰得伍員者位執珪古爵名也又曰柱國楚官戰國策秦之相國也復靜以理，則甘糟糠而安藜藿。夫君子非不欲仕也，恥夸毗以求舉夸毗謂佞人足恭善爲進退非不欲室也，惡登牆而摟處孟子曰踰東家牆摟其處子則得妻不摟則不得妻摟之手挽也注太接之字也

奚字從手子奚女也叫呼衒鬻，縣旌自表，非隨和之寶也。暴智燿世，因以干祿，非仲尼之道也因字一作回回回邪也游不倫黨，苟以徇己倫等也倫黨謂等類謂營營也言夫非求者苟以營己而已汗血競時，利合而友汗血謂勞力也競時謂趨時也時會而友不以道義子笑我之沉滯，吾亦病子屑屑而不已也屑屑勞區也先人有則，而我弗虧；行有枉徑，而我弗隨枉曲也徑邪也臧否在予，唯世議固將因天質之自然，誦上哲之高訓，詠太平之清風，行天下之至順，懼吾躬之穢德，勤百畝之不耘尚書曰穢德彰聞禮記曰天人情者聖王之田也修禮以耕之陳義以種之講學以耨之古者夫田百畝穢蕪草也縶余馬以安行，俟性命之所存安行不奔馳也天命之謂性言隱居以竢命昔孔子起威於夾谷，晏嬰發勇於崔杼，曹劌舉節於柯盟曹劌曹沫也以勇事魯莊公爲魯將與齊戰三敗莊公懼乃獻遂邑之地以和猶以爲將齊桓公與莊公會于柯盟桓公與莊公既盟於壇上曹沫執匕首劫齊桓公左右莫敢動乃還魯之侵地卞嚴克捷於壃禦新序曰卞莊子養母戰而三北交游非之國君辱之及母死三年齊與魯戰莊子請從遂赴敵而獲三甲首曰夫三北以養母也今志節小具而責塞矣言聞之節士不以辱生遂反敵殺十人而死君子曰三北以塞責滅世斷宗於孝未終也范蠡錯埶於會稽錯置也埶謂謀略也史記曰吳王敗越於夫椒越王乃以餘兵五千人保於會稽吳師

退而屬之越王謂范蠡曰奈何蠡對曰卑辭厚禮以遺之句踐乃命大夫種行成於吳膝行頓首曰句踐請爲臣妾吳王乃赦越王越王反國將循其士范蠡曰可矣乃伐吳吳師敗越復棲吳王於姑蘇之山五員樹功於柏舉伍子胥名員楚人也子胥父奢誅於楚子胥挾弓矢而干吳王闔閭闔閭甚勇之爲興師伐楚戰於柏舉楚師敗績魯連辯言以退燕史記曰魯仲連齊人也燕將攻下齊聊城周保守之田單攻之不下魯仲連乃爲書遺燕將燕將見書泣三日乃自殺遂平聊城包胥單辭而存楚左傳曰楚昭王爲吳所敗奔隨申包胥如秦乞師曰吳爲封豕長蛇以薦食上國寡君越在草莽使下臣告急立依庭牆而哭日夜不絕聲勺飲不入口七日秦師乃出軍敗吳而復楚國唐且華顛以悟秦唐且即唐雎也戰國策曰秦伐魏魏使人請救不至魏人有唐雎者年九十餘矣西見秦王秦王曰丈人忙然乃遠至此魏來者數矣寡人知魏之急矣唐且曰夫魏萬乘之國也稱東藩者以秦之強也今齊楚之兵以在魏郊矣大王之救不至魏急且割地是王亡一萬乘之魏而強二敵之齊楚秦王悟遽發兵救魏爾雅曰顛頂也華顛謂白首也甘羅童牙而報趙甘羅下蔡人也甘茂孫也年十二事秦相呂不韋秦使張唐往相燕羅曰借臣車五乘請爲張唐先報趙不韋乃言之於始皇召見使甘羅於趙趙襄王郊迎事見史記童牙謂幼小也原衰見廉於壺飧昔趙衰爲原大夫故曰原衰左傳曰晉侯問原守於寺人勃鞮對曰昔趙衰以壺飧從徑餒而不食故使處原飧音[illegible]切孟宣收德於東脯呂覽曰昔趙宣孟將之絳見桑下有餓人宣孟止車下食而脯之再咽而能視宣孟問之曰汝何爲而餓若是對曰臣宦於絳歸而糧絕羞行乞而至於此宣子與脯二朐拜受而弗敢食問其故曰臣有老母將

以遺之宣孟曰食之吾更與汝乃復與脯二束吳札結信於丘木史記曰吳公子季札使過徐徐君好季札劍口不敢言季札知之爲使上國未獻泊還至徐徐君已死於是乃解其寶劍繫之徐君冢樹而去展季效貞於門女展季柳下惠也韓詩外傳曰魯有男子獨處夜暴風雨至婦人趨而託之男子閉戶不納曰吾聞男子不六十不閒居婦人曰子何不學柳下惠然嫗不逮門之女國人不稱其亂焉顏回明仁於度轂，程嬰顯義於趙武程嬰事見馮衍傳度轂未詳僕誠不能編德於數者，竊慕古人之所序。

張衡字平子，順帝初再轉復爲太史令。衡不慕當世，所居之官輒積年不徙。自去史職五載復還，乃設客問，作應閒以見其志云閒非也衡集云觀者觀余去史官五載而復還非進取之勢也雖衡內識利鈍操心不改或不我知者以爲失志矣用爲閒余余應之以時有遇而性命難求因茲以露余誠焉名之應閒云有閒余者曰：蓋聞前哲首務，務於下學上達，佐國理民，有云爲也論語孔子曰下學而上達注云下學人事上知天命也朝有所聞，則夕行之，立功立事，式昭德音尚書曰立功立事可以永年逸詩曰祈招之愔愔式昭德音式用也昭明也是故伊尹思使君爲堯舜而民處唐虞，彼豈虛言而已哉，必旌厥素爾尚書伊尹曰予弗克俾厥后惟堯舜其心愧恥若撻于市旌明也素猶志也咎單巫咸，寔守王家咎單巫咸並殷賢臣也尚書曰咎單作明居又曰巫咸乂王家也申

伯樊仲實幹周邦服袞而朝介圭作瑞申伯申國之伯也樊仲仲山甫也爲樊侯至周宣王之時士詩大雅曰維申及甫維周之翰申伯爲冢宰服袞冕之服也又曰錫爾介圭以作爾寶往近王舅介圭也圭長尺二寸謂之介也厥跡不朽垂烈後昆不亦丕歟且學非以要利而富貴萃之貴以行令富以施惠惠施令行故易稱以大業易繫詞曰崇高莫大乎富貴又曰富有之謂大業日新之謂盛德也質以文美實由華興器賴雕飾爲好人以輿服爲榮吾子悟德體道篤信安仁約已博藝無堅不鑽以思世路斯何遠矣論語曰篤信好學又曰仁者安仁又曰顏淵曰鑽之彌堅博我以文約我以禮又曩滯日官今又原之日官史官也左傳曰天子有日官爾雅曰原再也雖老氏曲全進道若退然行亦以需老子曰曲則全枉則正又曰夷道若類進道若退易需卦曰需不進也必以學非所用術有所仰故臨川將濟而舟檝不存焉徒經思天衢昭獨智固合理民之式也故嘗見謗于鄙儒天衢天道也言徒說思作靈憲渾天儀等深厲淺揭隨時爲義曾何貪於支離而習其孤技焉揭褰衣也音丘例切詩邶風曰深則厲淺則揭爾雅曰由帶以上爲厲由膝以下爲揭言隨時制宜遇深水則厲淺則揭也易隨卦隨時之義大矣哉莊子曰朱泙曼學屠龍於支離益單千金之家三年技成而無所用其巧泙音普耕切何獨悲恐於孤技巧者也

參音三輪可使自轉木雕猶能獨飛已垂翅而還故棲盍亦調其機而銛諸垂翅故棲謂再爲史官也盍何不也銛利也諸之也問者言衡作三輪木雕尚能飛轉已乃垂翅故棲何不調其機關使利而高飛邪傳子曰張衡能令三輪獨轉也昔有文王自求多福詩大雅文王篇曰永言配命自求多福也人生在勤不索何獲左傳曰人生在勤勤則不匱又曰不索何獲吾欲求之曷若卑體屈己美言以相尅尅勝也衡集作美言以市也鳴于喬木乃金聲而玉振之詩小雅曰伐木丁丁鳥鳴嚶嚶出自幽谷遷于喬木求仕遷於高位處揚德音如金玉之聲孟子曰金聲而玉振之援用後勳雪前吝婞很不柔以意誰靳也吝恥也左傳曰宋公靳之杜預注云戲而相愧曰靳應之曰是何觀同而見異也君子不患位之不尊而患德之不崇不恥祿之不夥而恥智之不博方言曰凡物盛而多齊宋之郊謂之夥音和果切也是故藝可學而行可力也天爵高懸得之在命孟子曰仁義忠信樂善不倦此天爵也公卿大夫此人爵也此謂天子高懸爵位得者在命也系或不速而自懷或羨旃而不臻速召也懷來也旃之也求之無益故智者面而不思面偝也阽身以徼幸固貪夫之所爲未得而豫喪也阽危也枉尺直尋議者譏之盈欲虧志孰云非蓄孟子陳代問孟子曰枉尺而直尋若可爲也孟子曰昔齊景公田招虞人以旌不至將殺之

之志士不忘在溝壑如不待招而往何哉且夫枉尺而直尋者以利言也如以利則枉尋直尺而利亦可爲歟趙岐注云志士守義者也君子固窮虞人得其招尚不往如何君子不得其招而往見也尺小尋大不可枉大就小而以要名也於心有猜則簠飧鋌鋪猶不屑餐旌瞀以之猜嫌也簠食器也飧孫詩云有饛簋飧餼食往卷切鋪音補故切鋌謂食也瞀猶介也以用也爰旌適也而餓於道一作爰精目列子曰東方有人焉曰爰旌目將有適也而餓於道狐父之盜曰丘見而下壺飧以餔之爰旌目三餔而後能視曰子何爲者也我狐父之人丘也爰旌目曰譆汝非盜邪吾義不食子之食也兩手據地而歐之不出喀喀然而死之也意之無疑則兼金無百而不嫌辭孟軻以之孟子陳臻問曰前日於齊王餽兼金一百而不受於宋餽七十鎰而受前日之不受是則今日之受非也孟子曰皆是也當在宋也予將遠行行者必以贐予何爲不受若於齊則未有處也無處而餽之是貨之也焉有君子而可以貨取乎趙岐注云兼金好金也價兼倍於惡者故曰兼金一百百鎰也二十兩爲鎰贐送行者贈賄之禮也在齊時無事於義未有所處也義無所處而餽之是以貨財所取我欲使我懷惠也士或解秬褐而襲黼黻或委手禁而掾文軒者度德拜爵量績受祿也解秬褐謂解賤也委手禁謂委贄也秬音常主切方言曰自關而西謂襜褕短者謂之秬也輸力致庸受必有階受或作爰渾元初基靈軌未紀吉凶紛錯人用朣朦朣朦言未曉也黃帝爲斯深慘有風后者是爲亮之察三辰於上跡禍福乎下經緯歷數然後天步有常

則風后之爲也史記曰黃帝迎日推策集解風后力牧以理人順天地之紀幽明之占又曰旁羅日月星辰水波內事曰黃帝師於風后風后善於伏羲氏之道故推演陰陽之事藝文志陰陽家有風后十三篇也當少昊清陽之末實亂德人神雜擾不可方物重黎又相顓頊而申理之日月即次則重黎之爲也帝王紀曰少昊字清陽國語楚觀射父曰少昊之衰也九黎亂德人神雜擾不可方物顓頊承之乃命南正重司天以屬神命火正黎司地以屬人重少昊氏之子黎顓頊氏之子人各有能因藝授任鳥師別名四叔三正官無二業事不並濟左傳郯子曰少皞摯之師而鳥名鳳鳥氏歷正也玄鳥氏司分也伯趙氏司至也青鳥氏司啓也丹鳥氏司閉也又晉蔡墨曰少皞氏有四叔曰重曰該曰脩曰熙實能金木及水使重爲句芒該爲蓐收脩及熙爲玄冥四叔分主三正言其不失職也晝長則宵短日南則景北夏至日北極而影短晝六十刻夜四十刻冬至日南極而影長夜六十刻晝四十刻也易通卦驗曰冬至晷長丈三尺夏至晷長尺五寸謂立八尺表之晷也天且不堪兼況以人該之該備也夫玄龍迎夏則陵雲而奮鱗樂時也涉冬則淈泥而潛蟠避害也說文曰龍鱗蟲之長能幽能明能小能巨能短能長春分而登天秋分而入川言出入有時也賈逵注國語曰淈濁也淈音骨公旦道行故制典禮以尹天下懼教誨之不從有人不理尹正也公旦道行得中也俗作行道者非也仲尼不遇故論六經以俟來辟辟君也公羊傳曰孔

子欲春秋以俟後賢也恥一物之不知有事之無範所考不齊如何可一與韋考字作一當也夫戰國交爭戎車競驅君若綴旒人無所麗麗附也公羊傳曰君若贅旒然旒也言為下所執持西東也燭武縣縋而秦伯佷師燭之武夫也縋縣繩於城而下也左傳曰秦伯圍鄭鄭伯使燭之武夜縋而出說秦伯秦伯為之退師魯連係箭而聊城弛柝魯仲連齊人也時燕將守聊城仲連為書係箭射聊城中燕將自殺見史記弛廢也柝行夜木也從往則合橫來則離安危無常要在說夫張儀說諸侯連衡事秦為橫蘇秦說諸侯連兵拒秦為從蘇秦作則從合張儀來則從離咸以得人為梟失士為尤梟猶勝也猶人博得梟則勝故樊噲披帷入見高祖前漢書曰樊噲沛人也封舞陽侯高帝嘗病惡見人臥禁中詔戶者無得入噲乃排闥直入羣臣不見隨高之事高祖踞洗以對酈生前漢書曰沛公方踞牀令兩女子洗足而見酈食其曰足下欲聚徒合義兵誅無道不宜踞見長者於是沛公輟洗謝之當此之會乃黿鳴而鼈應也喻君臣相感也集曰黿鳴鼈應於泉也故能同心勠力勤恤人隱隱病也國語曰勤恤人隱而除其害也奄受區夏遂定帝位皆謀臣之由也故一介之策各有攸建子長謀之爛然有第前書音義曰謀謀第也與諜通司馬遷字子長作史記著功臣第年表爛然各有第序也夫女魃北而應龍翔洪鼎聲而軍容息女魃旱神也北猶退也

府七百六十九　十五

應龍能興雲雨者也山海經曰蚩尤作兵伐黃帝黃帝乃令應龍攻之冀州之野應龍蓄水蚩尤請風伯雨師縱大風雨黃帝乃下天女曰魃雨止遂殺蚩尤魃不得復上所居不雨魃亦鬼也音步末切鼎或作鼐容或作容衛集容作害並未詳也溽暑至而鶉火棲寒冰沍而黿鼉蟄棲息也禮記月令曰季夏之月土潤溽暑鶉火午之宿也三月在午六月在酉言當季夏之時鶉火退於酉沍凝也今也皇澤宣洽海外混同萬方億醜并質共劑若修成之不暇尚何功之可立質劑猶今分支契也并共猶言交通也周禮曰凡賣買者質劑焉大市以質小市以劑鄭玄注云兩書一札同而別之長曰質短曰劑劑音子隨切立事有三言為下列下列且不可庶矣奚其二哉左傳魯叔孫豹曰太上有立德其次有立功其次有立言杜預注云立德黃帝堯舜也立功禹稷也立言史佚周任臧文仲于茲縉紳如雲儒士成林及津者風攄失塗者幽僻遭遇難要趍偶為幸世易俗異事埶殊不能通其變而一度以揆之易繫詞曰通其變使人不倦也斯契船而求劍守株而伺兔也契猶刻也呂氏春秋曰楚人有涉江者其劍自舟中墜於水遽契其舟曰是吾劍所從墜也舟已行而劍不行若此求劍不亦惑乎韓子曰宋人有耕者田中有株兔走觸之折頸而死因釋耕守株冀復得兔為宋國笑也冒愧逞願必無仁以繼之有道者所不履也越王句踐事此故厥緒不永史記曰越王句踐先吳未發師吳王闔閭之喪已發兵撃越敗之於夫椒越王乃以餘兵五千人保棲於

會稽自此以辱昔愧自張也徒經郛至我不忽以投步千進苟容我不忍以歙肩歙肩謂歛肩也音翕孟子曰脅肩諂笑病于夏畦雖有犀舟勁檝猶人涉卬否有須者也前書音義曰犀舟以犀皮為舟也詩曰招招舟子人涉卬否卬須我友卬我也言人皆涉我友未至我獨待之而不涉以言二事之道非待其人不行也然亦養砥敦篤守以恩信得之不休不獲不吝論語曰求而得之不吝失之不休也不貴是而不惜居下位而不憂允上德之常服焉易曰居上位而不驕在下位而不憂則方將師天老而友地典之乎高睨而大談孔甫且不足慕焉稱哉及周開帝王天老地典黃帝之臣也高睨大談孔丘其猶不足慕也彭咸申屠以為蹈人之跡視也高睨猶高視也其談文志言不同流俗也與世殊技固孤是求子憂朱泙曼之無所用吾恨輪扁之無所教也子覩木雕獨飛愍我垂翅故棲吾感

府七百六十九　十六

去蠢附鴻悲爾先笑而後號也易旅卦上九曰先笑而後號咷斐豹以斃督播書禮至以被國作銘左傳曰晉欒盈之亂斐豹隸也著於丹書書曰而殺督戎晉人懼之斐豹謂宣子曰苟焚丹書我殺督戎宣子喜曰而殺之所不請於君焚丹書者有如日乃出豹而閉之督戎從之弦高以牛餼退敵墨翟以縈帶全城左傳曰秦伯將襲鄭鄭商人弦高將市於周遇之以乘韋先牛十二犒師而曰寡君聞吾子將步師出於敝邑敢犒從者秦師乃還墨子曰公輸般為雲梯之械成將以攻宋墨子解帶為城以牒為械公輸般九設攻城之機變墨子九距之公輸之攻械盡墨子之守圉有餘楚王曰善哉吾請無攻宋矣貫高以端辭顯義蘇武以禿節效貞貫高趙王相也高祖過趙不禮趙王高等謀弒高祖事發高獨明趙王不反蘇武使匈奴中杖節牧羊節旄盡落蒲且以飛矰逞巧詹何以沈鈎致精列子曰蒲且子之弋也弱弓纖繳乘風振之連雙鶬於青雲之際詹何以獨繭絲為綸芒鍼為鈎荊篠為竿剖粒為餌引盈車之魚弈秋以棊局取譽王豹以清謳流聲孟子曰弈秋通國之善弈者也王豹處於淇而河西善謳也僕進不能參名於二立退又不能皐彼數子太上立德其次立功其次立言二立謂立功立言也言不能參名於二立也

[illegible]也愍三墳之既頽惜八索之不理三墳[illegible]詁讀三墳五典八索九丘孔安國以爲三皇五帝[illegible]之書八卦之說謂之八索[illegible]也以下言不能立德立功惟[illegible]立言[illegible]庶前訓之可鑽聊朝隱乎柱史老子爲周柱下史東方朔曰首陽爲拙柱下爲工[illegible]身無[illegible]爲上也且韞櫝以待賈顏氏以行止論語子貢曰有美玉於斯韞櫝而藏諸求善賈而沽諸子曰沽之哉我待賈者也又子謂顏淵曰用之則行舍之則藏唯我與爾有是夫[illegible]曾不慊夫晉楚敢告誠於知己孟子曾子曰晉楚之富不可及也彼以其富我以吾仁彼以其爵我以吾義吾何慊乎哉[illegible]

嗟[illegible]

册府元龜卷第七百六十九

冊府元龜卷第七百七十

總録部 二十

自述第二

後漢蔡邕字伯喈閑居翫古不交當世感東方朔客難及揚雄班固崔駰之徒設疑以自通揚雄作解嘲班固作答賓戲崔駰作達旨乃斟酌群言韙其是而矯其非韙亦是也作釋誨以戒厲云爾有務世公子誨於華顛胡老華顛謂白首也胡老元老之稱曰蓋聞聖人之大寶曰位故以仁守位以財聚人然則有位斯貴有財斯富行義達道士之司也故伊摯有負鼎之衒仲尼設執鞭之言摯伊尹名也負鼎俎以滋味說湯致於王道論語孔子曰富而可求雖執鞭之士吾亦爲之寧子有清商之歌百里有豢牛之事寧戚欲干齊桓公窮困無以自達於是爲商旅將車以適於齊暮宿於郭門飯牛車下望見桓公乃擊牛角而商歌桓公聞之曰異哉歌者非常人也命後車載之百里奚自鬻於秦衣褐食牛朞年而穆公知之舉之牛口之下秦泰也夫如是則聖哲之通趣古人之明志也夫子生清穆之世稟醇和之靈覃思典籍韞櫝六經安貧樂賤與世無營沈精重淵抗志高冥包括無外綜析無形其已久矣曾不能拔萃出群揚芳飛文登天庭序彝倫埽六合之穢慝清宇宙之埃塵連光芒於白日屬炎氣於景雲時逝歲暮默而無聞小子惑焉是以有云方今聖上寬明輔弼賢知崇英逸偉不墜於地德弘者建宰相而裂土才羨者荷榮祿而蒙賜羨本或作美盍亦回塗要至俛仰取容回曲也言回曲道則不睇有所至也輯當世之利定不拔之功榮家宗於此時遺不滅之令蹤遺蹤跡也夫獨未之思邪何爲守彼而不通此彼謂貧賤此謂榮祿胡老傲然而笑曰若公子所謂覩曖昧之利而忘明哲之害專必成之功而忽蹉跌之敗者已公子謖爾斂袂而興曰胡爲其然也謖起貌斂袂之貌胡老曰居吾將釋汝居坐也釋解也昔自太極君臣始基太極天地之始也有羲皇之洪寧唐虞之至時洪大也三代之隆亦有緝熙五伯扶微勤而撫之于斯已降天網縱人紘弛王塗壞太極陁賈逵注國語曰陁落也君臣土分上下瓦解於是智者騁詐辯者馳說武夫奮略戰士講銳講習也電駭風馳霧散雲披變詐乖詭以合時宜或

畫一策而綰萬金或談崇朝而錫瑞珪戰國策曰秦王見頓子頓子曰韓天下之咽喉也魏天下之胸腹也王資臣萬金而遊之天下可圖也秦王曰善乃資萬金使東遊韓魏入其將相北遊燕趙而殺李牧齊王入朝四國畢從頓子之說也史記曰虞卿說趙孝成王一見賜黃金百鎰再見賜白璧一雙連衡者六印磊落合從者駢組流離連衡謂張儀合從謂蘇秦並佩六國印駢並也組綬也流離光彩貌也隆貴翕習積富無崖據巧蹈機以忘其危夫華離蔕而萎條去幹而枯女冶容而淫士背道而辜人毀其滿神疾其邪利端始萌害漸亦牙速速方轂夭夭是加詩小雅曰速速方轂夭夭是椓速速陋也轂祿也言鄙陋小人將貴而得祿也夭殺也椓破之也此作加者謂小人乘寵方轂而行欲豐其屋乃蔀其家易豐卦上六曰豐其屋蔀其家蔀覆也屋蔀覆障之甚也是故天地否閉聖哲潛形易文言曰天地閉賢人隱守晨沮溺耦耕論語曰子路宿於石門晨門曰奚自孔氏鄭玄注云石門魯城外門也晨門主晨夜開閉者又曰長沮桀溺耦而耕並隱遁人也顏歜抱璞蘧瑗保生戰國策齊宣王謂顏歜曰願先生與寡人遊歜辭曰王生於山制則破焉非不寶貴也然失璞不完士生於野選則祿焉非不尊貴也而形神不全歜願得歸晚食以當肉安步以當車無罪以當貴清靜貞正以自虞則終身不辱論語孔子曰蘧伯玉邦有道則仕邦無道則可卷而懷之此爲保其生也齊人歸樂孔子斯征雍渠驂乘遊而遺輕論語曰齊人歸女樂季桓子受之三日不朝孔子行史記曰衛靈公與夫人同車宦者雍渠參乘孔子曰吾未見好德如好色者也於是醜之去衛適曹遺輕謂棄其輕細之物而去言惡之甚也夫豈傲主而背國乎道不可以傾也且我聞之日南至則黃鍾應融風動而魚上冰蕤賓統則微陰萌蒹葭蒼而白露凝月令仲冬律中黃鍾融風立春東風也月令孟春東風解凍魚上冰又仲夏之月律中蕤賓微陰謂一陰生也詩秦風曰蒹葭蒼蒼白露爲霜爾雅曰蒹薕也葭蘆也寒暑相推陰陽代興運極則化理亂相承今大漢紹陶唐之洪烈盪四海之殘災隆隱天之高拆絙地之基絙與亘同皇道惟融帝猷顯丕汜汜庶類含甘吮滋汜汜普貌檢六合之群品躋之乎雍熙群僚恭己於職司聖主垂拱乎兩楹君臣穆穆守之以平濟濟多士端委縉綎端委禮衣也傳曰太伯端委以治周禮說文曰縉赤白色也綎系綬也鴻漸盈階振鷺充庭易曰鴻漸于陸喻君子仕進於朝詩曰振鷺喻絜白之士集君之朝也譬猶鍾山之玉泗濱之石累珪璧不爲之盈採浮磬不爲之索山海經曰黃帝取峚山之玉榮投之鍾山之陽尚書曰泗濱浮磬注云水中見石可以爲磬言鍾山多玉泗水多石喻賢人衆盛也曩者洪源辟而四隩集武功定而干戈戢獫狁攘而吉甫宴城濮捷而晉凱入辟開也謂禹理洪水而開道之

尚書曰四隩既宅隩居也武功定謂武王伐紂詩周頌曰載戢干戈詩小雅曰薄伐玁狁至于太原言南蠻喜歡冬受社鄭玄注曰言東夷伐玁狁而歸天子以燕禮樂之此左傳晉與楚戰於城濮楚師敗績晉凱樂而歸故當其有事也則蓑笠並載擐甲揚鋒不給於務蓑音素和切詩小雅曰荷蓑荷笠毛萇注云荷揭也蓑所以備雨笠所以禦暑擐貫也當其無事也則舒紳緩佩鳴玉以步綽有餘裕夫世臣門子暬御之族詩小雅曰曾我暬御注云暬御侍御也天隆其祐主豐其禄抱膺從容爵位自從攝須理辭餘官委貴其取進也順傾轉圓不足以喻其便逡巡放屣不足以況其易夫有逸群之才人人有優贍之智童子不閑疑於元成瞳矇不稽謀於先生心恬澹於守高意無爲於持盈老子曰持而盈之不如其已注云持滿必傾不如止也粲乎煌煌莫非華榮明哲泊焉不失所寧泊猶靜也狂淫振蕩乃亂其情貪夫殉財夸者死權賈誼服鳥賦之文也言夸華者必死於權勢也瞻仰此事體躁心煩闇謙盈之效迷損益之數易曰天道虧盈而益謙又曰損益盈虛與時偕行注云自然之質各定其分短者不爲不足長者不爲有餘損益將何加焉騁駑駘於修路慕騏驥而增驅卑俯乎外戚之門乞助乎近貴之譽榮顯未副從而顛踣踣協韻音赴

下獲熏胥之辜高受滅家之誅班固書曰爰遷熏胥以刑音義曰熏謂相薰蒸得罪也誅協韻音丁切前車已覆襲軌而騖曾不鑒禍以知畏懼子惟悼哉害其若是害何也天高地厚跼而蹐之詩小雅曰謂天蓋高不敢不局謂地蓋厚不敢不蹐怨豈在明遠生不思戰戰兢兢必慎厥尤且用之則行聖訓也舍之則藏至順也論語孔子曰用之則行舍之則藏故言至順也夫九河盈溢非一𡍮所防九河謂河水分爲九道爾雅曰徒駭太史馬頰覆鬴胡蘇簡絜鉤盤鬲津是謂九河也帶甲百萬非一勇所抗今子責匹夫以清宇宙庸可以水旱而累堯湯乎懼煙炎之毀熸何光芒之敢揚哉煙炎煙火之微細者言常懼微細以致毀滅也熸注云左傳曰吳楚之間謂火滅爲熸音子廉切炎音焰且夫地將震而樞星直井無景則日陰食晏子見伯常騫問曰昔吾見維星絕樞星散地其動乎見晏子春秋晏子食謂不顯食也凡日陰食則井無景也元首寬則望舒朓侯王肅則月側匿望舒月也尚書大傳曰晦而月見西方謂之朓朔而月見東方謂之側匿側匿則侯王肅則侯王舒注肅急也舒緩也是以君子推微達著尋端見緒履霜知冰踐露知暑時行則行時止則止消息盈沖取諸天紀易坤文言曰履霜堅冰至艮卦曰時行則行時止則止豐卦曰天地盈虛與時消息利用遭泰可與處否樂天知命持

神任已群車方奔乎險路安能與之齊軌思危難而自豫故在賤而不恥方將騁馳乎典籍之崇塗休息乎仁義之淵藪槃旋乎周孔之庭宇揖儒墨而與爲友舒之足以光四表收之則莫能知其所有若乃丁千載之運應神靈之符闓閶闔乘天衢擁華蓋而奉皇樞納玄策於聖德宣太平於中區計合謀從己之圖也勳績不立予之辜也龜鳳山翳霧露不除踊躍草萊祗見其愚不我知者將謂之迂龜鳳喻賢人霧露喻昏亂也迂曲也脩業思真棄此焉如靜以俟命不斁不渝斁厭也渝變也百歲之後歸乎其居詩晉風也毛萇注云居墳墓也幸其獲稱天所誘也謂小人安得稱舉者天之所誘後必遇害也罕漫而已非已咎也罕漫猶無所知聞也非君子之咎也昔伯翳綜聲於鳥語葛盧辯音於鳴牛董父受氏於豢龍奚仲供德於衡輈伯翳即秦之先伯益也能與鳥語葛盧東夷介國之君也介葛盧聘於魯聞牛鳴曰是生三犧皆用之矣問之而信其言晉太史蔡墨曰昔有董父實甚好龍能求嗜欲以飲食之以服事帝舜帝賜姓曰董氏豢龍奚仲薛之祖也世本曰奚仲作車衡轅輈也倕氏興政於巧工造父登御於驊騮非子享土於善圉狼瞫取右於禽囚倕舜之巧人也

見尚書造父者秦之先也爲周穆王御驊騮騄耳之乘非子亦秦之先善養馬周孝王使主馬於汧渭之間馬大蕃息分土爲附庸邑之於秦並見史記圉養馬人也見周禮左傳曰戰於肴晉襄公虜秦囚使萊駒以戈斬之囚呼萊駒失戈狼瞫取戈斬之遂以爲車右弓父畢精於筋角佽非明勇於赴流壽王創基於格五東方要幸於談優弓父弓工也闞子曰宋景公使弓工爲弓九年來見公公曰爲弓亦遲矣對曰臣精盡於弓矣獻弓而歸三日而死公張弓東向而射矢踰西霜之山集彭城之東其餘力逸勁猶飲羽於石梁呂氏春秋曰荊人佽飛入江斬蛟前書武帝時吾丘壽王字子贛以善格五待詔格當今之簺也東方朔以善談笑俳優得幸班固曰朔應諧似優上官效力於執蓋弘羊據相於運籌僕不能參跡於若人故抱璞而優遊上官桀武帝時爲期門郎從上甘泉大風車不得行解蓋授桀雖風蓋常屬車桑弘羊洛陽賈人也以能心計爲侍中於是公子仰首降階忸怩而避忸怩心慙胡老乃揚衡含笑援琴而歌衡眉目之間也歌曰練余心兮浸太清滌穢濁兮存正靈和液暢兮神氣寧情志泊兮心亭亭嗜欲息兮無由生踔宇宙而遺俗兮眇翩翩而獨征太清謂天也和液謂和氣靈液也亭亭孤特之貌踔猶越也音丑教切蜀郤正字令先爲祕書郎依則先儒假文見意號曰釋譏其文繼於崔駰達旨其辭曰或有譏余者曰聞之前記夫事與時並

名與功皆然則名之與事前哲之急務也是故創制作範垂時不立流稱垂名匪功不記名必須功而乃顯事亦俟時以行止身沒名滅君子所恥是以達人研道探賾索微觀天運之衍長考人事之興衰辯者馳說智者應機謀夫演略武士奮威雲合霧集風驅雲飛量時揆宜用取世資小屈大申存公忽私雖尺枉而尋直終揚光以發輝也今三方鼎跱九有未乂悠悠四海嬰丁禍敗豈道義之沉塞悲生民之顛沛此誠聖賢拯救之秋烈士樹功之會也吾子以高朗之才珪璋之質兼覽博闚留心道術無遠不致無幽不悉挺身取命幹茲奧秘躊躇紫闥喉舌是執九考不移有入無出尚書曰三載考績三考黜陟幽明九考則二十七年究古今之眞偽計時務之本失雖時獻一策偶進一言釋彼官責慰此素餐固未能輸竭忠款盡瀝胸肝排方入直惠彼黎元俾吾徒華並亦有聞焉也盖亦綏衡緩轡回軌易塗輿安駕肆思馬斯徂審厲揖以投滑要夷庚之赫憮播秋蘭以芳世副吾徒之彼圖

不亦盛與余聞而歎曰嗚呼有是言乎邪夫人心不同實若其面子雖光麗既美且豔管闚籍舉守厥所見未可以言八紘之形埒信萬事之精練也或人率爾仰而揚衡曰是何言與余應之曰虞帝以面從爲戒孔聖以悅己爲尤若子之言良我所思將吾子論而釋之昔在鴻荒曚眛肇初三皇應籙五帝承符爰暨夏商前典所書姬嬴道鼓霸者翼扶嬴氏慘虐吞嚼八區於是從横雲起狙詐如星奇邪蠭動智故萌生或飾真以仁偽或挾邪以干榮或詭道以要上或鬻技以自矜背正崇邪弃直就佞忠無定分義無常經故歎法窮而慝作斯義敗而姦成呂門大而宗滅韓辯立而身刑夫何故哉利回其心寵耀其目赫赫龍盛鑠鑠卓服喩幸苟得如反如仄淫邪莫迷恣睢自極和鸞未調而身在轅側庭宁未踐而棟折榱[illegible]收其精魄絕其澤人弔其躬鬼芟其頟初升高闕終隤幽壑朝含榮潤夕爲枯魄是以賢人君子深圖遠慮畏彼咎矣邈然高舉寧曳尾於塗中

織濁世之休譽彼豈輕主慢民而忽時務哉蓋易有行止之戒詩有靖恭之歎乃神之聽之而道使之然也自我大漢應天順人政治之隆皓若陽春俯憲坤典仰式乾文播皇澤以熙世揚茂化之醲醇君臣履度各守厥真上垂詢納之弘下有規梜之責士無虛華之寵民有一行之迹粲乎亹亹尚此忠益然而道有隆窳物有興廢有聲有寂有光有翳朱陽否於素秋玄陰抑於孟春羲和逝而望舒係運氣匿而耀靈陳冲質不永桓靈墜敗英雄雲布豪傑蓋世家挾殊謀人懷異計故從横者欻披其胸狙詐者暢其舌也今天綱已綴德樹西隣丕顯祖之宏規闡好爵於士人興五教以訓俗豐九德以濟民肅明祀以仍祭崇皇道以輔真雖跱著未一僞者未分聖人垂戒蓋均無貧故君臣協美於朝黎庶欣戴於野動若重規靜若疊矩濟濟偉彦元凱之倫也有過必知顏子之仁也侃侃庶政冉季之治也鷹揚鷙騰伊望之事也總群俊之上略含薛氏之三計敷張

之秘策故力征以勤世援華俊而不遑豈暇脩枯槁於林藪哉然吾不才在朝累紀託身所天心焉是恃樂滄海之底深嵩嶽之高跱闚仲尼之贊商感鄉校之[illegible]彼平仲之和羹亦進可而替否故騰曽聲說時有收猷獻替道人之有采於市閭遊童之吟詠亦疆畔庶以增廣福祥輸力規諫若其合也則以闇協明進應靈符如其違也自我常分退亦已愚進退任數不絓[illegible]誣循性樂天夫何恨諸此其所以既入不出有而若無者也[illegible]屈氏之常醒濁漁父之必醉溷柳季之卑辱編吏叔之高[illegible]不以得遑不以失得不充詘失不懆悸不樂前以顧軒不就後以慮輕不鬻譽以干澤不辭愆以忌絀何責之釋何[illegible]何方之排何責之入九考不福固其所執之方今朝士[illegible]成群猶鱗介之潜乎巨海毛羽之集乎鄧林游[illegible]浮魴鰷不爲之殷且陽靈隆谷於唐葉陰精應以商[illegible]洪災息桑林禱而甘澤滋莊子曰湯旱以身禱於桑林之[illegible]

之孚不怨共明也行止有道啓塞有期我師遺訓不怨不尤委命恭己我又何辭辭窮路單將反初節綜墳典之流芳尋孔氏之遺藝綴微辭以存道憲先軌以投制韙叔肸之優游羡蘧氏之遐逝收止足以言歸汎皓然以容裔欣環堵以恬娛免咎悔於斯世顧茲心之未泰懼末塗之泥滯仍求激而增憤肆中懷以告誓昔九方考精於至貴秦牙沈思於殊形淮南子曰伯樂寒風秦牙管青所相各異其知馬一也蓋九方歅其精秦牙察其形薛燭察寶以飛譽越絶書曰昔越王句踐有寶劒五聞於天下客有能相劒者名薛燭王召而問之吾有寶劒五請以示子乃取豪曹巨闕薛燭曰皆非也又取純鈎湛盧薛燭曰觀其劒列宿之行觀其光渾渾如水之將溢於塘觀其文渙渙如冰將釋此所謂純鈎也王曰是也瓠巴託弦以流聲淮南子曰瓠巴鼓瑟而淫魚出聽又曰鄒梁之歌可傳也而以歌者不可為也齊隷拊髀以濟文楚客潛冠以保荊淮南子曰齊伐楚子發將師以當之兵三卻楚賢大夫皆盡其計而悉其誠有善偷者進請曰臣有薄技願為君行之君曰諾卽夜出解齊將軍之幬帳而獻之子發使人歸之曰卒有出樵薪者得將軍之帳使歸之於執事明日又復往取其枕子發又使歸之明日又復往取其簪子發又使歸之齊師聞之大駭將軍與軍吏謀曰今日不去楚軍恐取吾頭乃還師而去雍門援琴而挾說桓譚新論曰雍門周以琴見孟嘗君孟嘗君曰先生鼓琴亦能令文悲乎雍門周曰然臣竊為足下有所常悲夫角帝而困秦者君也連五國而伐楚者又君也天下未常無事不從則衡衡成則秦帝夫以秦楚之強而報弱薛猶磨蕭斧而伐朝菌也有識之士莫不為足下寒心天道不常盛寒暑更進退千秋萬歲之後宗廟必不血食高臺既已傾曲池又已平墳墓生荊棘狐狸穴其中遊兒牧豎躑躅其足而歌其上曰孟嘗君之尊貴亦猶若是乎於是孟嘗君喟然太息涕淚承睫而未下雍門周引琴而鼓之徐動宮徵叩角羽終而成曲孟嘗君遂歔欷而就之曰先生鼓琴令文立若亡國之人也韓哀秉轡而馳名呂氏春秋曰韓哀作御盧敖翺翔乎玄闕若士竦身於雲清淮南子曰盧敖游乎北海經乎太陰入乎玄闕至於蒙穀之上見若士曰子殆可與敖為交乎若士者䵢然而笑曰嘻乎子中州之民寧肯而遠至此此吾與汗漫期於九垓之上吾不可以久駐是舉臂而竦身遂入雲中盧敖仰而視之弗見乃止吾比夫子也猶黃鵠之與壤蟲終日行不離咫尺而自以為遠不亦悲哉余實不能齊技於數子故乃靜然守己而自寧

晉皇甫謐字士安沈靜寡欲始有高尚之志以著述為務自號玄晏先生著禮樂聖真之論後得風痺疾猶手不輟卷或勸謐修名廣交謐以為非聖人孰能兼存出處居田里之中亦可以樂堯舜之道何必崇接世利事官鞅掌然後為名乎作玄守論以荅之曰或謂謐曰富貴人之所欲貧賤人之所惡何故委形待於窮而不變乎且道之所貴者理世也人之所美者及時也先生年邁齒變飢寒不贍轉死溝壑其誰知乎謐曰人之所至惜者命也道之所必全者形也性形所不可犯者疾病也若擾全道以損性命安得去貧賤存所欲哉吾聞食人之祿者懷人之憂形強猶不堪況吾之弱疾乎且貧者士之常賤者道之實處常得實沒齒不憂孰與富貴擾神耗精者乎又生為人所不知死為人所不惜至矣喑聾之徒天下之有道者也夫一人死而天下號者以為損也一人生而四海笑者以為益也然則號笑非益死損生也是以至道不損至德不益何哉體足也如迴天下之念以追損生之禍運四海之心以廣非益之病豈道德之至乎夫唯無損則至堅矣夫唯無益則至厚矣堅則終不損厚故終不薄苟能體堅厚之實居不薄之真立乎損益之外遊乎形骸之表則我道全矣遂不仕

束皙字廣微性沈退不慕榮利作玄居釋以擬客難其辭曰束子閑居門人並侍方下帷深譚隱机而咍含毫散藻考撰同異在側者進而問之曰蓋聞道尚變通達者無窮世亂則救其紛時泰則扶其隆振天維以贊百務熙帝載而鼓皇風生則率土樂其存死則宇內哀其終是以君子屈己伸道不恥于時上國有不索何獲之言周易著躍以求進之辭莘老負金鉉以陳烹割之說齊客當康衢而咏白水之詩今先生耽道修藝嶷然山峙潛朗通微洽覽深識夜兼忘寐之勤晝騁鑽玄之思曠年累稔不墮其志鱗翼成而愈伏術業優而不試乃欲闔匱辭價泥蟠深處永戢琳琅之耀匿首窮魚之渚當唐年而慕長沮邦有道而反甯武識彼迷此愚竊不取若乃士以援登進必待求附勢之黨横擢則林藪之彥不抽丹墀步紈袴之童東野遺白顛之叟蓋亦因子都而事博陸憑鷁首以涉洪流蹈翠雲以駭逸龍振光耀以驚沉鱗徒屈蟠於埳井眄天路而不遊學既積而身困夫何為乎秋乎且歲不我與時若奔駟有來無反難得易

失先生不知肝膽之識悔遲而忘天明益之義務疾亦豈能登遐消而挹東流之水臨虞泉而招西歸之日徒以曲畏爲稽儒學旬鈍因大道於環堵若形骸於蓬室豈若託身權戚憑勢假力翔棲芳林飛不待翼夕宿七娥之房朝享五鼎之食統三正則太階平贊五教而王繩直勞若茹藿食蔬終身自匿哉余子曰居吾將導爾以君子之道諭爾以出處之事爾其明受余訐謹聽余志昔元一既啓兩儀肇立離光夜隱望舒晝戢羽族翔林蠉蛸赴淵物從性之所安士樂志之所執或背豐榮以巖栖或排蘭闥而求入在野者龍逸在朝者鳳集雖有軌迹不同而道无貴賤必安其業交不相羨稷契奮庸以宣道巢由洗耳以避禪同垂不朽之稱俱入賢者之流參名比譽誰劣誰優何必貪與二人爲群而恥爲七人之疇乎且道睽而通士不同趣吾竊綴處者之末行未敢闚子之高俞將忽蒲輪而不聘夫何權戚之云附哉昔周漢中衰時難自託福兆既開患端亦作朝遊

巍峩之宮夕墜崢嶸之壑晝笑夜歎晨華暮落忠不足以衛已禍不可以預度是以士諱登朝而競赴林薄或毁名自污或不食其祿比從政於匣笥之龜譬官者於郊廟之犢公孫泣涕而辭相楊雄抗論於赤族今大晉熙隆六合寧靜蜂蠆止毒熊羆輟猛五刑勿用八紘備整主无驕肆之怒臣無狡詭之謫上下相安率禮從道朝養觸邪之獸庭有指佞之草禍戮可以忠逃寵祿可以順保且夫進无險懼而惟寂之務者率其性也兩可俱是而舍彼趣此者從其志也蓋无爲可以解天下之紛澹泊可以救國家之急當位者事有所窮陳策者言有不入翟璜不能迴西鄰之寇平勃不能正如意之立干木卧而秦師退四皓造而戚姬泣夫如是何舍何執何去何就謂山岑之林爲芳盆底之桂爲臭守分任性唯天所秩烏不假甲於龜魚不借足於獸何必笑孤竹之貧而羨齊景之富恥布衣以肆志寧文袞而拖繡且能約其躬則儋石之祿以豐苟肆其欲則海陵之積不足存道德者則匹夫之身可榮忘大倫者則萬乘之主猶辱將研六籍以訓世守寂泊以鎮俗偶鄭老於海隅匹嚴叟於僻蜀且世以大虛爲輿玄靈爲肆神游莫競之林心存無營之室榮利不擾其覺衰憂不干其寐捐奔者之所貪收躁務之所弃雖聖籍之莫兼總群言之一至全素履於丘園背纓緌而長逝請子課吾業於千載無聽吾言於今日也

陸景爲吏部尚書少有聲名好學有才思嘗爲自叙其略曰劉向省新語而作新序桓譚詠新序而作新論余不自量感子雲之法言而作言道覩賈子之美才而作訪論觀子政洪範而作古今歷覽蔣子通萬機而作審機讀幽通思玄四愁而作娛賓九思真所謂忍愧者也

宋陶潛字元亮穎脫不羈嘗著五柳先生傳以自況曰先生不知何許人不詳姓字宅邊有五柳樹因以爲號焉閑靜少言不慕榮利好讀書不求甚解每有會意欣然忘食性嗜酒而家貧

不能常得親舊知其如此或置酒招之造飲必盡期在必醉既醉而退曾不吝情環堵蕭然不蔽風日短褐穿結簞瓢屢空晏如也常著文章自娛頗示已志忘懷得失以此特人謂之實録以親老家貧起爲州祭酒不堪吏職少日自解歸州召主簿不就躬耕自資遂抱羸疾復爲鎮軍建威參軍事謂親朋曰聊欲絃歌以爲三逕之資可乎執事者聞之以爲彭澤令潛素簡貴不私事上官郡遣督郵至縣吏白應束帶見之潛歎曰吾不能爲五斗米折腰拳拳事鄉里小人邪義熙三年解印去縣其親朋好事或載酒肴而往潛亦无所辭焉每一醉則大適融然又不營生業家務悉委之兒僕未嘗有喜慍之色唯遇酒則飲時或无酒亦雅詠不輟嘗言夏月虛閑高卧北窓之下清風颯至自謂羲皇上人性解音而畜素琴一張絃徽不具每朋酒之會則撫而和之曰但識琴中趣何勞絃上聲貴賤造之者有酒輒設潛若先醉便語客我醉欲眠卿可去其真如此郡將候潛值其

酒熟取頭上葛巾漉酒畢還復著

袁粲爲東海太守嘗著傳以自況曰有妙德先生陳國人也氣志淵虛姿神清映性孝履順栖冲業簡有舜之遺風先生幼風多疾性疎懶無所營尚然九流百氏之言雕龍談天之藝皆泛識其大歸而不以成名家貧嘗仕非其好也混其聲迹晦其心用故深交或迕俗察罔識所趣廓門常掩三逕裁通雖揚子寂漠嚴叟沉冥不足過也脩道遂志終無得而稱焉

梁蕭子顯字景暢嘗爲自序其略云余爲邵陵王友忝還京師遠思前比即楚之唐宋梁之嚴鄒追尋平生頗好辭藻雖在名無成求心已足若乃登高目極臨水送歸風動春朝月明秋夜早鴈初鶯開花落葉有來斯應每不能已也前世賈傅崔馬邯鄲繆路之徒並以文章顯所以屢上歌頌自比古人天監十六年始預九日朝宴稠人廣坐獨受旨云今雲物甚美卿將不斐然賦詩詩既成又降帝旨曰可謂才子余退謂人曰一顏之恩

非望而至遂方賈誼何如哉未易當也每有製作特寡思功須其自來不以力構少來所爲詩賦則鴻序一作體兼衆製文備多頗爲好事所傳故虛聲易遠也

劉峻字孝標嘗爲自序其略曰余自比馮敬通而有同之者三異之者四何則敬通雄才冠世志剛金石余雖不及之而節亮慷慨此一同也敬通値中興明君而終不試用余逢命世英主亦擯斥當年此二同也敬通有忌妻至於身操井臼余有悍室亦令家道轗軻此三同也敬通當更始之世手握兵符躍馬食宍余自少迄長感慼無懽此一異也敬通有一子仲文官成名立余禍同伯道永無血胤此二異也敬通膂力方剛老而益壯余有犬馬之疾溘死無時此三異也敬通雖芝殘蕙焚終塡溝壑而爲名賢所慕其風流郁烈芬芳久而彌盛余聲塵寂漠世不吾知魂魄一去將同秋草此四異也所以自力爲敘遺之好事云

王筠自序曰余少好書老而彌篤雖遇見瞥觀皆即疏記後重省覽歡興彌深習與性成不覺筆倦自年十三四齊建武二年乙亥至梁大同六年三十載矣幼年讀五經皆七八十遍愛左氏春秋吟諷常爲口實廣略去取凡三過五抄餘經及周官儀禮國語爾雅山海經本草並再抄子史諸集皆一遍未嘗倩人假手並躬自抄錄大小百餘卷不足傳之好事蓋以備遺忘而已

陳江總爲尚書令嘗自敘曰歷升清顯備位朝列不邀世利不涉權幸嘗撫躬而太息曰莊青翟位至丞相無迹可紀趙元叔爲上計吏光乎列傳官陳以來未嘗逢迎一物干預一事悠悠風塵流俗之士頗致怨憎榮枯寵辱不以介意太建之世權移群小諂疾作威屢被摧黜奈何命也後主昔在東朝留意文藝夙荷昭晉恩紀契闊嗣位之日時寄謬蒙儀形天府釐正庶績八法六典無所統昔晉武帝策荀公曾曰周之冢宰今之尚書令也況復才未半古尸素若茲晉太尉陸玩云以我爲三公知

天下無人矣軒冕儻來一物豈是預要乎弱歲歸心釋教年二十餘入鍾山就靈曜寺則法師受菩薩戒暮齒官陳與攝山布上人遊款深悟苦空更復練戒運善於心行慈於物頗知自勵而不能蔬非尚染塵勞以負愧平生耳

唐韓愈字退之元和初爲國子博士作進學解以自諭曰國子先生晨入太學招諸生立館下誨之曰業精于勤荒于嬉行成于思毁于隨方今聖賢相逢治具畢張拔去兇邪登崇畯良占小善者率以錄名一藝者無不庸把羅剔抉刮垢磨光蓋有幸而獲選孰云多而不揚諸生業患不能精無患有司之不明行患不能成无患有司之不公言未旣有笑于列者曰先生欺予哉弟子事先生于茲有年矣先生口不絶吟於六藝之文手不停披於百家之篇記事者必提其要纂言者必鉤其玄貪多務得細大不捐燒膏油以繼晷常兀兀以窮年先生之於業可謂勤矣觝排異端攘斥佛老補苴罅漏張皇幽眇尋墜緒之茫茫

獨旁搜而遠紹障百川而東之迴狂瀾於既倒先生之於儒可謂有勞矣沉浸醲郁含英咀華作爲文章其書滿家上規伊姚渾渾無涯周誥殷盤佶屈聱牙春秋謹嚴左氏浮夸易奇而法詩正而葩下逮莊騷太史所錄子雲相如同工異曲先生之於儒可謂閎其中而肆其外矣少始知學勇於敢爲長通於方左右其宜先生之於爲人可謂成矣然而公不見信於人私不見助於友跋前躓後動輒得咎暫爲御史遂竄南夷三年博士冗不見治命與仇謀其敗幾時冬煖而兒號寒年登而妻啼飢頭童齒豁竟死何裨不知慮此而反教人爲先生曰吁子來前夫大木爲杗細木爲桷欂櫨侏儒椳闑居楔各得其宜施以成室者匠氏之工也玉札丹砂赤箭青芝牛溲馬勃敗鼓之皮俱收並蓄待用無遺者醫師之良也登明選公雜進巧拙紆餘爲妍勞犖爲傑校短量長惟器是適者宰相之方也昔孟軻好辯孔道以明轍環天下卒老于行荀卿宋王大論是弘逃讒于楚廢死蘭陵是二儒者吐詞爲經舉足爲法絕類離倫優入聖域其遇於世何如也今先生學雖勤不繇其統言雖多不要其中文雖奇不濟其用行雖修而不顯於衆猶且月費俸錢歲縻廩粟子不知耕婦不知織乘馬從徒安坐而食踵常途之促促窺陳編以盜竊然聖主不加誅宰相不見斥此非其利哉動而得謗名亦隨之投閑置散乃分之宜若夫商財賄之有無計班資之崇庳忘己量之所稱指前人之瑕疵是猶詰匠氏之不以杙爲楹而訾醫師之以昌陽引年欲進其豨苓也執政覽其文而憐之以其有史才改比部郎中史館修撰

元稹穆宗朝爲相長慶末因編刪其文稾自叙曰劉秩云制不可削予以爲有可得而削之者有不可得而削之者貢謀猷持嗜欲君有之則譽歸于上臣專之則譽歸於下苟而存擴也經制度明利害區邪正辨嫌惑存之則事分著去之則是非泯苟而削之其過也非道也元和初章武皇帝新即位臣下未有以言刮視聽者予時始以對詔在拾遺中供奉由是獻教本書諫議論事等表十數通仍爲裴度李正辭韋纁訟所言當行而宰相曲道上語上頗悟召見問狀宰相大惡之不一月出爲河南尉後累歲補御史使東川謹以元和赦書劾節度使嚴礪籍塗山甫等八十八家過賦梓遂之民數百万朝廷異之奪七刺史料錢以所籍歸於人會潘孟陽代礪爲節度使貪過礪且有所承迎雖不敢盡廢詔因命當得所籍者皆入資貨過其稱推新流賊無不爲礪密狀不當得醜謚予自東川還朋礪者潛切齒矣無何分莅東都臺天子久不在都都下多不法者百司皆牟獄有裁接吏械人逾歲而臺府不得而知之者予因飛奏絕百司專禁錮河南尉叛守予劾之忤宰相旨監徐使死於軍徐帥郵傳其柩柩至洛其下歐詬王郵吏徙柩於外不得復乘傳浙西觀察使封杖決安吉令至死河南尹誣奏書生尹太階請死之飛龍使誘趙寔家逃奴爲養子田季安盜娶洛陽衣冠女妳州沒入死商錢且千万滑州賦於民以千授於人以八佰朝抵鎮東師主討者俟命牛車四千二百乘飛芻越太行類是數十事或移或奏皆止之貞元巳來不慣用文法內外寵臣皆喑嗚會河南尹房式詐諼事發奏攝之前所喑嗚者叫譟宰相素以劾叛官事相銜乘是黜予江陵掾後十年始爲膳部員外郎穆宗初宰相更用事丞相段公一日獨得對因請亟用兵部郎中薛存慶考功員外郎牛僧孺予亦在請中上然之不十數日次用爲給舍他忿恨日夜構飛語予懼罪比上書自明上憐之三召與語語及兵賦洎西北邊事因命經紀之是後書奏及進見皆言天下事外間不知多臆度陛下益憐其不濫禁中語詔入禁林且欲用爲宰相是時裴度在太原亦有宰相望乃者謀欲俱廢之乃以予所無構於裴裴奏至驗之皆失實上以裴方握兵不欲校曲直出予爲工部侍郎而相裴之期亦衰矣不累月上盡得所構者雖不能暴揚之遂果初意卒用予與裴俱宰相復

七肆狂民告予皆客刺裴者鞫之復無狀然而裴與予以故俱罷究始元和十五年八月但見上至是未二歳僭忝恩寵無是之速者遭罹謗咎亦無是之甚者是以心腹腎腸寒賁於扶衛危亡之不暇又惡褫紐紀陛下之所付哉然而造次顛沛之中前後列上兵賦邊防之狀可得而存者一百一十五奇而削之是傷先帝之器使也至于陳暢辨謗之章去之則無以自明於朋友矣其餘郡縣之奏請賀慶之禮因亦附於件目始教本書至於為人雜奏二十有七軸凡二百二十有七奏終殁吾世貽之子孫式所以明經制之難行而銷毀之易至也其自叙如此欲知其作者之意盖備於此篇

周馮道仕漢為太師平居自適一日著長樂老自叙云余世家宗族本始平長樂二郡歴代之名實具載於國史家諜余先自燕亡歸晉事莊宗明宗閔帝清泰帝又事晉高祖皇帝少帝契丹據汴京為戎二主所制自鎮州與文武臣寮馬步將士歸漢

朝事高祖皇帝今上頃以久叨祿位備歴艱危上顯祖宗下光親戚亡曾祖諱湊累贈至太傅亡曾祖母崔氏追封梁國太夫人亡祖諱景累贈至太師亡祖母褚氏追封吳國太夫人亡父諱良建秘書少監致仕累贈至尚書令亡母張氏追封魏國太夫人余階自將仕郎轉朝議郎朝散大夫朝議大夫銀青光祿大夫光祿大夫特進開府儀同三司職自幽州節度巡官河東節度巡官掌書記再為翰林學士改授端明殿學士集賢殿大學士太微宮使再為弘文館大學士又充諸道鹽鐵轉運使南郊大禮使明宗皇帝晉高祖皇帝山陵使再授定國軍節度同州管內觀察處置等使一為長春宮使又授武勝軍節度鄧隨均房等州管內觀察處置等使官自攝幽府參軍試大理評事檢校尚書祠部郎中兼侍御史檢校吏部郎中兼御史中丞檢校太尉同中書門下平章事檢校太師兼侍中又授檢校太師兼中書令正官自行臺中書舍人再為戶部侍郎轉兵部侍郎中書侍郎再為門下侍郎刑戶吏尚書右僕射左僕射三為司空兩在中書一守本官又授司徒兼侍中賜私門十六戟又授太尉兼侍中又授戎太傅又授漢太師爵自開國男至開國公魯國公再封秦國公梁國公燕國公齊國公食邑自三百戶至一萬一千戶食實封自一百戶至一千八百戶勲自柱國至上柱國功臣名自經邦致理功臣至守正崇德保邦致理功臣安時處順守義崇靜功臣崇仁保德寧邦翊聖功臣先娶故德州戶椽褚諱濆女早亡後娶故景州弓高縣孫明府諱師禮女累封蜀國夫人亡長子平自秘書郎授右拾遺工部度支員外郎次子吉自秘書省校書郎膳部金部職方員外郎屯田郎中第三子可自秘書省正字授殿中丞工部戶部員外郎第四子幼亡第五子乂自秘書改授銀青光祿大夫檢校國子祭酒兼御史中丞充定國軍衙內都指揮使職罷改授朝散大夫左春坊太子司議郎授大常丞第六子正自協律郎改授銀青光祿大夫

檢校國子祭酒兼御史中丞充定國軍節院使職罷改授朝散大夫太僕丞長女適故兵部崔侍郎諱衎太僕少卿名絢封万年縣君三女子早亡二孫幼亡曾孫長興二年勑瀛州景城縣主來蘇鄉改為元輔鄉朝漢里改為孝行里洛南庄貫河南府洛陽縣三川鄉壽臺里奉晉天福五年勑三川鄉改為上相鄉壽臺里改為中台里府守司徒兼侍中又奉八年勑上相鄉改為太尉鄉中台里改為侍中里府守太尉兼侍中静思本末慶及存亡蓋自國恩盡從家法承訓誨之旨關教化之源在孝於家忠於國口無不道之言門無不義之貨所願者下不欺於地中不欺於人上不欺於天以三不欺為素賤如是貴如是長如是老如是親事君事長臨人之道曠蒙天恕累經難而獲多福曾陷蕃而歸中華非人之謀是天之祐六合之內有幸者百歲之後有歸所無以珠玉含當以時服斂以蘧篨葬及擇不食之地而葬焉以不及於古人故祭以持牛羊殺生也當以不害命

之物欲無立神道碑以三代墳前不獲立碑故無請謚藏以無德故又念自負佐至王佐及鎮藩鎮時或有微益於国之事節皆形於八公牘所著文章篇詞因多事散失外收拾得者編於家集中間見其志知之者罪之者未知衆寡矣有莊有宅有群書有二子可以襲爵業於此日五盥日三省尚猶日知其所亡月忘其所能爲子爲弟爲人臣爲司長爲夫爲父有子有孫子有孫奉身即有餘矣爲時乃不足不足者何不能爲大君致一統定八方誠有愧於歷職歷官何以答乾坤之施時開一卷時飲一盃食味別聲被色老安於當代耶老而自樂何樂如之時尊祐三年朱明月長樂老序云

冊府元龜卷第七百七十

冊府元龜卷第七百七十一

總録部二十一

世官

傳曰世不失職又曰世濟其美不隕其名蓋古之守官者修其方而垂裕宿其業以延嗣義訓攸篤軌迹彌劭故能介象賢之祉成善繼之名復治先職以載民譽至有官寺無改故吏多在覩度斯觀淑風相接出處更踐德聲宣聞系緒積累處齋綿久固非勤學之績可述憲胄之美無忝茂昭前烈以塞群望者又焉能克世祿之職職重十代諸父之位踵伯仲之武皆可類舉亦并而叙焉

重黎帝嚳時爲火正甚有功能光融天下帝嚳命曰祝融（祝大也融明也）共工氏作亂帝嚳使重黎誅之而不盡帝乃以庚寅日誅重黎而以其弟吳回爲重黎後復居火正爲祝融

周造父爲繆王御西巡狩見西王母樂之忘歸而徐偃王反繆王日馳千里馬攻徐偃王大破之乃賜造父以趙城由造父下六世至奄父曰公仲宣王時伐戎爲御

鄭桓公武公父子並爲周司徒善於其職國人宜之故美其德賦緇衣之詩以明有國善善之功焉

觀從楚大夫也平王立（平王名弃疾）召觀從曰唯爾所欲（觀從觀起之子起爲子南所殺弃疾黨故今召用之明本居爲卜之業）對曰臣之先佐開卜乃使爲卜尹（佐卜人開龜兆）

漢周勃以將軍從高帝遷爲太尉後以列侯事惠帝惠帝六年置太尉官以勃爲太尉文帝即位以勃爲右丞相居十餘月請歸相印薨之十餘歲丞相陳平卒復用勃爲相勃子亞夫爲中尉景帝三年吳楚反亞夫爲太尉東擊吳楚破平歸復置太尉官五歲遷爲丞相

金日磾字翁叔封秺侯有忠勤之節七葉爲侍中

石奮官至大中大夫東陽侯張相如爲太子太傅免選可爲傅者皆推奮爲太子太傅武帝元狩元年立太子選群臣可傅者奮子慶自沛守爲太子太傅

汲黯字長孺其先有寵於古之衛君（古衛國君也）至黯十世世爲卿大夫

杜周武帝時爲御史大夫子延年宣帝五鳳中徵爲御史大夫居父官府不敢當舊位坐卧皆易其處

韋賢爲丞相子玄成復以明經歷位至丞相故鄒魯諺曰遺子黃金滿籯不如一經

平當爲丞相當子晏以明經歷位大司徒漢興唯韋平父子至宰相（漢哀帝更名丞相爲司徒也）

劉德長樂衛尉辟彊之子也德昭帝初爲宗正丞雜治劉澤詔獄（雜以他官共治之也劉澤齊孝王之孫謀殺青州刺史者也）父爲宗正徙大鴻臚丞遷太中大夫後復爲宗正雜案上官氏蓋主事德子向本名更生元帝即位前將軍蕭望之諸吏光祿大夫周堪薦更生宗室忠直明經有行擢爲散騎宗正給事中又德傳爵至孫慶忌復爲宗正太常慶忌子岑嗣爲諸曹中郎將列校尉至太常

史高爲侍中貴幸子丹以父位爲中庶子元帝即位爲駙馬都尉侍中九男皆以丹任爲侍中

馮野王尚弟立相代爲上郡太守吏民嘉美歌之曰大馮君小馮君兄弟繼踵相因循聰明賢智惠吏民政如魯衛德化鈞周公唐叔猶二君

後漢鮑永建武中爲司隸校尉其子昱中元初拜司隸校尉詔昱詣尚書使封胡降檄光武遣小黃門問昱有所怪不對曰臣聞故事通官文書不著姓名又當司徒露布怪使司隸下書而著姓名帝報曰吾故欲令天下知忠臣之子復爲司隸也昱在職奉法守正有父風

馮魴字孝孫父子兄弟並帶青紫三代侍中郭躬爲廷尉家世掌法弟子鎮又爲廷尉鎮子賀復至廷尉賀弟禎亦以能法律至廷尉鎮弟子禧少明習家業兼好儒學有名譽亦至廷尉

廉範趙將頗之後世漢興以廉氏豪宗自苦陘徙焉世爲邊郡守

陳寵爲尚書子忠辟司徒府三遷廷尉正司徒劉愷舉忠明習法律宜備機密於是擢尚書僕居三公曹

趙興爲司隷校尉子峻爲太傅以才器稱孫安世魯相三世皆爲司隷時稱其盛

袁安章帝元和三年代第五倫爲司空章和元年代桓虞爲司徒安子京京子湯桓帝初爲司空累遷司徒太尉湯子逢靈帝立爲司空又安子敞安帝元初三年代劉愷爲司徒

王龔字伯宗安帝建光初爲司隷校尉累遷太常順帝永建四年爲司空子暢字叔茂少以清實爲稱爲齊相徵拜司隷校尉靈帝建寧初爲司空

楊震安帝永初四年徵入爲太僕遷太常永寧元年代劉愷爲司徒延光二年又代愷爲太尉中子秉桓帝時爲光祿大夫梁冀用權秉稱病六年冀誅後乃拜太僕遷太常後代劉矩爲太尉秉子賜靈帝熹平二年代唐珍爲司空五年代袁隗爲司徒免光和元年爲太常五年冬爲太尉免中平二年復代張溫爲司空子彪中平六年代董卓爲司空其冬代黃琬爲司徒免從入關爲太常免又代淳于嘉爲司空免復拜太常獻帝興平元年代朱雋爲太尉錄尚書事

魏劉馥爲揚州刺史馥子靖文帝黃初中從黃門侍郎遷廬江太守詔以父昔任彼州今卿復據此郡可謂克負荷者也

皐端從涼州牧徵爲太僕子康代爲涼州刺史時人榮之

杜畿爲河東太守子恕復爲太守恕所在務存大體而已其撫惠愛益得百姓歡心不及於畿

辛毗爲衛尉子敞官至衛尉

盧毓爲僕射典選舉子欽爲尚書僕射領選蜀呂祥子及孫世爲永昌太守

吳孫鄰字公達雅性精敏幼有令譽九歲代父賁領豫章

朱才爲校尉領兵後弟亦以校尉領兵

周瑜字公瑾從祖父景景子忠皆爲漢太尉

顧譚祖父雍爲丞相平尚書事卒數月拜譚太常代雍平尚書事

晉山濤武帝咸寧中除尚書僕射領吏部子簡懷帝永嘉初爲尚書左僕射領吏部

何曾子劭爲侍中尚書劭庶兄遵爲侍中遵子綏爲侍中尚書

虞悝尚弟望並有士操孝悌廉信爲鄉黨所稱而俱好臧否以人倫爲已任少仕州郡兄弟更爲治中別駕

杜軫成都人爲犍爲太守甚有聲譽當遷會病卒弟烈明政事察孝廉歷平康安陽令所居有異績遷衡陽太守聞軫亡因自表兄子幼弱求去官詔轉犍爲太守蜀土榮之

謝奕從兄尚爲豫州刺史尚有德政既卒爲西藩所思朝議以奕立行有素必能嗣尚事乃遷都督豫司冀并四州軍事安西將軍豫州刺史

滕脩爲安南將軍廣州牧後脩孫含爲平南將軍廣州刺史在任積年甚有威惠

袁猷少與兄瓌齊名代瓌爲呂令復相繼爲江都由是與渡江

陶璜父基爲吳交州刺史璜復爲交州牧在州三十年威恩著於殊俗後璜子威領刺史在職甚得百姓心三年卒威弟淑子綏後並爲交州自基至綏四世爲交州者五人

薛兼字令長清素有器宇資望故加上國不似吳人歷位二宮丞相長史元帝踐阼累遷太子少傅自綜至兼三世傳東宮

周訪爲南中郎將督梁州諸軍梁州刺史卒子撫後爲益州刺史穆帝永和初進督梁州之漢中巴西梓潼陰平四郡軍事外平中進鎮西將軍在州三十餘年哀帝興寧三年卒子楚起家參征西將軍事從父入蜀拜鷹揚將軍犍爲太守父卒以楚監梁益二州假節襲爵建城公世世在梁甚得物情撫弟光少有父風光子仲孫興寧初爲寧州刺史代祖遐以梁益多寇周氏世

有威稱復除仲孫冨益州梁州之三郡皆訪以下三世為益州

褰據善文辭為太子中庶子子嵩字臺蓮才藝尤美為太子中庶子

祖約㴱之弟也㴱有功於譙沛約漸見任遇㴱卒自侍中代㴱為西平將軍豫州刺史領㴱之衆

叟闢能屬文為給事中領著作其子肅之亦有文藻著稱歷給事中

徐苗字叔胄累世相承皆以博士為郡守

鄧嶽字伯山督交廣二州軍事建武將軍平越中郎將廣州刺史假節加平南將軍卒嶽弟逸字茂山亦有武幹嶽卒後以逸交監廣州建威將軍平越中郎將廣州刺史假節

孔愉為會稽內史卒于山陰之私第後其子安國孫靜並再為會稽內史

王珉父洽曾為中書令至珉復居之時人以為奕世令望

孔嚴為吳興太守善於宰牧甚得人和後從姪廞廞子琳之並為吳興太守

丁潭為散騎常侍子話後亦至散騎侍郎

桓石秀代叔父沖為寧遠將軍江州刺史領鎮蠻護軍西陽太守在州五年以疾去職其弟石民為襄郡太守時叔父沖鎮荊州及沖薨詔以石民監荊州軍事西中郎將荊州刺史桓氏世莅荊土石民兼以才望甚為人情所仰

宋陸仲元者晉太尉玩曾孫以事用見知歷吏部郎右衛將軍侍中吳郡太守自玩洎仲元四世為侍中時人方之金張一族

殷淳曾祖融祖元並為晉太常淳歷中書黃門侍郎淳弟沖亦歷中書黃門吏部郎沖弟淡亦歷黃門吏部郎

張暢為侍中代子淹領太子右衛率

毛亮生及子璩並為益州刺史

王准之任宋臺御史中丞為僚友所憚准之父訥之祖臨之曾祖彪之自彪之至准之四世並居此職

何偃為吏部尚書父尚之去選未五載偃復襲其迹世以為榮

杜驥為冀州刺史徵拜左軍將軍兄坦代為刺史北土以為榮焉

杜引文交州刺史慧度子也引文初為九真太守及繼父為刺史亦以寬和得衆襲爵龍編侯

朱脩之為司徒從事中郎文帝謂曰卿曾祖昔為王導丞相中郎卿今又為王引中郎可謂不忝爾祖矣

南齊柳世隆元景弟之子也世為冠威將軍上黨太守帝謂元景曰卿昔以冠威之號為隋郡今復以授世隆使卿門世不絕公也

沈淡與弟淵沖並歷御史中丞（宋云中丞案裁之職故嫌惡者多繼悉母孔氏在東都衆失歸為人所羨大呼曰我三兒皆作御史中丞與人豈有善者）

顧憲之為給事中黃門侍郎兼尚書吏部郎中宋世其祖覬之嘗為吏部庭植嘉樹謂人曰吾為憲之種耳至是憲之果為此職

傅琰字季珪山陰令僧祐子也宋明帝泰始六年琰又入為山陰東土大縣難為官長僧祐在縣有稱琰尤明察又著名琰父子並著奇績江左鮮有世云諸傅有治縣譜子孫相傳不以示人

梁謝覽為吏部尚書覽自祖至孫三世居選部當世以為榮

劉季連為輔國將軍益州刺史季連父宋世為益州貪鄙無政績州人猶以義故故善待季連季連下車存問故老撫納新舊見父時故吏皆對之流涕

蕭昂字子明景之第三弟也武帝天監初為輕車將軍監南兗州初景再為兗州德惠在人及昂來代時人方之馮氏

夏侯夔為豫州刺史夔兄亶先經此任至是夔居焉兄弟並有恩惠於鄉里百姓歌之曰我之有州頻仍夏侯前兄後弟布政優優夔在州七年甚有聲績遠近多附之

謝舉為五兵尚書遷掌吏部舉祖莊宋世再典選至舉又三為

此職前代未有也又遷侍中中書監未拜遷太子詹事領左將
軍舉父禴齊世終此官累表乞致授勑不許父之授職列沆爲
驍馬管東宮書記散騎省天監三年詔尚書郎在職清能或人
才高妙者爲侍郎以沆爲殿中曹侍郎沆從父兄溉洽並有才
名時皆相代為殿中當世榮之
王承除國子祭酒承祖儉及父暕嘗爲此職三世為國師前代
未之有也當世以爲榮
孔僉歷官國子助教三爲五經博士子叔玄頗涉文學官至太
學博士
沈峻爲五經博士卒子文阿傳父業尤明左氏傳太清中自國
子助教爲五經博士
陳袁憲爲左僕射參掌選事先是憲長兄樞爲左僕射至是為
右僕射臺省目樞爲大僕射憲爲小僕射朝廷榮之
賀德基字承業世傳禮學祖文發父淹仕梁俱爲祠部並有名

當世德基於禮記稱爲精明累遷尚書祠部郎德基雖不至大
官而三世儒學俱爲祠部時論美其不墜焉
樊毅南陽人也隸王僧辯討河東王譽以功除假節威戎將
軍右中郎將代兄俊爲梁興太守
後魏庾業延父及兄和辰世典畜牧
司馬楚之爲侍中鎮西大將軍開府雲中鎮大將朔州刺史琅
邪王楚之尚魏諸女河内公主生子金龍後襲爵拜侍中鎮西
大將軍開府雲中大將朔州刺史金龍弟躍字寶龍尚趙郡公
主拜駙馬都尉代兄為雲中鎮將朔州刺史楚之父子相繼鎮
雲中朔土服其威德
辛穆與其子馥並爲平原相吏民懷安之
韋朏為荆郢和糴大使南郢州刺史丑夷咨樂朏父珍往任荆
州恩洽夷夏乞朏充南道將別領荆州驍勇共為腹背詔從之
皮豹子爲都督秦雍荆梁益五州諸軍事開府仇池鎮將劉子
喜高祖初拜侍中都督秦雍荆梁益五州諸軍事開府仇池鎮
將以其父豹子昔鎮仇池有威信故也
楊津華陰人為右將軍華州刺史與兄播前後皆牧本州當世
榮之
畢衆敬爲兖州刺史子元賓後亦爲兖州刺史父子相代為本
州當世榮之
邢祐假員外散騎常侍使于宋祐子産復假員外散騎常侍使
于南齊仍世將命時人美之
傅敬和豎眼長子也豎眼前爲益州刺史敬和孝莊時復爲益
州刺史朝廷以其父有遺惠故也
江文遥爲汝州刺史卒於州長史許思祖等以文遥遺愛在人
推其子果行州事既攝州任乃遣使奉表莊帝嘉之除果通
直散騎侍郎假節龍驤將軍行汝州事
北齊鄭述祖爲兖州刺史初其父道昭爲兖州於彭城南小山

起齊亭刻石爲記述祖時年九歲及爲刺史往尋舊迹得一破
石有銘云中嶽先生鄭道昭之白雲堂述祖對之嗚咽悲動群
寮
後周泉企上洛豐陽人曾祖景言仕魏假宜陽郡守世襲本縣
令父安志復爲宜陽郡守領本縣令企年十二鄉人皇平陳合
等三百人詣州請企爲縣令州申上時吏部尚書郭祚以企年
少未堪宰民請別選遣終此一限令企代之宣武詔曰企向成
立且爲本鄉所樂何爲捨此世襲更求一限遂依所請
李旭為黄門等郎太祖嘗謂旭曰卿祖昔在中朝爲御史中尉
卿操尚貞固理應不墜家風但孤以中尉彈劾之官愛憎所在
故未即授耳然此職久曠無以易卿乃奏旭爲御史中尉
裴文舉邃之子也武帝保定三年遷絳州刺史邃之莅正平也
以廉約自守每行春省俗單車而已及文舉臨州一遵其法百
姓美而化之

達奚武爲大宗伯父震嘗爲此職時論榮之子寔爲渭州刺史寔兄寔先莅此州頗有惠政寔又推誠布信事存寬簡夷夏感悅之大小馮君焉

隋田式字顯標馮翊下邽人也祖安興父長樂仕魏俱爲本郡太守式仕周又爲本郡太守親故昇迹請託不行武帝聞而嘉之

庾季才爲太中大夫藝術精通子質復爲太史令質子儉亦傳父業兼有學識仕歷襄武令元德太子學士義寧初爲太子令

唐漢陽王瓌高祖武德中代兄孝恭爲荊州都督

溫彥博歷中書侍郎時弟彥將亦爲中書侍郎

趙道興貞觀中爲左武候中郎將隋武候大將軍才之子也明閑宿衛號爲稱職太宗嘗謂曰卿父爲隋武候將軍甚有當官之譽卿今克傳弓冶可謂不墜家聲因擢授右武候將軍其父時廨宇仍舊不改時人以爲榮

唐盧承慶博學有才幹貞觀中歷雍州別駕尚書左丞弟承業亦有才幹與承慶相次爲尚書左丞雍州長史時人榮之

李百藥德林子也百藥貞觀元年爲中書舍人子安期高宗永徽中爲中書舍人自德林至安期三世皆掌制誥安期孫義仲又爲中書舍人

戴胄貞觀中爲民部尚書以本官參預朝政胄兄子至德乾封中累遷西臺侍郎同東西臺三品轉戶部尚書復掌政事父子十數年間相繼爲尚書皆預知國政時以爲榮

崔仁師貞觀中爲中書舍人累遷中書侍郎平章事子湜中宗景龍中爲中書舍人再爲中書侍郎平章事

蕭鈞貞觀中爲中書舍人有名於時鈞曾姪孫嵩開元初爲中書舍人嵩子華肅宗上元初拜中書侍郎平章事華孫俛建中末吏部尚書平章事華子常常子俛穆宗初爲中書侍郎平章事尋轉門下侍郎常弟悟子倣懿宗咸通末爲兵部侍郎平章事

閻立本工部尚書立德之弟也高宗顯慶中立本自將作大匠遷拜工部尚書兄弟相代時人榮之

薛元超隋內史侍郎道衡孫也元超高宗朝爲中書舍人中書省有一盤石初道衡爲內史侍郎嘗踞而草制元超每見此石未嘗不泫然流涕肅宗上元三年復爲中書侍郎元超從子稷睿宗景雲中又爲中書侍郎

韓休伯父大敏則天初爲鳳閣舍人休歷遷中書舍人禮部工部侍郎知制誥休子汯亦歷知制誥休孫臯德宗朝爲考功郎中知制誥遷中書舍人臯父滉代宗大曆中爲尚書左丞臯德宗貞元末爲尚書右丞滉弟洄興元初爲京兆尹臯貞元十四年爲京兆尹

張說則天初爲鳳閣舍人子均玄宗朝爲中書舍人

姚璹與弟班數年間俱爲定州刺史戶部尚書時人榮之

房穎叔則天聖曆中爲天官侍郎自其高祖景伯至穎叔四代咸居選部時論榮之

韋承慶弟嗣立長壽中代承慶爲鳳閣舍人長安三年承慶又代嗣立爲天官侍郎頃之又代嗣立知政事當時以爲榮

劉知幾長安中累遷左史修國史開元初遷左散騎常侍子貺餗秩貺終於起居郎修國史餗累爲給事中尚書右丞左散騎常侍秩給事中尚書右丞

李景伯中宗景龍中爲給事中子彭年玄宗開元中又遷給事中

王維與弟縉以詞學齊名玄宗開元初縉爲監察御史天寶初維亦爲監察御史

賈曾初爲中書舍人以父名忠固辭乃拜諫議大夫知制誥開元初復拜中書舍人子至天寶末爲中書舍人玄宗幸蜀肅宗卽位於靈武玄宗遣至爲傳位冊文玄宗嘆曰昔先宗遜位於朕冊文則卿之先父所爲今朕以神器付儲君卿又當演誥可謂繼美矣鳴咽流涕感

韋斌天寶中拜中書舍人其兄陟先爲中書舍人而斌又繼遷

時人美之

韋見素天寶五年爲諫議大夫充江西山南黔中嶺南黜陟使還拜給士中改尚書左丞吏部侍郎子倜諤皆至給士中孫顗以補蔭千牛累遷給事中尚書左丞吏部侍郎子係烈嗣子益次子肅相繼爲翰林學士

孫成父逖兄宿繼掌綸言三十年間便蕃西掖時論榮之

盧奕懷慎之少子也天寶十一年爲御史中丞始懷慎及奕並爲此官父子三人爲中丞清節不易時人美之

郭英乂隴右節度使知運之季子也少以父業習知武藝策名河隴間以軍功累遷諸衛員外將軍至德初肅宗興師朔野英乂以將門子特見任用遷隴右節度使

崔渙乾元中累遷御史大夫子縱德宗建中中爲大理少卿魏州都糧料使與李懷光同赴奉天拜京兆尹懷光反德宗行幸梁州或曰縱素善懷光今不來矣帝曰縱吾能保其心不數日縱至拜御史大夫

張守珪字獻誠守珪弟守瑜守瑜子獻恭並爲山南西道節度使

李峴肅宗幸靈武應召至行在拜扶風太守兼御史大夫既收京師拜禮部尚書守京兆尹復兼御史大夫時峴兄峘爲戶部尚書兼成都尹乾元初玄宗還京自蜀至又兼御史大夫兄弟俱判臺事國初已來兄弟並拜大夫未有其比

李希言爲禮部侍郎子紓代宗大曆中亦歷禮部侍郎

崔祐甫德宗初爲門下侍郎平章事專中書侍郎平章事修國史祐甫子植穆宗長慶初拜中書侍郎平章事

鄭絪貞元中爲起居郎絪孫顥懿宗咸通中爲起居郎

李晟貞元中爲鳳翔節度子愬憲宗元和中爲隨唐鄧節度既平蔡州憲宗有意以復河湟故地授朔鳳翔節度使路由闕下會李師道再叛詔徵兵討之遂改愬爲徐泗節度尚兄愿亦換其城旬日間再踐父兄之任弟聽文宗開成中授鳳翔節度使父晟兄愬兄愿皆鎮鳳翔時人榮之

鄭餘慶貞元十三年爲工部侍郎子澣穆宗長慶中遷中書舍人文宗大和二年遷禮部侍郎餘慶憲宗元和中爲山南西道節度觀察使興元尹大和中澣自左丞出爲山南西道節度觀察使興元尹餘慶之鎮興元創儒宮設學館至澣之來復繼前美澣子處誨累遷工部刑部侍郎又遷宣武軍節度使處誨弟從讜宣宗大中中遷中書舍人懿宗咸通三年拜禮部侍郎專刑部又爲宣武軍節度使以兄殁於宣武訖一政不於公署卒樂王緯字文卿父之咸初爲長安尉緯舉明經又書判入等歷長安縣尉

杜佑再爲淮南節度貞元十九年入朝拜檢校司空同平章事順宗即位初進檢校司徒憲宗時冊拜司徒平章事佑孫悰武宗會昌中拜中書侍郎同平章事出鎮西川俄復入相加司空繼加司徒復歷淮南節度

竇常憲宗元和中爲國子祭酒弟牟穆宗長慶初亦爲國子祭酒

孔戣元和中自華州刺史入爲大理卿穆宗長慶中自吏部侍郎爲右散騎常侍弟戢自汝州刺史爲大理卿湖南觀察爲右散騎常侍

令狐楚爲失方員外郎知制誥元和九年入翰林遷中書舍人十二年罷内職守中書舍人十四年自河陽節度入拜中書侍郎同平章事楚子綯宣宗大中二年考功郎中知制誥其年入翰林拜中書舍人四年拜兵部侍郎平章事綯子渙位至中書舍人翰林學士

薛存誠自兵部郎中爲給士中子廷老自刑部郎中遷給事中廷老子保遜位至給事中

韓充中書令弘之弟爲河陽昭義衙門將及弘節制宣武乃歸

主親兵軍中奏官累至御史大夫元和十五年代姪公武爲鄜坊節度使加檢校工部尚書穆宗長慶元年又自鄭滑節度充宣武軍節度使

張弘靖祖加貞爲中書舍人相玄宗爲中書令謚恭肅父延賞爲中書舍人相德宗爲左僕射平章士謚成肅弘靖亦爲中書舍人復相憲宗

韋貫之穆宗長慶初爲河南尹子澳咸通中爲河南尹

鄭覃長慶四年遷御史中丞文宗大和九年爲右僕射平章士加門下侍郎監修国史弟朗武宗會昌中爲御史中丞宣宗大中中爲禮部尚書平章事加中書侍郎監修国史

高釴長慶四年正拜中書舍人充翰林學士如故文宗大和三年受刑部侍郎遷吏部侍郎弟銖開成三年自浙西觀察入爲刑部侍郎弟鍇大和七年爲中書舍人開成中轉吏部侍郎鍇子湜懿宗咸通中再爲中書舍人

崔郾爲給事中敬宗即位選爲翰林侍講學士轉中書舍人轉禮部侍郎子瑶累至中書舍人宣宗大中六年知貢舉旋拜禮部侍郎瑶弟瑾懿宗咸通中拜禮部侍郎郾弟鄲大和三年以考功郎中充翰林學士轉中書舍人

路群文宗大和四年爲翰林學士五年正拜中書舍人子巖宗宗大中中累遷中書舍人

高元裕開成三年爲諫議大夫充翰林侍講學士兄少逸開成四年遷諫議大夫代元裕爲翰林侍講學士兄弟迭處禁密儒林榮之

李德裕自淮南節度使授門下侍郎同平章事初德裕父吉甫年五十一出鎮淮南五十四自淮南復相德裕鎮淮南後入相一如父之年亦爲異事

崔珙武宗會昌初累遷戶部侍郎充諸道鹽鐵轉運使等弟璪宣宗大中初爲兵部侍郎充諸道鹽鐵轉運使璪弟玙大中七年權知戶部侍郎轉兵部侍郎

張裼以宣宗大中中宰相于琮判度支召爲司勲員外郎判度支尋用爲翰林學士轉郎中知制誥拜中書舍人戶部侍郎學士承旨子文蔚昭宗乾寧中以祠部郎中知制誥正拜中書舍人崔裔尚文蔚同年進士尤相美用爲翰林學士戶部侍郎

王龜懿宗咸通中爲浙東觀察使兄式宣宗大中時廉閫于此曾破草賊裘甫[illegible]有善政至是越人咸喜焉

後唐趙犨唐僖宗光啓中爲陳州刺史其后犨弟昶珝皆相繼爲陳師

封舜卿莊宗同光已來累歷清顯封氏自大和已來世居內制以文筆稱於時舜卿從子渭昭宗遷洛時爲翰林學士舜卿爲中書舍人叔姪對掌內外制從子翅於梁貞明年中亦爲翰林學士

劉遂清末帝清太元年以前興州刺史爲西京副留守代其兄遂雍爲淄州刺史

冊府元龜卷第七百七十一

冊府元龜卷第七百七十二

總録部二十

志節

男子之生設弧於門示將有事於四方也蓋古之志士樹勲於世揚名於後者未始不懷慷慨之操勵剛果之節因事感發扶義倜儻或堀處窮約或遭罹困辱而能壯圖內激英槩外見發乎心術形於話言卒能踐之靳可復也至有服膺刻意研味前說矯尾厲角歷干當世不喜卑冗之役無事貴游之樂輕章句之誦習慕豪英之風軌專講三略之術好論將帥之事靡尚細節罔顧常檢是皆魁梧磊落之事也豈齷齪廉謹云乎哉

申包胥楚大夫初與伍員爲友伍員之亡也謂包胥曰我必覆楚國（[illegible]）包胥曰勉之子能覆之我必能興之及昭王在隨包胥如秦乞師

吳起衞人少時家累千金游仕不遂遂破其家鄉黨笑之吳起殺其謗已者三十餘人而東出衛郭門與其母訣齧臂而盟曰起不為卿相不復入衛後為楚相

蘇秦者東周雒陽人也事東師於齊而習之於鬼谷先生（潁川陽城有鬼谷蓋是其人所居因為號風俗通曰鬼谷先生六國時從横家）出游數歳大困而歸兄弟嫂妹妻妾竊皆笑之曰周人之俗治產業力工商什二以爲務今子釋本而事口舌困不亦宜乎蘇秦聞之而慙自傷乃閉室不出出其書徧觀之曰夫士業已屈首受書而不能以取尊榮雖多亦奚以為於是得周書陰符伏而讀之期年以出揣摩（戰國策曰乃發書陳篋數十得太公陰符之謀伏而誦之簡練以為揣摩讀書欲睡引錐自刺其股血流至踵曰安有說人主不能出其金玉錦繡取卿相之尊者乎期年揣摩成鬼谷子有揣摩篇也）曰此可以說當世君矣後佩六國相印終齊客卿

張儀者魏人也始嘗與蘇秦俱事鬼谷先生學而游說諸侯嘗從楚相飲已而楚相亡璧門下意張儀曰儀貧無行必此盜相君之璧共執張儀掠笞數百不服釋之其妻曰嘻子毋讀書游

府七百七十二　一

說安得此辱乎張儀謂其妻曰視吾舌尚在不其妻笑曰舌在也儀曰足矣後終於秦相

蔡澤者燕人也游學干諸侯小大甚衆不遇而從唐舉相（荀[illegible]唐舉）曰吾聞先生相李兌曰百日之內持國秉政有之乎曰有曰若臣者何如唐舉孰視而笑曰先生曷鼻巨肩（[illegible]）魋顏蹙齃膝攣（[illegible]）吾聞聖人不相殆先生乎蔡澤知唐舉戲之乃曰富貴吾所自有吾所不知者壽也願聞之唐舉曰先生之壽從今以往者四十三歲蔡澤笑謝而去謂其御者曰吾持粱刺齒肥（[illegible]）躍馬疾驅懷黃金之印結紫綬於要揖讓於人主之前食肉富貴四十三年足矣後為秦相

李斯者楚上蔡人也年少時為郡小吏見吏舍廁中鼠食不絜近人犬數驚恐之斯入倉觀倉中鼠食積粟居大廡之下不見人犬之憂於是李斯乃歎曰人之賢不肖譬如鼠矣在所自處耳乃從荀卿學帝王之術學已成度楚王不足事而六國皆弱無可為建功者欲西入秦辭於荀卿曰斯聞得時無怠今萬乘方爭時游者主事今秦王欲吞天下稱帝而治此布衣馳騖之時而游說者之秋也處卑賤之位而計不為者此禽鹿視肉人面而能強行者耳故詬莫大於卑賤而悲莫甚於窮困久處卑賤之位困苦之地非世而惡利自託於無為此非士之情也始皇時斯位至丞相

陳勝陽城人少時嘗與人傭耕輟耕之壟上悵然甚久曰苟富貴無相忘傭者笑而應曰若為傭耕何富貴也勝太息曰嗟乎燕雀安知鴻鵠之志哉

漢陳平陽武戶牖人貧不事業一縣中盡笑其所為里中社平為宰（[illegible]）分肉甚均里父老曰善陳孺子之為宰平曰嗟乎使平得宰天下亦如此肉後為丞相

韓信淮陰人家貧母死無以葬乃行營高燥地令其旁可置萬家

府七百七十二　二

者言其有大志也後封淮陰侯

朱買臣字翁子吳人也常艾薪樵賣以給食擔束薪行且誦書其妻亦負戴相隨數止買臣毋歌謳道中買臣愈益疾歌妻羞之求去買臣笑曰我年五十當富貴今已四十餘矣女苦日久待我富貴報女功後爲會稽太守丞相長史

主父偃臨菑人也上疏言事遷謁者中郎中大夫大臣皆畏其口賂遺千金或說偃曰大横偃曰臣結髮游學四十餘年身不得遂親不以爲子昆弟不收賓客弃我我阸日久大丈夫生不五鼎食死則五鼎亨後爲齊相誅

朱雲字游魯人事蕭望之受論語皆能傳其業好倜儻大節當世以是高之終於槐里令

趙充國字翁孫隴西人爲人沈勇有大略好將帥之節而學兵法勇知四夷事爲後將軍卒

段會宗字子松天水上邽人會宗爲人好大節矜功名位至左曹中郎將光禄大夫

終軍者濟南人也初從濟南當詣博士步入關關吏予軍繻繻帛邊也舊關出入皆以傳傳煩因裂繻頭合以爲符信也軍問以此何爲吏曰爲復傳復返出關更以爲傳還當以合符軍曰大丈夫西游終不復傳還弃繻而去軍爲謁者使行郡國建節東出關關吏識之曰此使者迺前弃繻生也

班伯爲奉車都尉與王許子弟爲群在於綺襦紈袴之間非其好也

翟方進字子威汝南上蔡人家世微賤年十二三失父孤學給事太守府爲小史號遲頓不及事數爲掾史所詈辱方進自傷迺從汝南蔡父相問己能所宜言從何術可以自達蔡父大奇其形貌謂曰小史有封侯骨當以經術進努力爲諸生學問方進既厭爲小史聞蔡父言心喜因病歸家辭其後母欲西至京師受經方進讀經博士受春秋積十餘年經學明習徒衆日廣諸儒稱之以射策甲科爲郎

後漢耿弇少好學父況爲朔調連率弇常見郡尉試騎士建旗鼓肄馳射由是好將帥之事後終於建威大將軍

王霸世好文法父爲郡決曹掾霸亦少爲獄吏常慷慨不樂吏職其父奇之遣西學長安後終於上谷太守

馬援年十二而孤少有大志諸兄奇之嘗受齊詩意不能守章句乃辭兄況欲就邊郡田牧況曰汝大才當晚成良工不示人以朴且從所好後爲伏波將軍封新息侯援曰方今匈奴烏桓尚擾北邊欲自請擊之男兒要當死於邊野以馬革裹屍還葬耳何能卧牀上在兒女子手中邪

馮衍字敬通幼有奇才二十而博通群書王莽時諸公多薦舉之者衍辭不肯仕然有大志不戚戚於貧賤居常慷慨嘆曰衍少事名賢經歷顯位懷金垂紫揭節奉使不求苟得常有陵雲之志三公之貴千金之富不得其願不槩於懷貧而不衰賤而

不恨年雖疲曳猶庶幾名賢之風修道德於幽冥之路以終身名爲後世法居貧年老卒于家衍官至司隸從事

鄧訓字平叔禹第六子也少有大志不好文學禹常非之訓終於護羌校尉

郭丹從師長安買符入函谷關乃慨然歎曰丹不乘使者車終不出關既至京師常爲都講諸儒咸敬重之大司馬嚴尤請丹辭病不就王莽又徵之遂與諸生逃於北地更始二年三公舉丹賢能徵爲諫議大夫持節使歸南陽安集受降丹自去家十有二年果乘高車出關如其志焉

梁竦安定人高山侯統子也竦嘗生京師不樂本土自負其才鬱鬱不得意嘗登高遠望歎息言曰大丈夫居世生當封侯死當廟食如其不然閑居可以養志詩書足以自娛州郡之職徒勞人耳後辟命交至並無所就

梁慬有勇氣常慷慨好功名官至謁者

第五倫爲京兆督鑄錢掾每讀詔書常歎息曰此聖主也一見決矣等輩笑之曰爾說郡將尚不下安能動万乘乎華嶠書曰蓋延代鮮于褒爲馮翊多非法倫數切諫延恨之故常不得舉郡將謂郡守倫曰未遇知己道不同故耳位至司空

班超爲人有大志不修細節然內孝謹居家常執勤苦不恥勞辱與母隨至洛陽家貧常爲官傭書以供養久勞苦嘗輟業投筆歎曰大丈夫無它志略猶當效傅介子張騫立功異域以取封侯安能久事筆硯間乎左右皆笑之超曰小子安知壯士志哉後爲西域都護封定遠侯

趙曄會稽山陰人也少嘗爲縣吏奉檄迎督郵曄恥於斯役遂弃車馬去到犍爲資中資中縣名今資州資陽縣詣杜撫受韓詩究竟其術撫卒乃歸州召補從事不就

楊震常客居於湖不荅州郡禮命數十年衆人謂之晚暮而震志愈篤後位至太尉

徐淑交接英雄常有壯志舉茂才除勃海脩令遷琅琊都尉

趙温爲京兆郡丞歎曰大丈夫當侯雄飛安能雌伏遂弃官去

盧植從馬融學終辭歸闔教授性剛毅有大節常懷濟世志後爲議郎

張奐少立志節嘗與士友言曰大丈夫處世當爲國家立功邊境及爲將帥果有勳名爲度遼將軍轉太常卒

馮良字君郎出於孤微少作縣吏年三十爲尉從佐奉檄迎督郵即路慨然恥在廝役因壞車殺馬毀裂衣冠乃遁至犍爲從杜撫學

戴封年十五詣太學師事鄮令東海申君申君卒送喪到東海道當經其家父母以封當還豫爲娶妻封暫過拜親不宿而去還京師卒業後爲中山相徵拜爲太常卒

郭泰字林宗家世貧賤早孤母欲使給事縣廷林宗曰大丈夫焉能處斗筲之役乎遂辭就成皋屈伯彥學後以有道徵不就

符融少爲都官從事主察舉百官犯法者融恥爲其吏而去從遊太學師事少府李膺

范冉冉或作丹少爲縣小吏年十八奉檄迎督郵冉恥之乃遁去遊學後爲萊蕪長不到官卒

陳蕃年十五嘗閑處一室而庭宇蕪穢父友同郡薛勤來候之謂蕃曰孺子何不洒埽以待賓客蕃曰大丈夫處世當掃除天下安事一室乎勤知其有清世志甚奇之位至太尉

逢萌家貧給事縣爲亭長時尉行過亭萌候迎拜謁既而擲楯歎曰大丈夫安能爲人役哉遂去之長安學通春秋經後隱老勞山連徵不起卒

周黨家産千金少孤爲宗人所養而遇之不以理及長又不還其財黨詣鄉縣訟主乃歸之既而散與宗族悉免遣奴婢遂至長安游學建武中徵爲議郎以病去職

杜密字周甫潁川陽城人也爲人沈質少有厲俗志後爲太僕

黨事既起免歸本郡

岑晊南陽棘陽人也雖在閭里慨然有董正天下之志後太守弘農成瑨請爲功曹

范滂少厲清節爲州里所服舉孝廉光禄四行時冀州飢荒盜賊群起乃以滂爲清詔使案察之滂登車攬轡慨然有澄清天下之志

王允少好大節有志於立功常習誦經傳朝夕試馳射三公並辟以司徒高第爲侍御史

鄭玄年十一二隨母還家正臘會同列十數皆美服盛飾語言閑通玄獨漠然如不及母私督數之乃曰此非我志不在所願也後徵司農卿不就

魏夏侯稱字叔權征西將軍淵之子也自孺子而好合聚童兒爲之渠帥戲必爲軍旅戰陳之事有違者輒嚴以鞭捶衆莫敢逆淵陰奇之使讀項羽傳及兵書不肯曰能則自爲耳安能學

人與文帝爲布衣之交年十八卒

晏圭字子伯少有猛志常歎息曰男兒居世會當得數万兵千匹騎着後耳儕輩笑之後詣太祖以爲大將

鄧艾少時每見高山大澤輙規度指畫軍營處所時人多笑焉後位至征西將軍

留贊字正明會稽長山人爲郡吏與黄巾賊帥吳桓戰手斬得桓贊一足被創遂屈不伸然性烈好讀兵書及三史每覽古良將戰攻之勢輙對書獨歎因呼諸近親謂曰今天下擾乱英豪並起歷觀前世富貴非有常人而我屈躄在閭巷之間存亡無以異今欲割引吾足幸不死而足申幾復見用死則已矣親戚皆難之有閒贊乃以刀自割其筋血流滂沲氣絶良久家人驚怖亦以既爾遂引申其足足申創愈以得蹉步淩統聞之請與相見甚奇之乃表薦贊遂被試用

賈逵字梁道自爲兒童戲弄常設部伍祖父習異之曰汝大必

爲將率口授兵法數萬言終於豫州刺史

黄朗字文達沛郡人也爲人弘通有性實父爲本縣卒朗感其如此抗志游學由是爲方國及其郡士大夫所禮特異

裴潛少時不爲父所知又自感所生微賤無舅氏又爲父所不禮即折節仕進雖多所更歷清省恪然後爲光禄大夫卒

蜀姜維字伯約天水冀人也少孤與母居好鄭氏學爲人好立功名陰養死士不脩布衣之業後爲大將軍

吳呂蒙字子明汝南富陂人也少南渡依姊夫鄧當當爲孫策將數討山越蒙年十五六竊隨當擊賊當顧見大驚呵叱不能禁止歸以告蒙母母恚欲罰之蒙曰貧賤難可居脫誤有功富貴可致且不探虎穴安得虎子母哀而舍之後爲南郡太守

黄蓋少孤嬰丁凶難辛苦備嘗然有壯志雖處貧賤不自同於凡庸常以負薪餘閑學書疏講兵事後爲偏將軍

潘璋東郡人性博蕩居貧好賒酤債家至輒言後豪富相還

爲右將軍

張奮昭之弟也年二十造作攻城大攻車爲步騭所薦昭不願曰汝年尚少何爲自委於軍旅乎奮對曰昔童汪死難子奇治阿奮實不才耳於年不爲少也遂領兵爲將軍連有功效至平州都督封樂鄉亭侯

晉杜預字元凱京兆杜陵人也祖畿魏尚書僕射父恕幽州刺史預博學多通明於興廢之道常言德不可以企及立言可庶幾也後爲鎮南大將軍都督荆州諸軍事

王濬恢廓有大志嘗起宅開門前路廣數十步人或謂之何太過濬曰吾欲使容長戟幡衆咸笑之濬曰陳勝有言燕雀安知鴻鵠之志後爲撫軍大將軍

劉卞字叔龍東平須昌人也本兵家子質直少言少爲縣小吏功曹夜醉如厠使卞執燭不從功曹銜之以他事補亭子卞後從令至洛得入太學試經爲臺四品吏訪問令寫黄紙一鹿車

卞曰劉卞非爲人寫黄紙者也訪問知怒言於中正退爲尚書令史或謂卞曰君才簡略堪大不堪小不如作守舍人卞從其言後爲吏部令史遷至司空主簿

魏舒字陽元任城樊人也少孤爲外家甯氏所養甯氏起宅相宅者云當出貴甥外祖母以甯氏甥小而慧意謂應之舒曰當爲外氏成此宅相久乃別居年四十餘郡上計掾察孝廉宗黨以舒無學業勸令不就可以爲高耳舒曰若試而不中其負在我安可虛竊不就之高以爲己榮乎於是自課百日習一經因而對策升第除澠池長

趙至字景真代郡人也寓居洛陽緱氏令初到官至年十三與母同觀母曰汝先世本非微賤世乱流離遂爲士伍耳爾後能如此不至感母言詣師受業聞父耕叱牛聲投書而泣師怪問之至曰我小未能榮養使老父不免勤苦師甚異之年十四遊太學後占籍遼西爲郡計吏到洛與父相遇時母已亡父欲令

其官立弗之告仍形以不歸至乃還遼西幽州三辟部從事斷
九獄見稱精審太康中以良吏赴洛知毋亡初至自乾士伍欲
以官至立名期於榮養既而其志不就號憤慟哭歐血而卒
左思少學鍾胡書及鼓琴並不成父雍謂友人曰思所曉解不
及我少時思遂感激勤學兼善陰陽之術貌寢口訥而詞藻壯
麗不好交游惟以閑居爲事歙嘗爲秘書郎
陳頵字延思陳國苦人也少好學有文義父訢立宅起門頵曰
當使容馬車訢笑而從之後州辟部從事乘馬車還家宗黨
榮之
李矩字世迴平陽人也童齓時與群兒聚戲便爲其率計畫指
授有成人之量後終於征西將軍司州刺史
易雄字興長長沙劉陽人也少爲縣吏自念卑賤無由自達乃
脫幘挂縣門而去因習律令及施行故事交結豪右州里稍稱
之後爲舂陵令

丁紹爲冀州刺史自以爲才足爲物雄當官蒞政每事剋舉視
天下之事若運於掌握遂慨然有董正四海之志矣是時王浚
盛於幽州苟晞盛於青州然紹視二人蔑如也永嘉三年暴疾
而卒臨終歎曰此乃天亡冀州豈吾命哉
閻纘不護細行而慷慨多大節後終於漢中太守
劉琨少負志氣有縱橫之才善交勝己頗浮誇與范陽祖逖爲
友聞逖被用與親故書曰吾枕戈待旦志梟逆虜常恐祖生先
吾著鞭其意氣相期如此後爲幽州刺史
王恭字孝伯光祿大夫蘊子定皇后之兄也少有美譽清操過
人自負才地高華常有宰輔之望讀左傳至奉王命討不庭每
輟卷而歎起家爲著作郎歎曰仕宦不爲宰相才志何足以騁
因以疾辭後爲輔國將軍
劉殷性至孝時人嘉其至性通感競以穀帛遺之殷受而不謝
直云待後貴當相酬耳性倜儻有濟世之志儉而不陋清而不介

望之頹然而不可侵也鄉黨親族莫不稱之後仕劉聰至太保
夏統字仲御會稽永興人也幼孤貧養親以孝聞睦於兄弟每
採梠求食星行夜歸或至海邊拘螊螆以資養雅善談論宗族
勸之仕謂之曰卿清亮質直可作郡綱紀與府朝接自當顯至
如何甘辛苦於山林畢性命於海濱也統悖然作色曰諸君待
我乃至此乎使統屬太平之時當與元凱評議出處遇濁代念
與屈生同汚共泥若汚隆之間自當耦耕沮溺豈有辱身曲意
於郡府之間乎聞君之談不覺寒毛盡戴白汗四匝顏如渥丹
心熱如炭舌縮口張兩耳壁塞也言者大慙
祖逖與劉琨俱爲司州主簿情好綢繆共被同寢中夜聞荒雞
鳴蹴琨覺曰此非惡聲也因起舞逖琨英氣每語世事或中宵
起坐相謂曰若四海鼎沸豪傑並起吾與足下當相避於中原
耳琅邪王拓定江南未遑北伐乃以逖爲奮威將軍豫州刺史
逖渡江中流擊楫而誓曰祖逖不能清中原而復濟者有如大

江辭色壯烈衆皆慨歎
王導從元帝鎮建康過江人士每至暇日相要出新亭飲宴周
顗中坐而歎曰風景不殊舉目有江河之異皆相視流涕惟導
愀然變色曰當勠力王室剋復神州何至作楚囚相對泣邪衆
收淚而謝之導位至丞相
陶侃常語人曰大禹聖者乃惜寸陰至於衆人當惜分陰豈可
逸遊荒醉生無益於時死無聞於後是自弃也後爲廣州刺史
在州無事輒朝運百甓於齋外暮運於齋內人問其故答曰吾
方致力中原過爾優逸恐不堪事其勵志勤力皆此類也
谷儉桂陽人中興初以學校陵遲特聽不試孝廉而秀才依舊
策試甘卓爲湘州刺史備禮舉儉爲秀才儉辭不獲命州厚禮
遣之諸州秀才聞當考試皆憚不行唯儉一人到臺遂不復策
試儉恥其州少士乃表求試以高第除中郎儉少有志行寒苦
自立博涉經史于時南土凋荒經籍道息儉不能遠求師友推

存家研精雖所得實深未有名譽又恥衒耀取達遂歸終身不
仕卒于家
孔安国南陽諸兄並乏才名以富強自立唯安國與兄汪少厲
孤貧之操汪既以直亮稱安國亦以儒素顯後歷尚書左右僕
射卒
劉毅字希樂少有大志不修家人産業後為衛將軍荊州刺史
甄詠之生而兔缺年十八聞荊州刺史殷仲堪帳下有名醫能
療之貧無行裝謂家人曰殘醜如此用活何為遂齎數斛米西
上以投仲堪既至造門自通仲堪與語嘉其盛意召醫視之醫
曰可割而補之但須百日進粥不得語笑詠之曰半生不語而
有半生亦當療之況百日耶仲堪於是處之別屋令醫善療之
詠之遂閉口不言唯食薄粥其厲志如此及差仲堪厚資遣之
後為荊州刺史
前趙劉宣師事樂安孫炎學成而返不出門閭蓋數年每讀漢

書至蕭何鄧禹傳未曾不反覆詠之曰大丈夫若遭二祖終不
令兩公獨擅美於前矣晉武時為右部都尉
前秦王猛字景略隱于華陰山懷佐世之志希龍顏之主斂翼
待時候風雲而後動後為苻堅丞相
宋蒯恩蘭陵人高祖征孫恩縣差恩為征民使伐馬芻恩常負
大束兼倍餘人每捨芻於地歎曰大丈夫彎弓三石奈何充馬
士高祖聞之即給器仗恩大喜自征妖賊常為先登後為世子
司馬
傅弘之少倜儻有大志為本州主簿舉秀才不行
劉鍾字世之彭城人也少孤依鄉人中山太守劉迴共居幼有
志力常慷慨於貧賤後從高祖征伐為右衛將軍
垣護之少倜儻不拘小節形狀短陋而氣幹強果從高祖征司
馬休之為世子中軍府長史兼行參軍
王鎮惡年十三而苻氏敗亡關中擾乱流寓崤澠之間嘗寄食

澠池人李方家方善遇之謂方曰君遭遇英雄主要取萬戶侯
當厚相報方答曰君丞相孫人才如此何患不富貴至時願見
用為本縣令足矣鎮惡終於安西將軍
劉湛弱年便有宰世情常自比管夷吾諸葛亮不為文章不喜
談議本州辟主簿不就除著作佐郎又不拜後位至丹陽太守
宗慤字元幹南陽人也叔父炳高尚不仕慤方少時炳問其志
慤曰願乘長風破萬里浪炳曰汝不富貴即破我家矣後為雍
州督都
沈攸之慶之從子也攸之初詣領軍將軍劉遵考求補白丁隊
主遵考以為形陋不堪攸之歎曰昔孟嘗君身長六尺為齊相
今求士取肥大者哉因隨慶之征討後為荊州刺史
曹景宗新野人頗愛史書每讀穰苴樂毅傳輒放卷歎息曰大
丈夫當如是
南齊垣榮祖少學騎馬及射或謂之曰武事可畏何不學書榮

祖曰昔曹操曹丕上馬橫槊下馬談論此於天下可不負飲食
矣君輩无自全之伎何異犬羊乎榮祖在淮陰見太祖自比韓
信白起咸不信唯帝獨許之後為兗州大中正
李安人少有大志常歎曰大丈夫處世富貴不可希取三將五
校何難之有太祖時位至中郎領軍封康樂侯
王敬則臨淮射陽人也性倜儻不羈好刀劍嘗與暨陽吏鬭謂
曰我若得暨陽縣當鞭汝小吏昔吏唾其面曰汝得暨陽縣
我亦得司徒公矣敬則後自直閤將軍補暨陽令昔日鬭吏亡
叛令出遇之甚厚曰我巳得暨陽縣汝何時作司徒公耶
樊遜字孝謙河東北猗氏人也遜少學常為兄仲所優饒既而
自責曰名為人弟獨受安逸可不愧於心乎欲同勤事業母馮
氏謂之曰汝欲謹小行耶遜感母言遂專心典籍常書壁作見
賢思齊四字以自勸勉後寓居鄴中為臨漳小吏縣令裴鑒擢
為主簿

王倹少便有宰臣之志賦詩云稷契贊虞夏伊呂異商周及生
子字曰玄成取仍世作相之義後為衛將軍尚書令
梁吉士瞻字梁容馮翊蓮勺人也少有志氣不事生業時徵士
吳苞見其姿容勸以經學士瞻因誦鮑昭詩云堅儒守一經不
足識行藏拂衣不顧後為西陽武昌二郡太守
馮道根廣平人本郡召為主簿不就曰吾當使封侯廟食安能
為儒吏邪後為左右上將軍封侯
裴之横字如岳之高第十三弟也少賓游重氣俠不事産業之
高以其縱誕乃為狹被蔬食以激厲之之横歎曰大丈夫富貴
必作百幅被遂與僮屬數百人於芍陂大營田墅遂致殷積簡
文在宫闕而要之以為河東王常侍
陳吳明徹涉書史天文孤虛畧通其妙頗以英雄自許高祖
深奇之高祖受禪拜安南將軍
周文育本姓項氏年十一歲義興人周薈義為己子命兄子弘
讓教之書計弘讓善隸書寫蔡邕勸學及古詩以遺文育不之
省也謂弘讓曰豈能學此取富貴但有丈槊耳弘讓壯之教騎
射文育大悅後為鎮南將軍
魯廣達字遍覽吳州刺史悉達之弟也少慷慨志立功名位至
中領軍
後魏崔亮父元孫為沈文秀所害亮時年十歲常依季父幼孫
居家貧傭書自業時隴西李沖當朝任事亮從兄光往依之謂
亮曰安能久事筆硯而不往託李氏也彼家饒書因可得學亮
曰弟妹飢寒豈可獨飽自可觀書於市安能看人眉睫
宋繇敦煌人繇生而父僚為張邕所誅繇少有志尚喟然謂妹
夫張彥曰門戶傾覆負荷在繇不能銜膽自厲何以繼承先業
遂隨彥至酒泉追師就學閉室誦書晝夜不倦博通經史諸子
羣言靡不覽綜後終於安遠將軍
李曾趙郡人也郡辟功曹不就門人勸之曾曰功曹之職雖曰

鄉選高第猶是郡吏耳北面事人亦何容易後終於趙郡太守
李瑒倜儻有大志好飲酒篤於親知每謂弟郁曰士大夫學問
稽博古今而罷何用專經為老博士也後為鎮遠將軍岐州
刺史
楊侃字士業播之子也頗愛琴書尤好計畫時播一門貴滿朝
庭兒姪早通而侃獨不交游公卿罕有識者親朋勸其出仕侃
曰苟有良田何憂晚歲但恨無才具耳後終於右光禄大夫
王肅少而聰辯涉獵經史頗有大志位至揚州刺史
傅永年二十餘有友人與之書而不能答請於叔父洪仲洪仲
深讓之而不為報永乃發憤讀書涉獵經史兼有才筆後位至
光禄大夫
李苗少有節操志尚功名每讀蜀書見魏延請出長安諸葛不
許常歎息謂亮無奇計及覽周瑜傳未曾不咨嗟絶倒後終冠
軍將軍
夏侯道遷譙國人少有志操年十七父母為結婚韋氏道遷云
欲懷四方之志不願取婦家人咸謂戲言及至婚日求覓不知
所在於後訪問乃云逃入益州後為瀛州刺史卒
李業興上黨長子人少耿介志學精力雖在貧賤常自矜負若
禮待不足縱於權貴不為之屈後終於齊文襄王中外府諮議
參軍
庫狄昌字恃德神武人也少便騎射有膂力膽氣壯烈每以將
帥自許
北齊高昂幼稚時便有壯氣長而倜儻父翼為求嚴師令捶撻
昂不遵師訓專事馳騁每言男兒當横行天下自取富貴誰能
端坐讀書作老博士也後位至司徒公
趙彥深年三歲母傅氏便孀居彥深五歲傅謂之曰家貧兒小
何以能濟彥深泣而言曰若天哀矜兒大當仰報傅感其意對
之流涕及彥深釋大常卿還母子相泣久之

魏收年十五頗已屬文及隨父赴邊好習騎射欲以武藝自達滎陽鄭伯調之曰魏郎弄戟多少收慙遂折節讀書以文華顯後為尚書右僕射

後周孟信廣川索盧人也家世貧寒頗傳學業信常曰窮則变變則通吾家世傳儒學而未有通官當由儒非世務也遂感激弃書從軍

薛憕字景猷河東汾陰人也曾祖弘敞值赫連之亂率宗人避地襄陽憕早喪父家貧躬耕以養祖母有暇則覽文籍時人未之奇也江表取人多以世族憕既羇旅不被擢用然負才使氣未嘗趨世祿之門左中郎將京兆韋潛度謂憕曰君門地非下身材不劣何不裝裾吏部憕曰世胄躡高位英俊沉下僚古人以為歎息竊所未能也潛度告人曰此年少極慷慨但不遭時耳與族祖安都之子懷雋相善懷雋每曰汝還鄉里不營產業不肯取妻豈復欲南乎憕亦恬然自處不改其節後為安東

將軍

劉璠初仕梁為王國常侍非其好也璠少慷慨好功名志欲立事邊城不樂隨牒平進會宜豐侯蕭循出為北徐州刺史即請為其軽車府主簿兼記室參軍後為華陽太守屬侯景渡江梁室亂循以璠有才略甚親委之時寇難繁興未有所定璠乃喟然賦詩以見志其末章曰隨會平王室夷吾成霸功虛薄無所用徒然慕昔風太祖時為黄門侍郎儀同三司

宇文貴少從師受學嘗輟書歎曰男兒當提劍汗馬以取公侯何能如先生為博士也後為大將軍

王勱字醜興性忠果有才幹年十七從太祖嘗謂之曰為將坐見成敗者上也被堅執鋭者次也勱曰意欲兼之太祖大笑後為千牛備身直長

李弼字景和遼東襄平人少有大志膂力過人屬魏室兵亂語所親曰丈夫生世會須履鋒刃平寇難安社稷以取功名安能碌碌依階資以求榮位後以戰功為柱國大將軍終於太師

楊荒少有大志年與諸兒童游處必擇高大之物而坐之見者咸異焉後終於梁州刺史

李遠字萬歲幼有器局志度恢然嘗與群兒為戰鬭之戲指麾部分便有軍陣之法郡守見而異之召使更戲群兒懼而散走遠持杖叱之復為向勢意氣雄壯殆甚於前郡守曰此小兒所為非常人也及長涉獵書傳略知指趣而已官至柱國大將軍

蔡祐高平人少有大志與鄉人李穆布衣齊名嘗謂曰大丈夫當建立功名以取富貴安能久處貧賤邪言訖各大笑後皆如其言位終宜州刺史

宇文深字奴干性鯁正有器局年數歲便累石為營伍并折草作旌旗布置行列皆有軍陣之勢父永遇見之乃大喜曰汝自然知此於後必為名將後終於司命中大夫

侯植其先家北地之且水為州郡冠族植少倜儻有大節容貌

奇偉武藝絶倫後為司會中大夫

隋宇文慶字神慶沉深有器局少有聰敏見知周初受業東觀頗涉經史既而謂人曰書足記姓名而已安能久事筆硯為腐儒之業後終於源州總管

王誼字宜君河南洛陽人也父顯周鳳州刺史誼少慷慨有大志便弓馬博覽群言周閔帝時為左中侍上士

于仲文父寔仕周周大左輔仲文倜儻有大志氣調英拔當時號為名公子起家為趙王屬

宇文忻字仲樂本朔方人徙京兆祖莫豆干魏安平公父貴同大司馬許國公忻幼而敏惠為童兒時與群輩游戲輒為部伍進止行列無不用命有識者見而異之年十二能左右馳射驍捷若飛常謂所親曰自古名將唯以韓白衛霍為美談吾察其行事未足多尚若使與僕並時不令豎子獨擅高名也其少小慷慨如此後為右領軍大將軍

崔鄭字士玄博陵安平人也少秉貞而母賤由是不爲邦族所齒初爲里佐屢遷邑宰於是感激逃入山中遂博覽典籍多所通涉山東學者皆宗之既還鄉里不應辟命

王頍好讀書又曉兵法益有縱横之志每歎不逢時常以公相自許後爲王諒府諮議參軍

張定和字處謐京兆万年人也少貧賤有志節初爲侍官會平陳之役定和當從征無以自給其妻有嫁時衣服定和將鬻之妻靳固不與定和於是遂行以功拜儀同賜帛千匹遂弃其妻

沈光少驍捷大業中煬帝徵天下驍果之士以伐遼左光預焉同類數萬人皆出其下光將詣行在所賓客送至灞上者百餘騎光酹酒而誓曰是行也若不能建功立名當死於高麗不復與諸君相見矣後爲折衝郎將

元巖字君山好讀書不治章句剛鯁有器局以名節自許高祖受禪拜兵部尚書進爵平昌郡公

來護兒幼而卓犖初讀詩至擊鼓其鏜踊躍用兵羔裘豹飾孔武有力因捨書歎曰大丈夫在世當如是會爲國滅賊以取功名安能區區專事筆硯也群輩驚其言而壯其志及長雄略秀出志氣英遠涉獵書史不爲章句之學後位至開府儀同三司

唐房玄齡幼生隋爲隰城縣尉坐事除名鬱鬱不自得時天下方亂常慨然有安天下之志後位至司空

李靖涉獵書傳不爲章句之學嘗云大丈夫若遇明君撥亂濟期立功立事以取富貴耳後終於左僕射

竇威家世勳貴躭翫文史時諸兄並以軍功致仕通顯交結豪貴賓客盈門而威職掌閑散諸兄更謂威曰昔孔丘積學成聖猶狼狽當時棲遑若此汝效此道復欲何求名位不達固其宜矣威笑而不荅後終於内史令

魏徵字玄成鉅鹿曲城人也少孤貧落拓有大志不事生業好讀書多所通涉見天下漸亂尤屬意縱横之說後爲太子太師知門下省事

武士彠太原人性明詳敏少有大節及長深沈多大略每讀書見扶主立忠之事未嘗不三復研尋常以慷慨揚名爲志後終荆州都督

馬周字賓王少孤貧好讀書尤明詩傳而落拓不事産業不爲州里所敬武德中補博州助教日飲醇酒不以講授爲心刺史達奚恕屢加咎責乃拂衣游於曹汴之境復爲浚儀令崔賢首所辱周遂感激西游長安至新豐宿於逆旅主人唯供設諸商販而不顧周遂命酒一斗八升悠然獨酌主人翁深異之後爲中書令兼太子右庶子

狄仁傑字懷英并州太原人也兒童時門人有被害者縣吏就詰之衆皆接對唯仁傑堅坐讀書吏責之仁傑曰黄卷之中聖賢備在猶不能接對何暇偶俗吏而見責邪後終於内史

褚無量字弘度杭州鹽官人也幼孤貧勵志好學家近臨平湖中有龍鬬傾里閈就觀之無量時年十二讀書晏然不動後爲左散騎常侍皇太子侍讀

哥舒翰倜儻任俠好然諾年四十遭父喪客居西京爲長安尉不禮慨然發憤折節仗劒之河西後位至尚書左僕射同平章事

崔圓少孤貧志尚閎博好讀兵書經濟宇宙之心後位至黄門侍郎平章事

馬璘扶風人璘少孤落拓年二十因讀馬援傳至大丈夫當死於邊野慨然歎曰豈使吾祖勳業墜于地乎乃仗劒從戎西至安西以奇功累遷左金吾衛員外將軍

馬燧少嘗與諸兄讀書乃輟卷歎曰天下將有事矣丈夫當立功於代以濟四海安碌碌爲一儒也後位司徒兼侍中北平王

張建封兖州人頗屬文以立功名爲已任後終於徐州節度使

李德裕幼有壯志苦心力學尤精西漢書左氏春秋恥與諸生從鄉賦不喜科試年纔及冠志業大成後位至太尉平章事

張仲武范陽人也少業左氏春秋擲筆為薊北雄武軍使

梁趙犨髫齔之時與鄰里小兒戲於道左常分布行列為部伍戰陣之狀自為董帥指顧有節如夙習焉群兒皆稟而從之無敢亂其行者其父目而異之曰吾家千里駒也必大吾門耳洎冠有壯節好功名後為忠武軍節度使

後唐袁象先性寬厚不忤於物遇亂離然有憂時之意後為歸德軍節度使

晉李專美幼學為文以父樞唐昭宗時嘗應進士舉為覆試所落不許再入舉專美心愧之由是不游文場後被文至大理卿

桑維翰字國僑洛陽人也父珙事河南尹張全義為客將維翰身短面廣殆非常人既壯每對鑑自歎曰七尺之身安如一尺之面由是慨然有公輔之望後位至中書令

册府元龜卷第七百七十三

總録部二十三

幼敏

書曰惟人萬物之靈若夫幼而慧少而成者益可貴矣中古而下英妙間出乃有特資異稟逈越倫萃岐嶷兆於襁褓穎悟發於齠丱聚疑宿習動彰然識或未就外傅已通群籍甫及志學即爲人師識洞於未萌智表於先見心計足以成務口辯足以解紛老成之姿著於容止賦筆之麗成於俄頃至行出於天性玄譚絶於流俗特蒙推尚英聲騰驁斯仲尼所謂生而知之者歟

后稷名弃爲兒時屹如巨人之志其遊戲種樹麻菽麻菽美及成人遂好耕農相地之宜宜穀者稼穡焉民皆法則之帝堯聞之舉弃爲農師

楚蔿賈爲大夫楚子將圍宋使子文治兵於睽終朝而畢不戮一人子玉復治兵於蔿終日而畢鞭七人貫三人耳国老皆賀子文子文飲之酒蔿賈尚幼後至不賀子文問之對曰不知所賀子之傳政於子玉曰以靖國也靖諸内而敗諸外所獲幾何子玉之敗子之舉也舉以敗國將何賀焉且子玉剛而無禮不可以治民過三百乘其不能以入矣苟入而賀何而後之有（子玉敗於城濮）

周王孫滿尚幼秦師過周北門左右免冑而下超乘者三百人王孫滿觀之言於王曰秦師輕而無禮必敗（謂過天子門不卷甲束兵超乘示勇）輕則寡謀無禮則脫（脫易）入險而脫又不能謀能無敗乎（晉舉敗秦師于殽獲秦三帥以歸）

范匄晉大夫也士燮之子（士燮范文子也）晉楚遇於鄢陵楚晨壓晉軍而陳軍吏患之匄趨進曰塞井夷竈陳於軍中而疏行首（疏行首者當陳前決開營壘爲戰道）晉楚唯天所授何患焉文子執戈逐之曰國之存亡天也童子何知焉

國僑字子產鄭大夫也魯襄公八年其父子國與子耳侵蔡獲蔡司馬公子燮鄭人皆喜子產不順（衆不喜）曰小國無文德而有武功禍莫大焉楚人來討能勿從乎從之晉師必至晉楚伐鄭自今鄭國不四五年弗得寧矣子國怒之曰爾何知國有大命而有正卿童子言焉將爲戮矣是秋楚子囊伐鄭討其侵蔡鄭及楚平九年十月晉師諸侯伐鄭鄭人恐乃行成十一月楚子伐鄭鄭及楚平十年九月晉師諸侯伐鄭鄭及晉平楚救鄭鄭與楚人盟十一年晉伐鄭（自是鄭遂服晉）

衛公孫彌牟字子之衛大夫也初魯哀公十二年秋衛侯會吳于鄖吳人藩衛侯之舍既歸效夷言子之尚幼曰君必不免其死於夷乎執焉而又說其言從之固矣（出公輒後卒死於越）

孔子爲兒嬉戲常陳俎豆設禮容

閭丘卬齊人年十八道遮齊宣王曰家貧親老願得小仕宣王曰子年尚稚未可也閭丘卬對曰不然昔有顓頊行年十二而治天下秦項橐七歲爲聖人師由此觀之卬不肖耳年不稚矣宣王曰未有咫角驂駒而能服重致遠者也由此觀之夫士亦華髮墮顛而後可用耳閭丘卬曰不然夫尺有所短寸有所長驊騮騄驥天下之俊馬也使之與狸鼬試於釜竈之間其疾未必能過狸鼬也黃鵠白鶴一舉千里使之與燕服翼試之堂廡之下廬室之間其便未必能過燕服翼也辟閭巨闕天下之利劒也擊石不缺刺石不鋌使之與管槀決耳出眯其便未必能過管槀也由此觀之華髮墮顛與卬何以異哉宣王曰善子有善言則何見寡人之晚也卬對曰夫雞豚讙噭卬奪鐘鼓之音雲霧充塞則奪日月之明讒人在側是以見晚也詩曰聽言則對譖言則退庸得進乎宣王拊軾曰寡人有過遂載與之俱歸而用焉

田文齊人號孟嘗君靖郭君嬰之子也嬰有子四十餘人文母其賤妾也文以五月五日生嬰告其母曰勿舉也其母竊舉生之及長其母因兄弟而見其子文於嬰嬰怒其母曰吾令若去此

子而啟之何也文頓首因曰君所以不舉五月子者何故嬰
曰五月子者長與戶齊將不利其父母文曰人生受命於天乎
將受命於戶耶嬰默然文曰必受命於天君何憂焉必受命於
戶則可高其戶耳誰能至者嬰曰子休矣

甘羅者甘茂之孫年十二事秦相文信侯呂不韋爲舍人秦始
皇帝使剛成君蔡澤於燕三年而燕王喜使太子丹入質於秦
秦使張唐往相燕欲與燕共伐趙以廣河間之地張唐謂文信
侯曰臣嘗爲秦昭王伐趙趙怨臣曰得唐者與百里之地今之
燕必經趙臣不可以行文信侯不快未有以強也甘羅曰君侯
何不快之甚也文信侯曰吾令剛成君蔡澤事燕三年燕太子
丹已入質矣吾自請張卿相燕而不肯行甘羅曰臣請行之文
信侯叱曰去我身自請之而不肯汝焉能行之甘羅曰夫項橐
生七歲爲孔子師今臣生十二歲於茲矣君其試臣何遽叱乎
於是甘羅見張卿曰卿之功孰與武安君卿曰武安君南挫強
楚北威燕趙戰勝攻取破城墮邑不知其數臣之功不如也甘
羅曰應侯之用於秦也孰與文信侯專張卿曰應侯不如文信
侯專甘羅曰卿明知其不如文信侯專與曰知之甘羅曰應侯
欲攻趙武安君難之去咸陽七里而立死於杜郵今文信侯自
請卿相燕而不肯行臣不知卿所死處矣張唐曰請因孺子行
令裝治行行有日甘羅謂文信侯曰借臣車五乘請爲張唐先
報趙文信侯乃入言之於始皇曰昔甘茂之孫甘羅年少耳然
名家之子孫諸侯皆聞之今者張唐欲稱疾不肯行甘羅說而
行之今願先報趙請許遣之始皇召見使甘羅於趙趙襄王郊
迎甘羅甘羅說趙王曰王聞燕太子丹入質秦歟曰聞之曰聞
張唐相燕歟曰聞之燕太子丹入秦者燕不欺秦也張唐相燕
者秦不欺燕也燕秦不相欺者伐趙危矣燕秦不相欺無異故
欲攻趙而廣河間王不如齎臣五城以廣河間請歸燕太子與
強趙攻弱燕趙王立自割五城以廣河間秦歸燕太子趙攻燕

得上谷三十城令秦有十一甘羅還報秦乃封甘羅以爲上卿
復以始甘茂田宅賜之

漢外黃令舍人兒（臣瓚等曰史失其姓名）年十三時項羽擊陳留外黃不
下數日降羽悉令男子年十五以上詣城東欲阬之舍人兒（舍人之
兒也）往說羽曰彭越強劫外黃外黃恐故且降待大王大王又皆阬
之百姓豈有所歸心哉從此以東梁地十餘城皆恐莫肯下矣
羽然其言乃赦外黃當阬者而東至睢陽聞之皆爭下

張辟彊留侯之子也呂太后哭惠帝而泣不下（泣淚）（諳）召辟彊爲侍
中年十五謂丞相陳平曰太后獨有帝今哭而不悲君知其解
未（解由解說其意）陳平曰何解辟彊曰帝無壯子太后畏君等今請拜
呂台呂產爲將將兵居南北軍及諸呂皆官居中用事如此則
太后心安君等幸脫禍矣（脫免）丞相如辟彊計請之太后說其
哭乃哀

賈誼雒陽人年十八以能誦詩書屬文稱於郡中後爲長沙王傅

張湯杜陵人父爲長安丞出湯爲兒守舍還鼠盜肉父怒笞湯
湯掘熏得鼠及餘肉劾鼠掠治傳爰書訊鞫論報（傳謂傳逮若今之追逮赴對
也爰換也以文書代換其口辭也訊考問也鞫窮也謂窮覈之也論報謂上論之而獲報也）并取鼠與肉具
獄磔堂下父見之視文辭如老獄吏大驚遂使書獄後爲御史
大夫

終軍少學以辯博能屬文聞於郡中年十八選爲博士弟子至
府受遣太守聞其有異才召見軍甚奇之與交結軍揖太守而去
後軍死世謂之終童

桑弘羊武帝時以心計年十三爲侍中

張禹爲兒數隨家至市喜觀於卜相者前久之頗曉其別蓍布
卦意時從旁言卜者愛之又奇其面貌謂禹父曰是兒多知可
令學經從位特進封安昌侯

童烏揚雄子也雄曰吾家之童烏九齡而與我論玄

後漢鄧禹字仲華南陽新野人年十三能誦詩受業長安時光

武亦游學京師禹年雖幼而見帝知非常人遂相親附後位至太傅

魯恭父為甘陵太守卒官時恭年十二弟丕年七歲晝夜號踊不絶聲郡中賻贈無所受乃歸服喪禮過成人鄉里奇之恭年十五與丕居太學兄弟俱爲諸儒所稱學士爭歸之後爲司徒

張湛年十六受業長安志美行厲諸儒號曰聖童光武微時見湛志操常嘉焉官至漁陽太守

馮衍幼有奇才年九歲能誦詩書至二十而博通羣書後爲司隸從事以文過其實廢於家

杜安年十歲名稱鄉黨至年十五入太學號曰神童

朱勃年十二能講詩書常候馬援兄況衣方領能矩步辭言嫺雅卒爲雲陽令

馬客卿援子也幼而岐嶷年六歲能應接諸公專對賓客嘗有死罪亡命者來過客卿逃匿不令人知外若訥而沈敏援甚奇之以爲將相器故以客卿字焉及援卒客卿亦夭没焉

周防年十六仕郡小吏光武巡狩汝南召掾史試經防尤能誦讀拜爲守丞

任延年十二爲諸生學於長安明詩易春秋顯名太學學中號爲任聖童後爲河内太守卒

丁鴻年十三從桓榮受歐陽尚書三年而明章句善論難爲都講官至司徒

延篤少孤依外家居九歲通論語孝經

班固年九歲能屬文誦詩賦後爲聊城令坐事免

吳祐字季英（祐一作佑）陳留長垣人父恢為南海太守（恢一作陁）祐年十二隨從到官恢欲殺青簡以寫經書（殺青者以火炙簡令汗取其青易書復不蠹謂之殺青亦謂汗簡）祐諫曰今大人踰越五領遠在海濱其俗誠陋然舊多珍怪上爲國家所疑下爲權戚所望此書若成則載之兼兩昔馬援以薏苡興謗王陽以衣囊徼名嫌疑之間誠先賢所慎也恢乃止撫其首曰吳氏世不乏季子矣（季子季札也）後爲大將軍梁冀長史

張霸年數歲而知孝讓雖出入飲食自然合禮鄉人號爲張曾子七歲通春秋復欲進餘經父母曰汝小未能也霸曰我饒爲之故字曰伯饒後四遷爲侍中卒

楊終年十三蜀郡人爲郡小吏太守奇其才遣詣京師受業習春秋（一云蜀郡有雷震決曹終上白以爲斷獄煩苛所致太守乃令終賦雷電之意而奇之）後爲郎中卒

楊厚母與前妻子不相安厚年九歲思令和親乃託疾不言不食母知其旨懼然改意恩養加篤徵爲議郎三遷至侍郎

虞詡字升卿陳國武平人也十二能通尚書後辭太尉府旋遷郎中至尚書令

謝廉汝南人與河南趙建章年始十二各能通經尚書左雄並奏拜童子郎於是負書來學雲集京師不名太學

崔駰年十三能通詩易春秋博學有偉才盡通古今訓詁百家之言善屬文少游太學與班固傅毅同時齊名以處士辟車騎將軍掾

周燮始在髫鬌而知廉讓十歲就學能通詩論後安帝以玄纁羔幣聘燮不起

馬續七歲能通論語十三明尚書十六治詩博觀羣籍善九章筭術順帝時爲護羌校尉遷度遼將軍

陳蕃字仲舉汝南平輿人年十五常閑處一室而庭宇蕪穢父友同郡薛勤來候之謂蕃曰孺子何不洒掃以待賓客蕃曰大丈夫處世當掃除天下安事一室乎勤知其有清世志然位至太尉太傅録尚書事

荀爽幼而好學年十二能通春秋論語太尉杜喬見而稱之曰可為人師後位至司空

黃香江夏安陸人年十二太守劉護召之署門下遂博學經典究精道術能文章京師號曰天下無雙江夏黃童初除郎中終魏郡太守

黄琬江夏安陸人少失父早而辯慧祖父瓊初為魏郡太守桓帝建和元年正月日食京師不見而瓊以狀聞太后詔問所食多少瓊思其對而未知所況琬年七歲在傍曰何不言日食之餘如月之初瓊大驚即以其言應詔而深奇愛之後瓊為司徒琬以公孫拜童子郎辭病不就知名京師時司空盛允有疾瓊遣琬候問會江夏上蠻賊事副府（副本詣公府也）允發書視畢微戲琬曰江夏大邦而蠻多士少琬奉手對曰蠻夷猾夏責在司空因拂衣辭去允甚奇之後位至司徒太尉

臧洪年十五以父功拜童子郎知名太學後為東郡太守

陳寔為太丘長出於單微自為兒童雖在戲弄為等類所歸一云

悅為秘書監侍中初年十二能說春秋家無書每之人間所見篇牘一覽多能誦記

孔融為北海相幼有異才年十歲隨父詣京師時河南尹李膺以簡重自居不妄接士賓客勑外自非當世名人及與通家皆不得白融欲觀其人故造膺門語門者曰我是李君通家子弟門者言之膺請融問曰高明祖父嘗與僕有恩舊乎融曰然先君孔子與君先人李老君同德比義而相師友則融與君累世通家衆坐莫不歎息太中大夫陳煒後至坐中以告煒煒曰夫人小而聰了大未必奇融應聲曰觀君所言將不早惠乎膺大笑曰高明必為偉器融後為曹公所殺融二子皆齠齔融既見收顧謂二子曰何以不辭二子俱曰父尚如此復何所辭以為必俱死也（一云二子年八歲時方弈棊融被收端坐不起左右曰而父見執不起何也二子曰安有巢毀而卵不破者）

魏邴原十一而喪父家貧早孤鄰有書舍原過其傍而泣師問曰童子何悲原曰孤者易傷貧者易感夫書者必皆具有父兄者一則羨其不孤二則羨其得學心中惻然而為涕零也師亦哀原之言而為之泣曰欲書可耳荅曰無錢資師曰童子苟有志我徒相教不求資也於是遂就書一冬之間誦孝經論語自在童齓之中嶷然有異後為五官將長史卒

賈逵字梁道河東襄陵人自為兒童戲弄常設部伍祖父習異之曰汝大必為將率口授兵法數萬言終豫州刺史

司馬朗字伯達九歲人有道其父字者朗曰慢人親者不敬其親者也客謝之十二試經為童子郎監試者以其身體壯大疑朗匿年劾問朗曰朗之內外累世長大朗雖稚弱無仰高之風損年以求早成非志所為也監試者異之後至兗州刺史

王弼字輔嗣幼而察惠年十餘歲好老氏通辯能言後為尚書郎

鍾會太傅繇小子敏惠夙成五歲繇遣見蔣濟濟甚異之曰非常人後為司徒

任昭先名嘏世為著姓夙智早成鄉人為之語曰蔣氏翁任氏童年十四始學疑不再問三年中誦五經皆究其義兼包羣言無不綜覽於時學者號之神童

荀攸字公達彧從子也祖父曇廣陵太守攸少孤及曇卒故吏張權求守曇墓攸年十三疑之謂叔父衢曰此吏有非常之色殆將有姦衢寤乃推問果殺人亡命由是異之（一云攸年十八歲衢曾醉誤傷攸耳而攸出入遊戲常避護不令衢見衢後聞之乃驚其夙智如此）位至尚書令

常林河內溫人年七歲有父黨造門問林伯先在否汝何不拜林曰雖當下客臨子字父何拜之有於是咸共嘉之後為光祿大夫

管輅年八九歲便喜仰視星辰得人輒問其名夜不肯寐父母常禁之猶不可止自言我年雖小然眼中喜視天文常云家雞野鵠猶尚知時況於人乎與隣比兒共戲土壤中輒畫地作天文及日月星辰每荅言說事語皆不常宿學耆人不能折之皆知其當有大異之才父為琅邪郎丘長時年十五來至官舍讀詩論語及易本便開淵布筆辭義斐然于時黌上有遠方及國內諸生四百餘人皆服其才也琅邪太守單子春雅有材度聞輅一黌之儁欲得見輅父即遣造之大會賓客百餘人坐上有能言之士輅問子春府君名士加有雄貴之資輅既年少膽未

堅剛右欲相觀懼失精神先飲三升清酒然後可言之子春大喜便酌三升清酒獨使飲之酒盡之後問子春今欲與輅為對者寧若府君四坐之士邪子春曰吾欲自與卿旗鼓相當輅言始讀詩論語及易本學問微淺未能上引聖人之道陳秦漢之事但欲論金木水火土鬼神之情耳子春言此最難者而卿以為易邪於是唱大論之端遂經於陰陽文采葩流枝葉橫生少引聖籍多發天然子春及衆士互共攻劫論難鋒起而輅人人答對言皆有餘至日向暮酒食不行子春語衆人曰此年少盛有才器聽其言論正似司馬犬子游獵之賦何其磊落雄壯英神以茂必能明天文地理變化之數不徒有言也於是發聲徐州號之神童後為少府丞

蜀諸葛瞻字思遠亮子也亮與兄瑾書曰瞻今已八歲聰慧可愛嫌其早成不為重器耳十七尚公主拜騎都尉後為衛將軍

吳虞翻少好學有高氣年十二客有候其兄者不過翻翻追與書曰僕聞虎魄不取腐芥磁石不受曲針過而不存不亦宜乎

客得書奇之由是見稱仕為騎都尉

陸績年六歲於九江見袁術術出橘績懷三枚去拜辭墮地術謂曰陸郎作賓客而懷橘乎績跪答曰欲歸遺母術大奇之孫策在吳張昭張紘秦松為上賓共論四海未泰須當用武治而平之績年少末坐遥大聲曰昔管夷吾相齊桓公九合諸侯一匡天下不用兵車孔子曰遠人不服則脩文德以來之今論者不務道德懷取之術而惟尚武績雖童蒙竊所未安也昭等異焉後為鬱林太守

諸葛恪少有才名發藻岐嶷辯論應機莫與為對大帝見而奇之謂父瑾曰藍田生玉真不虛也位至太傅荊揚州牧督中外諸軍事

朱桓子異張惇子純與張儼俱童少往見驃騎將軍朱據據聞三人才名欲試之告曰老鄙相聞渴甚矣夫驃騎以迅驟為功鷹隼以輕疾為妙其為吾各賦一物然後乃坐儼乃賦犬曰守則有威出則有獲韓盧宋鵲書名竹帛純賦席曰席以冬設簟為夏施揖讓而坐君子攸宜異賦弩曰南嶽之幹鍾山之銅應機命中獲隼高墉三人各隨其目所見而賦之皆成而後坐據大歡悅桓後為前將軍青州牧

沈友豫章人年十一太守華歆出行風俗見而異之因呼曰沈郎可登車語乎友逡巡却曰君子講好會宴以禮今仁義陵遲聖道漸壞先生銜命將以裨補先王之教整齊風俗而輕脫威儀猶負薪救火無乃更崇其熾乎歆慙曰自桓靈以來雖多英彦未有幼童若此者仕為丹陽太守

丁覽山陰人八歲而孤家又單微清身立行用意不苟推財從弟以義讓稱為守始平長徐平字伯先大末人童亂知名虞翻甚愛之屢稱歎焉後為武昌左部督

册府元龜卷第七百七十三

册府元龜卷第七百七十四

總録部二十四

幼敏第二

晉荀顗魏太尉彧之第六子幼爲姊壻陳羣所賞性至孝總角知名博學洽聞理思周密位至侍中太尉行太子太傅

荀勗漢司空爽曾孫祖棐射聲校尉父肸早亡勗依于舅氏岐嶷夙成年十餘歲能屬文從外祖魏太傅鍾繇曰此兒當及其曾祖既長遂博學達於從政後爲守中書監侍中卒

羅憲年十三能屬文早知名師事譙周周門人稱爲子貢終於陵江將軍持節領武陵太守

裴秀魏尚書令潛之子也少好學有風操八歲能屬文叔父徽有盛名賓客甚衆秀年十餘歲有詣徽者出則過秀時人爲之語曰後進領袖有裴秀位至司空

潘岳少以才穎見稱鄉邑號爲奇童謂終賈之儔後官至給事黄門侍郎

王戎年六七歲嘗與群兒戲於道側見李樹多實等輩競趣之戎獨不往或問其故戎曰樹在道邊而多子必苦李也取之信然終於司徒

王衍父乂爲平北將軍常有公事使行人列上不時報衍年十四在京師造僕射羊祜申陳事狀辭甚清辯祜名德貴重而衍幼年無屈下之色衆咸異之位至太尉尚書令

王澄生而警悟雖未能言見人舉動便識其意終於軍諮祭酒

戴彦少有異才年八歲詣吳太尉戴昌昌贈詩以觀之彦於坐荅之辭甚慷慨彦仕吳至中書侍郎吳平劉頌舉爲小中正卒

陸雲六歲能屬文吳尚書廣陵閔鴻見而奇之曰此兒若非龍駒當是鳳鶵後舉雲賢良時年十六後官至大都督前鋒

周光少有父風年十一見王敦敦謂曰貴郡未有將誰可用者光曰明公不恥下問竊謂無復見勝敦笑以爲寧遠將軍尋陽太守

高崧少好學善史書總角時司空何充稱其明惠充爲楊州引崧爲主簿益相欽重

范宣年十歲能誦詩書嘗以刀傷手捧手改容人問痛邪荅曰不足爲痛但受全之體而致毁傷不可處耳家人以其年幼而異之爲後詔徵太學博士散騎郎並不就

王允之總角時從伯敦敦與錢鳳謀逆而允之時飲酒醉帳中卧悉聞其言慮敦疑之便於卧處吐涕狼藉敦果疑遣看之見吐唾以爲醉不復疑之允之爲衛將軍會稽内史卒

王儉字元衡内史下邳陳邵擅名徐州邵聞儉年十四善屬文請作祝文邵請郡客曰此生爲文有可觀採命爲督郵主簿邵遷給事中儉每爲定表

褚陶弱不好弄少而聰慧清淡閑默以墳典自娱年十三作鷗鳥水碓二賦見者奇之位至中尉

虞闡好學九歲能屬文後爲著佐吳国内史卒

李矩童齓時與群兒聚戲便爲其率計畫指授有成人之量矩終於安西將軍司州刺史

孔衍少好學年十二能通詩書位至廣陵太守

賀循會稽山陰人吳中書令邵之子邵爲孫晧所殺徙家屬邊郡循少嬰家難流放海隅吳平乃還本郡操尚高厲童齓不羣言行進止必以禮讓国相丁乂請爲五官掾

成公綏幼而聰敏博涉經傳性寡欲不營資産家貧歲饑常晏如也少有俊才詞賦甚麗爲後中書郎卒

韓康伯母殷氏高明有行家貧窶伯年數歲至大寒母方爲作襦令伯捉熨斗而謂之曰且著襦尋當作複褌伯曰不復須母問其故對曰火在斗中而柄尚熱今既著襦下亦當煖母甚異之位至丹陽尹吏部尚書領軍將軍

張憑祖鎮爲蒼梧太守憑年數歲鎮謂其父曰我不如汝有佳兒憑曰阿翁詎宜以子戲父邪憑後爲吏部郎御史中丞卒

荀羨清和有準纔年七歲遇蘇峻難隨父在石頭峻甚愛之嘗置膝上羨竊曰其母曰得一利刀子足以殺賊母掩其口曰無妄言羨終於右軍將軍

王珉珣之弟也有外國沙門名提婆妙解法理爲珣兄弟講毗曇經珉時尚幼講未半便云已解即於別室與沙門法綱等數人自講法綱歎曰大義皆是但小未精耳

謝尚鯤之子八歲神悟夙成鯤嘗攜之送客或曰此兒一坐之顔回也尚應聲荅曰坐無尼父焉别顔回席賓莫不歎異年十餘歲遭父憂丹陽尹温嶠弔之尚號咷極哀既而收涕告訴舉止有異常童嶠甚奇之

謝安總角神識沉敏風宇條暢善行書父弈爲剡令有老人犯法弈以醇酒飲之醉猶未已安時年七八歲在弈膝邊諫止弈爲改容遣之安位至太保

謝玄安之兄子少穎悟與從兄朗俱爲安所器玄安嘗戒約子

姪因曰子弟亦何豫人事而正欲使其佳諸人莫有言者玄荅曰譬如芝蘭玉樹欲使其生於階庭耳安悦玄終於散騎常侍左將軍會稽内史

謝朗安之兄子善言玄理文義豔發名亞於玄總角時病新起體甚羸未堪勞於安前與沙門支遁講論遂至相苦其母王氏再遣信令還安欲留使竟論王氏因出云新婦少遭難一生所寄唯在此兒遂流涕攜朗去朗後位至東陽太守

王獻之年數歲嘗觀門生樗蒱曰南風不競門生曰此郎亦管中窺豹時見一斑獻之怒曰遠慚荀奉倩近愧劉真長遂拂衣而去獻之官至建威將軍吳興太守

孫放字齊莊盛之次子幼稱令慧年七八歲在荆州與父俱從庾亮獵亮謂曰君亦來邪應聲荅曰無小無大從公于邁亮又問欲齊何莊邪放曰欲齊莊周亮曰不慕仲尼邪荅曰仲尼生而知之非希企所及亮大奇之曰輔嗣弗過也庾翼子爰客嘗候盛見放而問曰安國何在放荅曰庾稚恭家爰客大笑曰諸孫大盛有兒如此也放又曰未若諸庾翼翼既而語人曰我故得重呼奴父也放啓於長沙相

戴逵總角以鷄卵汁溲白瓦屑作鄭玄碑又爲文而自鐫之詞麗器妙時人莫不驚歎逵武帝時以太宰博士給事中累徵不起

王脩明秀有美稱善隸書號曰流弈清舉年十二作賢全論父濛以示劉惔曰此論便足以參微言脩終於著作郎

范喬年二歲時祖馨臨終撫喬首曰恨不見汝成人因以所用硯與之至五歲祖母以告喬喬便執硯涕泣九歲請學在同輩之中言無媟辭喬後除樂安令辭疾不拜

宋謝瞻六歲能屬文爲紫石英讚果然詩課然當時才士莫不歎異後爲護南蠻校尉荆州刺史

蔡興宗幼爲父廓所重廓與親故書曰小兒四歲神氣似可不入非類室不與小人遊故以興宗爲之名興宗年十歲失父哀毁

有異凡童父廓罷豫章郡還起二宅先成東宅與弟軌廓亡而館宇未立軌罷長沙郡還送錢五十萬以補宅直興宗年十歲白母曰一家由來豐儉必共今日宅價不宜受也母悦而從焉軌有愧色謂其子談曰我年六十行事不及十歲小兒興宗終於光祿大夫

謝弘微童幼時精神端審時然後言所繼叔父混名知人見而異之謂弘微父思曰此兒深中夙敏方成佳器有子如此足矣年十歲出繼從叔峻所繼父於弘微本緦麻親戚中表素不相識率意承接皆合禮衷後爲右衛將軍卒

謝莊年七歲能屬文通論語位至金紫光祿大夫

沈林子字敬士少有大度年數歲隨王父在京口王恭見而奇之曰此兒王子師之流也與衆人共見遺寶咸爭趨之林子直去不顧徐湛之年數歲與弟淳之共車行牛奔車壞左右人馳來赴之湛之先令取弟衆咸歎其幼而有識後終於尚書僕射

領護軍將軍
沈璞童孺時神意閑審有異於衆太祖問其父林子曰聞君小兒器質不凡甚欲相識林子令璞進見太祖奇璞應對謂林子曰此非常兒年十許歲智度便有大成之姿
王絢彧之子年七歲讀論語至周監於二代外祖何尚之戲之曰耶耶乎文哉絢即答曰草翁之風必偃位至祕書丞卒
王僧綽左光祿大夫曇首之子幼有大成之度弱年衆以國器許之好學有理思練悉朝典年十三父太祖引見下拜便流涕哽咽帝亦悲不自勝襲封豫寧縣侯尚太祖長女東陽獻公主官至吏部尚書
袁淑少有風氣年數歲伯父湛謂家人曰此非凡兒至十餘歲爲姑夫王弘所賞不爲章句之學而博涉多通好屬文辭采遒豔縱橫有才辯終於太子左衛率
王僧達太保弘少子幼聰警弘爲州時僧達年七歲遇有通訟者竊覽其辭謂爲有理及入諮者亦進弘意其小留左右僧達爲申理訊鞫不失一句文帝聞其早慧召見於德陽殿問其書學及家事應對閑敏帝甚知之妻以臨川王義慶女位至中書令
謝靈運晉車騎將軍玄之孫幼便穎悟玄甚異之官至臨川內史
謝惠連幼而聰敏年十歲能屬文族兄靈運深相知賞後爲彭城王法曹行參軍卒
何承天五歲失父其母徐氏廣之姊也聰明博學故承天幼漸訓義儒史百家莫不該覽位至廷尉
裴松之年八歲學通論語毛詩博覽墳籍立身簡素後爲太中大夫卒
南齊顧歡年六七歲書甲子有簡三篇歡析計遂知六甲家貧父使驅田中雀歡作黃雀賦而歸雀食稻過半父怒欲撻之見賦乃止永明元年詔徵爲太學博士不就
謝瀹年七歲王彧見而異之言於宋孝武召見於稠人廣衆之中瀹舉動閑詳應對合旨帝甚悅詔尚公主值景和敗事寢後終於太子詹事
王慈僧虔之子年十歲與蔡興宗子約入寺禮佛遇沙門懺約戲慈曰衆僧今可謂虔虔慈應聲曰卿如此何以興蔡氏之宗
劉瓛篤志好學博通訓義年五歲聞舅孔熙先讀管寧傳欣然欲讀舅更爲說之精意聽受曰此可及也當爲會稽郡丞後除步兵校尉不拜卒
虞愿字士恭祖賚給事中監利侯中庭橘樹冬熟子孫競來取之愿年數歲獨不取賚及家人皆異之位至廷尉東觀祭酒
褚淵字彥回幼有清譽宋元嘉末魏軍逼瓜步百姓咸負擔而立時淵父湛之爲丹陽尹使其子弟並著芒屩於齋前習行或譏之湛之曰安不忘危也彥回時年十餘歲甚有慚色湛之有一牛至所愛無故墮聽事前井湛之率左右躬自營救之郡中喧擾彥回下簾不視又有門生盜其衣彥回遇見謂曰可密藏之勿使人見此門生慚而去不敢復還淵位至司徒
江厥字偉卿祏弟子也厥年十二祏被誅聞收至謂家人曰伯既如此無心獨存赴井死
張欣泰少有志節不以武業自居好隸書讀子史年十餘歲詣吏部尚書褚淵淵問之曰張郎弓馬多少欣泰答曰性怯畏馬無力牽弓淵甚異之官至雍州刺史
劉懷珍幼隨伯父奉伯至壽陽豫州刺史趙伯符出獵百姓聚觀懷珍獨避不視奉伯異之曰此兒方興吾家後位至光祿大夫
梁范雲年八歲遇宋豫州刺史殷琰於塗琰異之要就席雲風姿應對傍若無人琰令賦詩操筆便就坐者歎焉
謝朏莊之子幼聰慧莊器之常置左右年十歲能屬文莊遊土山賦詩使朏命篇朏攬筆便就琅耶王景文謂莊曰賢子足稱神童復爲後來特達莊笑因撫朏背曰真吾家千金孝武帝游

姑孰勑莊𫍯䀹從駕詔使爲洞井贊於坐奏之起家撫軍法曹
行參軍
樂藹晉尚書令廣之六世孫世居江夏其舅雍州刺史宗慤嘗
陳器物試諸甥姪藹時尚幼而所取唯書慤由此奇之又取史
傳各一卷授藹等使讀畢言所記藹略讀具舉慤益善之終於
平越中郎將廣州刺史
江蒨幼聰慧警讀書過目便能諷誦選爲國子生通尚書舉高
第起家秘書郎
王泰幼敏悟年數歲時祖母集諸孫姪散棗栗於牀上群兒竟
之泰獨不取問其故對曰不取自當得賜由是中表異之位至
吏部尚書
王承字安期七歲通周易選補國子生年十五射策高第位至
東陽太守
郗惲以子偃字彥游年十二引見詔問讀何書對曰尚書又曰
何爲美句對曰德惟善政政在養民衆咸異之詔尚長城公主
拜駙馬都尉都陽內史卒
陸雲公字子龍五歲誦論語毛詩九歲讀漢書略能記憶從祖
倕沛國劉顯質問十事雲公對無所失倕顯歎異之終於中書
黃門郎
徐勉幼孤貧早勵清節年六歲時屬霖雨家人祈霽率爾爲文
見稱耆宿後位至右光祿大夫侍中中衛將軍
陸繢早慧七歲通經爲童子奉車郎
裴邃十歲能屬文善左氏春秋後爲豫州刺史
明山賓七歲能言名理十三博通經傳位至散騎常侍兼國子
祭酒假節攝北兗州事卒
王僧孺幼聰惠年五歲讀孝經問授者此書所載述曰論忠孝
二事僧孺曰若爾常願讀之有餽其父冬李先以一與之僧孺
不受曰大人不見不容先嘗六歲能屬文既長好學家貧常傭

書以養母所寫既畢諷誦亦遍七歲能讀十萬言後爲北中郎
諮議參軍入直西省知撰譜事卒
任昉幼而聰敏早稱神悟四歲誦詩數十篇八歲能屬文自製
月儀辭義甚美褚彥回嘗謂昉父遙曰聞卿有令子百不爲多
一不爲少由是聞聲藉甚年十二從叔晷有知人之量見而稱
其小名曰阿堆吾家千里駒也終於新安太守
張率年十二能屬文常日限爲詩一篇稍進作賦頌至年十六
向二千許首齊始安王蕭遙光爲揚州召迎主簿不就後歷位
黃門侍郎出爲新安太守卒
劉顯幼而聰敏六歲能誦呂相絶秦賈誼過秦琅耶王思遠吳
國張融見而稱賞號曰神童族伯瓛儒學有重名卒無嗣齊武
帝詔顯爲後時年八歲終於平西府諮議參軍
劉孝綽幼聰敏七歲能屬文舅中書郎王融深賞異之常與同
載適親友號曰神童融每言曰天下文章若無我當歸阿士阿
士孝綽小字也時父繪掌詔誥孝綽年未志學繪常使代草之
父黨沈約任昉范雲等聞其名並命駕先造焉昉尤相賞好范
雲年長繪十餘歲其子孝才與孝綽年十四五及雲遇孝綽便
申伯季乃命孝才拜之孝綽官至秘書監卒
陳慶之子昕七歲能騎射十二隨父入洛於路遇疾還京詣
鴻臚卿朱异訪北間形勢昕聚土畫地指麾分別异甚奇之昕
終於雲旗將軍
王筠字元禮幼警寤七歲能屬文年十六爲芍藥賦甚美官至
太子詹事
蕭乾年九歲補國子周易生祭酒袁昂深敬之
張緬字元長父弘策從高祖義師入伐留緬襄陽年始十歲每
聞軍有深負憂喜形於顏色後爲御史丞遷侍中未拜而卒
王規年十二五經大義並略能通既長好學有口辯位至左户
尚書

褚矜九歲而孤爲叔父驃騎從事中郎隨所養早有令譽先達
多以才器許之終於御史中丞
宗懔少聰敏好學晝夜不倦鄉里號爲童子學士仕梁官至吏
部尚書
褚向年數歲父母相繼亡没向哀毁若成人者親表咸異之官
至北中郎廬陵王長史卒
劉瑴年九歲能誦左氏傳宗黨咸異之歷官至建康正
王褒年七歲能屬文外祖司空袁昂愛之謂賓客曰此兒當成
吾宅相後仕梁官至左僕射
劉孺幼聰敏七歲能屬文後位至吏部尚書
劉覽字孝智十六通老易終於左丞
蕭洽幼敏寤年七歲誦楚詞略能上口官至司徒左長史卒
蕭脩局力貞固風儀嚴整九歲通論語十一能屬文鴻臚卿裴
子野見而賞之初封宜豐侯官至太保

褚翔年十四嘗贈沈約五言詩爲約稱賞於尚書令
何遜八歲能賦詩嘗爲尚書水部郎卒於仁威廬陵王記室謝
幾卿幼清辯當世號曰神童官至左光祿長史卒
蕭[illegible]字士機幼聰敏博學有文詞
王籍七歲能屬文後爲作唐侯相卒
傅昭六歲而孤哀毁如成人爲外祖所養十歲於朱雀航賣曆
日雍州刺史袁顗見而奇之顗嘗來昭所昭讀書自若神色不
改顗歎曰此兒神情不凡必成佳器位至散騎常侍金紫光祿
大夫
顧協幼孤隨母養於外從祖右光祿大夫張永永嘗攜内外孫
姪遊武丘山協年數歲永撫之曰兒欲何戲協曰兒正欲枕石
漱流永歎息曰顧氏興於此子及長好學以精力稱後拜通直
散騎侍郎兼中書通事舍人守鴻臚卿卒
劉歊幼有識慧四歲喪父與群兒同處獨不戲年六歲誦論語
毛詩意所不解便能問難十二讀莊子逍遥篇曰此可解耳客因問之隨問而答皆
有情理家人每異之歊終不娶不仕卒于家伏挺幼敏寤七歲通孝經論語挺後客
遊吴興卒○庾子輿孝卿幼而岐嶷五歲讀孝經手不釋卷或曰此書文句不多何
用自苦答曰孝德之本何謂不多後除巴陵内史卒○劉昭幼清警七歲通老莊義
卒於剡令○庾於陵七歲能言玄理弟肩吾八歲能賦詩特爲於陵所友愛後於陵
終於鴻臚卿肩吾位至江州刺史領義陽太守○許懋字昭哲少孤好學爲州里所
稱十四入太學受毛詩且領師説口誦講坐下聽者常數十百人官至中庶子○到沆
幼聰敏五歲時父撝於屏風抄古詩沆請讀一遍便能諷誦無所遺失終於北中郎
諮議參軍○到鏡溉之子也五歲便口授爲詩婉有辭況位至太子舍人卒○丘遲
八歲便屬文父靈鞠常謂氣骨似我黄門侍郎謝超宗徵士何點並見而異之終於
司空從事中郎○陶季直早慧祖愍祖甚愛異之愍祖嘗以四函銀列置於前令諸
孫各取季直時甫四歲獨不取人問其故季直曰若有賜當先父伯不應度及諸孫
是故不取愍祖益奇之季直官至太中大夫○江革幼而聰敏早有才思六歲便解
屬文父柔之深加賞器曰此兒必興吾門革子從簡少有文情年十七作採荷調以

刺何敬容爲當時所賞後爲[illegible]尚書謝[illegible]家除光祿大夫卒○劉之遴八歲能
屬文十五舉茂才對策沈約任昉見而異之位至都官尚書太常卿○陳袁憲字德
章武帝撰孔子正言章句詔下國學宣制旨義憲時年十四被召爲國子生博士周弘
正謂憲父君正曰賢子今茲策試不數日君正遣門下客岑文豪與憲候弘正會弘正
將登講坐弟子畢集乃延憲入室授以麈尾令憲樹義時謝岐何妥在坐弘正謂曰二
賢雖窮奥賾得無憚此後生耶何謝於是遞起義端深極理致相與往復數番辭對閑
敏弘正謂妥曰恣卿所問勿以童稚相期時學衆滿堂觀者重沓而憲神色自若辯論
有餘弘正亦起數難終不能屈因告文豪曰卿還咨袁吴郡此即已堪見代爲博士矣
時生徒對策多行賄賂文豪請具束脩君正曰我豈能用錢爲兒買第耶學司銜之及
憲試爭起劇難憲隨問抗答剖析如流到溉顧憲曰袁君正其有後矣及君正將之吴
郡溉祖道於征虜亭謂君正曰昨策生蕭敏孫徐孝克非不解義至於風神器局去賢
子遠矣憲歷官至吕州刺史復授晉王長史卒○姚察幼有至性事親以孝聞六歲誦
書萬餘言弱不好弄博弈雜戲初不經心勤苦厲精以夜繼日十二能屬文十三梁
簡文帝時在東宫盛脩文義即引於宣猷堂聽講論難爲儒者所稱後爲太子内舍人卒

陸瓊父雲公梁給事黄門侍郎掌著作瓊幼聰惠有司理六歲
爲五言詩頗有詞采大同末雲公受梁武帝詔校定棊品到溉
朱异以下並集瓊時年八歲於客前覆局由是京師號曰神童
异言之武帝有勑召見瓊風神警亮進退詳審帝甚異之瓊位
至吏部尚書領大著作

顧野王幼學七歲讀五經知大旨九歲能屬文常製日賦梁領
軍朱异見而奇之年十二隨父之建安撰建安地記二篇後爲
黄門侍郎光禄卿卒

陸從典瓊之第三子幼而聰敏年八歲讀沈約集見迴文硯銘
從典援筆擬之便有佳致年十三作柳賦其詞甚美瓊時爲東
宮管記宮寮並一時俊偉瓊示以此賦咸奇其異才從父瑜特
所賞愛及瑜將命終家中墳籍皆付從典乃集瑜文爲十卷仍
製集序其文甚工後爲南陽縣主簿卒

陸辯惠侍中繕之子年數歲詔引入殿内辯惠應對進止有父

風高宗因賜名辯字敬仁

張正見幼好學有才梁簡文在東宮正見年十三獻頌簡文深
贊賞之簡文雅尚學業每自昇座説經正見嘗預講筵請決疑
義吐納和韻進退詳雅四座咸屬目焉終於尚書度支郎

岑之敬年五歲讀孝經每燒香正坐親戚咸加歎異十六策春
秋左氏制旨孝經義擢爲高第御史奏曰皇朝多士例止明經
若顔閔之流乃應高第梁武帝曰何妨我復有顔閔邪因召入
面試令之敬昇講座勑中書舍人朱异執孝經唱士章武帝親
自論難之敬剖釋縱横應對如響左右莫不驚歎乃除童子奉
車郎賞賜優厚後爲侍御史征南府諮議參軍卒

杜之偉幼精敏有逸才七歲受尚書稍習詩禮略通其學十五
遍觀文史儀禮故事時輩服其早成僕射徐勉嘗見其文重其
筆力位至太中大夫

徐敬成幼聰惠好讀書少識警善占對結交文義之士以識鑒
知名位至安州刺史

馬樞數歲而父母俱喪爲其姑所養六歲能誦孝經論語老子
後邵陵王綸引爲學士

虞寄少聰敏年數歲客有造其父者遇寄於門因嘲之曰郎君
姓虞必當無智寄應聲荅曰文字不辯豈得非愚客大慙入謂
其父曰此子非常人文舉之對不足過也終於太中大夫卒

虞荔幼聰敏有志操年九歲隨從伯闡候太常陸倕問五經凡
有十事荔隨問輒應無有遺失倕甚異之又嘗詣徵士何胤時太
守衡陽王亦造焉胤言之於王王欲見荔荔辭曰未有板刺無
容拜謁王以荔有高尚之志雅相欽重還郡即辟爲主簿荔又
辭以年小不就後爲太子中庶子領大著作卒

韋載梁黄門侍郎正之子少聰惠篤志好學年十二叔父稜見
沛國劉顯問漢書十事載隨問應荅曾無疑滯及長博涉書史
流敏有器局位至散騎常侍太子右衞率

謝貞年七歲毋王氏授論語孝經讀訖便誦八歲嘗爲春日閑
居五言詩從舅尚書王筠奇其有佳致謂所親曰此兒方可大
成至如風定花猶落乃追步謝惠連矣由是名輩知之年十三
略通五經大旨尤善左氏傳工草隸蟲篆終於南平王友掌記
室事

徐淩八歲能屬文十二通莊老義既長博涉史籍縱横有口辯

淩子份少有父風年九歲爲夢賦淩見之謂所親曰吾幼屬文
亦不如此後爲左光禄大夫太子少傅卒

裴忌少聰敏有識量頗涉史傳爲當時所稱解褐豫章王法曹
參軍終於上開府

周弘正幼孤及弟弘讓弘直俱爲叔父捨所養年十歲通老子
周易捨每與談論輒異之曰觀汝神情穎晤清理警發後世知
名當出吾右十五召補國子生仍於國學講周易諸生傳習其
義以季春入學孟冬應舉學司以其日淺弗之許焉博士到洽

義曰周郎年未弱冠便自講一經雖曰諸生實堪師表無筭
試起家梁太學博士
傅縡幼聰敏七歲誦古詩賦至十餘萬言長好學能屬文後爲
秘書監右衛將軍兼中書通事舍人掌詔誥
蔡徵幼聰敏精識強記年六歲詣吏部尚書河南褚翔翔嗟其
頴悟位至給事郎
張譏幼聰俊有思理年十四通孝經論語篤好玄言受學于汝
南周弘正每有新意爲先輩推伏終於國子博士東宮學士
陰鏗幼聰慧五歲能誦詩賦日千言後官至晉陵太守員外散
騎常侍
王元規八歲而孤兄弟三人隨母依舅氏往臨海郡時年十二
郡土豪劉瑱者資財巨萬欲妻以女母以其兄弟幼弱欲結强
援元規泣請曰姻不失其親古人所重豈得苟安異壤輙婚非
類母感其言而止終於秦王府東閤祭酒

冊府元龜卷第七百七十四

冊府元龜卷第七百七十五

總録部

幼敏第三

後魏賈彝字彥倫父爲苻堅鉅鹿太守坐譏謗繫獄彝年十歲詣長安訟父獲申遠近歎之僉曰此子英俊賈誼之後莫之與京後太祖即位拜尚書左丞加給事

崔玄伯少有儁才號曰冀州神童苻融牧冀州虚心禮敬拜陽平公侍郎領冀州從事後位至天部大人進爵爲公

李承字伯業寶之子也少有宇略太武時寳欲謀歸款民僚多有異議承時年十三勸寳速定大計於是遂決仍令承隨表入質太武深相器異禮遇甚優賜爵姑臧侯

陸琇字伯琳馛第五子馛有以爵傳琇之意琇年九歲馛謂之曰汝祖東平王有十二子我爲嫡長承襲家業今已年老屬汝幼冲詎堪爲陸氏宗首乎琇對曰苟非闕力何患童稚馛奇之

遂立琇爲世子

韋纘荆州刺史弥之子年十三補中書學生聰敏明辯爲博士李彪所稱除秘書中散

裴安祖少而聰惠年八九歲就師講詩至鹿鳴篇語諸兄云鹿雖禽獸得食相呼而況人也自此之後未曾獨食

裴駿字神駒幼而聰惠親表異之稱爲神駒因以爲字位至中書侍郎

胡叟字倫許少聰惠年十三辯疑釋理知名鄉國其意之所悟與成人交論鮮有屈焉叟以姚氏將衰遂入長安觀風化隱匿名行懼人見知時京兆韋祖思少閱典墳多蔑時彥知叟至召而見之祖思習常待叟不足聊與溫涼叟拂衣而出祖思固留之曰當與君論天人之際何遽而反乎叟對曰論天人者其亡久矣與君相知何夸言若是也遂不坐而去至主人家賦韋杜二族一宿而成時年十有八矣其述前載無違舊美敘中世有協時事而末及鄙瀆人皆奇其才畏其筆世猶傳誦之以爲笑仲叟後拜武威將軍賜爵始復男卒

李□□字爲道博學有才幹年十餘歲便能屬文父彤□奇之

李安世太尉祥之子幼而聰悟興安二年文成引見侍郎博士之子簡其秀儁者欲爲中書學生安世年十一帝見其尚小引問之安世陳說父祖甚有次第即以爲生帝每幸國學常獨被引問詔曰汝但守此至大不慮不富貴

祖瑩范陽人八歲能誦詩書十二爲中書學生內外親屬呼爲聖小兒後歷秘書監遷車騎將軍

李琰之字景珍司空韶之族弟早有盛名時人號曰神童位至兼侍中車騎大將軍左光禄大夫

裴翻子聿脩九歲州辟主簿性深沈有鑒識清費寡欲與物無競姨夫尚書崔休深所知賞

李謐涿郡人年十三通孝經論語毛詩尚書曆數之術尤盡其

長州閭鄉黨有神童之號後徵拜著作郎辭以授弟郁公府二辟皆不就及卒命謚曰貞靜處士表其門曰文德里曰孝義

北齊邢劭十歲便能屬文雅有才思聰明強記日誦萬餘言族兄巒有文鑒謂子弟曰宗室中有此兒非常人後爲太常卿中書監攝國子祭酒復授特進卒

杜弼幼聰敏家貧無書年十二寄郡學受業教授之際師每奇之位至膠州刺史

王紘性機敏應對便捷年十三見揚州刺史太原郭元貞元貞撫其背曰汝讀何書對曰誦孝經孝經云何曰在上不驕爲下不亂元貞曰吾作刺史豈其驕乎紘曰公雖不驕君子防未萌亦願留意元貞稱善年十五隨父在北豫州行臺侯景與人論掩衣法爲當左爲當右尚書敬顯儁曰孔子云微管仲吾其被髮左衽矣以此言之右衽爲是紘進曰國家龍飛朔野雄步中原五帝異儀三王殊制掩衣左右何足是非景奇其早惠賜以

名焉後官至散騎常侍兼侍中

李繪字敬文年六歲便自願入學家人以偶年俗忌約而弗許遂伺其伯姊筆牘之閒而輒竊用未幾遂通急就章內外異之以爲非常兒也天保初爲司徒右長史卒

徐之才幼而儁發五歲誦孝經八歲略通義旨曾與從兄康造梁太子詹事汝南周捨宅聽老子捨爲設食乃戲之曰徐郎不用心思義而但事食乎之才答曰蓋聞聖人虛其心而實其腹捨嗟賞之年十三召爲太學生粗通禮易彭城劉孝綽河東裴子野吳郡張嵊等每共論周易及喪服儀酬答應之如響咸共歎曰此神童也位至僕射卒

楊愔字遵彥小名秦王弘農華陰人父津魏時累爲司空侍中愔兒童時口若不能言而風度深敏出入門閭未嘗戲弄六歲學史書十一受易好左氏春秋幼喪母曾詣舅源子恭子恭與之問讀何書曰誦詩子恭曰誦至渭陽未邪愔便號泣感噎子恭亦對之歔欷遂爲之罷酒子恭後謂津曰常謂秦王不甚察惠從今已後更欲刮目視之愔一門四世同居家甚隆盛昆季就學者三十餘人學庭前有柰樹實落地羣兒咸爭之愔頹然坐其季父暐適入學館見之因大嗟異顧謂賓客曰此兒恬裕有我風宅內有茂竹遂爲愔於林邊別葺一室命獨處其中常銅盤具盛饌以飯之因以督厲諸子曰汝輩但如遵彥謹慎自得竹林別室銅盤重肉之食愔從父兄黃門侍郎昱特相器重曾謂人曰此兒駒齒未落已是我家龍文更十歲後當求之千里外後拜尚書令又拜特進驃騎大將軍

李稚廉趙郡高邑人齊州刺史義深之弟少而寡欲爲兒童時初不從家人有所求請嘗故以金寶授之終不取強付輒擲之於地州牧以其蒙稚而廉故名曰稚廉聰敏好學年十五頗尋覽五經章句嘗爲青州刺史未幾徵爲并省都官尚書卒

孫靈暉長樂武強人魏大儒秘書監惠蔚靈暉之族曾王父也

靈暉少明敏有器度惠蔚一子早卒其家書籍多在焉靈暉年七歲便好學日誦數千言唯尋討惠蔚手錄章疏不求師友三禮及三傳皆通宗旨然始就鮑季詳熊安生質問疑滯其所發明鮑熊無以異也後爲大將軍司馬

蘇瓊字珍之幼時隨父在邊嘗謁東荊州刺史曹芝芝戲問曰卿欲官不對曰設官求人非人求官芝異其對署爲府長流參軍後爲博陵太守

和士開幼而聰惠選爲國子學生解悟捷疾爲同業所尚武平元年封淮王除尚書令錄尚書事

後周檀翥字鳳翔高平金鄉人六世祖韶晉步兵校尉父江始還北仕至太常少卿翥十歲喪父還京師宅與營人雜居幼孤寒不與隣人來往好讀書解屬文能鼓琴早爲琅邪王誦所知

宗懍少聰敏好學讀書晝夜不倦語輒引古事鄉里呼爲小兒學士後拜車騎大將軍卒

辛璵字世珍聰敏有夙成之量閭里咸歎異之後位至侍中驃騎大將軍

柳慶年十三時父僧習爲潁川郡地接都畿民多豪右將選鄉官皆依倚貴勢競來請託選用未定僧習謂諸子曰權貴請託吾並不用其使欲還皆須有答汝等各以意爲吾作書也慶乃具書草云下官受委大邦選吏之日有能者進不肖者退此乃朝廷常典僧習讀書歎曰此兒有意氣丈夫理當如是即依慶所草以報後爲宜州刺史入爲司會卒

李昶頓丘臨黃人小名那祖彪名重魏朝爲御史中尉父游亦有才行爲當世所稱游兄志爲南荊州刺史游從至州屬爾朱之亂與志俱奔江左昶性峻急不雜交游幼年已解屬文有聲洛下時洛陽創置明堂昶年十數歲爲明堂賦雖優洽未足才制可觀見者咸曰有家風矣

長孫澄字士亮魏太師稚之子年十歲司徒李琰之見而奇之遂以女妻焉十四從征討有策謀每定諸將後拜大將軍封義

門公爲王璧總管卒

李賢字賢和九歲從師受業略觀大旨而已不尋章句或謂之曰學不精勤不如不學賢曰夫人各有志賢豈能强學待問領徒授業耶唯當粗聞教義補已不足至如忠孝之道實銘之於心問者懸服位至大將軍

賢子崇字永隆以父賢勲封迴洛縣侯時年小拜爵日親族相賀崇獨泣下賢問之對曰無勲於國幼少封侯當報主恩不得終於孝養是以悲耳賢由此大奇之位至太府中大夫

斛斯徵字士亮太傅尚書令椿之子幼聰穎五歲誦孝經周易識者異之及長涉羣書尤精三禮後爲太子太保

柳霞幼而爽邁神采嶷然髫歲便有成人之量篤好文學動合規矩其世父慶遠特器異之後爲驃騎大將軍霍州刺史卒

劉祥幼而聰慧占對俊辯賓客見者號爲神童年十歲能屬文十二通五經

顔之儀幼穎悟三歲能讀孝經位至集州刺史

蕭大圜幼而聰敏神情俊悟年四歲能誦三都賦及孝經論語七歲居母喪便有成人之性後爲内史侍郎西河郡守卒

蕭撝字智遐梁武帝弟安成王秀之子也性温裕有儀表年十二入國學博觀經史雅好屬文在梁封永豐縣侯

沈重字德厚吳興武康人性聰悟有異常童七歲而孤居喪合禮位至散騎常侍太常卿

張元字孝始年六歲祖父成以夏中熱欲將元就井浴元固不肯從謂其貪戲乃以杖擊其頭曰汝何爲不肯洗浴元對曰衣以蓋形爲覆其褻不能露其體於白日之下祖異而捨之南隣有二杏樹杏熟多落元園中有諸小兒競取而食之元所得者送還其主

鄭譯年十餘歲嘗詣相府司録李長宗長宗於衆中戲之譯斂容謂長宗曰明公位望不輕瞻仰斯屬輒相就狎無乃喪德長宗甚異之

隋王述字長述後周驃騎大將軍羆之孫少聰敏有識度年八歲周太祖見而奇之曰王公有此孫足爲不朽後位至大將軍復授行軍總管

于仲文後周大左輔寔之子九歲嘗於雲陽宫見周太祖問曰聞兒好讀書書有何事仲文對曰資父事君忠孝而已太祖甚嗟歎之後爲右翊衛大將軍進位光禄大夫卒

裴政字德表幼明敏博聞强記達於時政爲當世所稱年十五辟邵陵王府法曹參軍事終於襄州總管

于宣敏字仲達少沉密有才思年十一詣周趙王命之賦詩宣敏爲詩甚有幽貞之志王大奇之坐客莫不嗟賞位至奉車都尉

史萬歲京兆杜陵人父静周滄州刺史萬歲少英武善騎射驍捷若飛好讀兵書兼精占候年十五值周齊戰於邙山萬歲時從父入軍旗鼓相望萬歲令左右趣治裝急去俄而周師大敗

其父由是奇之後爲河州刺史行軍總管

蘇夔八歲誦詩兼解騎射年十三從父威至尚書省與安德王雄馳射賭得駿馬而歸十四詣學與諸儒論議詞致可觀見者皆稱善位至通議大夫

李德林幼聰敏年數歲誦左思蜀都賦十餘日便畢高隆之見而嗟歎遍告朝士云若假其年必爲天下偉器鄴京人士多就宅觀之月餘日中車馬不絶年十五誦五經及古今文集日數千言後終於懷州刺史

宇文忻字仲樂幼而敏慧爲兒童時與羣輩戲輒爲部伍進止行列無不用命者位至右領軍大將軍

韋師字公穎少沉謹有至性初就學始讀孝經捨書而歎曰名教之極其在茲乎終於汴州刺史

楊异字文殊美風儀沉深有器局幼聰敏好學日誦千言見者皆異之後爲刑部尚書除吳州總管卒

會稽少聰敏閑於占對起家周齊王文學武帝見而異之召拜
宣納上士位至工部侍郎韋世康幼而沉敏有器度年十歲州
辟主簿後拜荆州摠管卒
劉顥字嗣芳幼而聰敏當世號曰神童
辛德源字孝基沉靜好學年十四解屬文及長博覽書記後丞
諸議參軍
陸爽字開明少聰敏年九歲就學日誦二千餘言齊尚書僕射
楊遵彥見而異之曰陸氏代有人焉官至太子洗馬
明克讓年十四釋褐梁湘東王法曹參軍時舍人朱异在儀賢
堂講老子克讓預焉堂邊有脩竹异令克讓詠之克讓覽筆輒
成其卒章曰非君多愛賞誰貴此貞心异甚奇之後爲通直散
騎常侍卒
游元字楚客少聰敏年十六齊司徒徐顯秀以爲參軍事後位
至朝請大夫兼侍御史

何妥字棲鳳西域人少機警八歲游國子學助教顧良戲之曰
汝既姓何是荷葉之荷爲是河水之河應聲答曰先生姓顧是
眷顧之顧是新故之故衆咸異之終於國子祭酒
庾質字行脩少而明敏早有志尚八歲誦梁世祖玄覽言志等
十賦拜童子郎位至太史袁充少警悟年十餘歲其父黨至門
時冬初充尚衣葛衫客戲充曰袁郎子絺兮綌兮凄其以風充
應聲答曰唯絺與綌服之無斁以是大見嗟賞後位至秘書令
盧太翼字協昭河間人本姓章仇氏七歲詣學誦數千言州里
號曰神童及長閑居味道不求榮利卒於雒陽
庾季才幼穎悟八歲誦尚書十二通周易好占玄象後爲通直
散騎常侍
崔賾字祖濬七歲能屬文容貌短小有口才開皇初秦孝王薦
之射策高第後爲越王長史
薛道衡字玄卿河東汾陰人祖聰魏齊州刺史父孝通常山太
守道衡六歲而孤專精好學年十三講左氏傳見子産相鄭之
功作國僑贊頗有詞致見者奇之後才名益著位至司隸大夫
許善心字務本九歲而孤爲母范氏所鞠養幼聰明有思理所
聞輒能誦記多聞默識爲當世所稱家有舊書萬餘卷皆徧通
涉十五解屬文牋上父友徐陵大奇之謂人曰才調極高此神
童也後爲給事中
薛世雄爲兒童時與羣輩游戲輒畫地爲城郭令諸兒爲攻守
之勢有不從令者世雄輒撻之諸兒畏憚莫不齊整其父見而
奇之謂人曰此兒當興吾家矣位至左禦衛大將軍
房彥謙字孝沖早孤不識父爲母兄之所鞠養長兄詡雅有清
鑒以彥謙天性穎悟每奇之親教讀書年七歲誦數萬言爲宗
黨所異終於涇陽令
郎茂少敏慧七歲誦騷雅日千餘言後爲尚書左丞
鮑宏字潤身父機仕梁爲治書侍御史宏七歲而孤爲兄泉之

所愛育年十二能屬文嘗和湘東王繹詩繹嗟賞不已引爲中
記室位至均州刺史
唐陳叔達初在陳年十餘歲嘗侍宴賦十韻援筆便就僕射徐
陵甚奇之貞觀中位至禮部尚書
蘇世長父振仕周爲宕州刺史武帝時世長年十餘歲上書言
事帝以其年小召問讀何書對曰讀孝經論語武帝曰孝經論
語何所言對曰孝經云治國者不敢侮於鰥寡論語曰爲政以
德帝善其對令於獸門館讀書武德中爲天策府軍諮秦府開
引爲學士
高士廉幼而精爽絕倫占對敏慧位至開府儀同三司
李百藥字重規博陵安平人父德林仕隋内史令百藥幼而聰
敏年數歲德林於燈下教以四聲一聞便解七歲頗能屬文嘗
中書舍人陸乂嘗過德林宴集有誦徐陵文者云將刈琅邪之
稻坐客並不識其事百藥進曰傳稱鄅人藉稻杜預注云鄅國

在琅邪開陽縣又等數蒼云此兒神童也官至宗正卿
百藥字安期幼聰辯七歲解屬文終於荆州大都督府長史
孔頴達年八歲就學日讀千餘言至暮尚誦未嘗嬉戲有異凡
童三禮義宗尤能闇記官至國子祭酒
房玄齡幼而聰敏五歲能誦毛詩及乎志學尤工草隸博覽墳
史位至司空
呂方毅才之子七歲能誦周易毛詩太宗聞其幼敏召見甚奇
之賜以縑帛
王勃字子安太常博士福畤子也六歲善屬文與兄勔勮俱稱
少俊父友杜易簡常稱曰此王氏三珠樹也
楊炯幼聰敏博學善屬文應神童舉拜校書郎爲崇文館學士
孫思邈京兆華原人也七歲就學日誦千餘言顯慶中高宗召
拜諫議大夫不受
狄仁傑字懷英爲兒童時門人有被害者縣吏就詰之衆皆接

對唯仁傑堅坐讀書吏責之仁傑曰黄卷之中聖賢備在猶不
能接對何暇偶俗吏而見責邪位至内史
元萬頃河南人德州總管白澤之孫也幼解屬文起家爲通事
舍人
孫逖幼而英俊文思敏速始年十五謁雍州長史崔日用日用
小之令爲土火爐賦握翰即成辭理典贍日用覽之駭然遂爲
忘年之交以是價譽益重開元初應哲人奇士舉
韋陟字殷卿尚書左僕射安石之子少聰穎頗異常童自幼風
標整峻獨立不羣安石尤愛之位至吏部尚書東京留守
蘇震京兆武功人少以門蔭補千牛聰敏好學博涉經史年未
志學有老成人風伯頲之常謂所親曰吾家有子矣
嚴武中書侍郎挺之之子神氣儁爽敏於聞見幼有成人之風
讀書不究精義涉獵而已弱冠以門蔭策名隴右節度使哥舒
翰奏充判官後爲成都尹攺檢校吏部尚書封鄭國公

楊綰生而聰慧年四歲處羣從之中敏識過人嘗夜宴親賓各
舉坐中物以四聲呼之諸賓未言綰應聲指鐵燈樹曰燈盞柄
曲衆咸異之位至中書侍郎同中書門下平章事
劉晏字士安曹州南華人年七歲舉神童授秘書省正字終於
忠州刺史
高郢字公楚其先渤海蓨人九歲通春秋能屬文郢子定幼聰
警絶倫年七歲時讀尚書湯誓問郢曰奈何以臣伐君郢曰應
天順人不爲非道又問曰用命賞于祖不用命戮于社是順人
乎父不能對定仕至京兆參軍
房孺復太尉琯之子少慧辯年七八歲即解綴文親黨奇之位
至容州刺史本管經略使權德輿生四歲能誦詩十五爲文數
百篇編爲童蒙集十卷名聲日大後爲檢校吏部尚書出鎮興
元卒
蔣乂字德源其先常州義興人後從家於河南國子司業集賢

學士將明之子史官吴兢之外孫代以儒學稱年七歲讀庾信
哀江南賦數遍而能暗記始以聰敏精強聞於親黨弱冠誌博
羣籍時論以史職許之位至祕書監
令狐楚字殻士世以儒雅著稱楚少強記年五歲善屬文位至
檢校左僕射興元尹充山南西道節度使
李聽西平王太尉晟之第十三子七歲以蔭授太常寺協律郎
入公署吏胥小之不敬聽鞭之見西平因大奇之
元稹九歲能屬文十五明兩經擢第大和中終於檢校戶部尚
書兼鄂州刺史
李德裕宰相吉甫之子幼有壯志苦心力學吉甫每以敏辯誇
於同列武元衡嘗召之謂曰吾子在家所耆何書意欲探其志
也德裕不應翌日元衡具以告吉甫因戲曰公誠涉大癡耳吉
甫歸以責之德裕曰武公身爲帝弼不問理國調陰陽而問所
讀書書者成均禮部之職也其言不當所以不應吉甫復對

元衡大歎由是擬名德裕會昌中爲太尉宣宗特出爲東都留守後累貶崖州司馬卒

郭承嘏字復卿汾陽王子儀曾孫生而秀異乳保之間即好筆硯比及成童能通五經

楊收七歲喪父居喪有如成人而母長孫夫人知書親自教授十三略通諸經義善於文詠吳人呼爲神童兄發戲令詠蛙即曰兔邊分玉樹龍底耀銅儀曾當同鼓吹不復問官私又令詠筆仍賦鑽字即曰雖非囊中物何堅不可鑽一朝操政事定使冠三端每良辰美景吳人造門觀神童請爲詩什觀者壓敗其藩後自宣歙觀察使貶端州司馬尋削官封梁羅周莳年七八歲學於詩往往傳於人口

後唐馬希範湖南馬殷之第三子少而溫雅稍涉文史同平中授著作佐郎國子博士俄改金紫光祿大夫檢校右僕射與湖南親軍同光中殷遣希範入貢莊宗問洞庭廣狹希範對曰

洞庭至狹若車駕南巡止可飲馬而已莊宗撫背嘉之超授檢校太保永州刺史

李琪年十三詞賦詩頌大爲王鐸所知然亦疑其假手一日鐸召父穀謙子公署密遣人以漢祖得三傑賦題就其第試之琪援筆立成賦尾云得士則昌非賢罔共龍頭之友斯貴鼎足之臣可重宜哉項氏之所以亡一范曾而不能用鐸覽而駭之曰此兒大器也將擅文價

趙贊幽州節度使德鈞之孫天成四年正月德鈞奏去年五歲默念何論孝經令於汴州取解就試勑都尉之孫能念儒書備彰家訓不勞就試特與成名宜賜別勑及第仍附今年春榜

晉盧質幼聰慧善屬文年十六陝帥王重盈奏授芮城令

安元信幼爲兒童時嘗與里中同輩戲爲攻陣獨申明進退交擊之勢死成部分邑之耆老有尚懷古者謂元信父萬金曰此子成人必達軍旅之事若賦以壽則爲侯國其志乎後至

雍州團練使

漢李崧深州饒陽人父舜卿本州録事參軍崧幼而聰敏十餘歲爲文家人奇之弱冠本府署爲參軍其父嘗謂宗人李鏻曰大醜生處奇形氣異前途應不居徒勞之地賴吾兒誨激之大醜即崧之小字也後至相位

周徐台符字光信深州武強人幼善屬文唐同光中擢進士第釋褐爲鎮定從事位至翰林學士

和凝幼而聰敏姿狀秀拔神彩射人少好學書一覽者咸達其大義後至相位

王朴幼警慧好學善屬文位至樞密使

册府元龜卷第七百七十五

册府元龜卷第七百七十六

總録部 二十六

名望

夫爲萬物之靈稟五行之秀而不能馳聲於當年揚名於没世者奚足謂之賢哉故有德奥淵塞英華發越仗義倜儻才超拔志節抗邁公廉絶俗經術深厚風裁詳雅由茲而稱於儕伍聞於州里著於官次顯於朝廷布於天下流於絶域者蓋有之焉其或同時接武齊名並驚爲游談之矜式俾士類之慕嚮所謂死而不朽者皆是之謂歟

子產鄭人簡公二十三年諸公子爭寵相殺又欲殺子產公子或諫曰子產仁人鄭所以存者子產也勿殺乃止

澹臺滅明事孔子旣已受業南游至江從弟子三百人設取予去就名施乎諸侯

晏平仲嬰者萊之夷維人也事齊靈公莊公景公三世顯名於諸侯

越范蠡三徙成名於天下非苟去而已所止必成名卒老死于陶故世傳曰陶朱公

吳起衛人魏武侯封起爲西河守甚有聲名

甘茂下蔡人起下蔡閭閻顯名諸侯

漢張耳陳餘皆大梁人張耳少時爲魏公子無忌客與陳兩人魏之名士也陳涉起蘄至陳張耳陳餘上謁涉（上謁若今通名）涉及左右生平數聞耳餘賢未嘗見見即大喜

陸賈勸陳平交驩太尉周勃以此游漢廷公卿間（謂遊漢廷諸公卿之間）名聲籍甚（言狼籍甚盛）孝文即位爲太中大夫

季布楚人也布弟季心氣蓋關中嘗殺人亡吳從爰絲匿長事爰絲（言以兄長之禮事之也）弟畜灌夫籍福之屬嘗爲中司馬（中尉之司馬）中尉郅都不敢加少年多時竊借其名以行（竊自稱爲季心之客）當是時季心以勇聞布以諾聞關中後爲河東守

韓安國爲人多大略知足當世取合（今此可取則取可止則止）而出於忠厚貪財利然所推舉皆廉士賢於己者於梁舉壺遂臧固至它皆天下名士（壺遂臧固至它三人皆梁名士也）士亦以此稱慕之唯天子以爲國器官至御史大夫

鄭當時字莊陳人也脫張羽於戹（張羽梁將也莊救之）聲聞梁楚間後爲大司農未嘗名吏與官屬言若恐傷之聞人之善言進之上唯恐後山東諸公以此翕然稱鄭莊

鄒陽齊人與吳嚴忌枚乘等俱仕吳皆以文辯著名爲梁上客而卒

灌夫字仲孺潁陰人吳楚反時夫父孟爲校尉戰死夫不肯隨喪歸奮曰願取吳王若將軍頭以報父仇於是乃從奴十餘騎入吳軍至戲下士其奴獨與一騎歸夫身中大創十餘適有萬金良藥故得無死創少瘳又請復從將軍壯而義之恐亡夫迺言太尉太尉（太尉周亞夫也）固止之吳軍破夫以此名聞天下後至燕相

漢李陵少爲侍中建章監善騎射愛人謙讓下士甚得名譽

楊惲司馬遷外孫也以材能稱好交英俊諸儒名顯朝廷官至光祿勳

尹翁歸爲政雖任刑其在公卿之間清潔自守語不及私然溫良謙退不以行能驕人甚得名譽於朝廷爲右扶風病卒

辛慶忌遷校尉將吏士屯焉耆國還爲謁者尚未知名元帝初補金城長史舉茂材遷郎中車騎將軍朝廷多重之者轉爲校尉遷張掖太守徙酒泉所在著名

雋不疑治春秋爲郡文學進退必以禮名聞州郡官至京兆尹

趙廣漢爲潁川太守威名流聞匈奴降者言匈奴中皆聞廣漢名

邴曼容漢兄子也亦養志自脩其名過出於漢官至六百石輒免去

樓護字君卿爲京兆吏甚得名譽護爲人短小精辯論議常依名節與谷永俱爲五侯上客長安號曰谷子雲之筆札樓君卿

之府吏護官至天水太守永至大司農

杜欽字子夏少好經書家富而目偏盲故不好爲吏茂陵杜鄴與欽同姓字俱以材能稱京師故衣冠謂欽爲盲杜子夏以相別欽惡以疾見詆迺爲小冠高廣財二寸（財與纔同）由是京師更謂欽爲小冠杜子夏而鄴爲大冠杜子夏欽不仕鄴官至涼州刺史

龔勝字君賓龔舍字君倩皆楚人也兩人相友並著名節故世謂之楚兩龔勝官至光祿大夫舍亦至光祿大夫稱病不起

楊雄少時從嚴君平游巨而仕京師顯名除爲郎給事黃門紀逡王思琅邪人薛方子容齊人郇越臣仲郇相稚賓太原人唐林子高唐尊伯高沛郡人皆成帝至王莽時清名之士也皆以明經飭行顯名於世（飭謹也）

陳遵字孟公少與張竦相親友哀帝之末俱著名字爲後進冠（爲後進之冠首也）人之所到衣冠懷之惟恐在後時列侯有與遵同姓字者每至人門曰陳孟公坐中莫不震動既至而非因號其人曰

陳驚坐遵官至河內都尉

後漢張湛自太子太傅退居中東門候舍故時人號曰中東門君

承宮爲左中郎將名播匈奴時北單于遣使求得見宮明帝勑自整飾宮對曰夷狄眩名非識實者也臣狀醜不可以示遠宜選有威容者帝乃以大鴻臚魏應代

祭肜子孫多爲邊吏者皆有名稱

崔駰少游太學與班固傅毅同時齊名官至長岑長

馮豹好儒學以詩春秋教麗山鄉里爲之語曰道德彬彬馮仲文位至尚書

卓茂與同縣孔休陳留蔡勳安衆劉宣楚國龔勝上黨鮑宣六人同志不仕王莽時並名重當時光武即位以爲太傅

王扶爲議郎有節行臨邑侯劉復著漢德頌盛稱扶爲名臣

第五種字興先以厲志義爲吏冠名州郡官至兗州刺史

李咸字元貞汝南人累經州郡以廉幹知名在朝清忠權倖憚之

鄧彪字智伯與同郡宗武伯翟敬伯陳綏伯張弟伯同志好齊名南陽號曰五伯彪位至太傅録尚書事

檀彬字孝林少與蔡邕齊名舉孝廉拜尚書郎

召馴少慣不拘小節以志義聞鄉里號之曰德行恂恂召伯春仕至光祿勳

樓望操節清白有稱鄉閭仕至左中郎將

周澤字稺都孫堪字子稺以其行類於澤故京師號曰二稺澤位至太常堪至侍中騎都尉韓稜少能辯理而不爲章句學聲名甚盛五府並辟位至太僕

荀爽字慈明耽思經史慶弔不行徵命不應潁川爲之語曰荀氏八龍慈明無雙後遭黨錮隱於海上又南遁漢濱積十餘年以著述爲事遂稱爲碩儒位至司空

袁閎字奉高數辭公府之命不脩異操而致名當時

金元休名尚京兆人與同郡士休南第五文休俱著名號爲三

休尚獻帝初爲兗州刺史東之郡而魏太祖已臨兗州尚依袁術術僭號欲以尚爲太尉不敢顯言私使諷之術亦不敢強也建安初尚逃還爲術所害

黃香博學經典究精道術能文章京師號曰天下無雙江夏黃童官至魏郡太守

矯慎隱遁山谷與馬融蘇章鄉里並時融以才博顯名章以廉直爲稱然皆推先慎

賈彪少游京師志節慷慨與同郡荀爽齊名後至新息長

董扶少游太學與鄉人任安齊名仕至蜀郡屬國都尉

侯瑾常以禮自牧徵召不到重思著述西河人敬其才而不敢名之皆稱爲侯君公車徵不至

蘇純字桓公有高名性強切而持毀譽士友咸戰之至乃相謂曰見蘇桓公患其敎責人不見又思之三輔號爲大人（大人敬之長尊言者也）仕至南陽太守

何顒少游學洛陽顒雖後進而郭林宗賈偉節等與之相好顯名太學後辟司空府

郭泰字林宗太原介休人也不應辟召桓帝時太學諸生三萬餘人郭林宗賈偉節為其冠與李膺陳蕃王暢更相褒重學中諸生曰天下模楷李元禮不畏強禦陳仲舉天下俊秀王叔茂海內希風之流遂共相標榜指天下名士為之稱號上曰三君次曰八俊次曰八顧次曰八及次曰八廚猶古之八元八凱也竇武劉淑陳蕃為三君君者言一世之所宗也李膺荀昱杜密王暢劉祐魏朗趙典朱寓為八俊俊者言人之英也郭林宗宗慈巴肅夏馥范滂尹勳蔡衍羊陟為八顧顧者言能以德行引人者也張儉岑晊劉表陳翔孔昱苑康檀敷翟超為八及及者其言能導人追宗者也度尚張邈王考劉儒胡母班秦周蕃嚮王章為八廚廚者言能以財救人者也

劉表字景升山陽人少知名號八俊生至荊州牧（張璠漢紀曰表與同郡人張隱薛郁王訪宣靖公緒恭劉祗田林為八交或謂之八顧漢末名士錄云表與汝南陳翔字仲麟范滂字孟博魯國孔昱字世元勃海苑康字仲真山陽檀敷字文友張儉字元節南陽岑晊字公孝為八友胡毋班字季皮太山人以與山陽度尚東平張邈等八人並輕財赴義振濟人士世謂之八廚）

李膺為司隸校尉是時朝廷日亂紀綱頹弛膺獨持風裁以聲名自高士有被其容接者名為登龍門

鍾瑾李膺姑子好學慕古有退讓風與膺同年俱有聲名辟州府未嘗屈志

杜密轉太僕黨事既起免歸本郡與李膺俱坐而名行相次故時人亦稱李杜焉（前有李固杜喬故云亦也）

竇武少以經行著稱常教授於大澤中不交時事名顯關西後至大將軍

鍾皓潁川長社人時郡中先輩為海內所歸者蒼梧太守定陵陳稚叔黎陽令潁陰荀淑及皓少府李膺常宗此三人曰荀君清識難尚陳鍾至德可師淑至朗陵侯相蕃言歸皓累徵不就

陳寔與子紀高名並著而紀弟諶又齊之世號曰三君每宰府辟命率皆同時羔鴈成群丞掾交至豫州百姓皆圖畫寔紀諶之形象寔至太丘長紀至太鴻臚（[illegible]）

段紀明武威姑臧人與皇甫威明張然明並知名顯達京師稱為涼州三明云

任安字定祖少游太學受孟氏易兼通數經又從同郡楊厚學圖讖究極其術時人稱曰欲知仲桓問任安又曰居今行古任定祖

趙壹舉郡上計到京師河南尹羊陟與司徒袁逢共稱薦之名動京師士大夫想望其風采十辟公府不就

王烈通識達道秉義不回以潁川陳太丘為師二子為友時潁川荀慈明賈偉節李元禮韓元長皆就陳君學見烈器業過人歎服所履亦與相親由是英名著於海內孔融與平原陶丘洪陳留邊讓並以俊秀為後進冠蓋融持論經理不[illegible]等而逸才宏博過之融官至少府太中大夫洪辟太尉府讓至九江太守

魏李豐字安國故衛尉李義子也文帝時以父任召隨軍始為白衣時年十七八在鄴下名為清白識別人物海內翕然莫不注意後隨軍在許昌聲稱日隆其父不願其然遂令閉門勑使斷客明帝在東宮豐在文學中及即尊位得吳降人問江東聞名士為誰降人云聞有李安國者是時豐為黃門郎明帝問左右安國所在左右以豐對帝曰豐名乃被於吳越邪位至中書令

華歆平原人與北海邴原管寧俱游三人相善時人號三人為一龍歆為龍頭原為龍腹寧為龍尾歆至太尉原至五官將長史寧至太中大夫固辭不受

[illegible]泰[illegible]廣人為太鴻臚山[illegible]扶風人為河南尹以清賢稱（荀綽冀州記曰[illegible]鹿[illegible]字如[illegible]虔祖[illegible]泰字[illegible]陵有名於[illegible]人[illegible]以[illegible]永[illegible]守[illegible]名自然好學論在[illegible]舉集[illegible]人[illegible]有[illegible]識[illegible][illegible]大之言[illegible]之能[illegible]也官[illegible]一[illegible]為[illegible]陽太守[illegible]行[illegible]）

邢顒字子昂太祖辟為冀州從事時人稱之曰德行堂堂邢子

弟位至太常

徐宣字寶堅廣陵海西人避亂江東又辭孫策之命還本郡與陳矯並爲綱紀二人齊名而私好不協然俱見器於太守陳登位至侍中光禄大夫

鮑勛清白有高節知名於世後至宮正

趙儼潁川陽翟人與同郡辛毗陳羣杜襲並知名號曰辛陳杜趙云毗官至衛尉羣儼並至司空襲至尚書太中大夫

滿寵字子偉以格度知名官至衛尉

徐邈同郡韓觀曼游有鑒識與邈齊名而在孫禮盧毓先邈位至司隷校尉

王昶字文舒太原晉陽人也少與同郡王淩俱知名淩年長昶兄事之位至司空

韓暨爲大鴻臚暨爲人賢韓宣在後爲鴻臚亦稱職故鴻臚中爲之語曰大鴻臚小鴻臚前後治行曷相如

沐並字德信爲三府長史時吳使朱然諸葛瑾攻圍樊城遣船兵於峴山東斫材牂牁人兵作食有先熟者呼後熟者言共食來後熟者答言不也呼者曰汝作沐德信邪其名流布播於異域如此雖自華夏不知者以爲前世人也

蜀習禎字文祥襄陽人有風流善談論名亞龐統而在馬良之右子忠亦有名仕至南廣漢太守

蔣琬字公琰零陵湘鄉人弱冠與外弟泉陵劉敏俱知名琬至大司馬敏至左護軍

費禕字文偉江夏鄳人與汝南許叔龍南郡董允齊名禕位至大將軍允侍中守尚書令

楊戲字文然犍爲武陽人少與巴西程祁公弘巴郡楊汰季儒蜀郡張表伯達並知名戲每推祁以爲冠首丞相諸葛亮深器之仕至射聲校尉

姜維字伯約爲大將軍時蜀官皆天下英俊無出維右

吳徐陵字元大爲零陵太守朝廷俟以列卿之位故虞翻與書曰元大受上卿之遇叔向在晉未若於今其見重如此

周瑜時年二十四吳中皆呼爲周郎後至偏將軍領南郡太守

顧邵字孝則博覽書傳好樂人倫少與舅陸績齊名而陸遜張敦卜靜皆亞焉邵仕至豫章太守績至偏將軍遜至丞相敦至海昏令靜至剡令

步騭字子山大帝爲討虜將軍召爲主記歲餘騭以疾免與琅邪諸葛瑾彭城嚴畯俱游吳中並著聲名爲當時英俊位至驃騎將軍領冀州牧

顧譚爲太子友時四方之傑畢集太傅諸葛恪以雄奇蓋衆而譚以清識絶倫獨見推重自太尉范愼謝景羊徽之徒皆以秀稱其名而悉在譚下位至太常

晉應貞字吉甫善談論以才學稱夏侯玄有盛名貞詣玄玄甚重之位至散騎常侍

郄湛字潤甫少以才學知名爲征南從事中郎深爲羊祜所器重

胡威字伯武一名貔淮南壽春人父質以忠清著稱少與鄉人蔣濟朱績俱知名於江淮間官至青州刺史

何曾字穎考陳國陽夏人父夔魏太僕陽武亭侯曾少襲爵好學博聞與同郡袁侃齊名曾位至太宰侍中侃至尚書

歐陽建字堅石世爲冀方右族雅有理思才藻富贍擅名北州時人爲之語曰渤海赫赫歐陽堅石仕至馮翊太守

石浚字景倫清儉有鑒識敬愛人物位至黄門侍郎爲當世名士

傅祗字子莊父嘏魏太常祗性至孝早知名以才識明練稱位至侍中遷司徒不拜

劉毅幼有孝行少厲清節然好臧否人物王公貴人望風憚之位至尚書僕射光祿大夫

裴憲爲侍中王浚承制以爲尚書陷石勒爲右光祿大夫司徒太傅封安定郡公憲歷官無幹績之稱然在朝玄默未嘗以物

務經懷恬以德重名高動見尊禮
王罕字子綸愷子也幼有門風才望不及愷以淑行致稱爲宿
平佳士
和嶠少有風格慕夏侯玄之爲人厚自崇重有盛名於世朝野
許其能整風俗理人倫位至尚書令
王濟字武子少有逸才風姿英爽氣蓋一時好弓馬勇力絶人
善易及莊老文詞俊茂伎藝過人有名當世與姊夫和嶠及裴
楷齊名位至侍中河南尹
秦秀字玄良少敦學行以忠直知名終於博士
華嶠字叔駿才學深博少有令名位至祕書監散騎常侍
山簡濤之子也性溫雅有父風後與譙國嵇紹沛郡劉謨弘農
楊準齊名位至征南將軍鎮襄陽
王玄衍之子少慕簡曠亦有俊才與衛玠齊名玄行爲陳留太
守玠後至太子洗馬

荀闓字道明亦有名稱京都爲之語曰洛中英英荀道明
羊曼任達頹縱好飲酒溫嶠庾亮阮放桓彝同志友善並爲中
興名士時州里稱陳留阮放爲宏伯高平郗鑒爲方伯泰山胡
毋輔之爲達伯濟陰卞壼爲裁伯陳留蔡謨爲朗伯阮孚爲誕
伯高平劉綏爲委伯而曼爲黯伯凡八人號兗州八伯蓋擬古
之八儁也曼位至前將軍放至揚威將軍交州刺史鑒至太尉
輔之至揚武將軍湘州刺史壼至領軍將軍謨至司徒不拜孚至
鎮南將軍廣州刺史綏至荊州刺史
江統字應元靜默有遠志時人爲之語曰嶷然稀言江應元與
鄉人蔡克俱知名位至黄門侍郎散騎常侍
劉輿字慶孫儁朗有才局與弟琨並尚書郭奕之甥名著當時
京都爲之語曰洛中奕奕慶孫越石輿官至潁川太守琨官至
司空廣武侯
祖逖字士稚博覽書記該涉古今往來京師見者謂逖有贊世
才具官至豫州刺史
華軼字彦夏少有才氣聞於當世汎愛博納衆論美之官至江
州刺史
劉琨少得儁朗之目與范陽祖納俱以雄豪著名琨位司空納
至光禄大夫
劉耽字敬道少有行檢以義尚流稱爲宗族所推位至特進金
紫光禄大夫
周馥字祖宣浚從父弟也父蕤安平太守馥少與友人成公簡
齊名俱起家爲諸王文學
裴楷字叔則明悟有識量弱冠知名尤精老易少與王戎齊名
位至光禄大夫開府儀同三司戎至司徒
裴秀少好學有風操八歲能屬文時人爲之語曰後進領袖有
裴秀裴王二族盛於魏晉之世時人以爲八裴方八王徽比王
祥楷比衍康比王綏綽比王澄瓚比王敦遐比王導頠比王戎
邈比王玄秀位至司空

顧榮字彦先吴國吴人爲南土著姓祖雍吴丞相父穆宜都太
守榮機神朗悟弱冠仕吴爲黄門侍郎太子輔義都尉吴平與
陸機兄弟同入洛時人號爲三俊例拜爲郎中
徐邈姿性端雅勤行勵學博涉多聞少與鄉人臧壽齊名後至
驍騎將軍
諸葛恢字道明時潁川荀闓字道明陳留蔡謨字道明與恢俱
有名譽號曰中興三明時人爲之語曰京都三明各有名蔡氏
儒雅荀葛清恢位至侍中金紫光禄大夫
薛兼字令長丹陽人父瑩有名吴朝吴平爲散騎常侍兼清素
有器宇少與同郡紀瞻廣陵閔鴻吴郡顧榮會稽賀循齊名號
爲五儁初入洛司空張華見而奇之曰皆南金也兼瞻並位至
散騎常侍鴻仕吴至尚書榮至鎮東軍司散騎常侍循至太常
褚翜字謀遠以才熟積幹稱襲爵關内侯

張輔字世偉南陽西鄂人漢河間相衡之後也少有幹局與從
母兄劉喬齊名輔爲馮翊太守喬至豫州刺史
索靖字幼安敦煌人官至游擊將軍靖少有逸羣之量與鄉人
氾衷張甝索紒索永俱詣太學馳名海内號稱敦煌五龍
韋秀字成叔武邑觀津人也祖招魏鴈門太守秀博辯有文才
性豪俠弱冠得美名爲太保衛瓘尚書崔洪所知秀乃位至中書令
衛璪貞靜有名理以明識清允稱位至太保
裴頠爲人弘雅有遠識博學稽古履行高整自少知名位至尚
書僕射
荀羨字令則崧之子清和有準年十五尚尋陽公主拜駙馬都
尉弱冠與瑯邪王齊名
周顗少有重名廣陵戴若思東南之美舉秀才入洛素聞顗名
往候之終坐而出不敢顯其才辯位至護軍將軍
祖納逖之弟永嘉末隨逖過江元帝稱制引爲掾屬與陳留阮

孚齊名位至右將軍散騎常侍
胡毋輔之與王隆王敦庾敳俱爲太尉王衍所暱號曰四友
譙獻之巴西南充人有重名於西土
衛玠字叔寶風神秀異玠妻父樂廣有海内重名議者以爲婦
公冰清女壻玉潤玠好言玄理王澄及王玄王濟並有盛名然
皆出玠下世云王家三子不如衛家一兒于時中興名士唯王
承及玠爲當時第一玠官至太子洗馬
王承字安期湛之子也弱冠知名太尉王衍雅貴異之比南陽
樂廣焉爲東海太守去官東渡江及至建業爲元帝鎮東府從
事中郎甚見優禮承少有重譽而推誠接物盡弘恕之理故衆
咸親愛焉渡江名臣王導衛玠周顗庾亮之徒皆出其下
王謐字雅遠有美譽與譙國桓彝太原王濛齊名位至侍中揚
州刺史
冯玘字宣佩彊毅沉斷有父風而文學不及閒門絜已不妄交

游士友咸望風敬憚焉故名重一方位至建武將軍南郡太守
庾冰字季堅兄亮以名德流訓冰以雅素垂風諸弟相率莫不
好禮爲世論所重亮常以爲庾氏之寶冰位至車騎將軍江州
刺史
孔愉字敬康與同郡張茂字偉康丁潭字世康齊名時人號曰
會稽三康愉位至鎮軍將軍會稽内史
周筵字泰玄性虛簡時人稱爲清士位至尚書郎
孔衍宗人夷吾有美名博學不及衍涉世聲譽過之元帝以爲
主簿
王坦之字文度弱冠與郗超俱有重名時人爲之語曰盛德絶
倫郗嘉賓江東獨步王文度嘉賓超小字也坦之仕至北中郎
將徐兖二州刺史超至司徒左長史
王忱字元達弱冠知名與王珣俱流譽一時歷位驃騎長史嘗
造其舅范甯與張玄相遇甯使與玄語玄正坐斂衽待其有發

忱竟不與言玄失望便去甯讓忱曰張玄吳中之秀何不與語
忱笑曰張祖希欲相識自可見詣甯謂曰卿風流儁望眞後來
之秀忱曰不有此舅焉有此甥既而甯使報玄玄束帶造之始
爲賓主忱位至建武將軍荊州刺史
龔壯字子瑋巴西人也絜已自守與鄉人譙秀齊名不仕而卒
褚裒少有簡貴之風與京兆杜乂俱有名冠于中興位至衛將
軍徐兖二州刺史
謝韶字穆度万之子少有名時謝氏尤彥秀者稱封胡羯末封
謂韶胡謂朗羯謂玄末謂川皆其小字也韶位至車騎司馬朗
至東陽太守玄至左將軍川早卒
謝安寓居會稽累辟不就時安弟万爲西中郎將總藩任之重
安雖處衡門其名猶出万之右自然有公輔之望處家常以儀
範訓子弟能爲洛下書生詠有鼻疾故其音濁名流愛其詠而
不能及或掩鼻以斅之位至太保

袁宏有三子其季司明子有父風最知名官至臨賀太守

謝玄爲會稽内史時吳興太守晋寧侯張玄之亦以才學顯自吏部尚書與玄同年之郡而玄之名亞於玄時人稱爲南北二玄論者美之

習鑿齒字彦威襄陽人也少有志氣博學洽聞以文筆著稱後至荆州别駕

孔沉與魏顗虞球虞存謝奉並爲四族之儁

王珉爲侍中代王獻之爲長兼中書令二人素齊名世謂獻之爲大令珉爲小令

郗僧施字惠脱襲爵南昌公弱冠與王綏桓胤齊名累居清顯仕至南蠻校尉

吳隱之字處默美姿容善談論博涉文史以儒雅標名位至光禄大夫加金章紫綬

畢喬爲桓温江西長史遂顯於朝廷時桓軍與吳隱之以寒素

博學知名于世

王恭字孝伯少有美譽清操過人自負才地高華常有宰輔之望與王忱齊名友善慕劉惔之爲人謝安常曰王恭人地可以爲將來伯舅位至平北將軍兖青二州刺史

宋謝莊少有美才文帝元嘉二十七年魏寇彭城魏遣尚書李孝伯來使與鎮軍長史張暢共語孝伯訪問莊及王微其名聲遠布如此後莊爲中書令金紫光禄大夫

王景文美風姿好言理少與陳郡謝莊齊名位至中書監領太子太傅

謝超宗陳郡陽夏人也祖靈運臨川内史父鳳元嘉中坐靈運事同徙嶺南早卒超宗元嘉末得還與慧休道人來往好學有文辭盛得名譽仕至臨川太守

袁覬好學善屬文有清學於世官至司徒從事中郎

張敷好讀玄言與高士南陽宗少文談繫象少文每欲屈握麈尾歎曰吾道東矣於是名價日重後爲司徒左長史

江夷字茂遠少自藻厲爲後進之美位至吏部尚書吳郡太守

蔡廓爲祠部尚書年位並輕而爲時流所推重每至歲時皆束帶到門

王弘字休元少好學以清恬知名與尚書僕射謝混善位至太保

言延之與陳郡謝靈運俱以辭彩齊名自潘岳陸機之後文士莫及也江左稱顔謝焉所著並傳於世延之位至金紫光禄大夫

孔下少骨鯁有風力以是非爲己任口吃讀書早知名初舉揚州秀才補主簿後至輔國將軍行會稽郡事

王敬弘所居會亭山林環周備登臨之美時人謂之王東山

褚湛之爲中書侍郎司徒右長史順帝時湛以清尚與劉秉謝朏江斆入殿侍文義號爲四友

册府元龜卷第七百七十六

冊府元龜卷第七百七十七

總録部二十七

名望第二

南齊張率為太子舍人武帝請曰卿東南物望朕宿昔所聞秘書丞天下清官今以相處為卿定名譽尋以為秘書丞

王繢字叔素侍武帝為撫軍吏部尚書張岱選繢為長史呈選牒帝笑曰此可謂素望

何佟之廬江灊人明帝建武中為鎮北記室參軍侍皇太子講時步兵校尉劉瓛徵士吳苞皆已卒京邑碩儒唯佟之而已

何戢為吏部尚書美容儀動止與褚淵相慕時人呼為小褚公

陸慧曉為司徒右長史時陳郡謝朏為左長史府公竟陵王子良謂王融曰我府二上佐求之前世誰可為比融曰兩賢同時便是未有前例

陸子真吳郡人王僧達貴公子以才傲物為吳郡太守入閶門曰彼有人焉顧琛一公兩掾英英門戶陸子真五世内侍我之流亞

張融父暢有名於世後融為南陽王友接對北使李道固就席道固顧而言曰張融是宋彭陽長史張暢子不融嚬蹙久之曰先君不幸名達六夷

張寶積融弟也建武中出為廬陵太守時名流謝瀹何點陸慧曉孔稚珪至融弟鐵之舍點造坐便曰今日可謂集二五我兄弟之流阿張氏保家之子顧見王思遠曰卿詎作善非是得也五謂孔稚珪及融並弟五

朱異以義烈知名官至江夏王參軍吳平令孔廣字淹源會稽人同郡孔逭皆才學知名廣美容止善吐納王儉張緒咸美之儉常云廣來使人廢饌消遣不須來來則莫聽去緒歎巾車詣之每歎云孔廣使吾成輕薄祭酒仕至揚州治中從事逭抗直有才藻製東都賦于時才士稱之陳郡謝瀹年少時游會稽還父莊問入東何見見孔逭不其見重如此

王筠字元禮又字德柔琅邪臨沂人少擅才名與劉孝綽見重當世位至太子詹事

傅昭字茂遠北地靈州人祖和之父淡知名宋世或有稱昭於廷尉虞愿乃遣車延昭時愿宗人通之在坐並當世名流官至散騎常侍

張纘字伯緒為太子洗馬歷中舍人並掌管記與琅邪王錫齊名普通初魏遣彭城人劉善明詣京師請和求識纘時年二十三善明見而嗟服後至平北將軍

顏協為湘東王國常侍世祖出鎮荊州轉記室時吳郡顧協亦在蕃邸與協同名才學相亞府中稱為二協

何思澄與宗人遜子朗俱擅文名時人語曰東海三何子朗最多思澄聞之曰此言誤耳如其不然故當歸遜思澄意宜在已

也位至宣惠武陵王中録事

伏暅字玄耀曼容之子幼傳父業能言玄理與樂安任昉彭城劉曼俱知名官至給事黄門侍郎

柳褭字茂和義興太守明之子少聰惠弱冠有令名歷尚書郎駙馬都尉

後梁蔡大業爲太常卿有五子允恭最知名起家著作佐郎

柳憕爲黄門侍郎與瑯邪王峻齊名俱爲中庶子時人號爲方王

王操爲尚書令有七子次子衡最知名有才學起家秘書郎

陳[illegible]孫字孔明吳興武康人少有雋才爲當時所重後至明威將軍

宗元饒南郡人少好學以孝敬聞位至吏部尚書

顧野王父烜爲臨賀王記室以儒術知名野王少以著學至性知名爲太子率更令時官僚有濟陽江總吳國陸瓊北地傅縡吳興姚察並以才學顯著論者推重焉

周弘正字思行汝南人仕梁爲左民尚書散騎侍元帝著金樓子曰余於諸僧重招提琰法師隱士重華陽陶貞白士大夫重汝南周弘正其於義理清轉無窮亦一時之名士也位至尚書右僕射

徐陵字孝穆名高一代位至尚書僕射

王沖字長深善與人交貴游之中聲名籍甚位至左光禄大夫領丹陽尹

王通瑯邪人父琳有子九人並知名通位至左光禄大夫加特進侍中

張種吳郡人少恬靜居處雅正不妄交游時人爲曰宋稱敷演梁則卷充清虚學尚種有其風（敷演卷充四人皆張氏有名者也）種至光禄大夫

蕭引爲吏部郎卒子德言最知名引宗族子弟多以行知名

陸繕幼有志尚以雅正知名位至左僕射

顔晃瑯邪人家世單門傍無戚援而介然獨立爲當世所知官至散騎常侍兼中書舍人

後魏崔玄伯清河東武城人與同郡董謐文京崔康時廣陽霍原等俱以碩學播名遼海位至天部大人進爵爲公

高獵太尉謐之子以器度知名卒於侍御中散

崔偉三齊人以才學知名舉冀州秀才

公孫軌字元轂少以文學知名後爲中書郎

屈遵字子度昌黎徒何人博學多才藝名著當時位至侍中

李順字德正博涉經史有才策知名於世官至散騎常侍

李騫字希義博涉經史文藻富盛年十四爲國子學生以聰達見知

李偉字善祖小字棄婁少有高名爲中書侍郎

李承敦煌公寶之子方裕有鑒裁爲時所重

薛聽字延智有世譽（[illegible]）書侍御史直閤將軍

房宣明靈建之子以文學著稱雅有父風爲中書博士

虔堅字千秋少有才名爲秘書郎

房靈賓文藻不如兄靈建而辯悟過之靈建在南官至州治中勃海太守以才名見稱兄弟俱入國爲平齊民雖流漂屯圮操尚卓然

高韶少以英朗知名同郡封懿雅相敬爲慕容垂太尉從事中郎

盧文甫字元祐少有器尚涉歷文史有譽於時

崔綽博陵安平人少孤學脩謹有名於世

呂羅漢仁篤慎密弱冠以武幹知名官至內都大官

張蒲甚爲明元所委在謀臣之列屢出爲將朝廷清論常爲首後爲相州刺史

趙柔字元順金城人少以德行才學知名河右官至河內太守

張湛字子然一字仲玄敦煌人弱冠知名涼土好學能屬文沖素有大志爲沮渠蒙遜黄門侍郎

李孝伯美名聞於遐邇李彪使於齊武帝謂之曰在北有李孝

伯位至尚書
游雅字伯度小名黃頭廣平任人少好學有高才太武時與勃
海高允等俱知名徵拜中書博士東宮內侍長
游明根孝文初與高閭以儒老學業特被禮遇公私出入每相
追隨而閭以才筆時侮明根世號高游焉明根位至大鴻臚卿
閭後至中書監
李神儁小名提少以才學知名爲太常劉芳所賞位至侍中
宋弁字義和廣平列人人也祖愔與從叔宣博陵崔建俱知名
太武時歷位中書博士員外散騎常侍
張烈字徽仙少孤貧涉獵經史有氣槩時青州有崔徽伯房徽
叔與烈並有令譽時人號曰三徽後至瀛州刺史
陽尼博通羣籍與上谷侯天護頓丘李彪同志齊名官至幽州
北平府長史
祖瑩與陳郡袁翻齊名秀出時人爲之語曰京師楚楚袁與祖

洛中翩翩祖與袁瑩位至車騎大將軍翻至撫軍將軍
北齊邢邵字子才十歲能屬文文章典麗既贍且速年未二十
名動衣冠與濟陰溫子昇爲文士之冠世論謂之溫邢鉅鹿魏
收雖天才艷發而年事在二人後故子昇死後方稱邢魏焉邵
位至中書監
魏收字伯起小字佛助與河間邢子才及收季景並以文章
顯世稱大邢小魏言尤俊也溫子昇邢子才世號三才收少子
才十歲子才每曰佛助寮人之儁後收稍與子才爭名文宣貶
子才曰爾才不及魏收收益得志自序云先稱溫邢後曰邢魏
然收內陋邢心不許也位至尚書右僕射
崔㥄狀皃偉麗善於容止少有名望爲當世所知趙郡李渾嘗
讌聚名輩詩酒正讙譁㥄後到一坐無復談話者鄭伯猷歎曰
身長八尺面如刻畫爲謦欬洪鍾響胷中貯千卷書使人那得
不畏服位至東兗州刺史

鄭述祖字恭文榮陽開封人少聰敏好屬文有風檢爲先達所
稱譽釋褐司空行參軍
陸卬字雲駒少機悟美風神好學不倦博覽羣書五經多通大
義善屬文甚爲河間邢邵所賞邵又與卬父子彰交游常謂子
彰曰吾以卿老蚌遂出明珠意欲爲羣拜紀可乎由是名譽日
高儒雅搢紳尤所推許爲吏部郎中
李廣博涉羣書有才思文義之美少與趙郡李騫齊名爲邢魏
之亞而訥於言敏於行官至侍御史
皮子信大將軍景和之子機悟有風神微涉書傳後主時爲衛
將軍於勳貴子弟之中稱其儒雅
盧公順早以文學見知爲符璽郎待詔文林館與博陵崔君洽
隴西李師上同志友善從駕晉陽寓居僧寺朝士謂昆寺三少
爲物論推許
陽休之儁爽有風槩少勤學愛文藻弱冠擅聲爲後來之秀位

至中書監
祖珽字孝徵神情機警詞藻遒逸少馳令譽爲世所推起家祕
書郎
後周席固襄陽人居家孝友爲州里所重官至昌州刺史
韋孝寬爲淅陽郡守時獨孤信爲新野郡守同隸荊州與孝寬
情好款密政術俱美荊部吏人號爲連璧
韋壽字世齡鄭國公孝寬之子以貴公子早有令譽爲右侍上士
柳莊字思敬少有器量博覽墳籍兼善辭令濟陽蔡大寶有重
名於江左時爲岳陽王蕭詧諮議見莊歎曰襄陽水鏡復在於
茲大寶遂以其女妻之俄而詧辟爲參軍
蘇亮好屬文善章奏與弟湛等皆著名西土一家舉二秀才亮
初舉秀才至洛陽過河內常景景深器之而謂人曰秦中才學
可以抗山東將此人乎位至侍中
宇文神舉偉風儀善辭令博涉經史性愛篇章尤工騎射臨戎

對寇勇而有謀若臨當官無害屢著聲績兼好施愛士以雄豪自居故得任兼文武聲彰外内百寮無不仰其風其先董舊齒于今稱之位至并州揔管

隋李德林字公輔初仕周爲内史上士武帝嘗於雲陽宫作鮮卑語謂羣臣云我常日唯聞李德林名及見其與齊朝作詔書移檄我正謂其是天上人豈意今日得其驅使復爲我作文書極爲大異德林既少有才名重以貴顯凡制名文章動行於世或不知者謂爲古人焉位至上儀同贈定州刺史

柳裘字茂和少聰惠弱冠有令名官至曹州刺史

何妥字棲鳳少聰敏年十七以技巧事梁湘東王後知其聰明召爲誦書左右時蘭陵蕭眘亦有儁才住青楊巷妥住白楊頭時人爲之語曰世有兩儁白楊何妥青楊蕭眘其見美如此官至國子祭酒

劉焯以儒學知名劉炫聰明博學名亞於焯故時人稱二劉焉焯官至太學博士炫至旅騎尉

元暉尚書左僕射萇之子頗好涉獵書記少得美名於京下

王貞字元恭琅邪臨沂人博學多通少有盛名於江左歷太子洗馬中舍人

裴政子南金位膳部郎中學涉有文藻以輕財貴義稱

陸彥師字雲房少有行檢爲邦族所稱位至吏部侍郎

宇文愷字安樂愷少有器局家世武將諸兄並以弓馬自達愷獨好學博覽書記解屬文多伎藝號爲名公子位至金紫光祿大夫

崔儦字岐叔北齊待詔文林館歷殿中膳部員外三曹郎中儦與頓丘李若俱見稱重時人爲之語曰京師灼灼崔儦李若

王胄字承基爲著作佐郎與虞綽齊名同志友善于時後進之士咸以二人爲准的胄官至朝散大夫綽至著作佐郎

蘇夔尚書右僕射威之子少有盛名於天下引致賓客四海士大夫多歸之官至通議大夫

于仲文倜儻有大志氣調英拔當時號爲名公子起家爲趙王屬

游元仕後周歷壽春令譙州司馬俱有能名敬肅字弘儉少以貞介知名仕至潁川郡丞

陳孝意少有志尚弱冠以貞介知名仕至鴈門郡丞

唐李百藥德林子也以名臣之子才行相繼四海名流莫不宗仰位至宗正卿

杜淹聰辯多才藝弱冠有美名於京邑位至御史大夫

薛收與從子元敬及薛德音俱有才名時人謂之河東三鳳呼收爲長雛德音爲鸑鷟元敬最小謂鵷鶵收仕至天策府記室元敬至天策府參軍兼直記室

郎餘令少以博學知名爲霍王元軌府參軍元軌深禮之先是餘令從父知年爲霍王友元軌謂人曰郎氏兩賢人之望也

王績字無功絳州人嘗躬耕於東皐故時人號東皐子

白履忠陳留浚儀人博涉文史隱居于古大梁城時人號梁丘子

孔紹安少與兄紹新俱以文詞知名外兄虞世南歎異之時有詞人孫萬壽與紹安篤忘年之好時人稱爲孫孔紹安官至祕書監

鄭世翼鄭州滎陽人弱冠有盛名後爲揚州録事參軍

謝偃善爲賦李百藥工爲五言詩時人稱爲李詩謝賦仕至湘潭令

許叔牙爲太子洗馬兼崇賢館學士又有臨淮劉子翼彭城劉禕之與叔牙相次爲學士並以文學知名

楊炯華州華陰人少與絳州王勃范陽盧照鄰東陽駱賓王齊以文詞知名海内稱爲王楊盧駱亦號爲四傑炯至盈川令勃至虢州參軍照鄰至新都尉賓王至臨海丞

張昌齡冀州人弱冠以文詞知名仕至襄州司戶北門修撰

趙元楷少機辯明於簿領隋末任上郡東曹掾以幹理見稱煬

帝聞其名遣著辟爲郡丞孟利貞與董思恭元思敬同時並以
文藻知名利貞仕至著作郎弘文館學士思恭至太史思敬至
協律郎
劉禕之少與孟利貞高知周郭正一俱以文藻知名時人目爲
劉孟高郭禕之位至中書侍郎同中書門下三品智周至右散
騎常侍正一至陝州刺史
格輔元汴州浚儀人與伯父德仁同郡剡縣丞宗師玄齊王文
學王孝逸羅川戶曹請居元司隸從事鄭祖咸宣城縣長鄭師
善吕玄中書舍人李行簡處士盧協咸見重於隋代號爲陳留
八俊
邢文偉滁州人與和州高子貢俱以博學知名於江淮間仕至
內史出爲珍州刺史
蓋文達博涉經史其宗人文懿亦以儒業知名當時稱爲二蓋
焉文達位至蜀王師文懿至國子博士

杜易簡博學有高名姨兄岑文本甚推重之仕至開州司馬
周思茂貝州漳南人少與弟思鈞俱早知名仕至麟臺少監文
館學士
喬知之同州馮翊人少與弟侃備並以文詞知名知之尤稱俊
才官至左司郎中侃至襄陽令
富嘉謨雍州武功人與新安吳少微屬文皆以經典爲本時人
欽慕之稱爲吳富體初嘉謨爲晉陽尉與少微同官魏郡谷倚
爲太原主簿皆以文詞著名時人謂之北京三傑嘉謨少微並
官至監察御史倚後流寓客死
韓滉宰相休之子幼有美名所與結交皆時之儁老非公忠正
直者不與之親密位至右僕射
沈佺期善屬文尤長五言之作與宋之問齊名時人稱爲沈宋
佺期官至太子詹事
宋之問父令文有勇力而工書善屬文世人以爲三絕之問以
文詞知名弟之悌有勇力之遜善書議者云各得父之一絕之
問後至越州長史之遜至太原尹
徐彥伯兗州瑕丘人少以文章擅名爲蒲州司兵參軍時司戶
韋暠善判事司士李亘工於翰札而彥伯以文詞雅美時人謂
之河中三絕
陸象先初爲洛陽尉以宰相子聞望甚高
蘇晉與洛陽人張循之仲之兄弟爲友並以學業著名
劉允濟善屬文絳州王勃早將名特相友善官至鳳閣舍人左
遷青州長史
蘇味道少與李嶠俱以文學知名時人謂之蘇李味道位至鳳
閣侍郎同鳳閣鸞臺三品嶠至中書令
蘇瓌中宗朝歷左右僕射同中書門下三品子七人頲冰詵乂
詠乾頲最知名官至中書侍郎平章事詵戶部員外瓌與李
嶠同居相位嶠有才華其子不肖瓌以幹理而頲有文詞故代

稱蘇瓌有子李嶠無兒
薛登博涉文史少與徐堅劉子玄齊名友善登官至太子賓客
堅至右散騎常侍子玄至左散騎常侍朏安州別駕
趙驊與殷寅顏真卿柳芳陸據蕭穎士李華邵軫同志友善故
天寶中語曰殷顏柳陸李蕭邵趙以其重行義敦交道也驊至
秘書少監
蔣沇性耿介獨好學早有名稱官至左散騎常侍
蕭嵩長子華兵部侍郎少子衡尚新昌公主拜駙馬都尉並風
流簡爾士族稱之
韋陟中書令安石之子開元初丁父憂居喪過禮自此杜門不
出八年丁母與弟斌相勸勵探討墳素不捨晝夜文章當代以
有盛名官至吏部尚書東都留守
李邕爲滑州刺史上計京師邕素負美名頻被貶斥皆以邕能
文養士賈生信陵之流執事忌勝剝落在外人間有聲後生一

不識京洛阡陌聚觀以爲古人或將眉目有異衣冠望之鳳皇云
門巷又中使臨問索其新文復爲人傳中音六雋
賀知章會稽人少以文詞知名神龍中知章與越州賀朝萬齊
融揚州張若虚邢巨湖州包融俱以吳越之士文詞俊秀揚名
於上京位至銀青光禄大夫正授兼秘書監
蕭穎士字茂挺與李華同年登進士第開元中承平人物駢集
如賈曾席豫張垍韋述輩皆有盛名而穎士皆與之游繇是搢
紳多譽之是時外夷亦知穎士之名新羅使入朝言國人願得
蕭夫子爲師其名動華夷若此
王維以詩名盛於開元天寶間凡諸王駙馬豪右貴勢之家無
不拂席迎之代宗時弟縉爲宰相掌誥縉曰卿之伯氏天寶中
詩名冠代位至尚書右丞
李白少與魯中諸生孔巢父韓淮裴政張叔明陶沔等隱於徂
徠山酣歌縱酒號竹溪六逸白後待詔翰林辟永王璘從事

杜甫字子美天寶末詩人甫與李白齊名後至檢校工部員外郎
路羣志行貞絜不茹葷食內養親以孝聞自長慶以來高名重
價歷踐清貫及卒時論嗟惜
楊歸素以德行著稱清識過人凡所知友皆一時名士位至中
書侍郎平章事
李棲筠字貞一趙郡贊皇人幼孤貧而器度雄遠體貌瓌傑博
覽墳籍無所不通屬文勁逸然本於理道教化性嚴重寡言造
次不妄交接故當時高名之士皆欽慕之爲御史大夫以剛正
爲元載切惡天下之士重士尚義雖三尺童子皆知敬慕咸稱
爲贊皇公而不名焉
張涉以經學爲儒官嘗舉日試萬言當時呼爲張萬言官至散
騎常侍
李承少有雅望至其從官頗以貞廉士林見稱於時累官襄州
潭州刺史

崔造與韓會盧東美張正則爲友皆僑居上元好談經濟之略
嘗以王佐自許時人號爲四夔造後至給事中平章事
畢貞卿旦有時稱其所與游皆一時名士位至東都留守兼太
子少保
趙昌字洪祚祖不器父居貞皆有名於時昌官至太子少保
鄒士美善與人交然諾之際豁如也當時名稱甚茂位至忠武
軍節度使
呂元膺學識深遠處事得體正色立朝有台輔之望位至太子
賓客
薛戎爲浙東觀察使兄弟五人季弟放最知名放至江西觀察
韓皐字仲文夙負令名而器質重厚有大臣之度後爲杭州刺
史再爲尚書右丞遷武昌鎮海忠武三節度所至皆有聲績大
率用簡儉爲理及位高益爲時人所重
錢起與郎士元李端盧綸司空曙輩十人俱以能詩出入貴游之

門時號十才子形於圖畫位終尚書郎
錢徽起子也以文學操行立名於時官至吏部尚書致仕
孔敏行字至之文宣王四十代孫父述睿有高名於貞元間敏
行名臣子少時修絜爲人所稱與友游官與當時豪俊爲友其
名華爲一時歸湊
崔鄲與兄郾等皆有令譽而鄲踈財恢廓弟兄所不及鄲位至
浙西觀察使郾至太常卿
元稹字微之聰警絶人年少才名與太原白居易友善工爲詩
善狀詠風態物色當時言詩者稱元白焉稹至工部侍郎平章
事卒於武昌軍節度使居易至刑部尚書致仕
李商隱字義山與太原溫庭筠南郡段成式齊名時號三十六
商隱仕後至東川節度判官檢校工部郎中庭筠至隋縣尉成
式至江州刺史
王凝咸通中知禮闈將擬擅價一時與路岳相齊語曰王凝

岳見便脫殼位至宣州觀察使

後唐宰相趙光裔唐天祐中歷官省閣伯仲皆以廉潔方正流聞于時自梁革命未亡時趙氏伯仲之名北人皆所傾慕位至平章事

賈馥性恬澹與物無競爲鎮州士人之秀乃位至鴻臚卿致仕

趙光逢幼嗜墳典動守規檢議者目之爲玉界尺昭宗朝登進士第踰月辟度支巡官臺省內外兩制俱有能名後爲太保致仕

晉鄭韜光唐宣宗之外孫萬壽公主之所出也生三日賜一子出身銀章朱紱及長美容止神爽氣徹不妄喜怒秉執名節爲甲族所稱後爲戶部尚書致仕

冊府元龜卷第七百七十七

冊府元龜卷第七百七十八

總録部二十八

高尚

易曰高尚其事仲尼之稱儒有不臣不仕者焉斯蓋抱樸以自守遯晦而無悶不降其志獨善其身絶俗以高蹈確乎其不可拔也三代已還乃有恥廁家陪之列不屑驕君之餌棄卿相之位辭封爵之富安車徵聘而靡屈公府交辟而不起雖復蒲帛賁于丘園羔鴈陳於庭戸視之蔑如也非夫德充於内道茂乎己厲行無爽處躬有裕又安能不隕穫而充詘哉然而當時之君亦曷嘗不優容全度以成其高世之節今並採其事迹著之于篇或有雖在早歳抗志而避名暨及晚年逢辰而貴仕出處有道亦無媿焉

閔損字子騫魯人孔子弟子也不仕大夫不食汚君之禄季氏使子騫爲費宰子騫曰善爲我辭焉（不欲爲季氏宰託使者善爲我作辭說令不復召我）如有復我者（來召我）則吾必在汶上矣（去之汶水上欲北如齊）

莊周蒙人也楚王（史記作威王）遣使者持金千斤白璧百雙聘欲以爲相莊子固辭而不許使者曰黄金白璧寶之至重卿相之位至尊先生辭而不受何也莊子曰子所謂見其一未知其二者也獨不見郊廟之牲乎衣以文繡飼以芻穀出則清道而行止則居帳之内此寧不貴邪及其不免於死庖宰執刀於前或持刀在後當是之時雖欲爲孤豚伍雞鼠游豈得乎哉僕聞之左手又天下之圖右手刎其喉愚者不爲也何則身重於天下也又況卿相之位乎終辭而不受

魯仲連齊人也好奇偉俶儻之畫策而不肯仕官任職好持高節游於趙會秦圍趙魏王使客將軍新垣衍間入邯鄲因平原君欲令趙尊秦爲帝魯連責而歸之秦軍引去於是平原君欲封魯連魯連辭讓使者三往終不肯受平原君乃置酒酒酣起前以千金爲魯連壽魯連笑曰所謂貴於天下之士者爲人排患釋難解紛亂而無取也即有取者是商賈之事也而連不忍爲也遂辭平原君而去終身不復見其後復爲齊將田單遺燕將書下聊城田單欲爵之魯連逃隱於海上曰吾與富貴而詘於人寧貧賤而輕世肆志焉

淳于髡齊人客有見髡於梁惠王惠王再見之而終無言也知王之志在驅逐音聲也後復見壹語連三日三夜無倦惠王欲以卿相位待之髡因謝去於是送以安車駕駟束帛加璧黄金百鎰終身不仕

顔斶齊人宣王謂斶請受教爲弟子且先生與寡人游食必太牢出必乘車妻子衣服麗都顔斶辭去曰夫玉生於山制則破焉非弗寶貴矣然大樸不完士生乎鄙野推選則祿焉非不得尊遂也然而形神不全斶願得歸蔬食以當肉安步以當車無罪以當貴清静貞正以自虞制言者王也盡忠直言者斶也言要道已備矣願得賜歸安行而反臣之邑屋則再拜而辭去也曰斶知足矣歸反撲則終身不辱也

漢鄭子真耕於谷口非其服弗服非其食弗食大將軍王鳳以禮聘子真子真遂不屈

後漢王扶客居瑯邪國相張宗謁請不應欲强致之遂杖策歸鄉里連請固病不起太傅鄧禹辟不至

廉范喪親服竟詣京師受業事博士薛漢京兆隴西二郡更請召皆不應後舉茂才累遷至蜀郡太守

承宮少勤學不倦經典既明乃歸家教授三府更辟皆不應（三府謂太尉司徒司空府）

鄭均常稱病家廷不應州郡辟召郡將欲必致之使縣令譎將詣門既至卒不能屈均於是客於濮陽建初三年司徒鮑昱辟之後舉直言並不詣

趙典性明達至節清亮益州舉茂才以病辭太尉黄瓊胡廣舉有道方正皆不應

桓帝時舉孝廉有道方正茂才三公並辟皆不應
張衡雖才高於世而無驕尚之情常從容淡靜不好交接俗人
永元中舉孝廉不行連辟公府不就安帝雅聞衡善術學公車
特徵拜郎中累遷至尚書
周燮字彥祖汝南安城人專精禮易不讀非聖之書不脩賀問
之好有先人草廬結于岡畔下有陂田常肆勤以自給非身所
耕漁則不食也鄉黨宗族希得見者舉孝廉賢良方正特徵皆
以疾辭延光二年安帝以玄纁羔幣聘燮及南陽馮良二郡各
遣丞掾致禮宗族更勸之曰夫修德立行所以為國自先世以
來勳寵相承君獨何為守東岡之陂乎燮曰吾既不能隱處巢
穴追綺季之跡而猶顯然不遠父母之國斯固以滑泥揚波同
其流矣夫修道者度其時而動動而不時焉得亨乎因自載到
潁川陽城遣生送敬（敬猶謝也）遂辭疾而歸良亦載病到近縣送
禮而還詔書告二郡歲以羊酒養病至七十餘而卒

孫期習京氏易古文尚書牧豕於大澤中以養親郡舉方正遣
吏齎羊酒請期期驅豕入草不顧司徒黃琬特辟不行終於家
李固司隸益州並命郡舉孝廉辟司空掾皆不就（謝承書曰五察孝廉益州
再舉茂才四府並辟皆以疾不應）後公卿舉固對策以為議郎累加至太尉
袁閎少持高操以名臣子勤學不為榮宗武為將表太尉辟公
車有道徵皆不至張有道
周勰汝南安陽人父舉光祿大夫以父任為郎自免歸家父故
吏河南召夔為郡將卑身降禮致敬於勰勰恥交報之因杜門
自絶後太守舉孝廉復以疾去時梁冀貴盛被其徵命者莫敢
不應唯勰前後三辟竟不能屈後舉賢良方正不應又公車徵
玄纁備禮固辭廢疾常隱處竄身慕老聃清靜杜絶人事巷生
荊棘十有餘歲至延熹二年乃開門延賓遊談宴樂及秋而梁
冀誅年終而勰卒時年五十蔡邕以為知命
姜肱諸公爭加辟命皆不就二弟名聲相次亦不應徵聘時人
慕之桓帝乃下彭城使畫工圖其形狀肱以被韜面終不得見
年七十七卒
徐穉屢辟公府不起時陳蕃為太守以禮請署功曹穉不免之
既謁而退建武中卒於家
趙曄受韓詩州召補從事不就舉有道卒于家
張康山陽人習韓詩舉有道博士徵不就卒於家
宗慈南陽人舉孝廉九辟公府有道徵皆不就後為脩武令棄
官去徵拜議郎未到道疾而卒
朱建州郡累召公車有道徵並稱疾不到
李南少篤學明風角後舉有道辟公府病不行終於家
孔喬幽居修志銳意典籍至歷年身不出門鄉里莫得瞻見公
車徵不行卒於家
楊壽以世濁州郡多非其人恥不肯仕
黃憲汝南人太守王龔在郡禮進賢士多所降致卒不能屈憲

初舉孝廉又辟公府友人勸其仕憲亦不拒之暫到京師而還
竟無所就年四十八終天下號曰徵君
法真字高卿郿人性恬靜寡欲不交人間事太守請見之真乃
幅巾詣謁太守曰昔魯哀公雖為不肖而仲尼稱臣太守虛薄
欲以功曹相屈光贊本朝何如真曰以明府見待有禮故敢自
同賓末若欲吏之真將在北山之北南山之南矣太守懼然不
敢復言辟公府舉賢良皆不就同郡田羽薦真曰處士法真體
兼四業學窮典奧幽居恬泊樂以忘憂將蹈老氏之高蹤不為
玄纁屈也臣願聖朝就加衮職必能唱清廟之歌致來儀之鳳
矣會順帝西巡羽又薦之帝虛心欲致前後四徵真曰吾既不
能遯形遠世豈飲洗耳之水哉遂深自隱絶終不降屈友人
郭正稱之曰法真名可得而聞身不可得而見逃名而名我隨
避名而名我追可謂百世之師者矣乃共刻石頌之号曰玄德
先生年八十九以壽終

董扶有重名永康元年日有蝕之詔舉賢良方正之士策問得失左馮翊趙謙等舉扶扶以病不詣選於長安上封事遂稱疾篤歸家前後宰府十辟公車三徵再舉賢良方正博士有道皆不就名稱尤重

許劭有高行辟公府掾拜鄢陵令方正徵皆不就避亂江南所歷之國必翔而後集終于豫章宗人許栩沈没榮利致位司徒舉宗莫不匍匐栩門承風而驅官以賄成惟劭不過其門

申屠蟠再舉有道不就前後徵辟文書悉挂于樹初不顧眄也大將軍何進連徵不詣進必欲致之使蟠同郡黃忠書勸曰前莫府初開至如先生特加殊礼優而不名申以手筆設几杖之坐經過二載而先生抗志彌高所尚益固竊論先生高節有余於時則未也今潁川荀爽載病在道北海鄭玄北面受署彼豈樂羈牽哉知時不可逸豫也昔人之隱遭時則放聲滅迹巢棲茹薇其不遇也則裸身大笑被髮狂歌今先生處平壤遊人間

吟典籍襲衣裳事異昔人而欲遠蹈其迹不亦難乎孔氏可師何必首陽蟠不答太尉黃瓊辟不就及瓊卒歸葬江夏四方名豪會帳下者六七千人互相談論莫有及蟠者唯南郡一生與相酬對既別執蟠手曰君非聘則徵如是相見於上京矣蟠勃然作色曰始吾以子為可與言也何意乃相拘蔘樂貴之徒邪因振手而去不復與言年七十四終于家

劉淑隱居講授州郡禮請五府連辟並不就永興二年司徒种暠舉淑賢良方正辭以疾桓帝聞淑名切責州郡使輿病詣京師不得已而赴洛陽對策為天下弟一累遷至侍中虎賁中郎將

陳寔字仲弓為太丘長以沛相賦斂違法乃解印綬去及黨禁始解大將軍何進司徒袁隗遣人諭寔欲特表以不次之位寔乃謝使者曰寔久絶人事飾巾待終而已時三公每缺議者歸之累見徵命遂不起閉門懸車棲遲養老寔子紀遭黨錮著書數萬言黨禁解四府並命無所屈就

韓伯寺人公祖舉孝廉茂才辟公府不就公車特徵病卒

樓望字夫先少傳家業初舉孝廉州舉茂才辟公府皆不應

郭林宗遊於洛陽名震京師司徒黃瓊辟太常趙典舉有道或勸林宗仕進者對曰吾夜觀乾象晝察人事天之所廢不可支也遂並不應卒于家

田盛與郭林宗同好亦名知人優遊不仕並以壽終

孟敏遊學十年遂知名三公俱辟並不屈

潁容通春秋左氏郡舉孝廉州辟公車徵皆不就初平中避亂荊州劉表以為武陵太守不肯起卒于家

皇甫嵩朝那人也太尉陳蕃大將軍竇武連辟並不到靈帝公車徵為議郎後拜太尉其冬以流星策免復拜光祿大夫遷太常卒

鍾皓九辟三府徵廷尉正博士林慮長皆不就年六十九卒

張玄字處虛沈深有才略以持亂不仕司空張溫數以礼辟不

能致及董卓秉政辟以為掾舉侍御史不就卓臨之以兵不得已彊起道病終

鄭玄袁紹舉茂才為左中郎將皆不就公車徵為大司農給安車一乘所過長吏送迎玄乃以病自乞還家年七十四而卒

李燮父固誅後亡匿遇赦乃還鄉里追服州郡礼命四府並辟皆無所就後徵拜議郎擢遷河南尹

賀純字仲真會稽山陰人少為諸生博極羣藝十辟公府三舉賢良方正五徵博士四公車徵皆不就

袁弘恥其門族貴埶乃變姓名徒步師門不應徵辟終於家初弘曾入太學其從父逢為太尉呼引與相見遇逢宴會作樂弘伏稱頭痛不聽音聲而退遂不往紹術兄弟亦不與通

仲長統每州郡命召輒稱疾不就常以為凡遊帝王者欲以立身揚名耳而名不常存人生易滅優遊偃仰可以自娛欲卜居清曠以樂其志論之曰使居有良田廣宅背山臨流溝池環帀

竹木周布場圃築前果園樹後舟車足以代步涉之艱使令足以息四體之役養親有兼珍之膳妻孥無苦身之勞良朋萃止則陳酒肴以娛之嘉時吉日則亨羔豚以奉之躕躇畦苑遊戲平林濯清水追涼風釣游鯉弋高鴻諷於舞雩之下詠歸高堂之上安神閨房思老氏之玄虛呼吸精和求至人之彷彿與達者數子論道講書俯仰二儀錯綜人物彈南風之雅操發清商之妙曲消搖一世之上睥睨天地之間不受當時之責永保性命之期如是則可以陵霄漢出宇宙之外矣豈羨夫入帝王之門哉又作詩二篇以見其志尚書令荀彧舉爲尚書郎後參丞相曹操軍事

孔融與平原陶丘洪陳留邊讓齊聲稱州郡禮命皆不就後獻帝徵爲將作大匠遷少府復拜太中大夫

廖扶汝南平輿人嘗歎曰老子有言名與身孰親吾豈爲名乎遂絶志世外專精經典尤明天文讖緯風角推步不應辟召時

人號爲北郭先生

趙壹郡舉上計名動京師及還州郡爭致禮命十辟公府並不就終於家

王烈字彥方太原人察孝廉三府辟皆不就避地遼東太守公孫度欲以爲長史烈乃爲商賈自穢得免曹操聞烈高名遣徵不至建安二十四年終於遼東

繆斐字文雅該覽經傳事親色養徵博士六辟公府獻帝在長安公卿舉名儒時舉斐入任侍中並無所就

張儉爲山陽東部督郵坐黨事亡命中平元年黨事解乃還鄉里大將軍三公並辟又舉敦朴公車特徵起拜家少府皆不就

王儁爲人外靜而內明不應州郡獻帝之都許復徵爲尚書又不就

張奉字公先弟表字公儀河內人兄弟少有高節諸公連徵不就謂之張氏兩賢

襄楷平原隰陰人（隰陰在齊州臨邑縣西）好學博古延熹中宦官專朝政刑暴濫又比失皇子災異尤數楷自家詣闕上書其詞切直坐論司寇及靈帝即位以楷書爲然太傅陳蕃舉方正不就鄉里宗之每太守至輒致禮請中平中與荀爽鄭玄俱以博士徵不至卒于家

魏邴原字根矩少與管寧俱以操尚稱州府辟命皆不就孔融爲北海相舉原有道後從署丞相徵事代涼茂爲五官將長史卒

管寧字幼安漢末避亂遼東黃初中來歸司徒華歆舉寧詔以寧爲太中大夫固辭不受（傅子曰寧上書天子且以疾辭曰臣聞傅說發夢以感殷宗呂尚啓兆以動周文以通神之才悟於聖主用能輔佐帝業克成大勳臣之器朽實非其人雖貪清時釋體蟬蛻內省頑病日薄西山唯陛下聽野人山藪之願使一老者得盡微命書奏帝親覽焉）明帝即位太尉華歆遜位讓寧遂下詔曰太中大夫管寧耽懷道德服膺六藝清虛足以侔古廉白可以當世曩遭王道衰缺浮海遁居大魏受命則襁負而至斯蓋應龍潛升之道聖賢用舍之義而黃初以來徵命屢下每

輒辭疾拒違不至豈朝廷之政與生殊趣將安樂山林往而不能反乎夫以姬公之聖而耇德不降則鳴鳥弗聞以秦穆之賢猶思詢乎黃髮況朕寡德曷能不願聞道于子大夫哉今以寧爲光祿勳禮有大倫君臣之道不可廢也望必速至稱朕意焉又詔青州刺史曰寧抱道懷貞潛翳海隅比下徵書違命不至盤桓利居高尚其事雖有素履幽人之貞而失考父茲恭之義使朕虛心引領歷年其何謂邪徒欲懷安必肆其志不恤古人亦有翻然改節以隆斯民乎日逝月除時方已過澡身浴德將以曷爲仲尼有言吾非斯人之徒與而誰與哉其命別駕從事郡丞掾奉詔以禮發遣寧詣行在所給安車吏從茵蓐道上廚食上道先奏寧稱草莽臣上疏曰臣海濱孤微罷農無伍祿運幸厚橫蒙陛下纂承洪緒德侔三皇化溢有唐久荷渥澤積九一紀不能仰荅陛下恩養之福沈委篤痾寢疾彌留逋違臣隸顛倒之節夙宵戰怖無地自厝臣元年十一月被公車司馬令

所下州郡八月甲申詔書徵臣更賜安車衣被茵蓐以禮發遣光寵並臻優命屢至怔營竦息悼心失圖思自陳聞也展愚情而明詔抑割不令稍脩章表是以鬱滯訖于今日誠謂乾覆恩有紀極不意靈潤彌以隆赫奉今年二月被州郡所下三年十二月辛酉詔書重賜安車衣服別駕從事與郡功曹以禮發遣又特被璽書以臣爲光祿勳躬秉勞謙引喻周秦損上益下受詔之日精魄飛散靡所投死臣重自省揆德非圓犄而蒙安車之榮功無簺鄙而蒙璽封之寵粢梲駑下荷棟梁之任垂沒之命獲九棘之位懼有朱博鼓妖之眚又年疾日侵有加無損不任扶輿進路以塞元責望慕閶闔徘徊闕庭謹拜章陳情乞蒙哀省抑恩聽放無令骸骨壇於衢路自黄初至于青龍徵命相仍常以八月賜牛酒詔書問青州刺史程喜寧爲守節高乎審老疾尫頓邪喜上言寧有族人管貢爲州吏與寧鄰比臣常使經營消息貢說寧常著皂帽布襦袴布裙隨時單複出入閨庭

能自任杖不須扶持四時祠祭輒自力強改加衣服著絮巾故在遼東所有白布單衣親薦饌饋跪拜成禮寧少而喪母不識形象常特加觴泣然流涕又居宅離水七八十步夏時詣水中澡洒手足闚於園圃臣揆寧前後辭讓之意獨自以生長潛逸耆艾智衰是以栖遲每執謙退此寧志行所欲必全不爲守高正始二年中書侍郎王基薦寧於是安車蒲輪束帛加璧聘焉會寧卒

胡昭字孔明潁川人養志不仕始避地冀州亦辭袁紹之命遁還鄉里太祖爲司空丞相頻加禮辟昭往應命既至自陳一介野生無軍國之用歸誠求去太祖曰人各有志出處異趣勉卒雅尚義不相屈昭乃轉居陸渾山中躬耕樂道以經籍自娛閭里敬而愛之徙宅宜陽幽州刺史杜恕嘗過昭所居草廬之中言事倫理辭義謙敬恕甚重焉太尉蔣濟辟不就

張臶字子明鉅鹿人少游太學學兼內外後歸鄉里袁紹前後辟命不應移居上黨并州牧高幹表除樂平令不就徙遁常山門徒且數百人遷居任縣太祖爲丞相辟不詣太和中詔求隱學之士能消災復異者郡累上臶發遣老病不行廣平太守盧毓到官三日綱紀白承前致版謁臶毓教曰張先生所謂上不事天子下不友諸侯者也豈此版謁所可光飾哉但遣主簿奉書致羊酒之禮

徐邈字奉宗東莞人避難江東孫策禮命之邈改姓名微服還本郡太祖爲司空辟爲掾後拜諫議大夫卒

王嘏字叔茂少以清實爲稱然所交黨初舉孝廉四辟不就

張楷字公超司隸校尉霸之子除長陵令不至官隱居弘農山中學者隨之所居成市後華陰山南遂有公超市五府連辟舉賢良方正不就漢安元年順帝特下詔告河南尹曰故長陵令張楷行慕原憲操擬夷齊輕貴樂賤竄跡幽藪高志確然獨拔羣俗前比徵命盤桓未至將主者翫習於常優賢不足使其難進歟

郡時以禮發遣楷復告疾不到建和三年下詔安車備禮聘之辭以篤疾不行

楊厚字仲桓廣漢人修身藪澤耦耕自給司徒楊震表薦其高操公車特徵不就

秦宓緜竹人少有才學州郡辟命輒稱疾不往劉璋時宓同郡王商爲治中從事與宓書曰貧賤困苦亦何時可以終身卞和衒玉以耀世宜一來與州尊相見宓答書曰昔堯優許由非不弘也光其兩子楚聘莊周非不廣也執竿不顧易曰確乎其不可拔夫何衒之有且以國君之賢子爲良輔不以是時建蕭張之策未足爲智也僕得曝背乎隴畝之中誦顏氏之簞瓢詠原憲之蓬戶時翱翔於林澤與沮溺之等儔聽玉樓之悲吟察鶴鳴於九皐安身爲樂無憂爲福處空虛之名居不靈之龜知我者希則我貴矣斯乃僕得志之秋也何困苦之戚焉及丞相亮領益州迎爲別駕累遷至大司農卒

錫慮字威方儀之兄也少有德行爲江南冠冕州郡禮召諸公辟請皆不能屈年七十卒鄉人宗貴號曰德行楊君

周舒字叔布少學術於廣漢楊厚名亞董扶任安數被徵終不詣

吳張紘字子綱少游學京都還本郡舉茂才公府辟皆不就吳書曰大將軍何進太尉朱儁司空荀爽三府辟爲掾皆稱疾不就避難江東孫策創業遂委質焉表爲正議校尉後權以爲長史

晉郭象字子玄少有才理州郡辟召不就常閑居以文論自娛後辟司徒掾稍至黃門侍郎東海王越引爲太傅主簿卒

李喜字季和上黨銅鞮人父佺漢大鴻臚喜少有高行博學研精與北海管寧以賢良徵不行累辟三府不就及景帝輔政命喜爲大將軍從事後累遷至尚書僕射拜特進光祿大夫以年老遜位

徐苗郡察孝廉州辟從事治中別駕舉秀異行公府五辟博士再徵並不就武惠時以疾居臺帝敕訪其安不終于家

氾毓濟北盧人奕世儒素或篤之武帝召補南陽王文學秘書郎太傅參軍並不就于時青土隱逸之士劉兆徐苗等皆務教授惟毓不蓄門人清靜自守時有好古慕德者諮詢亦傾懷開誘以一隅不之七十一而卒

孫綽字興公博學善屬文少與高陽許詢俱有高尚之志居于會稽游放山水十有餘年後徵爲太學博士累遷至廷尉卿領著作卒

皇甫謐字士安安定朝那人沈靜寡欲始有高尚之志以著述爲務自號玄晏先生著禮樂聖真之論後得風痹疾猶手不輟卷或勸謐脩名廣交謐以爲非聖人孰能兼存出處居田里之中亦可以樂堯舜之道何必崇接世利事官鞅掌然後爲名乎作玄守論以荅之魏郡召上計掾舉孝廉景元初相國辟皆不行其後鄉親勸令應命謐爲釋勸論以通志焉其後武帝頻下詔敦逼不已謐上疏自稱草莽臣曰臣以尫弊迷於道趣因疾抽簪散髮林阜人綱不閑鳥獸爲羣陛下披榛採蘭并收蒿艾是以臯陶振褐不仁者遠臣惟頑蒙備食晉粟猶識唐人擊壤之樂宜赴京城稱壽闕外而小人無良致災速禍久嬰篤疾軀半不仁右脚偏小十有九載又服寒食藥違錯節度辛苦荼毒于今七年隆冬裸袒食冰當暑煩悶加以咳逆或若溫瘧或類傷寒浮氣流腫四支酸重於今困劣救命呼噏父兄見出妻息長訣仰迫天威扶輿就道所苦加篤不任進路委身待罪伏枕歎息臣聞韶衛不並奏雅鄭不兼御故郤子入周禍延王叔虞丘稱賢樊姬掩口君子小人禮不同器況臣糠䴬糅之彫胡庸夫錦衣不稱其服也竊聞同命之士咸以畢到唯臣疾疢抱釁牀蓐雖貪明時懼斃命路隅設臣不疾已遭堯舜之世執志箕山猶當容之臣聞上有明聖之主下有輸實之臣上有在寬之政下有委情之人唯陛下留神垂恕更旌瓌俊索隱於傅巖收釣於渭濱無令泥滓久濁清流謐辭切言至遂見聽許歲餘又舉賢良方正並不起咸寧初又詔曰男子皇甫謐沈靜履素守學好古與俗流異趣其以謐爲太子中庶子謐固辭篤疾帝初雖不奪其志尋復發詔徵爲議郎又召補著作郎司隸校尉劉毅請爲功曹並不應

劉寔字子真平原高唐人也漢濟北惠王壽之後也父廣斥丘令寔少貧苦賣牛衣以自給然好學手約繩口誦書博通古今清身潔己行無瑕玷郡察孝廉州舉秀才皆不行後入洛調爲河南尹丞至懷帝時爲太尉

郤詵字廣基博學多才瓌偉倜儻不拘細行州郡禮命並不應

王接字祖游馮收薦接於江東太守劉原原即時禮命接不受原乃呼見曰君欲慕恥遯之高邪對曰接薄祐少孤而無兄弟母老疾篤故無心爲吏及母終柴毀骨立居墓次積年

王長文字德叡廣漢郪人少以才學知名而放蕩不羈州府辟命皆不就州辟別駕乃微服竊出舉州莫知所之後於成都市

中蹲踞齧胡餅刺史知其不屈以禮遣之閉門自守不交人事
太康中蜀土荒饉開倉振貸長文居貧貸多後無以償郡縣切
責送長史到州刺史徐幹捨之不謝而去後成都王穎引爲江
源令梁王肜爲丞相以爲從事中郎卒

劉兆字延世濟南東平人博學洽聞武帝時五辟公府三徵博
士皆不就安貧樂道潛心著述不出門庭數十年後以壽終

杜夷博覽百家筭歷圖緯靡不畢究寓居汝潁之間十載足不
出門年四十餘始還鄉里閉門教授生徒千人惠帝時三察孝
廉州命別駕永嘉初公車徵拜博士太傅東海王越辟並不就

范喬字伯孫父粲字武威粲陽狂不言喬與二弟並棄學業絶
人事侍疾家庭至粲没足不出邑里司隸校尉劉毅嘗抗論於
朝廷曰使范武威疾若不篤是爲伯夷叔齊復存於今如其信篤
益是聖主所宜哀矜其子以侍父疾名德著茂不加敘用深爲
朝廷[illegible]也元康中詔求廉讓沖退履道寒素者不計

資以參選敘尚書郎王琨乃薦喬曰喬稟德真粹立操高潔儒
學精深含章内奥安貧樂道棲志窮巷簞瓢詠業恬而彌堅誠
當今之寒素著厲俗之清彦時張華領司徒天下所舉凡十七
人於喬特發優論又吏部郎郗隆亦思求海内幽遁之士喬供
養衡門至于白首於是除樂安令辭疾不拜喬凡一舉孝廉八
薦公府再舉清白異行又舉寒素一無所就

任朝字世明武陵漢壽人少有雅操閑居樂道不循世事性好
學以博士徵不就刺史劉弘薦朝爲零陵太守主者以非選例
不聽尚書郎胡濟奏曰臣以爲當今資喪亂之餘運承百王之
遺弊進趣者乘國故以僥倖守道者懷蘊櫝以終身故今敦褒
之化虧退讓之風薄案朝游心物外不屑時務守靜衡門志道
日新年過耳順而所尚無虧誠江南之奇才丘園之逸老也不
加飾進何以勸善宜白衣爲郡前漢有舊宜聽光顯以獎風尚
事可而朝不就終于家

虞喜少立操行博學好古諸葛恢臨郡屈爲功曹察孝廉州舉
秀才司徒辟皆不就元帝初鎮江左上疏薦喜懷帝即位公車
徵拜博士不就喜邑人賀循爲司空先達貴顯每詣喜信宿忘
歸自云不能測也太寧中與臨海任旭俱以博士徵不就復下
詔曰夫興化致政莫尚乎崇道教明退素也喪亂以來儒道陵
夷每覽子衿之詩未嘗不慨然增嘆臨海任旭會稽虞喜並絜
静其操歲寒不移研精墳典居今行古志操足以勵俗博學足
以明道前雖不至其更以博士徵之喜辭疾不赴咸和末詔公
卿舉賢良方正直言之士太常華恒舉喜爲賢良會國有軍事
不行咸康初内史何充上疏曰臣聞二八舉而四門穆十亂用
而天下安徵猷克闡有自來矣方今聖德欽明思恢遐烈旌輿
整駕俟賢而動伏見前賢良虞喜天挺貞素高尚邈世束脩立
德皓首不倦加以傍綜廣深博聞彊識鑽堅研微有弗及之勤
處静味道無風塵之志高枕柴門怡然自足宜使蒲輪紆衡以

旌殊操一則翼贊大化二則敦勵薄俗疏奏詔曰尋陽翟湯會
稽虞喜並守道清貞不營世務耽學高尚操擬古人往雖徵命
而不降屈豈素絲難染而搜引禮簡乎政道須賢宜納諸廊廟
其並以散騎常侍徵之又不起年七十六卒

任旭字次龍元帝初鎮江東聞其名召爲參軍手書與旭欲使
必到旭固辭以疾後帝進位鎮東大將軍復召之及爲左丞相
辟爲祭酒並不就卒于家

册府元龜卷第七百七十八

冊府元龜卷第七百七十九

總録部

高尚第二

晉韓績字興齋廣陵人其先避亂居于吳之嘉興父建仕吳至大鴻臚績少好文學以潛退爲操布衣蔬食不交當世由是東土並宗敬焉司徒王導聞其名辟以爲掾不就咸康末召拜博士老病不起

張茂字成遜虚靖好學不以世利嬰心建興初南陽王保辟從事中郎又薦爲散騎侍郎中壘將軍皆不就二年徵爲侍中以父老固辭

翟湯字道深尋陽人篤行仁讓不屑世事司徒王導辟不就成帝徵爲國子博士不起康帝復以散騎常侍徵湯固辭老疾不至年七十三卒於家

王舒字處明丞相導之從弟也父會侍御史舒以爲從兄敦所知以天下多故不營當時名常處私門潛心學植年四十餘州禮命太傅辟皆不就及元帝鎮建康因妻避焉參領東軍事後授撫軍將軍會稽內史以軍功封彭澤縣侯卒

祖逖字士稚范陽人僑居陽平年二十四陽平郡察孝廉司隷再辟舉秀才皆不行嘗爲司州主簿後終於鎮西將軍

蔡謨弱冠察孝廉州辟從事舉秀才東海王越召爲掾皆不就時明帝爲東中郎將引爲參軍後卒於左光禄大夫

卞壼弱冠有名與高兗二州齊王冏辟皆不就遇家禍還鄉里永嘉中除著作郎後終尚書令右將軍復加領軍將軍給事中

陸玩字士瑶器量淹雅弱冠有美名賀循每稱其清允平當郡檄綱紀東海王越辟爲掾皆不就及元帝初鎮江左辟爲祭酒後至侍中司空薨

伏滔字玄度有才學少知名州舉秀才辟別駕皆不就大司馬桓溫引爲參軍後累遷至游擊將軍卒

劉齊東萊掖人漢齊悼惠王肥之後也美姿容善自任遇交結時豪名著海岱間士咸慕之舉賢良辟司空掾並不就幽州刺史王浚表爲渤海太守後至平南將軍都督江州卒

孔沉字德度有美名何充薦沉於王導曰文思通敏宜登宰門辟丞相司徒掾琅邪王文學並不就

孫晷司空何充爲揚州檄晷爲主簿司徒蔡謨辟爲掾屬並不就尚書張闓明州土之望表薦晷公車特徵會卒時年三十八朝野嗟痛之

葛洪字稚川太安中石冰作亂吳興太守顧秘爲義軍都督與周玘等起兵討之秘檄洪爲將兵都尉攻冰別率破之遷伏波將軍冰平洪不論功賞徑至洛陽欲搜求異書以廣其學洪見天下已亂欲避地南土乃參廣州刺史嵇含軍事含遇害遂停南土多年征鎮檄命一無所就後還鄉里禮辟皆不赴干寶深相親友薦洪才堪國史選爲散騎常侍領大著作洪固辭不

就

孫惠口訥好學有才識州辟不就寓居蕭沛之間永寧初赴齊王冏討趙王倫功封晉興縣侯後累遷廣武將軍安豐內史

成公簡字宗舒東郡人家世二千石性清素不求榮利潛心味道罔有干其志者後官至太子中庶子散騎常侍

何準字幼道穆章皇后父也高尚寡欲弱冠知名州府交辟並不就兄充爲驃騎將軍勸其令仕準曰弟五之名何減驃騎準兄弟中第五故有此言充居宰輔之重權傾一時而準散帶衡門不及人事徵拜散騎郎不起卒

劉鰥字長魚高密人邴郁字弘文城陽人並有高名鰥幼不慕俗長而希古篤學厲行化流邦邑郁魏徵士原之曾孫少有原風勅身謹絜口不妄說耳不妄聽端拱恂恂舉動有禮咸康中成帝博求異行之士鰥郁並被公卿薦舉於是依韓績及翟湯等例以博士徵之郁辭以疾鰥隨使者到京師自陳年老不拜

各以壽終
江惇有髙節蘇峻之亂避地東陽山太尉郗鑒檄爲兗州治中
又辟太尉掾康帝爲司徒亦辟焉征西將軍庾亮請爲儒林參
軍徵拜博士著作郎皆不就邑里宗其道有事必諮而後行東
陽太守阮裕長山令王濛皆一時名士並與惇游處深相欽重
養志二十餘年永和九年卒
江逌陳留圉人避蘇峻之亂屏居臨海絶棄人事翦茅結宇耽
翫載籍有終焉之志本州辟爲從事佐著作郎並不就征北將
軍蔡謨命爲參軍後乃位至太常卒
史叜篤學好問事親以孝聞鄉黨薦之州郡交命察孝廉舉秀
才清白異行皆不降志世遂號之爲異行元康末潁川太守召
爲功曹叜服造役之衣挾鍤荷斧不俟駕而行曰請受下夫之
役太守餘車而迎叜遂巡辭退請徒行入郡將命者遂逼扶升
車出於功曹舍叜而叜自取巳車而寢處焉形雖恭而神有不

可觀之色太守知其不屈乃歎曰非常士也吾何以榮之辱爲
之禮而遣焉
王談父爲竇度所殺談後以鍤斬度太守孔巖義之後太守孔
嚴究其義行元興三年舉談爲孝廉時稱其得人談不應召終
于家
孟陋字少孤簡文帝輔政命爲參軍稱疾不起桓溫躬往造焉
或謂溫曰孟陋高行學爲儒宗宜引在府以和鼎味溫歎曰會
稽王尚不能屈非敢擬議也陋聞之曰桓公正當以我不往故耳
億兆之人無官者十居其九豈皆高士哉我疾病不堪恭相王
之命非敢爲高也由是名稱益重以壽終于家
索襲字偉祖敦煌人虛靖好學不應州郡之命舉孝廉賢良方
正皆以疾辭年七十九而卒
龔玄之字道玄武陵漢壽人父登歷長沙相散騎常侍玄之好
學潛默安於陋巷州舉秀才公府辟不就孝武下詔徵爲散騎

常侍領國子博士郡縣敦逼苦辭疾篤不行卒于家
戴逵字安道譙國人居會稽剡縣孝武帝時以散騎常侍國子
博士累徵辭父疾不就郡縣敦逼不巳乃逃于吳吳國內史王
珣有別館在武丘山逵潛詣之與珣游處積旬會稽內史謝玄
慮逵遠遁不反乃上疏曰伏見譙國戴逵希心俗表不嬰世務
棲遲衡門與琴書爲友雖策命屢加幽操不回超然絶跡自求
其志且年垂耳順常抱羸疾時或失適轉至委篤今王命未回
將離風霜之患陛下既巳愛而器之亦宜使其身名並存請絶
其召命疏奏帝許之逵復還剡終于家
桓石秀幼有令名風韻秀徹博涉群書尤善老莊常獨處一室
簡於應接時人方之庾純甚爲簡文帝所重尋代叔父沖爲寧
遠將軍江州刺史鎮南蠻護軍西陽太守以疾去職卒
殷浩字深源三府辟皆不就征西將軍庾亮引爲記室參軍累
遷司徒左長史安西庾翼復請爲司馬除侍中安西軍司並稱

疾不起遂屏居墓所幾將十年于時擬之管葛王濛謝尚猶伺
其出處以卜江左興亡因相與省之知浩有確然之志既反相
謂曰深源不起當如蒼生何庾翼貽浩書曰當今江東社稷安
危內委何褚諸君外託庾桓數族恐不得百年無憂亦朝夕而
巳足下少標令名十餘年間位經內外而欲潛居利貞斯理難
全且夫濟一時之務須一時之勝何必德均古人韻齊先達邪
王夷甫先朝風流士也然吾薄其立名非真而始終莫取若以
道非虞夏自當超然獨往而不能謀始大合聲譽極致名位正
當抑揚名教以靜亂源而乃高談莊老說空終日雖云談道實
長華競及其末年人望猶存思安懼亂寄命推務而甫自申述
徇小好名與身囚胡虜棄言非所凡明德君子遇會處際寧可
然乎而世皆然之益知名實之未定弊風之未革也浩固辭不
起後簡文帝時在藩始綜萬機徵浩爲建武將軍揚州刺史上
疏陳讓自三月至七月乃受後爲中軍將軍假節都督揚豫徐

兖青五州軍事坐事廢爲庶人卒

郭荷略陽人明究群籍特善史書不應州郡之命張祚遣使者以安車束帛徵爲博士祭酒使者迫而致之及至署太子友荷上疏乞還祚許之遣以安車蒲輪送還張掖東山卒謚曰玄德先生

索紞敦煌人太守陰澹命爲西閤祭酒紞辭曰少無山林之操游學京師交結時賢希申鄭藝會中國不靖欲養志終年老亦至矣不求聞達又少不習勤老無吏幹蒙汜之年弗敢聞命澹以束帛禮之月致羊酒卒于家

辛謐字叔重少有志尚恬靜不妄交遊召拜太子舍人諸王文學累徵不赴劉聰拜太中大夫固辭不受石季龍之世不應辟命終於家

楊軻天水人少好易劉曜僭號徵拜太常固辭不赴石季龍備玄纁束帛安車徵之以疾辭

鄧粲長沙人也少以高潔著名與南陽劉驎之南郡劉尚公同志友善並不應州郡辟命荊州刺史桓沖請爲別駕粲嘉其好賢乃起後以病乞骸

孫略字文度吳人終日屢空恬然自足辟命皆不就尚書張闓表薦召公車特徵會卒

范宣少尚隱遁博綜衆書徵辟並不應卒于家

阮裕字思曠成帝時徵侍中不就還剡山後赴成帝山陵事畢便還諸人相與追之裕亦審時流必當逐已而疾去至方山不相及劉惔歎曰我入東正當泊安石渚下耳不敢復近思曠傍裕在東山久之復徵散騎常侍領國子祭酒俄而復以爲金紫光祿大夫經年敦逼並無所就

何琦母服闋乃慨然歎曰所以出身仕者非謂有尺寸之能以效智力實利微祿私展供養一旦煢然無復恃怙豈可復以朽鈍之質塵黷清朝哉於是養志衡門不交人事司空陸玩太尉桓溫並辟命皆不就詔徵博士又不起簡文帝時爲撫軍欽其名行召爲參軍固辭以疾公車再徵通直散騎侍郎散騎常侍不行由是君子仰德莫能屈也桓溫嘗登琦縣界山喟然歎曰此山南有人焉何公真止足者也琦善養性老而不衰布褐蔬食終身

後蜀范長生巖居穴處求道養志李雄欲迎立爲君而臣之長生固辭

宋王弘之字方平琅邪臨沂人少孤貧爲外祖徵士何准所撫育從叔獻之重之晉安帝隆安中爲司徒主簿家貧而性好山水以病歸兄衛尉鎮之之安成郡弘之同行家在會稽上虞從兄敬弘爲吏部尚書奏徵之爲庶子不就太祖即位敬弘爲左僕射又陳弘之高行表於初筮苦節彰於暮年今内外晏然當修太平之化宜招空谷以放沖退之美又徵爲通直散騎常侍不就

沈道虔吳興武康人也少仁愛好老易居縣北石山下孫恩亂後飢荒縣令庾肅之迎出縣南廢頭里爲立宅臨溪有山水之玩時復還石山精廬與諸孤兄子共釜庾之資困不改節受琴於戴逵王敬弘深貴重之郡州府凡十二命皆不就文帝聞之遣使存問賜錢三萬米二百斛悉供孤兄子嫁娶徵員外散騎侍郎不就

宗炳有孝行桓玄郡仲文辟皆不就及高祖平荊州辟爲主簿不起問其故荅曰棲丘飲谷三十餘年高祖善其對妙善琴書精於言理每遊山水往輒忘歸征西長史王敬弘每從之未嘗不彌日也乃下入廬山就釋慧遠考尋文義兄臧爲南平太守逼與俱還乃於江陵三湖立宅閑居無事高祖召爲太尉參軍不就二兄早卒孤累甚多家貧無以相贍頗營稼穡高祖數致餉賚宋受禪徵爲太子舍人元嘉初又徵庶子並不應好山水愛遠遊西陟荊巫南登衡岳因而結宇衡山欲懷尚平之志有

疾還江陵歎曰老疾俱至名山恐難徧遊唯當澄懷觀道卧以
遊之凡所遊履皆圖之於室
陶潛字淵明或云字元亮尋陽柴桑人曾祖侃晉大司馬潛少
有高趣自彭澤令棄官而歸嘗著五柳先生傳云先生不知何
許人不詳姓字宅邊有五柳樹因以爲號焉閑靜少言不慕榮
利好讀書不求甚解每有會意欣然忘食性嗜酒而家貧不能
常得親舊知其如此或置酒招之造飲輒盡期在必醉既醉而
退曾不吝情去留環堵蕭然不蔽風日短褐穿結簞瓢屢空晏
如也常著文章自娛頗示己志忘懷得失以此自終時人謂之
實録義熙末徵著作郎不就
龔祈字孟道武陵漢壽人也父黎民及祈並不應徵辟祈風姿
端雅容止可觀中書郎范述見而歎曰此荆楚仙人也祈時或
賦詩言不及世事卒
郭希林武昌人也曾祖翻晉世高尚不仕希林少守家業徵召

一無所就卒子蒙亦隱居不仕
宗彧之字叔粲少文從父弟也早孤事兄恭謹家貧好學雖文
義不逮少文而真澹過之徵辟一無所就元嘉初大使陸子真
觀採風俗三詣彧之每辭疾不見告人曰我布衣草莱之人少
長壟畝何宜在軒冕之客子真還表薦之又不就徵卒於家
宋景徵太子庶子不就有高名
王曇首太保弘少弟也幼有素尚除著作佐郎不就
南齊劉善明少而靜處讀書刺史杜驥聞名候之辭不相見後
刺史劉道隆辟爲從事位至淮南宣城太守
庾易字幼簡新野人徙居江陵太祖建元初刺史豫章王辟爲
驃騎參軍不就世祖永明三年詔徵太子舍人不就以文義自
樂安西長史袁彖欽其風通書致遺易以連理机竹翹書格報
之明帝建武二年詔復徵爲司徒主簿不就卒
蔡薈字休明陳留人清抗不與俗人交李撝謂之敬曰古人稱

安貧清白曰夷退而不緇曰白至如蔡休明者可不謂之夷白乎
宗尚之字敬文好山澤宋末刺史武陵王贊府辟豫章王辟爲
別駕並不就世祖永明中與劉虬同徵爲通直郎和帝中興初
又徵爲諮議並不就壽終
陶季直好學澹於榮利徵召不起時人號曰聘君
王延之少而靜默不交人事州辟主簿不就舉秀才北中郎法
曹行參軍轉署外兵尚書外兵部司空主簿並不就
沈驎之字士恭吳郡人徐州刺史辟主簿并徵太子洗馬中書
郎不起
封延伯字仲璉渤海人也有學行不與世人交事寡嫂甚謹州
辟主簿舉秀才不就
吴苞字天蓋濮陽人善三禮及老莊欝林王隆昌元年詔曰處
士濮陽吳苞栖志穹谷秉操貞固沉情味古白首弥厲徵太學
博士不就以終

辛普明字文達少就闞康之受業豫章王嶷爲揚州徵爲議曹
從事不就
徐伯珍字文楚東陽太末人也少孤貧好莊老明道術太守琅
邪王曇生吳郡張淹並加禮辟伯珍應召便退如此者凡十二
焉卒子家
梁沈顗吳興人讀書不爲章句著述不尚浮華獨處一室人罕
見其面顗從叔勃貴顯齊世每還吳與賓客填咽顗不至其門
勃就見顗送迎不越於閾勃歎息曰吾乃今知貴不如賤俄徵
爲南郡王左常侍不就永明二年徵著作郎建武二年徵太子
舍人永元二年徵通直郎俱不起
庾詵性託夷簡特愛林泉十畝之宅山池居半蔬食弊衣不治
產業高祖少與詵善雅推重之及起義署爲平西府記室參軍
詵不屈平生少所遊狎河東柳惲欲與之交詵拒而不納後湘
東王臨荆州板爲鎮西府記室參軍不就普通中詔徵中書侍

郎勒州縣敦遣又稱疾不就

諸葛璩世居京口幼事徵士關康之齊建武初南徐州行事江祀薦璩於明帝曰璩安貧守道悦禮敦詩未嘗投刺邦宰曳裾府寺如其簡退可以揚清厲俗請辟爲議曹帝許之璩辭不去後舉秀才不就

劉凝之字隱安小名長生南郡枝江人也慕老萊嚴子陵爲人立屋於野外非其力不食辟召一無所就

江泌性静好老莊玄言尤善佛義不樂進仕

范元琰字伯珪吳郡錢塘人也祖悦之太學博士徵不至元琰居常不出城市獨坐如對嚴賓見之者莫不改容正色沛國劉瓛深加器異嘗表稱之齊建武二年始徵爲安北參軍事不赴天監九年縣令管慧辯上言義行楊州刺史臨川王宏辟命不至

韓懷明上黨人客居荆州居母憂水漿不入口一旬既除喪蔬食終身衣衾無改天監初刺史始興王澹表言之州累辟不就

卒于家

陳瑩懋吳郡人少好學遍通五經天嘉初徵爲通直散騎侍郎不就永陽王爲吳郡太守聞其名欲與相見懋固辭以疾時宗人陳榮爲郡五官懋嘗詣焉王乃微服往榮所穿壁以覘之王謂榮曰觀陳懋風神凝峻殆不可測嚴君平鄭子真何以尚茲鄱陽晉安王俱以記室徵並不就乃築室屏居以禪誦爲事由是傳經受業者蓋鮮矣

後魏高懷字季和小字幼子亦有文才大武每詔徵辭疾不赴常譏笑允屈折允官挹泊京邑懷常從容於家

李謐字永和涿郡人少好學博通諸經州再舉秀才公府二辟並不就唯以琴書爲業有絶世之心謐不飲酒好音律愛樂山水高尚之情長而弥固一遇其賞悠尒忘歸及卒詔謚曰貞靜處士表其門曰文德里曰孝義

劉獻之博陵人門徒數百皆經通之士本郡舉孝廉非其好也逼遣之乃應命至京稱疾而還孝文幸中山詔徵典内校書獻之喟然歎曰吾不如莊周散木遠矣一之爲甚其可再乎固以疾辭

張感字崇仁有器業不應州縣之命

樊遜爲右僕射嘗進賓客人有識其靖默不能趣時者常服東方朔之言陸沉世俗避世金馬何必深山蒿廬之下遂借陸沉公子爲主人擬客難製客誨以自廣後崔暹大會賓客大司馬襄城王元旭時亦在坐論欲命府僚暹指遜曰此人學富才高佳行參軍也旭目之曰豈能就耶遜曰家無蔭第不敢當此

張僧皓歷涉群書工於談説有當世名孝明熙平初徵爲諫議大夫正光五年以國子博士徵之孝昌二年徵爲散騎侍郎並不赴世號爲徵君焉

眭夸趙郡高邑人高尚不仕寄情丘壑同郡李順願與之交拒而不許少與崔浩爲莫逆之交浩爲司徒奏徵爲郎中辭疾不赴州郡逼遣不得已入京都與浩相見經留數日唯飲酒談叙平

生不及世利浩每欲論屈之竟不能發言其敬憚如此浩後遂投詔書於夸懷亦不開口夸曰桃簡卿已爲司徒何足以此勞國士也吾便於此將別桃簡浩小名也浩慮夸即還時乘一騾更無兼騎浩乃以夸騾内之廐中冀相維縶夸遂託鄉人輸租者謬爲御車乃得出關浩知而歎曰眭夸獨行士本不應以小職辱之又使其人仗策復路吾當何辭以謝也時朝法甚峻夸既私還將有私歸之咎浩仍相左右始得無坐經年送夸本騾兼遺以所乘馬爲書謝之夸更不受其騾馬亦不復書及浩誅爲之素服受鄉人弔唁經一時乃止歎曰崔公既死誰能更容眭夸遂作朋友篇辭義爲時人所稱婦父鉅鹿魏攀當時名達之士未嘗備子婿之禮情同朋好或人謂夸曰吾聞有大才者必居貴仕子何獨在桑榆乎遂著知命論以釋之

高和仁少清儁有文才常有高尚之志後爲洛州録事參軍不赴辭歸於汲郡白鹿山未幾時人悼惜之

北齊祖茂頗有詞情然好酒性率不爲時重大寧中以經學爲本鄉所薦除給事以疾辭仍不復仕從父兄珽役任寄故令呼茂茂不應命暫來就之珽與官茂乃逃去

盧懷仁涉學有辭情性恬靖常蕭然得閑放之致歷太尉記室弘農郡守不之任卜居陳留界

後周韋夐字敬遠志尚夷簡澹於榮利弱冠被召拜雍州中從事非其好也遂謝疾去前後十見徵辟皆不應命號逍遥公

隋張文詡河東人博覽文籍高祖引致天下名儒碩學之士延之於博士位時文詡遊太學其門生多詣文詡請質疑滯文詡輙博引證據辯說無窮雖其所擇治書侍御史皇甫誕一時朝彦常執弟子之禮適至南臺遽飾所乘馬就學邀屈文詡每牽馬步進意在不因人以自致也右僕射蘇威聞名而召之與語大悅勸令從官文詡意不在仕固辭焉仁壽末學廢文詡策杖而歸灌園爲業州郡頻舉皆不應命每閑居從容長歎曰老

冉冉而將至恐修名之不立以如意擊几皆有處所時人方之閔子騫原憲焉終於家年四十鄉人爲立碑頌號曰張先生

李士謙字子約趙郡人博覽群籍兼善天文術數齊吏部尚書辛術召署員外郎趙郡王叡舉德行皆稱疾不就和士開亦重其名將諷朝廷擢爲國子祭酒士謙知而固辭得免隋有天下畢志不仕

武儉雅好墳籍養素丘園州縣屢徵不就

崔廓字士玄博陵安平人博覽書籍多所通涉山東學者皆宗之既還鄉里不應辟命

唐衛大經者篤學善易口無一言則天降詔徵之辭疾不起

李元愷者博學然性恭慎口未嘗言鄉人宋璟年少時師事之及璟作相使人遺元愷束帛將薦舉之皆拒而不答

白履忠陳留浚儀人也博涉文史嘗隱居于古大梁城時人號爲梁丘子景雲中徵拜校書郎尋弃官而歸開元十年刑部尚書王志愔薦履忠隱居讀書貞苦守操有古人之風堪代褚無量馬懷素入閣侍讀十七年國子祭酒楊瑒又表薦履忠堪爲學官乃徵赴京師及至辭以老病不任職

王績絳州龍門人也少與李播呂才爲莫逆之交大業中應孝悌廉潔舉授揚州六合縣丞非其所好弃官還鄉里績河渚中先有田十數頃鄰渚有隱士仲長子先服食養性績重其真素願與相近乃結廬河渚以琴酒自樂嘗遊北山因爲北山賦以見志又嘗躬耕於東皐故時人號東皐子或經過酒肆動經數日往往題壁作詩多爲好事者諷誦

田佐時潞州人也佐時偉容儀涉獵經史好大言時務德宗建中三年徵爲左拾遺集賢院直學士黜陟使裴伯言上薦故拜官宰相張鎰以爲徵命稍輕請加恩禮復有詔褒美賜絹百匹粟百石仍令州縣長吏就家以禮徵聘竟不起貞元元年八月以佐時爲諫議大夫佐時隱居於潞州懷道高尚觀察使李抱

真數薦之自拾遺至是皆不起

楊播少隱居至德中賜號玄靖先生貞元初授諫議大夫致仕

鄭珣瑜字元伯鄭州滎澤人喪父遭安禄山之亂躬耕陸渾山下以養母及撫弟妹未嘗干擾州里轉運使劉晏連奏爲寧陵宋城二縣尉皆不起山南節度使張獻誠奏爲梁州南鄭丞亦謝不就

韋楚京兆尹韋長之兄文宗大和八年以楚爲左拾遺内供奉竟以自樂閑澹不起

晉崔諭梲之兄也有隱德好釋氏閑居滑州嘗欲訪人於白馬津北及臨岸歎曰波勢洶湧如此安可濟乎乃止後徵授左拾遺辭疾不起

冊府元龜卷第七百七十九

冊府元龜卷第七百八十

總録部三十

博識

夫好古博雅多識前言斯可以謂之君子矣三代而下蓋不乏其人焉至乃明休咎之庶徵達典經之格訓究鬼神之幽賾練方策之故實識官族之源派詳地志之本末隨問能辯比撞鐘之善應發機迎解同炙輠之無滯非夫強學以立志多聞而求益聰明博達性理沖奥者其孰能與於此乎

周惠王内史過爲由大夫十五年有神降于莘降下也言自上而下有聲象莘虢地也王問於内史過内史周大夫掌爵祿廢置以策命諸侯卿大夫過其名曰是何故固有之乎故事也對曰有之國將興其君齊明衷正齊一也精潔惠和其德足以昭其馨香馨香芳之遠聞者也其惠足以同其民人同一也神饗而民聽民神無怨故明神降之觀其政德而均布福焉國之將亡其君貪冒辟邪冒抵冒也淫佚荒怠麤穢暴虐其政腥臊馨香不登腥臊臭惡登上也芳馨不上聞神不饗也傳曰黍稷非馨明德惟馨其刑矯誣以詐用法曰矯加誣無罪曰誣百姓攜貳攜離也明神不蠲蠲潔也而民有遠志遠志離叛民神怨痛無所依懷故神亦往焉觀其苛慝而降之禍是以或見神以興亦或以亡昔夏之興也融降于崇山融祝融也崇嵩高山也夏居陽城崇高所近其亡也回祿信於聆隧回祿火神再宿爲信聆隧地名商之興也檮杌次於丕山檮杌鯀也次舍也丕山在河東其亡也夷羊在牧夷羊神獸牧商郊牧野周之興也鸑鷟鳴於岐山三君云鸑鷟鳳之別名也詩云鳳皇鳴矣于彼高岡其在岐山之脊乎其衰也杜伯射王於鄗鄗京也杜國伯爵周宣王殺杜伯而無辜後三年宣王會諸侯田於圃日中杜伯起於道左衣朱衣冠朱冠操朱弓矢射宣王中心折脊而死也是皆明神之志者也志記也言皆在史記王曰今是何神也對曰昔昭王娶於房曰房后昭王周康王之子房國名實有爽德協于丹朱爽貳也協和也丹朱堯子也丹朱憑身以儀之生穆王焉憑依也儀匹也詩云實惟我儀言房后之行有似丹朱丹朱憑依其身而匹偶之生穆王焉由是觀之其丹朱乎王曰其誰受之對曰在虢土言神在虢虢其受之臣聞之道而得神是謂逢福淫而得神是謂貪禍以貪取禍今虢少荒其亡乎王曰吾其若之何對曰使大宰以祝史帥貍姓奉犧牲粢盛玉帛往獻焉大宰王卿也掌祭祀之式玉帛之事祝大祝也史大史也掌次位貍姓丹朱之後神不歆非類故使其族以往也無有祈也勿有求也王曰虢其幾何對曰昔堯臨民以五五年一巡狩也由是觀之不過五年王使太宰忌父周公忌父也帥傅氏及祝史傅氏貍姓奉犧牲玉鬯往獻焉有王命以犧牲玉鬯之禮内史過從至虢從大宰也虢公亦使祝史請土焉祝史請土賞之内史過歸告王曰虢必亡矣不禋於神而求福焉神必禍之不親於民而求用焉民必違之精意以享禋也慈保庶民親也慈愛保養今虢公動匱百姓以逞其違逞快也違邪也離民怒神而求利焉不亦難乎求利請土也十九年晉取虢左傳魯莊公三十二年秋七月有神降于莘惠王問諸内史過曰是何故也對曰國之將興明神降之監其德也將亡神又降之觀其惡也故有得神以興亦有以亡虞夏商周皆有之王曰若之何對曰以其物享焉其至之日亦其物也王從之内史過往聞虢請命反曰虢必亡矣虐而聽於神神居莘六月虢公使祝應宗區史嚚享焉神賜之土田史嚚曰虢其亡乎吾聞之國將興聽於民將亡聽於神神聰明正直而壹者也依人而行虢多涼德其何土之能得

士弱晉大夫也魯襄公九年宋災樂喜爲政知有火災素戒爲備晉侯問於士弱士渥濁之子曰吾聞之宋災於是乎知有天道何故問宋何故自知天道將災對曰古之火正或食於心或食於咮以出内火謂火正之官配食於火星建辰之月鶉火星昏在南方則令民放火建戌之月大火星伏在日下夜不得見則令民内火禁放火是故咮爲鶉火心爲大火陶唐氏之火正閼伯居商丘閼伯高辛氏之子傳曰遷閼伯于商丘商丘在宋地祀大火而火紀時焉謂出内火時相土因之故商主大火相土契孫商之祖也始代閼伯之後居商丘商人閱其禍敗之釁必始於火是以日知其有天道也閱猶數也商人數所更歷常多火災是以商之後故知天道之災必以火公曰可必乎對曰在道國亂無象不可知也言國無道則災變亦無常故不可必知

子產鄭大夫也魯昭公元年六月晉平公有疾鄭伯使公孫僑如晉聘且問疾叔向問焉曰寡君之疾病卜人曰實沈臺駘爲祟史莫之知敢問此何神也子產曰昔高辛氏有二子伯曰閼伯季曰實沈高辛帝嚳居于曠林不相能也曠林地闕日尋干戈以相征

討尋用后帝不臧后帝堯也臧善也遷閼伯于商丘主辰商丘宋地主祀辰星辰大火也商人是因故辰爲商星商人湯先相土封商丘因閼伯故國祀辰星遷實沈于大夏主參大夏今晉陽縣唐人是因以服事夏商唐人若劉累之等累其季世曰唐叔虞唐人之季世其君曰叔虞當武王邑姜方震大叔邑姜武王后齊大公女懷胎爲震夢帝謂己余命而子曰虞帝天也將與之唐屬諸參而蕃育其子孫及生有文在其手曰虞遂以命之及成王滅唐而封大叔焉故參爲晉星叔虞封唐是爲晉侯由是觀之則實沈參神也昔金天氏有裔子曰昧爲玄冥師生允格臺駘金天氏帝少皡裔遠也玄冥水官昧爲水官之長臺駘能業其官纂昧之業宣汾洮宣猶通也汾洮二水名障大澤陂障之以處大原大原晉陽也帝用嘉之封諸汾川帝顓頊沈姒蓐黃實守其祀四國臺駘之後今晉主汾而滅之矣滅四國由是觀之則臺駘汾神也抑此二者不及君身山川之神則水旱癘疫之災於是乎禜之有水旱之災則禜祭山川之神若臺駘者周禮四曰禜祭爲營攢用幣以祈福祥日月星辰之神則雪霜風雨之不時於是乎禜之星辰之神若實沈者若君身則亦出入飲食哀樂之事也山川星辰之神又何爲焉言實沈臺駘不爲君疾

昭公七年三月子產聘于晉晉侯有疾韓宣子逆客私焉私語曰寡君寢疾於今三月矣並走羣望晉所望祀山川皆走往祈禱有加而無瘳今夢黃熊入於寢門其何厲鬼也對曰以君之明子爲大政其何厲之有昔堯殛鯀于羽山鯀禹父殛誅也其神化爲黃熊以入于羽淵實爲夏郊三代祀之禹有天下祀鯀夏家郊祭之歷殷周二代又通祀晉爲盟主其或者未之祀乎言周衰晉爲盟主得佐天子祀羣神韓子祀夏郊晉侯有閒閒差也鄭伯既殺伯有是後鄭人相驚以伯有曰伯有至矣則皆走不知所往言其鬼至或夢伯有介而行介甲也曰壬子余將殺帶也駟帶助子晳殺伯有壬子六年三月三日明年壬寅余又將殺段也公孫段爲豐氏黨壬寅七年正月二十八日及壬子駟帶卒國人益懼齊燕平之月此年正月壬寅公孫段卒國人愈懼其明月子產立公孫洩及良止以撫之乃止公孫洩子孔之子也襄十九年鄭殺子孔良止伯有子也立以爲大夫使有宗廟子大叔問其故子產曰鬼有所歸乃不爲厲吾爲之歸也大叔曰公孫洩何爲子孔不爲厲問何爲立洩子產曰說也爲身無義而圖說伯有無義以罪誅故立之恐民不知其有罪以大義說民心從政有所反之以取媚也反正道以求媚於民不媚不信不信民不從也及子產適晉趙景子問焉曰伯有猶能爲鬼乎子產曰能人生始化曰魄魄形也既生魄陽曰魂魂陽神氣也用物精多則魂魄強物權勢是以有精爽至於神明爽明也匹夫匹婦強死其魂魄猶能馮依於人以爲淫厲強死不病也況良霄我先君穆公之胄子良之孫子耳之子敝邑之卿從政三世矣鄭雖無腆腆厚也抑諺曰蕞爾國蕞小也而三世執其政柄其用物也弘矣其取精也多矣其族又大所馮厚矣而強死能爲鬼不亦宜乎子產之博

申豐魯大夫也昭公四年大雨雹季武子問於申豐曰雹可禦乎禦止也對曰聖人在上無雹雖有不爲災古者日在北陸而藏冰陸道也謂夏十二月日在虛危冰堅而藏之西陸朝覿而出之謂夏三月日在昴畢蟄蟲出而用冰春分之中奎星朝見東方其藏冰也深山窮谷固陰沍寒於是乎取之沍閉也其出之也朝之祿位賓食喪祭於是乎用之其藏之也黑牡秬黍以享司寒黑牡黑牲也秬黍黑黍也司寒玄冥北方之神其出之也桃弧棘矢以除其災桃弓棘箭所以禳除凶邪其出之也時食肉之祿冰皆與焉食肉之祿謂在朝廷治其職事就官食者大夫命婦喪浴用冰命婦大夫妻祭寒而藏之享司寒獻羔而啓之謂二月春分獻羔祭韭始開冰室公始用之公先用火出而畢賦火星昏見東方謂三月四月中自命夫命婦至於老疾無不受冰山人取之縣人傳之輿人納之隸人藏之山人虞官縣人遂屬輿隸皆賤官夫冰以風壯而以風出其藏之也周周密也其用之也徧則冬無愆陽夏無伏陰伏陰謂夏寒春無凄風秋無苦雨霖雨爲人所患苦雷出不震震霆也無菑霜雹癘疾不降民不夭札短折爲夭夭死爲札今藏川池之冰棄而不用風不越而殺雷不發而震雹之爲菑誰能禦之七月之卒章藏冰之道也

郯子來朝魯公與之宴昭子問焉曰少皞氏鳥名官何故也（少皞金天氏黃帝之子己姓之祖也郯少皞之後以鳥名官）郯子曰吾祖也我知之昔者黃帝氏以雲紀故為雲師而雲名（黃帝軒轅氏姬姓之祖也黃帝受命有雲瑞故以雲紀事百官師長皆以雲為名號縉雲氏蓋其一官也）炎帝氏以火紀故為火師而火名（炎帝神農氏姜姓之祖也亦有火瑞以火紀事名百官）共工氏以水紀故為水師而水名（共工以諸侯霸有九州者在神農前大皞後亦受水瑞以水名官）大皞氏以龍紀故為龍師而龍名（大皞伏犧氏風姓之祖也有龍瑞故以龍命官）我高祖少皞摯之立也鳳鳥適至故紀於鳥為鳥師而鳥名鳳鳥氏歷正也（鳳鳥知天時故以名歷正之官）玄鳥氏司分者也（玄鳥燕也以春分來秋分去）伯趙氏司至者也（伯趙伯勞也以夏至鳴冬至止）青鳥氏司啟者也（青鳥鶬鴳也以立春鳴立夏止）丹鳥氏司閉者也（丹鳥鷩雉也以立秋來立冬去入大水為蜃上四鳥皆歷正之屬官）祝鳩氏司徒也（祝鳩鷦鳩也鷦鳩孝故為司徒主教民）鴡鳩氏司馬也（鴡鳩王鴡也鷙而有別故為司馬主法制）鳲鳩氏司空也（鳲鳩鴶鵴也鳲鳩平均故為司空平水土）爽鳩氏司寇也（爽鳩鷹也鷙故為司寇主盜賊）鶻鳩氏司事也（鶻鳩鶻鵰也春來冬去故為司事）五鳩鳩民者也（鳩聚也治民上聚故以鳩為名）五雉為五工正（五雉雉有五種西方曰鷷雉東方曰鶅雉南方曰翟雉北方曰鵗雉伊洛之南曰翬雉）利器用正度量夷民者也（夷平也）九扈為九農正（扈有九種也春扈鳻鶞夏扈竊玄秋扈竊藍冬扈竊黃棘扈竊丹行扈唶唶宵扈嘖嘖桑扈竊脂老扈鷃鷃以九扈為九農之號各隨其宜以教民事）扈民無淫者也（扈止也止民使不淫放）自顓頊以來不能紀遠乃紀於近為民師而命以民事則不能故也（顓頊氏代少皞者德不能致遠瑞而以民事命官）仲尼聞之見於郯子而學之（於是仲尼年二十八）既而告人曰吾聞之天子失官學在四夷猶信（失官官不脩其職也傳言聖人無常師）

昭子魯大夫也昭公十七年夏六月甲戌朔日有食之祝史請所用幣（禮正陽之月日食當用幣於社故請之）昭子曰日有食之天子不舉（不舉盛饌）伐鼓於社（責群陰）諸侯用幣於社（請上公）伐鼓於朝（退自責）禮也平子禦之曰止也唯正月朔慝未作日有食之於是乎有伐鼓用幣禮也其餘則否大史曰在此月也（正月謂建巳正陽之月也於周為六月於夏為四月慝陰氣也四月純陽用事陰氣未動而侵陽災重故有伐鼓用幣之禮也平子以為六月非正月故大史答言在此月也）日過分而未至（過春分而未夏至）三辰有災（三辰日月星也日月相侵又犯是宿故三辰皆災）於是乎百官降物（降物素服不舉）君不舉辟移時（辟正寢過日食時）樂奏鼓（伐鼓）祝用幣（用幣於社）史用辭（用辭以自責）故夏書曰辰不集于房（逸書也集安也房舍也日月不安其舍則食）瞽奏鼓（瞽樂師）嗇夫馳庶人走（車馬曰馳步曰走為救日食備也）此月朔之謂也當夏四月是謂孟夏（以夏四月為正陽之月）平子弗從昭子退曰夫子將有異志不君君矣（安君之災故曰有異志）

游吉字大叔鄭大夫魯昭公二十五年諸侯會于黃父大叔見趙簡子簡子問揖讓周旋之禮焉對曰是儀也非禮也簡子曰敢問何謂禮對曰吉也聞諸先大夫子產曰夫禮天之經也地之義也民之行也（經者道之常義者利之宜行者人所履）天地之經而民實則之則天之明（日月星辰天之明也）因地之性（高下剛柔地之性也）生其六氣（謂陰陽風雨晦明）用其五行（金木水火土）氣為五味（酸鹹辛苦甘）發為五色（青黃赤白黑發見於五行）章為五聲（宮商角徵羽）淫則昏亂民失其性（滋味聲色過則傷性）是故為禮以奉之（制禮以奉其性）為六畜五牲三犧以奉五味（馬牛羊雞犬豕麋鹿麇狼兔祭天地宗廟三者謂之犧）為九文六采五章以奉五色（九文謂山龍華蟲藻火粉米黼黻也六采謂畫繢之事雜用天地四方之色青與白赤與黑玄與黃皆相次謂之六色五章青與赤謂之文赤與白謂之章白與黑謂之黼黑與青謂之黻五色備謂之繡）為九歌八風七音六律以奉五聲（九歌八風七音六律皆所以奉五聲）為君臣上下以則地義（君臣有尊卑法地有高下）為夫婦外內以經二物（夫治外婦治內各治其物）為父子兄弟姑姊甥舅昏媾姻亞以象天明（六親和睦以事嚴父若眾星之共辰極也）為政事庸力行務以從四時（在君為政在臣為事民功曰庸治功曰力行其德教務其時要禮之本也）為刑罰威獄使民畏忌以類其震曜殺戮（雷震電曜天之威也聖人作刑戮以象類之）為溫慈惠和以效天之生殖長育民有好惡喜怒哀樂生于六氣（此六者皆稟陰陽風雨晦明之氣）是故審則宜類以制六志（為禮以制好惡喜怒哀樂六志使不過節）哀有哭泣樂有歌舞喜有施舍怒有戰鬬喜生於好怒生於惡是故審行信令禍福賞罰以制死生生好物也死惡物也好物樂也惡物哀也哀樂不失乃能協于天地之性是以長久（協和也）簡子曰甚哉禮之大也對曰禮上下之紀天地之經緯也（經緯錯居以相成）民之所生也是以先王尚之故人之能自曲直以赴禮者謂之成人大不亦宜乎（言禮之大也）

智子曰缺也請終身守此言也缺能守此言故免於晉陽之難觀射父楚大夫也昭王問昭王楚平王之子昭王熊軫也曰周書所謂重黎實使天地不通者何也周書穆王之相甫侯所作呂刑之重黎斷尚書之曰呂刑曰乃命重黎絶地天通語謂少雜糅不可方物顓頊受之命南正重司天以屬神火正黎司地以屬民是謂絶地與天相通之道若無然民能登天乎若重黎不絶天地民道能之天也對曰非此之謂也古者民神不雜雜會謂司民司神之官各異民之精爽不攜貳者而又能齊肅衷正爽明攜離貳二衷中也其智能上下比義義宜其聖能光遠宣朗聖通朗明其明能光照之其聰能聽徹之徹達如是則明神降之降下在男曰覡在女曰巫覡見鬼者周禮男亦曰巫是使制神之處位次主處居也位祭位次主其尊卑先後而爲之牲器時服牲牲之毛色小大也器所當用也時服四時服色所宜也而後使先聖之後之有光烈烈明而能知山川之號號名高祖之主高祖廟之先也宗廟之事昭穆之世父昭子穆先後之次世謂傳公謂之世祀也禮節之宜威儀之則忠信之質質誠禋絜之服絜祀曰禋而敬恭明神者以爲之祝祝大祝掌祈福使名姓之後能知四時之生名姓謂舊族若伯夷炎帝之后爲舜秩宗也生嘉穀韭卵之屬犧牲

之物玉帛之類采服之宜彝器之量彝六彝器俎豆量小大也次主之度度數屏攝之位周氏云屏并也并攝主人之位昭謂屏屏風攝如今要扇皆以分別尊卑爲祭祀之位近漢亦然壇場之所除地曰場上下之神氏姓之出所自出也而心率舊典者爲之宗宗大宗伯掌祭祀之禮於是乎有天地神民類物之官是謂五官類物謂別物善爲器用之官各司其序不相亂也禍災不至所求不匱及少皞之衰也九黎亂德少皞黃帝之子金天氏九黎黎氏九人也民神雜糅不可方物同位故雜糅方猶別也物名也夫人作享家爲巫史夫人人人也享祀也巫主接神史次位常言人人自爲之無有要質質誠民匱于祀而不知其福言民困匱於祭祀而不獲其福神狎民則不蠲其爲狎習則法蠲絜不絜其爲神爲也嘉生不降無物以享禍災荐臻莫盡其氣荐重臻至氣也顓頊受之少皞氏沒顓頊氏作受承乃命南正重司天以屬神南陽位正長也司主也屬會也所以會羣神使各有分序不相干亂則宗伯掌祭祀命火正黎司地以屬民唐尚書云火當爲北北陰位周禮則司徒掌土地人民使復舊常無相侵瀆侵犯是謂絶地天通絶地民與天神相通之道其後三苗復九黎之德其后高辛氏之季年三苗九黎之後高辛氏衰三苗爲亂行其凶德如九黎之爲堯興而誅堯復育重黎之后使復典之

[illegible]平三苗之亂繼育[illegible]天地之官羲和是也以至于夏商故重黎氏世敘天地而別其分主者也敘次分所也其在周程伯休父其後也當宣王失其官守爲司馬氏程國伯爵休父名也失天地之官而以諸侯爲大司馬詩曰王謂尹氏命程伯休父是也寵神其祖以取威于民曰重實上天黎實下地寵尊世言休父之後世尊神其祖以威懼其民言重黎掌上天黎抑下地令相違故不復通遭世之亂而莫之能禦也亂謂幽王以下禦止也不然夫天地成而不變何比之言天地體成不復變改也比近又楚子期祀平王子期楚平王子結也平王孫昭王父祭以牛組於王致牛組於昭王王問於觀射父曰祀牲何及王感俎肉而問牲用所及對曰祀加于舉加增也舉人君朔望之盛饌天子舉以太牢祀以會太牢牛羊豕會三太牢諸侯舉以特牛祀以太牢一特卿舉以少牢祀以特牛少牢羊豕大夫舉以特牲祀以少牢特豕也士食魚炙祀以特牲庶人食菜祀以魚上下有序民則不慢王曰其小大何如對曰郊禘不過繭栗角如繭栗郊禘祭天烝嘗不過把握把握長不出拳王曰何其小也對曰夫神以精明臨民者也故求備物不求豐大備物体具而精絜者是以先王之

祀也以一純二精一純心純壹潔二精玉帛而三牲四時五色六律七事八種七事天地民四時之務八種八音九祭十日十二辰以致之九祭九州助祭也十日甲至癸也十二辰子至亥也擇其吉日令辰以致神也百姓千品萬官億醜兆民經入畡數以奉之百姓百官受氏姓也千品立姓有徹品十萬爲千品五物之官陪屬萬爲萬官萬官有十醜天子之田九畡以食兆民王取經入以食萬官毛以示物血以告殺明不因故接誠拔取以獻具爲齋敬也接誠於神拔取其毛血也詩云執其鸞刀以啟其毛取其血膋敬不可久民力不堪故齊肅以承之齊肅恭敬承奉王曰芻豢幾何草食曰芻穀養曰豢對曰遠不過三月近不過浹日遠謂三牲近謂雞鶩之屬浹日十日王曰祀不可以已乎已止對曰祀所以昭孝息民昭孝養使民蕃息撫國家定百姓也不可以已夫民氣縱則底縱放也底著也底則滯滯久不振滯廢振起也言無祭祀則民無所畏忌忌則放於志放則逆廢則難復恐懼也生乃不殖生人財也殖長也不長神不降福也是用不從其生不殖不可以封封國是以古者先王日祭月享時類歲祀以事類日祭於祖考月薦於曾高時類及二祧歲祀於壇墠諸侯舍日舍日有月卿大夫舍月舍月有時士庶人舍時舍時歲乃祀天子偏祀羣神品物品物謂若八蜡猶兒貓昆蟲之類諸侯

祀天地三辰及其土之山川（三辰日月星祀天地謂二王之後非二王後祭分野星山川而已）卿大夫祀其禮（禮謂五祀及祖所自出）士庶人不過其祖（祖王父也）日月會于龍尨（尨龍尾也謂周十二月夏十月日月合辰於尾上月令孟冬日在尾）土氣含收（含收萬物含藏）天明昌作（昌盛作起也謂天氣上也是月純坤用事）百嘉備舍（嘉善也謂物成舍入室）羣神頻行國於是乎烝嘗家於是乎嘗祀（烝冬祭孟冬大饗烝嘗同日）百姓夫婦擇其令辰奉其犧牲敬其齊盛潔其糞除慎其采服禋其酒醴帥其子姓（子姓同姓也）從其時享虔其宗祝（宗祝主祭祀之禮）道其順辭以昭祀其先祖肅肅濟濟如或臨之於是乎合其州鄉朋友婚姻比爾兄弟親戚（比合會也）於是乎弭其百苛殄其讒慝（弭止也苛謂苛役也殄絕也慝惡也）合其嘉好結其親暱（暱近也）億其上下以申固其姓上所以教民虔也下所以事上也天子禘郊之事必自射其牲王后必自舂其粢（粢黍稷也）諸侯宗廟之事必自射牛刲羊擊豕（刲刺也擊殺也）夫人必自舂其盛（在器曰盛下言粢上言盛）況其下之人其誰敢不戰戰兢兢以事百神天子親舂禘

郊之盛王后親繰其服（服祭服也）自公以下至於庶人其誰敢不齊肅恭敬致力於神民所以攝固者也若之何其舍之也（舍廢也）王曰所謂一純二精七事者何也對曰聖王公端冕以監其不違心帥其羣精物以臨享祀無有苛慝於神者謂之一純（端之服冕大冠也監視也不違心思端正則誠見也）玉帛為二精（明潔為精）天地民及四時之務為七事王曰三事者何也對曰天事武（天事剛毅故武）地事文（地事順故文坤為文）民事忠信（以忠信為行）王曰所謂百姓千品萬官億醜兆民經入畡數者何也對曰民之徹官百（徹達也自以名達官有百官也）王公之子弟之質能言能聽徹其官者（質有質實也能言能聽徹其官職也）而物賜之姓以監其官是為百姓（物事也以功事賜之姓）姓有徵品十於王謂之千品五物之官陪屬萬為萬官（五物謂天地神民類物之官）官有十醜為億醜（醜類也）天子之田九畡以食兆民王取經入焉以食萬官（經常也入正稅）

晏子名嬰為齊大夫景公舉兵將伐宋師過泰山公夢見二丈夫立而怒其怒甚盛公恐覺辟門召占夢者占夢者至公曰今夕吾夢二丈夫立而怒不知其所言其怒甚盛吾猶識見其狀識其聲占夢者曰師過泰山而不用事故泰山之神怒請召祝史祠乎泰山則可公曰諾明日晏子朝見公告之如占夢之言也公曰占夢之言曰師過泰山而不用事故泰山之神怒今欲使人召祝史晏子俯有間對曰占夢者不識也此非泰山之神也是宋之先湯與伊尹也公疑以為泰山神晏子曰公疑之則嬰請言湯伊尹之貌湯質皙以長顏以髯兌上豐下倨身而揚聲公曰然是已伊尹黑而短蓬而髯豐上而兌下僂身而下聲公曰然是已今若何晏子曰夫湯太甲武丁祖乙天下之盛君也不宜無後今唯宋耳矣而公伐之故湯伊尹怒請散師平乎宋景公不用終伐宋晏子曰公伐無罪之國以怒明神不易行

以續當進師以近過非嬰之所知也師若果進軍必有殃軍進再舍鼓毀將殪公乃辭乎晏子散師不果伐宋

魏管輅見平原太守劉邠邠曰此郡官舍連有變怪使人恐怖其理何由輅曰或因漢末之亂兵馬擾攘軍尸流血汙染丘山故因昏夕多有怪形也明府道德高妙自天祐之願安百祿以光休寵

晉束晳為尚書郎武帝嘗問摯虞三日曲水之事虞對曰漢章帝時平原徐肇以三月初生三女至三日俱亡村人以為怪乃招攜之水濱洗祓遂因水以汎觴其義起此帝曰必如此談便非好事晳進曰虞小生不足以知臣請言之昔周公城洛邑因流水以汎酒故逸詩云羽觴隨波又秦昭王以三日置酒河曲見金人奉水心之劍曰令君制有西夏乃霸諸侯因此立為曲水二漢相緣皆為盛集帝大悅賜晳金五十斤（[illegible]）（歲時祓除如今三月上巳如水上之類也釁浴謂以香薰草藥沐浴韓詩曰鄭國之俗三月上巳之溱洧兩水之上招魂續魄）

秉蘭草祓除不祥此則其來甚久非起郭虞之遺風今世之度水也月令暮春天子始乘舟蔡邕章句曰陽氣和暖鮪魚時至將取以薦寢廟故因是乘舟禊於名川也論語暮春浴乎沂自上及下古有此礼今三月上巳祓於水濱蓋出于此邕之言然張衡南都賦祓於陽濱又是也或用秋漢書八月祓灞水亦斯義也後漢書郎顗賦素秋二七天漢指隅人胥祓除國子水嬉又是用七月十四日也自魏以後但用三日不以巳也

潘京為武陵主簿太守趙廞問京曰貴郡何以名武陵京曰鄙郡本名義陵在辰陽縣界與夷相接為所攻破光武時移東出遂得見全光武識武易號傳曰止戈為武詩高平曰陵於是改名焉

南齊崔慰祖好學聚書至萬卷為始安王記室建武中詔舉士從兄慧景舉慰祖及平原劉孝標並碩學帝欲試以百里慰祖辭不就國子祭酒沈約吏部郎謝朓嘗於吏部省中賓友俱集各問慰祖地里中所不悉十餘事慰祖口吃無華辭而酬據精悉一坐稱服之朓歎曰假使班馬復生無以過此

梁范雲字彥龍齊建元初竟陵王子良為會稽太守雲始隨王王未之知也會遊秦望使人視刻石文時莫能識雲獨誦之王悅自是寵冠府朝王為丹陽尹召為主簿深相親任時進見齊高帝值有獻白烏者帝問此為何瑞雲位卑最後答曰臣聞王者敬宗廟則白烏至時謁廟始畢帝曰卿言是也感應之理一至此乎

王摛東海人以博學見知齊尚書令王儉嘗集才學之士總校虛實類物隸之謂之隸事隸事自此始也儉嘗使賓客隸事多者賞之事皆窮唯廬江何憲為勝乃賞以五花簟白團扇坐簟執扇容氣甚自得摛後至儉以所隸示之曰卿能奪之乎摛操筆便成文章既奧辭亦華美舉坐擊賞摛乃命左右抽憲簟手自掣取扇登車而去儉笑曰所謂大力者負之而趨也尚書左丞竟陵王子良校試諸學士唯摛問無不對永明中天忽黃色照地衆莫能解摛云是榮光世祖大悅

裴子野為著作舍人時西北徼外有白題及滑國遣使由岷山道入貢此二國歷代弗賓莫知所出子野曰漢潁陰侯斬白題將一人服虔注云白題胡名也又漢定遠侯擊虜八滑從之此其後乎時人服其博識

樂藹為御史中丞時長沙宣武王將葬而車府忽於庫失油絡欲推主者藹曰昔晉武庫火張華以為積油萬匹必然今庫若有灰非吏罪也既而檢之果有積灰

劉杳在天監初為太常博士任昉坐有人餉昉桺酒而作榐字昉問杳此字是不杳對曰葛洪字苑作木旁右又曰酒有千日醉當是虛言杳云桂陽程鄉有千里酒飲之至家而醉亦其例也昉大驚曰吾自當遺忘實不憶杳云出楊元鳳所撰置郡事元鳳是魏代人此書仍載其賦云三重五品商溪摖里昉即檢桂陽記言皆不差王僧孺被勅撰譜訪杳血脈所因杳云桓譚新論云太史三世表旁行邪上並效周譜以此而推當起周代僧孺歎曰可謂得所未聞周捨又問杳尚書官著紫荷橐相傳云挈囊竟何所出杳答曰張安世傳曰持橐簪筆事孝武皇帝數十年韋昭張晏注並云橐囊也近臣簪筆以待顧問范岫撰字書音訓又訪杳焉其博識皆此類也

范岫為太子家令博涉多通尤悉魏晉以來吉凶故事沈約常稱曰范公好事該博胡廣無以加南鄉范雲謂人曰諸君進止威儀當問范長頭以岫多識前代舊事也

王僧孺為安成王參軍事鎮右中記室參軍僧孺多識古事侍郎全元起欲注素問訪以砭石僧孺答曰古人當以石為針必不用鐵說文有此砭字許慎云以石刺病也東山經高氏之山多針石郭璞云可以為砭針春秋美疢不如惡石服子慎注云石砭石也季世無復佳石故以鐵代之耳

張纘字孝卿少與兄續齊名湘東王繹嘗策之百事纘對闕其六號為百六公位員外散騎常侍

北齊魏收初仕後魏為中書侍郎孝武嘗宴百寮問何名人

月皆莫知收對曰晉議郎董勛答問稱俗云正月一日爲鷄二日爲狗三日爲猪四日爲羊五日爲牛六日爲馬七日爲人時邢子才側甚愧焉

隋王邵爲太子舍人待詔文林館時祖孝徵魏收陽休之等嘗論古事有所遺忘討閱不能得因呼邵問之邵具論所出取書驗之一無舛誤自是大爲時人所許稱其博物

唐李守素爲文學館學士天策府倉曹參軍尤工譜學自晉已降四海士流及諸勳貴華戎閥閱莫不詳究當時號爲行譜嘗與虞世南共談人物言江左山東世南猶相酬對及言北地諸侯次第如流皆有援證世南但撫掌而歎不復能答歎曰行譜可畏許敬宗因謂世南曰李倉曹以善談人物乃得此名雖爲善事然非雅目公旣言成準的宜當有以改之世南曰昔任彥昇善談經籍梁代稱爲五經笥今日倉曹爲人物志可矣

李百藥字重規隋內史令安平公德林之子也七歲解屬文父友隋中書舍人陸乂馬元熙嘗造德林讌集有讀徐陵文者云旣取成周之禾將刈琅邪之稻並不知其事百藥時侍立進曰傳稱鄅人藉稻杜預注云鄅國在琅邪開陽乂等大驚異之

府七百八十　十三

虞世南爲秘書監時隴右山摧大蛇屢見山東及江淮多大水太宗以問世南對曰春秋時梁山崩晉侯召伯宗而問焉對曰國主山川故山摧川竭君爲之不舉降服乘縵徹樂出次祝幣以禮焉梁山晉所主也晉侯從之故得無害漢文帝元年齊楚地二十九山同日摧水出令郡國無來貢獻施惠於天下遠近歡洽亦不爲災後漢靈帝時青蛇見御坐晉惠帝時大蛇長三百步見齊地經市入廟案蛇宜在草野而入市朝所以可怪耳今蛇見山澤蓋深山大澤必有龍蛇亦不足怪也又山東足雨雖則其常然陰淫過久恐有冤獄宜省繫囚庶幾或當天意且妖不勝德唯脩德可以銷變太宗以爲然因遣使者賑恤飢餒申理獄訟多所原有後有星孛于虛危歷于氐百餘日乃滅太宗謂羣臣曰天見彗星是何妖也世南曰昔齊景公時有彗星見公問晏嬰對曰公穿池沼畏不深起臺榭畏不高行刑罰畏不重是以天見彗星爲公誡耳景公懼而脩德後十六日而星沒臣聞天時不如地利地利不如人和若德義不脩雖獲麟鳳終是無補但政事無闕雖有災星何損於時然願陛下勿以功高古人而自矜伐勿以太平漸久而自驕怠愼終如始彗星雖見未足爲憂

褚遂良爲諫議大夫貞觀十七年四月有雉雄雉集東宮顯德殿前太宗問羣臣曰頃來頻有雉集是何祥也遂良曰昔秦文公時有童子化爲雉雌者鳴於陳倉雄者鳴於南陽童子言曰得雄者王得雌者霸文公遂以爲寶鷄祠漢光武得雄遂起南陽而有四海陛下舊封秦王故雄雉見於秦地旣古來將爲祥瑞所以彰表明德太宗曰立身之道不可無學遂良所對深爲可重

府七百八十　十四

許敬宗爲侍中監修國史高宗因於古長安城遊覽問侍臣曰朕觀故城舊基宮室似與百姓雜居自秦漢已來幾代都此敬宗對曰秦都咸陽郭邑連跨渭水故云渭水貫都以象天河至漢惠帝始築此城其後苻堅姚萇後周並都之帝又問昆明池是漢武帝何年中開鑿敬宗對曰武帝遣使通西南夷而爲昆明滇池所閉欲伐昆明國故因鎬之舊澤以穿此池用習水戰元狩三年事也帝因令敬宗與弘文學士具檢秦漢已來歷代宮室處所以奏其年代麟德二年十一月封禪至濮陽竇德玄騎而從許敬宗在後帝問德玄曰濮陽爽塏信良邑也古謂之帝丘何也德玄不能對敬宗策馬而前曰臣能知之昔者帝顓頊實居此地以王天下其後夏后居之爲寒浞所滅后相方娠逃出自竇在此也其後昆吾氏因之而爲夏伯昆吾旣衰殷湯滅之商頌曰韋顧旣伐昆吾夏桀是也至春秋時衛成公自楚丘遷居之左傳稱相奪予享以帝丘奪其地故也旣是顓頊所居

故謂之帝丘爰在漢晉隸于東郡臣聞有德者啓其國土失道
則喪其封疆自古名都美邑居之者不一姓故有國有家不可
不慎也帝曰書稱浮于濟漯今之濟水與濟源斷絶不相屬何
故然也對曰禹貢道沇水東流為濟入于河今自濟源至溫
而入河是也其水自此潛流地下過河而南湲出為滎澤又復
潛流至曹濮之間散出平地漸合而東流自南注之即所謂浮
為滎東出于陶丘北又東會于汶是也古者五行皆有官守水
官不失其職能辯其味與色潛流復出合而更分皆能識之尚
書所載與今同矣帝曰天下衆流拒谷多不載於祀典濟水微
細而稱四瀆何也對曰臣案爾雅瀆者獨也言不因餘水獨能
赴海故也且天有五星運而為四時地有五嶽流而為四瀆人
有五事用而為四支五陽數也四陰數也有奇有耦有陰有陽
陽者光耀陰者晦昧故辰星隱伏而難見濟水潛流而屢絶狀
雖微細其實尊也上稱善敬宗退而告人曰大臣不可無學吾

府　七百八十　十五

向見德玄不能對心實羞之德玄聞之曰人各有能不能吾守
其拙不強其所不知吾所能也李勣曰德玄亦多能矣德玄之
言亦善也

梁張策少聰警好學父同仕唐官至容管經略使策居洛陽敦化
里第浚井得古鼎耳有篆字曰魏黃初元年春二月匠吉千且
又製作奇巧同甚寶之策時在父側徐言曰漢建安二十五年曹
公薨改年為延康是歲十月文帝受漢禪改號黃初則是黃初
元年無二月明矣鼎文何謬歟同大驚亟命啓書室取魏志展
讀不失所言宗族奇之

李鋌為諫議大夫宣徽副使從征至魏縣過內黃太祖顧曰此
何故名內黃鋌曰河南有外黃小黃故此有內黃又曰在何許
對曰秦有外黃都尉理外黃其故墉今在雍丘小黃為高齊所
廢其故墉今在陳留太祖稱歎數四

冊府元龜卷第七百八十

冊府元龜卷第七百八十一

總録部　三十一

節操

夫雲霾大摯知松柏之後凋風雨如晦識雞鳴之不已蓋士之立誠自守秉節無貳同夫介石至于没齒者其若是乎東周之後西漢而下乃有顧義遺利守職求舊居無苟合動不踰矩挺操而困屈處亂而匪汙深拒權倖絶覬覦之意趣非偶靡降心而與游寧任過分必投劾而引去鄙斥邪佞保全名節凜然之槩聳於前聞卓爾之行冠乎群萃非夫天爵內富性理冥合蹈道而經德秉彝而守正又曷能篤志終始確乎不拔者哉

鄭太子忽齊侯欲以文姜妻之忽辭人問其故太子曰人各有耦齊大非吾耦也詩云自求多福在我而已大國何爲君子曰善自爲謀及其敗戎師也齊侯又請妻之固辭人問其故大子曰無事於齊吾猶不敢今以君命奔齊之急而受室以歸是以師昏也民其謂我何遂辭諸鄭伯(假父之命以為辭)

高哀宋大夫為蕭封人以為卿(蕭宋邑哀為蕭封人後升為卿)不義宋公而出遂來奔魯(出而特來故曰遂)書曰宋子哀來奔貴之也(貴其不食汙君之祿辟禍遠也)

楚鍾儀泠人也晉侯觀于軍府見鍾儀問之曰南冠而縶者誰也(南冠楚冠縶拘執)有司對曰鄭人所獻楚囚也(鄭人獻鍾儀在十年)使稅之(稅解也)召而弔之再拜稽首問其族對曰泠人也(泠人樂官)公曰能樂乎對曰先父之職官也敢有二事(言不敢學他事)使與之琴操南音(南音楚聲)公曰君王何如對曰非小人之所得知也固問之對曰其為太子也師保奉之以朝于嬰齊而夕于側也(嬰齊令尹子重側司馬子反言其尊師敬賢)不知其他公語范文子文子曰楚囚君子也言稱先職不背本也樂操土風不忘舊也稱太子抑無私也(舍其近事而遠稱少以示性所自然而)名其二卿尊君也(尊晉君也)不背本仁也不忘舊信也無私忠也尊君敏也(敏達之)仁以接事信以守之忠以成之敏以行之事雖大必濟(言有此四德必能成大事)君盍歸之使合晉楚之成公從之重爲之禮使歸求成

閔損字子騫季氏使為費宰(費季氏邑季氏不臣而其宰數畔聞子騫賢故欲用之也)閔子騫曰善為我辭焉(不欲為季氏宰託使者善為我作辭說令不復召我)如有復我者(復我)則吾必在汶上矣(去之汶水上欲北如齊)

顏叔子獨處于室鄰之釐婦又獨處于室夜暴風雨至而室壞婦人趨而至顏叔子納之而使執燭放乎旦而蒸盡縮屋而繼之自以為辟嫌之不審矣(魯人有男子獨處于室鄰之釐婦又獨處于室夜暴風雨至而室壞婦人趨而託之男子閉戶而不納婦人自牖與之言曰子何為不納我乎男子曰吾聞之也男子不六十不閒居今子幼吾亦幼不可以納子婦人曰子何不若柳下惠然嫗不逮門之女國人不稱其亂男子曰柳下惠固可吾固不可吾將以吾不可學柳下惠之可)

漢朱建楚人嘗為淮南王黥布相為人辯有口刻廉剛直行不苟合義不取容辟陽侯行不正得幸呂太后欲知建建不肯見

趙禹為人廉倨(廉亦潔也倨傲也)爲吏以來舍無食客公卿相造請禹終不

行報謝務在絶知友賓客之請(以此意告報公卿)孤立行一意而已後為燕相免歸

嚴彭祖宣帝時為博士至河南東郡太守以高第入為左馮翊遷太子太傅廉直不事權貴或說曰天時不勝人事君以不修小禮曲意亡貴人左右之助經誼雖高不至宰相願少自勉強彭祖曰凡通經術固當修行先王之道何可委曲從俗苟求富貴乎

雋不疑為京兆尹大將軍光欲以女妻之不疑固辭不肯當

任安田仁俱為衛將軍舍人衛將軍從二人過平陽主主家令兩人與騎奴同席而食此二子拔刀列斷席別坐主家皆怪而惡之莫敢呵

蕭望之字長倩東海蘭陵人也好學治齊詩京師諸儒稱述焉是時大將軍霍光秉政長史丙吉薦儒生王仲翁與望之等數人皆召見先是左將軍上官桀與蓋主謀殺光光既誅桀等後出

入自備吏民當見者露索去刀兵兩吏挾持[索搜也露形體而搜也]望之
獨不肯聽自引出閤曰不願見吏牽持匈匈光聞之告吏勿持
望之既至前說光曰將軍以功德輔幼主將以流大化致於治
平[令太平之化通洽四方也]是以天下之士延頸企踵爭願自效以輔高明
今士見者皆先露索挾持恐非周公相成王躬吐握之禮致白
屋之意[周公攝政一沐三握髮一飯三吐哺以接天下之士白屋謂白蓋之屋以茅覆之賤人所居]於是光
獨不除用望之而仲翁等皆補大將軍史三歲間仲翁至光祿
大夫給事中望之以射策甲科為郎[射策者謂為難問疑義書之於策量其大小署為甲乙之科列而置之不使彰顯有欲射者隨其所取得而釋之以知優劣射之言投射也對策者顯問以政事經義令各對之而觀其文辭定高下也]署小苑東門候[署補署也門候主候時而開閉也]仲翁出入從倉頭
廬兒[皆官府之給使役者留在廬為傳]下車趨門傳呼甚寵[趨疾也下車而趨門傳聲而呼侍從言甚有尊寵也]顧謂望之曰不肯錄錄反抱關為[之錄錄謂循常也言不能隨衆錄錄則抱關以是俸祿改不得大官而守門也]望之曰各從其志後位至前將軍
後漢孔休自哀帝時為新都令後王莽秉權休去官歸家及莽
篡位遣使齎玄纁束帛請為國師遂歐血託病杜門自絕光武
即位求子孫賜穀以旌顯之
桓譚字君山哀帝時董賢為大司馬聞譚名欲與之交譚先奏
書於賢說以輔國保身之術賢不能用遂不與通後為六安丞
薛方為郡掾祭酒嘗徵不至及王莽以安車迎方方因使者辭
謝曰堯舜在上下有巢由今明主方隆唐虞之德小臣欲守箕
山之節也使者以聞莽說其言不強致
譙玄為繡衣使者持節分行天下未及終而王莽居攝玄於是
縱使者車[縱放也]變易姓名閒竄歸家因以隱遁
卓茂為京部丞及王莽居攝以病免歸與同縣孔休陳留蔡勳
安衆劉宣楚國龔勝上黨鮑宣六人同志不仕莽世並名重當時
蔡勳字君嚴邕六世祖也好黃老平帝時為郿令王莽初授以
厭戎連率[王莽改隴西郡曰厭戎郡守曰連率]勳對印綬仰天歎曰吾策名漢室
死歸其正昔曾子不受季孫之賜況可事二姓哉遂攜將家屬

逃入深山與龔宣卓茂等同不仕新室
宣秉字巨公少修高節顯名三輔哀平之際見王氏據權專政
侵削宗室有逆亂萌遂隱遁深山州郡連召常稱疾不仕王莽
為宰衡辟命不應及莽篡位又遣使者徵之秉固稱疾病光武
初始為大司徒司直
杜林字伯山初為郡吏王莽敗盜賊起與弟成俱客河西隗囂
素聞林志節深相敬待以為持書平後因疾告去辭還祿食囂
復欲令還起遂稱疾篤囂意雖相望且欲優容之[望怨也東觀記曰林寄囂地終不降志辱身營為常事不食其粟]乃出令曰杜伯山天子所不能臣諸侯所
不能友蓋伯夷叔齊恥食周粟今且從師友之位須道開通使
順所志林雖拘於囂而終不屈節後位至大司空
崔篆王莽時為建新大尹不得已單車到官稱疾遂去建武初
朝廷多薦言之者幽州刺史又舉篆賢良篆自以宗門受莽僞
寵慚愧漢朝遂辭歸不仕
蔡茂哀平間遷侍中遇王莽居攝以病自免不仕莽朝會天下
擾亂茂素與竇融善因避難歸之融欲以為張掖太守固辭不
就每所餉給計口取足而已
胡剛清高有志節大司徒馬宮辟之值王莽居攝解其衣冠縣
府門而去遂亡命交阯隱於屠肆之間後莽敗乃歸鄉里
郅惲王莽時左隊大夫逯普[逯音錄姓]署為吏惲不謁曰昔文王拔
呂尚於渭濱高宗禮傳說於巖築桓公取管仲於射鉤故能立
弘烈就元勳未聞師相仲父而可為吏位也非闚天者不可為
圖遠君不授驥以重任驥亦俛首裹足而去耳遂不受署積弩
將軍傅俊東徇揚州禮請惲為將兵長史授以軍政所向皆下
後還京師而上論之惲恥以軍功取位遂辭歸鄉里
杜安年十三入太學洛陽令周紆自往候安安謝不見京師貴
戚慕其行或遺之書安不發悉壁藏之及後捕案貴戚賓客安
開壁出書印封如故

高詡世傳魯詩以信行清操知名王莽篡位父子稱盲逃不仕莽世

[illegible]寶王莽時與兩龔〔龔勝字君賓龔舍字君倩〕蔣詡俱遂遁逃不知所處〔蔣詡字元卿亦以高節著名〕光武高其節建武中公車特徵老病不到卒於家

王霸少有清節初王莽篡位棄冠帶絕交宦

樂恢爲騎都尉性廉直介立行不合己者雖貴不與交初信陽侯陰就數致禮請恢恢絕不答

朱暉字文季爲尚書令性矜嚴進止必以禮永平初明帝舅信陽侯陰就慕暉賢自往候之暉避不見復遣家丞致禮暉遂閉門不受就聞歎曰志士也勿奪其節

鄭興更始時爲涼州刺史會天水有反者攻殺郡守興坐免時赤眉入關東道不通興乃西歸隗囂囂虛心禮請而興恥爲之屈稱疾不起及囂遣子恂入侍將行興因恂求歸葬父母囂不聽

而徙興舍益其秩禮興入見囂曰前遭赤眉之亂以將軍僚舊故敢歸身明德幸蒙覆載之恩復得全其性命興聞事親之道生事之以禮死葬之以禮奉以周旋弗敢失墜今爲父母未葬請乞骸骨若以增秩徙舍中更停留是以親爲餌無禮甚矣將軍焉用之囂曰囂將不足留故邪興曰將軍據七郡之地擁羌胡之衆以戴本朝德莫厚焉威莫重焉居則爲專命之使入必爲鼎足之臣興從俗者也不敢深居屏處因將軍求進不患不達因將軍求入何患不親此興之計不逆將軍者也興業爲父母請不可以已願留妻子獨歸葬將軍又何猜焉囂曰幸甚促爲辦裝遂令與妻子俱東

任延後爲河內太守少學於長安號爲聖童值倉卒避兵之隴西時隗囂已據四郡遣使請延延不應

任永字君業犍爲人與同郡馮信並好學博古公孫述連徵命待以高位皆託青盲以避世難

王丹資性方潔疾惡強豪河南太守同郡陳遵關西之大俠也自以知名欲結交於丹丹拒而不許後徵爲太子少傅時大司徒侯霸欲與交友及丹被徵遣子昱候於道昱迎拜車下丹下答之昱曰家公欲與君結交何爲見拜丹曰君房〔侯霸字也〕有是言丹未之許也丹後爲太子太傅

竇章家於外黃居貧蓬户蔬食躬勤孝養然講讀不輟太僕鄧康〔鄧珍之子騭之孫〕聞其名請欲與交章不肯往康以此益重焉

趙岐少明經有才藝娶扶風馬敦女宗姜敦兄子融外戚豪家岐常鄙之不與融相見融嘗至岐家多從賓與從妹宴飲作樂日夕乃出過問趙處士所在岐亦厲節不以妹婿之故屈志於融也與其友書曰馬季長雖有名當世而不持士節三輔高士未曾以衣裾襒其門也岐嘗讀周官二義不通一往造之賤融如此後官至太常

張升少好學多閱覽而任情不羈其意相合者則傾身交結不

問窮賤如乘其志好者雖王公大人終不屈從常歎曰死生有命富貴在天其有知我雖胡越可親苟不相識從物何益後爲內黃令

成翊世不應三公辟先是順帝廢爲濟陰王翊世上書訟之安帝不從及濟陰立爲順帝司空張皓以翊世前訟太子之廢薦爲議郎翊世自以其功不顯恥於受位自劾歸

蔡衍爲議郎符節令梁冀聞衍賢請欲相見衍辭疾不往冀恨之

橋玄補洛陽左尉梁不疑爲河南尹玄以公事當詣府受對恥爲所辱棄官還鄉里

蔡邕陳留圉人妙操音律中常侍徐璜左悺等五侯擅恣聞邕善鼓琴遂白天子勑陳留太守督促發遣邕不得已行到偃師稱疾而歸後爲左中郎將

楊康遷平原令時國相徐曾中常侍璜之兄也康恥與接事託疾收家〔[illegible]〕

夏馥少爲書生言行質直同縣高氏蔡氏並皆富殖郡人畏而事之唯馥比門不與交通由是爲豪姓所仇後入林慮山中而卒

張儉山陽高平人初舉茂才以刺史非其人謝病不起後爲衛尉

鄭玄字康成北海高密人家貧客居東萊及黨事起被禁錮遂隱修經業杜門不出靈帝末黨禁解大將軍何進聞而辟之州郡以進權戚不敢違意遂迫脅玄不得已而詣之進爲設几杖禮待甚優玄不受朝服而以幅巾見一宿逃去後公車徵爲大司農以病自乞還家

許劭字子將汝南平輿人從祖敬敬子訓訓子相並爲三公相以諂事宦官自致台司數遣請劭劭惡其薄行終不候之後司空楊彪辟舉方正敦樸皆不就

魏張範字公儀河內脩武人初太傅袁隗欲以女妻範範辭不受性恬靜樂道忽於榮利徵命無所就範與弟承避地揚州袁術備禮招請範稱疾不往術不彊屈遣承與相見後太祖表爲諫議大夫

袁渙與陳羣父子皆在呂布軍中布破羣父子見太祖皆拜渙獨高揖不爲禮太祖甚嚴憚之時太祖又給衆官車各數乘使取布軍中物唯其所欲衆人皆重載唯渙取書數百卷資糧而已衆人聞之大慙渙謂所親曰脫我以行陳令軍發足以爲行糧而已不以此爲我有由是厲名也大悔恨之太祖益以此重焉後至郎中令行御史大夫

何夔陳郡陽夏人初避亂淮南後袁術至壽春辟之夔不應然遂爲術所留久之術與橋蕤俱攻圍蘄陽蘄陽爲魏太祖固守術以夔彼郡人欲脅令說蘄陽夔謂術謀臣李業曰昔柳下惠聞伐國之謀而有憂色曰吾聞伐國不問仁人斯言何爲至於我哉遂遁匿灊山術知夔終不爲己用乃止術從兄山陽太守

遺母夔從姑也是以雖恨夔而不加害及夔將還鄉里度術必急追乃閒行得免後位至太僕

王烈管寧邴原同避亂至遼東烈於時名聞在原寧之右辭公孫度長史商賈自穢太祖命爲丞相掾未至而卒

崔琰字季珪袁紹以爲騎都尉紹卒二子交爭爭欲得琰琰辭疾固辭由是獲罪幽於囹圄賴陰夔陳琳營救得免官至中尉

王朗爲會稽太守爲孫策所執譴讓之使張昭私問朗朗誓不屈策忿而不敢害也留置曲阿建安三年太祖表徵朗策遣之

桓階字伯緒劉表辟爲從事祭酒欲妻以妻妹蔡氏階自陳已結婚拒而不受因辭疾告退

李敏爲河內太守去官還鄉里遼東太守公孫度欲強用之敏乘輕舟浮滄海莫知所終

杜襲字子緒漢末避亂荊州劉表待以賓禮同郡繁欽數見奇於表襲喻之曰吾所以與子俱來者徒欲龍蟠幽藪待時鳳翔豈謂劉牧當爲撥亂之主而規長者委身哉子若見能不已非吾徒也吾其與子絕矣欽慨然曰請敬受命襲遂南適長沙官至太中大夫

陳矯字季弼廣陵東陽人也避亂江東及東城辭孫策袁術之命還本郡後位至司徒

吳陳化妻早亡化以古事爲鑒乃不復娶大帝聞而貴之以其年壯勑宗正妻以宗室女化固辭以疾帝不違其志

虞翻會稽餘姚人曹公爲司空辟翻翻曰盜跖欲以餘財汙良家邪遂拒不受後歸吳爲騎都尉

晉石偉字公操吳人也少好學修節不怠介然獨立有不可奪之志吳平後武帝太康二年詔曰吳故光祿大夫石偉秉志清白皓首不渝雖處危亂廉節可紀年已過邁不堪遠涉其以偉爲議郎加二千石秩以終厥世偉遂陽狂及盲不受晉爵年八十三太熙元年卒

諸葛靚父誕為司空為文帝所誅靚奔吳為大司馬吳平逃竄
不出武帝與靚有舊靚姊又為琅邪王妃帝知靚在姊間因就
見焉靚逃于廁帝又逼見之謂曰不謂今日復得相見靚流涕
曰不能漆身皮面復覩聖顏詔以為侍中固辭不拜歸于鄉里
終身不向朝廷而生

王裒父儀為司馬文王所殺裒與濟南劉兆俱以不仕顯名裒
以父為文王所濫殺終身不應徵聘未嘗西向坐以示不臣於
晉世

王衍字夷甫楊駿欲以女妻焉衍恥之遂陽狂自免後位至太尉
昇中為有尚郎掾家貧藜藿不充人不堪其憂而忠不改其樂裴頠
然歎其賢言之於司空張華華辟之辭疾不起人問其故忠曰
吾豈以簪纓賤士本無宦情且茂先張華字華而不實裴頠欲而無厭
棄典禮而附賊后若此豈大丈夫之所宜行邪裴常有心託我
恐洪濤蕩嶽餘波見漂況可臨尾閭而闚沃焦哉

解系字少連武帝時荀勗門宗彊盛朝野畏憚之勗諸子謂系
等曰我與卿為友應向我公拜勗又曰我與尊先使君親厚系
曰不奉先君遺教公若與先君厚往日哀頓當書問親厚之誨
非所敢承勗父子大慚當世壯之官至雍州刺史揚烈將軍
郗鑒為中書侍郎東海王越辟為主簿舉賢良不行征東大將
軍苟晞檄為從事中郎晞與越方以力爭鑒不應其召從兄旭
晞之別駕恐禍及己勸之赴召鑒終不迴晞亦不之逼也及京
師不守寇難鋒起鑒遂陷於陳午賊中邑人張寔先求交於鑒
不許至是寔於午營來省鑒疾既而卿鑒鑒謂寔曰相與邦壤
義不及通何可怙亂至此邪寔大慚而退午以鑒有名於世將
逼為主鑒逃而獲免午尋潰散鑒得歸鄉里趙王倫辟為掾知
倫有不臣之跡稱疾去職及倫篡其黨皆至大官而鑒閉門自
守不染逆節
賀循山陰人在郡遇陳敏之亂詐稱詔書以循為丹陽內史循
辭以脚疾手不制筆又服寒食散露髮袒身示不可用敏竟不
敢逼是時州內豪傑皆見維縶或有老疾就加秩命惟循與吳
郡朱誕不豫其事及敏破征東將軍周馥上循領會稽相辭以
吳國內史公車徵賢良皆不就

虞望以有節操元帝為丞相招延四方之士多辟府掾時人謂
之百六掾望亦被召辭而不應
陸玩為元帝丞相參軍時王導初至江左思結人情請婚於玩
玩對曰培塿無松柏薰蕕不同器玩雖不才義不能為亂倫之
始導乃止後位至侍中司空
庾袞字叔褒諸父並貴盛惟袞父獨守貧約袞躬親稼穡以給
供養而執事勤恪與弟子樹籬跪以授條或曰今在隱屏先生
何恭過袞曰幽顯易操非君子之志也舉孝廉郡功曹皆不屈
王濛為司徒左西屬濛以此職有譴則應受杖固辭詔為侍郎
猶不就徙中書郎

顏含為光祿勳桓溫求婚於含含以其盛滿不許惟與鄧攸
深交
王述子坦之為桓溫長史溫欲為子求婚於坦之及還家省父
而述愛坦之雖長大猶抱置膝上坦之因言溫意述大怒遽排
下曰汝竟癡邪詎可畏溫面而以女妻兵也坦之乃辭以他故
溫曰此尊君不肯耳遂止官至衛將軍散騎常侍尚書令
王獻之為謝安衛將軍長史孝武太元中新起太極殿安欲使
獻之題榜以為萬代寶而難言之試謂曰魏時陵雲殿榜未題
而匠者誤釘之不可下乃使韋仲將懸橙書之比訖鬚鬢盡白
裁餘氣息還語子弟宜絕此法獻之揣知其旨正色曰仲將魏
之大臣寧有此事使其若此有以知魏德之不長安遂不之逼
江績字仲元有志氣除秘書郎以父與謝氏不穆故謝安之世
辟召無所從論者多之安薨始為會稽王道子驃騎主簿
孫潛為豫章太守殷仲堪之討王國寶也潛時在郡仲堪逼以

為諮議參軍固辭不就
王敬弘少有清尚起家本國左常侍衛軍參軍性恬靜樂山水
為天門太守其妻桓玄姊也敬弘之郡玄時為荆州遣信要令
過敬弘至江陵謂人曰靈寶玄小字見要正當欲與其姊集聚耳
我不能為桓氏贅壻乃遣别船送妻往江陵妻在桓氏彌年
不迎
謝方明少有志節桓玄剋京邑丹陽尹卞範之勢傾朝野欲以
女嫁方明使尚書吏部郎王騰譬說備至方明終不回桓玄聞
而賞之方明後為會稽太守
龍頗為益州刺史毛璩從事璩為譙縱所殺頗獨不屈節縱既
僭號備禮徵之不至乃收頗付獄脅以兵刃執志彌堅終無迴
顧至于蜀平遂不屈即
汜騰字無忌敦煌人舉孝廉除郎中屬天下兵亂去官還家太
守張閟造之閉門不見禮遺一無所受歎曰生於亂世貴而能
貧乃可以免散家財五十萬以施宗族柴門灌園琴書自適張
軌徵之為府司馬騰曰門一杜其可開乎固辭病月餘而卒
崔遊年七十餘教學不倦劉元海僭位命為御史大夫固辭不
就卒於家
楊軻學業精微養徒數百劉曜僭號徵拜太常軻固辭不起曜
亦敬而不逼遂隱于隴山
桑虞諸兄仕於石勒之世咸登顯位惟虞恥臣非類陰欲避地
海東會丁母憂遂止哀毀骨立廬於墓側五年後石勒以為武
城令虞以密邇黃河去海微近將申前志欣然就職石季龍太
寧劉徵甚器重之徵遷青州刺史請虞為長史帶祝阿郡徵遇
害還鄉令虞領行州府屬季龍死國中大亂朝廷以虞名父之
子必能立功海岱潛遣東莞人華挺授虞寧朔將軍青州刺史
虞曰功名非吾志也乃附使者啓讓刺史靖居海右不交境外
非歷偽朝而不豫亂世以此高之

高瞻遼東夷校尉崔毖伐慕容廆于棘城毖大敗瞻隨衆降于
廆廆署為將軍瞻稱疾不起廆敬其姿器數臨候之撫其心曰
君之疾在此不在餘也今天子播越四海分離蒼生紛擾莫知
所係孤思與諸君興復帝室翦鯨豕于二京迎天子於吳會廓
清八表侔勳古烈此孤之心也孤之願也君中州大族冠冕之
餘宜痛心疾首枕戈待旦奈何以華夷之異有懷介然且大禹
出于西羌文王生于東夷但問志略何如耳豈以殊俗不可降
心乎瞻仍辭疾篤廆深不平之瞻又與宋該有隙該陰勸廆除
之瞻聞其言彌不自安遂以憂死
吳喬車騎將軍壹之孫沒李雄中三十年不為雄屈也
譙秀字元彥巴西人祖周以儒學著稱顯名蜀朝秀少而靜默
不交於世知天下將亂預絕人事雖內外宗親不與相見郡察
孝廉州舉秀才皆不就及李雄據蜀略有巴西雄叔父驤驤子
壽皆慕秀名具束帛安車徵之皆不應常冠皮弁弊衣躬耕山
藪龔壯常歎服焉
嵇紹為侍中齊王冏秉政紹嘗詣冏咨事遇冏讌會召董艾葛
旟等共論時政艾言於冏曰嵇侍中善於絲竹公可令操之左
右進琴紹推不受冏曰今日為歡卿何吝此邪紹對曰公興復
社稷當軌物作則垂之於後紹雖虛鄙忝備常伯腰紱冠冕鳴
玉殿省豈可操執絲竹以為伶人之事若釋公服從私宴所不
敢辭也冏大慙艾等不自得而退
戴逵字安道常以琴書自娛太宰武陵王晞聞其善鼓琴使人
召之逵對使者破琴曰戴安道不為王門伶人晞怒乃更引其
兄述述聞命欣然擁琴而往以國子祭酒散騎常侍徵皆不至
後蜀龔壯巴西人父叔為李特所害壯說李壽討特孫期以報
讎事剋之壯謂百行之本莫大忠孝既假壽殺期私讎以雪又
欲使其歸朝以明臣節壽既不從壯遂稱聾又云手不制物終
身不復至城都惟研考經典譚思文章至李勢時卒

前凉辛理美姿貌張駿欲奪其妻以寡姊妻之理劓鼻自誓

宋庾炳之字仲文初爲太書太子舍人劉粹征北長史廣平太守兄登之爲謝晦長史炳之往省之時晦位高權重朝士莫不加敬炳之獨與抗禮時論健之

顔延之妹適東莞劉憲之穆之子也穆之既與延之通家又聞其美將仕之先欲相見延之終不往也延之位至金紫光禄大夫領相東王師

王景文美風姿好言理太祖甚相欽重故爲明帝娶景文妹高祖第五女新安公主先適太原王景深離絶當以適景文景文固辭以疾故不成婚景文後爲領中書令常侍僕射楊州刺史

顧覬之爲吴郡太守幸臣戴法興權傾人主而覬之未嘗降意左光禄大夫蔡興宗與覬之善嫌其風節過峻覬之曰辛毗有云不事孫劉不過使吾不爲三公耳及世祖晏駕法興遂以覬之爲光禄大夫加金章紫綬

杜慧度交州刺史瑗之第五子爲九眞太守瑗卒府州綱佐以交土接寇不宜曠職共推慧度行州府事辭不就

垣閎字叔通齊高帝輔政使褚彦回爲子子晃求閎女閎辭以齊犬非偶帝雖嘉其退讓而心不能勸即以晃婚王伷女謂豫章王嶷曰前欲以白象與垣公婚者重其東濟事雖不遂心常依然白象晃小字也及高帝即位有誠心封爵如故卒於金紫光禄大夫謚曰定

袁淑從母兄劉湛欲其附巳而淑不爲改意由是大相乖失淑乃賦詩曰種蘭忌當門懷璧莫向楚楚少别玉人門非植蘭所尋以久疾免官

蔡廓爲吏部尚書廓因北地傅隆問傅亮選事若悉以見付不論不然不能拜也亮以語録尚書徐羨之曰黄門郎巳下悉以委蔡吾徒不復厝懷自此以上故宜共參同異廓曰我不能爲徐干木署紙尾也遂不拜干木羨之小字也選案黄紙録尚書與吏部尚書連名故廓云署紙尾也羨之亦以廓正直不欲使居權要徙爲祠部尚書

南齊褚賁淵之長子歷侍中淵薨服闋見世祖賁流涕不自勝帝甚嘉之以爲左民尚書不拜表稱疾讓封與弟蓁世以爲賁恨淵失節於宋室故不復仕

褚炤彦回之從父弟也少有高節王儉嘗稱于湛保傅爲成安郡還以一目眇召爲國子祭酒不拜常非彦回身事二代彦回子賁往問訊炤炤問曰司空今日何在賁曰奉璽紱在齊大司馬門炤正色曰不知汝家司空將一家物與一家亦復何謂彦回拜司徒賓客滿坐炤歎曰彦回少立名行何意披猖至此門户不幸乃復有今日之拜使彦回作中書郎而死不當是一名士耶名德不昌遂有期頤之壽彦回性好戲以軺車給之炤大怒曰著此辱門户邪可令人見索火燒之馭人奔車乃免

崔慰祖少與江祀款及祀貴常來候之而慰祖不往爲始安王

遥光記室王好碁數召慰祖對戲慰祖輒辭拙筍非所堪不見也建武中帝欲試以百里慰祖不就

王秀之爲太子舍人吏部尚書褚淵見秀之正潔欲與結婚秀之不肯以此頻轉爲兩府外兵參軍

王僧祐大尉儉從祖兄也竟陵王子良聞僧祐善彈琴於坐取琴進之不肯從命卒於黄門郎

劉悛婦弟王法顯同宋桂陽王作亂悛遂啓與婦别居終身不復見之悛以五兵尚書授散騎常侍領驍騎將軍卒

梁江蒨爲吏部郎僕射徐勉權重自遇蒨與抗禮勉因蒨門客翟景爲第七兒谿求蒨女婚蒨不荅景再言之乃杖景四十由此與勉有忤除散騎常侍不拜

裴子野遭父憂居喪盡禮天監初尚書僕射范雲嘉其志行將表奏之會雲卒不果樂安任昉有盛名爲後進所慕遊其門者昉必相薦達子野於昉爲從中表獨不至昉亦恨焉子野爲鴻

臚卿領步兵校尉知著作郎兼中書舍人卒

阮孝緒鄱陽忠烈王妃孝緒之姊王嘗命駕欲就之遊孝緒鑿垣而走卒不肯見天監十二年博昭鴈之徵不到

臧嚴性孤介於人門未嘗造請僕射徐勉欲識之嚴終不詣卒於鎮南諮議參軍

江子一直華林省其姑夫右衛將軍朱异權要當朝休下之日賓客輻湊子一未嘗造門其高潔如此子一少好學有志操以家貧闕養因蔬食終身終於南津校尉

王承性簡貴有風格時右衛朱异當朝用事每休下車馬填門時有魏郡申英好危言高論以忤權右常指异門曰此中輻輳皆以利往能不至者唯有大小王東陽耳小東陽即承弟穉也當時唯承兄弟及褚翔不至异門世以此稱之嘗任國子祭酒出爲東陽太守卒

吉翂字彥霄其父爲人所誣罪當大辟翂求代父死高祖乃宥

其父丹陽尹王志求欲於歲首舉充純孝之選翂曰異哉王尹何量翂之薄乎夫父辱子死斯道固然若翂有靦面目當其此舉則是因父買名一何甚辱拒之而止後湘州刺史柳忱召爲主簿

陳王元規父瑋梁武陵王府中記室參軍元規八歲而孤兄弟三人隨母依舅氏往臨海郡時年十二郡豪劉瑱者資財巨萬以女妻之元規母以其兄弟幼弱欲結強援元規泣請曰姻不失親古人所重豈得苟安異壤輒婚非類母感其言而止

虞寄爲梁岳陽王中記室侯景之亂寄隨兄荔入臺除鎮南湘東王諮議參軍加貞威將軍京城陷遁還鄉里及張彪往臨川強寄俱行寄以彪將鄭瑋同舟而載瑋嘗忤彪意乃劫寄奔于晉安時陳寶應據有閩中得寄甚喜高祖平侯景寄勸令自結寶應從之乃遣使歸誠承聖元年除和戎將軍中書侍郎寶應愛其才託以道阻不遣每欲引寄爲僚屬委以文翰寄固辭獲免及寶應結婚留異潛有逆謀寄微知其意言說之際每陳逆順之理微以諷諫寶應輒引說他事以拒之又嘗令左右誦漢書卧而聽之至蒯通說韓信曰相君之背貴不可言寶應蹶起曰可謂智士寄正色曰覆酈驕韓未足稱智豈若班彪王命識所歸乎寄知寶應不可諫慮禍及已乃爲居士服以拒絕之常居東山寺僞稱脚疾不起寶應以爲假託使燒寄所卧屋寄安卧不動親近將扶寄出寄曰吾命有懸避欲安往所縱火者旋自救之寶應自此方信及寶應既擒凡諸賓客微有交涉者皆伏誅唯寄以先識免禍

後魏穆紹宣武時爲侍中性方重罕接賓客元乂當權曾候紹紹迎送下階而已後除車騎大將軍固辭不拜又除侍中託疾不起莊帝立尒朱榮遣人徵之紹以爲必死哭辭家廟及往見榮於印山捧手不拜榮亦矯意禮之顧謂人曰穆紹不虛大家兒

賈景興清峻鯁正少爲州主簿遂棲遲不仕後葛榮陷冀州爲

榮所虜稱疾不拜景興每捫膝而言曰吾不負汝以不拜葛榮故也

裴美字師伯少有美名舉秀才州主簿太尉咸陽王禧相賞愛欲以女妻之美拒而不納

盧義僖爲太中大夫散秩多年澹然自得李神儁勸其干謁當途義僖曰學先王之道貴行先王之志何能求富貴也後遷散騎常侍時靈太后臨朝黃門侍郎李神軌勢傾朝野求結婚姻謂義僖曰昔人不以一女易男御豈易之也義僖曰所以不從正爲此耳從之恐禍大而速乃堅握義僖之手曰我聞有命不敢以告人遂適他族臨婚之夕靈太后遣中常侍服景就家勑停內外惶怖義僖夷然自若

游肇爲黃門侍郎時尚書令高肇宣武之舅爲百僚懾憚以肇名與已同欲令改易肇以孝文所賜秉志不許高肇甚銜之宣武嘉其剛梗

崔挺爲光州刺史景明初自代歸闕散騎常侍趙脩得幸宣武挺雖同州壤未甞詣門北海王詳爲司徒録尚書事以挺爲司馬於後詳攝選衆人競稱考第以求遷叙挺獨無言詳曰崔光州考級並未加授宜投一牒當爲申請蘧伯玉恥獨爲君子亦何故默然挺對曰階級是聖朝大例考課亦國之常典下官雖慙古賢不伐之美至於自衒求進竊以羞之詳大相稱歎自爲司馬詳未曾呼名常稱州號以示優禮

楊津爲符璽郎津以身在禁密不外交遊司徒馮誕與津少結交遊而津見其貴寵每常退避及相招命多辭疾不往誕以爲恨而津逾遠焉人或謂之曰司徒君之少舊宜蒙進達何遽自外也津曰爲勢家所厚復何容易但全吾今日亦以足矣

崔光韶河東武城人爲廷尉御永安末還鄉里刺史元弼前妻是光韶之繼室兄女而弼貪惏多諸不法光韶以親情亟相非責弼銜之時耿翔反於州界弼誣光韶子通與賊連結囚其合家考掠非理而韶與之辯爭辭不屈會樊子鵠爲東道大使知其見枉理出之時人勸令詣樊陳謝光韶曰羊舌大夫巳有成事何勞往也子鵠亦歎尚之

皇甫徵字子玄安定朝那人仕梁歷諸王參軍郡守及夏侯道遷入國徵亦因地内屬徵妻即道遷之兄女道遷列上勳書欲以徵爲元謀徵曰刱謀之始本不關豫雖貪榮賞實内愧於心遂拒而不許

裴粲爲洪農太守免官時僕射高肇以外戚之貴勢傾一時朝士見者咸望塵拜謁粲候肇唯長揖而巳及還家人尤責之粲曰何可自同凡俗也

北齊楊愔孝昌中父津爲定州刺史隨父之職及中山爲杜洛周陷全家被囚縶未幾洛周滅又没葛榮榮欲以女妻之又逼以僞職愔乃託疾密含牛血數合於衆中吐之仍佯喑不語榮以爲信然乃止

裴讓之少有儒學司空高乾致書曰相屈爲戶曹參軍讓之復書不受署

元景皓魏陳留王社之子社卒景皓嗣天保時諸元帝室親近者多被誅戮疏宗如元景安之徒議欲請姓高氏景皓云豈得棄本宗逐他姓大丈夫寧可玉碎不能瓦全景安遂以此言白文宣乃收景皓誅之家屬徙彭城由是景安獨賜姓高氏自外聽從本姓

司馬膺之性方古不會俗舊與楊愔同爲黄門郎至愔爲尚書令抗禮如初愔甞有從姊喪尚書郎尹皆跪而膺之執手而出曾路逢愔威儀導引乃於樹下側避之愔於車望見令呼謂曰兄何意避弟膺之曰我自避赤棒本不避卿愔甚重之然以其疎簡慠物竟天保間淪滯不齒

房豹以齊滅還鄉園自養頻徵辭疾終於家

後周崔謙爲京畿司馬族弟暹當時寵要謙與之舊僚同門非吉凶未甞造請以雅道自居

韋夐高尚不仕時兄孝寬爲延州總管夐至州與孝寬相見將還孝寬以所乘馬及轡勒與夐夐以其華飾心弗欲之笑謂孝寬曰昔人不棄遺簪墜屨者惡與之同出不與同歸吾之操行雖不逮前烈然捨舊録新亦非吾志也於是乃乘舊馬以歸

裴俠累遷河北郡守躬履儉素清慎奉公從弟伯鳳世彦時並爲丞相府佐笑俠曰人生仕進須身名並裕清苦若此竟欲何爲俠曰夫清者莅職之本儉者持身之基況我大宗世濟其美故能存見稱於朝庭沒流芳於典策今吾幸以凡庸濫蒙殊遇固其窮困非慕名也志在自修懼辱先也翻被嗤笑知復何言伯鳳等慙而退

隋李孝貞爲給事中于時黄門侍郎高熲親要用事求婚於孝貞孝貞拒之

辛德源仕周爲宣納上士因取急詣相州會尉迥作亂以爲中

郎德源辭不獲免遂去

蔡允恭大業中爲起居舍人與虞世南同爲學士煬帝遣教宮人允恭性貞介每以爲辱因稱氣疾不時應命於後稍被疎絶

唐陸德明初王充僭號署散騎常侍漢王師將行束脩之禮德明服巴豆散卧東壁下王充之子入跪牀前德明對之遺利竟不與語遂移病於成臯杜絶人事後歸國爲國子博士

李懷遠字廣德趙郡栢人人也早孤貧好學善文有宗人欲以高蔭相假者懷遠退而歎曰因人之勢高士不爲假蔭求官豈吾本志未幾應四科舉擢第位至兵部尚書同中書門下三品

李勉初爲太常少卿肅宗將大用會李輔國寵任意欲勉降禮於已勉不爲之屈竟爲所抑出汾州虢州刺史

蕭復代宗時爲太子僕嘗遇歲不稔家貧糴貴復家累百口無以自給將鬻昭列別業時宰相王縉聞其林泉之美心欲之乃使弟紘誘焉紘曰足下之才固宜居右職姑以別業奉吾兄吾

兄當以要地處足下矣復對曰僕之鬻舊業以拯孀孤儻以美職售之姑姊弟姪受凍餧非鄙夫之願也縉既憾之受代廢者數年復勅之自若

崔縱爲金部員外孝悌修飾自以父爲元載所排退居十餘年左右外府訖載得罪不求聞達

杜黃裳爲太常卿時順宗即位王叔文之竊權黃裳終不造其門

李藩貞元中爲秘書郎王紹持權邀藩一相見紹終不就王仲舒韋成季呂洞輩爲郎官朋黨輝赫日會聚歌酒慕藩名強致同會藩不得已一至仲舒輩好爲詭語俳戲後召藩堅不去曰吾與仲舒輩終日不曉所與言何也後數人果敗

元止爲河南逮師崔光遠從事爲史思明陷河洛止與弟同侍親潛伏林藪兇黨誘以高位不出遇害

崔沆爲滄景從事節度使程執恭嘗欲娶其妹不可遂棄職歸洛中執恭銜之遣賊就殺不克

韋貫之爲長安丞德宗末年京兆尹李實權移宰相言其可否必數日而詔行人有以貫之之名薦於實者答曰是其人居與吾同里亟聞賢但吾得識其面而進於上舉笏示謚者曰實已記其名氏矣說者喜驟以其說告於貫之且曰子今日詣實而明日受賀矣貫之唯唯數歲終不往

李渤祖玄珪官至衛尉寺主簿父鈞官至殿中侍御史以母喪不舉流于施州渤少時恥其家汚堅苦不仕勵志於文學隱嵩山之下讀書爲文以自課

宇文籍爲監察御史坐王承系貶江陵戶曹至任節度使辟議署置之賓從文籍曰以君命黜當以君命升假榮偷奬非所願也

後唐李敬義德裕之孫居於平泉昭宗之都洛也徵爲司勳郎中特爲河南尹張全義所知給遺頗厚俄而朱溫篡盜誓心不

事僞室及溫徵命拒而不應依居衛州

晉吏部郎中李專美少篤學爲文以父樞唐昭宗時嘗應進士舉爲覆試所落不許再入專美心愧之由是不遊文場

冊府元龜卷第七百八十一

冊府元龜卷第七百八十二

總録部　三十

榮遇

易曰崇高莫大於富貴詩曰為龍為光蓋士之趨世者或道合時主或功濟王業然後享豐禄躋高位澤及于宗黨寵被于閭壹變越臺呂垂為美談者斯有之矣若乃出於困窮奮自里閈終以貴盛伸其志節以至明運亨會勢望重灼明詔敦獎褒美畢集或榮服歸于故郡或榮養及於庭闈或展墓以遂永懷或即家而為公府乃父子兄弟任於劇職宗戚送塟於要生以崇盛而歸爵因請老而還使者中外更遞便蕃增秩持書異其恩禮舉將老吏故舊斯皆命奇契福禄來同致光景之振耀勝人倫之欽羨非夫保持謙沖之訓詳處盈之道又焉能克終而享福哉

蘇秦雒陽人出游數歲大困而歸兄弟嫂妹妻妾皆笑之及為從約長并相六國北報趙王乃行過雒陽車騎輜重諸侯各發使送之甚眾擬於王者周顯王聞之恐懼除道使人郊勞（賓至道郊君使卿朝服用束帛勞）蘇秦之昆弟妻嫂側目不敢仰視俯伏侍取食蘇秦笑謂其嫂曰何前倨而後恭也嫂委蛇蒲服以面掩地而謝曰見季子位高金多也（蘇秦字季子）蘇秦喟然歎曰此一人之身富貴則親戚畏懼之貧賤則輕易之況眾人乎且使我有雒陽負郭田二頃吾豈能佩六國相印乎於是散千金以賜宗族朋友

漢嚴助會稽吳人為中大夫助侍燕從容武帝問助居鄉里時助對曰家貧為友壻富人所辱（友壻同門之壻）帝問所欲對願為會稽太守於是拜為會稽太守

朱買臣字翁子會稽吳人家貧妻求去買臣不能留即聽去後買臣為會稽太守武帝謂買臣曰富貴不歸故鄉如衣繡夜行今子何如買臣頓首辭謝詔買臣免待詔常從會稽守邸者寄居飯食拜為太守買臣衣故衣懷其印綬步歸郡邸直上計時會稽吏方相與羣飲不視買臣買臣入室中守邸與共食食且飽少見其綬守邸怪之前引其綬視其印會稽太守章也守邸驚出語上計掾吏皆醉大呼曰妄誕耳守邸曰試來視之其故人素輕買臣者入內視之還走疾呼曰實然坐中驚駭白守丞（漢舊儀郡國丞相長史與計吏偕上之守丞請謁也）相推排陳列中庭拜謁買臣徐出戶有頃長安廄吏乘駟馬車來迎（故事大夫乘官車今加以駟刺史送迎）買臣遂乘傳去會稽聞太守且至發民除道縣吏並送迎車百餘乘入吳界見其故妻妻夫治道買臣駐車呼令後車載其夫妻到太守舍置園中給食之居一月妻自經死買臣乞其夫錢令葬悉召見故人與飲食諸嘗有恩者皆報復焉

司馬相如字長卿蜀郡成都人武帝時以中郎將使至蜀太守以下郊迎縣令負弩矢先驅蜀人以為寵

薛廣德沛郡相人為御史大夫乞骸骨賜安車駟馬黃金六十斤罷廣德東歸沛太守迎之界上沛以為榮縣其安車傳子孫

疏廣為太子太傅廣兄子受為太子少傅太子每朝因進見太傅在前少傅在後父子並為師傅朝廷以為榮

班伯高祖壹始皇之末避地於樓煩漢孝惠時以財雄邊伯後為定襄太守歲餘成帝徵伯伯上書願過郡上父祖冢有詔太守都尉以下會（其所）因召宗族各以親疏加恩施散數百金北州以為榮長老紀焉

後漢馮異潁川父城人為孟津將軍光武建武二年征赤眉賊嚴終猶根破之詔異歸上冢使太中大夫齎牛酒令二百里內太守都尉已下及宗族會焉

景丹馮翊櫟陽人為驃騎大將軍建武二年定封丹櫟陽侯光武謂丹曰今關東故王國雖數縣不過櫟陽萬戶邑夫富貴不歸故鄉如衣繡夜行故以封卿耳

岑彭南陽棘陽人建武六年為征南大將軍屯津鄉南還有詔過家上冢大長秋以朔望問太夫人起居

王常潁川舞陽人爲漢忠將軍平沛郡賊建武六年徵常還洛陽令夫人迎常於舞陽歸家上冢

吳漢南陽宛人建武十二年爲大司馬平蜀振旅浮江而下至宛詔令過家上冢賜穀二萬斛

傅燮北地靈州人太守范津舉燮孝廉及津爲漢陽與燮交代合符而去鄉邦榮之

韓稜潁川華陽人爲南陽太守特聽稜得過家上冢鄉里以爲榮

蓋勳自涼州牧徵爲太僕其子康代爲涼州刺史時人榮之

魏張既馮翊高陵人漢末自尚書出爲雍州刺史太祖謂既曰還君本州可爲衣繡晝行矣

張遼爲前將軍屯合肥進遼爵都鄉侯給遼母輿車及兵馬送遼家詣屯勑遼母至導從出迎所督諸軍將吏皆羅拜道側觀者榮之

吳朱治丹陽故鄣人大帝黃武二年拜安国將軍領吳郡是時丹陽深地頻有姦叛亦以年向老思戀土風自表屯故鄣鎮撫山越諸父老故人莫不詣門治皆引進與共歡宴鄉黨以爲榮在故鄣歲餘還吳

全琮吳郡錢唐人黃武七年爲東安太守還經過錢唐脩祭墳墓麾幢節蓋曜於舊里請會邑人平生知舊宗族六親施散惠與千有餘萬本土以爲榮

諸葛恪爲撫越將軍領丹陽太守授棨戟武騎三百拜畢大帝命恪備威儀作鼓吹導引歸家時年三十二

紀陟景帝時父亮爲尚書令陟爲中書令每朝會詔以屏風隔其座

晉鄭球字瑜少辟宰府七侍二宮

袁瓌與弟猷俱渡江瓌爲丹陽猷爲武康兄弟列宰名邑論者美之

陶侃家于尋陽後爲江夏太守加鷹揚將軍侃備威儀迎母官舍鄉里榮之

荀羨除北中郎將徐州刺史監徐兖二州揚州之晉陵諸軍事時年二十八中興方伯未有如羨之少者

韋謏前後四登九列六在尚書三爲侍中再爲太子太傅封京兆公陳軍國之宜多見允納

宋鄭鮮之爲高祖太尉諮議高祖北伐以爲右長史鮮之曾祖墓在開封相去三百里乞求拜省高祖以騎送之

南齊王奐仕宋領驍騎將軍又遷征虜將軍臨川王鎮西長史領南蠻校尉南郡內史一歲三遷

張岱吳郡人高帝建元元年出爲左將軍吳郡太守太祖知岱歷任清直至郡未幾手勑岱曰大邦任重乃未欲迴換但總戎務殷宜須望實今用卿爲護軍加給事中岱拜竟詔以家爲府

孫瑒吳郡人自湘州刺史徵爲散騎常侍中領軍未拜而武帝從容謂瑒曰昔朱買臣願爲本郡卿豈有意乎乃改授持節安

東將軍吳郡太守給鼓吹一部及將之鎮乘輿幸近畿餞送鄉里榮之

梁范雲爲散騎常侍吏部尚書嘗侍宴高祖謂臨川王宏鄱陽王恢曰我與尚書少親善申四海之敬今爲天下主此禮既革汝宜代我呼范爲兄二王下席拜與雲同車還尚書下省時人榮之

呂僧珍東平范人爲左衛將軍領太子中庶子僧珍去家久表求拜墓高祖欲榮之使爲本州乃授使持節平北將軍南兖州刺史

柳慶遠河東解人爲使持節都督雍梁南北秦四州諸軍事征虜將軍寧蠻校尉雍州刺史高祖餞於新亭謂曰卿衣錦還鄉朕無西顧之憂矣

到洽以天監二年爲司徒主簿直待詔省勑使抄甲部書遷尚書殿中郎洽兄弟羣從遞居此職時人榮之

王僧孺幼貧其母鬻紗布以自業嘗攜僧孺至市道遇中丞鹵簿驅迫溝中及僧孺爲中丞引騶清道悲感不自勝

朱异爲中書通事舍人遷散騎常侍累遷中領軍异居權要三十餘年歷官自員外常侍至侍中四職並驅鹵簿近代未之有也

張緒爲御史中丞舊制元日僕射中丞坐位東西相當大同四年緒兄纘爲僕射及百司就列兄弟導騶兩筵前世未有也時人榮之

孔休源初爲中書舍人司徒臨川王記室參軍後臨川王爲揚州刺史薨高祖與羣臣議王代居州任者久之時貴戚王咸望遷授高祖曰朕已得人孔休源實應此選乃授宣惠將軍監揚州休源初爲臨川王行佐及王薨而管州任時論榮之

劉之遴南郡湼陽人自太學博士出爲南郡太守高祖謂曰卿母年德並高故令卿衣錦還鄉盡榮養之理

陳侯安都始興人爲司空征北將軍南徐州刺史父文捍爲始興內史卒於官文帝徵安都還京師爲發喪尋起復本官贈其父散騎常侍金紫光祿大夫拜母爲清遠國太夫人仍迎還都母固求停鄉里帝乃下詔改桂陽郡之汝城縣爲盧陽郡分衡州之始興安遠二郡合三郡爲東衡州以安都從弟曉爲刺史安都第三子秘年九歲帝以爲始興內史並令在鄉侍養

王瑜字子珪早歷清顯三十官至侍中

秦憲爲右僕射參掌選事先是憲長兄樞爲左僕射至是憲又目憲爲大僕射憲爲小僕射朝廷榮之

後魏崔浩白馬公玄伯之長子浩爲祭酒每至鄴州父子並乘軒軺時人榮之

畢衆敬爲兗州刺史其子元賓亦爲兗州刺史父子相代爲本州當世榮之

甄琛中山毋極人爲征北將軍定州刺史衣錦晝遊大爲稱滿

李憲爲散騎侍郎以母老乞歸養憲趙郡平棘人也因拜趙郡太守

李元護遼東襄平人爲齊州刺史經拜舊墓巡省故宅饗賜村老莫不欣暢

崔鴻爲尚書都兵郎中宣武詔太師彭城王勰以下公卿朝上儒學才明者三十人議定律令於尚書上省鴻與父光俱在其中時論榮之

孫惠蔚歷國子祭酒秘書監出爲平東將軍濟州刺史還京除光祿大夫魏初以來儒生寒宦惠蔚最爲顯達

董徵頓丘衛國人爲輔國將軍除安州刺史徵因述職路次過家置酒高會大享邑老乃言曰腰龜返國昔人稱榮仗節還家去朝不樂因誡二三子弟曰此之富貴匪自天降乃勤學所致耳時人榮之

裴皓舊吳人與趙脩俱侍直禁中爲脩所姤出爲濮陽太守其

父讓之因皓訟理舊勳先除兗州陽平太守賜以子爵父子剖符名邦郡境相接

趙邕南陽人爲殿中將軍初邕父怡歷郢州刺史停家久之以邕寵召拜太常少卿尋爲荊州大中正出除征虜將軍荊州刺史邕弟尚中書舍人出除南陽太守怡辭荊州也尚求解郡與父俱還未至京師還除步兵校尉

李彰字明遠以衛將軍除齊州刺史又加驃騎將軍行懷州事轉北豫州刺史乃除徐州刺史將軍並如故一年歷三州當世榮之

房士達清河人爲京兆王騎兵參軍其鄉人劉鈞房須等作亂攻陷郡縣士達父憂在家刺史元欣以士達爲將士達率州人悉破平之就家拜平原太守孝莊帝特轉濟南太守士達不入京師而頻爲本州郡時人榮之

楊逸字遵道爲西[illegible]將軍南秦州刺史年二十九于時方伯之

少未有先之者

北齊魏收字伯起初仕後魏節閔時爲散騎侍郎尋勑典起居注并修國史俄兼中書侍郎時年二十六

邢邵字子才仕東魏爲太常卿中書監攝國子祭酒是時朝臣多守一職帶領二官甚少邵頻居三職並是文學之首當世榮之

崔瞻爲文宣相府司馬使于東魏孝靜帝其父㥄侍宴文勑瞻令近御坐亦有應詔詩詔問邢邵等曰此詩何如其父㥄云㥄博雅弘麗瞻氣調清新並詩人之冠冕譙閱其對嗟賞之咸云今日之譙併爲崔瞻父子

後周楊摽正平高涼人魏孝武入關時爲建州刺史鎮車箱摽久從軍役以未及葬父至是表請還葬詔贈其父車騎大將軍儀同三司晉州刺史贈其母夏陽縣君並給儀衛州里榮之

蘇亮武功人仕西魏爲岐州刺史朝廷以其牧本州特給路車鼓吹先還其宅并給騎士三千列羽儀遊鄉黨經過故人歡旬日然後入州世以爲榮亮自文帝大統以來無歲不轉官一年或至三遷僉曰才至不怪其速也

赫連達雲中盛樂人仕西魏爲帥都督封魏昌伯太祖以達勳望兼隆乃除雲州刺史進爵爲公拜大都督

田弘字廣略平原人西魏大統中自帥都督授原州刺史時以弘勳望素至故以衣錦榮之

艮永仕西魏爲常州刺史于時朝貴多其部人謂永之曰冠蓋盈路當時榮之

鄭雛初仕北齊爲尚書郎趙郡李祖昇兄弟不甚敬憚及楊愔奏授雛趙郡太守祖昇兄弟良服至雛門投刺拜謁文宣聞之喜笑曰足得殺李家兒矣

李穆除原州刺史又以兄賢子爲平高郡守遠子爲平高縣令並加鼓吹穆自以叔姪一家三人皆牧宰鄉里恩遇過隆固辭不拜太祖不許

王傑金城直城人仕西魏爲驃騎大將軍孝閔踐祚進爵張掖郡公增邑一千戶出爲河州刺史朝廷以傑勳望俱重授以本州

馮遷閔帝時爲晉公護府掾後以其朝之舊齒欲以錦衣榮之乃授陝州刺史進爵隆山郡公增邑通前二千戶遷本寒微不爲時輩所重一旦刺本州唯以謙恭接待鄉人無怨者

令狐整爲中外府樂曹參軍時諸功臣多爲本州刺史晉公護謂整曰以公勳望應得本州但朝廷藉公委任無容遠出然公一門之內須有衣錦之榮乃以弟休爲敦煌郡守

劉雄臨洮子城人爲內史大夫除侯正高祖嘗從容謂雄曰古人云富貴不歸故鄉猶衣錦夜遊今以卿爲本州何如雄稽首拜謝於是詔以雄爲河州刺史雄先已爲本縣令復有此授鄉里榮之

柳敏河東解人年未弱冠起家員外散騎侍郎累遷河東郡丞朝議以敏之本邑故有此授

唐瑾爲蔡州刺史歷柘州硤州轉荊州總管府長史入爲吏部中大夫歷御正納言中大夫曾未十旬遂遷四職搢紳咸以爲榮

辛威隴西人爲鄜州刺史時望既重朝廷以桑梓榮之遷河州刺史本州大中正

薛愼爲膳部下大夫愼兄善又任工部並居清顯時人榮之

王士良其先太原晉陽人後因避地涼州祖仕齊爲豫州刺史後歸周爲鄜州刺史轉金州刺史士良去鄉既久忽臨本州舊老故人猶有存者遠近咸以爲榮

李遷哲安康人世爲山南豪族後爲車騎將軍從開封府賀若敦徇地巴漢以功除直州刺史即本州也仍給軍儀鼓節

柳檜爲撫軍將軍大都督時檜兄虯爲秘書丞弟慶爲尚書左丞檜嘗謂兄弟曰兄則職典簡牘褒貶人倫弟則管轄羣司股肱朝廷可謂榮寵矣然而四方未靜車書不一檜唯當蒙矢石履危難以報國恩耳

隋劉弘彭城人初仕北齊為楚州刺史及齊亡周武帝以為本郡太守

田式字顯標馮翊下邽人祖安興父長樂仕魏俱為本郡太守式仕周又為本郡太守

蘇威煬帝時為納言尚左翊衛大將軍宇文述黄門侍郎裴矩御史大夫裴蘊內史侍郎虞世基參掌朝政時人稱為五貴從征遼東還至涿郡詔威安撫關中以威孫尚輦直長儇為副其子鴻臚少卿夔先為關中簡黜大使一家三人俱奉使關右三輔榮之

樊子蓋廬江人為武威太守朝於江都宮煬帝謂之曰富貴不還故鄉眞衣繡夜行耳勑廬江郡設三千人會賜米麥六千石使謁墳墓宴故老當時榮之

來護兒江都人為右翊衛大將軍煬帝幸江都謂護兒曰衣錦晝遊古人所重卿今是也乃賜物二千段幷牛酒令謁先人墓宴

鄉父老仍令三品已上並集其宅酣飲日朝野榮之

唐張鎮州同安人武德中為舒州都督舒州即其本邑也鎮州乃多市酒肴就望江舊宅召故人親戚為之酣宴散髮箕踞敦疇昔之歡十日贈以金帛既而垂泣謂親賓曰此者張鎮州尚故人為歡今日已後舒州都督治百姓耳君民禮隔不得交遊因而之訣

姜謩秦州上邽人武德初平薛仁杲拜秦州刺史高祖謂曰衣錦還鄉古人所尚今以本州相授用答元功涼州之路近為荒梗宜弘方略有以靜之謩至州撫以恩信州人相謂曰吾輩復見太平官府矣盜賊悉來歸首士庶安之

張士貴弘農盧氏人武德中以戰功授虢州刺史高祖謂曰欲卿衣錦晝遊耳

温大雅武德元年為黄門侍郎弟彥博為中書侍郎對居近侍議者榮之高祖從容謂曰我起義晉陽為卿一門耳

張行成定州義豐人為刑部侍郎太子詹事遼東之役太子於定州監國即行成本邑也太子謂行成曰令者從公衣錦還鄉於是令有司祀其先人墓

薛收與從父兄子元敬俱為文學館學士

賈敦實為饒陽令時制大功已上不得聯職以敦實兄敦頤復為瀛州刺史朝廷以其兄弟廉謹特許令同州竟不遷替時人榮之

劉禕之為左史弘文館直學士時又密令參決以分宰相之權時人謂之北門學士禕之兄懿之時為給事中兄弟並居兩省論者美之

韋承慶弟嗣立則天長壽中始代承慶為鳳閣舍人長安三年承慶又代嗣立為天官侍郎頃之又代嗣立知政事時以為榮

蘇頲中宗神龍中累遷給事中加修文館學士轉中書舍人時頲父瓌同中書門下三品父子同掌樞密時以為榮

賀知章為秘書監請度為道士求還鄉里天寶三載正月庚子

遣左右相已下祖別於長樂坡帝賦詩以贈之

李峴信安王禕之第三子肅宗至德中為京兆尹兼御史大夫時峴兄峘為戶部尚書兼成都尹乾元初玄宗還京峘自蜀至又兼御史大夫兄弟俱判臺事自國初以來兄弟並拜大夫未有其比時長安士庶皆賦詩美之

于休烈嗣子益次子肅相繼為翰林學士

歸崇敬德宗興元初為散騎常侍宣慰兩河及還上表請歸拜墓許之賜以繒帛儒者榮之

楊懷賓尚其子朝晟並為邠寧節度韓游瓌裨將父子同軍皆為開府賓客御史中丞異姓王榮於軍中

陸贄為翰林學士時贄母韋氏在江東德宗遣中使迎至京師搢紳榮之

吴通微自壽安縣令入為金部郎中充翰林學士尋改職方郎中知制誥尚弟通玄同職禁署人士榮之

趙宗儒爲右拾遺翰林學士父驊爲秘書少監與父並命出於中旨當時榮之

田弘正自魏博節度移統鎮冀其子布又爲河陽三城懷州節度父子同日拜命皆領節制

崔邠爲吏部侍郎兄弟同時奉朝請者四人後改太常卿故事大卿初上大閱四部樂於官署觀者縱焉邠自私第去帽親導母輿公卿逢者爲迴騎避之衢路以爲榮

王鍔爲容管經畧嶺南淮南河中太原四鎮節度受符節居方面凡二十餘年仍加同平章事

柳公綽爲吏部侍郎與舅左丞崔從同省人士榮之

孫德昭與孫承誨董從實以返正功德昭爲檢校太保靜海軍節度使承誨邕州節度使從實容州節度使並同平章事時人呼爲三使相恩澤俱冠世

後唐張全義爲忠武軍節度使全義於本朝追宋氏之世自尚書僕射司空司徒平章事侍中守太師太傅太保太尉中書令尚書令封王食邑至一萬三千戶自洛師陝滑宋三莅河陽再領許州相繼十換麾幢歷三十九年位冠人臣善保終吉者一人而已

李琪與兄珽俱登進士第爲梁太祖所知及革命以珽爲崇政學士琪爲翰林學士昆仲並處禁林

康思立本出陰山諸部性純厚善撫御明宗素重之故即位之始以應州所生之地授焉

封舜卿爲中書舍人從子渭爲翰林學士叔姪對掌內外制又從子翹仕梁亦爲翰林學士

晉劉昫初仕後唐爲兵部侍郎端明殿學士長興四年行中書侍郎兼刑部尚書平章事入謝曰遇大祠明宗不御中興殿昫至中興殿門閤門使曰舊例宰臣謝恩須於正殿通喚今日上以大祠不坐正殿請俟來日樞密使趙延壽曰命相之制下已三日中謝無宜後時即奏聞昫遂中謝於端明殿延壽自端明學士拜相而謝於本殿人亦榮之

孔崇弼初仕後唐自吏部郎中授給事中時族兄昭序也給事中改左常侍兄弟同居門下時論榮之

王建立爲昭義軍節度使進封韓王仍割遼沁二州爲昭義屬郡以建立本遼州人用成其衣錦之美也

漢龍敏幽州永清人也初仕後唐爲御史中丞敏父咸式年七十咸式之父年九十餘敏供養二尊朝夕無懈咸式以敏貴得秘書監致仕敏爲兵部侍郎奉使幽州鄉里耆舊留宴盡歡

冊府元龜卷第七百八十二

冊府元龜卷第七百八十三

總録部

世德　兄弟齊名

世德

詩曰維其有之是以似之傳云世濟其美不隕其名斯皆錫羨餘慶象賢秉哲弈世載德克篤前烈之謂也中代已降宗胄派別家諜系譜衆諸簡冊乃有學古從政纘志繼業自居以幹事端謹而植操篤守志孝敦尚儒雅方正無撓謙恭不競素身以約勵衆以廉行能繼世智用周達義風英烈輝映前後以至爵秩通貴民望充塞無忝爾祖能世其家素業彌劭淑聲載路為論者之歎服增士倫之景行信可以懲激凶族而敦厲義緒者矣

隰叔子違周難於晉國生子輿為大理（士蒍）以正於朝朝無姦官為司空以正於国国無敗績世及武子佐文襄於諸侯諸侯無二心（武子蒍之孫士會）

漢石奮以孝文時官至中大夫恭謹舉無與比長子建次乙次慶皆以馴行孝謹至二千石

金日磾武帝時為侍中篤忠孝節日磾子安上少亦為侍中惇篤有智安上子敞元帝時為中郎將侍中帝晏駕故事近臣皆隨陵為園郎敞以世名忠孝太后詔留侍成帝為奉車水衡都尉敞為人正直敞子涉明經儉節諸儒稱之官至長信少府

王崇為大司空御史大夫駿之子昌邑中尉吉之孫也自吉至崇世名清廉然材器名稱稍不能及父而祿位彌隆

翟方進經學明習內行修飾成帝時為丞相子宣亦明經篤行君子人也及方進在為關都尉南郡太守（[illegible]）方進少子義所居著名有父風烈

後漢廉范曾祖父褒成哀間為右將軍祖父丹王莽時為大司馬庸部牧皆有名前世

陸康字季寧吳郡吳人父褒有志操連徵不至康少仕郡以義烈稱

桓榮子郁郁孫鸞曾孫彬郁子焉孫典焉孫曄郁孫麟並有名行自榮至典父子兄弟代作帝師

爰延清苦好學能通經教質慤少言桓帝時位大鴻臚子驥白馬令亦稱善士

郭賀字喬卿雒陽人祖父堅伯父游君並修清節不仕王莽

周舉子勰自勰曾祖父揚至勰孫恂六世一身皆知名孝官終光祿大夫

仇覽三子皆有文史才少子玄最知名覽嘗為考城主簿

陳球歷世著名為永樂少府球子瑀吳郡太守瑀弟琮汝陰太守弟子珪沛相珪子登廣陵太守並知名（謝承書曰瑀字孝璋舉孝廉辟公府洛陽市長後辟大將軍府永樂元年拜議郎遷吳郡太守不之官琮字子琚汝陰太守[illegible]子珪字漢瑜舉孝廉[illegible]沛相登字元龍[illegible]李通分古[illegible]非法不行世稱文武有雅要異略一筭廣陵太守觀志曰志在廣陵有威名有文武代將軍年三十九卒）

楊震少子奉奉子敷篤志博聞議者以為能世其家震中子秉秉子賜賜子彪自震至彪四世太尉德業相繼與袁氏俱為東京

名族（華嶠書曰東京楊氏袁氏累世宰相為漢名族然袁氏車馬衣服極為奢僭能守家風為世所貴不及楊氏也）

伏湛琅邪東武人九世祖勝所謂濟南伏生者也湛光武時為大司徒封陽都侯卒二子隆翕翕嗣爵卒子光嗣光卒子晨嗣晨卒子無忌嗣無忌卒子質嗣質卒子完嗣自伏生已後世傳經學清靜無競故東州號為伏不鬬

徐穉字孺子豫章南昌人恭儉義讓所居服其德屢辟公府不起卒子胤篤行孝悌亦隱居不仕

陳禪巴郡安漢人仕郡功曹舉善黜惡為邦內所畏至順帝時為司隸校尉子澄有清名官至漢中太守曾孫實亦剛壯有禪風為州別駕從事顯名州里

李固漢中南鄭人父郃為司徒郃通五經外質朴人莫識固究覽墳籍結交英賢四方有志之士多慕其風而來學京師咸歎曰是復為李公矣言復能其父為公沖帝即位以固為太尉與

梁冀參録尚書事及帝晏駕固以清河王蒜年長有德欲立之冀不從乃立樂安王子纘年八歲號爲質帝固子燮爲安平歲相先是安平王續爲張角賊所略國家贖王得還朝廷議復其國燮上奏曰續在國无政爲妖賊所虜守藩不稱損辱聖朝不宜復國時議者不同而續竟歸藩燮以謗毀宗室輸作左校未滿歲王果坐不道被誅乃以燮爲議郎京師語曰父不肯立帝子不肯立王

吳祐長子鳳官至樂浪太守少子愷新息令鳳子馮鮦陽侯相鮦陽縣屬汝南郡鮦音紂皆有名於世陳留耆舊傳曰鳳字君雅馮字子高

陳寔爲太丘長子紀爲大鴻臚紀子群爲魏司空群子泰爲左僕射四世於漢魏二朝並有重名而其德漸漸小減時人爲之語曰公慚卿卿慚長紀弟諶字季方與紀齊德同行父子並著高名時號三君每宰府辟召常同時旌命羔鴈成群當世者靡不榮之諶早終先賢行狀曰豫州百城皆圖畫寔紀諶形像焉

荀淑字季和潁川潁陰人少有高行博學而不好章句鄉里知名有子八人號曰八龍緄生衍衍子紹位至太僕紹子融字伯雅與王弼鍾會俱知名爲洛陽令參大將軍軍事與弼會論易者義傳於世荀氏家傳曰惲字長倩詵字曼倩俁子寓字景伯世語曰寓少與裴楷王戎杜默俱有名京邑晉位至尚書名見顯著子羽嗣位至尚書

魏鮑勛漢司隸校尉宣之九世孫勛父信靈帝時爲騎都尉信父丹官至少府侍中世儒雅顯

袁渙陳郡扶樂人漢司徒滂之子滂素寡欲終不言人之短渙清淨舉動必以禮太祖時爲郎中令行御史大夫事渙子準亦清粹閑素有父風歷位郡守尚書袁氏世紀曰渙有四子侃寓奧準侃字公然論議清當柔而不犯善與人交在廢興之間人之所趣務者常謙退不爲也時人以是稱之歷位黃門選部郎號爲清平稍遷至尚書早卒寓字宣厚精辯有機理好道家之言少被病未官而卒奧字公榮行足以厲俗言約而理當終於光祿勳準字孝尼忠信公正不恥下問唯恐人之不勝己以世事多險故恬退而不敢求進著書十餘萬言論治世之務爲易周官詩傳於世此準之自序也荀綽九州記稱準有儁才泰始中爲給事中袁氏子孫世有名位貴達至今

劉馥沛國相人漢末爲揚州刺史靖文帝黃初中爲鎮北將軍

靖子熙嗣建成鄉侯熙弟弘晉武帝時爲車騎大將軍自馥至弘世不隤名而有政事才

劉邠本名炎犯晉太子諱改爲邠位至太子僕子粹字純嘏至侍中次宏字終嘏至太常次漢字仲嘏至光祿大夫漢清沖有貴識名亞樂廣宏子咸徐州刺史次耽晉陵內史耽子惔字真長尹丹楊爲中興名士也

管寧北海朱虛人齊相管仲之後其先田氏有齊而管氏去之或適魯或適楚漢興而管少卿爲燕令始家朱虛世有名節九世而生寧正始中特具安車蒲輪束帛加璧聘焉會寧卒

鄭渾字文公河南開封人高祖父眾爲漢太師衆父興爲諫議皆爲名儒渾官至侍御史加駙馬都尉爲陽平沛郡二太守

蜀張翼犍爲武陽人高祖父司空浩曾祖父廣陵太守綱皆有名迹翼位至左車騎將軍領冀州刺史

譙周巴西西充國人也貌體素朴性推誠不飾潛識內敏晉泰始中拜騎都尉少子同亦以忠篤質素爲行舉孝廉

謝斐幼以仁孝爲行明達有才令弟貞履蹈法度篤孝尚素舉孝廉

吳虞翻會稽餘姚人官至騎都尉子汜最知名爲散騎常侍汜弟忠貞固幹事爲宜都太守忠子譚字思與清貞有檢操外如退弱內堅正有膽幹仕晉歷位內外終於衞將軍

賀齊爲將子達及景皆有令名爲佳將

陸遜吳郡吳人爲上大將軍祖紆字叔盤敏淑有思學守城門校尉父駿字季才淳懿信厚爲邦族所懷官至九江都尉

晉華表平原高唐人父歆清德高行爲魏太尉表以苦節垂名官至太常表子廙弘敏有才義廙位光祿大夫開府儀同三司弟嶠才學深博少有令聞爲內臺中書散騎著作廙子混清貞簡正位侍中尚書

羊祜字叔子泰山南城人世吏二千石至祜九世並以清德聞

祖續仕漢南陽太守父衛上黨太守祐位征南大將軍
胡威父質以忠清著稱仕魏至荆州刺史威早厲志尚質之為
荆州也威自京定省十餘日告歸父賜絹一匹為裝威曰大人
清高不審於何得此質曰是吾俸祿之餘威受之其父子清慎
如此
盧欽范陽涿人位尚書僕射祖植性剛毅有大節為漢侍中父
毓魏司空少居名位不顧財利清虚淡泊動循禮典欽清澹有
遠識
范粲字承明陳留外黄人漢萊蕪長丹之孫也高亮貞正有丹
風束晳字廣微祖混隴西太守父龕馮翊太守並有名譽
韓壽魏司徒暨之孫侍御史洪之子自暨已下世治素業壽能
敦尚家風
龔玄之武陵漢壽人也好學潛默州舉秀才公府辟不就武帝
詔徵散騎常侍領國子祭酒不行弟子元壽亦有德操高尚不

仕舉秀才及州辟召並稱疾不就帝以太學博士散騎侍郎給
事中累徵遂不起
許奇字子泰弟猛字子豹魏尚書允之子也並有治理才學奇
為司隸校尉猛為幽州刺史奇子遐字思祖以清尚稱位至侍
中猛子式字儀祖有才幹至濮陽內史平原太守
裴秀河東聞喜人時稱後進領袖位僕射秀子頠雅有遠識為
僕射頠子嵩有父祖風
庾峻潁川鄢陵人也祖乘才學洽聞漢司徒辟有道徵皆不就
伯父嶷中正簡素仕魏為太僕父道廉退貞固養志不仕牛馬
有踶齧者恐傷人不貨於市及諸子貴賜拜太中大夫峻少好
學有才思嘗游京師聞魏散騎常侍蘇林老疾在家往候之林
嘗就東學見峻流涕良久曰尊祖高才而性退讓慈和汎愛清
靜寡欲不營當世惟脩德行而已鄢陵舊五六萬戶聞今裁有
數百君二父孩抱經亂獨至今日尊伯為當世令器君兄弟復
俊茂此尊祖積德之所由也位至常侍
諸昆位太常卿祖曰勖漢東海相父滿平原內史並以學行稱
郭荷字承休略陽人六世祖整漢安順之世公府八辟公車五
徵皆不就自整及荷世以經學致位荷明究群籍特善史書不
應州郡之命
楊佺期弘農華陰人漢太尉震之後曾祖準為太常自震至準
七世有名德祖林少有才望值亂沒胡父亮少仕偽朝後歸國
終於梁州刺史以貞幹知名
袁質陳郡陽夏人五世祖渙魏郎中令自渙至質並以道素繼
業惟其父耽以雄豪著及質又以孝行稱歷琅琊內史東陽太守
劉邁琨之祖也有經國之才為相國參軍散騎常侍琨父蕃清
高沖儉位至光祿大夫
滿奮寵之孫也寵仕魏為太尉奮官至尚書令司隸校尉性清
平有識檢體量通雅有寵風

吳隱之為廣州刺史清操踰厲常食不過菜及乾魚而已子延
之復厲清操為鄱陽太守延之弟及子為郡縣者常以廉慎為門
法雖才學不逮隱之而孝悌絜敬猶為不替孫承字安期父澄
祖和自和至承世有高名論者以為祖不及孫孫不如父承為
元帝鎮東府從事中郎而卒
孔愉字敬康會稽山陰人其先世居梁國曾祖潛太子少傅漢
末避地會稽因家焉祖竺吳豫章太守父恬湘東太守從兄沉
大司農俱有名江左
翟湯尋陽人也篤行純素仁讓廉絜康帝以散騎常侍徵不至
子莊公車徵不就莊子矯亦有高操屢辭辟命矯子法賜孝武
帝以散騎郎徵亦不至世有隱行
戴逵累徵散騎常侍不就逵卒長子勃有父風安帝義熙初以
散騎侍郎徵不起
范宣高絜不就徵常以講誦為業子輯歷郡守國子博士大將

軍從事中郎自免歸亦以講授爲事義熙中連徵不至

宋袁湛字士深陳郡陽夏人也祖耽歷陽太守父質琅邪內史並知名

南齊劉瓛沛國相人也晉丹陽尹惔六世孫惔少清遠有標奇爲政清整瓛舉秀才丹陽尹袁粲於後堂夜集瓛在座粲指庭中柳樹謂瓛曰人謂此是劉尹時樹每想高風今復見鄉里清德可謂不衰矣

潘詞爲高平太守有清節子亮爲昌慮令亦著廉名

郭源平有孝行爲鄉里所宗父世道亦以至行旌表門閭原平三子一弟並在門行長子伯林舉孝廉次子靈馥儒林祭酒皆不就

王秀之祖裕性貞正徐羨之傅亮當朝裕不與來往及致仕隱吳興與秀之父瓚之書曰吾欲使汝處不競之地瓚之歷官至五兵尚書未嘗詣一朝貴江湛謂何偃曰王瓚之今便是朝隱及柳元景顏師伯令僕貴要瓚之竟不候之至秀之爲尚書又不與令王儉款接三世不事權貴時人稱之

梁劉歊字士光祖秉民宋冀州刺史父懷慰齊正員郎世爲二千石皆有清名

王志字次道琅琊臨沂人祖曇首宋左光祿大夫豫寧文侯父僧虔齊司空簡穆公並有重名

謝朏字敬沖陳郡陽夏人也祖弘微宋太常卿父莊右光祿大夫並有名前代

傅岐字景平北地靈州人祖琰齊世爲山陰令有治能自縣擢爲益州刺史翽武帝時歷山陰建康令亦有能名官至驃騎諮議

〔陳〕張稚才少孤介特立爲太常卿子周還爲司農廷尉卿所歷並以清白稱

蕭引宗族子弟多以行知名弟彤以恬靜好學官至太子中庶子南康王長史密字士機幼而聰敏博學有文詞祖二孫梁特進少而明悟有縱橫才引爲吏部侍郎

後魏穆壽父觀封宜都王明元時總攝朝政事無巨細皆關決爲壽明敏有父風太武愛重之擢爲下大夫

張蒲字玄則河內脩武人父攀慕容垂御史中丞兵部尚書以清方稱蒲少有文風頗涉文史以端謹見知爲相州刺史卒

盧度世寧朔將軍兼散騎常侍玄之子也以學行爲時流所重子淵昶等並循父風遠親疎屬叙爲尊行長者莫不畢拜致敬閨門之禮爲世所推度世爲青州刺史卒

後周張元字孝始河北芮城人祖成假平陽郡守父延雋仕州郡累爲功曹主簿並以純至爲鄉里所推元性謙謹有孝行不仕而卒

王褒字子淵曾祖儉齊侍中太尉南昌文憲公祖騫梁侍中金紫光祿大夫南昌安侯父規梁侍中左民尚書南昌章侯並有重名於江左褒位至宜州刺史

唐蕭德言曾祖思話齊尚書右僕射祖介梁都官尚書父引陳吏部侍郎並有名當代德言官終銀青光祿大夫

虞世南字伯施越州餘姚人祖檢梁始興王諮議父荔陳太子中庶子俱有重名世南終祕書監

褚亮字休明爲銀青光祿大夫弘文館學士曾祖湮梁御史中丞祖蒙太子中書舍人父玠陳祕書監並著名前史

韋虛心父維爲左庶子伯湊河南尹皆以忠正聞虛心舉孝廉累至侍御史中宗時推按人獄時僕射竇懷貞侍中劉幽求意欲寬假虛心堅執法令有不可奪之志

于休烈官至工部尚書卒嗣子益次子肅相繼爲翰林學士父子儒行著聞肅子敖以家世文史盛名志行三爲列曹侍郎

崔渙博陵人祖玄暐父璩並先朝名臣渙少以士行聞博綜經籍尤善談論累遷尚書司門員外郎

楊綰字公權華陰人祖溫玉則天朝爲戶部侍郎國子祭酒父

仰開元中澧泉令皆以儒行稱縮終於相位
穆贄河南人父寧有名節贄雅嗣其門風終於宣州觀察使
李藩少恬淡修檢雅容儀好學祖畬及曽祖至遠皆以志仁名
重一時父承爲湖南觀察使亦有名藩爲相終
高霞寓范陽人祖仙父祹鶴皆以孝聞凡五代同爨德宗朝旌
訪使洪經綸表旌表其門至今鄉里共稱其事霞寓位至右金
吾衛大將軍
蕭俛官至右僕射致仕家代有忠直祖父國初宋國公瑀肅宗
朝徐國公華德宗門下侍郎平章事復兆以剛鯁不附邪倖貶
名國史至俛之行止嘗[illegible]之俗可謂冠被當時比肩於
前代名臣
薛廷老故給事中存誠之子存誠有[illegible]事名廷老少有令譽頗得父
風文宗初爲右拾遺
後魏崔[illegible]曾祖郵爲太常卿祖權吏部尚書咸有名德朝議稱
仰協終於相位
晉鄭從讜唐宰相餘慶之曽孫也餘慶生澣澣生從讜從讜[illegible]
爲汴州節度使家世清儉深有士風中朝禮法以鄭氏爲甲趣
諭生受益受益亦以文學致身累歴臺閣

兄弟齊名

天以剛健純粹之氣賦于人者幾希而昆弟競爽益爲希矣乃
有善繼之冑髦英間出同氣至親馳聲並騖或以行義著或以
才藻聞或以吏幹佀仕或以武經借用或孝友譪於宗黨或風
規適於儕伍詵詵之盛幾至於七八者焉詩曰原隰裒矣兄弟
求矣蓋原隰相聚而能定高下之名兄弟相求亦能立榮顯之
譽三代而下咸用詮次焉
周有八士伯達伯适仲突仲忽叔夜叔夏季隨季騧（周時四乳八子皆爲顯仕）
蘇秦弟蘇代蘇厲兄弟三人皆游說諸侯以顯秦終於趙
相漢季布楚人爲任俠有名弟季心氣蓋關中遇人恭謹爲任
俠當是時季心以勇布以諾聞關中布位河東守

馮立與兄野王相代爲西河上郡太守民歌之曰大馮君小馮
君兄弟繼踵相因循聰明賢知惠吏民政如魯衛德化鈞其公
康叔猶二君
鄭昌字次卿弟弘字稚卿俱明經通法律政事昌爲太原涿郡
太守弘爲南陽太守皆著治迹條教法度爲後所述
後漢馬嚴字威卿援之子仕郡督郵援常與計議委以家事嚴
弟敦字孺卿亦知名援卒後嚴乃與敦俱歸安陵居鉅下三輔
稱其義行號曰鉅下二卿
韋義字季節京兆杜陵人兄順字叔文爲平輿令有高名次兄
豹字季明累辟公府輒以事去義少與二兄齊名
賈彪字偉節兄弟三人並有高名而彪最優故天下稱曰賈氏
三虎偉節最怒彪位新息長
劉方龍之弟爲山陽太守有二子岱字公山繇字正禮兄弟齊
名稱（平原陶丘洪薦繇欲令舉茂才刺史曰前年舉公山柰何復舉正禮洪曰若明使君用公山於前擢正禮於後所謂御二龍於長塗騁騏驥於千里不亦可乎）
荀淑字季和爲朗陵令有子八人儉緄靖燾汪爽肅專並有名
稱時人謂八龍或問汝南
許章曰爽與靖孰賢章曰皆玉也慈明外朗叔慈內潤（慈明爽字叔慈靖字）
許劭字子將潁川平輿人與兄虔並知名汝南人稱平輿淵有
二龍焉（平輿淵在今豫州汝陽縣二龍劭虔[illegible]）又劭與從兄靖俱知名並
有人倫臧否之稱劭司空楊彪辟舉方正敦樸皆不就
陳紀及弟諶皆有盛名冠當時位大鴻臚
魏司馬朗字伯達懿字仲達孚字叔達馗字季達恂字顯達進
字惠達通字雅達敏字幼達俱知名故時號爲八達焉朗位兗
州刺史應劭弟珣子瑒瑒弟璩咸以文章顯劭位袁紹軍謀校
尉蜀諸葛喬字伯松亮兄瑾之第二子也本字仲慎與兄元遜
俱有名於時論者以爲喬才不及兄而學業過之喬後拜駙馬
都尉

李朝字偉南弟邵字永南又一弟旻字士各有才望時人號之李
氏三龍
馬良字季常襄陽宜城人兄弟五人並有才名鄉里為之諺曰
馬氏五常白眉最良良眉中有白毛故以稱之良位侍中
晉綏休祖安平獻王外孫也與從兄播名譽略齊休祖位太僕
卿張載字孟陽弟協字景陽亢字季陽皆有重名亢才藻不逮
二昆亦有屬綴又解音樂伎術時人謂之三張載位中書侍郎
陸機字士衡弟雲字士龍吳丞相抗之子元弟齊名雲雖文章
不及機而持論過之號曰二陸太康末與弟雲俱入洛造太常
張華華素重其名如舊相識曰伐吳之役利獲二俊機位平原
内史
武陔字元夏沛國竹邑人沉敏有器量早獲時譽與二弟韶叔
夏茂季夏並總角知名雖諸父兄弟及鄉閭宿望莫能覺其優
劣同郡劉公榮有知人之鑒常造周見其三子焉公榮曰皆

國士也元夏最優有輔國之才陳力就列可為亞公叔夏季夏
不減常伯納言也陔位開府儀同三司
束晳字廣微博學多聞與兄璆俱知名晳位尚書郎
王導與二弟穎敞少與導俱知名時人以穎方
温太真以敞比鄧伯道導位至丞相
胡奮兄弟六人兄廣弟烈並知名廣字宣祖位至散騎常侍奮
温羨字長卿兄弟六人並知名於世號曰六龍羨位至司徒
劉宏字終嘏為光禄勲兄粹字純嘏為侍中弟潢字沖嘏為吏
部尚書並有名中朝時人語曰洛中雅雅有三嘏
桓嗣字恭祖征西大將軍豁弟沖之子少有清譽與豁子石秀
並為桓氏子姪之冠嗣位江夏相
顔含三子髦為侍中光禄勲謙至安成太守約零陵太守並有
聲譽
荀闓荀邃太寧中過江明帝常從容問王導曰二荀兄弟孰賢
實答以闓才明過邃帝以語庾亮曰邃真粹之地亦闓所不及
由是議者莫能定其兄弟優劣
卞粹字玄仁以清辯鑒察稱兄弟六人並登宰府世稱卞氏六
龍玄仁無雙
解系及弟結育並清身絜己甚得聲譽系至雍州刺史
王珣小字法護弟珉小字僧珍少有才藝善行書名出珣右時
人為之語曰法護非不佳僧珍難為兄珣位散騎常侍
孔安國廣州刺史汪之弟年小諸兄三十餘歲群從諸兄並之
才名以富強自立唯安國與汪少厲孤貧之操汪既以直亮稱
安國亦以儒素顯安國位至左僕射
宋王球字倩玉琅邪臨沂人太常惠從父弟與惠齊名球位尚
書僕射
張暢字少微吳郡人少與從兄敷齊名為後進之秀暢位會稽
太守

張岱吳郡人少與兄太子中舍人演新安太守鏡征北將軍永
弟廣州刺史辨俱知名謂之張氏五龍演鏡名最高永辨岱不
及也
劉善明為青冀二州刺史弟僧副與善明俱知名於州里
戴法興二兄延壽延興並脩立延壽善書法興好學山陰有陳
載者家富有錢三千萬鄉人咸云戴碩子三兒敵陳載三千萬
錢法興位越騎校尉
南齊沈沖與兄淡淵名譽有優劣世號為腰鼓兄弟沖位五兵尚書
陸慧曉三子僚任倕並有美名時人謂之三陸初授慧曉兖州
三子依次弟各作一讓辭並雅麗時人歎伏
梁張稷性踈率朗悟有才略與族兄充融卷等俱知名詩稱之
曰充融卷稷是為四張稷位鎮北將軍
樂法才字元備幼與弟藏俱有美名法才位江夏太守
到溉少孤貧與弟洽俱聰敏有才學早為任昉所知由是聲名

益廣旣位散騎常侍事韋叡與兄纂闡學有名叡位護軍
王筠字元禮清靜好學與從兄泰齊名陳郡謝覽覽弟舉亦有重
譽時人爲之語曰謝有覽舉王有養炬炬是泰養即筠並小字
也位太子詹事
謝舉字言揚中書令覽之弟也幼好學能清言與覽齊名舉嘗
侍宴華林園高祖問舉於覽覽對曰識藝過臣甚遠唯飲酒不
及於臣高祖大悅江淹一見並相欽挹曰所謂馭二龍於長塗
者覽舉並尚書令
劉孝綽之弟孝勝與兄孝儀弟孝威孝先並善五言詩見重於
世時孝綽嘗云三筆六詩三即孝綽也孝綽又與從弟孺劉孺齊名孺早卒亦貴顯
孝綽位祕書監
蕭子範少與弟子顯子雲子暉名略相比而風彩容止不逮故宦
途有優劣每讀漢書杜緩兄弟五人至大官唯中弟欽官不至
最知名常吟諷之況已也子範位光祿大夫

江革爲征北記室參軍弟觀爲行參軍兼記室時吳興沈約樂
安任昉並相賞重昉與革書云此段雅府妙選英才文房之職
總卿昆季可謂馭二龍於長途騏驥於千里
柳惔世隆之子少與長兄悅齊名王儉謂人曰柳氏二龍可謂
一日千里儉爲尚書左僕射嘗造世隆宅世隆謂爲詣己徘徊
久之及至門唯求惔及見惔遣謂世隆曰賢子俱有盛才一日
見顧今故報禮若仍相造以非本意恐年少窺人惔位祕書監
裴子野字幾原河東聞喜人兄黎弟楷綽並有盛名所謂四裴
也子野位鴻臚卿
徐嗣徽及弟嗣宗並有武用
王銓雖學業不及弟錫而孝行齊焉時人以爲銓錫二王可謂
王昆金友錫位至吏部郎中
顏協二子之儀之推並早知名之推承聖中仕中書舍人
蕭暐爲領軍將軍有六子子暈子尚知名

岑善方爲起部尚書有七子並有操行之元之利之象象知名
陳陸瑜字幹玉少篤學美詞采爲東宮學士兄琰時爲管記並
以才學娛侍左右時人比之二應
杜崱兄弟九人兄嵩岑嶷巘岸及弟幼安並知名當世崱位江州
刺史
後魏高湖字大淵渤海蓨人少機敏有器度與兄謐俱知名於
時雅爲鄉人崔逞所敬異胡位至寧西將軍
尉地干爲侍輦郎奉上忠謹弟侯頭襲地干職爲庫部尚書侯
頭弟力斤亦以忠謹聞歷位御史中尉
李順與從兄靈從弟孝伯並以學識器業見重於時故能砥礪
宗族競各脩尚順位安西將軍
陸暐字道暉與弟恭之並有時譽洛陽令賈禎見其兄弟歎曰
僕以年老更覩雙璧又兄弟共仕黃門郎孫惠蔚謂諸賓曰不
意二陸復在坐隅吾德謝張公無以延譽

劉休賓字顯幹北海人少好學有文才兄弟六人乘民延和等
皆有時譽休賓位懷寧令陽鳴鵠與弟季智俱有名於時前後
並爲幽州司馬
崔勵爲中書侍郎與從兄鴻俱知名於世
崔亮字敬儒爲散騎常侍有三子士安士和士泰並以彊幹善
於當世士安位諫議大夫尹循爲太原太守弟家遵西太守兄
弟皆有政事才
楊大眼有三子長甑生次領軍次征南皆潘氏所生氣幹咸有
父風大眼位荊州刺史
高崇爲洛陽令子謙之爲河陰令道穆益治體多爲政事謙之弟
道穆爲御史亦有能名
北齊李瑾六子彥之倩之壽之禮之行之凝之並有器望行之
與兄弟深相友愛又風素夷簡爲士友所稱范陽盧思道是其
舅子嘗贈詩云水衡稱逸人潘陽有世親形骸預冠蓋心思出

風塵時人以爲貴錄瑾位至光祿大夫
司馬子結兄弟三人皆涉文學陽休之牧西兗子廉子尚子結
與諸朝士各有詩言贈陽總爲一篇酬荅即詩云三馬俱白眉
者子結爲南陽王管記
王昕兄弟九人並風流蘊藉世號王氏九龍昕位銀青光祿大
夫盧叔武與兩兄觀仲並以文章顯於洛下叔武散騎常侍
韋道遜與兄道密道建道儒並以文學知名位右光祿大夫
宋世良與弟世軌俱有孝友之譽
後周裴寬儀貌瓌偉博涉羣書弱冠爲州里所稱與二弟漢尼
並知名寬位涉州刺史
𢍰儁字祖儁上谷昌平人性寬雅幼有識量好學強記兄祖訓
祖禮及儁並有志行儁位驃騎將軍
蘇亮少與從弟綽俱知名然綽文章稍不逮亮至於經畫進趣
亮又減之故世稱二蘇亮弟湛字景儁少有至行與亮俱著名
西土亮位衛將軍南汾州刺史

隋杜正玄字慎徽鄴人聰敏博涉多通弟正藏字爲善好學善
屬文兄弟數人俱未弱冠並以文章才辯藉甚三河之間大業
中應詔舉秀才兄弟三人一時詣闕論者榮之正玄位豫章王
記室
尹正卿弟彥卿河間人俱有儁才名顯於德世賀德仁越州人
少與兄德基俱事國子祭酒周弘正咸以詞學見稱時人語曰
學行可師
賀德基文質彬彬賀德仁兄弟八人時人方之荀氏德仁弟子
紀數亦以博學知名德仁爲趙王文
盧昌衡字子均小字龍子風神澹雅容止可
法博涉經史工草行書從弟思道小字釋奴宗中俱稱英妙故
幽州爲之語曰盧家千里釋奴龍子昌衡位大子左庶子
虞世南初仕陳爲西陽王友陳滅與兄世基同入長安俱有
重名時人方之二陸
郎餘令祖楚之少與兄蔚之俱有重名大業中蔚之爲左丞
楚之爲尚書民曹郎煬帝重其兄弟稱爲二郎
溫彥博兄弟三人父友薛道衡李綱見之曰皆卿相才也彥博
位至中書侍郎
薛萬徹父世雄大業末卒於涿郡太守萬徹少與兄萬均隨父
在幽州俱以武略爲羅藝所親待位至蔚州刺史
杜正倫相州洹水人隋仁壽中與兄正玄正藏俱以秀才擢第
才惣十人正倫一家有三秀才甚爲當時稱美仕至中書令
張昌宗冀州南宮人少與兄昌齡俱以文詞知名昌宗位至春
官侍郎
溫大雅性至孝少好學以才辯知名季弟大有字彥將聰明好
古約有令譽才學亞於二昆而篤行過之大雅位右僕射
唐臨與兄皎俱有令名皎歷位吏部侍郎臨亦以文史著稱爲

吏部尚書
王勃與兄勔勮俱稱少俊父友考功員外郎杜易簡常稱曰此
王氏三珠樹也勃位虢州參軍
賈敦實貞觀中爲洛州長史初敦實兄敦頤爲洛州刺史甚有惠政百
姓共樹碑于大市通衢及敦實去職復刻石頌其德政立於兄
碑之側故時人呼爲棠棣碑焉
韋斌鄖國公安石之子早修整篤志文藝與兄陟齊名斌位至
臨安大守
楊慎矜父崇禮太府卿二十餘年時議稱職及崇禮罷太府玄
宗訪其堪委其父任者宰臣稱慎矜慎名三人皆勤恪清白有
父風時慎矜爲汝陽令有能名因召拜監察御史知太府出納
慎餘授太子舍人監京倉尋丁父憂服闋累遷侍御史仍知大
府出納慎名授大理評事攝監察御史充含嘉倉出納使其丞
慈願慎矜在臺數年風格甚高遷權判御史中丞充京畿採訪

使太府出納如故
盧奕黃門監懷慎之少子也與其兄奐齊名謹愿寡欲不尚與
馬勉已自勵開元中任京兆司録參軍天寶初爲鄠縣令兵部
郎中所歷有聲皆如奐之所歷
王之咸爲長安縣尉與昆弟之瓊之渙皆善屬文
王維與弟縉皆有才秀以詞學齊名維位尚書右丞
張知謇家于岐與兄知立知晦弟知泰知默勵志讀書皆明經
擢弟位大理卿致仕
李雲京河西之大族代掌戎旅兄弟數人並以將帥知名雲京
仕至河東節度使
蔣沇爲監察御史與兄演溶弟清俱以幹局吏事禮能名於天
寶中長吏韓朝宗裴寬咸以推擇按察之任委之處事平允剖
斷精當動爲群吏楷式
路敬淳與弟敬潛俱早知名敬淳位太子司議郎

陸象先爲太子少保弟景倩爲監察御史景融歷左右丞工部
尚書景獻屯田員外郎景裔庫部郎中皆有美譽僧一行少時
嘗與象先昆弟相善常謂人曰陸氏兄弟皆有才行古之荀陳
無以加也共爲當時所稱如此
孫成幼涉學持兄宿絳早知名位至桂州刺史
柳渾初名載少孤志學工爲文章與兄識齊名位至兵部侍郎
平章事
吳通玄與兄通微俱博學善屬文詞彩綺麗通玄幼應神童舉
建中初策賢良方正等科通玄應文詞清麗登乙第皆以文學
知名同爲翰林學士
蘇弁與兄冕袞皆以友悌儒學稱弁位杭州刺史
楊憑字虛受弘農人工文詞少負氣節與母弟凝凌相友愛皆
有時名位京兆尹
韋綬爲翰林學士其弟纁有精識奧學爲士林所器故其兄弟
令稱推於一時
柳登字成伯右司郎中集賢學士芳之子少嗜學其弟冕福建觀
察使冕咸以該博著稱位右散騎常侍致仕
崔郾與兄邠等皆有令譽而郾疎財恢廓兄所不及位爲浙
西觀察使
馮定與兄宿皆有文學而定過之貞元中皆舉進士時人比以
漢朝二馮君定位至工部尚書致仕
李景儉弟景儒景信景仁皆有藝學知名於時景信景仁皆登
進士第
穆寧子贊質員賞並兄弟俱有令譽而和粹世以滋味目之贊
俗而有格爲酪質美而多文爲蘇員爲醍醐賞爲乳腐近世士夫
言家法者以穆氏爲高寧位祕書監致仕
崔琯弟珙琮璪璵球珦璵兄弟八人皆至達官時人皆漢之荀
氏號曰八龍

後唐李琪十三爲賦頌舉進士擢第琪兄珽亦登進士第十藻
富贍兄弟齊名琪位太子少傅致仕
劉昫字耀遠涿州歸義人也兄暄弟皞俱有鄉曲之譽昫位平
章事
趙光裔光逢之弟任以詞藻知名登進士第光裔仕梁歷清顯官
伯仲之間咸以方雅自高北人聞其名者皆望風欽重光裔位
平章事
任圜京兆三原人祖清成都少尹父茂弘避地太原奏授西河
令有子五人曰圜回團囦鳳彩俱異圜位平章事
周竇禹鈞有子五人儀儼侃偁僖皆擢進士弟禹鈞任澶州縣
判時馮道贈詩云澶察竇中郎於家有義方靈椿一樹老仙桂
五枝芳

冊府元龜卷第七百八十三

册府元龜卷第七百八十四

總録部 三十四

壽考

洪範五福其一曰壽詩人之述黄耇易象之紀大耋皆其事也蓋夫氏禀天地之中以生其札瘥夭閼中道而殞者不可勝數矣乃有鮐背鯢齒䐠䐠華顛而筋力靡耗精爽不衰以至飾巾待期啓手無恨此乃康寧考終命盡其天年者歟傳之所載八十九十曰耄百年曰期頤人之享年及於耄期誠足貴矣三代而下悉用論次其有百歲以至數百歲者豈特享其衍歟

周呂望尚父爲太師佐武王平商而王天下封於營丘蓋太公之卒百有餘年

衛武公年九十五儆言於國人曰苟在朝者無謂我老而舍我也必恭恪於朝夕以警我聞一二之言志誦納之以訓道

敏五人齊人也桓公見之問其年幾何對曰臣年八十三公曰美哉壽也

老子周守藏室之吏也百有六十餘歲或言二百餘歲以其修道而養壽也

榮啓期年老白首衣鹿裘鼓琴自樂孔子問曰先生年老而窮何樂也啓期曰吾有三樂天生萬物以人爲貴吾得爲人一樂也人生以男爲貴吾得爲男二樂也人生命有傷夭吾年九十餘是三樂也貧者士之常死者人之終居常以守終何不樂乎

唐雎魏人也年九十餘會齊楚攻魏唐雎謂魏王曰老臣請西説秦令兵先臣出可乎曰諾遂約車而遣之見秦王秦遂發兵救之

漢東園公綺里季夏黄公甪里先生四人年皆八十有餘鬚眉皓白衣冠甚偉高帝爲太子卑辭安車因使辯士固請來以爲客

班壹避地於樓煩當孝惠高后時以財雄邊年百餘歲以壽終

伏生者名勝濟南人故秦博士也孝文欲求能治尚書者天下無有聞伏生能治乃召之是時伏生年九十餘老不能行乃詔太常掌故朝錯往受之

張蒼爲丞相免後口中無齒食乳女子爲乳母妻妾以百數嘗孕者不復幸年百餘歲迺卒

馮唐文帝時爲車騎都尉景帝立以唐爲楚相武帝即位求賢良舉唐唐時年九十餘不能爲官迺以子遂爲郎

申公楚人武帝遣使迎之至問治亂之事時已八十餘

轅固生武帝時以賢良徵固已九十餘

公孫弘武帝時爲丞相御史大夫年八十終丞相位

劉辟彊爲光禄大夫守長樂衛尉時年已八十矣

蘇武爲典屬國年八十餘神爵二年病卒

趙充國爲後將軍甘露二年薨年八十六

夏侯勝爲太子太傅年九十卒官

韋賢爲丞相致仕八十二薨孫賞爲大司馬車騎將軍亦年八十餘以壽終

嚴君平蜀人卜筮於成都市年九十餘遂以其業終蜀人愛敬之

貢禹爲光禄大夫上書曰臣犬馬之齒八十一乞骸骨及身出居鄉里死無恨矣

後漢樊重湖陽人貲至巨萬縣中推爲三老年八十餘終

郭伋爲太中大夫卒時年八十六

嚴光建武十七年復特徵不至年八十終於家

郭丹爲司徒坐考隴西太守鄧融事無所據策免卒於家年八十七

伏恭爲司徒乞骸骨年九十

第五倫爲司空上疏乞身卒年八十餘

馮魴爲執金吾建初三年以老病乞身帝許之其冬爲五更詔魴朝賀就列侯位元和二年卒時年八十六[illegible]

魯恭爲司徒以老病策免卒年八十一

郭躬習小杜律爲郡法曹掾用法平年九十五卒

袁湯爲太尉以災異策免卒年八十六

薛包爲侍中稱疾賜告歸年八十餘以壽終

[王]堂為汝南太守免歸家年八十六卒

李充為左中郎將年八十以為國三老安帝常特進見賜以几杖卒於家

樓望以書嚴氏春秋為左中郎將年八十永元十二年卒於官

蔡順以至孝稱舉孝廉不能遠離墳墓遂不就年八十終于家

楊統位至光禄大夫年九十卒

楊厚為侍中病免歸年八十二卒於家

胡廣為太傅録尚書事時年已八十而心力克壯盛弘之荆州記曰菊水出穰縣芳菊被涯水甚香谷中皆飲此水上壽百二十七八十者猶以為夭太尉胡廣所患風疾休沐南歸常飲此水後疾遂瘳年八十二薨也

泠壽光年可百五十六歲行容成公御婦人法容成公者能補導之事取精於玄牝其要谷神不死守生養氣者也髮白復黑齒落復生御婦人之術謂握固不寫還精補腦也常屈頸鷮息鷮音居妖反詩曰有集維鷮注曰鷮雉也山海經曰女几之山多白鷮郭璞曰似雉長尾也須髮盡白而色理如三四十時老死於江陵

計子勳者不知何郡縣人皆謂數百歲

唐虞魯女生者皆與華佗同時唐虞道赤眉張步家居里落若與相及死於鄉里不其縣魯女生數說顯宗時事甚明了議者疑其時人也董卓亂後莫知所在

折像廣漢人能通京氏易好黄老卒年八十四

李郃為太尉策免年八十餘卒於家

廖扶汝南人州郡公府辟召皆不就號北郭先生八十終于家

王真上黨人年且百歲視之面有光澤似未五十者

李尤少以文章顯為樂安相年八十三卒

法真前後四徵終不降屈友人郭正稱之曰可謂百世之師者矣乃共刊石頌之號曰玄德先生年八十九中平五年以壽終

崔毅補蒙令以郡守非其人棄家去年八十卒於家

董扶學圖讖為蜀郡屬國都尉去官還家年八十二卒

張儉建安初徵為衛尉不得已而起儉見曹氏世德已萌乃闔門懸車不豫政事歲餘卒于許下年八十四

華佗一名旉舉孝廉辟太尉府皆不就曉養性之術年且百歲而猶有壯容時人以為仙

甘始東郭延年封君達三人皆方士壽皆百餘歲及二百歲

陳寔為太丘令中平四年年八十四卒于家

楊彪為司徒免年八十四黄初六年薨

趙岐為太常年九十餘建安六年卒先自為壽藏壽藏謂冢壙也稱壽者取其久遠之意也猶如壽宮壽器之類冢在今荆州古郢城中也圖季札子產晏嬰叔向四像居賓位又自畫其像居主位皆為讃頌

吳祐為河間相因自免歸家不復仕躬灌園蔬以經書教授年九十八卒

張晧為司空年八十三卒

魏田豫為衛尉稱疾遜位拜太中大夫食卿禄年八十二薨

管寧累徵不至正始二年卒年八十四

胡昭居陸渾山中嘉平二年公車特徵會卒年八十九子纂郎中

焦先字孝然隱者也亡時年八十九矣一說年百餘歲乃卒

扈累字伯重京兆人初平中山東人有青牛先生者字正方客三輔年似五六十者人或親識之謂其已百餘歲矣累隨正方游學嘉平中年八九十病亡

張臶養志不仕兼內外正始元年戴鵀之鳥巢門陰臶告門人曰夫戴鵀陽鳥而巢門陰此凶祥也乃援琴歌詠作詩二篇旬日而卒時年一百五歲

蜀孟光為大司農嘗直言無所回避為代所嫌後坐事免官年九十餘卒

來敏以語言不節前後數貶削後主以敏為執慎將軍欲令以官重自警戒也年九十七景耀中卒

杜瓊字伯瑜少受學於任安精究安術後為大常年八十

吳士燮為交阯太守在郡四十餘歲黄武五年年九十卒

呂岱爲大司馬九十六卒子凱嗣遺令殯以素棺疏巾布褠葬
送之制務從約儉凱皆奉行之○晉太宰安平王孚泰始八年
薨時年九十三○王祥字休徵爲太保疾篤著遺令訓子孫曰
夫生之有死自然之理吾年八十有五啓手何恨○劉寔爲司
空薨時年九十一○鄭袤拜司空固辭以侯就第薨時年八十
五○石鑒元康初爲太尉年八十餘克壯慷慨自遇若少年時
人美之○顔含爲光禄勳致仕二十餘年年九十三卒○向琦
養志衡門不交人事前後徵辟皆不就年八十二卒○許孜元
康中郡察孝廉不起巾褐終身年八十餘卒于家○黄泓魏郡
人爲慕容皝太史靈臺諸署統皝致以老歸家善天文祕術年
九十七卒○崔游爲氐池長以病免就家拜郎中卒年九十三
○續咸貞素好學爲并州從事中郎没于石勒年九十七死于
石季龍之世○鮑靚爲南海太守常見仙人陰君授道訣百餘
歲卒○戴洋吴末爲臺吏後託病不仕有神術年八十餘所占

驗者不可勝紀○陳訓歷陽人爲諫議大夫去職還鄉善占候
年八十餘卒○丁譚爲光禄大夫卒年八十○譙秀巴西人遭
蕭敬叛亂避難宕渠川中鄉人宗族馮依者以百數秀年八十
衆人以其篤老欲代之負擔秀拒曰各有老弱當先營救吾氣
力自足堪此不以垂朽之年累諸君也後十餘年卒於家年九
十餘○范粲陳留外黄人爲太宰中郎後稱疾不出不言三十
四年卒年八十四○郭荷略陽人明究羣籍特善史書張祚徵爲
太子友上疏乞還年八十四卒○公孫永襄平人隱平郭南山
年餘九十操尚不虧○單道開好山居後入羅浮山獨處茅茨
蕭然物外年百餘歲卒于山舍○宋纖不應辟命張祚徵爲太
子友遷太傅不食而卒年八十二○後秦姚興時西胡梁國兒
爲鎮北將軍封平輿男年八十餘乃死○宋傅隆爲太常博士
多通特精三禮卒年八十三○營浦侯遵考高祖族弟元徽初
卒年八十二○顔琛元徽中爲員外常侍中散大夫卒年八十

六○劉瑜之閑居京口未嘗應召後以左光禄大夫徵不就元
嘉二年年九十餘卒於家○王玄謨爲南豫州刺史加都督性
嚴刻少恩薨年八十一○裴松之字世期爲國子博士致仕卒
年八十○南齊徐伯珍隱居九巖山家甚貧窶兄弟四人皆白
首相對時人呼爲四皓建武四年卒年八十四○王琨爲侍中
卒年八十四○沈麟士字雲禎吴興武康人隱居不仕卒年八
十六○梁袁昂爲司空侍中薨年八十○賀瑒爲步兵校尉領
五經博士天監九年遇疾卒于館時年九十○孫謙爲零陵太
守天監九年以年老徵爲光禄大夫既至高祖嘉其清潔甚禮
異焉每朝見猶請劇職自效高祖笑曰朕當使卿智不使卿力
十四年詔曰光禄大夫孫謙清慎有聞白首不怠高年舊齒宜
加優秩可給親信二十人并給扶謙年逾九十强壯如五十者
每朝會輒先衆到公門十五年卒官時年九十二高祖爲舉哀
甚悼惜之○顧思遠鍾離人新渝侯暎爲北徐州刺史徵還思

遠挺又行部伍中暎見甚老使人問對曰年一百一十二歲凡
七娶有子十二死亡略盡今唯小者年已六十又無孫息家闕
養之是以行役暎大異之召賜之食食兼於人檢其頭有肉角
長寸許遂命後舟載還都謁見天子與之言性事多異所傳擢
爲散騎侍郎賜以俸宅朝夕進見年百三十卒○普通中北侵
攻穰城城内有人年二百四十歲不復能食穀唯飲曾孫婦乳
聞文帝命勞之賜以束帛○荆州江津鄉人張元始年一百一
十六歲膂力過人進食不異至年九十七方生兒兒遂無影將亡
人人告別乃至山林樹下處處行少日而終時人以爲知命湘
東王發奇重異遂留其枕○後魏元法僧爲太尉始安王薨年八
十三○裴安祖河東聞喜人州辟主簿年八十三卒於家○長孫
嵩太武時爲太尉北平王薨年八十○長孫道生太武帝時爲司
空上黨王薨年八十二○嚴稜太武帝時爲中山太守有廉清之
稱年九十卒於家○寇讚爲南雍州刺史讚在州十七年甚獲公

於之譽年老表求致仕真君九年卒年八十六○王憲為并州刺
史及還京師以歷元老特賜錦繡布帛綿絲珍羞禮饍獻文帝天
安初卒年八十九○李崇獻文帝時為北幽州刺史卒年八十一
刁雍音人為特進舒將大將軍太和八年卒年九十五
高允太和三年為鎮南大將軍領中書監十一年詔允議定律令
雖年漸期頤而志識無損猶心存舊職披考史書談說舊事了
无所遺十一年卒年九十八
尉元太和十三年為司徒以年老致仕十七年七月元疾篤高
祖親幸省疾年八月元薨時八十一
羅結代人為侍中年一百七歲精爽不衰後以聽歸老賜大寧
東川以為居業并為築城即號曰羅侯城年一百二十歲卒
梁祚為散令清貧守素不交勢貴年八十七太和十二年卒
王琚閹人也高祖特異遷散騎常侍養老於家常飲牛乳色如處
子太和二十年冬卒時年九十一

游明根高祖時為五更太和二十三年卒於家年八十一
尒朱代勤高祖末假寧南將軍除四州刺史卒年九十一
新興公丕仕六世六十年位極公輔景明四年薨年八十一
傅永為平東將軍光祿大夫熙平元年卒年八十三
北齊侯莫陳相為太傅汾州刺史武平中薨於州年八十三斛
律金為太師咸陽郡王天統三年薨年八十
後周寇儁為驃騎將軍保定三年卒時年八十二高祖歎惜之
熊安生字植之武帝宣政元年徵拜露門學博士下大夫其時
年已八十餘尋致仕卒於家
樂遜為東楊州刺史卒年八十二
張羡為司成中大夫卒年八十四
姚僧垣為太醫下大夫至隋開皇三年卒時年八十五
隋沈重吳興武康人仕梁為太常卿後歸大象二年來朝京師
開皇三年卒年八十四

奚武開皇中為襄州總管卒官年八十九
楊慶字伯悅開皇中為儀同三司年八十五終於家
庾季才為太史中大夫藝術精通後免職以半祿歸第所有祥
異常使人就家訪焉仁壽三年卒時年八十八
公孫景茂大業初為淄州刺史卒官年八十七
柳儉大業末以上大將軍卒於家時年八十九
蕭翽字弘儉大業末以前潁川郡丞終于家時年八十
唐裴矩貞觀初為民部尚書年八十而精爽不衰
歐陽詢貞觀初歷太子率更令加銀青光祿大夫弘文館學士
封渤海縣男年八十餘卒
虞世南字伯施為祕書監後表請致仕優制許之仍授銀青光
祿大夫弘文館學士祿尋卒年八十一
褚亮為員外散騎常侍弘文館學士後致仕卒年八十八
丘和為特進貞觀十一年卒年八十六

傅奕貞觀中為太史令年八十餘卒於官
李百藥貞觀中任宗正卿卒時年八十五
張後胤貞觀中為國子祭酒致仕卒年八十三上為之輟朝三
日贈禮部尚書陪葬昭陵謚曰康
趙弘智高宗朝為國子祭酒崇賢館學士卒時年八十二
張道鴻少遊名山得服食之術後居人間每餌金膏時年一百
四十六歲
甄權精曉藥術為天下之最初仕隋為祕書省正字後稱疾免
貞觀十七年權年一百三歲太宗幸其家視其飲食訪以藥性
因授朝散大夫
孫思邈京兆華原人也自云開皇辛酉歲生至今年九十三矣詢
之鄉里咸云數百歲人話齊周間事歷歷如眼見以此參之不
啻數百歲人矣永淳元年卒
李客師衛國公靖之弟為冠軍大將軍總章二年卒時年八十餘

許敬宗高宗朝爲中書令入冊拜太子少師々之菀表乞骸骨
詔聽致仕加特進俸祿如舊及薨年八十一
丘行恭爲右武候大將軍請致仕拜光祿大夫卒年八十
賈敦實爲懷州刺史永淳初以年老致仕及病篤子遜孫延醫
視之敦實曰未聞良醫能治老也不肯服藥垂拱四年卒時年
九十餘
高智周永淳中爲左散騎常侍卒年八十二
劉仁軌光宅初爲文昌左相同鳳閣鸞臺三品薨時年八十四
王及善爲内史聖曆二年拜文昌左相旬日薨年八十二
唐休璟景雲中爲朔方道行軍總管薨時年八十六
蘇珦爲太子賓客檢校簽事以年老致仕卒年八十一
葉法善世爲道士法善少傳符籙自高宗則天中宗睿宗玄宗五
十年數詔入禁中法善生隋大業之丙子死於開元之庚子凡
一百七歲

嚴善思爲右散騎常侍年八十五卒善思父延爲徐州長史子
向爲太常員外郎皆年八十五卒向兄留爲趙郡司馬長向十
歲向卒時留並無恙
張果不知何許人也時人稱其有長秋術自云數百歲矣
尹知貞懷州河内人也爲太子中貞舍言置時玄宗在東宮表
請禮徵之以年老竟辭疾不起年九十餘卒
王希夷徐州滕人也孤貧好道嘗餌松柏葉及雜花散玄宗東
巡勑州縣以禮徵召至駕前時年以九十六令中書令張說訪
以道義宦官扶入宮中與語甚悅授國子博士聽致仕尋壽終
李元愷者博學善天文曰未嘗言之年八十餘壽終
王遠知爲道士年一百十六歲
潘師正爲道士師事王遠知永淳元年卒年九十八
司馬承禎字子微河内溫人爲道士事潘師正傳其符籙及辟
穀導引服餌之道卒于王屋山時年八十九

信安郡王禕天寶二年七月薨年八十餘玄宗聞而痛惜贈之
孫逖父嘉之進士擢第又以書判拔萃授蜀川新津縣主簿歷
曲周襄邑三縣令以宋州司馬致仕卒時年八十二
賀知章開元中爲秘書監歸會稽壽終年八十六
裴遵慶爲右僕射年九十餘終於位
王縉爲相時元載用事縉卑附之元載得罪連坐貶處州刺史
德宗登極徵爲太子賓客東都留守卒年八十三
丘爲爲散騎常侍致仕年八十餘而繼母尚無恙
于邵貞元中終於江州別駕年八十一
郭子儀爲尚父太傅中書令建中二年薨年八十五
蕭昕爲太子少傅兼禮部尚書致仕貞元七年卒年九十一
韋倫貞元中爲太子少師致仕卒時八十三
嗣滕王湛然貞元中卒年八十四
歸崇敬貞元中爲兵部尚書致仕卒時年八十八

張萬福貞元二十一年以左散騎常侍致仕元和元年卒年九
十萬福自始從軍至卒祿食七十餘年未嘗一日病
趙宗儒爲太子太傅拜疏請老詔以司空致仕卒年八十七
趙昌元和六年自工部尚書爲華州刺史候辭於麟德殿時年
八十餘趨拜輕捷占對詳明憲宗退而嘆異宣命宰臣密訪
其頤養之道以奏焉
閻濟美爲秘書監以年逾懸車上表陳乞授工部尚書致仕寶
曆元年歿于家年近九十
裴向以吏部尚書致仕卒年八十贈太子少保
張正甫以吏部尚書致仕卒年八十三
柳公度善攝生年八十餘步履輕便位止光祿少卿
柳公權爲太子少師卒年八十八
王起爲山南東道節度使在鎮二年以老疾求代不許卒于鎮
時年八十八

後唐錢鏐爲尚書令吳越國王薨時年八十一

馬縞晉天福四年爲戶部侍郎縞時年已八十及爲國子祭酒八十餘矣形氣不衰

許寂授工部尚書致仕卜居于洛時寂已年高精彩猶健沖漠寡言時獨語云可怪可怪人莫知其際卒時年八十餘

晉盧損爲秘書監拜章辭位乃授戶部尚書致仕退居穎川時李鏻年將八十善服氣導引損以鏻之遐壽有道術踪跡之仍以穎川逼城市乃卜居陽翟立隱舍誅茅種藥出衣野服逍遙於嵩少之間出則柴車鶴氅自稱具茨山人晚年與同遊五六人於大隗山中古宮觀址疏泉鑿坯爲隱所誓不復出山氣多寒後病而卒時年八十餘齒髮不衰而有壯容

周孔知濬父延織左武衛大將軍致仕年九十餘卒

李建崇歷河陽邢州兵馬留後漢初入爲右衛大將軍年逾七十神氣不衰建崇始自代北事後唐武皇至是四十餘年前後所事兵麾下部曲多至節鉞零落殆盡唯建崇雖位不及藩屛而康強自適以至耆耄太祖即位授左監門衛上將軍廣順三年春卒贈黔南節度使

晉蕭愿父爲太子賓客愿唐宰相倣之曾孫也倣入相援賓之次愿爲兒童之戲倣謂客曰予豈敢得位而喜所幸弈世壽考吾今又有曾孫在目前矣愿年七十餘其母猶在一門壽考人罕及者

楊凝式爲太子少師分司於洛廣順中表求致仕尋以右僕射得請顯德初改左僕射又改太子太保並懸車以疾薨於第年八十五

冊府元龜卷第七百八十四

冊府元龜卷第七百八十五

總録部三十五

守道　知足

守道

孔子曰士志於道而恥惡衣惡食者未足與議也然則若懷昏亂養素丘樊不爲利回不與物忤杜門謝絶陋巷晏然或著書以自娛或樵蘇而不爨驕餌不可誘汙君莫能臣安貞居常誓志終老者良足多矣亦有逃榮避地篤學俟時不屬當塗之門獨樂先王之道時主欽崇風聲自遠至或濯纓仕籍志懷得喪託庇彊宗棲心恬薄端默以自守耿介而不渝慭乎之操於茲可尚蓋聞其風者足使貪夫廉懦夫有立志者焉

孔子爲魯大夫公山弗擾以費畔召子欲往(弗擾爲季氏宰與陽虎共執季桓子而召孔子)子路不說曰末之也已何必公山氏之之也(之適也無可之則止何必公山氏之適)子曰夫召我者而豈徒哉如有用我者吾其爲東周乎(興周道於東方故曰東周)又佛肸以中牟畔子之往也如之何子曰然有是言也不曰堅乎磨而不磷不曰白乎涅而不緇(磷薄也涅可以染皂言至堅者磨之而不薄至白者染之於涅而不黑)吾豈匏瓜也哉焉能繫而不食(匏瓜得繫一處者不食故也吾自食物當東西南北不得如不食之物繫滯一處)又楚聞孔子在陳蔡之間使人聘之蔡大夫謀曰孔子賢者今楚大國也孔子用於楚則陳蔡用事大夫危矣於是乃相與發徒役圍孔子於野孔子講誦弦歌不衰子路慍見曰君子亦有窮乎孔子曰君子固窮小人窮斯濫矣(濫溢也君子固亦有窮時但不如小人窮則濫溢爲非)孔子知弟子有慍心召子路而問曰詩云匪兕匪虎率彼曠野(兕虎野獸也言非兕虎而循曠野也)吾道非耶吾何爲於此子路曰意者吾未仁耶人之不我信也(言人不信吾豈以吾未仁故乎)意者吾未知耶人之不我行也(不使通行而困窮者豈以吾未知乎)孔子曰有是乎由譬使仁者而必信安有伯夷叔齊使智者而必行安有王子比干子路出子貢入見孔子曰賜詩云匪兕匪虎率彼曠野吾道非耶吾何爲於此子貢曰夫子之道至大也故天下莫能容夫子夫子蓋少貶焉孔子曰賜良農能稼而不能爲穡(種之爲稼斂之爲穡言良農能種之未必能斂之)良工能巧而不能爲順(言良工能巧不能每順人之意)君子能修其道綱而紀之統而理之而不能爲容今爾不修爾道而求爲容賜而志不遠矣子貢出顏回入見孔子曰回詩云匪兕匪虎率彼曠野吾道非耶吾何爲於此顏回曰夫子之道至大故天下莫能容雖然夫子推而行之不容何病不容然後見君子夫道之不修也是吾醜也夫道既已大修而不用是有國者之醜也不容何病不容然後見君子孔子欣然而笑曰有是哉顏氏之子使爾多財吾爲爾宰(宰主財者也爲汝宰言志之同也)孔子在衛王孫賈問曰與其媚於奧寧媚於竈何謂也(王孫賈衛大夫奧内也以喻近臣也竈以喻執政賈執政者欲使孔子求昵之微以世俗之言感之)子曰不然獲罪於天無所禱也(天以喻君孔子拒之曰如獲罪於天無所禱於衆神)又曰富而可求也雖執鞭之士吾亦爲之(富貴不可求而得之當修德以得之若於道可求者雖執鞭賤職亦爲之)如不可求從吾所好(所好者古人之道)又子貢曰有美玉於斯韞匵而藏諸求善賈而沽諸(韞藏也匵匱也謂藏諸匱中沽賣也得善賈寧肯賣之耶)子曰沽之哉沽之哉我待賈者也(沽之哉不衒賣之辭我居而待賈)又冉有謂子貢曰夫子爲衛君乎(爲猶助也衛君者謂輒也衛靈公逐太子蒯聵公薨而立孫輒後晉趙鞅納蒯聵於戚衛石曼姑帥師圍之故問其意助輒不乎)子貢曰諾吾將問之入曰伯夷叔齊何人也曰古之賢人也曰怨乎曰求仁而得仁又何怨(夷齊讓國遠去終於餓死故問怨邪以讓爲仁豈有怨乎)出曰夫子不爲也(父子爭國惡行孔子以伯夷叔齊爲賢且仁故知不助衛君明矣)又孔子疾病子路使門人爲臣(孔子嘗爲大夫故子路欲使弟子行其臣之禮)病間曰久矣哉由之行詐也無臣而爲有臣吾誰欺欺天乎(少差曰間言子路久有是心非今日也)且予與其死於臣之手也無寧死於二三子之手乎(無寧寧也二三子門人也就使我有臣而死其手我寧死於弟子之手乎)且予縱不得大葬(君臣禮葬)予死於道路乎(就使我不得以君臣禮葬有二三子在我寧當憂棄於道路乎)孟子曰孔子之去齊接淅而行[illegible]去魯曰遲遲吾行也去父母之國之道也可以速而速可以久而久可以處而處可以仕而仕孔子也

蘧伯玉衛大夫邦有道則仕邦無道則可卷而懷之(卷而懷之謂不與時政[illegible])

乎柔順不於人

顔子名淵魯人也當世亂居於陋巷一簞食一瓢飲人不堪其憂不改其樂孔子賢之當平世三過其門者身爲公卿憂民者也當亂世安陋巷者不用於世窮而樂道者也孟子以爲是憂民之道同用與不用之宜若是故孔子賢之也

曾蒧字皙參父也侍孔子孔子曰言爾志蒧曰春服既成冠者五六人童子六七人浴乎沂風乎舞雩詠而歸暮春者季春三月也春服成衣單袷之時我欲得冠者五六人童子六七人浴乎沂水之上風涼於舞雩之下詠先王之道歸夫子之門孔子喟然歎曰吾與蒧也善蒧之獨知時也

曾子名參寢疾病病謂疾困樂正子春坐於牀下子春曾參弟子曾元曾申坐於足元申曾參之子童子隅坐而執燭隅坐不與成人並童子曰華而睆大夫之簀與子春曰止以病困不可動曾子聞之瞿然曰呼呼虛憊之聲曰華而睆大夫之簀與曾子曰然斯季孫之賜也我未之能易也元起易簀曾元曰夫子之病革矣革急也不可以變幸而至於旦請敬易之言夫子病不可以變動也

曾子曰爾之愛我也不如彼疏彼童子君子之愛人也以德細人之愛人也以姑息姑息苟容取安也吾何求哉吾得正而斃焉斯已矣斃仆也舉扶而易之反席未安而沒言病雖困猶勤於禮

澹臺滅明字子羽武城人也孔子弟子也既已受業退而修行行不由徑非公事不見卿大夫

公晳哀字季次齊人也孔子曰天下無行多爲家臣仕於都唯季次未嘗仕

漆雕開字子開孔子使開仕對曰吾斯之未能信仕進之道未能信者未能究習孔子說善其志

柳下惠魯人爲士師士師典獄之官三黜黜退也人曰子未可以去乎曰直道而事人焉往而不三黜苟直道以事人所至之國俱當復三黜枉道而事人何必去父母之邦

墨子宋人名翟弟子公上過語墨子之義於越王說之謂公上過曰子之師苟肯至於越請以故吾之地陰江之浦書社三百以封夫子二十五家爲社七千五百家也公上過往於墨子墨子曰子觀越王能聽吾言用吾道乎公上過曰殆未能也墨子曰不唯越王不知翟之意雖子亦不知翟也若越王聽吾言用吾道翟度身而衣量腹而食比於賓萌未敢言士賓萌客民也越王不聽吾言不用吾道雖全越以予我吾無所用之不聽不用而受其國是以義翟也何必越雖中國可矣

孔伋字子思孔子孫也魯繆公亟見於子思曰古千乘之國以友士何如子思不悅曰古之人有言曰事之云乎豈曰友之云乎子思不悅也豈不曰以位則子君也我臣也何敢與君友也以德則子事我者也奚可以與我友千乘之君求與之友而不可得也而況可召與

孟子爲卿於齊出弔於滕王使蓋大夫王驩爲輔行王驩朝暮見反齊滕之路未嘗與之言行事也孟子爲齊卿出弔滕君也蓋齊下邑也王以蓋大夫王驩爲輔行輔副使也王驩齊之諂人也有寵於王後爲右師孟子不悅其爲人雖與同使而行未嘗與之言行事公孫丑曰齊卿之位不爲小矣齊滕之路不爲近矣反之未嘗與言行事何也曰夫既或治之予何言哉孟子曰夫人既自有治行事我何言哉

顏斶齊人也見齊宣王王曰斶前斶亦曰王前宣王不說左右曰王人君也斶人臣也王曰斶前亦曰王前可乎斶對曰夫斶前爲慕勢王前爲趨士與使斶爲趨勢不如使王爲趨士王忿然作色曰王者貴乎士貴乎對曰士貴耳王者不貴王曰有說乎斶曰有昔者秦攻齊令有敢去柳下季壟五十步而樵采者死不赦令曰有能得齊王頭者封万户侯賜金千鎰由是觀之生王之頭曾不若死士之壟也宣王默然不說左右皆曰斶來斶來大王據千乘之地而建千石鍾萬石簴天下之士仁義皆來役處辯知並進莫不來語東西南北莫敢不服求萬物無不備具而百姓無不親附今夫士之高者乃稱匹夫徒步而處農畝下則鄙野監門閭里士之賤也亦甚矣斶對曰不然斶聞古大禹之時諸侯萬國何德厚之道得貴士之力也故舜起農

亂世於野鄙而為天子及至湯之時諸侯三千當今之世南面稱寡人者乃二十四由此觀之非得失之策與稍稍誅滅滅亡無族滅亡無族之時欲為監門閭里安可得而有乎哉是故易傳不云乎居上位未得其實以喜其為名者必以驕奢為行据慢驕奢則凶必從之是故無其實而喜其名者削無德而望其福者約無功而受其祿者辱禍必握故曰矜功不立虛願不至此皆奪樂其名華而無其實德者也是以堯有九佐舜有十友禹有五丞湯有三輔自古及今而能虛成名於天下者無有是以君王無羞亟問不愧下學是故而成其道德而揚功名於後世者堯舜禹湯周文王是也故曰無刑者刑之君也無端者事之本也夫上見其原下通其流至聖人明學何不吉之有哉老子曰雖貴必以賤為本雖高必以下為基是以侯王稱孤寡不穀是其賤之本與非夫孤寡者人之困賤下位也而侯王以自謂豈非下人而尊貴士與夫堯傳舜舜傳禹周成王任周公旦而世世稱曰明主是以明乎士之貴也宣王曰嗟乎君子焉可侮哉寡人自取病耳乃今聞君子之言乃今聞細人之行願請受為弟子

漢申公魯人也少與楚元王交俱事齊人浮丘伯受詩元王薨子郢嗣立申公傅太子戊戊不好學病申公申公愧之歸魯退居家教終身不出門復謝賓客獨王命召之乃往

嚴彭祖字公子東海下邳人也為宣帝博士至河南東郡太守以高第入為左馮翊廉直不事權貴或說曰天時不勝人事君以不修小禮曲意亡貴人左右之助經義雖高不至宰相願少自勉強彭祖曰凡通經術固當修行先王之道何可委曲從俗苟求富貴乎

翼奉字少君東海下邳人治齊詩與蕭望之匡衡同師望之施之事而奉惇學不仕好律歷陰陽之說元帝徵待詔宦者署時平昌侯王臨以宣帝外屬侍中稱詔欲從奉學其術奉不肯與言

後為諫大夫

孫寶字子嚴以明經為郡吏御史大夫張忠辟寶為屬欲令授子經更為除舍〔除謂脩掃除也〕設儲偫〔偫謂備豫也音又丈紀切〕寶自劾去忠固還之心內不平後署寶主簿寶徙入舍祭竈請比鄰忠陰察怪之使所親問寶前大夫為君設除大舍子自劾去者欲為高節也今兩府高士俗不為主簿子既為之徙舍甚說〔說讀曰悅〕何前後不相副也寶曰高士不為主簿而大夫君以寶為可一府莫言非〔言大夫以寶為賢可為主簿耳府中之人又不以為不當也〕士安得獨自高前日君男欲學文而移寶自近〔文書也〕禮有來學義無往教道不可詘身詘何傷且不遭者可無不為況主簿乎〔言士不遭遇時則雖卑職亦不辭也〕忠聞之甚慚後終於大司農

揚雄哀帝時為郎侍詔時丁傅董賢用事諸附離之者或起家至二千石時雄方草太玄有以自守泊如也

桓譚當王莽居攝篡弒之際天下之士莫不競褒稱德美作符命以求媚譚獨自守默然無言後終於六安郡丞

後漢孔子建魯國人也少遊長安與崔篆友善及篆仕王莽為建新大尹〔莽改千乘國曰建新郡守曰大尹〕嘗勸子建仕對曰吾有布衣之心子有袞冕之志各從所好不亦善乎道既乖矣請從此辭遂歸終於家

包咸字子良會稽曲阿人也習魯詩論語王莽末去歸鄉里於東界為赤眉賊所得遂見拘執十餘日咸晨夜誦經自若賊異而遣之後終於騎都尉

杜撫字叔和犍為武陽人也少有高才受業於薛漢後歸鄉里教授沈靜樂道舉動必以禮後為公車令

馮衍更始時為立威將軍更始使鮑永安集河北永以衍領狼孟長屯太原光武即位遣使者招永衍永衍不肯降審知更始已歿乃共罷兵幅巾降於河內帝怨衍等不時至永以立功得贖罪遂任用之而衍獨見黜永謂衍曰昔高祖賞季布之罪誅

丁甯之功今猶是乎主亦何憂哉衍辭之人有挑其鄰人之
妻者挑其長者長者詈之挑其少者少者報之後其夫死而取
其長者或謂之曰夫非罵爾者邪曰在人欲其報我在我欲其
罵人也夫天命難知人道易守守道之臣何患死亡衍後為曲
陽令

仇覽字季智陳留考城人也入太學時諸生同郡符融有高名
與覽比宇賓客盈室覽常自守不與融言融觀其容止心獨奇
之乃謂曰與先生同郡壤鄰房牖今京師英雄四集志士交結
之秋雖務經學守之何固覽乃正色曰天子脩設太學豈但使
人游談其中高揖而去不復與言後融以告郭林宗林宗因與融齎
刺就房謁之林宗嗟歎下牀為拜覽初為本縣主簿後歸鄉
里卒

楊賜常曰吾居隱約不荅州郡之命後辟大將軍梁冀府非其好
也出除陳倉令因病不行公車徵不至連辭三公之命後拜詔

書令敕曰出為廷尉賜自以代非法家言曰三后成功惟殷于
民皋陶不與焉蓋吝之也（尚書曰伯夷降典折民惟刑禹平水土主名山川稷降播種農殖嘉穀三后成功惟殷於民皋陶不與其勤於人言皋陶之蓋吝之）遂固辭以特進就第魏邴原自遼東歸
曹公辟為司空掾原女早亡時太祖愛子倉舒亦沒太祖欲求
合葬原辭曰合葬非禮也原之所以自容於明公公之所以待
原者以能守訓典而不易也若聽明公之命則是凡庸也明公
焉以為哉太祖乃止魏太子為五官中郎將天下向慕賓客如
歸而原獨守道持常自非公事不妄舉動太祖微使人從容問
之原曰吾聞國危不事冢宰君老不奉世子此典制也於是乃
轉五官長史

晉庾敳字子嵩為吏部郎是時天下多故機變屢起敳常靜默
無為

陳袁樞字踐言少不驕貴資產充積而樞獨居處率素傍無交
往端坐一室非公事未嘗出遊榮利之懷淡如也王僧辯平侯
景鎮京城衣冠爭往造請樞獨杜門靜居不求聞達後為丹
陽尹

後魏胡方回為中書侍郎司徒崔浩及當時朝賢並愛重之清
貧守道以壽終

崔模字叔軌長者篤厚不營榮利頗為崔浩輕侮而守志確然
不為浩屈後位至征東將軍

北齊盧叔裕襲父爵為固安伯虛淡守道有古人之風為親表
所敬重

後周于謹字思敬河南洛陽人性沉深有識量略窺經史尤好
孫子兵書屏居閭里未有進仕之志或勸之者謹曰州郡之職
昔人所鄙台鼎之位須待時來吾所以優遊鄉邑聊以卒歲耳
太宰元天穆見之歎曰王佐才也後為太傅太宗伯

隋房彥謙為司隸刺史時隋政漸亂朝廷靡然莫不變節彥謙
直道守常介然孤立處為執政者之所嫉出為涇陽令

李禮成字孝諧年七歲與姑之子蘭陵太守滎陽鄭顥隨魏武
帝入關顥母每謂所親曰此兒平生未嘗迴顧當為重器年及
長深有行檢不妄通賓客釋褐著作郎周受禪拜平東將軍散
騎常侍于時貴公子皆競習弓馬被服多為軍容禮成雖善騎
射而從容儒服不失素望

裴矩煬帝時為右光祿大夫于時皇綱不振人皆變節左翊衛
大將軍宇文述內史侍郎虞世基等用事文武多以賄聞唯矩
守常無贓穢之響以是為世所傳

李文博為薛道衡所奏為司隸從事于時朝政浸壞人多贓賄
唯文博不改其操論者以此貴之遭離亂播遷不知所終

唐虞世南於隋大業初累授秘書郎遷起居舍人時世基當
朝貴盛妻子被服擬於王者世南雖同居而躬履勤儉不失
素業

竇威字文蔚扶風平陵人隋太傅熾之子也沉深有器局居懷覽

羣言多所通涉家風尚武諸兄並以軍功致位通顯皆嗤或訴
為而終不改也隋內史令李德林奏其有文學釋褐秘書郎
趙宗儒自中書侍郎平章事罷授右庶子退居守道奉朝請累
巳德宗聞而嘉之遷吏部侍郎召見勞之曰知卿閑六年故有
此拜曩者與先臣並命尚念之恥因俯伏流涕

盧紹廣明初遷給事中大寇犯闕避地江左雖生計屢空而端
默自守未嘗以事干侯伯人所難者紹力行之

後唐李愚昭宗在鳳翔汴軍攻蒲華愚避難東歸洛陽時衛公
李德裕孫道古在平泉舊墅愚往依焉于弟親採梠負薪以給
朝夕未嘗干人

知足

夫知足不辱知止不殆老氏之訓也故大雅明哲之士乃能察
盈虛之理蹈卑約之戒使其任不踰量居常遠禍克保息吉而終无
祗悔焉至乃辭婚當塗移疾避位用清白為家法故不益田廬謂

贏餘為自苦故不貪富貴建乎妨賢竊祿之媿發於話言懷田述
志之樂形於賦詠斯皆究易象知退之旨識天道虧滿之意嘉歎
易足不忮不求內全節而外苟世聞風而競勸其激人之令範歟

漢張良封留侯為太子少傅良言天下事甚衆乃稱曰家世相
韓及韓滅不愛萬金之資為韓報仇彊秦天下震動今以三寸
舌為帝者師封萬戶位列侯此布衣之極於良足矣願棄人間
事欲從赤松子游耳(赤松子仙人也)

劉德為宗正常持老子知足之計妻死大將軍光欲以女妻之
德不敢取畏盛滿焉

疏廣宣帝時為太傅廣兄子受為少傅在位
五歲皇太子年十二通論語孝經廣謂受曰吾聞知足不辱知
止不殆功遂身退天之道也今仕官至二千石宦成名立不去
懼有後悔豈如父子相隨出關歸老故鄉以壽命終不亦善乎
受叩頭曰從大人議即日父子俱移病(移病謂移書言病也一曰以病而移居)滿
三月賜告廣遂稱篤上疏乞骸骨宣帝以其年篤老皆許之詔
賜黃金二十斤皇太子贈五十斤疏廣既歸鄉里日令家
共具設酒食(共讀曰供具設之也)請族人故舊賓客相娛樂數問其家
金餘尚有幾所趣賣以共具(幾所猶言幾許也趣讀曰促)居歲餘廣子孫竊
謂其昆弟老人廣所愛信者曰子孫幾及君時頗立產業基阯
(幾讀曰冀)今日飲食費且盡宜從丈人所勸說君買田宅(丈人嚴莊之稱也說)
(親而老者皆稱焉)老人即以閒暇時為廣言此計(閒即閑字也)廣曰吾豈老
誖不念子孫哉(誖惑也音布內切)顧自有舊田廬(顧思念也)令子孫勤力中
足以共食與凡人齊今復增益之以為贏餘但教子孫怠墯耳
賢而多財則損其志愚而多財則益其過且夫富者衆之怨也
吾既亡以教化子孫不欲益其過而生怨又此金者聖主所以
惠養老臣也故樂與鄉黨宗族共饗其賜以盡吾餘日不亦可
乎於是族人說服(說讀曰悅)皆以壽終

邴曼容養志自修為官不肯過六百石輒自免去

後漢馬援為伏波將軍封新息侯食邑三千戶援乃擊牛釃酒

勞饗軍士(釃猶灑也釃音所宜切)從容謂官屬曰吾從弟少游常哀吾慷
慨多大志曰士生一世但取衣食裁足乘下澤車(車行澤者欲短轂)御
款段馬(款猶緩也言形段遲緩)為郡掾吏守墳墓鄉里稱善人斯可矣致
求盈餘但自苦耳當吾在浪泊西里間虜未滅之時下潦上霧
毒氣重蒸仰視飛鳶跕跕墮水中(鳶鴟也跕跕墮貌跕音丁牒切)臥念少
游平生時語何可得也今賴士大夫之力被蒙大恩猥先諸君
紆佩金紫且喜且慚吏士皆伏稱萬歲及軍還將至故人多迎
勞之平陵人孟冀名有計謀於坐賀援援謂之曰吾望子有善
言反同衆人邪昔伏波將軍路博德開置七郡裁封數百戶今
我微勞猥饗大縣功薄賞厚何以能長久乎先生奚用相濟冀
曰愚不及

張霸為會稽太守視事三年謂掾史曰太守起自孤生致位郡
守蓋日中則移月滿則虧老氏有言知止不辱遂上病

魏程昱為奮武將軍從太祖屢立功及天下漸平昱宗人奉牛

酒大會曇曰知足不辱吾可以退矣乃自表歸兵闔門不出

晉羊祜為征南大將軍開府儀同三司嘗與弟琇書曰既定邊事當角巾東路歸故里為容棺之墟以白士而居重位何能不以盛滿受責乎疏廣是吾師也

南齊王秀之為晉平太守至郡期年謂人曰此邦豐壤祿俸常充吾山資已足豈可久留以妨賢路上表請代時人謂王晉平恐富求歸

丘靈鞠為尚書左丞世祖即位轉通直常侍尋領東觀祭酒靈鞠曰久居官願數遷使我終身為祭酒不恨也

梁陸季直初仕齊為尚書左丞遷建安太守為政清靜百姓便之梁臺建為給事黃門侍郎常稱仕至二千石始願畢矣死為久頂人間

江淹為散騎常侍左衛將軍嘗謂子弟曰吾本寒素官不求富貴今之忝竊遂至於此平生言止足之事亦以備矣人生樂耳須富貴何時吾功名既立正欲歸身草萊耳

陳虞寄字次安官至戎昭將軍大中大夫寄前後所居官未嘗至秩滿裁期年數月便自求解退常曰知足不辱吾知足矣

後魏裴宣為益州刺史宣家世以儒學為業常慕退每歎曰吾以賈誼之才仕漢文之世不至公卿將非運也乃謂親賓曰吾本閭閻之士素無當世之志直隨牒推移遂至於此祿厚賓親效不光國驕奢從哲可以言歸矣因奉表求解世宗不許乃作懷田賦以叙心焉

北齊鄭述祖文宣天保初累遷太子少師儀同三司兗州刺史病篤乃自言之且曰吾今老矣一生富貴足矣以清白之名遺子孫死所恨遂卒於州

後周蕭大圜梁簡文帝子也國亡入周為麟趾殿學士大圜深信因果心安閑放嘗言之曰拂衣褰裳無吞舟之漏網挂冠懸節慮我志之未從儻獲展禽之免有美慈明之進如家世之成賓勝濟南之徵其故何哉夫閭閻者有優游之美朝廷者有簪珮之累蓋由來久矣留侯追蹤於松子陶朱成術於辛文良有以焉況乎智不逸群行不高物而欲辛苦一生何其僻也豈如知止蕭然無累北山之北棄絕人間南山之南超踰世網面川原而帶流水倚郊甸而枕平皐築蝸舍於叢林構環堵於幽薄近瞻煙霧遠睇風雲藉纖草以蔭長松結幽蘭而援芳桂仰翔禽於百仞俯泳魚於千尋果園在後開窗以臨花卉蔬圃居前坐簷檻而看灌畦二頃以供饘粥十畝以給絲麻侍兒五三可充紉織家僮數四足代耕耘沽酪牧羊協潘生之志畜雞種黍應莊叟之言穫菽尋汜氏之書露葵徵尹君之錄烹羔豚而分春酒迎伏臘而候歲時披良書採至賾歌纂纂唱烏烏可以娛神可以散慮有朋自遠揚榷古今田畯相近至劇談稼穡斯亦足矣樂不可支永保性命何畏憂責豈若蹙足入絆申頸就羈遊帝王之門趨宰衡之勢不慮飄塵之少選寧知烹鼎之斯

須萬物營營靡存其意天道昧昧安可問哉嗟乎人生若浮雲朝露寄長繩繫景實所願言執燭夜遊驚其迅邁百年何幾擎跽曲拳四時如流俛眉躡足出處無成語默奚當非直丘明所恥抑亦宣尼恥之

隋梁睿字恃德初仕後周為柱國益州總管高祖受禪自以周代舊臣久居重鎮內不自安屢請入朝於是徵還京師及引見帝為之興命睿上殿握手極歡睿退謂所親曰功遂身退今其時也遂謝病闔門自守不交當時事

世康以高祖開皇初為絳州刺史性恬素好古不以得喪干懷在州常慨然有止足之志與子弟書曰吾生因緒餘夙霑纓弁驅馳不已四紀於茲亟登袞命頻蒞方岳志除三惑心慎四知以不貪而為寶處膏脂而莫潤如斯之事頗為時悉今耄雖未及壯年已謝霜早梧楸風先蒲柳眼闇更劇不見細書足疾彌增非可趨走祿豈須多防滿則退年不待暮有疾便辭況嫌春秋已高溫清宜奉晨昏有

關罪在我躬今世穆世文並從我役五與六世沖復不堪任涉跋
臨墓此情彌切桓山之悲倍深常戀意欲上聞乞遵裴禮未詳
汝等故遣此及與言遠慕感咽難勝形殺以事恐難遂於是
遂止

于宣敏爲奉車都尉常以盛滿之誡昔賢所重每懷靜退著述
志賦以見其志焉

唐岑文本字景仁爲中書令有勸其營產業者文本歎曰南方
一布衣徒步入關疇昔之望不過祕書郎一縣令耳而無汗馬
之勞徒以文墨致位中書令斯亦極矣荷俸祿之重爲懼已多
何得更言產業乎言者歎息而退李日知以玄宗先天元年轉
刑部尚書罷知政事頻請致仕許之初日知將有陳請而不與
妻謀歸家而使左右飭裝將出居別業妻驚曰家產屢空子弟
名宦未正何爲遽辭也日知曰書生至此已過本分人情無厭
若恣其心是無止足之日及歸田園不事產業但葺構池亭多
引後進與之談宴

冊府元龜卷第七百八十五

冊府元龜卷第七百八十六

總録部三十六

博學　多能

博學

一學知乎不足毫業在勤友資乎多聞孤陋爲耻蓋夫自強不息之士以好古博雅爲念泛覽篇籍之間索隱天人之際以至九流七略之奥諸子百家之言龜策曆象之精微方伎數術之玄妙史書蟲篆之紕繆聲樂鍾律之鏗鏘逮乎地理山經玄文釋典咸能探其賾隱洞乎指趣始由時習之利終成待問之名羣居之言必及於義專門之學自可名家仲尼所謂好古敏以求之者乃斯人之謂矣漢司馬談學天官於唐都（唐都律曆都者）受易於楊何（何字叔元）習道論於黄子（景帝時人號黄生）仕於建元元封之間愍學者不達其意而師誖（誖惑也各習師書惑於所見）乃論六家之要指（六家謂陰陽儒墨名法道德）位至太史公

司馬遷字子長其涉獵者廣博貫穿經傳馳騁古今上下數千載間位至太史令

李尋治尚書與張孺鄭寬中同師寬中等守師法教授尋獨好洪範災異又學天文月令陰陽位至騎都尉

翼奉字少君博學不仕好律曆陰陽之占位至諫大夫

翟方進雖受穀梁然好左氏傳天文星曆其左氏則國師劉歆星曆則長安令田終術師也（言劉歆及田終術二人皆爲學於方進也）位至丞相

揚雄字子雲少好學不爲章句訓詁通而已（詁謂指義也）博覽無所不見而潭思渾天（渾深也渾天天象也）參摹而四分之（三摹而四分之也）極於八十一旁則三摹九据（据位也据處也）極之七百二十九贊亦自然之道也位至大夫

後漢王景少學易遂廣闚衆書又好天文術數之事沈深多伎藝位至廬江太守

班固字孟堅年九歲能屬文誦詩賦及長遂博貫載籍九流百家之言無不窮究（九流謂道儒墨名法陰陽雜縱橫農）所學無常師不爲章句舉大義而已位至大將軍中護軍

崔駰能通詩易春秋博學有偉才盡通古今訓詁百家之言善屬文少游太學與班固傅毅同時齊名位至長岑長

徐淑寬裕博雅好學樂道隱處在京師鑽孟氏易春秋公羊禮記周官善誦太公六韜位至度遼將軍

劉寬少學歐陽尚書京氏易尤明韓詩外傳星官風角筭曆皆究極師法稱爲通儒未嘗與人爭勢利之事後爲太尉

梁鴻扶風平陵人也受業太學家貧而尚節介博覽無不通而不爲章句

翟酺四世傳詩酺好老子尤善圖緯天文曆筭位至將作大匠

胡廣有雅才學究五經古今術藝皆畢覽之位至太傅

蔡邕少博學師事太傅胡廣好辭章數術天文位至左中郎將

延篤從馬融受業博通經傳及百家之言能著文章有名京師位至京兆尹

劉洪篤信好學觀乎六藝羣書意以爲天文數術探賾索隱鉤深致遠遂專心銳思

唐檀少遊太學習京氏易韓詩顏氏春秋尤好災異星占位至郎中

任安字定祖少遊太學受孟氏易兼通數經又從同郡楊厚學圖讖究極其術時人稱曰欲知仲桓問任安又曰居今行古任定祖安初仕州郡後徵辟皆不就

法眞南郡太守雄之子好學而無常家博通内外圖典爲關西大儒辟公府舉賢良皆不就

公沙穆習韓詩公羊春秋尤銳思河洛推步之術位至遼東屬國都尉

樊志張漢中南鄭人也博學多通隱身不仕韓說博通五經尤善圖緯之學仕至江夏太守

樊英少受業三輔習京氏易兼明五經又善風角星筭河洛七緯推步災異七緯者易緯稽覽圖乾鑿度坤靈圖通卦驗是類謀辨終備也書緯璇璣鈐考靈曜刑德放帝命驗運期授也詩緯推度災記歷樞含神霧也禮緯含文嘉稽命徵斗威儀也樂緯動聲儀稽耀嘉叶圖徵也孝經緯援神契鉤命決也春秋緯演孔圖元命包文耀鉤運斗樞感精符合誠圖考異郵保乾圖漢含孳佑助期握誠圖潛潭巴說題辭也位至光禄大夫

申屠蟠陳留外黄人也隱居精學博貫五經兼明圖緯後以博士徵不至

徐稚少為諸生學嚴氏春秋京氏易歐陽尚書兼綜風角星官筭歷河圖七緯推步四察孝廉五辟宰府三舉茂才

李固改易姓名杖策驅驢負笈追師三輔學五經積十餘年博覽古今明於風角星筭河圖讖緯仰察俯占窮神知變位至大尉

賀純字仲真會稽山陰人少為諸生博極羣藝徵拜議郎數陳災異上便宜數百事多見省納遷江夏太守

周班字大明少游京師師事太傅陳蕃博覽羣書明於風角善推災異

鄭玄少為鄉嗇夫得休歸常詣學官不樂為吏父數怒之不能禁遂造太學受業師事京兆第五元先始通京氏易公羊春秋三統歷九章筭術徵大司農不就

應劭字仲遠博學多識尤好事諸所撰述風俗通等凡百餘篇辭雖不典世服其博聞位至袁紹軍謀校尉

魏樂詳字文載少好學左氏傳又善推步三五別髙貴鄉公時授詔與太史典定律歷太守杜畿亦甚好學署詳文學祭酒

蜀孟光字孝裕博物識古無書不覽尤銳意三史長於漢家舊典位至大司農

李譔字欽仲五經諸子无不該覽位至右中郎將

譙岍字榮始巴西充國人也治尚書兼通諸經及圖緯州郡辟命皆不應

譙周岍子也周字允南耽古篤學研精六經尤善書札頗曉天文潛識內等為益州典學從事總州之學者後入晉拜騎都尉

吳陸績字公紀容貌雄壯博學多識星歷筭數无不該覽位至偏將軍

王蕃字永元博覽多聞兼通術藝蕃為後主所誅丞相陸凱上疏曰常侍王蕃黄中通理知天文位至散騎中常侍

晉鄭沖博究儒術及百家之言仕魏為司徒將文帝輔政命賈充羊祜等分定禮儀律令皆先諮於沖然後施用

張華學業優博辭藻溫麗朗贍多通圖緯方伎之書莫不詳覽位至司空

虞喜字仲寧會稽餘姚人博學好古專心經傳兼覽讖緯乃著安天論以難渾蓋以散騎常侍徵不起

劉殷弱冠博通經史綜核羣言文章詩賦靡不該覽位至新興太守

索靖該博經史兼通内緯位至游擊將軍

索紞字叔徽敦煌人游京師受業太學博綜經籍遂為通儒明陰陽天文善術數占候仕至郎中

黄泓魏郡斥丘人泓之父也善天文秘術泓從父受業精妙踰深兼博覽經史尤明禮易性忠勤非禮不動

邵續字嗣祖朴素有志烈博覽經史善談理義妙解天文仕至沁水令

杜夷字行齊博覽經籍百家之書筭歷圖緯靡不畢究位至國子祭酒

范平字子安研覽墳素遍該百氏姚信賀邵之徒皆從受業位至臨海太守

鮑靚字太玄學兼内外明天文河洛書

宋徐廣字野民家世好學至廣尤精百家數術無不研覽後為秘書監性好讀書老猶不倦答禮問百餘條用於今世至中散大夫

梁顧協博極羣書於文字及禽獸草木尤稱精詳位至員

外散騎常侍
庾承先潁川鄢陵人也弱歲受學於南陽劉虬強記敏識出於羣輩玄經釋典靡不該悉九流七略咸所精練不就徵辟隱居而終
庾詵字彥寶新野人也幼聰警篤學經史百家無不該綜緯候書射基一時之絕初高祖起義署為西府記室參軍
羊侃字祖忻雅愛文章博涉書記尤好左氏春秋及孫吳兵法
徐摛為皇太子家令兼掌管記高祖問五經大義次問歷代史及百家雜說末論釋教摛商較縱橫應答如響高祖甚加歎異
陳顧野王幼學七歲讀五經知大旨長而遍觀經史精記默識天文地理蓍龜占候蟲篆奇字無所不通位至光祿卿
馬樞博極經史尤善佛經及周易老子義文帝徵為度支尚書不應命
顧越字允南勵精學業不捨晝夜至於微言玄言九章七曜音

律圖緯盡其精微歷女海安西湘東王府參軍及武帝撰制旨新義選諸儒在所流通遣越還吳敷揚講說遍該經藝深明毛詩傍通異義特善莊老尤長論難位至太中大夫
孔奐數歲而孤為叔父虔孫所養好學善屬文經史百家莫不通涉沛國劉顯時稱學府每共奐討論深相歎服乃執奐手曰昔伯喈墳素悉付仲宣吾當希彼蔡君足下無愧王氏所保書籍尋以相付位至弘範宮衛尉卿
周確字士潛美容儀寬大有行檢博涉經史篤好玄言位至都官尚書
徐孝克陵之第三弟也少為周易有口辯能談玄理既長遍通五經博覽史籍後入隋為國子博士
後魏燕鳳字子章代人少好學博綜經史明習陰陽讖緯位至鎮遠將軍
高謙之少以孝聞及長屏絕人事專意經史天文算曆圖緯之書多所該涉好文章留意老易位至國子博士

崔浩字伯淵清河人也白馬公玄伯之長子少好文學博覽經史玄象陰陽百家之言無不關綜研精義理時人莫及位至侍中撫軍大將軍左光祿大夫
高允博通經史天文術數尤好春秋公羊位至光祿大夫
高祐博涉書史好文字雜說位至光祿大夫孫紹字世慶少好學通涉經史頗有文才陰陽術數多所貫涉位至左衛將軍右光祿大夫
李業興上黨長子人博涉百家圖緯風角天文占候無不討練尤長算曆獨守閑靜講肄經典二千餘年時人號為儒林先生後為齊文襄王中外府諮議參軍
信都芳好學善天文算數甚為安豐王延明所知延明家有羣書欲抄集五經算事為五經宗及古今樂事為樂書又取渾天欹器地動銅烏候風諸圖為器準並令芳算之會延明南奔芳乃自撰注位中外府田曹參軍

劉芳為太子庶子芳才思深敏特精經義博聞強記兼覽蒼雅尤長音訓辨析無疑於是禮遇日隆賞賚豐渥
常景字士明河內人好學博聞強識明習緯候五經百家多所研綜州郡禮命皆不就性愛好墳籍鳩集不已手自補治躬加題帖其家所有垂將萬卷覽讀不息多有異聞諸儒服其淵博至於學術精微當時莫及後為宣威將軍
北齊權會字正理河間人也志尚沉雅動遵禮則少受鄭易探賾索隱妙盡幽微詩書三禮文義該洽兼明風角妙識玄象位至國子博士
後周沈重字德厚吳興武康人學業該博為當世儒宗尤工於陰陽圖緯道經釋典靡不畢綜位至太常卿
柳敏字白澤性好學涉獵經史陰陽卜筮之術靡不習焉
盧光字景仁性溫謹博覽羣書精於三禮善陰陽解鍾律又好玄言位至陝州總管府長史

樊深既專經又讀諸史及蒼雅篆籀陰陽卜筮之書位至露門學博士下大夫

隋李德林幼聰敏該博墳典陰陽緯候無不通涉後位至懷州刺史

明克讓字弘道少儒雅善談論博涉書史所覧將萬卷三禮禮論尤所研精龜筴曆象咸得其要位至通直散騎常侍

房暉遠字崇儒常山真定人也世傳儒學暉遠幼有志治三禮春秋三傳詩書周易兼善圖緯位至國子博士

韋鼎字超盛少通脫博涉經史明陰陽逆剌尤善相術位至光州刺史

王頍性識甄明精力不倦好讀諸子偏記異書當代稱爲博物爲漢王諒府諮議參軍

潘徽字伯彥吳郡人也性聰敏少受禮於鄭灼受毛詩於施公受書於張沖講莊老於張譏並通大義尤精三史位至西海郡

威定縣主簿

劉焯以儒學知名專以教授著述爲務孜孜不倦賈馬王鄭所傳章句多所是非九章筭術周髀七曜曆書十餘部推步日月之經量度山海之術莫不覈其根本窮其祕奥著稽極十卷曆書十卷五經述議並行於世位至太學博士

劉炫少以聰敏見稱與王劭同修國史俄直門下省兼直內省考定群言炫雖遍直三省竟不得官爲縣司責其賦役炫自陳於內史送詣吏部尚書韋世康問其所能炫自爲狀曰周禮禮記毛詩尚書公羊左傳孝經論語孔鄭王何服杜等注凡十三家雖義有精粗並堪講授周易儀禮穀梁用功差少史子文集嘉言美事咸誦於心天文律曆窮覈微妙至於公私文翰未嘗假手吏部竟不詳試然在朝知名之士十餘人保明炫所陳不謬於是拜殿內將軍

盧太翼河間人也閑居味道不求榮利博綜群書爰及佛道皆得其精微尤善占候筭曆之術初隱於白鹿山後卒於雒陽

王貞字仲逸梁郡陳留人少聰敏好學善毛詩禮記左傳周易諸史百家無不畢覧後舉秀才授縣尉卒

馬光字榮伯武安人少好學從師數十年晝夜不息圖書讖緯莫不畢覧尤明三禮爲儒者所宗位至太學博士

唐孔穎達初以教授爲務尤明服氏傳鄭氏尚書王氏易毛詩禮記兼善筭曆博究羣言解屬文的晉改事位至國子祭酒

薛登博涉文史每與人談論前代故事必廣引證驗有如指掌位至泉州刺史

楊綰生而聰惠及長好學不倦博通經史九流七略諸子諸集無不該覧位至中書侍郎平章事

徐岱蘇州嘉興人少好學六籍諸子悉所探究位至給事中

王起自幼及耄手不釋卷天下之書無不該覧文宗曾私撰數字以示之起曰且書中所不識者惟八駿圖中三五字而已今

此字臣未知出於何書文宗笑而奇之故待之如師友自曰當代仲尼位至山南東道節度使

多能

昔夫子以將聖之姿獲多能之譽蓋夫經藝之富數術之廣專之者易而兼之者難君子所不求備於人者良有旨也其有好洽聞還識之美稟聰明博達之智周覧圖傳兼通衆伎至於觀天之象察地之理精和鵲之鍼石辨夔牙之鍾呂極研桑之心計曉孫吳之兵法乃至圖畫卜筮篆籀草隸擊劍盤鞠投壺弈棊或于至藝人或品稱第一雖曰小道必有可觀者云異端豈有所言哉非英偉茂異亦曷能臻此焉

商瞿孔子弟子年長無子其母爲取室孔子使之齊瞿母請之孔子曰無憂瞿年四十後當有五丈夫子（五男也）已而果然

漢司馬相如少時好讀書學擊劍（擊劍者以劍遙擊而中之非斬刺也）爲文園令

劉向本名更生以父德任爲輦郎擢爲諫大夫宣帝時更生以

通達能屬文獻賦頌凡數十篇帝復興神僊方術之事而淮南
有枕中鴻寶苑祕書書言神僊使鬼物爲金之術及鄒衍重道
延命方世人莫見而更生父德武帝時治淮南獄得其書更生
幼而讀誦以爲奇獻之言黄金可成帝令典尚方鑄作
馮奉世昭帝時爲武安長學春秋涉大義讀兵法
後漢馬嚴妙擊劒習騎射後從平原楊太伯講學專心墳典能
通春秋左氏仕郡督郵
桓譚父成帝時爲太樂令譚以父任爲郎因好音律善鼓琴博
學多通偏習五經皆訓詁大義不爲章句
蔡邕少博學好辭章數術天文妙操音律官至左中郎將
馬融高才博洽爲世通儒又善鼓琴好吹笛桓帝時爲南郡太守
陽球能擊劒習弓馬性嚴厲好申韓之學後爲衛尉
酈炎字文勝范陽人有文才解音律州郡辟命皆不就
皇甫嵩少有文武志介好詩書習弓馬後至太尉

魏王弼性和理樂遊宴解音律善投壺爲尚書郎
蜀諸葛亮性長於巧思損益連弩木牛流馬皆出其意推演兵
法作八陣圖咸得其要位至丞相
譙周字允南研精六經尤善書札頗曉天文後爲光祿大夫魏封
陽城亭侯
李仁字德賢譔好伎藝筭術卜數醫藥弓弩機械之巧皆致思
焉爲州書佐尚書令史
吳王蕃字永元博覽多聞兼通術藝爲散騎常侍
沈友字子正吳郡人弱冠博學多所貫綜善屬文辭兼好武事
注孫子兵法又辯於口每所至衆人皆默然莫與爲對咸言其
筆之妙舌之妙刀之妙三者皆過絶於人
晉傅玄少孤貧博學善屬文解鍾律後至司隷校尉
阮籍字嗣宗博覽群籍尤好莊老嗜酒能嘯善彈琴爲步兵
校尉

積東學不師受博覽無不該通好老莊彈琴詠詩自足於陋巷
宁徵大夫
王廙字世將少能屬文多所通涉工書畫善音樂射御博弈雜
伎後爲平南將軍護南蠻校尉荆州刺史
郭璞好古文奇字妙於陰陽筭曆爲著作佐郎
王裒字偉元城陽營陵人也辭氣雅正博學多能隱居教授三
徵七辟皆不就
索襲字偉祖敦煌人也虚靜好學不應州郡之命舉孝廉賢良
皆以疾辭遊思於陰陽之術著天文地理十餘篇多所啓發
戴逵字安道譙國人也少博學好談論善屬文能鼓琴工書畫
其餘巧藝靡不畢綜後以太學博士散騎侍郎給事中徵不起
前秦王墮字安生博學有雄才明天文圖緯爲符洪司馬
宋王懿字仲德少沉審有意略通陰陽解聲律爲鎮北將軍
劉敬宣字萬壽多伎藝弓馬音律無事不善爲左衛將軍散騎

常侍
張永涉獵書史能爲文章善隷書曉音律騎射雜藝觸類兼善
又有巧思益爲太祖所知紙及墨皆自營造帝每得永表啓輒
執玩咨嗟自歎供御者了不及也仕至吏部尚書
孔琳之強正有志力好文義解音律能彈棊妙善草隷爲祠部
尚書
王微字景玄琅邪臨沂人少好學無不通覽善屬文能書畫兼
解音律醫方陰陽數術官至中書侍郎
沈勃好爲文章善彈琴能圍棊爲給事中
范曄少好學博涉經史善爲文章能隷書曉音律爲左衛將軍
太子詹事
劉休爲桂陽王征北參軍明帝頗有好尚尤嗜飲食休多藝能
愛及鼎味問無不解
蕭思話獵書傳頗能隷書解音律便弓馬爲侍中領前將軍

江淹愛好文義善彈棊鼓琴兼明筭術爲吏部尚書
南齊祖沖之解鍾律博塞當時獨絶莫能對者爲長水校尉
柳世隆少立功名晚專以談義自業善彈琴世稱柳公雙璅爲
士品第一常自云馬矟第一清談第二彈琴第三爲侍中衛將軍
杜栖吴郡錢塘人少從儒士劉瓛受學善清言能彈琴飲酒與
父京産共隱居不仕
梁庾詵字彦寶新野人幼聰警篤學經史百家無不該綜緯
候書射棊筭機巧並一時之絶湘東王召爲鎮西記室不就又
徵中書侍郎不起
陶弘景字通明丹陽秣陵人爲奉朝請諸王侍讀讀書萬餘卷
善琴棊工草隸又性好著述尚奇異顧惜光景老而彌篤尤明
陰陽五行風角星筭山川地理方圖産物醫術本草著帝代年
歷又嘗造渾天象云修道所須非止史官是用
張孝秀爲建安王別駕博涉群書精釋典善談論工隸書凡諸
藝能莫不明習
朱异既長涉獵文史兼通雜藝博弈書筭皆其所長年二十詣
都尚書令沈約面試之因戲异曰卿年少何乃不廉异逡巡未
達其言乃曰天下唯有文義棊書卿一時將去可謂不廉也後
爲中領軍
柳惲好學善尺牘學彈琴特窮其妙又工篇什及品定棊譜登
格者二百七十八人第其優劣爲棊品三卷惲爲第二焉帝謂
周舍曰吾聞君子不可求備至如柳惲可謂其美分其才藝足
了十人惲著卜杖龜經性好醫術盡其精妙爲吴興太守
江祿幼篤學有文章工書善琴爲廬陵威王續西曹騎諮議參軍
柳恢好學工製文尤曉音律爲安南將軍湘州刺史
蕭暇善草隸工文章晩更習武藝膂力絶人與永安侯確俱爲
超武將軍封南安侯
陳蔡凝幼聰晤美容止既長博涉經傳有文詞尤工草隸爲黄

府七百八十六　十一

門侍郎
陳禹聰敏有識量涉獵經史解風角兵書頗屬文便騎射官至
王府諮議
孫瑒少倜儻好謀略博涉經史尤便書翰爲五兵尚書
吴明徹涉書史經傳就汝南周弘正學天文孤虚遁甲略通
其妙官至南兖州刺史
侯安都工隸書能鼓琴涉獵書傳爲五言詩亦頗清靡兼善騎
射爲邑里雄豪後爲征南大將軍江州刺史
後魏古弼少忠謹好讀書又善騎射官至尚書令
李同軌學綜諸經多所治誦兼讀釋氏又好醫術官至通直散
騎常侍
裴詢字敬叔美儀貌多藝能音律博弈咸所開解起家奉朝請
劉懋聰敏好學博綜經史善草隸書多識奇字爲輕車將軍
崔巨倫字孝宗幼孤及長歷涉經史有文學武藝官至光禄大夫
王由字茂道好學有文才尤善草隸又工墓畫爲時人所服仕
至尚書郎
裴敬憲工隸草解音律爲太學博士
北齊李元忠粗覽史書及陰陽數術解鼓筝兼好射彈有巧思
又善於方技官至侍中
李搔字德況少聰敏有才藝音律博弈之屬多所通解爲尚書
儀曹郎
祖珽字孝徵天性聰明事無難學凡諸伎藝莫不措懷文章之
外又善音律解四夷語及陰陽占候醫藥之術尤是所長文宣
雖嫌其數犯憲法而愛其才伎官至尚書左僕射
祖孝隱孝徵之弟也有文學早知名詞章雖不逮兄亦機警有
口辯兼解音律位至通直散騎常侍
祖君信孝徵之子也涉獵書史多諸雜藝位至散騎常侍
後周唐令則瑾之次子令則性好篇章兼解音律文多輕艶爲

府七百八十六　十二

時人所傳官至樂部下大夫韓盛字文熾南陽堵陽人也幼有
操行涉獵經史兼善騎射膂力過人仕至新平郡守
蕭撝善草隸名亞於王褒算數醫方咸亦留意所著詩賦雜文
數萬言頗行於世官至少傅封蔡陽公
隋王誼字宜君少有大志便弓馬博覽群言爲大司徒子
令狐熙字長熙博覽群書尤明三禮善騎射頗知音律起家以
通經爲吏部上士
宇文愷少有器局諸兄並以弓馬自達愷獨好學博覽書記解
文多伎藝號爲名公子累遷御正中大夫儀同三司
鄭譯字正義頗有學識兼知鐘律善騎射爲上柱國
李敏幽州摠管崇之子起家千牛美姿儀善騎射歌舞管絃無
不通解爲柱國
盧賁字子徵略涉書記頗解鍾律爲太子左庶子
長孫熾字仲光性敏慧美姿儀頗涉群書兼長武藝爲戶部尚書

長孫晟字季晟性通敏略涉書史工彈善射趫捷過人仕至淮
陽太守右驍衛將軍
楊素少與天水牛弘同志好學研精不倦多所通涉善屬文工
草隸頗留意於風角爲司徒
陳政字弘道太僕卿茂之子少養宮中美風儀有幹局便弓馬
解鍾律工文翰兼有口辯十七爲太子千牛備身
閻毗七歲襲爵石保縣公及長好經史受漢書於蕭該略通大
旨能篆書工草隸尤善畫爲當時之妙周武帝見而悅之命尚
清都公主入隋爲將作少監
唐竇璡性寬厚工書解鍾律兼有巧思歷潁川南郡扶風太守
盧藏用善琴棊尤攻篆隸爲尚書右丞
王維爲右丞有俊才博學多藝以詩名盛於開元天寶閒書畫
特臻其妙筆蹤措思參於造化
韓滉爲右僕射平章事封晉國公滉尤工書善丹青以繪事非
急務自晦其能未嘗傳之好易象及春秋著春秋通例及天事
序議各一卷
李勉爲太子太師善鼓琴好屬詩妙知音律能自制琴又有巧思
李皐爲江陵尹常運心巧思爲戰艦挾二輪蹈之翔風鼓浪若
挂帆席所造省易而久固又造欹器進入內中
歸登有文學工草隸爲工部尚書
蕭祐閑澹貞退善琴工書畫好五言詩常寄情於林泉石之
間故當時與之遊者皆名人清士卒爲桂州觀察使
後唐李嚴幽州人本名讓坤仕燕爲刺史涉獵書傳便弓馬多
曲藝以功名自許後爲客省使
晉李從昶秦王茂貞之第三子也爲左龍武統軍少習華俊以
逸遊讌樂爲務而音律圖畫無不通之

冊府元龜卷第七百八十六

冊府元龜卷第七百八十七

總録部三十七

德行

德

蓋五常之性冠四科之首在醜則爲君子立教則爲人師者其惟德也歟故卷懷自守雖幽蔀而靡欺忠信以行於蠻貊而何陋其大也喻神靈之變化其達也爲朝野之規矩見之者旣欣而且慕親之者不孤而有鄰若乃就其深居蔚爲仁里讓之高位發於言歎屈王公而盡禮來州將之致恭其有當叔世遷訛暴亂橫起處廣澤而自若得衆力之全護或惡子望風而引避或小人聞言而改操爭訟由之取決禮讓爲之興行豈辭小官自成德化長幼咸服薰灼彌廣雖復考終長逝義形哭泣飾終之禮毋盡由哀至有身輕鴻毛願贖其死孟軻所謂以德服人者斯之謂歟

其老子者楚苦縣厲鄉曲仁里人姓李名耳字伯陽周守藏室之吏也孔子適周將問禮於老子老子曰子所言者其人與骨皆已朽矣獨其言在耳且君子得其時則駕不得其時則蓬累而行吾聞之良賈深藏若虛君子盛德容貌若愚去子之驕氣與多慾態色與淫志是皆無益於子之身吾所以告子若是而已孔子去謂弟子曰鳥吾知其能飛魚吾知其能游獸吾知其能走走者可以爲罔游者可以爲綸飛者可以爲矰至於龍吾不能知其乘風雲而上天吾今日見老子其猶龍邪

孔子魯大夫也於鄉黨恂恂如也似不能言者（恂恂溫恭之貌）其在宗廟朝廷便便言唯謹爾（便便辯也雖辯而謹敬）朝與下大夫言侃侃如也（侃侃和樂之貌）

顏回字子淵孔子弟子孔子曰自吾有回門人益親（回爲孔子胥附之友能使門人日親孔子）曾子曰以能問於不能以多問於寡有若無實若虛犯而不校（校報也言見侵犯而不報）昔者吾友嘗從事於斯矣（友謂顏淵）

漢嚴尊字君平蜀人卜筮於成都市以爲卜筮者賤業而可以惠人有邪惡非正之問則依蓍龜爲言於害與人子言依於孝與人弟言依於順與人臣言依於忠各因勢導之以善從吾言者已過半矣揚雄少時從游學已而仕京師顯名數爲朝廷在位賢者稱君平德（李彊爲益州牧喜謂雄曰吾真得嚴君平矣及至蜀致禮與相見卒不敢言以爲從事）

後漢卓茂南陽宛人性寬仁恭愛鄉黨故舊雖行能與茂不同皆愛慕欣欣焉後終於太傅

周黨字伯況太原廣武人勑身修志州里稱其高行王莽竊位託疾杜門自後賊暴從橫殘滅郡縣唯至廣武過城不入建武中徵爲議郎以病去職

荀恁太原廣武人隱居山澤以求厥志王莽末匈奴寇其本縣廣武聞恁名節相約不入荀氏閭

夏恭梁國蒙人王莽末盜賊從橫攻沒郡縣恭以恩信爲衆所附擁兵固守獨安全光武即位召拜郎中遷太山都尉

樊宏南陽湖陽人王莽末與宗家親屬作營壍自守老弱歸之者千餘家時赤眉賊掠唐子鄉多所殘殺欲前攻宏營宏遣人持牛酒米穀勞遺赤眉赤眉長老先聞宏仁厚皆稱曰樊君素善且今見待如此何心攻之引兵而去遂免寇難

逢萌字子康北海都昌人居琅邪勞山養志修道人皆化其德北海太守素聞其高遣吏奉謁致禮萌不荅太守懷恨而使捕之吏叩頭曰子康大賢天下共聞所在之處人敬如父往必不獲祇自毀辱太守怒收之繫獄更發它吏行至勞山人果相率以兵弩捍禦吏被傷流血奔而還

蔡衍汝南項人以禮讓化鄉里鄉里有爭訟者輒詣衍決之其所平處皆曰無怨

宗慈字孝初南陽安衆人爲脩武令棄官徵拜議郎未到道疾卒南陽羣士皆重其義行

孟嘗會稽上虞人爲合浦太守病自上被徵隱處窮澤身自耕傭鄰縣士民慕其德就居止者百餘家

陳寔潁川人爲太丘長在鄉閭平心率物其有爭訟輙求判正曉譬曲直退無怨者至乃歎曰寧爲刑罰所加不爲陳君所短寔卒大將軍何進遣使弔祭海內赴者三萬餘人制衰麻者以百數

司馬均字少賓安貧好學隱居教授不應辟命信誠行乎州里鄉人有所計爭輙令祝少賓不直者終無敢言

爰延字季平陳留外黃人爲鄉嗇夫仁化大行人但聞嗇夫不知郡縣

鄭玄北海高密人自徐州還高密道遇黃巾賊數萬人見玄皆拜相約不敢入縣境後爲大司農

任旐字子旟博昌人以至行稱黃巾賊起天下飢荒人民相食寇到博昌聞旐姓字乃相謂曰宿聞任子旟天下賢人也今雖作賊那可入其鄉耶遂相帥而去由是聲聞遠近

許劭字子將汝南平輿人爲郡功曹太守徐璆甚敬之府中聞

子將爲吏莫不改操飾行同郡袁紹公族豪俠去濮陽令歸車徒甚盛將入郡界乃謝遣賓客曰吾輿服豈可使許子將見遂以單車歸家

孔嵩字仲山爲新野縣阿里長正身厲行街中子弟皆服其訓後辟公府之京師道宿下亭盜共竊其馬尋問知其嵩也乃相責讓曰孔仲山善士豈宜侵盜乎於是送馬謝之

王扶少脩節行客居琅邪不其縣所止聚落化其德

徐穉豫章南昌人異行矯時俗閭里服其德化有失物者縣以相還道無拾遺太守請署功曹後舉有道家拜太原太守並不就

蘇純字桓公扶風平陵人性強切而持毀譽士友咸憚之至乃相謂曰見蘇桓公患其教責人不見又思之三輔號爲大人大人長老之稱言尊事之也後官至南陽太守

孫期濟陰成武人少爲諸生習京氏易古文尚書遠人從其學者皆執經壟畔以追之里落化其仁讓黃巾賊起過期里陌相約不犯孫先生舍

桓曄字文林沛郡人也議郎鸞之子避地會稽浮海客交阯越人化其節至閭里不爭訟仕爲郡功曹

士孫瑞每三公缺楊彪皇甫嵩皆讓位於瑞後至僕射

劉虞東海郯人爲幽州刺史以疾歸家時鄉曲有所訴訟不以詣吏自投虞以情理爲之論判皆大小敬從不以爲恨

王烈字彥方太原人少師事陳寔以義行稱鄉里有盜牛者主得之盜請罪曰刑戮是甘乞不使王彥方知也烈聞而使人謝之遺布一端或問其故烈曰盜懼吾聞其過是有恥惡之心既懷恥惡必能改善故以此激之後有老父遺劒於路行道一人見而守之至暮老父還尋得劒怪而問其姓名以事告烈烈使推求乃先盜牛者也諸有爭訟曲直將質之於烈或至塗而反或望廬而還其以德感人若此察孝廉三府並辟皆不就會董卓作亂避地遼東躬秉農器編於四民布衣蔬食不改其樂東

域之人奉之若君時衰世弊識真者少朋黨之人互相讒謗自避世在東國者多爲人所害烈居之歷年未嘗有患使遼東彊不陵弱衆不暴寡商賈之人市不二價曹公累徵不至

龐德公襄陽人諸葛孔明每至其家獨拜牀下德公初不令止荊州刺史劉表數延請不能屈後攜妻子登鹿門山采藥不返

魏徐奇漢末賊寇縱横敬奇禮行轉相約勑不犯其閭

管寧漢末避地遼東民化其德左右無鬬訟之聲禮讓移於海表與人子言教以孝與人弟言訓以悌言及人臣誨以忠貌甚恭觀其行邈然若不可及即之熙熙然甚柔而溫因其事而導之於善是以漸之者無不化焉寧之亡天下知與不知聞之無不嗟嘆醇德之所感若此不亦至乎後詔書徵不起而卒

胡昭潁川人轉居陸渾山信行著於鄉黨百姓聞馬超叛避兵入山者千餘家飢乏漸相劫略昭常遜辭以解之於是寇難消息衆咸宗焉故其所居部落中三百里無相侵暴者蜀向朗爲

諸葛亮丞相長史免官歸成都開門接賓誘納後進但講論古義不干時事以是見稱上自執政下及童冠皆敬重焉

楊儀兄慮字威方少有德行為江南冠冕州郡礼召諸公辟請皆不能屈年十七天鄉人宗貴號曰德行楊君為諸葛亮丞相長史中軍師

朱沖字巨容南安人居近夷俗羌戎奉之若君沖亦以礼讓為訓邑里化之路不拾遺村無凶人毒蟲猛獸皆不為害

晉蔡克陳留考城人博涉書記為邦族所敬性公亮守正行不合己雖富貴不交也高平劉整恃才縱誕服飾詭異無所拘忌嘗行造人遇克在坐整終席慙不自安克時為處士而見憚如此

束皙陽平元城人為趙王倫記室罷歸教授門徒年四十卒元城市里為之廢業門生故人立碑墓側

華表為太常以光祿大夫致仕表性清淡常慮天下退理司徒李裔司隸王密等常稱曰若此人者不可得而貴不可得而賤不可得而親不可得而疎

賀循為元帝軍諮祭酒有清德伏於一時廷尉張闓住在小市將奪左右近宅以廣其居乃私作都門早閉晏開人多患之訟於州府皆不見省會循出至破岡連名詣循質之循曰見張廷尉當為言及之闓聞而遽毀其門詣循致謝其為世所敬服如此

宋張進之永嘉安固人少有志思行義聞於鄉里時劫掠充斥每入村抄暴至進之門輒相約勒不得侵犯其信義所感如此歷郡五官主簿

范叔孫吳郡錢唐人少而仁厚固窮濟急鄉曲貴其義行莫有呼其名者除竟陵王國中軍將軍不就

南齊何伯璵廬江人與弟幼璵俱厲節操誨人不倦鄉里呼為人師郡守下車莫不脩謁

梁裴植之性謹厚不以所長高人又仁慈好陰德雖在闇室未嘗怠也官至中撫軍記室參軍兼五經博士

陳虞寄會稽餘姚人為建安王諮議以疾加太中大夫及謝病私庭每諸王為州將下車必造門致礼命釋鞭板以几杖侍坐常出遊近寺閭里傳相告語老幼羅列望拜道左或言誓為約者但指寄使不欺其至行所感如此

馬樞扶風郿人博極經史尤善佛經少屬亂離每居之處盜賊不入依託者常數百家文帝以度支尚書徵不起

後魏呂顯字明東平壽張人性廉直鄉人分爭者皆就而質焉

北齊李元忠趙郡柏人人也後魏孝明時盜賊蜂起清河有五百人西戍還經南趙郡以路梗共投元忠奉絹千匹元忠唯受一匹殺五羊以食之遣奴為導曰若逢賊但道李元忠遣送奴如其言賊皆捨避終於驃騎大將軍開府儀同三司

隋李士謙趙州平棘人仕魏為廣平王府參軍事以少孤未嘗飲酒食肉口無殺害之言隋有天下畢志不仕開皇八年終於家時年六十六趙郡士女聞之莫不流涕曰我曹不死而令李參軍死乎會葬者萬餘人鄉人李景伯等以士謙道著丘園條其狀詣尚書省請先生之謚事寢不行遂相與樹碑於墓

徐孝肅汲郡人宗族數千家多以豪侈相尚肅性儉約事親以孝聞雖在幼齒宗黨間每有爭訟皆至肅所平論之為肅所短者無不引咎而退後母卒負土成墳廬於墓所四十餘載而卒

張文詡江東人每以德化人鄉黨移風俗閑居而卒年四十鄉人立碑號張先生焉

柳儉河東解人也少有局量立行清苦為州里所敬雖至親昵無敢狎侮官至上大將軍

唐張玄素蒲州虞鄉人隋末為景城縣戶曹竇建德攻陷景城玄素被執將戮縣民千餘人號泣請代其命曰此人清慎殺之是無天也大王將定天下當務加礼接以招四方如何殺之使善人解體建德遽命釋之

楊綰華州華陰人素以德行著或造之者清談終日未嘗及名

利或有客欲以世務干者見維言必玄遠不敢發辭亦愧而退位至中書侍郎平章事

陽城字亢宗隱河東條山下遠近慕其德行來學者相繼於道閭里有爭者不詣官府詣城以決之終於道州刺史

甄濟字孟成中山無極人隱居衛縣青巖山採山之人伏其操行約不敢漁採訪使表薦爲范陽節度掌書記

行

夫孔門四科德行爲首是知行者人倫之本衆善之源故君子立身行道造次不違秉之以端方守之以淳固仁近之矣乃有能降其志不苟於得必以慮中匪爲利回靡息曲木之陰罔取非義之給盛衰一致死生等節至於千里赴弔於知己諾首闔諭於締交繇是白珪無玷闇室不欺敦厚之風行於鄉里徽音之美播于簡書士之所爲良足尚矣

孔子絕四毋意（以道爲度故不任意）毋必（用之則行舍之則藏故無專必）毋固（無可無不可故無固）毋我（述古而不自作處羣萃而不自異唯道是從故不有其身）

顏回字子淵閔損字子騫冉耕字伯牛冉雍字仲弓孔子皆以爲有德行

子路有聞未之能行唯恐有聞（前所聞未及行故恐後有聞不得並行）

柳下惠少連降志辱身言中倫行中慮其斯而已矣（言應倫理行應思慮如此而已）

後漢淳于恭初遭賊寇百姓莫事農桑恭常獨力耕田鄉人止之曰時方淆亂死生未分何空自苦爲恭曰縱我不得它人何傷墾耨不輟後至侍中騎都尉

承宮嘗出行得虎所殺鹿持歸肉分門下取皮上師不受宮因棄之人問其故宮曰既已與人義不可復取後至侍中祭酒

張湛字子孝右扶風人以篤行純淑鄉里歸德雖居幽闇自整頓三輔以爲儀表爲太中大夫

徐稺公府辟皆不就人有死喪負笈赴弔常於家豫炙雞一隻以一兩綿絮漬酒中暴乾以裹雞徑到所赴冢隧外以水漬綿使有酒氣斗米飯白茅爲藉以雞置前醊酒畢留謁則去不見喪主稺嘗爲太尉黃瓊所辟不就及瓊卒歸葬稺乃負糧徒步到江夏赴之設雞酒薄祭哭畢而去不告姓名

魏袁奐行足以厲俗言約而理當終於光祿勳

任嘏幼號神童及漢末荒亂家貧賣魚會官稅魚魚貴數倍嘏取直如常又與人共買生口各雇八匹後生口家來贖時價直六十匹共買者欲隨時價取贖嘏自取本價八匹共買者慙亦退還取本價

吳陳表少知名與諸葛恪顧譚張休等並侍東宮皆共親友尚書暨豔亦與表善後豔遇罪時人咸自營護信厚言薄表獨不然士以此重之表從太子中庶子拜翼正都尉

晉羊祜妻夏侯霸之女及霸之降蜀也姻親多告絕祜獨安其室恩禮有加爲徵拜中書侍郎

劉寔少貧窶杖策徒行每所憩止不累主人薪水之事皆自營給後至太常

宋阮長之爲散騎侍郎在中書省直夜往鄰省誤著屐出閤依事自列門下門下以闇夜人不知不受列長之固遣送之曰一生不侮闇室

郭世道察孝廉不就少有孝行仁厚之風行於鄉里鄰村大小莫有呼其名者嘗與人共於山陰市貨物誤得一千錢當時不覺分背方悟請其伴求以此錢追還本主伴大笑不答世道以己錢充數送還之錢主驚嘆以半直與世道世道委之而去

朱百年會稽山陰人也少有高情親亡服闋攜妻孔氏入會稽南山伐樵採若爲業以樵若置道頭輒爲行人所取明旦以復如此人稍怪之積久方知是朱隱士所賣隨其所取多少留錢取樵若而去

南齊崔慰祖爲始安王刑獄參軍賣宅四十五萬買者云寧有

減不荅曰誠慚韓伯休何容二價買者又曰君但責四十六萬
一萬見與慰祖曰是即同君欺人豈是我心乎
虞悰爲正員常侍卒性敦實與人知識必相存訪親疎皆有終
始世以此稱之
徐伯珍徵辟不就舉動有禮過曲木之下趨而避之
辛普明兄將葬鄰人嘉其義賻助甚多普明初受後皆反之贈
者甚怪普明曰本以兄墓不周故不逆來意今何忍止者餘物
以爲家財
周山圖爲黃門郎與人周旋皆白首不異
梁孫彬有行業鄉黨稱善嘗以一束苧就州長沙寺庫質錢後
贖苧還於苧束中得五兩金以手巾裹之彬得送還寺庫道人
驚云近有人以此金質錢時有事不得舉而失壇越乃能見還
輒以金半仰酬往復十餘彬堅然不受因詠曰五月披羊裘而
負薪豈拾遺金者耶卒還金

何遠東海郯人爲東陽太守免歸遠輕財好義周人之急言不
虛志蓋天性也遠無戲言嘗語人云卿能得我一妄語則謝卿
以一縑衆共伺之不能記也
陳歐陽頠爲廣州刺史征南將軍初交州刺史袁曇緩密以金
五百兩寄頠令以百兩還合浦太守龔爲四百兩付兒智矩餘
人弗之知也頠尋爲蕭勃所破貲財並盡唯所寄金獨在曇緩
亦尋卒至是頠並依信還之時人莫不嘆伏其重然諾如此
殷不佞爲散騎常侍兼尚書右丞不佞事寡嫂張氏甚謹所得
祿俸不入私室
後魏崔隆宗爲大將軍府長史仁信待物出於至誠故見重於世
辛穆字叔宗舉茂才東雍州別駕初隨父在下邳與彭城陳敬
文友善敬文弟敬武少爲沙門從師遠學經久不反敬文病臨
卒以雜綾二十匹託穆與敬武穆久訪不得經二十餘年始於
洛陽見敬武以物還之封題如故世稱其廉信

趙柔少以德行知名爲河內太守柔嘗在路得人所遺金珠一
貫價直數百縑柔呼主還之後有人遺柔鏵數百枚與子善明
鬻之於市有人從柔買索絹二十匹有商人知其賤與柔三十
匹善明欲取之柔曰與人交易一言便定豈可以利動心也遂
與之搢紳之流聞而敬服
鹿悆嘗詣徐州馬疲附船而至大梁夜睡從者上岸竊禾四束
以飼其馬船行數里悆覺問得禾之處從者以告悆大怒即停
船上岸至取禾處以縑三丈置禾束下而返後至梁州刺史
趙琰天水人皇興中京師儉婢簡粟糶之琰遇見切責勒留輕
粃嘗送子應冀州娉室從者於路遇得一羊行三里而琰知之
令送於本處又遇路旁主人設羊羹琰訪知盜殺卒辭不食遣
人買耜刃得剩六百即令送還刃主刃主高之義而不受琰命
委之而去後至淮南王府長史
後周寇儁性廉恕不以財利爲心家人曾賣物與人而剩得絹

五匹儁於後知之乃曰惡木之陰不可暫息盜泉之水無容誤
飲得財失行吾所不取遂訪主還之其雅志如此後至驃騎將
軍開府儀同三司
隋張虔威爲謁者大夫攝江都贊治嘗在塗見一遺囊恐其主
永失因令左右負之而後數日物主來認悉以付之
趙軌開皇初爲齊州別駕其東鄰有桑椹落其家軌遣人悉拾
還其主誡其諸子曰吾非此求名意者非機杼之物不願侵人
汝等宜以爲誡爲原州總管司馬在道夜行其左右馬逸入田
中暴人禾軌駐馬待明訪禾主酬直而去原州人吏聞之莫不
改操
唐于邵爲太子賓客性孝悌內行脩絜老而彌篤
武儒衡字庭碩才度俊偉氣直貌莊言不妄發與人交友終始
不渝
李繭長慶元年自前坊州刺史爲司封員外郎時宰臣上言曰

將欲清風俗必在厚人倫竊見皇甫鎛權位盛時班行之中多所親附及得罪後議論立變曾嫉如讎俗之衰薄一至於此唯班肅以曾爲郎官判度支案於治加一獨送出城周行之間多美其事今郡洪已罷望授一省官以表其行故有是拜

後唐趙光逢爲司空平章事以疾辭授司徒致仕嘗有女冠寄黃金一鎰於其室家併屬亂離女冠委化於他土後二十年金無所歸納於河南尹張全義請付諸宫觀其舊封尚在

冊府元龜卷第七百八十七

册府元龜卷第七百八十八

總録部二十八

智　智識

智

五常之性智居其一小則挈缾是守大則萬物可周彰獨見於未萌爲天下之達德喻於水也動而可樂比諸符也公必是契乃有計慮沉敏立脱身禍機變互設終求藝勝亦有紓解人難辨明物性知凶咎之至發姦詐之端准若蓍龜通乎甘昧苟以恬而相養防其蔽而乃蕩咸可尚也已

管仲得於魯魯束縛而檻之使役人載而送之齊皆謳歌而引管子恐魯之止而殺已也欲速至齊因謂役人曰我爲汝歌汝爲我和其所唱適宜走役人不倦而取道甚速

孫臏至齊田忌客待之齊諸公子馳逐重射孫子見其馬足不甚相遠馬有上中下輩於是孫子謂田忌曰君弟重射臣能令君勝田忌信然之與王及諸公子逐射千金及臨質孫子曰今以君之下駟與彼上駟取君上駟與彼中駟取君中駟與彼下駟既馳三輩畢而田忌一不勝而再勝卒得王千金於是忌進孫子於威王

樗里子者名疾秦惠王之弟也樗里子滑稽多智秦人號曰智囊

漢陳平事項王懼誅而平身閒行杖劒亡度河船人見其美丈夫獨行疑其亡將要下當有寶器金玉目之欲殺平平心恐迺解衣臝而佐刺船（自露其形示無所懷挾）船人知其無有迺止平遂至脩武降漢

鼂錯爲太子家令（張晏中書太子家令秩八百石）以其辯得幸太子太子家號曰智囊（言其一身所有皆是智囊之盛物也）

魯匡王莽時爲羲和有權數號曰智囊（筦作六筦之法以窮工商故曰權數）

後漢任文公巴郡閬中人也公孫述時武擔石折文公曰噫西州智士死我乃當之自是常會聚子孫設酒食後三月果卒故益部爲之語曰任文公智無雙

魏賈詡武威姑臧人察孝廉爲郎疾病去官西還至汧道遇叛氐同行數十人皆爲所執詡曰我段公外孫也汝別埋我我家必厚贖之時太尉段紀明昔久爲邊將威震西土故詡假以懼氐氐果不敢害與盟而送之其餘悉死詡實非段甥權以濟事咸此類也

桓範爲大司農出赴曹爽蔣濟言於晉宣帝曰智囊往矣

晉習鑿齒爲桓溫從事溫有大志追蜀人知天文者問國家祚運修短答去世祀方永溫不悦乃止異日送絹一疋錢五千文以與之星人乃馳詣鑿齒曰家在益州被命遠下今受旨自裁無由致其骸骨緣君仁厚乞爲標碣棺木耳鑿齒問其故星人曰賜絹一疋令僕自裁惠錢五千以買棺耳鑿齒曰君幾誤死君嘗聞干知星宿有不覆之義乎此以絹戲君以錢供道中資是聽君去耳星人大喜明便詣溫別溫問去意以鑿齒言答溫笑曰鑿齒憂君誤死君定是誤活然徒三十年看儒書不如一詣習主簿

宋戴顒有高名居于吳先是漢世始有佛像形制未工父逵特善其事顒亦參焉宋世子鑄丈六銅像於瓦官寺既成面恨瘦工人不能治乃迎顒看之顒曰非面瘦乃臂胛肥耳既錯減臂胛瘦患即除無不歎服

陳蔡徵爲尚書太建中麥鐵杖結聚爲群盜廣州刺史歐陽頠俘之以獻沒爲官户配執御傘每罷朝後行百餘里夜至南徐州踰城而入行光火劫盜旦還及牙時仍又執傘如此者十餘度物主識之州以狀奏朝士見鐵杖每旦常在不之信也後數告變徵曰此可驗耳於仗下特購以百金求人送詔書與南徐州刺史鐵杖出應募齎敕而往明旦及奏事宣帝曰信然爲盜明矣

後魏李崇爲雍州刺史征南大將軍長安大將崇長於思察雍

州郡事有驚事巢謁已畢白惠令人捕獲試命綱紀貯之並籠曰此乃上智所測非下愚所知惠乃使卒以弱竹彈兩鸞既而一去一留惠笑謂吏屬曰此留者自計爲巢功重彼去者既經楚痛理無留心羣下伏其深察

智識

易曰唯幾者能成天下之務詩曰既明且哲其智識之謂乎乃有識明内藴通敏無滯極表微之至慮兆未萌之獨見深究得失之理先知言動之賾見義必爲而事以戡濟度德而舉而身無悔吝避衰盛之寵貴解紛之策定辯發論可以垂於世範臨危決機于以通乎時變用能洞人倫之情僞著方策之龜鑒非夫挺周物之淵識禀生民之上智奚以及是哉

重館人（傳無名）魯人也僖公三十一年晉文公分曹地以賂諸侯魯使臧文仲往宿重館（高平方與縣西北有重鄉城）重館人告曰晉新得諸侯必親其共不速行將無及也從之分曹地自洮以南東傅于

濟盡曹地也（濟水自滎陽東過魯之西至樂安入海）

孫叔敖遇狐丘丈人狐丘丈人謂之曰僕聞之有三利必有三患子知之乎孫叔敖蹵然易容曰小子不敏何足以知之敢問何謂三利何謂三患狐丘丈人曰夫爵高者人妬之官大者主惡之禄厚者怨處之之謂也孫叔敖曰不然吾爵高吾志益下吾官大吾心益小吾禄厚吾施益博可以免於患狐丘丈人曰善哉言乎堯舜其猶病諸

淳于髡齊人也博聞彊記學無所主其諫說慕晏嬰之爲人也然而承意觀色爲務客有見髡於梁惠王惠王屏左右獨坐而再見之終無言也惠王怪之以讓客曰子之稱淳于先生管晏不及及見寡人寡人未有得也豈寡人不足爲言邪何故哉客以謂髡髡曰固也吾前見王王志在驅逐後復見王王志在音聲吾是以默然客具以報王王大駭曰嗟乎淳于先生誠聖人也前淳于先生之來人有獻善馬者寡人未及視會先生至後先生之來人有獻謳者未及試亦會先生來寡人雖屏人然私心在彼有之後淳于髡見壹語連三日三夜無倦惠王欲以卿相位待之髡因謝去

馮驩齊人既見孟嘗君居朞年無所言孟嘗君時相齊封萬戶於薛其食客三千人邑入不足以奉客使人出錢於薛歲餘不入貸錢者多不能與其息客奉將不給孟嘗君憂之問左右何人可使收債於薛者傳舍長曰代舍客馮公形容狀貌甚辯長者無他伎（伎亦作技）能宜可令收債孟嘗君乃進馮驩而請之曰賓客不知文不肖幸臨文者三千餘人邑入不足以奉賓客故出息錢於薛歲不入民頗不與其息今客食恐不給願先生責之馮驩曰諾（驩一作諼）辭行至薛召取孟嘗君錢者皆會得息錢十萬乃多釀酒買肥牛召諸取錢者能與息者皆來不能與息者亦來皆持取錢之券書合之齊爲會日殺牛置酒酒酣乃持券如前合之能與息者與爲期貧不能與息者取其券而燒之曰孟嘗君

所以貸錢者爲民之無者以爲本業也所以求息者爲無以奉客也今富給者以要期貧窮者燔券書以捐之諸君彊飲食有君如此豈可負哉坐者皆起再拜孟嘗君聞馮驩燒券書怒而使使召驩驩至孟嘗君曰文食客三千人故貸錢於薛文奉邑少而民尚多不以時與其息客食恐不足故請先生收責之聞先生得錢即以多具牛酒而燒券書何馮驩曰然不多具牛酒即不能畢會無以知其有餘不足有餘者爲要期不足者雖守而責之十年息愈多急即以逃亡自捐之若急終無以償上則爲君好利不愛士民下則有離上抵負之名非所以厲士民彰君聲也焚無用虚債之券捐不可得之虚計令薛民親君而彰君之善聲也君有何疑焉孟嘗君乃拊手而謝之

漢田肯以高祖六年既執楚王韓信肯賀帝曰甚善陛下得韓信又治秦中（治謂都之也秦中謂關中秦地也）秦形勝之國也（得形勢之勝便也）帶河阻山縣隔千里（縣音懸此本古之懸字後人轉用爲州縣字乃更加心以別之非當借音）持戟百

齊秦得百二焉（百二得百中之二二萬人當諸侯百萬人也）地勢便利其以下兵於諸侯譬猶居高屋之上建瓴水也（瓴盛水瓶也居高屋之上而翻瓴水言其向下之勢易也建音蹇）夫齊東有琅邪即墨之饒（二縣近海財用之所出）南有泰山之固西有濁河之限（濁河即平原西有平原河水東北過高唐高唐即平原也孟津號河東故曰濁河也）北有勃海之利地方二千里持戟百萬懸隔千里之外齊得十二焉（秦得百二者二萬人當諸侯百萬人也齊得十二者二十萬人當諸侯百萬人也以言縣隔千里之外者除去秦而言）故此東西秦也非親子弟莫可使王齊者帝曰善賜金五百斤

田叔爲雲中守後數歲坐法失官梁孝王使人殺漢議臣爰盎景帝召叔案梁具得其事還報帝曰梁有之乎對曰有之事安在（燒其文也）叔曰上無以梁事爲問也（言不須更論之也）今梁王不伏誅是廢漢法也如其伏誅太后食不甘味臥不安席此憂在陛下於是帝大賢之以爲魯相

韓安國字長孺爲御史大夫時田蚡與竇嬰爭辯蚡已罷朝出止車門召安國載（韓安國也載謂共乘車）怒曰與長孺共一禿翁何爲首鼠兩端（禿翁言嬰無官位版授首鼠一前一卻也）安國良久謂蚡曰君何不自喜（言何不自爲可喜之事也喜音許吏切）夫魏其毀君君當免冠解印綬歸（歸印綬於天子）曰臣以肺附幸得待罪固非其任魏其言皆是如此帝必多君有讓（多猶重也）不廢君魏其必媿杜門齰舌自殺（杜塞也齰齧也音仕客切）今人毀君君亦毀之譬如賈豎女子爭言何其無大體也蚡謝曰爭時急不知出此於是帝使御史簿責嬰（簿責以文簿一一責之）

疏廣宣帝時爲太子太傅兄子受爲太子少傅俱乞骸骨帝加賜黃金二十斤太子贈五十斤廣既歸鄉里日令家共具設酒食（共具）請族人故舊賓客與相娛樂數問其家金餘尚有幾所趣賣以共具（幾所猶言幾許也）居歲餘廣子孫竊謂其昆弟老人廣所愛信者曰子孫幾及君時頗立產業基阯今日飲食費且盡宜從丈人所勸說君買田宅（丈人嚴莊之稱也）老人即以閒暇時爲廣言此計（閒即閑字）廣曰吾豈老誖不念子孫哉（誖惑也）顧自有舊田廬（顧思念也）令子孫勤力其中足以共衣食與凡人齊今復增益之以爲贏餘但教子孫怠墮耳賢而多財則損其志愚而多財則益其過且夫富者衆之怨也吾既亡以教化子孫不欲益其過而生怨又此金者聖主所以惠養老臣也故樂與鄉黨宗族共饗其賜以盡吾餘日不亦可乎於是族人說服皆以壽終

後漢馬援初爲隗囂綏德將軍囂甚敬重之與決籌策是時公孫述稱帝於蜀囂使援往觀之援素與述同里閈相善以爲既至當握手歡如平生而述盛陳陛衛以延援入交拜禮畢使出就館更爲援制都布單衣交讓冠會百官於宗廟中立舊交之位述鸞旗旄騎警蹕就車磬折而入禮饗官屬甚盛欲授援以封侯大將軍位賓客皆樂留援曉之曰天下雄雌未定公孫不吐哺走迎國士與圖成敗反修飾邊幅如偶人形此子何足久稽天下士乎因辭歸謂囂曰子陽井底蛙耳而妄自尊大不如專意東方

樊鯈特進宏之子也明帝時爲長水校尉封燕侯鯈弟鮪爲子賞求楚王英女敬鄉公主鯈聞而止之曰建武時吾家並受榮寵一宗五侯時特進一言女可以配王男可以尚主但以貴寵過盛即爲禍患故不爲也且爾一子奈何棄之於楚乎鮪不從其後楚事發覺帝追念鯈謹恪又聞其止婚事故其諸子得不坐

鄭衆字仲師興之子建武中皇太子及山陽王荊因虎賁中郎將梁松以縑帛聘請衆欲爲通義引籍出入殿中衆謂松曰太子儲君無外交之義漢有舊防蕃王不宜私通賓客遂辭不受松復風衆以長者意不可逆衆曰犯禁觸罪不如守正而死太子及荊聞而奇之亦不彊也及梁氏事敗賓客多坐之唯衆不染於辭（位大司農）

馮緄父煥安帝時爲幽州刺史疾忌姦惡數致其罪時玄菟太

守姚光亦失人和建光元年怨者乃詐作璽書譴責煥光賜以歐刀又下遼東都尉龐奮使速行刑奮即斬光收煥煥欲自殺緄疑詔文有異止煥曰大人在州志欲去惡實无它故必是凶人妄詐規肆姦毒願以事自上甘罪无晚煥從其言上書自訟果詐者所為徵奮抵罪會煥病死獄中帝愍之賜煥光錢各十萬以子為郎中緄由是知名

折像廣漢雒人也父国有貲財二億家僮八百人及國卒像感多藏厚亡之義乃散金帛資産周施親疎或諫像曰君三男兩女孫息盈前當增益産業何為坐自單竭乎像曰昔鬬子文有言我乃逃禍非避富也吾門戶殖財日久盈滿之咎道家所忌今世將衰子又不才不仁而富謂之不幸牆隙而高其崩必疾世智者聞之咸服焉

徐穉豫章南昌人嘗為太尉黃瓊所辟不就及瓊卒歸葬穉乃負糧徒步到江夏赴之設雞酒薄祭哭畢而去不告姓名時會

者四方名士郭林宗等數十人聞之疑其穉也乃選能言語生茅容輕騎追之及於塗容為設飯共言稼穡之事臨訣去謂容曰為我謝郭林宗大樹將顛非一繩所維何為栖栖不遑寧處（顛仆也維繫也喻時將衰季非一人可能救邪）

孟敏字叔達鉅鹿楊氏人客居太原荷甑墮地不顧而去郭林宗見而問其意對曰甑已破矣視之何益林宗以此異之因勸令遊學

鄭泰字公業河南開封人何進為大將軍輔政徵用名士以公業為尚書侍郎遷侍御史進將誅閹官欲召并州牧董卓為助泰謂進曰董卓彊忍寡義志欲无猒若借之朝政授以大事將恣凶欲必危朝廷明公以親德之重據阿衡之權秉意獨斷誅除有罪誠宜假卓以為資援也且事留變生殷鑒不遠又為陳時要所急數事進不能用乃棄官去謂潁川人荀攸曰何公未易輔也進尋見害卓果作亂

魏劉劭廣平人漢末為計吏詣許建安中將正會而太史上言正旦當日蝕朝士疑會否共諮尚書令荀彧時劭在坐曰梓慎裨竈古之良史猶占水火錯失天時諸侯旅見天子入門不得終禮者四日蝕在一然則聖人垂制不為變異豫廢朝禮者或災消異伏或推術謬誤也彧及衆人咸善而從之遂朝會如舊日亦不蝕劭由此顯名位散騎常侍

司馬朗河内溫人漢末關東兵起故冀州刺史李邵家居野王近山險欲徙居溫朗謂邵曰脣齒之喻豈唯虞虢溫與野王即是也今去彼而居此是為避朝亡之期耳且君国人之望也今寇未至而先徙帶山之縣必駭是搖動民之心而開姦宄之原也竊為郡内憂之邵不從邊山之民果亂内徙或為寇鈔位兗州刺史

婁圭字子伯少與太祖有舊會天下義兵起子伯亦合衆與劉表相依後歸太祖遂為所恃軍国大計常與焉劉表亡太祖向

荆州表子琮降以節迎太祖諸將皆疑詐太祖以問子伯子伯曰天下擾攘各貪王命以自重今以節來是必至誠太祖曰大善遂進兵位大將

劉曄字子揚淮南成悳（悳古德字）人太祖徵曄及蔣濟胡質等五人皆楊州名士每舍亭傳未曾不講所以見重内論国邑先賢禦賊固守行軍進退之宜外料敵之變化彼我虛實戰爭之術夙夜不解而曄獨臥車中終不一言濟怪而問之曄荅曰對明主非精神不接精神可學而得乎及見太祖太祖果問楊州先賢賊之形勢四人爭對待次而言再見如此太祖每和悅而曄終不一言四人笑之後一見太祖止无所復問曄乃設遠言以動太祖太祖適知便止若是者三其旨趣以為遠言宜徵精神獨見以盡其機不宜於猥坐說也太祖已探見其心矣坐罷尋以四人為令而授曄以心腹之任每有疑事輒以函問曄至一夜數十至耳位至太中大夫

蔣濟楚國平阿人仕郡計吏州別駕使於譙太祖問濟曰昔孤與袁本初對官渡徙燕白馬民民不得走賊亦不敢鈔今欲徙淮南民何如濟對曰是時兵弱賊强不徙必失之自破袁紹北拔柳城南向江漢荆州交臂威震天下民無他志然百姓懷土實不樂徙懼必不安太祖不從而江淮間十餘萬衆皆驚走吳後濟使詣鄴太祖迎見大笑曰本但欲使避賊乃更驅盡之拜濟丹陽太守

楊阜天水人涼州刺史韋康辟爲別駕從事馬超之戰敗渭南也走保諸戎太祖追至安定而蘇伯反河間將引軍東還阜時奉使言於太祖曰超有信布之勇甚得羌胡心西州畏之若大軍還不嚴爲之備隴上諸郡非國家之有也太祖善之而軍還倉卒爲備不周超率諸戎渠帥以擊隴上郡縣隴上郡縣皆應之

桓階字伯緒長沙臨湘人也仕郡功曹太守孫堅舉階孝廉除

尚書郎後太祖與袁紹相拒於官渡劉表舉州以應紹階說其太守張羨曰夫舉事而不本於義未有不敗者也故齊桓率諸侯以尊周晉文逐叔帶以納王今袁氏反此而劉牧應之取禍之道也明府必欲立功明義全福遠禍不宜與之同也羨曰然則何向而可階曰曹公雖弱杖義而起救朝廷之危奉王命而討有罪孰敢不服今若舉四郡保三江以待其來而爲之內應不亦可乎羨曰善乃舉長沙及旁三郡以拒表遣使詣太祖太祖大悅會紹與太祖連戰軍未得南而表急攻羨羨病死城陷階遂自匿久之太祖定荆州聞其爲張羨謀也異之辟爲丞相掾主簿

徐宣爲丞相東曹掾出爲魏郡太守太祖崩于洛陽羣臣入殿中發哀或言可易諸城守用譙沛人宣厲聲曰今者遠近一統人懷效節何必譙沛而沮宿衛者心文帝聞曰所謂社稷之臣也

鄧艾爲汝南太守吳諸葛恪圍合肥新城不克退歸艾言於司馬景王曰孫權已沒大臣未附吳名宗大族皆有部曲阻兵仗勢足以建命恪新秉國而內無其主不念撫恤上下以立根基競於外事虐用其民悉國之衆頓於堅城死者萬數載禍而歸此恪獲罪之日也昔子胥吳起商鞅樂毅皆見任時君主沒而敗況恪才非四賢而不慮大患其亡可待也恪歸果見誅

陳騫爲尚書令矯之次子也明帝時劉曄以先進見幸因譖矯專權矯懼以問長子本本不知所出騫曰主上明聖大人大臣今若不合意不過不作公耳後數日帝見矯矯又問二子騫曰陛下意解故見大人也旣入盡日帝曰劉曄構君朕有以迹君朕心故已了以金五鉼授之矯辭帝曰豈以爲小惠君已知朕心顧君妻子未知故也騫後仕晉爲大司馬

張緝字敬仲嘗對司馬大將軍料諸葛恪雖得勝於邊上見誅不久大將軍問其故緝云威震其主功蓋一國欲不死可得乎及恪從合肥還吳果殺之大將軍聞恪死謂衆人曰諸葛恪多

輩耳近張敬仲縣論恪謂必見殺今果然如此敬仲之智爲勝恪也位光祿大夫

蜀諸葛亮琅邪人從父玄與劉表有舊玄往依之表長子琦亦深器亮表受後妻之言愛少子琮而長子琦不自寧常與亮謀自安之術亮初不對後乃共升高樓因令去梯謂亮曰今日上不至天下不至地言出子口而入吾耳可以言未亮曰君不見申生在內而危重耳居外而安乎琦意感悟陰規出計會表將江夏太守黃祖死得出遂爲江夏太守亮佐丞相

龐統字士元襄陽人後郡命爲功曹性好人倫勤於長養每所稱述多過其才時人怪而問之統答曰當今天下大亂雅道陵遲善人少而惡人多方欲興風俗長道業不美其譚即聲名不足慕企而善者少矣今拔十失五猶得其半而可以崇邁世教使有志者自勵不亦可乎

晉鄧騫字長真長沙人少有志氣爲鄉鄰所重常推誠行己[illegible]

以正直全於多難之時剌史譙王承命爲主簿使說甘卓卓留爲參軍欲與同行以母老辭卓而反承爲魏乂所敗以虞悝兄弟爲承黨乂盡誅之而求焉其急鄉人皆爲之懼焉笑曰欲用我耳彼新得州多殺忠良是其求賢之時豈以行人爲罪乃往詣乂乂喜曰君所謂古之解揚也以爲別駕

范汪弱冠至京師屬蘇峻作難王師敗績汪乃遁逃西歸庾亮溫嶠屯兵尋陽時行李斷絶莫知峻之虛實咸恐賊彊未敢輕進及汪至嶠等訪之汪曰賊政令不一貪暴縱橫滅亡已兆雖彊易弱朝廷有倒懸之急宜時進討嶠深納之是日護軍平南二府禮命交至始解褐參護軍事

陳元達字長宏爲前趙劉元海黃門侍郎初元海之爲左賢王聞而招之元達不荅及元海僭號人謂元達曰往劉君相屈君蔑而不顧今稱號龍飛君其懼乎元達笑曰是何言耶彼人姿度卓犖有籠羅宇宙之志吾固知之久矣然往日所以不往者

以期運未至不能無事喧喧彼自有以亮吾矣卿但識之吾恐不過二三日驛書必至其暮元海果徵元達爲黃門郎人曰君殆聖乎

古成詵南安人爲後秦姚萇尚書郎初關西雄桀以苻氏既終萇雄略命世天下之事可一旦而定萇既與苻登相持積年數爲登所敗遠近咸懷去就之計左僕射尹緯與姚晃謂詵曰苻登窮寇歷年未滅姦雄鴟峙所在糾扇夷夏皆貳將若之何詵曰主上權略無方信賞必罰賢能之士咸懷樂推豈慮大業不成氐賊不滅乎緯曰苻登不滅姦雄所在扇合吾等寧無懼乎詵曰三秦天府之國主上十分已有其八今所在可慮者苻登楊定雷惡地耳自餘瑣瑣焉足論哉然惡地地狹衆寡不足爲憂苻登衆稍烏合夫羊偷存假息料其智勇非至尊之匹霸王之起必有驅除然後剋定大業昔漢魏之興也皆十有餘年乃能一同於海內五六年間未爲久也主上神略內明英武外發可謂無敵於天下耳取登有餘力願布德行仁招賢納士厲兵秣馬以候天機如其鴻業不成者詵請齎斬以謝明公緯言之於萇萇大悅賜詵爵關內侯

宋范泰字伯倫荆州刺史王忱泰外弟也請爲天門太守忱常有意立功謂泰曰今城池既立軍甲亦充將欲掃除中原以申宿昔之志伯通意鋭（伯通南蠻校尉殷覬字也）當今擁戈前驅以君持重欲相委留事何如泰曰百年逋寇前賢挫屈者多矣功名雖貴鄙生所不敢謀

柳世隆爲護軍將軍張緒問曰觀君舉厝當以清名遺子孫世隆答曰一身之外亦復何須子孫不才將爲爭府如其才也不如一經

張邵字茂宗王謐爲揚州召邵爲主簿時劉毅爲亞相愛才好士當世莫不輻湊獨邵不往或問之邵曰主公命世人傑何煩多問劉穆之聞以白武帝益親之

蔡興宗除南郡太守兼荆州事不行時前廢帝凶暴興宗外甥袁顗爲雍州刺史勸興宗行曰朝廷形勢人所共見在內大臣朝夕難保舅今出居陝西爲八州事顗在襄沔地勝兵強去江陵咫尺水陸通便若朝廷有事可共桓文之功豈與受制凶狂禍難不測同年而語乎今不去虎口而守此危逼求後豈得哉興宗曰吾素門平進與主上甚踈未容有患宮省內外人不自保會應有變若內難得弭外釁未必可量汝欲在外求全我欲居內免禍各行近見不亦善乎時京城危懼衣冠咸欲遠徙後皆流離外難百不一存

南齊劉善明從弟僧副爲宋安成王撫軍參軍蒼梧肆暴太祖憂恐常令僧副微行伺察聲論使僧副密告善明及東海太守垣崇祖曰人多見勸北固廣陵恐一旦動足非爲長算今秋風行起卿若能與垣東海微共動虜則我諸計可立善明曰宋氏將亡愚智所辨胡虜若動反爲公患公神武世出唯當靜以待

之因機奮發功業自定不可遠去根本自貽猖蹶遂部由健兒數千人隨劉僧還詣領軍府太祖納之驀梧廢徵善明爲冠軍將軍

裴昭明河東聞喜人建武初爲廬陵太守代還常謂人生事須聚畜一身之外亦復何須子孫若不才我聚彼散若能自立則不如一經故終身不治產業

梁徐勉爲中書令雖居顯位不營產業家無蓄積奉祿分贍親族之窮乏者門人故舊或從容致言勉乃答曰人遺子孫以財我遺之以清白子孫才也則自致輜軿如其不才終爲他有

陳何之元初以梁爲信義令宗人敬容者勢位隆重頗相顧訪之元終不造焉或問其故之元曰昔楚人得寵於觀起有馬者皆亡夫無事得隆必近覆敗吾恐不獲其利而招其禍識者以是稱之

後魏高允爲著作郎從東公翟黑子有寵於太武奉使并州受

布千疋事尋發黑子請計於允曰主上問我首與諱乎允曰公帷幄寵臣答詔宜實又自告忠誠罪必無慮中書侍郎崔覽公孫質等咸言首實罪不可測宜諱之黑子以覽等爲親己而反怒允曰如君言誘我死何其不直遂與允絕黑子以不實對竟爲太武所疏終獲罪戮

崔光爲黃門與高肇俱直肇發后同産兄也光謂之曰君家富貴太盛終必事敗并云我家何負四海乃呪我也光云以古推之不可不慎時肇父兄爲太保兄誕司徒太子太傅修侍中尚書事黃門叔父顯位權愛未施是後咸餘修以罪死顯誅襲亡台發未退時[illegible]其先知機也

北齊王晞[illegible]昭初封常山公晞以運爲友及[illegible]即位後爲太子太傅帝欲以爲侍中苦辭不受或勸晞勿自疏晞曰我少年以來閱要人多矣充寵少時鮮不敗績且性實疏緩不堪時務人主恩私何由可保萬一披猖求退無地非不愛作熱官但思之爛熟耳

邢劭字子才有書甚多而不甚讐校常笑曰何愚之甚天下書至死讀不可遍焉能復校此且誤書思之更是一適妻弟李季節才學之士謂子才曰世間人多不聰明思誤書何由能得子才曰若思不能得便不勞讀書子才位至特進

後周薛憕初仕後魏普泰中爲伏波將軍及齊神武起兵憕乃東遊陳梁間謂族人孝通曰高歡阻兵陵上喪亂方始關中形勢之地必有霸王居之乃與孝通俱遊長安侯莫陳悅聞之召爲行臺郎中除鎮遠將軍步兵校尉及悅害賀拔岳軍人咸相慶慰憕獨謂所親曰悅才略本寡輒害良將敗亡之事其則不遠吾屬今即爲人所虜何慶慰之有乎聞者以憕言爲然乃有憂色尋而太祖平悅引憕爲記室參軍

馮景字長明在魏時梁人寇抄徐楊景謂蕭寶寅曰今梁寇邇凌朝廷思靖邊之將王若能先驅效命非唯當家國之耻亦是

保身之長策也寶寅深然之及寶寅爲大都督以景爲功曹參軍

賀若敦東魏潁州長史統之子初統謀執刺史田迅歸順慮事不果又以累弱既多難以自拔沉吟者久之敦時年十七乃進策曰大人往事高氏已爲將帥後入尒朱禮遇尤重韓陵之役虽節徵既非故人又無功效今日委任無異於前者正以天下未定方藉英雄之力一旦清平豈有相容之理以敦愚計恐將交有危亡之憂願早全身遠害不得有所顧念也統流涕從之遂定謀歸太祖位中州刺史

楊略乾運之兄子也初乾運爲梁武陵王蕭紀所署梁州刺史鎮潼州封萬春縣公邑四千戶時紀與其兄湘東王繹爭帝遂連兵不息略謂乾運曰自侯景逆亂江左沸騰今大賊新平生民離散理宜同心勠力保國寧民今乃兄弟尋戈取敗之道也可謂朽木不可雕世衰難以佐古人有言危邦不入亂邦不居又云見機而作不俟終日今者適彼樂土送款關中必當功名

兩全貽慶於後乾運深然之後至京師太祖喜其忠款禮遇隆之三罷為右將軍除西河內史辭不拜時人謂之曰西河大郡俸祿重厚何為致辭罷曰京洛材木盡出西河朝貴營第宅者皆有求假如其私辦即力所不堪若科發民間又違法憲以此辭耳

隋劉炫字光伯少以聰敏見稱開皇中典校書史吏部尚書牛弘嘗從容問炫曰案周禮士多而府史少今令史百倍於前判官減則不濟其故何也炫對曰古人委任責成歲終考其殿最案不重校文不繁悉府史之任掌要目而已今之文簿常慮覆治鍜鍊若其不密萬里追證百年舊案故諺云老吏抱案死今古不同若此之相懸也事繁政弊職此之由弘又問魏齊之時令史從容而已今則不遑寧捨其事何由炫對曰齊氏之州不過數十三府行臺遞相統領文書行下不過十條今州三百其繁一也往者州唯置綱紀郡置守丞縣唯令而已其所具寮則長官自辟受詔赴任每州不過數十今則不然大小之官悉由吏部纖介之跡皆屬考功其繁二也省官不如省事省事不如清心官事不省而望從容其可得乎弘甚善其言而不能用

府七百八十八　十五

唐房玄齡在隋時嘗隨父彥謙至京師時天下寧晏論者咸以為國祚方永玄齡乃避左右而告父曰隋帝本無功德但誑惑黔黎不為後嗣長計混淆嫡庶使相傾奪諸后藩枝競崇淫侈終當內相誅夷不足保全宗國今雖清平亡可蹻足而待彥謙驚而異之（彥謙有子識開皇中見平陳之後天下一統論者咸云將致太平彥謙私謂所親趙郡李少通曰主上性多忌剋不納諫諍太子卑弱諸王擅威在朝惟行苛酷之政未弘遠大之體天下雖安方憂危亂少通初謂不然及仁壽大業之際其言皆驗）位至司

張嘉貞雖久歷清要然不立田園及在定州所親有勸田業者嘉貞曰吾忝歷官榮曾任國相未死之際豈憂飢餒若負譴責雖富田莊亦無用也比見朝士廣占良田身沒之後皆為無賴子弟作酒色之資甚無謂也聞者皆歎伏位至中書令

許克讓為戶部郎中族子紹城陽公主子也尚太平公主紹之於翊也頓以公主寵盛深憂之以問克構克構曰帝娶尚主由來故事若以恭慎行之亦何懼也然室有傲婦善士所惡故鄙諺曰娶婦得公主平地買官府遠則平陽蓋主妖孽致敗近則新城晉安為時所誡吾聞新城以病而卒夫氏受其烈晉安之醜跡上聞有勑推按其事許州司法李思貞右司郎中獨孤元康等以污穢之狀同時配流決杖者十有二人帷薄彰露有如此者非夫天資淑德以配君子欲求無患者難矣哉顗雖大懼而竟不敢言

王昱上官昭容姨弟也神龍中引為左拾遺昭容附韋氏通武三思將不利於國昱謂上官母鄭氏曰王上往在房州則武氏得志矣今有天命所以能興天之所興不可二也武三思有異志天下知之必不能成昭容為上所信而附會三思誠破家之徵願姨思之鄭以為然言於上官上官怒曰昱之諫言不復信矣及三思被誅李多祚於玄武樓下索韋氏及上官等首及兵釋上官父驚懼以昱言而有徵遂洒心王室

府七百八十八　十六

冊府元龜卷第七百八十八

冊府元龜卷第七百八十九

總録部三十九

知幾

易稱知幾其神又曰幾者事之微也微而可見不亦神乎是故君子出處語默消長盈虛唯道是從不失其正履其迹則豈俟乎終日順其義則姑務於隨時不見是圖推變所適若夫叔世蹇剥禍機紛擾大道斯隱小人乘器或察言而觀色或入國而審政其或恣詐恭以隳絶人紀樹凶狡以專侮政柄交辯横起天理滅棄將欲攘美於賢俊盜名於仁義萌朕已見情僞斯得繇是遜辭以防患矯迹以自晦保全終始之分不處嫌疑之地進或屏就退必高翔雖干戈相尋亦能方圓自任也矣

周武王封太公於齊營丘東就國道宿行遲逆旅之人曰吾聞時難得而易失客寢甚安殆非就國者也太公聞之夜衣而行犂（犂比也）明至國而萊侯來伐與之爭營丘

孔子由大司寇攝行相事與聞國政齊人聞而懼曰孔子為政必霸霸則吾地近焉我之為先并矣盍致地焉犂鉏曰請先嘗沮之沮之而不可則致地庸遲乎於是選齊國中女子好者八十人皆衣文衣而舞康樂文馬三十駟（駟四馬）遺魯君陳女樂文馬於魯城南高門外季桓子微服往觀再三將受乃語魯君為周道游往觀終日怠於政事子路曰夫子可以行矣孔子曰魯今且郊如致膰乎大夫（膰祭肉）則吾猶可以止桓子卒受齊女樂三日不聽政郊又不致膰俎於大夫孔子遂行宿乎屯而師已送曰夫子則非罪孔子曰吾歌可夫歌曰彼婦之口可以出走彼婦之謁可以死敗（言婦人之口請謁足以使人死敗可以出走也）蓋優哉游哉維以卒歲（言仕不遇故且優游以終歲）師已反桓子曰孔子亦何言師已以實告桓子喟然歎曰夫子罪我以羣婢故也夫孔子遂適衛居頃之或譖孔子於衛靈公靈公使公孫餘假一出一入孔子恐獲罪焉居十月去衛月餘復反靈公夫人有南子者使人謂孔子曰四方之君子不辱欲與寡君為兄弟者必見寡小君寡小君願見孔子辭謝不得已而見之夫人在絺帷中孔子入門北面稽首夫人自帷中再拜環珮玉聲璆然孔子曰吾鄉為弗見見之禮答焉子路不說孔子矢之曰予所不者天厭之天厭之（見南子者時不獲已猶文王之拘羑里也天厭之者言我之否屈乃天命所厭也蔡謨曰矢陳也夫子為子路陳天命也）居衛月餘靈公與夫人同車宦者雍渠參乘出使孔子為次乘招搖市過之（招搖翺翔也）孔子曰吾未見好德如好色者也（疾時薄於德厚於色故發此言也李充曰使好德如好色則棄邪而反正矣）於是醜之去衛過曹孔子既不得用於衛將西見趙簡子至於河而聞竇鳴犢舜華之死也（或作鳴鐸竇犨）臨河而歎曰美哉水洋洋乎丘之不濟此命也夫子貢趨而進曰敢問何謂也孔子曰竇鳴犢舜華晉國之賢大夫也趙簡子未得志之時須此兩人而后從政及其已得志殺之乃從政丘聞之也刳胎殺夭則麒麟不至郊竭澤涸漁則蛟龍不合陰陽覆巢毀卵則鳳皇不翔何則君子諱傷其類也夫鳥獸之於不義也尚知辟

之而況乎丘哉乃還息乎陬鄉作為陬操以哀之（陬操琴曲名也）而反乎衛入主蘧伯玉家他日靈公問兵陳（軍陳行列之法）孔子曰俎豆之事則嘗聞之軍旅之事未之學也（萬二千五百人為軍五百人為旅軍旅末事本未立不可教以末事也）明日與孔子語見蜚鴈仰視之色不在孔子孔子遂行初衛大叔疾娶于宋子朝（疾即齊也子朝宋人仕衛為大夫）其娣嬖（疾所嬖子朝之娣）子朝出（出奔）孔文子使疾出其妻而妻之疾使侍人誘其初妻之娣寘於犁（犁衛邑）而為之一宮如二妻文子怒欲攻之訪於仲尼仲尼曰胡簋之事則嘗學之矣（胡簋禮器名夏曰胡周曰簋）甲兵之事未之聞也退命駕而行曰鳥則擇木木豈能擇鳥（以鳥自喻）文子遽止之曰圉豈敢度其私訪衛國之難也（圉文子名謙也）將止（仲尼）魯人以幣召之乃歸（於是自衛反魯樂正雅頌各得其所）初陽貨欲見孔子孔子不見（陽貨陽虎也季氏家臣而專魯國之政欲見孔子使往謝故）歸孔子豚（遺孔子豚）孔子時其亡也而往拜之遇諸塗（塗道也於道路與相逢）謂孔子曰來予與爾言曰懷其寶而迷其邦可謂仁乎曰不可（言孔子不仕是懷寶也知國不治而不為政是）好從事而亟

失時可謂知乎曰不可言孔子栖栖好從事而數不遇天時不得爲有知日月逝矣歲不可我與年老歲月已往當急仕孔子曰諾吾將仕矣以順辭免

范蠡爲越相與越王句踐苦身勠力二十餘年竟滅吳夫差范蠡以爲大名之下難以久居且句踐爲人可與同患難與處安爲書辭句踐曰臣聞主憂臣勞主辱臣死昔者君王辱於會稽所以不死爲此事也今既以雪恥臣請從會稽之誅句踐曰孤將與子分國而有之不然將加誅于子范蠡曰君行令臣行意乃裝其輕寶珠玉自與其私徒屬乘舟浮海以行終不反

魏公子無忌爲魏將自知再以毀廢乃謝病不朝與賓客爲長夜飲飲醇酒多近婦女日夜爲樂飲者四歲竟病酒而卒

范睢魏人秦昭王使謁者王稽於魏王稽載范睢入秦至湖關望見車騎從西來范睢曰彼來者爲誰王稽曰秦相穰侯東行縣邑范睢曰吾聞穰侯專秦權惡內諸侯客此恐辱我我寧且匿車中有頃穰侯果至勞王稽因立車而語曰關東有何變曰

無有又謂王稽曰謁君得無與諸侯客子俱來乎無益徒亂人国耳王稽曰不敢即別去范睢曰吾聞穰侯智士也其見事遲鄉者疑車中有人忘索之於是范睢下車走曰此必悔之行十餘里果使騎還索車中無客乃已王稽遂與范睢入咸陽睢後代穰侯為秦相

王翦爲秦將將兵六十萬人伐荊始皇自送至灞上王翦行請美田宅園池甚衆始皇曰將軍行矣何憂貧乎王翦曰爲大王將有功終不得封侯故及入王之嚮臣臣亦及時以請園池爲子孫業耳始皇大笑王翦既至關使使還請善田者五輩善一作美或曰將軍之乞貸亦已甚矣王翦曰不然夫秦王怚音粗而不信人怚一作粗今空秦國甲士而專委於我專亦作專我不多請田宅爲子孫業以自堅顧令秦王坐而疑我矣

叔孫通薛人薛縣名屬魯國秦時以文學徵待詔博士於博士中待詔數歲陳勝起二世召博士諸儒生問曰楚戍卒攻蘄入陳於公何如博士諸生三十餘人前曰人臣無將將即反罪死無赦將有其意願陛下急發兵擊之二世怒作色作色謂變動其色不許言陳勝爲反叔孫通前曰諸生言非夫天下爲一家毀郡縣城鑠其兵視天下弗復用鑠銷也讀曰且明主在上法令具於下吏人人奉職四方輻輳輻輳言如車輻之聚於轂也字或作湊安有反者此特羣盜鼠竊狗盜如鼠之竊如狗之盜何足置齒牙間哉郡守尉今捕誅何足憂二世喜盡問諸生諸生或言反或言盜於是二世令御史按諸生言反者下吏非所宜言諸生言盜者皆罷之乃賜通帛二十匹衣一襲一襲上下皆具也今人呼爲一副拜爲博士通已出反舍還其所舍也諸生曰生何言之諛也通曰公不知我幾不免虎口幾音鉅依反迺亡去之薛

蕭何秦末爲沛主吏掾秦御史監郡者與從事辨之何與共事辨明秦有方略也秦時無刺史以御史監郡何迺給泗水卒史泗水郡沛所屬卒史也何爲郡卒史秦御史欲入言徵何何固請得毋行御史欲徵何因入奏事之何固辭不願行御史請而將何故其事不行也何位至相國

陳平封戶牖侯高帝末燕王盧綰反樊噲以相國將兵擊之既行人有短惡噲者高帝怒用平計詔平乘馳傳載周勃代噲將至軍中即斬噲二人馳傳未至軍行計曰樊噲帝之故人功多又呂后弟女須夫有親且貴帝以忿怒故欲斬之即恐後悔寧囚而致上令上自誅之未至軍爲壇以節召噲噲受詔即反接檻載詣長安而令周勃代將兵平行聞高帝崩平恐呂后及呂須讒怒迺馳傳先去逢使者詔平與灌嬰屯於滎陽平受詔立復馳至宮哭殊悲因奏事喪前呂后哀之曰君出休矣平畏讒之就就成也言畏讒毀之成因固請之得宿衛中太后迺以為郎中令曰傅教帝傅相是後呂須讒迺不得行

穆生與白生申公爲楚元王中大夫元王敬禮申公等穆生不耆酒耆讀曰嗜元王每置酒常爲穆生設醴醴甘酒也少麴多米一宿而熟不齊之及王戊即位常設後忘設焉穆生退曰可以逝矣醴酒不設王之意怠不去楚人將鉗我於市鉗以鐵束頸也稱疾臥申公白生強

起之曰獨不念先王之德與(與讀曰歟)今王一旦失小禮何足至此

穆生曰易稱知幾其神乎幾者動之微吉凶之先見者也(見胡電切)君子見幾而作不俟終日先王之所以禮吾三人者為道之存故也今而忽之是忘道也忘道之人胡可與久處豈為區區之禮哉遂謝病去申公白生獨留王戊稍淫暴二人諫不聽(胥靡之)

王仲本琅邪不其人好道術明天文諸呂作亂齊哀王襄謀發兵而數問於仲及濟北王興居反欲委兵師仲仲懼禍及乃浮海東奔樂浪山中因而家焉

董仲舒為膠西相膠西王聞仲舒(素聞其賢也)大善待之仲舒恐久獲辠病免

金賞為太僕其妻霍光女也霍氏有事萌牙上書去妻(萌牙者謂始有端緒若草之萌牙)宣帝亦自哀之獨得不坐

陳咸為尚書平帝時王莽輔政多改漢制咸心非之及莽因呂寬事誅不附己者何武鮑宣等咸乃歎曰易稱君子見幾而作不俟終日吾可以逝矣即乞骸骨去職及莽篡位召咸以為掌寇大夫謝病不肯應時三子參豐欽皆在位乃悉令解官父子相與歸鄉里閉門不出

後漢崔篆駰之祖父也王莽時太保甄豐舉為步兵校尉不就後王莽以篆為建新大尹篆不得已乃歎曰吾生無妄之世值澆羿之君上有老母下有兄弟安得獨潔己而危所生哉乃遂單車到官稱疾不視事三年不行縣

樊宏當更始之立欲以宏為將宏叩頭辭曰書生不習兵事竟得免歸世祖即位拜光祿大夫

卓茂為更始侍中祭酒從至長安知更始政亂以年老乞骸骨歸建武中位至太傅

竇融字周公更始大司馬趙萌薦融為鉅鹿太守融見更始新立東方尚擾不欲出關而高祖父嘗為張掖太守從祖父為護羌校尉從弟亦為武威太守累世在河西知其土俗獨謂兄弟曰天下安危未可知河西殷富帶河為固張掖屬國精兵萬騎(漢邊郡皆置屬國)一旦緩急杜絕河津足以自守此遺種處也兄弟皆然之融於是日往守萌(守猶求也)辭讓鉅鹿圖出河西萌為言更始乃得為張掖屬國都尉融大喜即將家屬而西

賈復為左將軍封膠東侯知光武欲偃干戈修文德不欲功臣擁衆京師乃與高密侯鄧禹並剽甲兵(剽削也謂除甲兵)敦儒學帝深然之遂罷左右將軍復以列侯就第加位特進

鄭敬為汝南太守歐陽歙門下掾歲十月饗會歙出教曰西部督郵繇延忠貞公方今與諸儒共顯之於朝功曹郅惲愀然曰司正舉觥延恣性貪邪明府以惡為善股肱以直從曲敬曰君明臣直明府德也歙曰敬奉觥惲歸府稱病延亦自退敬妻與惲厚見其言忤歙乃相招去曰子廷爭繇延君猶不納延今雖去其勢必還直心無諱誠三代之道然道不同者不相為謀吾不能忍見子有不容君之危盍去之乎惲曰孟軻以強其君之所不能為忠量其君之所不能為賊惲業已強之矣障君於朝既有其直而不死職罪也延退而惲又去不可敬乃獨隱於弋陽山中居數月歙果復召延惲於是乃去從敬止魚釣自娛

馬嚴為陳留太守將之官言於章帝竇固竇勳家不宜親近京師是時勳女為皇后有側聽嚴言者以告竇憲兄弟由是失權貴心後遷將作大匠坐事免既為竇氏所忌遂不復在位及竇太后臨朝乃退居自守訓教子孫卒於家

崔寔召拜尚書寔以世方阻亂稱疾不視事數月免歸

楊秉為光祿大夫是時大將軍梁冀用權秉稱病六年冀誅後乃拜太常

許劭汝南平輿人初為郡功曹後司空楊彪辟舉方正敦樸徵皆不就或勸劭仕對曰方今小人道長王室將亂吾欲避地淮海以全老幼乃南到廣陵徐州刺史陶謙禮之甚厚劭不自安告其徒曰陶恭祖外慕聲名內非真正待吾雖厚其勢必薄不

劭去之遂復投揚州刺史劉繇於曲阿其後陶謙果捕諸寓士（寓寄也）

陳紀爲平原相往謁董卓時議欲以爲司徒紀見禍亂方作不復辨嚴即時之郡

魏桓字仲英桓帝時數被徵其鄉人勸之行桓曰夫干祿求進所以行其志也今後宫千數其可損乎廐馬萬匹其可減乎左右悉權豪其可去乎皆對曰不可桓乃慨然歎曰使桓生行死歸於諸子何有哉遂隱身不出

郭泰字林宗太原介休人游於洛陽名震京師司徒黄瓊辟太常趙典舉有道或勸林宗仕進者對曰吾夜觀乾象晝察人事天之所廢不可支也遂並不應林宗雖善人倫（臣欽若等曰范曄著後漢書諱其父名故稱字也）而不爲危言覈論故宦官擅政而不能傷也及黨事起知名之士多被其害唯林宗及汝南袁閎得免焉

袁閎從父逢隗並貴盛閎見時方險亂而家門富盛常對兄弟歎曰吾先公福祚後世不能以德守之而競爲驕奢與亂世爭權此即晉之三郤矣延熹末黨事將作閎遂散髮絶世欲投迹深林以母老不宜遠遁乃築土室四周於庭不爲户自牖納飲食而已旦於室中東向拜母母思閎時往就視母去便自掩閉兄弟妻子莫得見也及母殁不爲制服設位時莫能名或以爲狂生潛身十八年黄巾賊起攻没郡縣百姓驚散閎誦經不移賊相約語不入其閭鄉人就閎避難皆得全免卒於土室

蒯越爲大將軍何進東曹掾越勸進誅諸閹官進猶豫不決越知進必敗求出爲汝陽令

申屠蟠陳留外黄人也再舉有道不就先是京師游士汝南范滂等非訐朝政自公卿以下皆折節下之蟠獨歎曰昔戰國之世處士横議列國之王至爲擁篲先驅卒有阬儒燒書之禍今之謂矣乃絶迹於梁碭之間居二年滂等果罹黨錮或死或刑蟠確然免於疑論其後董卓廢弘農王立獻帝蟠及荀爽韓融陳紀等復俱公車徵唯蟠不到衆人咸勸之蟠笑而不應居無幾爽等爲卓所脅迫西都長安京師擾亂

及大駕西遷公卿多遇兵飢室家流散融等僅以身脱唯蟠處亂末終全高志

賈彪少游京師志節慷慨先是岑晊以黨事迯亡親友多匿焉彪獨閉門不納時人望之彪曰傳言相時而動無累後人公孝（臣欽若等曰公孝岑晊字也）以要君致釁自遺其咎吾以不能奮戈相待反可容隱之乎於是咸服其裁正位至新息長

袁術爲虎賁中郎將時董卓將欲廢立以術爲後將軍術畏卓之禍出奔南陽

韓嵩字德高義陽人少好學貧不改操知世將亂不應三公之命後爲劉表從事中郎荊州平就拜大鴻臚

士孫瑞爲尚書僕射與司徒王允同誅董卓瑞頗有才謀瑞以允自專討董卓之勞故歸功不侯所以獲免於難

楊彪爲太尉免見漢祚將終遂稱脚攣不復行

魏和洽字陽士汝南西平人舉孝廉大將軍辟皆不就袁紹在冀州遣使迎汝南士大夫洽獨以冀州土平民強英桀所利四戰之地本初乘資雖能強大然雄豪方起全未可必也荊州劉表無他遠志愛人樂士土地險阻山夷民弱易依倚也遂與親舊俱南從表表以客待之洽曰所以不從本初辟爭地也昏世之主不可黷近久而阽危必有讒慝間其中者遂南度武陵後位至太常

田疇右北平人漢末率宗族入徐無山中袁紹數遣使招命又即授將軍印因安輯所統疇皆拒不當紹死其子尚又辟焉疇終不行後拜爲議郎

韓暨漢末避袁術命召徙居山都之山荊州牧劉表禮辟遂遁逃南居孱陵界所在見敬愛而表深恨之暨懼應命除宜城長

張承字公先漢末以方正徵拜議郎遷伊闕都尉董卓作亂承欲合徒衆與天下共誅卓承弟昭時爲議郎適從長安來謂承曰今欲誅卓衆寡不敵且起一朝之謀戰阡陌之民士不素撫

兵不練習難以成功阜阻兵而無義固不能久不若擇所歸以待時而動然後可以如志承然之乃解印綬間行歸家與兄避地楊州

管寧北海朱虛人也與邴原值亂往遼東依公孫度邴原性剛直清議以格物度已下心不安之寧謂原曰潛龍以不見成德言非其時皆招禍之道也密遣令西還寧後徵拜太中大夫不受

劉曄淮南人漢光武子阜陵王延之後楊士多輕俠有鄭寶張多許乾之屬各擁部曲寶最驍果才力過人一方所憚欲驅略百姓越赴江表以曄高族名人欲強曄使唱導此謀曄內患之而未有緣會太祖遣使詣州有所案問曄往見為論事勢寶從數百人齎牛酒來候曄曄因自引取佩刀斫殺寶斬其首令其軍去曹公有令敢有違令者與同罪即乘寶馬詣寶營門喻以禍福慰撫安懷咸悉悅服推曄為主曄覩漢室漸微已為支屬不欲擁兵遂委其部曲與廬江太守劉勳勳怪其故曄曰寶無

法制其衆素以鈔略為利僕宿無資而整齊之必懷怨難久故相與耳位至太中大夫

毛玠避亂荊州未至聞劉表政令不明遂往魯陽太祖臨兖州辟為治中從事

高柔字文惠陳留圉人父靖漢末為蜀郡都尉柔留鄉里謂邑中曰今者英雄並起陳留四戰之地也曹將軍雖據兖州本有四方之圖未得安坐守也而張君先得志於陳留吾恐變乘間作也欲與諸君避之衆人皆以張邈與曹公善柔又年少不然其言後邈畏太祖終為袁紹擊已也心不自安叛太祖柔位至太尉

賈詡為宣義將軍李傕郭汜亂長安中是時將軍段煨屯華陰與詡同郡遂去傕託煨詡素知名為煨軍所望煨內恐其見奪而外奉詡禮甚備詡愈不自安張繡在南陽詡陰結繡繡遣人迎詡將行或謂詡曰煨待君厚矣君安去之詡曰煨性多疑有忌詡意禮雖厚不可恃久將為所圖我去必喜又望吾結大援於外必厚吾妻子繡無謀主亦願得詡則家與身必俱全矣詡遂往繡執子孫禮煨果善視其家後為魏太中大夫自以非太祖舊臣而策謀深長懼見猜嫌闔門自守退無私交男女嫁娶不結高門天下之論智計者歸之

袁徽陳郡扶樂人也以儒素稱遭天下將亂避難交州司徒辟不至初徽從兄渙慨然歎曰漢室陵遲亂無日矣苟天下擾攘逃將安之若天未喪道民以義存唯強而有禮可以庇身乎徽曰古人有言知機其神乎見機而作君子所以元吉也天理盛衰漢其亡矣夫有大功必有大事此又君子之所深識退藏於密者也且兵革既興外患必衆徽遠迹山海以求免身及亂作各行其志

裴潛字文行河東聞喜人避亂荊州劉表待以賓禮潛私謂所親王粲司馬芝曰劉牧非霸王之才乃欲西伯自處其敗無日矣遂南適長沙後位至光祿大夫

冊府元龜卷第七百八十九

冊府元龜卷第七百九十

總録部四十

知幾第二

吳魯肅臨淮東城人為袁術東城長肅見術無綱紀不足與立事乃攜老弱將輕俠少年百餘人南到居巢就周瑜瑜之東渡因與同行肅位至横江將軍

石偉為光禄勳及孫晧即位朝政昏亂偉乃辭老耄痼疾乞身就拜光禄大夫

晉阮籍初仕魏為尚書郎少時又以病免及曹爽輔政召為參軍籍因以疾辭屏於田里歲餘而爽誅時人服其遠識文帝初欲為武帝婚於籍籍醉六十日不得言而止鍾會數以事問之欲因其可否而致之罪皆以酣醉獲免

華表仕魏為散騎黃門郎侍中正元初石苞來朝盛稱高貴鄉公以為魏武更生時聞者流汗沾背表懼禍作頻稱疾歸下舍故免於大難

羊祜仕魏為黃門侍郎及陳留王立以少帝不須為侍臣求出補吏徙秘書監

武陔武帝時為吏部尚書左僕射開府陔以在魏已為大臣本非佐命之數懷遜讓不得已而居位故在官職無所荷任夙夜思恭而已終始全絜當世以為美談

束晳為趙王倫相國記室晳辭疾罷歸教授門徒及倫誅獲免

王衍素輕趙王倫之為人及倫篡位衍陽狂斫婢以自免後位至司徒

潘尼為著作郎及趙王倫篡位孫秀專政忠良之士皆罹禍酷尼遂稱疾篤取假拜掃墳墓

張翰字季鷹吳郡人為齊王冏大司馬東曹掾冏將敗翰謂同郡顧榮曰天下紛紛禍難未已夫有四海之名者求退良難吾本山林間人無望於時子善以明防前以智慮後榮執其手愴然曰吾亦與子採南山蕨飲三江水耳翰因見秋風起乃思吳中菰米蓴羹鱸魚鱠曰人生貴得適志何能羈宦數千里以要名爵乎遂命駕而歸著首丘賦俄而冏敗人皆謂之見機

顧榮字彥先吳人為齊王冏大司馬主簿冏擅權榮懼及禍終日昏酣不綜府事以情告友人長樂馮熊熊謂冏長史葛旟曰以顧榮為主簿所以甄拔才望委以事機不復計南北親疎欲平海內之心也今府大事殷非酒客之政旟曰榮江南望士且居職日淺不宜輕代易之熊曰可轉為中書侍郎榮不失清顯而府更實才旟然之白冏以為中書侍郎榮在職不復飲酒人或問之曰何前醉而後醒邪榮懼罪乃復更飲與州里楊彥明書曰吾為齊王主簿常慮禍及見刀與繩每欲自殺但人不知耳及冏誅榮以討葛旟功封嘉興伯

褚翜（山洽切）□為冠軍參軍于時長沙王乂擅權成都河間阻兵于外翜知內難方作乃棄官避地幽州

李產字子喬范陽人少剛厲有志永嘉之亂同郡祖逖擁衆部於南土力能自固產遂往依之逖素好從横弟約有大志產微知其旨乃率子弟十數人間行還鄉里

桑沖為黃門郎河間王顒執權引為司馬沖知顒必敗就職一旬便稱疾求退

索紞字叔徹敦煌人明天文善術數占候司徒辟除郎中紞知中國將亂避世而歸鄉人從紞占問吉凶門中如市紞曰攻乎異端戒在害己無為多事多事多患遂詭言虛說無驗乃止

張載為中書侍郎載見世方亂無復進仕意遂稱疾篤告歸卒於家

張協為河間內史在郡清簡寡欲于時天下已亂所在寇盜協遂棄絕人事屏居草澤守道不競以屬詠自娛

董養字仲道陳留浚儀人永嘉中洛城東北步廣里中地陷有二鵝出焉其蒼者飛去白者不能飛養歎曰昔周時所盟會狄

泉即此地也

今有二鵝蒼者胡象白者国家之象其可尽言乎顧謂謝鯤阮孚曰易稱知機其神乎君等可深藏矣乃與妻荷擔入蜀莫知所終

荀邃為陳留相懷帝欲納邃女先徵為散騎常侍邃懼西都危逼故不應命而東渡江元帝以為軍諮祭酒邃為侍中與刁協婚親時協執權欲以邃為吏部尚書邃深拒之尋而王敦討協協黨與並及於難唯邃以疎協獲免陶臻侃之兄子江州刺史華軼表侃為楊武將軍使屯夏口又以臻為參軍軼與元帝素不平臻懼難作託疾而歸白侃曰華彥夏有憂天下之志而才不足且與琅邪不平難將作矣侃怒遣臻還軼臻遂東歸於元帝帝見之大悅命臻為參軍

衛玠懷帝末過江以王敦豪爽不羣而好居物上恐非国之忠臣求向建鄴卒於太子洗馬

羊曼爲王敦右長史敦既與朝廷乖貳羈録朝士曼知敦不臣終日酣醉諷議而已敦以其士望厚加礼遇不委以事故得不涉其難劉喬為吏部郎王敦素爲喬交甚欽貴之請為右司馬喬知敦有不臣心枕疾不視事以是忤敦意出為豫章太守辭以脚疾詔就家授印綬

桓彝為尚書吏部郎名顯朝廷于時王敦擅權嫌忌士望彝以疾去職

阮裕為太宰掾大將軍王敦命為主簿甚被知遇裕以敦有不臣之心乃終日酣觴以酒廢職敦謂裕非當世實才徒有虛譽而已出爲溧陽令復以公事免官由是得違敦難論者以此貴之郭文河内軹人隱居臨安結廬舍於山中臨安令萬寵迎置縣中及蘇峻反破餘杭而臨安獨全人皆異之以為知機

阮孚成帝初為丹陽尹時太后臨朝政出舅族孚謂所親曰今江東雖累世而年數實淺主幼時艱運終百六而庾亮年少德信未孚以吾觀之將兆亂矣會廣州刺史劉顗卒遂苦求出王導等以孚疎放非京尹才乃除都督交廣寧三州軍事鎮南將軍領平越中郎將廣州刺史　假節未至鎮卒尋而蘇峻作逆識者以為知機

徐邈東莞姑幕人會稽王道子將用為吏部郎邈以波競成俗非己所能節制苦辭乃止後為中書侍郎領太子衛率

宋羊欣為桓玄平西參軍轉主簿參預機要欣欲自疎時自脩參事玄覺其此意愈重之以為楚臺殿中郎謂曰尚書政事之本殿中礼樂所出卿昔處股肱方此為輕也欣拜職少日稱病自免

何承天為桓偉參軍時殷仲堪桓玄等擧兵以向朝廷承天懼禍難未已解職還益陽王歆引為桓偉安西長史南平太守去官居作塘縣界桓玄輔政及篡位屢召不下

劉榮祖為輔国將軍時領軍將軍謝晦深接待之廢立之際要榮祖榮祖固辭獲免及晦出鎮荆楚欲請為南蠻校尉榮祖又固止之晦果誅死

顧覬之為護軍司馬時大將軍彭城王義康秉權與殷景仁有隙覬之不欲與景仁久接事乃辭脚疾自免歸在家每夜常於牀上行脚家人竊異之而莫究其後義康徙廢朝廷多以異同受禍復為東遷山陰令

張稷之為貟外散騎侍郎與吏部尚書江湛太子左率袁淑善淑薦之於始興王濬濬深引納焉稷之慮其禍萌思遠其難言於湛求外出湛將用為東縣固乞遠郡久之得為寧遠將軍交阯太守

王秀之為桂陽王休範司空從事中郎秀之知休範將反辭疾不就

江智淵為竟陵王誕從事中郎誕將為逆智淵悟其機請假先返誕事發即除中書侍郎與南齊王儉初仕宋為司徒長史蒼梧

暴虐儉憂懼告袁粲求出引晉新安主壻王獻之爲吳興例補義興太守

劉繪爲豫章王嶷太司馬諮議嶷與文惠太子以年秩物論謂宮府有疑繪苦求外出爲南康相後累遷寧朔將軍行南徐州事梁王義師起朝廷以繪爲持節督雍梁南北秦四州郢州之竟陵司州之隨郡諸軍事輔國將軍寧蠻校尉雍州刺史固讓不就衆以朝廷昏亂爲之寒心繪終不受東昏改用張欣泰

梁宗史仕宋爲皇太孫書記太孫即位多過失德史頗自疏得免秣陵令遷尚書都官郎隆昌末少帝見誅龍舊多罹其禍唯史及傅昭以清正免

傅昭幼孤爲外祖所養宋司徒建安王休仁欲致昭以宋氏多故遂不往齊永明初以昭爲南郡王侍讀王嗣帝位故時臣隸爭求權寵唯昭及南陽宗史保身守正無所參入竟不罹其禍

王晏爲太子中庶子世祖在東宮專斷朝事多不聞啓晏慮及罪稱疾自疏尋領射聲校尉不拜

呂僧珍仕齊爲羽林監東昏即位司空徐孝嗣管朝政欲與共事僧珍揣不久安竟弗往時高祖已臨雍州僧珍固求西歸

陳謝貞爲侍郎及始興王叔陵爲揚州刺史引祠部侍郎阮卓爲記室辟貞爲主簿貞不得已乃行尋遷府錄事參軍領丹陽承貞度叔陵將有異志因與卓自疏於王每有宴遊輒辭以疾未嘗參預叔陵雅欽重之弗之罪也俄而叔陵作逆府僚多相連逮唯有貞與卓獨不坐

後魏車路頭爲忠意將軍明元性明察羣臣多以職事過譴至有杖罰故路頭優遊不任事侍宿左右從容談笑而已

張湛仕沮渠蒙遜爲兵部尚書涼州平入國崔浩識禮之每歲贈浩常報答及浩被誅湛懼悉焚之閉門却掃慶弔皆絕以壽終

胡叟初在涼州沮渠牧犍遇之不重叟亦本無附之誠乃爲詩示所知廣平程伯達其略曰羣犬吠新客佞暗排疏賓直途既以塞曲路非所遵望衛惋祝鮀眄楚悼靈均何用宣憂懷託翰寄輔仁伯達見詩謂叟曰涼州雖地居戎域然自張氏以來號有華風今則憲章無虧曷祝鮀之有叟曰古人有言君子聞鞞鼓之聲則思戰爭之士貴主奉正朔而不淳慕仁義而未允此僻陋而僭擬號居小事大豈若茲乎徐偃之轍故不旋踵矣吾之擇木夙在大魏與子暫違非久闊也歲餘牧犍破降叟既先歸國朝廷以其識機拜武威將軍賜爵始復男

陸旭孝文時爲散騎常侍知天下將亂遂隱於太行山孝莊即位屢徵不起

茹皓宣武時與趙脩同侍直禁中爲脩所妬出爲濮陽太守皓忻然而去內不以疏外爲感及趙脩等敗皓獲全免

穆紹宣武時爲侍中謝事還家詔諭久乃起除車騎大將軍開府定州刺史固辭不拜又除侍中託疾未起河陰之役故得免害

北齊魏收初仕後魏中書舍人時孝武猜忌神武內有間隙收遂以疾固辭而免其舅崔孝芬怪而問之收曰懼有晉陽之甲尋而神武南上帝西入關

李愍初仕後魏安樂王元鑒表授武騎常侍時陽平已北皆爲賊有鑒命愍討之頗有斬獲及鑒謀逆愍乃許患暴風鑒信之因此得免

李渾初仕後魏爲給事中時四方多難乃謝病求爲青州征東府司馬與河間邢邵北海王昕俱奉老母攜妻子同赴青齊未幾而尒朱榮入洛衣冠殲盡論者以爲知機

李曉仕魏爲員外侍郎尒朱榮之害朝士時曉衣冠爲鼠所噬不成行得免河陰之難及遷都鄴曉便寓居清河託從母兄崔㥄宅給良田三十頃曉遂築室安居訓勗子姪無復宦情武定末以世道方泰乃入都從仕除頓丘守

叱列平初仕後魏爲右衛將軍時尒朱氏凌替平常慮禍會神武起義平鄴破四胡於韓陵仲遠既走以平爲東郡大行臺

平鑒為開府儀同三司特和士開以佞幸勢傾朝列令人求鑒愛妾劉氏鑒即送之仍謂人曰老公失阿劉與死何異要自為身作計不得不然由是除齊州刺史

後周梁季明初仕後魏為步兵校尉及孝武西遷季明乃寓居伊洛侯景徇地河外召季明從軍除黎陽郡守季明從至懸瓠察景終不足恃遂去之客於潁川以世路未清欲優遊卒歲時王思政鎮潁川累使召季明不得已出與相見留於內館月餘太祖又徵之遂入關

高賓初仕東魏後棄家歸闕太祖嘉之授安東將軍及明帝初除咸陽郡守政存簡惠甚得民和帝聞其能賜田園於郡境賓既羇旅歸國親屬在齊常慮見疑無以取信乃於所賜田內多蒔竹木盛構堂宇并鑿池沼以環之有終焉之志朝廷以此知無二焉

柳機為御正大夫宣帝失德屢諫不聽恐禍及己託於鄭譯陰求出外於是拜華州刺史

蘇威周度支尚書美陽公綽子也威周為郡功曹大冢宰宇文護見而禮之以其女新興主妻焉威見護專權恐禍及己逃入山中為叔父所逼卒不獲免然每屏居山寺諷讀為娛未幾授持節車騎大將軍儀同三司改封懷道縣公武帝親總萬機拜稍伯下大夫前後所授並辭不拜

梁睿為益州總管既平王謙自以威名太盛時高祖總百揆恐為所忌遂大受金賄以自穢由是動簿多不實詔朝堂稱屈者前後百數帝令有司案驗其事主者多獲罪睿惶懼上表陳謝歸大理帝慰諭遣之

王世積為上柱國見高祖性忌刻功臣多獲罪由是縱酒不與執政言及時事高祖以為有酒疾舍之宮內令醫者療之世積詭稱疾愈始得就第

裴矩為右光祿大夫從煬帝在江都時四方盜賊蜂起而郡縣大將軍屈突通敗問至矩以聞帝失色矩素勤謹未嘗忤旨又見天下方亂恐為身禍其待遇人多過其所望皆得其歡心

唐竇威初仕隋為蜀王秀記室以秀行事多不法稱疾還田里及秀廢黜府僚多獲罪唯威以先見保全

李百藥初為隋太子舍人東宮學士或有譖百藥者懷不自安乃託疾免去

徐文遠隋末為越王侗國子祭酒為李密軍所執其後復入東都王世充給其廩食而文遠盡敬見之先拜或問曰聞君踞見李密而敬王公何也答曰李密君子也能受酈生之揖王公小人也有殺故人之義相時而動豈不然歟

杜楚客右僕射如晦之弟武德中見其兄為太宗所任隱太子尤忌之楚客恐禍及己遂隱於嵩山後為工部尚書坐事免虔化令卒

尉遲敬德自貞觀中累遷開府儀同三司封鄂國公末年靜居閑處修理池臺常奏清商樂一部厚自奉養不與外人交通

權皐為貝州臨清尉玄宗天寶中安祿山以幽州長史充河北按察使假其才名署從事皐陰察祿山有異志畏其猜虐不可以累退欲潛去又慮禍及老母天寶十四年祿山使皐獻戎俘自京師迴過福昌福昌尉仲蕃皐從父妹壻也密以計約之比至河陽詐以疾亟召蕃蕃至皐示已暗瞪蕃乃勉哀而哭之自唅襲既逸皐而葬其棺人無知者從史以詔書還皐母初不知聞皐之死慟哭傷行路祿山不疑其詐死許其母歸皐時微服匿跡候母於淇門既得侍其母乃奉母晝夜南去及渡江祿山已反矣由是名聞天下

孔巢父玄宗天寶末隱於徂徠山永王璘起兵江淮聞其賢以從事辟之巢父知其必敗側身潛遁由是知名位至給事中

張孝忠德宗貞元中事李寶臣為易州刺史後寶臣疑忌殺大將李獻誠等四五人使召孝忠曰諸將無狀聯頸受戮孝忠懼死不敢往亦不敢叛猶公之不覲于朝慮禍而已無他異也孝節泣曰兄之不行吾歸死矣孝忠曰偕則併命吾留若無異也及歸果安孝忠後為橫海軍節度使

田弘正貞元中爲魏博衙内兵馬使時節度使田季安惟務侈靡不卹軍務屢行殺罰弘正每從容規諷軍中甚賴之季安以人情歸附乃出爲臨清鎮將欲招撫其過害之弘正假以風痺請告灸灼滿身季安謂其無能爲李紳元和初爲國子助教非其好也東歸金陵觀察使李錡愛其才辟爲從事紳以錡所爲專恣不受其書幣錡怒將殺紳遁而獲免錡誅朝廷嘉之

後唐張全義爲忠武軍節度使自昭宗文德元年已後託附梁祖垂三十年初梁祖猜忌元勳舊將多遭屠戮唯全義卑身曲事所有家財率先納賂自栢鄉喪師後全義每月獻馬鎧仗以補其軍兵儲稍乏則入粟爲助梁祖季年欲害全義者數四以服勤盡瘁無以加諸而止

許寂少有山水之好久棲四明山不干時譽昭宗聞其名徵赴闕召對於内殿會昭宗方與伶人調品篳篥事訖方命坐賜湯果問易義既退寂謂人曰君在藩蘼不在政矣寂聞君人者將昭德塞違以臨照百官或象之今不獻賤事自求其工君道替矣帝聞語遽止山役後爲工部尚書致仕

晉張筠爲興元節度罷居洛下表乞歸咸陽俄而洛下有張從賓之亂獨免其難人咸謂筠有五福之具焉周王朴漢乾祐中擢進士第依樞密使楊邠館於第是時漢室衰亂大臣交惡朴度其必危因乞告東歸未幾李業輩作亂害邠等三族凡遊其門下者多罹其禍而朴獨免後位至樞密使

冊府元龜卷第七百九十

冊府元龜卷第七百九十一

總録部 四十一

知賢

傳曰觀其所由察其所以人焉廋哉若夫稟聰明之識洞幾神之表懷疑倫之鑒達語默之要固亦言必有中而物無遁形惟夫賢人之爲德也居正而處厚安仁而守約直而不激和而不流進退之得宜言色之無失純粹中積而誠以待人洵美外彰而謙以行己秉彝而居簡敦信而由禮固其舉措之際淺深可覿品藻斯及淑慝以分至或識其名于知夫遠至終有所立見稱於特傳諸美談皆可以徵也已

臧孫紇魯大夫也襄公二十三年秋八月孟孫卒初孟孫惡臧孫（不相善）季孫愛之及孟孫卒臧孫入哭甚哀多涕出其御曰孟孫之惡子也而哀如是季孫若死其若之何臧孫曰季孫之愛我疾疢也（常志相順從身之害）孟孫之惡我藥石也（常志相違戾猶藥石之療疾）美疢不如惡石夫石猶生我（[illegible]）疢之美其毒滋多孟孫死吾亡無日矣

趙孟晉大夫也魯襄公二十七年宋向戌請弭諸侯之兵爲會於宋楚子木問於趙孟曰范武子之德何如（士會賢聞於諸侯故問之）對曰夫子之家事治言於晉國無隱情祝史陳信於鬼神無愧辭（祝陳說馨香德足副之故不愧）子木歸以語王王曰尚矣（尚上也）能歆神人（歆享也使神享其祭人懷其德）宜其光輔五君以爲盟主也（五君文襄靈成景）

子木楚令尹魯襄公二十七年宋公享晉楚之大夫子木歸語王曰宜晉之伯也有叔向以佐其卿楚無以當之不可與爭

鄭罕虎字子皮魯襄公三十年十月授子產政（伯有死子皮知政以子產賢故）子產讓辭曰國小而偪族大寵多不可爲也（爲治也）子皮曰虎帥以聽誰敢犯子子善相之國無小（言在治政）小能事大國乃寬（爲大所寬故也）子產爲政及魯昭公十三年晉會諸侯于平丘子產子太叔相鄭伯以會子產歸未至聞子皮卒哭且曰吾已（已猶竟也）無爲爲善矣唯夫子知我

晏嬰字平仲齊人大夫也魯昭公五年鄭罕虎如齊娶於子尾氏晏子驟見之陳桓子問其故對曰能用善人民之主也（謂[illegible]自罕虎也[illegible]子產）又越石父賢在縲絏中晏子出遭之塗解左驂贖之載歸弗謝入閨久之越石父請絕晏子懼然攝衣冠謝曰嬰雖不仁免子於厄何子求絕之速也石父曰不然吾聞君子詘於不知己而信於知己者方吾在縲絏中彼不知我也夫子既以感寤而贖我是知己知己而無禮固不如在縲絏之中晏子於是延入爲上客孔子遭齊程本子於郯之間傾蓋而語終日有間顧子路曰束帛十匹以贈先生子路不對間又顧曰束帛十匹以贈先生子路率爾而對曰昔者由也聞之於夫子士不中道相見女無媒而嫁者君子不行也孔子曰夫詩不云乎野有蔓草零露漙兮有美一人清陽宛兮邂逅相遇適我願兮且夫齊程本子天下之賢士也吾於是而不贈終身不之見也大德無踰閑小德出入可也又曰吾與回言終日不違如愚（回弟子姓顏名回字子淵魯人也不違者無所怪問於孔子之言默而識之如愚）退而省其私亦足以發回也不愚（察其退還與二三子說繹道義發明大體知其不愚）又曰語之而不惰者其回也與（顏淵解故語之而不惰餘人不解故有惰語之時）子謂顏淵曰惜乎吾見其進也未見其止也（孔子謂顏淵進益未止痛惜之甚）又子游爲武城宰子曰女得人焉耳乎（焉耳乎皆辭）曰有澹臺滅明者行不由徑非公事未嘗至於偃之室也（澹臺姓滅明名字子羽言其公且方）儀封人請見（儀蓋衞邑封人官名）曰君子之至於斯也吾未嘗不得見也從者見之（從者弟子隨孔子行者通使得見）出曰二三子何患於喪乎（語諸弟子言何患於夫子聖德之將喪亡）天下之無道也久矣（言天下之無道已久矣極衰必盛）天將以夫子爲木鐸（木鐸施政教時所振也言天將命孔子制作法度以號令於天下）南宮适（适南宮敬叔魯大夫）問於孔子曰羿善射奡盪舟（羿有窮國之君篡夏后相之位其臣寒浞殺之因其室而生奡奡多力能陸地行舟爲夏后少康所殺）俱不得其死然（此二子者皆不得以壽終）禹稷躬稼而有天下夫子不答（禹盡力於溝洫稷播百穀故曰躬稼禹及其身稷及後世皆王）

昔王蒼意欲以禹稷比孔子孔子謙故不答也南宮适出子曰君子哉若人尚德哉若人賤不義而貴有德故曰君子

孟軻字子輿鄒人也魯欲使樂正子爲政樂正子克也魯欲使之爲政於國孟子曰吾聞之喜而不寐喜其道德得行爲之不寐公孫丑曰樂正子強乎曰否有知慮乎曰否多聞識乎曰否丑問樂正子有此三問之所孟子皆曰否不能有此也然則奚爲喜而不寐丑問無此三者何爲喜而不寐曰其爲人也好善又浩生不害問曰樂正子何人也浩生姓不害名也齊人也孟子曰善人也信人也樂正子爲人有善有信也何謂善何謂信不害問善信之行謂何曰可欲之謂善有諸已之謂信充實之謂美充實而有光輝之謂大大而化之之謂聖聖而不可知之之謂神樂正子二之中四之下也

侯嬴魏隱士也年七十家貧爲大梁夷門監者公子聞之往請欲厚遺之不肯受曰臣脩身絜行數十年終不以監門困故而受公子財公子於是乃置酒大會賓客坐定公子從車騎虛左自迎夷門侯生侯生攝敝衣冠直上載公子上坐不讓欲以觀

公子公子執轡愈恭侯生又謂公子曰臣有客在市屠中願枉車騎過之公子引車入市侯生下見其客朱亥俾倪故久立與其客語微察公子公子顏色愈和當是時魏將相宗室賓客滿堂待公子舉酒市人皆觀公子執轡從騎皆竊罵侯生侯生視公子色終不變乃謝客就車至家公子引侯生坐上坐徧贊賓客賓客皆驚酒酣公子起爲壽侯生前侯生因謂公子曰今日嬴之爲公子亦足矣爲猶善也嬴乃夷門抱關者也而公子親枉車騎自迎嬴於衆人廣坐之中不宜有所過今公子故過之然嬴欲就公子之名故久立公子車騎市中過客以觀公子公子愈恭市人皆以嬴爲小人而以公子爲長者能下士也於是罷酒侯生遂爲上客魏齊亡閒行於諸侯莫可以急抵者乃復走梁欲因信陵君以走楚信陵君聞之畏秦猶豫未肯見曰虞卿何如人也時侯嬴在旁曰人固未易知知人亦未易也夫虞卿躡屩檐簦一見趙王賜白璧一雙黃金百鎰再見拜爲上卿三見卒受相印封萬戶侯當此之時天下爭知之夫魏齊窮困過虞卿虞卿不敢重爵祿之尊解相印捐萬戶侯而閒行急士之窮而歸公子公子曰何如人人固不易知知人亦未易也信陵君大慙駕如野迎之

魏公子無忌留趙公子聞趙有處士毛公藏於博徒薛公藏於賣漿家賣漿作醪酒公子欲見兩人兩人自匿不肯見公子公子聞所在乃閒步往從此兩人游甚歡平原君聞之謂其夫人曰始吾聞夫人弟公子天下無雙今吾聞之乃妄從博徒賣漿者游公子妄人耳夫人以告公子公子乃謝夫人去曰始吾聞平原君賢故負魏王而救趙以稱平原君平原君之游徒豪舉耳不求士也無忌自在大梁時常聞此兩人賢至趙恐不得見以無忌從之游尚恐其不我欲也今平原君乃以爲羞其不足從游乃裝爲去夫人具以語平原君乃免冠謝固留公子平原君門下聞之半去平原君歸公子天下士復往歸公子公子傾平原君客公子

留趙十年不歸

後漢馬援扶風人爲伏波將軍初劉龔字孟公長安人善論議援與杜彪並器重之援與京師丞郭季通書曰劉孟公藏器於身用心篤實謙虛之器宗廟之器也陳蕃汝南人位至三公時有黃憲字叔度同郡人也蕃臨朝歎曰叔度若在吾不能敢先佩印綬矣

皇甫規爲度遼將軍解官歸安定鄉人有以貨得鴈門太守者亦去職還家書刺謁規規卧不迎既入而問卿前在郡食鴈美乎有頃又白王符在門規素聞符名乃驚遽而起衣不及帶屣履出迎援符手而還與同坐極歡時人爲之語曰徒見二千石不如一縫掖言書生道義之爲貴也

蔡邕字伯喈爲中郎將胡彬卒邕等共論序其志僉以爲彬有過人者四夙智早成岐嶷也學優文麗至通也仕不苟祿絕高也辭隆從窊絜操也乃共樹碑而頌焉又郭林宗卒四方之士千餘人皆來會葬同志者乃共刻石立碑邕爲其文既而謂涿

郡盧植曰吾爲碑銘多矣皆有慙德惟郭有道無愧色耳林宗
不遽皆又見王粲奇之曰吾家書籍文章盡當與之（博物志曰蔡邕有書萬卷末年載數車與粲粲亡後所遺與書悉入粲族子業）

郭泰字林宗太原人舉有道不應行見茅容耕於野時與等輩避雨樹下衆皆夷踞相對容獨危坐愈恭林宗奇其異遂與共言因請寓宿旦容殺鷄爲饌林宗謂爲已設旣而以供其母自以草蔬與客同飯林宗起拜之曰卿賢乎哉因勸令學卒以成德

楊賜爲大尉大將軍竇武辟陳寔爲掾屬賜及司徒陳耽每拜公卿群僚畢賀賜等常歎寔大位未登愧於先之

魏杜恕仕至建威將軍張閣字子臺官至永寧太僕以簡質聞恕著家戒稱閣曰張子臺視之似鄙樸人然其心中不知天地間何者爲美何者爲好敦然似出與陰陽合德者作人如此自可不富貴然而求出有高亮如子臺者皆多力慕體之不如也

陳群爲尚書僕射劉巴入蜀爲尚書令卒群與丞相諸葛亮書問巴消息稱曰劉君子初甚敬重焉

管輅字公明平原人官至少府丞劉智爲穎川太守輅嘗謂人曰吾與劉穎川兄弟語使人神思清發昏不暇寐自此之外殆白日欲寢矣

王粲字仲宣山陽人爲侍中潘濬爲人聽察對問有機理粲見而貴異之由是知名

蜀秦宓字子勑官至大司農時任安與董扶但以學行齊名後丞相諸葛亮問宓以安所長宓曰記人之善忘人之過

袁徽陳国人寄寓交州時許靖避難至交州太守士燮厚加敬待徽與尚書令荀彧書曰許文休𠍳英才偉士智略足以計事自流宕已來與群士相隨每有患急常先人後已與九族中外同其饑寒其紀綱同類仁恕惻隱皆有效事不能復三陳之耳

諸葛亮爲丞相初先主領荊州牧辟武陵人廖立爲從事年未三十擢爲長沙太守先主入蜀亮鎮荊土孫權遣使通好於亮因問士人皆誰相經緯者亮答曰龐統廖立楚之良才當贊興世業者也

吳羊衜爲始興太守鍾離牧字子幹爲南海太守有異政衜與太常滕胄書曰鍾離子幹吾昔知之不熟定見其在南海威恩部伍智勇分明加操行清純有古人之風其見貴如此

張紘爲會稽東部都尉與孔融書曰虞仲翔（翻字仲翔也）前頗爲論者所侵美寶爲質雕摩益光不足以損

虞翻字仲翔爲騎都尉初山陰丁覽太末徐陵翻一見之便與友善終成顯名覽子固字子賤翻與同僚書曰丁子賤塞淵好德堂構克舉野無遺薪斯之爲懿其美優矣令德之後惟此君嘉耳

晉吳奮爲河內太守郡人孫鑠少樂爲縣吏奮以爲主簿鑠自微賤登綱紀時僚大姓猶不與鑠同坐奮大怒遂薦鑠於司隸校尉劉訥甚知賞之時奮又薦鑠於大司馬石苞苞辟爲掾鑠將應命行達許昌會臺已密遣輕軍襲苞于時汝陰王鎮許鑠過謁之王先識鑠以鄉里之情私告鑠曰無與禍鑠旣出即馳詣壽春爲苞畫計苞賴而獲免遷尚書郎在職駁議十有餘事爲當時所稱

張華爲太常時陸機與弟雲俱入洛造華華重其名如舊相識曰伐吳之役利獲二俊

周浚爲揚州刺史時陸雲初入洛浚召爲從事　謂人曰陸士龍當今之顏子也

周顗爲御史中丞時裴頠引稚有遠識博學稽古自少知名衍

嵇康爲中散大夫時阮种弱冠有殊操爲康所重康著養生論所稱阮生即种也

山濤河內人官至僕射郭奕少有重名濤稱其高簡有雅量

王綏司徒戎之子也裴頠字國寶楷子也特爲綏所重每從其

游戎謂綏曰國寶初不來汝數往何也對曰國寶雖不知綏綏自知國寶綏官至荆州刺史

衛瓘爲尚書令見樂廣而奇之曰自昔諸賢既沒常恐微言将絶而今乃復聞斯言於君矣命諸子造焉曰此人之水鏡見之瑩然若披雲霧而覩青天也

傅玄位至侍中初燉煌人索靖該博經史兼通内緯州辟别駕郡舉賢良方正對策高第玄及張華與靖一面皆厚與之相結

郭奕太原人官至尚書阮咸與叔父籍爲竹林之游奕高爽有識量知名於時少所推先見咸心醉不覺歎焉奕初爲野王令羊祜常過之奕歎曰羊叔子何必减郭大業少選復往又歎曰羊叔子去人遠矣遂送祜出界數百里坐此免官

王述太原人官至尚書令陸納字祖言少有清操貞厲絶俗述雅敬重之

庾敳爲東海王軍諮祭酒有重名爲搢紳所推而聚斂積實談者譏之都官從事温嶠奏之敳更器嶠目嶠森森如千丈松雖礧砢多節目施之大廈有棟梁之用

劉頌廣陵人爲廷尉同郡華譚素以才學爲東土所推頌見之歎息曰不悟鄉里乃有如此才也

張宣子新興人識達之士也同郡劉殷郡命主簿州辟從事皆以供養無主辭不赴命司空齊王攸辟爲掾征南将軍羊祜召參軍事皆以疾辭宣子勸殷就徵殷曰當今二公有晉之棟楹也吾方希達如榱椽耳不憑之豈能立乎吾今王母在堂既應他命無容不竭盡臣禮便不得就養子輿所以辭齊大夫良以色養無主故耳宣子曰如子所言豈庸人所識哉而今而後吾子當爲吾師矣遂以女妻之宣子者并州豪族也家富於財其妻怒曰我女年始十四姿識如此何慮不得爲公侯妃而遽以妻劉殷乎宣子曰非爾所及也誡其女曰劉殷至孝冥感兼才識超世此人終當遠達爲世名公汝其謹事之張氏性亦婉順事王母以孝聞奉殷如君父焉

劉岱廣陽人也同郡霍原年十八觀太學行禮留者之貴游子弟聞而重之欲與相見以其名微不欲晝往乃夜共造焉岱原之父友也將舉之未果而病篤臨終勑其子沉曰霍原慕道清虚方成奇器汝後必薦之及沉爲國大中正惠帝元康中進原爲二品司徒不過沉乃上表理之詔下司徒參論中書監張華令陳準奏爲上品詔可元康末原與王褒等俱以賢良徵累下州郡以禮發遣皆不到

李胤爲司徒華表以苦節垂名李及司隸王宏等並歎美表清澹退靜以爲不可得貴賤而親疏也

王曠爲侍中裴郃有器望元帝爲安東將軍郃爲長史曠與司馬越書曰裴郃在此雖不治事然識量弘淹此下人士大敬附之

賁嵩爲司徒掾時同郡周顗少有重名嵩見顗歎曰汝頴固多奇士自頃雅道陵遲今復見周伯仁將振起舊風清我邦族矣伯仁顗字也

桓彝爲散騎常侍初過江時晉國初建以王導爲丞相軍諮祭酒彝見朝廷微弱謂周顗曰我以中州多故來此欲求全活而寡弱如此將何以濟憂懼不樂往見導極談世事還謂顗曰向見管夷吾無復憂矣又褚裒字季野名冠中興彝見而目之曰季野有皮裏陽秋言其外無臧否而内有所褒貶也

謝安爲太保雅重褚裒常云裒雖不言而四時之氣亦備矣

温嶠爲驃騎將軍嶠初至江左王導周顗謝琨庾亮桓彝等並與親善于時江左草創綱維未舉嶠殊以爲憂及見王導共談歡然曰江左自有管夷吾吾復何慮嶠嘗謂謝琨子尚曰尊大君豈惟識量淹遠至於神鑒沉深雖諸葛瑾之喻孫權不過也

王敦爲荆州牧庾亮爲散騎常侍時敦在蕪湖元帝使亮詣敦籌事敦與亮談論不覺改席而前退而歎曰庾元規賢於裴頠

遠矣(元字世規)亮

諸葛恢爲内史時暢方好學有異才爲郡僉下咸儀公事之暇輒讀五經鄉邑未之知恢見而奇之待以門人之禮由是始得周旋貴人間時虞喜兄弟以儒學立名雅愛方爲之延譽恢嘗遣方爲文薦郡功曹主簿虞預稱美之以示賀循循報書曰此子開拔有志意只言異於凡猥耳不圖偉才如此其文甚有奇分若出其胷臆乃是一國所推豈但牧豎中逸群邪聞䖍鬱舊薫之中好有謙沖之行此亦立身之一隅然世衰道喪人物凋弊每聞一介之徒有向道之志冀之願之如方者乃荒萊之特苗鹵田之善秀姿質已良但沾染未足耳移植豐壤必成嘉穀足下才爲世英位爲朝右道隆化立然後爲貴昔許子將拔樊仲昭於賈豎郭林宗成魏德公於畎畝足下志隆此業二賢之功不爲難及也循遂稱方於京師司徒王導辟爲掾轉東安太守遷司徒參軍事方在都邑搢紳之士咸厚遇之

周顗字伯仁安東將軍浚之子也王羲之幼訥於言人未之奇年十三嘗謁顗察而異之時重牛心炙坐客未噉顗先割啗之羲之於是始知名及長辯贍以骨鯁稱又桓彝字茂倫爲顗所重顗常歎曰茂倫嶔崎歷落可笑人也顗官至護軍將軍

褚裒爲征北將軍以義興太守荀羨爲長史既到裒謂佐史曰荀生資逸群之氣將軍有冲天之舉諸君宜善事之

盧諶爲司空劉琨從事中郎陽裕字士倫爲慕容皝大將軍左司馬諶每稱之曰吾及晉之清平歷觀朝士多矣忠清簡毅篤信義烈如陽士倫者實亦未幾及死皝甚悼之

萬寵爲臨安令郭文隱逸不仕既病甚寵迎置縣中及其卒寵葬之於所居之處而祭哭之葛洪庾闡並爲作傳贊頌其美云

王澄字平子爲軍諮祭酒謝鯤爲王敦大將軍長史澄在敦坐見鯤談話無倦惟歎謝長史可與言都不顧敦其爲人所慕如此

桓溫爲大司馬錄尚書事王猛字景略隱于華陰懷佐時之志溫入關猛被褐而詣之一面談當世之事捫蝨而言旁若無人溫察而異之

宋沈懷文爲隨王誕府主簿謝莊爲諮議參軍時江智淵爲佐王[illegible]誕待之甚厚懷文及莊並與智淵友善懷文每稱之曰[illegible]有意有人所應無慙無愧者其江智淵乎

[illegible]宋爲吳興太守張岱爲水部郎出補東遷令沖謂[illegible]東遷親貧須養所以栖遲下邑然名器方顯終當大至

[illegible]爲中書郎吳郡錢塘杜栖少爲同郡張融所知栖出京師[illegible]儒士劉瓛受學善清言能彈琴飲酒名儒貴遊多敬待之顧與栖父京產書曰賢子學業清標後來[illegible]嗟愛之懷豈知云已所謂人之英彥若巳之有也

梁范述曾仕齊爲永嘉太守時蕭昺爲永寧令述曾居郡稱康平雅服昺爲政乃牓郡門曰諸縣有疑滯者可就永寧令決

任昉字彥昇位至新安太守劉孝綽爲著作佐郎爲歸沐詩以贈昉昉報章曰彼美洛陽子投我懷秋作詎慰耋嗟人徒深老夫託其爲名流所重如此(謝舉謝朏傳云此)

劉歊爲會稽府丞賀瑒祖道力善三禮瑒少傳家業歊見瑒深器異之嘗與漢造吳郡張融指瑒謂融曰此生神明聰敏將來當爲儒者宗

范雲爲侍中時孔休源初到京寓於宗人少府卿孔登以祠事入廟雲一與相遇深加褒賞曰不期忽覯清顏頓袪鄙吝觀天披霧驗之今日後雲命駕到少府門登便拂筵整帶謂當詣已既而獨造休源高談盡日同載還家

沈約爲尚書令當朝貴顯軒蓋盈門時孔休源初到京或時後來必虛襟引接處之坐右商略文義其爲通人所推如此又王筠自元禮爲殿中郎約每見筠文咨嗟吟咏以爲不逮也嘗謂筠曰昔蔡伯喈見王仲宣稱曰王公之孫也吾家書籍悉當相與僕雖不敏請附斯言自謝朓諸賢零落已後平生意好殆將

鄴絳不謂寥春復逢於君

後魏郭祚字季祐官至雍州刺史常謂子景尚曰封軌高肇二人並幹國之才必應遠至吾平生不妄進舉而每薦此二公非直為國進賢亦為汝等將來之津梁也

賈禎為洛陽令陸暐字道暉與弟恭之並有時譽禎見其兄弟歎曰僕以年老更覩雙璧孫惠蔚為黃門郎陸暐與弟恭之共候惠蔚惠蔚謂諸賓曰不意二陸復在坐隅吾德謝張公無以延譽

汜潛燉煌人胡叟少孤言及父母則淚下春秋當祭之前先求旨酒美膳盡孝思之敬潛家貧釀酒每節送一壺與叟河東裴宗等謂潛曰再三之惠以為過厚子惠於叟何其常也潛曰我希給祭者以其常於孝思論者以潛為君子

隋祖孝徵為侍中初李德林以器量沈深時人未能測惟任城王湝趙彥深魏收陸卬大相欽重延譽之言先所不及北齊武平初為中書舍人加通直散騎侍郎三年孝徵入為侍中尚書左僕射趙彥深出為兗州刺史朝士有先為孝徵所待遇者皆遠林云是彥深黨不可仍掌機密孝徵曰德林久滯絳衣我常恨彥深待賢未足內省文翰方以委之尋當有佳勳不宜妄說

楊素字處道位至太子太師楊達為上開府達為人弘厚有局度楊素每言曰有君子之貌兼君子之心者唯楊達耳

薛道衡為吏部侍郎時李文博為羽騎尉特為道衡所知常令在聽事帷中披檢書史并察已行事若遇治政善事即抄撰記錄如選用疏謬即委之臧否道衡每得其語莫不欣然從之

冊府元龜卷第七百九十一

冊府元龜卷第七百九十六

總録部

先見第二

女叔寬晉大夫也魏舒合諸侯之大夫城成周三旬而畢乃歸諸侯之戍齊高張後不從諸侯（後期不及諸侯之役）晉女叔寬曰周萇弘齊高張皆將不免（叔寬女叔寬也）萇叔違天高子違人（天既厭周德萇弘欲遷都以延其祚故曰違天諸侯相帥以崇天子而高子後期故曰違人也）天之所壞不可支也衆之所為不可奸也（為哀三年周人殺萇弘六年高張來奔起）

彪傒衛大夫也魯定公元年晉魏舒合諸侯之大夫于狄泉將以城成周魏子涖政（魏子臨之代天子大夫為政）衛彪傒曰將建天子（立天子之居）而易位以令非義也大事奸義必有大咎晉不失諸侯魏子其不免乎是行也魏獻子屬役於韓簡子及原壽過（簡子韓不信也原壽過周大夫）而田於大陸焚焉（禹貢大陸在鉅鹿北荒之地大田焚其見也此田在汲郡界原廣平曰原）還卒於寧（寧今修武近矣澤）

陳寅宋大夫也定六年秋宋樂祁使於晉趙簡子逆而飲之酒於綿上獻楊楯六十於簡子（楊木） 陳寅曰昔吾主范氏今子主趙氏又有納焉以楊楯賈禍弗可為也已（樂祁常與范氏相好今又納於趙氏將得禍）然子死晉國子孫必得志於宋（以其死國焉）

史鰌衛大夫也公叔文子朝而請享靈公（公叔文子欲令公臨其家）退見史鰌而告之（史鰌史魚也）史鰌曰子必禍矣子富而君貪罪其及乎文子曰然吾不先告子是吾罪也君既許我矣其若之何史鰌曰無害子臣可以免（言猶可以免禍）富而能臣必免於難上下同之（言尊卑皆同）戍也驕其亡乎（戍文子之子）富而不驕者鮮吾唯子見之驕而不亡者未之有也戍必與焉（與禍難）及文子卒衛侯始惡於公叔戍以其富也公叔戍又將去夫人之黨（夫人衛靈公夫人南子黨其朝之人）夫人愬之曰戍將為亂（明年戍來奔）

闘辛楚大夫也魯定公四年冬十有一月庚辰吳入郢（吳入郢不書略文）五年冬楚子入于郢（昭王反郢）初闘辛聞吳人之爭宮也曰吾聞之不讓則不和不和不可以遠征吳爭於楚必有亂有亂則必歸焉能定楚

魯子貢衛人定公十五年春邾隱公來朝（邾子益） 子貢觀焉邾子執玉高其容仰公受玉卑其容俯（玉朝者之贄） 子貢曰以禮觀之二君者皆有死亡焉夫禮死生存亡之體也將左右周旋進退俯仰於是乎取之朝祀喪戎於是乎觀之今正月相朝而皆不度（不合法度）心已亡矣嘉事不體何以能久（嘉事朝禮）高仰驕也卑俯替也驕近亂替近疾君為主其先亡乎（為此年公薨哀七年以邾子益歸傳）仲尼卒魯哀公誄之曰旻天不弔不憖遺一老俾屏余一人子貢曰君其不沒於魯乎夫子之言曰禮失則昏名失則愆失志為昏失所為愆生不能用死而誄之非禮也稱餘一人非名也（天子自稱曰余一人非諸侯所稱名也）亡國之風

伍員字子胥吳大夫也哀元年吳王夫差敗越子夫椒越子使大夫種行成吳子將許之伍員曰不可臣聞之樹德莫如滋去疾莫如盡昔有過澆殺斟灌以伐斟鄩（澆寒浞子封於過斟灌斟鄩夏同姓諸侯）滅夏后相（傳曰澆用師滅斟灌夏后相啓孫也后相依於二斟復為澆所滅）后緡方娠逃出自竇（后緡相妻娠懷身也）歸于有仍（后緡有仍氏女）生少康焉為仍牧正（牧官之長）惎澆能戒之（惎毒也戒備也）澆使椒求之（椒澆臣）逃奔有虞為之庖正以除其害（庖正掌膳羞之官）虞思於是妻之以二姚（虞思虞君舜后諸侯也梁國有虞縣）而邑諸綸（綸虞邑）有田一成有衆一旅（方十里為成五百人為旅）能布其德而兆其謀以收夏衆撫其官職（撫修也）使女艾諜澆（女艾少康臣諜候也）使季杼誘豷（豷澆弟季杼少康子后杼也）遂滅過戈復禹之績（過澆國戈豷國）祀夏配天不失舊物今吳不如過而越大於少康或將豐之不可難乎（言與越成是使越豐大）句踐能親而務施施不失人親不棄勞（推親愛之則不棄勞）與我同壤而世為仇讎於是乎克而弗取將又存之違天而長寇讎（言天以越與吳而不取）後雖悔之不可食已（食消也）姬之衰也日可俟也（吳姬姓言可待而亡）介在蠻夷而長寇讎以是求伯必不行矣弗聽

退而告人曰越十年生聚而十年教訓（生民聚財教訓而後用之）二十年之外吳其為沼乎（謂吳宮室廢壞當為汙池二十二年越入吳）十一年吳將伐齊越子率其衆以朝焉王及列士皆有饋賂吳人皆喜唯子胥懼曰是豢吳也夫（豢養也若人養犧牲非愛之將殺之也）諫弗聽使於齊屬其子於鮑氏為王孫氏（私使人至齊屬其子改姓為王孫欲以避吳禍）反役王聞之使賜屬鏤以死（役伐齊役也屬鏤劒名也）將死曰樹吾墓檟檟可材也吳其亡乎三年其始弱矣盈必毀天之道也（越人將入之盈必毀越為十三年越滅吳）

公孫彌牟衛人衛侯會吳吳人藩衛侯之舍既歸效夷言子之尚幼（[illegible]）曰君必不免其死於夷乎執焉而又說其言從之固矣（出公輒後卒死於越）

伯國晉大夫伯氏之族智襄子伐鄭還自衛三卿宴于藍臺（[illegible]）智襄子戲韓康子而侮段規（[illegible]）智伯國聞之諫曰主不備難難必至曰難將由我我不為難誰敢興之對曰異於是夫郤氏有車轅之難（[illegible]）趙有孟姬之讒（[illegible]）欒有叔祁之難（[illegible]）范中行有函冶之難（[illegible]）皆主之所知也夏書有之曰一人三失怨豈在明不見是圖周書有之曰怨不在大亦不在小夫君子能勤小物故無大患（[illegible]）今主壹宴而恥人之君相（[illegible]）又弗備曰不敢興難無乃不可乎蚋蟻蜂蠆皆能害人況君相乎弗聽自是五年乃有晉陽之難段規乃首難而殺智伯于師（[illegible]）遂滅智氏

智果智氏之族也智宣子將以瑤為後智果曰不如宵也宣子曰宵也佷對曰宵之佷在面瑤之佷在心心佷敗國面佷不害瑤之賢於人者五其不逮者一美鬢長大則賢射御足力則賢伎藝畢給則賢巧文辯惠則賢強毅果敢則賢如是而甚不仁以其五賢陵人而不仁行之其誰能待之若果立瑤也智宗必滅弗聽智果別族于太史為輔氏及智氏之亡也唯輔果在

太史屠黍晉大夫也見晉之亂以其圖法歸周周威公見而問焉曰天下之國孰先亡對曰晉也臣竊不敢直言示晉公以天妖日月星辰之行多以不當公曰是何能為又示以人事多不義百姓皆鬱怨公曰是何傷又示以鄰國不服賢良不舉公曰是何害如是是不知所以亡也故臣曰晉先亡居三年晉果亡威公又見屠黍而問曰孰次之對曰中山次之威公問其故對曰天生民而令有別有別人之義也所以異於禽獸也君臣上下所以立也中山之俗以晝為夜男女切倚固無休息康樂歌謠好悲其主不知惡此亡國之風也臣故曰中山次之居二年中山果亡威公又見屠黍而問曰孰次之屠黍不對威公固問對曰君次之威公乃懼求之長者得義蒔田邑而禮之（二人賢）得史驎趙駢以為諫臣去苛政之三十九以告屠黍屠黍曰其尚終君之身乎曰臣聞之國之興也天遺之賢人與極言之士國之亡也天與之亂人與善諫之人威公薨九月不得葬周乃分為二（[illegible]）

白圭之中山中山之王欲留之白圭固辭乘輿而去又之齊齊王欲之士又辭而去人問其故曰二國者皆將亡所學有五盡矣何謂五盡曰莫之必則信盡矣莫之譽則名盡矣莫之愛則親盡矣行者無糧居者無食則財盡矣不能用人不能自用則功盡矣國有此五者無幸必亡中山齊皆當此

孟子齊人盆成括仕於齊孟子曰死矣盆成括（盆成姓括名也欲學於孟子）（[illegible]）盆成括見殺門人問曰夫子何以知其將見殺（[illegible]）曰其為人也小有才未聞君子之大道也則足以殺其軀而已矣

淳于髡齊人說鄒忌子少趨出至門而面其僕曰是人者吾語之微言五其應我若響之應聲是人必封不久矣（[illegible]）（[illegible]）

[illegible]之若平尊行亮等稱辭[illegible]忌知之如應響乎于是等辭遜[illegible]立封也[illegible]亦能[illegible]以[illegible]人之義者也[illegible]年封以下邳號曰成侯

徐子外黃人魏太子申爲上將軍過外黃徐子曰徐子外黃人也[illegible]請謂太子曰臣有百戰百勝之術太子曰可得聞乎客曰固願効之曰太子自將攻齊大勝并莒則富不過有魏貴不益爲王若戰不勝齊則萬世無魏矣此臣之百戰百勝之術也太子曰諾請必從公之言而還矣客曰太子雖欲還不得矣彼勸太子戰攻欲啜汁者衆太子雖欲還恐不得矣太子因欲還其御曰將出而還與北同太子果與齊人戰敗於馬陵[illegible]在元城縣齊虜魏太子申殺將軍涓軍遂大破

吳起衛人仕魏治西河之外王錯譖之魏武侯[illegible]善用兵故[illegible]西河之外謂北邊也武侯文侯之子也武侯使人召之吳起至於岸門岸門邑名也止車而望西河泣數行而下其僕謂吳起曰竊觀公之意視釋

天下若釋躧躧履也今去西河而泣何也吳起抿泣而應之曰子不識識知也君知我能而使我畢能西河可以王畢能盡力也可以致君於王也今君聽讒人之議讒人王錯也議言也而不知我西河之爲秦不久矣魏因從此削矣秦[illegible]西河之不復[illegible]弱也吳起果去魏入楚有間西河果入秦秦日益大[illegible]盡也此吳起之所先見而泣也

屈宜臼楚大夫也韓昭侯二十五年旱作高門屈宜臼曰昭侯不出此門何也不時吾所謂時者非時日也人固有利不利時昭侯嘗利矣不作高門往年秦拔宜陽今年旱昭侯不以此時卹民之急而顧益奢此謂時絀舉贏二十六年高門成昭侯卒果不出此門

秦趙良孝公時商君作相十年宗室貴戚多怨望者趙良見商君商君曰鞅之得見也從孟蘭皋今鞅請得交可乎趙良曰僕弗敢願也孔丘有言曰推賢而戴者進聚不肖而王者退僕不肖故不敢受命僕聞之曰非其位而居之曰貪位非其名而有之曰貪名僕聽君之義則恐僕貪位貪名也故不敢聞命商君曰子不說吾治秦與趙良曰反聽之謂聰內視之謂明自勝之謂彊虞舜有言曰自卑也尚矣君不若道虞舜之道無爲問僕矣商君曰始秦戎翟之教父子無別同室而居今我更制其教而爲其男女之別大築冀闕營如魯衛矣子觀我治秦也孰與五羖大夫賢趙良曰千羊之皮不如一狐之掖千人之諾諾不如一士之諤諤武王諤諤以昌殷紂墨墨以亡君若不非武王乎則僕請終日正言而無誅可乎商君曰語有之矣貌言華也至言實也苦言藥也甘言疾也夫子果肯終日正言鞅之藥也鞅將事子子又何辭焉趙良曰夫五羖大夫荊之鄙人也聞秦繆公之賢而願望見行而無資自粥於秦客被褐食牛期年繆公知之舉之牛口之下而加之百姓之上秦國莫敢望焉相秦六七年而東伐鄭三置晉國之君一救荊國之禍發教封內而巴人致貢施德諸侯而八戎來服由余聞之款關請見由余戎臣也韋昭曰款叩也五羖大夫之相秦也勞

不坐乘暑不張蓋行於國中不從車乘不操干戈功名藏於府庫德行施於後世五羖大夫死秦國男女流涕童子不歌謠舂者不相杵鄭玄曰相謂送杵聲以音聲自勸也此五羖大夫之德也今君之見秦王也因嬖人景監以爲主非所以爲名也相秦不以百姓爲事而大築冀闕非所以爲功也刑黥太子之師傅殘傷民以駿刑是積怨畜禍也教之化民也深於命民之效上也捷於令今君又左建外易非所以爲教也君又南面而稱寡人日繩秦之貴公子詩曰相鼠有體人而無禮人而無禮胡不遄死以詩觀之非所以爲壽也公子虔杜門不出已八年矣君又殺祝懽而黥公孫賈詩曰得人者興失人者崩此數事者非所以得人也君之出也後車十數從車載甲多力而駢脅者爲驂乘持矛而操闟[illegible]戟者[illegible]旁車而趨此一物不具君固不出書曰恃德者昌恃力者亡君之危若朝露尚將欲延年益壽乎則何不歸十五都灌園於鄙勸秦王顯巖穴之士養老

存孤徵父兄序有功尊有德可以少安君尚將貪商於之富寵秦國之教畜百姓之怨秦王一旦捐賓客而不立朝秦國之所以收君者豈其微哉亡可翹足而待商君弗從後五月而秦孝公卒太子立公子虔之徒告商君欲反發吏捕商君商君亡至關下欲舍客舍客人不知其是商君也曰商君之法舍人無驗者坐之商君喟然而歎曰嗟乎爲法之敝一至此哉去之魏魏人怨其欺公子卬而破魏師弗受商君欲之他國魏人曰商君秦之賊秦彊而賊入魏弗歸不可遂內秦商君既復入秦走商邑與其徒屬發邑兵北出擊鄭（徐廣曰京兆鄭縣也）秦發兵攻商君殺之於鄭黽池（徐廣曰黽或作彭）秦惠王車裂商君以徇曰莫如商鞅反者遂滅商君之家

樗里子卒葬于渭南章臺之東曰後百歲是當有天子之宮夾我墓樗里子疾室在於昭王廟西渭南陰鄉樗里故俗謂之樗里子至漢興長樂宮在其東未央宮在其西武庫正直其墓秦

人諺曰力則任鄙智則樗里

宋義楚將也項梁數破秦軍有驕色宋義諫曰戰勝而將驕卒惰者敗今少惰矣秦兵日益臣爲君畏之梁不聽迺使宋義於齊道遇齊使者高陵君顯（[illegible]）曰公將見武信君乎曰然義曰臣論武信君軍必敗公徐行則免死疾行則及禍秦果悉起兵益章邯夜銜枚擊楚大破之定陶梁死

范曾楚亞父鴻門[illegible]項羽擊沛公項羽不忍沛公脫去使張良留謝獻璧項羽[illegible]亞父受之文亂王斗范曾怒撞其斗起曰吾屬今爲沛公虜矣

漢賈誼文帝時上疏曰今陛下所以爲蕃扞及皇太子之所恃者唯淮陽（王武）代（王參）二國耳臣願舉淮南地以益淮陽割淮陽北邊二三列城與東郡以益梁從代王而都睢陽於是文帝從誼計徙淮陽王武爲梁王又封淮南厲王四子爲列侯誼知上將復王之也上疏諫曰此謂假賊兵爲虎翼也後文帝不景

帝立三年而吳楚趙與四齊王合從舉兵（[illegible]）西鄉京師（[illegible]）梁王扞之卒破七國至武帝時淮南厲王子爲王者兩國亦反誅誼至太中大夫

穆生楚元王敬禮申公白生穆生穆生不耆酒（[illegible]）元王常爲設醴及王戊即位常設後忘設焉穆生退曰可以逝矣醴酒不設王之意怠不去楚人將鉗我於市（[illegible]）稱疾臥申公白生彊起之曰獨不念先王之德與（[illegible]）今王一旦失小禮何足至此穆生曰易稱知幾其神乎幾者動之微吉凶之先見者也君子見幾而作不俟終日先王之所以禮吾三人者爲道之存故也今而忽之是忘道也忘道之人胡可與久處豈爲區區之禮哉遂謝病去申公白生獨留王戊稍淫暴二十年爲薄太后服私姦削東海薛郡乃與吳通謀二人諫不聽胥靡之（[illegible]）（[illegible]）衣之赭衣使杵臼雅舂於市

霍光爲大將軍張千秋與霍光子禹俱爲中郎將將兵隨度遼將

軍范明友擊烏桓還謁大將軍光問千秋與戰鬬方略山川形勢千秋口對兵事畫地成圖無所忘失光復問禹禹不能記曰皆有文書光由是賢千秋以禹爲不材歎曰霍氏世衰張氏興矣及禹誅滅而安世子孫相繼自宣元以來爲侍中中常侍諸曹散騎列校尉者凡十餘人

徐生茂陵人宣帝時霍氏奢侈徐生上書曰霍氏必亡夫奢則不遜不遜必侮上侮上者逆道也在人之右衆必害之（[illegible]）霍氏秉權日久害之者多矣天下害之而又行以逆道不亡何待逆上疏言霍氏泰盛陛下即愛厚之宜以時抑制無使至亡書三上輒報聞其後霍氏誅滅而告霍氏者皆封人爲徐生上書曰臣聞客有過主人者見其竈直突傍有積薪客謂主人更爲曲突遠徙其薪不者且有火患主人嘿然不應俄而家果失火鄰里共救之幸而得息於是殺牛置酒謝其鄰人灼爛者在於上行（行音胡郎切）餘各以功次坐而不錄言曲突者人謂主人曰

鄉使聽客之言不費牛酒終亡火患（鄉讀曰向亦作嚮）今論功而請賓曲突徙薪亡恩澤燋頭爛額為上客耶主人迺寤而請之今茂陵徐福數上書言霍氏且有變宜防絶之鄉使福說得行則國亡裂土出爵之費臣亡逆亂誅滅之敗往事既已而福獨不蒙其功唯陛下察之貴徙薪曲突之策使居燋髮灼爛之右帝迺賜福帛十匹後以為郎

劉向為宗正王氏專政向數上書言禄去公室權在外家非所以保社稷固後嗣也向卒後十三歲王氏果代漢

蕭咸前將軍望之子也以為郡守病免為中郎將兄弟並列董賢父恭慕之欲與結婚姻中常侍王閎為賢弟附馬都尉寬信求咸女為婦咸惶恐不敢當私謂閎曰董公為大司馬冊文言允執其中此迺堯禪舜之文非三公故事長老見者莫不心懼此豈家人子所能堪邪閎性有智略聞咸言心亦悟迺還報恭深達咸自謙薄之意恭歎曰我家何用負天下而為人所畏如是哀帝末賢果誅死

逢萌北海都昌人為縣亭長去之長安時王莽殺其子宇萌謂友人曰三綱絶矣不去禍將及人即解冠挂東都城門歸將家屬浮海客於遼東萌素明陰陽知莽將敗有頃乃首戴瓦盎哭於市曰新乎新乎因遂潛藏

後漢樊宏光武初起破王莽將王尋王邑於昆陽光武兄伯升又拔宛自是兄弟威名益甚更始君臣不自安遂共謀誅伯升乃大會諸將以成其計更始取伯升寶劍視之繡衣御史申徒建隨獻玉玦（玦決也決計）令更始竟不能發及罷會宏謂伯升曰昔鴻門之會范增舉玦以示項羽今建此意得无不善乎伯升笑而不應後果遇害

馬援為伏波將軍卒初兄子壻王磐字子石王莽從兄平阿侯仁之子也莽敗磐擁富貲居故國為人尚氣節而愛士好施有名江淮間後游京師與衛尉陰興大司空朱浮齊王章共相友善援謂姊子曹訓曰王氏廢姓也子石當屏居自守而反游京師長者用氣自行多所陵折其敗必也後歲餘磐果與司隷校尉蘇鄴丁鴻事相連坐死洛陽獄而磐子肅復出入北宮及王侯邸第援謂司馬吕种曰建武之元名為天下重開自今以往海內日當安耳但憂國家諸子並壯而舊防未立若多通賓客則大獄起矣卿曹戒慎之及郭后薨有上書者以為肅等受誅之家客因事生亂慮致貫高任章之變帝怒乃下郡縣收捕諸王賓客更相牽引死者以千數吕种亦豫其禍臨命歎曰馬將軍誠神人也又援初出屯襄國詔百官祖道援謂黃門郎梁松竇固曰凡人為貴當使可賤如卿等欲不可復賤居高堅自持勉思鄙言松後果以貴滿致災固亦幾不免

杜安清高絶俗洛陽令周紆數候安安常逃避不見時貴戚慕安高行多有與書輙不發以慮後患常鑿壁藏書後諸與書者果有大罪推捕所交者吏至門安乃發壁出書印封如故當時皆嘉其慮遠

李郃為漢中戶曹史時大將軍竇憲納妻天下郡國皆有禮慶郡亦遣使郃進諫曰竇將軍椒房之親不修禮德而專權驕恣危亡之禍可翹足而待願明府一心王室勿與交通太守固遣之郃不能止請求自行許之郃遂所在留遲以觀其變行至扶風而憲就國自殺支黨悉伏其誅凡交通憲者皆為免官唯漢中太守不豫焉

皇甫規安定朝那人也永和六年西羌大寇三輔圍安定征西將軍馬賢將諸郡兵擊之不能克規雖在布衣見賢不卹軍事審其必敗乃上書言狀尋而賢果為羌所沒

周舉為梁商從事中郎將三月上巳日商大會賓客讌于洛水舉時稱疾不往商與親暱酣飲極歡及酒闌倡罷繼以薤露之歌坐中聞者皆為掩涕太僕張种時亦在焉會還以事告舉舉歎曰此所謂哀樂失時非其所也殃將及乎商至秋果薨

申屠蟠遊太學先是京師游士汝南范滂等非訐朝政自公卿以下皆折節下之太學生爭慕其風以爲文學將興處士復用蟠獨歎曰昔戰國之世處士橫議列國之王至爲擁篲先驅卒有阬儒燒書之禍今之謂矣乃絶迹於梁碭之間因樹爲屋自同傭人居二年滂等果罹黨錮或死或刑者數百人蟠確然免於疑論

劉寬爲光祿勳以先策黄巾逆謀以事上聞封逯鄉侯六百戶逯音

陳寔靈帝時竇武辟爲掾屬時中常侍張讓權傾天下讓父死歸葬潁川雖一郡畢至而名士無往者讓甚恥之寔乃獨弔焉及後大誅黨人讓感寔故多所全宥

華歆平原高唐人與同郡陶丘洪皆知名洪自以明見過歆時王芬與豪傑謀廢靈帝芬陰呼歆洪共定計洪欲行歆止之曰夫廢立大事伊霍之所難芬性疏而不武此必無成而禍將及

族子其無往洪從歆言而後芬果敗洪乃服歆後仕魏至司徒

盧植爲尚書靈帝崩大將軍何進謀誅中官乃召并州牧董卓以懼太后植知卓凶悍難制必生後患固止之進不從及卓至果陵虐朝廷

荀彧永漢元年舉孝廉拜守宮令董卓之亂求出補吏除亢父令遂棄官歸謂父老曰潁川四戰之地也天下有變常爲兵衝宜亟去之無久留鄉人多懷土猶豫會冀州牧同郡韓馥遣騎迎之莫有隨者後卓遣李傕等出關東所過虜掠至潁川陳留而還鄉人留者多見殺掠

田豐爲袁紹謀主紹之南征也豐止之紹不從豐懇諫紹怒甚以爲沮衆械繫之紹軍既敗或謂豐曰君必見重豐曰若軍有利吾必全今軍敗吾其死矣紹還謂左右曰吾不用田豐言果爲所笑遂殺之

劉曄淮南成德人廬江太守劉勳兵彊於江淮之間孫策惡之遣使卑辭厚幣以書說勳曰上繚宗民數欺下國忿之有年矣擊之路不便願因大國伐之上繚甚實得之可以富國請出兵爲外援勳信之又得策珠寶葛越喜悅外內盡賀曄獨不然問其故對曰上繚雖小城堅池深攻難守易不可旬日而舉則兵疲於外而國內虛策乘虛而襲我則後不能獨守是將軍進屈於敵退無所歸若軍必出禍今至矣勳不從興兵伐上繚策果襲其後勳窮蹙遂奔曹公後至大鴻臚

魏郭嘉字奉孝潁川陽翟人初北見袁紹謂紹謀臣辛評郭圖曰夫智者審於量主故百舉百全而功名可立也袁公徒欲效周公之下士而未知用人之機多端寡要好謀無決欲與共濟天下大難定霸王之業難矣於是遂去之孫策轉鬬千里盡有江東聞太祖與袁紹相持於官渡將渡江北襲許衆聞皆懼嘉料之曰策新并江東所誅皆英豪雄桀能得人死力者也然策輕而無備雖有百萬之衆無異於獨行中原也若刺客伏起一人之敵耳以吾觀之

必死於匹夫之手策臨江未濟果爲許貢客所殺嘉爲軍祭酒卒

裴潛爲代郡太守三年還爲丞相理曹掾太祖褒稱治代之功潛曰潛於百姓雖寬於諸胡爲峻今計者必以潛爲理過嚴而事加寬惠彼素驕恣過寬必弛既弛又將攝之以法此訟爭所由生也以勢料之代必復叛於是太祖深悔還潛之速後數十日三單于反問至乃遣鄢陵侯彰爲驍騎將軍征之

程昱事太祖爲東中郎將時劉備失徐州來歸太祖昱說太祖殺備太祖不聽後又遣備至徐州要擊袁術昱與郭嘉說太祖曰公前日不圖備昱等誠不及也今借之以兵必有異心太祖悔追之不及會術病死備至徐州遂殺車冑舉兵背太祖

管寧避地遼東聞公孫康已死嫡子不立而立弟恭恭懦弱而康孽子淵有儁才寧曰廢嫡立庶下有異心亂之所由起也乃將家屬乘海歸受徵寧在遼東積二十七年乃歸其後淵果襲奪恭位叛國家而南連吳僭號稱王明帝使相國宣王往征滅

之遼東之死者以萬計如寧所籌

周瑜初見袁術術欲以瑜爲將瑜觀術終無所成故求爲居巢長欲假塗東歸術聽之遂自居巢還吳後至偏將軍

晉何曾爲太宰侍中魏晉侍武帝宴退而告子遵等曰國家應天受禪創業垂統吾每宴見未嘗聞經國遠圖惟說平生常事非貽厥孫謀之兆也及身而已後嗣其殆乎此子孫之憂汝等猶可獲沒指諸孫曰此輩必遇亂亡也及孫綏誅死兄嵩哭之曰我祖其大聖乎

韋忠有節操家貧藜藿不充人不堪其憂而忠不改其樂裴頠爲僕射數言之於司空張華華辟之辭疾不起人問其故忠曰吾茨詹賤士本無宦情且茂先華而不實裴頠欲而無厭棄典禮而附賊后若此豈大丈夫之所宜行邪裴常有心託我常恐洪濤蕩岳餘波見漂況可臨尾閭而闚沃焦哉

劉寔爲太常妻盧氏生子躋而卒華氏將以女妻之寔弟智諫曰華家類貪必破門戶辭之不得竟婚華氏而生子夏寔患之夏駱免官頃之爲大司農又以夏罪免

山濤年四十始爲郡主簿功曹上計掾舉孝廉州辟部河南從事與石鑒共宿濤夜起蹴鑒曰今爲何等時而眠邪知太傅臥何意鑒曰宰相三不朝與尺一令歸第卿何慮也濤曰咄石生無事馬蹄間邪投傳而去未二年果有曹爽之事

華秙初與王沈俱被曹爽辟沈勸就徵秙曰委質事人復何容易及爽敗沈以故吏免因謂秙曰常識卿前語秙曰此非始慮所及其先識不伐如此

杜預初爲魏鍾會鎮西長史鄧艾平蜀以過檻車以徵及鍾會作亂艾復還將入成都衛瓘遣田續討艾斬艾之下江由先以續不進欲斬既而捨之及瓘遣續謂曰可以報江由之辱矣杜預言於衆曰伯玉瓘字其不免乎身爲名士位居總帥既無德音又不御下以正是小人而乘君子之器將何以堪其責乎瓘聞之不候駕而謝終如預言

蒯欽爲弘訓少府欽楊駿之姑子也少而相昵直亮不回駿輔政大失人望欽屢以正言犯駿駿之弟珧濟爲之寒心欽曰楊文長雖闇猶知人之無罪不可妄殺必當疏我我得疏外可以不與俱死不然傾宗覆族其能久乎

董養字仲道陳留浚儀人泰始初到洛下不干祿求榮及楊后廢養因游太學升堂歎曰建斯堂也將何爲乎每覽國家赦書謀反大逆皆赦至於殺祖父母父母不赦者以爲王法所不容也奈何公卿處議文飾禮典以至此乎天人之理既滅大亂作矣因著無化論以非之

馬隆泰始中稍遷爲司馬督初涼州刺史楊欣失羌戎之和隆陳其必敗俄而欣爲虜所滅

索靖拜酒泉太守有先識遠量惠帝即位知天下將亂指洛陽宮門銅駝歎曰會見汝在荊棘中耳

何綏字伯蔚位至侍中尚書自以繼世名貴奢侈過度性既輕物翰札簡傲城陽王尼見綏書疏謂人曰伯蔚居亂而矜豪乃爾豈其免乎人曰伯蔚聞言必相危害尼曰伯蔚比聞我語已死矣未幾綏果爲東海王越所殺

江統爲山陰令時關隴屢爲氐羌所擾孟觀西討自擒氐帥齊萬年統深惟四夷亂華宜杜其萌乃作徙戎論上之惠帝不能用未及十年而夷狄亂華時人服其深識

王敦爲中書監時東海王越自滎陽來朝敦謂所親曰今威權悉在太傅而選用表請尚書猶以舊制裁之太傅今至必有誅罰俄而越收中書令繆播等十餘人殺之

郭璞以母憂去職未期王敦起璞爲記室參軍是時潁川陳述爲大將軍掾有美名爲敦所重未幾而沒璞哭之哀甚呼曰嗣祖嗣祖焉非福未幾而敦作難

孔坦爲尚書左丞蘇峻反坦謂人曰觀峻之勢必破臺城自非戰士不須戎服既而臺城陷戎服者多死白衣者無他人稱

其先見。

劉惔爲丹陽尹甚奇桓溫才而知其有不臣之迹及溫爲荊州惔言於簡文曰溫不可使居形勝地其位號常宜抑之勸簡文自鎮上流而已爲軍司帝不納又請自行復不聽及溫伐蜀時咸謂未易可制惟惔以爲必克或問其故云以蒲博驗之其不必得則不爲也恐溫終專制朝廷及後竟如言

前涼張寔平麴儒徙元惡六百餘家治中令狐瀏曰夫除惡人猶農夫之去草令絕其本勿使能滋今宜悉徙以絕後患寔不納儒黨果叛寔討平之

後趙石勒年十四隨邑人行販洛陽倚嘯上東門王衍見而異之顧謂左右曰向者胡雛吾觀其聲視有奇志恐將爲天下之患馳遣收之會勒已去

前燕慕容儁終慕容輿慕容根欲以皇甫真慕容恪等俱受顧託輿根將謀爲亂真陰察知之乃言於恪請除之恪未忍顯其事

俄而根謀發伏誅恪謝真曰不從君言幾成禍敗

南燕慕容盛字道運寶之庶長子少沉敏多謀略苻堅誅慕容氏盛潛奔于沖及沖稱尊號有自得之志賞罰不均政令不明盛年十二謂叔父柔曰今中山王智不先衆才不出下恩未施人先自驕大以盛觀之鮮不覆敗俄而沖爲段木延所殺（沖封中山王）

後蜀李雄將立兄蕩子班爲太子李驤諫不從竟立班驤退而涕泣曰亂自此始矣雄死班立爲雄子越所殺

宋蔡興宗爲吏部郎時前廢帝即位興宗親奉璽綬廢帝容色自若了無哀貌興宗出謂親故曰魯昭在戚而有嘉容終之以釁結大臣昭子請死國家之禍其在此乎

南齊垣崇祖下邳人宋孝建中州辟主簿後軍伯父豫州刺史護之子襲祖爲淮陽太守宋孝武以事從之崇祖謀之不食而死而疾篤又遣信救襲祖臨死與崇祖書曰弟嘗戒我危行言遜今果敗矣

王思遠爲司徒左長史初明帝廢立之際思遠謂兄晏曰兄荷武帝厚恩今一旦贊人如此事彼可以權計相須未知兄將何以自立及此引決猶可保全門户不失後名晏曰方啖粥未暇此事及拜驃騎會子弟謂思遠兄思徵曰阿戎勸吾自裁若用其語豈有今日思遠遽應曰如阿戎所見猶未晚也晏既不能謙退位處朝端事多專斷內外要職並用門生帝外迹甚美內相疑異思遠謂曰時事稍異兄覺不凡人多拙於自謀而巧於謀人晏默不荅思遠退後晏方歎曰天下人遂勸人自殺旬日晏及禍明帝後知思遠有此言謂江祏曰王晏早用思遠語不當至此乃遷侍中

阮孝緒屏居一室家人莫見其面親友因呼爲居士外兄王晏貴顯屢至其門孝緒度之必至顛覆常逃匿不與相見曾食醬美問之云是王家所得便吐飧覆醢及晏誅其親戚咸爲之懼孝緒曰親而不黨何坐之及竟獲免

江淹爲秘書丞齊永元中崔慧景舉兵圍京城衣冠悉投名刺淹稱疾不往及事平世服其先見

梁昌義之爲北徐州刺史武帝崇佛道至於祭祖禰不設牲牢義之聞之曰雖僭同王者然其宗廟實不血食矣（餘上[illegible]）縣時武帝祖父墓前一旦失石鹿義之告有識者曰蕭祚將盡乎後果爲侯景所滅王侯妃主及齊胄子弟爲景軍所掠漂流入他國者蓋數十萬義之亦歸于東

何敬容爲侍中侯景於渦陽退敗未得審實傳者乃云其將暴顯及景身與衆並沒朝廷以爲憂敬容尋見東宮太子謂曰淮北始更有信景定得身免不如所傳敬容對曰得景遂死深是朝廷之福太子失色問其故敬容曰景翻覆叛臣終當亂國

陳虞寄家閩中陳寶應據有閩中寄寶應所留及寶應起兵作逆有沙門慧標作五言詩以送之曰送馬猶臨水離旗稍引風好看今夜月當入紫微宮寶應得之甚悅慧標齎以示寄寄一

資使少正色無言惠摽退寄謂所親曰摽公旣以此始必以此
終摽後竟坐是終寄至戎昭將軍加太中大夫
後魏高允為中書侍郎領著作與司徒崔浩述成國記時著作
令史閔湛郄標勸浩刊所撰國史于石以彰直筆允聞之謂著作郎
宗欽曰閔湛所營分寸之間恐為崔門萬世之禍吾徒無類矣
未幾而難作浩竟族滅餘皆身死宋欽臨刑歎曰高允其殆聖乎
穆多侯為司衛監孝文末乙渾專權時司徒陸麗在代郡溫湯
療病渾忌之遣多侯追麗多侯謂麗曰渾有無君之心大王衆
所望也去必危宜徐歸而圖之麗不從遂為渾所害多侯亦見
殺謚曰烈
北齊陽休之右北平人為州主簿後魏孝昌中杜洛周破城休
之與宗室及鄉人數千家南奔章武轉至青州是時葛榮亂河
北流民多湊青部休之知將有变乃請其族叔伯彥等曰客主
勢異競相凌侮禍難將作如鄙情所見宜潛歸京師避之諸人多

府七百九十六　十七

不能從休之垂涕別去俄而邢杲作亂伯彥等咸為土民所殺
一時遇害諸陽死者十人唯休之兄弟獲免
後周薛整為大將軍晉公護之初執政也欲委整以腹心整乱
辭不敢當頗忤其意護以此疏之及護誅附會者咸伏法而整
獨保全時人稱其先覺
姚僧垣仕梁為晉安王府諮議其時雖克平大乱而任用非才
朝政混淆無復綱紀僧垣每深憂之謂親故曰吾觀此形勢禍
敗不久今時上策莫若近關聞者皆掩口竊笑及大軍克荊州
僧垣侍元帝不離左右為軍人所止涕泣而去入因為上開府
儀同大將軍
隋韋鼎初仕陳為太府卿後主至德初鼎盡貨貸田宅寓居僧
寺友人大匠卿毛彪問其故答曰江東王氣盡於此矣吾與爾
當葬長安期運將及故破産耳
源師字踐言初仕周為外節中又攝祠部後屬孟夏以龍見請
雩時高阿那肱為相謂真龍出見大驚喜問龍所在師整容報
曰此是龍星初見依禮當雩祭郊壇非謂真龍別有所降阿那
肱忿然作色曰何乃干知星宿祭竟不行師出而竊歎曰國家
大事在祀與戎禮旣廢也其能久乎齊亡無日矣
唐劉幽求初為朝邑尉桓彥範敬暉等雖誅張易之兄弟而不及
武三思幽求謂桓彥等曰噬臍無及桓彥不從果為三思誣構死
于嶺外田庭玠為相州刺史建中初族弟悅代承嗣為魏博節
度志圖兇逆庭玠不從召為節度副悅姦謀頗露庭玠謂悅
曰爾藉伯父遺業可稟守朝廷法度坐享富貴何苦與鎮鄆同
為叛臣邪自兵亂已來謀叛國家者可以歷數鮮有保完宗族
者爾若狂志不悛可先殺我無令我見田氏之赤族也乃謝病
不出悅過其第泣而謝之庭玠杜門不納將吏請謁建中三年鬱
憤而卒
皇甫鏞為河南少尹時兄鎛為宰相領度支恩寵殊異鏞懇其

府七百九十六　十八

太盛每弟兄讌語即極言鎛頗不悅乃求分司除右庶子及鎛
獲罪朝廷素知鏞有先見之明不之罪徵為國子祭酒
梁趙犨唐末為忠武軍節度使雖盡忠唐室保全陳州然默識
太祖雄傑每降心託跡為子孫之計故因解圍之後以愛子紹
穀又請為太祖立生祠於陳朝夕謁拜數年之間悉力委輸凡
所徵調無不率先故能保其功名
後唐許寂字閑閑久棲四明山不干時譽唐昭宗聞其名徵赴
闕召對於內殿會昭宗方與伶人調品笙竽誂方命坐賜湯
果問易義旣退寂謂人曰君在淫聲不在政矣寂聞君人者將
昭德塞違以臨照百官百官或象之今不獸賤事自求其工君
道替矣尋請還山
晉安元信唐清泰三年遷雄義都指揮使授詔屯於代州代守
張朗過之甚厚元信亦以兄事之是歲五月高祖建義於太原
[illegible]晉北寇有約朗難元信入說朗曰張敬達雖圍晉陽而兵尚未

今代郡當鴈門之衝虜至其何以禦侮觀石晉之事長者與必成事若使人道意歸欵俟其兩端亦求全之上策也卽不納

張礪為戎王翰林學士開運末與虜俱南私戶之内軒鑾已入纖多饗燭接洽無厭恭色因密言曰此胡用法如此豈能久處漢地乃北去道路有觴酒豆肉必遺故客屬寮死之日棄柴怗酒食器皿而已識者無不高之

册府元龜卷第七百九十六

總録部

博物

古之學詩者多識於鳥獸草木之名其博物之謂乎且品彙之衆賦象各異小大隱見變化紛紜方輿之廣厚靡所不載或總括地志或流傳人聞遠者隣閲九州邈絶千載幽者埋没泉壤磨滅篆刻不特而出是爲奇怪眩惑衆視莫質所疑苟非智曠万殊識洞羣性洽聞強記目擊道存即何以徧閲名數周察豪芒別白充藏如指諸掌謂之君子不其然乎

管仲字夷吾爲齊桓公相桓公北征孤竹未至卑耳之谿十里闟然止瞠然視（闟然止貌瞠然驚視貌）援弓將射引而未敢發也謂左右曰見是前人乎左右對曰不見也公曰事其不濟乎寡人大惑今者寡人見人長尺而人物具焉冠右袪衣走馬前疾事其不濟乎寡人大惑豈有人若此者乎管仲對曰臣聞登山之神有俞兒者長尺而人物具焉霸王之君興而登山之神見且走馬前道也袪衣示前有水也右袪衣示從右方涉也至卑耳之谿有贊水者（謂贊者引）曰從左方涉其深及冠從右方涉其至膝已涉其大濟桓公拜管仲之馬前曰仲父之聖至若此寡人之抵罪也久矣（抵當也不知是寡人當有罪久矣）管仲對曰夷吾聞之聖人先知無形今已有形而後知之臣非聖也善承教也（善承古人之教）

介葛盧介國之君也葛盧聞牛鳴曰是生三犧皆用之矣其音云問之而信（言聖人之聽或通鳥獸之情）

展禽柳下季也爲魯士師海鳥爰居止於魯東門之外三日臧文仲使國人祭之文仲不知以爲神展禽曰越哉臧孫之爲政也（越迂也言迂闊不知政要）夫祀國之大節也而節政之所成也故慎制祀以爲國典今無故而加典非政之宜也夫聖王之制祀也功施於民則祀之以死勤事則祀之以勞定國則祀之能禦大災則祀之能扞大患則祀之非是族也不在祀典今海鳥至己不知而祀之以爲國典難以爲仁且智矣夫仁者講功智者處物無功而祀之非仁也不知而不問非智也今茲海其有災乎夫廣川之鳥獸常知而避其災也是歲也海多大風冬煖爰居所避文仲聞柳下季之言使書以爲三筴（筴簡書也三筴三卿通也謂司馬司徒司空）

公孫僑字子產爲鄭大夫晉平公有疾鄭伯使公孫僑如晉聘且問疾叔向問焉曰寡君之疾病卜人曰實沈臺駘爲祟史莫之知敢問此何神也子產曰昔高辛氏有二子伯曰閼伯季曰實沈（高辛帝嚳）居于曠林不相能也（曠林地闕）日尋干戈以相征討（尋用也）后帝不臧（后帝堯也臧善也）遷閼伯于商丘（商丘宋地）主辰（主祀辰星辰大火也）商人是因故辰爲商星（商人湯先祖相土封商丘因閼伯故國祀辰星）遷實沈于大夏主參（大夏今晉陽縣）唐人是因以服事夏商（唐人若劉累之等遷魯縣此在大夏）其季世曰唐叔虞（唐人之季世其君曰叔虞）當武王邑姜方震大叔（邑姜武王后齊大公之女懷胎爲震）大叔夢帝謂已余命而子曰虞（帝天也取唐叔之名）將與之唐屬諸參而蕃育其子孫及生有文在其手曰虞遂以命之及成王滅唐而封大叔焉故參爲晉星（滅唐虞封唐侯爲晉侯）由是觀之則實沈參神也昔金天氏有裔子曰昧爲玄冥師（金天氏帝少昊裔遠也玄冥水官昧爲水官之長）生允格臺駘臺駘能業其官（纂昧之業）宣汾洮（宣通也汾洮二水名）障大澤（陂障之）以處太原（太原晉陽也臺駘之所居）帝用嘉之封諸汾川（帝顓頊）沈姒蓐黃實守其祀（四國臺駘之後）今晉主汾而滅之矣（滅四國）由是觀之則臺駘汾神也抑此二者不及君身山川之神則水旱癘疫之災於是乎禜之（有水旱之災則禜祭山川之神若臺駘者周禮四曰禜祭爲營攢用幣以祈福祥）日月星辰之神則雪霜風雨之不時於是乎禜之（星辰之神若實沈者）若君身則亦出入飲食哀樂之事也山川星辰之神又何爲焉（言實沈臺駘不爲君疾）僑聞之君子有四時朝以聽政（聽國政）晝以訪問（訪問可否）夕以脩令（脩令所施）夜以安身於是乎節宣其氣（宣散也）勿使有所壅閉湫底以露其體（湫集也底滯也露羸也壅閉湫底則血氣集滯而體羸露）茲心不爽而昏亂百度（茲此也爽明也百度百事之節）今無乃壹之則生疾矣（同四時）僑又聞之內官不及同姓其生不殖（內官嬪御殖長也）美先盡矣則相生疾（同姓之相與先美矣美極則盡盡則生疾）君子是

以惡之故志曰買妾不知其姓則卜之違此二者古之所慎也(蚤四時取同姓有古人所聞)男女辨姓禮之大司也(辨別也)今君內實有四姬焉(四姬同姓姬)其無乃是也乎若由是二者弗可為也已(也)四姬(為治)有省猶可無則必生疾矣(省猶去同姓故言省)叔向曰善哉肸未之聞也此皆然矣晉侯聞子產之言曰博物君子也重賄之後六年子產復聘于晉晉侯有疾韓宣子逆客私焉曰寡君寢疾於今三月矣並走羣望(晉所望祀山川皆走往祈禱)有加而無瘳今夢黃熊入於寢門其何厲鬼也對曰以君之明子為大政其何厲之有昔堯殛鯀于羽山(羽山在東海祝其縣南)其神化為黃熊以入于羽淵實為夏郊三代祀之(鯀禹父夏家郊祭之歷殷周二代又通在羣神之數并見祀)晉為盟主其或者未之祀乎(言周衰晉為盟主得佐天子祀羣神)韓子祀夏郊晉侯有間(間差也)賜子產莒之二方鼎(方鼎莒所貢)

蔡墨為晉太史頃公時龍見于絳郊(絳晉國都)魏獻子問於蔡墨曰吾聞之蟲莫知於龍以其不生得也謂之知信乎對曰人實不知

非龍實知(言龍無知乃人不知之耳)古者畜龍故國有豢龍氏有御龍氏(豢養也)獻子曰是二氏者吾亦聞之而不知其故是何謂也對曰昔有飂叔安(飂古國也叔安其君名)有裔子曰董父(裔遠也玄孫之後為裔)實甚好龍能求其耆欲以飲食之龍多歸之乃擾畜龍以服事帝舜帝賜之姓曰董(董督也)氏曰豢龍(豢龍官名官有世功則以官氏)封諸鬷川鬷夷氏其後也(鬷水上夷皆董姓)故帝舜氏世有畜龍及有夏孔甲擾于有帝(孔甲少康之後九世君也其德能順於天)帝賜之乘龍河漢各二(合為)各有雌雄孔甲不能食而未獲豢龍氏有陶唐氏既衰其後有劉累(陶唐堯所治地劉累堯之後)學擾龍于豢龍氏以事孔甲能飲食之夏后嘉之賜氏曰御龍(御亦養也)以更豕韋之後(更代也以劉累代彭姓之豕韋累尋遷魯縣豕韋復國至商而滅其國名豕韋氏在襄二十四年)龍一雌死潛醢以食夏后(潛藏也醢肉醬)夏后饗之既而使求之(求致龍也)懼而遷于魯縣(不能致龍故懼遷魯縣今魯陽)范氏其後也

仲尼魯人季桓子穿井得土缶中若羊(羊生土中之怪也)問仲尼云得狗(獲羊而言狗者以孔子博物測之)仲尼曰以丘所聞羊也丘聞之木石之怪夔蝄蜽(木石謂山也或云夔一足越人謂之山繅也或言獨足蝄蜽山精好斆人聲而迷惑人也)水之怪龍罔象(龍神獸也非常見故曰怪或云罔象食人一名沐腫)土之怪羵羊(羵羊雌雄未成者也)吳王夫差伐越墮會稽(墮毀也)得骨節專車(骨一節其長專車專擅也)王使使問仲尼曰骨何者最大仲尼曰禹致羣神於會稽山(羣神謂主山川之君為羣神之主故謂之神也)防風氏後至禹殺而戮之(防風汪芒氏之君也後至違命故禹殺之陳尸為戮)其節專車此為大矣吳客曰誰為神仲尼曰山川之神足以綱紀天下其守為神(守山川之祀者為神謂諸侯也足以興雲致雨以利天下也)社稷為公侯(但守社稷無山川之祀者直為公侯而已)皆屬於王者客曰防風何守仲尼曰汪罔氏之君守封禺之山(封禺二山在今吳郡永安縣晉太康元年改永安為武康縣今屬吳興郡)為漆姓在虞夏商為汪罔於周為長翟今謂之大人(周之初及當孔子之時)其名異也客曰人長幾何仲尼曰僬僥氏三尺短之至也(僬僥西南蠻之別名)長者不過十之數之極也(十謂三丈數極於此)於是吳客曰善哉聖人陳湣公時有隼集于陳廷而死楛矢貫之石砮其長尺

有咫(隼鷙鳥今之鶚也楛木名砮鏃也以石為之八寸曰咫楛矢貫之墜而死)公使使問仲尼仲尼曰隼之來遠矣此肅慎之矢也昔武王克商通道九夷百蠻(東夷有九種也百蠻夷狄之百種)使各以其方賄來貢(方賄人以其方面所有之財賄而來貢)使無忘職業於是肅慎氏貢楛矢石砮其長尺有咫先王欲昭其令德以肅慎矢分大姬(大姬武王元女也)配虞胡公而封諸陳分同姓以珍玉展親(展重也玉謂若夏后氏之璜)分異姓以遠方職使無忘服(使後世無忘服從於王也)故分陳以肅慎矢試求之故府果得之(故府舊府也)

漢東方朔武帝時為郎建章宮後閣重櫟中有物出焉其狀似麋以聞帝往臨視之問左右羣臣習事通經術者莫能知詔東方朔視之朔曰臣知之願賜美酒粱飯大飧臣臣朔乃言詔曰可已又曰某所有公田魚池蒲葦數頃陛下以賜臣臣朔乃言詔曰可於是朔乃肯言曰所謂騶牙者也遠方當來歸義而騶牙先見其齒前後若一齊等無牙故謂之騶牙其後一歲所匈奴混邪王果將十萬衆來降漢乃復賜東方生錢財甚多

終軍爲孝廉郎，武帝時得鼮鼠，軍知之，賜絹百匹。

張敞爲京兆尹，宣帝時美陽得鼎獻之美陽扶風之縣也，下有司議，多以爲宜薦見宗廟，如元鼎故事。敞好古文字，案鼎銘勒而上議曰：臣聞周祖始乎后稷，后稷封斄斄今武功故城是，公劉發迹於豳今豳州是也，大王建國於郊梁郊梁之山在長安之東九嵕之西梁山也，文武興於酆鎬酆今長安城西灃水上也鎬在昆明池北。由此言之，則郊梁豐鎬之間周舊居也，固宜有宗廟壇場祭祀之藏。今鼎出于郊東，中有刻書曰：王命尸臣，官此栒邑尸主也言以王命主此邑也栒邑即今豳州是也，賜爾旂鸞黼黻琱戈琱戈謂有刻篆之戈也。尸臣拜手稽首曰：敢對揚天子丕顯休命。臣愚不足以迹古文，竊以傳記言之，此鼎殆周之所以褒賜大臣，大臣子孫刻銘其先功，藏之于宮廟也。昔寶鼎之出於汾脽也，河東太守以聞，詔曰：朕巡祭后土，祈爲百姓蒙豐年，今穀嗛未報嗛少也言穀少未獲豐年也，鼎焉爲出哉？博問耆老，意舊藏與言鼎豈舊藏於此地，誠欲考得事實也。有司驗脽上非舊藏處，鼎大八尺一寸，高三尺六寸，殊異於衆鼎。今此鼎細小，又有款識款刻也識記也，不宜薦見於宗廟。制曰：京兆尹議是。

後漢賈逵多智思，明帝永平中，有神雀集宮殿官府，冠羽有五采色，明帝異之，以問臨邑侯劉復，復不能對，薦逵博物多識，帝乃召見逵，問之，對曰：昔武王終父之業，鸑鷟在岐，宣帝威懷戎狄，神雀仍集，此胡降之徵也。帝勑蘭臺給筆札，使作神雀頌，拜爲郎，與班固並校祕書，應對左右，遷位至侍中。

魏王粲爲侍中，漢末喪亂，絕無玉珮，粲識舊珮，始復作之，今之玉珮，受法於粲也。

管輅字公明，平原人，時劉邠爲平原太守，邠謂輅曰：此郡官舍連有變怪，多形使人怖恐，君似當達此數者，厭理何由？輅言：此郡所以名平原者，本有原山，無木石與地，自然含陰，不能吐雲，含陽不能激風，陰陽雖弱，猶有微神，微神不真，多聚凶姦，以類相求，魍魎成羣，或因漢末兵馬擾攘，軍尸流血，汙染丘山，強魂[illegible]變化無常，故因昏夕之時，多有怪形也。昔夏禹文明，不怪於黃龍，周武信時，不惑於暴風，今明府道德高妙，神不懼妖，自天祐之，吉無不利，願安百祿，以光休寵也。邠曰：聽雅論爲近其理，每有變怪，輒聞鼓角聲音，或見弓劍形象，夫以土山之精，伯有之魂，實能合會于兆明靈也。邠問輅：易言剛健篤實，輝光日新，斯爲[illegible]不同也？輅曰：不同之名，朝旦爲輝，日中爲光。

晉張華字茂先，范陽方城人也，雅愛書籍，身死之日，家無餘財，惟有文史溢于机篋苦叶。嘗徙居，載書三十乘，秘書監摯虞撰定官書，皆資華之本以取正焉。

天下奇祕，世所希有者，悉在華所。由是博物洽聞，世無與比。惠帝中人有得鳥毛長三丈，以示華，華見，慘然曰：此謂海鳧毛也，出則天下亂矣。陸機嘗餉華鮓側下反，于時賓客滿坐，華發器便曰：此龍肉也。衆未之信，華曰：試以苦酒濯之，必有異。既而五色光起。機還問鮓主，果云：園中茅積[illegible]下得一白魚，質狀殊常，以作鮓，過美，故以相獻。武庫封閉甚密，其中忽有雉雊。華曰：此必蛇化爲雉也。開視，雉側果有蛇蛻焉蛻舒芮反又他臥反。吳郡臨平岸崩，出一石鼓，槌直追之無聲。帝以問華，華曰：可取蜀中桐材，刻爲魚形，扣之則鳴。

矣如其言果發國數里初吳之未滅也斗牛之間常有紫氣道術者皆以吳方彊盛未可圖也惟華以爲不然及吳平之後紫氣愈明華聞豫章人雷煥妙達緯象乃要煥宿屏人曰可共尋天文知將來吉凶因登樓仰觀煥曰僕察之久矣惟斗牛之間頗有異氣華曰是何祥也煥曰寶劍之精上徹於天耳華曰吾言得之吾少時有相者言吾年出六十位登三事當得寶劍佩之斯言豈效歟因問曰在何郡煥曰在豫章豐城華曰欲屈君爲宰密共尋之可乎煥許之華大喜即補煥爲豐城令煥到縣掘獄屋基入地四丈餘得一石函光氣非常中有雙劍並刻題一曰龍泉一曰太阿其夕斗牛間氣不復見焉煥以南昌西山北巖下土以拭劍光芒艷發大盆盛水置劍其上視之者精芒炫目遣使送一劍并土與華留一自佩或謂煥曰得兩送一張公豈可欺乎煥曰本朝將亂張公當受其禍此劍當繫徐君墓樹耳靈異之物終當化去不永爲人服也華得劍寶愛之常置坐側

華以南昌土不如華陰赤土報煥書曰詳觀劍文乃干將也莫邪何復不至雖然天生神物終當合耳因以華陰土一斤致煥煥更以拭劍倍益精明華誅失劍所在煥卒子華爲州從事持劍行經延平津劍忽於腰間躍出墮水使人沒水取之不見劍但見兩龍各長數丈蟠縈有文章沒者懼而反須臾光彩照水波浪驚沸於是失劍華歎曰先君化去之言張公終合之論此其驗乎華之博物多此類不可詳載

束晳爲尚書郎有人於嵩高山下得竹簡一枚上兩行科斗書傳以相示莫有知者司空張華以問晳晳曰此漢明帝顯節陵中策文也校驗果然

後趙續咸爲石勒時爲建德校尉王和參軍私掘得員石銘曰律權石重四鈞同律度量衡有新氏造議者不詳或以爲瑞咸曰王莽時物也其時兵亂之後典度堙滅遂命下禮官爲準程定式

前秦苻朗爲青州刺史降于晉朗善識味鹹酢及肉皆別所由會稽王司馬道子爲朗設盛饌極江左精餚食訖問曰關中之食孰若此答曰皆好惟鹽味小生耳既問宰夫皆如其言或人殺雞以食之既進朗曰此雞棲常半露檢之皆驗又食鵝肉知黑白之處人不信記而試之無豪釐之差時人咸以爲知味宋

宋何承天博達古今爲時所重張永開玄武湖遇古冢冢上得一銅斗有柄文帝以訪朝士承天曰此亡新威斗王莽三公亡皆賜之一在冢外一在冢內時三台葬江左者唯甄邯爲大司徒必邯之墓俄而又啓冢內更得一斗復有一石銘曰大司徒甄邯之墓承天位至御史中丞

南齊王僧虔高祖初爲撫軍將軍文惠太子鎮襄陽時有盜發古冢者相傳云是楚王冢大獲寶物玉屐玉屏風竹簡書青絲編簡廣數分長二尺皮節如新盜以把火自照後人有得十餘簡以示僧虔云是科斗書考工記周官所闕文也

陸澄領國子祭酒竟陵王子良得古器小口方腹而底平可容七

八升以問澄澄曰此名服匿單于以與蘇武子良後視器底有字髣髴可識如澄所言

賈淵字希鏡宋孝武世青州人發古冢銘云青州世子東海女郎帝問學士鮑照徐爰蘇寶生並不能悉淵對曰此是司馬越女嫁苟晞兒檢訪果然由是見遇淵明帝時終北中郎將軍

梁劉顯爲中書侍郎與裴子野顧協連職禁中顯博聞強識過於裴顧時人獻古器有隱起字無能識者顯案文讀之無有滯礙考校年月一字不差高祖甚嘉焉

後魏高祐爲侍郎文成末兗州東郡吏獲一異獸送之京師時人咸無識者詔以問祐祐曰此是三吳所出名鯪鯉餘域率無今我獲之吳楚之地其有歸國者乎又有人於靈丘得玉印一以獻詔以示祐祐曰印上有籀書二字文曰宋壽壽者命我權其命亦是歸我之徵獻文初宋文帝子義陽王昶來奔薛安都等以五州降附時謂祐言有驗

祖瑩為散騎侍郎孝明孝昌於廣平王第掘得古玉印敕召瑩與黄門侍郎李琰之辨之瑩云此是于闐國王晉太康中所獻乃以墨塗字觀之果如瑩言時人稱為博物

北齊許之才博識多智時有以骨為刀子靶者五色斑斕之才曰此人瘤也問得處云於古塚見髑髏額骨長數寸試削視有文理故用之其明悟多通如此官累至尚書左僕射後周斛斯徵為太常少卿時梁睿平蜀得樂器者皆莫之識徵見之曰此錞于也人弗之信徵遂依干寶周禮注以芒筒捋之其聲極振衆乃歎服徵取以合樂焉

隋崔頤煬帝時為起居舍人大業初從駕幸汾陽宮次河陽鎮藍田令王曇於藍田山得一玉人長三尺四寸著大領衣冠幘奏之詔問群臣莫有識者頤答曰謹案漢文已前未有冠幘卽文帝以來所作也臣見魏大司農盧元明撰嵩山廟記云有神人以玉為形象長數寸或出或隱則世延長伏惟陛下應天順民定鼎嵩雒岳神自見臣敢稱慶因再拜百官畢賀天子大悅賜縑二百匹

冊府元龜卷第七百九十七

冊府元龜卷第七百九十八

總録部

勤學

書曰業廣惟勤傳曰人生在勤勤則不匱詩乃服膺素業詩求遺籍習而悅曰知所亡稽古之能進以之干禄多聞之益居以之博問自非研精覃思探賾索隱勤拳拳之志孳孜孜之力又曷以覩聖人之奥垂没世之名者哉故尼丘云訓殆忘寢食由兹以來學者間出乃有閉關刺意闤市周覽刺膚以忘其痛致苦而安於貧求師以涉遠遺簪而不嘶在我旅而無厭雖耋老而彌篤莫不練達今古該悉元本旁礴經義蔚為儒宗以之涖事而無憤以之誨人而不倦上之則登化而成俗内之則履賢而獨善是故大禹之聖惜乎寸陰閔子之戒褒其術浮者與之謂也

孔子晚而學易序彖繫象說卦文言讀易韋編三絶曰假我數年若是我於易則彬彬矣又曰吾嘗終日不食終夜不寢以思無益不如學也又曰十室之邑必有忠信如丘者焉不如丘之好學也後為魯司寇

顔回孔子弟子為人擇乎中庸得一善則拳拳服膺而弗失哀公問孔子弟子孰為好學孔子對曰有顔回者好學不遷怒不貳過不幸短命死矣今也則亡未聞好學者也（凡人任情喜怒違理顔淵任道怒不過分遷者移也怒當其理不移易也不貳過者有不善未嘗復行）

孔文子為衛大夫敏而好學不恥下問謚曰文

寗越中牟之鄙人苦耕稼之勞謂其友曰何為而可以免此苦也其友曰莫如學學三十年則可以達矣越曰請以十五歲人將休吾不休人將卧吾不卧學十五歲而周威公師之

蘇秦東周人發書陳篋數十得太公陰符之謀伏而誦之讀書欲睡引錐自刺其股血流至踵曰安有說人主不能出其金玉錦繡取卿相之尊者乎後可此說從約佩六國相印

府七百九十八　一

漢孔安國貧無資用嘗為弟子都養（都凡衆也養主給烹炊者也）時行賃作帶經而鉏休息輒讀誦其精如此後為臨淮太守

賈嘉賈誼之孫最好學至郡守

董仲舒少治春秋蓋三年不窺園其精如此為膠西相去位歸居終不問家產業以脩學著書為事後為江都相

黄霸明守丞相長史坐公卿大議庭中知長信少府夏侯勝非議詔書大不敬霸阿從不舉劾皆下廷尉繫獄當死霸因從勝受尚書獄中再踰冬積三年迺出（霸欲從勝受尚書勝辭以罪死霸曰朝聞道夕死可矣勝賢其言遂授之繫再更冬講論不怠後會赦得出）後至丞相

王尊字子贛少孤歸諸父使牧羊澤中尊竊學問能史書年十三求為獄小吏數歲給事太守府問詔書行事尊無不對太守奇之除補書佐署守屬監獄（守屬令監獄主囚也）久之尊稱病去事師郡文學官（郡有文學官而尊事之以為師也）治尚書論語略通大義後至東郡太守

路温舒字長君父為里監門使温舒牧羊温舒取澤中蒲截以為牒編用寫書（小簡曰牒編聯次之）稍習善求為獄小吏因學律令轉為獄史縣中疑事皆問焉太守行縣見而異之署決曹史又受春秋通大義舉孝廉為山邑丞後至臨淮太守

劉向專積思於經術晝誦書傳夜觀星宿或不寐達旦後至中壘校尉

龔舍字君倩與龔勝相友少皆好學明經楚王入朝聞舍高名聘舍為常侍固辭願卒學後至長安（終其經業）後丞徵為諫大夫

後漢魏應少好學光武建武初詣博士受業習魯詩閉門誦習不交僚黨京師稱之後為騎都尉

魯恭年十五與母弟丕俱居太學習魯詩閉戶講誦絶人間事兄弟俱為諸儒所稱學士爭歸之太尉趙憙慕其志每歲時遣子問以酒糧皆辭不受後至司徒

魯丕性沉深好文學孳孳不倦遂杜絶交游不荅候問之禮士友常以此短之而不欣然自得遂兼通五經以魯詩尚書教授為

府七百九十八　二

當世名儒後歸鄉里為督郵曾郡將無不識更特之後為侍中
左中郎將
承宮少孤年八歲為人牧豕鄉里徐子盛者以春秋經授諸生
數百人宮過息廬下樂其業因就聽經遂請留門下（宮過徐子盛之廬）
（東觀記曰宮過其廬下見諸生講誦好之因就聽經遂請留門下）為諸生拾薪執苦數年
勤學不倦後至侍中祭酒
桓榮少好學游長安習歐陽尚書事博士九江朱普（朱普字公文受業於）
（平當為博士）貧窶無資常客傭以自給精力不倦十五年
不闚家園榮初遭倉卒與族人桓元卿同飢戹而榮講誦不息
元卿嗤榮曰但自苦氣力何時復施用乎榮笑不應及為太常
元卿歎曰我農家子豈意學之為利乃若是哉後為五更封關
內侯
崔瑗年四十餘始為郡吏以事繫東郡發干獄（發干縣之獄也）獄掾善
為禮瑗間考訊時輒問以禮說其專心好學雖顛沛必於是後
為濟北相
竇章遭羌寇避難東國家於外黃居貧蓬戶蔬食講
讀不輟後為大鴻臚
高鳳少為書生家以農畝為業而專精誦讀晝夜不息妻嘗之
田曝麥於庭令鳳護雞時天暴雨而鳳持竿誦經不覺潦水流
麥妻還怪問鳳方悟之其後遂為名儒乃教授業於西唐山中
自言本巫家子不應為吏
侯瑾少孤貧依宗人居性篤學常傭作為資暮還輒爇柴以讀
書公車徵不至
宋均以父任為郎時年十五好經書每休日輒詣博士受業通
詩禮善論難後至河內太守
王充受業太學師事扶風班彪好博覽而不守章句家貧無書
常游洛陽市肆閱所賣書一見輒能誦憶遂博通眾流百家之
言後歸鄉里屏居教授
朱穆耽學銳意講誦或至不自知亡失衣冠顛墜阬岸其父

常以為專愚幾不知數馬足穆愈更精篤後至尚書
樂恢長好經學事博士焦永永為河東太守恢隨之官閉廬精
誦不交人物後永以事被考諸弟子皆以通關被繫恢獨皦然
不汙於法遂篤志為名儒後至尚書僕射
曹褒少篤志有大度結髮傳父充業博雅疏通尤好禮事常感
朝廷制度未備慕叔孫通為漢禮儀晝夜研精沈吟專思寢則
懷抱筆札行則誦習文書當其念至忘所之適後至侍中
郎顗明經學隱居海畔延致學徒常數百人晝研精義夜占象
度勤心銳思朝夕無倦公車再徵不行
衛颯家貧好學問隨師無糧常傭以自給後至桂陽太守
甄承尤篤文學未嘗視家事卒於梁相
李固司徒郃之子少好學常步行尋師不遠千里（又改易姓名杖策驅驢負笈追師三輔學五經）
（謝承書曰固改易姓名杖策驅驢負書）後至太尉
杜喬累世吏二千石少好學治韓詩京氏易歐陽尚書以孝稱
雖二千石子常步擔求師後至太尉
陳寔少作縣吏常給事廝役後為都亭刺佐而有志好學坐立
誦讀縣令鄧邵試與語奇之聽受業太學後令復召為吏乃避
隱陽城山中後至太丘長
崔琦嘗耕於陌上懷書一卷息輒偃而詠之後至臨濟長
荀爽幼好學躭思經書慶弔不行徵命不應後至司空
魏隗禧字子牙世單貧少好學漢初平中三輔亂禧南客荊州
不以荒擾擔負經書每以採稆餘日則誦習之後至郎中
董遇字季直性質訥而好學漢興平中關中擾亂與兄季中依
將軍段煨遇採稆負販而常挾持經書投閑習讀其兄笑之而
遇不改後為侍中大司農
吉茂世為著姓好書不恥惡衣惡食而恥一物之不知漢建安
初關中始平茂與扶風蘇則共入武功南山隱處精思數歲州
舉茂才除臨汾令

袁遺字伯業曹公稱長大而能勤學者惟吾與袁伯業耳後為揚州刺史

趙昱少時就處士東莞綦毋君受公羊傳兼該羣業至歷年潛志不闚園圃親跡希見其面時入定省父母須臾即還後為廣陵太守

賈逵為諸生略覽大義取其可用最好春秋左傳及為牧守常課讀之月常一遍後至豫州刺史

司馬孚温厚廉讓博涉經史漢末喪亂與兄弟處危亡之中簞食瓢飲而披閱不勧後至太尉

鍾會有才數技藝而博學精練名理以夜續晝由是獲聲譽後至鎮西將軍

常林少單貧性好學為諸生帶經耕鉏後至光禄大夫

王象少孤為人僕隸年十七見使牧羊而私讀書後領祕書監

蜀向朗少時涉獵文學吏乃潜心典籍孜孜不倦年踰八十猶手自校書後至左將軍位特進

譙周幼孤與母兄同居既長耽古篤學家貧未甞問產業誦讀典籍欣然獨笑以忘寢食後至光禄大夫入晉至散騎常侍

郤正本名纂少而父死母嫁單煢隻立而安貧好學博覽墳籍弱冠能屬文入為祕書令入晉為巴西太守

吳步騭字子山世亂避難江東以種瓜自給晝勤四體夜誦經傳後為丞相

魯肅為人方嚴寡於玩飾雖在軍中手不釋卷後至偏將軍

闞澤字德潤家世農夫至澤好學居貧無資常為人傭書以供紙筆所寫既畢誦讀亦遍追師論講究覽羣籍兼通曆數由是顯名後為太子太傅

張紘居貧躬耕帶經而鋤孜孜汲汲以夜繼日至于弱冠无不窮覽後為孫權長史

晉劉寔自少及老篤學不倦雖居職務卷弗離手弟智貞素有兄風少貧窶每負薪自給讀誦不輟竟以儒行稱晉中興書寔積至不倦歷官職至于皓首手不釋卷後至太尉

華譚好學不倦爽慧有口辯為鄉里所重後至散騎常侍

束晳字廣微少遊國學或問博士曹志曰當今好學者誰乎志曰陽平束廣微好學不倦人莫及也後為尚書郎

皇甫謐耽翫典籍忘寢與食時人謂之書淫或有箴其過篤將損耗精神謐曰朝聞道夕死可矣況命之脩短分定懸天乎舉議郎又召補著作郎並不應

石崇為陽城太守在郡雖有職務好學不倦

魯芝字世英父為郭汜所害芝繈褓流離年十七乃移居雍耽思墳籍後至光禄大夫

虞溥字允源父祕為偏將軍鎮隴西溥從父之官專心墳典疆埸閱武人爭視之溥未甞寓目後至鄱陽內史

董景道少而好學千里追師所在惟晝夜讀誦略不與人交通景道[illegible]史晉[illegible]

徐苗少家貧晝執鉏耒夜則吟誦弱冠與弟賈就博士濟南宋鈞受業遂為儒宗徵辟並不就

褚陶嘗謂所親曰聖賢備在黃卷中捨此何求州郡辟不就

孫盛歷祕書監給事中篤學不倦自少至老手不釋卷

荀崧歷右光禄大夫雖衰老而孜孜典籍世以此嘉之

范汪字玄平少孤貧六歲過江依外家庾氏及長好學外氏家貧無以資給汪乃廬于園中布衣蔬食然薪寫書寫畢讀誦亦遍遂博學多通善談名理後至安北將軍

范甯為豫章太守既免官家于丹楊猶勤經學終年不輟

葛洪字稚川少好學家貧躬自伐薪以貿紙墨夜輒寫書誦習遂以儒學知名徵散騎常侍不就

范宣少尚隱遁加以好學手不釋卷以夜繼日遂博綜衆書尤善三禮詔徵不就

徐邈姿性端雅勤行勵學博涉多聞後至驍騎將軍

干寶字令升少勤學博覽書記以才器召爲著作郎
徐廣爲秘書監世好讀書老猶不倦
謝沈少孤事母至孝博學多識明練經史耕耨之暇研精墳籍
後至著作郎
紀瞻性靜默少交游好讀書或手自抄寫後至驃騎將軍
王延少孤貧晝則傭賃夜則誦書遂究覽經史皆通大義後爲
劉聰金紫光禄大夫
王歡字君厚樂陵人也安貧樂道專精耽學不營產業常丐食
誦詩雖家无斗儲意怡如也其妻患之或焚毀其書而求改嫁
歡笑而謂之曰卿不聞朱買臣妻邪時聞者多哂之歡守志彌
固遂爲通儒[illegible]史不載官
魏詠之家世貧素而躬耕爲事好學不倦後至荆州刺史
車胤恭勤不倦博覽多通家貧不常得油夏日則練囊盛數十
螢火以照書以夜繼日焉後至吏部尚書

劉敏元字道光厲己脩學不以險難改以好星歷陰陽術數潛
心易太玄不好讀史常謂同志曰誦書當味義根何爲費功於
浮辭之文易者義之源太玄理之門能明此者即吾師也
王育字伯春少孤貧爲人傭牧羊每過學必歔欷時有暇即折
蒲學書遂亡其羊爲主主所責育將鬻己以償之同郡許子章
敏達之士也聞而嘉之爲育償羊給其衣食使與子同學遂博
通經史後至破虜將軍
劉宣字士則元海之從祖朴鈍少言好學脩絜師事樂安孫炎
沈精積思不舍晝夜好毛詩左氏傳
劉昺仕李暠遷撫夷護軍雖有政務手不釋卷暠曰卿註記篇籍
以燭繼晝白日且然夜可休息昺曰朝聞道夕死可矣不知老
之將至孔聖稱焉昺何人斯敢不如此雖在兵難之間講誦不
廢每儒士在門常倒屣出迎停寢政事引談經籍尤明斷決時
事亦兵讖也

張忭少孤貧隨母長於舅氏令其牧羊忭幼而好學事母以孝
聞每日必於牧暇採樵二束莘二本一以供母一以雇人書書
則析木葉學書夜則誦所書
前秦苻朗初爲鎮東將軍青州刺史封樂安男不得已起而就
官及爲方伯有若素士耽翫經籍手不釋卷每談虛語玄不覺
日之將夕
宋劉懷肅家世貧窶而躬耕篤學後至淮南歷陽二郡太守
鄭鮮之祖襲爲江乘令因居縣境鮮之下帷讀書絶交游之務
後至尚書右僕射
王徽字景玄瑯邪臨沂之少好學無不通覽居位明屋一間尋
書玩古如此者十餘年後追贈祕書監
王韶之家貧好學嘗三日絶糧執書不輟父母家人或謂之曰
困窮如此何不耕農爲求活乎韶之答曰我當以典籍自耕耳
後至祠部尚書

殷淳高簡寡欲早有清尚愛好文義未嘗違捨後至右光禄大夫
沈攸之晚好讀書手不釋卷史漢事多所諳憶常歎曰早知窮
達有命恨不十年讀書後至郢州刺史
傅隆爲光禄大夫歸老在家手不釋卷博學多通特精三禮謹
於奉公常手自寫書
南齊王逡之爲太中光禄大夫加侍中逡之性率素衣裘不澣
机案塵黑年老手不釋卷王儉幼有神彩專心篤學手不釋卷
後爲尚書令
沈驎士少好學家貧織簾誦書口手不息及長隱居篤學不倦
遭火燒書數千卷驎士年過八十耳目猶聰手以反故抄寫火
下細書復成二三千卷滿數十篋人以爲養身靜默之所致也
江泌字士清少貧晝日研屧夜讀書隨月光握卷升屋後爲南
中郎行參軍
陸澄字彥淵少好學博覽無不知行坐眠食手不釋卷後至散

騎常侍

顧歡幼聰慧家貧父使驅田中雀歡作黄雀賦雀食稻過半父怒欲撻之見賦乃止鄉中有學舍歡貧無以受業於舍壁後倚聽無遺忘者八歲誦孝經詩論及長篤志好學母年老躬耕誦書夜則燃糠自照同郡顧覬之臨縣見而異之遣諸子與游及孫憲之並受經句歡年二十餘更從豫章雷次宗諮玄儒諸義後徵太學博士不就

徐伯珍少孤貧書竹葉及地學書山水暴出漂溺宅舍村鄰皆奔走伯珍累床而止讀書不輟叔父璠之與顏延之友善還祛蒙山立精舍講授伯珍往從學積十年究尋經史游學者多依之豫章王辟議曹從事不就

虞龢少好學居貧屋漏恐濕墳典乃舒被覆書書獲全而被大濕時人以比高鳳

梁王泰少好學手所鈔寫二千許卷

傳昭幼孤為外祖所養十歲於朱雀航賣曆日雍州刺史袁顗嘗來昭所昭讀書自若神色不改顗歎曰此兒神情不凡必成佳器司徒建安王休仁聞而悅之因欲致昭昭以宋氏多故遂不往後至散騎常侍

張纘為祕書郎好學兄緬有書萬餘卷晝夜披讀殆不輟手祕書郎有四員宋齊以來為甲族起家之選待次入補其居職例百數十日便遷任纘固求不從欲遍觀閣內圖籍常執四部書目曰若讀此畢乃可言優仕矣

陶弘景未弱冠齊高帝作相引為諸王侍讀除奉朝請雖在朱門閉影不交外物唯以披閱為務朝儀故事多取決焉

沈約篤志好學晝夜不釋卷母恐其以勞生疾常遣減油火而晝之所讀夜輒誦之遂博通羣籍能屬文後至侍中丹陽尹特進

范雲年八歲就親人袁叔明學晝夜不怠昭撫其背曰卿精神秀朗而勤於學卿相才也後至右僕射

江革年十六於謝朓雅相欽重朓常候革時大雪見革弊絮單席而耽學不勤嗟歎久之乃脫所著襦并手割半氈與革充臥具而去後至光祿大夫領步兵校尉

臺愛性清介不妄交遊而篤志好學每處室獨坐游心墳素而埃塵滿席寂若無人年二十一嘗游京師值天子出游南苑邑里喧譁老幼爭觀愛獨端坐讀書手不釋卷宗族見者莫不異焉後至寧蜀太守

王瞻字思範年數歲嘗從師受業時有伎經其門同學皆出觀瞻獨不視習誦如初從父尚書僕射僧祐聞而異之謂瞻父曰太宗不衰寄之此子後至侍中領驍騎將軍

蕭琛常言少壯有三好音律書酒年長以來二事都廢唯書籍不衰後至侍中特進

張緬少勤學自課讀書手不輟卷後至御史中丞

陸倕字佐公少勤學善屬文於宅內起兩間茅屋杜絕往來晝夜讀書如此者數載後至國子博士中庶子

褚玠少孤貧篤志好學有才思

殷芸勵精勤學博洽羣書幼而廬江何憲見之深相歎賞後至通直散騎常侍祕書監

孔子祛少孤貧好學耕耘樵採常懷書自隨閑則讀誦勤苦自勵遂通經術尤明古文尚書後至步兵校尉

沈峻家世農夫至峻好學與舅太史叔明師事宗人沈驎士門下積年晝夜自課時或睡寐輒以杖自擊其篤志如此後至中書通事舍人

司馬筠孤貧好學師事沛國劉瓛強力專精深為瓛所器異後至始興內史

范縝年未弱冠聞沛國劉瓛聚講說縝始往之卓越不羣而勤學瓛甚奇之親為之冠後至中書郎國子博士

何佟之少好三禮師心獨學彊力專精手不輟卷讀禮論三百

篇略皆上口孝武太尉王儉雅相推重後至尚書左丞
王錫幼而警悟與兄弟受業衆皆休散常獨留不起年七八歲
猶隨母義興公主入宫高祖嘉其聦敏常為朝士説之精力不
勸致損右目公主每節其業為飾居室雖童稚之中一無所好
後至吏部郎中
劉霽家貧與弟杳歊相勵篤學既長博涉多通累官建康令不拜
任孝恭精力勤學家貧無書常崎嶇從人假借每讀一徧諷誦略
無所遺後至兼中書通事舍人
臧嚴孤貧勤學行止書卷不離於手後至鎮南諮議參軍
鍾嶸與兄岏弟嶼並好學有思理後至晉安王記室
袁峻字孝高早孤篤志好學家貧無書每從人假借必皆抄寫
自課日五十紙紙數不登則不休息後至員外散騎侍郎
劉峻八歲為魏人所略從桑乾峻好學家貧寄人廡下自課讀
書常燎麻炬從夕達旦時或昏睡爇其髮既覺復讀終夜不寐

其精力如此齊永明中從桑乾得還自謂所見不博更求異書
聞京師有者必往祈借後至荊州戶曹參軍
庾仲容幼孤為叔父泳所養既長杜絶人事專精篤學晝夜手
不輟卷後至黟縣令
張率與陸少玄善少玄家有父澄書万卷餘率遂得盡讀其書
建武三年舉秀才除太子舍人
司馬褧善三禮少傳家業彊力專精手不釋卷後至晉安王長史
陳袁敬字子恭純孝有風格幼便篤學老而無倦後至金紫光
祿大夫特進
鄭灼家貧抄義疏以日繼夜筆毫盡每削用之灼常蔬食講授
多苦心熱若瓜時輒偃臥以瓜鎮心起便誦讀其篤志如此後
至中散大夫
陸瓊初以侯景作逆攜母避地于吳縣之西鄉勤苦讀書晝夜
无怠遂博學善屬文永定中州舉秀才

沈德威字懷遠少有操行梁太清末遁於天目山築室以居雖
處亂而篤學無倦遂治經業後至祠部郎入隋官至秦王府主簿
江揔篤學有辭采家有賜書數千卷揔晝夜尋讀未嘗輟手後
至尚書令
章華家世農夫至華獨好學與士君子遊處頗覽經史善屬文
侯景之亂乃遊嶺南居羅浮山寺專精習業後除大市令
歐陽頠長沙臨湘人也父喪累積哀讓諸兄州郡頻辟不應乃
廬於麓山寺傍專精習業博通經史年三十其兄逼令從宦起
家信武府中兵參軍
袁樞字踐言美容儀性沉靜好讀書手不釋卷後至尚書右僕射
姚察樂於墳籍無所不覩每有製述多用新奇人所未見咸重
富博且專志著書白首不倦手自抄撰無時暫輟好研覈古今
誕正文字精采流贍後至吏部尚書
後魏崔祖虬少而好學下帷誦書不驅競當世舉秀才不就

張袞年七十闔門守靜手執經書刊定乖失愛好人物善誘无
倦士類以此高之後至給事黄門侍郎
崔玄伯立身雅正與世不群雖在亂猶屬志篤學不以資產為
意妻子不免飢寒後至吏部尚書
古弼遷尚書令弼雖事務殷湊而讀書不輟
崔暹少好學有文才遭亂孤貧躬耕于野而講誦不廢後至御
史中丞
宋隱性至孝年十三便有成人之志專精好學不以兵難易操
游明根雅之從祖弟也幼年遭亂為濮陽王氏奴主使牧羊明
根以擬借人書字路邊畫地學之長安鎮將賞瑾見之呼問知
其姓名乃告游雅使人贖之教書年十六辭雅歸鄉於白渠坊
為盈讀書積歲雅稱薦之太武擢為中書學生窮欲綜書經無一
文成踐祚為都曹主書帝以敬慎每嗟美之
常景耽好經史愛翫文詞若遇新異之書殷勤求訪或復質買

不問價之貴賤必以得爲期後至儀同三司
房景先字光胄幼孤貧無資從師其母自授毛詩曲禮年十二
請其母曰豈可使兄傭賃以供景先也請自求衣然後就學毋
哀其小不許苦請從之遂得一羊裘忻然自足晝則樵蘇夜誦
經史自是精勤遂大通贍後至步兵校尉領尚書郎
高允少孤夙成有奇度性好文學擔笈負書千里就業爲尚書
散騎常侍加光祿大夫年九十餘恂恂善誘誨人不倦晝夜手
常執書吟詠尋覽
李璞爲車騎將軍大司農卿豳州大中正謹淳好學老而不倦
宋繇少有志尚追師就學閉室誦書晝夜不倦博通經史諸子
羣言靡不覽綜後仕沮渠牧犍官至左丞世祖拜河西王右相
劉芳聰敏過人篤志墳典晝則傭書以自資給夜則讀誦終夕
不寢後至太常卿
趙逸爲中書侍郎性好墳素白首彌勤年踰七十手不釋卷

游肇外寬柔內剛直耽好經傳手不釋書官至尚書右僕射
李彪字道固家世寒微少孤貧有大志篤學不倦高悅兄閭博
學高才家富典籍彪遂於悅家手抄口誦不暇寢食後至御史
中尉
崔光家貧好學晝耕夜誦傭書以養父母後至司徒侍中
崔休好學涉歷書史公事軍旅之隙手不釋卷後至殿中尚書
李琰之歷侍中中書侍郎每休閑之際常閉門讀書不交人事
嘗謂人曰吾所以好讀書不求身後之名但異見異聞心之所
願是以孜孜搜討欲罷不能豈爲聲名勞七尺也此乃天性非
爲力強
崔挺少敦學業多所覽究手不釋卷後至北海王詳司馬
張普惠父暐爲齊州中水令隨父之縣受業齊土專心墳典剋
厲不息乃[illegible]鄉里就程玄講習精於三禮兼善春秋百家之說
多所覽究諸儒稱之後至尚書右丞

祖瑩八歲能誦詩書年十二爲中書學生好學耽書以晝繼夜父
母恐其成疾禁之不能止常密於灰中藏火驅逐僮僕父母寢
睡之後然火讀書以衣被蔽塞窗戶恐漏光明爲家人所覺由
是聲譽甚盛後至車騎大將軍
温子昇初受學於崔靈恩劉蘭精勤以夜繼晝晝夜不倦後至
中書郎
宋世景與弟道璵下帷誦讀博覽羣言尤精經義族兄弁甚重
之後至伏波將軍行滎陽太守
北齊李鉉字寶鼎渤海南皮人也九歲入學書急就篇月餘便
通家素貧苦常春夏務農冬乃入學年十六從李周仁受毛詩
尚書章武劉子猛受禮記常山房蚪受周官儀禮漁陽鮮于靈馥
受左氏春秋鉉以鄉里無可師者遂與州里楊元懿河間宗惠
振等結侶詣大儒徐遵明受業居徐門下五年常稱高第二十
三便自潛居討論是非用心精苦曾三秋冬不畜枕每至睡時

假寐而已年三十六丁父喪服闋以鄉里寡文籍來游京師讀
所未見書後至國子博士
辛術爲東南道行臺尚書少愛文史晚更勤學雖在戎旅手不
釋卷
張雕爲祕書監奉職恪勤未嘗有過好讀春秋月一遍時人慕
之賈梁道趙彥深嘗謂雕曰君研尋左氏豈求服虔杜預之紕
繆耶雕曰何爲然乎左氏之書備敘言事惡者可以自戒善者
可以庶幾故厲己温習非欲詆訶古人之得失也
劉晝字孔昭勃海阜城人也少孤貧愛學負笈從師伏膺無倦
與儒者李寶鼎同鄉里甚相親愛授其三禮又就馬敬德習服
氏春秋俱通大義恨下里少墳籍便杖策入都知太府少卿宋
世良家多書乃造焉世良納之恣意披覽晝夜不息舉秀才不
第終于家
劉逖彭城人也魏末世宗以爲門府行參軍遠離鄉家倦於羇

放發憤自勵專精讀書至於都會之所輒取人二帙集或務於宴集遊在遊宴之中卷不離手值有文籍所未見者則終日諷誦或通夜不歸其好學如此亦留心文藻頗工詩詠後至散騎常侍奏門下事

洪偉節少從李寶鼎遊學李重其聰敏常試問之多所通解尤明禮傳後還鄉里閉門不出將三十年不問生產不交賓客專精覃思無所不通舉秀才不就

魏收年十五隨父赴邊好習騎射因滎陽鄭伯調之曰魏郎弄戟多少收慙遂折節讀書夏月坐板床隨樹陰諷誦積年牀板為之銳減而精力不輟以文華顯後至尚書右僕射

後周樂遜字遵賢河東猗氏人弱冠為郡主簿魏正光中聞碩儒徐遵明領徒趙魏乃就受孝經喪服論語詩書禮易左氏春秋大義尋而山東寇亂學者散逸遜於擾攘之中猶志道不倦

樊深字文深河東猗氏人弱冠好學負書從師於三河講書五經晝夜不倦後為國子博士性好學老而不怠朝暮還往常據鞍讀書至馬驚墜地損折支體終亦不改

裴漢嘗借人異書必躬自錄本至于疾疢彌年亦未嘗釋卷後至車騎大將軍儀同三司

薛端字仁直河東汾陰人本名沙陁有志操與弟裕勵精篤學不交人事後至基州刺史

宇文測字澄鏡世沉密少篤學每旬月不窺戶牖後至太子少

宗懍少聰敏好學讀書晝夜不倦語輒引古事鄉里號為小兒學士後至車騎大將軍

沉重字德厚專心儒學從師不遠千里遂博群書仕後梁為驃騎至太常卿

呂思禮好學有文才雖務兼軍國而手不釋卷晝理政事夜則讀書令蒼頭執燭燭燼夜有數升後至都官尚書

薛愷初自本邑中杖策還洛陽先是愷從祖真度與族祖安都擁徐兗歸魏其子懷儁見愷甚相親善屬尒朱榮廢立遂還河東止懷儁家不交人物終日讀書手自抄略將二百餘卷唯郡守元襲時相要屈與之抗禮仕西魏至安東將軍

隋諸葛穎為太子舍人周武平齊不得調杜門不出者十餘年習周易圖緯倉雅莊老頗得其要

楊尚希齠齓而孤年十一辭母請業長安涿郡盧辯見而異之令入太學專精不倦同輩者皆共推伏後至蒲州刺史

劉行本起家梁武陵王國常侍遇蕭脩以梁州北附遂與叔父璠歸周寓居新豐每以諷讀為事精力忘疲雖衣食乏絕晏如也後至太子右庶子

楊异字文殊幼丁父憂及免喪之後絕慶弔閉戶讀書數年之間博覽書記後至吳州總管

李文博性介鯁直好學不倦至於教義名理特所留心每讀書至治亂得失忠臣烈士未嘗不反覆吟讀後至司隸從事

馬光少好學從師數十年晝夜不息後徵為太學博士

王劭自志學暨乎暮齒篤好經史遺落世事用思既專性頗恍忽每至對食閉目凝思盤中之肉輒為僮從所噉劭弗之覺唯責肉少數罰厨人以情白劭閉目伺而獲之厨人方免笞辱其專固如此後至秘書少監

庾自直潁川人也少好學沉靜寡欲後至著作佐郎知起居舍人事

房彥謙受學於博士尹琳手不釋卷遂通涉五經解屬文工草隸雅有詞辯風槩高人後至司隸刺史

劉炫字光伯河間景城人也少以聰敏見稱與信都劉焯閉戶讀書十年不出津橋宗人劉智海家素多墳籍焯就之讀書向經十載雖衣食不繼晏如也遂以儒學知名後為瀛州戶曹從事後直三省而不得官

盧思道字子行范陽人也思道聰爽俊辯通脫不羈年十六遇

中山劉炫爲人作碑銘以示思道思道讀之多所不解於是感激閉戸讀書師事河間邢子才後思道復爲文以示劉炫炫又不能甚解思道乃喟然歎曰學之有益豈徒然哉因就魏收借異書數年之間才學兼著後至散騎侍郎奏內史侍郎事

劉臻爲皇太子學士無吏幹性恍忽耽悅經史終日覃思至於世事多所遺忘

郎茂少敏慧七歲誦騷雅日千餘言十五師事國子博士河間權會受詩易三禮及玄象刑名之學又就國子助教長樂張奉禮受三傳群言至忘寢食家人恐茂成病常節其燈燭後至尚書左丞

唐竇威字文蔚扶風平陵人威家世勳貴諸昆弟並尚武藝而威既耽文史介然自守諸兄哂之謂爲書癡隋內史令李德林舉秀異射策甲科拜秘書郎秩滿當遷而固守不調在秘書十餘歲其學業益廣

李密多籌筭養客禮賢無所愛悋後更折節下帷耽學尤好兵書誦皆在口師事國子助教

包愷受史記漢書勵精忘勧愷門徒皆出其下

虞世南性沉靜寡欲篤志勤學少與兄世基俱受學於吳郡顧野王經十餘年精思不倦或累旬不盥櫛後至秘書監

徐曠字文遠家貧無以自給其兄林鬻書爲事文遠每閱書於肆不避祁寒暑雨遂覽五經尤精春秋左氏傳

姚思廉吳興武康人性恬靜寡欲終日閉房披閱經史未嘗言及家產非公事不出門無所造請學有家風博通前載後至散騎常侍

張行成少師事河間劉炫勤學不倦後至右僕射太子少傅

蕭德言博涉經史尤精春秋左氏傳貞觀中累除著作郎兼弘文館學士德言晚年尤篤志於學自晝達夜略無休倦每欲開五經必盥濯束帶危坐對之妻子候間請曰終日如是無乃勞乎德言曰敬先聖之言豈憚如此路敬淳尤勤學不窺門庭徧覽墳籍後至太子司議郎

李襲譽好讀書手不釋卷博涉經史後至同州刺史

裴行儉初以門蔭補弘文生累年在館唯閉户讀書館司將加薦舉固辭不就左僕射房玄齡問其故對曰遭隋季亂秘閣書籍湮盡冀在館披閱有所成耳後至吏部侍郎

裴炎河東人也少補弘文生每休暇諸生多出遊炎獨觀書不輟後至內史

劉仁軌字正則汴州尉氏人也少恭謹好學遇隋末喪亂不遑專習每行坐所在輒書空畫地由是博涉經史後至文昌左相

馬懷素少師事李善貧無燈燭晝採薪蘇夜燃讀書遂博覽經史解屬文開元中爲秘書監兼昭文館學士懷素雖居吏職而篤學手不釋卷

上友貞素好學讀九經皆自過誨訓子弟如嚴君焉後至太子

中書許令在家修道

韋陟中書令安石之子開元初丁父憂居喪過禮自此杜門不出八年與弟斌相勸勵探討墳素不捨晝夜文華當代俱有盛名後至禮部尚書東都留守

楊綰生而聰惠及長好學不倦博通經史官至中書侍郎平章事

于休烈爲工部尚書篤好墳籍手不釋卷以至于終

崔元翰善屬文年近七十好學不倦官歷駕部員外郎知制誥

陽城字亢宗北平人也代爲宦族好學貧不能得書乃求入集賢院爲寫書吏竊官書讀之晝夜不出房經六年遂無所不通

李巽字令叔趙郡人少勤學孜孜自課以明經調補華州參軍應拔萃科授鄠縣尉

蔣乂自少好學雖甚寒暑未嘗釋卷後至秘書監

王起官至山南西道節度使自幼及耄手不釋卷

張建章尤好經史聚書至萬卷所居有書樓但以披閱清淨爲

事經涉之地無不理焉建章曾齎帛九戎命往渤海遇風濤乃泊其船廻及西岸經太宗征遼碑半在水中建章則以帛苞麥屑置于水中摸而讀之不欠一字其篤學也如此後至幽州行軍司馬

李磎在臺省日聚書至多手不釋卷時人號曰李書樓仕昭宗時位至宰相

梁孫騭雅好聚書有六經史漢洎百家之言凡數千卷皆簡翰精至披勘詳審得暇即朝夕躭翫曾無少怠官至左散騎常侍

後唐劉岳初少孤以先人官卑羣從之間最不調兩都喪乱流寓青齊丐食業文厲心苦節官至太常卿

晉裴皡容止端秀性卞急剛直無隱少而好學苦心文翰雖乱離斬艱手不釋卷後至右僕射致仕

周馮道少純厚好學善屬文不恥惡衣食負米奉親之外唯以披誦吟諷爲事雖大雪擁户凝塵滿席湛如也後至中書令

張昭自歷清顯手不釋卷每得生書以舊有足疾必臥而札之舉朝服其好學

冊府元龜卷第七百九十八

冊府元龜卷第七百九十九

總録部

彊記　聰悟

彊記

傳不云乎博聞强識謂之君子蓋有目所暫覩耳所暫聞而成誦于口終身不忘者信乎其彊記也自漢而下繼者間出咸性理聰悟機神警邁或博通前籍默識無謬或詳故事練達遐弊遺以至閲爵里而悉衆其名氏經國邑而盡志其風土背靡碑失復基下誤自非宅粹精於心術彰敏惠於天性疇謀及是式

漢東方朔年十六學詩書二十二萬言十九學孫吳兵陣戰陣之具鉦鼓之教亦誦二十二萬言凡誦四十四萬言仕為侍郎

張安世漢武帝行幸河東嘗亡書三篋詔問莫能知唯安世識記也具作其事後購求得書以相交無所遺失帝奇其材擢尚書令

（第二葉原闕）

偁曰帝甚異之時人比之子產

謝安為太守初以猶自過江遂亡筆之制度率意造為及破符堅於淮上獲京都舊筆形制與矣大小如一時人服其精記

未沈濮為子道真時有隱誠之功尤練究万事經目過耳人莫能欺仕至淮南太守

吳憲初出身為領軍府白衣吏少知書領軍將軍沈演之使為起居知所寫既畢闇誦甚皆上口演之嘗作讓表未奏失本喜經一見即便寫赴無所漏洗演之甚知之曰此涉獵漢史頗見古今演之門生諸素氏入為主書篇悉為主事出進為主圖令史

南齊蕭惠開拜益州刺史嚴用威刑蜀人號曰臥虎明識過人嘗有三千沙門一閲其名退無所失

梁陸倕所讀書一遍必誦於口嘗借人漢書失五行志四卷乃暗寫還之略無漏脱後為中庶子加給事中揚州大中正復守太常卿中正如故

任孝恭精力勤學家貧無書嶠嶇從人假借每讀一徧諷誦略
無所遺高祖聞其才學召入西省撰史初爲奉朝請淮直壽光
省爲司文郎俄兼中書通事舍人
劉子諒少好學有文才尤博悉晉代時人號曰皮裏晉書歷官
著作郎
張緬明後漢及晉代諸家客有執卷質緬者隨問便對略無遺
失起家秘書郎
劉覽爲尚書左丞性聰敏尚書令史七百人一見並記姓名
謝藺阮孝緒之甥孝緒以其有至性謂之曾子稍授以經史過
目便能諷誦孝緒每曰吾家陽元也後吏部尚書蕭子顯表其
至行擢爲王府法曹行軍參軍
何思澄仕州人博涉該通羣籍畢覽天閣寶祕人間散逸無遺
漏焉任昉劉渢共執秘閣四部書試問其所知自甲至丁書說
一事并叙述作之體連日累夜莫見所遺位本州別駕國子

博士
臧嚴爲淅東王宣惠輕車府參軍兼記室嚴於學多所諳記尤
精漢書諷誦略皆上口王嘗自執四部書目以試之嚴自甲至
丁卷中各對一事并作者姓名遂無遺失其博洽如此
劉顯好學博涉多通任昉嘗得一篇缺簡書文字零落莫能識者
顯云是古文尚書刪逸篇昉檢周書果如其說約命駕造焉於
坐策顯經史十事顯對其九題問其五約對其二陸無問之數
曰劉郎可差人雖吾家平原詣張壯武王粲謁蔡伯喈必無此
對（陸機爲平原內史先是與弟雲同造壯武郡公張華華素重其名如舊相識王粲徒長史蔡邕見而書之伯喈邕字也）
東陳覬少孤貧性質直強記後封永脩縣開國侯壽授通直散
騎常侍中領軍
累遷中書侍郎
陸瑜幼長讀書晝夜不廢聰敏強記一覽無復大累遷永陽王
文學太子洗馬中舍人

後魏韓顯宗有才學沙門法撫三齊稱其聰悟常與顯宗校試
抄百餘人名讀一遍隨即覆呼法撫猶有一二字誤顯宗了無
誤錯法撫歎曰貧道生平以來唯服郎耳舉秀才對策甲科除
著作佐郎
楊大眼爲將帥雖不學常遣人讀書坐而聽之悉皆記識令作
露布皆口授之終平東將軍
胡叟披讀羣籍再閱於目皆誦於口朝廷以其機識辯戈威將
軍
楊機爲洛陽令凡訴訟者一經其前後皆識其名姓并記事理
世咸異之遷鎮軍
闞駰博通經傳聰敏過人三史羣言經目則誦時人謂之宿讀
沮渠蒙遜甚重之拜秘書考課郎中
高謙之專意經史天文算曆圖緯之書多所該涉日誦數千言
釋褐奉朝請加宣威將軍常景字永昌少聰敏初讀論語毛詩

一受便覽廷尉公孫良舉爲協律博士
邢劭十歲便能屬文雅有才思聰明強記日誦萬餘言族兄巒
有文鋻謂子弟曰宗室中有此兒非常人也少在洛陽會天下
無事專以山水遊宴爲娛不暇勤業嘗霖雨乃讀漢書五日略
能遍記之後因飲謔倦方廣尋經史五行俱下一覽便無所遺
嘗與右丞平陽固河東裴伯茂從兄罘河南陸道暉等至北海
王昕舍宿飲相與賦詩凡數十首皆在主人奴處旦日奴行諸
人求詩不得劭皆爲誦之諸人不可認詩者奴還得本不誤一字
諸人方之王粲後爲衛將軍國子祭酒
李神風骨韻秀聚博學多聞朝廷舊章及人倫氏族多所諳記
仕至驃騎大將軍儀同三司
祖瑩年十二爲中書學生時中書博士張天龍講尚書選爲都
講生徒悉集瑩夜讀書勞倦不覺天曉催講既切遂誤持同房
生趙郡李怡曲禮卷上座博士嚴毅不敢還取乃置禮於前誦

尚書三篇不遺一字講罷孝怡異之向博士說舉學盡驚
北齊王琳雖無學業而強記內敏軍府佐吏千數皆識其姓名自梁歸齊除驃騎大將軍進封巴陵郡王
楊愔幼聰敏從父兄黃門侍郎昱嘗與十餘人賦詩愔一覽便誦無所遺失愔典選聰記強識半面不忘每有所召或單稱名無有誤者後有選人魯漫漢自言猥賤獨不見識愔曰卿前在元子思坊騎禿尾草驢經見我不下以方麴鄣面我何不識卿漫漢驚服又謂之曰名以定體漫漢果自不虛後為尚書令拜驃騎大將軍
裴諏之字士正少好學釋褐太學博士嘗從常景借書百卷十許日便返景疑其不能讀每卷策問應答無遺景歎曰應奉五行俱下禰衡一覽便記今復見之於裴生矣
祖珽為神武開府倉曹參軍神武口授珽三十六事出而疏之一無遺失大為僚類所賞

刁柔字子溫少好學綜習經史尤留心禮儀性彊記至氏族內外多所諳悉天保除國子博士
馮子琮性聰敏涉獵書傳為孝昭領軍府法曹典機密攝庫部孝昭曾閱簿領試令口陳子琮闇對無有遺失
唐邕初為文襄大將軍府參軍後文宣頻年出塞邕必陪從專掌兵機識悟閑明承受敏速自督將以還軍吏以上勞効由緒無不諳練每有顧問占對如響或於御前簡閱雖三五千人邕多不執文簿暗唱官位姓名未嘗謬誤文宣又嘗對邕白太后云唐邕分明彊記每有軍機大事手作文書口且處分耳又聽受實是異人
後周韓果為都督從太祖征討果性彊記兼有權略所行之處山川形勢輒能記憶
長孫紹遠魏太師稚之子稚好墳籍聰慧過人時稚作牧壽春紹遠年甫十三稚管記王碩聞紹遠彊記心以為不然遂白稚竊伏承世子聰慧之姿發於天性目所一見誦之於口此既歷世罕有竊願驗之於是命紹遠試焉讀月令數紙纔一遍誦之若流自是碩乃歎服累遷殿中尚書錄尚書事孝閔踐祚封上黨公
柳慶幼聰敏有器量博涉羣書不治章句好飲酒閑於占對年十二因暴書父習謂慶曰汝雖聰敏吾未經特試令慶於雜賦集中取賦一篇千有餘言慶立讀三遍便即誦之無所遺漏保定中為司會
裴漢字仲霄操尚弘雅聰敏好學嘗見人作百字詩一覽便誦後魏孝武初解褐員外散騎侍郎
韋師雅為宇文護賓曹參軍知諸蕃風俗及山川險易其有夷狄朝貢師雅必接對論其國俗如視諸掌夷人驚服無敢隱情格高下亦如是卒為揚州功曹
蔣乂為右拾遺史館脩撰德宗嘗幸凌煙閣見左壁頹剝上有

殘缺文記每行可辯三五字命錄之以問宰臣卒然無以對遽召乂訪之對曰此聖歷年侍臣圖贊也暗諷不失一字宰臣上奏德宗歎曰虞南暗寫列女傳無以加也
劉迺聰穎志學暗記六經日數千言為給事中終朱泚之亂
陳諫彊記洽聞人罕及之王叔文之黨貶移通州刺史卒
馬嘉運為太學博士性聰贍異於衆人耳目所涉終身不忘尤善論難
梁敬翔為樞密使開平三年宴宰臣扈從官擬授西路行營行軍司馬崔公實時劉知俊西討鄜延又[illegible]銀夏[illegible]為刼此寇黨侵擾帝深憂其未濟中宴顧問侍臣翔承旨而對剖析山川險要郡邑虛實兵糧多少悉以條奏如素講習左右莫不驚其聰悟人罕能及帝嗟賞
晉鄭琮太原人也始事唐武皇為五院軍小校屢有軍功莊宗在河上為馬步都虞候戎伍之事一覩不忘凡所詰問應答安

流故所在知名唐同光末從明宗伐魏州時軍情有變明宗退守魏縣未知趨向安重誨將徵兵於四方琮在莊宗前歷數諸道屯軍及主將姓名附口傳檄相次而至

聰悟

語曰生而知之者上也學而知之者次也誠哉聰悟之性天縱之能故世之所希矣若乃理思周物警慧過人耳目口手不相參涉耋誦數聽無所差忒賦古詩而達其意聞廋辭而究其理懸解默識洞察其精微屈指心計盡發其疑謬故爲稱人之所推服書史之所流傳至如遊衍穎悟靡寔焉爾致不密而失身者亦君子之儆戒也

叔嚮晉大夫也初諸侯伐秦及涇莫濟叔嚮見魯叔孫穆子曰諸侯不恭而討之及涇而止於秦何益穆子曰豹(豹穆子名也)之業在匏有苦葉矣不知其他叔嚮退召舟虞與司馬曰夫苦匏不材於人共濟而已魯叔孫賦匏有苦葉必將涉矣具舟除隧不共有法

范鞅爲晉大夫有秦客廋辭於朝大夫莫之能對也鞅知三焉(解其三事)

顏回字子淵孔子弟子也子謂子貢曰女與回也孰愈(愈猶勝也)對曰賜也何敢望回回也聞一以知十賜也聞一以知二又子曰回也非助我者也於吾言無所不説(助益也言回聞言即解無所發起增益於己)

卜商字子夏孔子弟子也子夏問巧笑倩兮美目盼兮素以爲絢兮何謂也(倩笑貌盼動目貌絢文貌此上二句在衛風碩人之二章其下一句逸詩)子曰繪事後素(繪畫文也凡繪畫先布衆色然後以素分布其間以成其文喻美女雖有倩盼美質亦須禮以成也)曰禮後乎(孔子言繪事後素子夏聞而解知以素喻禮故曰禮後乎)孔子曰商始可與言詩已矣

騶忌子以鼓琴見齊威王騶忌子見三月而受相印淳于髡見之曰善説哉髡有愚志願陳諸前騶忌子曰謹受教淳于髡曰得全全昌失全全亡騶忌子曰謹受令請謹毋離前淳于髡曰狶膏棘軸所以爲滑也然而不能運方穿騶忌子曰謹受令請謹事左右淳于髡曰弓膠昔幹(昔一作替)所以爲合也然而不能傅合疏罅騶忌子曰謹受令請謹自附於萬民淳于髡曰狐裘雖敝不可補以黃狗之皮騶忌子曰謹受令請謹擇君子毋雜小人其間淳于髡曰大車不較不能載其常任琴瑟不較不能成其五音騶忌子曰謹受令請謹脩法律而督姦吏淳于髡説畢趨出至門而面其僕曰是人者吾語之微言五其應我若響之應聲是人必封不久矣(新序曰齊稷下先生喜議政事騶忌既爲相稷下先生淳于髡之屬七十二人皆輕騶忌[illegible]也)居期年封以下邳號曰成侯

後漢應奉字世叔才敏善諷誦自爲童兒及長凡所經履莫不暗記讀書五行俱下位司隸校尉

楊脩好學有俊才爲丞相曹公主簿用事曹氏及曹公自平漢中欲因討劉備而不得進欲守之又難爲功護軍不知進止何依曹公於是出教唯曰雞肋而已外曹莫能曉脩獨曰夫雞肋

食之則無所得棄之則如可惜公歸計決矣乃令外白稍嚴曹公於此迴師脩之幾決多有此類又嘗出行籌曹公有問外事乃逆爲答記勅守舍兒若有令出依次通之既而果然如是者三曹公怪其速使廉之知狀

蜀費禕爲尚書令于時戰國多事公務煩猥禕識悟過人每省讀書記舉目暫視已究其意旨其速數倍於人終亦不忘

吳呂蒙少不脩書傳每陳大事常口占爲牋疏位南郡太守封孱陵侯

顧譚每省簿書未嘗下籌徒屈指心計盡發疑謬下吏以此服之加奉車都尉

晉范喬字伯孫友人劉彥秋夙有聲譽嘗謂人曰范伯孫體應純和理思周密吾每欲錯其一事而終不能

阮瞻字千里性清虛寡欲自得於懷讀書不甚研求而默識其要遇理而辯辭不足而旨有餘永嘉中爲太子舍人

宋謝晦爲太尉參軍高祖嘗訊囚其旦刑獄參軍有疾晦代之於車中一覽訊牒催促便下相府多事獄繫殷積晦隨問酬辯曾無違謬高祖奇之即日署刑獄賊曹

殷景仁爲中書侍郎學不爲文敏有思致口不談義深達玄理

劉穆之爲左僕射領監軍中軍二府軍司將尹領選內總朝政外供軍旅決斷如流事無擁滯目覽辭訟手答牋書耳行聽受口並酬應不相參涉

沈璞善屬文特有意識之功尤練究萬事經目過耳人莫能欺仕至淮南太守

南齊王融少而神明警慧博涉有文才舉秀才仕至太子舍人

梁王訓字懷範幼聰警有識量徵士何胤一見奇之遷侍中終于位

周捨字昇逸父顒齊中書侍郎有名於時捨幼聰穎顒異之臨卒謂曰汝不患不富貴但當將之以道德既長博學多通尤精

義理善誦書背文諷說音韻清辯起家齊太學博士

陶弘景爲人圓通謙謹出處冥會心如明鏡遇物便了言無煩舛有亦輒覺齊高帝作相引爲諸王侍讀除奉朝請辭祿而去

蔡徵爲中書令陳平隨例入關隋文帝聞其敏贍召見顧問言輒會旨

後魏李預字元顗少爲中書學生聰敏強識涉獵經史

胡叟少聰惠學不師受友人勸之叟曰先聖之言精義入神者其唯易乎猶謂可思而過半末世腐儒粗別剛柔之位寧有探賾未兆者哉就道義非在今矣仕至武威將軍

程駿字驎駒少孤貧師事劉昞性機敏好學晝夜無倦昞謂門人曰舉一隅而以三隅反者此子亞之也始拜著作郎

陳[illegible]河北人少孤家貧[illegible][illegible]聰識有夙成之美性[illegible]謙亮雅裕不事[illegible]飾不用于世

邢臧加安東將軍爲特進博學有藻思曾共讀迴文集臧獨先通之

北齊魏收爲太子少傅安德王延宗納趙郡李祖收女爲妃後帝幸李宅宴而妃母宋氏薦二石榴於帝前問諸人莫知其意帝投之收曰石榴房中多子王新婚妃母欲子孫衆多帝大喜詔收卿還將來仍賜收美錦二疋

邢劭字子才聰明強記廣尋經史五行俱下累遷尚書令加侍中

庾信幼而　俊邁聰敏絶倫博覽羣書

隋薛曽字紹玄河東汾陰人也曽少聰明每覽異書便曉其義常歎訓注者不會聖人深盲輒以意辯之諸儒莫不稱善襲爵文成郡公爲兗州刺史有政

李德饒少聰敏好學有至性宗黨咸敬之弱冠爲校書郎仍直內史省參事文翰

劉炫字光伯河間景城人也少以聰敏見稱與信都劉焯閉戶讀書十年不出炫眸子精明視日不眩強記默識莫與爲儔左

畫右書圍口誦目數耳聽五事同舉無所遺失初爲戶曹從事

張虔威少有才器秦孝王俊爲秦州總管選爲法曹參軍王嘗親按囚徒虔威誤不持狀口對百餘人皆盡事情同輩莫不歎服

唐裴矩襁褓而孤博聞強記雅有智略善應對尤達政

呂才博州清平人少好學善陰陽方伎之書貞觀初太子左庶子杜正倫太常少卿祖孝孫表薦之詔令直弘文館太宗嘗覽周武帝所撰三局象經不曉其旨太子洗馬蔡允恭年少時嘗爲此戲太宗召問亦廢而不通或稱才有敏思召使問焉才尋繹一宿便作圖解允恭覽之依然記其舊法與才正同才由是知名

歐陽詢貌甚寢陋而聰悟絶倫讀書數行俱下博覽經史尤精三雅終司禮御判納言事

楊綰清識過人至如往哲微言五經奧義先儒未悟者綰一[illegible]

究其精理

袁滋陳郡汝南人弱歲強學以外兄道州刺史元結有重名往依焉每讀書懸解旨奥結益重之遷湖南觀察使卒

鄭士美字和夫父純士美少好學博涉書記覧父友顔真卿蕭穎士輩甞與之討論經傳應對如流既而相謂曰吾曹異日當交於二鄭之門矣卒忠武軍節度使

後唐蕭頃字子澄京兆萬年人故相倣之孫京尹廪之子自幼聡悟善屬文昭宗朝擢進士第太常卿太子少保致仕卒

冊府元龜卷第七百九十九

冊府元龜卷第八百

總録部五十

敏捷

夫言辯辯給應荅無滞其敏捷之謂矣仲尼曰言及之而不言謂之隱又曰辭之不可以已也其或備人君之切問預朋友之燕處剖疑析滞渙若氷釋解頤荅難森然鋒起或因枝而振葉或踵事以增華響應無窮言必有中良足嘉也至於嗇夫之利口躁人之多貽如簧之譏致亂官之責亦所不敢取也

後漢戴宏年二十二爲郡督郵曾以職事見詰府君欲撻之宏曰今鄙郡遭明府咸以爲仲尼之君國小人必以宏爲顏回豈聞仲尼有撻顏回之義府君異其對即日教署主簿

張重日南計吏形容短小明帝問云何郡小吏荅曰臣日南計吏非小吏也

魏陳登沛相陳珪子也呂布旣下邳珪遣登詣太祖布因登求徐州牧登還布怒拔戟斫机曰卿父勸吾協同曹公絕婚公路今吾所求無一獲而卿父子並顯重爲卿所賣耳卿爲吾言其說云何登不爲動容徐喻之曰登見曹公言待將軍譬如養虎當飽其肉不飽則將噬人公曰不如卿言也譬如養鷹饑則爲用飽則颺去其言如此布意乃解

王朗字景興太祖請同會嘲朗曰不能效君昔在會稽折秔米飯也朗仰而歎曰宜適難值太祖問云何朗曰如朗昔者未可折而折如明公今日可折而不折也後爲司空

徐邈爲尚書郎時禁酒而私飲至醉校事趙達問以曹事邈曰中聖人達白之其後文帝幸許昌問邈曰頗復中聖人不邈對曰昔子反斃於穀陽御叔罰於飲酒臣嗜同二子不能自懲時復中之然宿瘤以醜見傳而臣以醉見識帝大笑顧左右曰名不虛立

吳虞昺字世文翻第八子也以有倜儻之志仕吳黃門郎以捷對見異超拜尚書侍郎

張純字元基少厲操行學博才秀切問捷對容止可觀拜郎中

薛綜爲謁者僕射蜀使張奉於大帝前列尚書闞澤姓名以嘲澤澤不能對綜下行酒因勸酒曰蜀者何也有犬爲獨無犬爲蜀橫目苟身蟲入其腹奉曰不當復列君吳邪綜應聲曰無口爲天有口爲吳君臨萬邦天子之都於是衆坐喜笑而奉無以對其樞機敏捷皆此類也一云費禕聘于吳陛見公卿侍臣皆在坐酒酣禕與諸葛恪相對嘲難言及吳蜀禕問曰蜀字云何恪曰有水者濁無水者蜀橫目苟身蟲入其腹禕復問吳字云何恪曰無口者天有口者吳下臨滄海天子帝都

諸葛恪父瑾面長似驢大帝大會群臣使人牽一驢入長檢其面題曰諸葛子瑜恪跪曰乞請筆益兩字因聽與筆恪續其下曰之驢舉坐歡笑乃以驢賜恪他日復見帝問恪曰卿父與叔父孰賢對曰臣父爲優帝問其故對曰臣父知所事叔父不知以是爲優帝又大噱命恪行酒至張昭前昭先有酒色不肯飲曰此非養老之禮也帝曰卿其能令張公辭屈乃當飲之耳恪難昭曰昔師尚父九十秉旄仗鉞猶未告老也今軍旅之事將軍在後酒食之事將軍在先何謂不養老也昭卒無辭遂爲盡爵後蜀使至群臣並會帝謂使曰此諸葛恪雅好騎乘還告丞相爲致好馬恪因下謝帝曰馬未至而謝何也恪對曰夫蜀者陛下之外廐今有恩詔馬必至也安敢不謝恪之才捷皆此類也帝嘗問恪頃何以自娛而更肥澤恪對曰臣聞富潤屋德潤身臣非敢自娛脩己而已又問卿何如滕胤恪荅曰登階躡履臣不如胤迴籌轉策胤不如臣恪嘗獻帝馬先鑴其耳范慎時在坐嘲恪曰馬雖大畜稟氣於天今殘其耳豈不傷仁恪荅曰母之於女恩愛至矣穿耳附珠何傷於仁曾有白頭鳥集殿前帝曰此何鳥也恪曰白頭翁也張昭自以坐中最老疑恪以鳥戲之因曰恪欺陛下未嘗聞鳥名白頭翁者試使恪復求白頭母恪曰鳥名鸚母未必有對試使輔吳復求鸚父昭不能荅坐中皆歡笑位至太傅

蜀張裔爲益州郡太守郡耆率雍闓不賓縛裔與吳會先主薨

諸葛亮遣鄧芝使吳亮令芝言次可從孫權請裔裔自至吳數年流徙伏匿權未之知也故許芝遣裔裔臨發權乃引見問裔曰蜀卓氏寡女亡奔司馬相如貴士土風俗何以乃爾乎裔對曰愚以爲卓氏之寡女猶賢於買臣之妻權又謂裔曰君還必用事西朝終不作田父於閭里也將何以報我裔對曰裔負罪而歸將委命有司若蒙徼倖得全首領五十八已前父母之年也自此已後大王之賜也權言笑歡悅有器裔之色裔出閤深悔不能陽愚即便就船倍道兼行權果追之裔已入永安界數十里追者不能及

晉阮籍文帝引爲大將軍從事中郎有司言有子殺母者籍曰嘻殺父乃可至殺母乎坐者怪其失言帝曰殺父天下之極惡而以爲可乎籍曰禽獸知母而不知父殺父禽獸之類也殺母禽獸之不若衆乃悅服

孫皓封歸命侯武帝嘗與王濟棊時皓在側濟謂皓曰何以好

剝人面皮皓曰見無禮於君者則剝之濟時伸腳局下皓譏焉

吾彥爲建平太守吳亡彥始歸降晉武帝以爲金城太守帝嘗從容問薛瑩曰孫皓所以亡國者何也瑩對曰歸命侯臣皓之君吳昵近小人刑罰妄加大臣大將無所親信人人憂恐各不自安敗亡之釁由此而作矣其後帝又問彥對曰吳主英俊宰輔賢明帝笑曰君明臣賢何爲亡國彥曰天祿永終曆數有屬所以爲陛下禽此蓋天時豈人事也張華時在坐謂彥曰君爲吳將積有歲年蔑爾無聞竊所惑矣彥厲聲曰陛下知我而卿不聞乎帝甚嘉之

孫楚與王濟友善楚少時欲隱居謂濟曰當欲枕石漱流誤云漱石枕流濟曰流非可枕石非可漱楚曰所以枕流欲洗其耳所以漱石欲厲其齒後爲馮翊太守

陸機字士衡入洛嘗詣侍中王濟濟指羊酪謂機曰卿吳中何以敵此答云千里蓴羹未下鹽豉時人稱爲名對范陽盧志於衆中問機曰陸遜陸抗於君近遠機曰如君於盧毓盧珽志默然既起雲謂機曰殊邦遐遠容不相悉何至於此機曰我父祖名播四海寧不知邪議者以此定二陸之優劣機位至平原內史

陸雲性清正有才理與兄機齊名雖文章不及機而持論過之雲與荀隱素未相識嘗會張華坐華曰今日相遇可勿爲常談雲因抗手曰雲間陸士龍隱曰日下荀鳴鶴鳴鶴隱字也雲又曰既開青雲覩白雉何不張爾弓挾爾矢隱曰本謂是雲龍騤騤乃是山鹿野麋獸微弩彊是以發遲華撫手大笑後爲大將軍右司馬

王尼字孝孫初入洛詣東海王越去公府尼物越大驚曰寧有是也尼曰昔楚人亡布謂令尹盜之今尼屋舍資財悉爲公軍人所略尼今饑凍是亦明公之負也越大笑即賜絹五十匹諸貴人聞競往餉之辟車騎府舍人不就

祖納之大將軍王敦聞其貧遺其二婢而辟爲從事中郎有戲

之曰奴價倍婢納曰百里奚何必輕於五羖皮邪

諸葛恢嘗與司空王導戲爭族姓曰人言王葛不言葛王也恢曰不言馬驢而言驢馬豈驢勝馬邪恢後至尚書令

習鑿齒爲桓溫戶曹參軍時有桑門釋道安俊辯有高才自北至荊州與鑿齒初相見道安曰彌天釋道安鑿齒曰四海習鑿齒一時人以爲佳對

戴逯字安丘處士逵之弟並驍果多權略逵厲操東山而逯以武勇顯謝安嘗謂逯曰卿兄弟志業何殊逯曰下官不堪其憂家兄不改其樂

王珣爲僕射王恭謂珣曰比來視君一似胡廣珣曰王陵廷爭陳平愼默但問歲終何如耳

孫綽高尚有志節所居齋前種一株松常自守護鄰人謂之曰樹子非不楚楚可憐但恐永無棟梁日耳綽答曰楓柳雖復合抱亦何所施邪

晉京牟世長武威人爲州所辟因謁見問策探得不孝字刺史戲之曰辟士爲不孝耶牟舉板答曰今爲忠臣不得爲孝子其機辯皆此類京位至[illegible]令

周處仕吳爲無難督及吳平王渾登建業宮釃酒謂吳人曰諸君亡國之餘得無戚乎處對曰漢末分離三國鼎立魏滅於前吳亡於後亡國之戚豈惟一人渾有慚色

袁甫爲淮南國大農郎中令石珩問甫曰卿名能辯豈知壽陽已西何以恒旱壽陽已東何以恒水甫曰壽陽已東皆是吳人夫亡國之音哀以思鼎足强邦一朝失職憤歎甚積積憂成陰陰積成雨久成水故其域恒澇也壽陽已西皆是中國新平彊吳美寶皆入志盈心滿用長歡娛公羊有言魯僖甚悦故致旱京師若能抑彊扶弱先疎後親則天下和平災害不生矣觀者歎其敏捷

孟嘉爲征西桓温參軍温問聽伎絲不如竹竹不如肉何謂也嘉答曰漸近使之然一坐咨嗟

袁宏爲大司馬桓温記室謝安常賞其機對辯速後安爲揚州刺史宏自吏部郎出爲東陽郡乃祖道於冶亭時賢皆集安欲以卒迫試之臨别執其手顧就左右取一扇而授之曰聊以贈行宏應聲答曰輒當奉揚仁風慰彼黎庶時人歎其率而能要焉

謝玄字幼度與兄朗俱爲叔父安所器重安嘗戒約子姪因曰子弟亦何豫人事而正欲使其佳諸人莫有言者玄答曰譬如芝蘭玉樹欲使其生於庭階耳安悦之後爲左將[illegible]

顧悦之字君叔少有義行與簡文同年而髮早白帝問[illegible]曰松柏之姿經霜猶茂蒲柳常質望秋先零帝悦其對[illegible]右丞

顧愷之爲大司馬桓温參軍甚見親昵温薨後愷之拜温墓賦詩云山崩溟海竭魚鳥將何依或問之曰卿憑重桓公乃爾哭狀其可見乎答曰聲如震雷破山淚如傾河注海

虞嘯父爲侍中侍宴因大醉出拜不能起孝武顧曰扶虞侍中嘯父曰臣亡不及扶醉不及亂非分之賜所不敢當帝甚悦

王楨之字公幹獻之兄徽之子也爲大司馬長史桓玄爲太尉朝臣畢集問楨之我何如君亡叔在坐咸爲氣咽楨之曰亡叔一時之標公是千載之英一坐皆悦

劉邁爲殷仲堪中兵參軍桓玄嘗戲馬以矟擬仲堪邁謂玄曰馬矟有餘精理未足玄恐將殺之邁懼而免禍後玄得志邁詣門稱謁玄謂邁曰安知不死而敢相見邁對曰射鉤斬袪與邁爲三故知不死玄甚喜

張天錫自涼州歸命封西平郡公會稽王道子嘗問其西土所出天錫應聲曰桑葚甜甘鴟鴞革響乳酪養性人無妬心

宋顏竣爲中書郎數小名查父邵小名棗文帝戲之曰查何如棗竣曰棗爲百果之宗查何可比

顧覬之嘗於文帝坐論江左人物言及顧榮袁淑謂覬之曰卿南人怯懦豈辦作賊覬之正色曰卿乃復以忠義笑人淑有愧色位至吏部尚書

沈慶之爲車騎大將軍孝武嘗歡飲普令群臣賦詩慶之手不知書眼不識字帝逼令作詩慶之曰臣不知書請口授師伯帝即令顏師伯執筆慶之口授之曰微命値多幸得之逢時運昌朽老筋力盡徒步還南岡辭榮此聖世何愧張子房帝甚悦衆坐稱其辭意之美

沈懷文孝武嘗有事圜丘未至期而雨驟竟夜明旦風霽日三[illegible]帝外壇甚悦懷文稱慶曰昔漢后郊祀天一白日重輪神光四燭今陛下有事茲禮而奮霽夜清景雲朝開是聖明幽感所致臣願與侍臣賦之帝攸稱善後爲廣陵太守

謝莊爲左衛將軍孝武嘗賜莊寶劍莊以與豫州刺史魯爽送別爽後反叛世祖因宴集問劍所在答曰昔以與魯爽別竊爲

陛下杜郵之賜帝甚悅當時以爲知言孝武嘗問顔延年曰謝希逸月賦何如答曰美則美矣但莊始知隔千里兮共明月帝召莊以延年答語語之莊應聲曰延年作秋胡詩始知生爲久離別沒爲長不歸帝撫掌竟日又王玄謨問莊何者爲雙聲何者爲疊韻答曰玄護爲雙聲磝碻爲疊韻其捷速若此

巢尚之甚聰敏時百姓欲爲孝武立寺疑其名尚之應聲曰宜名天保詩云天保下報上也時服其機速累遷黄門侍郎

宗越爲後軍參軍督護隨王誕戲之曰汝何人遂得我府四字越答曰佛貍未死不憂不得諮議參軍誕大笑（佛貍鮮卑字曰燾後魏道武小字也）

殷叡字文子解義有口才司徒褚淵甚重之謂之曰諸殷自荆州以來無出卿右者叡斂容答曰殷族衰悴誠不如昔若此旨爲麗故不足降此旨爲實彌不可聞

南齊褚炫初仕宋爲撫軍車騎記室正員郎從明帝射雉至日中無所得帝甚猜羞召問侍臣曰吾旦來如鼻遂空行可笑座者莫答炫獨曰今節候雖適而雲露尚凝故斯翬之禽驕心未警但得神駕猶豫羣情便爲載懽帝意解乃於雉場置酒

范柏年初爲州將劉亮使出都諮事見宋明帝帝言次及廣州貪泉因問柏年卿州復有此水不答曰梁州唯有文川武鄉廉泉讓水又問卿宅在何處曰臣廉讓之間帝嗟其善答因見知歷位內外終於梁州刺史

崔祖思爲內史高帝既爲齊王置酒爲樂羹膾既至祖思至祖思曰此味故爲南北所推侍中沈文季曰羹膾吳食非祖思所解祖思曰炰鼈膾鯉似非句吳之詩文季曰千里蓴羹豈關魯衞帝甚悅曰蓴羹故應還沈祖思後爲青冀二州刺史

王儉爲吏部郎有客姓譚者詣儉求官儉謂曰齊桓滅譚那得有君答曰譚子奔莒所以有僕儉賞其善據卒得職焉

王慈僧虔之子也謝鳳子超宗嘗謂慈曰卿書何當及虔公慈曰我之不得仰及猶雞之不及鳳也時人以爲名答慈位至豫章內史

王敬則爲太尉武帝豫坐賦詩敬則執紙曰臣幾落奴度問帝此何言敬則曰臣若之書不過尚書令史耳那得今日

虞長耀爲員外郎王敬則初使魏於此館種枝耀爲北使還敬則爲我種楊柳樹今若大小長耀曰虜中以爲甘棠敬則嘆而不答

周盤　爲散騎常侍武帝戲之曰卿看貂蟬何如兜鍪盤　曰此貂蟬從兜鍪中出耳

范文紀爲散騎常侍軍將軍武謂文季曰南土無不僕射多歷年所文季對曰南風不競非復一日之秀雖不李發言見有辭釆當世稱其應對

周顒爲太子僕射衛將軍王儉謂顒曰卿山中何所食顒曰赤米白鹽綠葵紫蓼文惠太子問顒菜食何味最勝顒曰春初早韭秋末晚菘何尚之精信佛法無妻妾太子又問顒卿精進

下闕

冊府元龜卷第八百三

總録部五十三

義第三

晉馬隆字孝興少而智勇好立名節魏末兖州刺史令狐愚坐事伏誅舉州無敢收者隆以武吏託稱愚客以私財殯葬服喪三年列植松栢禮畢乃還一州以爲美談署武猛從事後至東羌校尉

邵續字嗣祖魏郡人段疋磾爲從弟末杯所敗北依續末杯又攻敗之疋磾被瘡謂續曰吾夷狄慕義以至破家君若不忘舊要與吾追討君之惠也續曰賴公威德續得效節今公有難豈敢不俱遂并力追末杯斬獲略盡後進平北將軍假節封祝阿子

徐苗高密人淳于人鄉鄰有死者便輒耕助營棺槨門生亡於家即斂於講堂其行已純至類皆如此遠近咸歸其義師其行爲徵辟並不就

范曠者范隆之疎族也隆幼孤無緦功之親曠愍而養之迎歸教書爲立祠堂隆好學脩謹奉曠如父曠史不載官

韋忠平陽人太守陳楚迫爲功曹會山羌破郡楚攜子出走賊射之中三創忠冒刃伏楚以身捍之泣曰韋忠願以身代君乞諸君哀之亦遭五矢賊相謂曰義士也舍之忠於是負楚以歸

桓沖字幼子溫之弟也爲振武將軍鎮江州卒贈太尉初郗鑒庾亮庾翼臨終皆有表樹置親戚唯沖獨與謝安書云妙靈靈寶尚小亡兄寄託不終臣欽若等曰妙靈靈寶即溫二子偉玄別名也以此爲恨言不及私論者益嘉之

劉驎之字子驥車騎將軍桓沖辟長史不受驎之雖冠冕之族信義著於群小凡廝伍之家婚娶葬送無不躬自造焉居于陽岐在官道之側人物來往莫不投之驎之躬自供給士君子頗以勞累更憚過焉凡人致贈一無所受去驎之家百餘里有一孤嫗病將死歎息謂人曰誰當埋我惟有劉長史耳何由令知驎之先聞其有患故往候之值其命終乃身爲棺殯送之其仁愛隱惻若此卒以壽終

孫晷吳國富春人見人飢寒並周贍之親有窮老者數人常往來告索人多厭慢之而晷見之欣敬逾甚寒則與同衾食則與同器或解衣推被以恤之公車徵會卒

朱燾有二兄邃斌俱爲西中郎袁真所殺燾從桓溫平壽陽真已死輒發棺戮尸溫怒將斬之溫弟沖苦請得免燾爲人忠烈受沖更生之恩事沖如父參沖車騎軍事西陽廣平太守及沖薨燾歐血死沖諸子遇燾子齡石亦如兄弟

前燕李績范陽人父產仕於石氏爲本郡太守績爲郡功曹刺史王午辟爲主簿慕容儁之南征也趙午奔魯口鄧常謂午曰績鄉里在北父已降燕今雖在此終不爲用方爲人患午曰績於喪亂之中捐家立義情節之重有侔古烈若懷嫌害之必駭衆望常乃止午恐績終爲常所害乃資遣之及到儁責其背親

至績答曰臣聞豫讓報智伯仇稱于前史既官身所在何事非君陛下方弘唐虞之化臣實未謂歸順之晚也儁曰此亦事主之一節耳

宋俞僉永嘉人爲郡吏晉末孫恩之亂太守司馬逸之被害妻子並死兵寇之際莫敢收藏僉以家財買棺斂逸之等六喪送致還郡葬畢乃歸鄉里元嘉中老病卒

王弘晉末爲司馬道子驃騎將軍時桓玄剋京邑收道子付廷尉臣吏畏恐莫敢瞻送弘時尚在喪獨於道側拜辭攀車涕泣論者稱焉

何叔度恭謹有行業姨適沛郡劉璩與叔度母早卒奉姨有若所生姨亡朔望必往致哀并設祭奠食並珍新躬自臨視若朔望應有公事則先遣送祭皆手自料簡流涕對之公事畢即往致哀以此爲常至三年服竟

張邵字茂宗初爲琅邪內史王誕龍驤付功曹桓玄從誕於廣

州親故咸離弃之惟邵情意彌謹流涕追送時變亂饑饉又贈
送其妻子
朱齡石晉末爲殿中將軍常追隨桓脩兄弟爲脩撫軍參軍在
京口高祖克京城以爲建武參軍從征江乘戰齡石言於高祖
曰世受桓氏厚恩不容以兵刃相向乞在軍後高祖義而許之
朱超石晉末爲衛將軍桓謙行參軍後歸高祖謙死超石收迎
桓謙身首躬營殯葬
龔穎少好學益州刺史毛璩辟爲勸學從事璩爲譙縱所殺故
佐吏並逃亡穎號哭奔赴殯送以禮縱後設宴延穎不獲已而
至樂奏穎流涕起曰北面事人亡不能死何忍聞舉樂蹈跡逆
亂乎縱大將譙道福引出將斬之道福母則穎姑跣出救之故
得免
崔慰祖父慶緒爲梁州刺史父亡梁州之資家財千萬散與宗
族漆器題爲日字日字之器流乎遠近料得父時假貰文疏謂

族子紘曰彼有自當見還彼無吾何言哉悉火焚之
王曇首有識局智度喜愠不見於色閨門之内雍雍如也兄弟
分財曇首唯取圖書而已後爲侍中驍騎將軍
謝弘微從叔峻無後以弘微爲嗣所繼叔父混義熙八年以劉
毅黨見誅妻晉陵公主改適琅邪王練公主雖執意不行而詔
與謝氏離絶公主以混家事委之弘微混累世宰輔一門兩封
田業十餘處僮僕千人唯有二女年數歲弘微經紀生業事若
在公一錢尺帛出入皆有文薄遷通直郎高祖受命晉陵公主
降東鄉君以混得罪前代東鄉君節義可嘉聽還謝氏自混亡
至是九載而室宇脩整倉廩充盈門徒業使不異平日田疇墾
闢有加於舊東鄉君嘆曰僕射平生重此子可謂知人僕射爲
不亡矣中外姻親道俗義舊見東鄉之歸者入門莫不歎息或
爲之流涕感弘微之義也後至侍中
張暢吳郡人起家爲太守徐佩之主簿佩之被誅暢馳出奔赴

制服盡哀爲論者所美
沈道虔冬月無複衣戴顒聞而迎之爲作衣服并與錢一萬及
還分身上衣及錢悉供諸兄弟子無衣者鄉里年少相率受學
道虔常無食以立學徒武康令孔欣之厚相資給受業者咸得
有成文帝聞之遣使存問賜錢三萬米二百斛悉供孤兄子嫁
娶徵員外散騎侍郎不就
范義爲竟陵王誕別駕誕舉兵反母妻子並在城内有勸義叛
降義曰我人吏也且可自求活耶誕敗被誅
蔡興宗字子度幼立風槩家行尤謹奉宗姑事寡嫂養孤兄子
有聞於世太子左率王錫妻范聰明婦人也有才學與錫弟僧
達書詰讓之曰昔謝太傅奉嫂王夫人如慈母今蔡興宗亦有
恭和之稱其爲世所重如此興宗與王僧綽友善僧綽爲元凶
所誅凶威方盛親故莫敢往興宗獨臨哭盡哀後爲侍中竟陵
王誕據廣陵城爲逆事平興宗奉旨慰勞州別駕范義與興宗

素善在城内同誅興宗至廣陵躬自收殯致喪還豫章舊墓孝
武聞之甚不悦盧陵内史周朗以正言得罪鏁付寧州親戚故
人無敢瞻送興宗在直請急詣朗別帝知尤怒後爲中書監左
光禄大夫開府儀同三司常侍如故
孟詡嗣封臨波公南郡王義宣反聞其子五兵尚書宜陽侯愷
於尚書寺内著婦人衣乘問信車投詡詡於妻室内爲地窟藏
之事覺收付廷尉伏誅
蕭惠開爲益州刺史罷還京師附録事參軍到希微負蜀人責
將百萬爲責主所制未得俱還惠開與希微共事不厚以爲隋
其同上不能構接得還意恥之廨中凡有馬六十疋悉以乞希
微償責
許昭先舅夫妻並疾病死亡家貧無以送昭先賣衣物以營同
葬舅子三人並幼養護皆得成長本邑補主簿固辭
董陽西陽人五世同財爲鄉邑所美宋史無

張進之永嘉安固人爲太守王味之吏味之有罪當見收逃避投進之家供奉經時盡其誠力以本村淺近移入沘谿味之嘗墮水沉沒進之投水拯救相與沉淪危而得免

范叔孫吳郡錢唐人少而仁厚拯窮濟急同里范法先父母兄弟七人同時疫死唯餘法先病又危篤喪尸經月不收叔孫悉備棺器親爲殯埋又同里施淵夫疾病父母死不殯又同里范苗父子並亡又同里危敬宗家内六人俱得病二人喪沒親隣畏遠莫敢營視叔孫並殯葬躬卹病者並皆得全鄉曲貴其義行莫有呼其名者世祖孝建初除竟陵王國中軍將軍不就

嚴世期會稽山陰人好施慕善出自天然同里張邁三人妻各產子時歲飢儉慮不相存欲棄而不收世期聞之馳往拯救分食解衣以贍其乏三子並得成長同縣俞陽妻莊年九十莊如蘭七十並老病單孤無所依世期衣飴之二十餘年死並殯葬宗親嚴弘鄉人潘伯等十五人荒年餓死露骸不收世期買

棺器殯埋存育孩幼

徐耕晉陵延陵人元嘉二十一年大旱民飢耕詣縣陳辭曰今年亢旱多稼不登民黎飢餒採掇存命聖上哀矜巳垂存拯但饑饉來久困殆者衆米穀轉貴糴索無所方涉春夏日月悠長不有微救永無濟理不惟凡鎖敢憂身外鹿鳴之求思同野草氣類之感能不傷心民糴得少米資供朝夕志欲自竭義存分養今以千斛助官賑貸此境連年不熟今歲尤甚晉陵境特爲偏枯此郡雖弊猶有富室承陂之家處處而是並皆保熟所失蓋微陳積之穀皆有巨萬旱之所弊是鍾貧民溫富之家各藏其財寶謂此等並宜助官得過儉月所損至輕所濟甚重今敢自勵爲勸造之端實願掘水揚塵崇益山海縣爲言上當時議者以耕比漢卜式詔書褒美酬以縣令

嚴成東海人王道東莞人大明八年東土飢旱成等各以穀五百斛助官賑卹史無官

王文和爲征北義陽王昶府佐昶於彭城奔魏部曲皆散文和獨送至界上昶謂曰諸人皆去卿有老母何獨不去文和乃去

沈文季爲晉平王休祐驃騎長史休祐被殺雖用蕃禮僚佐多不敢至文季獨往墓展哀

劉休與陳郡謝儼爲友儼同丞相義宣反休坐匿之被繫尚方七年乃得出

南齊杜淵少有世譽父卒淵持財與弟唯取書數千卷爲司徒

劉善明平原人宋元嘉末青州飢荒人相食善明家有積粟躬食饘粥開倉以救鄉里多獲全濟百姓呼其家田爲續命田後至輔國將軍

虞悰初仕宋爲黃門侍郎宋明帝誅山陽王休祐至葬日寒雨厚三尺故人無至者唯悰一人來赴

劉瓛字子珪宋末爲袁粲所薦除祕書郎不見用粲誅瓛微服往哭并致賻助

何昌㝢宋末爲建平王景素征北南徐州府主簿以風素見重母老求祿爲湘東太守還爲高帝驃騎功曹昌㝢在郡景素被誅昌㝢痛之至是啓高帝理其冤又與司空褚彥回書極言高帝嘉其義

王思遠宋末辟建平王景素南徐州主簿景素被誅左右離散思遠親視殯葬手種松栢與廬江何昌㝢沛郡劉璡上表理之事感朝廷景素女廢爲庶人思遠分衣食以相資贍年長爲備笄總訪求素對傾家送遣又與顧暠之爲友暠之卒後家貧思遠迎其妻子隱卹甚至

劉靈哲封霄城侯父懷珍卒當襲爵靈哲固辭以兄子在虜中存亡未測無容越當茅土朝廷議之後至寧朔將軍西陽王左軍司馬

吳達之嫂亡無以葬自賣爲十夫客以營冢槨從祖弟敬伯夫妻荒年被略賣江北達之有田十畝貨以贖之同財共宅

劉諷爲丹陽丞時始安王遥光記室崔慰祖與諷素善遥光據東府反慰祖在城内城未潰一日諷謂之曰卿有老母宜其出矣命門者出之慰祖詣闕自首繫尚方病卒

王續蜀郡人郝道福華陽人並累世同爨明帝詔表門閭蠲調役譚弘寶零陵人何弘華衡陽人陳從四世同居衣食詔表門閭蠲租税

童僧惠爲晉安王子懋防閤子懋起兵徐玄慶旣平子懋知其豫子懋謀執之僧惠曰晉安舉義兵僕實豫議古人云非死之難得死之難僕得爲主人死不恨矣願至主人大歛畢退就湯鑊雖死猶生玄慶義而許之還具白明帝乃配東冶言及九江時事輒悲不自勝子懋子昭基九歲以方二寸絹爲書參其消息并遺錢五百以金假人崎嶇得至僧惠覩書對錢曰此郎君書也悲慟而卒

陸超之吴人以清淨閑雅爲晉安王子懋所知子懋旣爲于琳

之所害人勸其逃亡答曰人皆有死此不足懼吾若逃亡非唯孤晉安之眷亦恐田横客笑人徐玄慶等以其義欲囚遂都爲其門生所斬

徐生東海人范安祖李璽伯范道根俱武陵人並五世同居

封延伯僑居東海三世同財爲北州所宗附

郢榮興文獻叔並武陵人八世同居

陳玄子義興人四世同居家有一百七口

韓靈敏早孤與兄靈珍並有孝性靈珍亡無子妻韓氏守節不嫁慮家人奪其志未嘗告歸靈敏事之如母

紀僧真宋末隨逐征西將軍蕭思話及子惠開皆被賞遇惠開性苛僧真以微過見罰旣而委任如舊及罷益州還都不得志而僧真事之愈謹惠開臨終歎曰紀僧真方當富貴我不見也乃以僧真託劉康同顯後除司農卿

江泌字士清濟陽人也歷仕南中郎行參軍所給募吏去役得時病莫有舍之者吏扶杖投泌泌親自隱䘏吏死泌爲買棺無僮役兄弟共輿埋之

夏侯恭叔譙國人垣崇祖爲豫州辟爲主簿崇祖被誅故人無敢至者獨恭叔以家財爲殯時人以比欒布

張欣泰爲封溪令兄與顧凱之有恩好凱之卒欣泰身負土在南與交阯太守卞展有舊展於嶺南爲人所殺欣泰挺身奔赴

梁陶季直初仕齊爲褚彦回司空司徒主簿彦回卒季直請王儉爲彦回立碑終始營護甚有吏節時人美之

曹景宗爲雍州中兵參軍督顯南與州里張道門厚善道門車騎將軍敬兒少子也爲武陵太守敬兒誅道門於郡伏法親屬故吏莫敢入景宗自襄陽遣人船到武陵收其屍骸迎還殯葬鄉里以此義之

謝幾卿爲威戎將軍免官卒雖不持檢操然於家門篤睦兄才卿早卒子藻幼孤幾卿撫養甚至藻成立歷清官皆幾卿獎訓

之力也

鄭紹叔仕齊爲壽州治中從事史時刺史蕭誕以弟諶誅臺遣收兵卒至左右莫不驚散紹叔聞難獨持赴爲誕死侍送喪柩衆咸稱之到京師司空徐孝嗣見而異之曰祖逖之流也

樂藹仕齊爲豫章王嶷荆州主簿後嶷薨都藹後爲荆州治中及嶷薨藹解官赴喪率荆湘二州故吏建碑墓所

范雲好節尚奇專趣人之急少時與領軍長史王琰善琰亡於官舍貧無居宅雲乃迎喪還家躬營殯葬後至僕射

袁昂爲武陵王衞軍長史丁内憂服未除而從兄彖卒昂幼孤爲彖所養乃制朞服人有怪而問之者昂致書以喻之曰竊聞禮由恩斷服以情申故小功他邦加制一等同爨有緦明之典籍孤子夙以不天幼傾乾廕資敬未及過庭莫承藐藐沖未達朱紫從兄提養訓教示以義方每假其談價虚其聲譽得及人次實亦有由兼開拓房宇處以華曠同財共有姿其取足爾來

三十餘年憐愛之至無異已生姊妹孤姪就居一時篤念之深在終彌固此恩此愛畢壞不知既情若同生而服爲諸從言心即事實未忍安昔馬稜與弟毅同居毅亡稜爲心服三年由也之不除喪亦緣情而致制雖不及古誠實感慕常願千秋之後從服朞齊不啚衰禍猥集一旦草土殘息復罹今酷尋惟慟絶彌深今以餘喘不遂素志庶寄其罔慕之痛少申無已之情雖禮無明據乃事有先例率迷而至必欲行之君問禮所歸謹以諮白臨紙號哽言不識次

王份十四而孤解褐車騎主簿出爲寧遠將軍始安內史袁粲之誅親故無敢視者份獨往致慟由是顯名

周捨初辟丹陽尹王亮主簿後爲鴻臚卿王亮得罪歸家時其有至者捨獨敦恩舊及卒身營殯葬時人稱之

楊公則爲散騎常侍爲人敦厚慈愛居家篤睦視兄子過於其子家財悉委焉

顧協爲兼御史中丞協幼孤養於舅氏陳郡謝暕暕卒協以有鞠養之恩居喪如伯叔之禮議者重焉

庾詵隣人有被誣爲盜者被治劾妄款詵矜之乃以書質錢二萬令門下詐爲親代之酬備隣人獲免謝詵詵曰吾矜天下無辜豈期謝也其行多如此類卒謚貞節處士

阮孝緒字士宗父彥之宋太尉從事中郎孝緒七歲出後從伯裔之（裔字本作太胤避諱下字）裔之母周卒有遺財百餘萬應歸孝緒孝緒一無所納盡以歸裔之姊琅邪王晏之母聞者咸歎異之卒謚文貞處士

劉瑺爲上黃侯曄所知及曄終於毗陵故吏多分散瑺獨奉曄喪還都墳成乃退簡文時在東宮遇曄素重諸不送者皆被劾責唯瑺獨被優賞

庾泳兄子仲容幼孤泳養之仲容初爲安西法曹行參軍泳時已貴顯吏部尚書徐勉擬泳子晏爲宮僚泳垂泣曰兄子幼孤人才粗可願以晏嬰所忝興授之許焉因轉仲容爲太子舍人

孫謙力於仁義行己過人甚遠從兄靈慶嘗病寄於謙謙出行遇雨氣起居靈慶曰向飲冷熱不調即時猶渴謙退遣其妻有歒賊劉瑊者行乞疾篤無所歸求人與送謙舍謙開廳事以待之及瑊死以禮殯葬之衆咸服其行義終光禄大夫

劉凝之南郡枝江人隱居不仕荆州刺史衡山王義季慮凝之餓斃餉錢十萬凝之大喜將錢至市門觀有飢色者悉分與之俄頃立盡　何點字子晳齊永元中崔惠景圍城人間無薪點悉伐園樹以贍親黨累徵不就

任昉爲新安太守卒事兄嫂恭謹外氏貧闕常營奉供養祿俸所收四方餽遺皆班之親戚即日便盡

庾黔婁爲鄧元起益州長史元起死子屬部曲散黔婁身營殯殮攜持喪柩歸鄉里

龔攄遂寧人爲劉季連益州主簿後季連兵敗還京師將發人莫之視唯栖送焉

褚冕錢唐人南康王子會理之舊會理欲圖侯景事敗冕亦因於省閤事之所起考略千計終無所言會理隣壁聞之遙曰褚郎卿豈不爲吾致此耶然勿言會理遇害冕竟不服赦之

歐陽頠爲天門太守與左衛將軍蘭欽相善欽征交州頠同行欽度嶺以疾終頠除臨賀內史啓乞送欽喪還都然後之任

陳周文育本姓項氏義興人周薈養爲己子同州刺史陳慶之與薈同郡素相善啓薈爲前將軍軍主慶之使將五百人往新蔡懸瓠慰勞白水蠻蠻謀執薈以入魏事覺與文育拒之時賊徒甚盛一日之中戰數十合文育前鋒陷陣勇冠軍中薈於戰陣死文育馳取其尸賊不敢逼及夕各引去文育身被九創創愈辭請還葬慶之壯其節厚加贈遺而遣之

吳明徹初仕梁東宮直後及侯景寇京師天下大亂明徹有粟麥三千餘斛而隣里飢餧乃白諸兄曰當今草竊人不圖久

何有此而不與鄉家共之於是計口平分同其豐儉群從間而避焉賴以存者甚衆後爲侍中司空南平郡公

杜之偉幼精敏有逸才湘陰侯蕭昂爲江州刺史以之偉掌記室昂卒廬陵王續代之又手教招引之偉固辭不應命乃送昂喪柩還京

司馬暠梁承聖中爲太子庶子江陵陷隨例入關而梁室屠戮太子塋殯失所暠以宫臣乃抗表周朝求還江陵改葬辭甚酸切周朝優詔荅曰昔主父從戮孔車有長者之風彭越就誅欒布得陪臣之禮庶子鄉國已改猶懷送往之情始驗忠貞方知臣道卽勑荆州以禮安厝

許亨梁末爲王僧辯太尉從事高祖受禪授中散大夫領羽林監初僧辯之誅也所司收僧辯及其子頠於方山同坎埋瘞至是無敢言者亨以故吏抗表請葬之乃與故義徐陵張種孔奐等相率以家財營葬具凡七柩皆改焉

陳智深爲蕭摩訶騎士及摩訶入隋授開府儀同三司與漢王諒同作逆伏誅其子充已籍没智深收摩訶屍首自殯斂哀感行路君子義之

殷不佞字季卿陳郡長平人兄不疑次不占次不齊並早亡不佞最小事第二寡嫂張氏甚謹所得禄俸不入私室終於右丞散騎常侍【後魏】栗法光上黨屯留人素敦信義中山王熙誅弟略潛行自託舊識河内司馬始賓始賓便爲荻栰夜與俱渡盟津詣法光家法光忻而納之略舊識刁雙爲西河太守復歸之雙令從子昌送略渡江

崔寬爲鎭西將軍卒初自隴右歸世祖見司徒崔浩浩與寬次厚存撫之及浩誅以蹕族獨得不坐遂家于武城居祖魏司空林舊壟以一子繼浩弟覽妻封氏相奉如親

長孫稚初生而母亡爲姨兄元洪超所養後爲太傅録尚書事封開國子稚表請迴授洪超次子暉許之

刁整爲驍騎將軍丁父憂相州刺史山陽三[illegible]元乂等事敗傳首京師熙之親故莫敢視整弟婦卽熙妹遂收其屍藏之後乃還熙所親元略自於整坐泣謂黄門王誦尚書袁翻曰刁公收斂我家卿卽宜知

房景遠字叔遐重然諾好施與顯歲凶儉分贍宗親又於通衢以食餓者存濟甚衆以母疾不應州命

韋朏字尊顯少有志業年十八辟州主簿時屬歲儉朏發家廩造粥以飼飢人所活甚衆

盧義僖范陽涿人少時幽州頻遭水旱先有穀數萬石貸民義僖以年穀不熟乃燔其契州閭悅其恩德

邢晏篤於義讓初爲南兖州刺史例得一子解褐乃啓其孤弟子子慎爲奉朝請子慎年甫十二而其子已弱冠矣後爲滄州復啓孤兄子昕爲府主簿而其子並未從官世人以此多之

鄭羆滎陽人中書學生盧度世以崔浩事棄官逃於羆家羆匿之使者因羆長子將加箠楚羆戒之曰君子殺身以成人汝當死勿言子奉命遂被考掠至乃火爇其體因以物固卒無所言度世後令弟娶羆妹以報其恩

盧度世爲齊州刺史國家初平外城無鹽房崇吉母傅氏度世繼外祖母兄之子婦也兖州刺史申纂妻賈氏崇吉之姑女也皆亡破軍途老病憔悴而度世推計中表致其恭恤每覲見傅氏跪問起居隨時奉送衣被食物亦存賑賈氏供其服膳青州既陷諸崔墜落多所收贖度世子淵昶等父母亡後同居共財自祖至孫家内百口在洛時有飢年無以自贍然尊卑怡穆豐儉同之

高允少孤夙成有奇度年十餘歲奉祖父喪還本郡推財與二弟而爲沙門名法淨未久而罷後爲尚書散騎常侍獻文平青齊徙其族望於代時諸士人流移遠至率皆飢寒徙人之中多允姻媾皆徒步造門允散財竭產以相贍賑慰問周至無不感其仁厚初尚書於璀坐事誅璀子尊亡在山澤尊母焦没入縣

官後焦以老得免瘞之親故莫有恤者允慈焦年老保護任家
積六年遭乃始蒙赦其篤行如此焉家土而喪母因母王斟司之大孝文初東陽郡太守入子成
與同少帶爲雲中兵戶官到任所不至癸祖允觀之甚稱大加開急
林白奴京兆儒生時姑臧段暉因慕容壞內附暉歸國太武以
爲上客從至長安有人告暉欲南奔帝斬之於市暴尸數日白
奴歔暉德音夜竊其尸置之枯井暉女爲燉煌張氏婦久而聞
之乃向長安收葬
崔挺爲北海王司馬卒三世同居門有禮讓值飢年家始分析
挺與弟振推讓田宅舊資唯守墓田而已家徒壁立兄弟怡然
楊標字顯進正平高涼人以豪俠有志氣孝昌中尒朱榮殺害
朝士大司馬城陽王徽逃難標藏而免之孝莊帝立徽乃出後
爲司州牧由是標以義烈聞
陽猛上洛人爲大谷鎮將元顥入洛孝莊帝度河范陽王誨號
身投猛猛深藏之及孝莊反正由是知名俄而廣陵王恭僞瘖

疾復來歸猛猛亦深相保護孝武即位甚嘉之授征虜將軍行
河北郡守
張亮少有幹用初事尒朱兆拜平遠將軍以功封隆城縣伯邑
五百戶高祖討兆於晉陽兆奔秀容兆左右皆密通誠欵唯亮
獨無啓疏及兆敗竄於窮山令亮及蒼頭陳山提斬己首以降
皆不忍兆乃自縊於樹
鄭仲明滎陽人尒朱榮入洛彭城王劭以子韶寄仲明仲明尋爲
城人所殺韶因亂與乳母相失遂與仲明兄子僧副避難路中
寇賊逼僧副恐不免因令韶下馬僧副謂客曰窮鳥投人尚或
矜愍況諸王如何棄乎僧副舉刀逼之客乃退韶逢一老母姓
程哀之隱於私家居十餘日莊帝訪而獲焉襲封彭城王
山偉爲中書令有弟少凶偉撫養訓獨同居二十餘載恩義甚
篤明亮爲陽平太守屬相州剌史中山王熙起兵討元乂時并州
刺史城陽王徽亦遣使詣亮密同熙謀熙敗亮說其使難由是

徽竟獲免
張讜妻皇甫氏被掠賜中官爲婢皇甫遂乃詐癡不能梳沐讜
爲宋冀州長史因貨千餘疋贖求皇甫文武怪其納財之多也
引見之時皇甫年垂六十矣帝曰南人奇好能重室家之義此
老母復何所任乃能如此致費也皇甫氏歸讜令諸妾侍立奉
迎數年卒
畢衆敬爲兖州剌史寧南將軍篤於姻類深有國士之風張讜
之亡也躬往營視有若至親
王衍爲侍中車騎將軍卒篤於交舊有故人竺虢於西兖州爲
仲遂所害其妻子飢寒衍置之於家累年贍恤世人稱其敦厚
甄琛參中山王英軍事英鍾離敗退鄉人蘇良沒於賊手琛盡
私財以贖之良既傾資報琛琛一皆不受謂良曰濟君之日本
不求貨豈相贖之意也
馮亮博覽群書又篤好物理中山王英平義陽而獲焉英素聞

其名以禮待接亮至洛隱居嵩山感英之德以時展覲及英亡
亮奔赴盡其哀慟
力仲渤海人爲裴植故吏植爲度支尚書與僕射郭祚都水使
者韋儁等同時見害於後祚儁事雪加贈而植追復封爵而已
仲上疏訟之於是贈植征南將軍尚書僕射揚州刺史乃改葬植
夏侯道遷初自南齊歸國封濮陽侯食千戶道遷以拔漢歸誠
本由王穎與之計求分邑戶五百封之宣武不許靈太后臨朝
道遷重求分封太后大奇其意議欲更以三百戶封穎興會卒
遂寢
陽固爲清河王懌太尉從事中郎屬懌被害也元乂秉政朝野
震悚懌諸子及門生寮吏莫不慮禍隱避不出素爲懌所厚者
彌不[illegible]固以嘗被辟命遂獨詣喪所盡哀慟哭良久乃還僕
[illegible]而歎曰欒布王脩何以尚也君子哉若人
[illegible]爲任城王澄所知及爲諫議大夫從澄晉[illegible]民之

義又荷其恩衍亂望畚赴至於禪除雖寒暑風雨無不必至又
好有進舉教於故舊冀州人侯堅固少府與其游歷早終其子
長瑜昔惠舜於四府請禄無不減贍給其衣食及爲豫州啓長
瑜解褐擕其合門拯給之

劉仁之爲西兗州刺史性愛好文史敬重人流與齊州馮元興
交款元興死後積年仁之營視其家常出隆厚時人以此向之

祖瑩性爽被有節氣士有窮厄以命歸之必見存拯時亦以此
多之至護軍將軍

汲宗兗州人爲杜超故吏超竇皇后之兄也後從弟遺子元寶
謀反伏誅時朝議欲追削超爵位中書令高允上表理之宗與
故吏等以超子道儁坐爵受誅委骸土壤求得收葬書奏詔義
而聽之贈超散騎常侍安南將軍南康公謚曰昭

馮熙生於長安爲姚氏魏母所養以叔父樂陵公邈因戰入蠕
蠕魏母攜熙逃避至氐羌中撫育年十二好弓馬有勇幹氐羌
皆歸附之魏母見其如此將還長安始就學士學問從師受孝
經論語好陰陽兵法後授内都大官太師熙事魏母孝謹如事
所生魏母卒乃散髮徒跣水漿不入口三日詔不聽服熙表求
依趙氏之孤孝文以熙情難奪聽服齊衰期

崔巨倫以宣武挽郎除冀州鎮北府墨曹參軍太尉記室參軍
叔楷爲殷州巨倫仍爲長史在州陷賊歛恤亡存爲賊所義後
逃歸洛授別將北討初楷喪之始巨倫収殯倉卒事不周回至
是遂偷路改殯并竊家口以歸

吴悉達雖於儉年糊饘不繼賓客經過必傾所有每守窐而喪
私辦車牛送終葬所隣人孤貧困窘者莫不解衣輟糧以相賑
恤鄉閭五百餘人詣州稱頌焉有司奏聞標閭復役以彰孝義

馬八龍輕財重義友人尹靈哲在軍喪亡八龍聞即奔赴負屍
而歸以家財殯葬爲制緦服撫其孫遺恩如所生州郡表列詔
表門閭

杜纂字榮孫常山九門人少以清苦自立縣令齊雖喪亡無親
屬收瘞纂以私財殯葬由是郡縣標其門閭

高遵字世禮父濟陰太守遵賤出其兄矯等常共侮之及父亡
不令在喪位遵遂馳赴平城歸從祖兄中書令允允乃爲遵父
舉哀以遵爲喪主京邑無不吊集朝貴咸識之徐歸奔赴免喪
允爲營宦路得補樂浪王侍郎遵感成益之恩事允如諸父

趙令安孟蘭強天水白石人並四世同居行著州里

王閭北海密人數世同居有百口

劉業興太山人四世同居

蓋儁都郡人六世同居並共財産家門雍睦鄉里敬異

石文德中山蒲陰人有行義真君初縣令黃宣在任喪亡宣單
貧無期親文德祖父苗以家財殯葬持服三年奉養宣妻二十
餘載及亡乃衰絰斂祔率禮無闕自苗逮文德刺史守令卒官
者制服送之五世同居門庭雍睦

石祖興常山九門人太守田文彪縣令和真等喪亡祖興自出
家絹二百餘疋營護喪事

張烈爲順陽太守以母老歸養積十餘年頻值凶儉烈爲粥以
食飢人蒙濟者甚衆鄉黨以此稱之

李几博陵安平人七世共居同財家有二十二房一百九十八
口長幼濟濟風禮著聞至於作役卑幼競進鄉里嗟美標其門

張安祖襲世爵山北侯有元承貴曾爲河陽令家貧且赴尚書
求選逢天寒甚遂凍死路側一子幼停屍門巷哀歔無託安祖
悲哭盡禮買木爲棺手自營作斂殯周恤朝野嘉歎尚書聞奏
標其門閭

汲固東郡梁城人爲兗州從事刺史李式坐事被收吏人皆送
至河上時式子憲生始滿月式大言於衆曰程嬰杵臼何如人
也固曰今古豈殊遂便潛還不顧徑來入城於式婦閤抱憲歸
藏及捕者收憲屬有一婢産男母以婢兒受之事尋泄固乃攜

憲兆道還赦始歸憲即爲固長育至十餘歳常呼固夫婦爲郎婆後高祜爲兗州刺史嘉固節義以爲主簿

劉倓仁豫州人郡人白早生殺刺史司馬悦援城南叛悦息朏走投倓仁賊雖重加購募又嚴其捶撻倓仁終無漏泄朏遂免禍事寧有司奏其操行請免府籍叙一小縣詔可

邵洪哲上谷沮陽人縣令范道榮先自朐城歸款乃除縣令道榮鄉人徐孔明妄經公府訟道榮非勲道榮坐除名羇旅孤貧不能自理洪哲不勝義憤遂代道榮詣京師明申曲直經歴寒暑不憚劬勞道榮卒得復雪又北鎮反亂道榮孤單無所歸附洪哲兄伯川復率鄉人來相迎接送達幽州道榮感其誠節訴省申聞詔下州郡標其里閭

册府元龜卷第八百三

冊府元龜卷第八百四

總録部五十四

義第四

北齊王昕爲秘書監以與邢劭俱爲元羅賓友及守東萊劭舉室就之郡人以劭是邢杲從弟會兵將執之昕以身蔽伏其上呼曰欲執邢子才當先殺我劭乃免焉

盧文偉魏孝昌中行臺常景啓留爲行臺郎中及北方將亂文偉積稻穀於范陽城時經荒儉多所賑贍彌爲鄉里所歸

邢劭字子才後爲太常卿攝國子祭酒授特進内行修謹兄弟親姻之間稱爲雍睦事寡嫂甚謹養孤子恕慈愛特深在兖州有都信云恕疾便憂之廢寢食顔色貶損

朱瑒爲王琳故吏琳鎮壽陽爲陳將吳明徹所殺傳首建業瑒致書陳尚書僕射徐陵求琳首曰竊以朝市遷貿傳骨梗之風歷運推移表忠貞之迹故典午將滅徐廣爲晉家遺老當塗已

謝馬孚猶稱魏室忠臣用能播美於前書垂名於後世梁故建寧公琳洛濱餘胄沂川舊族立功代邸效績中朝當離亂之辰總方伯之任爾乃輕躬殉主以身許國寔追蹤於往彥信踵武於前修而天厭梁德尚思救復徒蘊包胥之念終遘萇弘之眚洎王業光啓鼎祚有歸於是遠跡山東寄命河北雖輕旅臣之歎猶懷客卿之禮感玆知己志此捐軀至使身没九泉頭行千里誠服馬革裹屍遂其平生之志原野暴骸會彼人臣之節然身首異處有足悲者封樹靡卜良可愴焉瑒早簉末僚預霑下席降薛君之吐握荷魏公之知遇是用霑巾雨袂痛可識之顔回腸疾首切猶生之面伏惟聖恩博厚明詔爰發赦王經之哭許田横之葬瑒雖芻賤竊亦有心琳經莅壽陽頗存遺愛曾遊江右非無餘德比肩東閣之吏繼踵西園之賓願歸彼境還修窀穸庶孤墳既築或非衛土之燕豐碑式樹時留墮淚之人近故舊王綸等已有論牒仰蒙制議不遂所陳昔梁公告逝即洲川而建塋域孫叔玄士仍竹陂而植楸檟由此言之抑有其例不使壽春城下唯傳報葛之人滄州島上獨有悲田之客昧死陳祈伏待刑憲陵嘉其志節又明徹亦數夢琳求首並爲啓陳主而許之仍與開府儀同主簿劉韶慧等持其首還于淮南權瘞八公山側義故會葬者數千人瑒等乃間道北歸別議迎接尋有揚州人茅智勝等五人密送喪柩達于鄴

鞏榮貴魏末爲湘州隊主時楊愔一門四世同居家甚隆盛莊帝誅爾朱榮後愔父津爲并州刺史北道大行臺愔隨之任有邯鄲人楊寬者求義從出藩愔請津納之俄而孝莊被幽愔時適欲還都行達邯鄲過楊寬家爲寬所執至相州見刺史劉誕以愔名家盛德甚相哀念付長史慕容白澤禁止焉白澤遣榮貴防禁送都至安陽亭愔謂榮貴曰僕百世忠臣輸誠魏室家亡國破一至於此雖曰囚虜復何面目見君父之讎得自縊於一繩傳首而去君之惠也榮貴深相矜感遂與俱逃

宋遊道廣平人魏末廣陽王深北伐請爲鎧曹及爲定州刺史又以爲府佐廣陽王爲葛榮所殺元徽誣其降賊收録妻子遊道爲訴得釋與廣陽王子迎送返葬後爲司徒左長史時文襄疑黄門郎温子深知元瑾之謀繫之獄而餓之食敝襦而死棄屍路隅遊道收而葬之并集子昇文爲三十五卷文襄謂曰吾近書與京師諸貴論及朝士卿僻於朋黨將爲一病今卿真是重舊節義人此情不可奪子昇吾本不殺之卿葬之何所惜天下人代卿怖者不知吾心也

盧叔武范陽涿人少機悟豪率輕俠在鄉時有粟千石每至春夏鄉人無食者令自載取至秋任其償不都計校而歲歲常得倍餘武平中爲太子詹事右光禄大夫齊滅歸范陽范陽陷叔武與族弟士邃皆以寒餒致斃周將宇文神舉以其有名德收而葬之

劉豐爲南汾州刺史八子俱非嫡妻所生毋一子所生喪諸子

皆爲制服三年武平中費子彝所生喪諸弟並請解官朝廷義而不許

龐景平陽人少勵志節以明經郡舉孝廉爲房謨所重謨與子結婚盧氏謨卒後盧氏將改適他姓景訟之臺府不爲理乃將繩詣神廟前北面大呼曰房謨清吏忠事高祖及其死也妻子見陵神而有知當助申之今引決訴於地下便以繩自經於樹衛士見之救解送所司朝廷哀其至誠命女歸房族

獨孤永業爲齊將周大司馬獨孤信爲冢宰宇文護所誅其子羅寓居山中孤貧無以自給永業以宗族之故見而哀之爲買田宅遺以資稸

後周劉璠仕梁爲雍州刺史蕭循司馬及爲達奚武所執時南鄭尚拒守未下達奚武請屠之太祖將許焉唯令全一家而已璠乃請之於朝太祖怒而不許璠泣而固請移時不退柳仲禮侍側曰此烈士也太祖曰事人當如此烈士也遂許之城竟獲全璠之力也

趙善魏末事尔朱天光天光拒齊神武於韓陵敗見殺善請收葬其屍齊神武義而許之後爲左僕射兼侍中

趙貴武川人少穎脫有節槩初從賀拔岳平關中累遷大都督及岳爲侯莫陳悅所害將吏奔散莫有守者貴謂其黨曰吾聞仁義豈有常人行之則爲君子違之則爲小人朱伯厚王叔治感意氣微恩尚能殉節況吾等荷賀拔公國士之遇豈可同衆人乎於是從者五十人乃詣悅詐降因請收葬岳言辭慷慨悅壯而許之貴乃收岳屍還營糾合餘衆奔平涼共圖拒悅貴議迎太祖太祖至以貴爲大督領府司馬平悅

達奚武少倜儻好馳射爲賀拔岳所知岳征關右引爲別將武遂委心事岳以戰功拜羽林監及岳爲侯莫陳悅所害武與趙貴收岳屍歸平涼同翊戴太祖從平悅

李穆爲小冢宰兄遠子植謀害晉公護植誅死穆亦坐除名植弟基任浙州刺史例合從坐穆頻詣護請以子惇怡等代基死辭理酸切聞者莫不動容護矜之特免基死

豆盧寧爲岐州刺史薨初寧未有子養弟永恩子勣及生子讚親屬皆請讚爲嗣寧曰兄弟之子猶子也吾何擇焉遂以勣爲世子世以此稱之

獨孤羅字羅仁父信爲魏孝武入關中羅遂爲高氏所囚及信爲宇文護誅羅始見釋寓居中山孤貧無以自給齊將獨孤永業以宗族故哀之爲買田宅遺以資畜

韋祐字法寶少好任俠人有急難投之皆保存之魏末四方雲擾王公避難者或依之多得全濟以此爲貴遊所得後爲驃騎大將軍開府儀同三司

辛威爲上柱國其家門有義五世同居世以此稱之

樂運後梁人年十五而江陵滅運隨例遷長安其親行等多被籍沒運積年爲人傭保贖免之又事母及寡嫂甚謹由是以孝義聞梁故都官郎中琅邪王澄美之數其行事爲孝義傳

韋孝寬爲驃騎大將軍早喪父母事兄嫂甚謹所得俸祿不入私房親族有孤遺者必加振贍朝野以此稱焉

張元爲獄卒宣帝時斛斯徵爲大宗伯上疏極諫指陳帝失帝不納內史中大夫鄭譯因譖之遂下徵獄元哀之乃以佩刀穿獄牆遂出之元卒被拷而終無所言徵遇赦得免

[illegible]焉於仁義碁刃之中有孤幼者衣食豐約並與之同

王思政爲驃騎大將軍河橋之戰被重創悶絕帳下督雷五安於戰處哭求思政會其已蘇遂相得乃割衣裹創扶思政上馬夜久方得還

裴寬魏末西遷將家屬避難於大石巖獨孤信鎮洛陽始出見焉時汾州刺史韋子粲降於東魏子粲兄弟在關中者咸已從坐其堂弟子爽先在[illegible]乃投寬寬開懷納之遇有大赦或傳子爽合免因爾遂出子爽卒以伏法獨孤信[illegible]而責之寬

曰奚求見歸義無私送今日獲罪是所甘心以怨赦宥遂得不坐

惟最為齊王憲府水曹參軍掌記室事特為憲所禮接賞賜隆厚宣帝嗣位憲以嫌疑被誅隋文帝作相追復官爵最以齊諸積歲恩顧過隆乃録憲功績為傳送上史局

申徽魏末為元顥東徐州刺史元遂主簿顥敗遂被檻車送洛陽故吏賓客並委去唯徽送之及遂得免乃廣集賓友歎徽有古人風

隋蘇威綽子也為車騎大將軍儀同三司綽有從父妹適河南元世雄先與突厥有隙突厥入朝請世雄及其妻子將甘心焉周遂遣之威以夫人貧利遂標賣田宅罄竭資產贈世雄論者義之

李士謙家富於財州里有喪事不辦者士謙輒奔走赴之隨乏供濟嘗出粟數千石以貸鄉人值年穀不登債家無以償皆來致謝士謙曰吾家餘粟本圖賑贍豈求利哉於是悉召債家為設酒食對之燔契曰債了矣幸勿為念也各令罷去明年熟債家

爭來償士謙拒之一無所受他年又大飢多有死者士謙罄竭家資為之糜粥賴以全活者將万計收埋骸骨所見無遺至春又出糧種分給貧乏

郭儁字弘文太原文水人也家門雍睦七葉共居犬豕同乳烏鵲通巢時人以為義感之應州縣上其事高祖遣平昌公宇文弼詣其家勞問之持書御史柳彧巡省河北表其門閭

辛大德為信安令煬帝時虞綽為著作佐郎坐與楊玄感交往帝怒綽未至長安而亡天水大德舍之歲餘為吏所執坐斬大德誅斬群盜甚得民情而與綽俱為使者所執其妻泣曰每諫君無匿學士今日之事豈不哀哉大德笑曰我本圖脫長者反為人告之吾罪也當死以謝綽會有詔死罪得以擊賊自效信安吏民詣使者叩頭曰辛君命所懸辛君去亦無信安矣使者留之以討賊帝怒斬使者大德獲全

唐李綱初仕後周為齊王憲參軍憲之遇害也故人皆散唯綱撫棺號慟哀感路人并自埋瘞哭拜而去大為時論所嘉王世充孀居子立綱自以齊王故吏每加贍䘏綱之卒也其女被髮號哭如喪考焉綱徵為秘書監以修定五禮賞封一子長男男請讓孤兄子叔慈太宗愴然曰卿之此心可以勵俗遂許之

李德招隋大業末為離石司戶書佐太守楊子崇特禮之及高祖義兵起子崇遇害棄尸城下德招赴哭盡哀收瘞之至介休詣義師請葬子崇太宗嘉之因贈子崇官令德招為使者往離石禮葬之

張河字道源性清慤能苦節勵行嘗與友人客遊友人病中背而卒河恐驚擾主人遂共屍臥達曙方哭親步營送至于鄉里初平竇建德時何偶於士盜有罪家口籍沒以之河河皆資給衣食一時放去及歷職通顯不營家業所得左右皆放之家無所驅使及卒之日妻子貧乏論者美之後至相州都督

宇文士及為右衛大將軍撫幼弟及孤兄子以友睦見稱親戚故人貧乏者輒遺之

王龍德瀛州人王藏仁之翁頭也藏仁父母先沒未獲合葬既而從役物故其妻孀居旁無親屬龍德迎致其屍并其父母而葬之因廬其墓次負土成墳每有白雉飛鳴於墳上焉

李大亮為太子右衛率兼工部尚書事兄嫂如父母焉大亮討吐谷渾破之以功賜物九百段奴婢一百五十人悉分遺親戚仍盡家貲收葬五葉宗族之無後者三十餘冢送終之禮一時稱盛大亮死親戚孤遺為大亮所鞠養服之如父者十有五人

褚亮隋大業中坐楊玄感事自太常博士左迁西海郡司戶時京兆郡博士潘徽亦以筆札為玄感所禮降授威定縣主簿當時寇盜縱橫六親不能相救亮與徽同行至隴山徽遇病終亮親加棺斂瘞之路側慨然傷懷遂題詩於隴樹

蕭瑀為雍州都督初關內産業並先給勳人至是詔還其田宅

拯皆分給子弟唯留廟堂一所以奉烝嘗

王雄誕者曹州濟陰人杜伏威之起也用其計屢有剋捷署爲驃騎將軍伏威後率衆渡淮海陵賊李子通合謀襲子通惡伏威雄武使騎襲之伏威被重瘡墮馬雄誕負之逃於葭蘆中伏威復招集餘黨攻劫郡縣隋將來整又擊破之士失餘衆其部將西門君儀妻王氏勇決多力負伏威而走雄誕率麾下壯士十餘人衛護隨軍追至雄誕輒還禦之身被數瘡勇氣彌厲竟脫伏威時關稜年長於雄誕故軍中號稜爲大將軍雄誕爲小將軍

李勣本姓徐隋末奉李密爲主武德二年密爲王充所破擁衆歸朝其後境東至于海南至于江西至于汝州北至魏郡勣並據之未有所屬謂長史郭恪曰魏公既歸大唐今此人衆土地魏公所有也吾若上獻之即是利主之敗自爲己功以邀富貴吾所恥也今宜具録州縣名數及軍人户口總啓魏公聽公自

獻此則魏公之功也乃遣使啓密使人初至高祖聞無表唯有啓與密甚怪之使者以勣意聞奏高祖方大喜曰徐世勣感德推功實純臣也詔授勣黎州總管尋加右武侯大將軍賜姓李氏令勣總統河南山東之兵以拒王充及李密反叛伏誅高祖以勣舊經事密遣使報其反狀勣表請收葬詔許勣服衰絰與舊僚吏將士葬密於黎立墳高七仞釋服而散朝野義之及平王世充獲其故人單雄信依例處死勣表稱其武藝絶倫若收之於合死之中必大感恩爲國家盡命請以官爵贖之高祖不許將就戮勣對之號慟割股肉以啖之曰生死以訣此肉同歸於土矣乃收養其子

江總爲尚書令歐陽詢父紇爲東廣州刺史謀反誅詢獲免總與紇有舊收養之教以書計

王義方初舉明經因詣京師中路逢徒步者自云父爲潁上令聞病篤倍道將往爲徒步不前計無所出義方解所乘馬與之不告姓名而去義方爲太子校書與張亮皆厚禮之亮誅坐與交通貶儋州安吉丞路投洹水丞府張亮兄子皎配流在崖州來依義方而卒臨終託以妻子乃致屍還鄉義方與皎書自誓於海神使奴負柩令皎妻抱其赤子乘義方之馬身獨徒步而還先之原武葬皎告祭張亮陵故嬰子歸其家

杜楚客如晦弟也少隨叔父淹沒於王世充淹素與如晦兄弟不睦譖如晦兄於王行滿世充殺之并囚楚客幾至餓死楚客竟無怨色洛陽平淹當坐死楚客泣涕請如晦救之如晦初不從楚客曰叔已殺大兄今兄又結恨於叔一門之內相殺而盡豈不痛哉因欲自刎如晦感其言請於太宗淹遂蒙恩宥楚客後爲工部尚書攝魏王泰府事

趙持滿爲涼州都督府長史其舅駙馬都尉長孫詮無忌族弟也中書令許敬宗誣持滿與無忌及詮等同反驛召至京拷訊終無異詞且曰身可殺詞不可奪竟代爲款而結奏之誅於城西

王方翼爲涼州長史趙持滿爲友持滿爲許敬宗所誣被誅暴屍於城西親戚莫敢收視方翼歎曰栾布之哭彭越大義也周文之掩枯骼至仁也絶友之義蔽主之仁何以事君乃收其屍具禮葬之高宗嘉其義竟捨而不罪後封太原郡公

劉審禮爲工部尚書再從同居家無異爨合門二百餘口人無間言

徐太玄爲杭州參軍在任時同僚有張惠犯贓至死太玄哀其母老乃詣獄自陳與惠同受贓惠以此得減死太宗亦坐免官不調十餘年及赴選司列少常伯李敬玄大嗟賞之擢鄭州司功參軍太玄由是知名後官至秘書少監以忠行爲時所重

李安仁永徽中爲太子左庶子屬太子被廢歸于陳邸宮僚皆逃散無敢辭送者安仁獨泣涕拜辭而去朝野義之

朱敬則爲正諫大夫平章事後坐貶涪州刺史卒敬則重然諾善與人交每拯人急難不求其報又嘗與三從兄同居四十餘年

財産無異

唐林環爲特進初得實封時以絹數千疋散分親族又以家財數十万大開塋域備禮葬其五服之親時人稱之

狄仁傑孝友絶人爲并州法曹有同府法曹鄭崇質母老且病當充使絶域仁傑謂曰太夫人有危疾而公遠使豈可貽親万里之憂乃詣長史藺仁基請代崇質而行時仁基與司馬李孝廉不協因相謂曰吾等豈獨無愧邪由是相待如初後至納言

王晙爲朔方軍節度使時魏元忠爲張易之昌宗所搆左授高要尉晙密狀申明之宋璟時爲鳳閣舍人謂晙曰魏公且全矣子冒威嚴而理坐恐子之狼狽曰晙之魏公忠而獲罪晙爲義所激顚沛無恨璟歎曰璟不能申魏公之枉深負朝廷矣

盧藏用少與陳子昂趙貞固友善子昂貞固並早卒藏用厚撫其子爲時所稱

張仁興澧陽人先天二年江西按察使上言仁興五代同居

甯嘉勗爲永和縣丞中宗太子重俊以誅武三思兵敗遇害宮府僚吏莫敢近者嘉勗解衣裹重俊首號哭時人義之宗楚客聞而大怒收付制獄貶授興平縣丞睿宗踐祚下制曰甯嘉勗能重明節事高槩布向幽塗已往生氣禀然靜言忠義追崇褒寵可贈永和縣令

陸南金初爲奉禮郎開元初太常少卿盧崇道犯罪流嶺表逃歸東都時南金以母喪在家崇道事急假稱弔賓造南金言其情南金哀而納之爲崇道讎人所發詔史侍御史王旭按其事遂捕獲崇道連南金旭遂繩以重法南金弟趙璧詣旭自言藏崇道請代兄死南金固稱弟實自誣身請當罪兄弟讓死旭怪而問其故趙璧曰兄是長嫡又能幹家事亡母未葬小妹未嫁自惟幼劣生無所益身自請死旭遂列上狀玄宗嘉其友義並特宥之

劉九江單父人開元十四年宋州奏九江三代同居有慈烏巢于庭戶鄉里榮之名其鄉曰邕睦鄉里曰同居里

李慶恭鎮州鹿泉人與張義貞異姓同居于今三代百餘年

呂元簡青州北海人四代同居所養六畜皆與異母共乳

韓思訥華陰人三代同居

孔璋許州人天寶中陳州刺史李邕贓污事發罪當死璋上書救邕曰臣聞明主御寓捨過舉能取材棄行烈士折節男不避死見危授命昔用林父豈念過乎漢用陳平豈念行乎禽息殞身豈愛死乎向若林父誅陳平死百里不用晏嬰見逐是晉無赤狄之土漢無皇極之尊秦不并西戎齊不霸東海矣臣伏見陳州刺史李邕孝成師範文剛經国剛毅忠烈難不苟免往者張易之弄權人畏其口而邕折其角韋氏恃勢言出禍應而邕挫其鋒雖身受謫屈終姦謀中損即邕有大造於我邦家也且斯人所能者拯孤恤窮救乏賙急積而能散家無私聚今聞坐贓下吏觸訐待報將寘極刑死在朝夕臣聞無生無益於國不若

殺身以明賢臣朽賤庸夫輪轅無取獸息禽視雖生何爲況賢爲國寶社稷之衛是臣痛惜深矣臣願六尺之軀甘受膏斧以邕死臣之死所謂落一毛邕之生有足照千里然臣與邕生平不款臣知有邕邕不知有臣臣不逮邕明矣夫知賢而舉仁也代人任患義也臣獲二善而死死且不朽則又何求陛下若以臣之賤不足以贖雅厲門廷掖有效矣伏惟陛下寬邕之生遠臣之死令邕率德改行想林父之功使臣得瞑目黃泉附孔郭之迹亦臣之大願畢矣陛下卽以陽和之始難於用鉞俟天成命敢忘伏劍豈煩大刑然後歸死皇天后土實照臣之心昔吳楚七国叛因亞夫得劇孟則冦不足憂夫以一賢之能敵七国之衆伏惟敦含垢之道存棄瑕之義遠思劇孟近取李邕豈惟成愷悌之澤實亦歸天下之望況大禮之後天地更新欲而復論人誰無罪惟明主圖之臣聞士爲知己者死且臣不爲死者所知甘於死者豈獨爲惜邕之賢亦成陛下矜能之德惟明主

圖之蹤表甚以會赦減死貶爲歙州遵化縣尉璋亦配流嶺南
而死無諱
裴冕天寶中爲京畿採訪使王鉷判官鉷得罪伏法時宰臣李
林甫擅竊權柄人咸懼之鉷賓佐數四不敢窺鉷門冕獨收鉷
屍親自護喪瘞于近郊冕自是稍知名
趙曄天寶末爲陳留支使安祿山陷陳留因脅于賊時有京兆
韋氏夫任畿官以不供賊軍遇害韋被逼賊沒入爲婢盖江西
觀察韋儇族兄弟也曄哀其冤抑以錢贖之俾其妻置之別院
厚供衣食而曄竟不見焉明年收復東都曄以家財資給而訪
其親屬歸之議者咸重焉
王思禮天寶末爲哥舒翰元帥府馬軍都將翰兵敗潼關思禮
所乘馬中流矢而斃張光晟時在騎卒之中因下馬授思禮思
禮問其姓名不告而退思禮陰記其形貌常使人密求之無何
思禮爲河東節度使其偏將辛雲京爲代州刺史屢爲將校譖

毀思禮怒爲雲京憂懼不知所出光晟時隸雲京麾下因間進
曰光晟素有德於王司空此不言者恥以舊恩受賞今使君憂
迫光晟請奉命一見司空使君之難可解雲京然其計即令之
太原及謁思禮未及言舊恩禮識之遽曰爾豈非吾故人乎何
相見之晚也光晟遂陳潼關之事思禮大喜因執其手感泣曰
吾有今日子之力也求子頗久竟此相遇何慰如之即命同榻
而坐結爲兄弟光晟遂述雲京之冤思禮曰雲京比涉謗言過
亦不細今爲故人特捨之矣即日擢光晟爲兵馬使賚以田宅
縑帛甚厚累奏特進試太常少卿委以心腹及雲京爲河東節
度又奏光晟爲代州刺史
裴胄大曆中爲江西觀察□□栖筠支使代宗以元載專柄朝綱
徵栖筠入朝內制授御史大夫方將大用載忸權栖筠居顯問
刺擧之職與之不平及栖筠卒胄護栖筠喪歸洛陽衆論危之
胄坦然行心無所顧望

董思寵櫟陽縣人大曆七年京兆府上言思寵五代同居子孫
內八十餘人友愛敦睦鄉里稱之天寶末寇盜剽掠村閭比家
獨全年遭水旱此家獨免至於征稅每先衆人伏望旌表門閭
編諸史冊許之
裴向代宗朝宰相遵度之子內外支屬百餘人向所得祿俸必
同其費及領外任亦挈而隨之有孤孀病苦不能自恤者向尤
周給至今稱其孝睦焉後爲吏部尚書致仕
襄陽節度來瑱右兵馬使誅歸
節度使以代瑱崇義爲瑱立祠四時拜饗不居瑱廳及正堂視
事於東廂下構一小室而寢上表抗疏哀請收葬優詔許之
殷亮爲校書郎來瑱之被刑也門客四散擁于坎中亮後至獨
哭於屍側貨所乘驢以備棺衾夜詣縣令長孫演以情告之演
義而從之亮夜葬而祭步歸京師
段秀實爲安西節度李嗣業判官諸軍進戰于愁思岡嗣業爲

流矢所中卒于陣衆推兵馬使荔非元禮代之秀實聞嗣業之
喪乃遺元禮書令發卒護嗣業喪送河內秀實率將吏
哭待于境傾私家以奉葬事元禮多其義奏試光祿少卿依前
節度判官
竇參爲萬年尉同寮有直官曹者將夕聞親疾參請代之會禁
囚亡走京兆尹按直部將奏參遽請曰彼以不及狀謁參實代
之宜當罪坐貶江夏尉人多義之參後至門下侍郎平章事
羅仙澤州人五代共居建中二年表其門閭
于頎字休甫河南人少以吏事聞累授京兆府士曹爲尹史翽
所知翽出鎮襄陽奏爲御史充判官翽爲乱兵所殺頎挺出收
葬遺骸時人義之
盧邁范陽人少以孝友謹愿稱深爲叔舅崔祐甫所親重貞元
中爲刑部員外郎以叔父兄弟姊妹悉在江介屬蝗蟲歲飢懇
求江南上佐於是授滁州刺史累遷給事中婚嫁甥姪之孤遺

者時人以此稱之
裴佶建中年爲藍田尉時有詔命畿内諸縣城奉天時嚴郢爲京兆尹政尚峻暴加以朝旨甚迫尹正之命急如風雨佶曹尉皐重規其室方娠而疾畏郢之暴不敢以事故免佶因請代之役無憾素當時義之
呂温以小吏事兵部書崔漢衡貞元三年漢衡爲會盟副使吐蕃背盟漢衡爲吐蕃所虜將殺之温號泣以背受刃吐蕃義之由是與漢衡俱免
張萬福魏州元城人爲泗州刺史時魏州飢父子相賣餓死者接道万福曰魏州吾鄉里也安可不救令其兄子將米百車往餽之又使人於汴口求魏人自賣者給車牛贖而遣之
陽城字亢宗北平人城妹夫客死從處家貧不能葬城親與其二弟昇晃以歸葬於其居之側往反千餘里從徵爲諫議大夫
盧坦爲庫部員外郎兼侍御史知雜事會李錡反有司請毀錡祖父廟墓坦嘗爲錡從事乃上言曰淮安王神通有功於草昧且古之父子兄弟罪不相及况以錡叛可累五代祖乎乃不毀因賜神通墓五户以備洒掃
方良琪睦州人元和五年睦州上言良琪六代同居請表門閭從之
王義爲御史中丞裴度步從人元和十年六月癸卯盜殺宰相武元衡時度亦遇盜通化里盜三劍擊度初斷鞾帶次中背纔絶其單衣後微傷其首度墮馬會度戴氊帽故瘡不至深賊又運刃從度義自後束持賊而連呼甚急賊反刃斷義手乃得去時度墮溝中賊謂度已死遂捨去
梁涉爲豐州刺史李奉仙騎卒奉仙元和十年殺從事崔德玄没其家其妻太府卿蕭曾之女也奉仙以配涉爲妻涉不敢受白奉仙曰德玄之罪未明已殺之矣今蕭氏列卿女也非涉賤卒所當者請歸之奉仙義涉言乃以車一乘使蕭氏載德玄喪以歸
孟簡爲太子賓客分司東都卒少俊拔尚義烈重許與尤敦舊故早歲交友皆一時知名士後多顯達其或殁於中年簡撫視其孤極於周恤議者以簡有前輩風
韓愈字退之爲吏部侍郎卒性弘通與人交榮悴不易凡嫁内外及友朋之孤女僅十人
柳公綽爲吏部尚書卒外兄宫早卒一女孤配張毅資送甚於己子
陽歸虢州玉城人寶曆元年刺史陸亘上言歸五代同居
盧鈞爲廣州節度使管内多流貶者子孫貧困未歸鈞減俸俾營大事者數百家婚嫁孤弱賙恵困窮
柳宗元自邵州司馬移柳州時朗州司馬劉禹錫得播州刺史宗元謂所親曰禹錫有母今爲郡蠻方絶域万里如何與母偕且吾於禹錫爲執友胡忍見其若是即草奏請以柳州授禹錫自往播州禹錫終易連山
萬晏宣州涇縣人大和六年觀察使沈傳師奏萬晏自高祖萬頵至万仲芳五代同居詔表其門閭
陳班宣州溧陽人開成二年觀察使崔鄲奏班五代同爨請蠲除税賦旌表門閭從之
徐晦由進士第登直言科爲櫟陽尉皆自楊憑所薦及憑得罪貶官臨賀縣尉親交無敢祖送獨晦至藍田與憑言别時故相權德輿與憑交分最深知晦之行因謂晦曰今送臨賀誠爲厚矣無乃爲累乎晦曰自布衣沐楊公之知今日不送他日相公爲姦邪所譖焉可不送相公乎德輿大歎因稱之於人不數日御史中丞李夷簡請爲監察晦至官之日白夷簡曰晦不由公門公何所取信而見拔於千萬人中哉答曰君送楊臨賀寧肯負國乎由是名益振
劉鄴父三復爲浙西李德裕掌書記鄴六七歲相賦詩德裕尤

濮之與諸子同硯席師學大中初德裕聚逐鄴無所依以文章客游江浙每有制作人皆稱誦高元裕廉察陝虢署爲團練推官得秘書省校書郎咸通初劉瞻高璩居要職以故人子薦爲左拾遺召充翰林學士轉尚書郎知制誥正拜中書舍人户部侍郎學士承旨鄴以李德裕貶死珠崖大中朝以令孤綯當中累有赦宥不蒙恩例懿宗即位綯在方嶽屬郊天大赦鄴奏論之曰故崖州司户參軍李德裕其父吉甫元和中以直道明誠高居相位中外咸理訏謨有功德裕以偉望宏才繼登台袞險夷不易勁正無群稟周勃後重之姿慕楊秉忠貞之節遭讒以微累竄于遐荒既迫衰殘竟歸冥莫其子燁坐貶象州立山縣尉去年遇陛下布惟新之命覃作解之恩移授郴州郴縣尉今已殁於貶所懷德裕猶有親援可期振揚微臣不敢上論以招浮議今骨肉將盡生涯已空皆傷蔡戰之門遂作荆榛之地孤骨未歸衣京兆一男又殁於湘江特乞聖門俯垂哀愍俾還遺囯兼賜贈官上孔録舊之仁下徼徇公之節詔從之

梁謝彥章許州人幼事葛從周爲養父從周公其敏惠教以兵法彥章盡得其訣及壯事太祖爲騎將以戰功領河陽節度使及從周卒臨喪行服躬預葬事時人義之

後唐劉贊天成中爲中書舍人與學士竇夢徵同年登第隣居友善夢徵卒贊與同年楊凝式緦麻爲位而哭其家撫孀長與視喪事邮其孀稚人士稱之

符習趙州昭慶縣人少以軍卒事節度使王鎔積功至都校自莊宗爲晉王經略河朔與鎔連衡常令習率師從征鎔爲大將王德明所害德明擄鎮州時習在德勝行臺德明上書請習歸藩莊宗召習謂之曰王德明召爾歸藩自爲行計習兩泣而進曰臣本趙人家世事王氏常效忠義而德明乃幽君殺卒趙王知人不盡過意任使果致此反噬臣等雖不武賴在霸府血戮而死不能委身於兇首被其屠割莊宗曰爾等既懷舊君之恩

則能復冤乎吾當助爾習等舉身投地號慟感激良久謝曰王必以故使輔翼之勞雪其冤恥臣不敢期師旅爲助但悉本軍可以誅其逆豎莊宗即令閻寶史建瑭助習興師討德明乃以習爲鎮冀節度留後及德明誅將正授鉞習不敢當其任辭曰臣緣故使未葬無嗣息臣合服斬衰俟臣禮制畢從命及莊宗兼領鎮州乃割相衛二州置義寧軍以習爲節度使習奏曰魏博六州見隷霸府不宜遽有割隷但授臣河南一鎮臣自攻取使也乃授天平軍節度鄆齊棣觀察東南面招討等使烏震幼爲鎮州隊長以功漸昇都將與符習從征於河上頗得士心聞張文禮殺王鎔臣欽若等謹案五代史文禮初爲王而養子名德明志復主讎雪泣請行兵及鎮陽文禮執其母妻洎兒女十口誘之不迴攻城日急文禮忿之咸割鼻斷腕不絕於膚放至軍門觀者皆不忍正視震一慟而止憤激奮命身先矢石鎮州平以功歷深趙二州刺史李再豐故鎮帥王鎔之裨校張文禮害王鎔時再豐與別將符習趙仁貞在德勝聞鎮州叛號哭請兵於莊宗誓擒文禮及事定用爲冀州刺史

張守素爲羸賣故吏賣死妻子俱伏法唯小兒三歲守素匿之遇赦獲全

朱漢賓亳州人爲右衛上將軍以太子少保致仕東還亳郡凡鄉舊親戚淪没者有瑩兆未辨則給以棺斂有婚嫁未畢則助以貨幣受其惠者數百家君人義之

淳于晏登州人以明經登第自霍彥威爲小校晏寄食於門下彥威嘗因兵敗獨脫其身左右莫有從者唯晏仗劍從之徒步草莽自是彥威高其義相得甚歡及歷數鎮皆爲從事

李震湖南人鎮州王鎔爲張文禮所害鎔次子昭誨當鎔被禍之夕爲軍人攜出匿於地穴十餘日乃髡其髮被以僧衣屬震南還軍士以昭誨託於震震置之茶褚中既至湖湘乃令依南嶽寺僧習業歲給其費昭誨年長思歸震即資送之而還時

錄故將符習爲汴州節度使會昭誨來投即貢其事令赴闕
明宗賜衣一襲令脫僧服頂之授朝議大夫檢校考功郎中
司農少卿賜紫金符習因女妻之

紀生者爲右丞史圭食客圭長興中出爲貝州刺史罷免歸常
山會清太末常山有秘瓊之亂史圭家財一夕盡爲生白刃中
負圭以行獲免其害

晉李周年十六爲内兵捕賊將以任俠自負時河朔群盜充斥
南北交兵行旅無援者不敢出郡邑有士人盧岳家於太原
攜妻子囊橐寓於逆旅進退無所保惟與所親相對流涕周
憫之請援送以歸行經西山中有賊夜於林麓間候之時岳
中其馬周大呼曰尔爲誰耶賊聞其聲相謂曰李君至此矣
即時散走全其行裝至於家

趙玉幽薊人倉師劉守文以其弟守光囚父於幽州乃舉兵以
伐之尋爲守光所敗倉之吏民共立守文之子延祚爲師以節

判官呂袞爲謀主及守光攻陷滄州兗被擒族之兗子琦時年
十五爲史追攝將就戮焉玉父遊於兗之門不見琦臨危乃
給謂監者曰此子某之同氣也幸無濫焉者信之即列之且
去行未數舍琦因於徒步以足病告玉負之而行逾數百里
因變姓名乞食於路乃免其禍

李自倫鎮州下博人天福二年本州奏自倫五世義居

曹顯鄆州汝陰縣人六世同居鄉黨稱其和義

魏温鎮州元氏縣人七世義居親屬一百六十口和孝稱於鄉里

李罕通兗州阜縣人　世義居

趙泰爲太子太保卒性豁達財重義凡士友以窮厄告者必傾
其資而餉之人士以此多之

周馮道初爲太原掌書記嘗有大校遺之細口向一不得已而
留焉乃寘於他室竟訪王以還之及爲翰林學士丁父憂持服
于景城遇歲儉分得俸餘悉散賑鄉里道之所居惟蓬茨而已危

廉收饋遺斗粟疋帛無所受焉

裴羽後唐明宗朝在郎署與右常侍陸崇使于閩風飄不便泊
適兩浙時樞密使安重誨怒絕錢氏入貢越人以兵守二使於
館崇頻有不遜之語幾欲害之經歲崇以疾殁羽得歸朝又不
許將崇靈櫬沈海羽謂錢鏐曰崇奉君命不獲生還安以海上
之俗兵不令歸葬則寄死之所豈無仁人哉由是厚加待遇因
託附表而旋復命闕庭以錢氏之表逆重誨厲色而問曰表有
何言羽曰達方實封不委其事及發函乃引咎伏辜之詞也明
宗甚悅復通朝貢護崇之櫬及貢金帛求無錢悉付其家士人
稱之後至左散騎常侍

徐台符先與漢故太子太傅李崧爲執友乾祐中崧爲部曲葛
延遇李澄等誣告族滅廣順中爲兵部侍郎白於宰臣請誅延
遇等宰相馮道以延遇等已經赦宥未之許也時王峻執政聞
台符之言深加歎伏因奏于太祖遂誅延遇等時人義之

李叢河南人爲宰相以其所居地置闕於立垣屋凡族人可
仕官者皆致於禄仕不可仕官者於田以居之令皆豐給俾其
經久以是崇族皆得其所

册府元龜卷第八百四

冊府元龜卷第八百五

總録部五十五

高絜　兼官

高絜

夫修身立操不以窮改節底名厲號不以利傷行皭然高舉殼然有守義不苟取志不易常蓋夫絜廉之士篤尚清白者可從事於斯矣故曰窮視其所不爲貧視其所不取雖有飢寒之憂猶無滋垢之汚故志愈高而行愈絜身益困而名益章俾貪者厲其廉懦夫有所立志斯誠至士守道者之所趨也若乃不受其問遺靡乎於鄉邑非其粟而不饗非其衣而不服介然自修終焉彌固克尚自絜匪爲華行亦何代無其人哉

伯夷叔齊處於孤竹孤竹國在遼西殷諸侯伯夷叔齊其二子也周之將興也二人相謂曰吾聞西方有偏伯焉似將有道者也今吾奚爲處乎此哉二子西行如周至於岐陽則文王歿矣歿終也武王即位至觀周德則王使叔旦就膠鬲於四內四內地名而與之盟曰加富三等就官一列爲三書同辭要之以牲埋一於四內皆以一歸又使葆召公就微子開於共頭之下共頭山名也而與之盟曰世爲長侯守殷常祭祀相奉桑林且私孟諸用言使奉殷桑林之樂孟諸澤名以祿孫邑也爲三書同辭要西之以牲埋一於共頭之下皆以一歸伯夷叔齊聞之相視而笑曰語異乎哉此非吾所謂道也昔者神農氏之有天下也時祀盡敬而不祈福焉時四時也祈求也其於人也忠信盡治而無求焉無所求於民也樂與正爲正樂與治爲治不以人之壞自成也不以人之庳自高也今周見殷之僻也僻邪也而遽爲之正與治遽疾也上謀而行貨阻兵而葆威也行貨謂與膠鬲盟加富三等也阻依也葆恃也割牲而盟以爲信因四內與共頭以明行揚夢以說衆揚武王滅殷夢以書衆見之殺伐以要利以此紹殷是亂以易亂暴以易暴也紹繼也吾聞古之士遭乎治世不避其任遭乎亂世不爲苟存今天下闇周德衰矣與其並乎周以漫吾身也漫汙也不若避之以絜吾行二子北行至首陽山而餓死

爰旌旌一作旍目東方之士也將有所適而餓於道狐父之盜丘見之下壺飧以餔之爰旌目三餔而能視仰而問焉子誰也曰我狐父之盜丘也爰旌目曰譆汝乃盜也何爲而食我以吾不食也兩手據地而歐之不出喀喀然遂伏地而死

子列子窮容貌有飢色客有言之於鄭子陽者子列子蓋有道之士也居君之國而窮君無乃爲不好士乎子陽令官遺之粟數十秉子列子出見使者再拜而辭使者去子列子入其妻望而拊心曰聞爲有道者妻子皆得佚樂今妻子皆有飢色矣君過而遺先生又辭豈非命也哉子列子笑而謂之曰君非自知我也以人之言而遺我粟也至其罪我也又且以人之言此吾所以不受也且受人之養不死其難不義也死其難是死無道之人豈義也哉其後民果作難殺子陽

漢田仁魯相田叔之少子叔卒魯以百金祠之仁不受曰義不傷先人名

原涉字巨先涉父哀帝時爲南陽太守天下殷富大郡二千石死官賦斂送葬皆千萬以上妻子通共受之以定產業涉讓還南陽賻送禮畢扶風謁請爲議曹議曹郡行署也

後漢魯恭爲司徒初恭父爲武陵太守卒時恭年十二郡中賻贈一無所受年十五與母及弟丕俱居太學習魯詩閉戶講誦絕人間事兄弟俱爲諸儒所稱學士爭歸之太尉趙熹慕其志每歲時遣子問以酒糧皆辭不受

姜詩事母孝赤眉經詩里弛兵而過曰勿驚大孝必觸鬼神時歲荒賊乃遺詩米肉受而埋之後爲江陽令卒

桓典字公雅太尉焉之孫少立廉操不取於人門生故吏問遺一無所受任至光祿勳卒

李恂罷武威太守時歲荒司空張敏司徒魯恭等各遣子饋糧悉無所受徙居新安關下拾橡實以自資

吉茂脩行室如懸磬其或饋遺一不肯受雖不以此高人亦心疾不義而貴且富者

公沙穆隱居東萊山學者自遠而至有富人王仲致産千金謂穆曰方今之世以貨自通吾奉百萬與子爲資何如對曰來意厚矣夫富貴在天得之有命以貨求位吾不忍也後舉孝廉高第爲主事

檀敷字文有山陽瑕丘人也少爲諸生家貧而志清不受鄉里施惠後補蒙令棄官去卒於家

閔仲叔世稱節士雖周黨之絜清自以弗及也黨見其含菽飲水遺以生蒜受而不食一云仲叔曰我省煩耳今更作煩邪受而不食客居安邑老病家貧不能得肉日買猪肝一片屠者或不肯與安邑令聞勑吏常給焉仲叔怪而問之知乃歎曰閔仲叔豈以口腹累安邑邪遂去客沛以壽終

袁閎字夏甫父賀爲彭城相卒郡閎兄弟迎喪不受賻贈累徵聘舉召皆不應居處仄陋以耕學爲業從父逢隗並貴盛數饋之無所受

吳祐字季英陳留長垣人也喪父居無儋石而不受贈遺後終河間相

孫斋隱居林藪躬耕稼穡勤則誦經貧窶困乏執志彌固不受惠於人也

孫堪明經學有志操清白貞正愛士大夫然一毫未嘗取於人以節介氣勇自行後仕至侍中

桓曄避地到吳郡揚州刺史劉繇振給穀食衣服所乏者悉不受後東適會稽住止山陰縣故魯相鍾離意舍太守王朗餉給糧食布帛牛羊一無所當臨去之際屋中尺寸之物悉疏付主人纖微不漏移居揚州從事屈豫室中中庭橘樹一株遇實熟乃以竹藩樹四面風吹落兩實以繩繫著樹枝每危亡之急其志彌固屢厄從者皆肅其行

魏管寧年十六喪父中表愍其孤貧咸共贈賻悉辭不受遂末避地遼東中國少安客人皆還唯寧宴然若將終焉黃初四年詔公卿舉獨行君子司徒華歆薦寧文帝徵寧遂將家屬浮海還郡公孫恭送之南郊加贈服物自寧之東也公孫度康恭前後所資皆受而藏諸既已西渡盡封還之初太尉華歆遜位讓寧不起後即拜太中大夫卒

焦先河東人常結草爲廬於河之湄獨止其中雖有驚急不與人語遺以食物皆不受河東太守杜恕嘗以衣服迎見而不與語

氾騰字無忌燉煌人舉孝廉除郎中屬天下兵亂去官還家太守張閟造之閉門不見禮遺一無所受歎曰生於亂世貴而能貧乃可以免

吳劉基字正輿年十四居父喪盡禮故吏饋餉皆無所受

晉王戎父渾爲涼州刺史渾卒涼州故吏賻贈數百萬戎辭而不受由是顯名後終於司徒

劉寔爲大司農以子夏罪免每還州里鄉人載酒肉以候之寔難逆其意輒共啖而返其餘

韋忠字子節平陽人少慷慨有不可奪之志好學博通性不虛諾閉門脩己不交當世每至吉凶親表贈遺一無所受後太守陳楚迫爲郡功曹

吳隱之弱冠而介立有清操雖日晏歠菽不饗非其粟儋石無儲不取非其道後終光祿大夫

王裒字偉元城陽營陵人少立操尚廬居教授家貧躬耕計口而田度身而蠶或有助之者不聽諸生密爲刈麥裒遂棄之知舊有致遺者皆不受

王舒字處明少爲從兄敦所知及敦爲青州舒往依焉時敦被徵爲秘書監以寇難路險輕騎歸洛陽委棄公主時輜重金寶甚多親賓無不競取惟舒一無所取益爲敦所賞位至安南將軍監浙東五郡軍事

翟湯字道深尋陽人篤行純素仁讓廉潔不屑世事耕而後食人有饋贈雖釜庾一無所受始安太守干寶與湯通家遣船餉之勑吏云翟公廉讓卿致書訖便委船還湯無人反致乃貨易絹物因寄還寶寶本以爲惠而更煩之益愧歎焉咸康中征西大將軍庾亮上疏薦之成帝徵爲國子博士湯不起建元初安西將軍庾翼北征石季龍大發僮客以充戎役勑有司特蠲湯所調湯悉推僕使委之鄉吏吏奉旨一無所受湯依所調限放免其僕使令編戶爲百姓

郭文曠達不仕隱吳興大辟山中餘杭令顧颺與葛洪共造之而攜與俱歸颺以文山行或須皮衣贈以韋袴褶一具文不納辭歸山中颺追遣使者置衣室中而去文亦無言韋衣乃至爛于戶內竟不服用

范遊字子相少好學儒術甄明恬靖謙退自少及長口未嘗語及財利泰始初就家拜郎中

范宣家貧好學太尉郗鑒命爲主簿詔徵太學博士散騎郎並不就家于豫章太守殷羨見宣茅茨不完欲爲改宅宣固辭之庾爰之以宣素貧加年荒疾疫厚餉給之宣又不受

宋劉凝之字安志有高節州辟不就妻梁州刺史郭銓女也遣送豐麗凝之悉散之親屬妻亦能去榮華與之共安儉苦夫妻共乘薄笨車出市買易周給之外輒以施人荆州年飢衡陽王義季慮凝之餓斃餉錢十萬凝之大喜將錢至門觀有飢色者悉分與之俄頃立盡

郭原平會稽永興人有孝行太守王僧朗察孝廉不就太守蔡興宗深加貴異餉以米百斛原平固讓不受人或問曰府君嘉君淳行愍君貧老故加此贈豈必辭原平曰府君若以吾義行邪則無一介吾不可濫荷此若以其貧老邪耋齒甚多屢空比室非吾一人而已終不肯納

姚吟山陰寒人也有高趣爲衣冠所重顏竣爲東揚州餉吟米二百斛吟亦辭之

南齊庾易志性恬隱不交外物建元元年刺史豫章王辟爲驃騎參軍不就臨川王映臨州獨重易上表薦之餉麥百斛易謂使人曰樵採麋鹿之伍終其解毛之衣馳騁日月之車得保自耕之祿於大王之恩亦已深矣辭不受

梁阮孝緒陳留尉氏人義師圍京城家貧無所食僮妾竊鄰人樵以繼之孝緒知之乃不食更令撤屋而炊又鄱陽忠烈王妃孝緒之姊也諸甥歲時饋遺一無所納人或怪之答云非我始願故不受也

陳馬樞于茅山每王公餽餉辭不獲已者率十分受一

後魏胡叟不治產業一牸牛敝韋袴褶而已尚書李敷嘗遺之以財都無所取

北齊馮偉節聦敏無所不通趙郡王出鎮定州時舉之秀才固辭不就歲餘請還王知其不願拘束以禮發遣贈遺甚厚一無所

納唯受時服而已及還終不交人事郡守縣令每至其門歲時或置羊酒亦辭不納門徒束脩一毫不受耕而飯蠶而衣簞食瓢飲不改其樂竟以壽終

宋遊道父季預爲渤海太守弱冠隨父在郡父亡吏人贈遺一無所受

後周韋夐高尚不仕武帝嘗與夐夜宴大賜之縑帛令侍臣數人負以送出夐惟取一匹示承恩旨而已帝以此益重之

隋張文詡河東人博覽文籍以灌園爲業州郡頻舉皆不應州縣以其貧素將加賑卹輒辭不受每閑居從容長歎曰老冉冉而將至恐修名之不立以如意擊几皆有處所時人方之閔子騫原憲

唐郝處俊父爲滁州刺史處俊年十歲餘其父卒於滁州父之故吏賻送甚厚僅滿千餘匹悉辭不受

盧鴻一名浩然善書籀隸文不婚娶寡慾隱於嵩高有終焉

之志玄宗使通事舍人禮徵稱疾不就所賜束帛亦辭不受

梁鄭雲叟隱居於華山與梁朝近臣李振善振欲祿之拒而不諾及振南遷千里省之識者高焉華下連帥劉遂凝嘗以貨貝遺之一無留者

棄官

孟子曰有官守者不得其職則去蓋士君子進退之宜也若夫器用宏博志操貞峻言不苟合動惟秉義居然公輔之量宜爲王者之師而屈迹下僚折腰吏職適遭權勢之所迫不爲公府之見禮旁睨同列殊非我類可利於國莫能自專辭是榮祿不中慨然興歎或以罪自劾或稱疾而往投板懸綬此諸深識者何可勝道哉其或亂離斯瘼玉石將焚履不測之危避無妄之禍挂冠季世免陷匪人明哲保身於是乎在至有天資孝謹篤於養親脫略公卿不交士類遺榮避世高蹈長騖斯亦各行其志也已然而太寧之世貧賤爲恥其或獨善其身守一介之分索居徧習違通人之言斯亦有識之致譏焉

漢陸賈惠帝時爲太中大夫呂太后用事欲王諸呂賈自度不能爭之迺病免以好畤田地善往家焉（好畤今雍州好畤縣也）

枚乘字叔淮陰人景帝時召爲弘農都尉乘久爲大國上賓與英俊並游得其所好不樂郡吏以病去官

汲黯爲滎陽令恥之稱疾歸田里貢禹舉賢良爲河南令歲餘以職事爲府官所責之（太守）免冠謝禹曰冠一免安復可冠也遂去官

梅福九江壽春人也少學長安明尚書穀梁春秋爲郡文學補南昌尉（豫章之縣）後去官歸壽春

龔勝爲郡吏三舉孝廉以王國人不得宿衛補吏再爲尉壹爲丞勝輒至官乃去州舉茂材爲重泉令（重泉左馮翊縣也）病去官

後漢劉茂爲沮陽令會王莽篡位茂棄官避世弘農山中教授

譙玄巴郡閬中人也平帝時爲中散大夫與太僕任惲等分行天下觀覽風俗未及終而王莽居攝玄於是縱使者車變易姓名間竄歸家因以隱遁

李業廣漢梓潼人也平帝元始中舉明經爲郎會王莽攝業以病去官

戴遵汝南愼陽人也平帝時爲御史王莽篡位稱病歸鄉里

江革明帝永平初補楚太僕月餘自劾去楚王英馳遣官屬追之遂不肯還

王充上虞人明帝時仕郡爲功曹以數爭不合去刺史董勤辟爲從事轉治中自免還家

樂恢辟司空牟融府會弟五倫代融爲司空恢以與倫同郡不肯留薦潁川杜安而退

王良爲沛郡太守至蘄縣稱病不之府官屬皆隨就之良遂上疾篤乞骸骨徵拜太中大夫後爲大司徒司直以病歸

崔篆爲建新大尹行縣治獄平理所出二千餘人掾吏叩頭諫曰朝廷初政州牧峻刻宥過申枉誠仁者之心然獨爲君子將有悔乎篆曰邾文公不以一人易其身君子謂之知命如殺一大尹贖二千人蓋所願也遂稱疾去

張霸爲會稽太守視事三年謂掾史曰太守起自孤生致位郡守蓋日中則移月滿則虧老氏有言知足不辱遂上病（後徵四遷爲侍中）

郎宗善風角爲吳令占知京師當有大火果如其言諸公聞而表上以博士徵之宗恥以占驗見知聞徵書到夜縣印綬於縣廷而遁去遂終身不仕

宗慈爲脩武令時太守出自權豪多取貨賂慈遂棄官去

孔昱爲洛陽令以師喪棄官卒於家

檀敷爲蒙令以郡守非其人棄官去家無產業子孫同衣而出年八十卒於家（而一衣數日子孫同衣而共日而食也）

崔駰辟大將軍竇憲掾憲擅權驕恣駰數諫之憲不能容稍疎之因察駰高第出爲長岑長駰自以遠去不得意遂不之官而歸

周磐和帝初兼謁者除任城長遷陽夏重合令頻歷三城皆有
惠政後思母棄官還鄉里
橋玄補洛陽左尉時梁不疑為河南尹玄以公事當詣府大對
恥為所辱棄官還鄉里
唐羌為臨武長諫南海獻龍眼荔支和帝從之章報羌即棄官
還家不應徵召著唐子三十餘篇
李固自議郎出為廣漢雒令至白水關解印綬還漢中（白水關今在梁州西）杜門不交人事
楊瓊為平原令時國相徐曾中常侍璜之兄也瓊恥與接事託
疾牧家
范冉為須昌長聞舉將兄喪棄官
孫堪嘗為縣令（堪字子思河南緱氏人）謁府趨步遲緩門亭長譴堪御吏
堪便解印綬去不之官
巴肅察孝廉歷慎令貝丘長皆以郡守非其人辭病去

陽球為作邡令行見使大官
[illegible]為平陽侯相以師喪棄官奔赴五府並辟不就
趙岐為皮氏長會河東太守劉祐去郡而中常侍左悺兄勝代
之岐恥疾宦官即日西歸
馬融字季長桓帝時為南郡太守忤大將軍梁冀免官後復拜
議郎重在東觀著述以病去官
吳祐為大將軍梁冀長史冀誣奏太尉李固祐爭之不聽遂出
為河間相因自免歸家不復仕躬灌園蔬以經書教授
荀爽字慈明好學年十二能通春秋論語太尉杜喬見而稱之
曰可為人師桓帝延熹九年太常趙典舉爽至孝拜郎中對策
陳便宜奏聞即棄官去
何休少府豹之子也雅有心思研精六經以列卿子詔拜郎中
非其好也辭疾而去
陳蕃字仲舉汝南平輿人也刺史周景辟別駕從事以諫爭不

合投傳而去（謂投棄符傳也）
樂巴字伯文魏之子為郎中非其好也去官
范滂為光祿勳主事時陳蕃為光祿勳滂執公議詣蕃蕃不止
之滂懷恨投板棄官而去後復為太尉黃瓊所辟滂覩時方艱
知意不行因投劾去
楊倫陳留人為郡文學掾更歷數將志乖於時以不能人間事
遂去職
皇甫規對策梁冀忿其刺己以為下第拜郎中託疾免歸
范冉（冉或作丹）桓帝時辟太尉府議者欲以為侍御史因遁身逃命
於梁沛之間
應奉為司隸校尉及黨事起乃慨然以疾自退
趙咨靈帝初為博士會陳蕃竇武為宦者所誅咨乃謝疾去
陳寔為太丘長（太丘縣屬沛國）沛相賦斂違法乃解印綬去吏人追思之
孔融辟司徒楊賜府河南尹何進當遷為大將軍楊賜遣融奉

謁賀進不時通融即奪謁還府投劾而去後為侍御史與中丞
趙舍不同託病歸家
荀淑為朗陵侯相頃之棄官歸閑居養志
劉焉魯恭王後也少任州郡以宗室拜郎中去官居陽城山精
學教授
周舉辟太尉府舉茂才遷侍御史時閹官擅朝英賢被害舉乃
棄官歸
臧洪舉孝廉為郎選為即丘長靈帝末棄官還家
陳重豫章人少與同郡雷義為友俱拜尚書郎義代同時人受
罪以此黜退重見義去亦以疾免後為細陽令政有異化舉尤
異當遷為會稽太守遭姊憂去官
杜安為宛令先是宛有報讎者其令不忍致理將與俱亡縣中
豪彊有告其處者致捕得安深疾惡之到官治戮肆之於市懼
有司繩彈遂自免

鄭泰字公業靈帝末大將軍何進以泰爲尚書侍郎遷侍御史爲進陳時務之所急數事進不能用乃棄官去

荀彧舉孝廉再遷亢父令董卓之亂棄官歸鄉里

邊讓署大將軍何進府令史後以高才擢進屢遷出爲九江太守不以爲能也獻帝初平中王室大亂讓去官還家

袁忠爲沛相天下大亂忠棄官客會稽上虞

全柔舉孝廉補尚書右丞董卓之亂棄官而歸

魏陶謙漢末爲舒令與郡守張磐有隙磐每以措之而謙在官清白無以糾舉祠靈星有羨錢五百欲以臧之謙委官而去

杜襲漢末舉孝廉除漢中府丞會天下亂遂棄官客荆州建安中乃還

鍾繇漢末舉孝廉除尚書郎陽陵令以疾去

趙昱漢末舉孝廉除莒長宣揚五教政爲國表會黄巾作亂陸梁五郡郡縣發兵以爲先辦徐州刺史巴祗表功第一當受遷賞昱深以爲耻委官還家

杜恕爲趙相以疾去官恕去京師營宜陽一泉塢因其壘塹之固小大家焉明帝崩時人多爲恕言者趙起家爲河東太守歲餘遷河北都督護軍復以疾去

吳劉繇舉孝廉爲郎中除下邑長時郡守以貴戚託之遂棄官去

甘寧本南陽人其先客於巴郡寧爲吏舉計掾補蜀郡丞頃之棄官歸家

晉范平爲臨海太守政有異能孫晧初謝病還家

晉易雄舉孝廉爲州主簿遷別駕自以門寒不宜久處上綱謝職還家

阮嗣宗辟太尉蔣濟府謝病歸

褚裒爲冠軍參軍于時長沙王義擅權成都河間阻兵于外裒知內難方作乃棄官避地幽州

索綝爲武威太守以母老罷官郡既接近寇戎綝以重鎮輒去職朝廷尤之左遷樂涫令頃之轉太宰從事中郎後遭母憂以至孝稱

孔坦爲尚書郎時典客令萬默領諸胡胡人相誣朝廷疑默有所偏助將加大辟坦獨不署由是被譴遂棄官歸會稽

王羲之少與王述少相輕及述顯達羲之爲會稽內史述後檢察會稽郡辯其刑政主者疲於簡對羲之深恥之遂稱病去郡

李豊字宣國舉孝廉拜蒲阪令以病去官

氾騰敦煌人也舉孝廉除郎中屬天下兵亂去官還家

陶侃爲武岡令與太守呂岳有嫌棄官歸

楊方爲司徒王導參軍自以地寒不願久留京華求補遠郡欲閑居著述導從之上補高梁太守在郡積年以年老棄郡歸導將進之臺閣固辭還鄉里終於家

阮裕爲尚書郎成帝咸和初事故之後公私弛廢裕遂去職還家後即家拜臨海太守少時去職

桓玄大司馬溫之子孝武太元末出補義興太守鬱鬱不得志嘗登高望震澤歎曰父爲九州伯兒爲五湖長棄官歸國

沈警字世明謝安命爲參軍警內足於財無進仕意謝病歸安固留不止

謝沖晉末爲中書侍郎家在會稽謝病歸

宋謝靈運爲永嘉太守既不得志遂肆意遊遨在郡一周稱疾去職從弟晦曜弘微等並與書止之不從

陶潛字淵明尋陽柴桑人有高節爲時所重以親老家貧起爲州祭酒不堪吏職少日自解歸州召主簿不就躬耕自資遂抱羸疾謂親朋曰聊欲絃歌以爲三逕之資可乎執事者聞之以爲彭澤令公田悉令吏種秫稻妻子固請種粳乃使一頃五十畝種秫五十畝種粳郡遣督郵至縣吏白應束帶見之潛歎曰我不能爲五斗米折腰向鄉里小人即日解印綬去賦歸去來

張茂度爲義興太守解職還家

阮長之爲襄垣令督郵無禮鞭之去職

劉撝爲奉車都尉試守延陵令非所樂去官

南齊樂頤有孝行湘州刺史王僧虔引為主簿以同僚非人棄官去

卞彬為上虞令有剛氣會稽太守孟顗以令長裁之憤不能容脫幘投地曰我所以屈卿者正為此幘耳今已投之卿以一世勳門而傲天下國士拂衣而去

梁劉絹字言明好學通三禮武帝大同中為尚書祠部郎尋去職不復仕

蕭眎素自中書侍郎求為諸曁令到縣十餘日挂衣冠而去

陳阜載為輕車將軍太子右衛率文帝天嘉元年以疾去官載有田十餘頃在乘縣之白山至是遂築室而居屏絶人事吉凶慶弔無所往來不入籬門者幾十載太建中卒於家

徐孝克天嘉中除剡令非其好也尋復去職

章華字仲宗家世業農華獨好學善屬文宣帝太建中高宗使吏部侍郎蕭引喻廣州刺史馬靖令入子為質引奏華與俱行使還而帝晏駕後主即位朝臣以華素无伐閲競排詆之乃除大市令既雅非所好乃辭以疾而去鬱鬱不得志

後魏李曾趙郡人也辟主簿到官月餘乃歎曰梁叔敬有云州郡之職徒勞人耳道之不行身之憂也遂還家講授

北齊李公緒性聡敏博通經傳魏末為冀州司馬以疾去官後以侍御史徵不至

後周薛端年十七司空高乾邕辟為參軍賜爵平陰男端以天下擾乱遂棄官歸鄉里

隋劉炫河間人納言楊達舉博學有文章射策高第除太學博士歲餘以品卑去任

唐竇軌隋末為資陽郡東曹掾以廉謹聞後去官歸于家

竇威況深有器局博覽群言隋煬帝時以其皇后姊壻徵為考功郎數侍宴遊非其所好又見隋政日乱稱病去官

杜如晦隋末為滏陽縣尉非其好也後乃棄官歸于鄉里

于志寧隋末為冠氏縣長時山東群盜起乃棄官歸鄉里

王績絳州龍門人隋大業中應孝悌廉潔舉授楊州六合縣丞非其所好棄官還鄉里

李淳風父播為高唐尉秩卑不得志棄官而為道士頗有文學自號黃冠子

郝處俊為著作佐郎再轉滕王友恥為王官遂棄官歸耕

高智周為蘭臺大夫高宗總章中請假歸葬其父母因請曰知進而不知退取患之道也遂稱疾去職

武攸緒為右千牛衛將軍登封年從封岳便棄官隱居于嵩山陽

劉幽求則天聖曆中應制舉拜閬中尉刺史不禮乃棄官而歸

高子貢和州歷陽人學通五經及史記漢書以明經擢第歷秘書省正字弘文館直學士鬱鬱不得志棄官而歸

孫處玄為左拾遺中宗神龍初功臣桓彥範等用事處玄遺彥範書論時事得失彥範竟不用其言乃去官

白履忠陳留浚儀人也睿宗景雲中為校書郎尋棄官而歸

韋況代宗大曆中隱居於嵩山守志樂道不屑於榮利孔述睿深器之及述睿徵拜諫議大夫薦況為右拾遺不起求幾又以起居郎追赴闕庭半歲棄官東歸從家於龍門別墅

楊憑德宗貞元中累佐使府徵為監察御史不樂檢束遂求免官

李鄘為馬燧河東從事尋以言不行歸養洛中

武元衡為華原令時畿輔有鎮軍督將恃恩伐功者多撓吏理元衡苦之乃移病去為沉浮讌詠之遊

王正雅為汝州刺史充本州防禦使有監軍中人恃權正雅不能堪遂謝病免

李渤為虞部員外郎以章疏切直大忤時宰謝病東歸

後唐嚴譯為亳州譙縣令母疾篤陳假告即時去之歸德軍節度使奏擅去任大理言嚴譯母疾篤有狀辭所屬律文不載詔律

乾無憐釋放

李倧歿爲大理卿未滿歲屬爲人所制保誠以人之多嗁允同

立碑乃勒疾以歸卒於洛陽

冊府元龜卷第八百五

府八百五　十五

冊府元龜卷第八百六

總録部五十六

賢德

傳曰太上立德又曰德成而上惟賢者必有德焉中古而下良士間作乃有稟純粹之氣徒中庸之美蹈道體和居簡行約躬履仁義力敦孝友勵崇高之勢而志益下居困阨之會而道彌顯中語默之節得進退之理或推挽時彥致之於光大或化導民俗濟之於淳厚或治家而有法或念舊而施惠亦有錙銖人爵糠粃厲務優游而自得恬澹而無欲者焉至若匪人革心而遷善鷙獸屏跡而不害斯又高義之所服精意之所感者已

伯夷叔齊孤竹君之二子也不念舊惡怨是用希

銅鞮伯華晉大夫也孔子曰國家有道其言足以興國家無道其默足以容蓋銅鞮伯華之所行孔子又歎曰銅鞮伯華無死天下有

漢張釋之為廷尉王生者善為黃老言處士也嘗召居廷中公卿盡會立王生老人曰吾韈解（韤音武）顧謂釋之為我結韈釋之跪而結之（結韈）既已人或謂王生獨奈何廷辱張廷尉如此王生曰吾老且賤自度終亡益於張廷尉廷尉方天下名臣吾故使結韈欲以重之諸公聞之賢王生而重釋之

衛綰為中郎將郎官有譴常蒙其罪（蒙謂覆蔽之）不與它將爭有功常讓它將帝以為廉忠實無它腸

鄭當時字莊武帝時為大司農每朝候帝間說未嘗不言天下長者（條天子閒暇之時其所稱說皆言長者也）其推轂士及官屬丞史誠有味其言也（推轂言薦舉人如車轂之運轉也有味者甚美也）常引以為賢於己未嘗名吏與官屬言若恐傷之聞人之言進之上唯恐後山東諸公以此翕然稱鄭莊

韋玄成賢之子也以父任為郎常侍騎謙遜下士出遇知識步行輒下從者與載送之（謂從者之車馬也）以為常其接人貧賤者益加敬繇是名譽日廣

出甲為張湯客甲雖賈人有賢操始湯為小吏與錢通（為小吏之時與用子孫錢用之交）及為大吏而甲所責湯行義有烈士風

後漢樊重南陽湖陽人貲至巨萬而賑贍宗族恩加鄉閭外縣何氏兄弟爭財重恥之以田二頃解其忿訟縣中稱美推為三老

張綱少明經學雖為公子而厲布衣之節後為廣陵太守

王丹居家每歲農時輒載酒肴於田間候勤者而勞之（東觀記載酒肴便於田頭大樹下飲食勸勉之因留其餘肴而去　懶與嬾同音力）其惰孏者恥不致丹皆兼功自厲邑聚相率以致殷富其輕黠游蕩廢業為患者輒曉其父兄使黜責之沒者則賻給親自將護其有遭喪憂者輒待丹為辦鄉鄰以為常行之十餘年其化大洽風俗以篤後徵為太子少傅

杜根為郎中諫鄧太后歸政太后怒令撲殺之詐死逃竄積十五年太后崩徵為尚書郎或問根曰往者遇禍天下同義知故不少何至自苦如此根曰周旋民間非絕跡之處邂逅發露禍及知親故不為也

張湛扶風平陵人也在鄉黨詳言正色三輔以為儀表人或謂湛為詐湛聞而笑曰我誠詐也人皆詐惡我獨詐善不亦可乎位終太中大夫

尹勳家世衣冠伯父睦為司徒兄頌為太尉宗族多居貴位而勳獨持清操不以地勢尚人仕至大司農

鍾皓兄子瑾好學慕古有退讓風辟州府未嘗屈志李膺謂之曰孟子以為人無是非之心非人也弟何期不與孟軻同邪瑾常以膺言白皓皓曰昔國武子好昭人過以致怨本卒保身全家爾道為貴其體訓所安多此類也

周燮汝南安城人居家清處非法不言兄弟父子室家相待如賓鄉曲不善者皆從其教也安帝時以玄纁羔鴈徵不至

陳寔為太丘長解印綬去及後逮捕黨人事亦連寔餘人多逃

避求免寔曰吾不就獄衆無所恃乃請囚焉遇赦得出

郭泰字林宗性明知人好獎訓士類褒衣博帶周遊郡國及黨事起知名之士多被其害唯林宗表閣免焉泰徵有道不就

孫寶出郡縣公正廉絜奉禄不及妻子皆以供賓客及爲長吏所在有迹爲吏人所敬仰仕至侍中騎都尉

劉虞爲幽州刺史後以疾歸家常降身隱約與邑黨州閭同樂共鄉等齊有無不以名位自殊鄉曲咸共宗之

王烈字彦考太原人也通識達道秉義不回時在井陌行有異人皆別之州閭承風成競爲善時國中有盜牛者牛主得之盜者曰我邂逅迷惑從今已後將爲改過子既已赦宥幸無使王烈聞之人有以告烈者烈以布一端遺之或問此人既爲盜畏君聞之反與布何也烈曰昔秦穆公人盜其駿馬食之乃賜之酒盜者不愛其死以救穆公之難今此盜人能悔其過懼吾聞之是知羞惡知恥惡則善心相生故與布勸爲善也間年之

中行道老父擔重人代擔行數十里欲至家置而去問姓名不以告頃之老父復行失劍於路有人行而遇之欲置而去懼後人得之劍主於是永失欲取而購募或恐差錯遂守之至暮劍主還見之前者代擔人也老父攬其袂問曰子前者代吾擔不得姓名吾將以告王烈乃語之而去老父以告烈烈曰世有仁人吾未之見遂使人推之乃昔時盜牛人也烈歎曰韶樂九成虞賓以和人能有感乃至於斯也遂使國人表其閭而異之時人或訟曲直將質於烈或至塗而反或望廬而還皆相推以直不敢使烈聞之時國主皆親驂乘適烈私館疇咨政令察孝廉三府並辟皆不就

孔融聞人之善若出諸己言有可採必演而成之面告其短而退稱所長薦達賢士多所獎進知而未言以爲己過故海內英俊皆信服之後爲少府

田疇字子泰爲幽州牧劉虞從事奉使長安得報還未至虞已爲公孫瓚所害疇至歸率舉宗族他附從數百人掃地而盟曰君仇不報吾不可以立於世遂入徐無山中營深險平敞地而居躬耕以養父母百姓歸之數年間至五千餘家疇謂其父老曰諸君不以疇不肖遠來相就衆成都邑而莫相統一恐非久安之道願推擇其賢長者以爲之主皆曰善同僉推疇疇曰今來在此非苟安而已將圖大事復怨雪恥竊恐未得其志而輕薄之徒自相侵侮偷快一時無深計遠慮疇有愚計願與諸君共施之可乎皆曰可疇乃爲約束相殺傷犯盜諍訟之法法重者至死其次抵罪二十餘條又制爲婚姻嫁娶之禮興舉學校講授之業班行其衆衆皆便之至道不拾遺北邊翕然服其威信烏丸鮮卑並各遣譯使致貢遺疇悉撫納令不爲寇

華歆字子魚漢末爲豫章太守孫策略地江東歆以郡迎策策親執子孫之禮禮爲上賓是時四方賢士大夫避地江南者甚衆皆出其下人人望風每策大會坐上莫敢先發言歆時起更衣則論

議讙譁歆能劇飲至石餘不亂衆人微察常以其整衣冠爲異江南號之曰華獨坐曹公奏徵之及行賓客舊人送之者千餘人贈遺數百金歆皆無所拒密各題識至臨去悉聚諸物謂諸賓客曰本無拒諸君之心而所受遂多念單車遠行將以懷璧爲罪願賓客爲之計衆乃各留所贈而服其德

邴原北海朱虛人也避地遼東遼東多虎原之邑落獨無虎患原嘗行而得遺錢拾以繫樹枝此錢既不見取而繫錢者愈多問其故答者謂之神樹原惡其由己而成淫祀乃辨之於是里中遂斂其錢以爲社供及原自遼東歸魏太祖爲司空辟原署東閤祭酒曹公北伐三郡單于還住昌國燕士大夫酒酣曹公曰孤反鄴守諸君必將來迎今日明旦度皆至矣其不來者獨有邴祭酒耳言訖未久而原先至門下通謁曹公大驚喜攬履而起遠出迎原曰賢者誠難測度孤謂君將不能來而遠自屈誠副饑虛之心謁訖而出軍中士大夫詣原者數百人曹公怪

而問之時荀文若在坐對曰獨可省問邴原耳曹公曰此君名重乃亦傾士大夫心文若曰此一世異人士之精藻公宜盡禮以待之曹公曰固孤之宿舊也自是之後見敬益重原雖在軍歷署常以病疾高枕里巷終不當事又希會見河內張範名公之子也其志行有與原符甚相親敬令曰邴原名高德大清規邈世魁然而峙不爲孤用聞張子頗欲學之吾恐造之者富隨之者貧也

管寧字幼安北海朱虛人漢末避亂至遼東往見公孫度語唯經典不及世事還乃因山爲廬鑿坏爲室越海避難者皆來就之而居旬月成邑遂講詩書陳俎豆飾威儀明禮讓非學者無見也由是度安其賢民化其德邴原與寧俱往而原性剛直清議以格物度已下心不安之寧謂原曰潛龍以不見成德言非其時皆招禍之道也寧密遣令西還度亡子康代居郡外以將軍太守爲號而內實有王心卑已崇禮欲官寧以自鎮輔而終莫

敢發言其敬憚如此寧居遼東所居屯落會井汲者或男女雜錯或爭井鬬鬩寧患之乃多買器分置井傍汲以待之又不使知來者得而怪之問知寧所爲乃各相責不復鬬訟後詔爲太中大夫固辭不受

袁準忠信公正不恥下問唯恐人之不勝已以世事多險故常治退而不敢求進後爲給事中

袁渙論議清當柔而不犯善與人交在廢興之間人之所趣務者常謙退不爲也時人以是稱之歷位黄門選部郎

徐幹清玄體道六行脩備輕官忽祿不耽世榮仕爲五官將文學

任嘏爲人淳粹愷悌虛已若不足恭敬如有畏其脩身履義皆沈默潜行不顯其美人少得稱之

管[illegible]性寬大多所含體憎已不讎愛已不褒每欲以德報怨常謂忠孝仁義人之根本不可不厚廉介細直士之浮飾不足爲務也自言知我者希則我貴矣安能斯江漢之潰爲激石之清

樂與季圭論道不欲與漁父同舟此吾志也其事父母孝篤兄弟順愛士友皆仁和發中終無所關藏否之士晚亦服焉後爲少府卒

[illegible]字仲公豫章鄱陽人初爲郡功曹皆擢舉善人不伐其功

朱才爲武衛校尉本郡議者以才少處榮貴未留意於鄉黨才乃歎曰我初爲將謂跨馬蹈敵當身履鋒足以揚名不知鄉黨復追迹其舉措乎於是更折節爲恭留意於賓客輕財尚義施不望報敦名聞於遠近會病卒

吳駱統字公緒事適母甚謹時饑荒鄉里及遠方客多有困乏統爲之飲食衰少其姊仁愛有行寡歸無子見統甚哀之數問其故統曰士大夫糟糠不足我何心獨飽姊曰誠如是何不告我而自苦若是乃自以私粟與統又以告母母亦賢之遂使分施由是顯名大帝以將軍領會稽太守統年二十試爲烏程相

丁覽字孝連八歲而孤家又單微清身立行用意不苟推財從

弟以義讓稱爲人精微絜淨門無雜賓大帝深貴待之爲世平令未及擢用而病卒

晉樂廣字彦輔父方早卒廣孤貧僑居山陽寒素爲業人無知者性沖約有遠識寡嗜慾與物無競廣值世道多虞朝章紊亂清已中立任誠保素而已時人莫有見其際焉仕至河南尹

阮瞻字千里常群行冒熱渴甚逆旅有井衆人競趍之瞻獨逡巡在後須飲者畢乃進其夷退無競如此後爲尚書令

鄭默寬沖博愛謙虛溫謹不以才地矜物事上以禮遇下以和雖童豎廝養不加聲色太康元年爲光祿勳卒

皇甫方回安定朝那人有文才永嘉初以博士徵不起避亂荊州閉門閑居未嘗入城府蠶而後衣耕而後食先人後已尊賢愛物南土人士咸崇敬之

[illegible]沖字文和起自寒微卓爾立操清恬寡欲耽翫經史遂博究儒術及百家之言有姿貌動必循禮任真自守不要鄉曲之譽

後爲太傅

張華少自修謹造次必以禮度勇於赴義篤於周急後爲司空

李喜爲尚書僕射拜光祿大夫特進致仕喜自歷仕雖清非衆異而家無儲積親友故人乃至分衣共食未嘗以私王官

樂道韜丹陽人少有大志好學不倦與朋友信每約已而務周急有國士之風爲王敦參軍

孝靈豫章建昌人也性少言與小人群居見侵辱而無愠色邑里號之癡雖其父母兄弟亦以爲癡也常使守稻群牛食之靈見而不驅待牛去乃往理其殘亂者其父母見而怒之靈曰夫萬物生天地之間各欲得食牛方食奈何驅之其父愈怒曰郎如汝言復用理壞者何爲靈曰此稻又欲得終其性牛自犯之靈可以不收乎

庾袞字叔褒明穆皇后伯父也母喪居於墓側歲大饑藜羹不糝門人欲進其飯者而袞每曰已食莫敢爲設及麥熟獲者已畢而採捃尚多袞乃引其群子以退曰待其閑及其捃也不由行不旁掇跪而把之則亦大獲又與邑人入山拾橡分夷嶮序長幼推易居難禮無違者見齊王冏歸于京師踰年不朝曰晉室卑矣寇難方興乃携其妻子適林慮山事其新鄉如其故鄉言忠信行篤敬比及朞年而林慮之人歸之或曰庾賢及石勒攻林慮父老謀曰此有大頭山九州之絶也上有古人遺迹可共保之惠帝遷于長安袞乃相與登于大頭山而田於其下年穀未熟食木實餌石蕊同保安之有終焉之志及將收穫命子怞與之下山中塗目眩瞀墜崖而卒同保赴哭曰天乎獨不可舍我賢乎時人傷之曰庾賢絶塵避地超然遠迹固窮安陋木食山棲不與世同榮不與人爭利不免遭命悲夫袞學通詩書非法之言非道不行尊事耆老惠訓蒙幼臨人之喪必盡哀會人之葬必躬築勞則先之逸則後之言必行之行必安之是以宗族鄉黨莫不崇仰門人感慕爲之樹碑焉

孫晷字文度吳國富春人聞人之善欣若有得聞人之惡愴若有失見人飢寒並周贍之鄉里贈遺一無所受後尚書張闓明表薦之公車特徵會卒

應詹幼孤爲祖母所養年十餘歲祖母又終家富於財年又稚弱乃請族人共居委以資産情若至親世以此異焉弱冠知名性質素弘雅物雖犯而弗之校以學藝文章稱司徒何劭見之曰君子哉若人官至平南將軍

衛玠字叔寶常以人有不及可以情恕非意相干可以理遣故終身不見喜愠之容及卒謝鯤哭之慟曰棟梁折矣仕至太子洗馬

魏詠之爲荆州刺史持節都督六州領南蠻校尉詠之初在布衣不以貧賤爲恥及居顯位亦不以富貴驕人始爲殷仲堪之客未幾竟踐其位論者稱之

王延西河人也非其蠶不衣非其耕不食屬天下喪亂隨劉元海遷于平陽農蠶之暇訓誘宗族侃侃不勸年六十方仕於劉聰爲金紫光祿大夫

何琦字万倫性沈敏有識度居于宣城陽穀縣養志衡門不交人事耽玩典籍以琴書自娛不營産業節儉寡欲豐約與鄉鄰共之鄉里遭亂姊没人家琦惟有一婢便爲購贖然不爲小謙凡有贈遺亦不苟讓但於己有餘輒復隨而散之任心而行率意而動不占卜無所事仕至郢縣令

譙秀巴西人郡察孝廉州舉秀才皆不就避難宕渠鄉里宗族依憑之者以百數秀年出八十衆人欲代之負擔秀曰各有老弱當先營護吾氣力猶足自堪豈以垂朽之年累諸君也

宋謝弘微陳郡陽夏人父思武昌太守弘微所繼叔父混義熙中以劉毅黨見誅混妻晉陵公主宋初降號東鄉君元嘉九年東鄉君薨資財千万園宅十餘所又在會稽吳興琅邪諸處從祖司空琰時事業奴僮猶有數百人公私咸謂室內資財宜歸

二頃田宅僮僕悉屬孔徽孔徽一無所取自以私祿營養得立夫數從兄好樗蒱閒孔徽不取財物盡奪其妻妹及伯母兩姑之飾以還戲債內人皆化孔徽一無所爭孔徽男子鎮泰始中劉湛不堪其非謂孔徽曰天下事豈有裁衷御此天治尚以給官孔徽笑而不答或有譏之曰□□就累世財産宜殺君朝戲債理之不允莫此爲大卿親而不言譬棄物江海以爲廉耳設使立清名而令家內不足亦吾所不取也孔徽曰親戚爭財爲鄙之甚今內人尚能無言可導之使爭今不共少不至有之身死之後宗族復見關

沈道虔吳興武康人常以捃拾自資同捃者或爭穟道虔諫止之不聽以其所得與之爭者愧恧後每爭輒云勿令居上知

賀明字文達僑居會稽士子高其行禀其德皆送金爲贈從至者不復肯受人問其故答曰本以兄墓不周故不違親友之意今墓已足豈可利之者餘贈邪孝武孝王義恭爲揚州徵辟爲從事不就

何子平幼有操尚敦厲名行雖處闇室如接大賓學義堅明處之以默安貧守善不求榮進好退之士彌以貴之位至吳郡海虞令

沈林子簡泰廉靖不交接世務義讓之美著於閨門位至輔國將軍

南齊江泌爲南中郎行參軍領國子助教乘車至染烏頭見一老翁步行下車載之躬自步去

謝朓好獎人會稽孔闓粗有才筆未爲時知孔珪嘗令草讓表以示朓朓嗟吟良久手自折簡寫之謂珪曰士子聲名未立應共獎成無惜牙齒餘論其好善如此朓爲尚書吏部郎

王嶠儉之子也性凝簡慕樂廣爲人未嘗言人之短

梁張□□□爲人厚重篤於故舊雖居隆重不以貴勢自高故人□□□□□始布衣時得賜皆散之親友爲衛尉卿遇害莫不痛惜焉

□□性和而直與人交面折其罪退稱其美情無所隱士友咸以此歎惜之終太子洗馬

劉訏平原人也自少至長無喜慍之色每於可競之地輒以不競勝之或有加凌之者莫不退而謝服由是衆論咸歸重焉本州辟主簿不就

傅昭所莅官常以清靜爲政不尚嚴肅居朝廷無所請謁不畜門生不交私利終日端居以書記爲樂雖老不衰性尤篤慎子婦嘗家餉牛肉以進昭召其子曰食之則犯法告之則不可取而埋之其居身行己不負闇室類皆如此京師後進宗其學重其道人自以爲不逮仕至散騎常侍

庾黔婁新野人少好學多講誦孝經未嘗失色於人南郡劉虬宗測並歎異之起家本州主簿

劉杳治身清儉無所嗜好爲性不自伐不論人長短位至尚書左丞

□□□□□身清正妻子不見喜慍之色旦夕孜孜講誦不輟時人益以此宗之

庾承先字子通潁川鄢陵人也少沉靜有志操是非不涉於言喜慍不形於色人莫能窺也後湘東王召爲法曹參軍不就

陳陸琰寡嗜欲鮮矜競遊心經籍晏如終日遷散騎常侍

王勱字公濟通之弟也美風儀博涉書史恬然清簡未嘗以利欲干懷梁世爲國子周易生射策舉高第除秘書郎太子舍人

虞寄少篤行造次必於仁厚雖僮豎未嘗加以聲色至於臨危執節則辭氣懍然白刃不憚也終太中大夫

歐陽頠少質直有思理以言行篤信著聞於嶺表父喪毀瘠甚至

□□嘉之爲光祿大夫未嘗以榮利干懷及晉安王出鎮湘州又苦携之少與蔡景歷善景歷子徵脩父黨之敬聞允將行乃詣□允曰□年德並高國之元老從容坐鎮旦夕自爲列曹何爲方復辛苦在外答曰已許晉安豈可忘信其恬於榮勢如此

炳察性至孝有人倫鑒識沖虚謙遜不以所長矜人終日恬靜唯以書記爲樂在位多所稱引一善可録無不賞薦若非分相干咸以理遣盡心事上知無不爲侍奉機密未嘗洩漏且任遇已隆衣冠攸屬深懷退靜避於聲勢清絜自勵貲産每虚或有勸營生計笑而不答篤於宗屬所得禄賜咸充周䘏爲吏部尚書入隋終太子内舍人

李之歆性謙謹未嘗以才學矜物接引後進恂恂如也從征南府諮議參軍

後魏常景善與人交終始若一其遊處者皆服其深遠之度未曾見其矜悋之心好飲酒澹於榮利自得懷抱不事權門終車騎將軍

裴敬憲字孝虞有志行學博才清撫訓諸弟專以讀誦爲業澹於榮利風氣俊遠而情性和雅未嘗失色於人而又世有仁義於鄉里孝昌中蜀賊陳雙熾所過殘掠至敬憲宅輒相約束不得侵犯其爲物所伏如此除太學博士

王椿太原人爲瀛州刺史更偏還鄉齊神武之居晉陽霸朝所在人士輻湊椿禮敬親知多所拯接

李沖沉雅有大量隨兄承爲滎陽太守沖隨兄至官是時牧守子弟多侵亂民庶輕有乞奪沖與承長子韶獨清簡皎然無所求取時人美焉顯祖末爲中書學生沖善交遊不妄戲雜流輩重之

游明根歷官内外五十餘年處身以仁和接物以禮讓時論貴之

崔挺幼孤居喪盡禮推人愛士州閭親附焉每四時與鄉人父老書相存慰辭旨款備得者榮之家徒四壁時穀糴踊貴鄉人或有饋遺者挺辭而後受仍亦散之貧困不爲畜積故鄉邑更欽歎焉仕至北海王詳司馬

辛雄[illegible]謹雅素不妄交友喜怒不形於色釋褐奉朝請

梁越字玄覽性純和篤信行無擇善爲光禄大夫

平琛寬雅有度量涉獵經史喜愠不形於色當官奉法在所有稱

韋休之爲安西將軍光禄大夫貞和自守未嘗以言行忤物

北齊楊愔字遵彥魏司空津之子也愔貴公子早著聲譽風表鑒裁爲朝野所稱家門遇禍唯有二弟一妹及兄孫女數人撫養孤幼慈旨温顔咸出人表重義輕財前後賜與多散之親族群從弟姪十數人並待而舉火頻遭迍厄冒履艱危一飡之惠酬答必重性命之讎捨而不問

趙彥深幼孤貧事母甚孝性敏聰每書十[illegible]閑樂道不雜交遊爲雅詠所歸服昧爽輒自掃門外不使人見率以爲常後位至司徒

後周樂遜性柔謹寡於交遊立身以忠信爲本不自矜尚每在衆中言論未嘗爲人之先學者以此稱之仕至大將軍

韋夐高尚不仕又雅好名義虛襟善誘雖耕夫牧豎有一介可稱者皆接引之

楊薦秦郡宛川人也父寶昌平郡守薦幼孤早有名譽性廉謹喜怒不形於色終梁州刺史

段永孝寬官至大將軍歷任内外所在頗有聲稱輕財好士朝野以此重焉

皇甫璠性平和小心奉法安貧守志常以清白自處當時號爲善人終隨州刺史

薛善字仲良家素富僮僕數百人兄元信仗氣豪侈每食方丈坐客常滿絃歌不絶而善獨恭己率素愛樂閑靜終武威少府

柳霞性溫裕略無喜愠之容弘獎名教未嘗論人之短尤好施與家無餘財終驃騎大將軍

隋令狐熙字長熙性嚴重雅量雖在私室終日儼然不妄通賓客凡所交結必一時名士起家吏部上士

房彥謙歷官司隷刺史被執政所嫉出爲涇陽令卒家無餘財車服器用務存素儉自少及長一言一行未嘗涉私雖致屢空怡然自得嘗從容獨笑顧謂其子玄齡曰人皆因禄富我獨以

官貧所遺子孫在於清白
累登頭陀岸外跡內密與世交者多愛之終右侯將軍
李士謙趙郡平棘人髫齔喪父[illegible]士謙自以少孤未嘗
飲酒食肉李氏宗黨豪盛每至春秋二社必高會極歡無不沉
醉諠亂嘗集士謙所盛饌盈前而先為設黍謂群從曰孔子稱
黍為五穀之長荀卿亦云食先黍稷古人所尚容可違乎少長
肅然不敢弛惰退而相謂曰既見君子方覺吾徒之不德也士
謙聞而自責曰何乃為人所疏頓至於此又士謙家富於財州
里有兄弟分財不均至相鬩訟士謙聞而出財補其少者令與多者等兄
弟愧懼更相推讓卒為善士[illegible]子[illegible]酒不就終于家
唐李百藥性寬容泛愛為時文宗引進後生獎攜不倦
狂友身口不言人過尤好釋典[illegible]禮味以言未嘗有諱詩
以為真君子神龍初坐太子中舍人以疾固辭
[illegible]肅宗時為秘書少監性孝悌敦重交友雖經艱危不改其

楊綰尤工文詞藻思清瞻而宗尚玄理沉靜寡欲常獨處一室
左右經書匡牀而已澹如也含光晦用不欲名彰每屬文耻於
自白非知己不可得而見位至相輔
楊於陵為左僕射致仕於陵器量弘深進止有常度在朝三十
餘年宗戚中外始終不失其正居官奉職亦善撫才時人推伏
其風德
孔述睿謙和退讓與物無競每親朋集會常恂恂似不能言人
皆親敬之終太子賓客
韋夏卿有風韻善談謔與人同處終年而喜慍不形於色
許孟容方勁富於文學又雅好推轂善拔獎士類歸之
崔從少以貞晦恭讓自處不交權利忠厚方嚴為正人所推仰
累階品合立門戟終不之請四為方鎮無[illegible]之娛淮南節
度副大使
武儒衡字庭碩丞相元衡從父之弟也少孤貧氣直貌莊言不
妄發與人交有終始終兵部侍郎
盧元輔自曾祖以名節顯著端靜介不失門風歷踐清貫人
不以其父杞之惡為累以是歸美終兵部侍郎
後唐李琪初仕梁為翰林承旨琪之名播於海內重然諾憐才
獎善家門雍睦
晉尹玉羽性仁恕好謙恭與朋友交無怨棄御僕隸不好呰辱
有過則諭而戒之有罪則禮而遣之家雖貧空不渝其廉靜雖
亂離不廢其業仕至光祿少卿
鄭韜光自總丱迨於懸車凡事十一君踰七十載所任無官謗
無私過三持使節不辱君命士無賢不肖皆接之以誠接無背
偃特人咸曰鄭偃不遇平生交友之中無怨嫌親族之間無爭
嫌恬和自如性尚平簡及為戶部尚書致政歸洛甚愜終焉之
崔棁字子文性恬淡不汲汲於榮利喜不至嗤怒不至詈撫斯
雖後生未嘗無誨群居公會寡言言亦非止於人愛憎且或于

人祖祢之諱推命漢侯亦用遺節遠暑祁寒不使冒于[illegible]太子
賓客
程遜性溫厚鮮是非所履循繩墨[illegible]至於人交無悔[illegible]
賢達咸慕而重之終太常卿

冊府元龜卷第八百六

冊府元龜卷第八百一十一

總録部六十一

游學　賜書　求書　耻學

游學

傳曰玉不琢不成器人不學不知道又曰不學將落故士之立誠自強不息潛心大業思齊古人蓋嘗不主善以爲師多聞而求友溝通之訓豈游方之操裂裳裹足不遠千里造大學之名都修庠序之儀詢切磋之益因之而交勝己講前言游道日廣知類通達總經術之奥傑然名家膺推擇之命躋彼高位強識而讓爲世所宗稽古之力與時偕盛自非多文爲富藏業以勤方來時習脱乎匏瓜之繫親仁約禮霑乎霧露之潤亦曷能有所立哉

孔子爲魯司空而去魯困於陳蔡之間於是反魯南宮敬叔言於魯君曰請與孔子適周魯君子之一乘車兩馬豎子俱適周問禮蓋見老子

陳良楚人悦周公仲尼之道北學於中國北方之學者未能或之先也

蘇秦洛陽人與魏人張儀同師事鬼谷先生（潁川陽城有鬼谷是其人所居因號鬼谷先生秦儀從之學縱横家也）秦後并相六國

甘茂下蔡人也爲秦左丞相初事下蔡史舉先生學百家之術

李斯爲秦相始從荀卿學帝王之術學已成乃西入秦

漢鼂錯潁川人也（錯音措）景帝時爲御史大夫初學申商刑名於軹張恢生所（軹縣之張恢先生所也申商法也）與雒陽宋孟及劉帶同師

司馬談學天官於唐都（唐都方士名）受易於楊何（楊何字叔元菑川人）習道論於黃子（黃子景帝時人也儒林傳謂之黃生與轅固爭論於上前湯武非受命乃殺也）官至太史令子遷生龍門年十歲則誦古文二十而南游江淮上會稽探禹穴闚九疑浮沅湘北涉汶泗講業齊魯之都觀夫子遺風鄉射鄒嶧（鄒縣名嶧山名於此行鄉射之禮）過梁楚以歸亦爲太史令

夏侯勝字長公始昌之族子少孤好學從始昌受尚書及洪範五行傳説災異後事蕳卿（蕳姓卿名蕳音姦）又從歐陽氏問爲學精熟所問非一師也善説禮服（禮之喪服也）徵爲博士

蕭望之字長倩東海蘭陵人也徙杜陵以田爲業至望之好學治齊詩事同縣后倉且十年以令詣太常受業（今之太學生也）復事同學博士白奇（…）又從夏侯勝問論語禮服（禮之喪服）京師諸儒稱述焉官至前將軍

樓護字君卿齊人父世醫也護少隨父爲醫長安出入貴戚家誦醫經本草方術數十萬言長者咸愛重之共謂曰以君卿之材何不宦學乎繇是辭其父學經傳官至廣漢太守

杜鄴字子夏本魏郡繁陽人也祖父武帝時徙茂陵鄴少孤其母張敞女鄴壯從敞子吉學問得其家書以孝廉爲郎哀帝時遷涼州刺史

後漢班彪字叔皮幼與從兄嗣共遊學家有賜書内足於財好古之士自遠方至父黨揚子雲以下莫不造門叔皮雖聖人之道然後盡心焉（謂班嗣貴老嚴之術）彪後爲徐令以病去官

丁鴻字孝公潁川定陵人鴻年十三從桓榮受歐陽尚書三年而明章句善論難爲都講遂篤志精銳布衣荷擔不遠千里永元中爲司徒

馬嚴字威卿援兄子也章帝時爲御史中丞嚴少孤而好擊劍習騎射後乃白援從平原楊太伯講學專心墳典能通春秋左氏因覽百家羣言遂交結英賢京師大人咸器異之

周磐字堅伯汝南安成人和帝初爲謁者父業建武初爲天水太守磐少游京師學古文尚書洪範五行左氏傳好禮有行非典謨不言諸儒宗之官至重合令

張衡字平子南陽西鄂人少善屬文游於三輔因入京師觀太學遂通

經貫六藝求元中為侍中

景鸞字漢伯廣漢梓潼人也少隨師學經涉七州之地能理齊詩施氏易兼受河洛圖緯之書州郡辟命不就

崔瑗字子玉涿郡安平人早孤銳志好學十八至京師從侍中賈逵質正大義逵善待之瑗因留游學遂明天官歷數京房易傳六日七分諸儒宗之漢安初為濟北相

崔琦瑗之宗也少游學京師以文章博通稱後為臨濟長

李固字子堅司徒郃之子也少好學常改易姓名杖策驅驢負笈追師三輔學五經積十餘年博覽古今明於風角星算河圖讖緯仰察俯占窮神知變每到太學密入公府定省父母不令同業諸生知是郃子沖帝時為太尉

杜喬字叔榮河內林慮人少好學雖二千石子常步擔求師建和初為太尉

黃昌字聖真會稽餘姚人也本出孤微居近學官數見諸生修庠序之禮因好之遂就經學漢安初為大司農

士英[illegible]五經負笈追師[illegible]常[illegible]園取交勢利後為議郎

范冉[illegible]字史雲陳留外黃人少為縣吏遁去到南陽受業於樊英又游三輔就馬融通經歷年乃還嘗為萊蕪長後去官辟太尉府以疾不行

何顒字伯求南陽襄鄉人少從郭泰賈彪等游學洛陽泰等與同風好顒顯名太學於是中朝名臣太傅陳蕃司隸李膺等皆深接之辟司空府

戴封字平仲濟北剛人年十五詣太學師事鄮令東海申君為西鄂長

仲長統字公理山陽高平人少好學博涉書記贍於文辭年二十餘游學青徐并冀之間與交者多異之後為尚書郎

承宮琅邪姑幕人也時鄉里徐子盛者以春秋經授諸生宮過息廬下樂其業因就聽經遂請留門下為諸生拾薪執苦數年勤學不倦後為侍中祭酒

郭泰字林宗太原界休人也家世貧賤母欲使給事縣廷林宗不從遂辭就成皋屈伯彥學三年業畢博通墳籍善談論美音制乃游於洛陽洛陽司徒黃瓊辟太常趙典舉有道並不應

魏王基字伯輿東萊曲城人也少孤與叔父翁居年十七郡召為吏非其好也遂去入琅邪界游學後為征南將軍

樂詳河東人少好學聞謝該善左氏傳乃與南陽步陟詣許從該問難諸要今左氏問七十二事詳所撰太和中為騎都尉

邴原字根矩北海朱虛人十一而喪父家貧早孤鄰有書舍原過其傍而泣師問曰童子何悲原曰孤者易傷貧者易感夫書者必皆具有父兄者一則羨其不孤二則羨其得學心中惻然而為涕零也師亦哀原之言而為之泣曰欲書可耳答曰無錢資師曰童子苟有志我徒相教不求資也於是遂就書一冬之間誦孝經論語自在童亂之中嶷然有異及長金玉其行欲遠游學詣安丘孫崧崧辭曰君鄉里鄭君君知之乎原答曰然崧曰鄭君學覽古今博聞強識鈎深致遠誠學者之師模也君乃舍之躡屣千里所謂以鄭為東家丘者也君似不知而曰然者何原曰先生之說誠可謂苦藥良鍼矣然猶未達僕之微趣也人各有志所規不同故乃有登山而採玉者有入海而採珠者豈謂登山者不知海之深入海者不知山之高哉君謂僕以鄭為東家丘君以僕為西家愚夫邪崧辭謝焉又曰兗豫之士吾多所識未有若君者當以書相介原重其意難辭之持書而別原心以為求師啟學志高者通非若交游待分而成也書何為哉乃藏書於家而行原舊能飲酒自行之後八九年間酒不向口單步負笈苦身持力至陳留則師韓子助潁川則宗陳仲弓汝南則交范孟博涿郡則親盧子幹臨別師友以原不飲酒會米肉送原原曰本能飲酒但以荒思廢業故斷之耳今當遠別因見貺餞可以一飲燕於是共坐飲酒終日不醉歸以書還孫崧

解不致書到之六後爲郡三分三書功曹主簿
華他一名勇𡿦字元化沛国譙人遊李徐土兼通數经沛相
陳珪奉孝廉太尉黄琬辟皆不就
蜀尹默字思潛梓潼涪人益部多貴今文而不崇章句默知其
不博乃遠游荊州從司馬德操宋仲子等受古文學皆通諸經史
爲太中大夫卒
李仁字德賢與同縣尹默俱游荊州從司馬徽宋忠等學
吴士燮字威彦蒼梧廣信人也少游京師事頴川劉子奇治左
氏春秋察孝廉補尚書郎
晉范晷字彦長南陽順陽人也少游學清河遂徙家僑居郡命
爲五官掾
葛洪字稚川丹陽句容人也少好學時或尋書問義不遠數千
里崎嶇冒涉期於必得遂究覽典籍後選大著作固辭不就
趙至字景真代郡人寓居洛陽緱氏年十四詣洛陽游太學遇

嵇康於學寫石經徘徊視之不能去而請問姓名康曰年少何
以問邪曰觀君風器非常所以問耳康異而告之後乃亡到山
陽求康不得而還又將遠學母禁之至遂陽狂走三五里輒追
得之年十六游鄴復與康相遇隨康還山陽後至遼西幽州二
辟部從事
梁周興嗣字思纂世居姑孰年十三游學京師積十餘載遂博
通記傳善屬文後爲給事中直西省
沈峻字士嵩吴興武康人世農夫至峻好學初事宗人沈驎士
驎士卒後乃出都遍遊講肆遂博通五經尤長三禮官至國子
五經博士
陳戚袞字公文吴郡鹽官人袞少聰慧游學京都受三禮於国
子助教劉文紹一二年中大義略備對策高第除揚州祭酒從
事賀德基承業祖父仕梁俱爲祠部有名當世德基少游學于
京邑積年不歸衣資罄乏又恥服故弊盛冬止衣裌襦袴

尚書祠部郎
後魏公孫表字玄元燕郡廣陽人也遊學爲諸生慕鄭沖以爲
尚書郎
邢巒字洪賓河間鄚人也少而好學負帙尋師家貧屬節傭
覽史傳有文才幹略州郡表貢拜中書博士
高允渤海人性好文學擔笈負書千里就業博通經史郡召補
功曹
馮元興字子盛東魏郡肥鄉人也少有操尚世父僧䂓爲平原
郡守僧䂓在平原因就中山張吾貴常山房虬學通禮歲有
文才
徐遵明華陰人也幼孤好學年十七隨鄉人毛靈和等詣山東
求學至上黨乃師屯留王聰受毛詩尚書禮記一年便辭聰詣
燕趙師事張吾貴門徒甚盛遵明伏膺數月乃私謂其友人曰
張生名高而義無檢格凡所講說不愜吾心請更從師遂與平

原田猛略就范陽孫買德受業一年復欲去之猛略謂遵明曰君
年少從師每不終業千里負帙何去就之甚如此用意終恐無成
遵明曰然吾今始知真師所在猛略曰何在遵明乃指心曰正在於此
乃詣平原唐遷遷納之居於蠶舍讀孝經論語毛詩尚書三禮不出
門院凡經六年時彈箏吹笛以自娛慰又知陽平館陶趙世業家
有服氏春秋是晉世永嘉舊本遵明乃往讀之復經數年是後
教授門徒蓋寡久之乃盛後廣平王懷聞而徵焉至而尋退
孫惠蔚武邑人年十五粗通詩書及孝經論語十八師董道季講易
十九師程玄讀禮經及春秋三傳周流儒肆有名於冀方歷中書學
士侍讀東宮
董徵頓丘人年十七師清河監伯陽受論語
毛詩春秋周易就河内高望崇受周官後於博陵劉獻之遍受
諸經數年之中大義精練太和末爲四門小學博士
北齊熊安生字植之少好學勵精不倦初從陳達受三禮又從
房虬受周禮並通大義東魏天平中受禮於李鉉遂博通五經

李鉉字寶鼎年十六從李周仁受毛詩尚書章武劉子猛受禮記常山房虬受周官儀禮漁陽鮮于靈馥受左氏春秋天保初詔鉉與殿中尚書邢邵中書令　魏收等參議律令兼國子博士

劉晝字孔昭河間鄚人少負笈從師伏膺無倦恨下里少墳籍便杖策入都知太府少卿宋世良多書乃造焉世良納之恣意披覽河清初還冀州舉秀才入京考策不第

邢峙字士峻河間鄚人少翫典墳遊學燕趙之間後為清河太守

馬敬德河間人少好儒術負笈隨大儒徐遵明學詩禮後為國子祭酒

張雕家世貧賤而慷慨有志節雅好古學精力絶人負篋從師不遠千里起家殄寇將軍

後周熊安生字植之長樂阜城人也少好學勵精不倦初從陳達受三傳又從房虬受周禮並通大義後事徐遵明服膺歷年東魏天平中受禮於李寶鼎遂博通五經河清中陽休之等特奏為博士

盧損范陽人世仕燕魏表父穎遊宦京師損少學文隨父客汴洛間

沈重字德厚吳興武康人專心儒學從師不遠千里遂博覽群書尤明詩禮及左氏春秋梁大通三年起家王國常侍初在梁為散騎常侍高祖徵為露門學士

樊深字文深河東猗氏人弱冠好學負書從師於三河講習五經晝夜不倦永安中隨軍征討以功除盪寇將軍

隋[illegible]字選倫幼從　刻苦心行尋師及長安時初平江陵何妥歸國見而異之[illegible]經業天和中襲爵廣城侯

公孫景茂字元蔚河間阜城人少好學博涉經史初仕後魏察孝廉射策甲科為襄城王長史兼行參軍

劉焯字士元信都昌亭人也少與河間劉炫為友同受詩於同郡劉軌思受左傳於廣平郭懋當問禮阜城熊安生皆不卒業而去武強六十里就劉智海家素多墳籍焯就之讀書向經十載雖衣食不繼晏如也遂以儒學知名官至員外將軍

盧思道年十六遇中山劉松為人作碑以示思道讀之多所不解於是感激讀書師事河間邢子才及就魏收借異書數年之間才學兼著解褐司空參軍長史

唐張士衡瀛州樂壽人父友國子博士劉軌思授以毛詩周禮又從熊安生及劉焯受禮記皆精究大義初仕隋為餘杭令太宗貞觀中為崇賢館學士

高子貢和州歷陽人弱冠遊太學徧涉六經尤精史記舉明經歷秘書正字弘文館直學士

賜書

古者之書藏諸私室西漢而下殆踰千禩而得之者甚鮮豈非君親之賜特出非常儒者之榮舉無以比若乎其有名動搢紳譽高[illegible]或在公成績或為政有方錄是潛發德音曲推寵數幽經秘記咸所寵賜垂之編簡足為美談者也

漢班斿為右曹中郎將與劉向校秘書每奏事（師古曰每奏校書之事）斿以選受詔進讀群書（於天子前讀書）帝器其能賜以秘書之副（斿姪彪幼與從兄嗣共游太學家有賜書內足於財好古之士自遠方至）

後漢王景明帝時辟司空伏恭府永平十二年議修汴渠乃引見景問以理水形便景陳其利害應對敏給帝善之又以嘗修浚儀渠功業有成乃賜景山海經河渠書

東平王蒼光武子章帝建初七年還蕃歸國帝特留蒼賜以秘書列僊圖道術方

黃香字文彊章帝賜香淮南子孟子各一本仕位至尚書令

蔡邕陳留人有賜書四千許卷位至左中郎將

晉皇甫謐自表就武帝借書帝送一車書與之謐雖羸疾而披閱不怠守學好古不應徵命

齊晉安王子懋啟求所好書武帝曰知汝常以書讀在心足

爲深依也賜予縑杜　預手所定左傳及古今善言也
王儉爲左僕射領太子少傅國子祭酒高帝建元三年省儉宅
觀悉以四部書充儉家
蕭晉蘭陵人家有賜書志未傳
梁西陽王大鈞年七歲高祖嘗問讀何書對曰學詩因命諷誦
音韻清雅高祖因賜王羲之書一卷
陳江摠篤學有辭采家有賜書數千卷摠晝夜尋讀未嘗輟手
位至尚書令
唐李大亮爲涼州都督以惠政聞太宗嘗賜荀悅漢紀一部下
書曰卿立志方直竭節至公處職當官每副所委方大任使以
申寄公事之閑宜尋典籍然此書叙致既明論議深博極爲
治之體盡君臣之義今以賜卿宜加尋閱也

聚書

士大夫以詩礼立身儒素爲業廣聚墳典以遺子孫若良農之
儲耒耜百工之利刀尺也繕其簡編飾諸緗帙手自刊校心無
倦怠志於義蓄百家室盈千卷觀乎油素達聖者之心遺之子
孫爲清白之業異夫金玉滿堂貲幣潤屋多藏爲累厚亡可俟
者也
後漢杜林扶風人家多書王莽末客河西於河西得漆書古文
尚書經一卷每遭困厄握抱此經位至大司空
魏王脩家不滿斗斛有書數百卷太祖歎曰士不妄有名也官
至奉常
蜀向朗潛心典籍積聚篇卷於時最多也年八十手自校書刊
定謬誤位至特進
晉張華爲司空須著作常徙居載書三十乘祕書監摯虞撰定
官書皆資華之本以取正焉天下奇祕世所希有者悉在華所
由是博物洽聞世無與比身死之日家無餘財惟有文史溢于
机篋

葛洪博聞深洽抄五經史漢百家之言方伎雜事三百一十卷
金匱藥方一百卷肘後要急方四卷洪仕至諮議參軍
裴憲爲尚書與荀綽家但有書百袟
宋王曇首太保弘之弟也幼有素尚兄弟分財曇首唯取圖書
而已
南齊崔慰祖清河東武城人也好學聚書至萬卷隣里年少好
事者來從假借日數十袠慰祖親自取與未嘗爲辭
沱蔚家世好學有書七千餘卷遠近來讀者嘗有百餘人蔚爲
辦衣食
沈驎士吳興武康人累徵不就火燒書數千卷驎士年過八十
耳目猶聰明乃手寫細書復成二三千卷滿數十篋
梁陸少玄光祿大夫澄之子家有父澄書萬餘卷張率與少玄
善遂通書籍盡讀其書
沈約聰明過人好墳籍聚書至二萬卷京師莫比位至特進侍中
任昉爲祕書監墳籍無所不見家雖貧聚書至萬餘卷率多異本
卒後高祖使學士賀縱共沈約勘其書目官所無者就昉
家取之
袁峻字孝高篤志好學家貧無書從假借必皆抄寫自課日課
五十紙紙數不登則不止仕至員外散騎侍郎
王僧孺爲南康王諮議參軍好墳籍聚書至萬餘卷率多異本
與沈約任昉家書相埒
張緬性愛墳籍聚書至萬餘卷抄後漢晉書衆家異同爲後漢紀
四十卷晉抄三十卷又抄江左集未及成文集五卷位至御
史中丞
孔休源爲光祿大夫聚書盈七千卷手自校理
陳姚察年十二能屬文父上開府儀同知名梁代二宮礼遇優
厚每得供賜皆回給察爲游學之資察並用聚書圖書由是聞
見日博仕至吏部尚書

無所不覽求天下書逢即寫録所得萬餘卷

北齊郎基字世業中山人爲鄭州長史潁川郡守基性清慎無所營求嘗語人云任官之所木枕亦不須作况重於此乎唯頗令人寫書樊子蓋嘗遺之書曰在官寫書亦是風流罪過基荅曰觀過知人斯亦可矣

辛術爲東南道行臺尚書及定淮南凡諸貲物一毫無犯唯大収典籍多是宋齊梁時佳本鳩集萬餘卷并顧陸之徒名畫二王已下書法數亦不少

後周裴漢借人異書必躬自録本至于疾病弥年亦未嘗釋書

隋陸爽字開明初仕北齊爲中書侍郎齊滅周武帝聞其名與陽休之袁叔德等十餘人俱徵入關諸人多將輜重爽獨載書數千卷至長安授宣納上士

唐王方慶聚書甚多不減祕閣至於圖畫亦多異本諸子莫能守其業卒後尋併散亡仕至太子左庶子

李襲譽居家儉凡禄俸必散之宗親其餘但寫書而已及從揚州罷職經史遂盈數車仕至涼州都督

吴兢家聚書頗多嘗自録其第号吴氏西齋書目仕至左庶子

蘇弁聚書至二萬卷皆手自刋校至今言蘇氏書次於集賢共閣焉官至戸部侍郎

韋處厚聚書万卷手自刋校官至相位

王涯字廣津太原人也以詞藝登科踐揚清峻家書數萬卷侔於書府名畫人所保惜者必以厚貨致之凾匳皆飾之金寳爲垣竅而藏之複壁　後爲相

梁孫騭開平初歷諫議常侍騭雅好聚書有六經史漢百家之言凡數千卷洎李善所注文選皆簡翰精專至校勘詳審

[illegible]凝[illegible]凝好聚書至數千卷

[illegible]定州節度好聚圖書自常山始破汴州初平令居將命鬻帛收市以得書爲務不責貨賄書至三万卷名畫樂器各數百皆四方之精妙者咸萃於其府

張[illegible]恩沉静寡慾喜聚圖書家書五千卷視事之餘手自刋校仕至太原尹

賈馥故鎮州節度使王鎔判官家聚書三千卷馥手自刋校

晩學

夫學者所以博綜古今而發明道義者也故仲尼曰生而知之者上也學而知之者次也困而學之者又其次也若夫言童蒙之性負剛毅之氣或栖身丘壑躬樵牧之役或結黨豪俠爲奔走之事爰動子衿之刺聿與墻面之誚則有逮遲暮之歲厭泥塗之辱改節不悋服勤自修覃研六藝之文砥礪五常之行致位卿相垂名簡冊者比比而有以至旣居顯赫之任方從素學之業斯乃朝聞夕死老而彌篤者之謂也

晉平公問師曠曰吾年七十欲學恐晚如何對曰少年如日出之光二十而學如日中之光老學如炳燭之明孰與夜行乎公曰善哉

仲由字子路卞人也少孔子九歲子路性鄙好勇力直伉志陵暴孔子孔子設禮稍誘子路後儒服委質因門人請爲弟子

谷永少爲長安小吏後博學經書位太中大夫

魏崔琰字季珪性少樸訥好擊劍尚武事年二十三鄉移爲正始感激讀論語韓詩至年二十九乃結公孫方等就鄭玄受學太祖時爲中尉

孟康以郭后外屬轉散騎侍郎于時皆共輕之號爲阿九康旣才敏因在冗官博讀書傳後遂有所彈駁其文義雅而切要衆人乃更加意

蜀向朗字巨達領丞相長史初朗少時雖涉獵文學然不治素檢以吏能見稱自去長史優游無事垂三十年乃更潜心典籍孜孜不倦年踰八十猶手自校書刋定謬誤積聚篇卷於時最多

晉[illegible]徽字儒宗魯國鄒人也彬有經國大度而不拘行儉必便

弓馬好遊獵長八尺走及奔鹿逸力兼人晚乃敦悦經史尤明
易詩隨師受業還家教授常數百人初爲郡司下掾
胡奮家世將門晚乃好學有刀筆之用所在有聲績居邊特有
威惠武帝時位至左僕射
周處字子隱義興陽羨人也少好馳騁田獵不修細行州曲患
之處自知爲人所患慨然有改勵之志入吴尋二陸時機不在
見雲具以情告曰欲自修而年已蹉跎恐將無及雲曰古人貴
朝聞夕改君前途尚可且患志之不立何憂名之不彰處遂勵
志好學有文思志存義烈言必忠信克己朞年州府交辟仕吴
爲東觀左丞
宋沈攸之[illegible]時爲車騎大將軍晚學讀書手不釋卷史漢事
多所[illegible]憶嘗歎曰早知窮達有命恨不十年讀書
南齊張充字延符少好逸遊父緒嘗告歸至吴始入西郭逢充獵
右臂鷹左牽狗遇船至便放紲脫韝拜於水次父緒曰一身兩

役無乃勞乎跪曰充聞三十而立今二十九矣請至來年緒曰
過而能改顏氏子爲及明年便修身改節學不盈載多所該通
起家撫軍參軍
劉峻字孝標平原人自以少時未開悟晚更厲精明慮過人苦
所見不博聞有異書必往祈借清河崔慰祖謂之書淫於是博
極群書文藻秀出故其字序云蘊中濟濟皆外堂亦有愚者解
衣裳言其少年魯鈍也峻後遊東陽紫巖山築室居焉
後魏谷渾父家膂力兼人彎弓三百斤渾少有父風任俠好氣
以父母在常自退抑晚乃折節投經業遂覽群書被服類儒者
後爲儀曹尚書
劉蘭武邑人年三十餘始入小學書急就篇家人覺敏遂令從
師受春秋師禮於中山王保安家貧無以自資且耕且學三年
之後便白其兄蘭欲講書其兄笑而聽之爲立黌舍聚徒二百
後爲國子助教

後周楊汪少凶蹤好與人群鬬拳所毆擊無不顛踣長更折節
勤學專精左氏通三禮解褐冀王侍讀
隋尸盧勣周明帝時爲左武伯中大夫勣自以經業未通請解
職遊露門學帝嘉之勅以本官就學
王頍字景文齊州刺史頒之弟年數歲值江陵陷隨諸兄入關
少好遊俠年二十尚不知書爲其兄顒所責怒於是感激始讀
左傳禮易詩書乃歎曰書無不可讀者勤學累載遂遍通五經
究其旨趣大爲儒者所稱
唐李安遠少時好飛鷹走狗遊蕩無度家代爲將甚富於財然
數從博徒遊至於破業晚始折節讀書敬慕名士但逢務已皆
留心而與遊焉後爲懷州刺史終
房君集拜吏部尚書進位光祿大夫君集出自行伍素無學術
及被任遇方始讀書
姚元崇少居廣成澤不知書惟以射獵爲事年四十張憬藏謂

元崇曰當以文學備位將相無爲自棄爾來折節讀書後爲相
梁韓建爲華州刺史比不知書治郡之暇日課學書遣人於器
皿牀榻之上各題其名建視之既熟乃漸通文字

冊府元龜卷第八百一十一

冊府元龜卷第八百十二

總録部六十二

富　好施

富

洪範之述五福其二曰富仲尼亦云富人之所欲也故潤屋之訓見紀於策書素封之重非藉乎禄位又何況編列之戶以財力相君游談之士以貧賤為恥者哉三代而下乃有陪臣擬於公室匹夫敵於國君財力雄於京師射獵比於王者莫不猎其姦贅因其邑入占山澤之貨遷商賈之業或深耕以多積或居物而射利以至權倍稱之息廣畜牧之術精於方伎勵于治穰以致夫生生之厚焉然而老氏戒乎多藏仲尼鄙其不義自非保之以禮節約之以尋幅又曷能免充詘之誚逃偏重之釁哉

管仲齊大夫富擬於公室有三歸反坫齊人不以為侈

秦后子有寵於桓（后子秦桓公子也景公之母弟公子鍼）如二君於景其母曰不去懼選（選數也君將數其罪而加戮后子弗去）鍼適晉其車千乘（言其富也）后子享晉侯造舟于河十里舍車（舍置也相次十里置車）自雍及絳（自雍及絳用車百乘也）歸取酬幣終事八反

府八百十二　一

慶封齊大夫魯襄公二十八年慶封奔吳勾餘予之朱方（勾餘吳子夷末也朱方吳邑）聚其族焉而居之富於其舊子服惠伯謂叔孫曰天殆富淫人慶封又富矣穆子曰善人富謂之賞淫人富謂之殃天其殃之也其將聚而殲旃（旃之也殲盡也為昭四年楚殺慶封傳）

孟獻子魯大夫聘於晉（晉韓宣子）宣子觴之飲三從鍾石之懸不移而具獻子曰富哉宣子曰子之家孰與我富獻子曰吾家甚貧我有二士曰顏固慈無虛此士者使吾邦家安平百姓和協客出宣子曰彼君子也以畜賢為富我鄙人也以鍾石金玉為富孔子曰孟獻子之富也可著於春秋也

公叔文子衛大夫也朝而請享靈公退見史鰌而告之史鰌曰子必禍矣子富而君貪罪其及子乎文子曰君既許我矣其若之何史鰌曰無害也子臣可以免富而能臣必免於難戍也驕（戍文子之子公叔戍也）其亡乎

駟秦鄭大夫也富而侈而常陳卿之車服於庭鄭人惡而殺之

端木賜字子贛衛人既學於仲尼退而仕衛發貯鬻財曹魯之間（發貯發有貯時鬻財貴之也）七十子之徒賜最為饒（言於七十子之中最為富）而顏淵簞食瓢飲在于陋巷（簞笥也食飯也瓢勺也一簞之飯一瓢之飲至貧也）子贛結駟連騎束帛之幣聘享諸侯所至國君無不分庭與之亢禮（亢禮並賓主之禮）

孔子賢顏淵而譏子贛曰回也其庶乎屢空賜不受命而貨殖焉億則屢中（顏回庶幾聖道雖數空匱而樂在其中子貢不受教命唯財貨是殖億度是非幸而中耳）子贛好廢舉與時轉貨貲（發舉謂停貯也與時謂逐時也夫物賤則買而停貯貴即逐時轉易貨賣取貲）孔子卒子贛常相魯衛家累千金卒終于齊

府八百十二　二

范蠡為越大夫越王句踐困於會稽之上迺用范蠡計然（計然者濮上人也博學無所不通尤善計算嘗南遊越范蠡卑身事之其書則有萬物錄著五方所出皆述之一號計研晉中經簿又有范子問計然[illegible]）計然曰知鬭則修備時用則知物二者形則萬貨之情可得見矣（形見）故旱則資舟水則資車物之理也（旱極則水水極則旱故於旱時而預蓄舟水時預蓄車以待其貴乃收其利也）推此類而修之十年國富厚賂戰士遂報彊吳刷會稽之恥（刷[illegible]）范蠡歎曰計然之策十用其五而得意既以施國吾欲施之家迺乘扁舟浮江湖變名姓適齊為鴟夷子皮（自號鴟夷者言若盛酒之鴟夷多所容受而可卷懷與時張弛也鴟夷皮之所為故曰子皮）之陶為朱公（陶今濟陰定陶也）以為陶天下之中諸侯四通貨物所交易也迺治產積居與時逐（言隨時居貨隨時而逐利）而不責於人故善治產者能擇人而任時十九年之間三致千金再散分與貧交昆弟後年衰老聽子孫修業而息之（息生也）遂至鉅萬故言富者稱陶朱公（一云范蠡去越浮海出齊變姓名自謂鴟夷子皮耕于海畔苦身戮力父子治產居無幾何致產數千萬齊人聞其賢以為相范蠡喟然歎曰居家則致千金居官則至卿相此布衣之極也久受尊名不祥乃歸相印盡散其財以分與知友鄉黨而懷其重寶閒行以去止于陶以為此天下之中交易有無之路通為生可以致富矣於是自謂陶朱公復約要父子耕畜廢居候時轉物逐什一之利居無何則致貲累巨萬天下稱陶朱公）

猗頓魯之窮士耕則常飢桑則常寒聞朱公富問術朱公告曰子

欲速富當畜五牸於是乃適西河大畜牛羊于猗氏之南十年之間其息不可計貲擬王公馳名天下以興富於猗氏故曰猗頓一云猗頓氏盬鹽起盬鹽主也世本盬造盬故曰盬鹽主

白圭周人當魏文侯時李克務盡地力而白圭樂觀時變故人棄我取人取我與夫歲孰取穀予之絲漆繭出取帛絮與之食太陰在卯穰明歲衰惡至午旱明歲美至酉穰明歲衰惡至子大旱明歲美有水至卯積著率歲倍欲長錢取下穀長石斗取上種能薄飲食忍嗜欲節衣服與用事僮僕同苦樂趨時若猛獸摯鳥之發故曰吾治生產猶伊尹呂尚之謀孫吳用兵商鞅行法是也是故其智不足與權變勇不足以決斷仁不能以取予彊不能有所守雖欲學吾術終不告之矣蓋天下言治生祖白圭其有所試矣能試有所長非苟而已也

魏冄秦昭王母宣太后弟穰侯富於王室出關輜車千乘有餘

呂不韋陽翟大賈人往來販賤賣貴家累千金及爲秦丞相家僮萬人

郭縱邯鄲人以鐵冶成業與王者埒富

烏氏倮畜牧烏氏姓也倮名也人烏音畜牧之業也及衆斥賣畜牧蕃息其數多斥賣之也求奇繒物間獻戎王避時之禁故私遺戎王也戎王十倍其償與之畜畜至用谷量馬牛言其數多不可計故以谷量之牧又山谷多少秦始皇帝令倮比封君以時與列臣朝請

卓氏之先趙人也用鐵冶富秦破趙遷卓氏之蜀夫妻推輦步挽車行詣遷處諸遷虜少有餘財爭與吏求近處處葭萌唯卓氏曰此地狹薄吾聞汶山之下沃野下有蹲鴟至死不飢蹲鴟謂芋其根可食以充糧故無飢年華陽國志曰汶山郡都安縣有大芋如蹲鴟也民工於作易賈乃求遠遷致之臨邛大喜即鐵山鼓鑄就鐵山鼓鑄也運籌策傾滇蜀之民富至僮八百人田池射獵之樂擬於人君

程鄭山東遷虜也亦冶鑄賈椎髻之民富埒卓氏椎髻西南夷也言程鄭亦賈於夷人等也程卓既衰至成哀間成都羅裒訾至鉅萬裒賈京師隨身數十百万言其贏有數十百万至百万爲平陵石氏持錢其人彊力石氏訾次如苴其人彊力謂羅裒耳訾次石氏之錢財也親信厚資遣之令往來巴蜀數年間致千餘万裒舉其半賂遺曲陽定陵侯謂王根淳于長也依其權力賒貸郡國人莫敢負擅鹽井之利期年所得自倍遂殖其貨

孔氏之先梁人也用鐵冶爲業秦滅魏遷孔氏南陽大鼓鑄規陂田連騎游諸侯因通商賈之利有閒公子名言其志寬大不有餘公子有公侯賓之人子也言其舉動皆有以之也遊公言諸郡矣然其贏得過當愈於纖嗇愈勝纖細也嗇愛言其營利不[illegible]所獲贏之也言其發於利者不以苟得此多於纖嗇者也下云偶人義亦類此家致千金南陽行賈盡法孔氏之雍容

丙氏魯人也魯俗儉嗇而丙氏尤甚以鐵冶至鉅萬然家自父兄子孫約俛有拾仰有取俛有拾仰有所取無[illegible]也貰貸行賈徧郡國鄒魯以其故多去文學而趨利

刀閒齊人也齊俗賤奴虜而刀閒獨愛貴之刀姓閒名也桀黠奴人

之所患唯刀閒收取使之逐魚鹽商賈之利或連騎交守相然愈益任之終得其力起數千萬故曰寧爵毋刀刀閒家奴或有連車騎交守相奴自謂寧欲免去作民有爵邪將止爲刀氏作奴乎言能使豪奴自饒而盡其力

師史周人轉轂百數轉轂謂以車載物而逐利者賈郡國無所不至雒陽街居在齊秦楚趙之中富家相矜以久賈言雒陽之地居在諸國之中要衝之所其大術數過邑不入門設用此等故師史[illegible]其人死所不至而多得利不[illegible]以久賈也能致七千萬七千万謂七千萬也一日至千万者十數

漢任氏宣曲人其先爲督道倉吏督道秦時京師四方諸道地名也其督道者謂上道也秦之敗也豪桀爭取金玉任氏獨窖倉粟窖倉粟而藏之也楚漢相距滎陽民不得耕種米石至萬而豪桀金玉盡歸任氏任氏以此起富富人爭奢侈而任氏折節爲力田畜田畜人爭取賤賈任氏獨取貴善言[illegible]之物不[illegible]以貴善美也富者數世折節力田務本業先公後私率道閭里故云富然任公家約非田畜所生不衣食公事不畢則不得飲酒食肉[illegible]以此爲閭里率故富而主上重之

毋鹽氏關中人吳楚兵之起長安中列侯封君行從軍旅齎貸子錢家（行者須齎糧而出於子錢家貸之也貸謂求假之也）子錢家以爲關東成敗未決莫肯予唯毋鹽氏出捐千金貸（貸謂假與之）其息十之三月吳楚平一歲之中則毋鹽氏息十倍用此富關中

杜氏安陵人關中富商大賈大抵盡諸田（大抵歸）田墻田蘭韋家栗氏杜氏亦鉅萬

班壹始皇之末避墜於樓煩（樓煩古縣之名門之墜）致馬牛羊數千群値漢初定與民無禁當孝惠高后時以財雄邊（國家不設之禁故班氏以之）（以財雄邊而爲邊之雄豪）出入弋獵旌旗鼓吹年百餘歲以壽終故北方多以壹爲字者（壹爲字者蜀人一之類也今流俗書本多改此傳一字爲壹非也）

鄧通文帝倖臣也帝使善相人相鄧通曰當貧餓死帝曰能富通者在我何謂貧於是賜通蜀嚴道銅山得自鑄錢鄧氏錢布天下其富如此通官至上大夫

橋桃漢塞之斥也唯橋桃以致馬千匹牛倍之羊萬粟以万鍾（斥者言國家所開邊塞更令寬廣故橋桃得恣其畜牧也以万鍾計者不論斗斛千万之數每億幸万鍾而計之言其多也）

寧成武帝時爲內史外戚多毀成之短抵罪髡鉗是時九卿死即死少被刑而成刑極自以爲不復收（刑極者言被刑之重也）迺解脫詐刻傳出關歸家（偽刻傳以出關之符也）稱曰仕不至二千石賈不至千萬安可比人乎（賈謂販賣也）迺貰貸買陂田千餘頃（貰貸謂假取之也）假貧民役使數千家（假謂雇賃也）數年會赦致產數千萬

張安世宣帝時爲大司馬領尚書事安世以父子封侯在位大盛乃辭祿詔都內別藏張氏無名錢以百萬數（都內主藏官也安世以祿還官故也）（不言）安世尊爲公侯食邑万户然身衣弋綈（弋黑色也綈厚繒也）夫人自紡績家童七百人皆有手技作事內治產業累積纖微是以能殖其貨富於大將軍光

杜周始爲廷史有一馬（廷史即廷尉史也）及大任事列三公而兩子夾河爲郡守家訾累數巨萬矣

史丹魯國人也盡得父財又食大國邑數見褒賞賞賜累千金僮奴以百數後房妻妾數十人後爲左將軍

平當以訾百萬自下邑徙平陵當後爲丞相賜爵關內侯

樊嘉杜陵人也自元成訖王莽京師富人喜與茂陵摯綱平陵如氏苴氏長安丹王君房豉樊少翁王孫大卿爲天下高訾（房賣丹樊少翁及王孫大卿賣豉致高訾高訾謂多資財）嘉五千萬其餘皆鉅萬矣王孫卿以財養士與雄傑交王莽以爲京司市師漢司東市令也此其章章尤著者也其餘郡國富民兼業顓利以貨賂自行取重於鄉里者不可勝數故秦楊以田農而甲一州（富爲州中第一以甲州地過限）（從此）翁伯以販脂而傾縣邑張氏以賣醬而隃侈質氏以洒削而鼎食（洒濯也削謂刀室也謂人有刀劍削故者王爲洒濯更修令新也）濁氏以胃脯而連騎（今太官常以十月作沸湯燖羊胃以末椒薑粉之訖暴使燥是也）張里以馬醫而擊鍾

姓偉（姓偉名）臨菑人成哀間訾五千萬

張長叔薛子仲雒陽人成哀王莽時訾亦十千萬莽皆以爲納言士欲法武帝然不能得其利（武帝用卜式……等爲官也）

王丹字仲回京兆人哀平時仕州郡家累千金隱居養志

陰識南陽新野人其先祖子方至孝有仁恩當臘日晨炊而竈神見子方再拜受福家有黃羊因以祠之自是以後暴至巨富田七百餘頃輿馬僕隸比於封君子方常言我子孫彊大至識三世而遂繁昌故後常以臘日祠竈而以黃羊識官至執金吾

樊宏南陽湖陽人父重世善農稼好貨殖營理產業物無所棄課役僮隸各得其宜故能上下勠力財利歲倍至開廣田土三百餘頃其所廬舍皆有重堂高閣陂渠灌注（酈元注水經云……）又池魚牧畜有求必給嘗欲作器物先種梓漆時人嗤之然積以歲月皆得其用向之笑者咸求假焉貲至巨萬

馬援轉游隴漢間常謂賓客曰丈夫爲志窮當益堅老當益壯因處田牧至有牛馬羊數千頭穀萬斛後爲伏波將軍

李通字次元南陽宛人也以貨殖著姓後爲大司空

郭況爲大鴻臚光武數幸其宅賞賜金帛甚豐盛京師號況家爲金穴言其富貴也

杜篤子碩豪俠以貨殖聞篤仕郡文學掾

馬防爲光禄勳以病乞骸骨詔賜故中山王田廬以特進就第防兄弟貴盛奴婢各千人已上資産巨億皆買京師膏腴美業又大起第觀連閣臨道彌亘街路多聚聲樂曲度比諸郊廟賓客奔至京兆杜篤之徒數百人常爲食客居門下

戴遵字子高富於貨産輕財好義賓客常三四百人時人名之關東大豪戴子高

折像父國有貲財二億家僮八百人國終廣漢太守

魏曹洪家富而性吝嗇初太祖爲司空時以己率下每歲發調使本縣平貲于時譙令平洪貲財與公家等太祖曰我家貲那得如子廉邪後爲驃騎將軍

婁圭字子伯初平中在荆州北界合衆詣太祖太祖以爲大將子伯家累千金太祖曰婁子伯富樂於孤但勢不如孤

蜀糜竺字子仲東海朐人祖世貨殖僮客萬人貲産鉅億後爲安漢將軍

吴李衡嘗於武陵龍陽汎洲上作宅種甘橘千株臨死勑兒曰吾恐吾治家故窮如是然吾州里有千頭木奴不責汝衣食歲上一匹絹亦可足用耳衡亡後二十餘日兒以白母母曰此當是種甘橘也汝家失十户客來七八年必汝父遣爲宅汝父常稱太史公言江陵千樹橘當封君家吾曰且人患無德義不患不富若貴而能貧方好耳用此何爲吴末衡甘橘成歲得絹數千匹家道殷足晉咸康中其宅上枯樹猶在衡爲威遠將軍

晉石崇爲衛尉財産豐積室宇宏麗後房百數皆曳紈繡珥金翠絲竹盡當時之選庖膳窮水陸之珍與貴戚王愷羊琇之徒以奢靡相尚愷以飴澳釜崇以蠟代薪愷作紫絲步鄣四十里崇作錦步鄣五十里以敵之崇塗屋以椒愷用赤石脂崇愷爭豪如此武帝每助愷嘗以珊瑚樹賜之高二尺許枝柯扶疏世所罕比愷以示崇崇便以鐵如意擊之應手而碎愷既惋惜又以爲疾己之寶聲色方厲崇曰不足多恨今還卿乃命左右悉取珊瑚樹有高三四尺者六七株條幹絶俗光彩耀日如愷比者甚衆愷怳然自失矣

麴允金城人也與游氏世爲豪族西州爲之語曰麴與游牛羊不數頭南開朱門北望青樓允爲驃騎將軍

刁逵字伯道弟暢字仲遠次子弘字叔仁並歷顯職逵爲廣州刺史領平越中郎將假節暢爲始興相弘爲冀州刺史兄弟子姪並不拘名行以貨殖爲務有田萬頃奴婢數千人餘資稱是高祖起義暢弘謀應之伏誅子姪無少長皆死刁氏遂滅刁氏素殷富奴客縱橫固吝山澤爲京口之蠹宋祖散其資蓄令百姓稱力而取之彌日不盡時天下饑弊編户賴之以濟焉

宋孔靈符家本豐産業甚廣又於永興立墅周回三十三里水陸地二百六十五頃含帶二山又有果園九處爲有司所糾詔原之終會稽太守

沈攸之爲荆州刺史富擬王侯夜中諸廊然燭達曉曳珠玉者數百人皆一時絶妙

徐湛之財産豐富室宇園池貴遊莫及門生千餘皆三吴富人子每出入行遊塗巷盈滿湛之爲尚書僕射領護軍將軍

虞悰爲豫章內史將軍如故悰治家富殖奴婢無游手雖在南土而會稽海味無不畢致焉

後魏莫含鴈門繁畤人也家世貨殖貲累巨萬其故宅在桑乾川南世稱莫含壁或音訛謂之莫回城云含終左將軍

畢衆敬善持家業猶能督課田産大致儲積爲平南將軍兗州

刺史

仇廣與弟盈並善營產業家于中山號爲巨富子孫仕進至州主簿

張僧皓好產業孜孜不已藏鏹巨萬他資亦稱兄弟自供儉約車馬瘦弊身服布裳而婢妾紈綺僧皓尤好蒲弈戲不擇人是以獲譏於世

北齊婁昭字菩薩代郡平城人也祖父提雄傑有識度家僮千數牛馬以谷量性好周給士多歸附之終定州刺史

後周韓仲恭以訾於榮利郡辟爲功曹中正仲恭辭不獲免乃應之申公李穆嘗謂仲恭曰君唯頗安坐作富家公名級何由可進須爲子孫作貧蔭寧止足於郡吏邪仲恭荅曰第五之號豈減驃騎乎

韋藝大修產業與北夷貨易家貲巨萬爲營州揔管

隋何妥字栖鳳西域人也父細胡通商入蜀遂家郫縣事梁武陵王紀主知金帛因致巨富號爲西州大賈妥終國子祭酒

王辯字警略馮翊蒲城人也祖訓以行商致富魏世出粟助給軍糧爲假清河太守

唐郝處俊安州安陸人高宗儀鳳中爲侍中時侍中許圉師處俊之舅皆同州里俱官達於時又其鄉人田氏彭氏以殖貨見稱故江淮間爲之語曰貴如許郝富如田彭

馬燧爲司徒京師貲貨甲天下燧既卒子暢承舊業屢爲豪幸邀取德宗貞元末中尉楊志廉諷暢令獻田園第宅順宗復賜焉

晉張籛初仕後唐始在雍州因春景舒和出游近郊憩於大冢之上忽有黃雀銜一銅錢置於前而去未幾復於衙院書閤見二雀相鬬鬬畢各銜一錢落於籛首籛前後所獲三錢背紋於中緒識者以爲大富之徵莊宗同光末爲西都知府先是魏王繼岌自西征迴至咸陽時渭水暴漲籛斷浮橋繼岌至渭南自經死所有一行輜車蜀川珍貨妓女寶馬並爲籛所有籛由是家財巨萬明宗朝居環衛將湖南馬希範與籛有舊奏朝廷請命籛爲使允之籛密賷蜀之奇貨往焉又獲十餘萬緡以歸籛出入以庖者十餘人從行食皆水陸之珍鮮厚自奉養無與爲比後終密州刺史

袁正辭父象先梁祖之甥爲宋亳節度使在州十餘年積財百餘萬

趙在禮歷十餘鎮後爲晉昌軍節度使善治生殖貨積財巨萬兩京及所莅藩鎮皆邸店羅列

宋彥筠爲太子太師致仕彥筠性好貨殖能圖什一之利良田甲第相望於郡國及將終以伊洛之間莊十數區上進並籍於官焉

好施

夫富有是人之所欲者也蓋其弼養逸樂之所安焉若乃積而能散富而好禮樂義生於心術仁愛出於天然遂能發其家藏以

事其豐利斯是篤於故舊厚於宗族或恤其乏絶通乎有無或均其祿稟逮於鄉里是皆邁種其德周人之急博濟而不有其惠重施而匪求其報以至傾囷而不恐乏絶而無悔者焉自非見義忘利爲仁由己亦曷以臻此哉

欒懷子晉大夫欒盈也懷子好施士多歸之

漢蘇武弟爲典屬國所得賞賜盡以施予昆弟故人家無餘財

楊惲爲諸吏光祿勳親近用事初惲受父財五百萬及身封侯皆以分宗族後母無子財亦數百萬死皆予惲惲盡復分後母昆弟再受訾千餘萬皆以分施其輕財好義如此

朱邑爲大司農居處儉節祿賜以供九族鄉黨家亡餘財

張臨安世曾孫嗣平原侯臨且死分施宗族故舊言將死之時多以財分施也

樓護爲諫大夫使郡國護假貸官以物假貸人令護監之多持幣帛過齊上書求上先人冢因會宗族故人各以親疏與束帛百費百金之貴

郇越字臣仲太原人以明經飭行顯名於世越散其先人訾千餘萬以分施九族州里志節尤高初舉郡孝廉數病出官

後漢馬援王莽時游隴漢間常謂賓客曰丈夫爲志窮當益堅老當益壯因處田牧至有牛馬羊數千頭穀數万斛既而歎曰凡殖貨財產貴其能賑也否則守錢虜耳乃盡散以班昆弟故舊身衣羊裘皮絝位至伏波將軍

王丹京兆人王莽時連徵不起家累千金隱居養志好施周急後位太子太傅

樊重南陽湖陽人也營理產業貲至巨萬而賑贍宗族恩加鄉閭外孫何氏兄弟爭財重恥之以田二頃解其忿訟縣中稱美推爲三老重年八十餘終其素所假貸人間數百萬遺令焚削文契債家聞者皆慙爭往償之諸子從敕竟不肯受

寇恂爲執金吾歷河內潁川汝南太守封雍奴侯恂經明行修名重朝廷所得秩奉厚施朋友故人及從吏士常曰吾因士大夫以致此其可獨享之乎時人歸其長者以爲有宰相器

郭伋爲并州牧後爲太中大夫賜宅一區及帷帳錢穀以充其家伋輒散與宗親九族無所遺餘

梁竦字叔敬陵鄉侯統之子性好施不事產業長嫂舞陰公主民竦若尊曰妹兄松妻光武女贍給諸梁親疏有序特重敬竦雖衣食器物必有加異竦悉分與親族自無所服服孺用也辟命交至並不受

宋弘爲大司空封宣平侯所得租奉分贍九族家無資產以清行致稱

包咸爲鴻臚明帝以咸有師傅恩而素清苦常特賞賜珍玩束帛奉祿增於諸卿咸皆散與諸生之貧者

童恢父仲玉琅邪姑幕人也遭世凶荒傾家賑卹九族鄉里賴全者以百數

閻楊少孤微常脩逆旅逆旅客舍也以供過客而不受其報

竇固爲大將軍性謙儉愛人好施士以此稱之

羊茂爲大鴻臚行司徒事處清儉好施祿賜分與宗族家無餘財

廉范爲蜀郡太守數年坐法免歸鄉里范世在邊廣田地積財粟悉以賑宗族朋友

宣秉爲大司徒司直所得祿奉輒以收養親族其孤弱者分與田地自無擔石之儲

趙典爲太常每得賞賜輒分与諸生之貧者

張奮司空純之子襲爵富平侯少好學節儉行義常分損租奉贍卹宗親雖至傾匱而施與不怠

梁商爲大將軍每有饑饉輒載租穀於城門賑與貧餒不宣己惠

桓鸞字始春少立操行推財孤寡分賄友朋厚於待賢狹於養己常著大布縕袍糲食醋餐位議郎

馮緄巴郡宕渠人父煥幽州刺史緄家富好施賑赴窮急爲州里所歸愛緄位廷尉

种暠父爲定陶令有財三千万父卒暠悉以賑卹宗族及邑里之貧者

荀淑爲朗陵侯相頃之棄官歸閑居養志產業每增輒以贍宗族知友

鄧訓爲郎中樂施下士士大夫多歸之

傅育食祿數十年秩奉贍給知友妻子不免操井臼

折像廣漢雒人父國有貲財二億家僮八百人及國卒像感多藏厚亡之義乃散金帛資產周施親疏或諫像曰君三男兩女孫息盈前當增益產業何爲坐自殫竭乎像曰昔鬬子文有言我乃逃禍非避富也吾門戶殖財日久盈滿之咎道家所忌今世將衰子又不才不仁而富謂之不幸牆隳而高其顛必疾也智者聞之咸服焉

鄧綝爲謁者屯田三輔臨發之日散千金之產分與兄弟舅族親各有差品

朱儁少爲縣門下書佐好義輕財鄉閭敬之

荀悦少修清節貲財千萬父㦸卒悉散與九族

劉翊潁川人家世豐産常能周施而不有其惠後黄巾賊起郡縣飢荒翊救給之絶資其食者數百人鄉族貧者死亡則爲具殯葬嫁娶則助營妻娶後遷陳留太守翊散所握珍玩唯餘車馬自載東歸出關數百里見夫夫病亡道次翊以馬易棺脫衣斂之又逢知故困餓於路不忍委去因殺所駕牛以救其乏遂俱餓死

魏温恢字曼基太原祁人父恕漢末爲涿郡太守卒恢年十五送喪還歸鄉里内足於財恢曰世方亂安以富爲一朝盡散振施宗族州里高之比之郇越位涼州刺史

田疇漢末不就袁尚辟盡將其家屬及宗人三百餘家居鄴太祖賜疇車馬穀帛皆散之宗族知舊

張範河内人太祖以爲議郎參丞相軍事救恤窮乏家無所餘中外孤寡皆歸焉

毛玠陳留人爲太祖丞相東曹掾雖居顯位賞賜以賑施貧族家無所餘

袁渙爲太祖丞相軍祭酒前後得賜甚多皆散盡之家無所儲終不問産業乏則取之於人不爲皦察之行然時人服其清

管寧北海朱虚人每所居姻親知舊鄰里有困窮者家儲雖不盈儋石必分以贍救之位太中大夫

吴張允爲太帝東曹掾以輕財重士名顯州郡

魯肅臨淮東城人生而失父與祖母居家富於財性好施與爾時天下已亂肅不治家事大散財貨摽賣田地以賑窮弊結士爲務甚得鄉邑歡心周瑜爲居巢長將數百人故過候肅并求資糧肅家有兩囷米各三千斛肅乃指一囷與周瑜瑜益知其奇也遂相親結定僑札之分肅位横江將軍

朱據尚太帝公主爲左將軍封雲陽侯謙虚接士輕財好施

陳武爲五校督仁厚好施鄉里遠方客多依託之

全琮父柔爲桂陽太守柔嘗使琮齎米數千斛到吴有所市易琮至皆散用空船而還柔大怒琮頓首曰愚以所市非急而士大夫方有倒懸之患故便振贍不及啓報柔更以奇之是時中州士人避亂而南依琮居者以百數琮傾家給濟與共有無遂顯名遠近

嚴畯爲衛尉不畜禄賜皆散之親戚知故家常不充

晉劉寔爲太傅以老疾遜位寔雖處榮寵居無第宅所得俸禄贍卹親故

盧欽歷宰州郡禄俸散之親故不營貲産

王衍字夷甫父乂爲平北將軍卒於北平送故甚厚爲親識之所借貸因以捨之數年之間家資罄盡出就洛城西田園而居焉位至司徒

周訪少沉毅謙而能讓果於斷割周窮振乏家無餘財位梁州刺史

祖逖字士稚兄該納等並開爽有才幹逖輕財有節尚每至田舍輒稱兄意散穀帛以賙貧乏鄉黨親族以是重之逖位豫州刺史

郗超愔之弟愔聚斂積錢數千萬嘗開庫任超所取超性好施一日中散與親故都盡超位司徒左長史

羅憲性方亮嚴整待士無倦輕財好施不營産業位陵江將軍

宋劉懷愼爲五兵尚書加散騎常侍護軍將軍禄賜班於宗族家無餘財

劉彦之誕節不營産業輕財好施後爲江夏相

南齊褚炫自江夏内史入爲吏部尚書罷郡得錢十七萬於石頭並分與親族病無以市藥表自陳解改授散騎常侍領安成王師

崔慰祖父慶緒爲梁州刺史梁州之資財千万散與宗族漆器題爲日字日字之器流乎遠近

王騫歷黃門侍郎司徒右長史不事產業有舊墅在鍾山八十餘頃與諸宅及故舊共佃之常謂人曰我不如鄭公業有田四伯頃而　食常不周以此爲愧

梁韋叡爲散騎常侍護軍將軍性慈愛撫孤兄子過於己子歷官所得祿賜皆散之親故家無餘財

鄧元起當陽人性任俠好賑施鄉里年少多附之嘗至其西阻田舍有沙門造之乞元起問田人曰有稻幾何對曰二千斛元起悉以施之時人稱其有大度

康絢寬和少喜懼在朝廷見人如不能言號爲長厚在省每寒見省官有繿縷者輒遣遺以襦衣其好施如此位衞尉卿

張稷爲都督青冀二州刺史歷官無蓄聚俸祿皆頒之親故家無餘財

范雲初爲郡號稱廉潔及居貴重頗通饋遺然家無蓄積隨散之親友

何點廬江灊人也性通脫好施與遠近致遺一無所逆隨復散焉

蕭眎素爲太子中舍人丹陽尹丞初拜高祖賜錢八萬眎素一朝散之親友

范述曾爲太中大夫還鄉里述曾生平得俸祿皆以分施及老遂壁立無所資以天監八年卒

劉敬平原人少時好施務周人之急人或遺之亦不拒也久而歎曰受人者必報不則有愧於人吾固無以報人豈可常有愧乎

陳孫瑒爲侍中五兵尚書右軍將軍性通泰有財物散之親友

徐淩爲侍中太子少傅淩器局深遠容止可觀性又清簡無所營樹祿俸與親族共之太建中食建昌邑邑戶送米至于水次淩親戚有貧匱者皆令取之數日便盡淩家尋致乏絕府僚怪而問其故淩云我車牛衣裳可賣餘家有可賣不其周給如此

後魏李沖爲南部尚書爲文明太后所幸恩寵日盛賞賜千萬沖家素清貧於是始爲富室而謙以自牧積而能散近自姻族逮於鄉閭莫不分及虛己推物垂念羇寒衰舊淪屈由之躋敘者亦多矣時以此稱之

崔敬友爲梁郡太守會遭所生母憂不拜敬友恭寬接下脩身厲節自景明已降頻歲不登飢寒請丐者皆取足而去又置逆旅於肅然山南大路之北設食以供行者

宇文測尚陽平公主爲駙馬都尉性仁恕好施與衣食之外家無蓄積

呂顯爲鉅鹿太守清身奉公務存贍卹妻子不免飢寒

胡叟爲武威將軍家於密雲左右皆祗仰其德歲時奉以麻布穀麥叟隨分散之家無餘財年八十而卒

令狐仕兄弟四人孝著鄉邑而力田積粟博施不已

堯雄爲豫州刺史每受人物多所施與賓客往來禮遺甚厚亦以此見稱

北齊李元忠性仁恕家素富實其家人在鄉多有舉貸求利元

忠每焚契免責鄉人甚敬重之位驃騎大將軍

楊愔爲右僕射從尚書令愔自居大位門絕私交輕貨財重仁義前後賞賜積累巨萬散之九族架篋之中唯有書數千卷

畢義雲爲兗州刺史兼七兵尚書性豪縱頗以施惠爲心累世本州刺史家富於財士之匱乏者多有拯濟

後周宇文貴好音樂耽弈碁留連不倦然好施愛士時人頗以稱之位太保

唐瑾爲司中大夫兼內史性好施與家無餘財所得祿賜常散之宗族其尤貧者又割膏腴田宅以賑之所留遺子孫者並墝埆之地朝野以此稱之

隋柳謇之爲光祿少卿十餘年送光化公主於吐谷渾義成公主於突厥前後奉使得二國所贈馬千餘疋雜物稱是皆散之宗族家無餘財

房彥謙終于涇陽令彥謙家有舊業資產素殷又前後居官所

（下闕）

冊府元龜卷第八百一十五

總録部六十五

誠感　陰德

誠感

禮曰至誠如神易曰觀其所感而天地萬物之情可見矣蓋夫鍾最靈之質蘊中和之氣精懇内激冥期潛會乃至湍流自却金石爲開集大澤於旱暵燭異光於幽晦神交於夢寐德柔於猛鷙殊類擾伏奇徵協應以至嶽靈通感海神助順品物効祉蓋因不欺斯固由衷而發寂然而通以至精而格于神明君子之所貴者也

楚熊渠子夜行見寢石以爲伏虎彎弓而射之没金飲羽下視知其石也因復射之矢摧無跡

漢李廣嘗出獵見草中石以爲虎而射之中石没矢視之石也他日射之終不能入矣廣位至前將軍

王尊成帝時爲東郡太守久之河水盛溢泛浸瓠子金隄老弱奔走恐水決爲害尊躬率吏民投沈白馬祀水神河伯尊親執圭璧使巫策祝請以身塡金隄因止宿廬居隄上吏民數千万人爭叩頭救止尊終不肯去及水盛隄壞吏民皆奔走唯一主簿泣在尊旁立不動而水波稍却迴還吏民嘉壯尊之勇節

後漢許楊汝南人太守鄧晨署楊都水掾使復立鴻郤陂豪右大姓因緣陂役競欲辜較在所楊一無聽遂共譖楊受取賕賂晨遂收楊下獄而械輒自解獄吏恐遽白晨晨驚曰果濫矣太守聞忠信可以感靈今其效乎即夜出楊遣歸時天大陰晦道中若有火光照之時人異焉

陳弇以尚書教授躬自耕種常有黃雀飛來隨弇翱翔

諒輔廣漢人仕郡爲五官掾時夏天旱太守自出祈禱山川連日而無所降輔乃自暴庭中慷慨呪曰輔爲股肱不能進諫納忠薦賢退惡和調陰陽承順天意至令天地否隔萬物焦枯百姓喁喁無所訴告咎盡在輔今郡太守改服責己爲民祈福精誠懇到未有感徹輔今敢自祈請若至日中不雨乞以身塞無狀於是積薪柴聚茭茅以自環搆火其傍將自焚焉未及日中時而天雲晦合須臾澍雨一郡沾潤世以此稱其至誠

范式字巨卿與張元伯爲友元伯卒式忽夢見元伯玄冕垂纓屣履而呼曰巨卿吾以某日死當以尔時葬永歸黃泉子未我忘豈能相及式怳然覺寤悲歎泣下具告太守請往奔喪太守雖心不信而重違其情許之式便服朋友之服投其葬日馳往赴之式未及到而喪已發引旣至壙將窆而柩不肯進其母撫之曰元伯豈有望邪遂停柩移時乃見有素車白馬號哭而來其母望之曰是必范巨卿也旣至叩喪言曰行矣元伯死生路異永從此辭會葬者千人咸爲揮涕式因執紼而引柩於是乃前式後位至盧江太守

魏管寧北海人避難至于遼東所居左右無鬭訟之聲禮讓移於海表文帝即位徵寧將家屬浮海還郡寧之還也在海中遇暴風船皆没唯寧乘船自若時夜風晦冥船人盡惑莫知所泊望見火光輒趨之得島島無居人又無火燼行人咸異焉以爲神光之祐也後復以安車徵之會寧卒

朱沖南安人居近夷俗羌戎奉之若君沖亦以禮讓爲訓邑里化之路不拾遺村無凶人毒蟲猛獸皆不爲害卒以壽終

晉嵇康遇王烈共入山烈嘗得石髓如飴即自服半餘半與康皆凝而爲石又於石室中見一卷素書遽呼康往取輒不復見烈乃歎曰叔夜志趣非常而輒不遇命也其神心所感每遇幽逸如此官至中散大夫

徐苗有志行常宿亭舍有神告亭壞遽出得免苗雖徵辟皆不就

束皙陽平元城人太康中郡界大旱皙爲邑人請雨三日而雨注衆謂皙誠感爲作歌曰束先生通神明請天三日甘雨零我黍以育我稷以生何以疇之報束長生皙官至尚書郎

陸機吳郡人有駿犬名曰黃耳機在洛謂犬曰我家絶無書信汝能齎書取消息不犬摇尾作聲機乃為書以竹筩盛之而繫其頸犬尋路南走遂至其家得報還洛其後因以為常後河間王顒假機後將軍河北大都督

董景道永平中知天下將亂隱於商洛山衣木葉食樹果弾琴歌笑以自娯毒蟲猛獸皆繞其傍是以劉元海及聰屢徵皆礙而不達以壽終

顔含二親既終兩兄繼沒次嫂樊氏因疾失明含課勵家人盡心奉養每日自嘗省藥饌察問息耗必簪屨束帶醫人疏方應須髯蛇膽而尋求備至無由得之含憂歎累時嘗晝獨坐忽有一青衣童子年可十三四持一青囊授含開視乃蛇膽也童子逡巡出戶化成青鳥飛去得膽藥成嫂病即愈由是著名為光祿勳致仕卒喪在殯而鄰家失火移棺綍未火將至而滅僉以為淳誠所感也

郭文隱居餘杭大辟山中窮谷無人之地倚木於樹苫覆其上而居焉亦無壁鄣時猛獸為暴入屋害人而文獨宿十餘年卒無患害常著鹿裘葛巾不飲酒食肉區種菽麥常有猛獸忽張口向文文視其横骨乃以手探去之猛獸明旦致一鹿於其室前

嵇含為常侍侍中在官舍有一白雀棲集堂宇及致仕還家階庭忽蘭菊叢生以為德行之感焉

徐義為慕容永所獲械埋其足將殺之義誦觀世音經至夜中土開械脫於重禁之中若有人導之者遂奔楊佺期佺期以為洛陽令

宋謝述少有志行隨兄純在江陵純遇害述奉純喪還都行至西塞值暴風純喪舫流漂不知所在述乘小船尋求之經純妻庾舫過庾遣人謂述曰喪舫存沒已應有在風波如此豈可小船所冒小郎去必無及寧可存亡俱盡耶述泣答曰若安全至岸當須營理如其已致意外述亦無心獨存因冒浪而進見純喪幾沒述號叫呼天幸而獲免咸以為精誠所致也高祖聞而嘉之述後位至吳興太守

南齊江泌性行仁義衣弊虱飢死乃復取置衣中數日間終身無復虱後武帝以為南康王侍讀卒

顧歡晚節服食不與人通每旦出戶山鳥集其掌取食事黃老道解陰陽書詔以太學博士徵之不就

謝昌寓陳郡人也為廣州參軍孝性甚至嘗養一鵲昌寓病二旬而鵲二旬不食昌寓亡而鵲遂飛去

虞愿為晉平太守郡舊出髯蛇膽可為藥有餉愿蛇者愿不忍殺放二十里外山中一夜蛇還床下復送四十里經宿復還故處愿更令遠送乃不復歸論者以為仁心所致也

虞度始興人有道術以隨張永北征永敗虜追急阻淮水不得渡度心誓曰若得免死從今不復殺生須臾見兩楯流來接之得免後隱居西昌三顧山鳥獸隨之夜有鹿觸其壁度曰汝壞

我壁鹿應聲去屋前有池養魚魚次第來取食不去永明末以壽終

何點廬江灊人也累徵不就少時嘗患渴痢積歲不愈後在吳中石佛寺建講於講所晝寢夢一道人形貌非常授丸一掬夢中服之自此而差時人以為淳德所感

何胤居虎丘西寺講論經常禁殺有虞人逐鹿鹿徑來趨何伏而不動又有異鳥如鶴紅色集講堂馴狎如家禽焉後詔徵為特中不就卒

韋鼎初為梁邵陵王簿侯景之亂鼎兄昂卒於京城鼎負屍出寄于中興寺求棺無所得鼎哀憤慟哭忽見江中物流至鼎所竊異之往視乃新棺也因以充殮元帝聞之以為精誠所感

陳王固為梁元帝相国戶曹屬掌記聘于西魏因宴饗之際請停殺一羊於固前跪拜

後周王思政初為太祖丞相中軍大將軍雖被任委自以非相府之舊每不自安太祖曾在同州與群公宴集出錦罽及雜綾

□歡飲命諸將樗蒲取之物既盡太祖又解所服金帶令諸人遍擲曰先得盧者即與之群公將遍莫有得者次至思政乃斂容跪坐而自誓曰王思政羇旅歸朝蒙宰相國士之遇方願盡心効命上報知己若此誠有實令宰相賜知者願擲即為盧若內懷不盡神靈亦當明之使不作也便當殺身以謝所奉辭氣慷慨一坐盡驚即拔佩刀橫於膝上攬樗蒲將擲之比太祖止之擲為盧矣徐乃拜而受自此之後太祖期待更深轉驃騎將軍

李遠為都督嘗校獵於莎栅見石於叢薄中以為伏兔射之而中鏃入寸餘就而視之乃石也太祖聞而異之賜書曰昔李將軍親有此事公今復爾可謂世載其德雖熊渠之名不能獨擅其美

張元字孝始河北芮城人年六歲村陌有狗子為人所棄者元即收而養之其叔父怒曰何用此為將欲更棄之元對曰有

生之類莫不重其性命若天生天殺自然之理今為人所棄而死非其道也若見而不收養無仁心也是以收而養之叔父感其言遂許焉未幾乃有狗母銜一死兔置元前而去

隋王伽河間章武人開皇末為齊州行參軍初無雅稱後被州使送流囚李參等七十餘人詣京師時制流人並枷鎖傳送伽行次滎陽哀其辛苦悉呼而謂之曰卿輩既犯國刑虧損名教身嬰縲紲此其職也今復重勞援卒豈獨不媿於心哉參等辭謝伽曰汝等雖犯憲法枷鎖亦大苦吾欲與汝等脫去行至京師總集能不違期否皆拜謝曰必不敢違伽於是悉脫其枷停援卒與期曰某日當至京師如致前却吾當為汝受死舍之而去流人感悅依期而至一無離叛帝聞而驚異之召見與語稱善久之於是悉召流人并令攜負妻子俱入賜宴於殿庭而赦之擢伽為雍令

郭儁字弘文太原文水人家門雍睦七葉共居犬豕同乳烏鵲同巢時人以為義感之應州縣上其事高祖遣平昌公宇文弼詣其家勞問之特書御史柳彧巡省河北表其門閭

唐裴寂字玄真年十四州補主簿隋開皇中為左親衛家貧無以自業每徒步詣京師嘗至華岳因祭神而祝曰裴玄真困窮至此敢修誠謁神神之有靈鑒其運命若富貴可期當降吉夢再拜而去夜夢白頭翁謂寂曰卿年四十已後方可得志終當位極人臣耳

唐臨為萬泉丞縣有輕囚十數人會春暮時雨臨白令請出之令不許臨曰明公若有所疑臨請自當其罪令因請假臨召囚悉令歸家耕種與之約期令歸繫所囚等皆感恩貸至時畢集詣獄臨因是知名

董隴德本為翊王藏仁之蒼頭也藏仁父母先沒未獲合葬既而從役物故其妻孀居旁无親屬隴德迎致其屍并其父母而葬之因廬其墓次負土成墳每雉悲鳴於墳上焉太宗幸長春

宮記表其閭

王義方坐與張亮交遊貶授儋州吉安丞行至南海舟人將以酒脯致祭義方曰黍稷非馨義在明德乃酌水而祭為文曰思帝鄉而北顧望海浦而南浮必也行藏諸己義勇前脩長鯨擊水天吳覆舟如因忠獲戾以孝見尤四維霧廓千里安流靈應如響無作神羞時當盛夏風濤蒸毒既而開霽南渡數歲改授洹水丞

歸崇敬大曆中為倉部郎中充冊立新羅王使至海中流波濤迅急舟船壞漏衆咸驚駭舟人請以小艇載崇敬避禍崇敬曰舟人凡數百我何獨濟逡巡波濤稍息竟免為害

李康威少好勇不拘小節自布素中以飲博為事漁陽士子多忌之曾一日與諸遊俠輩釣于桑乾赤欄橋之側自以酒禱曰吾若有幽州節制分則獲一大魚俄有餌鉤首隨手持之得鯉魚長三尺餘人甚異焉後果鎮幽州

後唐內臣張承業爲監軍夾城之役遣承業求援於鳳翔時河中阻絶自離石渡河春冰方泮凌澌奔蹙艤舟不得渡因禱河神是夜夢神人謂曰子但渡流冰無患旣寤侍吏報曰河冰合矣凌晨躡冰而濟旋踵冰觧

周徐台符晉末爲翰林學士契丹之陷中原也台符從虜帳北至於薊門及戎人內潰乃竄身南歸初台符所乘馬性好嘶鳴及自虜中迴常露宿於草中雖胡騎連群經其左右而台符馬若箝其口然及行至漢地即嘶鳴如故時人以爲積善之所感也

段希堯初仕晉爲右諫議大夫使于吳越及乘舟汎海風濤暴越擲篩僕從皆相顧失色希堯謂左右曰吾平生履行不欺暗室昭昭天鑒豈無祐乎汝等但以吾爲託必當無患言訖而風止乃獲利涉

陰德

夫明晦之際雖則有殊而善惡之報誠亦無忒是以爲善則錫

[illegible]而[illegible]世爲[illegible]則降之咎而殛其身蓋如影響之相須符[illegible]青合者也若乃濟危難恤羈孤眞罰緩死以存乎性命危[illegible]功諫以申乎幽冤殆及骼胔之類鳥獸之微莫不形惻隱之心成全活之惠故能恩洽於物慶流於家成必大之徵享無疆之祐貽孫翼子乃公乃侯足以見天道之不誣人事之可後者爾

魏顆父武子爲晉大夫有嬖妾無子武子疾命顆曰必嫁是疾病[illegible]則曰必以爲殉及卒顆嫁之曰疾病則亂吾從其治也及輔氏之役顆見老人結草以亢杜回（杜回秦之力士）杜回躓而顛故獲之夜夢之曰余而所嫁婦人之父也爾用先人之治命余是以報

韓厥晉人感晉景公紹趙孤之子武以成程嬰公孫杵臼之義此天下之陰德也韓氏之功於晉未覩其大者也然與趙魏將爲諸侯十餘世宜乎哉

孫叔敖楚人初爲兒出遊歸遂憂而不食其母問其故泣而對曰吾聞見兩頭蛇必死吾恐人又見之殺而埋之母曰無憂汝不死矣吾聞有陰德者天必報之以福果不死矣

漢丙吉字少卿武帝末巫蠱事起吉以故廷尉監徵詔治巫蠱郡邸獄連歲不決後元二年武帝疾往來長楊五柞宮（長楊五柞宮並在盩厔之閒）望氣者言長安獄中有天子氣於是帝遣使者分條中都官詔獄繫者（條謂疏錄之）亡輕重一切皆殺之內者令郭穰夜到郡邸獄吉閉門拒使者不納曰皇曾孫在他人亡辜死者猶不可況親曾孫乎相守至天明不得入穰還以聞因劾奏吉武帝亦寤曰天使之也因赦天下郡邸獄繫者獨賴吉得生恩及四海矣（吉謂胡組郭徵卿者天子氣乃曾孫赦天下其郡邸獄繫者因曾孫之恩遂及四海也）及曾孫立是爲宣帝吉爲人深厚不伐善自曾孫遭遇吉絶口不道前恩（[illegible]）故朝廷莫能明其功也後帝知吉有舊恩封吉爲博陽侯邑千三百戶臨當封吉疾病帝將使人加紼而封之及其生存也（紼繫印之綬也）帝憂吉疾不起[illegible]曰此未死也臣聞有陰德者必饗其樂以及子孫

今吾未獲報而疾甚非其死疾也後病果愈後五歲代魏相爲丞相

于定國父于公（史缺）其閭門壞父老方共治之（閭門里門也）于公謂曰少高大閭門令容駟馬高蓋車我治獄多陰德未嘗有所冤子孫必有興者至定國爲丞相永爲御史大夫封侯傳世

王翁孺爲繡衣御史逐捕群盜及吏畏懦逗留當坐者翁孺皆縱不誅以奉使不稱免歎曰吾聞活千人有封子孫吾所活者萬餘人後世其興乎

後漢何敞六世祖比干字少卿經明行修兼通法律爲汝陰縣獄吏決曹掾平活數千人（一云比干武帝時爲廷尉正與張湯同時湯持法深而比干務仁恕數與湯爭雖不能盡得然所濟活者以千數）後爲丹陽都尉獄無冤囚淮汝號曰何公武帝征和三年三月辛亥天大陰雨比干在家日中夢貴客車騎滿門覺以語妻語未已而門有老嫗可八十餘頭白求寄避雨雨甚而衣履不霑漬雨止送至門乃謂比干曰公有陰德今天錫君策以廣公之子孫因出懷中符策狀如簡長九寸凡九百九十枚以授比干子孫佩印綬者當如此算比干年五十八有男六又生三子宣帝本始元年自

汝陰從平陵代為名族(臣欽若等曰案後漢書比干生蜀郡太守壽壽生京兆郡尉騏騏生光祿大夫鄭鄭生濟南太守寵寵生工官中郎將敞也)

鄧禹為太傅嘗歎曰吾將百万之衆未嘗妄殺一人其後代必有興者禹子孫又言吾聞活千人者子孫有封兄訓為使者修石臼河歲活數千人天道可信家必蒙福(臣欽若等曰按後漢書訓子騭悝弘閶皆封万戶侯訓女即和熹皇后也)

虞詡陳國武平人祖父經為郡縣獄吏按法平允務存寬恕每冬月上其狀常流涕隨之嘗稱曰東海于公高為里門而其子定國卒至丞相吾決獄六十年矣雖不及于公其庶幾乎子孫何必不為九卿邪故字詡曰升卿詡後為司隸校尉尚書僕射

梁商曾祖父統更始二年為中郎將安集涼州商女即順烈皇后也后少善女工好讀書史商深異之竊謂諸弟曰我先人全濟河西所活者不可勝數雖大位不究而積德必報若慶流子孫者儻興此女乎

袁安字邵公好學有威重明帝時為楚郡太守治楚王獄所申理者四百餘家皆蒙全濟安遂為名臣章帝時至司徒生蜀郡太守京京弟敞為司空京子陽為太尉陽四子長子平平弟成左中郎將成弟逢逢弟隗皆為公

楊震華陰人父寶年九歲時至華陰山北見一黃雀為鴟梟所搏墜於樹下為螻蟻所困寶取之以歸置巾箱中唯食黃花百餘日毛羽成乃飛去其夜有黃衣童子向寶再拜曰我王母使者君仁愛救拯實感成濟以白環四枚與寶令君子孫絜白位登三事如此環矣(臣欽若等曰案後漢書震子秉曾孫彪俱為太尉孫賜為司徒)

王忳廣漢新都人嘗詣京師於空舍中見一書生疾困愍而視之書生謂忳曰我當到洛陽而被病命在須臾腰下有金十斤願以相贈死後乞藏骸骨未及問姓名而命絕忳即鬻一斤營其殯葬餘金悉置棺下人無知者後歸數年縣署忳大度亭長初到之日有馬馳入亭中止其日大風飄一繡被復墮忳前即

言之於縣縣以歸忳忳後乘馬到雒縣馬遂奔走牽忳入宅舍主人見之喜曰今禽盜矣問忳所由得馬忳具說其狀并及繡被主人悵然良久乃曰被隨旋風與馬俱亡卿何陰德而致此二物忳自念有葬書生事因說之并道書生形貌及埋金之處主人大驚號曰是我子也姓金名彥前往京師不知所在何意卿乃葬之大恩久不報天以此章卿德耳忳悉以被馬還之彥父不取又厚遺忳忳辭讓而去時彥父為州從事因告新都令假忳休息自迎彥喪餘金具存忳由是顯名

晉孔愉以討華軼功封餘不亭侯愉嘗行經餘不亭見籠龜於路者愉買而放之溪中龜中流左顧者數四及是鑄侯印而印龜左顧三鑄如初印工以告愉乃悟遂佩焉

毛寶初在武昌軍人有於市買得一白龜長四五寸養之漸大放於諸江中邾城之敗養龜人被鎧持刀自投於水中如覺墮一石上視之乃先所養白龜長五六尺送至東岸遂得免焉

殷仲堪遊於江濱見流棺接而葬焉旬日間門前之溝忽起為岸其夕有人通仲堪自稱徐伯玄云感君之惠無以報也仲堪因問門前之岸是何祥乎對曰水中有岸其名為洲君將為州言終而沒至是果臨荊州

後魏高允為中書侍郎轉令監評刑三十餘載中外稱平以孝文太和十一年卒年九十八初允每謂人曰吾在中書有陰德濟救民命若陽報不差吾壽應享百年矣先卒旬外微有不適猶不寢臥呼醫請藥出入行止吟詠如常高祖文明太后聞而遣醫李脩往脉視之告以無恙脩入密陳允榮衛有異懼其不久於是遣使備賜御膳珍羞自酒米至於鹽醢百有餘品皆盡時味及牀帳衣服茵被几杖羅列於庭王官往還慰問相屬允喜形色語人曰天恩以我篤老大有所賚得以贍客矣表謝而已不有他慮如是數日夜中卒家人莫覺

唐徐有功則天時為司刑丞酷吏周興來俊臣丘神勣等構陷

無辜皆抵極法詔下大理者有功皆議出之前後濟活數十百家累遷司刑少卿以諫奏枉誅者三經斷死而執志不渝酷吏由是少衰時人比漢之于張焉先是潤州刺史竇孝諶妻龐氏爲奴所誣當坐斬有功明其無罪於是龐氏減死有功坐則天長安中玄宗踐阼孝諶子希瑊等請以身之官爵讓有功子惀以報舊恩惀由是自太子司議郎遷恭陵令

陸元方則天時爲宰相臨終曰吾陰德於人多矣其後庶幾福不衰矣元方子象先爲玄宗宰相景倩爲監察御史景融爲工部尚書景獻爲屯田員外郎景裔爲庫部郎中皆有美譽

裴度爲東都留守文宗太和九年十一月李訓王涯賈餗舒元輿等被誅其親屬門人從坐者數十百人下獄訶劾欲加流竄度上疏理之全活者數千家

冊府元龜卷第八百一十六

總録部六十六

訓子

傳曰父慈而教蓋父子之道篤乎天性愛之所鍾咸欲其善言誘而勗導必以義方兼資以恭授勵其志故士之克荷世德有立於世者未始不先乎嚴君之誨也是以子之能仕則曰父教之忠不就師傅則曰父之罪也然則於其幼也常視無誑及其長也弗納於邪至乎女子之行亦結褵以申戒故能宜於夫族正其家道至於天倫致美義篤於昆弟猶子均愛情厚於諸父孝有嘉話中乎勸率弁而述之咸可尚矣

周公相成王而使其子伯禽代就封於魯周公戒伯禽曰我文王之子武王之弟成王之叔父我於天下亦不賤矣然我一沐三捉髮一飯三吐哺起以待士猶恐失天下之賢人子之魯慎無以國驕人又曰君子不施其親（施易也不以他人之親易己之親）不使大臣怨乎不以（以用也怨不見聽用）故舊無大故則不棄也無求備於一人（大故謂惡逆之）又曰善則得之不善則失之故君子於其身也曰一猶善則得之不善則失之況教其子務乎

范武子晉大夫也將老（老致仕初受隨故曰隨武子後更受范復為范武子）召文子曰燮乎吾聞之喜怒以類者鮮（文子士燮之名）易者實多（易遷怒也）詩曰君子如怒亂庶遄沮君子如祉亂庶遄已（詩小雅也遄疾也沮止也祉福也）君子之喜怒以已亂也弗已者必益之郤子其或者欲已亂於齊乎不然余懼其益之也余將老使郤子逞其志庶有豸乎（豸解也欲使郤子解）（戒文子以止亂）爾從二三子唯敬（二三子晉諸大夫）乃請老後文子暮退於朝武子曰何暮也對曰有秦客廋辭於朝（廋隱也隱語之言問於朝也）大夫莫之能對也吾知三焉武子怒曰大夫非不能也讓父兄也爾童子而三掩人於朝吾不在晉國亡無日矣擊之以杖折委笄（委委貌冠笄簪也）

孔子謂其子鯉曰女為周南召南矣乎人而不為周南召南其猶正牆面而立也與（周南召南國風之始樂得淑女以配君子三綱之首王教之端故人而不為如向牆而立）

陳亢問於伯魚曰子亦有異聞乎（以為伯魚孔子之子所聞當有異）對曰未也嘗獨立（獨立孔子）鯉趨而過庭曰學詩乎對曰未也不學詩無以言鯉退而學詩他日又獨立鯉趨而過庭曰學禮乎對曰未也不學禮無以立鯉退而學禮聞斯二者陳亢退而喜曰問一得三聞詩聞禮又聞君子之遠其子也

孟釐子魯大夫病且死誡其嗣懿子曰孔丘聖人之後（聖人謂商湯）滅於宋（孔子六世祖孔父嘉為宋華督所殺其子奔魯避禍）其祖弗父何始有宋而嗣厲公（弗父何孔父嘉之高祖宋愍公之長子厲公之兄也何適嗣當立以讓厲公）及正考父佐戴武宣公（正考父弗父何之曾孫）三命茲益恭故鼎銘云（三命上卿也正考父廟之鼎）一命而僂再命而傴三命而俯循牆而走亦莫敢余侮饘於是鬻於是以餬余口其恭如是吾聞聖人之後雖不當世必有達者今孔丘年少好禮其達者歟吾即沒若必師之及釐子卒懿子與魯人南宮敬叔往學禮焉

曾參仲尼弟子也參有疾其子曾元抑首曾華奉足曾子曰微乎吾無顏氏之言吾何以告汝哉雖然君子之務亦大有之矣夫鹿以山為卑而增巢乎其上魚鱉黿鼉以淵為淺而堀穴乎其中卒其所以得者餌也故君子能無以利害義則辱奚由至哉

漢張負以女孫嫁陳平戒其孫曰毋以貧故事人不謹事兄伯如事父事嫂如事母（嫂兄妻也）

石奮號萬石君以上大夫祿歸老于家徙居陵里（茂陵邑中之里）中子內史慶醉歸入外門不下車奮聞之不食慶恐肉袒謝請罪不許舉宗及兄建肉袒萬石君讓曰內史貴人入閭里里中長老皆走匿而內史坐車中自如固當（此深責之也言內史貴人正可當爾）謝罷慶（罷令去）慶及諸子入里門趨至家

王吉為昌邑中尉坐昌邑王淫亂不能輔道被刑後戒子孫毋為王國吏子駿遷楚內史道病免官歸

韓延壽為左馮翊棄市三子皆為郎吏且死屬其子勿為吏以

已爲戒子皆以父言去官不仕至孫威乃復爲吏
尹賞爲執金吾病疾且死戒其諸子曰丈夫爲吏正坐殘賊免追思其功效則復進用矣一坐軟弱不勝任免終身廢棄無有赦時其羞辱甚於貪污坐贓愼毋然賞四子皆至郡守長子立爲京兆尹皆尚威嚴有治辦名
後漢陳寵父咸成哀間以律令爲尚書性仁恕常戒子孫曰爲人議法當依於輕雖有百金之利愼無與人重比
王丹子有同門生喪親家在中山白丹欲往奔慰結侶將行丹怒而撻之毋之撻十令寄縑以祠焉縑綿二匹或問其故丹曰交道之難未易言也世稱管鮑次則王貢丹官至太子太傅遜位卒于家
譙玄隱藏田野終公孫述之世時兵戈累年莫能脩尚學業玄獨訓諸子勤習經書
鄧禹爲太傅有子十三人各使守一藝脩整閨門教養子孫皆可以爲後世法

馬援爲伏波將軍兄子嚴敦並喜譏議而通輕俠客援前在交趾還書戒之曰吾欲汝曹聞人過失如聞父母之名耳可得聞口不可得言也好論議人長短妄是非正法此吾所大惡也寧死不願聞子孫有此行也汝曹知吾惡之甚矣所以復言者施衿結褵申父母之戒欲使汝曹不忘之耳龍伯高敦厚周愼口無擇言謙約節儉廉公有威吾愛之重之願汝曹效之杜季良豪俠好義憂人之憂樂人之樂清濁無所失父喪致客數郡畢至吾愛之重之不願汝曹效也效伯高不得猶爲謹勑之士所謂刻鵠不成尚類鶩者也效季良不得陷爲天下輕薄子所謂畫虎不成反類狗者也訖今季良尚未可知郡將下車輒切齒州郡以爲言吾常爲寒心是以不願子孫效也季良名保後果爲仇人所訟免官
賈武爲城門校尉兄子紹爲虎賁中郎將紹性疎簡奢侈武每數切厲相戒猶不覺悟乃上書求退紹位又自責不能訓導當先受罪由是紹更撙節大小莫敢違犯
鄭玄北海高密人嘗疾篤自慮以書戒子益恩曰吾家舊貧爲父母羣弟所容去廝役之吏游學周秦之都往來幽并兗豫之域獲覲乎在位通人處逸大儒得意者咸從捧手有所受焉遂博稽六藝粗覽傳記時覩秘書緯術之奧年過四十乃歸供養假田播殖以娛朝夕遇閹尹擅勢坐黨禁錮十有四年蒙赦令舉賢良方正有道辟大將軍三司府公車再召比牒并名早爲宰相惟彼數公懿德大雅克堪王臣故宜式序吾自忖度無任於此但念述先聖之元意思整百家之不齊亦庶幾以竭吾才故聞命罔從而黃巾爲害萍浮南北復歸邦鄉入此歲來已七十矣宿素衰落仍有失誤案之禮典便合傳家今我告爾以老歸爾以事將閑居以安性覃思以終業自非拜國君之命問族親之憂展敬墳墓觀省野物胡嘗扶杖出門乎家事大小汝一承

之咨爾煢煢一夫曾無同生相依其勗求君子之道研讚勿替敬愼威儀以近有德顯譽成於僚友德行立於己志若致聲稱亦有榮於所生可不深念邪吾雖無紱冕之緒頗有讓爵之高自樂以論贊之功庶不遺後人之羞末所憤憤者徒以亡親墳壟未成所好羣書率皆腐敝不得於禮堂寫定傳與其人日西方暮其可圖乎家今差多於昔勤力務時無恤飢寒菲飲食薄衣服節夫二者尚令吾寡恨若忽忘不識亦已焉哉後公車徵爲大司農玄以病自乞還家
魏李豐年十七八在鄴下名爲清白識別人物莫不注意後隨軍在許昌聲稱日隆其父不願其然遂令閉門勑使斷客
劉廙弟偉與魏諷善廙戒之曰夫交友之美在於得賢不可不詳而世之交者不審擇人務合黨衆違先聖人交友之義此非厚己輔仁之謂也吾觀魏諷不脩德行而專以鳩合爲務華而不實此直攪世沽名者也卿其愼之勿復與通偉不從後諷謀

所引故及於難廣官至侍中卒

王昶嘗爲其兄子從子作名字皆依謙實以見其意故兄子默字處靜沈字處道其子渾字玄沖深字道沖遂書戒之曰夫人爲子之道莫大於寶身全行以顯父母此三者人知其善而或危身破家陷於滅亡之禍者何也由所祖習非其道也夫孝敬仁義百行之首行之乃立身之本也孝敬則宗族安之仁義則鄉黨重之此行成於內名著於外者矣人若不篤於至行而背本逐末以陷浮華焉以成朋黨焉浮華則有虛僞之累朋黨則有彼此之患此三者之戒昭然著明而循覆車滋衆逐末彌甚皆由惑當時之譽昧目前之利故也夫富貴聲名人情所樂而君子或得而不處何也惡不由其道耳患人知進而不知退知欲而不知足故有困辱之累悔吝之咎語曰如不知足則失所欲故知足之足常足矣覽往事之成敗察將來之吉凶未有干名要利欲而不厭而能保世持家永全福祿者哉欲使汝曹立

身行己遵儒者之教履道家之言故以玄默沖虛爲名欲使汝曹顧名思義不敢違越也古者盤杅有銘几杖有誡俯仰察焉用無過行況在己名可不戒之哉夫物速成則疾亡晚就則善終朝華之草夕而零落松柏之茂隆寒不衰是以大雅君子惡速成戒闕黨也若范匄對秦客而武子擊之折其委笄惡其掩人也夫人有善者鮮不自伐有能者寡不自矜伐則掩人矜則陵人掩人者人亦掩之陵人者人亦陵之故三郤爲戮於晉王叔負罪於周不惟矜善自伐好爭之咎乎故君子不自稱非以讓人惡其蓋人也夫能屈以爲伸讓以爲得弱以爲彊鮮不遂矣夫毀譽愛惡之原而禍福之機也是以聖人慎之孔子曰吾之於人誰毀誰譽如有所譽必有所試又曰子貢方人賜也賢乎哉我則不暇以聖人之德猶尚如此況庸庸之徒而輕毀譽哉昔伏波將軍馬援戒其兄子言聞人之惡當如聞父母之名耳得而聞口不可得而言也斯戒至矣人或毀己當退而求之

於身若己有可毀之行則彼言當矣若己無可毀之行則彼言妄矣當則無怨於彼妄則無害於身又何反報焉且聞人毀己而忿者惡醜聲之加人也報者滋甚不如默而自脩己也諺曰救寒莫如重裘止謗莫如自脩斯言信矣若與是非之士凶險之人近猶不可況與對校乎其害深矣虛僞之人言不根道行不顧言其爲浮淺較可識別而世人惑焉猶不檢之以言行也近濟陰魏諷山陽曹偉皆以傾邪敗沒熒惑當世挾持姦慝驅動後生雖刑於鈇鉞大爲警戒然所汚染固以衆矣可不慎與若夫山林之士夷叔之倫甘長飢於首陽安赴火於緜山雖可以激貪勵俗然聖人不可爲吾亦不願也今汝先人世有冠冕惟仁義爲名守慎爲稱孝悌於閨門務學於師友吾與時人從事雖出處不同然各有所取潁川郭伯益好尚通達敏而有知其爲人弘曠不足輕貴有餘得其人重之如山不得其人忽之如草吾以所知親之昵之不願兒子爲之北海徐偉長不治名

高不求苟得澹然自守惟道是務其有所是非則託古人以見其意當時無所褒貶吾敬之重之願兒子師之東平劉公幹博學有高才誠節有大意然性行不均少所拘忌得失足以相補吾愛之重之不願兒子慕之樂安任昭先淳粹履道內敏外恕推遜恭讓處不避洿怯而義勇在朝忘身吾友之善之願兒子遵之若引而伸之觸類而長之汝其庶幾舉一隅耳及其用財先九族其施舍務周急其出入存故老其論議貴無貶其進仕尚忠節其取人務道實其處勢戒驕淫其貧賤慎無戚其進退念合宜其行事加九思如此而已吾復何憂哉昶位至司空

蜀向朗字巨達遺言戒子曰傳稱師克在和不在衆此言天地和則萬物生君臣和則國家平九族和則動得所求靜得所安是以聖人守和以存以亡也吾楚國之小子耳而早喪所天爲二兄所誘養使其性行不隨祿利以墮今但貧耳貧非人患惟和爲貴汝其勉之朗終於左將軍

吳潘濬武陵人爲太常歸義隱蕃以口辯爲豪桀所善濬子翥亦與周旋饋餉之濬聞大怒疏責翥曰吾受國厚恩志報以命爾輩在都當念恭順親賢慕善何故與降虜交以糧餉之在遠聞此心震面熱惆悵累旬疏到急就往使受杖一百促責所餉當時人咸怪濬而蕃果圖叛誅夷衆乃歸服

顧雍爲丞相時大帝嫁從女女顧氏甥故召雍父子及孫譚譚爲選曹尚書見任貴重是日帝極歡譚醉酒三起舞舞不知止雍內怒之明日召譚訶責之曰君王以含垢爲德臣下以恭謹爲節昔蕭何吳漢並有大功何每見高帝似不能言漢奉光武亦信恪勤汝之於國寧有汗馬之勞可書之事邪但階門戶之資遂見寵任耳何有舞不復知止雖爲酒後亦由恃恩忘敬謙虛不足損吾家者必爾也因背向壁臥譚立過一時乃見遣

晉王祥爲太保臨薨訓其子曰夫言行可覆信之至也推美引過德之至也揚名顯親孝之至也兄弟怡怡宗族欣欣悌之至

也臨財莫過乎讓此五者立身之本顏子所以爲命未之思也夫何遠之有子皆奉而行之

夏侯湛作昆弟誥其辭曰惟正月才生魄湛若曰咨爾弟淳琬瑫謨總瞻古人有言孝乎惟孝友于兄弟死喪之威兄弟孔懷又曰周之有至德也莫如兄弟於戲古之載于訓籍傳于詩書者厥乃不思不可不行爾其專乃心一乃聽砥礪乃性以聽我之格言淳等拜手稽首湛若曰嗚呼惟我皇乃祖滕公肇釐厥德厥功以左右漢祖弘濟于嗣君用垂祚于後我世增敷前軌濟其好行美德明允相繼冠冕胥及以逮于皇曾祖愍侯寅亮魏祖用康乂厥世遂啓土宇以大綜厥勳于家我皇祖穆侯崇厥基以允釐顯志用恢闡我令業維我后府君侯祗服哲命欽明文思以熙柔我家道丕隆我先緒欽若稽古訓用敷訓典籍乃綜其微言嗚呼自三墳五典八索九丘圖緯六藝百家衆流罔不探賾索隱鉤深致遠洪範九疇彝倫攸序乃命世立言越用

繼厥父之大業斯文在茲且九齡而我王母薛妃登遐我后孝思罔極惟以奉于穆侯之繼室蔡姬以致其子道蔡姬登遐蓋于穆侯之命厥礼乃不得成用不祔于祖姑惟乃用朞其永慕厥乃以疾辭位用遜于厥家布衣席蒿以終于三載厥乃亡訓無文我后丕孝其心用假于厥制以釐于世公使君侯惟泊后聰明叡智丕丕誠惠用慈友于我后我惟烝烝是虔罔不克承厥誨用增茂我敦篤以播休美于一世厥乃可不遵惟我用夙夜匪懈日鑽其道而仰之彌高鑽之彌堅我用欲罷不敢豈唯子躬是懼實令跡是奉厥乃晝分而食夜分而寢豈惟令跡是畏實爾猶是儀嗚呼其敬哉俞予聞之周之有至德有婦人焉我母氏羊姬宣慈愷悌明粹篤誠以撫訓群子厥乃我齓齒則受厥教于書學不遑惟寧敦詩書礼樂孳孳弗倦我有失惟與汝服厥誨惟仁義惟孝友是尚憂深思遠祗以防于微顯義形於色厚愛平恕以濟其寬裕用緝和我七子訓諧我五妹惟

惟我兄弟姊妹束脩慎行用不辱于冠帶實母氏是憑予其爲政蒙爾惟母氏仁之不行是戚予其望色思寬獄之不情教之不恭是訓予其納戒思詳嗚呼惟母氏信著于不言行感于神明若乃恭事于蔡姬敦穆于九族乃高于古之人厥乃于皇承師姆乃惟父惟母世德之餘烈服膺之弗可及景仰之弗可階汝其念哉俾群弟天祚于我家俾爾咸休明是履是英哉文明柔順琬乃沉毅篤固惟瑫厥情粹平理謨茂哉儁哲寅亮總其弘肅簡雅瞻乃純鑠惠知惟我蒙蔽極否于義訓咨爾六弟汝其滋義洗心以補予之尤予乃亦不敢忘汝之闕嗚呼小子瞻汝其見予之長於仁未見予之長於義也瞻曰俞以如何湛若曰我之肇于總角以逮于弱冠暨于今之二毛受學于先載納誨于嚴父慈母予其敬忌于厥身而弱予之纖介冀予之小瘢使予有過未曾不知予知之道改惟沖子是賴予親于心愛于中敬于貌厥乃口無擇言柔人且直廉而不劌肅而不

厲厥其成子哉用集我父母之訓庶明厲翼邇可遠在兹瞻拜
手稽首曰俞湛曰都在脩身在愛人瞻曰吁惟聖其難之湛曰
都厥不行惟難厥行惟易淳曰俞明而昧崇而卑沖而常顯而
賢同而疑礪而柔和而矜湛曰俞乃言厥有道淳曰俞祇服訓
湛曰來琬世亦昌言琬曰俞身不及於人不敢墮於勤厥故惟
新湛曰俞瑂亦昌言瑂曰俞滋敬于己不滋敬于己惟敬乃持
無忘有恥湛曰俞謨亦昌言謨曰俞無忘於不可不虞形貌以
心訪心於虞湛曰俞揔亦昌言揔曰俞若夏厥憂以休湛曰俞
瞻亦昌言瞻曰俞復外惟內取諸內不忘諸外湛曰俞休哉淳
等拜手稽首湛亦拜手稽首乃歌曰明德復哉家道休哉世祢
攸哉百禄周哉又作曰詩德恭哉訓翼從哉內外康哉皆拜曰
康哉湛官至散騎常侍

阮籍爲步兵校尉子渾有父風少慕通達不飾小節籍謂曰仲
容已豫吾此流（咸字仲容籍兄子）汝不得復爾

荀勗語諸子曰人臣不密則失身樹私則背公是大戒也汝等
亦當宦達人間宜識吾此意勗後爲尚書令卒

庾袞有孤兄女曰芳將嫁美服既具袞乃刈荊苕爲箕帚召諸
子集之于堂男女以班命芳曰芳乎汝少孤汝逸汝豫不汝疵
瑕今汝適人將事舅姑灑埽庭內婦之道也故賜汝此蘧器之
爲美欲溫恭朝夕雖休勿休也袞雖州郡交命察孝秉舉清白
異行皆不就

劉殷爲侍中太保錄尚書事有七子五子各授一經一子授太
史公一子授漢書一門之內七業俱興北州之學殷門爲盛常
戒子孫曰事君之法當務幾諫凡人尚不可面斥其過而況萬
乘乎夫犯顏之禍將彰君過宜上思召公咨商之義下念鮑勛
觸鱗之誅

東海王越鎮許時王承爲記室參軍越雅相知重敕其子毗曰
夫學之所益者淺體之所安者深閑習禮度不如式瞻儀形諷
詠遺言不若親承音旨王參軍人倫之表汝其師之承與阮瞻
謝鯤鄧攸俱在越府越又與瞻等書曰小兒毗既無令淑之質
不閑道德之風望諸君時以閑豫周旋誨接

殷仲堪爲荊州刺史自在荊州連年水旱百姓饑饉仲堪食常
五椀盤無餘肴飯粒落席閒輒拾以噉雖欲率物亦緣其性真
素也每語子弟云人物見我受任方州謂我豁平昔時意今吾
處之不易貧者士之常焉得登枝而損其本爾其存之

謝混與族子靈運瞻曜弘微以文義賞會嘗因酣宴之餘爲
韻語以獎勸靈運瞻等曰康樂誕通度（康樂靈運封國）實有名家韻若
加繩染功剖瑩乃瓊瑾宣明體遠識（宣明瞻字）穎達且沉雋若能去
方執穆穆三才順阿多標獨解（阿多曜小字）弱冠纂華胄質勝誠無
文其尚又能峻通遠懷清悟（通遠瞻字）采采標蘭訏直轡鮮不躓抑
用解偏吝微子基微尚（微子弘微也）無勸由慕藺勿輕一簣少進往
將千仞數子勉之哉風流由爾振如不犯所知此外無所慎靈

運等並有誡厲之言唯弘微獨盡褒美初靈運父瑍無才能爲
秘書郎早年而亡靈運好臧否人物混患之欲加裁折未有方
也謂瞻曰非汝莫能乃與晦曜弘微等共游戲使瞻與靈運登
車便商較人物瞻謂之曰祕書早亡談者亦互有同異靈運默
然言論自此衰止混歷位中書令中領軍尚書左僕射

宋陶潛爲彭澤令有高節嘗與子書以言其志并爲訓戒曰天
地賦命有生必終自古賢聖誰能獨免子夏言曰死生有命富貴
在天四友之人親受音旨發斯談者豈非窮達不可妄求壽夭
永無外請故邪吾年過五十而窮苦荼毒以家弊東西遊走性
剛才拙與物多忤自量爲己必貽患累僶俛辭世使汝幼而飢
寒耳常感孺仲賢妻之言敗絮自擁何慚兒子此既一事矣但
恨隣靡二仲室無萊婦抱兹苦心良獨罔罔少年好書偶愛閑
請開卷有得便欣然忘食見樹木交蔭時鳥變聲亦復歡爾有
喜嘗言五六月北窗下卧遇涼風暫至自謂是羲皇上人意淺

識陋日月遂往緬求在昔耿然如何疾患以來漸就衰損汝舊不遺每以藥石見救自恐大分將有限恨汝輩稚小家貧無役柴水之勞何時可免念之在心若何可言然雖不同生當思四海皆兄弟之義鮑叔敬仲有分財無猜歸生伍舉班荊道舊遂能以敗爲成因喪立功他人尚爾況共父之人哉潁川韓元長漢末名士身處卿佐八十而終兄弟同居至于沒齒濟北氾稚春晉時操行仁人七世同家人無怨色詩云高山仰止景行行止汝其愼哉吾復何言又爲命子詩以貽之曰悠悠我祖爰自陶唐邈其虞賓歷世重光御龍勤夏豕韋翼商穆穆司徒厥族以昌紛紜戰國漠漠衰周鳳隱于林幽人在丘逸虬撓雲奔鯨駭流天集有漢眷予愍侯於赫愍侯運當攀龍撫劒夙邁顯茲武功參誓山河啓土開封亹亹丞相允迪前蹤渾渾長原蔚蔚洪柯群川載導衆條載羅時有嘿語運因隆汙在我中晉業融長沙（陶侃封長沙淵明曾祖也）桓桓長沙伊勳伊德天子疇我專征南國功

遂辭歸臨寵不忒孰謂斯心而可近得肅矣我祖愼終如始直方二臺惠和千里（淵祖茂爲武昌太守）於皇烈考淡焉虛止寄迹風雲冥茲慍喜嗟余寡陋瞻望靡及顧慙華鬢負影隻立三千之罪無後其急我誠念哉呱聞爾泣卜云嘉日占爾良時名爾曰儼字爾求思溫恭朝夕念茲在茲尚想孔伋庶其企而厲夜生子遽而求火凡而有心奚待于我既見其生實欲其可人亦有言斯情無假日居月諸漸免于孩福不虛至禍亦易來夙興夜寐願爾斯才爾之不才亦已焉哉

何叔度爲豫章太守尚之以吏部郎告休定省傾朝送別於冶渚及至郡叔度謂曰聞汝來此朝相送可有幾客答曰殆數百人叔度笑曰此是送吏部郎耳非關何彥德也昔殷浩亦嘗作豫章定省送别者甚衆及廢徙東陽船泊征虜亭積日乃至親舊無復相窺者

王敬弘琅邪臨沂人爲侍中左光祿大夫子恢之被召爲祕書郎敬弘爲求奉朝請與恢之書曰祕書有限故有競朝請無限故無競吾欲使汝處於不競之地太祖嘉而許之

顏延之爲金紫光祿大夫領湖東王師子竣既貴重權傾一朝凡所資供延之一無所受器服不改宅宇如舊常語竣曰平生不喜見要人今不幸見汝竣起宅謂曰善爲之無令後人笑汝拙也延之閑居無事爲庭誥之文曰庭誥者施於閨庭之内謂不遠也吾年居秋方慮先草木故遽以未聞誥爾在庭若立履之方規鑒之明已列通人之規不復續論今所載咸其素畜本乎生靈而致之心用夫選言務一不尚煩密而至於備議者蓋以罔諸情非古語曰得鳥者羅之一目而一目之羅無時得鳥矣此其積意之方道者識之公情者得之私公通可以使神明加響私塞不能令妻子移心是以昔之善爲士者必捐情反道合公屛私尋尺之身而以天地爲心數紀之壽常以金石爲量觀夫古先垂戒長老餘論雖用細制每以不朽見銘繕築末迹

咸以可久承志況樹德立義收族長家而不思經遠乎曰身行不足遺之後人欲求子孝必先慈將責弟悌務爲友雖孝不待慈而慈固植孝悌非期友而友亦立悌夫和之不備或應以不和猶信不足焉必有不信黨知恩意相生情理相出可使家有參柴人皆由損夫内居德本外夷民譽言高一世處之逾嘿器重一時體之茲冲不以所能干衆不以所長議物淵泰入道與天爲人者士之上也若不能遺聲欲人出己知福在虛求不可校得敬慕謙通畏避矜踞思廣監擇從其遠大理精出而言稱未達論問宣茂而不以居身此其亞也若乃聞實之爲貴以辨畫所克見聲之取榮謂爭奪可獲言不出於戶牖自以爲道義久立才未信於僕妾而曰我有以過人於是感苟銳之志馳傾斂之望豈悞已挂有識之裁入修家之誡乎記所云千人所指無病自死者也行近於此者吾不願聞之矣凡有知能預有文論若不練之衆士校之群言通才所歸前流所與焉得以成名

乎若呻吟於牆屋之內諠囂於黨輩之閒竊議以迷衆聞如語以歆要說是短穽所出而非長見所取適值尊明臨涖稍覺博論而言不入於高聽久見棄於衆視則慊若迷塗失偶歎如深夜撤燭銜聲茹氣睇嘿而歸豈識向之尊慢秪足以成今之沮喪耶此固少壯之發尓其戒之以怨誹爲心者未能達無心究得喪多見誚耳此蓋藏獲之爲豈識量之事哉是以齊聲令色愈上每高怨言愁議每下愈發有尚於君子者寧可不務勉耶鄙曰常人有不能素盡故當以遠理勝之幺笄除之豈可不務自異而取陷庸品富厚貧薄事之懸也以富厚之身親貧薄之人非可一時同勢然皆有守之無怨安之不悶者蓋有理存焉夫既有富厚必有貧薄豈其諮然時乃天道若人厚富是理無貧薄然乎必不然也若謂富厚在我則宜貧薄在人可乎又不可矣道在不然義在不可而擅意去就豨生希幸以爲未達至分蠹遏農鮑民丛之本躬稼難就止以僕役爲資嘗施其情願

凡其衣食定其當治遞其優劇出之休饗後之撫責雖有勸勉之勤而無雨沾日曝之苦務前公税以遠吏譲無爲傍費以息流議量時發斂視歲豐儉省贍以奉已損散以及人此用天之善御生之得也率下多方見情爲上立長多術聰明爲鑒雖及僕妾情見則事通蹈在畎畝明聰則功博若奪其常然役其須務使威烈雷霆犧不禁其非棄其大用聚其細瑕或明灼日月將不勝其邪故曰辱焉則毛牣焉則譽是以禮道尚優法意從刻優則人自爲厚刻則物相爲薄耕收誠鄙此用不忒所謂野逸而不以居心也含生之埒同祖一氣等級拓頓迭成品品遂便業習移其天識世服役其性靈至夫願欲情嗜宜無閒殊或役人而養給然是非大意不可侮也偶與有疆寧侯裘裘大馬有鐵官無輕饑者能服溫厚而知穿弊之苦明周之德猷滋言而識寡嫌之急仁恕之功豈其與夫比皮膚於草石方手足於雅走者同集意用哉罰憎其濫惠戒其偏罰濫則死以為罰惠偏

則不如無惠雖尒吠未猶局庸保之上輩思反已敵類念物則其情得而人心塞矣於博蒲塞會衆之事諧調哂謔適生之方然失敬致侮皆此之由方其耽嗜彌喪端儼況遭非鄙慮將與折豈若正其容而簡其事靜其氣而遠其意使言必詳慮密友請耳矣不傾撫左右悅目非鄙無因而生侵侮何從而入此亦持德之管籥尒其謹哉嫌惑疑心誠亦難分豈惟厚貌敬智之明深情怯剛之斷而已哉必使猜怨愚賢則嗔笑入疾耽愛犬馬則步顧成妖況動容竊兮束裝濫金又何足詩也是以前王作則明慎議獄而僭濫易意朱公論璧光澤相如而倍蓰貨價此言雖大可以戒小遊道雖廣交義爲長得在可久失在輕絕久由相敬絕由相狎愛之勿勞當抉其正性恕而勿侮必藏其枉情輔以藝業會以文辭使親不可褻疏不可閒每存大德無挾小怨率此性也足以相終酒酌之設可樂而不可嗜嗜而非疾者希禍而遂嗜者幾既會其病將發其正若存其正性紓其

妄發其惟善成乎聲樂之會可簡而不可違違而不背者鮮矣背而非弊者反矣既弊既背將受其毀必能通其礙而節其流意可為中和矣善施者唯發自人心乃出天則與不得積取先譏賞並散千金求不可能瞻人之急雖乏必先使施如千一丹受如桂林亦可與言交矣浮華怪餝滅質之具奇服廣食棄本之方動人勸慕傾人顧眄可以遠識奪難用近欲從若覩其淫怪知生於無心為見奇麗能致諸非務則不抑自貴不禁自止夫數相者必有之徵既聞之術人又驗之吾身理可得而論也人者兆氣二德稟軀五常二德有奇偶五常有勝殺及其為人寧無叶歫亦猶生有好醜死有夭壽人皆知其懸天至於丁年乖遇中身迕合者豈可易地哉是以君子遵命愈難識道愈堅古人恥以身為僕養者厚欲之謂也欲者性之煩濁氣之薰蒸故其為害則燋心智耗真精傷人和犯天情雖生必有之而生之徒猶火含煙而妨火桂懷蠹而殘桂然則火勝則煙滅蠹收則

桂折故性明若欲簡聲繁者氣惛去明即惛難以生矣是以中外群聖建言所黜儒道衆智發論是除然有之者不患不深故棄之者常苦術淺所以毀道多而於義寡焉損盡誠難每損可易能思每損亦明之矣夫嫌嗜之性不同故畏棄之情或異從事於人者無執人我之心不以己之所善誣人爲有非矣不以人之所失矜我能有守矣已所謂然而彼定不能弈棊之蔽悅彼之可而忘我不可學顰之蔽將求去蔽者念通性分而已流言謗議有道所不免況在闕薄難用筭防應物之方必出於己或信不素積嫌間所襲或性不和物尤怨所聚有一于此害更迭興苟能反悔在我而無責於人必有達鑒昭其情遠識迹其事曰省吾躬月料吾志寬嘿以居潔靜以期神道必在何恤人言諺曰富則盛貧則病矣貧之病也不唯形色麤黶或亦神心沮廢豈但交友疎棄必有家人誚讓非廉深識遠者何能不移其操故欲蠲憂患莫若懷古懷古之志當自同古人見通則憂

淺慮遠則怨浮昔人琴歌於編蓬之中者用此道也夫信不逆彰義必幽隱交類相盡明有相照一面見旨則情固丘岳一言中志則意入淵泉以此事上水火可蹈以此託友金石可弊豈待充其榮實乃將議報厚之箱篚然後爲然如或與立茂思無忽祿利者受之易易則人之所榮蕃穢者就之艱艱則物之所鄙艱易既有勤倦之情榮鄙又開向背之意此二塗所爲反也以勞定國以功施人則役徒屬而擅豐麗自理於民自事其生則督妻子而趨耕織必使陵侮不作懸企不萌所謂賢鄙處宜華野同泰人以有惜爲質非假嚴刑有常爲德不慕厚賞有惜者以理會有常者與物終世有位去則情盡無惜斯見矣又有務謝則心移斯不常矣又非徒若此而已或見休事則懃歡結納及聞不論則處歎離貳附會以從風隱竊以成釁朝吐面譽暮行背毀昔同稽款今猶叛戾斯爲甚矣又非唯若此而已或爲人患訓諳人成立與人餘論依人揚聲曲存稟仰甘赴塵軌

衰沒畏遠忌聞影迹又蒙蔽其善毁之無度心短彼能私樹己拙官崇常輩同顏高識有人至此實蠹大倫每思防避無通闇伍覩驚異之事或涉流傳遭卒迫之變反思安順若異從已發將尸謗人迫而又迕愈使失度能夷異如裴楷處逼如裴遐可稱深士乎喜怒者有性所不能無常起於褊量而止於弘識然喜過則不重怒過則不威能以恬漠爲體寬愉爲器者大喜蕩心微抑則定甚怒煩性小忍即歇動無愆容舉無失度則物將自懲人將自止習之所變亦大矣豈唯蒸性染身乃將移智易慮故曰與善人居如入芝蘭之室久而不知其芳與之化矣與不善人居如入鮑魚之肆久而不知其臭與之變矣是以古人慎所與處唯夫金貞玉粹者乃能盡而不汙耳故曰丹可滅而不能使無赤石可毀而不可使無堅苟無丹石之性必慎浸染之由能以懷道爲念必有從理之心道可懷而理可從則不議貧議所樂耳或云貧何爲樂此未求道意道者瞻富貴同貧賤

理固得而齊自我喪之未爲通議苟議不喪夫何不樂或曰溫飽之貴所以榮生饑寒在躬空曰從道取諸其身將非篤論此又不通理用者也凡養生之具豈間定實或以膏腴夭性有以穀藿登年中散云所足在內不由於外是以稱體而食貧歲愈嗛量腹而炊豐家餘食非粒實息耗意有盈虛耳況心得優劣身獲仁富明白入素氣志如神雖十旬九飯不能令饑業席三屬不能爲寒豈不信然且以己爲度者無以自通彼量渾四極而輪五緯天道弘也振河海而載山川地道厚也一情紀而合流貫人靈茂也昔之通乎此數者不爲剖判之行必廣其度無挾私殊博其交道靡儇曲異故望塵請友則義士輕身一遇拜親則仁人投分此倫序通允禮俗平一上獲其用下得其私世務雖移前休未遠人之適生吾將反本夫人之生暫有心識幼壯驟過衰耗驚及其間夭殺既難勝言假獲存遂又云無幾柔體之身亟委土木剛清之才遽爲丘壤迴遑顧慕雖數紀之

守耳以此持榮曾不可留以此服道亦何能久進退我生遊觀所造得意爲人將在含理含理之貴惟神與交幸有心靈義無自惡德信天德近不止慙欲使人沉來化忘符往哲勿謂是賒日暮斯螯若適此意善將忘老如曰不然其誰與歸偶懷所撰述略布衆條若備舉情見顧未書一贈身之經別在田家節政末終之紀自著燕居畢義

宋孔覬爲安陸王子綏冠軍長史覬弟道存從弟徽頗營產業二弟請假東還覬出渚迎之輜重十餘船皆是綿絹紙席之屬覬見之僞喜謂曰我此困乏得此甚要因命上置岸側既而正色謂道存等曰汝輩忝預士流何至還東作賈客耶命左右取火燒之燒盡乃去

劉思話爲開府征西將軍其子惠開爲太子舍人時與汝南周朗同官友善以偏奇相尚後轉黃門侍郎與侍中何偃爭權表乞解由此忤旨免官思話素恭謹操行與惠開不同常以其峻異每加嫌責及見惠開自解表歎曰兒子不幸與周朗周旋理應如此杖之二百

冊府元龜卷第八百一十六

冊府元龜卷第八百一十七

總録部六十七

訓子第二

南齊劉懷民平原人仕宋爲齊北海二郡太守子善明年四十剌史劉道隆辟爲治中從事懷民謂善明曰我已知汝立身復欲見汝立官也

王僧虔爲侍中兄子儉爲朝宰起長梁齋度小過僧虔視之不悦竟不入户儉即毁之僧虔嘗有書誡子曰知汝恨吾不許學欲自悔厲或以闔棺自欺或更擇美業且得有慨亦慰窮生但亟聞斯唱未覩其實請從先師聽言觀行冀此不復虚耳吾未信汝非徒然也往年有意於史取三國志聚置床頭百日許復徙業就玄玄自當小差於史猶未近彷彿曼倩有云言何容易見諸玄志爲之逸腸爲之抽專一書轉誦數十家注自幼至老手不釋卷尚未敢輕言汝開老子卷頭五尺許未知輔嗣何所

道平叔何所説馬鄭何所異指例何所明而便盛於麈尾自呼言士此最險事設令袁令命汝言易謝中書挑汝言莊張吳興叩汝老端可復言未嘗看邪言故如射前人得破後人應解不解即輸都矣且論注百氏荆州八袠又才性四本聲無哀樂皆言家口實如客至之有設也汝皆未經拂耳瞥目豈有庖廚不脩而欲延大賓者哉就如張衡思侔造化郭象言類懸河不自勞苦何由至此汝曾未窺其題目未辨其指歸六十四卦未知何名莊子衆篇何者内外八袠所載凡有幾家四本之稱以何爲長而終日自欺人人亦不受汝欺也由吾不學無以爲訓以爲比然重華無嚴父放勳無令子亦各由已耳汝輩竊議亦當云吾不學在天地間可嬉戲何忽自課謫幸及盛時逐歲暮何必有所減汝見其一耳不全尔也設令吾學如馬鄭亦必甚勝復倍不如今不必大減致之有由從身上來也汝今壯年自勤數倍許勝劣及吾耳世中比例舉眼是汝足知此不復具言吾在世雖乏德素要復推排人間數十許年故是一旂物人或以此數汝等耳即化之後若自無調度誰復知汝事者舍中亦有少負令譽弱冠越超清級者于時王家門中優者則龍鳳劣者猶虎豹失蔭之後豈龍虎之議況吾不能爲汝蔭正應各自努力耳或有身經三公蔑尔無聞布衣寒素卿相屈體或父子貴賤殊兄弟聲名異何故蓋讀數百卷書耳吾今悔無所及欲以前車誡尔後乘也汝年入立境方應從官兼有室累牽役中情何處復得下帷如王郎時邪爲可作世中學取過一生耳試復三思勿諱吾言猶捶撻志輩志輩謂僧虔子慈志揖寂等冀脱萬一未死之閭望有成就者不知當有益否各尔身已切豈復關吾邪愧唯知愛深松茂柏寧知子弟毁譽事因汝有感故略叙胷懷矣

王志侍中特進僧虔子其弟寂建武初欲獻中興頌志謂之曰汝膏粱年少何患不達不鎮之以静將恐貽譏寂乃止寂卒爲秘書郎

呂安國爲湘州剌史有疾徵爲光禄大夫加散騎常侍安國欣有文授謂其子曰汝後勿作袴褶驅使單衣猶恨不稱當爲朱衣官也

陳顯達爲侍中鎮軍將軍有子十餘人誡之曰我本志不及此汝等勿以富貴凌人復謂其子曰麈尾扇是王謝家物汝不須捉此自逐

張融爲司徒左長史永明中遇疾爲門律自序曰吾文章之體多爲世人所驚汝可師以心不可使耳爲心師也夫文豈有常體但以有體爲常正當使常有體丈夫當刪詩書制禮樂何至因循寄人籬下且中代之文其體闕變尺寸相資彌縫舊物吾之章體亦何嘗慎溫涼而錯寒暑綜哀樂而横歌哭哉正以屬辭多出比事不羇不阡不陌非途非路耳然其傳音振逸鳴節竦異或當未極亦已極其所矣汝若復别得體者吾不拘也吾義亦如文造次乘我顛沛非物吾無師無友不文不句頗有孤神獨逸耳義之爲用將使性入清波塵洗猶沐無得釣聲同利舉價如高俾是道場險成軍路吾昔嘗僧言多肆法辯此盡遊

平生亦笑而汝等無幸又云人生之口但可論道説義唯飲與食此外如樹銅爲吾每以不爾爲恨尒曹當振綱也嗚呼又戒其子曰手澤存焉父書不讀況文之音情婉在其韻吾意不然別遺尒首吾文體英變變而屢奇豈吾天挺蓋不隤家聲汝可號哭而看之

周顒爲中書侍郎有名於時子捨幼聰穎顒異之臨卒謂曰汝不患不富貴但當將之以道德

王騫太尉儉之子爲黄門郎司徒右長史性凝簡不狎當世嘗從容謂諸子曰吾家門戶本素族自可隨流平進不須苟求也

梁韋叡爲護軍將軍散騎常侍雖老暇日猶課諸兒以學弟三子稜尤明經史世稱其洽聞叡每坐稜使説書其所發擿稜猶弗之逮也

徐勉爲中書令嘗爲書誡其子崧曰吾家世清廉故常居貧素至於産業之事所未嘗言非直不經營而已薄躬遭逢遂至今

日尊官厚祿可謂備之每念叨竊若斯豈由才致仰藉先門風範及以福慶故臻此耳古人所謂以清白遺子孫不亦厚乎又云遺子黄金滿籯不如一經詳求此言信非徒語吾雖不敏實有本志庶得遵奉斯義不敢墜失所以顯貴以來將三十載門人故舊亟薦便宜或使創闢田園或勸興立邸店欲舳艫運致亦令貨殖聚斂若此衆事皆距而不納非謂拔葵去織且欲省其紛紜中年聊於東田間營小園者非存播藝以要利正欲穿池種樹少寄情賞又以郊際閑曠終可爲宅儻獲懸車致事實欲歇於斯慧日十住等既應營婚又須住止吾淸明門宅無相容處所以尒者亦復以有前割西邊施宣武寺既失西廨不復方幅意亦謂此逆旅舍耳何事須華常恨時人謂是我宅古往今來豪富繼踵高門甲第連闥洞房宛其死矣定是誰室但不能爲培塿之山聚石移果雜以花卉以娛休沐用託性靈隨便亦立不存廣大唯功德處小以爲好所以内中逼仄無復房宇近營東邊兒孫二宅乃藉十住南還之資其中所須猶爲不少既牽挽不至又不可中塗而輟郊間之園遂不辦保貨與韋黯乃獲百金成就兩宅已消其半尋園價所得何以至此由吾經始歷年粗已成立桃李茂密桐竹成陰塍陌交通渠畎相屬華樓迥榭頗有臨眺之美孤峰叢薄不無糾紛之興瀆中竝饒菰蔣湖裏殊富芰蓮雖云人外城闕密邇韋生欲之亦雅有情趣追休此事非有吝心蓋是事意所至耳憶謝靈運山家詩云中爲天地物今成鄙夫有吾此園有之二十載今以分海營小田舍親累既理亦須出釋氏之教以才物謂之外命外典亦稱何以累人曰財況汝曹常情安得志此聞汝所買湖熟田地甚爲舄鹵彌復可安所以如此非物競故也雖事異寢丘聊可髣髴孔子曰居家治理可移於官既已已之宜使成立進退兩亡更貽嗤笑若有所收獲汝可自分贍内外大小宜令得所非吾所知又復應沾之諸女耳汝既居長故有此及凡爲人長殊復不易

當使中外諧緝人無間言先物後已然後可貴老生云後其身而身先若能尒者更招巨利汝當自勗見賢思齊不宜忽略以棄日乃是棄身身名美惡豈不大哉可不慎歟今之所勑略言此意正謂爲家已來不事資産既立墅舍以乖舊業陳其始末無愧懷抱兼吾年時朽暮心力稍殫牽課奉公略不克舉其中餘暇聊可自休或復冬日之陽良辰美景文案閒隟負杖躡屩逍遙陋館臨池觀魚披林聽鳥濁酒一杯彈琴一曲求數刻之暫樂庶居常以待終不宜復勞家間細務汝交關既定此書又行後言及田事汝亦勿復與吾言之假使堯湯水旱吾豈知如何若其滋殖盈箱尒之幸遇如斯之事並無俟令吾知也記云夫孝者善繼人之志善述人之事今且望汝述吾此志則無所恨矣

王筠爲祕書監光祿大夫與諸兒書論家世集云史傳稱安平崔氏及汝南應氏並累世有文才所以范蔚宗世擅雕龍然不過父子兩三世耳非有七葉之中名德重光爵位相繼人人有

集如吾門世者也沈少傅約語人云吾少好百家之言身爲四代之史自開闢已來未有爵位蟬聯文才相繼如王氏之盛者也汝等仰觀堂構思各努力

謝幾卿爲[illegible]王長史兄才卿早卒其子藻幼孤幾卿撫養甚至及藻成立歷清官公府祭酒主簿皆幾卿獎訓之力也世以此稱之藻歷官祭酒主簿

王褒著幼訓以誡諸子其一章云陶士行曰昔大禹不吝尺璧而重寸陰文士何不誦書武士何不馬射若乃玄冬修夜朱明永日肅其居處崇其墻仞門無糅雜坐闕號呶以之求學則仲尼之門人也以之爲文則賈生之升堂也古者盤盂有銘几杖有誡進退循焉俯仰觀焉文王之詩曰靡不有初鮮克有終立身行道終始若一造次必於是君子之言歟儒家則尊卑等差吉凶隆殺君南面而臣北面天地之義也鼎俎奇而籩豆偶陰陽之義也道家則墮支體黜聰明棄義絶仁離形去智釋氏之

義也義見苦斷集證滅脩道明因辨果俾凡成聖斯雖爲教等差而義歸汲引吾始乎幼學及于知命既崇周孔之教兼循老釋之談江左以來斯業不墜汝能脩之吾之志也

何昌寓爲侍中驍騎將軍從子璟常慕恬退不樂進仕昌寓謂曰求點皆已高蹈汝無宜復尒且君子出處亦各一途求點皆何氏諸從也

後魏源賀爲太尉遺令勑諸子曰吾頃以老患辭事不悟天慈降恩爵逮於汝汝其毋傲吝毋荒怠毋奢侈毋嫉妬疑思問言思審行思恭服思度遏惡揚善親賢遠佞目觀必真耳屬必正誠勤以事君清約以行己吾終之後所葬時服單櫝足申孝心芻靈明器一無用也

刁雍爲特進征南大將軍汎施愛士恬靜寡欲篤信佛道著教誡二十餘篇以訓導子孫[illegible]崇教訓六子雅有法度

楊椿爲太保侍中致政椿臨行誡子孫曰我家入魏之始即爲上客給田宅賜奴婢馬牛羊遂成富室自尒至今二十年二千石方伯不絶祿恤甚多至於親姻知故吉凶之際必厚加贈襚來往賓寮必以酒肉飲食是故親姻朋友無憾焉國家初丈夫好服綵色吾雖不記上谷翁時事然記清河翁時服飾恒見翁著布衣韋帶常約勑諸父曰汝等後世脱若富貴於今日者慎勿積金一斤綵帛百疋已上用爲富也又不聽治生求利又不聽與勢家作婚姻至吾兄弟不能遵奉今汝等服乘以漸華好吾是以知恭儉之德漸不如上世也又吾兄弟若在家必同盤而食若有近行不至必待其還亦有過中不食忍飢相待吾兄弟八人今存者有三是故不忍別食也又願畢吾兄弟世不異居異財汝等眼見非爲虛假如聞汝等兄弟時有別齋獨食此又不如吾等一世也吾今日不爲貧賤然居住舍宅不作壯麗華飾者正慮汝等後世不賢不能保守之方爲勢家所奪北都時朝法嚴急太和初吾兄弟三人並居內職兄在高祖左右吾與

津在文明太后左右于時口勑責諸內官十日仰密得一事不列便大瞋嫌諸人多有依勑密列者亦有太后高祖中間傳言構間者吾兄弟自相誡曰今忝二聖近臣居母子間甚難宜深慎之又列人事亦何容易縱被瞋責慎勿輕言十餘年中不嘗言一人罪過當時大被嫌責答曰臣等非不聞人語正恐不審仰誤聖聽是以不敢言於後終以不言蒙賞及二聖間言語終不敢輒尒傳通太和二十一年吾從濟州來朝在清徽堂豫讌高祖謂諸王貴曰北京之日太后嚴明吾每得杖左右因此有是非言語和朕母子者唯楊椿兄弟遂舉爵賜兄及我酒汝等脱若萬一蒙時主知遇宜深慎言語不可輕論人惡也吾自惟文武才藝門望姻援不勝他人一旦位登侍中尚書四歷九卿十爲刺史光祿大夫儀同開府司徒太保津今復爲司空者正由忠貞小心謹慎口不嘗論人過無貴無賤待之以禮以是故至此耳聞汝等學時俗人乃有坐而待客者有驅馳勢門者有

輕論人惡者及見其勝則欲重之見其貧賤則慢易之此人行之大失立身之大病也汝家仕皇魏以來高祖以下乃有七郡太守三十二刺史内外顯職時流少比汝等不爲奢淫憍慢假不勝人足免尤譏足成名家吾今年始七十五自惟氣力尚堪朝覲天子所以孜孜求退者正欲使汝等知天下滿足之義爲一門法耳非是苟求千載之名也汝等能記吾言吾百年之後終無恨矣

裴光韶爲廷尉卿永安末擾亂之際遂還鄉里誡子孫曰吾自謂立身無勲古烈但以禄命有限無容希進在官以來不冒一級官雖不達經爲九卿且吾平生素業足以遺汝官閥亦何足言也吾既運薄便經三娶而汝之兄弟各不同生合葬非古吾百年之後不須合也然贈謚之及出自君恩豈容子孫自求之也勿須求贈若違吾志如有神靈不享汝祀吾兄弟自幼及老衣服飲食未曾一片不同至於兒女官婚榮利之事未嘗不先

以推弟頊雅撰禍棺作松櫬亦可爲吾作松棺使吾見之卒七十一孝静初侍中賈思同申啓稱述光韶贈散騎常侍驃騎將軍青州刺史

甄琛爲黃門侍郎時李謐博通諸經不就徵辟琛謂其子曰昔鄭玄盧植不遠數千里詣扶風馬融今汝明師甚邇何不就業也

北齊魏收爲左光禄大夫行齊州刺史以子姪少年申以戒厲著枕中篇其詞曰吾曾覽管子之書其言曰任之重者莫如身塗之畏者莫如口期之遠者莫如年以重任行畏塗至遠期惟君子爲能及矣追而味之喟然長息若夫岳立爲重有潜戴而不傾山藪稱固亦趨負而弗停吕梁獨浚能行歌而匪惕焦原作險或躋踵而不驚九陔方集故眇然而迅舉五紀當定想窅乎而上征苟任重也有度則任之而愈固乘危也有術蓋棄之而靡恤彼期遠而能通果應之而可必豈神理之獨爾亦人事其如一嗚呼處天壤之間勞死生之地攻之以嗜欲牽之以名利梁肉不期而共臻珠玉無足而俱致於是乎驕奢仍作危亡旋至然則知止大賢惟幾唯哲或出或處不常其節其舒也濟世成務其卷也聲銷迹滅玉帛子女椒蘭律吕諂諛無所先稱肉度骨膏桃舌怨惡莫之勲名共山河同久志業與金石比堅蓋期厚棟不撓遊刃餘然遠於厥德不常喪其金璞馴驚人世鼓動流俗挾陽日而謂寒包溪壑而未足源不清而流濁表不端而影曲嗟乎膠漆詎堅寒暑甚促反利而成害化榮而就辱欣戚更來得喪仍續至有身禦魑魅魂沉狴獄詎非足力不強迷在當局孰可謂車戒前傾人師先覺聞諸君子雅道之士遊遨經術厭飫文史筆有奇鋒談有勝理孝悌之至神明通矣審蹈而行量路而止自我及物先人後己情無繫於榮悴心靡滯於愠喜不養望於丘壑不待價於城市言行相顧慎終猶始有一於斯鬱爲羽儀恪居展事知無不爲或左或右則髦士攸宜無悔無吝故高而不危異乎勇進忘退苟得患失射千金之産

邀萬鍾之秩投烈風之門起炎火之室載蹶而墜其貽宴或蹲乃喪其貞吉可不畏歟門有倚禍事不可不密牆有伏寇言不可而失宜諦其言端其行言之不善行之不正鬼執強梁人囚徑廷幽奪其魄明夭其命不服非法不行非道公鼎爲己信私王非身寶過涅爲紺踰藍作青持繩視直置水觀[illegible]然後取未若無欲知止知足庶免於辱是以爲必察其幾舉[illegible]於微知幾慮微斯云則稀既察且慎福禄攸歸昔蘧瑗識四十九年非顔子隣幾三月不違跬步無已至於千里覆一簣進及於萬仞故云行遠自卑可大可久與世推移月滿如規從夜則虧槿榮于枝望暮而委夫奚益而不損而不害益不欲多利不欲大唯居德者畏其甚體真者懼其大道尊則群謗集任重而衆怨會其達也則尼父棲遑其忠也而周公狼狽無曰人之我狹在我不可而覆無曰人之我厚在我不可而咎如山之大無不有也如谷之虚無不受也能剛能柔重可負也能信能順險可走也能

智能愚期可久也周廟之人三緘其口漏卮在昔器留後傳諸來裔傳之坐右

宋遊道為御史中尉兼大府卿剛直使氣每戒其子曰吾執性自如此子孫不足以師之諸子奉父言柔和謙遜

顏之推字介為黃門侍郎撰家訓二十篇行於世

後周于謹為大傅大宗伯參議朝政每教訓諸子務存靜退子孫繁衍皆至顯達當時莫比焉

賀若敦為忠州刺史鎮函谷為晉公護所怒徵還逼令自殺臨刑呼子弼謂曰吾必欲平江南然心不果汝當成吾志吾以舌死汝不可不思因引錐刺弼舌出血誡以慎口

隋牛弘為右光祿大夫弘嘗訓其諸子曰吾受非常之遇荷恩重深汝等子孫宜以誠敬自立以荅恩遇之隆也

趙軌為齊州別駕其東隣有桑椹落其家軌遣人悉拾還其主誡其諸子曰吾非以此求名意者非機杼之物不願侵人汝等宜以為誡

房彥謙居家每子姪定省常為講說督勉之亹亹不倦終於涇陽令

裴矩字引大襁褓而孤及長好學頗愛文藻有智數世父讓之謂矩曰觀汝神識足成才士欲求官達當資幹世之務矩始留情世事後入唐朝官至民部尚書

唐李襲譽為太府卿每謂子孫曰吾性不好貨財遂至貧乏然吾近京城有賜田十頃耕之可以充食河內有賜桑千樹事之可以充衣江東所寫書讀之可以求官吾歿之後爾曹但能勤此一事亦何羨於人

房玄齡嘗誡諸子以驕奢沉溺必不可以地望陵人故集古今聖賢誡子書於屏風令各取其一因曰若能留意足以保身成名又云袁家累葉忠節是吾所尚汝宜師遵

王友貞琅邪人素好學於九經讀皆百遍訓誨子弟如嚴君焉

劉晏善訓諸子咸有學藝

李叔明建中初為東川節度及駕幸奉天其子昇與芃有功敍明每私疏誡勸見危臨難當誓以死昇奉父嚴訓果著勳効識者嘉之

穆寧通達體命不貴形樂每誡諸子曰吾聞君子之事親養志為大直道而已慎無為諂吾之志也

張茂昭為武寧節度使自祿山之亂兩河繼為阻命之地茂昭表請舉族歸闕遣其妻李氏及男克讓克恭等先焉將行誡之曰爾曹將侍親出易定後之子孫不為風俗所染吾無恨矣

田弘正魏博節度興之兄興幼孤融睦友而教導之會軍中分曹冑射以角勝負興發矢連中辭退拱而責曰爾不能自晦取禍之道也故興於暴亂之時能全其身而致其位[illegible]守朝廷[illegible]

令狐彰為義成軍節度使臨終誡子以忠孝守節

柳玭為御史大夫玭嘗著書誡其子弟曰夫門地高者可畏不

可恃可畏者立身行己一事有墜先訓則罪大於他人雖生可以苟取名位死何以見先於地下不可恃者門高則自驕族盛則人之所嫉實藝懿行人未必信纖瑕微累十手爭指矣所以承地胄者修己不得不懇為學不得不堅夫人生世以無能望他人用以無善望他人愛無狀則曰我不遇時時不急賢亦由農夫鹵莽種之而怨天澤之不潤雖欲弗餒其可得乎予幼聞先訓講論家法立身以孝悌為基以恭默為本以畏怯為務以勤儉為法以交結為末事以氣義為凶人肥家以忍順保交以簡敬百行備疑身之未周三緘密慮言之或失廣記如不及求名如儻來去吝與驕庶幾減過蒞官則絜己省事而後可以言守法守法而後言養人直不近禍廉不沽名廩祿雖微不可易黎甿之膏血榎楚雖用不可恣褊狹之胸襟憂與福不偕絜與富不並比見門家子孫其先正直當官耿介特立不畏強禦及其衰也唯好犯上更無他能如其先遜順處己和柔保身以

遠悔尤及其褒也但有暗劣莫知所宗此際幾微非賢不達夫壞名災己辱先喪家其失尤大者五宜深志之其一自求安逸靡甘澹泊苟利於己不恤人言其二不知儒述不悅古道懵前經而不恥論當世而解頤身既寡知惡人有學其三勝己者猒之佞己者悅之唯樂戲譚莫思古道聞人之善嫉之聞人之惡揚之浸漬頗僻銷刻德義簪裾徒在廝養何殊其四崇好慢遊耽嗜麴櫱以銜杯為高致以勤事為俗流習之易荒覺已難悔其五急於名宦匿近權要一資半級雖或得之衆怒群猜鮮有存者茲五不韙甚於痤疽痤疽則砭石可瘳五失則巫醫莫及前賢明誡方冊具存近代覆車聞見相接夫中人已下修詞力學者躁進患失思展其用審命知退者則業荒文蕪一不足採唯上智則研其慮博其聞堅其習精其業用之則行捨之則藏苟異於斯孰為君子

韓叔豐華州節度使建之父乾寧末建逼昭宗殺中山都將李筠敎近衛諸軍害其八王冊德王為皇太子及李筠奔入鳳翔兼領同州乃修南莊起樓觀欲為南內行廢立之事叔豐見其跋扈諫建曰汝陳許間一匂丁乘時危亂位至方牧不能感君父之恩欲以同華兩州百里之地行其廢立覆族在旦暮矣吾不如先自裁免為爾所累由是建稍稍而弭其志

後唐符存審為幽州盧龍節度使檢校太師中書令常戒諸子曰予本寒家少小攜一劍而違鄉里四十年間位極將相其閒屯危患難履鋒冒刃入萬死而無一生身方及此前後中矢僅百餘乃出鏃以示諸子因以奢侈為戒

劉玭魏州人累令錄子贊幼有文性玭誨以詩書志學之年夏月衣布襦玭每食肉食別於牀下置蔬食以飯贊謂之曰肉食君之祿也爾欲食肉當苦心文藝自可致之吾祿不可分也贊[illegible]及冠有文辭三十餘舉進士

錢寬杭越節度使鏐之父鏐嘗於臨安故里興造第舍窮極壯麗歲時遊於里中車徒雄盛萬夫羅列寬每聞鏐至即避之鏐即徒步訪寬請言其故寬曰吾家世田漁為事未嘗有貴達如此爾為十三州主三面受敵與人爭利吾家所以不忍見汝矣鏐即泣謝之

晉高漢筠在常山嘗戒其子曰吾遊歷多矣觀風俗淳厚以經術相尚罕得如此地者教子訓孫可為終焉之計因負郭營葺為別墅樹成園凡議婚嫁必接士人竟葬於常山從其欲也漢筠官至左驍衛大將軍內客省使

漢張瓘同州車渡村人故太原監軍使張承業之猶子也承業仕後唐武皇莊宗有功甚見委遇瓘聞之與昆仲五人自故里奔于太原莊宗皆任用之瓘天祐十三年補麟州刺史承業治家嚴毅小過無所容恕一姪為麟州副使以其殺河西賣羊客承業立捕斬之常誡瓘等曰汝車渡村百姓劉開道下賊慣作非違今須改行若故態不除死無日矣故瓘所至不敢誅求

冊府元龜卷第八百一十七

冊府元龜卷第八百一十八

總録部六十八

知子

古人有言曰知子莫若父蓋天性之親氣類胳合故牽自髫齔至于成人或端厚不群俊逸特異至性孝友清識超邁稟賦所及斯可見矣至有天資兇很體質庸鄙雖加教勗罔或悛改以至先請其罪免於從坐斯又明於藻鑒不私其親者也施及同氣以迄宗黨觀厥所爲察其所與終善終惡信而有徵咸附子篇用儆厥後

楚若敖子良爲司馬生子越椒子文曰必殺之(子文子良之兄)是子也熊虎之狀而豺狼之聲弗殺必滅若敖氏矣諺曰狼子野心是乃狼也其可畜乎子良不可子文以爲大慼及將死聚其族曰椒也知政乃速行矣無及於難且泣曰鬼猶求食若敖氏之鬼不其餒而及令尹子文卒後子越爲令尹遂處烝野將攻王(烝野楚邑)楚子與若敖氏戰于皋滸(皋滸楚地)遂滅若敖氏

伍奢楚大夫平王囚伍奢將誅之費無忌曰伍奢有二子不殺者爲楚國患盍以免其父召之必至於是王使使謂奢能致二子則生不能將死奢曰尚至胥不至王曰何也奢曰尚之爲人廉而死節慈孝而仁聞召而免父必至不顧其死胥之爲人智而好謀勇而矜功知來必死必不來然爲楚國憂者必此子於是王使人召之曰來吾免爾父伍尚謂伍子胥曰聞父免而莫奔不孝也父戮莫報無謀也度能任事智也子其行矣我其歸死伍尚遂歸伍子胥彎弓屬矢出見使者曰父有罪何以召其子爲將射使者還走遂出奔吳伍奢聞之曰子胥亡楚國危哉楚人遂殺伍奢及尚

朱公居陶生少子及少子壯而朱公中男殺人囚於楚朱公曰殺人而死職也然吾聞千金之子不死於市告其少子往視之乃裝黃金千溢置褐器中載以一牛車且遣其少子朱公長男固請欲行朱公不聽長男曰家有長子曰家督今弟有罪大人不遣乃遣少弟是吾不肖欲自殺其母爲言曰今遣少子未必能生中子也而先空亡長男奈何朱公不得已而遣長子爲一封書遺故所善莊生曰至則進千金于莊生所聽其所爲慎無與爭事長男既行亦自私齎數百金至楚莊生家負郭披藜藋到門居甚貧然長男發書進千金如其父言莊生曰可疾去矣慎毋留即弟出勿問所以然長男既去不過莊生而私留以其私齎獻遺楚國貴人用事者莊生雖居窮閻然以廉直聞於國自楚王以下皆師尊之及朱公進金非有意受也欲以成事後復歸之以爲信耳故金至謂其婦曰此朱公之金有如病後復歸勿動而朱公長男不知其意以爲殊無短長也莊生閒時入見楚王言某星宿某此則害於楚楚王素信莊生曰今爲奈何莊生曰獨以德爲可以除之楚王曰生休矣寡人將行之王乃使使者封三錢之府(周景王時將鑄大錢又云虞夏商周金幣三等或赤或白或黄黄爲上幣銅錢爲下幣錢者金幣之名所以貿貨物通財用也古者有以子權母而行然則二品之來古而然矣)

楚貴人驚告朱公長男曰王且赦曰何以也曰每王且赦常封三錢之府昨暮王使使封之(或曰王且赦常封三錢之府者錢所以封錢府備盜竊也漢靈帝時河內張成能候風角知將有赦教子殺人捕得七日赦出此其類也)朱公長男以爲赦弟固當出也重千金虛弃莊生無所爲也乃復見莊生莊生驚曰若不去邪長男曰固未也初爲弟事今請自赦故辭生去莊生知其意欲復得其金曰若自入室取金長男即自入室取金持去獨自歡幸莊生羞爲兒子所賣乃入見楚王曰臣前言某星事王言欲以修德報之今臣出道路皆言陶之富人朱公之子殺人囚楚其家多持金錢賂王左右故王非能恤楚國而赦乃以朱公子故也楚王大怒曰寡人雖不德耳奈何以朱公之子故而施惠乎令論殺朱公子明日遂下赦令朱公長男竟持其弟喪歸至其母及邑人盡哀之唯朱公獨笑曰吾固知必殺其弟也彼非不愛其弟顧有所不能忍者也是少與我俱見苦爲生難故重棄財至如少弟者生而見我富乘堅驅良逐

校一作校部一豈知財所從來故輕棄之非所惜吝前日吾所為欲遣少子固為其能棄財故也而長者不能故卒以殺其弟事之理也無足悲者吾日夜以望其喪之來

趙趙奢子括自少時學兵法言兵事以天下莫能當嘗與奢言兵事奢不能難然不謂善括母問奢其故奢曰兵死地也而括輕易言之使趙不將括即已若必將之破趙軍者必括也後趙王以括代廉頗為將悉更約束易置軍吏秦將白起絕其糧道四十餘日軍餓括自搏戰秦軍射殺括括軍敗數十萬之衆遂降秦秦悉阬之

漢張敞為京兆尹弟武拜梁相是時梁王驕貴民多豪強號為難治敞問武欲何以治梁武敬憚兄謙不肯言敞使吏送至關戒吏自問武武應曰馭黠馬者利其銜策梁國大都吏民凋敝且當以柱後惠文彈治之耳[illegible]秦時獄法吏冠柱後惠文武意欲以刑法治梁吏還道之敞笑曰審如掾言武必辯治梁矣武既到官其治有迹亦能吏也

丙吉為丞相子顯少為諸曹嘗從祠高廟至夕牲日乃使出取齋衣[illegible]吉大怒謂其夫人曰宗廟至重而顯不敬慎亡吾爵者必顯也夫人為言然後乃已後顯為太僕與官屬大為姦利臧千餘萬帝以吉舊恩止免官奪邑

薛宣子惠為彭城令宣從臨淮遷至陳留過其縣橋梁郵亭不脩郵行書之舍亦如今之驛及行道館舍也宣心知惠不能留彭城數日案行舍中處置什器處安也什器生之具也觀視園菜終不問惠以吏事惠自知治縣不稱宣意遣門下掾送宣至陳留令掾進見自從其所問宣不教戒惠吏職之意[illegible]宣笑曰吏道以法令為師可問而知及能自有資財何可學也衆人傳稱以宣言為然

後漢馬援兄況字君平余字聖卿員字季主援之三兄也並有才能援年十二而孤少有大志諸兄奇之嘗受齊詩意不能守章句乃辭兄況欲

就邊郡田牧況曰汝大才當晚成良工不示人以朴且從所好[illegible]其志

朱勃字叔陽年十二能誦詩書常候援兄況教衣方領能矩步辭言嫻雅援裁知書見之自失況知其意乃自酌酒慰援曰朱勃小器速成智盡此耳卒當從汝稟學勿畏也及援為將軍封侯而勃位不過縣令

折像廣漢雒人家富散金帛資產周施親疎人或諫之像曰今世將衰子又不才不仁而富謂之不幸智者咸服焉及卒家無餘資諸子衰劣如其言

魏賈逵字梁道河東襄陵人也自為兒童戲弄常設部伍祖父習異之曰汝大必為將率口授兵法數萬言位至建威將軍

令狐邵族子愚字公治為白衣時常有高志衆人謂愚必榮令狐氏而邵獨以為愚性倜儻不脩德而願大必滅我宗愚聞邵言其心不平及邵為虎賁郎將而愚仕進已多所更歷所在有名稱愚見邵因從容言次微激之曰先時聞大人謂愚為不繼愚今竟云何邪邵熟視而不荅也然私謂其妻子曰公治性度猶如故也以吾觀之終當敗滅但不知我久當坐之不邪將逮汝曹耳邵沒之後十餘年間愚為兗州刺史果與王淩謀廢立家屬誅滅邵子華時弘農郡丞以屬疏得不坐

陳寔子群為兒時寔常奇異之謂宗人父老曰此兒必興吾宗後至司空

鍾毓會兄也司馬文王遣會征蜀毓密啓文王言會挾術難保不可專任後會果謀反會所養兄子峻辿等下獄當伏誅故有峻等[illegible]

蜀龐德公從子統字士元少未有識者惟德公重之年十八使往見司馬德操德操與語既而歎曰德公誠知人此實盛德也後為軍師中郎將

諸葛亮子瞻字思遠亮出武功與兄瑾書曰瞻今已八歲而聰

惡可愛及其早成恐不爲重器耳後至軍師將軍美聲洋溢有過其實吳諸葛瑾子恪名盛當世大帝深器異之然瑾常嫌之謂非保家之子每以憂戚歎曰恪不大興吾家將大赤吾族也初大帝置節度官使典掌粮軍初用侍中偏將軍徐詳詳死將用恪恪季父亮聞之書與陸遜曰家兄年老而恪性疎今使典主糧穀糧穀軍之要最僕雖在遠竊用不安足下特爲啟至尊轉之遜以白大帝即轉恪領兵

鍾離駰之弟牧樓船都尉緒之子駰上計吏與同郡謝贊吳郡顧譚齊名牧童亂特號爲遲訥駰常謂人曰牧必勝我不可輕也時人皆以爲不然牧後爲前將軍假節領武陵太守卒官家無餘財士民思之

張俶後主天紀中爲司直中郎將以姦情發聞伏誅初俶父爲會稽山陰卒知俶不良上表云若用俶爲司直有罪乞不從坐晧許之俶表正彈曲二十人專糾司不法於是愛惡相攻互相謗告彈曲承言收繫囹圄聽訟失理獄以賄成人民窮困無所措手足俶奢淫無厭取小妻三十餘人擅殺無辜衆姦並發父子俱見車裂

晉王祥二子烈芬並幼知名爲祥所愛二子亦同時而亡將死烈欲還葬舊土芬欲留葬京邑祥流涕曰不忘故鄉仁也不戀本土達也惟仁與達吾二子有焉祥位至太保

石崇字季倫苞之子少敏惠勇而有謀苞臨終分財與諸子獨不及崇其母以爲言苞曰此兒雖小後自能得後至衛尉財産豐積

王湛少言語初有隱德人莫能知兄弟宗族皆以爲癡其父昶獨異焉後至汝南內史

索綝字巨秀少有逸群之才父靖每曰綝宗廟之器非簡禮之用州縣之任不足污吾兒也懷帝蒙塵以爲驃騎大將軍左僕射

衛玠字叔寶年五歲風神秀異祖父瓘曰此兒有異於衆顧吾

年老不見其成長耳玠後爲太子洗馬

陽裕字士倫右北平無終人少孤兄弟皆早亡單煢獨立雖宗族無能識者惟叔父耽幼而奇之曰此兒非惟吾門之標秀乃佐時之良器也後爲段遼中軍將軍

陳敏爲廣陵相時東帝幸長安四方交爭敏遂有割據江東之志其父聞之怒曰滅我門者必此兒也後與母及妻子皆伏誅

王戎有人倫鑒識族弟敦有目疎朗性簡脫有鑒裁學左氏口不言財利尤好清談時人莫知惟族兄戎異之一云敦有高名戎惡之敦每候戎輒託疾不見敦後果爲逆亂又戎從弟衍字夷甫武帝聞其名問戎曰夷甫當世誰比戎曰未見其比當從古人中求耳夷甫位至太尉

王衍有重名於世時人許以人倫之鑒從弟澄字平子衍尤重澄及王敦庾敳嘗爲天下人士目曰阿平第一子嵩第二處仲第三子嵩庾敳字處仲王敦字澄嘗曰兄形似道而神鋒太儁衍曰誠不如卿落落穆穆然也澄由是顯名澄爲元帝諮議參軍爲王敦所殺

顧和字君孝侍中衆之族子二歲喪父總角便有清操族叔榮雅重之曰此吾家騏驥興吾宗者必此子也時宗人球亦有令聞爲州別駕榮謂之曰卿速步君孝超卿矣後至左光祿大夫儀同三司

祖約元帝時爲平西將軍豫州刺史與逖同母偏相親愛約異母兄光祿大夫納密言於帝曰約內懷陵上之心抑而使之可也今顯侍左右假其權勢將爲亂階矣帝不納時人亦謂納與約異生忌其寵貴故有此言朝廷因此棄納納既閑居但清談披閱文史而已及約爲逆朝野歎納有鑒裁焉

周顗字伯仁母李氏字絡秀生顗嵩謨常冬至置酒絡秀舉觴賜三子曰吾本渡江託足無所不謂爾等並貴列吾目前吾復何憂嵩起曰恐不如尊旨伯仁志大而才短名重而識闇好乘人之弊此非自全之道嵩性抗直亦不容於世唯阿奴碌碌當在阿母目下耳阿奴謨小字也後果如其言

荀崧字景猷羽林右監君之子志操清秦阿好文學齠齔時族曾祖顗見而奇之以為必興頠門後至左右光祿大夫開府儀同三司

陸曄自是元光少有雅望從兄機每稱之曰我家世不乏公矣後至左光祿大夫開府儀同三司

王羲之少敏晤及長辯以骨鯁稱深為從伯敦導所器陳留阮裕有重名為敦主簿敦當謂羲之曰汝是吾家佳弟不減阮主簿裕亦目羲之與王承王悅為王氏三少羲之任至右軍將軍會稽內史

謝玄封康樂縣公子瑍嗣瑍早卒靈運嗣瑍少不惠而靈運之藻艷逸玄常稱曰我尚生瑍瑍那得不生靈運

桓溫諸弟中沖最淹識有武幹溫甚器之

前秦王猛孫鎮惡以五月五日家中以俗計欲令出繼宗猛見而奇之曰此非常兒昔孟嘗君惡日生而相齊是兒亦將興

原闕

原闕

王玄謨幼而不郡世父有知人見哭曰此兒氣蓋高亮有太尉嚴云風後至左光祿大夫遷南預州刺史

王僧虔伯父弘為太保兄弟集會諸子孫弘僧達下地跳戲僧虔年數歲獨正坐採蠟燭珠為鳳凰弘曰此兒終當為長者僧虔位至儀同三司

劉懷珍小字道玉平原人幼隨伯父奉伯為壞太守至壽陽豫州刺史趙伯符出獵百姓聚觀懷珍獨鎮不視王奉伯異之曰此兒方興吾宗

册府元龜卷第八百一十八

冊府元龜卷第八百一十九

總録部六十九

知子第二

南齊垣崇祖年十四有幹略伯父豫州刺史護之謂門宗曰此兒必大成吾門汝等不及也後至五兵尚書

張緒少知名清簡寡欲叔父鏡謂人曰此兒今之樂廣也緒位至太子詹事師

袁彖字偉才小字史公武陵太守覬之子少有風氣好屬文及玄言舉秀才歷諸王府參軍不就覬臨終與兄顗書曰史公才識可嘉足懋先基矣覬從叔司徒粲舅征西將軍蔡興宗並器之

徐陶仁爲給事中子文景在東宮多不法陶仁謂文景曰然當滅門正當埽墓待喪耳仍移家避之其後文景竟賜死陶仁遂不哭時人以爲有古人風

劉繪字士章彭城人太常悛弟也父勔宋末權貴門多人客使繪與之共語應接流暢勔喜曰汝後若束帶立朝可與賓客言矣

顧憲之爲給事黃門侍郎兼吏部郎中其祖覬之宋世爲吏部庭植嘉樹謂人曰吾爲憲之種耳至是憲之果爲此職

梁蕭歡伯父祖征累爲郡守每攜歡之職視之如子時歡內兄王愷姨弟杜暉並有鄉里盛名祖征謂歡曰汝自謂何如愷暉歡謙不敢對祖征曰汝文章或小減學識當過之然而幹國家成功業皆莫汝逮也後至護軍將軍

王茂祖深爲北中郎司馬茂年數歲爲深所異常謂親識曰此吾家之千里駒成門戶者必此兒也後爲司空

謝朏祖弘微宋太常卿父莊齊光祿朏十歲能屬文莊多游山水賦詩使朏命篇覽筆便就王景文謂莊曰賢子足稱神童復爲後來特達莊笑曰真吾家千金也

何敬容幷爲從兄裔所親愛裔在若邪山嘗疾篤有書云三十

館字悉奉衆僧書經並歸從弟敬容其見知如此

何照白皙美容貌從兄求點每稱之曰叔寶神清弘治膚清（若寺目衛玠字叔寶杜乂字弘治）今觀此子復見衛杜在目位至太子詹事

劉虬謂子之遴必以文興吾宗謂諸子曰若比之顏氏之遴得吾之文由是州里稱之之遴位至南郡太守

裴之高頗讀書少負意氣常隨叔父邃征討所在立功甚爲邃所器重戎政咸以委焉位至特進光祿大夫

劉孺叔父瑱爲義興郡守攜以之官常置坐側謂賓客曰此兒吾家之明珠也

蕭琛字彥瑜蘭陵人年數歲從伯惠開撫其背曰必興吾宗後至侍中特進

謝徵字玄度幼聰慧父璟異之常謂親從曰此兒非常器所憂者壽若天假其年吾無恨矣徵位終南蘭陵太守

丘仲孚字公信少好學從祖靈鞠有人倫之鑒常稱爲千里駒也後至豫章內史

丘遲字希範父靈鞠有才名遲八歲便屬文靈鞠常謂氣骨似我黃門郎謝超宗徵士何點並見而異之遲位至司徒從事中郎

王規字威明八歲以丁所生母憂居喪有至性徐孝嗣謂之孝童叔父暕亦深器重之常曰此兒吾家千里駒也後至散騎常侍太子中庶子

賀琛字國寶會稽山陰人伯父瑒步兵校尉爲世碩儒琛幼瑒授其經業一聞便通義理瑒異之常曰兒當以明經致貴後至金紫光祿大夫

江革幼而聰敏早有才思六歲能屬文父柔之深加賞器曰此兒必興吾門後至光祿大夫

王瞻字思範宋太保弘從孫也父猷廷尉卿瞻年數歲嘗從師受業時有伎經其門同學皆出觀瞻獨不視習誦如初從父尚書僕射僧達聞而異之謂瞻父曰大宗不衰寄之此子後至侍

中吏部尚書
陳周弘正幼孤及弟弘讓弘直俱爲叔父侍中護軍捨所養年
十歲通老子周易捨每與談論輒異之曰觀汝神情穎晤清理
警發後世知名當出吾子後至右僕射
周確弘直之子美容儀博涉經史世父弘正特所鍾愛解褐梁
太學博士
陸瓊年十一丁父憂毀瘠有至性從祖襄歎曰此兒必荷門基
所謂一不爲少也至吏部尚書
後魏中山王英子熙好學俊爽有文才聲著於世然輕躁浮動
英深慮非保家之主常欲廢之後果坐誅
崔道固太山太守輯之子道固賤出適母兄攸之目連等輕侮
之輯謂攸之曰此兒姿識如此或能興人門戶汝等何以輕之
攸之等遇之彌薄略無兄弟之禮時宋孝武爲徐兗二州刺史
得辟他州民爲從事輯乃資給道固令其往事既至彭城孝武

以爲從事
房士達少有才氣其族兄景先有鑒識每曰此兒俶儻終當大
其門戶後終濟南太守
李沖字思順燉煌公寶之少子少孤爲長兄滎陽太守承所攜
訓承常言此兒器量非常方爲門戶所寄後至僕射
宋弁爲祠部尚書有二子維紀見元乂寵勢日隆便至乾沒乃
告司染都尉韓文殊父子欲謀廢立清河王懌天下人士莫不
歎怨初弁謂族弟世景言維性疎險而紀識慧不足終必敗吾
業也世景以爲不爾至是果然聞者以爲知子莫若父
李神儁少有膽略以氣尚爲名早從征役其從兄崇深所知賞
後爲驃騎大將軍儀同三司
尒朱兆榮之從子驍果少智無將領之能榮雖奇其膽決然每
云兆不過將三千騎多則亂矣兆後爲柱國大將軍
尒朱天光榮從祖兄子少武決善弓馬榮特親愛之每有軍戎

密事常預謀策孝昌末榮將擁衆南轉與天光密議既據并肆
後以天光爲都將總統肆州兵馬孝明終榮向京師以天光爲
行肆州委以後事建義初特除撫軍將軍肆州刺史榮將討葛
榮留天光在州鎮其根本謂之曰我身不得至處非汝無以稱
我心
高緒字叔宗明悟好學父謙之常謂人曰興吾門者當是此兒
及長涉獵書傳好文詠後爲鎮遠將軍冀州儀同府中司兵參
軍爲府主封隆之所賞隆之行梁州事引自隨常令總攝數郡
李琰之子景珍早有威名時人號曰神童從父司空仲雅尤所
歎異每曰興吾宗者其此兒乎常資給所須愛同己子後爲車
騎大將軍儀同三司
崔躍字景騰尚書翻之弟博學儁才性不矯俗翻每謂人曰躍
可謂我家千里駒也後爲大傅清河王懌文學雅爲懌所愛賞
李徹北幽州刺史崇之子徹母賤爲諸兄所輕崇曰此子相者

言貴吾每觀察或未可知遂使入都爲中書學生後爲司空侍中
北齊房謨爲驃騎大將軍謨前妻子子遠險薄甚嫌之不以爲
子例時以爲謨後妻盧氏所譖神武亦以責謨謨陳其事神武
節信自收恤之令與諸子同學父乃令還後與任胄等謀叛神
武事發神武歎曰知子莫若父信哉因上言房謨鄭述祖李道
璠三家理宜從法竊以謨立身清白履行忠謹鄭仲禮嚴祖庶
兒輓始收拾李世林生自外養屬絕本宗三人特乞罪止一房
魏帝許焉
高昂與兄乾數爲劫掠州縣莫能窮治招聚劍客家資傾盡鄉閭
畏之無敢違迕父翼常謂人曰此兒不滅我族當大吾門不直
爲州豪也後爲司徒封京兆郡公
盧勇字季禮父璧魏下邳太守初與從兄景裕俱學父叔同稱
之曰白頭必以文通季禮當以武達興吾門在此二子也景裕白頭
小字　後勇爲揚州刺史景裕爲國子博士

崔卬字懷遠七歲而孤伯父吏部尚書孝芬嘗謂所親曰此兒
終當遠至吾家千里駒也後爲僕射儀同三司
徐之才爲僕射長子林少卿太尉司馬次子同卿太子庶子之
才以其無學術每歎云終恐同廣陵散矣
楊愔字遵彥小名秦王侍中津之子幼喪母曾詣舅源子恭子
恭與之飲問讀何書曰誦詩子恭曰誦至渭陽未耶愔便號泣
感噎子恭亦對之歔欷遂爲罷酒子恭後謂津曰常謂秦王不
甚察慧從今已後更欲刮目視之愔一門四世同居家甚隆盛
昆季就學者三十餘人學庭前有柰樹實落地羣兒咸爭之愔
頹然獨坐其季父暐適入學館見之大用嗟異顧謂賓客曰此
兒恬裕有我家風宅內有茂竹遂爲愔於林邊別葺一室命獨
處其中常以銅盤具盛饌以飯之因以督厲諸子曰汝輩但如遵
彥謹慎自得竹林別室銅盤重肉之食愔從父兄黃門侍郎昱
特相器重曾謂人曰此兒駒齒未落已是我家龍文更十歲後

當求之千里外後終特進驃騎大將軍
邢邵字子才年十歲便能屬文雅有才思聰明強記日誦萬餘
言族兄巒有人倫鑒謂子弟曰宗室中有此兒非常人也後爲
尚書令加侍中
後周賀若敦東魏潁州長史統之子從其父歸太祖時群盜蜂
起各據山谷大龜山賊張世顯潛來襲統敦挺身赴戰手斬七
八人賊乃退走統大悅謂左右僚屬曰我少從軍旅戰陣非一
如此兒年時膽若者未見其人非唯成我門戶亦當爲國名將
後至中州刺史尉遲迥父俟兜性弘裕有鑒識尚太祖姊昌樂
大長公主生迥及綱俟兜病且卒呼二字撫其首曰汝等並有
貴相但恨吾不見爾各宜勉之迥後爲柱國大將軍迥弟綱後
爲大司空陝州總管
宇文深字奴干性鯁正有器局年數歲便累石爲營伍并折草
作旌旗布置行列皆有軍陣之勢父永遇見之乃大喜曰汝自

然知兵於後必爲名將後從戰河橋及討白額稽胡並有戰功
終司命中大夫
李穆字顯慶爲武衛大將軍雍州刺史宇文護執政穆兄遠及
其子植俱被誅穆當從坐先是穆知植非保家之主每勸遠除
之遠不能用及遠臨刑泣謂穆曰顯慶吾不用汝言以至於此
將復奈何穆以獲免除名爲民及其子弟亦免官
隋于仲文字次武少聰敏髫齓就學耽閱不倦其父寔異之曰
此兒必興吾宗矣後官至光祿大夫
房彥謙字孝沖早孤不識父爲母兄之所鞠養長兄彥詢雅有
清鑒以彥謙天性穎悟每奇之親教讀書年七歲誦數萬言爲
宗黨所異後至司州刺史
陸知命以平陳功拜儀同三司親用其弟恪爲汧陽令知命以
恪非百里才上表陳讓朝廷許之
張虔威字元敬性聰敏涉獵群書其世父壽之謂人曰虔威吾

家千里駒也年十二州補主簿十八爲太尉中兵參軍
薛世雄爲兒童時與群輩游戲輒畫地爲城郭令諸兒爲攻守
之勢有不從令者世雄輒撻之諸兒畏憚莫不齊整其父見而
奇之謂人曰此兒當興吾家矣後爲左禦衛大將軍
李士謙事母以孝聞伯父魏岐州刺史瑒深所嗟尚每稱曰此
兒吾家之顏子也後尋志不仕
梁彥光後周荊州刺史顯之子彥光少岐嶷有至性其父母謂
所親曰此兒有風骨當興吾宗後至相州刺史
楊素字處道少落拓有大志不拘小節世人多未知之唯從叔
祖魏尚書僕射寬深異之每謂子孫曰處道當逸群絕倫非常
之器非汝曹所逮也素官至司徒
楊玄感素子體貌雄偉美鬚髯少時晚成人多謂之癡其父每
謂所親曰此兒不癡也及長好讀書便騎射以父軍功位至柱國
宇文述爲大將軍於江都遇疾及疾篤帝令中使相望于第謂

迷有何言迷曰願陛下一能恕帝遣司宮魏氏謂曰公危篤恐
惟有須動必有言可陳也迷流涕曰臣子化及早預藩邸願陛
下哀憐之士及夙蒙天恩亦當驅策臣死後智及不可久留願
早除之望不破門戶魏氏返命復其言因詭對曰迷唯憶陛下
煬帝泫然曰迷憶我邪將親臨之宫人固諫乃止後智及江
都弑逆

唐楊岳隋尚書令素之弟岳大業中爲萬年令與素子玄感不
叶嘗密上表稱玄感必爲逆亂及玄感被誅岳在長安繫獄煬
帝遣使赦之比使至岳以爲留守所殺子弘禮等遂免從坐

王珪字叔玠少孤性雅澹少嗜欲志量沉深能安於貧賤體道
履正交不苟合叔父頍當時通儒有人倫鑒嘗謂所親曰門戶
所寄唯在此兒後爲禮部尚書兼魏王師

劉山伯河間景城人弟武周爲人驍勇善騎射交通豪俠山伯
每誡之曰汝不擇交游終當滅吾族也數詈辱之隋末作亂伏

蘇瓌京兆武功人也少以門蔭補千牛聰敏好學博涉經史年
未志學有老成人風伯父夔嘗謂所親曰吾家有子矣後爲
河南尹

任瓌字瑋廬州合肥人陳鎮東大將軍蠻奴弟之子也父七寶
任陳定遠太守瓌早孤蠻奴愛之情踰己子每稱曰吾子姪雖
多並傭保耳門戶所寄唯在於瓌後爲通州都督

韋叔夏京兆萬年人隋太傅鄖國公孝寬之曾孫也叔夏幼而
博涉經史尤精三禮其叔父太子詹事琮常曰汝能如是可以
繼承相業矣後終國子祭酒封沛國郡公

崔液湜之弟也液尤善五言詩湜歎曰海子我家之神龜也海子
即液小名後官至殿中侍御史

蕭復字履初太子太師嵩之孫新昌公主之子父衡太僕駙
馬都尉復生於戚里少秉清操其群從兄弟競飾輿馬以侈靡
相高復衣浣濯之衣獨居一室習學不倦非詞人儒士不與之游
伯父華每歎異之曰興吾門者必此子也後拜吏部尚書平章
事

李造遜兄也遜幼孤寓居江陵與其弟建皆安貧讀書不倦造
知二弟賢爲營丐成其志業兄弟同致休顯

漢李崧小字大醜幼而聰敏其父有袁許之鑒常謂宗人李鏻
曰大醜生處奇形氣異前途應不居徒勞之地賴君誨激之後
果至公輔

李周邢州人父矩嘗謂周曰邯鄲北據戰國用武之地時事未寧
汝勇果抱義當以軍旅之事興我門族後周以軍功歷黜邠
徐兗雍汴六州節度權開封尹卒

冊府元龜卷第八百一十九

册府元龜卷第八百二十

總録部七十

立祠

禮曰法施於人則祀之以死勤民以勞定國能禦大災能捍大患則祀之又曰孟夏禱祠古之鄉士有益於人者此乃古先哲王旌有功褒有德載在祀典領之祠官以垂勸乎天下也乃有自天生德崇四教以化人事君盡忠以直諫而殞命或化流於千里或仁洽於一同以至家行敦篤鄉邑之所欽慕威名煜爀戎狄之所畏伏繇是構之祠宇薦以苾芬没者寄其悲哀生者御其企戀至於刻貞石紀茂績咸用論次以示于後

伍子胥吴大夫也吴王夫差賜伍子胥屬鏤之劒曰子以此死子胥乃自剄死吴王取子胥尸盛以鴟夷革（取馬革爲鴟鴺鴟夷榼形）浮之江中吴人憐之爲立祠於江上因命曰胥山

孔子爲魯司寇哀公十六年卒魯人世世相傳以歲時奉祠孔子冢冢大一頃後世因廟藏孔子衣冠琴車書至于漢二百餘年不絶

白起爲秦將封武安君秦王賜起劒使自殺起死非其罪秦人憐之鄉邑皆祭祀焉

欒布爲燕相燕齊之閒皆爲立社號曰欒公社

石慶爲齊相齊國慕其家行不治而齊國大治（不治所治年）齊爲立石相祠

李廣利爲貳師將軍降匈奴歲餘衛律害其寵會母閼氏病（單于之母）律飭胡巫言先單于怒曰胡故時祠兵常言得貳師以社（以祠社也）今何故不用於是收貳師貳師罵曰我死必滅匈奴遂屠貳師以祠會雨雪數月畜産死人民疫病穀稼不熟（北方早寒雖不宜禾稷匈奴中亦種黍穄）單于恐爲貳師立祠堂

胡建爲渭城令治甚有聲爲蓋主所告自殺吏民稱寃至今渭城立其祠

于公（定國之父）爲縣獄史郡中爲之生立祠號曰于公祠

文翁爲蜀郡太守終於蜀吏民爲立祠堂歲時祭祀不絶

召信臣九江人爲南陽太守九江郡二千石歲時率官屬行禮奉祠信臣冢而南陽亦爲立祠平帝元始四年詔書祀百辟卿士有益於民者蜀郡以文翁九江以信臣應詔

段會宗爲西域都護病死烏孫中城郭諸國發喪立祠祭不絶

龔遂爲水衡都尉卒歸葬平陽後延篤（[illegible]）平陽侯相到官表遂之墓立銘祭祠擢用其後於畎畝之閒

朱邑爲大司農病且死屬其子曰我故爲桐鄉吏其民愛我必葬我桐鄉後世子孫奉嘗我不如桐鄉民（嘗謂蒸嘗之祭）及死其子葬之桐鄉西郭外民果共爲邑起冢立祠歲祭至今不絶

後漢文齊爲益州太守降集羣夷甚得其和光武徵之於道卒詔爲起祠堂郡人立廟祀之

陳衆爲揚州牧歐陽歙從事時李憲餘黨淳于臨等猶聚數千人屯灊山攻殺安風令歙遣兵不能剋衆白歙請得喻降臨於是乘單車驅馬往説而降之灊山人共生爲立祠號白馬陳從事

任安廣漢緜竹人少事楊厚究極圖籍還家講授建安七年卒門人慕仰爲立碑銘

許揚爲汝南太守鄧晨都水掾復立鴻卻陂後以病卒晨於都官爲揚起廟圖畫形像百姓思其功績皆祭祀之

侯霸爲臨淮大尹後爲大司徒薨臨淮吏人共爲立祠四時祭焉

祭肜爲遼東太守及死遼東吏人爲立祠四時奉祭

范冉（冉或作丹）陳留人卒謚貞節先生刺史郡守各爲立碑表墓焉

岑彭爲征南將軍征蜀爲刺客所殺蜀人憐之爲立廟武陽歲時祠焉

[illegible]年羲爲廣都長以兄順喪去官廣都爲生立廟

王堂爲巴郡太守時西羌寇郡爲民患堂馳兵赴賊斬虜千餘

紹巴肅清靜吏民生爲立祠

楊仲續爲邦令甚有德惠人爲立祠

楊厚爲侍中病稱歸犍爲以黃老教人及卒門人爲立廟郡文學掾史春秋饗射常祠之

王喬爲葉令卒百姓乃爲立廟號葉君祠牧守每班錄皆先謁拜之吏人祈禱無不如應若有違犯亦能爲祟

張翕爲越巂太守政化清平得夷人和及卒夷人愛之如喪父母詔書嘉美爲立祠堂

宋登爲汝陰令後爲潁川太守病免卒汝陰人配社祠之

鄧訓爲護羌校尉卒吏人羌胡家家立祠每有疾病輒此請禱求福

何敞爲汝南太守修理鮦陽舊渠百姓賴其利鮦陽縣屬汝南郡故城在今豫州新蔡縣北水經注云葛陂東出爲鮦水俗謂之三丈陂墾田增三萬餘頃吏人共刻石頌敞功德

周嘉爲零陵太守卒吏民爲立祠

趙炳東陽人能爲越方善禁咒也章安令惡其惑衆收殺之人爲立祠室於永康至今蚊蚋不能入在今婺州永康縣

妻詩爲江陽令卒于官所居治鄉人爲立祀

高獲汝南人光武引見欲用爲吏出便辭去後遠遁江南卒於石城石城人思之共爲立祠

王渙爲洛陽令卒民思其德爲立祠安陽亭西每食輒弦歌而薦之古樂府歌曰孝和帝在時洛陽令王君本自益州廣漢蜀人少行宦學通五經論明知法令歷代衣冠從溫補洛陽令化行致賢外行猛政內懷慈仁撥惡子好名五篇昔里無姦賊怨在理冤者身苦體病文芳動化有能名遠近訓開天年不遂早世蒼昊爲君作祠安陽亭西欲令後代莫不稱傳

延熹中桓帝事黃老道悉毀諸房祀唯特詔密縣存故太傅卓茂廟洛陽留王渙祠焉

崔寔爲尚書稱疾免歸建寧中卒于家大鴻臚袁隗樹碑頌德

任延爲九真太守視事四年徵詣洛陽以病稽留左轉睢陽令九真吏人生爲立祠

荀淑爲當塗長歷郎陵侯相及卒二縣皆爲立祠

許荊爲桂陽太守卒於官桂陽人爲立廟樹碑

賈逵爲豫州刺史及卒吏民追思之刻石立祠

張奐爲武威太守其俗多妖忌凡二月五月産子及與父母同月生者悉殺之奐示以義方嚴加賞罰風俗遂改百姓生爲立祠奐卒武威多爲立祠世世不絕

延篤南陽犨人爲京兆尹以病免歸卒于家鄉里圖其形于屈原之廟屈原楚大夫抱忠貞而死篤有志行文彩故圖其象而偶之焉

周黨隱居黽池及終邑人賢而祠之

韓韶潁川人爲嬴長卒官同郡李膺陳寔杜密荀淑等爲立碑頌焉

陳寔潁川人爲太丘長以沛相賦斂違法乃解印綬去及卒海內赴者三萬餘人制衰麻者以百數共刊石立碑

桓彬卒蔡邕等共論序其志僉以爲彬有過人者四夙智早成

岐嶷也學優文麗至通也仕不苟祿絕高也辭隆從窊絜操也乃共樹碑而頌焉

馬稜遷廣陵太守時穀貴民飢奏罷鹽官以利百姓賑貧羸薄賦稅興復陂湖溉田二萬餘頃吏民刻石頌之

郭泰字林宗太原介休人太常趙典舉有道不應年四十二卒于家四方之士千餘人皆來會葬同志者乃共刻石立碑蔡邕爲文既而謂盧植曰吾爲碑銘多矣皆有慙德唯郭有道無愧色耳

魏倉慈爲燉煌太守數年卒州爲立祠

顏斐爲京兆太守數歲遷平原及卒京兆爲立碑稱頌之

田豫爲汝南太守後遷衛尉遜位歸居魏縣及卒汝南人就爲立碑銘

蜀諸葛亮爲相既卒所在各求爲立廟朝議以禮秩不聽百姓遂因時節私祭之於道陌上言事者或以爲可聽立廟於成都

者後主不從步兵校尉習隆中書郎向充等共上表曰臣聞周人懷召伯之德甘棠爲之不伐越王思范蠡之功鑄金以存其像自漢興已來小善大德而圖形立廟者多矣況亮德範遐邇勳蓋季世興王室之不壞實斯是賴而蒸嘗止於私門廟像闕而莫立使百姓巷祭戎夷野祀非所以存德念功述追在昔者也今若盡順民心則瀆而無典建之京師又偪宗廟此聖懷所以惟疑也臣愚以爲宜因近其墓立之於沔陽使所親屬以時賜祭凡其臣故吏欲奉祠者皆限至廟斷其私祀以崇正禮於是始從之

馬忠爲庲降都督安南大將軍處事能斷威恩並立蠻夷畏而愛之及卒莫不自致喪庭流涕盡哀爲之立廟迄今猶在

張嶷初爲越嶲太守後爲盪寇將軍與魏將戰臨陣隕身南土越嶲民夷聞嶷死無不悲泣爲嶷立廟四時水旱輒祀之

王商爲蜀郡太守爲嚴君平李弘立祠秦宓與商書曰疾病伏

匿甫知足下爲嚴李立祠可謂厚黨勤類者也觀嚴文章冠冒天下由夷逸操山嶽不移使揚子不歎固自昭明如李仲元不遭法言令名必淪其無虎豹之文故也可謂攀龍附鳳者矣如揚子雲潛心著述有補於世泥蟠不滓行參聖師于今海內談詠厥辭邦有斯人以耀四遠怪子替茲不立祠堂蜀本無學士文翁遣相如東受七經還教吏民於是蜀學比於齊魯故地里志曰文翁倡其教相如爲之師漢家得士盛於其世仲舒之徒不達封禪相如制其禮夫能制禮造樂移風易俗非禮所秩有益於世者乎雖有王孫之累猶孔子大齊桓之霸公羊賢叔術之讓僕亦善長卿之化宜立祠堂速定其銘

晉扶風王駿爲征西大將軍都督雍涼諸軍事鎮關中病薨西土聞其薨泣者盈路百姓爲之樹碑長老見碑無不下拜

閻德東海人門徒甚多獨目唐彬有廊廟才及彬官成而德已卒乃爲之立碑

唐彬爲使持節監幽州諸軍事領護烏丸校尉右將軍邊境獲安無犬吠之警坐事徵百姓追慕彬功德生爲立碑作頌

荀勗爲安陽令轉騎從事中郎勗有遺愛安陽生爲立祠

羊祜鎮荊州及薨襄陽百姓於峴山祜平生游憩之所建碑立廟歲時饗祭焉望其碑者莫不流涕杜預因名爲墮淚碑

杜預爲鎮南大將軍好爲後世名常言高岸爲谷深谷爲陵刻石爲二碑紀其勳績一沉萬山之下一立峴山之上曰焉知此後不爲陵谷乎

江惇以高尚養志爲時所重及卒友朋相與刊石立頌以表德美

嵇紹爲侍中死于湯陰難後東海王越路經滎陽過紹墓哭之悲慟刊石立碑

楚王瑋性開濟好施能得衆心及誅莫不隕淚百姓爲之立祠

丁紹爲廣平太守時臨漳被圍南陽王模窘急紹率郡兵赴之

模賴以獲全模感紹恩生爲立碑

杜軫除池陽令爲雍州十一郡最百姓生爲立祠得罪者無怨言

祖逖爲豫州刺史鎮西將軍卒豫州士女若喪考妣譙梁百姓爲之立祠

陸雲爲成都王穎所害門生故吏迎喪葬清河脩墓立碑四時祠祭

范平太康中頻徵不起及卒有詔追加謚號曰文貞先生賀循勒碑紀其德行

孔愉會稽人避亂入新安山中改姓孫氏以稼穡讀書爲務信著鄉里後忽捨去皆謂爲神人而爲之立祠

宋劉勔爲右將軍討殷琰平壽陽無所犯害百姓德之爲立碑記

蕭承之爲漢中太守既卒與土民思之於戟公山立廟祭祀

安陸王緬爲雍州刺史既卒百姓於峴山立祠

南齊王儉爲衞將軍開府卒梁武受禪詔爲儉立碑

蕭昱爲晉陵守暴疾卒百姓號哭市里爲之諠沸又相率爲立廟建碑

崔景真爲平昌太守有惠政常懸一蒲鞭而未嘗用去任之日士人思之爲立祠

夏侯亶爲吳興太守在郡復有惠政吏民圖其像立碑頌美焉後爲徐豫二州刺史州民請爲亶立碑置祠詔許之

謝舉爲晉陵太守罷郡吏民請立碑許之

梁何遠爲武康令歷宣城太守新興內史所至皆生爲立祠表言治狀高祖每優詔荅焉

任昉爲新安太守爲政清省吏民便之視事朞歲卒於官舍闔境痛惜百姓共立祠堂於城南

貞陽侯明爲豫州刺史百姓詣闕拜表言其德政樹碑于州門內及碑匠採石出自肥陵明乃廣營厨帳多召人物躬自率領牽至州識者笑之曰王自立碑非其州人也

府八百二十　七

徐勉爲侍中卒故佐東尚書左丞劉覽等詣闕陳勉行狀請刊石紀德即降詔許立碑於墓

陸襄爲鄱陽內史在政六年郡中大治民李睍等四百二十人詣闕拜表陳襄德化求於郡立碑詔許之

伏暅爲新安太守在郡清恪屬縣始新遂安海寧並時生爲立祠

蘭欽爲衞州刺史在州有惠政吏民詣闕請立碑頌德詔許焉

陳王勱爲晉陵太守在郡甚有威惠郡人表請立碑頌勱政績詔許之

鄭萬頃爲豐州刺史在州甚有惠政吏民表請立碑詔許焉

侯安都爲南徐州刺史留異擁據東陽安都討平之仍還本鎮其年吏民詣闕表請立碑頌美安都功績詔許之

後魏高允爲懷州刺史時年將九十勸民學業風化頗行後正光中中散大夫中書舍人河內常景追思允立祠於野王之南樹碑紀德

陸騰爲隆州摠管討信州蠻蜑前後破平諸賊巴蜀悉定詔令樹碑紀績焉

元子華爲齊州刺史聽獄評因務加仁恕齊人樹碑頌德

北齊李繪字敬文爲高陽內史瀛州三郡人俱詣州立祠州請爲繪立碑于郡衙

後周長孫儉爲荊州刺史躬勤勸導風俗大革務廣耕桑兼習武事故得邊境無虞民安其業吏民表請爲儉構清德樓樹碑刻頌朝許焉及卒荊民儀同趙超等七百人感儉遺愛詣闕請爲立廟樹碑詔許之

隋李士謙初爲魏廣平王府參軍隋有天下畢志不仕家富於財每以賑施爲務開皇八年終於家趙郡士女聞之莫不流涕

府八百二十　八

曰我曹不死而令李參軍死乎會葬者萬餘人鄉人李景伯等以士謙道著丘園條其行狀詣尚書省請先生之謚事寢不行遂相與樹碑於墓

裴肅爲永平郡丞甚得民心歲餘卒吏民思之爲立廟於鄭江之浦

樊叔略爲相州刺史徵拜司農卿吏民相與立碑頌其德政

令狐熙爲滄州刺史從爲河北道行臺度支尚書吏民追思立碑頌德

楊文思爲魏州刺史及去職吏民思之爲立碑頌德

侯莫陳穎爲瀛州刺史坐秦王俊交通免官百姓送者莫不流涕因相與立碑頌德

樊子蓋爲武威太守後卒于京武威民吏聞其死莫不嗟痛立碑頌德

房彥謙爲長葛令甚有惠化及轉鄀州司馬吏民號泣相謂曰

孝明府今去吾屬何用生爲百姓思之立碑頌德
高孝基爲吏部侍郎大業中杜如晦預選孝基曰頗保崇令德
今欲甫就卑職應爲須少禄俸爾遂補滏陽尉後如晦爲尚書
右僕射以孝基有知人之鑒爲其樹神道碑以紀其德
唐李思摩爲左武衛將軍從征遼東爲流矢所中未幾卒葬訖
仍立碑於化州
賈敦賾永徽中爲洛州刺史百姓共樹碑于大市通衢弟敦實
咸亨初轉洛州長史甚有惠政及敦實去職復刻石頌美於兄
碑之側時人號爲棠棣碑
高智周爲費縣令政化大行吏人刊石以頌之
高歡爲通義令以善政稱去官後人吏竪碑頌德
崔縱爲藍田令寛明勤謹德化大行縣人立碑
楚王靈龜爲魏州刺史稱爲良牧及喪歸百姓思其德爲立碑
韋景駿爲肥鄉令及去任人吏立碑頌德

王晙景龍末爲桂州都督數年州人爲立碑以頌其政
宋璟爲廣州都督吏夏懷惠立碑以紀其政李鼎爲鳳翔尹
百姓立生祠
王方翼爲肅州刺史屬蝗儉諸州貧人死於道路而肅州全活
者甚衆州人爲立碑頌德
楊瑒爲國子祭酒生徒爲瑒立頌於學門之外
狄仁傑爲魏州刺史人吏爲生立祠仁傑嘗爲寧州刺史撫和
戎夏人得歡心郡人勒碑頌德
崔隱甫開元九年自華州刺史轉太原尹人吏刻石頌其美政
苗晉卿天寶中爲安康郡太守遷魏郡太守所到有惠化金州
魏州人思之皆立碑頌德
呂諲爲荆州大都督府長史充澧朗荆忠峽五州節度觀察等
使理江陵三年號爲良牧郡人立生祠諲没後歲餘江陵將吏
合錢十萬於府西爽塏地大立祠宇四時祠禱之

李勉大歷中爲廣州刺史在官累年器用車服無增飾耆老以
爲可繼前朝宋璟盧奐李朝隱之徒人吏詣闕請立碑詔許之
張延賞大歷建中間連統四鎮所至稱治其去皆刻石紀績
嚴郢爲河南尹有能政都人爲立碑紀述
李融興元初爲金州刺史兼防禦使州人懷之刻石紀政
孫成貞元初爲信州刺史信州吏人上表請立碑陳其殊績優
詔褒異而允其請
楊元卿爲涇原節度使涇人請立德政碑從之
韋丹爲江西觀察使卒官大和中觀察使裴誼奏與丹立碑祠
袁滋元和中爲義成軍節度百姓立生祠禱祀之
田弘正穆宗初爲魏博節度州縣官請與弘正立德政碑詔從
之
成訥為荆南節度使薨州荆趙凝奏請與訥於荆南建置廟額
哀帝從之

杜洪爲鄂州節度薨梁王奏請與洪於本道置立祠廟哀帝
從之
劉德威爲綿州刺史以廉平著稱百姓爲之立碑
梁馮行襲爲許州節度使開平二年本州官吏百姓詣四方館
進狀請與行襲立德政碑太祖允之
王重榮開平三年爲河中節度使贈太師晉王仍立廟差右僕
射張禕撰碑文委河中尹選擇穩便處立碑奏聞
馬殷爲武安節度使開平四年潭州録事參軍馬琳軍府官吏
僧道等進狀稱殷自到所著功庸政績合具上聞伏乞許於本
道以德政立碑并生祠堂事太祖優詔許之并令翰林學士封
舜卿撰碑文
錢鏐爲吳越王開平五年四月杭州將吏耆老列狀願爲鏐建
生祠以頌功德太祖詔刑部侍郎李光嗣爲宣慰立祠堂使仍
令翰林學士李琪製碑文以賜之

韓遜嗣襲靈州節度使善於爲理部民請立生祠堂於其地太祖許之仍詔禮部侍郎薛廷珪撰碑文以襃之其廟至今在焉

晉安重榮爲成德軍節度使天福二年副使朱崇節奏鎮州軍府將吏僧道父老詣闕請立重榮德政碑高祖敕曰安重榮功宣締構寄重藩維善布詔條克除民瘼遂致僚吏僧道詣闕上章求勒貞珉以揚異政既觀勤功宜示允俞其碑文仍令太子賓客任贊撰進

安元信爲山北諸州團練使清泰元年領上黨加檢校太尉累加食邑三千户實封二百户進封至武威郡公三年二月以疾終於位時年七十四贈太師葬於太原交城元信有子六人長曰友權官至武衛大將軍帝以元信宿望命禮官定謚表其墓也仍賜建神道碑使禮部郎中呂咸休爲其文

周劉表微廣順初爲新安令河南府上言縣民三百七十經表微公平之政請刊石頌美太祖從之

張晏廣順初爲共城令滑州言縣民張祚等請留晏欲祭晏立碑頌太祖從之

李暉廣順初爲滄州節度使州民張鑒明等於黎陽山採石欲爲暉立德政碑暉出於軍校前鎮河陽部人已刊碑頌及涖滄陽又聞其政不亦善乎

何福進廣順中爲成德軍節度使鎮州民吏請爲福進立德政碑

王晏爲徐州節度使顯德元年九月官吏緇黄耆老以晏有善政及民乞立碑以紀之詔可之尋命中書舍人張正撰文以賜焉

曹英爲成德軍節度使英本貫鎮州詔真定縣宜改白輔鄉爲衣錦鄉鴻儒坊爲勳德里

李瓊爲安州防禦使顯德四年十二月癸酉本州監軍馮守規上言州之官吏百姓乞與防禦使李瓊立德政碑尋命中書舍人竇儼撰文以賜之

薛瓊廣順中爲宿州團練使宿州民吏詣闕上言請爲瓊立碑頌美太祖從之後爲萊州團練使及卒萊州官吏僧道百姓等列狀上請以瓊有善政在人乞立祠堂及樹碑以述其遺愛世宗從之

冊府元龜卷第八百二十

總録部 七十一

崇釋氏

昔班固紀身毒之國楚英爲桑門之饌繇是金僊之教被于中夏其所述者六趣往反四生輪轉以極於俗諦三乘十地等妙二覺以究於聖果叙黑白之業以明乎報應研空有之理以顯乎真宗蓋出世之玄談非常情之能軌度也兩晉之後教典彌盛當時名士奉之甚衆精意披修以徼福爲念或著書演析以篤説爲務乃至稟持戒律動静靡愉感致靈異考終厥命者亦比比有焉

後漢襄楷桓帝時言佛陁黄老道以諫欲令好生惡殺少嗜欲去奢泰尚無爲也

晉郗超侍中愔之子少卓犖不羈有曠世之度交游士林每存勝拔善談論義理精微愔事天師道高超奉佛超无子以從[illegible]儉之子嗣名[illegible]鑒字[illegible]歷官至臨海太守宣威將軍

何準字幼道充弟也高尚寡欲充居宰輔之重權傾一時而準散帶衡門不及人事唯誦佛經修營塔廟而已徵拜散騎郎不起

周嵩爲王敦從事中郎爲敦所害嵩精於事佛臨刑猶於市誦經云

前秦徐義爲苻堅右丞相堅敗義爲慕容永所獲械埋其足將殺之中若有人導之者遂奔楊佺期佺期以爲洛陽令

宋范泰爲侍中左光禄大夫國子祭酒領江夏王師暮年事佛甚精於宅西立祇洹精舍

孟顗爲會稽太守事佛精懇而爲謝靈運所輕嘗謂顗曰得道應須慧業文人生天當在靈運前成佛必在靈運後顗深恨此言

蕭惠開爲中庶子丁父憂居喪有孝性家素事佛凡爲父起四寺南岸南岡下名曰禪岡寺曲阿舊鄉宅名曰禪鄉寺京口墓亭名曰禪亭寺所封封陽縣名曰禪封寺謂國僚曰封秩盖鮮而兄弟甚多若使全關一人則在我所讓若使人人等分又事可悲耻寺衆既立自宜悉供僧衆由此國秩不復入家

周續之字道祖居豫章初以太學博士徵不起閑居讀老易入廬山事沙門釋慧遠

沈道虔有高尚之節累世事佛推父祖舊宅爲寺至四月八日每請像請像之日輒舉家感慟焉道虔年老菜食常無經日之資而琴書爲樂孜孜不倦

雷次宗有高節不交世務嘗與子姪書以言所守曰夫生之脩短咸有定分定分之外不可以智力求但當於所稟之中順而勿率耳吾少嬰羸患事鍾養疾爲性好閑志栖物表故雖在童稚之年已懷遠迹之意暨于弱冠遂託業廬山逮事釋和上于時師友淵源稟訓於是洗氣神明玩心墳典勉志勤躬夜以繼日爰有山林之好悟言之歡實足以通理輔性成夫亹亹之業樂以忘憂不知朝日之晏矣自遊道餐風二十餘載淵匠既傾良朋凋索續以釁逆違天常輩苦誠願頓盡一朝心慮荒散情意衰損故遂與汝曹歸耕壟畔山居谷飲人理久絶日月不處忽復十年犬馬之齒已踰知命崦嵫將迫前途幾何實遠想向子五嶽之舉近謝君室瑣瑣之勤及今耄未至昏衰不及頓尚可厲志於所期縱心於所託栖誠來生之津梁專氣暮年之攝養玩歲月於良辰偷余樂於將除在心所期盡於此矣汝等年各成長冠娶已畢修性衡泌吾復何憂但願守全所志以保令終耳自今以往家事大小一勿見關子平之言可以爲法

南齊周顒字彦倫初仕宋爲輔国府參軍明帝爲慘毒之事顒不敢顯諫輒頌經中因縁罪福事帝亦爲之小止顒長於佛理著三宗論言空假義西凉州智林道人遺顒書深相贊美言捉麈尾來四十餘載餘義頗見宗録唯此塗白黑无一人得者爲之發病非意此音猥來入耳其論見重如此顒於鍾山西立隱舍休沐則歸之時何胤亦精信佛法既斷食生猶欲食肉白魚

鮑脯糖蟹以為非見生物疑食蚶蠣使學生議之學生鍾岏曰䱉之就脯驟於屈伸蟹之將糖躁擾彌甚仁人用意深懷如怛至於車螯蚶蠣眉目內闕慙渾沌之奇礦殼外緘非金人之慎不悴不榮曾草木之不若無馨無臭與瓦礫其何筭故宜長充庖廚永為口實竟陵王子良見岏議大怒喬兄點亦遁節清信顒為書勸令菜食曰丈人之所以未極遐蹈或在不能全菜邪脫洒離析之計鼎俎網罟之興載之簡策其來寔遠誰敢干議觀聖人之設膳羞仍復為之品節蓋以茹毛飲血與生民共始縱而勿裁將無涯畔善為士者豈不以恕己為懷是以各靜封疆罔相陵軼況乃變之大者莫過死生生之所重無踰性命性命之於彼極切滋味之在我可賒而終身朝晡資之以永彼就冤殘莫能自列我業久長吁哉可畏且區區微卵脆薄易矜聳彼弱麑顧步宜愍觀其飲啄飛沉使人物憐悼況可甘心撲褫如復恣忍吞嚼至乃野牧成群閉豢重圈量肉揣毛以俟支剝

如土委地僉謂常理可為愴息事豈一塗若云三世理誣則幸矣良快如使此道果然而受形未息則一往一來一生一死踦為常事雜報如家人天如客遇客日尠在家日多吾儕信業未足長免則傷心之慘行亦自及丈人於血氣之類雖無身踐至於晨鳧夜鯉不能不取備屠門財貝之經盜手猶為廉士所棄生性之一啓鸞刀寧復慈心所忍騶虞雖飢非自死之草不食聞其風豈不使人多愧眾生之稟此形質以畜肌膚皆由其積壅癡迷沉流莫反報受穢質歷若酸長此甘與肥皆無明之報聚也何至復引此滋腴自汙腸胃丈人得此有素聊復寸言發起耳喬末年遂絕血味

李安民為吳興太守郡有項羽神護驅事太守不得上太守到郡必須祀以軛下牛安民奉佛法不與神牛著屐上聽事上八關齋俄而牛死葬廟側呼為李公牛冢及安民卒世以神為崇

張融字思光為司徒右長史汎涉百家長於佛理著三宗論

王奐為雍州刺史武帝謂王晏曰奐於釋氏實自專至其在鎮或以此妨務卿相見言次及之勿道吾意也

劉虬精信釋氏衣麤布禮佛長齋注法華經自講佛義以江陵西沙洲去人遠乃徙居之明帝建武二年詔徵國子博士不就其冬虬病正晝有白雲徘徊檐戶之內又有香氣及磬聲乃卒年五十八

王續奐從弟也為太子中庶子世祖出射雉續信佛法稱疾不從駕

何幼玙殊好佛法翦落長齋持行精苦卒年八十餘

王斌初為道人博涉經籍雅有才辯善屬文能唱導而不修容儀嘗弊衣於瓦官寺聽雲法師講成實論無復坐處唯僧正慧超尚空席斌直坐其側慧超不能平乃罵曰那得此道人祿蔌似隊父唐突人因命驅之斌笑曰既有敘勳僧正何為無隊父道人不為動而摳機問難辭理清舉四坐皆屬目后還俗以詩酒

自樂人莫能名之

梁何喬少入鍾山定林寺聽內典其業皆通后至吳居虎丘西寺講經論學僧復隨之境守宰經途者莫不畢至齋會禁殺有虞人逐鹿鹿徑來趍喬伏而不動年八十六卒注百法論十二門論各一卷

樂法才為江夏太守因被代表便道還鄉至家割宅為寺接心物表

謝舉為尚書令侍中少博涉多通尤長玄理及釋氏義為晉陵郡時常與義僧遞講經論徵士何喬自虎丘山出赴之其盛如此舉宅內山齋捨以為寺泉石之美殆若自然臨川始興諸王常所遊踐舉注淨名常自講說

陸杲為金紫光祿大夫素信佛法持戒甚精著沙門傳三十卷

裴子野河東聞喜人末年深信釋氏持其教戒終身飯麥食蔬終歩兵校尉

孔雲篤信佛理遍持經戒官至嶽陽王府諮議東楊州別駕

江革為太尉臨川王長史府高祖威於佛教朝賢多啓求受戒革精信因果而高祖未知謂革不奉佛教乃賜革覺意詩五百字唯當勤精進自強行勝修豈可作底突如彼必死因以此告江革并及諸貴游又手勑云世間果報不可不信豈得底突如對元延明耶革因啓乞受菩薩戒

何敬容為尚書令中大同初高祖幸同泰寺講金字三慧經敬容請預聽勑許之何氏自晉司空充守司空尚之世奉佛法並建立塔寺至敬容又捨宅東為伽藍趨勢者因助財造構敬容並不拒故此寺堂宇校飾頗為宏麗時輕薄者因呼為衆造寺焉及敬容免職出宅止有常用器物及囊衣而已竟無餘財貨亦以此稱之

到溉為左民尚書家門雍睦兄弟相愛初與弟洽常共居一齋洽卒便捨為寺因斷腥膻終身蔬食別營小室高祖每月三置

淨饌

蕭戎為尚書左丞末年專奉釋教

劉勰字彥和早孤篤志好學家貧不婚娶依沙門僧祐與之居處積十餘年遂博通經論因區別部類録而序之今定林經藏勰所定也後為步兵校尉通事舍人勰為文長於佛理京師寺塔及名僧碑誌必請勰製文有勑與慧震沙門於定林寺撰經證功畢遂啓求出家先燔鬢髮以自誓勑許之乃於寺變服名慧地未期而卒

劉杳為尚書左丞奉釋氏經教常行慈忍

任孝恭為司文侍郎兼通事舍人少從蕭寺雲法師讀經論明佛理至是蔬食持戒信受甚篤

陶弘景初為諸王侍讀奉朝請後弃官居句容嘗夢佛授其菩提記名為勝力菩薩乃詣鄮縣阿育王塔自誓受五大戒

劉慧斐初為安西成王法曹行參軍明釋典工篆隸在山手寫佛經二千餘卷常所誦者百餘卷晝夜行道孜孜不怠遠近欽慕之

范文琰吳郡錢塘人好文章博通經史兼精佛義臨川王辟不就

劉訏平原人善玄言尤精釋典與族兄劉歊聽講於鍾山諸寺因共卜築宋熙寺東澗有終焉之志刺史張稷辟主簿不就

張孝秀為建安王別駕頃之遂去職歸山居于東林寺博涉羣書專精釋典

庾詵新野人性夷曠愛林泉高祖以下西記室徵不起晚年尤遵釋教宅內立道場環繞禮懺六時不輟誦法華經每月一百徧後夜中忽見一道人自稱願公容止甚異呼詵為上行先生授香而去中大通四年因晝寢忽驚覺曰願公復來不可久住顏色不變言終而卒時年七十八舉室咸聞空中唱上行先生已生彌陀淨域矣

劉歊隱居求志遨遊山澤幼時嘗獨坐空室有一老公至門謂歊曰心力勇猛能精心生但不得久滯一方耳因彈指而去歊

既長精心奉佛有道人釋寶誌者時人莫測也遇歊於興皇寺驚起曰隱居學道清淨登佛如此三說

陳王固清虛寡欲居喪以孝聞又崇信佛法及丁所生母憂遂終身蔬食夜則坐禪晝誦佛經兼習成實論義嘗聘于西魏因宴饗之際請停殺一羊羊於固前跪拜又宴昆明池魏人以南人嗜魚大設罟網固以佛法呪之遂一鱗不獲位至太常卿

周弘正為尚書右僕射弘正特善玄言兼明釋典雖碩學名僧莫不請質疑滯初藏法師於開善寺講說門徒數百弘正年少未知名著紅綿絞髻踞門而聽衆人蔑之弗譴也既而乘間進難舉坐盡傾法師疑非世人

陸慶少好學遍通五經仕梁為婁令值梁季喪亂乃覃心釋典經論靡不該究鄱陽晉安王俱以記室徵並不就乃築室屏居以禪誦爲事由是傳經受業者蓋鮮矣

姚察為吏部尚書領著作察幼年嘗就鍾山明慶寺尚禪師受

菩薩戒及在官祿俸皆捨寺起造并追爲禪師樹碑文甚遒麗又遇見梁國子祭酒蕭子雲書此寺禪房詩覺之愴然乃用蕭韻述懷爲詠詞又哀切益以此稱之察初願讀一藏經並已究竟將終曾無痛惱但西向正坐念云一切空寂卒後身體柔軟顏色如常

徐陵爲太子太傅陵少而崇信釋教經論多所精解後主在東宮令陵講大品經義名僧自遠雲集每講筵商較四座莫能與抗

徐孝克陵弟也初爲太學博士東遊居于錢唐之佳義里與諸僧討論釋典遂通三論每日二時講旦講佛經晚講禮傳道俗受業者數百人文帝天嘉中除剡令非其好也尋復去職高宗太建四年徵爲秘書丞不就乃蔬食長齋持菩薩戒晝夜講誦法華經高宗甚高其操行後爲都官尚書孝克性清素而好施惠故不免飢寒後主勑以石頭津稅給之孝克悉用設齋寫經隨盡後主禎明中爲散騎常侍陳亡入隋爲國子祭酒以疾卒

時年七十三臨終正坐念佛室內有非常異香氣隣里皆驚異之

馬樞扶風郿人善佛經及周易老子義撰道覺論二十卷行於世梁邵陵王綸爲南徐州刺史素聞其名引爲學士綸時自講大品經令樞講維摩老子周易同日發題道俗聽者二千人王欲極觀優劣乃謂衆與馬學士論義必使屈服不得空立客主於是數家學者各起問端樞乃依次剖判開其宗旨然後枝分派別轉變無窮論者拱默聽受而已綸甚嘉之天嘉元年以度支尚書徵不起

孫瑒爲郢州刺史處己率易不以名位驕物時興皇朗法師該通釋典瑒每造講筵時有抗論法侶莫不傾心

傅縡爲右衛將軍兼中書通事舍人篤信佛教從興皇慧朗法師受三論盡通其學時有大心暠法師著無諍論以詆之縡乃爲明道論用釋其難其略曰無此下論多誤諍論言此有引三論者雷同訶詆忿言罪狀歷毀諸師非斥衆學論中道而執偏心語忘懷而競獨勝方學數論更爲讎敵讎敵既構諍鬭大生以此之心而成罪業罪業不止豈不重增生死大苦聚集答曰三論之興爲日久矣龍樹創其源除內學之偏見提婆揚其旨蕩外道之邪執欲使大化流而不擁玄風闡而無墜其言曠其意遠其道博其流深斯固龍象之騰驤鵾鵬之搏運蹇乘尺羽豈能觖望其間哉頃代澆薄特無曠士苟習小學以化蒙心漸染成俗遂迷正路唯競穿鑿各肆營造枝葉徒繁本源日翳一師解釋復異一師更擅宗立新意同學之中取誇復別如是展轉添糅倍多惣而用之心無所準擇而行之何者爲正豈不渾沌傷竅嘉樹翳牙雖復人說非馬家握靈蛇以無當之卮同畫地之餅矣其於失道不亦宜乎攝山之學則不如是守一遵本無改作之過約文申意杜臆斷之情言無預說理非宿構覩緣介乃應見敵然後動縱橫駱驛忽恍杳冥或彌漫而不窮或消散而無所娛乎其有文章蹤朕不可得淵深不可量即事而作

遠凡相酬對隨理詳覈有何嫌許于他師所說爲是何毀爲不可毀者毀故爲衰若不可毀毀自不及法師何獨蔽護不聽毀乎且教有大小備在聖諾大乘之文則指斥小道今引大法豈得不言大乘之意邪斯則褒貶之事縱讓於學與奪之辭依經議論何得見佛說而信順在我語而忤逆無諍平等心如是邪且忿恚煩惱凡夫常性失理之徒率皆如此苟以三修未愜六師懷恨而蘊涅槃妙法求不宣揚得其怨憤之心既極恬淡之辭自成耳人面不同其心亦異或有辭意相反或有心口相符豈得必謂他人說中道而心偏執己行無諍外不違而內平等雖敵鬭訟豈我事焉罪業聚集在鬭諍者所謂耳無諍論言攝小大師誘進化導則不如此即習行於無諍者也導悟之德既往淳一之風已澆競勝之心阿毀之曲盛於茲矣吾願息諍以通道讓勝以忘德何必撥亂與家生其恚怒者乎若以中道之心行於成實亦能不諍若以偏著之心說於中論亦得

有諍固知偏與不偏俱在一法答曰攝山大師實无諍矣但法師所尚兼而有之其節彼靜守幽谷寂爾无爲凡有訓勉莫匪同志從容語嘿物無間然故其意雖深其言甚約今之敷暢地勢不然處生城之隅居聚落之内呼吸顧望之容唇吻縱橫之士奮鋒穎勵羽翼明目張膽被堅執銳騁異家衒別解窺伺間隙激巽長短與相酬對捔其輕重豈得默默无言唯唯應命必須掎摭同異發擿疵瑕忘身而引道忤俗而通教以此爲病益知未達言今大師當此之地亦何必默已而爲法師所實邪法師又言吾領息諍以通讓勝以忘道德之事不止在諍與不諍讓與不讓也此語直是人間所重法師原而言之竟未知勝若可爲讓也若他人道高則自勝不勞讓矣他人道劣則雖讓而益蹤矣欲讓之辭將非虛設中道之心无處不可成實三論何事致乘但須息守株之解除膠柱之意是事皆中也來旨言不諍不偏在一法何爲獨褒无諍邪詎非矛楯无諍論言邪正得失勝

負是非必生於此矣非謂所說之法而有定指論勝劣也若異論是非以偏者爲失言無是无非消彼得失以此論爲勝妙者他論所不及此亦爲失也何者凡心所破豈无心於能破則勝負之心不忘寧末存勝者並斯則矜我爲得棄他之失即有取捨大生是非使增鬪諍答曰言心使心心受言詮和合根塵鼓動風氣故成語也事必由心實如來說至於心造僞以使口口行詐以應心外和而內險言隨而意逆求和養引聲名入道之人在家之士斯輩非一聖人所以曲陳教誡深致傷杜說見在之殃各敘將來之患害此文明著甚於日月猶有忘愛軀冒嶮制陷湯炭甘齏粉必行而不顧也豈得悅無諍之作而迴首華音邪若引道之人宣化之士心知勝也口言勝也心知劣也口言劣也亦无所苞藏亦无所忌憚但直心行之耳他道雖劣聖人之教也已德雖優亦聖人之教也我勝則聖人勝他劣則聖人劣聖人之優劣並根緣所宜爾於彼於此何所厚薄哉雖復

終日按劍極夜擊柝瞋目以爭得失作氣以求勝負在誰處乎有心之與無心徒欲分別虛空耳何意不許我論說而使我謙退與謂鷦鵬已翔於寥廓而虞者猶窺藪澤而求之莫乎大大之弘斯道矣諍論言無諍之道通於內外子所言須諍論者此用末而救本失本而營末者也今爲子釋之何則若依外典尋書契之前至淳之世朴質其心行不言之教當于此時民至老死不相往來而各得其所復有何諍是物之真矣答曰諍與無諍不可偏執本之與末又安可知由來不諍寧知非末於今而諍何驗非本夫居後而望前則爲前居前而望後則爲後而前後之事猶如彼此彼呼此爲彼此呼彼爲彼彼此之名的居誰處以此言之萬事可知矣本末前後是非善惡可常守邪何得自信聰明蔽他耳目夫水泡生滅火輪旋轉入牢穽受羈紲生憂畏起煩惱其失何哉不與道相應而起諸見故也相應者則不然爲也無不爲也善惡不能皆而曾未離善惡生死不能至

亦終然至生死故得永離而生死爲是以聖人念嬈經之不除愍黏膠之難離設動教詔備諸便巧希向之徒涉求有類雖麟角難成象形易失寧得不髣髴遐路勉勵短晨且當念己身之善惡莫揣他物而欲分別而言我聰明我知見我計校我思惟以此而言亦爲疎矣他人者實難測或可是凡夫真爾亦可是聖人術同時俗所宜見果報所應覩安得肆胷衿盡情性而生譏誚乎正應虛己而遊乎世俛仰於電露之間耳明月在天衆水咸見清風至林群籟畢響吾豈遠物哉不入鮑魚不甘腐鼠吾豈同物哉誰能知我共行斯路浩浩乎堂堂乎豈復見有諍爲非無諍爲是此則諍者自諍無諍者自無諍吾俱取而見之寧勞法師費功夫點筆紙但申於無諍弟子疲脣舌消晷漏對於明道戲論哉糟粕哉必欲且考真僞暫覩得失無過依賢聖之言檢行藏之理始終言究表裏探取使浮辭無所用詐道自然消更待後筵以觀其妙矣

陸杲爲太子中舍人學成實論於僧旻法師通大旨

後魏刁雍爲征南大將軍汎施愛士怡靜寡欲篤信佛道著教誡二十餘篇以訓導子孫

雍子遵爲太尉諮議參軍年七十志力不衰常誦經篤疾幾死見神明救免言是福門之子當享長年

裴宣爲員外散騎侍郎孝文集沙門講佛經因命宣論難甚有詣理帝稱善

高允爲尚書散騎常侍雅言佛道時設齋講好生惡殺

趙柔少以才學知名爲河內太守隴西王源賀採佛經幽旨作祇園精舍圖偈六卷柔爲之注解咸得理衷爲當時儁僧所欽味焉又立銘讚頗行于世

崔光爲車騎大將軍儀同三司崇信佛法禮拜讀誦老而逾甚終日怡怡未曾恚忿曾於門下省晝坐讀經有鴿飛集膝前遂入於懷緣膝上肩久之乃去道俗讚詠詩誦者數十人每爲沙

門朝貴請講維摩十地經聽者常數百人即爲二經義疏三十餘卷識者知其疎略

崔敬友光弟也除梁郡太守會遭所生母憂不拜敬友精心佛道晝夜誦經免喪之後遂菜食終世

裴植字文遠少而好學覽經史尤長釋典善談理義寫[illegible]支尚書侍中于忠等矯詔殺之植臨終神志自若遺令子弟命盡之後翦落鬚髮被以法服以沙門禮葬于嵩高之陰

奚康生久爲將及臨州尹多所殺戮而乃信向佛道數捨其居宅以立寺塔凡歷四州皆有建置

孫紹爲左衛將軍右光祿大夫曾著釋典論雖未具美時有可存

胡國珍靈太后之父爲中書監年雖篤老而雅敬佛法時事齋潔自彊禮拜至於出入侍從猶能跨馬擐鞍孝明神龜元年四月七日步從所建佛第發至閶闔門四五里八日又立觀像晚乃肯坐勞熱增甚因遂寢疾

馮亮南陽人性清靜隱居嵩山帝嘗召以爲羽林監領中書舍人將令侍講十地諸經固辭不許又欲使衣幘入見亮苦求以幅巾就朝遂不彊逼還山數年會逆人王敞事發連山中沙門而亮被執赴尚書省十餘日詔特免雪亮不敢還山遂寓居景明寺勅給衣食及其從者數人後思其舊居復還山室亮既雅愛山水又兼巧思結架巖林甚得栖遊之適頗以此聞宣武給其工力令與沙門統僧暹河南尹甄琛等同視嵩山形勝之處遂造閑居佛寺林泉既奇營製又美曲盡山居之妙亮時出京師延昌二年冬因遇篤疾宣武勅以馬送令還山居嵩高道場寺數日而卒詔贈帛二百疋以供凶事亮遺誡兄子綜斂以衣㡊左手持板右手執孝經一卷置尸盤石上去人數里外積十餘日乃焚於山以灰燼處起佛塔藏經

崔暹宣武時爲度支尚書兼僕射魏梁通和要貴皆遣人隨聘使交易暹嘗求佛經梁武帝聞之爲繕寫以幡花寶唄送至館

焉然而好大言調戲無節密令沙門明藏著佛性論而署己名傳諸江表

後周蘇綽爲度支尚書深信佛理著佛性論七經論並行於世

隋辛彥之爲潞州刺史崇信佛道於城內立浮圖二所並十五層開皇十一年州人張元暴死數日乃蘇云遊天上見新構一堂制極崇麗元問其故人云潞州刺史辛彥之有功德造此堂以待之彥之聞而不悅其年卒官

李士謙趙郡平棘人也爲員外郎善談玄理嘗有一客在坐不信佛家應報之義以爲外典無聞焉士謙喻之曰積善餘慶積惡餘殃高門待封掃墓望喪豈非休咎之應邪佛經云輪轉五道無復窮已此則賈誼所言千變萬化未始有極忽然爲人之所謂也佛道未東而賢者已知其然矣至若鮌爲黃能杜宇爲鶗鴂褒君爲龍牛哀爲虎君子爲鵠小人爲猿彭生爲豕如意爲犬黃母爲黿鄧艾爲牛徐伯爲魚鈴下爲烏書佐爲虵

羊祜前身李氏子比非佛家變異形之謂邪客曰邢子才云豈有松柏後身化爲樗櫟僕以爲然士謙曰此不類之談也變化皆由心而作木豈有心乎客又問三教優劣士謙曰佛日也道月也儒五星也客亦不能難而止

柳訔爲煬帝東宮學士太子以其好内典令撰法華玄宗爲二十卷奏之太子覽而大悦賞賜優洽儕輩莫與比

唐蕭瑀貞觀中爲秘書監尤好内典歷位清通而襟情雅素勵行蔬菲篤沙門之業誠所得俸禄皆充檀施身終之日家無遺產

蕭璟爲金紫光禄大夫專心釋氏常修梵行每見沙門大德常與之論難及若空思之所涉必諧微旨太宗以瑀好佛道嘗賚繡佛像一軀并繡瑀形狀於像側以爲供養之容又賜王褒所書大品般若經一部并賜袈裟以充講誦之服焉後表乞出家太宗怒之出爲商州刺史

崔元綜則天朝官至宰相綜篤信釋典好潔細行薰辛不歷口

者二十餘年

李鼎寶應初爲鳳翔尹以百姓所立鼎生祠抗表乞改置佛寺度僧七人許之

王維爲尚書右丞與弟縉俱奉佛居常蔬食不茹葷於藍田南輞口置别業引輞水激流於草堂之下漲深潭於竹中浮輕舟遶溪洞彈琴朗詠常飯十數名僧以玄談爲樂室中唯有茶鐺藥臼經案繩床而已維泉躭禪門深虛心地長齋素食不衣文綵退朝之後常焚香獨坐禪誦爲事妻亡後三十年孤居一室便絶塵累

王縉爲門下侍郎平章事與元載杜鴻漸同居相位俱喜飯僧徒代宗嘗問以福業報應事因而啓奏由是奉之過當大曆初縉上言妻李氏疾患經今七年請捨道政坊私第爲寺度僧三七人住持仍乞賜寺額爲寶應帝許之

李重倩爲淮西節度兵馬使抗表請捨所居延壽里宅爲佛經坊許之仍賜名寶應一切經坊

楊綰爲中書侍郎平章事雅尚玄宗道釋二教嘗著王開先生傳以見意

梁崇義爲山南東道節度大曆末抗表乞以襄陽舊宅爲寺許之

闞播爲太子少師善言物理尤精釋氏之學

路泌爲渾瑊元帥判官隨瑊與吐蕃會盟而陷既在絶域捿心於釋氏之教爲蕃眾所重待以賓禮

劉總爲幽州節度使穆宗長慶初奏請以私第爲佛寺遣中官焦仙晟以寺額曰報恩旌賜之又奏請爲僧詔授侍中天平軍節度總因乞出家朝廷以緇服就賜之錫名大覺亦以鄭帥斧鉞侍中印綬授之雖所趣向而總竟從釋氏幽州上言總剃髮爲僧不知在所竟卒於易州

韋綬字子章京兆人喪父刺血寫佛經

韋處厚爲中書侍郎平章事篤信釋氏因果之説晚節尤甚

張仲武爲幽州節度故事每有新帥多割招提以邀福利仲武曰勞人求福何福之有因出己所俸擇吏之清絜者厚給其家使市紙於江南還傭其善書者録其釋氏之典傳之于人因謂其賓客曰此非敢求福貨助其教化耳

梁張策妙通因果酷奉空教未弱冠落髮爲僧居雍之慈恩精廬頗有高致廣明末大盜犯闕策遂返初服奉父母逃難君子多之後爲刑部侍郎平章事

晉王建立爲青州節度晚年歸心釋氏飯僧營寺戒殺慎獄民稍安之

桑維翰爲侍中天福末奏臣洛京章善坊捨宅爲僧院乞賜名額勅以奉先禪院爲名

和凝爲右僕射平章事天福末奏臣滑州捨宅爲僧院使令親姊尼福因往彼住持乞頒名額兼賜紫衣牒以悟真禪院爲名福因宜賜紫衣

晉馬裔孫罷相爲太子賓客孫少慕韓愈之爲人尤不重佛及退居里巷追感唐亮平昔之遇乃依長壽僧舍讀佛書冀申冥報歲餘枕藉黄卷中見華嚴楞嚴詞理富贍繇是酷賞之仍抄録摘相形于歌詠謂之法喜集又纂諸經要言爲佛國記凡數千言或問之曰公生平以傳弈韓愈爲高識何前倨而後恭是佛佞公邪公佞佛邪孫笑而荅曰佛佞予則多矣

李穀顯德中同平章事穀以李貫河南府洛陽縣清風鄉高陽里本居經黄巢亂雖園廬湮盡穀養於外祖不其舊壠責於其寺置蘭若命僧居之以申罔極之感

冊府元龜卷第八百二十一

府八百二十一　十五

冊府元龜卷第八百二十二

總録部　七十二

尚黄老

太史公之論六家劉歆之奏七略其叙黄老之旨載篇籍之數詳矣世之學者亦曷嘗無其人焉乃有敦尚靖淨之訓以助治成化指吏禄之累以越世高蹈聚徒教授以傳述真宗立言敷演以發揚妙鍵注釋以啓深趣論議以極遠致乃至靈僊通感神期冥會覩奥秘詮以享遐筭豈誣也哉其或業與時契名參俊選志存靈貺力營玄館波流頹靡崇尚競逐蓋與夫黜聰抱樸之説爽矣

老萊子楚人著書十五篇言道家之用

愼到趙人與齊人田駢接子楚人環淵皆學黄老道德之術因發明序其指意到著十二論（今慎子劉向所定有四十一篇）環淵著上下篇而田駢接子皆有所論焉

莊周嘗爲蒙漆園吏（蒙縣屬梁國）其學無所不闚然其要本歸於老子之言故其著書十餘萬言大抵率寓言也作漁父盜跖胠篋以詆訿孔子之徒以明老子之術

申不害韓人爲昭侯相十五年終申子之身國治兵彊無侵韓者申子之學本於黄老而主刑名著書二篇

韓非韓之諸公子喜刑名法術之學而其歸本於黄老

樂臣公（一作鉅公 者叙之辭 姓樂）趙人善脩黄帝老子之言顯聞於齊稱賢師其本師號曰河上丈人不知其所出河上丈人教安期生安期生教毛翕公毛翕公教樂瑕公樂瑕公教樂臣公樂臣公教蓋公蓋公教於齊高密膠西爲曹相國師

漢曹參爲齊悼惠王相齊七十城天下初定悼惠王富於春秋參盡召長老諸先生問所以安集百姓而齊故諸儒以百數言人人殊參未知所定聞膠西有蓋公善治黄老言使人請之既見爲言治道其治要用黄老術故相齊九年齊國安集大稱賢相

張良從高祖定天下乃稱曰以三寸舌爲帝者師封萬戶位列侯此布衣之極於良足矣願棄人間事欲從赤松子游耳乃學道欲輕舉位至太子少傅

陳平少時好讀書治黄帝老子之術位至丞相

田叔學黄老術於樂鉅公爲人廉直喜任俠（喜音許吏反）游諸公位至魯相

直不疑學老子言其所臨爲官如故唯恐人之知其爲吏迹也不好立名稱爲長者位至御史大夫

鄧公子章以脩黄老言顯諸公間

汲黯爲東海太守學黄老言治官民好清靜擇丞史任之（擇郡丞及史任之）

鄭當時爲大司農官屬好黄老言

班嗣彪從兄也雖修儒學然貴老嚴之術（老子莊子也 嚴即莊也 避明帝諱）桓生欲借其書（桓生譚也）嗣報曰若夫嚴子者絕聖棄智修生保真清虛澹泊歸之自然獨師友造化而不爲世俗所役者也漁釣於一壑則萬物不奸其志（奸犯也）棲遲於一丘則天下不易其樂不絓聖人之罔不齅驕君之餌蕩然肆志談者不得而名焉故可貴也今吾子已貫仁誼之羈絆繫名聲之韁鎖伏周孔之軌躅馳顏閔之極摯既繫攣於世教矣何用大道爲自眩曜昔有學步於邯鄲者曾未得其髣髴又復失其故步遂匍匐而歸耳恐似此類故不進（言不與其書）嗣之行已持論如此

後漢耿況與王莽從弟伋共學老子於安丘先生位至上谷太守

任隗字仲和少好黄老清靜寡欲位至光祿勳

鄭均字仲虞少好黄老書常稱病家廷不應州郡辟召後爲議郎

蔡勳字君嚴邕之六世祖好黄老平帝時爲郿令

樊融有俊才好黄老不肯爲吏

樊瑞尚書令準之父也好黄老言清静少欲
揚厚爲侍中稱病歸家修黄老教授門生上名録者三千餘人
翟酺好老子尤善圖緯天文歴筭位至將作大匠
淳于恭善説老子清静不慕榮名位至侍中騎都尉
樊曄有儁才好黄老不肯爲吏位至天水太守
周勰舉之子少尚玄虚不應徵辟常隱處窜身慕老聃清静杜絶人事巷生荊棘十有餘歳
矯慎字仲彦扶風茂陵人少好黄老隱遯山谷因穴爲室仰慕松喬導引之術
向長字子平河内朝歌人隱居不仕性尚中和好老易貧無資好事者更饋焉受之取足而反其餘
髙恢京兆人少好老子隱於華陰山中
魏劉先字始宗博學强記尤好黄老言
王弼字輔嗣爲臺郎何晏與弼祖述老莊立論以爲天地萬物皆以無爲爲本無也者開物成務無往不存者也陰陽恃以化生萬物恃以成形賢者恃以成德不肖恃以免身故無爵而貴矣
何晏字平叔以才名好老莊言作道德論位至尚書
裴寓精辯有機理好道家之言少被病未官而卒
晉嵇康學無師受博覽無不該通長好老莊位至中散大夫
向秀字子期清悟有遠識少爲山濤所知雅好莊老之學莊周著内外數十篇歴世才士雖有觀者莫適論其旨統也秀乃爲之隱解發明奇趣振起玄風讀之者超然心悟莫不自足一時也恵帝之世郭象又述而廣之儒墨之迹見鄙道家之言遂盛焉位至散騎常侍
司馬彪爲秘書丞注莊子
郭象字子玄少有才理好莊老能清言注莊子位至東海王越太傅主簿
庾敳字子嵩爲陳留相未嘗以事嬰心從容酣暢寄通而已處衆人中居然獨立嘗讀老莊曰正與人意闇同太尉王衍雅重之河南郭象善老莊時人以爲王弼之亞敳甚知之每曰郭子玄何必減庾子嵩
山濤字巨源性好莊老每隱身自晦位至司徒
謝鯤字幼輿少知名通簡有高識不脩威儀好老易位至豫章太守
郗愔及弟曇奉天師道而何充與弟準崇信釋氏謝萬譏之云二郗諂於道二何佞於佛位至鎮軍將軍
張忠中山人隱于太山無琴書之適不修經典勸教但以至道虚無爲宗其居依崇巖幽谷鑿地爲窟室弟子亦以窟居去忠六十餘步五日一朝其教以形不以言弟子受業觀形而退立道壇于窟上每旦朝拜之食用瓦器鑿石爲釜左右居人饋之衣食一無所受好事少年頗或問以水旱之祥忠曰天不言而四時行焉萬物生焉陰陽之事非窮山野叟所能知之其遺諸外物皆此類也
葛洪尤好神仙導養之法著子書言黄白之事名曰内篇後爲句漏令
鮑靚東海人常見仙人陰君授道訣百餘歳卒
宋何偃素好談玄注莊子逍遥篇傳於世位至吏部尚書
羊欣素好黄老常手自書章有病不服藥飲符水而已位至尋陽太守
沈演之家世爲將而演之折節好學讀老子日百遍以義理業尚知名位至吏部尚書
孔靈産罷晉安太守有隱遁之懷於禹井山立館事道精篤每旦於静屋四向朝拜涕泗滂沲東過錢唐北郭於舟中遥拜杜子恭墓
周續之字道祖鴈門廣武人年十二詣豫章太守范甯受業居學數年通五經并五緯號曰十經名冠同門稱爲顔子既而閑

居惟讀老易入廬山事沙門釋慧遠

沈道虔吳興武康人少仁愛好老易居縣北石山下精廬與諸兄子共釜庾而資困不改節

南齊顧歡字景怡吳郡鹽官人年二十餘從雷次宗諮玄儒諸義晚節事黄老道以佛道二家乎相毁著夷夏論雖同二法而意黨道教

宗測退居善易老累徵不起

杜京產吳郡錢塘人少恬靜閉意榮官頗涉文義尊修黄老

沈驎士吳興武康人隱居不就徵養身靜默著周易兩繫莊子内篇訓注老子要略數十卷

徐伯珍東陽太末人好釋氏老莊之學兼明道術

梁嚴植之字孝源建平秭歸人少善莊老能玄言位至中撫軍記室參軍

太史叔明吳興烏程人少善莊老兼治孝經禮記其三玄尤精

解當世冠絶每講說聽者常五百餘人官至國子助教

柳憕少有大意好玄言通老易終鎮西長史

阮孝緒陳留尉氏人年十三遍通五經十五冠而見其父彥之誡曰三加彌尊人倫之始宜思自勗以庇爾躬答曰願迹松子於瀛海追許由於窮谷庶保促生以免塵累嘗著論云夫至道之本貴在無為聖人之跡存乎拯弊拯由跡用用有乖於本本既無為為非道之至然不垂其跡則世無以平不究其本則道實交喪丘旦將存其跡故宜權晦其本老莊且明其本亦宜深抑其跡跡既可抑數子所以有餘本方見晦尼丘是故不足非得一之士闕彼明智孰二之徒獨懷鑒識然聖已極照反創其跡賢未居宗更言其本良由跡須拯世非聖不能本實明理在賢可照若能體茲本跡悟彼抑揚則孔莊之意其過半矣

陶弘景幼有異操年十歲得葛洪神仙傳晝夜研尋便有養生之志謂人曰仰青雲覩白日不覺為遠矣止于句容之句曲山自號華陽隱居始從東陽孫游岳受符圖經法徧歷名山尋訪經法天監四年移居積金嶺東弘辟穀導引之法年踰八十而有壯容位至奉朝請

庾承先潁川鄢陵人先學黄老兼涉釋教高祖詔徵之不起居于土臺山講老子遠近咸來赴集

庾曼倩新野人孝元在荆州辟為主簿好黄老之言著莊老義疏

馬樞字要理六歲能誦老子及長尤善老子

邵陵王綸為南徐州刺史引為學士令講老子

陳周確字士潛博涉經史篤好玄言位至都官尚書

陸瑜嘗受莊老於汝南周弘正通大旨官至太子中舍人

全緩治周易老莊時人言玄者咸推之位至鎮南始興王府諮議參軍

後魏鄭脩北海人少隱於岐南雍好經史專意玄門屏迹人事不交世俗

程駿師事劉昞嘗謂昞曰今世名教之儒咸謂老莊其言虚誕不切實要弗可以經世駿意以為不然夫老子著抱一之言莊生申性本之旨若斯者可謂至順矣人若乖一則煩偽生若爽性則沖真喪昞曰卿年尚稚言若老成美哉由是聲譽益播

北齊杜弼為通直散騎常侍中軍大將軍平陽公淹為并州刺史高祖又命弼帶并州驃騎府長史弼性好名理探味玄宗自在軍旅帶經從役注老子道德經二卷表上之曰臣聞乘風理弋追逸羽於高雲臨波命鉤引沉鱗於大壑苟得其道為工其事在物既尔理亦固然竊惟道德二經闡明幽極旨冥動寂用周凡聖論行也清靜柔弱語迹也成功致治寔眾流之江海乃群藝之本根臣少覽經書偏所篤好雖從役軍府而不捨游息鑽味既久斖斖如有所見以之前注微謂異於舊説情發於中而彰諸外輕以管窺遂成穿鑿無取於游刃有慙於運斤不足破秋毫之論何以解連環之結本欲止於門内貽厥童蒙兼以

泝貲愚鄙私備忘闕不悟姑射疑神汾陽沉照蓋高之聽卑通言注察春末奉百偎蒙垂誘令上所注老子謹冒封呈并序如別詔答云李君游神冥寞獨觀恍惚立同造化宗極群有從中被外周應可以裁成自己及物運行可以貫用道隆帝國義屬斯文卿才思優洽業尚通遠棲息儒門馳騁玄肆既啓專家之李且暢釋老之言戶列門張途通性𣸣理事兼申能用俱表往賢所未悟遺老所未聞旨極精微言窮深妙朕有味二經倦於搜尋覽新注所得已多嘉尚之來良非一緒已勅殺青編藏之延閣又上一本於高祖一本於世宗

盧臣客風儀甚美少有志尚雅有法度好道家之言

羊烈少通敏自修立有成人之風好讀書能言名理以玄學知名位至義州刺史

後周盧光字景仁好玄言撰道德經章句行於世官至陝州刺史

長孫熾頗涉群書周武帝尚道法尤好玄言求學兼經史善於

談論者爲通道館學士熾應其選與英俊並游通涉彌博

隋張羨初仕後周爲司成中大夫撰老子莊子議名曰道言五十二篇

徐則東海郯人入天台山絕粒養性初在縉雲山太極眞人徐君降之曰汝年出八十當爲王者師然後得道也晉王鎮楊州知其名手書召之曰夫道得衆妙法體自然包涵二儀混成萬物人能引道道不虛行先生履德養空宗玄齊物深明義味曉達法門悅性沖玄怡神虛白餐松餌木栖息烟霞望赤城而待風雲游玉堂而駕龍鳳雖復藏名台嶽猶且騰實江淮藉甚嘉猷有勞寤寐欽承素道以積虛襟側席幽人夢想巖穴霜風已冷海氣將寒偃息茂林道氣休悆昔商山四皓輕舉漢庭淮南八公來儀藩邸古今雖異山谷不殊市朝之隱前賢已說導凡述聖非先生而誰故遣使人往彼延請想無勞東帛賁然來思不待蒲輪去彼空谷希能屈已佇望披雲則謂門人曰吾今年八十一王來召我徐君之旨信而有徵於是遂詣楊州晉王將請受道法則辭以時日不便其後夕中命侍者取香火如平常朝禮之儀至于五更而死支體柔弱如生停留數旬顏色無變晉王下書曰天台眞隱東海徐公處確居宗沖玄成德齊物外檢行安身草褐蒲衣食松餌木栖隱靈岳五十餘年卓矣仙才飄然勝氣千尋萬頃莫測其涯寡人欽承道風久飡德素頻遣使乎遠此延屈冀得虔受上法或建良緣至止甫爾未淹旬日厭塵羽化反眞靈府身體柔軟顏色不變經方所謂尸解地仙者哉誠復師禮未申而心許有在雖忘常化猶愴于懷喪事所資隨須供給霓裳羽蓋既且騰雲空槨餘衣詎藉墳壟但杖鳥猶存示同俗法宜遣使人送還天台定葬是時自江都至於天台在道多見則徒步云得放還至其舊居取經書道法分遺弟子仍令淨掃一房曰若有客至宜延之於此然後跨石梁而去不知所之須臾尸柩至方知其靈化時年八十二晉王聞而益

異之賵物千段遣畫工圖其狀貌令柳㝊爲之讚曰可道非道常道無名上德不德至德無盈玄風扇矣聞有先生厭離金液怡神玉清石髓方軟雲丹欲成言追葛稚將侶茅盈我王遙屬爰感靈誠柱下暫啓河上沉精留符告信化杖飛聲永思靈跡曷用攄情持披素繪如臨赤城

唐潘師正趙州贊皇人隋大業中度爲道士師事王遠知盡以道門隱訣及符籙授之師正清靜寡欲居於嵩山之逍遙谷二十餘年但服松葉飲水而已

李播淳風之父仕隋爲高唐尉秩卑不得志弃官而爲道士頗有文學自號黃冠子文集行於代

薛頤貞觀中爲太史令請爲道士許之仍拜中大夫爲置紫府觀於九嵕之下申其高尚焉顧河東汾陰人少好玄言去俗爲道士解天文律曆隋煬帝時引入玉清觀每加恩禮召令章醮

郭詵爲河南府參軍郭仙舟爲虢州朱陽縣丞開元六年投匭

獸詩勑曰觀其文理是崇道法至於時用不切事情宜各從所好並罷官爲道士

韓思復爲御史大夫性恬澹好玄言非察察之吏無幾轉爲太子賓客

司馬承禎字子微少好學出家爲道士師事潘師正傳其符籙及辟穀導引服餌之法師正特賞異之謂曰我自陶隱居傳授正一法至汝四葉矣承禎嘗遍遊名山遂止於天台山則天聞其名召至都降手勑以讚美之及將還勑麟臺監李嶠餞之於洛橋之東景雲二年睿宗令其兄承禕就天台起之至京入宮問以陰陽術數之事承禎對曰經曰爲道日損損之又損以至於無爲且心目所知見者每損之尚未能已復攻乎異端而增其智慮哉帝曰理身無爲則清高矣理國無爲如何對曰國猶身也老子曰心遊於澹合氣於漠順物自然而無私焉而天下理易曰聖人者與天地合其德是知天不言而信不爲而成無

爲之旨理國之道也睿宗歎息曰廣成之言即斯是也承禎固辭還山乃賜寶琴一張及霞紋帔而遣之朝中詞人贈詩百餘人開元九年又遣使迎至京玄宗親受法籙前後賞賜甚厚十年駕入都承禎又請還天台上賦詩以遣之十五年又召至都上令承禎於王屋山自選形勝置壇室以居焉

張果不知何許人也嘗著陰符經玄解盡其玄理後授銀青光祿大夫號通玄先生

賀知章爲秘書監授銀青光祿大夫天寶三載知章因老疾恍惚不醒若神遊洞天三清上數日方覺遂有志入道乃上疏請度爲道士歸捨本鄉宅爲觀玄宗許之仍拜其子典設郎曾子會稽郡司馬使侍養御製詩以贈行皇太子已下咸就執別肅宗乾元元年十一月詔曰故越州千秋觀道士賀知章器識夷淡襟懷和雅神清志逸學富才雄挺會稽之美箭蘊崑崗之良玉故飛名仙省侍講龍樓常靜默以養閑因談諧而諷諫以著

齒辭祿載見義識願追二老之蹤克遂四明之客允叶初志脫落朝衣駕青牛而不還狎白衣而長往舟壑非息人琴兩志惟舊之懷有深追悼宜加縟禮式展哀榮可贈禮部尚書

王鉷爲御史大夫天寶十載請捨宅爲觀表曰臣聞道本無爲虛而必應行之者時乘六氣得之者壽越二儀伏惟開元天地大寶聖文神武應道皇帝陛下高居衆妙深契重玄降自三清元君俯爲萬方聖主竊見朝之上宰寔曰大賢首學真宗先開道觀奉揚慈旨布淳化於蒼生恭啓福因延休祐於皇極臣抹於聞道不敢思齊聽言報恩幸忝竊况且臣孤立明主所知竭力效官義惟守死禍難奉國誓不偷生所賜榮寵亦家任使不因人力特出聖衷加以前後糺彈頗多挫折公言成謗恐不自安直道招愆甘爲已分陛下聖明先覺真僞立分燕客上書遂知是詐漢臣引過諭求甚忠豪獨照於聖心免稽罪於身議常懷恩報致九泉伏念得私將深罔極徒申啓勤無補高明臣

舊宅在城南安化門内道東第一家祖父相傳竹樹猶茂已更數代垂向百年同蕭何之貴田識爲偏僻晏嬰之近市猶嫌湫隘臣於此中選其勝處減兼官之祿俸迴累賜之金帛盡除遺諸創建尊堂廊宇既成功德將畢伏乞俯矜丹懇時降皇慈因誕聖之辰充報恩之觀捧迎仙榜光映蓬廬每至三元八節之時天長乙酉之日臣得澡雪紛垢恭持齋戒一心至願稽首尊容薦福聖躬永資實筭千生頂戴萬劫歸依雖螻蟻之負細塵豈能裨岳而烏鵲之銜微毳有志填河冀蒙睿澤曲流愚誠俯遂御筆許臣諸處招灼然有行業道士二七人長修香火無任感恩荷德之至

楊綰雅尚玄言宗道釋二教著王開先生傳以見意位至中書侍郎平章事

李勉字玄卿幼勤經史長而沉雅清峻宗於虛玄位至太子太師

閻寀爲吉州刺史德宗貞元七年請爲道士從之賜名遺榮

王紹為定武軍節度憲宗元和四年奏請於宿州置開元觀晉梁文矩善清靜之教聚道書數千卷企慕赤松留侯之事而尤盡其善位至太子太保致仕

冊府元龜卷第八百二十二

冊府元龜卷第八百二十三

總録部七十三

清談　醞藉

清談

傳曰言談者身之文老子曰善言無瑕讁若乃紆頃六籍辭氣清越振金玉而條暢去枝葉之扶疏抵掌開談應機語對深造至理煥發仁聲析群言之微妙爲時輩之傾仰扣之不竭聽者忘倦斯皆修飾雅調敷述精義婉而成章著爲令譽者也江左祖尚流風最盛非夫識度沖遠議論典正洞協名理作世模範者則無取焉

後漢孔伷字公緒陳留人能清談高論嘘枯吹生後爲豫州刺史

魏荀粲字奉倩潁川潁陰人也太和初到京邑與傅嘏談嘏善名理而粲尚玄遠宗致雖同倉卒時或有格而不相得意裴徽通彼我之懷爲一家騎驛頃之粲與嘏善夏侯玄亦親常謂嘏玄曰子等在世塗間功名必勝我但識劣我耳嘏難曰能盛功名者識也天下孰有本不足而末有餘者邪粲曰功名者志局之所獎也然則志局自一物耳固非識之所獨濟也我以能使子等爲貴然未必齊子等所爲也

管輅字公明冀州刺史裴徽檄召爲文學從事一相見清論終日不覺罷倦天時大熱移牀在庭前樹下乃至鷄向晨然後出

王弼字輔嗣少好學時淮南人劉陶善論縱橫爲當時所推每與弼語常屈弼天才卓出當其所得莫能奪也裴徽爲吏部郎弼未弱冠往造焉徽一見而異之問弼曰夫無者誠萬物之所資也然聖人莫肯致言而老子申之無已者何弼曰聖人體無無又不可以訓故不說也老子是有者也故恒言無所不足晏亦爲傅嘏所知于時何晏爲吏部尚書甚奇弼歎之曰仲尼稱後生可畏若斯人者可與言天人之際乎卒於尚書郎

爰俞字世都清貞貴素辯於論議採公孫龍之辭以談微理少有能名辟太尉府稍歷顯位

晉裴遐善言玄理音辭清暢泠然若琴瑟嘗與河南郭象談論一坐嗟服爲東海王越主簿

郭象少有才理好莊老能清言太尉王衍每云聽象語如懸河瀉水注而不竭卒於東海王太傅主簿

裴頠字季彥樂廣嘗與頠清言欲以理服之而頠辭論豐博廣笑而不言時人謂頠爲言談之林藪後爲尚書僕射侍中爲賈后所害

胡毋輔之字彥國少擅高名王澄嘗與人書曰彥國吐佳言如鋸木屑霏霏不絕誠後進領袖也後爲楊武軍湘州刺史

王濟字武子爲侍中每侍見未嘗不諮論人物及萬機得失濟善於清言修飾辭令諷議將順朝臣莫能尚焉

王戎善發談端賞其要會朝賢嘗上巳禊洛或問王濟曰昨游有何言談濟曰張華善說史漢裴頠論前言往行袞袞可聽王戎談子房季札之間超然玄著其爲識鑒者所賞如此後爲司徒卒

王衍既有盛才美貌明悟若神常自比子貢兼聲名藉甚傾動當世妙善玄言唯談老莊爲事每捉玉柄麈尾與手同色義理有所不安隨即更改世號口中雌黃朝野翕然謂之一世龍門矣累居顯職後進之士莫不景慕放效選舉登朝皆以爲稱首後爲太尉與石勒戰敗遇害

樂廣尤善談論每以約言析理以厭人之心其所不知默如也裴楷嘗引廣共談自夕申旦雅相欽挹歎曰我所不如也尚書令衛瓘朝之耆舊逮與魏正始中諸名士談論見廣而奇之曰自昔諸賢既沒常恐微言將絕而今乃復聞斯言於君矣命諸子造焉曰此人之水鏡見之瑩然若披雲霧而覩青天也王衍自言與人語甚簡至及見廣便覺已之煩其爲識者所歎美如此後至尚書令

阮瞻字千里讀書不甚研求而默識其要遇理而辯辭不足而

言有餘見司徒王戎戎問曰聖人貴名教老莊明自然其旨同異瞻曰將無同戎咨嗟良久即命辟之時謂三語掾阮脩字宣子好易老善清言王衍當時談宗自以論易略盡然有所未了研之終莫悟每云不知此没當見能通之者衍族子敦謂衍曰阮宣子可與言衍曰吾亦聞之但未知其亹亹之處定何如耳及與脩談言寡而旨暢衍乃歎服焉後爲太子洗馬被害

衛玠好言玄理其後多病體羸母常禁其語遇有勝日親友時請一言無不咨嗟以爲入微琅邪王澄有高名少所推服每聞玠言輒歎息絶倒故時人爲之語曰衛玠談道平子絶倒謝鯤先雅重玠相見欣然言論彌日王敦謂鯤曰昔王輔嗣吐金聲於中朝此子復玉振於江表微言之緒絶而復續不意永嘉之末復聞正始之音何平叔若在當復絶倒爲太子洗馬卒

祖納字士言最有操行能清言文義可觀後除光禄大夫

滿京荆州人舉秀才到洛尚書令樂廣與京同州共談累日深

歎其才謂京曰君天才過人恨不學耳若學必爲一代談宗京感其言遂勤學不倦時武陵太守戴昌亦善談論與京共談不能假借之昌以爲不如已笑而遣之令過其子若思京方極其言論昌竊聽之乃歎服曰才不可假遂父子俱屈焉

孫盛字安國博學善言名理于時殷浩擅名一時與抗論者惟盛而已盛嘗詣浩談論對食奮擲麈尾毛悉落飯中食冷而復暖者數四至暮忘餐理竟不定累遷祕書監加給事中

郗超有重名時沙門支遁以清談著名于時風流勝貴莫不崇敬以爲造微之功足參諸正始而遁常重超以爲一時之儁甚相知賞後爲司徒左長史

殷浩識度清遠弱冠有美名尤善玄言與叔父融俱好老易融與浩口談則辭屈著篇則融勝浩由是爲風流談論者所宗後至中軍將軍

謝安字安石弱冠詣王濛清言良久既去濛子脩曰向客何如大人濛曰此客亹亹爲來逼人王導亦深器之由是以有重名嘗與王羲之登冶城悠然遐想有高世之志羲之謂曰夏禹勤王手足胼胝文王旰食日不暇給今四郊多壘宜思自效而虛談廢務浮文妨要恐非當今所宜安曰秦任商鞅二世而亡豈清言致患邪後至太保贈太傅

張憑有志氣爲鄉閭所稱舉孝廉負其才自謂必參時彥初欲詣劉惔惔鄉里及同舉者共笑之既至惔處之下坐神意不接憑欲自發而無端會王濛就惔清言有所不通憑於末坐判之言旨深遠足暢彼我之懷一坐皆驚惔延之上坐清言彌日留宿至旦遣之憑既還船須臾惔遣傳教覓張孝廉船便召與同載遂言之於簡文帝帝召與語歎曰張憑勃窣爲理窟

謝萬字萬石工言論簡文帝作相召爲從事中郎萬著白綸巾鶴氅裘履版而前既見與帝共談移日後爲豫州刺史

謝朗字長度善言玄理六義豔發撫角時病[illegible]體甚羸未堪

勞於擬父安前沙門支遁講論遂至相苦其母王氏再遣信令還安欲留使竟論王氏因出云新婦少遭艱一生所寄惟在此兒遂流涕攜朗去終於東陽太守

殷仲堪能清言每云三日不讀道德經便覺舌本間強其談理與韓康伯齊名士咸慕愛之後爲荆州刺史

王濛爲司徒左長史善清談謝安常稱美濛云王長史語甚不多可謂令音又云濛恬暢能言名理

宋張敷性整貴文韻端雅好玄言善屬文初父邵使與南陽宗少文談繫象往復數番少文每欲屈握麈尾歎曰吾道東矣於是名價日重卒於司徒左長史

袁豹善言雅俗每商較古今兼以誦詠聽者忘疲爲太尉長史卒

張鏡少與光禄大夫顔延之鄰居談義飲酒喧呼不絶而鏡靜嘿無言聲後鏡與客談延之從籬邊聞之取胡牀坐聽辭義清玄延之心服謂客曰彼有人焉由是不復酣呼卒於新安太守

宋柄字叔文積於言理累徵太子庶子不應　南齊張緒吐納風
流聽者皆忘飢疲見者肅然如在宗廟雖終日與居莫能測焉
後至光祿大夫
徐嗣伯字叔紹有孝行善清言位正員郎諸府佐
劉繪爲後進領袖機悟多能時張融以言辭辯捷周顒彌爲清
綺而繪音采不贍麗雅有風則時人爲之語曰三人共宅夾清
漳張南周北劉中央言其處二人間也後爲大司馬從事中郎
張融字思光玄義無師法而神王過人白黑談論鮮能抗拒後
爲司徒左長史
周顒每賓友會同顒虛席晤語辭韻如流聽者忘倦兼善老易
與張融相遇輒以玄言相滯彌日不解清貧寡欲終日長蔬雖
有妻子獨處山舍甚機辯衛將軍王儉謂顒曰卿山中何所食
顒曰赤米白鹽綠葵紫蓼文惠太子問顒菜食何味最勝顒曰
春初早韭秋末晚菘何胤亦精信佛法無妻太子又問顒卿精

進何如何胤對曰三塗八難共所未免然各有累太子曰累伊
何對曰周妻何肉其言辭應變如此轉國子博士兼著作大學
諸生慕其風爭事華辯始著四聲切韻行於時
梁張卷字令遠少以知理著稱能清言仕至都官尚書
伏曼容在宋爲尚書外兵郎嘗與袁粲罷朝相會言玄時論以
爲一臺二絕子晅幼傳父業能言玄理
張充能清言與從叔稷俱有令譽後爲金紫光祿大夫
張緬少方雅有志操能清言後爲吳興太守　范縝性質直好危
言高論不爲士友所安唯與外弟蕭琛相善琛名曰口辯每服
縝簡詣爲國子博士卒官
何朗字世明早有才思工清言周捨每與共談服其精理歷
官散騎侍郎　到洽美容貌善言吐武帝嘗問待詔丘遲曰到洽
如何流溉（溉洽之兄流之從父弟）遲曰正情過於流文章不減溉加以清
奇殆將難及後爲尋陽太守

嚴植之少善莊老能玄言累遷中撫軍記室參軍
陳周弘正少通老子周易叔父侍中捨每與談論輒異之後爲
右僕射領國子祭酒弘正善清談梁末爲玄宗之冠
龔孟舒善談名理位至太中大夫
後魏闞駰博識洽聞善於談論聽其言說不覺忘疲爲敦城
太守卒
崔孝芬爲吏部尚書使聞口辯善談論愛好後進終日忻然商榷
古今間以嘲謔聽者忘疲
唐陸德明受學於周弘正善言玄理爲國子博士卒
房琯好賓客善談論爲宰相無匪懈之意但與庶子劉秩諫議
李何忌等高談虛論說釋氏因果老子虛無而已後雖罷相久之
爲刑部尚書卒
楊綰雅尚玄言凡所知友皆一時名士或造之者清談終日未
嘗及名或有客欲以世務干者見綰言必玄遠不敢發詞內媿

而退後爲中書侍郎平章事卒

醞藉

傳云和順積中英華發外又云進退可度容止可觀斯醞藉之
謂也豈徒天資淑茂矜韻清婉蓋亦習尚書容矜持舉措與塵
游而不雜在醜夷而不爭周旋君子之儀縹緲有神仙之稱者
矣若夫進對詳雅談詠調暢陟降軒陛則媚于天子回翔表著
則鬱爲士範刑王言之嘉猷聳朝倫之欣慕至乃釋幅投簪爲[illegible]
豫林壑各爲夷曠加以服用玩好各素各擅其所且飲食宴集
風流遂成於故事閑雅自喜姿制可觀內無媿於方人嫉有名
於競爽本其源出職自禮官逮漢室之肇興顧緣飾以儒雅南
朝寖盛冠絕當時元魏以還氣格遷革然其風標峻爽詞調吻
梓規矩誠設從容以和者亦何嘗泯沒於鄉世哉
漢司馬相如蜀郡成都人也事騎雍容閑雅甚都（都閑雅之態也）終文
園令

薛廣德為御史大夫為人溫雅有醞藉
後漢馬援為伏波將軍援為人明白鬚髮眉目如畫閑於進對
尤善述前事每言及三輔長者至閭里少年皆可觀聽皇太子
諸王聞者莫不屬耳忘倦
虞延字子大陳留人光武東巡路過小黃高帝母昭靈后園陵
在焉時延為部督郵詔呼問園陵事進止從容跪拜可觀帝善之
鄧衍為新野功曹以小子侯每預朝會容姿趨步有出於衆明
帝目之曰朕之容貌豈若此人特賜輿馬
袁紹為冀州牧容貌端正威儀進止動見倣効
郭泰字林宗舉有道不應善談論美音制褒衣博帶周遊郡國
嘗於陳梁間行遇雨巾一角墊時人乃故折一角以為林宗巾
魏孟達自蜀來歸文帝既至譙進見閑雅才辯過人衆莫不屬
目終新城太守
蜀劉琰字威碩魯國人也先主在預州辟為從事其宗姓有風

流善談論厚親待之遂隨從周旋常為賓客車服飲食號為侈
靡侍婢數十皆能為聲樂又悉教誦讀魯靈光殿賦
吳滕胤為人白晳威儀可觀每王朝朝賀修謹在位大臣見者
莫不歎賞終衛將軍
晉樂廣與王衍俱宅心事外名重於時故天下言風流者謂王
樂為稱首焉廣終尚書令王衍字夷甫神情明秀風姿詳雅妙
善玄言每捉玉柄麈尾與手同色位至太尉尚書令何劭字敬
祖少與武帝同年有總角之好帝為王太子劭為中庶子及即
位轉散騎常侍甚見親待劭雅有姿望遠客朝見必以劭侍直
每諸方貢獻帝輒賜之而觀其占謝焉
溫嶠字太真風儀秀整美於談論見者皆愛悅之後為驃騎將
軍鎮武昌卒
庾亮為中書令以蘇峻之亂奔陶侃侃與亮談宴終日亮噉薤
因留白侃問曰安用此為亮云故可以種侃於是尤相稱歎云

非唯風流兼有為政之實後鎮武昌諸佐吏殷浩之徒乘秋夜
往共登南樓俄而不覺亮至諸人將起避之亮徐曰諸君少住
老子於此興復不淺便據胡牀與浩等談謔
何充字次道風韻淹雅文義見稱能飲酒雅為劉惔所貴惔每
見次道飲曰令人欲傾家釀言其能溫克也充為侍中錄尚書事
謝萬弱冠辟司徒掾遷右西屬不就簡文帝作相聞其名為撫
軍從事中郎萬著白綸巾鶴氅裘履版而前既見與帝共談移日
車武子善於賞會當時每有盛坐而武子不在皆云無車公不
樂謝安游集之日輒開筵待之武子終吏部尚書
王裒城陽營陵人少立操非禮不動非法不言身長八尺四寸
容貌絕異音聲清亮辭氣雅隱居教授三徵七辟皆不就
王恭美姿儀人多愛悅或目之云濯濯如春月柳嘗被鶴氅裘
涉雪而行孟昶窺見之歎曰此真神仙中人也恭後為平北將
軍假節鎮京口

王獻之字子敬少有盛名而高邁不羈雖閑居終日容止不怠
風流為一時之冠終中書令
王濛字仲祖與沛國劉惔齊名友善惔常稱濛性至通而自然
有節濛每云劉君知我勝我自知時人以惔方荀奉倩濛比袁
曜卿凡稱風流者舉濛惔為宗焉濛為司徒左長史王珣為衛
將軍加散騎常侍以疾辭職歲餘卒桓玄與會稽王道子書曰珣
神情朗悟經史明徹風流之美公私所寄忽爾喪失歎悼之深
顧愷之每食甘蔗常自尾至本人或怪之云漸入佳境官至散
騎常侍
宋張敷特善音儀盡詳緩之致與人別執手曰念相聞餘響久
之不絕張氏後進至今慕之其源流起自敷也終司徒左長史
羊欣少靜默無競於人美言笑善容止官至中散大夫
江夷美風儀善舉止歷任以和簡著稱位至湘州刺史
龔祈字孟道武陵人風姿端雅容止可觀中書郎范述見而歎

日此荊楚仙人也衛玠或謂誌言不及世事不應徵辟
秦粲清整有風操自遇甚厚常著妙德先生傳續嵇康高士傳
以自況後爲中書監領司徒宅宇平素器物取給好飲酒善吟
諷獨酌園庭以此自適居負南郭時杖策獨游素賓從來門無
雜客
南齊褚淵美儀貌善容止俯仰進退咸有風則每朝會百僚遠
國莫不延首目送之宋明帝嘗歎曰褚淵能遲行緩步便持此
得宰相矣位至司徒
檀超字悅祖高平人爲國子博士兼左丞超嗜酒好言詠舉止
和靡自比晉郗超爲高平二超謂人曰猶覺我爲優也太祖賞
愛之
庾杲之爲黄門郎風韻和潤善音吐武帝令對魏使兼侍中帝
每歎其風器之美王儉在座曰杲之爲黄門所照更生風采陛
下故當與其即真帝竟未用也

王儉爲僕射兼領祭酒十日一還學監試諸生申引在庭劒衛
令史儀容甚盛作解散髻斜插幘簪朝野慕之相與放效儉常
謂人曰江左風流宰相唯有謝安蓋自比也
江敩湛孫也爲丹陽丞時袁粲爲尹見敩歎曰風流不墜正在
江郎數與宴賞流連日夜封孝琰爲通直散騎常侍差琰文集
不高但以風流自立善於談謔威儀閑雅容止進退人皆慕之
張緒爲尚書令益州獻蜀柳數株條甚長枝大若絲縷時舊宮
芳林苑始成武帝以植於太昌靈和殿前常賞玩咨嗟曰此楊
柳風流可愛似張緒當年時其見賞愛如此王儉爲尚書令丹
陽尹時諸令史問訊有一令史善俯仰進止可觀儉賞異之問
曰經與誰共事荅云十餘歲在張令門下儉目送之時尹丞殷
琢在坐曰是康成門人也
胡諧之爲左衛將軍加給事中諧之風形瓌潤善自居處兼以
舊恩見遇朝士多與交游徐孝嗣爲太子右衛率藹長史兼侍
中善趨步閑容止與太宰褚淵相埒武帝深加待遇梁謝顥宋
末爲豫章太守至石頭送白服登烽火樓坐免官詔啟高帝自
占謝言辭清麗容儀端雅左右爲之傾目宥而不問
臧盾爲尚書中兵郎盾美風姿善舉止每趨奏高祖甚悅焉到
流美風神容止可悅天監初遷征虜主簿高祖初臨天下收拔
賢俊甚愛其才
到溉字茂灌美風儀善容止終於散騎常侍賀琛爲尚書左丞
參禮儀事每見高祖與語常移晷刻故省中爲之語曰上殿不
下有賀雅琛容止都雅故時人呼之
何昌寓少而清淨幽獨不群所交者必當世清名是以風流藉
甚位至侍中領驍騎將軍陳蕭允少知名神彩凝遠通達有識
鑒容止醞藉動合規矩起家邵陵王法曹參軍
謝哲字頴預陳郡陽夏人美風儀舉止醞藉而襟情豁然爲士
君子所重官至散騎常侍中書令領前將軍

王瑒司空汧之第十二子也沉靜有器局美風儀舉止醞藉梁
大同中起家秘書郎
陸繕爲太子中庶子領步兵校尉掌東宮管記繕儀表端麗進
退閑雅世祖使太子諸王咸取則焉其趨步躡履皆令習繕規矩
後魏張濟字士度涉獵書傳清辯美儀容道武愛之引侍左右
與公孫表等俱爲行人拜散騎侍郎
崔朗美容貌涉獵經史少溫厚有風尚以軍功起家襄威將軍
畢祖彥涉獵書傳風度閑雅爲時所知爲光祿大夫
王誦字國章勸之子學涉有文才神氣清儁風流甚美位至給
事黄門侍郎
李諧字虔和風流閑潤博學有文辯當時才俊咸相欽賞終於
秘書監
劉藻字彥先涉獵群籍美談笑善與人交爲太尉司馬
裴粲沉重善風儀頗涉正平洪農二郡太守高陽王雍曾以事屬

粲不從雍甚爲恨後因九日馬射勅畿内太守皆赴京師雍時
爲州牧粲從侈謟雍含怒待之粲神情閑邁舉止抑揚雍目之不
覺解顔及坐定謂粲曰相愛舉動可更爲一行粲便下席爲行
從容而出坐事免官後爲武關粲善自位置欲觀其風度忽令
傳詔就家急召之須臾之間使者相屬合家恐懼不測所以粲
更恬然神色不變帝歎異之
北齊高乾性明悟俊偉有智略美音容進止都雅爲府儀同三
司徐州刺史
崔㥄狀貌偉麗善於容止少有名望爲當時所知爲東兖州刺
史楊愔幼聰敏好學及長能清言美風神俊悟容止可觀人士
見之莫不敬異有識者多以遠大許之後爲驃騎大將軍封開
封王
裴讓之字士禮爲文襄主簿兼中書舍人文襄嘗入朝讓之導
引容儀藴藉文襄目之曰士禮佳舍人遷長兼中書侍郎領舍
人
王昕北海劇人爲銀青光禄大夫判祠部尚書事生九子並風
流藴藉世號王氏九龍
盧昌衡魏尚書左僕射道虔之子尚書王昕以雅談獲罪諸弟
尚守而不墜自兹以後此道浸微昌衡與頓丘李若彭城劉泰
珉河南
陸彦師隴西辛德源太原王循並爲後進風流之士
沈靖有才識風儀藴藉容止可觀爲尚書郎後周柳檏少有令
譽風儀辭令爲當世所推官至華州刺史
獨孤信武川人美容儀風度弘雅善騎射以北邊喪亂避地中
山爲葛榮所獲信既少年好自修飾服章有殊於衆軍中號爲
獨孤郎以軍功拜安南將軍爲秦州刺史時因獵日暮馳馬入
城其帽微側詰旦而吏人有戴帽者咸慕信而側帽焉其爲士
庶所重如此
周惠達幼有志操好讀書美容貌進退可觀見者莫不重之爲
儀同三司
王褒字子淵識量淹通志懷沉靜美風儀善談笑終於宜州刺史
柳霞幼而聰邁神采嶷然梁西昌侯深藻鎮雍州霞時年十二
以民禮修謁風儀端肅進止詳雅深藻美之試遣左右踐霞衣
裾欲觀其舉措霞徐步稍前曾不顧眄終於霍州刺史
楊雄初名惠美姿容器度雍容閑雅進止可觀官至江陵總管
隋柳謇之字公正身長七尺五寸儀容甚偉風神爽亮進止可
觀轉守廟下士周武帝有事太廟謇之讀祝文音韻清雅觀者
屬目帝善之擢爲宣納上士
元善洛陽人以風流藴藉俯仰可觀音韻清朗聽者忘倦由是
爲後進所歸開皇初拜内史侍郎高祖每望之曰人倫表儀也
凡有敷奏詞氣抑揚觀者屬目
唐杜如晦少聰悟美風調精彩絶人及長文雅容儒雅好談文史
每以風流自命官終尚書左僕射
崔日用美容止善談笑少舉進士爲并州長史
李紓爲吏部侍郎厚自奉養輿馬極鮮明以放達藴藉稱於時
韋夏卿有風韻善談讌與人相親終年而喜愠不形於色爲太
子少保卒
李迥秀爲鳳閣鸞臺平章事雅有文才飲酒斗餘廣接賓朋當
時稱爲風流之士
權德輿自貞元至元和三十年間羽儀朝行性貞亮寛恕動作
語言一無外飾藴藉風流爲時稱嚮官終山南西道節度使
周知凝字成績幼而聰敏姿狀秀拔神彩射人性好修飾自擢
第至登台輔車服僕從必加華楚進退容止偉人也位至太子
太傅

册府元龜卷第八百二十三

冊府元龜卷第八百二十四

總録部七十四

名字

古稱孩而名之冠而字之蓋以名者表之制字者名之飾先民之論其亦多矣故吐情自紀名以示謙均體相稱字以表德文既變章兼牙興要在順言亦無定義然五廢之說虞妨大據三復之首彌昭景行隨時損益其辭雖記至有兆興天賦叶夢受命卜筮以考休吉稽事類以擇淑令或避嫌變易或受賜旌別咸有倫理率用謙沖傳曰人治之大也可不慎歟

唐叔虞者周武王子而成王弟初武王與叔虞母會時夢天謂武王曰余命女生子名虞余與之唐及生子文在其手曰虞故遂因命之曰虞

晉穆侯七年伐條生太子仇十年伐千畝有功生少子名成師晉人師服曰異哉君之命子也太子曰仇仇者讎也少子曰成師大號成之者也名自命也物自定也今適庶名反逆此後晉其能毋亂乎成師封于曲沃其後代有晉國

魯桓公子同生公問名於申繻（申繻魯大夫）對曰名有五有信有義有象有假有類以名生為信（若唐叔虞魯公子友）以德命為義（若文王名昌武王名發）以類命為象（若孔子首象尼丘）取於物為假（若伯魚生人有饋之魚因名之曰鯉）取於父為類（有與父同者）不以國（國君之子不自以本國為名也）不以官不以山川不以隱疾（隱痛疾患辟不祥也）不以畜牲（畜牲六畜）不以器幣（幣玉帛）周人以諱事神名終將諱之（君父之名固非臣子所斥然禮既卒哭以木鐸徇曰舍故而諱新謂舍親盡之祖而諱新死者故言以諱事神名終將諱之自父至高祖皆不敢斥言）故以國則廢名（國不可易故廢名）以官則廢職以山川則廢主（改其山川之名）以畜牲則廢祀（名豬則廢豬名羊則廢羊）以器幣則廢禮晉以僖侯廢司徒（僖侯名司徒廢為中軍）宋以武公廢司空（武公名司空廢為司城）先君獻武廢二山（二山具敖也魯獻公名具武公名敖更以其鄉名山）是以大物不可以命公曰是其生也與吾同物命之曰同（物類也謂同日）

季友桓公之季子文姜之愛子始震而卜人謂之曰男也（[illegible]）其名曰友為公室輔及生如卜人之言有文在其手曰友遂以名之

畢萬畢公高之後也獻公以魏封畢萬為大夫卜偃曰畢萬之後必大矣萬盈數也魏大名也以是始賞天開之矣天子曰兆民諸侯曰萬民今名之大以從盈數其必有衆

惠公云在梁梁伯以其女妻之生一男一女梁伯卜之男為人臣女為人妾故名男為圉女為妾

叔孫得臣魯大夫敗狄于鹹獲長狄僑如（僑如長狄之君蓋長三丈）以命宣伯（得臣待事而名其子因名宣伯曰僑如以旌其功）

叔梁紇魯人與顏氏女野合而生孔子禱於尼丘得孔子魯襄公二十二年而孔子生生而首上圩頂故因名曰丘云字仲尼

苫越生子將待事而名之（苫越魯大夫）陽州之役獲焉名之曰陽州（[illegible]）

鄭武公娶于申曰武姜生莊公及共叔段莊公寤生驚姜氏故名曰寤生

衛侯辟疆朝於周行人問其名答曰衛侯辟疆周行人還之曰啓疆辟疆天子之號諸侯弗得用衛侯更其名曰燬然後受之

齊惡為衛而衛侯名惡君臣同名也君子不奪人名不奪人親之所名重其所以來也王父名子也（[illegible]）

若敖娶於䢵生鬬伯比若敖卒從其母畜於䢵淫於䢵子之女生子文焉䢵夫人使棄諸夢中虎乳之䢵子田見之懼而歸夫人以告遂使收之楚人謂乳穀謂虎於菟故命之曰鬬穀於菟以其女妻伯比實為令尹子文其後箴尹克黃使於齊還王曰子文無後何以勸善使復其所改命曰生

鄭文公有賤妾曰燕姞（姞南燕姓）夢天使與己蘭曰余為伯鯈余而祖也（伯鯈南燕祖）以是為而子以蘭有國香人服媚之如是（媚愛也欲令人愛之如蘭）既而文公見之與之蘭而御之辭曰妾不才幸而有子將不信敢徵蘭乎（徵驗也懼將不見信故欲計所賜蘭為驗）公曰諾生穆公

名之曰蘭

漢蒯通本與武帝同諱其後史家追書爲通項羽時欲封之通不受

趙同文帝時宦者本名談司馬遷避父名改爲同

趙王頹當韓王信孫也信之入匈奴與太子俱及至頹當城生子因名曰頹當

司馬相如名犬子（父母愛之不爲稱故爲此名也）相如既學慕藺相如之爲人也更名相如後爲郎

樓護本名並以尉氏樊並反更名未後曲陽侯根爲驃騎將軍薦永爲大司農

劉向初名更生元帝時爲恭顯所譖遂廢十餘年成帝即位顯等伏辜更生乃復進用更名向位至光祿大夫

劉歆哀帝建平元年改名秀字穎叔（河圖赤伏符云劉秀發兵捕不道四夷雲集龍鬬野）[illegible]遷至中壘校尉王莽篡位以爲國師

後漢劉平本名曠明帝後改爲平官至宗正馬客卿援子也幼而岐嶷年六歲能應接諸公專對賓客嘗有死罪亡命者來過客卿逃匿不令人知外若訥而內沈敏援甚奇之以爲將相器故以客卿字焉援卒後客卿夭没

張霸字伯饒七歲通春秋復欲進餘經父母曰汝小未能也霸曰我饒爲之故字曰饒焉（[illegible]）後爲侍中

虞詡祖父經爲郡縣獄吏嘗稱曰東海于公高爲里門而其子定國卒至丞相吾決獄六十年矣雖不及于公其庶幾乎子孫何必不爲九卿耶故字詡曰升卿武平故城有碑云詡字安定蓋詡之別字也後詡果爲尚書令

服虔初名重又名[illegible]後改爲虔官至九江太守

袁賀字元服祖父京爲侍中安帝始加元服百寮會賀京[illegible]出而孫適生喜其嘉會因名字焉

傅燮字南容本字幼起慕南容三復白珪乃改[illegible]

太中

鄭玄子益恩以孔融爲黃巾所圍因赴難隕身有遺腹子玄以其手文似已名之曰小同（又玄以丁卯日生小同亦以丁卯日生故名）至魏高貴鄉公時爲侍中

趙岐初名嘉生於御史臺因字臺卿（[illegible]）後避難故自改名不改字示不忘本後拜太常

魏杜畿子理字務仲少而機察精要畿奇之故名之曰理年十二十一而卒

程昱少時常夢上泰山兩手捧日昱私異之以語荀彧及兗州反頼昱得完三城於是彧以昱夢白太祖太祖曰卿當終爲吾腹心昱本名立太祖乃加其上曰更名昱也文帝踐阼爲衛尉卿進封安鄉侯

王昶爲司空嘗與其兄子族子作名字皆依謙實以見其意故兄子默字處靜沈字處道其子渾字玄沖深字道沖遂爲書戒之[illegible]

鄧艾字士載少孤太祖破荊州徙汝南爲農民養犢年十二隨母至潁川讀故太丘長陳寔碑文言文爲世範行爲士則艾遂自名範字士則後宗族有與同者故改焉後以定蜀功爲太尉

令狐愚字公治本名浚文帝黃初中爲和戎護軍烏丸校尉田豫討胡有功小違節度浚以法繩之帝怒械繫浚免官免豫罪詔曰浚何愚遂以名之正始中爲曹爽長史後出爲兗州刺史

吳孫休景帝太子帝爲𩅦及其弟作名詔曰人之有名以相紀別長爲作字憚其名耳禮名子欲令難犯易避五十稱伯仲古或一字今人競作好名好字又令相配所行不副此瞽字伯明者也孤嘗哂之或師友父兄所作或自已爲師友尚可父兄猶非自爲最不謙孤今爲四男作名字太子名𩅦𩅦音如湖水灣澳之灣字𧇊𧇊音如迄今次子名𩃎𩃎音如兕觥之觥字昦昦音如玄礥首之礥次子名𩇯𩇯音如草莽之莽字𥏠𥏠音如舉物

之舉必字名冤冤音如袞衣下寬大之褒字婕音妾有所譏
持之權此郡不與世所用者同故欽舊文會合作之夫書八體
損益因事而生今造此名字既不相配又字但一屬易乘避其
普告天下使咸知

顧雍從蔡邕學專一清靜敏而易教伯喈邕字貴異之謂曰卿必
成致今以吾名與卿故雍與伯喈同名由此也又字元歎言為
蔡雍之所歎因以為字焉後進封醴陵侯代孫邵為丞相平尚
書事

滕牧本名密避丁密改名牧丁密避牧改名為固臣欽若等曰滕牧是皇后之父丁固爲御史大夫更改名以相避

晉賈充字公閭父逵魏豫州刺史陽里亭侯晚始生充言後當
有充閭之慶故以為名字焉伐吳之役為使持節假黃鉞大都督

阮孚字遙集其母即胡婢也孚之初生其姑取王延壽魯靈光殿
賦曰胡人遙集於上楹而以字焉

石崇字季倫生於青州故小名齊奴官至衛尉

趙至字景真年十六游學至鄴隨嵇康還山陽改名浚字允元
幽州三辟部從事

庾袞四子怞蔑澤捃澤在澤生故名澤捃因捃生故曰捃蔑縫
鄉黨薦之州郡交命皆不降志世遂號之為異行

許邁字叔玄少恬靜不務仕進後登臨安西山如玄之脈氣有終
焉之志乃改名玄字遠遊與婦書告別自後莫測所終好道者
謂之羽化

虞預本名茂犯名明穆皇后母諱故改焉後除散騎常侍仍領
著作

桓溫字元子宣城太守彝之子生未朞而太原溫嶠見之曰此
兒有奇骨可試使啼及聞其聲曰真英物也彝以嶠所賞故遂
名之曰溫嶠笑曰果爾後將易吾姓也後為大司馬

桓豁為征西大將軍初聞苻堅國中有謠云誰謂爾堅石打碎
豁有子二十人皆以石為名以應之謠石虔石秀石民石生石
綏石康知名

張天錫字純嘏小名獨活初字公純嘏入朝人笑其三字因自
改焉時安定梁景敦煌劉肅並以門胄幼角與天錫友昵張邕
之誅景肅有勳天錫深德之賜姓張氏又改其字以為己子天
錫諸子皆以大為字故景曰大奕肅曰大成

苻洪父懷歸部落小帥先是隴右大雨百姓苦之謠曰雨若不
止洪水必起故因名曰洪前燕慕容垂字道明皝之第五子少
岐嶷有器度身七尺七寸手垂過膝皝甚寵之常目而謂諸弟
曰此兒闊達好奇終能成人家故名霸字道業恩遇踰於世子
垂少好畋遊因獵墜馬折齒慕容儁僭即王位改名𡙇外以慕
郤𡙇為名內實惡而改之尋以讖記之文乃去夬以垂為名焉

後涼呂光生于枋頭夜有神光之異故以光為名

宋王懿字仲德父事苻堅至二千石堅敗仲德與兄叡南奔晉

太元末徙居彭城兄弟犯晉宣元二帝諱並以字稱叡字元德
懿官至鎮北大將軍

王鎮惡北海劇人祖猛仕苻堅任兼將相父休為河東太守鎮
惡以五月五日生家人以俗忌欲令出繼疎宗猛見奇之曰此
非常兒昔孟嘗君惡月生而相齊是兒亦將興吾門矣故名之
為鎮惡後位至安西司馬征虜將軍

孫處字季高籍注季高故字行於世位至振武將軍

劉義宗高祖弟道憐之子幼為高祖所愛字曰伯奴

王裕之字敬弘名與高祖諱同故以字行後為尚書僕射

謝景仁名與高祖諱同故稱字位至左僕射褚叔度名與高祖
諱同故以字行後為征虜將軍雍州刺史

張茂度名與高祖諱同故稱字終於會稽太守

孔靖字季恭名與高祖祖諱同故稱字後為侍中

謝密字弘微其從叔峻名犯所繼內諱故以字行位至右衛將軍

羊玄保二子太祖並賜名其一曰咸二曰粲謂玄保曰欲令卿二子有林下正始之餘風位至散騎常侍

向靖字奉仁小字彌名與高祖祖同故稱小字然於散騎常侍

張昇本名喬爲侍中小名査父邵小名梨文帝戲之曰査何如梨答曰梨是百果之宗査何敢及

范曄母如廁産之額爲磚所傷故以塼爲小字官至太子詹事

顏竣爲丹陽尹未有子而大司馬江夏王義恭諸子爲元凶所殺後各産男孝武自爲製名名義恭子爲伯禽以比魯公伯禽周公旦之子也名竣子爲辟強以比漢侍中張良之子劉湛負其志氣常慕汲黯崔琰爲人故名長子曰黯字長孺第二子曰琰字季珪湛官至散騎常侍太子詹事

蕭惠開初名慧開後改慧爲惠常爲少府加給事中

徐爰字長玉本名瑗後以與傅亮父同名改爲爰終於中散大夫

袁粲父濯早卒祖母哀其幼孤名之曰愍孫愍孫幼慕荀奉倩之爲人白孝武求改名爲粲不許又言於明帝乃改粲字景倩焉累遷中書監司[illegible]侍中

董仲舒本名蘊[illegible]帝謂曰人名蘊德何容得蘊藉乃改名爲仲舒謂曰今日仲舒如何昔日仲舒答曰昔日仲舒出自私庭今日仲舒降自天帝以此言之勝昔遠矣

王琨父懌不慧侍婢生琨名爲崑崙懌後娶南陽樂玄女無子改名琨琨近以爲嗣琨後位至侍中

王彧字景文名與明宗諱同故稱字位至中書監領太子太傅常侍楊州刺史

張興世字文德本單名世明帝益爲興世後爲通直散騎常侍左衛將軍

蔡興宗幼爲父廓所重謂有己風與親故書曰小兒神氣似可不入非類不押小人故以興宗爲之名興宗爲之字後爲散騎常侍中書監

劉胡本名坳胡以其顏面坳黑故以爲名及長以坳胡難從單呼爲胡

謝莊五子颺朏顥嵸瀹世謂莊名子以風月景山水位至中書令

南齊薛深本名道深避高帝偏諱改焉後爲司州刺史右將軍卒

薛淵汾陰人本名道淵避高帝偏諱[illegible]於平北將軍

江泌少有孝行泌族人兗州治中泌與泌同名世謂泌爲孝江以別之後爲南康王侍讀卒

曹虎本名虎頭武帝以虎頭名鄙勑改之官至散騎常侍

劉懷慰本名聞慰武帝以其舅氏名同勑改之後爲安陸王北中郎司馬卒

王晏子德元有意尚至車騎長史德元初名湛武帝謂晏曰劉湛江湛並不善終此非佳名也晏乃改之至是與弟晉安王友德和俱被誅

張敬兒本名苟兒明帝以其名鄙改焉弟恭兒本名豬兒後隨敬兒改名敬兒官至車騎將軍

梁劉顯爲邵陵王長史本名頲初仕齊武帝以字難識改名顯

張稷齊末同廢東昏雖居朝右每懟己賞薄乃名其子伊字懷尹霍字希光駿字農人同字不見見字不同以旌其志稷官至鎮北將軍

王騫字思寂本名玄成與齊高帝偏諱同故改焉位至給事中領射聲校尉

劉峻本名法武宋泰始初魏尅青州峻年八歲與兄並爲所略齊永明中奔江南更改名峻字孝標兄法鳳改名孝慶字仲昌安成王遷荆州引峻爲戶曹參軍復以疾去

馬仙琕幼名仙婢及長以婢名不典乃以王代女因成琕云後爲都督北豫霍三州諸軍事

何敬容雖有一子年始八歲在吳臨還與兄裔別兄問名敬容曰乃欲就兄求名兄即命紙筆名曰㲄曰書云兩王鬭吾與弟

二家共此一子所謂穀也敬容官至侍中太子詹事卒

王泰字仲通慈之子從弟筠字元禮一字德柔慈弟揖之子沈約嘗曰王有養矩謝有覽舉養泰小字矩筠小字泰位至吏部尚書

袁昂爲黄門侍郎本名千里武帝謂之曰昂昂千里之駒在御有之今改卿名昂千里爲字

謝藺字希如年五歲每父母未飯乳媪欲令藺先飲藺曰既不覺飢強食終不進舅阮孝緒聞之歎曰此兒在家則曾子之流事君則藺生之疋因名曰藺吏部尚書蕭子顯表其至行擢爲王府法曹累遷外兵記室參軍卒

豫章王綜字世謙普通六年奔于魏改名纉字德文

張嵊字四山嵊父稷爲剡令至嵊亭生之因名嵊字四山累遷吳興太守

到鏡字圓照初在孕其母夢懷鏡乃生因以名爲鏡

顧協字子和元帝出鎮荆州爲記室時吳郡顧協亦在蕃邸與協同名才學相亞府中稱爲二協

陳周文育初本姓項氏名猛奴年十一義興人周薈爲壽昌浦口戍主見而奇之因召與語文育對曰母老家貧兄姊並長大困於賦役薈哀之乃隨文育至家就其母請文育養爲己子母遂與之及薈秩滿與文育還都見於太子詹事周捨請製名字捨因爲立名文育字景德官至散騎常侍鎮南將軍

韓子高會稽山陰人也家本微賤侯景之亂寓在京都景平文帝出守吳興子高年十六猶總角容皃美麗狀似婦人於淮渚附部伍寄載欲還鄉文帝見而問之曰能事我乎子高許諾子高本名蠻子文帝改名之

陸辯惠侍中繕之子年數歲詔引入殿内辯惠應對進止有父風宣帝因賜名辯惠字敬仁

毛喜爲宣帝府記室文帝謂宣帝曰我諸子皆以伯爲名汝諸兒宜用叔爲稱宣帝以訪于喜即條牒自古名賢杜叔英等二十餘人啓文帝文帝稱善

蔡徵字希祥七歲丁母憂居喪如成人禮繼母劉氏性悍忌視之不以道徵供侍益謹初無怨色徵本名覽父景歷以爲有王祥之性更名徵字爲希祥官至給事卒

後魏古弼爲門下奏事以敏正著稱明元嘉之賜名曰筆取其直而有用後改名弼言其輔佐才也

吳喜吳興臨安人本名喜公明元減爲喜位至散騎將軍淮陵太守

源賀爲征西將軍從駕臨江爲前鋒大將賀本名破羌是役也太武曰人之立名宜其得實何可濫也賜名賀焉賀子男禮後賜名懷

堯暄字辟邪本名鍾葵後賜爲暄官至大司農

薛謹長子拔本名洪祚太武賜名拔

秦明王翰曾孫禎爲都牧尚書禎生子端初端母尹氏有娠致傷後晝寢夢一老翁具衣冠告之曰吾賜汝一子汝勿憂之寤

而私喜又問筮者筮者曰大吉未幾而生端禎以爲協夢故名端字天賜位太中大夫

濟南王彧本名亮字仕明侍中穆紹與彧同署避紹父諱啓求改名詔曰仕明風神運吐常自以比荀文若可名彧以取定體相倫之美

元東字建扶性耿介有氣節文成器之謂曰叔父必能儀形社稷禆輔朕躬今可改名以成克終之美

張白澤本名鍾葵獻文賜名白澤位至殿中尚書

上黨王孫奐歸始六歲襲爵降爲公孝文以其幼承家業賜名稚字承業

鄧良奴弟侍孝文賜名述歷吏職以貞謹見稱稍遷中大夫

穆泰駙馬都尉南部尚書真之子孝文賜名焉

庾岳初名業延後賜名岳官至相州刺史

于忠本名千年孝文帝太和中爲武騎侍郎因賜名登宣武時

爲左中郎將有功帝曰先帝賜卿名登誠爲美稱朕嘉卿忠款今改卿名忠既表貞固之誠亦所以名實相副也

封耆奴爲懷州刺史卒以族子叔念爲後孝文賜名回叫字文監郎慕容聯太尉弈之後

李承長子韶字元伯學涉有器量與弟彥虔蕤並爲孝文賜名

張駿字神駒幼而聰惠覩表異之稱爲神駒因以爲字位至中書侍郎

尉聞爲武都太守弟彌字靈智孝文賜名焉

高閭本名驢司徒崔浩見而奇之乃改爲閭字玄終於光祿大夫

崔景儁歷侍御史主文中散受勑接蕭賾使蕭琛范雲孝文賜名爲逸

高祐字子集小名次奴本名禧以與咸陽王同名孝文賜名祐位至光祿大夫卒

楊津字羅漢本名延祚孝文賜名焉後爲侍中驃騎大將軍儀

尚書令

楊播本字元休太和中孝文賜名播弟椿字延壽本字仲考太和中與播俱蒙孝文賜名播官至安西將軍華州刺史

宋弁爲尚書殿中郎中孝文曾因朝會之次歷訪治道弁年少官微自下而對聲姿清亮進止可觀孝文稱善者久之因是大被知遇賜名爲弁意取弁和獻玉楚王不知寶之也崔光本名孝伯字長仁孝文賜名焉爲國子祭酒再遷位大保國爵不受卒

張烈字徽仙孝文賜名曰烈仍以本名爲字焉官至安北將軍瀛州刺史

孫惠蔚爲光祿大夫先單名蔚宣武正始中侍講禁內夜論佛經有愜帝旨詔使加號惠一法師焉

游肇字伯始孝文賜名尚書令高肇以宣武之舅爲百寮憚名與己同欲令改易肇以孝文所賜秉志不許高肇甚銜之宣武嘉其剛梗

侯剛爲從僕射宣武以其質直賜名剛焉

盧誕本名恭祖爲黃門侍郎孝明帝賜名曰誕

北齊高思好本浩氏之子以騎射事文襄及文宣受命爲左衞大將軍本名思孝天保五年討蠕蠕文宣悦其驍勇謂曰爾擊賊鶻入鴉群宜思好事故改名焉累官至尚書令

斛律金性質直不識文字本名敦苦其難署改名爲金從其便易猶以爲難司馬子如教金字作屋況之其字乃就終於太師

潘樂字相貴累遷河東郡王樂初生有一雀止其母左肩占者咸言富貴之徵因名相貴後始爲字

趙彥深本名隱避廟諱改以字行彥深位至司徒

李稚廉齊州刺史義深之弟稚廉少而寡欲爲兒童時初不從家人有所求請嘗欲以金寶授之終不取強付輙擲之於地州牧以其蒙稚而廉故名曰稚廉

高昂字敖曹幼有壯氣其父曰此兒不滅吾族當大吾門以其昂藏敖曹故以名字之位至司徒爲軍司大都督

盧斐字子章性殘忍以強斷知名文襄引爲府刑獄參軍謂之云狂簡斐然成章非佐名字終於尚書左丞

後周薛端爲吏部郎中性強直每有奏請不避權貴太祖嘉之故賜名端欲令名質相副

劉亮本名道德遷車騎大將軍以勇敢見知爲當時名將太祖賜名亮并賜姓侯莫陳氏

獨孤信本名如願爲隴右十一州大都督太祖以其信著遐邇故賜名爲信

楊忠爲太祖帳下常從太祖狩於龍門忠獨當一猛獸左挾其腰右拔其舌太祖壯之北臺謂猛獸爲揜于因以字之

長孫儉本名慶明爲大行臺兼相府司馬太祖曰名實理須相稱尚書既志安貧素可改名儉以彰雅操

伊婁穆善騎射爲太祖所知太祖嘗謂之曰昔伊尹有莘之勢

敎王堯舜卿飯姓伊焦鄉不替前緒於是賜名尹焉位至小司
馬卒
大勇爲衛大將軍邙山之戰募敢死之士三百人並執短兵
大呼直進出入衝擊殺傷甚多敵人無敢當者是役也太軍不
利唯勇及王文達耿令貴三人力戰皆有殊功太祖於是賞帛
二千疋令自分之軍還並拜上州刺史以雍州岐州北雍州擬
授勇等然州頗有優劣又令探籌取之勇遂得雍州文達得岐
州令貴得北雍州仍賜勇名爲勇令貴名豪文達名傑以彰其功
高琳毋嘗於泗濱獲一石是夜夢見一人謂之曰夫人向所將
來之石是浮磬之精若能寶持必生令子其母驚寤便舉身流
汗俄而有娠及生因名琳字季珉焉官至大將軍
陸逞字季明初名彥字世雄太祖嘗從容謂之曰爾既溫裕作
因乃字世雄非所宜也於爾兄弟又復不類遂改焉後爲太子
太保卒裴俠魏大統三年領鄉兵從戰沙苑先鋒陷陳俠本名
協至是太祖嘉其勇決乃曰仁者必有勇命名俠焉累遷於工部
中大夫

劉璠子祥字休徵幼而聰惠占對俊辯貞容見者號神童事嫡
母以至孝聞其伯父黄門侍郎遐在江左在嶺南聞而奇之乃
令名祥字休徵後以字行官至長安令
蕭世怡鄱陽王恢之子歸國以名犯太祖諱故稱字焉後爲荊
州刺史卒
竇景熙字季明少以字行於世位至車騎大將軍卒
王德喪父貧無以葬乃賣子公奴并一女以營葬事因遭兵亂
不復相知及德在平涼始得公奴遂名曰慶
隋叱羅協本名與高祖諱同後改焉位至儀同三司賜爵南陽
郡公

冊府元龜卷第八百二十四

冊府元龜卷第八百二十五

總録部七十五

名字第二

隋李和本名慶和魏末爲驃騎大將軍夏州刺史後周太祖賜姓宇文氏嘗謂諸將曰宇文慶和智略明贍立身恭謹累經委任每稱吾意遂賜名意開皇元年遷上柱國以意是太祖賜名市朝已革慶和父之所命義不可違遂以和爲名

豆盧勣字定東父寧柱國太保勣初生時周太祖親幸寧家稱慶時遇新破齊師太祖因字之曰定東後爲上柱國夏州摠管封楚國公

長孫覽初仕周爲車騎大將軍每公卿上奏必令省讀覽本名善周武帝謂之曰朕以萬機委卿先覽遂賜名爲終於涇州刺史

伊婁謙字彥恭高祖作相授亳州摠管俄徵還京既平王謙謙恥與逆人同名因尔稱字後爲澤州刺史

顏之推有二子長曰思魯次曰愍楚蓋不忘本也

蘇夔少聰敏及長博覽羣言尤以鍾律自命初不名夔其父威改之頗爲有識所哂位至通議大夫

李德林字公輔少孤未有字魏收謂之曰識度天才必至公輔吾輒以此字卿後爲懷州刺史

李孝貞字元操開皇初拜馮翊太守爲犯廟諱於是稱字（臣欽若等按隋書文帝祖父諱禎）

唐李綱字文紀初名瑗字子玉讀後漢書張綱傳慕而改之位至太子少師

高儉字士廉以字行焉後爲開府儀同三司平章政事

房喬字玄齡以字行焉終於司空

虞世南叔父寄仕陳爲中書侍郎寄無子以世南出後故字曰伯施位至銀青光祿大夫弘文館學士

楊仁恭本名綸後爲洛州都督老病乞骸以特進歸第

李靖本名藥師官至僕射進封衞國公

李百藥字重規定州安平人隋內史令安平公德林之子爲童兒時多疾病祖母趙氏故以百藥爲之名後官至太子左庶子

顏籀字師古以字行於世位祕書監

崔敦礼爲太子太師同中書門下三品監修國史敦礼本名元禮高祖改爲敦禮

劉節義本名龍有子名鳳凰有人上書言龍父子爲龍鳳之名居宅在乾坤之地將非國家之利書奏不省因賜名節義

秦瓊字叔寶以字行於時位至左武衞大將軍

韋思謙本名仁約以音類則天父諱故稱字焉官至黃門侍郎

魏元忠初名真宰天授中以避天后母號故改焉後以特進齊國公致仕

成王千里吳王恪之子本名仁進爵郡公每出使江左郡人相率以金遺之仁拒而不納則天聞而嘉歎濯使謂曰此吾家千里駒也由是改名千里

崔玄暐本名曄以字下體有則天祖諱乃改爲玄暐後至中書令

張仁愿本名仁亶以音類睿宗諱改爲位至兵部尚書致仕

楊隆禮隋齊王楊正道之子歷洛梁滑汾懷五州刺史以嚴察聞景龍中以名犯玄宗上字改爲崇禮

薛謙光開元初爲太子賓客以與太子同名表請行字特勑賜名爲登

寧王憲初名成器避昭成皇后尊號改名憲岐王範本名隆範避玄宗連名故單稱範薛王業亦同

姚元崇則天時爲夏官侍郎同鳳閣鸞臺平章事後以叱干元崇構逆則天不欲元崇與之同名遂改爲元之後避開元尊號又改名崇

崔澄爲秘書監本名孟

李傑本名務光後改焉　寄長史

楊國忠玄宗貴妃從父之子或云張易之子冒外氏姓本名釗天寶中帝改爲國忠位至司空

劉正臣本名客奴天寶末爲平盧軍游弈使時節度使呂知誨受安祿山逆命客奴與諸將襲殺之馳以奏聞十五載四月授客奴柳城郡太守平盧軍節度支度營田陸運押兩蕃渤海黑水四府經略及平盧軍使仍賜名正臣

史思明本名窣于玄宗改之爲思明後爲平盧節度都知兵馬使

李懷光本姓茹父常爲朔方列將以戰功賜姓李氏更名嘉慶懷光後爲邠寧節度使

李若幽爲殿中監上元二年以爲河中節度都統處置使鎮絳仍賜名國禎

盧正已寶應二年自刑部侍郎爲大府卿正已本名元裕以嫌名同帝名抗疏乞改之

楊子琳忿崔寧賊殺長帥討之旋寧入覲突入成都據其自請朝廷廣爲亂階除爲峽州刺史又移授澧州刺史澧朗兩州鎮遏使在澧州二年大曆六年表乞朝謁代宗以發跡不順特客之及至引見于延英殿與語甚悅賜名猷

張延賞本名寶符中書令嘉貞之子幼孤以父蔭授官玄宗特恩賜名延賞取延賞後世之義也位至左僕射同中書門下平章事

路嗣恭始名劍客歷仕郡縣有能名後授神烏縣令考課上上爲天下最以其能嗣魯恭特賜改其名位至河陽三城節度及東都畿觀察使

崔旰爲劍南西川留後大曆三年加節度使仍改名寧

曹令忠爲北庭節度副大使知節度事大曆七年八月賜姓李改名元忠以邊將寵之也

白琇珪大曆中爲司農少卿遷大卿在卿曹十餘年德宗召見與語以爲可任驟加擢用爲神策軍使兼御史大夫賜名志貞

尚可孤初爲魚朝恩養子改姓魚氏名智德朝恩死賜可孤姓李氏名嘉勳會李希烈反叛建中四年七月除兼御史大夫荊襄應援淮西使仍復本姓名尚可孤官至右龍武將軍

韓希烈爲邠寧節度興元元年詔賜名全義

張萬福年十七八從軍遼東有功累攝舒廬壽三州刺史時李正己反將斷江淮路德宗以萬福爲濠州刺史召見謂曰先帝改爾名正者所以襃爾也朕以爲江淮草木亦知威名若從先帝所改恐賊不知是卿也復賜名萬福慰遣之

劉洽爲宣武軍節度貞元元年改名玄佐

李長榮貞元四年爲河陽三城懷州團練使仍賜名元諒

柳渾初名載爲尚書左丞及駕幸奉天渾微服徒行竄從初渾之難京城賊泚僞以渾嘗在閭里乃除爲宰相及京師克復渾尚名載上言曰頃爲狂賊點汙臣實恥稱舊名況載字帶戈時當偃武請改名渾德宗嘉而從之

王虔休汝州梁人本名延貴貞元中爲潞州左司馬掌留後仍賜名虔休

張茂昭本名昇雲孝忠之子也貞元七年爲定州刺史充北平軍使是歲孝忠卒于位詔昇雲起復左衛大將軍同正充義武軍節度使賜名茂昭

王昌貞元十四年自右神策軍將軍除鳳翔節度使賜名敬則

劉逸準貞元十五年自宋州刺史爲宣武軍節度使賜名全諒

渾瑊本名日進後改爲瑊

康藝全爲河東偏伍萬力過人節度使馬燧以其多藝因以藝全名之

崔咸字重易父鋭貞元中爲李抱眞從事有道者自稱曰盧老常師事朝寔齋寺李先生能知遠近事嘗河北禁遊客鋭遂館之一旦辭去且曰我死當與君爲子因指口下黑子願以爲誌既生咸果有黑子其狀則盧老也遂以盧老名之

韋士閱爲黔中經略觀察使貞元十六年改名士宗又改名士文

王紹初與憲宗同名永貞年改焉少爲顔眞卿器重之因紹舊名字之曰德素位至兵部尚書

張奉國本名子良爲李錡牙門右職錡叛子良與錡甥裴行立等密圖錡生致闕庭遂平浙右憲宗追赴京師親自褒尉擢爲右金吾將軍兼御史大夫改名奉國

李貴之本名犯憲宗廟諱遂以字稱位至河南尹

李士則元和初爲定平鎭使以築臨涇城有勞特加檢校工部尚書涇原四鎭北庭等節度使例賜名忠亮

高固生於微賤爲叔父所賣展轉爲渾瑊家奴號曰黃芩性敏惠有膂力善騎射好讀左氏春秋瑊大愛之養如己子以乳母之女妻之遂以固爲名取左氏傳齊高固之名也

蔣武元和五年爲諫議大夫武中謝面請改名又從之又嘗因奏對爲憲宗言曰陛下今日偃武修文臣下亦當順承上意因請改名帝悅而從之時討王承宗兵初罷又恐天子易於用武故因以此諷焉

田興元和八年爲魏博節度使賜名弘正

崔元略爲御史中丞元和十二年元略論侍御史崔武當改宜帝曰人之取名多矣何必武爲最時將武已請改矣汝居武爲慶將議者見淮西初平謂帝遂喜武功及見改曲武乞乃不帝厭兵人人相賀

韓璀爲鄜坊節度使穆宗長慶元年璀請改名充許之

王日簡長慶初爲鎭州小將王承宗沒軍情不安全略自書歸朝授代州刺史又長慶初鎭州軍亂害田弘正穆宗爲之旰食以日簡嘗爲鎭將召問其計日簡遂於御前極言剋害兼願有以自效因授德州刺史經略其事來年擢拜横海軍節度使賜姓李氏名全略以崇寵之

李元喜爲邕南經略使寶曆元年元喜請更名元志從之

盧周仁開成中爲湖南觀察使奏云名與弟從伯音同請改名術從之

高士榮爲威遠軍使寶曆元年士榮請改名承恭從之

崔承寵爲黔州觀察使寶曆二年承寵請更名貴從之

李戴義字方穀方穀之字文宗前諱也位至侍中

鄭澣本名涵以文宗在藩邸時名同改名澣澣子茂諶避國諱改名茂休澣後爲山南西道節度觀察使

高允中大和二年爲侍御史内供奉請改名元裕許之

楊嗣復字繼之僕射於陵之子也初於陵調補潤州句容尉浙西觀察使韓滉有知人之鑒見之甚悅滉有愛女方擇佳婿謂其妻柳氏曰吾閱人多矣無如楊生貴而且壽生子必爲宰相於陵寓居揚子而生嗣復後滉見之撫其首曰名位果踰於父楊門之慶也因字曰慶門後自潮州刺史徵拜吏部尚書

李祐大和二年自涇原節度使除德州刺史充景滄節度使仍賜名有裕

史憲誠大和三年爲魏博節度副使奏臣父憲誠本以周有臣周漢有炎漢依據故事與臣名唐今蒙恩之不敢慕古請改名孝從之

李仲言大和八年爲翰林侍講學士周易博士奏以名與堂叔祖下一字同請改名訓從之

崔愼由大中年鎭西川有異人張書者或云名古風與愼由善熟持身易愼由于鄭下嘗由因從容謂曰僕聞罪大莫若絶嗣年四十無子良可憚也叟又曰我亦爲公求之未見可者唯終南山微寺有僧然於五十年矣公宜遣使瀆其服玩若愛而

受之則其嗣也恢由乃發婢僕性爲果受其遺僧尋卒留之數月忽辭去於暗壁詩之至來年崖生之日昊復至焉謂慎由曰我故來相賀因與慎由竊其所誌之日路無差焉慎由因示寄於昊昊曰貴則過公然遇亂世恐不得其終也因字曰納僧後白司徒貽太子賓客

梁韋震本名肇唐末充宣武軍節度副使乾寧二年七月昭宗幸于石門震奉表白號略山中間道奔問進獻于行在帝大悦賜名震太祖特爲製字

李茂貞本姓宋名文通唐末爲洋蓬壁等州節度使賜姓名茂貞僖宗親爲製表字曰正臣

後唐李茂勳唐末爲鄭州節度使梁太祖襲鄭州茂勳遂歸於梁改名同暑署元帥府行軍司馬

李存進振武人本姓孫名重進唐末從太祖入關平黄寇景福中爲蕃兒軍使賜姓名

牛存節字贊貞青州博昌人也本名禮梁太祖改而字之

李存信本姓張爲河東蕃漢馬步軍都指揮使太祖賜姓名睹同觀滴

朱簡唐末爲陝州節度使陳情於梁太祖曰僕位崇將相比無功勞實知喻分皆元帥令公牛成之洪量卵之仁願以微軀永效使令以名姓同籍見挺太祖深賞之乃賜名友謙待之猶於諸子同光初莊宗賜姓改名繼麟

段凝仕梁爲滑州兵馬留後同光初莊宗賜姓名紹欽

杜晏球仕梁爲鄧州刺史同光初賜姓名紹虔

康延孝同光初除鄭州刺史充本州防禦使仍賜姓名紹琛

孔循初仕梁以太祖乳母爲義母嫗夫趙氏循冒其姓名殷後同光初始姓孔名循

張全義字國維初名言昭宗賜名全義梁太祖即位改名宗奭同光初復名全義

元行欽初從明宗名闍軍中爲散員都部署賜姓名紹榮

袁光輔同光中爲復州刺史天成初上言叔父幼年遇亂姓袁與臣同名臣今欲改名義從之

郭彦夔爲青州孔目吏以節度使霍彦威故改名致堯天成中爲本道所薦至京中書以舊名除官御史蘇仁裕陳狀以爲不便安重誨以聖旨令中書改之中書奏曰伏以凡是人名皆由父命侍側者稱以榮左右爲後者稱以奉蒸嘗犯顏者貢更同御名亦改降此以外迴避無聞以春秋論之衛侯名惡大夫有齊惡太宗朝有虞世南君不聽臣易名皆所以重人父之命況郭彦夔長在青州霍彦威有時移鎮綵將私諱上瀆聖聽若便允從恐多援引只如故工部郎中于鄴名犯盧文紀私諱僅許更改郎不至尤違其郭彦夔請在本道宜令權稱致堯在台赤內郎須仍舊識爲至論永作通規從之

安崇遲長興初爲鄆州刺史明宗爲之改名保崇

李都清泰初爲宗正少卿上言臣與本寺卿名同行公事不便欲改名知新從之

晉張從訓初唐莊宗與梁人相拒於德勝口徵赴軍前備充魁游弈使職轉雲捷指揮使檢校司空賜姓名繼鵉爲從諸子之行也明宗微時嘗在存信麾下爲歡押衙與從訓有舊及即位授石州刺史復舊姓名

楊光遠小字阿檀及長止名檀後唐天成中以明宗改御名爲亶以偏旁字犯之始改名光遠字德明

周史懿字繼美爲涇原節度使本名犯太祖廟諱故改焉孫方諫字良弼爲定国軍節度使本名下一字犯廟諱廣順初改焉曹英字德秀爲成德軍節度使舊名犯太祖廟諱故改焉

冊府元龜卷第八百二十六

總録部七十六

品藻

傳曰擬人必於其倫古之作者曷嘗不靈機内照精鑒外朗詳識人物區別涇渭或察言而知行或因詩以見志或窮居而表其操或目擊而辯其道乃至哲人既徃遺風可挹標牓推引形容摹擬明其志行之所趣用俾方來而取法斯聖賢之深旨也春秋之時褒貶尤著尼丘聖師其論博矣子輿著書亦嚴商搉厥後孟堅列九等之序汝南有月旦之評皆是物也歷代而下話言靡絶蓋子貢方人夫子稱其不暇者誠以賜之多言也在於品題銓度取資鑒夫豈有過哉

賈季爲晉大夫奔狄狄相酆舒問於賈季曰趙衰趙盾孰賢對曰趙衰冬日之日也趙盾夏日之日也（冬日可愛夏日可畏）

管仲爲齊相既寢疾桓公往問之曰仲父之疾甚矣若不可諱也不幸而不起此疾彼政我將安移之管仲未對桓公曰鮑叔之爲人何如管仲曰鮑叔君子也千乘之國不以其道予之不受也（雖與之千乘之國不以其道必不受）雖然不可以爲政其爲人也好善而惡惡已甚（惡惡大甚也言惡人太甚）見一惡終身不忘桓公曰然則孰可管仲對曰隰朋可隰朋之爲人好上識而下問（[illegible]）臣聞之以德予人者謂之仁以財予人者謂之良以善勝人者未有能服人者也以善養人者未有不服人者也（[illegible]）於國有所不知政於家有所不知事必則朋乎（[illegible]）且朋之爲人也居其家不忘公門居公門不忘其家事君不二其心亦不忘其身舉齊國之幣握路家五十室其人不知也大仁也哉其朋乎（[illegible]）公又問曰不幸而失仲父也二三大夫者其猶能以國寧乎管仲對曰君請矍已乎（[illegible]）鮑叔牙之爲人也好直賓胥無之爲人也好善甯戚之爲人也能事孫在之爲人也善言（[illegible]）公曰此四子者其孰能一人之上也寡人并而臣之則其不以國寧何也（言四子皆有善[illegible]）對曰鮑叔之爲人好直而不能以國詘（不能屈其直）賓胥無之爲人好善而不能以國詘甯戚之爲人能事而不能以足息（[illegible]）孫在之爲人善言而不能以信默（[illegible]）臣聞之消息滿虛與百姓詘信然後能以國寧勿已者朋其可乎朋之爲人動必量力舉必量技言終喟然而歎曰天生之朋以爲夷吾舌也其身死舌焉得生哉（[illegible]）

趙孟爲晉大夫自宋還過鄭鄭伯享趙孟于垂隴子展伯有子西子産子太叔二子石從（[illegible]）趙孟曰七子從君以寵武也請皆賦以卒君貺武亦以觀七子之志（[illegible]）子展賦草蟲（[illegible]）趙孟曰善哉民之主也抑武也不足以當之（[illegible]）伯有賦鶉之賁賁（[illegible]）趙孟曰牀笫之言不踰閾況在野乎非使人之所得聞也（[illegible]）子西賦黍苗之四章（[illegible]）趙孟曰寡君在武何能焉（[illegible]）子産賦隰桑（[illegible]）趙孟曰武請受其卒章（[illegible]）子大叔賦野有蔓草（[illegible]）趙孟曰吾子之惠也（[illegible]）印段賦蟋蟀（[illegible]）趙孟曰善哉保家之主也吾有望矣（[illegible]）公孫段賦桑扈（[illegible]）趙孟曰匪交匪敖福將焉往（[illegible]）若保是言也欲辭福祿得乎卒享文子告叔向曰伯有將爲戮矣詩以言志志誣其上而公怨之以爲賓榮（[illegible]）其能久乎幸而後亡（[illegible]）叔向曰然已侈所謂不及五稔者夫子之謂矣

論年也文子曰其餘皆數世之主也子展其後亡者也在上不忘降詩召南草蟲曰我心則降印氏其次也樂而不荒詩唐風蟋蟀曰好樂無荒樂以民安不淫以使之後亡不亦可乎

孔子謂子產有君子之道四焉其行己也恭其事上也敬其養民也惠其使民也義又曰晏平仲善與人交久而敬之齊大夫晏姓平謚又曰臧文仲居蔡臧文仲魯大夫臧孫辰文謚也蔡國君之守龜出蔡地因以爲名焉長尺有二寸居蔡僭也山節藻梲節者栭也刻鏤爲山梲者梁上楹畫爲藻文言其奢侈何如其之也非時人謂以爲知子曰管仲之器小哉言其器量小也或曰管仲儉乎或人見孔子小之以爲謂之大儉曰管氏有三歸官事不攝焉得儉三歸娶三姓女婦人謂嫁曰歸攝猶兼也禮國君事大官各有人大夫兼并今管仲家臣備職非爲儉然則管仲知禮乎或人以儉問故答以安得儉或人聞不儉便謂爲得禮曰邦君樹塞門管氏亦樹塞門邦君爲兩君之好有反坫管氏亦有反坫反坫反爵之坫在兩楹之間人君別內外於門樹屏以蔽之若與鄰國爲好會其獻酢之禮更酌酌畢則各反爵於坫上今管仲皆僭爲之如是是不知禮又曰伯夷叔齊不念舊惡怨是用希孔曰伯夷叔齊孤竹君之二子孤竹國名又曰孰謂微生高

直微生姓名高魯人或乞醯焉乞諸其鄰而與之孔曰乞之四鄰以應求者用意委曲非爲直人又曰從我於陳蔡者皆不及門也言弟子從我而厄於陳蔡者皆不及仕進之門而失其所德行顏淵閔子騫冉伯牛仲弓言語宰我子貢政事冉有季路文學子游子夏又曰孟公綽爲趙魏老則優不可以爲滕薛大夫孔曰公綽魯大夫趙魏皆晉卿家臣稱老公綽性寡欲趙魏貪賢家老無職故優滕薛小國大夫職煩則不可爲又曰晉文公譎而不正鄭曰譎者詐也謂召天子而使諸侯朝之仲尼曰以臣召君不可以訓故書曰天王狩於河陽是譎而不正齊桓公正而不譎伐楚以公義責包茅之貢不入問昭王南征不還是正而不譎也又或問子產子曰惠人也孔曰惠愛也子產古之遺愛問子西曰彼哉彼哉馬曰彼哉彼哉言無足稱問管仲曰人也猶詩言所謂伊人奪伯氏駢邑三百飯疏食沒齒無怨言孔曰伯氏齊大夫駢邑地名齒年也伯氏食邑三百家管仲奪之使至疏食而沒齒無怨言以其當理又曰由之瑟奚爲於丘之門馬曰子路鼓瑟不合雅頌門人不敬子路子曰由也升堂矣未入於室也馬曰升我堂矣未入於室耳門人不解謂孔子言爲賤子路故復解之又曰吾未見剛者或對曰申棖孔曰申棖魯人子曰棖也慾焉得剛孔曰慾多情慾又曰甯武子馬曰衛大夫甯俞武謚也邦有道則知邦無道則愚其知

可及也其愚不可及也孔曰佯愚似實故曰不可及又曰回也其心三月不違仁其餘則日月至焉而已矣餘人暫有至仁時唯回移時而不變又曰柴也愚弟子高柴字子羔愚直之愚參也魯孔曰魯鈍也曾子遲鈍師也辟馬曰子張才過人失在邪辟文過由也喭鄭曰子路之行失於畔喭子曰回也其庶乎屢空賜不受命而貨殖焉億則屢中言回庶幾聖道雖數空匱而樂在其中賜不受教命唯財貨是殖億度是非蓋美回所以勵賜也一曰屢猶每也空猶虛中也以聖人之善道教數子之庶幾猶不至於知道者各內有此害其於庶幾每能虛中者唯回懷道深遠不虛心不能知道子貢雖無數子之病然亦不知道者雖不窮理而幸中雖非天命而偶富亦所以不虛心也又曰雍也可使南面包曰可使南面者言任諸侯治又曰直哉史魚孔曰衛大夫史鰌邦有道如矢邦無道如矢有道無道行直如矢言不曲君子哉蘧伯玉邦有道則仕邦無道則可卷而懷之包曰卷而懷謂不與時政柔順不忤於人又曰齊景公有馬千駟死之日民無德而稱焉千駟四千匹伯夷叔齊餓于首陽之下馬曰首陽山在河東蒲坂華山之北河曲之中民到于今稱之其斯之謂與王曰此所謂以德爲稱又曰不降其志不辱其身伯夷叔齊與言其直己之心不入庸君之朝謂柳下惠少連降志辱身矣言中倫行中慮其斯而已矣孔曰但能言應倫理行應思慮如此而已謂虞仲夷逸隱居

放言包曰放置也不復言世務身中清廢中權馬曰清純潔也遭世亂自廢棄以免患合於權也我則異於是無可無不可馬曰亦不必進亦不必退唯義所在又曰管仲鏤簋而朱紘旅樹而反坫山節而藻梲賢大夫也而難爲上也言其僭上也簋者爲鏤刻簋紘在冕兩端朱紘天子之冕旅樹屏也反爵之坫也山節刻之爲山藻梲畫之爲藻文晏平仲祀其先人豚肩不揜豆賢大夫也而難爲下也言其儉偪下人也祖而豆小言其儉不能揜豆也君子上不僭上下不偪下仲由字子路爲衛大夫謂孔子曰桓公殺公子糾召忽死之管仲不死曰未仁乎齊襄公立無常鮑叔牙曰君使民慢亂將作矣奉公子小白出奔莒襄公從弟公孫無知殺襄公管夷吾召忽奉公子糾出奔魯齊人殺無知魯伐齊納子糾小白自莒先入是爲桓公乃殺子糾召忽死之子曰桓公九合諸侯不以兵車管仲之力也如其仁如其仁孔曰誰如管仲之仁子貢曰管仲非仁者與桓公殺公子糾不能死又相之子曰管仲相桓公霸諸侯一正天下天子微弱桓公帥諸侯以尊周室一正天下民到于今受其賜受其賜者謂不被髮左衽之惠微管仲吾其被髮左衽矣微無也無管仲則君不君臣不臣皆爲夷狄豈若匹夫匹婦之爲諒也自經於溝瀆而莫之知也

經死於溝瀆中也管仲召忽之於公子糾君臣之義未正成故死之未足深嘉不死未足多非死事既難亦在於過厚故仲尼但美管仲之功亦不言召忽不當死端木賜字子貢孔子弟子也常相魯衛子貢問孔子曰師與商也孰賢子曰師也過商也不及[言俱不得中]曰然則師愈與子曰過猶不及[愈猶勝也]又問曰賜也何如子曰女器也[言女器用之人]曰何器也曰瑚璉也[瑚璉黍稷之器夏曰瑚商曰璉周曰簠簋宗廟之器貴者]又問曰孔文子何以謂之文也[孔文子衛大夫孔圉文諡也]子曰敏而好學不恥下問是以謂之文也[敏者識之疾也下問問凡在己下者]顓孫師字子張陳人也子張問孔子曰令尹子文[令尹子文楚大夫姓鬬名穀字於菟]三仕為令尹無喜色三已之無慍色舊令尹之政必以告新令尹何如子曰忠矣曰仁矣乎曰未知焉得仁[但聞其忠事未知其仁也]崔子弒齊君陳文子有馬十乘棄而違之[皆齊大夫崔杼作亂陳文子惡之捐其四十匹馬違而去之]至於他邦則曰猶吾大夫崔子也違之之一邦則又曰猶吾大夫崔子也違之何如子曰清矣曰仁矣乎曰未知焉得仁[文子辟惡逃亂求有道當春秋時臣陵其君皆如崔子無有可止者]

孟武伯魯大夫也問孔子曰子路仁乎子曰不知也[仁道至大不可全名]又問子曰由也千乘之國可使治其賦也[賦兵賦]不知其仁也求也何如子曰求也千室之邑百乘之家可使為之宰也[千室之邑卿大夫之邑卿大夫稱家諸侯千乘大夫百乘宰家臣]不知其仁也赤也何如子曰赤也束帶立於朝可使與賓客言也[赤弟子公西華有容儀可使為行人]不知其仁也冉雍字仲弓問子桑伯子於孔子[伯子書傳無見焉]子曰可也簡[以其能簡故曰可也]居敬而行簡以臨其民不亦可乎[居身敬肅臨下寬略則可]居簡而行簡無乃大簡乎[伯子之簡太簡]子曰雍之言然季子然季氏之家臣問孔子曰仲由冉求可謂大臣與[子然季氏子弟自多得臣此二子故問之]子曰吾以子為異之問曾由與求之問[謂子問異事耳則此二人之問安足大乎]所謂大臣者以道事君不可則止今由與求也可謂具臣矣[言備臣數而已]曰然則從之者與[問為臣皆當從君所欲邪]子曰弒父與君亦不從也[言二子雖從其主亦不與為大逆]季康子魯大夫也問孔子曰仲由可使從政也與子曰由也果[果謂果敢決斷]於從政乎何有曰賜也可使從政也與曰賜也達[達謂通於物理]於從政乎何有曰求也可使從政也與曰求也藝[藝謂多才藝]於從政乎何有言偃吳人字子游為武成宰謂曾參曰吾友張也為難能也[言子張容儀之難及]然而未仁曾子曰堂堂乎張也難與並為仁矣[言子張容儀盛而於仁道薄也]孟軻鄒人也事齊宣王宣王不能用適梁梁惠王不果所言退作孟子七篇軻曰伯夷隘柳下惠不恭隘與不恭君子不由也[伯夷隘懼人之汙來及己大隘狹柳下惠輕忽時人之大不恭也言二人之行孟子平之]禹稷當平世三過其門而不入孔子賢之顏子當世亂居於陋巷一簞食一瓢飲人不堪其憂顏子不改其樂孔子賢之孟子曰禹稷顏回同道[當平世三過其門者身為公卿憂民者也當亂世安陋巷者不用於世窮而樂道者也孟子以為憂民之道同所宜在是也故孔子同賢之]禹思天下有溺者由己溺之稷思天下有飢者由己飢之也是以如是其急也禹稷顏子易地則皆然[顏子亦將急民之難]

[若禹稷居顏子之地亦然不在其位故樂其心矣]又曰伯夷聖人之清者也伊尹聖人之任者也柳下惠聖人之和者也孔子聖人之時者也曾參居武城有越寇至則去寇退乃反子思居於衛有齊寇至或曰寇至盍去諸子思曰如伋去君誰與守[伋子思名也衛君尊禮之故不去]孟子曰曾子子思同道曾子師也父兄也子思臣也微也曾子子思易地則皆然[曾子為武城人作師則其父兄故去留無毀子思微少也又為臣委質為臣當死難故不去也]公孫丑問孟子曰伯夷伊尹何如曰不同道非其君不事非其民不使治則進亂則退伯夷也何事非君何使非民治亦進亂亦進伊尹也[要欲為天治物冀得行道而已矣]可以仕則仕可以止則止可以久則久可以速則速孔子也皆古聖人也吾未能有行焉乃所願則學孔子也[言古聖人我未能有所行若此所言我心之所庶幾則願欲學孔子所履]曰伯夷伊尹於孔子若是班乎[班齊等之貌也丑疑伯夷伊尹孔子能同此三人之德班然而等乎]曰否自有生民以來未有如孔子也

漢爰盎為郎中文帝即位絳侯為丞相朝罷趨出意得甚帝禮

之恭常目送之盎進曰丞相何如人也帝曰社稷臣盎曰絳侯所謂功臣非社稷臣社稷臣主在與在主亡與亡方呂后時諸呂用事擅相王劉氏不絶如帶是時絳侯爲太尉本兵柄弗能正呂后没大臣相與共誅諸呂太尉主兵適會其成功所謂功臣非社稷臣

嚴助爲汲黯請告武帝曰汲黯何如人也助曰使黯任職居官亡以瘉人然至其輔少主守成雖自謂賁育弗能奪也帝曰然古有社稷之臣至如汲黯近之矣後官至會稽太守

後漢陳蕃爲光禄卿桓帝問曰徐穉袁閎韋著誰爲先蕃對曰閎生出公族聞道漸訓著長於三輔禮義之俗所謂不扶自直不鏤自雕至於穉者爰自江南卑薄之域而角立傑出宜當爲先

范滂汝南人或問滂曰郭林宗何如人滂曰隱不違親貞不絶俗天子不得臣諸侯不得友吾不知其它滂後辟太尉黄瓊掾

郭泰字林宗太原介休人泰之所名人品乃定先言後驗衆皆服之始至南州過袁奉高不宿而去從黄叔度累日不去或以問泰泰曰奉高之器譬之泛濫雖清而易挹叔度之器汪汪若千頃之陂澄之不清擾之不濁不可量也已而果然又嘗謂劉儒口訥心辯有珪璋之質終必爲令德之士司徒黄瓊辟太常趙典舉有道並不應

許劭汝南人初爲郡功曹與從兄靖俱有高名好共覈論鄉黨人物每月輒更其品題故汝南俗有月旦評焉劭嘗到潁川多長者之游唯不候陳寔又陳蕃喪妻送葬鄉人必至而劭獨不往或問其故劭曰太丘道廣廣則難周仲舉性峻峻則少通故不造也其多所裁量若此或問劭曰荀靖與荀爽孰賢劭曰二人皆玉也慈明外朗叔慈内潤

孔融與韋端書曰前日元將來淵才亮茂雅度弘毅偉世之器也昨日仲將又來（康字元將誕字仲將韋端二子）懿性貞實文敏篤誠保家之主也不意雙珠近出老蚌甚珍貴之後官至少府

龐德公襄陽人居峴山之南嘗謂諸葛孔明爲卧龍龐士元爲鳳雛司馬德操爲水鏡皆德公語也

李膺潁川襄城人時鍾皓及荀淑並爲士大夫所歸慕膺常歎曰荀君清識難尚鍾君至德可師膺位至司隸校尉

冊府元龜卷第八百二十六

冊府元龜卷第八百二十七

總録部七十七

品藻第二

魏鍾繇為太尉以為顔子既没能備九德不貳其過唯荀彧然或問繇曰君雅重荀君比之顔子自以不及可得聞乎曰夫明君師臣其次友之以太祖之聰明每有大事常先諮之荀君是則古師友之義也吾等受命而行猶或不盡相去顧之不遠邪

文帝問羣臣昔子產治鄭民不能欺子賤治單父民不忍欺西門豹治鄴民不敢欺三不欺於君德孰優繇與司徒華歆司空王朗對曰臣以為君任德則臣感義而不忍欺君任察則臣畏覺而不能欺君任刑則臣畏罪而不敢欺任德感義與夫導德齊禮有恥且格等趨者也任察畏罪與夫導政齊刑免而無恥同歸者也孔子曰為政以德譬如北辰居其所而衆星拱之方以斯言論以斯義臣等以為不忍欺不能欺優劣之縣在於權衡非徒低卬之差乃鈞銖之覺也且前志稱仁者安仁智者利仁畏罪者彊仁校其仁者功則無以殊核其為仁者則不得不異安仁者性善者也利仁者力行者彊仁者不得已者也三仁相比則安仁優矣易稱神而化之使民宜之若君化使民然也然則安仁之化與夫彊仁之化優劣亦不得不相縣絶也然則三臣之不欺雖同所以不欺異矣則純以恩義崇不欺與以威察成不欺既不可同槩而比量又不得錯綜而易厠

楊阜字義山天水冀人以州從事為牧韋端使詣許拜安定長史阜還關右諸將問袁曹勝敗孰在阜曰袁公寛而不斷好謀而少決不斷則无威少決則後事今雖彊大終不能成大業曹公有雄才遠略決機无疑法一而兵精能用度外之人所任各盡其力必能濟大事者也

何晏與夏侯玄等名盛於時司馬景王亦預焉晏嘗曰唯深也故能通天下之志夏侯泰初是也唯幾也故能成天下之務司馬子元是也惟神也不疾而速不行而至吾聞其語未見其人蓋欲以神況諸巳也晏位至尚書

陳羣字長文明帝時為司空時太尉華歆以財欲前後寵賜諸公莫及然終不殖產業羣常歎曰若華公可謂通而不泰清而不介者矣羣與孔融論汝潁人物羣曰荀文若公達休若友若仲豫當今並無對臣欽若等曰荀彧字文若荀攸字公達荀衍字休若荀諶字友若荀悅字仲豫

崔林為司空嘗與司空陳羣共論冀州人士稱崔琰為首羣以智不存身貶之林曰大丈夫為有邂逅耳即如卿諸人良足貴乎

杜恕字務伯時張閣字子臺以簡質聞恕著家戒稱閣曰張子臺視之似鄙樸人然其心中不知天地間何者為美何者為好敦然似如與陰陽合德者作人如此自可不富貴然而患禍當從而來世有高亮如子臺者皆多力慕體之不如也後官至雍州刺史征北將軍

蔣濟字子通時汝南許靖字文休夙有名譽既以篤厚為稱又以人物為意雖行事舉動未悉允當濟以為大較廊廟器也萬機論[illegible]許子曰許文休者大較廊廟器也而子將貶之若實不貴之是不明也誠令知之蓋善人也濟位至太尉

陳登為廣陵太守請陳矯為功曹使矯詣許謂曰許下論議待吾不足足下相為觀察還以見誨矯還曰聞遠近之論頗謂明府驕而自矜登曰夫閨門雍穆有德有行吾敬陳元方兄弟淵清玉絜有禮有法吾敬華子魚清脩疾惡有識有義吾敬趙元達博聞彊記奇逸卓犖吾敬孔文舉雄姿傑出有王霸之略吾敬劉玄德所敬如此何驕之有餘子瑣瑣亦焉足錄哉登雅意如此而深敬友矯

管輅字公明冀州刺史裴徽辟為文學從事徽問輅曰何平叔一代才名其實何如輅曰其才若盆盎之水所見者清所不見者濁神在廣博志不務學弗能成才欲以盆盎之水求一山之形形不可得則智由此惑故說老莊則巧而多華說易生義則

夷而多僞華則道浮僞則神虚得上才則淺而流絶得中才則游精而獨出輅以爲少功之才也徽曰誠如來論吾數與平叔共説老莊及易常覺其辭妙於理不能折之又時人吸習皆歸服之爲益令不了相見得清言然後灼灼耳官至少府丞

韋誕字仲將爲大鴻臚魚豢曰尋省往者魯連鄒陽之徒援譬引類以解締結誠彼時文辯之儁也今覽王粲繁欽阮瑀陳琳路粹諸人前後文旨亦何肯不若哉其所以不論者時世異耳余又竊怪其不甚見用以問仲將仲將云仲宣王粲字傷於肥戇休伯繁欽字都無格檢元瑜阮瑀字病於體弱孔璋陳琳字實自麤疎文蔚路粹字性頗忿鷙如是彼爲非徒以脂燭自煎糜也其不高蹈蓋有由矣然君子不責備于一人譬之朱漆雖無楨榦其爲光澤亦壯觀也

鍾會字士季爲黃門侍郎吏部郎鈌文帝問其人於會會曰裴楷清通王戎簡要皆其選也

袁準字孝尼渙子也官至給事中或問準諸葛何人也曰張飛關羽與劉備俱起爪牙腹心之臣而武人也晚得諸葛亮因以爲佐相而群臣悦服劉備足信亮足重故也及其受六尺之孤攝一國之政事凡庸之君專權而不失禮行君事而國人不疑如此即以爲君臣百姓之心欣戴之矣行法嚴而國人悦服用民盡其力而下不怨及其兵出入如賓行不寇芻蕘者不獵如在國中其用兵也止如山進退如風兵出之日天下震動而人心不憂亮死至今數十年國人歌思如周人之思召公也孔子曰雍也可使南面諸葛亮有焉又曰或云故少府楊阜豈非忠臣哉見人主之非則勃然怒觸之與人言未嘗不道也豈非所謂王臣蹇蹇匪躬之故者歟答曰然可謂直士忠則吾不知也夫仁者愛人施於君謂之忠施於親謂之孝忠孝者其本一也故仁愛之至者君親有過諫而不入求之反覆不得已而言不忍宣也今爲人臣見人主失道直詆其非而播揚其惡可謂直士

未爲忠臣也故司空陳群則不然其談論終日未嘗言人主之非書數十上而外人不知君子謂群於是乎長者矣

蜀許靖字文休汝南人號爲臧否至蜀見王商而稱之曰設使商生於華夏雖王景興無以加也又謂張裔幹理敏捷中夏鍾元常之倫也官至司徒

龐統字士元襄陽人郡命爲功曹吳將周瑜助先主取荊州因領南郡太守瑜卒統送喪至吳吳人多聞其名及當西還並會昌門陸績顧劭全琮皆往統曰陸子可謂駑馬有逸足之力顧子可謂駑牛能負重致遠也或問統曰如所目陸子爲勝乎統曰駑馬雖精所致一人耳駑牛一日行三百里所致豈一人之重哉顧劭就統宿語因問卿名知人吾與卿孰愈統曰陶冶世俗甄綜人物吾不及卿論帝王之秘策攬倚伏之要最吾似有一日之長劭安其言而親之謂全琮曰卿好施慕名有似汝南樊子昭蔣濟萬機論云許子將褒貶不平以拔樊子昭而抑許文休劉曄難曰子昭拔自賈豎年至耳順退能守靜進競不苟濟答曰子昭誠自長幼完潔然觀其臿齒牙樹頰胲吐脣吻自非文休敵也雖智力不多亦一時之佳也績劭謂統曰使天下太平當與卿共料四海之士深與統相

結而還爲先主軍師中郎將

秦宓廣漢人丞相諸葛亮問宓董扶及任安所長宓曰董扶褒秋豪之善貶纖介之惡任安記人之善忘人之過官至大司農

吳諸葛恪字元遜蜀樊建以校尉來使值權病篤不自見建權問諸葛恪曰樊建何如宗預也恪對曰才識不及預而雅性過之恪位至大將軍

張儼爲大鴻臚作默記論諸葛亮與司馬宣王曰漢朝傾覆天下崩壞豪傑之士競希神器魏氏跨中土劉氏據益州並稱兵海內爲世霸王諸葛司馬二相遭值際會託身盟主或收功於蜀漢或聞名於伊洛丕備既沒後嗣即統各受保阿之任輔翼幼主不負然諾之誠亦一國之宗臣霸王之賢佐也歷前世以觀近事二相優劣可得而詳也孔明起巴蜀之地蹈一州之土方之大國其戰士人民蓋九分之一也提步卒數萬長驅祁山慨然有飲馬河雒之志仲達據天下十倍之地仗兼并之衆據牢城擁精鋭

無搞敵之意務自保而已使彼孔明自來自去若此人不亡則涼雍不解甲中國不解鞍勝負之策亦決矣方之司馬不亦優乎

薛瑩字道言為散騎常侍常稱王蕃器量綽異弘博多通樓玄清白節操才理條暢賀邵厲志高潔機理清要韋曜篤學好古博見群籍有記述之才胡仲以為玄邵蕃一時清妙略無優劣必不得已玄宜在先邵當次之華覈文賦之才有過於曜而典誥不及也

胡綜為侍中太子登使綜作賓友目曰英才卓越超踰倫匹則諸葛恪精識時機達幽究微則顧譚凝辯宏達言能釋結則謝景究學甄微游夏同科則范慎辛衜乃和敫綜曰元遜才而疏子嘿精而很叔發辯而浮孝敬深而狹所言皆有指趣而衜卒以此言見咎不為恪等所親後四人皆敗吳人謂衜之言有徵

周昭為中書郎嘗著書稱步騭及嚴畯等曰古今賢士大夫所以失名喪身傾家害國者其由非一也然要其大歸總其常患

四者而已急而論議一也爭名勢二也重朋黨三也務欲速四也急論議則傷人爭名勢則敗友重朋黨則蔽主務欲速則失德此四者不除未有能全也當世君子能不然者亦皆有之豈獨古人乎然論其絕異未若顧豫章諸葛使君步丞相嚴衛尉張奮威之為美也論語言夫子恂恂然善誘人又曰成人之美不成人之惡豫章有之矣望之儼然即之也溫聽其言也厲使君體之矣恭而安威而不猛丞相履之矣學不求祿心無苟得衛尉奮威蹈之矣此五君者雖德實有差輕重不同至於趣舍大檢不犯四者俱一揆也昔丁諝出於孤家吾粲出於牧豎豫章揚其善以並陸全之列是以人無幽滯而風俗厚焉使君丞相衛尉三君昔以布衣俱相友善諸論者因各敘其優劣初先衛尉次丞相而後有使君也其後並事明主經營世務出處之才有不同先後之名須反其初此世常人所決勤薄也至於三君分好卒無虧損豈非古人交哉又魯橫江昔杖万兵屯據陸口當世之美業也能與不能孰不願焉而橫江既亡衛尉應其選自以才非將帥深辭固讓終於不就後徙九列遷典八座榮不足以自曜祿不足以自奉至於二君皆位為上將窮富極貴衛尉既無求欲二君又不稱薦各守所志保其名好孔子曰君子矜而不爭群而不黨斯有風矣又奮威之名亦三君之次也當一方之戍受上將之任與使君丞相不異也然歷國事論功勞實有先後故爵位之榮殊焉而奮威恬處此決能明其部分心無失道之欲事無充詘之求每升朝堂循禮而動辭氣謇謇罔不惟忠叔嗣雖親貴言憂其敗蔡文至雖蹤賤誠稱其賢女配太子受禮若弔慷慨之趨惟篤人物成敗得失皆如所慮可謂守道見機好古之士也若乃經國家當軍旅於馳騖之際立霸王之功此五者未為過人至其純粹履道求不苟得升降當世保全名行邈然絕俗實有所師故粗論其事以示後之君子

虞翻稱闞澤曰闞生矯傑蓋蜀之揚雄又曰闞子儒術德行亦

今之仲舒也翻官至騎都尉

【晉】傅玄為司隸校尉著書名為傅子或問今之君子曰袁郎中積德行儉華太尉積德居順其智可及也其清不可及也事上以忠濟下以仁晏嬰行之何以加諸（臣欽若等曰袁渙為郎中令華歆為太尉）或問近世大賢君子玄答曰荀令君之仁荀軍師之智（臣欽若等曰令君荀彧也軍師荀攸也）斯可謂近世大賢君子矣荀令君仁以立德明以舉賢行無諂黷謀能應機孟軻稱五百年而有王者興其間必有命世者其荀令君乎太祖稱荀令君之進善不進不休荀軍師之去惡不去不止也

吾彥初仕吳為建平太守吳亡歸晉武帝問彥陸喜陸抗二人誰多也彥對曰道德名望抗不及喜立功立事喜不及抗

張華字茂先每言成公簡清靜比揚子雲默識擬張安世華位至司空

盧欽為侍中奉車都尉著書稱徐邈曰徐公志高行潔才博氣猛其施之也高而不狷潔而不介博而守約猛而能寬聖人以

清爲難而徐公之所易也或問欽徐公當武帝之時人以爲造自在涼州及還京師人以爲介何也欽荅曰往者毛孝先（孝先毛玠字）崔季珪（季珪崔琰字）等用事貴清素之士于時皆變易車服以求名高而徐公不改其常故人以爲通比來天下奢靡轉相倣效而徐公雅尚自若不與俗同故前日之通乃今日之介也是世人之無常而徐公之有常也

樂廣爲右僕射少與弘農楊準相善準之二子曰喬曰髦皆知名於世準使先詣裴頠頠性弘方愛喬有高韻謂準曰喬當及卿髦少減也又使詣廣廣性清淳愛髦有神檢謂準曰喬自及卿然髦尤精出準笑曰我二兒之優劣乃裴樂之優劣也論者以爲喬雖有高韻而神檢不足樂爲得之矣傅暢云喬似準而疎

王濟太原人與同郡孫楚友善濟爲本州大中正訪問銓邑人品狀至楚濟曰此人非卿所能名自狀之曰天才英博亮拔不群濟叔湛少言語初有隱德人莫能知武帝問濟曰湛誰比濟

曰山濤以下魏舒以上時人謂湛上方山濤不足下比魏舒有餘湛聞曰欲處我季孟之間乎濟官至太僕

荀秘父顗爲羽林右監秘弱冠王濟甚相器重以方其外祖陳泰秘兄謂秘弟輿曰近見荀監子清虛名理當不及父德性純粹是賢兄輩人也其爲名流所賞如此

韋忠平陽人少慷慨有不可奪之志閉門修己不交當世裴頠爲僕射數言忠於司空張華華辟之辭疾不赴人問其故忠曰吾茨簷賤士本無宦情且茂先華而不實裴頠欲而無厭棄典禮而附賊后此豈大丈夫之所宜行耶後爲郡功曹

裴楷爲開府儀同三司有知人之鑒初在河南樂廣僑居郡界未知名楷見而奇之致之於宰府嘗曰夏侯玄（玄字太初）肅肅如入宗廟中但見禮樂器鍾會如觀武庫森森但見矛戟在前傅嘏汪翔靡所不見山濤若登山臨下幽然深遠

謝鯤陳郡人庾敳潁川人皆儁朗士也見裴楷子憲而奇之稱謂曰裴憲鯁亮宏達通機識命不知其何如父至於深弘保素不以世物嬰心者其殆過之官至左將軍長史

武陔爲左光祿大夫開府儀同三司少好人倫與潁川陳泰友善文帝甚親重之嘗與陔論時人常問陔泰孰若其父羣陔各稱其所長以爲羣泰略無優劣帝然之（陳泰字玄伯羣之子文王問陔曰玄伯何如其父司空也陔曰通雅博暢能以天下聲教爲己任者不如也明練簡至立功立事過之）

王戎有人倫鑒識嘗目山濤如璞玉渾金皆欽其寶莫知名其器王衍神姿高徹如瑤林瓊樹自然是風塵表物謂裴頠拙於用長荀勗工於用短陳道寧謖謖如束長竿嵇康子紹初入洛或謂王戎曰昨於稠人中始見嵇紹昂昂然若野鶴之在雞羣戎曰君復未見其父耳位至司徒

王衍有重名於世時人許以人倫之鑒尤重弟澄及王敦庾敳嘗爲天下人士目曰阿平第一子嵩第二處仲第三澄嘗謂衍曰兄形似道而神鋒太儁衍曰誠不如卿落落穆穆然也澄由

是顯名有經澄所題目者衍不復有言輒云已經平子矣戎位至太尉

周浚爲揚州刺史吳平以陸雲爲從事謂人曰陸士龍當今顏子也

庾敳爲太傅從事中郎見和嶠而歎曰嶠森森如千丈松雖磥砢多節目施之大厦有棟梁之用

郗鑒爲安西將軍兗州刺史都督揚州江西諸軍假節合肥王敦忌之表爲尚書令徵還道經姑孰與敦相見敦謂曰樂彦輔（樂廣字彦輔）短才耳後生流宕言違名檢考之以實豈勝滿武秋（滿奮）耶鑒曰擬人必於其倫彦輔道韻平淡體識沖粹處傾危之朝不可得而親疏及愍懷太子之廢謂柔而有正武秋失節之士何可同日而言敦曰愍懷廢從之際交有危機之急人何能以死守之乎以此相方其不減明矣鑒曰丈夫既潔身北面宜同任王豈可偷生屈節靦顏天壤耶苟道數終極固當存亡以之王

敦象河南人為東海王越太傅主簿象著文稱嵇紹父死在非罪曾無耿介貪位而死闇主義不足多曾以問郗公曰王裒之父亦非罪死裒猶辭徵紹不辭用誰為多少郗公曰王勝於嵇或曰魏晉所殺子皆仕宦何以無非世皆曰殛鯀興禹者以嵇犯罪也若以時君所殺為當耶則同於禹以不當耶則同於嵇又曰世皆以嵇見危授命答曰紀信代漢高之死可謂見危授命如嵇偏善其一可也以備體論之則未得也

顧榮為元帝軍司散騎常侍謂帝曰陸士光貞正清貴金相玉質甘季思忠款誠盡加以膽幹殊快殷慶元質略有明規文武可用榮族兄公讓明亮守節困不易操會稽楊彥明謝行言皆服膺兄弟才力雖少實事極佳凡此諸人皆南金也

庾亮為中書監嘗謂周顗曰諸人咸以君方樂廣顗曰何乃刻畫無鹽唐突西子也

劉惔沛國人為丹陽尹與桓溫善嘗稱之曰溫眼如紫石稜鬚作蝟毛磔孫仲謀晉宣王之流亞也後又稱王濛性至通而自然有節濛每云劉君知我勝我自知時人以惔方荀奉倩濛比袁曜卿

王濛字仲祖有風流美譽為中書郎初謝安弱冠詣濛清言良久既去濛子脩曰向客何如大人濛曰此客亹亹而來逼人

謝万為散騎常侍嘗敘漁父屈原季主賈誼楚老龔勝孫登嵇康四隱四顯為八賢論其旨以處者為優出者為劣以示孫綽綽與往反以體公識遠者則出處同歸

謝尚與劉惔共論中朝人士或問杜乂可方衛洗馬不尚曰安得相比其間可容數人惔又云杜乂膚清叔寶神清眼歆若等衛玠字弘寶卒孫本子淺騎尚官至衛將軍散騎常侍

劉訥字令言有人倫鑒識初入洛見諸名士而歎曰王夷甫太解明樂彥輔我所敬張茂先我所不解周弘武巧於用短杜方叔拙於用長

王敦過江常稱王衍曰夷甫處眾中如珠玉在瓦石間敦位大將軍

梅陶為尚書陶與親人曹識書曰陶侃機神明鑒似魏武忠順勤勞似孔明陸抗諸人不能及也謝安每言陶公雖用法而常得法外意溫嶠為大將軍初以郭文曠達不仕嘗稱曰文有賢人之性而無賢人之才柳下梁踦之亞乎梁踦古之高士

虞騭為金紫光祿大夫王導常謂騭曰孔愉有公才而無公望丁潭有公望而無公才兼之者其在卿乎官未達而喪時人惜之

桓彝自謂目褚裒曰季野有皮裏陽秋言外無臧否而內有所褒貶也彝官至宣城內史

王羲之字逸少為右軍將軍少時阮裕徵侍中不就還剡山有肥遁之志有以問羲之羲之曰此公近不驚寵辱雖古之沉冥何以過此人云裕骨氣不及逸少簡秀不如真長晉劉惔字韶潤不如仲祖思致不如殷浩兼有諸人之美

顗含為光祿勳或問江左群士優劣答曰周伯仁之正鄧伯道鄧攸之清卞望之卞壼之節餘則吾不知也

謝安字安石為太傅王獻之嘗與兄徽之操之俱詣謝安二兄多言俗事獻之寒溫而已既出客問安王氏兄弟優劣安曰少者佳客問其故安曰吉人之辭寡以其少言故知之

顧愷之為散騎常侍初在桓溫府常云愷之體中癡黠各半合而論之正得平耳故俗傳愷之有三絕才絕畫絕癡絕

楊亮初歸姚襄待以客禮後奔桓溫溫問襄於亮亮曰神明器宇孫策之儔而雄武過之

羅含為郡功曹刺史庾亮以為部江夏從事太守謝尚與含為方外之好乃稱曰羅君章可謂湘中之琳琅

孫綽字興公簡文帝為會稽王也嘗與綽商略諸風流人綽言曰劉惔清蔚簡令王濛溫潤恬和桓溫高爽邁出謝尚清易令達而濛性和暢能言理辭簡而有會綽與高陽許詢俱有高

尚之志綽與詢一時名流或愛詢高邁則鄙於綽或愛綽才藻而無取於詢沙門支遁試問綽君何如許荅云高情遠致弟子早已伏膺然一詠一吟許將北面矣綽有高節嘗鄙山濤而謂人曰山濤吾所不解吏非吏隱非隱若以元禮門爲龍津則當點額暴鱗矣綽後爲廷尉卿領著作卒

庾龢名重一時少所推服常稱韓康伯及王坦之曰思理倫和我敬韓康伯志力彊正吾愧王文度終於中領軍王忱范泰外弟也或問忱曰范泰何如謝邈忱曰茂度漫又問何如殷覬忱曰伯通易

王廙字世將丞相導從弟也荀闓荀邃俱過江明帝嘗從容問廙曰二荀兄弟孰賢廙荅以闓才明過邃帝以語庾亮曰邃真稱之地亦闓所不及由是議者莫能定其兄弟優劣位至平南將軍荊州刺史

李銓爲光祿大夫嘗論楊雄才學優於劉向范喬以爲向定一

代之書正羣耕之篇使雄嘗之故非所長遂著劉楊優劣論

宋范泰爲度支尚書時僕射陳郡謝琨後進知名高祖常從容問泰琨名輩可以比誰對曰王元大一流人也

蔡湛之及見謝安兄弟謂人曰謝弘微貝類中郎性似文靖（中郎弘微曾祖万也文靖謝安謚也）

謝靈運既宴集問謝瞻潘岳陸機與賈充優劣瞻曰安仁諂於權門士衡邀競無已並不能保身自求多福公閭勳名佐世不得爲並靈運曰安仁士衡才爲一時之冠方之公閭本自遼絶靈運官至臨川內史

雷次宗尤明三禮毛詩南齊衡陽王道度太祖長兄也與太祖俱受學次宗宣帝問二兒學業次宗荅曰其兄外朗其弟內潤皆良璞也

劉湛爲領軍湛外甥王延之阮韜並有早譽湛甚愛之曰韜後當爲第一延之爲次也延之甚不平每致餉下都韜與[illegible]同例文帝聞其如此與延之書曰韜去郵未嘗有別意當緣劉家月旦故邪

梁沈約字休文吳興人特謝弘微與琅邪王惠王球並以簡淡稱人謂約曰王惠何如約曰令明簡淡次問王球約曰清而淡又次問弘微約曰簡而不失淡而不流古之所謂名臣弘微當之又王筠清靜好學與從兄泰齊名仕約見筠以爲似外祖袁粲謂僕射張稷曰王郎非唯額類袁公風韻都欲相似稷曰袁公見人輒矜嚴王郎見人必娛笑唯此一條不能酷似約位至侍中少傅尋加特進卒官　遲爲中書侍郎待詔文德殿天監初到洽兄溉俱蒙擢用溉尤見知賞從弟沆亦齊名高祖問遲曰到洽何如沆溉遲對曰正情過於沆文章不減溉加以清言殆將難及即召爲太子舍人

褚向淹雅有器量大通四年出爲寧遠將軍共中郎廬陵王長史三年卒官外兄謝舉爲製墓銘其略曰弘治（褚向字）推華子嵩

觴量酒歸月下風清琴上論者以爲擬得其人

後魏游雅與中書令高允及太原張偉同業相友雅常論允曰前史載卓公（茂）寬中文饒（劉寬字）洪量褊心者或弗之信余與高子遊處四十年矣未嘗見其是非慍喜之色不亦信哉高子內文明而外柔弱其言吶吶不能出口余常呼爲文子崔公（浩）謂余云高生豐才博學一代佳士所不足者矯矯風節耳余亦然之司徒之譴起於纖微及於詔責崔公聲嘶股戰不能言宗欽已下伏地流汗都無人色高子敷陳事理申釋是非辭義清辯音韻高亮明主爲之動容聽者無不稱善及察友保茲元吉向之所謂矯矯者更在斯乎宗愛之任勢也威振四海常召百司於都堂王公已下望庭畢拜高子獨昇階長揖由此觀之汲長孺可卧見衛青何抗禮之有向之所謂風節者得不謂此乎知人故不易人亦不易知吾既失之於心內崔亦漏之於形外鍾期止聽於伯牙夷吾見明於鮑叔良有以也

北齊邢子廣爲長廣太守君盧詢祖與盧思道俱有才名子廣曰二盧云詢祖有規檢禰衡思道無冰稜文舉文奉孔獻字

隋盧思道初仕後魏爲尚書郎時齊南王或少有才學當時甚美少與從兄安豐王延明中山王熙並以宗室博古文學齊名時人莫能定其優劣思道謂吏部崔林曰三人才學雖並優美然安豐少於造次中山皃白太多未若濟南風流寬雅特人爲之語曰三王楚琳琅未若濟南備貞方

元善以高熲有宰相之具嘗言於高祖曰楊素麁疏蘇威怯懦元冑元旻正似鴨耳可以付社稷者唯獨高熲善位至国子祭酒

楊素有子玄感蘇威有子夔夔少聰敏楊素甚奇之素每戲威曰楊素無兒蘇夔無父又楊達爲人弘厚有局度素每言曰有君子之皃兼君子之心者唯達耳素終於司徒封楚公

賀若弼爲武候大將軍煬帝之在東宮嘗謂弼曰楊素韓擒虎史万歲三人俱稱良將其間優劣何如弼曰楊素是猛將非謀將韓擒虎是鬬將非領將史万歲是騎將非大將帝曰然則大將誰也弼拜曰唯殿下所擇弼意自許爲大將

唐王珪貞觀中爲侍中嘗侍宴太宗謂之曰卿識鑒清通尤善談論自房玄齡等咸宜品藻之可自量孰與諸子珪對曰孜孜奉國知無不爲臣不如玄齡才兼文武出將入相臣不如李靖敷奏詳明出納惟允臣不如温彥博處繁理劇衆務必舉臣不如戴冑以諫諍爲心耻君不及於堯舜臣不如魏徵至於激濁揚清疾惡好善臣於數子亦有一日之長太宗大喜稱其言爲然群公亦各以爲盡已所懷謂之確論

岑文本爲中書侍郎時馬周有機辯能敷奏文本謂所親曰吾見馬君論事多矣援引事類揚搉古今舉要刪蕪會文切理一字不可加一言不可減聽之靡靡令人忘倦昔之蘇張終賈正應此耳

賈言忠高宗時爲侍御史言忠受詔往遼東支度軍糧使迴上問曰卿觀遼東諸將孰賢對曰李勣先朝舊臣聖鑒所委龐同善雖非鬬將而持軍嚴整薛仁貴勇冠三軍威名遠振高侃勤儉自處忠果有謀契苾何力沉毅持重有統御之才雖頗有忌前之譏而臨事能斷然諸將夙夜小心忘身憂國者莫及於李勣〻深然其言遂遣使齎璽書以慰勉勣等

皆好禮深慕徐有功爲人乃著論曰張釋之爲廷尉天下無寃人徐公之斷獄亦天下無寃人略同耳然而釋之所行者甚易徐公所行者甚難張公逢漢文之時天下無事至如盜高廟玉環及渭橋驚馬守法而已豈不易哉徐公逢革命之秋屬惟新之運唐朝遺老或有包藏禍心至如周興來俊臣者更是堯舜之四凶也崇飾惡言以誣盛德忠臣側目恐死亡無日矣徐公守死善道深相明白幾陷囹圄數挂網羅此豈不難矣宋璟與蘇頲同知政事璟剛正多所裁斷頲皆順從其美若上前承旨敷奏及應物則頲爲之助相得甚悦璟嘗謂人曰吾與蘇家父子前後皆同時爲宰相僕射長厚誠爲國器若獻可替否罄盡臣節斷割吏事至公無私即蘇頲過其父也

冊府元龜卷第八百二十七

冊府元龜卷第八百二十八

總録部七十八

論薦

春秋傳曰心志既通名譽不聞友之罪也曹植有言曰自衒自媒士女之醜行然則藏器俟時君子無自進之理推賢讓禄交友有相先之義若夫勉貧賤彌光塵專謙德以待用俟知已之延譽蓋有儞善而舉類讓能而引重布於朝聽遂躋仕籍乃至得時行道建功揚名未有不由拔茅之義因鉏而達自古迄今可悉數矣

侯嬴魏人爲公子無忌上客謂公子曰臣所過屠者朱亥此子賢者世莫能知故隱屠閒耳公子往數請之朱亥故不復謝

鄭安平操范雎亡伏匿更名姓曰張禄當此時秦昭王使謁者王稽於魏安平詐爲卒侍王稽王稽問魏有賢人可與俱西游者乎安平曰臣里中有張禄先生欲見君言天下事其人有仇不敢晝見稽曰夜與俱來安平夜與張禄見稽語未究稽知范雎賢與私約載雎入秦

漢蒯通爲齊相曹參客初齊王田榮怨項羽謀舉兵畔之劫齊士不與者死（[illegible]）齊處士東郭先生梁石君在劫中彊從及田榮敗二人醜之（[illegible]）以相與入深山隱居客謂通曰先生之於曹相國拾遺舉過顯賢進能齊國莫若先生者先生知梁石君東郭先生世俗所不及何不進之於相國乎通曰諾臣之里婦與里之諸母相善也里婦夜亡肉姑以爲盜怒而逐之婦晨去過所善諸母語以事而謝之（謝謂告也）里母曰女安行（[illegible]）我今令而家追女矣（[illegible]）即束縕請火於亡肉家（縕亂麻也）曰昨暮夜犬得肉爭鬬相殺請火治之（治謂治死犬）亡肉家遽追呼其婦故里母非談說之士也束縕乞火非還婦之道也然物有相感事有適可臣請乞火於曹相國迺見相國曰婦人有夫死三日而嫁者有幽居守寡不出門者足下即欲求婦何取（[illegible]）曰取不嫁者通曰然則求臣亦猶是也彼東郭先生梁石君齊之俊士也隱居不嫁未嘗卑節下意以求仕也願足下使人禮之曹相國曰敬受命皆以爲上賓

趙其[illegible]爲諸卿時嘗繫長安長吏張湯傾身事之及出爲周陽侯大與湯交徧其貴人湯給事內史爲甯成掾以湯爲無害言大府調茂陵尉（調選也以爲此官）

陳咸爲大將軍王鳳長史薦蕭育朱博除莫府屬鳳甚奇之

後漢寇恂上谷人初爲郡功曹與門下掾閔業共勸太守耿況拒王郎歸光武後恂數爲帝言其忠賜爵關內侯官至遼西太守

賈章少好學有文章與馬融崔瑗同好更相推薦位大鴻臚

班固字孟堅永平初東平王蒼以至戚爲驃騎將軍輔政開東閣延英雄時固始弱冠奏記說蒼曰將軍以周邵之德立乎本朝承休明之策建威靈之號昔在周公今也將軍詩書所載未有此三者也傳曰必有非常之人然後有非常之事有非常之

事然後有非常之功固幸得生於清明之世豫在視聽之末私以螻蟻竊觀國政誠美將軍擁千載之任躡先聖之蹤體弘懿之姿據高明之勢博貫庶事服膺六藝白黑簡心求善無厭採擇狂夫之言不逆芻蕘之議竊見幕府新開廣延群俊四方之士顛倒衣裳將軍宜詳唐殷之舉審伊皐之薦令遠近無偏幽隱必達期於總覽賢才收集明智爲國得人以寧本朝則將軍養志和神優游廟堂光名宣於當世遺烈著於無窮竊見故司空掾桓梁宿儒盛名冠德州里七十從心行不踰矩蓋清廟之光暉當世之俊彦也京兆祭酒晉馮結髮脩身白首無違好古樂道玄默自守古人之美行時俗所莫及扶風掾李育經明行著教授百人客居杜陵茅室土階京兆扶風二郡更請徙以家貧數辭病去溫故知新論議通明廉清修絜行能純備雖前世名儒國家所器韋平孔翟無以加焉宜令考績以參萬事京兆督郵郭基孝行著於州里經學稱於師門政務之績有絕異之

欲如得及明時秉事下僚進有羽翮奮翼之用退有杞梁一介之死涼州從事王雍士蘊之質文之以術藝涼州冠蓋未有宜先雍者也古者周公一舉則三方怨曰奚爲而後已宜及爵期之際建方引農功曹史殷肅達學洽聞才能絶倫誦詩三百奉使專對此六子者皆有殊行絶才德隆當世如蒙徵納以輔嵩明仄山梁之秋夫子所爲歎也昔卞和獻寶以離斷趾靈均納忠終於沉身而和氏之璧千載垂光屈子之篇万世歸善願將軍隆照微之明信日昃之聽以屈威神咨嗟下問令塵埃之中永無荆山汨羅之恨蒼納之因拔臣爲校書郎

第五倫京兆人始以營長詣郡尹鮮于褒褒見而異之署爲吏後褒坐事左轉高唐令倫後爲鄉嗇夫以爲久宦不達遂將家[illegible]河東變姓名[illegible]於京兆尹閻興興即召倫爲主簿

朱穆字公叔大將軍梁冀素聞穆名乃辟之使典兵事内災異以勸戒冀言龍戰于野其道窮也謂陽道將勝而陰道負也以[illegible]等而明任賢[illegible]立清河王蒜又黃龍二見沛[illegible]冀無術學遂以穆龍戰之言爲應於是請穆爲從事中郎薦穆爲議郎擢遷高第爲侍御史

度尚爲會稽上虞長朱儁乃爲縣門下書佐尚見而奇之薦於太守韋毅稍歷郡職

蔡邕陳留人與申屠蟠同郡邕深重蟠及被州辟乃辭讓之曰申屠蟠稟氣玄妙性敏心通喪親盡禮幾於毀滅至行美義人所鮮能安貧樂潛味道守真不爲燥溼輕重不爲窮達易節方之於古以[illegible]則長以德則賢後郡召爲主簿不行遂隱居學治[illegible]進[illegible]府[illegible]以爲議[illegible]薦[illegible]延日仕進幕府初開博選[illegible]雍濟濟之在[illegible]

[illegible]經見本知[illegible]

[illegible]章句不能[illegible]通[illegible]口辯辭長非禮不動非法不[illegible]華實孤疑之論定[illegible]分經[illegible]文至於[illegible]之二能孝友[illegible]則元凱之次運值[illegible]晉從俗之[illegible]者哉潛級[illegible]而進非所[illegible]章[illegible]所以京[illegible]多[illegible]則[illegible]而不[illegible]計則[illegible]以小用國有所不宜也[illegible]邑怪[illegible]和以仁[illegible]將軍司[illegible]謀[illegible]加以[illegible]以任[illegible]則顏回不得貫德行之[illegible]之[illegible]其事古今一也[illegible]人州郡禮請[illegible]公府連辟皆不應大守[illegible]相見[illegible]一生薦達郡士范滂[illegible]孔伷[illegible]因辭病自[illegible]

[illegible]川人[illegible]年不及[illegible]引與爲友[illegible]爲郡功曹[illegible]辟司徒府臨辭太守問誰可代卿者皓曰明府欲必得其人西門亭長陳寔可[illegible]聞之曰鍾君似不察人不知何獨識我

張超河間人玄[illegible]字伯業超從兄爲長安令超嘗薦[illegible]於太尉朱儁稱[illegible]有冠世之[illegible]幹[illegible]之量其忠允亮直固天所縱若乃包[illegible]羅載籍管綜百氏登高能賦覩物知名[illegible]之今日[illegible]薦[illegible]府

[illegible]之北海人薦郡人孫乾於州[illegible]被辟命[illegible]所舉也乾仕蜀位秉忠將軍

荀彧累官爲尚書令薦杜襲於曹公以爲丞相軍祭酒[illegible]曹公東曹掾記議曰徵事[illegible]原議郎張[illegible]皆秉德純懿志行忠方清靜足以屬俗貞固足以幹事所謂龍翰鳳翼國之重寶舉而用之不仁者遠

蔣濟楚國人仕州別駕胡質與濟朱績俱知名於江淮間仕州郡濟使見曹公曹公問曰胡通達長者也寧有子孫不濟曰有子曰質規模大略不及於父至於精良綜事過之太祖即[illegible]

爲頓丘令

魏鄭袤爲司空王朗府掾袤薦高陽許允扶風魯芝東萊王基朝皆命之後咸至大位有重名

陳群爲曹公司空西曹掾屬群薦廣陵陳矯丹楊戴乾太祖皆用之

孫資河東人先是賈逵字梁道爲郡吏守絳邑長郭援之攻河東所經城邑皆下逵堅守後潰逵不屈節資與河東計吏到許薦於相府曰逵在絳邑帥厲吏民與賊郭援交戰力盡而敗爲賊所俘挺然直志顏辭不屈忠言聞於大衆烈節顯于當時雖古之直發據鼎二以加也其才兼文武識時之利用

趙孔曜安平人明敏有親識管輅字公明清河太守華表召爲北黌文學一時士友無不歎慕孔曜與輅有管鮑之分故從發干來就郡冀上與輅相見言卿腹中汪汪故時死人半今生人無雙當未俗騰飛翩翩冥若云何在此闇閉消息使善食不甘味也冀州裴使君才理清明能釋玄虛每論易及老莊之道未嘗不注精於嚴翟之徒也又眷吾意重能相明信者今當故往谷陳威虎開石之誠輅言吾非四淵之龍安能使白日晝陰俱若能動東風與朝雲吾志所不讓也於是遂至冀州見裴使君裴使君言君顏色何以消減於故邪孔曜言體中無藥石之疾然見清河郡內有一騏驥拘縶後廐歷年去王良伯樂百八十里不得騁天骨起風塵以此憔悴耳使君言騏驥今何在也孔曜言平原管輅字公明年三十六雅性寬大與世無忌可爲士雄仰觀天文則能同妣甘公石申俯覽周易則能思齊季主游步道術開神無窮可爲士英抱荊山之璞懷夜光之寶而爲清河郡所錄北黌文學可爲痛心疾首也使君方欲流精九皐垂神幽藪欲令明主不獨治逸于不少滯高風遐被莫不草靡宜使輅特蒙陰和之應得及羽儀之時必能翼宣隆化揚聲九闕也裴使君聞言則慷慨曰何乃爾邪雖在大州未見異才可用釋人甚有思遐京師得共講道耳況草間自可清遊之士乎如此便相爲取之莫使騏驥更爲凡馬荊山反成凡石即檄召輅爲文學從事一相見清論終日不覺罷倦天時大熱移牀在庭前樹下乃至雞向晨然後出再相見便轉爲鉅鹿從事三見轉治中四見轉爲別駕至十月舉爲秀才毋丘儉爲渡遼將軍裴秀以好學有風操儉嘗薦秀於大將軍曹爽曰生而岐嶷長蹈自然玄靜守真性入道奧博學強記無文不該孝友著於鄉黨高聲聞於遠近誠宜弼佐謨明助和鼎味毗贊大府光昭盛化非徒子奇甘羅之儔兼包顏冉游夏之美爽乃辟爲掾

鍾會累官爲鎮西將軍裴楷明悟有識量少與王戎齊名會薦之於司馬文王辟相國掾遷尚書郎賈充改定律令以楷爲定科郎事畢詔楷於御前執讀平議當否楷善宣吐左右屬目聽者忘倦

蜀許靖字文休宋仲子南陽人在交阯劉璋遂使招靖靖來入蜀仲子於荊州與蜀郡太守王商書曰文休倜儻瑰瑋有當世之具足下當以爲指南

秦宓字子勑廣漢綿竹人少有才學州郡辟命輒稱疾不往奏記州牧劉焉薦儒士任定祖曰昔百里奚以耆艾而定策甘羅子奇以童冠而立功故書美黄髮而易稱顏淵固知選士用能不拘長幼明矣乃者以來海内察舉率多英儁而遺漏巖藪論不齊異同相半此乃承平之翔步非亂世之急務也夫欲救危撫亂脩己以安人則宜卓犖超倫與時殊趣震驚鄰國駭動四方上當天心下合人意天人既和内省不疚雖遭凶亂何憂何懼昔楚葉公好龍神龍下之好偽徹天何況於真今欲徵任安仁義直道流名四遠如今見察則一州斯服昔湯舉伊尹不仁者遠何武貢二龔雙名竹帛故貪尋常之高而忽万仞之嵩樂面前之飾而忘天下之譽斯誠往古之所重愼也甫欲土石發玉剖蚌求珠今乃隨和炳然有如皎日復何疑哉誠知[illegible]不

操燭日有餘光但愚情區區貪陳所見同郡彭羕字永年身長八長容貌甚偉姿性驕傲多所輕忽惟子勑薦之於太守許靖曰昔高宗夢傳說周文求呂尚爰及漢祖納食其於布衣此乃帝王之所以倡業垂統緝熙厥功也今明府稽古皇極允執神靈體公劉之德行勿翦之惠清廟之作於是乎始褒貶之義於是乎興然而䎙翮未之備也伏見處士緜竹秦宓膺山甫之德履偃生之直抗石漱流吟詠縕袍偃息於仁義之途恬惔於浩然之域高概節行守貞不虧雖古人潛遁蔑以加旃若明府能招致此人必有忠讜落落之譽豐功厚利建跡之勳然後紀功於王府飛聲於來世不亦美哉羕位江陽太守

吴劉繇字正禮東萊牟平人其兄岱字公山州辟部濟南中常侍子貪穢不脩繇奏免之平原陶丘洪薦繇欲令舉茂才刺史曰前年舉公山奈何復舉正禮乎洪曰若明使君用公山於前擢正禮於後所謂御二龍於長塗騁騏驥於千里不亦可乎位振武將軍

處釜字世龍初為越騎校尉衞東河間太守晉抽引人物務在幽隱孤陋之中時王戎難登以高士所達必合秀異登書與族子察曰世之取士曾不招未齒於丘園索良才於總猥所譽依已成所毀依已敗此吾所以歎息也

魯肅以為偏將軍蜀先主領荊州龐統以從事守耒陽令在縣不治免官肅遺先主書曰龐士元非百里才也使處治中別駕之任始當展其驥足耳諸葛亮亦言之於先主先主見與善譚大器之以為治中從事

晉鄭湛為國子祭酒閻纘字續伯博覽墳典該通物理湛以纘才堪佐著薦於祕書監華嶠嶠曰此職閑廩重貴勢多爭之不暇求其才遂不能用後為漢中太守

祖秀才者失其名劉卞東平須昌人也縣補亭子秀才於亭中與刺史箋久不成卞教之數言卓犖有大致秀才謂縣令曰卞公府掾之精者卿云何以為亭子令即召為門下史百事咨詢不能周密令問卞能學不答曰願之即使就學無幾卞兄為太子長兵既死兵例須代功曹請以卞代兄役令曰祖秀才有言遂不聽

馮收河東人同郡王接喪母哀毀通禮太守渤海劉原好奇以旌才為務收試經為郎七十餘薦接於原曰夫騂騮不總轡則非造父之肆明月不流光則非隨侯之掌伏惟明府苞黃中之德輝重離之明求賢與能小無遺錯是以鄙老思獻所知竊見處士王接岐嶷雋異十三而孤居喪盡禮學過目而知義觸類而長斯玉鉉之妙味經世之徽猷也不患玄黎之不啓竊樂春英之及時原即禮命接不受原乃呼見曰君欲慕肥遯之高邪對曰接薄祐少孤而無兄弟母老疾篤故無心為吏及母終後為郡主簿迎太守溫宇宇奇之轉功曹史州辟部平陽從事又泰山羊亮為平陽太守薦之於司隷校尉王湛出補都官從事

張華累官至司空成公綏少有才俊詞賦甚麗華雅重綏每見其文歎伏以為絕倫薦之太常徵為博士

胡毋輔之為太傅越從事中郎光逸字孟祖為州從事秉官投輔之薦逸於越越以門寒而不召越後因閑宴責輔之無所舉薦輔之曰前舉光逸公以非世家不召非不舉越即辟焉書到郡縣皆以為誤審知是逸乃備禮遣之嘗過河南門下飲河南騶王子博箕坐其傍輔之叱使取火博曰我卒也惟不乏吾事則已安復為人使輔之因就與語歎曰吾不及也薦之河南尹樂廣廣召見甚悅之擢為功曹其甄拔人物若此

陸機吳郡人戴若思少遊俠遇機赴洛與其徒掠之機在舫屋上遙謂之曰卿才器如此復作劫邪若思感悟投劍就之遂與定交焉若思後舉孝廉入洛機薦之於趙王倫曰蓋聞繁弱登御然後高墉之功顯孤竹在肆然後降神之曲成是以高世之主必假遠邇之器蘊匱之才思託大音之和伏見處士廣陵戴若思年三十清沖履道德量允塞思理足以研幽才識足以辯物

安貧樂志無風塵之慕砥節立行有井渫之潔誠東南之遺寶宰朝之奇璞也若得託迹康衢則能結軌驥騄躍質廊廟必能垂光璵璠矣惟明公垂神採察不使彦允之言以人而廢儕乃辟之後為驃騎將軍

陸雲吳郡人愛才好士多所貢達移書太常府薦同郡張贍曰蓋聞在昔聖王承天御世殺薦明德思和人神莫不崇與讓以敦興禮學以陶遠是以帝堯昭煥而道協人天西伯質文而周隆二代大晉建皇崇配天地區夏既混禮樂將庸君侯應歷運之會贊天人之期博延俊茂熙隆載典伏見衛將軍舍人同郡張贍茂德清粹器思深通初慕聖門棲心重仞啓塗及階遂升堂與抽靈匱於秘宫披金縢於玄夏思樂百氏博採其珍辭邁翰林言敷其藻探微集逸思心洞神論道屬書篇章光觀含奇宰府婆娑公門抱静隱寶倫虛藏器癸蒙錦綈衣被玉曾泉汲縣聚革翔於蓬蒿下位咸事廢遺擯抑之士具懷憾恨方今大清闢宇四門啓籥玄綱括地天網廣羅慶雲興以招龍和風起而儀鳳誠巖穴耀穎之秋河津託乘之日也而贍沉淪下位所以悲也若得端委大學錯綜先典垂纓王階論道紫宫誠帝室之瑰寶清廟之偉器廣樂九奏必登昊天之庭韶夏六變必饗上帝之祀矣後為清河内史

劉毅東萊掖人同郡王基薦毅於公府曰毅方正亮直介然不群言不苟合行不苟容往日僑仕平陽為郡股肱正色立朝舉綱引墨朱紫有分鄭衛不雜孝悌著於邦族忠貞效於三魏昔孫陽取騏驥於吳坂秦穆拔百里於商旅毅未遇知己無所自達前已口白謹復申請後為朔州刺史又同郡盛彦仕吳至中書侍郎吳平雲薦之於刺史周浚

陳頭陳國若人為州部從事元康中舉孝廉而州將留之顧榮同縣虞熙保曰保出自寒素履清沖若得參命必能光贊大猷下潦開塑使其塞憲之徒不今於稼土令觀燕究藏文之責州乃辟保

王述字懷祖累官衛將軍尚書令温放之為給事黄門侍郎以貧求為交州朝廷許之述與會稽王牋曰放之嶠之子宜見優異而投之嶺外竊用愕然願遠存周禮近參人情則於理實允時竟不納

桓彝為廷尉有人倫鑒識徐寧為輿縣令時彝嘗去職至廣陵尋親舊還遇風停浦中累日憂悒因上岸見一室宇有似廨署訪之云是輿縣寧乃造之寧清惠博涉彝深器謂庾亮曰吾為卿得一吏部矣亮問所在彝曰人所應有而不必有人所應無而不必無徐寧真海岱清士即為徐之遷吏部郎

何充累官侍中録尚書事孔沉字德度有美名充薦沉於司徒王導曰文思通敏宜登宰門辟丞相司徒掾琅邪王文學並不就

王羲之累官右將軍謝万為豫州刺史領淮南太守監司豫冀并四州軍事假節羲之與大司馬桓温牋曰謝万才流經通處廊廟參諷議故是後來一器而今屈其邁往之氣以俯順荒餘近是違才易務矣温不從

郤恢為河東太守陷於石勒勒長史張賓先與恢比舍重恢名操因稱恢于勒勒召至幕下與語悦之以為參軍給車馬

陽裕字士倫右北平無終人刺史和演辟為主簿王浚領州轉治中從事忌而不能任石勒既剋薊城問棗嵩曰幽州人士誰最可者嵩曰燕国劉翰德素長者北平陽裕幹事之才勒曰若如君言王公何以不任嵩曰王公由不能任所以為明公擒也勒方任之裕乃微服潜遁

張耽為牧府司馬張重華為涼州司馬金城太守張沖降于石季龍將麻秋於是涼州振動重華掃境内使其征南將軍裴恒禦之恒壁于廣武欲以持久弊之耽言於重華曰臣聞國以兵為強以將為主主將者存亡之機吉凶所繫故燕任樂毅剋平全齊及任騎劫喪七十城之地是以古之明君靡不慎于將

也今之所要在於軍師然議者衆將多推宿舊未必如盡精才也豈韓信之舉非舊名也樓且之任非舊將也呂蒙之進非舊勳也魏延之用非舊德也蓋明王之舉舉無常人才之所能則授以大事今強寇在郊諸將不進人情騷動危機稍逼王簿謝艾兼資文武明識兵略若授以斧鉞委以專征必能折衝禦侮殲殄凶類重華召艾問以討寇方略艾曰昔耿弇不欲以賊遺君父黃權願以万人當寇乞假臣兵七千爲殿下吞王擢麻秋等重華大悅以艾爲中堅將軍配步騎五千擊秋引師出振武夜有二梟鳴于牙中艾曰梟邀也六博得梟者勝今梟鳴牙中克敵之兆於是進戰大破之斬首五千級重華封艾爲福祿伯善待之

郭播爲姚興隴東太守時赫連勃勃乞伏乾歸作亂西戎充斥將軍沮渠蒙遜擅兵河右興疇咨將帥之臣欲鎮撫二方播言於興曰嶺北二州鎮戶皆數万若得文武之才以綏撫之足以靖塞姦略興曰吾每思得廉頗李牧鎮撫四方使便宜行事然任非其人常致負敗卿試舉之播曰清素善撫邊則平陸子王元始雄武多奇略則建威王煥賞罰必行臨敵不顧則奮武彭蚝興曰蚝令行禁止則有之非綏邊之才也始煥年少吾未知其爲人播曰廣平公弼才兼文武宜鎮督一方願陛下遠覽前車近悟後轍興不從

宗敞涼州人姚興署爲涼州刺史自敞以別駕送前刺史王尚還長安傉檀曰吾得涼州三千餘家情之所寄唯卿一人柰何捨我去乎敞曰今送舊君所以忠於殿下傉檀曰吾今新牧貴州懷遠安邇之略爲之若何敞曰涼土雖弊形勝之地道由人弘實在殿下段懿孟禕武威之宿望辛晁彭敏秦隴之冠冕裴敏馬輔中州之令族張昶涼國之舊胤張穆邊憲文齊楊班梁崧趙昌武同飛羽以大王之神略撫之以威信農戰並脩文教兼設可以從横於天下河右豈足定乎傉檀大悅賜敞馬二十

宋鄭鮮之爲桓偉安西功曹舉陳郡謝絢自代曰蓋聞知常猶臧文所竊位宜子能讓晉國以之獲寧鮮之猥承人乏謬蒙過眷既思以義隆遂再叨非服知進之難屢以上請然自退之志未獲暫申夙夜懷冰敢忘其懼伏見行參軍謝絢清悟審正理懷通美居以端右雖未足舒其采章外騁以沖淹可以位擬人請乞愚短甘充下列拔爲賢哉實副群望

南齊何點廬江人陸慧曉爲武陵王曅征虜功曹點薦慧曉於豫章王嶷補司空掾加以[illegible]

江祀爲明帝驃騎東閣祭酒薦諸葛璩於帝曰璩安貧守道究書敦詩未嘗投刺邦宰曳裾府寺如其簡退可以揚清厲俗請辟爲議曹從事帝許之璩辭不去

王融與孔休源相友善數薦之於司徒竟陵王爲西邸學士又江革弱冠舉南徐州秀才時豫章胡諧之行州事雅相賞之書令薦革諧之方貴琅邪王沈使以革代之融位寧朔將軍

江巨源初仕宋爲奉朝請時太祖爲鎮軍巨源曰南徐州祭酒王智深於太祖板爲府行參軍除大章王國常侍

劉瓛爲會稽府丞賀瑒祖道力善三禮瑒少傳家業齊見瑒深器異之嘗與俱造吳郡張融指瑒謂融曰此生神明聰敏將來當爲儒者宗瓛還薦之爲國子生

梁杜惲京兆人高祖臨雍州問惲求州綱惲舉襄陽令柳慶遠高祖曰文和吾已知之所問未知者耳因辟別駕從事

張稷爲黃門侍郎嘗薦顧協於帝問協年稷言三十有五帝曰北方高涼四十強仕南方卑濕三十已衰如協便爲已老且其事親孝與友信亦不可遺於草澤卿便擬勅喚出於是以協爲太學博士

明山賓累官爲國子博士散騎常侍鮑幾字景玄家貧以母老求吏部尚書王亮干禄亮一見嗟賞要爲舂陵令後爲山賓所薦爲太常丞以外兄傅昭爲太常依制緦服不得相臨改爲尚書[illegible]

賀琛普通中大尉臨川王宏臨州召補祭酒從事琛年巳四十
徐始應詔命武帝聞其有學術召見文德殿與語悅之謂僕射徐
勉曰琛殊有門業仍補王國侍郎稍遷　兼中書通事舍人
陸倕爲吏部郎沈峻初爲國子助教倕與僕射徐勉書薦峻曰
五經博士庾季達須換計公家必欲詳擇其人凡聖賢可講之書
必以周官立義則周官一書實爲群經源本此學不傳多歷年
世北人孫詳蔣顯亦經聽習而音革楚夏故學徒不至惟助敎
沈峻特精此書比日時開講肆群儒劉嵒沈宏沈熊之徒並執經
下坐北面受業莫不嘆服人無間言弟謂宜卽用此人命其專
此一學周而復始使聖人正典廢而更興累世絶業傳於學者
勉從之奏峻兼五經博士於館講授聽者常數百人
劉之遴南陽涅陽人元帝鎭荆州以爲長史之遴鄉人宗懍少
聰敏語輒引古事鄉里呼爲小兒學士帝謂之遴曰貴鄉多士
爲舉一有意少年之遴以懍應命卽日引見令兼記室

北齊甄琛中山人同爲定州長史簡試諸生見同郡杜弼策問
之義解閑明應答如響大爲琛所歎異其子寬與弼爲友州牧
任城王澄聞而召問深相嗟賞許以王佐之才琛還洛與澄並
稱之於朝丞相高陽王等多相招命
裴鑒爲臨漳令樊遜爲臨漳小史鑒擢爲主簿仍薦之於右僕
射崔暹與遼東李廣渤海封孝琰等爲暹賓客
劉仁之爲魏彭城王韶定州長史侍孟業爲典籤仁之後爲兖
州臨別謂吏部崔暹曰貴州人士唯有孟業宜銓之此人不可
信也崔暹問業曰君往在定州有何政績使劉西兖如此[illegible]
答曰稟性愚直唯自修也
孫騰早依附高祖深見待信行臺郎孫搴以文才著稱騰以宗
情薦之未被知也會高祖西討登風陵命中外府司馬李義深
相府城局李士略共作檄文二人皆辭請以搴自代高祖引搴
入帳自爲吹火催促之搴援筆立成其文甚美高祖大悅卽署

相府主簿專典文筆
司馬子如與高季式召搴當宿飮酒搴醉甚而卒高祖
親臨之子如叩頭請罪高祖曰折我右臂仰覓好替還我子如
舉魏收季式舉陳元康以繼搴焉
唐房玄齡爲秦王府記室時秦府兵曹杜如晦改陝州長史玄
齡白秦王曰餘人不足惜杜如晦聰明識達王佐之才也若大王
守藩無所用之必欲經營四方非此人莫可秦王乃[illegible]秦府
掾杜淹時不得調將委質於隱太子時封德彝典選以告玄齡
恐隱太子得之長其姦計於是遽啓秦王引爲天策府兵曹參
軍文學館學士
王鎔鎭州節度先啓初進袁爲幽州權兵馬留後李全忠曰臣
推幽州狀報當道以李全忠權知節度兵馬留後事伏以天步
初迴神京乍復凡諸藩鎭咸務謐寧況幽州地控北蕃界臨東
海土俗素稱其雄勇人情須自於綏懷留後李全忠夙習武經

頗彰公器軍郡旣聞其受戴輒營必議於汴和苟將付以元戎
誠謂雅符衆望臣累令偵探事非不端詳事繫安危理難緘默伏
惟皇帝陛下早迴天鑒速注陽光便委兵權俯徇人欲則豈獨
遐陬士卒便獲其慰安實亦隣壤生靈免虞其騷動關於久遠
合具奏陳梁王發爲太祖汴宋觀察支使鄉人敬翔晦跡數年
申辰東游梁汴遇發時發爲太祖所禮節制之權悉寄於發發
每有軍旅重事未決者咨論於翔旣而評之無不得宜[illegible]日知
才不及翔乃舉翔於太祖召翔一見語及府務異而[illegible]是
委以奏記事無巨細必預之
秦韜王爲鹽鐵使有高途字昭遠者唐初申國公士廉八代孫
初爲鄜州從事爲韜王所知薦於太祖乃署宣武軍掌記
後唐張全義爲河南尹鄭珏以家世依全義家于洛陽應進士
十九年不登第戶部侍郎李澄寓居洛都素爲全義所禮光化
三年澄爲禮部侍郎知貢舉全義以書薦託珏方擢第

郭崇韜爲樞密使趙鳳仕梁爲天平節度判官明宗拔鄆州得鳳送之于莊宗崇韜素聞其名及見與語乃薦爲護鑾學士

李延光梁末帝時以儒士侍講禁中李愚天復中避亂河朔與延光客於山東至是延光屢言愚之行高學贍有史才遂援之鳳召見天謨王霸之術咨賞久之擢爲左拾遺

張礪初爲舉子在梁依翰林學士李愚貞明中礪自[illegible]陽[illegible]莊宗版授太原府掾出入崇達之間揄揚愚之節槩人[illegible]爲文仲足遇顏回壽夷齊非餓等篇北人望風稱之

孟知祥初莊宗爲中門使莊宗平定魏博以祥與李紹宏俱掌機要俄而幽州失帥上令紹宏權知幽州軍府事孟知祥地居右戚兼要密之任事難責重切於辭避常於上前保薦郭崇韜言有剖繁治劇之能堪委腹心之任故上召至以爲副中門使以副知祥

王居敏爲太子詹事元帥秦王從榮府判官與爲刑部侍郎劉

贊明有鄉曲之舊以秦王盛年自恣須朝中選端士納誨冀其稟畏乃薦贊明授祕書監兼秦王傅

范延光爲汴州節度清泰三年以汴州觀察判官王仁裕仕蜀至中書舍人蜀亡東從累爲藩府從事至是延光言其不可滯於賓佐帝亦知之故以爲司封員外郎知制誥未幾翰林學士

安重誨爲樞密使奏狄始辟范延光常山爲[illegible]至[illegible]從莊宗皇子繼岌伐蜀擢爲拾遺代而還[illegible]便奏敕以本官爲本院學士

漢蘇禹珪爲司空乾祐中[illegible]除大理正張同太祖鎮鄴禹珪薦鉅于太祖因奏爲鄴都留守推官

册府元龜卷第八百二十八

原闕

裂數世然後乃定其抑者從橫之事復起於今乎（抑語辭）將承運迭興在於一人也（迭互也音大結反）願先生論之對曰周之廢興與漢異昔周立爵五等諸侯從政（言諸侯各自爲政）本根既微枝葉強大（本根謂王室也枝葉謂諸侯也）故其末流有從橫之事其勢然也漢家承秦之制並立郡縣主有專己之威臣無百年之柄至於成帝假借外家（假音工雅反借音子夜反）哀平短祚國嗣三絕危自上起傷不及下故王氏之貴傾擅朝廷能竊號位而不根於民是以即真之後天下莫不引領而歎十餘年間中外騷擾遠近俱發假號雲合咸稱劉氏不謀同辭方今雄傑帶州域者皆無七國世業之資詩云皇矣上帝臨下有赫鑒觀四方求民之莫（皇大也上帝天也莫定也言大矣天之視下赫然甚明監察眾國求人所定）今民皆謳吟思漢鄉仰劉氏已可知矣（鄉讀曰嚮）囂曰先生言周漢之勢可也至於但見愚民習識劉氏姓號之故而謂漢家復興疏矣昔秦失其鹿劉季逐而掎之（掎偏持也音居蟻反）時民復知漢乎彪既感囂言又愍狂狡之

不息迺著王命論以救時難其辭曰昔在帝堯之禪曰咨爾舜天之歷數在爾躬舜亦以命禹洎于稷契咸佐唐虞光濟四海奕世載德至于湯武而有天下雖其遭遇異時禪代不同至乎應天順民其揆一也是故劉氏承堯之祚氏族之世著乎春秋唐據火德而漢紹之始起沛澤則神母夜號以章赤帝之符由是言之帝王之祚必有明聖顯懿之德豐功厚利積累之業（累古累字）然後精誠通於神明流澤加於生民故能為鬼神所福饗天下所歸往未見運世無本功德不紀（不紀不爲人所記）而得屈起在此位者也（屈特起也音其勿反）世俗見高祖興於布衣不達其故以為適遭暴亂得奮其劍游說之士至比天下於逐鹿幸捷而得之不知神器有命不可以智力求也悲夫此世所以多亂臣賊子者也若然者豈徒闇於天道哉又不覩之於人事矣夫餓饉流隸飢寒道路思有短褐之褻儋石之畜所願不過一金然終於轉死溝壑何則貧窮亦有命也況乎天子之貴四海之富神明之祚可得而妄處哉故雖遭罹阨會竊其權柄勇如信布彊如梁籍成如王莽然卒潤鑊伏質亨醢分裂又況幺麽尚不及數子而欲闇干天位者乎是故駑蹇之乘不騁千里之塗燕雀之疇不奮六翮之用楶梲之材不荷棟梁之任斗筲之子不秉帝王之重易曰鼎折足覆公餗不勝其任也當秦之末豪桀共推陳嬰而王之嬰母止之曰自吾為子家婦而世貧賤卒富貴不祥不如以兵屬人事成少受其利不成禍有所歸嬰從其言而陳氏以寧王陵之母亦見項氏之必亡而劉氏之將興也是時陵為漢將而母獲於楚有漢使來陵母見之謂曰願告吾子漢王長者必得天下子謹事之無有二心遂對漢使

伏劒而死以固勉陵其後果定於漢陵爲宰相封侯夫以匹婦之明言匹夫匹婦謂凡庶之人一夫一婦當相配匹猶能推事理之致探禍福之機而全宗祀於無窮垂策書於春秋春秋謂史記而況大丈夫之事乎是故窮達有命吉凶由人嬰母知廢陵母知興審此四者帝王之分決矣分音扶問反蓋在高祖其興也有五一曰帝堯之苗裔二曰體貌多奇異三曰神武有徵應四曰寬明而仁恕五曰知人善任使加之以信誠好謀達於聽受見善如不及用人如由已從諫如順流趣時如嚮赴嚮讀曰響如響之赴聲也當食吐哺納子房之策拔足揮洗揖酈生之說寤戍卒之言斷懷土之情洛陽近沛高祖東都關中故云斷懷土之情也斷音丁管反高四皓之名割肌膚之愛不立戚夫人子舉韓信於行陳收陳平於亡命英雄陳力群策畢舉此高祖之大略所以成帝業也若迺靈瑞符應又可略聞矣初劉媼任高祖而夢與神遇任謂懷任也震電晦冥有龍蛇之怪及其長而多靈有異於衆是以王武感物而折券呂公覩形而進女秦皇東游以厭

其氣呂后望雲而知所處處昌呂反始受命則白蛇分西入關則五星聚故淮陰留侯謂之天授非人力也歷古今之得失驗行事之成敗稽帝王之世運考五者之所謂取捨不厭斯位符瑞不同斯度厭滿也厭音一艷反而苟昧於權利越次妄據[illegible]外不量力內不知命則必喪保家之主失天年之壽遇折足之凶伏鈇鉞之誅鈇音方于反英雄誠知覺寤畏若禍戒[illegible]超然遠覽淵然深識收陵嬰之明分絕信布之覬覦分音扶問反覬音冀覦音俞距逐鹿之瞽說審神器之有授毋貪不可幾爲二母之所咲咲古笑字幾冀也不可冀而望也[illegible]則福祚流于子孫天祿其永終矣知隱當其不窮迺避墜於河西[illegible]永令以去官

延篤南陽犨人也犨音昌由反桓帝時爲京兆尹免歸教授家巷時人或疑仁孝前後之證篤乃論之曰觀夫仁孝之辯紛紛爭欲緐奧端互引無文代取事據也代更也可謂篤論矣篤厚也夫人二致同源總率百行非復鉄兩輕重必定前後之數也而如欲分其較較音角[illegible]體而名之則孝在事親仁施品物施物則功濟於時事親則德歸於已歸已則事寡濟時則功多推此以言仁則遠矣然物有出微而著事有由隱而章近取諸身則耳有聽受之用目有察見之明足有致遠之勞手有飾衛之功功雖顯外本之者心也遠取諸物則草木之生始於萌牙終於彌蔓枝葉扶疏榮華紛縟末雖繁蔚致之者根也夫仁人之有孝猶四體之有心腹枝葉之有本根也聖人知之故曰夫孝天之經也地之義也人之行也君子務本本立而道生孝悌也者其爲仁之本與然體大難備物性好偏故所施不同事少兩兼者也如必對其優劣則仁以枝葉扶疏爲大孝以心體本根爲先可无訟也或謂先孝後仁非仲尼序回參之意蓋以爲仁孝同質而生純體之者則互以爲稱虞舜顏回是也若偏而體之則各有其目公劉曾參是也夫曾閔以孝悌爲至德管仲以九合爲仁功未有論德不先回參考功不大夷吾以此而言各從其稱者也

郭泰字林宗太原人以世亂不仕而名震京師先是蘇不韋父爲司隷校尉李暠以宿怨收掠死獄中不韋年十八變姓名夜入暠寢室值暠在廁因殺其妻并小兒乃掘暠父阜冢斷取阜頭以祭父墳士大夫多譏其發掘冢墓歸罪枯骨不合古義唯任城何休方之伍員林宗聞而論之曰子胥雖云逃命而見用強吳憑闔廬之威因輕悍之衆雪怨舊郢曾不終朝而但鞭墓戮屍以舒其憤竟無手刃後主之報豈如蘇子單特子立靡因靡資強讎豪援據位九卿城闕天阻宮府幽絕埃塵所不能過霧露所不能沾不韋毀身燋慮出於百死冒觸嚴禁陷族禍門雖不獲逞爲報已深況復分骸斷首以毒生者使暠懷忿結不得其命猶假手神靈以斃之也力雖乏夫功隆千乘比之於員不以優乎議者於是貴之

朱穆字公叔舉高第爲侍御史常感時澆薄慕尚敦篤乃作崇厚論其辭曰夫俗之薄也有自來矣故仲尼歎曰大道之行也

而立不與焉蓋傷之也夫道者以天下為一在彼猶在己也故行違於道則愧生於心非畏義也事違於理則負結於意非憚禮也故率性而行謂之道得其天性謂之德德性失然後貴仁義是以仁義起而道德遷禮法興而淳樸散故道德以仁義為薄淳朴以禮法為賊也夫中世之所敦已為上世之所薄況又薄於此乎故夫天不崇大則覆幬不廣地不深厚則載物不博人不敦厖則道數不遠昔在仲尼不失舊於原壤楚嚴不忍章於絶纓由此觀之聖賢之德敦矣老氏之經曰大丈夫處其厚不處其薄居其實不居其華故去彼取此夫時有薄而厚施行有失而惠用故覆人之過者敦之道也救人之失者厚之行也往者馬援深昭此道可以為德誡其兄子曰吾欲汝曹聞人之過如聞父母之名耳可得聞口不得言斯言要矣遠則聖賢履之上世近則丙吉張子孺行之漢廷故能振英聲於百世播不滅之遺風不亦美哉然而時俗或異風化不敦而尚相誹謗謂之臧否記短則兼折其長貶惡則并伐其善悠悠者皆是其可稱乎凡此之類豈徒乖為君子之道哉將有危身累家之禍焉悲夫行之者不知憂其然故害興而莫之及也斯既然矣又有異焉人皆見之而不能自遷何則務進者趨前而不顧後榮貴者矜己而不待人智不接愚富不賑貧貞士孤而不恤賢者厄而不存故田蚡以尊顯致安國之金淳于以貴勢引方進之言夫以韓翟之操為漢之名宰然猶不能振一貧賢薦一孤士又況其下者乎此禽息史魚所以專名於前而莫繼於後者也故時敦俗美則小人守正利不能誘也時否俗薄雖君子為邪義不能止也何則先進者既往而不反後來者復習俗而追之是以虛華盛而忠信微刻薄稠而純篤稀斯蓋谷風有棄予之歎伐木有鳥鳴之悲矣嗟乎世士誠躬師孔聖之崇則嘉楚嚴之德行希李老之雅誨思馬援之所尚鄙二宰之失度美韓稜之抗正貴丙張之弘裕賤時俗之誹謗則道豐績盛名顯身[illegible]

不刊之德猶不滅之聲然知薄者之不足厚者之有餘也彼與草木俱朽此與金石相傾豈得同年而語並日而談哉穆又著絶交論亦矯時之作其略曰或曰子絶存問不見客亦不荅也何故曰古者進退趨業無私游之交相見以公朝享會以禮紀否則朋徒受習而已曰人將疾子如何曰寧受疾曰受疾可乎曰世之務交游也久矣敦千乘不忌於君犯禮以追之背公以從之其愈者則孺子之愛也其甚者則求蔽過竊譽以贍其私事替義退公輕私重居勢者[illegible]其[illegible]矣是故遂往不反而莫敢止焉是川瀆并[illegible]而莫之禁也詩云威儀棣棣不可筭也[illegible]何述而吾不才焉能規此實悼無行子道多闕臣事多[illegible]白圭重考古言以[illegible]時無孔堂思兼則滿匪有[illegible]為興是以敢受疾也不亦可乎文士[illegible]曰[illegible]無絶交又與劉伯宗絶交書及詩曰昔我為豐令足下不遭母憂乎親解緄絰來入豐寺及我為持書御史足下親來入臺足下今為二千石我下為郎乃反因計吏以謁相與足下豈丞尉之徒我豈足下部民欲以此謁為榮寵乎咄劉伯宗於仁義道何其薄哉其詩曰北山有鴟不潔其翼飛不正向寢不定息飢則木攬飽則泥伏饕餮貪汙臭腐是食填腸滿嗉嗜欲無極長鳴呼鳳謂鳳無德鳳之所趨與子異域永從此訣各自努力蓋因此而著論也蔡邕以為穆貞而孤又作正交而廣其致焉邕論略曰聞之前訓曰君子以朋友講習而正人無有淫朋是以古之交者其義敦以正其誓信以固逮夫周德始衰頌聲既寢伐木有鳥鳴之刺谷風有棄予之怨其所由來政之缺也自此以降彌以陵遲或闕其始終或彊其比周是以搢紳患其然而論者諄諄如也疾淺薄而攜貳者有之惡朋黨而絶交者有之其論交也曰富貴則人爭趨之貧賤則人爭去之是以君子慎人所以交己審己所以交人富貴則無暴集之客貧賤則無棄舊之賓矣故原其所以來則知其所以去見其所以始則睹其所以終彼貞士者貧賤不待夫富貴富貴不驕乎貧賤故可貴也蓋朋友之道有義則合無義則離善則久要不忘平生之言惡則忠告善誨之否則止無自辱焉故君子不為可棄之行不患人之遺己也信有可歸之德不病人之遠己也不幸或然則躬自厚而薄責於人亦怨其遠矣求諸己而不求諸人咎其稀矣夫遠怨稀咎之機咸在乎躬莫之致也子夏之門人問交於子張而二子各有聞乎夫子然則以交誨也商也寬故告之以距人師也褊故告之以容眾各從其行而矯之至于仲尼之正教則汎愛眾而親仁故非善不喜非仁不親交游以方會友以文可無貶也[illegible]而言之則刺薄者博而洽斷交者貞而孤孤有羔羊之節與其不獲已而矯時也走將從夫孤焉

魏荀粲字奉倩粲太尉彧之第也諸兄並以儒術論議而粲獨好言道常以為子貢稱夫子之言性與天道不可得聞然則六籍雖存固聖人之糠粃粲兄俣難曰易亦云聖人立象以盡意繫辭焉以盡言則微言胡為不可得而聞見哉粲答曰蓋理之微者非物象之所舉也今稱立象以盡意此非通于意外者也

辭爲以盡言此非言乎繫表者也斯則象外之意繫表之言固藴而不出矣俟及當時能言者不能屈也

荀閎字仲茂爲太子文學掾時有甲乙疑論閎與鍾繇王朗袁渙議各不同文帝與繇書曰袁王國士更爲唇齒荀閎勁悍往來銳師真君侯之勍敵左右之深憂也

孫炎字叔然授學鄭玄之門人稱東州大儒徵爲祕書監不就王肅集聖證論以譏短玄叔然駮而釋之

司馬朗字伯達爲兗州刺史朗雅好人倫時鍾繇王粲著論云非聖人不能致太平朗以爲伊顔之徒雖非聖人使得數世相承太平可致[illegible]

傅嘏爲尚書常論才性同異鍾會集而論之嘏既達治好正而有清理識要好論才性原本精微鮮能及之

夏侯玄爲散騎常侍時晉宣帝爲太傅問以時事玄議以爲夫官才用人國之柄也故銓衡專於臺閣上之分也孝行存乎閭巷優劣任之鄉人下之敘也夫欲清教審選在明其分敘不使相涉而已何者上過其分則恐所由之不本而干勢馳鶩之路開下踰其敘則恐天爵之外通而機權之門多矣夫天爵下通是庶人議柄也機權多門是紛亂之原也自州郡中正品度官才之來有年載矣緬緬紛紛未聞整齊豈非分敘參錯各失其要之所由哉若令中正但考行倫輩倫輩當行均斯可官之矣何者夫孝行著於家門豈不忠恪於在官乎仁恕稱於九族豈不達於爲政乎義斷行於鄉黨豈不堪於事任乎三者之類取於中正雖不處其官名斯任官可知矣行有大小比有高下則所任之流亦渙然明別矣奚必使中正干銓衡之機於下而執機柄者有所委仗於上上下交侵以生紛錯哉且臺閣臨下考功校否衆職之屬各有官長旦夕相考莫究於此閭閻之議以意裁處而使匠宰失位衆人驅駭欲風俗清靜其可得乎天臺縣遠衆所絶意所得至者更在側近孰不脩飾以要所求所求有路則脩己家門者已不如自達於鄉黨矣自達鄉黨者已不如自求之於州邦矣苟開之有路而患其飾真離本雖復嚴責中正督以刑罰猶無益也豈若使各帥其分官長則各以其屬能否獻之臺閣臺閣則據官長能否之第參以鄉閭德行之次擬其倫比勿使偏頗中正則唯考其行迹別其高下審定輩類勿使升降臺閣總之如其所簡或有參錯則其責負自在有司官長所第中正輩擬比隨次率而用之如其不稱責負在外然則內外相參得失有所互相形檢孰能相飾斯則人心定而事理得庶可以静風俗而審官才矣又以爲古之建官所以濟育羣生統理民物也故爲之君長以司牧之司牧之主欲一而專一則官任定而上下安專則職業脩而事不煩夫事簡業脩上下相安而不治者未之有也先王建萬國雖其詳未可得而究

然分疆畫界各守土境則非重累羈絆之體也下考殷周五等之敘徒有小大貴賤之差亦無君官臣民而有二統互相牽制者也夫官統不一則職業不脩職業不脩則事何得而簡事之不簡則民何得而静民之不静則邪惡並興而姦僞滋長矣先王達其如此故專其職司而一其統業始自秦世不師聖道私以御職姦以待下懼宰官之不脩立監牧以董之畏督監之容曲設司察以糾之宰牧相累監察相司人懷異心上下殊務漢承其緒莫能匡改魏室之隆日不暇及五等之典雖難卒復可粗立儀準以一治制今之長吏皆君吏民横重以郡守累以刺史若郡所攝唯在大較則與州同無爲再重宜省郡守但任刺史刺史職存則監察不廢郡吏萬數還親農業以省煩費豐財殖穀一也大縣之才皆堪郡守是非之訟每生意異順從則安直己則爭夫和羹之美在於合異上下之益在能相濟順從乃安此琴瑟一聲也蕩而除之則官省事簡二也又幹郡之吏職

監諸縣皆寔親鄉邑舊故如有不副而因公掣頓民之困弊矣
各生於此若皆并合則亂原自塞三也今承襄獘民人彫落賢
才鮮少任事者寡郡縣良吏往往非一郡受縣成其剝在下而
吏之上選郡當先足此爲親民之吏專得底下吏者民命而當
煩鄙今如并之吏多選清良者造職大化宣流民物獲寧四也
制使萬户之縣名之郡守五千以上名之都尉千户以下令長
如故自長以上考課遷用轉以能外所牧亦皆此進才効功之
叙也若經制一定則官才有次治功齊明五也若省郡守縣皆
徑達事不擁隔官無留滯三代之風雖未可必簡一之化庶幾
可致便民省費在於此矣又以文質之更用猶四時之迭興也
王者體天理物必因弊而濟通之時彌質則文之以禮時泰侈
則救之以質今承百王之末秦漢餘流世俗彌文宜大改之以
易民望今科制自公列侯以下位從大將軍以上皆得服綾錦
羅綺紈素金銀飾鏤之物自是以下雜綵之服通于賤人雖上

下等級各示有差然朝臣之制已得侔至尊矣玄黃之采已得
通於下矣欲使市不鬻華麗之色商不通難得之貨工不作雕
刻之物不可得也是故宜大理其本準度古法文質之宜取其
中則以爲禮度車輿服章皆從質樸禁除末俗華麗之事使幹
之家有位之室不復有錦綺之飾無兼采之服纖巧之物自上以
下至於樸素之差示有等級而已勿使過一二之覺若夫功德
之顯上恩所特加皆表之有司然後服用之夫上之化下猶風
之靡草樸素之教興於本朝則彌侈之心自消於下矣宣王報
書曰審官擇人除重官改服制皆大善禮鄉閭本行朝廷考事
大指如所示而中間一相承習卒不能改秦時無刺史但有郡
守長吏漢家雖有刺史奉六條而已故刺史稱傳車其吏言從
事居無常治吏不成臣其後轉更爲官司耳首實誼亦患服制
漢文雖身服弋綈猶不能使上下如意恐此三事當待賢能然
後了耳玄又書曰漢文雖身衣弋綈而不革正法度内外有僭

賤之服寵臣受無限之賜由是觀之似指立在身之名非篤齊
治制之意也今公侯命世作宰追蹤上古將隆至治抑末正本
若制定於上則化行於衆矣夫當宜改之時留殷勤之心令發
之日下之應也猶響尋聲耳猶垂謙謙曰待賢能此伊周不正
殷姬之典也竊未喻焉玄又著樂毅論曰觀樂生遺燕惠王書
其殆庶乎知機合道以禮始終者與又其喻昭王曰伊尹放太
甲而不疑太甲受放而不怨是存大業於至公而以天下爲心
者也夫欲極道德之量務以天下爲心者必致其主於盛隆合
其趣於先王苟君臣同符則大業定矣于斯時也樂生之志千
載一遇之世亦將行千載一隆之道豈其局迹當時止於兼并
而已哉夫兼并者非樂生之所屑彊燕而廢道又非樂生之所
求不屑苟利心無近事不求小成斯意兼天下者也則舉齊之
事所以運其機而動四海也夫討齊以明燕主之義此兵不興
於爲利矣圍城而害不加於百姓此仁心著於遐邇矣舉國不

謨其功除暴不以威力此至德全於天下矣邁全德以率列國
則幾於湯武之事矣樂生方恢大綱以縱二城收民明信以待
其獘將使即墨莒人顧仇其上願釋干戈賴我猶親善守之智
無所施之然則求仁得仁即墨大夫之義仕窮則從微子適周
之道開彌廣之路以待田單之徒長容善之風以申齊士之志
使夫忠者遂節勇者義著昭之東海屬之華裔我澤如春民應
如草道光宇宙賢智託心鄰國傾慕四海延頸思戴燕主仰望
風聲二城必從則王業隆矣雖淹留兩邑乃致速於天下也不
幸之變世所不圖敗於垂成時運固然若乃逼之以威劫之以
兵攻取之事求欲速之功使燕齊之士流血於二城之下奓殺
傷之殘以示四海之人縱暴易亂以成其私鄰國望之其猶豺
虎既大墮稱兵之義而喪濟溺之仁且虧齊士之節廢兼善之
風掩宏通之度棄王德之隆雖二城幾於可拔霸王之事逝其
遠矣然則燕雖兼齊其與世主何以殊哉其與鄰國何以相傾

槩生豈不知拔二城之速了哉顧城拔而業乖也豈不慮不速
之致變哉顧業乖與變同縣是觀之槩生之不屠二城未可量也
習果爽爲大司農初李權從爽借戰國策爽曰戰國從横用之
何爲權曰仲尼嚴乎　兼聚衆書以成春秋指歸之文故海以
合流爲大君子以博識爲弘爽報曰書非史記周圖仲尼不采
道非虛無自然嚴乎不演海以受於歲一蕩清君子博識非禮
不視今戰國反覆儀秦之術殺人自生亡人自存經之所疾政
孔子發憤作春秋大乎居正復制孝經廣陳德行杜漸防萌預
有所抑是以老氏絕禍於未萌豈不信邪成湯大聖覩野魚而
有獵逐之失定公賢者見女樂而棄朝事若此輩類焉可勝陳
道家法曰不見所欲使心不亂是故天地貞觀日月貞明其直
如矢君子所履洪範記災發於言貌何戰國之譎權乎哉
費禕爲大將軍録尚書事禕聞司馬懿誅曹爽設甲乙論平其
是非甲以爲曹爽兄弟凡品庸人苟以宗子枝屬得蒙顧命之

任而驕奢僭逸交非其人私樹朋黨謀以亂國懿奮誅討一朝
殄盡此所以稱其任副士民之望也乙以爲懿感曹仲付已不
一豈爽與相干事勢不專以此陰成疵瑕初無忠告侃爾之訓
一朝屠戮讒其不意豈大人經國篤本之事乎若爽信有謀主
之心大逆已構而發兵之日更以芳委爽兄弟懿父子從後閉
門舉兵蹙而向芳必無悉寧忠臣爲君深慮之謂乎以此推之
爽無大惡明矣若懿以爽奢僭廢之刑之可也滅其尺口被以
不義絕子丹血食及何晏子魏之親甥亦與同戮爲僭濫不當矣
吳韋曜爲太子中庶子蔡穎亦在東宮性好博弈太子和以爲
無益使曜作博弈論其辭曰蓋聞君子恥當年而功不立疾沒
世而名不稱故曰學如不及猶恐失之是以古之志士悼年齒
之流邁而懼名稱之不立也故勉精厲操晨興夜寐不遑寧息
經之以歲月累之以日力若寧越之勤董生之篤漸漬德義之
淵棲遲道藝之域且以西伯之聖姬公之才猶有日昃待旦之

勞故能隆興周道垂名億載況在臣庶而可以已乎歷觀古今
立功名之士皆有累積殊異之迹勞身苦體契闊勤思平居不
墮其業窮困不易其素是以卜式立志於耕牧而黃霸受道於
囹圄終有榮顯之福以成不朽之名故山甫勤於夙夜而吳漢
不離公門豈有游惰哉今世之人多不務經術好翫博弈廢事
棄業忘寢與食窮日盡明繼以脂燭當其臨局交爭雌雄未決
專精銳意心勞體倦人事曠而不脩賓旅闕而不接雖有太牢
之饌韶夏之樂不暇存也至或賭及衣物徙棊易行廉恥之意
弛而忿戾之色發然其所志不出一枰之上所務不過方罫之
間勝敵無封爵之賞獲地無兼土之實技非六藝用非經國立
身者不階其術徵選者不由其道求之於戰陣則非孫吳之倫
也考之於道藝則非孔氏之門也以變詐爲務則非忠信之事
也以劫殺爲名則非仁者之意也而空妨日廢業終無補益是
何異設木而擊之置石而投之哉且君子之居室也勤身以致

養其在朝也竭命以納忠臨事且猶旰食而何博弈之足耽夫
然故孝友之行立貞純之名彰也方今大吳受命海内未平聖
朝乾乾務在得人勇略之士則受熊虎之任儒雅之徒則處龍鳳
之署百行兼苞文武並鶩博選良才旌簡髦俊設程試之科垂
金爵之賞誠千載之嘉會百世之良遇也當世之士宜勉思至
道愛功惜力以佐明時使名書史籍勳在盟府乃君子之上務
當今之先急也夫一木之枰孰與方國之封枯棊三百孰與萬
人之將袞龍之服金石之樂足以兼棊局而貿博弈矣假令世
士移博弈之力而用之於詩書是有顏閔之志也用之於智計
是有良平之思也用之於資貨是有猗頓之富也用之於射御
是有將帥之備也如此則功名立而鄙賤遠矣
蔡立字彥藉有學行官至太中大夫問子欽齊桓晉文夷惠四
人優劣欽答所見與立相反覆各有文理
晉陸喜初仕吳累遷吏部尚書有才思好著述有較論格品篇

曰或問子許子將量是國士之第一者乎答曰以理推之在五四五之間問者愕然請問答曰夫孫詒無道肆其暴虐若龍蟠其身沈黙其體潛而勿用趣不可測此第一人也避尊居卑祿代耕養玄靜守約沖退澹然此第二人也然然體國思治心不辭貴以方見擇執正不懼此第三人也斟酌時宜在亂猶顯遂不忘中正獻微益此第四人也溫恭脩慎不爲諂首於所云補從容保寵此第五人也過此已往不足復數故第二已上多淪沒而遠悔吝第三已下有聲位而近咎累是以深識君子悔其明而履柔順也問者曰始聞高論終年啓寤矣

裴頠爲尚書左僕射深患時俗放蕩不尊儒術何晏阮籍素有高名於世口談浮虛不遵禮法尸祿耽寵仕不事事至王衍之徒聲譽太盛位高勢重不以物務自嬰遂相放效風教陵遲乃著崇有之論以釋其蔽王衍之徒攻難交至並莫能屈又著辯才論古今精義皆辯釋焉未成而遇禍

傅玄泰始中爲司隸校尉玄少時避難心誦學後雖顯貴而著述不廢撰傅子爲內外中篇時何曾有淸德玄著論稱曾及荀顗曰以文王之道事其親者其潁昌何侯乎其荀侯乎古稱曾閔今日荀何內盡其心以事其親外崇禮讓以接天下孝子百世之宗仁人天下之命有能行孝之道君子之儀表也詩云高山仰止景行行止今德不遵二夫子之景行者非樂中正之道也又曰荀何君子之宗也又曰潁昌侯之事親其盡孝子之道乎存盡其和事盡其敬亡盡其哀子於潁昌侯見之矣又曰見其親之黨如見其親六十而孺慕玄於潁昌侯見之矣先是馬鈞扶風人有巧思絕世有裴子者上國之士也精通見理聞而哂之乃難先生先生口屈不對裴子自以爲難得其要言之不已傅子謂裴子曰子所長者言也所短者巧也馬氏所長者巧也所短者言也以子所長擊彼所短則不得不屈以子所短難彼所長則必有所不解者矣夫巧天下之微事也有所不解而難之不已其相擊刺必已遠矣心乖於內口屈於外此馬氏所以不對也傅子見安鄉侯言及裴子之論安鄉侯又與裴子同儕子曰聖人具體備物取人不以一揆也有以神取之者有以言取之者有以事取之者有以神取之者不言而誠心先達德行顔淵之倫是也以言取之者以變辯是非言語宰我子貢是也以事取之者若政事冉有季路文學子游子夏雖聖人之明盡物如有所用必有所試然則試冉季以政試游夏以學矣游夏猶然況自此而降者乎何者懸言物理不可以言盡也施之於事言之難盡而試之易知也今若馬氏所欲作者國之精器軍之要用也費十尋之木勞二人之力不經時而是非定難試易驗之事而輕以言抑人異能此猶以已智任天下之事不易其道以難盡之物此所多喪也馬氏所作因變而得是則初所言者不皆是矣其不皆是因不用之是不世之巧無由出也夫同情者相妒同事者相害中人所不能免也故君子不以人害

人必以考試爲衡石廢衡石而不用此美玉所以見誣爲石荊和所以抱璞而哭之也於是安鄉侯悟遂言之武安侯武安侯忽之不果試也此既易試之事又馬氏巧名已定猶忽而不察況幽深之才無名之璞乎後之君子其鑒之哉馬先生之巧雖古公輸般墨翟王爾近漢世張平子不能過也公輸般墨翟皆見於時乃有益於世平子雖爲侍中馬先生雖給事省中俱不典工官巧無益於世用人不當其才聞賢不試以害良可恨也裴子者裴秀安鄉侯者曹羲武安侯者曹爽也

李秉字玄胄有儁才爲時人所貴官至秦州刺史秉嘗答司馬文王問因以爲家誡曰昔侍坐於先帝時有三長吏俱見臨辭出上曰爲官長當清當慎當勤脩此三者何患不治乎並受詔既出上顧謂吾等曰相誡勑正當爾不侍坐衆賢莫不贊善上又問曰必不得已於斯三者何先或對曰清固爲本次復問吾吾對曰清慎之道相須而成必不得已慎乃爲大夫清者不必

慎慎者必自清亦由仁者必有勇勇者不必有仁是以易稱括囊無咎藉用白茅皆慎之至也上曰卿言得之耳可舉近世能慎者誰乎諸人各未知所對吾乃舉故太尉荀景倩尚書董仲連僕射王公仲並可謂為慎上曰此諸人者温恭朝夕執事有恪亦各其慎也然天下之至慎其惟阮嗣宗乎每與之言言及玄遠而未曾評論時事臧否人物真可謂至慎矣吾每思此言亦足以為明誡凡人行事年少立身不可不慎勿輕論人勿輕說事如此則悔吝何由而生患禍無從而至矣

虞溥高平人補尚書都令史尚書令衛瓘尚書褚䂮並器重之溥謂瓘曰往者金馬啓符大晉應天宜復先王五等之制以綏長久不可承暴秦之法遵漢魏之失也瓘曰歷代歎此而終未能改

華譚字令思廣陵人為州從事太康中刺史嵇紹舉譚秀才將行別駕陳總餞之因問曰思賢之主以求才為務進取之士以

功名為先何仲舒不叙武帝之朝賈誼失分漢文之時此吳晉之滯論一辯此理而後別譚曰夫聖人在上物無不理百揆之職非賢不居故山林無遺景衡門不棲遲至承統之主或復凡人居聖人之器處兆庶之上是以其教日頹風俗漸壞又中才之君所資者偏物以類感必於其黨黨言雖非彼以為是以所接有顏冉之賢所用有廊廟之器居官者日無元凱之功在上者日無堯舜之美彼豈知其政漸毀哉朝雖有求賢之名而無知才之實言雖當彼以為謬策雖奇彼以為妄誣則毀己之言入妄則不忠之責生豈故為哉識明不見深淺近才不覩遠體也是以言不用計不施忍死士之不毀何論功名之立哉故上官聚而屈原放宰嚭寵而伍員戮豈不哀哉若仲舒抑於孝武賈誼失於漢文蓋復是其輕者耳故有云非得賢之難用之難非用之難信之難得賢而不能用用而不能信功業豈可得而成哉

潘岳為懷令時以逆旅逐末廢農奸淫亡命多所依湊敗亂法度敕當除之十里一官櫛使老小貧戶守之又差吏掌主依客舍收錢岳議曰謹案逆旅久矣其所由來也行者賴以頓止居者薄收其直交易貿遷各得其所官無役賦因人成利惠加百姓而公無末費語曰許由辭帝堯之命而舍於逆旅外傳曰晉陽處父過甯舍於逆旅魏武皇帝亦以為宜詩曰逆旅整設以通商賈然則自唐到今未有不得客舍之法唯商鞅尤之固非聖世之所言也方今四海會同九服納貢八方翼翼公私滿路近畿輻湊客舍亦稠冬有温廬夏有涼蔭芻秣成行器用取給疲牛必投乘涼近進發槅寫鞍皆有所憩又諸劫盜皆起於迥絶止乎人衆十里蕭條則姦軌生心連陌接館則寇情震懾且聞聲有救已發有追不救有罪不追有戮禁暴捕亡常有司存凡此皆客舍之益而官櫛之所亡也又行者貪路告糴炊爨皆以昏晨盛夏晝熱又兼星夜既限早閉不及櫛門或避晚關迸

逐路隅祇是慢藏誨盜之原苟以客舍多敗法教官守棘櫛獨復何人彼河橋孟津解券輸錢高第督察數入校出品郎兩岸相檢猶懼或失之故懸以祿利許以功報今賤吏疲人獨專櫛稅管開閉之權藉不校之勢此道路之蠹姦利所殖也率歷代之舊俗獲行留之歡心使客舍灑掃以待征旅擇家而息豈非衆庶顒顒之望書奏列上朝廷從之

王接為征虜將軍司馬蕩陰之役侍中嵇紹為亂兵所害接議曰夫謀人之軍軍敗則死之謀人之国国危則亡之古之道也蕩陰之役百官奔北唯嵇紹守職以遇不道可謂臣矣又可稱痛矣今山東方欲大舉宜明高節以勵天下依春秋褒三累之義加紹致命之賞則遐邇向風莫敢不爲矣朝廷從之

阮裕居會稽剡縣後除東陽太守徵侍中不就還剡山有肥遁之志裕雖不博學論難甚精嘗問謝万云未見四本論君試為言之万叙說既畢裕以傅嘏為長於是構辭數百言精義入微

聞者皆嗟味之

江惇字思悛孝友淳粹高節邁俗性好學儒玄並綜每以爲君子立行應依禮而動雖隱顯殊塗未有不傍禮教者也若乃放達不羈以肆縱爲貴者非但動違禮法亦道之所棄也乃著通道崇檢論世咸稱之東帝時徵拜博士著作郎皆不就

虞預爲散騎常侍雅好經史憎疾玄虛其論阮籍比之伊川被髮所以胡虜遍於中國以爲過衰周之時

孫盛博學善言名理于時郄浩擅名一時與抗論者惟盛而已盛嘗詣浩談論對食奮擲麈尾毛悉落飯中食冷而復煖者數四至暮忘食理竟無以難之由是遂知名起家著作郎

謝万工言論善屬文叙漁父屈原季主賈誼楚老龔勝孫登嵇康四隱四顯爲八賢論其旨以處者爲優出者爲劣以示孫綽綽與往反以體公識遠者則出處同歸万終於散騎常侍

王坦之爲北中郎將有風格尤非時俗放蕩不敦儒教頗尚刑名學著廢莊論嘗與殷康子書論公謙之義曰夫天道以無私成名二儀以至公立德立德存乎至公故無親而非理成名在乎無私故在當而忘我此天地所以成功聖人所以濟化由斯論之公道體於自然故理泰而愈降謙義生於不足故時弊而義著故大禹咎繇稱功言惠而成名於彼孟反范燮殿軍後入而全身於此從此觀之則謙公之義固以殊矣夫物之所美已不可收人之所貴我不可取誠患人惡其上衆不可蓋故君子居之而每加損焉隆名在於矯伐而不在於期當匿非在於[illegible]顯而不在於求是於是謙光之義與矜競而俱生卑挹之義與夸伐而並進由觀譽生於不足未若不知之有餘良藥效於療疾未若無病之爲貴矣夫乾道確然示人易矣坤道隤然示人簡矣二象顯於萬物兩德彰於群生豈矯枉過直而失其所哉由此觀之則大通之道公坦於天地謙伐之義險巇於人事今存公而廢謙則自伐者託至公以生嫌自宗者因存黨以致惑

此王生所謂同焉而實異不可不察者也然理必有源教亦有主苟探其根則立指自彰若尋其末弊無不至豈可以嫌似而疑至公弊貪而忘於謙哉康子及袁宏並有疑難坦之標章擿句一一申而釋之莫不厭服又孔嚴著通葛論坦之與書贊美之其忠公慷慨標明賢勝皆此類也叔夜理之甚公謂論[illegible][illegible]以辯之[illegible]而美其論皆以爲是非既辯誰與正之遂[illegible][illegible]謙以擬中

范甯少篤學多所通覽時以浮虛相扇儒雅日替甯以爲其源始於王弼何晏二人之罪深於桀紂乃著論曰或曰黃唐緬邈至道淪翳濠濮輟詠風流靡託爭奪兆於仁義是非成於儒墨平叔神懷超絕輔嗣妙思通微振千載之頹綱落周孔之塵網斯蓋軒冕之龍門豪梁之宗匠嘗聞夫子之論以爲罪過桀紂何哉答曰子信有聖人之言乎夫聖人者德侔二儀道冠三才雖帝皇殊號質文異制而統天成務曠代齊趣王何蔑棄典文不遵禮度游辭浮說波蕩後生飾華言以翳實騁繁文以惑世搢紳之徒翻然改轍洙泗之風緬焉將墜遂令仁義幽淪儒雅蒙塵禮壞樂崩中原傾覆古之所謂言僞而辯行僻而堅者其斯人之徒歟昔夫子斬少正卯於魯太公戮華士於齊豈非曠世而同誅乎桀紂暴虐正足以滅身覆國爲後世鑒戒耳豈能迴百姓之視聽哉王何叨海內之浮譽資膏粱之傲誕畫螭魅以爲巧扇無檢以爲俗鄭聲之亂樂利口之覆邦信矣哉吾固以爲一世之禍輕歷代之罪重自喪之釁小迷衆之愆大也甯崇儒抑俗率皆如此甯位至中書侍郎

張輔爲馮翊太守嘗著論云管仲不若鮑叔鮑叔知所奉知所投管仲奉主而不能濟所奔又非濟事之國三歸反坫皆鮑不爲也又論班固司馬遷云遷之著述辭約而事舉叙三千年事唯五十萬言班固叙二百年事乃八十萬言煩省不同不如遷一也良史述事善足以獎勸惡足以監誡人道之常中流小事亦無取焉而班皆書之不如二也毀貶晁錯傷忠臣之道不如三

也遷既造創固又因循雖易益不同矣又遷為蘇秦張儀范雎蔡澤作傳辭流離亦足以明其大才故述辯士則辭藻華靡叙實錄則隱核名檢此所以遷稱良史也又論魏武帝不及劉備樂毅減於諸葛亮詞多不載

殷仲堪為荊州刺史時桓玄在南郡論四皓來儀漢庭孝惠以立而惠帝柔弱呂后凶忌此數公者觸彼埃塵欲以救弊二家之中各有其黨奪彼與此其讎必興不知匹夫之志四公何以逃其患素履終吉隱以保生者其若是乎以其文贈仲堪仲堪乃答之曰隱顯默語非賢達之心蓋所遇之時不同所乘之塗必異道無所屈而天下以之獲寧仁者之心未能無感若夫四公者養志巖阿道高天下秦網雖虐遊之而莫懼漢祖雖雄請之而弗顧徒以一理有感汎然而應事同賓客之禮言無是非之對孝惠以之獲安莫由報其德如意以之定藩無所容其怨且爭奪滋生主非一姓則百姓[illegible]人則人皆自賢況

夫漢以劍起人未知義式遏姦邪特宜以正[illegible]為寶天下大器也苟亂亡見懼則滄海橫流原夫若人之振[illegible]豈為一人之廢興哉苟可以暢其仁義與夫伏節委質可榮可辱者道迹懸殊理勢不同君何疑之哉又謂諸呂強盛幾危劉氏如意若立必無此患夫禍福同門倚伏萬端又未斷也于時天下新定權由上制高祖分王子弟有磐石之固社稷深謀之臣森然以肩豈瑣瑣之祿產所傾奪之哉四公所預于今亦無以辯之但求古賢之心宜存之遠大耳端本正源者雖不能無危其危易持苟啓競濫雖未必不安而其安難保此最有國之要道古今[illegible]所同惜也玄屈之

戴逵性高潔常以禮度自處深以放達為非道乃著論曰夫親沒而採藥不反者不仁之子也君危而屢出近關者苟免之臣也而古之人未始以彼害名教之體者何達其旨故也達其旨故不惑其迹若元康之人可謂好遁迹而不求其本故有捐本徇末之與舍實逐聲之行是猶美西施而學其顰眉者有德而折其巾角所以為慕者非其所以為美徒貴貌似而已矣夫紫之亂朱以其似朱也故鄉原似中和所以亂德放者似達所以亂道然竹林之為放有疾而為顰者也元康之為放無德而折巾者也可無察乎且儒家尚譽者本以興賢也既失其本則有色取之行懷情喪真以容貌相欺其弊必至於末偽道家去名者欲以篤實也苟失其本又有越檢之行情禮俱虧則仰詠兼忘其弊必至於本薄夫偽薄者非二本之失而為弊者必託二本以自通夫道有常經而弊無常情是以六經有失王政有弊苟乘其本固聖賢所無奈何也嗟夫行道之人自非性足體備闇蹈而當者亦曷能不棲情古烈擬規前修苟迷擬之矣後動議之然後言固當先辯其趣舍之極求其用心之本識其枉尺直尋之旨採其被褐懷玉之由若斯塗雖殊而其歸可觀也跡雖亂而其契不乖也不然則流遁忘反為風波之行自驅

以物自誑以為外眩賞華內喪道實以矜尚奪其真主以塵垢黷其天正貽笑千載可不慎歟遊徼散騎常侍不至

袁豹為劉毅撫軍諮議參軍領記室毅府建議大田豹上議曰國以民為本民資食以為天脩其業則教興崇其本則末理寔為治之要道致化之所階也不敦其本則末業滋章飢寒交湊則廉恥不立當今接篡為之末值凶荒之餘爭源既開彫薄弥啓榮利蕩其正性賦斂罄其所資良疇無側趾之耦比屋有困餒之患中間多故日不暇給自卷甲却馬甫一二年積弊之黎難用克振實仁懷之所矜恤明教之所爰發也然斯業不脩有自來矣司牧之官莫或為務俗吏庸近猶秉常科依勸督之故典迷民庶之屢[illegible]猶循[illegible]以防川志淵丘之取易即膠柱於昔經忽宮商之乖調徒有考課之條而無毫分之益不悟清流在於澄源止輸由乎高門患生於本治之於末故也夫設位以崇賢疏爵以命士上量能以審官下取人於浮譽則比周息遊

[illegible]更以司役[illegible]不必[illegible]任五
[illegible]非所少[illegible]者[illegible]則[illegible]堅[illegible]必應用[illegible]以[illegible]勤[illegible]
[illegible]之貨則辟偽者附教務重矣耕耨勤伴力穡收
[illegible]遊逐末利深增費敗之税游[illegible]敵之賊則末技抑而
田[illegible]矣居宅無義從之徒在野康并隸之黨給賜非可恩致
力役不入私門則遊食者反矣肆勤者自勤遊食而肆勤衆
則吏作[illegible]勿者甄異怠慢者顯罰明勸課之令嚴糾遏之
官則崩情無跡咎力田有所望力者欣而惰者懼則穡人勸矣
凡此數事亦[illegible]田之端趣也莅之以清心鎮之以無欲勗之以
[illegible]倦[illegible]之以[illegible]今日計之必成朝速致於暮歲則[illegible]自淳
心化有漸矣
[illegible]安帝時爲[illegible]軍[illegible]論議精密時多諮[illegible]之觸類辯釋
[illegible]有[illegible]書[illegible]歲辰在卯此宅之左則彼宅之右何得拘忌於
東[illegible]爲太歲之[illegible]自是游神[illegible]言如日出之時向東皆逆非獨
[illegible]地中也

冊府元龜卷第八百二十九

册府元龜卷第八百三十

總録部八十

論議第二

宋鄭鮮之爲桓偉輔國主簿先是兗州刺史滕恬爲丁零翟遼所没屍喪不反恬子羨仕宦不廢議者嫌之玄在荆州使群僚博議鮮之議曰名教大極忠孝而已至乎變通抑引每事輒殊本而尋之皆是求心而遺迹迹之所乘遇或異故聖人或就迹以助教或因迹以成罪屈申與奪難等齊舉其阡陌皆可略言矣天逃之乎而伊尹廢君君可脅乎而鬻拳見善忠可愚乎而箕子同仁自此以還殊實而齊聲異譽而等美者不可勝言而欲令百代之下聖典所闕正斯事於判豈可易哉然立言明理以古證今當使厭人情事者或終身隱處不關人事或屏朝理務無譏前哲通滕者則以無譏爲證塞滕者則以隱處爲美折其兩中則異同之情可見矣然無譏前哲者厭情之謂也若王陵之母見囚於楚不退身窮居終爲漢臣魏勳衰譏魏朝士身爲效觀其志非貪爵也凡此二賢非滕之喻夫聖人立教猶云有禮無時君子不行有禮無時正以事有變通不可守一故耳若滕以此二賢爲證則恐人人自賢矣若不可人人自賢何獨許其證幾者兼在於人不但獨證其事漢魏以來記闕其典尋而得者無幾人至乎大晉中朝及中興之後楊臻則七年不除喪三十餘年不關人事溫公則見逼於王命庾左丞則終身不著幘高世遠則爲王右軍何驃騎所勸劉無有如滕之易者也若以縗麻非爲哀之主無所復言矣文皇帝以東關之役尸骸不反者制其子弟不廢婚宦明此孝子已不自同於人倫有識已審其可否矣若其不爾居宗輔物者但當即聖人之教何所復明制於其間哉及至永嘉大亂之後王敦復申東關之制於中興原此是爲國之大計非謂訓範大倫盡於此也何以言之父讎明不同戴天日而爲國不可許復讎此自以法奪情即是東關永嘉之喻也何妨綜理王務者亦以盡之今明教者自謂世非横流凡士君子之徒無不可仕之理而雖以情譏謂宜在哀戚若多引前事以爲通證則孝子可顧法而不復縣矣文皇帝無所立之於東關王敦無所明之於中興每至斯會輒發之於牢物心不可喻乎已夫求理者先以遠大若滄海横流家國同其淪溺若不仕也則人有餘力人有餘力則國可至乎士家可至乎哉當斯時也匹婦猶亡其身況大丈夫哉既其不然天下之才所理滕但當盡哀戚之哀縱不仕者之心何爲證喻前人以自通乎且名爲大才之所假而小才之所榮與假乘常已有慙德無欣何有情盡乎若其不然則工進無欣何足貴於千載之上耶苟許小才榮其位則滕不當顧嘗疑以自居乎所謂抑下惠則可我不可也且有生之所宗者聖人聖人之爲教者禮法即心而言則聖人之法不可改也而秦以郡縣亡天下莫之能復彼聖人之爲法猶見敗於後王況滕之前人而當必循乎若人皆仕未知斯事可俟後聖與不況仕與不仕各有其人而不仕之所引每感三年之下見議者引通情紀每傍中庸又云若許滕則蒼士身致命之士以此而不盡何斯言之過與夫忠烈之情初無計而後動若計而後動則懼法以盡命若有不盡則由有所法故古人軍敗於外而家誅於内苟忠發自内或懼法於外復有踟蹰顧望之地耶若有功不賞有罪不誅可致斯險耳無有名教冀其子弟而當以子無留不致力於所天則王經忠不能救王孝不顧其親是家國之罪人耳何所而稱乎夫恩宥十世非不隆也功高賞厚非不報也若國無負於滕恬則羨之通塞自是名教之所及豈是勸沮之本乎議者又以唐虞[illegible]知所歸言求意將所負者多乎後漢亂而不云前史[illegible]數公之力魏國將建苟令君正色異議董昭不得就獻則之際賈充受辱於庾純以此而推天下之正義終自搏而不改何爲發斯歎哉若以

時非上皇便不足復言久者則袁齊於夷堅子房亦爲四人無所復害其言矣至於乘平默順避禍以濟難猶皆是濟生免害非爲榮也恭今生無所續難甚已具義安在乎昔陳壽在喪使婢丸藥見責鄉閭阮咸居喪騎驢偷婢身覊王朝豈可以阮獲進於前世使無疑於後乎且賢聖抑引皆是究其始終定其才行故雖事有驚俗而理必獲申鄒詵葬母後園而身登官所以免責以其孝也日磾殺兒無議以其忠也今豈可以二事是孝之所爲便可許殺兒葬母後園乎不可明矣既其不可便當定勝之士行無所多辯也勝非下官鄉親又不周旋才能非所能悉若以勝謀能決敵才能周用此自追蹤古人非識所及若是士流故謂宜如子夏受曾參之辭可謂善矣而子夏無不孝之稱也意之所稱都盡於此自非明理何緣多其往復如其有中哉之

何尚之爲侍中有人常求覓都郎尚之歎曰此求風俗也宦

圖人人安得圖官顧延之大笑曰我聞古者官人以才今官人以勢彼勢之所求子何疑焉所與延之論議往反並傳於世

顧歡吳郡鹽官人徵太學博士不就歡以佛道二家立教既異學者互相毀著夷夏論曰夫辯是與非宜據聖典尋二教之源故兩標經句道經云老子入關之天竺維衛國國王夫人名曰淨妙老子因其晝寢乘日精入淨妙口中後年四月八日夜半時剖左腋而生墜地即行七步於是佛道興焉此出玄妙內篇佛經云釋迦成佛有塵劫之數出法華無量壽或爲國師道士儒林之宗出瑞應本起論之曰五帝三皇莫不有師有道之士無過老莊儒林之宗孰出周孔若老非佛誰則當之然二經所說如合符契道則佛也佛則道也其聖則符其跡則反或和光以明近或曜靈以示遠道濟天下故無方而不入智周萬物故無物而不爲其入不同其爲必異各成其方不易其事是以端委搢紳諸華之容剪髮曠衣群夷之服擎跽磬折侯甸之恭狐蹲狗踞荒流之肅棺殯槨葬中夏之風火焚水沈西戎之俗全形守禮繼善之教毀貌易性絕惡之學豈伊同人爰及異物鳥王獸長往往是佛無窮世界聖人代興或昭五典或布三乘在鳥而鳴在獸而吼教華而華言化夷而夷語耳雖舟車均於致遠而有川陸之節佛道齊乎達化而有夷夏之別若謂其致既均其法可換者而車可涉川舟可行陸乎今以中夏之性效西戎之法既不全同又不全異下育妻孥上廢宗祀嗜欲之物皆以禮伸孝敬之典獨以法屈悖禮犯順曾莫之覺弱喪忘歸孰識其舊且理之可貴者道也事之可賤者俗也捨華效夷義將安取若以道耶道固符合矣若以俗耶俗則大乖矣屢見刻舷沙門守株道士交諍小大互相彈射或域道以爲兩或混俗以爲一是牽異以爲同破同以爲異則乖爭之由淆亂之本也尋聖道雖同而法有左右始乎無端終乎無末泥洹仙化各是一術佛號正真道稱正一一歸無死真會無生在名則反在

實則合道無生之教賒無死之化切切法可以進謙弱賒法可以退夸強佛教文而博道教質而精精非麤人所信博非精人所能佛言華而引道言實而抑抑則明者獨進引則昧者競前佛經繁而顯道經簡而幽幽則妙門難見顯則正路易遵此二法之辨也聖匠無心方圓有體器既殊用教亦異施佛是破惡之方道是興善之術興善則自然爲高破惡則勇猛爲貴佛跡光大宜以禮物道跡密微利用爲己優劣之分大略在茲夫蹲夷之儀婁羅之辯各出彼俗自相聆解猶蟲讙鳥聒何足述效

歡雖同二法而意黨道教宋司徒袁粲託爲道人通公駁之其略曰白日停光恒星隱照誕降之應事在老先似非入關方炳斯瑞又老莊周孔有可存者依日末光憑釋遺法盜生竊善反以成蠱檢究源流終異吾黨之爲道耳西域之記佛經之說俗以膝行爲禮不慕蹲坐爲恭道以三繞爲虔不以踞傲爲肅豈專戎土爰亦茲方襄童謁帝膝行而進趙王見周三環而止今

佛法在華乘者當安戒善行交踴者當遵文王造周太伯創吳
華化戎夷不因舊俗豈若冊車理無代用佛法垂化或因或革
清信之士容衣不改息心之人服早必變變本從道不尊彼俗
俗風自殊無患其亂孔老釋迦其人或同觀方設教其道必異
孔老治世爲本釋氏出世爲宗發軫既殊其歸亦異符合之唱
自由臆說又仙化以變形爲上泥洹以陶神爲先變形者白首
還緇而未能無死陶神者使塵惑日損湛然常存泥洹之道無
死之作乖詭若此何謂其同歡答曰按道之作著自西周佛經
之來始乎東漢年踰八百代懸數十若謂黄老雖久而盜在釋
前是呂尚盜陳常之齊劉季竊王莽之漢也經云戎氣强獷乃
復略人頬車邪又夷俗長跽法與華異翹左跂右全是蹲踞故
周公禁之於前仲尼誡之於後又舟以濟川車以征陸佛起於
戎豈非戎俗素惡耶道出於華豈非華風本善耶今華風既變
延同戎狄佛來破之良有以矣佛道實貴故戒業可遵戎俗實
賤故言貞可棄今諸華士女氏族弗革而露首偏踞濫用夷禮
云於翦落之後全是胡人國有舊風法不可變又若觀風流教
其道必異佛非東華之道道非西戎之法魚鳥異淵永不相關
安得老釋二教交行八表今佛既東流道亦西邁故知世有精
麤教有文質然則道教執本以領末佛教救末以存本請問所
異歸在何許若以翦落爲異 則是有翦落矣若以立像爲異
則俗巫立像矣此非所歸歸在常住之象常道孰異神仙有死
權便之說神仙是大化之總稱非窮妙之至名至名無名其有
名者二十七品仙變成真真變成神或謂之聖各有九品品極
則入空寂無爲無名若服食茹芝延壽萬億壽盡則死藥極則
枯此修考之士非神仙之流也明僧紹正二教論以爲佛明其
宗老全其生守生者蔽明宗者通今道家稱長生不死名補天
曹大乖老莊立言本理文惠太子竟陵王子良並好釋法吳興
孟景翼爲道士太子召入玄圃園衆僧大會子良使景翼禮佛

景翼不肯子良送千地經與之景翼造正一論大略曰寶積云
佛以一音廣說法老子云聖人抱一以爲天下式一之爲妙空
玄絶於有景神化贍於無窮爲萬物而無爲處一數而無數莫
之能名彊號爲一在佛曰實相在道曰玄牝道之大象即佛之
法身以不守之守守法身以不執之執執大象但有物八萬四
千行說有八萬四千法法乃至於無數行亦遠於無有等級隨
緣須導歸一歸一曰回向向正即無邪邪觀既遣億善日新三
五四六隨用而施獨立不改絶學無憂曠劫諸聖共遵斯一老
釋未始於嘗分迷者分之而未合億善遍修修成聖雖十號千稱
終不能盡終不能盡豈可思議司徒從事中郎張融作門律云
道之與佛逗極無二吾見道士與道人戰儒墨道人與道士獄是
非昔有鴻飛天首積遠難亮越人以爲鳧楚人以爲乙人自楚
越鴻常一耳以示太子僕周顒顒難之曰虛無法性其寂雖同
位寂之方其旨則別論所謂逗極無二者爲逗極於虛無當無
二於法性耶足下所宗之本一物爲鴻乙耳驅馳佛道無免二
末知高鑒緣何識本輕而宗之其有旨乎往復文多不載歡口
不辯善根着筆著三宗論甚工鍾會四本之流也
梁崔靈恩爲國子博士先是儒者論天亙執論蓋不合於渾論
渾不合於蓋靈恩立義以渾蓋爲一焉
後魏毛脩之爲金紫光祿大夫位次崔浩之下浩以其中國舊
門雖學不博洽而猶涉獵書傳每推重之與共論說言次遂及
陳壽三國志晁古良史之風其所著述文義典正皆揚于王庭
之言微而顯婉而成章班史以來無乃壽者脩之曰昔在蜀中
聞長老言壽曾爲諸葛亮門下書佐得撻百下故其論武侯
云應變將略非其所長浩乃與論曰承祚之評亮乃有故義過
美之譽案其迹也不爲負之非挾恨之矣何以云然夫亮之相
劉備當九州鼎沸之會英雄奮發之時君臣相得魚水爲喻而
不能與曹氏爭天下委棄荊州退入巴蜀誘奪劉璋僞連孫氏

中窮崎嶇之地僭號邊夷之間此策之下者可與道德齊衡而以爲失實且亮既據蜀恃山險之固不達時宜弗量勢力嚴威峻法控勒蜀人矜才負能高自矯舉欲以邊夷之衆抗衡上國出兵隴右再攻祁山一攻陳倉挫衄而反後入秦川不復攻城更求野戰魏人知其意閉壘堅守以不戰屈之智窮勢盡憤結攻中發病而死由是言之豈合古之善將見可而進知難而退者乎循之謂誥言爲然

高允爲中書令兼太常卿時中書博士索敞與侍郎傅默梁祚論名字貴賤著議紛紜允遂著名字論以釋其惑甚有典證

陳奇字修奇河北人也愛玩經典博通墳籍與河間邢祐同召赴京時秘書監游雅素聞其名始頗好之引入秘省欲授以史職後與奇論典誥及詩書雅贊扶馬鄭至於易訟卦天與水違行雅曰自蔥嶺以西水皆西流推此而言易之所及自蔥嶺以東耳奇曰易理綿廣包含宇宙若如公言自蔥嶺以西豈東向望公哉奇執義非雅每如此類終不苟從

北齊杜弼爲衛尉卿嘗與邢邵扈從東山共論名理邢以爲人死還生恐爲蛇畫足弼答曰蓋謂人死歸無非有能生之力然物之未生復何獨致怪邢云聖人設教本由勸獎故懼以將來望各遂其性弼曰聖人合德天地齊信四時言則爲經行則爲法而云以虛示物以詭勸民將同魚腹之書有異鑿楹之誥安能使北辰降光龍宮韞櫝就如所論福果可以熔鑄性靈引發風教爲益之大莫極於此此即眞教何謂非實邢云死之言澌精神盡也弼曰此所言澌如射箭盡手中盡也小雅曰無草不死月令又云靡草死動植雖殊亦此之類無情之物尚得還生含靈之物何妨弗造若云草死猶有種在則復人死亦有識種不見謂以爲無者神之在形亦非自見猶燭之有明不[illegible]將燭觀其質可察鍾生出山水呈狀乃神之工豈神之質猶至帝之非豈鍾鼓之非樂以此而推義可見矣邢云季孔言無不之亦言散盡若復聚而爲物不得言無不之也弼曰骨肉下歸於土魂氣則無不之此乃形墜魂遊往而非盡延陵出巢如蛇出穴由其尚有故無所不之若令無也之將焉適延陵有察微之識知其不隨於形仲尼發習禮之歎美其斯與形別若許以廓然然則人皆季子不謂高論執此爲無邢云神之在人猶光之在燭燭盡則光窮人死則神滅弼曰舊學前儒每有斯語群疑衆惑由此而起蓋辯之者未精思之者不篤竊有未見可以取譬燭則因質生光質大光亦大人則神不係於形形小神不小故仲尼之智必不短於長狄孟德之雄乃遠奇於崔琰神之於形亦猶君之有國國實君之所統君非國之所生不與同生孰云俱滅邢云捨此適彼生生常在周孔自應同莊周之鼓缶和桑扈之循歌弼曰共陰而息尚有識別之悲窮鳥以遊亦興中途之歎況曰聯體同氣化爲異物稱情之服何害於聖邢云鷹化爲鳩鼠變爲鴽黃母爲鱉皆是生之類類化而

相之猶光去此燭復然彼燭弼曰鷹未爲鳩鳩則非有鼠既[illegible]有何可兩立光去此燭得然彼燭神去此形亦託彼形又何惑邢云欲使土化爲人木生眼鼻造化神明不應如此弼曰腐草爲螢老木爲蝎造化不能誰其然也其後別與邢書云夫建言明理宜尚正典而違孔背釋獨爲君子若不師聖物各有心馬首欲東誰其能禦奚取於適東何貴於得一逝者雖高音見未前前後往復再三邢卒屈而止文多不載

王綝年十五隨父在北豫州行臺崔暹嘗與人論掩衣以爲當左爲當右尚書敬顯曰孔子云微管仲吾其被髮左袵矣以此言之右袵爲是綝進曰國家龍飛朔野雄步中原五帝異儀三王殊制掩衣左右何是何非崔奇其早惠賜以名馬

唐呂才爲太常博士太宗以陰陽書近代以來漸致訛僞穿鑿既甚拘忌亦多命才與學者十餘人共加刊正削其淺俗存其可用者勒成五十三卷并舊書三十七卷十五年書成詔頒行

之才多以典故質正其理雖爲術者所短然頗合經義今略載其敘數篇其敘宅經曰易曰上古穴居而野處後世聖人易之以宮室蓋取諸大壯逮乎殷周之際乃有卜宅之文故詩稱相其陰陽書云卜惟洛食此則卜宅吉凶其來尚矣至於近代師巫更加五姓之說言五姓者謂宮商角徵羽等天下萬物悉配屬之行事吉凶依此爲法至如張王等爲商武庚等爲羽欲似同韻相求及其以鄭姓爲宮以趙姓爲角又非四聲相管其間亦有同是一姓分屬宮商復有複姓數字徵羽不別驗於經典本無斯說諸陰陽書亦無此語直是野俗口傳竟無所出之處唯按堪輿經黃帝對於天老乃有五姓之言且黃帝之時不過姬姜數姓暨於後代賜族者多至如管蔡郕霍魯衛毛聃郜雍曹滕畢原酆郇並是姬姓子孫孔殷宋華向蕭亳皇甫並是子姓苗裔自餘諸國准例皆然因邑因官分枝布葉未知此等諸姓是誰所屬又檢春秋以陳衛及秦並同水姓齊鄭及宋皆爲火姓或

承所出之祖或繫所屬之星或取所居之地亦非宮商角徵共相管攝此則事不稽古義理乖僻者也敘祿命曰謹案史記宋忠賈誼譏司馬季主云夫卜筮者高人祿命以悅人心矯言禍福以盡人財又案王充論衡云見骨體而知命祿此即祿命之書行之久矣多言或中人乃信之今更研尋本非實錄但以積善餘慶不假建祿之吉積惡餘殃豈非劫殺之災自天無親當與善人禍福之應其猶影響故有夏多罪天命剿絕宋景修德妖孛夜移學也祿在豈待生當建王勤憂損壽不關月值空亡長平坑卒未聞共犯三刑南陽貴士何必俱當六合歷陽成湖非獨河魁之上蜀郡炎燎豈由災厄之下今時亦有同年同祿而貴賤懸殊共命共胎而夭壽更異案春秋魯桓公六年七月魯莊公生今檢長曆莊公生當乙亥之歲建申之月以此推之莊公乃當祿之空亡依祿命書法合貧賤又犯勾絞六害背驛馬三刑當此生者並無官爵火命七月生當病鄉爲人尫弱

身合短陋今案齊詩譏莊公猗嗟昌兮頎而長兮美目揚兮巧趨蹌兮唯有向命一條法當長命依檢春秋莊公薨時計年四十五矣此則祿命不驗一也又案史記秦莊襄王四十八年始皇帝生宋忠注云因正月生乃名政依檢襄王四十八年歲在壬寅此年正月生者命當背祿法無官爵假得祿合奴婢尚少始皇又當破驛馬三刑身克驛馬法當望官不到金命正月生當絕下爲人無始有終老而彌吉今檢史記始皇乃是有始無終老更彌凶唯建命生法合長壽計其崩時不過五十祿命不驗二也又漢武故事武帝以乙酉之歲七月七日平旦時生亦當祿空亡下法無官爵雖向驛馬尚隔四辰依祿命法少無官榮老而方盛今驗漢書武帝即位年始十六末年已後戶口減半祿命不驗三也又案後魏書云孝文皇帝皇興元年八月生今案長曆其年歲在丁未以此推之孝文皇帝背命并驛馬三刑身克驛馬依祿無官命當父死中生法當生不見父今檢

魏書孝文皇帝身受其父顯祖之禪禮云嗣子位定於初喪踰年之後方始正號是以天子無父父事三老也孝文受禪異於常禮躬率天下以事其親而祿命云不合識父祿命不驗四也又案沈約宋書云宋高祖癸亥歲三月生依此而推祿之與命並當空亡依祿命書法無官爵又當子墓中生唯宜嫡子假有次子法當早卒今檢宋書高祖長子先被篡弒次子義隆享國多年高祖又當祖祿中生法得嫡孫財祿今檢宋書其孫劉劭劉濬並爲篡逆幾失宗祧祿命不驗五也其敘葬書曰易云古之葬者衣之以薪不封不樹喪期無數後世聖人易之以棺槨蓋取諸大過禮云葬者藏也欲使人不得見之然孝經云卜其宅兆而安厝之以其復土事畢長爲感慕之所窀穸禮終永作魂神之宅朝市遷變不得豫測於將來泉石交侵不可先知於地下是以謀及龜筮庶無後艱斯乃備於慎終之禮曾無吉凶之義暨乎近代已來加之陰陽葬法或選年月便利或量墓田遠近

一事失所禍及死生巫者利其貨賄莫不擅加妨害遂使葬書一術乃有百二十家各說吉凶拘而多忌且天覆地載乾坤之理備焉一剛一柔消息之義詳矣或成於晝夜之道感於男女之化三光運於上四氣通於下斯乃陰陽之大經不可失之於斯須也至於喪葬之吉凶乃附此爲妖妄傳云王者七日而殯七月而葬諸侯五日而殯五月而葬大夫經時而葬士及庶人踰月而已此則貴賤不同禮亦異數欲使同盟同軌赴弔有期量事制宜遂爲常式法既一定不得違之故先期而葬謂之不懷後期而不葬譏之殆禮此則葬有定期不擇年月一也春秋又云丁巳葬定公雨不克葬至於戊午襄事禮經善之禮記云卜葬先遠日者善選月終之日所以避不懷也今檢葬書以已亥之日用葬最凶謹案春秋之際此日葬者凡有二十餘件此則葬不擇日二也禮記又云周尚赤大事用平旦殷尚白大事用日中夏尚黑大事用昏時鄭玄注云大事者何謂喪葬也此

則直取當代所尚不擇時之早晚春秋云鄭卿子產及子太叔葬鄭簡公於時司墓大夫室當葬路若壞其室即平旦而堋不壞其室即日中而堋子產不欲壞室欲待日中子太叔云若至日中而堋恐久勞諸侯大夫來會葬者然子產既云博物君子太叔乃爲諸侯之選國之大事無過喪葬必是義有吉凶斯等豈得不用今乃不問時之得失唯論人事可不曾子問葬逢日蝕舍於路左待明而行所以備非常也若依葬書多用乾艮二時並是近半夜此即文與禮違今檢禮傳葬不擇時三也葬書云富貴官品皆由安葬所致年命延促亦由墳壟所招然今案孝經云立身行道則揚名於後世以顯父母易曰聖人之大寶曰位何以守位曰仁是以日愼一日則澤及於無疆苟德不建則而人無後此則非由安葬吉凶而論福祚延促臧孫有後於魯不關葬得吉日若敖絕祀於荆不由遷厝失所此則安葬吉凶不可信用其義四也今之喪葬吉凶並依五姓便利古之葬

者並在國都之北兆域既有常所何取姓墓之義趙氏之葬並在九原漢之山陵散在諸處上利下利蔑爾不論大墓小墓其義安在及其子孫富貴不絕或與三代同風或分六國而王此則五姓之義大無稽古吉凶之理何從而生其義五也且人臣名位進退何常亦有初賤而後貴亦有始泰而終否是以子文三已令尹展禽三黜士師卜葬一定更不迴改冢墓既成曾不革易則何因名位無時暫安故知官爵弘之在人不由安葬所致其義六也野俗無識皆信葬書巫者詐其吉凶愚人因而徼幸遂使擗踊之際擇葬地而希官品荼毒之秋選葬時以規財祿或云辰日不宜哭而默對賓客受弔問或云同屬忌於臨壙乃吉服不送其親聖人設教豈其然也葬書敗俗一至於斯其義七也

徐有功任地官員外郎有蔡城主簿潘好禮著論慕其爲人乃著論曰客有問於主人曰地官徐員外何如也答曰守道君子[illegible]客曰然公明識誠難爲儔也何不稍圓通以隨時之義而

取富貴乎何爲固守方正秉相時之道逆致死亡乎數矣此豈大雅君子全身之義哉答曰夫隨時相時而取富貴凡情所究徐公豈不達之若徐公者仁人也夫仁者濟物也此道大矣非常情所知故孔子曰有殺身以成仁無求生以害仁徐公之不愛死亡固守誠節由此道也豈以貴賤生死而易其操履哉問曰仁則信矣忠則如何答曰豈有仁者不忠乎當今帝德文明憂勞庶政思致刑措以隆中興徐公獻可替否盡忠盡節誠欲戴明主於堯舜之上置蒼生於大道之中事跡顯然有識同悉子何疑而問哉客曰鄙人固陋不閑大體忠則信矣孝則如何答曰豈有忠臣而非孝子也孝經曰君子事親孝故忠可移於君立身行道揚名於後代以顯父母今徐公之名聞於四海孝志之士莫不增氣豈直揚名亦永錫爾類矣禮曰大孝揚名徐公之謂也問曰徐公之道既高矣何謂數處霜臺即奏天后得失殘酷以示天下規規然是釣名耳其故何哉主人曰盡而

笑之而應之曰子徒見培塿未覩泰山乎夫天官者奔競既久濫進弘多選司權輕且不能止此弊之甚也徐公既勵霜臺以澄清爲己任切於救弊急於爲善此徐公之情也以爲鈞名可謂不知言矣客有慙色問曰此人當今可與誰比荅曰宇宙至廣人物至多匿跡韜光者固有之矣僕寧敢厚誣天下之士乎若所聞見一人而已當於古人中求之問曰何如張釋之荅曰釋之爲廷尉天下無冤人徐公之斷獄亦天下無冤人此略同耳然而釋之所以著甚易徐公所行者甚難難易之間優劣可知矣問曰張公徐公皆是國士至於斷獄俱守正途事迹既同有何難易荅曰張公逢漢文之時天下無事至如盜高廟玉環及渭橋驚馬守法而已豈不易哉徐公逢革命之秋屬維新之運唐朝遺老或有包藏禍心從使陶公之壁有所疑矣至如周興來俊臣者更是堯年之四凶也揜義隱賊毁信廢忠崇飾惡言以誣盛德遂使忠臣[illegible]曰恐死士無日矣徐公守死善道深

相明白幾陷囹圄數摧網羅此吾子所聞豈不難矣易曰進退存亡而不失其正者徐公得之矣客曰若使此人爲司刑卿方畢展其材用否曰吾子徒見徐公用法平允所謂可置司刑僕觀其人固奇士也方寸之地何所不容若其用之何事不可豈直司刑而已哉客曰今日聞吾子議知徐公之令德未可盡言乎固知君子之道非小人所測也其爲當時所稱述如此

宋昱爲中書舍人知銓天寶十載選部選才多濫選人劉迺獻議於昱曰虞書稱知人則哲能官人則惠難[illegible][illegible][illegible]以爲難今夫吏部既始之以掄材終之以授位是則知人官人斯爲重任者在禹稷皐陶之衆聖猶曰載采采有九德考績以九載迹代主司獨委一二小冢宰察言於一幅之判觀行於一揖之内古今遲速何不侔之甚哉夫判者以狹辭短韻語有定規爲體亦猶以一小冶而鼓衆金雖欲爲鼎爲鏞不可得也故曰判之在文至局促者夫銓者必以崇文府首嫫嬙爲賢哉又[illegible]之醜行君子所寶若引周公尼父於銓庭則雖國書易象之大訓以判體挫之曾不及徐吏雖有淵默罕言之至德以喋喋取之曾不若嗇夫焉呼彼干霄蔽日誠巨樹也當求尺寸之材必後於榱栱龍吟[illegible]響誠希聲也若尚於頰舌之感必下於蛙黽觀察之際能不悲夫執事慮過龜策文含雅誥豈拘以瑣璅故事由折因循哉誠能先咨以政事次徵以文學退觀其理家進察其臨節則尨鴻深沉之士亦可以窺其門户矣

冊府元龜卷第八百三十